www.mumm.
MUMM
CHAMPAGNE
EN 1827
G.H. MUMM & Cie
à REIMS
Brut
PRODUIT DE FRANCE

RESTAURANTS ET HÔTELS

FRANCE 2006

GAULT MILLAU

La charte éthique de GaultMillau

Indépendance, sincérité des jugements, préoccupation des attentes des clients sont les règles de conduite que s'est fixé GaultMillau dans la sélection des établissements qu'il recommande dans le Guide France 2006.

Pour favoriser l'objectivité des évaluations, GaultMillau exige de ses enquêteurs qu'ils règlent leurs additions et restent inconnus dans les établissements qu'ils notent. Les visites interviennent dans les conditions de fréquentation normale, de manière à ce que le jugement corresponde bien à ce que rencontre le client. Les enquêteurs, totalement anonymes, parcourent ainsi, tout au long de l'année, villes et villages de France, afin de découvrir de nouveaux établissements et de suivre l'évolution de ceux déjà référencés dans le guide.

Tous les ans, toutes les informations pratiques, les notations, les classements et les distinctions sont remises à jour à partir des visites des enquêteurs, des questionnaires que renvoient les établissements et des courriers des lecteurs. La citation des hôtels et des restaurants dans le guide GaultMillau est totalement gratuite. GaultMillau se fait un devoir d'écouter le point de vue des professionnels et de privilégier la transparence de ses relations avec eux, mais le choix des établissements sélectionnés dans le guide et la note qui leur est attribuée se fait en toute indépendance, dans le seul intérêt des lecteurs.

Bonne table

Grande table

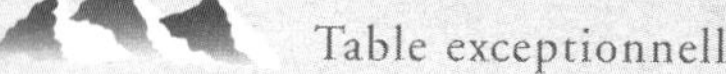

Table exceptionnelle

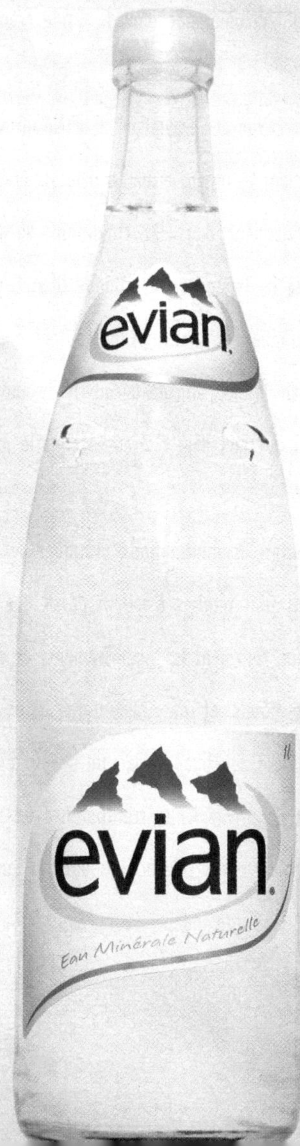

Sommaire

UNE CERTAINE IDÉE
DU CHAMPAGNE

CHAMPAGNE
BOLLINGER
MAISON FONDÉE EN 1829
www.champagne-bollinger.fr

ABUS D'ALCOOL EST DANGEREUX POUR LA SANTÉ, SACHEZ CONSOMMER AVEC MODÉRAT

Editorial

La cuisine de vérité

Le restaurant en France est incontestablement un des meilleurs décodeurs de la société. Les trente glorieuses nous ont gâtés de tables où l'abondance s'accordait à un service qui se prenait très au sérieux, alors que les années 80 nous ont apporté un vent de fantaisie et de légèreté avec la Nouvelle Cuisine. Après avoir fait « leur révolution », les jeunes chefs de l'époque ont pris de l'âge et le pouvoir en matière de gastronomie : leurs maisons somptueuses sont internationalement connues, leurs prestations se vendent cher, et ils sont devenus des notables bien décidés à protéger leur territoire...

Face à une telle force d'inertie, les jeunes chefs ont vite compris qu'il leur faudrait inventer d'autres voies pour tracer leur route. D'où l'explosion de nouvelles formules de restaurants à travers lesquelles les trentenaires entendent montrer de quoi ils sont capables. Ces trentenaires-là savent ce qu'ils veulent et sont bien déterminés à aller jusqu'au bout de leurs idées.

Parce que les banques ne croient pas aux jeunes cuisiniers, et que l'ambiance n'est plus à l'euphorie, c'est avec les moyens du bord qu'ils s'installent aujourd'hui et c'est doucement mais sûrement qu'ils font leur chemin. Une nouvelle génération est née et ce n'est pas une question d'âge qui la caractérise mais une question de mentalité, d'ouverture d'esprit et de passion.

Une passion qui guide les chefs chaque jour pour acheter leurs produits, pour former leurs apprentis, pour tester de nouvelles techniques, pour découvrir de nouveaux producteurs et pour échanger entre eux leurs expériences. Exigeants avant tout envers eux-mêmes, ils ne cessent de se remettre en cause pour rentrer en communion avec leurs clients. Ils évoluent dans un monde d'authenticité, recherchent les meilleurs produits, sont intransigeants sur le goût des choses : ces chefs-là ont créé la cuisine de vérité. Incontestablement, la cuisine française est en pleine mutation et nous promet de grands moments d'émotion et de bonheur.

De nouveaux bonheurs que découvrent avec émerveillement de plus en plus de clients qui en redemandent : rien n'est plus fort que de mesurer le plaisir que prend le cuisinier à vous préparer des plats dans lesquels il a mis toute sa fougue, rien n'est plus magique que de découvrir chez lui une carte des vins dont il a choisi chaque viticulteur.

Aujourd'hui plus que jamais, GaultMillau entend mettre en avant la passion de ceux qui jouent cette carte de la cuisine de vérité. L'édition 2006 continue bien sûr à présenter les grandes tables aux valeurs sûres et aux notes élevées mais elle offre également 60 découvertes et 70 coups de cœur : des adresses réparties dans toute la France, qui feront de la halte un dépaysement enchanteur.

Découvreur de talents depuis toujours, GaultMillau révèle cette année 23 jeunes talents de moins de 32 ans, dans chaque région, 23 cuisiniers que la passion et le travail conduiront à des niveaux de reconnaissance élevés.

Dans ce contexte, la nomination de Thierry Marx comme « Cuisiner de l'année 2006 » s'imposait. A Cordeillan-Bages à Pauillac depuis bientôt 10 ans, il est de ceux qui portent haut les valeurs de la cuisine de vérité.

Cette année, GaultMillau a classé en « icônes » de la cuisine française sept maisons qui depuis plusieurs décennies font partie du patrimoine de la cuisine française qu'elles défendent avec passion. Des maisons auxquelles les clients demandent justement de résister à toutes les révolutions culinaires du moment, des maisons pour lesquelles une note ne veut forcément plus rien dire tant elles sont hors catégorie.

Et pour que les plaisirs gastronomiques s'accompagnent du plaisir de la découverte de lieux secrets, rares, cachés, GaultMillau vous offre cette année une sélection particulièrement riche en hôtels de charme (660 adresses).

Avec une telle sélection, l'année 2006 ne pourra être placée que sous le signe du plaisir de la table et du voyage.

Patricia Le Naour
Secrétaire Générale

Mode d'emploi

restaurant (niveau 10 à 12) mentionné en annexe

emplacement sur une carte régionale

AIGUILLON - 47190 (24 A 1)

Agen 30 - Marmande 28

hôtel très tranquille

🏨 **Au Chasseur** R 🕊

Proche de la grande plage, un immeuble contemporain aux chambres très confortables, soignées et modernes.
4 appart. 100-115 € 22 ch. 55-75 €. 1/2 pens. 61-91 €.
M : 15-52 €

» 75 rue Saint-François
☎ 04 50 21 49 99
F. janv.
🚗

BRAX ➤ **AGEN**

classement des villes rattachées

CONDOR - 32100 (29 B 3)

Auch 42 - Agen 40

retrouvez les informations de l'hôtel à son niveau de classement

signale une icône de la gastronomie française

Aramis

➥ **Hôtel :** 🏨 Aramis.
Une institution, (quatrième génération depuis 1864), une famille, un lieu de pélerinage. (la terrasse sous les arbres à fleur du petit ruisseau...).
M : 38 €

» 3 rue du Lavoir
☎ 04 23 45 98 62
📠 04 23 45 85 23
F. lundi à déj. et mardi.
🚗

description détaillée pour les établissements notés 16 et plus

[16] **Le Conquérant**

Cadre et ambiance
Une jolie salle discrète, dans une petite rue tranquille du centre ville...
Cuisine
Un millefeuille de légumes au pied de veau, une joue de boeuf en effilochée, tout fonctionne, sans paraître périlleux...
Cave
Jolie cave assez coûteuse, avec quelques jolies affaires, notamment dans le choix des bordeaux, avec...
Accueil et service
Le chef travaille de plus en plus la simplicité des produits et les textures...

» 12 rue du Château
☎ 04 50 21 33 25
📠 04 50 21 49 48
F. lundi, merc. à déj.
15 sept-15 juil. (sf fériés).
Jusqu'à 20h45.
🚗

notation en hausse — *restaurant coup de cœur* — *hôtel mentionné en annexe*

[12] **Le GaultMillau** ⇗ ♥ H

Celle jolie maison au centre-village fait presque figure d'image d'Epinal : affaire de famille depuis trois générations, elle cultive un sens de l'accueil et du service que seules ces maisons provinciales peuvent offrir.
M : 15-52 €

» 50 rte des Vins
☎ 04 88 92 65 87
F. lundi à déj. et mardi.

signale une table en vue : bistro, table branchée, lieu à la mode...

signale une découverte

▶ **L'Arti** [DÉCOUVERTE]

Jolie table branchée qui a construit son succès sur une cuisine moderne.
M : 15-52 €

» 58 rue du Dr Audigier
☎ 04 50 28 23 45
F. lundi.

retrouvez les informations du restaurant à son niveau de classement

🏨 **Académie**

➥ **Restaurant :** 13/20 Académie.
Au bord de l'eau, cette belle demeure propose des chambres de style campagnard élégant. Certaines ouvertes sur la rivière, d'autres sur la montagne.
4 appart. 144-160 € 21 ch. 60-1300 €. 1/2 pens. 71-104 €.

» 3 rue du Lavoir
☎ 04 23 45 98 62
📠 04 23 45 85 23
F. mardi.
🚗

tarif journalier minimum pour 1 personne seule, et maximum pour 2 personnes

restaurant (niveau 1 toque) mentionné en annexe

🏨 **Le Parc** 🍴 🕊

Belle maison à quelques pas du centre-ville, qui affiche sa belle allure avec son parc aux arbres centenaires.
23 ch. 42-78 €. 1/2 pens. 68-104 €.
C : 25 € M : 24-47 €

» 46 rue de l'Echiquier
☎ 04 12 36 58 78
📠 04 12 36 98 63
F. 21 déc.-5janv.
🚗

prix des menus

prix moyen à la carte (entrée, plat + dessert)

Mode d'emploi (suite)

VILLES

Les villes sont citées par ordre alphabétique, sans tenir compte des articles.
Certaines communes sont rattachées à l'agglomération la plus proche, et viennent après cette dernière.
Les villes de Corse sont regroupées à « Corse ».
Paris et sa banlieue se trouvent classées à la lettre « P » et se reconnaissent à leur marge verte.
Une sélection de restaurants de Belgique est classée par ordre alphabétique en fin de guide, repérable par une marge hachurée.

ETABLISSEMENTS

Certains restaurants possèdent un hôtel recommandé par GaultMillau.
Seul le restaurant est alors noté, le nom de l'établissement est suivi de la mention « H ». GaultMillau communique en annexe des informations sur l'hôtel.
A l'inverse, certains hôtels possèdent un restaurant recommandé par GaultMillau. Suivant le même principe, seul l'hôtel est noté, suivi de la mention :

« R » pour un restaurant de 10 à 12 ;
toque pour un restaurant de 13 à 14 ;
toques pour un restaurant de 15 à 16.

PRIX

Attention, les prix mentionnés ont été réclamés très tôt auprès des hôteliers et restaurateurs, ne nous en veuillez pas s'ils ont légèrement augmenté.

Le prix à la carte désigne la consommation moyenne d'une personne comprenant entrée, plat et dessert, sans le vin, dans le cadre d'une restauration traditionnelle.
Pour une brasserie, par exemple, le prix moyen peut désigner uniquement un plat et un dessert.

La fourchette des prix des chambres et suites (ou appartements) correspond au tarif journalier minimum pour une personne seule et maximum pour deux personnes.

ABREVIATIONS PRINCIPALES

ann. ➤ annuelle
appart. ➤ appartement
ch. ➤ chambre
déj. ➤ déjeuner
h.s. ➤ hors saison
C ➤ prix moyen à la carte
M ➤ prix des menus
1/2 pens. ➤ demi-pension
comm. ➤ communiqué
dîn. ➤ dîner
jrs ➤ jours
rens. ➤ renseignements
sem. ➤ semaine
vac. scol. ➤ vacances scolaires
Déj. seult, dîn. seult ➤ restaurant ouvert à déjeuner (ou à dîner) seulement.
sf ➤ sauf
F. ➤ fermé
w.-e. ➤ week-end

PICTOGRAMMES

téléphone.
fax.
coup de cœur.
notation en hausse.
carte des vins remarquable.
repas servis en terrasse ou dans un jardin.
parking privé.
parking fermé.
voiturier.
accessible aux handicapés.
chiens acceptés.
air conditionné.
piscine privée.
tennis privé.
cave à cigare.
hôtel très tranquille.

RESTAURANTS

Icônes, toques et notes

  à   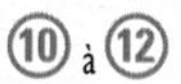 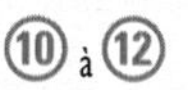

10 à 12

? signale une notation en attente ou un changement de dernière minute.

HÔTELS

bon confort.
 grand confort.
 luxe.
 grand luxe.
     hôtels de charme.

MILLESIME
Intensément PÉTILLANTE. BADOIT
Intensément PÉTILLANTE. BADOIT

Cuisinier de l'année 2006

Thierry Marx

D.R.

« Quelqu'un d'intelligent, quelqu'un comme Thierry Marx. » Cette phrase d'un confrère avec lequel nous nous entretenions récemment pour évoquer, une fois de plus, le devenir de la restauration et de ceux qui y joueraient un rôle, est claire et symptomatique. Il est difficile de dissocier le travail subtil et technique du chef de la vision transversale et contemporaine de l'homme. Ceux qui ne le connaissent que par l'assiette, de Nîmes à Bordeaux, ont une faible idée du cheminement qui mène un chef aussi curieux du monde jusqu'au bar à la rhubarbe, au maquereau banane fumée et risotto de soja. Mais après tout, ce parcours est simplement celui d'un humaniste, ceinture noire de judo qui va sur les tatamis entre deux services, pas seulement pour décompresser, mais pour se perfectionner, au contact des autres, dans un art venu d'un continent qui le fascine, et où il fait de fréquents voyages. « On n'est rien tout seul.» Cette affirmation altruiste serait presque étonnante, si on ne le connaissait pas, de la part d'un cuisinier atypique qui s'est forgé dans des expériences très diverses, né à Ménilmontant, para au Liban, médaille d'or de cuisine artistique à Arpajon et chef à Sydney ou Singapour. Ses modèles en cuisine vont de ses copains Portos et Etchebest à la « street food » des rues de Bangkok, sa technique et son imagination lui ressemblent, sans limites. A Cordeillan-Bages, dans son château d'adoption, il a tordu le cou à quelques certitudes bordelaises et mis quelques années à persuader les grands propriétaires qu'il y avait autant de prestige et de distinction dans ces assiettes au savant graphisme que dans les lièvres à la royale et les truffes sous la cendre.

19

Château Cordeillan-Bages
Pauillac (33)
☎ 05 56 59 24 24

Grands de demain 2006

D.R.

Boris Campanella

Installé depuis trois ans dans cette splendide maison forte du XIVe siècle, Boris Campanella passe pour un surdoué : second de cuisine chez Troisgros à seulement vingt-trois ans, après un parcours exemplaire (commis chez Christian Willer puis chez Michel Chabran, chef de partie chez Jacques Lameloise puis chez Michel Rochedy), il s'épanouit dans ce cadre exclusif et enchanteur (la terrasse d'été, un rêve) propice à une cuisine ambitieuse et créative.

Château de Candie à Chambéry le Vieux (73)
☎ 04 79 96 63 00

Valère Diochet

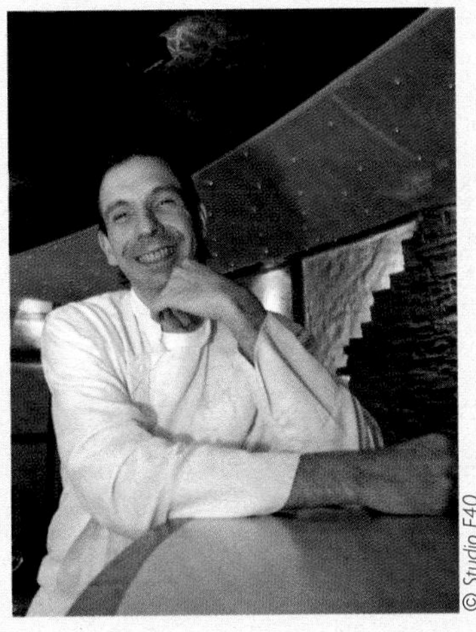

© Studio F40

Un 14 coup de cœur l'an dernier, après seulement quelques mois d'exercice, un nouveau coup de cœur assorti d'une deuxième toque cette année, ce tout jeune quadra ne doit pas regretter d'avoir coupé le solide cordon qui le liait depuis treize ans à Antoine Westermann chez qui, après des passages chez Loiseau, Savoy ou Bocuse, il occupait le poste de second. Sobre, moderne, fulgurante, épurée, sa cuisine est appelée à bousculer la hiérarchie locale. La salle, récemment rénovée dans un style contemporain, s'irradie du sourire et de la prestance de Véronique, son épouse.

Le Pont aux Chats à Strasbourg (67)
☎ 03 88 24 08 77

Depuis 1731, nous signons les Grands terroirs de Bourgogne.
Domaine Bouchard Père & Fils
1998
CORTON-CHARLEMAGNE
GRAND CRU
Bouchard Père & Fils
1998
NUITS-SAINT-GEORGES
LES CAILLES
Domaine Bouchard Père & Fils
1998
MONTRACHET
APPELLATION MONTRACHET CONTRÔLÉE
GRAND CRU
BOUCHARD PÈRE & FILS
GRAND VIN DE BEAUNE GRÈVES
VIGNE DE L'ENFANT JÉSUS
1998
BOUCHARD PÈRE & FILS
Domaine Bouchard Père & Fils
1998
VOLNAY CAILLERETS
ANCIENNE CUVÉE CARNOT
Domaine Bouchard Père & Fils
1998
LE CORTON
GRAND CRU
Domaine Bouchard Père & Fils
1998
MEURSAULT GENEVRIÈRES
BOUCHARD PÈRE & FILS
Une fabuleuse collection
des plus belles appellations
se renouvelle chaque année dans nos c

Grands de demain 2006

Lionel Giraud

D.R.

Vingt-sept ans, de l'enthousiasme, du tonus et un équilibre rare chez un aussi jeune chef. Lionel Giraud aurait pu garder ses chaussons et rester chez Papa jusqu'à la succession. Mais Claude, aux deux tables distinguées en lisière de Narbonne, depuis des lustres, voulait transmettre le témoin dans les meilleures conditions. Et si le fiston s'est retrouvé un moment chef de partie poissons à la Table Saint-Crescent, c'est au milieu d'un beau parcours, qui lui a fait visiter le Crillon avec Constant, le Ritz avec Legay, la Bastide Saint-Antoine avec Chibois ou encore les Prés d'Eugénie avec Michel Guérard. Il possède la technique, mais depuis cette année fait preuve d'une audace et d'une sérénité rares, comme un pilote de rallye dont on ne redoute aucunement la sortie de route. Quelques assiettes conquérantes, une belle marge de progression : on aimerait déjà être aux trois toques.

La Table Saint-Crescent à Narbonne (11) ☎ 04 68 41 37 37

Christophe Roure

D.R.

Trente-cinq ans seulement et un parcours déjà significatif (Gagnaire période stéphanoise, Bocuse, Marcon avant de s'installer dans cette ancienne gare SNCF il y a deux ans), Christophe Roure maîtrise le neuvième art avec une déconcertante aisance. Ses assiettes, travaillées dans les trois dimensions (ah ! cette magnifique cloche en plastique froissé couvrant les saint-jacques et les truffes noires montées comme des blancs en neige), se montrent follement techniques tout en évitant l'écueil de la démonstration purement expérimentale. Un fort potentiel de progression chez ce natif de Craponne-sur-Arzon.

Le Neuvième Art à Saint-Just-Saint-Rambert (42)
☎ 04 77 55 87 15

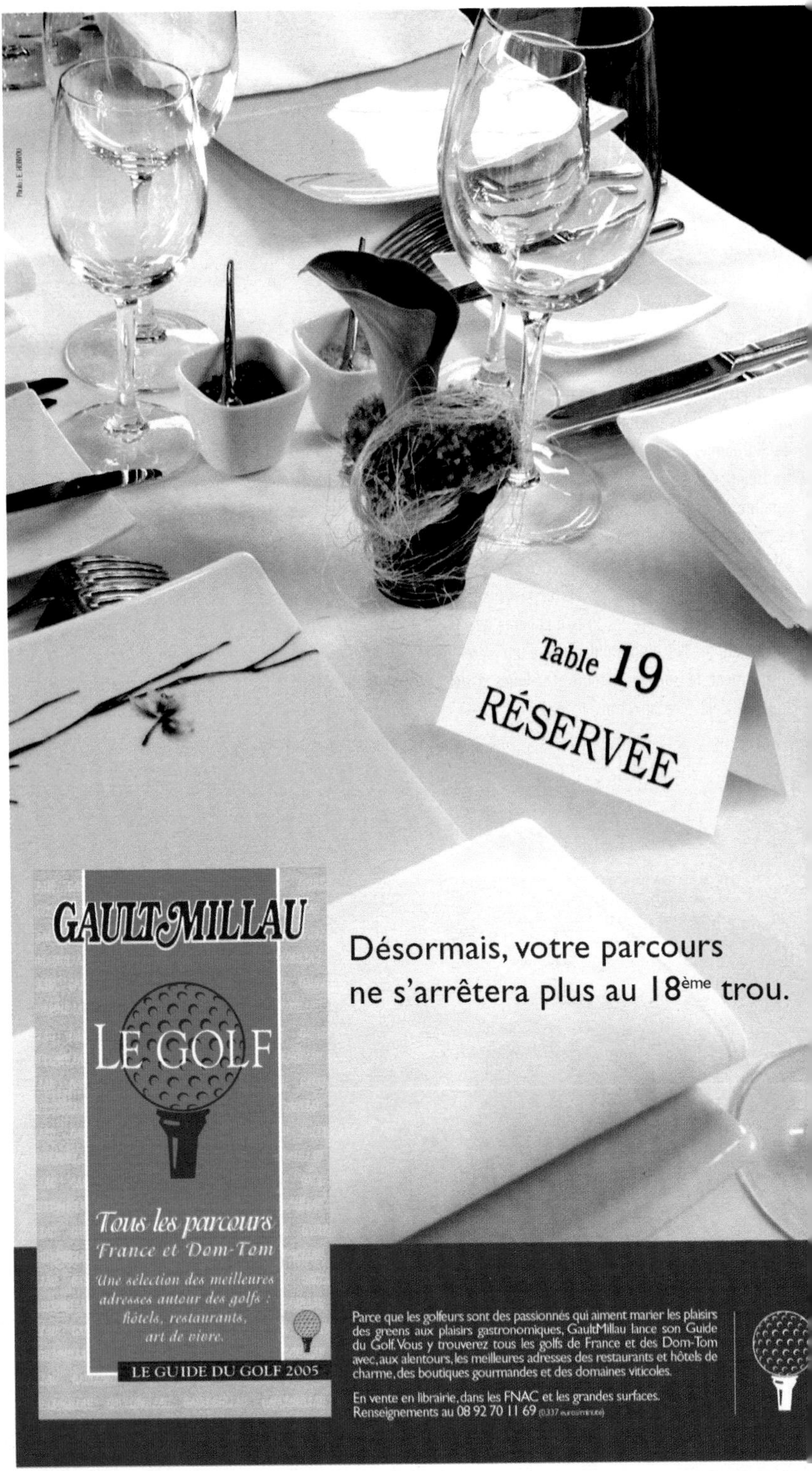

Table 19
RÉSERVÉE
GAULTMILLAU
LE GOLF
Tous les parcours
France et Dom-Tom
Une sélection des meilleures adresses autour des golfs : hôtels, restaurants, art de vivre.
LE GUIDE DU GOLF 2005
Désormais, votre parcours ne s'arrêtera plus au 18ème trou.
Parce que les golfeurs sont des passionnés qui aiment marier les plaisirs des greens aux plaisirs gastronomiques, GaultMillau lance son Guide du Golf. Vous y trouverez tous les golfs de France et des Dom-Tom avec, aux alentours, les meilleures adresses des restaurants et hôtels de charme, des boutiques gourmandes et des domaines viticoles.
En vente en librairie, dans les FNAC et les grandes surfaces.
Renseignements au 08 92 70 11 69

Grands de demain 2006

D.R.

Fabrice Salvador

Un bel outil comme celui-là, de nombreux chefs, aguerris et méritants, rêveraient de pouvoir l'utiliser, comme on peut rêver de piloter une Ferrari ou de jouer sur un Stradivarius. A moins de trente ans, Fabrice Salvador, à peine un an comme sous-chef à Roanne, s'est retrouvé en charge des cuisines de l'ambitieux Lancaster, avec les projecteurs braqués sur le décor de Grace Leo-Andrieu, le bois d'iroko, les estampes japonaises et les assiettes labellisées Michel Troisgros, mais réalisées par ce jeune chef plein de sang-froid, et bien sûr de talent. En un an d'exercice, il a réussi à convaincre, les clients, les critiques, les collaborateurs. Le lieu est superbe, la carte voyage, selon les destinations de prédilection du maître roannais, et chaque plat possède une distinction et une netteté qui font entrevoir mieux qu'un brillant interprète.

La Table du Lancaster à Paris 8e (75)
☎ 01 40 76 40 18

Davy Tissot

D.R.

Meilleur ouvrier de France l'an dernier, fort d'un parcours extrêmement solide (Philippe Lechat au Château de Bagnols, Régis Marcon à l'Auberge et Clos des Cimes, Jacques Maximin à Vence et plus récemment Philippe Gauvreau à la Rotonde), Davy Tissot a remplacé l'an dernier Stéphane Gaborieau. Beaucoup de brio dans l'assiette, une technique à couper le souffle, un style tranchant, la cuisine de ce Lyonnais de naissance a provoqué un séisme assez puissant pour réveiller cette splendide et ultra chic Villa Florentine.

Les Terrasses de Lyon à Lyon (69)
☎ 04 72 56 56 56

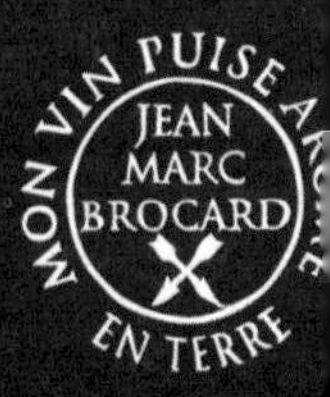

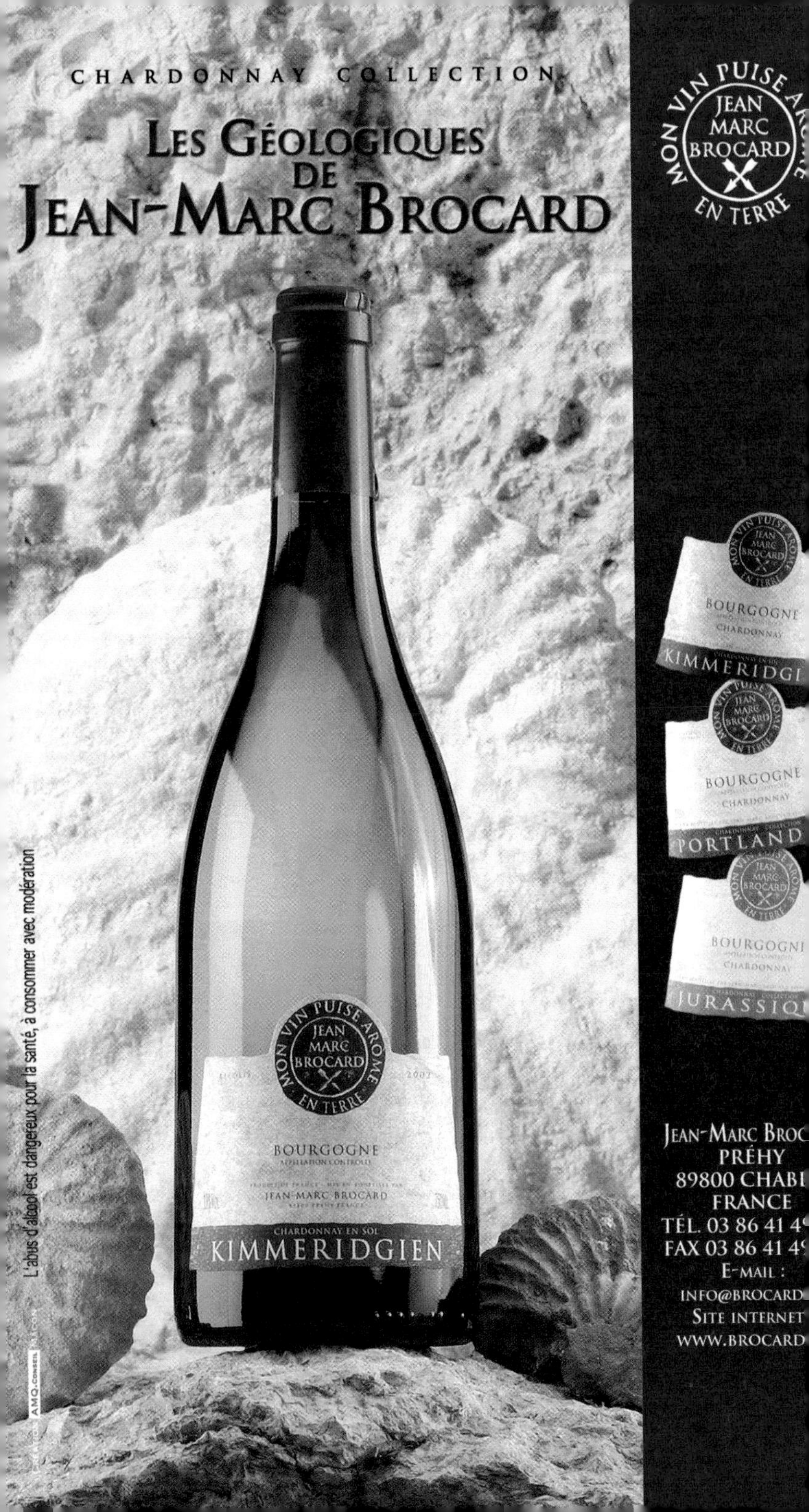
CHARDONNAY COLLECTION
LES GÉOLOGIQUES
DE
JEAN-MARC BROCARD
MON VIN PUISE ARÔME
JEAN
MARC
BROCARD
EN TERRE
BOURGOGNE
APPELLATION CONTRÔLÉE
JEAN-MARC BROCARD
CHARDONNAY EN SOL
KIMMERIDGIEN
BOURGOGNE
CHARDONNAY
KIMMERIDGI
BOURGOGNE
CHARDONNAY
PORTLAND
BOURGOGNE
CHARDONNAY
JURASSIQ
JEAN-MARC BROC
PRÉHY
89800 CHABL
FRANCE
TÉL. 03 86 41 4
FAX 03 86 41 4
E-MAIL :
INFO@BROCARD
SITE INTERNET
WWW.BROCARD
L'abus d'alcool est dangereux pour la santé, à consommer avec modération

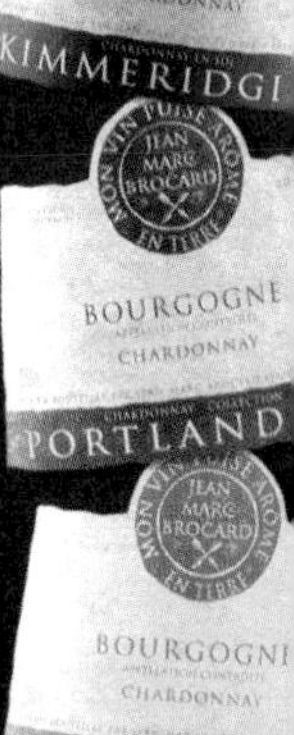

L'Établissement de l'année 2006

Jean-Paul Jeunet

à Arbois

La maison Jeunet à Arbois ? C'est un monument, l'illustration d'un patrimoine bien transmis. Jean-Paul Jeunet a suivi les traces de son père, qui en avait fait un établissement majeur, et s'est installé dans une stature de trois toques avec autorité et régularité. Presque aussi célèbre que celle de Pasteur, l'autre héros local, cette maison a su se moderniser, s'épanouir, sans jamais abandonner ses racines.

Chez Jeunet, on mange et on boit jurassien, avec toute la fraîcheur et la modernité d'un terroir qui donne de si beaux vins et de si beaux fromages, sans oublier les escargots, les écrevisses et les truites. L'accueil de Nadine Jeunet, la douceur de cette grande maison qui ne cultive pas le luxe cossu, mais plutôt le confort moelleux des chalets, apportent au voyageur le bien-être recherché, celui d'une hôtellerie qui conjugue caractère et humanité.

Jean-Paul Jeunet à Arbois (39)
☎ 03 84 66 05 67

Le Directeur de salle de l'année 2006

D.R.

Eric Mancio

Le CV d'Eric Mancio pourrait ne comporter qu'une seule ligne : « Guy Savoy depuis 1982.» Cette fidélité est symptomatique de l'état d'esprit de ce pilier indissociable de la maison et de son chef. Et quand il dit « j'ai commencé en lavant les verres, » c'est avec autant de fierté que de reconnaissance. Sa double casquette de direction de salle et de sommellerie lui a appris la polyvalence : on n'imagine pas un repas chez Savoy sans cette présence rassurante, cette érudition et cette mise au service des convives, discrète, précise, apaisante. Et si sa passion est, comme avant, de rencontrer des vignerons, de découvrir de nouveaux flacons, c'est toujours dans l'esprit de partage, en préservant l'esprit de la maison. « On doit en permanence « être Guy Savoy », sa gourmandise, son appétit des autres, en trouvant à chaque fois le plat et la bouteille qui vont vraiment faire plaisir. Je veux des vrais vins avec une histoire d'hommes, j'écarte ces produits technologiquement parfaits, et tristement bons. » Comment fait-on pour mener à bien simultanément deux tâches aussi prenantes ? « En s'entourant de très bons collaborateurs et en nouant des liens privilégiés avec tous les fournisseurs pour travailler efficacement, dans la confiance et la complicité. »

Restaurant Guy Savoy à Paris 17e (75) ☎ 01 43 80 40 61

Le Sommelier de l'année 2006

Richard Bernard

D.R.

Il fallait que la lumière revienne sur le Saint-James : trois toques pour Michel Portos et le titre de Sommelier de l'année pour Richard Bernard, et pas l'ombre d'une surprise. La cuisine trouve aujourd'hui le parfait équilibre – avant-garde et plaisir – qui convient à cette maison différente, et la cave s'épanouit dans ce sillage. Richard Bernard est un sommelier complet et moderne, dans la ligne de son ami et mentor Eric Beaumard, qui le fit venir à la Poularde après un itinéraire rondement mené entre Blanc et Troisgros. L'immense cave de Montrond a de quoi laisser bouche bée, c'est aussi une école passionnante qui élargit fortement le champ de vision et les connaissances. En arrivant à Bordeaux à l'automne 2004, ce Clermontois d'origine quittait une terre familière pour une autre aventure humaine avec Michel Portos, qu'il avait connu à Roanne. En un an, il a notablement fait progresser une cave riche, mais qui accusait quelques faiblesses en bourgogne et rhône (Niellon, Coche-Dury, Méo-Camuzet sont arrivés, comme Bonneau, Chave ou Jamet), passant de 600 à 1200 références tout en diminuant les immobilisations. Son objectif pour 2006 : des verticales bordelaises affinées et enrichies, et une offre encore plus puissante en vins d'ailleurs, notamment en madère, qu'il considère comme l'un des tout premiers vins au monde.

Le Saint-James à Bouliac (33) ☎ 05 57 97 06 00

2000
APPELLATION St JULIEN CONTROLÉE
Château
Gloria
St Julien
HÉRITIERS
HENRI MARTIN
S.C. DOMAINES MARTIN A 33250 St JULIEN - FRANCE
12,5 % ALC./VOL.
750ML
Mis en bouteilles au Château
PRODUCE OF FRANCE - BORDEAUX
L 200

CRU BOURGEOIS
CHATEAU BEL AIR
2000
MIS EN BOUTEILLE AU CHATEAU
HAUT-MÉDOC
APPELLATION HAUT-MÉDOC CONTRÔLÉE
S.C. DOMAINES HENRI MARTIN
VITICULTEUR A SAINT-JULIEN-BEYCHEVELLE - GIRONDE - FRANCE
12,5 % ALC./VOL.
750 ml
L 500
PRODUCE OF FRANCE - BORDEAUX

GRAND CRU CLASSÉ EN 1855
CHATEAU SAINT-PIERRE
2000
EN BOUTEILLES
U CHATEAU
SAINT-JULIEN
NEC PLURIBUS
IMPAR
APPELLATION SAINT-JULIEN CONTRÔLÉE
12,5 %
ALC. VOL.
DOMAINES HENRI MARTIN
PROPRIÉTAIRE A SAINT-JULIEN BEYCHEVELLE GIRONDE 33250
PRODUCE OF FRANCE - BORDEAUX
L100
750 ml

Les "Jeunes talents" 2006

Découvreur de talents depuis sa création, GaultMillau entend mettre encore plus en avant les jeunes professionnels dont le talent ne demande qu'à exploser. Dans chaque région, c'est 23 « Jeunes talents » de moins de 32 ans, que GaultMillau vous invite à découvrir. Ils ont tous des personnalités différentes, une approche très personnelle de la cuisine : leur découverte est passionnante d'autant que la plupart d'entre eux devrait, dans les années qui viennent, voir leur passion et leur travail les amener à des niveaux de reconnaissance élevés.

Alsace

Julien Binz

Auberge d'Artzenheim

à ARTZENHEIM (68)

Passé chez Haeberlin et Westermann (qui forment tant d'excellents jeunes), Julien Binz apporte finesse et créativité à ce Logis de France où Agnès Husser-Schmitt l'a engagé voilà trois ans. Une cuisine tonique, sans sophistication abusive.

Aquitaine

Philippe Lagraula

Une Cuisine en Ville

à DAX (40)

Dax n'avait jamais vu ça. Ancien second de Nicolas Le Bec (dont il copie la tunique noire), passé chez Bras, Troisgros et Jean-Georges Vongerichten, Philippe Lagraula détourne les conventions, use des mousses et des éprouvettes, un talent en devenir.

Auvergne

Jérôme Cazanave

Le Jarrousset

à MURAT (15)

Bouillonnant d'idées, attrapant son terroir à bras le corps, Jérôme Cazanave s'approprie le farçou, les escargots au beurre d'herbes ou les tartines aux cèpes du pays pour en tirer de jolis plats pétris de bonne humeur.

Bourgogne

Thomas Protot

Hostellerie du Vieux Moulin

à BOUILLAND (21)

Succédant à Jean-Pierre Silva, chef pendant 20 ans de cette maison reconnue, Thomas Protot (ancien de Zuddas, Lameloise et Derbord) revient sur les lieux de son apprentissage. Sa cuisine pointe dans la bonne direction, moderne, légère et personnalisée.

Bretagne

Franck Marchesi

Le Belouga

à PERROS-GUIREC (22)

Formé chez Rostang, Franck Marchesi s'est associé à cet ambitieux projet hôtelier inauguré au printemps dernier à l'emplacement de l'ancien Printania. Cuisine marine légère et tonique, cadre épuré et élégant, un fort potentiel.

Centre

Julien Thomasson

La Ferme de la Lande

à LA FERTE-SAINT-AUBIN (45)

A seulement 24 ans, Julien Thomasson mesure sa chance d'être à la tête d'une maison de ce calibre. Un nouvel état d'esprit a investi cette grande ferme depuis son arrivée au printemps : produits de prestige remarquables, beaux desserts, service plein d'allant.

Les "Jeunes talents" 2006 (suite)

Champagne-Ardenne

Ruby Robbe

Hôtel du Soleil d'Or à JOINVILLE (52)

Chef depuis trois ans de cette maison de tradition après avoir été longtemps second de Bernard Bouduin, Rudy Robbe maîtrise et rassure avec des assiettes qui débordent de vitalité.

Corse

Thomas Duval

Terra Cotta

à PROPRIANO (20)

Fils et frère de pêcheurs, Thomas Duval distingue sa jolie terrasse sur le port par un choix de produits au dessus du lot : poissons superbes, saveurs nettes et tarifs contenus.

Franche-Comté

Romuald Fassenet

Le Bec Fin

à DOLE (39)

Distingué comme Meilleur Ouvrier de France l'an dernier, ancien second de Jean-Paul Jeunet, Romuald Fassenet s'est installé voilà trois ans sur les bords du canal des Tanneurs. Contemporaine, entreprenante, sa cuisine fait déjà beaucoup parler d'elle.

Ile-de-France

Bruno Doucet

La Régalade à PARIS 14e (75)

La maison de l'avenue Jean Moulin porterait-elle bonheur ? Passé chez Haeberlin et Westermann et succédant à Yves Camdeborde, Bruno Doucet, chef et propriétaire, a réussi l'exploit de conserver la magie de cette table (ah ! ces gibiers, ces champignons, ces confits...) parmi les plus convoitées de la capitale.

Languedoc-Roussillon

Fabien Lefebvre et Olivier Bontemps

Octopus à BEZIERS (34)

C'est moderne, vivant, souriant, inattendu sur Béziers. Les deux jeunes chefs semblent avoir tout compris ou presque du restaurant de demain, service gentil, assiettes enjôleuses et jamais faciles, et toute la relève vigneronne en cave.

Limousin

Jérôme Artiguebère

Le Manoir de Beaulieu

à BEAULIEU-SUR-DORDOGNE (19)

Ancien second de Nicolas Frion au Chapon Fin et de Thierry Marx, Jérôme Artiguebère accompagne les nouveaux propriétaires de l'ex Central Hôtel Fournié dans leur entreprise de modernisation : cuisine s'écartant des standards locaux, personnel enthousiaste, les bases sont bonnes.

Lorraine

Cédric Bongeot

La Résidence au VAL D'AJOL (88)

Cédric Bongeot, troisième génération d'une famille qui a créé l'établissement en 1960, bouscule gentiment le terroir vosgien et la carte traditionnellement cossue de la maison.

Midi-Pyrénées

Cyril Simon

Auberge de Bardigues

à BARDIGUES (82)

Vraiment chez lui depuis cette année (il a racheté les murs), Cyril Simon a fait de son auberge de village un modèle du genre. Sa cuisine se fait radieuse, précise et généreuse, incarnation d'un terroir limpide et moderne.

Les "Jeunes talents" 2006 (suite)

Nord-Pas-de-Calais

Benjamin Bajeux

La Table de Didier Beckaert

à LAMBERSART (59)

Le faubourg le plus chic de Lille bouge et c'est toute la métropole qui redécouvre Lambersart. Installé au rez-de-chaussée du musée du Colysée, Benjamin Bajeux dirige une équipe enthousiaste avec une cuisine d'aujourd'hui.

(Haute)-Normandie

Laurent Blanchard

Le Saint-Pierre

à LA BOUILLE (76)

Fraîchement débarqué de Margaux (le Relais), Laurent Blanchard apporte un nouveau vent de fraîcheur à ce charmant village des bords de Seine en redonnant vie à cette maison réputée dans les années 70-80. Un beau bagage technique, des assiettes franches, les fondations sont solides.

(Basse)-Normandie

Anthony Gerbeau

Au Paradis des Gourmets

à BARNEVILLE-CARTERET (50)

A 26 ans seulement, Anthony Gerbeau se laisse encore parfois dominer par une fougue qui le pousse à s'aventurer sur des plats sophistiqués. Les essais ne sont pas toujours transformés mais les produits sont au top, la maison accueillante et la marge de progression importante.

Pays-de-la-Loire

Pierre-Yves Ladoire

La Toile à Beurre

à ANCENIS (44)

Succédant à Jean-Charles Baron, Pierre-Yves Ladoire a gardé cette maison sur les mêmes bons rails, de bons produits, de bonnes manières, une cave assez pointue et toujours la délicieuse terrasse sur l'arrière.

Picardie

Thibaut Serin-Moulin

Château de Courcelles

à COURCELLES-SUR-VESLES (02)

Récemment intronisé dans cet élégant château Louis XIV, Thibaut Serin-Moulin semble ne pas faire de cas de la solennité des lieux pour produire une cuisine bien dans son époque, vive et en prise directe avec les produits de saison.

Poitou-Charentes

Vincent Coiquaud

Le Moulin de Châlons

au GUA (17)

Raffinée, précise et distinguée, la cuisine de Vincent Coiquaud fait corps avec cette grande maison charentaise, authentique moulin à marée. Une carte qui raconte la région, avec les céteaux, le poulet de Barbezieux ou le maigre rôti à la fleur de sel de l'île de Ré.

Provence-Alpes-Côte-d'Azur

Sébastien Sanjou

Le Relais de Moines

aux ARCS-SUR-ARGENS (83)

Reprise l'an dernier par Chantal et Sébastien Sanjou (mère et fils), cette maison de pierre installe le Pays basque dans une Provence sous le charme.

Rhône-Alpes

Alain Perrillat

Atmosphères

au BOURGET-DU-LAC (73)

Formé chez le très médiatisé Laurent Petit (le Clos des Sens à Annecy), Alain Perrillat ne pouvait proposer une carte banale dans cette maison ouverte en grand sur le lac. Des saveurs marquées, précises et saillantes, une cuisine singulière et créative.

CHAT
CH- M
LYNCH
MOUSSAS
H- MO
PAUILLA
N PAUILLAC
PROPRIÉ
MIS EN
CHATEAU
LYNCH-MOUSSAS
PAUILLAC
2001
CASTÉJA

Toques et notes

MEGEVE ➤ La Ferme de Mon Père
VEYRIER DU LAC ➤ La Maison de Marc Veyrat

CANCALE ➤ Olivier Roellinger
EUGENIE LES BAINS ➤ Les Prés d'Eugénie - Michel Guérard ↗
LAGUIOLE ➤ Michel Bras
LORIENT ➤ L'Amphitryon
MONTE CARLO ➤ Le Louis XV - Alain Ducasse
PARIS 7 ➤ L'Arpège
PARIS 8 ➤ Pierre Gagnaire
PARIS 8 ➤ Restaurant Alain Ducasse au Plaza Athénée
PARIS 16 ➤ L'Astrance
PARIS 17 ➤ Restaurant Guy Savoy
PAUILLAC ➤ Château Cordeillan-Bages ↗
ROANNE ➤ Troisgros

BAERENTHAL ➤ L'Arnsbourg
BONNIEUX ➤ Restaurant Edouard Loubet Ⓝ
EZE ➤ Le Château de la Chèvre d'Or ↗
FONTJONCOUSE ➤ Restaurant Gilles Goujon
GRASSE ➤ La Bastide Saint-Antoine
JOIGNY ➤ La Côte Saint-Jacques
LA ROCHE BERNARD ➤ L'Auberge Bretonne
LE HAVRE ➤ La Villa du Havre
LYON 2 ➤ Nicolas Le Bec
MONTPELLIER ➤ Le Jardin des Sens
PARIS 1 ➤ Le Grand Véfour
PARIS 4 ➤ L'Ambroisie
PARIS 8 ➤ Le Bristol
PARIS 16 ➤ Pré Catelan
PARIS 17 ➤ Michel Rostang
PUYMIROL ➤ L'Aubergade
SAINT BONNET LE FROID ➤ Auberge et Clos des Cimes
SAINT PERE SOUS VEZELAY ➤ L'Espérance
STRASBOURG ➤ Buerehiesel
TOULOUSE ➤ Michel Sarran

↗ en hausse Ⓝ nouveauté

Toques et notes (suite)

ARBOIS ➤ Jean-Paul Jeunet
BEAULIEU SUR MER ➤ La Réserve de Beaulieu
BEAUNE ➤ Le Jardin des Remparts
BIARRITZ ➤ La Villa Eugénie
BOISMORAND ➤ Auberge des Templiers
BORDEAUX ➤ Le Pavillon des Boulevards
BOULIAC ➤ Le Saint-James ⇗
CANNES ➤ La Palme d'Or
CANNES ➤ Villa des Lys
CARCASSONNE ➤ La Barbacane
CHAGNY ➤ Lameloise
COLOMIERS ➤ L'Amphitryon ⇗
GASSIN ➤ Villa Belrose ⇗
GRANGES LES BEAUMONT ➤ Les Cèdres ⇗
LE BOURGET DU LAC ➤ Le Bateau Ivre
LE SAMBUC ➤ La Chassagnette
LES EYZIES DE TAYAC ➤ Le Centenaire
LYON 1 ➤ Léon de Lyon
MARSEILLE ➤ Passédat - Le Petit Nice
MOUGINS ➤ Le Moulin de Mougins
NANTES ➤ L'Atlantide ⇗
ONZAIN ➤ Domaine des Hauts-de-Loire
PARIS 1 ➤ Carré des Feuillants
PARIS 1 ➤ Le Meurice ⇗
PARIS 8 ➤ Apicius
PARIS 8 ➤ Le Cinq
PARIS 8 ➤ Ledoyen
PARIS 8 ➤ Les Ambassadeurs
PARIS 8 ➤ Taillevent
PARIS 16 ➤ La Grande Cascade
PORTO VECCHIO ➤ Casadelmar
PRENOIS ➤ Auberge de la Charme
REIMS ➤ Château Les Crayères
RIQUEWIHR ➤ La Table du Gourmet
ROMORANTIN LANTHENAY ➤ Grand Hôtel du Lion d'Or
SAINT BRIEUC ➤ Aux Pesked ⇗
SAINT EMILION ➤ Hostellerie de Plaisance
SAULIEU ➤ Le Relais Bernard Loiseau
STRASBOURG ➤ Au Crocodile ⇗
TINQUEUX ➤ L'Assiette Champenoise ⇗
URIAGE ➤ Les Terrasses
VALENCE ➤ Pic
VICHY ➤ Jacques Decoret
VONNAS ➤ Georges Blanc

⇗ en hausse

Palmarès des Cuisiniers de l'année

2005
Pascal Barbot
L'ASTRANCE
à PARIS (75)

2004
Jean-Paul Abadie
L'AMPHITRYON
à LORIENT (56)

2003
Michel Troisgros
TROISGROS
à ROANNE (42)

2002
Nicolas Le Bec
LES LOGES
à LYON (69)

2001
Régis Marcon
AUBERGE DES CIMES
à SAINT-BONNET-LE-FROID (43)

2000
Bruno Oger
VILLA DES LYS
à CANNES (06)

1999
Guy Martin
LE GRAND VÉFOUR
à PARIS (75)

1998
Laurent et Jacques Pourcel
LE JARDIN DES SENS
à MONTPELLIER (34)

1997
Jacques Chibois
LA BASTIDE SAINT-ANTOINE
à GRASSE (06)

1996
Patrick Henriroux
LA PYRAMIDE
à VIENNE (38)

1995
Roger Souvereyns
SCHOLTESHOF
à STEVOORT (BELGIQUE)

1994
Olivier Roellinger
MAISONS DE BRICOURT
à CANCALE (35)

1993
Pierre Gagnaire
PIERRE GAGNAIRE
à SAINT-ETIENNE (42)

Jean-Michel Lorain
LA CÔTE SAINT-JACQUES
à JOIGNY (89)

depuis 1986

1992

Jean Bardet
JEAN BARDET
à TOURS (37)

Gérard Boyer
LES CRAYÈRES
à REIMS (51)

1991

Michel Trama
L'AUBERGADE
à PUYMIROL (47)

1990

Paul et Marc Haeberlin
AUBERGE DE L'ILL
à ILLHAEUSERN (68)

Bernard Loiseau
LA CÔTE D'OR
à SAULIEU (21)

Marc Veyrat
AUBERGE DE L'ERIDAN
à ANNECY (74)

1989

Jacques Chibois
ROYAL GRAY
à CANNES (06)

Marc Veyrat
AUBERGE DE L'ERIDAN
à ANNECY (74)

1988

Michel Bras
LOU MAZUC
à LAGUIOLE (12)

1987

Alain Chapel
ALAIN CHAPEL
à MIONNAY (01)

Michel Trama
L'AUBERGADE
à PUYMIROL (47)

Pierre et Michel Troisgros
TROISGROS
à ROANNE (42)

1986

Michel Bras
LOU MAZUC
à LAGUIOLE (12)

Pierre Gagnaire
PIERRE GAGNAIRE
à SAINT-ETIENNE (42)

Bernard Loiseau
LA CÔTE D'OR
à SAULIEU (21)

Michel et Jean-Michel Lorain
LA CÔTE SAINT-JACQUES
à JOIGNY (89)

Les régions et départements

Alsace 10
Bas-Rhin 67
Haut-Rhin 68

Aquitaine 23 - 24
Dordogne 24
Gironde 33
Landes 40
Lot-et-Garonne 47
Pyrénées-Atlantiques 64

Auvergne 26
Allier 03
Cantal 15
Haute-Loire 43
Puy-de-Dôme 63

Bourgogne 19 - 20
Côte-d'Or 21
Nièvre 58
Saône-et-Loire 71
Yonne 89

Bretagne 13 - 14
Côtes-d'Armor 22
Finistère 29
Ile-et-Vilaine 35
Morbihan 56

Centre 17 - 18
Cher 18
Eure-et-Loir 28
Indre 36
Indre-et-Loire 37
Loir-et-Cher 41
Loiret 45

Champagne-Ardenne 9
Ardennes 08
Aube 10
Marne 51
Haute-Marne 52

Corse 35
Haute-Corse,
Corse-du-Sud 20

Franche-Comté 21
Doubs 25
Jura 39
Haute-Saône 70
Territoire-de-Belfort 90

Ile-de-France 7 - 8
Paris 75
Seine-et-Marne 77
Yvelines 78
Essonne 91
Hauts-de-Seine 92
Seine-Saint-Denis 93
Val-de-Marne 94
Val-d'Oise 95

Languedoc-Roussillon 31 - 32
Aude 11
Gard 30
Hérault 34
Lozère 48
Pyrénées-Orientales 66

Limousin 25
Corrèze 19
Creuse 23
Haute-Vienne 87

Lorraine 11 - 12
Meurthe-et-Moselle 54
Meuse 55
Moselle 57
Vosges 88

Midi-Pyrénées 29 - 30
Ariège 09
Aveyron 12
Haute-Garonne 31
Gers 32
Lot 46
Hautes-Pyrénées 65
Tarn 81
Tarn-et-Garonne 82

Nord-Pas-de-Calais 1 - 2
Nord 59
Pas-de-Calais 62

Normandie 5 - 6
Calvados 14
Eure 27
Manche 50
Orne 61
Seine-Maritime 76

Pays-de-la-Loire 15 - 16
Loire-Atlantique 44
Maine-et-Loire 49
Mayenne 53
Sarthe 72
Vendée 85

Picardie 3 - 4
Aisne 02
Oise 60
Somme 80

Poitou-Charentes 22
Charente 16
Charente-Maritime 17
Deux-Sèvres 79
Vienne 86

Provence-Alpes-Côte-d'Azur-Monaco 33 - 34
Alpes-de-Haute-Provence 04
Hautes-Alpes 05
Alpes-Maritimes 06
Bouches-du-Rhône 13
Var 83
Vaucluse 84
Monaco 98

Rhône-Alpes 27 - 28
Ain 01
Ardèche 07
Drôme 26
Isère 38
Loire 42
Rhône 69
Savoie 73
Haute-Savoie 74

Le numéro de page renvoie au cahier des cartes régionales.

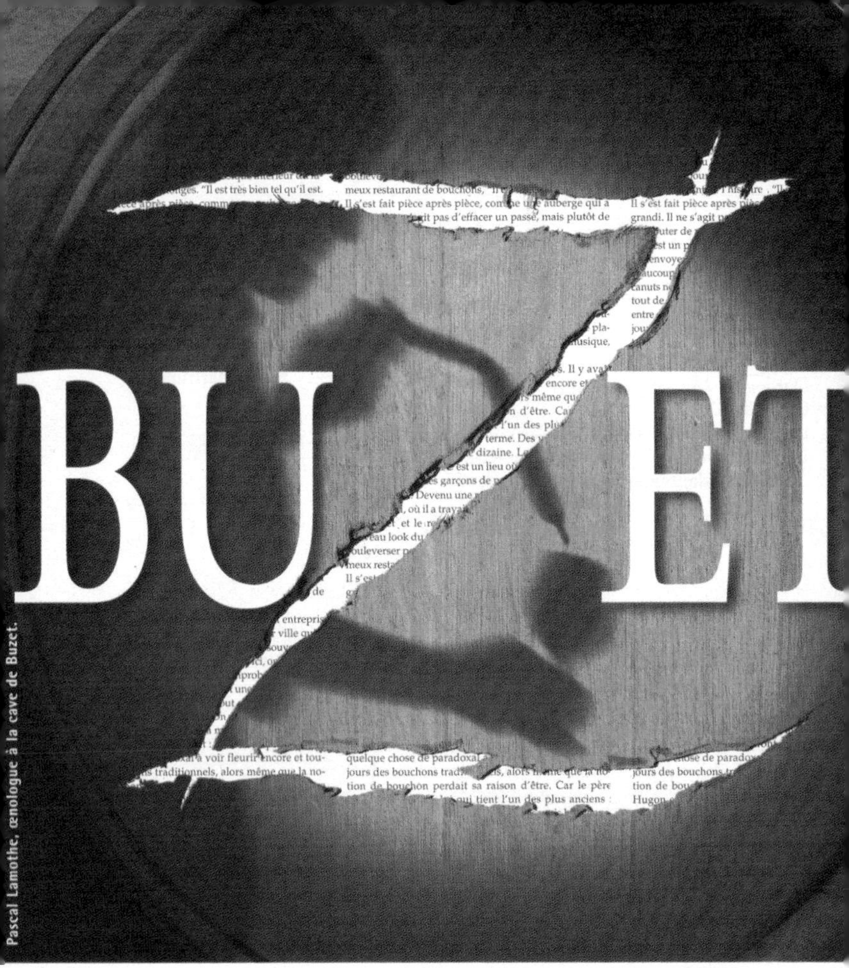

GAULTMILLAU

GUIDE FRANCE

2006

VOTRE AVIS NOUS INTÉRESSE

Afin de mieux vous connaître et d'améliorer ce guide chaque année, adressez-nous vos commentaires avec vos coordonnées complètes à :

GAULTMILLAU
Service Marketing
5, rue Madame-de-Sanzillon
92110 CLICHY

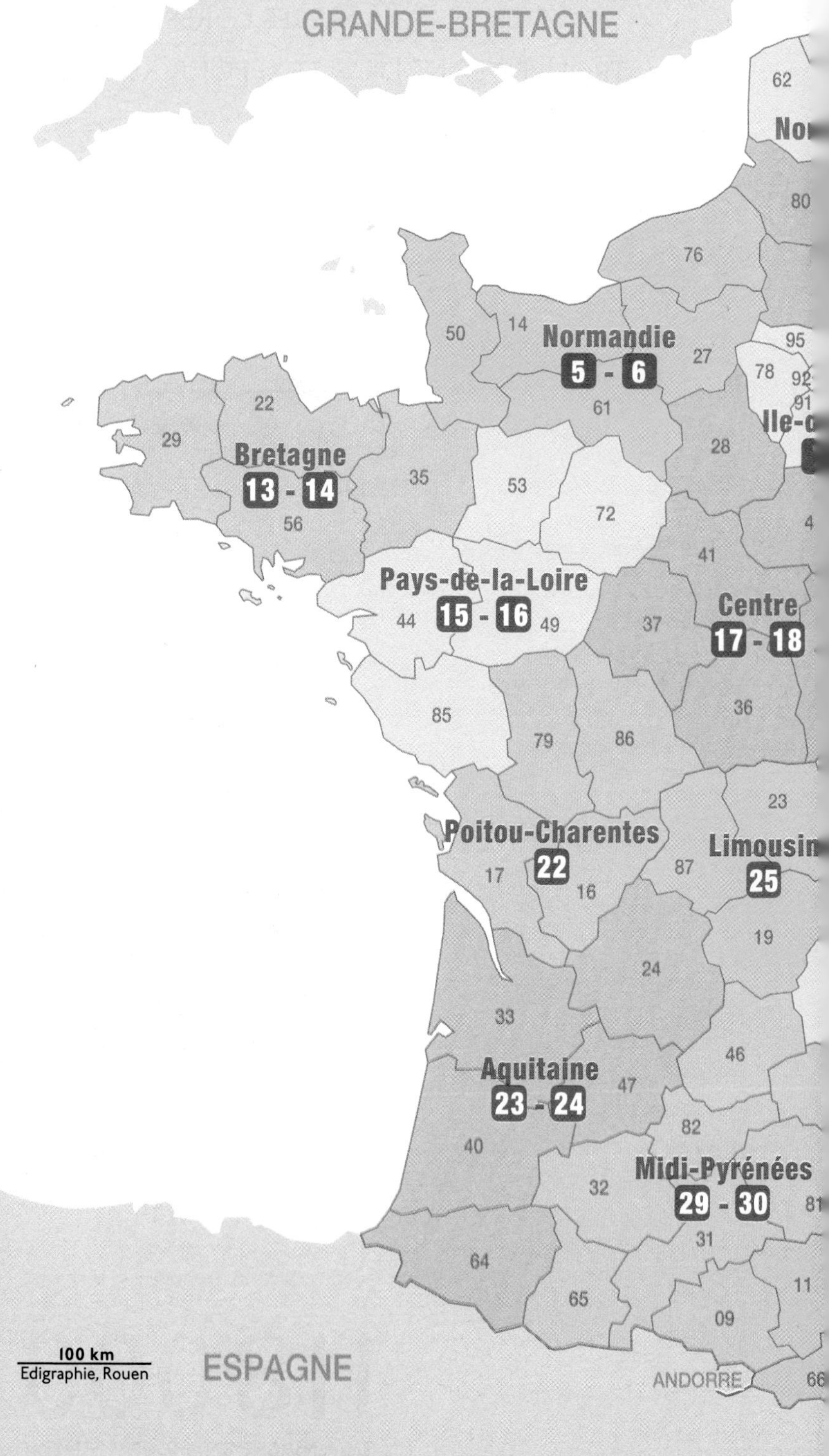

GRANDE-BRETAGNE
62
80
76
50
14
Normandie
5 - 6
27
95
78
61
22
29
Bretagne
13 - 14
35
53
72
28
56
41
Pays-de-la-Loire
15 - 16
44
49
37
Centre
17 - 18
36
85
79
86
23
Poitou-Charentes
22
Limousin
25
87
17
16
19
24
33
46
Aquitaine
23 - 24
47
82
40
Midi-Pyrénées
29 - 30
32
31
64
11
65
09
100 km
Edigraphie, Rouen
ESPAGNE
ANDORRE

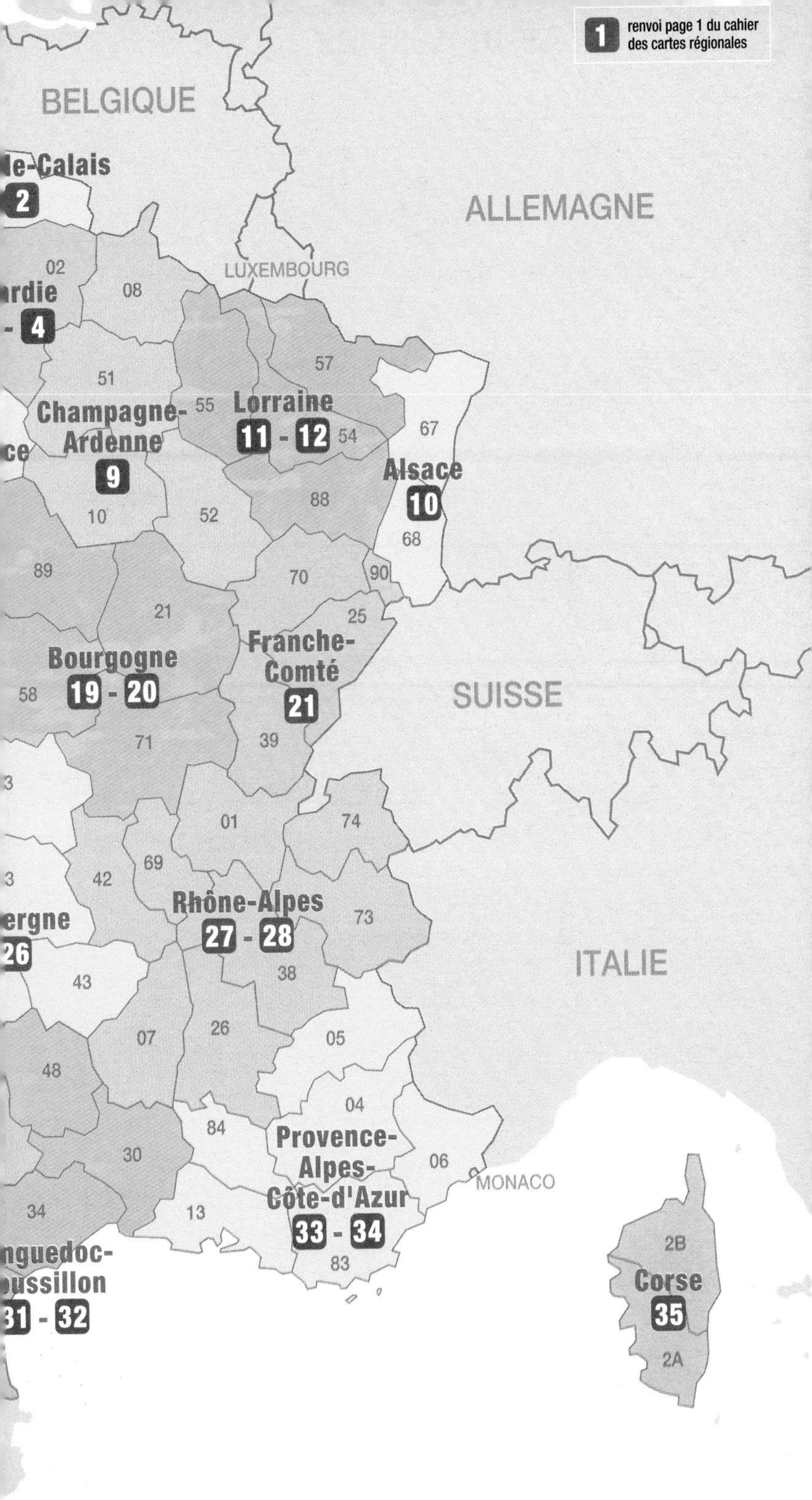
1 renvoi page 1 du cahier des cartes régionales
BELGIQUE
-Calais
2
ALLEMAGNE
LUXEMBOURG
02
rdie
4
08
57
51
Champagne-Ardenne
9
55
Lorraine
11 - 12
54
67
Alsace
10
68
88
10
52
89
70
90
21
25
Franche-Comté
21
Bourgogne
19 - 20
SUISSE
58
71
39
01
74
69
42
Rhône-Alpes
27 - 28
73
ergne
26
43
38
ITALIE
07
26
05
48
04
84
Provence-Alpes-Côte-d'Azur
33 - 34
30
06
MONACO
34
13
83
nguedoc-
ussillon
31 - 32
2B
Corse
35
2A

1 Nord-Pas-de-Calais

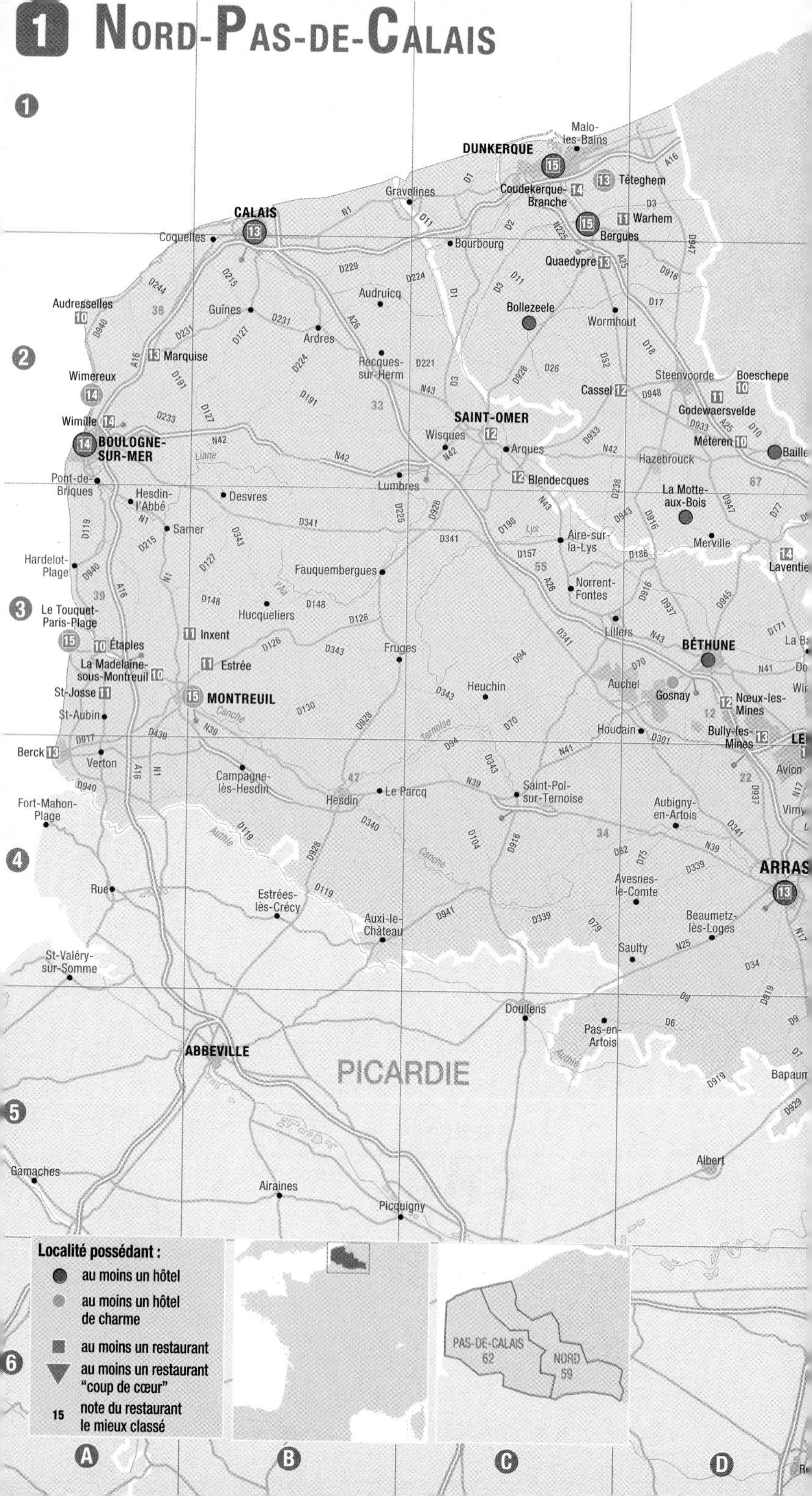

BELGIQUE
Comines
Bondues
Tourcoing
Quesnoy-sur-Deûle
Roubaix
Marcq-en-Barœul
Leers
Lambersart
Lannoy
LILLE
Villeneuve-d'Ascq
Lomme
Chéreng
Haubourdin
Loos
Emmerin
Wattignies
Cysoing
Seclin
Pont-à-Marcq
Orchies
Beuvry-la-Forêt
Condé-sur-l'Escaut
Saint-Amand-les-Eaux
Courrières
Leforest
Marchiennes
Raismes
DOUAI
VALENCIENNES
Denain
Jenlain
Vitry-en-Artois
Bavay
Maubeuge
Bouchain
Villers Pol
Arleux
Le Quesnoy
Hautmont
Berlaimont
Dourlers
Solre-le-Château
Solesmes
Marquion
CAMBRAI
Fontaine-Notre-Dame
Carnières
Sars-Poteries
Marcoing
Landrecies
AVESNES-SUR-HELPE
Le Cateau-Cambrésis
Liessies
Ligny-en-Cambrésis
Clary
Trélon
Fesmy-le-Sart
Le Cateau-Cambrésis
La Capelle
Hirson
Guise
ST-QUENTIN
PICARDIE
VERVINS
Ham
Marle
Montcornet
A
B
C
D

3 PICARDIE
MONTREUIL
Hesdin
St-Pol-sur-Ternoise
NORD - PAS-DE-CALAIS
Fort-Mahon-Plage
St-Firmin
Rue
Favières
Crécy-en-Ponthieu
Le Crotoy
Nouvion
Saint-Valery-sur-Somme
St-Riquier
Doullens
Bernaville
Friville-Escarbotin
Ault
ABBEVILLE
Woincourt
Moyenneville
Erondelle
Domart-en-Ponthieu
Acheux-en-Amiénois
Eu
Hallencourt
Villers-Bocage
Albert
Gamaches
Oisemont
Picquigny
DIEPPE
Dreuil-lès-Amiens
AMIENS
Corbie
Molliens-Dreuil
Hornoy-le-Bourg
Creuse
Dury
Boves
Caulières
Poix-de-Picardie
Conty
Ailly-sur-Noye
Moreuil
Neufchâtel-en-Bray
St-Saëns
Grandvilliers
Formerie
Breteuil
MONTDIDIER
Forges-les-Eaux
Marseille-en-Beauvaisis
Crèvecœur-le-Grand
Froissy
Maignelay-Montigny
Songeons
St-Quentin-des-Prés
Crillon
Gournay-en-Bray
Hannaches
Saint-Just-en-Chaussée
Savignies
ROUEN
HAUTE-NORMANDIE
BEAUVAIS
Nivillers
Étouy
CLERMONT
Agnetz
Auneuil
Fleury-sur-Andelle
Noailles
Mouy
Liancourt
Gisors
LES ANDELYS
Chaumont-en-Vexin
Reilly
Méru
Mello
Nogent-sur-Oise
Creil
Apremont
Pont-Ste-Maxence
Neuilly-en-Thelle
Saint-Maximin
SENLIS
Belle-Église
Gouvieux
Chantilly
Vineuil-St-Firmin
Beaumont-sur-Oise
Montgresin
Ermenonville
Mantes-la-Jolie
Plailly
ÉVREUX
PONTOISE
SOMME 80
OISE 60
AISNE 02
MONTMORENCY
ARGENTEUIL
BOBIGNY
ST-GERMAIN-EN-LAYE
NANTERRE
LE RAINCY
PARIS
BOULOGNE-BILLANCOURT
NOGENT-SUR-MARNE
VERSAILLES
CRETEIL
L'HAY-LES-ROSES
A
B
C
D
1
2
3
4
5
6

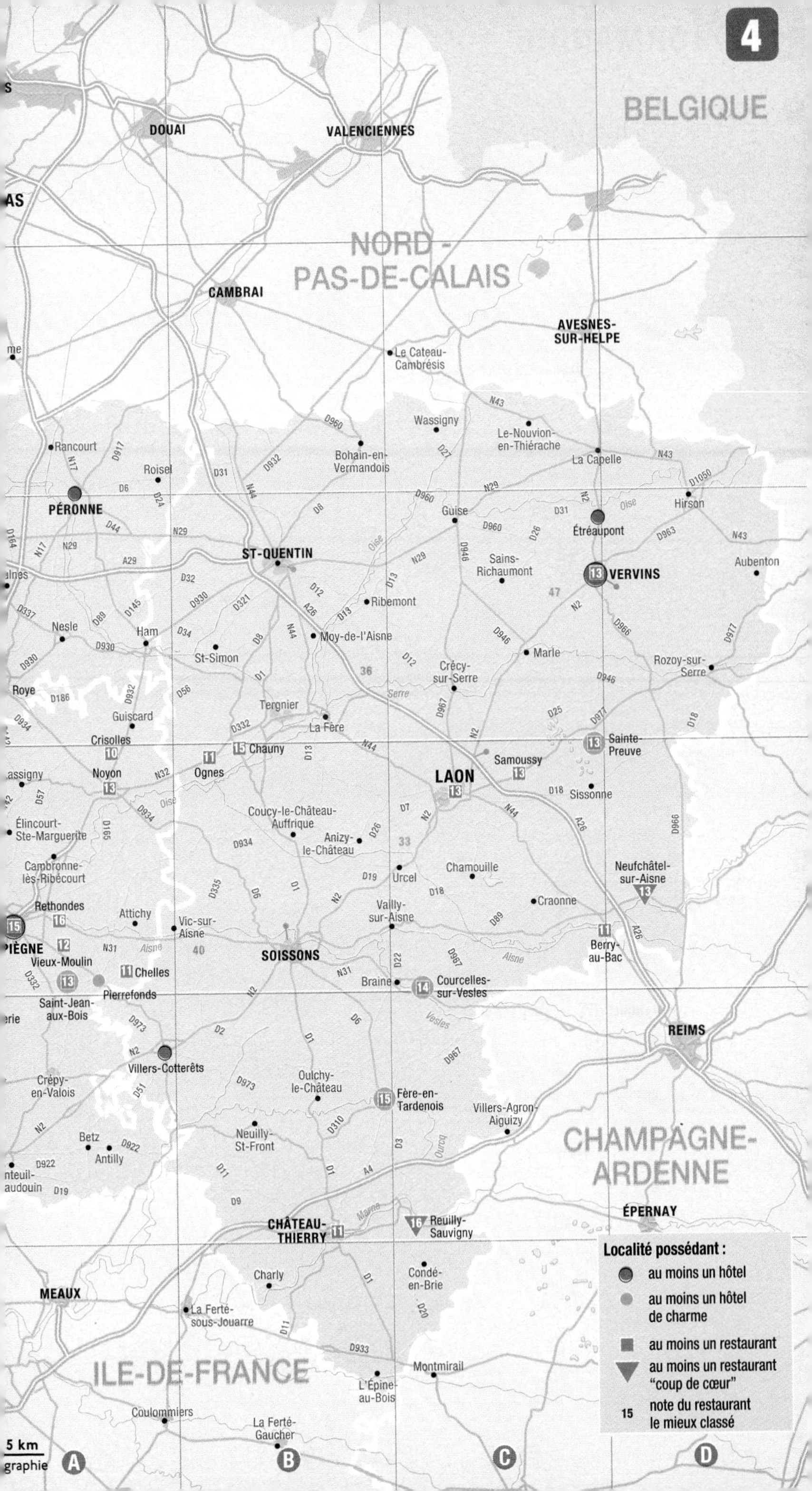
4
BELGIQUE
DOUAI
VALENCIENNES
NORD - PAS-DE-CALAIS
CAMBRAI
AVESNES-SUR-HELPE
Le Cateau-Cambrésis
Wassigny
Le-Nouvion-en-Thiérache
La Capelle
Bohain-en-Vermandois
Rancourt
Roisel
PÉRONNE
Guise
Hirson
Étréaupont
ST-QUENTIN
Sains-Richaumont
VERVINS
Aubenton
Ribemont
Nesle
Ham
Moy-de-l'Aisne
St-Simon
Marle
Crécy-sur-Serre
Rozoy-sur-Serre
Roye
Tergnier
La Fère
Guiscard
Crisolles
Chauny
Sainte-Preuve
Samoussy
Noyon
Ognes
LAON
Sissonne
Coucy-le-Château-Auffrique
Anizy-le-Château
Élincourt-Ste-Marguerite
Cambronne-lès-Ribécourt
Urcel
Chamouille
Neufchâtel-sur-Aisne
Craonne
Rethondes
Attichy
Vic-sur-Aisne
Vailly-sur-Aisne
Berry-au-Bac
SOISSONS
Vieux-Moulin
Chelles
Pierrefonds
Braine
Courcelles-sur-Vesles
Saint-Jean-aux-Bois
REIMS
Villers-Cotterêts
Crépy-en-Valois
Oulchy-le-Château
Fère-en-Tardenois
Villers-Agron-Aiguizy
Betz
Antilly
Neuilly-St-Front
CHAMPAGNE-ARDENNE
ÉPERNAY
CHÂTEAU-THIERRY
Reuilly-Sauvigny
MEAUX
Charly
Condé-en-Brie
La Ferté-sous-Jouarre
ILE-DE-FRANCE
Montmirail
L'Épine-au-Bois
Coulommiers
La Ferté-Gaucher
Localité possédant :
au moins un hôtel
au moins un hôtel de charme
au moins un restaurant
au moins un restaurant "coup de cœur"
15 note du restaurant le mieux classé
5 km
A
B
C
D

5 NORMANDIE

1
2
3
4
5
6
St-Germain-des-Vaux
Beaumont
CHERBOURG-OCTEVILLE
Équeurdreville-Hainneville
St-Pierre-Église
Barfleur
Montfarville
Quettehou
St-Vaast-la-Hougue
Les Pieux
Valognes
Bricquebec
Montebourg
Barneville-Carteret
Ste-Mère-Eglise
Saint-Sauveur-le-Vicomte
La Haye-du-Puits
Carentan
Lessay
Périers
Saint-Jean-de-Daye
St-Sauveur-Lendelin
Saint-Malo-de-la-Lande
Heugueville-sur-Sienne
COUTANCES
Cerisy-la-Salle
Montmartin-sur-Mer
Trelly
Bréhal
Gavray
Granville
La Haye-Pesnel
Sartilly
Villedieu-les-Poêles
AVRANCHES
Le Mont-St-Michel
Céaux
Courtils
Ducey
Isigny-le-Buat
Pontorson
Dol-de-Bretagne
St-James
Antrain
Combourg
BRETAGNE
Grandcamp-Maisy
Vierville-sur-Mer
Isigny-sur-Mer
Port-en-Bessin-Huppain
Arromanches-les-Bains
Courseulles-sur-Mer
Luc-sur-Mer
Tracy-s.-Mer
Crépon
BAYEUX
Le Breuil-en-Bessin
Douvres-la-Délivrande
Ouistreham
Audrieu
St-Clair-sur-l'Elle
Balleroy
Cresserons
CAEN
Hébécrevon
St-Pierre-de-Semilly
SAINT-LÔ
Louvigny
Évrecy
Bourguébus
Caumont-l'Éventé
Villers-Bocage
Torigni-sur-Vire
Goupillières
Bretteville-sur-Laize
Aunay-sur-Odon
Tessy-sur-Vire
Thury-Harcourt
Percy
Le Beny-Bocage
Clécy
Le Vey
Saint-Sever-Calvados
VIRE
Vassy
Condé-sur-Noireau
Pont d'Ouilly
Falaise
Roullours
St-Germain-de-Tallevende-la-Lande-Vaumont
Tinchebray
Athis-de-l'Orne
Putanges-Pont-Écrepin
Flers
Saint-Pois
Brécey
Sourdeval
Messei
Écouché
Juvigny-le-Tertre
Mortain
Briouze
St-Georges-de-Rouelley
Barenton
Domfront
La Ferté-Macé
Saint-Hilaire-du-Harcouët
Bagnoles-de-l'Orne
Carrouges
Le Teilleul
Juvigny-sous-Andaine
Passais
Pré-en-Pail
MAYENNE
PAYS-DE-LA-LOIRE
Sillé-le-Guillaume
LAVAL
Morteau-Coulibœuf
SEINE-MARITIME 76
MANCHE 50
CALVADOS 14
EURE 27
ORNE 61
A
B
C
D

6
PICARDIE
ILE-DE-FRANCE
CENTRE
Le Tréport 10
Eu
Mesnil-Val
Blangy-sur-Bresle
Pourville-sur-Mer
DIEPPE
Neuville-lès-Dieppe
Martin-Église
Envermeu
Varengeville-sur-Mer
Sotteville-sur-Mer
Saint-Valery-en-Caux
Veules-les-Roses
Bourg-Dun
Offranville
Arques-la-Bataille
Londinières
Sassetot-le-Mauconduit
Ingouville-sur-Mer
Fontaine-le-Dun
Bacqueville-en-Caux
Longueville-sur-Scie
Mesnières-en-Bray
Aumale
Neufchâtel-en-Bray
Fécamp
Cany-Barville
Valmont
Ourville-en-Caux
Doudeville
Étretat
Bellencombre
Saint-Saëns
Yerville
Tôtes
Fauville-en-Caux
Criquetot-l'Esneval
Goderville
St-Martin-Osmonville
Yvetot
Frichemesnil
Forges-les-Eaux
Clères
Bosc-le-Hard
Buchy
Pavilly
Montivilliers
St-Romain-de-Colbosc
Bolbec
Barentin
Argueil
Lillebonne
Caudebec-en-Caux
LE HAVRE
Gonfreville-l'Orcher
N.-D.-de-Gravenchon
Duclair
Mont-St-Aignan
St-Martin-du-Vivier
Gournay-en-Bray
Tancarville
Quillebeuf-sur-Seine
Maromme
ROUEN
Bonsecours
Vasouy
Conteville
Jumièges
Lyons-la-Forêt
Honfleur
Bourneville
Routot
Le Grand-Quevilly
Sotteville-lès-Rouen
Fleury-sur-Andelle
St-Gatien-des-Bois
Beuzeville
La Bouille
Grand-Couronne
Tourville-la-Rivière
Bazincourt-sur-Epte
Deauville
Pont-Audemer
Montfort-sur-Risle
Étrépagny
Pont-de-l'Arche
Bourgtheroulde-Infreville
Campigny
Pont-l'Évêque
Beaumont-en-Auge
Cormeilles
Le Bec-Hellouin
Elbeuf
Val-de-Reuil
Connelles
LES ANDELYS
Gisors
Amfreville-la-Campagne
Breuil-en-Auge
Saint-Georges-du-Vièvre
La Saussaye
Louviers
Quatremare
Vironvay
Brionne
Acquigny
Manerbes
Le Neubourg
Gaillon
Écos
Gasny
Magny-en-Vexin
LISIEUX
Thiberville
La Rivière-Thibouville
Vernon
BERNAY
Beaumont-le-Roger
La Chapelle Réanville
Douains
St-Aubin-le-Vertueux
Parville
ÉVREUX
MANTES-LA-JOLIE
N.-D.-de-Courson
Livarot
Orbec
Broglie
Beaumesnil
Pacy-sur-Eure
Conches-en-Ouche
Vimoutiers
St-André-de-l'Eure
Damville
Ivry-la-Bataille
Trun
La Ferté-Frênel
Rugles
Breteuil
Houdan
Gacé
L'Aigle
Nonancourt
St-Michel-Tubœuf
Verneuil-sur-Avre
Courteilles
Le Merlerault
Brezolles
DREUX
Macé
Courtomer
Moulins-la-Marche
Sées
Tourouvre
Châteauneuf-en-Thymerais
Bazoches-sur-Hoëne
Moulicent
Maintenon
Le Mêle-sur-Sarthe
Longny-au-Perche
MORTAGNE-AU-PERCHE
St-Victor-de-Réno
CHARTRES
Pervenchères
Rémalard
Noce
Bellême
Condeau
MAMERS
NOGENT-LE-ROTROU
Illiers-Combray
Le Theil
Brou
Bonnétable
Localité possédant :
au moins un hôtel
au moins un hôtel de charme
au moins un restaurant
au moins un restaurant "coup de cœur"
15 note du restaurant le mieux classé
A
B
C
D

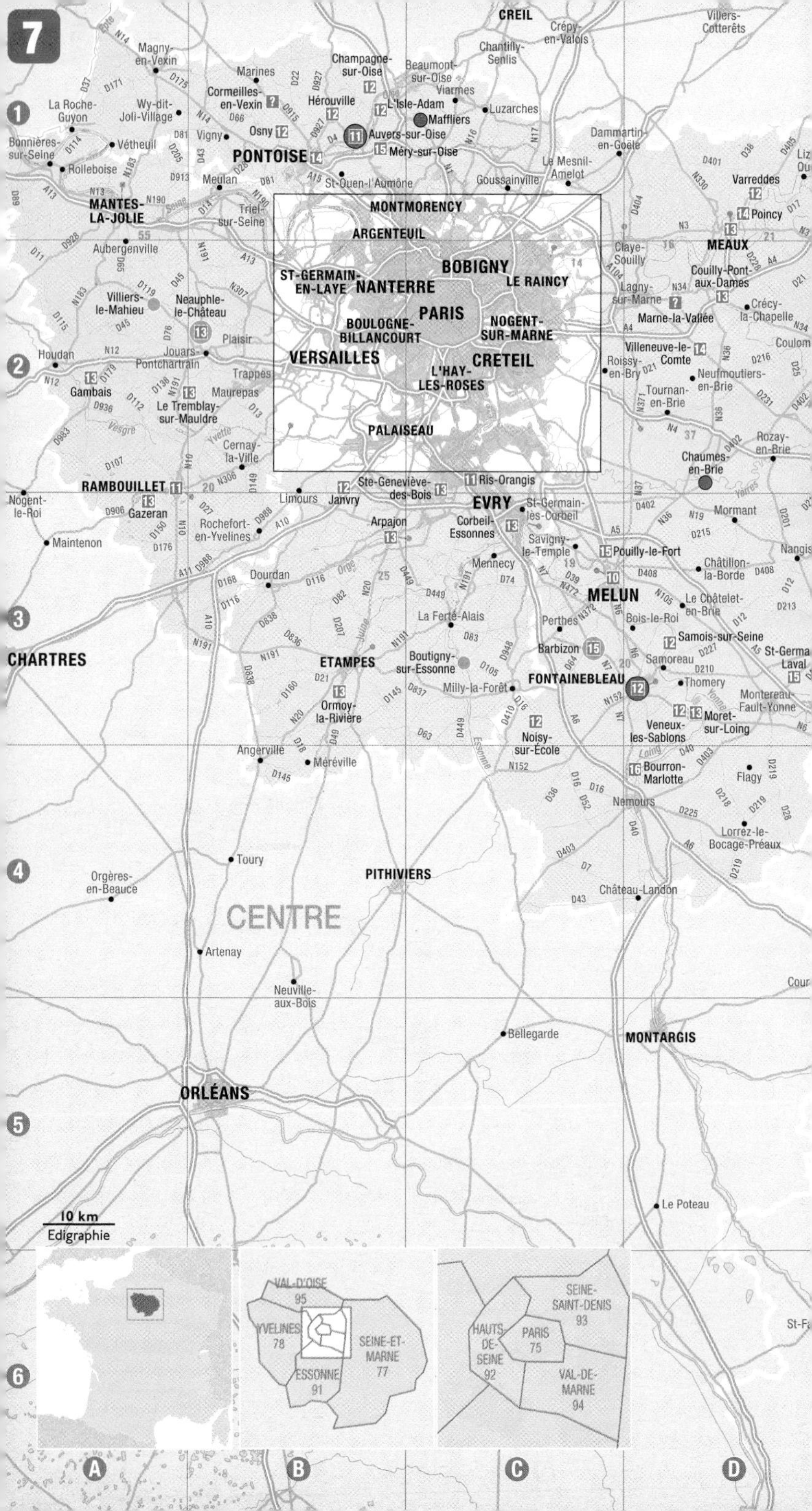

7
CREIL
Villers-Cotterêts
Crépy-en-Valois
Chantilly-Senlis
Magny-en-Vexin
Marines
Champagne-sur-Oise
Beaumont-sur-Oise
Viarmes
Cormeilles-en-Vexin
Hérouville
L'Isle-Adam
Luzarches
La Roche-Guyon
Wy-dit-Joli-Village
Maffliers
Osny
Auvers-sur-Oise
Dammartin-en-Goële
Bonnières-sur-Seine
Vétheuil
Vigny
Méry-sur-Oise
PONTOISE
Le Mesnil-Amelot
Rolleboise
Meulan
St-Ouen-l'Aumône
Goussainville
Varreddes
MANTES-LA-JOLIE
Triel-sur-Seine
MONTMORENCY
Poincy
ARGENTEUIL
MEAUX
Aubergenville
Claye-Souilly
BOBIGNY
LE RAINCY
Couilly-Pont-aux-Dames
ST-GERMAIN-EN-LAYE
NANTERRE
Lagny-sur-Marne
Villiers-le-Mahieu
Neauphle-le-Château
PARIS
Crécy-la-Chapelle
Marne-la-Vallée
BOULOGNE-BILLANCOURT
NOGENT-SUR-MARNE
Plaisir
Houdan
Jouars-Pontchartrain
VERSAILLES
CRETEIL
Villeneuve-le-Comte
Coulom
Trappes
Roissy-en-Brie
Neufmoutiers-en-Brie
Gambais
Maurepas
L'HAY-LES-ROSES
Tournan-en-Brie
Le Tremblay-sur-Mauldre
PALAISEAU
Cernay-la-Ville
Rozay-en-Brie
Chaumes-en-Brie
RAMBOUILLET
Ris-Orangis
Ste-Geneviève-des-Bois
Nogent-le-Roi
Gazeran
Limours
Janvry
EVRY
St-Germain-lès-Corbeil
Mormant
Maintenon
Rochefort-en-Yvelines
Arpajon
Corbeil-Essonnes
Savigny-le-Temple
Pouilly-le-Fort
Nangis
Mennecy
Châtillon-la-Borde
Dourdan
MELUN
Le Châtelet-en-Brie
La Ferté-Alais
Perthes
Bois-le-Roi
Samois-sur-Seine
CHARTRES
Barbizon
St-Germain-Laval
Boutigny-sur-Essonne
ETAMPES
Samoreau
FONTAINEBLEAU
Thomery
Milly-la-Forêt
Montereau-Fault-Yonne
Ormoy-la-Rivière
Moret-sur-Loing
Noisy-sur-École
Veneux-les-Sablons
Angerville
Méréville
Bourron-Marlotte
Flagy
Nemours
Lorrez-le-Bocage-Préaux
Toury
PITHIVIERS
Orgères-en-Beauce
Château-Landon
CENTRE
Artenay
Neuville-aux-Bois
Cour
Bellegarde
MONTARGIS
ORLÉANS
Le Poteau
10 km
Edigraphie
VAL-D'OISE 95
YVELINES 78
SEINE-ET-MARNE 77
ESSONNE 91
SEINE-SAINT-DENIS 93
HAUTS-DE-SEINE 92
PARIS 75
VAL-DE-MARNE 94
St-F
1
2
3
4
5
6
A
B
C
D

ILE-DE-FRANCE

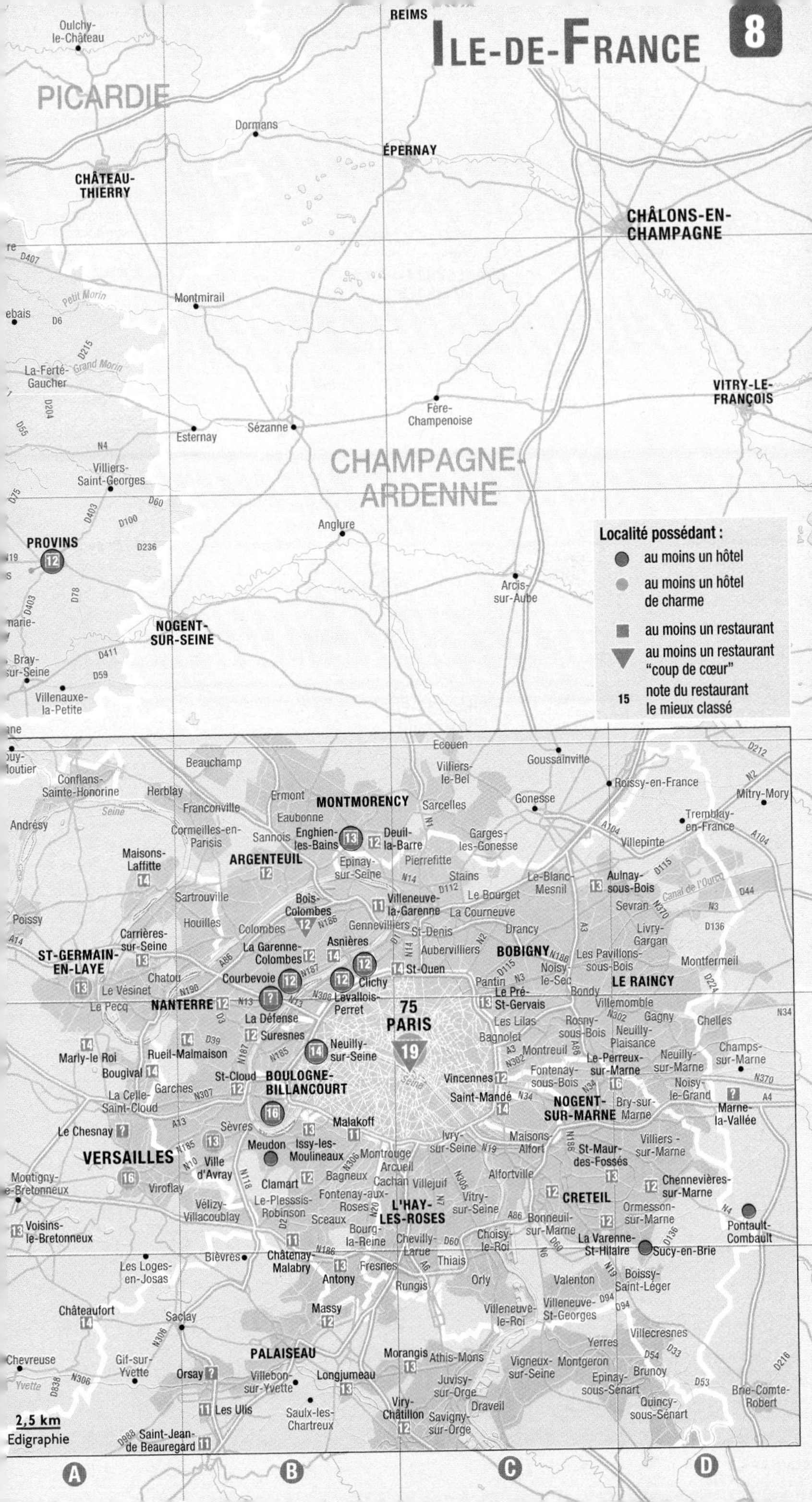

Champagne-Ardenne

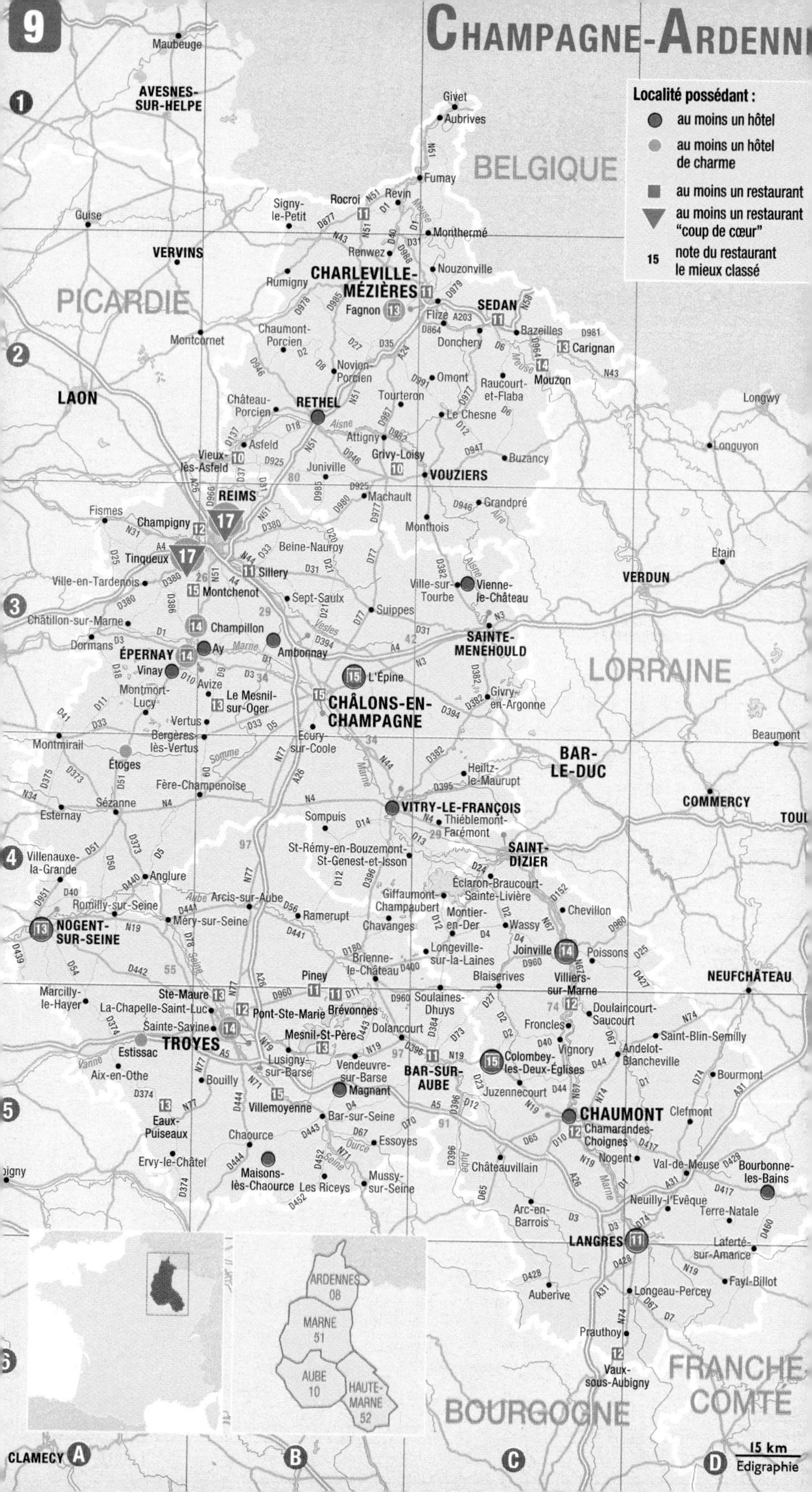

ALSACE
LORRAINE
FRANCHE-COMTÉ
ALLEMAGNE
SUISSE
WISSEMBOURG
HAGUENAU
SAVERNE
SARREBOURG
STRASBOURG
MOLSHEIM
SÉLESTAT
SAINT-DIÉ
RIBEAUVILLÉ
COLMAR
GUEBWILLER
THANN
MULHOUSE
BELFORT
ALTKIRCH
BAS-RHIN 67
HAUT-RHIN 68
Localité possédant :
au moins un hôtel
au moins un hôtel de charme
au moins un restaurant
au moins un restaurant "coup de cœur"
15 note du restaurant le mieux classé
10 km

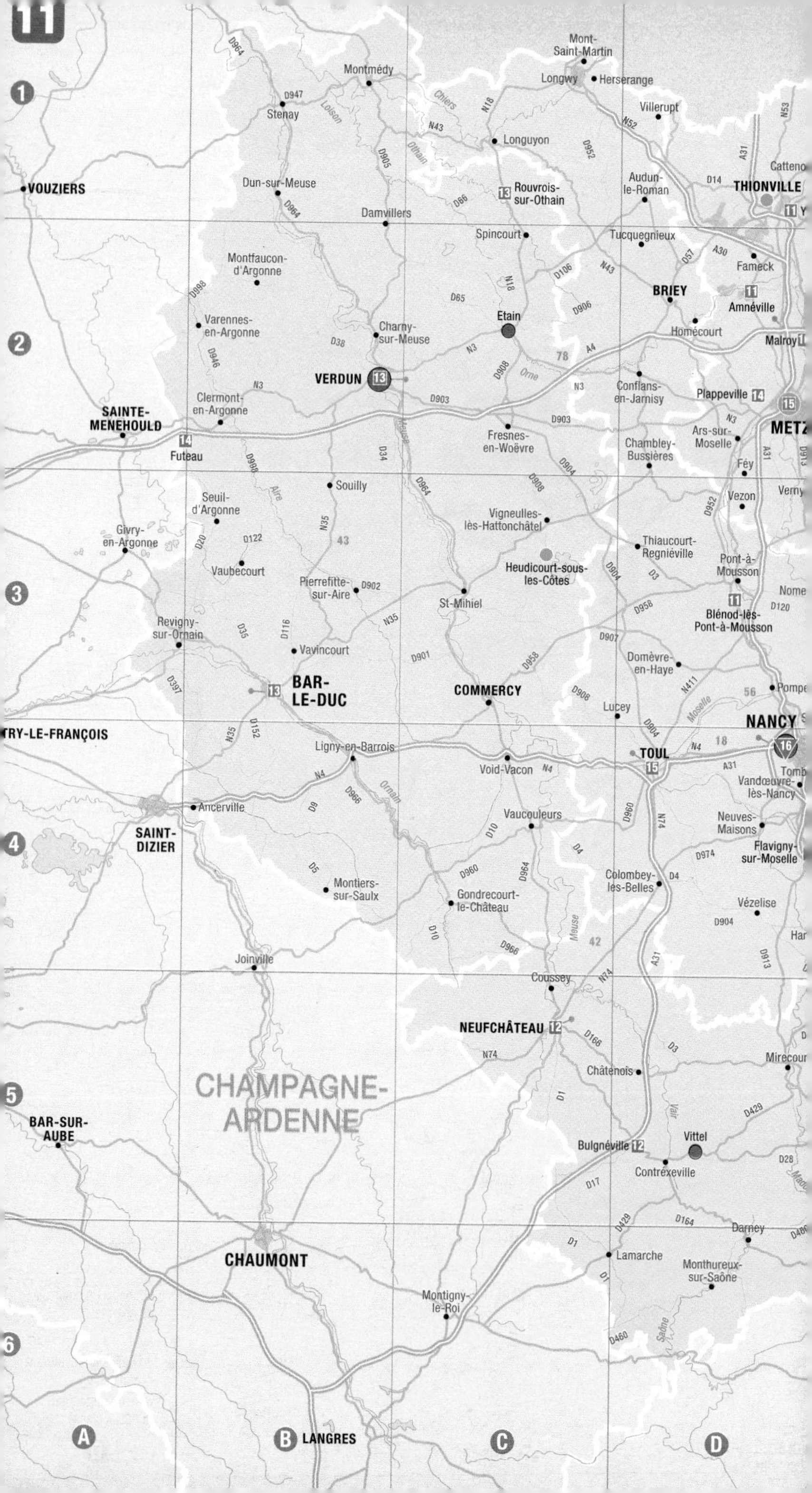

Montmédy
Stenay
Mont-Saint-Martin
Longwy
Herserange
Villerupt
Longuyon
VOUZIERS
Dun-sur-Meuse
Rouvrois-sur-Othain
Audun-le-Roman
THIONVILLE
Damvillers
Spincourt
Tucquegnieux
Fameck
Montfaucon-d'Argonne
BRIEY
Amnéville
Varennes-en-Argonne
Charny-sur-Meuse
Etain
Homécourt
VERDUN
Conflans-en-Jarnisy
Plappeville
SAINTE-MENEHOULD
Clermont-en-Argonne
Futeau
Fresnes-en-Woëvre
Chambley-Bussières
Ars-sur-Moselle
METZ
Fèy
Souilly
Seuil-d'Argonne
Vigneulles-lès-Hattonchâtel
Vezon
Givry-en-Argonne
Vaubecourt
Thiaucourt-Regniéville
Heudicourt-sous-les-Côtes
Pont-à-Mousson
Pierrefitte-sur-Aire
St-Mihiel
Blénod-lès-Pont-à-Mousson
Revigny-sur-Ornain
Vavincourt
Domèvre-en-Haye
BAR-LE-DUC
COMMERCY
Lucey
NANCY
TRY-LE-FRANÇOIS
Ligny-en-Barrois
Void-Vacon
TOUL
Vandœuvre-lès-Nancy
Ancerville
SAINT-DIZIER
Vaucouleurs
Neuves-Maisons
Flavigny-sur-Moselle
Colombey-les-Belles
Montiers-sur-Saulx
Gondrecourt-le-Château
Vézelise
Joinville
Coussey
NEUFCHÂTEAU
Châtenois
Mirecourt
CHAMPAGNE-ARDENNE
BAR-SUR-AUBE
Vittel
Bulgnéville
Contrexéville
Darney
CHAUMONT
Lamarche
Monthureux-sur-Saône
Montigny-le-Roi
LANGRES

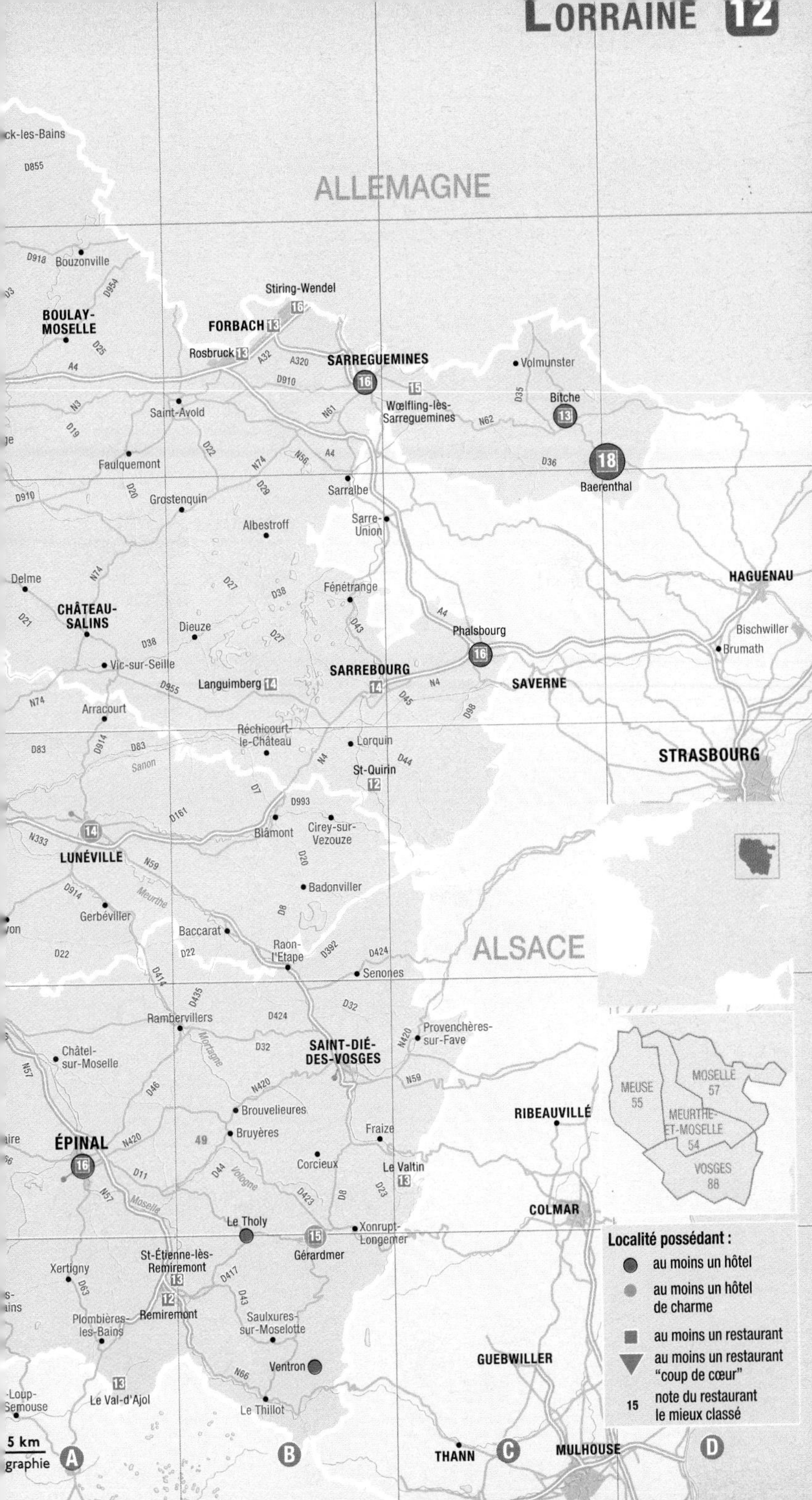
ALLEMAGNE
ALSACE
Bouzonville
BOULAY-MOSELLE
Stiring-Wendel
FORBACH
Rosbruck
SARREGUEMINES
Volmunster
Bitche
Wœlfling-lès-Sarreguemines
Saint-Avold
Faulquemont
Baerenthal
Grostenquin
Sarralbe
Sarre-Union
Albestroff
HAGUENAU
Delme
Fénétrange
CHÂTEAU-SALINS
Dieuze
Phalsbourg
Bischwiller
Brumath
Vic-sur-Seille
SARREBOURG
Languimberg
SAVERNE
Arracourt
Réchicourt-le-Château
Lorquin
St-Quirin
STRASBOURG
Blâmont
Cirey-sur-Vezouze
LUNÉVILLE
Badonviller
Gerbéviller
Baccarat
Raon-l'Etape
Senones
Rambervillers
Provenchères-sur-Fave
Châtel-sur-Moselle
SAINT-DIÉ-DES-VOSGES
Brouvelieures
Bruyères
RIBEAUVILLÉ
Fraize
ÉPINAL
Corcieux
Le Valtin
COLMAR
Le Tholy
Xonrupt-Longemer
Gérardmer
St-Étienne-lès-Remiremont
Xertigny
Remiremont
Plombières-les-Bains
Saulxures-sur-Moselotte
Ventron
GUEBWILLER
Le Val-d'Ajol
Le Thillot
THANN
MULHOUSE
MEUSE 55
MOSELLE 57
MEURTHE-ET-MOSELLE 54
VOSGES 88
Localité possédant :
au moins un hôtel
au moins un hôtel de charme
au moins un restaurant
au moins un restaurant "coup de cœur"
15 note du restaurant le mieux classé
5 km
A
B
C
D

13 BRETAGNE
1
2
3
4
5
6
A
B
C
D
Trégastel
Trévou-Tréguier
Perros-Guirec
Trébeurden
Tréguier
Île de Batz
Roscoff
LANNION
Brigognan-Plage
St-Pol-de-Léon
Carantec
Locquirec
L'Aber Wrac'h
Plouguerneau
Plouescat
Lanmeur
St-Michel-en-Grève
Bégard
Plouider
Plestin-les-Grèves
Landéda
Lannilis
Plouzévédé
Taulé
MORLAIX
Ploudalmézeau
Lesneven
St-Vougay
Plouigneau
Plouaret
Tréglonou
Plabennec
Saint-Thégonnec
Lampaul-Plouarzel
Landivisiau
Belle-Isle-en-Terre
Saint-Renan
Guipavas
Landerneau
Ploudiry
Le Conquet
BREST
Sizun
Plounéour-Ménez
Berrien
Callac
Plougonvelin
Daoulas
Elorn
Huelgoat
Camaret-sur-Mer
Le Faou
Crozon
Pleyben
Carhaix-Plouguer
Maël-Carhaix
Plomodiern
CHÂTEAULIN
Châteauneuf-du-Faou
Rostrenen
Gouarec
Ste-Anne-la-Palud
Roudouallec
Île de Sein
Douarnenez
Plonévez-Porzay
Briec
Gourin
Plogoff
Pont-Croix
Cléguérec
Plogastel-Saint-Germain
QUIMPER
Odet
Scaër
Le Faouët
Guémené-sur-Scorff
Pouldreuzic
Pluguffan
Rosporden
Lanvénégen
St-Jean-Trolimon
Combrit
Bénodet
La Forêt-Fouesnant
Bannalec
Plomeur
Pont-l'Abbé
Sainte-Marine
Fouesnant
Concarneau
Riec-sur-Belon
Quimperlé
Arzano
Plouay
Pointe de Penmarc'h
Le Guilvinec
Pont-Aven
Pont-Scorff
Névez
Moëlan-sur-Mer
Guidel
Quéven
Hennebont
Clohars-Carnoët
LORIENT
Plœmeur
Port-Louis
Lomeneur
Larmor-Plage
Groix
Belz
Erdeven
Carnac
Belle-Île-en-Mer
Sauzon
Le Palais
Bangor
Quiberon
FINISTÈRE
29
CÔTES-D'ARMOR
22
MORBIHAN
56
ILLE-ET-VILAINE
35

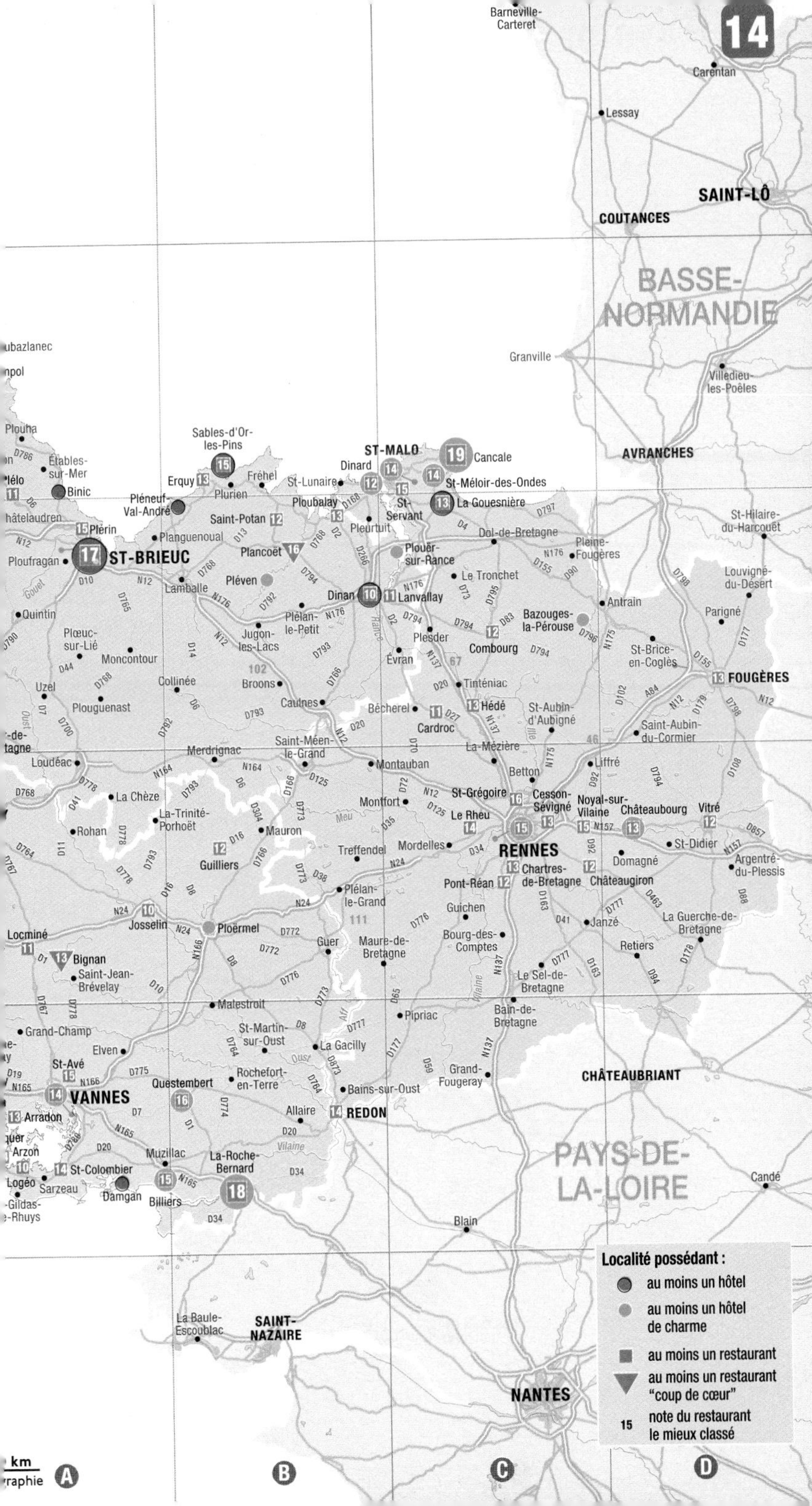
14
Barneville-Carteret
Carentan
Lessay
SAINT-LÔ
COUTANCES
BASSE-NORMANDIE
Granville
Villedieu-les-Poêles
AVRANCHES
St-Hilaire-du-Harcouët
ST-MALO
Cancale
Dinard
St-Méloir-des-Ondes
La Gouesnière
St-Servant
Dol-de-Bretagne
Pleine-Fougères
Sables-d'Or-les-Pins
Erquy
Fréhel
Plurien
St-Lunaire
Ploubalay
Pleurtuit
Pléneuf-Val-André
Saint-Potan
Plérin
Planguenoual
ST-BRIEUC
Ploufragan
Plancoët
Plouër-sur-Rance
Le Tronchet
Pléven
Lamballe
Dinan
Lanvallay
Louvigné-du-Désert
Antrain
Parigné
Bazouges-la-Pérouse
Quintin
Plélan-le-Petit
Plesder
Combourg
Plœuc-sur-Lié
Moncontour
Jugon-les-Lacs
Évran
St-Brice-en-Coglès
FOUGÈRES
Uzel
Collinée
Broons
Tinténiac
Plouguenast
Caulnes
Bécherel
Hédé
St-Aubin-d'Aubigné
Cardroc
Saint-Aubin-du-Cormier
Loudéac
Merdrignac
Saint-Méen-le-Grand
Montauban
La Mézière
Liffré
Betton
La Chèze
Montfort
St-Grégoire
Cesson-Sévigné
Noyal-sur-Vilaine
Châteaubourg
Vitré
La-Trinité-Porhoët
Le Rheu
Rohan
Mauron
Mordelles
RENNES
St-Didier
Guilliers
Treffendel
Domagné
Argentré-du-Plessis
Chartres-de-Bretagne
Pont-Réan
Châteaugiron
Plélan-le-Grand
Guichen
La Guerche-de-Bretagne
Janzé
Locminé
Josselin
Ploërmel
Guer
Maure-de-Bretagne
Bourg-des-Comptes
Retiers
Bignan
Saint-Jean-Brévelay
Le Sel-de-Bretagne
Malestroit
Bain-de-Bretagne
Pipriac
Grand-Champ
St-Martin-sur-Oust
La Gacilly
Elven
St-Avé
Grand-Fougeray
CHÂTEAUBRIANT
Questembert
Rochefort-en-Terre
VANNES
Bains-sur-Oust
Arradon
Allaire
REDON
Arzon
Muzillac
La-Roche-Bernard
PAYS-DE-LA-LOIRE
Candé
St-Colombier
Sarzeau
Damgan
Billiers
Blain
La Baule-Escoublac
SAINT-NAZAIRE
NANTES
Localité possédant :
au moins un hôtel
au moins un hôtel de charme
au moins un restaurant
au moins un restaurant "coup de cœur"
15 note du restaurant le mieux classé
A
B
C
D
km

15 PAYS-DE-LA-LOIRE
Landivy
Combourg
FOUGÈRES
Loudéac
St-Méen-le-Grand
RENNES
Vitré
Le Genest-Saint-Isle
Ploërmel
Janzé
BRETAGNE
Saint-Aignan-sur-Roë
Rougé
CHÂTEAUBRIANT
Pouancé
VANNES
REDON
Saint-Nicolas-de-Redon
Guémené-Penfao
Derval
Le Tremblay
Saint-Julien-de-Vouvantes
Moisdon-la-Rivière
Nozay
Saint-Gildas-des-Bois
Missillac
Réservoir de Vioreau
Riaillé
Candé
Saint-Mars-la-Jaille
Herbignac
Blain
Mesquer
St-Lyphard
Ponchâteau
Nort-sur-Erdre
St-Joachim
Ligné
Guérande
Montoir-de-Bretagne
St-Herblon
Varades
Le Croisic
La Baule-Escoublac
ANCENIS
Saint-Florent-le-Vieil
Le Pouliguen
Pornichet
SAINT-NAZAIRE
Paimbœuf
Saint-Etienne-de-Montluc
La Chapelle-sur-Erdre
Carquefou
Champtoceaux
Orvault
NANTES
St-Julien-de-Concelles
St-Sauveur-de-Landemont
Montrevault
Saint-Herblain
Ste-Luce-sur-Loire
Basse-Goulaine
Saint-Père-en-Retz
Tharon-Plage
Le Pellerin
Rezé
La Plaine-sur-Mer
Pornic
Bouaye
Les Sorinières
Vallet
Beaupréau
Lac de Grand Lieu
Monnières
Noirmoutier-en-l'Île
Aigrefeuille-sur-Maine
Clisson
Montfaucon-Montigné
Bourgneuf-en-Retz
Fresnay-en-Retz
Geneston
Saint-Philibert-de-Grand-Lieu
Tiffauges
La Guérinière
Bouin
Machecoul
Montaigu
Mortagne-sur-Sèvre
Beauvoir-sur-Mer
Rocheservière
Legé
St-Sulpice-le-Verdon
Chambretaud
Le Perrier
Challans
St-Fulgent
Les Herbiers
Saint-Jean-de-Monts
Palluau
St-Denis-la-Chevasse
Soullans
Île d'Yeu
Le Poiré-sur-Vie
Les Essarts
Maché
Saint-Gilles-Croix-de-Vie
Chantonnay
LA ROCHE-SUR-YON
La Mothe-Achard
Olonne-sur-Mer
Mareuil-sur-Lay-Dissais
Ste-Hermine
LES SABLES-D'OLONNE
Le Château-d'Olonne
Moutiers-les-Mauxfaits
Talmont-Saint-Hilaire
Luçon
St-Michel-en-l'Herm
Jard-sur-Mer
Chaillé-les-Marais
Velluire
La Tranche-sur-Mer
St-Cyr-en-Talmondais
10 km
Edigraphie
A
B
C
D
1
2
3
4
5
6

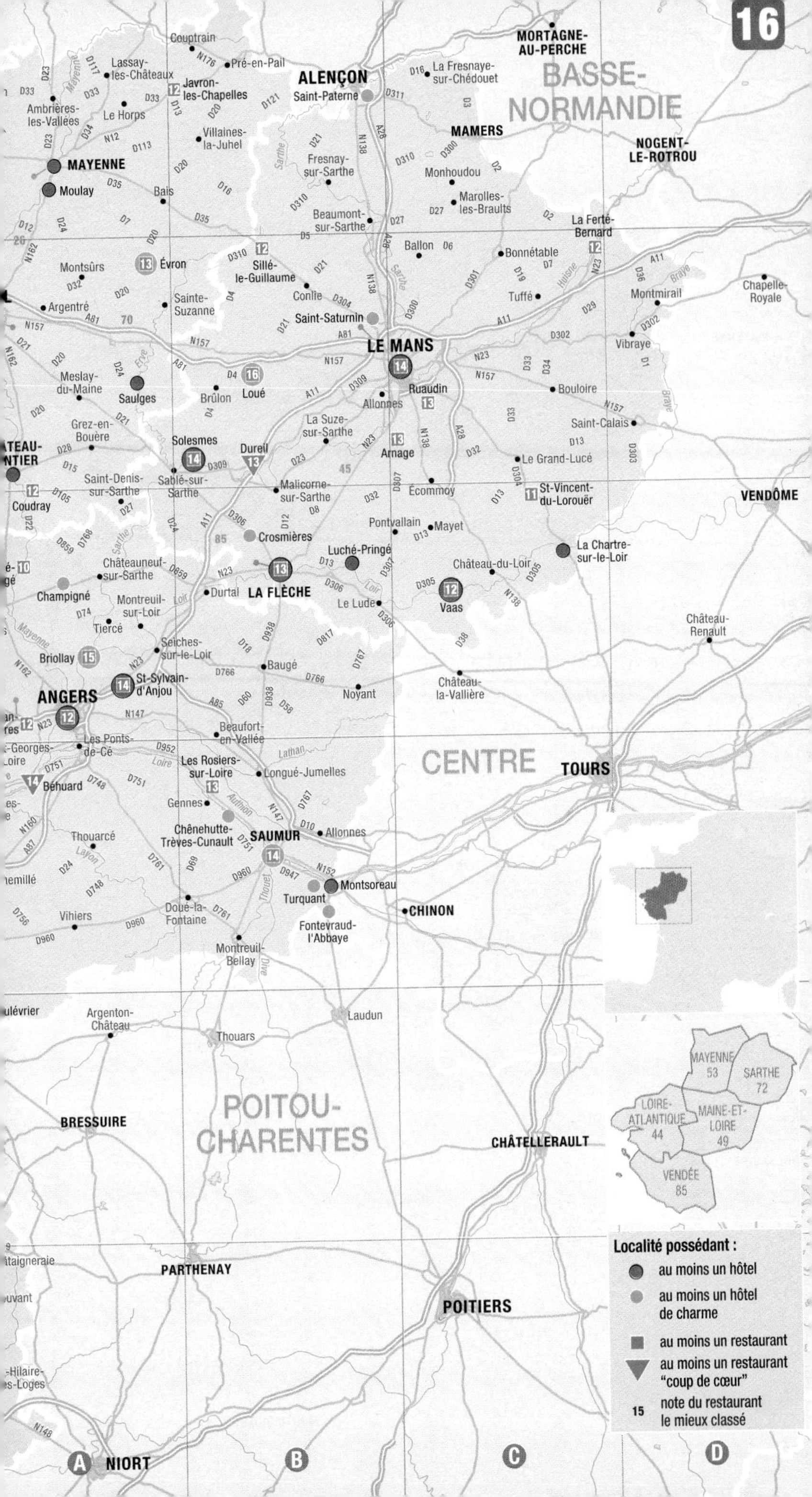
16
BASSE-NORMANDIE
CENTRE
POITOU-CHARENTES
ALENÇON
MORTAGNE-AU-PERCHE
MAMERS
NOGENT-LE-ROTROU
MAYENNE
Moulay
LE MANS
LA FLÈCHE
ANGERS
SAUMUR
TOURS
CHINON
VENDÔME
BRESSUIRE
PARTHENAY
POITIERS
CHÂTELLERAULT
NIORT
Couptrain
Pré-en-Pail
Lassay-les-Châteaux
Javron-les-Chapelles
Ambrières-les-Vallées
Le Horps
Villaines-la-Juhel
Saint-Paterne
La Fresnaye-sur-Chédouet
Fresnay-sur-Sarthe
Monhoudou
Marolles-les-Braults
Beaumont-sur-Sarthe
Bais
Ballon
Bonnétable
La Ferté-Bernard
Montsûrs
Évron
Sillé-le-Guillaume
Conlie
Tuffé
Montmirail
Chapelle-Royale
Argentré
Sainte-Suzanne
Saint-Saturnin
Vibraye
Meslay-du-Maine
Saulges
Brûlon
Loué
Ruaudin
Allonnes
Bouloire
Saint-Calais
Grez-en-Bouère
La Suze-sur-Sarthe
Solesmes
Dureil
Arnage
Le Grand-Lucé
Sablé-sur-Sarthe
Saint-Denis-sur-Sarthe
Malicorne-sur-Sarthe
Écommoy
St-Vincent-du-Lorouër
Coudray
Pontvallain
Mayet
Crosmières
Luché-Pringé
La Chartre-sur-le-Loir
Châteauneuf-sur-Sarthe
Château-du-Loir
Champigné
Montreuil-sur-Loir
Durtal
Le Lude
Vaas
Tiercé
Château-Renault
Seiches-sur-le-Loir
Briollay
Baugé
St-Sylvain-d'Anjou
Noyant
Château-la-Vallière
Les Ponts-de-Cé
Beaufort-en-Vallée
Les Rosiers-sur-Loire
Longué-Jumelles
Béhuard
Gennes
Chênehutte-Trèves-Cunault
Allonnes
Thouarcé
Montsoreau
Turquant
Fontevraud-l'Abbaye
Doué-la-Fontaine
Vihiers
Montreuil-Bellay
Argenton-Château
Thouars
Laudun
MAYENNE 53
SARTHE 72
LOIRE-ATLANTIQUE 44
MAINE-ET-LOIRE 49
VENDÉE 85
Localité possédant :
au moins un hôtel
au moins un hôtel de charme
au moins un restaurant
au moins un restaurant "coup de cœur"
15 note du restaurant le mieux classé
A
B
C
D

17 Centre

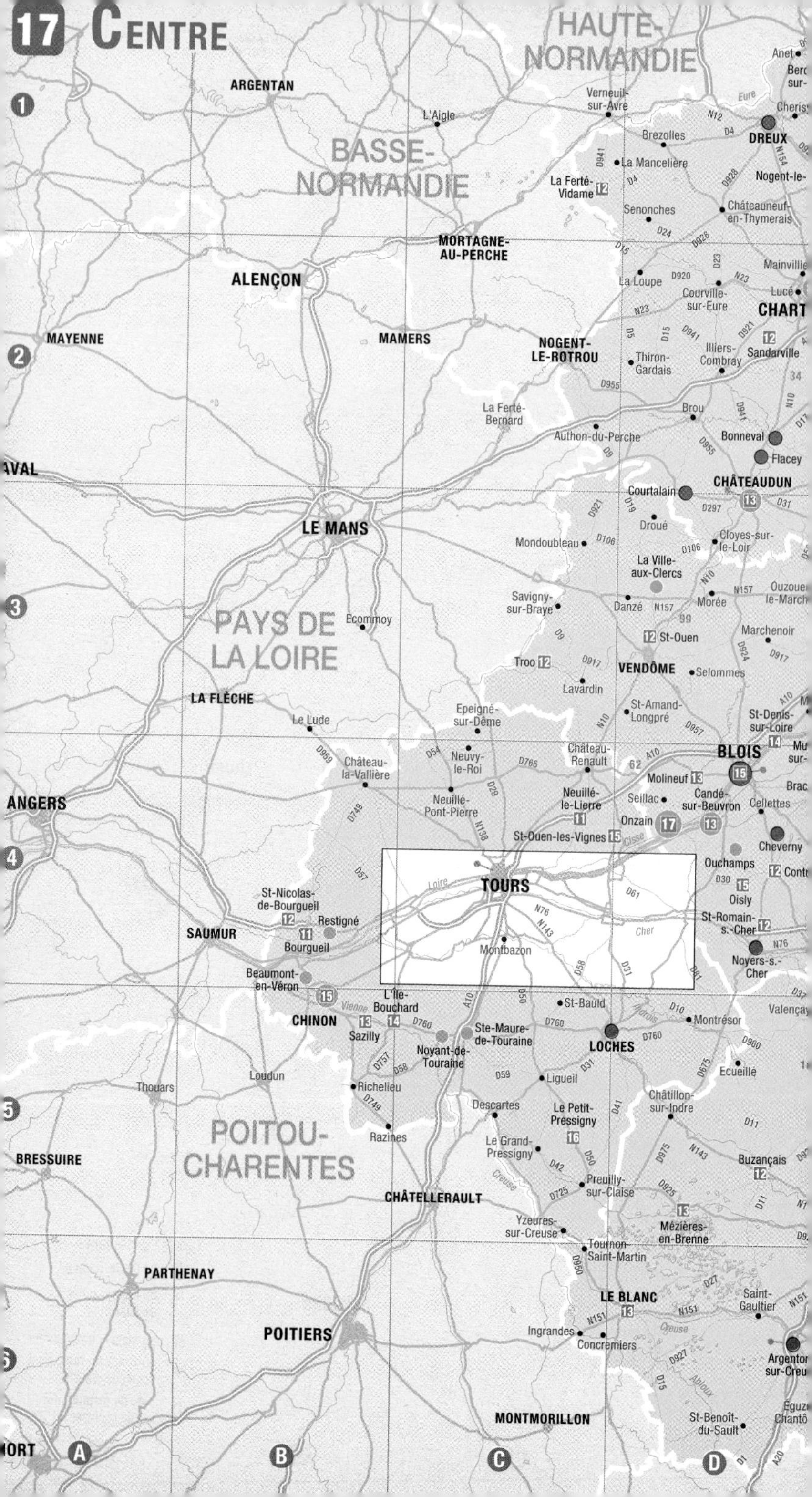

HAUTE-NORMANDIE
BASSE-NORMANDIE
PAYS DE LA LOIRE
POITOU-CHARENTES
ARGENTAN
L'Aigle
Verneuil-sur-Avre
DREUX
Brezolles
La Mancelière
La Ferté-Vidame
Senonches
Châteauneuf-en-Thymerais
MORTAGNE-AU-PERCHE
ALENÇON
La Loupe
Courville-sur-Eure
MAYENNE
MAMERS
NOGENT-LE-ROTROU
Thiron-Gardais
Illiers-Combray
Sandarville
La Ferté-Bernard
Authon-du-Perche
Brou
Bonneval
Flacey
CHÂTEAUDUN
Courtalain
LE MANS
Droué
Mondoubleau
Cloyes-sur-le-Loir
La Ville-aux-Clercs
Savigny-sur-Braye
Danzé
Morée
Ecommoy
St-Ouen
Marchenoir
Troo
Lavardin
VENDÔME
Selommes
LA FLÈCHE
Le Lude
Epeigné-sur-Dême
St-Amand-Longpré
St-Denis-sur-Loire
Château-la-Vallière
Neuvy-le-Roi
Château-Renault
BLOIS
Molineuf
ANGERS
Neuillé-Pont-Pierre
Neuillé-le-Lierre
Seillac
Candé-sur-Beuvron
Cellettes
Onzain
St-Ouen-les-Vignes
Cheverny
Ouchamps
TOURS
Oisly
St-Nicolas-de-Bourgueil
Restigné
SAUMUR
Bourgueil
St-Romain-s.-Cher
Montbazon
Noyers-s.-Cher
Beaumont-en-Véron
L'Île-Bouchard
St-Bauld
CHINON
Sazilly
Ste-Maure-de-Touraine
Noyant-de-Touraine
LOCHES
Montrésor
Loudun
Thouars
Richelieu
Ligueil
Ecueillé
Descartes
Le Petit-Pressigny
Châtillon-sur-Indre
Razines
Le Grand-Pressigny
BRESSUIRE
Buzançais
CHÂTELLERAULT
Preuilly-sur-Claise
Yzeures-sur-Creuse
Mézières-en-Brenne
Tournon-Saint-Martin
PARTHENAY
LE BLANC
Saint-Gaultier
POITIERS
Ingrandes
Concremiers
MONTMORILLON
St-Benoît-du-Sault

18
Rochecorbon
Vouvray
Noizay
Cangey
Amboise
Fondettes
Luynes
TOURS
Larçay
Montlouis-sur-Loire
Lussault-sur-Loire
Ballan-Miré
Langeais
Villandry
Joué-lès-Tours
Azay-sur-Cher
Chenonceaux
Chissay-en-Touraine
Montrichard
Francueil
St-Georges-sur-Cher
Athée-sur-Cher
Bléré
Bréhémont
Veigné
Montbazon
Esvres
Courçay
Azay-le-Rideau
Saché
St-Branchs
Reignac-sur-Indre
RAMBOUILLET
St-Symphorien-le-Château
Auneau
ETAMPES
FONTAINEBLEAU
NOGENT-SUR-SEINE
ILE-DE-FRANCE
Malesherbes
Outarville
Janville
Puiseaux
PITHIVIERS
Fontenay-sur-Loing
SENS
Ervauville
Villeneuve-sur-Yonne
Artenay
Beaune-la-Rolande
Lorcy
Paucourt
Neuville-aux-Bois
MONTARGIS
Courtenay
Joigny
Boulay-les-Barres
Montliard
Bellegarde
Amilly
Combreux
Château-Renard
ORLÉANS
Combleux
Donnery
Chécy
Lorris
Nogent-sur-Vernisson
St-Hilaire-St-Mesmin
Châteauneuf-sur-Loire
Châtillon-Coligny
Boismorand
AUXERRE
Ardon
Sully-s.-Loire
Ouzouer-sur-Loire
La Ferté-St-Aubin
Ménestreau-en-Villette
Gien
Toucy
Lamotte-Beuvron
Souvigny-en-Sologne
Briare
St-Fargeau
Chaumont-sur-Tharonne
Brinon-sur-Sauldre
Châtillon-sur-Loire
Bonny-sur-Loire
BOURGOGNE
Neung-sur-Beuvron
Nouan-le-Fuzelier
Beaulieu-sur-Loire
Ste-Montaine
Oizon
Léré
Salbris
Vailly-sur-Sauldre
COSNE-COURS-SUR-LOIRE
Selles-St-Denis
La Chapelle-d'Angillon
Sancerre
Henrichemont
VIERZON
Vignoux-sur-Barangeon
Menetou-Salon
Les Aix-d'Angillon
Graçay
Foëcy
Mehun-sur-Yèvre
Sancergues
Lury-sur-Arnon
Berry-Bouy
Baugy
BOURGES
Nérondes
Chârost
NEVERS
Plaimpied-Givaudins
ISSOUDUN
Levet
La Guerche-sur-l'Aubois
Dun-sur-Auron
CHÂTEAUROUX
Bruère-Allichamps
Bannegon
Sancoins
Ardentes
Lignières
Maisonnais
Charenton-du-Cher
ST-AMAND-MONTROND
St-Chartier
Le Châtelet
Ardenais
Nohant
Lys-Saint-Georges
LA CHÂTRE
Châteaumeillant
AUVERGNE
Pouligny-Notre-Dame
Aigurande
MONTLUÇON
A
B
C
D
10 km
Edigraphie
EURE-ET-LOIR 28
LOIRET 45
41 LOIR-ET-CHER
INDRE-ET-LOIRE 37
CHER 18
INDRE 36
Localité possédant :
au moins un hôtel
au moins un hôtel de charme
au moins un restaurant
au moins un restaurant "coup de cœur"
15 note du restaurant le mieux classé

19
FONTAINEBLEAU
Sergines
Yonne
Pont-sur-Yonne
TROYES
Vallery
Villeneuve-l'Archevêque
Chéroy
SENS
PITHIVIERS
St-Valérien
Cerisiers
Villeneuve-sur-Yonne
Saint-Julien-du-Sault
Brienon-sur-Armançon
Saint-Florentin
MONTARGIS
Joigny
Migennes
Flogny-la-Chapelle
Prunoy
Charny
Seignelay
Ligny-le-Châtel
Collan
Tonnerre
Aillant-sur-Tholon
AUXERRE
Chablis
Villiers-St-Benoît
Villefargeau
Ancy-le-Franc
Bléneau
Toucy
Chevannes
Gien
Coulanges-la-Vineuse
Cravant
Nitry
Noyers
Vermenton
Saint-Fargeau
Saint-Sauveur-en-Puisaye
Courson-les-Carrières
Voutenay-sur-Cure
L'Isle-sur-Serein
St-Amand-en-Puisaye
Coulanges-sur-Yonne
Vault-de-Lugny
Guillon
CENTRE
Vézelay
AVALLON
CLAMECY
Pontaubert
COSNE-COURS-SUR-LOIRE
Saint-Père-sous-Vézelay
Tanay
Quarré-les-Tombes
La Chapelle-d'Angillon
Donzy
Varzy
Lormes
Brinon-sur-Beuvron
Pouilly-sur-Loire
Corbigny
St-Révérien
Montsauche-les-Settons
Moux-en-Morvan
La Charité-sur-Loire
Prémery
Ouroux-en-Morvan
Lac des Settons
St-Saulge
Châtillon-en-Bazois
CHÂTEAU-CHINON
Chissey-en-Morvan
BOURGES
Pougues-les-Eaux
Guérigny
Lucenay-l'Évêque
Saint-Benin-d'Azy
Moulins-Engilbert
NEVERS
La Fermeté
Imphy
Saint-Léger-sous-Beuvray
Magny-Cours
Cercy-la-Tour
Sancoins
Decize
Fours
Luzy
ST-AMAND-MONTROND
Saint-Pierre-le-Moûtier
Issy-l'Évêque
Dornes
Toulon-sur-Arroux
Bourbon-Lancy
Gueugnon
MOULINS
Digoin
Paray-le-Monial
YONNE 89
CÔTE-D'OR 21
NIÈVRE 58
SAÔNE-ET-LOIRE 71
AUVERGNE
Poisson
Marcigny
Céron
A
B
VICHY
C
D
10 km
Edigraphie

CHAMPAGNE-
ARDENNE
LORRAINE
FRANCHE-
COMTÉ
BAR-SUR-
AUBE
CHAUMONT
LANGRES
Bourbonne-
les-Bains
Montigny-
sur-Aube
Châtillon-
sur-Seine
Recey-
sur-Ource
Combeaufontaine
Aignay-
le-Duc
VESOUL
Fain-lès-
Montbard
Baigneux-
les-Juifs
Selongey
Fontaine-
Française
Alise-
Ste-Reine
Is-sur-Tille
Gray
Saint-Seine-
l'Abbaye
Mirebeau-
sur-Bèze
Val-Suzon
Hauteville-
lès-Dijon
Vitteaux
Arc-
sur-Tille
Prenois
Talant
Pontailler-
sur-Saône
Velars-
sur-Ouche
DIJON
Sennecey-
lès-Dijon
Sombernon
BESANÇON
Marsannay-
la-Côte
Pouilly-
en-Auxois
Gevrey-
Chambertin
Chevigny-Fénay
Châteauneuf
Auxonne
Morey-Saint-Denis
Vougeot
Chambolle-Musigny
Gilly-lès-Cîteaux
Arnay-le-Duc
Bouilland
Nuits-St-Georges
Boncourt-le-Bois
DOLE
Bligny-
sur-Ouche
Savigny-
lès-Beaune
Pernand-Vergelesses
Aloxe-
Corton
Auvillars-
sur-Saône
Bouze-
lès-Beaune
BEAUNE
Meursault
Puligny-
Montrachet
Chassagne-
Montrachet
Corpeau
Chagny
Baubigny
Levernois
Seurre
Montagny-
lès-Beaune
Nolay
St-Gervais-
en-Vallière
Chagny
Verdun-
sur-le-Doubs
Pierre-
de-Bresse
Couches
Poligny
Creusot
Mercurey
CHÂLON-
SUR-SAÔNE
Saint-Martin-
en-Bresse
Dracy-le-Fort
Givry
Sens-sur-
Seille
St-Germain-
du-Bois
LONS-LE-
SAUNIER
Torcy
St-Marcel
Montchanin
Buxy
St-Germain-
du-Plain
Montret
Mont-Saint-
Vincent
Sennecey-
le-Grand
LOUHANS
Beaurepaire-
en-Bresse
Saint-Gengoux-
le-National
Tournus
Cuisery
Bruailles
St-Laurent-
en-Grandvaux
La Guiche
Brancion
Salornay-
sur-Guye
Montpont-
en-Bresse
Cuiseaux
Martailly-
lès-Brancion
Cluny
Fleurville
La Vineuse
Igé
Bourgvilain
Berzé-la-Ville
Matour
MÂCON
Leynes
Chaintré
St-Amour-
Bellevue
La Chapelle-
de-Guinchay
BOURG-
EN-BRESSE
NANTUA
A
B
C
D
Localité possédant :
au moins un hôtel
au moins un hôtel de charme
au moins un restaurant
au moins un restaurant "coup de cœur"
15 note du restaurant le mieux classé

21 Franche-Comté
Épinal
Lorraine
Darney
Gérardmer
Remiremont
Montigny-le-Roi
Champagne-Ardenne
Langres
Alsace
Vauvillers
Saint-Loup-sur-Semouse
Fougerolles
Faucogney-et-la-Mer
Luxeuil-les-Bains
Servance
St-Sauveur
Jussey
Vitrey-sur-Mance
Amance
Faverney
Giromagny
Mélisey
Combeaufontaine
Port-sur-Saône
Saulx
Lure
Champagney
Valdoie
Offemont
Scey-sur-Saône et-Saint-Albin
Vauchoux
Belfort
Danjoutin
Champlitte
Vesoul
Noroy-le-Bourg
Châtenois-les-Forges
Héricourt
Grandvillars
Dampierre-sur-Salon
Fresne-Saint-Mamès
Villersexel
Sochaux
Montbéliard
Étupes
Delle
Autrey-lès-Gray
Nantilly
Rougemont
Audincourt
Gray
Montbozon
l'Isle-sur-le-Doubs
Seloncourt
Gy
Rioz
Clerval
Pont-de-Roide
Chamesol
Geneuille
Baume-les-Dames
Cult
Marchaux
Roulans
Saint-Hippolyte
Pesmes
Marnay
École-Valentin
Chalezeule
Audeux
Besançon
Pierrefontaine-les-Varans
Maîche
Montmirey-le-Château
Gendrey
Montfaucon
Vercel-Villedieu-le-Camp
Bonnétage
Dampierre
Boussières
Le Russey
Rochefort-sur-Nenon
Dole
Quingey
Ornans
Vernierfontaine
Lavans-Vuillafans
Morteau
Villers-le-Lac
Montbarrey
Port-Lesney
Amancey
Grand'Combe-Châteleu
Montbenoît
Villers-Farlay
Chemin
Chaussin
Levier
Arbois
Salins-les-Bains
Pontarlier
Oye-et-Pallet
Chaumergy
Sellières
Poligny
St-Lothain
Lac de Saint-Point
Malbuisson
Nozeroy
Bletterans
Voiteur
Lons-le-Saunier
Champagnole
Mouthe
Courlans
Conliège
Doucier
Les Planches-en-Montagne
Suisse
Louhans
Chapelle-des-Bois
Beaufort
Bonlieu
Saint-Laurent-en-Grandvaux
Clairvaux-les-Lacs
Orgelet
Morez
Cuiseaux
Saint-Amour
Moirans-en-Montagne
Les Rousses
Arinthod
Saint-Julien
Saint-Claude
Barrage de Vouglans
Thonon-les-Bains
Gex
Les Bouchoux
Rhône-Alpes
Annemasse
St-Julien-en-Genevois
Bourg-en-Bresse
Nantua
Bonneville
10 km
Edigraphie
Haute-Saône 70
Territoire de Belfort 90
Doubs 25
Jura 39
Localité possédant :
au moins un hôtel
au moins un hôtel de charme
au moins un restaurant
au moins un restaurant "coup de cœur"
15 note du restaurant le mieux classé

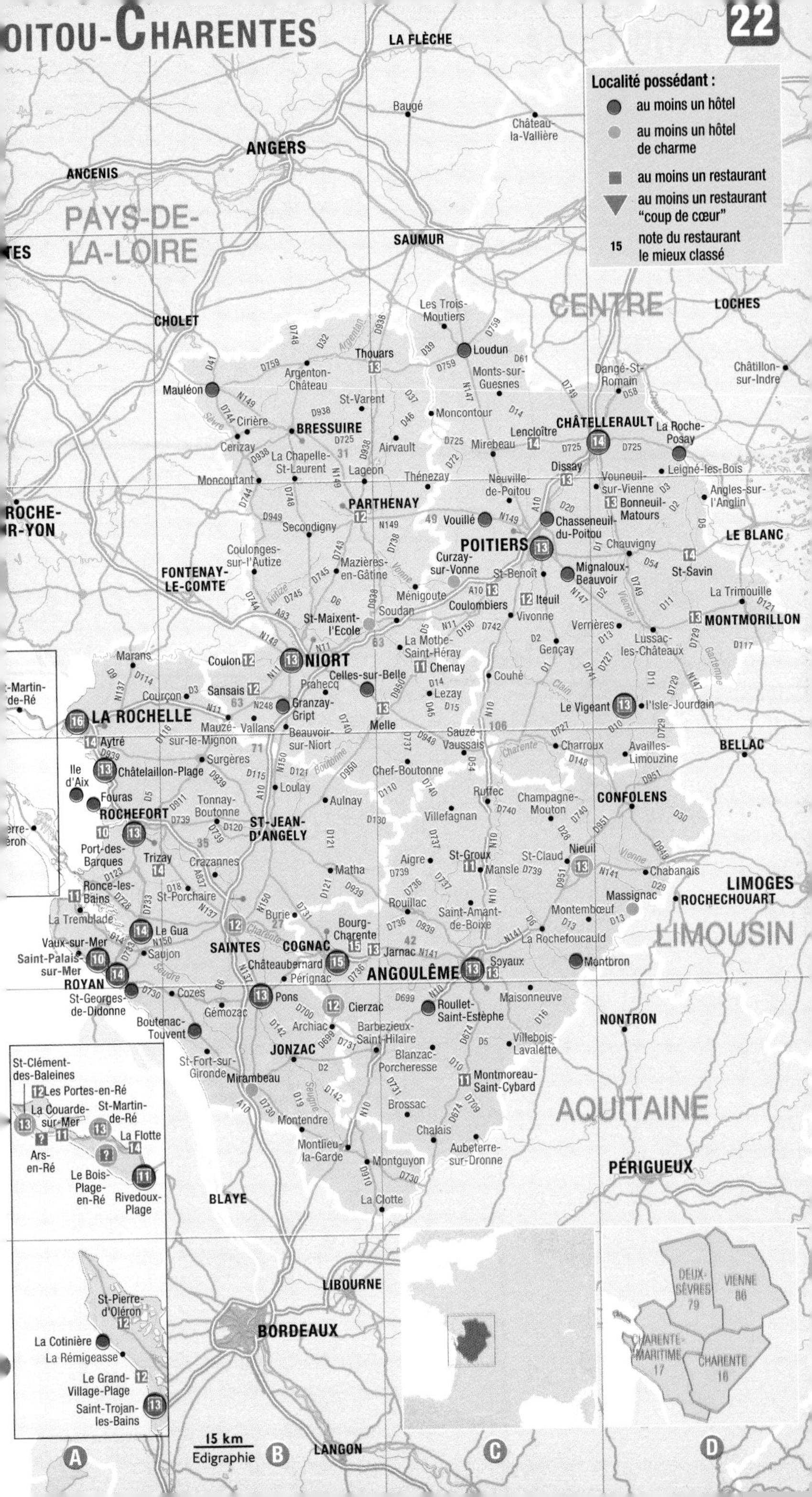

OITOU-CHARENTES
22
Localité possédant :
au moins un hôtel
au moins un hôtel de charme
au moins un restaurant
au moins un restaurant "coup de cœur"
15 note du restaurant le mieux classé
LA FLÈCHE
Baugé
Château-la-Vallière
ANGERS
ANCENIS
PAYS-DE-LA-LOIRE
SAUMUR
CENTRE
LOCHES
CHOLET
Les Trois-Moutiers
Thouars
Loudun
Argenton-Château
Monts-sur-Guesnes
Mauléon
St-Varent
Moncontour
Dangé-St-Romain
Châtillon-sur-Indre
Cirière
BRESSUIRE
Cerizay
Airvault
Lencloître
Mirebeau
CHÂTELLERAULT
La Roche-Posay
La Chapelle-St-Laurent
Lageon
Thénezay
Dissay
Leigné-les-Bois
Moncoutant
Neuville-de-Poitou
Vouneuil-sur-Vienne
Bonneuil-Matours
Angles-sur-l'Anglin
ROCHE-R-YON
PARTHENAY
Vouillé
Chasseneuil-du-Poitou
Secondigny
POITIERS
Chauvigny
LE BLANC
Coulonges-sur-l'Autize
Mazières-en-Gâtine
Curzay-sur-Vonne
St-Benoît
Mignaloux-Beauvoir
St-Savin
FONTENAY-LE-COMTE
Ménigoute
Coulombiers
Iteuil
La Trimouille
St-Maixent-l'Ecole
Soudan
Vivonne
MONTMORILLON
Verrières
Lussac-les-Châteaux
La Mothe-Saint-Héray
Gençay
Marans
Coulon
NIORT
Chenay
Celles-sur-Belle
Prahecq
Couhé
St-Martin-de-Ré
Courçon
Sansais
Lezay
Le Vigeant
l'Isle-Jourdain
LA ROCHELLE
Granzay-Gript
Melle
Mauzé-sur-le-Mignon
Vallans
Beauvoir-sur-Niort
Sauzé-Vaussais
Aytré
Charroux
Availles-Limouzine
BELLAC
Surgères
Chef-Boutonne
Châtelaillon-Plage
Ile d'Aix
Loulay
Fouras
Ruffec
Champagne-Mouton
CONFOLENS
Tonnay-Boutonne
Aulnay
ROCHEFORT
Villefagnan
ST-JEAN-D'ANGELY
Port-des-Barques
Nieuil
Trizay
Crazannes
Aigre
St-Groux
St-Claud
Mansle
Chabanais
Matha
LIMOGES
Ronce-les-Bains
St-Porchaire
ROCHECHOUART
Rouillac
Massignac
Saint-Amant-de-Boixe
Montembœuf
La Tremblade
Burie
Bourg-Charente
LIMOUSIN
Le Gua
La Rochefoucauld
Vaux-sur-Mer
Saujon
SAINTES
COGNAC
Jarnac
Saint-Palais-sur-Mer
Châteaubernard
ANGOULÊME
Soyaux
Montbron
ROYAN
Pérignac
Cozes
Pons
Cierzac
Roullet-Saint-Estèphe
Maisonneuve
St-Georges-de-Didonne
Gémozac
NONTRON
Archiac
Barbezieux-Saint-Hilaire
Boutenac-Touvent
Villebois-Lavalette
JONZAC
Blanzac-Porcheresse
St-Fort-sur-Gironde
Mirambeau
Montmoreau-Saint-Cybard
AQUITAINE
Brossac
Montendre
Chalais
Aubeterre-sur-Dronne
Montlieu-la-Garde
Montguyon
PÉRIGUEUX
La Clotte
BLAYE
St-Clément-des-Baleines
Les Portes-en-Ré
La Couarde-sur-Mer
St-Martin-de-Ré
La Flotte
Ars-en-Ré
Le Bois-Plage-en-Ré
Rivedoux-Plage
LIBOURNE
St-Pierre-d'Oléron
BORDEAUX
La Cotinière
La Rémigeasse
Le Grand-Village-Plage
Saint-Trojan-les-Bains
DEUX-SÈVRES 79
VIENNE 86
CHARENTE-MARITIME 17
CHARENTE 16
15 km
Edigraphie
LANGON
A
B
C
D

23 Aquitaine

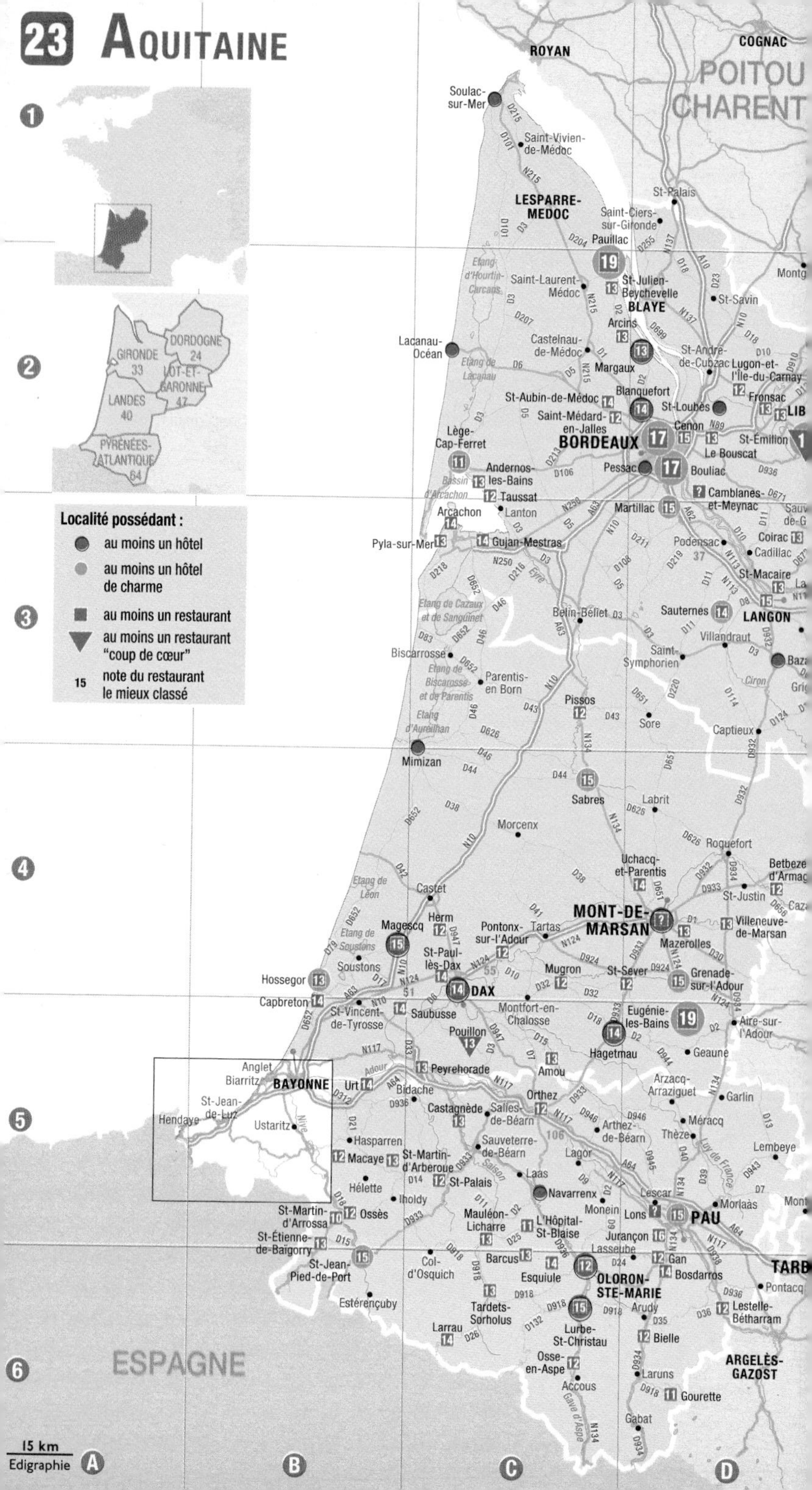

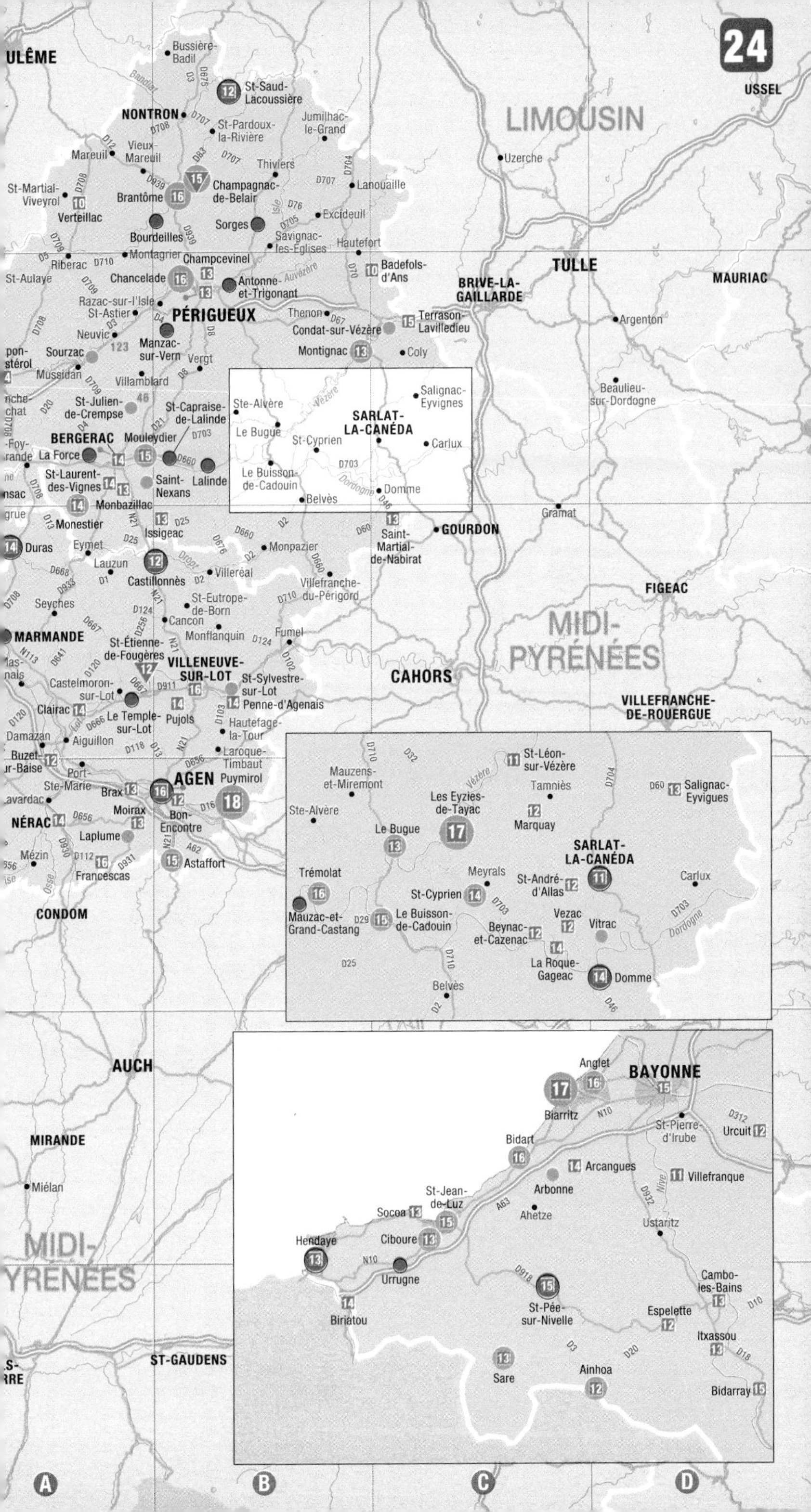
24
ULÊME
USSEL
LIMOUSIN
Bussière-Badil
St-Saud-Lacoussière
NONTRON
St-Pardoux-la-Rivière
Jumilhac-le-Grand
Vieux-Mareuil
Mareuil
Thiviers
Uzerche
Champagnac-de-Belair
Lanouaille
St-Martial-Viveyrol
Brantôme
Verteillac
Sorges
Excideuil
Bourdeilles
Savignac-les-Eglises
Hautefort
Riberac
Montagrier
Champcevinel
Badefols-d'Ans
TULLE
St-Aulaye
Chancelade
Antonne-et-Trigonant
BRIVE-LA-GAILLARDE
MAURIAC
Razac-sur-l'Isle
St-Astier
PÉRIGUEUX
Thenon
Terrason-Lavilledieu
Argenton
Neuvic
Condat-sur-Vézère
Sourzac
Manzac-sur-Vern
Montignac
Coly
Vergt
Mussidan
Villamblard
Salignac-Eyvignes
Beaulieu-sur-Dordogne
St-Julien-de-Crempse
Ste-Alvère
St-Capraise-de-Lalinde
SARLAT-LA-CANÉDA
Le Bugue
BERGERAC
Mouleydier
St-Cyprien
Carlux
La Force
St-Laurent-des-Vignes
Saint-Nexans
Lalinde
Le Buisson-de-Cadouin
Domme
Monbazillac
Belvès
Monestier
Issigeac
Saint-Martial-de-Nabirat
GOURDON
Gramat
Duras
Eymet
Monpazier
Lauzun
Castillonnès
Villeréal
Villefranche-du-Périgord
FIGEAC
Seyches
St-Eutrope-de-Born
Cancon
MIDI-PYRÉNÉES
MARMANDE
Monflanquin
Fumel
St-Étienne-de-Fougères
VILLENEUVE-SUR-LOT
St-Sylvestre-sur-Lot
CAHORS
Castelmoron-sur-Lot
Penne-d'Agenais
VILLEFRANCHE-DE-ROUERGUE
Clairac
Le Temple-sur-Lot
Pujols
Hautefage-la-Tour
Damazan
Aiguillon
Buzet-sur-Baïse
Port-Ste-Marie
Laroque-Timbaut
St-Léon-sur-Vézère
AGEN
Puymirol
Mauzens-et-Miremont
Tamniès
Salignac-Eyvigues
Brax
Les Eyzies-de-Tayac
Lavardac
Moirax
Marquay
NÉRAC
Bon-Encontre
Ste-Alvère
Laplume
Le Bugue
Mézin
Astaffort
Francescas
Trémolat
Meyrals
St-André-d'Allas
Carlux
St-Cyprien
CONDOM
Mauzac-et-Grand-Castang
Le Buisson-de-Cadouin
Vezac
Vitrac
Beynac-et-Cazenac
La Roque-Gageac
Domme
Belvès
Anglet
BAYONNE
AUCH
Biarritz
St-Pierre-d'Irube
Urcuit
Bidart
MIRANDE
Arcangues
Villefranque
Arbonne
Miélan
St-Jean-de-Luz
Ahetze
Socoa
Ustaritz
MIDI-PYRENÉES
Hendaye
Ciboure
Urrugne
Cambo-les-Bains
St-Pée-sur-Nivelle
Biriatou
Espelette
Itxassou
ST-GAUDENS
Sare
Ainhoa
Bidarray
A
B
C
D

LIMOUSIN

POITOU-CHARENTES
CENTRE
AQUITAINE
AUVERGNE
MIDI-PYRÉNÉES
LIMOGES
GUÉRET
TULLE
BRIVE-LA-GAILLARDE
AUBUSSON
USSEL
HAUTE-VIENNE 87
CREUSE 23
CORRÈZE 19
Localité possédant :
au moins un hôtel
au moins un hôtel de charme
au moins un restaurant
au moins un restaurant "coup de cœur"
15 note du restaurant le mieux classé
10 km
Edigraphie

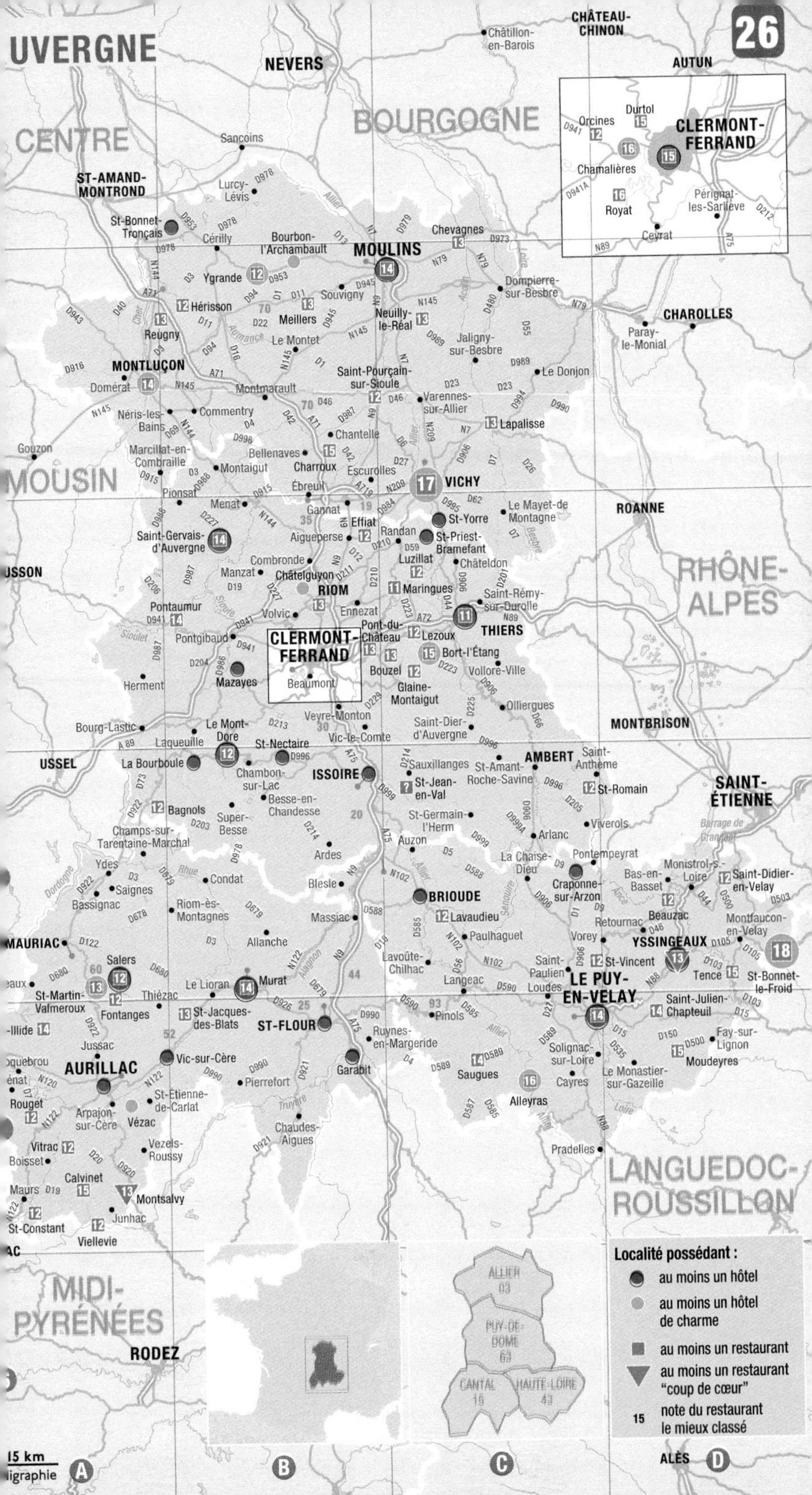

26
UVERGNE
CENTRE
BOURGOGNE
MOUSIN
RHÔNE-ALPES
LANGUEDOC-ROUSSILLON
MIDI-PYRÉNÉES
CHÂTEAU-CHINON
Châtillon-en-Barois
NEVERS
AUTUN
Sancoins
ST-AMAND-MONTROND
Lurcy-Lévis
St-Bonnet-Tronçais
Cérilly
Bourbon-l'Archambault
MOULINS
Chevagnes
Ygrande
Hérisson
Souvigny
Dompierre-sur-Besbre
Meillers
Neuilly-le-Réal
Reugny
Le Montet
Jaligny-sur-Besbre
CHAROLLES
Paray-le-Monial
MONTLUÇON
Domérat
Montmarault
Saint-Pourçain-sur-Sioule
Le Donjon
Néris-les-Bains
Commentry
Varennes-sur-Allier
Lapalisse
Chantelle
Gouzon
Marcillat-en-Combraille
Bellenaves
Montaigut
Charroux
Escurolles
Ébreuil
VICHY
Pionsat
Menat
Gannat
Effiat
Le Mayet-de-Montagne
St-Yorre
ROANNE
Saint-Gervais-d'Auvergne
Aigueperse
Randan
St-Priest-Bramefant
Combronde
Luzillat
Châteldon
USSON
Manzat
Châtelguyon
RIOM
Maringues
Saint-Rémy-sur-Durolle
Pontaumur
Volvic
Ennezat
THIERS
Pont-du-Château
Lezoux
Pontgibaud
CLERMONT-FERRAND
Bort-l'Étang
Mazayes
Bouzel
Vollore-Ville
Herment
Beaumont
Glaine-Montaigut
Olliergues
Veyre-Monton
Saint-Dier-d'Auvergne
MONTBRISON
Bourg-Lastic
Le Mont-Dore
Vic-le-Comte
Laqueuille
St-Nectaire
AMBERT
Saint-Anthème
USSEL
La Bourboule
Sauxillanges
St-Amant-Roche-Savine
Chambon-sur-Lac
ISSOIRE
St-Jean-en-Val
St-Romain
SAINT-ÉTIENNE
Besse-en-Chandesse
Bagnols
Super-Besse
St-Germain-l'Herm
Viverols
Champs-sur-Tarentaine-Marchal
Auzon
Arlanc
Ardes
La Chaise-Dieu
Pontempeyrat
Ydes
Condat
Blesle
Monistrol-s.-Loire
Saignes
Bas-en-Basset
St-Didier-en-Velay
Bassignac
Riom-ès-Montagnes
BRIOUDE
Craponne-sur-Arzon
Massiac
Lavaudieu
Beauzac
Retournac
Montfaucon-en-Velay
Allanche
Paulhaguet
MAURIAC
Vorey
YSSINGEAUX
Salers
Lavoûte-Chilhac
Saint-Paulien
St-Vincent
Tence
St-Martin-Valmeroux
Le Lioran
Murat
Langeac
Loudes
LE PUY-EN-VELAY
St-Bonnet-le-Froid
Thiézac
Fontanges
St-Jacques-des-Blats
Pinols
Saint-Julien-Chapteuil
ST-FLOUR
Ruynes-en-Margeride
Jussac
Solignac-sur-Loire
Fay-sur-Lignon
AURILLAC
Vic-sur-Cère
Garabit
Saugues
Moudeyres
Pierrefort
Cayres
Le Monastier-sur-Gazeille
Rouget
Arpajon-sur-Cère
St-Étienne-de-Carlat
Vézac
Alleyras
Chaudes-Aigues
Vitrac
Vezels-Roussy
Boisset
Pradelles
Calvinet
Maurs
Montsalvy
Junhac
St-Constant
Viellevie
RODEZ
ALÈS
Orcines
Durtol
Chamalières
Royat
Pérignat-les-Sarlieve
Ceyrat
ALLIER 03
PUY-DE-DÔME 63
CANTAL 15
HAUTE-LOIRE 43
Localité possédant :
au moins un hôtel
au moins un hôtel de charme
au moins un restaurant
au moins un restaurant "coup de cœur"
15 note du restaurant le mieux classé
15 km
A
B
C
D

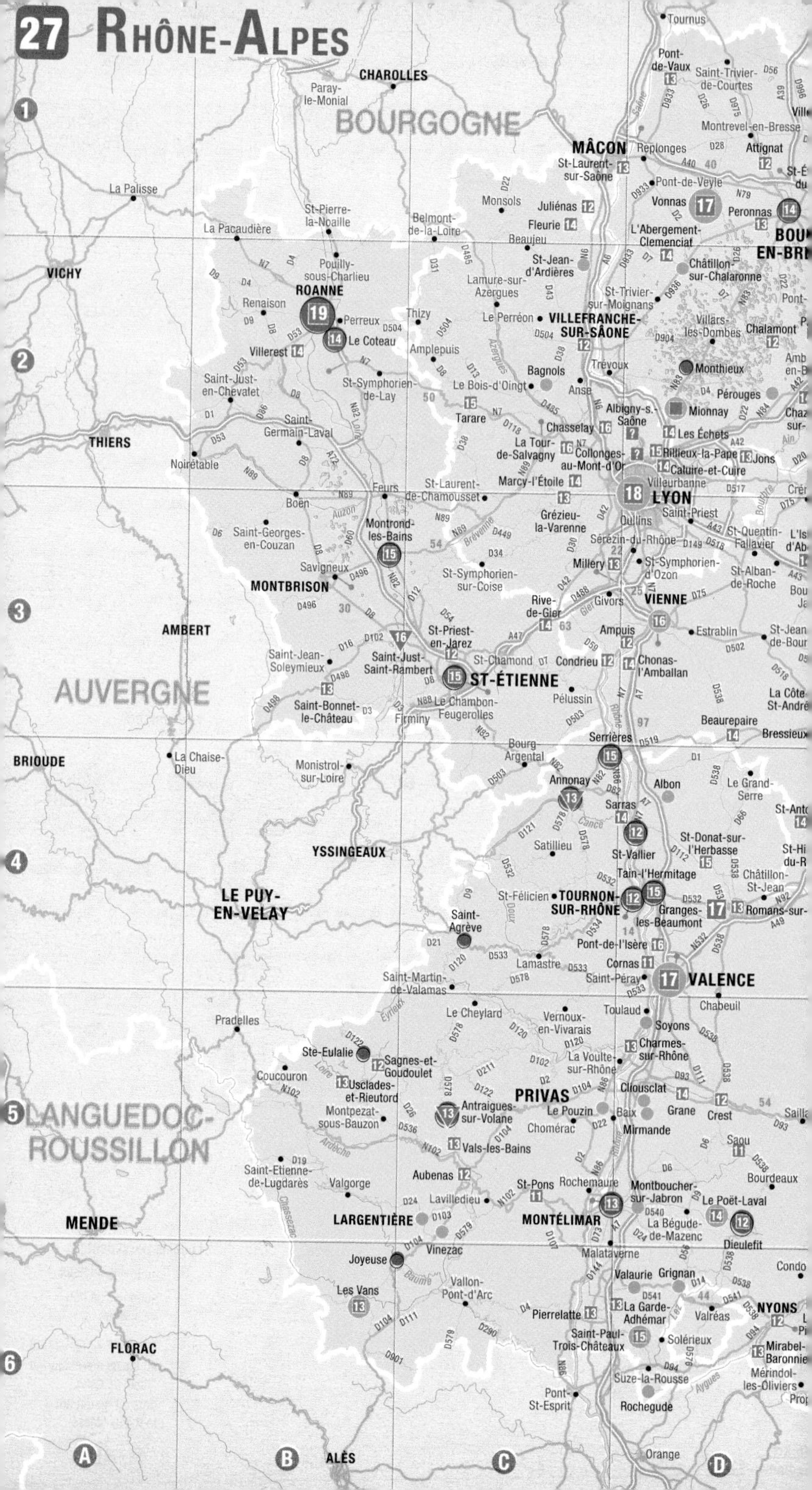
27 RHÔNE-ALPES
CHAROLLES
Paray-le-Monial
BOURGOGNE
Tournus
Pont-de-Vaux
Saint-Trivier-de-Courtes
Montrevel-en-Bresse
MÂCON
Replonges
Attignat
St-Laurent-sur-Saône
Pont-de-Veyle
Vonnas
Peronnas
Monsols
Juliénas
Fleurie
Beaujeu
L'Abergement-Clemenciat
St-Jean-d'Ardières
Châtillon-sur-Chalaronne
La Palisse
La Pacaudière
St-Pierre-la-Noaille
Belmont-de-la-Loire
Pouilly-sous-Charlieu
VICHY
ROANNE
Renaison
Perreux
Le Coteau
Villerest
Thizy
Amplepuis
Lamure-sur-Azergues
Le Perréon
VILLEFRANCHE-SUR-SÂONE
St-Trivier-sur-Moignans
Villars-les-Dombes
Chalamont
Saint-Just-en-Chevalet
St-Symphorien-de-Lay
Le Bois-d'Oingt
Bagnols
Anse
Trévoux
Monthieux
Pérouges
Mionnay
Tarare
Albigny-s.-Saône
Chasselay
Les Échets
THIERS
Noirétable
Saint-Germain-Laval
La Tour-de-Salvagny
Collonges-au-Mont-d'Or
Rillieux-la-Pape
Caluire-et-Cuire
Jons
Marcy-l'Étoile
Villeurbanne
LYON
Feurs
St-Laurent-de-Chamousset
Boën
Saint-Georges-en-Couzan
Montrond-les-Bains
Grézieu-la-Varenne
Oullins
Saint-Priest
St-Quentin-Fallavier
Sérézin-du-Rhône
Savigneux
MONTBRISON
St-Symphorien-sur-Coise
Millery
St-Symphorien-d'Ozon
St-Alban-de-Roche
Rive-de-Gier
Givors
VIENNE
AMBERT
St-Priest-en-Jarez
Ampuis
Estrablin
Saint-Jean-Soleymieux
Saint-Just-Saint-Rambert
St-Chamond
Condrieu
Chonas-l'Amballan
AUVERGNE
ST-ÉTIENNE
Pélussin
Saint-Bonnet-le-Château
Firminy
Le Chambon-Feugerolles
Beaurepaire
Bressieux
Serrières
Bourg-Argental
BRIOUDE
La Chaise-Dieu
Monistrol-sur-Loire
Annonay
Albon
Le Grand-Serre
Sarras
St-Vallier
Satillieu
St-Donat-sur-l'Herbasse
YSSINGEAUX
Tain-l'Hermitage
Châtillon-St-Jean
LE PUY-EN-VELAY
St-Félicien
TOURNON-SUR-RHÔNE
Granges-les-Beaumont
Romans-sur-Isère
Saint-Agrève
Pont-de-l'Isère
Lamastre
Cornas
Saint-Péray
VALENCE
Saint-Martin-de-Valamas
Chabeuil
Le Cheylard
Vernoux-en-Vivarais
Toulaud
Soyons
Pradelles
Ste-Eulalie
Sagnes-et-Goudoulet
Charmes-sur-Rhône
La Voulte-sur-Rhône
Coucouron
Usclades-et-Rieutord
Clousclat
LANGUEDOC-ROUSSILLON
Montpezat-sous-Bauzon
Antraigues-sur-Volane
PRIVAS
Le Pouzin
Baix
Grane
Crest
Chomérac
Mirmande
Vals-les-Bains
Saou
Saint-Etienne-de-Lugdarès
Aubenas
St-Pons
Rochemaure
Montboucher-sur-Jabron
Bourdeaux
Valgorge
Lavilledieu
Le Poët-Laval
MENDE
LARGENTIÈRE
MONTÉLIMAR
La Bégude-de-Mazenc
Dieulefit
Joyeuse
Vinezac
Malataverne
Valaurie
Grignan
Les Vans
Vallon-Pont-d'Arc
Pierrelatte
La Garde-Adhémar
Valréas
NYONS
Saint-Paul-Trois-Châteaux
Solérieux
FLORAC
Mirabel-aux-Baronnies
Suze-la-Rousse
Mérindol-les-Oliviers
Pont-St-Esprit
Rochegude
ALÈS
Orange
A
B
C
D
1
2
3
4
5
6

28
FRANCHE-COMTÉ
THONON-LES-BAINS
Evian-les-Bains
Divonne-les-Bains
La Chapelle-d'Abondance
Anthy-sur-Léman
Sciez
SAINT-CLAUDE
GEX
Ségny
Douvaine
Le Biot
Châtel
SUISSE
Oyonnax
Ferney-Voltaire
St-Genis-Pouilly
Boëge
Morzine
Thoiry
Annemasse
Bonne
Les Gets
NANTUA
ST-JULIEN-EN-GENEVOIS
Reignier
Collonges
Bossey
St-Jeoire
Taninges
Samoëns
Bellegarde-sur-Valserine
BONNEVILLE
Cluses
Ochiaz
La Muraz
Arâches-la-Frasse
Brénod
Cruseilles
La Roche-sur-Foron
Vougy
Argentière
Frangy
Hauteville-Lompnes
Le Grand-Bornand
Sallanches
Seyssel
Annecy-le-Vieux
Veyrier-du-Lac
La Clusaz
Chamonix-Mont-Blanc
Cordon
Combloux
St-Gervais-les-Bains
ANNECY
Thônes
La Giettaz
Megève
Virieu-le-Grand
Chapery
Talloires
Manigod
Flumet
Ruffieux
Pugieu
Alby-sur-Chéran
Notre-Dame-de-Bellecombe
Les Saisies
BELLEY
Lhuis
Albens
Faverges
Ugine
Beaufort-sur-Doron
Groslée
Yenne
Aix-les-Bains
Le Châtelard
Bourg-Saint-Maurice
Arêches
ALBERTVILLE
Ste-Foy-Tarentaise
Le Bourget-du-Lac
ITALIE
St-Genix-sur-Guiers
CHAMBÉRY
St-Pierre-d'Albigny
Gresy-sur-Isère
Aime
Aoste
Challes-les-Eaux
Aiguebelette-le-Lac
Barberaz
Coise-St-Jean-Pied-Gauthier
Tignes
St-Didier-de-la-Tour
Aigueblanche
Les Marches
Montmélian
Moûtiers
Val d'Isère
Champagny-en-Vanoise
Attignat-Oncin
La Rochette
St-François-Longchamp
Méribel-les-Allues
Courchevel
Bonneval-sur-Arc
Allevard
Voiron
St-Laurent-du-Pont
Pralognan-la-Vanoise
St-Pierre-de-Chartreuse
St-Martin-de-Belleville
Lanslebourg-Mont-Cenis
Rives
Goncelin
SAINT-JEAN-DE-MAURIENNE
Voreppe
Val Thorens
Crolles
Aussois
Fontanil-Cornillon
Corenc
St-Michel-de-Maurienne
St-Martin-le-Vinoux
Montbonnot-St-Martin
Modane
GRENOBLE
Valloire
Eybens
Uriage-les-Bains
L'Alpe-d'Huez
Champagnier
Villard-de-Lans
Le Bourg-d'Oisans
Le Fresney-d'Oisans
Vizille
Vif
Les Deux-Alpes
Corrençon-en-Vercors
St-Martin-de-la-Cluse
Saint-Honoré
BRIANÇON
Monestier-de-Clermont
La Mure
Valbonnais
Gresse-en-Vercors
Corps
Mens
Clelles
Luc-en-Diois
GAP
Beaumont-en-Diois
Serres
BARCELONNETTE
PROVENCE-ALPES-CÔTE-D'AZUR
Séderon
Sisteron
DIGNE-LES-BAINS
AIN 01
HAUTE-SAVOIE 74
42 LOIRE
69 RHÔNE
SAVOIE 73
ISÈRE 38
ARDÈCHE 07
DRÔME 26
Localité possédant :
au moins un hôtel
au moins un hôtel de charme
au moins un restaurant
au moins un restaurant “coup de cœur”
15 note du restaurant le mieux classé
A
B
C
D

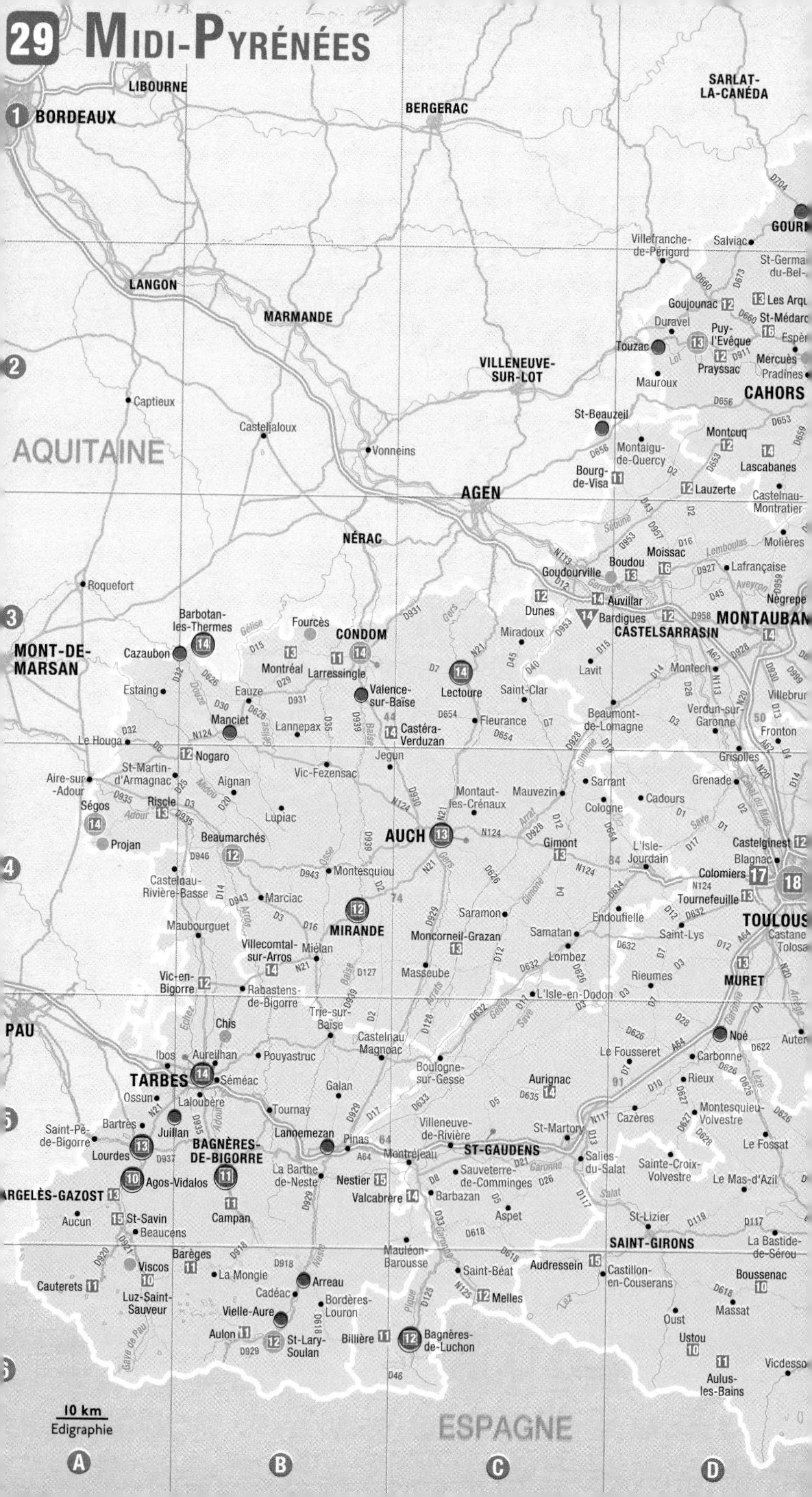
29
Midi-Pyrénées
LIBOURNE
BORDEAUX
BERGERAC
SARLAT-LA-CANÉDA
Villefranche-de-Périgord
Salviac
St-Germain-du-Bel-Air
Goujounac
Les Arques
St-Médard
Duravel
Puy-l'Evêque
Touzac
Prayssac
Mercuès
Pradines
Mauroux
CAHORS
LANGON
MARMANDE
VILLENEUVE-SUR-LOT
Captieux
Casteljaloux
AQUITAINE
Vonnelns
St-Beauzeil
Montaigu-de-Quercy
Montcuq
Lascabanes
Bourg-de-Visa
Lauzerte
Castelnau-Montratier
AGEN
NÉRAC
Molières
Moissac
Boudou
Goudourville
Lafrançaise
Auvillar
Dunes
Bardigues
CASTELSARRASIN
MONTAUBAN
Negrepelisse
Roquefort
Barbotan-les-Thermes
Fourcès
CONDOM
Miradoux
MONT-DE-MARSAN
Cazaubon
Montréal
Larressingle
Lectoure
Lavit
Montech
Estaing
Eauze
Valence-sur-Baïse
Saint-Clar
Villebrumier
Manciet
Lannepax
Castéra-Verduzan
Fleurance
Beaumont-de-Lomagne
Verdun-sur-Garonne
Fronton
Le Houga
Nogaro
Jegun
Grisolles
St-Martin-d'Armagnac
Aire-sur-l'Adour
Aignan
Vic-Fezensac
Sarrant
Grenade
Montaut-les-Créneaux
Mauvezin
Ségos
Riscle
Cologne
Cadours
Lupiac
Projan
Beaumarchés
AUCH
Gimont
L'Isle-Jourdain
Castelginest
Blagnac
Montesquiou
Castelnau-Rivière-Basse
Colomiers
Tournefeuille
Marciac
Saramon
Endoufielle
TOULOUSE
Maubourguet
MIRANDE
Moncorneil-Grazan
Samatan
Saint-Lys
Villecomtal-sur-Arros
Miélan
Lombez
Masseube
Rieumes
MURET
Vic-en-Bigorre
Rabastens-de-Bigorre
L'Isle-en-Dodon
Trie-sur-Baïse
Chis
PAU
Castelnau-Magnoac
Noé
Ibos
Aureilhan
Pouyastruc
Le Fousseret
Carbonne
Boulogne-sur-Gesse
TARBES
Séméac
Aurignac
Rieux
Ossun
Laloubère
Galan
Tournay
Cazères
Montesquieu-Volvestre
Bartrès
Juillan
Villeneuve-de-Rivière
St-Martory
Saint-Pé-de-Bigorre
Lannemezan
Pinas
Le Fossat
Lourdes
BAGNÈRES-DE-BIGORRE
Montréjeau
ST-GAUDENS
Salies-du-Salat
Sainte-Croix-Volvestre
La Barthe-de-Neste
Sauveterre-de-Comminges
Le Mas-d'Azil
Agos-Vidalos
Nestier
ARGELÈS-GAZOST
Valcabrère
Barbazan
Campan
Aspet
Aucun
St-Savin
St-Lizier
Beaucens
SAINT-GIRONS
La Bastide-de-Sérou
Barèges
Mauléon-Barousse
Viscos
La Mongie
Arreau
Saint-Béat
Audressein
Castillon-en-Couserans
Boussenac
Cauterets
Cadéac
Melles
Luz-Saint-Sauveur
Bordères-Louron
Massat
Vielle-Aure
Oust
Aulon
St-Lary-Soulan
Billière
Bagnères-de-Luchon
Ustou
Vicdessos
Aulus-les-Bains
10 km
Edigraphie
ESPAGNE
A
B
C
D
1
2
3
4
5
6

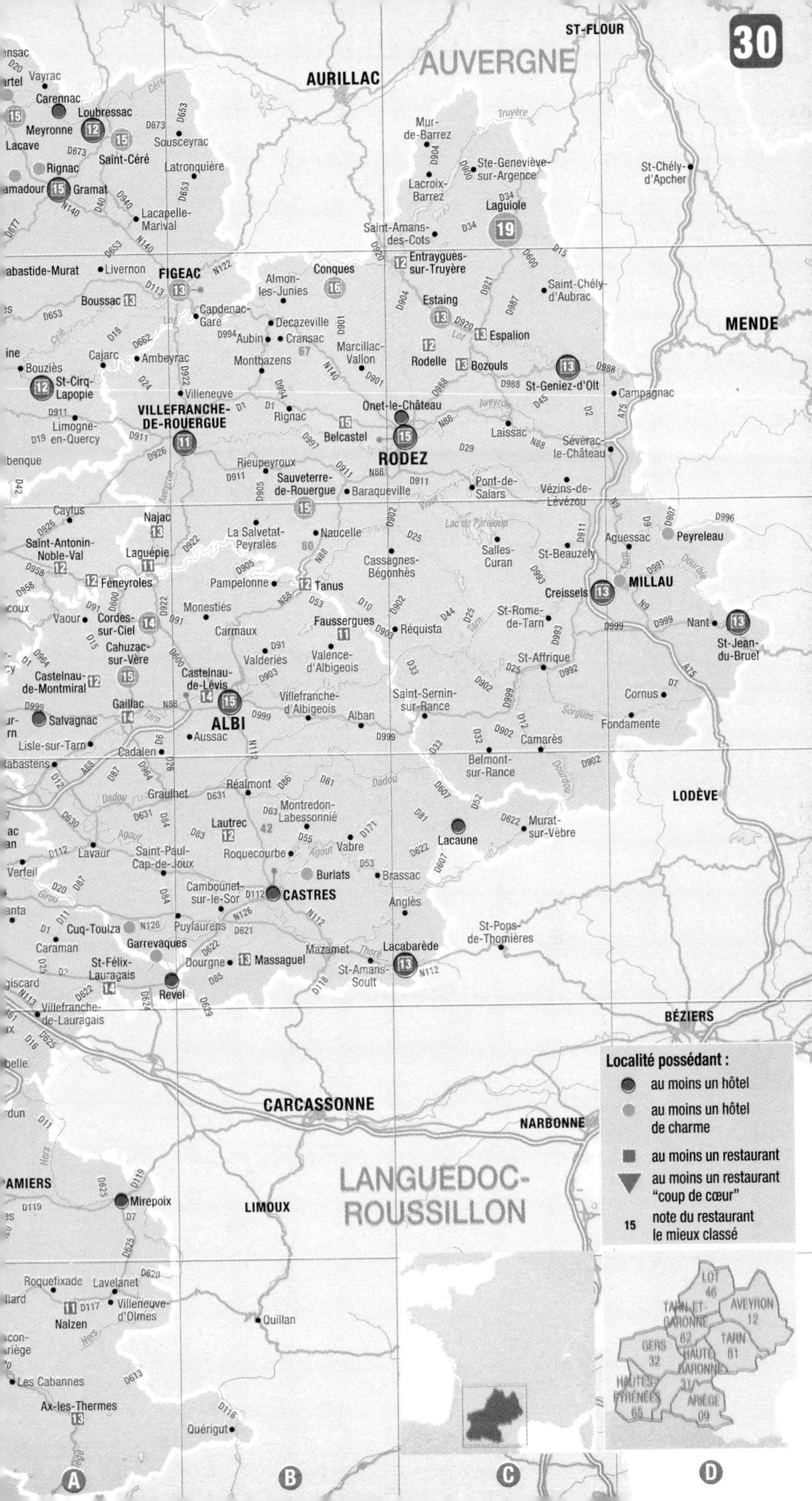

30
AUVERGNE
ST-FLOUR
AURILLAC
Vayrac
Carennac
Loubressac
Meyronne
Lacave
Saint-Céré
Sousceyrac
Latronquière
Rignac
Gramat
Lacapelle-Marival
Mur-de-Barrez
Lacroix-Barrez
Ste-Geneviève-sur-Argence
Laguiole
Saint-Amans-des-Cots
Entraygues-sur-Truyère
St-Chély-d'Apcher
Livernon
FIGEAC
Conques
Almon-les-Junies
Boussac
Capdenac-Gare
Decazeville
Aubin
Cransac
Estaing
Espalion
Saint-Chély-d'Aubrac
MENDE
Cajarc
Ambeyrac
Bouziès
St-Cirq-Lapopie
Villeneuve
Montbazens
Marcillac-Vallon
Rodelle
Bozouls
St-Geniez-d'Olt
Campagnac
VILLEFRANCHE-DE-ROUERGUE
Rignac
Onet-le-Château
Belcastel
RODEZ
Laissac
Sévérac-le-Château
Limogne-en-Quercy
Rieupeyroux
Sauveterre-de-Rouergue
Baraqueville
Pont-de-Salars
Vézins-de-Lévézou
Caylus
Najac
Saint-Antonin-Noble-Val
Laguépie
La Salvetat-Peyralès
Naucelle
Cassagnes-Bégonhès
Salles-Curan
St-Beauzély
Aguessac
Peyreleau
MILLAU
Creissels
Féneyroles
Pampelonne
Tanus
Vaour
Cordes-sur-Ciel
Monestiés
Carmaux
Faussergues
Réquista
St-Rome-de-Tarn
Nant
St-Jean-du-Bruel
Cahuzac-sur-Vère
Valderiès
Valence-d'Albigeois
St-Affrique
Castelnau-de-Montmiral
Castelnau-de-Lévis
Gaillac
ALBI
Villefranche-d'Albigeois
Saint-Sernin-sur-Rance
Cornus
Fondamente
Salvagnac
Alban
Aussac
Camarès
Lisle-sur-Tarn
Cadalen
Belmont-sur-Rance
Rabastens
Graulhet
Réalmont
LODÈVE
Montredon-Labessonnié
Lautrec
Lacaune
Murat-sur-Vèbre
Lavaur
Saint-Paul-Cap-de-Joux
Roquecourbe
Vabre
Verfeil
Burlats
Brassac
Cambounet-sur-le-Sor
CASTRES
Anglès
Cuq-Toulza
Puylaurens
St-Pons-de-Thomières
Caraman
Garrevaques
Mazamet
Lacabarède
St-Félix-Lauragais
Dourgne
Massaguel
St-Amans-Soult
Revel
Villefranche-de-Lauragais
BÉZIERS
Localité possédant :
au moins un hôtel
au moins un hôtel de charme
au moins un restaurant
au moins un restaurant "coup de cœur"
15 note du restaurant le mieux classé
CARCASSONNE
NARBONNE
PAMIERS
Mirepoix
LIMOUX
LANGUEDOC-ROUSSILLON
Roquefixade
Lavelanet
Villeneuve-d'Olmes
Nalzen
Quillan
Les Cabannes
Ax-les-Thermes
Quérigut
LOT 46
TARN-ET-GARONNE 82
AVEYRON 12
GERS 32
HAUTE-GARONNE 31
TARN 81
HAUTES-PYRÉNÉES 65
ARIÈGE 09
A
B
C
D

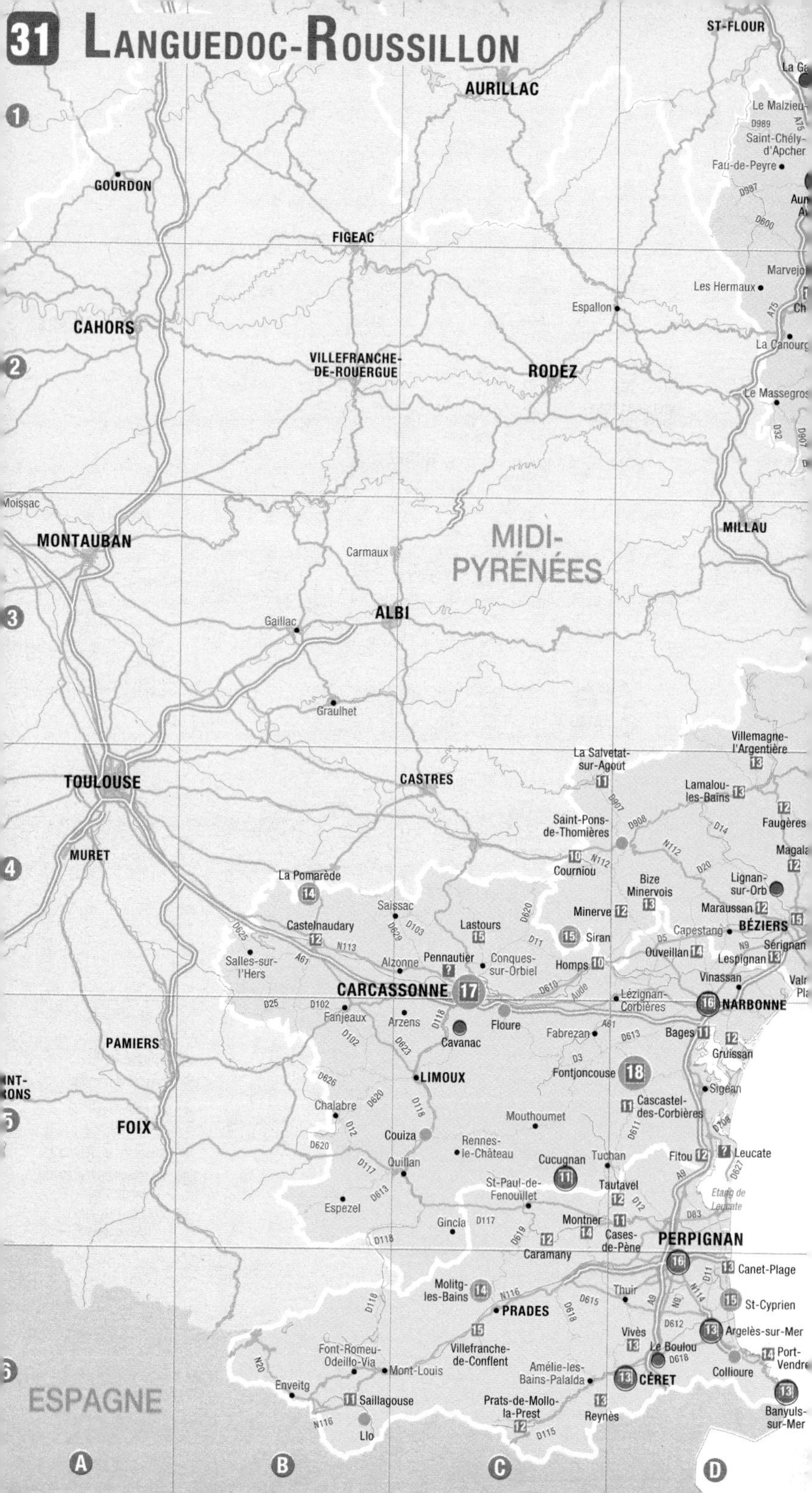
31
LANGUEDOC-ROUSSILLON
ST-FLOUR
AURILLAC
Le Malzieu
D989
Saint-Chély-d'Apcher
Faü-de-Peyre
GOURDON
D987
D600
FIGEAC
Marvejols
Les Hermaux
Espallon
A75
CAHORS
VILLEFRANCHE-DE-ROUERGUE
RODEZ
La Canourgue
Le Massegros
D32
D907
Moissac
MONTAUBAN
MIDI-PYRÉNÉES
MILLAU
Carmaux
ALBI
Gaillac
Graulhet
Villemagne-l'Argentière
13
La Salvetat-sur-Agout
11
TOULOUSE
CASTRES
Lamalou-les-Bains
13
D907
D908
12
Faugères
Saint-Pons-de-Thomières
D14
N112
10
Courniou
MURET
Magalas
12
La Pomarède
14
D20
Bize Minervois
13
Lignan-sur-Orb
Saissac
D620
Minerve
12
Maraussan
12
Castelnaudary
12
D103
D629
Lastours
15
D11
15
Siran
Capestang
BÉZIERS
15
D625
N113
D5
Ouveillan
14
N9
Sérignan
Salles-sur-l'Hers
A61
Alzonne
Pennautier
Conques-sur-Orbiel
Homps
10
Lespignan
13
CARCASSONNE
17
D610
Aude
Vinassan
D25
D102
Fanjeaux
Arzens
D118
Lézignan-Corbières
16
NARBONNE
Floure
A61
Cavanac
Fabrezan
D613
Bages
11
12
Gruissan
PAMIERS
D102
D623
D3
Fontjoncouse
18
LIMOUX
Sigean
D626
Cascastel-des-Corbières
11
Chalabre
D620
D118
Mouthoumet
D611
D12
Couiza
D709
FOIX
D620
Rennes-le-Château
Cucugnan
Tuchan
Fitou
12
Leucate
Quillan
11
D117
St-Paul-de-Fenouillet
Tautavel
12
D12
A9
D627
Étang de Leucate
Espezel
D613
Gincla
D117
Montner
11
D83
D619
14
Cases-de-Pène
PERPIGNAN
D118
12
Caramany
16
13
Canet-Plage
Molitg-les-Bains
14
D118
N116
Thuir
D11
15
St-Cyprien
PRADES
D615
D618
A9
N9
N114
15
Vivès
D612
13
Argelès-sur-Mer
Font-Romeu-Odeillo-Via
Villefranche-de-Conflent
13
Le Boulou
D618
14
Port-Vendres
N20
Mont-Louis
Amélie-les-Bains-Palalda
13
CÉRET
Collioure
Enveitg
11
Saillagouse
Prats-de-Mollo-la-Preste
13
Reynès
13
ESPAGNE
N116
12
D115
Banyuls-sur-Mer
Llo
1
2
3
4
5
6
A
B
C
D

32
LE PUY-EN-VELAY
VALENCE
RHÔNE-ALPES
PRIVAS
DIE
Aubenas
MONTÉLIMAR
Chasseradès
La Garde-Guerin
Le Bleymard
Villefort
Cocurès
Le Pont-de-Montvert
FLORAC
NYONS
Barjac
St-Ambroix
Potelières
Cornillon
Bagnols-sur-Cèze
Orange
Sabran
ALÈS
St-Jean-du-Gard
Les Plantiers
Corbès
Méjannes-lès-Alès
St-Quentin-la-Poterie
Sauveterre
CARPENTRAS
Anduze
Tornac
Castillon-du-Gard
Uzès
LE VIGAN
St-Maximin
Collias
Vers Pt-du-Gard
AVIGNON
Villeneuve-lès-Avignon
APT
Ganges
Rogues
Brissac
Sauve
Quissac
Ferrières-les-Verreries
St-André-de-Buèges
Lauret
NÎMES
Beaucaire
Cavaillon
St-Martin-de-Londres
St-Mathieu-de-Treviers
Junas
Garons
PROVENCE-ALPES-CÔTE-D'AZUR
St-Gély-du-Fesc
Boisseron
Uchaud
Argelliers
Aniane
St-Clément-de-Rivière
Gallargues
ARLES
Lunel
Aimargues
St-Gilles
Salon-de-Provence
Gignac
Castelnau-le-Lez
MONTPELLIER
AIX-EN-PROVENCE
Lattes
Aigues-Mortes
La Grande-Motte
ISTRES
Montagnac
Balaruc-les-Bains
Palavas-les-Flots
Port-Camargue
Bouzigues
Frontignan
Sète
MARSEILLE
Marseillan
Le Cap-d'Agde
LOZÈRE 48
GARD 30
HÉRAULT 34
AUDE 11
PYRÉNÉES-ORIENTALES 66
Localité possédant :
au moins un hôtel
au moins un hôtel de charme
au moins un restaurant
au moins un restaurant "coup de cœur"
15 note du restaurant le mieux classé
A
B
C
D

Vence
Tourrettes-sur-Loup
St-Paul-de-Vence
Le Rouret
La Colle-sur-Loup
Cagnes-sur-Mer
St-Laurent-du-Var
Magagnosc
GRASSE
Roquefort-les-Pins
Villeneuve-Loubet
Cros-de-Cagnes
Valbonne
Biot
Mouans-Sartoux
Sophia-Antipolis
Mougins
Auribeau-sur-Siagne
Antibes
Juan-les-Pins
Vallauris
CANNES
Golfe-Juan
Cap-d'Antibes
La Napoule
Théoule-sur-Mer
RHÔNE-ALPES
Livet-et-Gave
Clelles
Chauffaye
DIE
St-Disdier
St-Etienne-en-Dévoluy
Superdévol
Veynes
Aspres-sur-Buëch
Barcillonett
Serres
Rosans
Grillon
Valréas
NYONS
Bourg-St-Andéol
Laragne-Monteglin
Orpierre
Mison
Bollène
Vaison-la-Romaine
Roaix
Entrechaux
Ribiers
Uchaux-le-Village
Sérignan-du-Comtat
Séguret
Sablet
Noyers-sur-Jabron
Piolenc
Malaucène
Bagnols-sur-Cèze
Orange
Gigondas
Beaumes-de-Venise
Bédoin
Crillon-le-Brave
Aubignosc
Caromb
Mazan
Sault
Lardiers
Châteauneuf-du-Pape
CARPENTRAS
Monteux
Banon
Saint-Etienne-les-Orgues
ANGUEDOC-ROUSSILLON
Sorgues
Pernes-les-Fontaines
Venasque
Velleron
Fontaine-de-Vaucluse
Saint-Saturnin-lès-Apt
Lurs
Le Pontet
FORCALQUIER
Le Beaucet
Lagnes
Joucas
Rustrel
Remoulins
AVIGNON
L'Isle-sur-la-Sorgue
Gordes
Roussillon
Montfavet
Noves
Le Petit-Palais
Cabrières d'Avignon
Goult
APT
St-Martin-de-Castillon
Reillanne
Graveson
Les Paluds de Noves
Cavaillon
Buoux
Céreste
Manosque
NÎMES
Les Beaumettes
Maillane
Verquières
Oppède
Ménerbes
Bonnieux
Tarascon
St-Rémy-de-Provence
Orgon
Lourmarin
Cucuron
St-Martin-de-la-Brasque
Gréoux-les-Bains
Eygalières
Cadenet
Ansouis
Fontvieille
Les Baux-de-Provence
Pertuis
Paradou
Eyguières
Rognes
Lambesc
Peyrolles-en-Provence
Maussane-les-Alpilles
Mouriès
ARLES
Salon-de-Provence
St-Cannat
Meyrargues
Rians
AIX-EN-PROVENCE
Puyloubier
Villeneuve
St-Chamas
Beaurecueil
Berre-l'Étang
Saint-Maximin-la-Sainte-Baum
Le Sambuc
ISTRES
Gardanne
Trets
Salin-de-Giraud
Saintes-Maries-de-la-Mer
Martigues
Marignane
Bouc-Bel-Air
Nans-les-Pins
Port-Saint-Louis-du-Rhône
St-Zacharie
Allauch
Roquevaire
Le Rove
Aubagne
Gémenos
MARSEILLE
Cassis
Le Castellet
St-Cyr-sur-Mer
La Cadière d'Azur
La Ciotat
Bandol
Sanary-sur-Mer
Six-Fours-les-Plages
La Seyne-sur-Mer
A
B
C
D
1
2
3
4
5
6

Provence-Alpes-Côte-d'Azur
34
La Grave
Le Monêtier-les-Bains
Villeneuve-la-Salle
Val-des-Prés
Chantemerle-Serre-Chevalier
Serre-Chevalier
Briançon
La Chapelle-en-Valgaudémar
L'Argentière-la-Bessée
Aiguilles
St-Véran
Orcières
Guillestre
Vars
Embrun
Crévoux
Chorges
Savines-le-Lac
Baratier
Crots
Lac de Serre Ponçon
Le Lauzet-Ubaye
Jausiers
Barcelonnette
Pra-Loup
Turriers
Seyne
Saint-Etienne-de-Tinée
Isola 2000
Colmars
La Javie
Digne-les-Bains
Guillaumes
Roure
Saint-Martin-Vésubie
St-Sauveur-sur-Tinée
Roquebillière
Tende
La Brigue
Breil-sur-Roya
Lantosque
Saint-André-les-Alpes
Annot
Puget-Théniers
Villars-sur-Var
Touet-sur-Var
Entrevaux
Mézel
Barrême
Toudon
Tourette-du-Château
Sospel
Roquestéron
Levens
Peillon
Moustiers-Sainte-Marie
Castellane
Saint-Auban
St-Martin-du-Var
Contes
Carros
Menton
La Turbie
Roquebrune-Cap-Martin
Rougon
La Palud-sur-Verdon
Coursegoules
Beaulieu-sur-Mer
Falicon
Monte-Carlo
Vence
Eze
Trigance
Lac de Sainte-Croix
Saint-Vallier-de-Thiey
Nice
St-Jean-Cap-Ferrat
Comps-sur-Artuby
Cabris
Grasse
Cagnes-sur-Mer
Villefranche-sur-Mer
Spéracèdes
Antibes
Fayence
Aups
Tourtour
Château-double
Tourrettes
Montauroux
Villecroze
Ampus
Callas
Lac de Saint Cassien
Cannes
Salernes
Draguignan
Flayosc
Cotignac
Les Arcs
Les Adrets
Lorgues
Fréjus
Vidauban
Saint-Raphaël
Brignoles
Le Luc
Plan-de-la-Tour
Les Issambres
Besse-sur-Issole
Ste-Maxime
Grimaud
Saint-Tropez
Collobrières
Cogolin
Gassin
Cuers
Ramatuelle
Bormes-les-Mimosas
Rayol-Canadel-sur-Mer
La Croix-Valmer
Solliès-Toucas
La Crau
Aiguebelle
Hyères
Carqueiranne
Le Lavandou
Porquerolles
Italie
Hautes-Alpes 05
Alpes-de-Hte-Pvce 04
Alpes-Maritimes 06
Vaucluse 84
Bouches-du-Rhône 13
Var 83
Localité possédant :
au moins un hôtel
au moins un hôtel de charme
au moins un restaurant
au moins un restaurant "coup de cœur"
15 note du restaurant le mieux classé
10 km
Edigraphie
A
B
C
D

CORS

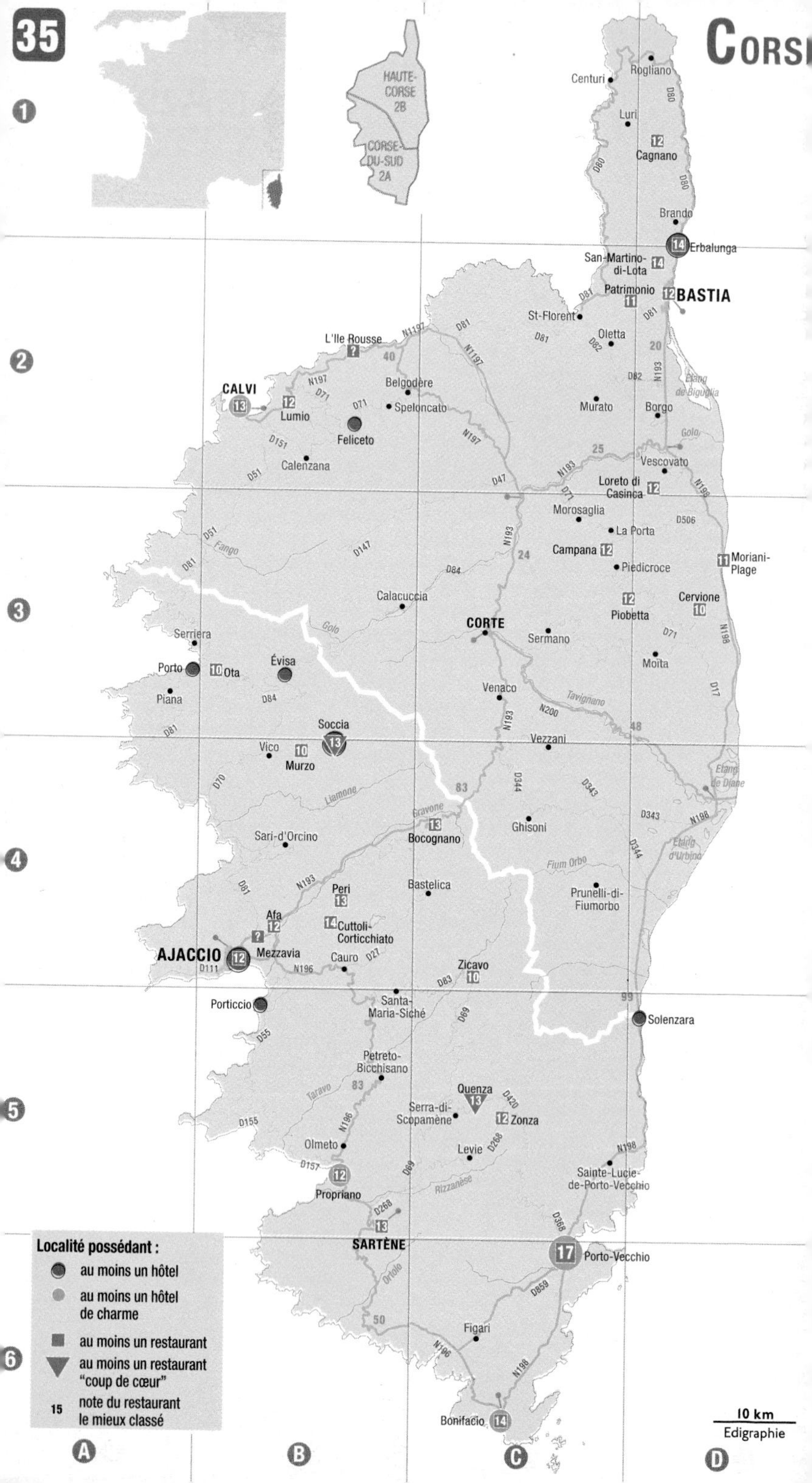
HAUTE-CORSE 2B
CORSE-DU-SUD 2A
1
2
3
4
5
6
A
B
C
D
Rogliano
Centuri
Luri
Cagnano
Brando
Erbalunga
San-Martino-di-Lota
Patrimonio
BASTIA
St-Florent
Oletta
L'Ile Rousse
Belgodère
Speloncato
CALVI
Lumio
Feliceto
Calenzana
Murato
Borgo
Vescovato
Loreto di Casinca
Morosaglia
La Porta
Campana
Piedicroce
Moriani-Plage
Calacuccia
CORTE
Sermano
Piobetta
Cervione
Moïta
Serriera
Porto
Ota
Évisa
Piana
Venaco
Soccia
Vico
Murzo
Vezzani
Bocognano
Ghisoni
Sari-d'Orcino
Bastelica
Prunelli-di-Fiumorbo
Peri
Afa
Cuttoli-Corticchiato
AJACCIO
Mezzavia
Cauro
Zicavo
Porticcio
Santa-Maria-Siché
Solenzara
Petreto-Bicchisano
Quenza
Serra-di-Scopamène
Zonza
Olmeto
Levie
Sainte-Lucie-de-Porto-Vecchio
Propriano
SARTÈNE
Porto-Vecchio
Figari
Bonifacio
Étang de Biguglia
Étang de Diane
Étang d'Urbino
Golo
Fango
Tavignano
Liamone
Gravone
Fium Orbo
Taravo
Rizzanese
Ortolo
Localité possédant :
au moins un hôtel
au moins un hôtel de charme
au moins un restaurant
au moins un restaurant "coup de cœur"
15 note du restaurant le mieux classé
10 km
Edigraphie

Province

ABBEVILLE - 80100 (3 B 2)

Amiens 47 - Dieppe 63

[12] Auberge de la Corne

» 32 chaussée-du-Bois
☎ 03 22 24 06 34
F. sam., dim. et vac. scol. Noël.
Jusqu'à 21h30.

Ce n'est pas parce qu'on peut se caler avec une andouillette ou une entrecôte qu'on est obligatoirement dans un bistrot basique avec la sciure sur le carrelage. L'endroit est avenant, mais Yves Lematelot est un vrai chef, qui peut vous faire du gastro tous les jours et a choisi la convivialité avant tout.

C : 28 € • M : 15 € *mlematelot@aol.com*

🏠 Mercure Hôtel de France R

» 19 pl du Pilori
☎ 03 22 24 00 42
📠 03 22 24 26 15
Ouv. 7j/7.
🚗

Central, l'Hôtel de France habillé Mercure est la halte fonctionnelle idéale, chambres aux équipements attendus et restaurant intéressant pour sa cuisine d'un bon classique actualisé : terrine de jarret de bœuf en gelée d'herbes et salicornes, aiguillettes de canard aux navets et fondue de rhubarbe.

1 appart. 120 € • 68 ch. 65-91 € • C : 30 € • M : 18,50-25,40 €
www.mercure.com

➲ à ERONDELLE - 80580 : 8 km S.E. par D 901

[13] Auberge du Temps Jadis ♥

» 12 rte de Bray
☎ 03 22 27 92 27
F. dim. à dîn., jeudi à dîn, 2 sem. janv. et 2 sem. sept.
Jusqu'à 21h30.
☂ 🚗 ♿ 🐕

Quelle chaleur ! Non, ce n'est pas la canicule, qui vous fait vous exclamer, ou la proximité encombrante d'une fournaise. C'est cette touffeur enthousiasmante qui vous étreint quand vous passez, un moment du week-end, chez Jean-Louis Desailly, cuisinier autodidacte aussi passionné de cuisine que de relations humaines. La charcuterie, le jarret de porc à la cheminée, le steak d'oie et cou de canard farci vous donne les crocs d'Obélix devant un sanglier, les préparations régionales ont de l'allure (gâteau battu et foie gras) et les desserts de Florence (tatin à la banane, croquant chocolat praliné) sont de la même douce musique. N'oubliez ni les fromages, ni les bières picardes et carpe diem.

C : 30 € • M : 30-40 €

➲ à SAINT RIQUIER - 80135 : 9 km N.E. par D 925

🏠 Jean de Bruges

» 18 pl de l'Eglise
☎ 03 22 28 30 30
📠 03 22 28 00 69
F. 1er-31 janv.
🚗 ♿ ✿ 🎾 🐕

Chaque année, le festival de musique amène ici des noms prestigieux, ravis de profiter de l'élégante sobriété de ces chambres installées dans un ancien logis abbatial du XVIe siècle. Pierres et poutres apparentes.

2 appart. 195 € • 9 ch. 90-130 € *www.hotel-jean-de-bruges.com*

Toques et notes

[20] à [13]

[12] à [10]

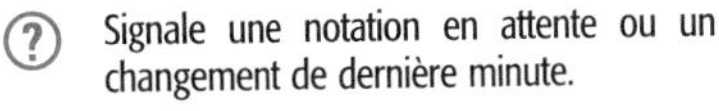

[?] Signale une notation en attente ou un changement de dernière minute.

Restaurants mentionnés en annexe

R Pour un restaurant noté de 10 à 12.

Toque : Pour un restaurant noté de 13 à 14.

Deux toques : Pour un restaurant noté de 15 à 16.

L'ABERGEMENT CLEMENCIAT - 01400 (27 D 2)

Bourg-en-Bresse 29 - Mâcon 24

14 Le Saint-Lazare

On ne fera pas le coup de Saint-Lazare ressuscité. D'abord parce que, même si Christian Bidard trouve chaque année de nouvelles idées, et a légitimement pris un point de plus l'an passé, la maison était loin d'être endormie. Ensuite parce que depuis plus d'un siècle, cette famille d'aubergistes a tenu cette institution dans le culte des bonnes traditions, celles qui ne s'éteignent jamais, poulet de Bresse et sandre de Saône. Sur la terrasse-véranda ouvrant sur le jardin, on écoute donc le chef : des grenouilles sautées, un poulet aux écrevisses, mais aussi une féra à la badiane, un turbot à l'anis vert ou un veau en sandwich croustillant, qui donnent de la personnalité et de la cohérence. Cave de coups de cœur, commentée avec précision par Christine Bidard.

C : 55 € • M : 31-72 € lesaintlazare@aol.com

» ☎ 04 74 24 00 23
F. dim. à dîn., merc., jeudi vac. scol. fév., 2e quinz. juil. et vac. scol. Toussaint.
Jusqu'à 20h30.

ACQUIGNY ➤ LOUVIERS

LES ADRETS - 83600 (34 B 5)

Toulon 102 - Saint-Raphaël 20

14 Auberge des Adrets

➥ **Hôtel** : Auberge des Adrets

Les ambitions de cet ensemble de charme et de luxe ne sont pas cachées : un ancien relais de poste XVIIe, au pied du mont Vinaigre, dans le massif de l'Esterel, dont Cosima et Alexis de Megvinet ont l'intention visible d'en faire un phare de l'hôtellerie et de la restauration dans la région. Les moyens ne manquent pas, et Christian Née, transfuge des Cinq Lys est là pour le démontrer. Pour une clientèle qui se préoccupe peu de terroir, le chef compose sur le foie gras, les langoustines, le bar de ligne ou le turbot aux pommes de terre de Noirmoutier, et frise naturellement les deux toques avec des plats qui flirtent, eux, avec les 40 **€**. Cave absolument remarquable, pas immense, mais pointue et didactique comme rarement en Provence.

C : 70 € • M : 42-65 € www.auberge-adrets.com

» Auberge des Adrets, N 7
☎ 04 94 82 11 82
F. 1er nov.-31 déc.
Jusqu'à 21h.

Auberge des Adrets

➥ **Restaurant** : 14/20 Auberge des Adrets

Dix chambres décorées avec goût par la propriétaire, tissus Pierre Frey, ligne de toilette Fragonard, esprit cosy à la patine campagnarde dans la clarté et la douceur de tons. Un service de quatre étoiles pour vivre dans l'harmonie des lieux, profiter du jardin créé par Philippe Pilaï ou de la piscine finement dessinée, ornée d'une gargouille provençale, et bordée de lavande, d'orangers et de citronniers qui fleurissent aussi dans le parc aux multiples essences méditerranéennes : magnolias, lilas des Indes, jasmin italien…

10 ch. 120-256 € • 1/2 pens. 58 € www.auberge-adrets.com

» Auberge des Adrets RN 7
☎ 04 94 82 11 82
Fax 04 9482 11 80
F. 1er nov.-31 déc.

AFA ➤ AJACCIO, CORSE

AGDE - 34300 (32 A 4)

Montpellier 59 - Sète 23

13 Numéro Vin

La meilleure table d'Agde a aussi la meilleure cave : c'est coup double avec cette cuisine bistrotière qui montre un degré certain de sophistication, et une cave languedocienne pointue qui offre de nombreuses découvertes. L'ambiance est franche, amicale, en correspondance avec les flacons, et le service jeune et enjoué.

M : 23-33 €

» 2 pl Marine
☎ 04 67 00 20 20
F. dim. (hiver), sam. à déj., lundi, 2 sem. nov. et 4 sem. fév.-mars.
Jusqu'à 22h.

(12) Le Calamar

» 33 quai Théophile-Cornu, lieu-dit la Tamarissière
☎ 04 67 94 05 06
F. mardi et merc. (sf juil.-août) et mi-nov.-1er mars.
Jusqu'à 22h.

Maligne, cette guinguette accueillante forgée dans un ancien bistrot de pêcheur. La carte du jour est affriolante, toujours, du local qui fait les yeux doux, les petites isettes grillées au fenouil, l'aïoli de pommes de terre et morue, le carré de porcelet et gratin de blettes au lard. Cave régionale bien ficelée, menu à 24 € d'un très bon rapport. d'une maison qui tourne dans le bon vent.
C : 35 € • M : 20-33 € www.restaurant-le-calamar.com

➲ au CAP D'AGDE - 34300 : 7 km S.E. par D 32e

Le Caladoc

» Ile-des-Loisirs
☎ 04 67 26 87 18
F. dim. à dîn., lundi, mardi et janv.-fév.
Jusqu'à 21h30.

➡ **Hôtel** : Hôtel du Golfe
Le restaurant de l'hôtel du Golfe (avec un "e" depuis que le golf local dispose de son propre établissement) figure parmi les meilleures tables du secteur. Jean-Paul Favre, aux commandes des cuisines depuis quatre ans, puise son inspiration dans une Méditerranée librement adaptée : blanc de lotte et légumes en escabèche, queues de langoustines, barigoules d'artichauts violets. Belle cave régionale.
C : 40 € • M : 26,50-60 € www.hotel-du-golf.com

(14) La Table de Stéphane

» 6 imp Marie-Céleste
☎ 04 67 26 45 22
F. mardi, merc., 2 janv.-12 fév. et 20-27 oct.
Jusqu'à 21h30.

Formé chez les Pourcel, Maximin et Bardet (joli tour de France), Stéphane Lavaux s'est installé voilà cinq ans avec sa charmante épouse, Caroline, dans cette table à l'écart de toute agitation, au pied de l'hôtel des Grenadines. Le couple fonctionne dans une parfaite osmose qui profite autant au service (remarquable) qu'à la cuisine, aussi intelligente que bien troussée : courgettes fleurs farcies de morue et copeaux de parmesan, saint-pierre rôti à la plancha et croustillant de morue, agneau de lait dans sa coque, croquettes chocolat-framboise et compotée de rhubarbe. La cave est à 90 % languedocienne et à 100 % sagement tarifée.
C : 45 € • M : 26-59 € www.latabledestephane.com

Compagnie des Comptoirs Le Lodge

» Plage Richelieu Ouest
☎ 04 67 26 18 34
F. oct.-fin avril.

Cuisine du monde sauce Pourcel : ce nom est un véritable label, pas la marque d'un empire vaguement franchisé. Ce Lodge, comme les autres Comptoirs, montre la qualité, la curiosité et le soin dans les finitions de ses cousins d'Avignon et Montpellier. Et le lieu est agréable, ouvert, animé, autour des cuisines et des parfums du monde.
C : 45 € • M : 25 €

(12) Le Brasero

» Rue de la Gabelle
☎ 04 67 26 24 75
F. merc. à dîn., jeudi à dîn. (h.s.) et 1er mai-15 sept.
Jusqu'à 23h.

Chaleur conviviale autour du brasero : rugbymen en troisième mi-temps, clubbers à l'entraînement et familles en goguette participent à l'animation de ce lieu où un chef de métier, pas plus effrayé que cela par l'ampleur de la carte, s'applique tout simplement à faire du populaire de qualité. Rouille de seiches, encornets farcis, gambas à la plancha, maquereaux grillés à l'escabèche, escalope Brasero… Cave pas du tout idiote, des monocépages de Mairan à Daumas Gassac.
C : 27 € • M : 13-30 €

Capao

» Plage Richelieu-Centre
☎ 04 67 26 99 44
04 67 26 55 41
F. 1er janv.-1er avril et 6 nov.-31 déc.

Résolument vacances, cet hôtel moderne opte pour un décor coloré et gai, avec des lignes contemporaines.
55 ch. 70-135 € • 1/2 pens. 70-100 € www.capao.com

Hôtel du Golfe

➥ **Restaurant** : 14/20 Le Caladoc

Le mobilier contemporain aux lignes pures et douces, de l'ocre et du rose, mais aussi l'emplacement des plantes : tout l'hôtel a été repensé autour des principes feng-shui pour une sérénité parfaite. Les chambres sont agréables, cocons douillets, avec des suites personnalisées. Et si cela ne suffisait pas à oublier le stress, le centre de remise en forme est remarquablement équipé.

3 appart. 180-315 € • 50 ch. 95-155 € • 1/2 pens. 30 €

www.hotel-du-golf.com

» Ile des Loisirs
☎ 04 67 26 87 03
Fax 04 67 26 26 89
F. déb. janv.-12 fév.

➲ au GRAU D'AGDE - 34300 : 4 km S.O. par D 32e

13 L'Adagio

Il y a incontestablement du talent et de la volonté sur les jolies tables dressées au long du quai. Aucun doute en longeant les enseignes agglutinées : le gastro, c'est là, et la chef Pascale Alric travaille les intitulés comme la réalisation. Les encornets sont remarquables de texture, tendres et élastiques, sur une crème au Noilly et purée de céleri, le lapin un peu plus timide et la déclinaison de veau de Lacaune (paupiette, côte, ragoût) un vrai beau plat de terroir. Malgré des desserts un peu en retrait, il faut encourager ces maisons qui font les efforts sur tout, le service, particulièrement accueillant, les produits, et même la cave (un vaste balayage de la région, des vins de pays, des monocépages, un parcours initiatique pas trop cher). Un point de plus encore cette année pour une première toque.

C : 45 € • M : 25-48 €

» 3 quai Cdt-Méric
☎ 04 67 21 13 00
F. dim. à dîn., merc. et 5 déc.-27 janv.
Jusqu'à 21h.

➲ à MARSEILLAN - 34340 : 7 km N.E. par D 51

14 Chez Philippe

Le port est absolument charmant et cette table, avec sa terrasse au jardin, dans une ruelle en retrait, en est un prolongement sensuel et délicat. André Bailly a su marquer son territoire tout en œuvrant dans la continuité : cette cuisine de produits régionaux a toujours du caractère, mais le sien désormais, et de la séduction dans la simplicité, avec les moules du bassin de Thau au basilic, le tian de veau aux "gratillons" de canard, les encornets au beurre de Montpellier et le macaron pistache. La cave était un point fort, elle semble l'être encore plus, tous les classiques régionaux (un peu chers néanmoins) et des découvertes (Jasse Castel, Piétri-Géraud, l'Ancienne Mercerie).

M : 25 €

chezphilippe@club-internet.fr

» 20 rue de Suffren
☎ 04 67 01 70 62
F. dim. à dîn., lundi (h.s.), lundi (juil.-août) et 15 nov.-1er mars
Jusqu'à 22h.

12 Le Château du Port

La belle maison, déguisée en brasserie à touristes, ressemblait à un château de fête foraine. Les Pourcel lui ont rendu sa splendeur de noble maison languedocienne, grande façade lumineuse, intérieur frais, méridional, intime et accueillant à la fois. Un jeune directeur enthousiaste et un bien joli service féminin prévendent quasiment les assiettes, qui tiennent de toute façon leurs promesses : une bonne soupe de poisson, des ravioles de coquillages, une daurade correcte et un menu à 28 **€** qui se tient bien, la carte se montrant beaucoup plus escaladeuse. Cave maligne dans la mode cépages et languedoc.

» 9 quai de la Résistance
☎ 04 67 77 31 67
Rens. non comm.
Jusqu'à 22h30.

AGEN - 47000 (24 B 4)

Paris 733 - Auch 71 - Périgueux 139

Mariottat

» 25 rue Louis-Vivent
☎ 05 53 77 99 77
F. sam. à déj., dim. à dîn., lundi, mardi à déj., 15 jrs vac. scol. fév., 1 sem. Pâques et 1 sem. Noël.
Jusqu'à 21h15.

Cadre et ambiance
Une maison de maître construite en 1940 sur les ruines du cloître des Capucins, en pierre blanche de Bordeaux. Salles à manger stylées, lumineuses, ouvrant sur le parc arboré abritant un chêne tricentenaire : charme et détente aux portes de la ville.

Cuisine
Stylée, élégante, au service des saveurs originelles sur des bases classiques : foie gras et chutney de fruits exotiques, bar rôti sur peau, asperges vertes et crème mousseuse aux cacahuètes, splendide agneau de lait en trois cuissons (gigot à l'anchois, épaule braisée, côtes au tamarin). desserts remarquables, offrant un bel éventail de variations sucrées.

Cave
Constituée par Christiane Mariottat, elle expose tout le Sud-Ouest avec minutie et compétence, du Bordelais au Languedoc et se montre encore à son avantage jusqu'en Loire (Coulée de Serrant, chinons de Joguet) à des prix souvent intéressants, notamment pour les millésimes anciens.

Accueil et service
Distinction et rigueur dans un déroulement sans faille. Peu d'attentes et une prévenance de tous les instants, orchestrée par la maîtresse de maison.

C : 67 € • M : 23-60 € *www.restaurant-mariottat.com*

(12) L'Atelier

» 14 rue du Jeu-de-Paume
☎ 05 53 87 89 22
F. w.-e, 1re sem. janv. et 15 jrs déb. mai.
Jusqu'à 22h30.

L'ancien atelier de menuiserie est devenu un joli petit chantier plein de vie et de gaieté. Patrick Poma turbine une ambiance fédératrice pour jeunes et seniors, et fait l'apologie, dans l'assiette, de la fraîcheur et de la simplicité : terrine de cochon au piment d'Espelette, fritto misto et mesclun, dans un décor perpétuellement estival.

C : 38 € • M : 20-30 € *restaurant.latelier@wanadoo.fr*

(12) Escale au Maroc

» 17 av du Gén-de-Gaulle
☎ 05 53 47 57 47
F. dim à dîn., lundi et août.
Jusqu'à 21h30.

Une équipe au taquet, une offre courte de couscous et tajines entre 14 et 18 **€**, un accueil de jeunes filles souriantes : emballez la semoule, c'est pesé, pour le plus gros succès de la ville en fin de semaine. Une bonne centaine de couverts sous les tentes, réparties en trois et bientôt quatre salles, s'échangent en toute bonne humeur leurs cartes postales préférées du Maroc : tajine abricots, couscous royal et Boulaouane gris.

C : 25 € *escale.au.maroc@wanadoo.fr*

(12) Margoton

» 52 rue Richard-Coeur-de-Lion
☎ 05 53 48 11 55
F. sam. à déj., dim. à déj., lundi (1er juil.-1er oct.), 10 déc.-2 janv., 1 sem. fin vac. scol. fév. et 18 août-2 sept.
Jusqu'à 21h15.

Formé dans quelques-unes des plus belles maisons des environs (la Toque Blanche à Pujols, la Ruelle à Angoulême, la Guérinière à Gujan Mestras...), Frédéric Fabre s'est installé dans le centre ville d'Agen voilà six ans, avec l'intention d'y imposer ses spécialités de poisson : son pavé de cabillaud, poivre maniguette, son turbot beurre vanille ou son ris de veau sauce Porto (il y a aussi des viandes sur la carte) ont le mérite de la sincérité et de la simplicité et flirtent avec la toque. Cave très abordable.

C : 38 € • M : 16-32 € *www.lemargoton.com*

(12) Les Mignardises

» Rue Camille-Desmoulins
☎ 05 53 47 18 62
F. dim. à déj. et lundi.
Jusqu'à 22h.

Petite croque tranquille entre amis : les Agenais sont de bons vivants, qui préfèrent les plats de mêlée aux mignardises, mais ne dédaignent pas cet exemplaire, tonique et accueillant.

C : 12 € • M : 13,90-25,60 €

(12) Ristorante Nando

Dans cette rue de restaurants, envahie par les terrasses le samedi soir, Nando tire son épingle du jeu avec un joli cadre, tables en bois rustiques sous les voûtes de la vieille maison, et une cuisine italienne futée et bien troussée. Desserts en retrait.

» 34 rue Voltaire
☎ 05 53 47 27 01
Rens. non comm.

Hôtel Château des Jacobins

Tranquillement installée dans son parc, la belle maison de maître XIXe cultive une solide tradition d'accueil, tout en gentillesse et en élégance, dans un cadre à l'élégance bourgeoise et soignée. Situation parfaite, face à l'église des Jacobins et à deux pas de la Garonne.

13 ch. 68-120 €

www.chateau-des-jacobins.com

» 1 ter pl des Jacobins
☎ 05 53 47 03 31
Fax 05 53 47 02 80
Ouv. 7j/7.

à BON ENCONTRE - 47240 : 5 km S.E. par N 113

(12) La Table d'Antan H

Dans le fief rugbystique, l'ancienne ferme se partage, dans une veine classique, entre la Gascogne (foie gras, magret aux épices) et l'île Maurice (accras, samossa, poulet papaye), dont la patronne est originaire. Les tarifs sont relativement aimables, et les repas sous l'érable, en terrasse, bien plaisants. Une dizaine de chambres, au style rustique, de grand calme au milieu du village.

C : 55 € • M : 15,20-34 € • 10 ch. 33-45 € • 1/2 pens. 55 €

» 41 rue de la République
☎ 05 53 77 97 00
F. sam. à déj. et dim. à dîn.
Jusqu'à 22h.

à BRAX - 47310 : 6 km O. par N 21

(13) Le Colombier du Touron H

Manger gascon, c'est du plaisir et du sérieux. Parce qu'on ne peut ni plaisanter, ni transiger dans l'à peu près lorsqu'il s'agit de préparer à des connaisseurs un foie gras au floc, un magret à la marjolaine, un pigeonneau en crapaudine et ragoût de fèves. Les frères Sieurac mènent leur maison avec une grande efficacité, trouvant le ton juste entre terroir et innovation. Cave très convaincante à amener dans toute discussion, qu'il s'agisse du Languedoc ou du Sud-Ouest, grande cave ou propriétaire indépendant, à des tarifs très avantageux. On remarquera, en particulier, l'excellente sélection en moelleux. Quelques chambres personnalisées, aux tons doux, et bon marché.

C : 40 € • M : 23-31 € • 9 ch. 39,50-60 € • 1/2 pens. 44-60 €

www.le-colombier-du-touron.com

» 187 rte de Mont-de-Marsan
☎ 05 53 87 87 91
Ouv. 7j/7.
Jusqu'à 21h.

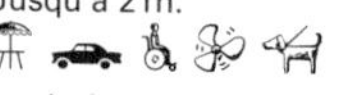

à LAPLUME - 47310 : 12 km S. par N 21 et D 268

Château de Lassalle

Spacieuses et personnalisées, les chambres cultivent une atmosphère demeure de famille (l'offre s'élargit avec les chambres d'hôtes à quelques kilomètres). La maison remonte au XVIIIe siècle et profite d'une vue dégagée sur les coteaux alentours, ainsi que d'un vaste parc. Le tout respire une atmosphère paisible et très agréable.

2 appart. 189 € • 17 ch. 119-189 €

www.chateaudelassalle.com

» Brimont
☎ 05 53 95 10 58
Fax 05 53 95 13 01
Ouv. 7j/7.

Les fermetures hebdomadaires et annuelles sont celles que les restaurateurs et les hôteliers pensent pratiquer en 2006. Pour éviter des déplacements inutiles, téléphonez pour confirmer.

à MOIRAX - 47310 : 8 km S. par N 21

Auberge Le Prieuré

» Le Bourg
☎ 05 53 47 59 55
F. lundi et mardi.
Jusqu'à 21h.

Le jeune chef passé par Trama qui officie dans cette ancienne adresse de village où on venait naguère manger le foie gras et les volailles aux champignons a changé la donne et fait bouger la ville. La maison XIIIe avec ses colombages appelle la tradition, mais Benjamin Toursel préfère suivre son propre chemin de Compostelle, dessiner ses assiettes, utiliser le marché planétaire pour une émulsion, un sorbet en choisissant la bonne épice et le bon parfum. La toque se confirme, comme l'intérêt pour ce nouveau talent.
C : 38 €

à PUYMIROL - 47270 : 17 km E. par N 113 et D 16

L'Aubergade

» 52 rue Royale
☎ 05 53 95 31 46
F. dim. à dîn., lundi, mardi à déj. (hiver), lundi à déj., mardi à déj. (été) et 3 prem. sem. nov.
Jusqu'à 21h30.

➡ **Hôtel :** Les Loges de l'Aubergade

Cadre et ambiance

Waow ! La terrasse dans la cour-jardin, à l'intérieur des nobles pierres, a un charme fou. Une jolie table, un air de grande maison, avec une dimension presque familiale, beaucoup d'aisance, de beauté, de sérénité distillées par Maryse et Michel Trama, tous deux épris de recherche sensuelle, de philosophie, de culture et d'art, et donc d'humanité.

Cuisine

Récompensé de partout, Michel Trama reçoit les honneurs avec la sagesse de l'homme accompli dans sa vie et dans son métier. Il regarde les nouvelles chambres que lui a dessinées Jacques Garcia - un ami -, pense à ses conversations sur les Sept sens avec Michel Serres - un voisin -, et jette un œil acéré, par-dessus les demi-lunes, sur les assiettes qu'il a imaginées : une sorte de rouleau de printemps homard et combawa, des crevettes gingembre coco relevé de coriandre avec une précision diabolique, qui forme deux amuse-bouche formidables, un risotto de chou-fleur au ris d'agneau qui paraît simple et pourtant à se damner et les classiques qui font Trama, la pomme de terre à la truffe, dans sa feuille de blette, le hamburger de foie gras et, parmi les desserts, la cristalline de pomme et le cylindre chocolat noir et blanc, qui supplée la larme griottine.

Cave

Riche et coûteuse, cette cave est celle d'un palace, avec des coefficients majestueux, ce qui ne l'empêche pas d'être futée (Chante-Coucou de Da Ros) et affûtée (des bordeaux magnifiques). Le sommelier, dans ce contexte, se défend fort bien.

Accueil et service

Tout d'une grande maison, le Lot-et-Garonne en plus : un peu de simplicité, une nécessaire décontraction, bienvenue à la campagne avec un service distingué et parfait.
C : 90 € • M : 76-140 € www.aubergade.com

Les Loges de l'Aubergade

» 52 rue Royale
☎ 05 53 95 31 46
05 53 95 33 80
F. 3 prem. sem. nov.

➡ **Restaurant** : 18/20 L'Aubergade

Une bastide paisible… Une maison du XIIIe siècle… Une atmosphère aussi délicieuse et raffinée que la cuisine de Michel Trama, où les richesses de l'architecture sont mises en valeur par un cadre précieux et épicurien. Certaines chambres portent la signature réputée de Jacques Garcia, les nouvelles sont superbes, aux salles de bain inspirées par Jean-Louis Costes.
11 ch. 180-450 € • 1/2 pens. 260-325 € www.aubergade.com

AGNETZ ➤ CLERMONT

AGOS VIDALOS ➤ ARGELES GAZOST

L'AIGLE - 61300 (6 B 5)

Alençon 67 - Evreux 61 - Lisieux 60

 Le Dauphin

➥ **Hôtel** : Le Dauphin

Régis Ligot a passé la main en douceur à son second, Didier Godefroy, ancien du Prince de Galles et du Scribe, et qui suit la voie royale par des stages à l'école Ducasse. Poursuivant la réforme initiée par son prédécesseur, il tourne le dos aux sauces lourdes - pas une mince affaire dans ce gros bourg normand - au profit de jus légers et parfumés. Il impose des légumes croquants et convertit viandes et poissons par des arômes subtils. Il ne manque qu'un peu d'audace et de personnalité pour affirmer complètement les progrès. Un point de plus d'encouragement, néanmoins, à confirmer.

C : 47 € • M : 29-34 €

www.hoteldudauphin.free.fr

» Pl de la Halle
☎ 02 33 84 18 00
F. dim. à dîn. (sf veilles fériés).
Jusqu'à 21h30.

Le Dauphin

➥ **Restaurant** : 14/20 Le Dauphin

Chambres personnalisées, rustiques, classiques ou contemporaines, et des efforts constants de rénovation, qui permettent à cet élégant relais de poste XVIIe de se maintenir parfaitement au goût du jour.

30 ch. 58-83 € • 1/2 pens. 71-73 €

www.hoteldudauphin.free.fr

» Pl de la Halle
☎ 02 33 84 18 00
Fax 02 33 34 09 28
Ouv. 7j/7.

à SAINT MICHEL TUBOEUF - 61300 : 4 km E. par N 26

(11) Auberge Saint-Michel

Une longère normande typique pour un buffet campagnard avant de regagner la métropole. Andouillette purée, cabillaud aux coquillages, rognon sauté au calvados : la petite entreprise de Claude Barville, installé depuis 1979, ne connaît ni faiblesses, ni sautes d'humeur.

C : 30 € • M : 16-33,50 €

auberge.saint-michel@wanadoo.fr

» RN 26 direction Dreux
☎ 02 33 24 20 12
F. mardi à dîn., merc. à dîn., jeudi (sf fériés jeudi à déj.), 1 sem. janv. et sept.
Jusqu'à 21h.

AIGUEBELETTE LE LAC - 73610 (28 A 3)

Chambéry 28 - Voiron 41

(12) Chez Michelon H

La calme beauté du lac ne doit pas vous détourner de l'assiette et vous inciter à boire de l'eau. Surtout pas, pourrait-on dire si nous ne gardions en tête les conseils de modération dispensés par la santé publique. Car cette cave formidable, en particulier en rhône et en vins de Savoie, incite plutôt à prendre un très long menu, et une chambre. On trouvera du répondant avec une aimable cuisine de circonstance, poissons de lac et viandes classiques, servis avec gentillesse dans une atmosphère douce et familiale. Chambres sobres et paisibles.

C : 35 € • M : 24-46 € • 5 ch. 55-70 € • 1/2 pens. 73 €

chezmichelon@aol.com

» Jean-et-Simone-Dufour, la Combe (rive-Est)
☎ 04 79 36 05 02
F. mardi (sept.-mai), lundi (sf à déj. sept.-mai) et 1er nov.-13 déc.
Jusqu'à 21h30.

Dans chaque ville, les établissements sont classés par note décroissante, restaurants d'abord, hôtels ensuite.

•

Certaines communes sont rattachées à l'agglomération la plus proche.

à ATTIGNAT ONCIN - 73610 : 7 km S. par D 921

Le Mont Grêle R

De l'espace et de la tranquillité, dans un village du Parc Naturel de la Chartreuse. Ouverte sur la vallée, la maison 1900 permet d'apprécier notamment de beaux couchers de soleil. La cuisine fait mieux qu'accompagner le séjour, avec une belle interprétation autour du terroir (matelote d'omble chevalier, planchette de charcuterie) comme des classiques (côte de veau cocotte).
10 ch. 43-53 € • 1/2 pens. 53-57 € • C : 32 € • M : 26-31 €
www.animgrotte.com/montgrele

» Chef-Lieu Attignat-Oncin
☎ 04 79 36 07 06
04 79 36 09 54
F. 17 déc.-12 fév.

AIGUES MORTES - 30220 (32 B 4)

Nîmes 39 - Montpellier 33

Marie Rosé

L'ancien presbytère est sans mystère, mais plein de charme. Entretenu savamment, à la manière douce, par Marie-José Ryba qui fait des amis de ses clients d'un soir. Par l'atmosphère comme par l'assiette, petite musique simple et raffinée qui s'adapte au gré du vent, à la mer et à la saison : flan de violets, poisson à la plancha, lapin au fromage de chèvre et à la tapenade. Pour rester entre camarades, les vignerons du coin participent étroitement à la cave, et la culture bio est fortement encouragée.
C : 30 €

» 13 rue Pasteur
☎ 04 66 53 79 84
F. lundi, mardi, merc. (oct.-mai).
Jusqu'à 23h.

AILLANT SUR THOLON - 89110 (19 C 2)

Auxerre 20 - Joigny 13 - Toucy 17

Domaine du Roncemay

Les 145 ha du golf constituent un cadre verdoyant pour ce château XIXe et les bâtiments de l'hôtel, belle interprétation moderne du style bourguignon. Poutres apparentes et meubles régionaux lui confèrent un rustique chic très agréable, en même temps qu'un confort parfait, jusqu'à l'équipement. Au restaurant, Steve Delamaire prouve qu'il a gardé de son passage chez Marc Meneau (propriétaire des lieux) le sens des belles assiettes, privilégiant les bons mariages aux effets faciles du produit noble à tout prix : raviole de girolles aux cocos de Paimpol, colin au beurre poivron grillé et risotto à la cive, soufflé chaud à la tomate sorbet à la marjolaine. Jolie carte des vins, notamment en local.
3 appart. 300-400 € • 15 ch. 100-250 € • 1/2 pens. 175-195 € • C : 75 € • M : 42-110 €
www.roncemay.com

» Château de Roncemay
☎ 03 86 73 50 50
03 86 73 69 46
F. janv., fév.

AIMARGUES - 30470 (31 B 3)

Carcassonne 179 - Nîmes 29

Domaine du Grand Malherbes

Quelques chambres personnalisées à l'ancienne dans ce vaste domaine propice aux cérémonies et dont les vieilles pierres remontent au XVIe siècle. Equipement confortable pour un séjour de détente : parc arboré, piscine.
5 appart. 125 € • 9 ch. 80-125 € • 1/2 pens. 80-105 €
www.grandmalherbes.com

» Rte des Plages
☎ 04 66 88 59 52
04 66 88 03 38
Ouv. 7j/7.

 Bon confort.  Grand confort.  Luxe.  Grand luxe.

    Hôtels de charme.

AINHOA - 64250 (23 B 5)

Pau 135 - St-Jean-de-Luz 26

[12] Argi Eder H

Le vrai, le pur, le magnifique cadre basque, de l'architecture labourdine à la façade fièrement rouge et blanche, du mobilier rustique habillé en dimanche, dans la salle comme dans les chambres d'une tradition douce et moelleuse. Autour, la sérénité du parc de deux hectares touche autant les visiteurs que le chef Philippe Dottax, le fils de la maison qui signe une carte aux jalons solides : tourte de gésiers et cœurs de canard, truitelles Ainhoarra au foie gras et jambon de Bayonne, agneau des Pyrénées rôti aux deux poivrons. On touche la sincérité, et le plaisir d'un béarn de chez Lapeyre ou un navarre rouge.

C : 45 € • M : 25-36 € • 10 appart. 110-140 € • 16 ch. 85-110 € • 1/2 pens. 85-115 €

www.argi-eder.com

» Rte de la Chapelle
☎ 05 59 93 72 00
F. dim. à dîn., lundi à déj., merc. (sf juil.-août: F. lundi à déj. et merc. à déj.), 1er janv.-8 avril et 5 nov.-31 déc.
Jusqu'à 21h.
⛱ 🚗 ❄ 🏊 🎾 🚬

[12] Restaurant Oppoca ↗

➥ **Hôtel** : 🏠 Oppoca

La souriante maison basque vaut plus qu'une soirée-étape et menu VRP. Dominique Massonde remet son terroir sur le gril à chaque saison, interroge la louvine, travaille au corps son carré d'agneau. Et sa carte se fait plus pointue et personnelle, frisant désormais la toque : jambon de Bayonne et risotto aux petits pois et fèves, bar à la plancha, marinière de coques, jus au txacoli, poire pochée au jus de sangria confiture de mûres et crème glacée au piment d'Espelette. La salle rustique semble intemporelle, la petite cave fait ce qu'il faut pour l'irouléguy (mais il y a aussi le chinon de Joguet). Un point de plus.

C : 38 € • M : 18-45 €

www.oppoca.com

» Pl du Fronton
☎ 05 59 29 90 72
F. dim. à dîn., lundi, 15 nov.-20 déc. et 8-30 janv.
Jusqu'à 21h.
⛱ 🚗 🐕

🏠 Ithurria 🎩

Une tranquille douceur règne dans les vastes chambres claires de cette belle maison basque, où la famille Isabal s'applique à maintenir une âme (par le sens de l'accueil ou le beau mobilier ancien) tout en offrant des prestations actuelles. Au restaurant, une jolie gastronomie régionale s'anime sous les doigts de Xavier, avec un généreux menu terroir (piperade, cannellonis d'agneau de pays gratinés au fromage de brebis, crumble aux fruits de saison). Cave solide, en région et en bordeaux.

2 appart. 220-260 € • 26 ch. 85-140 € • 1/2 pens. 100-110 € • C : 52 € • M : 32-50 €

www.ithurria.com

» Pl du Fronton
☎ 05 59 29 92 11
📠 05 59 29 81 28
F. 1er nov.-7 avril.
🏊 🐕

🏠 Oppoca

➥ **Restaurant** : 12/20 Restaurant Oppoca

Une allure riante et rustique à la fois, derrière les volets rouges de cette maison ancienne. Mobilier rustique et décor sobre dans les chambres, et les Pyrénées qui vous tendent les bras.

12 ch. 33,50-49,50 € • 1/2 pens. 42-48 €

www.oppoca.com

» Pl du Fronton
☎ 05 59 29 90 72
📠 05 29 29 81 03
F. 8-30 janv. et 15 nov.-20 déc.
🚗 🐕

Toques et notes

[20] 🎩🎩🎩 à [13] 🎩

[12] à [10]

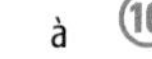

[?] Signale une notation en attente ou un changement de dernière minute.

Restaurants mentionnés en annexe

R Pour un restaurant noté de 10 à 12.

🎩 Pour un restaurant noté de 13 à 14.

🎩🎩 Pour un restaurant noté de 15 à 16.

AIRE SUR L'ADOUR - 40800 (23 D 5)

Mont-de-Marsan 33 - Dax 76

à SEGOS - 32400 : 9 km S.O. par N 134 et D 260

Domaine de Bassibé

» ☎ 05 62 09 46 71
F. à déj. lundi-vend. (sf réserv. et juil.-août), mardi, merc. (sf juil.-août) et 2 janv.-Pâques.
Jusqu'à 21h.

➡ **Hôtel :** Domaine de Bassibé

Le domaine pourrait prendre des mines, ce n'est pas le cas. Jusqu'au service qui s'occupe des enfants comme des parents avec le même naturel, l'équipe est soudée et la cuisine sincère dans un décor relativement impersonnel : des filets de lisette bien préparés avec un mesclun du jour et un cochon de lait de très bonne saveur, proposé à la minute. Les desserts sont honorables, mais c'est néanmoins sur le terroir que le fonctionnement est le meilleur. Cave régionale et bordelaise.

M : 43 € www.bassibe.fr

Domaine de Bassibé 

» ☎ 05 62 09 46 71
05 62 08 40 15
F. 2 janv.-Pâques.

➡ **Restaurant** : 14/20 Domaine de Bassibé

Douceur de vivre en Gascogne, dans un domaine XVIIIe composé de plusieurs maisons, au bout d'une longue allée de chênes. Les chambres proposent un décor romantique et champêtre, tissus fleuris et couleurs tendres, déclinant le thème des fleurs du jardin.

7 appart. 190 € • 10 ch. 130 € • 1/2 pens. 121-151 € www.bassibe.fr

AIX (ILE D') - 17123 (22 A 4)

Embarq. à La Rochelle ou à La Fumée (Fouras)

Napoléon

» Rue Gourgaud
☎ 05 46 84 66 02
05 46 84 69 70
F. mi-nov.-déb. fév.

Régulièrement rénovées les unes après les autres, les chambres y gagnent une ambiance personnelle et soignée. Elles sont installées dans un bâtiment classé. Accueil agréable, par un propriétaire passionné par son île.

14 ch. 56 € www.hotelnapoleon-aix.com

AIX EN PROVENCE - 13100 (33 C 5)

Marseille 30 - Toulon 79 - Nice 178

Clos de la Violette

» 10 av de la Violette
☎ 04 42 23 30 71
F. dim., lundi et 1er-15 août.
Jusqu'à 21h30.

Cadre et ambiance

La plus délicieuse terrasse d'été qui soit, charme sous les arbres, devant la villa des beaux quartiers. La table est superbe, à l'extérieur comme dans la salle, argenterie et vaisselle précieuse.

Cuisine

Dans cet équilibre un peu forcé tel que nous le décrivions l'an passé, la volonté de faire plus beau, plus riche, a parfois son revers : la moindre trace de banalité étonne, trace une fêlure dans le bel ensemble. Alors oui, quelques plats intéressants, mais à la charge de sens et de plaisir insuffisante, font parfois entrer dans le rang. Comme si cette année, l'été avait été particulièrement éprouvant, l'arrière-saison semblait moins excitante. malgré quelques beaux produits (un loup de grande fraîcheur, notamment). Pour les belles impressions estivales, nous gardons néanmoins un fort crédit de confiance dans la maison.

Cave

Une carte des vins riche et variée, qui couvre pratiquement toutes les régions françaises, avec de grands noms partout et des tarifs sans excès. Peu de choix en demi-bouteilles, belle carte de moelleux et liquoreux, ainsi que de digestifs.

Accueil et service

L'accueil est très professionnel, empreint de gravité, pour montrer où l'on est.

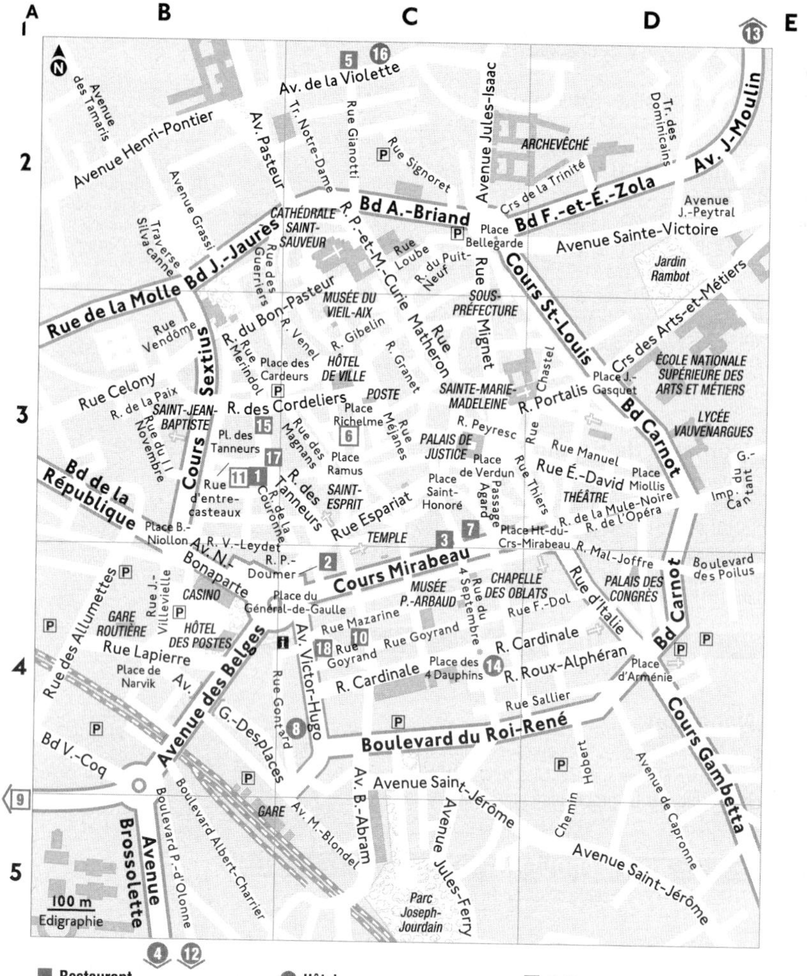

Restaurant · **Hôtel** · Table en vue

1 Aixquis (L') **B-3**
2 Amphitryon **C-4**
3 Bastide du Cours (La) **C-3**
4 Château de la Pioline **B-5**
5 Clos de la Violette **C-2**
6 Deux Frères (Les) **C-3**
7 Deux Garçons (Les) **C-3**
8 Hôtel Cézanne **C-4**
9 Icône **A-5**
10 Passage (Le) **C-4**
11 Petit Verdot (Le) **B-3**
12 Pigonnet (Le) **B-5**
13 Prieuré (Le) **D-1**
14 Quatre Dauphins (Les) **C-4**
15 Riad (Le) **B-3**
16 Villa Gallici **C-2**
17 Yamato **B-3**
18 Yoji **C-4**

Un personnel expérimenté, rapide, à la tenue classique et aux multiples marques d'attention, presque trop nombreuses.
C : 135 € • M : 54-120 €

www.closdelaviolette.fr

Yamato

21 av des Belges
☎ 04 42 38 00 20
F. mardi (h.s.), mardi à déj. (saison). F. ann. non comm.
Jusqu'à 22h.

Ce déménagement programmé depuis plusieurs saisons s'est enfin réalisé. Mais Yamato est resté aixois, Dieu merci pour les fidèles de cette très authentique cuisine nipponne, l'une des plus remarquables du Sud de la France, celui qui commence sous la Loire. Koji Someya a trouvé un lieu qui lui ressemble, sobre, raffiné et zen. Sa cuisine ne fait pas de compromis, sa galette de bœuf (okonomiyaki) comme ses sashimis. A l'opposé de certains de ses compatriotes inspirés du modèle français, il suit la route d'un pur et fier Cipango, dans ses rites, sa quête de l'absolue fraîcheur pour les poissons, sa légèreté et sa finesse. La terrasse est un délicieux jardin japonais (déguster des sushis en écoutant les cigales, quel privilège...), le salon un concentré de charme et d'intimité, et la cave, avec ses rasades de Trévallon, ses grands bordeaux et ses choix futés, notamment en languedoc, mérite qu'on s'attarde. Un point de plus.

C : 55 € • M : 28-98 € *yamato.koji-yuriko@wanadoo.fr*

L'Aixquis

22 rue Victor-Leydet
☎ 04 42 27 76 16
F. dim., lundi à déj. et 3 sem . août.
Jusqu'à 22h.

Une "aixquise" cuisine de soleil ? Il est vrai que si le jeune chef est à la frontière entre le précieux et le pompeux dans les intitulés, l'assiette se révèle finalement solide techniquement, parfumée et astucieuse : courgettes fleurs en fine farce de poisson, filets de rougets brunoise de légumes et compotée de fenouil, moelleux au chocolat sauce suzette. Aimable décor abricoté, cave locale enrichie de quelques bordeaux.

C : 40 €

Amphitryon

2-4 rue Paul-Doumer
☎ 04 42 26 54 10
F. dim., lundi et 15 août-1er sept.
Jusqu'à 22h.

La douceur de la maison cache, non pas une cuisine qui flambe, mais qui a de l'esprit, de la sensibilité et de la couleur. Direction la Provence, avec quelques touches exo-asiatiques qui personnalisent un peu plus un vrai travail de chef. Situation privilégiée dans la vieille ville, bonne cave régionale aux tarifs sages.

C : 40 € • M : 20-33 € *amphitryon22@wanadoo.fr*

Les Deux Garçons

DÉCOUVERTE

53 cours Mirabeau
☎ 04 42 26 00 51
Ouv. 7j/7.
Jusqu'à 23h30.

Michel Mehdi, le champion du rapport qualité-prix en Luberon (ex-La petite maison à Cucuron 14/20) a repris cette institution (connue comme "les deux G") pour lui redonner cette vitalité et ce punch indispensable de l'esprit brasserie. La vaste carte évolue chaque mois, les standards sont de bonne qualité (filets de hareng, pieds de porc panés béarnaise, moka...) et la réussite se dessine en quelques mois seulement. Si la cuisine vaut déjà une toque, l'ensemble de la prestation est à louer.

C : 30 € • M : 27,80 €

Le Passage

10 rue Villars
☎ 04 42 37 09 00
Ouv. 7j/7.
Jusqu'à 24h.

On ne peut guère parler d'un simple bistrot chez Reine Sammut. La grande dame de Lourmarin propose ici une simple version citadine et accessible de sa Fenière, mais l'exigence demeure sur la qualité de l'huile d'olive et sur les produits, certes traités dans un autre registre qu'une gastronomie échevelée, mais justes, aromatiques et adroitement présentés. Jolie cave, bien sûr, les classiques du Rhône et les découvertes de la sommellerie maison.

C : 40 € • M : 35 € *www.le-passage.fr*

13 Le Riad

» 21 rue Lieutaud
☎ 04 42 26 15 79
Ouv. 7j/7.
Jusqu'à 22h30.

Comme diraient nos confrères de la presse sportive télévisée, voilà un couscous comme on aimerait en voir plus souvent : une semoule d'une rare finesse, des légumes impeccables, des pois chiches de concours et des boulettes en progrès, dans le cadre exceptionnel d'une ancienne abbaye. Les tagines, déclinés sous de nombreuses formes (agneau aux coings, poulet, olives et citron, canard betfaya...) subissent les mêmes (bons) soins et la cave permet de se croire au Maroc pour pas cher (Riad Jamil, Guerrouane et même un coteaux de l'Atlas premier cru !)
C : 35 € • M : 26-28 €

12 La Bastide du Cours

» 43-45 cours Mirabeau
☎ 04 42 26 10 06
F. 25 déc. à dîn.
Jusqu'à 24h.

Emplacement idéal et gros efforts de séduction et de promotion : la Bastide joue de tous ses arguments pour convaincre, y compris d'une carte on ne peut plus ouverte sur l'extérieur, old school ou trendy, français au patagonais, salade niçoise ou sushi, sucette de saumon aux épices ou sole meunière, pieds et paquets ou magret dans sa graisse. Courte cave pas mauvaise et pas chère (Simone à moins de 50 €).
C : 35 € • M : 19,50-39,50 € *www.bastideducours.com*

12 Yoji

» 7 av Victor-Hugo
☎ 04 42 38 48 76
F. dim. et lundi à déj.
Jusqu'à 23h.

Sushis, yakitoris, sashimis et barbecue coréen (le bulgoki) dans cette délicieuse maison proche de la Rotonde. Indéniable succès d'estime auprès de la clientèle locale, service impeccable assuré par un personnel en tenue traditionnelle.
C : 36 € • M : 14-33 €

Les Deux Frères

» 1 rue d'Entrecasteaux
☎ 04 42 27 90 32
F. dim., lundi (oct.-juin).
Jusqu'à 22h.

Au coeur de la ville et de son animation, les Deux Frères constituent fidèlement la bonne étape sur le pouce, dans une ambiance résolument conviviale et autour d'une cuisine ménagère et sudiste de bon aloi.
C : 35 € • M : 25-32 €

Icône

» 3 rue Frédéric-Mistral
☎ 04 42 27 89 52
F. dim.
Jusqu'à 24h.

Un lounge typique, pâtes et carpaccio, dans un grand espace lumineux avec écrans plats et fauteuils de cinéma, cuisine ouverte et table de mixage installée pour la soirée. La cuisine n'est, dans l'ensemble, pas déshonorante, le menu à 21 € du déjeuner est très bien, avec un excellent tiramisu. La cave est anecdotique, mais la filière corse joue juste : Leccia, Canarelli et même l'eau de Saint-Georges.
C : 36 € • M : 21 €

Le Petit Verdot

» 7 rue d'Entrecasteaux
☎ 04 42 27 30 12
F. à déj., dim. et août.
Jusqu'à 22h15.

Pour la très belle carte des vins (qui s'est encore récemment étoffée) et les bons plats de ménage que Christiane Lucke, la propriétaire, confie depuis cette année à un nouveau chef : gigotin d'agneau et tatin d'échalotes, magret de canard aux fruits rouges.
M : 14-18 €

Villa Gallici

» Av de la Violette
☎ 04 42 23 29 23
Fax 04 42 96 30 45
F. 2 janv.-2 fév.

Au fond d'un jardin fleuri, le charme romantique d'une villa aux inspirations italiennes, avec de somptueuses tentures qui tombent des hauts plafonds et signent une atmosphère précieuse. Chambres personnalisées, certaines avec terrasse sur le jardin. Décontracté chic au restaurant, avec une cuisine du Sud luxueuse (loup en pâte de pâtisson caviar d'aubergine et tomate confite, selle d'agneau croustillante au chèvre et herbes de Provence , tarte pomme praline anglaise lavande), une terrasse paisible et un service parfait.
4 appart. 400-640 € • 18 ch. 220-590 € • C : 76 € *www.villagallici.com*

 Château de la Pioline R

» 260 rue Guillaume-du-Vair
☎ 04 42 52 27 27
📠 04 42 52 27 28
Ouv. 7j/7.

Un château XVIIe à l'orée de la ville, heureusement isolé par son parc de quatre hectares aux tilleuls centenaires et jardins à la française. Un style médiéval provençal joliment préservé, des aménagements modernes et des chambres de caractère, toutes différentes, ouvrant sur un jardin privatif ou la piscine. Du standing également au restaurant, plats à 30 € et cuisine classique contemporaine.

3 appart. 340-350 € • 30 ch. 155-290 € • 1/2 pens. 50-60 € • C : 69 € • M : 32-60 €
www.chateaudelapioline.fr

 Le Pigonnet

» 5 av du Pigonnet
☎ 04 42 59 02 90
📠 04 42 59 47 77
Ouv. 7j/7.

Abrité des regards indiscrets, le parc, abondamment fleuri, est un havre de paix, dans lequel se trouve une jolie bastide provençale, cadre historique et typique, dans lequel le décor respecte l'authenticité et l'esprit des lieux, avec un mobilier d'époque soigné et de jolis tons provençaux. Accueil remarquable, en complément d'un large éventail de services.

1 appart. 320-550 € • 49 ch. 110-420 € • 1/2 pens. 56 €
www.hotelpigonnet.com

 Hôtel Cézanne

» 40 av Victor-Hugo
☎ 04 42 91 11 11
📠 04 42 91 11 10
Ouv. 7j/7.

A 100 m de la principale artère de la ville, le Cours Mirabeau, cette vénérable demeure aixoise offre un confort et une gamme de services dignes de la catégorie supérieure : lits king-size (la qualité de couchage est d'ailleurs en tous points remarquable), mini-bar gratuit, open-bar au salon, accès wifi, chambres richement meublées d'ancien.

2 appart. 98-140 € • 53 ch. 98-110 €
www.hotelaix.com

Le Prieuré

» 458 rte de Sisteron, RN 96
☎ 04 42 21 05 23
📠 04 42 21 60 56
Ouv. 7j/7.

Ouvert (pour la vue seulement) sur un jardin à la française de la même époque, ce prieuré XVIIe propose des chambres paisibles, à l'élégance romantique.

22 ch. 56-72 €

 Les Quatre Dauphins

» 54 rue Roux-Alpheran
☎ 04 42 38 16 39
📠 04 42 38 60 19
Ouv. 7j/7.

Le bel immeuble XVIIIe a été rénové dans le respect de son style d'origine. Confort amélioré à l'intérieur (climatisation) et toujours ces adorables petites chambres au décor pastel, mansardées au troisième étage.

13 ch. 55-110 €
lesquatredauphins@wanadoo.fr

AIX LES BAINS - 73100 (28 B 3)

Chambéry 17 - Genève 87

 Hôtel Adelphia

» 215 bd Barnier
☎ 04 79 88 72 72
📠 04 79 88 27 77
Ouv. 7j/7.

Face au lac du Bourget, proposant un centre de balnéothérapie et de remise en forme, un établissement construit voilà dix ans et dont les chambres (disposant toutes d'un balcon) viennent de subir une profonde rénovation. Parc avec piscine découvrant un beau panorama sur le Mont Revard.

11 appart. 114-167 € • 59 ch. 70-136 € • 1/2 pens. 66-96 €
www.adelphia-hotel.com

 Palais des Fleurs

» 17 rue Isaline
☎ 04 79 88 35 08
📠 04 79 35 42 79
F. 10 nov.-31 janv.

Le jardin est bien sûr fleuri et le salon chaleureux, mais on apprécie aussi les chambres claires et modernes, la situation à 5 mn à pied du centre ou le centre de remise en forme sur place.

42 ch. 50-74 € • 1/2 pens. 46-76 €
www.hotelpalaisdesfleurs.com

AJACCIO ➤ CORSE

ALBERT - 80300 (3 D 2)

Amiens 30 - Arras 49

à AUTHUILLE - 80300 : 4 km N. par D 50 et D 151

(11) Taverne du Cochon Salé

» 29 rue d'Albert
☎ 03 22 75 46 14
F. dim. à dîn., lundi, mardi (sf fériés), 1er-6 janv., 16 août-8 sept. et 26-31 déc.
Jusqu'à 22h.

Tout est bon chez Jean-Claude Desailly, charcutier, traiteur restaurateur et chef de cuisine depuis quinze ans dans cette taverne forestière si accueillante qu'on se lèche les babines avant d'avoir planté le couteau. Du régional avec un grand sourire, canard en croûte, porcelet au curry, choucroute de cuisse et saucisson de canard. On réunit la famille et on chante.
C : 25€ • M : 21-26€

ALBERTVILLE - 73200 (28 B 3)

Chambéry 50 - Annecy 45

(14) Million

» 8 pl de la Liberté
☎ 04 79 32 25 15
F. sam. à déj., dim. à dîn., lundi, 1er-15 janv. et 30 oct.-13 nov.
Jusqu'à 21h30.

➥ **Hôtel** : Million

Fondée en 1770 par Jean-Pierre Million et restée dans la même famille jusqu'au rachat des lieux par José de Anacleto (ancien second du dernier représentant de la lignée Million, Philippe) en 1999, cette maison bourgeoise et cossue semble parfois comme coupée du temps et des agressions de l'extérieur. On s'y sent bien, choyé et chouchouté par un personnel de salle parfait et par des assiettes sans la moindre aspérité : cappuccino de volaille au foie gras, champignons du marché et truffes de Bourgogne, filet de barbue de petit bateau pochée, fondant de truffes du Vaucluse, grenadin de veau au vinaigre de Xérès et tagliatelles roulées au beurre, panaché de glaces et sorbets, tuiles croustillantes à l'orange. Cave se focalisant sur les grands crus mais oubliant les valeurs montantes de la région.
C : 70€ • M : 26-70€ *www.hotelmillion.com*

(12) Chalet des Trappeurs

» Col de Tamié
☎ 04 79 32 21 44
F. lundi et mardi (sf groupes à dîn.) et fin juin-1re sem. juil.
Jusqu'à 22h.

Un gentil chalet d'alpage tout de bois vêtu, la maison d'Heidi pour emmagasiner de nombreuses bonnes calories grâce aux spécialités de la neige, tartiflettes et diots au vin blanc. Le jambon fumé au genièvre est épatant, la coupe glacée au génépi plus standard. Service décontracté, attentif, aimable.
C : 34€ • M : 27-29€

Million

» 8 pl de la Liberté
☎ 04 79 32 25 15
Fax 04 79 32 25 36
Ouv. 7j/7.

➥ **Restaurant** : 14/20 Million

L'hôtel répond présent sur la ville depuis 1770. Dans le bâtiment d'origine, l'esprit est resté avec un décor à l'ancienne, meubles 1900 et parquet ancien. Une annexe abrite des chambres à l'allure plus moderne.
26 ch. 81-207€ *www.hotelmillion.com*

à BEAUFORT SUR DORON - 73270 : 21 km S.O. par D 925

Auberge du Poncellamont

» Rte des Carroz à Arêches
☎ 04 79 38 10 23
Fax 04 79 38 13 98
F. 15 sept.-20 déc. et 15 avril-15 juin.

Parements de pierre et balcons fleuris pour ce chalet à l'allure typique. A l'intérieur, cadre rustique sans excès et une atmosphère conviviale.
14 ch. 53-56€ • 1/2 pens. 56-60€

ALBI - 81000 (30 B 3)

Paris 690 - Toulouse 75 - Rodez 79

[15] L'Epicurien

» 42 pl Jean-Jaurès
☎ 05 63 53 10 70
F. dim., lundi et août.
Jusqu'à 22h.
⛱ ♿ ❄ 🐕

Les pays nordiques seraient-ils les pourvoyeurs de nouveaux talents pour la France ? Peter Nilsson à Uzès, Rikard Hult à Albi, voilà en tout cas une paire de joyeux drilles qui semblent avoir tout compris de ce que peut être le bon restaurant d'aujourd'hui : un cadre dépouillé mais chaleureux et soigné, un accueil tout sourire et une carte qui n'envoie pas dire ce qu'elle pense : tapas, rouleau de printemps, foie gras et magret séché, tronçon de lotte aux petits légumes cuits en cocotte, truite de Vabre, salade tiède d'asperges et pommes de terre ratte, financier aux poires, mousse de citron et caramel de romarin. C'est clair, concis; précis et carré, comme cette cave qui va directement à l'essentiel, une majorité de gaillacs bien sûr, quelques jolis flacons ailleurs (avec une prédominance pour le languedoc) et, pour l'exotisme, un chilien et un espagnol. Le menu unique a disparu, c'est plutôt une bonne nouvelle, remplacé par une carte et une ardoise, plus ambitieuse le soir.
C : 42 € • M : 18-39 €

[12] La Tête de l'Art

» 7 rue de la Piale
☎ 05 63 38 44 75
F. mardi et merc.
Jusqu'à 21h30.
⛱ 🐕

Proche de Sainte-Cécile, ce bistrot de troisième mi-temps, à la déco originale, remplit les gamelles d'une cuisine roborative mais pas grossière : le pied de porc désossé farci a du talent, les salades chantent les potagers du pays et les tartes de Laure donnent une dernière occasion de trinquer avec un joli perlant ou un autre gaillac de la sélection locale. .
C : 32 € • M : 14-29 €

▶ Le Musée

» 17 pl de l'Archevéché
☎ 05 63 47 17 77
Ouv. 7j/7.
⛱ ♿ ❄ 🚬

Des ravioles de foie gras et un assortiment de sushis : oui, c'est possible dans l'ancienne écurie de l'archevêque face à la cathédrale où Jean-Michel Didier et son jeune chef ouvrent les cuisine sur le monde d'aujourd'hui dans le frais décor d'une salle aux couleurs de Toulouse-Lautrec (du rouge, du noir...) prolongée d'une terrasse sur la place.
C : 24 € • M : 17,50-27,50 €

🏨 La Réserve

» Rte de Cordes
☎ 05 63 60 80 80
📠 05 63 47 63 60
F. 1er nov.-30 avril.
♿ ❄ 🏊 🎾 🐕

Douceur de vivre dans une maison à l'architecture originale, entre influences régionales et coloniales. Chambres personnalisées avec raffinement, donnant sur le parc, avec ses activités et surtout les bords du Tarn. Classique cuisine régionale au restaurant.
25 ch. 145-385 € • 1/2 pens. 70 € *www.relaischateaux.com/reservealbi*

🏨 Hôtel Saint Clair

» 8 rue Saint-Clair
☎ 05 63 54 25 66
📠 05 63 47 27 58
Ouv. 7j/7.
🔑

Derrière une façade discrète de la vieille ville, le patio fleuri installe dans une ambiance conviviale et paisible. Dans les chambres, décor contemporain ou plus ancien, au gré des rénovations. Climatisation pour quatre chambres.
15 ch. 36-60 € *www.http://andrieu.michele.free.fr*

🚗 Parking privé.	🔑 Parking fermé.	🛎 Voiturier.
🚬 Cave à cigares.	❄ Air conditionné.	🎾 Tennis privé.

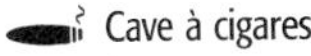

 à CASTELNAU DE LEVIS - 81150 : 7 km N.O. par D 600 et D 12

 La Taverne

Rue Aubijoux
☎ 05 63 60 90 16
F. lundi, mardi et 2 sem. vac. scol. fév.
Jusqu'à 22h.

Bruno Besson est la tête de l'une des toutes bonnes tables du département. Ne s'embarrassant pas de convenances, ne cherchant pas à savoir si ses assiettes "font bien terroir" ou non, il improvise, retouche, ajuste : émincé de joues de veau à la purée d'ail confit et poivrons rôtis, rouelles de jambon de pays au foie gras, gelée de melon au gaillac doux, poisson grillé à la tomate aux herbes, nouilles de concombre. Une maison d'une parfaite régularité.

C : 40€ • M : 23-46€ *www.tavernebesson.com*

ALBIGNY SUR SAONE - 69250 (27 D 2)

Lyon 24 - Villefranche-sur-Saône 19

 Les Planches

16 quai Gén-de-Gaulle
☎ 04 78 91 30 88
Ouv. 7j/7.

Quand on organise des soirées à thème sur ces planches finalement pas si éloignées de l'esprit deauvillais, cela comprend, chaque mardi, une soirée VIP. L'occasion ponctuelle de se frotter à la jet-set locale (et internationale, la carte ayant le bon goût de parler l'anglais) en dégustant d'un air détaché les penne à la crème de pistou ou la volaille de Bresse à la crème et morilles.

C : 35€ • M : 20-39,50€ *restaurant.lesplanches@wanadoo.fr*

ALBON - 26140 (27 D 4)

Valence 41 - Vienne 32 - Saint-Rambert-d'Albon 8

 Domaine des Buis

Les Buis
☎ 04 75 03 14 14
04 75 03 14 14
F. nov.-déb. mars.

Avec sa façade en galets du Rhône, cette sobre maison XVIIIe ouvre sur un parc agréable et la tour d'Albon. Chambres personnalisées au parfum volontiers romantique, ambiance raffinée.

3 appart. 115-149€ • 5 ch. 79-109€ • 1/2 pens. 78-93€

www.domaine-des-buis.com

ALBY SUR CHERAN - 74540 (28 B 2)

Annecy 17 - La Clusaz 51

Auberge Ripaille

Les Chavonnets
☎ 04 50 68 22 98
F. lundi, à dîn. dim. et merc., 2 sem. juil-août et fêtes nouvel an.
Jusqu'à 21h.

Heureux restaurateurs obligés de conseiller à leurs clients la réservation, devant le succès, et aussi un peu à cause de la capacité de leur petite salle, charmante par ailleurs, et prolongée d'une terrasse ombragée pour l'été. On ne peut que souhaiter que cela dure pour cette sincère auberge aux efforts multiples, dans l'accueil et la déco, mais aussi dans l'assiette. Michel Ducret, ancien de chez Bise, change son menu du déjeuner tous les jours, et la carte à chaque saison, il travaille dans la rigueur et la franchise les poissons de lac comme de mer, le ménager (confit de jarret de porc au foie gras, effilochée de queue de bœuf braisée façon parmentier) comme le régional (chausson des Aravis). On boit, naturellement, les vins de Savoie.

C : 30€ • M : 17-34€ *www.auberge-ripaille.com*

ALENÇON - 61000 (6 A 5)

Le Mans 56 - Laval 92 - Chartres 120

21 rue de Sarthe
☎ 02 33 26 51 69
F. dim., lundi, 1er-15 mai, 1er-27 août et 24 déc.-2 janv.
Jusqu'à 22h.

Un véritable bistrot coup de cœur, chaleureux et ouvert, qui travaille le petit prix et la sympathie en se décarcassant sur l'assiette comme dans les verres. Tours des Gendres en bergerac ou Piccinini en minervois accompagnent le bon lapin au cidre et la cassolette de moules. Un effort pour sortir les desserts du standard et on viendrait tous les jours.

C : 30€ • M : 12,50-23€ *lebistrot.alencon@free.fr*

[11] Le Grand Cerf

» 21 rue Saint-Blaise
☎ 02 33 26 00 51
F. dim. et vac. scol. Noël.
Jusqu'à 21h30.
⛱ 🐕

➥ **Hôtel** : 🏨 Le Grand Cerf
Un Grand Cerf, pourquoi pas ? Une sorte de label de tradition dans toutes les villes de province. Celui-là n'échappe pas à la règle : musique classique et les Choristes en sourdine, déco entre faux style et campagne, service un peu tendu. L'expérience a pourtant son charme, quand la carte enfile le costume régional, canard de Lonrai, gruyère de Carrouges, et bon jambon à l'os sauce cidre, malgré un accompagnement de légumes à oublier. Tatin de bon niveau, affublée des inévitables et ridicules fanfreluches exotiques (carambole, physalis) et heureusement d'une crème de qualité.
C : 23 € • M : 12-27 € *www.hotelgrandcerf-61.com*

🏨 Le Grand Cerf

» 21 rue Saint-Blaise
☎ 02 33 26 00 51
📠 02 33 26 63 07
F. 15 jrs vac. scol. Noël.
🐕

➥ **Restaurant** : 11/20 Le Grand Cerf
Finement travaillée, cette façade en pierre du XIXe siècle se repère aisément en centre ville. Les chambres, contemporaines et soignées, évoluent au gré des rénovations vers encore plus d'élégance, avec mobilier patiné et lit à baldaquin. Agréable cour intérieure fleurie.
22 ch. 47-83 € • 1/2 pens. 64-68 € *www.hotelgrandcerf-61.com*

➲ à SAINT PATERNE - 72610 : 3 km S.E. par D 311

🏨 Château de Saint-Paterne 🐦

» ☎ 02 33 27 54 71
📠 02 33 29 16 71
F. 3 janv.-Pâques.
🚗 ♿ 🏊 🐕

La vie de château dans la campagne sarthoise, avec une belle architecture XVIe dans un vaste parc paysager, des chambres raffinées et un accueil personnalisé.
4 appart. 170-200 € • 8 ch. 105-160 € *www.chateau-saintpaterne.com*

ALES - 30100 (32 B 2)

Orange 70 - Avignon 73

[11] Bodega Los Galleigos

» 7 rue des Hortes
☎ 04 66 52 04 91
F. sam. à déj., dim. et lundi.
Jusqu'à 23h.
⛱ ♿ 🐕

Une petite maison discrète dans une petite rue discrète. L'esprit ? Familial, espagnol, poulpe à l'ail et empanadas, gambas grillées et seiches à la plancha. Du grand tralala, non, mais une jolie mélodie de guitare, chaude et soignée. Donc indispensable, à la ville et à ces colonnes.
C : 17 € • M : 15 €

[11] Le Riche H

» 42 pl Pierre-Sémard
☎ 04 66 86 00 33
F. août.
Jusqu'à 21h30.
♿ ❄ 🐕 🚬

Un décor de cinoche, une brasserie à l'ancienne, léchée comme un galion de collection, un vaisseau amiral qui a le style et les réserves. Dans la cambuse, du plat méridional, simple et traditionnel, qui fait peu d'efforts mais qui joue la sincérité : filet de morue à la crème d'ail, brochettes de rognons de veau, entremets aux fraises. Cave très fréquentable, pour le sauvignon de Gournier ou le saint-chinian de Maurel-Fonsalade, mais aussi quelques grands planqués à des tarifs inavouables. L'hôtel combine situation pratique (face à la gare) et chambres agréables.
M : 18-49 € • 19 ch. 37-52 € • 1/2 pens. 48-56 € *www.leriche.fr*

➲ à MEJANNES LES ALES - 30340 : 8 km S.E. par D 981 et D 131

[13] Auberge des Voutins

» Rte d'Uzès
☎ 04 66 61 38 03
F. dim. à dîn. et lundi (sf fériés).
Jusqu'à 21h30.
⛱ 🚗 ❄ 🐕

Tranquille et sûr, ce rendez-vous d'affaires et d'habitués alésiens tient exactement ce qu'il promet. En vingt ans, René Turonnet a eu le temps de peaufiner l'offre. La terrasse est agréable et calme à l'ombre du tilleul centenaire, la salle accueillante avec le sourire de Mireille, et la cuisine badigeonnée avec soin d'essence provençale : parfums de thym, de légumes, d'ail, d'olive avec le

croustillant de daurade aux artichauts, les escalopes de baudroie pochée soupe aillée et safranée, filet d'agneau de l'Aveyron et jus crémé à l'estragon. Menus intéressants et justes, grand choix de dessert et cave intelligente dans ses choix, courte et bonne (Gournier, Alquier, Mas des Chiùères, Entrefaux...)
C : 53€ • M : 27-56€

ALISE SAINTE REINE - 21150 (20 A 3)

Dijon 67 - Semur-en-Auxois 15 - Montbard 16

[12] L'Auberge du Cheval Blanc

» Rue du Miroir
☎ 03 80 96 01 55
F. lundi, mardi et 1er janv.-15 fév.
Jusqu'à 21h.
🚗 🐕

Une vision traditionnelle de la gastronomie bourguignonne et bourgeoise (tarte fine aux ris de veau et escargots de Bourgogne, pavé de Charolais sauce à la crème et morilles, suprême de volaille farcie au foie gras et morilles, crème brûlée à la vanille et cassonade...) dans un cadre d'auberge campagnarde digne d'une carte postale.
C : 40€ • M : 17€ *www.regis-bolatre.com*

ALLEYRAS - 43580 (26 C 5)

Le Puy-en-Velay 34 - La Chaise-Dieu 79

[16] Le Haut Allier

» Pont d'Alleyras
☎ 04 71 57 57 63
F. dim. à dîn., lundi, mardi à déj. (sf férié et juil.-août) et mi-nov.-mi-mars.
Jusqu'à 21h.
♿ ❄ 🚬

➡ **Hôtel :** 🏨 Le Haut Allier

Cadre et ambiance
Les portables ne passent pas, et pour cause. Il arrive certains soirs de ne pas même voir passer une automobile. Au cœur des gorges de l'Allier, dans un cadre splendide, cette maison est pourtant un rêve, jusque dans les chambres, immenses et superbes.

Cuisine
Philippe Brun ne manque assurément pas d'humour. Nous titillant sur notre relative lenteur à reconnaître ses mérites (la seconde toque obtenue l'an dernier), il espère désormais continuer sa progression vers une troisième toque qui, sans être tout à fait inaccessible, n'est pas encore d'actualité, même si elle s'en approche. Vive et intelligente, elle surprend avec un yin et yang de tartare de truite rose de l'Ance et ligne d'huîtres spéciales à la laitue de mer, rassemble avec un foie gras de canard poêlé, noisettes effilées et baies de sureau, repart de plus belle sur un omble chevalier juste saisi et jus de cistre légèrement citronné avant de terminer en apothéose sur un sorbet Vellavia, pommes en rosace et compote caramélisée.

Cave
La fermeture annuelle est en partie consacrée à un tour de France des vignerons et à la pêche aux découvertes en particulier en languedoc et en rhône septentrional, renforçant ainsi une cave de qualité.

Accueil et service
On est rarement bousculé chez les Brun et Michelle sait rendre le repas encore plus agréable.
M : 30-85€ *hot.rest.hautallier@wanadoo.fr*

🏨 Le Haut Allier

» Pont d'Alleyras
☎ 04 71 57 57 63
📠 04 71 57 57 99
F. mi-nov.-mi-mars.
♿ ❄

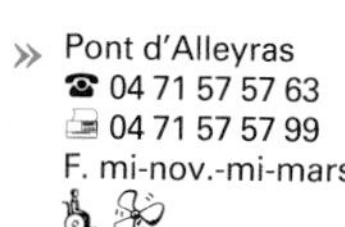

➡ **Restaurant** : 16/20 Le Haut Allier

Au cœur des gorges de l'Allier, dans un environnement extraordinairement calme (on peut dormir les fenêtres ouvertes sans crainte d'être réveillé par les voitures), des chambres superbes, vastes comme des suites présidentielles et qui devraient subir de profonds changements cet hiver. La salle de remise en forme, avec sauna et hamam, sera bientôt achevée.
5 appart. 100-110€ • 10 ch. 80-90€ *hot.rest.hautallier@wanadoo.fr*

ALOXE CORTON ➤ BEAUNE

L'ALPE D'HUEZ - 38750 (28 B 4)

Grenoble 63 - Bourg-d'Oisans 13

La Cabane du Poutat

Plats de ménage, pâtes, risottos et recettes dauphinoises traditionnelles dans un restaurant d'altitude ouvrant un large panorama sur le massif des Ecrins.

» Lieu-dit le Poutat
☎ 04 76 80 42 88
Prix non comm. F. mai-nov.
Jusqu'à 21h.

Au Chamois d'Or

Le bar et le salon sont un concentré de charme montagnard. Le bois est largement présent dans l'ensemble de cet hôtel aux équipements confortables et chambres spacieuses au confort soigné.
7 appart. 500-1090 € • 37 ch. 220-285 € • 1/2 pens. 195-235 €
www.chamoisdor-alpedhuez.com

» Rond-Point des Pistes
☎ 04 76 80 31 32
Fax 04 76 80 34 90
F. 20 avril-15 déc.

ALTKIRCH - 68130 (10 B 6)

Mulhouse 18 - Colmar 63

L'Auberge Sundgovienne R

Entre parc et forêt, la grande maison, affaire de famille depuis trois générations, évolue chaque année par touche, comme en témoignent les chambres modernes, aux couleurs gaies et lumineuses. Le parc propose une agréable balade, par exemple après le repas, à choisir dans une carte raffinée et aux accents actuels : bar à la plancha et pointes d'asperges, carré d'agneau au jus balsamique et polenta. Solide cave classique.
1 appart. 85-105 € • 27 ch. 40-80 € • 1/2 pens. 58-76 € • C : 35 € • M : 21-45 €
www.auberge-sundgovienne.fr

» 1 rte de Belfort
☎ 03 89 40 97 18
Fax 03 89 40 67 73
F. 21 déc.-28 janv.

➲ à HIRTZBACH - 68118 : 4 km S. par D 432 et D 17

13 Hostellerie de l'Illberg

Jean-Luc Wahl a trouvé, avec l'ancienne auberge Ottié, un second souffle prometteur qui lui permet dans le cadre d'une véritable institution en Sundgau, d'affirmer personnalité et bonnes vibrations sur sa cuisine, toujours sensible et pertinente. Et le duo formé avec la dynamique Delphine Midou - sourire, aisance, vivacité - est également fructueux. Il faut saluer ces plats déconnectés du terroir et fort intéressants, comme la poêlée de filets de vives et cristallines de gingembre, la tartine de mulet grillé au pistou ou les langoustines et ris de veau parfums d'agrumes. Et compter sur la patronne-sommelière pour dénicher la bonne bouteille dans une cave qui s'étoffe dans le bon sens;
C : 50 € • M : 23-59,50 €
www.hostelillberg.fr

» 17 rue de Lattre-de-Tassigny
☎ 03 89 40 93 22
F. dim. à dîn. et lundi. F. ann. non comm.
Jusqu'à 21h30.

ALTWILLER - 67260 (10 A 1)

Hagueneau 81 - Strasbourg 88

14 Restaurant de l'Ecluse 16 DÉCOUVERTE

Avec La Grange du Paysan à Hinsingen, une deuxième adresse en Alsace Bossue. Même si les registres sont assez éloignés, d'un côté le terroir nostalgique, de l'autre une cuisine dans l'air du temps, équilibrée, fine, délicate, inventive et facturée à des prix d'amis mais servie dans un décor digne d'un réfectoire. Le cadre bucolique d'un canal du plateau lorrain aide au romantisme, en partageant le plaisir du râble de lapin à l'ail des ours, samossa et citron confit ou du cochon pata negra, artichauts et chorizo qui montre un caractère peu usité de ce côté-ci des Vosges. Cave à étoffer, qui privilégie la région.
C : 28 € • M : 17-42 €

» Lieu-dit Bonnefontaine
☎ 03 88 00 90 42
F. lundi, mardi, 2e quinz. fév. et 1re quinz. oct.
Jusqu'à 21h.

AMBOISE - 37400 (17 C 1)

Tours 25 - Blois 34

 Le Choiseul

➥ **Hôtel** : Le Choiseul

» 36 quai Charles-Guinot
☎ 02 47 30 45 45
F. 1er-15 janv.
Jusqu'à 21h30.

Cadre et ambiance

Une grande et noble maison sur la Loire, un cadre châtelain pour tralala et grandes pompes. Le souffle de la modernité parvient pourtant à s'immiscer, et la clientèle ne s'en laisse pas compter, sachant de quoi il retourne.

Cuisine

Pascal Bouvier a depuis longtemps tourné le dos aux rillons et au brochet beurre blanc. Il préfère - et nous aussi - la petite barre de tomate confite et langoustine marinée, sorbet au chèvre frais et citron, le couscous fumé de petits légumes et foie gras de canard pané au pain d'épices, les saint-jacques rôties au beurre d'écorce d'agrumes et fenouil confit. Le cadre le bride un peu, c'est certain, mais l'envolée est généralement réussie.

Cave

La cave ne saurait être banale : elle est aussi curieuse et inventive que la cuisine, terriblement affûtée en loires pour vous faire connaître les vignerons du moment.

Accueil et service

Les efforts sont importants pour mixer l'envie de découverte et le charme des vieilles pierres. Sans que le service soit en cause, une telle entreprise est délicate, l'atmosphère peut se révéler vite pesante et il faudrait peut-être songer à passer un peu de rap.

C : 75 € • M : 50-95 €

www.le-choiseul.com

Le Choiseul

➥ **Restaurant** : 16/20 Le Choiseul

» 36 quai Charles-Guinot
☎ 02 47 30 45 45
02 47 30 46 10
Ouv. 7j/7.

Un incendie malheureux a provoqué une rénovation totale du bâtiment principal (qui abrite huit chambres). On retrouve l'esprit d'élégance qui caractérise des maisons XVIIIe en bord de Loire, dont le jardin à l'italienne se déroule jusqu'au pied du célèbre château. Raffinement dans le décor des chambres, tissus luxueux et harmonieux et mobilier de style.

4 appart. 203-335 € • 28 ch. 126-270 € • 1/2 pens. 78 €

www.le-choiseul.com

 Le Manoir les Minimes

» 34 quai Charles-Guinot
☎ 02 47 30 40 40
02 47 30 40 77
F. mi-nov.-mi-déc. et mi-janv.-fin fév.

Au pied du prestigieux château, le manoir bénéficie du cadre plaisant d'une maison XVIIIe et d'un petit parc en bord de Loire. L'intérieur séduit par son cadre harmonieux, le mobilier authentique assorti à l'architecture et les matériaux luxueux, dans un cocon feutré et personnalisé.

2 appart. 195-240 € • 13 ch. 95-170 €

www.manoirlesminimes.com

 Le Clos d'Amboise

» 27 rue Rabelais
☎ 02 47 30 10 20
02 47 30 10 20
F. déc.-12 fév.

Hôtel particulier du XVIIe siècle, le Clos propose, à deux pas du château, le charme d'un cadre qui marie habilement l'ancien (parquet, cheminée, hauts plafonds) et le moderne (choix du mobilier et des couleurs). Chambres en partie climatisées, jardin à la française.

1 appart. 140-170 € • 16 ch. 69-130 €

www.leclosamboise.com

Manoir Saint-Thomas

L'ancien prieuré fondé au début du XIIe siècle, remanié en une belle demeure Renaissance, abrite depuis l'an dernier une dizaine de chambres de très bon standing, spacieuses, meublées d'antiquités (style Empire, Charles X, Louis XV…) et agrémentées de salles de bains aux robinetteries rétro. Le parc privé de 2000 m^2) dispose d'une piscine avec nage à contre-courant.

3 appart. 140-270 € • 8 ch. 70-160 € *www.manoir-saint-thomas.com*

» 1 Mail Saint-Thomas
☎ 02 47 23 21 82
Ouv. 7j/7.

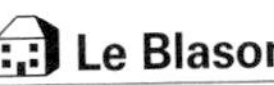

Le Blason

Un ensemble des XVe et XVIIe siècles autrefois institution privée de jeunes filles puis maison du maréchal-ferrant. Les chambres, toutes rénovées voilà deux ans, sont aménagées dans un style classique, murs blancs et poutres apparentes.

25 ch. 44-76 € • 1/2 pens. 52-57,50 € *www.leblason.fr*

» 11 pl de Richelieu
☎ 02 47 23 22 41
02 47 57 56 18
F. 23 janv.-13 fév.

Domaine de l'Arbrelle

Un agréable ensemble d'architecture moderne, au calme dans son parc à quelques minutes du centre. Différentes ambiances dans les chambres, du contemporain au Louis XVI. Piscine chauffée.

1 appart. 76-111 € • 21 ch. 57-89 € • 1/2 pens. 57,50-73,50 €
www.arbrelle.com

» Rte des Ormeaux
☎ 02 47 57 57 17
02 47 57 64 89
F. 10 déc.-8 janv.

à SAINT OUEN LES VIGNES - 37530 : 8 km N. par D431

L'Aubinière

A dix minutes du château d'Amboise, un village tranquille où charme rime avec douceur et visiblement fier d'accueillir l'une des tables les plus attachantes du département. Jacques Arrayet y officie depuis plus de quinze ans, aimantant vers sa jolie maison de village, amateurs de cadres cossus (salle à manger confortable, ravissant jardin au bord de l'eau) et bons mangeurs : cassolette d'escargots de Bourgogne aux petits légumes et crème d'ail, filet de rascasse en vapeur d'aromates, marinières de légumes au combava, fondant au chocolat guayaquil aux épices, glace caramel au beurre salé. Belle cave ligérienne, et quelques très belles chambres, spacieuses et personnalisées avec goût.

M : 24-52 € *www.aubinière.com*

» 29 rue Jules-Gautier
☎ 02 47 30 15 29
F. dim. à dîn., lundi, fév. et 2 sem. oct.
Jusqu'à 21h15.

AMBRONAY - 01500 (28 A 2)

Bourg-en-Bresse 27 - Annecy 103

13 Auberge de l'Abbaye

DÉCOUVERTE

Cette carte de vérité (rivière, gibier, champ, forêt...) et d'hommages (cuisses de grenouille façon Jacques Villeret) touche tous les gourmands épris de naturel et de saveurs en liberté. Ivan Lavaux vise juste et bien, baroudeur de grande maison (Léon, le Bec, Chèvre d'or, Martinez...) étonnant même par sa connaissance du terroir de Bresse et du Bugey. les petits prix ne gâtent rien, et la cave, très personnelle, montre une autre facette de l'artisanat. Une première toque à suivre attentivement.

C : 30 € • M : 25 €

» Pl des Anciens-Combattants
☎ 04 74 46 42 54
F. 18-27 oct. et 24 déc.-3 janv.
Jusqu'à 21h45.

Prix des appartements : la fourchette de prix correspond au tarif journalier pour 1 personne seule, et maximum pour 2 personnes.

Prix à la carte : correspond au prix moyen à la carte (entrée, plat + dessert).

AMELIE LES BAINS PALALDA - 66110 (31 C 6)

Perpignan 39 - Céret 8

➲ à REYNES - 66400 : 4 km E. par D 115

13 Le Chat qui Rit

Une grande maison catalane au pays des cerises, en Vallespir. Andrée et Jean-Paul Van der Elst en ont fait leur port d'attache, la carte affiche une ou deux modes de retard, mais dans l'assiette, la sincérité est bien actuelle et la manière solide : fricassée de cuisses de grenouilles mijotée aux rillettes, joue de porc à la catalane, pintade à la normande et pommes flambées. Cave régionale assez modeste, belle terrasse devant le jardin arboré.
C : 26 € • M : 14-33 €

» 1 rte de Céret
☎ 04 68 87 02 22
F. dim. à dîn. et mardi (sf juil.-août), lundi et 3 sem. janv.
Jusqu'à 21h30.

AMIENS - 80000 (3 D 3)

Paris 146 - Lille 120 - Rouen 114

12 Le Bouchon

Un bouchon à bouillabaisse ? A Amiens ? C'est un concept, il fallait y penser. Les tabliers de sapeur envolés dans la machine à laver, le chef-patron partage la carte en standards bistrotiers (entrecôte à la moelle, tartare, fricassée de poulet à la crème) et une déclinaison de la saison, beaucoup plus élaborée, avec des croustillons de ris de veau et risotto champignons, une lasagne de crabe, un caneton rôti miel et épices, et la bouillabaisse, pas mauvaise du tout, à 22 €.
C : 45 € • M : 12,50-42 €

» 10 rue Alexandre-Fatton
☎ 03 22 92 14 32
F. dim. à dîn.
Jusqu'à 22h30.

12 Les Marissons

Laissez le charme agir : celui de cet ancien atelier à bateaux XVe, sa déco fine et délicate, son jardin clos fleuri sur les bords de Somme. Vous êtes en pleine ville, dans un îlot de détente, et la cuisine d'Antoine Benoît répond à un besoin de douceur classique et régionale : terrine d'anguilles, pâté de canard d'Amiens, râble de lapin aux écrevisses. Desserts gourmands et bien travaillés, cave classique.
C : 52 € • M : 18,50-49 €

www.les-marissons.fr

» Pont-de-la-Dodane, quartier Saint-Leu
☎ 03 22 92 96 66
F. à déj. merc. et sam., dim, 1 sem. printemps, vac. scol. Toussaint et 24 déc.-fin vac. scol. Noël.
Jusqu'à 21h30.

12 Le Vivier

Un vivier de fraîcheur, de bons procédés, de respect pour le poisson et les fruits de mer, c'est ce que propose Marc-Etienne Mont à des Amiénois plus familiers de la chasse que de la pêche. Des influences d'ailleurs (sauce champagne, risotto...) et de jolies idées du coin (marbré de foie gras et anguilles) accompagnent une cuisine précise et bien enlevée.
C : 50 € • M : 26-78 €

vivier.le@wanadoo.fr

» 593 rte de Rouen
☎ 03 22 89 12 21
F. dim., lundi (sf groupes), 24 déc.-2 janv. et 8-22 août.
Jusqu'à 22h.

11 Au Relais des Orfèvres

Parmi la débauche d'efforts fournis par le patron de cette gentille auberge entre Somme et centre-ville, il y a ceux qui se voient, la salle rénovée, la déco choisie, et ceux qui aident Jean-Michel Descloux à peaufiner son offre. Une cuisine remise aux normes et des idées toujours plus nombreuses sur des plats qui laissent parfois perplexes mais révèlent un enthousiasme à revendre. Certains peuvent s'interroger devant le homard, le foie gras, le filet d'empereur et le magret d'un menu à petit prix, mais la clientèle ne se pose pas de question et fonce.
C : 50 € • M : 26-47 €

» 14 rue des Orfèvres
☎ 03 22 92 36 01
F. sam. à déj., dim., lundi, 2 sem. fév. et 3 sem. août
Jusqu'à 21h30.

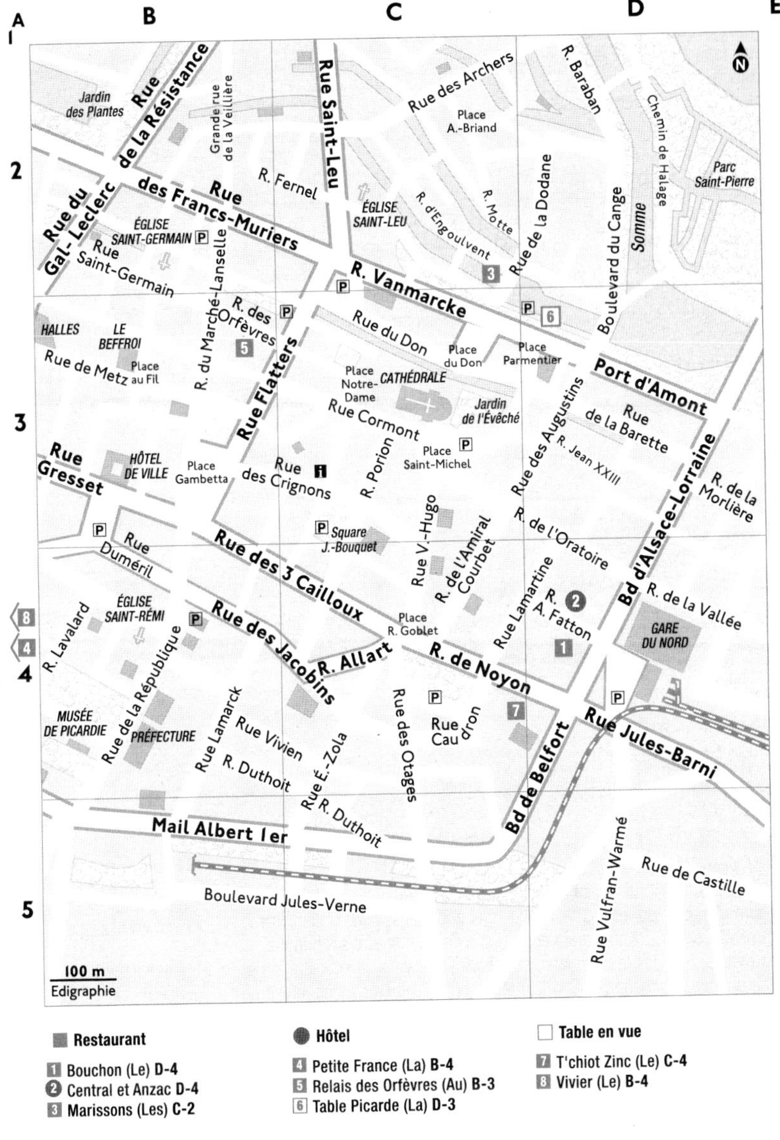

(11) Le T'chiot Zinc

Initiation à la ficelle picarde et à la caqhuse dans l'ambiance ad hoc : du picard tendre et pur jus dans un décor bistrotier orné de photos anciennes. Carte de vins pas chère, mais très peu renseignée, accueil cordial.
C : 18 € • M : 14,90-27,70 €

» 18 rue de Noyon
☎ 03 22 91 43 79
F. dim., lundi à déj. et fériés.
Jusqu'à 22h30.

Les fermetures hebdomadaires et annuelles
sont celles que les restaurateurs et les hôteliers pensent pratiquer en 2006.
Pour éviter des déplacements inutiles, téléphonez pour confirmer.

⑩ La Petite France

La Petite France lointaine et tout proche, parfums d'Orient au cœur de la ville, couscous six viandes, tajines, prolongés par la paella et la zarzuela. En arrosant, comme se doit, de Guerrouane et de Mornag.
C : 23€ • M : 12€

» 118 rue Béranger
☎ 03 22 89 64 73
F. sam. à déj., dim. à dîn., lundi et 15 juil.-15 août.
Jusqu'à 21h30.

La Table Picarde

Entre cathédrale, quai Bélu et hortillonnages, ce bistrot soigne sa clientèle à grands renforts d'assiettes bistrotières traditionnelles (quenelles de brochet aux petits légumes, pavé de sandre rôti à la graine de moutarde, magret de canard fermier au poivre...) et régionales (welch, ficelle picarde, flamiche...).
C : 14€ • M : 11-23€ *la.table.picarde@wanadoo.fr*

» 24 pl Parmentier
☎ 03 22 92 57 54
F. dim. à dîn., lundi (sf réserv.), 1 sem. fév., 2 sem. oct. et 1 sem. déc.
Jusqu'à 22h.

Central et Anzac

Derrière les vitraux de la façade, une étape simple et soignée (chambres au décor personnalisé) entre la gare et le quartier de la cathédrale.
25 ch. 27-45€ *www.hotelcentraletanzac.com*

» 17 rue Alexandre-Fatton
☎ 03 22 91 34 08
03 22 91 36 02
Ouv. 7j/7.

à DREUIL LES AMIENS - 80730 : 7 km O. par N 235

Le Petit Creux de Carmélina

Changement d'enseigne et petit plan d'amis, ce P'tit creux joue désormais les modestes tout en affichant une carte brasserie qui peut calmer les grosses faims (salades, gambas au porto, bavette échalote…). Les nouveaux propriétaires, arrivés en octobre 2004, possèdent une autre affaire, de même nom, à Flixecourt.
C : 10,50€ • M : 8-35€

» 385 bd Pasteur
☎ 03 22 54 10 98
F. lundi à dîn.
Jusqu'à 22h.

à DURY - 80480 : 6 km S. par N 1

L'Aubergade

Il ne faut pas être grand clerc pour deviner sous cette apparente tradition la main sûre d'un chef qui connaît la musique. Et pour cause : Eric Boutté, formé notamment chez Robuchon, Lorain et Bardot, a de quoi rendre ses hommages à Jean Delaveyne, dans le chou farci, sans baisser les yeux. Avec discrétion et scrupule, il trace son chemin dans cette maison réputée, lui redonnant une âme et un niveau. Appréciez la technique sur la dodine de pigeonneau farcie au foie gras et fine gelée parfumée au céleri, sur la noix de carré de veau de lait rôti et jus corsé à l'arabica ou le soufflé passion. Bon menu du marché à 36 €, fromages de Philippe Olivier et vaste cave généraliste.
C : 60€ • M : 36-65€ *aubergade.dury@wanadoo.fr*

» 78 rte Nationale
☎ 03 22 89 51 41
F. dim., lundi, 2 sem. fév., 2 sem. août. et 2 sem. non déf.
Jusqu'à 21h30.

AMMERSCHWIHR - 68770 (10 B 4)

Mulhouse 52 - Sélestat 29 - Colmar 11

Aux Armes de France

Philippe Gaertner avait épuisé - et s'était peut-être aussi un peu épuisé - toutes les ressources du gastro de tradition, la lente cérémonie du tralala et de la course aux récompenses. Il y renonce d'autant plus facilement qu'un pur Alsacien, aussi connaisseur de sa région, a toutes les merveilles du terroir à faire connaître, simplement, naturellement. Il y a donc encore un menu avec foie gras et viennoise d'ombrine, mais la carte laisse parler le cœur : avec le pâté en croûte

» 1 Grand-Rue
☎ 03 89 47 10 12
F. merc., jeudi.
Jusqu'à 21h30.

fameux - et les escargots, la truite aux amandes d'orbey et la côte de porc au caramel de bière, et le sorbet au marc de gewurz qui ne vous emmènent plus guère au-delà de 30 €.
C : 33€ • M : 25-32€ *www.aux-armes-de-france.com*

12 A l'Arbre Vert H

» 7 rue des Cigognes
☎ 03 89 47 12 23
F. mardi, lundi (nov.-avril), à déj., 6 fév.-3 mars et 13-23 nov.
Jusqu'à 21h15.

Construit au début des années cinquante dans ce village-joyau sur la Route des Vins, cet établissement incarne la tradition alsacienne version carte postale, les lambris, les jardinières fleuries, la pierre. Les assiettes suivent le mouvement, le doigt sur la couture du pantalon, carré d'agneau en chapelure d'ail, croustillant de saumon aux poireaux, soufflé tiède aux fruits de saison, blanc manger aux cerises noires. Chambres dans la même veine, les boiseries y côtoyant des tissus contemporains.
M : 15-47€ • 1 appart. 90-182€ • 19 ch. 38-62€ • 1/2 pens. 56-68€
www.arbre-vert.net

AMNEVILLE - 57360 (11 D 2)

Metz 23 - Thionville 16

11 La Forêt

» Centre thermal et touristique
☎ 03 87 70 34 34
F. dim., lundi, 23 déc.-8 janv. et 24 juil.-6 août.
Jusqu'à 21h30.

Jolie détente forestière dans ce village thermal noyé dans la verdure lorraine. Jean-Jacques et Denis Stalter orchestrent une tradition loyale et de standing, naviguant entre le chic intemporel (homard, foie gras) et la mode consensuelle (ravioles d'escargots, salade de gambas, carré d'agneau aux épices…). Une fois le solide bien assuré, on se retourne vers la force : une cave en béton, qui livre les beaux flacons en rang d'oignons, certes des valeurs sûres, mais qui vont très bien dans le tableau à des prix qui donnent envie de chanter les trois capitaines (corton-charlemagne 2000 de Tollot-Beaut à 135 €, chambolle les Cras de Roumier à 105 €).
C : 32€ • M : 18-38€ *www.restaurant-laforet.com*

AMOU - 40330 (23 C 5)

Mont-de-Marsan 55 - Dax 34

13 Le Commerce

» Pl de la Poste
☎ 05 58 89 02 28
F. dim. à dîn., lundi (sf saison), 2 dern. sem. fév. et 12-30 nov.
Jusqu'à 21h30.

Maison de famille depuis deux siècles, solidement installée sur la place du village, cette étape fait bien son métier, accueillant les voyageurs avec une égale bonne humeur et une constante générosité dans des assiettes où il est bien difficile d'échapper au canard : foie gras, confits, magret et brochette panachée au foie gras parmi les spécialités de Patrick Minvielle.
C : 25€ • M : 15-45€ *www.perso.wanadoo.fr./darracqlecommerce/*

AMPUIS - 69420 (27 D 3)

Lyon 36 - Vienne 8

12 Bistrot à Vins de Serine

» Pl de l'Eglise
☎ 04 74 56 15 19
F. dim., lundi, vend. à dîn., sam. à dîn. F. annuelle non comm.
Jusqu'à 21h30.

Fief de la famille Viron, ce bistrot à vins, placé au milieu du vignoble de côte-rôtie, ne saurait être banal. Il ne l'est pas, le vin du village étant servi au verre, et l'accompagnement, tranquille, adapté, permettant de savourer ce rare moment avec toute la concentration nécessaire.
C : 15€ • M : 16,50€ *bistrotdeserine@yahoo.fr*

AMPUS - 83111 (34 A 5)

Toulon 85 - Draguignan 11

La Fontaine

» Pl de la Mairie
☎ 04 94 70 98 08
F. lundi, mardi, merc., 15 jrs oct. et 15 jrs fév.
Jusqu'à 21h30.

Retour évidemment mérité dans nos pages pour la Fontaine de Marc Haye. Le petit village provençal est toujours aussi charmant et le menu du marché, pas de choix possible, s'affiche désormais à 38 **€** : foie gras de canard rôti au pain d'épices, noix et romarin, saumon frais caramélisé sur un bouillon de cèpes et blettes, pintade fermière aux herbes et yaourt sous la peau, oignons et châtaignes, soufflé tiède au citron vert et sorbet à l'ananas Victoria. La terrasse fleurie, la gentillesse de l'accueil et le bon rapport qualité prix font le reste.
M : 38 €

ANCENIS - 44150 (15 D 4)

Nantes 50 - Angers 57

La Toile à Beurre

» 82 rue Saint-Pierre
☎ 02 40 98 89 64
F. dim. à dîn., lundi et merc. à dîn.
Jusqu'à 21h30.

Florence Quintin, propriétaire, et Pierre-Yves Ladoire, chef, ont repris cette maison proche de l'église au cours de l'été 2004, continuant à travailler dans le même esprit que Jean-Charles Baron, leur prédécesseur : cuisine saisonnière, bons produits et cave pointue. Le menu-carte à 25 **€** permet d'effectuer un large tour d'horizon sans se ruiner, salade de langoustines et saumon fumé, magret de canard (cuisson un peu poussée, dommage) et pommes purée, feuillantine de fraises à base de sablé breton, sorbet et menthe ciselée. La délicieuse terrasse (absolument indécelable depuis la rue) et la gentillesse du service sont au niveau de la toque retrouvée.
C : 30 € • M : 15,25-45 €

LES ANDELYS - 27700 (6 D 3)

Evreux 37 - Rouen 38

La Chaîne d'Or

» 27 rue Grande
☎ 02 32 54 00 31
📠 02 32 54 05 68
F. 3 dern. sem. janv. et 1 sem. Noël.

Romantisme en version normande, avec une vieille auberge XVIIIe en bord de Seine, les tissus fleuris sous les poutres et l'accueil de tradition.
11 ch. 75-129 € • 1/2 pens. 48 €

www.lachainedor.com

ANDERNOS LES BAINS - 33510 (23 C 2)

Bordeaux 48 - Arcachon 40 - Cap-Ferret 29

L'Esquirey

» 9 av du Cdt-David-d'Allègre
☎ 05 56 82 22 15
F. lundi, mardi (avril-sept.), lundi (juil.-août) et mi-déc.-mi-janv.
Jusqu'à 22h30.

Ils sont très courtisés, les fruits de mer et les poissons de cet ancien atelier ostréicole transformé en caboulot chic pour marins d'un soir. Les plateaux sont imposants et de grande fraîcheur, le service disponible et les tarifs restent courtois pour une table qui a fait ses preuves depuis longtemps. Adoptez les coquillages farcis et bien sûr la pêche du jour, mariée d'office à l'entre-deux-mers.
C : 30 €

 Accessible aux handicapés.

 Carte des vins remarquable.

 Tennis privé.

 Piscine privée.

 Repas servis en terrasse ou dans un jardin.

 Chiens acceptés.

à TAUSSAT - 33148 : 4 km S.E. par D 3

(12) Les Fontaines

Posée sur la plage, cette embarcation pour le grand large est une des plus sérieuses du bassin. Jean-Pascal Paubert met du piment dans sa carte, et pas seulement avec la poêlée de casserons. Sa carte marine se lit sans compas, dans le sens direct des voyages de port en port : pavé de morue à la catalane à la ventrèche grillée, marinade d'aubergines aux langoustines, lamproie aux blancs de poireaux. L'élevage ne se porte pas mal (magret de Saint-Sever aux pommes), la cave tire les prix et le service fait de son mieux.

C : 38,50 € • M : 22-45 € *www.restaurant-les-fontaines.com*

» Port de Plaisance
☎ 05 56 82 13 86
F. à dîn. dim., mardi (sf juil.-août), lundi, 2 sem. fév. et 1er-20 nov.
Jusqu'à 21h30.

(10) Le Platane

Des spéciales du banc d'Arguin pratiquement en direct dans cet ancien atelier ostréicole où l'on peut installer jusqu'à cent couverts en terrasse au bord du bassin. La pêche du jour est grillée à la plancha, en accompagnant de tariquet ou d'Hoste Blanc.

C : 32 € *dubarryboby@aol.com*

» Port Ostréicole
☎ 05 56 82 32 24
F. lundi à déj. et 1er oct.-30 mai.
Jusqu'à 22h.

ANDLAU - 67140 (**10** B 3)

Barr 10 - Strasbourg 41 - Colmar 48

Zinck Hôtel

De l'ancien moulin XVIe, la maison a conservé une architecture très agréable, mise en valeur par des chambres aux thèmes variés, qui vous promènent de l'Alsace à l'Asie, du jazz aux contes des 1001 Nuits.

18 ch. 55-95 € *www.zinckhotel.com*

» 13 rue de la Marne
☎ 03 88 08 27 30
📠 03 88 08 42 50
Ouv. 7j/7.

ANDUZE - 30140 (**32** B 3)

Nîmes 46 - Alès 14

à CORBES - 30120 : 4 km N.O. par D 907 et D 284

(13) Le Moulin de Corbès

Quatre chambres réservées aux dîneurs, cela permet de prolonger le moment de détente dans cette ancienne papeterie de la vallée du Gard, à quelques minutes d'Anduze. Pour profiter pleinement des œuvres de Christian Cormont, sa cuisine d'une Provence aux belles manières, qui a su, au fil du temps, s'épurer et se rapprocher de l'originel. Et surtout pouvoir, sans abuser, mettre le nez dans la très forte cave instruite par l'experte Muriel, qui décline ses titres et annonce les couleurs. Une liste très complète, relativement classique dans ses choix, mais également bien négociée (Florence des Gouberts à 50 €).

C : 48 € • M : 25-45 €

» Rte de Saint-Jean-du-Gard
☎ 04 66 61 61 83
F. dim. à dîn. (été), lundi, mardi (hiver), janv. et fév.
Jusqu'à 21h.

Bon confort.
Grand confort.
Luxe.

Grand luxe.

Hôtels de charme

Bon confort.

Grand confort.
Luxe.

Grand luxe.

à TORNAC - 30140 : 6 km S.E. par D 982

14 Les Demeures du Ranquet

➡ **Hôtel** : Les Demeures du Ranquet

Nous disions l'an dernier que les Majourel ne se laissaient pas griser par le succès : plus de vingt années passées dans cette maison, un travail soigné que nous saluions depuis plusieurs années déjà et toujours cette même soif d'innover en travaillant plantes aromatiques et légumes du potager. La clientèle qui fréquente cette belle maison adore cette supposée simplicité, le bonbon de brandade de morue, lanière de courgettes et calmars à la plancha, la dorade reconstituée autour d'une compotée de fenouil au romarin cuite en croûte de sel et les beignets d'aubergines sucrés, glace amandine à la vanille. Des assiettes innovantes, presque tourmentées parfois, et qu'on aime autant pour leur anti-banalité assumée que pour les petites imperfections. Très belle cave en région, tarifs à la hauteur de la beauté des lieux.

C : 62€ • M : 19-70€

www.ranquet.com

» Rte de Saint-Hippolyte-du-Fort-Tornac
☎ 04 66 77 51 63
F. mardi, merc. (sf 1er juin-15 sept. à déj. lundi, mardi, merc.), 2 sem. mars et 15 nov.-15 déc.
Jusqu'à 21h.

Les Demeures du Ranquet

➡ **Restaurant** : 14/20 Les Demeures du Ranquet

Une sorte de hameau "privé" à quelques kilomètres d'Anduze, au cœur d'une chênaie : entièrement climatisé, disposant de chambres vastes (près de 30 m2), il permet également l'accès à une piscine d'été, à un boulodrome et à une galerie d'art. Pour les marcheurs, location d'ânes de bât.

10 ch. 125-210€ • 1/2 pens. 115-145€

www.ranquet.com

» Rte de Saint-Hippolyte-du-Fort-Tornac
☎ 04 66 77 51 63
Fax 04 66 77 55 62
F. 2 sem. mars et 15 nov.-15 déc.

ANGERS - 49000 (16 A 3)

Paris 294 - Nantes 89 - Le Mans 95

13 La Salamandre

Assurance tous risques chez Daniel Louboutin, chantre de la cuisine ligérienne formé à l'école du beurre blanc et des produits fermiers. Des produits irréprochables traités avec conscience et respect, et des plats de saison dans une gamme de menus bien adaptée.

C : 50€ • M : 25-75€

www.hoteldanjou.fr

» 1 bd du Mal-Foch
☎ 02 41 88 99 55
F. dim.
Jusqu'à 21h45.

12 Le Relais

Des bons produits, des préparations sincères et soignées au service d'une cuisine bistrot très supérieure à l'ordinaire : salade de dormeur en boléro de légumes, bar rôti sur peau aux aromates et herbes fraîches, rognons de veau sautés au beurre moussant. Deux bons menus, une cave d'anjou affûtée.

C : 45€ • M : 20-35,50€

www.destination-anjou.com/relais

» 9 rue de la Gare
☎ 02 41 88 42 51
F. dim., lundi, 24 déc.-9 janv. et 13 août-5 sept.
Jusqu'à 21h30.

Provence Caffé

Cuisine provençale et branchée en plein centre ville, avec vue sur la place du Ralliement. C'est frais, léger et bien troussé : salade de rougets rôtis au pistou, caviar d'aubergines et croustillants de chèvre, dos de cabillaud, crème de céleri beurre tapenade, salade de fenouil au parmesan. Cave faisant le grand écart entre Loire et Provence, avec quelques jolies références (Puech Haut, Ott, Lérys).

C : 25€ • M : 17-30€

provence-caffe.com

» 9 pl du Ralliement
☎ 02 41 87 44 15
F. dim., lundi et 30 juil.-23 août.
Jusqu'à 22h.

Hôtel du Mail

Le tout nouveau propriétaire de cet ancien couvent du XVIIe n'est pas un inconnu dans nos pages puisqu'il officie également comme chef dans les cuisines de l'Azimut, à la Trinité (15/20). De nouvelles chambres, décorées dans l'esprit marin cher à Hervé Le Calvez, devraient bientôt voir le jour, la situation en plein centre et pourtant au calme restant l'atout maître de cette maison.

26 ch. 43-70€

www.hotel-du-mail.com

» 6-8-10 rue des Ursules
☎ 02 41 25 05 25
Fax 02 41 86 91 20
F. dim. et fériés.

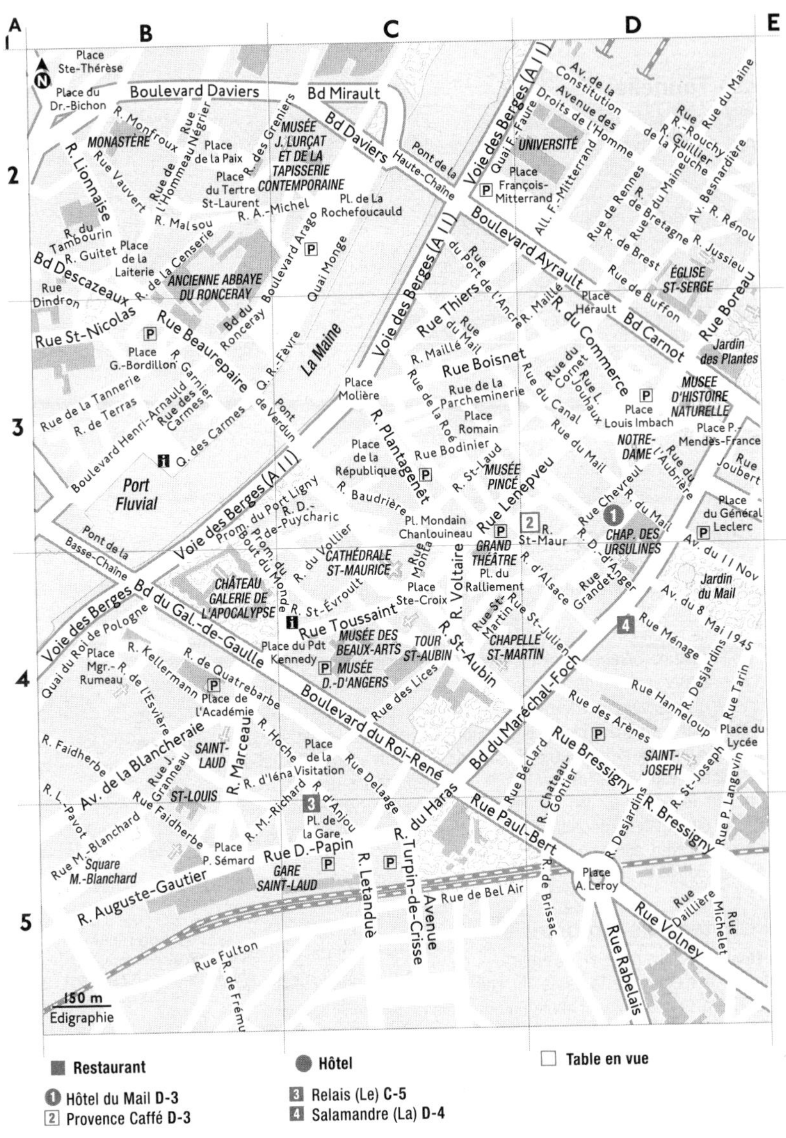

Toques et notes

(20) à (13)

(12) à (10)

(?) Signale une notation en attente ou un changement de dernière minute.

Restaurants mentionnés en annexe

R Pour un restaurant noté de 10 à 12.

Pour un restaurant noté de 13 à 14.

Pour un restaurant noté de 15 à 16.

➲ à BEHUARD - 49028 : 13 km S.O. par N160 et D 751

Les Tonnelles ♥

Tiens, il paraîtrait que nous ne sommes plus seuls à comprendre les grands mérites de cette maison, et de ce chef, Gérard Bosse, qui annote avec humour, lorsqu'on l'interroge sur son parcours : "en progression". Oui, chaque année, il y a un nouveau millésime en Loire, des vignerons qui se décarcassent dans la région la plus excitante de France, et dont Catherine et Gérard sont une des courroies de transmission primordiales : une cuisine simple, naturelle et très solide, les vins qui suivent ou qui précèdent, une atmosphère unique de phalanstère viticole où l'harmonie et la défense du savoir-manger savoir-boire sont les valeurs fondatrices. Avec le brochet beurre blanc coulera toujours le chenin, avec l'agneau doucement épicé, il y aura un cabernet franc, un gamay, un pinot... Une table unique, visionnaire, salvatrice.

C : 47 € • M : 39-81 €

» 12 rue du Chevalier-Buhard
☎ 02 41 72 21 50
F. dim. à dîn., lundi, merc. à dîn (h.s.), 1er-27 janv., 27 fév.-7 mars et 21-26 oct.
Jusqu'à 21h15.

➲ à BRIOLLAY - 49125 : 15 km N. sur D 52

Château de Noirieux

➥ **Hôtel** : Château de Noirieux

Noirieux occupe la case prestige sur l'échiquier angevin. A tout seigneur, tout honneur, mais également de grands devoirs auxquels la maison consent avec brio, dans le décor, dans l'accueil, dans le standing général. L'assiette est depuis treize ans l'affaire de Gérard Côme, un chef à la fois suffisamment inventif et sage pour n'abuser ni des redondances ni des aventures casse-cou C'est donc le cœur léger qu'on attaque ses délicates et luxueuses compositions, le chaud-cru de bar et vapeur de homard bleu à la coriandre, le blanc-manger de sole au consommé (encore une petite touche de homard, les clients adorent), le turbot de ligne cuit à la vapeur d'algues ou la belle géline en cocotte, morilles, fèves et crème de foie gras au vin de Bonnezeaux. Desserts artistiques, cave considérable où l'amateur concentrera ses regards sur la Loire, en particulier les savonnières, aubance, anjou ou quart-de-chaume.

C : 95 € • M : 56-100 €

www.chateaudenoirieux.com

» 26 rte du Moulin
☎ 02 41 42 50 05
F. dim. à dîn., lundi, mardi à déj. (nov.-avril), lundi, mardi (mai-oct.), 15 fév.-24 mars et 30 oct.-30 nov.
Jusqu'à 21h.

Château de Noirieux

➥ **Restaurant** : 15/20 Château de Noirieux

Le parc de 8 ha domine la vallée du Loir (les terrasses offrent une vue remarquablement apaisante) et abrite un ensemble de bâtiments anciens aux typiques pierres blanches et à l'architecture élégante, notamment le château proprement dit, construit au XVIIe siècle. Les chambres, aux ambiances personnalisées, respirent la sérénité, avec des volumes généreux et des associations de couleurs douces, sans oublier la touche de luxe d'un beau mobilier de style.

1 appart. 175-350 € • 19 ch. 175-350 € • 1/2 pens. 230-385 €

www.chateauxdenoirieux.com

» 26 rte du Moulin
☎ 02 41 42 50 05
Fax 02 41 37 91 00
F. 15 fév.-24 mars et 30 oct.-30 nov.

Les fermetures hebdomadaires et annuelles sont celles que les restaurateurs et les hôteliers pensent pratiquer en 2006. Pour éviter des déplacements inutiles, téléphonez pour confirmer.

à SAINT JEAN DE LINIERES - 49070 :
10 km O. par D 952 et N 23

12 Auberge de la Roche

'ersonne ne s'endort dans cette auberge tranquille de bord de route. Surtout as le chef, qui se décarcasse pour sortir un menu de saison à 19 € qui exclut oute banalité, avec la tarte aux anchois, le fondant de thon au basilic et le nignon de porc aux pâtes fraîches. Les idées sont bien développées dans le nenu-découverte, montrant attention et savoir-faire. Il n'y a plus qu'à suivre ncore davantage les saisons et les produits locaux. Un point de plus.
: : 32 € • M : 19-37,50 €

» 10 Route-Nationale 23
☎ 02 41 39 72 21
F. dim. à dîn., lundi et 8-29 août.
Jusqu'à 21h30.

à SAINT SYLVAIN D'ANJOU - 49480 : 5 km N.E. par N 23

14 Auberge d'Eventard

ean-Pierre Maussion ne révolutionnera plus la cuisine maintenant. Cela n'a 'ailleurs jamais été son dada, ni celui de sa clientèle qui, quand elle pousse isqu'à cette belle maison de la banlieue aujourd'hui rattrapée par les zones ommerciales, vient d'abord pour la qualité des produits. Ici, les légumes toujours bio) ne sont servis que pendant leur saison, les poissons de ligne rrivent directement de la Turballe ou de Loctudy, les viandes sont de la région, es fruits viennent de la vallée de l'Authion... et les fournisseurs sont les mêmes lepuis plus de trente ans. Profitons-en pour réviser nos bases classiques avec a poêlée de langoustines du Guilvinec au cointreau, le sandre d'Anjou et lait le poule au vinaigre d'échalotes ou l'égoutté d'un fromage blanc fermier, fruits ouges du marché au coulis façon melba. Un mètre étalon de la cuisine gérienne qui devrait vivre des changements l'an prochain avec l'abandon au léjeuner (sauf sur réservation) de la formule gastronomique et l'introduction l'un menu du Potager, plus simple et abordable.
: : 55 € • M : 23-78 € *www.auberge-eventard.com*

» Le Bon-Puits, rond-point du Parc-Expo
☎ 02 41 43 74 25
F. sam. à déj., dim. à dîn., dim. (sf juil-août, fériés), lundi, 2-16 janv. et 31 avril-12 mai.
Jusqu'à 21h15.

La Fauvelaie

Jn peu à l'écart du centre, l'hôtel en profite pour dérouler les 3 ha d'un parc l'anglaise classé. Les bâtiments et leur décor paisible se marient bien avec cet xtérieur de style.
ch. 50 €

» Rte du Parc-Expo
☎ 02 41 43 80 10
02 41 60 84 89
Ouv. 7j/7.

ANGLES SUR L'ANGLIN - 86260 (22 D 3)

Poitiers 51 - Châtellerault 34 - La Roche-Posay 12

Le Relais du Lyon d'Or R

On y vient pour le charme ancien de l'architecture XIVe, du décor entre meubles nciens et tissus cossus et de la douceur de vivre dans ce beau village. Le jardin uspendu est également un atout précieux, tandis que le restaurant combine les nfluences pour chasser la lassitude, du bar en croûte de sel au sashimi de aumon sauce gingembre.
appart. 55-100 € • 11 ch. 55-100 € • 1/2 pens. 60-83 € • C : 23 € •
M : 20-26 € *www.lyondor.com*

» 4 rue d'Enfer, rte de Vicq
☎ 05 49 48 32 53
05 49 84 02 28
F; 1er nov.-1er fév.

Dans chaque ville, les établissements sont classés par note décroissante, restaurants d'abord, hôtels ensuite.

•

Certaines communes sont rattachées à l'agglomération la plus proche.

ANGLET - 64600 (23 B 5)

Biarritz 2 - Saint-Jean-de-Luz 17

Château de Brindos

» 1 allée du Château
☎ 05 59 23 89 80
F. dim. à dîn., lundi (sf 16 avril-30 oct., fériés), 19 fév.-5 mars et 10-22 déc.
Jusqu'à 22h.

➥ **Hôtel** : Château de Brindos

Cadre et ambiance

A quelques centaines de mètres de l'aéroport de Biarritz, une maison particulièrement apaisante, complètement retranchée au bord d'un des plus grands lacs privés de la région (très belle vue depuis la salle et terrasse romantique). Loin de l'agitation des plages de surfeurs, les pensionnaires de ce restaurant d'hôtel se laissent aller à la béatitude, dans une ambiance de résidence privée.

Cuisine

Un beau classicisme contemporain, peut-être moins ébouriffant qu'à ses débuts, mais avec de véritables éclairs qui rappellent que l'on est bien dans la zone des meilleurs (amusant liégeois de tomate, superbe dos de merlu et jus de ttoro)

Cave

Cave relativement complète, qui s'étoffe au fil des saisons.

Accueil et service

Un accueil très pro, une direction de haut niveau, mais un service un poil mécanique qui ne mesure pas les besoins festifs d'une clientèle qui n' a aucune raison d'être blasée.

C : 75 € • M : 32-75 €

www.chateaudebrindos.com

Château de Brindos

» 1 allée du Château
☎ 05 59 23 17 68
05 59 23 48 47
F. 19 fév.-5 mars et 10-22 déc.

➥ **Restaurant** : 16/20 Château de Brindos

La sérénité de la vue sur le lac (depuis la terrasse comme depuis les chambres), l'architecture 1920 au blanc éclatant, avec ses détails d'inspiration mauresque, le charme cosy des salons et des chambres, tout ici incite à la détente, jusqu'aux équipements de remise en forme.

5 appart. 275-530 € • 24 ch. 180-335 € • 1/2 pens. 50 €

www.chateaudebrindos.com

ANGOULEME - 16000 (22 C 4)

Paris 448 - La Rochelle 130 - Poitiers 108

Côté Gourmet

» 23 pl de la Gare
☎ 05 45 95 00 27
F. sam. à déj., dim., mardi à dîn., 2 sem. fév. et 3 sem. août.
Jusqu'à 22h.

La carte de Fabrice Salzat reste vertueusement modeste - il ne faut pas effrayer les voyageurs qui viennent à peine de descendre du train - et sans risque majeurs, mais ce chef adroit est loin d'avoir épuisé ses ressources et son imagination. Sur quelques plats d'une raisonnable simplicité, le tartare de thon, le curry de lotte au lait de coco, le filet mignon de porc au miel d'acacia, il montre, en toute précision, qu'il peut aller bien au-delà du plateau-repas. Joli coulant au chocolat, petite cave très abordable.

C : 32 € • M : 14-30 €

cote-gourmet@wanadoo.fr

Les Gourmandines

» 25 rue de Genève
☎ 05 45 92 58 98
F. dim., lundi, 3 sem. aprés 15 août et 1 sem. Noël.
Jusqu'à 21h15.

Après cinq années d'exploitation dans cette jolie maison du vieil Angoulême, Emmanuel Cornu peaufine son ouvrage, retouchant un accompagnement par ci, allégeant une préparation par là et réduisant même le nombre de plats afin de ne proposer que des produits d'une fraîcheur absolue : cuisses de grenouilles lyonnaise et tomates confites, pavé de thon rouge grillé, graine de moutarde et pommes gaufrettes, fraises à la liqueur et fines bulles, tuiles au grué de cacao, interprétations vives et contemporaines d'une gastronomie aux antipodes de la futile démonstration technique. Une maison aussi rassurante que vivante.

C : 41 € • M : 25-35 €

La Ruelle

igne de bonne santé, la carte travaille le produit de luxe comme si la crise était ien, comme certains le pensent, une invention de journaliste. Avec ses foies ras, ses homards, ses langoustines, Christophe Combeau n'est peut-être pas le lus régionaliste des chefs angoumoisins, mais le ticket à la carte dépasse entiment les 60 €. Heureusement, il y a le menu à 28 €, qui donne un aperçu onvenable du travail de l'assiette, rend accessible les bons desserts et reste ans le budget avec une cave qui tend la main aux vignerons locaux.

. : 50 € • M : 22-43 € *www.laruelle16.fr*

» 6 rue des Trois-Notre-Dame
☎ 05 45 95 15 19
F. dim., lundi (sf groupes) et 1er-15 août.
Jusqu'à 22h.

Le Palma

ien ne change dans cette maison de famille créée en 1947, ce qui fait la anquillité des habitants du quartier, qui dorment sur leurs deux oreilles avant e venir déjeuner d'un pavé de morue aux mojettes et d'un émincé de bœuf ux cèpes entièrement sécurisés.

. : 35 € • M : 13,50-28 € *lepalma16@aol.com*

» 4 rampe d'Aguesseau
☎ 05 45 95 22 89
F. Noël-nouvel an.
Jusqu'à 21h45.

Européen Hôtel

u pied de la vielle ville, à cinq minutes à pied de la gare, un établissement de on confort dans lequel les rénovations se poursuivent par étape.

1 ch. 49-65 €

» 1 pl Gérard-Pérot, L'Eperon
☎ 05 45 92 06 42
📠 05 45 94 88 29
F. Noël-nouvel an.

Mercure Hôtel de France

i le confort et l'aménagement des chambres sont typiques de la chaîne, le cadre e manque pas de cachet, dans une maison de la fin du XVIe siècle, dont les rdins surplombent les remparts de la ville et donnent sur la vallée de la harente.

9 ch. 99-111 € • 1/2 pens. 110-148 € *www.mercure.com*

» 1 pl des Halles-Centrales
☎ 05 45 95 47 95
📠 05 45 92 02 70
Ouv. 7j/7.

à ROULLET SAINT ESTEPHE - 16440 : 13 km S. par N 10 et D 42

La Vieille Etable

'hôtel a bien amélioré ses prestations ces dernières années et la vieille demeure amiliale propose un confort de bon niveau, notamment dans les chambres les lus récentes (18 et 19). Parc avec étang, entre autres possibilités de détente.

appart. 90 € • 27 ch. 55-69 € • 1/2 pens. 85 €

www.hotel-vieille-etable.com

» Les Plantes
☎ 05 45 66 31 75
📠 05 45 66 47 45
F. 20-26 fév. et 1er mai.

à SOYAUX - 16800 : 4 km E. par D 939

La Cigogne

rick Bouix et son épouse, Sandrine, ont quitté leur Bastien face à la gare voilà eux ans pour déménager dans ces anciennes carrières de pierre. Mobilier et écoration des trois salles à manger viennent d'être intégralement rénovés dans n style moderne et dépouillé qui colle à merveille à la cuisine d'Erick : ngoustines marinées rôties en salade de pamplemousse, filet de rouget aux pices marocaines, beuchelle tourangelle, sabayon de fruits de saison aux mandes. Carte des vins variée, avec quelques noms qui claquent (Tariquet, mpelidae, la Liquière)

. : 50 € • M : 24-46 € *lacigogne16@wanadoo.fr*

» Imp de la Cabane-Bambou
☎ 05 45 95 89 23
F. dim. à dîn., lundi, merc. à dîn., 2 sem. vac. scol. fév. et 3 sem. vac. scol. Toussaint.
Jusqu'à 22h.

ANIANE - 34380 (32 A 3)

Montpellier 34 - Sète 59

à ARGELLIERS - 34380 : 11 km E. par D 32

13

Auberge de Saugras

A 20 km à l'ouest de Montpellier, au bout d'un jeu de piste digne du Da Vinci Code, on découvre cette auberge secrète dont les origines remontent au XIIe siècle. La récompense est heureusement au bout de l'effort, avec le bon jambon de pays, l'omelette aux cèpes, la truite au lard, le magret de canard sauce aux morilles et poêlées de cèpes, nettement plus convaincants que des gambas flambées au cognac un peu hors de propos. Bonne cave régionale avec les incontournables (Grange des Pères, Daumas Gassac, Alquier ou la Tête de Cuvée de Puech Haut).

C : 50 € • M : 18-49 € *auberge.saugras@wanadoo.fr*

» Domaine de Saugras
☎ 04 67 55 08 71
F. lundi à déj., mardi à déj., merc. (sf juil.-août), mardi, merc. (h.s.), 10-25 août et 20 déc.-15 janv.
Jusqu'à 21h30.

ANNECY - 74000 (28 B 2)

Paris 538 - Chambéry 49 - Genève 60

L'Atelier Gourmand

Un atelier, c'est en effet ainsi qu'il faut prendre cette table pas comme les autres, dans un quartier calme, tout près du centre et des quais. L'atmosphère, entre initiés, n'est pas banale, la carte ne peut pas laisser indifférent et les assiettes, certaines vraiment enjôleuses, d'autres du domaine de l'expérience, ont au moins un caractère certain. Carte des vins bien faite, avec des partis pris et de la recherche.

C : 65 € • M : 29-80 €

» 2 rue Saint-Maurice
☎ 04 50 51 19 71
F. dim. à dîn., lundi et mardi à déj.
Jusqu'à 21h30.

14

Le Belvédère

Depuis la route vers le Semnoz, la vue sur le lac et la ville est exceptionnelle. Ne l'oubliez pas (réservez au contraire sur la terrasse panoramique dès que le temps le permet), mais prenez-la comme un amuse-bouche. Car le travail de Vincent Lugrin, c'est un autre paysage réjouissant. De l'invention, du soin au produit, de la couleur, de la personnalité, de la vie. Voilà ce qu'on rencontre, au hasard, entre le foie gras à la vanille de Papouasie, l'omble chevalier au beurre de Noirmoutier, le filet mignon de veau qui marie une sauce au cigare Montecristo n°4 avec des pommes de terre parfumées au cognac XO et un dessert à l'avocat et coulis de tomate confite. Delphine se charge d'animer la salle avec courtoisie et sourire, et de présenter une belle cave régionale renforcée d'environ 300 références nationales.

C : 70 € • M : 24-60 € *www.belvedere-annecy.com*

» 7 chemin du Belvédère, rte de Semnoz
☎ 04 50 45 04 90
F. dim. à dîn., mardi à dîn., merc., 2 janv.-1er fév. et 4-17 déc.
Jusqu'à 21h30.

14

La Ciboulette

La petite cour (très animée), sur laquelle donne cet ancien entrepôt n'est pas sans rappeler Montmartre. Formé à Baumanière et à l'Auberge du Pierre Bise, Georges Paccard ratisse large, passant avec la même facilité (et la même réussite) des langoustines de Bretagne associées à un ris d'agneau sur un bois de réglisse, à une féra du lac d'Annecy cuite au beurre des moines de Tamié ou à une poulette de Bresse cuite en cocotte, morilles, fraîches et asperges. La révolution culinaire n'est pas pour demain chez ce Maître Cuisinier de France mais les nombreux fidèles n'en ont cure et la très belle cave, pas trop chère quand on sait bien chercher, ne manque pas d'atouts.

C : 58 € • M : 25-48 € *georges.paccard@wanadoo.fr*

» 10 rue Vaugelas, cour du Pré-Carré
☎ 04 50 45 74 57
F. dim., lundi, vac. scol. fév., vac. scol. Toussaint et 1er-25 juil.
Jusqu'à 21h.

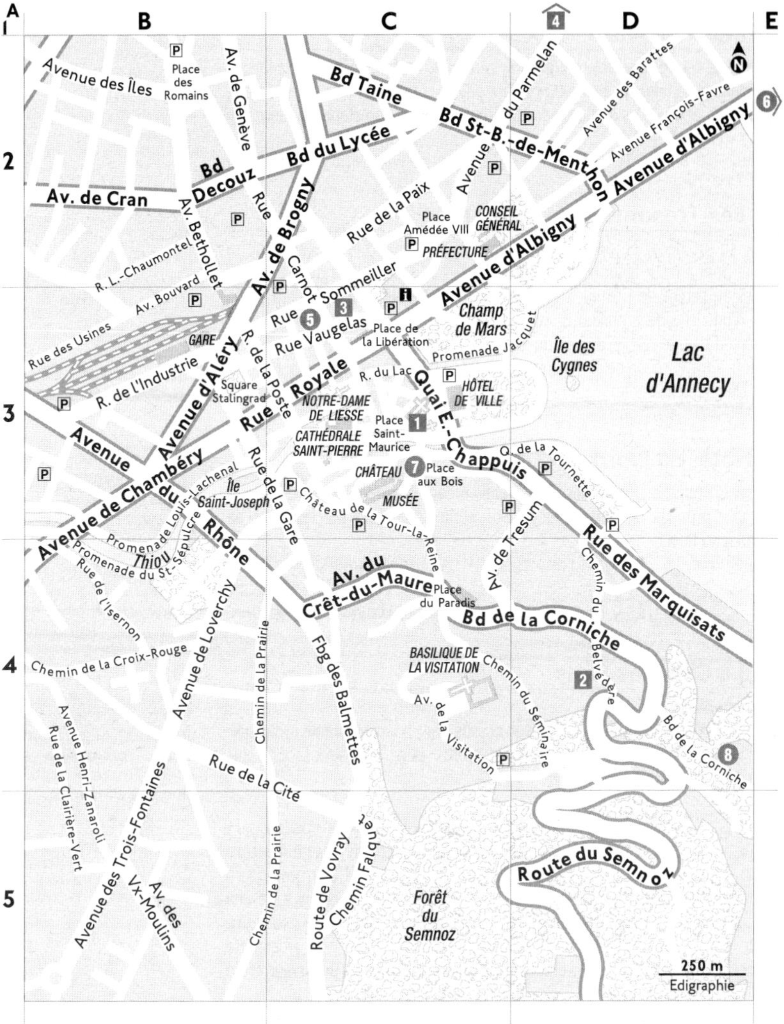

■ **Restaurant**

1 Atelier Gourmand (L') **C-3**
2 Belvédère (Le) **D-4**
3 Ciboulette (La) **C-3**

● **Hôtel**

4 Clos des Sens (Le) **D-1**
5 Hôtel du Nord **C-3**
6 Impérial Palace (L') **E-2**
7 Palais de l'Isle **C-3**
8 Trésoms (Les) **D-4**

L'Impérial Palace

» Allée de l'Impérial
☎ 04 50 09 30 00
Fax 04 50 09 33 33
Ouv. 7j/7.

Un nom sans fausse modestie, à la hauteur des prestations. L'imposant bâtiment Belle Epoque est comme seul au monde, dans son parc au bord du lac. Aux prestations habituelles de ce type d'établissement, l'Impérial ajoute le casino sur place, avec ses nombreuses animations. Il se démarque également par le choix d'un cadre moderne et sobre, dans ses lignes comme dans les matériaux (chrome et bois blond notamment). Terrasse exceptionnelle sur le lac, restaurant traditionnel ou guinguette au bord de l'eau.

8 appart. 500-950 € • 91 ch. 300-450 €   *www.hotel-imperial-palace.com*

Palais de l'Isle

Le contraste est très agréable entre le joli immeuble ancien, qui reflète sa façade jaune dans le canal juste à côté du célèbre palais, et un intérieur contemporain, décor épuré et meubles de designer. Une réussite, pour une étape très agréable dans la vieille ville.

2 appart. 180-240 € • 31 ch. 72-140 € www.hotels-annecy.net

» 13 rue Perrière, Vieille-Ville
☎ 04 50 45 86 87
04 50 51 87 15
Ouv. 7j/7.

Les Trésoms

Ambiance Art déco, en accord avec l'architecture, pour cette grande maison blanche donnant sur le lac. Prestations confortables bien au-delà de la vue, des piscines au centre de beauté. Le restaurant profite également de la vue sur le lac et d'une cuisine ambitieuse sous les notes de jazz. "Nous apprenons au moment du bouclage le départ du chef Laurent Azoulay ; nul doute que la direction aura à cœur de le remplacer par un chef à la hauteur des attentes d'une clientèle exigeante."

50 ch. 95-240 € • 1/2 pens. 133-242 € • C : 40 € www.lestresoms.com

» 3 bd de la Corniche
☎ 04 50 51 43 84
04 50 45 56 49
Ouv. 7j/7.

Hôtel du Nord

Désormais entièrement climatisé, cet établissement proche de la gare et de la vieille ville propose des chambres de bon confort décorées par le centre de design Ligne Roset.

30 ch. 45-59 € www.annecy-hotel-du-nord.com

» 24 rue Sommeiller
☎ 04 50 45 08 78
04 50 51 22 04
Ouv. 7j/7.

➲ à ANNECY LE VIEUX - 74940 : 2 km N.E. par D 5

Le Clos des Sens

Cadre et ambiance

Dans un quartier résidentiel, une maison cossue, salle contemporaine prolongée d'une terrasse un peu confinée sous les arbres, dans une atmosphère chic entretenue avec effort.

Cuisine

Nous avons souvent dit, et écrit, combien cette cuisine était prometteuse. Et nommé, il y a peu, Laurent Petit, Grand de demain. Sans doute lui faut-il encore un peu de temps pour digérer cette montée en puissance, et affirmer encore une personnalité encore à dessiner. Les très jolies présentations (la tarte aux légumes sans pâte), les plis de la mode (tartiflette déstructurée) et l'excellence atteinte dans certains plats de simplicité (bar plancha, lapin à la vinaigrette d'encornets) doivent encore être encouragés, vers encore plus de saveur et de caractère.

Cave

Tout d'une grande : rien ne lui échappe, tous les vignerons dont on parle sont là, l'offre en grands crus est énorme et tout est fort coûteux. Heureusement, les montagnards sont là : Grisard, Dupasquier, fils Quénard.

Accueil et service

Ce n'est pas encore une grande maison, mais l'imitation est bien faite, le service appliqué et sérieux, supervisée avec aisance par la patronne.

C : 60 € • M : 29-30 € www.closdessens.com

» 13 rue Jean-Mermoz
☎ 04 50 23 07 90
F. dim. à dîn. (sf juil.-août), lundi, mardi à déj., 2 prem. sem. janv. et 2 prem. sem. sept.
Jusqu'à 21h30.

➲ à CHAPERY - 74540 : 12 km S.O. par N 201 et D 38

La Grange à Jules

Esprit rustique montagnard, certes, mais la Grange est loin de l'étable. On y dîne dans un certain raffinement une carte plus élaborée que le répertoire d'un chalet de station. Menus bien étudiés et bonnes idées d'animation, notamment grâce aux soirées à thème.

M : 19-32 €

» Le Pelvoz
☎ 04 50 68 15 07
F. merc.

➲ à VEYRIER DU LAC - 74290 : 6 km S.E. par D 909

La Maison de Marc Veyrat

» 13 vieille rte de Pensières
☎ 04 50 60 24 00
F. dim., lundi, mardi (sf à dîn. juil.-août), merc. à déj., jeudi à déj., vend. à déj. et mi-nov.-mi-mai. Jusqu'à 23h.

➥ **Hôtel :** La Maison de Marc Veyrat

Cadre et ambiance

Une vaste villa au bord du lac, si calme, si sereine, villégiature secrète les pieds dans l'eau. Au printemps, la caravane descend de la montagne (Megève, La ferme de mon Père) pour prendre ses quartiers d'été dans ce cadre moins typé, mais d'un grand charme.

Cuisine

A force de ne pouvoir être défini, cloisonné, catalogué, Marc Veyrat a fini par résumer son travail d'un trait pour la communication : la cuisine du XXIe siècle (petit hommage appréciable à notre article du guide 2003). On peut aujourd'hui préciser : "sa" cuisine du XXIe siècle, ou encore celle qui a, perpétuellement, un tour d'avance. Car qui fait, approche, imagine le pot de yaourt de foie gras, gelée végétale et myrhhe odorant, la tartiflette virtuelle, le bar éclaté, sirop sans sucre de citronnelle de Madagascar ? Et de grâce, qu'on ne parle pas ici d'exercice. C'est furieusement, merveilleusement bon, plein de goût, jouissif (pour les familiarités, il suffit de voir ce qu'il est capable de faire avec une truffe ou un petit morceau de cochon). Un tour d'avance, oui, toujours, un point en plus, oui, encore.

Cave

La cave imposante semble s'être encore enrichie : 1800 références, des rares italiens, des suisses confidentiels. Samuel Ingelaere gère le tout avec sourire et érudition, et il est strictement incollable sur les vins de Savoie avec lesquels il peut suivre allègrement la vingtaine de plats du menu.

Accueil et service

Le service bourdonne, virevolte, joue la pièce avec naturel et conviction, car il y a évidemment, un peu de mise en scène. Et Monsieur Audibert est là, régisseur, script, premier assistant, il veille évidemment à ce que le scénario soit suivi à la lettre.

C : 260 € • M : 290-380 € *www.marcveyrat.fr*

Demeure de Chavoire

» 71 rte d'Annecy

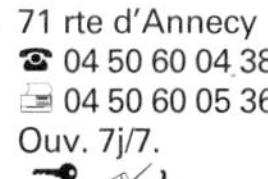

☎ 04 50 60 04 38
04 50 60 05 36
Ouv. 7j/7.

Le luxe est dans l'aménagement, dans des chambres raffinées, dans le beau mobilier ancien et les superbes tissus ; mais il est aussi dans les plaisirs du lac, sur lequel donnent toutes les chambres, avec la terrasse, la balade ou la plage privée.

3 appart. 225-275 € • 13 ch. 140-195 € *www.demeuredechavoire.com*

La Maison de Marc Veyrat

» 13 vieille rte des Pensières
☎ 04 50 60 24 00
04 50 60 23 63
F. mi-nov.-mi mai.

➥ **Restaurant** : 20/20 La Maison de Marc Veyrat

L'exclusif selon Marc Veyrat, c'est l'impression que le lac est posé devant l'hôtel pour vous, que le soir, en prenant l'air sur la terrasse dans l'imperceptible clapotis, le regard à peine distrait par les lumières de la ville, au loin, un ballet d'étoiles filantes va se mettre à illuminer le ciel. Car ici tout et possible, d'un raffinement extrême dans le détail - le moelleux de la literie, le confort de salles de bain suréquipées - et les petits déjeuners les plus extraordinaires de France (c'est le prix d'un repas, ailleurs, mais après ce plateau, vous ne déjeunerez sans doute pas).

2 appart. 635-695 € • 9 ch. 450-670 € *www.marcveyrat.fr*

ANNECY LE VIEUX ➤ ANNECY

ANNEMASSE - 74100 (28 B 1)

Annecy 55 - Genève 7

à LA MURAZ - 74560 : 9 km S. sur D 15

L'Angelick

D'accord, il y a quelques tics de préciosité un peu encombrants, comme le menu "Frisson" avec ses ravioles de homard et le sorbet au milieu du repas. Mais il ne faudrait pas oublier que Yannick Janin, héritier d'une tradition familiale qui a placé cette auberge modernisée parmi les premières du coin, pratique le métier avec conscience et doigté, que les produits sont superbes et les tarifs, pour un deux toques, globalement très raisonnables. L'opéra de foie gras et pain d'épices aux figues compotées est à fondre, le filet mignon de veau et ris en étages à croquer, et les desserts à emporter : dôme chocolat noir passion, nuage poire-caramel, délice de fruits rouges. Cave intéressante, autant par les tarifs des grands classiques que par les jolies trouvailles au cœur du vignoble.

M : 32-52 € *www.angelick.fr*

» Chef-Lieu
☎ 04 50 94 51 97
F. dim. à dîn., lundi, mardi, sem. 15 août. et 24-30 déc.

ANNONAY - 07100 (27 C 4)

Saint-Etienne 43 - Saint-Vallier 20

Marc et Christine ♥

Que dire de plus qu'il y a chez les Julliat, Marc et Christine, un puissant diffuseur de joie de vivre et d'amour du prochain, n'ayons pas peur des mots. Est-ce l'Ardèche qui apporte la sincérité et l'humilité du cuisinier ? Dans la joyeuse maison d'Annonay, où tous les producteurs sont à l'honneur, sur la carte et en photo, on salive d'avance et on trépigne de bonheur pendant : pour l'omble ou le brochet avec les primeurs en pot-au-feu, pour la tête de cochon aux morilles, pour le cabri fermier et jus au serpolet. Cave maligne pleine de coups de cœur, jolis desserts. Comment ne pas craquer devant le "cresson de fontaine de Jean-Michel", les "légumes de Marie-Jo" et les "fraises de Roland", préparées de cinq façons différentes ? Un modèle d'auberge, un modèle d'humanité.

C : 40 € • M : 16-39 €

» 29 av Marc-Seguin
☎ 04 75 33 46 97
F. dim. à dîn., lundi, vac. scol. fév. et 8-22 août.
Jusqu'à 21h15.

(12) Restaurant La Halle

La terrasse aux tons provençaux, sous l'olivier fait le lien entre les terroirs chers à Philippe Allègre, quand l'Ardèche frappe à la porte de la Méditerranée : brick de chèvre aux olives de Nyons, tartare de tomate fraîche aux queues d'écrevisses et tapenade, demi-pigeonneau jus réduit aux fruits rouges. Le décor patiné, les objets anciens renforcent une atmosphère intime et familiale. Et pour être franchement ardéchois, la caillette est en bonne place. Bon choix de crozes, saint-joseph et cornas.

C : 40 € • M : 14,50-42 €

» 17 pl des Cordeliers
☎ 04 75 32 04 62
F. dim. à dîn., lundi, merc. à dîn., 20 fév.-6 mars et 21 août-7 sept.
Jusqu'à 21h.

(12) La Truffole

Quel bonheur de pouvoir se plonger dans une carte des vins et se laisser dicter ses choix uniquement par ses envies, et non pas la taille de son porte-monnaie : tous les grands noms de la vallée du Rhône répondent présent ou presque et, hormis quelques flacons de grande classe (l'hermitage chevalier de Sterinberg à 65 €), les prix oscillent entre 15 et 25 €. De quoi accompagner quelques franches assiettes, terrine de volaille aux petits légumes, sauté de canard désossé aux olives noires, clafoutis à l'ardéchoise.

C : 25 € • M : 14-35 €

» 2 pl des Cordeliers
☎ 04 75 67 09 43
F. sam., dim. à dîn., lundi à dîn., 1 sem. vac. scol. Pâques, 3 sem. fin juil.-mi-août et 1 sem. Noël.
Jusqu'à 21h15.

Hôtel du Midi

Sous son allure XIXe, l'hôtel évolue par touches (3 chambres rénovées l'an dernier) pour maintenir des prestations avantageuses à ce prix.

39 ch. 23-50 € *www.hoteldumidi.fr.55/*

» 17 pl des Cordeliers
☎ 04 75 33 23 77
Fax 04 75 33 02 43
F. 1 sem. hiver.

ANNOT - 04240 (34 B 4)

Digne 68 - Grasse 93

L'Avenue

➥ **Hôtel** : L'Avenue

C'est la calme atmosphère de ce village pré-alpin qui inspire le chef dans une carte pleine de tact, de douceur, utilisant les saisons avec respect et humilité. A tel point qu'on en préfère presque son menu à 16,80 € programmé dans l'instant "selon l'excellente humeur du chef", au foie gras, dos de bar et épigramme d'agneau de la préparation supérieure. Dans les deux cas, une toque méritée, et un accueil délicieux, attentionné. Cave Provence-Rhône à petits prix.

M : 16,80-25,50 € *www.hotel-avenue.com*

» Av de la Gare
☎ 04 92 83 22 07
F. merc. à déj., vend. à déj. et fin oct-fin mars.
Jusqu'à 20h30.

L'Avenue

➥ **Restaurant** : 13/20 L'Avenue

Derrière la sympathique façade orange au cœur du village, règne une ambiance très agréable, gaie et colorée, à travers des chambres au décor provençal et des tableaux d'artistes contemporains.

11 ch. 54-61 € • 1/2 pens. 47-65 € *www.hotel-avenue.com*

» Av de la Gare
☎ 04 92 83 22 07
Fax 04 93 83 33 13
F. fin oct.-1er avril.

ANSOUIS - 84240 (33 C 4)

Apt 29 - Aix-en-Provence 13

La Closerie

DÉCOUVERTE

C'est beau, c'est nouveau, c'est GaultMillau. De ces petites adresses planquées comme on les aime, parce qu'en plein Luberon, l'addition est encore douce, la cachette secrète et la croque déjà excellente. Dans une sorte de bouchon intime à façade anonyme, on trouve un chef, et des plats, servis avec délicatesse sur des tables joliment dressées : escabèche de thon rouge mi-cuit, filet de daurade cuit sur la peau, fleur de sel et risotto "vert pré" au parmesan, sablé viennois, fraises marinées aux épices et porto. Cave rhône et luberon (Mille, Isolette, la Canorgue, Saint-Estève de néri) déjà bien constituée.

C : 45 € • M : 18-29 €

» Bd des Platanes
☎ 04 90 09 90 54
F. merc., jeudi. F. ann. non comm.
Jusqu'à 21h30.

ANTHY SUR LEMAN ➤ THONON LES BAINS

ANTIBES - 06600 (34 C 5)

Nice 20 - Cannes 10

Les Vieux Murs

Philippe Bensimon, récent propriétaire de cette ancienne cave où les pêcheurs antibois entreposaient leurs filets, a réussi un coup de maître en attirant le surdoué Thierry Grattarola dans ses cuisines il y a deux ans. Les quelques imprécisions que nous relevions l'an dernier sont toutes en voie de résolution (la musique, moins forte et plus relax, la cave, qui s'ouvre peu à peu à des références plus pointues et plus régionales) et les assiettes de cet ancien du Belles Rives toujours aussi enthousiasmantes et percutantes : superposition de crabe et ratatouille, sauce yaourt au curry, dos de cabillaud en croûte de pistaches, courgettes écrasées, pulpe de citron du pays, petit tournedos rôti, sauce tajine, potatoes aux éclats de jambon, gaspacho de melon à l'anis, sorbet framboise. La vue sur la mer, pour les tables les plus proches des toutes

» 25 Promenade Amiral-de-Grasse
☎ 04 93 34 06 73
F. lundi (sf 1er mai-31 oct.) et 13 nov.-3 déc.
Jusqu'à 23h.

nouvelles baies vitrées (qui ont avantageusement remplacé les anciennes fenêtres en bois), la petite terrasse et le tout nouveau lounge bar ont définitivement ancré cette adresse dans le troisième millénaire et parmi nos préférées sur la côte.
C : 60 € • M : 39-60 € www.lesvieuxmurs.com

Le Relais du Postillon

» 8 rue Championnet, Parc de la Poste
☎ 04 93 34 20 77
F. dim. et janv.
Jusqu'à 22h.

La tradition a souvent du bon, pour la part de sécurité et de facilité d'accès qu'elle apporte. Au cour du quartier piétonnier, cette table tranquille cultive les bons réflexes, en faisant appel à quelques produits de prestige de circonstance. C'est pourtant bien sur le registre provençal que nous le préférons, les poissons aux apprêts classiques, un bon agneau aux herbes, avec un vin de la région.
C : 35 € www.relaisdupostillon.com

(12) Oscar's

» 8 rue D-Rostam
☎ 04 93 34 90 14
F. dim., lundi, 1er-15 août et 20 déc.-5 janv.
Jusqu'à 21h30.

Du provençal tradi presque kitsch, façon traiteur, mais travaillé en conscience et avec beaucoup de professionnalisme par Oscar Iannacone. Et pour tout dire, ces "Vorspeisen", ces "main courses" (la carte est trilingue), s'ils n'existaient pas, ils faudraient les inventer tels quels, la melba de saint-jacques au velouté de poireau ou le ris de veau poêlé et risotto de lentilles. Sans oublier les spécialités de la mer (lasagnette de loup de mer, bar en croûte de sel) et les très bonnes pâtes. Cave malheureusement sans grand intérêt, hormis quelques régionaux (Saint-André de Figuière, Barbanau…)
C : 54 € • M : 25-55 €

(12) Restaurant La Jarre Frédéric Ramos

» 14 rue Saint-Esprit
☎ 04 93 34 50 12
F. merc.
Jusqu'à 22h.

Un bon compromis prix-plaisir dans une jolie cour-jardin lovée contre les remparts. Le chef multiplie les efforts, d'originalité et de générosité à travers des menus bien étudiés où l'imagination porte une dimension hautement régionale. Bonne cave également constituée par les vignerons proches.
C : 60 € • M : 32-40 € www.lajarre.com

Flamingo Casino la Siesta

» 2000 rte Bord-de-Mer
☎ 04 97 21 29 18
F. lundi et mardi.
Jusqu'à 24h.

Un restaurant branché doublé d'un lounge bar, dans le célèbre complexe casino-disco de la Siesta où tant de stars sont passées dans les années 60 (Birkin, Darc, Delon, Distel, Ventura...). En terrasse face à la mer, le tajine d'agneau de Sisteron aux citrons confits ou le carpaccio de thon mi cru mariné au citron vert font partie de la fête.
C : 42 € • M : 39 € www.flamingo-lasiesta.com

à CAP D'ANTIBES - 06160 : 6 km S. par D 2559

Bacon

» Bd de Bacon
☎ 04 93 61 50 02
F. lundi, mardi à déj. et 1er nov.-28 fév.
Jusqu'à 22h.

L'ambiance gentiment débordée et le ballet des serveurs pourraient faire penser à une brasserie parisienne, mais le panorama sur la baie ne laisse planer aucun doute, nous sommes bien chez Bacon, valeur sûre et appréciée, où l'on décline, au poids, les plus beaux poissons de la pêche locale (présentés avant cuisson, pour en apprécier la fraîcheur les yeux dans les yeux) dans un large choix d'accommodement. Une fine saveur truffée accompagne les ravioles de loup, la sauce vierge parfaite tient compagnie à un saint-pierre grillé savoureux et moelleux, et le mille-feuille de fruits rouges confirme que la maison sait réussir les desserts. La satisfaction perceptible de tous les clients de la vaste salle claire confirme que ce savoir-faire vaut bien ses deux toques.
C : 100 € • M : 49-79 € www.restaurantdebacon.com

14 Les Pêcheurs

Dans ce luxueux ensemble balnéaire de la famille Ferrante, on est fatalement moderne. Les Pêcheurs ne sont pas un restaurant, c'est un "beach resort", comme Le Cap, table annexe saisonnière un peu club est un "restaurant bar lounge". Autant de codes compréhensibles pour ceux qui arrivent de New York, Sydney ou Arkhangelsk. Autant de repères familiers dans la carte intelligemment tressée par Francis Chauveau, qui a pu reconstituer ici son équipe de la Belle Otéro de naguère. Pour produire la "fenouillade de tourteau", les "tapas de parilla marine et fraîcheur de gaspacho", du bœuf simmental, incontournable, comme les truffes d'été, girolles et penne rigate avec le quasi de veau du Limousin. Décor très réussi, service jeune, souriant, pas crispé par l'enjeu.
C : 80 € • M : 40-90 €

» Beach Resort, 10 bd Mal-Juin
☎ 04 92 93 13 30
F. mardi, merc. et janv.
Jusqu'à 22h.

Le Cap

Un lounge saisonnier pour faire la fête quasiment sur la plage avec des cocktails et des planchas pour grignoter fun.

» Beach Resort, 10 bd du Mal-Juin
☎ 04 92 93 13 30
F. sept.-juin.
Jusqu'à 23h30.

La Baie Dorée

De la baie de la Garoupe, l'hôtel fait le meilleur usage, tant par son architecture qui permet d'en apprécier largement les lumières (chaque chambre dispose de sa propre terrasse), que dans son décor sous influence, avec ses harmonies de bleu et jaune. Joli jardin fleuri, qui descend jusqu'à la plage. Au restaurant, la carte conçue par Michel Rochedy est confiée à Frédéric Delormes, influence méditerranéenne chic et terroir (terrine de crustacés et ris de veau, poitrine de pigeonneau fermier au caramel de sésame...).
1 appart. 450-600 € • 16 ch. 200-470 € • 1/2 pens. 230-370 € • M : 60-100 €
www.baiedoree.com

» 579 bd de la Garoupe
☎ 04 93 67 30 67
Fax 04 92 93 76 39
Ouv. 7j/7.

Castel Garoupe

Piscine, tennis, salle de musculation, boulodrome, climatisation dans certaines chambres, cet hôtel construit dans les années 60 dans un style provençal collectionne les bons points. Mobilier rustique dans les chambres (dont certaines ont vue sur mer et disposent d'une terrasse privée), agréable jardin peuplé de pins maritimes.
3 appart. 140-250 € • 25 ch. 90-155 € *www.castel-garoupe.com*

» 959 bd de la Garoupe
☎ 04 93 61 36 51
Fax 04 93 67 74 88
F. 3 nov.-11 mars.

ANTONNE ET TRIGONANT ➤ PERIGUEUX

ANTONY ➤ PARIS-BANLIEUE

ANTRAIGUES SUR VOLANE - 07530 (27 C 5)

Privas 40 - Valence 80

13 La Remise ♥

La maison fait sa réapparition dans nos pages, comme une évidence. Rien de nouveau à signaler pourtant chez Yves Jouanny, l'autre vedette du village avec Jean Ferrat, ex copilote en rallye et qui, depuis près de trois décennies, draine vers sa Remise tous les bons vivants. Pas de chichis en salle, le pichet de vin de la région voisine avec l'eau minérale du village d'à côté, les plats (pantagruéliques, délicieux) sont tous imposés mais quel bonheur de se laisser porter par autant de bonne humeur ! Pour à peine plus de 30 **€**, on ressort comblé, trois plats, le plateau de fromages à volonté, deux desserts

» ☎ 04 75 38 70 74
F. vend. et 18 déc.-7 janv.
Jusqu'à 21h.

(dont un sorbet fraise maison qui, dans son implacable simplicité, valait quatre toques), l'eau, le vin et un café en se demandant si l'on n'a pas rêvé. Indispensable.
M : 20-32 €

Auberge la Castagno

» Pont-de-l'Huile
☎ 04 75 88 25 01
📠 04 75 88 25 01
F. vac. scol. fév., oct. et déc.

La jolie maison en pierre sur la Volane a évolué avec l'arrivée de nouveaux propriétaires et quelques travaux de rénovation, pour une ambiance plus douillette et soignée. Cuisine de terroir au restaurant.
10 ch. 23-55 € *www.lacastagno.com*

AOSTE - 38490 (28 A 3)

La Tour-du-Pin 14 - Belley 26

13 Le Coq en Velours H

» 1800 rte de Saint-Génix
☎ 04 76 31 60 04
F. dim. à dîn., lundi, jeudi à dîn. et janv.
Jusqu'à 21h.

Symphonie pastorale et montagnarde dans cette auberge au caractère marqué, tenue de main de maître par Michel Bellet, qui perpétue un siècle de tradition familiale. Les habitudes, dès lors, sont suffisamment bien apprises pour ne pas risquer l'impair en commandant la cassolette de ris de veau aux morilles, l'omble chevalier, la quenelle de brochet et bien sûr le coq en velours. Le chignin et le bugey peuvent faire escorte, mais la cave n'est pas sectaire et vient chatouiller avec pertinence la vallée du Rhône (vins de Vienne). Chambres au confort douillet pour boucler la boucle.
C : 40 € • M : 28-56 € • 7 ch. 65-70 € *www.au-coq-en-velours.com*

APREMONT ➤ CHANTILLY

APT - 84400 (33 C 4)

Avignon 56 - Aix-en-Provence 65

16 Bernard Mathys

» Le Chêne
☎ 04 90 04 84 64
F. à déj., mardi, merc. et mi-janv.-mi-fév.
Jusqu'à 21h30.

Cadre et ambiance
Nichée en face d'un pré, un cadre délicieusement champêtre, grand parc arboré, jardins bien entretenus et petit bassin au doux clapotis. La bâtisse, aux grands murs de pierres recouverts de lierre, inspire sérénité et recueillement et le maître des lieux, élégant et cultivé, met sa marque sur cette atmosphère particulière.
Cuisine
Gastronomique régionale, avec les produits en majesté : raviole de champignons, émulsion de morilles, en finesse et puissance, des saveurs très marquées, un remarquable foie gras de canard des Landes, réduction de muscat et roquette, un cabillaud à l'unilatéral de grande fraîcheur et un succulent gratin de framboises.
Cave
Cave assez courte mais judicieuse, privilégiant la région, avec une bonne sélection de ventoux (Mille, la Canorgue), mais aussi le saint-jo de Coursodon et le crozes de Graillot.
Accueil et service
Le patron accueille, avec beaucoup de délicatesse, le service suit, précis, aimable, portant une attention soutenue à la petite assemblée, volontairement limitée pour se sentir cajolée.
C : 60 € • M : 43-85 €

13 Auberge du Luberon

Serge Peuzin, veste de cuisinier et blason de Maître-cuisinier de France, accueille ses hôtes, notables de la ville en particulier, sur le seuil d'une salle confortablement bourgeoise mais pas d'une folle gaieté. Préférez les tables proches de la baie vitrée qui ouvre sur une petite terrasse surplombant la rivière. La cuisine est résolument classique (menu Terroir, Apt et ses fruits confits…) montrant sous des jours divers le savoureux nougat de bœuf ou la charlotte d'agneau en deux cuissons qui ne tient pas toutes ses promesses, les crêpes Suzette ou le flan à l'ancienne. La cave offre un choix restreint mais judicieux en vins régionaux, le service féminin est jeune et efficace.

C : 58 € • M : 29-68 € *www.auberge-luberon-peuzin.com*

» 8 pl du Fg-du-Ballet
☎ 04 90 74 12 50
F. (h.s.) dim. à dîn., lundi, mardi à déj., (saison) lundi à déj., mardi à déj., 8 nov.-10 déc. et 23-26 déc.
Jusqu'à 21h.

12 Bistro de France

Un bistrot à l'ancienne sur un emplacement de choix et proposant en outre une terrasse à faire des envieux. Des petits plats tous simples mais parfaitement exécutés dans une délicieuse atmosphère de vacances.

C : 30 € • M : 12 €

» 67 pl de la Bouquerie
☎ 04 90 74 22 01
F. dim., lundi et jeudi (mai-fin sept.), merc. à dîn., jeudi à dîn. (oct.-mars), 1er-15 oct. et 2e quinz. mars.
Jusqu'à 21h.

Le Relais de Roquefure

Espaces généreux et aux couleurs de la Provence dans cette grande bastide typique, dont le parc dispose de nombreux sentiers de promenade.

16 ch. 58-76 € • 1/2 pens. 58-65 € *www.relaisderoquefure.com*

» Domaine de Roquefure
☎ 04 90 04 88 88
Fax 04 90 74 14 86
F. déc.-janv.

à RUSTREL - 84400 : 10 km N.E. par D 22 et D 30

12 Auberge de Rustréou

La belle salle voûtée de cette ancienne maison de ville arbore une superbe décoration faite de chaux et d'ocre provenant du Colorado provençal tout proche. La cuisine ne franchit que rarement les frontières régionales, les côtes d'agneau aux herbes de Provence, le pied paquet maison, le croustillant de pigeonneau et crème d'ail et le nougat glacé collant à merveille à ce cadre ensoleillé.

C : 30 € • M : 20-27 €

» 3 pl de la Fête
☎ 04 90 04 90 90
Ouv. 7j/7.
Jusqu'à 21h.

ARACHES LA FRASSE - 74300 (28 C 2)

Chambéry 31 - Megève 31

Les Servages d'Armelle

Un ensemble de deux fermes de 1788, patiemment rénovées dans un esprit montagne chic, au cœur d'une petite station familiale. Le style a été préservé et embelli de vieux bois et de meubles authentiques, les chambres respirent, immergent les résidents dans une douceur pastorale au luxe contemporain discret : le bois est partout, les couettes duveteuses, et le charpentier a fait un travail formidable. Un jeune chef rénove la cuisine depuis trois ans, avec un certain succès, travaillant le terroir alpin et piémontais dans un esprit d'aujourd'hui : tortellini au foie gras et morilles, féra du Léman et petits violets, vitello aux aubergines grillées, turbot plancha céleri braisé aux truffes et jus de veau, dans une vaste carte sans faille.

5 ch. 160-200 € • 1/2 pens. 60 € • C : 50 € • M : 30-70 € *www.servages.com*

» 841 rte Servages
☎ 04 50 90 01 62
Fax 04 50 90 39 41
F. non comm.

ARBOIS - 39600 (21 B 4)

Lons-le-Saunier 45 - Besançon 53

17 Jean-Paul Jeunet

» 9 rue de l'Hôtel-de-Ville
☎ 03 84 66 05 67
F. mardi, merc. (h.s), mardi à déj., merc. à déj. (juil.-mi-sept.), déc. et janv.
Jusqu'à 21h.

➥ **Hôtel** : Jean-Paul Jeunet

Cadre et ambiance

De l'élégance avant tout dans ce qui est depuis des décennies le phare gastronomique régional : chaleur et douceur des tons, des matériaux, confort feutré, poutres décapées et tables espacées.

Cuisine

Oui, la cuisine jurassienne peut être vibrionnante, légère et racée. Jean-Paul Jeunet parle aux herbes et aux plantes sauvages mariées à un poisson de lac, la tomate cœur de bœuf, truffes d'été et aspérule en ravioles de gélatine de poivrons, sur une fondue d'artichauts et " tomate shake ", est un tourbillon risqué (le vertige n'est pas loin) mais finalement enthousiasmant, et la région peut revenir en force au moment du dessert, avec une variation étonnante sur la morille.

Cave

La fine fleur de la chevalerie jurassienne est évidemment en conclave dans cette carte de vins qui donne soif, ouvrant sur toutes les régions, très riche en Bourgogne en particulier, et servie par un sommelier érudit.

Accueil et service

Service remarquablement rodé sous l'œil vigilant de Madame Jeunet et de Jean-Paul qui fait de fréquentes apparitions en salle. De l'efficacité et une aisance certaine pour présenter des intitulés de plats longs comme un affinage de vieux comté, sans donner l'impression de réciter leur leçon.

C : 95 € • M : 32-130 €   *www.jeanpauljeunet.com*

12 La Balance Mets et Vins

» 47 rue de Courcelles
☎ 03 84 37 45 00
F. dim. à dîn., mardi à dîn., merc. (sf fériés), lundi (juil.-août), 26 juin-3 juil. et 28 nov.-2 fév.
Jusqu'à 21h30.

L'idée est vraiment intéressante : permettre de découvrir, dans un décor bistrotier, un large panorama de vins du Jura en les proposant au verre ou en bouteille autour de plats malins. Un soir de bonne humeur, les plats peuvent subjuguer. A d'autres moments, le coq au vin jaune et morilles, malgré sa typicité, paraît somme toute banal. L'accueil, un peu mécanique et le manque de quelques conseils avisés sur les vins pourraient en revanche être facilement corrigés.

M : 21-55 €

 Jean-Paul Jeunet

» 9 rue de l'Hôtel-de-Ville
☎ 03 84 66 05 67
Fax 03 84 66 24 20
F. déc.-janv.

➥ **Restaurant** : 17/20 Jean-Paul Jeunet

Les chambres déclinent des ambiances contemporaines et des coloris chaleureux. En rappel régulier, vieilles pierres et plafonds poutrés rappellent le passé de l'ancien couvent, construit au XVIIe siècle. Certaines chambres bénéficient d'un jardin privatif.

2 appart. 130 € • 17 ch. 72-130 € • 1/2 pens. 135 €

www.jeanpauljeunet.com

ARBONNE ➤ BIARRITZ

ARC SUR TILLE - 21560 (20 B 3)

Dijon 14 - Mirebeau 13

Les Marronniers d'Arc R

» 16 rue de Dijon
☎ 03 80 37 09 62
Fax 03 80 37 24 94
Ouv. 7j/7.

D'un côté l'hôtel, construction moderne dans son aménagement comme son confort, avec des chambres personnalisées dans des tons gais. De l'autre le restaurant, décor clair de pierres et poutres pour une cuisine traditionnelle avec une préférence pour les produits de la mer : panaché de fruits de mer, bouillabaisse de morue aux moules.

11 ch. 45-70 € • C : 40 € • M : 19-60 €

ARCACHON - 33120 (23 C 3)

Bordeaux 69 - Mimizan 43

Le Patio

Une institution arcachonnaise qui tourne (presque) toute seule avec les habitués, les touristes, un monde de curieux et d'amateurs de saveurs simples et directes tracées par Bruno Falgueirettes, chef-patron depuis plus de vingt ans. L'arrivage, les huîtres d'Arcachon, mais aussi des plats qui ont fait le tour du bassin, le crabe farci ou la marmite terre-mer. Grand choix de desserts d'aujourd'hui (baba, crumble, moelleux chocolat...), cave bien adaptée aux lieux, tarifs encore courtois.
M : 29 €

» 10 bd de la Plage
☎ 05 56 83 02 72
F. mardi (hiver), lundi à déj., mardi à déj., merc. à déj. (15 juil.-fin août), 2e quinz. fév. et 2e quinz. nov.
Jusqu'à 21h45.

(11) Chez Yvette

Derrière l'enseigne de potes, il y a bien plus qu'une baraque de vacances. Le chef est la depuis trente ans, Laurette a succédé à Yvette, sa mère, à la même époque, et les assiettes sont aussi bien soignées depuis ce temps. sur la simplicité au bord du bassin, qui fonctionne à merveille avec les moules à la crème, la morue fraîche en aïoli et le mixed grill de lotte à l'iberico. La petite cave a de bons bordeaux en réserve et de petits prix.
C : 30 € • M : 18,50 €

» 59 bd du Gén-Leclerc
☎ 05 56 83 05 11
Ouv. 7j/7.
Jusqu'à 22h.

ARCANGUES ➤ BIARRITZ

ARCINS ➤ MARGAUX

LES ARCS - 83460 (34 B 5)

Paris 866 - Toulon 66 - Draguignan 8

Le Relais des Moines ♥

Une jolie brise venue de Sud-Ouest qui s'invite au cœur de la Provence, le vent d'autan qui chatouille le mistral. Cela provoque-t-il une tempête, un ouragan, un cataclysme ? Certes non, mais une belle nouveauté en pays viticole, une maison de pierre de taille que Chantal Sanjou et son fils Sébastien (formé notamment chez les frères Ibarboure) ont rendu à la fois sobre et accueillante. Tous les mariages sont nets, les cuissons précises, et l'on se réjouit, notamment dans le beau menu à 46 **€**, des légumes cuisinés à la truffes, fritots de salsifis et tarbais en velouté, des ris de veau de lait rôtis puis laqués pommes Darphin et oignons grelots, et du pain perdu mendiants et crème glacée aux épices, une merveille qui vous ramène en culotte courte avec délice. Atmosphère chaleureuse d'un bel esprit de famille, cave bien variée, assez intéressante pour ses bordeaux et sud-ouest. Coup de cœur, évidemment !
C : 60 € • M : 46-56 € *www.lerelaisdesmoines.fr*

» Rte de Ste Roseline
☎ 04 94 47 40 93
F. dim. à dîn., lundi (h.s.).
F. ann. non comm.

(13) Le Logis du Guetteur

➥ **Hôtel :** Le Logis du Guetteur

Dans un cadre d'une telle beauté (un château du XIe siècle partiellement ruiné), la tâche n'est pas aisée lorsqu'il s'agit de proposer une cuisine à la hauteur des lieux. Thierry Diderich y parvient avec aisance, jouant sur les cordes bien connues du terroir et du prestige, le risotto de truffes, lard séché, tuile de parmesan, le pavé de cabillaud, barigoule d'artichauts et tomates séchées et le pigeonneau rôti au thym et béatilles sur une polenta croustillante répondant à ce strict cahier des charges. Carte des vins centrée sur la région (bon choix en coteaux varois et vin de pays).
C : 60 € • M : 34-76 € *www.logisduguetteur.com*

» Pl du Château
☎ 04 94 99 51 10
F. fév.
Jusqu'à 21h45.

Le Logis du Guetteur

➥ **Restaurant** : 13/20 Le Logis du Guetteur

Chambres décorées classiquement, aménagées dans le corps principal d'un château médiéval. Piscine, solarium, jardin, véranda, large vue sur la vallée de l'Argens et le village.

3 appart. 90-130 € • 10 ch. 60-108 € *www.logisduguetteur.com*

» Pl du Château
☎ 04 94 99 51 10
Fax 04 94 99 51 29
F. fév.

ARDENAIS ➤ LE CHATELET

ARGELES GAZOST - 65400 (29 A 5)

Tarbes 34 - Lourdes 14

Le Casaou

Si la commune d'Argelès Gazost ne figure pas sur la short list des sites branchés, cet établissement familial (Marcelle et Louis Pucheu l'ont ouvert en 1963 et le fils, Pierre, est en charge des cuisines depuis 6 ans) est en passe de devenir l'une des principales attractions des environs. Rénové dans le style Art Déco de ses origines (1930), le voilà dirigé par un chef dont la cuisine n'engendre pas la mélancolie : on peut s'amuser à intervertir les garnitures des plats pour créer soi-même ses propres recettes (les lentilles cuisinées en ragoût de lardons avec le dos de saumon grillé ou les croustillants de grosse truite, la polenta de boudin noir avec les côtelettes de mouton grillées ou les banderilles de cœurs de canard gras ?), le service est tout aussi empreint de gaieté et les prix sont restés scotchés aux standards du siècle dernier.

C : 25 € • M : 18-38 € *www.hotelmiramont.com*

» 44 av des Pyrénées
☎ 05 62 97 01 26
F. dim. à dîn., merc. (sf juil.-août), F. ann. non comm.
Jusqu'à 20h30.

(11) Le Lac d'Estaing

Quel spectacle ! Vous n'en reviendrez pas, ou vous n'aurez pas envie de revenir de ce bout du monde, lac paisible dans son cirque montagneux, au bord duquel paissent quelques vaches heureuses. A quelques décamètres, une table ensoleillée par l'accueil, une terrasse qui ouvre l'appétit et donne envie de lézarder. Charcuterie, cassoulet, viandes copieuses : on s'occupe de l'assiette avec un grand enthousiasme.

C : 35 € • M : 16-40 €

» Estaing
☎ 05 62 97 06 25
F. 15 oct.-1er mai.
Jusqu'à 21h.

➲ à AGOS VIDALOS - 65400 : 5 km N. par N 21

(10) Chez Pierre d'Agos

➥ **Hôtel** : Chez Pierre d'Agos

Une auberge familiale sur la route des Pyrénées. Tables au carré, service en nombre, visiteurs presque en pèlerinage pour respirer le grand air de la montagne pointant le museau. Et avec lui des classiques maintes fois remis sur le gaz, et n'hésitant pas à traverser la France en tous sens : sole dieppoise, cuisses de grenouilles provençale, côte d'agneau au gratin de cèpes. Arrêt conseillé pour l'ambiance, évidemment authentique.

C : 36 € • M : 9,80-28 € *www.chezpierredagos.com*

» Av du Lavedan
☎ 05 62 97 05 07
F. 12-24 déc.
Jusqu'à 21h.

Chez Pierre d'Agos

➥ **Restaurant** : 10/20 Chez Pierre d'Agos

Une auberge de montagne comme on l'espère, avec ses allures de chalet et ses chambres à l'allure rustique, avec mobilier traditionnel, dans un confort soigné. Jolie vue sur la vallée.

1 appart. € • 69 ch. 38-49 € • 1/2 pens. 38-43 € *www.chezpierredagos.com*

» Av du Lavedan
☎ 05 62 97 05 07
Fax 05 62 97 50 14
F. 12-24 déc.

➲ à SAINT SAVIN - 65400 : 3 km S. par D 101

Le Viscos H

Sur la route des Pyrénées, entre Argelès-Gazost et Cauterets, l'atmosphère de village de montagne est embellie par cette maison de famille, fière et simple, qui reçoit si bien le voyageur. Dans les chambres, gaies et contemporaines, et à table avec Jean-Pierre Saint-Martin, hôte généreux et prolixe quand il s'agit de raconter le terroir à sa manière. Un conteur-né, jamais à court d'histoires, et qui sait captiver son auditoire, avec le jambon noir de Bigorre au confit d'oignons de Trébons, l'œuf à la ventrèche, le tronçon de grosse sole aux morilles ou le craquelin de pigeon au foie gras. Les menus sont bien étagés, tous attractifs, et la cave présentée par Françoise Saint-Martin, sans être immense, donne ce qu'on attend dans sa région, avec quelques bouteilles d'Espagne et du Chili.

C : 35 € • M : 22-50 € • 3 appart. 97 € • 10 ch. 47-77 € • 1/2 pens. 53-78 €

leviscos@wanadoo.fr

» 1 rue Lamarque
☎ 05 62 97 02 28
F. dim. à dîn., lundi (sf vac. scol.), 1 sem. janv. et 1 sem. déc.
Jusqu'à 20h45.

ARGELES SUR MER - 66700 (31 D 6)

Perpignan 24 - Collioure 5

Auberge du Roua H

Une oasis que ce mas catalan XVIIe si joliment aménagé. Du calme, de la relaxation, mais aussi du goût dans les chambres d'un beau design contemporain, parfaitement intégré dans la pierre. Et la cuisine de Vincent Cardoso suit le même tempo ; De l'allure, de la netteté dans les goûts, de la gaieté et du plaisir : les assiettes peuvent paraître un peu compliquées, et les prix élevés, mais cette qualité de produit et ce tournemain fournissent une explication simple : c'est bon, définitivement. Le service en rigole presque, les desserts sont bien répartis (très bonne poire aux épices avec un blanc manger) et la cave présente en rafale le gotha roussillonnais (Gauby, Laguerre, Gardiès, Bizeul, Parcé, Piquemal, Pithon) et ceux dont on parlera demain. Et ailleurs c'est assez fort (Vincent Dancer, Elian Da Ros, les frères Delorme...).

C : 66 € • M : 43-75 € • 3 appart. 109-149 € • 14 ch. 60-129 € • 1/2 pens. 41 €

www.aubergeduroua.com

» Chemin du Roua
☎ 04 68 95 85 85
F. merc., lundi (sept.-mi-juin), à déj. (sf dim. hors juil.-août) et mi-nov.-mi-fév.
Jusqu'à 21h15.

Le Cottage

Autour d'un charmant parc ombragé, l'hôtel répartit ses chambres dans une architecture aux allures méditerranéennes. Le mobilier, en bois peint ou en fer forgé, et le choix des couleurs amènent une atmosphère délicate et paisible. Equipement généreux.

4 appart. 120-260 € • 30 ch. 60-185 € *www.hotel-lecottage.com*

» 21 rue Arthur-Rimbaud
☎ 04 68 81 07 33
Fax 04 68 81 59 69
F. mi-oct.-fin déc.

ARGELLIERS ➤ ANIANE

ARGENTAN - 61200 (5 A 4)

Alençon 45 - Caen 51

Restaurant Arnaud Viel

Motivation, passion, deux carburateurs pour alimenter le travail d'Arnaud Viel, jeune chef toujours ambitieux qui connaît les envies de ses habitués. Qui ne viennent pas pour du pied de cochon salade, mais pour du homard, du foie gras, un terroir un peu maniéré avec des tours de magie gastronomique. Convaincus de la sincérité du propos, on s'abandonne à la ronde des ingrédients multiples qui peuplent les assiettes, au "rouget barbet sur une tarte sablée au parmesan à la tomate guacamole épicée et dentelle aux olives de Nyons jus de praire et basilic" et autres compositions qui, ailleurs, pourraient passer pour farfelues. L'avouera-t-on ? le menu "Petit marché", 21 €, reposant de simplicité, nous plaît beaucoup.

C : 42 € • M : 21-60 € *www.hotel-larenaissace.com*

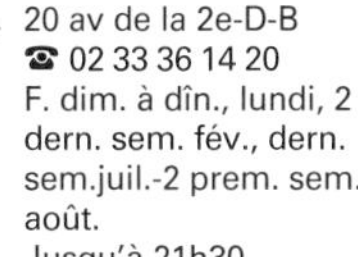

» 20 av de la 2e-D-B
☎ 02 33 36 14 20
F. dim. à dîn., lundi, 2 dern. sem. fév., dern. sem.juil.-2 prem. sem. août.
Jusqu'à 21h30.

à SILLY EN GOUFFERN - 61310 : 11 km E. par N 26 et D 729

Le Pavillon de Gouffern

Le bâtiment traditionnel à colombages XVIIIe-XIXe et le vaste parc champêtre se marient harmonieusement à un décor remarquablement actualisé, notamment dans des chambres claires et épurées. Large choix de propositions classiques au restaurant.

20 ch. 45-200 € *www.pavillondegouffern.com*

» L'Orée du Bois
☎ 02 33 36 64 26
Fax 02 33 36 53 81
Ouv. 7j/7.

ARGENTEUIL ➤ PARIS-BANLIEUE

ARGENTIERE - 74400 (28 C 2)

Annecy 76 - Genève 52

Le Carnotzet

Spécialités fromagères chez Jeanine et Christian, croûtes au fromage, fondues vigneronnes, entrecôte de bœuf charolaise, viande et fromages des Aravis, du Beaufortain. Le patron ne manque pas d'imagination, les tarifs sont un peu plus élevés qu'ailleurs, mais en toute légitimité.

» 368 rue Charlet-Straton
☎ 04 50 54 19 43
F. ann. non com.

La Crémerie du Glacier

Fondues, omelettes et croûtes au fromage : tout le monde connaît la Crèmerie et son atmosphère unique de maison forestière, en pleine nature, sur une piste de ski de fond vers le téléphérique des Grands Montets (à l'entrée du village à droite en venant de Chamonix, en hiver, garez la voiture et montez à pied). Tout y est, y compris les panneaux du Routard, et un accueil qui réchauffe le skieur.

C : 19 €

» 766 chemin de la Glacière
☎ 04 50 54 07 52
F. mardi, merc., 16 mai-30 juin et 16 sept.-14 déc.

ARGENTON SUR CREUSE - 36200 (**17** D 6)

Châteauroux 30 - Limoges 94

Manoir de Boisvillers

Au cœur de la Venise berrichonne, sur les rives de la Creuse, un manoir sorti de terre au milieu du XVIIIe siècle et reconverti en hôtellerie après-guerre. Chambres d'inspiration romantique dans le bâtiment principal, de décoration plus moderne dans l'annexe.

16 ch. 54-105 € *www.manoir-de-boisvillers.com*

» 11 rue du Moulin-de-Bord
☎ 02 54 24 13 88
Fax 02 54 24 27 83
F. janv.

à BOUESSE - 36200 : 13 km E. par D 927

Château de Bouesse R

La grosse tour ronde témoigne d'un passé qui remonte au XIIIe siècle et la décoration intérieure, usant des meubles de style avec sobriété, rend hommage à ces témoignages du passé, pierres ou vieilles poutres, pour composer une atmosphère historique et soignée. En accord avec le cadre, la cuisine privilégie les vertus classiques d'un marbré de foie gras au pain d'épices ou d'un carré d'agneau à la fleur de thym.

5 appart. 140 € • 9 ch. 85-110 € • 1/2 pens. 82-109 € • C : 50 € • M : 23-36 €

www.château-bouesse.de

» 1 rte d'Argenton
☎ 02 54 25 12 20
Fax 02 54 25 12 30
F. 1er janv.-1er mars.

 Bon confort.  Grand confort.  Luxe. Grand luxe.

    Hôtels de charme.

ARLES - 13200 (33 B 5)

Marseille 89 - Avignon 36 - Nîmes 32

13 Lou Marques

➡ **Hôtel :** Jules César

Retour justifié dans ces colonnes pour la table de l'hôtel Jules César : certes l'atmosphère reste celle que nous avions laissée, un peu guindée pour un service sans âme véritable, mais l'assiette retrouve, sur des thèmes classiques, un niveau honorable, à l'image du marbré de lapereau au vin blanc, servi avec un délicieux mesclun, et un loup grillé, certes d'élevage, mais bien cuit avec une excellente purée d'aubergine. Et puis, si vous ne savourez pas la musique classique un peu lancinante, il y a le cadre, historique, de cet ancien couvent proche des arènes.

C : 50 € • M : 22-75 € www.hotel-julescesar.fr

» 9 bd des Lices
☎ 04 90 52 52 52
F. w.-e. (fin oct.-déb. mars sf Pâques).
Jusqu'à 21h30.

12 La Charcuterie

Cette charcuterie, c'est du concret, elle ne joue pas les Arlésiennes, prenant sa source aux halles de Lyon avec de véridiques histoires de traboules : andouillette Bobosse, saucisson chaud pistaché, pieds de cochon panés, cervelle de canut et l'incontournable saint-marcellin de la mère Richard ; le tout enveloppé dans le plus authentique décor qui soit, marbre bicolore et collection de petits cochons.

C : 25 € • M : 25-38 € restaurant.la-charcuterie@wanadoo.fr

» 51 rue des Arènes
☎ 04 90 96 56 96
F. dim., lundi, 20 juil.-20 août et Noël-nouvel an.
Jusqu'à 21h30.

12 Le Jardin de Manon

Décontractée, bon enfant, cette petite table sincère nous tire par la manche avec sa cuisine spontanée et champêtre en plein centre ville, sur une belle terrasse ombragée. Quelques petites approximations, mais l'intention est bonne, avec la tartine de filets de sardines, la nage de ravioles, fenouils et écrevisses au pistou ou le râble de lapin désossé, farci au fromage de chèvre et marjolaine, rôti à la broche. Jeune service énergique, cave tiraillée positivement entre Provence et Languedoc.

C : 32 € • M : 15-42 €

» 14 av des Alyscamps
☎ 04 90 93 38 68
F. dim., merc. à dîn., 10-28 fév. et vac. scol. Toussaint.
Jusqu'à 21h45.

Grand Hôtel Nord-Pinus

Un morceau de l'histoire de la ville, dans son décor coloré comme ses affiches qui célèbrent les grands événements tauromachiques. Les atouts ne se limitent pas au passé, le confort est à la hauteur, tout comme le charme des chambres personnalisées.

7 appart. 285-450 € • 19 ch. 145-285 € www.nord-pinus.com

» Pl du Forum

☎ 04 90 93 44 44
📠 04 90 93 34 00
Ouv. 7j/7.

Jules César

➡ **Restaurant :** 13/20 Lou Marques

Séjourner à Arles dans un cadre historique et luxueux, voilà une proposition alléchante, concrétisée ici dans un ancien couvent XVIIe, dont les vieilles pierres superbes viennent en rappel ponctuel enjoliver un cadre remarquable. Chambres élégantes, sobre mobilier de style et couleurs harmonieuses dans un espace généreux. Trois jardins aux charmes complémentaires.

5 appart. 310-395 € • 45 ch. 165-250 € www.hotel-julescesar.fr

» 9 bd des Lices
☎ 04 90 52 52 52
📠 04 90 52 52 53
Ouv. 7j/7.

Arlatan

Un magnifique décor historique, avec une architecture XVe superbement servie par une décoration sobre et élégante, meubles de style et tissus de grandes maisons, qui met en avant les pierres apparentes ou les plafonds peints. Les traces du passé (jusqu'à des vestiges romains) sont présentes partout et donnent une âme à cette maison.

7 appart. 173-243 € • 41 ch. 85-153 € www.hotel-arlatan.fr

» 26 rue du Sauvage
☎ 04 90 93 56 66
📠 04 90 49 68 45
F. 6 janv-5 fév.

L'Hôtel Particulier

» 4 rue de la Monnaie
☎ 04 90 52 51 40
04 90 96 16 70
Ouv. 7j/7.

Le nom est un joli clin d'œil entre l'architecture de ce bâtiment XVIIIe et l'atmosphère effectivement particulière qui y règne, dans un esprit maison d'hôtes, sobre et luxueuse, douceur des tons, mobilier de style et de nombreuses attentions délicates, dans la décoration comme le confort.
4 appart. 239-279 € • 8 ch. 189-209 €
www.hotel-particulier.com

Le Cloître

» 16 rue du Cloître
☎ 04 90 96 29 50
04 90 96 02 88
F. 31 oct.-20 mars.

A proximité du Cloître Saint Trophime, dont il occupe d'ailleurs les murs de l'ancienne Prévôté, cet établissement aux pièces garnies de pierres et poutres apparentes arbore une délicieuse décoration d'inspiration provençale imaginée par les propriétaires.
30 ch. 45-60 €
www.hotelcloitre.com

Hôtel de l'Amphithéâtre

» 5-7 rue Diderot
☎ 04 90 96 10 30
04 90 93 98 69
Ouv. 7j/7.

Le mobilier élégant et les tons chaleureux se marient à merveille avec la remarquable architecture XVIIe pour composer un ensemble harmonieux. Remarquable suite Belvédère qui ouvre ses fenêtres sur la ville.
3 appart. 95-109 € • 25 ch. 41-83 €
www.hotelamphitheatre.fr

au SAMBUC - 13200 : 24 km S.E. par N 113 et D 570

La Chassagnette

» Rte du Sambuc
☎ 04 90 97 26 96
F. mardi et merc.
Jusqu'à 21h15.

Cadre et ambiance
La Camargue, en toute simplicité. C'est un mas ouvert sur la nature, d'une sobriété et d'un goût total, dans une vision d'harmonie, aux matériaux de qualité, éléments issus d'un tri sélectif à l'endroit : on ne garde que le meilleur dans ce cadre bio sauvage et rassérénant. L'ambiance s'en ressent ; chacun devient zen, en phase avec l'extérieur, souriant, serein.

Cuisine
Certains habitués reprochent un manque de renouvellement à la carte de Jean-Luc Rabanel. Ceux qui traversent la France pour trouver un endroit aussi exceptionnel pensent évidemment différemment. Les tapas camarguaises, la viande à l'âtre, des poissons sublimes (quelle netteté dans la cuisson), les mille attentions de bon goût sont des bonheurs sans mélange, en particulier les légumes et les herbes issus d'un potager aux 170 espèces différentes, dont 40 de tomates. On est ici dans la vérité du produit, du respect absolu de ses vertus premières, et dans un endroit unique en France. Pourquoi changer ?

Cave
Il y a tout ce qu'il faut, les vins du coin (des Baux, des Côtes de Provence ou d'Aix) choisis avec un goût sûr. Et du bio, bien sûr, La Canorgue en particulier. Pas très bon marché dans l'ensemble, comme s'il ne fallait pas oublier qu'on est désormais dans un trois toques.

Accueil et service
Il est discret et présent, comme des amis prévenants. Tout semble prêt pour un moment de grâce, les légumes sont sortis de terre à votre arrivée, l'agneau attendait de tourner sur la broche. Chaque membre de l'équipe semble solidaire dans ce phalanstère potager.
M : 37-60 €
www.cuisinetc.com

Le Mas de Peint 

» ☎ 04 90 97 20 62
04 90 97 22 20
F. 9 janv.-19 mars et 20 nov.-17 déc.

A la fois parfaitement luxueux et merveilleusement camarguais, ce mas XVIIIe séduit à tout niveau, dans le détail d'une décoration amoureusement soignée (meubles peints, draps brodés) dans de vastes chambres, le charme d'un accueil chaleureux et les plaisirs d'un vaste domaine (500 ha) et des activités qu'il

propose (balades, visite de la manade, etc.). Et parce qu'on n'a pas envie de laisser un tel bonheur, on apprécie d'autant plus la qualité d'une table parfaitement dans le ton des valeurs de la maison, à la fois centrée sur le produit et raffinée dans son traitement : queues de langoustines grillées velouté en cappuccino, taureau (de la propriété) légumes de saison mijotés, tartelette citron et agrumes chips d'orange.
3 appart. 335-381 € • 8 ch. 205-265 € • 1/2 pens. 59 € • M : 37-49 €
www.masdepeint.com

à VILLENEUVE - 13200 : 15 km S. par D 570 et D 36

Chez Bob

Hameau du Petit-Antonelle
☎ 04 90 97 00 29
F. lundi, mardi.
Jusqu'à 21h30.

A l'écart de la route, tout près de l'étang de Vaccarès, ne pas manquer la petite pancarte et le petit chemin qui mènent à cette délicieuse cabane où l'on partage une côte de toro grillée à la cheminée, un quasi d'agneau de Provence rôti ou des escargots en brochette.
M : 39 €

Telline

Quartier Villeneuve
☎ 04 90 97 01 75
F. mardi, merc. et jeudi à déj.
Jusqu'à 21h.

Près de l'étang de Vaccarès, on s'installe autour de la cheminée, d'où partent d'ailleurs la majorité des préparations : de très beaux poissons grillés, des tellines bien sûr, des anguilles grillées, des côtes de bœuf, dans un esprit simple et direct.
C : 30 €

ARNAGE ➤ LE MANS

ARNAY LE DUC - 21230 (20 A 4)

Dijon 52 - Beaune 36

13 Chez Camille

1 pl Edouard-Herriot
☎ 03 80 90 01 38
Ouv. 7j/7.
Jusqu'à 22h.

➥ **Hôtel :** Chez Camille
Sur le boulevard, la maison trône solide comme le roc, avec une équipe soudée pour faire face à tous les appétits avec constance et la certitude que l'intendance suivra. Alors la Bourgogne peut s'exprimer, de préférence dans le cadre de la salle sous verrière aménagée dans la cour intérieure, autour d'un répertoire classique, mais jamais endormi, et de réalisations nettes, dans leurs présentations comme dans leurs saveurs puisés aux meilleures sources locales.
C : 51 € • M : 20-84 € *www.chez-camille.fr*

Chez Camille

1 pl Edouard-Herriot
☎ 03 80 90 01 38
03 80 90 04 64
Ouv. 7j/7.

➥ **Restaurant** : 13/20 Chez Camille
La chaleureuse décoration à l'ancienne, mobilier bourgeois et élégants tissus fleuris, se marie fort bien à l'architecture ancienne et aux poutres apparentes de cette maison du XVIe siècle. Le parquet et les tomettes qui ont remplacé la moquette dans les chambres en renforcent le cachet ancien avec bonheur.
2 appart. 79 € • 12 ch. 79 € • 1/2 pens. 158 € *www.chez-camille.fr*

ARPAJON - 91180 (7 B 3)

Paris 34 - Evry 19 - Corbeil 20

13 Le Saint-Clément

16 av Hoche
☎ 01 64 90 21 01
F. sam. à déj., dim. à dîn., lundi, 1 sem. fév. et 3 sem. août.
Jusqu'à 21h45.

Ah ! ce menu Saint-Victoire, comment il vous repeint l'Esssonne aux couleurs de Cézanne. Jean-Michel Delrieu est aussi un artiste, du bon vivre, du savoir goûter. Les produits sont à maturité, le navarin d'agneau de lait ou le bar de ligne avec un riz noir et un jus émulsionné de bouillabaisse donnent le bon ton, et quelques classiques - le saumon pommes tapées et béarnaise en réduction, le bon foie gras - dévoilent aussi le savoir-faire. Seul bémol, la cave est un peu mince, en dehors des bordeaux qui ne sont pas si appropriés sur cette cuisine de soleil.
C : 69 € • M : 35-55 € *www.lesaintclement.com*

[10] Auberge de la Montagne

» 2 av de la Division-Leclerc
☎ 01 64 90 01 07
F. mardi et merc. à dîn., et sam. à déj.
Jusqu'à 21h30.
⛱ 🐕

Des accents savoyards (tartiflette, reblochonnade, fondue…) dans un décor du même sapin. Les allergiques au répertoire montagnard se rabattent sur le homard à l'avocat ou le rognon à la moutarde, dans un menu presque immuable.
C : 30 € • M : 14,75-25,95 € *www.auberge-de-la-montagne.com*

LES ARQUES - 46250 (29 D 2)

Cahors 27 - Villeneuve-sur-Lot 59 - Gourdon 27

[13] La Récréation

» Le Bourg
☎ 05 65 22 88 08
F. merc., jeudi, janv., mars et 15 nov.-15 déc.
Jusqu'à 21h.
⛱ 🐕

Jacques Ratier a su apprendre l'école buissonnière à ses ouailles. Dans l'ancienne école du village, il dresse sa terrasse sur les deux grands préaux et enseigne la géographie des produits, l'océan des ravioles de homard, la mer des brochettes de saint-jacques au bacon, les champs quercinois pour le suprême de caille au foie gras. A ces bonnes nouvelles, même les plus turbulents s'appliquent à bien assimiler la leçon. Les vins de cahors sont au tableau d'honneur.
M : 17-28 €

ARQUES LA BATAILLE ➤ DIEPPE

ARRADON ➤ VANNES

ARRAS - 62000 (1 D 4)

Lille 54 - Amiens 67

[13] Le Clusius

» 3-5 pl de la Croix-Rouge
☎ 03 21 71 34 01
Ouv. 7j/7.
Jusqu'à 21h30.
🚗 ♿ 🐕

➡ **Hôtel :** 🏨 L'Univers

Un restaurant d'hôtel encourt toujours le risque de la léthargie, comptant sur les chambres et leur marché captif pour faire tourner la popote. L'Univers a une vision plus large, et a su prendre une place, qui vaut aujourd'hui une belle toque, avec un chef expérimenté qui mixe avec adresse le terroir, la tradition, la mode : petits gris de Radighem en cromesquis d'ail du pays et chorizo confit, blanc de turbot jus de matelote au vin rouge en marinière de coques, paume de ris de veau à la réglisse et mousseline de petits pois au jambon séché. Service strict et précis, sympathiques desserts (très bonnes gaufres) et cave en développement, encore très négoce.
C : 35 € • M : 21-49 € *www.hotel-univers-arras.com*

[11] La Coupole d'Arras

» 26 bd de Strasbourg
☎ 03 21 71 88 44
F. sam. à déj.
Jusqu'à 22h.
♿ ❄ 🐕

Une vraie brasserie de toujours, qu'on adopte du premier coup d'œil dans son style Belle Epoque et son ambiance pur jus. Autour de l'andouillette d'Arras grillée, la choucroute de poissons et le rognon de veau Robert. Direct, équitable, plutôt soigné, jusque dans les pichets.
C : 38 € • M : 24-29 €

[?] La Faisanderie

» 45 Grande-Place
☎ 03 21 48 20 76
F. dim. à dîn., lundi, mardi à déj., 1re sem. janv., 1 sem. vac. scol. fév. et 3 sem. déb. août.
Jusqu'à 21h.
❄ 🐕

Une nouvelle équipe se met en place dans le plus beau restaurant de la ville, sur la plus belle place flamande du pays. C'est donc un événement que nous suivrons avec attention dans les prochains mois. La note est logiquement suspendue jusqu'à la prochaine édition, en attendant que M et Mme Duburquoy, les nouveaux propriétaires depuis septembre 2005, aient bien cadré leur offre et leur carte.
C : 70 € • M : 27-68 € *www.lafaisanderie-arras.com*

L'Univers

» 3-5 pl de la Croix-Rouge
☎ 03 21 71 34 01
Fax 03 21 71 41 42
Ouv. 7j/7.

➜ **Restaurant** : 13/20 Le Clusius

À deux pas des deux splendides places classées au Patrimoine Mondial de l'Unesco, cet ancien monastère jésuite marie vieilles pierres et équipements modernes dans de chambres spacieuses et confortables.

38 ch. 77-132 € *www.hotel-univers-arras.com*

ARREAU - 65240 (29 B 6)

Tarbes 59 - Bagnères-de-luchon 33

Hôtel d'Angleterre

» Rte de Luchon
☎ 05 62 98 63 30
Fax 05 62 98 69 66
F. oct.-avril.

L'ancien relais de poste XIXe, installé dans ce charmant village pyrénéen, a gardé quelques touches anciennes, mais les chambres, personnalisées dans le traitement du décor et des couleurs, adoptent un style moderne.

20 ch. 52-99 € • 1/2 pens. 53-85 € *www.hotel-angleterre-arreau.com*

➲ à AULON - 65440 : 11 km S.O. par D 929 et D 30

(11) Les Aryelets

» Pl du village
☎ 05 62 39 95 59
F. dim. à dîn., lundi, mardi (sf vac. scol.), dim. à dîn. (vac. scol. hiver), lundi à déj. (été), 2 sem. juin et 13 nov.-16 déc.
Jusqu'à 21h.

Dans un environnement naturel, à 1200 m d'altitude, Philippe Raffié pourrait tourner le limonaire et jouer la Symphonie Pastorale, produits bio et saucisson. Si, effectivement, le canard, l'agneau et le porc noir sont premiers de la classe, c'est dans le soin apporté aux apprêts, une sauce cumin lentilles ici, une touche orientale là, qu'il se démarque avec bonheur d'un terroir qui n'est pas mis au rancart. Petite cave de vignerons, de bon rapport.

C : 22 € • M : 18,50-31 € *www.auberge-les-aryelets.pas.nu*

ARROMANCHES LES BAINS - 14117 (5 C 3)

Caen 28 - Bayeux 11

➲ à TRACY SUR MER - 14117 : 3 km S.O. par D 514

Victoria Hotel

» 24 chemin de l'Eglise
☎ 02 31 22 35 37
Fax 02 31 22 93 38
F. 1er oct.-31 mars.

Les lignes sobres de l'architecture XIXe se marient bien avec les pierres de taille pour donner un ensemble élégant. A l'intérieur, meubles anciens (armoires normandes notamment) pour un décor stylé.

13 ch. 88-120 € *www.hotelvictoria-arromanches.com*

ARS EN RE ➤ RE (ILE DE)

ARTZENHEIM - 68320 (10 C 4)

Colmar 17 - Mulhouse 54

(14) Auberge d'Artzenheim

» 30 rue du Sponeck
☎ 03 89 71 60 51
F. lundi, mardi et 15 fév.-15 mars.
Jusqu'à 21h.

Le jeune chef auquel Agnès Husser-Schmitt a confié le piano n'est pas un batteur de grosse caisse. Formé autant chez Westermann que chez Haeberlin, Julien Binz a acquis autant de précision que de délicatesse, en gardant sa personnalité et son tournemain. La carte est élégante, les intitulés précis, sans forfanterie ni sophistication abusive. On se retrouve d'accord avec cette musique qui a tout l'air classique par un interprète de trente-deux ans : saint-jacques grillées façon carbonara, dos de cabillaud en croûte de lard émulsion de lentilles, filet d'agneau et boulgour aux agrumes. Les desserts, au rythme standard, sont également très toniques, la cave est pleine de ressources à tous égards.

C : 47,50 € *aubergeartzenheim@wanadoo.fr*

ARUDY - 64260 (23 D 6)

Pau 26 - Lourdes 43 - Oloron 20

➲ à BIELLE - 64260 : 7 km S. par D 934 et D 287

[12] L'Ayguelade

La petite salle rustique joliment rénovée est une récompense pour les cyclistes venus se frotter aux cols légendaires du Tour de France (Aubisque, Marie-Blanque). C'est aussi l'occasion pour les voyageurs de toute locomotion de fréquenter une sérieuse cuisine régionale qui démarre à la garbure, se met en danseuse sur le merlu vapeur, le carré de broutard aux herbes ou la cuisse de canard gras aux poivrons confits, et passe au sommet avec le gâteau basque ou la mousse glacée au jurançon. Le maillot jaune est pour Francis Lartigau, qui a le bon goût de placer dans ses bidons, du pacherenc, du madiran ou du béarn à petit braquet.

C : 35 € • M : 14-40 € *www.ayguelade.com*

» ☎ 05 59 82 60 06
F. mardi, merc. (h.s.) et janv.
⛱ 🚗 ♿ ❄ 🐕

ARZON ➤ PORT NAVALO

ASNIERES SUR SEINE ➤ PARIS-BANLIEUE

ASTAFFORT - 47220 (24 B 4)

Agen 19 - Condom 32 - Lectoure 20

[15] Une Auberge en Gascogne

Quand on a passé un tel moment sur cette terrasse que chaque gourmand est en droit de guigner à nouveau lorsqu'il y est venu une fois, on n'a plus envie de chicaner sur des détails, de plaisanter Fabrice Biasiolo sur la mode du déstructuré (il fait le coup en amuse bouche, sur du jambon et melon). Parce que, comme d'autres jeunes chefs d'aujourd'hui (au hasard Nilsson, Dufau, Tormanen…), sa lecture de la restauration moderne est tellement juste, et du coup fait tellement vieillir celle qui, chic et toc, s'empêtre dans ses discours rassis, que l'on devient d'accord avec tout ce qui se passe. Et enthousiaste devant le tartare de bœuf, araignée, salicornes et câpres espagnoles ou un carré d'agneau vraiment grandiose, avec la pointe d'un jus de viande et l'acidité discrète d'une tomate confite. Et reconnaissant, pour tous les apprentis sorciers qui pensent épater en empilant, qu'un jeune cuisinier rappelle qu'un grand plat se compose de deux ingrédients, trois au maximum, comme le démontre d'une façon éclatante le carpaccio d'abricot. La cave ? Tenez, prenez donc la Provence, où ne figurent que quatre noms : Roquefort, Deux Sœurs, Pibarnon, Simone. Et toc !

C : 55 € • M : 23-70 € *www.une-auberge-en-gascogne.com*

» 9 fg Corne
☎ 05 53 67 10 27
F. dim. à dîn., merc., jeudi, vend. à déj. (1er janv.-31 mars), dim. à dîn., merc., jeudi à déj. (1er avril-15 juin), merc. à déj., jeudi à déj. (15 juin-15 sept.), dim. à dîn., merc., jeudi à déj.
Jusqu'à 21h45.
⛱ 🚗 ♿ ❄ 🐕
🚬

[15] Restaurant Michel Latrille

➥ **Hôtel :** 🏨 Le Square

Cachée derrière ses murs roses, la terrasse où nous accueille avec un grand sourire Sylvie Latrille prend des allures de paradis caché. L'atmosphère est sereine et le service, aussi parfaitement efficace face à l'affluence que souriant et décontracté face à chaque client, permet de profiter avec plaisir du travail de Michel Latrille, exactement ce qu'on attend dans ce contexte : une cuisine franche et sobre, qui mise sur la qualité du produit pour séduire et y parvient sans peine, sur l'escalope de foie gras, le saint-pierre coulis de poivron, comme les fraises au mascarpone. Carte des vins actuelle et changeante.

C : 63 € • M : 23-56 € *www.latrille.com*

» 5-7 pl de la Craste
☎ 05 53 47 20 40
F. dim. à dîn., lundi, mardi à déj., 1 sem. mai et 3 sem. nov.
Jusqu'à 21h30.
⛱ 🚗 ♿ ❄ 🐕

Le Square

Restaurant : 15/20 Restaurant Michel Latrille

u gré des recoins et des chambres, les couleurs changent et se répondent, éant une atmosphère chaleureuse et sympathique. L'accueil renforce cette élicieuse impression pour en faire un endroit très agréable à vivre.

4 ch. 52-120 € *www.latrille.com*

» 5-7 pl de la Craste
☎ 05 53 47 20 40
05 53 47 10 38
F. 3 sem. nov. et 1 sem. mai.

ATTIGNAT - 01340 (27 D 1)

Mâcon 34 - Bourg-en-Bresse 12

12 Dominique Marcepoil H

'aleureux à défaut d'être moderne, le Logis de France de Dominique Marcepoil rône fièrement sur la route qui relie Tournus à Bourg en Bresse. Au cœur de ette région traditionnellement conservatrice, ce chef chevronné balaie l'essentiel lu terroir au gré d'une carte sagement tarifée : escargots de bourgogne et erfeuil en cocktail, marbré de légumes en fine gelée et vinaigrette à la coriandre, ratin de langouste et écrevisses au colombo, poulet de Bresse simplement rôti, oufflé glacé rhum raisins. Chambres vastes et fonctionnelles agrémentées de neubles cérusés.

M : 20-62 € • 9 ch. 48-65 € • 1/2 pens. 66-123 €

www.dominiquemarcepoil.com

» 481 Grande-Rue
☎ 04 74 30 92 24
F. dim., lundi à déj. (sf réserv. groupes), 2 sem. fév. et 2 sem. oct.
Jusqu'à 21h.

ATTIGNAT ONCIN ➤ AIGUEBELETTE LE LAC

AUBAGNE - 13400 (33 D 6)

Marseille 20 - Aix-en-Provence 36

Hostellerie de la Source

La Provence s'interprète ici dans les couleurs qui habillent les chambres contemporaines, dans l'architecture XVIIe de la même, dans les essences du jardin paysager et même… dans l'eau de source qui alimente la piscine.

26 ch. 63-168 € *www.hdelasource.com*

» Saint-Pierre-les-Aubagne
☎ 04 42 04 09 19
04 42 04 58 72
Ouv. 7j/7.

AUBENAS - 07200 (27 C 5)

Privas 29 - Montélimar 42

12 Le Fournil

Dans une maison bourgeoise XVe, meubles et tableaux d'époque, bibelots choisis, on ne va pas commander un sashimi. Cela tombe bien, le genre qu'on aime ici, c'est plutôt la cassolette de queues d'écrevisses aux morilles ou la charlotte d'agneau au coulis de poivron. Pour faire plus simple, allez directement sur la copieuse salade lyonnaise, le pavé de bœuf et la terrine de châtaignes.

C : 25 € • M : 18-40 €

» 34 rue du 4-Septembre
☎ 04 75 93 58 68
F. dim., lundi, vac. scol. fév., 25 juin-11 juil., vac. scol. Toussaint et vac. scol. Noël.
Jusqu'à 21h.

AUBIGNOSC ➤ CHATEAU ARNOUX

AUCH - 32000 (29 C 4)

Toulouse 76 - Agen 72

13 Le Jardin des Saveurs

➥ **Hôtel** : Hôtel de France

Sans aller jusqu'à refaire l'historique complet de cette vénérable maison, rappelons que c'est en ces lieux que la famille Daguin porta la gastronomie gasconne au plus haut. Roland Garreau, MOF lui-même, perpétue avec application ce prestigieux héritage, sans viser les mêmes honneurs gastronomiques (les temps ne sont plus les mêmes) mais en travaillant avec sérieux :

» Pl de la Libération
☎ 05 62 61 71 71
F. dim. à dîn.
Jusqu'à 21h30.

langoustines parfumées à la truffe en feuilles croustillantes, tronçon de turbot rôti aux pommes de terre, pleurotes sautés, pruneaux parfumés aux épices douces et glace à la vanille gousse. Cave forte dans sa région, jusqu'au bordelais.
C : 48€ • M : 25-49€ *roland.garreau@wanadoo.fr*

13 Restaurant Au Café Gascon

» 5 rue Lamartine
☎ 05 62 61 88 08
F. dim., fériés et août.
Jusqu'à 23h.

Une cuisine régionale à tout petit prix dans une ambiance de café d'amis. Georges Nosella bâtit sa carte au jour le jour, en fonction de ses frigos et de son marché, y associant fréquemment herbes fraîches et fruits de cueillette. S'il doit proposer un feuilleté, il le fera lui même, comme pour les glaces, les sorbets, les fumaisons et les pâtes, produits dans son restaurant. Une Gascogne sincère, généreuse et joyeuse.
C : 23€ • M : 14€ *www.monsite.wanadoo.fr/cafegascon*

 Hôtel de France

» Pl de la Libération
☎ 05 62 61 71 84
Fax 05 62 61 71 81
F. dim. (sf juil.-août).

➥ **Restaurant** : 13/20 Le Jardin des Saveurs
Agrandie d'un étage par André Daguin après guerre, cette imposante bâtisse fait partie de l'histoire de la ville. Fière, bourgeoise, historique, elle offre des chambres de très bon confort, personnalisées et richement meublées.
2 appart. 65-129€ • 27 ch. 65-129€ *roland.garreau@wanadoo.fr*

AUDRESSEIN - 09800 (29 C 6)

Saint-Girons 12 - Castillon-en-Couserans 3

15 Auberge d'Audressein

» Le Village, BP 07
☎ 05 61 96 11 80
F. dim. à dîn., lundi (sf mai-sept.) et janv.
Jusqu'à 22h.

Vous ne passerez peut-être pas en vélo, comme les coureurs du Tour de France vers le Portet d'Aspet, mais si par hasard une fringale insidieuse devait s'installer, empoignez votre téléphone dare-dare. La terrasse-véranda sur le Lez où rigolent les truites est très demandée en saison, et Yves Atelin ne sait plus parfois comment approvisionner le peloton en homard rôti, acidulé par la roquette et herbes du "jardin de Suzanne", en filets de rougets de roche au caviar sevruga ou en gigotin de pigeon en pâte. Au risque de nous montrer un peu snobs, nous continuons à préférer ici ce qui est authentique, sans truffe et sans risotto de morilles au coulis de homard : le confit de canard, les paupiettes de lotte fumée et crème de choux, le tournedos de bœuf aux girolles. Bref ce prestige sans doute nécessaire nous paraît un peu superflu pour défendre une certaine idée de la cuisine d'aujourd'hui. Cave de grands crus, renforcée en Languedoc et Sud-Ouest, excellent accueil.
C : 50€ • M : 18-85€ *www.auberge-audressein.com*

AUDRESSELLES ➤ BOULOGNE SUR MER

AUDRIEU - 14250 (5 C 3)

Caen 25 - Cabourg 46

 Château d'Audrieu 

» ☎ 02 31 80 21 52
Fax 02 31 80 24 73
F. 18 déc.-4 fév.

Dignement installé au bout de son allée de graviers, le château est un modèle d'architecture classique XVIIIe. La plupart des chambres respectent cette influence, avec mobilier d'époque et détails raffinés. Détente dans le vaste parc (40 ha), avec jardin paysager. Au restaurant, tarifs et produits affichent des ambitions, la manière suit (bar en réduction de vin rouge, côte de veau polenta aux agrumes), avec un service de grande qualité.
4 appart. 320-440€ • 25 ch. 120-410€ • 1/2 pens. 135-282€ • C : 70€ •
M : 50-90€ *www.chateauaudrieu.com*

AULNAY SOUS BOIS ➤ PARIS-BANLIEUE

AULON ➤ ARREAU

AULUS LES BAINS - 09140 (29 D 6)

Saint-Girons 33 - Tarascon-sur-Ariège 46

1 Hostellerie de la Terrasse

n pigeonneau au lard, un tournedos aux cèpes, un confit aux haricots blancs pied de porc ? La Terrasse face à la montagne propose de remonter la pente vec quelques conseils revigorants. Le chef, pas maladroit, fait aussi un foie gras ès honorable.

: 48 € • M : 19-38 €

» ☎ 05 61 96 00 98
F. nov.-mai.
Jusqu'à 21h.

➲ à USTOU - 09140 : 12 km N.O. par D 8

10 Auberge des Ormeaux H

n vallée d'Alet, les vents des Pyrénées comme de la Méditerranée se mêlent ans le terroir : cuisses de grenouilles à la provençale, côtes d'agneau de pays u miel et au thym, mountjetade. les desserts changent tous les jours, mais accueil reste toujours souriant dans cette auberge de retour à la nature, hambres douillettes et cheminée pour l'hiver.

 ch. 44 € *www.ariege.com/aubergedesormeaux*

» Le Trein
☎ 05 61 96 53 22
F. mardi, merc., Pâques et vac. scol. Toussaint.
Jusqu'à 20h30.

AUMONT AUBRAC - 48130 (31 D 1)

Mende 50 - Saint-Flour 49

14 Hôtel-Restaurant Prouhèze H

Pierre Roudgé, ancien chef chez Vanel à Toulouse ou de la Brasserie du Stade à Blagnac, a sans doute voulu se faire un gros plaisir en approchant de l'âge de la retraite. Eloignée de tout, baignée d'une atmosphère furieusement austère et nichée dans un cadre de grande nature, la petite cité d'Aumont Aubrac a été secouée l'an dernier lorsque Guy Prouhèze a cédé la maison familiale pour s'installer à Montpellier. Le principal exploit de Pierre Roudgé est d'avoir réussi à faire perdurer l'esprit Prouhèze dans cette maison plus que centenaire. Nous maintenons donc la toque de l'an dernier, pour les œufs coque aux palourdes grises, le bar de ligne rôti au caramel de citron, le pigeonneau en bécasse et le pied de cochon farci, rôti et gratiné, marmelade d'oignons, des assiettes bourrées de générosité et de bonne humeur. Chambres classiques pour profiter du calme du village et pouvoir faire halte le lendemain midi au restaurant annexe, le Compostelle.

C : 70 € • M : 33-58 € • 25 ch. 50-90 € • 1/2 pens. 75-100 €

www.prouheze.com

» 2 rte du Languedoc
☎ 04 66 42 80 07
F. mardi (sf à déj. juil.-août), merc. à déj., 15-31 janv. et nov.
Jusqu'à 21h.

13 Chez Camillou

➥ **Hôtel :** Chez Camillou

Si Cyril Attrazic semble avoir encore un peu de mal à se débarrasser de certains plats plutôt encombrants (pourquoi diable s'embarrasser d'un sabayon au champagne et asperges vertes en pleine Lozère ?), sa carte évolue dans le bon sens, se modernisant et se recentrant petit à petit sur ses forces les plus vives : le parfait aligot répond toujours à l'appel et les envolées plus ambitieuses (saint jacques juste cuites et jus de viande à l'huile de noisette sur une royale de potimarron ou le désormais classique maison, le filet de rouget snacké, cannellonis de chou vert au nori et jus de viande iodé) propulsent plus que jamais cette belle maison dans son siècle.

C : 55 € • M : 17-60 €

» 10 rte du Languedoc
☎ 04 66 42 86 14
F. dim. à dîn., lundi, mi-nov.-mi-déc. et mi-janv.-mi-fév.
Jusqu'à 21h.

🏨 Chez Camillou

» 10 rte du Languedoc
☎ 04 66 42 80 22
📠 04 66 42 93 70
F. 1er janv.-31 mars et 1er-31 déc.
🚗 🏊 🐕

➥ **Restaurant** : 13/20 Chez Camillou

Au-delà des qualités de la table, l'étape s'apprécie aussi pour ses chambres rustiques et soignées, son atmosphère paisible de vacances et ses équipements de détente.

39 ch. 46,50-63,50 € • 1/2 pens. 51,50-63,50 € *www.hotel-camillou.com*

AURAY - 56400 (14 A 5)

Vannes 21 - Lorient 38

[15] La Closerie de Kerdrain

» 20 rue Louis-Billet
☎ 02 97 56 61 27
F. dim. à dîn., lundi (h.s.), lundi (juil.-août). F. ann. non comm.
Jusqu'à 21h30.
🚗 🐕 🚬

La même délicatesse, la même impression de bien-être, une fois dans cette maison d'hôtes et d'amis, un manoir XVIIe secret et distingué : chaque année, l'accueil des Corfmat a la même sincérité. Un peu de solennité, c'est vrai, une ambiance surannée - on est plus chez les Lequesnoy que chez les Groseille, mais va-t-on s'en plaindre - entoure cette cuisine "bo-breizh", bourgeoise bretonne, beaux poissons et crustacés accommodés avec tact (un superbe bar saisi au sel de céleri et anis vert, un homard rôti dans sa coque au beurre fermier) et apprêts en évolution, dans un raffinement constant (boulgour aux fruits secs et kari gosse avec la poitrine de pigeon contisée au poivre). Très forte cave classique, aux grands crus bordelais et bourguignons en nombreux millésimes.

C : 66 € • M : 35-90 €

[12] La Table des Marées

» 16 rue du Jeu de Paume
☎ 02 97 56 63 60
F. sam. à déj., dim., lundi et nov.
Jusqu'à 21h30.
🐕

La réflexion est productive pour Philippe Bogaty : celle qui a conduit ce cuisinier autodidacte à rédiger une courte carte, qui concilie simplicité et attractivité, rythmée par de bons menus qui battent le rappel régional ou prennent le large : dos de lieu jaune émulsion de cidre Guillevic, tournedos de lotte et joue de bœuf confite, tartare de thon au combava. Réflexion encore à la cave, qui montre une jolie sélection classée en trois prix, 18, 25 et 36 **€** et commentée afin que nul n'en ignore. L'ensemble est une jolie table à suivre, la toque n'est pas loin.

C : 36 € • M : 18-46 € *www.www.tabledesmarees.com*

AURIBEAU SUR SIAGNE - 06810 (34 C 5)

Nice 48 - Grasse 8

🏨 L'Auberge de la Vignette Haute 🐦

» 370 rte du Village
☎ 04 93 42 20 01
📠 04 93 42 31 16
Ouv. 7j/7.
🚗 ♿ 🏊 🐕

Charme à l'ancienne, pour le meilleur de l'architecture (une ancienne ferme construite au XVIIe siècle) comme du décor (avec de beaux meubles anciens, mariés à un luxe feutré et discrètement actuel) pour cette auberge cachée sous les arbres, à l'écart du village. On trouve également quelques chambres en annexe, dans une maison historique.

1 appart. 90-325 € • 19 ch. 90-325 € • 1/2 pens. 175-250 €

www.vignettehaute.com

AURIGNAC - 31420 (29 C 5)

Toulouse 80 - Saint-Gaudens 22

[14] Le Cerf Blanc

» Rue Saint-Michel
☎ 05 61 98 95 76
F. dim. à dîn., lundi (sf juil.-août).
Jusqu'à 21h30.
⛱ 🚗 🐕

Entre ce Cerf blanc et GaultMillau, vingt ans d'histoire. Cela ne fait pas remonter au paléolithique, dont l'aurignacien est le premier âge, mais cela fait une bonne petite tranche de vie, et de toques régulières pour Dominique Picard, un habitué discret des récompenses de l'artisan. La technique acquise au fil des ans s'affine et s'actualise, le filet de saint-pierre, cuit avec précision, vient se coucher sur un lit de crème de potimarron et le râble de lièvre s'enrobe de chocolat noir. "Le

ıarché, les casseroles, le couteau, un peu beaucoup d'amour. C'est ma cuisine". Qu'ajouter à cela ? Que Paulette veille aussi bien sur la salle que sur le bien-être énéral et qua le cave de plus de cent références favorise les bons vignerons u Sud-Ouest.
: : 52 € • M : 15-49 €

AURILLAC - 15000 (26 A 5)

Rodez 90 - Clermont-Ferrand 157

Grand Hôtel de Bordeaux

Redécorées l'an dernier (ainsi que le bar et les salons), les chambres de cet immeuble du XIXe siècle se montrent accueillantes et lumineuses.
5 appart. 120-135 € • 29 ch. 55 € www.hotel-de-bordeaux.fr

» 2 av de la République
☎ 04 71 48 01 84
📠 04 71 48 49 93
Ouv. 7j/7.

➲ à VEZAC - 15130 : 10 km S. par D 920 et D 990

Château de Salles

Perché sur la colline, le château XVe-XVIIe offre ainsi un panorama remarquable sur les monts du Cantal et le golf voisin. Que ce soit au château ou à la résidence du parc, les chambres séduisent par leurs discrètes influences anciennes et leur confort feutré, un cadre apaisant et élégant qui invite à la détente.
10 appart. 134-201 € • 20 ch. 92-124 € • 1/2 pens. 37,50 € www.salles.com

» Le Bourg
☎ 04 71 62 41 41
📠 04 71 62 44 14
F. 1er nov.-13 avril.

AUSSOIS - 73500 (28 C 4)

Chambéry 110 - Briançon 77

13 Fort Marie-Christine

Vous n'aurez pas besoin de chanter, comme Nougaro, sous les murs, "Marie-Christine, ne fais pas la sourde oreille à ce cri unanime", car la porte de cette forteresse construite au XIXe siècle par le royaume de Piémont-Sardaigne vous est grande ouverte. La table y est même plutôt accueillante, et la roussette et le chignin coulent bien sur les agnelots (raviolis maison), le farcement et les pormoniers du menu Victor-Emmanuel à 15 €. Une maison simple, gaie et bien tenue.
C : 23 € • M : 13,50-24,90 € www.fort-mariechristine.com

» ☎ 04 79 20 36 44
F. dim. à dîn., lundi (h.s.), 20 avril-20 mai et 10 nov.-20 déc.
Jusqu'à 21h.

AUTHUILLE ➤ ALBERT

AUTUN - 71400 (20 A 4)

Mâcon 110 - Chalon-sur-Saône 53 - Nevers 101

14 Le Capitole

➥ **Hôtel :** Ursulines

Un vrai choc : cet ancien couvent des Ursulines, édifié au XVIIe siècle, compte parmi les plus beaux bâtiments du Morvan et la salle à manger, installée dans l'une des ailes, ne dépareille pas. Donnant sur le grand jardin intérieur avec, en toile de fond, les collines du Morvan, elle est baignée d'un charme presque intemporel. En cuisine, le jeune Emmanuel Jamet, ancien élève de Bocuse et Orsi, travaille avec précision et application sur des bases à la fois classiques et régionales : petits pots d'escargots aux croûtons dorés, filets de rouget aux betteraves rouges et beurre mousseux aux câpres, rognon de veau à la dijonnaise et épinards en branche, crêpes Suzette, marmelade d'orange et sorbet pamplemousse. Si on relève parfois, çà et là, un soupçon de préciosité dans le service ou dans certaines assiettes, on se console bien vite en compulsant la remarquable carte des vins, bourguignonne et pointue en diable.
M : 21,50-51 € www.hotelursulines.fr

» 14 rue Rivault
☎ 03 85 86 58 58
Ouv. 7j/7.
Jusqu'à 21h30.

Ursulines

➥ **Restaurant** : 14/20 Le Capitole

Calme absolu ou presque dans les chambres, qui n'ont rien de cellules, aménagées dans cet ancien couvent sur les hauteurs de la ville : mobilier contemporain ou rustique selon les catégories, beaucoup d'espace. Jardin à la française ouvrant sur les monts du Morvan (magnifique panorama).

7 appart. 124-150 € • 36 ch. 59-113,50 € • 1/2 pens. 78,30-183,80 €

www.hotelursulines.fr

» 14 rue Rivault
☎ 03 85 86 58 58
03 85 86 23 07
Ouv. 7j/7.

La Tête Noire R

L'étape s'apprécie pour ses chambres claires et contemporaines, personnalisées dans les couleurs comme le choix du mobilier en bois. Le restaurant prolonge les satisfactions, avec une préférence pour les valeurs du terroir, bien servi, en simplicité (œufs meurette, coq au vin) comme en noblesse (poulet fermier aux morilles). Belle cave bourguignonne.

31 ch. 53-75 € • 1/2 pens. 57-66 € • C : 28 € • M : 15-45 €

www.hoteltetenoire.fr

» 3 rue de l'Arquebuse
☎ 03 85 86 59 99
03 85 86 33 90
F. 18 déc.-31 janv.

AUVERS SUR OISE
➤ CERGY PONTOISE, PARIS-BANLIEUE

AUVILLAR - 82340 (29 C 3)

Agen 30 - Moissac 20 - Castelsarrasin 20

14 L'Horloge H

C'est sous le signe du temps que les compagnons de la dive bouteille se retrouvent en chœur. Car les bons vignerons du coin (Da Ros, Mouthes le Bihan, Le Roc, Cosse Maisonneuve...) sont légion à fournir des flacons à cette table de l'Horloge, accompagnant la cuisine véridique de Serge François, dont la liste des fournisseurs est presque plus éloquente que la carte elle-même : huîtres de Prrat-ar-Coum, bœuf de Chalosse veau fermier et agneau Chouria de la maison Aimé à Dax, foie et canards gras de chez Laffitte, pigeons du Mont-Royal. Une affaire d'hommes, de rencontres, de plaisirs, d'authentique. Quelques chambres pour les voyageurs, simples et pratiques.

C : 60 € • M : 25-65 € • 10 ch. 35-66 € • 1/2 pens. 49-55 € *www.auvillar.com*

» Pl de l'Horloge
☎ 05 63 39 91 61
F. vend. (sf juil.-août), sam. à déj. (15 oct.-15 avril) et 8 déc.-8 janv.
Jusqu'à 21h30.

à BARDIGUES - 82340 : 4 km S. par D 11

Auberge de Bardigues ♥

Auberge de village, cuisine de terroir… Oui, peut-être, mais loin, très loin, de la restauration de café-tabac, plat du jour et piquette à volonté. Cyril Simon est chez lui à Bardigues (d'autant plus qu'il a racheté les murs cette année), ses plats sont de sensibilité paysanne, dans un terroir personnalisé, mais c'est avant tout une cuisine de vérité et de bonheur, très modernisée dans la réalisation et la présentation : mille-feuille de tête de veau et vinaigrette de cornichons, poitrine de canard rôtie aux épices, guimauve à la fleur d'oranger, glace aux amandes, croquant à l'orange. Une terrasse de rêve au cœur du calme village, une sélection affûtée des vignerons du coin. Un modèle.

C : 30 € • M : 13-33 € *www.aubergedebardigues.free.fr*

» Le Bourg
☎ 05 63 39 05 58
F. lundi et 16 janv.-7 fév.
Jusqu'à 21h30.

AUVILLARS SUR SAONE - 21250 (20 B 4)

Dijon 30 - Lons-le-Saunier 69

12 Auberge de l'Abbaye

» Rte de Seurre
☎ 03 80 26 97 37
F. dim. à dîn., lundi, merc. à dîn., 1 sem. vac. scol. fév. et 1 sem. fin août.
Jusqu'à 21h.

es limites d'une cuisine qui suit scrupuleusement la ligne du parti, celui de la radition en l'occurrence, c'est de ne pas tenir sa promesse, même dans ce qui eut apparaître, faussement, comme une facilité. Reconnaissons que Jean-Michel échard nous a habitués à beaucoup mieux que cette représentation un peu ieillotte qui manquait terriblement d'âme. Grâce à la bonne terrine de veau et is de veau aux pistaches, nous préférons croire à une léthargie provisoire, qui ne sera peut-être qu'un souvenir lors de votre passage.

: 39 € • M : 16-46 € auberge-abbaye@wanadoo.fr

AUXERRE - 89000 (19 C 2)

Paris 165 - Troyes 82 - Dijon 149

Jean-Luc Barnabet

» 14 quai de la République
☎ 03 86 51 68 88
F. dim. à dîn., lundi, mardi à déj. et 20 déc.-15 janv.
Jusqu'à 21h15.

La meilleure table d'Auxerre ? Ne cherchez pas bien loin, elle est là, discrète, sur les quais de la préfecture de l'Yonne, face au petit port de plaisance. Jean-Luc Barnabet y officie depuis 15 ans en ayant complètement rénové et réorganisé cet ancien relais de poste (un travail remarquable dirigé par Marie, son épouse, ancienne dessinatrice et décoratrice). Sa cuisine fait preuve d'une remarquable probité, faisant mieux que la concurrence locale à des prix le plus souvent inférieurs : aile de raie effilochée et tiédie sur l'assiette, sauce ravigote et tartare d'huîtres, croustillant de bar aux pommes de terre sautées, noisettes d'agneau aux amandes et tomates confites, dentelle glacée aux oranges fondantes. Service parfaitement dirigé par la maîtresse de maison, cave très forte en chablis.

C : 62 € • M : 34-54 €

14 Le Jardin Gourmand

» 56 bd Vauban, BP 364
☎ 03 86 51 53 52
F. mardi, merc., 7-22 mars, 20-28 juin et 7-29 nov.
Jusqu'à 21h15.

Les qualités de cette grande maison bourgeoise sont toujours présentes, à commencer par la façon dont Olivier Laplaine fait vivre la salle et commente la cuisine de Pierre Boussereau. Celle-ci joue toujours avec plaisir des saveurs et des textures, comme sur cette crème mousseuse de cèpes où la légèreté vient contrebalancer le côté terrien des champignons. Le jus épicé à l'orange sanguine qui accompagne le canard de Barbarie confirme le talent du cuisinier par une concentration superbe et, au milieu de ces influences volontiers sudistes (en témoignent le belotta et le gaspacho en amuse-bouche), la tarte briochée au sucre muscovado sorbet kriek et crème crue est un joli rappel au Nord. Carte des vins aux références solides, avec une sélection de qualité sur la région.

M : 50-85 € www.lejardingourmand.com

13 La Salamandre

» 84 rue de Paris
☎ 03 86 52 87 87
F. sam. à déj., dim. et merc. à dîn.
Jusqu'à 21h30.

Serge Colas, en deux décennies d'exercice dans la préfecture de l'Yonne, n'a jamais provoqué beaucoup de remous. Sa cuisine est à l'image de sa salle à manger, sage, soignée et contemporaine : soupe de poissons de Méditerranée, rouille et croûtons, escalope de foie gras pochée à la rhubarbe, filet de bar de ligne grillé sur peau, filet de turbot sauvage en croûte de pommes de terre. Les produits sont bien choisis (les prix assez élevés les traduisent), la cave penchant nettement du côté bourguignon.

C : 60 € • M : 33-59 € la-salamandre@wanadoo.fr

⑩ Le Bistrot du Palais

» 65 rue de Paris
☎ 03 86 51 47 02
F. non comm.
Jusqu'à 23 h.

Le décor de vieux bistrot, les photos de Doisneau, les poèmes de Prévert, bref toute la nostalgie fifties devrait survivre au déménagement, à quelques mètres de là, dans un ancien cinéma, au 65 de la même rue. Car ce qui est immortel, bien sûr, c'est l'âme, et Joseph Carino, qui connaît bien son monde, et tutoie la moitié de ses amis clients, sait la faire flotter au-dessus des harengs pommes à l'huile, du hachis parmentier et de l'entrecôte maison, en buvant l'irancy ou le chablis.
C : 21 €

Hôtel Normandie

» 41 bd Vauban
☎ 03 86 52 57 80
03 86 51 54 33
Ouv. 7j/7.

Fondé au début des années 60 par un ancien chef pâtissier du paquebot Normandie, cet établissement propose des chambres désormais toutes climatisées et un jardin clos en façade pour les petits-déjeuners.
47 ch. 52-80 € *www.hotelnormandie.fr*

à CHEVANNES - 89240 : 8 km S.E. par N 151

13 La Chamaille

» 4 rte de Boiloup, la Barbotière
☎ 03 86 41 24 80
F. dim. à dîn., lundi (1er oct.-31 mars) et vac. scol. fév.
Jusqu'à 21h30.

Le coup de badigeon a été efficace sur cette ancienne ferme bourguignonne alanguie dans son parc de deux hectares. La maison est pimpante, la terrasse donne sur les fleurs et la verdure, Florence et Hervé Ancelot briquent chaque pouce, mais aussi chaque assiette. Le chef a une bonne main, sa carte est claire, racines fermes et idées d'aujourd'hui : taret à l'andouillette sauce au chablis, saint-pierre au beurre demi-sel et vitelottes du jardin, pigeon au sautoir pomme Anna et jus à la sauge fraîche. Bon choix en vin de l'Yonne, un peu plus dans le négoce tout autour.
C : 55 € • M : 35-70 € *www.lachamaille.fr*

AVALLON - 89200 (19 D 3)

Auxerre 51 - Vézelay 13

13 Le Relais Fleuri H

» La Cerce
☎ 03 86 34 02 85
Ouv. 7j/7.
Jusqu'à 21h45.

Sur cette petite zone hôtelière entre l'A6 et la ville, la maison, à l'abri dans son parc, a manifestement le bénéfice de l'âge. Elle a eu tout le temps de roder la prestation à tous les niveaux : accueil sympathique, service rapide, en cuisine comme en salle, et une large carte très classique, mais dont la qualité de réalisation évite toute mauvaise surprise : une mousse de raifort délicatement parfumée sur le pressé de pintade, un bon saumon de fontaine sauce irancy, plateau de fromages de bon niveau et la douceur sucrée d'une ruche au miel en dessert. La carte des vins joue elle aussi très correctement son rôle d'accompagnement. Chambres en rez-de-jardin sur le parc, avec un aménagement fonctionnel et des détails agréables comme le granit du Morvan en clin d'œil dans les salles de bains.
C : 40 € • M : 19,50-60 € • 48 ch. 75-96 € • 1/2 pens. 75-99 €
www.relais-fleuri.com

Hostellerie de la Poste 

» 13 pl Vauban
☎ 03 86 34 16 16
03 86 34 19 19
F. 2 janv.-1er mars.

Côté rue, une élégante façade début XVIIIe, côté cour, le charme typique des vieux pavés et des balcons fleuris. On retrouve les fleurs sur les élégants tissus des chambres au cachet typique, meubles de style et hauts plafonds. Restaurant de tradition, dans une veine régionale assumée avec brio et sagesse par un chef d'expérience.
18 appart. 83-190 € • 12 ch. 83-120 € • 1/2 pens. 67-111 € • C : 39 € •
M : 29-60 € *www.hostelleriedelaposte.com*

à L'ISLE SUR SEREIN - 89440 : 15 km N.E. par D 957 et D 86

15 Auberge du Pot d'Etain

» 24 rue Bouchardat
☎ 03 86 33 88 10
F. dim. à dîn. et mardi à déj (sf août), lundi, fév. et 3e sem. oct.
Jusqu'à 20h30.

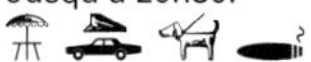

➥ **Hôtel :** Auberge du Pot d'Etain

Nous n'allons pas rabâcher chaque année le même refrain en rappelant que la cave des Péchery (Fabien en cuisine, Alain sommelier) figure parmi les plus exceptionnelles de France et qu'elle n'a pas d'équivalent en région. 1400 références, pratiquement tous les vignerons qui comptent, il faudrait l'espace de tout un repas pour lire toutes les pages du livre de cave. Trois ans après sa prise de fonction en cuisine Fabien Péchery a su placer la barre à une hauteur presque équivalente à la cave, des assiettes qui paraissent simplissimes au premier abord et en réalité confondantes de réussite : merlan sur sa peau en habit de chou vert, sauce crustacés et riz sauvage, filet de bar rôti sur peau, beurre de coques et crevettes grises, râble de lapin farci en crépinette, jus à l'ail et palets de polenta à l'huile d'olive. Un succès qui repose sur la qualité intrinsèque des produits, jamais galvaudés.

C : 40 € • M : 23-49 € *www.potdetain.com*

Auberge du Pot d'Etain

» 24 rue Bouchardat
☎ 03 86 33 88 10
Fax 03 86 33 90 93
F. fév. et 3e sem. oct.

➥ **Restaurant** : 15/20 Auberge du Pot d'Etain

La façade sympathique l'annonce clairement, il fait bon vivre ici, dans un cadre adorable et rustique, avec des chambres réparties autour d'une typique cour pavée, comme il sied à tout bon relais de poste bourguignon.

2 appart. 75 € • 7 ch. 56-69 € • 1/2 pens. 60 € *www.potdetain.com*

à VAULT DE LUGNY - 89200 : 6 km N.O. par D 957 et D 142

Château de Vault-de-Lugny

» 11 rue du Château
☎ 03 86 34 07 86
Fax 03 86 34 16 36
F. 12 nov.-30 mars.

Gardé par des remparts qui rappellent, avec le donjon et les douves, la première construction du XIIIe siècle, le château actuel date du XVIIe siècle. Les tentures précieuses et les meubles de style, sous les plafonds historiques, créent dans les chambres des atmosphères personnalisées et intemporelles. L'espace est généreux, tout comme dans le parc, avec 40 ha de forêt, de rivière et de jardin. Proposition d'animations exclusives comme le vol en montgolfière.

13 ch. 160-490 € *www.lugny.fr*

AVIGNON - 84000 (33 B 4)

Paris 706 - Marseille 98 - Nîmes 43

Christian Etienne

» 10 rue de Mons
☎ 04 90 86 16 50
F. dim., lundi (sf juil.).
Jusqu'à 21h15.

Avignon, c'est la Provence, Avignon, c'est Christian Etienne, donc par syllogisme, il y a un peu de Provence dans cette belle cuisine d'auteur. Car le chef est un artisan qui n'a pas besoin de nègre pour traduire ses pensées ou raconter sa biographie. Dans la maison classée XIIe, accolée au Palais des Papes, il est le maître et l'inspirateur d'un pièce pleine de sens et d'arômes, et qui dure plus longtemps qu'un festival d'été : foie gras de canard poêlé, fenouil ; confit aux pistils de safran, sorbet au fenouil, pavé de loup à l'huile d'olive et déclinaison autour du chou, épaule de lapin rôti, cœur de petits violets farcis de foie. D'inspiration bourgeoise et régionale, cette carte est toujours signée, de générosité et d'altruisme. Très belle cave de vins du Rhône, avec de nombreuses découvertes.

C : 95 € • M : 30-105 € *www.christian-etienne.fr*

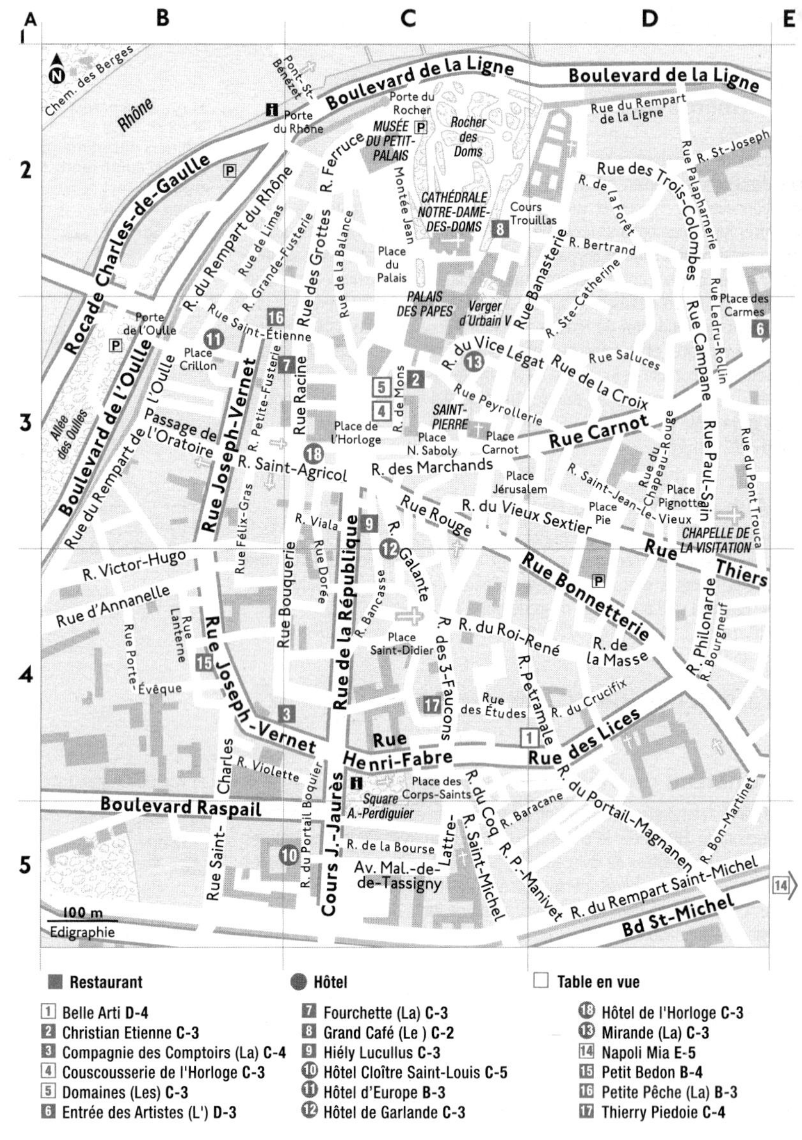

■ **Restaurant** ● **Hôtel** □ **Table en vue**

1 Belle Arti **D-4**
2 Christian Etienne **C-3**
3 Compagnie des Comptoirs (La) **C-4**
4 Couscousserie de l'Horloge **C-3**
5 Domaines (Les) **C-3**
6 Entrée des Artistes (L') **D-3**
7 Fourchette (La) **C-3**
8 Grand Café (Le) **C-2**
9 Hiély Lucullus **C-3**
10 Hôtel Cloître Saint-Louis **C-5**
11 Hôtel d'Europe **B-3**
12 Hôtel de Garlande **C-3**
18 Hôtel de l'Horloge **C-3**
13 Mirande (La) **C-3**
14 Napoli Mia **E-5**
15 Petit Bedon **B-4**
16 Petite Pêche (La) **B-3**
17 Thierry Piedoie **C-4**

14 La Compagnie des Comptoirs

» 83 rue Joseph-Vernet
☎ 04 90 85 99 04
F. dim., lundi (sf fériés et juil.)
Jusqu'à 23h.

Panorama des cuisines du monde et des régions revu par les frères Pourcel et retranscrit avec exactitude par une brigade bien formée, marque d'une entreprise qui a su s'organiser. Chez les Pourcel, que l'on soit à Marseillan, à Paris, à Montpellier ou à Avignon, le sabayon prend parce que tout est réglé et pro. Y compris le décor avenant de ce comptoir avignonnais, y compris la direction de la salle, y compris les œuvres du jeune chef, Christophe Flück, passé par Blanc et Chibois avant de hisser la grand voile sur le tajine de homard, les

à L'ISLE SUR SEREIN - 89440 : 15 km N.E. par D 957 et D 86

15 Auberge du Pot d'Etain

→ **Hôtel :** Auberge du Pot d'Etain

Nous n'allons pas rabâcher chaque année le même refrain en rappelant que la cave des Péchery (Fabien en cuisine, Alain sommelier) figure parmi les plus exceptionnelles de France et qu'elle n'a pas d'équivalent en région. 1400 références, pratiquement tous les vignerons qui comptent, il faudrait l'espace de tout un repas pour lire toutes les pages du livre de cave. Trois ans après sa prise de fonction en cuisine Fabien Péchery a su placer la barre à une hauteur presque équivalente à la cave, des assiettes qui paraissent simplissimes au premier abord et en réalité confondantes de réussite : merlan sur sa peau en habit de chou vert, sauce crustacés et riz sauvage, filet de bar rôti sur peau, beurre de coques et crevettes grises, râble de lapin farci en crépinette, jus à l'ail et palets de polenta à l'huile d'olive. Un succès qui repose sur la qualité intrinsèque des produits, jamais galvaudés.

C : 40 € • M : 23-49 € *www.potdetain.com*

» 24 rue Bouchardat
☎ 03 86 33 88 10
F. dim. à dîn. et mardi à déj (sf août), lundi, fév. et 3e sem. oct.
Jusqu'à 20h30.

Auberge du Pot d'Etain

→ **Restaurant** : 15/20 Auberge du Pot d'Etain

La façade sympathique l'annonce clairement, il fait bon vivre ici, dans un cadre adorable et rustique, avec des chambres réparties autour d'une typique cour pavée, comme il sied à tout bon relais de poste bourguignon.

2 appart. 75 € • 7 ch. 56-69 € • 1/2 pens. 60 € *www.potdetain.com*

» 24 rue Bouchardat
☎ 03 86 33 88 10
03 86 33 90 93
F. fév. et 3e sem. oct.

à VAULT DE LUGNY - 89200 : 6 km N.O. par D 957 et D 142

Château de Vault-de-Lugny

Gardé par des remparts qui rappellent, avec le donjon et les douves, la première construction du XIIIe siècle, le château actuel date du XVIIe siècle. Les tentures précieuses et les meubles de style, sous les plafonds historiques, créent dans les chambres des atmosphères personnalisées et intemporelles. L'espace est généreux, tout comme dans le parc, avec 40 ha de forêt, de rivière et de jardin. Proposition d'animations exclusives comme le vol en montgolfière.

13 ch. 160-490 € *www.lugny.fr*

» 11 rue du Château
☎ 03 86 34 07 86
03 86 34 16 36
F. 12 nov.-30 mars.

AVIGNON - 84000 (33 B 4)

Paris 706 - Marseille 98 - Nîmes 43

15 Christian Etienne

Avignon, c'est la Provence, Avignon, c'est Christian Etienne, donc par syllogisme, il y a un peu de Provence dans cette belle cuisine d'auteur. Car le chef est un artisan qui n'a pas besoin de nègre pour traduire ses pensées ou raconter sa biographie. Dans la maison classée XIIe, accolée au Palais des Papes, il est le maître et l'inspirateur d'un pièce pleine de sens et d'arômes, et qui dure plus longtemps qu'un festival d'été : foie gras de canard poêlé, fenouil ; confit aux pistils de safran, sorbet au fenouil, pavé de loup à l'huile d'olive et déclinaison autour du chou, épaule de lapin rôti, cœur de petits violets farcis de foie. D'inspiration bourgeoise et régionale, cette carte est toujours signée, de générosité et d'altruisme. Très belle cave de vins du Rhône, avec de nombreuses découvertes.

C : 95 € • M : 30-105 € *www.christian-etienne.fr*

» 10 rue de Mons
☎ 04 90 86 16 50
F. dim., lundi (sf juil.).
Jusqu'à 21h15.

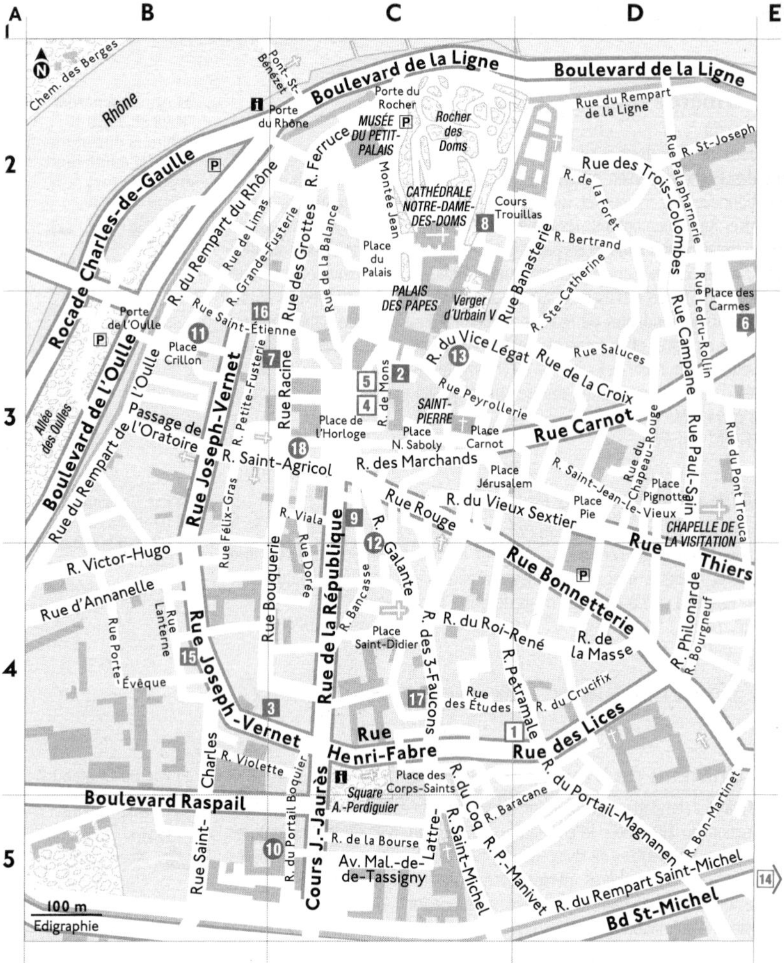

■ **Restaurant** ● **Hôtel** □ **Table en vue**

1 Belle Arti **D-4**
2 Christian Etienne **C-3**
3 Compagnie des Comptoirs (La) **C-4**
4 Couscousserie de l'Horloge **C-3**
5 Domaines (Les) **C-3**
6 Entrée des Artistes (L') **D-3**
7 Fourchette (La) **C-3**
8 Grand Café (Le) **C-2**
9 Hiély Lucullus **C-3**
10 Hôtel Cloître Saint-Louis **C-5**
11 Hôtel d'Europe **B-3**
12 Hôtel de Garlande **C-3**
18 Hôtel de l'Horloge **C-3**
13 Mirande (La) **C-3**
14 Napoli Mia **E-5**
15 Petit Bedon **B-4**
16 Petite Pêche (La) **B-3**
17 Thierry Piedoie **C-4**

14 La Compagnie des Comptoirs

» 83 rue Joseph-Vernet
☎ 04 90 85 99 04
F. dim., lundi (sf fériés et juil.)
Jusqu'à 23h.

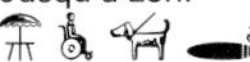

Panorama des cuisines du monde et des régions revu par les frères Pourcel et retranscrit avec exactitude par une brigade bien formée, marque d'une entreprise qui a su s'organiser. Chez les Pourcel, que l'on soit à Marseillan, à Paris, à Montpellier ou à Avignon, le sabayon prend parce que tout est réglé et pro. Y compris le décor avenant de ce comptoir avignonnais, y compris la direction de la salle, y compris les œuvres du jeune chef, Christophe Flück, passé par Blanc et Chibois avant de hisser la grand voile sur le tajine de homard, les

calamars à la plancha et les côtes de taureau à l'écrasé de pommes de terre. Cela ressemble aux voitures modernes : c'est rassurant, cela ne tombe pas en panne, et on se fait quand même bien plaisir.
C : 42 € *www.lacompagniedescomptoirs.com*

La Fourchette

» 17 rue Racine
☎ 04 90 85 20 93
F. w.-e. et 5-28 août.
Jusqu'à 21h45.

Du bistrot de chef avant l'heure, et encore en avance aujourd'hui : cela fait plus de vingt ans que Philippe Hiély, ancien élève de Chapel, distille dans la coquette salle proche du Palais des Papes une des plus jolies cuisines provençales et traditionnelles que l'on puisse trouver dans un menu à moins de 30 **€**, et avec un choix considérable : sardines à la coriandre, parfait de foies de volaille, velouté d'asperges aux gambas, loup aux endives, daube à l'avignonnaise, magret à l'ail... Service dynamique, courte mais bonne sélection viticole locale.
C : 29 € • M : 24-29 € *restaurant.la.fourchette@wanadoo.fr*

Hiély-Lucullus ↗

» 5 rue de la République
☎ 04 90 86 17 07
Ouv. 7j/7.
Jusqu'à 22h.

Ce retour de la toque ne devrait pas contenter uniquement l'équipe de la fameuse maison au seuil de la place de l'Horloge. Car nous rêvons tous de retrouver le Hiély d'antan, le plaisir du salon cérémonieux à l'étage, avec les assiettes inspirées, justes et régionales. Et si le côté maniéré peut être rendu plus sobre, l'effilochée de cabillaud, tomates et petits pois, avec sa quenelle de brandade, le suprême de canette laqué et légumes glacés, ou la brioche perdue en crème caramel, sans coller exactement à l'imaginaire de la maison, sont bien au niveau escompté, affiné et plus actuel.
C : 50 € • M : 28-65 € *www.hiely.net*

La Petite Pêche

» 13 rue Saint-Etienne
☎ 04 90 86 02 46
F. dim., lundi à dîn., fév. et nov.
Jusqu'à 22h.

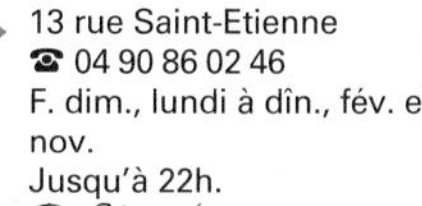

Si, d'aventure, vous aviez envie d'ouvrir un restaurant de poissons, un peu sympa, un peu moderne, un peu différent, commencez par faire un tour par la Petite Pêche pour voir ce qu'il est possible de faire quand on a la connaissance du produit (ici, surtout les céphalopodes, poulpes, seiches, encornets, calamars, supions...) et un sens aiguisé du contact humain. Dans les murs d'une ancienne église où aucun produit industriel n'entre, la nature est reine, la gentillesse et la sympathie sont ses demoiselles d'honneur.
C : 30 € • M : 10-20 € *lapetitepeche@wanadoo.fr*

Thierry Piedoie ↗

» 26 rue des Trois-Faucons
☎ 04 90 86 51 53
F. lundi à déj., merc., 10 jrs fév., 10 jrs fin août et 10 jrs déc.
Jusqu'à 21h30.

L'emplacement est tellement doré, entre la ravissante place des Corps Saints et le cœur de ville, que Thierry Piedoie peut parfois céder à la facilité. Cette saison nous a pourtant montré une rigueur accrue, presque un second souffle dans ce décor soigné de poutres vernies et de pierres apparentes : une excellente soupe de melon, une daurade de grande fraîcheur avec des légumes à cru et huile de basilic relevée de piment d'Espelette, une classique et nette crème brûlée thym citron offrent en outre une des très bonnes affaires de la ville dans le menu à 26 **€**. Cave assez judicieuse, bien axée rhône et sagement tarifée, service précis et plein d'aisance par le patron lui-même.
C : 38 € • M : 18-52 € *www.piedoie.com*

(12) Le Grand Café

» La Manutention Cour Maria-Casares
☎ 04 90 86 86 77
F. dim., lundi (sf juil.-août) et 3 sem. janv.
Jusqu'à 22h.

Une institution au pied des palais des Papes. La terrasse est surbookée en été, mais la salle, avec ses plafonds à six mètres de hauteur, offre une belle perspective. Et des assiettes simples, provençales, chèvre frais aux asperges, poissons plancha, tajine d'agneau aux abricots. Bonne sélection viticole et service efficace, qui reste aimable même en plein festival.
C : 30 € • M : 18-30 €

[12] Le Petit Bedon

C'est presque une ambiance de salon de thé qui est proposée dans cette jolie échoppe, précieuse et cosy, d'une rue-boulevard un peu mièvre. Des parfums du Sud, des herbes, et de très bons desserts, justement, justifieraient qu'on y prenne le thé, le petit doigt en l'air. Heureusement, quelques vins du Rhône rodent à la cave pour inciter à rester régionaliste.
C : 38 € • M : 31-42 €

» 70 rue Joseph-Vernet
☎ 04 90 82 33 98
F. dim., lundi à dîn., 2 sem. août, dern. sem. janv. et prem. sem. fév.
Jusqu'à 21h30.
❄ 🐕

[11] L'Entrée des Artistes

L'ancienne menuiserie reconvertie en bistrot ne cabotine pas, et attire au contraire la sympathie par sa modestie apparente. Dans l'assiette, il y a pourtant du répondant, dans la tradition éclairée d'un vaste menu à 20 €: risotto aux crevettes, cannellonis de saint-jacques et jus safrané, feuilleté de selle d'agneau crème à l'ail confit. Petite cave locale pas mal triée (Pélaquié, Piaugier), ambiance camarade.
M : 25 €

» 1 pl des Carmes
☎ 04 90 82 46 90
F. w.-e., 4-29 août et 22 déc.-2 janv.
Jusqu'à 22h15.
⛱ ❄

[11] Napoli Mia

Elle n'a l'air de rien cette pizzéria de bord de route ? Pourtant, elle a quelque chose de rare, elle est vraie. On parle, on pense, on mange italien, comme à Naples, avec des pâtes, des légumes, des risottos et des pizzas au feu de bois (il en faut aussi). Le test ? Les antipasti, bien sûr, qui ressemblent aussi à de l'authentique.
M : 25 €

» 8 ter rte de Montfavet
☎ 04 90 88 31 95
F. lundi et août.
Jusqu'à 23h30.
⛱ ❄ 🐕

➤ Belle Arti

Ancienne décoratrice, la patronne sait y faire pour composer au gré des saisons une ambiance idéale et accompagner au mieux la chaleureuse cuisine napolitaine du chef, des pizzas (y compris au mètre) aux fruits de mer, en passant par le buffet d'antipasti.
C : 24 € • M : 23-35 €

» 19 rue des Lices
☎ 04 90 27 30 24
F. sam. à déj. et dim. à déj. (sf été).
Jusqu'à 23h.
⛱ ♿ ❄ 🐕

➤ Couscousserie de l'Horloge

Qui n'a pas goûté le balcon sur la place de l'Horloge et le couscous royal d'Omar ne connaît pas Avignon. C'est une figure, et un ami des artistes qui accueille régulièrement des expos. Et la situation est d'enfer.
C : 20 € • M : 28 €
couscousserie@wanadoo.fr

» Pl de l'Horloge
☎ 04 90 85 84 86
Ouv. 7j/7.
Jusqu'à 23h.
🐕

➤ Les Domaines

Découverte des domaines, viticoles bien sûr, un des points forts de la maison : les bons du Sud, Provence en tête, répondent présents. On trouvera aisément un petit plat simple pour accompagner la dégustation.

» 28 pl de l'Horloge
☎ 04 90 80 93 11
⛱ 🐕

🏨 La Mirande 👨‍🍳 🐦

C'est une superbe maison au romantisme stendhalien où l'on imagine que rien de banal ne peut s'y passer, que toute aventure y devient passionnelle. Livrée cardinalice aménagée en hôtel particulier au XVIIe siècle, elle conserve sa patine et son charme historique, des chambres au luxe intemporel, marbre de Carrare et tissus tendus séculaires. Le restaurant s'est enfin trouvé un chef, en la personne de Sébastien Aminot, arrivé du Plaza Athénée en juillet 2005. Notre dernière expérience étant concomitante avec son arrivée et la carte n'étant pas en place, nous nous garderons d'un jugement définitif, cette expérience de cuisine sudiste plutôt bien maîtrisée valant à l'époque une toque.
2 appart. 570-720 € • 20 ch. 295-475 € • C : 90 € • M : 33-105 €
www.la-mirande.fr

» 4 pl de la Mirande
☎ 04 90 85 93 93
📠 04 90 86 26 85
Ouv. 7j/7.
🚗 ♿ 🐕

Hôtel Cloître Saint-Louis

» 20 rue du Portail-Boquier
☎ 04 90 27 55 55
Fax 04 90 82 24 01
Ouv. 7j/7.

Deux faces complémentaires pour une personnalité à part entière : l'hôtel se base sur un couvent fin XVIe, à quelques minutes à pied du Palais des Papes, dans un paisible jardin, auquel s'ajoute un second bâtiment, une architecture très moderne créée en 1992 par Jean Nouvel. L'ensemble est remarquablement homogène et abrite un ensemble luxueux, aménagé dans un style contemporain et sobre, que ce soit sous les hauts plafonds d'une aile ou dans les jeux de lumière de l'autre. Une piscine est installée sur le toit de l'aile moderne.

6 appart. 220-315€ • 74 ch. 100-220€ *www.cloitre-saint-louis.com*

Hôtel d'Europe

» 12 pl Crillon
☎ 04 90 14 76 76
Fax 04 90 14 76 71
Ouv. 7j/7.

Les déclinaisons de mobilier de style, qui contribuent à personnaliser les confortables chambres de l'hôtel, s'accordent à merveille d'une architecture élégante, celle d'un ancien hôtel particulier de la fin du XVIe siècle. La cuisine est tout aussi intéressante, ajoutant une touche personnelle à une belle gastronomie provençale : velouté de queues d'asperges et samoussa d'escargots, cabillaud en croûte d'herbe et vapeur de fleurs de courgettes farcies, sablé fraises framboises salade de menthe à l'huile d'olive.

3 appart. 676-762€ • 41 ch. 141-449€ • C : 78€ • M : 30-98€
www.heurope.com

Hôtel de l'Horloge

» 1 rue Félicien-David
☎ 04 90 16 42 00
Fax 04 90 82 17 32
Ouv. 7j/7.

Derrière la façade XIXe classée est né un hôtel de caractère, dont la décoration fait appel à des artisans régionaux pour une ambiance authentique, une patine à l'ancienne qui se marie à des lignes sobres en une série d'espaces chaleureux et charmants.

67 ch. 72-162€ *www.hotels-ocre-azur.com*

Hôtel de Garlande

» 20 rue Galante
☎ 04 90 80 08 85
Fax 04 90 27 16 58
F. janv.

Installée dans le centre historique, cette belle maison ancienne (aux chambres désormais presque toutes climatisées) séduit par son atmosphère, les nombreux objets anciens et les tons harmonieux personnalisent chaque chambre.

10 ch. 65-109€ *www.hoteldegarlande.com*

au PONTET - 84130 : 5 km N.E. par N 7

Auberge de Cassagne

» 450 allée de Cassagne
☎ 04 90 31 04 18
Fax 04 90 32 25 09
F. 8 janv.-3 fév.

Coupée du monde par son mur d'enceinte, la belle maison provençale XIXe offre une ambiance chaleureuse, un décor composé avec soin. L'équipement invite à rester sur place pour une détente gastronomique avec une cuisine certes classique, mais parfaitement exécutée : pigeonneau rôti en estouffade aux olives, loup en vapeur d'algue, crémeux de pistache et émincé de fraises.

5 appart. 386-620€ • 35 ch. 110-380€ • 1/2 pens. 145-280€ • M : 34-92€
www.aubergedecassagne.com

à VILLENEUVE LES AVIGNON - 30400 : 3 km N.O. par N 100 et N 580

Le Prieuré

» 7 pl du Chapitre
☎ 04 90 15 90 15
F. mardi, merc. et nov.-mars.
Jusqu'à 21h30.

➥ **Hôtel :** Le Prieuré

Tout est bien joli, le calme à peine troublé par un zéphyr dans les feuilles, le service plein de courtoisie, le rythme sénatorial d'une maison bien installée. Et nous n'avions guère à formuler de reproche, ce qui est plutôt une marque de bonne santé. Pour la première fois depuis longtemps, malgré cette atmosphère sensible, ces attentions au doux sourire, nous avons trouvé moins de charme à cette onctuosité, sur la terrasse ombragée comme entre les boiseries anciennes. Du coup le saint-pierre, pourtant très frais, paraît un peu cuit avec sa tatin de fenouil et l'abricot poêlé au miel et glace de lavande bien acide. Le thon grillé aubergines et la magnifique marmelade de mûre et crème à la réglisse permettent de conserver deux toques. La cave est vraiment intéressante et rend justice à sa région avec des tarifs relativement justes pour le standing de la maison (Reine des Bois à 35 **€**, Gourt de Mautens 63 **€**, Grange des Pères 99 à 81 **€**).

M : 36-95 € *www.leprieure.fr*

Aubertin

» 1 rue de l'Hôpital
☎ 04 90 25 94 84
F. dim., lundi et 15-31 août.
Jusqu'à 21h30.

Comme les Avignonnais qui s'évadent hors de leurs remparts pour une autre perle médiévale de l'autre côté du pont, nous aimons nous retrouver sur cette terrasse ravissante à l'abri des voûtes XIIIe. La cuisine de Philippe Aubertin n'en rajoute pas : sans emphase, mais avec loyauté, et sans rester figé, il avance dans une veine régionale qui est avant tout celle du bon goût : crème de petits pois frais et foie gras poêlé, croustillant de cabillaud aux morilles et asperges marinière, filet de taureau au poivre de Zanzibar, la cohérence est aussi dans l'assiette pour des repas intimes de très bon ton. Cave administrée avec autorité et savoir par Michelle Aubertin, de près de 300 références, intéressante, en prix comme en choix, sur le Rhône et le Languedoc particulièrement.

C : 53 € • M : 35-49 €

Saint-André

» 4 bis Montée-du-Fort
☎ 04 90 25 63 23
F. lundi, mardi, 3-18 janv. et 1er-15 nov.
Jusqu'à 22h.

L'affaire est sérieuse et touristique, ce qui n'empêche pas la maison d'être gaie, accueillante, au cœur du centre historique, et le jeune chef de tourner avec application une cuisine pour tout le monde : saumon papillote, faux-filet marchand de vin, assiette provençale et crumble pommes cannelle. Les menus sont très honnêtes, le lirac et le cairanne rodent autour des 20 **€**.

C : 29,50 € • M : 17,50-23,50 € *restaurantstandre@free.fr*

Le Prieuré

» 7 pl du Chapitre
☎ 04 90 15 90 15
Fax 04 90 25 45 39
F. non comm.

➥ **Restaurant** : 15/20 Le Prieuré

Au cœur de ce beau village, les bâtiments, ceux d'un authentique prieuré construit au XIVe siècle, dégagent une atmosphère de sérénité, impression confortée par un décor qui ne se laisse pas déborder par l'architecture ancienne et les meubles de style et privilégie sobriété et élégance.

10 appart. 250-295 € • 20 ch. 98-298 € *www.leprieure.fr*

Hostellerie La Magnaneraie

» 37 rue Camp-de-Bataille
☎ 04 90 25 11 11
Fax 04 90 25 46 37
Ouv. 7j/7.

Les beaux murs de pierre d'un ancien hôtel particulier XVe abritent tout en douceur des chambres personnalisées dans une atmosphère provençale à l'ancienne ; les amateurs de style plus contemporain choisiront les chambres de l'annexe et tout le monde se retrouve le soir sous les arbres pour une vision luxueuse et enlevée de la gastronomie provençale : calamars poêlés panisse et coulis de poivron doux, filet de veau poêlé jus aux agrumes et polenta.

5 appart. 230-450 € • 27 ch. 120-310 € • 1/2 pens. 54 € • C : 62 € •
M : 33-80 € *www.hostellerie-la-magnaneraie.com*

Hôtels de charme.

 Bon confort.  Grand confort.  Luxe.  Grand luxe.

AVRANCHES - 50300 (5 A 5)

Saint-Lô 60 - Fougères 41 - Caen 104

13 La Croix d'Or

» 83 rue de la Constitution
☎ 02 33 58 04 88
F. dim. à dîn. (15 oct.-1er avril).
Jusqu'à 21h15.

➥ **Hôtel :** La Croix d'Or

Aucun doute, vous êtres en Normandie : les colombages et les pommiers, les poutres et les cuivres, cette auberge collige tous les détails pour ne rien oublier. Comme on se souvient aisément de cette cuisine précise, d'un classicisme gentiment évolué - beignets de langoustines à la crème d'estragon, pigeon au miel et aux épices, carré d'agneau de l'Avranchin rôti aux herbes et moussaka d'aubergines… Dans le style tradi-bourgeois, la Croix d'Or tient ses galons, et la cave fait preuve d'un minimum d'audace - Cazeneuve, La Voulte Gasparets, Terrebrune - sans négliger les classiques (bonne sélection bordelaise).
C : 43 € • M : 16-53 €

La Croix d'Or

» 83 rue de la Constitution
☎ 02 33 58 04 88
Fax 02 33 58 06 95
F. dim. (15 oct.-1er avril).

➥ **Restaurant** : 13/20 La Croix d'Or

La maison, dans son architecture comme son décor, assume fort bien son histoire d'ancien relais de poste au cœur de la Manche, pour une étape chaleureuse et de caractère autour du jardin fleuri.
27 ch. 50-80 € • 1/2 pens. 63-75 € *hoteldelacroixdor.fr*

à CEAUX - 50220 : 9 km S. par D 7 et D 103

10 Au P'tit Quinquin

» 9 Les Forges, rte de Courtils
☎ 02 33 70 97 20
F. dim. à dîn., lundi (sf saison et fériés). F. ann. non comm.
Jusqu'à 21h.

Nouveau propriétaire, mais même esprit : le P'tit Quinquin reste aussi sympathique que son enseigne, avec une simplicité qui rime avec honnêteté, des bons produits qui ne cherchent pas à en mettre plein la vue, mais à sustenter dignement le voyageur de passage sans trop ponctionner son portefeuille.
M : 12-30 €

AX LES THERMES - 09110 (30 A 6)

Foix 42 - Espagne 25

13 Auberge L'Orry le Saquet H

» Rte d'Espagne, N 20
☎ 05 61 64 31 30
F. mardi, merc. F. ann. non comm.
Jusqu'à 21h.

En patois ariégeois, l'orry est un abri de berger en pierre recouvert d'herbes. Il ne reste rien de cette ancienne construction qui se dressait autrefois sur le lieux mais l'ambiance a perduré, donnant à cette auberge des airs de refuge : on y est choyé, dorloté, chouchouté, aucun détail n'y est négligé (depuis la jolie carte des thés et des cafés en passant par le menu enfant qui propose un filet de carrelet et barigoule d'artichauts et un ouf à la coque et lardons de foie gras). Les adultes ne sont pas en reste, piochant avec gourmandise dans la belle carte de Marc Heinrich : anchois frais en deux façons, poêlée de ris d'agneau et champignons dans une coque de pain et noix, bouquet de salade, émincé de filet de bœuf, coulis de persil et grenailles fourrées de foie gras. Chambres délicieuses pour profiter plus longtemps de l'air de la montagne.
C : 45 € • M : 22-72 € • 4 appart. 100-110 € • 11 ch. 60 € • 1/2 pens. 53-73 €
www.auberge-lorry.com

12 Le Chalet H

» 4 av Turrel
☎ 05 61 64 24 31
F. dim. à dîn., lundi et mi-nov.-mi-déc.
Jusqu'à 21h15.

Dans une ville de cure, où l'immense majorité de clientèle est forcément... curiste, il faut parfois beaucoup d'abnégation et d'imagination pour bâtir une carte qui plaira à un public forcément difficile. Frédéric Debèves a choisi la voie de la sagesse, une petite pointe d'originalité ça et là pour se faire plaisir, et une bonne dose de tradition pour assurer ses arrières : gambas en grosses raviole,

trompettes de la mort et pousses d'épinards, sandre poêlé, tarte fine de tomate mi confite et tapenade, tarte et crème au citron, sorbet citron mascarpone. Cave enthousiasmante en languedoc (la Voulte Gasparet, Mas Bruguière, Sarda Malet, Daumas Gassac, la Liquière...). Chambres en cours de rénovation, pour plus de confort et de personnalisation.
M : 21-42€ • 10 ch. 46€ www.le-chalet.fr

AY - 51160 (9 B 3)

Châlon-en-Champagne 33 - Belfort 359

Hôtel Castel Jeanson

» 24 rue Janson
☎ 03 26 54 21 75
02 26 54 32 19
F. non comm.

La grande maison XIXe n'a été que récemment aménagée en hôtel et si les salons avec vitraux d'époque adoptent un style correspondant, les chambres optent pour un cadre plus contemporain, aux lignes sobres.
3 appart. 200€ • 11 ch. 110€ www.casteljeanson.fr

AYTRE ➤ LA ROCHELLE

AZAY LE RIDEAU - 37190 (17 C 4)

Tours 28 - Chinon 22

L'Aigle d'Or

» 10 rue Adélaïde-Riche
☎ 02 47 45 24 58
F. dim. à dîn., mardi à dîn., merc. (sf juil.-août), lundi à dîn. (déc.-mars), 2e quinz. nov., 1re sem. sept. et fév.
Jusqu'à 21h.

La confiance règne, l'ordre et le respect du produit aussi : c'est une cuisine au carré que présente Jean-Luc Fèvre dans ce temple de la vallée des rois. Le foie gras de canard à la poire tapée, la blanquette de sandre au vin d'Azay, le filet de bœuf au chinon sont les points d'ancrage attrayants de cette tradition ligérienne et rabelaisienne. Dans le jardin ombragé, avec un verre de bourgueil ou d'azay, nul ne songerait à s'en plaindre.
C : 38€ • M : 24-44€ www.touraine-gourmande.com

Le Grand Monarque

» 3 pl de la République
☎ 02 47 45 40 08
F. dim. à dîn., lundi, mardi à déj., vend. à déj. (fév.-sem. avt. Pâques, mi-oct.-fin nov.), 1er janv.-10 fév. et 1er-31 déc.
Jusqu'à 21h.

➡ **Hôtel :** Le Grand Monarque
Les salles n'ont pas l'attrait de la modernité, mais la terrasse sous les arbres est bien agréable et donne envie de prolonger la dégustation. Car il s'agit bien de cela, sans faire offense à la cuisine, c'est vers la splendide cave de vins de Loire et d'ailleurs que le regard se braque, et pouvoir l'explorer réclame un peu de temps. Heureusement, l'assiette ne vous laisse pas à l'abandon, et la toque se maintient sans problème, malgré les changements de chef successifs, grâce à un tartare de thon rouge très frais et de beaux rognons avec une fine galette de vitelottes. Desserts classiques (un bon moelleux) et gentil service féminin.
C : 60€ • M : 28-55€ www.legrandmonarque.com

Le Grand Monarque

» 3 pl de la République
☎ 02 47 45 40 08
02 47 45 46 25
F. 1er janv.-12 fév. et 1er-31 déc.

➡ **Restaurant** : 13/20 Le Grand Monarque
Avec plusieurs chambres et salles de bain revues l'an passé, ce Grand Monarque ne ménage pas les efforts pour tenir son rang au cœur de la ville. Le décor est choisi pour s'harmoniser au mieux avec le charme ancien des pierres de tuffeau et des poutres. Parc fleuri.
2 appart. 130-170€ • 22 ch. 55-130€ • 1/2 pens. 69-120€
www.legrandmonarque.com

Parking privé.  Parking fermé.  Voiturier.
Cave à cigares.  Air conditionné.  Tennis privé.

➲ à SACHE - 37190 : 7 km E. par D 17

15 Auberge du XIIe Siècle

» 1 rue du Château
☎ 02 47 26 88 77
F. dim. à dîn., lundi, mardi à déj., 2 sem. janv., 1 sem. juin, 1 sem. sept et 1 sem. nov.
Jusqu'à 21h.

A cinquante mètres du musée Balzac, cette auberge est une autre excellente raison de sortir d'Azay le Rideau et de parcourir les sept ou huit kilomètres qui mènent jusqu'à la meilleure table des environs. Les petites salles aux belles charpentes de bois clair et la délicieuse terrasse d'été (un rêve sous les feuillages, à la fraîche) ne sentent pas plus la naphtaline que les jolies assiettes, certes plutôt bourgeoises dans leurs intitulés, mais à la réalisation très actuelle. Belle cave en région, service stylé mais laissant poindre une pointe de décontraction.
C : 65 € • M : 29-66 €

BADEFOLS D'ANS - 24390 (24 B 1)

Périgueux 56 - Bergerac 96

10 L'Estaminet

» ☎ 05 53 51 50 35
F. sam. à dîn. hiver (sf réserv.) et 19-déc.-4 janv.

Cuisine de ménage ouvragée et sensuelle, pleine d'esprit, servie par une patronne aux allures de danseuse dans une auberge de village au décor de pierre et de bois agrémenté de bouquets champêtres.
C : 25 € • M : 12 €

BADEN - 56870 (14 A 5)

Vannes 16 - Auray 10 - Lorient 53

12 Le Gavrinis

» Toulbroch
☎ 02 97 57 00 82
F. sam. à déj., dim. à dîn., lundi (sf 20 juin-20 sept.), 15 janv.-2 fév. et 17 fév.-4 mars.
Jusqu'à 21h30.

On peut le dire maintenant sans risquer de basculer dans l'erreur ou le parjure : le Gavrinis fondé par les Justum est bien en de bonnes mains : Serge Lignières n'est pas seulement respectueux du passé de l'enseigne, il est aussi attentif à l'approvisionnement auprès des locaux, aménageant une vraie carte océanique et morbihannaise, dans la simplicité et la droiture : les sardines fumées, le cabillaud demi-sel poché et compotée de blettes, le saint-pierre et fricassée de carottes nouvelles jus au banyuls montrent autant de netteté que d'allégeance à ce riche terroir. La toque devrait naturellement tomber l'an prochain. Cave encore un peu mince, mais pas inintéressante.
C : 34 € • M : 20-65 € *www.gavrinis.com*

BAERENTHAL - 57230 (12 D 2)

Metz 117 - Strasbourg 69 - Haguenau 32

L'Arnsbourg

» 18 Untermuhlthal
☎ 03 87 06 50 85
F. mardi, merc., janv. et 15 jrs sept.
Jusqu'à 21h.

Cadre et ambiance

Un trou de verdure où coule une rivière. Les pérégrinations de Rimbaud ne l'ont probablement jamais conduit dans cette partie de l'Untermuhlthal mais ce site, à quelques kilomètres de Baerenthal, l'aurait probablement inspiré : une minuscule vallée arrosée par la Muhl, des collines couvertes de sapins l'enserrant et, au milieu, la maison de Cahty et Jean Georges Klein, avec sa très belle salle à manger dont les immenses baies vitrées ouvrent avec cette nature secrète. Lorsque la nuit tombe et que les éclairages perfectionnés prennent le relais de la lumière du jour, le panorama est aussi surprenant qu'une rencontre du troisième type.

Cuisine

Nous n'avons pas toujours été en phase complète avec Jean-Georges Klein. Sans doute sa cuisine ne nous paraissait-elle pas tout à fait aboutie, se cherchant encore entre ses trop fortes influences (Ferran Adria est plus qu'un modèle ici) et une personnalité propre qui lui restait encore à construire. Klein aime surprendre, jouer du contre pied comme du contre emploi, alliant les langoustines et l'artichaut, le cabillaud et une compote de rhubarbe, le pigeon et le wasabi (son goût pour la cuisine asiatique se renforce chaque année), comme dans une recherche permanente et effrénée des associations explosives. On s'amuse beaucoup, on fronce les sourcils rarement, le moment vaut d'être vécu.

Cave

Outre les figures imposées aux maisons de ce standing, Romual Ravillon, le sommelier, a su dénicher le Fitou des Mille Vignes ou le Chante Coucou de da Ros à piocher dans un cave très pointue.

Accueil et service

Une grande maison alsacienne où les pesants cérémoniaux ne sont pas de mise. Le personnel, nombreux, se montre souriant et visiblement content d'être là et Cathy Klein passe régulièrement de table en table pour prendre des nouvelles.

C : 99 € • M : 105-130 €

www.relaischateaux.com

Le Kirchberg

» 8 rue de la Forêt
☎ 03 87 98 97 70
Fax 03 87 98 97 91
F. janv.

En pleine nature, dans un environnement calme et reposant, un hôtel d'architecture moderne aux chambres fonctionnelles. Expositions permanentes (peinture, sculpture…).

20 ch. 40-63 €

www.le-kirchberg.com

BAGES ➤ NARBONNE

BAGNERES DE BIGORRE - 65200 (29 B 5)

Tarbes 21 - Lourdes 22

(11) Le Bigourdan

» 14 rue Victor-Hugo
☎ 05 62 95 20 20
F. dim. à dîn., lundi, 2 sem. printemps et 2 sem. automne.
Jusqu'à 21h30.

Le Bigourdan à Bagnères, c'est l'équivalent de l'Alsacien à Colmar : il y a comme une obligation de terroir. Alors Francis Brune ne se fait pas prier et déplie le catalogue. Les assiettes fument, les serviettes se nouent autour du cou, devant le saumon aux cèpes et le magret grillé.

C : 35 € • M : 10-35 €

La Résidence

» Vallon-de-Salut
☎ 05 62 91 19 19
Fax 05 62 95 29 88
F. 2 mai-30 sept.

La grande maison blanche a de l'allure et sait proposer des prestations de bon niveau, dans un cadre gentiment vieillissant, compensé par la gentillesse et la vue sur les montagnes.

3 appart. 153-183 € • 26 ch. 80-90 € • 1/2 pens. 65-70 €

➲ à CAMPAN - 65710 : 6 km S.E. par D 179 et D 935

(11) Auberge des Pyrénées

» Chemin des Bulanettes
☎ 05 62 91 82 46
F. 8-24 oct.
Jusqu'à 21h.

Nature et terroir associés de près dans cette maison à l'enseigne éloquente. On y trouve exactement ce qu'on y cherche, une solide garbure, des truites bio, un poulet basquaise, de quoi réchauffer le randonneur et le vacancier affamé.

M : 13-18 €

Restaurants mentionnés en annexe

R Pour un restaurant de niveau 10 à 12.

Pour un restaurant de niveau 13 à 14.

Pour un restaurant de niveau 15 à 16.

Icône — (20) à (13) Toques — (12) à (10) Notes

BAGNERES DE LUCHON - 31110 (29 C 6)

Toulouse 139 - Saint-Gaudens 46

12 L'Auberge de Castel Vielh

Enfin un menu baptisé Terroir qui n'usurpe pas son identité. Chez Michel Lespinasse, on se plonge avec délice dans le pan crémat au foie gras (deux larges tranches de pain de campagne tartinées de crème fraîche et foie gras au sel, le tout grillé à la plancha), le pétéram luchonnais (des tripes d'agneau longuement cuisinées avec légumes, pommes de terre et morceaux de viande) et l'incontournable millas de poires gratinées à la frangipane et jus de cassis aux épices douces. Les petites natures passeront leur chemin, les autres sortiront de cette auberge de caractère avec le sourire aux lèvres.

C : 30 € • M : 19-37 € *lespinasse.michel@wanadoo.fr*

» Rte de Superbagnères
☎ 05 61 79 36 79
F. merc. (sf juil.-août), nov.-janv. (sf w.-e. et vac. scol.) et dern. sem. juin.
Jusqu'à 22h.

10 Les Caprices d'Etigny

Grillades au feu de bois (andouillette, canard...), truite d'Oô : ce sont de bonnes histoires au coin du feu qui se racontent dans une typique ambiance montagnarde.

C : 25 € • M : 10-22 €

» 30 bis allées d'Etigny, Luchon
☎ 05 61 94 31 05
F. mardi et merc. à dîn., jeudi et vac. Toussaint.
Jusqu'à 21h45.

Etigny R

L'hôtel, symbole classé de la naissance du tourisme thermal (il date du XIXe siècle), ne ménage pas ses efforts pour offrir des prestations actuelles, avec de nouvelles chambres construites cet hiver. Décor raffiné, comme la cuisine, qui fait ses gammes avec brio sur le foie gras de canard ou le pavé de loup.

5 appart. 115-135 € • 58 ch. 50-85 € • 1/2 pens. 45-80 € • C : 40 € • M : 17-43 € *etigny@aol.com*

» Face à l'établissement thermal
☎ 05 61 79 01 42
Fax 05 61 79 80 64
F. 22 oct.-1er mai.

à BILLIERE - 31110 : 7 km N.O. par D 618

11 La Ferme d'Espiau

Quatre ans après avoir fait son entrée dans les cuisines de cette ferme, Olivier Roumec-Gros est désormais seul maître à bord puisqu'il en est également propriétaire. Le bon esprit qui régnait déjà auparavant habite toujours les lieux. Les plats régionaux et les grillades au feu de bois se taillent toujours la part du lion sur la carte.

C : 40 € • M : 16-28 €

» Village
☎ 05 61 79 69 69
F. lundi, mardi et 15 nov.-15 déc.
Jusqu'à 21h30.

BILLIERE ➤ BAGNERES DE LUCHON

BAGNOLES DE L'ORNE - 61140 (5 D 5)

Alençon 47 - Caen 86 - Flers 29

13 Bois Joli

→ **Hôtel :** Bois Joli

On est ici en territoire connu : un hôtel-restaurant près du lac, une salle bourgeoise et élégante et une cuisine raffinée dans le répertoire classique. On peut pester parfois contre le manque de surprise et de renouvellement, mais force est de constater, avec une clientèle ravie, la qualité suivie d'un chef qui enfile les classiques comme les perles, notamment sur les poissons : carpaccio de cabillaud aux légumes croquants, rosace de sole et langoustines au beurre nantais. Carte des vins relativement complète.

C : 46 € • M : 19-52 € *www.hotelboisjoli.com*

» 12 av Philippe-du-Rozier
☎ 02 33 37 92 77
Ouv. 7j/7.
Jusqu'à 21h.

13 Le Manoir du Lys

➥ **Hôtel :** Le Manoir du Lys

La cuisine de Franck Quinton est élaborée dans un classicisme éclairé. Cette maîtrise est manifeste dans l'excellence des produits travaillés, malgré quelques mariages hasardeux (le foie gras et le chocolat amer). Nous n'avons pourtant pas connu cette année, à défaut d'éblouissement, une véritable émotion - sauf peut-être avec le savoureux "gâteau de Miss France" - et le service irréprochable ne masque plus, dans ce décor paisible et contemporain sans originalité, un petit engourdissement. Il faut retrouver un peu de punch, cette maison fameuse le mérite. Abondante carte des vins, aux bons choix en toutes régions.

C : 65€ • M : 29-80€ *www.manoir-du-lys.fr*

» Rte de Juvigny
☎ 02 33 37 80 69
F. dim. à dîn., lundi (1er nov.-30 mars.) et 2 janv.-12 fév.
Jusqu'à 21h30.

12 Le Celtic H

C'est une adresse solide, classique, et pas décevante, pour peu que l'on s'en tienne aux fondamentaux : gratinée de moules, pavé de bar rôti lasagnes d'andouille et tripes fertoises, glace riz au lait. Cadre reposant à proximité des thermes, service de bon niveau dans une atmosphère évidemment éloignée de celle d'une rave-party. Chambres contemporaines et soignées.

C : 35€ • M : 17-40€ • 11 ch. 40€ *www.leceltic.fr*

» 14 rue Pierre-Noal
☎ 02 33 37 92 11
F. (h.s.) dim. à dîn., lundi, mardi et 20 janv.-8 mars.
Jusqu'à 21h15.

Bois Joli

➥ **Restaurant** : 13/20 Bois Joli

Un décor clair et fleuri, volontiers romantique, pour les chambres rénovées de ce manoir anglo-normand au cœur de la station, avec son parc face au lac.

20 ch. 66-142€ • 1/2 pens. 67-99€ *www.hotelboisjoli.com*

» 12 av Philippe-du-Rozier
☎ 02 33 37 92 77
📠 02 33 37 07 56
Ouv. 7j/7.

Le Manoir du Lys

➥ **Restaurant** : 13/20 Le Manoir du Lys

Construit en 1832 par l'Amiral Courbet, ce manoir, caché dans la forêt, fit d'abord le bonheur d'écrivains et journalistes avant de devenir successivement pavillon de chasse, pension de famille puis salon de thé. Il abrite désormais des chambres au style semi-contemporain et, depuis quelques années, des pavillons de bois au décor moderne. Piscine et tennis.

7 appart. 200-290€ • 23 ch. 65-190€ • 1/2 pens. 85-180€

www.manoir-du-lys.fr

» Rte de Juvigny
☎ 02 33 37 80 69
📠 02 33 30 05 80
F. 2 janv.-12 fév.

BAGNOLS - 69620 (27 C 2)

Lyon 34 - Villefranche-sur-Saône 19

Château de Bagnols

Difficile de décrire en quelques mots tout ce qui fait le charme unique de ce château, dont les pierres ont la douceur typique du Pays des Pierres Dorées. Les authentiques peintures murales Renaissance qui décorent certaines chambres ne sont qu'un exemple parmi d'autres des richesses de ce monument, Historique et hôtelier. Chaque pièce est unique, chaque détail pensé pour respecter l'esprit des lieux. Dans le contexte imposant de la salle de restaurant, on retrouve en toute logique une cuisine raffinée, avec des assiettes très élaborées autour de produits nobles associés à quelques éléments sagement actuels : le mousseux de lait d'amande et la poire épicée sur le foie gras, les poivrons en risotto sur la brochette de gambas ou encore les écailles de jambon noble sur le turbot (de ligne évidemment). La cave propose de sérieuses références dans la plupart des régions.

9 appart. 635-2270€ • 12 ch. 440-535€ • C : 140€ • M : 78-110€

www.roccorfortehotels.com

» Le Bourg
☎ 04 74 71 40 00
📠 04 74 71 40 49
F. 3 janv.-29 mars.

BAGNOLS LES BAINS - 48190 (32 A 2)

Villefort 37 - Mende 20

➲ au BLEYMARD - 48190 : 9 km E. par D 901

La Remise R

Le toit de lauze ou les vieilles poutres de la salle à manger affichent le passé d'ancien relais de diligence. Atmosphère paisible, chambres sobres et spacieuses et cuisine classique, volontiers ancrée dans son terroir avec la truite aux noisettes ou le carré d'agneau.
20 ch. 42-57 € • 1/2 pens. 38 € • C : 25 € • M : 12-29 €
www.hotel-laremise.com

» Quartier la Remise
☎ 04 66 48 65 80
Fax 04 66 48 63 70
F. 20 déc.-25 janv.

BAGNOLS SUR CEZE - 30200 (32 C 2)

Nîmes 54 - Avignon 37

➲ à SABRAN - 30200 : 11 km O. par D 6 et D 166

Château de Montcaud

L'élégance d'une architecture Napoléon III (avec mobilier assorti) et les coloris chaleureux de la Provence toute proche, le cocktail fonctionne ici à merveille, dans une agréable sobriété, en accord avec la douceur d'un parc forestier (parcours botanique). Pour la détente, un bel équipement permanent (piscine, centre de remise en forme), mais aussi des animations musicales régulières. Au restaurant, on attend un nouveau chef pour la saison 2006 ; affaire à suivre.
8 appart. 340-700 € • 20 ch. 150-350 € • 1/2 pens. 165-260 €
www.chateau-de-montcaud.com

» Hameau de Combe
☎ 04 66 89 60 60
Fax 04 66 89 45 04
F. 1er janv.-7 avril et 22 oct.-31 déc.

BAILLEUL - 59270 (1 D 2)

Lille 30 - Armentières 13 - Ypres 21

Belle Hôtel

Voyage en pays flamand, dans l'architecture début XXe en briques rouges comme dans la gentillesse de l'accueil. Chambres au confort parfaitement actuel.
2 appart. 65-150 € • 31 ch. 65-92 €
www.bellehotel.fr

» 19 rue de Lille
☎ 03 28 49 19 00
Fax 03 28 49 22 11
F. non comm.

➲ à BOESCHEPE - 59299 : 11 km N.O. par D 10

⑩ De Vierpot

Du site (celui du moulin de Boeschepe) au décor (ambiance rustique et amusante, avec les grandes culottes anciennes qui pendent au plafond), tout est craquant dans cet estaminet, paré de toutes les vertus chaleureuses des Flandres, y compris un bon choix de bières délicieuses et de planches gourmandes et savoureuses.
C : 10,50 €

» 12 rue du Moulin
☎ 03 28 49 46 37
F. lundi à vend. (oct.-mars), lundi et mardi (mars-juin et sept.), lundi (juil.-août), vac. scol. fév. et Noël-nouvel an.
Jusqu'à 21h00.

Prix des appartements : la fourchette de prix correspond au tarif journalier pour 1 personne seule, et maximum pour 2 personnes.

Prix à la carte : correspond au prix moyen à la carte (entrée, plat + dessert).

BALARUC LES BAINS - 34540 (32 A 4)

Montpellier 30 - Sète 7

Le Saint-Clair

Dépaysement en pays sétois, dans le jardin-palmeraie offrant une vue panoramique sur le bassin de Thau. Le jeune chef trouve de plus en plus le ton juste, celui d'une cuisine marine qu'il a tricoté à sa mesure et qu'il exprime notamment dans un menu assez prodigieux à 18 € (coquillages, huîtres gratinées et sabayon soufflé aux cèpes, aileron de raie et petits violets) ou dans une fameuse bourride de baudroie. La cave languedocienne ne manque pas de références (Puech Haut, Daumas Gassac) et se montre bien exploratrice.

C : 50 € • M : 18-49 € — sjlsaintclair@aol.com

» Quai du Port
☎ 04 67 48 48 91
F. 2-31 janv.
Jusqu'à 22h.

BANDOL - 83150 (33 D 6)

Toulon 18 - Marseille 51

L'Ile Rousse 

Une jolie villa méditerranéenne en bord de mer, spacieuse et lumineuse, idéal séjour balnéaire dans la station viticole. De belles chambres au confort moelleux et aux tons pastel, murs chaulés et marbre au sol, dans un style provençal, soutenu de mobilier de style. Une piscine d'eau de mer, deux plages privées et un centre de thalassothérapie apportent les bienfaits marins. le restaurant les Oliviers, un chef d'expérience travaille les produits de prestige avec conscience, mêlant tradition et mode, cigales de mer et morilles, macaroni truffé et coquillages à la bière blanche, osso buco de lotte et lard de Colonnata

2 appart. 324-570 € • 53 ch. 112-368 € • 1/2 pens. 117-140 € • C : 63 € • M : 34,50-59 € — www.ile-rousse.com

» 25 bd Louis-Lumière
☎ 04 94 29 33 00
Fax 04 94 29 49 49
Ouv. 7j/7.

BANGOR ➤ BELLE ILE EN MER

BANNALEC - 29380 (13 C 4)

Quimper 33 - Lorient 34

Le Manoir du Menec

Au milieu des arbres, de belles demeures historiques en pierre accueillent des chambres à l'ancienne, mobilier Louis XIII et pierres apparentes, ainsi qu'un équipement de détente soigné.

13 appart. 350-1030 € • 16 ch. 80-100 € • 1/2 pens. 105-125 € — www.manoirdumenec.com

» Le Ménec, rte de Saint-Thurien
☎ 02 98 39 47 47
Fax 02 98 39 46 17
F. 15 fév.-3 mars et 8-24 nov.

BANYULS SUR MER - 66650 (31 D 6)

Perpignan 37 - Collioure 10

La Littorine H

Les familles s'y retrouvent pour plusieurs bonnes raisons : c'est au bord de la mer, le ticket moyen n'y est pas trop élevé, on s'y rassemble simplement sur des tables gentiment rapprochées, et les entrées, dans leur simplicité marine, tombent à pic (délicieuse escalivade de légumes aux anchois). Et s'il n' y a pas vraiment de légitimité à aller chercher les plats à 30 €, qui ne valent tout simplement pas le coup, cela permet de vanter la probité des bons menus, la gentillesse d'un service dévoué, et une cave régionale capable de trouver de bonnes idées ailleurs (Gailard, Pibarnon, Dauvissat...). Chambres claires et sobres pour profiter de la situation en bord de mer.

M : 28-35 € • 1 appart. 400-700 € • 31 ch. 44-107 € • 1/2 pens. 57-89 € — contact@hotel-des-elmes.com

» Plage des Elmes
☎ 04 68 88 03 12
F. dim. à dîn. (sf saison), lundi, mardi à déj. (15 oct.-15 avril) et 10-15 déc.
Jusqu'à 21h30.

Le Catalan

La situation dominante offre une vue très agréable sur la station et la mer, depuis le joli jardin exotique comme depuis les chambres, entre allure contemporaine et mobilier régional.
1 appart. 110 € • 34 ch. 52-83 € • 1/2 pens. 55-83 €
www.hotel-lecatalan.com

» Rte de Cerbère
☎ 04 68 88 02 80
Fax 04 68 88 16 14
F. 4 janv.-12 mars et 13 nov.-21 déc.

BAR LE DUC - 55000 (11 B 3)

Verdun 52 - Châlons-en-Champagne 70

13 Bistrot Saint-Jean

Il y a incontestablement de la main, du savoir-faire dans cette cuisine de bistrot élégant aux assiettes travaillées par un jeune chef qui n'est pas resté confiné dans sa Lorraine pour savoir ce qui se passe ailleurs. Et sa cuisine est alerte, fine, curieuse, se jouant des oukases et des contraintes de lieu ou de terroir : épaule de lapin en terrine et gelée à la sarriette, cannelloni de morue fraîche au basilic, rognons de veau et gnocchis de pommes de terre au fromage blanc, pointe glacée mirabelle sur sablé et soupe de mirabelles au miel. Ce bistrot est un phare aux couleurs changeantes, à suivre de près. Seule la cave a besoin d'évoluer, et de s'étendre.
C : 35 €

» 132 bd de La Rochelle
☎ 03 29 45 40 40
F. sam. à déj., dim., 1 sem. déb. fév. et 3 sem. juil.-août.
Jusqu'à 22h.

BAR SUR AUBE - 10200 (9 C 5)

Chaumont 40 - Troyes 52

11 La Toque Baralbine

Daniel Phélizot connaît bien sa ville et les goûts de sa clientèle. Son cheval de bataille ? Proposer le meilleur rapport qualité-prix possible. Sa recette ? Utiliser le maximum de produits régionaux et du marché, pour en tirer des assiettes franches et généreuses, une terrine de lapin entrelardée, un filet de daurade royale poêlé et jus aux paillettes d'algues ou une simple et bonne tarte aux pommes, le tout pour 22 €. Il reste ainsi quelques pièces pour se faire plaisir en puisant dans la cave très classique de la maison, bourgognes, champagnes et bordeaux y tenant la vedette.
M : 22-32 €
www.latoquebaralbine.fr.st

» 18 rue Nationale
☎ 03 25 27 20 34
F. dim. à dîn. (sf 1er juil.-5 sept.), lundi. F. annuelle non comm.
Jusqu'à 21h.

BARATIER ➤ EMBRUN

BARBERAZ ➤ CHAMBERY

BARBOTAN LES THERMES - 32150

...74 - Mont-de-Marsan 43

Restaurant Mike Lee H

Donner le terroir du Sud-Ouest à Mike Lee, c'est un peu comme offrir une viole de gambe à Eric Clapton : il sait en jouer, mais la musique n'est pas tout à fait celle de Tous les matins du monde. Après avoir parcouru le vaste monde, le chef anglais installé au pays du canard gras, compose, s'amuse et nous régale, d'une salade de cailles, foie gras, noisettes grillées et abricots secs sauce yaourt, d'un chicken tandoori ou de sa "partition écossaise", des tortellinis au saumon fumé. Pas de barrière, pas d'œillères, mais de la saveur, jusque dans les plats "tranquilles" (filet mignon de veau sauce morilles) et les desserts. Cave plus convenue qu'on pourrait l'attendre, mais le Tariquet à 16 €, c'est une affaire. Jolies chambres aux noms de fleurs, en accord avec leurs ambiances personnalisées.
C : 45 € • M : 26,50-46 € • 5 appart. 120 € • 11 ch. 65-90 € • 1/2 pens. 43,60-140 €
www.fleursdelees.com

» 24 av Henri-IV
☎ 05 62 08 36 36
F. 1er nov.-1er mars (sf sur réserv.).
Jusqu'à 21h30.

Au Bon Roy Henri

» 20 av des Thermes
☎ 05 62 69 52 03
📠 05 62 69 58 08
F. 1er déc.-1er mai.

Plus basque que gasconne dans son allure, la maison propose une étape sympathique au cœur des paysages du Gers.
60 ch. 30-48 € • 1/2 pens. 90-100 € *www.hotel-royhenri.com*

➲ à BETBEZER D'ARMAGNAC - 40240 :
18 km O. par D 656, D 626 et D 11

⑫ Domaine de Paguy

» ☎ 05 58 44 81 57
F. dim. à dîn. (Pâques-fin juin) et merc. (1er juil.-15 sept).
Jusqu'à 20h30.

Le cadre est approprié pour partager d'aussi savoureuses nourritures terrestres : un manoir XVIe, entouré de onze hectares de vigne, dans lequel les Darzacq ont aménagé six spacieuses chambres d'hôtes pour goûter à plein les charmes de la campagne landaise, jouer aux quilles, visiter les palombières et les caves d'armagnac, et se requinquer à table d'une généreuse garbure, d'un confit de porc et d'une poule au pot farcie. Cave du coin (tursan, madiran, buzet…) et vin de table en carafe.
C : 20 € • M : 15,50-31 € *domaine-de-paguy@wanadoo.fr*

BARCELONNETTE - 04400 **(34 B 3)**
Digne 88 - Gap 68 - Nice 140

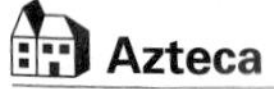

Azteca

» 3 rue François-Arnaud
☎ 04 92 81 46 36
📠 04 92 81 43 92
F. 12 nov.-4 déc.

Complètement rénovée en novembre 2004, la partie ancienne de cette ancienne villa "mexicaine" fin XIXe a rejoint le niveau de confort du reste de l'établissement. Calme impressionnant, grande terrasse plein sud et nombreuses chambres (toutes décorées d'artisanat mexicain) disposant d'un balcon (vue splendide sur les sommets).
27 ch. 49-97 € *www.hotel-azteca.fr.st*

➲ à JAUSIERS - 04850 : 9 km N.E. par D 900

Villa Morélia

» Rue Principale
☎ 04 92 84 67 78
F. à déj., dim., lundi, mardi (sf juil.-août et sur réserv.), 20 oct.-28 déc. et avril.

Cette "villa de Mexicain", comme on en voit en vallée d'Ubaye autour de Barcelonnette, d'où partirent ces aventuriers qui firent fortune en Amérique, est sans doute l'écrin rêvé pour offrir une cuisine de saveurs et de conviction et pour l'épanouissement d'un jeune chef [illegible] une belle [illegible] année, sa production s'affine, un [illegible] terroir, [illegible] queue de bo[illegible] produits choisis : cannelloni transparent [illegible] vinaigrette de rouget et foie gras séché comme un jambon, selle d'a[illegible] en croûte briochée. Le menu unique peut paraître aussi imposant qu'imp[illegible] Mais il emmène dans une si belle soirée, avec quelques vins du Ventoux ou du Rhône...
M : 52-75 € *www.villa-morelia.com*

➲ à PRA LOUP - 04400 : 9 km S.O. par D 902 et D 109

L'Auberge du Clos Sorel

» Les Molanes
☎ 04 92 84 10 74
📠 04 92 84 09 14
F. vac. scol., 1er avril-15 juin et 1er sept.-15 déc.

L'auberge propose une jolie vision du rustique montagnard, avec le plaisir précieux de l'authenticité, puisque l'origine des bâtiments remonte à une ferme d'alpage du XVIIe siècle. Les vieilles pierres et les poutres dégagent une atmosphère particulière, qui rend encore plus agréable la vue panoramique sur les montagnes.
11 ch. 65-88 € • 1/2 pens. 63-101 € *www.clos-sorel.com*

En plein[illegible]
XVIIIe siècle invitent à [illegible]
d'un espace détente), da[illegible]
en fer forgé et couleurs vives[illegible]
3 appart. 134-170 € • 20 ch. 66[illegible]

BARCUS - 64130 (23 C 6)

Pau 46 - Mauléon 14

Restaurant Chilo H

Après un quart de siècle d'un succès qui ne s'est jamais démenti et qui l'a installé, sans vraiment le vouloir, parmi les chantres de la cuisine du sud-ouest, Pierre Chilo n'a rien perdu de sa vigueur. Nous le taquinons depuis quelques années sur sa cuisine, généreuse, parfois à l'extrême, saucière, parfois un peu trop, mais nous n'oublions pas non plus qu'il reste un excellent acheteur et un bon technicien : son jambon iberico en croûte de pain et brouillade de truffes, son turbot sauvage rôti aux oignons nouveaux, sa poularde, l'aile et la cuisse à la crème aux brisures de truffes et sa croûte de gâteau basque à l'ananas caramélisé aux éclats de carambar (concession à la modernité ?) font figure de mètre-étalon dans leur domaine. Les tenants de la cuisine allégée passeront leur chemin, les autres ressortiront le sourire aux lèvres et avec l'envie de revenir. Une dizaine de chambres meublées en style local pour profiter du grand air et de la piscine de l'hôtel.

C : 45€ • M : 28-62€ • 11 ch. 45-140€ • 1/2 pens. 77-122€

www.hotel-chilo.com

» Le Bourg
☎ 05 59 28 90 79
F. dim. à dîn., lundi, mardi à déj. (1er oct.-10 juil.), lundi à déj. (1er-30 juil.), 2 sem. janv. et 2 sem. mars.
Jusqu'à 21h30.

BARDIGUES ➤ AUVILLAR

BAREGES - 65120 (29 B 6)

Tarbes 60 - Lourdes 40

(11) Auberge du Lienz

Typique chalet de montagne face au pic du Midi de Bigorre : connu autant des bergers et des isards que des touristes, la maison de Louisette Corret soutient le moral des troupes depuis un siècle. La garbure au jambonneau, l'échine de porc et la copieuse "ardoise du terroir" sont naturellement des best-sellers.

C : 28€ • M : 24€

» Chez Louisette
☎ 05 62 92 67 17
F. 15 avril-10 mai et 1er nov.-1er déc.
Jusqu'à 20h45.

BARENTIN - 76360 (6 C 2)

Rouen 18 - Duclair 10

(11) Auberge du Grand Saint-Pierre

Luc Tellier, frère de Marc, qui exerce à Rouen (L'Ecaille 16/20) partage la même passion familiale pour le travail bien fait. Pas le même registre, mais cette tradition normande, purement et rigoureusement exécutée, autour de l'aile de raie au vinaigre de cidre, de la côte de veau normande ou du ris de veau aux saint-jacques, dans l'atmosphère typique de ce gros bourg rural et industriel, mérite bien la mention.

C : 35€ • M : 15,50-29,50€

» 19 av Victor-Hugo
☎ 02 35 91 03 37
F. dim. à dîn., lundi, jeudi à dîn. et 3 sem. août.
Jusqu'à 21h.

BARJAC - 30430 (32 B 2)

Nîmes 69 - Alès 39

Le Mas du Terme

... campagne, au milieu des arbres, ces grands bâtiments de pierre du ... la détente (encore plus depuis l'an dernier, avec la création ... dans une atmosphère typique et chaleureuse, meubles ...

... 114€ • 1/2 pens. 40€

www.mas-du-terme.com

» Rte de Bagnols-sur-Cèze
☎ 04 66 24 56 31
Fax 04 66 24 58 54
F. nov.-1er avril.

BARNEVILLE CARTERET - 50270 (5 A 3)

Saint-Lô 64 - Cherbourg 39 - Carentan 43

16 La Marine

➥ **Hôtel** : La Marine

Cadre et ambiance

La Marine a beaucoup changé. Magnifiquement postée face au havre de Carteret, elle jouit désormais d'une salle d'un grand confort, tables élégantes, bien espacées, décoration moderne, lumineuse et soignée. Détendu, on contemple les mouvements de marée par les immenses baies vitrées.

Cuisine

Laurent Cesne, fils de la maison, se décrit comme autodidacte. Après tout pourquoi pas ? Sa cuisine, dont nous soulignions le frémissement ces dernières années, a encore franchi un cap, comme si elle se sentait plus à l'aise dans ce cadre superbe. Le bouillon de langoustines et petits pois, lard grillé, le gros carrelet laqué au miel et au thym, navets glacés au vinaigre de cidre et crème de camembert, le rouget barbet sur une tarte sablée à la tomate et olives Taggiasca, poêlée de seiche à la vive (un plat qui vaut trois toques) et les magnifiques desserts (dont une terrine de pamplemousse rose à la bergamote, sorbet agrumes et tuile dentelle à l'orange) valent bien un point de plus.

Cave

C'est encore le seul petit point faible de la maison. Tournée vers les vins blancs bien sûr, pour mieux coller aux spécialités de poisson, elle manque encore de curiosité envers les nouveaux vignerons.

Accueil et service

Une belle maison, un accueil tout sourire, sans courbettes excessives. Nous ne sommes pas sur la Côte d'Azur mais la région commence à gagner en notoriété et le standing est là.

C : 60 € • M : 30-83 € www.hotelmarine.com

» Rue de Paris
☎ 02 33 53 83 31
F. dim. à dîn. (mars, oct.-nov.), lundi (sf à déj. déb. avril-juin et sept.), jeudi à déj. (sf juil.-août) et mi-nov.-déb. mars.
Jusqu'à 21h30.

14 Au Paradis des Gourmets

Qui a dit qu'il ne se passait rien dans la Manche ? Après Laurent Cesne (la Marine à Carteret) et Philippe Hardy (le Mascaret à Heugueville sur Sienne), voici un autre chef qui a des choses à dire et qui ne manque pas de talent. A 26 ans seulement, Anthony Gerbeau se laisse encore parfois emporter par sa fougue (ce qui le pousse à commettre quelques péchés de gourmandise sur quelques plats trop ambitieux techniquement) mais ne se montre jamais ennuyeux : lingot de foie gras de canard et fruits secs, croûte de cacahuètes et cannelé aux épices, turbot cuit à la plancha, superposition de gaufres et jus au combawa, pulpe de fruits exotiques et ananas chaud, infusion à la badiane et jus de cuisson au rhum en sorbet. Les idées fusent de partout, on s'épuise parfois à trop vouloir comprendre mais une fois sorti, il nous prend une furieuse envie de très vite revenir dans cette ancienne grange au décor superbe.

C : 50 € • M : 29-95 € www.auparadisdugourmet.com

» 1 rue au Lait, les Rivières
☎ 02 33 04 95 33
F. lundi, mardi à déj. et merc.
Jusqu'à 21h00.

La Marine

➥ **Restaurant** : 16/20 La Marine

La grande maison blanche propose des chambres claires et très élégantes, sans jouer la carte exclusive des harmonies marines dans le choix des couleurs. L'architecture est largement ouverte sur la mer et ses paysages.

27 ch. 78-143 € • 1/2 pens. 83-115 € www.hotelmarine.com

» Rue de Paris
☎ 02 33 53 83 31
02 33 53 39 60
Ouv. 7j/7.

BASSE GOULAINE ➤ NANTES

BASSIGNAC LE BAS ➤ BEAULIEU SUR DORDOGNE

BASTIA ➤ CORSE

BAUD - 56150 (13 D 4)

Lorient 35 - Vannes 35 - Pontivy 23

[10] Au Rendez-Vous des Pêcheurs

» Pont-Augan
☎ 02 97 51 06 85
F. à dîn. lundi-jeudi.
Jusqu'à 21h30.
⛱ ♿ 🐕

Dans une salle entièrement rafraîchie, la nouvelle équipe s'agite, dans la même sympathique ambiance de proximité, pour produire une carte plus étoffée, plus marine aussi, dans une bonne tradition régionale : salade de la mer, saint-jacques sur galette de blé noir, tiramisu maison.

M : 10-32 € *michel.felden@wanadoo.fr*

BAULE ➤ BEAUGENCY

LA BAULE - 44500 (15 A 4)

Paris 448 - Nantes 71 - Saint-Nazaire 13

[14] La Véranda

» 27 bd de l'Océan
☎ 02 40 60 57 77
F. lundi à déj. et 10 déc.-janv.
Jusqu'à 21h.
🚗 🍇 🐕

Un peu loin du cœur de l'action bauloise, mais néanmoins parfaitement placée face à la mer, cette Véranda marine cultive élégance, discrétion et bon goût. Dans l'accueil d'Isabel Androuin, comme dans le travail de son époux, il y a la modestie et la rigueur de l'artisan, adossées à des produits de grande lignée, huîtres de Bretagne, pigeon de Mesquer, pommes de terre de Noirmoutier, et toute la pêche côtière traitée avec égards et passion : pavé de bar au persil plat et confit de navets, saint-pierre aux girolles, turbot rôti et mijotée de coques jus d'estragon. Desserts incontournables, inventifs ou classiques, et très gourmands (tarte sablée au chocolat équatorial, cannellonis de mangue et amande, spuma vanille et séchuan). Bonne cave ligérienne avec un très bon choix de muscadets.

C : 55 € • M : 35-75 € *restaurantlaveranda.com*

[12] Le Billot

» Pl du Marché
☎ 02 40 60 00 00
F. 2 prem. sem. janv.
Jusqu'à 22h30.
⛱ 🐕 🚬

Tout près du marché, un bistrot de carnivores trapu et direct, et qui sait à l'occasion faire le joli cœur pour les vacanciers. Les joueurs de couteaux fréquentent les baigneuses attirées par la tripe, taillent et tranchent dans la bavette, la tête de veau, la souris d'agneau ou l'andouillette à la ficelle. On boit un petit rouge de circonstance (la cave pourrait se fouler un peu) et la messe est dite.

C : 20 € • M : 14 € *lebar-m.lemarche@wanadoo.fr*

[12] Eden Beach

» 5 esplanade Lucien-Barrière
☎ 02 40 11 46 16
F. à dîn. dim.-jeudi, lundi et mardi (2 janv.-3 fév.) et 19 nov.-22 déc.
Jusqu'à 21h30.
⛱ 🚗 ♿ 🏊 🎾 🐕 🚬

➥ **Hôtel :** 🏨 Hermitage Barrière

Brasserie de la mer certes, mais en version palace : la prestation est parfaite, et pas seulement parfaitement calibrée. On se délasse à la contemplation de l'océan, on fait son choix parmi les huîtres de la région, avant d'opter pour un plat de poisson avec la certitude de faire le bon choix : produits soignés, louable simplicité des assiettes et service aux petits oignons.

C : 60 € • M : 32 € *www.hermitage-barriere.com*

▶ Le Nossy Be

» 15 bd Darlu, plage de la Baule
☎ 02 40 60 42 25
F. lundi, mardi (sf juil.-août) et mi-nov.-14 fév.
⛱

World music et world food pour ce lounge au décor revu pour plus de chaleur et d'ambiance cosy, sans perdre le charme de la vue mer. En cuisine, la salade de rouget braisé aux chips d'agrumes côtoie en bonne intelligence la bouillabaisse maison ou le turbot vapeur sauce champagne.

C : 17 € • M : 26 € *contact@nossybe.fr*

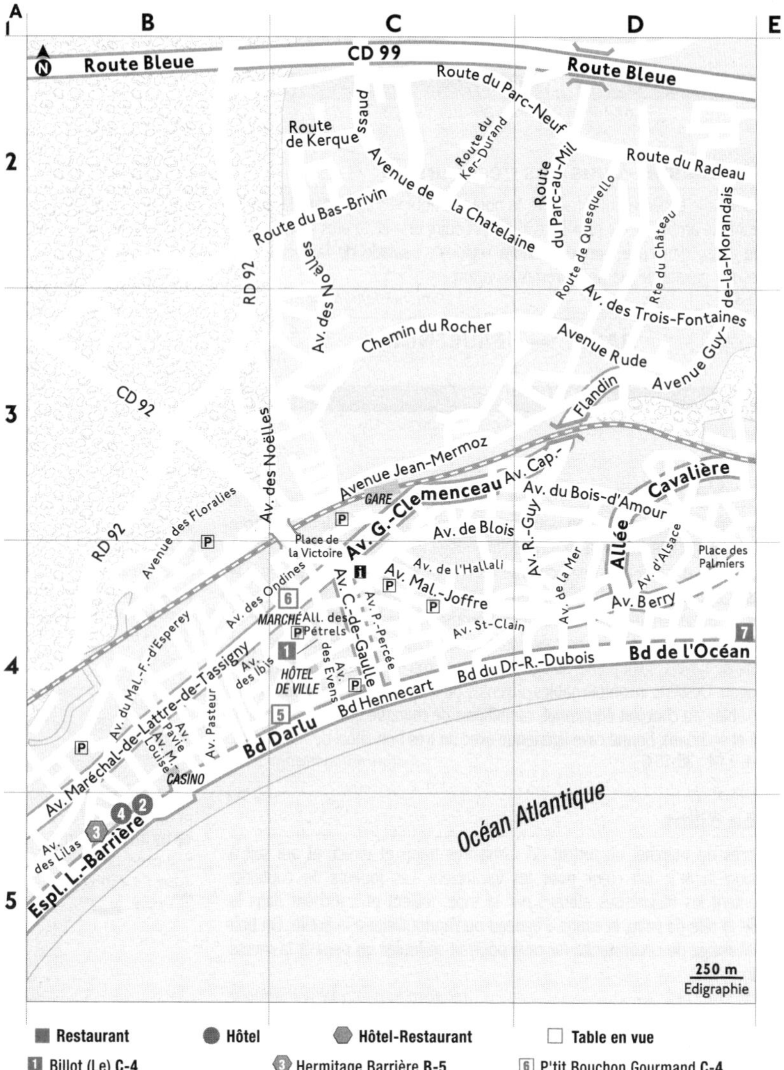

■ **Restaurant** ● **Hôtel** ⬢ **Hôtel-Restaurant** □ **Table en vue**

- **1** Billot (Le) **C-4**
- **2** Castel Marie-Louise **B-5**
- **3** Eden Beach **B-5**
- **3** Hermitage Barrière **B-5**
- **4** Mercure La Baule Majestic **B-5**
- **5** Nossy Be (Le) **C-4**
- **6** P'tit Bouchon Gourmand **C-4**
- **7** Véranda (La) **D-4**

P'tit Bouchon Gourmand

Certes, le petit menu a pris deux euros depuis l'an passé mais le tuyau reste judicieux, pour le foie gras aux figues, le pied de cochon farci aux herbes et aux pistaches et le tiramisu à la framboise, dans un joli décor bistrotier à deux pas des halles.
C : 43€ • M : 22-35€

» 275 av de Lattre-de-Tassigny
☎ 02 40 60 95 58
F. à déj., lundi (sf été), mardi. F. annuelle non comm.
Jusqu'à 24h.

 Parking privé.  Parking fermé.  Voiturier.

 Hermitage Barrière

➡ **Restaurant** : 12/20 Eden Beach

Jacques Garcia a doté ce palace Années Folles d'espaces fastueux aux coloris chatoyants, mais aussi de chambres feutrées et plus intimes, chaleureuses. Le luxe des équipements se double d'un service parfait, en un ensemble remarquablement agréable à vivre.

15 appart. 335-1600 € • 192 ch. 170-534 € • 1/2 pens. 61 €

www.hermitage-barriere.com

» 5 esplanade Lucien-Barrière
☎ 02 40 11 46 46
📠 02 40 11 46 45
F. 2 janv.-23 mars et 12 nov.-21 déc.

 Castel Marie-Louise

Les meubles de style et les couleurs chatoyantes typiques du style Jacques Garcia se marient parfaitement avec l'architecture Belle Epoque de ce manoir ouvert sur la fameuse baie. Au restaurant, Eric Mignard et son équipe permettent de profiter dans une atmosphère relativement détendue d'une cuisine d'excellent niveau, noble dans ses produits comme dans ses manières : gelée de coucou de Rennes vinaigrette de truffe, raviole d'araignée et langoustine rôtie, bar cuit vapeur à l'huile d'amande.

2 appart. 350-540 € • 29 ch. 160-480 € • 1/2 pens. 72 € • C : 80 € • M : 45-95 €

www.castel-marie-louise.com

» 1 av Andrieu
☎ 02 40 11 48 38
📠 02 40 11 48 35
F. mi-nov.-mi-déc.

Mercure La Baule Majestic

Le majestueux immeuble Années trente regarde bien sûr vers la mer, y compris dans son décor qui puise son inspiration, pour les chambres rénovées l'an dernier, dans les grandes heures des transatlantiques et le style Art déco. Une réussite sobre et soignée.

83 ch. 75-330 €

www.mercure.com

» 14 esplanade Lucien-Barrière
☎ 02 40 60 24 86
📠 02 40 42 03 13
Ouv. 7j/7.

➲ au POULIGUEN - 44510 : 4 km S.O. par N 171

Café Jules

Carte branchée, entre touches asiatisantes et valeurs sûres italiennes, et ambiance soutenue pour cette adresse sur les quais qui ne ménage pas ses efforts pour séduire, jusqu'à la sélection de vins au verre.

C : 30 €

www.cafejules.com

» 15 quai Jules-Sandeau
☎ 02 40 42 31 79
F. lundi, mardi (sf vac.scol.), lundi (1er juin-31 mai) et mi-nov.-1er fév.
Jusqu'à 23h.

BAUME LES DAMES - 25110 (21 C 3)

Besançon 30 - Vesoul 48 - Belfort 65

 Le Charleston

Une adresse de proximité pour ne pas manger en s'ennuyant : Philippe Manfroi sait donner le bon rythme et sa cuisine régionale mâtinée de grains d'imagination (truite au vin jaune, porc sauce macvin) et d'une parcelle d'exotisme, donne du piquant à la stricte tradition jurassienne.

C : 31 € • M : 10,60-22 €

» 10 rue des Armuriers
☎ 03 81 84 24 07
F. dim. à dîn., lundi, 15 jrs fin mars et 15 jrs fin sept.
Jusqu'à 21h.

Abréviations principales

ann.	annuelle	comm.	communiqué
appart.	appartement	dîn.	dîner
ch.	chambre	jrs.	jours
déj.	déjeuner	rens.	renseignements
h.s.	hors saison	sem.	semaine
C.	prix moyen à la Carte	F.	fermé
M.	prix des Menus	déj. seult.	déjeuner seulement
1/2 pens.	demi-pension	sf	sauf

LES BAUX DE PROVENCE - 13520 (33 B 4)

Arles 21 - Saint-Rémy-de-Provence 10

L'Oustau de Baumanière

➥ **Hôtel** : L'Oustau de Baumanière

Plus que la chanson, Alain Burnel, sous le regard aiguisé de Jean-André Charial, connaît la région et les attentes de la clientèle : l'Oustau a une réputation à tenir et s'emploie à présenter les produits nobles comme la région dans leurs meilleurs atours classiques. Si l'ensemble peut manquer un peu de passion, le ballet impeccable du service et la réalisation d'école des raviolis de truffe aux poireaux, du croustillant de loup au citron de Nice et sarrasin ou du veau de lait aux asperges olives et câpres forcent le respect. Habitués de longue date ou convives d'un soir goûtent à cette même satisfaction sereine et au bonheur d'une terrasse exceptionnelle. Le sommelier n'est pas de trop pour faire son choix dans une carte imposante, au prestige bâti de longue date, mais qui a su également capter au fil des années les valeurs montantes devenues depuis incontournables.

C : 130€ • M : 90-150€ *www.oustaudebaumaniere.com*

» Val d'Enfer
☎ 04 90 54 33 07
F. merc., jeudi à déj. (2 nov.-31 mars), merc. à déj. (2 nov.-30 avril) et déb. janv.-déb.fév.
Jusqu'à 22h.

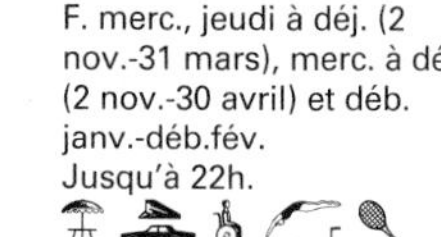

14 La Cabro d'Or

➥ **Hôtel** : La Cabro d'Or

Pour les sites touristiques, il y a le chaos rocheux, le village perché, la roche rouge, Saint-Rémy pas loin. Pour l'hôtellerie et la restauration, il y a Jean-André Charial, sur le toit des Baux. Entre l'Oustau et la Cabro, la même jolie musique, raffinée avec l'accent pointu. Ici, Michel Hulin, ancien second de Guérard, donne le la et déroule la partition avec dextérité. Les assiettes sont belles, aromatiques, généreuses : carpaccio de daurade et copeaux de bellotta, filet de taureau au sautoir compotée d'oignons doux et légumes primeurs, croustillant de mille-feuille d'aubergine et crème mousseline au fenouil confit dans la veine des desserts légumiers d'aujourd'hui. Du travail propre et un service impeccable, plébiscités par les résidents, qui goûtent aussi très bien les flacons de la riche cave locale.

C : 90€ • M : 38-90€ *www.lacabrodor.com*

» Val d'Enfer
☎ 04 90 54 33 21
F. lundi (2 nov.-31 mars), mardi à déj. et 15 nov.-20 déc.
Jusqu'à 21h30.

Auberge du Château

C'est vrai, les chefs changent assez souvent dans cette petite table touristique de la rue principale mais la bonne humeur reste toujours de mise et les assiettes valent toujours la halte. Salade de rouget, pavé de thon à la provençale, tarte à la framboise, au milieu d'une carte à forte tendance régionaliste.

C : 15€ • M : 23€

» Rue du Troncat
☎ 04 90 54 50 48
F. à dîn. (h.s.).
Jusqu'à 15h30.

L'Oustau de Baumanière

➥ **Restaurant** : 15/20 L'Oustau de Baumanière

De ces adresses mythiques qu'on ne présente plus, sinon pour rappeler que le présent est à la hauteur de l'histoire, avec une remarquable interprétation du luxe à la provençale, un site magnifique au pied d'un chaos rocheux et un service de qualité.

11 appart. 365-499€ • 19 ch. 225-305€ • 1/2 pens. 385-650€

www.oustaudebaumaniere.com

» Val-d'Enfer
☎ 04 90 54 33 07
📠 04 90 54 40 46
F. déb. janv.-déb. fév.

La Cabro d'Or

➥ **Restaurant** : 14/20 La Cabro d'Or

Ambiance paisible et raffinée pour cette adresse à l'écart du village, au pied des rochers. La Provence est à l'honneur dans le décor, matériaux nobles et couleurs douces pour une ambiance à la fois feutrée et chaleureuse.

8 appart. 300-450€ • 23 ch. 145-240€ • 1/2 pens. 220-525€

www.lacabrodor.com

» Val-d'Enfer
☎ 04 90 54 33 21
📠 04 90 54 45 98
F. 15 nov.-20 déc.

🏠 Auberge Benvengudo 👨‍🍳 🐦

» Vallon de l'Arcoule
☎ 04 90 54 32 54
📠 04 90 54 42 58
F. mi-nov.-mi-fév.
🚗 ❄ 🏊 🎾

Au pied du château, un site privilégié sur un domaine de trois hectares : le vieux mas à la toison verte de vigne vierge a été fort bien aménagé, chambres stylées de vieux meubles provençaux, atmosphère authentique d'une maison de famille entretenue avec passion. Au restaurant, Jean-Pierre Côte change son menu chaque jour, fabrique ses glaces et sorbets et agrémente sa cuisine provençale du piment de la nouveauté (pressé de thon frais au citron confit, déclinaison d'agneau du pays, jus au thym sauvage, pigeon rôti cuisse confite et jus réglisse).
3 appart. 135-190 € • 21 ch. 99-190 € • 1/2 pens. 190-270 € • C : 45 €

🏠 Le Mas d'Aigret

» Chemin D 27 A
☎ 04 90 54 20 00
📠 04 90 54 44 00
F. non comm.
🚗 ❄ 🏊 🐕

Une expérience originale, notamment en Provence, avec un mas semi-troglodytique, construit au XVIe siècle. Les petites chambres sont adorables et pleines de caractère. Agréable également, la terrasse sous les mûriers.
16 ch. 80 € *www.masdaigret.com*

🏠 Mas de l'Oulivié

» Les Arcoules
☎ 04 90 54 35 78
📠 04 90 54 44 31
F. mi-nov.-mi-mars.
🚗 ♿ ❄ 🏊 🎾 🐕

Construit à partir de matériaux de récupération et donc authentiques (tuiles, encadrements en pierres des Baux, terrasses en roche d'Espéi), ce mas d'architecture provençale jouit d'un site enchanteur : vue magique sur les rochers des Baux, grande piscine (entourée de palmiers, oliviers et lavandes) avec débordements et plage immergée, spa intégré... Les 2 ha de parc et le jardin paysager aménagé au cœur d'une oliveraie apportent un charme supplémentaire à un ensemble déjà très favorisé. Chambres meublées en style provençal, chaleureuses et lumineuses.
2 appart. 290-410 € • 25 ch. 100-245 € *www.masdeloulivie.com*

BAVAY - 59570 (2 C 4)

Lille 78 - Maubeuge 14

[12] Bagacum

» 2 rue d'Audignies
☎ 03 27 66 87 00
F. dim. à dîn. et lundi (sf férié).
Jusqu'à 20h45.
☂ 🚗 ❄ 🐕

Depuis des années, le Bagacum tient la piste dans ce coin de département où le touriste est rare. Une cuisine de pro - un fumet de crustacés avec la marmite d'écrevisses, une belle volaille au maroilles - dans une veine traditionnelle soignée, une atmosphère qui ne se rajeunit pas, mais qui reste une bonne affaire. La cave n'est pas trop chère, mais gagnerait à s'étendre un peu dans la nouveauté.
C : 50 € • M : 31-46,50 € *www.bagacum.com*

[12] Le Bourgogne

» 11 porte de Gommeries
☎ 03 27 63 12 58
F. à dîn. (sf vend., sam.), lundi, 2 sem. vac. scol. fév. et 3-25 août.
☂ 🚗 🐕 🚬

La grande maison d'angle sait accueillir, aucun doute là-dessus, et ce n'est pas la moindre de ces qualités. Ajoutez une carte qui suit gentiment les saisons, l'automne marquant l'arrivée des saint-jacques et du gibier, quelques touches sudistes pour amener un peu de soleil (comme le loup de Méditerranée à l'huile d'olive) et la gourmande table des desserts, voilà la recette d'un succès qui ne se dément pas, notamment auprès d'une clientèle locale prompte à accentuer l'ambiance chaleureuse.
C : 30 € • M : 20-55 €

♿	Accessible aux handicapés.	🏊	Piscine privée.
🍇	Carte des vins remarquable.	☂	Repas servis en terrasse ou dans un jardin.
🎾	Tennis privé.	🐕	Chiens acceptés.

BAYEUX - 14400 (5 C 3)

Caen 31 - Saint-Lô 35

Le Lion d'Or H

» 71 rue Saint-Jean
☎ 02 31 92 06 90
F. sam. à déj., lundi à déj., 17 déc.-19 janv.
Jusqu'à 21h30.

Les propriétaires ont changé, mais l'excellent Patrick Mouilleau reste heureusement au piano, s'appuyant sur sa plantureuse Normandie pour travailler des produits de goût, dans la parfaite fraîcheur gourmande du homard aux noisettes de melon, sur une crème légèrement acidulée à la framboise, ou dans la précision épatante des côte et noisette d'agneau, accompagnées de févettes moelleuses et de lardons et petits oignons attendrissants. Desserts superbes et belle cave offrant un très bon choix en demies et au verre.

C : 50 € • M : 20-46 € • 1 appart. 140-204 € • 25 ch. 64-134 € • 1/2 pens. 69-123 €

www.liondor-bayeux.fr

Château de Sully

» Rte de Port-en-Bessin
☎ 02 31 22 29 48
02 31 22 64 77
F. 5 déc.-10 mars.

Un château et un manoir se partagent un élégant parc paysager, aménagé en partie à la française et en partie à l'anglaise. Les deux bâtiments affichent, dans des proportions adaptées, la même élégance typique de l'architecture XVIIe. Les chambres adoptent des ambiances légèrement différentes, avec notamment l'agréable douceur du style anglais au manoir. Menu unique de haute tenue au restaurant, avec comme simple choix poisson et/ou viande : oeuf de poule poche-gratiné, des pasperges vertes à la crème de morilles, pavé de cbillaud étuvé, salmis de porc et tarbais au jambon d'Espagne, abricot façon melba, qu'on ne pourra apprécier qu'au dîner et aux déjeuners du weeke-end.

2 appart. 170-300 € • 22 ch. 90-145 € • M : 43-55 € chsully@club-internet.fr

Château de Bellefontaine

» 49 rue de Bellefontaine
☎ 02 31 22 00 10
02 31 22 19 09
F. janv.

A un kilomètre du centre historique, une demeure XVIIIe de style classique ouvrant sur un parc arboré de 2 hectares. Les chambres se distribuent entre la bâtisse principale et les anciennes écuries dans lesquelles sont aménagées les suites duplex.

6 appart. 130-180 € • 14 ch. 87-130 €

www.hotel-bellefontaine.com

Argouges

» 21 rue Saint-Patrice
☎ 02 31 92 88 86
02 31 92 69 16
Ouv. 7j/7.

Les chambres de cet hôtel particulier du XVIIIe siècle disposent désormais de salles de bains entièrement refaites. Mobilier classique, situation calme en centre-ville.

2 appart. 130-232 € • 28 ch. 52-100 €

dargouges@aol.com

➲ au BREUIL EN BESSIN - 14330 : 14 km O. par D 5 et D 97

Château de Goville

» D 5
☎ 02 31 22 19 28
02 31 22 68 74
Ouv. 7j/7.

L'élégante demeure XIXe trône paisiblement dans un parc paysager de 3 ha, gage de tranquillité et de charme. A l'intérieur, un beau mobilier de famille d'époque signe une atmosphère délicate sous les hauts plafonds.

10 ch. 85-160 €

www.chateaugoville.com

Les fermetures hebdomadaires et annuelles sont celles que les restaurateurs et les hôteliers pensent pratiquer en 2006. Pour éviter des déplacements inutiles, téléphonez pour confirmer.

BAYONNE - 64100 (23 B 5)

Pau 111 - Biarritz 7

Le Cheval Blanc

» 68 rue Bourgneuf
☎ 05 59 59 01 33
F. sam. à déj., dim. à dîn., lundi, mi-fév.-mi-mars, 1 sem. juil. et 1 sem. août
Jusqu'à 21h30.

Bientôt trois siècles d'existence pour cet établissement dirigé depuis un quart de siècle désormais par Jean-Claude Tellechea qui ne rechigne jamais à se remettre en question pour progresser et garder le leadership sur les bords de l'Adour. Dynamique, talentueux, ne perdant jamais une occasion de défendre sa région, il en magnifie la cuisine : fines tranches de jambon ibaïona et caviar d'aubergine, lamproie à la bordelaise, merlu à l'émincée d'oignons dorés, jus de Sagarno et poivrons doux, parmentier de Xamango au jus de veau truffé. Cave respectant les mêmes critères, la région d'abord, avec les meilleurs vignerons.

C : 55€ • M : 28-75€

Le Bayonnais

» 38 quai des Corsaires
☎ 05 59 25 61 19
F. non comm.
Jusqu'à 21h30.

Le savoir-faire de Christophe Pascal n'est plus à démontrer et justifie la fidélité à cette adresse des bords de Nive, situation touristique dont il n'abuse pas puisque le Pays Basque se décline ici à tarifs très honnêtes, vu la qualité de la fraîche et parfumée salade d'anchois marinés, la saveur nette du foie gras mi-cuit accompagné en douceur d'une compote d'abricot ou du magret grillé, autre belle interprétation du canard. Un petit détour au-delà des Pyrénées pour la gourmandise d'un parfait de turon, la région bien représentée sur la carte des vins et voilà un Bayonnais d'excellente compagnie.

C : 30€ • M : 15€

Au Clair de la Nive

» 28 quai Galuperi
☎ 05 59 25 59 21
F. non comm.
Jusqu'à 22h.

Bien sûr, la terrasse sur les bords de la Nive se paye un peu cher, mais il n'y a pas trop matière à se plaindre devant des plats, certes classiques, mais de bon niveau et servis généreusement : un serrano correct sur des tartines de pain tomatées, un bar entier fourré de ventrèche et d'olive ou encore l'œuf au lait amatxi, un flan maison sur lit de confiture de cerise. Le service n'a pas vraiment le temps de s'attarder mais fait face avec efficacité.

C : 33,50€ • M : 21€

(12) Le Chistera

» 42 rue Port-Neuf
☎ 05 59 59 25 93
F. lundi, mardi à dîn., merc. à dîn., 1 sem. fin mai-déb. juin.
Jusqu'à 21h30.

Un ancien pelotari dans la maison de famille tenue par son père durant plus de trente ans, cela vous marque un terroir. A Bayonne, l'océan est près du béret, la salade de morue voisine avec le jambon, le merlu à l'ail avec les tripes à la basquaise. L'assiette est chaleureuse, elle appelle le cidre et l'irouléguy de Mignaberry, au milieu d'une petite cave assez futée.

C : 26€ • M : 14,80€ *www.lechistera.com*

(12) La Feuillantine

» 21 Quai Amiral-Dubourdieu
☎ 05 59 46 14 94
F. dim., merc. à dîn., 1 sem. (fév. ou mars) et 3 jrs Noël.
Jusqu'à 21h30.

Cette cuisine sympathique et assez maligne (bonbon de chèvre et foie gras, chou farci de chipirons, pavé de morue au pistou) mériterait sans doute une autre ambiance, une approche différente, moins étriquée, de la restauration urbaine. Ce qui n'enlève rien à la gentillesse de la patronne, mais montre avec un peu plus d'acuité certaines petites faiblesses dans un repas tout de même à 42 €, qui se rattrape au final par un bon financier aux cerises. La cave est aussi à renforcer, car le petit bordeaux servi à 6 € le verre fait peine, et l'irouléguy de Brana ne suffit pas à couvrir la région.

C : 34€ • M : 20-43€

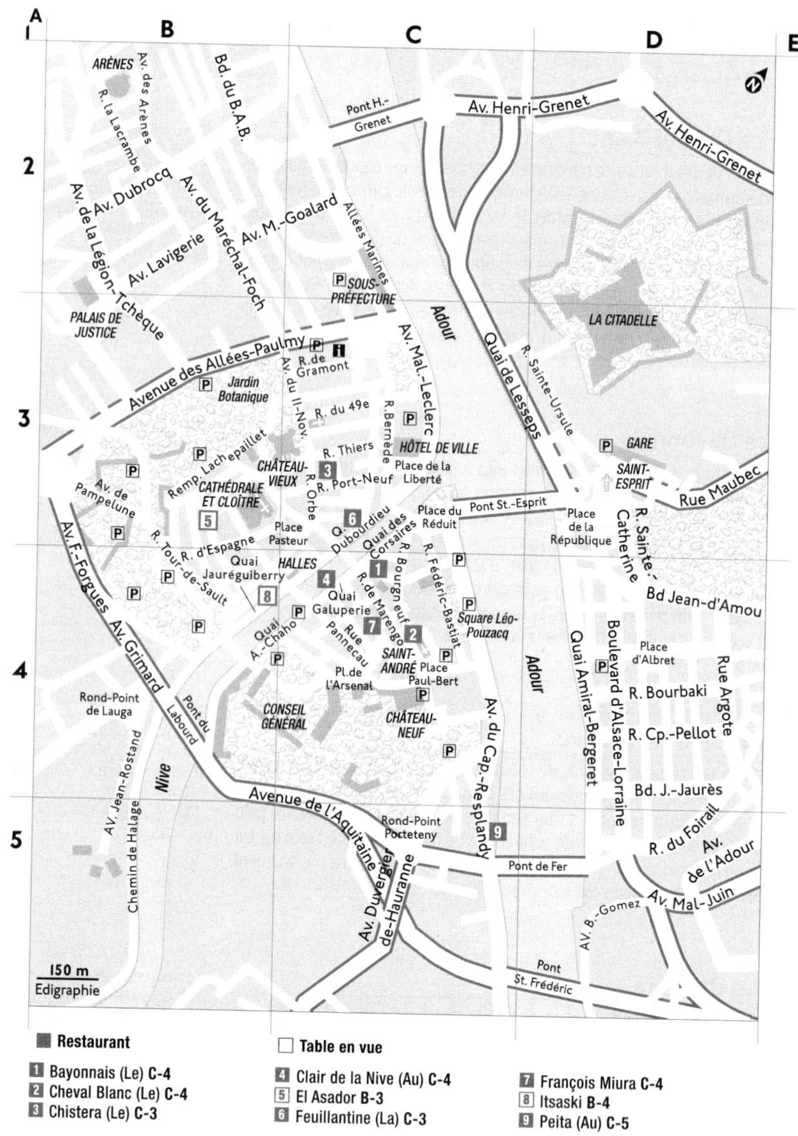

⑫ François Miura

» 24 rue de Marengo
☎ 05 59 59 49 89
F. dim. à dîn., merc.

C'est une table. Une vraie, installée dans sa ville, reconnue, légitime. Nadine Miura a vraiment la classe et le menu à 19 € est imbattable. Et Dubuffet ou Paul Klee au mur, même en reproduction, c'est plutôt mieux qu'un pote artiste qui gribouille. Pour la cuisine, c'est du tranquille sûr, local pour des locaux, chipirons farcis au pied de porc jus à l'encre, piccata de veau déglacé au cidre basque, très bon feuilleté aux abricots.
M : 19-30 €

(12) Au Peita

Décor simplissime (même si la climatisation a fait une entrée remarquée cette année), ambiance décontractée et belle cuisine de la mer concoctée par un fils de pêcheur : chipirons, moules farcies, parillada de poissons, à peine sortis des filets des pêcheurs locaux.
C : 25€ *aupeita@hotmail.com*

» 7 av Capitaine-Resplandy
☎ 05 59 25 41 35
F. sam. à déj., dim. à dîn., lundi, Noël et nouvel an.
Jusqu'à 22h.

El Asador

Bayonne, centre culturel de terroir : José Freitas intègre les données locales avec ferveur et délivre un message simple et direct. En exposant la morue grillée pommes à l'ail, le merlu koskera, les côtelettes d'agneau de lait de Castille, dans un décor franco-espagnol aux affiches de tauromachie collector.
C : 30€ • M : 19,10€

» Pl Montaut
☎ 05 59 59 08 57
F. dim. à dîn., lundi, 18 déc.-6 janv. et 12 juin-30 juil.
Jusqu'à 22h.

Itsaski

La gentillesse de Madame autant que le bon rapport prix-prestations assurent à cette terrasse des bords de Nive la fidélité des habitués, autour des gambas en persillade ou de la morue à la plancha. Jolie salle marine.
C : 35€ • M : 18,30€

» 43 quai Jauréguiberry
☎ 05 59 46 13 96
F. dim. à dîn. (h.s.).
Jusqu'à 22h30.

à URT - 64240 : 14 km E. par D 261

(14) Auberge de la Galupe

Il se débrouille, ce Normand conquérant immergé dans un terroir basco-landais qui a ses prérogatives, et ses habitudes. Stéphane Rouville ne les a pas trop bousculées, mais a su tracer son chemin, en fumant son saumon de l'Adour, en traitant l'alose, aux pruneaux et au vin rouge, mieux que les pêcheurs du cru, en utilisant la blonde d'Aquitaine, l'agneau de lait de pays et le pigeonneau de Guiche avec précision, sans colifichets, droit au but. Catherine Rouville gère une belle cave généraliste et sans faille, l'atmosphère peut encore gagner en chaleur.
C : 49€ • M : 29-75€ *www.lagalupe.com*

» Pl du Port
☎ 05 59 56 21 84
F. dim. à dîn., mardi (oct.-mars), merc. (avril-juil., sept.), merc. à déj. (août) et 2 sem. fév.
Jusqu'à 21h30.

à VILLEFRANQUE - 64990 : 11 km S.E. par N 636 et D 137

(11) Iduzki Alde

L'ancien bistrot de village à l'architecture labourdine s'est mué en une charmante auberge à l'intérieur rustique. Ici, l'ambiance, souvent enjouée, et le cadre (la terrasse, le jardin, le feu de cheminée en hiver, le fronton) comptent autant que l'assiette, d'inspiration ménagère : salade de crottin de chèvre et truite fumée, côtelettes d'agneau grillées aux herbes, fromage de brebis à la gelée de pommes. Cave d'appoint.
M : 18-25€

» Chez Vivier, au Bourg
☎ 05 59 44 94 09
F. à dîn. (sf sam. et été) et 2e quinz. nov.
Jusqu'à 21h30.

BAZAS - 33430 (23 D 3)

Bordeaux 63 - Marmande 60

Domaine de Fompeyre R

Sur une colline au-dessus de la ville, cet ensemble séduit par son cadre clair et moderne, ses chambres spacieuses et ses nombreuses possibilités de détente. La cuisine accompagne le mouvement sans fausse note, notamment dans un répertoire régional (œufs cocotte aux cèpes, alose à l'oseille).
12 appart. 138-148€ • 38 ch. 69-100€ • 1/2 pens. 80-110€ • C : 50€ •
M : 32-42€ *www.domainedefompeyre.fr*

» Rte de Mont-de-Marsan
☎ 05 56 25 98 00
Fax 05 56 25 16 25
Ouv. 7j/7.

BAZINCOURT SUR EPTE ➤ GISORS

BAZOUGES LA PEROUSE ➤ COMBOURG

BEAUCAIRE - 30300 (32 C 3)

Arles 18 - Nîmes 25

[12] L'Ail Heure

Une adresse différente dans les vieux quartiers : les assiettes sont décidées presque au dernier moment, simple ou riche (mille-feuille de rouget pancetta, bouillabaisse de lotte et pistou de légumes...), mais faites avec beaucoup de soin dans un décor intime et chaleureux.

M : 16-34 €   *lailheure@wanadoo.fr*

» 43 rue Château
☎ 04 66 59 67 75
F. sam. à déj., dim., 3 sem. déb. janv. et 1 sem. déb. sept.
Jusqu'à 21h30.
⛱ 🚗 ♿ ❄ 🐕 🚭

🏨 Les Doctrinaires R

Comme son nom l'indique, l'hôtel est abrité dans un ancien collège, élégant bâtiment XVIIe. Les chambres côté parc ont été restaurées, les autres le seront l'an prochain : confort et allure sont au rendez-vous. Les repas (servis l'été dans l'ancienne chapelle transformée en patio) privilégient les saveurs régionales : thon grillé aux légumes, agneau jus provençal.

32 ch. 55-80 € • 1/2 pens. 59-76 € • C : 50 € • M : 19-44 €
www.hoteldoctrinaires.com

» Quai du Gén-de-Gaulle
☎ 04 66 59 23 70
📠 04 66 59 22 26
F. mi-déc.-mi-janv.
🚗

LE BEAUCET ➤ CARPENTRAS

BEAUFORT SUR DORON ➤ ALBERTVILLE

BEAUGENCY - 45190 (18 A 3)

Blois 37 - Vendôme 48

🏨 La Sologne

Une étape accueillante, avec son architecture XIXe typique et ses chambres personnalisées (couleurs chaleureuses et mobilier chiné). Joli patio fleuri donnant sur la tour César.

16 ch. 45-65 €   *www.hoteldelasologne.com*

» 6 pl Saint-Firmin
☎ 02 38 44 50 27
📠 02 38 44 90 19
F. 23 déc.-15 janv.
🚗

➲ à BAULE - 45130 : 5 km N. par N 152

[11] Auberge Gourmande

Par ici la sortie : les voyageurs avisés, à l'heure du petit creux, savent trouver la bonne bretelle pour rejoindre cette maison vigneronne et son jardin au grand tilleul protégeant la terrasse. Le chef a tourné dans de belles maisons et son savoir-faire classique est appréciable dès les premiers menus. Choucroute de joues de porc, lapereau farci, marquise dans la formule à 26 **€**. Cave fréquentable pour les loires de propriétaires, bon service.

C : 39 € • M : 15-45 €   *auberge-gourmande@wanadoo.fr*

» 5 rue André-Raimbault, N 152
☎ 02 38 45 01 02
F. dim. à dîn., lundi à dîn., merc. et 2 dern. sem. août.
Jusqu'à 21h.
⛱ 🐕

➲ à TAVERS - 45190 : 4 km S.E. par N 152

🏨 La Tonnellerie R

Confort feutré, meubles de style et chambres personnalisées, certaines sous les poutres, pour cette maison ancienne aux portes de la Sologne. Ambiance paisible et détente au jardin, restaurant de cuisine classique.

4 appart. 70-208 € • 16 ch. 70-178 € • 1/2 pens. 112-201 € • C : 60 € • M : 27-49 €
www.tonelri.com

» 12 rue des Eaux-Bleues
☎ 02 38 44 68 15
📠 02 38 44 10 01
F. 24 déc.-28 fév.
🚗 🏊 🐕

BEAULIEU SUR DORDOGNE - 19120 (25 C 5)

Tulle 39 - Brive-la-Gaillarde 43

12 Le Manoir de Beaulieu — DÉCOUVERTE

» 4 pl du Champ-de-Mars
☎ 05 55 91 01 34
F. 1er janv.-28 fév.
Jusqu'à 21h45.

Le challenge est beau et il a de quoi motiver toute cette jeune équipe. A commencer par le chef, ex-second de Nicolas Frion au Chapon Fin, et passé, dans la même filière, chez Thierry Marx. Cela ne fait pas de tous les élèves du Cuisinier de l'Année 2006 des génies, mais cela veut dire que Jérôme Artiguebère n'a sans doute pas l'intention de mitonner du confit et du magret aux cèpes, même à Beaulieu-sur-Dordogne. Alors, il y a encore beaucoup à faire, une cave à construire, des inexactitudes malgré la bonne volonté, une carte encore timide pour ne pas choquer les habitués, anglophones ou francophones, mais un très bon pigeon, suprêmes rôtis et cuisse confite "orientalisée" montre, dans un joli décor en rouge et ocre sous les poutres de la vieille maison rustique sur la place, qu'il y a une table et un chef à suivre.

C : 35€ • M : 12-50€ — *www.manoirdebeaulieu.com*

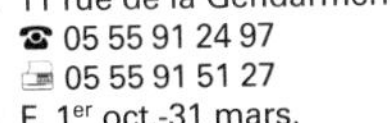

La Maison

» 11 rue de la Gendarmerie
☎ 05 55 91 24 97
Fax 05 55 91 51 27
F. 1er oct.-31 mars.

Au cœur du Limousin, un parfum de Mexique, puisque cette maison XIXe a été créée en souvenir de sa campagne dans ce pays par un ancien général d'Empire. Avec le patio et ses arcades qui mènent aux chambres, le cadre est très agréable et les coloris chaleureux bien dans l'esprit recherché.

1 appart. 100€ • 5 ch. 42-62€ — *lamaison19@wanadoo.fr*

Le Turenne

» 1 bd Saint-Rodolphe-de-Turenne
☎ 05 55 91 10 16
Fax 05 55 91 22 42
Ouv. 7j/7.

Les chambres avec plancher et cheminée monumentale affichent un caractère ancien très agréable, héritage d'un bâtiment qui remonte au Moyen Age. L'ordinaire est néanmoins d'un confort rudimentaire.

17 ch. 50-56€ • 1/2 pens. 49,50€ — *www.hotel-le-turenne.com*

à BASSIGNAC LE BAS - 19430 : 6 km N.E. par D 12

11 L'Auvergnassou

» D 41
☎ 05 55 28 51 41
F. à dîn., sam. (h.s.), 10 jrs juin, 16 jrs oct et 15 jrs Noël.
Jusqu'à 21h.

A quelques minutes du ravissant village de Beaulieu, un coin de Corrèze accueillant et tonique. Car s'il manque quelques calories à votre métabolisme, l'aligot, la viande limousine et la flognarde aux pommes sauront vous remettre d'aplomb.

M : 12-30€

BEAULIEU SUR LOIRE - 45630 (18 C 4)

Auxerre 68 - Gien 27 - Sancerre 29

10 Le Relais des Sources

» Rue du Canal
☎ 02 38 37 17 77
F. à dîn. sem. (sf vend. et sam.) et vac. scol. fév.
Jusqu'à 21h00.

Au bord du canal - certains clients arrivent en bateau -, la tatin de foie gras au cidre et la fricassée de sandre aux queues d'écrevisses, dans un menu au tarif modérateur de 22 €. On accompagne de coteaux-du-giennois, avant d'aller visiter à quelques minutes, le pont-canal de Briare.

M : 15-26€ — *www.relaisdessources.free.fr*

Dans chaque ville, les établissements sont classés par note décroissante, restaurants d'abord, hôtels ensuite.

•

Certaines communes sont rattachées à l'agglomération la plus proche.

BEAULIEU SUR MER - 06310 (34 C 4)

Nice 9 - Cannes 44 - Avignon 264

La Réserve de Beaulieu

» 5 bd du Mal-Leclerc
☎ 04 93 01 00 01
F. à déj. (1er juin-30 sept.) et fin oct.-mi-déc.
Jusqu'à 21h45.

➥ **Hôtel** : La Réserve de Beaulieu

Cadre et ambiance

L'une, sinon la première, des plus belles terrasses de la Côte. Romantisme, privilège, ineffable sensation d'éternité, le parfum rare d'une robinsonnade de luxe. Un de ces endroits où se déroule au moment du repas une cérémonie qui ne concerne plus vraiment la gastronomie.

Cuisine

Olivier Brulard a également pris le pli d'une cuisine plus flambeuse que flamboyante, et qui doit justifier par des intitulés claquants les tarifs étourdissants. La belle terrine de carottes, homard et langouste, les "ravioles provençales", grenouilles en cromesquis, petits gris et bouillon crémeux et l'excellent loup minestrone de légumes sur un bouillon aux herbes montrent que l'on investit davantage dans la finition des portières de la limousine que dans la recherche sur la motorisation, mais l'effet est garanti et le public ravi.

Cave

On n'est pas là pour finasser. Du lourd d'un peu partout, quelques petits provençaux et du branché régional en alibi, comme des petites souris pour jouer avec le chat (Tour Penedesses, Ollieux-Romanis, Germain, dont les Terres Chaudes 2000 sont à 130 €), à des tarifs suffisamment dissuasifs pour le commun, connaisseur ou non.

Accueil et service

Envie de trop en faire, de surenchérir dans la démonstration de palace ? Nous n'avons pas retrouvé cette année l'aisance coutumière. Beaucoup trop de sérieux, limite condescendant, l'obséquiosité des sourires convenus et d'une politesse très ostensible.

C : 135 € • M : 60-170 €

www.reservebeaulieu.com

16 Métropole

» 15 bd du Gén-Leclerc
☎ 04 93 01 00 08
F. 20 oct.-20 déc.
Jusqu'à 21h30.

➥ **Hôtel** : Métropole

Cadre et ambiance

Le doux romantisme d'un cadre très Riviera, Beaulieu-sur-Mer, villa à l'italienne XIXe, au milieu des arbres et des fleurs, une terrasse abritée face à la baie des Fourmis, dans le monde fitzgeraldien d'un éternel azur.

Cuisine

Rien de nouveau sous le soleil ? Si, la suite. François Blanchet est parfaitement dans le mood, mais pousse un peu plus fort qu'auparavant - et doit-on dire un peu mieux - l'exercice provençal de haut vol. De la fraîcheur et même parfois une simplicité inattendue - formidable tartelette de sardines en pissalat, avec les beignets de fleurs de courgette et la vinaigrette d'anchois, crème brûlée thym citron compote de rhubarbe à peu près parfaite - qui vaut aujourd'hui un point de plus. La technique parfaitement au point d'une brigade rodée offre des cuissons d'une énorme précision sur des produits éclatants (mille-feuille de rougets aux artichauts, loup de Méditerranée...).

Cave

Elle s'envole un peu sur les grands crus de bordeaux ou de bourgogne mais reste sage et assez pertinente sur le vignoble local, avec des blancs bien trouvés.

Accueil et service

Le service a beaucoup progressé également en naturel. Ce qui ressemblait vaguement à une haie d'honneur figée comme une revue d'équipage sur un paquebot se transforme, tout en conservant son standing, en une approche prévenante et humaine du service de palace.

C : 80 € • M : 55-88 €

www.le-metropole.com

 Le Petit Darkoum

Un cadre typiquement marocain au cœur d'un des sites les plus chics de la Côte d'Azur, le choc culturel est passionnant. Et, comme la qualité des tajines (berbère, rabati, à la t'faïa...) n'a rien à envier à celle des plats servis dans les palaces voisins, on ne peut qu'apprécier. Excellent couscous, bonnes pastillas, desserts plus quelconques.
C : 32€

» 18 bd du Gén-Leclerc
☎ 04 93 01 48 59
F. lundi et mardi. F. annuelle non comm.
Jusqu'à 21h30.

 Africa Queen

L'adresse la plus people sur les quais, celle où descend la clientèle des palaces alentours lorsqu'elle n'a pas envie d'enfiler costumes et cravates pour dîner. Une sorte d'annexe en quelque sorte. Soupe de poissons, loup pour deux ou dorade royale parmi les incontournables.
C : 45€ • M : 32€

» Port de Plaisance
☎ 04 93 01 10 85
Ouv. 7j/7.
Jusqu'à 24 h.

 Métropole

➥ **Restaurant** : 16/20 Métropole
L'hôtel a été racheté par un grand groupe financier après trois générations, mais les grands travaux sont annoncés pour l'année prochaine. Gageons qu'ils auront à cœur de préserver le charme typique de ce palais XIXe aux influences italiennes et dont les chambres luxueuses et spacieuses se déclinent entre mobilier de style et jeux de couleurs pastel. Parc sur la mer, avec plage privée.
6 appart. 470-1040€ • 35 ch. 170-600€ • 1/2 pens. 65-75€
www.le-metropole.com

» 15 bd du Gén-Leclerc
☎ 04 93 01 00 08
Fax 04 93 01 18 51
F. oct.

La Réserve de Beaulieu 

➥ **Restaurant** : 17/20 La Réserve de Beaulieu
Le port privé ou l'une des plus belles piscines de la Côte ne sont que quelques atouts d'un palace où chaque détail est étudié, où le mobilier florentin XIXe signe le raffinement de chambres sobres et harmonieuses, avec un équipement parfait, qui se prolonge dans les différents espaces de détente de l'hôtel et la disponibilité du service.
12 appart. 600-2750€ • 27 ch. 170-1000€ *www.reservebeaulieu.com*

» 5 bd du Gén-Leclerc
☎ 04 93 01 00 01
Fax 04 93 01 28 99
F. fin oct.-22 déc.

BEAUMARCHES ➤ PLAISANCE

LES BEAUMETTES ➤ GOULT

BEAUMONT EN AUGE - 14950 (6 A 3)

Caen 42 - Deauville 13

(12) Auberge de l'Abbaye

L'ancien chef de cuisine du casino de Deauville mène une paisible carrière dans cette jolie maison normande à colombages d'un calme village. Christian Girault est bon saucier, cuit avec précision la côte de veau en cocotte et garde le sens de la tradition, avec le foie gras, le homard à la vanille et la crêpe au Grand-Marnier. La balade coûte un petit peu, mais le menu à 28 **€** fait l'affaire, en s'achevant sur une bonne tarte aux pommes. Cave variée, mais mince et sans recherche.
C : 55€ • M : 28-52€

» 2 rue de la Libération
☎ 02 31 64 82 31
F. lundi à dîn., mardi, merc. (nov.-mars), merc. (juil.-août), 3 sem. janv. et 1 sem. oct.
Jusqu'à 21h30.

BEAUMONT EN VERON ➤ CHINON

BEAUMONT LE ROGER - 27170 (6 B 4)

Lisieux 47 - Evreux 33

(10) Le Bouche à Oreille

» 3 rue Jules-Ferry
☎ 02 32 45 57 27
F. sam. à déj., dim. à déj. (brunch à partir de 14h), lundi, mardi. F. ann. non comm.

Un bistrot comme ça, un peu brocante, un peu maison des jeunes, cela devrait être subventionné par l'Etat pour qu'il y en ait un dans chaque village. Une sorte de restau alternatif dans un coin typique de l'Eure où l'on refait le monde en buvant une bière au comptoir avant de passer à table dans un esprit altermondialiste. Philippe Delerm, qui habite dans le coin, vient parfois passer une tête, et la cuisine n'est pas mauvaise.
C : 25€

BEAUNE - 21200 (20 B 4)

Dijon 37 - Chalon-sur-Saône 29

Le Jardin des Remparts

» 10 rue de l'Hôtel-Dieu
☎ 03 80 24 79 41
F. dim., lundi (sf dim. Pâques, Pentecôte, Fête des mères et 3e dim. nov.), fév., 1 sem. mars, 1ers jrs avril, 1ers jrs déc. et 1er mai.
Jusqu'à 21h.

Cadre et ambiance
Une grande maison à l'angle de deux rues sur le boulevard entourant le centre, avec sa terrasse au jardin. A l'intérieur, une salle discrètement actualisée (beaux objets de déco) sous les hauts plafonds de maison bourgeoise.

Cuisine
La carte affiche une nette prédilection pour les mélanges terre-mer, mais juste en pointes d'extravagance aux réalisations par ailleurs assez classiques sur des produits bien choisis : le résultat est remarquable et néanmoins accessible au plus grand nombre, avec le tartare de charolais aux huîtres Gillardeau, désormais un classique maison, le cru et cuit de daurade aux artichauts livèche et olives noires, contraste de consistance et de saveur sur un très beau poisson - contrepoint réussi sur la douceur des artichauts - et un sorbet betterave persil et pistache amusant sur une assiette de fruits rouges parfumés.

Cave
Une carte bourguignonne solide et très agréable à lire, avec toutes les valeurs sûres, mais aussi quelques noms moins connus rendant la Bourgogne gouleyante et accessible.

Accueil et service
Le service exclusivement féminin s'adapte aux différentes tables, sur un mode décontracté très agréable dans ce contexte ; un encouragement, avec les tarifs raisonnables, à fréquenter la maison sans appréhension du protocole.
M : 30-78€ *lejardin@club-internet.fr*

Le Benaton

» 25 fg Bretonnière
☎ 03 80 22 00 26
F. merc., jeudi et 1er-15 déc.
Jusqu'à 21h30.

Plaira, plaira pas ? Cette année, le risque est dans le décor, total relook, moderne Art Déco, qui surprendra les habitués du cadre lisse et passablement inodore qui ne distrayait pas de la dégustation. Il nous paraît bien sûr que Bruno Monnoir a eu entièrement raison : sa cuisine est pleine de caractère, vivace et voluptueuse, et elle a besoin de s'exprimer dans un cadre qui lui ressemble. On goûte donc avec un appétit renouvelé ses alliances aussi surprenantes que naturelles entre terroir et imagination, le jus de betteraves à l'hibiscus sur le foie gras poêlé, le rouget barbet en croûte de pain, salade de pommes de terre aux huîtres et chorizo ou la poêlée d'escargots et écrevisse bouillon mousseux de lentilles, pleine de saveurs. Desserts ludiques et nostalgiques (le "crumble revisité" pomme et coing au vin rouge), cave de connaisseur de sa Bourgogne.
C : 55€ • M : 20-50€ *le-benaton@club-internet.fr*

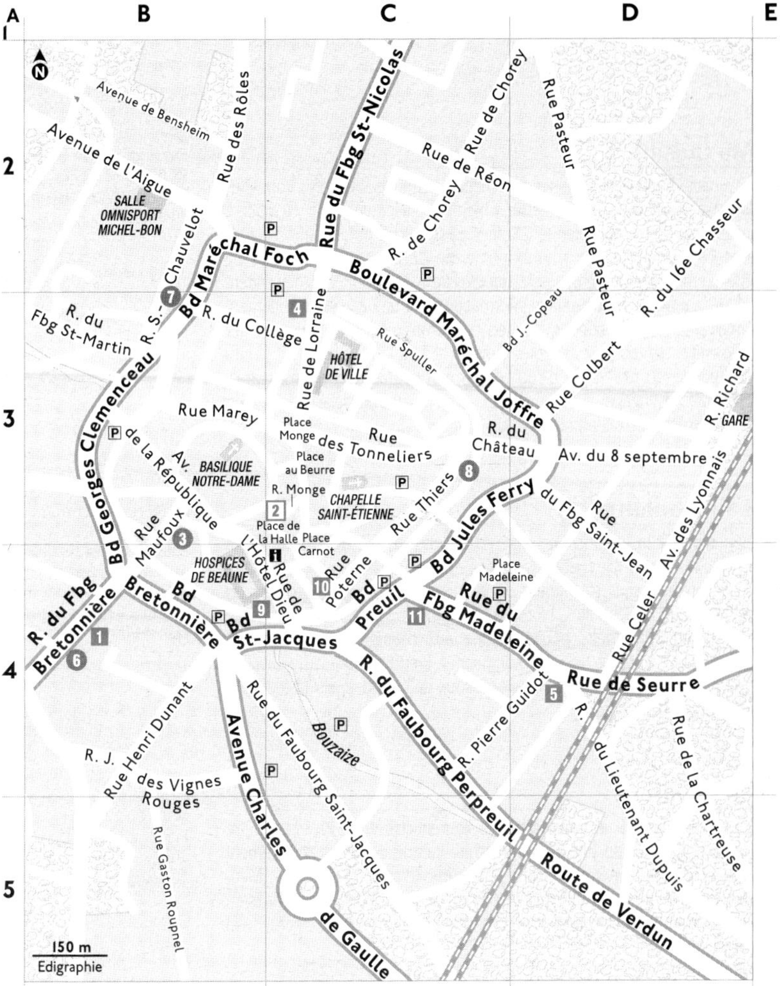

A B C D E

1 2 3 4 5

N

Avenue de Bensheim
Avenue de l'Aigue
Rue des Rôles
SALLE OMNISPORT MICHEL-BON
Rue du Fbg St-Nicolas
Rue de Chorey
Rue Pasteur
Rue de Réon
R. de Chorey
R. S.-Chauvelot
Bd Maréchal Foch
Boulevard Maréchal Joffre
R. du 16e Chasseur
R. du Fbg St-Martin
R. du Collège
Rue de Lorraine
Rue Spuller
Bd J.-Copeau
HÔTEL DE VILLE
Rue Colbert
R. Richard
GARE
Bd Georges Clemenceau
Rue Marey
Place Monge
Rue des Tonneliers
R. du Château
Av. du 8 septembre
Av. de la République
BASILIQUE NOTRE-DAME
Place au Beurre
R. Monge
CHAPELLE SAINT-ÉTIENNE
Rue Thiers
Bd Jules Ferry
Rue du Fbg Saint-Jean
Av. des Lyonnais
Rue Maufoux
Place de la Halle
Place Carnot
HOSPICES DE BEAUNE
Rue de l'Hôtel Dieu
Rue Poterne
Place Madeleine
R. du Fbg Bretonnière
Bd Bretonnière
Bd St-Jacques
Bd Preuil
Rue du Fbg Madeleine
Rue Celer
Rue de Seurre
Rue Henri Dunant
Avenue Charles de Gaulle
Rue du Faubourg Saint-Jacques
Bouzaize
R. du Faubourg Perpreuil
R. Pierre Guidot
R. du Lieutenant Dupuis
Rue de la Chartreuse
R. J. des Vignes Rouges
Rue Gaston Roupnel
Route de Verdun
150 m
Edigraphie

■ Restaurant	● Hôtel	□ Table en vue
1 Benaton (Le) **B-4**	5 Ecusson (L') **D-4**	9 Jardin des Remparts (Le) **B-4**
2 Bistrot Bourguignon (Le) **C-3**	6 Hostellerie de Bretonnière **B-4**	10 Ma Cuisine **C-4**
3 Cep (Le) **B-3**	7 Hostellerie Le Cèdre **B-3**	11 Paradoxe (Le) **C-4**
4 Ciboulette (La) **C-3**	8 Hôtel des Remparts **C-3**	

L'Ecusson

» 2 rue du Lt-Dupuis
☎ 03 80 24 03 82
F. dim., merc. et fév.
Jusqu'à 21h.

Les inspecteurs du guide sont des humains. Ils poussent l'objectivité au mieux, mais certains plats les font saliver davantage, a priori, que d'autres. Pourtant, que l'on envoie un barbu ou une étudiante, un fan de Nirvana ou un joueur de clavecin, une cantatrice chauve ou un grand blond avec une chaussure noire, il revient toujours de chez Jean-Pierre Senelet avec la même impression et la même note. Preuve que l'art de ce chef est universel, peut-être pas, mais il réussit au moins à fédérer et satisfaire les envies, d'une technique sûre, d'une attention aux modes, et d'une générosité certaine. Oui les escargots en os à moelle, immuables, sont réellement délicieux, mais comme le sont les

langoustines roulées dans la polenta et rôties au tapioca ou la tête de veau en carpaccio à la citronnelle et poireaux frits. Intérieur cossu, cave bourguignonne très copieuse et service sans reproches.
C : 55 € • M : 24-58 € *www.ecusson.fr*

14 Ma Cuisine

» Passage Sainte-Hélène
☎ 03 80 22 30 22
F. w.-e., merc. et août.
Jusqu'à 21h.

Beaune = vins, bourgogne, bonnes fourchettes et franches lippées. Vous êtes dans le Passage (Sainte-Hélène) ? Restez-y bien tranquillement, car il y a matière à déguster chez Pierre et Fabienne Escoffier. Et si l'on dit que le patron est un collectionneur compulsif (qui n'aurait pas envie de caresser un Marquis de Laguiche, un musigny Comte de Voguë, un Clos de Tart 86, quand ils deviennent accessibles ?), il manque encore des informations. Sur une adresse décidément très accueillante (plus de nappes, des sets "vignerons" incrustés dans la table) où les bouteilles de tous les vignobles dansent et font la roue, du petit pointu au grand pacha (40 millésimes d'Yquem, pas mal pour un bar à vins, non ?), on se tient au bastingage, entre complices, avec le jambon persillé, le pigeon au jus et l'entrecôte aux champignons. Un bonheur.
C : 35 € • M : 18 € *macuisine@wanadoo.fr*

12 La Ciboulette

» 67-69 rue de Lorraine
☎ 03 80 24 70 72
F. lundi, mardi, 3 dern. sem. fév. et 2 sem. mi-août.
Jusqu'à 21h30.

Avec son climat à la fois rustique, chic et branché, ce bistrot à l'écart de la concurrence du centre-ville met dans le mille - preuve qu'on peut à la fois faire dans le décontracté sans se moquer de la cuisine. Ici, elle ne cherche ni les fanfreluches ni les triples saltos, plutôt le bon goût de la simplicité (pressé de raie et saumon guacamole, poulet fermier aux champignons, fondant au chocolat), ce qui est parfois beaucoup demander. En prime, une vaste et solide cave bourguignonne balayant les bons régionaux de l'étape, à prix bistrot pour ne rien gâter.
C : 32 € • M : 19-25 €

12 Le Paradoxe

» 6 fg Madeleine
☎ 03 80 22 63 94
F. non comm.
Jusqu'à 22h.

De l'élan, de l'application, des vins. Isabelle et Laurent cultivent le Paradoxe d'être plutôt au rendez-vous, au bon carrefour d'une cuisine de bistrot relativement équitable et d'une cave rassemblant une partie du gratin régional (Méo-Camuzet, Coche-Dury entre autres). Deux décors suivant l'étage, bistrot dans un esprit méditerranéen avec masques vénitiens, et cave au sous-sol typiquement bourguignonne.
C : 12 € • M : 12-36 €

Le Bistrot Bourguignon

» 8 rue Monge
☎ 03 80 22 23 24
F. dim. et lundi.
Jusqu'à 21h30.

Le premier bar à vin ouvert sur Beaune a fêté ses 20 ans cette année. Le bel âge pour passer à la vitesse supérieure grâce à un nouveau chef, Benoît Roux (passé par exemple chez Coutanceau à la Rochelle), et à des plats qui vont dans le bon sens, magret de canard au pain d'épices, onglet de veau, risotto à la crème de pleurotes, tarte amandines aux poires. Cave forte en Bourgogne.
C : 25 € • M : 11,90-23 € *le.bistrot.bourguignon@wanadoo.fr*

Hostellerie Le Cèdre R

» 10-12 bd du Mal-Foch
☎ 03 80 24 01 01
📠 03 80 24 09 90
Ouv. 7j/7.

Dans un classique cadre XIXe, de gros efforts de rénovation se sont traduits par des prestations de haut niveau, dans un cadre actualisé, dans une ambiance chic et chaleureuse préservée, du salon qui évoque un club anglais aux vastes chambres élégantes. Au restaurant, une cuisine de produits nobles pas encore tout à fait à hauteur de ses ambitions, mais relativement prometteuse.
6 appart. 130-200 € • 40 ch. 130-200 € • 1/2 pens. 98-160 € • C : 50 € • M : 18-60 € *www.lecedre-beaune.com*

Le Cep R

Au cœur de la ville, l'hôtel joue d'un bel ensemble de maisons anciennes (XIVe-XVIe) avec leurs cours intérieures intimes et délicieuses pour décliner des chambres à la belle élégance classique, dans une ambiance de Bourgogne éternelle. Belle cuisine classique au restaurant, exécutée avec brio par un chef d'expérience.

21 appart. 240-500 € • 41 ch. 125-240 € • C : 70 € • M : 30-77 €

www.hotel-cep-beaune.com

» 27 rue Maufoux
☎ 03 80 22 35 48
03 80 22 76 80
Ouv. 7j/7.

Hostellerie de Bretonnière

Sur la base joliment rustique (poutres et pierres apparentes) d'un logis du XVIIe siècle, l'hôtel propose des chambres douillettes et actuelles, ainsi que, depuis l'an dernier, huit duplex avec terrasse.

8 appart. 93-100 € • 32 ch. 50-76 €

www.hotelbretonniere.com

» 43 rue du Faub-Bretonnière
☎ 03 80 22 15 77
03 80 22 72 54
Ouv. 7j/7.

Hôtel des Remparts

L'hôtel a pris le meilleur du charme de son architecture XVIIe et du confort moderne (quelques chambres climatisées) pour composer, avec un joli mobilier de style, une étape agréable. Accueil soigné et possibilité de balades touristiques.

3 appart. 110 € • 19 ch. 68-92 €

www.webstore.fr/hotel-remparts

» 48 rue Thiers
☎ 03 80 24 94 94
03 80 24 97 08
Ouv. 7j/7.

à ALOXE CORTON - 21420 : 6 km N. par N 74

Villa Louise

De nombreux détails architecturaux rappellent la longue histoire de la maison (construite au XVIIe siècle). A l'intérieur, meubles de style et tissus raffinés pour des chambres élégantes. Avec la vue sur les vignes, le jardin invite à la détente.

1 appart. 190 € • 11 ch. 75-130 €

www.hotel-villa-louise.fr

» 9 rue Franche
☎ 03 80 26 46 70
03 80 26 47 16
F. 15 janv.-20 fév.

à BOUZE LES BEAUNE - 21200 : 7 km N.O. par D 970

Restaurant La Bouzerotte

On pousse le bouchon pour le bon motif, et jamais trop loin dans cette auberge de village aux tables en bois dépareillées, pleine de naturel et d'enthousiasme. Une cuisine simple et alléchante, qui secoue les babines, et ne reste pas les deux pieds dans le même tonneau, proposant de l'escabèche de rouget sauce pistou, des ravioles d'escargots ou un suprême de poulet pané aux graines de lin jus à la bière. Et la cave régionale sait ce qu'elle a à faire, en répondant à la plupart des envies. Un point de plus.

C : 38 € • M : 16-44 €

www.perso.wanadoo.fr/la.bouzerotte

» Le Bourg
☎ 03 80 26 01 37
F. dim. à dîn., lundi, mardi (nov., Pâques), lundi, mardi (saison) et 24 déc.-20 janv.
Jusqu'à 21h.

à CORPEAU - 21190 : 13 km S.O. par N 74

(11) Auberge du Vieux Vigneron

Dégustation d'une cuisine régionale et de grillades au feu de bois dans un cadre rustique, et vins de propriétaires que l'on peut acheter au caveau du rez-de-chaussée.

C : 22 € • M : 16-27 €

www.aubergeduvieuxvigneron.com

» Rte de Beaune
☎ 03 80 21 39 00
F. lundi, mardi, 1er-10 janv., vac. scol. fév. et 9-22 août.
Jusqu'à 21h15.

➲ à LEVERNOIS - 21200 : 5 km S.E. par D 970 et D 111

Hostellerie de Levernois H

» Rte de Combertault
☎ 03 80 24 73 58
F. 29 janv.-9 mars.
Jusqu'à 21h30.

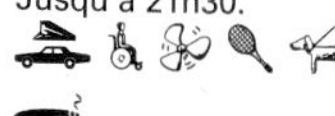

La nouvelle équipe entrée en scène en 2004 a bien compris l'enjeu et les atouts. L'enjeu, c'est tout simplement la première place à Beaune, carrefour viticole et gastronomique d'importance. Les atouts résident dans la jolie retraite à la campagne, les chambres au calme dans des bâtiments séparés, et une clientèle qui peut se rajeunir et s'internationaliser pour peu qu'on lui apporte un peu de modernité. C'est ce que l'excellent directeur, Jean-Louis Bottigliero - ex-directeur du Crillon et du Martinez et DG de Relais & Châteaux - a mis en chantier, avec une réussite certaine, dans la qualité d'accueil et le standing. Le jeune chef trouvé chez Ducasse (Bastide des Moustiers) s'adapte aux circonstances, pousse encore un peu le feu sur ses poissons, mais sait donner du tonus à des plats tranquilles (côte de veau, volaille de Bresse contisée d'herbes) et aux standards régionaux (meurette, escargots, jambon persillé). En salle l'équipage est sur le pont, jeune, disponible et à l'aise et le sommelier a du répondant, visiblement bien introduit auprès des propriétaires régionaux. Sur la carte, la charge est héroïque, qui rassemble, de Méo-Camuzet à Dugat-Py, du Comte de Voguë à Coche-Dury, du Clos de Tart à la Romanée, la fine fleur de la chevalerie bourguignonne
C : 90 € • M : 60-98 € • 3 appart. 350-450 € • 15 ch. 126-305 € • 1/2 pens. 148-232,50 €

www.levernois.com

➲ à MONTAGNY LES BEAUNE - 21200 : 6 km S. par N 470

Hôtel le Clos

» 22 rue des Gravières
☎ 03 80 25 97 98
📠 03 80 25 97 98
F. 1er déc.-20 janv.

L'hôtel est installé dans le joli cadre de caractère d'une ancienne ferme, typique bâtisse en pierre construite au XVIIIe siècle. Le cadre exploite remarquablement ces pierres et poutres apparentes en un ensemble élégant et chaleureux, jusque dans les chambres.
5 appart. 130-200 € • 19 ch. 65-110 €

www.hotelleclos.com

➲ à PERNAND VERGELESSES - 21420 : 8 km N. par N 74, D 115d et D 18

Le Charlemagne

» Rte des Vergelesses
☎ 03 80 21 51 45
F. mardi, merc. et 18 fév.-3 mars.
Jusqu'à 21h30.

Qu'est-ce qui nous retenait, nous dirons les aficionados de la première heure ? Peut-être le risque de brûler des ailes ou des étapes quand tous les indicateurs sont favorables. Alors cette année, oui, on passe effectivement à l'étape suivante, c'est-à-dire deux toques, avec Laurent Peugeot, bourguignon et un peu nippon par alliance, et par alliances culinaires. Sa cuisine est tranchante comme un sabre de samouraï, précise et pleine d'invention, elle exhale autant de savoir-faire que de plaisir-passion, dans le très délicat bar en paupiette de tapenade, croustille au basilic et légumes confits comme dans la barre de thon sur une purée de topinambours fumés, très haute en goût et tout à fait équilibrée. Quelques assiettes moins explosives montrent que des progrès sont encore possibles, et la cave est déjà à taille adulte, avec de très bons choix dans les vins du village.
C : 50 € • M : 22-70 €

www.lecharlemagne.fr

 Bon confort.  Grand confort.  Luxe.  Grand luxe.

    Hôtels de charme.

➲ à SAVIGNY LES BEAUNE - 21420 : 6 km N.O. par N74 et D2A

Le Hameau de Barboron

C'est toute une sérénité trop oubliée du monde moderne qui émane de ces lieux précieux, une ancienne ferme cistercienne, construite au XIVe siècle, et dont les vieilles pierres ont été remarquablement préservées, servies par un décor soigné, où tomettes, poutres et une foule de détails rappellent le passé en une ambiance délicieuse. Tout autour des bâtiments se déploie un vaste parc animalier (chasse au gros gibier en saison).

3 appart. 160-200 € • 9 ch. 100-150 € www.hameau-barboron.com

» ☎ 03 80 21 58 35
📠 03 80 26 10 59
Ouv. 7j/7.

BEAURECUEIL - 13100 (33 D 5)

Marseille 37 - Aix-en-Provence 10

Relais Sainte-Victoire H

René Bergès peut revendiquer son appartenance régionale, une notoriété bien établie et le besoin de respirer en douceur, comme tout un chacun. La belle maison ocre donnant sur la fameuse montagne chère à Cézanne est un indiscutable phare provençal, et la cuisine, que l'on dit parfois coûteuse, sait se montrer accessible dans le menu Logis de France à 25 € (gâteau de pigeon au foie gras, fondant de bœuf aux olives). La cave est riche sur sa région, le service impeccable et les chambres, décorées dans le style régional, donnant sur le parc ou la Sainte-Victoire, ont tout pour retenir le voyageur.

C : 50 € • M : 25-65 € • 15 ch. 61-122 € • 1/2 pens. 120-140 €
www.relais-sainte-victoire.com

» ☎ 04 42 66 94 98
F. dim. à dîn., lundi, vend. (nov.-mars), dim. à dîn., lundi, vend. à déj. (avril-fin oct.) et 1 sem. janv.
Jusqu'à 21h.

BEAUREPAIRE - 38270 (27 D 3)

Serrières 26 - Vienne 29

14 Fiard-Zorelle H

On ne change pas du jour au lendemain les habitudes d'une maison qui fête un siècle d'existence : les habitués de ce beau repaire de Beaurepaire viennent chercher leur tranche de luxe, langoustines, foie gras et turbot. Pourtant cette noble carte s'infléchit vers une ligne plus actuelle dans la préparation, des chutneys de mangue, des tempuras d'asperges, une épaule d'agneau en pastilla montrant, avec le chevreau en saison, l'ouverture de la maison à des influences extérieures, tout en gardant les qualités de confort proverbiales, étendu aux chambres, rénovées au fil du temps.

C : 64 € • M : 28-47 € • 15 ch. 52-68 € www.fiard.com

» Av des Terreaux
☎ 04 74 84 62 02
F. dim. à dîn. et lundi.
Jusqu'à 21h30.

BEAUVAIS - 60000 (3 C 4)

Amiens 63 - Pontoise 68

Hostellerie Saint-Vincent

Tout le confort d'un immeuble moderne (en terme d'insonorisation notamment) dans un parc à la sortie de la ville, pratique d'accès depuis l'A16.

48 ch. 64-74 € • 1/2 pens. 49-77 € www.stvincent-beauvais.com

» Espace Saint-Vincent, rue de Clermont
☎ 03 44 05 49 99
📠 03 44 05 52 94
Ouv. 7j/7.

Hôtels de charme.

 Bon confort.  Grand confort.  Luxe.  Grand luxe.

BEAUZAC - 43590 (26 D 4)

Le Puy-en-Velay 52 - Saint-Etienne 40

12 L'Air du Temps

» Confolent
☎ 04 71 61 49 05
F. dim. à dîn., lundi, janv. et dern. sem. sept.-prem. sem. oct.
Jusqu'à 21h.

Le pays a tant d'atouts naturels que l'on ne peut qu'encourager la jeune chef-propriétaire dans sa démarche, l'animation d'un hôtel-restaurant de ce hameau entouré de bois et de collines. Et l'inciter encore davantage à se rapprocher de ces richesses locales, en simplifiant un peu le trait, quitte à délaisser la fricassée de homard et saint-jacques bouillon de crustacés. Car l'essentiel, et l'essence, le carburant du plaisir, sont sans doute plus dans les escargots de Grazac, le cervelas aux cèpes et pistaches ou le pavé de bœuf de pays et mille-feuille de pommes de terre. Vaste cave, du négoce mais aussi des noms connus bien choisis (Trévallon, Puech Haut, Tour Boisée...).

C : 48 € • M : 16-51 €

www.airdutemps.fr.st.

LE BEC HELLOUIN - 27800 (6 B 3)

Lisieux 42 - Pont-Audemer 25

11 Auberge de l'Abbaye

» ☎ 02 32 44 86 02
F. mardi (sf juil.-aout), merc., 2e quinz. janv. et 2e quinz. nov.

Avec son cadre typique et adorable, l'auberge est bien en place dans ce village touristique. En privilégiant des produits simples et bons, servis avec le sourire, elle fait tranquillement son office, sur la salade de lentilles et andouille, le sauté de veau à l'ancienne et le baba au calvados.

C : 30 € • M : 13-28 €

BEDOIN - 84410 (33 C 3)

Avignon 39 - Carpentras 15

13 Le Mas des Vignes

» Rte du Mont-Ventoux
☎ 04 90 65 63 91
F. lundi, mardi à déj. (avril-juin), à déj. (juil.-août sf dim., fériés) et 2 nov.-1er avril.
Jusqu'à 21h.

Cette terrasse est tout simplement époustouflante : la vue, le calme, l'air pur à proximité du Ventoux. On ne regrette pas la balade (un peu longuette) pour gagner ce superbe balcon, ou cette salle très accueillante (tissus muraux rénovés, cristal et argenterie) à 500 m d'altitude. Et la cuisine de Yann de Coetlogon, d'inspiration personnelle avant de chercher à copier des modes, reçoit immédiatement un crédit de sympathie, qui fait qu'on ne refuse pas le menu à 33 **€**, au contraire. Pour la spontanéité des asperges vertes et blanches à l'œuf mollet, du cabillaud au risotto arborio ou du carré d'agneau en croûte d'herbes. Cave équitable dans le sillon rhodanien.

C : 33 € • M : 33-45 €

La Garance

» Sainte-Colombe
☎ 04 90 12 81 00
Fax 04 90 65 93 05
F. 15 nov.-1er avril.

Entourée d'oliviers, de vignes et de cerisiers, dominée par le Géant de Provence, le mont Ventoux, cette ancienne ferme provençale offre les charmes d'une belle piscine et d'une terrasse où prendre les petits-déjeuners.

14 ch. 48-68 €

www.lagarance.fr

BEHUARD ➤ ANGERS

BELCASTEL - 12390 (30 B 2)

Rodez 23 - Rignac 8

15 Le Vieux Pont H

» ☎ 05 65 64 52 29
F. dim., lundi, mardi à déj. et 1er janv.-15 mars.
Jusqu'à 21h.

Nicole Fagegaltier et sa sœur, Michèle (en salle), comptent parmi les personnalités gourmandes les plus en vue dans la région, et ce depuis plus de vingt ans et leur prise de fonction à la tête de cette maison familiale. Passionnées, opiniâtres, s'appuyant sur des équipes (en salle comme en cuisine) stables et sérieuses, elles jouent avec aisance sur la corde du terroir modernisé. Les

produits sont au top (en particulier le fameux agneau allaiton d'Aveyron) et travaillés avec personnalité : tarte fine d'escargots à la crème d'amande, huile relevée de câpres et d'olives noires, poêlée de ris d'agneau allaiton et blanc de seiche au gingembre, pavé de veau de l'Aveyron et du Ségala gratiné au persil, cannelloni de céleri-rave aux mangues, crème glacée au citron et punch au litchi. Une constance aujourd'hui récompensée par le retour des deux toques. Chambres délicieuses donnant toutes sur la rivière.
M : 27-78 € • 7 ch. 75-90 € • 1/2 pens. 92-98 € *www.hotelbelcastel.com*

BELFORT - 90000 (21 D 2)

Paris 422 - Bâle 79 - Colmar 69

13 Le Pot-au-Feu

» 27 bis Grand'-Rue
☎ 03 84 28 57 84
F. sam. à déj., dim., lundi à déj., 1er-12 janv. et 1er-17 août.
Jusqu'à 22h30.

La noblesse bistrotière est réunie dans cet antre belfortain où les décideurs et les caciques viennent en découdre devant une tête de veau, des rognons aux morilles ou du coq au vin jaune. Et depuis un quart de siècle, personne ne songerait à ergoter sur une cuisson ou le choix d'une viande. Parce que tout, ici, est à peu près indiscutable, jusqu'aux profiteroles et au crumble. A suivre en diversion, les menus à thèmes, qui prouvent qu'il y a de la suite dans les idées. La cave, même sur sa région franc-comtoise, semble ne pas faire d'efforts démesurés, mais on trouve tout de même les Rouliers de Bonneau, le Montcalmès de Pourtalié et les vins d'Henri Milan.
C : 37 € • M : 19,50-44 € *mf.lunois@wanadoo.fr*

Grand Hôtel du Tonneau d'Or

» 1 rue Reiset
☎ 03 84 58 57 56
03 84 58 57 50
Ouv. 7j/7.

Avec sa façade imposante et ses balcons en fer forgé, l'immeuble est élégant. Les vitraux créent une atmosphère particulière dans le hall, tandis que les chambres adoptent un style moderne, grâce à des rénovations régulières (10 chambres l'an dernier).
52 ch. 97-107 € *www.tonneaudor.fr*

Novotel Atria

» Belfort Centre, av de l'Espérance
☎ 03 84 58 85 00
03 84 58 85 01
Ouv. 7j/7.

Les 3e et 4e étages viennent d'être rénovés, conséquence d'efforts suivis pour assurer des prestations de haut niveau, dans cet immeuble moderne bien placé à proximité des remparts.
1 appart. 185 € • 78 ch. 124-134 € *h1742@accor-hotels.com*

à DANJOUTIN - 90400 : 3 km S.

15 Le Pot d'Etain

» 4 rue de la République
☎ 03 84 28 31 95
F. non comm.
Jusqu'à 21h.

Frédéric Roy n'a rien perdu de sa verve, qu'il s'agisse de rédiger ses cartes (les introductions des menus révèlent le poète qui sommeille) mais aussi, et c'est heureusement dans ce domaine qu'il est le plus doué, lorsqu'il se passe un tablier autour de la taille. Une cuisine de caractère, à cheval sur les principes et les saisons, oubliant les asperges en automne ou les saint jacques en été : barbue poêlée minute aux pousses de soja, pigeonneau fermier à la sauge et abricot accompagné de sa pastilla de légumes du moment, agneau du Quercy à l'infusion de thym aux légumes croquants. Un pèlerinage à effectuer quatre fois l'an, après chaque solstice et chaque équinoxe.
C : 65 € • M : 38-72 € *www.lepotdetaindanjoutin.com*

BELGENTIER - 83210 (34 A 6)

Toulon 26 - Cuers 10 - Méounes-lès-Montrieux 5

Le Moulin du Gapeau

» Pl Granet
☎ 04 94 48 98 68
F. dim. à dîn., merc., F. ann. non comm.
Jusqu'à 21h30.

La toque se confirme donc, sans hésitation ni surprise pour la cuisine à quatre mains et intergénérationnelle des Mari père et fils. Dans la grande salle voûtée - et climatisée - ou sur la terrasse au-dessus du Gapeau, on apprécie le charme de cet ancien moulin à huile dont le mécanisme est encore intact. Ce qui rend les assiettes encore plus souriantes, même si les prix peuvent parfois faire grincer, le premier menu intéressant se négociant à 43 €. Une fois le contrat passé, on accède au ravioli de craquants de porcelet au caramel de truffe et au tournedos de thon au wakamé et chantilly de foie de lotte. On boit Jasson ou Malherbe, dans une cave pas donnée non plus.

C : 47 € • M : 25-72 € www.moulin-du-gapeau.com

BELLE EGLISE - 60540 (3 C 5)

Compiègne 61 - Beauvais 32 - Pontoise 27

La Grange de Belle Eglise

» 28 bd René-Aimé-la-Gabrielle
☎ 03 44 08 49 00
F. dim. à din., lundi, mardi à déj., 15 fév.- 21 mars et 24 juil. - 14 août.
Jusqu'à 21h30.

Tradition du goût était un slogan, à la mode il y a une vingtaine d'années, qui comptait pour du beurre. Marc Duval, en dix années de Grange (on y rentrait les foins, mais ce sont aujourd'hui plutôt les limousines) peut aujourd'hui se l'approprier. L'école Cagna et Dutournier lui a appris la belle ouvrage, le saumon fumé par nos soins et les menus Prestige. Un univers simple et pourtant fantasmatique qui fait de beaux dimanches et des additions somptueuses, du foie gras au craquelin de fruits rouges. Cave opulente, négociante, et pourtant pas excessive dans ses tarifs.

C : 90 € • M : 23-85 €

BELLE ILE EN MER - 56 (13 C 5)

Embarq. à Quiberon

à BANGOR - 56360

Crêperie Chez Renée

» 21 rue Sarah-Bernhardt
☎ 02 97 31 52 87
F. janv.
Jusqu'à 22h.

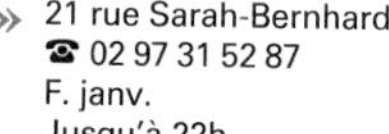

L'ancienne ferme devenue crêperie a tous les oripeaux du bon plan pour les touristes : rien n'est endimanché, l'équipe est supercool, les galettes pas mauvaises, le coin follement attrayant. Et le plus beau coucher de soleil de l'île c'est juste à côté, sur les falaises.

C : 15 €

Le Café Coton

» Kervilaouen
☎ 02 97 31 32 62
F. jeudi (sf vac. scol.) et janv.

Une jolie petite maison de campagne à deux pas du plus beau point de vue marin de l'île, dans un décor rafraîchi, en rouge et orange. Galettes et crêpes sur les nappes, gentillesse et attention.

C : 15 €

Castel Clara

» Port-Goulphar
☎ 02 97 31 84 21
📠 02 97 31 51 69
F. mi-nov.-mi-fév.

Le choix d'un nouveau mobilier accentue le contemporain de cette grande maison tournée vers la mer qui baigne les chambres d'une belle lumière. Des prestations de qualité avec le centre de remise en forme et les équipements de loisir. La mer en vedette aussi au restaurant, pour la vue bien sûr, mais aussi à travers le travail du chef, impeccable lorsqu'il s'agit de restituer le meilleur des

poissons de ligne, embellis par touches discrètes : les croustilles de chèvre et tomate sur l'osso buco de lotte à la plancha, la marinière de couteaux anisée sur le cabillaud vapeur. En appui également une belle cave aux horizons variés.
8 appart. 186-569 € • 31 ch. 146-295 € • C : 70 € • M : 70-130 €
www.castel-clara.com

 La Désirade R

Douceur belliloise dans des longères typiques, au décor paisible aux tons pastel, lambris et parquet chaleureux. Douceur aussi dans la gentillesse de l'accueil. Demi-pension obligatoire en juillet-août, autour d'une cuisine de la mer un peu compliquée : ravioles de coquillages tressées terre et mer, barbue cœur d'artichaut tartare de maquereau frais gnocchis à la badiane.
2 appart. 200-275 € • 24 ch. 93-140 € • 1/2 pens. 87-111 € • C : 45 € •
M : 15-31 € *www.hotel-la-desirade.com*

» Le Petit Cosquet
☎ 02 97 31 70 70
02 97 31 89 63
F. 2 janv.-16 mars et 17 nov.-22 déc.

à SAUZON - 56360

 Roz Avel

Ce n'est certainement pas le tournage de Dolmen et les vues du port de Sauzon qui auront aidé à désengorger cette adresse furieusement belliloise, et invariablement sincère. Tant mieux pour Eva et Christophe Didoune qui peuvent capitaliser dans leur charmant décor breton d'une petite rue des hauteurs. Et tant mieux pour ceux qui ont réservé à bon escient, pour la probité et la fraîcheur d'une fine cuisine marine sans artifice, poêlée de langoustines et bouillon de volaille, bar mariné aux huîtres, bar rôti aux lardons et au thym. Une de ces maisons attachantes où l'on commande volontiers une belle langouste ou un homard grillé, pour respirer un peu plus l'air authentique de l'Armor. Cave un peu légère, accueil charmant.
C : 45 € • M : 26-36 €

» Rue du Lt-Riou
☎ 02 97 31 61 48
F. merc., 1er janv.-15 mars et 15 nov.-5 déc.
Jusqu'à 21h15.

 Le Contre Quai

Il émane de bonnes ondes de cette maison près du port : la gentillesse de l'accueil, les menus détails sur la table (le beurre excellent, la cave élaborée) et ce souci constant de ne s'approvisionner qu'en poissons sauvages et en produits locaux. La fricassée de palourdes au gingembre et au lait de coco, le blanc de saint-pierre à la planche et asperges vertes en vinaigrette de truffe blanche, l'épaule d'agneau confite et charlotte d'aubergine sont comme imprégnées de cette passion que Lucien Coquant voue au beau produit.
M : 25 €

» Rue Saint-Nicolas
☎ 02 97 31 60 60
F. à déj. (1er avril-30 juin et 1er-20 sept.), dim. (1er avril-30 juin et 1er-20 sept.), 1er juin-31 mars et 20 sept.-31 déc.
Jusqu'à 21h30.

Café de la Cale

On ne s'arrêtera pas aux détails typiquement brasserie (nappes en papier, beurre industriel) pour profiter des beaux poissons préparés simplement : sole meunière au beurre de cerfeuil, aile de raie à la coriandre et beurre noisette, filet de bar à l'anis étoilé. On comprend mieux alors pourquoi, en pleine saison, il vaut mieux réserver avant d'espérer profiter de la jolie vue sur le port. Cave ultra-courte (20 références) mais bien triée et commentée avec justesse.
C : 35 € • M : 19 €

» Quai Guerveur
☎ 02 97 31 65 74
F. mi-oct.-Pâques. (sf vac. scol. fév., vac. scol. Toussaint et Noël-5 janv.).
Jusqu'à 22h00.

Le Bistrot du Port

Les qualités de l'île réunies en une enseigne : naturel, simplicité, fraîcheur. L'ardoise est éloquente, avec la pêche du jour, la friture d'éperlans, les sardines grillées, l'atmosphère familiale, directe, avec un plein arrivage de sourire.
C : 25 € *lebistrotchezcarole@wanadoo.fr*

» Quai Joseph-Naudin
☎ 02 97 31 60 55
F. lundi, mardi, merc. (hiver), 1 sem. fév et 1 sem. Noël.
Jusqu'à 23h30.

BENEVENT L'ABBAYE ➤ GUERET

BENODET - 29950 (13 B 4)

Quimper 17 - Pont-l'Abbé 11

Domaine de Kereven

Au milieu de 5 ha de verdure, ces bâtiments d'allure bretonne abritent des chambres claires et soignées, personnalisées par des petits détails qui respirent la douceur de vivre.

12 ch. 42-70 € www.kereven.com

» Kereven
☎ 02 98 57 02 46
📠 02 98 66 22 61
F. fin sept.-Pâques

BERCHERES SUR VESGRE ➤ HOUDAN

BERCK - 62600 (1 A 4)

Rue 20 - Le Touquet 16

La Verrière

Un restaurant de casino, c'est presque à pile ou face, ou plutôt à rouge ou noir. Ce modèle-ci n'est pas juste une table de repos pour joueurs épuisés par le stress, avec service discret et appliqué comme dans un cabaret. C'est une vraie table, relativement dissociée des jeux, dans un cadre bourgeois plutôt réussi. Le jeune chef peut tenter quelques bancos, sans grand risque de se tromper, avec des produits bien achetés et une carte sage mais non sans envergure : turbot poché au champagne, pigeon en feuilleté choux sautés au lard et foie gras, soufflé marmelade maison. Cave honnête et bon choix de vins au verre.

C : 55 € • M : 20-50 € nvincent@g-partouche.fr

» Casino de Berck, pl du 18-Juin
☎ 03 21 84 27 25
F. mardi (sf juil.-août).
Jusqu'à 21h30.

BERGERAC - 24100 (24 A 2)

Périgueux 47 - Bordeaux 93

L'Imparfait

Très plaisant et dynamique bistrot gourmand, avec une cuisine franche et succulente dans une ruelle du vieux Bergerac. Avec la terrasse agrémentée d'oliviers, et l'huile d'olive d'accueil avec la fougasse, on se croirait autant à Aix-en-Provence que dans le Périgord pourpre. Service dynamique supervisé par une patronne qui n'oublie pas les gros bouquets de roses multicolores agrémentant un cadre de pierre et de poutres.

C : 50 € • M : 21-47 €

» 8 rue des Fontaines
☎ 05 53 57 47 92
F. 31 nov.-10 fév.
Jusqu'à 22h.

à LA FORCE - 24130 : 9 km O. par D 34

Hostellerie des Colonnes

Classé Monument Historique, cet ancien relais de poste de style périgourdin ouvre sur une grande terrasse où, en été, se déroulent des soirées à thèmes chaque samedi. Chambres fonctionnelles ouvrant pour certaines sur une terrasse.

7 ch. 48-52 € • 1/2 pens. 65-90 € www.bergerac-tourisme.com

» 1 rue Libération
☎ 05 53 73 29 05
📠 05 53 63 07 34
Ouv. 7j/7.

Parking privé.

Cave à cigares.

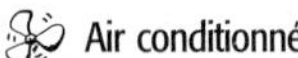

➲ à MONBAZILLAC - 24240 : 7 km S. par D 13

La Tour des Vents

» Moulin de Malfourat
☎ 05 53 58 30 10
F. dim. à dîn.-mardi à déj. et janv.
Jusqu'à 21h45.

Une très accueillante maison à la situation privilégiée en hauteur offrant une vue superbe sur la campagne bergeracoise et le vignoble de Monbazillac. Marie Rougier aime manipuler le terroir à sa façon, le remodeler, le pétrir. Parfois, c'est un peu compliqué, parfois c'est limpide, comme dans ce cabillaud pimpant, de grande fraîcheur. Des menus d'un bon rapport qualité-prix délivrés par un service abondant et aimable, cave bordelaise et bergeracoise, dont un bon choix de monbazillacs.

C : 40 € • M : 21-53 € *www.tourdesvents.com*

➲ à MOULEYDIER - 24520 : 8 km E. par D 660

La Bruyère Blanche DÉCOUVERTE

» Château les Merles, Tulières
☎ 05 53 63 13 42
F. mardi.
Jusqu'à 22h.

➥ **Hôtel** : Château Les Merles

Rénové par une famille néerlandaise, un château entouré d'un golf au décor brut et design nord-européen, recommandable à tous ceux qui fuient les préciosités. La musique lounge, les abat-jour extravagants, les chandeliers géants et les gros bouquets champêtres concourent à une ambiance loft fortement contemporaine quoique un peu sonore. Servie sans liturgie par un personnel vêtu de jean, la cuisine, également très actuelle, joue sur les saveurs aigres-douces, les textures moelleux-craquant, "offertes" dans un menu de dégustation aux portions de tapas (remarquable assiette de légumes avec un ketchup maison et une crevette panée à la pomme de terre). Desserts de qualité inférieure, cave privilégiant ouvertement, et à bon escient, les vins de la région.

C : 43 € • M : 18,50-35 € *www.lesmerles.com*

Château Les Merles

» , Tulières
☎ 05 53 63 13 42
Fax 05 53 63 13 45
Ouv. 7j/7.

➥ **Restaurant** : 15/20 La Bruyère Blanche

Apprécié des amateurs de golf pour la qualité de son parcours, dessiné au milieu des vignes, le domaine propose également de belles chambres parfaitement actualisées (rénovation récente), dans le cadre historique et raffiné d'un magnifique château XVIIe.

3 appart. 155-250 € • 12 ch. 100-160 € • 1/2 pens. 18,50 €

www.lesmerles.com

➲ à SAINT LAURENT DES VIGNES - 24100 : 6 km S. par D936 E1

Le Mylord

» 1 rte de Bordeaux, Castang D 936
☎ 05 53 27 40 10
F. sam. à déj. et dim. à dîn. (h.s.).
Jusqu'à 21h30.

Sur la bruyante route de Bordeaux, une maison dont l'intérieur bourgeois brille essentiellement par son confort. Les tables sont juponnées et les fauteuils à médaillons Louis XVI agréables. À défaut d'originalité flamboyante, la très plaisante cuisine traite avec franchise des produits classiques dans le droit fil des saveurs. Les légumes sont rutilants, la viande vous rend encore plus carnivore, et les jus sont bien aromatiques. Les desserts, très gourmands, ne constituent pas, loin de là, la cinquième roue du carrosse, la cave est bien complète et le service sait oublier le protocole.

C : 43 € • M : 15-46 € *www.lemylord.com*

BERGHEIM - 68750 (10 B 4)

Colmar 16 - Sélestat 14 - Ribeauvillé 4

(12) Wistub du Sommelier

La winstub dans son cadre originel, près de la porte historique. Et le sommelier, ou plutôt la cave, aux remarquables choix de propriétaires (Deiss, Mittnacht, Muré) renforcée par une sélection nationale classique mais bien diversifiée à prix modérés, bénéficie d'une cuisine très solide, adaptation fidèle et personnelle du répertoire régional : presskopf délicieux, pâté en croûte, paleron de veau braisé à la bière, risotto au crémant d'Alsace.

C : 25 € • M : 19,90 € www.wistub-du-sommelier.com

» 51 Grand-Rue
☎ 03 89 73 69 99
F. mardi à dîn., merc., 2 sem. janv. et 2 sem. fin juil.
Jusqu'à 21h30.

BERGUES - 59380 (1 C 1)

Lille 65 - Dunkerque 9

Au Cornet d'Or

La belle maison espagnole de Jean Claude Tasserit ne fait pas de vague, ce n'est pas le genre du bonhomme et la clientèle locale n'apprécierait pas. Le cadre, rustique et lumineux, se montre chaleureux, sans trace ostentatoire et la cuisine n'envoie pas dire ce qu'elle pense, sincère et généreuse : boudin noir en rondelles caramélisées et croustillons de langoustines, filet de rouget rôti aux poivrons rouges, tournedos de volaille fourré de ris de veau, langouste et champignons, nougat glacé aux fruits de la passion, éclats de nougatine. Une maison à laquelle nous restons fidèles.

C : 53 € • M : 32-51 €

» 26 rue Espagnole
☎ 03 28 68 66 27
F. dim. à dîn. et lundi.
Jusqu'à 21h45.

(13) Taverne Bruegel

Service en costume, large planche couverte de viandes fumantes passant des cuisines à la table, l'ambiance médiévale est créée dans cette maison espagnole XVIe, la plus ancienne du bourg. L'accueil est épatant, chaleur de Ch'Nord, la cuisine respectueuse du terroir flamand, mais avant tout incroyablement généreuse et pleine de saveur : tartine berguoise en welsh, potjevleesch, carbonade, jarret d'agneau à la bière, côte à l'os, cochon de lait grillée. Et encore, et encore, la crème brûlée à la chicorée, la bière flamande, la petite terrasse, les rires des enfants…

C : 20 € • M : 19,50-31,80 € www.lebruegel.fr

» 1 rue du Marché-aux-Fromages
☎ 03 28 68 19 19
F. sem. Noël-nouvel an.

Au Tonnelier

La jolie maison en brique remonte au XVIIe siècle et trouve ainsi parfaitement sa place dans la vieille ville. Chambres contemporaines, dans leur décor comme leurs prestations. Jardin d'hiver.

12 ch. 39-61 € • 1/2 pens. 48-67 €

» 4 rue du Mont-de-Piété
☎ 03 28 68 70 05
Fax 03 28 68 21 87
F. fin août et 23 déc.-5 janv.

à QUAEDYPRE - 59380 : 4 km S.E. par D916

Taverne du Westhoek

Un pur estaminet, avec ses jeux typiques et sa cuisine de chaleur et de sincérité, dans le beau décor de l'ancienne maison commune du village. Marie Fauquet transmet le patrimoine, comme le faisaient ses aïeux, avec les harengs marinés à la dunkerquoise, le potjevleesch et la carbonade. On boit la bière, on chante et on finit avec la tarte aux speculoos.

C : 21 € • M : 17-22 € www.lataverneduwesthoek.com

» 2 rte du Wylder
☎ 03 28 68 68 14
F. lundi, mardi, merc., jeudi à déj. et 2 prem. sem. janv.
Jusqu'à 21h30.

➲ à WARHEM - 59380 : 4 km E. par D 79

(11) Ferme Auberge de la Becque

» 520 rue de l'Est
☎ 03 28 62 05 01
F. lundi.
Jusqu'à 14h.

Dans une ferme flamande typique, Annie Dejonghe cultive l'art de recevoir les citadins et élève ses volailles. La rencontre des deux mondes donne des plats qui sonnent vrai, un bon poulet sauce crème, un coq au pain d'épices, des assiettes que l'on sauce sans vergogne, en n'oubliant pas de laisser une place à la charlotte rhubarbe.

M : 21-23 € *labecque@free.fr*

BERNAY - 27300 (6 B 4)

Rouen 58 - Evreux 50

➲ à SAINT AUBIN LE VERTUEUX - 27300 : 4 km S. par D140 et D833

(14) Hostellerie du Moulin Fouret

» 2 Rte du Moulin-Fouret
☎ 02 32 43 19 95
F. dim. à dîn., lundi et mardi à déj. (oct.-mars).
Jusqu'à 21h.

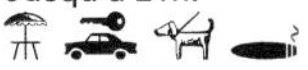

➥ **Hôtel** : Hostellerie du Moulin Fouret

Il ne brigue pas un fauteuil d'académicien, ni la Légion d'honneur (quoique, si on lui donne pour services rendus à la nation...). Ce qu'attend François Déduit se trouve plutôt dans l'œil, le cœur de ses convives. Sont-ils heureux en repartant de ce beau moulin aménagé dans l'esprit, rustique confortable et paisible, parfums de bois, de repas de chasseur au coin de la cheminée ? Ont-ils le sourire aux lèvres en quittant ce charmant jardin de verdure traversé par la Charentonne ? Pensent-ils encore au plaisir de la normandine d'andouille et croustillant de camembert, au blanc de cabillaud et risotto ? Et au grand dessert Gustave Chauvel, qui a donné la vocation à son petit-fils d'essayer, modestement, de faire plaisir avec quelques assiettes ? Cave maison, courte, classique et pas très chère.

C : 60 € • M : 35-50 € *www.lemoulin.fouret.com*

Hostellerie du Moulin Fouret

» Rte de Saint-Quentin-des-Iles, Saint-Aubin-le-Vertueux
☎ 02 32 43 19 95
Fax 02 32 45 55 50
Ouv. 7j/7.

➥ **Restaurant** : 14/20 Hostellerie du Moulin Fouret

Etape champêtre et paisible dans un ancien moulin près de la rivière, dans la campagne normande. Tout en conservant quelques éléments anciens de caractère, le cadre est parfaitement actuel, notamment les chambres, charmantes et colorées.

8 ch. 50 €

BERRY AU BAC - 02190 (4 C 4)

Laon 28 - Reims 31

(11) La Cote 108

» 1 rue du Colonel -Vergezac
☎ 03 23 79 95 04
F. dim. à dîn., lundi, mardi à dîn., 2 sem. mi-juil. et 26 déc.-16 janv.
Jusqu'à 21h30.

Le syndrome du jeune chef qui met la charrue avant les bœufs touche cette maison bourgeoise de bord de route. Pour être original à toute force, Christophe Gilot oublie le produit en chemin, tente des associations malheureuses et produit une cuisine certes personnelle mais sans en maîtriser les saveurs. Le bon fond technique est pourtant là, qui devrait permettre, en simplifiant les préparations et en privilégiant l'ingrédient central, de retrouver le goût et le plaisir. Jeune service féminin dévoué, supervisé par l'épouse du chef, dynamique et très investie. La cave de négoce gagnerait à être remplacée par quelques vins de vignerons choisis en propriétés.

C : 63 € • M : 27-66 €

BERZE LA VILLE ➤ MACON

BESANÇON - 25000 (21 B 3)

Paris 410 - Strasbourg 238 - Lyon 254

[15] Le Mungo Park

» 11 rue Jean-Petit
☎ 03 81 81 28 01
F. dim., lundi et 25 juil.-16 août.
Jusqu'à 21h.
⛱ 🐕 🚬

La moquette, qui accusait vraiment le poids des ans, avec son bleu un peu triste et ses multiples plis, a enfin laissé la place à une remplaçante flambant neuve et le mobilier, qui jurait un peu avec le standing assumé de la maison, a fait peau neuve lui aussi. Ces changements, qui suivent de près les nombreux travaux désormais achevés dans le quartier auraient-ils un temps perturbé Jocelyne Lotz-Choquart ? Sa cuisine nous paraît un peu moins vive, manquant parfois d'inspiration : foie gras de canard poêlé aux épinards à la menthe, essence de betterave à l'églantine, lotte rôtie au thym sur une galette de tête de veau caramélisée, feuilles de chou confit, crème chaude aux noix et vin jaune caramélisé à la cassonade et pot de glace au vin. Belle cave en région, service souriant sous la houlette du maître de maison, Gérard Lotz.
C : 65 € • M : 34-95 € *www.mungo-park.com*

[13] L'Avant Goût

» 4 rue Richebourg
☎ 03 81 81 48 86
F. fériés, 1 sem. printemps, 3 sem. août et 1 sem. Noël.
Jusqu'à 21h.
⛱ 🐕

L'arrivée de Thierry Perrod, ancien chef du grand Fredy Girardet (c'était à Crissier, en Suisse), a contribué au renouvellement de l'offre gastronomique en centre ville. Sa vision simple et moderne de la cuisine, la salle à manger douillette aux tables bien espacées ont rapidement conquis les Bisontins : tarte fine aux tomates confites, filet de maigre aux noisettes et haricots verts, transparence de framboises et figues, mousse de fromage blanc à la vanille. La cave continue de s'étendre et propose toujours un large choix de références étrangères.
C : 35 € • M : 15-32 € *avant.gout@free.fr*

[12] La Table des Halles

» 22 rue Gustave-Courbet
☎ 03 81 50 62 74
F. lundi, 10 jrs fév. et 2 sem. août.
Jusqu'à 22h.
♿ ❄ 🐕

Une cuisine bistrotière pleine de saveurs et d'allant, signée par Jean-Pierre Billoux, qui possède et supervise depuis Dijon cet établissement au succès mérité. Des bons produits, des cuissons précises et des desserts travaillés pour garder le niveau.
C : 32 € • M : 16-20 € *la.table.des.halles@wanadoo.fr*

▶ Brasserie 1802

» Pl Granvelle
☎ 03 81 82 21 97
F. 24 déc. et 1er janv.
Jusqu'à 22h.
⛱ ♿ 🐕

Cette brasserie au cadre contemporain (son nom a été choisi en hommage à l'année de naissance de Victor Hugo, venu au monde dans la capitale franc-comtoise) vient de changer de direction. Le propos demeure, des plats à consonance régionale dans un registre soigné à apprécier sur la grande et calme terrasse.
C : 24 € • M : 20 €

▶ Chez Achour

» 77 rue Battant
☎ 03 81 81 42 20
F. lundi et 20 juil.-20 août.
Jusqu'à 22h.
🐕

Bistrot, restaurant ? Après tout quelle importance puisque la marque de fabrique de cette maison (qui aurait bien besoin d'une petite rénovation) tient avant à l'extrême bonne humeur qui se dégage des lieux et de cette cuisine à consonance orientale : couscous, moules frites orientales, méchoui, tajines et paella orientale comme spécialités.
M : 18 €

▶ Les Zinzins du Vin

» 14 rue de la Madeleine
☎ 03 81 81 24 74
F. dim., lundi, mardi et juil.-août.
Jusqu'à 23h.

Madame, Japonaise, prépare les sushis le midi (mais aussi les tapas le soir, à bas les frontières !) et Monsieur, passionné de vin, propose des formules dégustations autour de tous ces vignerons qui travaillent le vin au naturel, au plus près du terroir.
M : 13,50 €

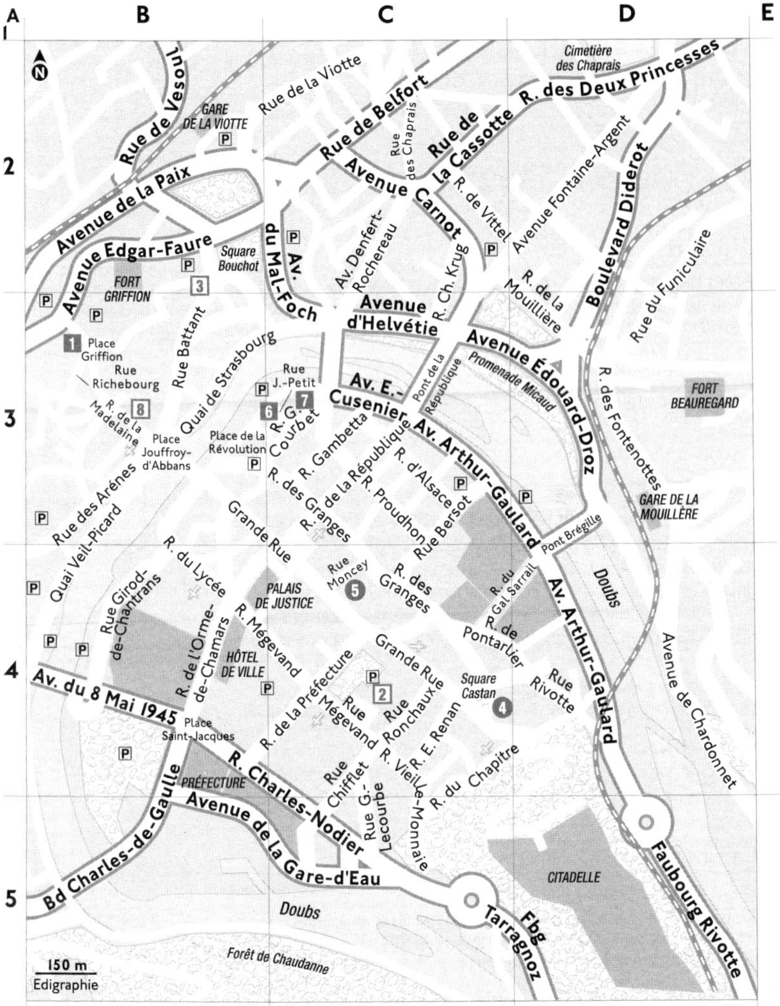

A B C D E
1 2 3 4 5

Rue de Vesoul
GARE DE LA VIOTTE
Rue de la Viotte
Rue de Belfort
Rue des Chaprais
Rue de la Cassotte
R. des Deux Princesses
Cimetière des Chaprais
Avenue de la Paix
Avenue Carnot
R. de Vittel
Avenue Fontaine-Argent
Boulevard Diderot
Avenue Edgar-Faure
Square Bouchot
Av. du Mal-Foch
Av. Denfert-Rochereau
R. Ch. Krug
R. de la Mouillière
Rue du Funiculaire
FORT GRIFFION
Avenue d'Helvétie
Avenue Édouard-Droz
Place Griffion
Rue Richebourg
Rue Battant
Quai de Strasbourg
Rue J.-Petit
Av. E.-Cusenier
Pont de la République
Promenade Micaud
R. des Fontenottes
FORT BEAUREGARD
R. de la Madelaine
Place Jouffroy-d'Abbans
Place de la Révolution
R. G. Courbet
R. Gambetta
R. de la République
R. d'Alsace
Av. Arthur-Gaulard
R. Proudhon
Rue Bersot
R. des Granges
Grande Rue
Rue des Arênes
Quai Veil-Picard
GARE DE LA MOUILLÈRE
Pont Brégille
Doubs
R. du Lycée
Rue Moncey
R. des Granges
Rue Girod-de-Chantrans
PALAIS DE JUSTICE
R. du Gal Sarrail
R. de Pontarlier
R. Mégevand
HÔTEL DE VILLE
R. de l'Orme-de-Chamars
Grande Rue
Avenue de Chardonnet
Av. du 8 Mai 1945
R. de la Préfecture
Rue Mégevand
Rue Ronchaux
Square Castan
Rue Rivotte
R. E. Renan
Place Saint-Jacques
PRÉFECTURE
R. Charles-Nodier
Rue Chifflet
Rue G.-Lecourbe
R. Vieille-Monnaie
R. du Chapitre
Bd Charles-de-Gaulle
Avenue de la Gare-d'Eau
CITADELLE
Faubourg Rivotte
Fbg Tarragnoz
Doubs
Forêt de Chaudanne
150 m
Edigraphie

Restaurant

1 Avant Goût (L') **B-3**
2 Brasserie 1802 **C-4**
3 Chez Achour **B-2**

Hôtel

4 Hôtel Castan **C-4**
5 Hôtel du Nord **C-4**
6 Mungo Park (Le) **C-3**

Table en vue

7 Table des Halles (La) **C-3**
8 Zinzins du Vin (Les) **B-3**

Hôtel Castan

Confort de haut niveau et décoration soignée pour les chambres de cet ancien hôtel particulier du centre. Sur une tonalité générale XVIIIe, les propriétaires ont décliné des chambres fastueuses ou discrètes.
10 ch. 95-170 €

www.hotelcastan.fr

» 6 square Castan
☎ 03 81 65 02 00
Fax 03 81 83 01 02
F. 3 sem. août et Noël-7 janv.

Dans chaque ville, les établissements sont classés par note décroissante, restaurants d'abord, hôtels ensuite.

Hôtel du Nord

L'immeuble XVIIIe du centre ville bénéficie régulièrement de rénovations, pour la décoration comme le confort, dans un style contemporain.
44 ch. 38-54€ *www.hotel-du-nord-besancon.com*

» 8 rue Moncey
03 81 81 34 56
03 81 81 85 96
Ouv. 7j/7.

à CHALEZEULE - 25220 : 6 km N.E. par N 83 et D 217

Hôtel des 3 Iles

A quelques kilomètres de Besançon, cette maison paisible propose une étape soignée en bordure de rivière, avec des chambres agréablement colorées.
17 ch. 48-70€ • 1/2 pens. 50-100€ *www.hoteldes3iles.com*

» 1 rue des Vergers
03 81 61 00 66
03 81 61 73 09
F. 22 déc.-5 janv.

à ECOLE VALENTIN - 25480 : 3 km N.O. par D 108 ET N 57

(14) Le Valentin

Ecole. C'est le nom du village, et presque un choix gastronomique. Chez Jean-François et Sandrine Maire, des plats d'école, des ingrédients de luxe dans des assiettes forcément emblématiques et coûteuses. Le chef apprend donc à ses administrés à quoi ressemble le saumon fumé, le magret aux truffes et le ris de veau et langoustines à la crème. Il aime aussi beaucoup travailler le homard, pas typique du Jura, mais tellement apprécié depuis Erik Satie, dont c'était l'animal préféré. La terrasse ombragée, la qualité de l'accueil, sont autant de bons points pour les élèves studieux.
C : 65€ • M : 31-71€ *www.levalentin.com*

» 34 rue du Vallon
03 81 80 03 90
F. sam. à déj., dim. à dîn., lundi, vac. scol. fév. et 3 sem. août.
Jusqu'à 21h15.

à MONTFAUCON - 25660 : 7 km E. par N 57 et D 104

(13) La Cheminée

Plein la vue sur les montagnes, une terrasse remise à neuf, voilà des arguments suffisamment sûrs pour que Philippe Gavazzi ne prenne pas de risques excessifs dans les virages. Sa cuisine est avant tout une saine exposition de produits et de savoir-faire : escargots à la lie de vin rouge, foie gras de canard et caramel de muscovado, truite de Plaisir-Fontaine au vin jaune, escalope de sandre et tranche de morteau croustillante. On peut être fin palais et ne pas faire la fine bouche devant cette loyauté. Tissot, Lornet, la fruitière de Pupillin et les château-chalon de perron : il y a du joli monde dans la cave jurassienne.
C : 35€ • M : 22-45€ *restaurantlacheminee@wanadoo.fr*

» 3 rue de la Vue-des-Alpes
03 81 81 17 48
F. dim. à dîn., merc., 15 fév.-9 mars et 21 août-6 sept.

BETBEZER D'ARMAGNAC
➤ BARBOTAN LES THERMES

BETHUNE - 62400 (1 D 3)

Arras 34 - Lille 40

Tourhôtel du Golf

A quelques minutes du centre, dans son parc le long de la rivière, la vaste bâtisse contemporaine, belle réinterprétation des standards locaux, bénéficie de chambres soignées, revues l'an passé.
43 ch. 44€ • 1/2 pens. 59€ *www.hotelleriebethunoise.com*

» Rte Nationale 43, dir Lillers-Saint-Omer
03 21 56 90 00
03 21 56 83 74
Ouv. 7j/7.

➲ à GOSNAY - 62199 : 5 km S.O. par N 41

 La Chartreuse du Val Saint-Esprit 

Ambiance romantique et raffinée, dans les associations de coloris, les tapisseries soignées comme le mobilier d'époque, pour ce château XVIIIe. Sur les 6 ha de parc, l'étang et les arbres invitent à la balade, par exemple après un repas au restaurant, où la cuisine (comme la carte des vins d'ailleurs) se concentre sans surprise sur les valeurs sûres et les produits nobles : homard en barigoule d'artichaut, escalope de ris de veau viennoise, turbot rôti aux morilles et soufflé à la framboise dans un menu gastronomique qui porte fort bien son nom.
2 appart. 196-350 € • 62 ch. 85-196 € • 1/2 pens. 80-135 € • C : 75 € • M : 53-67 €
www.lachartreuse.com

» 1 rue de Fouquières
☎ 03 21 62 80 00
📠 03 21 62 42 50
Ouv. 7j/7.

BEUVRON EN AUGE - 14430 (6 A 3)

Caen 29 - Cabourg 16

 Le Pavé d'Auge

La situation de rêve, sous les halles de cet adorable morceau de Normandie, pourrait faire craindre l'attrape-touriste, mais c'est bien mal connaître la maison : cette cuisine classique, présentée par le chef qui vient lui-même prendre la commande, est solide, dans ses produits comme sa mise en assiette, et la déception n'est pas de mise face aux huîtres tièdes d'Isigny au vinaigre de cidre ou à l'escabèche de thon blanc, au poulet fermier en croûte de champignons sauvages ou au pavé à la pomme et caramel. Service rapide et précis dans une ambiance touristique et huppée, carte des vins correcte et sans abus côté tarifs.
C : 43 € • M : 31,50-46,50 €
www.lepavedauge.com

» Le Bourg
☎ 02 31 79 26 71
F. lundi, mardi (h.s.), lundi, mardi à déj. (juil.-août), 1 sem. fin fév. et 26 nov.-27 déc.
Jusqu'à 21h.

BEUVRY LA FORET - 59310 (2 B 3)

Lille 31 - Tournai 20

(12) La Chaumière

René Pawlak regarde les modes culinaires se faire sans dévier du chemin où ses clients se plaisent à le trouver, le produit généreux, bien soigné dans un halo de tradition régionale (le genièvre ou la chicorée par exemple). Ces vertus-là ont du bon, et du goût, et se fondent à merveille dans le décor de cette maison en briques. Cave attendue, largement tournée vers le Bordelais.
M : 27-49 €

» 685 rue Henri-Fiévet, rte de Marchiennes
☎ 03 20 71 86 38
F. dim. à dîn., lundi, fév. et 10 jrs déb. sept.
Jusqu'à 21h15.

BEUZEVILLE - 27210 (6 A 3)

Evreux 80 - Honfleur 15

 Le Petit Castel

Installées dans une ancienne maison de maître du XIXe siècle, des chambres meublées de cérusé et habillées de tissu tendu sur les murs. Petite terrasse pour les petits-déjeuners, jardin fleuri.
16 ch. 45-56 €
www.le-cochon-dor.fr

» 32 rue Constant-Fouche
☎ 02 32 57 76 08
📠 02 32 42 25 70
F. 15 déc.-15 janv.

BEYNAC ET CAZENAC - 24220 (24 B 2)

Sarlat-la-Canéda 8 - Saint-Cyprien 10

(12) La Taverne des Remparts

Le château est superbe, cadre de maints exploits dont les derniers furent cinématographiques (Les Visiteurs, Jeanne d'Arc). La cuisine s'adapte légitimement à l'emplacement, à la région et à l'intense passage touristique : cou d'oie farci au foie gras, magret aux girolles, civet d'oie au pécharmant, enrichis de bons desserts maison. Cave également régionale, bergerac, cahors...
C : 20 € • M : 13 €

» Pl du Château
☎ 05 53 29 57 76
F. lundi à dîn. et oct.-mars.
Jusqu'à 21h.

➲ à VEZAC - 24220 : 2 km S.E. par D703 et D49

[12] Relais des Cinq Châteaux H

Le Périgord à photographier avec un appareil japonais, et une carte bilingue pour être compris par tous. La Dordogne des châteaux, c'est décidément bien joli, et vous ne serez pas les seuls à avoir l'idée d'un arrêt casse-croûte. Visez juste avec le menu terroir foie gras magret sauce Périgueux, ou le petit à 22 **€**, croustillant de chèvre et épaule de veau farcie. Cave bien pourvue en bergerac, montravel et pécharmant, dans laquelle vous trouverez aussi le rare vin de Domme (tout près d'ici). Chambres confortables et soignées.

C : 44 € • M : 15-51 € • 1 appart. 75-130 € • 10 ch. 49-53 € • 1/2 pens. 52-55 €

5chateaux@perigord.com

» ☎ 05 53 30 30 72
F. dim. à dîn. et lundi (1er janv.-31 mars et 1er nov.-31 déc.), lundi à déj. (1er avril-1er nov.), 6-20 fév. et 27 nov.-10 déc.
Jusqu'à 21h.
⛱ 🚗 🏊 🐕

BEZIERS - 34500 **(31 D 4)**

Montpellier 69 - Sète 48

[15] L'Ambassade

On peut penser que Patrick Olry place tout son savoir-faire dans son menu à trois plats pour 49 **€**. On pense que tout sera dit, la messe et les cantiques. Et que deux toques pour une carte aussi sage, c'est peut-être bien payé. A l'expérience, on frise presque le point supplémentaire, tant cette table est harmonieuse, aisée, confiante. On tire le chapeau devant la brochette de saint-jacques sauce grelette, le bar à la peau, légumes et encornets, remarquable de justesse, et la caraque chocolat qui fait un dessert proprement enjôleur. Là où on se lève pour la standing ovation, c'est pour les représentations en salle, la découpe au guéridon, les flambages sur des pièces magnifiques (le bœuf, le rognon entier…). Oui, cela existe encore, et tout le monde en est ravi. Bonne cave, traditionnelle mais bien faite, avec de gros millésimes bordelais pas trop chers et du régional classique.

C : 50 € • M : 28-75 €

lambassade-beziers@wanadoo.fr

» 22 bd de Verdun
☎ 04 67 76 06 24
F. dim., lundi et 29 mai-20 juin.
Jusqu'à 21h30.
♿ ❄ 🐕 🚬

[15] Octopus

DÉCOUVERTE

Le gratin du journalisme gastronomique n'a pu éviter de prendre illico le train pour Béziers, ce qui est assez inattendu. Il faut dire que les trompettes étaient de sortie : Un MOF du Bristol, second de Fréchon, s'allie au second de Marx à Pauillac, cela fait deux détonateurs pour une bombe à neutrons. Et sur place, aucun doute, on voit. C'est moderne, vivant, souriant, le cadre et le service, le contenant et le contenu, dans les canons du restau de demain : des demi-parts, du vin au verre, des gens gentils, humains, contents de leur sort. Et avec une cuisine qu'on a envie de promouvoir partout : les sucettes de cochon gribiche, les saint-jacques sur galet, l'agneau comme à Marrakech, les "Barcelone tapas" pour finir au sucre malin (déclinaison d'orange, mousse de touron, crème catalane…). A la cave, pas besoin de faire un dessin, toute la relève vigneronne, la nouvelle garde est là : Binner, Dard et Ribo, Poirel, Breton… et bien sûr ce que le Languedoc produit de plus exclusif (Montcalmès, Cazeneuve, Mortiès…)

C : 50 € • M : 20-48 €

» 12 rue Boïeldieu
☎ 04 67 49 90 00
F. dim. et lundi.
Jusqu'à 22h.
❄ 🐕 🚬

[13] Le Jardin

Le jardin est bien là, avec sa terrasse aux beaux jours, mais c'est surtout sa belle cuisine classique qui vaut à Francis Santuré (aidé en cuisine du jeune Johnny Raimbaut) la confiance des Biterrois amateurs de poussées régionales, sur les légumes confits qui accompagnent la lotte ou la sauce au crémant de Limoux de la daurade royale. Région toujours en pointe sur une large carte des vins.

» 37 av Jean-Moulin
☎ 04 67 36 41 31
F. mardi à dîn., merc., vac. scol. fév.-mars.
Jusqu'à 21h30.
🚗 ♿ ❄ 🐕 🚬

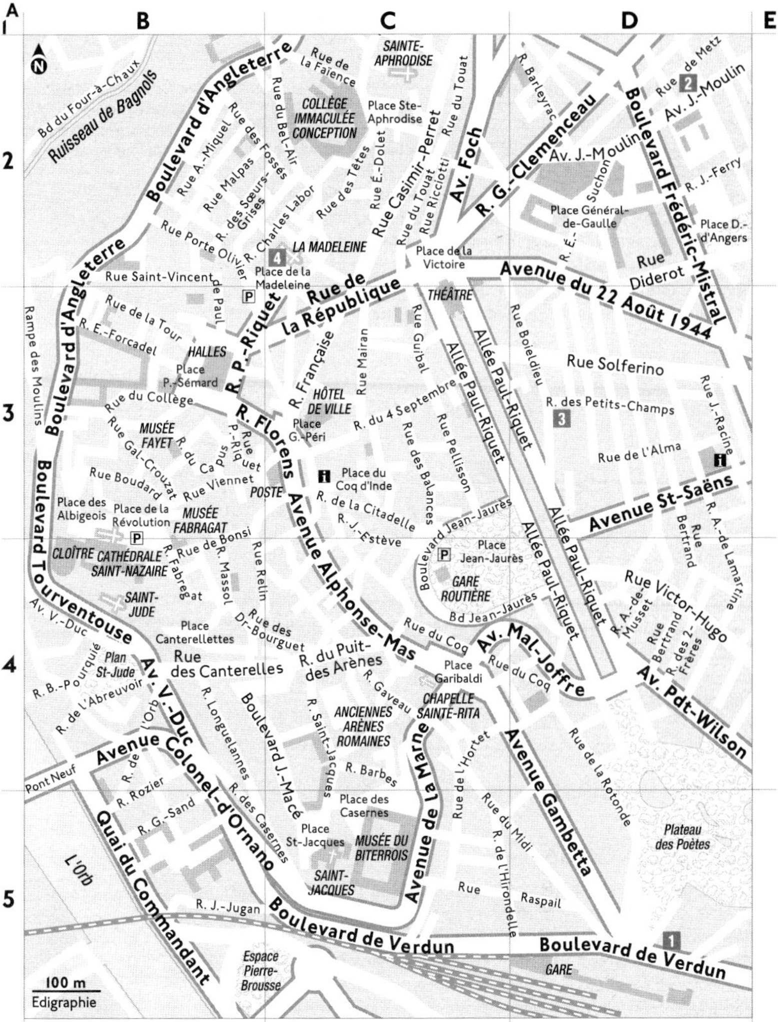

■ **Restaurant**

1 Ambassade (L') **D-5**
2 Jardin (Le) **D-2**
3 Octopus **D-3**
4 Petit Montmartre (Le) **C-2**

⑩ Le Petit Montmartre

» 2 pl de la Madeleine
☎ 04 67 28 56 54
F. dim., lundi, 3 sem. janv.
Jusqu'à 22h.

On est loin du lounge, mais le décor s'est bien modernisé, peinture murale rouge sombre, grise et abricot, et reproductions de toiles contemporaines. Le plaisir de l'étape est donc renforcé sur cette place sympathique, autour d'une cuisine franche et sans prise de tête, ce qui n'exclut pas une certaine élégance. La région nourrit quelques flacons de bonne composition pour accompagner.
C : 20€ • M : 20€

Hôtel très tranquille.

Chiens acceptés.
Piscine privée.

➲ à LESPIGNAN - 34710 : 10 km S.O. par N 9 et D 14

13 Hostellerie du Château

» 4 rue des Figuiers
☎ 04 67 37 67 71
F. à dîn. dim. et mardi, merc.(h.s.)et 15 jrs fin janv.
Jusqu'à 21h30.

Plus qu'un choc culturel, c'est un prolongement adroit de la cuisine languedocienne associant les produits bretons de ses origines (choucroute de la mer et salicornes, homard breton aux herbes des garrigues), que propose Franck Le Maner dans l'ancien château médiéval aux jardins créés par Le Nôtre et abritant aujourd'hui un espace herbes et fleurs pour alimenter les fourneaux. La terrasse domine le village, offrant des dîners romantiques rythmés par de malignes créations de brillants menus, un merlan enrobé de lard et émulsion de coquillages à la citronnelle, une aiguillette de bœuf et jus cartagène, les abricots pochés et farcis de crème glacée pistache. Cave languedocienne équilibrée et intéressante.
C : 25€ • M : 19-55€

➲ à LIGNAN SUR ORB - 34490 : 7 km N.O. par D 19

Château de Lignan

» Pl de l'Eglise
☎ 04 67 37 91 47
Fax 04 67 37 99 25
Ouv. 7j/7.

L'hôtel poursuit sa modernisation, dans le décor comme l'équipement, et accroît ainsi notre plaisir à fréquenter un site remarquable, tant du point de vue de la situation (un parc de 6 ha, avec arbres et vestiges historiques, en bordure de rivière) que de l'architecture (des bâtiments du Xe siècle, résidence des évêques de Béziers, et rénovés au XVIIe et XVIIIe siècles). Le plaisir du séjour se poursuit au niveau de la table, avec le travail raffiné d'Alain Monville qui livre une interprétation personnelle du terroir languedocien : esaü d'huîtres de Leucate et royale de foie gras, truite du Haut Languedoc aux petits légumes et verjus, tarte fine aux mangues et crème d'amande.
1 appart. 122-150€ • 48 ch. 92-130€ • 1/2 pens. 114-175€ • C : 49€ • M : 25-62€ *www.chateauxhotels.com*

➲ à MARAUSSAN - 34370 : 6 km O. par D 14

12 Parfums de Garrigues

» 37 rue de l'Ancienne-Poste
☎ 04 67 90 33 76
F. mardi, merc., vac. scol. fév., 1 sem. Pâques, 1 sem. fin août et 1 sem. Toussaint.
Jusqu'à 21h30.

Une maison pleine de charme et de douceur, avec son patio et son jardin ombragé, sa salle à manger climatisée et sa jolie décoration d'inspiration régionale. Jean-Luc Santuré, qui a repris l'affaire après quelques passages dans de belles maisons (Negresco, Troisgros, la Bonne Auberge à Antibes), travaille en osmose avec ce cadre, terrine de foie gras aux figues et au miel, dos de loup de Méditerranée poêlé à l'écaille, pigeon de ferme à la fumée de thym.
C : 36€ • M : 25-55€

BIARRITZ - 64200 **(23 B 5)**

Paris 778 - Pau 120 - Bayonne 7

17 La Villa Eugénie

» 1 av de l'Impératrice
☎ 05 59 41 64 00
F. à déj. (1er juil.-31 août) et 1er fév.-17 mars.
Jusqu'à 22h.

➥ **Hôtel :** Hôtel du Palais

Cadre et ambiance

Le seul palace véritable de la Côte Atlantique : ici la comédie humaine est aristocratique, le décor impérial, rien n'est futile ou jet-set. La farandole est en or massif, la salle majestueuse face à l'Atlantique, la danse si étourdissante qu'on ne peut que rêver faire partie du carnet de bal.

Cuisine

Elle ne saurait être révolutionnaire, ni même républicaine. On lui pardonne donc d'avance son subtil académisme, celui justement qu'on vient chercher dans les langoustines poêlées et vinaigrette liée à la pulpe de mangue, le blanc de bar et poireaux à la vapeur, crème au vin blanc et caviar d'Aquitaine, un plat des années 70, oui, mais de quel siècle ? Il y a même un poil de lourdeur bourgeoise dans les présentations, du meilleur effet, comme dans la meringue aux pêches blanches, glace verveine et coulis de cassis. Un régal des yeux, fort coûteux.

Cave

C'est en bordelais que la carte tient son rang. Ailleurs, elle fait semblant de s'intéresser, sans réelle motivation, et ne se montre pas bien à l'aise en bourgognes. Quelques vins étrangers sauvent la mise, mais l'essentiel est dans les châteaux, ce qui est après tout cohérent.

Accueil et service

L'ensemble de la distribution est hollywoodienne dans le bon sens du terme,

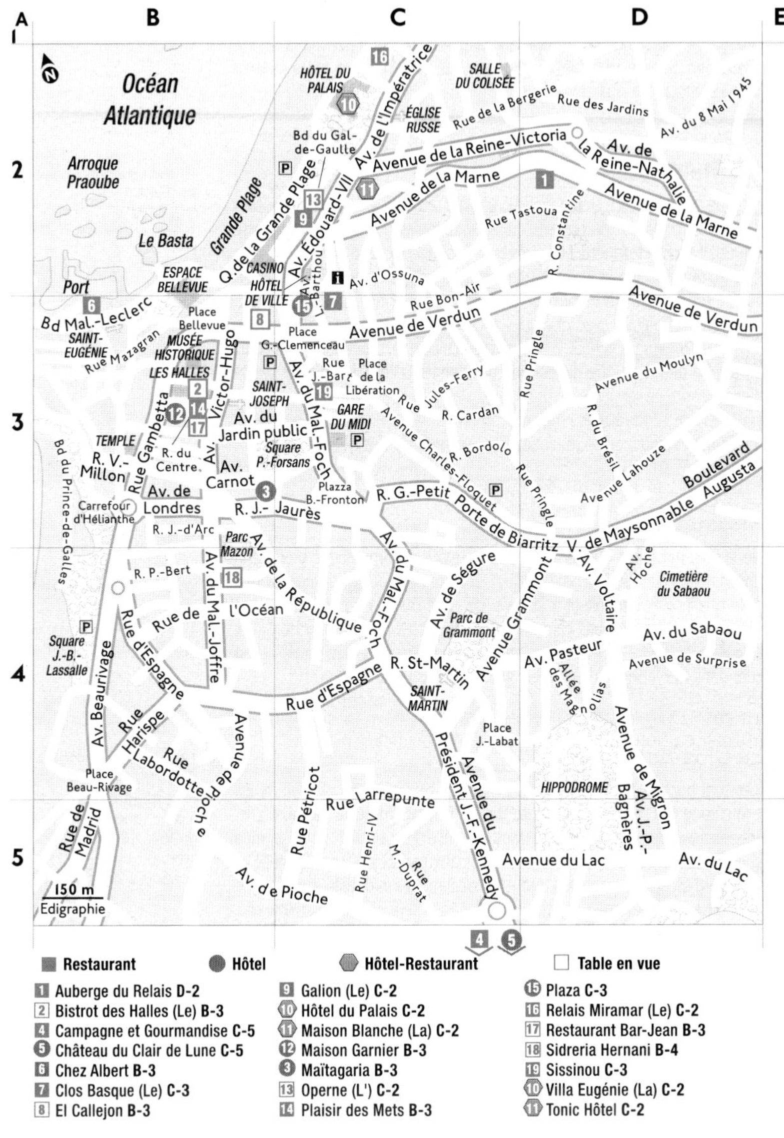

c'est-à-dire des gros moyens de production qui permettent de choisir de brillants seconds rôles. Maîtres d'hôtels affûtés, sommeliers dans le ton, aisance superbe dans toute la nostalgie des fêtes du Second Empire.
C : 100 € • M : 55-95 € *www.hotel-du-palais.com*

Campagne et Gourmandise

» André Gaüzère, 52 av Alan-Seeger
☎ 05 59 41 10 11
F. dim. à dîn., lundi à déj., merc., 10 jrs vac. scol. fév. et 10 jrs vac. scol. Toussaint.
Jusqu'à 21h30.

Loin de l'agitation de la plage, cette maison typiquement basque ornée de guirlandes de piments d'Espelette cultive un esprit campagnard chic. La cuisine basque et parfois ménagère est à l'honneur et les saveurs sont franches et vives, d'une simplicité de bon ton, souvent composées mais parfois dépourvues d'une grâce qui éclairait encore la maison il y a peu (une terrine de queue de bœuf fondante, mais une fricassée de lapin jus aux herbes et pied de porc sans relief). Plaisants et coquets salons et terrasse donnant sur les champs avec la Rhune en toile de fond. Service agréablement décontracté, jolie cave classique mettant en valeur les vins régionaux et les grands bordelais.
C : 40 € • M : 40-62 €

Le Relais Miramar

» 13 rue Louison-Bobet
☎ 05 59 41 30 00
Ouv. 7j/7.
Jusqu'à 22h30.

Ne demandez pas à Patrice Demangel de réfréner ses envies de produits nobles - et celles de ses convives - au prétexte qu'un hôtel thalasso doit cultiver la forme et le naturel. Il vous rétorquera, et il aura bien raison, qu'il n'y a rien de meilleur pour être de bonne humeur et en bonne santé que des oursins iodés, servis en coque avec un fondant de fenouil, qu'un beau turbot cuit magnifiquement, à l'étouffée sous les algues avec quelques morilles (respect des saveurs et des textures) ou même qu'un agneau des Pyrénées, cuit en cocotte avec un jus court au foin, tombe pile dans une diététique épicurienne, celle qui n'interdit pas le chocolat (à Biarritz, ce serait même une faute). Une jolie carte renouvelée chaque saison, un service très précis et une cave remarquable et modérée (d'excellents choix en toutes régions, du saumur de Germain au fitou des Milles Vignes).
C : 75 € • M : 54-70 € *www.accorthalassa.com*

14

Sissinou

» 5 av du Mal-Foch
☎ 05 59 22 51 50
F. dim., lundi, vac. scol. fév., 1er-12 juil. et vac. scol. Toussaint.
Jusqu'à 22h30.

La table la plus branchée de Biarrtiz. On la trouve à cinq minutes à pied de la place, au bas de l'avenue Maréchal Foch. Décontractée, lounge, futée, épurée, autant de qualificatifs qui collent à la peau de cette maison où l'on mixe avec aisance et intelligence produits chics et traditionnels, les pieds de cochon avec les grenouilles, le tartare de bœuf avec des grosses frites et les plats d'inspiration asiatique, dans une atmosphère jamais guindée mais ultra tendance.
C : 40 € • M : 33-54 € *restaurant.sissinou@wanadoo.fr*

13

Le Clos Basque

» 12 rue Louis-Barthou
☎ 05 59 24 24 96
F. lundi (juil.-août), dim. à dîn., lundi (h.s.), 2 sem. fin fév., 10 jrs fin juin et 2 sem. fin oct.
Jusqu'à 22h.

Les idées sont bonnes, les tarifs chétifs. Et même si les plats rebondissent moins vite de la cuisine à la salle qu'une pelote sur un fronton, on ne va pas faire grief à Béatrice Viateau de passer trop de temps chez elle. Parce qu'on ne s'y ennuie jamais, entre le cappuccino de patates douces aux carottes et chorizo grillé et la tourtelette d'escargots au pistou, entre le cabillaud à l'andouille et le foie de veau aux cerises, dans un menu-carte saisonnier aussi sensible que bien travaillé. Et la cave régionale s'offre sans barguigner.
C : 24 € • M : 24-28 €

13

La Maison Blanche

» 58 av Edouard-VII
☎ 05 59 24 66 12
F. dim. à dîn. et lundi (nov.-mars).
Jusqu'à 22h.

➥ **Hôtel :** Tonic Hôtel
Dans un décor aussi moderne et tendance, le jeune Thomas Ainciart, qui n'a pas encore atteint la trentaine, ne saurait s'orienter vers une académique cuisine du Sud-Ouest. Plutôt méditerranéenne, picorant quelques bonnes idées sur le continent asiatique, elle ne manque pas de punch : risotto carnaroli à la truffe

blanche et foies de volailles rosés, grosse chips de cochon, cabillaud en chartreuse de choux chinois et saké, hoummous de haricots et mille-feuille de carottes, pomme de ris de veau braisée aux écrevisses, jus au marsala et gratin de tortiglionis aux morilles, allumettes de gâteau basque croustillant, lait de poule au vieux rhum ambré. Cave ancrée dans sa région et s'appuyant essentiellement sur les valeurs sûres (Brana, Cauhapé...)
C : 50 € • M : 20-39 € *www.maisonblanchebiarritz.com*

[13] Plaisir des Mets

» 5 rue du Centre
☎ 05 59 24 34 66
F. mardi à dîn., merc. (sf juil.-août), à déj. lundi et mardi (juil.-août), 2 sem. juin-juil. et 2 sem. nov.-déc.
Jusqu'à 22h.
♿ ❄ 🐕

Sur le chemin des courses - les halles sont à un jet de noyau - Jean-Noël Aguerre aiguise l'appétit, répond aux attentes, étanche, apaise. Son credo, la simplicité, la précision, sur la base de produits régionaux bien choisis qui donnent du relief, tout un volume de saveurs au feuilleté de grosses crevettes pochées, aux goujonnettes de filet de sole du pays ou au gourmand pigeon fermier et ses frites à la graisse de canard. Plaisants desserts de l'époque (moelleux, pain perdu, croustillant de fruits rouges) dans une sereine ambiance de connaisseurs, petite cave.
C : 45 € • M : 26 €

[12] Auberge du Relais

» 44 av de la Marne
☎ 05 59 24 85 90
F. mardi (oct.-mai) et janv.
Jusqu'à 21h30.
❄ 🐕

Ah ! Ce "nos soins" qui a fumé tant de saumons et préparé tant de foie gras ! Il est passé chez René Lacam, un homme de bien et de bon goût qui tourne avec la même sincérité le rognon de veau à la plancha, le dos de merlu à la Biscaye, le gâteau basque et le baba au rhum. Des tarifs plutôt avenants, jusqu'à la cave, dans un précieux décor rustique.
C : 40 € • M : 21-30 € *www.monsite.wanadoo.fr/lerelaishotel*

[12] Le Galion

» 17 bd du Gén-de-Gaulle
☎ 05 59 24 20 32
F. lundi, mardi à déj. et 2 janv.-20 fév.
Jusqu'à 23h.
⛱ ❄ 🐕

De la confection classique comme on peut l'attendre face à l'océan. C'est au menu à 25 **€** que ce Galion met la meilleure voilure, dans une simplicité de bon aloi : piperade, thon frais béarnaise, parmentier de canard... Le service est parfois un peu longuet, mais le tournedos de Chalosse à la moelle vaut bien un peu d'attente.
C : 47 € • M : 25 €

[11] Chez Albert

» Port-des-Pêcheurs
☎ 05 59 24 43 84
F. merc., 8 janv.-10 fév. et 1er-15 déc.
Jusqu'à 22h.
⛱ ♿ 🐕 🚬

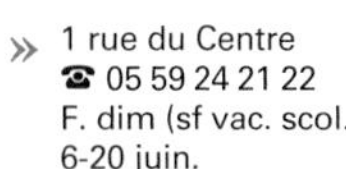

La terrasse d'Albert est un rendez-vous biarrot d'extrême pertinence : le poisson est frais, les bateaux de pêche sont tout autour, et les convives ont la vue sur le phare. Ici, le poisson sera sauvage ou ne sera pas : du saint-pierre grillé au sel de Guérande, une dorade à l'espagnole à l'ail doré, un dos de morue fraîche et jambon basque poêlé. On parle mer et on boit régional, de chaque côté de la frontière.
C : 40 € • M : 36,50 €

▶ Le Bistrot des Halles

» 1 rue du Centre
☎ 05 59 24 21 22
F. dim (sf vac. scol.) et 6-20 juin.
Jusqu'à 23h.
♿ 🐕

Renouvelées toutes les six semaines, les ardoises de ce bistrot branché et régional vont dans le bon sens, du régional appliqué et bien traité (louvine en croûte de sel) avec quelques escapades traditionnelles (tête de veau sauce ravigote).
C : 27 € • M : 12,80 €

▶ El Callejon

» 5 rue Monhaut
☎ 05 59 24 99 15
F. à déj. et dim.
Jusqu'à 24h.
🚗 ❄ 🐕

Ambiance typique dans un immeuble classé, avec de nombreux rappels à l'Espagne toute proche, dans le décor, la cuisine comme la carte des vins. Belles spécialités autour de la pêche locale, pour suivre une tranche de jabugo.
C : 30 €

L'Operne

Une adresse à apprécier sans grandes ambitions, pour les bienfaits de la vue mer, de la situation intéressante et d'une cuisine bien calibrée et sagement actualisée pour satisfaire les appétits touristiques, du tartare de thon à la trilogie de pain perdu.

C : 40 € *www.operne.com*

» 17 av Edouard-VII
☎ 05 59 24 30 30
F. lundi, mardi à déj. et janv.-mars.
Jusqu'à 22h30.

Restaurant Bar-Jean

Il faudrait être barjo pour snober ce Bar Jean, son ambiance chaleureuse et gentiment bruyante et ses fidèles spécialités, de la friture d'anchois au gâteau basque, en passant par le merlu à l'espagnole ou la paella (pour deux).

C : 30 €

» 5 rue des Halles
☎ 05 59 24 80 38
F. mardi, merc. (mars, oct., déc.) et janv.
Jusqu'à 23h.

Sidreria Hernani

Un bon apprentissage de la cidrerie à la mode basque : un peu de folklore, beaucoup de chaleur, des chipirons à l'encre et des daurades plancha entre voisins sans frontières.

C : 25 € *www.cidrerie-hernani.com*

» 29 av du Mal-Joffre
☎ 05 59 23 01 01
F. mardi, 3 sem. janv. et 3 sem. juin.
Jusqu'à 24h.

Hôtel du Palais

➥ **Restaurant** : 17/20 La Villa Eugénie

L'écho des fastes du Second Empire résonne encore dans l'ancienne résidence de Napoléon III et d'Eugénie, jusque dans le décor, colonnades, dorures et meubles d'époque. Les chambres et les suites déclinent ce luxe sur un mode plus sobre, dans des harmonies de tons clairs. Equipement et service à la hauteur de la réputation du palace.

30 appart. 600-1500 € • 124 ch. 260-520 € • 1/2 pens. 75 €

www.hotel-du-palais.com

» 1 av de l'Impératrice
☎ 05 59 41 64 00
📠 05 59 41 67 99
Ouv. 7j/7.

Château du Clair de Lune

Une personnalité attachante et homogène se dégage de cette maison début XXe dans un vaste parc à la floraison abondante et soignée. Le soin porté aux détails crée une atmosphère hors du temps remarquablement apaisante.

17 ch. 70-145 € *www.chateauduclairdelune.com*

» 48 av Alan-Seeger
☎ 05 59 41 53 20
📠 05 59 41 53 29
Ouv. 7j/7.

Maison Garnier

Installées dans une maison bourgeoise fin XIXe, quelques chambres vraiment charmantes, à vivre dans une ambiance proche de la pension de famille. Les trois mansardées du second étage disposent désormais d'une climatisation.

7 ch. 90-130 € *www.hotel-biarritz.com*

» 29 rue Gambetta
☎ 05 59 01 60 70
📠 05 59 01 60 80
F. 5-20 janv. et 6-20 déc.

Maïtagaria

Un ancien hôtel particulier aux chambres vraiment spacieuses, à 5 minutes à pied du centre-ville et de la mer, face au jardin public. Accueil délicieux de la maîtresse de maison, ambiance s'approchant de celle d'une grande demeure d'hôtes.

17 ch. 47-62 € *www.hotel-maitagaria.com*

» 34 av Carnot
☎ 05 59 24 26 65
📠 05 59 24 27 37
F. 2 prem. sem. déc.

Tonic Hôtel

➥ **Restaurant** : 13/20 La Maison Blanche

En centre-ville et proche de l'océan, un cadre contemporain et chaleureux. Chambres climatisées, parking et garage privés, mobilier en bois foncé.

63 ch. 135-255 € • 1/2 pens. 53 € *www.tonichotelbiarritz.com*

» 58 av Edouard-VII
☎ 05 59 24 58 58
📠 05 59 24 86 14

➲ à ARBONNE - 64210 : 7 km S.E. par D 910

Laminak

L'ancienne maison basque du XVIIIe dominant la campagne s'est dotée d'une belle piscine chauffée. Les prix n'ayant subi aucune inflation, l'adresse demeure incontournable pour les amateurs de grand air et de calme. Chambres sous influence rustique ou anglaise.

12 ch. 69-98 € *www.hotel-laminak.com*

» Rte de Saint-Pée
☎ 05 59 41 95 40
05 59 41 87 65
F. 14-30 nov.

➲ à ARCANGUES - 64200 : 8 km S. par D 254 et D 3

Le Moulin d'Alotz

Cette petite adresse rustique dans un hameau champêtre, loin de l'agitation des plages biarrotes, tenu par les anciens propriétaires de La Taverne Basque à Saint-Jean-de-Luz, cache quelques trésors. En particulier une cuisine gourmande, simple et très nette, de haut niveau, aux plats bien rodés servis avec une grande attention. Dans ce décor campagnard douillet sous les poutres, on dévore sans vergogne un cochon de lait à se pâmer, avec une purée fondante quasi-robuchonienne et quelques chips d'iberico. Desserts bien travaillés (confit de tomates aux épices, gâteau frangipane pistache et crème glacée verveine), cave orientée sud-ouest.

» Chemin Alotz-Errota
☎ 05 59 43 04 54
Rens. non comm.
Jusqu'à 22h.

BIDARRAY - 64780 (23 B 5)

Biarritz 36 - Cambo-les-Bains 17 - Pau 133

Auberge Ostapé

DÉCOUVERTE

Une table d'hôtes de luxe montagnarde et basque façon Ducasse avec une formule unique à 50 **€** qui vous oblige à signer pour deux entrées, plat, fromage et dessert. Tous les plats sont au choix tandis que le dessert - au chocolat le jour de notre passage - est imposé. La cuisine, comble de la sobriété, mais aussi de la modernité, dépourvue de valeur créative ajoutée, brille par la seule qualité de produits, au cœur de la vérité originelle, ce qui est devenu un peu la tendance maison. Le décor intemporel associe l'ancien et le moderne sans conflits de générations architecturaux, les fauteuils sont tantôt de cuir noir, tantôt Louis XV, les tables d'hôtes design ou anciennes réparties dans trois chaleureux salons dont l'un offre une vue sur la grande cave à vins. Un ressourcement idéal pour les citadins qui cherchent la quintessence, comme les vignerons de jurançon présents dans une cave volontairement ramassée, comme un guide qui ne vous recommande que les bonnes adresses.

M : 50 €

» Chahatoenia
☎ 05 59 37 91 91
F. lundi et mardi à déj. (h.s.), 6 nov.-mi-avril.

Auberge Iparla

"Et voilà de l'auberge" semble dire en filigrane Alain Ducasse, lorsqu'on pénètre dans ce modèle aux murs blancs, poutres apparentes et fenêtres encadrées de grès rose. L'atmosphère est judicieusement paysanne, tables de ferme, nappes de lin et parquet de chêne, et la carte du jeune chef ducassien dépêché pour l'exercice exactement ce qu'on peut attendre d'un concept aussi bien travaillé : pimientos del piquillo farci à la brandade, porc ibaïona et grosses frites à l'ail, chipirons à la plancha, quelques clins d'œil filous ("l'Izarramisu"), de très bons produits et des prix d'auberge pour une réussite incontestable. Cave maligne, avec la cuvée des Dames de Bordenave, au verre, à 7 **€**.

C : 32 € • M : 22 € *iparla2@wanadoo.fr*

» Chemin de l'Eglise, quartier Bordaberria
☎ 05 59 37 77 21
F. merc. (15 sept.-15 juin) et 2 janv.-25 fév.
Jusqu'à 22h.

BIDART - 64210 (23 B 5)

Pau 137 - Biarritz 8

 La Table des Frères Ibarboure

➡ **Hôtel** : Hôtellerie des Frères Ibarboure

Cadre et ambiance

Une hacienda contemporaine, au milieu des pins, près d'une chapelle XVIIIe, à l'intérieur tout en confort et en douceur, vue sur le parc vallonné et la forêt de chênes.

Cuisine

Les frères Ibarboure, Philippe et Martin, ont raison depuis si longtemps que l'on a l'impression de rabâcher : raison d'avoir fait confiance en leur terroir, raison de s'en être écarté, raison d'avoir rabiboché tradition et avant-garde dans une carte dont on n'a jamais pu dire qu'elle était hors contexte. Aujourd'hui, ce sont les grosses asperges blanches des Landes mariées au txangurro dans une émulsion d'estragon, les langoustines rôties, galette moelleuse aux noisettes grillées et ventrèche craquante, le panaché d'agneau de lait des Pyrénées et chips d'aubergine. En attendant d'autres idées, d'autres arrivages, d'autres rivages...Excellents desserts au chocolat.

Cave

Cave importante et très bien classée offrant autant de grands crus que de bons plans, en bordelais comme en Sud-ouest, avec l'armada des meilleurs jurançons.

Accueil et service

La faconde basque alliée à un haut professionnalisme. Du commis au sommelier, une belle énergie, un service chic et proche sans stress.

C : 60 € • M : 33-95 € www.freresibarboure.com

» Chemin de Ttalienia
☎ 05 59 54 81 64
F. dim. à dîn. et merc. (sf 1er août-8 sept.), dim. à dîn. et lundi à déj. (juil.), 15 nov.-5 déc. et 5-20 janv.
Jusqu'à 21h30.

 Plancha

Belle terrasse sur la plage, générosité dans l'accueil comme dans l'assiette, bonnes salades, poissons grillés à la plancha très corrects.

C : 30 €

» Plage-d' Ilbarritz
☎ 05 59 23 44 95
F. merc. (sf saison) et mi-nov.-Noël.
Jusqu'à 23h.

La Tantina de la Playa

Table de plage fédératrice et tonique : touristes, surfeurs et locaux s'attablent face aux vagues devant des plats de poissons, frais et sauvages, à la plancha ou à la braise.

C : 30 €

» Plage-du-Centre
☎ 05 59 26 53 56
F. 20 nov.-20 déc.
Jusqu'à 22h15.

 Hôtellerie des Frères Ibarboure

➡ **Restaurant** : 16/20 La Table des Frères Ibarboure

Il fait bon vivre dans cette maison ancienne à l'allure caractéristique, grâce à ses chambres adorables, mélange de douceur et d'élégance où se croisent meubles d'artisans locaux, tissus raffinés et couleurs claires. Vue sur le parc et espace généreux.

8 ch. 115-183 € www.freresibarboure.com

» Chemin de Ttalienia
☎ 05 59 47 58 30
Fax 05 59 54 75 65
F. 15 nov.-5 déc. et 5-20 janv.

 L'Hacienda

En retrait du centre, la maison est un îlot de douceur, où tous les éléments concourent au bien-être. Les chambres sont personnalisées dans des harmonies de couleurs, mais aussi de matières, et des objets de caractère. Les gourmandises du petit-déjeuner ou du goûter, tout comme la gentillesse de l'accueil, confirment l'impression.

2 appart. 180-220 € • 12 ch. 95-220 € www.hacienda-bidart.com

» Chemin de Bassilour, rte d'Ahetze
☎ 05 59 54 92 82
Fax 05 59 26 52 73
F. 15 nov.-mars.

Villa L'Arche

Reprenant des éléments typiques de l'architecture basque, la maison s'ouvre largement sur le jardin et au-delà l'océan. Les murs clairs reflètent la lumière pour mettre en valeur un cadre chaleureux, beau mobilier et nombreux détails soignés. Accès direct à la plage.
3 appart. 225-255 € • 6 ch. 100-170 € www.villalarche.com

» Chemin Camboenea
☎ 05 59 51 65 95
📠 05 59 51 65 99
F. 15 nov.-15 fév.

BIELLE ➤ ARUDY

BIGNAN - 56500 (14 A 4)

Vannes 35 - Lorient 48

Auberge La Chouannière ♥

Une adresse pareille, la Chouannière rue Cadoudal, ça en impose et suggère une détermination et un parti pris que ne réfute sans doute pas Jean-Luc Simon, intègre défenseur des valeurs culinaires dans ce bastion irréductible du bon goût. Les classiques sont efficacement revisités (saint-jacques au Noilly, ris de veau au madère) et les nouveautés ont la saveur du travail régional bien fait, le rouget et galette de pomme de terre à l'andouille, le bar rôti au jus de thym ou le pigeonneau en foie gras, croustillant d'abattis et foie gras saisi. Le feu sacré, voilà ce qui conduit le chef et son équipe, et ça vaut bien un coup de cœur.
C : 25 € • M : 19-69 €

» 6 rue Georges-Cadoudal
☎ 02 97 60 00 96
F. dim. à dîn., lundi, merc. à dîn., 2 sem. déb. mars, 1 sem. juin et 2 sem. oct.
Jusqu'à 21h.

BILLIERS - 56190 (14 A 5)

Vannes 27 - Nantes 87

15 Domaine de Rochevilaine

➥ **Hôtel** : Domaine de Rochevilaine
Nous ne pourrons évidemment expliquer à Bertrand Jacquet pourquoi certains de nos lecteurs, et nous-mêmes de temps à autre, préfèrent parfois un pique-nique sur des assiettes en plastique à un festin dans un cadre de style. Les voyageurs sauront donc faire le partage du luxe et du plaisir, les deux n'étant pas incompatibles dans cet ensemble où tout est fait pour que l'habitué des Relais & Châteaux se sente à l'aise entre les vieilles pierres face à l'océan et les pièces rares des XVI et XVIIe siècles. Dans ce contexte, l'intègre Patrice Caillault suit la voie royale avec la conscience d'un Vatel attendant la marée. La fin tragique en moins, car l'arrivage est sûr, le saint-pierre magnifique, cuit en croûte avec une émulsion de combava, et le turbot poché au lait fumé et coulis d'épices douces un objet précieux. Tarifs logiques et sans excès, cave de très haute tenue, cuvées rares de connaisseurs en Loire, sélection fine et honorable partout ailleurs (cornas de Robert, Roc d'Anglade, Mouthe Le Bihan, Roussillon de Gardiès, Pied des Nymphettes des Mille Vignes…).
C : 63 € • M : 37-93 € www.domainerochevilaine.com

» Pointe de Pen-Lan
☎ 02 97 41 61 61
Ouv. 7j/7.
Jusqu'à 21h30.

Domaine de Rochevilaine

➥ **Restaurant** : 15/20 Domaine de Rochevilaine
Développé autour d'un adorable enchevêtrement de maisons anciennes, entre vieilles pierres et jardins fleuris, le domaine est installé sur une pointe rocheuse. Les chambres explorent des horizons variés avec un même sens du détail soigné et du confort parfait, dans un registre classique, romantique ou contemporain au gré des différents espaces. Prestations remarquables au spa marin lié, un établissement unique en France.
4 appart. 330-490 € • 31 ch. 120-340 € • 1/2 pens. 116-224 €
www.domainerochevilaine.com

» Pointe de Pen-Lan
☎ 02 97 41 61 61
📠 02 97 41 44 85
Ouv. 7j/7.

BINIC - 22520 (14 A 2)

Saint-Brieuc 14 - Saint-Quay-Portrieux 8

Le Benhuyc

Des prestations actuelles, un confort soigné, dans un cadre lumineux et agréable, les chambres ayant vue sur la mer et le port.

24 ch. 53-103 € *www.benhuyc.com*

» 1 quai Jean-Bart
☎ 02 96 73 39 00
📠 02 96 73 77 04
F. 1er janv.-1er mai.

BIOT - 06410 (34 C 5)

Nice 16 - Antibes 8

Les Terraillers

Une ancienne poterie au joli cadre voûté, une terrasse plaisante sous la treille quand il ne fait pas trop chaud, et un rajeunissement sensible en cuisine où Claude Jacques, en poste depuis 1978, est désormais associé au jeune Mickaël Fulci, le fils de la maison, en charge d'apporter sa créativité. Escalopes de foie gras chaud avec ses pommes et poires confites et rôties, quenelle de sorbet à la poire et porto jus réduit aux épices, langoustines servies façon nems aux légumes croquants, huile à la badiane et jus de langoustines, ris de veau sauté dans son jus de veau réduit avec ses carottes fanes sautées à l'émulsion de cumin. La Révolution est en marche, tout doucement, les fromages de chez Céneri sont toujours là comme la qualité de l'accueil, remarquable.

M : 35-70 € *www.lesterraillers.com*

» 11 rte du Chemin-Neuf
☎ 04 93 65 01 59
F. merc., jeudi, dern. sem. oct. et nov.
Jusqu'à 22h.

BIRIATOU ➤ HENDAYE

BIRKENWALD - 67440 (10 B 2)

Strasbourg 40 - Colmar 91 - Saverne 12

Au Chasseur R

Les Gass ont le sens de l'accueil et le prouvent avec des chambres soignées, à la belle élégance classique, et un bon équipement de détente. Au restaurant, le fils de la maison décline au gré des saisons un menu-carte actuel et soigné : filet de cannette fumé en carpaccio, saint-pierre à la plancha fenouil confit, soufflé à la rhubarbe.

6 appart. 115 € • 18 ch. 60-79 € • 1/2 pens. 65-90 € • C : 42 € • M : 15-65 €
www.chasseurbirkenwald.com

» 7 rue de l'Eglise
☎ 03 88 70 61 32
📠 03 88 70 66 02
F. 8 janv.-7 fév.

BITCHE - 57230 (12 C 2)

Metz 106 - Sarrebruck 60 - Saverne 50

Le Strasbourg

➥ **Hôtel :** Le Strasbourg

Le jeune chef compile les idées en vogue dans une carte alerte presque surprenante dans cette pure maison lorraine : risotto d'asperges, gambas rôties et carottes fanes au sésame, pavé de thon rouge et foie gras, carpaccio de tête de veau, on n'est pas en retard d'un train chez Cynthia et Lutz, les tagliatelle de courgettes viennent au bar et les shitakés croisent l'angus d'Argentine. La toque est bien en place, le cadre chaleureux et la cave ne manque pas de répondant.

C : 45 € • M : 21,50-52 € *www.le-strasbourg.fr*

» 24 rue Teyssier
☎ 03 87 96 00 44
F. dim. à dîn., lundi, mardi à déj., 15 jrs vac. scol. fév. et 15 jrs fin-août-déb. sept.
Jusqu'à 21h.

Le Strasbourg

➥ **Restaurant** : 13/20 Le Strasbourg

Au-delà de la situation pratique en centre ville et de l'architecture respectueuse des canons régionaux, la maison s'apprécie pour ses chambres aux parfums d'ailleurs, personnalisées sur le thème des voyages (de la Provence à l'Asie en passant par l'Afrique).

10 ch. 39-84 € • 1/2 pens. 29 € *www.le-strasbourg.fr*

» 24 rue Teyssier
☎ 03 87 96 00 44
📠 03 87 96 11 57
F. 15 jrs vac. scol. fév. et 15 jrs fin-août-déb. sept.

BIZE MINERVOIS - 11120 (31 D 4)

Narbonne 21 - Minerve 12

La Bastide Cabezac H

» Cabezac, 18-20 Hameau Cabezac
☎ 04 68 46 66 10
F. sam. à déj., dim. à dîn. lundi (h.s.), lundi, mardi, merc. à déj. (saison) et dern. sem. nov.-2 prem. sem. déc.
Jusqu'à 22h.

On parle beaucoup d'Hervé Dos Santos, chef talentueux installé en pleine campagne minervoise, dans un hôtel-bastide qui semble parfois le serrer un peu aux entournures. Car, si le savoir-faire est incontestable, on sent une certaine retenue dans la carte, conséquence d'une offre avant tout consensuelle - belle maison, pleine d'atouts, de charme et de confort - pour une clientèle européenne qui séjourne dans le coin. Cave languedocienne pas mauvaise, mais qui pourrait sans doute aussi faire mieux, en plein Minervois, avec un sommelier avisé. Jolies chambres, lumineuses et colorées.

C : 50 € • M : 25-69 € • 3 appart. 110-130 € • 9 ch. 75-110 € • 1/2 pens. 35 €

www.labastidecabezac.com

BLAESHEIM - 67113 (10 C 3)

Strasbourg 18 - Obernai 21

Schadt - Chez Philippe

» 8 pl de l'Eglise
☎ 03 88 68 86 00
F. dim. à dîn., lundi, 1 sem. fév., dern. sem. juil.-prem. sem. août.
Jusqu'à 21h.

De l'alsacien en platine iridié, à photographier, mémoriser, décorer et surtout goûter. Celui qui fut choisi pour un sommet franco-allemand récent mérite les palmes du terroir et de la tradition, dans le cadre historique et artistique de cette auberge aux murs illustrés par Toni Ungerer et Christian Geiger. De quoi évidemment ouvrir l'appétit sur le foie gras en brioche, la choucroute de poisson, le sandre aux morilles et les savarins aux fruits. A la cave, Gisselbrecht, Beyer, Lorentz, des classiques indémodables.

C : 30 € • M : 30-65 €

schadt@wanadoo.fr

LE BLANC - 36300 (17 D 6)

Châteauroux 61 - Argenton-sur-Creuse 41

Le Cygne

» 8 av Gambetta
☎ 02 54 28 71 63
F. dim. à dîn. (sept.-juin), lundi, mardi, 1er-15 janv., 18 juin-1er juil. et 30 août-5 sept.
Jusqu'à 20h30.

Il n'est pas injurieux d'écrire qu'il y a comme un petit déficit gastronomique autour du Blanc, dans ce beau pays rural où il est si plaisant de musarder, entre Brenne et val de Vienne. Patrice Moënne-Loccoz apporte un début de réponse aux affamés un peu exigeants et sa cuisine "cuisinée", technique aboutie, veine traditionnelle saucière (volaille en croûte et bisque de langoustine, blanquette d'agneau bio gratinée, tatin de ris de veau), se montre assez probante pour que la petite salle animée par Céline, qui mène aussi une sympathique cave de propriétaires, soit régulièrement bondée.

C : 34 € • M : 17-50 €

BLANQUEFORT ➤ BORDEAUX

BLENDECQUES ➤ SAINT OMER

BLENOD LES PONT A MOUSSON ➤ PONT A MOUSSON

BLERE - 37150 (17 C 4)

Tours 27 - Blois 46 - Loches 25

Le Cheval Blanc R

» 5 pl Charles-Bidault
☎ 02 47 30 30 14
Fax 02 47 23 52 80
F. déb. janv.-14 fév.

Derrière la façade se cachent des trésors de gentillesse, dans l'accueil d'abord, dans l'adorable jardin fleuri (avec piscine) situé sur l'arrière ou encore dans les jolies chambres personnalisées. Elégante cuisine de tradition au restaurant, produits nobles et préparations classiques. Carte des vins agréablement complète, la région en tête.

12 ch. 60-77 € • 1/2 pens. 75-85 € • C : 50 € • M : 20-52 €

www.lechevalblancblere.com

BLIENSCHWILLER - 67650 (10 B 3)

Strasbourg 44 - Colmar 40 - Sélestat 15

(11) Le Pressoir de Bacchus

Carte winstub au cœur de la Route des Vins : on ne saurait être plus en phase avec l'environnement de ce superbe village typique. La maison également fait des efforts d'habillement : façade rénovée, embellissements divers nappages en kelsch bleu, vaisselle Hansi. Tout est raccord pour célébrer le presskopf, le sandre au riesling, le mignon de porc aux spaetzle, la choucroute et le baeckeoffe.
C : 27€ • M : 24€

» 50 rte des Vins
☎ 03 88 92 43 01
F. mardi, merc. (1er janv.-15 mars), mardi, merc. à déj. (16 mars-31 déc.), vac. scol. fév. et 3-19 juil.).
Jusqu'à 21h.

Winzenberg

Etape familiale et soignée, avec des chambres coquettes au mobilier de bois peint. Terrasse et jolie salle des petits-déjeuners, sous les poutres.
13 ch. 38-50€ *www.winzenberg.com*

» 58 rte des Vins
☎ 03 88 92 62 77
Fax 03 88 92 45 22
F. 3 janv.-16 fév.

BLOIS - 41000 (17 D 4)

Paris 179 - Orléans 57 - Tours 60

(15) Au Rendez-Vous des Pêcheurs

L'étiquette cuisine créative est si souvent galvaudée qu'on hésite à l'utiliser et pourtant... C'est bien de créativité qu'il s'agit lorsqu'on aborde le travail de Christophe Cosme, quand il réinterprète les légumes de pot-au-feu, servis panés avec un sorbet moutarde, le boudin d'anguille de Loire à la saveur nette et à la consistance parfaite sur un lit de rhubarbe ou l'étonnant feuilleté au cumin fromage blanc battu et carottes au miel. Un art délicat du sucré-salé au service des produits locaux, de maraîchers ou de pêcheurs, dans une atmosphère soignée, du service (nombreuses attentions) au décor (voir les citations soigneusement calligraphiées sur le mur ou le joli passe-plat). Cave à privilégier en loire, avec de belles trouvailles.
C : 60€ • M : 28-74€

» 27 rue du Foix
☎ 02 54 74 67 48
F. dim., lundi à déj. (sf fériés), 3 sem. août et 2 sem. janv.
Jusqu'à 21h30.

L'Orangerie du Château

Belle, altière, cossue, cette ancienne orangerie (probablement l'une des plus anciennes de France) mériterait le déplacement sur son seul cadre : la belle vue sur le château (le soir en particulier), le parc, la salle à manger aux impressionnants volumes, rien ne manque dans ce quasi décor de carte postale. Les assiettes de Jean-Marc Molveaux suivent les mêmes ondes, sans faire de vague, et c'est peut-être là que réside leur seule faiblesse, dans cette totale absence de fantaisie, comme s'il fallait réciter ses gammes pour mieux coller aux attentes de la clientèle : raviole ouverte de langoustine caviar d'Aquitaine, quasi de veau de lait en cocotte jus réglissé, déclinaison de fraises. Service aussi précis qu'efficace.
C : 68€ • M : 31-67€ *www.orangerie-du-chateau.fr*

» 1 av Jean-Laigret
☎ 02 54 78 05 36
F. dim. à dîn., merc. (h.s), mardi (hiver), lundi à déj (été), 15 fév-15 mars et 2e sem. nov.
Jusqu'à 21h15.

(12) Le Bistrot du Cuisinier

De l'autre côté de la Loire, ce bistrot profite d'une vue imprenable sur la ville. On y vient goûter une cuisine différente pour pas trop cher et passer une soirée sympathique. Dans cette optique, le pithiviers de courgettes et poivrons farcis ou le pigeon farci cuit comme une poule au pot, tirés de l'amusant menu-carte en bois, sont une plaisante réussite, mais les desserts sont vraiment banals. La carte des vins est assez maligne, avec une proposition du mois, des vins de Loire à prix tenus en différentes contenances.
C : 29€ • M : 23-32€ *bistrot.du.cuisinier@wanadoo.fr*

» 20 quai Villebois-Mareuil
☎ 02 54 78 06 70
Ouv. 7j/7.
Jusqu'à 21h30.

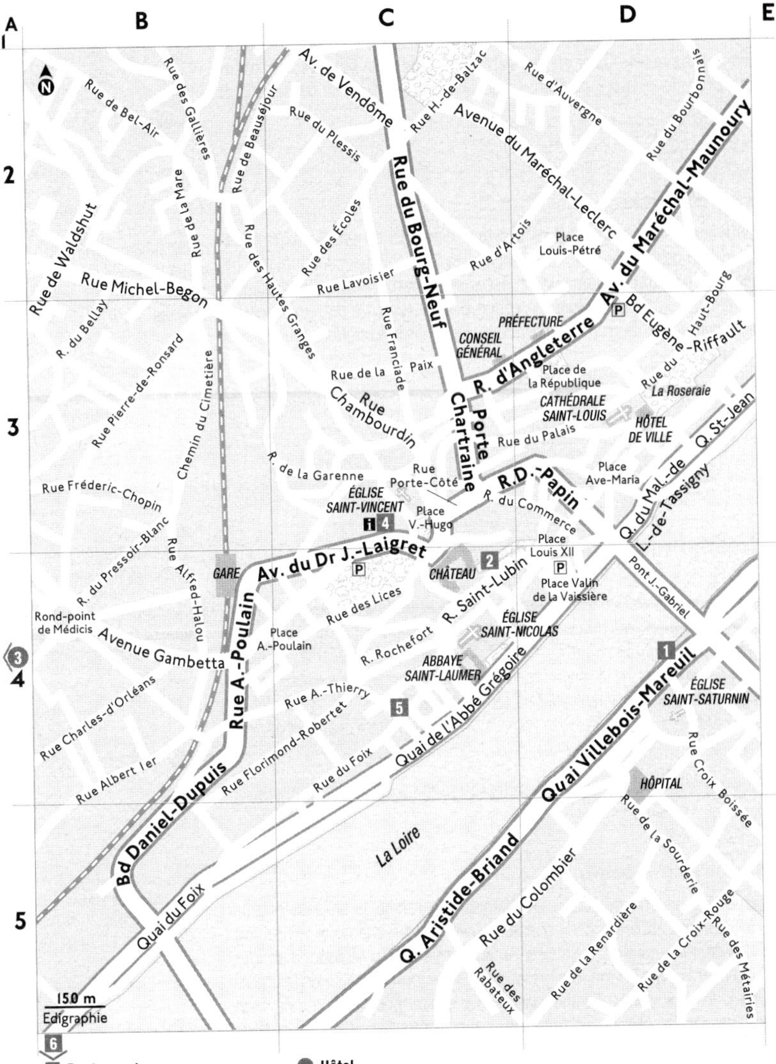

■ **Restaurant**

[1] Bistrot du Cuisinier (Le) **D-4**
[2] Bouchon Lyonnais (Au) **C-4**
[4] Orangerie du Château (L') **C-3**
[5] Rendez-Vous des Pêcheurs (Au) **C-4**

● **Hôtel**

[6] Espérance (L') **B-5**
③ Medicis (Le) **A-4**

⑪ Au Bouchon Lyonnais

» 25 rue des Violettes
☎ 02 54 74 12 87
F. dim., lundi (h.s), dim. à déj., lundi à déj. (juil.-sept.) et 23 déc.-16 janv.
Jusqu'à 21h45.
⛱ ❄ 🐕

Parfums de traboule sur les bords de Loire, au pied du château : les gônes y perdraient leurs repères, mais l'assiette de charcuterie, le saucisson chaud, la tête de veau ou le tablier de sapeur ont de quoi les rassurer, à moins que les dix-sept entrées et les seize plats proposés dans le menu à 19 **€** ne les inquiètent aussi un peu. Agréable ambiance solidaire, sympathique sélection viticole, en bouteille, en fillette ou en pot.
C : 29€ • M : 19€

(11) L'Espérance

Tradition et tranquillité dans un des fiefs blésois les plus réguliers. Le patron aime travailler le poisson, de Loire (sandre) ou d'océan, et les cuissons sont sous contrôle.
C : 32 € • M : 29-52 €

» 189 quai Ulysse-Besnard
☎ 02 54 78 09 01
F. dim. à dîn. et lundi.
Jusqu'à 21h15.

Le Médicis

Les tissus tendus, harmonisés dans des tons différents au gré des chambres, créent une atmosphère feutrée qui convient bien à cet établissement tout proche du célèbre château. En cuisine, les audaces sont mesurées mais n'interdisent pas le raffinement d'une cuisson en coque d'argile (pour le bar, au moelleux parfait, accompagné de crème au chenin) ou les amusants bonbons croustillants à la banane.
1 appart. 115 € • 11 ch. 87 € • 1/2 pens. 87-100 € • C : 29 € • M : 21-68 €
www.le-medicis.com

» 2 allée François-Ier, rte d'Angers
☎ 02 54 43 94 04
02 54 42 04 05
F. janv.

➲ à MOLINEUF - 41190 : 9 km N. par N 252

(13) Restaurant de la Poste

En sortant de la forêt, on plonge sur la maison, un chemin que les habitués font les yeux fermés, accueillis avec un grand sourire et prêts à en découdre avec des assiettes soignées, qui ponctuent leur classicisme apparent de quelques clins d'œil plaisants, notamment sur les entrées. Le moment est agréable et justifie aisément de s'éloigner de la ville, il faudra juste faire un usage raisonnable d'une cave ligérienne bien travaillée avant de reprendre la voiture.
M : 16,90-32 €
www.restaurant-poidras.com

» 11 av de Blois
☎ 02 54 70 03 25
F. dim. à dîn., mardi (oct.-avril), merc., 3 sem. vac. fév. et 15 nov.-5 déc.
Jusqu'à 21h.

➲ à SAINT DENIS SUR LOIRE - 41000 : 6 km N.E. par N 152

(14) Le Grand Atelier H

L'ancien atelier de Bernard Lorjou, bourgeoisement raffiné, la table charmante avec une terrasse abritée à deux pas du fleuve, les cinq chambres au confort moelleux, donne confiance et sourire. Autant d'ailleurs aux visiteurs d'un jour qu'à Michel et Sophie Perron, qui mesurent chaque jour la qualité de leur outil de travail. Ce qui donne l'enthousiasme nécessaire pour une cuisine bien mijotée, saisonnière et sans discordances, un lapin moulé en tatin, un pâté de brochet et samoussas, une canette et courgettes farcies aux aiguillettes. Cave très classique, mais où il fait bon croiser Jean-François Nicq, Hervé Bizeul ou les chevernys de Tessier.
M : 32-42 € • 2 appart. 100-115 € • 5 ch. 100 €

» Rue du 8-Mai-1945
☎ 02 54 74 10 64
F. dim. à dîn., lundi, vac. scol. fév. et 2 sem. déb. oct.
Jusqu'à 21h30.

BOCOGNANO ➤ CORSE

BOESCHEPE ➤ BAILLEUL

BOIS COLOMBES ➤ PARIS-BANLIEUE

LE BOIS PLAGE EN RE ➤ RE (ILE DE)

BOISMORAND ➤ NOGENT SUR VERNISSON

BOISSEUIL ➤ LIMOGES

BOLLEZEELE - 59470 (1 C 2)

Saint-Omer 18 - Calais 47

Hostellerie Saint-Louis R

Née maison de maître au milieu du XVIIe siècle, la grande maison blanche au cœur du village offre une belle élégance classique au gré de chambres personnalisées. Classicisme également au restaurant, Philippe Dubreucq et sa clientèle privilégiant les valeurs sûres d'une cuisine bourgeoise assumée : rognons de veau flambés au geneviève, bar de ligne façon Argenteuil, duo de caille et ris de veau sauce financière.

2 appart. 80-139 € • 26 ch. 42-65 € • 1/2 pens. 70-114 € • C : 37 € • M : 23-40 € www.hostelleriesaintlouis.com

» 47 rue de l'Eglise
☎ 03 28 68 81 83
03 28 68 01 17
F. lundi de Pâques et 23 déc.-mi-janv.

BON ENCONTRE ➤ AGEN

BONDUES ➤ LILLE

BONIFACIO ➤ CORSE

BONLIEU - 39130 (21 B 5)

Lons-le-Saunier 36 - Saint-Claude 42

La Poutre

Séculaire arrêt-buffet de la région des lacs, la Poutre est une pièce de charpente jurassienne qui mérite sa réputation de solidité. François Moureaux soigne l'héritage, ajoutant au foie gras poêlé, au ragoût d'écrevisses aux morilles et au ris de veau braisé l'indispensable carpaccio d'ananas qui sert de calendrier (oui nous sommes bien en 2005). Ce qui n'empêche pas les produits d'être toujours de première force et le trousseau de Rolet aussi friand que les saisons précédentes.

C : 50 € • M : 15-65 €

» 25 Grande-Rue
☎ 03 84 25 57 77
F. lundi (sf à déj. juil.-août), mardi et 1er nov.-3 mai.
Jusqu'à 21h.

BONNAT - 23220 (25 C 1)

Guéret 20 - La Châtre 46

L'Orangerie

Dans une élégante et sobre maison XVIIIe, entre dallage historique et hauts plafonds, s'est installé cet hôtel clair et soigné. Chambres élégantes et sobres, dans des harmonies de couleurs personnalisées.

30 ch. 73-106 € • 1/2 pens. 65,50-82 € www.hotel-lorangerie.fr

» 3 bis rue de la Paix
☎ 05 55 62 86 86
05 55 62 86 87
F. 1er nov.-28 fév.

BONNE - 74380 (28 B 1)

Annecy 45 - Thonon 31 - Genève 17

Baud H

Dans l'élégante salle de restaurant ou sur la terrasse ouvrant sur le beau jardin arboré, André Roussel déroule une carte sûre, traditionnelle et équitable dans un bon menu-carte à 35 **€**, qui parle de foie gras, de homard et de féra du lac au romarin. Cave très intéressante, dans ses choix (rasteau de Gourt de Mautens, aloxe de Tollot-Beaut, n°3 de Castelmaure...) et surtout dans ses prix, d'une absolue modestie. Le confort se prolonge dans de belles chambres élégantes

C : 40 € • M : 25-59 € • 13 ch. 85-200 € www.hotel-baud.com

» 181 av Léman
☎ 04 50 39 20 15
F. dim. à dîn.
Jusqu'à 21h30.

BONNETAGE - 25210 (21 D 3)

La Chaux-de-Fonds 30 - Besançon 67 - Belfort 72

L'Etang du Moulin

➡ **Hôtel :** L'Etang du Moulin

La morteau, la cancoillotte, la truite fumée : toutes les gaietés de l'escadron du terroir jurassien sont là, et traités avec toute la déférence due à leur grade. Car Jacques Barnachon choisit bien et fignole, au point d'avoir remporté récemment le Concours des cuisines régionales Logis de France. Reconnu par ses pairs, élu par des habitués fidèles, le chef n'en garde pas moins pour autant modestie et perfectionnisme. Jusqu'aux desserts, habilement travaillés, sur un thème régional, bien sûr. Belle carte de vins régionaux.

C : 40 € • M : 21-80 €

www.etang-du-moulin.fr

» Lieu-dit Etang-du-Moulin
☎ 03 81 68 92 78
F. mardi, merc. à déj. (1er avril-1er juil.), merc. à déj. (2 juil.-1er sept.), mardi, merc. à déj. (2 sept.-1er nov.), mardi, merc. (2 nov.-30 mars) et 4 janv.-4 fév.
Jusqu'à 21h.

L'Etang du Moulin

➡ **Restaurant :** 13/20 L'Etang du Moulin

En fait de moulin, la maison fait plutôt penser à un chalet. Les chambres y sont sobres et confortables, mais c'est surtout la situation que l'on retient comme atout majeur, entre les forêts de sapin et le vaste étang, en pleine nature.

19 ch. 56-65 € • 1/2 pens. 50-60 €

www.etang-du-moulin.fr

» Lieu-dit Etang-du-Moulin
☎ 03 81 68 92 78
📠 03 81 68 94 42
F. 4 janv.-4 fév.

BONNEUIL MATOURS ➤ CHATELLERAULT

BONNEVAL - 28800 (17 D 2)

Chartres 35 - Châteaudun 15

Hostellerie du Bois Guibert R

L'élégante et sobre maison XVIIIe, entourée des arbres centenaires du parc, invite à la détente dans un cadre cossu et chaleureux, meublé d'ancien. La toque ne tient plus tout à fait sur cet hyper-classique qui compte trop sur son cadre, rétro-bourgeois, mais pas vraiment authentique, de manoir au fond de son parc. La cuisine est datée, sauces épaisses et poissons bien cuits, ce qui n'est pas rédhibitoire, mais le curieux mélange carotte-rhubarbe avec une sauce à l'orange, et l'impression de lassitude n'entraînent pas l'adhésion. Service à l'ancienne, simple et distant, cave correcte.

14 ch. 65-130 € • 1/2 pens. 71-160 € • C : 50 € • M : 25-58 €

www.bois-guibert.com

» Hameau de Guibert
☎ 02 37 47 22 33
📠 02 37 47 50 69
Ouv. 7j/7.

BONNEVILLE - 74130 (28 B 2)

Annecy 41 - Chamonix 54

à VOUGY - 74130 : 7 km O. par N 205

Le Capucin Gourmand

Solide et sérieuse, la maison de Christine et Guy Barbin multiplie les initiatives pour permettre au plus grand nombre d'accéder à la bonne gastronomie. Certains plats de la carte sont ainsi proposés en demi-portion (de quoi se faire plaisir avec une blanquette de homard en jardinière de petits légumes frais pour moins de 20 €) et un droit de bouchon de 25 € est demandé pour qui viendrait avec l'un des trésors de sa cave. Le menu à 32 € reste d'un excellent rapport, avec la salade d'omble aux écrevisses, la noix de ris de veau poêlée à l'ortie sauvage et le pain de Gênes myrtilles, crémeux au chocolat et coulis de mangue.

M : 32-54 €

www.lecapucingourmand.com

» 1520 rte de Genève, N 205
☎ 04 50 34 03 50
F. sam. à déj., dim. (sf Pâques et Fête des mères), lundi à dîn., 3 prem. sem. août et 2 prem. sem. janv.
Jusqu'à 21h.

(11) Le Bistrot du Capucin Gourmand

» 1520 rte de Genève, N 205
☎ 04 50 34 03 50
F. sam. à déj., dim., lundi à dîn., 1re sem. janv. et 3 prem. sem. août.
Jusqu'à 21h.

Une annexe bien sous tous rapports, une gentille cuisine de bistrot lyonnais teintée de Provence (assiette de cochonnailles, tête de veau vinaigrette aux herbes et petits légumes, quasi de veau au romarin et purée de pommes de terre à l'huile d'olive, saumon vapeur au sel de Guérande...). Courte carte des vins proposant un bon choix au verre ou au pichet, l'occasion de découvrir quelques raretés comme une malvoisie en vin de pays de l'Allobrogie.
C : 27 € • M : 20-25 € *www.lecapucin.gourmand.com*

BONNIEUX - 84480 (33 C 5)

Avignon 51 - Cavaillon 26 - Aix-en-Provence 47

18 Restaurant Edouard Loubet

» Les Claparèdes
☎ 04 90 75 89 78
F. 15 nov.-15 mars.
Jusqu'à 22h.

➥ **Hôtel :** La Bastide de Capelongue

Cadre et ambiance

A peine un an après son installation, Edouard Loubet a fait de cette bastide la plus belle table du Luberon, luxueuse et moderne, la salle qui ouvre sur les collines, la terrasse romantique, une atmosphère aussi propice aux soirées d'amoureux qu'aux séjours en famille.

Cuisine

Une marche a encore été franchie par rapport à la cuisine du Moulin de Lourmarin. Moins de sophistication, plus de netteté, de véritables flèches d'évidence, de saveur révélée, reliées pour la plupart au généreux terroir provençal et à l'enfance montagneuse. Des trouvailles d'avant-garde, mais aussi un simple agneau transcendé, un rouget au coquelicot qui dit tout avec une relative économie d'ingrédients, une sole tronçon à l'arête, magnifique, soutenue par quelques asperges de Villelaure et la mélisse. Edouard savait imprimer une griffe, il s'impose aujourd'hui comme le patron de la région.

Cave

Fidèles aux terroirs voisins, la carte montre une belle richesse en luberon, et en vallée du Rhône. On pourrait lui reprocher un petit manque de curiosité. Mais les grandes manoeuvres engagées pour l'hôtellerie, et la montée en puissance du restaurant, amènera sans doute à réviser ce jugement.

Accueil et service

Une grande aisance, de la fluidité et du haut standing qui va se canaliser petit à petit vers l'excellence.
C : 100 € • M : 50-152 € *www.capelongue.com*

(12) Le Fournil

» 5 pl Carnot
☎ 04 90 75 83 62
F. lundi, mardi (oct.-1er avril), lundi, mardi à déj., sam. à déj. (1er avril-30 sept.), 8 janv.-15 fév. et 20 nov.-12 déc.
Jusqu'à 21h30.

Au milieu du village, la terrasse tend véritablement les bras au visiteur : des tables ombragées, accueillantes, un personnel souriant... Et si on s'asseyait ? Par temps de pluie, l'intérieur zen contemporain est aussi plaisant que surprenant, la bonne formule est à 20 **€** (entrée-plat ou plat-dessert), ou 26 **€** le menu entier pour une proposition du jour qui a du parfum, le lapin compoté, l'épaule d'agneau, la crème au chocolat. Les plats de la carte sont moins passionnants, à l'image du "tout-agneau", pas mal fait mais qui ne vaut pas ses 21 **€** et la petite cave aimable confirme qu'on peut renouveler sa confiance en cette adresse.
M : 20-43 €

Prix des appartements : la fourchette de prix correspond au tarif journalier pour 1 personne seule, et maximum pour 2 personnes.

Prix à la carte : correspond au prix moyen à la carte (entrée, plat + dessert).

La Bastide de Capelongue

» Les Claparèdes
☎ 04 90 75 89 78
04 90 75 93 03
F. 15 nov.-15 mars.

➥ **Restaurant** : 18/20 Restaurant Edouard Loubet

La Bastide a beaucoup de charme, des chambres ravissantes donnant sur ce jardin au seuil de la forêt de cèdres, et une piscine de rêve, dans la nature, avec le village en toile de fond. Pourtant, cela ne suffisait pas à Edouard Loubet, qui, par un chantier titanesque entrepris avant l'été, a ouvert de l'autre côté de la petite route un véritable resort - à dimension humaine - avec des appartements équipés, une piscine gigantesque, de quoi vivre dans un luxe naturel sans avoir vraiment besoin de bouger.

22 appart. 320-380 € • 9 ch. 160-380 € • 1/2 pens. 185-260 €

www.capelongue.com

à BUOUX - 84480 : 4 km N.E. sur D 113

13 Auberge de la Loube

» Village de Buoux
☎ 04 90 74 19 58
F. dim. à dîn., lundi et jeudi (sf fériés) et 2 janv-2 fév.
Jusqu'à 21h30.

L'impression de fermette défraîchie et vaguement à l'abandon dans ce joli coin de Luberon est largement contrebalancée par un accueil tout sourire et une cuisine finalement bien enlevée : commencez par les hors d'œuvre provençaux (délicieuses brandade et mousse de pois chiches) avant de crier haro sur le lapin, aux herbes en crépinette et l'assiette gourmande : c'est une affaire à 28 **€**, provençale et conviviale, et qui tourne bien. Cave assez minimaliste, dédiée aux crus locaux raisonnablement facturés (La Canorgue, Mille, Isolette...)

C : 33,50 € • M : 21-30 €

BONNY SUR LOIRE - 45420 (18 C 4)

Gien 22 - Cosne-sur-Loire 15 - Briare 12

12 Hôtel des Voyageurs H

» 10 Grande-Rue
☎ 02 38 27 01 45
F. dim. à dîn., lundi, mardi à déj., 2-10 janv., 13-28 fév. et 20 août-5 sept.
Jusqu'à 20h45.

Ce bon hôtel-restaurant des familles cache une vraie table de caractère et un chef affûté qui n'a pas passé quatre ans chez Troisgros et un an chez Savoy pour rabâcher du sandre au beurre blanc et de la pintade Val de Loire. Le voyageur trouvera donc sur sa route du croustillant de chèvre et de la côte de porc en cocotte, mais aussi des gnocchis de saint-jacques et crabe en coques en huilade, du lieu jaune mariné au soja et confit de chou rouge, et un tiramisu au pain d'épices, pour que ce séjour au bord du fleuve soit prétexte à des évasions plus lointaines. Petite cave correcte en région, chambres simples et fonctionnelles pour que durent les rêves.

C : 36 € • M : 16,50-42 € • 6 ch. 34-40 € • 1/2 pens. 45 €

hotel-des-voyageurs9@wanadoo.fr

BONSECOURS ➤ ROUEN

BORDEAUX - 33000 (23 D 2)

Paris 577 - Nantes 324 - Toulouse 245

Le Pavillon des Boulevards

» 120 rue Croix-de-Seguey
☎ 05 56 81 51 02
F. sam. à déj., dim., lundi à déj., 2-8 janv. et 7-27 août.
Jusqu'à 21h45.

Cadre et ambiance

Un intérieur bourgeois, proche des boulevards, à vingt bonnes minutes à pied du centre ville, une intimité et une réserve qui correspond bien à ce chef discret, qui impose son style et compte de nombreux fidèles, et même inconditionnels, bordelais.

Cuisine

Une subtilité et une modestie qui frise parfois la banalité, mais une précision qui couvre tous ces risques pour donner des assiettes éclatantes, voyageuses, aromatiques, volontiers inspirées par l'Orient, mais se retrouvant en famille avec un agneau de Pauillac ou un bœuf de Bazas : taboulé de chou-fleur au citron confit homard à la coriandre et glace homard, bar à la vapeur d'herbes citronnées et paella au boulgour. Dans la lignée des assiettes de Gagnaire, Denis Franc propose un beau menu de fête avec des plats séquences sur des thèmes accrocheurs (truffe, caviar d'Aquitaine, océan et épices, terroir...).

Cave

La cave est à l'image de la maison, très bordelaise sans faire montre d'un apparat inconsidéré et sans doute inutile. De beaux millésimes mais pas de verticales ébouriffantes et surtout un choix pointu sur un grand nombre de bourgeois ou petits classés dans les meilleurs millésimes récents.

Accueil et service

Rien de compassé dans cet accueil souriant et ce service précis, sans obséquiosité ni tristesse. Discrétion, efficacité, attention...

C : 78 € • M : 65-100 € *pavillon.des.boulevards@wanadoo.fr*

Le Chapon Fin

» 5 rue Montesquieu
☎ 05 56 79 10 10
F. dim., lundi, 23 juil.-20 août et 1 sem. hiver.
Jusqu'à 21h30.

Cadre et ambiance

Le décor est celui d'un théâtre de rocaille, connu de tous les Bordelais, surprenant chaos de stucs - classés aux Bâtiments de France, comme le reste de la salle où Sarah Bernhardt venait manger des ortolans. Aujourd'hui, la table est belle, sobre, d'esprit contemporain.

Cuisine

Ancien second de Thierry Marx, Nicolas Frion montre du caractère, de belles idées, davantage dans la technique que dans l'imagination. Sa carte est flatteuse, assez centre-ville, chic et mode : pressé de thon rouge, tubes craquants à l'avocat et dés de truffes, saint-jacques poêlées à la cardamome, ananas et câpres, pulpe de céleri, pigeon en paletot, gâteau d'endives caramélisées, jus aux olives noires. Et le menu du déjeuner est, à 27 €, chaque jour une performance.

Cave

La cave n'est pas immense, mais bien faite, riche en bordeaux, ma non troppo, avec quelques verticales de prestige (Yquem, Mouton) et dans l'ensemble un peu chère, y compris hors région, où elle fournit quelques loires, languedocs pas mal trouvés, et même alsaces.

Accueil et service

Un service dynamique et jeune qui fait bien vivre ce lieu qui a besoin de bouillonner et devient triste dès que le soufflé tombe.

M : 28-76 € *www.chapon-fin.com*

Jean Ramet

» 7-8 pl Jean-Jaurès
☎ 05 56 44 12 51
F. dim., lundi, 3-9 janv., 1re sem. Pâques et 5-27 août.
Jusqu'à 21h45.

Cadre et ambiance

Un salon bordelais typique, que Jean et Raymonde Ramet ont élevés, en vingt-cinq ans, au rang d'institution. Un petit Lasserre girondin (Jean y fut chef de partie), dans cette atmosphère de club raffiné de notabilités.

Cuisine

Classique et directe, la cuisine de Jean Ramet se nourrit des saisons, des produits de tradition travaillés à sa mode, personnelle - un trait d'orient méditerranéen - et régionale : feuilleté d'huîtres tièdes et caviar d'Aquitaine, homard rôti, coulis Dubarry et chorizo doux, canon d'agneau bayaldi, gratin d'agrumes.

Cave

Cave bordelaise de connaisseur qui trie pour vous les bonnes affaires, en grands et petits crus. Pas de révélations, mais de bonnes bouteilles à prix justes.

Accueil et service

L'accueil de Raymonde... C'est elle qui fait la salle, par sa tendresse maternelle avec tous, ceux qu'elle connaît par cœur, ceux qu'elle n'a jamais vus, députés, artistes, voyageurs de commerce, tous bichonnés, bordés, et bien conseillés.

C : 67 € • M : 30-60 € *jean.ramet@free.fr*

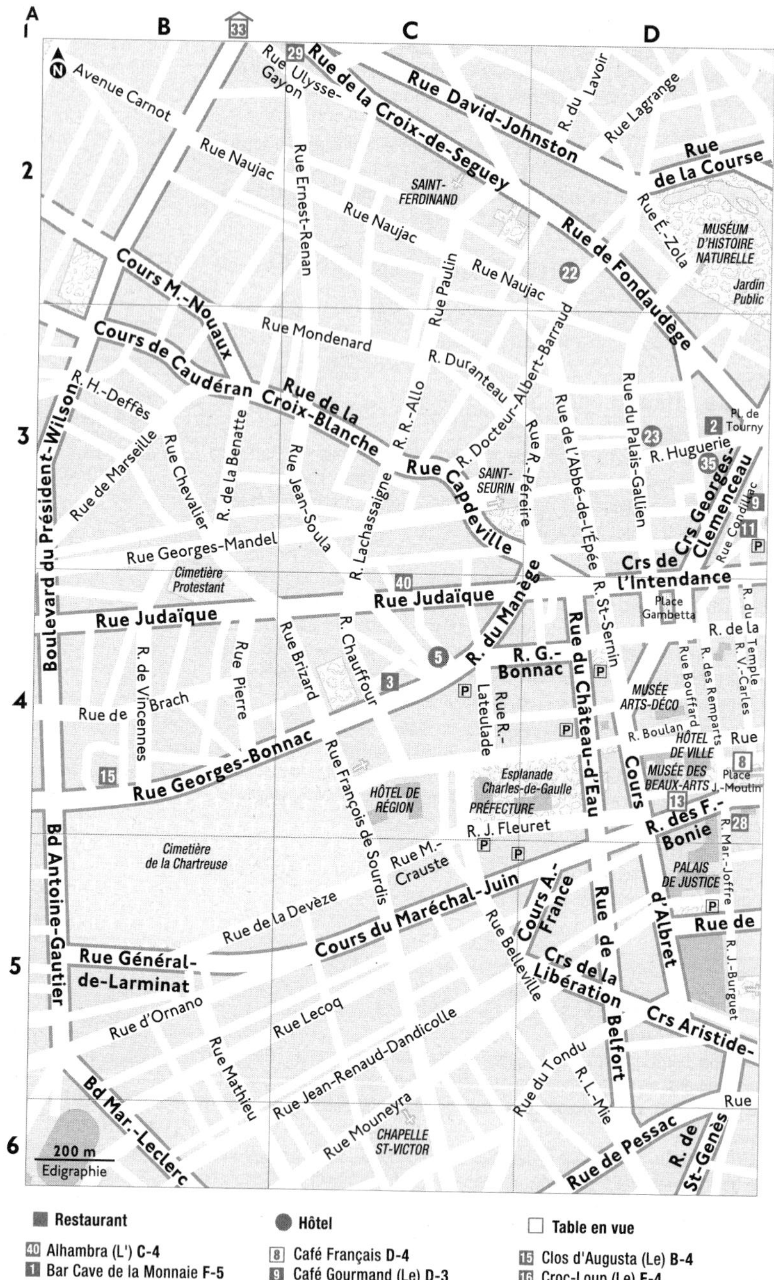

Restaurant

- 40 Alhambra (L') **C-4**
- 1 Bar Cave de la Monnaie **F-5**
- 2 Baud et Millet **D-3**
- 3 Bistro du Sommelier (Le) **C-4**
- 5 Burdigala **C-4**
- 6 Café du Musée **E-2**
- 7 Café du Théâtre **G-6**
- 8 Café Français **D-4**
- 9 Café Gourmand (Le) **D-3**
- 10 Café Maritime **F-1**
- 11 Chapon Fin (Le) **D-3**
- 12 Chez Greg **G-5**
- 13 Chez Vincent **D-4**
- 14 Claret's **E-4**
- 15 Clos d'Augusta (Le) **B-4**
- 16 Croc-Loup (Le) **E-4**
- 17 Estaquade (L') **F-3**
- 18 Gravelier **E-2**
- 19 Instant Quai (L') **E-3**
- 20 Jardin d'Ausone (Le) **F-4**
- 21 Jean Ramet **E-3**

Hôtel

Table en vue

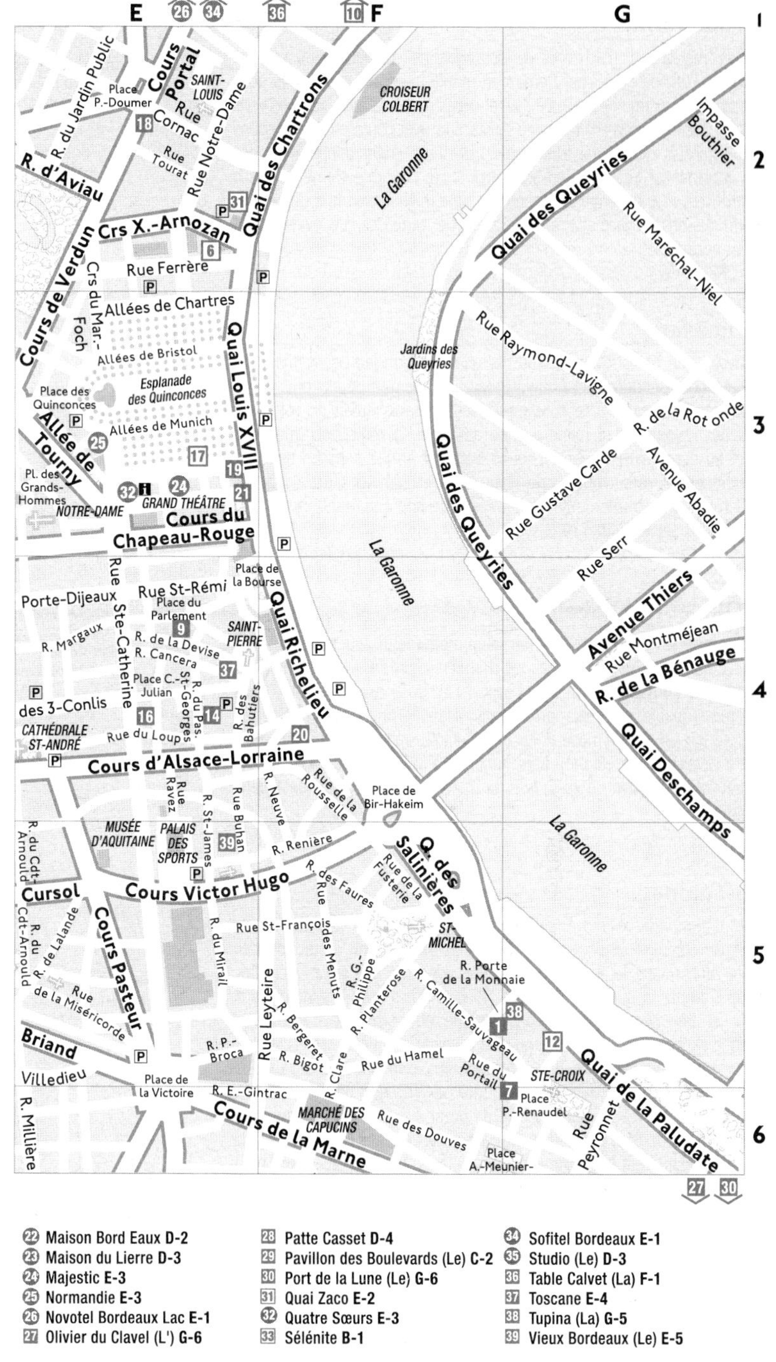

㉒ Maison Bord Eaux **D-2**
㉓ Maison du Lierre **D-3**
㉔ Majestic **E-3**
㉕ Normandie **E-3**
㉖ Novotel Bordeaux Lac **E-1**
27 Olivier du Clavel (L') **G-6**
28 Patte Casset **D-4**
29 Pavillon des Boulevards (Le) **C-2**
30 Port de la Lune (Le) **G-6**
31 Quai Zaco **E-2**
㉜ Quatre Sœurs **E-3**
33 Sélénite **B-1**
㉞ Sofitel Bordeaux **E-1**
㉟ Studio (Le) **D-3**
36 Table Calvet (La) **F-1**
37 Toscane **E-4**
38 Tupina (La) **G-5**
39 Vieux Bordeaux (Le) **E-5**

L'Alhambra

» 111 bis rue Judaïque
☎ 05 56 96 06 91
F. sam. à déj., dim., lundi à déj., fériés et 20 juil.-20 août.
Jusqu'à 21h45.

Le quartier manque de cachet et de possibilité de stationnement, mais la constance de l'équipe de Michel Demazeau mérite bien quelques efforts pour venir s'installer dans une des salles à l'avant-dernière mode, avec ses tons verts et fleuris. La cuisine donne en effet toute satisfaction, avec d'intéressants poissons du jour (cabillaud clouté aux truffes, avec un beau gratin dauphinois), des desserts gourmands (tarte aux cerises et gros sucre avec une crème au kirsch très bien dosée) et les attentions généreuses (une mignardise qui a des allures de second dessert). Service attentif et décontracté, carte des vins évidemment largement bordelaise.
C : 50 € • M : 20-40 €

Gravelier

» 114 cours de Verdun
☎ 05 56 48 17 15
F. w.-e. et 29 juil.-28 août.
Jusqu'à 21h45.

Yves Gravelier, ou l'empêcheur de tourner en rond. L'ancien pensionnaire de Girardet, Chibois, Senderens et Charial (beau CV !) se plaît depuis plus de 10 ans désormais à prendre à rebrousse-poil des Bordelais qu'on dit volontiers ennemis des révolutions. Il règne ici une ambiance décontractée (merci au service et au décor ultra-moderne) qui se transmet jusque dans les assiettes, vives, nettes et colorées : rouleau de lapin confit et gambas sauce sanguine, cabillaud rôti et choucroute de choux chinois, tarte fine à la framboise. Bonne cave bordelaise, service ultra-précis.
C : 50 € • M : 20-45 € *amgravelier@yahoo.fr*

L'Olivier du Clavel

» 44 rue Charles-Domercq
☎ 05 57 95 09 50
F. sam. à déj., dim., lundi, 1er-11 janv. et 1er-28 août.
Jusqu'à 22h.

Pratique comme un clic-clac, comme un salon moderne où tout fonctionne, où les tiroirs s'ouvrent et se ferment, où les charnières sont bien huilées. Entre la carte de David Rousseau, formé au Chapon Fin, et la cave bordelaise sans bavure, remarquable en petits prix (Penin, Haut-Bertinerie, La Rivière...), l'osmose se fait sans ecchymose et les brefs intitulés racontent exactement ce qu'il y a à savoir : salade de thon frais, lamproie à la bordelaise, pied de porc aux morilles. C'est le menu à 29 €, issu du marché de saison, qui constitue le mode statistique.
C : 44 € • M : 17-29 € *www.olivierduclavel.com*

La Tupina

» 6 rue Porte-de-la-Monnaie
☎ 05 56 91 56 37
Ouv. 7j/7.
Jusqu'à 23h.

L'une des tables préférées des Anglo-Saxons en France, ce qui vaut à la Tupina d'être régulièrement répertoriée parmi les meilleurs restaurants du monde, rien que cela. Alors, dans la fière cité girondine, Xira fait beaucoup d'émules, beaucoup d'amour et quelques jalousies. Nous sommes des naïfs, du Nord et d'ailleurs, et bêtement, nous adorons ce que nous croyons franchement authentique et chaleureux, là où des grincheux voient des traces de folklore. Ce qui n'en est pas, c'est l'assiette, qui ne trompe pas, cette superbe et régulière qualité, notamment sur les viandes, le porc noir servi en noix de longe comme un rôti, l'épaule d'agneau confite, la côte de bœuf à la braise. Et ce qui nous conforte, c'est ce bon goût permanent, ce partage des mêmes valeurs, la qualité des détails, qui séparent les originaux des imitateurs. Un accessit encore pour cette cave splendide forgée de connaissance et de savoir-boire.
C : 40 € • M : 32-48 € *www.latupina.com*

 Accessible aux handicapés.

 Piscine privée.

 Carte des vins remarquable.

 Repas servis en terrasse ou dans un jardin.

Tennis privé.

 Chiens acceptés.

Le Vieux Bordeaux

» 27 rue Buhan
☎ 05 56 52 94 36
F. dim., lundi, 2 sem. vac. fév. et 3 sem. août.
Jusqu'à 22h.

Trente ans dans le vieux Bordeaux, à installer une clientèle, à séduire les touristes de passage, à câliner une tradition jamais bien en retard d'un tramway, voilà le métier et l'expérience de Michel Bordage, qui a toujours su être un des "mieux-disant" de la ville, dans ses menus comme dans sa carte : aïoli de homard, sandre à l'artichaut et pata negra, plancha de canard pommes cerises. La simplicité et la sagesse de l'homme d'expérience, dans le décor retouché régulièrement - un parquet flottant est venu remplacer la moquette - de ce qui fut le premier Saint-James. Cave bien vue sur des bordeaux à petits tarifs.
M : 28-50 €

Le Bistro du Sommelier

» 163 rue Georges-Bonnac
☎ 05 56 96 71 78
F. sam. à déj. et dim.
Jusqu'à 23h.

Vin, cigare et petits plats de la mode ou du terroir, Hervé Valverde sait conjuguer les plaisirs, à la bordelaise. C'est un bistrot d'habitués, d'échanges, plutôt au masculin, où le vin, extrait d'une carte naturellement pléthorique, s'accommode au mieux des plats rustiques du répertoire (grenier médocain, pied de cochon, côte de bœuf...).
M : 15,50 € *www.lebistrodusommelier.com*

Le Café du Théâtre

» Square Jean-Vautier, 3 pl Pierre-Renaudel
☎ 05 57 95 77 20
F. dim., lundi et août.
Jusqu'à 23h.

Dans le fauteuil des artistes, ce concept restau-bar branché avec sa terrasse sous les platanes poursuit sa carrière avec entrain. La troupe connaît ses répliques, l'improvisation est pour les plats de saison, frais, enlevés, toujours d'actualité. Et le ticket d'entrée n'est jamais bien élevé, en choisissant parmi les flacons régionaux, triés avec discernement, à la bouteille ou au verre.
C : 30 € • M : 12 € *emar2@wanadoo.fr*

Le Café Gourmand

» 3 rue Buffon
☎ 05 56 79 23 85
F. dim. et lundi.
Jusqu'à 22h45.

Situation privilégiée près des Grands Hommes, décor accueillant d'un bistrot de tradition cher au cœur des Bordelais, fidèles de la famille Oliver. La lamproie "à la Raymond Oliver" est indéfectiblement arrimée à la carte, et les autres classiques régionaux, agneau, bœuf, jarret de veau sont honorablement traités. Un soir de fête, on peut fouiner dans la carte des grands crus, qui ne manque pas de ressources, à des tarifs logiques.
C : 30 € *cafe.gourmand@free.fr*

Le Clos d'Augusta

» 339 rue Georges-Bonnac
☎ 05 56 96 32 51
F. sam. à déj., dim., 1er-8 janv. et 30 juil.-30 août.
Jusqu'à 21h30.

La rue est discrète, presque trop déserte dans un environnement morne, mais la table est élégante et l'assiette racée. Samuel Zuccolotto s'est investi - beaucoup - dans cette maison où il a tout à prouver. Chemin faisant, nos lecteurs mesurent des progrès rapides qui nous confortent dans l'idée que ce jeune chef de 27 ans devrait faire parler de lui. Et de son joli ris d'agneau sucré salé et tubercules de lianes tropicales, de son esturgeon à l'huile d'olive noire, du turbot rôti risotto et jus à l'aïgo boulido ou du coulant au chocolat glace de riz au gingembre. Service précis et distingué, intéressante sélection bordelaise hors classement.
C : 46 € • M : 40-55 € *le.closdaugusta@wanadoo.fr*

L'Instant Quai

» 5 quai Louis-XVIII
☎ 05 56 48 58 87
F. sam. à déj. et dim.
Jusqu'à 22h30.

Avec l'atout d'une telle situation, sur les quais, on s'attend à un bistrot "seulement" branché et à une cuisine anecdotique... Que nenni ! Le chef sait y faire et les plats qui sortent de la cuisine font bien plus que seulement accompagner les propositions (largement bordelaises) de vin à l'ardoise : carré d'agneau bien relevé par les olives noires et les touches "crumble" de copeaux de pâte et de parmesan, mousse de crème brûlée bien parfumée sur la poêlée

de belles cerises. Atmosphère parfaitement détendue, en grande partie grâce aux serveurs qui plaisantent aussi volontiers avec les jeunes habitués qu'avec les hommes d'affaire de passage.
C : 35 € • M : 12 €

Le Jardin d'Ausone

» 10 rue Ausone
☎ 05 56 79 30 30
F. sam. à déj., dim., lundi à déj. F. ann. non comm.
Jusqu'à 22h30.

Elle a si belle allure, cette table sous les voûtes de pierre, qu'elle en est presque impressionnante pour les promeneurs des vieux quartiers. Pourtant, la représentation a de l'allant et la cave est énorme, opulente, sélective. Pas de languedoc, ni de provence, mais du germanique d'Egon Müller ou Christoffel Plüm, des tokays 5 puttonyos, de l'Opus One, du Vega Sicilia… et beaucoup de bordeaux, de l'excellent pas cher au grandiose qui coûte. A l'appui de cette armada, une carte plutôt intelligente, sensitive, rangée par produits (l'asperge, le rouget, le bar, l'agneau) déclinés en entrées, plats… La réalisation est un poil maniérée, l'ambiance tendue (musique zen, service timide) et les tarifs assez sévères (20 à 30 **€** le plat) pour ne pas provoquer des mouvements de foule.
C : 40 € • M : 50-80 € *lvialette@dolia.com*

La Table Calvet

» 81 cours du Médoc
☎ 05 56 39 62 80
F. dim., lundi, 3 sem. août et 1 sem. fin déc.
Jusqu'à 22h.

Un excellent medley entre la dégustation de vins et la cuisine, pointue et attentive à l'évolution des envies. C'est un trentenaire formé, entre autres, chez Ducasse et Loiseau, qui s'attelle à mixer les plaisirs, sans se contenter, et de loin, de faire la déco ou l'enrobage. Avec les raviolis d'écrevisses et lapin Rex du Poitou, la sole de Royan et asperges, l'agneau de lait chouria à l'ail des ours, très adroitement présentés et garnis de bonnes sensations (excellents légumes d'Anne-Marie Loubière). La cave est évidemment centrée sur l'offre Calvet, renforcée par des grands crus bien visés.
C : 40 € • M : 20-52 € *www.calvet.com*

(12) Bar Cave de la Monnaie

» 34 rue Porte-de-la-Monnaie
☎ 05 56 31 12 33
F. dim.
Jusqu'à 23h.

Jean-Pierre Xiradakis tient la rue en appétit : non loin de la Tupina, ce bar à vins qui s'est spécialisé dans les Côtes, avec une quarantaine de références entre 10 et 15 **€** est, comme la maison-mère, une friandise du bon vivre et du bien boire. Un jeune chef s'active pour passer les assiettes fraternelles, le pavé de morue pipérade, le confit et ses bonnes frites maison et quelques spécialités à la plancha qui laissent faire le bon produit. Terrasse sur la rue de Xira, une des plus gourmandes de Bordeaux.
C : 20 € • M : 11-45 €

Baud et Millet

» 19 rue Huguerie
☎ 05 56 79 05 77
F. dim. et fériés.
Jusqu'à 23h.

Gérard Baud ne change pas une formule qui gagne, dans ce cadre de vieilles pierres avec cave XVIIIe, et c'est tant mieux. Le propos est simple, du vin et du fromage, l'argument ne l'est pas moins : de la qualité. Ce qui permet de faire le tour des terroirs, de France et d'ailleurs, de marier l'aubergine au gorgonzola, le gouda au saumon, et de proposer, comme sur une jambe, un fameux cassoulet. La cave affiche près de mille références, triée par un Bordelais qui s'y entend, représentant quarante-huit pays producteurs.
C : 34 € • M : 19,50-24 € *baudetmillet@hotmail.com*

Les fermetures hebdomadaires et annuelles
sont celles que les restaurateurs et les hôteliers pensent pratiquer en 2006.
Pour éviter des déplacements inutiles, téléphonez pour confirmer.

[12] Patte Casset

Ah ! le patio de l'ancien Père Ouvrard, rebaptisé depuis deux ans et l'arrivée de Stéphane Casset : on peut y manger été comme hiver (il peut être couvert et chauffé), magistrats et élus de la ville peuvent y déjeuner en toute discrétion avec les calamars à la plancha en persillade, la compote de poireaux foie gras à la fleur de sel, le tournedos de veau au hachis grand-mère et crème de topinambours et le petit liégeois au chocolat et à la nougatine. La carte privilégie les bordeaux (bien choisis) à petits prix.
C : 32 € • M : 20-50 € *patcasset@free.fr*

» 12 rue Mal-Joffre
☎ 05 56 44 11 58
F. sam. à déj. et dim.
Jusqu'à 23h00.
♿ ❄ 🐕 🚬

[12] Le Port de la Lune

"L'abus de jazz est recommandé pour la santé". Il est évident qu'avec un tel slogan, ceux qui sont allergiques à ce style musical ne pousseront pas la porte avec enthousiasme. Pourtant, si la musique et l'ambiance sont bien influencées, la cuisine bistrotière développée ici a tout de fédératrice, autour de l'aïoli de morue, des crevettes papillon à l'espagnole et des rognons de veau à l'ancienne.
C : 25 € • M : 20 € *www.portdelalune.fr.vu*

» 58 quai de Paludate
☎ 05 56 49 15 55
Ouv. 7j/7.
Jusqu'à 1h.
♿ ❄ 🐕 🚬

[12] Toscane

Exclusive petite table italienne du Vieux-Bordeaux, qui se remplit si facilement que l'accueil n'a guère à se forcer. C'est dans l'assiette que l'on trouve les plus grands sourires, dans un menu à 28 € qui fait tout très bien, la bruschetta, les crostinis calamars et les rigatoni pesto, dans une grande bouffée d'authenticité.
M : 12,50-28 €

» 6 rue Cancéra
☎ 05 56 01 12 18
F. dim., lundi, mardi à dîn., merc. à déj. et août.
Jusqu'à 22h.

[11] Claret's

Reprise il y a peu, cette petite échoppe est l'une des plus attrayantes d'une rue très fournie en commerces de bouche. Dans le décor frais, parquet de bois blond et banquettes rouges, des jeunes gens toujours souriants gèrent du mieux qu'ils peuvent les couverts présents. Et si la cuisine est un peu anodine, malgré ses intitulés stylés (trilogie de saint-jacques, maigre au beurre de romarin), on aimerait l'encourager, au moins pour le bon choix de vins au verre et pour des sarladaises méritantes avec le confit de canard. Mais pourquoi diantre décorer chaque assiette avec des demi-tranches d'orange ?
C : 25 € • M : 13-24 € *infoclarets@free.fr*

» 46 rue du Pas-Saint-Georges
☎ 05 56 01 21 21
F. dim., lundi à déj., mardi à dîn., 12-26 fév. et 13 août-4 sept.
Jusqu'à 23h00.
🚬

[11] Le Croc-Loup

Au cœur du Bordeaux historique, un concentré de romantisme et de chaleur humaine qui vit au rythme des coups de cœur de Xavier Durin, excellent technicien sur les poissons : ravioles de seiche à la coriandre, queue de lotte rôtie à la tomate fraîche et au basilic, papillote de baliste aux petits légumes et aux herbes, mille-feuille tout chocolat et sauce aux grains de café.
C : 28 € • M : 15-34 € *crocloup@free.fr*

» 35 rue du Loup
☎ 05 56 44 21 19
F. dim., lundi et août.
Jusqu'à 22h.
🐕

► Le Café du Musée

L'art contemporain en exergue dans cet ancien entrepôt à épices superbement décoré par Andrée Putmann. La cuisine, dans la même mouvance, actuelle et multi-culturelle, est assurée par un habitué des happenings, en charge également des fourneaux chez Greg, du même patron. Bonne cave, variée et évolutive.
C : 35 € • M : 18 € *www.chezgreg.fr*

» 7 rue Ferrère
☎ 05 56 44 71 61
F. lundi et fériés.
⛱ ❄

Café Français

Devenue désormais piétonne, la place Pey Berland donne un attrait supplémentaire à cette très ancienne brasserie bordelaise où Jacques Chaban-Delmas avait ses habitudes. La magnifique terrasse plein sud (face au palais Rohan et à la cathédrale Saint André, ce qui ne gâche rien) et la belle carte classique en font une belle et idéale cantine pour déjeuner : carpaccio de saumon à l'huile de pistache, filets de harengs et pommes de terre tièdes, poêlée de lotte aux fines herbes, foie de veau nature ou en persillade.

C : 32€ *cafe-francais-33@wanadoo.fr*

» 5-6 pl Pey-Berland
☎ 05 56 52 96 69
F. 25 déc. et 1er janv.
Jusqu'à 22h30.

Café Maritime

Un des multiples témoins d'un Bordeaux qui bouge et s'agite le long des bassins : une enseigne qui ne reste pas à quai, mais court sur les mers, avec le serrano à la catalane, la parillada de poissons plancha, le magret de canard à la pékinoise, dans une ambiance tonitruante.

C : 30€ • M : 18€ *contact@cafemaritime.com*

» 1 quai Armand-Lalande
☎ 05 57 10 20 40
F. sam. à déj., dim. et lundi à dîn.
Jusqu'à 23h.

Chez Greg

Bistrot urbain, branché et connu du tout-Bordeaux. Il n'y avait plus qu'à aménager l'espace de façon lounge, c'est fait. La cuisine peut rouler sur les thèmes modernes, salade d'artichaut au foie gras et huile de truffe, tartare d'avocat au tourteau crème de wasabi, hachis parmentier de canard au foie gras.

C : 40€ • M : 15-25€ *www.chezgreg.fr*

» 30-31 quai de la Monnaie, BP 60109
☎ 05 56 91 81 74
F. sam. à déj., dim. et sem. 15 août.
Jusqu'à 21h.

Chez Vincent

En centre ville, tout près de la cathédrale, ambiance jeune et décontractée pour s'encanailler sur des plats estampillés "de grand'mère" avec plus ou moins d'authenticité. La décoration a été changée cette année.

C : 28€ • M : 13-18€

» 15 rue des Frères-Bonte
☎ 05 56 44 43 59
F. w.-e. et août.
Jusqu'à 20h.

Estacade

Dressé sur des pilotis comme d'autres sur leurs ergots, ce restaurant offre une vue imprenable sur la place de la Bourse et le pont de pierre. Cuisine provençale et de poissons au menu, tartare de mulet, crème légère et œufs de truite, risotto de gambas au jambon de Parme.

C : 40€ • M : 15€

» Quai Queyries
☎ 05 57 54 02 50
Ouv. 7j/7.
Jusqu'à 22h,.

Quai Zaco

Denis Franc (Pavillon des Boulevards) s'est aménagé une annexe tendance lounge dans un ancien chai du quai des Chartrons. Le lieu est splendide, lumineux comme la nef d'une cathédrale, soutenu par un décor très épuré où les sièges de plexiglas bleu fluo font merveille. La cuisine, comme le service, se cherchent encore un peu pour aller au-delà de la cantine de proximité, mais l'outil est remarquable.

C : 24€ • M : 13€

» 80 quai des Chartrons
☎ 05 57 87 67 72
F. sam. à déj., dim., 7-21 août et 1 sem. hiver.
Jusqu'à 22h30.

Le Sélénite

Ce quartier moderne tient là la table qu'il lui faut, dans un décor acidulé aux éclairages travaillés, pour une clientèle d'affaire venue se détendre autour d'assiettes à la mode, jolies couleurs et mariage de saveurs d'horizons variés.

C : 38€ • M : 21-26€

» 6 pl Paul-Avisseau
☎ 05 56 51 05 64
F. dim., lundi et 15 jrs mi-août.
Jusqu'à 22h30.

Burdigala

Une construction selon les canons de l'élégance bordelaise et tout un confort moderne, dans une interprétation du luxe classique, matériaux nobles au service de chambres spacieuses et soignées.

15 appart. 280-480€ • 68 ch. 180-220€ *www.burdigala.com*

» 115 rue Georges-Bonnac
☎ 05 56 90 16 16
Fax 05 56 93 15 06
Ouv. 7j/7.

Maison Bord' Eaux

Le bel hôtel particulier s'est métamorphosé en 2003 en une luxueuse maison d'hôtes, murs clairs et parquet sombre rehaussés de mobilier contemporain. Restauration sur réservation.

6 ch. 113-183 € www.lamaisonbordeaux.com

» 113 rue du Dr-Albert-Barraud
☎ 05 56 44 00 45
Fax 05 56 44 17 31
F. janv.

Hôtel de Normandie

Bien situé en centre-ville, ouvrant sur l'Esplanade des Quinconces et la Garonne, dans un quartier désormais rénové, cet immeuble du XVIIIe propose une centaine de chambres de style contemporain, bien insonorisées et climatisées. Parking à 50 m.

2 appart. 140-280 € • 98 ch. 57-220 €
www.hotel-de-normandie-bordeaux.com

» 7 cours du 30 Juillet
☎ 05 56 52 16 80
Fax 05 56 51 68 91
Ouv. 7j/7.

Hôtel Majestic

L'élégance sobre et raffinée du décor des chambres fait écho à une architecture XVIIIe bien à sa place dans le cœur de la ville, près du Grand Théâtre. Climatisation, tramway à proximité.

2 appart. 140-200 € • 47 ch. 62-108 € www.hotel-majestic.com

» 2 rue de Condé
☎ 05 56 52 60 44
Fax 05 56 79 26 70
Ouv. 7j/7.

Novotel Bordeaux Lac

Lignes contemporaines et épurées, pour le bâtiment comme pour le décor, dans cet hôtel aux prestations de haut niveau, à l'écart du centre près du Parc des Expositions de la ville. La moitié des chambres donne sur le lac.

175 ch. 89-114 € www.novotel.com

» Av Jean-Gabriel-Domergue
☎ 05 56 43 65 00
Fax 05 56 43 65 01
Ouv. 7j/7.

Quatre Sœurs

La maison peut se vanter de posséder sans doute la plus belle collection de géraniums de toute l'hôtellerie bordelaise. Chambres confortables, agrémentées de meubles peints à la main et ouvrant sur les allées de Tourny ou sur un jardin intérieur.

34 ch. 65-75 € www.4soeurs.free.fr

» 6 cours du 30-Juillet
☎ 05 57 81 19 20
Fax 05 56 01 04 28
Ouv. 7j/7.

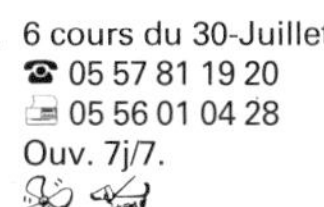

Sofitel Bordeaux

Architecture contemporaine, chambres spacieuses et confort aussi impeccable que la disponibilité du service pour cette adresse sérieuse et sans surprise entre rocade et centre ville.

16 appart. 280-350 € • 150 ch. 200-220 € www.sofitel.com

» Av Jean-Gabriel-Domergue
☎ 05 56 69 66 66
Fax 05 56 69 66 00
Ouv. 7j/7.

La Maison du Lierre

En centre ville, un immeuble de caractère dont le bel escalier en pierre et les balcons en fer forgé de la façade témoignent de son existence presque bi-centenaire. Chambres peintes à la chaux dans des tons chaleureux et joliment meublées, agréable patio ensoleillé où trône le plus vieil arbre de la ville.

12 ch. 63-82 € www.maisondulierre.com

» 57 rue Huguerie
☎ 05 56 51 92 71
Fax 05 56 79 15 16
F. 5-20 fév.

Le Studio

En toute simplicité et avec un niveau de prestations très correct, une étape bon marché en centre ville.

40 ch. 23-34 € www.hotel-bordeaux.com

» 26 rue Huguerie
☎ 05 56 48 00 14
Fax 05 56 81 25 71
Ouv. 7j/7.

➲ à BLANQUEFORT - 33290 : 11 km N.O. par N 215 et D 2e

Hostellerie des Criquets

» 130 av du 11-Novembre
☎ 05 56 35 09 24
F. sam. à déj., dim. à dîn. et lundi.
Jusqu'à 22h.

➥ **Hôtel** : Hostellerie des Criquets

Exercice difficile pour Jean-Luc Molle que de perpétuer une réputation établie voilà déjà trois générations, dans un secteur où la clientèle s'attend à de la cuisine ultra-classique, lorsqu'on a soi-même une petite voix intérieure qui vous pousse à faire moderne. Mais examen brillamment réussi, avec les langoustines croustillantes au basilic et sauce piquante, gaspacho de piperade à boire, le foie gras frais poêlé et pommes écrasées aux amandes, le flétan en tronçon snacké, balsamique et soja, tomate en tapenade, le pavé de biche poêlé, fruits et légumes en fricassée sauce poivrade. Belle cave en région, splendide terrasse couverte donnant sur le parc fleuri.

C : 45 € • M : 17-65 € *www.lescriquets.com*

Hostellerie des Criquets

» 130 av du 11-Novembre
☎ 05 56 35 09 24
05 56 57 13 83
Ouv. 7j/7.

➥ **Restaurant** : 14/20 Hostellerie des Criquets

A trente minutes du centre ville de Bordeaux, une vaste propriété privée aux chambres désormais toutes équipées de la climatisation. Mobilier soigné, mêlant le bois, le rotin et le fer forgé.

3 appart. 92 € • 18 ch. 57-78 € • 1/2 pens. 87 € *www.lescriquets.com*

➲ à BOULIAC - 33270 : 10 km N.O. par D 10 et N 230

17 Le Saint-James

» 3 pl Camille-Hostein
☎ 05 57 97 06 00
F. dim., lundi, 15 jrs janv., vac. scol. Pâques, 15 jrs fin août-déb. sept.
Jusqu'à 22h.

➥ **Hôtel** : Hauterive

Cadre et ambiance

Sur les hauteurs de la ville, un palace de village, confortable, contemporain et accueillant. La salle est superbe, confort sobre, lignes basses, épurées dans une atmosphère de connaisseurs, assez éloignée du banquet ou du prestige à tout prix.

Cuisine

Il faut désormais compter avec ce mousquetaire : Michel Portos fait partie du club, on le devinait depuis longtemps, des créateurs qui réfléchissent et font progresser. Les idées ont gagné en clarté, en lisibilité aussi et la réalisation, par conséquent, est plus nette, même si l'impression de bouillonnement, de chantier en construction, très vivifiante, est encore là : du grillé iodé avec la Gillardeau n°0 au charbon de bois et nouilles chinoises, du percutant avec la tête de veau pochée, artichaut, crème glacée d'anchois et le jus de roquette en vinaigrette pour faire claquer l'assiette, du novateur puissant avec une incisive marmelade froide d'aubergine sur un tronçon de lotte rôtie et une odorante cocotte de légumes verts.

Cave

La cave, désormais aux mains de Richard Bernard, venu de la Poularde, a d'excellentes positions. Et si elle n'est pas très conquérante, il est difficile de faire la fine bouche, même si on peut lui reprocher, dans un tour de France très cohérent, de ne pas prendre suffisamment parti. Néanmoins, la sûreté du choix, les belles verticales, la solidité du clan bordelais et les prix plutôt doux, suffiront au bonheur de l'amateur.

Accueil et service

Un service très juste, dans le style de la maison, actuel et sobre, avec un très bon sommelier.

C : 80 € • M : 30-120 € *www.saintjames-bouliac.com*

13 Le Bistroy

» 3 pl Camille-Hostein
☎ 05 57 97 06 06
F. dim. et merc.
Jusqu'à 22h30.

Avec le choix de vins au verre astucieux et la plaisante carte grignotage, ce pourrait être le lieu idéal pour l'apéro avant d'aller manger au Saint-James voisin. Avec la carte bistro, orientée poisson, c'est un peu plus que cela et les tablées d'amis viennent s'installer en terrasse pour une soirée décontractée, entre verres de sangria, plats gentiment branchés (morue snackée au chorizo tatin de tomate et peccorino, soupe de nectarine à la lavande et mousse de yaourt grec) et service cool.

C : 42 € • M : 19-32 € *www.saintjames-bouliac.com*

12 Auberge du Marais

» 22 rte de Latresne
☎ 05 56 20 52 17
F. dim. à dîn., lundi, 20 fév.-6 mars et 1er-22 août.
Jusqu'à 22h.

Jean-Marie Amat veille à la destinée de cette maison de famille où Philippe Geslin officie en cuisine depuis bientôt trente ans, toujours dans le même registre bistrotier : aumônière de cabécou sur salade, escalope de foie gras sur salade, pavé de thon piperade, faux-filet à l'échalote ou magret de canard au miel. Belle terrasse ombragée.

C : 33 € • M : 14-44 €

12 Le Café de l'Espérance

» 10 rue de l'Esplanade
☎ 05 56 20 52 16
Ouv. 7j/7.

Derrière l'église, le vieux café de village cultive simplicité et convivialité, dans le service gentiment débordé comme la simplicité des propositions, avec les buffets (entrées et desserts) et les grillades. La formule a du succès et s'accompagne d'une sélection intéressante de vins à l'ardoise (la Colombière en fronton, château Bouscassé en madiran, les Roches Neuves en saumur champigny, château Seguin en bordeaux sup).

C : 30 € *www.saintjames-bouliac.com*

Hauterive

» 3 pl Camille-Hostein
☎ 05 57 97 06 00
05 56 20 92 58
Ouv. 7j/7.

➡ **Restaurant** : 17/20 Le Saint-James

Côté village, l'entrée élégante respire un classicisme bon teint. Côté vallée, des bâtiments aux lignes modernes et étonnantes, dessinés par Jean Nouvel, pour des chambres au décor tout aussi contemporain, dans des atmosphères lumineuses et personnalisées. Très belle vue sur les vignes.

15 ch. 155-390 € *www.saintjames-bouliac.com*

➲ au BOUSCAT - 33110 : 5 km N.O.

13 Le Père Ouvrard

» 39 av de la Libération
☎ 05 56 02 02 04
F. sam. à déj., dim., lundi à dîn., 10 jrs hiver et août.
Jusqu'à 21h45.

Délicieuse. C'est le qualificatif qui s'impose au moment d'évoquer cette maison XVIIIe et son jardin d'hiver aux larges baies vitrées donnant sur un second jardin ombragé où l'on se presse dès les beaux jours. La cuisine n'est pas en reste, les sushis de lotte et fondant de poireaux au saumon fumé, le pavé de morue fraîche et lentilles du "Père Ouvrard" et le tiramisu aux fruits dégageant ce petit supplément d'âme si précieux. Le soir, le bon menu à 15 € disparaît pour laisser la place à la carte, seul choix alors disponible.

C : 40 € • M : 15 €

➲ à CAMBLANES ET MEYNAC - 33360 : 12 km S.E. par D 10

La Maison du Fleuve

» Rte de Port-Neuf, Chemin Séguin
☎ 05 56 20 06 40
F. nov.-mars (sf réserv. groupes).

Dieu que l'endroit est joli, destination privilégiée des Bordelais initiés, qui se ruent dès que possible sur cette maison aux pilotis plantés sur la Garonne et sa sublime terrasse au coucher de soleil, loin de tout. Mais pas de la civilisation, table et clientèle branchée, cuisine un peu négligée, mais montrant que ce n'est pas le propos principal.

M : 15-32 €

➲ à CENON - 33150 : 3 km E. par N 89

La Cape

» 9 allée de la Morelette
☎ 05 57 80 24 25
F. w.-e., fériés et 15 jrs Noël-nouvel an.
Jusqu'à 21h45.

Are you experienced ? chantait un certain Jimi Hendrix, aujourd'hui inconnu des jeunes générations. La question se pose ici : avez-vous, oui ou non, expérimenté cette table étrange, logée dans un pavillon de banlieue, et qui partage avec la dizaine des plus hauts lieux gastronomiques de ce pays le privilège d'être remplie à l'année, et réservée deux mois à l'avance pour certains services ? Il faut donc, sur les tablettes où vous avez écrit "Ferran Adria" ou "Marc Veyrat", ou "l'Astrance", penser à retenir une table, pour dans six mois ou un an, chez Nicolas Magie. De Magie, point, mais si la modeste véranda donnant sur le jardin est aussi occupée que la salle, c'est parce que cette cuisine peut rassembler tout le monde, consistante et éphémère, ludique et sérieuse, généreuse et précieuse. Et qu'à vingt euros entrée-plat (31 € le menu complet, 45 € le dégustation) dans un deux toques où l'on ne vous prend pas la tête avec un service pingouin, on fonce. Oui, on fonce sur les saint-jacques et maki de chipirons, la morue en vapeur d'algue et couteau farci, les crevettes juste saisies sur une sorte de pizza roquette, un agneau très sympathique avec un samossa d'épaule croustillant de pied, morilles et shiso, une compotée d'aubergines fraises. Oui, il faut comprendre que, malgré parfois quelques réserves du puriste qui verra ça et là quelques tics d'assemblage, il y a à la fois l'énergie et la modernité, l'immense justesse d'un service comme à la maison, et des tarifs francs comme le bon pain appliqués à tout, même à la cave. Dans une carte de vins qui abrite la nouvelle génération (Pacalet, Lapierre, Colombo, Leccia), offre du vin rare à prix rare (Palmer 96 à 140 € a été vite épuisé) et un vaste choix malin entre 15 et 20 €, avec des verres entre 3 et 4 €. L'expérience vous tente ?

C : 31 € • M : 20-60 €

➲ à MARTILLAC - 33650 : 11 km S. par N 113 et D 214

La Grand'Vigne

» Chemin de Smith-Haut-Lafitte
☎ 05 57 83 83 83
F. lundi et mardi.
Jusqu'à 22h.

➥ **Hôtel :** Les Sources de Caudalie

Ce magnifique outil sert de retraite bachique à une clientèle forcément privilégiée venue se ressourcer dans un hôtel de très grand standing en profitant des soins de vinothérapie. Dans ce contexte forcément délicat pour maintenir une cuisine de bon niveau, Franck Salein se défend avec les honneurs, remplissant avec application un cahier des charges visiblement épais comme l'annuaire de la Gironde. Un menu minceur bien sûr, mais aussi une version plus gastronomique baptisée avec tact "Plaisirs Gourmands" : sushi de foie gras de canard mariné, vinaigre de cabernet sauvignon et artichaut confit, ravioles de langoustines au sésame, langoustine rôtie et crème de sauge, andouillette de cochon, jarret de veau au foie gras et artichauts poivrade, sablé, poire caramélisée et cannelé en glace. Très belle cave bordelaise, avec bien sûr le Smith Haut Lafitte en figure de proue.

C : 72 € • M : 57 € *www.sources-caudalie.com*

La Table du Lavoir

» Chemin de Smith-Haut-Lafitte, les Sources de Caudalie
☎ 05 57 83 83 83
Ouv. 7j/7.
Jusqu'à 22h.

➥ **Hôtel :** Les Sources de Caudalie

Positionnement rustique à tendance chic dans ce deuxième restaurant des Sources de Caudalie. Calme absolu, cadre élégant et cuisine à multiples consonances, courgette farcie de saumon mariné et légumes au fromage blanc, œuf de poule meurette, étuvée de poireaux et ventrèche, bar entier cuit au four, polenta à la pulpe de tomate, clafoutis à la banane, glace rhum-raisin. Un parfait complément du prestigieux voisin.

M : 32 € *www.sources-caudalie.com*

[11] Restaurant Le Pistou

» Centre Bourg
☎ 05 56 72 00 00
F. w.-e.(été) et sam. à déj., dim.-lundi à dîn. (15 sept-25 juin).
Jusqu'à 22h.

Membre de la confrérie de l'alose et du vin de Graves, ce n'est peut-être pas parlant pour un Berrichon ou un Savoyard, mais du côté de Pessac-Léognan, cela vous pose une toque. Jean-Luc Dulin et son chef Jérôme Glugnac mettent l'accent aigu sur la traçabilité : la lamproie et l'alose nagent en terre amie et les magrets ont le goût du pays. Les deux petits menus ont, légitimement, beaucoup de succès.

C : 30 € • M : 13,50-28 € *www.restaurantlepistou.com*

Les Sources de Caudalie

» Chemin de Smith-Haut-Lafitte
☎ 05 57 83 83 83
Fax 05 57 83 83 84
Ouv. 7j/7.

➡ **Restaurant** :15/20 La Grand'Vigne; 14/20 La Table du Lavoir

Entourés par les vignes du prestigieux domaine Smith Haut Lafitte, ces bâtiments, construits dans le respect de l'architecture régionale, déclinent le luxe dans des ambiances différentes, proches de la région : bois rustique et noble en hommage aux tonneliers à la Bastide des Grands Crus, rappel discret aux temps des colonies au Comptoir des Indes, douceur paisible et influence marine à la Grange au Bateau, boiseries claires et chaleureuses en écho aux pilotis pour l'Ile aux Oiseaux et ambiance romantique dans l'architecture landaise de la Cabane au Lièvre. Le luxe est aussi dans les équipements, des caves de dégustation au spa de vinothérapie.

10 appart. 305-500 € • 40 ch. 185-265 € • 1/2 pens. 272-500 €
www.sources-caudalie.com

➲ à PESSAC - 33600 : 7 km S.O.

La Réserve

» 74 av du Bourgailh
☎ 05 57 26 58 28
Fax 05 57 26 58 00
F. Noël.

La cuisine a sans doute un peu vieilli, mais l'hôtel, dans son parc au bord du lac, est toujours une valeur sûre, avec ses chambres personnalisées et son service soigné.

1 appart. 67-160 € • 21 ch. 67-95 € • 1/2 pens. 28,50 €
www.hotel-la-reserve.com

➲ à SAINT AUBIN DE MEDOC - 33160 : 18 km N.O. par N 215 et D 109

[14] Thierry Arbeau

» Pavillon Saint-Aubin, rte de Picot
☎ 05 56 95 98 68
F. sam. à déj., dim. à dîn., lundi, 1re sem. janv. et dern. sem. août.
Jusqu'à 21h30.

Passé par plusieurs grandes et même très grandes maisons (Darroze à Langon, le Grand Véfour période Raymond Oliver, Guérard), Thierry Arbeau peut se vanter d'avoir quelques certitudes comme celle de pouvoir viser un peu plus haut pour cet hôtel restaurant niché dans un parc d'un hectare (d'ailleurs en cours d'aménagement). Acheteur pointu, bon connaisseur des produits régionaux, il travaille dans la plus grande simplicité, le jambon de canard à la confiture d'oignons, le saumon poêlé au caramel d'épices, le tournedos au foie gras, sauce aux échalotes et vin rouges, dans un registre traditionnel et familier. Cave rassemblant beaucoup de bons bordeaux à prix serrés.

C : 60 € • M : 25-55 € *pavillon.saintaubin@wanadoo.fr*

➲ à SAINT MEDARD EN JALLES - 33160 : 6 km N.O. par N 215

[12] Le Tournebride

» 55 rue Alexis-Puyo-Hastignan
☎ 05 56 05 09 08
F. dim. à dîn., lundi, merc. à dîn. et 7 août-4 sept.
Jusqu'à 21h30.

Hommage à l'Aquitaine, dans l'ambiance (avec le Bassin d'Arcachon qui s'affiche au mur) comme dans la cuisine (avec ce qu'il faut de canard gras, de cannelé et d'agneau de Pauillac, mais aussi de vins), le tout puisé à la source, pour qu'il n'y ait pas tromperie sur la marchandise, et servi dans une tranquille ambiance d'habitués.

C : 24 € • M : 12-34 €

BORMES LES MIMOSAS - 83230 (34 A 6)

Toulon 39 - Le Lavandou 5

L'Escoundudo Mathias Dandine

Sans que cela soit vraiment une surprise - la tendance était déjà là depuis quelques années - la volonté des frères Dandine va aujourd'hui nettement vers la table de luxe au sens traditionnel du terme. Dans le cadre d'une ruelle romantique du vieux village, on peut même dire qu'elle se " macaronise " de plus en plus, ce qui est finalement un hommage à nos confrères de Clermont-Ferrand : achat de grands vins, bourgognes et bordeaux, le homard canadien en suggestion du jour et la mise à l'écart de ce qui n'est pas produit de prestige. Pas moyen, donc d'échapper au foie gras, aux truffes, aux langoustines… Le mangeur curieux passera donc son chemin, d'autant que les tarifs sont évidemment superlatifs. Et c'est dommage, car il y a incontestablement un talent pour une cuisine plus vraie et plus naturelle, les plats goûtés cette année valant intrinsèquement deux toques. Cave intéressante pour le choix en Provence, et très bon accueil de Fabien Dandine.

C : 70 € • M : 58-78 €

www.lescoundudo.com

» 2 ruelle du Moulin
☎ 04 94 71 15 53
F. merc. (1er nov.-31 mars) et mi-nov.-mi-déc.
Jusqu'à 21h30.

La Rastègue

L'air est agréable sur la petite terrasse en prolongement de la salle. Les places sont d'ailleurs chères l'été pour bénéficier tout à la fois de la vue sur la plaine, jusqu'au Lavandou, dans un décor embelli et plus élégant, et de la cuisine inspirée - carte courte, vision nette - de Jérôme Masson, qui d'un menu unique, dresse son inventaire personnel au quotidien de jolis traits de saison (filet de loup côtier riz basmati, noisettes de porc côtes et vert de blettes à l'ail et jus de sauge). Malherbe et Valentines dans une cave provençale bien fournie.

M : 35-43 €

» 48 bd du Levant
☎ 04 94 15 19 41
F. lundi, mardi, à déj. juil.-août et janv.
Jusqu'à 21h30.

(12) La Tonnelle de Gil Renard

Sympathique cuisine provençale et touristique, bien placée sur la place de ce beau village tapissé de bougainvillées, et de mimosas au printemps. Gil Renard travaille son offre avec conviction, le menu est un peu cher, et les suggestions du moment, ajoutées à l'aïoli, au pagre de ligne et à la daube, font toujours plaisir. Très bonne cave régionale, avec du pointu (Jale, Malherbe, Jasson…), service efficace.

C : 52 € • M : 30-47 €

» Pl Gambetta
☎ 04 94 71 34 84
F. merc., jeudi (oct.-avril), merc., jeudi à déj. (mai-sept.), à déj. (juil.-août) et 15 nov.-20 déc.
Jusqu'à 21h30.

Chez Sylvia

Une affaire de famille, qui s'apprécie dans la douceur du patio et la gentillesse de l'accueil, comme dans la carte de spécialités siciliennes soignées, dans leurs saveurs authentiques et tranchées.

C : 36 € • M : 28-35 €

» 872 av Lou-Mistraou
☎ 04 94 71 14 10
F. merc. à déj., jeudi à déj. (vac. scol.), merc., jeudi à déj., déc. et janv.
Jusqu'à 22h00.

L'Estagnol

Les habitués de cette plage lointaine et privée vous diront que les meilleures pâtes aux langoustes (une des gourmandises préférées de cette partie de côte) sont ici. La plupart des touristes ne s'offrent pas de tels festins, mais pour une petite croque de plage, l'endroit est idéal, ombragé, avec un service très au point pour la centaine de couverts, et plus, qui viennent chercher une salade ou le poisson de la pêche.

» Rte de Léoube
☎ 04 94 64 71 11
Rens. non comm.

Le Domaine du Mirage

La vaste maison rose domine la baie de son parc fleuri de lantanas ou de bougainvillées. A cette vue magnifique s'ajoute un confort de haut niveau, fruits d'importants travaux de rénovation. Chambres avec balcon, pour admirer la grande bleue.

16 appart. 90-200 € • 51 ch. 120-175 € • 1/2 pens. 42 €

www.domainedumirage.com

» 38 rue de la Vue-des-Iles
☎ 04 94 05 32 60
Fax 04 94 64 93 03
F. 1er nov.-24 mars.

Hostellerie du Cigalou

Nouveauté 2005, cette maison paisible du vieux village fait honneur à sa situation par un cadre soigné, entre matériaux authentiques et cinq ambiances (du baroque au colonial) dans des chambres meublées de style. Piscine avec vue sur la mer et les îles.

20 ch. 65-150 € • 1/2 pens. 66-109 €

www.hostellerieducigalou.com

» Pl Gambetta
☎ 04 94 41 51 27
Fax 04 94 46 20 73
F.3-24 janv. et 6 nov.-18 déc.

BORT L'ETANG ➤ LEZOUX

BOSC LE HARD ➤ CLERES

BOSDARROS ➤ PAU

BOSSEY ➤ SAINT JULIEN EN GENEVOIS

BOUC BEL AIR - 13320 (33 C 5)

Marseille 24 - Aix-en-Provence 10

13 L'Etape des Frères Lani

L'union fait la force et les frères Lani (Lucien et Joël) l'ont bien compris lorsqu'ils ont tout naturellement décidé de s'associer dans les cuisines autrefois fréquentées par leurs parents. Une solide formation (Troisgros, Passédat, Banzo...) les met à l'abri de toute faute technique sur un menu "Retour du Marché" renouvelé tous les quinze jours : carré d'agneau lustré au miel et aubergines confites, mijotée de queue de bœuf en parmentier, pigeonneau fermier rôti à l'ail en chemise, tulipe de fraises au sabayon gratiné et sorbet à la menthe fraîche, des assiettes fraîches et généreuses solidement attachées à leur toque. Cave bien étoffée en coteaux d'aix et en bandol.

C : 30 € • M : 14-50 €

www.lani.fr

» Rte de Gardanne, D6
☎ 04 42 22 61 90
F. sam. à déj., dim. à dîn. et 24-31 déc.
Jusqu'à 21h30.

BOUDOU ➤ MOISSAC

BOUESSE ➤ ARGENTON SUR CREUSE

BOUGIVAL ➤ PARIS-BANLIEUE

BOUILLAND - 21420 (20 B 4)

Dijon 35 - Beaune 27

16 Hostellerie du Vieux Moulin

➥ **Hôtel :** Hostellerie du Vieux Moulin

Cadre et ambiance

A l'entrée du village, la maison se cache derrière un petit mur, qui abrite une agréable terrasse, aménagée avec élégance. Elle ne fait pas regretter la salle, au style vraiment daté.

Cuisine

Grande maison oblige, Thomas Protot travaille des produits nobles, mais à sa manière, allégée et personnelle, un remarquable bouillon de bœuf, frais et plaisant, accompagné d'asperges et œufs, et un risotto au speck et légumes fanes très bien réalisé. On souhaiterait qu'il lâche un peu la bride, sur le jus à l'anis trop discret sur l'impeccable féra, accompagné d'une purée pomme de

» 1 rue de la Forge
☎ 03 80 21 51 16
F. lundi à déj., merc., jeudi à déj. et 2 janv.-9 fév.
Jusqu'à 21h15.

terre et ortie. On en vient même à lui préférer les valeurs classiques d'un bar rôti en écailles artichaut et fèves, sobre et de bon niveau. Les fruits composent des desserts savoureux, qu'ils s'accompagnent d'une gelée de menthe glaciale ou d'une panacotta.

Cave

Très (trop) classique, avec une part importante de vins de négoce et des domaines relativement familiers. Pour une maison de cette renommée, il manque la part du rêve.

Accueil et service

Personnel aimable et ambiance vacances chic et raffinée. Le personnel, assez jeune, est bien encadré par un maître d'hôtel affable et compétent. Le sommelier met un peu d'excentricité dans cette machine bien huilée.

C : 75€ • M : 39-73€ *www.le-moulin-de-bouilland.com*

Hostellerie du Vieux Moulin

» 1 rue de la Forge
☎ 03 80 21 51 16
Fax 03 80 21 59 90
F. 2 janv.-9 fév.

➥ **Restaurant** : 16/20 Hostellerie du Vieux Moulin

Ambiance délicatement rustique dans le vieux moulin, contemporaine dans l'annexe à deux pas, et toujours le calme de la campagne, aux portes du petit village, et la vue sur la vallée verdoyante.

3 appart. 160-205€ • 23 ch. 80-150€ • 1/2 pens. 99-167€

www.le-moulin-de-bouilland.com

LA BOUILLE - 76530 (6 C 9)

Paris 138 - Rouen 22 - Evreux 59

Le Saint-Pierre

DÉCOUVERTE

» 4 pl du Bateau
☎ 02 35 68 02 01
F. mardi (15 juin-15 sept.), mardi, fév. et 1re sem. nov.

Ce petit air frais qui souffle sur la Seine, dans ce ravissant village gastronome dont le Saint-Pierre fut longtemps le porte-étendard, fait beaucoup de bien. Laurent Blanchard, jeune trentenaire marié à une Normande, a quitté Margaux (le Relais) pour voir les méandres. Et relever un challenge qui apparaît tout à fait dans ses cordes : redonner du lustre, ramener les Rouennais vers l'adresse de leurs fiançailles. Son bagage est solide, sa cuisine franche dans les saveurs et encore perfectible, notamment dans les accompagnements. Mais le démarrage est très prometteur et la première toque amplement méritée. Cave à peaufiner, en long et en large.

C : 57€ • M : 27-65€

(10) La Poste

» 6 pl du Bateau
☎ 02 35 18 03 90
F. dim. à dîn., lundi à dîn., mardi et 15 jrs fin d'année.

Du très tradi, viandes en sauce et ris de veau morilles, qui semble figé pour l'éternité. Mais le folklore d'une maison séculaire aux manières d'autrefois, du bord de Seine et de ce village naguère très touristique donne une image de la Normandie presque dépaysante et en tout cas peu connue.

C : 50€ • M : 22-39€

BOULIAC ➤ BORDEAUX

BOULOGNE BILLANCOURT ➤ PARIS-BANLIEUE

BOULOGNE SUR MER - 62200 (1 A 2)

Calais 37 - Saint-Omer 55

Hostellerie de la Rivière H

» 17 rue de la Gare,, Saint-Etienne-au-Mont
☎ 03 21 32 22 81
F. dim. à dîn., lundi, mardi à déj., 22 janv.-9 fév. et 20 août-7 sept.
Jusqu'à 21h15.

La campagne à la mer, la campagne à la ville. Près de tout (Nausicaa, le golf d'Hardelot, le port de Boulogne, le musée du château Napoléon), l'hostellerie cultive la douceur et l'art de vivre bien et paisiblement. Jusque dans l'assiette où Dominique Martin a su infléchir la cuisine marine traditionnelle vers une approche contemporaine et légère qui s'adapte également à la dégustation d'aujourd'hui. Avec des poissons courants et savoureux (marinière de carrelet

aux olives, pavé de lieu jaune et jus de volaille aux épices), par des mariages terre-mer (pied de cochon farci aux crustacés, tartare de daurade aux jeunes légumes, tomate et basilic...) et une manière élégante qui s'exprime aussi sur les produits nobles (turbot grillé, thym et girolles, barbue de ligne au fumet de crevette...). Cave classique et variée. L'hôtel bénéficie de l'environnement, confort, agrément, calme, la rivière et les petits oiseaux le matin.
C : 62€ • M : 27-55€ • 8 ch. 60-74€ *www.hostelleriedelariviere.com*

La Matelote

» 80 bd Sainte-Beuve
☎ 03 21 30 17 97
F. non comm.
Jusqu'à 21h30.

➥ **Hôtel :** La Matelote
Tony et Régine Lestienne tiennent cette jolie maison face à Nausicaa à bout de bras, depuis plus d'un quart de siècle avec un leitmotiv constant, ne faire aucune concession sur le produit, en particulier sur les poissons, qui n'ont que la route à traverser pour atterrir dans l'assiette : dos de cabillaud saisi sur sa peau, confit d'oignons et poivrons rouges aux olives, sole braisée au plat, ravioles de foie gras et bouillon crémeux, darne de turbot rôtie mousseline de pommes de terre gratinée à la tapenade. Remarquables desserts classiques, poire pochée, friand aux amandes et crème glacée à la pistache, framboise en mille-feuille, mousseline vanille et sorbet framboise.
M : 35-71€ *www.la-matelote.com*

(11) Le Châtillon

» 6 rue Charles-Tellier, zone de Capécure
☎ 03 21 31 43 95
F. w.-e. et fériés.

Rendez-vous du port, pour connaisseurs, professionnels et amateurs. La pêche de Boulogne se déverse en direct dans les assiettes et le plat du jour apporte une mer de fraîcheur, un turbotin à la crème de cerfeuil, une raie au beurre roux, un cabillaud aux champignons. On boit le muscadet et on se détend.
C : 11,58€ • M : 16-17,52€

La Coquillette

» 10 rue de l'Enseignement-Mutuel
☎ 03 21 83 37 51
F. dim., lundi, 10 jrs janv. et 3 sem. août.
Jusqu'à 22h.

Pâtes fraîches, pizzas et carte brasserie à base de produits régionaux (souris d'agneau au pain d'épices, caneton confit à la diable) par un ancien de la Matelote. Bonne ambiance, accueil performant.
C : 15€ • M : 12,50-20€

La Matelote

» 70 bd Sainte-Beuve
☎ 03 21 30 33 33
Fax 03 21 30 87 40
Ouv. 7j/7.

➥ **Restaurant** : 14/20 La Matelote
Au-dessus du restaurant, la maison des Lestienne propose des chambres au cadre classique et raffiné, avec un mobilier élégant et des couleurs chaudes.
1 appart. 180-215€ • 28 ch. 95-160€ *www.la-matelote.com*

Métropole

» 51 rue Thiers
☎ 03 21 31 54 30
Fax 03 21 30 45 72
F. 22 déc.-14 janv.

Après deux années d'importantes rénovations, cet établissement de centre-ville offre un peu de repos à ses chambres climatisées et pourvues de charmantes salles de bains. Joli jardin pour d'agréables petits-déjeuners.
25 ch. 65-87€ *www.hotel-metropole-boulogne.com*

à AUDRESSELLES - 62164 : 14 km N. par D 440

(10) Retour des Flobards

» 58 rue Marin-la-Meslée
☎ 03 21 33 85 84
F. à dîn. (sf sam. et saison) et janv.
Jusqu'à 22h.

S'il y avait plus de Flobards d'Audresselles, on s'arrêterait plus facilement au hasard dans les cafés de village pour se nourrir de plats simples auxquels un pro a apporté un peu de soin. Et l'on arrêterait de dire que la restauration française ne va pas bien. Les petits poissons font les grandes rivières. Ceux des Flobards sont très comestibles.
M : 14-25€

à WIMEREUX - 62930 : 7 km N. par D 940

Epicure

La balade côtière, avec ce panorama majestueux sur les falaises, entre Boulogne et Wimereux, ouvre l'appétit de beauté régionale. Dans une salle de poche au timide décor contemporain, on chuchote autour du bar au fenouil ou du turbot purée de champignons. Philippe Carrée travaille avec précision une cuisine convenue - avec le homard en suggestion - dans un climat globalement lénifiant qui atteint aussi les assiettes. On aimerait sonner le réveil, amener de la gaieté et du bourdonnement, d'autant que le croustillant de maquereau, les fraîches langoustines avec un cannelloni d'aubergine, comme l'excellent dessert de fruits frais, rhubarbe marinée et sorbet fenouil montre une indéniable qualité. Cave bien faite et surtout d'une douceur tarifaire telle que tout paraît intéressant, les Chaillées de l'Enfer comme le puligny de Sauzet.
C : 48 € • M : 24-36 €

» Rue Carnot
☎ 03 21 83 21 83
F. dim., merc. à dîn. et vac. scol. Noël.
Jusqu'à 21h.

La Liégeoise

➡ **Hôtel :** Atlantic

Vingt-trois ans de ressac, cela pourrait donner le mal de mer. Mais Alain Delpierre est un marin aguerri, qui ne se sent bien qu'entre deux filets de pêche, à examiner des ouïes et à saisir sur le vif la fraîcheur d'un rouget, d'un bar ou d'une sole. Cuissons à la plancha, panachés généreux avec des sauces noilly, mariage de la saint-jacques et du foie gras, il y a tant de belles idées que l'on ne peut que l'encourager à ne jamais rester à quai. Cette cuisine précise s'offre aussi quelques plats de viandes d'actualité (noisettes et rognons d'agneau avec un pannequet de ris d'agneau, topinambour et rutabaga) et une grosse flotte de desserts (parfait à la violette, soupe de chocolat et moelleux au cacao...). Cave de grands noms et de classiques qui manque un poil de curiosité, excellent service.
M : 33-43 € *www.atlantic-delpierre.com*

» Digue de Mer
☎ 03 21 32 41 01
F. dim. à dîn., lundi à déj., dern. sem. janv. et fév.
Jusqu'à 21h.

Atlantic

➡ **Restaurant** : 14/20 La Liégeoise

Face à la mer, la grande maison blanche à la façade caractéristique propose de jolies chambres claires et feutrées, avec tissus chaleureux et mobilier de style. En panorama, les belles plages du Nord et leur lumière si particulière.
18 ch. 70-117 € • 1/2 pens. 94-170 € *www.atlantic-delpierre.com*

» Digue de Mer
☎ 03 21 32 41 01
03 21 87 46 17
F. dern. sem. janv. et fév.

à WIMILLE - 62126 : 5 km N. par N 1

La Brocante

L'esprit Brocante y est toujours, comme le loup de la chanson. Dans le décor bien arrangé, aux objets choisis, se dégagent une impression de bien-être et la présence d'une âme. Rien de banal dans les intitulés, de la poêlée de lisette à l'huile de kipper au sauté de veau aux agrumes et crème de fenouil, tout sent le bel artisanat, tout est appétissant; A vrai dire, il est si difficile de résister au menu de la quinzaine, à 30 € tout compris, que l'on ne choisit pas : le foie gras, marmelade d'oignons andouille et coulis de potimarron, le bar en émulsion de pistache et la dariole au chocolat coulis de mûre ressemblent à une performance (mais comment fait-il à ce prix ?). Jean-François Laurent a de quoi être satisfait : il remplit la salle et fait des heureux. La cave est modeste, mais faite de partis pris et de petits prix.
C : 51 € • M : 38,50-47 €

» 2 rue de Ledinghen
☎ 03 21 83 19 31
F. dim. à dîn. et lundi.
Jusqu'à 21h15.

LE BOULOU - 66160 (31 D 6)

Perpignan 24 - Amélie-les-Bains 18

à VIVES - 66400 : 5 km O. par D 115 et D 73

Hostalet de Vivès

Rustique et catalane en diable, cette ancienne maison de maître en pierre apparente et brique rouge (le cayrou) attire le gratin local à grands renforts de bonne humeur et de générosité : de belles salades, des poissons grillés, des escargots et des tripes à la catalane, de l'agneau grillé, ici, on ne fait pas de manières et on profite de tout, sans rechigner. C'est chaleureux, joyeux, pas cher, indispensable quoi.
C : 35 € • M : 20-29 €

» Rue de la Mairie
☎ 04 68 83 05 52
F. merc. (15 juin-15 sept.), mardi et 15 janv.-6 mars.
Jusqu'à 20h30.

BOURBON L'ARCHAMBAULT - 03160 (26 B 2)

Moulins 24 - Montluçon 50 - Nevers 53

Grand Hôtel Montespan-Talleyrand

A l'image de l'adorable pigeonnier montant la garde à côté de la piscine, l'hôtel réussit avec bonheur le mariage des vieilles pierres, dont l'histoire remonte au XVIe siècle pour le bâtiment le plus ancien, et du confort moderne. Les plafonds à la française et les murs enduits à la chaux, avec les meubles de style, signent des chambres de caractère.
2 appart. 120-150 € • 42 ch. 56-110 € • 1/2 pens. 60-76 €
www.hotel-montespan.com

» 2-3-4 pl des Thermes
☎ 04 70 67 00 24
Fax 04 70 67 12 00
F. 22 oct.-1er avril.

à YGRANDE - 03320 : 10 km S.O. par D 953

Château d'Ygrande

➥ **Hôtel :** Château d'Ygrande
Un travail sérieux et bien présenté, qui manque d'un zeste de pétillement pour atteindre la toque. Souhaitons que cette petite marche soit franchie rapidement pour apprécier pleinement la vie de château, dans une ambiance discrète au bon goût un brin suranné. Cave aux vins de Loire bien représentés, agréable promenade digestive du côté des haras, où les chevaux attendent les caresses.
C : 48 € • M : 24-62 €

» Le Mont
☎ 04 70 66 33 11
F. dim. à dîn. et lundi (sf juil.-août), janv. et fév.
Jusqu'à 21h30.

Château d'Ygrande

➥ **Restaurant** : 12/20 Château d'Ygrande
Dominant les paysages du Bourbonnais, le domaine marie les activités d'hôtellerie restauration et de centre d'équitation (à l'équipement remarquable, possibilité de forfaits). Le château, construction Directoire, opte pour un cadre actualisé et élégant, avec des chambres personnalisées par de nombreux détails soignés, du mobilier aux gravures.
1 appart. 185-195 € • 15 ch. 105-165 € • 1/2 pens. 108-153 €
www.chateauygrande.fr

» Le Mont
☎ 04 70 66 33 11
Fax 04 70 66 33 63
F. janv. et fév.

BOURBON LANCY - 71140 (19 D 5)

Mâcon 109 - Moulins 36

Manoir de Sornat

➥ **Hôtel :** Manoir de Sornat
Certains lecteurs pensent que le restaurant pourrait avantageusement être lié directement à l'hôtel dans le guide. Si pourtant nous séparons les deux entités, c'est pour souligner que la table de Gérard Raymond est bien la première du canton et qu'on ne peut guère envisager ailleurs le banquet de fin d'année. C'est une cuisine aux multiples qualités, comme un vin complexe, classique à l'attaque,

» Rte de Moulins, allée de Sornat
☎ 03 85 89 17 39
F. dim. à dîn. (sf juil.-août, fêtes), lundi à déj. mardi à déj. et 2 janv.-6 fév.
Jusqu'à 21h.

et qui s'épanouit, gagne en personnalité à la dégustation, pour finalement s'installer dans une signature, une griffe qui se pose sur le brochet au court bouillon et marmelade morvandelle comme sur le pigeon, filet rôti et cuisses en "Mac Sornat", et jusqu'à la dacquoise rhubarbe cube de thé au jasmin et sorbet au curry. Cave dans le même tempo, les flacons de tradition épaulés par de jolies pépites régionales. Selon l'affluence, l'ambiance manque parfois un peu de tonus, mais le service n'a rien à se reprocher.
M : 26-82 € www.chateauxhotels.com

Manoir de Sornat

➡ **Restaurant** : 15/20 Manoir de Sornat
Etonnant en Bourgogne, ce manoir anglo-normand XIXe assume sa différence dans un beau cadre classique et raffiné, avec des chambres aménagées dans un style Art déco. Vue sur le parc.
13 ch. 60-130 € • 1/2 pens. 75-12 € www.chateauxhotels.com

» Rte de Moulins, allée de Sornat
☎ 03 85 89 17 39
📠 03 85 89 29 47
F. 2 janv.-6 fév.
🚗

Tourelle du Beffroi

Bon confort et prix raisonnables pour cet établissement de caractère au cœur de la cité thermale. En été, le quartier devient piétonnier.
8 ch. 53-71 € www.latourelle.net

» 3 rue Pingré
☎ 03 85 89 39 20
📠 03 85 89 39 29
Ouv. 7j/7.

BOURBONNE LES BAINS - 52400 (9 D 5)

Chaumont 52 - Vittel 44

Les Lauriers Roses

Affaire familiale depuis trois générations, le petit immeuble jaune dispose de chambres au confort classique et se trouve juste en face des thermes.
68 ch. 32-46 € lauriers.roses@wanadoo.fr

» Pl des Bains
☎ 03 25 90 00 97
📠 03 25 88 78 02
F. 23 oct.-fin mars.
🚗 ♿ 🐕

LA BOURBOULE - 63150 (26 B 4)

Clermont-Ferrand 50 - Mont-Dore 7

Régina Hôtel

A l'intérieur de cette classique maison XIXe, on apprécie les chambres rénovées, claires et au décor moderne, ou encore la piscine panoramique : les volcans ne sont pas loin.
25 ch. 58-150 € • 1/2 pens. 55-100 € www.hotelregina-labourboule.com

» 48 av Alsace-Lorraine
☎ 04 73 81 09 22
📠 04 73 81 08 55
F. 8-28 janv.
🚗 🏊 🐕

BOURDEILLES ➤ BRANTOME

BOURG CHARENTE ➤ JARNAC

BOURG DE VISA - 82190 (29 C 2)

Agen 35 - Lauzerte 20 - Cahors 53

[11] Ferme-Auberge de Lasbourdettes

Selon le principe des fermes-auberges, tous les produits ou presque présentés sur la table d'Arlette Decaunes sont issus de l'exploitation et donnent un beau tourin à l'ail, de superbes rillettes d'oie aux cèpes et de très beaux foies gras. Uniquement sur réservation.
M : 15-31 € arlette.decaunes@wanadoo.fr

» Arlette-Decaunes
☎ 05 63 94 26 75
F. mardi, Toussaint et Noël.
🚗 🐕

BOURG DUN - 76740 (6 C 1)

Paris 185 - Rouen 65 - Dieppe 18

Auberge du Dun

» 3 rte de Dieppe
☎ 02 35 83 05 84
F. dim. à dîn., lundi, merc. à dîn. (sf fêtes), 1 sem. janv. et 15 jrs oct.
Jusqu'à 21h15.

La terre pourrait s'écrouler, un raz de marée frapper les falaises cauchoises, rien ne semble pouvoir perturber la bonne marche de cette délicieuse auberge, ancien relais de poste. La clientèle britannique et les couples d'amoureux venus pour une grande occasion resteraient fidèles au poste, choyés comme des coqs en pâte par un chef chevronné et expert en cuisine classique : langoustines de Bretagne frites avec des chips d'ail et gingembre, pigeonneau rôti déglacé au vinaigre de cidre, racines et condiment de griottes et crêpes soufflées au calvados, des plats immédiatement séduisants, joliment faits à défaut d'être systématiquement brillants. Cave classique, pas trop chère, et n'oubliant pas les propositions au verre.

C : 50 € • M : 26-40 €

BOURG EN BRESSE - 01000 (27 D 1)

Paris 426 - Lyon 83 - Mâcon 36

Les Quatre Saisons

» 6 rue de la République
☎ 04 74 22 01 86
F. dim., lundi, 2-10 janv., 1-9 mai et 15 août-1er sept.
Jusqu'à 21h30.

Philippe Turc a la tête sur les épaules. Le pari d'un gastro à Bourg en Bresse n'était pas évident, il l'a déjà en partie gagné. Cette année, il refait la salle, augmente le service, accroissant ainsi le confort de travail pour une prestation aux petits oignons dans un gentil décor aux couleurs provençales. Sa carte tire parti d'influences multiples et de ses propres idées, clafoutis de grenouilles au cacao amer, croustillant de sabodet de chez Bobosse crème au saint-marcellin, tajine du pêcheur au fenouil, dans un remarquable menu à 26 € qui reprend les plats les plus intéressants de la carte. Vaste cave classique aux 350 références, qui suit l'axe rhodanien en ajoutant une sélection Jura-Bugey de circonstance.

C : 35 € • M : 18-50 €

L'Auberge Bressane

» 166 bd de Brou
☎ 04 74 22 22 68
F. mardi.
Jusqu'à 21h30.

Face à la magnifique église de Brou, cette auberge de longue tradition s'habille enfin de parures plus contemporaines (façade rénovée en début d'année). Les Vullin ne ménagent pas leurs efforts (les menus sont ainsi changés six fois dans l'année) pour demeurer sur le haut du panier, dans un style régional plaisant : cuisses de grenouilles comme en Dombes, poulet de Bresse sauce aux écrevisses, sorbet des pères chartreux et génépi, baies sauvages et menthe fraîche. Cave pléthorique, très fournie en grands bourgognes et proposant une vingtaine de références au verre.

C : 65 € • M : 23-70 € *www.aubergebressane.fr*

Chez Blanc

» Pl Bernard
☎ 04 74 45 29 11
Ouv. 7j/7.
Jusqu'à 23h.

Une brasserie calibrée par la maison Blanc, une antenne efficace et riante de l'institution vonnassienne. Jouez le jeu en adoptant les spécialités de Bresse et de Dombes, qui parlent de rivières, de forêts, de volailles bien dodues et de sauces crémées. La cave a de la ressource sur les vignobles voisins et le service fait ce qu'il faut pour entretenir la flamme.

C : 28 € • M : 17-43 € *www.georgesblanc.com*

Dans chaque ville, les établissements sont classés par note décroissante, restaurants d'abord, hôtels ensuite.

•

Certaines communes sont rattachées à l'agglomération la plus proche.

13 La Reyssouze

Largement rénovée fin 2004, la salle à manger de cette maison aussi discrète que bourgeoise reste largement consacrée à la tradition régionale (mousse de foies de volaille, poulette de Bresse rôtie, escalope de ris de veau à l'oseille) et aux classiques (consommé de homard à l'orange, crème glacée au fenouil, pigeon entier caramélisé, rôti de cuisse sur canapé). C'est sérieux, parfois un peu trop, mais la gentillesse du service compense avec tact.
C : 50 € • M : 20-53 €

» 20 rue Charles-Robin
☎ 04 74 23 11 50
F. dim. à dîn. et lundi (sf fériés).
Jusqu'à 21h30.

11 L'Amandine

Christiane Pépin est dans le vrai, ou tout du moins tend à cette vérité du produit qui nous est chère : les grenouilles sautées, le poulet de Bresse mijoté au vin jaune et morilles sont simplement respectés comme, avec une autorisation de sortie du territoire, les saint-jacques sauce safranée ou les aiguillettes de charolais sauce lie de vin. Décor de bon ton, cave mince sauvée par les vins du Bugey et quelques bons choix (bourgueil de Druet, châteauneuf de Mont-Redon).
C : 28 € • M : 17-42 €

» 4 rue de la République
☎ 04 74 45 33 18
F. dim., merc., 1er-10 mai et 1er-16 sept.
Jusqu'à 21h30.

11 Le Français

Une vraie brasserie citadine, qui ne met pas le Bugey au milieu des Caraïbes et midi à quatorze heures. Des grenouilles fraîches, un bon tartare, un poulet de Bresse à la crème, dans l'atmosphère locale et avec le pot de chardonnay du Bugey pour suivre les débats.
C : 45 € • M : 22,50-49,50 €
www.le-français.fr

» 7 av Alsace-Lorraine
☎ 04 74 22 55 14
F. sam. à dîn., dim., 1er mai, 3 prem. sem. août et 1 sem. Noël-nouvel an.
Jusqu'à 22h.

10 L'Authentique Espace Buffet

Arrêt buffet très recommandé dans cette salle branchée où l'on fait du tradi intelligent, servi au comptoir, en libre-service, mais avec une cuisine de pro bien au-dessus de la cafète de supermarché. Petites portions façon tapas, variété et renouvellement : la restauration bouge bien à Bourg.
M : 14,90-18,30 €

» 162 bd de Brou
☎ 04 74 22 15 28
F. 1 sem. vac. scol. fév., 1er-8 mai, juil., vac. scol. Toussaint et vac. scol. Noël.
Jusqu'à 21h30.

Chapon d'Or

Pour les salades en deux formats, une entrecôte au poivre, un aligoté et un chiroubles pas trop cher, dans une atmosphère détendue.
C : 35 € • M : 19-36 €
le-chapon-d-or@wanadoo.fr

» 4 rue Thomas-Riboud
☎ 04 74 23 02 66
F. dim., lundi, dern. sem. juil.-2 prem. sem. août.

Hôtel du Prieuré

La maison se fond discrètement dans le secteur protégé de l'église de Brou (sur laquelle donnent certaines chambres). On apprécie les chambres, spacieuses et bien insonorisées, au cadre sobre rehaussé de meubles de style.
14 ch. 72-95 €
www.hotel-du-prieure.com

» 49-51 bd de Brou
☎ 04 74 22 44 60
Fax 04 74 22 71 07
Ouv. 7j/7.

Pictogrammes

- ☎ téléphone
- fax
- ♥ coup de cœur
- notation en hausse
- carte des vins remarquable
- repas servis en terrasse ou dans un jardin
- parking privé
- parking fermé
- voiturier
- accessible aux handicapés
- chiens acceptés
- air conditionné
- priscine privée
- tennis privé
- cave à cigares
- hôtel très tranquille

➲ à PERONNAS - 01960 : 1 km S.O.

Restaurant la Marelle

» 1593 av de Lyon
☎ 04 74 21 75 21
F. dim. à dîn., mardi, merc., 15 jrs fin août-déb. sept., 1 sem. vac. Noël, 1 sem. vac. fév. et 1 sem. mai.
Jusqu'à 21h30.

La banlieue de Bourg devient une destination de détente gastronomique indispensable : Didier Goiffon renouvelle le genre de l'auberge rurale, redonne, dans l'esprit et dans la déco, de la jeunesse à toute la maison, et poursuit, en cuisine, le chemin des écoliers sages mais curieux. Son menu saint-jacques pour toute la saison, d'octobre à avril est un aimant puissant, et sa rigueur dans l'exécution confirme la toque, étayée par des produits de haute volée. D'ailleurs, certains fournisseurs de renommée nationale, comme Miéral et ses volailles de Bresse, sont quasiment des voisins. Cave intéressante sur l'axe Bourgogne-Rhône, service détendu et précis.
C : 56 € • M : 22-69 €

➲ à SAINT ETIENNE DU BOIS - 01370 : 11 km N.E. par N 83

(11) Les Mangettes

» Rte des Petites-Mangettes
☎ 04 74 22 70 66
F. dim. à dîn., lundi à dîn., mardi, 9-25 janv. et 26 sept.-5 oct.
Jusqu'à 21h.

Le ronronnement au coin du feu peut être une douce petite musique, celle qu'on entend chez Christine et Daniel Collet, qui moulinent du fait maison avec régularité : de bonnes terrines, un soufflé au saumon sauce Nantua, un poulet de Bresse au champagne. Et les tarifs sont de petite taille.
C : 25 € • M : 21-34 €

➲ à VILLEMOTIER - 01270 : 17 km N. par N 83

(12) Ferme-Auberge de Groboz

» ☎ 04 74 30 17 79
F. lundi-jeudi (w.-e. vend. et fériés sur réserv.). et fin août.
Jusqu'à 21h.

Et si l'on remontait à la source, à la ferme bressane ? Il est là, le joli poulet, la volaille de roi, dans son cadre idéal, heureux de grandir dans une exploitation dont la partie la plus ancienne date de 1612, où l'on s'occupe de lui avec tendresse, où on le dorlote pour le servir sous les poutres avec les légumes du potager. Menus étagés selon l'accompagnement (crème aux morilles vin jaune, c'est à 24,50 **€**), avec la terrine de foies de volaille et les fromages régionaux.
C : 15,50 € • M : 15,50-24,50 €

BOURG SAINT MAURICE - 73700 (28 C 3)

Chambéry 111 - Val-d'Isère 28

L'Autantic

» 69 rte de Hauteville
☎ 04 79 07 01 70
Fax 04 79 07 51 55
Ouv. 7j/7.

Une maison de pierre et de bois proche du funiculaire, un peu à l'écart du centre ; six nouvelles chambres ont vu le jour, offrant toutes l'agrément d'un balcon et d'une terrasse. Piscine et salle de fitness.
29 ch. 40-130 € www.hotel-autantic.com

BOURGANEUF - 23400 (25 C 2)

Limoges 47 - Aubusson 39 - Guéret 34

➲ à PONTARION - 23250 : 10 km N. E. par 940 et D 941

(11) L'Air du Temps H

» 2 rue du Thaurion
☎ 05 55 64 98 78
F. merc. à dîn. F. ann. non comm.
Jusqu'à 21h30.

Des braserades et des croustillants au fromage pour faire monter la température de cette chaleureuse auberge où le bois est maître du décor, bar années 30 et paravent ancien. Quelques chambres, simples et aussi peu coûteuses que la table.
C : 16 € • M : 11,90-23 € • 5 ch. 27-41 € • 1/2 pens. 41-57 €
carolegrivet@yahoo.fr

BOURGES - 18000 (18 B 5)

Paris 246 - Châteauroux 65 - Nevers 69

L'Abbaye Saint-Ambroix

➥ **Hôtel :** Bourbon-Grand Hôtel Mercure

De son itinéraire de palace en palace, François Adamski pourrait trouver régressif la cuisine de province. Pourtant, s'il a vu quelques cadres mythiques, comme celui du Ritz ou celui du Plaza, il y a fort à parier qu'il a, comme tous les visiteurs de cette ancienne abbaye, été estomaqué par cette salle en plein milieu de la chapelle, à l'architecture complètement respectée, juste un habillage de rouge très élégant, et aux voûtes suspendues entre ciel et terre. Cela donne envie de créer, de poursuivre la quête du goût vrai, du produit d'exception. Dès lors, il est naturel qu'une certaine sobriété entoure les langoustines rôties, épinards et sucrine, l'anguille de Loire en matelote et savarin minute aux petits légumes et la volaille du Berry, avec un risotto au parmesan et sauce crémeuse à la truffe. Précision, vitalité, maîtrise jusqu'à la pêche rôtie au thym ou les crêpes flambées à la Mandarine Impériale. Cave considérable, complète, mais avec un tel catalogue de Loire, il faudrait vraiment une envie pressante pour aller voir ailleurs.

C : 75 € • M : 45-80 €

www.abbayesaintambroix.fr

» 60-62 av Jean-Jaurès
☎ 02 48 70 80 00
F. dim. à dîn. (nov.-mars), lundi et mardi.
Jusqu'à 21h30.

Restaurant Le Beauvoir

Le quartier n'est pas le plus excitant de Bourges, la carte paraît un poil banal, pour ne pas dire vieux jeu. Pourtant, c'est bien cette porte-là qu'il faut pousser, et un certain nombre de Berruyers sont d'accord sur ce point. Chez l'intègre Didier Guyot, les surprises sont toujours bonnes, il n'y a pas de cheveu dans la soupe, pas de caillou dans la salade. Mais le taboulé d'orge perlé aux anchois mariné, le pavé de cabillaud à l'oignon doux des Cévennes ou le ris de veau brisé aux petites betteraves confites au balsamico ressemblent à s'y méprendre à des intitulés de l'ère moderne. La fine patte traditionnelle, de sérieux et de savoir-faire en plus. Cave tout aussi sérieuse, avec les références en sancerre (Cotat, Crochet...).

C : 45 € • M : 17-41 €

» 1 av Marx-Dormoy
☎ 02 48 65 42 44
F. dim. à dîn., 3 sem. déb. août et 2 sem. déb. année.
Jusqu'à 21h30.

Le Bourbonnoux

La cuisine de Jean-Michel Huard se modernise doucement dans ce repaire coutumier du Vieux Bourges. Pour être raccord avec le décor d'actualité, on fricote avec le maquereau mariné, le thon mi-cuit sauce vierge et gratin bayaldi ou le poulet farci à la livèche, jus de homard et riz basmati aux abricots. Mazette, heureusement qu'il y a la cave pour vous ramener le terroir : quincy, reuilly, menetou, sancerre, pouilly et même châteaumeillant. Ils sont tous là !

C : 32 € • M : 13-30 €

www.tablegourmandeduberry.com

» 44 rue Bourbonnoux
☎ 02 48 24 14 76
F. vend., sam. à déj., dim. à dîn., 10 jrs vac. scol. fév., 10 jrs vac. scol. printemps et 16 août-déb. sept.
Jusqu'à 21h15.

Le Jardin Gourmand

Maison bourgeoise, cuisine itou, bonnes manières et douceur de vivre. Voilà un condensé de France gourmande, qui donne du métier une image de professionnalisme et de rigueur. Christian et Colette Chauveau proposent une carte de sagesse où il faut faire confiance aux bases, le saumon à l'oseille, le filet de bœuf bordelaise et le feuilleté aux fraises. Vaste cave issue du négoce, à peine plus fouineuse en Loire.

C : 33 € • M : 15-38 €

» 15 bis av Ernest-Renan
☎ 02 48 21 35 91
F. dim. à dîn., lundi, mardi à déj., 18 jrs déb. juil. et mi-déc.-mi-janv.
Jusqu'à 21h.

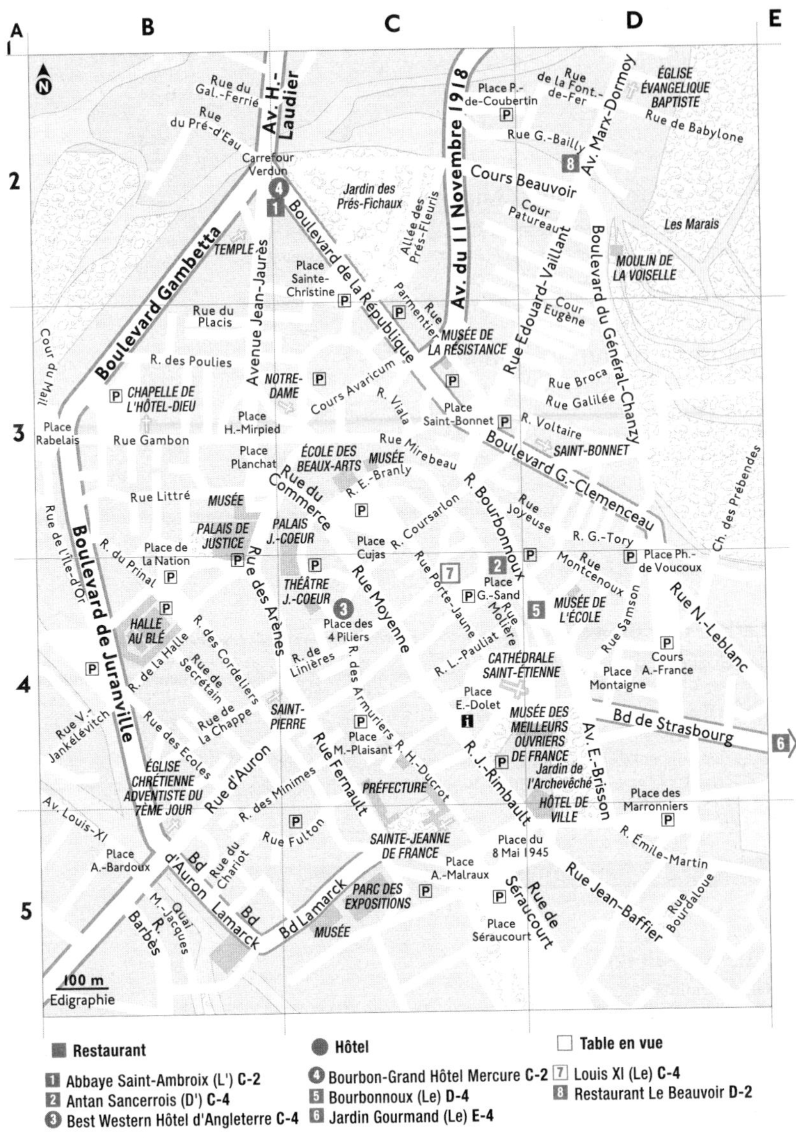

D'Antan Sancerrois

» 50 rue Bourbonnoux
☎ 02 48 65 96 26
F. dim. et lundi.
Jusqu'à 22h30.

L'emplacement au cœur de la partie ancienne, idéal, et le cadre de vieille maison berruyère ont sans doute motivé les nouveaux propriétaires. Le jeune chef a manifestement davantage d'ambition que de faire tourner un petit répertoire ménager régional. Attendons un peu pour juger sur la durée une carte plutôt attractive, avec certains accents provençaux (Stéphane Rétif fut chef-pâtissier au Jarrier à Biot (15/20).

C : 35 €

dantan.sancerrois@wanadoo.fr

Le Louis XI

Viandes au feu de bois tout près de la cathédrale, gaies et roboratives : andouillette au sancerre, faux-filet au menetou, côte de bœuf...
C : 20 € • M : 18-28 €

» 11 rue Porte-Jaune
☎ 02 48 70 92 14
F. dim., 1 sem. déb. mars et sept.
Jusqu'à 22h30.
⛱ 🐕

Best Western Hôtel d'Angleterre

Au cœur de la vieille ville, un beau bâtiment XIXe à la longue réputation a évolué progressivement vers un élégant cadre contemporain au gré des restaurations, mobilier aux lignes sobres et coloris chaleureux.
31 ch. 77-98 € www.bestwestern-angleterre-bourges.com

» 1 pl des Quatre-Piliers
☎ 02 48 24 68 51
📠 02 48 65 21 41
F. 25 déc.-2 janv.
🚗

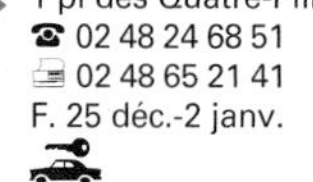

Bourbon-Grand Hôtel Mercure

➥ **Restaurant** : 15/20 L'Abbaye Saint-Ambroix
L'ancienne abbaye construite au XVIIe siècle constitue un cadre de choix. Les chambres y sont aménagées dans une atmosphère élégante et plutôt actuelle, avec un beau mobilier de bois aux teintes chaleureuses. Vue sur la cour intérieure et le cloître, ou sur le jardin des Prés Fichaux.
3 appart. 155-175 € • 56 ch. 79-140 € • 1/2 pens. 120 €
www.alpha-hotellerie.com

» 60-62 av Jean-Jaurès
☎ 02 48 70 70 00
📠 02 48 70 21 22
Ouv. 7j/7.
🚗 ♿ ❄ 🐕

à MENETOU SALON - 18510 : 20 km N.E. par D 940 et D 11

[12] Le Pré des Sèves

La carte s'adapte aux saisons, à la température, et même à l'humeur du chef, qui aime travailler le marché. On aime ce naturel et cette franchise, même s'il y a de fortes chances de retrouver à la carte le saumon fumé maison, le sandre rôti au menetou rouge et le confit de canard croustillant de pommes de terre. Et bien sûr, les indispensables vedettes locales, le crottin et les vins de Menetou représentés par des vignerons rarement sur le devant de la scène (Chavet, Teiller, Godinat…)
C : 30 € • M : 15-35 € lepredesseves@wanadoo.fr

» Rte de Bourges
☎ 02 48 64 82 98
F. dim. à dîn., lundi à dîn., mardi (sf mai-fin août),17 jrs déb. janv. et 17 jrs déb. oct.
Jusqu'à 21h.
⛱ 🚗 ♿ 🐕 🚬

LE BOURGET DU LAC - 73370 **(28 A 3)**
Chambéry 12 - Voiron 59

[17] Le Bateau Ivre

➥ **Hôtel** : Ombremont
Cadre et ambiance
Sur les rives du lac du Bourget, face au mont Revard, un cadre verdoyant et luxuriant, une belle propriété au bout de la longue allée ombragée. La salle à manger vaut surtout par l'exceptionnel panorama qu'elle offre sur le lac du Bourget, la montagne et accessoirement sur le parc ou la piscine de l'hôtel.
Cuisine
La grenouille rôtie et désossée, mousseline à l'ail doux, vinaigrette aux arachides, l'omble chevalier cuit simplement meunière (un poisson de fraîcheur exemplaire, divinement cuit, préparé sous l'œil du client), ou l'œuf cassé, jus acidulé aux truffes, langoustines rôties n'ont pas la prétention de ré-inventer la gastronomie mais représentent la plus haute aristocratie du genre. Cuissons millimétrées, accompagnement ultra soignés, produits de haut niveau et les trois toques cette année.
Cave
Cave "opulente" écrivions-nous l'an dernier, nous aurions pu choisir le qualificatif d'encyclopédique ! Impossible de la décrire sans risquer de faire un recensement fastidieux, la région et la bourgogne se montrant les mieux servies. Excellent sommelier, érudit et disert.

» RN 504
☎ 04 79 25 00 23
F. lundi, mardi à déj., jeudi à déj., (juil.-août) et fin nov.-déb. mai.
Jusqu'à 22h.
⛱ 🚗 ♿ ❄ 🏊 🐕

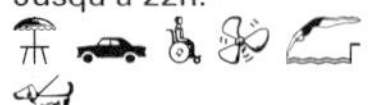

Accueil et service
Service mixte de très haute volée, à la fois élégant, fluide, certes omniprésent mais jamais pesant, aux tenues strictement assorties. Beaucoup de petites attentions et un peu d'attente entre les plats.
C : 95 € *www.hotel-ombremont.com*

Atmosphères H

» 618 rte des Tournelles
☎ 04 79 25 01 29
F. mardi, merc., (à déj. merc. juil.-août), fin fév. et vac. Toussaint.
Jusqu'à 21h15.

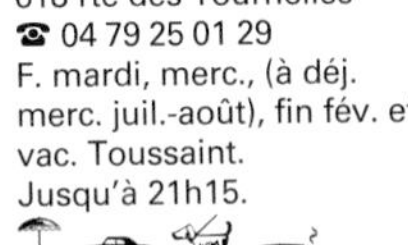

Admirez en arrivant le panorama entre lac et montagne, les poneys en liberté dans la vallée, puis prenez possession de votre chambre. Il y en a quatre, très design, très contemporaines et superbement agencées, tout confort pour une bouchée de pain. C'est peut-être la meilleure manière d'aborder Alain Périllat, cuisinier singulier s'il en est, à mille lieues de l'aubergiste de terroir sans concession, concoctant midi et soir le meilleur rapport créativité-prix du département et d'ailleurs. De ses années où il a secondé Laurent Petit au Clos des Sens annecéien il a retenu le sens de la précision et des saveurs saillantes et lisibles. Comme sa ventrèche de thon et spaghetti de chou-rave aux cacahuètes ou le clash en apesanteur de la gelée de veau aux œufs de truite. Ou, au rayon des entrées, le réveil sudiste d'un pistou de légumes flanqué de son cornet de tête de veau à l'effet croustillant-fondant. Pour quelques dizaines d'euros le festin tire sans maximalisme sa révérence aux conventions - effiloché de cabillaud au mille-feuille de blettes et diots, maigre sauvage et croque-fenouil, cromesquis de tomate, chocolat au basilic -, au même titre que la carte des vins, avec le nec plus ultra du renouveau savoyard à prix initiatiques. Faut-il alors s'étonner si cette "Atmosphère" récolte un point supplémentaire ?
M : 32-55 € • 4 ch. 95-110 € *www.atmospheres-hotel.com*

Auberge Lamartine ♥

» Rte du Tunnel du Chat, N 504 Bourdeau
☎ 04 79 25 01 03
F. dim. à dîn. et lundi (sf fériés) et mi-déc.-mi-janv.
Jusqu'à 21h30.

Sacré Alphonse ! Devant cette vue magnifique et reposante, dans ce cadre d'un total romantisme, on comprend quelle émotion a pu étreindre le poète faisant glisser ses vers sur le lac. Lamartine aurait pu ajouter au lyrisme quelques traits gourmands, évoquer les charmes d'un pressé de lavaret et écrasé de pommes de terre à l'huile, d'un brochet au risotto de crozets et émulsion de reblochon, dans un élan rustique modernisé et achever son poème par un croquant de chocolat aux arômes de café sauce Bailey's. Tout ce qui permet de passer un bon moment dans cette maison de quiétude, avec les fromages et les vins régionaux présentés par un sommelier averti.
C : 62 € • M : 27-80 € *www.lamartine-marin.com*

14 La Grange à Sel

» La Croix-Verte
☎ 04 79 25 02 66
F. dim. à dîn., merc. et janv.
Jusqu'à 21h30.

Un seul adjectif pour définir cette vénérable maison : immuable !!! Et d'ailleurs, nous ne réclamons là aucune révolution, aucune nuit du 4 août. D'une part parce que l'on se satisfait grandement de cette sagesse (qualité des produits, des fromages notamment), du cadre typique, de la gentillesse générale et de la probité des menus, et que d'autre part les essais manifestant un brin de fantaisie (la féra dorée sur peau et semoule au beaufort, très bien faite mais manquant de légèreté) ne sont pas décisifs. Cave éclectique et assez bon marché, rassemblant les classiques régionaux (Bouvet, Perrier…).
C : 42 € • M : 36-78 € *www.lagrangeasel.com*

Beaurivage

» 1171 bd du Lac
☎ 04 79 25 00 38
F. dim. à dîn., lundi, merc. à dîn., vac. scol. fév. et vac. Toussaint.
Jusqu'à 21h.

Profitez de la vue, en demandant la véranda, au cas où, comme cela peut arriver, la soirée n'est pas aussi animée que prévue. Le spectacle apaise les petits tracas et permet d'oublier un peu un accueil sans sourire, un service sans passion, et par boule-de-neige une cuisine qui peine à la trouver. Pourtant la bonne intention, comme l'ambition, demeurent, et le lac est toujours là.
C : 45 € • M : 20-52 € *www.beaurivage-bourget-du-lac.com*

Ombremont

➥ **Restaurant** : 17/20 Le Bateau Ivre

Déroulant les 3 ha de son parc au-dessus du lac, la grande maison Années 30 signe un standing de haut niveau par ses vastes chambres contemporaines, l'agrément de sa terrasse panoramique et la qualité d'un service à l'efficacité discrète.

5 appart. 265-345 € • 12 ch. 165-245 € *www.hotel-ombremont.com*

» RN 504
☎ 04 79 25 00 23
📠 04 79 25 25 77
F. nov.-mai.

BOURGOIN JALLIEU - 38300 (27 D 3)

Grenoble 65 - Lyon 37

à L'ISLE D'ABEAU - 38300 : 5 km N.O. par N6 et D208

Le Relais du Catey H

La belle maison ancienne règne paisiblement sur un vaste parc, dans la contemplation duquel on se perd en oubliant l'agitation de la ville, quelque part au loin. Voilà les bonnes dispositions d'esprit pour profiter dans les meilleures conditions des préparations faussement classiques de Dominique Ducrettet, qui personnalise ses assiettes par touches discrètes mais incontestablement efficaces, lorgnant tantôt vers le Sud, tantôt vers les montagnes, pour une même chaleur dans les saveurs. Belle cave rhodanienne et, pour en profiter sans encombre, sachez que le calme du parc s'apprécie également depuis de jolies chambres au décor régional.

C : 38 € • M : 20-50 € • 7 ch. 54-65 € • 1/2 pens. 73-81 €
www.le-relais-du-catey.com

» 10 rue du Didier
☎ 04 74 18 26 50
F. dim., lundi à déj., 30 juil.-22 août et 24 déc.-2 janv.
Jusqu'à 21h.

à RUY - 38300 : 2 km E.

Domaine des Sequoias

➥ **Hôtel** : Domaine des Sequoias

Une nouvelle sève monte dans les feuilles des Séquoias. Après la belle aventure botanique de Laurent Thomas, voici Eric Jambon dans les arbres de cette belle propriété XIXe dans son parc de 5ha aux cèdres centenaires. Le nouveau pépiniériste travaille une tradition cossue, et un peu surtarifée, en phase avec l'atmosphère habituellement guindée : langoustines rôties et saint-jacques grillées ratatouille de légumes, sandre poêlé aux écrevisses, grenadin de veau et gnocchis aux girolles. Tenue de route irréprochable (service pro et sans faille), bonne assistance au freinage (peu de risques mais d'excellents produits, en particulier une viande de bœuf de concours), aucun soubresaut notable jusqu'à la pyramide de chocolat sorbet et tuile framboise. Cave riche aux tarifs globalement prohibitifs, mais promue par un sommelier expert et passionné.

C : 88 € • M : 28-74 € *www.domaine-sequoias.com*

» 54 Vie-de-Boussieu
☎ 04 74 93 78 00
F. dim. à dîn., lundi, mardi à déj. et août.
Jusqu'à 21h30.

Domaine des Sequoias

➥ **Restaurant** : 13/20 Domaine des Sequoias

Quatorze chambres supplémentaires vont être créées en annexe dans la ferme dauphinoise, les cinq existantes bénéficiant déjà d'un confort haut de gamme. Parc de cinq hectares peuplés de cèdres centenaires, magnifique piscine.

5 ch. 110-180 € *www.domaine-sequoias.com*

» 54 Vie-de-Boussieu
☎ 04 74 93 78 00
📠 04 74 28 60 90
Ouv. 7j/7.

 Bon confort.  Grand confort.  Luxe.  Grand luxe.

    Hôtels de charme.

BOURGUEIL - 37140 (17 B 4)

Tours 47 - Angers 80 - Chinon 17

(11) Le Moulin Bleu

Le moulin bleu est le signal de ralliement, sur la butte, pour les républicains comme pour les royalistes, qui feront ami-ami autour du brochet au beurre de vouvray, de la beuchelle ou de la matelote de poissons de Loire au bourgueil. Du régional mâtiné par quelques gentilles assiettes contemporaines (aumônière de légumes et langoustines sauce safranée) et des desserts classiques (profiteroles, tatin). La cave, en bourgueil comme en saint-nicolas, est bien sérieuse.
C : 28 € • M : 19-50 €

» 7 rue du Moulin-Bleu
☎ 02 47 97 73 13
F. mardi à dîn., merc., janv.-mi-fév. et dern. sem. juin-déb. juil.
Jusqu'à 20h30.

BOURGVILAIN ➤ CLUNY

BOURNEVILLE ➤ PONT AUDEMER

BOURRON MARLOTTE ➤ FONTAINEBLEAU, PARIS-BANLIEUE

LE BOUSCAT ➤ BORDEAUX

BOUSSAC - 23600 (25 D 1)

Guéret 40 - Montluçon 41

(14) Le Relais Creusois

Après avoir été longtemps le porte-drapeau d'un département, le Relais s'endort. Même si Françoise Tulleau, avec sa faconde et sa gentillesse, est une hôtesse hors pair, même si Jean-Jacques a un tournemain de grand pro qui lui permet de passer avec aisance du gaspacho de melon aux écrevisses à l'omble de fontaine aux pâtes fraîches, cette carte donne l'impression du service minimum, d'affaires courantes que l'on gère entre deux services traiteur peut-être plus rentables. Et pourtant, quel saucier ! Au croisement d'un râble de lapin et de grosses échalotes glacées, il y avait un petit jus léger, plein de saveur, un régal ! Bon choix, à la cave, en loires et bourgognes.
C : 43 € • M : 25-48 € *lerelaiscreusois@wanadoo.fr*

» Rte de La Châtre, 40 la Maison-Dieu
☎ 05 55 65 02 20
F. mardi à dîn., merc. (sf été). A dîn. (sur réserv. seult.)
Jusqu'à 20h30.

BOUSSAC ➤ FIGEAC

BOUSSENAC - 09320 (29 D 6)

Saint-Girons 34 - Massat 8

(10) Ferme Auberge Las Trinquades

Ouverte simplement le samedi soir et le dimanche midi (sauf en période estivale, où l'on peut alors venir goûter la poitrine d'agneau farcie et les savoureux desserts maison chaque soir), cette ferme auberge jouit d'un splendide cadre campagnard, aussi vivifiant que reposant. Très belle vue sur les montagnes.
C : 15 € • M : 15-17,50 €

» Las Trinquades
☎ 05 61 96 95 39
F. h.s. sem. (sf sam. à dîn., dim. à déj.), à déj. (juil., août, sf dim.).
Jusqu'à 20h30.

BOUTENAC TOUVENT - 17120 (22 B 5)

La Rochelle 99 - Royan 30

Le Relais de Touvent R

Les chambres ont été entièrement rénovées l'an dernier, dans un style clair et contemporain. On profite d'une vue agréable sur le parc ou les vignes, d'un accueil chaleureux et d'une cuisine classique, notamment autour des produits régionaux.
12 ch. 50-85 € • 1/2 pens. 53-65 € • C : 21 € • M : 12-28 €
www.relais-de-touvent.com

» 4 rue de Saintonge
☎ 05 46 94 13 06
Fax 05 46 94 10 40
Ouv. 7j/7.

BOUTIGNY SUR ESSONNE ➤ PARIS-BANLIEUE

BOUZE LES BEAUNE ➤ BEAUNE

BOUZEL - 63910 (26 C 3)

Clermont-Ferrand 24 - Thiers 25

L'Auberge du Ver Luisant

Vous apprendrez peu de l'escalope de foie gras de canard poêlée aux sucs de banyuls ou du coussin de volaille au bleu d'Auvergne, sinon le produit pour lui-même, dans un décor qui met l'accent sur un rustique de bon ton, plaisant et accueillant. Mais cette tradition a très bon goût, et permet d'apprécier des menus très convaincants qui regroupent ce que ce chef distingué, passé plusieurs années en Angleterre, peut donner de meilleur. La cave s'intéresse à toutes les régions, avec près de 200 références.
M : 23-46 €

» Rue du Breuil
☎ 04 73 62 93 83
F. dim. à dîn., lundi, merc. à dîn., 1re sem. janv., 1 sem. après lundi de Pâques et 16 août-4 sept.
Jusqu'à 21h.

BOUZIGUES - 34140 (32 A 4)

Montpellier 31 - Sète 8

Chez La Tchèpe

Dégustation d'huîtres, de moules, de violets, d'oursins, de palourdes : tous les coquillages de l'étang de Thau en direct, et une fameuse tielle, pour profiter, de tous les sens, de cet emplacement miraculeux et prodigue. A l'échoppe attenante, les desserts de Lucie, glaces artisanales et crêpes maison.
C : 13 € • M : 11-15 €

» Av Louis-Tudescq
☎ 04 67 78 33 19
F. merc. et janv.
Jusqu'à 18h00.

BOZOULS - 12340 (30 C 2)

Rodez 23 - Espalion 10

A la Route d'Argent

Entre Rodez et Espalion, la Route d'Argent offre une étape coutumière : on programme cet itinéraire pour se retrouver à l'heure du repas en face de cette belle cuisine de saison et de marché, détaillés en menus généreux, tous attrayants. La formule à trois plats et 36 € donne le meilleur de la maison, avec le foie gras poêlé aux pommes caramélisées, le ris d'agneau persillé galette aux herbes, le pigeon au jus de truffe ou le pavé de bœuf de l'Aubrac. En complément, de douillettes chambres contemporaines, dans une atmosphère d'un élégant dépaysement.
C : 20 € • M : 16-36 €

» Rte d'Espalion
☎ 05 65 44 92 27
F. dim. à dîn., lundi (sf h.s.) et janv.-fév.
Jusqu'à 21h.

Le Belvédère

Philippe Gerbelle a laissé la place l'an dernier à Guillaume Viala, ancien chef de partie chez Michel Bras chez qui il fit au total trois saisons complètes. Des bases solides donc, comme les prouvent le foie gras poêlé, figues pochées au vinaigre de vin rouge, le filet de truite d'Estaing grillé avec des rillons de lard et la tartelette aux mirabelles et rhubarbe, glace à la cardamome.
C : 20 € • M : 11,50-29 €

» 11 rte du Maquis Jean-Pierre
☎ 05 65 44 92 66
F. sam. à déj. (h.s.), dim. à dîn., 3 sem. mi-nov.-déb. déc. et 1er-10 mars.
Jusqu'à 21h.

➲ à RODELLE - 12340 : 16 km N.O. par D988 et D27

Auberge du Roc

Il faut réserver si vous voulez vous attabler chez Pierrette Bruel, en tête à tête avec un chevreau à l'oseille, un chou farci ou un stockfish de la plus belle eau aveyronnaise, c'est-à-dire authentique. L'arrière-petite-fille du créateur de la maison ne tremble pas quand il s'agit de perpétuer la tradition : cela fait cent vingt-cinq ans que ça dure...
M : 12-24 €

» Av de Rodez
☎ 05 65 44 93 43
F. merc.

BRACIEUX - 41250 (17 D 4)

Blois 19 - Romorantin 32

Le Relais de Bracieux

» 1 av de Chambord
☎ 02 54 46 41 22
F. mardi, merc. et 20 déc.-fin janv.
Jusqu'à 21h.

Cadre et ambiance

A quelques kilomètres du château de Chambord, solidement postée à un carrefour situé à la lisière du parc du château, cet ancien relais de poste était autrefois fréquenté par les coursiers de la ligne Paris Bordeaux. L'autoroute est passée par là et, hors saison touristique, le secteur est extrêmement calme. Salle à manger agréable, larges baies vitrées donnant sur un joli jardin paysager.

Cuisine

Il ne souffle pas sur cette cuisine un vent de folie, ce qu'on ne lui demande pas. Bien classique, elle épouse à merveille les canons de la tradition. Croustillant de homard aux tomates confites, huile d'olive parfumée au basilic du jardin, langoustines cuisinées meunière et pied de cochon croustillant, jus corsé de langoustines et vinaigre de xérès prouvant que l'océan est bien traité, tandis que l'on s'émerveille devant les richesses locales, le pigeonneau du Vendômois rôti ou la feuillantine de fraises de Sologne, fleurs de lavande cristallisées, crème glacée à la confiture de lait.

Cave

Particulièrement pointue en loire (la région représente approximativement la moitié de la carte), elle s'intéresse aux valeurs sûres comme aux nouveaux venus.

Accueil et service

Professionnel et plutôt décontracté, le personnel ne survend pas le prestige supposé de la maison.

C : 70 € • M : 40-140 € *www.relaisbracieux.com*

BRANCION ➤ TOURNUS

BRANTOME - 24310 (24 B 1)

Périgueux 27 - Nontron 22

Moulin de l'Abbaye

» 1 rte de Bourdeilles
☎ 05 53 05 80 22
F. à déj. (sf w.-e. et fériés), 1er janv.-2 mai et 22 oct.-31 déc.
Jusqu'à 21h30.

➥ **Hôtel** : Moulin de l'Abbaye

Cadre et ambiance

Un charmant moulin moussu tapissé de vigne vierge au bord de la Dronne, du raffinement partout, l'archétype Relais & Châteaux dans une version soft, campagnarde, de grande aisance. Salle aux tons chaleureux, terrasse sur la rivière.

Cuisine

Elle est appropriée, souvent brillante, mais avouons tout de même qu'elle nous a paru, cette année, coincer un peu dans les grands cols. Et si le pigeonneau rôti entier, avec sa tartine d'abats et foie gras, était une splendide et affectueuse bébête qui vous emmenait très haut, la poêlée de sot-l'y laisse et chipirons, ou même le plateau de fromages, n'avaient manifestement pas pris le même ascenseur. Nous maintenons la note pour cette année.

Cave

Exploratrice et didactique sur tout ce qui concerne le Périgord pourpre, elle est aussi forte, naturellement, sur le Bordelais et le Sud-Ouest.

Accueil et service

Dans la (bonne) note, rien de guindé, beaucoup de précision d'un service rompu à tous les exercices et toutes les exigences.

C : 75 € • M : 55-75 € *www.relaischateaux.com/moulin*

13 Les Frères Charbonnel

» 57 rue Gambetta
☎ 05 53 05 70 15
F. dim. à dîn., lundi (sf férié et 1er oct-1er août), fév. et 15 nov.-15 déc.
Jusqu'à 21h.

Une hôtellerie provinciale située au bord de la Dronne, cultivant la cuisine de tradition pure et dure, parfois revisitée pour un tourisme assoiffé d'une authenticité acceptable et compréhensible. Cuisine soignée servie sur une jolie terrasse, l'été, ou dans une salle aux teintes saumon, un très bon sandre aux oignons, épais, juteux, avec un beurre monté gratiné comme au siècle dernier, et beau carré de veau aux morilles malgré une garniture un peu chichiteuse. Cave départementale et bordelaise, avec quelques beaux vieux flacons, service très pro.

C : 45 € • M : 27-65 €

www.lesfrerescharbonnel.com

11 Au Fil du Temps

» 1 chemin Vert-Galand
☎ 05 53 05 24 12
F. lundi, mardi et 5-12 déc.
Jusqu'à 21h30.

Pas de nostalgie déplacée au bord de la Dronne : la prestation est plutôt enlevée, le service souriant, l'ambiance bien actuelle pour des touristes et des habitués qui cherchent la simplicité du terroir avec l'efficacité d'une brasserie citadine. Et ça marche.

C : 22 € • M : 20-25 €

Moulin de l'Abbaye

» 1 rte de Bourdeilles
☎ 05 53 05 80 22
Fax 05 53 05 75 27
F. 1er janv.-2 mai et 22 oct.-31 déc.

➥ **Restaurant** : 16/20 Moulin de l'Abbaye

Le moulin, né au XVIIe siècle, évolue par petites touches, en préservant heureusement ce charme intemporel, né du mariage de l'eau, des vieilles pierres et du lierre. A l'intérieur, le luxe se conjugue sur un mode feutré et romantique, à savourer sur la terrasse comme sous les tentures des lits à baldaquins.

3 appart. 265-295 € • 16 ch. 190-230 € • 1/2 pens. 190-235 €

www.relaischateaux.com/moulin

Domaine de la Roseraie R

» Rte d'Angoulême
☎ 05 53 05 84 74
Fax 05 53 05 77 94
F. 1er janv.-15 avril.

Dans un parc de quatre hectares, une chartreuse XVIIe accueille le pèlerin avide d'un peu de luxe et de beaucoup de calme. Méditation aisée dans les vastes chambres aux meubles anciens, de plain-pied sur le parc. Au restaurant, une opulente cuisine aux belles manières classiques, trilogie de foie gras, saint-jacques à la mangue, montgolfière d'escargots et gésiers d'oie, quenelle de brochet soufflée au four.

2 appart. 95-250 € • 8 ch. 95-210 € • 1/2 pens. 99-180 € • C : 60 € • M : 45-58 €

www.domaine-la-roseraie.com

Château de la Côte

» Biras-Bourdeilles
☎ 05 53 03 70 11
Fax 05 53 03 42 84
F. 4 janv.-15 mars et 15 nov.-28 déc.

Dominant la campagne et les 8 ha de parc de ses tours héritées du XVe siècle, ce château cultive cette allure historique jusque dans son décor, tissus fleuris et mobilier de style dans des chambres spacieuses et personnalisées sous les hauts plafonds. Restaurant.

8 appart. 95-197 € • 8 ch. 60-104 € • 1/2 pens. 75-141 €

www.chateaudelacote.com

Hôtels de charme.

 Bon confort.  Grand confort.  Luxe.  Grand luxe.

➲ à **CHAMPAGNAC DE BELAIR** - 24530 :
6 km N.E. par D 78 et D 83

Le Moulin du Roc ♥

➥ **Hôtel :** Le Moulin du Roc

Au concours de l'auberge idéale, ce petit miracle de la nature retiendrait l'attention du jury : un ancien moulin à huile, plein de cachet, avec ses terrasses noyées dans la verdure bordant la Dronne et ouvrant sur le parc. L'harmonie est dans la salle et se poursuit à table. Le chef, qui a succédé à sa mère Solange Gardillou, travaille quelques mariages heureux, la lotte, le pied et l'oreille de cochon, le homard très délicatement cuit et un flan de courgette fumé, un quasi de veau et raviole ouverte de légumes, avec une acuité en hausse et une aisance accrue d'un service strict mais débrouillard. Par mimétisme, la tarte soufflée aux fruits de saison nous a paru plus pointue que l'an passé. Superbe cave bergeracoise et surtout bordelaise, permettant d'accéder à quelques seconds de haute caste.

C : 60 € • M : 40-85 € *www.moulinduroc.com*

» Le Pont
☎ 05 53 02 86 00
F. mardi, merc. (10 mars-1er juin, 30 sept.-1er janv., à déj. 1er juin-30 sept.) et 1er janv.-10 mars.
Jusqu'à 21h.

Le Moulin du Roc

➥ **Restaurant** : 15/20 Le Moulin du Roc

Aux qualités du restaurant s'ajoutent celles d'un hôtel délicieux, dans le cadre romantique d'un ancien moulin du XVIIe siècle, avec son jardin au bord de l'eau, son petit pont de bois et son décor chaleureux et intime, avec tissus d'ornement et mobilier de style sous les poutres anciennes, pour composer des chambres au charme éternel.

1 appart. 235 € • 12 ch. 135-190 € • 1/2 pens. 139-166 €
www.moulinduroc.com

» Le Pont
☎ 05 53 02 86 00
05 53 54 21 31
F. 1er janv.-10 mars.

BRAX ➤ AGEN

BRELIDY - 22140 (13 D 2)

Saint-Brieuc 46 - Lannion 26 - Guingamp 15

Château-Hôtel de Brélidy

Niché au cœur de 12 ha de bois, de prairies et de rivières, le château remonte au XVIe siècle. Typique de la région, par ses pierres aux reflets roses, et de cette époque, par son architecture Renaissance, il profite de ses dépendances pour offrir de nombreuses possibilités de détente (très jolie piscine, rivières à truites, balade en VTT, etc.). A l'intérieur, sous les hauts plafonds, le mobilier de style de différentes époques signe la personnalisation de chambres spacieuses et raffinées.

2 appart. 118-159 € • 15 ch. 78-120 € • 1/2 pens. 86-106 €
www.chateau-brelidy.com

» La Noblance
☎ 02 96 95 69 38
02 96 95 18 03
F. 1er janv.-31 mars.

BRESSIEUX ➤ COTE SAINT ANDRE

BREST - 29200 (13 B 3)

Saint-Brieuc 143 - Vannes 128

La Fleur de Sel

Passé par quelques grandes maisons parisiennes (Jacques Cagna, Claude Peyrot au Vivarois, Jean-Pierre Vigato chez Apicius), Yann Plassard, sûr de ses bases et de sa technique, ne s'attaque qu'aux meilleurs produits (il l'annonce d'ailleurs clairement sur sa carte "les poissons d'élevage ne sont pas tolérés dans nos assiettes"). Alors va pour le dos de turbot de nos côtes, topinambour en trois cuissons, le filet de lieu cuit à l'unilatéral, confit de chou au lard et réduction de

» 15 bis rue de Lyon
☎ 02 98 44 38 65
F. sam. à déj., dim., lundi à déj. et 1er-21 août.
Jusqu'à 22h.

vin rouge ou les queues de grosses langoustines rôties au beurre salé, gingembre et citron vert. Les prix restent très raisonnables au regard des produits travaillés (poissons autour de 25 €), l'atmosphère raffinée qui émane de la jolie salle Art nouveau ajoutant au plaisir. Cave classique et abordable.
C : 45 € • M : 20-37 € www.lafleurdesel.com

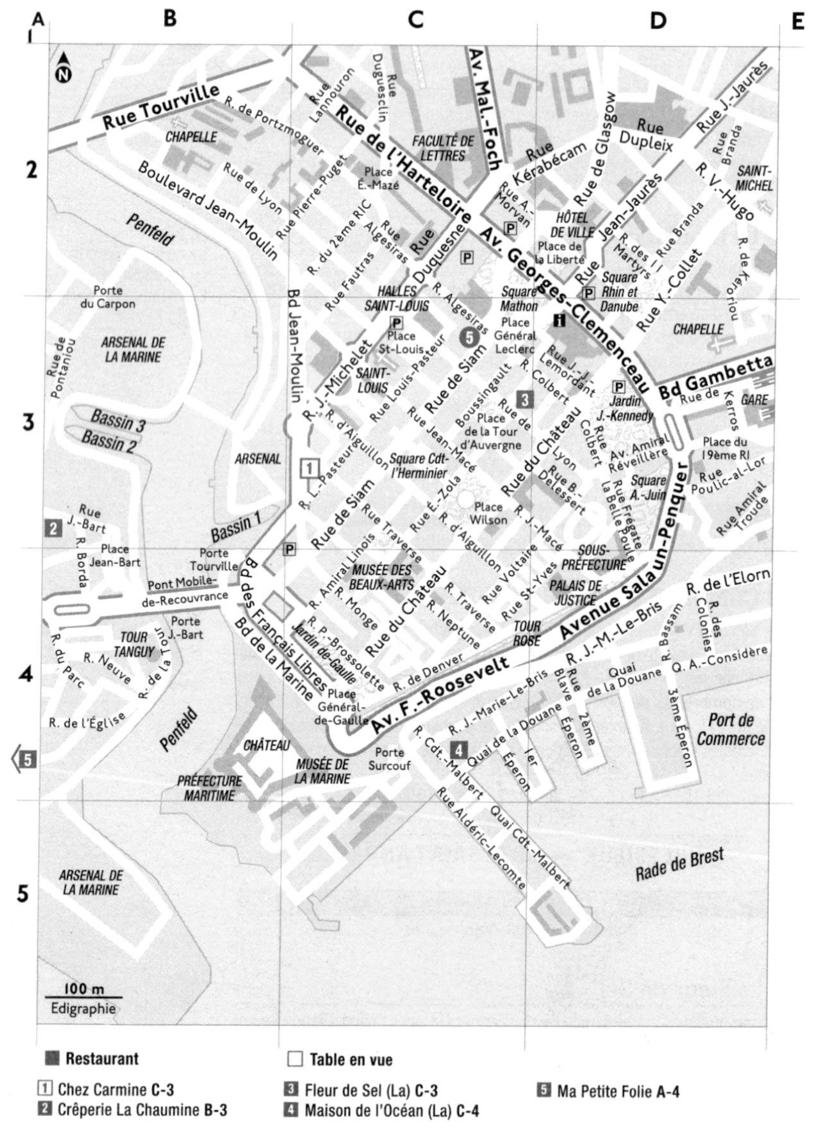

[12] Ma Petite Folie

» Port de plaisance du Moulin-Blanc
☎ 02 98 42 44 42
Ouv. 7j/7.
Jusqu'à 22h.
⛱ 🐕

Il est joli comme tout, ce langoustier dont l'étrave pointe le museau comme pour inviter le chaland à bord. La vie de mousse, le temps d'un repas, est d'ailleurs loin d'être déplaisante, et la cambuse a de la ressource avec les huîtres, les palourdes farcies, le lieu jaune et miettes de pommes de terre aux herbes ou l'aile de raie beurre mousseux aux câpres. Et les tarifs, sans faire la charité, ne sont pas ceux d'un promène-gogos.
C : 30 € • M : 15-27 €

[12] La Maison de l'Océan

» 2 quai de la douane
☎ 02 98 80 44 84
F. à dîn. 24 déc.
Jusqu'à 23h.
⛱ 🐕

De l'étage de cette brasserie marine très animée, on contemple à loisir le spectaculaire remorqueur de haute mer, l'Abeille-Bourbon, en savourant simplement fruits de mer et poissons grillés, sardines, bar, turbot, tous d'une fraîcheur remarquable et servis avec efforts et sourires.
M : 14,50-25,50 €

[11] Crêperie La Chaumine

» 16 rue Jean-Bart
☎ 02 98 45 10 70
F.dim. à déj., lundi, mardi à déj.
Jusqu'à 22h.
🐕

Dans l'un des rares quartiers épargnés par les obus de la Seconde (Recouvrance), une maison typique, au service de la bilig depuis un siècle. Luc et Marie-France Calvez tiennent le flambeau, la galette est dorée, craquante ma non troppo, et les garnitures sont soignées : artichaut béchamel, saint-jacques poireaux…
C : 14 €

▶ Chez Carmine

» 4 rue Louis-Pasteur
☎ 02 98 80 03 13
F. dim., lundi à dîn. et mardi à dîn.
Jusqu'à 21h30.
❄ 🐕

Vous êtes chez Carmine et vous êtes bien chez lui, il y fait bon vivre et bien manger, avec l'Italie dans ses spécialités attendues, mais aussi avec une carte de viandes grillées pour varier les plaisirs.
C : 15 € • M : 7,70-12,50 €

BREUIL EN AUGE - 14130 (6 A 3)

Caen 55 - Lisieux 9

[15] Le Dauphin

» ☎ 02 31 65 08 11
F. dim. à dîn., lundi et 12 nov.-5 déc.
Jusqu'à 21h.
🐕

D'accord, c'est un restaurant à l'ancienne, un campagnard de bord de route où l'on prend son temps, où l'on observe les codes, les rites, où il y a des diplômes, des récompenses, un passé. Pourtant, on ne se plaindra pas que les cuivres soient aussi bien astiqués, et que Régis Lecomte ne soit pas aussi blagueur que Lafesse ou Djamel. Pas là pour rigoler, mais tout de même pour distraire, faire plaisir, en glissant subtilement de la fantaisie, un humour flegmatique dans une délicatesse princière Ainsi les filets de maquereaux de côte, farcis au foie gras, le flan de tourteau en marguerite de courgette et curry madras, ou encore une tête de veau caramélisée, comme laquée, au jus de viande. Et pour le musée, des pièces rares, comme le soufflé au calva du château de Breuil. Service à l'unisson, tarifs toujours aussi doux.
C : 60 € • M : 34,50-41,50 € *dauphin.le@wanadoo.fr*

	Hôtels de charme
🏠 Bon confort.	🏠 Bon confort.
🏠 Grand confort.	🏠 Grand confort.
🏠 Luxe.	🏠 Luxe.
🏠 Grand luxe.	🏠 Grand luxe.

BREVONNES - 10220 (9 B 5)

Troyes 24 - Brienne-le-Château 13

(11) Au Vieux Logis H

» 1 rue de Piney
☎ 03 25 46 30 17
F. dim. à dîn., lundi (sf à dîn. saison) et 6-30 mars.
Jusqu'à 21h.

Les refrains du Vieux Logis ne sont pas du rap de cité. Daniel Baudesson entretient la flamme, polit les cuivres, améliore chaque jour l'ancien relais routier repris il y a plus d'un quart de siècle. En livrant un répertoire sans grand secret mais très fidèlement interprété : escargots de Bernon au chaource, agneau confit à la fleur de thym, ris de veau en habit vert. L'épineuil et le coteaux champenois sont franchement bon marché, possibles au verre comme le rosé des Riceys. Joli décor rustique dans les chambres.
C : 30€ • M : 16-40€ • 5 ch. 40-52€ • 1/2 pens. 53-58€
www.auvieuxlogis.com

BRIANÇON - 05100 (34 B 1)

Paris 730 - Gap 89 - Digne 82

Péché Gourmand

» 2 rte de Gap
☎ 04 92 21 33 21
F. dim. à dîn., lundi, 1 sem. avril et 1 sem. oct.
Jusqu'à 22h.

Sans doute conscient que sa salle à manger ne transpire pas la bonne humeur (à l'image du quartier, pas vraiment engageant), Fabrice Dubois a fait entreprendre des travaux de rénovation qui devraient concerner murs, rideaux et fenêtres. Sans doute l'occasion pour la clientèle de pouvoir enfin lever le nez de son assiette, jusqu'ici le principal point fort (avec les prix très sages, tant mieux) de la maison.
C : 38€ • M : 23-34€

BRICQUEBEC - 50260 (5 A 2)

Cherbourg 24 - Valognes 12

L'Hostellerie du Château

» 4 cours du Château
☎ 02 33 52 24 49
Fax 02 33 52 62 71
F. 18 déc.-31 janv.

L'hôtel est installé dans les murs du château et les imposantes vieilles pierres (la première construction remonte au XIIe siècle) lui donnent évidemment beaucoup de cachet. Décor à l'ancienne, dans le respect de l'esprit des lieux.
18 ch. 65-115€ *www.lhostellerie-bricquebec.com*

BRIGNOLES - 83170 (34 A 5)

Toulon 51 - Aix-en-Provence 58 - Draguignan 58

(12) Chez Lee

» 18 ter av Dréo
☎ 04 94 69 19 74
F. mardi et 27 juin-6 juil.
Jusqu'à 22h.

La salle à manger et la terrasse, sur l'arrière, souffrent ça et là de quelques détails de décoration qu'il faudrait sans doute revoir mais l'essentiel est ailleurs, dans cette bonne interprétation d'une Asie multiforme, la salade vietnamienne, le poulet au curry et le saumon à la sauce thaïlandaise militant pour la suppression des frontières. Service d'une grande gentillesse.
C : 22€ • M : 12-31€

Toques et notes

 à 

 à 

(?) Signale une notation en attente ou un changement de dernière minute.

Restaurants mentionnés en annexe

R Pour un restaurant noté de 10 à 12.

 Pour un restaurant noté de 13 à 14.

 Pour un restaurant noté de 15 à 16.

➲ à LA CELLE - 83170 : 4 km S.O. par N7 et D43

15/20 Hostellerie de l'Abbaye de la Celle

➥ Hôtel :  Hostellerie de l'Abbaye de la Celle

Pour ne pas se laisser prendre au charme ciselé par Alain Ducasse, dans cette abbaye restaurée avec tant de talent, il faut être particulièrement mal embouché, ou être déjà venu souvent. Et encore. Pourquoi résister à cette débauche de bon goût, de subtilité dans le raffinement, à cette fluidité dans l'ordonnancement ? Tout fonctionne, la terrasse sous les vieux arbres est idyllique, et le chef produit une cuisine provençale sur mesure, " ah ! les beaux légumes ", pleine de fraîcheur, de naturel, de parfums. La table est à la fois d'une sobriété monacale et d'une voluptueuse élégance, la modernité touche le risotto, le pressé de foie gras et poire, le saint-pierre au romarin jus au vin rouge, la très belle côte de veau de lait, et la façon de les servir. Cave branchée Sud, à coefficients respectables.

C : 74 € • M : 40-74 € www.abbaye-celle.com

» Pl du Gén-de-Gaulle
☎ 04 98 05 14 14
F. mardi et merc. (sf fériés) et déb. nov.-31 mars.
Jusqu'à 22h.

Hostellerie de l'Abbaye de la Celle

➥ Restaurant : 15/20 Hostellerie de l'Abbaye de la Celle

Sous les murs clairs et les hauts plafonds, les chambres déclinent des ambiances luxueuses et paisibles, meubles de style et objets chinés, pour s'harmoniser avec l'architecture XVIIe, la douceur du parc et de la vue sur les vignes.

1 appart. 295-345 € • 9 ch. 205-310 € www.abbaye-celle.com

» Pl du Gén-de-Gaulle
☎ 04 98 05 14 14
📠 04 98 05 14 15
F. 16 janv.-3 fév.

➲ à FORCALQUEIRET - 83136 : 12 km S. par D 554

12 Auberge des Tuileries

La vieille bâtisse provençale du XVIIe siècle, ancienne tuilerie réhabilitée dans le respect du style local, fleure bon les vacances et les week-ends ensoleillés. En cuisine, Marcel Briotet fait tout pour conforter cette impression, distillant avec régularité la terrine d'aubergine et poivron brûlés au thym, le poulet fermier aux écrevisses et jeunes courgettes du jardin et le canon d'agneau aux aubergines confites avec la régularité d'un métronome. Quelques jolis flacons en cave, dont le cassis du Paternel ou le château de l'Aumérade.

C : 50 € • M : 25-45 € www.auberge-des-tuileries.com

» Rond-point des Tuileries
☎ 04 94 86 60 71
Jusqu'à 22h.

LA BRIGUE ➤ TENDE

BRINON SUR SAULDRE - 18410 (18 B 4)

Bourges 70 - Orléans 67 - Salbris 25

12 La Solognote

➥ Hôtel : La Solognote

Cette démarche d'un jeune chef motivé, dans une maison reprise l'an passé par Sandrine de Passos, jeune et volontaire également, nous plaît bien. L'abord est pourtant banal, du tradi régional assez basique à la carte, mais dans le menu du marché, comme dans la réalisation, il y a ce je ne sais quoi qui change beaucoup de chose, de la lumière de la vivacité, dans un joli cadre solognot. Cave droite, honnête, sancerres de Pinard et Cotat, menetou de Pellé, entourant la tarte de sardines, la persillade d'anguilles et un pigeon très correct.

C : 56 € • M : 19,50-45 € www.lasolognote.com

» Grande-Rue
☎ 02 48 58 50 29
F. mardi, merc. (12 nov.-15 mars) et 15 fév.-31 mars.
Jusqu'à 21h30.

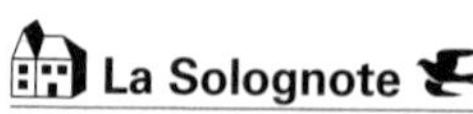

La Solognote

➡ **Restaurant** : 12/20 La Solognote

La grande maison est comme un concentré de Sologne, une architecture typique en brique et ses chambres à l'élégance rustique, avec un beau mobilier ancien. Cuisine attendue au restaurant, entre produits nobles et gibier, dans des préparations sages et maîtrisées.

3 appart. 58-92 € • 13 ch. 58-78 € • 1/2 pens. 85 € *www.lasolognote.com*

» Grande-Rue
☎ 02 48 58 50 29
📠 02 48 58 56 00
F. 15 fév.-31 mars.

BRIOLLAY ➤ ANGERS

BRIONNE - 27800 (6 B 3)

Pont-Audemer 27 - Bernay 16

Alain Depoix Restaurateur H

On ne se déplace pas chez Alain Depoix pour attraper la migraine mais pour s'y revigorer au terme d'une difficile semaine : les tables bien espacées, les chaises confortables, le décor cossu, l'ambiance feutrée, tout semble à sa place, presque trop parfois (on se prendrait presque à espérer un peu de fantaisie, à déceler un petit défaut dans cet impeccable ordonnancement). La cuisine suit cette même ligne, le tartare de thon rouge et de saumon d'Ecosse fumé, salade de fenouil croquant, le tronçon de turbot cuit à l'arête, écrasée de pommes de terre et andouille de Vire et le tiramisu fraises-rhubarbe, crème mascarpone se montrant sous leur meilleur jour. Une douzaine de chambres, classiques et de bon confort, permettent de rayonner dans les environs.

C : 45 € • M : 26-47 € • 12 ch. 70-80 € • 1/2 pens. 70-85 €

www.lelogisdebrionne.com

» 1 pl Saint-Denis
☎ 02 32 44 81 73
F. sam. à déj., dim. à dîn. et lundi.
Jusqu'à 21h45.

BRIOUDE - 43100 (26 C 4)

Le Puy-en-Velay 63 - La Chaise-Dieu 37

La Sapinière R

Autour de deux bâtiments anciens et de matériaux naturels est née cette jolie construction, aux larges ouvertures sur le parc. Les chambres sont douces et agréables, avec des tons clairs et de réels efforts de personnalisation, sur des thèmes fleuris ou régionaux par exemple. Cuisine proche du terroir, personnalisée et sans passéisme, avec les vins régionaux en prime.

11 ch. 79-92 € • 1/2 pens. 72 € • C : 32 € • M : 24-40 €

hotel.la.sapiniere@wanadoo.fr

» Av Paul-Chambriard
☎ 04 71 50 87 30
📠 04 71 50 87 39
F. fév.

Poste et Champanne R

Une valeur sûre, mais surtout pas ennuyeuse, avec son architecture de caractère, des chambres soignées, à l'hôtel comme à l'annexe, aux couleurs douces. La cuisine marche dans le terroir sans s'y prendre les pieds, avec des préparations allégées et personnelles : taboulé de lentilles vertes, tourte de saumon beurre battu à la citronnelle.

4 appart. 65 € • 20 ch. 46 € • 1/2 pens. 46 € • C : 30 € • M : 14-39 €

hpbrioude@wanadoo.fr

» 1 bd du Dr-Devins
☎ 04 71 50 14 62
📠 04 71 50 10 55
F. fév.

➲ à LAVAUDIEU - 43100 : 5 km S. par N 102

⑫ Auberge de l'Abbaye

Chantal et Denis Valleix, deux ans après avoir repris l'affaire derrière Laurent Coupry, ont achevé la rénovation de la salle à manger de cette délicieuse ancienne maison de chanoinesse. La cuisine y demeure solidement régionale, truffade, foie entier de canard et brioche aux raisins et cuisses de canard confites aux deux pommes se montrant aussi rustiques que roboratifs.

C : 37 € • M : 16-27 €

» Le Bourg
☎ 04 71 76 44 44
F. dim. à dîn., jeudi (h.s.), dim. à dîn. (juil.-août).
Jusqu'à 21h.

(10) Court La Vigne

» Le Bourg
☎ 04 71 76 45 79
F. mardi, merc., janv. et déc.
Jusqu'à 19h30.

La bergerie a beau sembler modeste, le chef n'en a pas moins des envies de composer sans se limiter au produit brut. Les herbes, les légumes anciens sont de la partie sur des viandes de premier choix.
C : 24 € • M : 14-24 €

BRISSAC ➤ GANGES

BRIVE LA GAILLARDE - 19100 (25 B 4)

Tulle 22 - Sarlat-la-Canéda 53

(14) Chez Francis

» 61 av de Paris
☎ 05 55 74 41 72
F. dim., lundi, 10 jrs fév., Pâques, Pentecôte, 1er mai, 2 sem. déb. août, 24-25 déc. et 31 déc.-nouvel an.
Jusqu'à 21h30.

Pour les Parisiens en vacances nostalgiques de leurs bistrots, et pour tous les autres, la maison de Francis et Dominique Tessandier parle le corrézien avec un furieux accent de titi. Le décor rétro de cette ancienne imprimerie colle à merveille à une cuisine à la fois sans âge et terriblement sympathique, risotto aux palourdes et asperges vertes, boudin de Christian Parra et purée, tête de veau ravigote, pets de nonne et glace aux pains d'épices. Francis Tessandier semble se moquer autant de la mode que des convenances, et ça nous plaît.
C : 38 € • M : 14-21 € *chezfrancis@wanadoo.fr/mappifrancetelecom*

(13) La Toupine

» 27 av Pasteur
☎ 05 55 23 71 58
F. dim., lundi, vac. scol. fév. et 2 prem. sem. août.
Jusqu'à 21h30.

Même équipe en salle et en cuisine mais nouvelle adresse pour cette Toupine qui a quitté l'an dernier la rue Jean Labrunie pour l'avenue Pasteur, pour plus de confort et d'espace. La cuisine n'a pas changé, Olivier Maurin gardant le cap sur la soupe de poissons maison, le risotto safrané et émulsion de pistou et la tarte fine aux pommes sauce caramel.
C : 35 € • M : 22-27 €

(12) Les Arums

» 15 av Alsace-Lorraine
☎ 05 55 24 26 55
F. sam. à déj., dim. à dîn., lundi (sf fév.), 8 jrs vac. fév. et 10 jrs fin août.
Jusqu'à 21h30.

Du contemporain dans une maison de tradition, de la lisette de Méditerranée plancha et taboulé de quinoa au milieu de la Corrèze : Christophe et Barbara Champagna créent de l'événement et de la dynamique, et la Gaillarde ne peut pas s'en plaindre. Et si l'on peut un peu tiquer devant cet appétit de prestige, avec un menu à 72 **€** un peu plantureux (foie gras, homard, saint-pierre, pigeonneau), c'est pour rappeler que les bonnes sensations de simplicité dans la carte de marché rapprochent de plus en plus de la toque.
C : 55 € • M : 25-72 € *www.lesarums.fr*

(12) La Truffe Noire

» 22 bd Anatole-France
☎ 05 55 92 45 00
Ouv. 7j/7.
Jusqu'à 22h.

➡ **Hôtel :** La Truffe Noire

Un jeune chef - oui, 36 ans, c'est jeune - à la solide formation de cuisinier et de pâtissier, s'est mis au piano de cette salle à grand spectacle, orgueil de la ville depuis des lustres. Et le challenge, pour en refaire la Scala de Corrèze, n'est pas mince. Aussi encourageons-nous vivement cette équipe volontaire à prendre son terroir à bras le corps, à le rendre, simple, lisible, avec respect et enthousiasme. Tout concourt à une possible réussite : allez le vérifier avec le menu Cantou à 29 **€**, les cromesquis de petit salé et foie gras, le chou farci ou le magret, le baba ou la tarte aux pommes. Espérons voir ainsi la toque revenir l'an prochain.
C : 48 € • M : 35-70 € *www.la-truffe-noire.com*

La Truffe Noire

» 22 bd Anatole-France
☎ 05 55 92 45 00
05 55 92 45 13
Ouv. 7j/7.

➥ **Restaurant** : 12/20 La Truffe Noire

Cette grande maison sur le boulevard arbore une architecture un peu étonnante pour la région, qui ouvre sur une allure plus traditionnelle, avec cheminée monumentale, pavage à l'ancienne et salle au mobilier rustique. Dans les chambres, meubles de style et touches de couleurs composent une étape soignée.

27 ch. 76-120 € • 1/2 pens. 75-85 € *www.la-truffe-noire.com*

à DONZENAC - 19270 : 11 km N. par D 920

Le Périgord

» Av de Paris
☎ 05 55 85 72 34
05 55 85 65 83
Ouv. 7j/7.

Dans un joli village, cette maison noyée sous le lierre cultive un cadre rustique et bourgeois, avec des chambres spacieuses et claires. En cuisine, le jeune Johnny Thouvenin, passé chez Ducasse, revisite avec imagination les spécialités régionales : escalope de foie gras poêlée sur un tatin de pommes au verjus, pièce de veau du Limousin aux morilles.

10 ch. 30 € • C : 40 € • M : 20-37 €

à SAINT PARDOUX L'ORTIGIER - 19270 : 20 km N. par D57

Soph'Motel R

» La Croix-de-Fer, A 20 sortie 46
☎ 05 55 84 51 02
05 55 84 50 14
F. 1er-4 janv. et 16-31 déc.

Une étape agréable, avec tout ce qu'il faut pour délasser le voyageur harassé, de la gentillesse de l'accueil aux équipements de détente. Chambres spacieuses et soignées. Cuisine conviviale et tout aussi sympathique, du fromage de tête au sablé aux fruits, en passant par le carré d'agneau à la plancha.

24 ch. 60-80 € • 1/2 pens. 72 € • C : 40 € • M : 21-42 € *www.sophotel.fr*

à SAINT VIANCE - 19240 : 10 km N. par D 901 et D 148

Auberge sur Vezère

» Le Bourg
☎ 05 55 84 28 23
05 55 84 42 47
F. 1er-22 janv. et 20-31 déc.

Une jolie ambiance champêtre, un cadre clair et actuel pour des chambres spacieuses et ouvertes sur la campagne.

10 ch. 53-58 € • 1/2 pens. 50 € *www.aubergesurvezere.com*

à VARETZ - 19240 : 10 km N. par D 901 et D 152

Château de Castel Novel

» ☎ 05 55 85 00 01
05 55 85 09 03
F. 18 déc.-16 janv.

Un temps maison de Colette, ce château tire ses origines du Moyen Age et en garde notamment des tours imposantes. La construction utilise le grès rose typique de la région et ouvre sur un parc arboré, puis sur la vallée. Coup de cœur pour les chambres situées dans les tours, au cadre ancien somptueux. Au gré des décors personnalisés, on découvre également de belles ambiances fleuries.

5 appart. 220-265 € • 32 ch. 90-260 € • 1/2 pens. 140-390 €

www.castelnovel.com

BRUERE ALLICHAMPS ➤ SAINT AMAND MONTROND

Parking privé. Parking fermé. Voiturier.
Cave à cigares. Air conditionné. Tennis privé.

BRUMATH - 67170 (10 C 2)

Strasbourg 20 - Haguenau 11

Hostellerie à l'Ecrevisse

» 4 av de Strasbourg
☎ 03 88 51 11 08
F. lundi à dîn., mardi et 2 sem. juil.-août.
Jusqu'à 21h.

➥ **Hôtel :** Hostellerie à l'Ecrevisse

Vingt ans d'Ecrevisse, vingt ans à préparer les bisques, les schniederspättle et le civet de biche, cela aurait pu endormir un peu Michel Orth, dans le décor rustico-bourgeois au garde-à-vous de cette hostellerie de carrefour. Et pourtant, entre la noble carte (timbale de foie gras, pojardski de ris de veau, civet de homard) et celle de l'auberge (Kreb's Stuebel), il y a chaque année du renouveau, un bon esprit, de la vivacité. Tiens des tapas, tiens une belle fraîcheur dans l'aile de raie en gelée de pimprenelle et poissons de roches avec une sauce bibeleskäs. Cent soixante ans avec la même famille et on ne s'ennuie toujours pas.

C : 45 € • M : 45-70 € *www.hostellerie-ecrevisse.com*

Hostellerie à l'Ecrevisse

» 4 av de Strasbourg
☎ 03 88 51 11 08
Fax 03 88 51 89 02
F. 2 sem. juil.-août.

➥ **Restaurant** : 13/20 Hostellerie à l'Ecrevisse

Bienvenue en Alsace, semble dire ce décor familier, actualisé au fil des années (affaire de famille depuis 1840) sans se départir de son caractère régional. Chambres au confort soigné, sauna pour la détente et un joli jardin.

17 ch. 45-100 € • 1/2 pens. 65 € *www.hostellerie-ecrevisse.com*

BUCHY - 76750 (6 C 2)

Beauvais 66 - Forges-les-Eaux 15

Auberge Buchoise

» 110 Grande-Rue
☎ 02 35 34 41 22
F. dim. à dîn., mardi à dîn., merc., jeudi à dîn., 12 jrs fév. et 3 sem. août.
Jusqu'à 21h30.

Buchy, la vraie campagne normande, l'authentique Pays de Bray et son marché du lundi qui évoque autant Flaubert que Maupassant. Christophe Hardier joue juste : ni du terroir flagorneur qui prend le citadin pour un gogo, ni de l'épate-paysan. Sa cuisine est actuelle, simple, terrienne quand il faut, comme il faut : escalopes de foie gras aux pommes et au cidre, noix de veau braisé aux morilles et girolles, tarte aux poires, miel et carambar. Et la salle est soignée, contemporaine et souriante comme l'accueil d'Anne-Marie Hardier. La cave fait le service minimum, bourgogne et bordeaux du négoce.

C : 32 € • M : 15,30-31,50 € *christophe.hardier@wanadoo.fr*

LE BUGUE - 24260 (24 B 2)

Les Eyzies-de-Tayac 11 - Saint-Cyprien 13

Les Trois As

» 78 rue de Paris
☎ 05 53 08 41 57
F. mardi, merc. et 15 fév.-15 mars.
Jusqu'à 21h.

Décorée dans des teintes saumon des années 80, cette maison un peu à l'écart de la zone touristique montre beaucoup de bonne volonté. Le patron, accueillant, ne ménage pas ses efforts, avec des plats élaborés et de multiples attentions. La réalisation manque un peu de constance (pressé d'aubergine et tomate assez fade, au contraire du filet de moruette bien relevé par le coulis de poivron doux) et les originalités pas toujours complètement maîtrisées (le crumble de melon trop fortement beurré). Cave assez courte dont on extrait tout de même quelques flacons locaux intéressants.

C : 45 € • M : 20-50 € *les3as@wanadoo.fr*

Prix des appartements : la fourchette de prix correspond au tarif journalier pour 1 personne seule, et maximum pour 2 personnes.

Prix à la carte : correspond au prix moyen à la carte (entrée, plat + dessert).

Domaine de la Barde

Un joli manoir XIIIe, remanié à la Révolution dans un parc de quatre hectares aux nombreuses pièces d'eau et canaux, comprenant également la Maison du meunier et la Forge. Les chambres se répartissent dans les trois bâtiments, toutes différentes et décorées avec un esprit de raffinement et de sobriété. Très agréables, les chambres mansardées au premier étage du moulin. Restaurant de cuisine traditionnelle et régionale.
18 ch. 88-217 € • 1/2 pens. 45 € www.domainedelabarde.com

» Rte de Périgueux
☎ 05 53 07 16 54
📠 05 53 54 76 19
Ouv. 7j/7.

BUIS LES BARONNIES - 26170 (28 A 6)

Valence 132 - Carpentras 43

Sous l'Olivier

Une bonne étape pour se lancer à la découverte des Baronnies, avec la garantie de retrouver le soir des chambres d'un bon niveau de confort, la vue sur la rivière et la douceur de la piscine.
36 ch. 36-58 € • 1/2 pens. 56-75 € www.hotel-buislesbaronnies.com

» Chemin du Menon
☎ 04 75 28 01 04
📠 04 75 28 16 49
Ouv. 7j/7.

LE BUISSON DE CADOUIN - 24480 (24 B 2)

Trémolat 15 - Les Eyzies 21

15 Les Délices d'Hortense

➡ **Hôtel :** Manoir de Bellerive
Ces Délices-là prennent plusieurs formes : un parc aux éclairages soignés, un cadre élégant (manoir XIXe) et original, avec ses jolis trompe-l'oeil et ses plafonds finement sculptés et bien sûr une cuisine attractive. Elle joue sagement des thèmes classiques, des produits nobles choisis aux meilleures sources et d'influence terroir presque canaille, pour un résultat homogène et soigné : beau foie gras fondant, en pressé avec le pied de cochon, sobre assiette de gambas rôties au sésame, gourmande oie sauce Périgueux, viande fondante et sauce goûteuse dont les pommes sarladaises renvoient à l'école la plupart de leurs copines trop souvent galvaudées. Desserts un peu en retrait, compensés par une jolie sélection de vins au verre extraite d'une carte agréablement complète. Service compétent, sous la houlette d'un maître d'hôtel sympathique.
C : 80 € • M : 29-65 € www.bellerivehotel.com

» Rte de Siorac
☎ 05 53 22 16 16
F. à déj. (lundi, mardi, merc. et jeudi), janv. et fév.
Jusqu'à 21h30.

Manoir de Bellerive

➡ **Restaurant :** 15/20 Les Délices d'Hortense
L'élégance Directoire de ce manoir dans son parc au bord de l'eau trouve son prolongement dans un cadre à la belle élégance classique, avec des chambres romantiques tendues de tissus fleuris au manoir, et plus contemporaines à l'Orangerie annexe.
6 appart. 99-235 € • 15 ch. 99-195 € • 1/2 pens. 55 €
www.bellerivehotel.com

» Rte de Siorac
☎ 05 53 22 16 16
📠 05 53 22 09 05
F. janv. et fév.

BULGNEVILLE - 88140 (11 D 5)

12 La Marmite Beaujolaise

Non loin de Vittel et de Contrexéville, dans une auberge de village XVIIe, une salle rustique aux boiseries très chaleureuses, où la patronne présente, dans une ambiance apaisante, une solide cuisine classique soignée, remise au goût du jour, à prix ajustés, et qui brille par la maîtrise des produits : pressé de lentilles au foie gras et petit salé, cabillaud sauce cressonnière, très bien fait mais mal accompagné, soufflé glacé Grand-Marnier.
C : 33,50 € • M : 15-41,50 €

» 34 rue de l'Hôtel-de-Ville
☎ 03 29 09 16 58
F. dim. à dîn., lundi et 7-16 août.
Jusqu'à 21h.

BULLY LES MINES ➤ LENS

BUOUX ➤ BONNIEUX

BURLATS ➤ CASTRES

BUXY ➤ CHALON SUR SAONE

BUZANÇAIS - 36500 (17 D 5)

Châteauroux 27 - Argenton-sur-Creuse 44

(12) L'Hermitage H

» Rte d'Argy
☎ 02 54 84 03 90
F. dim. à dîn., lundi, 2-23 janv. et 4-11 sept.
Jusqu'à 20h45.

Un héritage, cet Hermitage, celui des nobles assiettes de toujours dans une ambiance de conservatoire qui sent bien plus les bonnes sauces classiques que la naphtaline. Le chef devrait changer en fin d'année, mais sa mission sera sans doute d'assurer la pérennité du foie gras chutney de pommes, du saint-pierre meunière et des rognons de veau échalotes. N'ayons aucune crainte… Chambres charmantes, donnant sur le jardin.

C : 49 € • M : 16-49 € • 12 ch. 49-71 € • 1/2 pens. 68-72 €

www.lhermitagehotel.com

BUZET SUR BAISE - 47160 (24 A 4)

Agen 31 - Mont-de-Marsan 84

(12) Le Vigneron

» 20 rue de la République
☎ 05 53 84 73 46
F. dim. à dîn., lundi et 15 jrs vac. scol. fév.
Jusqu'à 21h30.

Jouissant à la fois d'une enviable situation dans le centre et d'une terrasse ouvrant sur la campagne, ce Vigneron attire dans ses paniers les gourmands de tous horizons venus profiter des compositions régionales et traditionnelles d'Yvonne Lafargue : carpaccio de foie gras à l'huile de noisette, émincé de magret de canard au poivre vert avant de s'attaquer au chariot des desserts maison.

C : 50 € • M : 14-40 €

CABOURG - 14390 (5 D 3)

Caen 21 - Deauville 18

(12) Le Balbec

» Promenade Marcel-Proust
☎ 02 31 91 01 79
F. lundi, mardi et janv.
Jusqu'à 22h.

➥ **Hôtel** : Grand Hôtel de Cabourg

Et si la cuisine reprenait ses droits ? Longtemps à la traîne de cet hôtel historique, le restaurant gagne en personnalité, le chef confirme et envoie des plats simples et marins qui touchent juste (langoustines rôties en risotto, bar à l'unilatérale, turbot à l'arête). L'aquarium (la belle salle en rotonde selon Proust) redeviendra-t-il la vitrine du Tout-Cabourg. La toque, espérons-le, devrait revenir l'an prochain.

M : 42-49 €

www.grandhotelcabourg.com

Grand Hôtel de Cabourg

» Promenade Marcel-Proust
☎ 02 31 91 01 79
📠 02 31 24 03 20
Ouv. 7j/7.

➥ **Restaurant** : 12/20 Le Balbec

Ce palace, le seul quatre étoiles de la côte, désormais tiré aux quatre épingles d'une rénovation minutieuse, est plus qu'un grand hôtel. Son histoire, sa situation dans une station aussi tranquillement familiale, son atmosphère d'ineffable romantisme que le confort contemporain n'a pas troublé en font un cocon rare que Proust choisirait certainement encore aujourd'hui. A ce niveau de prestation, les chambres, vastes, stylées et modernes, sont relativement abordables.

2 appart. 350-580 € • 68 ch. 150-270 € • 1/2 pens. 59 €

www.grandhotel-cabourg.com

 Castel Fleuri

» 4 av Alfred-Piat
☎ 02 31 91 27 57
Fax 02 31 24 03 48
F. 3 sem. janv.

L'hôtel tient les promesses du nom et cadre parfaitement avec ce qu'on attend sur la station, décor sobre et clair et atmosphère paisible et conviviale.
1 appart. 160 € • 21 ch. 71-82 € *www.castel-fleuri.com*

à DIVES SUR MER - 14160 : 2 km S.E. par D513

 Chez le Bougnat

» 27 rue Gaston-Manneville
☎ 02 31 91 06 13
F. à dîn. dim. lundi mardi et merc. (h.s.) et 12 déc-12 janv.
Jusqu'à 22h.

Chez le Bougnat, la cuisine de marché populaire et gastronomique donne la préférence à des plats rustiques et généreux, spécialités tripières et viande de boucherie, dans un étonnant fatras d'objets chinés et dans une ambiance un poil canaille, très mode. Les habitués raffolent de ce ton un peu bourru, des confidences du service, du pied de porc rôti, de la tête de veau Clovis sauce ravigote et du chiroubles au pichet.
M : 14,90 € *www.chezlebougnat.fr*

CABRIERES D'AVIGNON - 84220 (33 C 4)

Avignon 31 - Carpentras 25 - Aix-en-Provence 74

 La Bastide de Voulonne

» RD 148
☎ 04 90 76 77 55
Fax 04 90 76 77 56
F. janv.

Une délicieuse atmosphère de maison d'hôtes pour cette bastide XVIIIe paisiblement installée dans un parc de 5 ha, au milieu des platanes et des vergers. Les tons chaleureux, comme la vue sur le Luberon, renforcent la douceur du séjour.
2 appart. 135-258 € • 9 ch. 90-145 € *www.bastide-voulonne.com*

CABRIS ➤ GRASSE

CADENET - 84160 (33 C 4)

La Cour

» 3 rue Hoche
☎ 04 90 08 57 66
F. merc., jeudi (sf à déj. mai-sept.), 16 janv.-9 fév. et 13 nov.-1er déc.
Jusqu'à 22h.

C'est un chef avisé, et même cultivé, que nous avons découvert dans ce village du Luberon, placide et un peu à l'écart du circuit touristique classique. Car Alexandre Morlot, au lieu de se lancer dans les épices à tout va ou les mariages hasardeux, parie sur la richesse du terroir provençal, en s'appropriant des thèmes anciens, en proposant une autre approche du produit, juste et très bien exécutée. La confiture de pastèque blanche avec le foie gras de canard, la soupe de topinambour à l'huile de truffe, les saint-jacques avec une émulsion de roquette appartiennent à un registre moderne et inspiré, qui utilise des bouillons limpides et des jus courts très expressifs. Bonne sélection de côtes-du-luberon dans une courte cave, accueil de bon ton dans un cadre aux nombreuses touches d'élégance.
C : 50 € • M : 30-45 € *www.missionsgourmandes.com*

LA CADIERE D'AZUR - 83740 (33 D 6)

Toulon 23 - Bandol 13

René Bérard

» 7 rue Gabriel-Péri
☎ 04 94 90 11 43
F. sam. à déj., lundi à déj. et 4 janv.-12 fév.
Jusqu'à 21h45.

➥ **Hôtel :**  Hostellerie Bérard

La longue réputation de la maison n'a pas gommé le cachet familial vacancier pas désagréable : des tables rapprochées pour faire plaisir, en saison, à un maximum de convives, de grosses soirées pour un service qui ne perd pas le sourire, au taquet comme dans une brasserie de station, une patronne aux petits soins, avec un mot gentil à chaque table. La cuisine, que l'on pressentait en ascension avec l'apport du fils de la maison, semble marquer le pas, ce qui est aussi excusable dans cette affluence. Plus de promesses, mais le constat d'une

imagination plutôt en berne sur la salade d'écrevisses comme dans les plats riches (truffes, foie gras, homard) ou les desserts, malgré un savoir-faire certain et des réalisations soignées (un bon rouget en sandwich de calamars, un cannelloni aux légumes et supions, sauce vierge). La cave ne cherche pas à faire découvrir, mais à capitaliser sur les valeurs sûres, avec un gros point fort en bandol (les cuvées spéciales de Tempier, notamment), les tarifs allant de plutôt élevés à suffocants (121 € les Calcinaires de Gauby, record de France ?), l'ensemble méritant à coup sûr d'être revu par un véritable sommelier.
C : 70 € • M : 45-130 € *www.hotel-berard.com*

Hostellerie Bérard

» Rue Gabriel-Péri
☎ 04 94 90 11 43
Fax 04 94 90 01 94
F. 4 janv.-12 fév.

➡ **Restaurant** : 14/20 René Bérard
Douceur d'un Provence éternelle dans un ensemble de vieilles maisons de villages, rénovées avec goût et un luxe de détails chaleureux, notamment de très beaux meubles anciens. La pierre et les tomettes, la vue sur les alentours, mais aussi, ouvert début 2006, le spa, tout concourt à un séjour paisible et agréable.
3 appart. 194-260 € • 34 ch. 87-164 € • 1/2 pens. 107-170 €
www.hotel-berard.com

CAEN - 14000 (5 D 3)

Paris 244 - Rennes 174 - Rouen 122 - Alençon 102

Le Pressoir

» 3 av Henry-Chéron
☎ 02 31 73 32 71
F. sam. à déj., dim. à dîn., lundi, vac. scol. fév. et 3 prem. sem. août.
Jusqu'à 21h30.

Leader sur sa ville, Ivan Vautier a les coudées franches, travaillant en puissance et délicatesse pour asseoir sa domination. Le repas du débarquement l'an passé, passage chez Ducasse avec Food de France, les notables en cortège, repas d'affaire et de famille, assurant le turn over, l'affaire est bien engagée. Et si l'environnement ne constitue pas le plus grand charme de la maison, la cuisine déploie ses atouts, marins notamment, appris chez Le Divellec ou Bruneau. Une nouvelle lecture des huîtres et charlotte (pochées, "sorbetées" et servies en chaud-froid), un bar de côte sauce parmesane et tartare d'artichauts ou le pigeonneau en croûte de sel consacrent une cuisine altière bien dans son propos de première de la classe. Service et accueil à l'unisson, cave variée et classique.
C : 65 € • M : 29-66 € *www.restaurant-le-pressoir.com*

(12) Le P'tit B

» 15 rue du Vaugueux
☎ 02 31 93 50 76
Ouv. 7j/7.
Jusqu'à 24h.

Cédric Ménard a connu les lieux au temps où Michel Bruneau coiffait encore trois toques. L'ancien second de ce grand ambassadeur de la gastronomie normande a désormais pris possession des cuisines avec la même bonne humeur et des tarifs nettement plus sages. Son menu unique à 25 € est une véritable aubaine, six ou sept entrées, autant de plats et de desserts au choix, dans un registre bistrotier très soigné. Ambiance très agréable, service souriant, une vraie bonne idée dans ce touristique Vaugueux.
C : 25 € *leptitb@wanadoo.fr*

(11) Bouchon du Vaugueux

» 12 rue Graindorge
☎ 02 31 44 26 26
F. dim., lundi, merc., 3 sem. août et 2 sem. janv.
Jusqu'à 22h30.

Le jeune chef propriétaire a appris la cuisine chez Bruneau et Dutournier, la restauration chez Vrinat, et, au Triporteur à Paris, comment on peut rendre un bistrot sympa et moderne. La carte est maligne, le service enjoué, dans le seul quartier historique de la ville. Ce qui rend d'autant plus précieuse cette adresse, c'est le souci, bien rare en Normandie, d'approcher quelques vignerons d'aujourd'hui, Dard et Ribo, les Breton, Gramenon ou Vincent Ogereau.
C : 20 € • M : 17-22 €

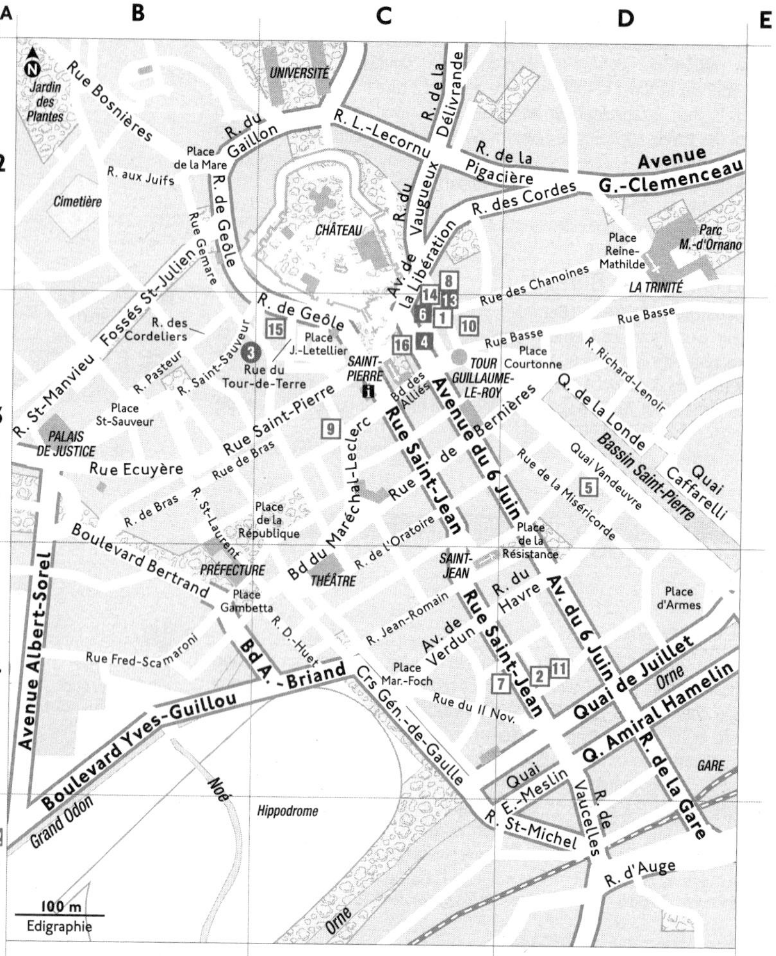

■ **Restaurant**

1 Abracadabra **C-3**
2 Amalfi **D-4**
3 Best Western Le Dauphin **B-3**
4 Bouchon du Vaugueux **C-3**
5 Costa (Le) **D-3**
6 Embroche (L') **C-3**

● **Hôtel**

7 Kalinka **D-4**
8 Kashmir (Le) **C-2**
9 Maison d'Italie (La) **C-3**
10 Maître Corbeau **C-3**
11 Palmyre (Le) **D-4**
12 Pressoir (Le) **A-5**

☐ **Table en vue**

13 P'tit B. (Le) **C-3**
14 Quatre Épices (Le) **C-3**
15 Saïgon (Le) **C-3**
16 Sakoura **C-3**

⑩ L'Embroche

Le quartier du Vaugueux fourmille toujours de petites tables alertes. Celle ci y fait bonne figure, pour ses spécialités à la broche et son menu unique à 22 € autour d'un choix de 10 entrées, 10 plats et 10 desserts.
C : 22 € • M : 22 €

» 17 rue Porte-au-Berger, le Vaugueux
☎ 02 31 93 71 31
F. sam. à déj., dim., lundi à déj., vac. scol. fév., 20 sept.-5 oct. et vac. Noël.
Jusqu'à 22h45.

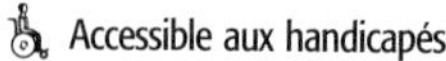
Accessible aux handicapés.

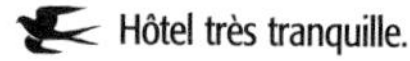
Hôtel très tranquille.

Abracadabra

» 4 rue du Vaugueux
☎ 02 31 43 71 38
F. non comm.
Jusqu'à 23h.

Tour de passe-passe et vrai boulot d'imagination, les pizzas ont des garnitures peu ordinaires : poulet tandoori fromage piment, ou émincé de requin gambas orange, les Napolitains n'en croient pas leurs yeux, les Caennais non plus, qui aiment aussi leur cher vieux quartier du Vaugueux - le seul historique préservé de la ville - et la tortilla aux pommes en dessert.

C : 14,50 € • M : 6 € *abracadabra@tiscali.fr*

Amalfi

» 201 rue Saint-Jean
☎ 02 31 85 33 34
F. dim., 1 sem. avril, 3 sem. août et 1 sem. Noël.
Jusqu'à 23h.

L'une des toute meilleures pizzérias caennaises, plus de deux décennies d'existence, des pâtes fines, moelleuses et copieusement garnies. Plats de viande, pâtes et quelques grillades pour renouveler le plaisir.

C : 15 €

Le Costa

» 32 bis quai Vendeuvre
☎ 02 31 86 28 28
F. dim.
Jusqu'à 22h30.

Une table branchée gambas au pistou et dos de cabillaud au coulis de poivrons. La cuisine est un peu en retrait aujourd'hui, mais l'accueil pro et l'atmosphère suffisent au bonheur des habitués.

C : 40 € • M : 21,50-36 €

Kalinka

» 182 rue Saint-Jean
☎ 02 31 34 68 00
F. dim. (sf réserv.).
Jusqu'à 22h.

Musicien de haut niveau, Léonid Zelitchonok a ouvert cette table de spécialités russes en 1999. Au son de sa musique, on découvre les blinis de saumon fumé, le zakouski à la moujik, les champignons à la tsarine ou le bœuf à la cosaque.

C : 18 € • M : 11-24 €

Le Kashmir

» 78 rue du Vaugueux
☎ 02 31 94 02 19
Ouv. 7j/7.

Cuisine pakistanaise à petits prix, poulet tandoori, seekh kabab, aloo gobi (curry de pommes de terre et de choux-fleur) et biryanis dans le quartier du Vaugueux.

C : 30 € • M : 8,50-19,50 €

La Maison d'Italie

» 10 rue Hamon
☎ 02 31 86 38 02
Ouv. 7j/7.
Jusqu'à 23h30.

Accueil et ambiance chaleureux dans cette maison soignée où les stars du show biz de passage dans la cité de Guillaume aiment s'attabler. Pizzas, bocconcini, pâtes à la carbonara, l'Italie tient le haut du pavé, avec quelques plats à la française.

C : 20 € • M : 13,90 € *jpolverari@free.fr*

Maître Corbeau

» 8 rue Buquet
☎ 02 31 93 93 00
F. sam. à déj., dim., lundi à déj., 3 prem. sem. août et 2 sem. Noël-nouvel an.
Jusqu'à 22h30.

Ce maître corbeau affiche une très jolie vache sur la couverture de sa carte. Si La Fontaine n'a jamais écrit de fables rassemblant de volatile et ce ruminant, il aurait probablement été inspiré par les spécialités fromagères, fondues, croûtes diverses, tartiflette ou raclette.

C : 20 € • M : 16-21 €

Le Palmyre

» 7 rue Laplace
☎ 02 31 85 39 86
F. dim., lundi à déj. et 2-3 sem. août.
Jusqu'à 22h30.

Epices et herbes orientales parfument cette cuisine libanaise soignée et authentique : belles grillades, mezze généreux et quelques plats à ne pas manquer comme les kébés (boulettes de viande hachée, pignons de pin et sumac).

C : 20 € • M : 16-20 €

Le Quatre Epices

» 25 rue Porte-au-Berger
☎ 02 31 93 40 41
F. sam. à déj., dim., lundi (sf été).
Jusqu'à 22h30.

Emmanuel Lawson, dit Manu, est un Togolais bien connu dans le Vaugueux. Sa petite salle richement décorée respire la bonne humeur et sa cuisine donne envie de prendre un charter pour Lomé : poulet taxi-brousse (filet de poulet sauté, tomate, épices et épinards), stool de poisson (un poisson grillé aux épices), sauté de gambas aux épices.

C : 21 € • M : 17-31 € *quatreepices@wanadoo.fr*

Le Saïgon

Si cette enseigne vietnamienne tient aussi bien depuis vingt ans, c'est qu'il y a une raison. La principale, c'est que le patron bosse autant son décor, et donc son ambiance, que la cuisine elle-même, qu'il dessine des portes, des éléments de déco de tous les pays d'Asie, et qu'il s'en dégage une chaleur et une personnalité qui rend d'autant plus attachants et conviviaux les bo-bun, les brochettes de crevettes et les fondues, sur commande en hiver.
M : 11,50-14 €

» 13 bis rue du Tour-de-Terre
☎ 02 31 86 13 48
F. dim., fériés et 10 jrs fin juin.
Jusqu'à 21h30.

Sakoura

Un japonais consensuel qui joue des sashimis mais sait aussi donner des goûts familiers, raviolis frits au saumon, yakitoris de bonne composition, dans une ambiance zen souriante.
C : 14 € • M : 8,50-20,50 €

» 9 rue de Géôle
☎ 02 31 79 89 98
F. dim. et 3 sem. juil.
Jusqu'à 22h30.

Best Western Le Dauphin

Magnifique architecture en pierres de Caen pour cet ancien prieuré et son annexe, aménagée dans le cadre tout aussi historique d'une ancienne chapelle. Le résultat est séduisant, dans un cadre à l'élégance rustique. Pour profiter des lieux jusqu'au dessert, Stéphane Pugnat montre un joli tournemain, adapté à l'époque et à sa région, à saisir dans les "Tentations du marché", un menu de saison aux parfums normands, cocotte d'infusion d'herbes à l'andouille de Vire, canette de campagne et oignons dorés au miel de Normandie, craquelin praliné crème glacée fudge.
5 appart. 142-150 € • 32 ch. 65-115 € • C : 30 € • M : 19-52 €
www.le-dauphin-normandie.com

» 29 rue Gemare
☎ 02 31 86 22 26
Fax 02 31 86 35 14
F. vac. scol. Toussaint et fév.

CAGNANO ➤ LURI, CORSE

CAGNES SUR MER - 06800 (34 C 4)

Nice 11 - Antibes 11

14 Le Cagnard

➡ **Hôtel :** Le Cagnard

Jean-Yves Johanny fait du palace dans un palace, quoi de plus nature en somme. D'ailleurs, la parenthèse Didier Aniès refermée, le valeureux chef aux 26 ans d'expérience n'a pas eu trop le loisir de se gratter la tête ; la clientèle arrive en jet privé ou en yacht, la carte est obligatoirement bilingue et, pour s'accorder à ces lieux vénérables, la cuisine ne peut être celle d'un lounge. D'où la fine lasagne de truffes d'Aups, le dos de loup rôti aux citrons confits, la poulette fermière de Bresse et un beau choix de desserts attendus des meilleurs pâtissiers, tatin de mangue, soufflé chaud aux agrumes, tarte fine caramélisée aux pommes, tous parfaitement maîtrisés. Encore heureux ? Non, jeune homme, apprenez-le, c'est un métier de réussir la mille et unième fois ce qu'on a réussi mille fois.
C : 105 €
www.le-cagnard.com

» 1 rue du Pontis-Long
☎ 04 93 20 73 21
F. lundi à déj., mardi à déj., jeudi à déj. et 21 nov.-18 déc.
Jusqu'à 22h.

14 Entre Cour et Jardin

La qualité du spectacle ne cède pas ici à la facilité, malgré la situation touristique ou le très agréable décor à l'ancienne : Carl Grineiser mêle habilement des senteurs sudistes à de solides bases classiques. Le produit noble répond présent (terrine de foie gras au citron vert, carré d'agneau à la crème d'ail) mais la convivialité élégante des lieux se prête encore davantage aux variations sur la fausse simplicité d'un flan de fromage de chèvre et œuf poché, d'un filet de lotte à la mozzarella et d'un moelleux de pignons de pin. De belles préparations, amenées avec le sourire et qui s'accompagnent d'une cave correcte.
C : 48 € • M : 25-35 €
entrecour.etjardin@wanadoo.fr

» 102 montée de la Bourgade
☎ 04 93 20 72 27
F. à déj. (sf dim.), mardi, 15 nov. et 3 sem. janv.
Jusqu'à 22h.

Fleur de Sel

» 85 montée de la Bourgade
☎ 04 93 20 33 33
F. merc., jeudi à déj. 4-18 janv., 7-14 juin et 2 sem. vac. scol. Toussaint.
Jusqu'à 22h.

Les atouts ne manquent pas et font plaisir à voir, dans le cadre si touristique du vieux village : décor soigné sans tomber dans la caricature, avec fleurs et tableaux sur les murs oranges, accueil souriant et affable, parfait pour vous mettre à l'aise, et une sage cuisine méditerranéenne, qui permet d'accéder à de beaux produits à un prix raisonnable pour la situation : asperges vertes et grosses crevettes au safran, agneau sur un jus aux herbes bien fait, avec haricots coco et pois gourmands et un méli-mélo de fraises crème vanille, agréablement relevé d'une touche citronnée. Un bel effort sur les vins au verre.

C : 38 € • M : 23-52 € *www.restaurant-fleurdesel.com*

Josy Jo

» 2 rue du Planastel
☎ 04 93 20 68 76
F. sam à déj., dim., mi-nov.-25 déc.
Jusqu'à 21h30.

Marie-José Bandecchi a vu s'arrêter, au seuil du vieux village, des générations de touristes attirés par cet esprit chic brocante artiste qui vit notamment séjourner Soutine et Modigliani. Décor de goût et produits choisis, agneau de Sisteron, bœuf charolais, veau de lait sous la mère pour alimenter une simple et plaisante cuisine à la française. Ce n'est certes pas très bon marché mais on ne peut ignorer où l'on se trouve, et la cave a du répondant avec les cadors du coin, Clos Saint-Joseph, Romanin, Richeaume…

C : 47 € • M : 40 € *restaurant.josyjo@wanadoo.fr*

Charlot-Ier

» 87 bd de la Plage
☎ 04 93 31 00 07
F. mardi.

Petits prix et produits de la mer en bordure de plage, l'expérience est risquée, le roi Charlot met un modérateur dans ses tarifs pour éviter le dérapage, en privilégiant la simplicité du poisson du jour grillé ou de la bouillabaisse.

C : 45 €

Le Cagnard

» 1 rue du Pontis-Long
☎ 04 93 20 73 21
Fax 04 93 22 06 39
Ouv. 7j/7.

➥ **Restaurant** : 14/20 Le Cagnard

Sur les remparts d'un fortin médiéval, ce Cagnard si exposé aux rayons abrite une fière hôtellerie, médiévale dans son architecture et ses éléments de décoration, contemporaine dans son confort. la superbe salle des gardes en témoigne, comme le plafond aux deux cents caissons peints qui s'ouvre sur les étoiles apporte sa note romantique surannée et délicieuse. Chambres en harmonie, meubles anciens et style affirmé.

6 appart. 225-440 € • 18 ch. 100-230 € • 1/2 pens. 65 €

www.le-cagnard.com

➲ à CROS DE CAGNES - 06800 : 2 km S.E.

Restaurant Loulou

» 91 bd de la Plage
☎ 04 93 31 00 17
F sam. à déj., dim. et 2 sem. mai.
Jusqu'à 21h30.

Cadre et ambiance

Une petite maison d'angle bleue et blanche sur la route du bord de mer, presque anodine : les habitués trouvent à coup sûr, les touristes en tongs passent leur chemin après un coup d'oeil aux tarifs. Ambiance feutrée malgré le fond sonore insistant de la route très passante.

Cuisine

Les grillades au top, sur le poisson qu'on peut regarder droit dans les yeux avant cuisson, mais aussi sur la viande. Des produits de haut vol qui s'accommodent donc parfaitement d'un traitement a minima : on est là pour le produit, en majuscule, mais rien que pour lui. Inutile donc, malgré les tarifs solides, de chercher une quelconque sophistication, on se contente de l'huile olive-citron pimentée en touche sauvage sur la salade de poulpe de même provenance, et d'une touche d'huile d'olive remarquable sur une exceptionnelle (en moelleux comme en saveur) daurade à la plancha. En dessert, le gratin de fruits rouges est loin de faire de la figuration.

Cave
Sans grande aventure, essentiellement du classique d'accompagnement, mais des domaines bien choisis pour mettre à l'abri des mauvaises surprises.
Accueil et service
Le chef vous accueille avec un solide sourire et a plaisir à faire partager sa cuisine, y compris par de petites attentions en plus. Service au standing discrètement affiché et à l'efficacité sans faille.
C : 80 € • M : 39-45 €

12 La Bourride

» Port-Cros de Cagnes
☎ 04 93 31 07 75
F. mardi à dîn. (sf juil-août mardi à déj.), merc. et vac. scol. fév.
Jusqu'à 22h.

Une table à l'ancienne, un bord de mer où l'on fait un peu de manières, quand les vacanciers cherchent plutôt le naturel et le direct, mais dont le chef, valeureux et expérimenté, mérite largement la mention pour son travail très propre, ni engoncé, ni démodé, et une simplicité de bon aloi sur une carte tradi-régionale : soupe de poissons de roche, duo de rouget et dorade royale tian de légumes, noisettes d'agneau rôties à la coriandre, crêpes soufflées orange et Grand-Marnier. Cave centrée sur sa région, accueil aimable.
C : 60 € • M : 35 €

CAHORS - 46000 (29 D 2)

Paris 590 - Montauban 58 - Agen 91

15 Le Balandre

» 5 av Charles-de-Freycinet
☎ 05 65 53 32 00
F. dim., lundi (sf Pâques et fête des mères) et 2e quinz. nov.
Jusqu'à 21h30.

➡ **Hôtel :** Terminus
Gilles Marre ne joue pas en défense, et pourtant, il porte l'armure du chevalier cadurcien, protégeant son terroir et sa maison, la première de la ville, et depuis des lustres. Les hommages à la famille (l'œuf Pierre Marre), à la région (duo de foie gras, gigot d'agneau fermier du Quercy cuit sept heures, ris d'agneau et ragoût de légumes…), n'empêchent pas la carte d'être personnelle, digne du Balandre, avec quelques jolis traits dérivés (foie gras poché au bouillon de légumes, viennoise de rocamadour) et nostalgiques (malabar, carambar, Bounty et fraise tagada…). Une maison sûre encadrée par une famille modèle : en salle, Laurent, frère du chef, veille sur l'imposante cave de cahors.
C : 60 € • M : 56-85 € *www.balandre.com*

13 L'O à la Bouche

» 134 rue Saint-Urcisse
☎ 05 65 35 65 69
F. lundi (sf à déj. juil-août), dim., 15 dern. jrs. mars et nov.
Jusqu'à 21h30.

En tout juste deux années d'exercice, Jean-François Dive, formé en Belgique puis comme saisonnier dans quelques palaces français (le Byblos de Courchevel, le château de Mercuès, le Belles Rives à Juan les Pins) a mis tout Cahors dans sa poche. La terrasse d'été, bien protégée par une haie de verdure, la salle à manger chaleureuse, habillée de briques apparentes, et la cuisine régionale et créative ont rapidement emporté l'adhésion : soupe crémeuse d'étrilles, brunoise de légumes et petit crabe farci, blanc de cabillaud, risotto d'asperges et jus de volaille, tourte d'épaule d'agneau en tajine, semoule à l'orientale, banana crock (glace vanille, crème chibouste à la banane, sablé à la noix de coco et jus de fraises fraîches). Un peu facile parfois, toujours joyeuse, cette cuisine plaît immédiatement, comme la cave, concentrée mais pertinente.
C : 25 € • M : 25-36 €

12 Au Fil des Douceurs

» 90 quai de la Verrerie
☎ 05 65 22 13 04
F. dim. et lundi.
Jusqu'à 21h.

Une adresse sur une péniche face aux murs dorés de la vieille ville ? Trop beau pour être vrai. Même si l'on relève quelques imprécisions sur certaines assiettes, le bilan reste largement positif, la tatin de foie gras aux pommes sauce morilles, le parmentier de lièvre et foie gras de canard poêlé ou la croustade aux truffes noires distillant juste assez d'authenticité pour plaire. Quelques changements récents dans la déco (nappage, chaises, peinture) ont rendu les lieux encore plus attrayants.
C : 28 € • M : 13-44 €

[12] La Garenne

» N 20 Cahors-Nord, Saint-Henri
☎ 05 65 35 40 67
F. lundi et mardi à dîn, merc. et fév-déb.mars.
Jusqu'à 21h.
⛱ 🚗 ❄ 🐕

En retrait de la nationale, dans un cadre verdoyant et reposant, cette bâtisse quercynoise du milieu du XIXe siècle en pierres du pays colle à merveille à la solide cuisine régionale qu'affectionne Michel Carrendier. Ses escalopes de foie gras de canard poêlées au verjus, son carré d'agneau, son filet de bœuf Rossini et sa salade de noix de saint jacques au vinaigre de truffes plaisent à la clientèle locale comme aux vacanciers en pause déjeuner.
C : 38€ • M : 18-45€

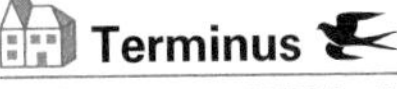

🏨 Terminus 🐦

» 5 av Charles-de-Freycinet
☎ 05 65 53 32 00
📠 05 65 53 32 26
F. 2e quinz. nov.
🚗

➡ **Restaurant** : 15/20 Le Balandre
Au gré des chambres, on passe d'un univers chaleureux de tons orangé et de mobilier de style à la modernité de chambres épurées, avec de nombreux détails charmants qui signent la personnalité de cet hôtel d'architecture Art déco près de la gare. Accueil à la fois élégant et plein de gentillesse.
2 appart. 130-160€ • 22 ch. 50-130€ www.balandre.com

➲ à LAMAGDELAINE - 46090 : 7 km N. par D 653

[16] Restaurant Marco H

» Lamagdelaine
☎ 05 65 35 30 64
F. dim. à dîn., lundi, mardi à déj. (15 sept.-15 fév.), 2 janv.-3 mars et 16-27 oct.
Jusqu'à 21h.
⛱ 🚗 ❄ 🏊 🐕 🚬

Cadre et ambiance
Une belle maison traditionnelle du Quercy, à cinq minutes de la ville, dans un environnement de calme, propice aux repas qu'on aime voir se prolonger.
Cuisine
Claude Marco a quelques plats a la carte dont il sait ne jamais devoir se séparer, comme la tatin de foie gras eu jus de truffes. Son fils Richard, qui a commencé à bien repeindre la maison, ne manque ni d'enthousiasme, ni d'idées. Son influence est visible sur des saveurs du Sud marquées, des contrastes plus nets, des préparations du siècle.
Cave
Une remarquable carte de cahors qui vous fait suivre toute la vallée du Lot et les collines du Quercy blanc, une initiation rare et passionnante. Egalement de très beaux crus bordelais avec nombre de millésimes anciens.
Accueil et service
Un accueil distingué et un très bon service, sachant conserver une dimension familiale.
C : 50€ • M : 30-75€ • 5 ch. 95-145€ www.restaurantmarco.com

➲ à MERCUES - 46090 : 7 km N.O. par N 20 et D 911

🏨 Château de Mercuès 🐦

» ☎ 05 65 20 00 01
📠 05 65 20 05 72
F. Toussaint-Pâques.
🚗 ♿ 🏊 🎾 🐕

Ce majestueux château domine depuis le XIIIe siècle la vallée du Lot et les vignes (dont celles du domaine). Les tours émergent des arbres et veillent sur le jardin à la française ou la piscine. A l'intérieur, les chambres offrent un espace généreux et des ambiances à la carte, des meubles de style sous les poutres à un cadre contemporain épuré.
6 appart. 280-400€ • 24 ch. 170-270€ • 1/2 pens. 85€
www.chateaudemercues.com

♿ Accessible aux handicapés.	🏊 Piscine privée.
🍇 Carte des vins remarquable.	⛱ Repas servis en terrasse ou dans un jardin.
🎾 Tennis privé.	🐕 Chiens acceptés.

CAHUZAC SUR VERE - 81140 (30 A 3)

Toulouse 68 - Albi 28 - Rodez 91

La Falaise

» Rte de Cordes
☎ 05 63 33 96 31
F. dim. à dîn., lundi, mardi à déj. F. ann. non comm.
Jusqu'à 21h30.

Un "petit routier que l'on s'efforce de transformer en restaurant depuis huit ans". Voilà comment Guillaume Salvan définit cette maison certes modeste mais furieusement attachante. Sans doute, après ses longs passages dans les plus beaux palaces (le Juana, le Carlton, la Belle Otéro, le Martinez, mais aussi Lucas Carton et la Galupe, à Urt) ce tout juste quadra a-t-il le jugement légèrement altéré. S'il avoue avoir encore parfois un peu le blues (le Tarn, en hiver, c'est beau mais pas vraiment animé), nous ne ressentons jamais rien de tel à chacun de nos passages. Alerte, touche à tout, instinctive, sa cuisine navigue avec la même aisance sur les produits roturiers (filets de merlans frits au sésame, yaourt façon tartare et coulis de persil et crudités) comme sur les plus nobles (langoustines sautées en petite salade croquante de sucrine, jus des carapaces réduit et sabayon froid au citron) avec une constante, celle de prix toujours abordables. Bravo.

C : 34 € • M : 20-42 € — www.lafalaiserestaurant.com

Château de Salettes 

» Lieu-dit Salettes
☎ 05 63 33 60 60
Fax 05 63 33 60 61
F. 19 fév.-6 mars.

Une architecture née au XIIIe siècle, un décor contemporain : dans les deux cas, une sobriété et une pureté chaleureuse, qui donne au mariage un caractère exclusif et superbe. Superbe également, la vue sur les vignobles de Gaillac depuis cet éperon rocheux. Pascal Auger, qu'on a connu chez Serge à La Rochelle, est arrivé aux commandes des cuisines et fait déjà des merveilles autour des canons du luxe régional, foie gras poêlé soutenu par la délicatesse d'un chutney de poire et aubergine, cabillaud entre force et douceur sur le confit de chorizo et lait de concombre.

5 appart. 249-299 € • 13 ch. 126-159 € • C : 65 € • M : 29-65 €
www.chateaudesalettes.com

CALAIS - 62100 (1 B 1)

Boulogne-sur-Mer 37 - Dunkerque 45

La Pléiade

» 32 rue Jean-Quehen
☎ 03 21 34 03 70
F. dim. à dîn., lundi, vac. scol. fév. et dern. sem. juil.-2 prem. sem. août.
Jusqu'à 21h30.

Elégante et discrète adresse à l'écart du chemin des touristes à la recherche de la première gorgée de bière. Eric Mémain touche juste avec une carte et des menus adroits, actuels et sans sophistication, manipulant de beaux produits sans intention de les trahir : langoustines rôties et cocos écrasés à l'huile vierge, bar aux asperges vertes morilles en feuilleté, carré d'agneau au thym et mille-feuille fraises glace badiane dans un menu à 35 **€** qui ne craint guère de concurrence sur le secteur. Atmosphère douce, service fluide et souriant, cave du négoce rattrapée par des prix corrects et quelques bonnes idées (Toques et Clochers, David Fourtout…).

C : 50 € • M : 22-55 € — www.lapleiade.com

Les Saisons

» 2 pl de Suède
☎ 03 21 97 50 00
F. dim. à dîn. et lundi dîn.
Jusqu'à 21h45.

Thierry Buffet, en plus de dix années passées à Calais, a assis sa réputation sur une carte volontiers classique et bourgeoise, comme faite pour satisfaire les tablées endimanchées que les hommes d'affaires ou les touristes britanniques. Ardennais d'origine, il n'oublie cependant jamais de servir quelques spécialités de sa région même si le cœur de cible reste consitué des vedettes de la cuisine bourgeoise, cassolette de girolles et écrevisses, sole meunière, roulade de volaille au foie gras ou faux-filet maître d'hôtel. Cave centrée sur le bordelais et la bourgogne (quelques beaux flacons pas trop chers) et occultant totalement languedoc ou provence.

C : 30 € • M : 25-55 € — lessaisons@wanadoo.fr

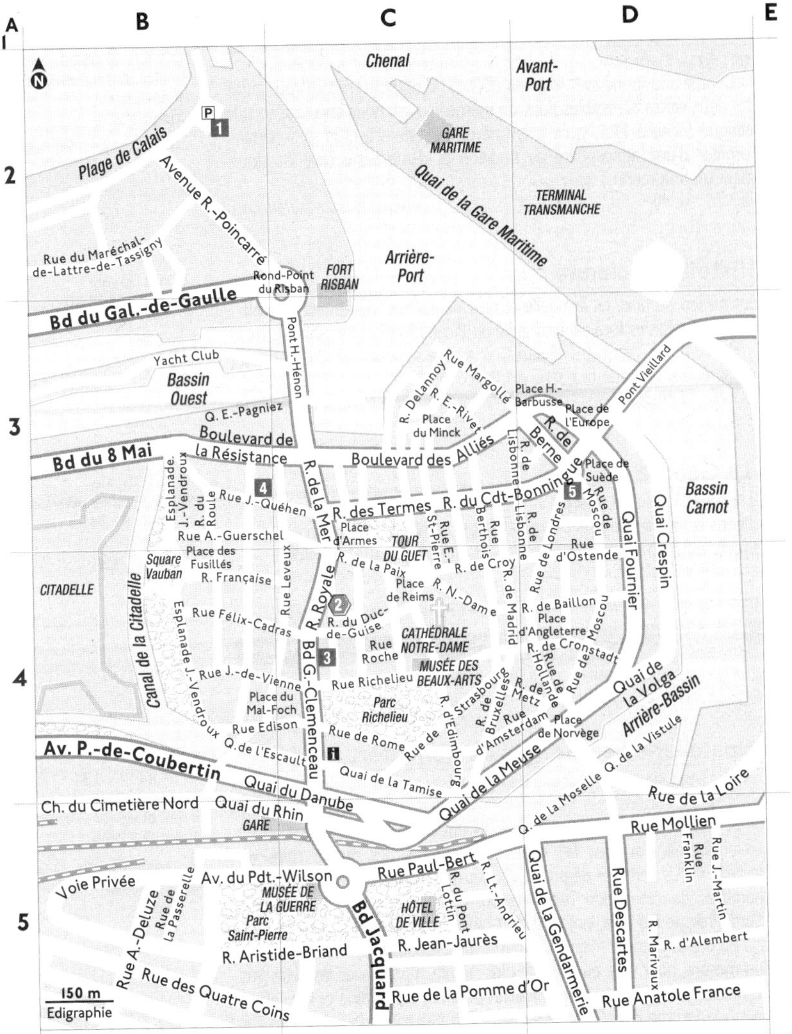

■ **Restaurant**

[1] Côte d'Argent (Au) **B-2**
[2] George-V (Le) **C-4**

⬢ **Hôtel-Restaurant**

[3] Histoire Ancienne **C-4**
[4] Pléiade (La) **B-3**

[5] Saisons (Les) **D-3**

⑫ Au Côte d'Argent

L'immuable qualité d'une maison bien conduite. Bertrand Lefebvre connaît sa mission face à la Manche, avec vue sur l'Angleterre : offrir à la marée touristique un océan de convivialité et de fraîcheur, sans chichis, sans morgue, en utilisant la pêche à la couleur régionale. D'où le cabillaud rôti et purée, le filet de turbot à la blanche de Wissant, la bourride de poissons de la Côte d'Opale, sans oublier le homard côtier, traité avec les plus grands égards ou la poularde de Licques. Efficace, franc et d'un bon rapport, encore amélioré par de très bons menus et une vaste cave pas très chère.

C : 33 € • M : 18-38 €

www.cotedargent.com

» 1 digue Gaston-Berthe
☎ 03 21 34 68 07
F. dim. à dîn., lundi, merc. à dîn. (sept.-Pâques), vac. scol. fév., 15 août-8 sept. et 22 déc.-2 janv.
Jusqu'à 22h.

🚬

[11] Le George V

➥ **Hôtel :** Le George V

Le Petit George a fusionné avec le grand (George V, nom de l'hôtel). Vous aurez donc les deux cartes accessibles dans un même lieu, où nous encourageons le sympathique menu à 17 **€**, avec la terrine de potjevleesch et le steak tartare, pour profiter d'une atmosphère de tradition et d'une vaste cave classique. Egalement un bon menu Terroir.

C : 40 € • M : 17-46 € *www.georgev-calais.com*

» 36 rue Royale
☎ 03 21 97 68 00
F. sam. à déj., dim. et 20 déc.-12 janv.
Jusqu'à 22h.

[10] Histoire Ancienne

Grillades au feu de bois, os à moelle et pied de cochon, agrémentés de plats de saison, de fantaisies locales (lard grillé au Picon-bière) et de poissons de la marée (filet de bar en marinière d'huîtres) : l'Histoire se poursuit plutôt gaiement dans un agréable décor de brasserie Art Déco.

C : 34 € • M : 17,50-30 € *www.histoire-ancienne.com*

» 20 rue Royale
☎ 03 21 34 11 20
F. dim., lundi à dîn. et vac. scol. fév.

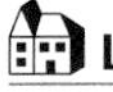

Le George V

➥ **Restaurant** : 11/20 Le George V

Tissus fleuris et touches de bois composent des chambres actuelles et agréables à vivre, avec un mobilier aux lignes sobres et un bon niveau de confort..

3 appart. 82 € • 37 ch. 65-72 € *www.georgev-calais.com*

» 36 rue Royale
☎ 03 21 97 68 00
📠 03 21 97 34 73
Ouv. 7j/7.

CALLAS - 83830 (34 B 5)

Toulon 101 - Draguignan 27

[15] Hostellerie Les Gorges de Pennafort

➥ **Hôtel :** Hostellerie Les Gorges de Pennafort

S'il y a un trait caractéristique que nul ne contestera à cette maison, c'est le courage et la volonté de ses propriétaires. Ils ont construit une réputation en une petite dizaine d'années, fait venir les amateurs des quatre coins du département, vu les flammes de près il y a deux ans et poursuivi la rénovation des chambres de cet ancien relais de poste pour le rendre encore plus accueillant. Philippe Da Silva, vingt ans de Chibverta derrière lui, compose avec l'adresse du briscard une tradition fédératrice de produits, plats et tarifs riches. Que l'on mesure, pour faire au presque plus simple, à 53 **€** avec les petits gris au pied de porc et blettes, la morue fraîche pommes marjolaine et le feuilleté de poires à la fourme d'Ambert. Cave également très coûteuse, y compris sur les régionaux.

C : 100 € • M : 42-130 € *www.hostellerie-pennafort.com*

» RD 25
☎ 04 94 76 66 51
F. dim. à dîn., lundi, merc. à déj. et mi-janv.-mi-mars.
Jusqu'à 21h45.

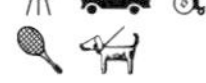

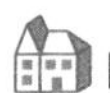

Hostellerie Les Gorges de Pennafort

➥ **Restaurant** : 15/20 Hostellerie Les Gorges de Pennafort

Loin de tout, mais pas tant que cela de l'autoroute, l'agréable bastide forestière cultive le calme et le charme cossu. Les chambres sont des bonbonnières cosy, ouvrant sur la verdure, le parc et son plan d'eau. Agréable piscine encerclée de nature provençale.

5 appart. 210-380 € • 12 ch. 130-210 € • 1/2 pens. 160-190 €
www.hostellerie-pennafort.com

» RD 25
☎ 04 94 76 66 51
📠 04 94 76 67 23
F. mi-janv.-mi-mars.

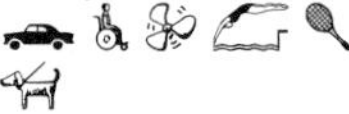

CALUIRE ET CUIRE ➤ LYON

CALVI ➤ CORSE

CALVINET - 15340 (26 A 5)

Aurillac 37 - Conques 21

15 Louis Bernard Puech H

On peut lui raconter des histoires à la veillée dans un buron du cantal. Louis-Bernard Puech en a entendu, a vu, a compris. Les salades et les nouvelles nouvelles cuisines, les espumas et les yaourts déstructurés, cela ne fait sans doute pas bouger un sourcil à celui qui fit ses classes chez Vanel et au Vivarois avec Peyrot. Parce que dans cet hôtel-restaurant d'allure familiale, temple d'un art du bon goût, c'est lui qui raconte l'histoire, la géographie des produits et la science des sauces. Qui fait jaillir la lumière d'une salade de girolles, d'un chou farci au ris et rognons et lentilles de la Planèze ou d'un quasi de veau fermier et gratin de macaronis au cantal. Des viandes magnifiques (allaiton d'Aveyron, cochon paysan...), un esprit de terroir non frelaté jusqu'aux desserts (cornets de Murat, sablé châtaigne et poêlée de reinettes crème glacée au miel) et des vins de propriétaires (marcillac, gaillac). Voilà une table. Et quelques lits, dans des chambres modernisées au fil du temps.

M : 20-42 € • 4 appart. 58-120 € • 6 ch. 58 € • 1/2 pens. 60-80 €

www.cantal-restaurant-puech.com

» Le Bourg
☎ 04 71 49 91 68
F. dim. à dîn., lundi-merc. (h.s.), dim. à dîn., lundi-mardi à déj. (15 mars-15 juin, sept.-oct.) et lundi-mardi à déj. (juil.-août).
Jusqu'à 21h30.

CAMARET SUR MER - 29570 (13 B 3)

Crozon 9 - Quimper 66 - Douarnenez 59

10 Hôtel de France

Si l'on maintient cette adresse, dont la cuisine, vraiment minimaliste, ne paraît pas indispensable dans ces colonnes (mais elle pourrait, un jour, avoir envie de faire un peu mieux), c'est pour chuchoter, susurrer à nos chers lecteurs qu'il y a toujours, sauf naufrage de dernière minute, une cave secrète de certains fameux crus qui justifie une certaine indulgence pour la brandade de morue et le cabillaud à la paysanne.

C : 32 € • M : 17-33 €

www.hotel-thalassa.com

» 19 quai G.-Toudouze
☎ 02 98 27 93 06
F. vend. (oct. mais variable) et Toussaint-15 avril.
Jusqu'à 21h30.

CAMBLANES ET MEYNAC ➤ BORDEAUX

CAMBO LES BAINS - 64250 (23 B 5)

Pau 118 - Bayonne 20

13 Le Bellevue

L'ancien relais de diligence de Gilles Fontanille (ancien de Toulousy et des frères Ibarboure) incarne à merveille ce Pays Basque à la fois touristique (panorama splendide sur la vallée de la Nive) et gourmand que de trop nombreuses adresses galvaudent. Tout ici fleure bon le terroir, de l'assiette d'Ibaïona piperade froide au vinaigre de xérès au foie gras de canard poêlé aux oranges confites et pomme coing, en passant par les piquillos farcis à la brandade de morue ou le soufflet à la poire Brana et granité manzana. Cave bien ancrée au sud-ouest, n'hésitant pas à s'aventurer du côté basque espagnol.

M : 10-30 €

» Rue des Terrasses
☎ 05 59 93 75 75
F. dim. à dîn., lundi et 20 janv.-10 fév.
Jusqu'à 21h.

➲ à MACAYE - 64240 : 11 km N.E. par D 918, D 119 et D 252

12 Ogibarnia

Un bar-restaurant à la mode basque comme tant de régions souffrent de ne pas en compter davantage. On s'arrête pour la pause casse-croûte, on s'arrange, on s'imprègne, on communie. Une omelette aux cèpes, un poulet basquaise, un confit de lapin plus tard, on attrape le makila et le béret du voisin et on part dans la montagne respirer l'air pyrénéen.

C : 24 € • M : 15-22,50 €

» Quartier Place
☎ 05 59 93 30 35
F. merc., vend. à dîn (h.s.) et fév.
Jusqu'à 20h45.

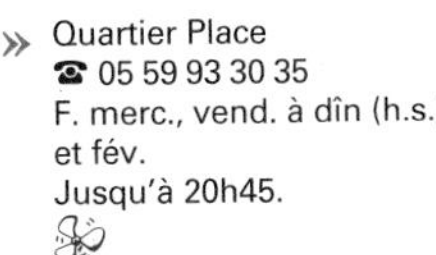

CAMBRAI - 59400 (2 B 5)

Lille 67 - Douai 26

Château de la Motte Fénelon

» Allée Saint-Roch, square du Château
☎ 03 27 83 61 38
📠 03 27 83 71 61
Ouv. 7j/7.

Ambiance stylée ou plus contemporaine entre le château XIXe et les dépendances réparties dans les 8 ha du parc, chacun trouvera ici un décor à son goût. Le restaurant satisfera les amateurs d'une cuisine sagement actuelle (foie gras au porto, agneau rôti en croûte de thym), à moins d'opter pour le sympathique menu terroir ou la carte végétarienne.

40 ch. 57-240 € • 1/2 pens. 84-258 € • C : 35 € • M : 24-40 €

www.cambrai-chateau-motte-fenelon.com

Hôtel Beatus

» 718 av de Paris
☎ 03 27 81 45 70
📠 03 27 78 00 83
Ouv. 7j/7.

Avec son parc fleuri, la maison a un petit côté campagne bien appréciable. Deux ambiances de chambre, Louis XVI ou contemporaines.

32 ch. 59-78 € *www.hotelbeatus.fr*

CAMPAN ➤ BAGNERES DE BIGORRE

CAMPANA ➤ PIEDICROCE, CORSE

CAMPIGNY ➤ PONT AUDEMER

CANCALE - 35260 (14 C 2)

Rennes 73 - Saint-Malo 14

Olivier Roellinger

» 1 rue Duguesclin
☎ 02 99 89 64 76
F. mardi, merc. (autres jrs. tél.) et mi-déc.-mi-mars.
Jusqu'à 21h.

➥ **Hôtel :** Les Rimains

Cadre et ambiance

Olivier Roellinger est chez lui : c'est une maison particulière, très particulière, dans le village, belle malouinière arrangée par Jane et Olivier, dans une douceur paisible, dans un goût lumineux, loin de tout artifice. Un grand plaisir, les déjeuners dans la véranda, devant la mare aux canards.

Cuisine

Il y a parfois, chez ceux qui n'ont pas complètement les sens en éveil - la route a été longue, vous êtes encore dans le stress, les pensées dans un bureau ou en ville - le risque d'une déception, de ne pas pouvoir franchir le cap vers cette vérité qui coule de source. Bien en place, reposé, prêt à écouter cette subtile musique, un grand bonheur est possible. D'un artichaut à cru, d'un saint-pierre au vinaigre de gingembre, de l'huître foie gras oseille sauvage, de l'araignée de mer avec une vinaigrette de "flibuste" (aux coraux d'araignée), du bar en cuisson douce aux huiles florales, qui ressemble à un massage thaï, un poisson sublime, une douceur exceptionnelle, des arômes envoûtants,un remarquable équilibre sur l'acidité. Et Roellinger est fidèle : à ses épices, à ses vinaigres, à Paul Renault dont les pigeons, avec la selle d'agneau "grande caravane" est la seule concession hors mer.

Cave

On n'y apprend pas grand chose en Bourgogne et Rhône, mais elle prend le meilleur de la Loire (Angéli, Foreau, Vatan...), favorise les agro-bio et livre un aperçu du vignoble moderne en Languedoc ou Sud-Ouest. Tarifs très équitables, en grands bordeaux (mais a-t-on vraiment besoin d'un Latour avec les ormeaux ?) comme ailleurs.

Accueil et service

Un service très juste, un peu monocorde et strict, avec une pointe de fantaisie féminine qui pourrait se multiplier sans dommage.

C : 120 € • M : 92-158 € *www.maisons-de-bricourt.com*

14 Restaurant Le Troquet

Laurent Helleu est retombé dans la marmite paternelle après avoir fait ses classes chez les grands (Passard, par exemple). Jeter l'ancre sur le port de Cancale, au milieu de la forte concurrence de la Houle est un pari assez osé. Mais il suffit de voir le plateau de fruits de mer et de s'attacher aux détails (pain, beurre, ail dont vous frottez les croûtons pour une délicieuse soupe de crustacés) pour placer ce Troquet en haut de l'échelle. De l'hyper-frais travaillé dans la qualité (une sole magnifique, un beau filet de lieu jaune à l'andouille) qui vaut un petit point de plus. Cave gentillette, service souriant et rapide.
C : 33 € • M : 17-32 €

» 19 quai Gambetta, port de la Houle
☎ 02 99 89 99 42
F. lundi, mardi (sf vac. scol.) et mi-nov.-janv.
Jusqu'à 21h30.

13 Le Cancalais

➡ **Hôtel :** Le Cancalais
Est-ce que l'air marin donne l'air malin ? Toujours est-il qu'à Cancale, les touristes avisés savent où poser leurs filets. Le plus ancien restaurant du Port de la Houle, qui s'offre un petit lifting régulier pour paraître toujours jeune, navigue sur une mer de fraîcheur : huîtres de la baie, araignée de pleine mer, daurade à la plancha… Le turbot au four est à 34 **€**, mais au moins, on apprend à quoi peut ressembler du turbot, et le menu à 16 **€**, avec l'andouille chaude en galette et les sardines en papillote, ne prend pas les vacanciers pour des pingouins.
C : 45 € • M : 16-38 €

» 12 quai Gambetta
☎ 02 99 89 61 93
F dim. à dîn., lundi (sf vac. scol.), janv. et déc.
Jusqu'à 21h30.

13 Le Surcouf

Changement de propriétaire et de chef, mais pas d'inquiétude : le corsaire n'abandonne pas le navire pour autant. C'est le second, durant cinq ans auparavant, qui prend la barre, les vents sont bons sur Cancale, l'arrivage de qualité, les moussaillons peuvent monter sur le pont et hisser la grand voile : pas de déceptions en vue avant de nombreuses lunes avec les huîtres de la baie, le ragoût de homard et la sole rôtie au beurre salé dans une carte intelligente qui vit dans son époque (croustillant de turbot à l'andouille, fondant de chocolat guanaja…). Ambiance toujours animée par les touristes et les habitués.
C : 40 € • M : 18-60 €

» 7 quai Gambetta
☎ 02 99 89 61 75
F. merc., (h.s.), jeudi, déc. et janv.
Jusqu'à 21h30.

12 Le Saint-Cast

La petite table familiale domine l'entrée du port. L'impression de relatif abandon est passagère : le chef sait choisir le cabillaud, et le cuire, quadrillé sur la grille, la chair est élastique, parfaite avec une purée au lard. Voilà ce qu'il faut savoir trouver ici, dans l'ambiance calme et traditionnelle des maisons de vacances bretonnes, dans une veine de simplicité et de modestie. Peu ou pas de cave : du négoce, un muscadet correct et le menetou de Pellé.

» Rte de la Corniche
☎ 02 99 89 66 08
Rens. non comm.

11 Au Vieux Safran

Le safran dirige le bateau, et la cuisine va naturellement à la mer. Face à la plage, et dans un environnement touristique intense, cette table est bien dans le sens du vent, plats honnêtes travaillés sans surprise mais d'un rendement absolument équitable, avec sa batterie de menus adaptés à tous les temps : huîtres, poêlée de saint-jacques, ragoût de lieu aux lardons, en accompagnant d'aligoté, muscadet ou cidre du Val de Rance.
C : 30 € • M : 12-32 €

» 2 quai Gambetta
☎ 02 99 89 92 42
F. mardi à dîn. merc. (sf vac. scol. et juil.-août) et janv.
Jusqu'à 21h30.

10 La Cancalaise

Crêpes et galettes dans l'authenticité réclamée par les touristes : la pâte est bonne, les garnitures très correctes, la marine est aux rillettes de saumon frais, la rustique à la saucisse de Bretagne.
C : 14 €

» 3 rue Vallée-Porçon
☎ 02 99 89 71 22
F. mardi et merc. à déj.
Jusqu'à 21h.

Le Continental R

» 4 quai Albert-Thomas
☎ 02 99 89 60 16
Fax 02 99 89 69 58
F. 8 janv.-3 fév.

Les chambres adoptent des tons clairs et personnalisées, ainsi que de nombreux détails attachants. La plupart ont vue sur la mer. Au restaurant, une cuisine franche et directe, à apprécier notamment sur les fruits de mer et les carpaccios (de viande comme de poisson).
18 ch. 78-148 € • 1/2 pens. 28-38 € • C : 19 € • M : 19-42 €
www.hotel-cancale.com

Les Rimains

» 1 rue Du-Guesclin
☎ 02 99 89 64 76
Fax 02 99 89 88 47
F. mi-déc.-mi-mars.

➥ **Restaurant** : 19/20 Olivier Roellinger
Les Rimains, sobre cottage de granit, sont une des Maisons de Bricourt, où les Roellinger proposent des chambres intimes et luxueuses, avec un sens raffiné du détail précieux et le plaisir d'une situation ouverte sur la mer.
2 appart. 260 € • 2 ch. 160 € *www.maisons-de-bricourt.com*

Le Cancalais

» 12 quai Gambetta
☎ 02 99 89 61 93
Fax 02 99 89 89 24
F. janv. et déc.

➥ **Restaurant** : 13/20 Le Cancalais
Des chambres soignées, dans des coloris chaleureux et agréablement personnalisées, pour faire étape sur le port. Confort actuel.
10 ch. 55-90 €

à SAINT MELOIR DES ONDES - 35350 : 7 km S.E. par D 76

Le Coquillage

» Le Point-du-Jour
☎ 02 99 89 25 25
F. 19 déc.-1er fév.
Jusqu'à 21h30.

➥ **Hôtel** : Château Richeux des Maisons de Bricourt
Olivier Roellinger appelle cela modestement : "grignotage des bords de mer". Plus précisément, quand un ami véritable et connaisseur nous demande où il peut manger simplement de bons fruits de mer, et un poisson pas trafiqué par de mauvaises vieilles recettes, nous lui répondons : "A part le Coquillage..." Oui, parce que le cadre du Coquillage n'est pas celui d'un caboulot de port, que l'on n'y côtoie pas les marins d'Amsterdam, on pourrait craindre un léger déficit d'authenticité. Mais quand les assiettes arrivent, dans ce cadre serein, sobre et bien élevé, la tartelette de sardines, la soupe d'étrilles, les solettes dorées ou le blanc de barbue à la mousseline de cerfeuil, on n'hésite plus : on plonge.
M : 28-50 € *www.maisons-de-bricourt.com*

Maison Tirel Guérin

» Gare de la Gouesnière
☎ 02 99 89 10 46
F. lundi, dim. à dîn. (30 sept.-30 mars) et 20 déc.-20 janv.
Jusqu'à 21h15.

➥ **Hôtel** : Maison Tirel Guérin
Lieu de réjouissance coutumier et scène institutionnelle de maints repas de famille, la maison Tirel-Guérin cultive son genre classique - plafond à caissons, teintes vives plus ou moins coordonnées, melon au porto et saint-jacques presque toute l'année. Le jeune service féminin assure la cérémonie avec conviction et amabilité, la cave est complète, au moins suffisamment pour accompagner dans le droit chemin les langoustines mayonnaise et la sole meunière.
C : 44 € • M : 23-105 € *www.tirel-guerin.com*

Château Richeux des Maisons de Bricourt

» Le Point du Jour
☎ 02 99 89 64 76
Fax 02 99 89 88 47
F. non comm.

➥ **Restaurant** : 14/20 Le Coquillage
Au-dessus de la baie, au milieu des arbres, cette grande villa Années 20 propose une atmosphère sereine et raffinée, un décor clair pour faire écho à la lumière de la mer et de nombreux objets et pièces de mobilier chinés pour composer un intérieur personnel et charmant, fortement teinté de romantisme.
2 appart. 280-330 € • 11 ch. 160-310 € *www.maisons-de-bricourt.com*

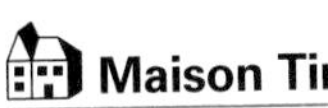

Maison Tirel Guérin

» Gare de la Gouesnière
☎ 02 99 89 10 46
02 99 89 12 62
F. 20 déc.-20 janv.

➥ **Restaurant** : 14/20 Maison Tirel Guérin

Intérieurs clairs, meubles de style et tissus romantiques donnent aux chambres une allure apaisante et élégante, avec le plaisir d'un cadre feutré et d'un équipement confortable.

18 appart. 107-198 € • 38 ch. 61-110 € • 1/2 pens. 67,50-92 €

www.tirel-guerin.com

CANDE SUR BEUVRON - 41120 (17 D 4)

Blois 15 - Amboise 29

La Caillère

» 36 rte des Montils
☎ 02 54 44 03 08
F. merc., jeudi à déj., janv. et fév.
Jusqu'à 21h.

➥ **Hôtel** : La Caillère

L'histoire de Jacky Guindon, c'est celle de sa chère Caillère, un petit hôtel devenu grand, une auberge rustique devenue chic, au fil des trente ans passer à voir couler le Beuvron. Si la plus ancienne partie de la maison remonte à 1756, la cuisine s'est pour sa part renouvelée en permanence, et le chef intègre, devenu restaurateur et chef d'entreprise, a confié son piano à Jérôme Séné, jeune formé dans la région, qui suit le fil avec entrain, dans une manière plutôt traditionnelle sans archaïsme : tartare de langoustines au radis noir mariné à l'huile de homard, dos de sandre aux agrumes et gingembre, ris de veau et agneau sautés, jus de viande au citron verte et fèves. Cave forte montrant ses connaissances en vouvray et touraine.

C : 34,80 € • M : 18,10-50,80 €

lacaillere@mageos.com

La Caillère

» 36 rte des Montils
☎ 02 54 44 03 08
02 54 44 00 95
F. janv.-fév.

➥ **Restaurant** : 13/20 La Caillère

Le mariage entre les différentes périodes de construction se passe bien, y compris pour l'ajout contemporain. On préférera les chambres les plus modernes, claires dans les tons jaunes, avec une touche de couleur chaleureuse.

14 ch. 59-65 € • 1/2 pens. 65 €

lacaillere@mageos.com

CANET PLAGE - 66140 (31 D 6)

Perpignan 11 - Collioure 43

Le Don Quichotte

» 22 av de Catalogne
☎ 04 68 80 35 17
F. lundi, mardi (h.s.), à déj. lundi mardi et merc. (été) et 15 janv.-15 fév.
Jusqu'à 21h30.

Plus de vingt ans de souvenirs pour Gilbert et Thérèse Gris, et une évidente tendresse, de notre côté aussi, pour ce Don Quichotte qui s'est toujours bien défendu face aux moulins à vent. Ici, pas du vent, mais du sérieux, de l'application, et la sagesse de l'artisan pour ses classiques, les ris de veau poêlés à la farine d'amande, les médaillons de lotte à l'infusion de vanille, les ris et filet d'agneau à la crème d'ail. Cave bien affûtée dans le grand Sud-Ouest, du Madiran au Roussillon et offre au verre toujours intéressante (un Clos des Fées au verre, c'est aussi rare que les Calcinaires de Gauby à 25 € sur table).

C : 45 € • M : 26-69 €

www.ledonquichotte.com

(11) La Pyrézzeria

» 6 rue de Cerdagne
☎ 04 68 80 35 72
F. à déj., lundi et mi-sept.-mi-mai.
Jusqu'à 23h.

Laurens'O côté bronzé. A Perpignan hors saison (place des Poilus), la famille Laurens déménage pour le bord de mer quand les bourgeons fleurissent. Et l'Italie a décidément bonne mine sous le soleil du Roussillon, avec ses pizzas, ses cannellonis à la ratatouille et son tajine citron confit et macaronis. Accueil épatant de gentillesse, bonne petite cave locale (Paulilles, Piquemal…).

C : 30 €

www.laurenso.com

CANGEY - 37530 (17 D 4)

Tours 35 - Amboise 12 - Blois 29

Le Fleuray Hôtel

Sous leurs noms de fleurs, les chambres arborent de délicieux décors et respirent la douceur de vivre. La vue ouvre sur le vaste jardin et la campagne qui entourent cet élégant manoir XIXe, restauré avec bonheur.

14 ch. 78-112 €

www.lefleurayhotel.com

» Rte Dame-Marie-les-Bois
☎ 02 47 56 09 25
02 47 56 93 97
F. 6-14 janv. et 4-14 nov.

CANNES - 06400 (34 C 5)

Nice 33 - Grasse 14

La Palme d'Or

➥ **Hôtel :** Le Martinez

Cadre et ambiance

Croisette et Palme d'Or, limousines et champagne, spectacle et Riviera. Le Martinez concentre, le restaurant assure, les paillettes pour tout le monde, l'envie claire de voir chacun comblé, et les yeux brillants de la tante de Romorantin éblouie par cette frénésie jet-setteuse. Les convives de ce vaste club privilégié à l'étage, espace et harmonie, contemplent la Méditerranée, tandis qu'en bas, les badauds regardent le restaurant illuminé.

Cuisine

Elle en rajoute un peu dans la complication, mais tout fonctionne assez bien, avec le sourire et la complicité : on finit par s'amuser de cette crème caramel d'artichaut anchois acidulé aux feuilles de basilic et figue grillée : ailleurs ce serait un peu risqué, ici, tous les lounges du coin se lancent dans pareils échafaudages de saveurs. Il faut donc bien montrer qu'on peut faire et réussir. Nos préférences vont toutefois au mieux cadré : le cannelloni de tête de veau et langoustines, très équilibré, le pigeonneau Verzeni rôti aux champignons, avec une sauce chocolat vanille et un excellent dessert fraises des bois yaourt melon finement aromatisé au thym, crémeux et compact en même temps. C'est une cuisine sans morgue, sans plat à 100 €, qui mouille le maillot pour faire plaisir et non pour épater.

Cave

Elle n'est curieusement pas arrogante, normalement chère, avec une offre acceptable à 50-60 €. Pas très fouineuse, ni très branchée, c'est une carte cool, avec des étiquettes pour faire plaisir, une quantité de beaux millésimes, mais rien qui déchire ni fracasse. On peut boire régional à tarif raisonnable.

Accueil et service

L'agitation est permanente. On croit au désordre, aux téléscopages, aux embrouilles. Rien de tout cela, c'est fluide, précis, aucune assiette ne s'égare, et tout le monde est souriant, juste, attentionné.

C : 150 € • M : 58-178 €

www.hotel-martinez.com

» 73 la Croisette
☎ 04 92 98 74 14
F. dim. et lundi. et 5 nov.-11 déc.
Jusqu'à 22h.

Villa des Lys

➥ **Hôtel :** Majestic Barrière

Cadre et ambiance

Une salle spécialement affrétée par le Majestic, un peu maison de gardien à l'entrée du domaine, mais aujourd'hui bien en place, luxe feutré, intimité dans un climat de haute classe.

Cuisine

Nous le disions l'an passé, Bruno Oger a retrouvé toute sa verve et cette aisance qu'il nous avait semblé perdre dans cet espace confiné. L'accent est méditerranéen, mais la patte est personnelle, et certains plats ressemblent à ceux du Cuisinier de l'année de naguère : la précision et la séduction du chaud-froid de daurade royale, potagère aux légumes et gougères au caviar, le moelleux des ravioles de homard breton, tomates confites, pistou à l'amande torréfiée et la

» 10 la Croisette, BP 163
☎ 04 92 98 77 41
F. à déj., dim., lundi et mi-nov.-fin déc.
Jusqu'à 22h.

charmante nostalgie du riz au lait aux fruits de la passion, freeze mangue et ananas Victoria. Dans nos compte-rendus de l'année, de nombreux plats à 18 et même certains à 19. Pour ne pas jouer au yoyo, nous attendrons l'an prochain pour confirmer cette progression.

Cave

La très vaste cave compile les noms connus dans la région et les grandes étiquettes, sans découverte majeure. Les tarifs sont dans l'ensemble logiques, permettant à une clientèle pas atterrie là par hasard de se faire globalement plaisir autour de 100 €. Les classiques du coin (Saint-Baillon, Rasque, Selle, Font du Broc) tournent autour des 50 €.

Accueil et service

Du grand art distillé avec une maestria et une aisance étonnantes par un personnel extrêmement aguerri, très précis et jamais envahissant.

C : 130 € • M : 65-150 € *www.lucienbarriere.com*

Le Restaurant Arménien

» 82 bd de la Croisette
☎ 04 93 94 00 58
F. lundi et déc.

Une cuisine arménienne à deux toques ? Allons donc, ils sont devenus fous chez Gault Millau ? Installé entre le Martinez et le Port Canto, la maison des Panossian réussit le contre pied parfait face à toutes ces tables alentours qui rivalisent de décors ultra modernes et de musique toujours plus branchée mais qui oublient toujours l'essentiel, la chaleur humaine et l'authenticité. Il est impossible de définir une cuisine arménienne typique car l'influence culturelle de ce petit pays s'étend bien au delà du tracé des frontières qu'on a bien voulu lui accorder. Une constante cependant, les mezze et quelques spécialités, les chicheskebabs, les pilafs de riz et de blé, les dolmas (légumes farcis, moules et feuille de vigne) et le plat national, à base de bœuf et de blé, le kechkeg. Et toujours ces sourires et cette bonne humeur.

M : 42-44 € *www.lerestaurantarmenien.com*

Le Mantel

» 22 rue Saint-Antoine, le Suquet
☎ 04 93 39 13 10
F. merc., jeudi à déj. et 4 juil.-4 août.
Jusqu'à 22h30.

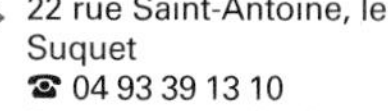

Saint-Antoine - Suquet, l'axe de la restauration cannoise, populaire et touristique, où faire un choix sans un petit conseil revient à jouer sa date de naissance au loto. Si vous avez tiré le 22, c'est bingo, parce que Mantel, c'est du pro, carré, solide, une oasis de précision et de séduction. Avec un menu du jour à 32 € toujours attrayant, et une carte régionale bien construite, entre chic Croisette et pêche locale, entre le jabugo 5J et le saint-pierre à la citronnelle, entre le risotto aux morilles et le gigot d'agneau de lait au romarin. Du parfum, de la Méditerranée, de la vie, alliés à un service un peu précieux et une cave qui n'invente pas mais inventorie la Provence en toute connaissance de cause : Font du Broc, Saint-Joseph, Richeaume et la cuvée du Roudaï de Saint-Baillon sont là, le Trévallon et les hermitages de Chave aussi.

C : 50 € • M : 32-58 € *noel.mantel@wanadoo.fr*

Le Relais des Semailles

» 9-11 rue Saint-Antoine
☎ 04 93 39 22 32
F. sam. à déj., dim. (sf congrès et juin-fin août) et lundi à déj.
Jusqu'à 22h30.

Occuper une place dans la jungle du Suquet devient peut-être ambigu pour qui veut imposer du gastro dans une zone aussi franchement touristique. Bertrand Saint-Vannes ne se pose plus la question. Après vingt ans de services, loyaux et gourmands, il poursuit la croisade du produit de qualité (il faudrait peut-être même insister, pour se démarquer vraiment, sur l'origine des poissons, des saint-jacques…) et livre un convaincant menu du marché en alignant, par exemple des sardines en gelée de bouillabaisse fraîches et savoureuses, le filet de loup en ratatouille et ses panisses et l'agneau du Limousin. La salle est agréable, à l'abri de la foule, et la sélection viticole honorable (Rasque, Berne, Jas d'Esclans) augmentée de grandes étiquettes B&B un peu hors propos.

M : 35-40 € *semailles.cannes@wanadoo.fr*

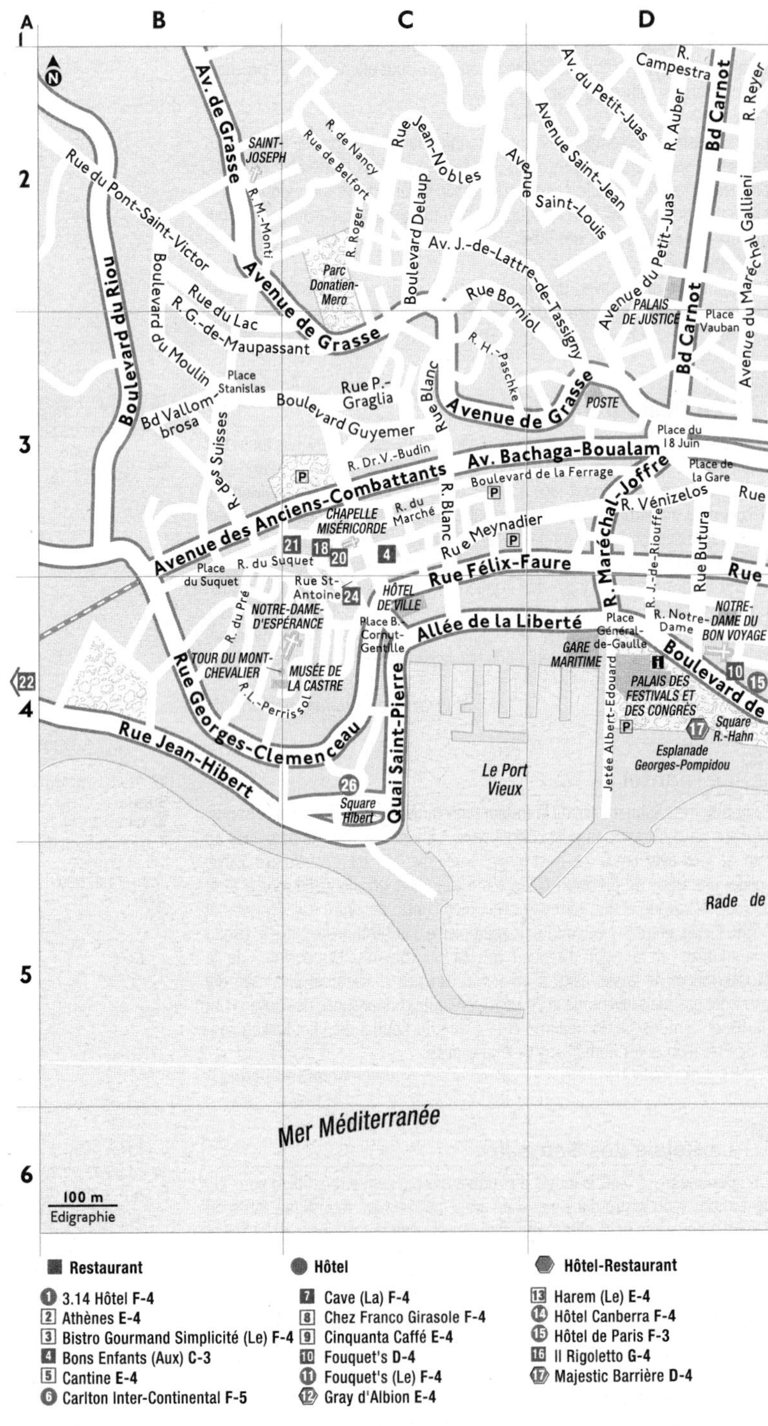
A
B
C
D
1
2
3
4
5
6
N
Av. de Grasse
SAINT-JOSEPH
R. M.-Monti
Rue du Pont-Saint-Victor
R. de Nancy
Rue de Belfort
R. Roger
Rue Jean-Nobles
Boulevard Delaup
Av. du Petit-Juas
Avenue Saint-Jean
Avenue Saint-Louis
R. Campestra
R. Auber
Bd Carnot
R. Reyer
Avenue du Maréchal Gallieni
Av. J.-de-Lattre-de-Tassigny
Avenue du Petit-Juas
PALAIS DE JUSTICE
Place Vauban
Parc Donatien-Mero
Avenue de Grasse
Rue Borniol
R. H.-Paschke
Boulevard du Riou
Boulevard du Moulin
Rue du Lac
R. G.-de-Maupassant
Place Stanislas
Bd Vallombrosa
R. des Suisses
Rue P.-Graglia
Boulevard Guyemer
Rue Blanc
POSTE
Place du 18 Juin
Av. Bachaga-Boualam
R. Dr.V.-Budin
Place de la Gare
Boulevard de la Ferrage
Avenue des Anciens-Combattants
R. Blanc
R. Maréchal-Joffre
R. Vénizelos
Rue
CHAPELLE MISÉRICORDE
R. du Marché
Rue Meynadier
R. J.-de-Riouffe
Rue Butura
Place du Suquet
R. du Suquet
Rue St-Antoine
Rue Félix-Faure
HÔTEL DE VILLE
R. du Pré
NOTRE-DAME-D'ESPÉRANCE
Place B.-Cornut-Gentille
Allée de la Liberté
Place Général-de-Gaulle
R. Notre-Dame
NOTRE-DAME DU BON VOYAGE
GARE MARITIME
TOUR DU MONT-CHEVALIER
MUSÉE DE LA CASTRE
R.-L.-Perrissol
Rue Georges-Clemenceau
Quai Saint-Pierre
Jetée Albert-Édouard
PALAIS DES FESTIVALS ET DES CONGRÈS
Boulevard de
Square R.-Hahn
Esplanade Georges-Pompidou
Rue Jean-Hibert
Square Hibert
Le Port Vieux
Rade de
Mer Méditerranée
100 m
Edigraphie
Restaurant
Hôtel
Hôtel-Restaurant
1 3.14 Hôtel F-4
2 Athènes E-4
3 Bistro Gourmand Simplicité (Le) F-4
4 Bons Enfants (Aux) C-3
5 Cantine E-4
6 Carlton Inter-Continental F-5
7 Cave (La) F-4
8 Chez Franco Girasole F-4
9 Cinquanta Caffé E-4
10 Fouquet's D-4
11 Fouquet's (Le) F-4
12 Gray d'Albion E-4
13 Harem (Le) E-4
14 Hôtel Canberra F-4
15 Hôtel de Paris F-3
16 Il Rigoletto G-4
17 Majestic Barrière D-4

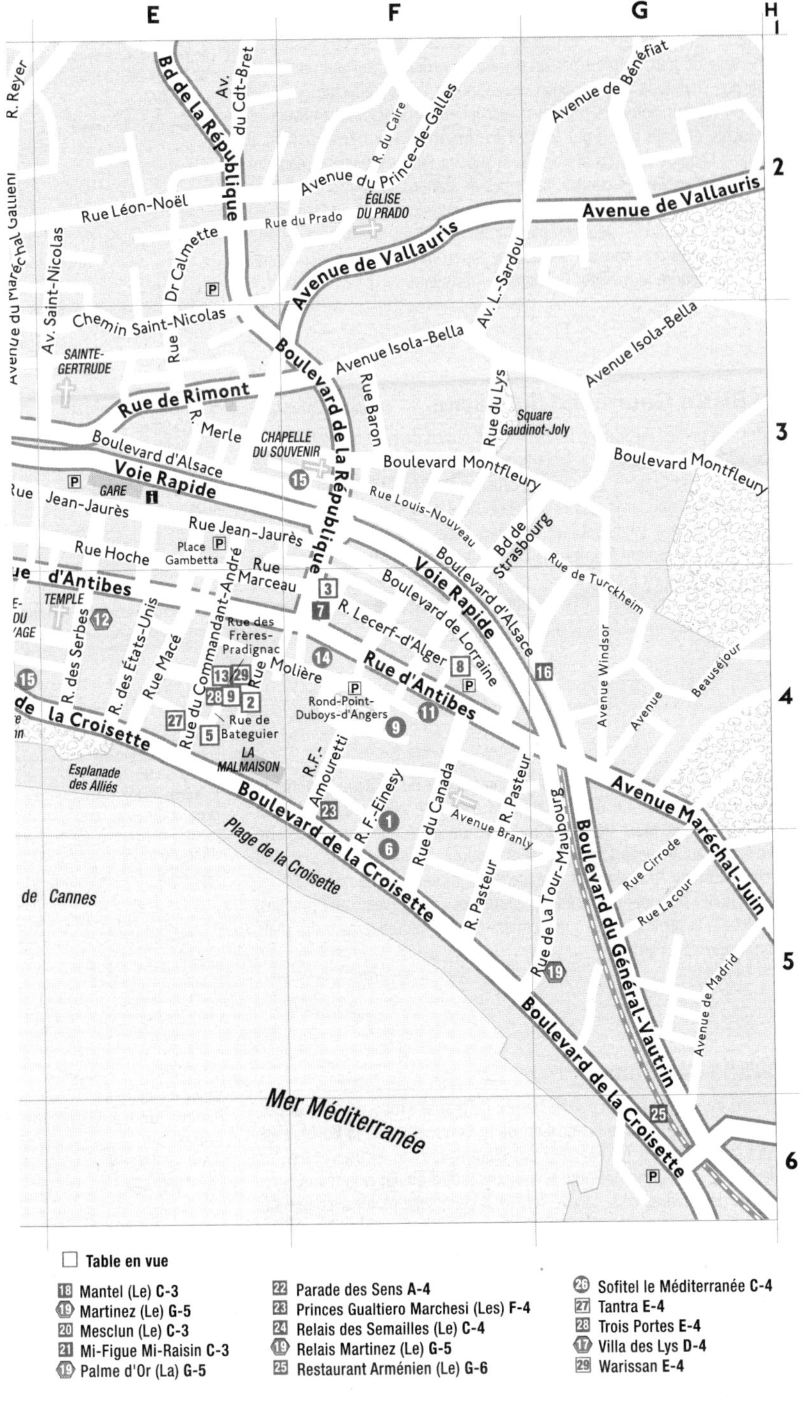

☐ Table en vue

18 Mantel (Le) **C-3**
19 Martinez (Le) **G-5**
20 Mesclun (Le) **C-3**
21 Mi-Figue Mi-Raisin **C-3**
19 Palme d'Or (La) **G-5**
22 Parade des Sens **A-4**
23 Princes Gualtiero Marchesi (Les) **F-4**
24 Relais des Semailles (Le) **C-4**
19 Relais Martinez (Le) **G-5**
25 Restaurant Arménien (Le) **G-6**
26 Sofitel le Méditerranée **C-4**
27 Tantra **E-4**
28 Trois Portes **E-4**
17 Villa des Lys **D-4**
29 Warissan **E-4**

14 Restaurant Les Princes

» Casino Barrière-Les-Princes
☎ 04 97 06 18 50
Ouv. 7j/7.

Non, une salle de jeux, ce n'est pas un restaurant ordinaire, surtout pour ceux qui n'ont pas l'habitude de fréquenter les casinos. L'accès s'effectue après les contrôles en vigueur, sous des regards mi-accueillants, mi-suspicieux envers les non-affranchis, étonnés qu'on puisse venir ici simplement manger. Pourtant, il y a de quoi : l'équipe mise en place sous la supervision de Gualtiero Marchesi produit une des meilleures cuisines italiennes de Cannes, les pâtes excellentes se baladent autour de 20 **€** et le carpaccio de loup compote de fenouil est impeccable. Le brillant chef peut compter sur les meilleures provenances (bœuf de Simmental, veau du Limousin, agneau de Sisteron) et le sommelier a carte blanche pour prendre le meilleur du vignoble transalpin.

C : 65€ • M : 75€ *casinolesprinces@lucienbarriere.com*

Le Bistro Gourmand Simplicité DÉCOUVERTE

» 5 rue Jean-Daumas
☎ 04 93 68 27 40
F. dim. et merc. (sf congrès) et déb. juil.-déb. août.
Jusqu'à 22h.

Descendus des pentes du Suquet, les Mantel ont ouvert derrière la rue d'Antibes cette jolie adresse évocatrice d'un "bistrot gourmand" évidemment moins simple que l'enseigne ne le suggère. Kimmel Williams, ancien second, devient premier, pour proposer des standards sûrs et bien faits (foie gras, saumon mariné, aïoli de cabillaud, daube à la niçoise) et de jolies notes régionales (beignets de courgette parfaits, succulent tiramisu). A la cave, Noël Mantel met les pieds dans la cuve et montre qu'en France aussi, comme chez nos voisins latins, on peut proposer sur table une ribambelle de vins entre 10 et 20 **€**, sans perdre sa liquette, ni sa vertu.

C : 25€ • M : 15€

La Cave

» 9 bd République
☎ 04 93 99 79 87
F; sam. à déj, dim. (seult. dim. à dîn. vac. scol.) et 27 août-5 sept.
Jusqu'à 23h.

Nous regrettions l'an dernier le prix un tantinet élevé du château Simone, la vedette de l'AOC Palette. Ce dernier a perdu 6 **€** cette année, traduisant les efforts constants que Marc Berrut, propriétaire de cette ancienne boucherie convertie en restaurant voilà 15 ans, consent à fournir. Philippe Verghe, son chef formé chez Rostang, travaille sur une carte quasiment immuable (harengs pomme à l'huile, beignets de fleurs de courgettes, ris de veau aux morilles, morue fraîche à la provençale...) que viennent épauler régulièrement des plats de saison proposés à l'ardoise.

C : 42€ • M : 28€ *www.restaurant-lacave.com*

13 Parade des Sens

» 92 av Francis-Tonner
☎ 04 93 48 39 84
F. dim., lundi à déj. F. ann. non comm.
Jusqu'à 22h30.

Bon d'accord, l'enseigne fait un peu réclame à deux sous - mais on ne peut pas appeler tous les restaurants le Grand Cerf ou le Commerce - et la Bocca, c'est loin de la Croisette à pied. Ne cherchez pas d'autres fausses excuses et foncez, depuis le Suquet, en suivant la route et toujours tout droit. En cinq minutes en voiture, vous découvrirez cette façade refaite et cette salle plutôt avenante où les assiettes sont beaucoup plus affriolantes que dans nombre de tables branchées du centre-ville. La faute en incombe à un chef débrouillard, qui se dessine un Sud élargi à sa manière, comptant le risotto à la roquette, les piquillos et calamars farcis, le carré d'agneau et pastilla de mendiants, réalisés avec probité, astuce, savoir-faire. La cave est jolie (Font du Broc, La Calisse) en région, bien axée propriétaires ailleurs (Diconne, Maroslavac-Léger).

M : 25-66€ *www.http://paradedessens.free.fr*

[13] Le Relais Martinez

Du gratin sur la plage : une paillote jet-setteuse, annexe de la Palme d'Or, qui ferait de l'ombre à nombre de tables de la mer en d'autres lieux. Le propos n'étant pas tant d'étouffer la concurrence que de proposer aux résidents de grignoter (un peu) plus simplement que dans la grande salle de l'hôtel. Raffinement méditerranéen, fraîcheur et additions sélectives.

C : 42 € • M : 37-42 € www.hotel-martinez.com

» 73 la Croisette
☎ 04 92 98 74 12
F. à déj. (juil.-août).
Jusqu'à 22h30.
⛱ 🚗 ♿ ❄ 🐕 🚬

[13] 3 Portes

Un nouveau chef, mais la même bonne manufacture pour cette table qui participe au concert branché, l'allure d'un lounge qui semble tout miser sur le décor, et qui pourtant soigne ses assiettes comme un gastro. Un agréable tartare de tomate et fines tranches de thon (les lounges, c'est vraiment la mort des thons) et un très bon filet de bœuf sauce satay et noodles, servi avec des légumes frais et croquants. Service al dente, jeune et souriant. www.3portes.com

» 16 rue des Frères-Pradignac
☎ 04 93 38 91 70
Jusqu'à 23h.
⛱ ♿ ❄ 🐕 🚬

[12] Fouquet's Cannes

Les fastes du Fouquet's transposés sur la Croisette, le vrai chic parisien revu aux normes d'un palace comme le Majestic, le mix se doit d'être étonnant et détonant. Il l'est d'autant mieux que c'est le big chief lui-même, Bruno Oger, ex Cuisinier de l'Année, qui supervise la production de moules marinière, de tomates mozza et de simmental béarnaise. Tout cela, bien sûr, ne fait pas une brasserie bien ordinaire... Jolie cave à dominante sudiste.

C : 55 € • M : 25-40 € www.lucienbarriere.com

» 10 la Croisette, BP 163
☎ 04 92 98 77 05
F. mi-nov.-fin déc.
Jusqu'à 23h.
⛱ 🚗 ♿ ❄ 🌊 🎾 🐕 🚬

[12] Il Rigoletto

Une sérieuse évocation d'une Méditerranée fortement transalpine et de ses incontournables : dos de loup sauvage à la ligure, polpettine d'agneau et leurs bouchons d'artichauts, foie de veau à la vénitienne sur sa polenta dorée, ravioles d'aubergines et fromage fumé, sauce au basilic. C'est chic, les produits sont choisis avec soin, la terrasse-jardin et les bons vins italiens font le reste.

C : 50 € • M : 15-49 €

» 60 bd d'Alsace
☎ 04 93 43 32 19
F. dim., mardi à dîn. (1er oct-31mai sf congrès), 1 sem. juin et 21 nov.-11 déc.
Jusqu'à 22h.
❄ 🐕

[12] Le Mesclun

Un nouveau chef-propriétaire pour cette table animée du Suquet. et d'un standing certain et recherché. A vrai dire, si les plats changent, la note reste à niveau, grâce à des produits de qualité, malheureusement gênés par des apprêts maniérés en direction de la clientèle touristique : salade gourmande aux copeaux de foie gras, thon rouge mariné au soja, mousse de mascarpone au café. Alors oui, la salle est pleine, mais il faut maintenant gagner en sobriété.

C : 60 € • M : 35 € www.lemesclun-restaurant.com

» 16 rue Saint-Antoine, Au Suquet
☎ 04 93 99 45 19
F. à déj., dim. à dîn. et 30 janv.-27 fév.
Jusqu'à 23h.
❄

[11] Aux Bons Enfants

Le menu dont nous vantions le prix canon voilà trois ans (15,50 €) vient d'atteindre la barre des 20 €. Une inflation certaine donc mais, dans cette rue Meynadier si concurrentielle, ces Bons Enfants ont su rester sages : la salade de poulpe, l'escalope de veau à la crème de champignons et le filet de mostelle meunière ont le bon goût du fait maison et de la simplicité.

C : 20 € • M : 20 €

» 80 rue Meynadier
☎ pas de tél.
F. sam. à dîn. dim. (oct-avril), août et 1 sem. Noël-nouvel an.
Jusqu'à 21h30.
⛱ ❄ 🐕

► Al Warissan

Dans l'une des rues branchées, dans un décor orientalisant soigné, une cuisine qui penche franchement vers le pays du Cèdre, pyramide de mezze chauds et froids, brochettes de viande, kafta...

C : 28 € • M : 26-33 € dlnmagic@aol.com

» 17 rue des Frères-Pradignac
☎ 04 93 38 90 10
Ouv. 7j/7.
Jusqu'à 0h30.
♿ ❄ 🐕

Athènes

Les Dedeyan Kyriakides déclinent leurs spécialités grecques depuis plus de 80 ans (à Paris, puis ici, dans le Rectangle d'Or cannois). Chiche kebab et moussaka sont des modèles du genre, et l'accueil toujours parfait. Là aussi, la tradition perdure.
C : 30 € • M : 28-38 €

» 18 rue des Frères-Pradignac
☎ 04 93 38 96 11
F. dim., merc. (sf été) et 19 juin-8 juil.
Jusqu'à 22h30.

La Cantine

Ultra branchée (les oiseaux de nuit cannois connaissent bien les lieux), cette cantine qui n'a rien de scolaire joue sur les mélanges des saveurs exotiques, asiatiques et méditerranéennes pour proposer une cuisine fusion s'accordant à merveille à la clientèle. Animation DJ live, écrans plasma.
C : 26 € • M : 28 € *www.cantine-lounge.com*

» 9 rue Batéguier
☎ 04 93 38 76 40
F. lundi (h.s.).
Jusqu'à 24h.

Chez Franco Girasole

Massimo Vigilia rapporte de son Italie natale tous les produits qu'il propose ensuite à sa table. Inutile de faire la queue au péage de Vintimille donc, l'agnolotti, les penne à la sicilienne et les gnocchi au gorgonzola faisant le trajet à notre place.
C : 26 €

» 14 rue Constantine
☎ 04 93 99 14 17
F. dim.
Jusqu'à 22h30.

Cinquanta Caffé

Tout est réuni pour un succès, la situation, le cadre branché avec les guéridons en terrasse et le service pratique (déjeuner de 12h à 18h), le tout autour d'une alerte cuisine italienne, notamment autour d"il pesce" : risotto au crabe et vin blanc, calamar et gambas à la plancha.
C : 45 € • M : 8,50 €

» 10 rue des Frères-Pradignac
☎ 04 93 39 00 01
F. dim. à déj.
Jusqu'à 23h.

Le Harem

Grillades, brochettes d'agneau, kefat, côtelettes d'agneau et desserts libanais typiques dans une salle au décor superbe et à l'ambiance souvent survoltée.
C : 37 € • M : 38 €

» 15 rue Frères-Pradignac
☎ 04 93 39 62 70
F. lundi (sf été et congrès).
Jusqu'à 2h.

Mi-Figue-Mi-Raisin

Repris au printemps dernier, l'ex-enseigne de Bruno Sohn s'aligne désormais dans la course concurrentielle que se livrent la myriade de restaurants du Suquet. Très vaste carte attrape-tout, assiette d'entrées provençales (beignet de courgette, anchois, poivrons marinés…) et daurade en écaille de pommes de terre qui valent surtout par l'accueil particulièrement aimable de la patronne. Cave étroite, mais Alziprato et Roquefort ne sont pas des mauvais choix.
C : 40 € • M : 27 € *legastro-rustique@wanadoo.fr*

» 27 rue du Suquet
☎ 04 93 39 51 25
F. lundi et 25 nov.-20 déc.
Jusqu'à 23h.

Tantra

Fusion food à tendance japanisante (filet de bouf à la japonaise, nouilles sautées aux gambas et homard...) dans un décor et une ambiance sensuels. C'est ultra hype, le DJ et la sono comptant parmi ce qui se fait de mieux sur la côte.
C : 45 € • M : 55 €

» 13 rue Dr-Gérard-Monod
☎ 04 93 39 40 39
Ouv. 7j/7.
Jusqu'à 23h.

Inter-Continental Carlton Cannes R

Une nuit au Carlton, un mythe pour certains, une habitude intransigeante pour d'autres. Cette silhouette qu'on ne peut éviter de guetter sur la Croisette, s'extasiant à chaque fois sur ses rondeurs pâtissières, sa fière architecture Belle Epoque, est aussi un palace dans toutes ses prérogatives et ses devoirs. L'atmosphère festival années 50, entre Hollywood et les marches du Palais, le service parfait de distinction et d'efficacité, l'opulence discrète des vastes chambres dont on ouvre les fenêtres avec délectation pour la plus belle vue du

» 58 bd de la Croisette
☎ 04 93 06 40 06
Fax 04 93 06 40 25
Ouv. 7j/7.

monde, participent à entretenir une magie qui dure bien. La restauration n'est hélas plus légendaire, mais la Brasserie fournit un point d'animation très agréable.
36 appart. 790-12500 € • 338 ch. 150-950 € • C : 75 € • M : 38 €
www.interconti.com

Majestic Barrière

» 10 bd de la Croisette
☎ 04 92 98 77 00
📠 04 93 38 97 90
F. mi-nov.-fin déc.

➡ **Restaurant** : 17/20 Villa des Lys
Un des rois de la Croisette qui s'habille, comme les autres palaces du groupe Barrière, d'un décor signé Jacques Garcia, mélange à la fois luxueux et chaleureux de couleurs et de matières. Les détails raffinés dans l'équipement comme la disponibilité du service contribuent également à assurer un séjour parfait.
23 appart. 695-2800 € • 282 ch. 235-800 € *www.lucienbarriere.com*

Le Martinez

» 73 la Croisette
☎ 04 92 98 73 00
📠 04 93 39 67 82
Ouv. 7j/7.

➡ **Restaurant** : 17/20 La Palme d'Or
La terrasse de la suite Penthouse peut concourir sans peine pour le titre de plus belle terrasse privée de la Côte ; cette vue mer se retrouve en de nombreux points du prestigieux palace Belle Epoque, celle qui n'avait pas encore connu la crise (l'hôtel a été inauguré en 1927). Le cadre répond à la lumière méditerranéenne par des tons chaleureux et un mobilier d'inspiration Art déco aux lignes sobres et superbes, pour des chambres et suites au luxe remarquable. Le service a une efficacité discrète et parfaite rompue aux caprices de stars et la plage privée est un must.
27 appart. 800-30000 € • 386 ch. 260-900 € *www.hotel-martinez.com*

Gray d'Albion

» 38 rue des Serbes
☎ 04 92 99 79 79
📠 04 93 99 26 10
F. mi-nov.-mars.

A deux pas du Majestic, cet autre fleuron du groupe Barrière en est aussi proche par des prestations d'excellent niveau, des chambres feutrées au luxe confortable et ses équipements de détente, de la plage privée à la discothèque. Au restaurant, qui sera entièrement redécoré au moment de la parution, en fin d'année 2005, Alain Roy a su mixer la modernité et les desiderata de la clientèle internationale, à travers un menu-carte à 42 **€** qui est l'une des très belles affaires de la Croisette. La précision, la qualité des produits, retentissent sur les tempuras de crustacés à la coriandre, les camerones piquées à la citronnelle, la poitrine de canette à l'arabica. Bon service et cave passe-partout.
8 appart. 495-1510 € • 192 ch. 160-435 € • 1/2 pens. 40 € • C : 55 € • M : 29-42 € *www.lucienbarriere.com*

Sofitel Le Méditerranée

» 1 bd Jean-Hibert
☎ 04 92 99 73 00
📠 04 92 99 73 29
Ouv. 7j/7.

Au-dessus du vieux port, l'immeuble bénéficie d'une vue panoramique, notamment depuis le solarium. Spacieuses, déclinées en néo-provençal ou en style marin, les chambres sont agréables, dans un confort parfait. Gastronomie méditerranéenne en version gastronomique (le Méditerranée) ou bistrot (Panisse). Un même savoir-faire irréprochable, au service de la noblesse (turbot clouté au jambon cru italien coquillages et anchois frais, rouget à la plancha risotto aux pointes d'asperges vertes) comme du registre terroir (brandade de morue ou petits farcis).
8 appart. 555-700 € • 141 ch. 158-354 € • 1/2 pens. 144-242 € • C : 67 € • M : 49-99 € *www.accorhotels.com*

3.14 Hôtel

Un hôtel feng shui qui résout la quadrature du cercle - 3.14, dit pi, évocation du cercle, le rond, le chaud, le tout - en apportant bien-être et découverte au long des salons et chambres qui vous font visiter les cinq continents par les cinq sens (couleurs, matières, parfums, musique). Plage privée et restaurant également voyageur, Mahatma Taste, avec croustillant de gambas au tofu, vapeur d'ombrine en feuille de bananier et tandoori de poulet aux épices rouges, curcuma et yaourt grec.
15 appart. 600-1000 € • 81 ch. 120-650 € *www.3-14hotel.com*

» 5 rue François-Einesy
☎ 04 92 99 72 00
📠 04 92 99 72 12
Ouv. 7j/7.

Le Fouquet's

Ambiance intime pour cet hôtel aux chambres délicatement personnalisées, dans des jeux de couleurs harmonieux qui signent chaque chambre. La plage est à 100 m.
10 ch. 120-230 € *www.le-fouquets.com*

» 2 rond-point Duboys-d'Angers
☎ 04 92 59 25 00
📠 04 92 98 03 39
F. 6 nov.-1er avril.

Hôtel Canberra

Complètement rénové entre 2002 et 2004, cet hôtel XIXe au cœur de l'activité de la ville adopte un décor actuel, avec un mobilier contemporain aux lignes sobres et des harmonies de couleurs apaisantes. Plage privée à 100m.
41 ch. 90-151 € *www.hotels-ocre-azur.com*

» 120 rue d'Antibes
☎ 04 97 06 95 00
📠 0497 98 03 47
F. non comm.

Hôtel de Paris

La belle façade début XXe regarde paisiblement son parc méditerranéen et la piscine, tandis que les chambres (auxquelles on accède par un bel escalier en pierre) remontent plus loin dans le temps, avec leur mobilier de style Louis XVI.
13 appart. 165-315 € • 37 ch. 90-150 € *www.hotel-de-paris.com*

» 34 bd d'Alsace
☎ 04 93 38 30 89
📠 04 93 39 04 61

LE CAP D'AGDE ➤ AGDE

CAP D'ANTIBES ➤ ANTIBES

CAPBRETON - 40130 (23 B 4)

Mont-de-Marsan 83 - Bayonne 20

14 Les Copains d'Abord

La petite table pour pêcheurs qu'on a connue voilà dix ans a bien changé : la pierre, le bois, la pâte de verre, le mobilier, les éclairages ont été revus progressivement et l'adresse est presque devenue branchée. Ce qui n'a pas changé, ce sont ces poissons magnifiques que Frédéric Dulud se fait un devoir d'aller pêcher chaque matin à la criée mais, revers de la médaille, qu'il réserve à sa seule carte : filet de turbot grillé, artichaut violet sauté au pistou de févettes, tajine d'asperge aux amandes et pignons, lotte de Bretagne rôtie, magnifiques plateaux de fruits de mer. Les menus sont désormais plus étoffés et permettent de se faire plaisir sans éclater les cordons de la bourse. Belle cave régionale.
C : 35 € • M : 18-26 €

» Port de Plaisance des Mille-Sabords
☎ 05 58 72 14 14
Ouv. 7j/7.
Jusqu'à 22h30.

13 Le Regalty le Bistrot de la Mer

En deux unités, le Regalty et le Bistrot de la Mer, vous parcourez les Landes dans ce qu'elles ont de meilleur, la terre et la mer. Michel Bondi manipule le foie gras avec tant de délicatesse que l'on peut en oublier que la table est plutôt océane, avec le turbot aux aromates, la sole aux cèpes et même les chipirons basquaise venus en voisins. La cave balance entre jurançon et madiran, pour s'adapter à l'assiette.
C : 35 € • M : 25-35 €

» Port de plaisance des Mille-Sabords
☎ 05 58 72 22 80
F. dim. à dîn., lundi (sf fériés).
Jusqu'à 22h.

CAPPY - 80340 (3D3)

Péronne 16 - Amiens 40

[10] L'Escale de Cappy

» 22 chaussée du Port-de-Plaisance
☎ 03 22 76 02 03
F. lundi, 1er-10 janv. et 15-28 fév.
Jusqu'à 21h.
🐕

Un ancien relais de mariniers, escale typique et touristique où la chef-patronne travaille le terroir à bras-le-corps, dans un cadre rustique bien étudié de la très jolie vallée de Somme : pâté de canard d'Amiens, ficelle picarde, filets d'anguille fumée sauce oseille, tripes de bœuf et potjevleesch maison.

C : 44 € • M : 26-48 € www.escale-cappy.com

CARAMANY - 66720 (31 C 5)

Perpignan 25 - Ille-sur-Têt 13 - Quillan 50

[12] Le Grand Rocher

» Rue Eloi-Tresserres
☎ 04 68 84 51 58
F. lundi, 2 janv.-30 mars et 20 nov.-20 déc.
Jusqu'à 21h.

Lorsqu'on s'installe en face des vignes, un brin de paille entre les dents, prêt à dévorer l'assiette, l'estouffade de queue de bœuf ou le gigot d'agneau de six heures, on remercie le créateur de cet endroit sans chichis où la sincérité est reine et le visiteur roi. Pierre Aline cuisine selon sa sensibilité, son envie de gourmet, un tartare de morue, une tête de veau à l'huile de cèpes, un gratin de fraises. Cette rusticité est raffinée, les prix sont doux et la petite cave épatante, avec Gauby et Castelmaure, mais aussi Laguerre et Cyril Fhal, Alliet et Arena. Le bon goût, c'est agréable.

C : 30 € • M : 20-25 € legrand.rocher@wanadoo.fr

CARANTEC - 29660 (13 C 2)

Quimper 95 - Saint-Pol-de-Léon 10

[16] Patrick Jeffroy

» 20 rue du Kelenn
☎ 02 98 67 00 47
F. dim. à dîn., lundi, mardi à déj. (h.s.) et lundi à déj., mardi à déj., jeudi à déj. (15 juin-15 sept.).
Jusqu'à 21h30.
🚗 🚤

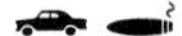

➡ **Hôtel :** 🏨 L'Hôtel de Carantec

Cadre et ambiance

Un manoir des années 30, fuselé comme un Airbus par un architecte inspiré, pourtant tout ce qu'il y a de classique en apparence. Une ambiance solaire, de grande sérénité où la lumière est partout.

Cuisine

Patrick Jeffroy magnifie les produits de sa Bretagne natale, comme le homard et le pigeonneau, faisant une place de choix aux légumes des potagers voisins. C'est une cuisine généreuse aux saveurs aiguës, qui repose des éprouvettes, sans message et pour le plaisir, jusqu'aux desserts clin d'œil, comme les crêpes dentelles aux fruits rouges, délicatement aromatisées d'une crème bergamote et d'un fort sorbet à l'angélique.

Cave

Large carte des vins qui puise chez les meilleurs dans une vaste gamme, comptant quelques beaux flacons d'appât. La cave est menée avec brio par deux sommeliers diserts qui connaissent bien le vignoble de Loire.

Accueil et service

L'accueil et l'ambiance qu'il crée sont ceux d'une grande maison, évitant les clichés, le morne, la rigidité. Et le service se montre à hauteur, sans masque, ni de fausse rigolade ni de désolation.

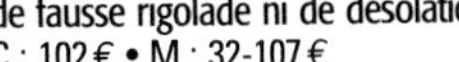

C : 102 € • M : 32-107 € www.hoteldecarantec.com

Les fermetures hebdomadaires et annuelles
sont celles que les restaurateurs et les hôteliers pensent pratiquer en 2006.
Pour éviter des déplacements inutiles, téléphonez pour confirmer.

(12) La Chaise du Curé

» 3 pl de la République
☎ 02 98 78 33 27
F. merc., jeudi, 11 janv.-8 fév. et 8-23 nov.
Jusqu'à 21h30.

Quand un chef a dans son CV un passage au Vivarois, on tend l'oreille et les papilles : Frédéric Lechat a vu du pays et des hommes, et il met sa jeune expérience dans une cuisine de marché qui lui ressemble, astucieuse et précise ; avec le pannequet de saumon fumé, le filet de lieu jaune embeurrée de pommes de terre, le croustillant de banane sauce toffee. Tout juste pourrait-il laisser de côté l'autruche et le filet Rossini, par exemple, pour des idées un peu plus personnelles. Quoique…
C : 30 € • M : 19-31 €

(11) La Cambuse

» Rue du Port
☎ 02 98 67 01 87
F. lundi, mardi (sf juil.-août) et 1er nov.-15 déc.
Jusqu'à 22h30.

Enfilez le ciré, et tous sur le pont : la Cambuse réunit la grande famille bretonne, celle qui communie et qui adopte le voyageur affamé. Tables au carré et bonne franquette : le poisson est frais, les langoustines sont énormes, la saucisse des Monts d'Arrée est comac, comme les rognons de veau et la bonne humeur générale.
C : 40 € • M : 23-35 €
www.lecabestan.fr

L'Hôtel de Carantec

» 20 rue du Kelenn
☎ 02 98 67 00 47
Fax 02 98 67 08 25
F. dim. et lundi (h.s.).

➥ **Restaurant** : 16/20 Patrick Jeffroy
La grande maison blanche fait face à la baie et au château du Taureau, spectacle permanent dans ses jeux de lumière, avec lequel rivalise un décor superbe, aux lignes contemporaines et sobres, mariées à des tons clairs et des détails raffinés. Joli salon vitré sur la mer.
12 ch. 113-221 € • 1/2 pens. 154-251 €
www.hoteldecarantec.com

CARCASSONNE - 11000 (31 C 4)

Paris - 795 - Toulouse 96 - Narbonne 60

(17) La Barbacane

» Pl Auguste-Pont
☎ 04 68 71 98 71
F. mardi, merc. et 1er nov.-1er mars.
Jusqu'à 21h30.

Cadre et ambiance
A l'intérieur de la citadelle reconstruite par Viollet-le-Duc, le plus bel ensemble, lové dans les remparts, château-fort exclusif et presque intimidant. La grande salle fleurdelysée en impose également, les vieux meubles et l'atmosphère de club anglais aussi, mais cet aristocrate rustique sait aussi montrer une certaine simplicité.

Cuisine
Malgré le départ de Franck Putelat, la carte ne devrait pas subir de gros bouleversements, assurés dans un premier temps par le second, dans une optique proche. Les trois toques vont donc encore pour l'année 2005, à la cuisine de ce chef brillant, qui volera de ses propres ailes en 2006, avec une confiance mesurée, en espérant le haut niveau technique développé jusqu'alors, sur la crème brûlée de foie gras aux cacahuètes, la lotte piquée aux truffes noires ou le pigeon étouffé au lait de cannelle.

Cave
Sans être révolutionnaire,elle fait ce qu'il faut, puissante en grands crus de Yquem 28 à Pétrus 55 et très bien dans sa région, avec des vignerons émergents (Mille Vignes, Maria Fita, Ollieux Romanis...) et une très bonne équipe de sommellerie, capable de détailler chaque climat des clochers de Limoux pour trouver le chardonnay qui va bien avec le client et avec l'assiette.

Accueil et service
De la distinction sans raideur, un plaisir de recevoir à la languedocienne, sans trop de salamalecs. Et un travail précis, attentionné pour chaque table.
C : 80 € • M : 65-115 €
www.hoteldelacite.com

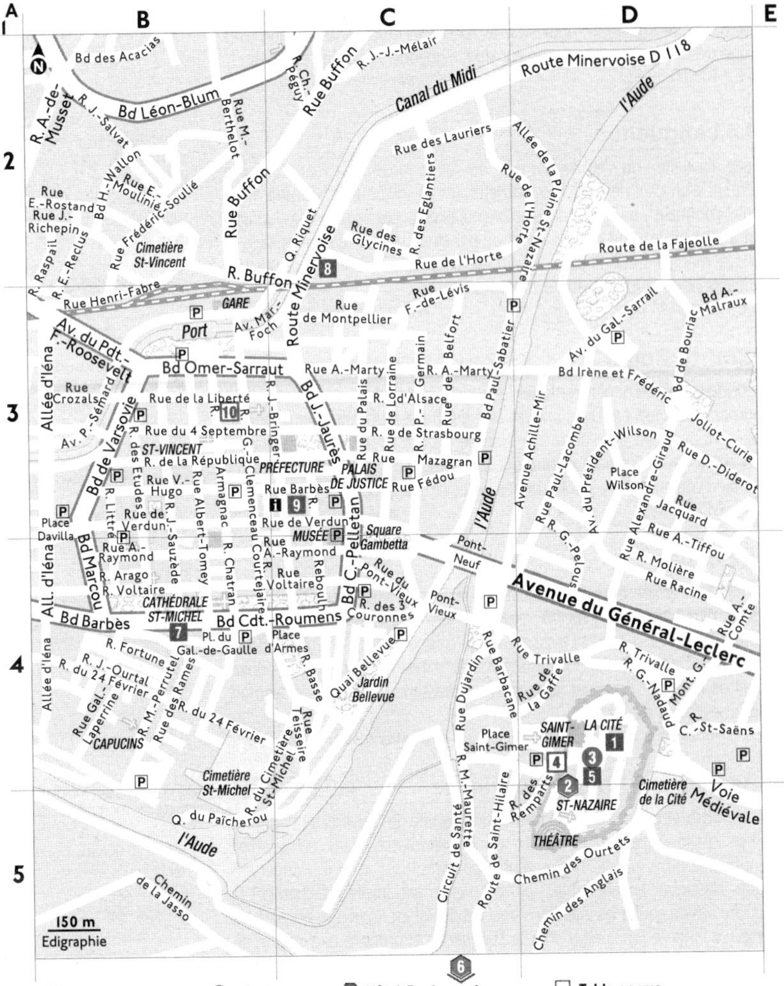

■ Restaurant ● Hôtel ⬢ Hôtel-Restaurant □ Table en vue

1 Auberge de Dame Carcas **D-4**
2 Barbacane (La) **D-5**
3 Best Western-Le Donjon **D-4**
4 Brasserie le Donjon **D-4**
2 Chez Saskia **D-5**
5 Comte Roger **D-4**
6 Domaine d'Auriac (Le) **C-5**
7 Ecurie (L') **B-4**
2 Hôtel de la Cité **D-5**
2 Jardin de l'Évêque (Le) **D-5**
8 Languedoc (Le) **C-2**
9 Restaurant Robert Rodriguez **C-3**
10 Taj Mahal **B-3**

14 Le Domaine d'Auriac

➥ **Hôtel :** Le Domaine d'Auriac

Le parc est beau, le golf juste à côté, la maison a du charme, les clients et le personnel sont bien élevés. Tout ce qui justifie une visite approfondie, un repas sur la terrasse ouvrant sur le jardin, et une carte qui ne connaît pas le discount : asperges et langoustines, homard aux artichauts violets et gnocchis à l'encre de seiche, "cou nu" du Lauragais aux piments d'Espelette et mille-feuille

» Rte de Saint-Hilaire
☎ 04 68 25 72 22
F. dim. à dîn., lundi (12 fév.-3 avril, 1er oct.-31 déc. sf fériés), à déj. lundi-merc.(2 mai-30 sept.), 3 janv.-7 fév., 23 avril-1er mai et 12-20 nov.
Jusqu'à 21h15.

d'aubergines. Les voisins viennent aussi pour le cassoulet, l'un des meilleurs du coin, et pour vider quelques bouteilles de Toques et Clochers ou de corbières dans une très forte cave de connaisseur du Languedoc, hélas un peu chère.
C : 80 € • M : 60-90 € *www.relaischateaux.com/auriac*

13 Le Languedoc

» 32 allée d'Iéna
☎ 04 68 25 22 17
F. dim. à dîn., lundi (h.s.), dim. à dîn., lundi à déj. (été), 1 sem. fin juin et 20 déc.-20 janv.
Jusqu'à 21h30.

L'assiette, l'assiette : on s'en tiendra à ce qui fait la force de la maison, par le truchement d'un chef de métier, qui achète bien et soigne une bourride et un cassoulet comme il y en a peu, dans la Cité ou ailleurs. Les habitués des lounges auront à franchir un saut culturel avant de pénétrer dans cette maison sage et sa salle à manger Louis-Philippe, avant de craquer pour ces classiques, en accompagnant de corbières ou de cabardès.
C : 32 € • M : 24-44 € *www.hotelmontsegur.com*

12 Comte Roger

» 14 rue Saint-Louis, La Cité
☎ 04 68 11 93 40
F. dim et lundi (sf juil.-août) et 15 fév.-15 mars.
Jusqu'à 21h45.

Au cœur de la cité, de quoi réconforter le touriste déambulant avec extase entre les couronnes de Viollet-le-Duc : une terrasse de charme, un patron tout sourire, commerçant avec chacun d'un même élan de courtoisie, une carte attrayante, un peu chère. En s'en tenant aux premiers menus, l'affaire est intéressante, et la cave bien construite, accessible sur ses bases languedociennes.
C : 50 € • M : 30-40 € *www.comteroger.com*

12 L'Ecurie

» 43 bd Barbès
☎ 04 68 72 04 04
F. dim. à dîn. et merc.
Jusqu'à 23h45.

La "cantine" après spectacle où les théâtreux aiment se retrouver jouit d'un des cadres les plus beaux de la région ; ces anciennes écuries XVIIIe, au calme et pourtant si centrales, se prêtent avec grâce à la cuisine simple du jeune Ludovic Ethève, aussi à l'aise sur les spécialités régionales (parillada de poisson, cassoulet au confit de canard…) que sur les plats typés brasserie (carpaccio de saumon aux agrumes, carré d'agneau)
C : 22 € • M : 22-29 € *www.restaurantlecurie.fr*

12 Restaurant Robert Rodriguez DÉCOUVERTE

» 39 rue Coste-Reboulh
☎ 04 68 47 37 80
F. dim. à dîn., lundi, merc. à dîn., 15 jrs août et 15 jrs nov.
Jusqu'à 22h.

Salles de poche, et même de petite poche, une dizaine de couverts tout au plus, et même chose à l'étage, au centre de la ville basse, dans un quartier authentique. L'atmosphère légèrement oppressante - accueil réfrigérant, musique classique envahissante, vin au verre administré chichement - n'empêche pas de goûter les intentions sincères de Robert Rodriguez qui a quitté la Corse (Le Pirate à Erbalunga) pour le Languedoc et propose une cuisine de fraîcheur au jour le jour. La toque devrait s'envisager dès l'an prochain en gommant les petits travers, mais l'on mesure bien que la démarche n'est pas à la course aux récompenses.
C : 50 € • M : 15,50-35 € *www.rodriguezrobert.com*

10 Auberge de Dame Carcas

» 3 pl du Château
☎ 04 68 71 23 23
F. merc.
Jusqu'à 22h.

Terrasse immanquable, qui rend jaloux ceux qui n'y sont pas installés. En saison, réservez votre emplacement, vous serez sur les diapos de nombre de vacanciers qui auront salivé devant votre cassoulet et votre cochon de lait au miel.
M : 14-24,50 €

? Chez Saskia

» Pl Auguste-Pont
☎ 04 68 71 98 71
F. déc., janv.
Jusqu'à 21h30.

➡ **Hôtel :** Hôtel de la Cité
La deuxième adresse, simplement régionale, de l'hôtel de la Cité, devrait continuer son chemin malgré le départ de Franck Putelat, à l'automne 2005, qui dirigeait l'ensemble des cuisines. La ligne cassoulet-salades devrait donc perdurer. La note est entre parenthèses avant nouvel avis pour la prochaine saison.
C : 27 € • M : 18-36 € *www.hoteldelacite.com*

Brasserie Le Donjon

Pas d'attrape-nigaud dans cette brasserie centrale au fort passage : le cassoulet languedocien est même d'un bon rendement, pour être rassasié dans l'esprit régional.

C : 23 € • M : 16,50-26,50 € *www.hotel-donjon.fr*

» 2 rue Porte-d'Aude
☎ 04 68 25 95 72
F. dim. à dîn. (sept.-mars, sf Pâques).
Jusqu'à 22h.

Le Jardin de l'Evêque

Dirigée jusqu'ici par Franck Putelat, le chef à trois toques de l'hôtel de la Cité (mais qui quittera les lieux début 2006 pour s'installer dans une toute nouvelle adresse), cette terrasse-jardin vaut autant pour son animation que pour sa petite carte, fraîche et vraiment pas chère.

C : 27 € • M : 25 € *reservations@hoteldelacite.com*

» Pl Auguste-Pont
☎ 04 68 71 98 71
F. 15 sept.-15 juin.
Jusqu'à 22h.

Taj Mahal

Au pays du cassoulet, choisir cette adresse ne tient pas de la provocation, mais d'une louable envie de changement, qui trouve à s'exprimer ici tout à fait dignement, dans un cadre aussi soigné que les spécialités traditionnelles.

M : 10-22 €

» 62 rue de la Liberté
☎ 04 68 71 66 47
Jusqu'à 22h.

Hôtel de la Cité

➡ **Restaurant** : ⑦ Chez Saskia

L'imposante bâtisse néogothique séduit par son architecture travaillée comme par sa situation, dans la Cité près du château comtal. Sous des hauteurs de plafond impressionnantes, les chambres sont lumineuses et d'un luxe raffiné, la vue sur les vieilles pierres en prime.

19 appart. € • 42 ch. 250 € *www.hoteldelacite.orient-express.com*

» Pl Auguste-Pont
☎ 04 68 71 98 71
📠 04 68 71 50 15
F. déc.-janv.

Le Domaine d'Auriac

➡ **Restaurant** : 14/20 Le Domaine d'Auriac

A l'écart de la Cité, sur la vaste étendue de verdure qui accueille le golf, le domaine décline ses espaces généreux autour d'un ancien domaine agricole aux vieilles pierres chaleureuses. Les chambres arborent une allure lumineuse et raffinée, avec de superbes tissus et des harmonies de couleurs personnalisées, tour à tour feutrées, romantiques ou champêtres au gré des chambres.

25 ch. 100-420 € • 1/2 pens. 140-300 € *www.relaischateaux.com/auriac*

» Rte de Saint-Hilaire
☎ 04 68 25 72 22
📠 04 68 47 35 54
F. 3 janv.-7 fév., 23 avril-1er mai et 12-20 nov.

Best Western Le Donjon

Disposées autour du château comtal, trois bâtisses médiévales offrant des chambres de cachet, très calmes malgré l'agitation toute proche de la Cité, et au confort actualisé. Cinq nouvelles chambres ont été créées dans une nouvelle aile (Maison du Comte Roger).

6 appart. 130-200 € • 57 ch. 90-155 € • 1/2 pens. 66,60-145 €
www.hotel-donjon.fr

» 2 rue du Comte-Roger, cité médiévale
☎ 04 68 11 23 00
📠 04 68 25 06 60
Ouv. 7j/7.

➲ à CAVANAC - 11570 : 7 km S.

Château de Cavanac

A quelques minutes de Carcassonne, cette bâtisse XVIIe s'est dotée depuis longtemps d'équipements de détente (tennis, piscine, sauna) et conserve, avec ses lits à baldaquin et aux motifs fleuris, une atmosphère hors du temps très agréable.

4 appart. 152-155 € • 25 ch. 65-150 € *www.chateau-de-cavanac.fr*

» ☎ 04 68 79 61 04
📠 04 68 79 79 67
F. janv., fév. et 1er-15 nov.

➲ à FLOURE - 11800 : 11 km S.E. par N 113

 Château de Floure R

Précédée de son parc à la française, la maison a fière allure, avec sa sobre architecture héritée d'un lointain passé d'abbaye romane. Le décor joue la vie de château, notamment dans la partie principale avec ses meubles de style. Le restaurant le Poète Disparu propose un menu-carte ambitieux dans une veine sudiste assumée, qui gagnerait à se simplifier.
4 appart. 230 € • 17 ch. 110-170 € • 1/2 pens. 51 € • C : 75 € • M : 39-79 €
contact@chateau-de-floure.com

» 1 allée Gaston-Bonheur
☎ 04 68 79 11 29
📠 04 68 79 04 61
F. 4 janv.-15 mars.

➲ à LASTOURS - 11600 : 20 km N.E. par D 18, D 411 et D 701

 Le Puits du Trésor

Au-dessus de l'Orbiel et au pied de la Montagne Noire, le site de cette ancienne usine textile où l'on fabriquait naguère des tapis de billard est en effet idéal pour une belle table. Et l'été, la destination gourmande devient une balade de charme, à proximité des ruines des quatre châteaux cathares du village. Jean-Marc Boyer regrette-t-il Paris, où il fréquenta le gotha, au Ritz et à l'Ambroisie ? Ce serait dommage, même si une cuisine aussi bien construite, aussi pointue et élégante mériterait un soutien franchement massif. Car loin des cassoulets et des soupes cathares, le vol-au-vent authentique, le blanc de turbot aux épices, la côte de veau fermier et petits pois à la française, exemplaires témoins de la grande cuisine bourgeoise tel qu'il sait la pratiquer, devient ici une exception culturelle, à préserver et à encourager.
M : 35-77 € *www.lepuitsdutresor.com*

» 21 rte des Quatre-Châteaux
☎ 04 68 77 50 24
F. à déj. merc., dim. et vac. scol. fév.
Jusqu'à 21h30.

➲ à PENNAUTIER - 11610 : 6 km N.O. par N113 et D203

Château de Pennautier

Aux portes de Carcassonne, une table vigneronne aménagée dans l'ancienne bergerie du château de Pennautier, l'un des très bons producteurs de cabardès. Ambiance bar à vins, dégustations autour de tartines de terroir et magrets au miel frites à la graisse d'oie.
C : 19,50 € • M : 17,50-19,50 €

» La Métairie Basse
☎ 04 68 72 65 29
F. dim.
Jusqu'à 21h.

CARDROC ➤ HEDE

CARENNAC - 46110 (30 A 1)

Cahors 94 - Brive-la-Gaillarde 37

 Auberge du Vieux Quercy

Une jolie maison typique, ancien relais de poste dans un des plus beaux villages du département. Les nouveaux propriétaires ont joliment réaménagé les chambres du premier étage et la salle de restaurant, dominant les toits de la cité. Au restaurant, un chef d'expérience propose une cuisine de forte tradition.
3 appart. 110-130 € • 20 ch. 62-88 € • 1/2 pens. 58-80 €
www.vieuxquercy.com

» ☎ 05 65 10 96 59
📠 05 65 10 94 05
F. 12 nov.-31 mars.

CARHAIX PLOUGUER - 29270 (13 D 3)

Quimper 65 - Huelgoat 19

 Auberge du Poher

Un conservatoire traditionnel qui rend service. On y révise quelques standards, truite aux amandes lotte à l'impératrice et entrecôte béarnaise. L'omelette au gruyère est à 6 €.
C : 38 € • M : 13,50-43 €

» Port de Carhaix
☎ 02 98 99 51 18
F. à dîn. dim., mardi, merc.; lundi, 2 prem. sem. fév. et 3 prem. sem. juil.
Jusqu'à 21h.

CARIGNAN - 08110 (9 C 2)

Sedan 20 - Montmédy 23

La Gourmandière

19 av de Blagny
☎ 03 24 22 20 99
F. lundi (sf fériés).
Jusqu'à 21h30.

Nathalie et Thierry Gérard (elle en cuisine, lui en salle), ne ménagent pas leurs efforts pour sortir le département des Ardennes de sa torpeur gastronomique. Leur Gourmandière, avec les Echevins tout proche (à Mouzon) sont en effet de belles, mais seules, locomotives pour les Ardennais. La cuisine de Nathalie, une ancienne du Beffroy (l'une des plus anciennes tables rouennaises) ne se contente pas de rabâcher un terroir pas toujours gai, préférant l'exotisme d'un saumon fumé, guacamole et vodka à l'herbe de bison ou le bar sauvage aux asperges vertes, pignons de pin au parfum de lavande. Les desserts ne manquent pas non plus d'allure et la toque reste solidement accrochée. Cave classique et s'intéressant peu aux appellations émergentes.

C : 30 € • M : 16-42 € www.la-gourmandiere.com

CARNAC - 56340 (13 D 5)

Vannes 33 - Quiberon 19

La Côte

Kermario
☎ 02 97 52 02 80
F. sam. à déj., dim. à dîn., lundi (1er sept.-30 juin), lundi, mardi à déj. (juil.-août), 4 janv.-12 fév., 1re sem. oct., 3e sem. nov. et 2e sem. mars.
Jusqu'à 21h30.

Pierre Michaud n'est pas homme à sa laisser abattre ou rattraper par la médiocrité. Il ne galvaudera jamais ses produits, s'attachant à ne travailler que du frais alors que tant de maisons autour d'eux jouent la facilité. Cette toque est solide pour l'une des meilleures et des plus honnêtes tables du golfe, avec les beaux fruits de mer, les poissons toujours au top et la cave bien sentie.

C : 50 € • M : 23-85 € restaurant.lacote@tele2.fr

(11) La Calypso

158 rte du Pô
☎ 02 97 52 06 14
F. dim. à dîn. (sf juil.-août), lundi, 20 nov.-4 fév.
Jusqu'à 22h.

Un nouveau chef pour cette cuisine poissonnière sage et efficace dans le joli cadre d'un ancien café refuge d'ostréiculteurs, avec vue sur le petit port du Pô. Huîtres, plateaux, coquillages farcis et poissons à l'âtre, indiqués au tableau selon la pêche du jour.

C : 42 €

Hôtel du Golf Saint-Laurent

Golf de Saint-Laurent, Ploemel
☎ 02 97 56 88 88
📠 02 97 56 88 28
F. 23 déc.-7 janv.

Une belle étape loisir dans le cadre verdoyant d'un golf 18 trous. Allure contemporaine et chambres confortables, rénovées l'an dernier.

42 ch. 55-131 € • 1/2 pens. 58,50-96,50 € www.hotel-golf-saint-laurent.com

Novotel Thalasso

Av de l'Atlantique
☎ 02 97 52 53 00
📠 02 97 52 53 55
F. janv.

L'hôtel est si près de l'eau que son architecture contemporaine s'y reflète. Certes, ce sont les salines, mais la plage n'est pas beaucoup plus loin. Spacieuses et claires, les chambres se complètent d'un équipement soigné.

109 ch. 90-171 € • 1/2 pens. 88-121 € www.thalasso-carnac.com

CAROMB ➤ CARPENTRAS

Dans chaque ville, les établissements sont classés par note décroissante, restaurants d'abord, hôtels ensuite.

•

Certaines communes sont rattachées à l'agglomération la plus proche.

CARPENTRAS - 84200 (33 B 4)

Avignon 24 - Aix-en-Provence 84

[12] Chez Serge 🍇 ♥

N'y allons pas par quatre chemins : c'est la cave à connaître dans toute la région du Rhône méridionale. Serge Ghoukassian est un passionné qui vous fera vraiment visiter le vignoble. Et pour peu que vous manifestiez un peu de curiosité, il vous montrera peut-être sa cave secrète, creusée sous la maison. En façade, c'est une petite table accueillante, avec sa douce cuisine provençale, sa délicieuse terrasse sous le tilleul centenaire et son ambiance de bonne humeur qui déplace les foules. Robert Hossein y vient régulièrement pour les beignets au fromage. Et pas pour la Mémé de Gramenon, à prix rare ?

C : 40 € *www.chez-serge.com*

» 90 rue Cottier
☎ 04 90 63 21 24
F. dim., lundi, 24-25 déc. et 1er janv. à déj.
Jusqu'à 21h45.
⛱ ♿ 🐕

[12] Franck Restaurant [DÉCOUVERTE]

C'est une bien jolie terrasse, au pied du beffroi, dans la petite cour intérieure aménagée par Céline et Franck Deligny, qui redonnent vie à cette maison naguère toquée. Tout est soigné gentil, jusqu'au service spontané et sans manières. Et la cuisine, en s'affinant avec des produits choisis - sympathique tartare de saumon, morue brandade de haddock un peu laborieuse, yaourt glacé mangue framboise dans une proposition à 26 **€** - peut aussi viser plus haut. Cave courte et pas niaise sur sa région, Fondrèche et Pesquié, mais aussi Richaud et Férigoule (Sang des Cailloux) à tarifs modiques.

C : 42 € • M : 26-33 €

» 30 pl de l'Horloge
☎ 04 90 60 75 00
F. mardi, merc.
mi-janv.-déb. mars.
Jusqu'à 21h30.
⛱ ♿ 🚬

🏨 Best Western Le Comtadin

Situé dans le centre, cet élégant hôtel particulier fin XVIIIe s'ordonne autour de sa cour intérieure, sur laquelle donnent les chambres les plus agréables. Couleurs provençales et bon confort.

1 appart. 130-150 € • 19 ch. 54-99 € • 1/2 pens. 74-88 €

www.le-comtadin.com

» 65 bd Albin-Durand
☎ 04 90 67 75 00
📠 04 90 67 75 01
F. 18-27 fév. et 20 déc.-7 janv.
🚗 ♿ ✇ 🐕

🏨 Hôtel du Forum

Un deux étoiles clean et contemporain, du pratique et un bon service à deux pas du boulevard de ceinture.

28 ch. 49-72 €

» Rue du Forum
☎ 04 90 60 57 00
📠 04 90 63 52 65
F. Noël-nouvel an.
🚗 ♿ 🐕

➲ à CAROMB - 84200 : 9 km N. par D 974 et D 13

[11] Le Four à Chaux

Rançon du succès, cette petite table campagnarde à la croisée des chemins semble moins se préoccuper du bien-être des convives au profit de l'efficacité. Et si le service hyperactif se donne un mal de chien pour garder la cadence, dans la salle un peu vieillotte ou sur la terrasse ombragée, l'assiette finit aussi par souffrir de cette course, dans une veine traditionnelle et régionale qui a pourtant fait ses preuves.

C : 35 € • M : 17-40 €

» 2253 av Charles-de-Gaulle
☎ 04 90 62 40 10
F. lundi, mardi (h.s.), lundi, mardi à déj. (juil.-août), janv. et nov.
Jusqu'à 21h30.
⛱ 🚗 ♿ 🐕

🏨 Bon confort. 🏨 Grand confort. 🏨 Luxe. 🏨 Grand luxe.

🏨 🏨 🏨 🏨 Hôtels de charme.

➲ à MONTEUX - 84170 : 5 km S.O. par D 942

Le Saule Pleureur

"Nous appenons au moment du bouclage l'arrivée prochaine en ces lieux de Laurent Azoulay, qu'on a connu récemment aux Trésoms à Annecy. Il prend la relève de Michel Philibert avec de belles ambitions et a amené avec lui le chef pâtissier Nicolas Bichon (vice-champion du monde des dessert 2005). On en reparle prochainement."

C : 56 € • M : 31-55 €

» 145 chemin de Beauregard, lieu-dit Pont-des-Vaches
☎ 04 90 62 01 35
F. sam. à déj., dim. à dîn., lundi, 3 sem. nov. et 3 sem. mars.
Jusqu'à 21h30.

Domaine de Bournereau

Des tomettes au sol au beau mobilier, les chambres séduisent par leur élégance provençale et leur sobriété. Jardin sous les platanes pour la détente.

1 appart. 160-190 € • 11 ch. 90-170 € *www.bournereau.com*

» 579 Chemin de la Sorguette
☎ 04 90 66 36 13
📠 04 90 66 36 93
F. 1er nov.-30 janv.

➲ à PERNES LES FONTAINES - 84210 : 6 km S. par D 938

Dame l'Oie

Isabelle et Bernard Collomb pratiquent ce métier d'artisan sans appliquer de recettes : c'est tout bénéfice pour ceux qui aiment comme nous qu'une maison respire, exhale ses propres parfums, manifeste son caractère. La cuisine est comme elle vient, du classique sans manière, de la pêche du jour pour une plancha de crustacés ou une parillade de poissons. Le menu à 25 € est d'une absolue probité, avec le croustillant d'anchois, la galinette en bourride et la souris d'agneau confite et gâteau d'aubergines. La cave est locale, arrosée par les propriétaires en Luberon et Ventoux (Val Joanis, Fondrèche).

C : 23 € • M : 16-29 €

» 56 rue du Troubadour-Durand
☎ 04 90 61 62 43
F. lundi, mardi à déj., 2e quinz. fév. et 1re sem. mars.
Jusqu'à 21h30.

Au Fil du Temps

Cette table de village nous plaît par sa discrétion autant que par son engagement au service d'une cuisine de produits, traités à la commande et globalement bien respectés (une bonne canette rôtie, au miel bien dosé) ; même si les présentations sont un peu dépassées, sans choquer avec le style de la maison, qui manque un peu de chaleur et de naturel provençal.

C : 45 € • M : 30-65 € *fildutemp@wanadoo.fr*

» Pl Louis-Giraud
☎ 04 90 66 48 61
F. mardi, merc., vac. scol. fév., vac. scol. Toussaint et vac. scol. Noël.
Jusqu'à 21h.

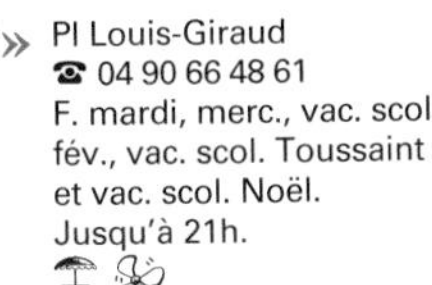

Mas de la Bonoty

Au seuil du Luberon, un mas de charme et de détente, base idéale pour rayonner dans tous les sens du terme. L'ancienne ferme XVIIe a été habilement aménagée, dans une déco typiquement provençale, poutres et pierres apparentes, chambres au style rustique provençal, beaux tissus et matériaux. Cuisine en harmonie, apprêts mode et enrobages (lasagne de chèvre et légumes confits, feuilleté de foie gras, croustillant de cuisse de lapin) sur une solide tradition de terroir.

8 ch. 62-95 € • 1/2 pens. 63-80 € • M : 22-60 € *www.bonoty.com*

» Chemin de la Bonoty
☎ 04 90 61 61 09
📠 04 90 61 35 14
F. 8 janv.-11 fév. et 12 nov.-8 déc.

CARQUEFOU ➤ NANTES

CARQUEIRANNE ➤ HYERES

CARRIERES SUR SEINE ➤ PARIS-BANLIEUE

CASCASTEL DES CORBIERES - 11360 (31 D 5)

Perpignan 53 - Carcassonne 66

[11] Clos de Cascastel

» Quai de la Berre
☎ 04 68 45 06 22
F. mardi (sf été), 3 sem. fév. et 3 sem. nov.
Jusqu'à 21h30.
🚗 🐕 🚬

Au milieu de ce village perdu dans les Corbières, dont la coopérative viticole est le monument principal, voilà une jolie salle sur plancher de coco, nappes ocre et grand comptoir, accueillante et ouverte façon table d'hôtes. Le menu sans choix fixe les idées avec la fricassée de supions, qui disparaît sous des tonnes de salade, une bonne volaille Label Rouge et son risotto de légumes, une crème brûlée un peu molle et de bon goût. La cave se concentre sur les vins locaux et le service est à la fois gentil et direct.
C : 25 € • M : 13,50-39 €

CASES DE PENE ➤ RIVESALTES

CASSEL - 59670 (1 C 2)

Calais 55 - Dunkerque 30 - Lille 50

[12] T'Kasteelhof

» 8 rue Saint-Nicolas, face au Moulin
☎ 03 28 40 59 29
F. lundi, mardi, merc., 3 dern. sem. janv., 1er sem. juil. et 2 prem. sem. oct.
Jusqu'à 21h00.
⛱ 🐕

Un emplacement superbe, face au typique moulin, dominant la plaine des Flandres françaises et le si beau village. C'est bien là qu'il fallait installer cet estaminet auquel ne manque pas un bouton de guêtres, les accessoires et objets de la vie paysanne, la franchise souriante du service et la grande carte de spécialités qui donne envie de croquer : les charcuteries, les grandes planches, les tartines, les tartes flamandes, le boudin noir, la carbonade, le potjevleesch, le sorbet à la rhubarbe ou la crème brûlée chicorée.
C : 17 €

➲ à GODEWAERSVELDE - 59270 : 11 km E. par D 948 et D 18

[11] Blauwershof

» 9 rue d'Eecke
☎ 03 28 49 45 11
F. lundi, 1re sem. janv. et 2e quinz. juil.
Jusqu'à 22h30.
⛱ 🐕

La chaleur communicative des estaminets embrase cette salle typique où l'on joue à la grenouille et à la poire entre deux franches assiettées, de tarte à la moutarde, de coq à la bière ou de carbonade. La bière flamande peut vraiment couler à flots : le choix est un des meilleurs de la région, et personne n'a envie de partir.
C : 16,60 € • M : 12,20-19,10 €

CASSIS - 13260 (33 D 6)

Marseille 31 - Toulon 41

[12] Restaurant Nino

» 1 quai Barthélemy
☎ 04 42 01 74 32
F. non comm.
Jusqu'à 22h30.
🚗 🐕

Trop connue pour être vraiment authentique et spontanée, cette adresse est un des fleurons de la station. La bouillabaisse y est réputée depuis des lustres, le service un brin robotisé, et les habitudes fortement ancrées, y compris celles d'une qualité certaine qui compense un certain manque d'âme, même si le service sait se montrer performant, pour débarrasser et re-dresser une table en un temps record, par exemple. La cave se consacre au vin de Cassis avec près d'une quinzaine de vignerons référencés, et l'addition est moins banale que les desserts.
C : 55 € • M : 34 €

Les Roches Blanches

Les roches blanches, ce sont celles des calanques, au cœur desquelles se trouve niché cet hôtel, entre ciel et mer. De la terrasse et de la piscine, la vue s'envole vers la mer et le Cap Canaille. Jolies chambres, entre meubles de style et ambiance marine.

6 appart. 225-285 € • 17 ch. 87-200 € • 1/2 pens. 220-374 €

www.roches-blanches-cassis.com

» Rte des Calanques
☎ 04 42 01 09 30
Fax 04 42 01 94 23
F. nov.-déc.

Hôtel de la plage Le Mahogany

La vue mer est toujours un atout, mais quand il s'agit en plus du célèbre cap Canaille… La lumière de la Méditerranée envahit les chambres, harmonie de bleu et blanc côté mer, de brique et ocre côté jardin, pour des atmosphères chaleureuses.

4 appart. 100-200 € • 26 ch. 90-200 € • 1/2 pens. 25 €

www.hotelmahogany.com

» Plage du Bestouan
☎ 04 42 01 05 70
Fax 04 42 01 34 82
Ouv. 7j/7.

Jardins de Cassis

Les jardins sont bien là, avec palmiers et bougainvilliers, un spectacle dont la plupart des chambres, avec terrasse, permettent de profiter largement. Ambiance provençale, architecture de bastide et décor dans le ton, avec les touches de fer forgé et les tons doux qui font tout le charme des chambres. Accès facile au centre, mais aussi aux calanques et à la mer.

2 appart. 146-234 € • 34 ch. 64-115 € *www.lesjardinsde-cassis.com*

» Av Auguste-Favier
☎ 04 42 01 84 85
Fax 04 42 01 32 38
F. 4 nov.-28 mars.

Le Jardin d'Emile R

Sous les pins et face à la mer, cette belle maison ancienne mise sur des chambres joliment actualisées, avec des couleurs personnalisées autour des tons provençaux. Au restaurant, l'assiette n'est pas loin d'une petite toque, mais l'ambiance et le service appartiennent davantage au standard du bord de mer. Cave trop courte pour cette catégorie, vue splendide sur la Méditerranée.

7 ch. 80-140 € • 1/2 pens. 25 € • C : 45 € • M : 39-40 €

www.lejardindemile.fr

» Plage du Bestouan
☎ 04 42 01 80 55
Fax 01 42 01 80 70
F. 11 nov.-15 déc.

CASTAGNEDE ➤ SALIES DE BEARN

CASTELGINEST ➤ TOULOUSE

CASTELJALOUX - 47700 (24 A 3)

Agen 58 - Marmande 23

La Vieille Auberge

On chasse, on pêche et on vit comme des rois dans cette Vieille Auberge qui fait le métier à l'ancienne, mais avec passion et professionnalisme. Plus d'un siècle et demi après sa création, elle glorifie, par l'intermédiaire de son chef Eric Menaspa, une cuisine honnête et giboyeuse, le gigot d'agneau et le filet de bœuf à la périgourdine. Le nouveau maître d'hôtel fait passer le message avec doigté, et il y a du Chante-Coucou dans une cave qui connaît sa région (Tariquet, Berticot…).

C : 45 € • M : 18-35 € *www.restaurant-la-vieille-auberge.fr*

» 11 rue Posterne
☎ 05 53 93 01 36
F. dim. à dîn., merc. à déj. (été), dim. à dîn., mardi à dîn., merc. (h.s.), 27 fév.-8 mars, 26 juin-9 juil. et 20 nov.-6 déc.
Jusqu'à 21h15.

Hôtels de charme.

 Bon confort.  Grand confort.  Luxe.  Grand luxe.

LE CASTELLET - 83330 (33 D 6)

Toulon 21 - Bandol 12 - La Cadière-d'Azur 6

Le Monte Cristo

➥ **Hôtel** : Hôtel du Castellet

Cadre et ambiance

Un paradis en pleine nature, une salle grande ouverte, par ses baies vitrées, sur le parc, le golf, les collines de Provence.

Cuisine

On peut comprendre que le monde de la F1, et son patron Bernie Ecclestone, aient l'envie, et les moyens, de planter, non loin des circuits, en plein désert ou au milieu d'une ville, des palais comme celui-là pour avoir tout à portée de la main. Il est moins courant de vouloir aussi s'offrir une F1 dans les cuisines. Car le travail d'Hervé Sauton est proche des réglages de la Renault d'Alonso, précision millimétrique, timing, jeu de textures et de températures : on peut se demander si les caravanes des sponsors et des teams apprécient à leur juste valeur les petits farcis terre et mer, le rôti de saint-pierre et fleur de courgettes aux girolles et le ris de veau caramélisé fricassée de pois gourmand, dans une carte néanmoins recentrée sur la haute tradition. Mais ceci est une autre affaire.

Cave

Un autre atout majestueux. Il faut deux sommeliers pour manager cette carte brillante, exploratrice, toujours sur la brèche, en recherche d'un vin du monde ou d'un côtes-de-provence inconnus.

Accueil et service

D'une distinction internationale par un personnel d'une parfaite éducation professionnelle.

C : 90 € • M : 40-90 € www.hotelducastellet.com

» 3001 rte des Hauts-du-Camp
☎ 04 94 98 37 77
F. lundi à déj.
Jusqu'à 21h30.

Hôtel du Castellet

➥ **Restaurant** : 16/20 Le Monte Cristo

Un palais des mille et une nuits en plein désert provençal. Oui, oui, c'est possible… Sur ces collines arides entre le Beausset et Aubagne, les pilotes de F1 ont besoin de repos après quelques tours de circuit. Ils n'ont que la route à traverser pour trouver une oasis de luxe, de bien être de confort, un parcours de golf, tennis, fitness, deux spas avec vue sur le parc, une boutique de luxe. Et des chambres décorées avec raffinement dans un style provençal. Et si l'on n'est pas fan de vitesse, il n'est pas interdit de musarder…

13 appart. 400-600 € • 34 ch. 210-420 € www.hotelducastellet.com

» 3001 rte des Hauts-du-Camps
☎ 04 94 98 37 77
Fax 04 94 98 37 78
Ouv. 7j/7.

CASTELNAU DE LEVIS ➤ ALBI

CASTELNAU DE MONTMIRAL ➤ GAILLAC

CASTELNAU LE LEZ ➤ MONTPELLIER

CASTELNAUDARY - 11400 (31 B 4)

Carcassonne 42 - Toulouse 63

(12) Le Tirou

Vous n'allez tout de même pas résister au " cassoulet au confit de canard comme le faisait ma grand-mère ", ici, à Castelnaudary, dans le fief même su cassoulet, et assuré par un chef qui entoure d'autant de soin ses assiettes et sa cave (il y a une sélection de corbières particulièrement bien affûtés). Les habitués varient évidemment les plaisirs, avec le pigeonneau en saupiquet, la côte de veau braisée et la pêche du moment, en confiance dans cette bonne et généreuse maison.

C : 35 € • M : 16-31 € www.le-tirou.com

» 90 av Mgr-Delangle
☎ 04 68 94 15 95
F. lundi, 23-30 juin et 20 déc.-20 janv.
Jusqu'à 21h.

(11) Le Dragon

» 10 rue du Mal-Foch
☎ 04 68 23 33 61
F. merc. et 2 sem. après 14 juil.
Jusqu'à 22h30.
♿ 🐕

Soupe aux vermicelles et crevettes, gambas grillées à la viet-namienne, canard à l'ananas : on change de terroir assez radicalement en entrant dans cette ambassade viet-namienne. Et les locaux ne se font pas prier pour une petite encoche dans le contrat de mariage avec le cassoulet.
C : 30 € • M : 13-19,50 €

➲ à LA POMAREDE - 11400 : 11 km N. par D624

(14) Château de la Pomarède

» ☎ 04 68 60 49 69
F. lundi, mardi, dim. (oct.-fin avril), nov. et 2 sem. après vac. scol. fév.
Jusqu'à 21h30.
🚗 ♿ 🐕 🚬

➥ **Hôtel :** Hostellerie du Château de la Pomarède

Si la cuisine de Gérald Garcia ne prétend pas être aussi parfaite que les cathares qui édifièrent ce magnifique château au XIe siècle, elle n'en demeure pas moins toute proche des deux toques dont nous la gratifiions il n'y a pas si longtemps. Pas vraiment bon marché (si l'on excepte le menu à 25 €, qui ne fait qu'effleurer le sujet), la cuisine de cet ancien du Poids Public (Saint Félix de Lauragais), des sœurs Fagegaltier (le Vieux Pont à Belcastel) et de Régis Marcon ne manque pas d'idées : french burger (foie gras de canard, boudin noir, pomme et réduction de Byrrh), crêtes de coq en fricassée de morilles, jus à la truffe et foie gras de canard poêlé, pavé de noir de Bigorre, ragoût d'haricot Helda, lamelle de truffe et copeaux de jambon de Bigorre. Cave fournie et rassemblant les meilleurs vignerons de la région.
M : 25-80 €

Hostellerie du Château de la Pomarède

» Château de la Pomarède
☎ 04 68 60 49 69
📠 04 68 60 49 71
F. nov. et 2 sem. après vac. scol. fév.
🚗 🐕

➥ **Restaurant** : 14/20 Château de la Pomarède

Dans ce cadre dont les origines remontent au Moyen Age, la décoratrice, Elisabeth Drapeau, a fait le pari d'un cadre contemporain. Pari gagné, avec des lignes épurées, des couleurs chaleureuses et contrastées et un soin du détail (dans la mise en valeur de quelques détails anciens par exemple) qui crée une atmosphère particulière et très agréable.
1 appart. 170 € • 6 ch. 80-110 € • 1/2 pens. 50 €

CASTELSARRASIN - 82100 (29 D 3)

Agen 54 - Auch 75 - Toulouse 70

(12) Auberge du Moulin

» Rte de Toulouse, N 113
☎ 05 63 32 20 37
F. sam. à déj., mardi à dîn. et merc.
Jusqu'à 22h.
⛱ 🚗 🐕

De nouveaux propriétaires ont investi les lieux depuis mai dernier. Dominique Vigneau (venu de Corse après être passé à la Galupe (à Urt) et à la Renaissance à Magny Cours) et son épouse Sonia travaillent dans le même esprit que leurs prédécesseurs. Nous maintenons la note pour l'instant, pour les bonnes premières impressions ressenties sur la ravioles de crevettes et bouillon de crustacés et sur l'agneau cuit à la plancha et tian de légumes
M : 13,50-35 €

Restaurants mentionnés en annexe

R Pour un restaurant de niveau 10 à 12.

🍴 Pour un restaurant de niveau 13 à 14.

🍴🍴 Pour un restaurant de niveau 15 à 16.

Icône — (20) à (13) Toques — (12) à (10) Notes

CASTERA VERDUZAN - 32410 (29 B 3)

Auch 24 - Agen 62

Le Florida

Fondée voilà soixante-dix ans tout juste pas sa grand-mère Angèle, la maison de Bernard Ramounéda regorge de cette chaleur et de cette bonne humeur propres à ces affaires de famille si nombreuses encore dans le département. La terrasse sous le marronnier, où l'on mange en été, les sourires de l'accueil, le pousse-rapière de l'apéritif, la belle carte de madirans, les généreux plats de foie gras (poché aux fèves fraîches, chaud à la rhubarbe, en duo, au naturel et aux figues confites) : il flotte ici comme une atmosphère de bonheur simple. Pour les nostalgiques, goûter les ris de veau comme les faisait "Angèle" avant-guerre.
C : 55 € • M : 13,50-50 €

» Rue du Lac
☎ 05 62 68 13 22
F. dim. à dîn., lundi et vac. scol. fév.
Jusqu'à 21h30.

CASTILLON DU GARD ➤ PONT DU GARD

CASTILLONNES - 47330 (24 B 3)

Agen 66 - Bergerac 25

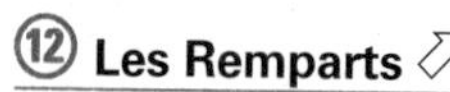

Les Remparts

➥ **Hôtel :** Les Remparts

Jolie demeure de tradition ceinte d'un jardin au cœur de la bastide. Céline Mingam, jeune chef autodidacte, ne s'embarrasse pas de conventions, préférant travailler simplement et généreusement les produits locaux, le confit de canard en crumble et jus à la noisette, les saint jacques et le foie gras poêlés et déglacés au verjus ou la poire simplement pochée aux cinq épices avec un biscuit au poivre noir et une glace cannelle.
C : 30 € • M : 19-40 € *www.logisdefrance.com*

» 26 rue de la Paix
☎ 05 53 49 55 85
F. dim. à dîn. et lundi (h.s.), lundi à déj. (juil.-sept.), 2 dern. sem. nov. et janv.
Jusqu'à 21h30.

Les Remparts

➥ **Restaurant** : 12/20 Les Remparts

En pleine région des bastides, une maison du XVIIIe siècle restaurée avec harmonie. Chambres coquettes, hauts plafonds. Jardin avec fontaine.
9 ch. 44,50-50,50 € *www.logisdefrance.com*

» 26 rue de la Paix
☎ 05 53 49 55 85
📠 05 53 49 55 89
F. 2 dern. sem. nov. et janv.

CASTRES - 81100 (30 B 4)

Albi 42 - Toulouse 71

Renaissance

Architecture ancienne à colombages et décor aux nombreuses touches artistiques pour cette étape en centre-ville. Chambres personnalisées, de style ancien ou contemporain.
5 appart. 50-90 € • 20 ch. 50-60 € • 1/2 pens. 65 € *www.hotelrenaissance.fr*

» 17 rue Victor-Hugo
☎ 05 63 59 30 42
📠 05 63 72 11 57
Ouv. 7j/7.

➲ à BURLATS - 81100 : 9 km N.E. par D 89 et D 58

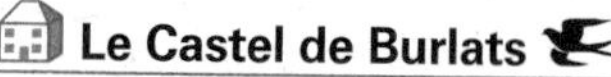

Le Castel de Burlats

Avec son architecture des XIVe et XVIe siècles, l'hôtel est bien à sa place dans ce remarquable village médiéval. Murs clairs et mobilier de style pour les chambres. L'atmosphère ici est aussi paisible que la balade dans les jardins à la française du parc.
2 appart. 90-100 € • 10 ch. 61-80 € *www.lecasteldeburlats.fr.st*

» 8 pl du 8-Mai-1945
☎ 05 63 35 29 20
📠 05 63 51 14 69
F. vac. scol. fév.

à MASSAGUEL - 81110 : 16 km S. par D 85 et D 50

13 L'Auberge des Chevaliers

» Pl de la Fontaine
☎ 05 63 50 32 33
F. lundi à dîn., mardi et 1er-15 mars.
Jusqu'à 21h.

Rustique. C'est le qualificatif qui s'impose au moment d'évoquer cette auberge vieille de plus d'un siècle : poutres, cuivres des Dinandiers de Durfort, cheminée, tout est réuni dans un ensemble vraiment charmant. Depuis la véranda, la vue sur la Montagne Noire est imprenable et ferait presque oublier les jolies inspirations d'un terroir que Serge Lavigne aime remanier à sa façon : brochette d'escargots à la poitrine fumée et sauce aïoli, tarte à la tomate façon tatin, jambon de Lacaune et crème de petits pois, filet de sandre au thym frais, jus de rôti et pommes boulangères, baba à la fenouillette et sa mousse à l'orange. On débouche un bon gaillac et le tour est joué.

C : 28 € • M : 13-30 €

CAUSSADE - 82300 (29 A 3)

Montauban 22 - Toulouse 77

à MONTEILS - 82300 : 3 km N.E. par D17

15 Le Clos Monteils

» Lieu-dit Gazherbes
☎ 05 63 93 03 51
F. sam. à déj., dim. à dîn., lundi et mardi (1er déc.-30 avril) et mi-janv.-mi-fév.
Jusqu'à 21h30.

Bernard Bordariès et son épouse, Françoise ont fait de cet ancien presbytère de la fin du XVIIIe siècle une maison où il fait bon vivre, où l'on est bien reçu, à la manière d'une maison d'hôtes. Pas de gigantisme chez eux, peu de couverts (il est dont prudent de réserver), le foie gras, cuisiné sous toutes ses formes, comme emblème et de belles spécialités comme la fricassée de grenouilles aux girolles ou la ventrèche de thon mariné au citron.

M : 16-47 €

CAUTERETS - 65110 (29 A 6)

Tarbes 51 - Lourdes 29

11 Le Sacca H

» 11 bd Latapie-Flurin
☎ 05 62 92 50 02
F. 15 nov.-20 déc.
Jusqu'à 21h15.

Une ambiance paisible pour apprécier les Pyrénées au-delà de la pureté de l'air ou du charme de la vue : cadre soigné, jusque dans des chambres bien modernisées, et une cuisine fidèle à la tradition et à son terroir, sans tomber dans la caricature ou la cuisine de musée grâce à des préparations actualisées et agréablement sobres, sur l'agneau de pays ou la truite, le jambon Serrano ou le piment d'Espelette.

C : 22 € • M : 16,50-40 € • 55 ch. 40-70 € • 1/2 pens. 39-70 €

www.perso.wanadoo.fr./hotel.le.sacca

10 Ferme Basque

» Rte du Cambasque
☎ 05 62 92 54 32
F. ann. non comm.
Jusqu'à 20h30.

"L'approvisionnement, c'est chez nous !" proclame Léon Poulot depuis sa grange séculaire où l'on ravitaille le promeneur depuis soixante-quinze ans avec les produits de la ferme, l'excellente charcuterie maison, la garbure aux épinards et le cassoulet. Les doigts de pieds en éventail, sur la grande terrasse face à la montagne, on respire une grande bouffée d'air pur et de sincérité.

M : 15-22 €

Parking privé. Parking fermé.  Voiturier.

Cave à cigares. Air conditionné. Tennis privé.

CAVAILLON - 84300 (33 B 4)

Avignon 30 - Arles 42

Prévot

Après un quart de siècle sur cette avenue qui entre dans la ville, Jean-Jacques Prévot se doute qu'il ne va pas transformer son histoire d'amour avec le melon de Cavaillon en bar à tapas. Les locaux ont une table, ils y tiennent, c'est la plus belle de la ville, et le patron défend les valeurs du terroir. Ne fait-il pas un menu "Melon-mania" avec le melon-cocotte au pistou de homard et une "trilogie melonesque" en dessert. On dirait du Daudet. Revenez à Cavaillon, ou au Luberon, pour une formule plus élargie sur un terrroir généreux (tarte aux champignons pétales de tomate, lotte et barigoule du jardin à l'huile de noisette, souris d'agneau confit aux épices, pistou et polenta) pour comprendre que, derrière l'apparente monotonie du discours, et une atmosphère bourgeoise parfaitement lénifiante, il y a un cuisinier de grande valeur qui peut pianoter la Rhapsodie en bleu absolument quand bon lui chante.

C : 70 € • M : 25-85 € *www.restaurant-prevot.com*

» 353 av de Verdun
☎ 04 90 71 32 43
F. dim., lundi (sf fériés et reserv.).
Jusqu'à 21h15.

Côté Jardin

Le jardin privé au milieu duquel trône une fontaine, le mobilier en fer forgé, les couleurs chaudes, pas de doute, on est en Provence. Cuisine de la même veine, aguichante et fraîche, brochette d'agneau rôtie à la crème d'ail, filet de sébaste grillé à l'anis, beignets d'aubergine.

C : 35 € • M : 21-26 € *cotejard@club-internet.fr*

» 49 rue Lamartine
☎ 04 90 71 33 58
F. dim., lundi à dîn. et mardi à dîn. (1er oct.-31 avril).
Jusqu'à 21h30.

Gérardies

Retour aux sources, pour le joli intitulé d'un menu bio plus branché que convaincant, mais la gentillesse de l'accueil et le cadre soigné justifient le passage.

C : 33 € • M : 28-40 € *www.lesgerardies.com*

» 140 cours Gambetta
☎ 04 90 71 35 55
F. merc., jeudi à déj. F. ann. non comm.

CAVANAC ➤ CARCASSONNE

CAZAUBON - 32150 (29 A 3)

Barbotan-les-Therme 3 - Mont-de-Marsan 44

Le Château Bellevue

Une demeure de style XIXe dans la campagne gersoise, l'invitation est tentante, renforcée par le parc boisé et les chambres soignées, meubles anciens et tissus élégants. En cuisine, Rémi Pérès a pris ses marques et sait apporter sa patte sans effaroucher la clientèle : foie gras rôti en crumble de spéculos, carré d'agneau en croûte de lavande.

2 appart. 96 € • 20 ch. 55-96 € • 1/2 pens. 60-80 € • C : 50 € • M : 18-28 €
www.chateaubellevue.org

» 19 rue Joseph-Cappin
☎ 05 62 09 51 95
Fax 05 62 09 54 57
F. 2 janv.-12 fév.

CEAUX ➤ AVRANCHES

LA CELLE ➤ BRIGNOLES

CELLES SUR BELLE - 79370 (22 B 3)

Niort 25 - Poitiers 66

Hostellerie de l'Abbaye R

Des chambres sereines pour dormir en paix à proximité de la célèbre abbaye. Une déco variée, rustique, authentique et contemporaine, par un architecte d'intérieur niortais.

20 ch. 42-63 € • 1/2 pens. 52-74 € • C : 38 € • M : 13-42 €
www.hotel-restaurant-abbaye.com

» 1 pl des Epoux-Laurant
☎ 05 49 32 93 32
Fax 05 49 79 72 65
F. dim. (1er janv.-30 avril et 1er oct.-31 déc.).

CENON ➤ BORDEAUX

CERESTE - 04280 (33 D 4)

Aix-en-Provence 59 - Apt 19 - Digne 74

[12] Hostellerie l'Aiguebelle H

» Pl de la République, BP 14
☎ 04 92 79 00 91
F. lundi (h.s.) et 14 nov.-14 fév.
Jusqu'à 21h.

Hannibal, dit-on, passa par ici avec ses éléphants, direction l'Italie. L'atmosphère est aujourd'hui nettement plus calme, à l'image de cette auberge où l'on s'arrête pour un magret au miel de lavande, un sauté d'agneau ou une bonne tranche de brebis avec un verre de côtes du Ventoux. Douze chambres pratiques et calmes pour une étape vivifiante.

C : 32 € • M : 15-30 € • 12 ch. 49-54 € • 1/2 pens. 55-60 €

hotel.aiguebelle@wanadoo.fr

CERET - 66400 (31 D 6)

Perpignan 30 - Amélie-les-Bains 8

[13] Les Feuillants

» 1 bd La Fayette
☎ 04 68 87 37 88
F. dim., lundi et 29 oct.-1er mars.

La salle a toujours autant de charme, marqué par l'élégance dans ce village d'artistes, de peintres et de musiciens. La terrasse est superbe, le service charmant, la cave superbe, avec du local pas cher et bien fouillé (Piquemal, Laguerre, Laporte aux côtés de Sarda-Malet et Gauby) et de bons choix en toutes régions (Méo-Camuzet, Jobard, Jacky Blot, Huet...) : le crédit sympathie est donc intact dans ces Feuillants de longue renommée où les chefs illustres se sont succédé. Le dernier en date, David Tanguy, tient le registre d'une sage actualité, un peu moins jubilatoire que la cave, malgré des intitulés alléchants et un peu aventureux ("asperge à manger et à boire"), l'attente est parfois considérable, mais qu'il fait bon sous les arbres !

C : 40 € • M : 35-52 € *www.feuillants.com*

Le Mas Trilles

» Pont-de-Reynes
☎ 04 68 87 38 37
📠 04 68 87 42 62
F. 7 oct.-29 avril.

Atmosphère paisible et ambiance pleine nature pour cette vieille ferme XVIIe. Elégance sagement rustique pour un décor soigné, parfaitement en accord avec la nature : parc de 2 ha, plage privée au bord de la rivière.

2 appart. 145-220 € • 8 ch. 90-220 € *www.le-mas-trilles.com*

La Terrasse au Soleil

» Rte de Fontfrède
☎ 04 68 87 01 94
📠 04 68 87 39 24
F. 3 janv.-10 fév.

La dite terrasse, qui fit en son temps le bonheur de Charles Trénet, n'est qu'un des atouts de l'hôtel, qui dispose de chambres agréablement colorées et d'équipements de détente confortables.

5 appart. 96-240 € • 39 ch. 69-181 € • 1/2 pens. 45-45 €

www.la-terrasse-au-soleil.fr

CERGY PONTOISE ➤ PARIS-BANLIEUE

CERVIONE ➤ CORSE

CESSON SEVIGNE ➤ RENNES

Prix des appartements : la fourchette de prix correspond au tarif journalier pour 1 personne seule, et maximum pour 2 personnes.

Prix à la carte : correspond au prix moyen à la carte (entrée, plat + dessert).

CHABLIS - 89800 (19 D 2)

Auxerre 19 - Troyes 75

Hostellerie des Clos

» 18 rue Jules-Rathier
☎ 03 86 42 10 63
F. 1er-20 janv. et 20-31 déc.
Jusqu'à 21h30.

➥ **Hôtel** : Hostellerie des Clos

Installé depuis deux décennies dans ces anciens hospices, Michel Vignaud poursuit sa route, bien décidé à défendre une certaine idée de la restauration, pas forcément sous sa forme la plus distrayante, mais en ne faisant jamais la moindre concession à la qualité de ses assiettes : rosace de saint jacques poêlée sur émincé de champignons à cru et noisettes torréfiées, fricassée d'escargots de Bourgogne au coulis de persil simple et crème d'ail confit, langoustines rôties à l'huile de noisette sur fondue de jeunes pousses d'oseille et fondue de tomate, mousse au chablis et son coulis de fraises. Une belle et classique maison.

C : 75€ • M : 37-72€ www.hostellerie-des-clos.fr

(11) Au Vrai Chablis

» Pl du Marché
☎ 03 86 42 11 43
Jusqu'à 21h.

Une vraie petite adresse villageoise qui exprime sa région avec fierté sans se hausser le col, avec gentillesse et justesse. La chiffonnade d'andouillette tiède est délicieuse, donnant une furieuse envie de récidiver avec le jambon à l'os ou les escargots. La salle est bien tenue, dans une ambiance locale de connaisseurs.

contact@auvraichablis.fr

(10) Bistrot des Grands Crus

» 10 rue Jules-Rathier
☎ 03 86 42 19 41
F. 1er-20 janv. et 20 déc.-31 déc.
Jusqu'à 21h30.

Michel Vignaud, chef propriétaire de l'Hostellerie des Clos, a ouvert ce bistrot en 1999 (à la place de l'ancienne table d'hôtes du domaine William Fèvre) pour y proposer une gastronomie évidemment plus simple que dans la maison mère mais pleine de bon sens paysan : œufs en meurette à l'irancy, andouillette de chablis, potée de haute côte de porc... Cave exclusivement locale tarifée avec douceur.

C : 25€ • M : 20€ www.hostellerie-des-clos.fr

Hostellerie des Clos

» 18 rue Jules-Rathier
☎ 03 86 42 10 63
Fax 03 86 42 17 11
F. 1er-20 janv. et 20-31 déc.

➥ **Restaurant** : 15/20 Hostellerie des Clos

Ce luxueux hôtel est installé dans les anciens hospices de la ville, transformé au milieu des années 80. Les chambres ont bien évolué depuis et privilégient les coloris clairs et chaleureux et les lignes sobres, avec un mobilier bien choisi en fonction d'ambiances personnalisées. Centre de remise en forme et caveau de dégustation, et une annexe à la Résidence, ancien domaine viticole.

4 appart. 185€ • 32 ch. 52-125€ • 1/2 pens. 95-150€

www.hostellerie-des-clos.fr

CHAGNY - 71150 (20 A 4)

Mâcon 73 - Beaune 16

(17) Lameloise

» 36 pl d'Armes
☎ 03 85 87 65 65
F. mardi à déj., merc., jeudi à déj., 1er-26 janv. et 20-31 déc.
Jusqu'à 21h.

➥ **Hôtel** : Lameloise

Cadre et ambiance

Une chaleureuse et légendaire maison bourguignonne, qui offre ce qu'on attend d'elle, de confort, de loyauté, de rustique bourgeois, d'opulence. Les locaux sont en nombre, les tarifs plus accessibles que chez les confrères de la même région et du même niveau, faisant de Lameloise un trois toques accessible comme une chanson populaire au refrain entraînant.

Cuisine

La cuisine de Jacques Lameloise est généreuse, précise, ancrée dans sa région. Les truffes et le foie gras s'invitent dans de nombreux plats, souvent à bon escient, avec une superbe tête de veau grillée et une vinaigrette condimentée de fruits, d'agrumes. Et les produits de l'élevage (poularde de Bresse crème d'estragon et royale de foies blonds) sont entourés des plus grands soins. Le tout dans une normalité attendue, rarement renversante, mais diablement séduisante. Deux petits regrets, l'un sur les desserts (le tout chocolat somme toute assez banal), qu'on voudrait plus pointus, hormis, dernièrement, un excellent gratin de pêches de vigne ; l'autre sur le menu-dégustation, pas assez sexy par rapport à la carte, et tout de même à 130 **€**.

Cave

Elle n'incite évidemment pas à sortir de la région : une sélection sur tous les terroirs de la Bourgogne, les propriétaires en vue comme les moins connus, et de vieux millésimes conseillés et analysés par un excellent sommelier, capable par ailleurs de dénicher le petit givry ou le mâcon qui vont bien.

Accueil et service

Un très bon service, qui rend le moment facile et agréable, par un personnel impliqué, affable, qui connaît parfaitement les rouages de la maison.

C : 95 € • M : 95-130 € *www.lameloise.fr*

Lameloise

» 36 pl d'Armes
☎ 03 85 87 65 65
03 85 87 03 57
F. 1er-26 janv. et 20-31 déc.

➡ **Restaurant** : 17/20 Lameloise

La grande maison blanche existe depuis le XVe siècle et en hérite volumes et détails (beaux plafonds à l'ancienne) remarquables. Sous les hauts plafonds, règne une atmosphère précieuse de luxe sobre et raffiné, avec meubles élégants en bois sombre.

16 ch. 135-290 € *www.lameloise.fr*

Hôtel de la Poste

» 17 rue de la Poste
☎ 03 85 87 64 40
03 85 87 64 41
F. 2-22 janv.

Chambres lumineuses et calmes, parking vaste et parking pour cet établissement de bon standing disposant d'un parc arboré de 2500 m^{2}).

11 ch. 42-64 € *www.hoteldelaposte-chagny71.com*

CHAINTRE ➤ MACON

CHALAMONT - 01320 (27 D 2)

Bourg-en-Bresse 23 - Pérouges 11

Clerc

» Grande-Rue
☎ 04 74 61 70 30
F. merc., vac. scol. fév. et 1 sem. été (tél.).

Du pur bressan qui tient le choc au fil des siècles, pas un accroc, pas une tache. Ce terroir inusable est dispensé avec application dans le cadre idoine d'un ancien relais de poste. Ecrevisses, grenouilles et volailles évidemment à l'honneur.

C : 19 € • M : 26-53 €

CHALEZEULE ➤ BESANÇON

CHALLANS - 85300 (15 B 5)

La Roche-sur-Yon 43 - Pornic 50

(12) Chez Charles

» 8 pl du Champ-de-Foire
☎ 02 51 93 36 65
F. dim. à dîn., lundi et 21 déc.-24 janv.
Jusqu'à 21h15.

Si chaque ville de France avait des bistrots de cette trempe, le tissu gastronomique, qui s'étiole au fil des ans, serait sauvé. Chez Charles, on réapprend à manger simple et vrai, dans une vision de la restauration dont la doctrine pourrait être " artisanat et passion ". Tâtez de la terrine maison, de la tête de veau, du porc fermier label rouge, de la blonde d'Aquitaine. Et les bouteilles vont avec, choisies chez les propriétaires avec la même sincérité.

C : 28 € • M : 18-44 € *www.restaurantchezcharles.com*

 Château de la Vérie

Ce petit château remonte, sous sa forme actuelle, au XVIe siècle et bénéficie de la tranquillité et des possibilités de détente d'un parc de 17 ha. L'intérieur séduit par les couleurs douces et le mobilier d'époque. Belle cuisine classique au restaurant.
3 appart. 56-158 € • 23 ch. 56-158 € *www.chateau-verie.com*

» Rte de Saint-Gilles-Croix-de-Vie
☎ 02 51 35 33 44
📠 02 51 35 14 84
F. 24 janv.-6 fév.

 Hôtel de l'Antiquité

La grande maison blanche se pare logiquement de beaux meubles anciens, qui lui confèrent une belle personnalité. Pour la détente, des espaces lumineux et un patio agréable autour de la piscine.
16 ch. 40-78 € *www.hotelantiquite.com*

» 14 rue Gallieni
☎ 02 51 68 02 84
📠 02 51 35 55 74
Ouv. 7j/7.

à SOULLANS - 85300 : 6 km S. par D 69

La Gîte du Tourne-Pierre

Répétons-le, le menu "d'attaque" chez Marie Ferrand, cuisinière autodidacte et fondatrice voilà plus de trente ans de cette maison dans le style chaumière, n'est pas vraiment à la portée de toutes les bourses. Mais les (nombreux) habitués savent bien que la maraîchine de chou nouveau, homard et saumon fumé, la blanquette de sole aux huîtres ou le filet de canette de Challans gros sel et grenailles de Noirmoutier ne sont pas confectionnés à partir de produits de supermarché : le poissonnier, l'ostréiculteur, le maraîcher, le volailler, tous des amis de la maison, peuvent en témoigner. Cave courte mais s'intéressant à la plupart des vignobles.
C : 90 € • M : 38-54 €

» 245 rte de Challans
☎ 02 51 68 14 78
F. vend., sam. à déj., dim. à dîn., 3 sem. mars et 3 sem. oct.
Jusqu'à 22h.

CHALON SUR SAONE - 71100 (20 B 5)

Mâcon 62 - Beaune 29

 Moulin de Martorey

Cadre et ambiance

Posé au bord de l'eau, un imposant moulin du XIXe aux machineries d'époque encore visibles dans l'une des salles de l'établissement. On préférera les tables les plus proches des baies vitrées pour profiter au mieux de la vue sur le parc fleuri et la rivière.

Cuisine

Jean-Pierre Gillot maîtrise les bases classiques, c'est une évidence. Respectueux des produits et des traditions, il œuvre en toute simplicité dans un registre jamais dérangeant et diablement efficace : mousse de champignons, œuf cassé, jus de morilles, médaillon de cœur de cabillaud à la vapeur d'algues, émulsion iodée et huître pochée, selle d'agneau cuite à basse température, panoufle confite à la diable, coulis de cresson pistaché et galette de polenta. C'est séduisant, parfois un peu facile, mais très au-dessus de la concurrence locale.

Cave

Centrée sur la région et mettant en avant le travail des vignerons les plus soucieux de leurs vinifications, elle s'étend peu à peu aux autres vignobles.

Accueil et service

Ce Moulin joue à fond la carte de la grande maison. Service impeccablement stylé, à défaut de se montrer trop chaleureux.
C : 55 € • M : 38-78 € *moulindemartorey@wanadoo.fr*

» Saint-Rémy
☎ 03 85 48 12 98
F. dim. à dîn., lundi, mardi à déj. et vac. scol. hiver.
Jusqu'à 21h30.

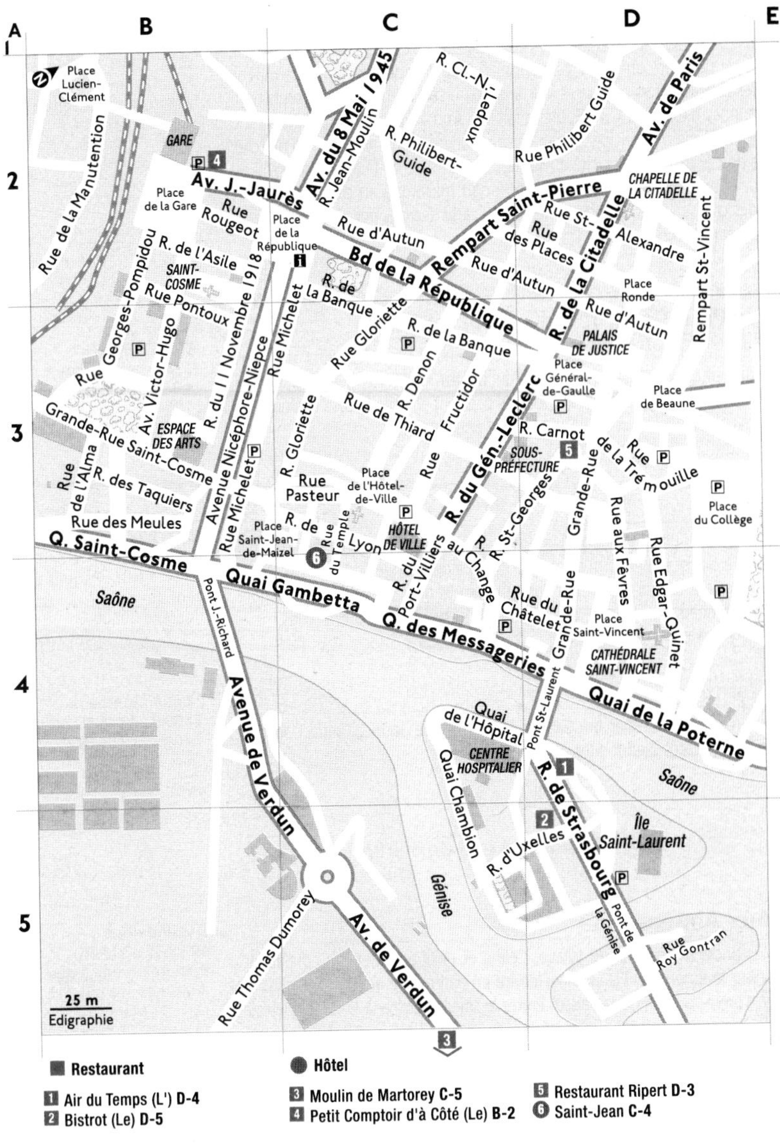

13 Le Bistrot

» 31 rue de Strasbourg
☎ 03 85 93 22 01
F. w.-e., 15 jrs fév. et 3 sem. août.
Jusqu'à 22h.

Un terroir bien assimilé et traduit avec esprit et personnalité, voilà un atout de poids pour attirer le chaland dans la rue de Strasbourg où l'offre est particulièrement vaste. Un jeune chef au bagage étoffé dresse depuis près de dix ans un panorama suggestif des richesses bourguignonnes. Desserts élaborés, cave bien triée.
M : 20-55 €

Repas servis en terrasse ou dans un jardin.

(12) L'Air du Temps

» 7 rue Strasbourg
☎ 03 85 93 39 01
F. dim., lundi, 2 sem. avril, 2 sem. sept. et sem. noël.
Jusqu'à 21h30.

Difficile de défendre une vraie gastronomie dans un quartier où les nombreux touristes choisissent trop souvent leur table d'un soir au hasard ? En seulement deux années d'exercice, Cyril Boulet a fait son trou dans cette île Saint Laurent, en gardant le même principe : suivre l'inspiration du moment au gré du marché. Tourte de canard et jus tranché au salsifis, suprême de pintade fermière rôti au paprika et embeurrée de chou vert, entremets macaroné au chocolat amer et amandes croustillantes. Ambiance détendue, carte des vins pointue et n'oubliant pas l'offre au verre.
C : 27 € • M : 16-30 €

lair.du.temps@wanadoo.fr

(12) Le Petit Comptoir d'à Côté

» Pl de la Gare
☎ 03 85 90 80 52
F. sam. à déj., dim. à dîn. et 3 prem. sem. août.

Ce petit comptoir de l'hôtel Saint-Georges propose un arrêt-buffet qui vous requinque en douceur avec des recettes qui ont traversé les siècles (tête de veau gribiche, coq au vin) sans une ride. Accueil souriant et toute la côte chalonnaise prête à vous soutenir dans cette expérience enrichissante.
C : 20 € • M : 15-41 €

yves.choux@le-saintgeorges.fr

(11) Restaurant Ripert

» 31 rue Saint-Georges
☎ 03 85 48 89 20
F. dim., lundi, 1re sem. janv., 1 sem. Pâques et 3 sem. fin août.
Jusqu'à 20h30.

Un bistrot de réputation déjà ancienne, travaillant avec intelligence les produits du marché sur des menus qui ont le bon goût de changer quotidiennement. Une bonne raison pour pousser la porte plus souvent et se régaler d'un simple navarin d'agneau aux légumes ou d'un jarret de veau braisé aux girolles.
C : 20 € • M : 15-29 €

Saint-Jean

» 24 quai Gambetta
☎ 03 85 48 45 65
Fax 03 85 93 62 69
Ouv. 7j/7.

Un ancien hôtel particulier fin XIXᵉ, sur les bords de Saône. Confort simple, espace et chambres bien tenues.
25 ch. 41-55 €

➲ à BUXY - 71390 : 14 km S.O. par D 977

(13) Aux Années Vins

» 2 Grande-Rue
☎ 03 85 92 15 76
F. mardi, merc. à déj. (avril-nov.), à dîn. (11 nov.-31 mars), 15 janv.-15 fév. et 15-25 sept.
Jusqu'à 21h15.

Dans les anciens remparts du village, Céline et Philippe Queneau continuent d'organiser la forteresse. Pas pour défendre un patrimoine en danger, mais au contraire pour ouvrir la porte, laisser entrer le soleil, montrer à la fois du terroir et de la personnalité. Cette année, ce sont le jardin intérieur et la cour qui ont été réaménagés avec l'aide d'un paysagiste. La clientèle, qui venait naguère faire un bon mâchon avec le vin du village, n'en revient pas. Et le chef est chaque année plus à l'aise pour composer un croustillant de ris de veau et pieds de cochon, un pot-au-feu de poule en gelée d'herbes et confiture d'oignons, un beau lard paysan laqué au miel et le bon macaron maison. Cave évidemment bourguignonne et pas très chère.
C : 45 € • M : 20-59 €

www.aux-années-vins.com

➲ à DRACY LE FORT - 71640 : 6 km E. par D 978

Le Dracy

» 4 rue du Pressoir
☎ 03 85 87 81 81
Fax 03 85 87 77 49
Ouv. 7j/7.

Murs clairs et discrètes touches de mobilier de style créent des chambres élégantes et agréables à vivre. Parc avec piscine et tennis.
47 ch. 62-117 € • 1/2 pens. 65-92 €

www.charmehotel.com/le-dracy

à SAINT MARCEL - 71380 : 3 km E. par N 73 et D 978

Jean Bouthenet

» 19 rue de la Villeneuve
☎ 03 85 96 56 16
F. dim. à dîn., lundi, mardi à dîn., 2e quinz. fév. et 2e quinz. août.
Jusqu'à 21h15.

Des gens du métier, voilà ce qui fait une bonne table, voilà ce qui peut donner une belle affaire de famille. Laurent Bouthenet a succédé à son père, lui-même de solide formation, les épouses sont en salle et cette tradition léchée par les vagues du XXIe siècle (terrine de foie gras chutney de figues, saint-jacques grillées asperges et morilles, pigeon aux éclats de fruits secs jus chocolaté) a évidemment de beaux jours devant elle, d'autant que nombre de Chalonnais sont devenus des fidèles de cette salle tranquillement bourgeoise d'un calme village résidentiel. Cave bourguignonne sérieuse (beaucoup de négoce) et pas trop chère.
C : 24,50 € • M : 16-64 €

CHALONS EN CHAMPAGNE - 51000 (9 B 3)
Paris 163 - Dijon 255 - Metz 158

Jacky Michel

» 19 pl Mgr-Tissier
☎ 03 26 68 21 51
F. sam. à déj., dim., lundi à déj., vac. scol. Noël et 17 juil.-8 août.
Jusqu'à 21h30.

Tout ce que le patrimoine culinaire national a pu accumuler au cours des décennies se concrétise ici, dans cette bonne maison champenoise où ne manquent, ni un bouton de guêtre, ni un doigt sur la couture du pantalon de service. Cette rigueur, cette application sont les marques d'un professionnalisme sans concession. Et Jacky Michel, après vingt-huit ans de services réussis, peut se retourner en gardant la tête haute. Les enfants des premiers fidèles ont grandi, ils fêtent leurs fiançailles sur les lieux de leur communion, et se régalent en toute confiance d'une cuisine ciselée et sans défaut : trio de foie gras et réduction de poire au bouzy, blanc de turbot clouté au citron, pigeon farci au ris de veau. La cave, riche en champagne, visite toutes les régions avec la même approche, classique et sûre.
C : 60 € • M : 32-90 € www.hotel-dangleterre.fr

(11) Au Carillon Gourmand

» 15 bis pl Mgr-Tissier
☎ 03 26 64 45 07
F. dim. à dîn., lundi, merc. à dîn., 1 sem. fév., 1 sem. avril et 3 sem. déb. août.
Jusqu'à 24h.

La véranda climatisée ouvre sur la place du jet d'eau. Cela ne donne pas forcément soif, mais ce décor et cet environnement plaisant ouvrent l'appétit sur une carte brasserie soignée et plébiscitée : escargots sur lit de pommes de terre, foie de veau poêlé, moelleux au chocolat intitulé gaillardement "la faiblesse de Delphine". Le vin au pichet se goûte, le saint-jo de Coursodon est à 27 €, le premier champagne à moins de 30.
C : 29 €

à L'EPINE - 51460 : 9 km E. par N 3

Aux Armes de Champagne

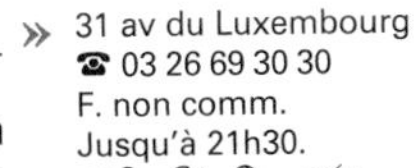

» 31 av du Luxembourg
☎ 03 26 69 30 30
F. non comm.
Jusqu'à 21h30.

➥ **Hôtel :** Aux Armes de Champagne

L'ancien relais de poste aux néons rouges paraît presque chétif au pied de la splendeur flamboyante de Notre-Dame de l'Epine. Pourtant ce classique est un monument de la gastronomie champenoise. Est-ce la retraite de M. Pérardel, grand restaurateur qui a longtemps donné le tempo et l'âme de la maison, mais ce qui transpirait légèrement - une légère usure, un petit manque de joie de vivre - et qu'on cachait naguère sous le tapis, devient plus présent. Quelques belles assiettes d'un chef, Philippe Zeiger, toujours aussi bien inspiré dans les alliances d'épices et de parfums méditerranéens - superbes langoustines royales aux tomates confites citron et vanille de Madagascar, veau aux anchois de Collioure, garriguettes et glace asperges - assurent les deux toques, et la cave magnifique forgée au fil des ans permet de mettre quelques bonnes bulles dans son verre.
C : 80 € • M : 24-89 € www.aux-armes-de-champagne.com

Aux Armes de Champagne

➥ **Restaurant** : 15/20 Aux Armes de Champagne

Les armes du luxe sont ici celles d'une élégance fleurie et raffinée, d'un accueil soigné, pour préserver des prestations à la hauteur de la longue réputation de la maison et constituer toujours une des étapes les plus agréables de la région.

2 appart. 305 € • 35 ch. 99-168 € *www.aux-armes-de-champagne.com*

» 31 av du Luxembourg
☎ 03 26 69 30 30
Fax 03 26 69 30 26
F. non comm.

CHAMALIERES ➤ CLERMONT FERRAND

CHAMARANDES ➤ CHAUMONT

CHAMBERY - 73000 (28 B 3)

Paris 565 - Annecy 49 - Grenoble 55

Château de Candie

➥ **Hôtel** : Château de Candie

Au pays de Candie, tout est beau, tendre, sans méchanceté, la vie est rose et la table est bonne. Boris Campanella, ancien second de Troisgros, travaille une cuisine d'aujourd'hui, bien étayée par de solides fondations traditionnelles, introduisant le wasabi avec les langoustines et les petits pois à la française avec le tournedos de bœuf. Dans la veine moderniste qui agite la table, on oublie parfois que les visiteurs viennent aussi en partie pour s'alimenter, et les portions sont mesurées, sans doute afin de limiter la charge émotionnelle qui accompagne certains plats, très réussis par ailleurs, comme la déclinaison autour de la crevette tigrée, en tartare au piment d'Espelette, à la plancha au melon, en chips et chutney. Jolis desserts nostalgiques (macarons aux framboises, sorbet fruits rouges et jus miellé au citron vert), accueil enthousiaste, très prévenant, et cave riche, diversifiée, et assez sagement tarifée, offrant un petit choix de crus régionaux.

C : 70 € • M : 28-96 € *www.chateaudecandie.com*

» Rue du Bois-de-Candie
☎ 04 79 96 63 00
F. sam. à déj., dim. à dîn., lundi (sept.-juin), 24 avril-8 mai, à déj. (juil.-août) et 23 oct.-6 nov.
Jusqu'à 21h30.

L'Essentiel

Trop de betterave et de topinambour ? Allez, on passera sur cet excès modeux qui fait parfois se précipiter les chefs sur les ingrédients du moment, comme sur le genre un peu emphatique d'une maison qui semble quêter la reconnaissance nationale. Oui, on passe même sur la déco, d'une modernité affichée, pour une fois de plus saluer l'excellent travail en cuisine (confiée depuis juin dernier à Jérôme Beauregard, précemment second auprès d'Alexandre Ongaro, ce dernier ayant ouvert sa propre affaire à Perpignan), avec de très belles saint-jacques panées à la noisette torréfiée, mousseline d'herbes fraîches, pomme roseval et émulsion de citronnelle ; des assiettes le plus souvent très convaincantes mais parfois proches d'une banalité inattendue. Cave moyenne, mais correcte en Savoie et emmenée par un bon sommelier.

C : 67 € • M : 25-85 € *www.l-essentiel-restaurant.com*

» 183 pl de la Gare
☎ 04 79 96 97 27
F. sam. à déj., dim., lundi à déj. (1er sept.-30 avril), sam. à déj., dim., lundi (mai-août), 1er-7 janv. et 1er-8 mai.
Jusqu'à 21h45.

La Maniguette

La Maniguette de Patrick Turpin sait mettre les parfums poivrés et méditerranéens dans ses assiettes, au cœur de la Savoie, et son allure branchée nous plaît toujours autant. Alors va pour le médaillon de rascasse et tapenade basilic, la pêche du jour et les abricots rôtis.

M : 28 €

» 99 rue Juiverie
☎ 04 79 62 25 26
F. dim., lundi, mardi à dîn.
F. annuelle non comm.
Jusqu'à 21h30.

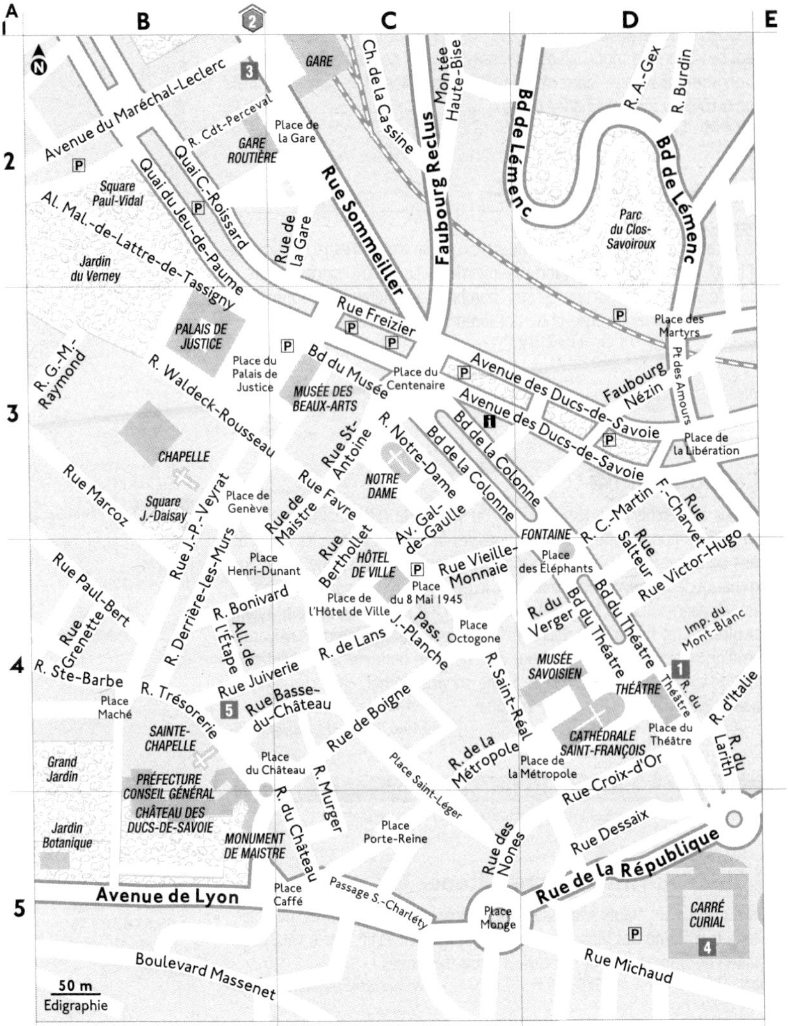

■ **Restaurant** ⬢ **Hôtel-Restaurant**

[1] Bistrot (Le) **D-4**
[2] Château de Candie **B-1**
[3] Essentiel (L') **B-2**
[4] Hypoténuse (L') **D-5**
[5] Maniguette (La) **B-4**

⑫ L'Hypoténuse

Dans le Carré Curial, cette Hypoténuse tourne rond en proposant une cuisine assez simple et classique, revisitée par le chef, les habitués plébiscitant le copieux buffet de hors d'œuvre qui éteint la faim avant l'émincé de magret sur galette provençale ou la fricassée de chevreau. Les menus sont émaillés de nombreux suppléments et le service pourrait être un peu plus dynamique.

C : 38 € • M : 22-44 € *resto.hypo@wanadoo.fr*

» 141 carré Curial
☎ 04 79 85 80 15
F. dim., lundi, 1 sem. printemps et mi-juil.-mi-août.
Jusqu'à 21h30.
⛱ ♿ 🐕

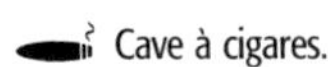

🚬 Cave à cigares.	🍇 Carte des vins remarquable.	↗ Notation en hausse.

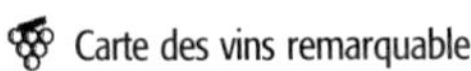

[11] Le Bistrot

Du tradi bistrotier à la mode savoyarde, sans façon ni contrefaçon : reblochonnade, dorade hollandaise, entrecôte de charolais grillée, dans une déco Belle Epoque à côté du théâtre Charles Dullin.
C : 28 € • M : 13,50-25 €

» 6 rue du Théâtre
☎ 04 79 75 10 78
F. dim., lundi et 12-20 juin.
Jusqu'à 23h.

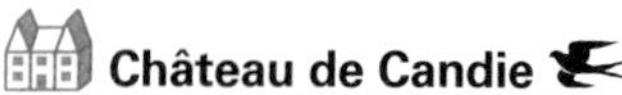

Château de Candie

➥ **Restaurant** : 15/20 Château de Candie
C'est à l'écart de la ville, dans un vaste parc, que se trouve l'espace intime de ce bel hôtel. La typique maison forte savoyarde, bâtie au XIVe siècle, respire la douceur de vivre dans chacune de ses chambres délicatement personnalisées avec un beau mobilier de style et de nombreux détails raffinés.
5 appart. 220-260 € • 15 ch. 110-210 € *www.chateaudecandie.com*

» Rue du-Bois-de-Candie
☎ 04 79 96 63 00
📠 04 79 96 63 10
F. 2 dern. sem. nov.

à BARBERAZ - 73000 : 2 km S.E.

[14] Le Mont Carmel

Il n'y a pas à chercher trop loin le secret du succès de cette maison sérieuse. Le travail, l'attention, et une offre qui réjouit les familles et justifie les repas de fête sans déranger les principes établis : trois mises en bouche, une entrée, un plat, le chariot de fromages, un pré-dessert, le dessert et six mignardises, emballé dans un joli paquet à 35 € ! Pas belle, la vie ? Le chef ne brade pas pour autant son savoir-faire, et l'omble chevalier, à la cuisson d'une précision savoyarde, flanqué d'un mirepoix de topinambour et cèpes, fait honneur à sa réputation et justifie le tour d'honneur en salle. Jeune service attentif, cave classique et négociante, bien vue sur le vignoble régional.
M : 27-70 € *www.le-mont-carmel.com*

» 1 rue de l'Eglise
☎ 04 79 85 77 17
F. dim. à dîn., lundi, merc. à dîn., 20-30 août et 2-10 janv.
Jusqu'à 22h.

CHAMBOLLE MUSIGNY - 21220 (20 A 4)

Dijon 19 - Beaune 21

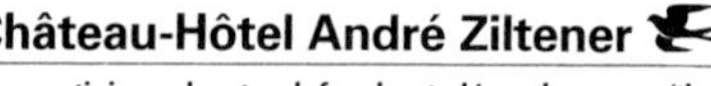

Château-Hôtel André Ziltener

Un cadre prestigieux, hauts plafonds et décor luxueux (tissus feutrés, meubles de style) sur la Route des Vins, dans un sobre bâtiment XVIIIe. Bar à vins, avec dégustation de fromages et de spécialités bourguignonnes.
6 appart. 180-350 € • 3 ch. 180-200 € *www.chateau-ziltener.com*

» Rue de la Fontaine
☎ 03 80 62 41 62
📠 03 80 62 83 75
F. 15 déc.-15 mars.

CHAMESOL - 25290 (21 D 3)

Besançon 25 - Bzourg-en-Bresse 261

[13] Mon Plaisir

Christian Pilloud, qui officie dans ce village perdu depuis une dizaine d'années, a passé la surmultipliée voilà quelques saisons. Sa carte a pris des accents nettement plus gastronomiques et, si le style de sa salle à manger tient plus de celui d'une bonbonnière que d'un lounge hype, on s'y sent immédiatement à l'aise, choyé par la maîtresse de maison. La carte joue les bourgeoises (foie gras aux sucs de betterave rouge, boudin blanc de homard aux morilles, crème de vin jaune et gnocchis au beurre, filet de bœuf en croûte de moelle), ne craignant pas la surcharge (les portions sont vraiment gigantesques) et s'égarant parfois dans des travers modernistes mal maîtrisés (une crème brûlée au foie gras et pacherenc du vic-bilh totalement hors de propos).
C : 60 € • M : 25-60 € *mon-plaisir@wanadoo.fr*

» 22 lieu-dit Journal
☎ 03 81 92 56 17
F. dim. à dîn., lundi, mardi, 1 sem. déb. sept. et 1 sem. Noël.
Jusqu'à 21h.

CHAMONIX - 74400 (28 C 2)

Paris 613 - Annecy 103 - Megève 32

Restaurant Albert 1er

➥ **Hôtel :** Le Hameau Albert-Ier

Cadre et ambiance

Un somptueux ensemble au seuil du centre ville, luxe montagnard dans la demeure que les Carrier embellissent depuis cinq générations. Une grande salle festive aux allures de palace familial.

Cuisine

Pierre Carrier et son gendre Pierre Maillet entretiennent la flamme d'une cuisine à consonances savoyardes et piémontaises, mais universelle par la qualité des produits employés : ravioles de morilles aux truffes Bianchetto, homard breton en trois services, omble-chevalier au miel de bourgeons de sapin, pièce de veau de lait sous la mère rôti au parmesan et sabayon d'agrumes.

Cave

Comme partout, sauf chez quelques irréductibles bastions, le vin au verre trouve sa place, et les sommeliers proposent ainsi un accompagnement avec les grands menus. A puiser dans l'immense cave à plus d'un millier de références couvrant l'ensemble du vignoble, et particulièrement la Savoie, à tarifs logiques dans l'ensemble.

Accueil et service

Une grande maison à vaste capacité, donc un petit déficit de personnalisation de l'accueil, mais un service juste, empressé, qui ne commet pas la moindre erreur et n'a pas besoin de sollicitation pour intervenir.

C : 110 € • M : 56-140 € www.hameaualbert.fr

» 38 rte du Bouchet
☎ 04 50 53 05 09
F. mardi à déj., merc., jeudi à déj., vend. à déj., mi-mai-fin mai et déb. nov.-déb. déc.
Jusqu'à 21h30.

Atmosphère

L'impression d'un petit fourre-tout ingénieux, dans cette carte tous azimuts, peut presque dérouter. Pourtant, à l'usage, il y a peu à redire à cette table immédiatement sympathique (l'accueil, l'atmosphère justement), qui sans avoir l'air de trop y toucher balaie les répertoires, du traditionnel au régional, avec une relative réussite : bresaola à la roquette, ravioles de langoustines au basilic, sole de petit bateau meunière, carré de veau fermier aux morilles, cette armada étant épaulée par les troupes savoyardes (fondue, pierre chaude, tartiflette). Finalement, ce ne serait pas mal si la plupart des tables de la région avaient cette gueule d'Atmosphère.

C : 35 € • M : 20-28 € www.restaurant-atmosphere.com

» 123 pl Balmat
☎ 04 50 55 97 97
Ouv. 7j/7.
Jusqu'à 23h.

Le Bistrot

C'est la table à suivre dans un Chamonix excentré mais vivant : une cuisine moderne, alerte, qui ne s'attache pas aux sapins et à la neige, mais au travail de deux grands pros issus de belles maisons, Mickael Bourdillat et Sylvain Andrès. Les prix sont relativement serrés, la carte des vins intéressante et le service enjoué. Une première toque d'encouragement.

C : 50 € • M : 15-34 €

» 151 av de l'Aiguille-du-Midi
☎ 04 50 53 57 64
Ouv. 7j/7.

La Maison Carrier

Immanquable dans tous les sens : parce qui si vous prenez la route de la Suisse, vous passez devant cette belle ferme reconstituée en vieux bois, et parce que Pierre Carrier (Albert Ier) sait donner les moyens à son chef de préparer la plus authentique cuisine de Savoie-Piémont avec les meilleurs produits. Des majuscules, donc, pour le boudin maison, le filet de féra au lard d'Arnad, les quenelles de brochet et risotto piémontais, l'escalope de veau et farçon chamoniard. Atmosphère plutôt chic et tarifs normaux à ce niveau de compétition, y compris à la cave, variée et bien cadrée sur sa région.

C : 50 € • M : 26-39 € www.hameaualbert.fr

» 44 rte du Bouchet
☎ 04 50 53 00 03
F. lundi (sf fériés, juil.-août), 2 sem. juin et mi-nov.-mi-déc.
Jusqu'à 21h30.

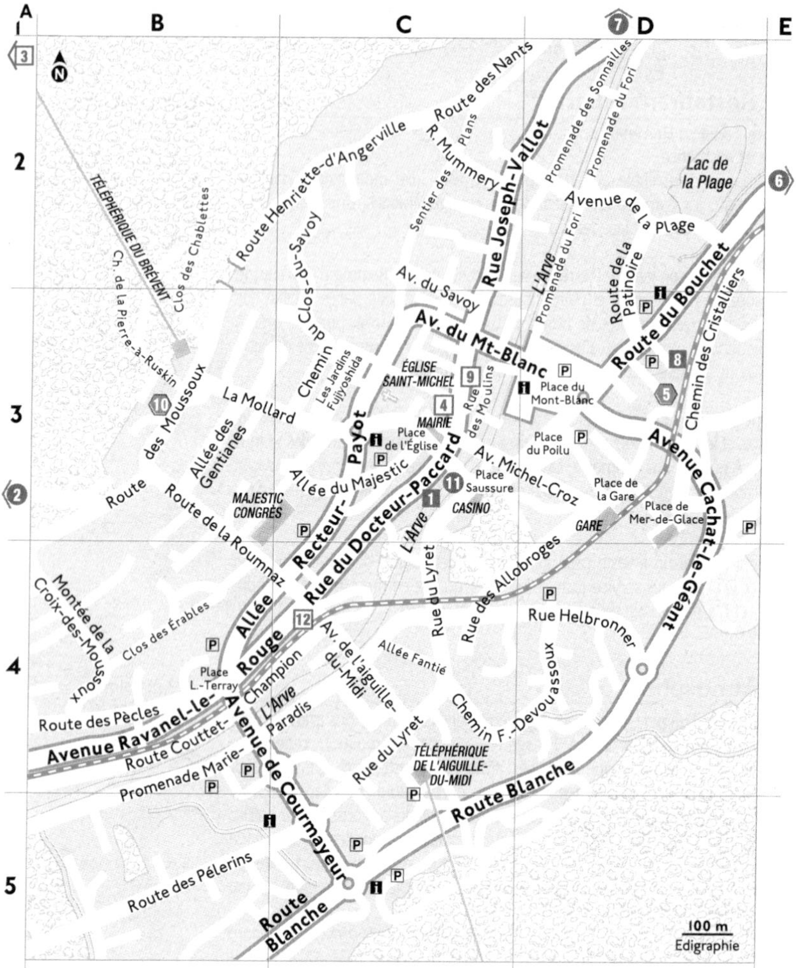

■ Restaurant ● Hôtel ⬢ Hôtel-Restaurant □ Table en vue

- (5) Albert-Ier D-3
- 1 Atmosphère C-3
- (2) Auberge du Bois Prin A-3
- 3 Bergerie de Planpraz A-2
- 4 Calèche (La) C-3
- (5) Hameau Albert-Ier (Le) D-3
- (6) Jeu de Paume (Le) E-2
- (7) Labrador (Le) D-1
- 8 Maison Carrier (La) D-3
- 9 Munchie (Le) C-3
- 12 Sanjon (Le) C-4
- (10) Savoyarde (La) B-3
- (11) Vallée Blanche C-3

(?) La Savoyarde

➥ **Hôtel** : La Savoyarde

Cette vénérable maison est désormais aux mains de Massimiliano Molino, hôtelier à Courmayeur et habitué des chalets de standing. La cuisine s'oriente vers davantage de classicisme pour une clientèle élargie, avec un bon enracinement régional. La prochaine note l'an prochain après les vérifications d'usage, notamment en terme de stabilité.

M : 18-80 €

www.lasavoyarde.com

» 28 rte des Moussoux
☎ 04 50 53 00 77
F. mardi, jeudi à déj. et nov.
Jusqu'à 21h30.

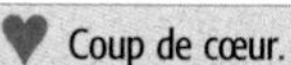

Coup de cœur.

Bergerie de Planpraz

Un des bons restaurants d'altitude, à l'arrivée de la télécabine de Planpraz. A 2000 m d'altitude, on apprécie de se requinquer avec la cocotte de tartifles et la tarte aux myrtilles.
C : 33,50 € • M : 22 € *www.restaurants@compagniedumontblanc.fr*

» Téléphérique du Brévent
☎ 04 50 53 05 42
F. à dîn., mai, oct. et nov.-déb. déc.

La Calèche

Du pur savoyard au centre de la station : une taverne équitable et familiale, qui fait de la tartiflette et des pierrades comme on fait de la choucroute dans une bonne brasserie, avec soin, sans tricher, malgré des produits moyens.
M : 20-25 € *www.restaurant-caleche.com*

» 18 rue Paccard
☎ 04 50 55 94 68
Ouv. 7j/7.

Le Munchie

Amusante tour de Babel montagnarde : que l'on bavarde avec des Suédois ou des Australiens, on se comprend sans mal, et les assiettes font le tour du monde, jusqu'aux sushis et au canard teriyaki.
C : 34 €

» 87 rue des Moulins
☎ 04 50 53 45 41
F. oct. et nov.

Le Sanjon

Basique montagnard pour trouver une vraie raclette dans son ambiance, familiale et plutôt bon marché.
C : 26 € • M : 16,90-23 €

» 5 av Ravanel-le-Rouge
☎ 04 50 53 56 44
F. 3 nov.-7 déc.

Le Hameau Albert-I er

➡ **Restaurant** : 16/20 Restaurant Albert 1er

Ce Hameau est constitué de plusieurs maisons et de plusieurs ambiances, sans céder à la facilité du rustique montagnard : si le bois habille bien certaines chambres (à la Ferme), c'est sans invasion et au service d'un mobilier contemporain. Une influence encore plus prononcée à l'Albert Ier proprement dit, aux chambres épurées autour d'harmonie de marron et de blanc. Equipement très complet, par exemple en terme de remise en forme, avec quelques plus exclusifs comme le mur d'escalade.
2 appart. 530-1400 € • 34 ch. 115-540 € • 1/2 pens. 65 €
www.hameaualbert.fr

» 38 rte du Bouchet
☎ 04 50 53 05 09
Fax 04 50 55 95 48
F. mi-nov.-déb. déc.

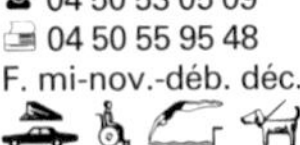

Auberge du Bois Prin

La rénovation des chambres s'est achevée à l'automne, dans une plaisante ambiance montagnarde, bois blond et tissus fleuris pour un résultat clair et chaleureux. Le typique chalet face au Mont Blanc n'en est que plus agréable, avec son jardin abondamment fleuri et son accueil souriant. Au restaurant, les poissons du Léman et les influences savoyardes se conjuguent en mode raffiné, dans la simplicité d'un filet de féra et écrevisses à la sauge du jardin ou d'un jarret de veau braisé menthe poivrée. La carte des vins a le bon goût de s'ouvrir à des horizons souvent ignorés, Savoie bien sûr, mais aussi vins des pays voisins.
2 appart. 218-250 € • 8 ch. 179-231 € • 1/2 pens. 140-172 € • C : 60 € •
M : 20,32-66 € *www.boisprin.com*

» 69 chemin de l'Hermine, Les Moussoux
☎ 04 50 53 33 51
Fax 04 50 53 48 75
F. 9-23 mai et 6 nov.-7 déc.

Le Jeu de Paume

Paisiblement installé à l'écart de la station, le chalet en mélèze cache un décor agréable, montagnard sans excès, élégant avant tout, dans les couleurs comme la qualité des matériaux. Chambres spacieuses, équipement de détente soigné. Au même endroit, le restaurant Rosebud, où le chef puise volontiers ses influences vers le Sud : pressé de foie gras de canard et pain d'épices ratatouille exotique, pannequet de rouget barbet au serpolet tomates au pistou, rôti d'agneau à la croûte de sel tian de légumes au romarin.
1 appart. 128-224 € • 23 ch. 140-248 € • 1/2 pens. 216-312 € • C : 42 € •
M : 32-57 € *www.jeu-de-paume-chamonix.com*

» 705 rte du Chapeau, Le Lavancher
☎ 04 50 54 03 76
Fax 04 50 54 10 75
F. 1er mai-10 juin et 15 sept.-9 déc.

Le Labrador

A l'écart de la station, l'hôtel est installé sur le golf (les remontées de la Flégère sont à deux pas pour accéder aux pistes), les chambres avec balcon y gagnent une vue dégagée sur la montagne. On retrouve à l'intérieur les rondins bruts, dans une chaleureuse ambiance rustique.
1 appart. 220-390 € • 31 ch. 70-200 € • 1/2 pens. 70-135 €
www.hotel-labrador-chamonix.com

» 101 rte du Golf
☎ 04 50 55 90 09
📠 04 50 53 15 85
F. 23 avril-4 mai et 22 oct.-7 déc.

La Savoyarde

➥ **Restaurant** : ⑦ La Savoyarde
Changement de propriétaire, et donc petit changement d'atmosphère, d'autant que quelques travaux de décoration ont été menés. On retrouve une atmosphère montagnarde, la vue sur le Mont Blanc et la situation près des départs de pistes.
14 ch. 74-159 € • 1/2 pens. 77-90 €
www.lasavoyarde.com

» 28 rte des Moussoux
☎ 04 50 53 00 77
📠 04 50 55 86 82
F. nov.

Vallée Blanche

L'architecture tout en hauteur dénonce le passé d'ancien moulin. Voilà qui change des chalets, un changement confirmé à l'intérieur par un décor aux tons chaleureux, sans excès de boiserie et avec de jolis meubles peints savoyards.
4 appart. 116-194 € • 26 ch. 58-153 €
www.vallee-blanche.com

» 36 rue du Lyret
☎ 04 50 53 04 50
📠 04 50 55 97 85
Ouv. 7j/7.

CHAMPAGNAC DE BELAIR ➤ BRANTOME

CHAMPAGNE SUR OISE ➤ L'ISLE ADAM, PARIS-BANLIEUE

CHAMPAGNIER ➤ GRENOBLE

CHAMPAGNOLE - 39300 (21 B 5)

Besançon 67 - Genève 83 - Pontarlier 46

Le Bois Dormant

Ambiance de détente et de pleine nature dans ce chalet qui mêle la chaleur du bois blond, le plaisir d'une architecture ouverte sur la nature (parc de 4 ha) à un équipement moderne, de la piscine au spa.
40 ch. 54-65 € • 1/2 pens. 52-74 €
www.bois-dormant.com

» Rte de Pontarlier
☎ 03 84 52 66 66
📠 03 84 52 66 67
F. 1 sem. Noël.

CHAMPAGNY EN VANOISE - 73350 (28 C 3)

Chambéry 97 - Albertville 43

L'Ancolie

Mobilier en chêne et tissus douillets pour les chambres de ce gros chalet sympathique, dont les terrasses dominent la vallée. Remise en forme.
31 ch. 55,50-115 € • 1/2 pens. 46-85,50 €
www.hotel-ancolie.com

» Les Hauts-du-Crey
☎ 04 79 55 05 00
📠 04 79 55 04 42
F. 20 avril-18 juin et 3 sept.-20 déc.

CHAMPCEVINEL ➤ PERIGUEUX

CHAMPIGNE - 49330 (16 A 3)

Angers 26 - Château-Gontier 26

Château des Briottières

Un véritable château de famille, édifié en 1760 et occupé par la même lignée depuis sept générations. Authenticité et raffinement sont au rendez-vous dans des chambres entièrement meublées d'époque. Parc agrémenté de jeux pour enfants.
3 appart. 180-320 € • 14 ch. 80-320 €
www.briottieres.com

» ☎ 02 41 42 00 02
📠 02 41 42 01 55
F. 18 fév.-6 mars.

CHAMPIGNY ➤ REIMS

CHAMPILLON ➤ EPERNAY

CHANCELADE ➤ PERIGUEUX

CHANTEMERLE ➤ SERRE CHEVALIER

CHANTILLY - 60500 (3 D 5)

Beauvais 53 - Compiègne 44

(11) La Belle Bio

» 22 rue du Connétable
☎ 03 44 57 02 25
F. dim. à dîn., lundi à dîn., mardi à dîn. et 2 sem. août.
Jusqu'à 21h30.

Un cadre de bon goût, avec sa terrasse fleurie, face à l'hippodrome et à cinq cents mètres du château. Dans une atmosphère légèrement éloignée d'une fièvre alter-mondialiste et arracheuse de plants d'OGM, du bio tranquille et raffiné qui fait surgir les bons légumes, au wok ou en salade, élève aussi le bœuf teriyaki et les crevettes des Seychelles au guacamole et termine en gourmandise avec le gâteau grand-mère ou la tarte Diane aux pommes caramélisées.
C : 40 € • M : 20-29 €

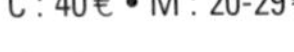

Dolce Chantilly

» Rte d'Apremont, Vineuil-Saint-Firmin
☎ 03 44 58 47 77
03 44 58 50 11
Ouv. 7j/7.

Ce vaste ensemble cossu s'impose par son équipement parfait (nombreuses possibilités de détente) et son service performant. Chambres spacieuses, ouvertes sur les espaces verts du golf et de la forêt. Aux restaurants (du gastronomique Carmontelle au club house le Swing), le chef joue la sécurité, mais peine à séduire aux commandes de cette importante machinerie.
25 appart. 220-438 € • 175 ch. 220-328 € • 1/2 pens. 145 € • C : 75 € • M : 45-69 € *www.chantilly.dolce.com*

à APREMONT - 60300 : 8 km N.E. par D924

La Grange aux Loups H

» 8 rue du 11-Novembre
☎ 03 44 25 33 79
F. dim. à dîn., lundi, mardi, 1re quinz. janv. et 1re quinz. sept.
Jusqu'à 22h.

Pour éviter le pompeux des menus royaux façon Chantilly, des feuillantines d'asperges mousseline au champagne et du menu homard, vous pouvez garder la tête froide et le menu à 25 €, qui fait bénéficier du charme de cette auberge campagne chic au coin du feu et du service pour seigneur à des tarifs de métayer. Et la rosace de thon, le rôti de râble de lapin ou le dôme glacé à l'amande amère sont bien dignes de la toque. Cave de négoce, bien charpentée en champagne et bordeaux. Chambres adorables et soignées.
C : 70 € • M : 25-50 € • 4 ch. 80 € *www.lagrangeauxloups.com*

à GOUVIEUX - 60270 : 3 km E.

Château de la Tour

» Chemin de la Chaussée
☎ 03 44 62 38 38
03 44 57 31 97
Ouv. 7j/7.

Deauville ? Non, Chantilly (ou presque) mais l'architecture évoque irrésistiblement la côte normande. A l'intérieur, deux ambiances de chambres, à l'ancienne (mobilier et cadre historiques) ou plus contemporaines (et climatisées), personnalisées, avec toujours sobriété et élégance. Bel équipement de détente.
41 ch. 160-205 € • 1/2 pens. 120-160 € *www.lechateaudelatour.fr*

 Accessible aux handicapés.

 Carte des vins remarquable.

Tennis privé.

 Piscine privée.

 Repas servis en terrasse ou dans un jardin.

 Chiens acceptés.

↻ à **MONTGRESIN** - 60500 : 5 km S.E. par D 924

[12] Le Relais d'Aumale

» 37 pl des Fêtes
☎ 03 44 54 61 31
F. 22 déc.-5 janv.
Jusqu'à 21h30.

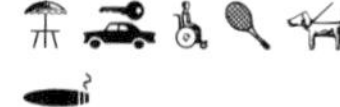

➥ **Hôtel** : Le Relais d'Aumale

Le Duc d'Aumale prête sa table avec bienveillance et Denis Oudart est un officier de bouche dévoué à une bien noble cause, celle des mousselines de rascasse, des terrines de ris de veau aux champignons, de la sole meunière et du gratin d'abricots au kirsch. Une assiette classique moins emballante que le confort bourgeois de cet ancien relais de chasse au charmant jardin jouxtant la forêt.

M : 32-40 €

www.relais-aumale.fr

Le Relais d'Aumale

» 37 pl des Fêtes
☎ 03 44 54 61 31
📠 03 44 54 69 15
F. 22 déc.-5 janv.

➥ **Restaurant** : 12/20 Le Relais d'Aumale

Elégance classique dans cette grande maison blanche fin XIXe, effectivement ancien relais de chasse du Duc d'Aumale, près de Chantilly et de sa forêt. Chambres douillettes et très agréable parc, à l'abri des regards derrière ses murs.

2 appart. 145-195 € • 22 ch. 106-148 € • 1/2 pens. 108-116 €

www.relais-aumale.fr

↻ à **SAINT MAXIMIN** - 60740 : 5 km N. par N 16

[13] Restaurant Le Verbois

» RN 16
☎ 03 44 24 06 22
F. lundi (sf fériés), dim. à dîn., 2-16 janv. et 13-31 août.
Jusqu'à 21h30.

Ce classicisme-là, pour nous subjuguer, doit avoir autant de patine et de caractère que de maîtrise : c'est donc souvent ce qui prévaut dans le travail de Laurent Guibet, qui donne du cor pour rameuter la belle clientèle des forêts, des haras et des châteaux. Pour personnaliser le gâteau de la mer et coquillages en émulsion d'algues ou la lotte en habit de jambon fumé et crème mousseuse aux poivrons, il multiplie les ingrédients collatéraux, enrobe le paquet cadeau dans une présentation travaillée, et soigne le décor et le service. Il ne faudrait pas, pour autant, négliger le centre de l'assiette. Cave classique orientée bordeaux.

C : 60 € • M : 33-52 €

CHAOURCE - 10210 (9 B 5)

Auxerre 66 - Troyes 32

↻ à **MAISONS LES CHAOURCE** - 10210 : 6 km S.E. par D 34

Aux Maisons R

» 11 rue des AFN
☎ 03 25 70 07 19
📠 03 25 70 07 75
Ouv. 7j/7.

Une nouvelle annexe est venue l'an dernier compléter les prestations du bâtiment ancien à colombages : la famille Enfert ne ménage pas ses efforts pour faire de l'hôtel une étape sans cesse plus agréable, avec ses chambres spacieuses et contemporaines et un restaurant, où Cédric le fils travaille avec application le terroir, en lui injectant quelques touches d'élégance : la sucette de langoustine sur l'œuf meurette et le cromesquis de chaource, les pralines roses et le caramel d'épice sur le pigeon.

23 ch. 53-63 € • 1/2 pens. 59-69 € • C : 45 € • M : 15-38 €

www.logis-aux-maisons.com

Les fermetures hebdomadaires et annuelles
sont celles que les restaurateurs et les hôteliers pensent pratiquer en 2006.
Pour éviter des déplacements inutiles, téléphonez pour confirmer.

LA CHAPELLE D'ABONDANCE - 74360 (28 C 1)

Annecy 118 - Evian 35

13 Les Cornettes H

» ☎ 04 50 73 50 24
F. mi-avril-mi-mai et mi-oct.-mi-déc.
Jusqu'à 21h30.

La famille Trincaz ? Plus d'un siècle qu'elle a transformé l'ancienne ferme familiale en auberge, puis en hôtel-restaurant. Bernard et Philippe, les deux frères, en cuisine, Sylvie et Christine, leurs épouses, chargées de l'accueil, et des recettes immuables, de belles salades, des poissons traités classiquement (escalope de saumon béarnaise, lotte sauce américaine) tout comme les viandes (magret de canard aux chanterelles, côtes d'agneau grillées aux herbes). Quelques spécialités savoyardes également. Très jolies chambres, spacieuses et soignées, grande piscine et bassin pour les enfants.
C : 30 € • M : 22-60 € • 45 ch. 50-95 € • 1/2 pens. 60-95 €

www.lescornettes.com

L'Ensoleillé R

» ☎ 04 50 73 50 42
📠 04 50 73 52 96
F. déb. avril-déb. juin et 20 sept.-20 déc.

Ensoleillé bien sûr, par sa situation à flanc de vallée, son décor sympathique de chalet de montagne, bardé de bois chaleureux, mais aussi ses spécialités montagnardes et son ambiance résolument conviviale.
35 ch. 60-85 € • 1/2 pens. 50-90 € • C : 32 € • M : 20-48 €

www.hotel-ensoleille.com

CHAPERY ➤ ANNECY

CHARAVINES - 38850 (28 A 3)

Grenoble 37 - Voiron 11

12 La Poste H

» 965 rue Principale, Lac de Paladru
☎ 04 76 06 60 41
F. dim. à dîn., lundi, merc., vac. scol. fév. et vac. scol. Toussaint.
Jusqu'à 21h.

Poissons de lac, friture, grenouilles, de la convivialité dans un esprit d'auberge qui s'adresse à tous, voyageurs et fidèles qui aiment la simplicité familiale et le lac de Paladru. Un terroir qui s'accommode bien des petits vins du Bugey. Chambres tranquilles au décor rustique.
M : 18-38 € • 14 ch. 38-61 € • 1/2 pens. 45-51 € *www.hoteldelaposte.com*

CHARLEVILLE MEZIERES - 08000 (9 B 2)

Sedan 22

11 La Côte à l'Os

» 11 cours Aristide-Briand
☎ 03 24 59 20 16
F. dim. à dîn. (sf juil.-août).
Jusqu'à 23h.

Une brasserie certes mais pas de n'importe quel bois : un cadre 1900 agrémenté de belles arcades en pierre, un service aux petits soins et une carte familière, pâté ardennais en croûte, travers de porc caramélisé au gingembre, sauté de veau aux trompettes des morts, gibier en saison.
C : 30 € • M : 15-32 € *alaincolignon@aol.com*

➲ à FAGNON - 08090 : 6 km S.O. par D 3 et D 34

13 Abbaye des Sept Fontaines

» Rue des Sept-Fontaines
☎ 03 24 37 38 24
Ouv. 7j/7.
Jusqu'à 21h15.

➥ **Hôtel :**  Abbaye de Sept Fontaines

Du très classique rectifié années 80 pour les idées les plus récentes : ce point de défense avancé au cour des Ardennes permet à chacun de situer une certaine idée de la cuisine, comme un témoignage, soufflé, flambages et belles sauces de tradition, dans une manière et avec un savoir-faire assez exemplaires.
C : 50 € • M : 29-55 €

 Abbaye de Sept Fontaines 

➡ **Restaurant** : 13/20 Abbaye des Sept Fontaines

Le site de l'ancienne abbaye accueille désormais sur 40 ha les loisirs moins contemplatifs d'un parcours de golf. La maison XVIIe, avec son architecture élégante en brique et son cadre feutré et raffiné, constitue une étape paisible et raffinée.

23 ch. 84-135 € • 1/2 pens. 87-105 € *abbaye-7-fontaines@wanadoo.fr*

» Rue des Sept-Fontaines
☎ 03 24 37 38 24
Fax 03 24 37 58 75
Ouv. 7j/7.

CHARMES SUR RHONE - 07800 (27 D 5)

Privas 30 - Valence 12

 Autour d'une Fontaine H

Au palmarès du plus grand décalage stylistique entre un restaurant et son village, la maison de Jean-Maurice Gaudry peut prétendre à une bonne place. Fruit d'un concours ouvert aux élèves de l'école d'architecture de Grenoble, cet hôtel restaurant a été entièrement pensé et construit avec le souci d'offrir de la lumière et de l'espace à la clientèle. Réussite impressionnante occultant presque la délicate cuisine proposée par le chef, terrine royale de saumon fumé et asperges, rognon de veau sauté et réduction de madère et cognac, filet de bœuf fermier du Mézenc poêlé et légumes printaniers. La fontaine ? Elle coule contre l'un des murs de la salle, lui donnant un air champêtre et décalé. Chambres charmantes sur le thème des fruits et donnant même sur les quelques arbres du patio.

C : 30 € • M : 20-60 € • 1 appart. 50-90 € • 15 ch. 50-85 € • 1/2 pens. 45-60 €

» 2-4-15 Rue Bertois
☎ 04 75 60 80 10
F. dim. à dîn., lundi et nov.
Jusqu'à 21h30.

CHAROLLES - 71120 (20 A 6)

Mâcon 54 - Paray-le-Monial 10

 Restaurant Daniel et Frédéric Doucet

La région perdrait ses repères ? Allez faire un tour à Charolles pour la retrouver, cette Bourgogne taillée dans le filet, d'une douceur et d'une franchise qui fait les séjours heureux. Doucet Père et Fils travaillent en harmonie et transmission, de pensée et savoir-faire. Frédéric, fils de Daniel, a tourné chez Orsi, Troisgros, Blanc à Oxford pour tout savoir du métier et cajoler avec son père une fière tradition, finement modernisée, mais conservant toute sa puissance, dans les escargots persillés, le tournedos sauce périgourdine ou la sublime entrecôte sur plaque. Cave de haute connaissance, très aiguisée en mâconnais, mais aussi capable de trouver le moulin-à-vent de Jadot.

C : 55 € • M : 23-70 € *www.la-poste-hotel.com*

» 2 av de la Libération, pl de l'Eglise
☎ 03 85 24 11 32
F. dim. à dîn., lundi, 15 jrs nov. et 15 jrs déb. année.
Jusqu'à 20h45.

CHARROUX - 03140 (26 B 2)

Moulins 56 - Vichy 33

 La Ferme Saint-Sébastien

Douceur, harmonie et personnalité dans l'un des plus beaux villages de France. Et sans doute aussi l'une des plus belles cuisines de femme-chef, tant Valérie Saignie met de sensibilité et de talent à cette carte aux bases régionales (carpaccio de poulet vinaigrette aux pignons grillés et taboulé aux légumes, Filet de truites d'Auvergne et galette de vermicelles au fromage), dans une atmosphère d'auberge, poutres apparentes et mobilier ancien, tons en harmonie et mise de table soignée. La moutarde du village, chère aux connaisseurs, est à son avantage dans les macarons et les madeleines d'amuse-bouche, le service est fluide, orchestré avec brio, cave abondante représentative de l'ensemble des vignobles, à tarifs amicaux.

C : 51 € • M : 22-60 € *www.la-ferme-saint-sebastien.com*

» Chemin de Bourion
☎ 04 70 56 88 83
F. lundi, mardi (sf juil.-août), 3 prem. sem. janv., dern. sem. juin et dern. sem. sept.

LA CHARTRE SUR LE LOIR - 72340 (16 C 3)

Tours 43 - Le Mans 46 - Château-du-Loir 16

Hôtel de France R

Clin d'œil aux 24 H du Mans avec les photos dédicacées, patio et piscine pour la détente, une ambiance sympathique et colorée : voilà une étape sympathique, à compléter d'une cuisine alerte et variée : tartare de saumon au citron vert, filet de sabre rôti au thym.

1 appart. 70-100 € • 23 ch. 42,50-55,10 € • 1/2 pens. 39,30-44,20 € • C : 28 € • M : 14-39 € *hoteldefrance@worldonline.fr*

» 20 pl de la République
☎ 02 43 44 40 16
Fax 02 43 79 62 20
F. 1 sem. Noël-nouvel an et 4 sem. mi-fév.-mi-mars.

CHARTRES - 28000 (17 D 2)

Paris 87 - Orléans 75 - Evreux 77

Le Georges

➥ **Hôtel** : Le Grand Monarque

Une maison exemplaire, à laquelle Bertrand Jallerat a su donner un dynamisme et un éclat nouveau, par une segmentation bien précise de l'offre (qui s'est cette année enrichie avec le Bistrot de la Cathédrale, au pied du phare de la Beauce). En tête, la table-amiral toujours admirable, pratique avec malignité le jeu de la tradition, ni engourdie, ni crottée aux sabots mais fine, enjouée, actuelle, grâce à un chef, Laurent Clément, qui a tout compris de l'époque et du Grand Monarque. Cave de vieux millésimes très accessibles, belle play-list de loires au meilleur prix et service dans le rythme de la petite musique chartraine.

C : 46 € • M : 32-56 € *www.bw-grand-monarque.com*

» Hôtel le Grand-Monarque, 22 pl des Epars
☎ 02 37 18 15 15
F. dim. à dîn. et lundi.
Jusqu'à 22h.

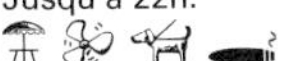

Le Grand Monarque

➥ **Restaurant** : 15/20 Le Georges

Une grande maison, dans son architecture XVIIIe, son histoire comme ses prestations, avec un sens du service soigné et un cadre cossu, sans se départir de la sobriété qui signe la véritable élégance.

5 appart. 190-235 € • 50 ch. 88-216 € *www.bw-grand-monarque.com*

» 22 pl des Epars
☎ 02 37 18 15 15
Fax 02 37 36 34 18
Ouv. 7j/7.

CHARTRES DE BRETAGNE ➤ RENNES

CHASSAGNE MONTRACHET - 21190 (20 A 4)

Beaune 15 - Chagny 4 - Autun 36

Le Chassagne

De l'Eblysotto ? Du risotto avec du blé Ebly, donc, avec un bar côtier, au vert, crème d'ail au poivron rouge et pointes d'asperges vertes, une composition astucieuse, dans la ligne actuelle d'un cuisinier sans œillères. En plein pays vigneron, Stéphane Léger signe une carte d'esprit frondeur, d'océan et de terroir, du pigeonneau louhannais et polenta à l'agneau pyrénéen au piment d'Espelette. Une toque véritable et fondée, qui n'est pas qu'un argument à faire valoir auprès d'une passionnante cave de chassagne, de montrachet, de meursault avec tous les meilleurs, les Niellon, Morey, Colin-Deléger, Ramonet, Dancer… étendue bien sûr aux rouges.

C : 70 € • M : 19-69 € *www.restaulechassagne.com*

» 4 imp des Chenevottes
☎ 03 80 21 94 94
F. dim. à dîn., lundi, merc. à dîn. et 14 juil.-6 août.
Jusqu'à 21h30.

Dans chaque ville, les établissements sont classés par note décroissante, restaurants d'abord, hôtels ensuite.

•

Certaines communes sont rattachées à l'agglomération la plus proche.

CHASSELAY - 69380 (27 C 2)

Lyon 23 - Villefranche-sur-Saône 14

Guy Lassausaie

» Rue de Belle-Cize
☎ 04 78 47 62 59
F. mardi, merc., 20 fév.-1er mars et 31 juil.-25 août.
Jusqu'à 21h30.

Cadre et ambiance

La maison de famille des Lassausaie (Guy incarne la quatrième génération) a été complètement rénovée à la fin des années 90. La succession de salles à manger, ouvertes sur un large couloir avec verrière donnant sur un jardin avec terrasse pour les cafés et les apéritifs, ne manque pas d'allure.

Cuisine

Formé chez Point (La Pyramide à Vienne) et chez Outhier (l'Oasis à la Napoule), lui même MOF en 1993, Guy Lassausaie peut faire valoir une très solide formation classique qu'il ne renie d'ailleurs jamais. Sans se poser véritablement en futur transmetteur d'une cuisine que d'aucuns qualifieraient de datée, ce technicien hors pair réussit à donner du tonus et de la couleur aux classiques : filet de loup rôti et galette de seigle au caviar, fine purée d'artichaut, pigeon cuit au foin en cocotte lutée, ragoût de pommes grenailles, fenouil et lentins de chêne, suprême de caille et foie gras cuit en coque d'épices, rognon de veau cuit dans sa fraise, polenta crémeuse et asperges.

Cave

Axée bien sûr sur les vignobles alentours, elle n'oublie pas quelques grands alsaciens (Trimbach, Colette Faller), se cantonne aux grands noms du bordelais mais ne fait que survoler loire, languedoc et sud ouest (en n'y recensant cependant que des grands noms).

Accueil et service

C'est intime, chaleureux, discret, très professionnel, idéal pour les déjeuners d'affaire et les familles en fête.

C : 55€ • M : 40-82€

www.guy-lassausaie.com

CHASSENEUIL DU POITOU ➤ POITIERS

CHASSERADES - 48250 (32 A 1)

Mende 37 - Alès 80 - Langogne 30

Les Sources

» ☎ 04 66 46 01 14
📠 04 66 46 07 80
F. 15 nov.-1er mars.

Ce grand chalet dans la campagne lozérienne se trouve sur la Route Stevenson. Cadre simple et soigné, une partie des chambres a été rénovée l'an dernier.

1 appart. 45€ • 10 ch. 28-45€ • 1/2 pens. 34-45€

www.hotel-des-sources.fr

CHATEAU ARNOUX - 04160 (34 A 3)

Digne 26 - Sisteron 15

La Bonne Etape

» Chemin du Lac
☎ 04 92 64 00 09
F. lundi et mardi (h.s.), 5 janv.-12 fév. et 29 nov.-14 déc.
Jusqu'à 21h30.

➥ **Hôtel :** La Bonne Etape

La famille Gleize semble indestructible et, avec elle, cet ancien relais de poste du XVIIIe transformé à force d'investissements en un relais et châteaux qui, à défaut d'être ultra luxueux, baigne dans une délicieuse atmosphère au charme suranné. Jany Gleize continue de superviser les cuisines, impulsant son style provençal pur et dur et toute la rigueur acquise chez Rostang, Troisgros, Chapel, Guérard et auprès de son père bien sûr. Deux toques encore et toujours donc pour les fleurs de courgette farcies au basilic et caviar d'aubergines, le filet de rouget à la tapenade et gâteau de brandade et la déclinaison de lapin à la sarriette, risotto d'épeautre aux petits légumes, dignes représentants d'un terroir provençal toujours sublimé. Cave immense, patiemment construite, avec quelques jolies verticales de bandols de chez Peyraud ou d'hermitages de chez Chave.

C : 70€ • M : 45-115€

www.bonneetape.com

Au Goût du Jour

» 14 av du Gén-de-Gaulle, face au Château
☎ 04 92 64 48 48
F. 5 janv.-12 fév. et 29 nov-14 déc.
Jusqu'à 22h.

Une bonne carte de tradition provençale pour bénéficier des charmes et du savoir-faire de la maison-mère (La Bonne Etape), à tarif doux et dans la simplicité. Anchoïade, poulet au thym, agneau en cocotte, des herbes, des marmites odorantes, tout pour saliver sans ruine.
M : 16-24 € www.bonneetape.com

L'Oustaou de la Foun

» N 85 les Petites-Fillières, rte Napoléon
☎ 04 92 62 65 30
F. dim. à dîn., lundi et 1re sem. janv.
Jusqu'à 21h15.

Les bonnes nouvelles se succèdent pour Gérald Jourdan : un retour dans nos colonnes l'an dernier, un passage remarqué au Food France de Ducasse, sa maison sur la route Napoléon a le vent en poupe. Le service attentionné, la bonne humeur générale et les assiettes ensoleillées, rien ici ne paraît surfait. Sardines de Méditerranée et poivrons marinés, agneau sur la braise, chèvre frais et légumes du sud, kir royal de fruits rouges en gelée, citron en sorbet, crème brûlée et madeleine. Beaucoup d'idées, quelques imprécisions parfois mais l'assurance d'un potentiel de progression assez important.
M : 26-38 € loustaoudela-foun@wanadoo.fr

La Bonne Etape

» Chemin du Lac
☎ 04 92 64 00 09
📠 04 92 64 37 36
F. 5 janv.-12 fév. et 29 nov.-14 déc.

➡ **Restaurant** : 15/20 La Bonne Etape
Derrière la façade colorée s'apprécient une douceur de vivre et une ambiance un peu hors du temps, marque de fabrique d'une maison à la longue histoire, soucieuse de maintenir une belle tradition d'accueil et de confort dans l'élégance des meubles d'époque et du luxe en version provençale.
7 appart. 203-353 € • 11 ch. 163-223 € • 1/2 pens. 243-433 €
www.bonneetape.com

➲ à AUBIGNOSC - 04200 : 6 km N.O. par N 85

La Magnanerie H

» Les Fillières, N 85, rte de Sisteron
☎ 04 92 62 60 11
F. dim. à dîn., lundi, jeudi à dîn. (sf juil.-août), 1 sem. janv., 1 sem. avril et 1 sem. déc.
Jusqu'à 21h30.

Le jeune chef-patron, dépositaire de l'héritage familial, ne reste pas les deux pieds dans la soie de cette ancienne magnanerie. Après avoir embelli sa terrasse (fer forgé, zellige), il attaque les grands travaux dès cet automne pour mettre les lieux en conformité de ses idées : de la jeunesse, de la vivacité, du bien-être, tout ce qui transpire dans cette cuisine régionale et personnelle qui mêle les pistes à l'ail la barigoule d'artichaut, les langoustines et le lard fumé dans une assiette d'arôme et de soleil, et offre de très belles adaptations du râble de lapin en crépinette au carré d'agneau aux picholines. La cave se tourne désormais vers les petits locaux, avec pertinence et recherche. Neuf chambres de bon goût, meubles cérusés, plâtre ciré, devraient recevoir la climatisation en 2006.
C : 35 € • M : 18-37 € • 9 ch. 43-58 € • 1/2 pens. 61-76 €
stefanparoche@aol.com

LE CHATEAU D'OLONNE ➤ LES SABLES D'OLONNE

CHATEAU GONTIER - 53200 (16 A 2)

Laval 32 - Angers 48

Le Jardin des Arts

» 5 rue Abel-Cahour
☎ 02 43 70 12 12
📠 02 43 70 12 07
F. 24 juil.-20 août et 25 déc.-7 janv.

Un endroit personnalisé et inattendu dans ce cadre bourgeois d'une ancienne préfecture : dans le décor, les équipements de communication très modernes comme les nombreuses initiatives (nombreux stages dans des domaines variés). Avec ses nombreuses notes colorées, il en résulte une atmosphère très particulière et séduisante.
20 ch. 58-85 € www.art8.com

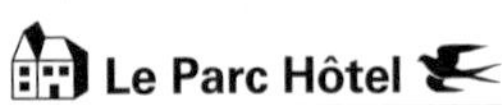

Le Parc Hôtel

La grande maison de maître fin XIXe et ses écuries marient cette influence ancienne à un décor personnalisé et actuel. Parc avec tennis et piscine.
2 appart. 95-105€ • 19 ch. 54-74€ www.parchotel.fr

» 46 av du Mal-Joffre
☎ 02 43 07 28 41
📠 02 43 07 63 79
F. vac. scol. fév.

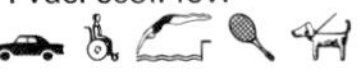

à COUDRAY - 53200 : 7 km S.E. par D 22

12 L'Amphitryon

C'est vrai, la note ne bouge pas beaucoup depuis des années, mais ni le village, ni cette pimpante maison ne changent non plus, pour notre plus grand plaisir de retrouver Evelyne et Jacques Pottier, fidèles au poste, fidèles à une cuisine campagnarde et maligne qui puise autant que faire se peut aux sources mayennaises : émincé de lapereau et agneau braisé, tête et langue de veau au cidre mayennais, pigeonneau Maine-Anjou au cumin. Les vins d'Anjou et de tout le val de Loire en compagnons de fortune.
C : 38€ • M : 16-26€ www.perso.wanadoo.fr/lamphitryon53/

» 2 rue de Daon
☎ 02 43 70 46 46
F. dim. à dîn., lundi, mardi, 23 fév.-5 mars, 29 avril-3 mai, 3-19 juil., 26 oct.-5 nov. et 23-27 déc.
Jusqu'à 20h45.

CHATEAU THIERRY - 02400 (4 B 5)

Laon 80 - Meaux 49

11 Auberge Jean de La Fontaine

Solidité et tradition dans le fief du fabuliste : l'hôtel emblématique de la ville accueille le voyageur avec naturel et belles manières, carte trilingue et sauces champagne. On trouve sur la carte du bonheur simple avec les rillettes de lapin, le croustillant d'andouillette au chaource et le tournedos de canard à la ficelle. Cave négociante et pas bien chère.
C : 30€ • M : 26€ www.auberge-jean-de-la-fontaine.com

» 10 rue des Filoirs
☎ 03 23 83 63 89
F. dim. à dîn., lundi, 1er-15 janv. et 1er-21 août.
Jusqu'à 21h.

CHATEAUBERNARD ➤ COGNAC

CHATEAUBOURG - 35220 (14 D 4)

Rennes 24 - Vitré 18

13 Ar Milin'

➥ **Hôtel** : Ar Milin'
Vous avez quitté Rennes, choisi un coin de verdure, les bords de la Vilaine, un parc de cinq hectares et un moulin breton ? Alors, en écoutant ou non Sinsemilia, on vous souhaite tout le bonheur du monde, et Pascal Ribault, heureux artisan, qui va régulièrement se ressourcer dans le pôle formation d'Alain Ducasse, s'y emploiera avec une jolie cuisine, avec son aumônière de coques, son saint-pierre à la plancha et artichauts de Bretagne, son pigeon à la broche et son kouign aman. Chaque saison, cette cuisine naguère un peu maniérée, progresse dans le dépouillement et la netteté et nous nous en réjouissons.
C : 39€ • M : 26-44€ www.armilin.com

» 30 rue de Paris
☎ 02 99 00 30 91
F. dim. à dîn. (nov.-fév.), lundi, mardi (juil.-août), sam. à déj. et 23 déc.-4 janv.
Jusqu'à 21h30.

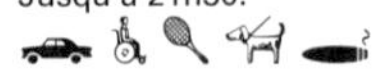

Ar Milin'

➥ **Restaurant** : 13/20 Ar Milin'
Le parc, avec son arboretum et l'eau omniprésente (il est traversé par la Vilaine), est un cadre agréable, tant pour l'ancien moulin que pour le plus récent Hôtel du Parc. Il accueille de plus chaque été une exposition de sculptures. Les chambres se partagent entre les deux sites, à l'élégance personnalisée au Moulin, contemporaines et soignées au Parc.
1 appart. 167-188€ • 31 ch. 70-133€ • 1/2 pens. 92-114€ www.armilin.com

» 30 rue de Paris
☎ 02 99 00 30 91
📠 02 99 00 37 56
F. 23 déc.-4 janv.

CHATEAUBRIANT - 44110 (15 C 3)

Nantes 70 - Laval 66

Le Poêlon d'Or

Deux ans après son arrivée dans cette maison, Cédric Conche, accompagné de son épouse Catherine, a réussi son premier défi : maintenir la table au niveau de la toque que lui avait "léguée" son prédécesseur, Serge Aboli. Les coquilles saint jacques et mesclun de salade, le pavé de châteaubriant (très bonne viande), chips croustillantes et purée de pommes de terre et le kouign aman et poires confites ne brillent pas par leur modernité (comme la salle, qui aurait bien besoin d'un peu de gaieté) mais le bilan reste positif.
C : 50 € • M : 15,50-48 €

» 30 bis rue du 11-Novembre
☎ 02 40 81 43 33
F. dim. à dîn., lundi, 1 sem. fin fév. et 2 sem. août.
Jusqu'à 22h00.

CHATEAUDOUBLE - 83300 (34 B 5)

Draguignan 13 - Fréjus 43 - Castellane 49

Le Château

Une de ces bonnes adresses qu'on se repasserait presque sous le manteau, tant on voudrait être le seul à la connaître. Où l'on est reçu avec gentillesse, dans un cadre et un environnement agréables (le village est ravissant). La formule à 20 € imbattable, aux produits de grande fraîcheur et. bien travaillés (ravioles basilic, canard rôti aux légumes du moment, feuillantine praline), primant sans aucun doute sur les propositions plus ambitieuses.
M : 25-45 €

» Pl Vieille
☎ 04 94 70 90 05
F. lundi et mardi (nov.-fin mars). F. ann. non comm.
Jusqu'à 21h30.

(11) Restaurant de la Tour

A déguster dans la simplicité, en se laissant bercer par la douceur des lieux : la terrasse déploie une vue de rêve sur les gorges, la maison a autant de charme que le reste de ce village médiéval et l'accueil rivalise de chaleur avec le soleil du mois d'août.
C : 40 € • M : 21-28 €

philippe.obriot@tiscali.fr

» Pl Beausoleil
☎ 04 94 70 93 08
F. merc. et déc.
Jusqu'à 21h30.

CHATEAUDUN - 28200 (17 D 2)

Chartres 43 - Orléans 51

Aux Trois Pastoureaux

Les travaux d'embellissement et de restructuration de cette maison d'angle où, il y a trois cents ans déjà, on servait les voyageurs, sont désormais achevés. La salle, entièrement rénovée, arbore désormais des habits beaucoup plus seyants et les équipées, en salle comme en cuisine, ont été renforcées, confirmant ainsi la toque que nous attribuons depuis plusieurs années à Jean-François Lucchese. Les assiettes n'ont en revanche pas été chamboulées, demeurant fidèles à leur traditionnel terroir : râble de lapin farci aux pistaches et jus à l'estragon, duo de rouget barbet et daurade sur sa compotée de bette, fenouil et tapenade, biscuit fondant de chocolat noir, sirop de thé lacté. Cave privilégiant la loire et les coteaux du vendômois.
C : 35 € • M : 19,80-42,30 €

www.aux-trois-pastoureaux.com

» 31 rue André-Gillet
☎ 02 37 45 74 40
F. dim., lundi (sf Pâques et Fêtes des mères), 1er-10 janv. et 4-18 juil.
Jusqu'à 21h.

Saint-Michel

A l'image du garage à calèches transformé en jardin d'hiver par une vaste verrière, cet ancien relais de poste XVIIIe est un bel exemple d'une évolution intelligente, dans son décor donc, mais également dans son confort.
19 ch. 36-52 €

» 5 rue Péan, 28 pl du 18-Octobre
☎ 02 37 45 15 70
Fax 02 37 45 83 39
F. ann. non comm.

à COURTALAIN - 28290 : 16 km O. sur D 927

Domaine de Courtalain

Les possibilités de loisirs comme d'hébergement sont nombreuses dans ce vaste ensemble XVIIIe (château et dépendances), niché dans un domaine classé de 150 ha au parc paysager.

1 appart. € • 29 ch. 75-91 € *www.chateaudecourtalain.com*

» Château de Courtalain
☎ 02 37 98 80 25
📠 08 25 18 16 42
F. 15 déc.-15 mars.

CHATEAUFORT ➤ PARIS-BANLIEUE

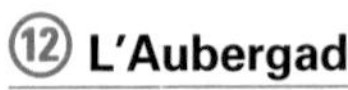

CHATEAUGIRON - 35410 (14 C 4)

Rennes 16 - Vitré 28

(12) L'Aubergade

Si Châteaugiron est classée cité de caractère, cette Aubergade, avec sa façade à pans de bois et sa cheminée ancienne, mérite aussi un label. Car du caractère, elle en a à revendre, et sa renommée ne date pas d'hier. Le jeune chef André Dalmas maintient le flambeau. sa cuisine est méritoire, pas maladroite et modernisante sans affectation. Dommage qu'il faille autant aligner les euros (33 **€** pour un menu intéressant) pour goûter l'esprit de l'émietté de maquereau au vin blanc, des nems de saint-pierre à la menthe et du carré d'agneau à la lavande. D'excellents parfums, à la carte, proviennent du Sud-Ouest d'origine du chef (tripous à l'albigeoise, cassoulet, pastis gascon) et la cave se promène jusqu'en Languedoc.

C : 36 € • M : 14 €

» 2 bd Julien-et-Pierre-Gourdel
☎ 02 99 37 41 35
F. sam. à déj., dim. (sf réserv.), à dîn. lundi et merc. F. ann. non comm.
Jusqu'à 21h30.

CHATEAUMEILLANT - 18370 (18 B 6)

Bourges 71 - Montluçon 45

(15) Le Piet à Terre H

Thierry Finet et son épouse, Sylvie Piet, ont commencé il y a tout juste vingt ans en ouvrant une crêperie sur les lieux mêmes de ce qui est aujourd'hui l'une des tables les plus enthousiasmantes à 100 km à la ronde. Ancien métallier, converti à la cuisine à la suite de la rencontre avec sa future femme, il a affiné et modernisé son propos au point de devenir vraiment tendance aujourd'hui : asperges vertes cuites au jus de poule, rillons de cochon, julienne de pois gourmands acidulé de menthe, côte de veau de lait sous la mère, asperges au citron confit à l'huile de truffe blanche d'alba, cappuccino café Colombie, fraîcheur amande et menthe. Dynamique, juste, cette maison agrandit son champ d'action en créant un jardin d'un hectare et demi où fleurs, légumes et herbes aromatiques sont cultivées, et en organisant également des cours de cuisine.

C : 70 € • M : 39,50-120 € • 5 ch. 46-78 € *www.http://le.piet.a.terre.free.fr*

» 21 rue du Château
☎ 02 48 61 41 74
F. dim. à dîn., lundi, mardi, merc. à déj. (sf juil.-août) et 28 nov.-déb. mars.
Jusqu'à 21h.

à MAISONNAIS - 18170 : 9 km N. par D 70

(12) La Table d'Orsan

➥ **Hôtel :**  La Maison d'Orsan

Jouxtant les fameux jardins du Prieuré, le restaurant de Patrice Tavarella jouit d'un cadre absolument charmant. Quand on a la main aussi verte que cet ancien architecte, impossible d'attraper le premier sachet de légumes sous vide venu et de l'envoyer se faire cuire au micro ondes. Tout ici ou presque est bio et récolté sur place : fèves à la menthe et artichauts confits à l'huile d'olive, filet de veau aux morilles, pêche de vigne au romarin, les produits ont le goût de ce qu'ils sont, sans le moindre travestissement.

C : 44 € • M : 40-50 € *www.prieuredorsan.com*

» Orsan
☎ 02 48 56 27 50
F. lundi-vend. (1er avril-15 mai, 1er sept.-31 oct. sf fériés) et 1er nov.-31 mars.
Jusqu'à 21h30.

 La Maison d'Orsan

» Orsan
☎ 02 48 56 27 50
02 48 56 39 64
F. 1er nov.-31 mars.

➥ **Restaurant** : 12/20 La Table d'Orsan

Les 12 clos qui composent, sur 60 ha, les jardins de l'ensemble sont un bonheur pour la promenade comme pour le plaisir des yeux. Le charme épuré des chambres, entre pierre et bois blond, est tout aussi précieux, dans le cadre magnifique d'un ancien prieuré dont les origines remontent au XIIe siècle.

6 ch. 180-280 € • 1/2 pens. 173-223 € *www.prieuredorsan.com*

CHATEAUNEUF - 21320 (20 A 6)

Paris 280 - Beaune 35 - Dijon 43 - Avallon 72

 Hostellerie du Château

» Rue du Centre
☎ 03 80 49 22 00
03 80 49 21 27
F. déc.-mi-fév.

Nouveaux propriétaires, mais cadre heureusement inchangé pour cette maison historique (XVIIe) au cœur du village, aux belles chambres rustiques.

4 appart. 70 € • 13 ch. 45 € • 1/2 pens. 52-64 €
www.hostellerie-chateauneuf.com

CHATEAUNEUF DU PAPE - 84230 (33 B 4)

Avignon 17 - Orange 14

 La Sommellerie

» Rte de Roquemaure, D 17
☎ 04 90 83 50 00
F. dim. à dîn., lundi (nov.-fév.) et 2 janv.-10 fév.
Jusqu'à 21h15.

➥ **Hôtel** : La Sommellerie

Après plus de dix années passées à la tête de cette ancienne bergerie transformée en une charmante demeure provençale, Pierre Paumel s'investit comme au premier jour dans sa cuisine, la détaillant dans des intitulés qui sont de véritables histoires, dénotant une passion jamais feinte pour une cuisine provençale toute en légèreté et en précision : carpaccio de magret fumé et foie gras aux truffes de la Saint Jean, copeaux de vieux parmesan et ébouriffée de jeunes pousses à l'huile de truffes, côte de veau mijotée en cocotte aux girolles, fondant d'abricots au miel et muscat de beaumes de venise, croquant nougatine et sorbet. Les prix font preuve d'une sagesse de bon aloi et la cave, évidemment pointue sur l'appellation locale, ne franchit pratiquement pas les portes de la vallée du Rhône.

C : 49 € • M : 30-79 € *www.la-sommellerie.fr*

 La Sommellerie

» Rte de Roquemaure, D 17
☎ 04 90 83 50 00
04 90 83 51 85
F. 2 janv.-10 fév.

➥ **Restaurant** : 14/20 La Sommellerie

Ambiance provençale et chaleureuse dans les vieilles pierres d'une bergerie du XVIIe siècle, métamorphosée en un hôtel ouvert sur les paysages alentour.

2 appart. 90-150 € • 12 ch. 65-99 € • 1/2 pens. 86-106 €
www.la-sommellerie.fr

CHATEAUROUX - 36000 (18 A 5)

Paris 269 - Bourges 69 - Guéret 89

 Le Bistrot Gourmand

» 10 rue du Marché
☎ 02 54 07 86 98
F. dim., lundi, fin fév.-déb. mars et 3 sem. fin août-déb. sept.
Jusqu'à 22h30.

Dans la salle ou le patio, c'est l'effervescence, l'agitation, la vie. Le service est tonique, proche, et le dialogue se noue facilement avec une terrine ou une côte de bœuf quand elles ont autant de goût et de naturel.

C : 21 € • M : 12,50-24,50 €

(11) La Ciboulette

» 42 rue Grande
☎ 02 54 27 66 28
F. hebdo non comm. F. 4 sem. août-sept. et 2 sem. Noël-nouvel an.
Jusqu'à 21h30.

Maurice Garnier n'est pas un blasé, loin de là. Il promène sur le métier un regard affectueux et s'adapte aux nouvelles tendances "sans perdre ses valeurs" en proposant ce qu'il qualifie lui-même de "cuisine rafraîchissante". Cette sincérité transparaît dans l'assiette, honnête et non sans élégance, en quatre menus baptisés avec humour "Passetoutgrain", "Village", "Premier Cru", "Grand Cru". pour une attention soutenue, aux filets de maquereaux grillés comme au sauté de filet de bœuf aux abricots, pignons et poivrons, et aussi au choix des vins, bien ciblé sur des vignerons authentiques.
C : 30€ • M : 17-33€

Elysée Hôtel

» 2 rue de la République
☎ 02 54 22 33 66
02 54 07 34 34
Ouv. 7j/7.

Situation centrale et chambres coquettes au style actuel. Superficies variables mais confort toujours suffisant.
18 ch. 49-64€ • 1/2 pens. 70€ *www.perso.wanadoo.fr/elysee36*

à DEOLS - 36130 : 3 km N.

Relais Saint-Jacques

» ☎ 02 54 60 44 44
F. dim. à dîn.
Jusqu'à 21h45.

C'est une balise Argos dans un océan, une tour génoise sur un littoral, une église dans la campagne. Repaire et repère d'une tradition reconnue par des dévots qui ont encore la foi. Celle du produit de haute qualité, de la belle étoffe et du tournemain de chef. Pierre Jeanrot se répète ? Dieu merci, il ne change pas une réplique à cette pièce que l'on vient voir jouer comme la dix millième de Boeing Boeing, à deux pas de l'aéroport. Pour la salade de saint-jacques et rouget, le bar hollandaise, le sandre au beurre blanc ou les ris de chevreau aux morilles, on bat des mains, on bisse, on crie encore, en pensant déjà à la prochaine fois. Cave ligérienne importante et bien triée, service à l'ancienne, précis et courtois.
C : 37€ • M : 20-48€ *www.relais-st-jacques.com*

au POINÇONNET - 36330 : 5 km S. par route forestière

(14) Le Fin Gourmet

» 73 av de la Forêt
☎ 02 54 35 40 17
F. dim. à dîn., lundi et mardi à dîn.
Jusqu'à 21h30.

On ne s'en doute pas toujours, mais il se passe des choses du côté de Châteauroux. A la périphérie, même, sur ces routes de contournement que connaissent les habitués, derrière une façade contemporaine. Franck Gatefin ne fait pas la cuisine pour les voyageurs routiers, ni pour les adeptes du bœuf mode blanquette. L'ambition, c'est aussi de grandir en suivant son chemin, et cette cuisine a peu de cousines, tant elle est engagée et personnelle. On pourra y voir quelques petits travers d'un excès de bonne volonté, mais le sens du beau plat, le respect des saisons et de la fraîcheur, sont évidents : légumes verts en écume de petits pois et os à moelle farci de purée d'artichaut, gnocchi de chèvre, veau de lait sous la mère, œuf cassé à l'huile de truffes et crème mousseuse champignons, tomate confite à l'huile vierge glace vanille coulis de framboises et poivrons. Très bonne cave de Loire, attentive dans les autres régions (Muré, Sorin, Gramenon...).
C : 50€ • M : 16-68€ *faim.gourmet@wanadoo.fr*

 Bon confort.  Grand confort.  Luxe.  Grand luxe.

    Hôtels de charme.

CHATELAILLON PLAGE - 17340 (22 A 4)

La Rochelle 15 - Rochefort 21

Les Flots

» 52 bd de la Mer
☎ 05 46 56 23 42
F. 15 déc.-janv.
Jusqu'à 21h30.

Du classique vacancier qui ne triche pas, voilà au moins une bonne raison de se laisser aller au gré des Flots, dans ce cadre plaisant de bistrot marin face à l'océan. Pas besoin de suivre Fort Boyard à la télé, il est là en direct, et ce qui l'entoure : les bulots tièdes, le merlu laqué d'épices, le filet de bar rôti avec une galette au gingembre. Les tarifs restent contenus, le service de bonne humeur et le sauvignon charentais passe tout seul sur les huîtres.
C : 44€ • M : 24€

Acadie Saint-Victor

» 35 bd de la Mer
☎ 05 46 56 25 13
05 46 56 25 12
F. 15 fév.-15 mars et 23 oct.-20 nov.

Des rénovations régulières pour maintenir des prestations d'actualités, voilà une étape balnéaire bienvenue, dans un cadre sobre et clair. Les pieds dans l'eau et la vue sur le fort Boyard.
13 ch. 40-60€ • 1/2 pens. 50-59€ *www.hotelacadiestvictor.com*

LE CHATELET - 18170 (18 D 6)

Paris 295 - Montluçon 34 - Guéret 72 - Saint-Amand-Montrond - 13

à ARDENAIS - 18170 : 7 km E. par D 951

Domaine de Vilotte

» ☎ 02 48 96 04 96
02 48 96 04 96
F. nov.-fév.

Une allure bourgeoise à l'ancienne règne dans les chambres, mobilier de style et tentures en accord avec l'architecture de cette grande maison XIXe. Dans le parc, fleurs et étang invitent à la balade.
5 ch. 70-80€ *www.domainedevilotte.com*

CHATELGUYON - 63140 (26 B 3)

Clermont-Ferrand 22 - Vichy 43

Bellevue

» 4 rue Alfred-Punett
☎ 04 73 86 07 62
04 73 86 02 56
F. fin oct.-déb. avril.

La belle vue, c'est sur la ville thermale et sur les collines boisées. La grande maison blanche propose des chambres modernes et confortables, ainsi qu'un accès aisé aux thermes et au centre ville.
38 ch. 48-65€ • 1/2 pens. 65-75€ *www.hotel-bellevue-chatel-guyon.com*

Splendid Hôtel

» 5-7 rue d'Angleterre
☎ 04 73 86 04 80
04 73 86 17 56
F. 16-31 déc.

Un véritable complexe touristique, avec l'hôtel, les thermes et le casino. Le bâtiment remonte au XIXe siècle et le décor navigue dans les Années trente, entre Belle Epoque fastueux et Art Déco aux lignes sobres.
7 appart. 110€ • 73 ch. 53-85€ • 1/2 pens. 22€ *www.splendid-resort.com*

Abréviations principales

ann.	annuelle	comm.	communiqué
appart.	appartement	dîn.	dîner
ch.	chambre	jrs.	jours
déj.	déjeuner	rens.	renseignements
h.s.	hors saison	sem.	semaine
C.	prix moyen à la Carte	F.	fermé
M.	prix des Menus	déj. seult.	déjeuner seulement
1/2 pens.	demi-pension	sf	sauf

CHATELLERAULT - 86100 (22 D 2)

Poitiers 37 - Tours 72

14 La Charmille

➥ **Hôtel** : Grand Hôtel Moderne

Dans son grand hôtel aux lisières de la vieille ville, Christian Proust invite ses clients à s'engager paisiblement à l'ombre de sa charmille, sur les traces d'une cuisine personnelle et nourrie de terroir et de savoir-faire. L'œuf cocotte aux langoustines mélange avec bonheur une gourmandise enfantine à la pointe de noblesse de très belles langoustines, la rhubarbe ajoute une délicate pointe acidulée sur la brochette de canard et les navets caramélisés, tandis que le pineau apporte une touche régionale bien dosée sur le gratin de fraises. Un beau moment donc, dans cette salle lumineuse sur l'arrière du bâtiment, animée par un service efficace et aimable.

M : 26-42 € *www.moderne-lacharmille.com*

» 74 bd de Blossac
☎ 05 49 93 33 00
F. sam. à déj., dim. à dîn., lundi et 15 nov.-15 déc.
Jusqu'à 21h30.

11 Bernard Gautier

Déménagement aux portes de la ville, banlieue industrieuse de Châtellerault : Bernard Gautier y a exporté sa petite musique de tradition, pour familles et cérémonies, la terrine de confit de canard et pommes de terre, le saumon grillé, le ris de veau, au milieu des cartes et menus, encadrés, de grandes maisons ou de repas mémorables. Le week-end, il officie à nouveau à Leigné-les-Bois, à quelques kilomètres, en pleine campagne.

C : 32 € • M : 21-40 €

» 189 rue d'Antran, ZI Sanital
☎ 05 49 90 24 74
F. dim. à dîn., sam. à déj.
F. ann. non comm.
Jusqu'à 21h30.

Grand Hôtel Moderne

➥ **Restaurant** : 14/20 La Charmille

A la lisière des ruelles du cœur historique, cette grande maison XIXe décline ses chambres dans des ambiances personnalisées, Afrique, romantiques ou contemporaines, une élégance sobre et bourgeoise.

2 appart. 135-180 € • 22 ch. 68-140 € *www.moderne-lacharmille.com*

» 74 bd de Blossac
☎ 05 49 93 33 00
Fax 05 49 93 25 19
Ouv. 7j/7.

à BONNEUIL MATOURS - 86210 : 15 km S. par D 749

13 Le Pavillon Bleu

Le Poitou côté méridional dans cette accueillante auberge de campagne qui ensoleille son terroir avec des parfums du Sud ou plus lointains. Claude Ribardière a appris, beaucoup, avant de revenir au pays, et fait aujourd'hui partager ses sensations, un œil sur la terre (tourte de champignons et foie gras poêlé, chevreau à l'ail), un autre sur la mer et le large (pissaladière de lotte aux épices douces, carré d'agneau rôti et gnocchis de pommes de terre). Les desserts imaginatifs et la belle maîtrise des diverses influences justifient amplement qu'on s'intéresse au menu, très équitable, à 33 **€**. Cave éclectique, qui donne le meilleur de la région (Ampelidae notamment) et s'intéresse, naturellement aux vignes méditerranéennes.

M : 17-33 € *c.ribardiere@wanadoo.fr*

» Le Port
☎ 05 49 85 28 05
F. dim. à dîn., lundi et merc. à dîn. (oct.-mai) et 15 jrs mi-oct.
Jusqu'à 21h15.

CHATENAY MALABRY ➤ PARIS-BANLIEUE

CHATILLON SUR CHALARONNE - 01400 (27 D 2)

Mâcon 27 - Bourg-en-Bresse 28 - Lyon 58

La Tour Cocooning et Gastronomie

Cocooning, pour le luxe de détails chaleureux qui personnalisent tous les espaces de la maison, dans un esprit contemporain qui se marie finalement très bien à l'architecture ancienne (le bâtiment principal date du XIVe siècle). Matériaux et couleurs créent une ambiance chaleureuse et accueillante. Gastronomie, grâce

» Pl de la République
☎ 04 74 55 05 12
Fax 04 74 55 09 19
Ouv. 7j/7.

au travail d'Olivier Cormorèche qui, s'il maîtrise le tournedos Rossini, nous séduit nettement plus lorsqu'il s'amuse sur un gros bonbon croustillant au foie gras ou les mélange de saveurs et de textures de sa Planche aux parfums du grand large.
35 ch. 94-150 € • 1/2 pens. 123 € • C : 60 € • M : 23-65 €
www.hotel-latour.com

LA CHATRE - 36400 (18 A 6)

Châteauroux 37 - Argenton-sur-Creuse 39

12 A l'Escargot

» Pl du Marché
☎ 02 54 48 03 85
F. dim. à dîn. et lundi.
Jusqu'à 20h30.
🐕

Oui, il y a des escargots au menu. Pour le reste, cette table classique a réduit ses prétentions régionales à bien peu, les gambas et les saint-jacques d'été ayant contaminé, comme partout en France, les cuisines authentiques. Menée avec dynamisme, cette maison réputée au pays de George Sand, a pourtant sans doute les moyens de réagir.
C : 33 € • M : 21-39 €

➲ à POULIGNY NOTRE DAME - 36160 : 12 km S. par D940 et D54

🏨 Domaine des Dryades R

» ☎ 02 54 06 60 60
📠 02 54 30 10 24
Ouv. 7j/7.
🚗 ♿ 🎾 🐕

Spacieuses et confortablement équipées, les chambres ouvrent sur les espaces verts du golf, une des nombreuses possibilités de détente à portée de main (centre équestre, deux piscines, balnéo…). Au restaurant, le chef maîtrise une belle cuisine classique : salade de caille confiture d'oignon, cabillaud à l'unilatérale, dariole au chocolat.
5 appart. 175-210 € • 80 ch. 94-130 € • 1/2 pens. 139-158 € • C : 100 € • M : 36-78 €
www.les-dryades.fr

➲ à SAINT CHARTIER - 36400 : 9 km N.E. par D 943 et D 918

🏨 Château de la Vallée Bleue R

» Rte de Verneuil
☎ 02 54 31 01 91
📠 02 54 31 04 48
F. mi-nov.-mi mars.
🚗

Elégance bourgeoise et influence romantique au pays de George Sand (la maison appartint à son médecin), avec meubles anciens et détails de décoration d'époque. Parc à l'anglaise et cuisine de tradition : terrine de pigeon aux champignons, pavé de silure crème persil tapenade, sablé aux fraises et framboises.
2 appart. € • 13 ch. 145-215 € • 1/2 pens. 85-125 € • C : 40 € • M : 29-39 €
www.chateauvalleebleue.com

CHAUFFAILLES - 71170 (20 A 6)

Roanne 35 - Mâcon 65

➲ à CHATEAUNEUF - 71740 : 7 km O. par D 8

13 La Fontaine

» ☎ 03 85 26 26 87
F. dim. à dîn (h.s.), mardi à dîn., merc., 10 janv.-9 fév. et 12-18 nov.
Jusqu'à 21h.
🚗 🐕

Non Yves Jury n'abdique pas et ses envies de plats sentis, composés, personnels trouvent toujours leurs destinataires, les habitués de toujours de cette table à part de la campagne brionnaise, avec son décor mosaïque assez unique et ses influences orientales précieusement préservées. Savoir-faire et sens des saveurs caractérisent autant le gâteau de foies de volaille et ailerons tandoori que les aiguillettes de magret au jus de coing au gingembre. Le menu-carte est très accessible autour de 25 €, le fondant moelleux se défend bien et la cave montre quelques bonnes ressources bourguignonnes.
C : 38 € • M : 15-51 €

CHAUFFAYER - 05800 (34 D 1)

Gap 34 - Grenoble 78

Château des Herbeys R

» Rte Napoléon
☎ 04 92 55 26 83
04 92 55 29 66
F. 15 nov.-1er avril.

La vaste maison en pierres cultive une atmosphère historique (elle remonte au XIIIe siècle) avec les hauts plafonds, les meubles de style et les tentures, comme une invitation à s'évader pour quelque temps et apprécier la tranquillité du parc ou le sage classicisme de la cuisine : foie gras maison et quenelles de pruneaux, loup rôti au lard concassé à la moelle et velouté au champagne, tarte fine aux pommes.

10 ch. 65-130 € • C : 40 € • M : 19,50-38 € *www.hotel-restaurant-delas.com*

CHAUMES EN BRIE ➤ PARIS-BANLIEUE

CHAUMONT - 52000 (9 C 5)

Epinal 124 - Troyes 100

Grand Hôtel Terminus Reine

» Pl Charles-de-Gaulle
☎ 03 25 03 66 66
03 25 03 28 95
Ouv. 7j/7.

La décoration rappelle que nous sommes tout près de la Maison de l'Affiche, les chambres sont dans l'ensemble spacieuses et les rénovations se poursuivent pour parfaire un confort de bon niveau (certaines sont climatisées).

61 ch. 60-110 € • 1/2 pens. 70-90 € *www.relais-sud-champagne.com*

à CHAMARANDES - 52000 : 4 km S. par N 19 et D 162

(12) Au Rendez-vous des Amis H

» 4 pl du Tilleul
☎ 03 25 32 20 20
F. vend. à dîn., sam., dim. à dîn., 1er-12 mai, 1er-22 août et 20 déc.-3 janv.
Jusqu'à 21h15.

Les premières impressions sont excellentes lorsqu'on pénètre chez Pascal Nicard : la maison est plutôt jolie, bénéficie d'une situation enviable sur la petite place, l'intérieur est résolument moderne et la lecture de la carte éveille l'appétit. Malheureusement, les bonnes intentions écrites ne sont pas toujours transformées, la faute ici à un produit de qualité moyenne, là à une cuisson pas tout à fait maîtrisée. Il reste cependant quelques bonnes idées, comme ces noix de saint-jacques rôties aux pommes vertes et framboises coulis de pommes ou les deux filets (bœuf et canard) et crème de morilles mais les assiettes mériteraient un peu plus de simplicité. Service franc et joyeux.

C : 36 € • M : 20-46 € • 19 ch. 46-68 € *www.au-rendezvous-des-amis.com*

CHAUMONT SUR THARONNE - 41600 (18 A 3)

Blois 54 - Orléans 37

La Grenouillère

» Rte de la-Ferté-Saint-Aubin
☎ 02 54 88 50 71
F. lundi, mardi, 15 janv.-1er fév., et 26 fév.-15 mars.
Jusqu'à 22h.

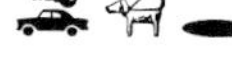

Auberge solognote version chic. Pas pour les fusils mal nettoyés et les bottes crottées. Pas pour les terrines de lièvres de supermarché et la venaison brutale. Ici, on biberonne Yquem et Haut-Brion, Pichon Comtesse et Echezeaux de Mugneret, entre autres, dans une cave qui offre heureusement une brochette de loires accessibles. Jean-Charles Dartigues cisèle donc une jolie musique douce, épicée et actuelle, des langoustines à la cardamome, du turbot glacé au laurier et cannellonis de champignons, du filet de bœuf à la ficelle et foie gras poché. L'assiette a de l'allure, de la caste, elle ne courbe pas l'échine mais se marie fièrement au mobilier de style, aux poutres et aux nappes blanches. Agréable véranda ouvrant sur le jardin, service pas trop guindé, assez sûr de lui.

C : 50 € • M : 23-60 € *jeancharles.dartigues@9business.fr*

La Croix Blanche de Sologne R

Une étape de tradition, qui tient à maintenir ce cachet historique par les vertus d'un décor sagement rustique et de chambres soignées, mais aussi d'une cuisine régionale gentiment nostalgique.
3 appart. 95-145 € • 18 ch. 65-145 € www.hotel-sologne.com

» 5 pl de l'Eglise
☎ 02 54 88 55 12
📠 02 54 88 60 40
Ouv. 7j/7.

à YVOY LE MARRON - 41600 : 5 km N.O. par D 35 et D 88

Auberge du Cheval Blanc

L'architecture sympathique et régionale inspire une sympathie immédiate que ne démentent pas les chambres feutrées et agréables, joliment actualisées, ou la qualité de l'accueil.
15 ch. 60-85 € • 1/2 pens. 75-94 €

» 1 pl du Cheval-Blanc
☎ 02 54 94 00 00
📠 02 54 94 00 01
F. 9-18 janv. et 6-22 mars.

CHAUNY - 02300 (4 B 4)

Laon 33 - Saint-Quentin 33 - Soissons 30

15 La Toque Blanche

Parangon du restaurant de grande tradition, cette Toque Blanche accumule les canons classiques : longue histoire d'une maison bientôt centenaire, parc de 6600 m² en pleine ville, tradition industrielle de la région où des dynasties se sont créées (Saint-Gobain n'est pas loin), réputation intacte auprès des locaux légitimement fiers de leur phare gastronomique. Voilà le pitch qui offre, à Vincent et Véronique Lequeux, dépositaires de l'héritage, une mission aussi lourde qu'un secret d'état. C'est dire si l'on salue, avec la déférence requise, le foie gras aux cèpes, le dos de bar et beurre de bordeaux à la réglisse, la briochine de ris de veau et risotto aux asperges et le soufflé chaud à la framboise. A la cave ? Que croyez-vous ? Du Ruinart, du Ladoucette, Bouchard et Drouhin, et une palanquée de grands crus bordelais (plutôt dans de jeunes années) qui peut clouer le bec à nombre de notables exigeants.
M : 32-70 € www.toque-blanche.fr

» 24 av Victor-Hugo
☎ 03 23 39 98 98
F. sam. à déj., dim. à dîn., 18-26 fév. et 1er-20 août.
Jusqu'à 21h.

à OGNES - 02300 : 2 km O.

11 Le Relais Saint-Sébastien

Des prétentions simples (tête de veau sauce gribiche, terrine de foie gras aux figues, saumon mariné à l'aneth, aile de raie au vinaigre de noix) dans un cadre rustique où l'on se sent immédiatement à l'aise. La salle a connu un vrai coup de jeune cette année et la terrasse ombragée garantit d'agréables déjeuners.
C : 25 € • M : 15,50-41 €
www.perso.wanadoo.fr/lerelaissaintsebastien.htlm

» 26 av de la Liberté
☎ 03 23 52 15 77
F. à dîn. (sf sam.), sam. à déj., 1 sem. fév. et 15 jrs août.
Jusqu'à 21h30.

CHAZEY SUR AIN - 01150 (27 D 2)

Bourg-en-Bresse 42 - Pérouges 6

14 La Louizarde

Malin et pas cher. Jean-Michel Serrano est définitivement dans l'air du temps. En désacralisant le restaurant, en prouvant qu'on peut repeindre des paysages coutumiers à sa façon, gaie, inventive et débrouillarde. De la carpe fumée maison au pochon de grenouilles aux tomates confites, de la volaille fermière à la crème aux fromages régionaux, on se distrait sans mal devant le jardin exotique de palmiers et bambous. La cave est construite avec le même esprit, du grand accessible (parcellaires de Guigal), des classiques bien triés (Puech Haut, Thévenet…) du vin à boire et pas seulement à regarder.
C : 39 € • M : 17-40 €

» Le Luizard, rte de Blyes
☎ 04 74 61 53 23
F. sam. à déj., dim. à dîn., lundi, à din. mardi-jeudi (oct.-mai), 15 jrs janv. et 15 jrs sept.
Jusqu'à 21h30.

CHELLES ➤ PIERREFONDS

CHENAY - 79120 (22 C 3)

Niort 46 - Poitiers 49

⑪ Les Trois Pigeons H

» Le Bourg
☎ 05 49 07 38 59
F. dim., lundi à déj., vac. scol. fév. et Toussaint.
Jusqu'à 21h.

L'activité hôtelière de cet ancien relais de poste sur la route de Compostelle remonterait vraisemblablement au XIIIe siècle. Une longue histoire pour aboutir à une cuisine solide et traditionnelle à tendance méditerranéenne : tartare de légumes en cocktail de crabe et pommes, guacamole d'avocat, tatin de rouget en tapenade d'olives vertes, marinade de baies roses à l'anis et huile d'olive de Nyons, mignon de veau au coulis de poivrons doux et fettuccine au pistou. Additions affichant beaucoup de retenue, chambres simples et personnalisées.
C : 35 € • M : 14-36 € • 1 appart. 62 € • 10 ch. 37-44 € • 1/2 pens. 57 €
www.hoteldestroispigeons.fr

CHENEHUTTE TREVES CUNAULT - 49350 (16 B 4)

Angers 37 - Saumur 14

Le Prieuré

» Chenehutte les Tuffeaux
☎ 02 41 67 90 14
Fax 02 41 67 92 24
Ouv. 7j/7.

Un bijou châtelain dominant la Loire, au milieu des bois, domaine romantique pour week-ends glamoureux. Promenades dans le parc et détente dans la tradition, sans cybercafé ni attractions foraines, chambres vastes et stylées pour cocooner chic. Au restaurant, la carte suit le fleuve et sa vallée, bons produits et recettes de tradition : salade d'asperges et langoustines, dos de brochet au savennières, quasi de veau aux pleurotes sauce angevine.
36 ch. 120-325 € • M : 29-74 €
www.prieure.com

CHENERAILLES - 23130 (25 D 2)

Aubusson 19 - Guéret 34

⑫ Le Coq d'Or

» 7 pl du Champ-de-Foire
☎ 05 55 62 30 83
F. dim. à dîn., lundi, merc. à dîn., 3 sem. janv., 10 jrs fin juin, et 10 jrs fin sept.
Jusqu'à 20h30.

Une table rustique bien dans son village et sa région, où la mention vaut autant pour de sûrs standards que pour les notes personnelles d'un chef accompli, terrine de volaille fermière aux écrevisses, lieu jaune rôti et barigoule de champignons canon d'agneau rôti aux épices et huile d'argan, et desserts convaincants. Le service est direct, sans poser ni se poser trop de questions, la cave simple et classique, sans indication de millésime.
C : 26 € • M : 12-40 €

CHENILLE CHANGE - 49220 (16 A 3)

Angers 32 - Château-Gontier 20

⑩ La Table du Meunier

» ☎ 02 41 95 10 98
F. à dîn. (11 fév.-31 mars, 1er nov.-31 déc.), lundi (sf à dîn. 1er avril-30 juin et 1er sept.-31 oct.),mardi, merc. (sf juil.-août). et 1er janv.-10 fév.
Jusqu'à 21h.

Nouveau chef dans cet ancien moulin à huile au bord de la Mayenne, où familles et touristes sont toujours accueillis avec la plus grande gentillesse. Ils trouveront là un aperçu convaincant de la cuisine régionale et d'aujourd'hui, jambon cru de Vendée au céleri rémoulade, entrecôte Maine-Anjou et diplomate aux pommes.
M : 17,70-36 €
www.maine-anjou-rivieres.com

CHENNEVIERES SUR MARNE ➤ PARIS-BANLIEUE

CHENONCEAUX - 37150 (17 C 4)

Tours 37 - Amboise 14

Auberge du Bon Laboureur

» 6 rue du Dr-Bretonneau
☎ 02 47 23 90 02
F. mardi à déj., 13 nov.-22 déc. et 9 janv.-11 fév.
Jusqu'à 21h30.

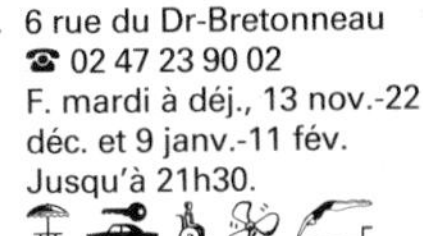

➥ **Hôtel :** Auberge du Bon Laboureur

Au cœur du Jardin de la France et de la vallée des Rois, la maison des Jeudi trône comme un phare auquel tous les voyageurs de passage peuvent se fier. Sérieuse, solide, jamais ennuyeuse, la cuisine d'Antoine Jeudi n'essaie pas de jouer les jeunes filles mais cache sous la maturité une pointe d'espièglerie rafraîchissante : langoustines juste saisies, vinaigrette de betterave, déclinaison croquante et moelleuse autour du persil, filet de rouget barbet, pied de porc croustillant, brunoise d'aubergines et poivrons, tuiles de pied de porc, carré d'agneau rôti, jus d'agneau et crème d'ail, frites de pois chiches, galettes de fraises, crémeux de basilic et sorbet poivre de séchouan. Un bel exercice autour des produits nobles forcément enrôlés dans ce genre de maison. Cave construite avec patience et mettant en avant la viticulture raisonnée.

C : 66 € • M : 30-74 € *www.bonlaboureur.com*

Auberge du Bon Laboureur

» 6 rue du Dr-Bretonneau
☎ 02 47 23 90 02
📠 02 47 23 82 01
F. 13 nov.-22 déc. et 9 janv.-11 fév.

➥ **Restaurant :** 15/20 Auberge du Bon Laboureur

Un modèle d'auberge de campagne, transmis de génération en génération depuis 90 ans, et toujours maintenue au goût du jour pour rester une des belles étapes de la région, dans un ensemble de maisons de villages au décor cocon, jardinets fleuris et chambres personnalisées au luxe feutré, voire romantique.

4 appart. 185-205 € • 20 ch. 80-145 € • 1/2 pens. 55 €
www.bonlaboureur.com

La Roseraie

» 7 rue du Dr-Bretonneau
☎ 02 47 23 90 09
📠 02 47 23 91 59
F. 12 nov.-1er mars.

Meubles anciens et toiles de Jouy s'harmonisent élégamment dans les chambres de cette grande maison confortable. Le vaste jardin et la gentillesse de l'accueil sont deux atouts non négligeables.

1 appart. 170-180 € • 17 ch. 55-99 € *www.charmingroseraie.com*

CHERBOURG - 50100 (5 A 2)

Saint-Lô 79 - Barneville-Carteret 35 - Caen 125

Le Vauban

» 22 quai de Qualigny
☎ 02 33 43 10 11
F. dim. à dîn., lundi, vac. scol. fév. et vac. Toussaint.
Jusqu'à 21h30.

Idéalement installé sur les quais, en centre-ville, ce Vauban est aussi solide que les immenses fortifications qui abritent la rade de Cherbourg. Daniel Imbert n'essaie pas de revendre de la Normandie touristique et s'engage à fond dans une cuisine certes ultra-classique mais diablement efficace : terrine de foie gras de canard au cubèbe, lobe poché à la fleur d'hibiscus, suprême de saint-pierre doré à l'huile d'olives, fumet crémeux au persil plat, tournedos de bouf aux girolles et émulsion de porto au jus de viande. La cave se contente de jouer les utilités, c'est dommage, et le service se montre efficace. La meilleure table de l'agglomération.

M : 21-55 €

Le Faitout

» 25 rue Tour-Carrée
☎ 02 33 04 25 04
F. dim., lundi et 15 jrs Noël.
Jusqu'à 21h30.

Cuisine traditionnelle à forte résonance normande dans cette petite maison du centre ville : escalope de veau normande, andouillettes au calvados, lieu frais sauce aux algues… Quelques classiques bistrotiers également, tête de veau sauce gribiche ou suprême de pintade au miel et gingembre, dans une ambiance de bistrot marin.

C : 25 € • M : 19 €

Chantereyne

Pour faire étape dans la capitale de la Manche, au plus près de la Cité de la Mer par exemple, cet hôtel est le bon choix, avec ses chambres confortables et soignées.
50 ch. 60-70 €
www.hotel-chantereyne.com

» Port de Plaisance
☎ 02 33 93 02 20
📠 02 33 93 45 29
F. 2 sem. Noël-nouvel an.

à EQUEURDREVILLE HAINNEVILLE - 50120 : au N.O.

12 La Gourmandine

10 ans déjà ! Stéphanie et Sylvain Lebas peuvent regarder dans le rétroviseur. Ils se sont imposés, et la concurrence a rendu les armes : la Gourmandine est bien une des meilleures tables de Cherbourg, la plus régulière, celle où l'on se retrouve pour un dîner de fête. Car le chef ne manque pas une sauce, prend le produit au meilleur de sa forme et ne se lance pas dans les extravagances. Et son menu de la Saline emporte l'adhésion, avec le consommé de crevettes grises et ravioles de langoustines, le saumon de Cherbourg fumé sur place, le rognon de veau au porto et le croquant à la poire. Cave de la Manche, loin du vignoble, qui mériterait d'être repensée.
C : 40 € • M : 13,50-42 €
www.perso.wanadoo.fr/restaurant-la-gourmandine

» 24 rue Surcouf
☎ 02 33 93 41 26
F. dim., lundi, 17 juil.-9 août et 23 déc.-7 janv.
Jusqu'à 21h30.

CHERENG - 59152 (2 D 2)

Lille 17 - Roubaix 16

11 Le Verzenay

Tout près de la Belgique, une petite salle embourgeoisée distrait ses habitués avec régularité sous le plafond en trompe-l'œil. Le jeune chef, qui a repris la maison il y a deux ans, ne se contente pas pour autant du service minimum, avec quelques gris-gris modernes pas dénués d'intérêt : bonbon du mareyeur à la vapeur de petits légumes, mitonnée de lotte au lard et mimolette, pièce de bœuf à la crème de maroilles.
C : 40 € • M : 17-39 €
verzenay@wanadoo.fr

» 142 rte Nationale
☎ 03 20 41 14 56
F. dim. à dîn., lundi à dîn. et 3 prem. sem. août.
Jusqu'à 22h.

LE CHESNAY ➤ PARIS-BANLIEUE

CHEVAGNES - 03230 (26 C 2)

Moulins 18 - Bourbon-Lancy 18

13 Le Goût des Choses

Dans la rue principale du village aux belles maisons typiques de la Sologne bourbonnaise, le dais bleu est aussi accueillant que le cadre, préfigurant le sourire de la maîtresse de maison et la fine cuisine de Francis Chevalliez. Le marbré de foie gras et suprême de pigeonneaux mariné au soja ; la salade de langoustine et croustillant de pied de veau, vinaigrette cumin ; le canard blanc d'Allier aux senteurs de Provence, confirment l'évolution du chef dans la technique, le goût et la présentation. Petite cave très sage mais bien équilibrée à des prix raisonnables.
C : 42 € • M : 22-45 €

» 12 rte Nationale
☎ 04 70 43 11 12
F. dim. à dîn., merc. (16 mars-30 sept.), lundi à déj., mardi à déj. (1er oct.-15 mars), vac. scol. Toussaint et Pâques.
Jusqu'à 21h.

CHEVANNES ➤ AUXERRE

CHEVERNY - 41700 (17 D 4)

Blois 15 - Romorantin 30

Château du Breuil

Installés dans un vaste parc, ces bâtiments anciens (XVIIe-XVIIIe) cultivent une atmosphère en rapport, avec le mobilier de style sous les hauts plafonds.
18 ch. 90-165 € • 1/2 pens. 100-132 €
www.chateau-du-breuil.fr

» Rte de Fougères, D 52
☎ 02 54 44 20 20
📠 02 54 44 30 40
F. 2 janv.-18 mars.

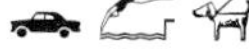

CHINON - 37500 (17 B 5)

Tours 49 - Saumur 29

Château de Marçay

» Marçay, rte du Château
☎ 02 47 93 03 47
F. 15 janv.-15 mars et 13-30 nov.
Jusqu'à 21h30.

➥ **Hôtel** : Château de Marçay

Un château médiéval, un vrai, aussi élégant que spectaculaire. Dans ce contexte, Frédéric Brisset, successeur l'an dernier du fougueux Marc de Passorio et ancien second aux Hautes Roches, pourrait être tenté de produire une cuisine simplement châtelaine. Beaucoup plus classique dans ses manières que son prédécesseur, il impose tout de même une patte très personnelle sur les meilleurs produits de la vallée : poitrine de géline de Touraine au combawa et au comté, filet mignon de cochon rôti au miel, déclinaison de fruits rouges, romarin, gingembre. Cave convenue et sévèrement tarifée.

C : 65 € • M : 52-82 € *www.chateaudemarcay.com*

Au Plaisir Gourmand

» 2 rue Parmentier
☎ 02 47 93 20 48
F. dim. à dîn., lundi, mardi à déj. et 15 fév.-15 mars.
Jusqu'à 21h.

Le phare gastronomique local (depuis plus de vingt ans, Jean-Claude Rigollet tient les rênes de cette maison sérieuse et traditionnelle) se porte bien, merci. Accomplie, ne manquant pas de panache, elle cajole la tradition. Les escargots petits-gris de Touraine à la crème d'ail, la ballotine de canette au foie gras, le sandre de Loire au beurre blanc n'ont probablement aucun concurrent à de nombreuses lieues en amont ou en aval du fleuve, mais elle s'adresse désormais aux seuls inconditionnels (ils sont nombreux, jeunes et moins jeunes) de cette cuisine ultra-classique et émouvante. Cave rassemblant les ténors régionaux, bien commentés par Laurent Rigollet.

C : 50 € • M : 27-62 €

Les Années 30

» 78 rue Voltaire
☎ 02 47 93 37 18
F. mardi, merc. (Toussaint-Pâques), mardi à déj., merc. (Pâques-1er juil.), merc. (été), 2 sem. déb. janv., 10 jrs mi-juin et 2 sem. fin nov.
Jusqu'à 21h30.

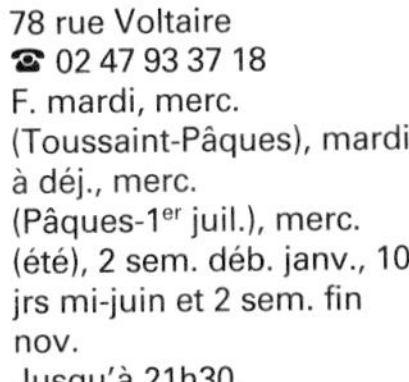

Dans la rue la plus touristique de Chinon, la maison de Stéphane Charles, qui a repris l'affaire en 2003, maintient son niveau depuis de nombreuses années. La décoration colle à l'architecture des lieux et la cuisine joue sur les cordes de la bourgeoisie et de l'exotisme : escalope de foie gras poêlées aux pêches et chutney de fruits, dos de sandre rôtis, beurre blanc au citron et gingembre, julienne de légumes et perles d'Orient, tubes de chocolat blanc et noix de coco, cœur de crème vanille et fruits rouges. Bonne cave régionale, service toujours aussi souriant.

C : 44 € • M : 26-38 € *www.lesannees30.com*

L'Océanic

» 13 rue Rabelais
☎ 02 47 93 44 55
F. dim. à dîn., lundi, 1er-9 janv., 12-18 juin et 28 août-3 sept.
Jusqu'à 21h30.

Patrick Descoubes est un passionné de poisson : s'il conserve un plat de viande à la carte, c'est uniquement pour ne laisser personne dehors mais c'est évidemment sur le carpaccio de bar ou sur la délicate association ris de veau et langoustine poêlés au jus d'épices qu'il donne le meilleur. Tous les produits sont frais, l'ambiance souvent gaie et la cave fait bien son travail en restant sur la région.

C : 50 € • M : 22-30 € *oceanicrestaurant@club-internet.fr*

Château de Marçay

» Marçay, rte du Château
☎ 02 47 93 03 47
02 47 93 45 33
F. 15 janv.-15 mars et 13-30 nov.

➥ **Restaurant** : 15/20 Château de Marçay

Le château a gardé la majesté imposante de son passé de forteresse médiévale et la met au service de chambres somptueuses, luxe et espace sous les poutres historiques. Un séjour aristocratique dans une vaste propriété viticole.

6 appart. 295 € • 28 ch. 120-270 € • 1/2 pens. 150-237 €

www.chateaudemarcay.com

Hôtel de France

Dans le vieux Chinon, un ancien relais des Messageries Royales, bel immeuble en pierre de tufeau des XVIe et XVIIe siècles. Chambres décorées dans l'esprit de la maison, jardin méditerranéen (bananier, oranger, jasmin), terrasse d'été autour de la fontaine. Au restaurant, asperges, silure et autres poissons de Loire. Accès direct au château par l'escalier de la Brèche.

3 appart. 100-180€ • 30 ch. 60-115€

www.chinon-hoteldefrance-restaurant.com

» 47 pl du Gén-de-Gaulle
☎ 02 47 93 33 91
Fax 02 47 98 37 03
F. 3 sem. nov. et 2 sem. fév.

Agnès Sorel

Dans cet hôtel réparti sur deux bâtiments de part et d'autre d'une cour intérieure, la façade a bénéficié d'un rajeunissement, rejoignant ainsi les chambres actuelles, personnalisées dans une série d'ambiances variées (Louis XV, Art déco, etc.).

10 ch. 46-115€

» 4 quai Pasteur
☎ 02 47 93 04 37
Fax 02 47 93 06 37
Ouv. 7j/7.

Hôtel Diderot

Le bâtiment XVIIIe puise ses origines dans une maison de chanoines du XVe siècle et conserve des boiseries chaleureuses. Agréables, les chambres personnalisées, la qualité de l'accueil ou les produits locaux au petit-déjeuner.

27 ch. 41-71€ *www.hoteldiderot.com*

» 4 rue de Buffon
☎ 02 47 93 18 87
Fax 02 47 93 37 10
F. 8-22 janv.

➲ à BEAUMONT EN VERON - 37420 : 5 km O. par D 749

Château de Danzay

Un château médiéval bien préservé, dont les larges fenêtres à meneaux et les poutres apparentes agrémentent des chambres spacieuses et raffinées, au décor adapté à ces lieux historiques. Dans le parc, piscine, tennis, mais aussi centre équestre.

2 appart. € • 7 ch. 180€ *www.danzay.com*

» D 749, dir Bourgueil
☎ 02 47 58 46 86
Fax 02 47 58 84 35

Manoir de la Giraudière

Caché au cœur de cette campagne viticole, le manoir remonte au XVIIe siècle et propose l'espace intime et confortable de belles chambres à l'élégance rustique et soignée. Jolie bibliothèque, aménagée dans l'ancien pigeonnier.

3 appart. 95-120€ • 21 ch. 40-65€ • 1/2 pens. 45-80€

www.hotesl-france.com/giraudiere

» La Giraudière
☎ 02 47 58 40 36
Fax 02 47 58 46 06
Ouv. 7j/7.

➲ à SAZILLY - 37220 : 10 km S.E. sur D 749

Auberge du Val-de-Vienne

Indispensable auberge de bord de route, qui fait freiner les automobilistes ("tiens, arrête-toi, ça a l'air sympa") comme on ravitaillait quand la maison servait de relais de poste. C'est Jean-Marie Gervais qui réconforte aujourd'hui le touriste, moins fourbu que naguère, par une très honnête cuisine de produits régionaux, qui s'ouvre par petites touches impressionnistes : foie gras à la poire tapée à l'ancienne, ris et rognons de veau poêlés parfumés au piment d'Espelette, chiffonnade d'ananas et cake au citron. Egalement la bonne étape pour apprendre à parler couramment le chinon et le vouvray.

C : 39€ • M : 14,50-50€ *www.touraine-gourmande.com*

» 30 rte de Chinon
☎ 02 47 95 26 49
F. dim. à dîn., lundi et vac. Toussaint.
Jusqu'à 21h.

CHIRAC ➤ MARVEJOLS

CHIS ➤ TARBES

CHISSAY EN TOURAINE ➤ MONTRICHARD

CHISSEY EN MORVAN - 71540 (19 D 4)

Autun 21 - Saulieu 20 - Arnay-le-Duc 24

[11] L'Auberge Fleurie

» Le Bourg
☎ 03 85 82 62 05
F. dim. à dîn. (Toussaint-Rameaux) et 5 déc.-5 janv.
Jusqu'à 21h.
🚗 🐕

Du morvandiau fidèle chez Jeannette Bessières, qui a connu des générations d'escargots et de grenouilles passer à la casserole, astiquant avec conscience son répertoire de jambon du Morvan, truite au chablis, côte de veau à la crème. Ne cherchez pas plus loin votre étape - sept chambres au confort de bonne famille - en profitant du pichet de bourgogne dans une cave modeste.
C : 28,50 € • M : 15-35 €

CHOLET - 49300 (15 D 4)

Angers 58 - Nantes 58

[12] La Grange

» 64 rue Saint-Antoine
☎ 02 41 62 09 83
F. dim. à dîn., lundi, mardi à dîn., vac. scol. fév. et 3 prem. sem. août.
Jusqu'à 20h45.
⛱ 🚗 ♿ ❄ 🐕

Deux ans après son ouverture, cette Grange fait toujours figure de véritable ballon d'oxygène pour les gastronomes choletais en mal de bonnes tables depuis quelques années. Jean-François Debladis travaille avec sérieux, soigne ses approvisionnements, et les assiettes remplissent leur office sans sourciller : tarte fine de ris de veau tiède en salade de jeunes pousses, blanc de sandre à la plancha au basilic, risotto de pleurotes et tomates confites, quasi de veau rôti minute, épinards au beurre et morilles à la crème, feuillantine de fraises de pays, compotée de rhubarbe et sorbet. Agréable jardin-terrasse, pour des repas les pieds dans le gazon.
C : 35 € • M : 16-36,50 €

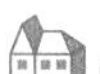

🏨 Château de la Tremblaye

» Rue des Ruisseaux
☎ 02 41 58 40 17
📠 02 41 58 20 67
F. 2 sem. fév. et 2 sem. oct.
🚗 🏊 🐕

Entre l'étang et la piscine, le château dresse son architecture XIXe dans un vaste parc, site historique d'une des grandes batailles des Guerres de Vendée. Sous les imposants hauts plafonds, le mobilier d'époque et les parquets soignés signent une atmosphère raffinée et personnalisée au gré des chambres (remarquable suite Coloniale).
2 appart. 129-220 € • 13 ch. 67-132 € • 1/2 pens. 82,50-92,50 €
www.viesdechateaux.com

➲ à MAULEVRIER - 49360 : 13 km S.E. par D 20

🏨 Château Colbert

» Pl du Château
☎ 02 41 55 51 33
📠 02 41 55 09 02
F. 20 fév.-6 mars.
🚗 🐕

Détruit puis reconstruit plusieurs fois au fil des siècles, le château actuel est issu de sa restauration au XIXe siècle, mais il a gardé l'élégance Grand Siècle de sa reconstruction fin XVIIe. Cette influence se retrouve dans le décor des chambres Prestige, avec lit à baldaquin et décor précieux sous les hauts plafonds. On peut aussi préférer le luxe plus feutré des chambres du 2e étage, en particulier celles qui donne sur le Parc oriental voisin
26 ch. 40-125 € • 1/2 pens. 72-99,50 € *www.chateaucolbert.free.fr*

CHONAS L'AMBALLAN ➤ VIENNE

CIBOURE ➤ SAINT JEAN DE LUZ

CIERZAC - 17520 (22 B 5)

 Le Moulin de Cierzac

➥ **Hôtel** : Le Moulin de Cierzac

Georges Renault a trouvé un jeune chef qui ne s'endort pas sur le terroir, garde la tradition en tête et compose pour les dîners de seigneurs une carte qui répond aux attentes : foie gras au torchon mariné au cognac, nems de saumon fumé maison, pigeon rôti sauce girolles truffées, gâteau soufflé à l'orange et crème Grand Marnier. Menus bien étudiés et courte cave régionale et bordelaise plutôt attractive.

C : 39 € • M : 16-46 € www.moulindecierzac.com

» Rte de Cognac, D 731
☎ 05 45 83 01 32
F. dim. à dîn, lundi, mardi à déj. (h.s.), sam., lundi à déj. (été), 23 janv.-13 fév. et 6-27 nov.
Jusqu'à 21h.

 Le Moulin de Cierzac

➥ **Restaurant** : 12/20 Le Moulin de Cierzac

Le passé de moulin (à huile, construit au XVIIIe) a bien des avantages : une architecture superbe, mais aussi les biefs d'alimentation dans le parc, où s'ébattent les canards. Sous les poutres, le décor restitue l'atmosphère ancienne d'un logis charentais.

7 ch. 58-78 € • 1/2 pens. 120-140 € www.moulindecierzac.com

» Rte de Cognac, D 731
☎ 05 45 83 01 32
📠 05 45 83 03 59
F. 23 janv.-13 fév. et 6-27 nov.

LA CIOTAT - 13600 (33 D 6)

Marseille 32 - Toulon 39

 La Fresque

Des produits frais, bien travaillés, des cuissons irréprochables, des jus maîtrisés, un dressage soigné de l'assiette (mais jamais tape à l'œil, de subtiles alliances de saveurs : Patrick Bon gâte ses clients, et nous aussi et régénère cette adresse sincère et renommée sur la place de l'église, au-dessus du port. La déco ne sonne pas l'avant-garde et la cuisine puise dans de solides racines traditionnelles, et pourtant elle touche juste, avec de simples et magnifiques poivrons rouges grillés à l'anchoïade et des rougets à l'anis et gratin de brandade, servis avec enthousiasme par un jeune personnel féminin très appliqué. Le seul défaut de la maison est à la cave, réduite à l'essentiel en région, mais ayant la bonté de proposer Simone à 42 €. Un point de plus.

C : 37 € • M : 25-35 €

» 18 rue des Combattants
☎ 04 42 08 00 60
F. dim. à dîn., lundi (h.s), lundi à déj., merc. à déj. (juil.-août) et 20 déc.-9 fév.
Jusqu'à 22h.

CLAIRAC - 47320 (24 A 1)

Agen 40 - Nérac 36 - Marmande 24

14 Auberge de Clairac

On le pressentait l'an dernier, la cuisine de Jean-Luc Soisson s'épanouit remarquablement dans cette auberge de village : voilà une table qu'on a envie d'encourager, dans ses audaces équilibrées, cette volonté d'essayer de nouvelles saveurs sans verser dans le tape à l'œil : simples et géniales tranches de jambon de cochon noir, avec une superbe boule de crème glacée à la tomate, parfumée et à la consistance très plaisante, pintadeau à l'infusion d'estragon, sobre et net, dans la présentation comme les saveurs, et un jeu osé et maîtrisé de textures sur le dessert au foie gras. L'élégance de la salle, moderne et sobre, et la gentillesse de l'accueil ne font que conforter le plaisir d'être là et de goûter une cuisine simplement différente. Sélection courte et soignée en vin, bien présentée.

C : 47 € • M : 14-46 €

» 12 rte de Tonneins
☎ 05 53 79 22 52
F. sam. à déj., dim. à dîn., merc. (h.s.), lundi à dîn. (sept-mai), mars, sept. et 23-30 déc.
Jusqu'à 21h.

CLAMART ➤ PARIS-BANLIEUE

CLECY - 14570 (5 D 4)

Caen 37 - Vire 35 - Falaise 31

au VEY - 14570 : 3 km E.

Hôtellerie le Moulin du Vey

Décor romantique et fleuri sous les poutres pour les chambres de ce joli moulin des bords de l'Orne. Le site est adorable et fleuri.
12 ch. 76-108 € • 1/2 pens. 89-102 € www.moulinduvey.com

☎ 02 31 69 71 08
02 31 69 14 14
F. déc. et janv.

CLERES - 76850 (6 C 2)

Rouen 30 - Yvetot 37

à BOSC LE HARD - 76850 : 12 km S.O par D 12

Auberge du Commerce

Bienvenu en Pays de Bray ! Le décor s'y prête, avec la salle poutrée dans la maison en brique, et la cuisine s'affirme les deux pieds ancrés dans le terroir, avec des escargots très parfumés en timbale avec les écrevisses dans une coque d'oignons, la gelée de coing et de pomme en renfort du canard rouennais, les fromages normands et la généreuse tarte normande soufflée au pommeau.
C : 28 € • M : 18-58 €

6 pl Marché
☎ 02 35 33 30 25
F. dim. à dîn., lundi et mardi.
Jusqu'à 21h.

CLERMONT - 60600 (3 D 4)

Compiègne 33 - Beauvais 27 - Pontoise 60

à AGNETZ - 60600 : 2 km O.

Auberge de Gicourt

Cette étape tranquille a vu arriver au printemps un nouveau propriétaire et un nouveau chef. Ce qui faisait le charme de la place - calme, confort bourgeois, destination de balade entre Beauvais et Clermont - demeure évidemment valide La cuisine recevra, après consolidation et confirmation, une première note dans la prochaine édition.
C : 45 € • M : 19-46 €

466 av Philippe-Courtial-Gicourt
☎ 03 44 50 00 31
F. dim. à dîn., mardi à dîn., merc. 2-3 sem. fév. et 3 sem. déb. août.
Jusqu'à 22h.

CLERMONT FERRAND - 63000 (26 B 3)

Paris 424 - Lyon 172 - Limoges 175

Restaurant Emmanuel Hodencq

L'atmosphère bourgeoise et feutrée de cette grande salle aux tons rouge sombre séduit les habitués, qui peuvent converser à loisir entre les interventions d'un service qui manque peut-être de naturel mais certainement pas d'efficacité. Emmanuel Hodencq peut alors tranquillement faire étalage de sa maîtrise, sur des assiettes sobres et impeccables, comme ce saint-pierre de qualité sur un lit de pied de cochon truffé dont le gras a été judicieusement gommé, ou un ris de veau dont la cuisson au sautoir préserve toutes les saveurs, servi avec de belles morilles. Le riz soufflé allège fort opportunément la tarte au chocolat en un mariage là encore réussi, qui installe définitivement la maison en tête de la ville.
C : 80 € • M : 34-130 € www.hodencq.com

6 pl du Marché-Saint-Pierre
☎ 04 73 31 23 23
F. dim., lundi à déj. et 15 août-1er sept.
Jusqu'à 22h.

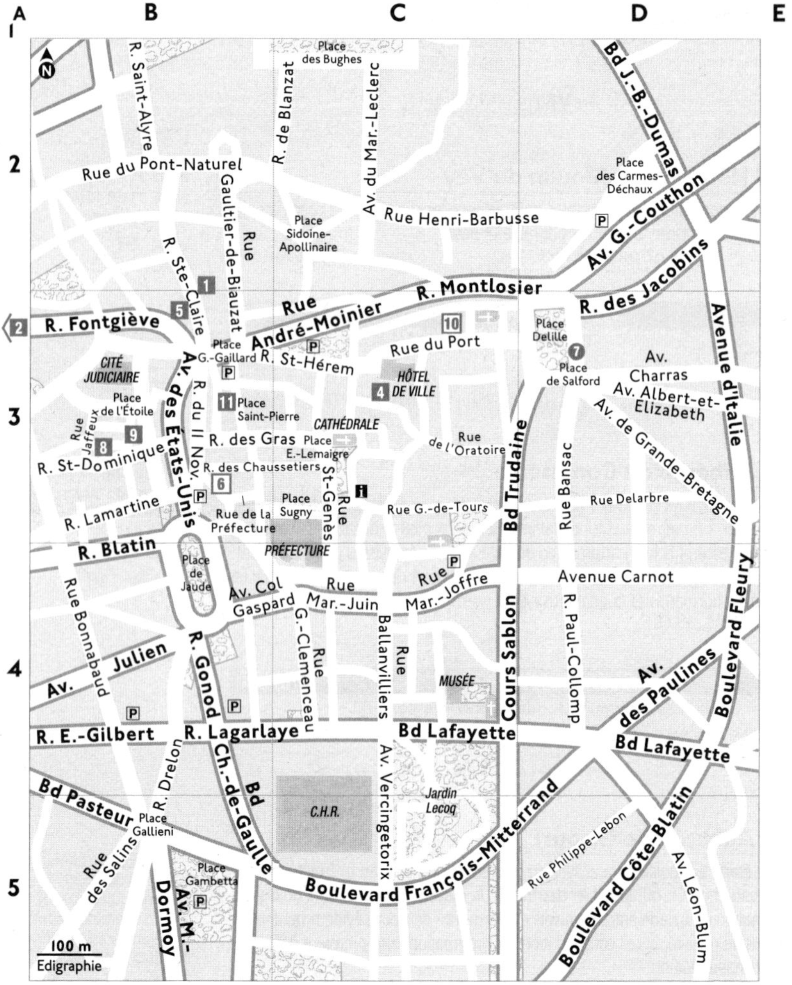

■ **Restaurant** ● **Hôtel** □ **Table en vue**

- 1 Alambic (L') **B-2**
- 2 Amphitryon Capucine **A-3**
- 4 Chardonnay **C-3**
- 5 Comptoir des Saveurs (Le) **B-3**
- 6 Fiesta Grande **B-3**
- 7 Hôtel des Puys-Arverne **D-3**
- 8 Imprévu (L') **B-3**
- 9 Jean-Claude Leclerc **B-3**
- 10 Maiko (Le) **C-3**
- 11 Restaurant Emmanuel Hodencq **B-3**

14

Le Comptoir des Saveurs

» 5 rue Sainte-Claire
☎ 04 73 37 10 31
F. dim., lundi, mardi, merc. et jeudi à dîn., vac. scol. fév. et août.
Jusqu'à 21h30.

Que cela s'appelle chez Dudule ou le Comptoir des Saveurs, voilà le genre d'endroit où l'on respire. De ces tables qui démodent les autres, simplement parce qu'on y a intégré des valeurs émergentes. Quand on demande à Philippe et Estelle Laurent quels sont les points forts de leur maison, ils répondent sans forfanterie : "La cuisine, le cadre, le service". C'est comme jouer du piano debout, c'est peut-être banal, mais chaque assiette accessible en portion

 Piscine privée. 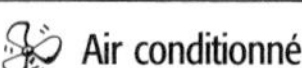 Air conditionné. Tennis privé.

dégustation, la terrine de lapin au foie gras comme le bar rôti au jambon et basilic, le service avec le sourire, la petite cave maligne, tout nous plaît, jusqu'à la bouchée d'ananas rôti à la crème de datte au rhum à 2,50 **€** (et 9 **€** en plat).
C : 45 € • M : 20-40 €

14 Jean-Claude Leclerc

» 12 rue Saint-Adjutor
☎ 04 73 36 46 30

F. 2-8 janv., 1er-8 mai et 14 août-4 sept.
Jusqu'à 21h30.

La façade très cinéma traduit bien une approche moderne de la restauration : un repas certes, mais aussi un moment. Pour y parvenir, Jean-Claude Leclerc soigne son décor (tableaux contemporains sur les murs jaunes, mobilier moderne), son service (jeune et souriant autant qu'efficace) et bien sûr ses assiettes, avec de bonnes idées comme la fraîcheur de légumes relevée d'une sauce au citron confit et de quelques tranches de bar, le clin d'œil d'un gratin dauphinois gourmand sur les noisettes d'agneau jus truffé ou de la gaufre avec la poêlée de cerises. Comme les menus, la cave propose de bons rapports prix-prestations.
C : 85 € • M : 35-75 €

13 Amphitryon Capucine

» 50 rue Fontgiève
☎ 04 73 31 38 39
F. dim., lundi (sf certaines fêtes), lundi, 1re sem. vac. scol. fév. et 23 jrs août.
Jusqu'à 21h30.

Pour avoir longtemps travaillé avec Guy Prouhèze, Christophe Kovacs a su retenir au moins une leçon, celle du terroir souriant, de celui qui se donne au lieu de se pavaner. L'Amphitryon sait donc recevoir ses amis, ajoutant une pincée de malignité moderne au gigot d'agneau de sept heures, servi comme une lasagne, aux asperges flanquées de thon fumé ou même du foie gras en crumble ou en crème brûlée. Jolie cave connaisseuse en Languedoc-Roussillon (Gardiès, Bruguière…) et en Auvergne.
C : 45 € • M : 17-60 € *kovacs.christophe@wanadoo.fr*

13 L'Imprévu

» 4 rue Ribeyre-Jaffeux
☎ 04 73 31 36 72
F. dim., lundi, 1 sem. déb. janv. et 2 sem. août.
Jusqu'à 21h30.

La partie ne paraît pas mal engagée pour ce jeune duo, Sophie en salle, Pascal aux fourneaux, qui devraient, sauf imprévu, remporter la mise et la confiance des Clermontois. De 18 à 50 **€** (sa fourchette de menus), le chef, passé chez Marcon et Cussac, a du répondant, travaille ses assiettes, valorise l'ingrédient principal tout en construisant son plat. Saucisson de lapin au pain et jambon des Combrailles haricots blancs à la gentiane, brochette de saint-jacques et chorizo, riz façon paella et jus de crustacés, filet d'agneau et tian de légumes en crumble ; c'est l'une des tables à surveiller dans le département.
C : 46,50 € • M : 18-50 €

11 L'Alambic

» 6 rue Sainte-Claire
☎ 04 73 36 17 45
F. dim., lundi à déj., merc. à déj. et 23 juil.-16 août.

"Il faut bien être deux pour qu'une affaire marche bien". Sage Bruno Pichon qui, avec son épouse Françoise, fait fonctionner l'Alambic comme au premier jour, avec une carte purement auvergnate qui a de quoi séduire le voyageur : cochonnailles, salade de lentilles, pounti, terrine de porc à la fourme, chou farci, tripoux, aligot, coq au vin de chanturgue : il ne manque pas une page à l'almanach, jusqu'au gargouillou et à la poire pochée au madargue.
C : 24 € • M : 23-33 € *www.alambic.-restaurant.com*

11 Chardonnay

» 1 pl philippe-Marcombes
☎ 04 73 90 18 28
Ouv. 7j/7.
Jusqu'à 22h.

C'est peut-être dans la cathédrale toute proche que cette vieille maison puise son inspiration pour ses hauts plafonds impressionnants, mais certainement pas pour son atmosphère, ici alerte et joviale : les habitués font le tour du bar pour se resservir en papotant sur les dernières bouteilles arrivées, ça se bouscule gentiment, pour faire profiter le plus grand nombre d'une sélection de vins en mouvement permanent et d'une carte bistro simple et directe, de l'œuf au vin à la belle côte de bœuf à la crème et aux morilles, servi, Auvergne oblige, avec l'aligot.
C : 22 €

Fiesta Grande

» 28 rue des Chaussetiers
☎ 04 73 97 94 87
F. août.

La Fiesta, la vraie, au cœur de Clermont Ferrand, dans le quartier piétonnier : couleurs vives, masques et sculptures bariolées et carte d'inspiration tex mex, guacamole, ceviche (poisson émincé, mariné au jus d'agrumes), quesadillas, enchiladas et fajitas à façonner soi-même, dans une ambiance toujours joyeuse.
C : 25€

Le Maïko

» 65 rue du Port
☎ 04 73 90 79 15
F. dim., lundi et août.
Jusqu'à 21h30.

Installé depuis 15 ans dans la capitale auvergnate, Ikuo Nakano prouve qu'il est possible de faire vivre une table japonaise ailleurs qu'à Paris ou sur la Côte d'Azur. Sushi et yakitori de bon niveau, à deux pas de Notre Dame du Port.
C : 17€ • M : 8-29€

Hôtel des Puys-Arverne

» 16 pl Delille
☎ 04 73 91 92 06
📠 04 73 91 60 25
F. 23-27 déc.

Les importantes rénovations entreprises l'an dernier sont désormais achevées : les chambres y ont gagné en confort et cinq suites junior sont désormais disponibles. Centre historique tout proche.
52 ch. 65-123€ • 1/2 pens. 82-89€ www.hoteldespuys.fr

à CHAMALIERES - 63400 : 3 km O.

Le Radio

» 43 av Pierre-et-Marie-Curie
☎ 04 73 30 87 83
F. sam. à déj., dim., lundi à déj., 2-24 janv., 7-15 août et 30 oct-6 nov.
Jusqu'à 21h30.

➡ **Hôtel** : Le Radio

Cadre et ambiance

Un magnifique hôtel de style Art déco construit sur le thème de la radio, dans cette banlieue chic de Clermont-Ferrand.

Cuisine

A seulement 32 ans et dix années passées comme rédacteur en chef de cette Radio des quartiers chics de Clermont, Frédéric Coursol ne s'est toujours pas assagi, préférant jouer les agitateurs de la bande FM plutôt que les consensuels. Ce caractère n'est pas toujours sans désagrément ; il arrive parfois, au détour d'une assiette (une langoustine en tempura, beurre iodé et consommé de pinces torréfiées finalement banale), de ressentir une petite déception, comme si l'un de nos animateurs préférés en Auvergne ne passait pas toujours que des tubes. La meunière de turbot sauvage, viennoise de truffe, panais, poivrade et tétragone ou la fabuleuse tarte au caramel salé, glace au lait et opaline choco-lait peuvent en revanche prétendre aux premières places du hit-parade au même titre que la plupart des morceaux programmés par la station.

Cave

Largement orientée vers le sud mais très forte sur les bourgognes blancs, elle compte plus de 1500 références commentées avec brio par Nicolas Decoulange.

Accueil et service

Lors de notre dernier passage, une partie de l'équipe de salle avait changé, en particulier le directeur, Laurent Devolle. Peut être quelques réglages restaient-ils à effectuer mais l'ensemble manquait un peu de bonne humeur et surtout de décontraction.
C : 60€ • M : 45-89€ www.hotel-radio.fr

Le Radio

» 43 av Pierre-et-Marie-Curie
☎ 04 73 30 87 83
📠 04 73 36 42 44
F.1er-24 janv., 7-15 août et 30 oct.-6 nov.

➡ **Restaurant** : 16/20 Le Radio

Sur les hauteurs de Clermont-Ferrand, dans un quartier qui a dû être plus animé, un superbe établissement construit à la fin des années 20, dans un style Art déco inspiré par le thème de la radio. Si les parties communes laissent apparaître de magnifiques mosaïques ou de précieuses ferronneries, les chambres se veulent plus contemporaines et jouissent d'une belle vue panoramique.
1 appart. 170-182€ • 25 ch. 76-130€ www.hotel-radio.fr

➲ à DURTOL - 63830 : 4 km N.O. sur D 941

Restaurant Bernard Andrieux

Après trente ans passés sur les hauteurs de Clermont Ferrand, Bernard Andrieux ne semble pas lassé, continuant sur le chemin qu'il s'est depuis toujours tracé, celui d'une cuisine généreuse et bien dans son époque même s'il se laisse parfois un peu emporter par son enthousiasme (l'escalope de foie gras chaud de canard, fondue de fraises et pain perdu, un peu "too much"). Sa carte courte est annonciatrice d'une qualité de produits jamais prise en défaut, le mille-feuille de thon en carpaccio et tartare d'asperges, le pressé de homard à l'aubergine et gaspacho de tomates et le filet de bœuf grillé et galette de pied de porc traduisant bien l'esprit d'une maison où tout est impeccable, la cave et le service y compris.

C : 40 € • M : 29-70 € *andrieuxbe@wanadoo.fr*

» Rte de la Baraque
☎ 04 73 19 25 00
F. sam. à déj., dim., lundi à déj. (juil.-août), sam. à déj., dim. à dîn., lundi (h.s.), 24 juil.-14 août et 26 déc.-4 janv.
Jusqu'à 21h15.

➲ à ORCINES - 63870 : 8 km O. par D 941a

(12) Auberge des Muletiers

A plus de 1 000 mètres d'altitude, on respire le bon air des puys en engloutissant les roboratives assiettes maison, truffade, potée, pounti, pied de cochon farci aux petits légumes, civet de canard au sang de myrtilles, dans une ambiance toujours joyeuse.

M : 23-27 €

» Col de Ceyssat, rte du Puy-de-Dôme
☎ 04 73 62 25 95
F. dim. à dîn., lundi (1er avril-30 sept.), dim. à dîn-mardi (1er oct.-30 mars), 11 nov.-21 déc. et 2 janv.-1er fév.
Jusqu'à 21h.

(10) Auberge des Dômes

On ne sait pas ce qui se passe dans le club privé réservé aux clients du restaurant, mais la face visible de cette ancienne ferme-auberge offre au moins de quoi étancher sa soif de curiosité régionale, librement adaptée : blinis au saint-nectaire fermier, bavette de Salers cuite au grill sauce marchand de vin, fondant aux cerises dans la meilleure formule, la moins coûteuse, à 20 **€**.

C : 25 € • M : 20-35 €

» 36 rte du Puy-de-Dôme
☎ 04 73 62 10 13
F. lundi, mardi à déj. et oct.
Jusqu'à 23h.

➲ à ROYAT - 63130 : 5 km O.

La Belle Meunière

Une note de confiance, puisque nous n'aurons pas pu voir cette nouvelle adresse ouverte à la toute fin de l'année 2005 : les Jury, qu'on connaissait jusqu'ici à la Bergerie de Sarpoil, se rapprochent de la capitale auvergnate et transposent leur adresse gastronomique dans cette Belle Meunière (ils conservent la Bergerie, rebaptisée Auberge Gourmande, pour en faire une auberge de terroir autour de produits fermiers et bio). Ambitions maintenues et même renouvelées pour Laurent Jury dans ce nouveau cadre. On en reparle très prochainement..

» 25 av de la Vallée
☎ 04 73 35 80 17
Rens. non comm.

(11) La Pépinière Chalut

Nous l'avions connu à Sauxillanges, dans une maison au cachet évident. Branché terroir et régionalisme, François Chalut pratique aujourd'hui la même cuisine, avec comme point d'ancrage un menu carte bien troussé : chausson croustillant aux champignons frais et glace aux cèpes, pièce du boucher parfumée au gingembre, tarte chaude au chocolat et son sorbet pur caraïbes.

C : 25 € • M : 13-38 €

» 11 av Pasteur
☎ 04 73 35 81 19
F. dim. à dîn., lundi, 1 sem. déb. janv. et 1 sem. déb. sept.
Jusqu'à 21h15.

CLERMONT L'HERAULT - 34800 (32 A 3)

Paris 720 - Montpellier 41 - Béziers 46

à SAINT SATURNIN DE LUCIAN - 34725 : 10 km N. par N 9, N 109 et D 130e

 **Hôtel du Mimosa**

Belles chambres personnalisées et ambiance intime et raffinée pour cette maison de village ravissante et au charme ancien.
7 ch. 68-95 €

» 10 pl de la Fontaine
☎ 04 67 88 62 62
04 67 88 62 82
F. nov.-déb. mars.

CLICHY ➤ PARIS-BANLIEUE

CLIOUSCLAT - 26270 (27 D 5)

Valence 29 - Privas 23

 **La Treille Muscate R**

Un petit bonheur caché, dans le calme d'un petit hameau. Les vieilles pierres et le jardin séduisant autant que les chambres au décor personnalisé, meubles anciens et couleurs harmonieuses. Jolie cuisine classique (quasi de veau confit, carré d'agneau en croûte d'herbes) ou un peu moins (joue de cochon au citron et gingembre).
1 appart. 60-125 € • 12 ch. 60-120 € • C : 26 € • M : 26 €
www.latreillemuscate.com

» Le Village
☎ 04 75 63 13 10
04 75 63 10 79
F. 5 déc.-11 fév.

CLISSON - 44190 (15 C 5)

Nantes 31 - Cholet 34

 **La Bonne Auberge ♥**

Comment oublier une maison aussi agréable, où tout est fait pour que vous vous sentiez bien, avec un accueil d'une qualité rare, une gentillesse qui amène une ambiance naturellement décontractée dans cette grande salle ouverte sur le jardin. Difficile ensuite de ne pas apprécier la qualité d'une cuisine qui mêle avec bonheur gourmandise et produits nobles, avec le beau jus truffé sur le turbot, la richesse de la pastilla de pigeon au foie gras ou le bonheur moelleux de la tatin pommes abricot. Carte des vins avec une sélection courte et pointue, commentée avec passion par Madame, notamment pour vanter les mérites du granite de Clisson.

» 1 rue Olivier-de-Clisson
☎ 02 40 54 01 90
Rens. non comm.

CLOHARS CARNOET - 29360 (13 D 4)

Lorient 21 - Quimper 50 - Quimperlé 10

 **13 à la Douzaine**

Une crêperie terriblement sympathique, toujours animée, proposant régulièrement des soirées à thème à la Tavern (le pub attenant) et innovant cette année avec une galette aux crabes et petits légumes parfumée aux herbes et à l'ail. Cidre excellent.
C : 12 €
www.monsite.wanadoo.fr/13.a.la.douzaine

» 22 rue de Lannevain
☎ 02 98 71 61 25
F. déb. nov.-déb. fév.
Jusqu'à 21h30.

Hôtels de charme.

 Bon confort.  Grand confort.  Luxe.  Grand luxe.

CLUNY - 71250 (20 A 6)

Mâcon 25 - Tournus 33

à BOURGVILAIN - 71520 : 8 km S. par D 980, N 79 et D 22

(10) La Pierre Sauvage

La vieille bergerie, sobrement restaurée, belles pierres, voûtes, colonnes et baies vitrées, est propice au recueillement après l'escalade de Solutré. Et à la gourmandise d'une carte de simplicité, salades, omelette aux herbes, pavé de charolais bio.

C : 30 € • M : 18,50-29 €

» Col des Enceints
☎ 03 85 35 70 03
F. dim. à dîn., lundi, mardi à déj. et 10 janv.-10 fév.
Jusqu'à 21h.

LA CLUSAZ - 74220 (28 B 2)

Annecy 34 - Megève 29

(11) Le Chalet du Lac

Aux confins des Confins, du savoyard de bonne mine, farcement et fondue, dans le cadre idéal d'un chalet tricentenaire. La nouvelle terrasse en bois renforce l'authenticité, la nature fait le reste.

C : 27 € • M : 22,70 € *www.lechaletdulac.net*

» La Fate - Les Confins
☎ 04 50 02 53 26
F. lundi-jeudi (h.s.).
Jusqu'à 22h.

(10) La Scierie

Un bistrot de montagne, direct et efficace. On trouve largement de quoi se requinquer, dans une offre multi-services, le répertoire montagnard (plateau du bûcheron, tartiflettes, fondues, diots et pormoniers) d'une part, du tradi brasserie très correctement servi (escargots, pavé de thon rouge, carpaccio…) de l'autre.

C : 40 € • M : 23-38 € *www.la-scierie.com*

» 321-331 rte du col des Aravis
☎ 04 50 63 34 68
F. 1 sem. déb. juin et 1 sem. déb. oct.
Jusqu'à 24h.

L'Ourson

Dépannage de tradition dans une petite rue au cœur de la station : un lieu commun et connu pour un mâchon montagnard, relativement coûteux, mais efficace.

» Passage Mont-Blanc
☎ 04 50 02 76 99
Rens. non comm.

La Terrasse

Dans le haut du village, une table récente qui ne ménage pas ses efforts, sur la carte et dans l'assiette, pour sortir du terroir : carpaccio de daurade et vinaigrette marine aux algues, cannellonis de homard, rognons de veau aux asperges vertes, yin-yang de chocolat.

C : 33 € • M : 35-59 €

» La Perrière
☎ 04 50 02 53 27
F. lundi, mardi, merc. (fin sept.-mi-déc.). F. annuelle non comm.
Jusqu'à 22h30.

Alp'Hôtel R

L'immeuble à la classique allure de chalet ne force pas trop la dose rustique, notamment dans les chambres sobres et feutrées, aux touches de bois discrètes. Le restaurant séduit par le traitement actuel des produits du terroir ou de saison mené par un jeune chef : la chantilly au lard paysan et les tartines de tome sur la crème de courge, un croustillant de blé au thé sur les saint-jacques ou le feuilleté aux pommes et crème glacée cacahuète. Plaisir complété d'une carte des vins aux horizons élargis.

15 ch. 60-100 € • 1/2 pens. 52-150 € • C : 40 € • M : 25-54 €

www.clusaz.com

» 192 rte du Col-des-Aravis
☎ 04 50 02 40 06
Fax 04 50 02 60 16
F. mai, oct. et nov.

Carlina

Ce grand chalet domine le village, à l'écart de l'agitation. Le bois omniprésent et les moquettes épaisses créent une ambiance montagnarde et chaleureuse. Equipement très complet.

39 ch. 70-200 € • 1/2 pens. 70-150 € *www.hotel-carlina.com*

» ☎ 04 50 02 43 48
Fax 04 50 02 63 02
F. 15 avril-30 juin et 1er sept.-14 déc.

 Les Chalets de la Serraz 

Pas de fausse apparence, vous êtes bien dans une ancienne ferme d'alpage, toujours paisiblement installée, mais loin du rustique de ses origines : style montagnard et bois apparent certes, mais avec raffinement. Au restaurant, cuisine certes classique, mais bien dans le ton, entre terroir (les diots, les fromages) et parfums du sud (rougets au basilic, agneau au romarin).
5 appart. 150-210€ • 7 ch. 105-160€ • 1/2 pens. 90-155€ • M : 38€
www.laserraz.com

» Rte du Col-des-Aravis
☎ 04 50 02 48 29
📠 04 50 02 64 12
F. 23 avril-20 mai et 1er oct.-8 nov.

COCURES ➤ FLORAC

COGNAC - 16100 (22 B 4)

Angoulême 43 - Saintes 27

à CHATEAUBERNARD - 16100 : 3 km S. par D 24

 Château de l'Yeuse

➥ **Hôtel** : Château de l'Yeuse

Ancien chef chez Michel Trama, au château d'Adoménil, second aux Hauts de Loire, Pascal Nebout se montre à la fois talentueux et surtout ambitieux pour cette maison dont il dirige les cuisines depuis près de quatre ans désormais. Jamais avare de ses efforts (le service, que nous trouvions auparavant trop crispé, ne souffre plus d'aucun reproche, bravo à Maria Nebout), il remet chaque jour le métier sur l'ouvrage pour porter cette table au plus haut. Sa carte se veut ancrée dans un terroir qu'il revisite à l'envi, associant les huîtres de chez Papin à un foie gras rôti en tarte friande, le pigeon de Gâtine rôti au beurre de pain d'épices à des navets primeurs confits, ou le turbot rôti sur l'arête à des asperges et pommes de terre nouvelles grillées. Les assiettes ont encore gagné en précision et en régularité, les produits sont bien choisis, la deuxième toque est méritée.
C : 75€ • M : 27-67€ *www.yeuse.fr*

» 65 rue de Bellevue, quartier de l'Echassier
☎ 05 45 36 82 60
F. sam. à déj., dim. à dîn. (nov.-mai) et 2 janv.-10 fév.
Jusqu'à 21h30.

 Château de l'Yeuse

➥ **Restaurant** : 15/20 Château de l'Yeuse

A la sortie de Cognac, un castelet du XIXe siècle entouré de chênes verts centenaires et converti en hôtel à la fin des années 90. Chambres personnalisées et raffinées, donnant sur le jardin ou sur la vallée de la Charente, nombreux équipements de remise en forme, piscine.
3 appart. 211-324€ • 21 ch. 95-162€ • 1/2 pens. 96-199€ *www.yeuse.fr*

» 65 rue de Bellevue, quartier de l'Echassier
☎ 05 45 36 82 60
📠 05 45 35 06 32
F. 20 déc.-12 fév.

 Domaine de l'Echassier

On apprécie les chambres pour leur espace et leur confort, le cadre est contemporain, à l'image de l'architecture, inspirée des maisons régionales.
22 ch. 70-110€ *www.echassier.com*

» 72 rue de Bellevue
☎ 05 45 35 01 09
📠 05 45 32 22 43
F. 26-29 déc.

COGOLIN - 83310 (34 B 6)

Toulon 59 - Saint-Tropez 10

 Grain de Sel

Au cœur du village des pipes, un bistrot plein de gaieté où officie un chef au parcours prestigieux. Philippe Audibert, avant de s'installer dans cette jolie maison, a en effet usé ses toques à la Bonne Etape (Château Arnoux, chez les Gleize), chez Guérard, à la Belle Otéro, au Negresco et au Byblos de Saint Tropez. A l'opposé de la gastronomie de palace, ses assiettes fourmillent d'idées et de bonne humeur : velouté glacé de tomates grappes à la tome d'Arles, poutine

» 6 rue du 11-Novembre
☎ 04 94 54 46 86
F. dim., lundi, vac. scol. Toussaint et fév.
Jusqu'à 21h30.

juste pochée, huile d'olives extra vierge de Ligurie, morue douce à la tomate, courgettes niçoises panées aux herbes, tarte aux prunes, vanille et huile de noix. Chaleur, humanité, service attentif et souriant, assiettes joyeuses, une synthèse de ce que devrait être la restauration d'aujourd'hui.
C : 42 € • M : 33 €

Hôtel du Golfe de Saint-Tropez

» 13 av Clemenceau
☎ 04 94 54 40 34
Fax 04 94 54 14 48
F. 8-25 déc.

Ambiance conviviale et chambres récemment rénovées (on préférera celles donnant sur l'arrière, plus calmes) dans un petit établissement qui démontre que près de Saint Trop, on peut encore se loger à l'hôtel sans se ruiner.
16 ch. 32-74 € www.hoteldugolfe.free.fr

COIRAC ➤ SAUVETERRE DE GUYENNE

COISE SAINT JEAN PIED GAUTHIER - 73800 (28 B 3)

Chambéry 31 - Albertville 33

Château de la Tour du Puits

» Le Puits
☎ 04 79 28 88 00
Fax 04 79 28 88 01
F. 1er oct.-30 nov.

Parquets clairs et murs blancs mettent encore mieux en valeur l'espace généreux des belles chambres raffinées de ce château XVIIIe, au calme dans ses 7 ha de parc boisé. Pour ne pas rompre ce charme un peu hors du monde, le chef s'appuie sur son expérience pour proposer une cuisine entre terroir et influences du sud : loup rôti palet de farine de châtaigne, saumon à la plancha jus à la mondeuse.
7 ch. 150-250 € • 1/2 pens. 141-191 € • M : 39-55 € www.chateaupuit.fr

LA COLLE SUR LOUP ➤ SAINT PAUL DE VENCE

COLLIAS ➤ PONT DU GARD

COLLIOURE - 66190 (31 D 6)

Perpignan 30 - Amélie-les-Bains 41

Casa Païral

» Impasse des Palmiers
☎ 04 68 82 05 81
Fax 04 68 82 52 10
F. 2 oct.-1er avril.

Nichée au cœur d'une impasse du vieux village, cette belle maison de maître XIXe bénéficie du confort et du charme d'un petit parc arboré (avec piscine) propice à la détente. Les chambres sont décorées dans l'esprit des lieux, mobilier et tapisserie de style, en un cocon bourgeois et soigné.
28 ch. 80-190 € www.hotel-casa-pairal.com

Relais des Trois Mas R

» Rte de Port-Vendres
☎ 04 68 82 05 07
Fax 04 68 82 38 08
F. mi-nov.-mi-déc. et janv.

Les chambres ont été rénovées récemment et c'est donc dans un confort agréablement revu que l'on profite des atouts caractéristiques de la maison, à commencer par son agréable situation sur la Côte Vermeille. Au restaurant, dans une ambiance vieillotte, au service raide et gentil, une cuisine coûteuse, assez recherchée, où nous avons goûté une tatin de curry glace carotte qui valait une toque. Cave satisfaisante, servie par un bon sommelier, malgré les coefficients handicapants pour les vins de la région.
4 appart. 186-450 € • 23 ch. 100-280 € • C : 65 € • M : 35-73 €
www.www.relaisdestroismas.com

Parking privé. Parking fermé. Voiturier.
Cave à cigares. Air conditionné. Tennis privé.

COLLOBRIERES - 83610 (34 A 6)

Toulon 47 - Le Lavandou 48

12 La Petite Fontaine ♥

Encore un coup de cœur pour la maison d'Etienne Bouquet et Nicole Fontana ? Evidemment ! Et seuls ceux qui n'ont jamais eu la chance de s'asseoir sur cette terrasse, sous les immenses platanes, pourraient en douter. Tous les autres ne gardent que des souvenirs émus des lasagnes à la bolognaise, du jambon braisé à la crème et aux cèpes, ou de la tarte aux poires, servis avec bonté et générosité, et qu'on arrose d'une bouteille de vin de pays des Maures (vous n'en buvez que trois verres ? Aucune importance, on ne vous facture pas le reste !).

C : 25 € • M : 24-28 € *nicolebouquet@aol.com*

» Pl de la République
☎ 04 94 48 00 12
F. lundi, à dîn. mardi-jeudi et dim. (1er oct.-31 mars), dim., lundi à déj. (1er avril-30 sept.), 2 sem. vac. scol. et 2 sem. fin sept.
Jusqu'à 21h.

COLLONGES AU MONT D'OR ➤ LYON

COLMAR - 68000 (10 B 4)

Strasbourg 70 - Bâle 68 - Mulhouse 45

14 Au Fer Rouge

Bientôt trente ans et Colmar, comme nous le sommes un peu nous-même pour avoir suivi, et parfois même un peu participé à l'histoire de cette maison, est marqué au Fer Rouge. Patrick Fulgraff en a écrit, des pages gastronomiques, dans cette maison XVIe au charme universel, image d'une ville au cœur historique éblouissant et sa carte, bourgeoise inventive, a toujours quelque chose à raconter, une mousseline de brochet fourrée de saint-jacques, une énième et pourtant nouvelle adaptation de la choucroute avec un carré de porcelet rôti et croustillant de pieds de porc, un carpaccio d'ananas et framboises au sirop de coriandre. Atmosphère non dépourvue de solennité, cave longuement mûrie en côtoyant les grands noms du vignoble régional.

C : 70 € • M : 50-99 € *www.au-fer-rouge.com*

» 52 Grand-Rue
☎ 03 89 41 37 24
F. dim. à dîn., lundi (saison), dim., lundi (nov., janv.-mai), 19 fév.-1er mars et 30 juil.-8 août.
Jusqu'à 22h.

14 JY'S

Jean-Yves Schillinger n'aime pas faire comme tout le monde. Il se veut unique, revendique sa différence, n'hésite pas à afficher ses prétentions et son concept novateur continue d'enthousiasmer, plus de trois ans après sa naissance : déco ultra-tendance, imaginée par un designer renommé, murs blancs habillés de touches de cuir, chesterfields pourpres, on se la joue Manhattan et la clientèle branchée adore, envahissant les lieux même en pleine semaine. La cuisine (world ? fusion ? peu importe mais en tout cas pas alsacienne) suit le mouvement plus qu'elle ne le précède : la brochette de langoustines sur une fine julienne d'asperges blanches, thon mi-cuit et cèpes, mayonnaise chaude à l'ail des ours, la volaille fermière rôtie à la broche sur des pommes de terre écrasées au stilton, caramel au gingembre et jus corsé et le rocher au chocolat au lait, caramel et noisette avec un sorbet au chocolat amer ne manquent pas de tonus mais pêchent parfois par un manque de précision sur un dosage ou une cuisson. Mais qu'importe ! On s'amuse avec les assiettes, les tarifs restent sages et le service casté colle parfaitement à la clientèle branchée.

C : 50 € • M : 28-63 €

» 17 rue de la Poissonnerie
☎ 03 89 21 53 60
F. dim., lundi à déj. et vac. scol. fév.
Jusqu'à 22h30.

13 Rendez-vous de Chasse

La jeune Michaela Peters, 34 ans et tout juste deux ans d'ancienneté, a reçu pour mission de réveiller cette table solidement ancrée sur ses bases mais depuis trop longtemps difficile à bouger. Elle procède par étapes (il faut bien ménager la clientèle bourgeoise, première cliente de cette table où le premier menu franchit la barre des 40 €) retouchant peu à peu le lourd héritage laissé par

» 7 pl de la Gare
☎ 03 89 23 15 86
Ouv. 7j/7.
Jusqu'à 22h15.

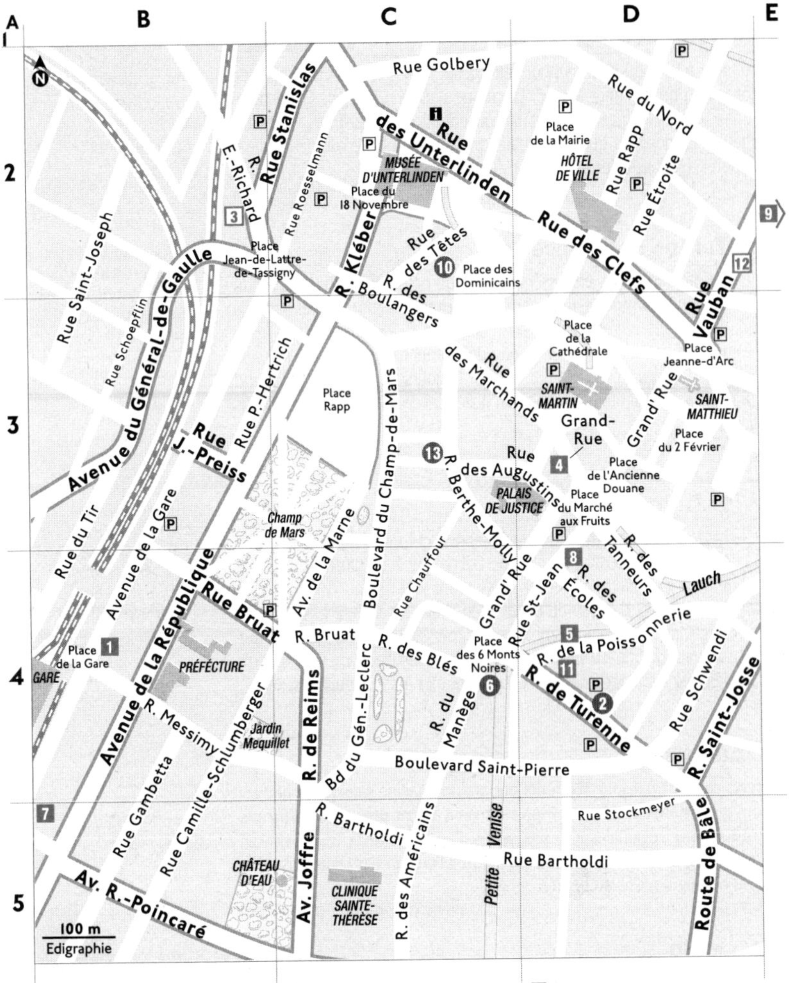

Restaurant

- 12 Anadolu **D-2**
- 1 Auberge (L') **B-4**
- 2 Colombier (Le) **D-4**
- 3 Cygne (Au) **B-2**
- 4 Fer Rouge (Au) **D-3**

Hôtel

- 5 JY'S **D-4**
- 6 Maréchal (Le) **C-4**
- 13 Rapp (Le) **C-3**
- 7 Rendez-Vous de Chasse **B-5**

Table en vue

- 8 Restaurant Jules **D-4**
- 9 Temps des Délices (Le) **E-2**
- 10 Têtes (Les) **C-2**
- 11 Wistub Brenner **D-4**

Michel Burrus : presskopf de ris de veau accompagné d'une salade printanière et vinaigrette aux pommes de terre, carré d'agneau rôti à la sarriette et ragoût de haricots coco et chorizo, filet de turbot poêlé aux morilles, légumes nouveaux et jus émulsionné. Les travaux entrepris dans le quartier sont en phase terminale, tant mieux, et la cave se montre pointue en Alsace.

C : 75 € • M : 42-80 € *www.grand-hotel-bristol.com*

Hôtels de charme.

Restaurant Jules

DÉCOUVERTE

Jolie situation à côté du Koifhus pour cette petite table gourmande très prisée pour son menu du déjeuner à 18 **€**. La cuisine de Julien Spiegel, d'inspiration méridionale qui privilégie l'épure et la concentration des arômes, se révèle prometteuse. En dépit de quelques petites maladresses, cette cuisine évoluera dans le bon sens. Jolie sélection de vins au verre.

C : 40 € • M : 18 €

www.restaurant-jules.fr

» 5 pl du Marché-aux-Fruits
☎ 03 89 24 42 21
F. dim. (sf fériés.), lundi, fin fév.-déb. mars et fin nov.
Jusqu'à 21h00.

Le Temps des Délices

Comme dans la plupart des établissements de son pays, Michelangelo a rendu le sien non-fumeur. Sans doute pour permettre à chacun d'apprécier les parfums enjôleurs de sa Botte secrète, le foie gras "alla cugna", les agnolotti à la truffe blanche, le saltinbocca de lotte ou le risotto de scampi et asperges. Les idées se renouvellent au fil des saisons, le tiramisu est toujours un modèle et le grand menu, à 48 **€**, vaut vraiment le voyage en Italie. Cave étendue de vins toscans et d'ailleurs.

C : 43 € • M : 18-48 €

angelstraneo@aol.com

» 23 rue d'Alspach
☎ 03 89 23 45 57
F. dim., lundi, déb. janv. et déb. août.
Jusqu'à 21h.

Wistub Brenner

Une belle histoire que celle de la winstub Brenner, qui s'est fait un nom en 22 ans au bord du canal, et a rallié nombre de Colmariens à sa cause, heureux de trouver une belle expression de terroir, mais avant tout un lieu de convivialité pour partager un jarret de veau ou un civet de chevreuil, suivant la saison, les touristes se gavant de régionalisme avec le presskopf, le kougelhopf aux escargots ou le baeckeoffe. Le vin en carafe ou "les bouteilles sympas d'Alsace", heureuse dénomination accordée par Gilbert Brenner à ses chouchous.

C : 28 €

» 1 rue de Turenne
☎ 03 89 41 42 33
F. mardi, merc., 17-24 nov., 15-28 juin et Noël-nouvel an.
Jusqu'à 21h30.

(11) L'Auberge

Deux cents couverts par jour 365 jours par an, on imagine sans peine que les ambitions gastronomiques de la maison se limitent à offrir des assiettes toujours égales, à tendance régionales et à prix serrés. Pari réussi, avec le cervelas en sauce à la vinaigrette, le pâté en croûte, la tarte à l'oignon des vignerons ou la volaille au riesling nouilles au beurre.

C : 25 € • M : 18-26 €

www.grand-hotel-bristol.com

» 7 pl de la Gare
☎ 03 89 23 17 57
Ouv. 7j/7.
Jusqu'à 22h30.

Anadolu

A fréquenter pour le dépaysement d'un décor de tapis, l'accueil chaleureux d'un personnel semblant venir d'un palais des mille et une nuits et les spécialités turques, mezze, kebabs et un très bon pain.

M : 24-30 €

» 31 rue Vauban
☎ 03 89 23 71 71
F. lundi et sept.

Au Cygne

C'est autant le jardin d'été que l'ambiance de pure convivialité qui vaut la distinction dans l'ordre des winstubs accueillantes d'Alsace. Le chef Bertrand Roth sait faire de la salade et du classique, et son terroir, tarte flambée (seulement le soir), lawerknepfla, fleischnacka, a très bonne mine.

C : 25 € • M : 9,20-26,50 €

» 17 rue E.-Richard
☎ 03 89 23 76 26
F. sam. à déj., dim., lundi à dîn., 1 sem. août et Noël-nouvel an.
Jusqu'à 24h.

Prix des appartements : la fourchette de prix correspond au tarif journalier pour 1 personne seule, et maximum pour 2 personnes.

Prix à la carte : correspond au prix moyen à la carte (entrée, plat + dessert).

Le Maréchal

» 4-6 pl des Six-Montagnes-Noires, Petite-Venise
☎ 03 89 41 60 32
Fax 03 89 24 59 40
Ouv. 7j/7.

Poutres, tentures et luxueux mobilier ancien confirment à l'intérieur le charme de cette élégante maison du XVIe siècle au cœur de la Petite Venise et la famille Bomo sait veiller consciencieusement au confort de ses hôtes. Le restaurant conforte les qualités des prestations, avec une équipe parfaitement rodée pour mettre en valeur une cuisine élégante : raviole de tourteau sauce aigre-douce, discrète touche de foie gras sur la lotte au jambon, belle variation autour du chocolat.

2 appart. 245 € • 28 ch. 80-215 € • 1/2 pens. 102,50-177,50 € • C : 55 € • M : 25-75 €
www.hotel-le-marechal.com

Les Têtes R

» 19 rue des Têtes
☎ 03 89 24 43 43
Fax 03 89 24 58 34
F. fév.

Appuyée sur les anciens remparts (des vestiges sont visibles dans le hall), cette maison XVIIe regorge de détails historiques, des fameuses têtes sculptées en façade aux plafonds en bois caissonnés. Derrière les portes décorées par un artiste local se cachent des chambres feutrées, bien dans l'esprit de la maison par leur décor. La cuisine prend toute sa dimension dans une carte très complète, déclinant une belle gastronomie classique en Alsace (foie gras d'oie au riesling) comme ailleurs (côte de veau aux champignons des bois).

1 appart. € • 20 ch. 91-230 € • C : 42 € • M : 29,80-58 €
www.lamaisondestetes.com

Le Colombier

» 7 rue Turenne
☎ 03 89 23 96 00
Fax 03 89 23 97 27
F. vac. scol. Noël

Un mélange harmonieux d'ancien et de moderne : cette demeure Renaissance, avec ses colombages, ses vieilles pierres et ses matériaux anciens en rappel séduit par son atmosphère très personnelle et contemporaine, dans le choix du mobilier comme des couleurs.

27 ch. 79-185 €
www.hotel-le-colombier.fr

Le Rapp

» 1 rue Weinemer
☎ 03 89 41 62 10
Fax 03 89 24 13 58
Ouv. 7j/7.

Dans un bâtiment qui remonte au XVIe siècle, des chambres douillettes et contemporaines dans un choix d'ambiances variées, pour profiter d'une situation pratique et d'un équipement de bon niveau, de la climatisation à la piscine .

38 ch. 69,50-128 € • 1/2 pens. 70-95 €
www.rapp-hot.com

à HORBOURG WIHR - 68180 : 3 km E.

Hôtel L'Europe

» 15 rte de Neuf-Brisach
☎ 03 89 20 54 00
Fax 03 89 41 27 50
Ouv. 7j/7.

Si l'allure marbre et colonnes du hall impressionne, les chambres chaleureuses se font instantanément accueillantes et déclinent ambiances personnalisées et bons équipements de confort.

10 appart. 168-382 € • 125 ch. 103-156 € • 1/2 pens. 96-115 €
www.hotel-europe-colmar.com

Pictogrammes

- téléphone
- fax
- coup de cœur
- notation en hausse
- carte des vins remarquable
- repas servis en terrasse ou dans un jardin
- parking privé
- parking fermé
- voiturier
- accessible aux handicapés
- chiens acceptés
- air conditionné
- priscine privée
- tennis privé
- cave à cigares
- hôtel très tranquille

➲ à INGERSHEIM - 68040 : 4 km N.O.

[12] La Taverne Alsacienne 🍇 ♥

» 99 rue de la République
☎ 03 89 27 08 41
F. dim. à dîn., lundi, jeudi à dîn., 1re quinz. janv. et 17 juil.-7 août.
Jusqu'à 21h30.
🐕

Ce sérieux alsacien n'est pas démodé, bien au contraire. Tout nous plaît ici, l'ambiance repas ouvrier du midi, les cols blancs soignés qui dégustent leur déjeuner comme une petite fête quotidienne, le soin apporté aux basiques, à la choucroute ou au filet de bœuf au pinot, comme aux incursions modernistes (salade de canard aux mangues, poêlée de barbue à la plancha et gambas beurre citronné). Le service est exemplaire et l'affluence aussi régulière car des dégustateurs de partout se refilent l'adresse pour aller biberonner en toute quiétude de formidables flacons à des prix qui se chuchotent, à commencer par les vedettes régionales (Clos Saint-Hune 97 à 85 € par exemple...) dans une cave classique et forte partout.
C : 50 € • M : 15-53 € *tavernealsacienne@aol.com*

➲ à NIEDERMORSCHWIHR - 68230 : 7 km O.

[12] Caveau Morakopf

» 7 rue des Trois-Epis
☎ 03 89 27 05 10
F. dim. et lundi à déj.
Jusqu'à 22h30.
⛱ 🐕

Un des plus fidèles caveaux d'Alsace : par sa longévité, sa qualité soutenue depuis des lustres, Morakopf est une référence, une assurance et une base initiatique idéale. Pour avoir définitivement en tête ce qu'est la qualité d'un presskopf, d'un wädele sauce raifort, des fleischschnackas et même de la choucroute. Cadre sans rajout discordant, cave tout aussi intègre avec tous les cépages au pichet.
C : 34 € *www.caveaumorakopf.com*

COLOMBEY LES DEUX EGLISES - 52330 (9 C 5)

Chaumont 26 - Saint-Dizier 63

[15] Restaurant Natali

» Ruelle des Charmilles
☎ 03 25 01 51 69
F. lundi, mardi, 3-24 janv., 11-20 sept. et 18-27 déc.
Jusqu'à 21h30.
🚗 🚬

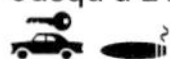

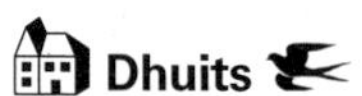

Un déménagement dans la maison de famille, une responsabilité affirmée avec l'enseigne "Restaurant Natali" accolée à "l'Hostellerie de la Montagne" (qu'est-ce qui peut bien pousser un jeune chef au XXIe siècle à remplacer "auberge" par "hostellerie" ?) : voilà Jean-Baptiste natali à pied d'œuvre pour régaler sa clientèle, c'est-à-dire à peu près tout ce que la Haute-Marne, et le tourisme en général (De Gaulle), compte de fines fourchettes. La cuisine garde et pousse ses qualités, réalisation précise, idées contemporaines, complexité bien orchestrée et un peu démonstrative : saint-jacques rôties, mousse et croustillant de parmesan, poivrades aux truffes, turbot meunière, marmelade de citrons, poireaux et figues au beurre de citron confit, pigeonneau fermier glacé au lait d'amandes et melon rôti. Les menus explorent bien la carte, assez coûteuse, et la cave sait visiter le vignoble, entre Champagne et Bourgogne.
C : 43 € • M : 28-85 €

🏠 Dhuits 🐦

» N 19
☎ 03 25 01 50 10
📠 03 25 01 56 22
F. 1er-10 janv. et 20-31 déc.
🚗 ♿ 🐕

De l'espace, un cadre contemporain et le calme de la campagne... Une étape pratique, mais aussi agréable. Nouvelle terrasse paysagère.
40 ch. 47-70 € *hotel.dui.colombeylesdeuxeglises@wanadoo.fr*

COLOMIERS ➤ TOULOUSE

COLROY LA ROCHE - 67420 (10 B 3)

Strasbourg 62 - Saint-Dié 31

 Hostellerie La Cheneaudière 

La montagne et la forêt (nombreuses possibilités de randonnée), voilà le cadre dans lequel s'inscrit cette maison aux allures de chalet, aux prestations soignées et aux chambres personnalisées (particulièrement agréables en version champêtre sous les lambris clairs). Au restaurant, cuisine classique de produits nobles, déclinées en de belles assiettes raffinées comme le pigeon farci au foie gras et râpé de truffe ou l'omble chevalier rhubarbe gratinée et beurre blanc.
7 appart. 330-420 € • 25 ch. 90-260 € • 1/2 pens. 122-286 € • C : 90 € •
M : 42-110 € www.integra.fr/relaischateaux/cheneaudiere

» 3 rue du Vieux Moulin
☎ 03 88 97 61 64
📠 03 88 47 21 73
Ouv. 7j/7.

COLY - 24120 (24 C 2)

Périgueux 57 - Brive-la-Gaillarde 26

 Manoir d'Hautegente 

Maison de famille depuis plus de 3 siècles, cet ancien moulin du XIIIe siècle séduit par son atmosphère paisible en bordure de rivière (pêche à la truite), son architecture sobre noyée sous la vigne vierge, avant de convaincre par la qualité des prestations, avec des chambres bourgeoises et élégantes, meubles anciens et tissus raffinés. La cuisine offre des saveurs étonnantes, légères et épurées, associées à des présentations design. Dommage pour cette obsession à mettre des fleurs dans chaque plat (de l'amuse-bouche jusqu'aux petits-fours, on est presque harcelé par les fleurs !). Dommage aussi pour ce service balbutiant et cette cave qui manque de passion. Dommage enfin de rassembler les convives dans le petit salon rouge, plutôt propice aux petits-déjeuners. En attendant, courez-y, car c'est vraiment deux toques.
7 appart. 155-215 € • 10 ch. 83-155 € • 1/2 pens. 90-165 € • C : 57 € •
M : 35-60 € www.manoir-hautegente.com

» ☎ 05 53 51 68 03
📠 05 53 50 38 52
F. Toussaint-Pâques.

COMBLEUX ➤ ORLEANS

COMBOURG - 35270 (14 C 3)

Saint-Malo 37 - Dinan 24 - Rennes 40

 L'Ecrivain

Du cousu main dans l'une des plus anciennes maisons de la ville, façade de granit et porte voûtée. Gille Menier travaille son style avec autant de précision que Chateaubriand, l'enfant du pays qui illustre l'enseigne en médaillon, ne joue pas l'effet de surprise ou de mode mais assure fraîcheur et netteté avec un filet de lieu aux épices douces, un mille-feuille de foie gras aux artichauts ou un saint-pierre aux asperges. La déco suit le fil rouge littéraire : collection d'encriers, dépôt-vente de livres...
C : 30 € • M : 14,90-35,20 €

» 1 pl Saint-Gilduin, face à l'Eglise
☎ 02 99 73 01 61
F. dim. à dîn., merc. à dîn., jeudi (h.s.), jeudi (15-juil.-15 août), vac. scol. fév. et vac. scol. Toussaint.
Jusqu'à 21h.
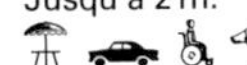

➲ à BAZOUGES LA PEROUSE - 35560 : 15 km E. par D 796

 Château de la Ballue 

Construit au début du XVIIe siècle, ce remarquable château est inscrit aux Monuments Historiques pour son architecture, mais également pour ses remarquables jardins : à la française pour l'un, maniériste pour l'autre, accrochés à flanc de colline. Dans un tel cadre, les chambres, avec mobilier de style et boiseries d'époque, sont parfaitement à leur place.
1 appart. 215-290 € • 5 ch. 160-220 € www.la-ballue.com

» ☎ 02 99 97 47 86
📠 02 99 97 47 70
Ouv. 7j/7.

COMBREUX - 45530 (18 B 3)

Orléans 38 - Gien 51 - Montargis 35

(12) L'Auberge de Combreux H

» 35 rte du Gâtinais
☎ 02 38 46 89 89
F. lundi à déj., vend. à déj. et 15 déc.-fin janv.
Jusqu'à 21h.

Tradition rustique sous les poutres d'un ancien relais de poste de la forêt d'Orléans. L'atmosphère historique et campagnarde est entretenue avec zèle, la cuisine est sincère et un peu maniérée, le menu-carte s'apprécie sans retenue grâce aux plats les plus directs du répertoire : terrines, velouté d'asperges, noisettes d'agneau grillées, tête de veau. Bons macarons en dessert, cave limitée mais pas chère. Chambres poutrées, meublées de bois ciré, aménagées dans trois maisonnettes, au calme du vaste parc de 6000 m².

C : 35 € • M : 29-36 € • 19 ch. 53-79 € • 1/2 pens. 66-76 €

www.auberge-de-combreux.fr

COMBRIT ➤ SAINTE MARINE

COMINES - 59560 (2 A 2)

Lille 20 - Tourcoing 14 - Ypres 12

(11) La Taverne Sainte-Marguerite

» 81 rue de Lille
☎ 03 20 39 00 60
F. merc. et 2 sem. fév.-mars.
Jusqu'à 21h.

L'arrêt-buffet idéal pour rassembler les peuples, pour trinquer, pour échanger autour du vaste buffet de hors-d'œuvre authentiques, de la marmite de poissons, du ris de veau moutarde et de l'entrecôte bordelaise. On tape gaiement dans l'une ou l'autre des nombreuses formules, chaque nouvel arrivant est adopté illico, et la petite cave, aimablement commentée, laisse les additions d'une douceur angélique.

C : 24 € • M : 10-25 €

COMPIEGNE - 60200 (4 A 4)

Beauvais 63 - Soissons 40

(15) Rive Gauche

» 13 cours Guynemer
☎ 03 44 40 29 99
F. lundi et mardi (sf réserv).
Jusqu'à 21h30.

Tous les ingrédients d'une belle table sont réunis ici, un chef inventif et adroit, une carte intelligente, pas trop risquée mais pas banale, des produits de qualité et une cave importante qui compte les grands noms, en particulier bourgogne et bordeaux, les valeurs sûres, le négoce. Il manque parfois, oui, une étincelle, un petit coup de folie pour détraquer un instant ce bel ordonnancement, mais on ne saurait reprocher à cette jeune maison sa relative prudence dans un cadre lisse et moderne des bords de l'Oise. Alors qu'on trouve aujourd'hui de très bons menus, servis avec sourire et application, et un traitement toujours impeccable des asperges rôties croustillantes au chorizo de Pampelune, du filet de saint-pierre et fricassée de légumes provençaux ou du pigeonneau et foie gras champignons et jus aux olives.

M : 32-45 €

www.perso.wanadoo.fr/rivegauche

(14) La Part des Anges

» 18 rue de Bouvines
☎ 03 44 86 00 00
F. sam. à déj., dim. à dîn., lundi et août.
Jusqu'à 21h30.

Formé à bonne école (Oustau de Baumanière, Les Templiers aux Bézards), Jean-Jacques Moissinac s'est installé dans ce centre-ville voilà huit ans avec quelques jolies idées derrière la tête dont un excellent menu-carte qui, pour moins de 45 **€**, permet d'apprécier le savoir faire du chef, en particulier sur les produits de la mer : fin curry de langoustines, ananas et raisins confits, crumble au parmesan, poêlée de coquilles saint-jacques à la mousseline de chou-fleur et brunoise de champignons, tarte feuilletée aux pommes et aux noix, glace au caramel. Cadre soigné, agréable terrasse donnant sur un jardin d'agrément, cave s'intéressant à tous les vignobles de France.

C : 40 € • M : 34-44 €

Hostellerie du Royal Lieu R

D'un bon confort bourgeois, la maison séduit surtout par sa situation champêtre, entre le parc et la forêt. Pour profiter pleinement du séjour, il est possible de manger sur place, autour d'une large carte classique.
3 appart. 105 € • 12 ch. 83 € • 1/2 pens. 72,50 € • C : 50 € • M : 23-69 €
www.hostellerie-du-royal-lieu.com

» 9 rue de Senlis, lieu-dit Royallieu
☎ 03 44 20 10 24
📠 03 44 86 82 27
F. 15 jrs fév. et 15 jrs août.
♿ 🐕

à RETHONDES - 60153 : 10 km E. par N 31

16 Alain Blot

» 21 rue du Mal-Foch
☎ 03 44 85 60 24
F. sam. à déj., dim. à dîn., lundi, mardi, 2 prem. sem. janv. et 2 prem. sem. sept.
Jusqu'à 19h30.
♿ 🐕

Cadre et ambiance
Le chef de la délégation compiégnoise se cache dans un village souriant et historique, à quelques hectomètres de la clairière où l'armistice fut signé en 1918. C'est une villa bourgeoise accueillante, comme une maison particulière dans un quartier résidentiel, donnant sur un jardin fleuri.

Cuisine
Irréprochable Alain Blot. Du travail propre, des assiettes au cordeau, et suffisamment de renouvellement pour que les habitués viennent toutes les semaines, ou presque. Le chef aime le poisson et les apprêts tranquilles et savoureux : filet de bar grillé de parfaite cuisson sur une confiture d'oignons, saint-jacques moelleuses mousseline d'artichaut, marmite de sole et turbot crème de morilles. Beaux et bons desserts.

Cave
Pas d'extravagance mais du champagne à prix juste et une sélection nationale de belle envergure.

Accueil et service
Un personnel dévoué, mené par l'épouse du chef, charmante et très à l'aise, assure une marche sans à-coup et garantit la sécurité des passagers.
C : 70 € • M : 37-79 €
alainblot@netcourrier.com

CONCARNEAU - 29900 (13 C 4)

Quimper 24 - Lorient 51

12 Chez Armande

» 15 av du Dr-Nicolas
☎ 02 98 97 00 76
F. mardi (sf juil.-août), merc. et 22 nov.-14 déc.
Jusqu'à 21h45.
⛱ ♿ 🐕

Bien sûr, tout cela peut sembler de l'ordre du folklore, ce décor hors du temps ou ces plats à l'ancienne, mais le cadre est authentique (la maison peut se vanter d'être le plus ancien restaurant de la ville) et la bonne volonté de mise pour proposer de sympathiques plats de poissons, la cotriade concarnoise, le bar en croûte de sel ou tout simplement les huîtres de Fouesnant.
M : 12,50-34,90 €

11 Le Buccin

» 1 rue Duguay-Trouin
☎ 02 98 50 54 22
F. sam. à déj. dim. à dîn., jeudi (h.s.), lundi à déj. mardi à déj. (juil.-sept.) et 2 dern. sem. nov.
Jusqu'à 21h30.
♿ ❄ 🐕

La situation est pratique, parking à deux pas et la Cité Close pour la balade digestive, mais il serait injuste de limiter là les atouts d'une maison où Patrick Couvert décline le poisson sur un mode actuel et attrayant, pour des assiettes franches et honnêtes (l'effeuillée d'aile de raie aux chips de chorizo, bien plus sympa que les rognons flambés au whisky).
C : 45 € • M : 18-37 €

Hôtel Kermoor

» 37 rue des Sables-Blancs
☎ 02 98 97 02 96
📠 02 98 87 84 04
F. non comm.

La robuste maison XIXe fait face à la mer (la Plage des Sables Blancs) en toute saison et impose le charme de son décor marin coloré et chaleureux, murs aux lambris clairs, fauteuils douillets et bois, comme un bateau échoué sur la grève, une impression accentuée encore sur l'agréable terrasse.
11 ch. 90-160 €

CONCHES EN OUCHE - 27190 (6 C 4)

Evreux 18 - L'Aigle 38

(11) La Grand'Mare

» 13 av de la Croix-de-Fer
☎ 02 32 30 23 30
F. dim. à dîn., lundi et mardi à dîn.
Jusqu'à 21h30.

Dans cette bourgade typique du Pays d'Ouche, et sans délaisser les touches classiques, Emmanuel Millochau préfère varier les plaisirs et proposer des horizons plus larges, mariant les influences provençales et les produits régionaux, les idées nouvelles et les valeurs sûres : glace coriandre et chips de betterave sur le bœuf en gelée et raifort, avant l'aiguillette de canard pommes braisées au foin. L'exercice n'exclut pas quelques dérapages, mais c'est plus souvent la satisfaction qui l'emporte, grâce également à des tarifs raisonnables.
C : 40 € • M : 20-30 €

CONDAT SUR VEZERE ➤ MONTIGNAC

CONDEAU ➤ NOGENT LE ROTROU

CONDOM - 32100 (29 B 3)

Auch 42 - Agen 40

(14) La Table des Cordeliers

» 1 rue des Cordeliers
☎ 05 62 68 43 82
F. dim. à dîn. et merc.
Jusqu'à 21h.

C'est avec plaisir qu'on retrouve les Cordeliers, table mythique qui renaît sous la houlette d'un jeune couple dynamique et décidé à en faire de grandes choses. Le potentiel est là et on se laisse facilement charmer, par ce cadre magnifique d'abord, où les lignes contemporaines du mobilier font écho aux vieilles pierres et aux hauts plafonds. Par la qualité de l'accueil ensuite, sourire et gentillesse, et un service décontracté-chic parfaitement dans le ton. Par la cuisine enfin, Eric Sampietro s'inspire des produits du moment et des richesses de la région pour décliner de belles assiettes, aussi soignées dans leur présentation que dans les associations de saveurs bien maîtrisées : les petits légumes du risotto se répondent et complètent un beau cabillaud, le pied de porc farci aux légumes, avec sa galette de pomme de terre et foie gras poêlé, a une élégance canaille qui fait mouche, et une émulsion à l'armagnac bien dosée est appelée à la rescousse de la poêlée de prunes d'Agen. Impressionnante carte de vieux armagnacs (elle remonte jusqu'à 1891) et une carte des vins affûtée, notamment sur le Sud-Ouest.
C : 40 € • M : 20-50 € www.latabledescordeliers.fr

Les Trois Lys

» 38 rue Gambetta
☎ 05 62 28 33 33
Fax 05 62 28 41 85
F. non comm.

Atmosphère à la fois historique et intime dans cet ancien hôtel particulier du centre ville, dont les vieilles pierres XVIIIe autour de la cour d'honneur et de son bel escalier, abritent des chambres raffinées, mobilier ancien, tissus luxueux et détails soignés.
2 appart. € • 10 ch. 80 € www.lestroislys.com

Le Logis des Cordeliers

» 2 bis rue de la Paix
☎ 05 62 28 03 68
Fax 05 62 68 29 03
F. 2 janv.-7 fév.

Les chambres les plus agréables, avec balcons, donnent sur la piscine, mais aussi la vieille chapelle voisine, une situation paisible malgré la situation en centre ville.
21 ch. 45-68 € www.logisdescordeliers.com

 Accessible aux handicapés.
 Piscine privée.
 Carte des vins remarquable.
 Repas servis en terrasse ou dans un jardin.
 Tennis privé.
 Chiens acceptés.

➲ à LARRESSINGLE - 32100 : 5 km O. par D 15

[11] Auberge de Larressingle H

Le nouveau (et tout jeune) chef arrivé l'an dernier n'a pas bouleversé le paysage gastronomique local. Cette auberge demeure une valeur sûre, ne se prenant pas pour la première du département mais travaillant avec efficacité la poule au pot, le manchon de canard sauce au vin ou le porc gascon au miel. Huit chambres de bon confort décorées dans un style contemporain.
C : 35 € • M : 15-35 € • 8 ch. 46-60 € • 1/2 pens. 21 €
www.chez.com/aubergedelarressingle

» ☎ 05 62 28 29 67
F. 1er nov.-Pâques.
Jusqu'à 20h30.
⛱ 🚗 ♿ ❄ 🐕 🚬

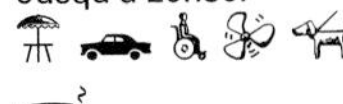

➲ à VALENCE SUR BAISE - 32310 : 9 km S. par D 930

🏠 La Ferme de Flaran

Près de la célèbre abbaye et de ses expositions artistiques, cette jolie maison XVIIe (qui en est d'ailleurs une ancienne dépendance) adopte un décor rustique qui lui va bien.
15 ch. 55-65 € • 1/2 pens. 55,50-60,50 € *www.fermedeflaran.com*

» Bagatelle, rte de Condom
☎ 05 62 28 58 22
📠 05 62 28 56 89
F. 1er fév.-6 mars et 28 oct.-6 nov.
🚗 🏊 🐕

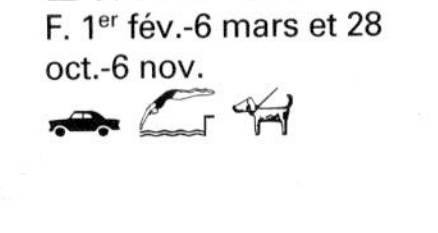

CONDRIEU - 69420 (27 C 3)

Lyon 41 - Vienne 13

[12] La Réclusière

C'est vrai, cette maison de maître, autrefois en ruines, a aujourd'hui fière allure, trônant au fond de son parc que longe la nationale. Pourtant, la cuisine tend à se replier sur elle-même, cachant sous des intitulés contemporains (filet de fera du lac Léman grillé au sésame et chou cœur de bœuf nouveau, épaule d'agneau irlandais confite au citron, ragoût de légumes printaniers, raviolis de cerises, cerises pochées au vin rouge et glace au fromage blanc) une technique pas toujours au goût du jour, des accompagnements redondants et des cuissons parfois trop poussées. Le service mériterait un peu de décontraction.
C : 45 € • M : 18-44 € *www.lareclusiere.free.fr*

» 14 rte Nationale
☎ 04 74 56 67 27
F. mardi, merc. à déj. et vac. scol. fév.
Jusqu'à 21h30.
⛱ 🚗 ♿ ❄ 🐕

CONNELLES - 27430 (6 C 3)

Les Andelys 13 - Rouen 39 - Evreux 30

🏠 Le Moulin de Connelles R

Escapade romantique dans un manoir anglo-normand isolé, avec un parc paysager traversé par un bras de Seine et des chambres au confort soigné. Salle de restaurant au-dessus de l'eau pour apprécier les valeurs sûres de la cassolette d'artichaut poireaux et moelle ou de la volaille fermière à la crème de cidre et camembert.
6 appart. 120-245 € • 7 ch. 125-245 € • 1/2 pens. 208-333 € • C : 55 € •
M : 33-56 € *www.moulindeconnelles.com*

» 40 rte d'Amfreville-sous-les-Monts
☎ 02 32 59 53 33
📠 02 32 59 21 83
F. dim. et lundi (h.s.).
🚗🔑 🏊 🐕

CONQUES EN ROUERGUE - 12320 (30 B 2)

Rodez 36 - Entraygues-sur-Truyère 21

[16] Moulin de Cambelong H

Cadre et ambiance

Au pied du village de Conques, sur les rives du Dourdou, le moulin d'Hervé Busset a été construit au XVIIIe siècle. Un endroit serein, en pleine verdure, sur la route de Saint Jacques de Compostelle. La succession de petits salons, aux tables bien espacées, ne manque pas de charme.

Cuisine

Hervé Busset, ancien Grand de Demain dans notre édition 2004, n'est pas

» Le Moulin
☎ 05 65 72 84 77
F. lundi (sf juil.-août), mardi-vend. à déj. (sf w.-e. et fériés) et Toussaint-Rameaux.
Jusqu'à 20h30.
🚗 🏊 🚬

homme à se reposer sur ses lauriers. Sa formule unique (un menu à 45 € proposant un choix de trois entrées, trois plats et trois desserts, plus le plateau de fromages) perdure, dans un esprit d'auberge des temps modernes que ce trentenaire aime défendre : cassolette de ris d'agneau, cèpes et jus au romarin, tournedos de canard au parfum d'épices douces, croustillant de gnocchis à la farine de maïs, biscuit au chocolat coulant guanaja et glace à la rose.

Cave

Encore en construction (la maison n'a que six ans), elle s'intéresse principalement aux vignobles locaux et aux grands noms en bordeaux et bourgogne.

Accueil et service

Désormais dirigée par Anne Guibert, en poste depuis mars, la salle vit au rythme de la cuisine : enjouée, plutôt dynamique, elle sait se faire discrète lorsque nécessaire.

M : 45€ • 10 ch. 100-170€ • 1/2 pens. 100-135€

www.moulindecambelong.com

Grand Hôtel Sainte-Foy

» Le Bourg
☎ 05 65 69 84 03
Fax 05 65 72 81 04
F. Toussaint-Pâques.

Face à l'abbaye (classée Patrimoine mondial) et au charme du village, on ne saurait tolérer un cadre banal : la maison tient merveilleusement son rang, belle demeure XVIIe arborant colombages et pierres comme autant d'éléments de décor au service d'un luxe élégant et feutré, meubles de style et tissus luxueux pour personnaliser avec délicatesse de belles chambres et de vastes suites. Ce cadre particulier guide les pas du chef vers une cuisine classique et raffinée, des spécialités à la truffe à l'escalope de foie gras sur polenta à la vanille, en passant par le sandre pané au sésame.

5 appart. 192-217€ • 12 ch. 105-199€ • 1/2 pens. 109-145€ • C : 47€ • M : 22-49€

www.hotelsaintefoy.fr

LE CONQUET - 29217 (13 A 3)

Brest 25 - Landerneau 52

La Pointe Sainte-Barbe R

» Pointe Sainte-Barbe
☎ 02 98 89 00 26
Fax 02 98 89 14 81
F. mi-nov.-mi-déc.

Un bâtiment moderne à l'architecture largement vitrée pour mieux profiter de la vue sur la mer d'Iroise. Le confort des chambres évolue au gré des rénovations. Cuisine elle aussi tournée vers la mer au restaurant, dans une large gamme de propositions classiques.

48 ch. 35,10-114€ • 1/2 pens. 49-88,50€ • C : 40€ • M : 18,80-80,50€

www.hotelpointesaintebarbe.com

CONTRES - 41700 (17 D 4)

Blois 22 - Romorantin 26

(12) La Botte d'Asperges

» 52 rue Pierre-Henri-Mauger
☎ 02 54 79 50 49
F. dim. à dîn., lundi, 1re quinz. janv. et 24-26 déc.
Jusqu'à 21h.

Une étape redevenue indispensable dans la traversée de la Sologne. Alexandra et Laurent Knapp lui ont rendu sa convivialité et surtout sa place en cuisine, grâce à un chef adroit qui suit son propre courant de pensée : fumaison de foie gras et chutney de pommes aux épices, pot-au-feu de langoustines et saumon, crémeux de volaille, tarte fine d'ananas et poudre de praline rose dans un menu à moins de 30 € qui fait voir du pays et le bon côté des casseroles.

C : 40€ • M : 15,50-28,50€

(11) Les Rois de France

» 37-39 rue Pierre-Henri-Mauger
☎ 02 54 79 50 14
F. dim. à dîn., lundi, mardi à déj. et fév.-1re sem. mars.
Jusqu'à 21h.

L'ancien relais de poste de Jean-Claude Métivier termine tranquillement sa mue : toutes les chambres viennent d'être refaites, les façades ont été rafraîchies et un court de tennis a vu le jour. Les assiettes ne sont en revanche pas concernées, mais qui se plaindrait d'avoir dans son carnet d'adresses une table où l'on sait encore préparer le brochet, le médaillon de lotte au Chinon et la tarte solognote au vieux marc de Loire ?

C : 60€ • M : 20-50€

www.lesroisdefrance.com

➲ à OISLY - 41700 : 6 km S.O. par D 675 et D 21

Le Saint-Vincent

» Le Bourg
☎ 02 54 79 50 04
F. lundi à dîn. (mi-sept.-mi-janv.), mardi, merc. et mi-déc.-mi-janv.
Jusqu'à 21h.

La seconde toque n'est pas venue toute seule pour Christophe Picard, mais ce chef passionné a su la confirmer et assurer sa solidité : chou-vert farci de brandade de morue et langoustines au piment d'Espelette, coulis de poivrons doux, cuisse de lapin confite à l'ail rose et curry madras, caponata aux olives noires et fricassée de calamars, muffin chocolat, poire et zestes d'agrumes, réduction de vin d'Oisly aux baies de Jamaïque. C'est net, souvent surprenant, toujours maîtrisé d'un rapport qualité prix presque imbattable.
C : 55 € • M : 24-55 €

CORBEIL ESSONNES ➤ PARIS-BANLIEUE

CORBES ➤ ANDUZE

CORBIGNY - 58800 (19 C 4)

Nevers 59 - Clamecy 28

Le Cépage

» 7 Grande-Rue
☎ 03 86 20 09 87
F. à dîn. dim. et merc. (sf juil.-août), jeudi (sf juil.-août), 15 fév.-8 mars et 22 déc.-3 janv.
Jusqu'à 22h30.

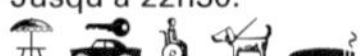

Le restaurant de l'Hôtel de l'Europe a une double obligation de résultats. Il doit séduire le local, sur des assiettes un peu travaillées, mais ne peut non plus décevoir le voyageur, en tant que leader du quartier, à la recherche des plus belles viandes du Nivernais. Pari tenu, donc, par Eric Conan, qui entre terroir et modernité, montre un beau savoir-faire appris notamment chez Meneau et Boyer.
C : 28,70 € • M : 35 € *www.bourgogne-restaurantmorvan.com*

CORDES SUR CIEL - 81170 (30 A 3)

Albi 27 - Villefranche-de-Rouergue 47

Le Grand Ecuyer

» Haut de la Cité
☎ 05 63 53 79 50
F. à déj. (sf dim. et réserv.), lundi, 1er janv-6 avril et mi-oct.-31 déc.
Jusqu'à 21h30.

➥ **Hôtel** : Le Grand Ecuyer
Yves Thuriès fait partie des mythes de la restauration française ; il compte parmi les cuisiniers qu'on écoute, qui ont de la personnalité, un vécu, des idées comme Bocuse ou Maximin. Cette maison au magnifique cadre médiéval demeure bien l'une des plus attachantes de la région et Yves Thuriès a su s'entourer avec intelligence en confiant voilà trois ans les clés de sa cuisine à Damien, son neveu. Ce dernier n'a pas été engagé pour simplement perpétuer les habitudes la maison et a remis au goût du jour la cuisine en trilogie, qui consiste, en une même assiette, à proposer trois recettes, trois produits et trois saveurs au lieu de les enchaîner dans un long menu dégustation. Idée enthousiasmante, comme sur l'assiette viandes et volailles, un médaillon de bœuf, champignons des bois et jus au poivre de Séchouan, un pigeon cuit vapeur, risotto mousseux aux truffes noires et une noisette d'agneau rôtie au sautoir, riz soufflé au cacao et parfum de vanille. Carte des vins encyclopédique et commentée avec talent par Guy Carrière.
C : 77 € • M : 59-73 € *www.thuries.fr*

Le Grand Ecuyer

» Haut de la Cité
☎ 05 63 53 79 50
📠 05 63 53 79 51
F. 1er janv-6 avril et mi-oct.-31 déc.

➥ **Restaurant** : 14/20 Le Grand Ecuyer
Dans le cadre somptueux d'une ancienne résidence de chasse des Comtes de Toulouse, au coeur de la cité médiévale, l'hôtel propose une atmosphère précieuse et un voyage dans le temps, avec ses pierres et ses boiseries, mais aussi ses meubles d'époque et ses touches médiévales omniprésentes.
1 appart. 230 € • 12 ch. 90-155 € • 1/2 pens. 115-130 € *www.thuries.fr*

CORDON - 74700 (28 C 2)

Annecy 83 - Megève 17

 Les Roches Fleuries 

» Rte de la Scie
☎ 04 50 58 06 71
Fax 04 50 47 82 30
F. mi-avril-mi-mai et 25 sept.-15 déc.

La douceur rustique d'un chalet de montagne se marie ici fort bien avec les exigences élevées d'un hôtel de luxe pour créer un lieu de vacances serein et accueillant. Chambres personnalisées, aux jolis meubles savoyards authentiques. Le restaurant a passé la surmultipliée avec l'arrivée, de chez Marc Meneau, de Vincent David, qui prend pour l'instant sagement ses marques : turbot en cocotte jus au thym légumes au beurre salé, déclinaison de lapin au jus de girolle, croustillant de chocolat au parfum d'orange.
5 appart. 205-315 € • 20 ch. 125-185 € • 1/2 pens. 100-150 € • C : 57 € • M : 29-67 €

www.rochesfleuries.com

 Le Chamois d'Or

» 4080 rte de Cordon
☎ 04 50 58 05 16
Fax 04 50 93 72 96
F. déb. avril-1er juin et mi-sept.-mi-déc.

Le grand chalet pointe ses balcons sculptés (envahis de géraniums aux beaux jours) et sa façade largement boisée vers un paysage de rêve, les Aravis et la chaîne du Mont Blanc. A l'intérieur, des tissus d'ameublement signés Pierre Frey complètent et allègent la touche montagnarde des boiseries, dans des chambres personnalisées et largement ouvertes sur le panorama de la vallée.
2 appart. 170-250 € • 26 ch. 85-180 € • 1/2 pens. 80-140 €

www.hotel-chamoisdor.com

CORENC ➤ GRENOBLE

CORMEILLES - 27260 (6 A 3)

 Gourmandises ♥ DÉCOUVERTE

» 29 rue de l'Abbaye
☎ 02 32 42 10 96
F. janv. et fév.
Jusqu'à 22h30.

Combien de découvertes comme celles ci un enquêteur a-t-il une chance de faire dans une année ? Deux, trois ? Jamais plus. Pourtant, Bernard Vaxelaire n'est ni un débutant, ni un inconnu puisqu'il officia pendant près de vingt années à la Braisière, dans le 17e arrondissement parisien. Nous l'avons retrouvé presque par hasard dans ce bourg de Haute Normandie, au milieu de nulle part. Un enterrement en grande pompe, un baroud d'honneur ? Rien de tout cela tant l'homme est malin. Le poissonnier juste en face ? Un ami, qui va tous les matins quérir la pêche à Trouville et la lui rapporte sur un plateau. Les petits producteurs locaux ? Il les connaît tous, il avait une maison de campagne tout près. La clientèle ? Pas de souci, de nombreux Parisiens viennent passer leurs week-ends prolongés dans les parages et la concurrence n'est pas franchement sévère. Résultat ? Une maison extraordinairement sympathique, la quintessence de la cuisine ménagère à tendance chic dans l'assiette : salade d'oreilles de cochon, rouelles de lapin au fenouil, rognon de veau à la lie de vin, clafoutis aux mirabelles... et une cave courte mais passionnante. Un vrai coup de coeur.
C : 32 €

CORMEILLE EN VEXIN
➤ CERGY PONTOISE, PARIS BANLIEUE

CORNAS ➤ VALENCE

CORPEAU ➤ BEAUNE

CORPS - 38970 (28 B 5)

Gap 39 - La Mure 25

[13] Hôtel Restaurant de la Poste

» Pl de la Mairie, rte Napoléon
☎ 04 76 30 00 03
F. 3 janv.-12 fév.
Jusqu'à 21h30.
⛱ 🚗 ♿ 🐕 🚬

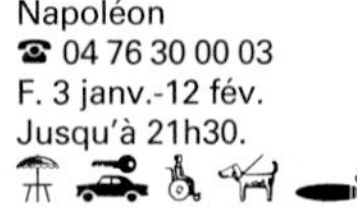

➡ **Hôtel :** 🏨 Hôtel de la Poste

Nombreuses sont les bonnes maisons à jalonner cette Nationale 85 que Napoléon Ier emprunta voilà 190 ans lors de son retour de l'île d'Elbe. Gilbert Delas, depuis 35 ans aux fourneaux de cet ancien relais de poste qui n'accusait qu'une cinquantaine d'années lors du séjour de l'Empereur, a choisi de travailler les spécialités dauphinoises (tourte montagnarde, gigot d'agneau des alpes et gratin dauphinois) et d'y associer les classiques, coquilles saint jacques aux morilles, foie gras de canard aux oignons confits, fondant au chocolat flambé au Grand Marnier.

C : 35 € • M : 19,50-39 € *www.hotel-restaurant-delas.com*

🏨 Hôtel de la Poste

» Pl de la Mairie, rte Napoléon
☎ 04 76 30 00 03
📠 04 76 30 02 73
F. 3 janv.-12 fév.
🚗 ♿ 🐕

➡ **Restaurant** : 13/20 Hôtel Restaurant de la Poste

Etape traditionnelle et réputée sur la Route Napoléon, la Poste fait ce qu'il faut pour le rester et peaufine année après année son cadre à l'élégance stylée, avec mobilier et tableaux d'époque, tissus tendus et fleurs fraîches dans des chambres de bon confort.

18 ch. 38,50-70 € • 1/2 pens. 50-70 € *www.hotel-restaurant-delas.com*

CORRENÇON EN VERCORS ➤ VILLARD DE LANS

CORRENS - 83570 (34 A 5)

Brignoles 14 - Barjols 14 - Carcès 11

[11] Auberge du Parc

» Pl du Gén-de-Gaulle
☎ 04 94 59 53 52
F. mardi, merc., 3 sem. nov. et 2 sem. fév.
Jusqu'à 21h30.
⛱ 🚗 ❄ 🌊 🐕 🚬

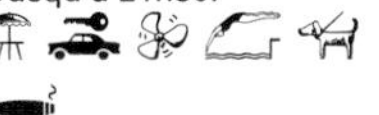

Derrière la porte de cette maison de village, un ravissant jardin pour savourer les parfums provençaux. Une atmosphère de table d'hôtes se répand dans la sympathie, un menu unique, qui peut s'enrichir d'un peu de foie gras, dans une confection honnête autour, par exemple d'une bonne épaule d'agneau confite aux légumes. A la cave, les vins du coin, et notamment le bio produit par le maire du village.

M : 32-45 € *www.aubergeduparc.fr*

CORSE

AFA ➤ AJACCIO

AJACCIO - 20000 (35 B 4)

Bastia 151 - Corte 81

[12] U Pampasgiolu

» 15 rue de la Porta
☎ 04 95 50 71 52
F. à déj. et dim.
Jusqu'à 22h30.
⛱ ❄ 🐕

Du typique en plein centre qui motive les touristes et attire aussi les locaux, plutôt contents de voir que leur teroir est bien défendu. Les planches, très complètes, montrent une excellente charcuterie, et les plats véritablement cuisinés ont du parfum et de la générosité. Dans un décor travaillé, ouvert, enthousiasmant et avec un service qui court avec le sourire.

C : 32 € • M : 24-26 €

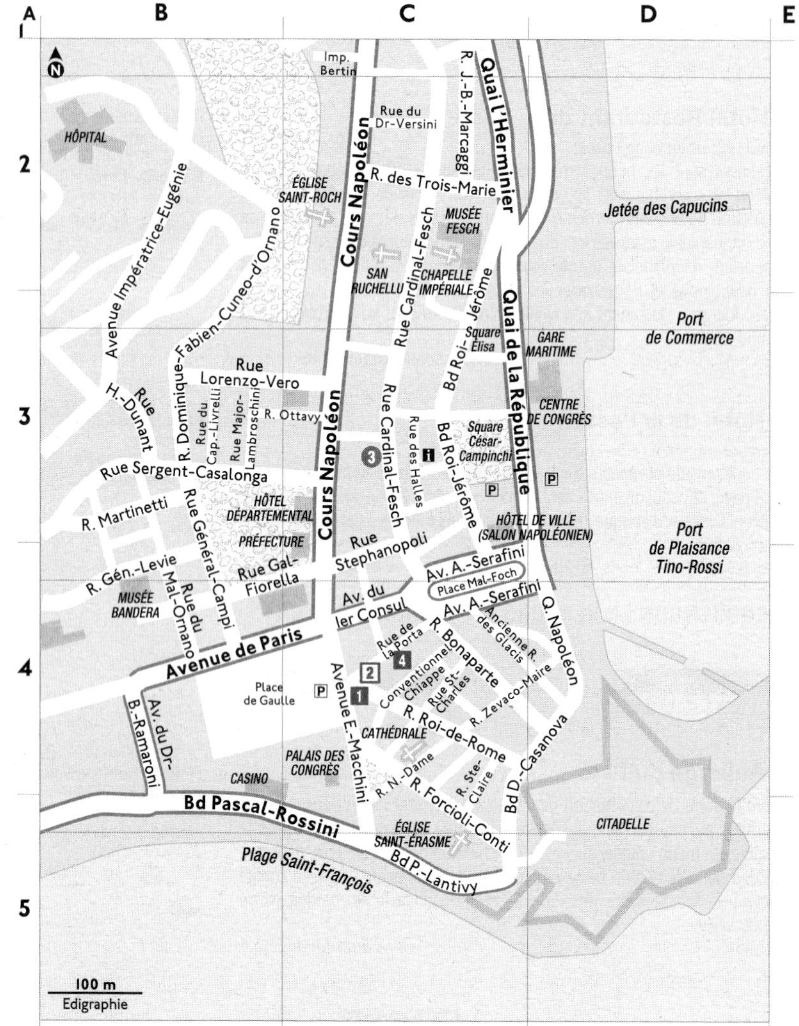

■ **Restaurant**
[1] 20123 (Le) **C-4**
[2] Estaminet (L') **C-4**

● **Hôtel**
[3] Fesch **C-3**
[4] U Pampasgiolu **C-4**

☐ **Table en vue**

[12] Le 20123

» Rue du Roi-de-Rome
☎ 04 95 21 50 05
F. lundi et mi-janv.-mi-mars.
Jusqu'à 23h.

Pas besoin de courir derrière les cochons dans la montagne : la Corse véridique et racontée avec gouaille et entrain descend jusqu'à la mer, dans cette salle charmante qui pousse l'authenticité dans ses derniers retranchements. La famille Habani produit une cuisine aux fortes racines, avec l'agneau, le veau en tianu, les tripettes, tous produits bien sûr originaires de l'île. Petite terrasse prise d'assaut en été. Réservez très à l'avance pour le premier ou le second service.
M : 28 €

L'Estaminet

Situation en or près de l'agitation centrale, aspect modeste contredit par la qualité des viandes, au point de cuisson respecté.
C : 35 € • M : 18,50-25 €

» 5-7 rue Roi-de-Rome
☎ 04 95 50 10 42
F. sam. à déj., dim. à déj. et mardi.
Jusqu'à 23h.

Fesch

Un cadre rustique et des chambres au beau mobilier pour une étape en centre-ville.
77 ch. 55-86 € www.hotel-fesch.com

» 7 rue Cardinal-Fesch
☎ 04 95 51 62 62
Fax 04 95 21 83 36
F. 15 déc - 20 janv.

à AFA - 20167 : 12 km N. sur D 161

(12) L'Auberge d'Afa

La maison d'Alain Maladet n'a peut-être qu'un seul défaut : ne pas sembler authentiquement corse. Sur une île où, pour beaucoup, un cadre soi-disant régional devient une carte maîtresse, ce décor passe-partout, qu'on pourrait tout aussi bien rencontrer à Bourg en Bresse ou à Cholet, n'est pas un atout. La carte ne se démarque pas non plus dans ses intitulés et ce sont les produits, très bien choisis, et la technique du chef qui font la différence : chèvre frais en salade de tomates au basilic et pignons grillés, daurade fourrée à la tapenade coulis de basilic, profiteroles à la vanille sauce chocolat caraïbe. Service dévoué.
C : 38 € • M : 20-30 €

» ☎ 04 95 22 92 27
F. lundi (sf août).
Jusqu'à 22h.

à CUTTOLI CORTICCHIATO - 20167 : 18 km N.E.

(14) A Casetta

Le décor est rustique, l'accès commode avec un GPS, ou plus sûrement avec un Ajaccien de souche. Car tous les locaux vous mèneront vers ce repaire de tradition gourmande, qui va plus loin que son terroir par une cuisine réellement construite, sur les bases corses bien sûr. Florent Mathis a l'expérience et le savoir-faire, et si les basiques sont recommandables (charcuteries, omelette bruccio menthe, civet de sanglier), c'est dans les compositions et les plats en sauce que l'on voit l'artisan, qui met du bon goût sur les calamars à la provençale, le filet de porcelet rôti aux pommes et châtaignes sauce au miel ou au parmentier de frisure d'agneau aux champignons. Une impeccable cave corse suit le parcours, précise et pas chère (Arena, Gioielli, Orenga di Gaffory, Capitoro…).
C : 60 € • M : 40-55 € www.acasetta.com

» Plaine du Cuttoli
☎ 04 95 25 66 59
F. lundi à déj., mardi à déj. (juil.), merc. à déj., jeudi à déj. (août), dim. à dîn. et lundi (h.s.).
Jusqu'à 22h30.

à MEZZAVIA - 20000 : 6 km N. par N 194

Chez Maïsetti

Dans la banlieue ajaccienne, de bons cannellonis et les meilleures spécialités de l'île (beignets de courgettes, omelette au brocciu, sanglier aux cèpes) dans une ambiance sincèrement corse.
C : 35 € • M : 20 €

» A Baleone
☎ 04 95 22 37 19
F. dim.
Jusqu'à 22h.

à PERI - 20167 : 22 km N.E. par N 194 et D 229

(13) Auberge Chez Séraphin

Il faut compter une bonne demie heure depuis Ajaccio avant de dénicher cette charmante maison dans les collines, mais quelle récompense : une fabuleuse terrasse sur les collines et des assiettes corses en diable, beignets de fleurs de courgettes, agneau grillé à la plancha, tarte aux fruits.
M : 39 €

» Usciatellu village
☎ 04 95 25 68 94
F. lundi-vend. (déc.-été), lundi, mardi à déj., merc. et fin sept.-mi-déc.
Jusqu'à 21h.

BASTIA - 20200 (35 D 2)

Ajaccio 151 - Corte 70

(12) La Citadelle

» 6 rue du Dragon
☎ 04 95 31 44 70
F. dim. à dîn., lundi et 10 janv.-fin fév.
Jusqu'à 22h.

Les Mattéi sont partis et ont été remplacés par Maurice Bovo, nouveau propriétaire (ayant longtemps officié plus au nord dans le Cap) et son chef, Gilles Maza. La maison n'a pratiquement pas changé, jouant de ses charmes un peu surannés (une déco plutôt soignée mais une salle assez sombre, toujours le puits, au centre de la salle à manger, autour duquel sont disposés les alcools) pour attirer une clientèle touristique qui a bien du mal à monter jusqu'au sommet de cette citadelle (c'est qui est regrettable, le quartier valant vraiment le détour). Classicisme assumé en cuisine, avec une préférence pour les poissons (tarte de lotte sur brandade de morue, carré d'agneau sauce torra et miel, roulés de magret au foie gras sauce morilles).

C : 46 € • M : 33 €

www.restaurantlacitadelle.com

(12) La Table du Marché Saint-Jean

» Pl du Marché
☎ 04 95 31 64 25
F. dim.
Jusqu'à 22h30.

La maison se veut plutôt chic et profite de surcroît d'un emplacement rêvé, à deux brassées du Vieux Port, sur une place joliment aménagée. Les produits de la mer jouent les vedettes, les poissons grillés ou pochés, au poids, valant le plus souvent la toque mais la satisfaction n'est pas toujours la même sur les plats plus élaborés, osso buco de lotte, oignons et céleris frits ou escalope de saumon à l'oseille. Service plein d'allant.

C : 45 € • M : 24 €

(11) Caveau du Marin

» Quai des Martyrs-de-la-Libération, Vieux-Port
☎ 04 95 31 62 31
F. lundi, mardi à dîn. (h.s.), sam. à déj., dim. à déj., lundi à déj. (saison) et janv.
Jusqu'à 22h30.

L'ancien cabaret ne manque pas d'atouts : une agréable terrasse, une salle à manger soignée et une carte bien troussée se spécialisant dans la pêche du jour, le plus souvent bien mise en scène dans l'assiette : cuissons précises, goûts nets, sans surcharge. Le service, que nous disions en surchauffe l'an dernier, avait progressé lors de notre dernier passage.

C : 40 € • M : 24 €

à SAN MARTINO DI LOTA - 20200 : 12 km N. par D 80 et D 81

(14) La Corniche

» San-Martino-di-Lota
☎ 04 95 31 40 98
F. lundi, mardi à déj. et janv.
Jusqu'à 22h.

La flamme n'est pas près de s'éteindre dans l'auberge créée il y a soixante-dix ans par les grands-parents Anziani et qui faisait alors épicerie et boulangerie. C'est aujourd'hui un bel hôtel, une table justement réputée, mais qui n'a heureusement pas perdu ses racines. L'âme corse et la tradition familiale flottent donc généreusement dans les assiettes, avec la soupe aux haricots, les raviolis au brocciu et jus de volaille, l'agneau de lait rôti, jus au romarin et petits farcis. L'atmosphère est un peu plus collet-monté que jadis, mais les tarifs restent abordables et la cave met logiquement les vignerons du Cap et les patrimonio (des meilleurs), à l'honneur.

C : 35 € • M : 26-46 €

www.hotel-lacorniche.com

Les fermetures hebdomadaires et annuelles
sont celles que les restaurateurs et les hôteliers pensent pratiquer en 2006.
Pour éviter des déplacements inutiles, téléphonez pour confirmer.

BOCOGNANO - 20136 (35 C 4)

Ajaccio 40 - Corte 43

L'Ustaria

» ☎ 04 95 27 41 10
F. merc.(15 sept.-15 juin), 15 oct.-3 nov. et 15 fév.-15 mars.
Jusqu'à 21h30.

Ne traversez pas trop vite ce village de montagne entre Ajaccio et Bastia. car l'arrêt-buffet corse que vous cherchez est là, dans cette auberge familiale qui accueille le local comme le touriste depuis près d'un siècle. La carte est un véritable cours de cuisine corse, l'exposé est didactique, et l'assiette bien éduquée : storzapreti à la bastiaise, belles charcuteries (venez en hiver et au printemps pour les figatellis), sanglier ou cabri en saison.
M : 16-39,50 €

BONIFACIO - 20169 (35 C 6)

Ajaccio 137 - Bastia 170 - Porto-Vecchio 27

Le Voilier

» Quai Comparetti
☎ 04 95 73 07 06
F. janv., fév. et mi-mars.
Jusqu'à 22h.

L'institution de l'extrême Sud, au pied de la Citadelle, coule des jours heureux sous la férule de Jean-Paul Bartoli, cuisinier autodidacte. Après une carrière de directeur d'hôtel, il a regagné son île au tournant de la cinquantaine et s'amuse désormais en cuisine avec des spécialités méditerranéennes gorgées de soleil (fleurs de courgettes farcies de chapon et jus émulsionné au pistou, pavé de denti, jus et garniture d'araignée, salle d'agneau aux arômes d'ail confit, tomate et thym). Très belle terrasse sur le port.
C : 45 € • M : 25 €

(12) l'Archivolto

» 2 rue Archivolto
☎ 04 95 73 17 58
F. à déj. (juil.-mi-oct.), dim. (15 oct.-30 juin) et mi-oct.-mi-avril.
Jusqu'à 23h.

L'Archivolto, en pleine saison, c'est l'archivoltage, une ambiance électrique et le plein d'énergie, pour des touristes heureux de se retrouver en si bonne compagnie, avec la charcuterie, le sauté de veau, et la formidable tomme corse. Delphine et Henri Salvadori, frère et sœur, donnent le ton, et la saveur, mise en onde avec application par un chef différent à chaque nouvelle saison.
C : 25 €

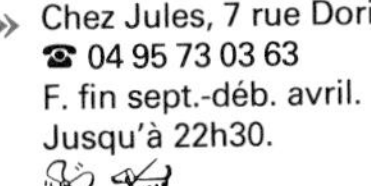

(11) Stella d'Oro

» Chez Jules, 7 rue Doria
☎ 04 95 73 03 63
F. fin sept.-déb. avril.
Jusqu'à 22h30.

Pas l'ombre d'une modernité dans cette échoppe rustique d'une des rues les plus animées, en haut de la cité. C'est le charme corse qui fait verser dans l'authentique sans restriction, décor de toujours entretenu sans effort et cuisine familiale réalisée avec une évidente sincérité.
C : 50 € • M : 22 € *www.bonifacio.com/stella.oro/*

La Tonnara

» BP 21, Tonnara-Plage
☎ 04 95 73 02 24
F. 1er janv.-30 mars et 1er oct.-31 déc.

Un cadre coup de coeur les pieds dans l'eau et les spécialités de poissons en toute simplicité (sauf côté tarifs), grillés, en soupe ou en bouillabaisse.
M : 54-96 €

A Cheda

» Cavallo Morto, BP 3
☎ 04 95 73 02 83
Fax 04 95 73 17 72
Ouv. 7j/7.

Un petit hôtel paisible qui joue avec élégance de matières chaleureuses pour composer des chambres personnalisées, couleurs chaleureuses et de jolis détails, comme les morceaux d'arbres échoués utilisés comme objets de déco.
15 ch. 59-299 € • 1/2 pens. 43 € *www.acheda-hotel.com*

Marina di Cavu R

L'accès n'est pas très aisé, mais c'est le prix de l'isolement, de la beauté sauvage des lieux, d'une tranquillité souveraine dans cette belle maison méditerranéenne construite à même la roche dans un parc de six hectares. Chambres de parfaite détente donnant sur la mer et les îles Lavezzi, patios et jardins fleuris. Cuisine d'aujourd'hui (cappuccino de homard, lasagne d'araignée, ravioles d'ananas) utilisant les légumes du potager.
5 appart. 170-620 € • 4 ch. 100-350 € • 1/2 pens. 134-750 € • C : 63 € • M : 48 €
www.marinadicavu.com

» Rte de Calalonga
☎ 04 95 73 14 13
📠 04 95 73 04 82
Ouv. 7j/7.

CAGNANO ➤ LURI

CALVI - 20260 (35 B 2)

Bastia 95 - L'Ile-Rousse 24

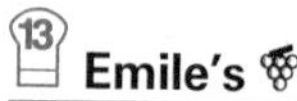

[13] Emile's

Une des terrasses les plus appréciées du port où les restaurants jouent des coudes devant les badauds, avec un nombre de places limité. Emile's a su trouver son créneau, du haut de gamme qui ne joue pas dans la même cour que les pizzérias, du poisson noble, du confort et des prix qui situent l'ambition. Une carte construite sans régionalisme outrancier, sur une mode actuelle et distinguée.
C : 90 € • M : 30-120 €
www.restaurant-emiles.com

» Quai Landry
☎ 04 95 65 09 60
F. lundi, mardi (h.s.) et 15 oct.-15 fév.
Jusqu'à 23h.

[12] L'Abri Côtier

Ancien trader en bourse, le nouveau propriétaire a dû flairer la bonne affaire en rachetant cette enseigne bien connue des quais. L'endroit cumule les atouts, un emplacement stratégique tout d'abord, au pied des ruelles commerçantes et surtout une salle panoramique à l'étage depuis laquelle la vue sur le port est imprenable. Mais Laurent Saintenoy et son chef, Manuel Levert, n'ont pas seulement fait un placement, ils ont redonné un petit coup de jeune à une cuisine qui nous avait un peu déçus l'an passé. Les produits sont mieux traités, les assiettes moins chichiteuses, et comme le service s'est maintenu, l'adresse vaut à nouveau vraiment le détour.
C : 35 € • M : 20,50-35 €
www.abri-cotier-calvi.com

» Quai Landry
☎ 04 95 65 12 76
F. 15 nov.-15 mars.
Jusqu'à 22h30.

➤ Chez Fifi

Créé par un patron pêcheur dans les années 50 au cour de Calvi, sur la place du marché, une cuisine aussi simple que rafraîchissante, des poissons achetés au Jean César, l'un des bateaux de pêche calvais, et les incontournables (rôti de veau au figatelli, carpaccio de lonzo).
C : 24 € • M : 14-20 €
mercatu@wanadoo.fr

» Pl du Marché
☎ 04 95 65 39 16
F. lundi et 15 fév.-15 mars.
Jusqu'à 22h30.

➤ U Fornu

Dans l'ancien four à pain du village, une table familiale attachante qui ne se limite pas au folklore îlien, mais propose une vraie cuisine d'inspiration ménagère et régionale : araignée de mer farcie, soupe corse, agneau du pays, renforcés par les propositions du jour à l'ardoise.
C : 30 € • M : 16 €

» Impasse Bertoni
☎ 04 95 65 27 60
F. dim. à déj. et janv.-mars.
Jusqu'à 22h30.

Dans chaque ville, les établissements sont classés par note décroissante, restaurants d'abord, hôtels ensuite.

•

Certaines communes sont rattachées à l'agglomération la plus proche.

La Signoria

Une délicieuse hacienda corse en pleine nature, à cinq minutes de la citadelle, cachée dans les bois. Jean-Baptiste Ceccaldi est un cultivateur de privilèges et de luxes quotidiens : la sérénité des lieux, le charme des chambres, méditerranéennes, lumineuses, sans clinquant, les fabuleux couchers de soleil et la plage privée où l'on peut, au déjeuner, manger des poissons grillés avec un rosé de l'île. Avec une qualité de service peu commune dans l'île. Le restaurant détient les mêmes charmes, et offre une qualité aux parfums rares, sur la très belle terrasse ouvrant sur la nature.

3 appart. 160-380 € • 24 ch. 160-450 € • 1/2 pens. 77 € • M : 55-90 €

www.auberge-relais-lasignoria.com

» Rte de la Forêt-de-Bonifato
☎ 04 95 65 93 00
04 95 65 38 77
F. 1er nov.-8 avril.

La Villa

Au-dessus de la ville et au-dessus du lot, cette Villa se fait merveilleusement accueillante, avec un cadre moderne au luxe élégant et discret, qui se niche dans la qualité de chaque détail et le niveau des prestations. Au restaurant, Christophe Bacquie délaisse lui aussi le tape-à-l'œil pour privilégier des produits de haut niveau dans des propositions sobres et sans défaut : penne rigate en risotto, quasi de veau de Corse ravioles aux girolles, tartelette de rhubarbe granité au muscat du Cap Corse.

23 appart. 400-850 € • 29 ch. 230-500 € • C : 110 € • M : 80 €

lavilla@relaischateaux.com

» Chemin de Notre-Dame-de-Serra
☎ 04 95 65 10 10
04 95 65 10 50
F. 1er janv.-31 mars et 1er nov.-31 déc.

à LUMIO - 20260 : 10 km E. par N 197

12 Chez Charles

Entre Calvi et Ile-Rousse, une table contemoraine où l'on ne peut guère se permettre d'impair avec le touriste exigeant. La carte suit donc assidûment les envies de luxe tel que l'imaginent les vacanciers : gambas, foie gras - astucieusement décliné en pain perdu avec morilles et pancetta - loup au chorizo, brochette de saumon et veau en émincé avec un tian de légumes provençaux. La réalisation est plutôt méritante et les tarifs pas trop élevés, même si on se pousse un peu du col. Le service est en revanche gentil et souple, la cave excellente sur les patrimonios (Catarelli, Leccia, Orenga di Gaffory et sa cuvée des Gouverneurs, et bien sûr Arena) et assez riche ailleurs.

C : 45 € • M : 23-42 €

www.hotel-chezcharles.com

» Rte de Calvi
☎ 04 95 60 61 71
F. lundi (sf à déj. mai-sept.), à déj. mardi et merc. (fin mars-déb. mai) et fin nov.
Jusqu'à 22h.

CAMPANA ➤ PIEDICROCE

CERVIONE - 20221 (35 D 3)

Bastia 51 - Porto-Vecchio 101

10 Aux Trois Fourchettes

Un coin de ciel corse aménagé dans l'ancienne crypte de la cathédrale, bénie par le Seigneur et par tous les convives qui communient avec cette veine ménagère façon corse, dans un menu du jour simple et généreux, de charcuterie, de porc grillé, de haricots blancs sauce tomate délicieux. Pour le tourisme, on trouve bien sûr les cannellonis au brocciu et le civet de sanglier en saison. Agréable terrasse au cœur de ce village préservé au-dessus de la côte.

C : 13 € • M : 13-19 €

auxtroisfourchettes@wanadoo.fr

» Pl de l'Eglise
☎ 04 95 38 14 86
Ouv. 7j/7.
Jusqu'à 22h.

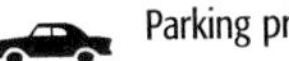 Parking privé.

 Parking fermé.

 Voiturier.

➲ à MORIANI PLAGE - 20230 : 11 km N.

(11) U Lampione

Quittez l'axe principal de la côte Est pour vous éloigner de la mer moins d'un kilomètre : cette petite auberge de famille vous tend les bras et l'ardoise, avec ses plats du moment, sous influences du maquis.
M : 18-25 €

» Rte de Timone
☎ 04 95 59 08 87
F. dim. (hiver).
Jusqu'à 23h.

CUTTOLI CORTICCHIATO ➤ AJACCIO

ERBALUNGA - 20222 (35 D 2)

Bastia 10 - Corte 80

(14) Le Pirate

Le commandant (Jean-Pierre Ricci, propriétaire depuis 1995 de cette table mythique du cap Corse) s'est séparé en octobre 2004 de son second et chef, Robert Rodriguez, en charge des cuisines pendant plusieurs années et parti depuis s'installer à Carcassonne. Pas de mutinerie heureusement, le restant de l'équipage souquant toujours ferme dans le sillage de Jerry Monmessin, ancien aspirant portant désormais les galons de chef. Le ticket d'entrée pour cette belle croisière (soupe de poissons de roches, petits pains toastés à l'ail et rouille, filet de corb clouté au romarin, pomme de terre écrasée au safran, beurre rouge, épigramme de veau bio corse, épaule confite aux échalotes et quasi en croûte, mille-feuille croustillant au praliné, marrons glacés coulis cacao et fruits rouges) a eu la bonne idée d'être largement revu à la baisse (-40 % à la carte !) pour une qualité qui, jusqu'à présent, est demeurée identique.
C : 60 € • M : 35-55 € *www.restaurantlepirate.com*

» Erbalunga-le-Port
☎ 04 95 33 24 20
F. lundi (sf à dîn. mi-juin-mi-sept.), mardi à déj., merc. à déj. (mi-juin-mi-sept.) et janv.-fév.
Jusqu'à 22h.

Hôtel Demeure Castel Brando

Typique de l'architecture propre aux maisons dites "d'Américains" dans le Cap Corse, cette bâtisse du XIXe voisine avec trois villas du même style. Délicieux patio pour les petits-déjeuners, palmeraie centenaire dans le parc et un nouveau hammam, une seconde piscine et un jacuzzi depuis cette année.
6 appart. 107-160 € • 39 ch. 69-134 € *www.castelbrando.com*

» Erbalunga
☎ 04 95 30 10 30
📠 04 95 33 98 18
Ouv. 7j/7.

EVISA - 20126 (35 B 3)

Ajaccio 72 - Calvi 96 - Piana 33 - Porto 23

L'Aïtone R

Le niveau de confort varie entre la partie ancienne (rénovée cette année) et la partie moderne, mais tout le monde apprécie le sens de l'accueil de Toussaint Ceccaldi, la vue sur le golfe de Porto, ainsi que la qualité de la cuisine corse, chaleureuse et soignée : tarte au broccio, civet de sanglier et polenta, fromages corses.
32 ch. 32-100 € • 1/2 pens. 41-80 € • C : 25 € • M : 16-20 €

» Toussaint-Ceccaldi
☎ 04 95 26 20 04
📠 04 95 26 24 18
F. déc. et janv.

L'ILE ROUSSE - 20220 (35 B 2)

Bastia 68 - Calvi 24

La Bergerie

Monticello, village d'adoption de Jacques Dutronc et de... Mounir Baarab, chef depuis 1982 dans cette ancienne bergerie aménagée en auberge, entre la côte et le village. Poissons grillés, darne de mérou aux câpres, gambas grillées ou pâtes aux oursins parmi les spécialités.
C : 35 € *labergerie-corse@wanadoo.fr*

» Rte de Monticello
☎ 04 95 60 01 28
F. lundi (sf férié et saison) et 1er nov.-1er avril.
Jusqu'à 21h30.

LORETO DI CASINCA ➤ VESCOVATO

LUMIO ➤ CALVI

LURI - 20228 (35 C 1)

Bastia 32 - Centuri-Port 30 - Porticciolo 8

➲ à CAGNANO - 20228 : 8 km S. par D 180, D 80 et D 132

12 Torra Marina

» Marine de Cagnano
☎ 04 95 35 00 80
F. oct.-mars.
Jusqu'à 22h.

En Corse, il faut savoir sortir des sentiers battus pour dénicher les meilleures adresses. Cette maison familiale donnant sur la mer travaille essentiellement la pêche locale (les rougets, les langoustines et langoustes du Cap Corse) présentée dans sa plus simple expression.

C : 37 € • M : 20-22 € *mattei9746@aol.com*

MEZZAVIA ➤ AJACCIO

MORIANI PLAGE ➤ CERVIONE

MURZU ➤ VICO

OTA ➤ PORTO

PATRIMONIO ➤ SAINT FLORENT

PERI ➤ AJACCIO

PIEDICROCE - 20229 (35 D 3)

Bastia 56 - Corte 54

➲ à CAMPANA - 20229 : 4 km N.O. sur D 71

12 Sant'Andria

» ☎ 04 95 35 82 26
F. dim. à dîn. et déb. oct.-fin avril.
Jusqu'à 22h.
⛱ 🐕

Corse profonde, privilège de l'authentique : nul ne peut arriver à Sant'Andria par hasard, en cherchant ses jouets de plage. Vous êtes au cœur de la Castagniccia, refuge des adorateurs de l'île, ceux qui en apprécient le calme, la sérénité, la fraîcheur des châtaigniers, les cannellonis au brocciu et le veau mijoté à l'ancienne. La petite terrasse est ravissante, la table loyale, même si elle se donne l'air le plus typique possible, et le menu à 20 € cinq assiettes transforme la randonnée en partie de plaisir.

M : 16-20 €

PIOBETTA - 20234 (35 D 3)

Bastia 72 - Piedicroce 19 - Cervione 17

12 Auberge des Deux Vallées

» Col d'Arcarotta
☎ 04 95 35 91 20
F. lundi et oct.-fin avril.
Jusqu'à 22h.
⛱ 🚗 ♿ 🐕

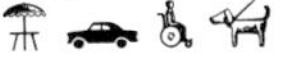

Avec sa terrasse récemment rénovée, ce chalet de montagne en pleine forêt de châtaigniers est tellement attirant qu'il semble impossible de franchir le col d'Arcarotta sans s'y arrêter même pour y boire simplement une Orezza. Le menu à 15 ¤ est d'une parfaite probité, charcuterie corse, côte de porc et buglidicce (beignets au fromage frais), gâteau Castagniccia.

C : 32 € • M : 15-25 € *vdvincenti@aol.com*

PORTICCIO - 20166 (35 B 5)

Ajaccio 18 - Sartène 68

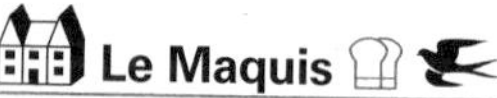

Le Maquis

» Bd Rive-Sud
☎ 04 95 25 05 55
04 95 25 11 70
F. 2 janv.-11 fév.

Une adresse précieuse et hors du temps, hors de toute agitation, dans un décor luxueux, mais pas seulement… La vue omniprésente sur la mer, les larges poutres au plafond et les recoins arborés ménagés par l'architecture à plusieurs niveaux créent une atmosphère bien particulière. Le restaurant défend de belles valeurs traditionnelles, dans le service en grande tenue comme dans la cuisine, à savourer face à la mer et dans de discrets accents régionaux : excellent agneau, vin de myrte et noisette sur le pigeonneau et poissons de la pêche locale.
6 appart. 155-550 € • 19 ch. 300-1200 € • C : 75 € • M : 60 €

www.lemaquis.com

PORTO - 20150 (35 A 3)

Ajaccio 83 - Calvi 75 - Evisa 23

Les Flots Bleus

» Marine de Porto
☎ 04 95 26 11 26
04 95 26 12 64
F. 15 oct.-10 avril.

Le décor peut paraître gentiment rétro, mais qu'importe : les chambres sont confortables et bien tenues et la situation face à la mer sur le magnifique golfe de Porto fait de chaque terrasse un petit paradis sur terre.
28 ch. 54-99 €

www.hotel-lesflotsbleus.com

à OTA - 20150 : 6 km E. sur D 124

(10) Chez Félix

» Capo Sottano
☎ 04 95 26 12 92
Ouv. 7j/7.

A quelques kilomètres de Porto, dans le cadre d'un village authentique à l'entrée de la Spelunca, une table d'une totale sympathie, une gastronomie corse sans fard, de belles assiettes, débordantes de générosité et de bonne humeur.
M : 20 €

PORTO VECCHIO - 20137 (35 C 6)

Ajaccio 146 - Bonifacio 27 - Sartène 62

(17) Casadelmar

» Rte de Palombaggia
☎ 04 95 72 34 34
F. 1er janv.-6 avril et 12 nov.-31 déc.
Jusqu'à 22h30.

➥ **Hôtel :** Casadelmar

Cadre et ambiance

Ouvert depuis mai 2004 sur le site d'un ancien hôtel alors abandonné, ce splendide vaisseau moderne est un bijou de très grand standing, une rareté sur l'île de Beauté. Tout ici est traité au superlatif, jusqu'à la terrasse du restaurant, sublime, et ouvrant sur la baie de Porto Vecchio, juste en face.

Cuisine

La belle clientèle italienne peut converser dans sa langue maternelle avec le directeur de l'établissement et son chef, Davide Bisetto, venu du Carpaccio au Royal Monceau. La cuisine n'a rien de corse ou presque mais elle est à très forte consonance méditerranéenne. Ultra-technique, épurée, elle n'est pas franchement bon marché (depuis cette année, on note un menu enfant facturé 40 **€** !) mais c'est le prix à payer pour un beau trois toques dans un cadre exclusif : risotto carnaroli aux pistils de safran d'Oristano et gambas de Sardaigne, canette sauvage "crispy" légèrement épicée, sauce aux agrumes et gnocchi au romarin, baba au vieux rhum, fraise, basilic et citron. Du travail d'une absolue précision, un sens graphique étonnant sur la plupart des plats, un vrai choc. Le 18/20 n'est pas si loin.

Cave

Si le meilleur de la Corse est bien sûr présent, la cave sur laquelle veille Guillaume Bonnaud fait également plaisir aux amoureux des belles bouteilles.

Accueil et service

Le hall superbe, le long escalier de star qu'on descend pour rejoindre la salle à manger (ou la terrasse, comme cela est possible pratiquement tous les jours), le personnel nombreux et ultra qualifié : le Casadelmar a placé la barre très haut, jusque dans les amuse bouche, les mignardises, les pains, avec un souci permanent d'exclusivité et d'excellence du service.

C : 90 € • M : 67-145 € *www.casadelmar.fr*

Grand Hôtel de Cala Rossa

» Rte de Cala-Rossa
☎ 04 95 71 61 51
F. 3 janv.-fin mars.
Jusqu'à 21h30.

➡ **Hôtel :** Grand Hôtel de Cala Rossa

Cadre et ambiance

Cala Rossa, l'un des premiers palaces de l'île, a le mérite de la longévité. Un resort à la mode corse, protégé dans une superbe baie; à dix minutes de la station.

Cuisine

Méditerranéenne jusqu'au bout des ongles, elle joue les classiques, la langoustine snackée, crumble aux deux tomates à la fleur de maquis, le saint pierre, en aiguillettes au beurre demi sel, pastilla de supions aux légumes du sud et lait de petits pois frappés, la baguette-sablé de fruits rouges sur une gelée de noix de coco et perles du Japon, craquant de sorbet passion voisinant avec l'incontournable langouste du Cap Corse mitonnée, tomates et pomelos aux parfums du sud. Une cuisine pleine de soleil, de passion et de bonne humeur mais qui fait tout pour ne jamais dérouter, comme s'il fallait assurer coûte que coûte les presque deux cents couverts chaque soir. Les tarifs sont élevés mais justifiés au regard des excellentes prestations d'ensemble.

Cave

L'intégralité des meilleurs vignerons corses est là, d'Arena à Abbatucci en passant par Gentile et Péraldi. Tous les grands bordeaux et bourgognes également mais à quoi bon ouvrir un Cos d'Estournel 99 à 225 € lorsque la superbe Sélection Noble de Gentile est affichée cinq fois moins chère ?

Accueil et service

Pour les non-résidents de l'hôtel, seul le dîner est accessible et il vaut mieux ne pas arriver à l'improviste. Le succès de Cala Rossa est immense et les places sont chères. Personnel pléthorique et ultra qualifié.

C : 120 € • M : 98 € *www.relaischateau.fr/calarossa*

Le Troubadour

» 13 rue du Gén-Leclerc
☎ 04 95 70 08 62
F. dim. (oct.-avril).
Jusqu'à 22h,.

L'âme corse, c'est certain, flotte sur cette bergerie moderne, verre et fer forgé, où l'on entend les guitares le soir avec les amis, au bar. A l'étage, romantisme, raffinement et cuisine à bases régionales, mais voyageant dans les sphères du terroir chic et du contemporain : mousseline de rougets barbet et rémoulade de fenouil cru, dos de cabillaud sur peau et blinis châtaigne, tournedos de magret et beignets de pain perdu à la pancetta. Une posture, peut-être, mais qui n'est pas de l'imposture, et change du menu corse rencontré tous les vingt mètres. Cave régionale de qualité (Leccia, Saparale, Canarelli, Tanella…), service attentionné.

C : 35 € • M : 17-29 €

12 Kanari

» 2 rue J.-Pétri
☎ 04 95 72 00 31
F. merc. à déj. et déc.-mars.
Jusqu'à 23 h.

Juste derrière l'église de Porto Vecc', une des meilleures tables de la ville. Agréable terrasse aménagée sur le trottoir (dans une petite rue animée où la concurrence fait rage), belle carte de poissons (tous frais et achetés à deux pêcheurs locaux), traités simplement mais avec précision. Seul bémol, la carte est nettement plus alléchante que l'unique menu.

C : 35 € • M : 21,80 € *restaurant.lekanari@wanadoo.fr*

⑩ U Passaghju

C'est vrai, l'adresse est un peu aguicheuse, dans l'une des rues où se concentrent les restaurants, avec ses tables disposées dans la ruelle et sa carte corse et modeste. La bonne idée c'est ce panier paisannu qui, pour 25 **€** par personne, offre un pique nique clé en main, avec la demi-bouteille de vin, le tire-bouchon indispensable, de la charcuterie, de bons légumes croquants et un délicieux dessert, le tout enveloppé comme il se doit dans un torchon à carreaux. Attention toutefois à ne pas trop profiter du bon filon, notre enthousiasme de l'an dernier étant un peu retombé cette année.
C : 20€

» 15 rue du Col-Kuenza
☎ 04 95 20 16 66
F. 1er nov.-14 avril?
Jusqu'à 23h30.

 Bistrot

Un rendez-vous coutumier, autant pour la situation, sur le port, que pour la qualité d'une tradition bien revue, en poissons comme en viandes. Le point fort : la carte des vins, avec une flopée de grands crus.

» 4 quai Paoli
☎ 04 95 70 22 96
Rens. non comm.
Jusqu'à 22h30.

 Le Belvédère

Situation paisible et ambiance typique, dans l'architecture comme le décor, pour cet hôtel réputé à l'écart de la ville. Le charme presque rustique des chambres n'exclut pas des prestations au confort soigné.
4 appart. € • 15 ch. 85€
www.hbcorsica.com

» Rte de Palombaggia, BP 56
☎ 04 95 70 54 13
Fax 04 95 70 42 63

 Casadelmar

➥ **Restaurant** : 17/20 Casadelmar

La maison a révolutionné tranquillement l'idée du luxe en Corse, en misant sur un cadre très contemporain : lignes épurées de l'architecture, mobilier design structurant l'espace, associations de couleurs vives et actuelles. Sans oublier les vertus classiques de la situation en bord de mer, pour la vue comme la détente, et d'un service très complet.
12 appart. 420-980€ • 8 ch. 330-800€
www.casadelmar.fr

» Rte de Palombaggia
☎ 04 95 72 34 34
Fax 04 95 72 34 35
F. 1er janv.-6 avril et 12 nov.-31 déc.

 Grand Hôtel de Cala Rossa

➥ **Restaurant** : 16/20 Grand Hôtel de Cala Rossa

Le luxe se conjugue ici avec sobriété, jamais outrancier, il est dans une architecture élégante, entre matériaux anciens et murs blancs pour capter la lumière ; il est dans un service attentif et un équipement parfaitement adapté à des vacances paisibles et aux plaisirs du bord de mer : plage privée parfaitement tranquille, au bout du jardin, avec de nombreuses possibilités d'activités.
6 appart. 282-1660€ • 43 ch. 138-920€ • 1/2 pens. 374-2625€
www.relaischateaux.fr/calarossa

» Rte de Cala-Rossa
☎ 04 95 71 61 51
Fax 04 95 71 60 11
F. 3 janv.-fin mars.

 Alcyon

Pour cette année, l'hôtel se pare d'un cadre entièrement rénové, avec un confort amélioré. Comme la mer n'est pas loin, la moitié des chambres profite d'une vue très agréable sur la Grande Bleue.
3 appart. 100-260€ • 37 ch. 51-152€
www.hotel-alcyon.com

» Rue Mal-Leclerc
☎ 04 95 70 50 50
Fax 04 95 70 25 84
F. 23-27 déc.

PROPRIANO - 20110 (35 B 5)

Ajaccio 70 - Sartène 13

⑫ Le Cabanon

Abordez ce classique - pas plus corse que cela, mais cela permet aux autochtones de s'évader un peu du sempiternel menu terroir - par le bon côté du cabanon. Simplicité, franchise, sans chercher midi à quatorze heures. Avec l'entrecôte grillée, les penne au pistou, la dorade aux herbes, vous aurez vu l'essentiel sans ruine.
C : 40€ • M : 18-30€

» Av Napoléon
☎ 04 95 76 07 76
F. 1er nov.-31 mars.
Jusqu'à 22h30.

(12) Terra Cotta

Dans son neuf, cette terrasse bien placée sur le port de plaisance attire aussi la sympathie. Le jeune chef propriétaire se sert en famille (fils et frère de pêcheurs) pour apporter la fraîcheur, non seulement dans les produits mais aussi dans les idées, avec la, poêlée de seiche aux aromates, le feuilleté de gambas, le chapon au four ou le croustillant de rascasse. Prix contenus, desserts aimables (baba, fondant, croustade de pommes armagnac) et cave bien locale, avec les vins de Sartène, Fiumiccicoli et Saparale.
C : 35 € • M : 29-48 €

» 29 av Napoléon
☎ 04 95 74 23 80
F. lundi (sf à déj. juin-mi-sept.), dim à dîn. et 15 déc-15 mars.
Jusqu'à 22h30.

Hôtel le Lido

Une languette de sable ponctuée par un bloc rocheux, un hôtel-paquebot, aux lignes basses, posé dessus. Voilà le cadre assez unique du Lido, où les chambres ont chacune leur cachet, du style mauresque au style grec, dans un mélange de bois et de fer forgé. Six des quatorze chambres sont climatisées, et sept ouvrent directement sur la plage. Restaurant de cuisine corse et méditerranéenne.
14 ch. 98-192 € • 1/2 pens. 140-234 € *le.lido@wanadoo.fr*

» Av Napoléon
☎ 04 95 76 06 37
04 95 76 31 18
F. oct.-avril.

QUENZA - 20122 (35 C 5)

Ajaccio 84 - Sartène 44 - Aulène 13

(13) Sole e Monti H ♥

La maison de Félicien Balesi n'a pas attendu l'arrivée d'Alain Lamaison (tout droit venu de Calvi pour la saison d'été, il repartira cet hiver pour les Barmes de l'Ours à Val d'Isère) pour s'affirmer comme l'une des plus attachantes de l'île. Son immense jardin ombragé, ouvrant sur les collines alentours et dans lequel sont disposées les tables comme pour un pique nique familial, compte sans doute parmi les incontournables de l'île. Et la cuisine ? Généreuse, gaie, furieusement corse, elle se goûte avec volupté, le cabri et le cochon de lait (attention, sur commande) valant à eux seuls la grosse heure de route depuis la côte. Chambres simples mais confortables, privilégier celles donnant sur l'arrière.
C : 45 € • M : 28-45 € • 18 ch. 70-125 € • 1/2 pens. 70-125 €
www.solemonti.com

» ☎ 04 95 78 62 53
F. lundi à déj., mardi à déj., 1er janv.-30 avril et 1er oct.-31 déc.
Jusqu'à 21h30.

SAINT FLORENT - 20217 (35 C 2)

Bastia 23 - L'Ile-Rousse 46

(13) La Rascasse

Sur des menus bien présentés et aux ambitions intelligemment calibrées, la maison décline les poissons et les saveurs corses dans une version agréablement travaillée, pour amoureux d'une gastronomie plus fine que l'assiette de charcuterie, si bonne soit-elle. Le résultat réserve le plus souvent de bonnes surprises, sauces et cuissons témoignant d'un savoir-faire bien dosé. Service aussi élégant que le cadre, les patrimonio en vedette sur la carte des vins.
C : 47 € • M : 38 €

» Port de Plaisance
☎ 04 95 37 06 99
F. fin sept.
Jusqu'à 22h30.

(12) Ind'e Lucia

Vingt ans de bonheur chez les Costa, qui ont su parfaitement préserver l'âme de cette maison sincère, dans la cuisine comme dans l'atmosphère. Ange est aux fourneaux, la mémé a toujours un œil sur les recettes, et Julien, le fils de la maison, tient l'étendard en respect. Les touristes du charmant petit port n'en reviennent pas : c'est bien la Corse authentique qui coule ici, avec la charcuterie, le lapin en sauce, la pêche du jour et le gibier à l'automne.
C : 31,50 € • M : 18,50-25 €

» Pl Doria
☎ 04 95 37 04 15
F. à déj. (juil.-août)
Jusqu'à 21h30.

10 Le Mathurin

Même si Antoine Arena (une faute de goût tout de même lorsqu'on est un bar à vin à Saint Florent) ne figure pas sur la carte, cette adresse continue de garder nos faveurs, pour l'accueil toujours souriant de son jeune patron, pour ses solides tables en bois disposées dans la rue et ses grands tonneaux autour desquels on vient à toute heure pour grignoter quelques tapas en buvant un verre de Fiumicicoli ou de Gentile.

» Pl de la Poste
☎ 04 95 37 04 48
Rens. non comm.
Jusqu'à 2h.

➲ à PATRIMONIO - 20253 : 6 km N.O. par D 3

11 Osteria di San Martinu

"Courage, bonne volonté, le travail et les bonnes choses" : Jean-Claude Lazzarini a un parcours tout tracé, qui vaut bien des CV de champions de palace. Et le sens de l'accueil, qui réunit le soir les initiés, sur la route de Saint-Florent à Bastia, autour du barbecue et des viandes grillées. Et à 20 €, le menu corse, avec la charcuterie, les cannellonnis, le veau corse et les pâtisseries maison ont le beau rôle, avec les patrimonios de tous les bons propriétaires, Arena et Orenga de Gaffory en tête.
C : 25€ • M : 20€

» Au Village
☎ 04 95 37 11 93
F. 1er mai-30 sept.
Jusqu'à 21h.
⛱ 🚗 ♿

SAN MARTINO DI LOTA ➤ BASTIA

SARTENE - 20000 (35 B 5)

Ajaccio 85 - Bonifacio 53 - Corte 148

13 Auberge Santa Barbara

Au palmarès des meilleurs rapports qualité prix, cette auberge pointe assurément dans le haut du classement sur l'île. De la sérénité, de l'authenticité, au pied de la plus corse des villes corses : terrine de légumes à l'émulsion de tomates, pigeon rôti à la myrthe et polenta, pain perdu aux poires sauce caramel. Bon choix de vins locaux, tarifs plus élevés qu'ailleurs mais parfaitement justifiés.
C : 50€ • M : 28€

» Rte de Propriano
☎ 04 95 77 09 06
F. lundi (sf à déj. juil.-août) et fin sept.-Pâques.
⛱ 🚗 🐕

SOCCIA - 20125 (35 B 4)

Ajaccio 70 - Calvi 130 - Vico 18

13 A Merendella ♥

La petite maison dans la (petite) prairie, cœur de village, panorama renversant sur les montagnes : il n'y a que la Corse pour offrir de telles auberges. Et un tel cuisinier, généreux, respectueux, qui ne pense qu'à faire bien avec les produits d'ici. La charcuterie est géante, le veau corse au miel et à l'orange a tous les parfums du maquis et les apprêts modernes (le croustillant au brocciu et amandes) prennent dans ce cadre toute légitimité. Accueil souriant et dévoué de Stéphanie, réservation indispensable en été. Et vin de l'île, of Corse.
M : 16-28€ *michel.caprino@wanadoo.fr*

» Rte de l'Eglise
☎ 04 95 28 34 91
F. merc. (sf juil.-août) et oct.-avril.
Jusqu'à 21h30.
🐕

U Paese

Dans ce village de montagne magnifique, cet hôtel familial est l'adresse qu'on attend, chambres rustiques et chaleureuses et accueil convivial.
30 ch. 35-60€ *www.monsite.wanadoo.fr/hotel.u.paese.corse/*

» ☎ 04 95 28 31 92
📠 04 95 28 35 19
Ouv. 7j/7.
🐕

SOLENZARA - 20145 (35 D 5)

Ghisonaccia 18 - Porto vecchio 38

La Solenzara

» Quartier du Palais
☎ 04 95 57 42 18
Fax 04 95 57 46 84
F. nov.-mars

A l'intérieur, les beaux meubles anciens rappellent que la maison remonte au XVIIIe siècle. La plage est à deux pas et une partie des chambres est désormais climatisée.

28 ch. 56-94 € *www.lasolenzara.com*

VESCOVATO - 20215 (35 D 2)

Bastia 25 - Corte 50

à LORETO DI CASINCA - 20215 : 7 km S.

(12) U Rataghju

» ☎ 04 95 36 30 66
Sur réserv. seult.

La vérité est au fond du chaudron, et dans ce séchoir à châtaignes (rataghju) où une mère corse confectionne avec la plus grande authenticité ses beignets de légumes, ses lasagnes et ses daubes. Dans un menu tout compris à 23 **€** où le plat central évolue selon la saison.

C : 23 €

VICO - 20160 (35 B 4)

Ajaccio 52 - Calvi 112 - Corte 82

à MURZU - 20160 : 6 km E. par D 23

(10) Auberge U Fragnu

» Casa Mayotto-Alivella
☎ 04 95 26 69 26
F. lundi (h.s.) et 15 janv.-20 mars.

Entre Vico et Guagno, un moulin, un four à bois, et les spécialités corses ; donc le paradis, et un petit moment de bonheur avec le cabri au feu de bois, les perdreaux en saison, les truites et les figatellis.

C : 18 € • M : 16-24 €

ZICAVO - 20132 (35 C 4)

Ajaccio 62 - Bonifacio 113 - Corte 78

(10) Basseta

» Plateau de Coscione, rte de Saint-Pierre
☎ 04 95 25 74 20
F. 1er oct.-1er mai.
Jusqu'à 21h30.

Gardez l'adresse secrète. Sur le plateau de Coscionu, avec quelques randonneurs, au milieu des cochons qui rigolent, partagez les cannellonis au brocciu, le ragoût de sanglier, l'agneau de lait ou le cabri. Loin du monde, près de la vérité et de la liberté.

C : 18 € • M : 20-32 € *www.gitecorse.net*

ZONZA - 20124 (35 C 5)

Ajaccio 91 - Porto-Vecchio 40

(12) Hôtel de la Terrasse

» Village
☎ 04 95 78 66 03
F. 25 oct.-1er avril.

La terrasse est effectivement un point fort, mais le visiteur saura se concentrer sur l'assiette d'une confondante sincérité. Cette vérité n'est pas surprenante : Violette Pietri, la cuisinière, est née dans la maison, et connaît plutôt bien le répertoire des cannellonis au brocciu, des aubergines farcies, de la soupe corse et du sanglier. Une adresse d'initiés qui retrouvent aussi leurs bouteilles familières, Capitoro, Fiumicicoli, ou Gentile en Patrimonio.

C : 28 € • M : 16,80-27 €

COTE SAINT ANDRE - 38870 (27 3 D)

Lyon 70 km - Bourgoin-Jallieu 25 km

➲ à BRESSIEUX - 38870 : 9 km S. par D 130b et D 71

Auberge du Château

» Rue du Château
☎ 04 74 20 91 01
F. mardi, merc., 15 fév.-3 mars et 17 oct.-9 nov.
Jusqu'à 21h.

Pas à pas, le jeune chef-propriétaire transforme son auberge en digne maison, à l'avenant décor de campagne, et à la cuisine qui respire. Un menu tout cabri au printemps, des assiettes nettes qui mènent sans bruit au rassemblement : chausson d'escargot au cresson et coppa séchée, daurade à la citronnelle et ballottine de magret aux mangues. Sans bouleverser autant que le réchauffement de la planète, cette table tient ses promesses, confortée par une cave rhodanienne efficace et une agréable terrasse sur la plaine de la Bièvre.

C : 38 € • M : 18-39 €

LA COTE SAINT ANDRE - 38260 (27 D 3)

Grenoble 50 - Voiron 30

Hôtel de France H

» 16 pl de Saint-André
☎ 04 74 20 25 99
F. dim. à dîn. et lundi.
Jusqu'à 21h30.

Daniel Gauthier, vingt ans de maison, vingt ans de passion - quand on aime, on a toujours vingt ans - a raison en qualifiant son travail de "nouvelle cuisine façon traditionnelle et régionale", même si la salade gourmande ou le pigeonneau en croûte dorée appartiennent effectivement à un registre plus eighties (la nouvelle cuisine) que nouveau siècle. Pas de querelles d'époques, car cet art-là est intemporel : c'est celui du plat bien construit, avec soin et générosité, qu'il s'agisse d'un ris de veau aux truffes, d'un pâté en croûte ou d'un soufflé glacé. Chambres sobres et classiques.

C : 52 € • M : 28-75 € • 14 ch. 55-70 € • 1/2 pens. 75 €

LE COTEAU ➤ ROANNE

LA COTINIERE ➤ OLERON (ILE D')

LA COUARDE SUR MER ➤ RE (ILE DE)

COUCHES - 71490 (20 A 5)

Beaune 32 - Chalon-sur-Saône 28 - Autun 25

La Tour Bajole

» 1 rue Saint-Martin
☎ 03 85 45 54 54
F. dim. à dîn., lundi et 2-15 janv.
Jusqu'à 21h.

Sagesse régionale et vins de Bourgogne : le programme de Daniel Boisson ne fait de nœuds et calme les angoisses. Meurette d'escargots, jambon persillé, mousseline de brochet, filet de bœuf aux morilles : ces armes conventionnelles bien astiquées ont l'avantage de ne provoquer que des sensations agréables. A la cave, du classique pas trop cher et quelques vieux millésimes.

C : 35 € • M : 17-44 €

COUDEKERQUE BRANCHE ➤ DUNKERQUE

COUDRAY ➤ CHATEAU GONTIER

COUILLY PONT AUX DAMES ➤ PARIS-BANLIEUE

COUIZA ➤ LIMOUX

COULOMBIERS - 86600 (22 C 3)

Poitiers 17 - Niort 66

Le Centre-Poitou H

France Authé-Martin, quatrième génération d'une famille installée dans cette auberge bicentenaire, s'excuserait presque d'avoir modernisé cet ancien relais de poste dont les poutres, les dalles, la cheminée et le mobilier sont en revanche bien d'époque. En cuisine, l'expérimenté Luc Massé a reçu pour principale mission de transmettre la bonne humeur et la longue tradition culinaire de cet établissement : ses filets de caille servis avec un velouté de cèpes et fines tranches de foie gras, son demi-pigeon en viennoise de fruits secs et crème de pommes de terre et son moelleux chocolat aux noix et glace à la vanille sont solides et bien vivants, à l'image de cette accueillante demeure. Et toujours, sur commande, la poularde pochée demi-deuil. Jolies chambres au cachet ancien.
M : 26-70 € • 1 appart. 85-120 € • 12 ch. 50-120 € • 1/2 pens. 65-90 €

» 39 rue Nationale
☎ 05 49 60 90 15
F. dim. à dîn., lundi (sf juil.-août), vac. scol. fév. et 23 oct.-6 nov.
Jusqu'à 21h15.

COULON - 79510 (22 B 3)

Niort 11 - Fontenay-le-Comte 46

Le Central H

L'hôtellerie s'étend (huit chambres nouvelles) et se rénove (cinq entièrement refaites), le restaurant consolide, avec un chef-patron qui calibre très bien ses menus, régionalisme et qualité de produits, fricassée d'anguilles et noisettes d'agneau du Poitou en viennoise : cette maison va bien, elle a du charme, et son emplacement au bord du Marais, près de l'embarcadère, est évidemment un atout. La table est jolie, sans forfanterie, néo-campagnard de bon ton, à l'image de l'accueil, simplement élégant.
C : 32 € • M : 17,50-37,50 € • 13 ch. 46-65 € • 1/2 pens. 47,50-56,50 €
le-central-coulon@wanadoo.fr

» 4 rue d'Autremont
☎ 05 49 35 90 20
F. dim. à dîn., lundi (sf fériés), vac. scol. fév. et 2 prem. sem. oct.
Jusqu'à 21h.

COURBEVOIE ➤ PARIS-BANLIEUE

COURÇAY - 37310 (17 C 4)

Tours 22 - Loches 20 - Montbazon 15 - Bléré 14

La Couture

Une ancienne demeure seigneuriale dépendant du château de Loches dans laquelle Yvon Cousin officie depuis 25 ans désormais. Il maîtrise ses instruments sur le bout des doigts avec un faible pour tout ce qui vient du Sud : rémoulade de chair de crabe au pistou, dos de sandre au caviar d'aubergine, filet de bar vapeur à l'embeurrée provençale et, pour les plats de ménage, selle d'agneau rôtie crème de mojettes, fricassée de rognon et ris de veau au verjus.
C : 42 € • M : 20-41 €

» La Grande-Couture, N 143
☎ 02 47 94 16 44
F. dim. à dîn., lundi, mardi et merc. à dîn.
Jusqu'à 20h30.

COURCELLES SUR VESLES - 02220 (4 C 4)

Laon 38 - Soissons 23

Château de Courcelles

➥ **Hôtel :** Château de Courcelles
A la nuit tombée, les illuminations de cet élégant château Louis XIV et de son vaste parc sont d'une beauté qui invite à prolonger le séjour dans les salons, fumoir, bar, bibliothèque , véranda de cette noble demeure. La solennité du lieu ne paralyse en rien la liberté de ton du jeune cuisinier qui fait fi du poids des siècles de la maison pour composer une cuisine bien dans son époque, vive et sapide, en prise directe avec les produits de saison (langoustines rôties, crème

» 8 rue du Château
☎ 03 23 74 13 53
Ouv. 7j/7.
Jusqu'à 21h30.

d'asperges et crustacés, filet de saint-pierre doré au beurre et fondue de fenouil, médaillon de selle de veau, printanière de légumes). Service souriant et efficace que l'on souhaiterait plus aguerri en sommellerie tant le livre de cave est dense !
C : 100 € • M : 45-145 € *www.chateau-de-courcelles.fr*

 Château de Courcelles 

» 8 rue du Château
☎ 03 23 74 13 53
Fax 03 23 74 06 41
Ouv. 7j/7.

➥ **Restaurant** : 14/20 Château de Courcelles

Au bout de l'allée rigoureuse du parc à la française se dessine l'allure majestueuse d'un château XVIIe, remarquable d'élégance et de sobriété. Dans les chambres, le mobilier Louis XIV, les tentures, les moquettes épaisses ou les parquets de chêne composent une atmosphère de luxe unique, dans un espace aussi généreux que les 20 ha du parc.
5 appart. 335-365 € • 13 ch. 155-365 € • 1/2 pens. 85 €
www.chateau-de-courcelles.fr

COURCHEVEL - 73120 (28 C 3)

Paris 677 - Chambéry 112 - Albertville 49

 Le Chabichou

» Rue des Chenus, Courchevel 1850
☎ 04 79 08 00 55
F. mai-juin et sept.-nov.
Jusqu'à 21h30.

➥ **Hôtel** : Le Chabichou

Cadre et ambiance

L'hôtel de Michel Rochedy est un cocon douillet et bourgeois au cœur de la station. Exclusif, avec son immense terrasse face à la montagne et sa vaste salle à manger, il incarne à merveille l'esprit Courch'.

Cuisine

C'est un duo de choc qui œuvre au piano : Michel Rochedy, plus de quarante années de présence et une Légion d'Honneur toute fraîche, est secondé par Stéphane Buron, tout nouveau MOF. Dans ces conditions, la salade de homard à la vinaigrette tiède de poireaux aux truffes, le risotto de langoustines rôties à l'huile d'olive, le tronçon de grosse sole de ligne cuit sur l'arête au beurre de mi-sel et le craquant au miel des montagnes et mousse de potimarron ne craignent pas franchement la concurrence locale.

Cave

Opulente à défaut de se montrer fouineuse, elle se borne à recenser toutes les grandes bouteilles bordelaises et bourguignonnes (les prix, ici, ne constituent pas un problème) en occultant les petites appellations.

Accueil et service

On ne s'étonne pas de trouver ici un personnel bien briffé, qui sait accueillir, placer, faire preuve d'attention et d'efficacité.
C : 190 € • M : 80-200 € *www.courchevel.com/chabichou*

 Le Génepi

» Rue Park-City
☎ 04 79 08 08 63
F. w.-e. (sept.-nov.) et mai-août.

Thierry Mugnier n'affiche pas les mêmes prétentions (ni les mêmes tarifs) que les palaces des neiges, préférant jouer la sûreté avec une assiette de jambon iberico Bellota, des ris de veau aux morilles ou un filet de bœuf, galette darphin au foie gras, des intitulés certes convenus mais qui prennent tout leur sens grâce aux bons produits utilisés et à la précision des cuissons. Cave plutôt onéreuse.
C : 55 € • M : 33-65 € *legenepi@wanadoo.fr*

  Bon confort.  Grand confort.   Luxe. 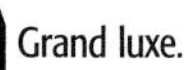 Grand luxe.

    Hôtels de charme.

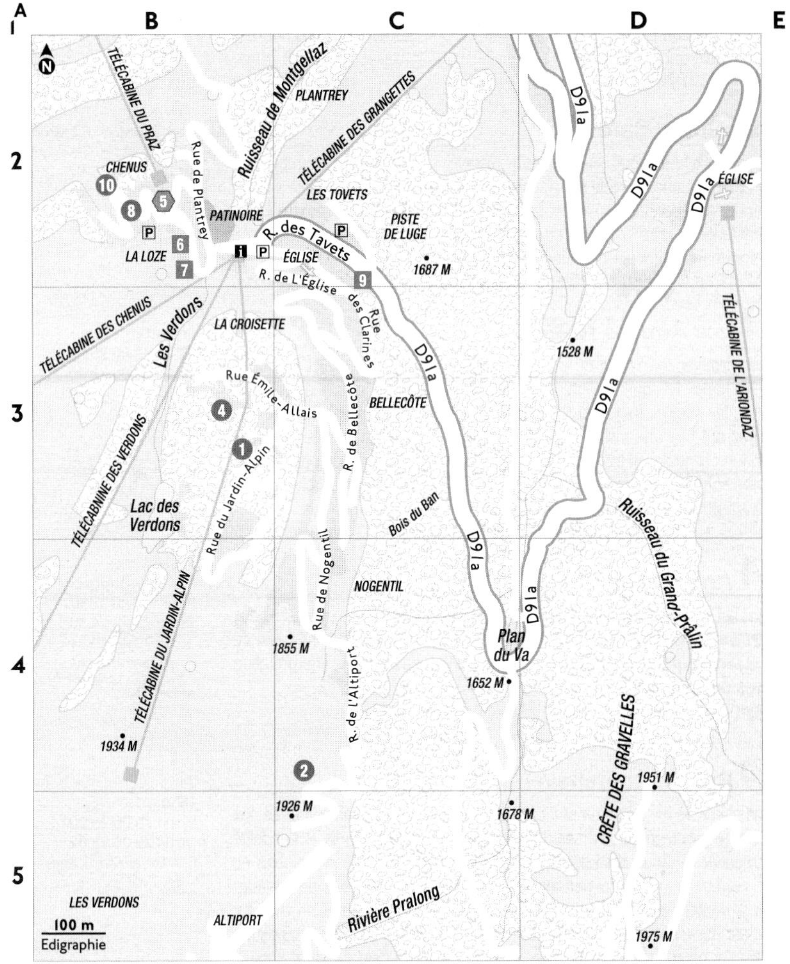

100 m
Edigraphie

Restaurant | Hôtel | Hôtel-Restaurant | Table en vue

1 Airelles (Les) **B-3**
2 Annapurna **C-4**
4 Byblos Courchevel **B-3**
5 Chabichou (Le) **B-2**
6 Génépi (Le) **B-2**
7 Grand Café (Le) **B-2**
8 Pomme de Pin (La) **B-2**
9 Saulire (La) **C-2**
10 Sivolière (La) **B-2**

La Saulire

» Pl du Rocher, Courchevel 1850
☎ 04 79 08 07 52
F. 1er mai-1er déc.
Jusqu'à 23h.

Nous précisions l'an dernier qu'il faudrait deux notes pour la Saulire, l'une pour l'hiver (période pendant laquelle est réalisée la majeure partie du chiffre d'affaire) et l'autre pour l'été. Il faudrait également rappeler qu'au dîner, les menus (uniquement proposés au déjeuner et au bon rapport qualité-prix) disparaissent pour laisser la vedette à une carte plus ambitieuse… et plus chère : le suprême de volaille rôti, chartreuse d'aubergines et jus truffé, le pigeonneau

de 20 à 10 les tables sont classées par ordre dégressif de note.

rôti entier, petit farci de choux chinois et purée de potiron et le dôme de chocolat caraïbe au thé Earl Grey entrent alors en scène, sous les acclamations nourries d'une clientèle qui sait apprécier.
C : 50 € • M : 27-36 € *www.lasaulire.fr*

(11) Le Grand Café H

Si le très exclusif hôtel Saint-Joseph réserve ses superbes chambres et appartements à une clientèle plus qu'aisée, ce Grand Café est plus accessible et très tendance, avec sa déco entre baroque et orientalisme, son service casté, son ambiance cool et branchée et ses plats asiatisants : rouleaux de thon cru, canard au basilic pimenté ou nems au chocolat.
C : 60 € • 4 appart. 1050-6000 € • 14 ch. 300-1200 € *www.lesaintjoseph.com*

» Rue Park City, Courchevel 1850
☎ 04 79 08 42 97
F. 20 avril-18 déc.
Jusqu'à 24h.

 Les Airelles R

On peut trouver too much de parler d'authenticité dans un chalet réservé à quelques happy few qui ne connaissent de la Savoie que ces images de prestige. Pourtant, les Airelles font autant partie du paysage que le mont Blanc, et les Fenestraz ont bâti une institution. Le luxe hospitalier, des chambres superbes, aux matériaux nobles et traditionnels enrichis d'une technologie de pointe, dans une atmosphère évidemment unique. Sage carte truffe, caviar et foie gras au restaurant pour ne pas dépayser la clientèle.
7 appart. € • 52 ch. 625-1600 € • C : 250 € • M : 120-150 € *www.airelles.fr*

» Le Jardin-Alpin
☎ 04 79 00 38 38
Fax 04 79 00 38 39
F. mi-avril-mi-déc.

Annapurna

Tout est fait pour faciliter la vie des skieurs : situation au pied des pistes, luxueux équipement de détente (dont une piscine avec vue sur les pistes), magasin de sport et services précieux (kiné, navette). Décor attendu, dans une interprétation luxueuse de style montagnard.
12 appart. 1137-3900 € • 56 ch. 570-747 € • 1/2 pens. 40 €
www.annapurna-courchevel.com

» Rte de l'Altiport, Courchevel 1850
☎ 04 79 08 04 60
Fax 04 79 08 15 31
F. mi-avril-mi-déc.

 Byblos Courchevel

Paisible et sûr de lui, un sommet face aux sommets, une ambiance feutrée aux parfums de montagne et un luxe d'attentions qui justifie les tarifs et la fidélité de la clientèle. Chaque chambre signe sa personnalité de matériaux nobles et, si l'on regrette que la demi-pension soit imposée, les prestations au Bayader sont à la hauteur de l'hôtel, avec une déclinaison en collection et un chef qui sait passer du terroir anobli (tartifle au reblochon et viande des Grisons, polenta aux brisures de châtaignes) aux belles valeurs classiques (filet de bœuf Rossini, bar en croûte de sel).
11 appart. € • 66 ch. 390-1200 € • C : 75 € • M : 75-80 € *www.byblos.com*

» Jardin-Alpin, Courchevel 1850
☎ 04 79 00 98 00
Fax 04 79 00 98 01
F. déb. avril-mi-déc.

Le Chabichou

➡ **Restaurant** : 16/20 Le Chabichou

Le vaste chalet blanc des Rochedy reste une référence de la station, pour sa douceur de vivre qui tient autant au confort des prestations qu'à la chaleur de l'accueil ou de la décoration montagnarde.
44 ch. 190-445 € • 1/2 pens. 230-470 € *www.courchevel.com/chabichou*

» Rue des Chenus, Courchevel 1850
☎ 04 79 08 00 55
Fax 04 79 08 33 58
F. mai-juin et sept.-nov.

 La Pomme de Pin 

Un nom et une situation prestigieux, au pied des pistes. Chambres spacieuses, qui délaissent le style montagnard pour une élégance classique, équipement de détente généreux (centre de remise en forme). Dans le cadre chaleureux de la salle de restaurant panoramique, Jean-Pierre Jacob répond toujours présent et propose, au même (haut) niveau de qualité qui prévaut l'été au Bourget du Lac, les produits de saison sous leur meilleur jour, pour une clientèle exigeante.
1 appart. 528-570 € • 48 ch. 262-368 € *www.pommedepin.com*

» Les Chenus
☎ 04 79 08 36 88
Fax 04 79 08 38 72
F. ann. non comm.

 La Sivolière

» Rue des Chenus, Courchevel 1850
☎ 04 79 08 08 33
📠 04 79 08 15 73

Précurseur du style rustique sur la station, l'hôtel en reste un remarquable exemple, avec des rénovations régulières pour proposer des prestations toujours plus soignées et raffinées, les boiseries chaleureuses qui ont fait la réputation de la maison restant bien sûr présentes.
5 appart. € • 32 ch. 260 € *www.hotel-la-sivoliere.com*

COURLANS ➤ LONS LE SAUNIER

COURNIOU ➤ SAINT PONS DE THOMIERES

COURTALAIN ➤ CHATEAUDUN

COURTENAY - 45320 (18 C 3)

Orléans 97 - Sens 26

14 Auberge la Clé des Champs H

» Rte de Joigny, les Quatre-Croix
☎ 02 38 97 42 68
F. mardi, merc., 3 dern. sem. janv. et 2 dern. sem. oct.
Jusqu'à 21h.

L'ancienne ferme du XVIIe, convertie en auberge de charme, jouit d'une situation privilégiée, sur le parcours des Parisiens évitant les monotones autoroutes. On s'arrête pour la nuit, non sans avoir profité des largesses de la belle cuisine traditionnelle de Marc Delion, aux fourneaux depuis plus d'un quart de siècle : salade de joues de porc confites au foie gras, médaillons de lotte à la vapeur, crème de crabe et riz basmati, gâteau moelleux au chocolat en chaud et froid. Cave privilégiant la région et le bordelais et occultant complètement sud-ouest, languedoc et provence. Quelques chambres de style rustique.
C : 47 € • M : 25-45 € • 7 ch. 71-128 € *www.hotel-lacledeschamps.fr*

à ERVAUVILLE - 45320 : 9 km N.O. par N 60, D 32 et D 34

15 Le Gamin

» Le Bourg
☎ 02 38 87 22 02
F. dim. à dîn., lundi, mardi, F. ann. non comm.
Jusqu'à 21h.

Une maison aussi facétieuse que polie, dissipée et bourgeoise à la fois, pratiquant des tarifs qui ne laissent aucune place à la rêverie mais qui se justifient par l'emploi des produits de grand luxe négociées à prix d'or, truffes, foie gras, saint jacques, homard en langoustines, traités avec un classicisme certain et énormément de générosité. Une adresse secrète pour gentlemen farmer.
C : 61 € • M : 44-56 €

COURTILS - 50220 (5 A 5)

Saint-Lô 73 - Le Mont-Saint-Michel 10

 Manoir de la Roche Torin

» 34 rte de la Roche-Torin
☎ 02 33 70 96 55
📠 02 33 48 35 20
F. 2-10 janv., mi-juin-mi-sept. et 13 nov.-20 déc.

Construite à la fin du XIXe siècle dans un style néogothique, la maison affiche un caractère plaisant et abrite des chambres personnalisées, dans leur décor comme leur vue (certaines donnent sur le Mont Saint-Michel).
1 appart. 158 € • 14 ch. 83-210 € • 1/2 pens. 83-146 €
www.manoir-rochetorin.com

		Hôtels de charme	
	Bon confort.		Bon confort.
	Grand confort.		Grand confort.
	Luxe.		Luxe.
	Grand luxe.		Grand luxe.

COUTANCES - 50200 (5 B 4)

Saint-Lô 23 - Granville 28

à HEUGUEVILLE SUR SIENNE - 50200 : 8 km O. par D 44, D 57 et D 293

Le Mascaret

Philippe Hardy ne nous en voudra pas si nous considérons que le difficile pari de ses débuts, en 1995, est gagné. Faire vivre et rendre populaire une cuisine ambitieuse dans la Manche, loin de toute grande agglomération (les environs, en particulier le havre et la baie de Sienne tout proches, sont superbes mais Coutances n'est pas franchement une métropole), il fallait avoir beaucoup de courage et un brin de folie pour y croire. La deuxième toque que nous attribuons cette année à cet ancien presbytère vient récompenser une cuisine désormais presque posée, s'appuyant sur de superbes produits joliment mis en scène. Dans cette aventure, son épouse, Nadia, tient une part prépondérante. Elle transmet à la salle son sens aigu des belles choses (décoration superbe, presque précieuse mais élégante), son sens de l'accueil (au Mascaret, on prend son temps pour manger, entre les multiples petites bouchées et consommés à goûter entre les plats) et sa connaissance du vignoble français (une jolie collection de vignerons qui montent).

C : 65 € • M : 19-85 €

www.restaurant-lemascaret.fr

» 16 rue Sienne, l'ancien presbytère
☎ 02 33 45 86 09
F. dim. à dîn., lundi à dîn., merc. à dîn. (1er sept.-15 juil.), lundi (15 juil.-31 août), 25 nov.-2 déc. et 2-28 janv.
Jusqu'à 21h.

CRAPONNE SUR ARZON - 43500 (26 C 4)

Le Puy 38 - Saint-Etienne 61 - Yssingeaux 35

Brûleurs de Loups R

La grande maison en pierre et ses petits chalets constituent une étape aussi agréable que soignée, dans la paisible campagne du Mézenc. On s'attarde avec d'autant plus de plaisir que la cuisine de Frédéric Matton prolonge le plaisir autour des produits du marché : gourmande cocotte de légumes frais aux ris de veau et classique bien interprété pour la volaille fermière aux écrevisses.

7 appart. 55-70 € • 11 ch. 55-70 € • 1/2 pens. 45-53 € • C : 30 € • M : 17-35 €

www.bruleurs-de-loups.com

» Les Cours
☎ 04 71 03 22 99
Fax 04 71 03 89 60
F. 15 oct.-Pâques.

CRAVANT - 89460 (19 C 2)

Avallon 33 - Auxerre 16 - Nitry 19

L'Hostellerie Saint-Pierre

Sympathique décor rustique pour les chambres personnalisées, réparties autour de la cour intérieure fleurie de cette maison historique (XIIIe siècle) bien à sa place dans ce village bourguignon typique. Jolie sélection de vins et alcools.

9 ch. 55-65 €

www.hostellerie-st-pierre.com

» 5 rue de l'Eglise
☎ 03 86 42 31 67
Fax 03 86 42 37 43
F. 20 déc.-25 janv.

CREISSELS ➤ MILLAU

CREPON - 14480 (5 D 3)

Caen 25 - Bayeux 12

La Ferme de la Rançonnière

C'est au cœur de la campagne du Bessin, à 3 km de la mer, que se niche ce trésor paisible, une authentique ferme fortifiée du XIIIe siècle, dont les murs altiers et épais abritent de magnifiques chambres à l'ancienne, en une parfaite harmonie de meubles d'époque, de pierres apparentes et de poutres de chêne.

3 appart. 148-188 € • 32 ch. 50-138 € • 1/2 pens. 60-110 €

www.ranconniere.com

» Rte d'Arromanches
☎ 02 31 22 21 73
Fax 02 31 22 98 39
Ouv. 7j/7.

CRESSERONS ➤ DOUVRES LA DELIVRANDE

CREST - 26400 (27 D 5)

Valence 27 - Montélimar 37

12 Le Kléber H

C'est à 26 € que l'on tient la compétence maximale du lieu. C'est un peu cher, mais la galantine de pintadeau, les roulés de carrelet ou les aiguillettes de bœuf sauce bordelaise, dans une simplicité de bon aloi, rassasient le voyageur qui sait pouvoir faire confiance à Maurice Pellier, valeureux professionnel qui a passé dix ans chez Chabran. Dans la foulée on prend pension, les chambres sont calmes et correctes, avant d'attaquer la superbe campagne dromoise.
C : 38 € • M : 19-44 € • 7 ch. 32-62 €

» 6 rue Aristide-Dumont
☎ 04 75 25 11 69
F. dim. à dîn., lundi, mardi à déj., 1er-17 janv. et 15 août-4 sept.
Jusqu'à 21h.

➲ à SAOU - 26400 : 14 km S.E. par D 538

11 L'Oiseau sur sa Branche ♥

Omis l'an passé par tracasserie informatique, l'Oiseau revient pépier gaiement et mérite bien un coup de cœur de réparation. Mais pas de complaisance, tant nous convient cette table de village à la cuisine toujours authentique, du vrai terroir avec notamment un formidable pâté de campagne, des cannellonis de veau au gratin, du lapin à l'étouffé et de " l'oiseau sans tête ", transposition de la fameuse " alouette sans tête " niçoise, d'agneau et ses farcis. Fringant, enjoué, musical (concert de jazz les soirs de pleine lune)...et réellement indispensable.
C : 28 € • M : 23-35 € *thierrychanlancon4@libertysurf.fr*

» La Placette
☎ 04 75 76 02 03
F. lundi et mardi (sf juil.-août), janv. et Déc.
Jusqu'à 21h30.

CRETEIL ➤ PARIS-BANLIEUE

LE CREUSOT - 71200 (20 A 5)

Mâcon 89 - Chalon-sur-Saône 37

13 Le Restaurant

Le restaurant, un endroit où l'on s'asseoit pour manger ailleurs que chez soi des choses de préférence bonnes préparées par quelqu'un dont c'est le métier. Cette définition n'est certainement pas loin de la façon dont Yves Brunier et son chef Sylvain Sangiorgio envisagent "leur" restaurant. En ajoutant peut-être que le professionnalisme s'applique nécessairement aussi à l'accueil et à l'atmosphère qui est créée autour de l'assiette. Ce qui donne cette table nécessairement épurée, sans boursouflures, sans costumes ni cosmétiques : du persillé de bœuf aux câpres, de la pintade de Saint-Eugène braisée au miel, de l'agneau fermier bio-Bourgogne jus à la menthe fraîche. Dans un cadre, dans un monde, si différent et pourtant si proche. Les vins vont avec, bien sûr : Jacky Blot, Michel Laroche, René Mosse, Gérard Gauby...
M : 14-35 €

» Rue des Abattoirs
☎ 03 85 56 32 33
F. dim., lundi à dîn. et 20 juil.-20 août.
Jusqu'à 21h.

Le Moulin Rouge

Les chambres, à thèmes, ont été rénovées largement. La maison, située dans un parc à quelques kilomètres du Creusot, améliore ainsi ses qualités de confort, sans perdre ses atouts traditionnels (parc avec piscine, accueil et tranquillité).
31 ch. 44-63 € • 1/2 pens. 46-72 € *www.le-moulin-rouge.com*

» 41 rte de Montcoy
☎ 03 85 55 14 11
📠 03 85 55 53 37
F. vac. Noël.

CREVOUX - 05200 (34 B 2)

Briançon 60 - Gap 54 - Embrun 15

(11) Le Parpaillon

» Le Village
☎ 04 92 43 18 08
F. 20-30 avril et 10-30 nov.
Jusqu'à 21h30.

Du typique de la Provence rude et montagnarde, des plats qui réchauffent le cœur dans la vérité du grand air de la nature : des charcuteries au goût rustique, l'agneau de Sisteron à l'ail confit, l'archican aux navets noirs. Et vous n'allez tout de même pas avoir le cœur de refuser le "gâteau de ma grand-mère au café". Pour la route...
C : 25 € • M : 15-20 €

CRILLON LE BRAVE - 84410 (33 C 3)

Avignon 43 - Carpentras 19

Le Restaurant

» Pl de l'Eglise
☎ 04 90 65 61 61
F. à déj., janv.-mars et nov.-déc.
Jusqu'à 21h30.

➥ **Hôtel :** Hostellerie de Crillon le Brave
Privilège façon nid d'aigle chez ce Crillon d'un tout autre paysage que la place de la Concorde. Le Brave est perché sur une butte, dans son château de seigneur, regardant le Ventoux sans complexe. Et ses hôtes mesurent leur chance d'un séjour dans ses murs, prêts à tenir le siège s'il devait se prolonger. Grâce en particulier à un chef de métier, qui ne tremble ni ne ronronne, sans peur et sans reproche : après les minuscules acras d'amuse-bouche, on voit plus grand, sans toutefois grande audace, avec la raviole de volaille et salade tiède de fenouil, la délicieuse caille royale spaghettis de courgettes et pignons, et la pêche blanche poêlée au miel de lavande. Accueil chaleureux, plein d'élégance, de savoir-faire et d'enthousiasme, cave impressionnante, avec des châteauneufs en pagaille - mais très bien triés - et le meilleur du ventoux (Fondrèche, Murmurium...).
C : 60 € • M : 74 € *www.crillonlebrave.com*

(12) Vieux Four

» ☎ 04 90 12 81 39
F. lundi et déj. sem. et 15 déc.-1er mars.
Jusqu'à 21h.

Le village médiéval a de l'allure, le soleil brille souvent, donnant l'appétit d'une tonnelle et de légumes frais. L'ancienne boulangerie communale est une aubaine, avec sa terrasse ouvrant sur les vieilles pierres et sur le Mont Ventoux. La cuisine est simple et familiale, tout ce qu'on attend ici, et le menu à 24 € a tout le parfum de la bonne affaire.
M : 24 €

Hostellerie de Crillon le Brave

» Pl de l'Eglise
☎ 04 90 65 61 61
04 90 65 62 86
F. janv.-mars et nov.-déc.

➥ **Restaurant** : 15/20 Le Restaurant
Atmosphère intime et délicieuse dans ces bâtiments du XVIe siècle au cœur du village, où s'épanouit un luxe chaleureux aux couleurs provençales, des meubles de style au choix des couleurs. Appréciez, au sortir de l'eau, la vue sur la campagne et le mont Ventoux, profitez du jardin à l'italienne et de ses recoins sympathiques.
8 appart. 300-560 € • 24 ch. 155-430 € *www.crillonlebrave.com*

CRISOLLES ➤ NOYON

LE CROISIC - 44490 (15 A 4)

Nantes 80 - Saint-Nazaire 23

Grand Hôtel de L'Océan H

» Port-Lin
☎ 02 40 62 90 03
Ouv. 7j/7.
Jusqu'à 22h.

Sur les rochers de la côte sauvage du Croisic, cette vaste maison à l'architecture balnéaire 1900 offre ce que sa clientèle recherche : le standing, la fraîcheur et la vue, éclaboussante par les grandes baies vitrées sur l'océan. Mer belle et prix fort pour en jouir, à 52 € le plateau de fruits de mer et 76 € le bar en croûte

de sel pour deux. Trois chefs, pas moins, gèrent les affaires maritimes, une forte équipe en salle assurant la marche du paquebot. Douze chambres de grand confort, de styles différents, avec vue sur mer ou sur plage.
C : 57€ • 1 appart. 142€ • 12 ch. 85-200€ • 1/2 pens. 75-164€

11 Le Lénigo

» 11 quai du Lénigo
☎ 02 40 23 00 31
F. lundi, mardi (sf août), nov., vac. Noël et janv.
Jusqu'à 21h.

L'ancien café de pêcheurs sait afficher sa présence : façade appétissante à l'entrée du port, déco recherchée dans l'esprit Riva et cuisine la plus en vogue possible (saint-pierre vanille, canard aux épices), saveurs du monde, plancha et wok. Et pour vraiment régaler tout le monde, les homards du vivier, les huîtres de Pen Bé, les acras de morue et le gaspacho d'ananas.
C : 30€ • M : 18,50-35€ *le.lenigo@wanadoo.fr*

Le Fort de l'Océan

» La Pointe du-Croisic
☎ 02 40 15 77 77
📠 02 40 15 77 80
Ouv. 7j/7.

Installé comme au bout du monde sur sa pointe, le fort garde de son passé militaire un aspect imposant, rassurant et non inquiétant, gage du séjour paisible et du luxe feutré que réservent ces vénérables murailles. Nouveau chef au restaurant, formé à la maîtrise de la haute gastronomie et qui fait avec bonheur son marché près des côtes : langoustines poêlées infusion au basilic, tournedos de lotte aux escargots du Croisic.
2 appart. 280€ • 7 ch. 185-250€ • 1/2 pens. 148-205€ • C : 85€ •
M : 32-74€ *www.relaischateaux.com*

LA CROIX VALMER - 83420 (34 B 6)

Toulon 64 - Saint-Tropez 11

Château de Valmer

» Plage de Gigaro
☎ 04 94 55 15 15
📠 04 94 55 15 10
F. 15 oct.-fin avril.

Au bout de son allée de palmiers, la grande maison XIXe invite à un séjour paisible. Le parc et sa floraison abondante séduisent d'emblée et cette agréable impression se confirme à l'intérieur, avec un luxe de détails, des matériaux au mobilier, qui livre une belle interprétation d'une maison de maître à la provençale, à la fois actuelle et hors du temps. Au restaurant, la Provence et la Méditerranée se déclinent en une série de saveurs franches et soignées, risotto de coques et cébettes persillade, saint pierre à la coriandre tartelette de légumes, nems au chocolat sabayon au vieux rhum. Vaste piscine, plage privée un peu plus loin.
1 appart. 356-510€ • 42 ch. 161-420€ • C : 80€ • M : 58€
www.chateauvalmer.com

La Pinède-Plage R

» Plage de Gigaro
☎ 04 94 55 16 16
📠 04 94 55 16 10
F. oct.-avril.

Le nom n'est pas une fausse promesse : l'hôtel est effectivement entre les pins et la plage. Les chambres offrent toute le charme de la vue mer, mais aussi un cadre luxueux et soigné. Restaurant sur place, qui soigne le choix de ses produits, dans des préparations classiques et sans (mauvaise) surprise.
33 ch. 161-395€ • C : 70€ • M : 50€ *www.pinedeplage.com*

Souleias

» Plage de Gigaro
☎ 04 94 55 10 55
📠 04 94 54 36 23
Ouv. 7j/7.

La vue qui se déroule à l'infini sur la mer est un atout majeur, qui invite à profiter des services du voilier de l'hôtel. Claires et raffinées, la plupart des chambres ont vue sur la mer et le parc. Au restaurant, cuisine classique sous influence méditerranéenne.
7 appart. 240-420€ • 41 ch. 52-262€ • 1/2 pens. 111-276€
www.hotel-souleias.com

CROLLES - 38920 (28 B 4)

Grenoble 21 - Chamrousse 42

(12) Le Poivre

Une maison qui ouvre sur la chaîne de Belledonne par un large panorama et qui sait utiliser les bonnes loupes lorsqu'il faut choisir les vignerons. Cuisine de pays toute simple, franche et généreuse.
C : 40 € • M : 16-36 € *fabaronljm@wanadoo.fr*

» 51 rue Jean-Jaurès
☎ 04 76 08 07 67
F. sam. à déj., dim. à dîn., lundi. F. ann. non comm.
Jusqu'à 21h30.

CROS DE CAGNES ➤ CAGNES SUR MER

CROSMIERES ➤ LA FLECHE

LE CROTOY - 80550 (3 B 2)

Amiens 68 - Abbeville 21

Les Tourelles

Les dites tourelles signent l'architecture de ce bâtiment en brique et lui donnent sa personnalité. L'intérieur, ouvert sur le large, bénéficie d'un aménagement contemporain empreint de douceur, dominé par les tons clairs et le bois peint. L'hôtel s'est agrandi dans l'ancien presbytère, derrière la maison. Restaurant.
27 ch. 39-85 € • 1/2 pens. 26 € *www.lestourelles.com*

» 2-4 rue Pierre-Guerlain
☎ 03 22 27 16 33
📠 03 22 27 11 45
F. 8-31 janv.

à SAINT FIRMIN - 80550 : 6 km N. par D 204

(10) Auberge de la Dune

Une maison certes modeste, une atmosphère de café côtier comme la région en comptait tant après guerre et une cuisine qui, sans revendiquer de quelconques miracles, travaille avec justesse les spécialités régionales, ficelle picarde, gigot d'agneau du pays...
C : 25 € • M : 17-42 € *www.auberge-de-la-dune.com*

» 1352 rue de la Dune
☎ 03 22 25 01 88
F. mardi, merc. à déj., jeudi à déj. (sf vac. scol.), janv. et 14 nov-16 déc. (sf w.e.).
Jusqu'à 21h.

CROTS ➤ EMBRUN

CROZON - 29160 (13 B 3)

Brest 58 - Morlaix 80 - Quimper 50

(13) Le Mutin Gourmand H

Au pas de charge, au clairon, au biniou ou ce que vous voudrez, le Mutin Gourmand mène la danse avec autorité. Non, vous ne changerez pas un plat au menu, c'est in-ter-dit, et vous irez là où l'on vous dira, dans une des trois salles, plutôt accueillantes, de cet hôtel sérieux, plus gourmand que mutin. Les formules sont adroitement calibrées, on y trouve ce qui marche, un gaspacho, araignée et tourteau sur galette de blé noir, un carré d'agneau des monts d'Arrée parfaitement cuit et les fromages de Bordier. La cave est riche, construite par un connaisseur et enrichie au fil du temps.
C : 45 € • M : 18-65 € • 12 ch. 44-73 € • 1/2 pens. 53-78 €
www.chez.com/mutingourmand

» Pl de l'Eglise
☎ 02 98 27 06 51
F. dim. à dîn, lundi et mardi à déj (h.s.), lundi à déj. (été), F. ann. non comm.
Jusqu'à 21h.

Le Grand Hôtel de la Mer

Derrière l'allure rétro de cette grande maison XIXe et son décor classique, on apprécie les prestations soignées, le bon niveau de confort des chambres, notamment celles qui donnent sur la baie de Douarnenez qui s'offre en panorama.
78 ch. 44 €

» 17 rue d'Ys
☎ 02 98 27 02 09
📠 02 98 27 02 39
F. 8 oct.-déb.-avril.

CRUSEILLES - 74350 (28 B 2)

Annecy 23 - Genève 34

Château des Avenières

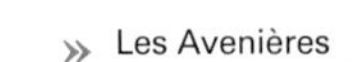

» Les Avenières
☎ 04 50 44 02 23
F. lundi, mardi, 23 oct.-24 nov., 18-28 déc., 2 sem. vac. fév. vac. Toussaint et vac. Noël.
Jusqu'à 21h30.

➥ **Hôtel** : Château des Avenières

Arrivé dans les cuisines de ce magnifique château lors de l'été 2003, Marc Leroux s'est vu propulsé à peine un an plus tard Grand de Demain dans notre édition de l'an dernier. Douze mois plus tard, quelles nouvelles ? Bonnes évidemment, la vue magnifique sur le Mont Blanc, le majestueux lac au pied du château et le splendide, mais un peu écrasant, cadre châtelain sont toujours là. Quant à notre jeune prodige, son pressé de foie gras de canard et langoustines, son aiguillette de saint pierre cuit vapeur, réduction d'agrumes au genièvre et fondue de laitue et son feuilleté de lapin et jeunes pousses d'épinard, brochette d'abattis, polenta et cappuccino infusé à la muscade naviguent toujours sans souci dans la zone des deux toques. Cave éclectique mixant incontournables et petits propriétaires.

C : 68 € • M : 36-105 € *www.chateau-des-avenieres.com*

13 L'Ancolie Chalet du Lac H

» Lac des Dronières
☎ 04 50 44 28 98
F. dim. à dîn., lundi (sf juil.-août), vac. scol. fév. et vac. scol. Toussaint.
Jusqu'à 21h.

Un charmant chalet sur les bords du lac des Dronières autour duquel il fait bon flâner avant de faire halte chez Yves Lefebvre. Son menu carte (en deux ou trois plats) sent la bonne affaire et, même s'il comporte quelques plats à supplément, permet de jouir d'une belle cuisine sans se ruiner : gambas juste rôties, lentilles vertes du Puy et légumes du moment, viennoise de cabillaud sur fond d'étuvée d'oignons et crème de carottes, ris de veau à la chapelure de pain d'épices et émincé d'échalote compotée à l'orange. De très jolies chambres lambrissées permettent de prolonger les plaisirs de la table dans une atmosphère apaisante.

M : 26,50-66 € • 10 ch. 77-106 € • 1/2 pens. 79-93 € *www.lancolie.com*

Château des Avenières

» Les Avenières
☎ 04 50 44 02 23
📠 04 50 44 29 09
F. 23 oct.-24 nov., 18-28 déc. et 2 sem. vac. fév., vac. Toussaint et vac. Noël.

➥ **Restaurant** : 15/20 Château des Avenières

Tranquille et majestueuse au bout de son parc (avec jardin à la française), cette construction rococo du début du siècle dernier séduit par l'atmosphère unique de ses chambres, pensées avec un goût très sûr, à l'image de la Petit Baldaquin où le plancher de bois clair s'allie au baldaquin de chêne sombre. Toutes les chambres (et notamment celles des tours, avec de larges avancées vitrées) permettent de profiter d'une vue panoramique, jusqu'aux montagnes et au lac.

12 ch. 140-260 € • 1/2 pens. 60 € *www.chateau-des-avenieres.com*

CUCUGNAN - 11350 (31 C 5)

Tuchan 14 - Perpignan 35

11 Auberge du Vigneron H

» 2 rue Achille-Mir
☎ 04 68 45 03 00
F. sam. à déj. (saison), dim. à dîn. (h.s.), lundi et 15 nov.-15 mars.

Une adresse pleine de bonne humeur et dégageant une réelle sympathie, dans un décor de carte postale, au milieu des vignes. La terrasse avec vue sur le château de Quéribus, les bons petits vins régionaux et la cuisine du marché méritent le détour. Quelques chambres climatisées aux pierres et poutres apparentes.

C : 40 € • M : 19-35 € • 6 ch. 46 € *www.auberge.vigneron.com*

Auberge de Cucugnan R

» 2 pl de la Fontaine
☎ 04 68 45 40 84
📠 04 68 45 01 52
F. 1er janv.-15 mars.

Au cœur du Pays Cathare, des chambres claires et soignées aux couleurs du Sud, dans une ancienne grange ancrée dans la roche. Café-bar pour déguster les crus locaux et cuisine régionale, autour de l'anchois de Collioure et du civet du sanglier.

9 ch. 45-60 € • 1/2 pens. 46-53 € • C : 25 € • M : 17-44 €

CUERS - 83390 (34 A 6)

Toulon 22 - Hyères 25

Le Lingousto

Prenez place sur cette terrasse, devant les platanes bicentenaires de cette bastide provençale au milieu des vignes. Laisser les cigales s'exprimer, respirez… Dans cette circonstance, il n'y a plus qu'à laisser faire Alain Ryon, qui change sa carte tous les deux mois, s'adapte aux saisons, sait marier la mer et la terre, et la Méditerranée à d'autres terroirs, avec finesse et assurance. Belle sélection de vins de Provence, accueil charmant.

C : 59 € • M : 59-75 €

» Rte de Pierrefeu
☎ 04 94 28 69 10
F. dim. à dîn., lundi, merc. à dîn. et vac. scol. fév.
Jusqu'à 21h30.

Le Verger des Kouros

Largement ouverte sur la vallée (et aussi, hélas, un peu l'autoroute), la maison mérite largement la sortie, pour monter à la découverte d'une cuisine aux saveurs concentrées et judicieusement équilibrées entre franchise et raffinement. Les produits sont solides, les cuissons maîtrisées, le service impliqué et la réussite incontestable.

M : 16-45 €

» RN 97, quartier les Cauvets
☎ 04 94 28 50 17
F. mardi à dej. (été), mardi à dîn. (hiver), merc., 15 jrs fév. et 15 jrs oct.

à MEOUNES LES MONTRIEUX - 83136 :
18 km N.O. par N 97 et D 554

La Source

De la Provence réfléchie, mûrie, débouchant sur un terroir aux malices, joliment mis en ondes par Marie-Pierre Larget. L'esprit campagnard et les parfums des herbes flottent dans cette auberge distinguée qui a remis au goût du jour les truites du vivier et les spécialités d'écrevisses. les producteurs locaux sont pris à partie pour la bonne cause. Quatre chambres de simplicité, au mobilier chiné, poursuivent la voie de la sagesse.

M : 25-40 € *restaurant-la-source@fiscali.fr*

» 59 rte de Brignoles
☎ 04 94 48 99 83
F. à dîn. (sf jeudi, vend. ,sam.) et merc.
Jusqu'à 22h.

CUQ TOULZA - 81470 (30 A 4)

Albi 83 - Toulouse 39

Cuq-en-Terrasses

Les matériaux anciens (poutres, tomettes, mais aussi mobilier) sont les bienvenus dans le cadre historique de cet ancien presbytère construit au XVIIIe siècle. Gravures anciennes et tissus de grandes maisons complètent la personnalisation de chambres claires et spacieuses. A apprécier également dans cet établissement désormais totalement non-fumeur, de nombreuses attentions comme les boissons à disposition dans les chambres et le jardin paysager pour la balade.

3 appart. 120-150 € • 4 ch. 95-120 € *www.cuqenterrasses.com*

» Cuq-le-Château
☎ 05 63 82 54 00
Fax 05 63 82 54 11
F. 1er nov.-15 mars.

CURZAY SUR VONNE - 86600 (22 C 3)

Poitiers 46 - Niort 58

Le Château de Curzay 

Les 120 ha du parc étant un peu vastes pour les parcourir à pied, l'hôtel propose des balades à cheval. Logique puisque ce beau château XVIIIe se love au bout d'une longue allée cavalière et que ses chambres les plus récentes se trouvent en annexe… dans les anciennes écuries. Blague à part, on apprécie le cachet historique des lieux et le confort soigné des chambres. Dans la belle salle de restaurant à marqueterie d'époque, le chef Eric Jan produit du deux toques avec

» ☎ 05 49 36 17 00
Fax 05 49 53 57 69
F. janv.-mars et nov.-déc.

une inspiration moderne, des croissants de melon rôti avec le foie gras, une charlotte d'aubergines aux cannellonis avec le saint-pierre, des ravioles de fèves à la sarriette avec le pigeonneau de Saint-Sauvant. Menus bien composés, service haut niveau et cave sympathique qui joue la région (Ampelidae, haut-poitou...).
3 appart. 320-340€ • 19 ch. 160-275€ • 1/2 pens. 335-510€ • C : 60€ •
M : 65-125€ *www.chateau-curzay.com*

CUTTOLI CORTICCHIATO ➤ AJACCIO, CORSE

CUVILLY - 60490 (3 D 4)

Amiens 56 - Compiègne 21 - Roye 20

12 L'Auberge Fleurie

» 64 rte des Flandres
☎ 03 44 85 06 55
F. mardi-jeudi à dîn. (janv.-mi-avril), dim. à dîn., lundi, 16 août-4 sept. et 26 déc.-31 déc.
Jusqu'à 21h.
🐕

Au bord de la route, cette maison en pierre couverte de vigne vierge réserve les plaisirs simples d'une auberge de campagne, autour de l'assiette terre-mer (anguille fumée, terrines de poisson et de campagne), du pigeon sauce vin rouge et champignons ou d'une poêlée de pêche et griotte. Le succès est au rendez-vous, rançon d'un travail bien fait et d'un service gentil à défaut d'être rapide.
C : 32€ • M : 13-37€

DAMGAN - 56750 (14 A 5)

Vannes 27 - La Roche-Bernard 25 - Muzillac 10

🏨 Plage

» 38 bd de l'Océan
☎ 02 97 41 10 07
📠 02 97 41 12 82
F. 13 nov.-17 déc. et 2 janv.-4 fév.
🚗 ♿ 🐕

Les plaisirs du bord de mer, actualisés avec bonheur : un décor clair et soigné, privilégiant au gré des chambres des tons clairs rappelant le soleil et la mer, sur laquelle elles donnent toutes. Jardin au calme.
3 appart. 82-125€ • 15 ch. 62-72€ *www.hotel-morbihan.com*

DANJOUTIN ➤ BELFORT

DAX - 40100 (23 C 4)

Paris 732 - Mont-de-Marsan 50 - Bayonne 51

14 Une Cuisine en Ville [DÉCOUVERTE]

» 11 av Georges-Clemenceau
☎ 05 58 90 26 89
F. lundi et mardi.
Jusqu'à 22h.
❄

La cérémonie du tréteau, installé pour recevoir le plateau contenant chaque assiette, ressemble à un sketch de cirque (on s'attend à voir un clown débouler). Mais c'est une marque de fabrique, comme la tunique noire de Philippe Lagraula, qui a bien observé Nicolas le Bec dont il fut le second, entre autres, avec Bras, Troisgros ou Jean-Georges. Retour gagnant dans les Landes pour ce jeune chef au long CV : Dax n'a jamais vu cela, les petites assiettes posées sur ardoise, des gaufrettes de foie gras, des joues de morue (kokotcha) en croûte de noisette, des soupettes de cresson percutantes, un saint-pierre abricot et salicorne remarquable. On sent encore une sorte de crispation, un excès de sérieux et quelques tics mousseux, éprouvettes et chichis, mais les traits zébrants le ciel dacquois, jusqu'aux maras des bois et biscuit russe, ne sont pas le fruit du hasard et révèlent un talent qui va s'épanouir. Ambiance à créer, musique lounge qu'on pourrait varier un peu, cave très personnelle, pas mal faite sans être pour autant très fouineuse.
C : 45€ • M : 20-58€

13 L'Amphitryon

» 38 cours Gallieni
☎ 05 58 74 58 05
F. sam. à déj., dim à dîn., lundi, 1er-20 janv. et 22 août-10 sept.
Jusqu'à 21h15.
❄ 🐕

Limande gratinée Dugléré de champignons, mais aussi foie gras de Chalosse, bar à la plancha ou chipirons pipérade, c'est ce mélange réussi de tradition régionale, de classique et d'actualité qui persuade le visiteur que le chef a la maîtrise, la main ferme sur les casseroles. L'atmosphère est plutôt au bon genre chic pour sorties dacquoises en bonne société, le jurançon et le madiran sont bien choisis dans une cave tout de même un peu mince.
C : 38€ • M : 20-38€

Grand Hôtel Mercure Splendid

» Cours de Verdun
☎ 05 58 56 70 70
05 58 74 76 33
F. janv.-fév.

Surplombant les rives de l'Adour, ce bâtiment des Années trente a conservé un décor d'inspiration Art déco. Prestations complètes et soignées, avec un centre thermal intégré.
6 appart. 150-165 € • 155 ch. 76-120 € *www.mercure.com*

à POUILLON - 40350 : 17 km S. par D 106, D947, D15 et D 322

13 Auberge du Pas de Vent ♥

» 281 du Pas-de-Vent
☎ 05 58 98 34 65
F. dim. à dîn., mardi à dîn., merc., vac. scol. fév et vac. scol. Toussaint.
Jusqu'à 21h45.

Il y a des malins pour vous dire que le terroir, le Sud-Ouest et ses canardises, ils en ont fait le tour. Ceux-là ont tendance à rester à quai quand il faudrait sauter dans un TER et rejoindre d'urgence ce havre d'intelligence, de lecture approfondie et personnalisée de la Chalosse et de l'Armagnac. Une auberge typique dans son architecture, une cuisine de chef, fine, respectueuse, imaginative. Frédéric Dubern adapte, traduit, exprime, à travers la tatin d'asperges et foie frais poêlé, les cèpes farcis et mijotée de ris de veau, le charnu de cochon noir frotté au poivre et confit lentement en cocotte de terre cuite? Jolis desserts revival (le millassou de grand-mère au rhum et pommes), accueil délicieux et cave qui s'étoffe petit à petit.
C : 38 € • M : 10,50-32,50 € *www.site.voila.fr/aubergedupasdevent*

à SAINT PAUL LES DAX - 40990 : au N.O.

14 Moulin de Poustagnacq

» Chemin de Poustagnacq
☎ 05 58 91 31 03
F. dim. à dîn., lundi, mardi à déj., vac. scol. fév., vac. scol. Toussaint et vac. scol. Noël.
Jusqu'à 21h45.

L'ancienne grange où l'on stockait le grain reçoit aujourd'hui le gratin dacquois, venu batifoler au bord de l'eau et applaudir à la belle et noble cuisine de Thierry Berthelier, qui place sa carte en accord avec les lieux, la verdure, le chic champêtre et l'envie de prestige : foie gras, langoustines et soupe de moules au curry, saint-jacques plancha jus de coquillages, pigeon au jus de pomerol et macaronis parmesan, on ne fait pas dans la demi-mesure en attaquant le menu à 65 **€**. On peut rechercher ailleurs la simplicité, mais cette offre correspond bien à l'attente, et la réalisation, comme la présentation est à hauteur des espérances. iberico bien choisi (bellota guijuelo), magret d'oie bien venu, desserts élaborés et gourmands. Seule la cave manque encore d'approfondissement.
C : 50 € • M : 28-65 €

DEAUVILLE - 14800 (6 A 3)

Caen 45 - Le Havre 40 - Lisieux 30

14 Le Spinnaker

» 52 rue Mirabeau
☎ 02 31 88 24 40
F. lundi, mardi (oct.-avril), 2-fin janv., 19-28 juin et 13-28 nov.

Médaille d'or confirmée pour la meilleure table de la ville, qui bâtit son succès dans tous les compartiments du jeu : le décor, sobre influence marine, le service, attentif et efficace, et une cuisine soignée, qui livre la mer et le terroir dans des assiettes sobres et directes, qu'il s'agisse d'une andouille de Vire tiède aux pommes de terre ou d'un risotto aux queues de grosses crevettes grillées, d'une rouelle de lotte ou suprême de poulet de ferme croustillant de camembert. La clientèle de fidèles apprécie dans une ambiance détendue. Cave de bon niveau et tarifs corrects dans ces circonstances.
C : 50 € • M : 29-44 €

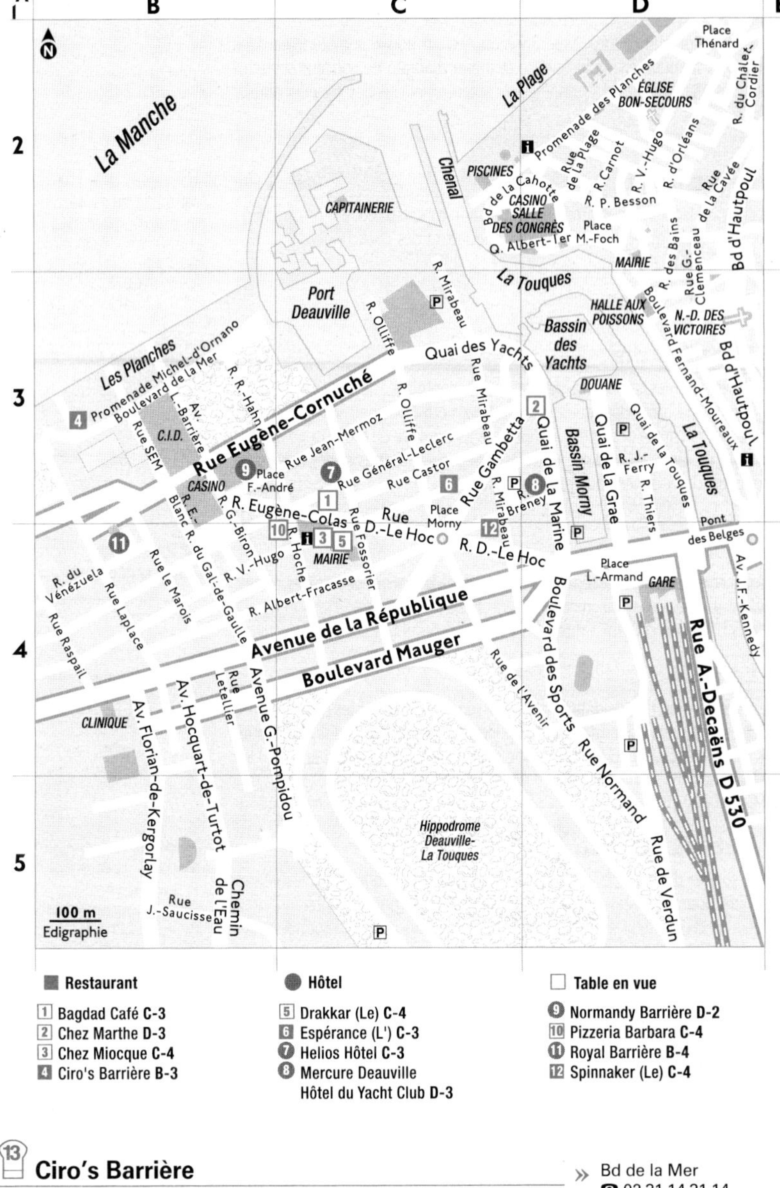

13 Ciro's Barrière

Bd de la Mer
☎ 02 31 14 31 14
F. mardi, merc. (sf vac. scol.) et janv.

Le nez sur les fameuses Planches, on apprécie tout le professionnalisme d'une brasserie à la parisienne : décor typique (ici la touche Jacques Garcia de luxe chaleureux plutôt que l'ambiance Art déco), le service rapide et souriant et une carte prompte à répondre à toutes les attentes, de la simplicité d'une assiette de fruits de mer aux produits nobles.
C : 60 € • M : 39 €

H Hôtel mentionné en annexe.

⑩ L'Espérance

» 32 rue Victor-Hugo
☎ 02 31 88 26 88
F. merc., jeudi, dern. sem. juin et 1re sem. juil.
Jusqu'à 21h.

Retirée dans une rue calme, l'Espérance où rien ne bouge semble figée dans d'immuables menus. Et si la bisque de tourteau manque de concentration, les petites soles en revanche sont honnêtes et copieusement servies. De quoi nourrir un peu d'espoir.
M : 21-31 €

Bagdad Café

Plan : Caen

» 77 rue du Gén-Leclerc
☎ 02 31 98 25 45
F. mardi, merc. (h.s.), 11-30 nov., 6-20 janv. et 20-28 juin.
Jusqu'à 22h.

Le meilleur couscous des environs, dans un cadre oriental réussi à proximité du casino, mais aussi quelques salades, des briouats et des chakchouka.
C : 39 €

Chez Marthe

» 1 quai de la Marine
☎ 02 31 88 92 51
F. mardi, janv.-vac. fév. et 15 jrs nov.
Jusqu'à 21h30.

Deauville et ses rites, auxquels Marthe a bien contribué, s'expriment dans ce décor chiné. Un bistrot classique à prix de luxe, peut-être, mais vous n'êtes pas n'importe où ni chez n'importe qui pour accéder au pavé de thon rouge au soja et au râble de lapin au romarin. Cave très négoce, mais pas si négligée, avec au moins un choix de vins au verre conséquent.
C : 40 € • M : 19,50-29 € *www.chezmarthe.com*

Chez Miocque

» ☎ 02 31 88 09 52
Rens. non comm.

Un succès considérable, une réputation taillée dans le marbre depuis des lustres, ce qu'on y mange ayant naturellement beaucoup moins d'importance - standards brasserie coûteux - que ce qu'on y voit ou entend.

Le Drakkar

» 77 rue Eugène-Colas
☎ 02 31 88 71 24
F. 24-25 déc.

En plein centre ville, une incontournable brasserie qui mise sur les produits frais, l'accueil et le service pour maintenir son leadership. Rôti de bœuf en cocotte, salade de chèvre chaud au saumon fumé et plateaux de fruits de mer parmi les spécialités maison.
C : 31 € • M : 26,20 € *www.restaurant-le-drakkar.com*

Pizzeria Barbara

» 79 av du Gén-Leclerc
☎ 02 31 98 01 90
F. 1 jr par sem. (téléphoner) et 3 sem. déc.
Jusqu'à 22h30.

La belle société deauvillaise aime se retrouver après les courses ou les ventes de yearling pour grignoter à l'aise et sans façon. Cette brasserie-pizzéria, avec moules à la crème, filet au poivre et escalope vallée d'Auge, répond à leur demande ponctuelle en plein centre ville.
C : 20 €

Normandy Barrière

» 38 rue Jean-Mermoz
☎ 02 31 98 66 22
Fax 02 31 98 66 23
Ouv. 7j/7.

Une des adresses qui a fait la réputation de la station, palace dans son architecture anglo-normande et ses prestations de haut niveau, chaleureux dans ses chambres au luxe feutré et son service à la disponibilité et à la gentillesse permanente. Cuisine de produits nobles, modèle du genre elle aussi, du beurre blanc sur le bar au tartare mythique, en passant par la fraîcheur du banc de fruits de mer et la qualité des volailles.
27 appart. 490-1630 € • 264 ch. 285-608 € • C : 85 € • M : 46-62 €
www.lucienbarriere.com

Attention, les prix ont été réclamés très tôt auprès des intéressés, ne nous en veuillez pas s'ils ont légèrement augmenté.

Royal Barrière R

La façade typique de l'énorme manoir anglo-normand cache une atmosphère unique, du vaste hall au luxe imposant au cocon douillet de chambres volontiers romantiques. Les habitués vanteront également la qualité du service, disponible et d'une gentillesse sans faille, qui renforce la sensation de bien-être. Au restaurant, une cuisine de saison à privilégier sur la relative simplicité des légumes en cocotte copeaux de mimolette ou d'une lotte et pomme de terre aux sardines pilées et olives.

30 appart. 465-4830 € • 222 ch. 229-624 € • C : 82 € • M : 62-92 €

www.royal-barriere.com

» Bd Eugene-Cornuché, BP 74400
☎ 02 31 98 66 33
📠 02 31 98 66 34
F. 2 nov.-déb. mars.

Hostellerie de Tourgeville

Remercions Claude Lelouch, instigateur de ce bel endroit, qui déploie ses bâtiments comme un cloître et marie confort contemporain et détails repris à l'architecture normande traditionnelle (belle charpente à poutres apparentes) pour une étape feutrée et champêtre. Chambres douillettes et personnalisées, tons harmonieux et apaisants.

19 appart. 150-330 € • 6 ch. 120-170 € • 1/2 pens. 45 €

www.hostellerie-de-tourgeville.fr

» Chemin de l'Orgueil, Tourgeville
☎ 02 31 14 48 68
📠 02 31 14 48 69
F. 12 fév.-6 mars.

Mercure Deauville Hôtel du Yacht-Club

Cet hôtel face au port a bénéficié l'an dernier d'une rénovation complète. Derrière le clin d'œil d'une architecture d'inspiration normande, les espaces sont clairs et contemporains.

53 ch. 110-182 €

www.mercure.com

» 2 rue Breney
☎ 02 31 87 30 00
📠 02 31 87 05 80
F. 2 janv.-2 fév.

Helios Hôtel

Situé dans un quartier résidentiel, un établissement à l'architecture néo-normande, créé en 1985. Chambres fonctionnelles, patio fleuri agrémenté d'une petite piscine chauffée.

1 appart. 140-200 € • 44 ch. 50-80 €

www.hotelheliosdeauville.com

» 10 rue Fossorier
☎ 02 31 14 46 46
📠 02 31 88 53 87
Ouv. 7j/7.

à SAINT GATIEN DES BOIS - 14130 : 10 km E. par D 74

Le Clos Deauville Saint-Gatien

Pour accueillir toutes les fonctionnalités nécessaires à un hôtel de standing, la vieille ferme s'est agrandie. Les chambres donnent donc le choix entre cadre rustique et son interprétation modernisée dans l'annexe, avec des chambres spacieuses. Joli parc paysager.

58 ch. 70-198 €

www.clos-st-gatien.fr

» 4 rue des Brioleurs
☎ 02 31 65 16 08
📠 02 31 65 10 27
Ouv. 7j/7.

à TROUVILLE SUR MER - 14360

Les Quatre Chats

Le bistrot d'artistes, libre et frivole, canaille et sans complexe, qui finit par tailler des croupières aux plus sérieux parce qu'il va bien et qu'il touche son but : distraire, partager, donner. Dans le décor étourdissant d'un café madrilène, la cuisine à l'ardoise a le rythme du flamenco, la chaleur, et même la précision : une poêlée de crevettes roses (on se régale), une joue de bœuf en gelée sauce cèpes (un pur bonheur), des abricots rôtis, dessert simple et réjouissant. L'accueil de Serge, la cuisine de Murielle, ça éclate de vie, et tout le monde participe, jeunesse et têtes connues. Et si on mettait une toque ?

C : 35 €

» 8 rue d'Orléans
☎ 02 31 88 94 94
F. mardi, merc., jeudi-lundi à déj. et mi-nov.-mi-déc.
Jusqu'à 21h30.

(12) Brasserie Villa Tara

» Pl Mal-Foch
☎ 02 31 87 75 00
Ouv. 7j/7.

Un beau décor Garcia, du cachet tout autour et une assiette aux intitulés mi-sophistiqués, mi-directs et marins. On préfère finalement la deuxième option, en profitant du cadre avec une douzaine d'huîtres.
C : 31,50 € • M : 17 €

(11) La Régence

» 132 bd Fernand-Moureaux
☎ 02 31 88 10 71
F. merc., jeudi (oct.-avril), jeudi (mai-juil., sept.). F. ann. non comm.
Jusqu'à 22h.

Un décor kitsch face à la halle aux poissons, des produits d'une grande fraîcheur, dans une ambiance de brasserie très parisienne, constituent le cadre de ce très ancien établissement trouvillais. La cuisine n'est pas beaucoup plus fignolée qu'ailleurs, mais la cave de grands bordeaux est une curiosité (un Petrus 37 avec les bulots mayonnaise ?).
C : 50 € • M : 27-90 € *fremondnathalie@yahoo.fr*

(10) Tivoli Bistro

» 27 rue Charles Mozin
☎ 02 31 98 43 44
F. merc., jeudi, 3 sem. juin et fin nov.-mi-déc.
Jusqu'à 21h30.

Ne vous fiez pas à l'aspect pension de famille et salle à manger de grand-mère : la cuisine, honnête, simple et familiale mérite attention, pour les ravioles de foie gras et pour la fraîcheur de la pêche, tout près de la criée.
C : 30 € • M : 18-26 €

Galatée

» Les Planches
☎ 02 31 88 15 04
F. 3 sem. janv.
Jusqu'à 22h.

Les pieds dans le sable et sur les planches, une situation privilégiée pour cette maison qui pratique avec justesse la cuisine de brasserie : raie beurre noisette, bar grillé flambé à l'anis, pavé de saumon grillé.
C : 40 € • M : 29-58 €

Les Vapeurs

» 160 bd Fernand-Moureaux
☎ 02 31 88 15 24
F. Noël.
Jusqu'à 1h.

Une véritable institution, accueillant depuis l'entre deux guerres anonymes et célébrités venus goûter les poissons (exclusivement frais et sauvages annonce la maison, au même titre que les crustacés et coquillages, reçus vivants) : carrelet meunière, pavé de cabillaud à la graine de moutarde, sardines de Bretagne grillées... Terrasse agréable.
C : 30 € *www.lesvapeurs.fr*

LA DEFENSE ➤ PARIS-BANLIEUE

DEOLS ➤ CHATEAUROUX

DEUIL LA BARRE ➤ PARIS-BANLIEUE

LES DEUX ALPES - 38860 (28 B 4)

Grenoble 77 - Le Bourg-d'Oisans 28

(14) Le P'tit Polyte

» 2 rue de la Chapelle
☎ 04 76 80 56 90
F. à déj. (sf dim. et fériés), lundi, fin avril-mi-juin et fin août-mi-déc.
Jusqu'à 21h.

➥ **Hôtel :** Chalet Mounier

Régulière et sérieuse sont les deux qualificatifs qui reviennent le plus souvent dans les bilans de nos enquêteurs. Cette affaire de famille, loin d'être conservée dans la napthtaline, est une maison vivante, chaleureuse, pleine d'humanité et sa cuisine, actuelle et enlevée, fait honneur à sa région.
C : 47 € • M : 28-57 € *www.chalet-mounier.com*

(12) Bel Auberge

» 1 rue de la Chapelle
☎ 04 76 79 57 90
F. mai, juin et sept.-nov.
Jusqu'à 22h.

Pas de fautes d'accord à Bel Auberge : c'est la maison d'Hervé Bel qui vaut cette enseigne amusante, et sa franche cuisine gastro-régionale qui mérite toujours mention et note. Pour la bonne tenue de la fondue aux girolles ou du croquant de reblochon, dans ce décor accueillant de chalet autrichien, en accompagnant modérément de chignin ou de roussette.
C : 28 € • M : 19-36 €

La Farandole

18 rue du Cairou
☎ 04 76 80 50 45
04 76 79 56 12
F. 22 avril-8 déc.

Le cadre moderne des chambres spacieuses complète l'ambiance résolument montagnarde et chaleureuse du reste de l'hôtel, entre pierres apparentes et lambris, relevés de touches de couleurs bienvenues. Une atmosphère réussie avec une vue panoramique plein sud. Mention très bien pour l'équipement de détente.

14 appart. 280-500 € • 46 ch. 150-330 € *www.hotel-la-farandole.com*

Chalet Mounier

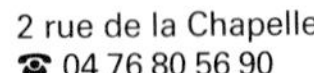

2 rue de la Chapelle
☎ 04 76 80 56 90
04 76 79 56 51
F. fin avril-mi-juin et fin août-mi-déc.

➡ **Restaurant** : 14/20 Le P'tit Polyte

Incontournable sur la station, le vieux chalet typique de la famille Mounier fait face sans problème à la concurrence. Il a même entamé un large programme de rénovation, un cadre encore amélioré, une influence montagnarde assumée sans devenir envahissante. Tout est pensé pour la détente, avec un équipement complet. Depuis le jardin, la vue se déroule jusqu'au parc naturel des Ecrins.

4 appart. 78-205 € • 44 ch. 78-205 € • 1/2 pens. 83-135 € *www.chalet-mounier.com*

Serre Palas

13 pl de Venosc
☎ 04 76 80 56 33
04 76 79 04 36
F. 2 mai-20 juin, 2 sept.-2 déc.

Les chambres de ce chalet d'alpage ouvrent toute vers le Sud et les paysages du Parc des Ecrins. Décor chaleureux de bois clair et tissus fleuris.

24 ch. 41-114 € *www.hotelserre-palas.fr*

DIEFMATTEN - 68780 (10 B 6)

Mulhouse 21 - Colmar 50

Le Cheval Blanc

17 rue de Hecken
☎ 03 89 26 91 08
F. lundi, mardi, 9-25 janv. et 17 juil.-2 août.
Jusqu'à 21h15.

La fidèle clientèle se laisse gagner par l'enthousiasme de la cuisine de tradition de cette famille sundgauvienne. Les amateurs seront comblés par des plats élaborés avec soin, servis dans des menus à prix calculés dans un cadre de vieux meubles astiqués au cœur d'un village de 250 âmes. Des saint-jacques en bouillabaisse au faux-filet bordelaise, pas un accroc, pas un mot plus haut que l'autre, pas un fou rire. La cave est loin d'être médiocre, s'intéressant, outre l'Alsace, à la plupart des régions, le service peut être assez vite débordé par l'affluence.

M : 28-72 € *www.auchevalblanc.fr*

DIEPPE - 76200 (6 C 2)

Rouen 56 - Abbeville 63 - Le Havre 111

Bistrot du Pollet

23 rue Tête-de-Boeuf
☎ 02 35 84 68 57
F. dim., lundi, 2 sem. avril et 2 sem. août.
Jusqu'à 21h30.

On a eu très chaud. L'initiateur, le promoteur de ce bistrot marin, authentique et savant, parti sous d'autres cieux, on craignait que la pêche s'étiole, jaunisse, et finisse par se dépicher dans l'assiette, comme on dit en pays de Bray. Coup de chance, le nouveau chef, Xavier Héricher, est une pépite, une aubaine, respectueux du lieu, du produit et exact au rendez-vous de la marée. Florence au service, toujours, l'arrivage sur l'ardoise, les vrais pêcheurs dieppois qui ne se trompent pas et continuent à venir, deux fois plus qu'avant, pour le bar entier, l'excellent petit turbot, le rouget grillé et le baba au rhum : l'assiette n'a jamais été meilleure. Un point de plus.

C : 26 € • M : 11 €

Les Ecamias

129 quai Henri-IV
☎ 02 35 84 67 67
Rens. non comm.

Simplicité et cuisine presque rudimentaire sur les quais, qui vaut par les tout premiers menus, avec la saumonette échalote et les moules marinière.

Le Bas Fond Blanc

Cela ressemble à une usine au pied des falaises, face à la mer, au bout du bout de la fameuse esplanade où l'on vient coacher son cerf-volant. La différence avec une gargote, c'est que le poisson vient de la pêche locale et non des congélos industriels, que la sole dieppoise, comme les saint-jacques provençale, sont globalement irréprochables et que le service se démène, comme autant de beaux diables, pour alimenter la satisfaction générale.
C : 35 € • M : 11-31 €

» 10 rue Alexandre-Dumas
☎ 02 35 06 01 36
F. lundi et mardi.
Jusqu'à 21h30.

Le Comptoir à Huîtres

L'ancien chef du bistrot du Pollet a ouvert cet été ce simple comptoir pour être en direct avec le produit et les clients. Voilà donc le lieu que les connaisseurs attendaient, avec des belons (26 € la douzaine pour des n°2, c'est plutôt un prix plancher), des Gillardeau, des cancales, des marennes et des saint-vaast. L'offre est complétée par des crevettes, langoustines, araignées, moules, bulots, la sélection faite par un connaisseur.
M : 20-26 €

» 12 cours de Dakar, Quai de Norvège
☎ 02 35 84 19 37
F. dim., lundi et juin.
Jusqu'à 22h.

Aguado

Une valeur sûre face à la mer, pour un confort feutré et des chambres personnalisées aux ambiances classiques et avec la vue sur la mer.
56 ch. 39-98 €

» 30 bd de Verdun
☎ 02 35 84 27 00
Fax 02 35 06 17 61
Ouv. 7j/7.

à ARQUES LA BATAILLE - 76880 : 7 km S.E. par D 154

(12) Auberge de la Forêt

Si l'on admet que la gastronomie normande est davantage constituée d'ingrédients que de recettes - pomme, crème, fruits de mer, poissons, volailles - alors cette auberge est peut-être, dans son utilisation maligne et actuelle de ces composants, la plus typique et moderne des auberges normandes. Une jolie cuisine de marché, des plats francs et décalés (nems de magret à la normande sauce soja, tajine de souris d'agneau au cidre) dans une ambiance d'habitués conquis à juste titre. La cave, en revanche est bien normande, celle d'un pays de cidre où le vin est un peu lointain.
C : 36 € • M : 15-30 €

» 15 rte de la Forêt
☎ 02 35 85 53 06
F. lundi, mardi et merc. à dîn.
Jusqu'à 21h.

à MARTIN EGLISE - 76370 : 7 km S.E. par D 1

(11) Auberge Clos Normand

Reprise cette année, cette institution normande à quelques minutes de Dieppe a retrouvé, mieux qu'un patron, une famille. La cuisine est presque anecdotique, gentiment tradi, mais l'atmosphère, de pure chaleur locale (on voit toujours le chef s'activer dans la cuisine ouverte) est un vrai bonheur.
C : 40 € • M : 20-28 €

» 22 rue Henri-IV
☎ 02 35 40 40 40
F. lundi, mardi, merc. (sf juil.-août) et 15 déc.-15 janv.
Jusqu'à 21h.

Toques et notes

 à 

(12) à (10)

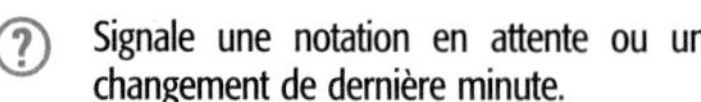
(?) Signale une notation en attente ou un changement de dernière minute.

Restaurants mentionnés en annexe

R Pour un restaurant noté de 10 à 12.

 Pour un restaurant noté de 13 à 14.

 Pour un restaurant noté de 15 à 16.

➲ à NEUVILLE LES DIEPPE - 76370 : E.

⑫ Les Voiles d'Or

DÉCOUVERTE

» 2 chemin de la Falaise, Chapelle de Bon-Secours
☎ 02 35 84 16 84
F. lundi, mardi. et 3 sem. mi-nov.
Jusqu'à 21.

C'est l'une des nouveautés de l'année sur Dieppe. Tristan Arhan, que nous avions connu à la Voile d'Or au Pouliguen (dans une maison où il servait parfois jusqu'à 200 couverts par jour) s'est installé sur les hauteurs de la ville, tout près des falaises (si la maison vante la vue panoramique sur la mer, c'est un peu exagéré surtout pour les tables qui ne sont pas contre les baies vitrées). Seul en cuisine, il se borne désormais à une vingtaine de couverts maximum et semble beaucoup plus heureux. Il reste cependant quelques réglages à effectuer sur certaines assiettes (un peu plus de simplicité et de mise en avant des produits, pourtant bien choisis, ne serait pas inutile) pour retrouver la toque d'antan.
C : 45 € • M : 28-48 €

➲ à POURVILLE SUR MER - 76550 : 5 km O. par D 75

⑩ Aux Produits de la Mer

» ☎ 02 35 84 38 34
F. mardi à dîn., merc., lundi-vend. (oct.-mars) et déc.-janv.
Jusqu'à 20h45.

Pour suivre les traces de Bourvil et de Funès, qui ne rechignaient pas à venir avaler quelques huîtres dans ces murs de temps en temps, une délicieuse maison hors du temps, qui sent bon les congés payés et les embruns. Fruits de mer et poissons en vedette bien sûr, prix serrés.
C : 23 € • M : 15-24 €

DIEULEFIT - 26220 (27 D 5)

Valence 69 - Montélimar 30

⑫ L'Auberge des Brises

» Rte de Nyons
☎ 04 75 46 41 49
F. lundi à dîn., mardi, merc. (h.s.), mardi (juil-août) et 15 janv.-15 mars.
Jusqu'à 21h.

La tradition d'abord, la Provence ensuite. Dans l'ambiance comme dans l'assiette, c'est du classique à poinçon authentifié dans cette ancienne pension de famille dont le restaurant a gardé quelques notes fugaces. En terrasse sous les tilleuls, on goûte la terrine de foies de volaille, le feuilleté d'asperges ou le filet mignon de porc à la moutarde, sincèrement faits maison. Grangeneuve et Montine en tricastin : la cave est aussi bien assurée.
C : 30 € • M : 19-34 € *lesbrises@aol.com*

⑫ La Barigoule

» 20 quai du Jabron
☎ 04 75 46 37 36
F. mardi, merc. (sf juil.-août) et 15 déc.-30 janv.
Jusqu'à 21h30.

La terrasse sur les rives du Jabron est vraiment délicieuse : au calme, récemment réaménagée, bien ombragée, elle incarne à merveille l'esprit typiquement provençal que la clientèle vient charcher chez Yannick Villatte. La cuisine, aux mêmes accents chantants, n'est pas en reste : aumônière de picodon de Dieulefit aux noix, olives de Nyons et huile d'olive, pintadeau rôti aux deux choux et jus parfumé à la cardamome, râble de lapin farci aux pistaches. Cave dans le coup, avec le côte du rhône de chez Jaume ou le coteaux du tricastin de la Grangeneuve.
C : 33 € • M : 14-28 €

L'Auberge de l'Escargot d'Or R

» Rte de Nyons
☎ 04 75 46 40 52
Fax 04 75 46 89 49
F. 2 janv.-2 fév. et 15 nov.-23 déc.

Soignées dans leur confort (literie récente, salle de bain rénovée) comme dans leur décor clair et coloré, les chambres ne sont qu'un des plaisirs de cette maison. On apprécie également, assis en terrasse à contempler la campagne, les saveurs entières de la tarte au picodon ou du pavé de morue dans une cuisine qui soigne le choix de ses produits.
15 ch. 40-65 € • 1/2 pens. 50-62 € • C : 32 € • M : 15-29 €
www.auberge-escargot-or.com

➲ au POET LAVAL - 26160 : 4 km par D 540

Les Hospitaliers

➥ **Hôtel** : Les Hospitaliers

Un lieu de sérénité, presque religieux, ce qui n'est guère surprenant pour cette ancienne commanderie de templiers, qui domine tranquillement la région, dans la douceur de la pierre blanche, et dans la grâce d'une hôtellerie réellement très hospitalière. Bernard Morin accueille ses hôtes, fait admirer le panorama sur la vallée, et sur le terroir à travers les assiettes, modernes et régionales, brillamment interprétées par son chef Luc Spilemont : risotto d'asperges à l'écume de lard, croustillant de ventrèche, filet de bar sur sa peau, pissaladière d'échalotes et jus corsé. Les locaux à l'honneur, les volailles, l'agneau mais aussi les vins la vallée, bien triés (Gramenon, Petite Bellane, Fonsalette...) épaulant les grands hermitages et châteauneufs et quelques vieux seigneurs bordelais à tarifs attractifs.

C : 42 € • M : 39-53 € *www.hotel-les-hospitaliers.com*

☎ 04 75 46 22 32
F. lundi, mardi (h.s.), 1er janv.-17 mars et 13 nov.-31 déc.
Jusqu'à 21h.

Les Hospitaliers

➥ **Restaurant** : 14/20 Les Hospitaliers

Pour la nouvelle saison, la totalité des chambres, qui avaient effectivement un peu vieilli, aura été rénovée, en conservant (via le mobilier notamment) un cachet ancien qui sied à merveille à ces bâtiments en pierres, intégrés dans le village médiéval. Les matériaux typiques créent une atmosphère particulière et paisible et la vue sur la vallée du Rhône reste un atout majeur.

2 appart. 140-160 € • 20 ch. 70-135 € • 1/2 pens. 35 €

www.hotel-les-hospitaliers.com

☎ 04 75 46 22 32
04 75 46 49 99
F. 1er janv.-17 mars et 13 nov.-31 déc.

DIGNE LES BAINS - 04000 (34 A 3)

Gap 87 - Avignon 164 - Aix-en-Provence 108

Le Grand Paris

➥ **Hôtel** : Le Grand Paris

Cet ancien couvent du XVIIe, tenu par la même famille depuis trois générations, occupe tout un pan de l'histoire hôtelière de cette préfecture. Louis Jouvet, Marguerite Duras aimaient à y séjourner, profitant déjà des platanes couvrant la terrasse et des talents en cuisine de la famille Ricaud. L'argenterie, le nappage d'un blanc immaculé, le grand piano, la maison vivrait-elle sur ses acquis ? Sans être en avance sur leur temps, les assiettes de Jean-Jacques Ricaud sont bien ancrées dans leur siècle, saint jacques rôties, cocos et jus au xérès, filet de pigeon en bécasse et pomme maxim's, craquelin aux fruits du moment. Accueil digne d'une grande maison, belle cave classique en Provence et en Rhône.

C : 50 € • M : 25-67 € *www.hotel-grand-paris.com*

19 bd Thiers
☎ 04 92 31 11 15
F. lundi, mardi à déj. (h.s.) et 1er déc.-1er mars.
Jusqu'à 21h30.

Le Grand Paris

➥ **Restaurant** : 13/20 Le Grand Paris

Une étape de longue tradition dans le cadre de cet ancien couvent. Meublées en style provençal, spacieuses, les chambres profitent de salles de bains bien tenues. Terrasse ombragée par des platanes, sauna à disposition de la clientèle.

4 appart. 114-130 € • 16 ch. 60-135 € • 1/2 pens. 76-110 €

www.hotel-grand-paris.com

19 bd Thiers
☎ 04 92 31 11 15
04 92 32 32 82
F. 1er déc.-1er mars.

Prix des appartements : la fourchette de prix correspond au tarif journalier pour 1 personne seule, et maximum pour 2 personnes.

DIGOIN - 71160 (19 D 6)

Mâcon 74 - Roanne 56

(12) Les Diligences H

Une ville-étape traditionnelle pour ceux qui oublient l'autoroute et visitent la Bourgogne authentique. A l'image de cette auberge qui ne triche pas et raconte l'histoire régionale à travers des plats bien trempés dans le terroir qu'il soit de Bourgogne (très bonne viande charolaise) ou d'ailleurs (cèpes à la bordelaise, piperade d'escargots, saint-pierre au romarin), développant de jolis parfums émanant de tout le pays. Chambres de tradition, mobilier rustique et fer forgé.

C : 43€ • M : 17-37€ • 1 appart. 55-69€ • 5 ch. 42-50€

www.les-diligences.com

» 14 rue Nationale
☎ 03 85 53 06 31
F. lundi et mardi (sf juil.-août) et 1er-30 déc.
Jusqu'à 21h.

DIJON - 21000 (20 B 3)

Paris 307 - Besançon 95 - Orléans 300

Hostellerie du Chapeau Rouge

➥ **Hôtel :** Hostellerie du Chapeau Rouge

Cadre et ambiance

En plein centre ville, dans le cadre un peu inattendu d'un hôtel estampillé Best Western, ce Chapeau Rouge fait valoir une longue histoire gastronomique, accompagnant les Dijonnais pour toutes les grandes occasions depuis plusieurs générations. La table a connu des hauts et des bas mais revit depuis six ans grâce au talent de William Frachot, ancien Grand de Demain. La salle à manger, de taille assez réduite, tranche singulièrement avec l'âge du bâtiment par son style très contemporain, dominé par les alliances de rouge et de noir.

Cuisine

Créative et ultra moderne, la cuisine de William Frachot ne laisse jamais un moment de répit, bondissant d'un thon rouge servi saignant, nouille soba au thé vert, shiitakés et langoustines en tempura à des asperges vertes, écume de parmesan, couteaux croustillants et coquillages, d'un dos de bar sauvage grillé puis parfumé aux écorces d'orange, citronnelle, cannelle et badiane à un filet de bœuf charolais, risotto de champignons et tomate séchée, jus de betteraves rouges au gingembre. L'Asie, les épices ne sont jamais bien loin dans cette cuisine aussi intuitive que courageuse et qu'on aimerait parfois encore plus risquée.

Cave

Balayant avec application la production locale, elle propose quelques escapades convenues vers d'autres vignobles, madiran du château Montus, cuvée Frédéric de Maurel Fonsalade, faugères de Barral ou patrimonio rosé du domaine Pastriacciola, des valeurs sûres bien choisies.

Accueil et service

Un personnel chevronné et sachant s'adapter aux différentes clientèles, compétent et solidement dirigé par Mickaël Datreza, chef de salle efficace.

C : 72€ • M : 38-100€

www.chapeau-rouge.fr

» 5 rue Michelet
☎ 03 80 50 88 88
F. 2 prem. sem. janv.
Jusqu'à 22h.

Le Pré aux Clercs

Cadre et ambiance

Une place superbe et historique, face au palais des Ducs de Bourgogne, un hôtel particulier ainsi baptisé du nom d'une opérette jouée l'année de la construction, en 1833. Confort bourgeois, tables espacées pour le plus grand plaisir de la bonne société locale.

Cuisine

Jean-Pierre Billoux excelle dans l'art difficile d'exprimer du goût et de la personnalité sur des plats presque familiers : un foie gras frais au confit de vin rouge, un carré de veau poêlé et jus à la chicorée, gnocchi de pommes de terre

» 13 pl de la Libération
☎ 03 80 38 05 05
F. dim. à dîn., lundi, 20 fév.-1er mars et 15-26 août.
Jusqu'à 21h15.

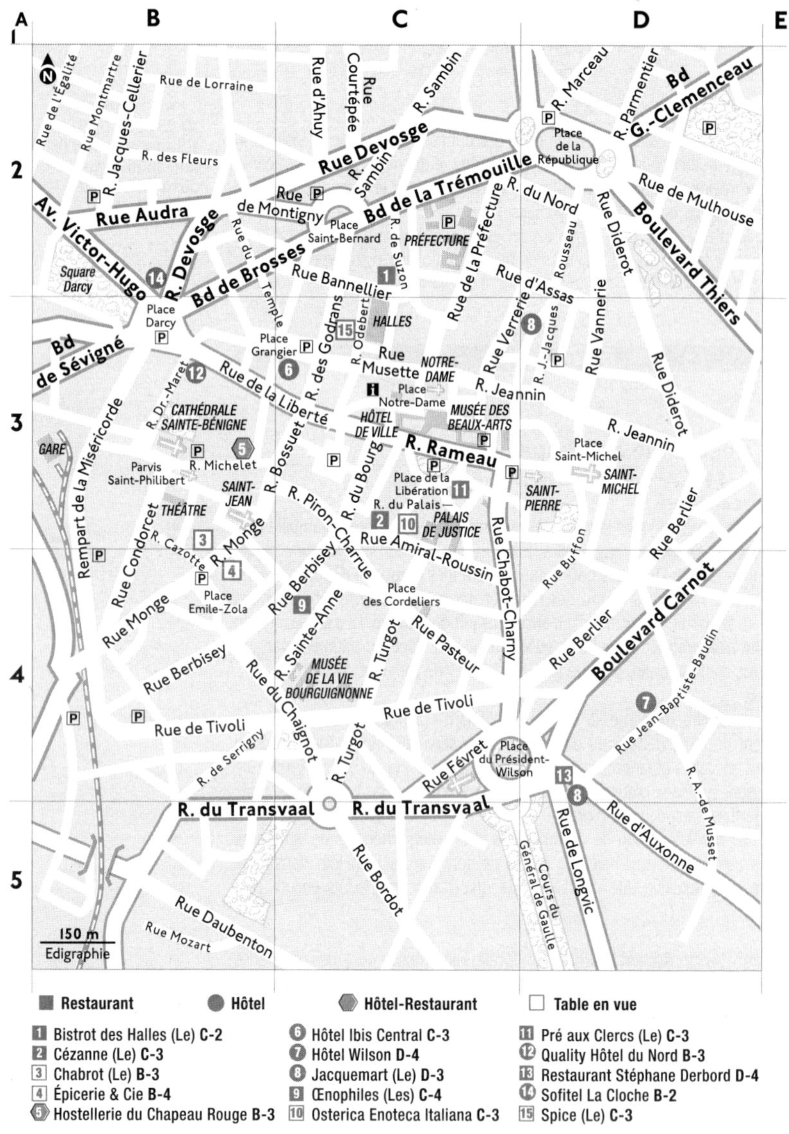

aux truffes ou même un poulet Dumaine, une version qu'il maîtrise entièrement. Les poissons, même si la belle clientèle locale les apprécie beaucoup, nous paraissent moins révélateurs de cet esprit précis et pointilleux dans les détails.

Cave

Dans cette position, on ne peut guère échapper à un catalogue complet en côte de Beaune comme en côte de Nuits. Des propriétaires incontestables, de très grands flacons pour aller au bout du pinot et du chardonnay, des tarifs cossus. Il y a bien quelques échappatoires, mais franchement aurait-on idée de sortir de la Bourgogne ?

Accueil et service

Accueil gentil, un poil compassé, mais souriant. Et le service est bien dans le ton, déférent sans en rajouter, tout ce qu'il y a de sérieux, mais, pour paraphraser Audiard, on ne va pas confier la première table de Dijon à des rigolos.

M : 34-90 € *www.le-pre-aux-clercs.com*

Restaurant Stéphane Derbord

» 10 pl Wilson
☎ 03 80 67 74 64
F. dim., lundi à déj., mardi à déj. et 1er-16 août.
Jusqu'à 21h30.

Tout juste quatre ans après avoir repris derrière le grand Jacques Thibert ce superbe relais de poste du XVIIe légèrement excentré, Stéphane Derbord demeure l'un des chefs les plus intéressants de la région. Sa cuisine, éminemment personnelle, ne ressemble à aucune autre. Toujours en éveil, à la recherche de nouvelles créations, cet ancien de chez Savoy offre un bilan très favorable, certains plats flirtant avec les trois toques, d'autres (la minorité heureusement) n'en valant parfois qu'une : escalope de foie gras de canard poêlée, julienne de chou étuvée au gingembre et cumin, caramel au citron jaune, nage de langoustines à la citronnelle, œuf poché, tuile à la moutarde et chapelure de pain, dos de pigeon rôti, déglaçage aux oignons confits, petits pois écrasés à la fourchette et cuisse en consommé au bâton de réglisse, crémeux chocolat guanaja, noisettes caramélisées et glace crème brûlée. Chez Derbord, il faut accepter d'être bousculé par les assiettes, parfois ébloui ou agacé (comme par ce service, vraiment trop précieux). La cave se montre extrêmement solide en région mais pas vraiment fouineuse ailleurs.

C : 70 € • M : 25-78 € *www.restaurantstephanederbord.fr*

13 Le Bistrot des Halles

» 10 rue Bannelier
☎ 03 80 49 94 15
F. dim., lundi et 25 déc.-2 janv.
Jusqu'à 22h.

Supervisé par l'une des stars de la gastronomie locale, Jean-Pierre Billoux, ce bistrot au cadre Années Trente rend hommage à la tradition bourguignonne : jambon persillé et pieds de veau, escargots de Bourgogne en petits pots sans laisser de côté les assiettes plus ensoleillées (cuisse de lapin rôtie et compote de courgettes). Bon enfant et joyeuse, l'ambiance n'est pas en reste.

M : 16 € *billoux@club-internet.fr*

13 Le Cézanne

» 38-36 rue de l'Amiral-Roussin
☎ 03 80 58 91 92
F. dim., lundi à déj., 13-28 août et 24-30 déc.
Jusqu'à 22h.

Cézanne peint Dijon ? Cherchez l'erreur. Il n'y en a pas dans cette maison moyenâgeuse du centre historique, avec sa terrasse sur voie piétonne. C'est un peu de Grande Bleue qui s'écoule en Bourgogne, par l'intermédiaire des frères Ardoint, qui produisent une vaste carte d'obédience sudiste, mais acceptant sans problème les gens du Nord : bar flambé au pastis, sardines grillées, noisettes d'agneau crème d'ail, agrémentés des parfums du moment, des cappuccinos de bouillabaisse, des mikados de tapenade. Pour la couleur locale, descendre au cellier ; vins de Bandol, Cassis et du domaine de Saint-Ser, au pied de la Sainte-Victoire, pour boucler la boucle.

C : 35 € • M : 17,50-48 €

12 Les Œnophiles

» 18 rue Sainte-Anne
☎ 03 80 30 73 52
F. dim., (7-20 août ferm. à déj.).
Jusqu'à 21h30.

Sans renier ce qui fait la force d'attraction du restaurant (découverte de la gastronomie bourguignonne), une pointe d'extravagance serait, dans ce décor superbement régional et historique, la bienvenue. Le nouveau chef-propriétaire a peut-être une idée sur la question, qui nous a donné un vivaneau sauce fenouil et sabayon d'agrumes assez convaincant après le pressé de bœuf et foie gras et avant le baba au rhum. La cave, quant à elle, ne doit surtout pas changer d'orientation : cap sur la Bourgogne et ouvrez les écoutilles.

C : 45 € • M : 24-54 € *www.hotelphilippelebon.com*

Le Chabrot

La cave est l'une des plus pointues du département (environ 200 références parmi les meilleurs vignerons bourguignons), l'offre au verre n'est pas oubliée et on peut bien sûr repartir avec son doggy bag. Auparavant, on aura avalé des œufs en meurette, un saumon à l'unilatérale ou un flan d'asperges à la tomate de brebis, dans ce cadre à mi-chemin du bouchon lyonnais et du bistrot parisien.
C : 26 € • M : 12,50-32 € *lechabrot@wanadoo.fr*

» 36 rue Monge
☎ 03 80 30 69 61
F. dim.
Jusqu'à 22h30.

Epicerie et Cie

La bonne adresse sur cette place touristique, avec une salle craquante (vieilles étagères, les charcuteries qui pendent du plafond, les vieilles pierres du bâtiment) et une cuisine franche et directe, poulet fermier à la crème à prix plancher et vraies bonnes pommes cuites au four. Ambiance cool, vins du cru au verre et au pichet.
C : 30 €

» 5 pl Emile Zola
☎ 03 80 30 70 69
Ouv. 7j/7.
Jusqu'à 22h.

Osteria Enoteca Italiana

Au cœur du vieux Dijon, dans l'une des plus jolies rues, une cuisine italienne traditionnelle (pas de pizzas par exemple), carpaccio de thon, pâtes maison farcies à la ricotta, dorade royale en croûte de sel.
C : 30 € • M : 14-39 €

» 32 rue de l'Amiral-Roussin
☎ 03 80 50 07 36
F. lundi, 15 août-5 sept. et 23 déc.-6 janv.
Jusqu'à 22h30.

Le Spice

Cuisine fusion et colorée dans l'une des adresses les plus animées autour des halles. Service cool et intitulés aussi amusants que le résultat dans l'assiette (french-burger, Dîner chic chez Jacques).
M : 11-16 €

» 12 rue Odebert
☎ 03 80 50 09 26
F. dim.
Jusqu'à 23h.

Hostellerie du Chapeau Rouge

➡ **Restaurant** : 16/20 Hostellerie du Chapeau Rouge
Le bâtiment a beau remonter au XVIe siècle et se trouver en lisière de la vieille ville, rien ici ne respire le musée, puisque les chambres font volontiers rimer meubles de style et décor contemporain, dans des tonalités douces ou chaleureuses.
2 appart. € • 28 ch. 125-210 € *www.chapeau-rouge.fr*

» 5 rue Michelet
☎ 03 80 50 88 88
📠 03 80 50 88 89
Ouv. 7j/7.

Sofitel Dijon La Cloche

Cette adresse mythique de la ville, derrière son élégante façade XIXe, a beaucoup évolué ces deux dernières années, avec la rénovation de la moitié des chambres. Les moquettes épaisses et le mobilier aux sobres lignes Art déco créent une atmosphère feutrée, le confort est remarquable. La situation en centre ville n'exclut pas un agréable jardin.
4 appart. 350-400 € • 64 ch. 155-260 € *www.hotel-lacloche.com*

» 14 pl Darcy, BP 42559
☎ 03 80 30 12 32
📠 03 80 30 04 15
Ouv. 7j/7.

Hôtel Wilson

Remarquable atmosphère à l'ancienne pour cet ancien relais de poste XVIIe en lisière du centre. La belle cour fleurie et les chambres à la sobre élégance confortent l'agrément du séjour.
27 ch. 73-91 € *www.wilson-hotel.com*

» Pl Wilson
☎ 03 80 66 82 50
📠 03 80 36 41 54
Ouv. 7j/7.

Quality Hôtel du Nord

L'hôtel a achevé sa rénovation pour proposer, en centre-ville près de la Porte Guillaume, des chambres actuelles et personnalisées, sobres et spacieuses.
1 appart. 95-135 € • 26 ch. 7075-95 € • 1/2 pens. 70 € *www.hotel-nord.fr*

» Pl Darcy
☎ 03 80 50 80 50
📠 03 80 50 80 51
F. 20 déc.-5 janv.

Ibis Central

Un solide classique de la ville, sur une place désormais rénovée, avec des chambres au confort actuel. Les prestations du Central vont au-delà du restaurant d'hôtel et rassemblent les amateurs de cuisine classique et de belles grillades dans une atmosphère particulière.
90 ch. 61 €

» 3 pl Grangier
☎ 03 80 30 44 00
Fax 03 80 30 77 12
Ouv. 7j/7.

Le Jacquemart

Situation idéale au cœur du quartier historique pour ce bâtiment construit au XVIIIe siècle. Désormais toutes rénovées, les chambres prodiguent espace et bon confort à prix canon.
2 appart. 49-65 € • 29 ch. 27-59 € *www.hotel-lejacquemart.fr*

» 32 rue Verrerie
☎ 03 80 60 09 60
Fax 03 80 60 09 69
Ouv. 7j/7.

à HAUTEVILLE LES DIJON - 21121 : 8 km O. par N 71

(12) Musarde

Un hôtel familial dont un décor provincial qui sent le neuf, doté d'un petit jardin qui mériterait un mobilier plus choisi. Dans ce contexte, on ne peut qu'être intrigué par ces zébrures dans la carte, ces traits de fantaisie qui détonnent dans une entreprise aussi sage. Le chef passe des saint-jacques en aumônière de truffes d'été et tranches de saucisses de Morteau grillées au filet de bar confit d'olives noires mascarpone et œufs de lump. Ce n'est pas le grand soir, mais cela éveille la curiosité.
M : 18-62 € *www.logisdefrance.fr*

» 7 rue des Riottes
☎ 03 80 56 22 82
F. dim. à dîn., lundi, mardi à déj. et 23 déc.-10 janv.
Jusqu'à 21h30.

à MARSANNAY LA COTE - 21160 : 8 km S.O. par D 122

(15) Les Gourmets

Au cœur du village, derrière une façade rénovée, les vestiges de l'ancienne bergerie ont depuis longtemps cédé la place à un cadre plus actuel, ouvert sur une agréable terrasse. Joël Perreaut y taille sa route avec sérénité, puisant aux sources du terroir bourguignon de quoi nourrir des assiettes sagement actualisées au gré d'influences sudistes. Certes, comme le décor, cette cuisine peine un peu à se renouveler, mais le savoir-faire mis en avant, sur la qualité des produits comme celle des cuissons, plaide pour une satisfaction maintenue, autour de la tarte fine d'aubergine et filet de daurade, du travers de veau de sept heures arômes d'orange et parmesan ou des gaufres à la farine de châtaigne chaud-froid de fraises au Grand-Marnier. Cave bourguignonne d'anthologie, notamment sur les appellations locales.
M : 30-79 € *www.les-gourmets.com*

» 8 rue du Puits-de-Têt
☎ 03 80 52 16 32
F. dim. à dîn., lundi, mardi à déj., 16 janv.-7 fév. et 31 juil.-16 août.
Jusqu'à 21h15.

à PRENOIS - 21370 : 12 km N.O. par N71 et D 104

(17) Auberge de la Charme

Cadre et ambiance
Une réussite dans la simplicité, mariant les vieilles pierres (notamment une ancienne forge du XVIIe siècle) et un mobilier moderne aux lignes sobres. Dans un coin l'ancien four à pain avec sa cheminée monumentale. Et la salle est animée pour suivre la fougue d'un cuisinier pas comme les autres.

Cuisine
David Zuddas affiche un net penchant pour les saveurs épicées et exotiques, touches personnelles qu'il distribue sur des produits proches de la perfection, pour des assiettes jolies et originales : viennoise de dattes et gingembre et pain tiède à la semoule sur un foie gras de canard de concours ; sur le saint-pierre, un gomasio aux dattes, plus amusant que totalement convaincant et qui se fait

» ☎ 03 80 35 32 84
F. dim. à dîn., lundi, mardi à déj., vac. scol. fév. et 2 prem. sem. août.
Jusqu'à 21h30.

voler la vedette par la fraîcheur des cébettes et radis rose. Il aime aussi jouer des textures, comme en témoigne l'espuma de risotto et truffe d'été, une réussite servie en accompagnement d'un thon snacké délicieusement moelleux. Horizon moins lointain mais résultat tout aussi convaincant pour le navarin d'écrevisse et mousserons gelée fine au savagnin.

Cave

Volontiers fureteuse, elle délaisse les domaines les plus prestigieux de Bourgogne pour privilégier les valeurs montantes de ces dernières années ; elle permet également de s'évader de la région en trouvant les bonnes pistes.

Accueil et service

Les chemises résolument bariolées des serveurs affichent... la couleur : ambiance décontractée, qui n'exclut pas un service d'un excellent niveau, disponible pour détailler chaque plat, luxe appréciable compte tenu de l'exubérance des assiettes.

C : 60 € • M : 25-72 € *davidlacharme@aol.com*

DINAN - 22100 (14 B 3)

Saint-Brieuc 60 - Dinard 25

[10] Crêperie Ahna

» 7 rue de la Poissonnerie
☎ 02 96 39 09 13
F. dim., mars et nov.
Jusqu'à 22h.
⛱ ❄ 🐕

Le cadre a un peu changé, pas les galettes. Des artistes exposent régulièrement dans cette crêperie, la plus estimée de la ville et à juste titre. Le patron est un expert, qui ne triche pas plus avec les garnitures qu'avec la qualité de la pâte. En confiance sur la Tumulus à l'andouille ou l'Ahna au magret de canard. On boit le cidre artisanal ("P'tit Fausset") ou le lait ribot fermier.

C : 12 €

🏨 Avaugour

» 1 pl du Champ
☎ 02 96 39 07 49
📠 02 96 85 43 04
F. 1er janv.-11 fév. et 10 nov.-31 déc.
🐕

Typiques de l'architecture de la ville, les deux grandes maisons de granit cachent un cadre adorable, avec des chambres douillettes, actuelles sans renier un certain charme ancien. Jardin sur les remparts et le soleil couchant.

3 appart. 120-270 € • 21 ch. 70-170 € *www.avaugourhotel.com*

🏨 Porte Saint-Malo

» 35 rue Saint-Malo
☎ 02 96 39 19 76
📠 02 96 87 99 46
F. janv.
♿ 🐕

Plusieurs maisons anciennes aujourd'hui réunies, dans le quartier historique, à deux minutes du centre-ville. Chambres simples et tranquilles.

15 ch. 40-48 € *www.hotelportemalo.com*

➲ à LANVALLAY - 22100 : 2 km E. par N 176

[11] Le Bistrot du Viaduc

» 22 rue du Lion-d'Or
☎ 02 96 85 95 00
F. sam. à déj., dim. à dîn., lundi, 2 dern. sem. juin et 20 déc.-15 janv.
Jusqu'à 21h30.
🚗 ❄ 🐕

De la véranda au bord du viaduc, la vue plongeante et spectaculaire sur la vallée de la Rance est un premier atout pour ce bistrot malin, qui y ajoute une cuisine plutôt élégante, dans ses associations bien actualisées, le poisson en vedette. Ajoutez une cave bien garnie et une ambiance paisible et détendue, et vous obtenez une halte sympathique aux portes des remparts de Dinan.

C : 50 € • M : 17,50-38,50 €

DINARD - 35800 (14 B 2)

Rennes 72 - Saint-Malo 13

[12] L'Abri des Flots

» 6 pl de la République
☎ 02 99 16 99 48
Rens. non comm.
Jusqu'à 22h30.

De tous les restaurant alignés le long de la place et de la rue menant à la plage, cette brasserie au sombre intérieur marin sort de l'eau et du lot. Une flopée de menus bien calibrés, des produits frais et gentiment traités. On pardonnera la présence de saint-jacques à longueur d'année.

[12] La Cuisine du Bistrot Gourmand

Small is beautiful. La salle est minuscule mais tout le monde en parle. Entre halles et plage ce resto-bistrot joue sans détour la carte de la fraîcheur : délicieux croustillant de morue accompagnée de toutes simples pommes de terre écrasées, excellentes moules de bouchot malgré un inutile croustillant en forme de montgolfière, cappuccino de fraises. Service alerte et carte des vins plutôt maligne.
C : 28 € • M : 18-38 €

» 15 pl de la République
☎ 02 99 16 04 03
F. dim. à dîn. (sf saison), lundi, jeudi à déj. et 15-30 nov.
Jusqu'à 21h.

[12] La Salle à Manger

Assaut de sophistication, complication plus que complexité ? Soyons francs, dans un paysage recroquevillé où des jeunes chefs s'installent pour faire du bœuf mode, nous avons un important capital sympathie pour ceux qui risquent un peu. Alors les intitulés sur trois lignes et le hareng qui se promène avec "sa" pomme de terre, on passe parce que Yannick Lalande a du tempérament, il met en avant des produits de tous standings, la sardine comme le homard, le lapereau comme le bar sauvage, mis en scène avec recherche et une adresse certaine. La toque n'est pas loin, et la cave montre un intérêt certain pour les étiquettes prestigieuses, aux côtés de bons propriétaires.
C : 30 € *la.salleamanger@wanadoo.fr*

» 25 bd Féart
☎ 02 99 16 07 95
F. ann. non comm.
Jusqu'à 22h.
🐕 🚬

🏨 Grand Hôtel Barrière R

Entre style haussmannien et granit breton, l'hôtel impose sa propre personnalité, habillé de la griffe Garcia comme la plupart des palaces Barrière. On se laisse bercer par les vagues, par le confort douillet des chambres, comme par la disponibilité et la gentillesse du service. Au Blue B le soir, un chef rompu à l'exercice palace propose une carte actuelle et soignée, des cannelloni de queue de bœuf à l'huile de truffe à la daurade rôtie légumes à la provençale.
5 appart. 160-420 € • 90 ch. 178-456 € • 1/2 pens. 143-263 € • C : 50 € • M : 38-60 € *www.lucienbarriere.com*

» 46 av George-V
☎ 02 99 88 26 26
📠 02 99 88 26 27
F; 13 nov.-8 avril.
🚗 ♿ 🏊 🐕

🏨 Villa Reine Hortense

Face à la mer (accès direct à la plage), cette belle villa 1900 arbore une allure italienne et un décor Empire ponctué d'une foule de détails soignés. Se crée ainsi une atmosphère personnelle de luxe et de faste Belle Epoque.
1 appart. 280-370 € • 7 ch. 140-220 € *www.villa-reine-hortense.com*

» 19 rue de la Malouine
☎ 02 99 46 54 31
📠 02 99 88 15 88
F. 10 oct.-25 mars.
🚗 🐕

➲ à PLEURTUIT - 35730 : 5 km S. par D 266

[10] Crêperie Fleurs d'Ajoncs

Une crêperie en Bretagne, la proposition n'est pas rare, cette petite maison derrière l'église mérite distinction pour le soin porté à la réalisation, pâte soignée et garnitures de qualité, jusqu'au cidre, artisanal et aromatique. Atmosphère évidemment conviviale.
C : 15 € • M : 8,60 €

» 19 rue Brindejonc-des-Moulinais
☎ 02 99 88 46 94
F. merc., 15 jrs vac. scol. fév., 1 sem. déb. juin et 10 jrs oct.
Jusqu'à 21h30.
🐕

🏨 Manoir de la Rance 🐦

Le parc au-dessus de la rivière séduit par son calme et surtout sa vue et constitue un bel écrin pour cet élégant (jusque dans les chambres) manoir XIXe.
2 appart. 130-230 € • 8 ch. 70-160 €

» Jouvente
☎ 02 99 88 53 76
📠 02 99 88 63 03
F. 8 janv.- 15 mars.
🚗 🐕

↻ à SAINT LUNAIRE - 35800 : 5 km O. par D 786

[12] Le Décollé

» 1 pointe du Décollé, BP 13
☎ 02 99 46 01 70
F. lundi, mardi (h.s.) et 15 nov.-1er fév.
Jusqu'à 21h.
⛱ ♿ ❄ 🐕

Le ressac, la vue sur la baie depuis la pointe du Décollé, inspirent Eric Lemale, cuisinier par passion qui réinvente l'océan au gré des saisons. Toujours plus proche du produit, il aime présenter ses poissons en carpaccio, avec un filet d'huile d'olive de qualité, une cocotte de légumes frais, de beaux desserts pour terminer joliment. Cette cuisine a un sens et la salle a une âme. Cave correcte, qui s'intéresse aux propriétaires.
C : 45 € • M : 19-38 €

DISSAY - 86130 (22 C 3)

Poitiers 17 - Châtellerault 22

[13] Le Binjamin H

» RN 10, Longève
☎ 05 49 52 42 37
F. sam. à déj. et dim. à dîn.
Jusqu'à 21h30.
♿ ❄ 🏊 🐕

Ce Binjamin, à quelques encablures du Futuroscope, a tout d'un grand : un cadre vraiment agréable, champêtre sans excès, et une cuisine qui, sans renverser les montagnes, compte parmi ce qui se fait de mieux dans la grande agglomération : tartare de saumon, crème légère parfumée à l'huile de noix, granité tomate basilic, langoustines rôties au beurre de jus de moules, julienne de légumes, filet de dorade aux oignons chorizo, jus de volaille et fleur de courgette farcie. Une adresse sûre.
C : 46 € • M : 22-52 € • 10 ch. 24 € *www.binjamin.com*

DIVES SUR MER ➤ CABOURG

DIVONNE LES BAINS - 01220 (28 B 1)

Saint-Claude 52 - Genève 20

[15] Château de Divonne

» 115 rue des Bains
☎ 04 50 20 00 32
Ouv. 7j/7.
Jusqu'à 22h.
⛱ 🚗 🏊 🎾 🚬

➥ **Hôtel :** 🏨 Château de Divonne

C'est inscrit dans un processus presque habituel, normatif, logique : deux ans après le départ de Mathieu Fontaine (qui s'était installé au château de Bagnols pour combler le vide laissé par son prédécesseur, Philippe Labbé, en partance pour la Chèvre d'Or à Eze avec le succès que l'on sait depuis), c'est Benoit Vidal qui a quitté l'Ain pour le Luberon et le Mas des Herbes Blanches. Son remplaçant ? Laurent Bélissa, qui prend donc du galon après son passage chez Laurent Tarridec (Leï Mouscardins à Saint Tropez). Sa mission ? La même que ces prédécesseurs, donc forcément temporaire, consistant à respecter le strict cahier des charges de ce splendide château adulé par les Suisses en proposant une cuisine gastronomique où le pouvoir d'improvisation reste tout de même limité. Mais, lorsqu'on voit le cursus des chefs passés par cette maison, on peut être confiant sur la qualité de réalisation.
C : 84 € • M : 56-95 € *www.chateau-divonne.com*

[15] La Terrasse

» Domaine de Divonne, av des Thermes
☎ 04 50 40 35 39
F. dim. à dîn., lundi, mardi. F. ann. non comm.
Jusqu'à 21h30.
⛱ 🚗 ♿ ❄ 🏊 🎾 🐕 🚬

➥ **Hôtel :** 🏨 Grand Hôtel

Si l'ambiance est franchement franco-suisse (la route la plus simple emprunte l'autoroute helvétique), la salle est tout simplement celle d'un grand hôtel, aux rouages bien huilés, et au cuisinier très expérimenté pour produire une cuisine pointue et imaginative. Les idées se pêchent dans le lac (terrine de féra et polenta aux éclats d'écrevisse), dans les fermes des environs (canard de la Dombes aux fèves de Tonka et légumes) ou jusqu'en Camargue (filet de taureau et asperges en demi-deuil) et la prestation ne souffre aucun incident, aucune faute technique. Belle cave de 400 références bien présentée par un sommelier érudit.
C : 71 € • M : 29-79 € *www.domaine-de-divonne.com*

[12] Le Léman

Le bistrot chic du domaine de Divonne, ou plutôt une table de détente, plus facile d'accès que le gastro, sur des produits et des recettes plus familières, mais en bénéficiant de toutes les attentions au standing de la maison.
C : 40€ • M : 25-34€ *www.domaine-de-divonne.com*

» Grand Hôtel, av des Thermes
☎ 04 50 40 34 18
F. sam. à déj., merc. et jeudi.
Jusqu'à 21h30.
⛱ ♿ ❄ 🚬

🏨 Château de Divonne

➥ **Restaurant** : 15/20 Château de Divonne
Les murs blancs de cette élégante gentilhommière XIXe se détachent sur la verdure du vaste parc. Sous les hauts plafonds, le mobilier de style et les atours de luxe s'imposent en douceur, notamment dans les chambres, harmonieuses. Belle terrasse panoramique, face à deux merveilles de la nature, le lac Léman et la chaîne du Mont Blanc.
6 appart. 130-510€ • 28 ch. 130-510€ • 1/2 pens. 83€
www.chateau-divonne.com

» 115 rue des Bains
☎ 04 50 20 00 32
📠 04 50 20 03 73
Ouv. 7j/7.
🚗 ❄ 🏊 🎾 🐕

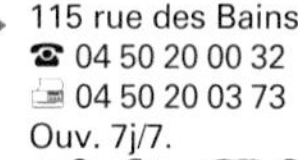

🏨 Grand Hôtel

➥ **Restaurant** : 15/20 La Terrasse
Le domaine se compose d'un golf et d'un casino pour la détente. Sur ce vaste parc, deux bâtiments accueillent les chambres, dans des ambiances en rapport avec leur architecture : une construction 1930, avec un style Art déco, et un bâtiment fin XIXe aux influences plutôt romantiques. Espace et luxe dans les deux cas, sans oublier des prestations très complètes.
14 appart. 465-2210€ • 120 ch. 190-465€ *www.domaine-de-divonne.com*

» Domaine de Divonne, av des Thermes
☎ 04 50 40 34 34
📠 04 50 40 34 24
Ouv. 7j/7.
🚗 ♿ ❄ 🏊 🎾 🐕

DOLE - 39100 (21 A 4)

Lons-le-Saunier 54 - Dijon 48

[15] La Chaumière

➥ **Hôtel :** 🏨 La Chaumière
Une adresse visiblement génératrice d'idées. Joël Césari, dans la maison qui a vu éclore, professionnellement, Nicolas Pourcheresse, manifeste au moins autant d'ingéniosité à jouer des contrastes et des techniques nouvelles pour révéler des saveurs inconnues (un carpaccio de chou-fleur et une tomme de brebis, une mousse de hareng et un gaspacho de tomates). Il marierait Héphaïstos et Aphrodite aussi facilement que la mythologie grecque, pas pour épater mais pour créer un espace de fantaisie, de réflexion et de plaisir de la découverte, dans ce joli cadre contemporain (bien tranformé depuis la reprise) sur la route de Pontarlier. Carte de vins intéressante menée par un sommelier passionné.
C : 45€ • M : 30-70€ *lachaumiere.dole@wanadoo.fr*

» 346 av du Mal-Juin
☎ 03 84 70 72 40
F. sam. à déj., dim. et lundi à déj.
Jusqu'à 22h.
⛱ 🚗 🏊 🐕 🚬

[14] Le Bec Fin

A 32 ans, déjà couronné MOF l'an dernier, Romuald Fassenet fait partie de notre nouvelle promotion de Jeunes Talents. Fort d'un parcours hétéroclite qui l'a vu terminer par trois années comme chef chez Jean-Paul Jeunet, il s'est installé voilà trois ans dans cette maison de centre-ville au bord du canal des Tanneurs, et l'on peut désormais déjeuner sur la toute nouvelle terrasse. Les assiettes de ce chef plein d'avenir font déjà beaucoup parler d'elles, la salade d'écrevisses et asperges vertes croquantes, vinaigrette au curry, les noisettes d'agneau dorée, chapelure aux herbes et cannelloni d'aubergines et les macarons pistaches et fraises gariguettes, réduction de balsamique, glace au chocolat blanc et huile de pistache étant de la meilleure veine. Cave forçant sur le jura et la bourgogne et rassemblant les grands noms ailleurs (Bourgeois, Pellé ou Dagueneau en Loire, Guigal ou Richaud en Rhône).
C : 54€ • M : 25-58€ *fassenet.romu@wanadoo.fr*

» 67 rue Louis-Pasteur
☎ 03 84 82 43 43
F. mardi et merc. (sf juil-août), 1 sem. sept. et 3 sem. Noël-nouvel an.
Jusqu'à 21h15.
⛱ ❄ 🐕

La Chaumière

➥ **Restaurant** : 15/20 La Chaumière

Le toit de cette belle vieille ferme est bel et bien en chaume, on y prolonge les plaisirs du restaurant avec une même satisfaction, mélange de charme ancien et de confort moderne, dans un parc tranquille en lisière de forêt.

18 ch. 63-80 € *lachaumiere.dole@wanadoo.fr*

» 346 av du Mal-Juin
☎ 03 84 70 72 40
Fax 03 84 79 25 60
F. 23 déc.-9 janv.

DOMME - 24250 (24 C 2)

Beynac-et-Cazenac 8 - Sarlat-la-Canéda 11

L'Esplanade

➥ **Hôtel** : L'Esplanade

Le potentiel de cette maison est considérable : la notoriété, l'emplacement dans ce vieux village au-dessus de la Dordogne, la vue exceptionnelle en plongée sur la rivière. René Gillard a bien œuvré pour embellir son terroir. Mais si les plats, malgré quelques pointes de fantaisie (spaghetti de céleri avec une poêlée d'asperges et crevettes) ne rajeunissent pas, les ris de veau aux morilles ou le filet d'agneau du Quercy farci de foie gras et de truffes, rôti en croûte sauce périgueux, ont encore bien fière allure. Que l'on se rassure, l'addition, elle aussi, reste très au-dessus de la Dordogne. Belle cave de grands crus, bergerac et cahors de connaisseur.

C : 55 € • M : 30-90 € *www.esplanade-perigord.com*

» Le Bourg
☎ 05 53 28 31 41
F. lundi (sf à dîn. 1er mai-30 sept.), merc. à déj., 1er janv.-1er mars et 11 nov.-31 déc.
Jusqu'à 21h.

L'Esplanade

➥ **Restaurant** : 14/20 L'Esplanade

Au cœur d'un splendide village médiéval, des chambres classiques, régulièrement rénovées. Magnifique point de vue sur la Dordogne.

20 ch. 72-148 € • 1/2 pens. 96-136 € *www.esplanade-perigord.com*

» ☎ 05 53 28 31 41
Fax 05 53 28 49 92
F. 1er janv.-1er mars et 11 nov.-31 déc.

DONZENAC ➤ BRIVE LA GAILLARDE

DOUAI - 59500 (2 A 4)

Lille 40 - Arras 27

Au Turbotin

De tous les poissons, c'est le turbot qu'on préfère face au Palais de Justice. Et André Bouland, en quinze ans de recettes, a eu le temps de se faire une idée des mariages heureux avec l'excellent pleuronecte. Au maroilles, à l'ail d'Arleux, étuvé sauce mousseline, au champagne, c'est fête tous les jours, dans l'art et la manière d'un chef confirmé qui montre autant de précision sur le chausson brioché de crabe et fruits de mer, le ballotin de volaille farci et le craquant de fruits rouges. Atmosphère bourgeoise entretenue par un service sobre et policé, cave sage animée par quelques "vins du mois".

C : 40 € • M : 18-43 €

» 9 rue de la Massue
☎ 03 27 87 04 16
F. sam. à déj., dim. à dîn., lundi, vac. scol. fév. et août.
Jusqu'à 21h30.

La Terrasse

L'étape idéale à Douai, qualité de l'accueil, chambres confortables et soignées, teintes douces et décor épuré, derrière l'élégante façade en pierres.

24 ch. 50-100 € • 1/2 pens. 75-85 € *www.laterrasse.fr*

» 36 terrasse Saint-Pierre
☎ 03 27 88 70 04
Fax 03 27 88 36 05
Ouv. 7j/7.

DOUAINS ➤ PACY SUR EURE

DOUARNENEZ - 29100 (13 B 4)

Quimper 22 - Brest 76

[10] Au Goûter Breton

» 36 rue Jean-Jaurès
☎ 02 98 92 02 74
F. dim. et 15-30 juin.
Jusqu'à 21h.
♿ 🐕

Que des "traou mad" (des bonnes choses) dans ce franc décor rustique de pub celtique où la galette est soignée de mille façons ou presque, dans un catalogue enrichi de propositions du moment sur ardoise et d'une belle variété de cidre. L'accueil est aussi une composante du succès.

C : 10€ • M : 7-16€

🏠 Clos de Vallombreuse 🐦

» 7 rue d'Estienne-d'Orves
☎ 02 98 92 63 64
📠 02 98 92 84 98
Ouv. 7j/7.
🚗 ♿ 🌊 🐕

Entre maison de maître et villa balnéaire, cette construction du début du XXe siècle a sa personnalité propre. Les meubles de style sont bien à leur place dans ce contexte, mais on peut également préférer à ce luxe historique les chambres de l'annexe, contemporaine et claires. Belle situation sur la mer.

25 ch. 46-120€ *www.closvallombreuse.com*

DOUCIER - 39130 (21 B 5)

Lons-le-Saunier 25 - Champagnole 19

[12] Le Comtois 🍇 H

» 806 rue des 3 Lacs
☎ 03 84 25 71 21
F. dim. à dîn., mardi à dîn., merc. (15 juin-15 sept.), sam. à déj. et 18 déc.-10 fév.
Jusqu'à 21h.
⛱ 🚗 ♿ 🐕

Une telle accumulation de récompenses en sommellerie, cela sent la cave bien tenue, le vin jaune et le terroir. Christophe Menozzi suit le repas de près : un verre avec chaque plat pour le menu dégustation, du répondant quelle que soit la composition de son chef Laurent Canard, des soirées à thèmes autour du vin. On lève le coude pour partir à la découverte des formidables vignerons jurassiens, les Lornet, Tissot, Overnoy, Aviet, Reverchon, Petit et tant d'autres. Les assiettes fument, mais suivent le rythme : balluchon de morteau au poulsard, suprême de pintade aux griottines de Fougerolles, baba au pontarlier. Evidemment, suivez la région ! mais si vous voulez rigoler, montrez à vos copains languedociens Grange des Pères 95 à 74 **€** ou Jadis 2000 de Barral à 32 **€**. Confort soigné jusque dans les chambres.

C : 36€ • M : 20-30€ • 8 ch. 45-50€ • 1/2 pens. 62-45€
restaurant.comtois@wanadoo.fr

DOURLERS - 59440 (2 D 4)

Maubeuge 17 - Avesnes-sur-Helpe 10

[13] Auberge du Châtelet

» 3 rte Nationale 2, les Haies à Charmes
☎ 03 27 61 06 70
F. dim. à dîn. et fériés à dîn.
Jusqu'à 21h15.
🚗 🐕 🚬

La tradition prédomine dans la solide maison de François Carlier, depuis l'accueil particulièrement soigné jusqu'aux assiettes, andouille blanche pochée et émulsion froide à l'estragon, suprême de volaille grillé à la diable, darne de cabillaud en vapeur sauce hollandaise. Vaste parc, idéal pour les réunions de famille ou de travail, cave s'appuyant sur un panel de vignerons fidèles à la maison.

C : 35€ • M : 25-51€ *www.aubergeduchatelet.com*

Restaurants mentionnés en annexe

R Pour un restaurant de niveau 10 à 12.

[toque] Pour un restaurant de niveau 13 à 14.

[2 toques] Pour un restaurant de niveau 15 à 16.

[icône] Icône — [20] à [13] Toques — [12] à [10] Notes

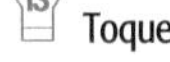

DOUVRES LA DELIVRANDE - 14440 (5 D 3)

Caen 13 - Cabourg 24

à CRESSERONS - 14440 : 3 km E. par D 35

[12] La Valise Gourmande

Joli parc normand aux essences exotiques, les palmiers côtoyant les pommiers, et jolie maison fleurie qui donne envie d'approfondir ses connaissances sur la Normandie. Pascal Guillemin s'y emploie en tournant le terroir à la mode, une gelée de coquillages sur un gaspacho et aïoli de bulots, un pavé de thon frais sur un tian de légumes, des aiguillettes de canard au poivre de Séchouan. Et il enveloppe le tout, en casant le milk shake de fraise et glace tagada, pour le fun, dans un menu à moins de 30 **€** qui ne peut que séduire le voyageur.
C : 60 € • M : 29-52 €

» 7 rue de Lion-sur-Mer
☎ 02 31 37 39 10
F. dim. à dîn., lundi, mardi à déj., 6-26 mars et 26 sept.-11 oct.
Jusqu'à 21h30.
⛱ 🚗 ♿ 🐕

DRACY LE FORT ➤ CHALON SUR SAONE

DRAGUIGNAN - 83300 (34 B 5)

Toulon 74 - Nice 89 - Fréjus 30

à FLAYOSC - 83780 : 7 km S.O. par D 557

[13] L'Oustaou

Une cuisine provençale, fine et plutôt ambitieuse, et orchestrée par Mathieu Cassin, ancien chef du Mesclun (à Cannes) et en place depuis deux ans désormais sur la petite place du village. En période d'affluence, pensez à réserver, les places en terrasse voyant soudain leur demande grimper.
C : 40 € • M : 26-42 € *www.loustaou.net*

» 5 pl Brémond
☎ 04 94 70 42 69
F. dim. à dîn., lundi, merc. (h.s.), lundi, mardi à déj., vend. à déj. (15 juin-15 sept.) et 15 nov.-15 déc.
Jusqu'à 22h.
⛱ ❄ 🐕

DREUIL LES AMIENS ➤ AMIENS

DREUX - 28100 (17 D 1)

Chartres 37 - Evreux 43

🏠 Le Beffroi

Meublées en moderne mais toutes personnalisées par un objet d'art différent, les chambres de cette étape en centre-ville donnent à l'arrière sur la Blaise et en façade sur la place principale de la ville (cathédrale et beffroi).
15 ch. 65 € *hotel.beffroi@club-internet.fr*

» 12 pl Metezeau
☎ 02 37 50 02 03
📠 02 37 42 07 69
F. 25 juil.-16 août.
🚗 🐕

DUCEY - 50220 (5 B 5)

Saint-Lô 70 - Le Mont-Saint-Michel 21

🏠 Le Moulin de Ducey 🐦

Tranquillité et douceur de vivre dans le cadre de cet ancien moulin en bordure de rivière, dans un décor respectueux du style du bâtiment.
28 ch. 52-98 € *www.moulinduducey.com*

» 1 Grande-Rue
☎ 02 33 60 25 25
📠 02 33 60 26 76
F. mi-janv.-mi-fév.
🚗 ♿

Hôtels de charme.

🏠 Bon confort. 🏠 Grand confort. 🏠 Luxe. 🏠 Grand luxe.

DUN SUR AURON - 18130 (18 B 5)

Bourges 27 - Saint-Amand-Montrond 21

Les Heures Gourmandes

» 12 Grande-Rue
☎ 02 48 59 88 94
F. dim., lundi, merc. à dîn, 13-20 mars et 4-22 sept.
Jusqu'à 21h.

Une aubaine que ce bistro-restaurant installé dans une petite ville bien tranquille. La cuisine de Jean-Louis Fenayrou est éclectique et de bonne facture. Le pressé de foie gras aux figues, la salade de lentilles du Berry et saumon mariné, la tête de veau caramélisée aux épices, le filet de bœuf poêlé à la graisse d'oie et crème au porto, sont des plats bien travaillés, d'une présentation très soignée, et d'une délicate élégance. La cave, assez courte, comporte de quoi accompagner les conversations et les plats, servis avec aisance et doigté.

C : 30 € • M : 12-36 € *jl.f12@wanadoo.fr*

DUNES - 82340 (29 C 3)

Montauban 61 - Agen 22

(12) Les Templiers

» 1 pl des Martyrs
☎ 05 63 39 86 21
F. sam. à déj., dim. à dîn., lundi, mardi à dîn. et vac. scol. Toussaint.
Jusqu'à 21h00.

La climatisation est venue rafraîchir la salle en été, même si cette maison XVIIe au cœur d'une bastide XIIIe concentre à la fois la fraîcheur et le bon air. Celui joué par un cuisinier inspiré par son terroir et tenté par la mer, mariant le croustillant de langoustines et les asperges vertes avec un caramel d'orange sanguine, et pointant la boussole plein Sud avec la jambonnette de pigeonneau et condiments niçois ou la pissaladière de lotte. Une cuisine de ferveur et d'application, à négocier à la carte ou dans le menu à 26 **€**.

C : 45 € • M : 21-45 €

DUNKERQUE - 59140 (1 C 1)

Lille 74 - Calais 45

L'Estouffade

» 2 quai de la Citadelle
☎ 03 28 63 92 78
F. dim. à dîn., lundi et 3 sem. sept.
Jusqu'à 21h30.

L'équipe soudée autour du chef, c'est une image aussi réjouissante que le nouveau décor. Et pour ne pas rameuter les clichés "chaleur du Nord", on rappellera sobrement les dix-huit ans de fidélité de Maurice Claeyssen à cette maison et à cette cuisine de sincérité, parfois un peu candide dans sa tradition et ses accompagnements, mais joliment mise en scène et soigneusement fignolée : lucullus de saumon rose fumé, gâteau d'escalopes de lotte à l'huile d'olive matignon de légumes et riz safrané au lait de coco, parfait glacé au thé vert. Cave bien diversifiée qui sait s'intéresser à des petits vignobles.

C : 45 € • M : 24-35 €

L'Estaminet Flamand

» 6 rue des Fusiliers-Marins
☎ 03 28 66 98 35
F. sam. à déj., dim. et 20-31 déc.
Jusqu'à 23h.

Le vent des Flandres entre dans cette cuisine authentique et souffle sur la salle avec fougue. Le décor d'estaminet savamment reconstitué aide à s'imprégner de l'esprit régional et de mieux dialoguer avec les tripes flamandes, la carbonade et le poulet au maroilles. Bonnes provenances, assiettes soignées et bière locale très adéquate.

C : 16 € • M : 10-30 €

Borel

» 6 rue de l'Hermitte
☎ 03 28 66 51 80
Fax 03 28 59 33 82
Ouv. 7j/7.

Face au port de plaisance, un immeuble moderne aux chambres assez spacieuses et meublées en style contemporain. Salle de fitness équipée de matériel haut de gamme.

4 appart. 72-86 € • 48 ch. 76-86 € *www.hotelborel.fr*

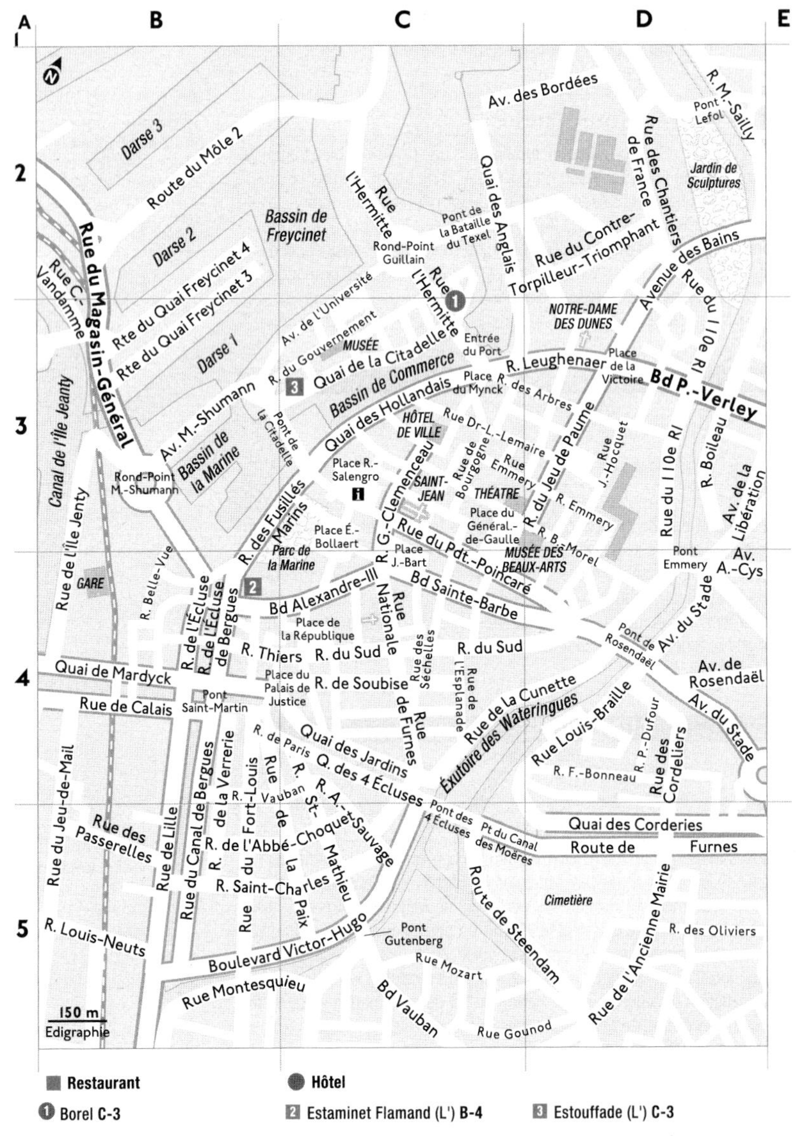

Abréviations principales

ann.	annuelle	comm.	communiqué
appart.	appartement	dîn.	dîner
ch.	chambre	jrs.	jours
déj.	déjeuner	rens.	renseignements
h.s.	hors saison	sem.	semaine
C.	prix moyen à la Carte	F.	fermé
M.	prix des Menus	déj. seult.	déjeuner seulement
1/2 pens.	demi-pension	sf	sauf

➲ à COUDEKERQUE BRANCHE - 59210 : 4 km S. sur D 916

Le Soubise ♥

Formé auprès d'un MOF, Roger Portugal, Michel Hazebroucq vient de fêter son quarantième anniversaire à la tête de cet établissement dont il est le créateur. N'oubliant jamais son formateur, il continue de proposer la sole à la façon de son aîné au milieu de quelques plats historiques tels que le bar au beurre blanc ou le rouget en escabèche aux petits légumes. Une cuisine sans risque véritable dont le principal intérêt réside peut-être dans le choix impeccable des produits (les poissons, en particulier, sont tous achetés aux petits pêcheurs dunkerquois) et surtout dans l'ambiance qui règne en salle, remarquable équilibre entre élégance et convivialité, qui fait du repas un vrai bon moment, pour les habitués des restaurants comme pour les jeunes couples venus fêter un événement.
C : 48 € • M : 25-46 € *restaurant.soubise@wanadoo.fr*

» 49 rte de Bergues
☎ 03 28 64 66 00
F. w.-e., 1 sem. Pâques, 3 sem. fin juil.-déb. août, 15 jrs Noël.
Jusqu'à 21h30.

➲ à TETEGHEM - 59229 : S.E. par N 1

La Meunerie

➥ **Hôtel :** La Meunerie
Cette maison de longue renommée est conduite depuis six ans désormais par David Caudron, un chef jamais à cours d'idée : cours de cuisine tous les samedis en avril, juin et septembre, menu d'attaque (baptisé Tentation), menu retour de pêche, formule Meunerie (les plats du marché avec vins compris pour 53 €) et menu dégustation. C'est carré, professionnel et intéressant et, si la cuisine n'atteint pas le niveau de celle qui fut ici servie dans les années 80 (la maison a connu les trois toques), elle demeure d'un excellent standard : poêlées de langoustines et coulis de tomate à la cannelle, carré d'agneau aux arômes de thym et tatin d'échalotes, nage de fraises à la lavande. Agréable cadre bourgeois.
M : 28-61 € *www.lameunerie.fr*

» 174-176 rue des Pierres
☎ 03 28 26 14 30
F. à déj. merc., jeudi, vend. et sam. (sf groupes), dim. à dîn., lundi, mardi à déj., 1 sem. vac. scol. fév. et 30 juil.-12 août.
Jusqu'à 21h.

La Meunerie

➥ **Restaurant** : 13/20 La Meunerie
Le site est original avec son passé industriel de moulin à vapeur, et le décor le sert bien avec des influences contemporaines, dans les couleurs comme les matériaux (verre et métal notamment). Chambres vastes et personnalisées, situation tranquille dans la campagne.
1 appart. 84-206 € • 8 ch. 84-206 € • 1/2 pens. 100 € *www.lameunerie.fr*

» 174 -176 rue des Pierres
☎ 03 28 26 14 30
📠 03 28 26 17 32
Ouv. 7j/7.

DURAS - 47120 (24 A 1)

Agen 82 - Marmande 24

Hostellerie des Ducs

➥ **Hôtel :** Hostellerie des Ducs
Après vingt-cinq ans de maison, Jean-François Blanchet ne changera plus son fusil d'épaule. Les aficionados de la cuisine fusion passeront leur chemin, les autres ne regretteront pas la halte dans cet ancien couvent sur lequel veille l'impressionnant château des Ducs. La belle cuisine bourgeoise, volontiers saucière, riche comme on l'aime dans le Sud-Ouest, semble en parfaite harmonie avec le cadre, le panaché de salade au homard décortiqué et truite fumée, les saint-jacques rôties aux asperges, l'escalope d'alose à la crème d'oseille et le trio de crèmes brûlées qui n'ont que peu d'équivalents dans la région.
C : 66 € • M : 15-62 € *www.hostellerieducs-duras.com*

» Bd Jean-Brisseau
☎ 05 53 83 74 58
F. sam. à déj., dim. à dîn., lundi (oct.juin), sam. à déj. et lundi à déj. (juil.-sept.)
Jusqu'à 21h15.

Hostellerie des Ducs

» Bd Jean-Brisseau
☎ 05 53 83 74 58
05 53 83 75 03
Ouv. 7j/7.

➥ **Restaurant** : 14/20 Hostellerie des Ducs

On a aujourd'hui bien du mal à imaginer cet ancien couvent en ruines tant les rénovations l'ont transformé et embelli. Les chambres offrent de belles superficies, toutes les salles de bains ont été rénovées cette année, le grand jardin fleuri et la piscine ajoutant encore au charme des lieux.

2 appart. 72-102 € • 14 ch. 49-82 € • 1/2 pens. 62-75 €

www.hostellerieducs-duras.com

DUREIL - 72270 (16 B 2)

Paris 240 - Le Mans 50 - Sablé-sur-Sarthe

Auberge des Acacias ♥

» 4 rue Jules-Moreau
☎ 02 43 95 34 03
F. dim. à dîn., lundi, 2 sem. mars et 2 sem. oct.
Jusqu'à 21h.

Douce France au bord du Loir, auberge de cocagne où un cuisinier en liberté fait son marché au jour le jour, compose, jardine, cuisine, exprimant une certaine idée de l'harmonie. Chaque jour, les 28 € du menu sont bien employés, chaque jour, les choix sont justes, les producteurs sélectionnés, qui une belle volaille, qui un sandre tout frais que le chef accommodera avec les herbes du jardin ou selon l'humeur du moment. Loin des autoroutes, loin des zones commerciales, ce carré de campagne fait un sacré dépaysement.

M : 18-28 €

DURTOL ➤ CLERMONT FERRAND

DURY ➤ AMIENS

EAUX PUISEAUX - 10130 (9 A 5)

Troyes 32 - Saint-Florentin 24

L'Etape du P'tit Sim

» 5 Grande-Rue
☎ 03 25 42 02 21
F. dim. à dîn., lundi à déj. 12 déc.-8 janv. et 18-24 avril.
Jusqu'à 21h30.

Pour les moins connaisseurs de la petite reine, rappelons simplement que le propriétaire de cette auberge campagnarde, François Simon (issu d'une fratrie de coureurs professionnels), porta le maillot jaune pendant quatre jours lors du Tour de France 2001, après avoir été champion de France deux ans plus tôt. Son chef, Yannick Desmous (en place depuis 1992) ne fait pas valoir le même palmarès mais il maîtrise sur le bout des pédales la cuisine régionale : œufs pochés à la bourguignonne, andouillette gratinée au chaource, coq au cidre bouché du pays d'Othe, andouillette de Troyes (dressée à la main) poêlée. Cave abordable, avec quelques bons cidres locaux.

C : 30 € • M : 16-32 €

www.letapeduptitsim.com

LES ECHETS - 01700 (27 D 2)

Lyon 16 - Pérouges 33

Christophe Marguin H

» 916 rte de Strasbourg
☎ 04 78 91 80 04
F. sam. à déj., dim. à dîn., lundi, 4-24 août et 24 déc.-5 janv.
Jusqu'à 21h.

L'hommage aux ancêtres (Christophe Marguin représente la quatrième génération de cette famille aux manettes depuis un siècle), le nom du restaurant (le Saint-Hubert), l'atmosphère familiale et la carte d'une rigoureuse sagesse apportent une très confortable sécurité au visiteur, une sorte de slogan d'airain qui ne fait jamais regretter la raviole de foie gras chaud, la volaille à la crème et la blanquette de veau à l'ancienne : chez Marguin, on est bien. Forte cave collectionnant les vieux millésimes bourguignons, et diserte sur les autres régions. Chambres classiques et soignées.

C : 60 € • M : 20-60 € • 7 ch. 60-90 € • 1/2 pens. 67 €

www.christophe-marguin.com

ECOLE VALENTIN ➤ BESANÇON

EFFIAT - 63260 (26 B 3)

Clermont-Ferrand 39 - Riom 22 - Thiers 38

(12) Le Cinq Mars

La même famille régale le canton depuis un siècle un quart dans le restaurant du village. Il y a donc peu de risques que vous tombiez sur un mauvais jour, d'autant que le chef, qui a fait ses humanités au Ritz période Legay et à la Terrasse à Juan avec Delacourt, n'a guère de soucis à préparer l'ardoise effiatoise de charcuteries régionales, le bouquet d'écrevisses façon bouillabaisse et le magret aux pêches.
C : 20 € • M : 10-39 €

» 16 rue du Cinq-Mars
☎ 04 73 63 64 16
F. à dîn. sem. et dim. , sam. à déj., vac. scol. fév. et 2 sem. fin août.
Jusqu'à 21h15.

EGUISHEIM - 68420 (10 B 4)

Colmar 8 - Guebwiller 20 - Mulhouse 42

(15) Caveau d'Eguisheim

L'arrivée de Jean-Christophe Perrin, en 2001, a sérieusement boosté cette maison du début XVIIe siècle tout en bois, en plein cœur d'Eguisheim. Centrée sur la région, mais sachant en sortir pour mieux se renouveler, sa cuisine se montre enjôleuse et gourmande : presskopf traditionnel servi dans son bocal, salade de pennes truffée aux asperges, côte de cochon (un produit phare dans ce caveau) cuite épaisse, jus crémé aux morilles, purée de pommes de terre, pigeonneau de nid cuit en bécasse, jardinière de légumes à la bière d'Alsace, tarte flambée au thon rouge et aux aubergines, coulis de poivrons doux. Cave essentiellement locale s'évadant à peine vers la Bourgogne et le bordelais.
C : 45 € • M : 37-59 €

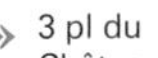

» 3 pl du Château-Saint-Léon
☎ 03 89 41 08 89
F. lundi, mardi, 29 janv.-7 mars et 2-11 juil.
Jusqu'à 21h15.

(13) La Grangelière

Le seul avis qui compte, c'est connu, c'est celui de la clientèle. Et pour Alain et Karine Finkbeiner, le témoignage de Colmariens fidèles est sans doute la meilleure récompense possible. Ce qui donne encore davantage d'assise à cette cuisine d'une bonne tradition actualisée, des langoustines au croustillant de rattes, du filet de sandre aux pointes d'asperges et de la chiboust aux fraises et beurre d'orange. Les menus sans choix sont corrects en tarifs, la cave alsacienne de bonne sélection, appuyée par une troupe bordeaux-bourgogne expérimentée.
C : 50 € • M : 22-65 € www.lagrangeliere.com

» 59 rue du Rempart-Sud
☎ 03 89 23 00 30
F. dim. à dîn. (nov.-avril) et jeudi.
Jusqu'à 22h.

(12) Le Pavillon Gourmand

Dans la famille Schnübel, demandez le père et le fils. Pascal a usé ses premiers couteaux chez deux grands Paul, Bocuse et Haeberlin, son fils David a tourné chez Bras et aussi à Illhauesern, mais avec Marc Haeberlin. Cette noble lignée donne d'excellents résultats quand il s'agit d'unir les expériences et les quatre mains : le foie gras est beau, comme le sandre soufflé au riesling et la choucroute, et l'aventure est sous contrôle avec le croustillant de saumon au basilic et le mille-feuille fraises rhubarbe. Chaque jour, le menu David apporte son lot de fraîcheur et de nouveauté, et la salle est aussi bien entretenue que la cave alsacienne.
C : 34 € • M : 16-60 € www.perso.fr/pavillonschubnel

» P.-Schubwel, 101 rue du Rempart-Sud
☎ 03 89 24 36 88
F. mardi, merc. et fév.
Jusqu'à 21h30.

Hostellerie du Pape

De son passé de ferme, la maison a gardé une allure robuste et typique. Confort soigné dans des chambres à la sobre allure classique.
33 ch. 65-95 € • 1/2 pens. 77-98 € www.hostellerie-pape.com

» 10 Grand-Rue
☎ 03 89 41 41 21
03 89 41 41 31
F. 8 janv.-13 fév.

ELBEUF - 76500 (6 C 3)

Rouen 20 - Evreux 47

12 L'Os à Moelle

» 73 rue du Neubourg
☎ 02 35 77 99 88
F. sam. à déj., dim. et lundi à dîn.
Jusqu'à 23h.

Ce bistrot d'habitués reste le plan le plus sûre de la cité textile. A mi-côte sur la route du Neubourg, l'os ne reste pas en travers, mais passe très bien sur des assiettes bien garnies par un très jeune chef de 18 ans : tartine à la moelle, pavé d'andouille de Vire, poêlée d'escargots au roquefort, dans une carte formatée, qui bouge peu et fait plaisir. Cave pratiquement absente.
C : 21 € • M : 9,90-18,50 €

EMBRUN - 05200 (34 B 2)

Gap 38 - Briançon 51

11 La Mairie

» Pl Barthelon
☎ 04 92 43 20 65
F. dim. à dîn., lundi (hiver), oct.-nov. et 1er-20 mai.
Jusqu'à 21h30.

➥ **Hôtel** : Hôtel de la Mairie
Se modernisant peu à peu, ce charmant hôtel-restaurant attire touristes et habitués, alléchés autant par la terrasse donnant sur la place et sa fontaine que par la large carte typée brasserie : terrine maison, entrecôte grillée, saumon à l'oseille, andouillette de pays grillée sauce moutarde… Service actif et souriant.
C : 28 € • M : 17,50-25 € *www.hoteldelamairie.com*

Hôtel de la Mairie

» Pl Barthelon
☎ 04 92 43 20 65
Fax 04 92 43 47 02
F. oct.-nov. et 1er-20 mai.

➥ **Restaurant** : 11/20 La Mairie
Position centrale et atmosphère familiale dans cet établissement à taille humaine. Chambres calmes, grand air assuré.
24 ch. 45-52 € • 1/2 pens. 46-49 € *www.hoteldelamairie.com*

à BARATIER - 05200 : 3 km S. par N 94 et D 40

Les Peupliers

» Chemin de Lesdier
☎ 04 92 43 03 47
Fax 04 92 43 41 49
F. 26 mars-14 avril et 24 sept.-26 oct.

Le gros chalet est situé un peu à l'écart, en haut du village dans un site verdoyant et très calme. Les chambres sont confortables et chaleureuses, tout comme l'accueil.
24 ch. 40-57 € *www.hotel-les-peupliers.com*

à CROTS - 05200 : 4 km S.O. par N 94

12 Chez Pierrot Fils

» Le Village
☎ 04 92 43 13 43
F. lundi, mardi, merc. (sf vac. scol.) à déj. (sf dim. 15 juin - 31 août), mai, oct., nov.
Jusqu'à 22h.

Ce sont les recettes familiales et les pizzas qui alimentent les débats sous les voûtes de cet ancien couvent. Yann Petit a pris la suite de son père, pour faire partager les pieds et paquets, les fameuses frites à la crème fraîche qui ont fait la renommée du lieu, et le vacherin maison. Cave modeste, mais qui a le mérite de proposer le cairanne de Brusset, le rosé de Saint-André-de-Figuière et un côte-roannaise à petit prix.
C : 22 € • M : 16 €

EMMERIN ➤ LILLE

ENGHIEN LES BAINS ➤ PARIS-BANLIEUE

Parking privé.	Parking fermé.	Voiturier.
Cave à cigares.	Air conditionné.	Tennis privé.

ENSISHEIM - 68190 (10 B 5)

Colmar 31 - Mulhouse 16

(11) La Couronne

Un caveau d'appoint à la maison-mère (La Couronne), avec ses bonnes vibrations et la simplicité inhérente, des fourneaux à la salle, ses viandes bien préparées (beaux tartares) et ses crus locaux. Agréable terrasse sous la tonnelle.
C : 60 € • M : 40-70 € *la-couronne@wanadoo.fr*

» 47 rue de la 1re-Armée-Française
☎ 03 89 81 03 72
F. sam. à déj., dim. à dîn. et lundi.
Jusqu'à 21h30.

ENTRAYGUES SUR TRUYERE - 12140 (30 C 2)

Espalion 27 - Aurillac 42

(12) Ferme Auberge La Méjanassère H

Cuisine régionale dans une ferme traditionnelle aveyronnaise : le synopsis se passe presque de commentaire. On sait que l'on va trouver, chez Véronique Forveille, tout ce que ce département a de richesses : des légumes épatants, des viandes moelleuses rôties à la broche et le sourire à l'accueil. Jusque dans les jolies chambres d'hôtes, dans un calme bucolique.
M : 22 € • 1 appart. 198-340 € • 4 ch. 42-52 €

» La Mejanassière
☎ 05 65 44 54 76
F. lundi (juil.-août), en sem. et oct.-Pâques.
Jusqu'à 21h.

EPERNAY - 51200 (9 A 3)

Châlons-en-Champagne 34 - Reims 25

Hôtel-Restaurant Les Berceaux

Les touristes et les hommes d'affaires assurent un taux de remplissage manifestement important. C'est sans doute pourquoi la maison, en vitesse de croisière depuis quelque temps déjà, a activé le pilote automatique. Alors tout roule dans cet hôtel accueillant et tranquille, mais les menus se semblent pas très approfondis (deux fois une sauce champagne) et le rythme des saisons n'est pas suivi, alors que la réalisation montre un savoir-faire indéniable Le service est dévoué, sans éviter les attentes, l'absence de commentaires sur la très belle carte des vins, le départ dans l'indifférence générale etc. Une reprise en main s'impose.
C : 89 € • M : 30-64 € *www.lesberceaux.com*

» 13 rue des Berceaux
☎ 03 26 55 28 84
F. lundi, mardi, vac. scol. fév. et 2 sem. mi-août.
Jusqu'à 21h.

(13)

Au Bacchus Gourmet

"Soupe d'eau pure à l'huile d'olive". Vous y croyez, vous ? Ou vous partez en courant ? En oubliant le homard au naturel, le pamplemousse rose et le vermicelle thaï qui accompagnent cette eau pure. Voilà les préjugés bien enfoncés dans la capitale du champ'. On voit "Bacchus gourmet", on sort les flûtes, on astique les coupes et on attend le civet de chevreuil. Et on se retrouve avec de la poudre de pop corn - sur le pied de porc pané à la cacahuète grillée, des gnocchis crevettes coques et œufs de caille avec une chantilly façon cappuccino, une dentelle au carambar pour soutenir le coquelet rôti à la poudre de pain d'épices. Comprenne qui pourra ? Non, ce ludique est aussi sérieux, la technique de Jean-Paul Fernandes fait le reste et les tarifs plutôt doux évitent les risques majeurs. Belle cave champenoise, mais aussi bordelaise.
C : 48 € • M : 16,90-89 €

» 21 rue Gambetta
☎ 03 26 51 11 44
F. lundi, mardi et 20 déc.-20 janv.
Jusqu'à 22h.

Les Cépages

Après le Grand Cerf à Montchenot et la Briqueterie à Vinay, on ne peut plus trop reculer. Même à l'enseigne Les Cépages, qui pourrait évoquer la bonne franquette, David Mathieu n'a pas pu, ni voulu, de cette cuisine gouailleuse, de ces canons qui tonnent avec la charcutaille. A Epernay, capitale du champagne, prestige national, la spécialité du coin, c'est le homard, aidé par le turbot poêlé

» 16 rue Fauvette
☎ 03 26 55 16 93
F. dim., merc. (sf fériés). F. ann. non comm.
Jusqu'à 21h.

sauce champagne et le saint-pierre au jus de viande. Certes quelques plats sont en dessous de 25 € - le bon carré de porcelet aux herbes - certes le menu à 69 € permet de festoyer (foie gras, langoustines-homard, sandre…) mais le concept de la soirée prestige concernera uniquement les dîners de gala. Grande cave, au moins passionnante par ses bulles régionales.
C : 58 € • M : 18-69 € *lescepages@wanadoo.fr*

⑫ Bistro le 7

» 7 rue des Berceaux
☎ 03 26 55 28 64
F. merc., jeudi et 24 déc. à dîn.
Jusqu'à 22h.
♿

Patrick Michelon a chamboulé son bistrot à vins, annexe du gastro , le rebaptisant " Le 7 ", nom minimaliste à l'image d'une déco néanmoins colorée (murs orange) et chaude (petite cheminée). Le succès semble déjà au rendez-vous, étrangers en goguette sur les routes de Champagne et notables sparnaciens heureux de se régaler à prix sages (menus à 16 et 22 €) de plats simples : dos de cabillaud à la plancha, pied de porc confit aux épices et rôti au four, gâteau de riz à l'impératrice au coulis d'abricot. Une très belle vitrine de champagnes, une petite sélection d'autres régions (Morgon de chez Ruet, Viré-Clessé de chez Chanson) et quelques vins au verre. Dommage que les serveurs alertes ne prennent pas le temps de commenter les vins, et que le maître de céans montre assez peu d'attention aux simples clients de passage.
C : 39 € • M : 16-22 €

⑪ La Table Kobus

» 3 rue du Dr-Rousseau
☎ 03 26 51 53 53
F. dim. à dîn., lundi, jeudi à dîn., 15 jrs fêtes fin d'année, 10 jrs avril et 15 jrs août.
Jusqu'à 21h15.
❄ 🐕

Une petite faiblesse de régime dans le doux ronronnement de cette brasserie en vogue ? Toujours est-il que si l'adorable façade de centre-ville est engageante, si la décoration est personnalisée (portraits de famille accrochés çà et là) et le service bien dans le rythme, on s'est un peu ennuyé cette année avec un carpaccio bien fade et une bonne entrecôte de Salers qui méritait un accompagnement légumier autrement moins pauvret. D'accord, on peut largement oublier cela en choisissant un des nombreux champagnes d'une cave très exclusive. Tout de même…
C : 45 € • M : 25-42 €

▶ La Cave à Champagne

» 16 rue Gambetta
☎ 03 26 55 50 70
F. mardi, merc. (juil.-août) et merc. (sept.-juin).
Jusqu'à 22h.
♿ ❄ 🐕

Tradition et tous petits prix au pays du champagne. Quand on parle de boudin de Rethel et d'andouillette de chez Lemelle, obligatoirement, on tend le bec.
C : 29 € • M : 15-36 € *www.la-cave-a-champagne.com*

🏠 Best Western - Hôtel de Champagne

» 30 rue Eugène-Mercier
☎ 03 26 53 10 60
📠 03 26 51 94 63
F. 23 déc.-9 janv.
🚗 ❄

Un cadre moderne et coloré pour cet hôtel proche de la célèbre Avenue de Champagne. Modernité également pour la moitié des chambres, meubles de style pour les autres. Sauna et fitness sur place.
30 ch. 75-115 € *www.bw.hotel-champagne.com*

🏠 Le Clos Raymi 🐦

» 3 rue Joseph-de-Venoge
☎ 03 26 51 00 58
📠 03 26 51 18 98
Ouv. 7j/7.
🚗

Ambiance raffinée et inspiration Art déco pour des chambres aux harmonies paisibles et lumineuses, qui se partagent le cadre bourgeois et élégant d'une grande maison de maître en briques dans un jardin clos en ville.
7 ch. 100-150 € *www.closraymi-hotel.com*

> Prix des appartements : la fourchette de prix correspond au tarif journalier pour 1 personne seule, et maximum pour 2 personnes.
>
> Prix à la carte : correspond au prix moyen à la carte (entrée, plat + dessert).

à CHAMPILLON - 51160 : 6 km N. par N 51

Royal Champagne

» Champillon-Bellevue
☎ 03 26 52 87 11
F. lundi, mardi à déj. et 22-30 déc.
Jusqu'à 22h.

➡ **Hôtel :** Royal Champagne

Les nouveaux propriétaires italiens ont donné un sacré coup de frais à cet ancien relais de poste sans rien lui ôter de son charme et de sa patine. C'est ainsi que l'ancienne terrasse découverte a été annexée à la salle à manger : jolis bibelots, riches tissus, belles tables s'ajoutent à la vue imprenable sur Epernay et son vignoble. Un message fort, d'urbanité et de prévenance, est véhiculé par l'ensemble du staff, tandis que la cuisine de Philippe Augé, sans bousculer les habitudes, prête peu le flanc à la critique (beaux produits/justes cuissons). Un brin d'emphase empêche encore l'attribution d'une deuxième toque, qui irait très bien avec l'admirable livre de cave.

C : 80 € • M : 32-98 € *www.royalchampagne.com*

Royal Champagne

» Champillon-Bellevue
☎ 03 26 52 87 11
📠 03 26 52 89 69
F. 22-30 déc.

➡ **Restaurant** : 14/20 Royal Champagne

Royale est la vue, depuis cette élégante maison XVIIIe perchée sur la Montagne de Reims et depuis laquelle le regard embrasse le vignoble et la vallée de la Marne. Chambres traditionnelles ou contemporaines, aménagées avec élégance et raffinement.

5 appart. 250-400 € • 20 ch. 180-300 € • 1/2 pens. 155-265 €
www.royalchampagne.com

à VINAY - 51530 : 7 km S. par N 51

Hostellerie La Briqueterie

» 4 rte de Sézanne
☎ 03 26 59 99 99
📠 03 26 59 92 10
F. 17-27 déc.

Rénovée dans un style contemporain élégant et créant de beaux jeux de lumière, cette grande maison ajoute à ces charmes intérieurs une belle situation au cœur des vignes et un parc paysager à la française. Elégance toujours au restaurant, transition en douceur (Gilles Goess était déjà second dans la maison depuis plus de 10 ans) autour des produits nobles : asperges poêlées parmesan et morilles à la crème, turbot sauce champagne à l'oseille et pomme de terre écrasée au foie gras, assiette de trois macarons. Belle cave classique, notamment bien sûr en champagne.

2 appart. 280 € • 40 ch. 170-240 € • C : 75 € • M : 26-80 €
www.labriqueterie.fr

EPINAL - 88000 (12 A 5)

Paris 396 - Nancy 71 - Chaumont 124

Les Ducs de Lorraine

» 5 rue de Provence
☎ 03 29 29 56 00
F. dim. à dîn., et 16-31 août.
Jusqu'à 21h15.

Cadre et ambiance

Déménagée voilà quatre ans dans un superbe manoir de style victorien à la périphérie, la table de Claudy Obriot et de son chef, Stéphane Ringer, cache de superbes salons aux beaux volumes et aux parquets à chevrons.

Cuisine

La sérénité touche également la cuisine, qui préfère assurer ses arrières pour mieux jouer la contre-attaque, en prenant toujours soin de conserver quelques défenseurs. De belles idées, des manières remarquables, et juste assez de modernité pour rajeunir le propos : langoustines bretonnes rôties à l'huile vierge; segments d'orange et pamplemousse, gingembre confit, crème de volaille aux escargots frais saupoudrée au cacao amer, blanc de turbot rôti à la poêle, bonnotte de Noirmoutier à la peau, ail nouveau, soufflé mirabelle, coulis et sorbet. Une cuisine convaincante, qui vise de gentils sommets vosgiens.

Cave
Le chef choisit lui même les vins, avec passion, ses choix mais sans grande originalité. Au moins sont ils adaptés à cette vie de château.
Accueil et service
Un directeur de salle, Bruno Colin, compétent, chevronné et connaissant bien la maison (quinze années d'ancienneté) fait oublier les quelques ratés de la jeune garde, au demeurant appliquée et souriante.
C : 60€ • M : 32-74€ *www.ducsdelorraine.fr*

Best Western La Fayette

Derrière une façade sans grand charme, l'hôtel dévoile des espaces généreux, un cadre moderne et soigné, ainsi que des équipements de qualité.
6 appart. 78-94€ • 58 ch. 78-94€ • 1/2 pens. 84-100€
www.bestwestern.com

» Parc économique, le-Saut-le-Cerf
☎ 03 29 81 15 15
Fax 03 29 31 07 08
Ouv. 7j/7.

L'EPINE ➤ CHALONS EN CHAMPAGNE

EQUEURDREVILLE HAINNEVILLE ➤ CHERBOURG

ERBALUNGA ➤ CORSE

ERMENONVILLE - 60950 (3 D 5)

Compiègne 43 - Meaux 24 - Senlis 13

Château d'Ermenonville

L'élégante façade XVIIIe, entre les arbres et son reflet dans les douves en eau, dégage une impression à la fois paisible et luxueuse, confortée à l'intérieur par un cadre feutré et de belles chambres sons ostentation. Idéal pour relire Rousseau, qui finit ses jours dans ce cadre superbe.
2 appart. 270€ • 47 ch. 85-205€ *www.chateau-ermenonville.com*

» Rue René-Girardin
☎ 03 44 54 00 26
Fax 03 44 54 01 00
Ouv. 7j/7.

ERNEE - 53500 (15 D 1)

Laval 30 - Fougères 19

Le Grand Cerf H ♥

Plutôt deux fois qu'une ! Oui, nous avons envie d'encourager deux fois cette vaillante auberge qui va bien au-delà de la promesse classique de l'hôtel de province (on vous fait à manger, et au lit on dort) pour offrir une atmosphère, personnelle, charmante (accueil distingué de Noëlle Sémerie) et une cuisine de chef qui ne peut guère ronronner avec un pareil CV (Kéréver, Chapel, Bardet, Passard...!). On suit donc de près cette maison pas comme les autres, où la soirée-étape ne ressemble pas à l'ordinaire, avec un nougat de langue et pieds de veau, une viennoise de grenadier et moutarde aux algues, un pigeonneau en cocotte façon salmis et pastilla de blé noir. Cerise sur le gâteau, les desserts sont aussi soignés que la cave, avec ses bordeaux bien trouvés (Haut Sarpe, Fontestreau, Tour Pibran...) et ses loires affûtés et pas chers. Quelques chambres personnalisées pour l'étape.
C : 40€ • M : 22-32€ • 7 ch. 35-48€ • 1/2 pens. 60-80€
hotelrestaurantlegrandcerf@wanadoo.fr

» 17-19 rue Aristide-Briand
☎ 02 43 05 13 09
F. dim. à dîn., lundi (h.s.) et 15 janv.-3 fév.
Jusqu'à 21h.

Relais de Poste

L'étape pratique en centre ville, avec des chambres simples et bien tenues (rénovation régulière).
35 ch. 31-42€ • 1/2 pens. 35-41€

» 1 pl de l'Eglise
☎ 02 43 05 20 33
Fax 02 43 05 18 23
Ouv. 7j/7.

ERONDELLE ➤ ABBEVILLE

ERQUY - 22430 (14 B 2)

Saint-Brieuc 39 - Dinard 39

13 L'Escurial

» 29 bd de la Mer
☎ 02 96 72 31 56
F. dim. à dîn. (sf juil-août), lundi et janv.
Jusqu'à 21h15.

Denis Froc refait le match de l'océan à chaque service. Travailleur de la mer accompli, il compose, dans la capitale bretonne de la saint-jacques, une carte sans concession où l'on retrouve autant de technique que de personnalité au service du produit : lamelles de bar et saint-jacques marinées au gingembre, sole farcie au tourteau purée à l'huile de noisettes, feuilleté de tomme de Vaumadeuc au caramel de cidre. Cette cuisine terre et mer, très honnêtement calibrée en tarif - plats autour de 20 - 25 **€** - devient une valeur sûre de cette côte.

C : 49€ • M : 22-55€ *www.lescurial.com*

11 Relais Saint-Aubin

» Rte D 68
☎ 02 96 72 13 22
F. lundi, mardi, merc. (15 nov.-1er mars), lundi, mardi (2 mars-juin), lundi (juil.-août), 16 fév.-3 mars, 1 sem. déb. oct. et 18-26 déc.
Jusqu'à 21h30.

Du rustique confort et tradition comme on n'en voit plus, poutres et cheminées, un véritable modèle de carte postale pour envelopper la cuisine sincère et généraliste, aux bons soins prodigués par Gilbert Josset dans son ancien prieuré XVIIe. Après la croustade de saint-jacques, la marmite de la mer au cidre ou le jarret de porc grillé aux lentilles, promenade dans le parc fleuri pour toute la famille.

C : 40€ • M : 14-50€ *www.relais-saint-aubin.com*

ERVAUVILLE ➤ COURTENAY

ESPALION - 12500 (30 C 2)

Conques 49

13 Le Méjane

» 8 rue Méjane
☎ 05 65 48 22 37
F. (sept.-fin juin) dim. à dîn., lundi à déj., merc., (juil.-août) dim. à dîn., lundi, mars et 26-30 juin.
Jusqu'à 21h.

La filière aveyronnaise, ce n'est pas de la charcuterie et de l'estofinado de Decazeville. Pas seulement. C'est une façon de recevoir, de se sentir bien avec son entourage, de partager un plat de franchise. Régine et Philippe Caralp ont le sens de l'accueil, et les assiettes s'en ressentent, beaucoup plus travaillées qu'une potée : terrine de cochon et croustillants de pieds grillés, escargots de Nadaillac au lait d'ail et cannelé aux herbes, gigot d'agneau poudré d'épices torréfiées et cannellonis d'aubergines. A 32 **€**, le menu-carte livre l'essentiel, en se laissant bercer par un fameux baba à l'ananas en dessert. Bonne petite cave sud-ouest languedoc.

C : 39€ • M : 22-52€

12 L'Eau Vive H

» 27 bd de Guizard
☎ 05 65 44 05 11
F. dim. à dîn., lundi, 2-20 janv. et 5 nov.-14 déc.
Jusqu'à 21h.

Une maison de famille qui ne manque pas de cachet, au style alsacien à colombages, à proximité du pont sur le Tarn. On aime la pêche et la chasse, et les produits du cru : terrine de sandre, fricassée d'escargots, truite meunière, agneau grillé aux herbes, dans une tradition peu renouvelée, mais efficace. Chambres d'un bon confort rustique.

C : 40€ • M : 22-45€ • 28 ch. 40-58€ • 1/2 pens. 43-50€

www.hotelmoderne12.com

ESPELETTE - 64250 (23 B 5)

Pau 123 - Bayonne 22

(12) Euzkadi H

» 285 rte Karrika-Nagusia
☎ 05 59 93 91 88
F. lundi, mardi (sf saison) et 1er nov.-20 déc.
Jusqu'à 21h.

Avec une telle enseigne, au cœur du Pays Basque, difficile d'échapper à la tradition. Michel Etchegaray, aux fourneaux depuis vingt ans, n'en a nulle envie, perpétuant l'héritage familial (dernier maillon d'une lignée tenant cette maison depuis 1830). Pimientos del piquillos, piperade au jambon de pays, blanquette de lotte, axoa, magret de canard fourré au foie gras et taloa garni, à arroser d'un irouléguy ou d'un jurançon. Chambres simples agrémentées de quelques meubles basques.

C : 26 € • M : 16-32 € • 31 ch. 42-52 € • 1/2 pens. 50-52 €

www.hotel-restaurant-euzkadi.com

ESQUIULE ➤ OLORON SAINTE MARIE

ESTAING - 12190 (30 C 2)

Entraygues-sur-Truyère 17 - Espalion 10

(13) Auberge Saint-Fleuret

» 19 rue François-d'Estaing
☎ 05 65 44 01 44
F. dim. à dîn., lundi (h.s.) et 15 nov.-15 mars.
Jusqu'à 21h.

➥ **Hôtel :** Auberge Saint-Fleuret

Douceur aveyronnaise dans cette belle maison de pierre à toit d'ardoise. Le confort de la salle rustique dont les fenêtres donnent sur le jardin de verdure s'allie à une cuisine pas du tout engoncée dans son terroir. Le jeune chef utilise les produits locaux pour tracer sa géographie culinaire, ses rivières, ses prés, son potager, dans des menus attractifs dans les intitulés comme dans les prix. Carpaccio d'asperges et de truite sorbet à la tomate, bouchon de pied de cochon frit et langoustines du Guilvinec au jus corsé, carré d'agneau et légumes du marché, le tout maintenu en légèreté par des jus courts, du naturel et une grande recherche de la vérité des saveurs. Sympathique cave mettant en valeur les vins du département.

C : 45 € • M : 17-50 €

www.perso.wanadoo.fr/auberge.st.fleuret

(11) Aux Armes d'Estaing H

» 1 quai du Lot
☎ 05 65 44 70 02
F. dim. à dîn., lundi et 11 nov.-15 mars.
Jusqu'à 21h.

Les seigneurs d'Estaing, qu'ils se prénomment Valéry ou Roger, ont de quoi ripailler au pied du beau château XVe. Rémi Catusse met du cœur à une généreuse cuisine régionale, un peu de manière et d'exotisme aussi, mais pour le bon motif, avec la truite fumée et mousseline de saint-jacques vinaigrette mangue, la terrine de boudin noir et le bon lapin au foin et son jus à la bière pomme-châtaigne. Les vins locaux à découvrir pour les horsains, et une hôtellerie de bon niveau, entièrement rénovée.

M : 15-45 € • 32 ch. 43-67 € • 1/2 pens. 39,50-46 €

www.estaing.net

Auberge Saint-Fleuret

» 19 rue François-d'Estaing
☎ 05 65 44 01 44
Fax 05 65 44 72 19
F. 15 nov.-15 mars.

➥ **Restaurant** : 13/20 Auberge Saint-Fleuret

Depuis cette charmante maison en pierre, les chambres donnent sur le jardin ou les vieilles maisons du village classé : cruel dilemme en perspective ! Toutes bénéficient d'un confort actuel et d'un cadre élégant et ensoleillé.

14 ch. 44-51 € • 1/2 pens. 43-48 €

www.perso.wanadoo.fr/auberge.st.fleuret

ESTISSAC ➤ TROYES

ESTREE ➤ MONTREUIL SUR MER

ETAIN - 55400 (11 C 2)

Briey 26 - Metz 49

Sirène

La qualité de l'accueil ne dément pas la première impression donnée par la façade avenante de cette grande maison 1900 toute blanche. Les chambres sont sobres et bien tenues, dans un décor renouvelé.

21 ch. 45-70 € • 1/2 pens. 40-50 € www.hotel.sirene.free.fr

» 22 av Prud'Homme, Havette
☎ 03 29 87 10 32
📠 03 29 87 17 65
F. 23 déc.-31 janv.

ETAMPES - 91150 (7 B 3)

Paris 50 - Evry 37 - Fontainebleau 45

à ORMOY LA RIVIERE - 91150 : 5 km S. par D 49

Le Vieux Chaudron

"Tiens l'enseigne a changé" ont remarqué les habitués de ce relais de poste XVIe où le jeune patron - ex-Passard et Intercontinental -, a néanmoins conservé le chaudron en déco. Et, comme à son habitude, passé dans sa moulinette à idées un terroir qu'il remue avec gourmandise : marbré de joues de lotte et saumon à l'estragon, guacamole et sauce violine de Gretz, cuisse de lapin tandoori et gâteau poivron confit, entremets kiwi et génoise à la liqueur de chartreuse pavé chocolat et crème anglaise réglisse. Les ingrédients se bousculent un peu, mais c'est pour la bonne cause, et la cave, en Loire comme en Auxerrois, est bien représentée.

C : 33,60 € • M : 29,60-39,60 € www.levieuxchaudron.com

» 45 rue Grande
☎ 01 64 94 39 46
F. dim. à dîn., lundi, jeudi à dîn., 1 sem. janv., 1 sem. vac. scol. fév. et 8-31 août.
Jusqu'à 21h15.

ETAPLES ➤ LE TOUQUET PARIS PLAGE

ETOGES - 51270 (9 A 4)

Epernay 25 - Châlons-en-Champagne 40 - Sézanne 25

Château d'Etoges

Les majestueuses chambres de style, vastes et raffinées avec mobilier d'époque et tissus luxueux, invitent à prendre la suite de Napoléon ou Louis XV, qui séjournèrent dans cet élégant château construit au XVIIe siècle. Le parc impeccable, le canotage sur les douves ou les senteurs du jardin potager renforcent le sentiment d'exclusivité de ce séjour à deux pas des vignobles de Champagne.

2 appart. 160-260 € • 27 ch. 80-260 € • 1/2 pens. 80-200 € www.etoges.com

» 4 rue Richebourg
☎ 03 26 59 30 08
📠 03 26 59 35 57
F. 22 janv.-16 fév.

ETOUY - 60600 (3 D 4)

Beauvais 21 - Amiens 76 - Clermont 7

L'Orée de la Forêt

Au cœur de l'Oise, où les homards vont en hardes, il n'y a presque qu'à se baisser pour s'en saisir. Nicolas Leclercq ne connaît pas d'autres terroirs, et sa clientèle ne lui demande pas, en plus, de ramener des coques ou des sardines. Alors, le soir venu, lorsqu'il faut répondre à la demande locale, on fait confiance aux valeurs sûres, foie gras, langoustines, homard, turbot, pigeonneau à la badiane. Les apprêts sont relativement aisés à comprendre, et le gros travail du cuisinier consiste à bien acheter ces produits de luxe. Bon desserts fruités (rhubarbe, fraise...) et cave classique.

C : 65 € • M : 26-67 € loreedelaforet@cegetel.net

» 255 rue de la Forêt
☎ 03 44 51 65 18
F. vend., sam. à déj., dim. à dîn., fériés à dîn., 2-10 janv. et 1er-30 août.
Jusqu'à 21h.

ETREAUPONT - 02580 (4 C 3)

Laon 47 - Saint-Quentin 51

Le Clos du Montvinage

Cette grande maison de maître en briques séduit par son allure typique, son décor chaleureux et foisonnant et ses élégantes chambres au mobilier de style.
1 appart. 85-135 € • 19 ch. 53-90 € • 1/2 pens. 54-104 €
www.clos-du-montvinage.fr

» 8 rue Albert-Ledant
☎ 03 23 97 91 10
📠 03 23 97 48 92
F. 2-9 janv. et 20-27 déc.

ETRETAT - 76790 (6 A 2)

Le Havre 29 - Fécamp 17

Domaine Saint-Clair

Sur un même parc fleuri, une villa Belle Epoque et un château anglo-normand XIXe déclinent des chambres personnalisées avec bonheur, dans des ambiances tour à tour stylées, romantiques, toujours dans des teintes chatoyantes et actuelles, pour un séjour tout en douceur. Possibilité de forfait golf.
4 appart. 220-330 € • 21 ch. 76-330 € • 1/2 pens. 84-189 €
www.hoteletretat.com

» Chemin de Saint-Clair
☎ 02 35 27 08 23
📠 02 35 29 92 24
Ouv. 7j/7.

Dormy House

Autour d'une typique villa fin XIXe, l'hôtel s'organise dans un vaste parc avec accès direct à la plage, une situation entre mer et forêt très appréciable et qui permet d'admirer les couleurs changeantes de la Manche. Les chambres adoptent des ambiances différentes, certaines ouvertes sur la mer, avec leur sobre mobilier de style et leur harmonie de bleu et jaune.
1 appart. 200-205 € • 60 ch. 55-160 € • 1/2 pens. 71,50-113,50 €
www.dormy-house.com

» Rte du Havre
☎ 02 35 27 07 88
📠 02 35 29 86 19
Ouv. 7j/7.

La Résidence

Les colombages témoignent du caractère historique de la maison, les chambres personnalisées des efforts des propriétaires pour maintenir les prestations au goût du jour et offrir une étape agréable à 50 m des célèbres falaises.
14 ch. 45-98 €

» 4 bd du Pdt-René-Coty
☎ 02 35 27 02 87
📠 02 35 27 02 87
Ouv. 7j/7.

ETUPES ➤ MONTBELIARD

EU - 76260 (6 D 1)

Rouen 99 - Le Tréport 4

Hôtel-Restaurant Maine

L'hôtel conserve un cachet caractéristique et des chambres actualisées, aux thèmes personnalisés. Terrasse agréable sur le jardin.
18 ch. 42-80 € • 1/2 pens. 83 €
www.hotel-maine.com

» 20 av de la Gare
☎ 02 35 86 16 64
📠 02 35 50 86 25
Ouv. 7j/7.

EUGENIE LES BAINS - 40320 (23 D 5)

Mont-de-Marsan 24 - Dax 66

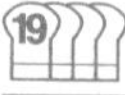

Les Prés d'Eugénie - Michel Guérard

➥ **Hôtel :** Les Prés d'Eugénie - Michel Guérard

Cadre et ambiance

L'une des toutes premières maisons de France, charme de l'environnement, douceur de cette vaste hacienda landaise à côté des thermes, atmosphère unique de chic décontracté, de vie facile et gourmande.

Cuisine

Cette année, c'est à nouveau du grand Guérard. Plats de création, plats

» ☎ 05 58 05 06 07
F. lundi à dîn. (sf fériés, veilles fériés, 12 juil.-28 août), 3 janv.-30 mars et 4-15 déc.
Jusqu'à 22h.

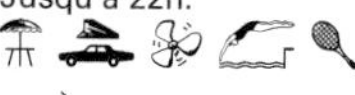

transgénérationnels, entre terroir revisité et impulsion inventive : le foie gras en cocotte sous la cendre et au vin de pêche, l'île flottante sur une soupe de pois glacée au vert et truffes râpées en purée chaude, les rougets poêlés à vif sous un voile de pain beurré et sur un aïoli tiède à la vénitienne...Formidables classiques adaptés (le canard laqué au Petit Lu, et même l'étonnante tarte aux fraises chaudes) et une perfection technique retrouvée.

Cave

Honnête et homogène, elle s'intéresse à sa région, de cahors (le Cèdre) aux côtes-du-marmandais (Da Ros), tout en privilégiant les vignes proches, de jurançon ou de tursan, avec les vins de Michel Guérard, fort bien travaillés. L'autre point fort est un très beau catalogue bordelais, tous les grands millésimes des vingt-cinq dernières années, aux tarifs les plus justes.

Accueil et service

Il est à nouveau dans le tempo, dynamique, souriant, disponible, et très pointu, dans le style sobre, détendu mais très impliqué, du commis au sommelier.

M : 135-185 € *www.michelguerard.com*

15 Auberge de la Ferme aux Grives

» Lieu-dit les Charmilles
☎ 05 58 05 05 06
F. mardi à dîn., merc. (sf veilles de fêtes, fériés, 12 juil.-28 août) et 3 janv.-10 fév.
Jusqu'à 21h45.

Le modèle indestructible, et inégalé à ce jour, de l'auberge de campagne dont on rêve : un décor d'une incroyable justesse dans la reconstitution, une atmosphère de délicatesse et de rusticité. L'annexe de la grande maison des Guérard, c'est la table de ferme chez les seigneurs : le cochon de lait à la broche, farci comme en Castille, qui se détache tout seul comme un gigot de sept heures, fabuleusement gourmand, aux arômes suaves et méditerranéens; et qui fait vibrer, comme tout ce qui se donne ici, offrande de la terre, poulet fermier, tartelette aux herbes, un délice printanier avec ses lamelles d'andouille et de morteau, dans une brassée d'air campagnard qui se prolonge avec le fromage frais de brebis et la confiture de cerises. Un service d'une exquise gentillesse pose le pain et le vin (simple et plaisante cave de connaisseur, en jurançon, tursan de Michel Guérard, madiran, et tout le Sud-Ouest).

M : 42-75 € *www.michelguerard.com*

La Maison Rose

» ☎ 05 58 05 06 07
05 58 51 10 10
F. 4 déc.-mi-fév.

Une délicieuse ambiance maison d'hôtes baigne ces chambres au charme remarquablement équilibré, entre luxe et ambiance champêtre, en rappel permanent et agréablement coloré à la nature environnante.

5 appart. € • 26 ch. 100 € *www.michelguerard.com*

Les Prés d'Eugénie - Michel Guérard

» ☎ 05 58 05 06 07
05 58 51 10 10
F. 3 janv.-30 mars et 4-15 déc.

➥ **Restaurant** : 19/20 Les Prés d'Eugénie - Michel Guérard

Sur un vaste parc empreint de douceur, comme coupé du monde par ses murs et sa végétation délicieuse, le territoire des Guérard commence avec ces bâtiments au blanc éclatant, architecture XVIIIe-XIXe mise au service d'un complexe de détente, avec l'établissement de soin thermal et des chambres spacieuses, claires et luxueuses

7 appart. 360-500 € • 28 ch. 240-330 € *www.michelguerard.com*

EVIAN LES BAINS - 74500 (28 C 1)

Annecy 94 - Thonon-les-Bains 10

16 Le Café Royal

» Rive Sud du lac de Genève
☎ 04 50 26 85 00
F. à déj. (sf sam. et dim.) et 1er janv.- prem. sem. fév.
Jusqu'à 22h.

➥ **Hôtel** : Hôtel Royal

Cadre et ambiance

Dans son ravissant parc dominant le Léman, romantique et coupé des soucis de ce monde, serein et fastueux, ce palace ressemble à une île. La montagne, la vue sur le lac, les splendeurs de la salle à manger, tout est superlatif.

Cuisine
Michel Lentz avoue déjà deux décennies passées au piano de cette splendide demeure. Il connaît donc sur les bouts des doigts les désirs de la belle clientèle (des deux côtés de la frontière) qui fréquente ces bords chics du Léman. Le propos est avant tout classique et luxueux, les poissons sauvages du lac s'approchant en rangs serrés (perches saisies au beurre Heuron des Glières, omble chevalier et infusion d'herbes potagères dans un beurre mousseux) aux côtés des incontournables volailles, dont une poularde gauloise blanche dans un bouillon d'épiaire et farce au couteau superbe de tradition. Une mention spéciale pour les splendides fromages affinés par Daniel Boujon.
Cave
N'oubliant pas les vedettes locales, Bouvet, Quénard ou Grisard, elle s'attarde évidemment sur les grands noms sans oublier quelques découvertes (le Deffends en vin de pays du Var par exemple).
Accueil et service
Dans un tel contexte, difficile d'imaginer le moindre écart, ni même la fantaisie. C'est un tantinet théâtral, compris avec le ticket d'entrée, mais tout est d'une redoutable précision.
M : 60-130 €
www.royalparcevian.com

Hôtel Ermitage

» Rive sud du lac de Genève, Lieudit Neuvecelle
☎ 04 50 26 85 28
Fax 04 50 75 29 37
F. 14 nov.-25 déc.

Le vaste bâtiment anglo-normand, construit au début du siècle dernier, a largement évolué pour améliorer tant son décor que ses prestations. Dans et hors de son vaste parc, l'hôtel propose de nombreuses activités, y compris pour les enfants et a ouvert un centre de remise en forme axé sur les forces de la terre. Beaucoup d'attention également de la part de l'équipe du Gourmandin, tant en salle qu'en cuisine, d'où sortent de belles assiettes, qu'il s'agisse des poissons de petite pêche du lac Léman (sobrement préparés pour rendre hommage à leur fraîcheur) ou des plats conçus pour accompagner la cure de remise en forme. Egalement un restaurant de spécialités italiennes, la Toscane.
3 appart. 100-330 € • 88 ch. 130-660 € • 1/2 pens. 135-365 € • C : 60 € • M : 25-70 €
www.royalparcevian.com

Hôtel Royal

» Royal Parc Evian, rive sud du lac de Genève
☎ 04 50 26 85 00
Fax 04 50 75 38 40
F. ann. non comm.

➥ **Restaurant** : 16/20 Le Café Royal
L'art de vivre à la française, c'est ce que défend depuis près d'un siècle ce prestigieux palace, dans un cadre avant tout élégant, où le luxe est au service d'un séjour parfait. Les activités ne manquent pas, avec le golf (sur le célèbre parcours de l'Evian Masters), les piscines (cinq...), les sports nature, les sports nautiques, le centre de remise en forme, etc.
11 appart. 1250-2360 € • 142 ch. 220-820 € • 1/2 pens. 420-1000 €
www.royalparcevian.com

La Verniaz et ses Chalets

» Av d'Abondance, Neuvecelle-Eglise
☎ 04 50 75 04 90
Fax 04 50 70 78 92
F. 1er janv.-10 fév. et 12 nov.-31 déc.

Une délicate atmosphère de maison d'hôtes émane de cette ancienne ferme, dans son parc abondamment arboré entre lac et montagne. Qualité et douceur de vivre, dans le parfum des fleurs, nombreuses possibilités de détente et un restaurant tout aussi agréable, à la cuisine actuelle et soignée : risotto aux pointes d'asperges vertes, râble de lapin au romarin, fraises marinées au porto.
6 appart. € • 32 ch. 90-270 € • 1/2 pens. 120-200 € • C : 53 € • M : 38-70 €
www.verniaz.com

Hôtel les Cygnes

» Grande Rive
☎ 04 50 75 01 01
Fax 04 50 70 95 71
F. janv.

Décor à l'ancienne et ambiance pension de famille pour cet hôtel de tradition en bordure du lac, les pieds dans l'eau depuis 1926 pour le plus grand bonheur de ses hôtes.
2 appart. 57-77 € • 38 ch. 57-77 € • 1/2 pens. 55-68 €
www.hotellescygnes.com

EVISA ➤ CORSE

EVREUX - 27000 Plan P. 344 (6 C 4)

Paris 100 - Rouen 59 - Chartres 77

[12] La Gazette

» 7 rue Saint-Sauveur
☎ 02 32 33 43 40
F. sam. à déj., dim., 3 sem. août et 1 sem. avril.
Jusqu'à 21h30.

La nouvelle aura fait les gros titres de l'actualité gastronomique ébroïcienne : la Gazette s'est étendue, occupant la place laissée vacante par la fermeture du commerce voisin. Les salles y ont gagné de la clarté, du confort, et c'est comme si la cuisine de Xavier Buzieux connaissait une seconde jeunesse : la fraîcheur de crabe et crevette à la mangue et quinoa, le filet de bar aux pommes et cannelle, le suprême de canette aux saveurs de cacao et le mille-feuille à la crème pistache ont gagné en légèreté et en précision. Le service reste un modèle de gentillesse.

C : 50 € • M : 19-40 € *xavier.buzieux@wanadoo.fr*

➤ Croix d'Or

» 3 rue Joséphine
☎ 02 32 33 06 07
Ouv. 7j/7.
Jusqu'à 23h.

On y croise tout Evreux depuis des années, et ce n'est pas un hasard, tant cette brasserie parvient à satisfaire le plus grand nombre, par la variété comme la qualité de ses propositions, du réputé banc de fruits de mer aux plats du jour.

C : 30 € • M : 11,40-30 €

Hôtel de France R

» 29 rue Saint-Thomas
☎ 02 32 39 09 25
📠 02 32 38 38 56
Ouv. 7j/7.

Les poutres en rappel régulier confirment à l'intérieur l'allure extérieure. Chambres sobres et élégantes, accueil soigné et restaurant de tranquille cuisine de tradition contemporaine (galette de ris de veau grillé aux truffes, brochette de lieu, crumble aux pommes). Agréable jardin en bordure de rivière.

1 appart. 42,50-70 € • 15 ch. 42,50-70 € • 1/2 pens. 68 € • C : 35 € • M : 28-41 € *www.hoteldefrance-evreux.com*

à PARVILLE - 27180 : 4 km E. par N 13

[12] Côté Jardin

» RN 13
☎ 02 32 39 19 19
Ouv. 7j/7.
Jusqu'à 21h30.

Le succès de la maison de Jean-Claude Lambert prouve qu'il est possible de maintenir une restauration de bon niveau sur les bords d'une nationale. Les deux salles à manger et la terrasse d'été ne désemplissent pas. L'intelligent menu-carte à 27 €, plébiscité par la clientèle, permet de se faire plaisir sans exploser la bourse, la marinade d'avocat exotique, cacahuète et queues de langoustines, la souris d'agneau confite aux écorces d'orange et coriandre et la soupe de fraises au romarin et glace pistache jouant les aimables compagnons d'un moment. Cave sans surprise et sagement tarifée.

C : 37 € • M : 17-37 €

EVRON - 53600 (16 A 2)

Laval 34 - Le Mans 57

[13] Relais du Gué de Selle

» Rte de Mayenne, D 7
☎ 02 43 91 20 00
F. vend. à dîn., dim. à dîn., lundi (1er oct.-31 mai), lundi à déj. (1er juin-30 sept.), 18 fév.-7 mars et 23 déc.-10 janv.
Jusqu'à 21h.

➥ **Hôtel :** Relais du Gué de Selle

Dans un aussi joli cadre, la cuisine régionale de Didier Peschard apporte une note fraîche et rustique qui ajoute à la détente. On peut sans déchoir se passer de foie gras et de truffes, se consacrer au marbré de lapereau, à l'osso buco de lotte aux cocos de Paimpol, à la belle côte de bœuf "Label fermier du Maine". Didier Peschard joue depuis toujours la carte des producteurs régionaux. Sa table est un exemple. Belle cave de grands crus attractifs.

C : 40 € • M : 22-48 € *www.relais-du-gue-de-selle.com*

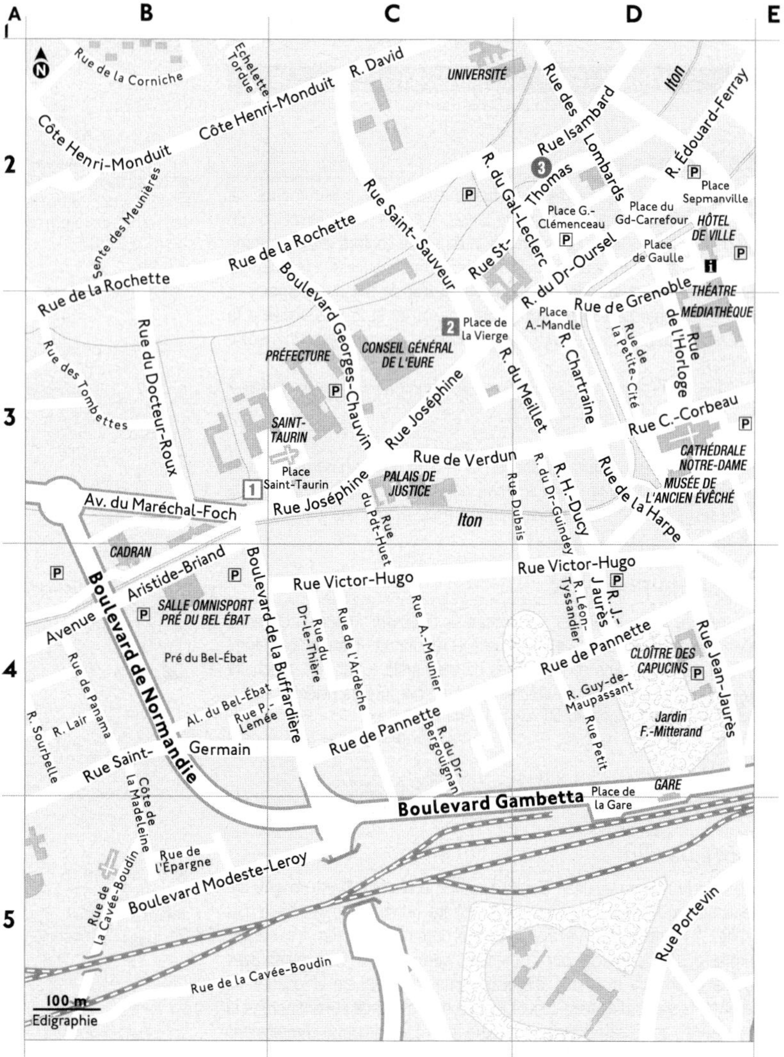

■ **Restaurant** ● **Hôtel** ☐ **Table en vue**

[1] Croix d'Or **B-3** [2] Gazette (La) **C-3** [3] Hôtel de France **D-2**

(12) La Toque des Coëvrons

Au cœur d'un petit village agricole, une table pleine de bon sens, de menus abordables naviguant avec simplicité autour des bons produits de la région : feuilleté d'asperges blanches au beurre de cerfeuil, carré de jeune agneau et légumes printaniers, tarte fine au camembert et pomme granny, fraises en gelée au vin doux.

M : 15,50-40 €

marcmenard@wanadoo.fr

» 4 rue des Prés
☎ 02 43 01 62 16
F. dim. à dîn., lundi, merc. à dîn, 2 sem. mars et 2 sem.août
Jusqu'à 21h.
🐕

Tables en vue : bistros, tables branchées, lieux à la mode...

 Relais du Gué de Selle 

➥ **Restaurant** : 13/20 Relais du Gué de Selle

Une ancienne ferme restaurée au bord d'un étang de 50 ha. Si vous cherchez du romantisme mais sans luxe excessif, du confort et de la gentillesse, une certaine modestie et beaucoup de charme, ce coin de Mayenne vous tend les bras. La maison est très bien tenue, et les tarifs mayennais plongent dans un vrai bain de fraîcheur. Chambres très douces, mobilier rotin, bois de loupe, climatisation dans la plupart, remise en forme…

6 appart. 91-137 € • 24 ch. 55-117 € • 1/2 pens. 57-106 €

www.relais-du-gue-de-selle.com

» Rte de Mayenne
☎ 02 43 91 20 00
℻ 02 43 91 20 10
F. 18 fév.-7 mars et 23 déc.-10 janv.

EYBENS ➤ GRENOBLE

EYGALIERES - 13810 (33 B 4)

Marseille 79 - Avignon 32

 Le Bistrot d'Eygalières

La maison de Wout Bru est devenue un bistrot hors du temps, et presque hors contexte. Oui, la Méditerranée est présente sur la carte - pourquoi s'installer dans une morne plaine si l'on peut s'offrir Eygalières et les Alpilles - mais l'intelligent chef belge aurait pu installer sa cantine de campagne dans un autre paysage avec la même réussite. Celle d'une cuisine sensible et maligne, pouvant plaire aussi bien à un vacancier compatriote qu'à un autochtone avide de sensations, et de recettes clin d'œil qui vous enveloppent le produit avec délicatesse. Pour être tout à fait heureux, il faut faire peu de cas des 35 **€** par plat pour ne retenir que le plaisir du filet de sole sauce vin blanc, caviar et asperges vertes, du croustillant de cochon de lait au porto et du gaspacho de fruits rouges glace vanille, dans cette simplicité convenue et cette atmosphère très exclusive d'un bistrot pas tout à fait comme les autres.

M : 75-90 €

www.chezbru.com

» Chez Bru, rue de la République
☎ 04 90 90 60 34
F. dim. à dîn., lundi (1er oct.-31 mai), lundi, mardi à déj. (1er juin-30 sept.) et mi-janv.-mi-mars.
Jusqu'à 22h.

 Mas de la Brune

L'architecture Renaissance est classée, et regorge de détails dès la façade (encorbellement, fenêtres à meneaux). Le Jardin de l'Alchimiste a été lui aussi distingué : les atouts charme ne manquent pas ici, servis par un décor à l'élégance raffinée, avec meubles de style et luxe parfait.

1 appart. 228-365 € • 9 ch. 144-240 €

www.masdelabrune.com

» ☎ 04 90 90 67 67
℻ 04 90 95 99 21
F. Toussaint-Pâques.

 Hôtel Mas dou Pastré

Désormais totalement climatisé, l'ancien mas de bergers du XVIIIe distille tout en douceur le charme craquant d'une Provence douce et colorée, une invitation irrésistible à la détente face aux Alpilles. Hébergement en roulotte pour les amateurs, franche cuisine régionale au restaurant.

1 appart. 115-180 € • 14 ch. 100-180 €

www.masdoupastre.com

» Rte d'Orgon
☎ 04 90 95 92 61
℻ 04 90 90 61 75
F. 15 nov.-15 déc.

LES EYZIES DE TAYAC - 24620 (24 B 2)

Périgueux 50 - Sarlat-la-Canéda 20

 Le Centenaire

➥ **Hôtel** : Le Centenaire

Cadre et ambiance

Une maison de pierre entièrement tendue de vigne vierge, au jardin soigné et à la belle terrasse ornée de jarrres de terracotta. Belle salle, chic et familiale.

Cuisine

Elle est inspirée par le terroir du Périgord, mettant en valeur la truffe et le foie gras. La carte montre par ailleurs quelques associations inédites et alléchantes

» 2 rue du Cingle
☎ 05 53 06 68 68
F. lundi à déj., mardi à déj., merc. à déj., vend. à déj. et déb. nov.-déb. avril.
Jusqu'à 21h30.

d'influences diverses et personnelles : vinaigrette de poireaux, glace au foie gras et granité à la truffe, chartreuse de pied de cochon et côte de porcelet, jus à l'orange et clous de girofle, salade d'oranges, carottes fondantes à la cannelle, glace à la cardamome, moelleux et coulant au chocolat, banane caramélisée et glace coco. Une cuisine qui reste ambitieuse même si certains plats valent plutôt deux toques que trois.

Cave

Sans être exceptionnelle, elle est vaste et solidement commentée par deux sommeliers adroits et compétents.

Accueil et service

Une certaine déconnection entre la salle et les cuisines, des approximations, dans une certaine décontraction. Sympathique, mais parfois mal vécu par la clientèle la plus exigeante.

C : 85€ • M : 68-98€ *www.hotelducentenaire.fr*

Au Vieux Moulin

» 2 rue du Moulin-Bas
☎ 05 53 06 94 33
F. à dîn. mardi, merc., jeudi et nov.-avril.
Jusqu'à 21h.

➥ **Hôtel :** Le Moulin de la Beune

Gourmet, Découverte, Prestige, les intitulés des menus fleurent bon la France de tradition, dans le décor si pittoresque d'un ancien moulin à eau. Sans remonter à la préhistoire des Eyzies, Georges Soulié adapte le Sud-Ouest éternel qui ravit les visiteurs - foie gras mi-cuit, confit, bœuf sauce Périgueux et cabécou - et leur offre en prime une compil' des années 90 : risotto aux truffes, ravioles de langoustines… La cave fait un bon tri en bergerac, montravel, pécharmant, classique et plutôt chère sur les autres régions.

C : 50€ • M : 29-50€ *www.moulindelabeune.com*

L'Hostellerie du Passeur

» Pl de la Mairie
☎ 05 53 06 97 13
F. sam. à déj., mardi à déj. (sf juil.-sept.) et déb nov.-déb. mars.
Jusqu'à 21h30.

➥ **Hôtel :** L'Hostellerie du Passeur

Gérard Brun croit aux vertus de son terroir : il a raison. Pourquoi aller chercher au Japon ou au Zimbabwe ce qui se fait de bon alors que nous avons le tournedos Rossini et le pigeon en crapaudine truffé ? Voilà une mission pour le passeur (cette jolie maison bourgeoise du centre ville se trouve en fait à côté de l'ancienne maison du passeur) : transmettre un héritage qui n'est pas fait que de recettes, mais aussi de belles sensations, de soin au produit, et tout simplement de plaisir. Bonne sélection bergerac cahors.

C : 51€ • M : 18,50-50€ *www.hostellerie-du-passeur.com*

Le Centenaire

» 2 rue du Cingle
☎ 05 53 06 68 68
Fax 05 53 06 92 41
F. déb. nov.-déb. avril.

➥ **Restaurant** : 17/20 Le Centenaire

Installée dans le village, la grande maison en pierres respecte les canons de l'architecture régionale pour abriter, outre le restaurant, des chambres élégantes, avec raffinement des détails dans la décoration et le service.

5 appart. 260-380€ • 14 ch. 138-230€ • 1/2 pens. 150-230€

www.hotelducentenaire.fr

Le Moulin de la Beune

» 2 rue du Moulin-Bas
☎ 05 53 06 94 33
Fax 05 53 06 98 06
F. 1er nov.-1er avril.

➥ **Restaurant** : 14/20 Au Vieux Moulin

La Beune, c'est la rivière voisine qui actionne encore la roue ancestrale de cet ancien moulin au cadre chaleureux et authentique. Aménagement confortable et soigné.

20 ch. 49-58€ • 1/2 pens. 68€ *www.moulindelabeune.com*

L'Hostellerie du Passeur

» Pl de la Mairie
☎ 05 53 06 97 13
Fax 05 53 06 91 63
F. déb. nov.-déb. mars.

➥ **Restaurant** : 13/20 L'Hostellerie du Passeur

Au cœur du bourg et surtout au bord de la rivière, une étape confortable dans une grande maison bourgeoise. Jolies chambres personnalisées, couleurs douces ou chaleureuses, sous les poutres patinées. Accueil très agréable.

19 ch. 50-100€ • 1/2 pens. 62-84€ *www.hostellerie-du-passeur.com*

➲ à MARQUAY - 24620 : 12 km E. par D 47, D 48 et D 6

[12] L'Esterel

» Le Bourg
☎ 05 53 29 67 10
F. vend. à déj., sam. à déj.
F. ann. non comm.
Jusqu'à 22h.
❄ 🐕

Plaisante cuisine locale à tarifs démocratiques dans un village perché sur une colline. L'accueil et le service sont amicaux et décontractés, la générosité au travers de menus abordables mérite le respect. Dommage pour les accompagnements chichiteux qui ne permettent pas de conserver la toque, malgré la bonne humeur qui se dégage des lieux. Cave pas très passionnante, à utiliser pour les ressources locales.

C : 18 € • M : 15-38 € *restaurant.lesterel@wanadoo.fr*

➲ à SAINT LEON SUR VEZERE - 24290 : 15 km N.E. par D 706 et D 66

[11] Le Petit Léon

» Le Bourg
☎ 05 53 51 18 04
F. lundi, 1er janv.-30 juin et 1er sept.-31 déc.
Jusqu'à 21h30.
♿ 🚬

Les charmes du jardin ou de la situation touristique, face au château, ne doivent pas faire oublier les vertus classiques d'une cuisine maîtrisée par un chef d'expérience, qui fait ce qu'il faut pour contenter le touriste de passage, mais aussi lui donner envie de revenir, autour de produits attendus et régionaux.

C : 20 € • M : 14,50-23,50 €

EZE - 06360 (34 D 4)

Nice 11 - Monaco 14

[18] Le Château de la Chèvre d'Or ↗

» Rue du Barri
☎ 04 92 10 66 61
F. merc. (mars) et déb. nov.-déb.mars.
Jusqu'à 22h15.
⛱ 🚗 ❄ 🌊 🐕 🚬

➥ **Hôtel** : 🏨 Le Château de la Chèvre d'Or

Cadre et ambiance

Une salle rustique, mais chic, et vice-versa. On sent le poids des ans, de la tradition, de l'hôtel de corniche comme ont pu l'aimer Cary Grant et Grace Kelly, d'un passé, d'une histoire dans les petites rues d'Eze où on ne peut venir qu'à pied. Depuis le salon, la vue sur la Chèvre, derrière la fenêtre et en arrière-plan, la Riviera.

Cuisine

On n'expliquera pas comment cet établissement attire aussi facilement les grands chefs, ou les motive de telle façon qu'ils s'y épanouissent, mais le dernier en date, Philippe Labbé, est une fameuse pointure, qui a réussi le tour de force de faire oublier Jean-Marc Delacourt. Dans un style différent, très technique, un peu moins épuré, mais très très enjôleur (volaille et homard bleu en timbale de macaroni au lait de poule truffé, sole filet du pays en gros tronçon, braisé dans un fumet de poisson de roche au vin de Bellet, ravioles de gamberoni, riz "Bomba de Pego" crémeux aux crustacés ...). Les plats à la carte atteignent facilement 70 **€**, mais les menus sont parfaits, en particulier celui du déjeuner, largement à trois toques sur l'arrivage de saison (légumes divinement cuits), de la maraîchère Groseille, loup de ligne de Méditerranée, piqué et grillé au lard de colonnata, et velouté de petits pois Ovar au basilic, fricassée de jambon. Desserts plus classiques, mais à la réalisation proche de la perfection.

Cave

La cave également a gagné en finesse, moins exubérante (même si vous pouvez encore commander Giscours 1865 à 2500 **€** et Lafite Rotschild 1888 à 2400 **€**), plus cohérente dans ses choix, gardant l'abondance qui fait aussi sa valeur, avec près de 50 références pour la seule Provence.

Accueil et service

Service sans faille, redoutablement efficace et assez fluide, dispensé par des jeunes gens portant complet noir, chemise blanche et nœud papillon noir. Beaucoup de petites attentions (sourires, petits mots gentils) et excellent timing.

C : 160 € • M : 65-168 € *www.chevredor.com*

Le Château de la Chèvre d'Or

➥ **Restaurant** : 18/20 Le Château de la Chèvre d'Or

Un sommet en matière de luxe, par son cadre magique, avec son architecture ancienne et ses jardins suspendus entre le ciel et la mer pour un panorama unique. Les vieilles maisons de village, même métamorphosées en palace villageois, se rappellent avec bonheur en détails subtils : une cheminée ancienne ici, une salle de bain comme incrustée dans la roche là. Et cette vue qui s'envole à chaque détour d'un couloir ou d'une terrasse. Service de haut niveau, comme une évidence dans un cadre aussi majestueux.

2 appart. 1080-2550 € • 34 ch. 270-780 € *www.chevredor.com*

» Rue du Barri
☎ 04 92 10 66 66
📠 04 93 41 06 72
F. déb. nov.-déb.mars.

Château Eza

Peu d'hôtels de la côte hissent l'exclusivité à cette altitude : au cœur du village perché, le château, ancienne demeure du Prince de Suède, est à plus de 400 m au-dessus de la mer. La vue est à couper le souffle, à savourer depuis la terrasse privée dont profite la quasi-totalité des 10 chambres, bijoux romantiques, entre mobilier d'époque et tissus d'ameublement luxueux, avec en discret rappel historique les vieilles cheminées. La cuisine colle aux attentes de la clientèle, produits nobles et préparations raffinées sur des influences méditerranéennes : passé notamment par la Bastide Saint Antoine, le chef connaît la musique sur le bout des doigts.

4 appart. 425-920 € • 6 ch. 150-545 € • C : 90 € • M : 37-90 €
www.chateaueza.com

» Rue de la Pise
☎ 04 93 41 12 24
📠 04 93 41 16 64
F. 5 nov.-14 déc.

FAGNON ➤ CHARLEVILLE MEZIERES

FALAISE - 14700 (5 D 4)

Caen 34 - Lisieux 53 - Argentan 23

L'Attache

Tout est bien rangé chez Alain Hastain : la cave, avec ses présentations de vins du monde, des cuvées de chez Grassa au Tariquet, de ses bons choix de Loire ; le sucre, ensuite dans un exposé pédagogique ; et les menus, simples, accessibles, et qui disent la vérité. Celle d'une cuisine précise, enjouée et même passionnée : galette de tête de veau et langoustines, mizuna et pois gourmands, bar rôti aux épices, râble de lapereau farci au boudin noir jus à la sauge. Joli moelleux en dessert, accueil dans le ton, empreint de la plus grande sincérité.

C : 40 € • M : 18-42 €

» Rond-point Nord de l'Attache
☎ 02 31 90 05 38
F. mardi à dîn., merc et 2e quinz. juil.
Jusqu'à 21h.

➲ à PONT D'OUILLY - 14690 : 18 km O. par D 511

L'Auberge Saint-Christophe

Jolies chambres modernes et coquettes (vue sur le jardin, en accord avec les tissus fleuris) dans une maison typique de la Suisse Normande, avec ses vieilles pierres sous le lierre.

7 ch. 50 € • 1/2 pens. 55 € *aubergesaintchristophe@wanadoo.fr*

» Saint-Christophe
☎ 02 31 69 81 23
📠 02 31 69 26 58
F. 15 fév.-8 mars et 21 août-5 sept.

FALICON - 06950 (34 C 4)

Nice 6 - Monaco 23

Parcours Jean-Marc Delacourt

Un concept indiscutablement réussi - une maison provençale au cœur du village perché, grand air de l'arrière-pays niçois et atmosphère villageoise rassérénante, déco ultra-contemporaine avec écrans plats montrant les cuisines - une communication efficace et copieuse : on ne peut guère ignorer les efforts de Jean-Marc Delacourt et de son staff pour proposer une restauration différente. A ce niveau, le snobisme ne peut être qu'assumé, aussi finit-on par s'amuser

» 1 place Marcel-Eusebi
☎ 04 93 84 94 57
F. lundi, mardi à déj. (mi-sept.-fin juin), à déj (sf sam.-dim. été), 1 sem. nov. et 3 sem. janv.
Jusqu'à 21h30.

d'un service très formaté (charmantes tuniques) donnant force conseils de dégustation sur les vins du monde (plus nombreux que ceux des vignobles hexagonaux) et expliquant avec condescendance qu'il n'y a pas d'eau minérale en grand format (ça doit faire trop populaire, un peu camping). Tout cela n'empêche nullement de profiter de la vue sublime et d'une cuisine de chef juste et intéressante, moins suffocante qu'on ne voudrait vous la vendre, mais très agréable hors contexte, l'effeuillé de tourteau (chiche) sur une soupe crémeuse pêche-tomate (généreuse), le risotto de céréales girolles et truffe d'été (normal), et le très bon carré d'agneau avec un mille-feuille de légumes constituant l'essentiel d'un menu à 50 **€** achevé par un dessert fruits rouges tout en fraîcheur.
M : 27-50 € *www.parcoursliverestaurant.com*

FAUGERES - 34600 (31 D 4)

Montpellier 81 - Béziers 29

(12) L'Echalote

» Hameau de Soumatre
☎ 04 67 23 18 05
F. lundi et mardi. F. ann. non comm.
Jusqu'à 21h 0.

Chaque année, la même surprise au moment de passer le petit pont qui débouche sur cette table improbable, bien difficile à dénicher dans sa campagne héraultaise. Et cette question, récurrente : comment fait-on vivre un tel restaurant avec un premier menu à 25 **€**? La réponse est toute simple. De la bonne humeur, de bons produits, un minimum de chichis en salle et un peu de débrouillardise : cassolette de tête de veau gratinée aux oignons doux, jarret de porc caramélisé aux épices, moelleux aux noix, une carte sans effet de manche, sincère et généreuse.
C : 40 € • M : 25-32 € *www.echalote-gite.com*

FAUSSERGUES - 81340 (30 B 3)

Albi 32 - Réquisat 12 - Valence-d'Albigeois 5

(11) Moulin de Faussergues

» ☎ 05 63 53 49 11
F. lundi, mardi, merc. à déj. (sauf réserv.) et 15 nov.-1er avril.
Jusqu'à 21h30.

Verve régionale et générosité dans cet ancien moulin du bout du monde. Le chef met son expérience au service d'assiettes convaincantes et copieuses, la terrine de caneton au foie gras, le filet de veau à la compote de champignons sauvages et la solide et souriante Assiette du Ségala aux gésiers, confit de canard et tripoux, exposés dans un menu philanthropique à 25 **€**.
C : 25 € • M : 19-25 € *www.moulindefaussergues.com*

FAVERGES DE LA TOUR ➤ LA TOUR DU PIN

FAVIERES - 80120 (3 B 1)

Amiens 72 - Abbeville 25

(13) La Clé des Champs

» Rue des Frères-Caudron
☎ 03 22 27 88 00
F. lundi, mardi (sf fériés), 15 jrs janv., 15 jrs vac. scol. fév. et 1 sem. fin août-déb. sept.
Jusqu'à 21h30.

Il y a un menu Escoffier ? Ne souriez pas, il n'y a pas l'ombre d'un archaïsme dans le travail de Bruno Flasque et aucune ambiguïté dans l'hommage à un très bon promoteur de la cuisine et des cuisiniers. Tâtez de la pêche du Crotoy, elle ne date pas du siècle dernier, mais ruisselle de fraîcheur, dans les saint-jacques en papillote, dans le pavé de turbotin au cresson (le roquefort, peut-être pas indispensable) et goûtez l'agneau du pays, en croûte de pommes de terre, orientalisé par un caviar d'aubergines et une moussaka. Le service est aux petits soins, la cave se façonne autour de vins de vignerons et le décor rustique contribue à la chaleur des lieux. Et il y a trois autres bons menus, qui s'appellent Curnonsky, Brillat-Savarin et La Reynière…
C : 25,80 € • M : 13,50-38,50 €

FAYENCE - 83440 (34 B 5)

Fréjus 35 - Grasse 29

Le Castellaras

Servi par l'enthousiasme et la compétence d'Hermance, la fille du patron, qui anime la salle avec brio, cette cuisine de haut classicisme provençal, aux très bons produits, ne manque pas d'allure, ni même d'idées pour adapter une certaine vision de la tradition de prestige : nage glacée aux queues d'écrevisses à la râpée de truffes d'été et croustillant à la ricotta et graines de sésame grillé, bonne fraîcheur et cuisson juste, carré de veau en escalope au gingembre et poivre de Séchuan, lasagne d'aubergine, courgette, tomate et mozzarella, viande parfaite et accompagnement idéal. Il manque un chouia de caractère pour aller plus haut, mais la toque est amplement et à nouveau méritée, jusqu'à la succulente glace au lait de brebis. Cave bien diversifiée, intéressante et pas trop chère.

C : 60 € • M : 43-58 €

» Rte de Seillans
☎ 04 94 76 13 80
F. lundi, mardi, 14 nov.-14 déc., 2 sem. mars et 1 sem. fin juin.

13

La Table d'Yves

Après trois ans, on ne va plus parler de déménagement réussi. Les cartons sont déballés depuis longtemps, on prend le pastis en terrasse sous la tonnelle comme si tout était en place depuis un siècle, et Yves comme Isabelle Merville, adoptés par Fayence qui ne peut que se réjouir d'un apport aussi fructueux, sont définitivement chez eux, avec les cigales, la vue sur le village et le bassin aquatique. La cuisine d'Yves est inspirée, expirée, et bien exprimée : Provence et Méditerranée façon chef, précis, carré, n'abandonnant pas le client au milieu du gué, travaillant pour la bonne cause dès le menu à 25 €, donnant de hautes saveurs à son aïoli de cabillaud, à son pistou d'écrevisses aux légumes ou à son pigeonneau rôti et risotto de morilles. Du professionnalisme dans le service, et dans la cave, ou la sélection se partage entre les vedettes (Roubine, Ott, Sainte-Roseline) et d'excellents pointus (Maïme, Jale, Jasson).

C : 40 € • M : 25-48 € www.latabledyves.com

» 1357 rte de Fréjus
☎ 04 94 76 08 44
F. merc., jeudi (h.s), merc., jeudi à déj. (juin-sept), vac. scol. fév. et vac. scol. Toussaint.
Jusqu'à 21h30.

Moulin de la Camandoule R

Un ensemble de charme, de l'ancien moulin à huile qui a conservé ses vieilles pierres et ses rouages, aux ruines de l'aqueduc romain au fond du parc. Jolies chambres personnalisées, entre élégance bourgeoise et influences provençales, un équilibre qui se retrouve en cuisine : gambas rôties à l'huile de tapenade, caille farcie aux courgettes, craquelin aux fraises de Carros.

1 appart. 45-170 € • 11 ch. 45-170 € • 1/2 pens. 94-147 € • C : 65 € • M : 43-60 € www.camandoule.com

» Chemin Notre-Dame-des-Cyprès
☎ 04 94 76 00 84
Fax 04 94 76 10 40
Ouv. 7j/7.

FECAMP - 76400 (6 A 2)

Rouen 69 - Le Havre 40 - Dieppe 65

13

Auberge de la Rouge

Table statutaire sur les hauteurs de la ville, la Rouge déploie son décor feutré et le talent d'un service professionnel au service d'une cuisine raffinée. Thierry Enderlin compose volontiers avec les parfums du sud (souvenir d'un passage chez Alain Ducasse ?) des assiettes convaincantes : cannelloni croustillants de légumes crème légère à l'estragon et risotto crémeux à la tomate, noix de saint-jacques dorées crème de laitue et sucs de viande aux champignons noirs râpée de parmesan et jolie variation autour de la poire (en gâteau moelleux, confite à la cannelle, en milk-shake). www.auberge-rouge.com

» Rte du Havre, Saint-Léonard
☎ 02 35 28 07 59
Rens. non comm.
Jusqu'à 21h.

13 Les Terres Neuvas

Le tout jeune Jean-Daniel Baudry (22 ans seulement) s'essaie depuis janvier 2004, et la réouverture de cette table que les Fécampais connaissaient autrefois sous l'enseigne de "Viking", au difficile exercice des associations de saveurs osées. Réussite étonnante pour un chef aussi jeune à qui les propriétaires, Guillaume et Maud Lenoir, prodiguent leurs encouragements : foie de lotte rôti puis mariné, confiture d'algues et caramel balsamique, saint-pierre à l'unilatérale, poire et gingembre au vinaigre de framboise, filet de turbot au beurre de thym, biscayenne de poivrons et poêlée de grenailles au chorizo. Les desserts n'échappent pas à la règle, la glace malabar faisant même son apparition dans un remarquable dessert, certes branchouille mais délicieux, aux côtés d'une émulsion à l'orangina et d'un tiramisu. Vue magnifique sur la mer, salle à manger très spacieuse et lumineuse.

C : 34 € • M : 34 €

www.lesterreneuvas.com

» 63 bd Albert-1er
☎ 02 35 29 22 92
F. dim. à dîn., lundi, mardi à déj. et 3 sem. déb. janv.
Jusqu'à 21h30.

12 La Marée

Les poissons arrivent de la criée de la ville, via la poissonnerie du rez-de-chaussée, et l'efficace menu pêcheur leur rend déjà un bel hommage, avec les quenelles de chair de tourteau ou le cabillaud purée de pomme de terre et champignons. A la carte, poissons nobles et préparations sobres. En dessert, Fécamp oblige, la crème brûlée à la bénédictine et côté vin, des valeurs sûres en toutes régions (Dagueneau, en pouilly, Muré en alsace, Faiveley en bourgogne).

M : 18-34 €

» 77 quai Bérigny
☎ 02 35 29 39 15
F. dim. à dîn., lundi, jeudi à dîn. (h.s) et 3 sem. janv.
Jusqu'à 21h.

11 Le Vicomté

Le duo Dominique et Jean-Paul Wetterer fonctionne comme au premier jour, lui passant de table en table avec un sourire et une attention pour chacun, elle sortant des assiettes fraîches et simples avec une régularité de métronome. L'unique menu, à 15,80 **€**, est une formidable affaire. Charmant décor marin, ambiance décontractée.

M : 15,80 €

» 4 rue du Pdt-Coty
☎ 02 35 28 47 63
F. merc., dim., jrs fériés, 15 jrs fin août et 15 jrs fin déc.
Jusqu'à 21h.

La Ferme de la Chapelle

L'ancienne ferme, à l'allure typique avec sa façade de brique et silex, est construite à l'écart de la ville, sur la falaise. Les jolis meubles rustiques des chambres de l'étage sont plus dans l'esprit des lieux que les plus modernes du rez-de-chaussée.

5 appart. 110-140 € • 17 ch. 75-82 € • 1/2 pens. 90 €

www.fermedelachapelle.fr

» Côte-de-la-Vierge
☎ 02 35 10 12 12
Fax 02 35 10 12 13
F. 2-17 janv.

Hôtel du Commerce R

Les chambres se partagent entre deux ambiances, marine pour celles donnant sur la cour, campagne pour les autres. Au restaurant, le chef, ancien boucher, prend le contre-pied des restaurants de la ville en proposant de beaux plats de viande.

26 ch. 39-80 € • 1/2 pens. 87-98 € • C : 23 € • M : 14-26 €

www.hotel-lecommerce.com

» 26-28 pl Bigot
☎ 02 35 28 19 28
Fax 02 35 28 70 50
Ouv. 7j/7.

FEGERSHEIM ➤ STRASBOURG

FENEYROLS ➤ SAINT ANTONIN NOBLE VAL

FERE EN TARDENOIS - 02130 (4 B 5)

Laon 54 - Château-Thierry 23

Château de Fère

» Rte de Fismes
☎ 03 23 82 21 13
F. lundi à déj. (janv.-mars; nov.-19 déc.) et 2 janv.-10 fév.
Jusqu'à 21h30.

➥ **Hôtel** : Château de Fère

Dominique Quay n'est pas écrasé par le lustre imposant de la noble bâtisse. Ce pianiste expérimenté, passé chez Senderens, Meneau et Robuchon avant de hisser le Goyen parmi les meilleures tables de Bretagne, assume avec aisance : sa cuisine n'est pas figée, il ne s'agrippe pas aux produits de prestige comme à une bouée et la réalisation des classiques (canette de Barbarie laquée au miel d'épices) ou des apprêts modernes (cappuccinos, émulsion) montre la maîtrise des manœuvres. Les poissons, en particulier, sont remarquables (blanc de turbot en croûte d'herbes, dos de saint-pierre au plat…). La cave de grands crus est très bien placée en tarifs, beau catalogue champenois et châteaux bordelais.

C : 75 € • M : 49-88 € *chateau.fere@wanadoo.fr*

Château de Fère

» Rte de Fismes
☎ 03 23 82 21 13
📠 03 23 82 37 81
F. 2 janv.-10 fév.

➥ **Restaurant** : 15/20 Château de Fère

Depuis des lustres, Fère est un exemple rare d'une très haute tradition hôtelière maintenue à son meilleur niveau par des propriétaires résolus. Le cadre est superbe, celui d'un château XVIIIe ni austère ni grandiloquent, à proximité des ruines féodales d'une première construction, dans un parc de douze hectares attenant à une forêt de soixante hectares. De quoi se promener lorsqu'on sort des chambres vastes, accueillantes et stylées, au mobilier ancien et à la douceur moelleuse d'un confort contemporain.

7 appart. 230-400 € • 19 ch. 150-350 € *chateau.fere@wanadoo.fr*

FERNEY VOLTAIRE - 01210 (28 B 1)

Divonne- les-Bains 25 - Genève 7

Le Chanteclair

» 13 rue de Versoix
☎ 04 50 40 79 55
F. dim., lundi, 1 sem. Pâques, 8-30 août et 22 déc.-3 janv.
Jusqu'à 22h.

La succession de Bruno Pucheu est un beau challenge pour Lionel Stankoff, qui, après un passage aux Airelles, a eu le temps de s'acclimater aux habitudes des bords du Léman. Moins directement branché terroir, il ajoute une recherche intéressante dans les influences et dans les présentations, marbré de fromage de chèvre et nori, cœur de mangue et croustillant au sésame, féra du lac confite à l'huile d'aneth, épinards à l'anguille fumée et écume d'amande douce, pastilla d'agneau aux éclats de pistache et graines odorantes. Pour l'instant, nous observons une certaine réserve, certains plats tenant plus de l'assemblage un peu tape à l'oeil que d'une réflexion totalement aboutie. La cave, bien que diversifiée, n'est pas très passionnante.

C : 45 € • M : 27-65 €

Le Pirate

» Av de Genève
☎ 04 50 40 63 52
F. dim., lundi et 3 sem. août.
Jusqu'à 22h.

On le sait depuis leur victoire dans l'America's Cup : les Suisses sont de sacrés marins. Ils ne se font donc pas faute de rejoindre leurs voisins dans ce beau jardin proche de Genève où l'océan constitue le paysage gastronomique. Sans piratage, Pierre Franck Salamon et son épouse abordent toutes les côtes, des huîtres à la sole tropicale, des nems de crabe et gambas au loup à la plancha, dans une vaste carte qui vogue sur l'air du temps. Cave construite avec efficacité et variété.

C : 35 € • M : 29-59 € *www.lepirate.fr*

FERRIERES LES VERRERIES ➤ GANGES

LA FERTE BERNARD - 72400 (16 C 2)

Le Mans 50 - Nogent-le-Rotrou 22

(12) La Perdrix

» 2 rue de Paris
☎ 02 43 93 00 44
F. lundi à dîn., mardi et fév.
Jusqu'à 21h.

La sortie autoroutière La Ferté-Bernard est plus que recommandée pour trouver l'atmosphère délicieuse de ces étapes coutumières où l'on dorlote des bordeaux majeurs depuis longtemps et où un ancien chef saucier de chez Taillevent annonce le foie gras, le rognon de veau au balsamique et crème fraîche et les profiteroles, toutes choses belles et familières que l'on a tendance à préférer au pavé d'autruche à l'émulsion de worcestershire. Atmosphère recueillie, service à l'avenant.

C : 40 € • M : 18-38 € *www.http//monsite.wanadoo.fr/laperdrix*

LA FERTE SAINT AUBIN - 45240 (18 A 3)

Orléans 22 - Blois 78

La Ferme de la Lande

» Rte de Marcilly, D 921
☎ 02 38 76 64 37
F. mardi à dîn., merc. et jeudi à déj., 16 janv.-8 fév. et 9-31 oct.
Jusqu'à 21h30.

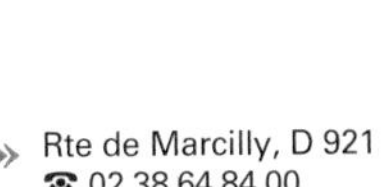

La mutation dans cette grande ferme aux panneaux accrocheurs pour noces et banquets est assez étonnante. Elle est la résultante d'une nouvelle équipe en cuisine, et d'un autre état d'esprit qui donne aux locaux, comme aux voyageurs, l'envie d'aller voir de plus près la production du jeune Julien Thomasson, ancien second aux Bézards, et qui mesure bien sa chance d'être chef d'une maison de ce calibre à 24 ans. On s'attend à un peu de prestige gonflé (la carte est malheureusement ce qu'on redoute, foie gras homard langoustines), une carte prétentieuse et un service lointain : on se retrouve avec un saint-pierre parfaitement cuit, un colvert remarquable, lentilles et girolles, et une grande attention du service, gentil et prévenant, dans un décor néo-solognot brique et béton. Très bons desserts par un pâtissier à peine sorti de l'école qui produit des assiettes impeccables avec la décontraction d'un vieux briscard. Cave chère et inintéressante, sauvée par quelques loires bien choisis (Joguet, Taluau, Vatan...)

C : 53 € • M : 29-58 € *www.fermedelalande.com*

(13) Domaine de l'Orée des Chênes

» Rte de Marcilly, D 921
☎ 02 38 64 84 00
Ouv. 7j/7.
Jusqu'à 21h45.

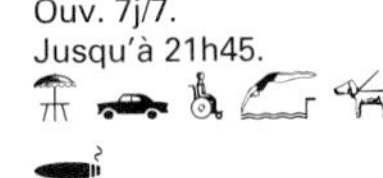

Les deux grands bâtiments contemporains dans le style solognot ont été conçus pour une hôtellerie confortable et pratique. La tabe va plus loin que le service minimum, avec un très bon jeune chef qui sait mettre le turbot pour affirmer le caractère cossu à visées luxueuses. Foie gras, homard, risotto au parfum de truffe avec le turbotin, l'imagination n'est pas vraiment au pouvoir, mais la manière est incontestablement habile et le "petit" menu à 35 **€** donne un peu d'air, avec la terrine de rougets aux aubergines, courgettes, tomates, l'osso buco de lotte et le carpaccio d'ananas. Cave à suivre pour les vins de Loire.

C : 50 € • M : 26-45 € *www.loreedeschenes.fr*

LA FERTE VIDAME - 28340 (17 C 1)

Verneuil-sur-Avre 15 - Nogent-le-Rotrou 32

(12) Auberge de la Trigalle

» Rte de Verneuil
☎ 02 37 37 51 75
F. lundi, mardi et 15 janv.-15 fév.
Jusqu'à 21h.

Avant l'heure, Emmanuel Becker avait compris comment doit évoluer l'auberge de papa. Sans renier les traditions, en conservant les tripes au cidre et la tête de veau, mais en regardant devant et tout autour, pour accueillir avec le sourire des horsains comme des touristes heureux de changer de monture de temps en temps, de quitter le percheron pour les nems de courgettes saumon fumé sauce birmane (si ! si !) ou le sandre sur galette de pied de cochon aux huîtres chaudes. C'est parfois un peu gonflé, mais cela réveille fortement la campagne.

C : 35 €

FIGEAC - 46100 (30 B 2)

Cahors 70 - Villefranche-de-Rouergue 36

La Cuisine du Marché

» 15 rue Clermont
☎ 05 65 50 18 55
F. dim.
Jusqu'à 21h30.

Tout est dans l'enseigne, sans tricherie ni morgue : cette cuisine est bien saisonnière, juste, sensible : qu'on l'attaque par la mer (cannelloni de légumes et ragoût de coquillages) ou par la terre (suprême de pintade du Gers, mousseline de céleri à la cardamome et quenelles de mascarpone) elle trouve toujours de quoi se défendre, dans la modernité, l'allant, le sourire. Et la salle tangue dans le même sens, accueillant intérieur aménagé dans une ancienne cave à vin. Pour ce qui est des flacons justement, pas non plus d'extravagance, mais une sélection courte et juste en cahors, sud-ouest, bordeaux.

C : 30 € • M : 18-37 € *cuisinedumarche@wanadoo.fr*

(12) La Puce à l'Oreille

» 5-7 rue Saint-Thomas
☎ 05 65 34 33 08
F. dim. à dîn., lundi (h.s.), 12 jrs juin et 3 sem. oct.
Jusqu'à 21h30.

Avec sa terrasse intérieure et son immense cheminée du XVe siècle, on se doute que la maison de Jean-Marie Filhol joue sur le pittoresque et sur sa situation centrale pour faire le plein de clientèle. Beaucoup de charme donc mais aussi une cuisine bien troussée avec un filet de sandre au céleri et sauce au vin rouge de cahors ou un foie gras de canard poêlé et jus au vinaigre de framboise. Bon rapport qualité-prix.

C : 38,60 € • M : 14,80-38 €

Château du Viguier du Roy

» Rue Droite
☎ 05 65 50 05 05
Fax 05 65 50 06 06
F. 2 oct.-28 avril.

Niché au cœur de la vieille ville, cet ensemble de bâtiments a une âme, une atmosphère, qui vient de son lointain passé (le château fut construit au XIVe siècle), mais aussi du soin apporté par ses propriétaires à le faire revivre à travers un décor à la fois sobre et plein d'une foule de détails délicats, dans l'architecture (superbes boiseries d'époque) comme le choix du mobilier ou des bibelots. A l'ombre du cloître, au bord de la piscine ou dans l'une des chambres, règne une même douceur de vivre. Le restaurant la Dînée du Viguier (ouvert à l'année, Tél. 05 65 50 08 08) profite bien sûr de la beauté du cadre et y ajoute les plaisirs d'une belle gastronomie classique, puisant dans la région et les saisons le goût de plats raffinés : soufflé et escalope de foie gras salade de roquette au jambon de canard, blanquette de saint pierre et paupiette de sole aux pointes d'asperges vertes et blanches, galette de guariguettes crème chiboust à la vanille. Sélection de vins qui permet quelques découvertes plaisantes.

5 appart. 400-500 € • 16 ch. 160-380 € • C : 56 € • M : 28-72 €

www.chateau-viguier-figeac.com

à BOUSSAC - 46100 : 11 km O. par D 13 et D 41

Domaine des Villedieu

» Boussac
☎ 05 65 40 06 63
Ouv. 7j/7.

Surplombant le Célé, cette ferme aménagée dans une maison de maître XVIIIe déploie l'étalage régional avec application : foie gras, tourte au confit, cassoulet figeacois. Les assiettes sont parfaitement généreuses, l'aventure est proscrite, mais ces classiques sont un régal. On boit le vin de pays ou le coteau-du-quercy et on s'en contente fort bien.

C : 42 € • M : 29-50 € *www.villedieu.com*

 Accessible aux handicapés.

 Piscine privée.

 Carte des vins remarquable.

 Repas servis en terrasse ou dans un jardin.

 Tennis privé.

 Chiens acceptés.

FITOU - 11510 (31 D 5)

Sigean 16 - Rivesaltes 16

12 La Cave d'Agnès

» 29 rue Gilbert-Salamo
☎ 04 68 45 75 91
F. merc., jeudi à déj., janv.-mars, (ouv. 1 sem. avant Pâques).
Jusqu'à 21h30.
🚗 🐕

On ne s'ennuie jamais dans cette ancienne bergerie, puis cave à vin, dominant le village : la décoration, renouvelée chaque année grâce aux œuvres prêtées par des artistes locaux, les plats, qui ne restent jamais bien longtemps à la carte et la cheminée, où grillent lapins, brochettes d'agneau ou magrets de canard donnent aux lieux une charmante couleur locale. Vins locaux en vedette.

C : 28 € • M : 21-29,50 €

FLACEY - 28800 (17 D 2)

Châteaudun 10 - Bourges 178

🏠 Domaine de Moresville

» Rue de Brou
☎ 02 37 47 33 94
📠 02 37 47 56 40
F. non comm.
🚗

A 5 km de Bonneval, dans la Haute Vallée du Loir, ce château du XVIIe agrémenté d'une tour édifiée en 1850 n'a entamé sa vie d'hôtel qu'en 2001, après deux années de travaux. Chambres de bon confort, vaste parc, sauna et jacuzzi.

11 ch. 70-160 € *www.domaine-moresville.com*

FLAVIGNY SUR MOSELLE ➤ NANCY

FLAYOSC ➤ DRAGUIGNAN

LA FLECHE - 72200 (16 B 3)

Le Mans 43 - Angers 52

13 Le Moulin des Quatre Saisons 🍇

» 2 rue Gallieni
☎ 02 43 45 12 12
F. dim. à dîn., lundi à déj. (sf juil.-août), fév., 1 sem. Pâques et vac. scol. Toussaint.
Jusqu'à 21h.
⛱ 🚗 ♿ 🐕

Les appas de cette charmante maison sont évidents, et les automobilistes traversant la ville par son axe le plus fréquenté ne peuvent s'empêcher de lorgner vers ce moulin illuminé au bord de l'eau. L'esprit ouvert, festif qui règne dans la salle animée avec dynamisme et prestance par Karoline Constantin est un autre atout pour mettre en valeur la cuisine du chef, exigeant sur le produit, attentif à ses garnitures et accompagnements : risotto d'asperges et queues de langoustines, ris de veau au beurre moussant en hommage à Mamie Constantin et beau filet de bœuf plancha, facturé à prix juste, comme l'ensemble de la prestation, y compris l'étonnante carte des vins, français et autrichiens, de très grands connaisseurs, en particulier en vins de Loire, avec un grand nombre de raretés.

C : 45 € • M : 20,90-29,80 € *www.le-moulin-des-quatre-saisons.com*

🏠 Le Relais Cicéro

» 18 bd d'Alger
☎ 02 43 94 14 14
📠 02 43 45 98 96
F. 1er-15 août.
🚗 🐕

L'ancienne imprimerie XVIIIe (cicero est un caractère d'impression) et le couvent XVIIe se partagent des chambres personnalisées, plus vastes et plus modernes dans la première. Jardin paisible entre les deux bâtiments.

2 appart. 89-119 € • 20 ch. 69-109 € *www.cicero.fr*

➲ à CROSMIERES - 72200 : 7 km N.O. par D 306

🏠 Haras de la Potardière 🐦

» Rte de Bazouges sur le Loir
☎ 02 43 45 83 47
📠 02 43 45 81 06
Ouv. 7j/7.
🚗 🏊 🎾 🐕

Sur les 12 ha qui entourent l'hôtel, évoluent les chevaux du haras. Dans ce cadre paisible, l'hôtel est installé dans une gentilhommière XVIIIe et ses dépendances, avec de belles chambres de style.

4 appart. 70-160 € • 14 ch. 70-115 € *www.potardiere.com*

➲ à LUCHE PRINGE - 72800 : 13 km E. par N 23 et D 13

Auberge du Port des Roches R

L'Auberge se maintient au goût du jour et fait toujours autant apprécier les délices des bords de Loir, des chambres agréablement colorées à la cuisine sagement actualisée de Thierry Lesiourd : asperges et crème ciboulette, magret rôti tapenade de pommes et noix, nems de fruits secs coulis de citron.
12 ch. 45-60 € • 1/2 pens. 48-54 € • C : 34 € • M : 22-45 €

» Le Port des Roches
☎ 02 43 45 44 48
Fax 02 43 45 39 61
F. fév., 4 jrs fin août et 1 sem. oct.

FLERS - 61100 (5 C 5)

Alençon 69 - Argentan 43 - Vire 31

13 Auberge du Relais Fleuri

Vincent et Véronique Louvel ont vendu leur affaire, après treize années d'activité dans cette charmante bourgade ornaise et c'est un couple encore plus jeune, Grégory Pereira, 28 ans, et son épouse Claire (elle en salle, lui aux fourneaux), qui ont repris cette maison de centre-ville. Cuisine bourgeoise à tendance normande au programme (florentine d'andouille de Vire à la crème de camembert, suprême de pintade et langoustines, jus de cuisson à peine crémé, pommes darphin et pois gourmands). Nous maintenons la toque pour l'instant.
C : 35 € • M : 19,50-37 € *pereira.gregory@wanadoo.fr*

» 115 rue Schnetz
☎ 02 33 65 23 89
F. dim. à dîn., lundi. F. ann. non comm.
Jusqu'à 22h.

12 Au Bout de la Rue

On va sans peine jusqu'au bout de cette rue s'engouffrer dans ce bistrot sympathique, avec son cadre plaisant teinté de jazz (passion affichée de Jacky Lebouleux) et de tranquillité provinciale, et une carte des vins de bonne composition, y compris au verre. La carte permet à tous de trouver assiette à son appétit, des classiques plats de bistrot (filet de bœuf au poivre, tartare ou jambon sauce au cidre) aux influences plus lointaines (piquillos à l'espagnole, noisettes d'agneau au cari chutney d'abricot).
C : 36 € • M : 19-24 € *lebouleux@wanadoo.fr*

» 60 rue de la Gare
☎ 02 33 65 31 53
F. merc. à dîn., sam. à déj., dim., fériés et 3 sem. août.
Jusqu'à 21h30.

FLEURIE - 69820 (27 C 1)

Lyon 67 - Mâcon 18

14 Le Cep

Les tubes des années 70 enchantent nos publicités modernes, et l'épidémie revival touche également les cuisines. Parfois dans la banalité modeuse, parfois avec bonheur et légitimité, comme dans ces lieux de longue réputation. Chantal Chagny ne se contente pas de tourner le bouton de la radio nostalgie, elle redonne de la fierté et de la prestance à des recettes de toujours, une belle matelote, une superbe terrine, un cervelas maison, une poêlée de grenouilles, une canette des Dombes rôtie, un rognon de veau entier, en sauteuse. Voilà une vraie cuisine de cœur et de tradition comme on aimerait la voir traduite partout. Cave régionale également emplie de sincérité.
C : 50 € • M : 35-75 €

» Pl de l'Eglise
☎ 04 74 04 10 77
F. dim., lundi, mardi à déj. (sf fériés) et déc.-janv.
Jusqu'à 21h15.

FLEURVILLE - 71260 (20 B 6)

Mâcon 16 - Tournus 14

Château de Fleurville

La pierre de Bourgogne, traitée dans une architecture XVIIe, séduit par son élégance et sa sobriété, des qualités que l'on retrouve dans la décoration, où meubles d'époque et tapisseries luxueuses sont dosés avec goût pour composer une atmosphère luxueuse sans ostentation, paisible. Joli parc arboré.
1 appart. 250-270 € • 14 ch. 90 € • 1/2 pens. 116-130 €
www.chateau-de-fleurville.com

» ☎ 03 85 27 91 30
Fax 03 85 27 91 29
F. 6 nov.-8 fév.

FLORAC - 48400 (32 A 2)

Millau 83 - Mende 40 - Alès 71

[13] L'Adonis

» 48 rue du Pêcher
☎ 04 66 45 00 63
F. merc. (sf juil.-août) et Toussaint-Pâques.
Jusqu'à 20h30.

➡ **Hôtel :** Hôtel des Gorges du Tarn

Il n'était pas très content, ce lecteur satisfait de son séjour, mais à qui l'on a réclamé les sept centimes d'euros manquants lorsqu'il a réglé sa confortable note. Un détail qui n'est pas l'ordinaire de cette maison plutôt généreuse dans son accueil, et qui propose une carte toujours intéressante, suivant les chemins du terroir avec quelques hors-pistes convaincants : saint-jacques et noix de veau, pièce d'agneau et jus à l'aïgo boulido, crème glacée à la violette avec le gâteau tiède au chocolat coulant. Cave sympathique, piochant son bonheur dans le prodigue vignoble languedocien.

C : 39 € • M : 17-55 € *www.lozere.net/gorges-du-tarn.htm*

[12] La Source du Pêcher

» 1 rue de Rémuret
☎ 04 66 45 03 01
F. merc. (variable) et Toussaint-Pâques.
Jusqu'à 21h.

Pascal Paulet et son chef, Didier Commandré, sont habités par une même passion, celle de la bonne cuisine, pas forcément régionale (la poêlée de saint jacques n'est pas vraiment une spécialité lozérienne) mais toujours pétrie d'honnêteté : croustillant d'agneau, pélardon gratiné au miel, moelleux à la châtaigne. Et tant pis si, l'an dernier, l'un de nos lecteurs n'avait pas été très bien reçu un soir de pluie.

C : 55 € • M : 28-50 €

Hôtel des Gorges du Tarn

» 48 rue du Pêcher
☎ 04 66 45 00 63
📠 04 66 45 10 56
F. Toussaint-Pâques.

➡ **Restaurant** : 13/20 L'Adonis

Les chambres, sobres et sereines, sont à l'image de la nature dans laquelle s'inscrivent le bourg et la grande maison blanche, entre montagnes cévenoles et la rivière.

4 appart. 330-445 € • 27 ch. 30-60 € • 1/2 pens. 35-46 €
www.lozere.net/gorges-du-tarn.htm

➲ à COCURES - 48400 : 4 km N.E. par N 106 et D 998

[13] La Lozerette

» Pierrette Agulhon
☎ 04 66 45 06 04
F. mardi, merc. à déj.(h.s.), et Toussaint-Pâques.
Jusqu'à 21h15.

➡ **Hôtel :** La Lozerette

La seconde jeunesse de la Lozerette se poursuit avec les (ré)créations du jeune chef japonais Masashi Iijima. Grâce à lui, le terroir n'est plus tout à fait ce qu'il était, il est complètement déluré et nul ne songe à s'en plaindre. Dans cette maison renommée, toujours aussi bien tenue et décorée par Pierrette Agulhon, le pélardon est en nem, le carré d'agneau en croûte trouve un jus au chorizo, même si les racines sont toujours profondes et solides, avec la galinette de pieds, tête et langue de porc farcie au foie gras ou l'estouffade de joue de bœuf au banyuls. Menus équitables, atmosphère perpétuellement enjouée et grande cave éclectique rassemblant les vignobles.

M : 15-45 € *lalozerette@wanadoo.fr*

La Lozerette

» Pierrette-Agulhon
☎ 04 66 45 06 04
📠 04 66 45 12 93
F. Toussaint-Rameaux.

➡ **Restaurant** : 13/20 La Lozerette

Une façade discrète dans un petit bourg des Cévennes, pour une étape tout en douceur et en gentillesse, dans l'accueil comme le décor, avec des chambres fleuries et chaleureuses.

21 ch. 48-74 € • 1/2 pens. 51,50-66 € *lalozerette@wanadoo.fr*

LA FLOTTE ➤ RE (ILE DE)

FLOURE ➤ CARCASSONNE

FLUMET ➤ MEGEVE

FOIX - 09000 (29 A 5)

Paris 783 - Toulouse 84 - Carcassonne 89

[12] Le Médiéval

Un nouveau chef propriétaire est en place depuis avril 2005 dans cette belle maison proche du château et du quartier ancien. Eric Lemoine a conservé les mêmes ambitions que son prédécesseur et travaille dans un registre traditionnel où les produits de la mer occupent une bonne place ; foie gras en terrine et mille-feuille de figues, filets de rougets sucrés salés, saint jacques à l'effilochée d'endives à la compotée de rhubarbe.

C : 48 € • M : 24-49 €

» 42 rue des Chapeliers
☎ 05 34 09 01 72
F. dim. et lundi à dîn.
Jusqu'à 21h15.

[12] Le Phœbus

Façade rénovée pour l'été 2005, on peut repartir pour quinze ans de loyaux services, à son suzerain le comte de Foix Gaston Phébus et à son terroir, foie gras mi-cuit, pigeonneau au foie gras, montségur à l'armagnac. Atmosphère de tradition, de respect et de fidélité.

C : 43 € • M : 25-48 €

» 3 cours Irénée-Cros
☎ 05 61 65 10 42
F. sam. à déj., lundi et 15 juil.-15 août.
❄ 🐕 🚬

▶ Le Sainte-Marthe

Cuisine traditionnelle à base des produits de la région, dans un cadre agréable : foie gras frais poêlé et ses lamelles de truffes, pressé de canard et salade au vinaigre de framboise, cassoulet maison, râble de lièvre mariné au cahors, rôti dans son jus.

C : 30 € • M : 22-37 € *www.le-saintemarthe.fr*

» 21 rue Noël-Peyrevidal
☎ 05 61 02 87 87
F. mardi à dîn., merc. (sf vac. scol. et saison) et janv.
Jusqu'à 22h30.
⛱ ♿ ❄ 🐕 🚬

🏨 Hôtel Pyrène

A deux pas du centre, un joli parc fleuri accueille une maison familiale et plaisante, agréable dans son décor comme son atmosphère. Vue sur les montagnes.

20 ch. 46-60 € *www.hotelpyrene.com*

» Rue Serge-Denis, le Vignoble
☎ 05 61 65 48 66
📠 05 61 65 46 69
F. 20 déc.-1er fév.
🏊 🎾

FONDETTES ➤ TOURS

FONTAINE DE VAUCLUSE - 84800 (33 B 4)

Cavaillon 15 - Carpentras 21

🏨 Hôtel du Poète 🐦

Au bord de la rivière, comme il sied à un ancien moulin, et au milieu de la verdure, l'hôtel charme par ses coins et recoins dans le jardin comme par ses chambres magnifiques, où de charmants détails anciens se mettent au service d'un cadre clair et raffiné.

9 appart. 200-310 € • 21 ch. 70-240 € *www.hoteldupoete.com*

» Le Village
☎ 04 90 20 34 05
📠 04 90 20 34 08
F. 20 déc.-10 fév.
🚗 🏊

FONTAINE NOTRE DAME - 59400 (2 A 5)

Cambrai 6 - Valenciennes 38

[11] Auberge Fontenoise

Les bavarois de saumon et les rognons de veau flambés au genièvre datent un peu, mais quand ils sont faits aussi sincèrement et présents dans un menu à 20 €, on tire son mouchoir pour contenir son émotion. Patrice Demarcq laisse percevoir, aux portes de Cambrai, autant de passion que d'application, ce qui donne du goût à chaque assiette. Petite cave en devenir.

M : 20-40 € *www.auberge-fontenoise.com*

» 543 rte de Bapaume
☎ 03 27 37 71 24
F. sam., dim. à dîn., 10 jrs fév. et 2 sem. août.
Jusqu'à 21h.
🐕

FONTAINEBLEAU ➤ PARIS-BANLIEUE

FONTANGES ➤ SALERS

FONTANIL CORNILLON ➤ GRENOBLE

FONTENAY LE COMTE - 85200 (15 D 6)

La Roche-sur-Yon 55 - La Rochelle 49

Le Rabelais

A l'écart de la ville, l'hôtel propose un parc fleuri bien agréable, autour de la piscine. Chambres rénovées, aux couleurs harmonieuses et vives.
1 appart. 107-115 € • 53 ch. 65-82 € www.hotel-lerabelais.com

» 19 rue de l'Ouillette, rte de Parthenay
☎ 02 51 69 86 20
fax 02 51 69 80 45
Ouv. 7j/7.

➲ à VELLUIRE - 85770 : 11 km S. par D 938ter et D 68

Auberge de la Rivière R

Une jolie maison de campagne dont les fenêtres ouvrent sur le marais. Esprit néo-rustique, pièces lumineuses et chambres idéales pour le cocooning, couettes épaisses et tons pastel. Cuisine de tradition aux produits nobles, langoustines en sauce safranée, ris de veau à l'infusion de serpolet, profiteroles glace au miel.
11 ch. 77-96 € • 1/2 pens. 89-97 € • C : 65 € • M : 37-50 €

» ☎ 02 51 52 32 15
fax 02 51 52 37 42
F. 3 janv.-28 fév.

FONTENAY SUR LOING - 45210 (18 C 2)

Orléans 85 - Montargis 14

Domaine de Vaugouard

Un domaine golfique de belle détente et de raffinement. Il encadre un château avec vue sur le parcours, dans un parc de 120 ha boisé et vallonné. Les chambres ont été pensées pour le confort et la relaxation des joueurs : équipement de haut niveau, déco contemporaine avec tissu tendu, sauna.
48 ch. 115-240 € • 1/2 pens. 140-245 € www.vaugouard.com

» Chemin des Bois
☎ 02 38 89 79 00
fax 02 38 89 79 01
F. 20-30 déc.

FONTEVRAUD L'ABBAYE - 49590 (16 B 4)

Angers 59 - Saumur 14

Prieuré Saint-Lazare 

L'hôtel est installé au cœur de l'abbaye, classé Patrimoine Mondial : difficile d'imaginer cadre plus majestueux que ces bâtiments de tuffeau qui puisent leurs origines dans le XIIe siècle. Les anciennes chambres de moniales s'imposent la sobriété et l'élégance qui convient à ces lieux magiques. Sous les voûtes du cloître, une cuisine tout aussi élégante, mariage de saveurs raffinées : queues de langoustines à l'anis et bouquet de petits légumes sur la crème d'artichaut glacée, fenouil confit à la réglisse et jus corsé sur la daurade royale.
52 ch. 60-112 € • 1/2 pens. 35 € • C : 34 € • M : 22-47 €
www.hotelfp-fontevraud.com

» Abbaye-Royale-de-Fontevraud, 38 rue Saint-Jean-de-l'Habit
☎ 02 41 51 73 16
fax 02 41 51 75 50
Ouv. 7j/7.

Pictogrammes

☎	téléphone		voiturier
	fax		accessible aux handicapés
♥	coup de cœur		chiens acceptés
	notation en hausse		air conditionné
	carte des vins remarquable		priscine privée
	repas servis en terrasse ou dans un jardin		tennis privé
	parking privé		cave à cigares
	parking fermé		hôtel très tranquille

FONTJONCOUSE - 11360 (31 D 5)

Sigean 29 - Lézignan-Corbières 28

Restaurant Gilles Goujon

» Av Saint-Victor
☎ 04 68 44 07 37
F. dim. à dîn., lundi, mardi (mars-juin, mi-sept.-mi-déc.), lundi à déj. (mi-juin-mi-sept.) et 1re sem. janv.-1re sem. mars.
Jusqu'à 21h30.

➥ **Hôtel :** Auberge du Vieux Puits

Cadre et ambiance

Dans le concert de louanges que les lecteurs nous adressent concernant Fontjoncouse (c'est bon de se sentir suivi), une seule manifestation de déception. Ne le dites pas à Gilles Goujon, qui gravirait l'Annapurna pour trouver le champignon qui lui manque : car il faut être de très méchante humeur pour ne pas voir le bonheur qui rayonne de cette maison de village, de cette salle fantastiquement animée, de cette équipe ultra-solidaire dans un décor si bien étudié, moderne et champêtre, languedocien et raffiné.

Cuisine

C'est l'apogée de la cuisine de terroir, c'est Marcon en Corbières, dans deux styles éloignés, parce que trop personnels pour cousiner vraiment. Gilles Goujon ne développe pas tant que cela sur des thèmes régionaux, il les fait entrer au contraire dans sa propre conception. Il intègre la brousse de brebis locale à une raviole, avec quelques morilles et asperges dans un pot-au-feu réglissé, il crée une fraîcheur magnifique avec le crabe en salade de légumes et gelée d'eau de mer à l'oursin, et sait aussi sortir l'éprouvette pour l'aïgo boulido, renversé sur un renversant pavé de sandre et cannelloni d'herbette. Toutes les saisons sont bonnes, mais le printemps des légumes et l'automne des gibiers donnent une tournure exceptionnelle à cette cuisine d'auteur. N'oubliez ni les formidables fromages, ni les desserts, la variation à la rhubarbe ou le feuille à feuille de chocolat.

Cave

Cette cave où chaque pied de Corbières est analysée, détaillé pour en donner le meilleur, peut encore s'étendre dans la connaissance des autres régions, au cas où cela apparaîtrait un jour indispensable. Mais si vous laissez jouer le sommelier, le cours de géographie est assez captivant sur le vignoble régional.

Accueil et service

L'an passé, nous avions consacré André Mancuso Directeur de salle de l'année. Le titre pourrait lui revenir encore aujourd'hui, bien sûr. Et il réussit à impliquer, avec Gilles Goujon, toute la brigade et l'équipe de salle dans un esprit de pack et de communion.

C : 45 € • M : 48-98 €

aubergeduvieuxpuits@wanadoo.fr

Auberge du Vieux Puits

» Av Saint-Victor
☎ 04 68 44 07 37
Fax 04 68 44 08 31
F. janv. et fév.

➥ **Restaurant** : 18/20 Restaurant Gilles Goujon

L'auberge a désormais une annexe dans le village, la Maison des Chefs et ses chambres en hommage à de grandes figures de la gastronomie française. Comme pour celles de l'auberge, on apprécie un cadre clair et actuel, avec de belles matières et des couleurs chaleureuses. Grand confort et calme dans la maison-mère, excellents équipements.

1 appart. 205-215 € • 14 ch. 95-156 € • 1/2 pens. 150-250 €

aubergeduvieuxpuits@wanadoo.fr

FONTVIEILLE - 13990 (33 B 5)

Marseille 99 - Arles 11

Auberge La Régalido

» Rue Frédéric-Mistral
☎ 04 90 54 60 22
F. lundi, mardi à déj., sam. à déj. et 4 janv.-1er mars.
Jusqu'à 21h15.

➥ **Hôtel :** Auberge La Régalido

L'ancien moulin à huile que mentionnait déjà Alphonse Daudet dans l'une de ses nouvelles n'a finalement pas tant changé. Il y règne toujours cette même atmosphère pleine de douceur et de paix, avec son petit jardin de curé et les terrasses où l'on peut prendre ses repas à la belle saison. C'est dans ces chaudes

soirées d'été que la cuisine à quatre mains de Jean-Pierre et Thomas Michel prend tout son sens : ravioles de courgette et d'aubergine à la brousse et au parmesan, pavé de loup cuit à la vapeur, compotée de tomates à l'huile d'olive et au citron, agneau rôti à la fleur de thym et aux olives, bohémienne de légumes, des plats essentiellement provençaux qui donnent envie de chanter, jusqu'au passage du chariot des desserts, qui fait toujours son effet.
C : 78€ • M : 35-78€ www.laregalido.com

Auberge La Régalido

» Rue Frédéric-Mistral
☎ 04 90 54 60 22
04 90 54 64 29
F. 4 janv.-1er mars.

➥ **Restaurant** : 13/20 Auberge La Régalido
Après le charme foisonnant du jardin, et sans renier la réussite des chambres au décor moderne, c'est dans une ambiance à l'ancienne que s'apprécie le mieux le séjour dans cet ancien moulin à huile, avec les meubles de style et la douceur de tissus raffinés et de tons clairs.
15 ch. 95-255€ • 1/2 pens. 125-190€ www.laregalido.com

La Peiriero

» 36 av des Baux
☎ 04 90 54 76 10
04 90 54 62 60
F. nov.-Pâques (sf groupes).

Les chambres spacieuses à la belle élégance classique et les possibilités de détente du parc (amusant jeu d'échecs géant) invitent à un séjour paisible. Cuisine méditerranéenne simple et directe au restaurant.
42 ch. 84-128€ www.hotel-peiriero.com

FORBACH - 57600 (12 B 2)

Metz 57 - Sarrebruck 9

Le Schlossberg

» 13 rue du Parc
☎ 03 87 87 88 26
Ouv. 7j/7.
Jusqu'à 21h30.

Le Schlossberg n'est pas une citadelle imperméable aux temps et aux modes. La preuve, Pascal Beckendorf, avec Laurence et Thierry, a fait rentrer des vins du Sud, des faugères de Barral, des rasteau de Santa Duc, pour escorter les alsaces. Et sa cuisine, qui porte beau dans la tradition, n'est pas le moins du monde archaïque, avec son foie gras poêlé pommes rhubarbe, son bar grillé à l'huile d'olive ou son tournedos de canard aux mirabelles poêlées. L'atmosphère de cette demeure 1900, à la fois élégante et familiale, apporte la douceur et la garantie d'un espace de bien-être.
C : 45€ • M : 20-43€

à ROSBRUCK - 57800 : 6 km S.O. par N 3

Restaurant Albert-Marie

» 1 rue Nationale
☎ 03 87 04 70 76
F. sam. à déj., dim. à dîn. et lundi.
Jusqu'à 21h30.

Nous le répétons chaque année, l'établissement de Pierre Sternjacob incarne avec une étonnante justesse cette tradition alsacienne que les touristes recherchent si souvent : un cadre cossu et traditionnel, avec juste ce qu'il faut d'Alsace pour faire couleur locale, un service soigné (mais jamais déférent) et des assiettes généreuses en diable et faciles d'accès : sole meunière, mignon de bœuf au foie gras, magret de canard aux fruits, asperges aux morilles. Cave de bonne tenue, quelques bonnes idées au verre. Il ne manque finalement qu'un "petit" menu au dîner.
M : 24-35€

Les fermetures hebdomadaires et annuelles
sont celles que les restaurateurs et les hôteliers pensent pratiquer en 2006.
Pour éviter des déplacements inutiles, téléphonez pour confirmer.

à STIRING WENDEL - 57350 : 3 km N.E. par N 3

[16] La Bonne Auberge

Cadre et ambiance
Franchement, même si la salle est accueillante, on ne passe pas là pour le décorum, ni pour fêter la communion de la cadette. On vient à la rencontre d'une cuisine et d'une personnalité, qui transparaît entre les tables.
Cuisine
Contemporaine évidemment, puisque Lydia Egloff en est seule responsable et que c'est en ce moment que cela se passe. Mais, si l'on avait pu disposer des techniques et des moyens d'acheminement d'aujourd'hui, cet esprit libre aurait peut-être inventé il y a cent ans l'esquimau de foie d'oie en coque d'Ivoire avec un cigare au foie gras enrobé d'une gelée au vin de Bergerac ou le saint-pierre fumé au bois de laurier dans un wok avec une semoule à la cardamome et une marmelade de pomelos roses. Et une jivara lactée à l'olive noire et citron confit et sirop léger au muscovado. La femme chef la plus inventive de France depuis le retrait de Ghislaine Arabian.
Cave
Le gratin alsacien, présenté et commenté avec discernement dans une cave qui se balade partout sans œillères.
Accueil et service
Isabelle Egloff est le trait d'union indispensable entre sa sœur et la salle. Elle transmet à merveille la même énergie, sait faire de tous les convives des amis et entraîne dans son sillage un service dynamique et souriant.
C : 70 € • M : 40-85 €

» 15 rue Nationale
☎ 03 87 87 52 78
F. sam. à déj., dim. à dîn., lundi, 2 sem. fin août et 1 sem. après Noël.
Jusqu'à 21h15.

FORCALQUEIRET ➤ BRIGNOLES

FORCALQUIER - 04300 (33 D 4)

Digne 50 - Manosque 24

Charembeau

Une tranche de bonheur provençal hors du monde, isolé par un vaste parc. Dans une architecture authentique XVIIIe, le mas se pare de couleurs provençales dans de jolies chambres chaleureuses, avec une délicieuse touche rustique
2 appart. 85-115 € • 22 ch. 52-90 € *www.charembeau.com*

» Rte de Niozelles
☎ 04 92 70 91 70
📠 04 92 70 91 83
F. 1er janv.-16 fév. et 16 nov.-31 déc.

LA FORCE ➤ BERGERAC

LA FORET FOUESNANT - 29940 (13 C 4)

Quimper 17 - Concarneau 11

[12] Auberge du Saint-Laurent

Une petite auberge au bord d'une route champêtre, une salle à manger rustique, avec poutres apparentes et cheminée, un jardin pour profiter des beaux jours et une cuisine qui ne se fait pas plus belle qu'elle n'est, simplement chaleureuse et généreuse : salade tiède de pétoncles et champignons frais de saison, soupière de moules et queues de langoustines, bouillon nantais, cotriade de la mer, crème brûlée. Quelques bonnes idées en loire dans la cave mais pas grande imagination ailleurs.
C : 30 € • M : 15-36 €

» 6 rue Beg-Menez
☎ 02 98 56 98 07
F. lundi à dîn, mardi à dîn. (h.s.), merc., vac. scol. fév. et vac. scol. Toussaint.
Jusqu'à 21h.

FORGES LES EAUX - 76440 (6 D 2)

Rouen 45 - Beauvais 51

Auberge du Beau Lieu H

Dans quelques mois, le calme reviendra dans ce paisible hameau de campagne à trois kilomètres de Forges, qu'une déviation du trafic contournera désormais. Pour Patrick Ramelet, cet événement, attendu depuis vingt-cinq ans, ne modifiera pas fondamentalement son travail, ancré depuis toujours dans le terroir brayon et les notes champêtres personnalisées : foie gras de canard et pickles de rhubarbe, suprême de volaille et cœurs de polenta aux herbes, riz crémeux, confit de poire à la vanille et poire pochée dans le bon menu à 34,50 **€**. Cave intéressante par ses prix, et par ses choix, bordeaux bourgogne, mais aussi jura et alsace.

C : 58 € • M : 18,50-55 € • 2 ch. 56-76 € • 1/2 pens. 75-105 €

www.auberge-du-beau-lieu.com

» Rte de Paris, le Fossé
☎ 02 35 90 50 36

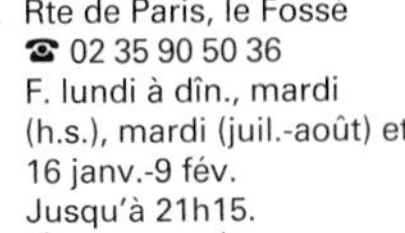

F. lundi à dîn., mardi (h.s.), mardi (juil.-août) et 16 janv.-9 fév.
Jusqu'à 21h15.

La Paix

Au cœur du Pays de Bray, un joli cadre, rustique sans excès avec le clin d'œil des cuivres et faïences, et des chambres agréables.

18 ch. 54,50-72 € • 1/2 pens. 49-58 €

www.hotellapaix.fr

» 15 rue de Neufchâtel
☎ 02 35 90 51 22
02 35 09 83 62
F. 22 déc.-16 janv.

FORT MAHON PLAGE - 80790 (3 B 1)

Amiens 90 - Abbeville 42 - Berck 13 - Montreuil 26

Hôtel de la Terrasse

Cette grande maison blanche permet de goûter les plaisirs de la plage en quelques pas et de profiter largement de la vue sur la mer. Chambres douillettes et feutrées.

56 ch. 38-87 € • 1/2 pens. 36-61 €

www.hotellaterrasse.com

» Av de la Plage
☎ 03 22 23 37 77
03 22 23 36 74
F. 2-24 janv.

FOUESNANT - 29170 (13 C 4)

Quimper 17 - Concarneau 14

La Pointe du Cap-Coz

➥ **Hôtel :** Hôtel de la Pointe

La Pointe de Le Torc'h (Ludovic) mérite de devenir un site touristique incontournable. D'abord, il y a le cadre, cette mer changeante sur laquelle ouvre la salle de restaurant. Ensuite il y a le sens de l'accueil, familial dans le meilleur sens du terme, celui qui rime avec convivialité et chaleur. Enfin bien sûr il y a la cuisine du chef, maligne et actuelle, qui taille sa route en brassant les mélanges terre-mer, les produits locaux des deux provenances et une vraie culture des assiettes franches et réussies.

C : 55 € • M : 22-43 €

www.hotel.capcoz.com

» 153 av de la Pointe-du-Cap-Coz
☎ 02 98 56 01 63

F. dim. à dîn., lundi à déj. (15 sept.-15 juin), merc., 1er janv.-12 fév. et 19-26 nov.
Jusqu'à 20h30.

L'Orée du Bois

Nichée dans son jardin abondamment fleuri, cette maison en pierre propose de jolies chambres aux harmonies marines, entre forêt et mer.

15 ch. 34-55 €

www.hotel-oree-du-bois.fr.st

» 4 rue de Kergoadig
☎ 02 98 56 00 06
02 98 56 14 17
Ouv. 7j/7.

La Pointe de Mousterlin

La mer est juste là, au bout du parc (accès direct). Ambiance familiale dans une grande maison bretonne, au calme sur la pointe.

4 appart. 79-112 € • 44 ch. 51-102 € • 1/2 pens. 64-90 €

www.mousterlin-hotel.com

» Rte de la Pointe
☎ 02 98 56 04 12
02 98 56 61 02
F. 6 fév.-13 mars.

Hôtel de la Pointe

» 153 av de la Pointe, plage le Cap-Coz
☎ 02 98 56 01 63
📠 02 98 56 53 20
F. 1er janv.-12 fév. et 19-26 nov.

➥ **Restaurant** : 13/20 La Pointe du Cap-Coz

La situation donne une impression de grand large et une vue mer dont profitent toutes les chambres. Elles adoptent un décor clair qui se marie bien à la lumière de l'océan et à un bon niveau de confort.

16 ch. 55-88 € • 1/2 pens. 67-86 € *www.hotel-capcoz.com*

FOUGERES - 35300 (14 D 3)

Rennes 45 - Vitré 36

Le Haute Sève

» 37 bd Jean-Jaurès
☎ 02 99 94 23 39
F. à dîn. mardi, merc. et jeudi (sf réserv.), dim. à dîn., lundi, 1re sem. janv., 1 sem. vac. scol. fév. et 20 juil.-20 août.
Jusqu'à 21h.

Cette cuisine, malgré ses petits défauts, procure de bonnes sensations, dans un décor en rose et vert avec de kitschissimes appliques en forme de chou : l'araignée de mer et artichaut breton, de bonne saveur, est un peu étouffée par la pâte à beignet, le filet de bar et parmentier d'andouille, avec une sauce réduite vin rouge et épices, est très réussi. Accueil et service un peu distant, laissant parfois le client à l'abandon.

C : 40 € • M : 19,50-51,80 €

FOUGEROLLES - 70220 (21 C 1)

Vesoul 38 - Luxeuil 10

Au Père Rota

» 8 Grande-Rue
☎ 03 84 49 12 11
F. dim. à dîn., lundi, mardi à dîn. et 2-30 janv.
Jusqu'à 21h.

L'année prochaine sera celle des trente ans de Jean-Pierre Kuentz dans son auberge. Une performance que très peu de chefs peuvent aujourd'hui espérer. Il faut un métier, mais aussi une opiniâtreté et une humilité peu communes pour mener une telle maison toujours dans le droit chemin. Dans la capitale de la cerise, les classiques sont les bienvenus : foie gras au torchon, sandre et filet de truite façon pochouse, filet de canettes aux griottines. En toute fidélité, dans l'atmosphère comme dans le décor, préservé malgré les retouches au fil du temps. De très beaux vieux millésimes, mais aussi le charcenne pour rester dans la note régionale. L'année prochaine ? On y sera !

C : 70 € • M : 24-62 € *www.pere-rota.com*

FOURAS - 17450 (22 A 4)

La Rochelle 32 - Rochefort 15

Grand Hôtel des Bains

» 15 rue du Gén-Bruncher
☎ 05 46 84 03 44
📠 05 46 84 58 26
F. 1er janv.-15 mars et 1er nov.-déc.

La majorité des chambres de cet ancien relais de poste donnent sur un agréable jardin intérieur. Centre-ville et plage sont accessibles en moins de 5 minutes de marche.

31 ch. 42-70 € *www.grandhotel-desbains@wanadoo.fr*

FOURCES - 32250 (29 B 3)

Condom 12 - Barbotan-les-Thermes 30

Château de Fourcès

» ☎ 05 62 29 49 53
📠 05 62 29 50 59
F. 1er janv.-1er mars et 1er déc.-31 déc.

Ronde, comme l'adorable bastide de Fourcès, l'imposante tour domine le bâtiment et en rappelle les origines médiévales. A l'intérieur, vieilles pierres, hauts plafonds et fenêtres à meneaux donnent toute sa personnalité à ce cadre superbe, à l'élégance soignée. Cuisine ancrée dans le Sud-Ouest.

18 ch. 100-210 € • 1/2 pens. 155-270 € *www.chateau-fources.com*

FRANCESCAS ➤ NERAC

FREJUS - 83600 (34 B 5)

Toulon 88 - Draguignan 28

L'Arena

» 145 rue du Gén-de-Gaulle
☎ 04 94 17 09 40
04 94 52 01 52
Ouv. 7j/7.

L'esprit chaleureux et ensoleillé qui règne dans cette jolie maison provençale complètement rénovée - et qui fut relais de poste dès le XVIe siècle - est un sérieux motif de sédentarisation. Les chambres sont gaies et très confortables, et le restaurant, tenu par Loïc Balanec, ancien second des Pourcel, garantit qu'on ne fera pas diète devant les langoustines et fleurs de courgettes farcies, la daurade royale sur une pissaladière ou les noisettes d'agneau sur un confit de tomate. Planes, Rasque, Barbeiranne, Roubine : les côtes-de-provence sont là.

36 ch. 65-145 € • 1/2 pens. 75-115 € • C : 60 € • M : 25-40 €

www.arena-hotel.com

FRELAND ➤ KAYSERSBERG

FRICHEMESNIL - 76690 (6 C 2)

Rouen 29 - Dieppe 47 - Neufchâtel-en-Bray 32

15 Au Souper Fin

» 1 rte de Clères
☎ 02 35 33 33 88
F. dim. à dîn. (oct.-Pâques), merc., jeudi, 21-30 déc., 29 mars-6 avril et 9-31 août.
Jusqu'à 21h.

Une nouvelle façade, presque une nouvelle architecture, dans un style bois gris nordique-zen bien plaisant. Un agencement différent, une salle rénovée, bref une nouvelle vie professionnelle qui commence pour Eric et Véronique Buisset. Cela ne va pas bouleverser la manière de travailler du chef. Il achetait les plus beaux produits de la région, il continuera. Et Véronique saura aussi bien qu'avant trouver la bonne bouteille à la cave pour créer comme chaque soir cette petite fête campagnarde autour des langoustines aux aromates, du saint-pierre sauce crème truffée et la toujours parfaite côte de veau du Limousin aux morilles.

C : 58 € • M : 30-48 € *www.lerapporteur.fr/ausouperfin*

FROENINGEN ➤ MULHOUSE

FRONSAC ➤ LIBOURNE

FUTEAU - 55120 (11 B 2)

Bar-le-Duc 45 - Verdun 40 - Sainte-Ménehould 13

14 L'Orée du Bois H

» Hameau de Courupt
☎ 03 29 88 28 41
F. dim. à dîn. (sf avril-oct.), lundi (sf à dîn. avril-oct.), mardi (sf à dîn. avril-oct.) et 20 nov.-fin janv.
Jusqu'à 21h15.

Si la Meuse ne brille pas par sa forte concentration en bonnes tables, ce n'est pas vers Paul Aguesse qu'il faudrait adresser de quelconques reproches. Même si, il ne nous en voudra pas, cet ancien de Vergé n'incarne pas la nouvelle vague, il faut louer les efforts constants consentis par cette ancienne maison forestière. Du gibier et des champignons en saison et, le reste de l'année, des plats classiques et bien léchés : asperges blanches de champagne aux escargots et vin vieux, filet de saint-pierre à la rhubarbe et jus de pomme réduit, filet de bœuf du charolais au pinot noir, fraises au lait d'amande. Chambres délicieuses, répondant toutes à des noms d'arbres, et bénéficiant d'un calme impressionnant.

C : 60 € • M : 25-43 € • 14 ch. 78-150 € • 1/2 pens. 83-110 €

www.aloreedubois.fr

Dans chaque ville, les établissements sont classés par note décroissante, restaurants d'abord, hôtels ensuite.

•

Certaines communes sont rattachées à l'agglomération la plus proche.

GAILLAC - 81600 (30 A 3)

Toulouse 58 - Albi 26 - Castres 51

[14] Les Sarments

L'ancien chai, si joliment aménagé par Sylvie et Bernard Bisson, pierre et brique en cave voûtée, s'ouvre chaque jour davantage à une cuisine spontanée et saisonnière, sans improvisation, mais avec la précision technique d'un chef qui sait se servir de l'actualité dans une simplicité raffinée : croustillant de sardines fraîches et anchoyade, sauté de saumon au gingembre, pastilla au confit de canard, pain perdu au chocolat et pommes caramélisées à l'armagnac. Ce qui n'empêche pas de trouver un bon foie gras, un accueil délicieux et une solide carte de gaillacs.
C : 38 € • M : 23-46 €

» 27 rue Cabrol
☎ 05 63 57 62 61
F. dim. à dîn., lundi, merc. à dîn., fin fév.-déb. mars et mi-déc.-mi-janv.
Jusqu'à 21h.
♿

► Chai & Rasades

Patrice Lescaret, le vigneron de l'incontournable domaine de Causse Marine, a ouvert l'an dernier ce bistrot à vins et tapas avec deux associés dans un ancien garage en pierre de taille. Pas de grandes prétentions bien sûr dans l'assiette, mais surtout l'occasion de communier avec bonne humeur autour des meilleurs vins de la région.
M : 6-18 €

» 2 av Rhin-et-Danube
☎ 05 63 57 67 51
F. dim. à dîn. et merc.
Jusqu'à 2h.
⛱ 🚗 ♿ ❄ 🐕

➲ à CASTELNAU DE MONTMIRAL - 81140 : 11 km N.O. par D 4

[12] La Table des Consuls

On chasse, on pêche et on vit comme des rois dans cette Vieille Auberge qui fait le métier à l'ancienne, mais avec passion et professionnalisme. Plus d'un siècle et demi après sa création, elle glorifie, par l'intermédiaire de son chef Eric Menaspa, une cuisine honnête et giboyeuse, le gigot d'agneau et le filet de bœuf à la périgourdine. Le nouveau maître d'hôtel fait passer le message avec doigté, et il y a du Chante-Coucou dans une cave qui connaît sa région (Tariquet, Berticot…). Chambres régulièrement actualisées.
C : 45 € • M : 21-38 €
www.lesconsuls.com

» Pl des Arcades
☎ 05 63 40 63 55
F. 1er nov.-1er mars.
Jusqu'à 21h.
⛱ ♿ 🛏 🐕

GALLARGUES ► LUNEL

GAMBAIS ► PARIS-BANLIEUE

GAN ► PAU

GANGES - 34190 (32 A 3)

Montpellier 45 - Nîmes 60 - Le Vigan 19

🏨 Château de Madières R 🐦

L'ancienne forteresse du XIVe siècle se situe en fait dans le Gard, à quelque 18 km de route en lacets de Ganges. Le site mérite bien l'effort, avec un superbe parc ombragé, une terrasse superbe surplombant les gorges de la Vis, ou encore un magnifique petit cours d'eau que l'on peut aussi admirer depuis la salle à manger. Espace clair et généreux dans les chambres. Au restaurant, dans la belle salle aux murs de pierre, arcades et voûtes, à laquelle on accède en passant par la salle des gardes, se développe une cuisine ambitieuse (un peu trop) et un peu chère, néanmoins nourrie de produits de qualité ; cave régionale également trop coûteuse.
4 appart. 220-283 € • 9 ch. 135-233 € • 1/2 pens. 55 € • C : 60 € • M : 45-65 €
www.chateau-madieres.fr

» Hameau de Madières
☎ 04 67 73 84 03
📠 04 67 73 55 71
F. 2 nov.-8 avril.
🚗 ♿ 🛏

➲ à BRISSAC - 34190 : 7 km S. par D 4

Jardin aux Sources

» 30 av du Parc
☎ 04 67 73 31 16
F. dim. à dîn., merc. à déj., 9-30 janv. et 20 nov-11 déc.
Jusqu'à 20h45.

Un jeune chef qui s'exprime avec netteté, dans une maison de pierre en face d'un parc aux arbres centenaires. Aux beaux jours, on prend en terrasse le gâteau de sandre et compote de ris de veau à l'huile de truffe ou les côtes d'agneau en gigolette "revisitées par Jérôme Billod-Morel", vision rigoureuse et plaisante, un peu façon traiteur (une activité qu'il développe parallèlement), de la cuisine d'aujourd'hui. Cave bien variée sur la région, un peu coûteuse sur les cuvées de prestige.

C : 44 € • M : 29-64 € www.lejardinauxsources.com

➲ à FERRIERES LES VERRERIES - 34190 : 15 km S.E. par D 986 et D 107

La Cour H ♥

» Mas des Baumes
☎ 04 66 80 88 80
F. dim. à dîn., lundi-merc. (1er nov.-fin mars) et janv.
Jusqu'à 21h30.

Ce petit-là, gardez-le au chaud dans votre région, allez le voir souvent, couvez-le, mais ne le laissez pas s'échapper. Eric Tapié s'est trouvé un domaine, splendide, en pleine nature, derrière le Pic-Saint-Loup. La maison est calme, chaleureuse, les chambres très agréables et le chef a un vrai talent, de générosité, d'énergie, et de savoir-faire. Et même s'il veut parfois en faire un peu trop, ce tempérament mérite tous les encouragements : excellentes gambas relevées d'un " lait d'anchois ", pois et olives, tendre agneau avec le gratin de la grand-mère, framboise mascarpone très bien équilibré en texture et en fraîcheur. Quant à la cave, on n'aurait pas l'idée de vouloir la trahir en s'échappant de la région, et elle a tout ce qu'il faut pour répondre, jusqu'au petit vin secret de Saint-Hippolyte du Fort.

C : 50 € • M : 16-69 € • 2 appart. 173 € • 6 ch. 88-98 € • 1/2 pens. 80,50 €
www.oustaldebeaumes.com

GAP - 05000 (34 A 2)

Paris 673 - Valence 160 - Nice 220

Le Pasturier

» 18 rue Pérolière-et-la-Placette
☎ 04 92 53 69 29
F. dim. (fériés seult à déj.), lundi, 2-17 janv. et 26 juin-12 juil.
Jusqu'à 21h15.

Ce n'est pas une simple affaire de famille, qui se transmettrait de génération en génération depuis le XIXe siècle. C'est pourtant bien la maison familiale (le chef, Pascal Dorche, y est né au début des années soixante) mais le restaurant n'existe que depuis 1987, année où l'ancien atelier de zinguerie paternel a été "réquisitionné". L'adresse est aujourd'hui la plus attachante de la préfecture et la délicieuse terrasse sur la placette n'en est pas la cause unique : la caille des Dombes rôtie, julienne de légumes au carvi et boulgour au jus, la blanquette de chevreau à l'ancienne, légumes de printemps et mousserons, le calisson de Provence glacé et coulis de pêche au basilic portent la marque d'un chef libre de toute influence, simplement heureux de faire sa cuisine, chez lui. Cave portée vers le sud et la Bourgogne, bien triée et pas trop chère.

C : 50 € • M : 25-62 €

Le Patalain

» 2 pl Ladoucette
☎ 04 92 52 30 83
F. dim., lundi.
Jusqu'à 21h.

Patalain à deux vitesses dans cette maison de maître installé dans un jardin de privilège en centre-ville : Gérard Périnet travaille son menu-carte selon la saison, alerte, actuel, avec son osso buco de seiches ou son cabri à l'estragon, et propose une formule bistrot bien trempée dans sa région, avec les tourtons et les oreilles d'âne. Le boulot est honnête, les tarifs tendus et les desserts aux fruits toujours réussis.

M : 18-38 € sarl-le-patalain@wanadoo.fr

Porte Colombe

Situé à l'emplacement d'une ancienne porte, à proximité des rues piétonnes, un établissement bien insonorisé proposant des chambres climatisées.
27 ch. 45-65 € hotel.portecolombe@wanadoo.fr

» 4 pl Frédérique-Euzières
☎ 04 92 51 04 13
04 92 52 42 50
Ouv. 7j/7.

à VENTEROL - 04234 : 22 km S. par N 85, D 943 et D 854

(11) La Méridienne

Le terroir si souvent appelé en renfort d'une cuisine sans âme, c'est le moteur authentique de cette ferme-auberge aux chaleureuses vieilles pierres XVIIIe, ouverte sur la nature pour le panorama comme pour l'assiette, avec les tourtons, le fromage de montagne ou les volailles de la ferme, servis généreusement.
C : 23 € • M : 23 € www.lameridienne.com

» Le Banchet
☎ 04 92 54 18 51
F. merc. et janv.
Jusqu'à 21h.

GARABIT - 15390 (26 B 5)

Aurillac 85 - Saint-Flour 12

Beau Site

Au pied du fameux viaduc construit par Gustave Eiffel et face au lac, une maison à taille humaine aux équipements pléthoriques : piscine, tennis, aire de jeux pour les enfants, climatisation récente et parc arboré. Restaurant.
3 appart. 55-70 € • 17 ch. 40-58 € • 1/2 pens. 48-58 €
www.beau-site-hotel.com

» ☎ 04 71 23 41 46
04 71 23 46 34
F. 2 nov.-1er avril.

LA GARDE ADHEMAR - 26700 (27 C 6)

Montélimar 21 - Pierrelatte 6

(13) Le Logis de l'Escalin

Au palmarès des terrasses les plus charmantes du département (et la Drôme n'en manque pas), ce Logis, chic et calme, ouvrant sur la vallée, peut prétendre à l'une des toutes premières places. Parfaitement policée, presque trop lisse parfois, la cuisine de Serge Fricaud semble être conçue pour faire plaisir au plus grand nombre. Après tout, pourquoi pas, la tempura de trois poissons sur une julienne légumes et linguine cuit dans un bouillon de volaille, l'escalopine de foie gras chaud sur une pomme poêlée à la cannelle et compotée de rhubarbe et le médaillon de dos de lièvre aux trois saveurs et garnitures Grand Veneur ne souffrant aucun reproche.
C : 42 € • M : 21-53 € www.lescalin.com

» Quartier les Martines
☎ 04 75 04 41 32
F. dim. à dîn. et lundi.
Jusqu'à 21h30.

LA GARDE GUERIN - 48800 (32 B 2)

Alès 62 - Aubenas 69 - Mende 56

(12) Auberge Regordane

➡ **Hôtel :** Auberge Regordane

Quinze années après avoir créé cette affaire dans une vieille demeure fortifiée du XVIe siècle, Philippe Nogier semble s'être assagi, comme s'il fallait d'abord contenter les touristes (le village fait partie des incontournables en Lozère), au risque de perdre un peu de son âme. Le cadre, plus cossu chaque année, se marie à merveille avec une cuisine de terroir, généreuse, les charcuteries maison, le carré d'agneau et panure de noisettes, la truite de source fario et jus à la fleur de pissenlit fleurant bon cet Aubrac si authentique.
M : 17-33 € www.regordane.com

» ☎ 04 66 46 82 88
F. 1er janv.-15 avril et 15 oct.-31 déc.
Jusqu'à 21h.

Auberge Regordane

» ☎ 04 66 46 82 88
04 66 46 90 29
F. 1er janv.-15 avril et 15 oct.-31 déc.

➥ **Restaurant** : 12/20 Auberge Regordane

Au cœur d'un village complètement interdit à la circulation automobile, une ancienne demeure seigneuriale agrémentée d'un jardin clos avec vue sur le Mont Lozère. Chambres peintes à la chaux et meublées d'ancien, tissus nobles et parquets en chêne pour toujours plus d'authenticité.

15 ch. 51-62 € • 1/2 pens. 49-57 € www.regordane.com

LA GARENNE COLOMBES ➤ PARIS-BANLIEUE

GARONS ➤ NIMES

GARREVAQUES ➤ REVEL

GASNY ➤ VERNON

GASSIN - 83580 (34 B 6)

Toulon 66 - Saint-Tropez 10

Villa Belrose

» Bd des Crêtes, la Grande-Bastide
☎ 04 94 55 97 97
F. à déj. (juil.-août) et 29 oct.-14 avril.
Jusqu'à 22h.

➥ **Hôtel** : Villa Belrose

Cadre et ambiance

Une terrasse somptueuse sur la baie de Saint-Tropez, dans l'hyper-classe d'un vrai Relais & Châteaux. La villa elle-même, trop contemporaine dans le style villa à l'italienne avec ses balustrades, fait un peu nouveau riche, mais l'atmosphère est d'un authentique standing, et l'intimité romantique des lieux en fait un des plus beaux endroits de Saint-Tropez.

Cuisine

Elle prend une nouvelle dimension, plus affirmée, dans la fantaisie et la séduction. Thierry Thiercelin se montre brillant en délaissant le tralala pour l'expression des saveurs. Superbe association thon et foie-gras mi-cuit avec une tombée de seiche, juste saisie, un denti dans la simple quintessence du poisson de Méditerranée, piqué de tomate et citron, un veau incisif avec ses côtes de rhubarbe et girolles, un chocolat jouissif qui dégouline sur un dôme de fruits rouges. C'est un nouveau trois toques, non pas de création, mais de plaisir et de précision.

Cave

Tout ce qu'il faut en bourgogne et bordeaux, mais aussi le grand jeu sur la Provence, pas si chère, mettant aussi en avant les petits (Jasson, Giscle...).

Accueil et service

Remarquables dans le ton et l'efficacité, ceux d'une grande maison où l'on comprend que les convives sont là pour la détente, le charme et le plaisir.

C : 70 € • M : 75-110 € www.villabelrose.com

Le Micocoulier

» Pl des Barrys
☎ 04 94 56 14 01
Jusqu'à 23h.

Sur les airs provençaux, une table ravissante, par la vue - village adorable, coucher de soleil sur les collines - par l'esprit, par l'entrain. Les classiques sont maîtrisés (carpaccio de bœuf au parmesan généreux, daurade et loup plancha avec d'excellentes carottes al dente), le service plein d'enthousiasme et la cave régionale offre un plaisir abordable. clapagne@aol.com

Villa Belrose

» Bd des Crêtes
☎ 04 94 55 97 97
04 94 55 97 98
F. 29 oct.-14 avril.

➥ **Restaurant** : 17/20 Villa Belrose

Nichée dans une zone résidentielle à l'écart de la station, la belle villa florentine domine la baie de sa terrasse panoramique. A l'intérieur, luxe et raffinement, jusque dans des chambres au confort feutré. Service de haut niveau, disponible et efficace.

38 ch. 180-710 € • 1/2 pens. 95 € www.villabelrose.com

GAZERAN ➤ RAMBOUILLET

LE GENEST SAINT ISLE ➤ LAVAL

GENESTON - 44140 (15 C 4)

Nantes 20 - La Roche-sur-Yon 43

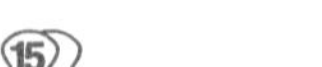

Le Pélican

» 13 pl Georges-Gaudet
☎ 02 40 04 77 88
F. dim. à dîn., lundi, merc., vac. scol.fév. et 31 juil.-25 août.
Jusqu'à 21h.

Non, il n'y a toujours pas d'erreur. Ce Pélican garde solidement sur la tête ses deux toques et, même s'il ne peut à l'évidence prétendre à mieux, cela reste un véritable exploit lorsqu'on a l'audace de proposer un menu-carte à moins de 20 **€**. Impossible ? Précisons toutefois que plusieurs plats comportent des suppléments (les saint-jacques, le turbot) mais qu'il reste impossible de dépasser les 28 **€** ! La crème de homard et langoustines au basilic, le consommé de langoustines aux aubergines et le sablé au citron meringué ne sont sans doute pas des recettes de la dernière pluie mais Pascal Vilaséca les maîtrise tellement bien qu'on se surprend à applaudir. Belle cave régionale, pas trop chère, cadre simple et charmant.

C : 19,50 € • M : 19,50-29,50 €

GENEUILLE - 25870 (21 B 3)

Dijon 98 - Vesoul 42

Château de la Dame Blanche

» 1 chemin de la Goulotte
☎ 03 81 57 64 64
03 81 57 65 70
F. lundi.

Le contraste entre les hauts plafonds de cette grande maison XIXe classique et les couleurs tendance choisies pour habiller les chambres personnalisées crée une atmosphère très agréable. On profite également d'une situation paisible, dans un vaste parc.

3 appart. 70-130 € • 10 ch. 70-210 € • 1/2 pens. 110-250 €

www.chateau-de-la-dame-blanche.fr

GENSAC - 33890 (24 A 2)

Bordeaux 66 - Bergerac 40

Les Remparts de Gensac H

» 16 rue du Château
☎ 05 57 47 43 46
F. 21-29 déc.
Jusqu'à 21h30.

Les remparts bien sûr mais aussi le presbytère servent de compagnons à la maison dont Steve Parker vient juste de faire l'acquisition. La cuisine est moins ambitieuse que celle à laquelle Eric Povéromo nous avait habitués mais elle n'en demeure pas moins intéressante, dans un registre ultra classique : terrine de canard à l'orange au cognac et chutney de pruneaux, médaillon de veau sauté à la crème de girolles, poire pochée aromatisée au Monbazillac, sorbet poire william. Chambres impeccables, ouvertes sur la vallée.

C : 24 € • M : 18-29 € • 7 ch. 55-60 € • 1/2 pens. 72-123 €

www.lesremparts.net

GERARDMER - 88400 (12 B 6)

Epinal 44 - Saint-Dié 27

Les Bas-Rupts

» 181 rte de la Bresse
☎ 03 29 63 09 25
Ouv. 7j/7.
Jusqu'à 21h30.

➥ **Hôtel :** Les Bas-Rupts et Chalet Fleuri

La plus belle maison des Vosges géographiques est l'un des endroits de Lorraine les mieux prédisposés aux séjours de charme bucolique. Les Philippe ont su profiter de cette situation pour en faire un pimpant hôtel de week-end, doté d'un nouveau chalet-réception qui relie désormais les deux principales bâtisses. La cuisine est à nouveau en progrès avec le retour du MOF François Lachaux., en retrouvant de la précision et même de la volupté dans ces plats d'inspiration ménagère ou paysanne. On savoure autant la vue exceptionnelle sur les

montagnes que la terrine de raie en gelée de coquillage et laitue de mer, vinaigrette aux citrons confits ou le pavé de cabillaud cuit à la plancha, cocos à l'huile de persil plat et ail nouveau. Cave alsacienne très complète et sélection nationale assez forte, notamment en châteaux bordelais. Un point de plus.
C : 70 € • M : 32-90 € www.bas-rupts.com

Le Beau Rivage

» Esplanade du Lac
☎ 03 29 63 22 28
Ouv. 7j/7.
Jusqu'à 21h.

➥ **Hôtel :** Hôtel Beau Rivage
Cet hôtel reconstruit au début des années 50, complètement rénové en 2001, manque peut-être d'une âme, quelques rides au front, qui le rendraient un peu plus humain, moins robotisé. La belle cuisine de Jean-Michel Costa, formé dans de belles maisons, y gagnerait sans doute encore quelques galons. Mais goûtons sans retenue la salade tiède de langoustines, tomates confites et feuilles de bar marinées aux agrumes, le filet de barbue à la graine de moutarde et concassée de tomates fraîches et poivrons doux et le crumble de fruits exotiques au pain d'épices pour constater que cette cuisine sans défaut a également le bon sens de ne pas être trop chère.
C : 56 € • M : 35-65 € www.hotel-beaurivage.fr

A la Belle Marée

» Les Bas-Rupts, 144 rte de la Bresse
☎ 03 29 63 06 83
F. lundi et mardi (sf juil.-août).
Jusqu'à 21h.

Les fruits de mer encore et toujours à l'honneur au cœur des montagnes vosgiennes : carpaccio de bar cuit à l'assiette et rémoulade de fenouil, tagine de daurade au citron confit, carré de thon mi-cuit au sésame ou épaule d'agneau en méchoui pour les irréductibles viandards. Le soir, l'ambiance s'est un peu rajeunie, musique, lumières tamisées...
C : 40 € • M : 20 €

Cap Sud

» Rte de Bresse
☎ 03 29 63 06 83
F. lundi, mardi (sf juil.-août) et 24 déc.
Jusqu'à 22h.

Une maison aux allures tropéziennes inattendues sur ces sommets vosgiens dans un environnement quasi canadien. Mais c'est l'original et très plaisant décor de bateau auxquels Franck Lapôtre a donné des accents lounge à la mode qui sert de prétexte à la visite. On vient goûter les huîtres, les plateaux de fruits de mer, les poissons grillés comme à la plage ou une brasserie parisienne.
C : 35 € • M : 20 €

Les Bas-Rupts et Chalet Fleuri

» Les Bas-Rupts, D 486 vers La Bresse
☎ 03 29 63 09 25
Fax 03 29 63 00 40
Ouv. 7j/7.

➥ **Restaurant** : 15/20 Les Bas-Rupts
Allure typique de chalet d'un côté, contemporaine de l'autre, mais toujours la délicieuse sensation d'un cocon feutré et chaleureux, avec la douceur omniprésente du bois blond et des matières nobles. Espace généreux, tout comme l'équipement de détente.
3 appart. 235-480 € • 23 ch. 140-190 € • 1/2 pens. 140-210 €
www.bas-rupts.com

Le Manoir au Lac

» 59 chemin de la Droite-du-Lac
☎ 03 29 27 10 20
Fax 03 29 27 10 27
F. 12-30 nov.

Le nom résume au moins deux des atouts de l'hôtel, sa situation au bord de l'eau et son architecture XIXe aux allures de chalet. L'aménagement intérieur est à la hauteur, avec des ambiances délicatement aménagées dans de vastes chambres, la plupart avec un beau mobilier de style et la vue sur le lac.
2 appart. 310-370 € • 12 ch. 150-270 € www.manoir-au-lac.com

Le Grand Hôtel

La maison se fait apprécier par la qualité de ses prestations, autant que par le cadre chaleureux des chambres personnalisées par étage. Pour la demi-pension (obligatoire en période de vacances), l'hôtel se dédouble, avec la chaleureuse ambiance terroir de l'Assiette du Coq à l'Ane (truite meunière, choucroute) et les préparations soignées du restaurant gastronomique (cocotte de homard au vin d'Arbois, pigeonneau farci aux cèpes). Le Grand Hôtel devrait évoluer en profondeur l'an prochain.

14 appart. 190-460 € • 58 ch. 72-170 € • 1/2 pens. 72-115 € • C : 18 € • M : 13,50-25 €

www.grandhotel-gerardmer.com

» Pl du Tilleul
☎ 03 29 63 06 31
📠 03 29 63 46 81
Ouv. 7j/7.

Hôtel Beau Rivage

➡ **Restaurant** : 14/20 Le Beau Rivage

La situation ne dément pas le nom, puisque la grande maison blanche fait face au lac. Les rénovations très régulières se traduisent par un intérieur moderne, des chambres colorées et des suites harmonieuses et élégantes.

7 appart. 150-330 € • 45 ch. 62-115 € • 1/2 pens. 75-98 €

www.hotel-beaurivage.fr

» Esplanade du Lac
☎ 03 29 63 22 28
📠 03 29 63 29 83
Ouv. 7j/7.

Hôtel de la Paix

Deux ambiances, mais un même cadre plaisant, pour les chambres de cette maison blanche face au casino et au lac.

1 appart. 90-105 € • 24 ch. 44-92 € • 1/2 pens. 58-87 €

www.hoteldelapaix.fr

» 6 av de la Ville-de-Vichy, face au Lac
☎ 03 29 63 38 78
📠 03 29 63 18 53
Ouv. 7j/7.

➲ à XONRUPT LONGEMER - 88400 : 3 km E. par D 147

Le Collet R

Une affaire de famille qui conjugue avec bonheur régionalisme (architecture de chalet, bois très présent) et clins d'œil (peintures naïves dans certaines chambres, collection de boîtes de conserve dans le salon). Accueil soigné, tout comme la cuisine directe et largement locale d'Olivier Lapôtre (croustillant de pomme de terre et truite fumée, parmentier à l'andouille du Val d'Ajol).

6 appart. 92-128 € • 19 ch. 62-92 € • 1/2 pens. 68-76 € • C : 28 € • M : 15-26 €

www.chalethotel-lecollet.com

» 9937 rte de Colmar, col de la Schlucht
☎ 03 29 60 09 57
📠 03 29 60 08 77
F. 6 nov.-5 déc.

LES GETS - 74260 (28 C 1)

Annecy 85 - Morzine 10

Chalet-Hôtel Crychar

A deux minutes à pieds du centre de la station, au milieu des prés en été et sur les pistes en hiver, un chalet typique équipé d'une piscine chauffée pour l'été.

15 ch. 52-180 € • 1/2 pens. 70-130 €

www.crychar.com

» 136 imp de la Grange-Neuve
☎ 04 50 75 80 50
📠 04 50 79 83 12
F. 15 avril-30 juin et 15 sept.-20 déc.

Le Labrador

La façade avec ses balcons de bois (ornés de géraniums aux beaux jours) augure bien de l'atmosphère qui règne ici, dans un décor égayé de pin et de coloris chaleureux, à l'équipement de détente très complet. En cuisine, le chef puise son inspiration dans les grandes maisons bourgeoises qu'il a fréquentées plutôt que dans le terroir et privilégie le gastronomique au canaille : médaillons de turbot, fricassée de ris de veau, cappuccino de châtaignes.

23 ch. 70-240 € • 1/2 pens. 90-165 € • C : 50 € • M : 32-48 €

www.labrador-hotel.com

» 266 rte du Lery
☎ 04 50 75 80 00
📠 04 50 79 87 03
F. 9 avril-24 juin et 9 sept.-20 déc.

GEVREY CHAMBERTIN - 21220 (20 B 4)

Dijon 14 - Beaune 23

[12] Le Bonbistrot

» Rue de Chambertin, BP 4
☎ 03 80 34 33 20
F. dim. à dîn., lundi, mardi à déj., 3 sem. après 15 fév. et 2 prem. sem. août.
Jusqu'à 21h.
⛱ 🚗 ♿ 🐕

Version coutumière de la vénérable maison mère (la Rôtisserie du Chambertin, qui partage le même ensemble architectural et propose une cuisine plus prestigieuse mais désormais désuète), ce Bonbistrot permet à Jean-Pierre Nicolas (qui veille sur les cuisines des deux établissements) de s'amuser avec une cuisine du terroir vive et gaie : compote de lapin aux pruneaux, blanquette de roussette aux petits légumes, onglet à l'échalote et pommes sautées, tarte aux fruits. Courte cave locale, certaines références étant proposées au verre, au quart ou au pot.
C : 27 € • M : 20-34 €

[12] Chez Guy

» 3 pl de la Mairie
☎ 03 80 58 51 51
Ouv. 7j/7.
Jusqu'à 22h.
⛱ ❄ 🐕 🚬

C'est pas du cinéma, mais une réalité tangible, cette d'une cuisine ménagère et bistrotière bien actualisée par Yves Rebsamen dans l'ancienne salle de spectacle du village. La nouvelle déco - fluidité, sobriété - encourage les confidences et le bien-être. Et l'assiette donne raison de s'attarder, pour la salade de jarreton de porc, la soupe froide de tarbais, la cocotte de joue de bœuf ou le pavé de foie de veau. Desserts du temps présent (baba, pannacotta), excellent accueil. Gevrey, charmes, mazis, tout ce qui finit par chambertin est évidemment choisi en connaisseur.
C : 25,50 € • M : 25,50-29,50 € *www.hotel-bourgogne.com*

🏠 Les Arts et Terroirs

» 28 rte de Dijon
☎ 03 80 34 30 76
📠 03 80 34 11 79
Ouv. 7j/7.
🚗 🐕

L'ancienne maison de vigneron propose de vastes chambres à l'élégance classique dans une belle architecture typique et un luxe cossu.
20 ch. 58-90 € *www.arts-et-terroirs.com*

🏠 Les Grands Crus 🐦

» Rte des Grands-Crus
☎ 03 80 34 34 15
📠 03 80 51 89 07
F. 1er déc.-1er mars.
🚗 🐕

Des chambres climatisées dans une maison bourguignonne de style rustique, au cœur de l'un des plus prestigieux vignobles. Terrasse avec vue sur l'église.
24 ch. 70-80 € *www.hoteldesgrandscrus.com*

GEX - 01170 (28 B 2)

Bourg-en-Bresse 113 - Genève 21

à SEGNY - 01170 : 4 km S.E.

🏠 La Bonne Auberge

» 240 rue du Vieux-Bourg
☎ 04 50 41 60 42
📠 04 50 41 71 79
F. Noël-fin mars.

Charme champêtre dans une ancienne ferme. Quelques jolis meubles anciens personnalisent un cadre contemporain et fleuri. Terrasse au jardin.
8 appart. € • 15 ch. 36-48 € *la.bonne.auberge@wanadoo.fr*

GIEN - 45500 (18 B 3)

Orléans 67 - Vierzon 74

[12] La Poularde

» 13 quai de Nice
☎ 02 38 67 36 05
F. dim. à dîn., lundi à déj., 2 dern. sem. déc.
Jusqu'à 21h.
♿ ❄ 🚬

Bénissons ces adresses séculaires où les mariages durent longtemps quand la fidélité est partagée : Joël Danthu manie le sautoir ici depuis vingt ans, ne bouleverse pas sa carte toutes les semaines, car le produit est roi et les recettes inaltérables ; et sa clientèle lui rend cette confiance en s'installant les yeux fermés et le sourire aux lèvres devant les asperges du Val de Loire, le sandre au chinon et la poularde au champagne. Bons desserts et intéressante cave de propriétaire, forte en loires bien sûr. A quand les noces d'or ?
C : 50 € *lapoularde2@wanadoo.fr*

Le Rivage

Le Rivage c'est bien sûr celui de la Loire, avec le fameux pont. Ambiance un peu rétro et romantique, entre bois et couleurs pastel.
8 appart. 85-107 € • 11 ch. 51-63 €

» 1 quai de Nice
☎ 02 38 37 79 00
02 38 38 10 21
F. Noël-nouvel an.

GIGNAC - 34150 (32 A 4)

Montpellier 28 - Sète 54

⑫ Ferme Auberge de Pélican

Simplicité campagnarde et délices languedociens chez les Thillaye du Boulay. Baudouin et Isabelle accueillent les pèlerins dans des chambres d'hôtes beaucoup plus confortables que des cellules monacales et font goûter le vin du domaine. La maîtresse de maison cuisine la pintade aux griottes et le poulet tomates roquefort dans la plus pure tradition paysanne.
M : 22 € *www.domainedepelican.fr*

» Domaine de Pélican
☎ 04 67 57 68 92
F. jeudi (juil.-août) et vac. scol. Toussaint.

⑫ Les Liaisons Gourmandes de Capion

Rien ne se perd, tout se transforme. L'auberge familiale a su garder tous ses repères, et particulièrement une atmosphère, presque une âme, en adaptant son terroir pour le plus grand plaisir des fidèles : gâteau de ratatouille à la tapenade, steak de thon coulis de tomate, gardianne de taureau, croustillant aux pommes. La carte est vaste, la cave généreuse, l'accueil plein de gentillesse : c'est Capion.
C : 45 € • M : 17-45 € *liaisons-gourmandes.capion@wanadoo.fr*

» 3 bd de l'Esplanade
☎ 04 67 57 50 83
F. sam. à déj., dim. à dîn., lundi et mi-fév.-mi-mars.
Jusqu'à 21h.

GIGONDAS - 84190 (33 B 3)

Avignon 35 - Carpentras 14

⑬ Les Florets

La tranquillité de cette belle demeure familiale, entretenue avec cœur, est un présage de la douceur de vivre qui prévaut jusqu'à la table. Le gâteau de lièvre aux marrons, le pavé de morue confit à la graisse de canard, le gigotin de lapereau au serpolet révèlent un terroir actualisé avec distinction. A la cave, les vins de l'appellation du village, avec notamment ceux issus des vignes familiales et de vieux millésimes de la cuvée Florence des Gouberts, à prix attractif. Les chambres sont personnalisées dans l'esprit des lieux, celles du bâtiment principal ayant été redécorées cette année, avec des salles de bain entièrement rénovées.
C : 47 € • M : 24,50-38,50 € *www.hotel-lesflorets.com*

» Rte des Dentelles
☎ 04 90 65 85 01
F. lundi à dîn. et mardi (nov.-déc.), merc. et 1er janv.-fin mars.
Jusqu'à 21h.

GILLY LES CITEAUX ➤ VOUGEOT

GIMONT - 32200 (29 C 4)

Auch 24 - Toulouse 52

⑬ Le Coin du Feu H

Ici, le terroir dicte tout, et le nouveau chef-propriétaire a bien compris que son intérêt était de laisser les canards faire leur gras tranquillement. Et du foie gras mi-cuit, et des confits, et des gésiers, et des magrets... Et des grillades en terrasse devant la piscine, en finissant par un pastis gascon. C'est bien ce terroir que chacun vient chercher, dans le confort d'un hôtel confortable et bien équipé qui peut nourrir au mieux, comme elle l'a fait avec l'équipe de France, un rassemblement de rugbymen.
C : 40 € • M : 15-36 € • 3 appart. 45-83 € • 28 ch. 45-50 € • 1/2 pens. 65 €
www.le-coin-du-feu.fr

» Bd du Nord
☎ 05 62 67 96 70
F. dim. à dîn. (oct.-avril).
Jusqu'à 22h.

GISORS - 27140 (6 D 3)

Evreux 67 - Beauvais 32

[12] Le Cappeville

» 17 rue Cappeville
☎ 02 32 55 11 08
F. merc., jeudi et 2 sem. janv.
Jusqu'à 21h45.
♿ 🐕 🚬

L'ancien petit bistrot de centre ville a bien changé depuis les années 60. Agrandi, amélioré, il pourrait d'ailleurs très bientôt déménager dans un ancien relais de diligence situé face au château mais chut ! rien n'est encore fait. Les jolis classiques de la maison (foie gras de canard cuit au naturel, raviolis de lotte à la chair de crabe, turbot au jus de moule ou terrine de pamplemousse sauce au thé) pourraient s'y sentir encore plus à l'aise et, pourquoi pas, décrocher une toque.

C : 60 € • M : 25-50 € *www.lecappeville.com*

↻ à BAZINCOURT SUR EPTE - 27140 : 6 km N. par D 14

🏠 Château de la Râpée 🐦

» ☎ 02 32 55 11 61
📠 02 32 55 95 65
F. fév. et 16 août-1er sept.
🏊

Mobilier provençal ancien et situation pratique en centre-ville pour cet ancien hôtel particulier du XVIIe siècle. Terrasse ensoleillée pour les petits-déjeuners.

2 appart. 131-145 € • 12 ch. 83-112 € • 1/2 pens. 81-92 €
www.hotel-la-rapee.com

GLAINE MONTAIGUT ➤ LEZOUX

GODEWAERSVELDE ➤ CASSEL

GORDES - 84220 (33 C 4)

Avignon 42 - Carpentras 35

[14] Le Mas Tourteron

» Chemin de Saint-Blaise
☎ 04 90 72 00 16
F. dim. à dîn., lundi, mardi et 1er nov.-1er mars.
Jusqu'à 21h30.
🚗 ♿ 🐕

Les douces soirées au mas comptent dans un séjour bien organisé en Luberon. Peoples, anonymes, résidents occasionnels savent tout de ce jardin magique, avec la cuisine ouverte et l'esprit table d'hôtes, plats de saison, et produits locaux. La cuisine ne cherche pas le multi-toques mais le plaisir et la douceur de vivre : cappuccino de petits pois et julienne de radis noirs, salade de légumes et culatello, pavé de cabillaud demi-sel cuisine en cassoulet, tourtière de filet de pigeon au foie gras. Un peu de tape-à-l'oeil, mais gentiment, des petits attentions bien orchestrées, des tarifs vifs du Luberon chic et une cave bien immergée dans son vignoble.

M : 39-59 € *elisabeth.bourgeois1@wanadoo.fr*

🏠 La Bastide de Gordes

» Le Village
☎ 04 90 72 12 12
📠 04 90 72 05 20
F. 2 janv.-11 fév.
🚗 ♿ 🏊 🎾 🐕

Balcon enchanteur, accroché aux remparts du village et à une tour du XIIe siècle face aux collines du Luberon, l'hôtel préserve cette ambiance ancienne dans son décor, avec de beaux matériaux authentiques, tomettes et poutres par exemple, mais aussi mobilier régional d'époque, pour des chambres spacieuses et raffinées. Belle vue panoramique sur le Luberon, équipement complet, du spa au caveau de dégustations. La table de la Bastide a un rang à tenir, celui de première table du village intra muros, et il semble effectivement que la régularité, alliée à un service fluide et efficace, permet d'attribuer à nouveau une toque d'encouragement, même si le rendement, à ce niveau de prix, ne paraît pas encore époustouflant. Très grande cave, particulièrement forte sur Rhône, Provence et Languedoc, servie par un excellent sommelier.

11 appart. 395-690 € • 34 ch. 170-355 € • 1/2 pens. 157-417 € • C : 86 € • M : 39-85 € *www.bastide-de-gordes.com*

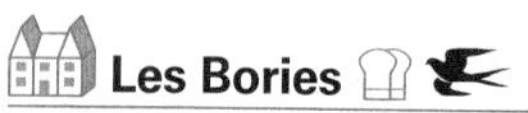

Les Bories

Huit hectares au cœur du Luberon, un paradis qui respire autant la sérénité que lorsqu'il dépendait de l'abbaye de Senanque. Sur ce domaine planté d'essences méditerranéennes odorantes, les vénérables cabanes de bergers en pierres sèches ont inspiré l'architecture qui accueille de vastes chambres, personnalisées aux parfums de Provence, douceur et couleurs, et le paysage à perte de vue. La Provence est présente aussi dans les assiettes, avec des produits remarquables au service de compositions aussi élégantes que le cadre : les asperges vertes sur le nem au tourteau, la daurade moelleuse avec son confit d'aubergine et pois chiche, relevée d'une touche de coriandre, ou la touche d'anis sur le sablé au praliné et framboises.
2 appart. 440-810 € • 27 ch. 175-380 € • 1/2 pens. 82 € • C : 70 € •
M : 55-88 €
www.hotellesbories.com

» Rte de l'Abbaye-de-Sénanque
☎ 04 90 72 00 51
04 90 72 01 22
F. janv.-25 fév.

➲ à JOUCAS - 84220 : 6 km E. par D 2 et D 102

Le Mas des Herbes Blanches

➥ **Hôtel :** Le Mas des Herbes Blanches
Est-ce la douceur provençale, la quiétude des lieux, l'élégance discrète de ce mas fondu dans sa campagne lubéronnaise, ou tout simplement le professionnalisme ? Toujours est-il que l'ensemble du personnel de cette institution montre une désarmante gentillesse et une grande équanimité, du maître d'hôtel à l'excellent sommelier qui, d'un simple commentaire, fait chanter sa vaste cave, naturellement pointue en vins de la région. Le nouveau chef en provenance du château de Divonne, Benoît Vidal, formé chez les meilleurs, s'est intégré sans heurts, adoptant avec justesse les produits ensoleillés et les mariages mixtes : un loup fumé épouse un foie gras avec pour témoins des aubergines confites à la pomme verte, l'agneau du pays est pacsé avec une raviole de brousse à la roquette. Desserts de même qualité et deux toques maintenues sans problème.
C : 76 € • M : 49-90 €
www.relaischateaux.fr/masherbes

» Rte de Murs
☎ 04 90 05 79 79
F. 2 janv.-9 mars.
Jusqu'à 21h30.

Hostellerie Le Phébus

Largement reconstruite et modernisée, la maison voit son histoire remonter à une lointaine maison templière. Les vieilles pierres se font aujourd'hui plus luxueuses qu'austères, en conservant un certain sens de l'élégance sobre. Les authentiques meubles anciens contribuent à une atmosphère délicate et soignée, la vue est remarquable. Au restaurant, Xavier Mathieu mûrit dans le bon sens : sa carte est moins pompeuse, plus proche, et ses racines sont plus apparentes : les légumes farcis glacés, la brandade, le très réussi saucisson de crevettes ou l'agneau cuit lentement montrent un souci de partage et d'humanité. C'est plutôt bon signe, même si les détails d'environnement sont encore perfectibles, en particulier la cave, franchement pour touristes, peu fouillée et chère.
9 appart. 265-605 € • 16 ch. 145-285 € • 1/2 pens. 88-93 € • C : 90 € •
M : 60-110 €
www.lephebus.com

» Rte de Murs
☎ 04 90 05 78 83
04 90 05 73 61
F. oct.-avril.

Le Mas des Herbes Blanches

➥ **Restaurant :** 15/20 Le Mas des Herbes Blanches
La maison célèbre le Luberon qui l'entoure dans une architecture inspirée des bories, ces petites maisons de bergers en pierres sèches. L'ensemble ménage une série d'espaces et de recoins où il fait bon rêvasser en contemplant le paysage ou le joli jardin suspendu. Le luxe des prestations ne se départit jamais d'une sobriété de bon goût, pour créer une atmosphère délicieusement paisible.
6 appart. 310-495 € • 13 ch. 149-318 € • 1/2 pens. 259-428 €
www.relaischateaux.fr/masherbes

» Rte de Murs
☎ 04 90 05 79 79
04 90 05 71 96
F. 2 janv.-9 mars.

GOSNAY ➤ BETHUNE

GOUDOURVILLE ➤ VALENCE D'AGEN

LA GOUESNIERE ➤ SAINT MALO

GOUJOUNAC - 46250 (29 D 2)

Cahors 33 - Sarlat-la-Canéda 50

[12] La Poule au Pot

Une jolie carte régionale solide et sérieuse, orchestrée par une cuisinière amoureuse de son terroir et de sa région. Les fritons de foie gras, la poule au pot, le roulé de canard au foie gras et le gigot farci portent le poinçon d'un Sud-Ouest généreux et authentique.

C : 24 € • M : 13-25 €

» ☎ 05 65 36 65 48
F. à dîn. (sf vac. scol. et été). F. ann. non comm.
Jusqu'à 21h.

🚗 ♿ 🐕

GOULT - 84220 (33 C 4)

Gordes 8 - Apt 14 - Bonnieux 6

[10] Auberge du Fiacre

Un bord de route modeste et accessible pour partager avec les voyageurs les bons accents provençaux : tian de morue, pieds et paquets, chèvre chaud. Premiers menus équitables, cave rhône-luberon classique et de bon goût.

C : 38 € • M : 17-33 €

» RN 100
☎ 04 90 72 26 31
F. dim. à dîn., merc. et 11 nov.-15 déc.
Jusqu'à 21h.

⛱ 🚗 ♿ 🐕

➲ aux BEAUMETTES - 84220 : 4 km O. par D 145 et N 100

La Bastide des Cinq Lys

La charmante bastide à l'ombre des cyprès remonte au XVIe siècle. Les chambres ont fait l'objet d'une personnalisation soignée, murs clairs et meubles de style pour une atmosphère de luxe feutré. Pour ne pas avoir à quitter ce petit paradis, on peut compter sur une cuisine évidemment provençale, sobrement déclinée autour des produits régionaux, l'agneau ou le poisson, et des légumes soignés.

16 ch. 115-261 € • C : 55 € • M : 55-80 € *www.bastide-des-5-lys.fr*

» Chemin du Moulin
☎ 04 90 72 38 38
📠 04 90 72 29 90
F. oct.-mars.

🚗 ♿ 🏊 🎾 🐕

GOUPILLIERES - 14210 (5 D 4)

Caen 23 - Falaise 34 - Condé-sur-Noireau 26

[11] Auberge du Pont de Brie

En retrait de la route de Caen, cette auberge donne sur l'Orne par les larges baies vitrées de sa salle à manger. L'occasion d'imaginer les rudes combats qui se tinrent ici voilà soixante ans pour le contrôle du pont. La bataille n'est pas aussi acharnée en cuisine, Thierry Cottarel menant ses troupes vers un front beaucoup plus pacifique : salade d'andouillette de canard au xérès, dos de filet de rouget au beurre blanc, côte de veau flambée au pommeau de Normandie, craquant de pomme verte au caramel de cidre.

C : 28 € • M : 18,50-41,50 € *www.pontdebrie.com*

» Halte-de-Grimbosq
☎ 02 31 79 37 84
F. dim. à dîn. (oct.-Pâques), mardi (juil.-août), lundi (1er-6 janv.), 20-26 fév, 2-12 juil. et 18-31 déc.
Jusqu'à 21h.

⛱ 🚗 🐕

GOURDON - 46300 (29 D 1)

Cahors 46 - Sarlat-la-Canéda 28

Domaine du Berthiol

Les pierres et les poutres, pour respecter le style régional, accueillent des espaces à la belle élégance classique, clairs et aérés, avec des chambres personnalisées. En cuisine, David Hallais respecte aussi le style régional (carte de foie gras, omelette aux cèpes) tout en développant quelques touches personnelles (le confit de canard en nem, les escargots en bonbon croustillant).

2 appart. 125-142 € • 27 ch. 67-99 € • 1/2 pens. 72-79 € • C : 42 € •
M : 24-48 € *www.hotelperigord.com*

» D 704
☎ 05 65 41 33 33
📠 05 65 41 14 52
F. janv.-mars.

🚗 ♿ 🏊 🎾

GOURETTE - 64440 (23 D 6)

Lourdes 48- Eaux-Bonnes 8

(11) L'Amoulat

Le chalet familial est toujours l'objet des plus grandes attentions de la part de Brigitte et Alain Caillau. Et la cuisine régionale ne saurait subir d'accroc : depuis dix ans, un chef méticuleux, Jean-Luc Mellet, s'attache à vérifier les mailles du ris d'agneau aux cèpes, du salmis de palombe et du magret aux pêches.

C : 19€ • M : 15-21€ chalet.hotel.amoulat@wanadoo.fr

» Rte de l'Aubisque
☎ 05 59 05 12 06
F. avril-mai et oct.-nov.
Jusqu'à 20h30.

GOURNAY EN BRAY - 76220 (6 D 3)

Rouen 52 - Gisors 25

(11) Le Bistrot D'Gourmay

Le moins qu'on puisse dire, c'est que Sylvain Hellot se décarcasse. Pas seulement devant ses fourneaux, mais dans l'animation, dans les offres variées de son bistrot de campagne à la ville, où les producteurs sont dûment référencés, où la carte explore les terroirs (salade de Morteau, ravioles du Royans aux pétoncles), où l'on peut trouver un bon rognon de veau et des tripes au cidre. Et du vin correct dans une petite cave creusée maison, dont quelques grands crus à prix tout doux.

C : 30€ • M : 12-26€ www.bistrot-gourmay.com

» 6 rue Barbacane
☎ 02 35 09 16 35
F. ann. non comm.
Jusqu'à 21h30.

Le Cygne

Halte de bon confort propice à un agréable week-end à la découverte du pays de Bray.

29 ch. 45-60€ • 1/2 pens. 64,50€

» 20 rue Notre-Dame
☎ 02 35 90 27 80
Fax 02 35 90 59 00
Ouv. 7j/7.

GOUVIEUX ➤ CHANTILLY

GRAMAT - 46500 (30 A 1)

Cahors 58 - Figeac 34

(15) Le Lion d'Or

➥ **Hôtel :** Le Lion d'Or

Devant cette grande maison sur la place, modèle d'hôtellerie traditionnelle avec son architecture en pierre, on s'attend à une cuisine au classicisme un peu ennuyeux, et pourtant... Sans se défaire des produits nobles indissociables de l'histoire de la maison (tajine de homard en deux cuissons, pigeon macaronis au cantal doux râpée de truffe), Jérôme Roseau s'amuse d'une fausse simplicité, autour de produits de premier ordre : ainsi ces belles gambas, "simplement" rôties et posées sur un gâteau de tomate et fruits relevées d'une touche de vinaigre. Limpide et délicieux, tout comme l'épais filet de baudroie, en vedette respectueusement servi par une cuisson soignée et une touche méditerranéenne (olive, poivrons et tomates confites). Assiette de fromages de compétition, magnifique glace aux coquelicots sur la soupe d'abricots : une cuisine riche de (bonnes) idées et de séduction efficace. Service décontracté, de beaux cahors sagement tarifés sur la carte des vins, il n'en faut pas plus pour que le plaisir soit complet.

C : 48€ • M : 15-55€ www.liondorhotel.com

» 8 pl de la République
☎ 05 65 38 73 18
F. 3 janv.-11 fév.
Jusqu'à 21h15.

 Bon confort.  Grand confort.  Luxe.  Grand luxe.

   Hôtels de charme.

[13] Le Relais des Gourmands

» 2 av de la Gare
☎ 05 65 38 83 92
F. dim. à dîn. (sf juil.-août), lundi (sf juil.-août et à déj. demi-saison) et vac. scol. fév.
Jusqu'à 20h45.

➥ **Hôtel** : Le Relais des Gourmands

En voilà une belle organisation : chez Susy et Gérard Curtet, le séjour est sous contrôle, de la table à la piscine, du grand jardin d'agrément avec portique et croquet jusqu'aux chambres, on croirait presque que le soleil est là par convocation. Dans l'assiette, autant de sérieux, du terroir analysé avec méthode, remis en ondes par un chef adroit, qui exécute les arpèges classiques avec brio (tête et langue de veau gribiche, cassoulet au confit, tournedos sauce périgueux) sans perdre en personnalité. Même exigence sur la carte, très dignement représentée en cahors.

C : 28€ • M : 16-40€ *www.relais-des-gourmands.com*

[12] Hostellerie du Causse H

» Rte de Cahors
☎ 05 65 10 60 60
F. dim. à dîn., lundi à déj. (sf saison), 1er janv.-13 fév. et 15 nov.-31 déc.
Jusqu'à 21h30.

Nous avions conservé de bons souvenirs de la cuisine d'Olivier Foussat lorsque celui-ci officiait, au tournant du siècle, à la Truffe Noire à Brive. Trois ans après son installation dans cette maison de tradition ceinte d'un parc aux arbres centenaires, il semble sûr de son fait et de ses idées. On aimerait parfois un peu plus de prise de risque (est-ce bien le propos ?), mais les classiques de la maison, l'omelette aux cèpes, les œufs brouillés aux brisures de truffes noires, la sole meunière ou le risotto aux ris d'agneau font preuve d'assez de précision et de générosité pour mériter les éloges. Cave courte portée sur la région et le Bordelais. Chambres bien équipées, récemment réaménagées et redécorées, parc adorable, piscine.

C : 36€ • M : 18-52€ • 28 ch. 48-63€ • 1/2 pens. 55-59€
www.hostellerieducausse.com

Le Lion d'Or

» 8 pl de la République
☎ 05 65 38 73 18
📠 05 65 38 84 50
F. 3 janv.-11 fév.

➥ **Restaurant** : 15/20 Le Lion d'Or

La maison trône sur la place du village depuis le XIXe siècle et offre toujours une étape de choix aux voyageurs, dans un élégant cadre classique marié aux poutres et aux vieilles pierres. Agréable terrasse sous la vigne.

15 ch. 50-76€ • 1/2 pens. 64-99€ *www.liondorhotel.com*

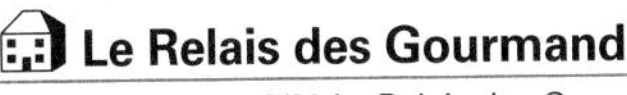

Le Relais des Gourmands

» 2 av de la Gare
☎ 05 65 38 83 92
📠 05 65 38 70 99
F. vac. scol. fév.

➥ **Restaurant** : 13/20 Le Relais des Gourmands

Les chambres ont bénéficié en 2005 d'un agréable coup de jeune, conservant une tonalité générale claire et fleurie, en accord avec l'esprit de détente qui règne ici.

16 ch. 50-65€ • 1/2 pens. 54-69€ *www.relais-des-gourmands.com*

à RIGNAC - 46500 : 5 km N.O. par N 140

Château de Roumégouse

» ☎ 05 65 33 63 81
📠 05 65 33 71 18
F. 1er janv.-31 mai.

Ce château que l'on jurerait médiéval, avec sa tourelle dans l'esprit des reconstitutions de Viollet-le-Duc, date de la fin du XIXe siècle : un bâtiment superbe, qui émerge fièrement de la verdure, qui impose son charme mafflu, son austérité joyeuse au cœur de la verdure quercinoise. Les chambres sont châtelaines, tissus tendus, baldaquins, et belles au bois dormant, ouvrant sur les cinq hectares du parc. Et la terrasse avec sa balustrade de pierre empêchant les dîneurs de plonger dans la piscine d'un incroyable romantisme. La cuisine est logiquement régionale, confit au coulis de cèpes et pavé de bœuf au foie gras. C'est à la cave que les résidents font leurs plus belles affaires. Quelques vieilles bouteilles, et du grand, dorment depuis longtemps, mais goûtez également château Belmont, étonnant domaine lotois.

1 appart. 270-360€ • 15 ch. 100-220€ • 1/2 pens. 145-190€ • C : 75€ • M : 38-85€ *www.chateauderoumegouse.com*

LE GRAND BORNAND - 74450 (28 B 2)

Annecy 34 - La Clusaz 6

La Ferme de Lormay

Au bout de la route qui s'échappe de la station en remontant la vallée, au pied des Aravis, ce rendez-vous de montagnards, aménagé dans une vénérable ferme XVIIIe, n'a pas perdu son âme en recevant les touristes. Car ces derniers, qui ressentent l'impérieuse nécessité de protéger les chamois et les edelweiss, sont tout aussi sensibilisés à conserver tel quel un tel patrimoine : la soupe de légumes au lard, la fricassée de caïon, les atriaux, en arrosant de chignon et de mondeuse. Le cadre est une carte postale, l'accueil est sincèrement souriant.
C : 40 €

» Lieu-dit Lormay
☎ 04 50 02 24 29
F. mardi, 20 avril-20 juin et 10 sept. 20 déc.
Jusqu'à 21h30.

(13) L'Hysope

S'il est légitime de penser que les Savoyards, et même les touristes en villégiature, ont certainement envie, de temps à autre, de s'aérer le goût en oubliant un moment les tartiflettes et les reblochonnades, on peut néanmoins trouver osé d'aller se faire une quasi-spécialité de plats de poissons au milieu des pics enneigés. Jean-Christophe Prat, qui avance avec son temps, porte donc une attention modérée sur la région où sont posées les casseroles, au profit des modernes pousses de poireaux, de la salade de gambas au soja, et des saint-jacques aux cheveux d'ange. La toque, un peu fragile cette année, revient finalement à l'excellence, en fin de partie, du petit pot au chocolat de Tanzanie. Et dans les accessits, l'accueil juste et souriant de Vanessa Prat et une cave régionale pas trop chère.
C : 41 € • M : 27-65 €

» Pont de Suize, rte du Bouchet
☎ 04 50 02 29 87
F. merc., jeudi (sf saison) et oct.
Jusqu'à 21h.

(11) Le Traîneau d'Angeline

Grillades à la cheminée, chaud dedans, froid dehors et ambiance marmottes gourmandes : cette ancienne maison de famille avec ses hauts plafonds et ses grandes baies vitrées ne s'arrête pourtant pas aux clichés. Le jarreton de porc, l'andouillette et les diots grillés sont effectivement sympathiques, mais le jeune chef travaille aussi, avec réussite, la daurade au vin rouge et le sauté de volaille caramélisé au miel. Vins de Savoie à petits prix.
C : 35 €

» Pont de Suize
☎ 04 50 63 27 64
F. (sf vac. scol.) lundi, mardi (sf à déj. janv., mars), merc. (mai, nov., déb. déc.), juin et oct.
Jusqu'à 21h30.

Le Chalet des Troncs

Dans le style table d'hôte, une ferme XVIIIe au cadre remarquable, mêlant ancien et moderne, sur 5 ha de nature. Quelques tables ouvertes le soir (sur réservation) pour une cuisine régionale directe, aux produits soignés. Quelques chambres superbes pour hôtes privilégiés.
C : 37 € • M : 30 €
www.lechaletdestroncs.com

» Vallée du Bouchet
☎ 04 50 02 28 50
F. à déj. (ouvert à dîn. seult. sur réserv.), 15 avril-28 juin et 15 sept.-24 déc.
Jusqu'à 21h.

GRAND VILLAGE PLAGE ➤ OLERON (ILE D')

GRANDCAMP MAISY - 14450 (5 C 3)

Cherbourg 73 - Caen 60 - Saint-Lô 42

(12) La Marée

Formé à bonnes écoles, Frédéric Lévêque cherche (et trouve) dans la mer toute proche l'inspiration pour une cuisine dont les ambitions ne se limitent pas aux plateaux de fruits de mer et aux poisons du jour grillés : de louables efforts de personnalisation marquent une différence perceptible et appréciable avec les tables à touristes, sur de belles assiettes à tarifs équitables.
C : 42 € • M : 14-25 €
resto.lamaree@wanadoo.fr

» 5 quai Henri-Chéron
☎ 02 31 21 41 00
F. 5 janv.-5 fév.
Jusqu'à 22h.

LA GRANDE MOTTE - 34280 (32 B 4)

Montpellier 21 - Nîmes 50

 Alexandre

L'empereur Alexandre règne toujours, avec un esprit plus paisible que conquérant, sur la gastronomie de la station. Cachée dans un dédale, la jolie maison ouverte sur la mer se réserve ainsi à une clientèle de vrais amateurs, à même d'apprécier à sa juste valeur le travail précis de Michel Alexandre quand il lance ses filets en Méditerranée pour en ramener de quoi garnir des assiettes élégantes et sagement actuelles. Accueil tout en douceur et cave de qualité, dans les valeurs sûres comme les découvertes.

C : 50 € • M : 37-70 € www.alexandre-restaurant.com

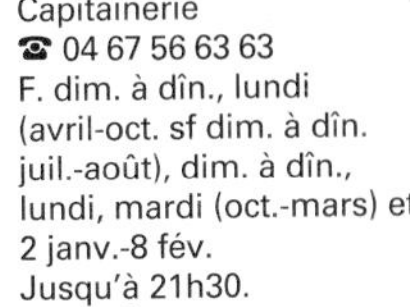

» Esplanade de la Capitainerie
☎ 04 67 56 63 63
F. dim. à dîn., lundi (avril-oct. sf dim. à dîn. juil.-août), dim. à dîn., lundi, mardi (oct.-mars) et 2 janv.-8 fév.
Jusqu'à 21h30.

 Hôtel Méditerranée

Résolument moderne et coloré jusque dans les chambres, aux personnalités vraiment différentes, l'hôtel a été complètement rénové l'an dernier. De la piscine au bar, en passant par le restaurant (menu-carte plutôt malin entre Sud et Extrême-Orient), chaque endroit est une réussite.

2 appart. 100-250 € • 40 ch. 115-165 €

» 227 allée du Vacarès
☎ 04 67 56 53 38
Fax 04 67 56 98 30
Ouv. 7j/7.

GRANE - 26400 (27 D 5)

Valence 26 - Crest 9

 Le Giffon

Du comme chez soi travaillé par un chef, qui connaît ses producteurs comme son épouse connaît sa clientèle. Un clin d'œil, une poignée de mains, un sourire et des nouvelles de la cadette. Le jambon de pays provient d'un charcutier répertorié, le foie gras, les pieds paquets et le filet de bœuf sont autant dans l'orthodoxie que dans l'imagerie populaire : bien faits, maîtrisés, savoureux. Avec un poil d'ambition en moins, la maison retrouve ses valeurs, l'envie de fêter des anniversaires et des baptêmes, avec une bonne cave rhodanienne. Il suffirait maintenant que les tarifs dégonflent un peu.

C : 50 € • M : 22-59 € www.hotelrestaurant-giffon.com

» Pl de l'Eglise
☎ 04 75 62 60 64
F. lundi, mardi.
Jusqu'à 21h30.

GRANGES LES BEAUMONT ➤ ROMANS SUR ISERE

GRANVILLE - 50400 (5 A 4)

Saint-Lô 55 - Le Mont-Saint-Michel 50

 La Citadelle

Installée sur le port, cette table s'apprécie, au gré des saisons ou de l'affluence, dans une salle claire et élégante, la véranda ou sur la terrasse. La pêche arrive dans un parfait état de fraîcheur, sur la traditionnelle sole meunière au beurre citronné comme les huîtres gratinées à la crème crue, le homard de Chausey ou la saladine de saint-jacques au vinaigre balsamique. Signe qui ne trompe pas, les locaux sont nombreux à profiter de ce sérieux, dans l'approvisionnement comme les préparations.

C : 35 € • M : 17-32 € www.restaurant-la-citadelle.com

» 34 rue du Port
☎ 02 33 50 34 10
F. mardi merc. (oct.-mars), 2 sem. vac. fév. et 3 sem. vac. Noël.
Jusqu'à 21h30.

 La Gentilhommière

Franck Baumert, jeune chef pétri d'ambition pour sa maison, va dans le bon sens avec son bon foie gras, son saumon au vinaigre de framboise, sa lotte à l'américaine, sa sole meunière ou ses profiteroles. Salle agréable, service souriant.

C : 20 € • M : 16-21 €

» 152 rue Couraye
☎ 02 33 50 17 99
F. lundi, mardi (sf à dîn. été). F. annuelle non comm.
Jusqu'à 22h.

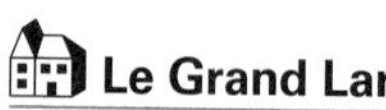

Le Grand Large

Les rénovations entreprises dans cet établissement inauguré en 1993 se poursuivent et devraient être complètement achevées en début d'année prochaine. Chambres lumineuses et bien agencées, vaste terrasse donnant sur la mer.

1 appart. 91-124 € • 50 ch. 46-113 € *www.hotel-le-grand-large.com*

» 5 rue de la Falaise
☎ 02 33 91 19 19
📠 02 33 91 19 00
F. 2 sem. déc.

GRANZAY GRIPT ➤ NIORT

GRASSE - 06130 (34 C 5)

Nice 37 - Cannes 14

18 La Bastide Saint-Antoine

Cadre et ambiance

Pour de nombreux habitués, la Bastide est le compromis idéal du luxe et du charme. Une belle maison isolée dominant la côte, le parfum des essences méditerranéennes, des espaces ouverts, un personnel remarquablement accueillant et une terrasse de rêve campent un lieu idyllique, mais tout de même agité avec les quelque quatre-vingt-dix couverts qu'on installe à l'extérieur, où chaque chose est en place sous le regard bienveillant et rigoureux de Jacques Chibois.

Cuisine

La cuisine de Chibois est totalement en harmonie avec les lieux : jolie, méthodique et inspirée, provençale et internationale. Ce n'est pas lui faire offense que d'établir un cousinage avec l'esprit palace où il s'est naguère illustré : il y a de cette patience à vouloir tenir la saveur ou l'association juste à tout prix avant de la livrer, et de cette modestie à s'effacer toujours devant le plaisir qu'on procure, par un plat, ou par un produit. Cette haute cuisine méridionale se nourrit de traits superbes (velouté de petit pois, aumônière de fenouil, gaspacho de tomates, melons caramélisés, saint-pierre aux asperges et fenouil, jus de pélargonium et cyprès) et de magnifiques classiques (pistes aux ravioles à la "nissarte" dans leur jus, palet pur chocolat aux éclats de cacao).

Cave

Cave superbe, très éclectique, explorant l'ensemble du vignoble français et partant à la conquête de l'étranger avec une grande érudition (Autriche, Allemagne, Italie, Portugal, Hongrie, Suisse, Israël, Inde, Afrique du Sud, Nouvelle-Zélande, Chili, USA, Australie... de 37 à 1240 €).En région, les meilleures cuvées et des prix justes pour la plupart des cuvées (La Bernarde, Sainte Roseline, Mouresse, Saint Baillon, Terrebrune...).

Accueil et service

Service de très haut niveau, qui ne chôme évidemment pas devant l'affluence et doit se contraindre à une concentration maximale. Quelques infimes ratés, bien légitimes, mais un contact de qualité et un sommelier très affûté.

C : 110 € • M : 53-170 € *www.jacques-chibois.com*

» 48 av Henri-Dunant
☎ 04 93 70 94 94
Ouv. 7j/7.
Jusqu'à 21h30.

➲ à CABRIS - 06530 : 6 km O. par D 4

12 Auberge du Vieux Château

Le menu-carte est renouvelé tous les quinze jours ? Voilà l'une des nombreuses raisons de faire de cette terrasse installée dans l'ancienne cour d'honneur du château sa cantine pour tout l'été. La vue panoramique sur la vallée des Fleurs et la baie de Cannes, la gentillesse du service, la douceur de vivre qui se dégage des lieux et la cuisine fine et précise de Nicolas Niros (ancien de la Chèvre d'Or, de Chibois et du Grand Hôtel du Cap) complètent ce tableau sans tache. Soupe de châtaignes à l'ancienne, risotto aux pérugines et légumes d'hiver sautés, côtes d'agneau de Sisteron à la plancha, quelques plats où l'on pioche avec entrain et gourmandise.

C : 35 € • M : 35 € *www.aubergeduvieuxchateau.com*

» Pl du Panorama
☎ 04 93 60 50 12
F. lundi, mardi et 3 janv.-9 fév.
Jusqu'à 21h30.

LE GRAU D'AGDE ➤ AGDE

LE GRAU DU ROI - 30240 (32 A 4)

Montpellier 28 - Lunel 22

➲ à PORT CAMARGUE - 30240 : 3 km S. par D 626

Le Carré des Gourmets

» Pointe de la Presqu'île
☎ 04 66 53 36 37
F. lundi, mardi (sf juil.-août) et 13 nov.-fév.
Jusqu'à 21h30.

➥ **Hôtel** : Le Spinaker

C'est au bout du bout, un autre monde, une autre chance. De près, lorsqu'on atteint cette pointe de presqu'île, c'est comme un hôtel de vacances, un peu chic, un peu confortable. Mais à table, tout est différent, parce que Jean-Pierre Cazals est un personnage. De littérature, de bande dessinée, de théâtre. Et que la salle reflète sa gouaille, sa générosité, mais aussi sa rigueur dès qu'il s'agit de toucher à l'assiette. Le tartare de sardine - incomparable moelleux, saveur extrême -, la tartelette de légumes, d'un abord très sympathique, le filet de taureau qui vous rendrait aficionado ou le pavé de thon cuit au millimètre sont des pointes ciselées délivrées sans se prendre au sérieux par un personnel qui aime visiblement la musique qu'on joue ici. Y compris le maître d'hôtel-sommelier, érudit et souriant, qui fait tourner les verres en virtuose, avec tout ce qui se fait de beau dans sa région.

C : 61 € • M : 55-82 € *www.spinaker.com*

Le Spinaker

» Pointe de la Presqu'île
☎ 04 66 53 36 37
📠 04 66 53 17 47
F. 14 nov.-fév.

➥ **Restaurant** : 15/20 Le Carré des Gourmets

Chaleureuses et sobres, harmonieusement personnalisées du sol au plafond, les chambres se répartissent autour d'une piscine savamment paysagère. La situation, sur le port (quai privé) mais isolé par son parc, fait de l'hôtel un endroit privilégié où il fait bon vivre.

10 appart. 135-230 € • 11 ch. 109 € • 1/2 pens. 126-187 €
www.spinaker.com

GRAVESON - 13690 (33 B 4)

Marseille 101 - Avignon 14 - Cavaillon 29

Le Clos des Cyprès

» Rte de Châteaurenard
☎ 04 90 90 53 44
F. dim. à dîn., lundi, merc. à dîn. (sur réserv. seult), 3 sem. janv. et 1 sem. mars.
Jusqu'à 21h30.

Difficile de faire le difficile : un beau mas provençal contemporain, un parc d'un hectare, les oliviers et les abricotiers autour de la piscine, et la cuisine provençale chic de Stéphane Bettinelli qui a pris chez Hiély, Rostang ou Pic le goût du luxe à faire partager à des clients avides de confort et de tradition. Alors en avant pour le foie gras toute l'année, les langoustines et le homard, un premier menu à 52 € et les hermitages de Jaboulet. Peu de découvertes, certes, mais un travail doré fait avec conviction et amabilité, dans le service et l'accueil.

M : 52-75 €

Le Moulin d'Aure R

» Rte de Saint-Rémy-de-Provence, D 5
☎ 04 90 95 84 05
📠 04 90 95 73 84
Ouv. 7j/7.

Ambiance intime, presque maison d'amis, pour ce décor typique de la région, dans les matériaux (au gré des pièces, pierres, poutres et tomettes) comme les couleurs, douces et lumineuses. L'origine italienne de la famille se retrouve dans la chaleur de l'accueil. Cuisine sagement classique, autour des produits de la Méditerranée.

1 appart. 180 € • 18 ch. 80-145 € • 1/2 pens. 40 € • C : 47 € • M : 22-35 €
www.hotel-moulindaure.com

Le Mas des Amandiers

Discrètes touches rustiques, les poutres accompagnent l'ambiance mas provençal donnée par les couleurs chaleureuses et le mobilier. Atmosphère conviviale, dans les odeurs typiques du jardin botanique.
28 ch. 59-61 € *www.hotel-des-amandiers.com*

» 112 impasse des Amandiers
☎ 04 90 95 81 76
📠 04 90 95 85 18
F. 18 oct.-15 mars.

GRENADE SUR L'ADOUR - 40270 (23 D 4)

Mont-de-Marsan 15 - Dax 58

15 Pain Adour et Fantaisie

➥ **Hôtel :** Pain Adour et Fantaisie
Tout se passe en douceur derrière les murs épais de cette vaste demeure XVIIIe sur la place à arcades. Le charme vient d'un peu partout, de la terrasse sur l'Adour, de l'atmosphère gourmande créée par les habitués, qui entrent avec un sourire prometteur, et bien sûr de la cuisine où Philippe Garret entrepose ses idées, les fait fructifier comme un ballon en mêlée jusqu'à ce qu'elles se transforment en pêche miraculeuse, en pains multipliés, en chaud-froid de gambas comme une bouillabaisse et pistou de roquette, en cabillaud à la ventrèche et asperge farcie à l'huître, en piccatas de foie gras de canard poêlés au mendiant et polenta de pommes à cidre. La cave également se démultiplie avec un tour du vignoble Sud-Ouest très impressionnant, en madiran et jurançon entre autres, et de très beaux bordeaux un peu chers tout de même sur les millésimes récents.
C : 67 € • M : 35-82 € *pain.adour.fantaisie@wanadoo.fr*

» 14-16 pl des Tilleuls
☎ 05 58 45 18 80
F. dim. à dîn., lundi, merc. à déj. F. ann. non comm.
Jusqu'à 21h30.

12 Jean-Jacques Bernadet

Depuis plus de 20 ans qu'il œuvre ici, Jean-Jacques Bernadet a su trouver le ton juste pour satisfaire les autochtones comme les touristes de passage, en s'appuyant en priorité sur le terroir et un solide savoir-faire. Alors bien sûr, le foie gras ou la tourtière aux pommes et à l'armagnac répondent présents sur une carte sérieuse et soignée, mais le merlu aux aromates et jambon de pays ou le filet de bœuf à la julienne de gingembre amènent des horizons tout aussi gourmands. La région est aussi à l'honneur côté alcool, pour les vins comme le choix d'armagnac.
C : 25 € • M : 12,50-35 € *www.restaurant.bernadet.free.fr*

» 6 pl des Tilleuls
☎ 05 58 45 19 02
F. dim. à dîn., lundi, jeudi à dîn. et 2 prem. sem. janv.
Jusqu'à 21h15.

Pain Adour et Fantaisie

➥ **Restaurant** : 15/20 Pain Adour et Fantaisie
La maison XVIIIe, sur la place de la bastide, respire la douceur de vivre dans le charme des vieilles pierres et d'un aménagement sobre et élégant, qui marie harmonieusement l'ancien (beaux vieux meubles) et le moderne, dans des nuances de couleurs qui captent la lumière, par exemple celle du fleuve, sur lequel donnent une très agréable terrasse et une partie des chambres.
10 ch. 64-134 € • 1/2 pens. 116-168 € *pain.adour.fantaisie@wanadoo.fr*

» 14-16 pl des Tilleuls
☎ 05 58 45 18 80
📠 05 58 45 16 57
F. ann. non comm.

GRENOBLE - 38000 (28 A 4)

Paris 570 - Lyon 101 - Chambéry 58

14 Auberge Napoléon

Attendez voir… Quand Stendhal est passé là, vingt-deux ans après Napoléon, il ne pouvait pas goûter le velouté de fèves, les saint-jacques rôties au beurre de cardamome et le foie gras chaud poêlé pommes rhubarbe. La jeune chef Agnès Chotin n'était pas encore née, certes l'auberge existait bien mais Madame de Rénal se serait autrement consumée de plaisir si elle avait attendu un peu plus d'un siècle et demi. Voilà le charme d'un lieu historique allié à la jeunesse

» 7 rue Montorge
☎ 04 76 87 53 64
F. déj. (sf réserv.), dim. (sf fêtes) et 7-27 août.
Jusqu'à 22h.

volubile d'une cuisinière généreuse et attentive dans le traitement de ses produits de saison. Voilà une table qui vit avec un patron bien présent, un service irréprochable et une cave exploratrice et relativement sage.
C : 55 € • M : 39-77 € *www.auberge-napoleon.fr*

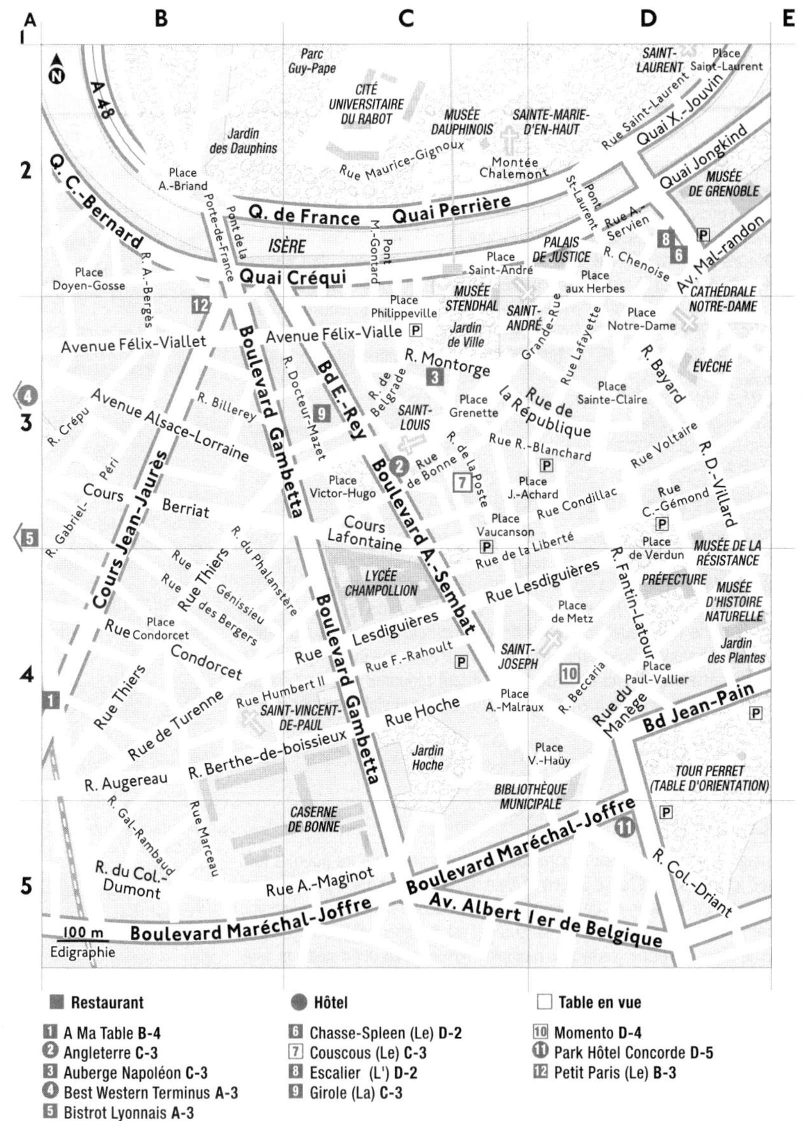

L'Escalier

Le meilleur moment, c'est quand on monte l'escalier, a dit un romantique. Chez Alain Girod, les marches représentent tous les bons moments passés par les Grenoblois dans ce cadre contemporain où la cuisine est toujours en mouvement, ascensionnel évidemment. Car les idées ne manquent pas, bien mises en musique par le chef Boris Roginski, dans la carte comme dans l'approche. Un menu "minceur", un menu "gourmand", un menu de saison, et la bonne idée des cuillères, deux à chaque temps, qui permettent de goûter huit plats différents dans le repas. C'est à la fois moderne sans être modeux, varié et intéressant : foie gras roulé au bœuf épicé, bar farci de crozets au pistou d'ortie, filet d'agneau et rognons fumés au thym… Cave éclectique et assez convenue.
C : 53 € • M : 32-69 €

» 6 pl de Lavalette
☎ 04 76 54 66 16
F. sam. à déj., dim. et lundi à déj.
Jusqu'à 21h30.

A Ma Table

Moins de dic couverts et la salle affiche complet : Michel Martin ne dévoile sa cuisine qu'à un auditoire restreint, sur une courte carte de marché, afin de s'assurer d'un approvisionnement sans faille. On s'en doute, avec de telles bases de travail, toute mauvaise surprise est à exclure et on fonce les yeux fermés sur ces délicats parfums de Sud et ces produits parfaits : gambas ultra fraîches relevées de persil, ail et abricot, une morue éclatante qui hésite entre la crème (de poivrons doux) et l'huile d'olive (de la purée au basilic) ou le dosage amertume alcool de la ganache chocolat. Belle carte des vins ramassée sur la vallée du Rhône, beaujolais et bourgogne, avec quelques jolis flacons en bordeaux .
C : 44 €

» 92 cours Jean-Jaurès
☎ 04 76 96 77 04
F. sam à déj., dim., lundi et août.
Jusqu'à 21h15.

Bistrot Lyonnais - La Glycine

Un joli bistrot qui s'anime l'été avec sa terrasse sous la glycine, et cultive au quotidien une orientation sud qui fait la liaison Lyon-Méditerranée en TGV. Philippe Rostang, venu de sa Bonne Auberge antiboise, renforce cette dilection avec le macaroni farci à la brousse et aux tomates confites, la tarte fine aux encornets ou le mille-feuille d'agneau de sept heures. Pourtant la réalisation semble un poil standardisée dans une atmosphère en berne qui contraste avec la chaleur passée. La toque demeure, mais il faut redonner son âme à cette table qui la mérite. Un bon merlot en pot dans une cave globalement sage.
M : 21-38 €

» 168 cours Berriat
☎ 04 76 21 95 33
F. w.-e., 1 sem. Noël-nouvel an et 3 sem. août.
Jusqu'à 21h30.

Le Chasse-Spleen

Hommage au vin de Bordeaux, hommage à Baudelaire, dont les poèmes font chanter les murs, le Chasse-Spleen d'Alain Girod est un bien joli diffuseur d'ambiance, de chaleur et de saveur. Dans la seconde maison de l'équipe Girod-Roginski (L'Escalier 14/20), la cuisine est traditionnelle dans l'esprit, moderne dans la forme, carte aux multiples terroirs, exécution nette et sans maniérisme, du caviar d'aubergine aux cèpes grillés et poivrons confits, du mille-feuille de socca à la tapenade, du filet de daurade sauce soja et gingembre ou du magret au jus de grenade, dégoupillée pour l'occasion et prête à exploser avec quelques pommes de terre sautées. Le vin au verre est plutôt bien choisi, le service très souriant.
C : 36 € • M : 25 €

» 6 pl de Lavalette
☎ 04 38 37 03 52
F. w.-e.
Jusqu'à 21h30.

13 Le Petit Paris

» 2 cours Jean-Jaurès
☎ 04 76 46 00 51
F. 1er mai-14 juil. et 24-25 déc.
Jusqu'à 21h30.

Sylvain Estève, fils de Michel, assure la relève avec enthousiasme. La toque accordée l'an passé n'est pas le fruit du hasard, et les efforts se poursuivent à travers des menus chaque jour plus élaborés : concassée de noix de saint-jacques à la coque aux fruits de la passion mille-feuille de banane, filet de veau poêlé au miel de lavande, sabayon au chocolat noir et noisette en nougatine. La valeur n'attend pas le nombre des années et le TGV est sur les rails.
C : 45 € • M : 24-56 € *www.lepetitparis.fr*

11 La Girole

» 15 rue du Dr-Mazet
☎ 04 76 43 09 70
F. sam. à déj., dim., lundi et août.
Jusqu'à 21h15.

Rue du Docteur Mazet, la prescription se fait au fil des saisons, champignons à l'automne, épices et soleil en été, sauces généreuses en hiver... La maison maîtrise tous les compartiments du jeu, dans un registre classique et bien mené qui justifie la fidélité d'une clientèle également sensible aux charmes de cette petite salle chaleureuse.
M : 25-35 € *www.la-girole.com*

Le Couscous

» 19 rue de la Poste
☎ 04 76 47 92 93
F. lundi à déj. et avril.
Jusqu'à 23h.

Bachir Rahaili a ouvert cette table dédiée à la cuisine orientale en 1969. Trente six années de bons couscous mais aussi de salades, de brochettes d'agneau, de crevettes grillées ou d'entrecôtes.
C : 15 €

Momento

» Rue Beccaria
☎ 04 76 26 21 59
Rens. non comm.

Le lounge, vaste et branché, que Grenoble attendait. Les débuts sont très réussis, le décor superbe, la carte se tient bien, avec ce qui est attendu (le wok, le cabillaud teriyaki, les risottos) et ce qui l'est moins (le trio de gaspachos, les tartines chaudes, le râble de lapin cuit à basse température…). Et le service, réellement gentil, ne se la joue aucunement.

Park Hôtel

» 10 pl Paul-Mistral
☎ 04 76 85 81 23
04 76 46 49 88
F. 29 juil.-27 août et 23 déc.-1er janv.

Des chambres personnalisées et une belle palette de charmes variés, entre mobilier de style et créations contemporaines, pour cet hôtel impeccable, étape de choix pour la qualité de ses prestations.
16 appart. 235-515 € • 34 ch. 130-515 € *www.park-hotel-grenoble.fr*

Best Western Terminus

» 10 pl de la Gare
☎ 04 76 87 24 33
04 76 50 38 28
Ouv. 7j/7.

Un immeuble de style Belle Epoque face à la gare. L'installation du double-vitrage est désormais achevée dans les chambres. Jolie vue sur les collines.
39 ch. 84-149 € *www.terminus-hotel-grenoble.fr*

Hôtel Angleterre Tulip Inn

» 5 pl Victor-Hugo
☎ 04 76 87 37 21
04 76 50 94 10
Ouv. 7j/7.

Désormais toutes pourvues de salles de bains entièrement rénovées (la moitié d'entre elles offrant le confort d'une douche hydromassante), les chambres de cet immeuble haussmannien prodiguent un excellent confort. Equipement moderne et complet, avec un particulier un lecteur DVD dans chacune.
12 appart. 150-170 € • 62 ch. 98-125 € *www.hotel-angleterre-grenoble.com*

Hôtels de charme.

 Bon confort.  Grand confort.  Luxe.  Grand luxe.

➲ à CHAMPAGNIER - 38800 : 10 km S. par N 85 et D 64

[12] L'Etable

» Rue du Bourg
☎ 04 76 98 34 82
F. dim., lundi (sf fêtes, groupes) et 1 sem. août.
Jusqu'à 21h.
⛱ 🐕

L'ancienne étable - c'est vrai, il y a trente ans - a bien changé et on n'entrerait pas une vache dans ce décor bourgeois rustique. Ce n'est pas du Starck, mais cela respire la gentillesse et l'envie de bien-faire. En se prolongeant dans l'assiette, ravioles du Royans, craquant de ris de veau périgourdine, glace chartreuse. La variété des menus, les bons produits régionaux et l'accueil de Christine Achard font le reste. La cave est modeste, mais construite et personnelle.
M : 17-35 €
letable@wanadoo.fr

➲ à CORENC - 38700 : 6 km N.E. par D 512

[12] Le Provence

» 28 av du Grésivaudan
☎ 04 76 90 03 38
F. sam. à déj., dim. à dîn., lundi et 15 prem. jrs août.
Jusqu'à 21h30.
❄

Comme son nom l'indique, le restaurant de Eric Gaggio lorgne du côté des saveurs ensoleillées, de l'huile d'olive et du pistou. Il ne regarde pas que vers le Sud, le grand Ouest et la Bretagne sont également appelés à la rescousse d'une carte de poissons fort appréciée, et on le comprend, des Grenoblois. A savourer face au jardin, bercé par un service efficace. La carte des vins suit le mouvement sans encombre.
C : 34 € • M : 19-49 €

➲ à EYBENS - 38320 : 3 km S. par D 5

🏠 Château de la Commanderie 🐦

» 17 av d'Echirolles
☎ 04 76 25 34 58
📠 04 76 24 07 31
F. vac. scol. Noël.
🚗 🏊

La vaste demeure date sous sa forme actuelle du XVIIIe siècle, mais son histoire est beaucoup plus longue. Le parc et la situation à l'écart confortent un côté hors du temps donné par le décor, entre tentures et meubles d'époque. Cuisine classique et élégante, dans un cadre tout aussi historique.
25 ch. 87-166 € • 1/2 pens. 89-118 €
www.commanderie.fr

➲ à FONTANIL CORNILLON - 38120 : 8 km N.O. par N 75

[12] Au Taille Bavette

» 2 rue de la Louisiane
☎ 04 76 75 47 70
F. sam. à dîn., dim. et 3 sem. août.
Jusqu'à 21h.
🚗

Tout près des abattoirs, ce qui garantit un approvisionnement forcément au top, contrairement au quartier qui, lui, n'a rien de bien emballant. Aucune importance de toute façon, on ne vient pas ici pour la terrasse avec vue mais pour l'entrecôte rôtie, la marmite de tripes ou la tête de veau.
M : 22 €

➲ à MONTBONNOT SAINT MARTIN - 38330 : 8 km N.E. par N 90

[13] Alain Pic

» 876 rue Gén-de-Gaulle
☎ 04 76 90 21 57
F. sam. à déj., dim. à dîn., lundi et 2 dern. sem. août.
Jusqu'à 21h15.
🐕

Une auberge de nationale, centenaire et fidèle, sur l'axe Grenoble-Chambéry, à la sortie de la ville. Alain Pic tient le relais de poste, remonte le moral, abreuve les voyageurs éreintés, et, le plus souvent aujourd'hui, régale ses habitués de sa patte de tradition récente, mode eighties et parfums d'aujourd'hui, aux tours de main assurés : tartare de thon sorbet wasabi, ballotin de requin au jambon fumé pour le menu "Vercors", aumônière de pintade et côte de veau sur ravioles pour un "Chartreuse" plus adapté. Cave un peu superficielle mais variée et petits prix un peu partout.
C : 60 € • M : 27-78 €
www.restaurant-alain-pic.com

à URIAGE - 38410 : 12 km S. par D 524

Les Terrasses

» Pl de la Déesse-Hygie
☎ 04 76 89 10 80
F. dim., lundi, mardi à déj., merc. à déj., jeudi à déj., janv. et 15 jrs fin août.
Jusqu'à 21h30.

➡ **Hôtel :** Le Grand Hôtel

Cadre et ambiance

Au coeur de la chaîne de Belledonne, ce splendide hôtel créé sous Napoléon III compte probablement parmi les grandes tables les moins connues du public. Uriage, petite ville thermale aux portes de Grenoble, bien que très touristique, ne possède pas l'aura de Biarritz ou d'Evian. Aux beaux jours, le service se fait en terrasse, dans ce havre de paix sous-médiatisé mais si charmant.

Cuisine

Philippe Buissou, en place depuis 1992, ne cache pas que son second, Christophe Aubert, le remplacera très bientôt. Tout est programmé, planifié et la passation de pouvoir définitive se fera sans le moindre heurt, sans le moindre coup de gueule, à l'image de la discrétion permanente dont fait preuve la maison. Dans l'assiette, ce serait plutôt exubérance et profusion : de multiples amuse-bouche, pré et post desserts, bouchées d'attente se succèdent entre les plats, depuis toujours au niveau des trois toques : écrevisses, bouillon de champignons, rougette et herbes sauvages, saint pierre grillé aux coquillages, bouillon d'huîtres Gillardeau à la fleur d'oranger, pigeon "poché-rôti", racine de persil, oignon rose de Roscoff, jus et foie gras de pigeon, poires rôties au miel, brownies cacahuètes, chocolat noir et sorbet.

Cave

Très classique certes, elle colle néanmoins à la perfection à cette cuisine qui appelle les vins prestigieux.

Accueil et service

Malgré le cadre chic et bourgeois, on ne ressent aucun malaise dans ce cadre sans fantaisie.

C : 115 € • M : 80-120 € www.grand-hotel-uriage.com

Le Grand Hôtel

» Plage de la Déesse-Hygie
☎ 04 76 89 10 80
📠 04 76 89 04 62
F. janv.

➡ **Restaurant** : 17/20 Les Terrasses

Le grand bâtiment XIXe ménage une agréable impression d'intimité. Est-ce le tranquille paysage du parc (avec une vaste roseraie) ou la douceur des couleurs, dominées par le beige et le bois sombre ? Ou encore les nombreuses possibilités de détente offertes par le centre d'hydrothérapie ? Il fait en tout cas bon vivre dans ce cocon douillet.

3 appart. 225-240 € • 38 ch. 95-175 € www.grand-hotel-uriage.com

Les Mésanges

» Rte des Mésanges
☎ 04 76 89 70 69
📠 04 76 89 56 97
F. 20 oct.-1er fév.

La situation agréable, sur un plateau au-dessus de la ville, permet aux chambres, la plupart avec balcon, de disposer d'une vue paisible sur un cadre verdoyant. Cadre sobre et contemporain.

33 ch. 57-69 € • 1/2 pens. 55-62 € www.hotel-les-mesanges.com

GREOUX LES BAINS - 04800 **(33 D 4)**

Digne 71 - Manosque 14

Le Grand Jardin

» Av des Thermes
☎ 04 92 70 45 45
📠 04 92 74 24 79
F. déc.-fév.

Une nouvelle tranche de rénovation permet à l'hôtel de proposer des chambres colorées, dans un décor sobre et moderne. A côté de l'hôtel, Pierre Grein propose de fort belles Agapes autour des produits régionaux et justifie les tarifs par le soin porté tant au choix des produits qu'au raffinement des préparations : aïoli modernisé avec une belle morue servie par une sobre cuisson vapeur, lapin confit en cocotte polenta aux olives, verrine d'abricots caramélisés crème à la vanille.

80 ch. 50-76 € • 1/2 pens. 47-66 € • C : 48 € • M : 40-50 €
www.le-grand-jardin.com

GRESSE EN VERCORS - 38650 (28 A 4)

Grenoble 57 - Clelles 24

Le Chalet R

Affaire de famille depuis 1947, le gros chalet s'est doté de chambres rénovées très agréables, avec leurs murs lambrissés et leurs couleurs harmonieuses. Vue sur le village. Le chef s'acquitte fort bien de sa tâche, avec des classiques bien interprétés : escalope de foie gras chaud aux griottes, filet de rouget et tatin aux oignons confits.

5 appart. 80€ • 20 ch. 56-80€ • 1/2 pens. 62-78€ • C : 44€ • M : 19-49€

www.lechalet.free.fr

» Le Village
☎ 04 76 34 32 08
Fax 04 76 34 31 06
F. 12 mars-6 mai et 15 oct.-23 déc.

GRESY SUR ISERE - 73460 (28 B 3)

Albertville 19 - Chambéry 38 - Aiguebelle 12

La Tour de Pacoret

Altière et imposante, la dite tour remonte au XIVe siècle. S'y ajoute un bâtiment plus moderne (avec restaurant panoramique sur la combe), pour des chambres raffinées, avec mobilier de style et tons apaisants.

10 ch. 65-110€ • 1/2 pens. 65-85€ *www.savoie-hotel-pacoret.com*

» Montailleur
☎ 04 79 37 91 59
Fax 04 79 37 93 84
F. fin oct.-déb. mai.

GREZIEU LA VARENNE - 69200 (27 D 3)

Lyon 14 - Villefranche-sur-Saône 31

Hostellerie de la Varenne

"Philippe Lechat - Cuisinier Passionné". L'ancien protégé de Ducloux et de Boyer s'est installé voilà cinq ans dans cette belle maison ceinte d'un charmant parc peuplé de cèdres majestueux. Le propos n'est pas d'y servir une cuisine multi-toquée mais d'y suivre tranquillement les saisons et proposer des assiettes à la fois techniques, rigoureuses et faciles d'accès : tarte friande de queues d'écrevisses, filet de bar rôti, ravioles de Romans et olives de légumes, ris de veau à la croûte de pistache, crème brûlée aux gousses de vanille caramélisée au sucre cassonade. Carte des vins concise dans laquelle on pioche le sablet de Piaugier ou le crozes des Remizières.

C : 40€ • M : 19-54€

» 9 rue Emile-Eveiller
☎ 04 78 57 31 05
F. dim. à dîn., lundi, merc. à dîn., vac. fév. et 1er-14 août.
Jusqu'à 21h15.

GRIGNAN - 26230 (27 D 6)

Valence 74 - Montélimar 28

Manoir de la Roseraie

Etape élégante et raffinée dans un manoir XIXe, aux chambres luxueuses, avec meubles de style et beaux tissus, permettant de profiter du charmant parc paysager, mais aussi, sous la verrière, d'un restaurant qui décline les vertus classiques d'une belle cuisine autour des produits de Provence.

3 appart. 320-350€ • 18 ch. 169-220€ • 1/2 pens. 154-180€

www.manoirdelaroseraie.com

» Rte de Valréas
☎ 04 75 46 58 15
Fax 04 75 46 91 55

Le Clair de la Plume

Elégance au parfum du Sud pour les chambres de cette belle maison ancienne, ancienne résidence de chanoines des XVIIIe-XIXe siècles. Agréable jardin fleuri.

10 ch. 90-165€ *www.chateauxhotels.com/clairplume*

» Pl du Mail
☎ 04 75 91 81 30
Fax 04 75 91 81 31
Ouv. 7j/7.

GRILLON ➤ VALREAS

GRIMAUD - 83310 (34 B 6)

Toulon 63 - Saint-Tropez 12

[14] Le Mûrier

» Rte de Saint-Pons
☎ 04 94 43 34 94
F. 15-25 nov., 10-30 janv.
Jusqu'à 22h.
⛱ 🚗 ♿ ❄ 🐕
🚬

La maison de Jean-Philippe Dubourg fait un peu bande à part sur Saint Tropez. L'épate et l'esbrouffe n'ont pas le droit de cité dans cette ancienne bastide nichée au milieu des vignes. La jolie salle à manger ouvrant sur une véranda et le vaste jardin au calme préservent l'intimité entre les tables. Inutile donc d'essayer de s'intéresser aux conversations des voisins, l'intérêt étant dans l'assiette : aubergine mi-confite, dattes, foie gras de canard, cumin, chutney de tomates et graines de courges grillées, sole de petit bateau cuite au plat, sauté de cèpes, petit jus mousseux à la sauce soja, soupette glacée de pêche à la verveine, pistache en crème glacée, sabayon glacé au safran. Des assiettes ambitieuses, réussies et plutôt sagement tarifées pour le quartier (même si les desserts, à la carte, atteignent la coquette somme de 15 €). Service agréable.

M : 38-58 € *dubourglemurier@wanadoo.fr*

[12] Le Jardin des Cabris

» Quart Brusquet
☎ 04 94 43 26 48
Rens. non comm.

L'enseigne, en un rond-point très fréquenté, attire à la fois l'œil et la méfiance, dans cette zone hyper-touristique où les panneaux se démultiplient pour appâter le chaland. A l'usage, le jardin luxuriant s'ouvre sur une agréable terrasse, et la cuisine méditerranéenne est finalement de qualité (bon dos de loup de ligne rôti en piperade), malgré les saint-jacques et gambas hors saison, et le carpaccio d'espadon, un poil hors-contexte.

GRIVY LOISY - 08400 (9 B 2)

Vouziers 7 - Rethel 28

[10] Auberge du Pied des Monts

» 6 rue de la Fontaine
☎ 03 24 71 92 38
F. dim. à dîn., lundi à déj. et janv.

Travail, famille et cuisine de terroir dans un corps de ferme de la route Rimbaud-Verlaine. Les pierres et les poutres de l'ancienne étable ont été conservées, et l'assiette est simplement authentique : coq au cidre, andouillette maison, tourte ardennaise. Quatre chambres ont été aménagées dans l'ancien grenier à foin.

C : 25 € • M : 12-26 € *www.pied-des-monts.com*

GROIX (ILE DE) - 56590 (13 D 5)

Accès par Lorient

[12] La Marine H

» 7 rue du Gén-de-Gaulle
☎ 02 97 86 80 05
F. dim. à dîn., lundi (oct.-fin mars, sf vac. scol.) et janv.
Jusqu'à 21h.
⛱ 🐕

Avec sa grande terrasse ombragée, ses chambres au confort simple mais soigné et sa salle à manger récemment redécorée, cet hôtel sert de havre pour tous les matelots de passage. La maison n'est pas sectaire, proposant le meilleur de la pêche locale (bar de ligne au beurre blanc et purée d'artichauts, espadon rôti et marinière d'anis et citron vert, sole poêlée au beurre d'agrumes, huîtres de Groix, fruits de mer) et quelques plats de viandes pour les irréductibles carnassiers.

C : 33 € • M : 16-25 € • 22 ch. 32-90 € • 1/2 pens. 46-72 €
www.hoteldelamarine.com

🚗 Parking privé.	🔑 Parking fermé.	🚕 Voiturier.
🚬 Cave à cigares.	❄ Air conditionné.	🎾 Tennis privé.

GROSLEE - 01680 (28 A 3)

Saint-Genix 16 - La Tour du Pin 25

[12] Restaurant Penelle

» ☎ 04 74 39 71 01
F. lundi, mardi et janv.
Jusqu'à 21h.
⛱ 🚗 ♿

Elle semble être là depuis toujours, la vaste bâtisse des Penelle, à regarder le fleuve, à surveiller le pont, à imposer sa tradition dauphinoise du filet de féra aux fines herbes, de la quenelle de brochet et du poulet aux morilles. L'avantage d'une telle longévité (près d'un siècle de Penelle au village), c'est qu'on ne risque pas de se tromper de porte, et que les prix ont évolué moins vite que les automobiles. Plutôt que l'Yquem 78, on préférera sur l'entrecôte le gigondas des Gouberts ou le Sociando 86 à 75 **€**.
C : 30€ • M : 16-36€

GRUISSAN - 11430 (31 D 5)

Narbonne 16 - Narbonne-Plage 10

[12] L'Estagnol

» Av de Narbonne
☎ 04 68 49 01 27
F. dim. à dîn., lundi (h.s.), lundi, mardi à déj. (juil.-août) et fin sept.-fin mars.
Jusqu'à 21h45.
⛱ ♿ ❄ 🐕

La terrasse qu'il vous faut pour rester dans le bain après la plage. Du familial de bon niveau, un service au taquet et une cuisine qui fait tourner les réacteurs à plein régime ; le menu à 23 **€**, très convaincant, remporte un succès mérité : soupe de poissons de roche, encornets farcis ou cassoulet, fromage blanc et confiture de lait.
C : 33€ • M : 15-29€

LE GUA - 17600 (22 A 4)

La Rochelle 64 - Royan 14

[14] Le Moulin de Châlons

» 2 rue du Bassin
☎ 05 46 22 82 72
F. 2 janv.-4 fév.
Jusqu'à 21h30.
⛱ 🐕

➡ **Hôtel :** 🏨 Le Moulin de Châlons

Cet authentique moulin à marée, qui offre aux historiens ses pierres apparentes et ses poutres patinées, possède une qualité bien actuelle : sa cuisine. Pas celle qui balbutie bêtement quelques standards de palace en oubliant d'où elle vient; pas celle qui fait du surplace en ânonnant son terroir. Mais bien celle qu'a choisi de mettre en pratique le jeune chef Vincent Coiquaud : du raffinement, de la précision, du travail, que l'on visite la carte à 60 **€** ou que l'on s'en tienne à ce remarquable premier menu, qui raconte la région avec la charlotte de melon au jambon et pineau, la rémoulade de crabe au curry, les céteaux meunière et tarte tomate ou le poulet de Barbezieux farci aux légumes. De l'attention, partout, jusque dans le menu enfant. C'est cela, une belle table. Cave moyennement excitante : choisissez les vins du pays (haut-poitou, charentes).
C : 40€ • M : 25-70€ *www.moulin-de-chalons.com*

🏨 Le Moulin de Châlons

» 2 rue du Bassin
☎ 05 46 22 82 72
📠 05 46 22 91 07
F. 2 janv.-4 fév.
🐕

➡ **Restaurant** : 14/20 Le Moulin de Châlons

A l'image de la cuisine, l'hôtel marie habilement les influences, puisque dans cette architecture historique (un moulin à marée du XVIIIe), entre pierres, poutres et tomettes, certaines chambres n'hésitent pas à se parer de mobilier aux formes et aux couleurs très actuelles.
2 appart. 115-155€ • 8 ch. 85-115€ • 1/2 pens. 119-189€
www.moulin-de-chalons.com

Prix des appartements : la fourchette de prix correspond au tarif journalier pour 1 personne seule, et maximum pour 2 personnes.

Prix à la carte : correspond au prix moyen à la carte (entrée, plat + dessert).

GUEBWILLER - 68500 (10 B 5)

Colmar 28 - Mulhouse 23

à JUNGHOLTZ - 68500 : 6 km S.O. par D 51

14 Les Violettes

➡ **Hôtel** : Les Violettes

Cette carte a vraiment belle allure et ce n'est pas le moindre mérite de cette Alsace de tradition, belle demeure de grès rouge, décor très soigné dans le style néo-rustique régional, que de se montrer aussi inventif, aussi pertinent et moderne. Jean-Yves Schillinger a installé au piano un de ces anciens seconds à New York, et cette saison devrait être un booster vers les deux toques, avec cette alternance de simplicité et de sophistication qu'il développe à Colmar : sardines fraîches fromage blanc et concassée de tomates, pastèque rôtie mozza jambon fumé sirop de banyuls et pipette acidulée, saint-pierre sur un chutney de figues, "plumes" de cochon ibérico saisie à la plancha avec riz frit et racines de lotus. Evidemment sous influence moléculaire (les espumas, les pipettes, les crackers de crabe…), et diablement intéressant. Cave également à suivre, avec un grand choix de vins au verre, et de bons propriétaires.

M : 28-63 €

www.les-violettes.com

» Thierenbach
☎ 03 89 76 91 19
F. lundi, mardi à déj. et 2 prem. sem. janv.
Jusqu'à 22h.

Les Violettes

➡ **Restaurant** : 14/20 Les Violettes

Grande maison en grès des Vosges, l'hôtel émerge paisiblement au milieu des arbres. Romantisme à l'alsacienne à l'intérieur, avec tissus fleuris, boiseries et une foule de détails raffinés de décoration, objets d'art et mobilier ancien qui traduisent bien le soin apporté à en faire une étape aussi chaleureuse que confortable.

2 appart. 170-250 € • 23 ch. 70-110 € • 1/2 pens. 120-160 €

www.les-violettes.com

» Thierenbach
☎ 03 89 76 91 19
📠 03 89 74 29 12
Ouv. 7j/7.

GUERANDE - 44350 (15 A 4)

Nantes 76 - Saint-Nazaire 18

12 Les Remparts

Sérieuse, traditionnelle, sage, nous avons tout dit sur la maison de Philippe Cariou. Elle a surtout le bon goût de ne jamais se montrer ennuyeuse, le duo de terrine de saumon et noix de saint-jacques (un plat maison), le filet de cabillaud cuit sur la peau et crème de ciboulette et le far breton à la façon du chef n'attirant que des applaudissements, pour moins de 23 € ! Jolie vue sur les remparts, bonne cave régionale, assez pointue sur les muscadets.

M : 22,50-36 €

www.ot.guerande.com

» 14 bd du Nord
☎ 02 40 24 90 69
F. dim. à dîn., lundi, mardi à dîn. et 12 nov.-15 janv.
Jusqu'à 21h.

Restaurants mentionnés en annexe

R Pour un restaurant de niveau 10 à 12.

Pour un restaurant de niveau 13 à 14.

Pour un restaurant de niveau 15 à 16.

Icône — 20 à 13 Toques — 12 à 10 Notes

➲ à MESQUER - 44420 : 8 km N. par D 252

[12] La Vieille Forge

» 35 rue d'Aha
☎ 02 40 42 62 68
F. mardi, merc.(1er sept.-30 juin), à déj. sem. et sam., dim. à dîn. (1er juil.-31 août), lundi (sf vac. scol.), 2-27 janv., 19-29 juin et 25 sept.-6 oct.
Jusqu'à 21h30.
🐕

La toute nouvelle salle décorée selon la mode coréenne (pays dont est originaire la femme de Thierry Mousset) fait son effet dans un tel cadre où les vieilles pierres presque tricentenaires de cette ancienne forge se taillent la part du lion. L'ancienne terrasse a laissé la place à un jardin japonais qui s'accorde à la perfection à la délicate cuisine de la mer, tendance asiatisante : coquilles saint-jacques au beurre demi-sel, craquant de grosse sole aux asperges, queues de crevette sel et poivre à l'orientale servies avec le kim-chi, wok de poissons du marché et crustacés sur commande. Les fournisseurs sont répertoriés sur la carte (les poissons sont achetés frais à la criée de Saint Quay, les viandes à la Petite Boucherie de Guérande, l'honnêteté de la démarche allant jusqu'à préciser que les queues de crevettes, de premier choix, sont congelées vivantes et expédiées d'Asie). Une adresse à encourager.
C : 50 € • M : 23-40 € *www.lavieilleforge.com*

GUERET - 23000 (25 C 2)

Châteauroux 90 - Montluçon 66

➲ à BENEVENT L'ABBAYE - 23210 : 25 km S.E. sur D 914

🏠 Le Cèdre

» Rue de l'Oiseau
☎ 05 55 81 59 99
📠 05 55 81 59 98
F. fév.
🚗

Dans un village typique, une maison qui ne l'est pas moins : granit et ardoise inscrivent résolument cette architecture XVIIe dans la région. A l'intérieur, les chambres adoptent une thématique élégante et moderne, remarquablement adaptée aux lieux, avec de jolis bouquets de fleurs séchées.
16 ch. 50-100 € • 1/2 pens. 56-64 €

➲ à SAINTE FEYRE - 23000 : 7 km E. par D 942

[13] Les Touristes

» 1 pl de la Mairie
☎ 05 55 80 00 07
F. dim. à dîn., lundi, merc. à dîn. et janv.
Jusqu'à 21h.
♿

Le week-end, c'est tout Guéret qui monte à Saint-Feyre et Michel Roux joue alors à guichets fermés : la salle est jolie, l'atmosphère campagnarde et le chef a la maîtrise des casseroles comme peu dans le département. Son répertoire bourgeois est digne de l'académie, et jamais meilleur que lorsqu'il ne cherche pas à s'en évader (c'est rare) : salade de homard à la vinaigrette vanillée, filet de turbot poêlé au beurre safrané, bar rôti entier beurre blanc d'olives noires - ris de veau poêlés façon Rossini. La maison, accueillante avec sa véranda sur le jardin, mériterait en revanche une cave un peu plus étoffée.
C : 17,50 €

LA GUERINIERE ➤ NOIRMOUTIER (ILE DE)

GUERN ➤ PONTIVY

			Hôtels de charme
🏠	Bon confort.	🏠	Bon confort.
🏠	Grand confort.	🏠	Grand confort.
🏠	Luxe.	🏠	Luxe.
🏠	Grand luxe.	🏠	Grand luxe.

GUEWENHEIM - 68116 (10 B 5)

Mulhouse 21 - Thann 9

La Gare

» 2 rue de Soppe
☎ 03 89 82 51 29
F. mardi à dîn., merc., 24 fév.-8 mars et 26 juil.-14 août.
Jusqu'à 22h.

On aimerait s'appesantir sur les sept menus qui sont autant de péchés mignons de Michel Seidel pour montrer son bagage et celui de sa région (sympathique, le tout premier, à 27 **€**, avec le pâté en croûte, la friture de carpe et le vacherin maison). Une fois encore, c'est pourtant la cave qui nous obsède, qui fait qu'un Biarrot ou un Brestois passionné de vin aurait cent fois raison de faire le trajet illico : cette carte est furieusement excitante, pour ses mille références, mais aussi pour ses prix - doit-on l'avouer sous peine de dévoiler un secret qui pourrait s'éventer ? - parmi les plus bas du pays. Quelques exemples seulement : Bongran de Thévenet 96 à 30 **€**, corton-charlemagne 96 de Bonneau à 120 **€**, Clos Rougeard 96 à 51 **€**, Syrah Leone 95 à 49 **€**. Et on ne dit pas tout.

C : 32€ • M : 9,50-60€

GUIDEL - 56520 (13 D 4)

Vannes 66 - Lorient 15

Navéos

» Bas Pouldu
☎ 02 97 32 80 80
F. merc. (h.s.), merc. à déj. (été) et 13 nov-7 déc.
Jusqu'à 21h30.

En moins de dix ans, Tegwenn Navéos aura construit une table, et son opiniâtreté mérite à coup sûr un coup de chapeau. Car les efforts, de médiatisation en particulier - il faut le faire venir, le peuple, jusqu'à ce bout du monde face à la mer - de recherche de plats, mariant, parfois dans la confusion, toujours dans l'enthousiasme, épices, ingrédients rares, produits de la mer, pour se montrer à toute force créatif, méritent bien d'être récompensés. Et pour ceux que les expériences "au marché de Kérikal" ou "au comptoir de Pondichéry" effraient, la douzaine d'huîtres de Cancale et le bar de ligne au beurre blanc peuvent soulager les appréhensions, dans un décor contemporain à la douce sobriété. La cave opulente réunit de grands noms et couvre la plupart des régions.

C : 60€ • M : 21-69€ *t.naveos@wanadoo.fr*

GUILLIERS - 56490 (14 B 4)

Vannes 60 - Dinan 65 - Ploërmel 13

(12) Au Relais du Porhoët H

» 11 pl de l'Eglise
☎ 02 97 74 40 17
F. dim. à dîn. et lundi (sept.-juin), lundi à déj. (juil.août), 3e sem. janv., 1re sem. juil. et 1re sem. oct.
Jusqu'à 21h.

Cœur de village, place de l'église, esprit breton. En résumé, le pouls régional bat dans cette maison familiale et sincère où un chef droit et adroit cultive la franchise et les saveurs vraies. Celles d'un cabillaud à l'andouille de Guémené, des huîtres chaudes gratinées à la crème de poireaux et du poulet de grain guilliérois au cidre local. Le mini-far aux pommes et gelée de chouchen paraît une fin incontournable pour le menu du terroir. Petite cave de négoce, enrichie de quelques bons choix (Montirius, Sarda-Malet). Chambres plaisantes, toutes décorées dans un style différent, au mobilier plutôt contemporain.

C : 30€ • M : 10€ • 12 ch. 33-49€ • 1/2 pens. 38,50-41€

www.aurelaisduporhoet.com

Toques et notes

 à 

 à 

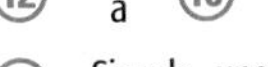

(?) Signale une notation en attente ou un changement de dernière minute.

Restaurants mentionnés en annexe

R Pour un restaurant noté de 10 à 12.

 Pour un restaurant noté de 13 à 14.

 Pour un restaurant noté de 15 à 16.

LE GUILVINEC - 29730 (13 B 4)

Quimper 31 - Douarnenez 39 - Pont-l'Abbé 12

(12) Le Chandelier

» 16 rue de la Marine
☎ 02 98 58 91 00
F. dim. à dîn., lundi, mardi à dîn., vac. scol. Toussaint et 1 sem. vac. scol. fév.
Jusqu'à 21h.

Vous avez la chance d'être au Guilvinec, vous n'allez tout de même pas manger un kebab ou une pizza. Le Guilvinec, c'est le poisson, la langoustine, ça sent l'océan, la pêche de petit bateau. Vous allez chez Gilles et Isabelle, vingt-deux ans de métiers, de chalut, de cuissons de plus en plus précises. Et vous remerciez cet intelligent menu à 33 **€**, plein de fraîcheur, avec les huîtres de pleine mer, la poêlée de petites langoustines du soir aux algues, les escalopes de barbue aux carottes fondantes de Loctudy. En pensant que les vacances en Bretagne ont beaucoup de bons côtés. Desserts à ne surtout pas négliger, bonne sélection de loires.

C : 47€ • M : 22-53€ *www.cuisinierdelamer.com*

GUINGAMP - 22200 (13 D 3)

Saint-Brieuc 36 - Lannion 32

Le Relais du Roy H

» 42 pl du Centre
☎ 02 96 43 76 62
F. dim. à dîn., lundi à déj. et 2 prem. sem. janv.
Jusqu'à 21h.

William Moysan, que nous avions gratifié d'un joli 14 dans nos deux dernières éditions, a décidé de partir parcourir le monde et a laissé la place en début d'année à Luc Paul, qui fait lui le chemin inverse. Ce breton d'origine, passé pendant plusieurs années chez Stéphane Kokoszka (la Marne à Paimpol), revient sur ses terres natales après de longues haltes en Suisse et au Canada. Nous maintenons pour l'instant la note, pour ce que nous avons entrevu sur les cannelloni de tourteau aux langoustines sauce chlorophylle, sur la canette en deux cuissons, sauce au vin rouge, navets glacés et pommes de terre sautées et sur la pomme flambée au calvados. Le bel hôtel particulier XVIe-XVIIe accueille également quelques chambres, de styles et coloris personnalisés.

C : 32€ • M : 24€ • 1 appart. 70-140€ • 6 ch. 65-140€ • 1/2 pens. 90€

(12) Le Clos de la Fontaine

» 9 rue du Gén-de-Gaulle
☎ 02 96 21 33 63
F. dim. à dîn., lundi, 15 jrs vac. scol. fév. et 10-25 juil.
Jusqu'à 21h30.

La jolie maison de granit de Stéphane et Corinne Ollivier continue de progresser, cinq années après sa naissance. Classiques et bien maîtrisées, les assiettes de Stéphane jouent la simplicité : praires farcies au beurre à l'ail et à l'orange, filet de bar au coulis de langoustines, médaillons de lotte au cidre brut de Kernilien, tout en s'autorisant quelques poussées d'originalité sur les desserts (fenouil confit aux épices fourré de glace vanille et éclats de nougatine). Cave en devenir, service agréable efficacement coaché par la maîtresse de maison.

C : 32€ • M : 19-37€

GUJAN MESTRAS - 33470 (23 C 3)

Bordeaux 62 - Arcachon 16 - Andernos-les-Bains 26

La Guérinière H

» 18 cours de Verdun
☎ 05 56 66 08 78
F. sam. à déj. et dim. à dîn. (oct.-juin).
Jusqu'à 22h.

L'enthousiasme de Patrick Malvaes, qui dirige cet établissement et en a fait le succès qu'on lui connaît fait plaisir à tout le monde. Conscients de le chagriner parfois par la sous-estimation dont nous nous rendons si souvent coupables aux yeux des restaurateurs, nous ne pouvons que répéter à nos lecteurs ce qui nous semble bon à savoir : voilà un lieu à la fois chic, animé, actuel où un chef de solide formation classique se montre aussi à l'aise avec le prestige qu'avec les parfums du moment. Les tarifs sont logiques, au regard des produits et du savoir-faire, pour la nougatine de saint-pierre et sushi d'asperges comme pour le carré d'agneau pauillacais rôti aux herbes. Et parmi les grands crus, une

sélection alléchante baptisée "folies raisonnables". Vastes et belles chambres au confort contemporain, décorées dans un style doux et serein, tissus Canovas, marbre et verre dans les salles de bain.
C : 55 € • M : 35-100 € • 2 appart. 190 € • 23 ch. 90-150 € • 1/2 pens. 95-190 €
www.laqueriniere.com

GUNDERSHOFFEN - 67110 (10 C 1)

Strasbourg 41 - Karlsruhe 79 - Haguenau 16

Le Cygne

» 35 Grand-Rue
☎ 03 88 72 96 43
F. jeudi (à compter du 8 mars), dim. à dîn., lundi, 17 fév.-7 mars et 1er-22 août.
Jusqu'à 21h.

De quelque côté que l'on se tourne, cette maison n'est que solidité, arrondi, confort. L'architecture, la cuisine, l'atmosphère honorent la région, et François Paul ne rate pas l'occasion de faire plaisir aux locaux avec des cappuccinos de homard et des turbots au fenouil et gingembre, tout en distrayant les touristes des refrains qu'ils attendent, la trilogie de foie gras et les grenouilles aux herbes et schniederspattle. La cave est du même marbre : opulente, travaillant le médoc ou les grands crus d'Alsace avec la même efficacité, se montrant modérée et érudite dans la plupart des régions.
C : 65 € • M : 40-78 €
www.aucygne.fr

HAGENTHAL LE BAS - 68220 (10 B 6)

Colmar 80 - Bâle 18

Le Lertzbach

» 84 rue de Hegenheim
☎ 03 89 68 50 09
F. dim. à dîn., lundi, 1er-7 janv., 23 juil.-7 août et 26-30 déc.
Jusqu'à 21h30.

Dans un cadre bucolique à souhait, aux portes de la Suisse, la maison s'est offert les services d'Emmanuel Lambelin, descendu de l'Ancienne Forge voisine pour proposer une cuisine actuelle, axée notamment sur un beau travail sur le poisson et les herbes. Le résultat est convaincant sur la très fine tarte de thon à la tomate confite, mozzarella et purée d'olives, les goujonnettes de sole (beau poisson) et langoustines, avec des légumes d'été comme confits en daube et d'énormes et sympathiques pâtes papillon à l'encre de seiche. Finesse également remarquable pour le dessert, fin disque de pâte feuilletée accueillant myrtilles et crème brûlée enrichie de mascarpone. Il faut maintenant que le reste de la maison se mette au diapason de cette cuisine réussie, l'accueil et le service étant trop vite débordés.
C : 49 € • M : 26-66 €
www.hotel-jenny.fr

HAGETMAU - 40700 (23 C 5)

Mont-de-Marsan 30 - Dax 46

Le Jambon H

» 245 av Carnot
☎ 05 58 79 32 02
F. dim. à dîn., lundi et janv.
Jusqu'à 21h30.

Plats d'école, cuisine traditionnelle, le tout administré par un chef d'orchestre qui peut diriger à la baguette les yeux fermés. Philippe Labadie ne guigne pas les décorations de maréchal, mais apprécie la fidélité de la clientèle pour ses réalisations coutumières, le soufflé de saint-jacques, la cassolette de ris d'agneau sauce truffe, la caille désossée farcie au foie de canard. Le confort de cet hôtel-restaurant typique s'améliore chaque année, les chambres sont tenues avec cœur, beaux parquets, tons chaleureux et excellent accueil.
C : 40 € • M : 15-38 € • 4 appart. 60-80 € • 6 ch. 45-80 €

Les Lacs d'Halco R

» Rte de Cazalis
☎ 05 58 79 30 79
Fax 05 58 79 36 15
Ouv. 7j/7.

Tout en longueur et largement ouverte sur l'eau, cette belle architecture moderne accueille un décor adapté, lignes sobres et harmonie de tons clairs. Une réussite qui invite à la détente. Au restaurant, la cuisine est enlevée, notamment lorsqu'elle s'appuie sur un terroir généreux (médaillons de foie gras confit, cailles farcies pommes de terre jus truffé).
24 ch. 64-84 € • 1/2 pens. 68-80 € • C : 43 € • M : 27-50 €
www.hotel-des-lacs-dhalco.com

HAGUENAU - 67500 (10 C 1)

Strasbourg 31 - Saverne 33

à MARIENTHAL - 67500 : 5 km S. par D 48

Restaurant Epices et Sens

» 1 rue du Rothbach
☎ 03 88 93 43 48
F. sam. à déj., dim. à dîn., lundi, 2 sem. janv. et 2 sem. sept.
Jusqu'à 22h.

On croise une cuisine de tendance fusion assez inattendue dans ce lieu de pèlerinage un peu morose de la plaine d'Alsace. Les frères Fieger se sont séparés mais la cuisine n'a pas bougé (sauf peut-être au niveau des desserts...). La technique est maîtrisée - c'est un ancien de Lembach - et le style n'a rien d'artificiel et frelaté, issu d'un vrai parcours autour du monde. Le décor s'est dépouillé comme pour mettre encore davantage en lumière cette carte redevenue passionnante (galette de pied de porc et crevettes, raie aux cinq poivres, purée de pommes de terre wasabi, huile de citronnier kafir, angus et rœsti de topinambour). La cave fait le tour du vignoble, et donne le choix en vins au verre, le service est spontané et souriant.

C : 40 € • M : 15-42 € *www.epicesetsens.com*

HASPARREN - 64240 (23 B 5)

Biarritz 35 - Pau 108 - Cambo-les-Bains 9

à SAINT MARTIN D'ARBEROUE - 64640 : 12 km S.E. par D 10 et D 251

Auberge Goxoki

» ☎ 05 59 29 64 71
F. non comm.
Jusqu'à 21h30.

Au cœur du village, la maison ancienne et son jardin appellent des appétits rustiques, mais les Lienhardt prennent habilement le contre-pied de cette première impression, dans le soin porté au décor, riche de multiples détails raffinés, comme dans la cuisine, qui si elle s'inspire de la région dans ses produits, plaide pour des assiettes élégantes et élaborées, qui privilégient les produits nobles. Carte des vins classiques.

C : 40 € • M : 15 €

HAUTEVILLE LES DIJON ➤ DIJON

HAUTMONT - 59330 (2 D 4)

Maubeuge 7 - Valenciennes 35

Les Hauts Fourneaux

» 55 av Gambetta
☎ 03 27 66 27 20
F. lundi à dîn., mardi à dîn., merc. et 2e quinz août.
Jusqu'à 21h30.

Voici deux ans que cette jeune équipe ramone les hauts fourneaux. Le chef a 26 ans, travaille du tradi régionalisé avec sincérité, sans fanfreluches, en entourant des produits bien choisis de fraîcheur et de modernité : ris de veau braisé au basilic frais et pleurotes, saucisse de l'Avesnois, canette au miel de pays et cuisse confite.

M : 19-33,50 € *www.leshautsfourneaux.com*

LE HAVRE - 76600 (6 A 2)

Paris 211 - Rouen 92 - Deauville 40

La Villa du Havre

» 66 bd Albert-1er
☎ 02 35 54 78 80
F. dim., lundi, 2-31 janv. et 17-31 juil.
Jusqu'à 21h45.

Cadre et ambiance

L'ancienne villa d'Armand Salacrou, face à la mer, panorama superbe et atmosphère précieuse, dans un cadre intemporel comme une Belle Epoque contemporaine. Un nouveau décor s'annonce pour le printemps, forcément contemporain. On en salive d'avance.

Cuisine

Elle est à la fois aboutie et en mouvement. Jean-Luc Tartarin sort toujours de son imagination autant de plats, autant d'idées. Mais dans une vision sans doute moins égocentrique, songeant avant tout au ressenti, au partage, et même au respect de certaines bases classiques, auxquelles, malgré sa réputation d'aventurier des saveurs, il ne s'est jamais senti étranger, par sa formation extrêmement solide. Parmi les hits de l'année, les superbes ormeaux piqués de sauge, condiments de brocolis au poivre cubèbe, les saint-jacques snackées avec un bouillon effervescent, le blanc de turbot cuit sur des noix fraîches, pulpe de cerfeuil tubéreux et oignons des Cévennes ou le sublime rognon de veau en croûte de sel, poivre de Sarawak, pousses d'épinard et balsamique.

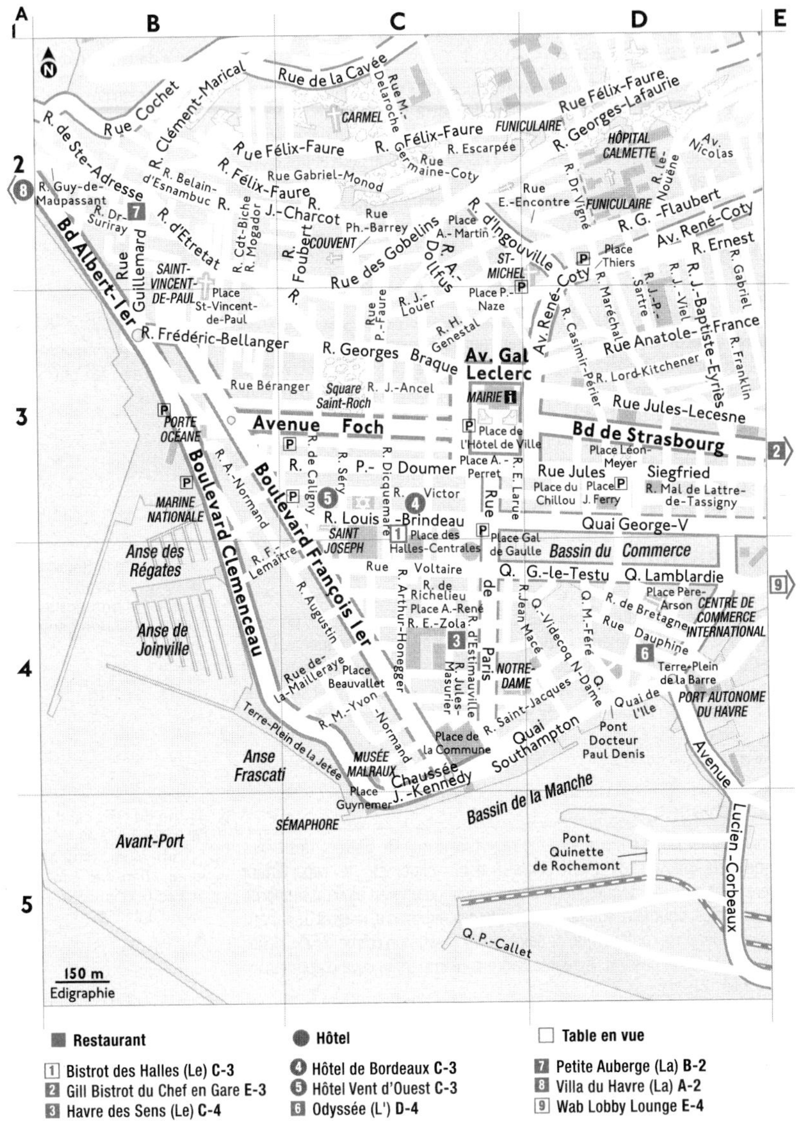

Cave
Régis, le sommelier en chef, aimerait montrer aux Normands, assez traditionalistes dans leurs préférences, tout ce qu'il aime goûter au long de l'année. Il se restreint donc un peu, tout en présentant néanmoins des raretés de Corrèze ou de Saint-Pierre sur Dives, le seul vin produit en Normandie. L'ensemble est solide, cohérent, et pas vertigineux en tarif.
Accueil et service
Annabelle mène la salle avec charme, sourire, mais une poigne étonnante qui rend l'atmosphère aussi sûre que décontractée. L'humeur du chef passe parfois les murs de la cuisine, c'est la marque de fabrique et tout le monde en sourit, parce que ce mouvement est aussi une preuve d'exigence qui habite la maison.
C : 100€ • M : 32-185€ *www.lavilladuhavre.com*

13 Le Havre des Sens

» Quai de la Réunion-Doc Café, rue Marceau
☎ 02 35 26 00 00
Ouv. 7j/7.
Jusqu'à 22h.

Misant sur un casino tournant à plein régime en 2006, le groupe Partouche s'oriente vers une offre élargie. Aux côtés du Havre des Sens, qui restera le restaurant gastronomique, cuisine moderne, influences world, Orient et épices, Patrick Picard, le chef, prendra également la responsabilité de deux autres unités, un sushi-bar et une brasserie, ce qui lui permettra de montrer aussi l'étendue de son registre. La toque est plus que jamais solide, d'autant que cette répartition permettra sans doute d'affiner la carte et la clientèle.
C : 25€ • M : 15-32€ *www.partouche.com*

13 La Petite Auberge

» 32 rue de Sainte-Adresse
☎ 02 35 46 27 32
F. sam. à déj., dim. à dîn., lundi et 1er-23 août.

Une petite adresse coutumière des Havrais, qui fait l'unanimité : pas de vagues, pas d'éclat, que de la gentillesse. Les confrères de Lionel Douillet vous la conseillent, les habitués vous donnent l'adresse en toute confiance : parce que le chef n'a guère à redouter la sortie de route sur une voie qu'il maîtrise parfaitement, des escargots au bacon à la crème brûlée pain d'épices en passant par les médaillons de lotte piperade et le filet de bœuf coulis de foie gras. Cave mince et pas chère.
C : 50€ • M : 20,50-40€

12 Gill Bistrot du Chef en gare

» 28 cours de la République
☎ 02 35 26 54 33
F. w.-e. (sf groupes sur réserv.) et 3 dern. sem. août.
Jusqu'à 22h15.

Prenez une recette qui fonctionne depuis plusieurs années sur Rouen, peaufinez-la, ajoutez-y un cadre encore plus chic, secouez, et vous obtenez un autre bistrot à la sauce Gill Tournadre (qui supervise la carte) version maritime. Carte courte et emballante (tartare de saumon au gingembre fumé aux poivrons, carré d'agneau rôti aux herbes sauce au miel, mousse de noix de coco et soupe de fraise à la menthe). Excellente petite cave, confiée aux caves Pierre Noble, à Rouen.
C : 23€ • M : 15,50-18,50€ *media-restauration@wanadoo.fr*

12 L'Odyssée

» 41 rue du Gén-Faidherbe
☎ 02 35 21 32 42
F. sam. à déj., dim. à dîn., lundi, 15 jrs vac. scol. fév. et 3 sem. déb. août.
Jusqu'à 21h30.

Dans un quartier où la concurrence fait rage (beaucoup de bistrots, des tables ethniques), la maison de Pierre Hébert tient solidement le cap, flirtant régulièrement avec une toque qui ne demanderait qu'un peu plus de simplicité sur certains plats pour faire son retour : salade de jambon cru, magret de canard fumé aux aubergines confites, duo de saint-pierre et saumon crème basilic, délice goyave et fruit de la passion. Agréable cadre contemporain, cave d'appoint.
C : 50€ • M : 21-35€

Le Bistrot des Halles

» 7 pl des Halles-Centrales
☎ 02 35 22 50 52
F. dim., fériés et 2 sem. fin juil.

Un honnête bistrot de boucher, parqueté et sage, au pied du "yaourt" de Niemeyer : œufs meurette, terrine de queue de bœuf, beau tartare et frites moyennes. Sur l'ardoise, une sélection de vins classiques assez avenante.
C : 35€ • M : 29€

Wab Lobby Lounge

» 33 rue d'Iena
☎ 02 35 53 03 91
F. sam. à déj., dim. et août.
Jusqu'à 23h30.

Tradi-lounge branché dans le quartier idéal des docks où flotte l'ombre de Mac Orlan. Un décor très réussi intégré dans ce paquebot à deux niveaux, bar au rez-de-chaussée, restau en haut, mauve et orange dans la déco mariée à la brique d'origine. Cuisine du néo-classique (paupiette de sandre, côtes d'agneau) à l'avant-garde naïve (gambas flambée à l'anis écrasée de vitelotte, potiron, betterave à la rescousse), cave hétéroclite mais travaillée, et rangée par circonstances (vins d'amis, d'apéritif, de fête, au féminin…).

C : 45 € • M : 15 € *www.wablobbylounge.com*

Hôtel de Bordeaux

» Best Western Le Havre, 147 rue Louis-Brindeau
☎ 02 35 22 69 44
Fax 02 35 42 09 27
Ouv. 7j/7.

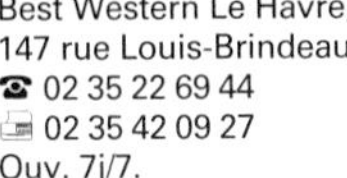

Non loin du Volcan, l'hôtel adopte depuis l'an dernier un décor totalement rénové, avec de belles chambres claires et épurées, un cadre moderne, dans son allure comme la qualité de ses équipements.

31 ch. 59-99 € *www.bestwestern.fr/art*

Hôtel Vent d'Ouest

» 4 rue de Caligny
☎ 02 35 42 50 69
Fax 02 35 42 58 00
Ouv. 7j/7.

Terminés cet été, les différents travaux d'amélioration (décoration des chambres revue, création d'un centre de fitness, amélioration de l'aération) ont apporté un coup de jeune à cette construction Perret installée au pied de l'église Saint-Joseph. Décoration personnalisée par étage.

3 appart. 125 € • 35 ch. 85-110 € *www.ventdouest.fr*

HEDE - 35630 (14 C 3)

Rennes 27 - Dinan 32 - Dol-de-Bretagne 31

13 La Vieille Auberge

» La Vallée
☎ 02 99 45 46 25
F. dim. à dîn., lundi, 6 fév.-1er mars et 21 août-5 sept.
Jusqu'à 21h30.

Quand du tradi de banquet progresse dans son style et vaut la toque, nous n'hésitons pas davantage que pour un jeune loup champion d'espumas. Cette chaumière à l'ancienne, dans son trou de verdure au bord d'un petit étang, vous fait une sole meunière de concours, après une cassolette de crabe à l'échalote confite qui vaut son pesant de cuivre. C'est le fils de la maison qui récite les leçons, tandis que son papa mène la salle avec autorité. On n'invente rien, ni aux fourneaux, ni à la cave, mais tout marche.

C : 40 € • M : 15-68 € *www.lavieilleauberge35.fr*

à CARDROC - 35190 : 9 km O. par D 221

Lucas

» Le Bourg
☎ 02 99 45 88 51
F. lundi, 2 sem. fév. et 2 sem. oct.
Jusqu'à 21h.

Une nouvelle cuisine dans sa vaillante auberge de pierre et briquettes, et Pascal Lucas est un artisan heureux. Qui chaque jour lance un très méritoire menu à 18 € offrant un choix considérable, en prenant l'option de la simplicité et de la justesse : rillettes de lisettes au beurre salé, lard fermier jus de cidre et salsifis, travers de porc laqué au chouchen, bombe glacée au poiré de Caulnes. Chaleureux, sincère et… un point de plus.

M : 10-26,90 € *www.becherel.com/restaurant*

Les fermetures hebdomadaires et annuelles
sont celles que les restaurateurs et les hôteliers pensent pratiquer en 2006.
Pour éviter des déplacements inutiles, téléphonez pour confirmer.

HENDAYE - 64700 (23 B 5)

Pau 149 - Saint-Jean-de-Luz 13

 Le Bidassoa

» 125 bd de la Mer
☎ 05 59 51 35 00
F. 3-26 déc.
Jusqu'à 22h.

En bon capitaine, Serge Blanco veille à ce que les curistes, comme les accompagnateurs, ne manquent de rien. Ce qui implique qu'un visiteur à l'improviste peut se permettre une halte gastronomique : la carte de Dominique Ochin n'est pas une soupe à l'eau ni une punition, loin de là. De la fraîcheur, de l'équilibre, mais avant tout beaucoup de plaisir avec mille-feuille d'avocat, gingembre et poivron rouge, le tartare au couteau, le thon saignant ratatouille la tarte aux fraises de plein champ et jus tiède au poivre de Séchuan.

C : 45 € www.thalassosblanco.com

 Ibaïa Serge Blanco R

» 76 av des Mimosas
☎ 05 59 48 88 88
05 59 48 88 89
F. 9-26 déc.

Complément du centre de thalasso, cet établissement moderne propose, bien placé sur le port de plaisance, des chambres spacieuses et au confort remarquable, dans un cadre sobre et aux discrètes touches régionales. Deux formules de restauration, gastronomique et raffinée ou bistrot autour des spécialités espagnoles.

1 appart. 202-292 € • 60 ch. 82-180 € • 1/2 pens. 108-250 € • C : 34 € • M : 34-45 € www.groupesergeblanco.com

à BIRIATOU - 64700 : 4 km S.E. par N 121 et D 258

 Bakea

» Rue Herri-Alde
☎ 05 59 20 76 36
F. lundi à déj., mardi à déj. (avril-fin oct.), lundi, mardi (nov.-fin mars) et 22 janv.-17 fév.
Jusqu'à 21h30.

A l'écart des traditionnels circuits touristiques, dans une vallée de la Bidassoa dont le seul défaut est de trop bien transmettre les bruits de la circulation (l'écho des camions, passant pourtant à plusieurs centaines de mètres parvient sans peine jusqu'à la terrasse de cette solide maison), Eric Duval se démène pour maintenir une table de bon niveau, dans un registre traditionnel : jambon de porc basque de chez Oteiza tranché à l'os, steak de thon à la julienne de légumes et vinaigrette au citron, pigeon rôti en cocotte et timbale de petits pois et pommes gaufrettes et cône de sorbet cerise au mascarpone. De belles assiettes, même si les propositions des menus sont moins emballantes et une belle cave bordelaise.

C : 55 € • M : 32-63 € www.bakea.fr

HENNEBONT - 56700 (13 D 4)

Vannes 50 - Lorient 14

 Château de Locguénolé

» Rte de Port-Louis
☎ 02 97 76 76 76
F. à déj. (sf dim.), lundi à dîn. (1er sept.-30 juin) et 1er janv.-17 fév.
Jusqu'à 21h.

➥ **Hôtel :** Château de Locguénolé

Ce splendide ensemble (un château de 1810 et un manoir de 1720 surplombant un bras de mer), entouré d'un parc de 200 ha et disposant d'un ponton privé pour les clients marins ne fait pas dans la demi-mesure. Et, comme pour ne rien laisser au hasard, Jean-Bernard Pautrat se repose de plus en plus sur la valeur montante de la maison, Olivier Beurné, qui participe désormais à l'élaboration de la carte. Cette dernière s'appuie sur les produits les plus nobles pour redonner à ce château son lustre d'antan : brochette de gambas royale glacées à la mousse de beurre au gingembre, homard bleu au combava, crème de chou-fleur croquant, carré d'agneau pané au pain d'épices et artichaut poivrade, gaufrette croustillante à la rhubarbe confite et en sorbet. Cadre magique (les reflets du soleil couchant sur le bras de mer sont inoubliables), service de grande tenue, cave de grands crus presque abordables.

C : 78 € • M : 49-94 € www.chateau-de-locguenole.com

🏨 Château de Locguénolé 🐦

➥ **Restaurant** : 14/20 Château de Locguénolé

Ponton privé, piscine chauffée, hammam, deux saunas, tennis, hélisurface... la liste des équipements dont jouit cette prestigieuse maison ressemble à un catalogue du parfait Relais et Châteaux. Chambres vastes et lumineuses, ornées de boiseries ou de poutres apparentes, décorées d'un splendide mobilier XVIIIe et agrémentées de salles de bains à jacuzzi pour certaines.

4 appart. 285-395 € • 18 ch. 115-295 € • 1/2 pens. 145-235 €

www.chateau-de-locguenole.com

» Rte de Port-Louis
☎ 02 97 76 76 76
📠 02 97 76 82 35
F. 1er janv.-17 fév.
🚗 🏊 🎾 🐕

🏨 Les Chaumières de Kerniaven 🐦

Les bâtiments de cette ancienne ferme remontent au XVIIIe siècle et mêlent la pierre du pays et d'authentiques toits en chaume en une architecture pure et superbe, au milieu des champs. A cette sobriété répond celle des chambres, actualisées avec bonheur dans des tonalités chaleureuses.

12 ch. 95-114 € • 1/2 pens. 257-282 € *www.chateau-delocguenole.com*

» Rte de Gâvres en Kervignac
☎ 02 97 76 91 90
📠 02 97 76 82 35
F. non comm.
🚗

HERISSON - 03190 (26 B 2)

Montluçon 28 - Cérilly 17

[12] Ferme Auberge La Quécoule

L'endroit est si perdu, dans un secteur si peu touristique que les propriétaires de cette ferme-auberge bourbonnaise se disent toujours surpris de recevoir de la clientèle étrangère. La tourte à la volaille, les tartes (au céleri, aux oignons, aux tomates) et le fondant du verger (aux poires et pommes) rassemblent locaux et touristes en de grandes et joyeuses tablées, avec le saint pourçain comme compagnon de plaisir.

M : 9-18,50 €

» ☎ 04 70 06 88 16
F. lundi-vend. (sf fériés et groupes).
Jusqu'à 21h.
🚗 ♿ 🐕

HERM - 40990 (23 C 4)

Mont-de-Marsan 65 - Dax 17 - Magescq 7

[12] La Paix

Pierre Junca, installé depuis 1993 dans cette maison traditionnelle, a choisi son camp culinaire : le sud-ouest classique avec, en figure de proue, le canard gras. Pourquoi le lui reprocher ? Sa vision de la tradition locale est bien claire, sa daube d'alose à landaise, son salmis de palombes, ses aiguillettes de canard au foie et sa tourtière aux pommes flambées répondant point par point aux canons en vigueur. Cave régionale bien sûr, bons choix d'armagnacs.

C : 11 € • M : 11-35 € *www.hoteldelapaix-herm.com*

» 128 av de l'Océan
☎ 05 58 91 52 17
F. dim. et lundi (11 nov.-10 mars).
Jusqu'à 21h.
⛱ 🚗 ♿ 🚬

HEROUVILLE ➤ CERGY PONTOISE, PARIS-BANLIEUE

HEUDICOURT SOUS LES COTES - 55210 (11 C 3)

Verdun 44 - Pont-à-Mousson 33 - Saint-Mihiel 15

🏨 Lac de Madine

Les associations de couleurs, gaies et harmonieuses, rendent les chambres aussi jolies que confortables avec leur mobilier contemporain. Vue sur le parc et, à peine plus loin, le lac et ses nombreuses activités.

2 appart. 90 € • 44 ch. 52-80 € • 1/2 pens. 54-75 €

www.hotel-lac-madine.com

» 22 rue Charles-de-Gaulle
☎ 03 29 89 34 80
📠 03 29 89 39 20
F. 2 janv.-13 fév. et 22-28 déc.
🚗 ♿

HEUGUEVILLE SUR SIENNE ➤ COUTANCES

HINSINGEN - 67260 (10 A 1)

Strasbourg 92 - Sarreguemines 25 - Sarre-Union 9

[12] La Grange du Paysan

Reconstitution ardente et fidèle de la ferme d'antan dans cette bâtisse contemporaine où Alsaciens et Lorrains peuvent signer un pacte de solidarité autour des recettes qui les rassemblent : quiche, bouchée à la reine, baeckeoffe, les viandes et les charcuteries en provenance de l'exploitation et préparées par le patron lui-même.
C : 17,50 € • M : 13,50-50 €

» 8 rue Principale
☎ 03 88 00 91 83
F. lundi.
Jusqu'à 21h45.
🚗 ♿ ❄ 🐕 🚬

HIRSINGUE - 68560 (10 B 6)

Colmar 69 - Mulhouse 24 - Altkirch 7

[11] Le Petit Moulin

L'ardoise du marché évite de réfléchir. D'ailleurs, les habitués, au solide coup de fourchette, ne sont pas là pour cela. Ils aiment qu'on leur présente des rognons de veau comme ils aiment et un cœur de rumsteak au roquefort bien cuit. Ce Petit Moulin enrobe le tout dans une atmosphère familiale et artisanale qui attire la bienveillance.
C : 30 €

» 40 rue du Gén-de-Gaulle
☎ 03 89 07 15 48
F. sam. à dîn., dim., lundi, 1er-7mai, 2 sem. déb. août et Nôël-nouvel an.
Jusqu'à 20h30.
🚗 ♿ ❄ 🐕

HIRTZBACH ➤ ALTKIRCH

HOHRODBERG - 68140 (10 B 4)

Paris 460 - Colmar 27 - Gérardmer 37 - Munster 7

🏨 Panorama 🐦

Perché au sommet d'une colline à 5 km de Munster, l'hôtel justifie sans peine son nom. Les chambres claires et paisibles invitent au repos, sous les fresques murales montagnardes.
30 ch. 44-69 € *www.hotel-panorama-alsace.com*

» 3 rte du Linge, Hohrodberg
☎ 03 89 77 36 53
📠 03 89 77 03 93
F. 9 janv.-9 fév., 13-30 nov. et 24 déc.
🚗 ♿ 🏊 🐕

HOMPS - 11200 (31 C 4)

Carcassonne 34 - Olonzac 2

[10] Auberge de l'Arbousier

Sur les bords du canal du Midi, un ancien chai où familles, plaisanciers et cyclistes aiment faire étape. Cuisine toute simple mais honnête, filet de bœuf poêlé, noix de veau à l'ancienne ou magret de canard aux cerises confites d'Itxassou.
C : 35 € • M : 15-36 € *auberge.arbousier@wanadoo.fr*

» 50 av de Carcassonne
☎ 04 68 91 11 24
F. dim. à dîn., lundi, mardi à déj., 15 fév.-15 mars, nov. et 1 sem. Noël.
Jusqu'à 21h.
⛱ 🚗 ♿ 🐕

HONFLEUR - 14600 (6 A 3)

Caen 62 - Le Havre 25 - Rouen 84

[16] La Ferme Saint-Siméon

➡ **Hôtel :** 🏨 La Ferme Saint-Siméon

Cadre et ambiance

Cadre chic balnéaire dans cette très belle villa anglo-normande dominant l'estuaire. Ambiance d'après-golf ou d'après-polo dans les salons, grande salle bourgeoise pas plus destinée que cela aux exploits gastronomiques.

Cuisine

Après une période tonitruante (17/20 l'an passé), la cuisine semble rentrer un peu dans le rang, et surtout passer en arrière-plan, les résidents devant être choyés à chaque minute et pas seulement l'espace du repas. La table reste

» Rue Adolphe-Marais
☎ 02 31 81 78 00
F. lundi et mardi à déj.
Jusqu'à 21h30.
⛱ 🚗 ♿ 🏊 🐕 🚬

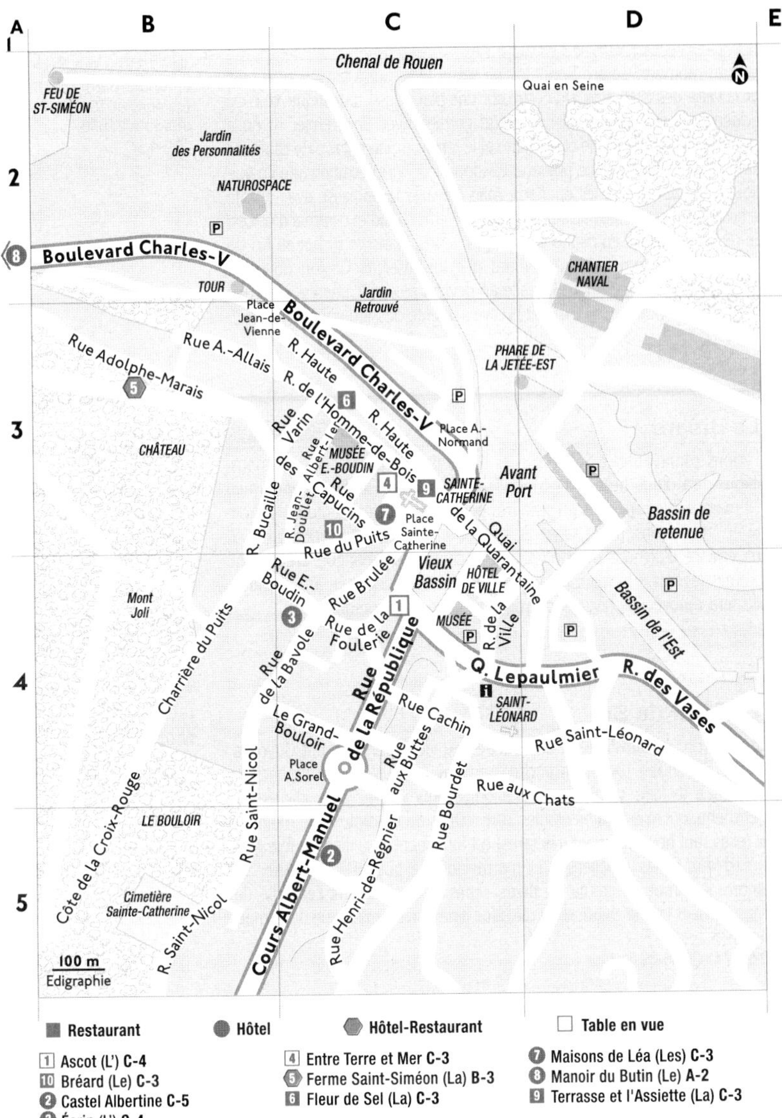

intéressante, sur de beaux produits préparés avec science ; foie gras et pommeau, turbot au sautoir, moutarde et tomate, agneau de pré-salé, févettes et piquillos.

Cave

Grande cave, riche et dans l'ensemble inaccessible, à part quelques rares bouteilles que le bon sommelier pourra trouver dans la case "moins de 100 €".

Accueil et service

Un grand hôtel avec son service formaté, de bonnes habitudes et une certaine distance. Sans trop d'implication, chacun à son poste remplit sa mission.

C : 105 € • M : 120 € *www.fermessaintsimeon.fr*

[15] La Terrasse et l'Assiette

» 8 pl Sainte-Catherine
☎ 02 31 89 31 33
F. lundi, mardi (h.s.), lundi (saison) et 15 nov.-10 déc.
Jusqu'à 21h30.
⛱ 🐕

Pendant un moment, Gérard Bonnefoy ne savait plus tout à fait sur quel pied danser la valse des chalutiers. Du gastro sur une place aussi touristique, ce n'est pas évident. Il a fini par trancher le nœud gordien avec un premier menu à 27 **€** qui sent la marée simple et vivifiante et le terroir (huîtres, pavé de cabillaud en laque d'épice, suprême de poulet à l'andouille de Vire) et une carte cossue qui éloigne les ablettes et les éperlans, mais travaille la noblesse avec tout le savoir-faire de ce grand technicien : pavé de foie gras chaud et caramel d'épices, poêlée de saint-jacques en risotto et asperges vertes, blanc de turbot au jus de volaille, la fameuse omelette au homard que lui enseigna Gaston Boyer se négociant à un tarif majestueux. La salle en devient plus chic encore - l'accueil d'Anne-Marie y contribue pas mal - et la cave s'oriente classiquement en blancs.
M : 27-45 €

[13] Le Bréard

DÉCOUVERTE

» 7 rue du Puits
☎ 02 31 89 53 40
F. mardi à déj., merc., jeudi à déj., 24 janv.-4 fév. et 21 nov.-16 déc.
Jusqu'à 21h30.
⛱ 🐕

Nous avions connu Fabrice Sébire sur les bancs du Pouilly, à Melun, où nous le coiffions déjà d'une belle toque. Installé dans le vieux Honfleur depuis juin 2004, il maintient le cap, dans un style très personnel : prétexte autour du thon cuisiné en trois façons, petite sauce au soja et wasabi, cabillaud rôti au ras el hanout, émincé d'oignons doux au safran et chutney de mangue, croustillant de pommes légères à la manzanita, gelée de thé vert parfumée à la menthe. La salle sera rénovée cet hiver et devrait ainsi gagner en confort.
C : 55 € • M : 25-32 €

[12] La Fleur de Sel

» 17 rue Haute
☎ 02 31 89 01 92
F. mardi, merc. et janv.
Jusqu'à 21h30.
❄ 🐕

Au cœur du circuit touristique, à cent mètres du vieux port, Vincent Guyon a transformé cet ancien bistrot de pêcheur en une table plutôt cossue, et qui n'hésite pas à le faire savoir (la décoration, chaque année plus soignée, le premier menu, qui atteindra bientôt les 30 **€**). Dans un tel contexte, la moindre erreur (elles sont heureusement très rares) est forcément amplifiée : le foie gras de canard aux figues moelleuses et marmelade de poires et pruneaux au gingembre, le turbot en croûte de thym, cèpes aux cébettes et l'effeuillé de pommes déchées crème chiboust au calvados flirtent avec une toque désormais proche.
C : 60 € • M : 29,50-39,50 €

► L'Ascot

» 76 quai Sainte-Catherine
☎ 02 31 98 87 91
F. merc., jeudi (sf juil.-août) et janv.
🐕

Les saisons et les passants passent, l'Ascot demeure, sur le quai, un des points d'amarrage les plus sûrs dans la catégorie touristique. Un peu plus cher qu'une mauvaise crêpe, mais les bulots respirent la fraîcheur, le saint-pierre au basilic ou le turbot hollandaise ne sont là que par la grâce de l'arrivage, et sans poireauter au congélo.
C : 35 € • M : 22-28 €

► Entre Terre et Mer

» 12-14 pl Hamelin
☎ 02 31 89 70 60
F. merc. (nov.-janv., fév., mars) et 15 janv-5 fév.
Jusqu'à 22h.
⛱ ♿ 🐕

Emplacement stratégique (au cœur de la ville) et cadre attirant (les poutres, deux salles et deux ambiances, la toute nouvelle terrasse chauffée donnant sur la place) pour cette table qui pose un pied sur le chalutier et l'autre sur le quai : dos de turbot doré au beurre de cresson, poêlée de grillons de ris de veau et jus de viande au foie gras.
C : 57 € • M : 24-45 €

La Ferme Saint-Siméon

» Rue Adolphe-Marais
☎ 02 31 81 78 00
Fax 02 31 89 48 48
Ouv. 7j/7.

➥ **Restaurant** : 16/20 La Ferme Saint-Siméon

Entre la ferme et ses dépendances règne une même atmosphère de luxe romantique et feutré, déclinée dans des chambres personnalisées à travers une belle collection de meubles d'époque et de tissus fleuris. Centre de remise en forme pour compléter cette douceur de vivre.

4 appart. 550-850 € • 30 ch. 220-450 € • 1/2 pens. 250-565 €

www.fermesaintsimeon.fr

Castel Albertine

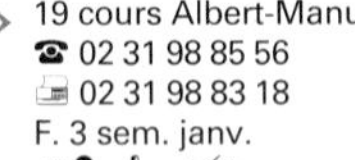

» 19 cours Albert-Manuel
☎ 02 31 98 85 56
Fax 02 31 98 83 18
F. 3 sem. janv.

L'ancienne demeure de l'historien et académicien Albert Sorel a conservé un charme aux doux accents romantiques : mobilier de style anglais, Louis XVI, Régence ou Louis Philippe dans les chambres, grand parc peuplé d'arbres centenaires et bordé d'une rivière. Jeux pour enfants, sauna finlandais.

2 appart. 150-170 € • 25 ch. 75-150 € *www.honfleurhotels.com*

L'Ecrin

» 19 rue Eugène-Boudin
☎ 02 31 14 43 45
Fax 02 31 89 24 41
Ouv. 7j/7.

L'écrin, ou plutôt les écrins, c'est un ensemble de maisons historiques, dont les époques de construction dictent de délicieuses atmosphères personnalisées, avec meubles de style et tissus raffinés.

2 appart. 200-250 € • 27 ch. 90-170 € *www.honfleur.com*

Les Maisons de Léa

» Pl Sainte-Catherine
☎ 02 31 14 49 49
Fax 02 31 89 28 61
Ouv. 7j/7.

Dans la vieille ville, les quatre maisons mitoyennes ont chacune leur personnalité, jusque dans la décoration, en rapport avec leur nom (Romance, Capitaine, Campagne ou Baltimore). Chambres claires et très agréables.

1 appart. 220-260 € • 27 ch. 80-150 € *www.lesmaisonsdelea.com*

Le Manoir du Butin 

» Phare-du-Butin
☎ 02 31 81 63 00
Fax 02 31 89 59 23
F. janv. et mi-nov.-mi-déc.

Un manoir anglo-normand dans le style, et l'esprit, de la Ferme Saint-Siméon, appartenant également à la famille Boelen. Chambres de grand confort au style bonbonnière, toile de Jouy et meubles anciens, vue sur le parc dominant l'estuaire de la Seine. Le restaurant est en parfaite concordance pour les résidents : du beau travail sur de nobles produits travaillés dans un esprit classique actualisé, duo de gambas et homard façon paella, foie gras au tandoori, mignon de porc caramélisé au miel et sésame sauté de soja et mange-tout.

10 ch. 120-350 € • C : 60 € • M : 35-45 €

à PENNEDEPIE - 14600 : 5 km O. par D 513

Le Romantica

» Chemin du Petit-Paris
☎ 02 31 81 14 00
Fax 02 31 81 54 78
F. non comm.

Inspirée du style traditionnel de la côte, cette maison récente opte pour un cadre chaleureux et d'agréables touches de couleurs. La vue panoramique sur la baie de Seine est un atout supplémentaire, tout comme les deux piscines (intérieure et extérieure).

10 appart. 64-130 € • 34 ch. 56-130 € • 1/2 pens. 63-95 €

Dans chaque ville, les établissements sont classés par note décroissante, restaurants d'abord, hôtels ensuite.

•

Certaines communes sont rattachées à l'agglomération la plus proche.

➲ à VASOUY - 14600 : 4 km O. par D 513

🏠 La Chaumière 🍴 🐦

» Rte du Littoral
☎ 02 31 81 63 20
📠 02 31 89 59 23
F. 16 janv.-3 fév. et 17 nov.-15 déc.
🚗 🎾 🐕

A l'écart de la station, cette jolie ferme du XVIIe siècle affiche paisiblement ses colombages dans un parc au-dessus de la mer (accès direct à la plage). Dans une atmosphère douce, les chambres sont le cadre rêvé pour un week-end romantique à la campagne. Pour ne pas s'éloigner de ce cocon privilégié, le restaurant propose des gourmandises soignées autour des produits régionaux : tarte aux légumes de saison crème aux herbes, côte de veau poêlée petits pois et lardons fumés, biscuit amande et fruits. Carte des vins très classique.
1 appart. 450 € • 8 ch. 150-230 € • 1/2 pens. 150-275 € • C : 70 € • M : 40-60 €
www.hotel-chaumiere.fr

L'HOPITAL SAINT BLAISE - 64130 (23 C 5)

Pau 50 - Orthez 35 - Oloron-Sainte-Marie 18

[11] Auberge du Lausset

» Le Bourg
☎ 05 59 66 53 03
F. semaine (hiver).
Jusqu'à 21h30.
☂

Après une année d'exercice, Christophe Texier et Marie Hélène Astigarraga semblent avoir trouvé leurs marques dans cette auberge postée face à l'église classée au patrimoine mondial par l'Unesco. Pas de grandes envolées dans l'assiette mais une vision solide et sérieuse de la gastronomie locale : foie gras fourré aux coings en croûte de pistache, encornets à la plancha et purée crémeuse, cuisse de canard confite, grenadin de veau fermier sauce aux champignons, fromage de brebis et pâte de coings.
C : 28 € • M : 15-40 €

HORBOURG WIHR ➤ COLMAR

HOSSEGOR - 40150 (23 B 4)

Mont-de-Marsan 80 - Bayonne 20

[13] Le Pavillon Bleu

» 1053 av du Touring-Club-de-France
☎ 05 58 41 99 50
F. lundi, mardi (1er oct.-1er mai) et 26 déc.-18 janv.
Jusqu'à 21h30.
☂ 🚗 ♿ ❄ 🐕

➥ **Hôtel** : 🏠 Le Pavillon Bleu

Philippe Béraud, le nouveau chef en place depuis octobre 2004, s'est glissé sans bruit dans les habits de son prédécesseur, Stéphane Lesage. Ce n'est pas un inconnu puisque nous le gratifiions voilà encore trois ans d'un beau 14/20 dans sa Gourmandière, à Pérignac, en Charentes Maritimes. Les artichauts et gambas cuits en barigoule, coquillages basilic et caramel de tomate, le croustillant de morue demi-sel, chou fleur et pistou de roquette et le pigeonneau fermier, désossé et farci, cocotte de légumes au lard basque confirment pour l'instant la toque, en attendant mieux.
C : 50 € • M : 29-49 €
www.pavillonbleu.fr

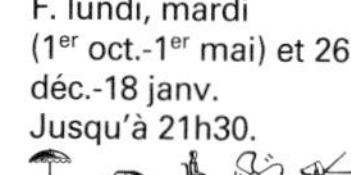

🏠 Les Hortensias du Lac

» 1578 av du Tour-du-Lac
☎ 05 58 43 99 00
📠 05 58 43 42 81
F. 1er janv.-31 mars et 5 nov.-31 déc.
🚗 ♿ 🏊

A l'image de la piscine qui semble se prolonger dans le lac, la belle maison blanche à l'architecture typique joue à merveille de cet environnement paisible. Luxe et raffinement feutré dans les chambres, où de nombreux détails signalent le soin apporté à créer une atmosphère délicieuse. Pas de restaurant mais un room service malin, autour de bons produits du terroir.
5 appart. 145-375 € • 20 ch. 115-225 €
www.hortensias-du-lac.com

🏠 Le Pavillon Bleu

» 1053 av du Touring-Club-de-France
☎ 05 58 41 99 50
📠 05 58 41 99 59
Ouv. 7j/7.
🚗 ♿ ❄ 🐕

➥ **Restaurant** : 13/20 Le Pavillon Bleu

Le pavillon bleu saluant la pureté de l'eau peut s'appliquer ici à la qualité des prestations, avec une grande maison contemporaine donnant sur le lac (la mer est à 1 km) et un décor marin sobre et soigné. Equipement confortable.
3 appart. 96-151 € • 21 ch. 70-135 €
www.pavillonbleu.fr

HOUDAN ➤ PARIS-BANLIEUE

HYERES - 83400 Plan P. 410 (34 A 6)

Toulon 19 - Draguignan 79

[13] La Colombe

» 663 rte de Toulon-la-Bayorre
☎ 04 94 35 35 16
F. sam. à déj., lundi, mardi à déj. (juil.-août) et sam. à déj., dim. à dîn., lundi (sept.-juin).
Jusqu'à 21h30.
⛱ ♿ ❄ 🐕 🚬

Elle plaît, cette Colombe, et depuis des années... Il faut dire que les tarifs raisonnables plaident en sa faveur. La cuisine est toutefois un peu moins affûtée, la simplicité assumée des préparations se double de quelques accrocs au niveau des produits : pâte très moyenne de la tartelette de magret, oignons inutiles sur un espadon de bon niveau (plaisante purée à la ciboulette), viande quelconque pour l'émincé de bœuf. L'assiette de desserts, plaisante dans sa variété comme sa réalisation, ne suffit pas à rattraper ces petites imperfections. Accueil toujours charmant, belle sélection dans le vignoble local.

C : 45 € • M : 25-33 € *www.restaurantlacolombe.com*

[11] Le P'tit Clos

» 27 av Riondet
☎ 04 94 35 75 29
F. dim. à dîn., lundi à déj., merc. et 15 juil.-15 août.
Jusqu'à 21h30.
❄

Après quelques saisons prometteuses, ce P'tit Clos s'essouffle, dans son décor kitsch provençal abondamment chargé d'outils de jardinages et de cœurs en mousse rouge suspendus au plafond : service mécanique, lassitude jusque dans l'assiette, cave minimale... Seul le menu à 17 **€** et le souvenir de bonnes soirées offertes par la même équipe permet de croire à une possible embellie.

C : 35 € • M : 17-35 €

➲ à CARQUEIRANNE - 83320 : 12 km S.O. par D 559

[13] La Paillote ↗

» Av du Font-Brun
☎ 04 94 57 55 23
F. lundi, mars et oct.
Jusqu'à 22h30.
❄

Un petit coup de pouce en forme de toque pour ce très digne représentant de la cuisine thaïe posé loin des sampangs au bord de la Méditerranée. Face à la mer, près de l'Almanarre, le patron a trouvé le bon ton, et son épouse a ramené du pays une centaine de recettes qu'elle semble maîtriser avec érudition : le cocktail royal (nems crevettes, raviolis, saucisses) est fondant de plaisir, et les pâtes au basilic encadrent une volaille de qualité. La bonne ambiance voudrait qu'on pousse la gentillesse jusqu'à accepter les cartes bancaires. Un point de plus.

C : 25 €

IGE - 71960 (20 A 6)

Mâcon 16 - Lyon 85

🏠 Château d'Igé 🐦

» ☎ 03 85 33 33 99
📠 03 85 33 41 41
F. 27 nov.-23 fév.
🐕

Ancien fief des comtes de Mâcon, ce château remonte au XIIIe siècle. Poutres imposantes, vieilles pierres et cheminées monumentales signent un décor hors du temps et d'une élégance raffinée. Meubles de style et ambiance personnalisée dans les chambres, avec vue sur le jardin luxuriant. Gastronomie classique et noble au restaurant, avec quelques clins d'œil au terroir.

6 appart. 167-210 € • 8 ch. 95-150 € • 1/2 pens. 103-128 €

www.chateaudige.com

🏠 Bon confort.	🏠 Grand confort.	🏠 Luxe.	🏠 Grand luxe.	
🏠	🏠	🏠	🏠	Hôtels de charme.

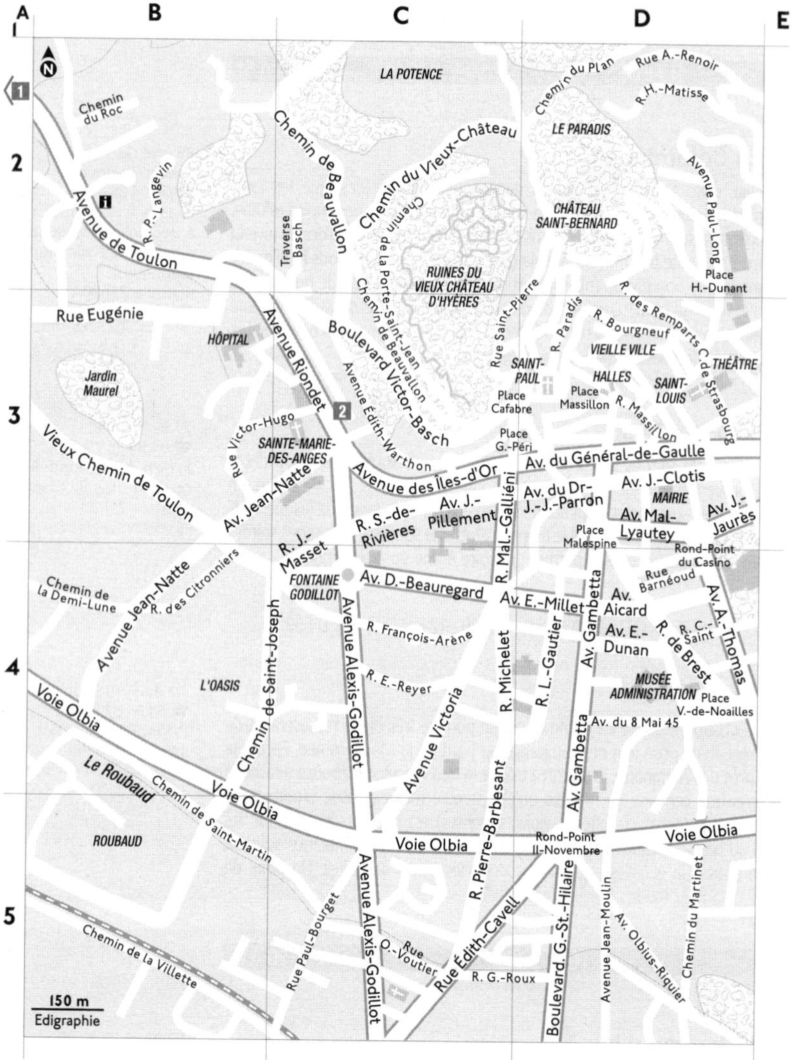

150 m
Edigraphie

■ Restaurant

1 Colombe (La) **A-1**

2 P'tit Clos (Le) **C-3**

L'ILE BOUCHARD - 37220 (17 C 5)

Tours 52 - Chinon 16

Auberge de l'Ile

» 3 pl Bouchard
☎ 02 47 58 51 07
F. mardi, merc., janv. et fév.
Jusqu'à 20h45.

Si les riverains de chacune des rives de la Vienne d'aventure se fâchaient, nul doute qu'ils viendraient se réconcilier au milieu, sur cet îlot de neutralité bienveillante, sur la terrasse en teck surplombant la rivière, savourant de concert les préparations de Pierre Koniecko. Qui donne pour tout le monde, deux doigts d'asiatique et de mode, (nems de homard à la menthe, risotto aux encornets bouillon au curcuma), un bras de mer (bar à la plancha et aux asperges, cabillaud ratatouille et crème d'anchois), et un bon ventre de régionalisme tel qu'on aime le voir pratiquer, évolutif et évocateur (sandre à la peau tronçon d'anguille en persillade, filet de bœuf au chinon). L'esprit de la maison est dans cette variété, l'accueil est exemplaire de sérénité souriante, et la cave descend la Loire majuscule (Foreau, Poirel, Huet, Pinard, Blot...).

C : 58 € • M : 24-50 € *aubergedelile@wanadoo.fr*

L'ILE ROUSSE ➤ CORSE

ILLHAEUSERN - 68970 (10 C 4)

Colmar 17 - Sélestat 15 - Strasbourg 65

L'Auberge de l'Ill

» 2 rue de Collonges-au-Mont-d'Or
☎ 03 89 71 89 00
F. lundi, mardi et fév.
Jusqu'à 21h.

Cadre et ambiance

L'enseigne fait toujours frémir d'émotion : une riche maison alsacienne dans un petit village typique, dans la plaine du Rhin. Atmosphère de légende juste surannée ce qu'il faut, le charme d'un château écossais dans l'identité régionale.

Cuisine

Plus d'un demi-siècle en haut de l'affiche, cela donne des plats célèbres dans le monde entier, hommages et références (mousseline de grenouilles, saumon soufflé), et des obligations envers ceux qui, entre la Tour Eiffel et le Mont-Saint-Michel, viennent photographier pour la première fois de leur vie et pour toujours ce coin de prestige national. Alors Marc Haeberlin travaille, crée même de nouveaux plats, mais en assumant avec conscience un héritage et une cuisine.

Cave

Une très belle cave alsacienne, bien sûr, qui rassemble tous les vignerons compagnons de route de la famille Haeberlin. Et tous les classiques dans un vaste livre de cave présenté avec componction.

Accueil et service

Danièle Haeberlin est une parfaite maîtresse de maison pour vous mettre à l'aise dans l'ambiance Illhauesern, et présenter la cuisine de son frère. Le service est précis, sobre et efficace.

M : 90-140 € *www.aubergedelill.com*

La Clairière

» 50 rte de Guémar
☎ 03 89 71 80 80
03 89 71 86 22
F. janv. et fév.

Aux charmes traditionnels de l'architecture alsacienne, cette grande maison ajoute ceux d'une situation en lisière de forêt, une ambiance pleine nature sereine et agréable. Chambres personnalisées, avec de jolis tissus d'ameublement notamment, pour des ambiances feutrées

2 appart. 240-286 € • 25 ch. 78-202 € *www.hotel-la-clairiere.com*

ILLZACH ➤ MULHOUSE

INGERSHEIM ➤ COLMAR

INGOUVILLE SUR MER - 76460 (6 B 2)

Rouen 64 - Fécamp 30 - Saint-Valery-en-Caux 3

Les Hêtres

» 24 rue des Fleurs, le Bourg
☎ 02 35 57 09 30
F. lundi, mardi et merc. à déj. (h.s.), lundi, mardi (Pâques-août) et déb. janv.-mi-fév.
Jusqu'à 22h.

➥ **Hôtel** : Les Hêtres

Cadre et ambiance

Une délicieuse longère normande à quelques kilomètres de la côte, dans un parc en forme de carte postale : c'est tout simplement la plus jolie auberge de la Côte d'Albâtre.

Cuisine

Bertrand Warin place le produit au-dessus de la préparation, ce qui ne l'empêche pas de composer, mais garde à chaque assiette saveur et intégrité. Une vraie force sur les poissons : turbot braisé au pied de cochon, sole aux asperges et aux palourdes, crumble de saint-pierre aux oignons et carottes.

Cave

Un choix généraliste, agréable et sans prise de risque ou de tête autour de beaux chardonnays et de fiers bordelais.

Accueil et service

Eric Liberge s'impose avec tact, humour, une grande aisance : il connaît aussi bien la maison, la clientèle que la cuisine du chef et installe une atmosphère précieuse de complicité et de charme.

C : 80 € • M : 38-82 € *www.leshetres.com*

Les Hêtres

» 24 rue des Fleurs, Le Bourg
☎ 02 35 57 09 30
Fax 02 35 57 09 31
F. déb. janv.-mi-fév.

➥ **Restaurant** : 16/20 Les Hêtres

Une jolie maison normande XVIIe, arborant pierres, colombages et briques face aux fleurs du parc, voilà un cadre prometteur pour week-end de détente champêtre. L'intérieur ne déçoit pas avec des chambres délicatement personnalisées, contemporaines ou romantiques au gré de vos envies.

5 ch. 90-160 € *www.leshetres.com*

INXENT ➤ MONTREUIL SUR MER

ISIGNY SUR MER - 14230 (5 C 3)

Cherbourg 62 - Saint-Lô 31 - Caen 63 - Carentan 11

(11) La Flambée

» 2-4 rue Emile-Demagny
☎ 02 31 51 70 96
F. dim. à dîn., lundi, 2 sem. mars et 2 sem. sept.
Jusqu'à 21h15.

Même quand le foyer est éteint, cette Flambée-là réchauffe par son atmosphère et son savoir-faire à l'ancienne, des produits bien choisis chez les producteurs voisins (les ostréiculteurs notamment) et cuisinés avec sagesse, la crème de ferme à l'appui des poissons du jour et les viandes grillées.

C : 25 € • M : 16,50-26 €

L'ISLE ADAM ➤ PARIS-BANLIEUE

L'ISLE D'ABEAU ➤ BOURGOIN JALLIEU

L'ISLE JOURDAIN - 32600 (29 D 4)

Auch 43 - Toulouse 32

➲ au VIGEANT - 86150 : 3 km O. sur D 10

(13) La Grimolée

» Port de Salles
☎ 05 49 48 75 22
F. dim. à dîn., merc. (1er oct.-30 avril), merc. à déj. (1er mai-30 sept.).
Jusqu'à 21h15.

Notre plaisir de voir redémarrer cette table au charme campagnard intact au bord de l'eau est sincère et partagé par de nombreux habitués. Parmi eux des fidèles de Jean-Phiippe Moreau, qui délaissent donc Verrières (Comme chez Soi 13/20) pour le suivre dans sa nouvelle aventure. Comme il sait les tenir, ces promesses d'un terroir sensible et actualisé sont largement tenues : profiteroles d'escargots à l'estragon et piment d'Espelette, gigot d'agneau Poitou-Charentes au romarin et far d'oseille à la lavande, grimolle aux pommes et crème glacée cannelle. Pas d'aventurisme, une pointe de préciosité qui n'est pas un défaut, et une jolie cave où les bons vins poitevins (Ampelidae, Cave du haut-Poitou) sont mis en avant.

C : 45 € • M : 16-38 € *www.restaurantgrimolee.86.com*

Le Val de Vienne

» Port de Salles
☎ 05 49 48 27 27
Fax 05 49 48 47 47
F. 1er-8 janv. et 18-31 déc.

La situation est agréable, avec un vaste parc (2 ha) sur lequel donnent toutes les chambres, au cadre clair et moderne.

2 appart. 115-125 € • 20 ch. 65-75 € • 1/2 pens. 56-63 €
www.hotel-valdevienne.com

L'ISLE SUR LA SORGUE - 84800 (33 B 4)

Avignon 20 - Cavaillon 10

Jardin du Quai

» 91 av Julien-Guigue
☎ 04 90 20 14 98
F. mardi, merc. et janv.
Jusqu'à 21h30.

L'esprit chambre d'hôtes demeure, mais Daniel Hébet a su, après un peu plus d'un an d'installation, donner, avec son équipe, un peu de professionnalisme. Et comme les fourneaux roulent tous seuls vers cette cuisine méditerranéenne qu'il a dans les mains et dans le sang, avec l'adresse et l'imagination qu'on lui connaît depuis la Mirande à Avignon, on franchit avec allégresse le pas de cette jolie maison au petit parc arboré. Un service féminin sûr, décontracté et attentif entoure de ses soins la splendide salade de légumes aux herbes fraîches, la lotte rôtie, risotto et truffes d'été et la soupe de fruits à l'estragon, autant d'évidences étincelantes qui flirtent évidemment avec les deux toques. A confirmer l'an prochain.

M : 30-40 € *danielhebet@aol.com*

14 La Prévôté

» 4bis rue Jean-Jacques-Rousseau
☎ 04 90 38 57 29
F. mardi, merc. (seult mai-sept.), 20 fév.-16 mars et 13 nov.-6 déc.
Jusqu'à 21h30.

Cette fois, c'est bien reparti, assuré, stable et de nouveau prometteur de lendemains qui chantent. Cette maison de charme au cœur d'une cité n'en manquant pas elle-même cumule les dons accordés par les bonnes fées. Le chef y ajoute son savoir-faire, une qualité irréprochable des produits et leur fraîcheur exemplaire; la bonne maîtrise des cuissons; la simplicité des préparations, toutes réussies. Et sur le gâteau, une petite cerise en forme de menu à 25 **€** parfait pour le déjeuner, qui ne prend pas les chineurs, aussi nombreux ici que les brocanteurs et antiquaires, pour des gogos. Chambres belles et sobres dans l'esprit des lieux.

C : 60 € • M : 25-65 € *www.http://laprevote.site.voila.fr*

à VELLERON - 84740 : 7,5 km N. par D 31 et D1

Hostellerie la Grangette

» Chemin Cambuisson
☎ 04 90 20 00 77
Fax 04 90 20 07 06
F. 13 nov.-fin janv.

A quelques minutes de tous les charmes régionaux (Avignon, L'Isle sur la Sorgue et ses antiquaires et, à peine plus loin, le Ventoux au Nord, le Luberon au Sud, cette maison de famille a été particulièrement bien aménagée pour conserver l'esprit d'un confortable cocon. Les chambres lovées dans les greniers, à la déco chaude et distinguée, offrent une douce intimité, et la maison toute entière, couverte de lierre, respire le bon vivre, dans les jolis salons, au bord de la piscine empierrée ou sous les arbres en terrasse. Au restaurant une cuisine de bon goût aux accents familiers (calamars farcis, dos de loup au caramel de cacao, pieds et paquets...).

1 appart. 153-248 € • 15 ch. 89-208 € • 1/2 pens. 92,50-152 €
www.la-grangette-provence.com

L'ISLE SUR SEREIN ➤ AVALLON

ISOLA 2000 - 06420 (34 C 3)

Nice 90 - Barcelonnette 81

11 Le Cow-Club

» ☎ 04 93 23 12 01
F. 30 avril-30 juin et 30 août-1er déc.
Jusqu'à 22h.

C'est un chalet sur les pistes, une terrasse bien exposée, des nourritures montagnardes attendues, raclette, reblochonnade, péla au beaufort. Des bonnes viandes, des pizzas si vous voulez, beaucoup de dynamisme, d'attention au client et surtout, c'est bon.

C : 25 € • M : 19,50-29 € *www.cow-club.com*

ISSIGEAC - 24560 (24 B 3)

Bergerac 15 - Beaumont 15

13 La Brucelière

» Pl de la Capelle
☎ 05 53 73 89 61
F. mardi à dîn. (sept.-mars), merc. et janv.
Jusqu'à 21h30.

Vous avez dit fusion ? Si le terme n'était pas si galvaudé, on l'emploierait bien volontiers pour cette cuisine enrichissante de ce Périgord Pourpre qui offre un terroir vins et produits si riche et si évocateur. On s'en évade pourtant avec légèreté, dans des parfum d'ailleurs, pour le plus grand plaisir des locaux, qui se réjouissent de pouvoir délaisser un moment foie gras et magrets. Ambiance agréable, service souriant, cave bergeracoise et généraliste.
C : 40 € • M : 23,50 € www.bruceliere.com

12 Chez Alain

» Tour de Ville, face au château
☎ 05 53 58 77 88
F. dim. à dîn. (juin), mardi à dîn., lundi, 3 sem. fév.-mars et 3 sem. nov.
Jusqu'à 21h30.

Face au château d'un village pittoresque, une adresse de charme entièrement de pierre précédée par un coquet jardinet et une fontaine ouvragée. Cuisine gourmande avec des plats mijotés parfois à l'ancienne. Saveurs délicates mais qualité parfois inégale (plats servis froids, d'autres réchauffés…). Jolie cave qui se cantonne pour l'essentiel au Bergeracois.
C : 35 € • M : 16-33 € www.chez-alain.com

ISSOIRE - 63500 (26 B 6)

Clermont-Ferrand 35 - Thiers 57

Hôtel du Tourisme

» 13 av de la Gare
☎ 04 73 89 23 68
Fax 04 73 89 65 28
F. vac. scol. Noël.

Des chambres simples et soignées, dans une maison début XXe à l'allure sympathique : une étape paisible pour découvrir la ville. Petit-déjeuner au jardin.
13 ch. 38-46 € • 1/2 pens. 52 € www.hoteldutourisme.com

à SAINT JEAN EN VAL - 63490 :
15 km E. par D 996, D 999 et D 214

? La Bergerie de Sarpoil

» Sarpoil
☎ 04 73 71 02 54
F. dim. à dîn., lundi, mardi, 3 prem. sem. mars et 2 sem. sept.
Jusqu'à 21h30.

Jugement en attente pour cette adresse réputée, les Jury auront en effet, à la sortie de ce guide, déménagé leur fameuse Bergerie hors de Sarpoil, à 50 km de là à Royat (la Belle Meunière). Dans cet ancien relais de poste XVIIe, ils installent une Auberge Gourmande, pour une gastronomie conviviale et simplifiée autour du meilleur des produits du terroir, sous la direction de Pierre Courtine. La rôtissoire à l'ancienne sera le cour de cette "nouvelle" adresse chaleureuse.
C : 35 € • M : 13-39 € www.bergerie-de-sarpoil.com

ISSOUDUN - 36100 (18 A 5)

Châteauroux 28 - Bourges 35

15 La Cognette

» 6 bd de Stalingrad
☎ 02 54 03 59 59
F. dim. à dîn., lundi, mardi à déj. (sf été) et janv.
Jusqu'à 22h.

➥ **Hôtel :** La Cognette

L'auberge à l'ancienne, France profonde et cœur sur la main : une maison véritablement habitée - Balzac s'y restaurait il y a un siècle et demi - que les Nonnet ont patiemment élevé en phare du département. C'est leur gendre, Jean-Jacques Daumy qui poursuit l'œuvre d'une dynastie et donne, corollairement, une version à la fois mignarde et sincère d'un contemporain endimanché : libellule de carpe fumée et spaghettis frits, saint-jacques à la vanille et spaghettis frits, travers de cochon laqué au caramel de poivre. Osons le dire, nous aimons bien le menu du marché, le fondant de boudin noir et la poularde pochée au cresson, dont on pourrait sans déchoir ôter le gingembre. Cave riche qui sait se montrer sage avec les reuillys et quincys de Sorbe.
C : 50 € • M : 29-66 € www.la-cognette.com

 Pile ou Face

» 11 rue Danièle-Casanova
☎ 02 54 03 14 91
F. dim. à dîn., lundi, 1er-15 août.
Jusqu'à 21h15.

Cœur du pays, cœur de tradition : dans le profond Berry, la cuisine de Pierre Melzer ne doit rien au hasard d'un Pile ou Face. Suivez le bœuf sans façon, l'entrecôte au poivre ou la bavette sont fidèles, comme le magret à l'orange ou la pintade au reuilly. Cave issue du courtage et du négoce : choisissez le local.
C : 40 € • M : 13-50 €

La Cognette

» Rue des Minimes
☎ 02 54 03 59 59
Fax 02 54 03 13 03
F. janv.

➡ **Restaurant** : 15/20 La Cognette
La grande maison blanche XIXe séduit également par ses chambres douces et personnalisées, tissus douillets et couleurs douces pour une atmosphère feutrée aux détails soignés. Climatisation depuis l'an dernier.
3 appart. 60-150 € • 14 ch. 60-95 € • 1/2 pens. 85-95 €
www.la-cognette.com

ISSY LES MOULINEAUX ➤ PARIS-BANLIEUE

ISTRES - 13800 (33 B 5)

Marseille 54 - Arles 40

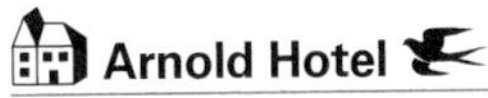 Deux Toques

» 9 rue Hélène-Boucher
☎ 04 42 55 16 01
F. dim. (sf à déj. fêtes et manif.), lundi, 2 sem. Noël et 2 sem. fin août-déb. sept.
Jusqu'à 22h.

Quelques approximations techniques grèvent un peu le bilan de cette table sympathique où l'on aime les produits de première fraîcheur. Un petit réajustement, et on retrouvera la toque des Deux Toques, qui s'appuie en outre sur un accueil et un service irréprochables, dans une ambiance familiale. Cave assez sagement tarifée, judicieuse, dans sa région, mais aussi en rhône et en languedoc.
C : 70 € • M : 28-65 € *www.deuxtoques.com*

ITEUIL ➤ POITIERS

ITTERSWILLER - 67140 (10 B 3)

Strasbourg 43 - Sélestat 13

Arnold Hotel

» 98 rte des Vins
☎ 03 88 85 50 58
Fax 03 88 85 55 54
Ouv. 7j/7.

La Réserve, qui complète les prestations de l'hôtel, a été rénovée l'an dernier dans le même style fleuri et douillet. La situation ouverte sur le vignoble est toujours aussi agréable.
2 appart. 99-315 € • 27 ch. 77-99 € • 1/2 pens. 74-94 €
www.hotel-arnold.com

Emmebuckel Faller

» 2 rte des Vins
☎ 03 88 85 50 24
Fax 03 88 85 51 56
Ouv. 7j/7.

L'auberge alsacienne comme on la souhaite, sur la Route des Vins, dans un décor typique et le sens de l'accueil. Jolie vue sur la Plaine d'Alsace et le vignoble.
11 ch. 39-53 € • 1/2 pens. 43,50-50,50 € *www.emmebuckel-faller.com*

ITXASSOU - 64250 (23 B 5)

Biarritz 24 - Bayonne 23 - Cambo-les-Bains 5

 Restaurant du Chêne

» Près de l'Eglise
☎ 05 59 29 75 01
F. lundi, mardi (oct.-juin), lundi (juil.-sept.) et mi-déc.-fév.
Jusqu'à 21h.

L'auberge basque dans sa plénitude et sa rigueur, sur le site de l'ancien chêne, aujourd'hui disparu, aménagé en table d'hôtes. Tout le conservatoire régional passe ici en boucle, sans défaillir, de la pipérade au pimientos farcis de crabe et morue, de l'axoa à l'ardi gasna, avec quelques variantes bien aménagées par un chef avisé (encornets farcis tête de veau, taloa de boudin légumes confits sauce cidre). Cave régionale pas chère.
C : 27 € • M : 16-36 €

JANVRY ➤ PARIS-BANLIEUE

JARNAC - 16200 (22 C 4)

Angoulême 28 - Cognac 15

Le Château

» 15 pl du Château
☎ 05 45 81 07 17
F. dim. à dîn. et lundi.
Jusqu'à 21h30.

La maison au coin de la place a changé d'époque, une jeune équipe a pris le relais de Daniel Chapon pour proposer le couvert aux touristes de passage comme aux gastronomes locaux. Atmosphère tranquillement conviviale et déjeuner sans encombre, autour de produits bien choisis, déclinés en préparations soignées et séduisantes, à l'image de la tarte fine au pistou et légumes accompagnée de noix de saint-jacques ou du bar rôti beurre citronné. Carte des vins évidemment largement bordelaise, avec quelques références locales.
C : 45 € • M : 26-60 €

➲ à BOURG CHARENTE - 16200 : 6 km O. par N 141

La Ribaudière

» Pl du Port
☎ 05 45 81 30 54
F. dim. à dîn., lundi, mardi à déj., vac. scol. fév.et 15-30 oct.
Jusqu'à 22h.

Retour mérité à deux toques pour Thierry Verrat qui produit, à l'heure actuelle, la cuisine la plus enthousiasmante du département. Rien de révolutionnaire dans l'assiette mais une technique précise et des produits haut de gamme qui font la différence : les huîtres viennent de chez Papin, le homard en salade de pousses et légumes primeurs à l'huile d'olive se montre aristocratique, le tronçon de turbot cuit sur l'arête et jus de canard corsé joue la fraîcheur et la saveur, et les desserts, dont une superbe fraise en cappuccino à l'huile d'olive fruitée et glace fraise gingembre, ne manquent pas d'allure. Service aussi stylé que décontracté, belle cave classique se doublant de l'une des plus formidables collections de cognacs de l'Hexagone.
C : 67 € • M : 34-70 € *www.laribaudière.com*

JAUSIERS ➤ BARCELONNETTE

JAVRON LES CHAPELLES - 53250 (16 B 1)

Laval 63 - Alençon 34

Restaurant de la Terrasse

» 30 Grande-Rue
☎ 02 43 03 41 91
F. mardi, merc. (sf fériés), vac. scol. fév., 2 sem. déb. juil. et vac. scol. nov.
Jusqu'à 21h.

La Mayenne n'est pas devenue possession anglaise grâce à Alison et Michael Greenaway : elle les a plutôt bien adoptés, ils se sont plutôt bien adaptés. La carte bilingue du chef est saisonnière, régionale, sans œillères mais assez respectueuse des classiques hexagonaux (truffe, foie gras, gibier...) et toujours intéressante, avec son foie gras en trois façons, son croustillant de filet de bar et sa grillade de magret sur un risotto de champignons forestiers. La salle, au milieu du village, en bord de route, est plaisante, la cave classique et équilibrée dans ses choix en loires.
C : 40,50 € • M : 18-42 € *www.terrasse.fr*

JOIGNY - 89300 (19 C 2)

Auxerre 28 - Montargis 62

La Côte Saint-Jacques

» 14 fg de Paris
☎ 03 86 62 09 70
F. lundi et mardi à déj. (oct.-avril) et 2 janv.-2 fév.
Jusqu'à 21h30.

➥ **Hôtel :** La Côte Saint-Jacques

Cadre et ambiance

La maison de Jean-Michel et Brigitte Lorain est un bel ensemble contemporain surplombant l'Yonne, reliée à l'historique maison familiale, de l'autre côté de la route par un souterrain, cordon ombilical et témoin d'évolution... L'atmosphère est celle de la fière maison bourguignonne que les Lorain font vivre avec succès depuis des lustres, dans un décor contemporain agréable et un peu anodin.

Cuisine

Jean-Michel Lorain n'est évidemment pas seulement un digne successeur. Il prend son métier de chef de file très à cœur - les Bourguignons sont bien là -, crée, avance, propose. Sa cuisine, longtemps en tête de classe, a peut-être une légère crispation qui l'empêche de se renouveler autant que le chef le souhaiterait, mais la maîtrise technique compense ce petit déficit et les créations de l'année restent très au-dessus d'une carte routinière : filets de pigeon fermier en risotto de seiche au thé fumé, galettes de pomme de terre vitelotte et jus de pigeon corsé à l'encre ; belle côte de veau et poêlée de légumes, sauce blanquette et arabica, raviole de moelle dans un bouillon de veau corsé aux oignons des Cévennes ; jus glacé aux framboises et au poivron, tricornes croustillants et glace à la bière. Souvent taxée de coûteuse, la maison a également fait un gros effort pour attirer une nouvelle clientèle, et le menu à 75 **€** est exemplaire, haute qualité tenue jusqu'à son terme (superbe amandine à la rhubarbe et aux fraises poêlées au gingembre et glace coco-curry).

Cave

Très élégant livre de cave parsemé de maximes et de renseignements historiques en marge. Richissime en bourgognes, elle est également très étoffée en grands bordelais, et sait s'ouvrir sur l'étranger.

Accueil et service

Accueil souriant, guidage à travers les couloirs, allumage du bouton de l'ascenseur, réception, sourires à nouveau : une attention soutenue qui se poursuit à table, même s'il manque peut-être un supplément de chaleur en salle.

C : 150 € • M : 78-175 € *www.cotesaintjacques.com*

La Côte Saint-Jacques

» 14 fg de Paris
☎ 03 86 62 09 70
Fax 03 86 91 49 70
F. 2 janv.-2 fév.

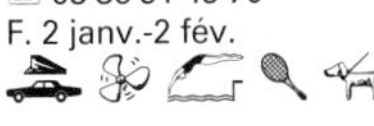

➡ **Restaurant** : 18/20 La Côte Saint-Jacques

L'ancienne pension de famille est bien loin et au restaurant gastronomique s'ajoute un hôtel délicieux, mariant à l'architecture ancienne (belle chambre sous les poutres) des tons chaleureux et un mobilier contemporain aux lignes sobres. Belle situation en bordure de rivière.

9 appart. 360-540 € • 23 ch. 145-305 € • 1/2 pens. 220-385 €
www.cotesaintjacques.com

Modern' Hotel R

» 17 rue Robert-Petit
☎ 03 86 62 16 28
Fax 03 86 62 44 33
F. non comm.

La page Godard est tournée mais l'hôtel répond toujours présent derrière sa façade à colombages. Fidèle également, Jérôme Coupery en cuisine, aux manières plaisamment personnalisées : pastilla de la mer, carré d'agneau au pain d'épices.

1 appart. 50-75 € • 20 ch. 50-79 € • M : 22-35 € *www.modern-hotel.com*

JOINVILLE - 52300 (9 C 4)

Chaumont 42 - Saint-Dizier 31

Le Soleil d'Or

» 9 rue des Capucins
☎ 03 25 94 15 66
F. dim. à dîn., lundi, mardi à déj., 1er-15 fév. et 1 sem. déb. août.
Jusqu'à 21h30.

➡ **Hôtel** : Le Soleil d'Or

A Joinville où, malgré le château, le touriste est rare, c'est la clientèle locale que l'on doit chouchouter à longueur d'année dans cette robuste et élégante maison de maître. Le jeune chef s'emploie donc à maîtriser, rassurer, tout en donnant un peu de vitalité à ses casseroles, convoquant le filet de féra aux petits lardons, la tatin de lapereau et un beau dessert inattendu, "l'assiette du Puy en Velay" (chiboust verveine, sorbet myrtille et lentilles confites). Ces fantaisies se retrouvent dans un menu probe à 40 **€**, la carte se chargeant de l'artillerie lourde, turbot sauce mousseline et tournedos Rossini. Cave équitable et généraliste.

C : 51 € • M : 20-40 € *www.hotellesoleildor.com*

Le Soleil d'Or

➥ **Restaurant** : 14/20 Le Soleil d'Or

Dans une belle maison en pierre à la lisière du centre ville, un cadre historique, des chambres de caractère sobres et agréables et le plaisir d'un accueil soigné par un personnel impliqué.

22 ch. 45-130 € *www.hotellesoleildor.com*

» 9 rue des Capucins
☎ 03 25 94 15 66
📠 03 25 94 39 02
F. 1er-15 fév.

JONS - 69330 (27 D 2)

Lyon 27 - Bourg-en-Bresse 65 - Mâcon 97

13 Auberge de Jons

On ne peut guère attribuer à Frédéric Navez le prix de l'innovation - malgré une forte recherche sur les intitulés et la multiplication des ingrédients (foie gras poêlé à la gastrique de fruits rouges, aceto d'orange au poivre, noix de saint jacques rôties, julienne d'ananas confit et de pamplemousse, écume d'eau de mer à la citronnelle...) mais il faut lui accorder que le cahier des charges (faire beau et attractif) est parfaitement respecté dans cet hôtel proche de l'autoroute. Face au pont de Jons, ouvrage magnifique sur le Rhône, calme et majestueux, la cuisine prend un rythme un brin solennel, mais se montre finalement fort bien appliquée. La cave est un autre point fort, visitant le Rhône avec assiduité, passant des belles cuvées de Chapoutier à la Syrare de Gallety.

C : 47 € • M : 24-55 € *www.auberge-pont-de-jons.com*

» Rte du Pont
☎ 04 72 93 20 63
F. dim. à dîn., 12-22 fév. et 7-21 août.
Jusqu'à 21h30.

JOSSELIN - 56120 (14 A 4)

Vannes 45 - Dinan 84 - Rennes 79

10 La Marine

Une crêperie guinguette qui vous accueille à bras ouverts, avec sa terrasse au bord de l'eau et la vue sur le formidable château médiéval. Les galettes sont impeccables, les garnitures garnies avec soin des produits du coin.

C : 15 € • M : 10,20-17 €

» 8 rue du Canal
☎ 02 97 22 21 98
F. lundi à dîn., mardi à dîn. F. ann. non comm.
Jusqu'à 21h.

JOUCAS ➤ GORDES

JOYEUSE - 07260 (27 C 6)

Privas 29 - Montélimar 42

Les Cèdres

A deux pas de la Cité de Charlemagne, l'hôtel est installé en bordure de rivière, dans une ancienne usine textile transformée en maison bourgeoise. Chambres actualisées dans une ambiance provençale. Toit amovible sur la piscine.

44 ch. 51-60 € • 1/2 pens. 57 € *www.hotelcedres.com*

» ☎ 04 75 39 40 60
📠 04 75 39 90 16
F. 15 oct.-15 avril.

JUAN LES PINS - 06160 (34 C 5)

Nice 23 - Cannes 9

La Passagère

➥ **Hôtel** : Les Belles Rives

L'ancienne villégiature de Scott et Zelda Fitzgerald compte parmi les plus charmants et discrets palaces de la Côte d'Azur. Désormais ouvert à l'année, le restaurant dirigé par David Marie (qui fut second d'Alain Llorca pendant près de cinq ans au Negresco) semble investi d'une toute nouvelle responsabilité, dans un style jouant sur l'alliance entre Méditerranée et prestige : macaronis farcis à la niçoise, tuile de parmesan et riquette sauvage, pavé de loup sauvage, fenouil braisé aux olives et tomates séchées, pièce de veau gratinées au parmesan, gnocchi aux agrumes de Menton, biscuit mirliton aux pruneaux et

» 33 bd Edouard-Baudoin
☎ 04 93 61 02 79
F. 2 janv.-4 fév.
Jusqu'à 22h.

pain d'épices, nougatine au caramel. Dans la délicieuse salle à manger Art déco ou, mieux encore, sur la divine terrasse face à la mer, cette cuisine à la fois sage et juste prend tout son sens. Très belle cave en région, avec quelques découvertes, plus convenue ailleurs.
C : 80€ • M : 45-95€ *www.bellesrives.com*

12 Bijou Plage

» Bd du Littoral
☎ 04 93 61 39 07
Ouv. 7j/7.
Jusqu'à 22h30.
⛱ ♿ ❄ 🐕

Un bistrot de plage, une paillote ? Oubliez : Bijou, c'est autre chose, une institution octogénaire qui entre dans le siècle nouveau sans regarder derrière : une nouvelle terrasse en teck, des fourneaux flambant neufs, des équipements de multi-toques. On n'est plus dans le sport-études et le jeune chef peut faire tourner la carte, pas encore automatisée, Dieu merci. Les habitués viennent pour l'opulente bouillabaisse, mais à 55 € la part, les touristes se réfugient plutôt dans un menu à 21 € qui n'a rien de déshonorant. Sainte-Roseline, Rasque et Ott, habitués des podiums, s'invitent dans les verres, le service est dynamique.
C : 55€ • M : 21-46€ *www.http://bijou.plage.free.fr*

🏨 Les Belles Rives

» 33 bd Edouard-Baudoin
☎ 04 93 61 02 79
📠 04 93 67 43 51
F. 2 janv.-4 fév.
🚗 ❄ 🐕

➡ **Restaurant** : 14/20 La Passagère
Les pieds dans l'eau, ouvrant en Cinémascope sur la grande bleue et les îles de Lérins, disposant d'une plage et d'un ponton privés, l'ancienne Villa Saint Louis, où aimaient séjourner Rudolph Valentino et Ernest Hemingway s'est muée dans les années 30 en un délicieux palace, à la fois attachant et unique. Chambres superbes, meublées d'originaux, celles du troisième étage venant toutes d'être rénovées. Marbre dans les salles de bains, balcons pour profiter du soleil, activités nautiques.
5 appart. 260-1440€ • 39 ch. 130-720€ *www.bellesrives.com*

🏨 Le Méridien Garden Beach

» La Pinède, 15-17 bd Baudoin
☎ 04 92 93 57 57
📠 04 92 93 57 56
Ouv. 7j/7.
🚗 ♿ ❄ 🏊

Entre la pinède Gould, haut lieu du festival de jazz, et la jolie plage privée, l'hôtel déploie son architecture contemporaine, ses chambres aux lignes sobres et à l'atmosphère lumineuse, ainsi que ses équipements très complets.
17 appart. 160-810€ • 175 ch. 160-310€ • 1/2 pens. 40€
www.lemeridien-juanlespins.com

🏨 Hôtel Juana

» La Pinède, 19 av Georges-Gallice
☎ 04 93 61 08 70
📠 04 93 61 76 60
F. 8 janv.-10 fév.
❄ 🏊 🐕

Sur cette pointe privilégiée, le Juana tient le haut du pavé. La grande bâtisse Années Trente trouve sa traduction dans l'influence Art déco qui a dicté une bonne partie de l'aménagement intérieur, notamment les chambres, à l'élégance remarquable. Certaines disposent d'agréables exclusivités comme le jardin privatif. L'équipement est très complet et le service est à la hauteur du mythe. La cuisine sur place est désormais l'apanage d'un lounge de dépannage, mille-feuille de légumes grillés et turbot aux morilles, agréablement vendus par un maître d'hôtel impliqué.
4 appart. 550-850€ • 36 ch. 235-635€ • 1/2 pens. 245-530€
www.hotel-juana.com

🏨 Le Pré Catelan

» 22 av des Palmiers
☎ 04 93 61 05 11
📠 04 93 67 83 11
Ouv. 7j/7.
🚗

Une grande bâtisse provençale XIXe, patiemment rénovée, ancien relais de poste posé fièrement dans un grand jardin de palmiers et d'essences tropicales. Chambres néo-rustiques ou stylées dans l'esprit régional, à deux cents mètres de la plage.
24 ch. 85-155€ • 1/2 pens. 28-35€ *www.precatelan.fr*

JUILLAC - 33890 (24 A 2)

Bordeaux 60 - Libourne 28

Le Belvédère

» 1 côte de la Tourbeille
☎ 05 57 47 40 33
F. mardi (sf à déj. juil.-août), merc. et oct.
Jusqu'à 21h.

Michel Pestel défend une certaine idée de la cuisine de professionnel. Passionné, expérimenté, il met en avant les produits de la région au gré de recettes traditionnelle. On retrouve ainsi le pressé de cailles et foie gras au Lillet rouge sur une salade à la crème de vinaigre de truffes, les escargots de Frontenac à la campagnarde, le filet de bœuf et foie gras de canard grillés sauce Périgueux ou la lamproie à la bordelaise. La cave ne joue pas non plus les révolutionnaires, privilégiant les meilleures références locales.

C : 47 € • M : 18-56 € *www.restaurantlebelvedere.com*

JUILLAN ➤ TARBES

JULIENAS - 69840 (27 C 1)

Lyon 67 - Mâcon 13 - Cluny 35

Le Coq à Juliénas

» Pl du Marché
☎ 04 74 04 41 98
F. merc. et 18 déc.-19 janv.
Jusqu'à 22h.

L'empire Lacombe s'étend depuis quelques années jusque dans les terres beaujolaise, ce Coq étant le cousin pas si éloigné des divers bistrots lyonnais du célèbre chef de Léon de Lyon. Malheureusement, il semblerait que l'influence du pouvoir central s'amenuise avec les kilomètres, les assiettes ressemblant étrangement à des assemblages de dernière minute préfabriqués. Dommage, car la terrasse sous les ombres est jolie et le service souriant.

M : 22,50-27 € *www.leondelyon.com*

JUMIEGES - 76480 (6 B 3)

Rouen 29 - Evreux 79 - Caudebec-en -Caux 15

Auberge des Ruines

» 17 pl de la Mairie
☎ 02 35 37 24 05
F. à dîn. lundi et jeudi (1er nov.-15 mars), dim. à dîn., mardi à dîn., merc., 20 août-2 sept. et 20 déc.-10 janv.
Jusqu'à 21h.

Elle ressemble à ces auberges plan-plan à colombages posées au pied de l'église pour dire aux passants "venez chez moi, c'est la vraie Normandie". Chez Agnès et Loïc Henry, le décalage est un peu plus important. L'église, pour commencer, n'est pas banale : les ruines de l'abbaye de Jumièges constituent un bijou rare. Aussi rare que la cuisine du chef, qui choisit certes les produits de la région mais pour des recettes personnelles et fort peu traditionnelles : poulet en tartare de coquillages, sur une vinaigrette iodée, daurade grise à la purée d'olives noires, pintade à basse température, œuf cru et asperges. Bon menu à 33 **€**, cave de propriétaires et de noms connus.

C : 70 € • M : 18-55 €

JUNAS - 30250 (32 B 3)

Sommières 7 - Nîmes 29

Can Peio

» Ancienne Gare-de-Junas-Aujargues
☎ 04 66 77 71 83
F. dim. à dîn., merc., dern. sem. août, prem. sem. sept. et 20 déc.-10 janv.

Chez Peio, la Catalogne est venue en train : l'ancienne gare de Junas désaffectée, la salle d'attente est devenue un salon charmant, le quai une terrasse et la voie un jardin. La carte du jour a des intitulés simples, des propositions directes qui se transforment en assiettes aromatiques et savantes dans leur simplicité : caille en escabèche, seiche aux artichauts, morue des nonnes, tripes à la catalane, manchego, gâteau chocolat au banyuls. Atmosphère particulière de maison d'hôtes, réellement habitée, cave de découverte du vignoble ibérique.

C : 32 € • M : 25 € *www.http://yurip.fr/canpeio/*

JUNGHOLTZ ➤ GUEBWILLER

JURANÇON ➤ PAU

KAYSERSBERG - 68240 (10 B 4)

Colmar 13 - Sélestat 25

Le Chambard

» 9-13 rue du Gén-de-Gaulle
☎ 03 89 47 10 17
F. lundi, mardi à déj., merc. à déj. et 9 janv.-5 fév.
Jusqu'à 21h.

➥ **Hôtel :** Le Chambard

Les premières récompenses gastronomiques sont tombées l'an dernier pour Olivier Nasti qui, en chef déjà expérimenté, les a acceptées avec plaisir mais en jurant bien qu'elles ne modifieraient en rien sa façon de travailler. Il continue de s'appuyer sur l'une des plus belles caves alsaciennes (sur laquelle veille Emmanuel, son frère) comprenant, en particulier, une collection de rieslings à rendre jaloux et sur une technique culinaire désormais bien calée dans ses certitudes, entre régionalisme et évasion : pressé de rouget de roche, purée d'endive au caramel de bière, baeckeoffe de foie gras d'oie au lard paysan, bar de ligne et homard en carcasse citronnée, pigeonneau de nid, croustillant de pied de porc et vinaigrette d'abats, délice et glace pain d'épices. La salle, confortable et cossue, sans lourdeur, raconte l'Alsace comme on la rêve, boiseries, convivialité et service précis.

C : 70 € • M : 29-71 € www.chambard.com

Le Chambard

» 9-13 rue du Gén-de-Gaulle
☎ 03 89 47 10 17
📠 03 89 47 35 03
Ouv. 7j/7.

➥ **Restaurant :** 15/20 Le Chambard

Un excellent confort à tarifs raisonnables, au cœur de l'un des plus beaux villages d'Alsace : poutres anciennes, murs de pierres bruts, décoration soignée d'inspiration moderne. La plupart des chambres donnent sur un balcon avec vue sur le village ou le vignoble et, d'ici la fin 2005, trois suites seront créées. Outre le restaurant gastronomique (cf. ci-dessus), l'établissement propose également une cuisine régionale soignée dans sa winstub.

23 appart. 195 € • 20 ch. 96-130 € • 1/2 pens. 115,50-142 €
www.chambard.com

Les Remparts

» 4 rue Flieh
☎ 03 89 47 12 12
📠 03 89 47 37 24
Ouv. 7j/7.

Les nouveaux balcons de bois agrémentent cette jolie maison un peu à l'écart. Vue sur la forêt et les vignes, chambres modernes et confortables.

1 appart. 78-88 € • 40 ch. 51-82 € • 1/2 pens. 55-62 €
www.lesremparts.com

à FRELAND - 68240 : 7 km N.O. par N 415 et D 11

Restaurant du Pays-Welche

» 2 rue de la Rochette
☎ 03 89 71 90 52
F. merc. et janv.-fév.
Jusqu'à 20h30.

Les spécialités d'Aldo Tani, râble de lapin et truite farcie, ne se prennent pas pour plus modernes qu'elles ne sont mais font honneur au meilleur de la gastronomie alsacienne traditionnelle, à l'honneur dans cette gentille table du pays Welche. Ambiance détendue, service souriant.

C : 18 € • M : 13-30 €

à LABAROCHE - 68910 : 9 km S.O. par N415

Blanche Neige

» 692 Lieu-dit Evaux
☎ 03 89 78 94 71
F. lundi, mardi, merc. à déj., jeudi à déj. et fév.

Courageux de s'installer près de cette petite station des Trois Epis qui peine à vivre en dehors de la belle saison. La vue est pourtant charmante, sur le vallon et la plaine d'Alsace, le cadre tendance bistrot, montagnard et contemporain, tout autant. Et l'enthousiasme de la maison fait plaisir à voir, dans l'accueil et le

service comme dans une cuisine moderne et enlevée : plaisir des yeux et des papilles pour l'amusante brochette de lapin et de grenouilles, allégée par un tzaziki réussi, beau jeu d'épices Kwang Tung sur le filet de bœuf et risotto au romarin et risque assumé et essai transformé pour le sucré-salé des knödels aux mirabelles et chèvre, glace au pumpernickel (pain noir allemand). Une démarche à encourager.
C : 50 € • M : 38-46 €

LA CHAPELLE REANVILLE - 27950 (6 C 4)

Evreux 25 - Chartres 86

Le Manoir de la Chapelle

» 1 rte de Sainte-Colombe
☎ 02 32 54 71 43
📠 02 32 54 42 67
F. 1er-15 août.

Une belle atmosphère champêtre dans les bâtiments historiques d'un vieux manoir en pierre. Chambres spacieuses et personnalisées, dans des tonalités légères et agréables. Parc paysager.
11 ch. 75-85 € www.manoirdelachapelle.com

LA GARDE ➤ SAINT CHELY D'APCHER

LA MURAZ ➤ ANNEMASSE

LABAROCHE ➤ KAYSERSBERG

LABASTIDE MURAT - 46240 (30 A 2)

Cahors 35 - Figeac 47

12 La Garissade H

» Pl de la Mairie
☎ 05 65 21 18 80
F. 20 déc.-23 janv.
Jusqu'à 21h.

Cette jolie maison historique respire la douceur de vivre, au cœur de l'ancienne bastide. Dans la salle à manger aux couleurs chaleureuses ou en terrasse, point de rustique tarte à la crème, mais une cuisine qui fait intelligemment son marché dans le terroir régional, pour en sortir le jambon de porc gascon (en brunoise sur le gaspacho de melon) ou l'agneau fermier (grillé, beurre à l'ail confit). Intéressante sélection de vins locaux, y compris au verre, et des chambres adorables au confort soigné.
C : 30 € • M : 13-21 € • 20 ch. 47-69 € • 1/2 pens. 46-55 €
www.garissade.com

LACABAREDE - 81240 (30 C 4)

Albi 79 - Castres 37

13 Demeure de Flore

» 106 rte Nationale
☎ 05 63 98 32 32
F. lundi (h.s.) et 2-30 janv.
Jusqu'à 21h30.

➥ **Hôtel** : Demeure de Flore
Si loin des Pouilles, Francesco di Bari a peut-être un brin de nostalgie en travaillant ses gnocchis au jus de langoustines, ou le gorgonzola sauce cannelle et porto dans une courte carte fréquemment renouvelée. Pour ses visiteurs, cette migration est plutôt une chance, un apport de richesse : la belle maison de maître au bout de l'allée de tilleuls possède une âme et un chef, la cave regorge de grands crus et l'accueil est souriant dans ce décor stylé sans surcharge.
M : 26-34 € www.hotelrama.com/flore

Demeure de Flore

» 106 rte Nationale
☎ 05 63 98 32 32
📠 05 63 98 47 56
F. 2-30 janv.

➥ **Restaurant** : 13/20 Demeure de Flore
Derrière le nouveau portail et un hall d'accueil agréablement revu, on retrouve avec plaisir le décor élégant d'une maison de maître XIXe, au bout de son allée de tilleuls dans un parc face à la Montagne Noire.
1 appart. 140-190 € • 10 ch. 66-100 € • 1/2 pens. 86-92 €
www.hotelrama.com/flore

LACANAU OCEAN - 33680 (23 C 2)

Bordeaux 61 - Andernos-les-Bains 44

Hôtel Vitalparc

Né de la volonté de Pierre Durand après sa médaille olympique à Séoul, ce complexe s'adresse donc particulièrement aux cavaliers, mais plus généralement aux amateurs de nature, qui apprécieront les nombreux sentiers à travers la forêt. Hôtel aux chambres claires et impeccables, espace détente.

2 appart. 96-184 € • 57 ch. 47-112 € *www.vitalparc.com*

» Rte du Baganais
☎ 05 56 03 91 00
Fax 05 56 03 91 10
F. 13 nov.-mi-fév.

LACAUNE - 81230 (30 C 4)

Albi 67 - Castres 51

Calas R

Une atmosphère chaleureuse et colorée, dans le décor comme l'accueil : les Calas mènent leur affaire avec fidélité pour le bonheur des hôtes de passage, venus prendre une bouffée de bonheur champêtre. Une influence qu'on retrouve en cuisine, à privilégier dans ses valeurs de terroir (jambon ou boudin noir locaux), même si le chef s'aventure sans encombre sur les gambas poêlées et ris d'agneau au citron confit.

16 ch. 38-42 € • 1/2 pens. 43-60 € • M : 15-35 € *www.pageloisirs.com/calas*

» 4 pl de la Vierge
☎ 05 63 37 03 28
Fax 05 63 37 09 19
F. 15 déc.-15 janv.

LACAVE - 46200 (30 A 1)

Cahors 79 - Sarlat-la-Canéda 43

16 Château de la Treyne

➥ **Hôtel :** Château de la Treyne

Cadre et ambiance

Dominant magnifiquement la Dordogne, ce château des XIVe et XVIIe siècles se dresse au fond d'un très joli parc dont une partie est aménagée en jardin à la française, prolongé par une forêt de 120 hectares. En salle, le bois ancien, les bouquets de lys blancs, l'imposant style Louis XIII contrastent avec l'élégante terrasse en pierre naturelle dominant la Dordogne.

Cuisine

D'un classicisme éclairé, elle rassemble bien sûr des produits de grand luxe (standing oblige) et traités avec un maximum de respect : risotto de grosses crevettes au jus de crustacés émulsionné (très sensuel, un risotto crémeux en forme de fine timbale entourée de crevettes bien fermes), canard sauvageon rôti aux cerises en aigre-doux, tatin de pommes de terre et granny smith et de très belles compositions en dessert (petit baba au rhum, cornet croustillant au yaourt et à la mangue, sorbet ananas).

Cave

Classique, rassemblant en priorité les grands propriétaires, la carte propose quelques références étrangères. L'imposant livre de cave mériterait des conseils éclairés.

Accueil et service

Le jeune service remplit bien son office au déjeuner, les prestations offertes au dîner sont supérieures, dans un ensemble professionnel et précis.

C : 100 € • M : 42-118 € *www.chateaudelatreyne.com*

» ☎ 05 65 27 60 60
F. à déj. mardi-vend., 3 janv.-déb. avril et 15 nov.-27 déc.
Jusqu'à 21h.

16 Le Pont de l'Ouysse

➥ **Hôtel :** Le Pont de l'Ouysse

Cadre et ambiance

À l'extérieur de la ville, dans un vallon entouré de falaises, une coquette hôtellerie posée au bord de l'Ouysse et dominée par le Château de Belcastel. Situation pittoresque près du pont en ruine, vestige impraticable.

» ☎ 05 65 37 87 04
F. lundi (déb. et fin saison), lundi à déj., mardi à déj. (h.s.) et 15 nov.-déb. mars.
Jusqu'à 21h30.

Cuisine
Aux commandes depuis près de trente ans, Daniel Chambon fait preuve d'un classicisme éclairé mélant quelques plats de ménage raffinés à d'autres cultivant les associations inédites. Salade comme une niçoise à la ventrèche de thon et anchois frais (une assiette artistique), petits farcis quercynois, crème de tomate au basilic, magret de canard, un peu banal, grillé aux épices, crème de maïs, soupe glacée au lait de coco et au tapioca et fruits rouges, sorbet coco.
Cave
Jolie cave bien complète, rassemblant toutes les régions et servie par un sommelier compétent. Une page entière est consacrée aux vins au verre.
Accueil et service
Malgré l'affluence, le service reste pro et les quelques faiblesses sont gommées par les plus expérimentés.
C : 70 € • M : 46-120 € www.lepontdelouysse.fr

Château de la Treyne

» ☎ 05 65 27 60 60
Fax 05 65 27 60 70
F. 15 nov.-27 déc. et 3 janv.-déb. avril.

➡ **Restaurant** : 16/20 Château de la Treyne
Le château a l'allure sobre et élégante d'une forteresse médiévale (il date du XIVe siècle, remanié au XVIIe) et domine un vaste parc, entre forêt et jardins à la française. A l'intérieur, meubles de style, espaces généreux et matériaux anciens pour une atmosphère luxueuse et sereine, hors du temps et de l'agitation de ce monde.
2 appart. 180-480 € • 14 ch. 180-360 € • 1/2 pens. 270-570 €
www.chateaudelatreyne.com

Le Pont de l'Ouysse

» ☎ 05 65 37 87 04
Fax 05 65 32 77 41
F. 15 nov.-déb. mars.

➡ **Restaurant** : 16/20 Le Pont de l'Ouysse
Nichée entre la falaise et la rivière, au bout de la petite route, cette maison préserve avec jalousie sa tranquillité pour une poignée d'amoureux de ce style luxueux et champêtre à la fois, de ces chambres spacieuses et apaisantes dans leur élégante sobriété, et des plaisirs du jardin au bord de l'eau.
2 appart. 160-180 € • 12 ch. 138-145 € • 1/2 pens. 145-153 €
www.lepontdelouysse.fr

LADIGNAC LE LONG ➤ SAINT YRIEIX LA PERCHE

LAGARDE ENVAL - 19150 (25 C 4)

Brive-la-Gaillarde 36 - Tulle 14

Le Central R

» ☎ 05 55 27 16 12
F. 16 août-15 sept.

Tradition familiale oblige, les Mestre défendent avec brio les vertus de l'hôtellerie classique, avec des chambres bien tenues, idéales pour partir à la découverte du Pays Vert. Même droiture au restaurant, prix contenus pour un joli menu régional (omelette aux cèpes, caille sur canapé, salade, fromage, coupe corrézienne).
7 ch. 35 € • C : 17 € • M : 12-23 €

LAGNES - 84800 (33 C 4)

Aix-en-Provence 71 - Apt 29

Le Mas des Grès

» Rte d'Apt, Lagnes
☎ 04 90 20 32 85
Fax 04 90 20 21 45
F. 1er janv.-28 mars et 13 nov.-31 déc.

Un agréable concentré des attraits de la Provence, avec un vieux mas, un jardin fleuri et un cadre clair. En prime, un accueil chaleureux, où tout est fait pour rendre le séjour agréable.
3 appart. 120-205 € • 11 ch. 65-180 € • 1/2 pens. 75-130 €
www.masdesgres.com

LAGUEPIE - 82250 (30 A 3)

Rodez 75 - Albi 38 - Villefranche-de-Rouergue 34

(11) Deux Rivières

Salade, tagliatelles, grillades : cela ressemble à du planplan de brasserie comme il y en a cent trente mille en France. La différence, c'est qu'on est en Tarn-et-Garonne, que la viande vient du boucher du village, les légumes d'un potager voisin, et que les foies gras et le confit sont faits en Aveyron. Pour une seconde carte plus élaborée, avec la tatin de cèpes, le saumon de fontaine et le faux-filet sauce morilles. Et tout prend alors une autre tournure.

C : 25 € • M : 17-33 €

» ☎ 05 63 31 41 41
F. vend. à dîn., sam. à déj., dim. à dîn., lundi à dîn. et vac. scol. fév.
Jusqu'à 21h30.

LAGUIOLE - 12210 (30 C 1)

Espalion 24 - Chaudes-Aigues 31

Michel Bras

➥ **Hôtel :** Michel Bras

Cadre et ambiance

Là haut sur la montagne, la famille Bras. Un ensemble architectural unique en son genre, dont la réussite esthétique, treize années après sa construction, demeure flagrante. La salle, entièrement tournée vers les montagnes, accueille vingt cinq tables environ, très espacées et offrant une vue magnifique sur ce désert sublimé.

Cuisine

On peut vivre la cuisine de Michel Bras selon deux philosophies. Pour une première visite, le menu Découverte et Nature s'impose. Recensant la majorité des plats qui ont construit la légende, il permet une approche assez complète de la philosophie de la maison : le gargouillou bien sûr, un plat à base de jeunes légumes absolument ahurissant, la selle d'agneau allaiton rôtie sur l'os et pousses de chou, jusqu'au fameux biscuit tiède de chocolat coulant, réinterprétation contemporaine de la recette originelle imaginée en 1981. La seconde voie consiste à explorer la carte, plus personnelle et dont la signature porte, bien visible, la marque de Sébastien, le fils, aux côtés de Michel depuis 10 ans et appelé à la succession : anguille de Loire glacée et artichauts bouquets, rafraîchis de radis roses de Pâques et de basalmite, blanc de poulette pochée et grillé sur un bouillon moussé, rumex patienta et jeunes artichauts. Aérienne, explosive, parfois un tantinet démonstrative, cette cuisine à quatre mains est prometteuse d'une nouvelle ère.

Cave

Cave magnifique, ultra complète, curieuse, aidée par un sommelier qui n'a pas pour mission de caser ses vieux flacons, mais d'orienter et de faire découvrir.

Accueil et service

Il y a une forme de retenue subconsciente, comme si le service ne ressentait pas le besoin d'en faire plus, par avance persuadé qu'il doit s'effacer devant la cuisine. Solidité, efficacité, distinction.

C : 140 € • M : 54-160 € *www.michel-bras.fr*

» Rte de l'Aubrac
☎ 05 65 51 18 20
F. lundi, mardi à déj. et merc. à déj. (sf juil.-août) et fin oct.
Jusqu'à 21h30.

Grand Hôtel Auguy

➥ **Hôtel :** Grand Hôtel Auguy

Un typique hôtel provincial où l'on fait étape au milieu de la ville, pour un repos bien mérité, en espérant que le menu du soir ait bonne mine. Chez Jean-Marc et Isabelle Muylaert, deux petites variantes. Primo, la table est à deux toques, très loin du menu VRP. Deuxio, c'est la chef qu'il faut féliciter, puisque Jean-Marc est en salle. Et c'est parti pour un survol de l'Aubrac, généreux, sensible (crépinettes de joues de porc, pavé de boudin noir, filet de truite du Gagnot, tripoux et pieds de cochon braisés) ou pour une évasion hors champ, des saint-jacques, crémeux de chou-fleur et coulis de cresson, une lotte aux girolles

» 2 allée de l'Amicale
☎ 05 65 44 31 11
F. dim. à dîn., lundi, mardi à déj. (h.s.), lundi à déj. (juil.-août) et 3 nov.-24 mars.
Jusqu'à 21h.

et émulsion de lard paysan, un ris de veau braisé au gingembre. La salle est sage, l'assiette l'est moins, frondeuse, personnelle et très attirante. Bonne cave classique aux tarifs attrayants.

C : 55 € • M : 30-54 € *www.hotel-auguy.fr*

 Michel Bras

➥ **Restaurant** : 19/20 Michel Bras

La maison aux lignes sobres et contemporaines épouse le paysage du haut de la colline, une harmonie qui va des grandes baies vitrées largement ouvertes sur les paysages environnants aux petits massifs de plantes vivaces, bouquets d'odeurs et de couleurs disposés entre chaque espace. Orientation plein ouest pour savourer les couchers de soleil et matériaux bruts pour ajouter à cette communion avec la nature.

15 ch. 176-364 € *www.michel-bras.fr*

» Rte de l'Aubrac

☎ 05 65 51 18 20
05 65 48 47 02
F. fin. oct.

Grand Hôtel Auguy

➥ **Restaurant** : 15/20 Grand Hôtel Auguy

Au cœur du village, une atmosphère délicieuse baigne ces lieux, une douceur toute féminine qui se manifeste notamment dans des chambres lumineuses, au décor moderne et raffiné, tons coordonnés et détails soignés, sans oublier, pour la plupart, le balcon ouvert sur la nature alentour.

22 ch. 60-95 € • 1/2 pens. 67-91 € *www.hotel-auguy.fr*

» 2 allée de l'Amicale
☎ 05 65 44 31 11
05 65 51 50 81
F. dim. et lundi.

Régis R

Affaire de famille depuis plusieurs générations, l'ancien relais de poste XVIIIe propose un décor tout à fait actuel et le confort afférent. Chambres claires. Cuisine de terroir fort agréable, avec une belle sélection de fromages.

24 ch. 35-70 € • 1/2 pens. 41-53 € • C : 20 € • M : 23 €
hotel.regis@wanadoo.fr

» Pl de la Patte-d'Oie
☎ 05 65 44 30 05
05 65 48 46 44
F. 5 nov.-5 fév.

LALINDE - 24150 (24 B 2)

Beaumont 13 - Bergerac 24

Le Château

Profitant de sa situation dominant la Dordogne, ce château servait au XIIIe siècle de tour de guet. Modifié au XIXe, il accueille aujourd'hui un cadre sobre et élégant, notamment dans des chambres bien actualisées.

7 ch. 53-160 € • 1/2 pens. 65-120 €

» 1 rue de Verdun
☎ 05 53 61 01 82
05 53 24 74 60
F. 3e sem. sept. et 11 nov.-14 fév.

à SAINT CAPRAISE DE LALINDE - 24150 : 4 km O.

Le Relais Saint-Jacques R

L'ancien relais de poste a vu passer bien des pèlerins. Aujourd'hui, ce sont davantage les touristes qui profitent de son allure traditionnelle, de ses chambres au style rustique et d'une cuisine régionale bien calibrée.

7 ch. 42-58 € • 1/2 pens. 42-50 € • C : 35 € • M : 14,90-39,50 €
patrick.rossignol12@wanadoo.fr

» Pl de l'Eglise
☎ 05 53 63 47 54
05 53 73 33 52
F. merc.

LAMAGDELAINE ➤ CAHORS

Hôtels de charme.

 Bon confort.  Grand confort.  Luxe.  Grand luxe.

LAMALOU LES BAINS - 34240 (31 D 4)

Montpellier 77 - Béziers 40

[13] Les Marronniers

Tradition et région, bien traités par un artisan qui sait mettre la sauce quand il faut. Les curistes en ont l'eau à la bouche, et les touristes en profitent. D'un menu-carte à 30 € qui roule la queue de bœuf et le foie gras ensemble, offre le mille-feuille de lotte rissoles d'herbes ou la fricassée de ris et rognons de veau à la crème sans lésiner sur les produits. Desserts généreux (très bon gâteau à l'orange "Tonton Aubert"), cave locale bien faite et à petits prix.

C : 32 € • M : 14,50-56 € *restolesmarronniers@free.fr*

» 8 av de Capus
☎ 04 67 95 76 00
F. sam. à déj., dim. à dîn., lundi, 2-23 janv. et 4-13 sept.
Jusqu'à 21h15.
♿ ❄ 🐕 🚬

LAMBERSART ➤ LILLE

LAMOTTE BEUVRON - 41600 (18 A 4)

Orléans 37 - Blois 60 - Salbris 21

[12] Hôtel Restaurant Tatin

Isabelle et Martial Caillé n'ont bien sûr pas connu les sœurs Tatin mais ne manquent jamais l'occasion de rappeler que c'est dans ces murs, il y a une centaine d'années, que les deux demoiselles ont mis au point ce fameux dessert. Le reste de la carte, sans être resté bloqué à cette époque, vaut un petit détour : salade de homard au confit de légumes au Banyuls, sole meunière, rognons de veau à la crème de girolles et tagliatelles, soufflé glacé au chocolat. Quelques chambres classiques pour l'étape.

C : 45 € • M : 26-50 € *www.hotel.tatin.com*

» 5 av de Vierzon
☎ 02 54 88 00 03
F. dim. à dîn., lundi, 19 déc.-3 janv., 27 fév.-14 mars et 24 déc.-9 janv.
Jusqu'à 20h45.
🚗 ❄ 🐕 🚬

LAMPAUL PLOUARZEL - 29810 (13 A 3)

Brest 25 - Le Conquet 15 - Ploudalmézeau 16

[10] Auberge du Vieux Puits

Cette tradition de la mer et de la Bretagne est assez coûteuse, mais réalisée en conscience par un très bon pro : crevettes rôties au romarin et beurre nantais, joue de bœuf braisée au lard grillé dans la formule à 28 €, en incluant le petit jardinet d'agrément et le bord de mer tout proche.

M : 30-42 €

» Pl de l'Eglise
☎ 02 98 84 09 13
F. dim. à dîn. et lundi. F. ann. non comm.
Jusqu'à 21h.
🐕

LANDEDA ➤ LANNILIS

LANDSER ➤ MULHOUSE

LANGEAIS - 37130 (17 C 4)

Tours 24 - Chinon 32

[14] Errard H

Cossu, traditionnel, bourgeois, rustique, autant de qualificatifs qui semblent avoir été créés spécialement pour cette maison de longue tradition. Ennuyeux alors ? Jamais, car les produits sont au top et les cuissons n'en sont pas restées aux règles des années 60. Le sandre au beurre blanc, la matelote d'anguille de Loire au bourgueil, le filet de veau à la sauge et le carré d'agneau à la fleur de thym assurent un délicieux retour à l'ancien temps sans jamais aucune lourdeur. Cave essentiellement tournée vers la Loire, avec tous les grands noms de la région. Chambres élégantes et actualisées.

C : 52 € • M : 28-47 € • 1 appart. 92 € • 8 ch. 65-75 € *www.errard.com*

» 2 rue Gambetta
☎ 02 47 96 82 12
F. dim. à dîn., lundi, mardi à déj. (h.s.), janv. et déc.
Jusqu'à 21h.
⛱ 🚗 ❄ 🐕

LANGON - 33210 (23 D 3)

Bordeaux 49 - La Réole 18

 Restaurant Claude Darroze H

» 95 cours du Gén-Leclerc
☎ 05 56 63 00 48
F. 5-20 janv. et 17 oct.-9 nov.

Avec Claude Darroze en sa belle maison bourgeoise, le Bordelais peut compter sur un ambassadeur efficace et emblématique, qui défend avec maîtrise et sobriété les produits nobles et de saison pour satisfaire une clientèle d'amateurs exigeants venus se faire plaisir. Et ils ne seront pas déçus, avec des mises en valeur nettes et discrètes qui servent des produits très bien choisis, de la salade de queues de langoustines au ris de veau sauce andalouse, en passant par l'œuf poché aux morilles. L'assiette de desserts, certes impeccablement réalisée, joue un peu trop la carte classique, le service en grande tenue glisse dans un ballet impeccablement réglé et la carte des vins, sérieuse et solide, a le bon goût de s'ouvrir à toutes les régions. Chambres délicates et raffinées.
C : 80 € • M : 42-75 € • 1 appart. 115 € • 15 ch. 50-95 € • 1/2 pens. 85-105 €
www.darroze.com

à SAINT MACAIRE - 33490 : 2 km N.

 L'Abricotier

» 2 rue Bergoeing, N 113
☎ 05 56 76 83 63
F. lundi, mardi à dîn. et 15 nov.-15 déc.
Jusqu'à 21h30.

Pas de circonvolutions chez Alain et Michèle Zanette : après dix-sept ans sous l'Abricotier, la ligne est bien tracée. Et l'on aime franchement bien ce style direct, ces intitulés qui ne dépassent pas la ligne, mettant l'essentiel en avant, le produit, aidé d'une technique sans faille : cassolette de petits gris aux pieds de porc confits, filets de maigre sur une fondue de fenouil, pièce de bœuf sauce bordelaise… Le risotto de casserons, l'alose et le canard aux kumquats dans un menu à 25 € : des affaires, il y en a ainsi jusqu'à la cave, évidemment régionale.
C : 40 €

LANGRES - 52200 (9 D 5)

Chaumont 35 - Vesoul 75

(11) Auberge des Voiliers H

» Lac de la Liez
☎ 03 25 87 05 74
F. lundi, mardi (sf réserv. groupes), dim. à dîn. (1er oct.-15 mai), 1er janv.-15 mars et 3-31 déc.
Jusqu'à 21h.

L'ancienne taverne des ouvriers bâtisseurs du barrage, en 1896, qui préparaient alors le plus grand lac artificiel d'Europe avec ses 285 ha, est devenue la guinguette la plus prisée du coin. La vue sur le lac est splendide, les aménagements, terrasse, véranda, la mettent en valeur, et les fourneaux ne refroidissent pas, friture d'éperlans, filet de brochet à l'ortie blanche et filet de canard aux poirottes des moissons, à extraire d'une carte avec photos traduite en trois langues. Et le bon chardonnay du Muids Montsaugeonnay est là, à tout petit prix, comme le champlitte et le gris de Toul. Des chambres agréables dans une partie hôtelière conçue comme un bateau de croisière.
C : 36 € • M : 20-40 € • 2 appart. 80-125 € • 8 ch. 45-70 € • 1/2 pens. 45-75 €
www.hotel-voiliers.com

Grand Hôtel de l'Europe

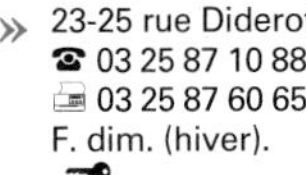
» 23-25 rue Diderot
☎ 03 25 87 10 88
03 25 87 60 65
F. dim. (hiver).

La grande maison en pierre remonte au XVIIe et en hérite de hauts plafonds qui renforcent l'impression d'espace dans les chambres. Confort actuel et décor en discret clin d'œil au passé (avec la toile de Jouy par exemple) pour ces chambres, aux couleurs personnalisées en fonction de l'étage.
26 ch. 48-74 € • 1/2 pens. 60-70 € *www.relais-sud-champagne.com*

LANGUIMBERG - 57810 (12 B 3)

Nancy 62 - Sarrebourg 18

 Chez Michèle

» ☎ 03 87 03 92 25
F. mardi à dîn., merc. (1er avril-1er oct.), lundi à dîn., mardi à dîn., merc. (2 oct.-30 mars) et 22 déc-10 janv.
Jusqu'à 21h.

Les escargots de Molring ou le granité au crémant d'Alsace sont à peu près les seules allusions au terroir. Pour le reste, dans ce pur cadre lorrain, la famille Poiré préfère emmener ses convives vers les rivages les plus divers : aubergines en caviar, thon en carpaccio aux senteurs de Provence, pennes à l'encre de seiche et gambas, filet d'agneau du Quercy en écrin d'herbes. Cela swingue bien d'une région à l'autre, la rhubarbe et la fraise s'épousent comme l'ananas, la noix de coco en émulsion et la mangue en sorbet. Cette adresse rassurante ne connaît pas de baisse de tension et chacun s'en réjouit.
C : 30 € • M : 17-65 €

LANNEMEZAN - 65300 (29 B 5)

Tarbes 32 - Bagnères-de-Luchon 54

Hôtel des Pyrénées

» 33 rue Diderot, R.G. Clemenceau
☎ 05 62 98 01 53
05 62 98 11 85

Malgré l'influence de la montagne pyrénéenne en panorama, l'hôtel délaisse les influences rustiques pour un coquet cadre romantique, dessus de lit et rideaux en dentelle.
30 ch. 39-54 €

LANNILIS - 29870 (13 B 2)

Quimper 99 - Brest 26

à LANDEDA - 29870 : 5 km N.O.

(11) Le Brennig

» L'Aber-Wrac'h
☎ 02 98 04 81 12
F. mardi et oct.-mars.
Jusqu'à 21h.

Une maison blanche et bleue, avec vue sur le port de l'Aber Wrac'h, ses bateaux de plaisance et de pêche...Voilà la carte postale de cette maison marine et bretonne, dans la déco comme dans l'assiette : kouign patates aux noix de pétoncle, pesked ha farz...C'est certes immuable mais bon et gentiment servi.
C : 35 € • M : 24-37 €

 La Baie des Anges

» 350 rte des Anges, l'Aber Wrac'h
☎ 02 98 04 90 04
02 98 04 92 27
F. janv.

Derrière l'apparent classicisme de la grande maison blanche XIXe sur la mer se cache un charme bien particulier. D'abord la baie est superbe, ensuite l'hôtel adopte un décor actuel, qui joue des influences marines pour mieux s'en échapper par quelques touches délicieuses. La plage est à une dizaine de mètres, la terrasse vous tend les bras. Petit-déjeuner gourmand.
2 appart. 164-266 € • 18 ch. 68-148 € *www.baie-des-anges.com*

à TREGLONOU - 29870 : 3 km S.O. par D 28

(10) Manoir de Trouzilit

» ☎ 02 98 04 01 20
F. lundi-jeudi (sf juil.-août).
Jusqu'à 20h30.

Des galettes de carte postale dans un manoir XVIe dont le domaine suit l'aber Benoît, au milieu de 30 ha de verdure, dont 10 d'un parc boisé. La crêpe, dans ce contexte, paraît forcément authentique, délicieuse, moelleuse, et la chef, à la solide formation en la matière, a de quoi en convaincre le visiteur. Une dizaine de chambres, certaines à l'esprit régional, d'autres nouvelles et contemporaines.
M : 14 € *www.manoir-trouzilit.com*

LANNION - 22300 (13 D 2)

Saint-Brieuc 66 - Morlaix 37

La Ville-Blanche

Cadre et ambiance

Dans une bâtisse blanche fleurie, sous ardoises, en longueur, au bord d'une route de campagne à quelques minutes de Lannion., deux jolies salles lumineuses, tableaux bretons, tables bien mises (nappes blanches, verres à eau de couleur, fleurs fraîches).

Cuisine

Jean-Yves Jaguin joue désormais sa partition en solo, depuis que son petit frère, dédié à la pâtisserie, a décidé de prendre le large. Cela n'a en rien écorné son inventivité et son savoir-faire : un foie gras poêlé escorté de betteraves rouges légèrement épicées qui rend heureux d'être témoin du mariage, un exceptionnel ris de veau, dans sa plus simple expression, cuisson splendide avec les primeurs de la région, une fraîche et naturelle gelée de citron vert et pamplemousse.

Cave

Une belle carte des vins, qui collationne les valeurs sûres : Hugel, Deiss, Huet, Faller, et quelques superbes flacons en bourgogne.

Accueil et service

L'accueil est toujours adorable, même si la maman Jaguin, l'âme de la maison, a choisi de prendre une retraite longtemps différée. Le service est bien huilé, compétent et souriant.

C : 58 € • M : 44-72 € www.la-ville-blanche.com

» La Ville-Blanche
☎ 02 96 37 04 28
F. dim. à dîn., lundi, merc., 18 déc.-28 janv. et 26 juin-3 juil.
Jusqu'à 21h30.

Manoir de Crec'h Gouliffern 

L'architecture robuste en pierre du pays fait des promesses de sérénité que le séjour ne dément pas, entre les fleurs omniprésentes et les touches rustiques du décor.

7 ch. 45-75 €

» Rte de Beg-Léguer
☎ 02 96 47 26 17
Fax 02 96 47 28 00
F. non comm.

LANVALLAY ➤ DINAN

LANVENEGEN ➤ LE FAOUET

LAON - 02000 (4 C 4)

Paris 140 - Amiens 120 - Reims 50

La Petite Auberge

Une typique auberge de boulevard, décrépie et sans grâce, devant laquelle on ne s'arrêterait pas sans prescription. Pas plus qu'on ne resterait dans ce décor provincial vieillot. Pourtant quelques détails - les rideaux japonisant façon kakemono, les tableaux contemporains, les tables bien espacées - donnent le ton de ce qui s'avère bien, et de loin, la meilleure table de la ville. Une cuisine assez recherchée, moderne, avec ses tartares de poisson, son bar et carpaccio de tête de veau, et quelques belles viandes que Willy-Marc Zorn présente en salle avec affabilité et aisance, soignant une clientèle captive qui n'a aucune raison de s'échapper, même si nous pensons qu'il faudrait davantage soigner les finitions. La cave est un atout considérable, construite avec érudition et passion, et bénéficiant de nombre de beaux flacons et millésimes anciens à tarifs très incitatifs.

C : 55 € • M : 19,90-41 € w.marc.zorn@wanadoo.fr

» 45 bd Brossolette
☎ 03 23 23 02 38
F. sam. à déj., dim. (sf fériés), lundi à dîn., 2 sem. août, 1 sem. vac. scol. fév. et 1 sem. vac. scol. Pâques.
Jusqu'à 21h30.

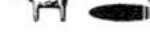

➲ à **SAMOUSSY** - 02840 : 8 km N.E. par D 977

Relais Charlemagne

» 4 rte de Laon
☎ 03 23 22 21 50
F. dim. à dîn., lundi, merc. à dîn et 1re quinz. août.

La réputation de Jean-Pierre Evra devrait lui donner une fierté légitime. Le village n'est pas immense, à dix minutes de Laon, mais le week-end, il affiche souvent complet, sans tourisme, sans cars japonais, avec son métier, ses classiques, son savoir-faire. Alors la toque bien sûr, et toujours, pour le panaché de poisson beurre blanc, le filet de bœuf façon Rossini et la tarte aux pommes, même si l'on aimerait pouvoir choisir une entrée à la carte sans foie gras ni homard. Petite cave ultra-classique, service aux petits soins.

C : 58€ • M : 25-50€ *www.lerelaischarlemagne.fr*

LAPALISSE - 03120 (26 C 2)

Moulins 50 - Vichy 23

Galland

» 20 pl de la République
☎ 04 70 99 07 21
F. dim. à dîn. (h.s., juin-août), lundi, 20 fév.-15 mars et 27 nov.-11 déc.
Jusqu'à 21h.

Choisir Galland lorsqu'on est à portée de flèche du château médiéval équivaut à une lapalissade. Une évidence, que l'élection de cette digne maison bourgeoise à la façade lumineuse et bien fleurie. Tout respire le bon sens et le sérieux, le décor aux teintes claires et la cuisine bien peignée de Jean-Marc Duparc. En attendant l'immanquable chariot de desserts, on se distrait à la mode classique et régionale d'une salade gourmande aux langoustines, vinaigrette crémée au xérès, un pavé de sandre aux senteurs d'hydromel fort bien accompagné ou d'un pavé de charolais à la lie de saint-pourçain rouge. Accueil élégant de la maîtresse de maison, cave assez complète mettant en valeur les saint-pourçain.

C : 55€ • M : 24-48€

LAPLUME ➤ AGEN

LAPOUTROIE - 68650 (10 B 4)

Colmar 20 - Strasbourg 81

Faudé R

» 28 rue du Gén-Dufieux
☎ 03 89 47 50 35
Fax 03 89 47 24 82
F. 12-31 mars et 6-24 nov.

Au-delà du cadre soigné (près de la moitié des chambres ont été rénovées l'an dernier, dans un décor harmonieux et personnalisé) ou de l'équipement agréable (piscine, jacuzzi, etc.), on apprécie la gentillesse qui règne dans cette affaire familiale. En version gastronomique au Faudé Gourmet (saint-pierre aux asperges vertes sauce basilic, pommes de ris de veau façon baeckeoffe) ou en version terroir au Grenier Welsche, la cuisine témoigne d'un même soin. Belle carte des vins.

2 appart. 119-167€ • 29 ch. 59-95€ • 1/2 pens. 70-101€ • C : 45€ • M : 20-75€ *www.faude.com*

LARAGNE MONTEGLIN - 05300 (33 D 3)

Avignon 201 - Gap 40

L' Araignée Gourmande

» 8 rue de la Paix
☎ 04 92 65 13 39
F. mardi à dîn. et merc.
Jusqu'à 21h30.

Le bon rustique familial est désormais en filigrane avec l'arrivée d'un jeune chef-propriétaire bien décidé à bousculer les habitudes, sans pour autant déboussoler les fidèles de l'agneau de Sisteron, qu'il propose dans un gigot en coûte d'herbes, au milieu d'une carte qui reste fidèle, sinon aux recettes de grand-mère, du moins aux produits régionaux et aux parfums des herbes du pays (terrine de brousse, grenadin de jarret de veau braisé au citron et romarin). Laissons lui le temps de s'installer en surveillant de près son évolution, dans un décor lui aussi bien rafraîchi, nappage et rideaux notamment.

C : 30€ • M : 13-40€

LARÇAY ➤ TOURS

LARDIERS ➤ SAINT ETIENNE LES ORGUES

LARGENTIERE - 07110 (27 C 5)

Largentière 10 - Aubenas 15

 Le Chêne Vert

Dans cette ancienne magnanerie aux pierres chaleureuses règne une plaisante atmosphère ardéchoise, en accord avec le paysage. Chambres bien actualisées, aux couleurs sympathiques.
25 ch. 52-71 € • 1/2 pens. 47-61 € www.hotellechenevert.com

» Rocher
☎ 04 75 88 34 02
04 75 88 33 85
F. 1er nov.-1er avril.

➲ à VINEZAC - 07110 : 10 km E.

 La Bastide du Soleil

Au cœur de ce village classé (la terrasse donne sur la place centrale), la maison marie avec bonheur les vieilles pierres XVIIe et un décor contemporain aux couleurs agréables. Les parfums du sud sont bien servis par le chef, avec la crème de romarin et le piment d'Espelette sur les cannellonis de volaille ou les raisins de Corinthe et épices sur les noix de pétoncles.
5 ch. 86-130 € • 1/2 pens. 81-102 € • C : 48 € • M : 23-45 €
www.chateauxhotels.com/bastidesoleil

» Le Bourg
☎ 04 75 36 91 66
04 75 36 91 59
F. mi-nov.-mi-mars.

LARMOR PLAGE - 56260 (13 D 5)

Vannes 63 - Lorient 5 - Quimper 72

 Les Mouettes H

La grande maison blanche se niche dans les dunes de l'anse de Kerguélen, site naturel protégé, et ouvre largement sur la mer. En écho, la décoration se fait lumineuse et épurée, avec juste la touche plus sombre du mobilier et des jeux de stores. D'une carte marine courte et actuelle, on extrait sans peine de jolies assiettes élaborées, la laitue farcie de chair de tourteau et coulis d'étrille safrané ou le filet de merlu émulsion à la badiane. Desserts un peu en retrait, service à l'efficacité discrète et attentive, ambiance décontractée-feutrée et tarifs compétitifs. Compte tenu de la situation et de leur confort, les chambres constituent également une étape recommandable.
C : 44 € • M : 21-46 € • 21 ch. 69-79 € www.lesmouettes.com

» Anse de Kerguélen
☎ 02 97 65 50 30
Ouv. 7j/7.
Jusqu'à 21h30.
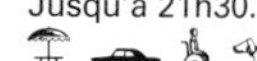

LARRAU - 64560 (23 C 6)

Pau 78 - Saint-Jean-Pied-de-Port 47

 Etchemaïté H

Le lecteur attentif aura l'impression que nous nous répétons : tant pis. Car il faut, une nouvelle fois, enfoncer le pieu dans la terre pyrénéenne : cet hôtel-restaurant familial est un modèle d'auberge à la montagne, une sorte d'offrande au voyageur que l'on requinque dans une maison de plus en plus accueillante. Pierre et Martin, son frère en salle, proposent une carte un peu "camdebordienne" : très près du terroir et pourtant très personnelle, inventive, vivifiante, avec la ballottine de poule farcie au chou farci, le chaud-froid de foie gras de canard, l'épaule d'agneau braisée et piquillos farcis d'axoa. Ce n'est évidemment pas un hasard de trouver une cave bien triée dans sa région (irouléguy, jurançon), comme dans les vins de propriétaires d'ailleurs (Tour Haut Caussan, Lapierre, Barral, Canet Valette…)
C : 45 € • M : 18-54 € • 16 ch. 43-58 € • 1/2 pens. 43,50-52,50 €
www.hotel-etchemaite.fr

» ☎ 05 59 28 61 45
F. dim. à dîn., lundi (nov.-avril sf résidents) et 8 janv.-11 fév.
Jusqu'à 20h45.

LARRESSINGLE ➤ CONDOM

LASCABANES - 46800 (29 D 2)

Cahors 19 - Moissac 45

14 Domaine de Saint-Géry H

» ☎ 05 65 31 82 51
F. 1er janv.-15 avril et 2 oct.-31 déc.
Jusqu'à 21h30.

Non, vous ne rêvez pas. Cette maison, par ailleurs ouverte seulement cinq mois et demi dans l'année (mais si les lieux sont absolument magnifiques, ils sont également bien loin des sentiers battus), ne propose qu'un seul et unique menu, par ailleurs facturé à près de 90 € ! Mais pour ce prix là, sont compris les vieilles pierres de cette ferme en pierres blondes, les tuiles romanes, la terrasse couverte, le mobilier superbe, le service déférant, la vue magique sur la campagne et les produits au top sélectionnés (et généreusement servis) par Patrick Duler : foie gras rôti sauce aux câpres, filet mignon de cochon gascon grillé à la cheminée et ragoût de châtaignes, crumble de fruits d'été et sorbet de fraises mara des bois à la cardamome. La carte des vins suit les mêmes principes, belles bouteilles mais prix aristocratiques. Chambres de très grand standing, meublées d'ancien et ouvrant sur des terrasses privatives, piscine chauffée et salle de fitness.
M : 79 € • 1 appart. 374 € • 4 ch. 175-291 € • 1/2 pens. 194-243 €

www.saint-gery.com

LASTOURS ➤ CARCASSONNE

LATTES ➤ MONTPELLIER

LAURET ➤ SAINT MATHIEU DE TREVIERS

LAUTREC - 81440 (30 B 4)

Albi 42 - Castres 16

12 Le Garde Pile

» Combelasse
☎ 05 63 75 34 58
F. lundi, mardi, merc. et jeudi (sf groupe) et juil.

Le simple décor rustique de cette maison tricentenaire dit l'essentiel, de la modestie et de la sincérité, qui animent le travail de Thierry Bardou : sa cuisine est connectée directement au terroir, la soupe à l'ail rose de Lautrec, la charcuterie, la pintade aux morilles ou l'épaule d'agneau farcie, que l'on croise au hasard d'une batterie de menus bien étagés. Intransigeante cave de gaillacs qui met logiquement le vignoble local à l'honneur.
M : 17-31,50 €

LAUZERTE - 82110 (29 D 2)

Agen 53 - Cahors 39

12 Le Luzerta H

» Lieu-dit Vignals
☎ 05 63 94 64 43
Ouv. 7j/7.
Jusqu'à 21h30.

Un restaurant plaisant au pied d'un très joli village médiéval et dont les nouveaux propriétaires (depuis le 15 octobre 2005), Patrice et Nathalie Sivigny, ne sont pas tout à fait des inconnus (Patrice étant chef ici depuis 15 ans). Pas de gros changement à attendre donc, une cuisine toujours simple et fraîche, fricassée d'escargots au magret fumé, flan de foie gras au coulis de langoustine, civet de joues de porc au saint sardos. Chambres aménagées dans un charmant petit ensemble de chalets autour de la piscine.
M : 11-35 € • 20 ch. 34-42 € • 1/2 pens. 54-80 €

www.hotel-quercy.com

Parking privé. Parking fermé. Voiturier.

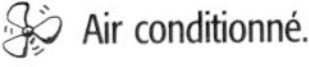

Cave à cigares. Air conditionné. Tennis privé.

LAVAL - 53000 Plan P. 435 (16 A 2)

Rennes 75 - Angers 78

Le Bistro de Paris

» 67 rue du Val-de-Mayenne
☎ 02 43 56 98 29
F. sam. à déj., dim. à dîn., lundi et 1er-25 août.
Jusqu'à 22h.

C'est une cuisine de MOF, reconnue, presque admirée par tout le département. Sa justesse, sa modestie tarifaire, ont fait de cette table une championne, et Guy Lemercier un chantre du savoir-faire hexagonal. Alors, dans cette salle aux allures de bistrot chic et intime, la déception reste à la porte, car les assiettes sont en concordance parfaite avec ce style de compagnon du devoir : la poêlée de ris de veau et crevettes, la lotte en escalopine, asperges et pétoncles, le macaron moelleux au chocolat guanaja attirent les compliments des Lavallois. Service juste, cave équitable et variée avec quelque trois cents références.

C : 41 € • M : 25-45 € *bistro.de.paris@wanadoo.fr*

Grand Hôtel de Paris

» 22 rue de la Paix
☎ 02 43 53 76 20
Fax 02 43 56 91 83
F. 22 déc.-3 janv.

Un bon classique non loin de la Mayenne, pour faire étape dans de bonnes conditions de confort en centre ville.

39 ch. 58-100 € *www.hotel-de-paris-laval.fr*

au GENEST SAINT ISLE - 53940 : 11 km O. par D 576

Restaurant Le Salvert

» Rte d'Olivet
☎ 02 43 37 14 37
F. dim. à dîn., lundi (sf fériés), mardi à dîn. (1er-nov.-31 mars ouvert sur réserv. seult), 3 sem. janv. et 1 sem. déb. nov.
Jusqu'à 21h.

Le cadre est un premier atout, dans une maison traditionnelle qui domine un étang. La bonne impression se confirme à l'intérieur, avec un cadre clair, un accueil souriant et des attentions agréables, comme les efforts sur la carte des vins ou la gelée de pomme maison sur le fromage. La cuisine emporte l'adhésion, avec des plats gourmands et soignés (généreuses tagliatelles aux champignons sauvages, pigeonneau avec sa cuisse farcie au boudin noir) voire ludiques (crème brûlée au riz à la rhubarbe).

C : 38 € • M : 17-33,50 € *www.le.salvert.monsite.wanadoo.fr*

LE LAVANDOU - 83980 (34 A 6)

Toulon 39 - Sainte-Maxime 42

Le Sud

» Av des Trois-Dauphins
☎ 04 94 05 76 98
F. à déj. du 1er juil.-31 août (sf dim.)
Jusqu'à 22h.

On ne va pas faire une thèse là-dessus, mais il est indiscutable qu'un aussi bon cuisinier que Christophe Pétra, qui compte autant d'amis que de bons clients et peut se permettre d'être ouvert à l'année parce que le haut niveau ne court finalement pas les plages, c'est hors saison qu'il faut aller le voir. Avant juillet, après août. Ce n'est pas seulement le chef qui est détendu, mais aussi le cappuccino de pétoncles, cèpes et truffes, le risotto de rascassons qui a vraiment du soleil et de l'arôme, le lapin confit quatre heures et polenta aux pignons. Une vraie cuisine dans ce décor provençal soigneusement protégé, c'est un bonheur moins facile à manipuler dans la chaleur et l'affluence de l'été. Cave riche et intéressante en crus provençaux.

M : 59 €

13 Chez Jo

» Cavalière
☎ 04 94 05 85 06
Rens. non comm.

Quand les touristes ne sont plus là pour profiter du pittoresque du lieu (plage naturiste, minuscule terrasse et gril de fortune), Jo continue à ramener le poisson et à cuire des beaux-yeux, des pageots, des sars. Plus qu'un métier, un destin, dont on profite sans réserve, et sans chichis - vous avez le droit de garder le maillot - entre initiés sur cette plage du Layet, à l'accès pas facile, mais que tout le monde connaît dans le coin.

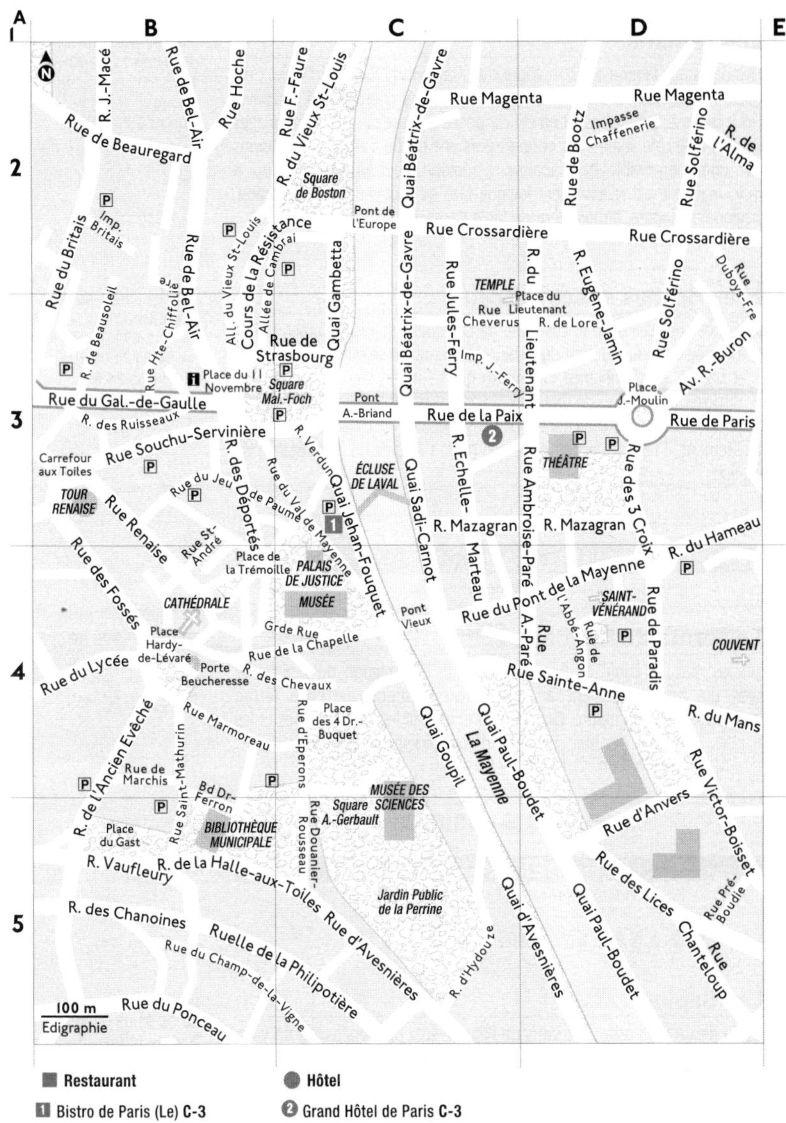

Restaurant **Hôtel**

1 Bistro de Paris (Le) **C-3**

2 Grand Hôtel de Paris **C-3**

13 Le Relais du Vieux Sauvaire

» Rte des Crêtes
☎ 04 94 05 84 22
F. oct.-avril.

Goûter cette pizza, c'est un peu comme voir Il était une fois en Amérique : on pleure parce qu'on sait qu'on ne verra jamais mieux dans le genre. Le reste peut presque apparaître banal : les côtes d'agneau, les gambas, et depuis cette année, le tartare de thon et le carpaccio, plutôt bons. Né il y a quarante ans du coup de génie du padre sicilien - toujours là, bon pied bon œil - ce coin des Maures au panorama incomparable sur la mer et les îles produit depuis ses débuts une pizza et une tarte (pommes-citron) véritablement d'anthologie. On boit Jasson, en rosé ou en blanc en écoutant les cigales.

C : 28 € • M : 19,50-35 € *roland.gallo@free.fr*

13 Les Tamaris

» Plage de Saint-Clair
☎ 04 94 71 02 70
F. mardi, (à déj. saison), mi-nov.-déb. fév.
Jusqu'à 22h30.

Alors, les pâtes aux langoustes ? Toujours chez Raymond ! Raymond Viale, c'est le pêcheur-restaurateur, il a ses bateaux, il sait ce qu'il cherche et il le trouve. Sur la jolie terrasse, prise d'assaut en été car posée sur une des plus jolies plages de cette partie de côte, il offre aux connaisseurs une pêche d'enfer, des chapons farcis et une mémorable bouillabaisse. L'addition peut porter un coup à l'estomac, mais elle est relativement logique face au tout-venant de la station. Cave régionale adaptée, atmosphère de table vacancière chic.
C : 45 €

Les Roches et ses Bateaux

» Aiguebelle, 1 av des Trois-Dauphin
☎ 04 94 71 05 07
04 94 71 08 40
F. 2 janv.-24 fév.

Les roches, ce sont celles de la calanque dans laquelle se niche l'hôtel, face à la mer, à portée de main au bout du jardin. Les chambres se parent de tonalités jaunes et bleues, une ambiance lumineuse qui se marie bien à la vue mer. L'hôtel dispose d'un parc de bateaux, location possible avec skipper. Au restaurant, un nouveau jeune chef installe ses spatules avec l'ambition propre à l'établissement. Il faudra un peu de temps pour s'assurer de la constance de la prestation.
5 appart. 620-1380 € • 39 ch. 240-560 € • 1/2 pens. 90 € • C : 80 € • M : 71-92 € *www.hotelprestigeprovence.com*

LAVANS VUILLAFANS - 25580 (21 C 4)

Besançon 33 - Pontarlier 35 - Ornans 15

12 La Ferme du Rondeau H

» ☎ 03 81 59 25 84
F. lundi (hors vac. scol.) et 1er déc.-mi-janv.

Charcuteries maison, confit de foie de chevreau, filet mignon de sanglier et fromages du Jura participent à l'authenticité rustique de cette ferme franc-comtoise en pleine nature. Du bio naturel qui fait les vrais légumes et les douces nuits, dans une des huit chambres d'hôtes fidèles au style maison.
C : 32 € • M : 20-29 € • 8 ch. 41-60 € • 1/2 pens. 16 €
www.ifrance.com/fermerondeau/

LAVAUDIEU ➤ BRIOUDE

LAVELANET - 09300 (30 A 6)

Foix 27 - Carcassonne 71 - Castelnaudary 53

à NALZEN - 09300 : 6 km O. sur D 117

11 Les Sapins

» Ham-Conte
☎ 05 61 03 03 85
F. dim. à dîn., lundi et merc. à dîn.
Jusqu'à 21h.

La solitude des grands espaces ? Vous ne l'éprouverez pas longtemps en vous réfugiant dans ce repaire tonique au croisement des sentiers cathares, à la lisière d'une sapinière. Et Jean Cazorla est un guide de la bonne tradition ariégeoise, avec l'échine de porc du pays en salade, l'agneau rôti et craquant de légumes, la panse de veau braisée. Bon menu à 24 **€**, cave bien renseignée en languedoc (Castelmaure, Haut-Gléon, L'Hortus…).
C : 36,70 € • M : 14-43 €

Prix des appartements : la fourchette de prix correspond au tarif journalier pour 1 personne seule, et maximum pour 2 personnes.

Prix à la carte : correspond au prix moyen à la carte (entrée, plat + dessert).

LAVENTIE - 62840 (1 D 3)

Arras 49 - Lille 33

Le Cerisier

Caché dans un village discret et résidentiel, ce Cerisier a de beaux fruits : une cuisine généreuse par un chef précis qui respecte le poisson, profite d'un arrivage de qualité et joue sur les saveurs sucré-salé avec une maîtrise acquise en quinze ans d'exercices. La carte évolue bien, thon et citron confit, rouget-barbet aux passe-pierre et crème de fèves, sole soufflée aux champignons des bois, le service est précis et les desserts bien tournés (feuilleté framboises glace caramel-pistache). Les redoutables tarifs à la carte rendent les menus attractifs, la cave est fort bien pourvue en toutes régions.

C : 70 € • M : 29-66 € *www.lecerisier.com*

» 3 rue de la Gare
☎ 03 21 27 60 59
F. sam. à déj., dim. à dîn., lundi, vac. scol. fév. et août.
Jusqu'à 21h.

LE BREUIL EN BESSIN ➤ BAYEUX

LE DORAT - 87210 (25 A 2)

Paris 370 - Limoges 53 - Guéret 68 - Bellac 13

La Promenade

La belle maison de Bernard Penot ni craint ni les cyclones, ni les assauts du temps. On vient y goûter une cuisine toute simple, bonne comme du bon pain : rillettes d'oie, molettes, truite aux amandes ou entrecôte aux herbes, en profitant de la gentillesse du personnel.

C : 25 € • M : 11,30-33 €

» 3 av de Verdun
☎ 05 55 60 72 09
F. dim. à dîn., lundi, 1er-21 sept. et 1er-15 janv.
Jusqu'à 20h15.

LE FAOUET - 56320 (13 D 4)

Lorient 30 - Carhaix-Plouguer 32 - Quimper 53

à LANVENEGEN - 56320 : 6 km S.O. par N 782 et D 177

Auberge de Kérizac

L'attrait de la campagne au pays du Roi Morvan ? Oui mais avant tout, le plaisir d'une maison simple et accueillante. Des hôtes souriants, qui ne font pas ce métier par dépit et en râlant, c'est parfois un avantage. Alors, sans même tourner la langue sept fois dans la bouche, tout nous va, la salade de chèvre comme les œufs cocotte aux cèpes, le jambon braisé comme le poulet à la Coreff.

C : 18 € • M : 13,50-30 € *www.aubergeetfermeauberge.com*

» Kérizac
☎ 02 97 34 44 57
F. lundi (15 juin-15 sept.) et h.s. (sf w.-e. sur réserv. et groupes).
Jusqu'à 21h15.

LE POINÇONNET ➤ CHATEAUROUX

LE POULIGUEN ➤ LA BAULE

LE POUZIN ➤ PRIVAS

LE RHEU - 35650 (14 C 4)

Quimper 207

La Muse Bouche

C'est une grosse bâtisse blanche sous ardoises, banale, dans un style motel en bordure de route, dans la proche banlieue rennaise. Soizic Maréchal, l'une des très rares cuisinières de la région, a repris ici une vitesse de croisière de bon aloi. La salle arrière où les nombreux tapis tentent de cacher la moquette est ouverte sur un petit jardin. Sur les jolies tables en bois recouvertes de sets, la cuisine délurée joue volontiers la carte sud avec ses raviolis de langoustines aux

» 61 bis Route Nationale
☎ 02 99 14 60 14
F. dim.
Jusqu'à 21h30.

notes exotiques (agrumes, gingembre...), un beau homard rôti accompagné d'une fleur de courgette astucieusement farcie de blé noir, et des dessert de même facture. Sélection de vins au verre mais trop peu de demi-bouteilles.
C : 46 € • M : 24,50-48 € www.restaurant-la-muse-bouche.com

LECTOURE - 32700 (29 C 3)

Auch 35 - Agen 36

Jean-Luc Arnaud

» Rue Lagrange
☎ 05 62 68 82 44
F. dim. à dîn., lundi, mardi à déj. et 20 déc.-1er fév.
Jusqu'à 21h30.

➥ **Hôtel** : Le Bastard
Confortablement installé dans une salle à manger élégante (nappes blanches et vue sur la campagne), on apprécie à sa juste valeur un travail de qualité, qui témoigne sans faille que Jean-Luc Arnaud sait mettre en valeur sa Gascogne, entre la tarte Mona-Lisa (pomme de terre, foie gras et aillet), le suprême de volaille poché (beau moelleux de la viande) à la crème de foie gras et le monumental (dans tous les sens du terme) soufflé aux pruneaux et à l'armagnac (alcool très présent). Le service est au diapason, glissant discrètement sur le beau plancher ancien (XVIIIe, comme la maison, et rénové l'an dernier).
C : 56 € • M : 28-60 € www.hotel-de-bastard.com

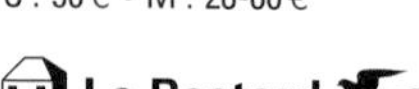

Le Bastard

» Rue Lagrange
☎ 05 62 68 82 44
05 62 68 76 81
F. 20 déc.-1er fév.

➥ **Restaurant** : 14/20 Jean-Luc Arnaud
Gardé par ses hauts murs, l'hôtel, maison XVIIIe classée, apparaît comme un havre de luxe feutré à deux pas de la cathédrale, avec sa terrasse largement ouverte sur la campagne et ses chambres intimes au confort soigné.
2 appart. 45-70 € • 27 ch. 45-70 € • 1/2 pens. 53-72 €
www.hotel-de-bastard.com

LEERS ➤ ROUBAIX

LEGE CAP FERRET - 33970 (23 C 3)

Bordeaux 67 - Arcachon 73 - Lacanau-Océan 57

(11) La Cabane

» 58 b av de l'Océan
☎ 05 56 54 50 67
F. dim. à dîn. (1er janv.-30 mars, 30 sept.-31 déc.) et lundi, mardi, merc. (15 sept.-15 juin).
Jusqu'à 0h30.

Le décor s'est rafraîchi, en marron et blanc, pour mieux coller à la vocation chasse et terroir du lieu. Certes l'océan est là et la cigale de mer fait bon effet, mais la vérité de cette Cabane est dans de belles volailles ou objets à plumes ou à poils grillés ou rôtis à la cheminée : "carcasse royale", de canard avec cèpes, magret, foie gras chaud, palombe grillée en crapaudine flambée au gras de jambon, trio de nems du Périgord (canard et foie gras).
C : 45 €

(10) Chez Hortense

» Av du Sémaphore
☎ 05 56 60 62 56
F. oct.-mars.
Jusqu'à 22h15.

Maison de famille et de fidélité. Bernadette Lescarret tient cette cabane de pêcheurs à la suite de sa mère et de sa grand-mère, et François Lafitte les fourneaux après avoir succédé à ses oncles. Pour le bonheur simple des huîtres, des moules maison et du bar grillé dans le décor naturellement authentique face au bassin d'Arcachon.
C : 40 €

➤ Pinasse Café

» 2 bis av de l'Océan
☎ 05 56 03 77 87
F. 11 nov.-1er mars.
Jusqu'à 23h.

Transformée en restaurant en 1993, cette maison bourgeoise typiquement arcachonnaise ouvre en Cinémascope sur la dune du Pyla, Arcachon et l'île aux Oiseaux. Poissons et fruits de mer en vedette (friture de calamars sauce tartare, pavé de cabillaud en écaille de chorizo, papillote de moules aux aiguilles de pin...)
C : 36 € • M : 20-31,50 € pinasse.cafe@wanadoo.fr

 Sail Fish Restaurant

» Rte de la Pointe
☎ 05 56 60 44 84
F. oct.-avril.
Jusqu'à 23h30.

Dans cette cabine de bateau branchée installée contre les dunes, qui se transforme en discothèque après dîner, le gratin régional et les peoples de passage viennent régulièrement se colleter avec l'aloyau grillé dans la cheminée de sept mètres de large, le tajine de daurade ou le croustillant de gambas.

C : 40 € www.chezgreg.fr

 La Maison du Bassin R

» 5 rue des Pionniers
☎ 05 56 60 60 63
Fax 05 56 03 71 47
F. 2 janv.-4 fév.

Un délice d'hôtel, intime, bercé du parfum du large et à la décoration délicieuse, avec une foule de détails charmeurs qui signent des ambiances très personnelles. Les chambres de l'annexe y ajoutent un espace plus généreux et largement ouvert sur le bassin. Ambiance bistrot branchée au restaurant, avec une cuisine aussi alerte que le service, autour des fruits de mer et des poissons du coin et d'un désormais célèbre buffet de desserts.

1 appart. 300 € • 11 ch. 80-200 € • C : 40 € • M : 25-39 €
www.lamaison-dubassin.com

 Pins

» 23 rue des Fauvettes
☎ 05 56 60 60 11
Fax 05 56 60 67 41
F. 1er janv.-15 mars et 15 nov.-31 déc.

Style colonial et jardin abondamment fleuri pour cet hôtel construit dans les Années 20. Décor en rapport, jusque dans les chambres.

14 ch. 43-72 € • 1/2 pens. 49-66 €

LEMBACH - 67510 (10 C 1)

Strasbourg 59 - Wissembourg 15

16 Auberge du Cheval Blanc

» 4 rue de Wissembourg
☎ 03 88 94 41 86
F. à déj. lundi, mardi, vend., 23 janv.-10 fév. et 21 août-8 sept.
Jusqu'à 21h.

➥ **Hôtel :** Auberge du Cheval Blanc

Cadre et ambiance

Tout au nord de la région, la maison des Mischler est une parfaite incarnation de l'hôtellerie alsacienne de grand standing. Une façade presque anodine, une vaste salle à manger, dans le style conservatoire, mais assez émouvante.

Cuisine

Fernand Mischler et son fils Franck servent avec zèle et talent la gastronomie régionale, avec le meilleur des produits, une attention de tous les instants et une technique hors pair. Le résultat est le plus souvent impressionnant de maîtrise : langoustines, saint-jacques et huîtres pressées à l'eau de mer, cappuccino de homard, émulsion à l'échalote au vinaigre de vin rouge, sandre à l'anguille fumée, poireau acidulé, sauce mousseuse au raifort, côte de veau épaisse poêlée, mitonnée de ris de veau et morilles. Desserts presque régressifs, avec les traditionnelles crêpes au kirsch ou la palette de sorbets et soupe de fruits de saison.

Cave

L'une des plus complètes de toute l'Alsace et commentée par un sommelier chevronné, Bernard Reiss.

Accueil et service

La maison est prestigieuse mais ne le fait pas vraiment sentir. On pourrait presque venir en tongs et un en short que personne ne s'en offusquerait. Service plutôt décontracté, presque bon enfant.

M : 34-89 € www.au-cheval-blanc.fr

	Accessible aux handicapés.		Piscine privée.
	Carte des vins remarquable.		Repas servis en terrasse ou dans un jardin.
	Tennis privé.		Chiens acceptés.

13 D'Rössel Stub

Chez les Mischler, ni le presskopf, ni la choucroute, fussent-ils servis dans la winstub, ne peuvent prendre l'air bonasse d'un graillon régional. La carte, physiquement, fine pellicule mate aux tons ocre, signe l'incorrigible élégance maison. Et son contenu, revu par Fernand et son fils Franck, peut servir de référence aux écoles hôtelières : quenelles de brochet sauce crustacés, caille en croûte farcie au foie gras, vacherin glacé. Bon choix d'Alsace issu de la formidable cave du Cheval Blanc, aussi futée pour trouver le riesling de la cave de Cleebourg que la petite syrah de Courbis à 16 **€**.
C : 35 € • M : 26 € *www.au-chevalblanc.fr*

» 3 rte de Woerth
☎ 03 88 94 41 86
F. merc., jeudi et 23 janv.-10 fév.
Jusqu'à 21h.

Auberge du Cheval Blanc

➥ **Restaurant** : 16/20 Auberge du Cheval Blanc
L'allure générale, héritée du relais de poste né au XVIIIe siècle, est typique, avec les colombages et le grès rose. On retrouve ces influences anciennes à l'intérieur, avec mobilier de style, mais la famille Mischler, en place depuis bientôt un siècle, n'a pas oublié de moderniser ce patrimoine, comme en témoignent les chambres, qui jouent avec ces éléments (les poutres apparentes, le grès au sol…) pour des ambiances modernes et claires.
5 appart. 138-199 € • 1 ch. 107 € *www.au-cheval-blanc.fr*

» 4 rue de Wissembourg
☎ 03 88 94 41 86
Fax 03 88 94 20 74
Ouv. 7j/7.

LENCLOITRE - 86140 (22 C 2)

Poitiers 29 - Châtellerault 18 - Richelieu 24

14 Champ de Foire

Bien sûr, on peut toujours, pour étayer notre enthousiasme devant les performances répétées de Richard Toix, chef de village que l'on a vu progresser chaque année depuis dix ans, citer quelques plats du moment. Mais la carte change chaque semaine et il y a peu de chances que le vent saisonnier ne les ait pas chassés au moment de votre visite. Non qu'il soit un créateur illuminé - les intitulés sont même assez sages - mais il prend le plus grand soin du produit, et ne travaille que dans la fraîcheur du marché la tête de veau comme le biscuit de homard et saint-jacques, la mousseline de morue comme le filet de veau aux morilles. Une cuisine juste, personnelle, qui ne fait pas de remous. Petite cave bien cadrée, pointue en loire, accueil souriant et au ton juste de Laure, l'épouse du chef.
M : 19-42 € *champdefoire@wanadoo.fr*

» 18 pl du Champ-de-Foire
☎ 05 49 90 74 91
F. dim. à dîn., lundi, mardi (sf juil.-août), vac. scol. fév., 16-31 août et 22-26 déc.
Jusqu'à 21h15.

LENS - 62300 (1 D 4)

Arras 19 - Lille 34

12 L'Arcadie II

Hervé Wacquiez poursuit les aménagements de la coquette salle du centre, seul rendez-vous gastro pour cette vaste agglomération lensoise. L'ancien chef-cuisinier de la mairie a une bonne main, et son menu-découverte à 28 **€** est joliment articulé, avec ce qu'il faut d'apprêts tradi et de modernité : marbré de sandre et girolles confits, chartreuse d'écrevisses et soupe de grenouilles à l'ail fumé de Sailly, filet de porc poêlé à la Goudale, crème au thé vert et réglisse. La toque devrait naturellement se poser l'an prochain.
C : 52 € • M : 25-40 €

» 13 rue Decrombecque
☎ 03 21 70 32 22
Ouv. 7j/7.
Jusqu'à 21h30.

↻ à BULLY LES MINES - 62160 : 8 km O.

13 A l'Enfant du Pays

» 152 rue Roger-Salengro
☎ 03 21 29 12 33
F. dim. à dîn.
Jusqu'à 22h.

La fierté nordiste, c'est la chaleur et l'esprit de famille. L'enfant du pays, c'est le copain de tout le monde, c'est celui qui aime l'andouillette au genièvre ou le steak américain, c'est celui qui sait rire et chanter en chœur, supporter de Lens, de Lille, des Flandres ou de Dunkerque. C'est cette ambiance solidaire que vous croiserez dans cette auberge d'atmosphère, autour d'une cuisine toujours aussi sincère et fignolée. Jolie cave à tarifs doux sur la plupart des régions.
C : 35 € • M : 10-29 € www.enfantdupays.com

LES PILLES ➤ NYONS

LESPIGNAN ➤ BEZIERS

LESTELLE BETHARRAM - 64800 (23 D 6)

Pau 25 - Lourdes 17

12 Le Vieux Logis H

» Rte des Grottes
☎ 05 59 71 94 87
F. dim. à dîn., lundi (h.s.), lundi à déj., 28 oct.-2 nov., 22-31 déc. et 1er-29 fév.
Jusqu'à 21h.

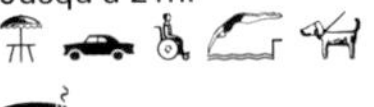

Lourdes, à quinze minutes de là, ne manque pas de capacité d'accueil, mais le pèlerin avisé trouvera là, non seulement le réconfort de la campagne dans une atmosphère souriante et authentique, mais aussi une cuisine de chef d'une grande netteté, puisant dans le terroir avec puissance et sensibilité : jardinière de printemps parsemée d'andouille béarnaise, magret fumé et miches noires, sole entière au fumet de jurançon, porc noir gascon à la graine de moutarde et haricots tarbais. Francis Gaye va bien plus que le métier : il connaît sa maison et sa région. Cave généraliste avec de bons jurançons (Bru-Baché, Bordenave) et une fine sélection de petits bordeaux.
C : 45 € • M : 25-36 € • 36 ch. 41-68 € • 1/2 pens. 60-70 €
www.hotel-levieuxlogis.com

LEUCATE - 11370 (31 D 5)

➤ La Closerie

» 101 bis av Jean-Jaurès
☎ 04 68 40 07 91
Rens. non comm.

Une grande table d'hôtes au décor choisi, bibelots, souvenirs, rencontres, avec un patio charmant pour des conversations douces et secrètes. Philomène de Bétencourt travaille simplement et avec subtilité le produit frais et régional, les escargots de mer au grenache, les palourdes persillées ou le turbotin grillé.

LEUTENHEIM - 67480 (10 D 1)

Strasbourg 41 - Haguenau 22 - Karlsruhe 48

12 Auberge Au Vieux Couvent

» 4 rue de Koenigsbruck
☎ 03 88 86 39 86
F. lundi, mardi, 2 sem. fin janv.-déb. fév., 2 sem. fin août-1re sem. sept. et 1 sem. Noël.
Jusqu'à 21h30.

Une belle maison alsacienne datant du XIXe siècle et en cours d'aménagement : la grange attenante est rénovée pour une inauguration courant 2006 et le jardin sera prochainement accessible à la clientèle, qui pourra profiter à loisir de la Sauer, qui coule le long de la propriété. Damien Hirschel, déjà propriétaire auparavant, gère désormais également les cuisines, dans un registre intéressant ; crème légère de cresson en cappuccino de fenouil, daurade cuite sur peau, lasagne de fenouil et citron confit, jarret d'agneau cuit dans une pâte à pain, carottes au cumin.
C : 31 € • M : 7,70-36 €

LEVALLOIS PERRET ➤ PARIS-BANLIEUE

LEVERNOIS ➤ BEAUNE

LEVROUX - 36110 (18 A 5)

Châteauroux 21 - Issoudun 34

 Relais Saint-Jean

Entre le Berry où ils sont installés et le Sud où ils ont longtemps vécu, les Patry ont décidé de ne pas choisir : la fusion s'opère bien, sur des assiettes sagement calibrées et bien maîtrisées, à apprécier tout en douceur en admirant le jardin ou la collégiale toute proche. Bonne sélection locale sur la carte des vins.
C : 45 € • M : 15-38 € *www.relais-saint-jean.com*

» 34 rue Nationale
☎ 02 54 35 81 56
F. mardi à dîn. (oct.-juin), dim. à dîn., merc., 15 jrs fév. et 15 jrs fin août-déb. sept.
Jusqu'à 21h.

LEYNES ➤ MACON

LEZOUX - 63190 (26 C 3)

Clermont-Ferrand 26 - Vichy 47

 Les Voyageurs

Bien reçus, cinq sur cinq, les voyageurs de passage dans cette étape centenaire au cœur de la petite ville. On retape les chevaux, on dépoussière les bagages, on rafistole la mécanique et on désaltère les concurrents. Qui ne se font pas prier pour faire connaissance avec les beautés locales, l'andouille de Thiers à la moutarde de Charroux ou le mignon de porc au gaperon. Cave modeste, avec des auvergnes pour trois fois rien.
M : 11,50-34 €

» 2 pl de la Mairie
☎ 04 73 73 10 49
F. vend. à dîn., w.-e. à dîn., 7-15 janv. et 20 août-17 sept.
Jusqu'à 21h.

➲ à BORT L'ETANG - 63190 : 8 km S.E. par D 223 et D 309

 Château de Codignat

➥ **Hôtel** : Château de Codignat

Autant le château dégage une impression de puissante noblesse, autant la petite salle où l'on mange littéralement dans l'assiette du voisin semble familière et familiale, comme en table d'hôtes. Cette ambivalence s'adapte finalement assez bien à la carte bien travaillée de Stéphane Dupuis, qui joue habilement le riche et le pauvre, le maquereau en escabèche et le foie gras, les langoustines et la queue de bœuf en gelée. Ce qui lui inspire d'ailleurs de très beaux plats de contrastes, comme l'ormeau et sa salade de lentilles du Puy alliées à la poitrine de porc : choc des cultures très réussi dans la finesse et la rusticité. La prise de risque est bien dosée, sans excès, l'agneau du Bourbonnais superbe, les desserts moins convaincants, la cave assez complète et pas très chère.
C : 100 € • M : 52-95 € *www.codignat.com*

» ☎ 04 73 68 43 03
F. à déj. lundi-vend. (sf fériés) et 1er nov.-18 mars.
Jusqu'à 21h.

Château de Codignat

➥ **Restaurant** : 15/20 Château de Codignat

Difficile de rester insensible à ces hautes tours qui émergent des arbres : construit au XVe siècle, le château en a gardé une allure robuste et une sobriété élégante. L'intérieur est en rapport, avec un décor d'époque, mobilier majestueux et fresques en trompe l'œil pour des chambres de caractère.
5 appart. 540-670 € • 14 ch. 370-530 € • 1/2 pens. 370-670 €
www.codignat.com

» ☎ 04 73 68 43 03
📠 04 73 68 93 54
F. 1er nov.-18 mars.

Les fermetures hebdomadaires et annuelles sont celles que les restaurateurs et les hôteliers pensent pratiquer en 2006. Pour éviter des déplacements inutiles, téléphonez pour confirmer.

➲ à GLAINE MONTAIGUT - 63160 : 11 km S. par D 20 et D 212

(12) Auberge de la Forge

» Pl de l'Eglise
☎ 04 73 73 41 80
F. dim. à dîn., lundi, mardi et 1er-20 sept.
Jusqu'à 21h30.

Les belles pierres du village, l'église romane, ainsi que la chaleureuse ambiance de cette ancienne forge aménagée en auberge rustique aux murs de pisé, comptent parmi les atouts touristiques de la place. Laurent Zux les renforce encore en s'investissant dans une franche cuisine de terroir (pounti, stofinado, truffade…) et dans l'animation régulière de sa maison par des soirées à thème : le Chili, le foie gras, le Japon, les moules… Sympathique cave auvergnate, quatre chambres campagnardes pour l'étape.
C : 22 € • M : 15-30 € *www.aubergedelaforge.com*

LIBOURNE - 33500 (23 D 2)

Bordeaux 35 - Saint-Emilion 8

(13) Chez Servais

» 14 pl Decaze
☎ 05 57 51 83 97
F. dim. à dîn., lundi, 1er sem. mai et 2 sem. 15 août.
Jusqu'à 21h30.

Les vignes valent de l'or par ici, et la cuisine de Pierre Servais fait une jolie monture pour un grand château, ou même un satellite. La tradition est ici aristocratique dans sa confection, foie gras maison, filets de sole aux asperges et crème de crustacés, filet de bœuf au saint-émilion, mais relativement plébéienne dans ses tarifs, le menu complet s'établissant à 33 **€**. Et pour pousser le bouchon un peu plus loin, on démocratise encore davantage avec un menu à 23 **€**, le plus saisonnier et le plus intéressant. Terrasse d'été pour une vingtaine de couverts, accueil cordial.
C : 33 € • M : 23-41 €

➲ à FRONSAC - 33126 : 3 km O. par D 670

(13) Le Bord d'Eau

» Rte de Libourne
☎ 05 57 51 99 91
F. dim. à dîn., lundi, merc. à dîn., 1 sem. sept., 2 sem. fin nov. et 2 sem. fin fév.
Jusqu'à 21h30.

Laurent Le Comte aime choyer sa clientèle. Les tables sont bien espacées et la véranda bénéficie depuis cette année de brumisateurs permettant de déjeuner dans la fraîcheur tout en profitant de la vue panoramique sur la Dordogne lorsque les baies vitrées sont grandes ouvertes. Privilégiant la région et les poissons (tous sauvages), la carte va à l'essentiel, ruban de lotte grillée au pistou et croquette de féta, turbot de Royan rôti aux asperges sauvages, lamproie fraîche du fleuve à la Bordelaise, soufflé chaud au chocolat noir intense. Cave se concentrant sur le vignoble bordelais (Fronsac en tête).
C : 29 € • M : 19-46 €

LIEPVRE - 68660 (10 B 3)

Colmar 38 - Sélestat 17

➲ à LA VANCELLE - 67730 : 3 km N.E. par D 167

(15) Auberge Frankenbourg ⇗

» 13 rue Gén-de-Gaulle
☎ 03 88 57 93 90
F. mardi, merc., 15 fév.-11 mars et 27 juin-10 juil.
Jusqu'à 21h15.

Depuis son retour au bercail, Sébastien Buecher n'a cessé de progresser, et sa cuisine de gagner en finesse. Son style est personnel sur le répertoire ménager comme sur de véritables plats d'inspiration auxquels il convie un monde d'herbes et d'épices distillées à bon escient, et surtout moins systématiquement que dans le passé. Les deux toques viennent donc naturellement, pour le lieu jaune et cannelloni de blettes et féta, jus corsé et brandade de morue, le paleron de bœuf braisé et gratin de macaronis ou les bons desserts, comme le macaron fraise-rhubarbe, sorbet fromage blanc ou les croquettes de chocolat crème

glacée carambar. L'accueil de maman Buecher est familial sans être familier, dans un cadre forestier sans excès de pompe, et le jeune sommelier connaît suffisamment bien sa cave, à dominante alsacienne.
C : 48 € • M : 29-56 € www.frankenbourg.com

Hôtel-Restaurant Elisabeth

» 5 rue du Gén-de-Gaulle
☎ 03 88 57 90 61
F. sam. à déj., dim. à dîn., lundi, 1er-9 janv., 13-27 fév., 5-12 juin et 13-19 nov.
Jusqu'à 22h.

La cuisine de Gérard Dehaye, émule de Michel Bras, va droit au cœur des saveurs avec des produits simples remarquablement traduits. Le plaisir se limite toutefois au seul contenu de l'assiette, dans une salle désuète et sans chaleur, permettant de se concentrer sur des plats réjouissants à tarifs démocratiques : velouté de potiron, pois gourmands et serrano, saint-jacques plancha, jus monté en cappuccino, entrecôte moelle superbe en version chic du steak frites, et desserts utilisant les légumes à très bon escient (transparent de crème de marrons au rhum et crème de potimarron vanillée, potimarron confit, sorbet amer). Jolie carte des vins, service naturel comme en famille.
M : 10-50 € www.hotel-elisabeth.fr

LIESSIES - 59740 (2 D 5)

Maubeuge 26 - Hirson 24

Le Carillon

» Face à l'église
☎ 03 27 61 80 21
F. dim. à dîn., lundi à dîn., mardi à dîn., merc., jeudi à dîn., 7 fév.-1er mars et 13-30 nov.
Jusqu'à 20h45.

Sage cuisine de campagne dans la jolie maison de brique de Véronique et Bruno Schmitz, qui font l'animation du petit village, avec le bar, le service traiteur, la cave à vins, tout pour régaler. A table, nappe blanche et mille-feuille de maroilles, pavé de sandre clouté aux anchois et faux-filet de charolais au citron et au madère. Du sérieux aussi dans le choix des produits, avec les légumes bio du coin, et une viande toujours de qualité.
M : 16-39 € www.le-carillon.com

LIGNAN SUR ORB ➤ BEZIERS

LIGNY EN CAMBRESIS - 59191 (2 B 5)

Cambrai 16 - Saint-Quentin 33 - Arras 51

Le Château de Ligny

» 2 rue Pierre-Curie
☎ 03 27 85 25 84
F. dim. à dîn., lundi, mardi, 23 janv.-28 fév. et 2-15 août.
Jusqu'à 21h30.

➥ **Hôtel :** Le Château de Ligny

Cadre et ambiance

Le seul hôtel "quatre étoiles luxe" de la région se découvre à quelques kilomètres de Cambrai, sur le site d'une ancienne métairie romaine. Il reste aujourd'hui une tour ronde du XIIe siècle et un fier bâtiment du XVIIIe où sont installées les salles à manger, dans un cadre au style châtelain particulièrement soigné.

Cuisine

Rares sont les duos de chef à fonctionner dans une telle symbiose. Gérard Fillaire et Raymond Brochard se partagent les tâches sans jamais tirer la couverture à eux, l'un se disant plus performant sur les poissons, l'autre sur les viandes. La clientèle en sort gagnante, profitant d'une cuisine qui, sans faire d'étincelles, fait preuve d'une régularité à toute épreuve : ballotine de faisan au foie gras et châtaignes, confiture de chou rouge aux myrtilles, filet de bar poêlé, petites pommes de Noirmoutier et marrons, jarret de veau de lait à l'ancienne, foie de canard poêlé, purée de carottes au persil plat, coussinets de petites crêpes au beurre d'orange, cristalline et lait glacé à la verveine. Un classicisme bon teint servi par une technique très au point et des produits triés avec le plus grand soin.

Cave

Frédéric Ponchard veille sur une cave aux très beaux champagnes, forte également sur les bordeaux et les vins du monde, un peu moins pointue sur la nouvelle génération.

Accueil et service
Le cadre seigneurial s'accompagne d'un service en grande tenue, à la fois discret et stylé.
C : 76 € • M : 48-82 € *www.chateau-de-ligny.fr*

 Le Château de Ligny

» 2 rue Pierre-Curie
☎ 03 27 85 25 84
03 27 85 79 79
F. fév.

➡ **Restaurant** : 16/20 Le Château de Ligny
Autour d'une tour, témoignage d'une première construction au XIIe siècle, c'est surtout l'élégance XVIIe qui domine l'architecture de ce château au calme d'un vaste parc. Matériaux anciens et détails raffinés se marient pour composer des chambres élégantes et personnalisées, dans des ambiances volontiers romantiques.
16 appart. 220-440 € • 10 ch. 120-200 € • 1/2 pens. 183-537 €
www.chateau-de-ligny.fr

LILLE - 59000 (2 A 3)

Paris 217 - Amiens 116 - Bruxelles 116

 L'Esplanade

» 84 façade de l' Esplanade
☎ 03 20 06 58 58
F. sam. à déj. et dim.
Jusqu'à 22h.

Cadre et ambiance
A la périphérie du centre ville, face au parc de la Citadelle, une maison de ville cossue et typique où Christophe Scherpereel et son équipe se sont installés voilà trois ans. Salle à manger bourgeoise installée à l'étage, vue sur le parc. Un salon pour les apéritifs a été inauguré cette année.
Cuisine
Notre Grand de Demain 2003 conserve son leadership sur la grande agglomération lilloise. Ancien de Bernard Loiseau, du Bristol et de la Tour d'Argent, il fait preuve d'une technique très sûre aussi à l'aise sur le maquereau, le hareng, le cochon que sur le homard. En cherchant le standing, il a néanmoins perdu un peu de naturel. On mange désormais pour 100 **€** à la carte, ce qui commence à vous poser une facture, et la cuisine est belle, avec un peu moins d'émotion : fine tarte d'anchois frais marinés, asperges crues et cuites, bar poché, jeunes légumes printaniers et vieux balsamique, tranche épaisse de veau, ris de veau panés et pommes de terre soufflées, crème brûlée à la bergamote, financier pistache et fraise déguisée.
Cave
Anthony Chevallier, complice de toujours, veille sur la plus belle carte de la région et l'une des plus avantageuses de l'Hexagone.
Accueil et service
Le personnel pléthorique se montre zélé, parfois trop, mais veille attentivement au confort de chacun.
C : 90 € • M : 30-105 €

 L'Huîtrière

» 3 rue des Chats-Bossus
☎ 03 20 55 43 41
F. dim. à dîn., fériés à dîn. et 22 juil.-25 août.
Jusqu'à 21h30.

Qui pourrait contester à l'Huîtrière sa place de première poissonnerie lilloise ? Installée comme elle l'est, confortablement, hiératiquement, dans le Vieux Lille, dans le cœur battant de la ville, avec une réputation séculaire, on ne voit pas ce qui pourrait empêcher les notables de pousser la porte les yeux fermés. A l'étage, au-dessus de la boutique, les mêmes familiers et nobles effluves enrobent les assiettes : les baluchons de saint-jacques au chou vert et à la truffe, les remarquables huîtres, au naturel ou en viennoise au curry, la belle tranche de turbot rôtie à la bière ou d'ardentes réflexions sur le terroir (anguilles et pied de porc) ne mènent jamais à la faute de goût, laissant toutefois au fil du temps, de saison en saison, une légère impression de léthargie. Les deux toques sont aujourd'hui aussi fragiles que l'addition est solide. Cave généraliste construite dans l'esprit classique.
C : 70 € • M : 46-120 € *www.huitriere.fr*

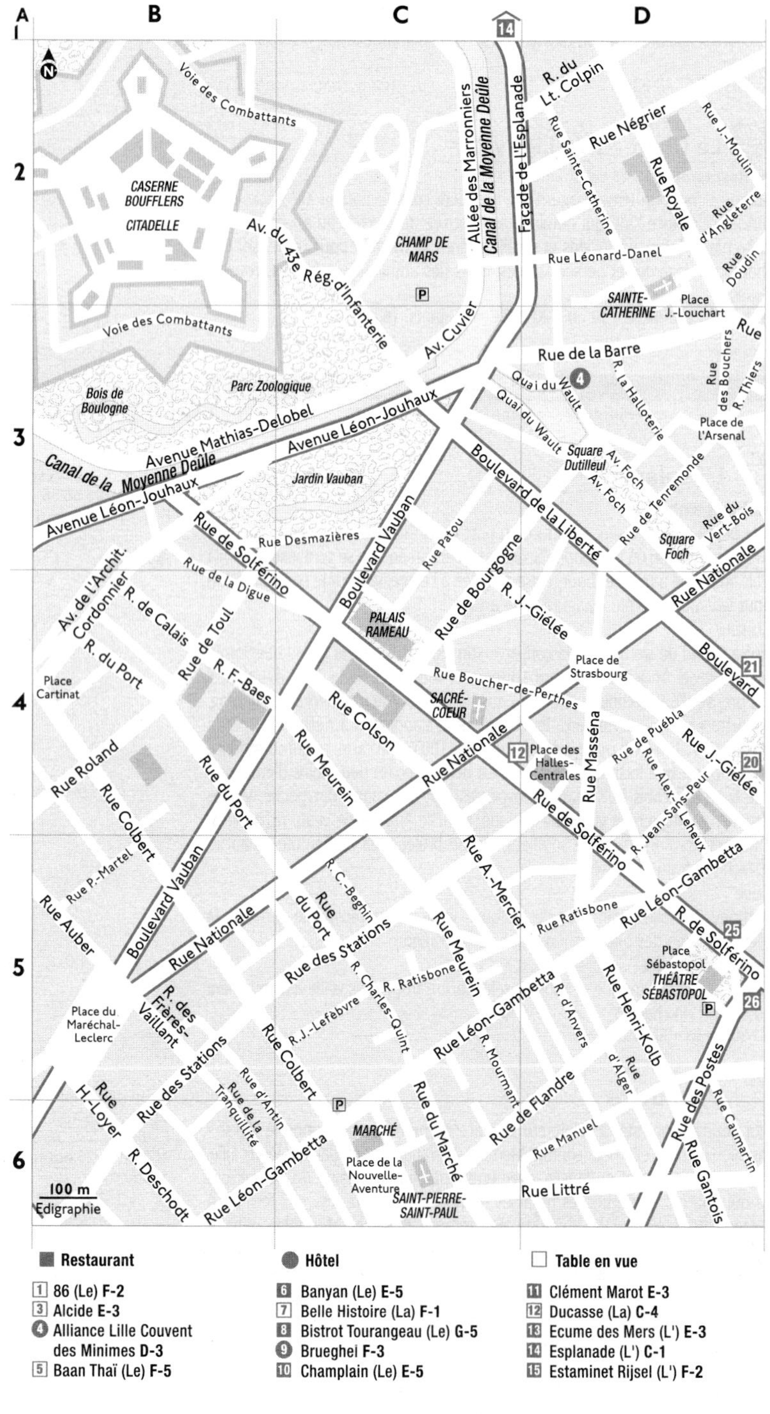
A
B
C
D
1
2
3
4
5
6
14
Voie des Combattants
CASERNE BOUFFLERS
CITADELLE
Av. du 43e Rég. d'Infanterie
CHAMP DE MARS
Allée des Marronniers
Canal de la Moyenne Deûle
Façade de l'Esplanade
R. du Lt. Colpin
Rue Négrier
Rue Sainte-Catherine
Rue Royale
Rue J.-Moulin
Rue d'Angleterre
Rue Léonard-Danel
Rue Doudin
SAINTE-CATHERINE
Place J.-Louchart
Rue
Voie des Combattants
Av. Cuvier
Rue de la Barre
Quai du Wault
4
R. la Halloterie
Rue des Bouchers
R. Thiers
Bois de Boulogne
Parc Zoologique
Avenue Mathias-Delobel
Avenue Léon-Jouhaux
Quai du Wault
Place de l'Arsenal
Canal de la Moyenne Deûle
Avenue Léon-Jouhaux
Jardin Vauban
Boulevard de la Liberté
Square Dutilleul
Av. Foch
Av. Foch
Rue de Tenremonde
Rue du Vert-Bois
Square Foch
Rue de Solférino
Rue Desmazières
Boulevard Vauban
Rue Patou
Rue Nationale
Av. de l'Archit. Cordonnier
R. de Calais
Rue de la Digue
PALAIS RAMEAU
Rue de Bourgogne
R. J.-Giélée
Boulevard
21
R. du Port
Rue de Toul
R. F.-Baes
Place de Strasbourg
Place Cartinat
Rue Boucher-de-Perthes
SACRÉ-COEUR
Rue Colson
Rue Meurein
Rue Nationale
12
Place des Halles-Centrales
Rue Masséna
Rue de Puébla
Rue J.-Giélée
20
Rue Roland
Rue du Port
Rue Alex.-Leheux
R. Jean-Sans-Peur
Rue Colbert
Rue de Solférino
Rue P.-Martel
Boulevard Vauban
R. C.-Beghin
Rue du Port
Rue A.-Mercier
Rue Ratisbone
Rue Léon-Gambetta
R. de Solférino
25
Rue Auber
Rue Nationale
Rue des Stations
Rue Meurein
Place Sébastopol
THÉÂTRE SÉBASTOPOL
R. Ratisbone
R. Charles-Quint
26
Place du Maréchal-Leclerc
R. des Frères-Vaillant
R. J.-Lefebvre
Rue Léon-Gambetta
R. d'Anvers
Rue Henri-Kolb
Rue Colbert
R. Mourmant
Rue d'Alger
Rue des Stations
Rue d'Antin
Rue de la Tranquillité
Rue du Marché
Rue de Flandre
Rue des Postes
Rue Caumartin
Rue H.-Loyer
MARCHÉ
Rue Manuel
R. Deschodt
Rue Léon-Gambetta
Place de la Nouvelle-Aventure
SAINT-PIERRE-SAINT-PAUL
Rue Littré
Rue Gantois
100 m
Edigraphie
Restaurant
Hôtel
Table en vue
1 86 (Le) F-2
3 Alcide E-3
4 Alliance Lille Couvent des Minimes D-3
5 Baan Thaï (Le) F-5
6 Banyan (Le) E-5
7 Belle Histoire (La) F-1
8 Bistrot Tourangeau (Le) G-5
9 Brueghel F-3
10 Champlain (Le) E-5
11 Clément Marot E-3
12 Ducasse (La) C-4
13 Ecume des Mers (L') E-3
14 Esplanade (L') C-1
15 Estaminet Rijsel (L') F-2

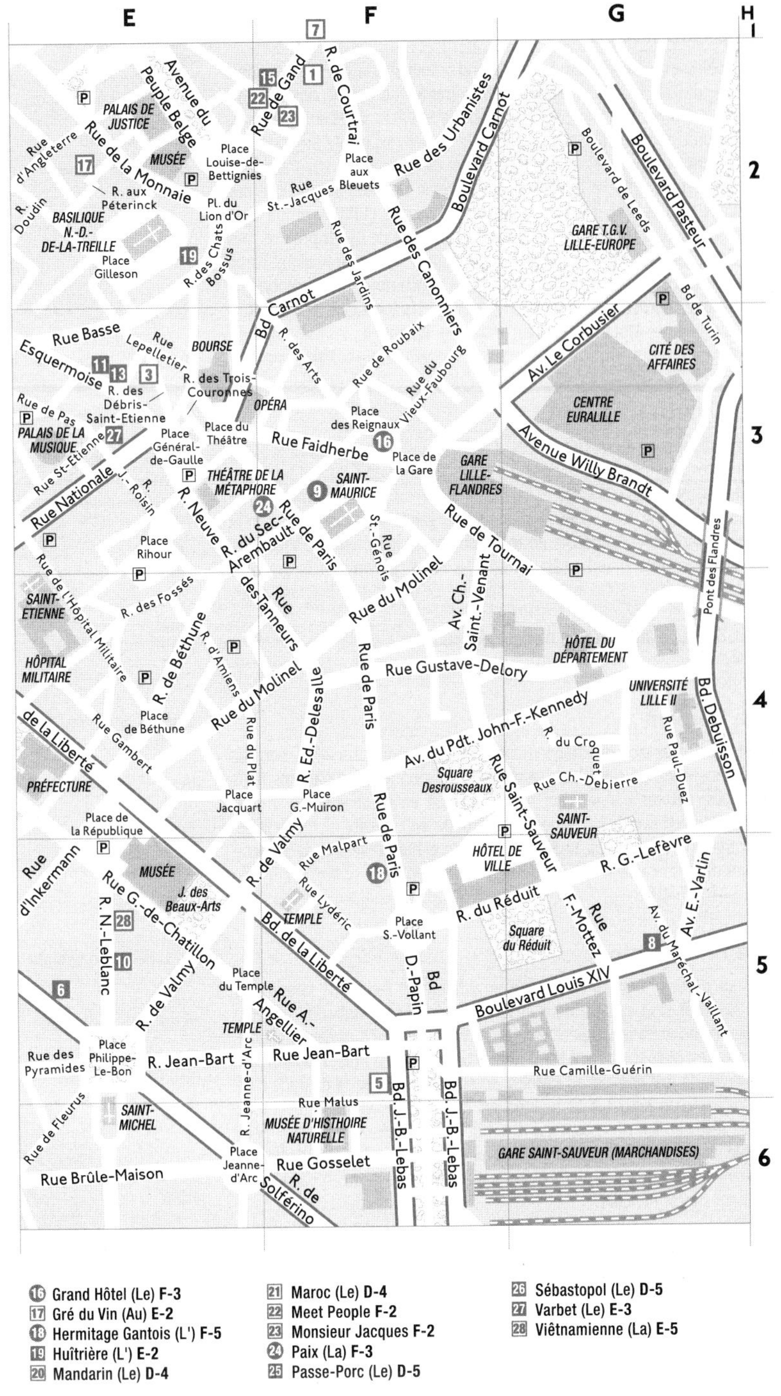

16 Grand Hôtel (Le) **F-3**
17 Gré du Vin (Au) **E-2**
18 Hermitage Gantois (L') **F-5**
19 Huîtrière (L') **E-2**
20 Mandarin (Le) **D-4**
21 Maroc (Le) **D-4**
22 Meet People **F-2**
23 Monsieur Jacques **F-2**
24 Paix (La) **F-3**
25 Passe-Porc (Le) **D-5**
26 Sébastopol (Le) **D-5**
27 Varbet (Le) **E-3**
28 Viêtnamienne (La) **E-5**

15

Le Sébastopol

» 1 pl de Sébastopol
☎ 03 20 57 05 05
F. sam. à déj., dim. à dîn., lundi à déj. et du 6-28 août.
Jusqu'à 21h45.

Dans la noblesse du métier, Jean-Luc Germond occupe un rang très honorifique, et le duché de Lille lui irait assez bien. Après trente-huit ans de cuisine, il n'a plus guère à tourner la spatule en se grattant la tête. Les idées sont nettes, la réalisation précise, et les fidèles de cette salle totalement refaite au cours des dernières saisons - plus de confort, d'élégance, de raffinement - n'ont pas de motif d'inquiétude, grâce à la fiabilité de la crème de chou-fleur glacée aux langoustines, du dos de bar rôti, jus mousseux d'anchois et basilic ou du lapin du Poitou à la sauge. Un menu très équitable, une carte de beaux produits, pas très chère, et qui s'achève en tendres desserts (Paris-Roubaix au pralin et barbe à papa, gâteau croustillant chocolat et gelée de concombre). Cave importante et intéressante, bordeaux bourgognes en force, mais enrichie par Da Ros, Cosse-Maisonneuve, Mouthes Le Bihan, Pibarnon, Ramonteu, les Mille Vignes...

M : 28-46 €

www.restaurant-sebastopol.fr

Le Varbet

» 2 rue de Pas
☎ 03 20 54 81 40
F. dim., lundi, fériés, mi-juil.-mi-août et Noël-déb. janv.
Jusqu'à 21h15.

La même discrétion, le même succès. Gille Vartanian ne bouscule pas, ne déménage pas tous les ans, ne fait pas tomber le beffroi, mais il dure et s'impose. Son style est sobre, sa clientèle fidèle, ses choix astucieux, permettant de composer, dans une salle dont le manque de gaieté est compensé par la convivialité d'Arlette, son épouse, un repas aux multiples chemins : strates de rouget barbet et foie chaud poêlé parfumé à l'anis, poivrade à la grecque, brochette de homard, risotto au riz noir, fromage de Bergues en beignets, tuiles et crème fondante chocolat. Tout ne vaut pas deux toques, mais l'essentiel est préservé, dans une ambiance on ne peut plus sérieuse.

M : 30-45 €

levarbet@aol.com

Le Banyan

» 189 rue Solferino
☎ 03 20 57 20 20
F. sam. à déj. (été), lundi (h.s.). F. ann. non comm.
Jusqu'à 22h.

On s'est à peine aperçu du changement d'enseigne. Adieu Lanathaï, bonjour Banyan. L'essentiel est cette huile essentielle qu'apportent les parfums thaïs authentiques, délivrés par un chef qui s'y connaît en citronnelle, et un peu au-delà. Citron vert avec le bar vapeur, curry rouge avec le saint-pierre en nage, le basilic thaï avec le rumsteak, tout est en douceur et harmonie, sans brusquerie ni rupture dans un cadre lui-même doux et délicat, en plein centre.

C : 35 € • M : 30-50 €

Le Champlain

» 13 rue Nicolas-Leblanc
☎ 03 20 54 01 38
F. sam. à déj., dim. à dîn. et 3 prem. sem. août.
Jusqu'à 21h.

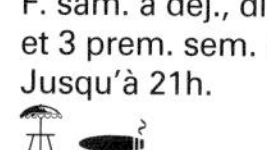

Le précieux décor bourgeois du Champlain a hérité de l'ancienne pension de famille XIXe, avec ses hauts plafonds et ses moulures. Denis Gaboriau y exerce avec sagesse, en cuisinier respectueux des bonnes manières et des habitudes de ses convives. Mais si les ingrédients nobles demeurent, la préparation évolue avec le temps, le foie gras est en ravioles, ou en crème brûlée, la daurade rôtie s'accompagne d'un sorbet à la réglisse, les langoustines voisinent avec une crème de fèves au lait de coco. Rien donc, de trop figé dans le marbre, pour cette table intéressante où la présence souriante et efficace de Sylvie Gaboriau, notamment pour conseiller une très belle cave qui fouine jusqu'en Languedoc, est un atout supplémentaire.

M : 25-45 €

www.lechamplain.fr

Clément Marot

» 16 rue de Pas
☎ 03 20 57 01 10
F. dim. à dîn.
Jusqu'à 22h30.

Chez les Marot, on a le sens des valeurs. Clément Marot, vingt-huitième du nom, exprime sa loyauté à chaque service. Pas seulement pour la famille De Gaulle (le buste du médecin-accoucheur du grand Charles est en bonne place), mais aussi pour une certaine cuisine, stylée et franche, qui puise dans le répertoire acquis au fil des décennies, incluant le pot-au-feu de foie gras, le turbot

hollandaise, la volaille de Licques au maroilles et les crêpes Suzette et s'offre parfois quelques jolies idées du moment, comme le sandre à la chicorée, très réussi. Respect encore, pour les vignerons-propriétaires qui sont légion dans la cave, dans des appellations de partout, de l'irancy au viré-clessé.
C : 60 € • M : 23-50 € www.destination-lille.com

(12) Le Bistrot Tourangeau

» 61 bd Louis-XIV
☎ 03 20 52 74 64
F. sam. à déj., dim. et fériés.
Jusqu'à 22h30.

Non, vous ne rêvez pas, Hervé Hochart propose bien une gastronomie typiquement tourangelle au beau milieu de la patrie du hochepot et du potjevleesch. Après tout, pourquoi ne pas jouer la différence puisque les produits utilisés viennent tous ou presque du pays de la Rabelaisie ? Escalope de sandre à l'oseille du jardin familial, filet de bœuf sauce chinonaise, souris d'agneau braisée à l'angevine, crème brûlée à la vanille fraîche. Pour rester dans l'esprit, cave rassemblant essentiellement des vins du val de Loire.
C : 28,50 € • M : 28,50 € hhh@cegetel.net

(12) L'Ecume des Mers

» 10 rue de Pas
☎ 03 20 54 95 40
F. dim. à dîn. (sf fériés) et dim. (août).
Jusqu'à 23h.

Christian Leroy, le valeureux chef de cette adresse dévouée à la mer, a reçu l'an passé un nouveau four vapeur pour donner encore plus d'éclat à ses produits. Et il serait injuste, effectivement, de ne pas mentionner les nombreux efforts consentis à mettre cette plaisante cuisine de brasserie bien actuelle en tête des chalutiers : aïoli de morue, filet de sole au basilic, turbotin rôti. Egalement des viandes sélectionnées, des gibiers en automne et des suggestions du jour selon l'arrivage. Cave généraliste à prix logiques.
C : 35 € • M : 20 € www.ecume-des-mers.com

(12) L'Estaminet 't Rijsel

» 25 rue de Gand
☎ 03 20 15 01 59
F. dim., lundi, 3 sem. déb. août et Noël-nouvel an.

L'estaminet flamand à la ville, du pur rustique dans la pittoresque rue de Gand noyée sous les tables de restaurants. mais le potjevleesch, comme la carbonade, sonnent juste au beffroi de la gourmandise.
C : 19,50 € • M : 11,50-25 €

(12) Le Passe-Porc

» 155 rue Solferino
☎ 03 20 42 83 93
F. dim. et 3 prem. sem. août.

Le patron, ancien maquignon, qui œuvre depuis tant d'années pour la bonne cause, celle de la tripe régionale, s'est vu décerner la médaille du Mérite Agricole. Cela ne rend pas meilleur la charcuterie, les pieds gratinés ou le châteaubriand, mais explique pourquoi on peut entrer ici en sécurité, le couteau entre les dents et les yeux fermés. Et aussi que l'on peut y trouver des morceaux de connaisseur, de l'araignée ou du merlan par exemple, sélectionnés par un pro.
C : 15 € • M : 9,50-19,50 €

Alcide

» 5 rue des Débris-Saint-Etienne
☎ 03 20 12 06 95
F. dim. à dîn.
Jusqu'à 23h.

Brasserie coutumière donnant sur la Grand'Place, véritable attraction touristique dans son jus, indémodable et typique. On s'en tient donc aux standards, la flamiche au maroilles, le potjevleesch ou la carbonade de bœuf à la choulette, dans une carte généraliste qui sait aussi contenter les Lillois au quotidien.
C : 34 € • M : 22-29 € restaurantalcide@wanadoo.fr

Le Baan Thaï

» 22 bd Jean-Baptiste-Lebas
☎ 03 20 86 06 01
F. sam. à déj., dim. à dîn., fériés (sf w.-e.).
Jusqu'à 22h30.

Cuisine thaïlandaise soignée (ouvert depuis 1986, c'est le plus ancien du genre dans la métropole), de type "royale" : viandes sautées au basilic thaï et au piment, queue de lotte sous plusieurs formes, gambas sauce aigre douce… Carte des vins très éclectique.
C : 35 € • M : 41-48 €

La Belle Histoire

Sur une base de cuisine traditionnelle, des efforts, dans la déco comme dans l'assiette pour se fondre dans la modernité de la rue de Gand. Avec notamment des menus bien ajustés, tatin de blanc de poulet, pavé de thon rouge à la fondue de poivrons, soupe de clémentines aux épices dans une formule autour de 20 **€** sans reproche.
C : 34 € • M : 31-38 €

» 82 rue de Gand
☎ 03 20 06 41 51
F. à déj. et dim.
Jusqu'à 23h.

La Ducasse

Une bonne brasserie dans un quartier à vif : c'est bruyant, accessible, joyeux, dans l'esprit ducasse et auberge espagnole, farandole de jeunes Lillois de souche ou d'adoption, habitués du quartier, de la tartine roncquoise, du potjevleesch, des gambas poêlées à la persillade d'Arleux et du contre-filet au maroilles.
C : 25 €

» 95 rue de Solférino
☎ 03 20 57 34 10
F. sam. à déj., dim. et 29 juil-20 août.
Jusqu'à 23h.

Au Gré du Vin

Dans le quartier le plus pittoresque du vieux Lille, installé dans une maison du XVIIIe siècle, un resto-cave-épicerie fine dont la carte des vins ne s'intéresse, volontairement, qu'au Languedoc, ou Roussillon et au Sud-Ouest. La cuisine suit les mêmes principes, naviguant entre foie gras, piquillos et anchois de Collioure et tartine au chèvre du Lot confit de thym.
C : 20 €
augreduvin@nordnet.fr

» 20 rue Péterinck
☎ 03 20 55 42 51
F. à dîn., lundi, fériés, 2 sem. fév. et 3 sem. août.

Le Mandarin

Belle évocation de la Chine et du Vietnam au cœur de Lille : nems, beignets à la vapeur, saint jacques en brochette, canard laqué, crevettes sauce thaï ou poulet désossé sauce aigre douce, dans un cadre ravissant.
C : 20 € • M : 15 €

» 17 rue Jacquemars-Gielée
☎ 03 20 54 04 29
F. dim. à dîn., lundi à déj. et fin juil.-mi-août.

Le Maroc

Beaucoup de gentillesse et des présentations soignées, autour des grands classiques de la cuisine marocaine, il n'en faut pas plus pour mettre de bonne humeur, à deux pas de la Grand'Place.
C : 20 € • M : 18-40 €

» 77 bd de la Liberté
☎ 03 20 42 84 94
Ouv. 7j/7.
Jusqu'à 22h30.

Meet People

A la rencontre des gens (meet people) c'est assez facile dans la chaleureuse ambiance lilloise : en se réunissant, par exemple, autour d'un programme commun plus vaste que l'Europe, le sucré salé de saint-jacques à l'ananas, le bar au curry, le poulet citronnelle dans un cadre ouvert à la sympathie.
C : 30 € • M : 18-25 €

» 21 Rue de Gand
☎ 03 20 51 62 54
F. dim. et 2 dern. sem. août.
Jusqu'à 24h.

Monsieur Jacques

La bouteille est à moitié pleine et l'optimisme est de rigueur chez ce passionné du vin de chez nous, qui sait sortir des frontières pour trouver les bons accords, dans de copieuses "assiettes gourmandes" qui font le tour des terroirs, plus particulièrement transalpins : la pomodoro avec mozza et huile d'olive des abruzzes, la marée avec saumon sauvage fumé, écrevisses et pamplemousse, la filetto au basilic.
C : 14,50 €
monsieurjacques@wanadoo.fr

» 30 Rue de Gand
☎ 03 20 74 85 59
F. dim., lundi. F. ann. non comm.
Jusqu'à 22h.

Le 86

Déco soignée, plats à l'ardoise : une vitrine attirante et l'ambiance en correspondance autour d'une cuisine bien actuelle, mi-bistrot moderne, mi-régionale, avec le tartare de thon rouge, les gambas à la plancha, le foie de veau meunière et la cramique glace speculoos. Un bon point pour le potjevlesch, délicieux, même si les frites (bonnes tout de même) ne sont pas maison.
C : 25 € • M : 12-24,50 €

» 86 rue de Gand
☎ 03 20 78 19 86
F. sam. à déj., dim., lundi à dîn. et 2 sem. août.
Jusqu'à 22h.

La Viêtnamienne

Cadre intimiste et cuisine vietnamienne évidemment (marmite de porc au caramel et marmite de canard parmi les bonnes spécialités) à quelques encablures du musée des Beaux Arts.
C : 20€ • M : 10,70-15,55€

» 5 rue Nicolas-Leblanc
☎ 03 20 57 82 96
F. sam. à déj., dim. à dîn., lundi à dîn., merc. à dîn. et 2 sem. août.
Jusqu'à 21h.

Alliance Lille Couvent des Minimes

Sous les voûtes de brique d'un ancien couvent, c'est un hôtel délicieusement contemporain qui s'est installé et le mariage entre l'architecture XVIIe et le mobilier moderne crée une atmosphère personnelle et agréable. Chambres confortables, dans des harmonies de tons clairs et de bois sombre, et un vrai plus avec l'exceptionnel patio, en fait la cour intérieure du couvent, avec les belles arcades d'époque, recouverte d'un toit en verre.
8 appart. 289-379€ • 75 ch. 188-225€ *www.alliance-lille.com*

» 17 quai du Wault, BP 133
☎ 03 20 30 62 62
Fax 03 20 42 94 25
Ouv. 7j/7.

L'Hermitage Gantois

Une très belle réalisation hôtelière à deux pas du centre, aménagée dans un ancien hospice XVe. Des chambres de grand confort, toutes différentes, établies à partir des cellules des sœurs, dessus de lit en soie et tentures de lin, salles de bain en marbre de Carrare et fauteuils Starck. Un restaurant de cuisine actuelle, très hôtel dans la conception de la carte, mais disposant d'un bon chef, à suivre (suprême de volaille, aiguillettes de canard et foie gras, comme un potjevleesch, pavé de veau gratiné au Mont des Cats, clafoutis au maroilles...).
67 ch. 195€ • C : 35€ *www.hotelhermitagegantois.com*

» 224 rue de Paris
☎ 03 20 85 30 30
Fax 03 20 42 31 31
Ouv. 7j/7.

Brueghel

Face à la belle église gothique, le grand immeuble typique constitue une étape de choix pour découvrir le vieux Lille. Ses chambres sont personnalisées et très agréables, belle luminosité, décor sobre et soigné.
65 ch. 67-120€ *www.hotel-bruegel.com*

» 5 Parvis Saint-Maurice
☎ 03 20 06 06 69
Fax 03 20 63 25 27
Ouv. 7j/7.

Le Grand Hôtel

Ambiance feutrée et chambres personnalisées dans une ambiance "féminine" pour cet établissement proche du centre.
34 ch. 65-85€ *www.legrandhotel.com*

» 51 rue Faidherbe
☎ 03 20 06 31 57
Fax 03 20 06 24 44
F. 3 prem. sem. août.

La Paix

Agréable mélange des genres, pour ce grand bâtiment de 1772 qui cache des chambres bien actuelles, mêlant une touche de meubles de style à des tons colorés. Des reproductions abondantes de tableaux de maître personnalisent l'ensemble.
1 appart. 80-105€ • 35 ch. 78-105€ *www.hotel-la-paix.com*

» 46 bis rue de Paris
☎ 03 20 54 63 93
Fax 03 20 63 98 97
Ouv. 7j/7.

à BONDUES - 59910 : 9 km N. par N 17

13 Auberge de l'Harmonie

Sur la place de l'église, dans un cadre verdoyant propices aux repas d'affaires, cette auberge a récemment changé de chef, Laurent Six succédant à Jean-Luc Petiau, sans rien perdre de son harmonie. La carte reste solidement ancrée dans ces certitudes, entre classicisme et bourgeoisie, comme pour plaire au plus grand nombre : mesclun de ris de veau et queue d'écrevisse au basilic, blanc de turbot en écailles de courgette, gâteau d'écrevisses et beurre blanc, pigeonneau rôti au romarin, jus à la chicorée, mille-feuille poire-chocolat, gelée de griottes à la bière. Service au diapason, efficace et précis.
C : 45€ • M : 25-52€ *www.aubergeharmonie.fr*

» 36 pl de l'Abbé-Bonpain
☎ 03 20 23 17 02
F. 3 sem. juil.
Jusqu'à 21h15.

à EMMERIN - 59320 : 5 km S.O.

La Howarderie

Proche de Lille, cette belle maison ancienne du XVIIe siècle a évolué l'an dernier et amélioré ses prestations de confort, toujours avec ce goût du détail soigné (meubles authentiques, discrets motifs fleuris). Typiques de la région, les plafonds voûtés en brique de certaines chambres sont très agréables.

4 appart. 135-220 € • 4 ch. 122-160 € *www.contact@lahowarderie.com*

» 1 rue des Fusillés
☎ 03 20 10 31 00
Fax 03 20 10 31 09
F. 23 déc.-2 janv.

à LAMBERSART - 59130 : 2 km N.O.

La Laiterie

Une belle maison réputée, dans un des beaux quartiers de la périphérie lilloise, un peu de verdure au seuil de la ville, pour une jolie salle contemporaine prolongée d'une terrasse au jardin. On y sert une cuisine de caractère, forgée par un gaillard qui a des idées. Benoît Bernard s'est adjoint depuis cette année les services de Grégory Burgeat, et la carte pioche dans les influences les plus diverses tout en maintenant le bon cap. Des ravioles de pied de cochon, un bar rôti et sushi et une réduction au ketchup ou une simple côte de veau aux girolles : la clientèle trouve de quoi se distraire, l'assiette a de l'attrait et du goût. La cave est assez futée sur des bases classiques, avec quelques noms intéressants, et le service est bien enlevé, et bien là pour rendre service sans jouer un numéro.

C : 65 € • M : 32-64 € *www.lalaiterie.fr*

» 138 av de l'Hippodrome
☎ 03 20 92 79 73
F. dim. à dîn., lundi et 3 prem. sem. août.
Jusqu'à 22h.

13

La Table de Didier Beckaert — DÉCOUVERTE

Lambersart qui bouge, c'est le tout-Lille, bourgeois et gourmand, qui se déplace dans son faubourg le plus chic pour applaudir une nouvelle ouverture prometteuse. Après Benoît Bernard, voici Didier Beckaert et Benjamain Bajeux qui dévoilent leurs œuvres contemporaines au rez-de-chaussée du musée le Colysée. Les plâtres sont encore humides, le décor néo-classique tendance lounge, comme la table, pleins de goût et de caractère. L'aventure rend l'équipe enthousiaste - l'accueil est très tonique et souriant - et donne déjà à la cuisine le niveau d'une bonne toque, avec des intitulés un poil naïfs (caviar de hareng et brioche, turbot sauce vodka, farandole de Valentine) mais qui cache une bonne main et une grande attention à l'assiette. Cave en construction, dotée de bonnes références classiques.

C : 38 € • M : 38 € *didier.beckaert@wanadoo.fr*

» 201 av du Colysée
☎ 03 20 45 90 00
F. dim. et 15-30 août.
Jusqu'à 22h30.

à MARCQ EN BARŒUL - 59700 : 5 km N.E. par N 350

Le Septentrion

L'arrivée de Jean-Louis Duchêne au piano de cette ancienne dépendance du château de Vert-Bois a donné un joli coup d'accélérateur à une cuisine qui avait un peu tendance à s'endormir sous son épaisse et confortable couverture bourgeoise. L'esprit général n'a certes pas été chamboulé mais le traitement réservé au dos de cabillaud, frotté au pistil de safran et cuit au beurre demi-sel, au croustillant de ris de veau à la noisette et compote de cochon aux épices, purée de pomme verte ou au gâteau de créances, beignets de fleurs de courgettes à la kriek et crème légère à la gentiane ont insufflé un sang nouveau à cette adresse. Cave classique et sérieuse.

C : 45 € • M : 27-58 € *www.leseptentrion.com*

» Parc du Château du Vert-Bois
☎ 03 20 46 26 98
F. lundi, mardi à dîn., merc. à dîn. et jeudi à dîn.
Jusqu'à 22h.

13 Auberge de la Garenne

C'est la campagne dans la ville, la table d'hôte chic et paysanne dans les habits citadins. La généreuse cuisine y multiplie les allusions au terroir, pas seulement par ses touches flamandes, mais visitant volontiers la Provence et ses parfums ou vantant les belles provenances de nos provinces (jolie mousseline de rouget, variation sur le traditionnel lapin aux pruneaux et raisins). Une gamme de menus très variés permet d'étalonner le choix, les "petites" formules donnant également satisfaction, à l'image des gougeonnettes de plie et gratin d'épinards. La grande carte des vins passe au rayon laser tous les vignobles, retenant pour la plupart les références classiques pour les rassembler comme une jolie collection de papillons dans l'épais livre de cave. Service mixte, de pros et de débutants, se déroulant dans la bonne humeur.

C : 48 € • M : 22-80 € *www.aubergegarenne.fr*

» 17 chemin de Ghesles
☎ 03 20 46 20 20
F. dim. à dîn. et lundi (été), mardi, merc. à dîn. (h.s.) et 3 prem. sem. août.
Jusqu'à 21h30.

12 La Table de Marcq DÉCOUVERTE

L'ancienne équipe du Verzenay aux commandes, et ce sont des brassées de chaleur, de cuisine directe, traditionnelle et régionale, qui se déverse sans compter dans une bruyante atmosphère néo-campagnarde. Waterzoï de poisson, ris de veau financière, côte de veau poêlée à la fondue de chèvre chaud, magret provençale : on fait tourner le radar sur tous les terroirs. L'accueil est un peu bourru, mais le rendement impeccable et la petite cave honnête.

C : 30 € • M : 18,50-32 €

» 944 av de la République
☎ 03 20 72 43 55
F. à dîn. (dim., lundi, mardi, merc.), sam. à déj., 1er-20 août et 13-20 fév.
Jusqu'à 22h.

LILLEBONNE - 76170 (6 B 2)

Le Havre 39 - Bolbec 10

10 La P'tite Auberge

La maison ne brille pas par son ambition démesurée mais elle demeure la meilleure adresse à des kilomètres à la ronde. On s'arrêtera sur les bonnes formules au jour le jour, dans un cadre chaleureux et traditionnel.

C : 27 € • M : 13,90-25,90 € *www.la-ptite-auberge.com*

» 20 rue du Havre
☎ 02 35 38 00 59
F. vend. à dîn., sam. à déj., dim. à dîn. et 9-27 août.
Jusqu'à 21h30.

LIMOGES - 87000 (25 B 3)

Paris 399 - Poitiers 124 - Bordeaux 217

15 Philippe Redon

Limoges a sa table gastronomique, et Philippe Redon est son chef. Des assiettes ultra personnelles, modernes et vives, passant sans coup férir d'une truffe en brioche, jus réduit et pointe de foie gras, à une poitrine de pigeonneau laquée à l'orientale, citron vert et sticks de mangue, d'un marbré d'oreilles, pieds de cochon et foie gras à un filet de mulet noir, peau croustillante et friture s'asperge. Contemporaines, inclassables, elles méritent de toute façon les quelque 70 € (sans les vins) qu'il faudra laisser pour goûter à cette cuisine maligne et au-dessus du lot.

C : 70 € • M : 25-60 € *www.philippe-redon.com*

» 3 rue d'Aguesseau
☎ 05 55 34 66 22
F. sam. à déj., dim., lundi à déj., 2 sem. janv. et 3 sem. août.
Jusqu'à 22h.

11 Le Vanteaux

Loin du centre ville, sur le boulevard périphérique, cette ancienne brasserie est devenue un spot à la mode. On peut se méfier à raison de ces intitulés alambiqués, ces croustillants et autres planchas de circonstances, et ces mariages scabreux qui cherchent l'épate. Pourtant, à l'image d'un personnel modeste et prévenant, quelques bons points retiennent l'attention, les bons haricots et roquette avec les gambas médiocres, la très bonne entrecôte et même la cave, vite fait pas bien faite, mais qui s'offre tout de même Guillaume Gros en Luberon et Calcaires de Cazeneuve...

C : 30 € • M : 15,50-33 € *christof.aubisse@chello.fr*

» 122 rue d'Isle
☎ 05 55 49 01 26
F. dim. à dîn., lundi, fériés, 1re sem. janv., 2e sem. vac. scol. hiver, 3 prem. sem. août et dern. sem. déc.
Jusqu'à 21h30.

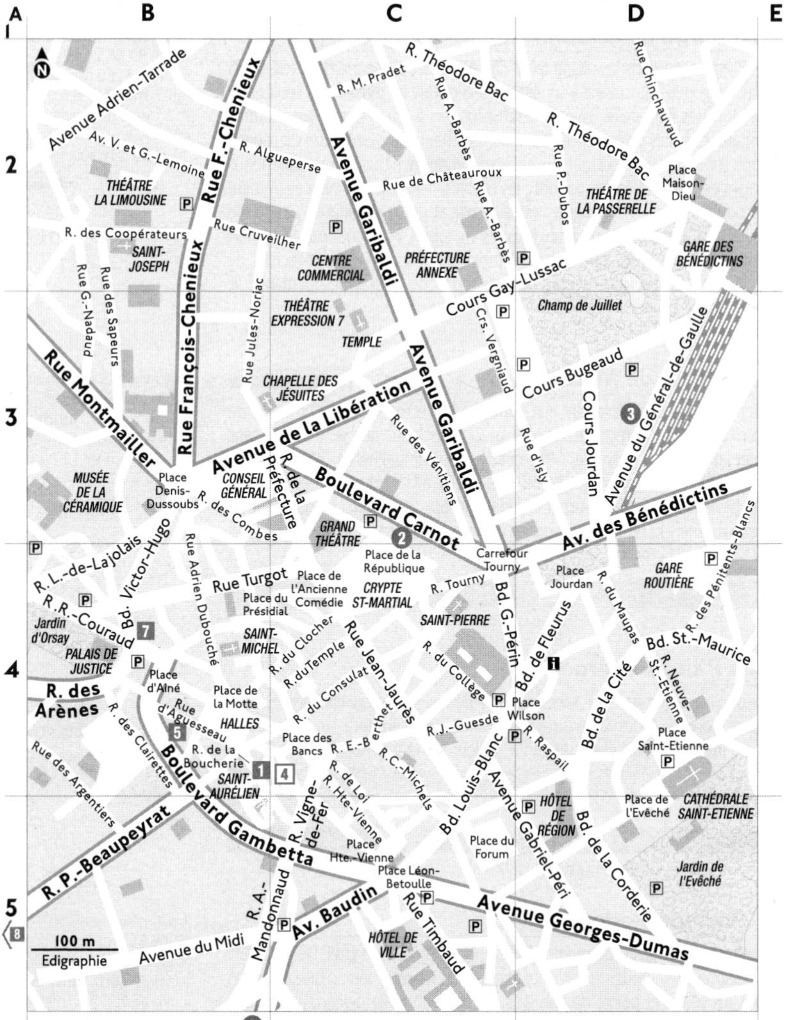

■ **Restaurant** ● **Hôtel** □ **Table en vue**

[1] Amphitryon **B-4**
[2] Hôtel Mercure Royal Limousin **C-3**
[3] Jeanne-d'Arc **D-3**
[4] Petits Ventres (Les) **C-4**
[5] Philippe Redon **B-4**
[6] Richelieu-Best Western (Le) **B-5**
[8] Vanteaux (Le) **A-5**
[7] Versailles (Le) **B-4**

(11) Le Versailles

» 20 pl d'Aine
☎ 05 55 34 13 39
F. 1er mai.
Jusqu'à 24h.
❄ 🐕 🚬

Une grande brasserie de tradition où l'on n'expédie pas le tout-venant, même si nos dernières expériences ne nous ont pas convaincus, en particulier au rayon poissonnerie. De l'efficacité dans un standard convenu, en terminant sur une crème brûlée très correcte.

C : 30 € • M : 13-24 €

www.restaurateursdefrance.com

Prix à la carte : correspond au prix moyen à la carte (entrée, plat + dessert).

Amphitryon

Dans l'une des rues les plus pittoresque de Limoges, une belle table, dont nous apprenons en dernière minute qu'elle devrait être reprise dans le courant de l'automne. Nous en saurons plus dans les prochains mois.
C : 43 € • M : 19-60 € *amphitrion87@wanadoo.fr*

» 26 rue de la Boucherie
☎ 05 55 33 36 39
F. sam. à déj., dim., lundi à déj. et 14 août-4 sept.
Jusqu'à 22h30.

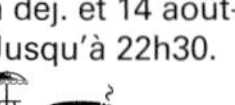

Les Petits Ventres

Tradition toute simple en centre-ville, dans un quartier plutôt animé. De bonnes spécialités bistrotières, tripes et pommes boulangère, andouillette, pavé de foie de veau rôti, filets de caille juste rôtis, lentilles et jus aigre doux. Carte à choix multiples, ambiance soutenue.
C : 22 € • M : 18-32 €

» 20 rue de la Boucherie
☎ 05 55 34 22 90
F. dim., lundi, vac. scol. fév., vac. scol. Pâques et 10-25 sept.
Jusqu'à 22h.

Hôtel Mercure Limoges Royal Limousin

L'hôtel le plus réputé de la ville affiche une liste impressionnante de célébrités, sans doute séduites par ses prestations irréprochables : chambres claires, équipement moderne. La moitié des chambres ont été rénovées l'an dernier.
78 ch. 78-114 € *www.royal-limousin.com*

» Pl de la République
☎ 05 55 34 65 30
📠 05 55 34 55 21
Ouv. 7j/7.

Jeanne-d'Arc

Décor cosy, meubles de style et tissus chaleureux, pour les chambres personnalisées de cet hôtel installé dans un immeuble XIXe entre la gare et le centre ville.
50 ch. 57-84,50 € *www.hoteljeannedarc.limoges.fr*

» 17 av du Gén-de-Gaulle
☎ 05 55 77 67 77
📠 05 55 79 86 75
F. 1 sem. Noël et 1er janv.

Richelieu Best Western

En lisière du centre ville, ce bel immeuble ancien séduit par ses chambres claires et spacieuses, et un accueil d'une gentillesse spontanée.
32 ch. 78-98 € *www.hotel-richelieu.com*

» 40 av Baudin
☎ 05 55 34 22 82
📠 05 55 34 35 36
Ouv. 7j/7.

à BOISSEUIL - 87220 : 10 km S.E. par N 20

Le Gril de l'Anneau

Les adorateurs du bœuf sacré font toujours halte dans cette halte carnivore facile d'accès depuis l'autoroute. Provenances référencées, viande à l'âtre de qualité, simplicité et bon service. La toque n'est donc pas en cause. En revanche, est-il bien raisonnable d'éteindre les cuisines à 20h30 quand il n'y a personne ? La prudence incite donc à ne pas passer par hasard.
C : 40 € • M : 21-35 €

» Le Bourg
☎ 05 55 06 90 06
F. dim. à dîn.
Jusqu'à 21h30.

LIMOUX - 11300 (31 C 5)

Carcassonne 24 - Foix 70

à COUIZA - 11190 : 16 km S. par D 118

Château des Ducs de Joyeuse R

Solidement campé là depuis le XVIe siècle, le château en a gardé une partie de l'ambiance, avec un mobilier en accord avec les pierres apparentes et les hauteurs de plafond impressionnantes, pour des chambres au caractère ancien assumé. L'Aude traverse le parc, les châteaux cathares sont à deux pas et on n'hésitera pas à dîner au château, non pas pour un banquet médiéval mais bien

» Allée du Château
☎ 04 68 74 23 50
📠 04 68 74 23 36
F. 15 nov.-31 mars.

pour une cuisine régionale actualisée et personnelle, la brandade de haddock et la sauce soja sur les piquillos ou le chorizo et les anchois sur la daurade. Cave à privilégier sur le Languedoc naturellement.
10 appart. 155-186 € • 325 ch. 78-155 € • 1/2 pens. 44 € • C : 40 € • M : 29-55 €

LISIEUX - 14100 (6 A 3)

Caen 51 - Deauville 30 - Alençon 93

12 Aux Acacias

» 13 rue de la Résistance
☎ 02 31 62 10 95
F. dim. à dîn., lundi, jeudi à dîn. (nov.-avril) et 1re sem. vac. scol. Noël.
Jusqu'à 21h30.

Un décor acidulé, frais, fleuri pour une cuisine qui pourtant s'essouffle dans un registre trop prudent que le chef maîtrise à l'évidence mais sans motivation apparente. En position centrale, près de Saint-Thérèse, des pèlerins et des touristes, parmi lesquels on compte quelques gourmands, Dieu les pardonne, on aimerait que la meilleure table de la ville soit irradiée de grâce œcuménique. Il faudrait donc commencer par retrouver la foi.
C : 43 € • M : 16-45 €

Azur Hôtel

» 15 rue au Char
☎ 02 31 62 09 14
📠 02 31 62 16 06
F. 15 déc.-15 janv.

Claires, personnalisées par une touche de couleurs fleuries, les chambres incitent à profiter de cette étape parfaitement placée pour découvrir la ville.
15 ch. 60-85 € *www.azur-hotel.com*

LLO ➤ SAILLAGOUSE

LOCHES - 37600 (17 C 5)

Tours 39 - Blois 68

Le George Sand R

» 39 rue Quintefol
☎ 02 47 59 39 74
📠 02 47 91 55 75
F. 1 sem. fév.

Etape typique non loin du château, dans un ancien relais de poste, dont le bel escalier à vis est une des plus belles traces de sa construction d'origine au XVe siècle. Confort et allure des chambres au gré des rénovations et cuisine de bon niveau, produits nobles et préparations soignées sans oublier un soupçon de modernité. Pour un croque touristique, l'hôtel a également ouvert dans le entre historique l'Entracte, un bistrot lyonnais.
2 appart. 38-120 € • 19 ch. 45-120 € • 1/2 pens. 48-72 € • C : 62 € • M : 18-73 € *www.www.hotelrestaurant-georgesand.com*

Hôtel de France

» 6 rue Picois
☎ 02 47 59 00 32
📠 02 47 59 28 66
F. 9-20 janv. et 24 avril-2 mai.

Atmosphère bourgeoise dans un ancien relais de poste, à l'architecture typique (pierre de tuffeau et ardoises) et au décor ponctué de meubles rustiques.
17 ch. 53-66 € • 1/2 pens. 55 € *www.hoteldefranceloches.com*

LOCMARIAQUER - 56740 (14 A 5)

Vannes 34 - Carnac 13

Trois Fontaines

» Golf du Morbihan
☎ 02 97 57 42 70
📠 02 97 57 30 59
F. 3 janv.-25 mars et 11 nov.-25 déc.

Dans un cadre moderne, l'hôtel se tourne naturellement vers la mer dans son décor (meubles acajou, harmonie de couleurs). Chambres claires, détente au jardin.
18 ch. 75-130 € *www.hotel-troisfontaines.com*

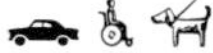

LOCMINE - 56500 (14 A 4)

Vannes 29 - Pontivy 26 - Lorient 51

(11) Auberge de la Ville au Vent

» 9 rue Olivier-de-Clisson
☎ 02 97 60 08 40
F. mardi-merc.-jeudi à dîn. (15 sept.-15 avril), dim. à dîn., lundi et 3 sem. nov.
Jusqu'à 21h.

Maison et cuisine semblent avoir le même architecte : dans le style breton rénové, Benoît Journaux donne un joli petit récital d'authenticité bien contrôlée au milieu des poutres et des vieilles pierres : huîtres gratinées, tournedos de cabillaud, rognonnade de veau à la graine de moutarde. Façon Gagnaire, le chef propose une formule "trilogie" qui compose une grande assiette de trois propositions en séquence, astucieuse et moderne.
C : 42 € • M : 18-65 €

LOCQUIREC - 29241 (13 C 2)

Brest 80 - Lannion 22 - Morlaix 23

Grand Hôtel des Bains

» 15 rue de l'Eglise
☎ 02 98 67 41 02
Fax 02 98 67 44 60
F. 1 sem. nov.

La grande maison début XXe fait face à la mer (la plupart des chambres en profitent largement), à laquelle on accède directement au bout du parc. Les chambres sont délicieuses, avec les lambris élégants, mobilier clair et harmonieux.
36 ch. 125-207 € • 1/2 pens. 101,50-124,50 €
www.grand-hotel-des-bains.com

LODEVE - 34700 (32 A 3)

Montpellier 56 - Millau 59

à SOUBES - 34700 : 5 km N.

Le Temps de Vivre

» Rte de Pujols, quartiers les Rials
☎ 04 67 44 03 78
F. lundi, mardi (sf juil.-août), merc. (sf avril-oct.) et janv.
Jusqu'à 21h30.

L'achèvement des travaux autoroutiers est une bonne nouvelle pour Laurent Arrazat, désormais accessible de partout, de Montpellier comme de Millau, pour un repas très dépaysant, par son cadre, adossé à l'Escalette, son panorama exceptionnel sur le Haut-Languedoc et sa cuisine, fine, pointue, suivant les idées du moment : brandade de morue et brochette de petits gris, bourride de lotte, farcis de légumes et jus de viande au romarin. La cave chatouille aussi les sommets, offrant du très bon de toute la région (Arjolle, Aupilhac, Espanet, Conquêtes, Hortus, Puech-Haut, Mortiès, Chimères...) à tarifs justes dans l'ensemble.
C : 54 € • M : 28-60 €

LE LOGEO ➤ SARZEAU

LOGUIVY DE LA MER ➤ PAIMPOL

LONGJUMEAU ➤ PARIS-BANLIEUE

LONGNY AU PERCHE - 61290 (6 B 5)

Alençon 60 - Mortagne-au-Perche 17

à SAINT VICTOR DE RENO - 61290 : 8 km S.O. par D11

(12) Auberge de Brochard

» Le Brochard
☎ 02 33 25 74 22
F. mardi à dîn. (oct.-mars), dim. à dîn. et lundi.
Jusqu'à 21h30.

La carte ne change pas beaucoup, mais le propos est ailleurs : il s'agit de rendre douillet ce moment campagnard, dans un joli cadre d'auberge au fond d'un vallon rieur. Et tout cela se passe plutôt bien, avec l'accueil d'une jeune patronne aux petits soins et la bonne main traditionnelle d'un chef attentif : foie gras au torchon gelée de cidre, magret de canard au gratin de camembert, carré normand crème au pommeau. Cave sans connaissance, mais avec le Tariquet et le muscat de Muré.
C : 40 € • M : 21-31 €
www.aubergedebrochard.com

LONGUYON - 54260 (11 C 1)

Nancy 114 - Longwy 18

à ROUVROIS SUR OTHAIN - 55230 : 8 km S. par N 18

La Marmite

Gérard Silvestre, c'est Astérix dans la Meuse. Avec sensibilité et détermination, il est le défenseur du village gaulois, celui des produits frais et authentiques, de l'artisanat sincère, de la tripe et de la charcuterie. Les armes à la main, chaudrons et couteaux, il pourfend la barbarie qui voudrait nous faire oublier le goût du pied de porc, de l'andouillette à la ficelle et du pâté en croûte. Alors, sans hésiter, on pose la toque sur ce chef valeureux et on rêve d'un sanglier bien dodu à la broche. En cave, les côtes de toul de Laroppe sont évidemment les bienvenus.
C : 35 € • M : 24-52 €

» RN 18
☎ 03 29 85 90 79
F. dim. à dîn., lundi, mardi (sept.-Pâques), 1re sem. janv. et 3e sem. août.
Jusqu'à 21h15.

LONS ➤ PAU

LONS LE SAUNIER - 39000 (21 A 5)

Bourg-en-Bresse 58 - Dijon 96

La Comédie

En terre jurassienne, on investit dans le solide et le durable. Bernard Hémery a su conquérir la place sans Comédie, en jouant juste, la fraîcheur et le rendement. L'arrivage de poissons est quotidien, le menu à 18 € ne se moque pas du monde et les assiettes sont tantôt solidement tradi (suprême de volaille de Bresse aux morilles et vin jaune), tantôt bien contemporaines (carpaccio de magret et huile de truffe alba, tempura de gambas). Bons desserts classiques, cave de propriétaires régionaux.
C : 60 € • M : 18-30 €

» 65 rue de l'Agriculture
☎ 03 84 24 20 66
F. dim., 2 sem. Pâques et 3 sem. août.
Jusqu'à 21h.

(11) Le Relais des Salines

Mieux qu'un dépannage, cette halte salade et friture sait qualifier son offre : régionale, soignée, dévouée. Des truitelles, des filets de perche au vin jaune, du poulet gratiné au comté, de robustes poêlées maison et des spécialités fromagères (morteau cancoillotte, tartiflette jurassienne, fondue…), avec le jura au pichet, c'est tout ce qu'on attend d'une brasserie moderne bien dans sa ville.
C : 23 € • M : 12,80-26 €

» 26 rue des Salines
☎ 03 84 43 01 57
F. dim., lundi, 3 sem. août et 2 sem. vac. scol. Noël.

Nouvel Hôtel

Plus "nouvel" depuis longtemps, l'hôtel garde un aspect pimpant grâce à des rénovations régulières. De jolies maquettes de bateaux égaient le décor.
26 ch. 37-51 € *www.nouvel-hotel-lons.fr*

» 50 rue Lecourbe
☎ 03 84 47 20 67
Fax 03 84 43 27 49
F. 20 déc.-5 janv.

à COURLANS - 39570 : 6 km E. par N 78

Restaurant Nicolas Pourcheresse

Cadre et ambiance

L'auberge de bord de route a été entièrement rénovée (gris dominant dans les salles réveillé par l'orange des fauteuils) et agrandie (belles et confortables chambres dans un esprit " zen "). Pour les clients distraits qui ignoreraient le nom du jeune chef-patron, Nicolas Pourcheresse, les initiales NP fleurissent un peu partout...

Cuisine

Cuisinier talentueux, ludique et astucieux, le chef a le don d'innover dans les présentations, de préparer le palais avec une infusion de foin, de le réveiller

» 1890 av de Chalon
☎ 03 84 47 05 52
F. sam. à déj., dim. à dîn., lundi (h.s.), lundi à déj., mardi à déj., sam. à déj. (saison). F. annuelle non comm.
Jusqu'à 21h30.

avec l'écorce de pamplemousse avant d'enchaîner une farandole réjouissante : culatello accompagné d'une admirable poêlée de fevettes et lanières d'aubergine et, pour la touche d'acidité, quelques bâtonnets de pomme. Avant la brochette de gambas, légumes de couscous et une semoule boostée par une aérienne crème fouettée au Cointreau. Dessert gourmand avec des abricots rôtis et crème d'amande qui font admirablement bon ménage avec des churros et la glace au tourron.

Cave

Pas extraordinairement large mais pointue. Il manque un véritable sommelier pour l'animer et la renforcer, les choix en vins du Jura étant bien sûr très pertinents.

Accueil et service

Service bien rodé mais un peu timide, auquel il manque une âme.

C : 75 € • M : 28-100 € *www.auberge-de-chavannes.com*

LORETO DI CASINCA ➤ VESCOVATO, CORSE

LORIENT - 56100 (13 D 5)

Vannes 59 - La Trinité 48

L'Amphitryon

» 127 rue du Col-Müller
☎ 02 97 83 34 04
F. dim., lundi, 1er-10 janv., 30 avril-15 mai et 3-20 sept.

Cadre et ambiance

La lumière embellit cette salle sans fenêtre derrière la façade discrète d'une grande avenue de faubourg. La table est belle, sobre, montrant l'esprit de la maison dont le luxe est dans le cœur : assiettes réalisées par un maître-verrier local, toiles contemporaines, tons neutres.

Cuisine

Une cuisine d'offrande et de respect. Du produit d'abord, des convives, des maîtres du passé, de soi-même. Jean-Paul Abadie est le chef le plus intègre et le plus modeste du monde. qui nous touche par son humanité, sa recherche du bien - comme on est un homme de bien - plus que celle de la perfection, forcément moins intéressante parce qu'égoïste. Son menu "goûte-à-tout" est un cadeau : à l'araignée magnifiée par une royale et une gelée à la réglisse, au cabillaud demi-sel, boosté par l'avocat, amandes et tomates, au bar en cuisson lente et son fumet mousseux à la citronnelle, à son brave homard sauté à cru "à la mode des vieux". Et les desserts élaborés avec le sommelier Nicolas Multon jouent également la carte du tendre.

Cave

Avec Véronique, le vin est une fête. Elle tutoie les vignerons, se passionne pour leur savoir-faire, vit la vigne et le vin comme un second métier. Ce qui donne quantité de découvertes et de passion partagée avec qui aime voyager avec un verre.

Accueil et service

Dans un contexte si éloigné d'un palace, le service ne peut être bon que s'il est proche, jeune, et même un peu timide. Ici, il est aussi efficace, aimable, concerné. Et Véronique veille à tout, avec une bonté d'âme totalement désarmante.

C : 83 € • M : 32-105 € *www.amphitryon-abadie.com*

Le Jardin Gourmand

» 46 rue Jules-Simon
☎ 02 97 64 17 24
F. dim., lundi, 3 sem. vac. scol. fév. et 2 sem. déb. sept.
Jusqu'à 21h30.

Le jardin existe, il prolonge la terrasse à pergola et mobilier de châtaignier ; la gourmandise aussi, grâce à la subtile carte de Nathalie Beauvais, qui cuisine avec spontanéité des produits de saison, fermiers et bio en priorité : gigot de lotte braisé à l'armoricaine, andouille de Guéméné et écrasée de pommes de terre aux oignons de Roscoff, magret sauté au beurre rouge. Très vaste cave qui multiplie les références pour chaque domaine, privilégie le bio, et se prolonge d'une grande carte de whiskies.

C : 36 € • M : 17-38 €

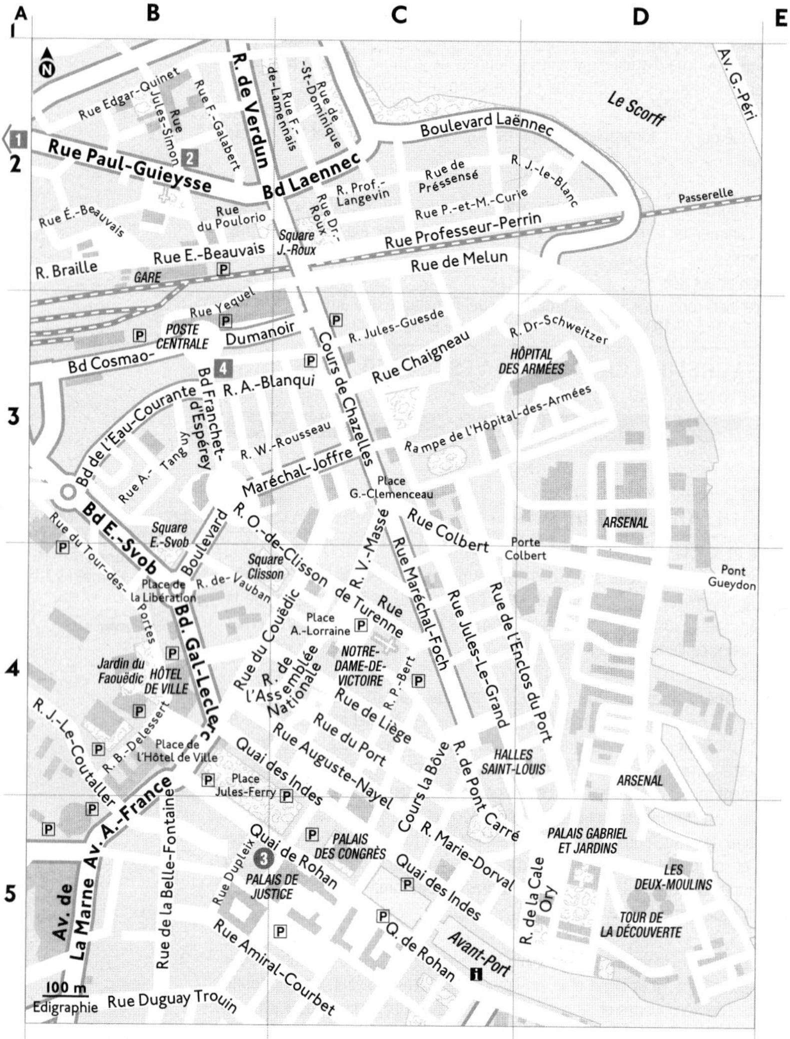

■ **Restaurant**

● **Hôtel**

[1] Amphitryon (L') **A-2**
[2] Jardin Gourmand (Le) **B-2**
[3] Mercure Lorient **B-5**
[4] Pic (Le) **B-3**

[12] Le Pic

La bonne adresse pour manger (presque) à toute heure, avec des prestations de brasserie soignée, Madame veille au grain et les serveurs amènent avec célérité des plats classiques et plutôt tournés vers la mer (rougets poêlés à l'huile d'olive, vinaigrette pistou, saint-pierre et grenailles à la fleur de sel), sans oublier de faire la conversation avec les habitués. La cave, qui était la fierté du précédent propriétaire, reste un bon point, avec les meursault de Coche-Dury, les saumurs des Foucault et l'anjou en pot.
C : 36,50 € • M : 18,50-38 €

» 2 bd Franchet-d'Esperey
☎ 02 97 21 18 29
F. sam. à déj. et dim.
Jusqu'à 22h30.
⛱ ♿ 🚬

 Mercure Lorient

Des chambres au bon standard de la chaîne, quelques éléments de décor évoquant la Compagnie des Indes et une situation pratique en centre-ville.
58 ch. 86-94 € *www.mercure.com*

» 31 pl Jules-Ferry
☎ 02 97 21 35 73
Fax 02 97 64 48 62
Ouv. 7j/7.

à PLOEMEUR - 56270 : 6 km O. par D 162

13 Le Vivier

➥ **Hôtel** : Le Vivier
On l'aura compris, même si quelques viandes pointent timidement leur nez sur la carte (filet de bœuf au poivre ou carré d'agneau au pain d'épices), le fonds de commerce de la maison d'Yves Guéguen est évidemment occupé par les produits de la mer : plateaux bien sûr, poissons dans leur plus simple appareil (tartare de bar au homard, pavé de cabillaud vapeur) ou dans des versions plus élaborées (mais pas forcément plus enthousiasmantes), pain perdu de rouget à la crème d'avocat, navarin de saint-pierre et ravioles de champignons et coques. Cave pas idiote, bon choix de demies.
C : 40 € • M : 24-45 € *www.levivier-lomener.com*

» 9 rue Beg-er-Vir, Lomener
☎ 02 97 82 99 60
F. dim. à dîn. (sf juil.-août), 2-8 oct. et 21 déc.-10 janv.
Jusqu'à 22h.

 Le Vivier

➥ **Restaurant** : 13/20 Le Vivier
Littéralement posée sur les rochers, face à l'île de Groix, un établissement de style contemporain aux chambres bien étudiées, certaines équipées d'une baignoire balnéo.
14 ch. 65-90 € • 1/2 pens. 80-125 € *www.levivier-lomener.com*

» 9 rue Beg-Er-Vir, Lomener
☎ 02 97 82 99 60
Fax 02 97 82 88 89
F. 2-8 oct. et 21 déc.-10 janv.

LOUBRESSAC - 46130 (30 A 1)

Brive-la-Gaillarde 50 - Saint-Céré 9

12 Lou Cantou

Pour les bons plats locaux, la parfaite omelette aux truffes, le civet de sanglier et le magret de canard sauce Périgueux, dans une gentille maison dominant la vallée.
C : 25 € • M : 18,50-32 €

» Le Bourg
☎ 05 65 38 20 58
F. dim. à dîn., lundi (h.s.) et 22 oct.-11 nov.
Jusqu'à 21h.

Le Relais de Castelnau R

De construction récente, la maison est largement vitrée, pour profiter d'une vue époustouflante sur la vallée, y compris dans les chambres, claires et sobres dans leurs atours contemporains. Salle à manger panoramique, pour une franche cuisine régionale, du foie gras aux figues aux côtes d'agneau du Quercy grillées.
1 appart. 55-110 € • 40 ch. 55-85 € • 1/2 pens. 65-100 € • C : 40 € • M : 15-45 € *www.relaisdecastelnau.com*

» Rte de Padirac-Rocamadour
☎ 05 65 10 80 90
Fax 05 65 38 22 02
F. 1er janv.-31 mars et 1er nov.-31 déc.

LOUDUN - 86200 (22 C 2)

Poitiers 54 - Chinon 28

 Hostellerie de la Roue d'Or

Ancien relais de poste, cette maison proche du centre ville en garde un cachet historique. Style ancien et ambiance rétro dans les chambres.
14 appart. 38-61 € • 14 ch. 38-43 € • 1/2 pens. 43-51 €

» 1 av d'Anjou
☎ 05 49 98 01 23
Fax 05 49 98 85 45
F. w.-e. (mi-oct.-mi-avril).

LOUE - 72540 (16 B 2)

Le Mans 29 - Laval 58

Ricordeau

» 11-13 rue de la Libération
☎ 02 43 88 40 03
F. dim. à dîn. et lundi.
Jusqu'à 21h30.

➥ **Hôtel** : Ricordeau

Cadre et ambiance

Une célèbre enseigne, que les propriétaires actuels, Corinne et Jean-Yves Herman, ont souhaité garder en hommage au grand cuisinier des années 60. Une belle salle ouvrant sur le jardin, à l'atmosphère sereine et gourmande.

Cuisine

Le chef-patron est bon vivant, et sa cuisine lui ressemble, généreuse, puisant ses racines dans la terre, l'élevage ou l'océan, avec finesse et simplicité. S'il sacrifie au cappuccino de truffes et à la glace homard mascarpone, Jean-Yves Herman reste lui-même avec l'oeuf de Loué mollet, asperges vertes et écrevisses, le saint-pierre au jus de sardine et purée de cresson ou la selle d'agneau et poivron farci d'escargots au curry.

Cave

Un Cristal Roederer 95 à 150 €, dans un lieu de ce standing, c'est l'occasion de faire sauter le bouchon, et d'autres, dans une cave éclectique, qui connaît son sujet en loires (Eric Nicolas, Puzelat, Dagueneau…) mais se montre correctement équipée en bourgogne et assez faible en bordeaux.

Accueil et service

Un bon service, jeune, motivé et appliqué qui suit les consignes et donne une image de proximité et de confiance.

C : 60 € • M : 25-87 € *www.hotel-ricordeau.fr*

Coq Hardi

» 11 rue de la Libération
☎ 02 43 88 31 14
F. à dîn., w.-e. et août.

Comme il est mignon, ce menu de terroir d'un fameux coq, Jean-Yves Herman, chef de Ricordeau juste à côté, et propriétaire de cette annexe très digne pour un quotidien gourmand : cuisse de poulet de Loué à la bourguignonne, tête de veau ravigote, marmite sarthoise. Le terroir défile, on ne s'ennuie pas une seconde et le gâteau au chocolat a très bonne mine. Petite cave ad hoc, service charmant.

C : 24,50 € • M : 10-19 €

Ricordeau

» 11-13 rue de la Libération
☎ 02 43 88 40 03
📠 02 43 88 62 08
Ouv. 7j/7.

➥ **Restaurant** : 16/20 Ricordeau

Derrière la grande façade XVIIIe, c'est tout un monde de douceurs qui s'ouvre et pas seulement autour de la table : gentillesse de l'accueil, agrément du jardin, avec la piscine et la rivière, et des chambres personnalisées.

4 appart. 125-290 € • 14 ch. 75-220 € *www.hotel-ricordeau.fr*

LOUHANS - 71500 (20 B 5)

Mâcon 58 - Lons-le-Saunier 27

Le Moulin de Bourgchâteau R

» Rte de Châlon-sur-Saône
☎ 03 85 75 37 12
📠 03 85 75 45 11
Ouv. 7j/7.

La belle architecture XVIIIe enjambe la Seille qui animait autrefois les machines (toujours visibles au salon) et les chambres, sous les poutres, bercent d'un parfum rustique bien agréable un séjour tranquille. Au restaurant, le chef mêle les influences de son Italie natale avec les fondamentaux de la gastronomie française en un ensemble de bon niveau.

2 appart. € • 19 ch. 43-85 € • 1/2 pens. 56-86 € • C : 50 € • M : 22-50 €

www.bourgchateau.com

LOURDES - 65100 (29 A 5)

Tarbes 21 - Pau 43

Le Magret

» 10 rue des Quatre-Frères-Soulas
☎ 05 62 94 20 55
F. lundi et janv.
Jusqu'à 21h30.

Une table centrale, appréciée des locaux, au discours sans ambages. Chez Philippe Pène, les yeux fermés, mais les sens en éveil, on sait où on est : garbure au foie frais, jambon noir gascon, côtelettes d'agneau haricots tarbais, c'est du solide sans étouffer. Le produit en avant, le terroir bien compris, ne cherche-t-on pas, même à Lourdes, un tel petit miracle de simplicité ? La cave est bien variée pour faire connaître le vignoble régional, les tarifs encore accessibles, les desserts évocateurs, comme la cristalline de pommes chère à Michel Trama.

C : 31 € • M : 13-33 € *www.lemagret.com*

Le Relais de Saux

» Saux
☎ 05 62 94 29 61
F. 15 nov.-1er déc.
Jusqu'à 21h30.

Raffinement d'un décor où les meubles anciens tiennent une place prépondérante, vaste parc arboré donnant sur les sommets, qualité de l'accueil, pas de doute, cette maison joue, mais sans exagération, les nobliaux. La cuisine de Jean-Luc Laffont se glisse sans heurt dans cette ambiance parfois un peu compassée, le homard cuit à la vapeur d'herbes à la vinaigrette de céleri, le dos de morue cuit à la vapeur de marjolaine et le pigeon à l'étouffé et sa cuisse rôtie aux dés de foie gras ne plaçant jamais un mot plus haut que l'autre. Une maison sans défaut.

C : 50 € • M : 36-56 € *www.lourdes-relais.com*

Grand Hôtel de la Grotte

» 66 rue de la Grotte
☎ 05 62 94 58 87
Fax 05 62 94 20 50
F. 4 nov.-1er avril.

Au pied du château fort, une hôtellerie familiale de bon niveau, à l'atmosphère feutrée. Cadre de verdure surplombant les sanctuaires, terrasse ombragée, chambres Second Empire bien équipées, et concierge très compétent.

4 appart. 228-480 € • 82 ch. 64-158 € • 1/2 pens. 66-152 €
www.hoteldelagrotte.com

Mercure Impérial

» 3 av du Paradis
☎ 05 62 94 06 30
Fax 05 62 94 48 04

Face à la rivière, le majestueux immeuble Années trente a parfaitement évolué au fil des années, pour proposer des chambres parfaitement actuelles, dans leur confort comme leur décor, sobre et feutré.

4 appart. € • 93 ch. 77 € *www.mercurehotel.com*

LOURMARIN - 84160 (33 C 4)

Avignon 61 - Cavaillon 31

Auberge La Fenière

» Rte de Cadenet, D 943
☎ 04 90 68 11 79
F. lundi et mardi. F. ann. non comm.
Jusqu'à 21h.

➡ **Hôtel :** Auberge La Fenière

Cadre et ambiance

Ravissante auberge provençale, moderne, chaleureuse, à l'écart du village. Un puissant diffuseur de douceur et de plaisir, que l'on fréquenterait sans hésitation même si la cuisine valait 11, dans un souci constant d'esthétique et de charme.

Cuisine

L'enjôleuse cuisine de Reine n'est jamais meilleure que quand elle se rapproche de la quintessence provençale - formidable ragoût de fèves et asperges au jus de truffe, ragoût de cabri, agneau superbe - moins convaincante quand elle s'en éloigne (sole en tempura). La qualité de produits est remarquable, se manifestant jusqu'aux desserts (sablé aux framboises et crème catalane, vinaigrette poivrée aux arômes de clémentine et coulis de fruits rouges).

Cave

Le meilleur de la Provence et du Rhône, savamment rangée, ne négligeant ni les petits ni les grands, découvrant et confirmant, donnant un catalogue à la fois riche et personnalisé. Du travail d'expert.

Accueil et service

Une grande maison, malgré quelques couacs inhabituels relevés çà et là - un service de haut niveau mais parfois sans passion, un sommelier aux abonnés absents - compensés par l'aisance et la fluidité dans une atmosphère de douceur de vivre.

M : 46-110 €

www.reinesammut.com

Le Moulin de Lourmarin

» Rue du Temple
☎ 04 90 68 06 69
Ouv. 7j/7.
Jusqu'à 22h.

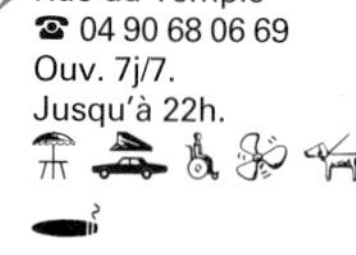

➥ **Hôtel** : Le Moulin de Lourmarin

Edouard Loubet redessine la géographie du Luberon. La grande table, c'est à Bonnieux, dans sa magnifique bastide aménagée en complexe de loisirs ultra-chic. Lourmarin s'est démocratisé, le Moulin s'adapte au passage, aux touristes en short, aux envies de grignoter. Pourtant, ce n'est pas un pilote de fast-food qui tient le volant : Eric Sapet est un remarquable pro, venu des Herbes Blanches à Joucas où il tenait sans mal le 16/20. Ici, l'objectif n'est pas tout à fait le même - quoique - mais la plupart des plats, dans une offre variée, frise bien les deux toques. Superbe terrasse, belle ambiance de vacances et de farniente.

C : 45 € • M : 30-70 €

www.moulindelourmarin.com

L'Antiquaire

» 9 rue du Grand-Pré
☎ 04 90 68 17 29
F. lundi et mardi, dim. à dîn. (sept.-avril), 16 janv.-5 fév., 12-25 nov. et 17-25 déc.
Jusqu'à 21h30.

Les deux salles à l'étage, au-dessus d'un rez-de-chaussée consacré à l'exposition de meubles anciens et d'ustensiles modernes, ont la chaleur, climatisée Dieu merci, des appartements d'amis. L'ambiance et la carte confortent l'impression, la cuisine est sincère, sans extravagance, le taboulé de la mer au coulis de favouilles, le foie de veau rôti jus au vinaigre de Banyuls et la bouillabaisse sur commande, le tout, jusqu'à la cave régionale, à prix vissés.

C : 28 € • M : 18-39 €

Le Moulin de Lourmarin

» Rue du Temple
☎ 04 90 68 06 69
📠 04 90 68 31 76
Ouv. 7j/7.

➥ **Restaurant** : 14/20 Le Moulin de Lourmarin

Au cœur du village, l'ancien moulin à huile (construit au XVIIIe siècle) répond toujours présent aux amoureux de luxe provençal et feutré, avec toutes les composantes nobles de la région (sol en tomettes, fer forgé, mobilier régional) mariées à des couleurs douces en une atmosphère délicieuse et raffinée.

2 appart. 430 € • 16 ch. 100-310 € • 1/2 pens. 177-227 €

www.moulindelourmarin.com

Auberge La Fenière

» Rte de Cadenet
☎ 04 90 68 11 79
📠 04 90 68 18 60
F. non comm.

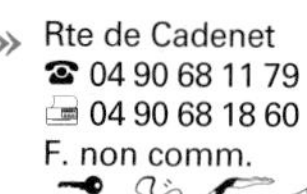

➥ **Restaurant** : 16/20 Auberge La Fenière

A l'écart du village, la Provence décline ici le luxe avec l'authenticité d'un vrai travail d'artisan, pour nourrir les chambres de nombreux détails charmants et les personnaliser en beauté. Le parc de 7 ha se perche sur la colline et ouvre ainsi une vue magnifique sur le Luberon. On y trouve d'adorables roulottes, annexes originales et craquantes d'une maison à l'âme bien particulière.

3 appart. 200-210 € • 6 ch. 120-180 € • 1/2 pens. 150-185 €

www.reinesammut.com

Mas de Guilles 

» Rte de Vaugines
☎ 04 90 68 30 55
📠 04 90 68 37 41
F. mi-nov.-mi-mars.

Les 3 ha du parc regorgent d'arbres et de plantes odorantes et assurent une belle tranquillité au vieux mas XVIIe. Le mobilier provençal d'époque se marie très bien avec les vieilles pierres. Au restaurant, Patrick Lherm profite du marché et de la région et propose des assiettes personnelles, comme la marmite provençale d'agneau ou les fruits rouges marinés à l'huile d'olive.

1 appart. 150 € • 28 ch. 80-118 € • 1/2 pens. 94-113 € • C : 56 € • M : 43 €

www.guilles.com

LOUVIERS - 27400 (6 C 3)

Rouen 33 - Les Andelys 22

 Manoir La Haye Le Comte

En accord avec une sobre architecture XVIe, les chambres adoptent meubles de style et tissus fleuris pour une étape romantique en Normandie. Parc de 4 ha, avec practice de golf et tennis.
16 ch. 70-100 €
www.manoir-louviers.com

» 4 rte de La Haye-le-Comté
☎ 02 32 40 00 40
Fax 02 32 25 03 85
F. 16 déc.-15 janv.

 Le Pré Saint-Germain R

La bonne étape de la ville, avec un cadre et un confort modernes, tout près du centre. Service gentil et disponible, et restauration de bon niveau, une formule performante et donc très courue au déjeuner, avec des propositions du jour efficaces et variées.
1 appart. 70-100 € • 30 ch. 70-86 € • 1/2 pens. 91 € • C : 50 € • M : 19-51 €
www.le-pre-saint-germain.com

» 7 rue Saint-Germain
☎ 02 32 40 48 48
Fax 02 32 50 75 60
Ouv. 7j/7.

à ACQUIGNY - 27400 : 7 km S. par N 155, A 154 et D 71

 Hostellerie d'Acquigny

Cinq années d'exploitation et voici la première toque pour Eric et Fanny Georget, venant récompenser un travail d'une remarquable constance : le foie gras poêlé à la compotée de pomme fruit muscadée, le filet de rascasse poêlé, beurre blanc vanillé et la tarte fine tiède aux pommes et amandes fournissent de bons produits, des cuissons justes et une constante bonne humeur. Cave très abordable avec quelques noms qui claquent (la cuvée Marine de Charavin, le côtes de provence de Sorin).
C : 40 € • M : 16-43 €

» 1 rue d'Evreux
☎ 02 32 50 20 05
F. lundi, mardi, vac. scol. fév. et 3 sem. après 14 juil.
Jusqu'à 21h30.

à QUATREMARE - 27400 : 7 km S.O. par D 133

 Ferme-Auberge Le Germoir

L'ancien germoir à pommes de terre début XIXe attire autant les familles en mal de Normandie authentique que les pratiquants de quad affamés (l'établissement propose randonnées ou initiation dans les environs) venus s'en payer une bonne tranche avec un soufflé chaud au livarot, un croquant au camembert ou une ballottine de poularde. Sur réservation.
M : 15-26 €

» 3 Rte de Damneville
☎ 02 32 25 25 10
F. dim. à dîn., lundi-merc. (sf groupes), 3 dern. sem. août et 24 déc.-2 janv.
Jusqu'à 21h.

LE LUC - 83340 (34 A 5)

Toulon 50 - Draguignan 26

 Le Gourmandin

Petite salle de creux de ville, forte garantie de satisfaction. Son label, Patrick Schwartz l'a forgé au fil des ans, sur du solide, de la technique, du métier, et des producteurs fidèles en qualité. La meilleure expression est sur le menu du marché à 23 €, les fleurs de courgettes farcies à la mousse de rascasse, le cul de lapereau à la crème d'ail, le tiramisu maison. La plaisante salle bourgeoise a été rénovée, l'accueil de Uta est toujours aussi prévenant.
C : 40 € • M : 23-45 €
gourmandin@wanadoo.fr

» 8 rue Louis-Brunet
☎ 04 94 60 85 92
F. dim. à dîn., lundi (sf fériés), jeudi à dîn., 20 fév.-10 mars et 25 août-20 sept.
Jusqu'à 21h30.

LUC SUR MER - 14530 (5 D 3)

Caen 17 - Cabourg 24

(11) Hôtel Beau Rivage

Certes le parking gâche un peu la vue mer, mais cela n'empêche pas l'adresse d'être très courue en saison, pour ses prix raisonnables et sa carte aux propositions variées. La prestation est honnête, plutôt qu'enthousiasmante, mais la qualité raisonnable des moules normandes aux pommes et pommeau, du suprême de lotte à la vanille et fondue de courgette ou de la tarte normande au coulis de caramel justifie encore le détour.
C : 35 € • M : 18-38 €

» 1 rue du Dr-Charcot
☎ 02 31 96 49 51
F. 10 déc.-15 janv.
Jusqu'à 22h.

LUCHE PRINGE ➤ LA FLECHE

LUÇON - 85400 (15 D 6)

La Rochelle 41 - La Roche-sur-Yon 33

(13) La Mirabelle

Insensiblement, au fil des saisons, Benoît Hermouet change de braquet, de plus en plus séduit par les sirènes de la tentation créative. Il est vrai que la carte est vaste, qu'elle donne du grain à moudre aux tradi, qui ont le foie gras, les escargots au confit de tomates, le croustillant de jarret et pieds de cochon et le filet de bœuf Rossini pour chanter "Il est des nôtres". Ce qui permet quelques chemins de traverse, quelques rêves d'évasion, mesurés rassurez-vous, avec les langoustines en papillote ou la lotte vapeur et purée de poivrons doux. Bon menu à 32 €, desserts intéressants et carte des vins pédagogique, variée et à prix justes.
C : 50 € • M : 17-65 €

» Benoît Hermouet, 89 bis rue du Gén-de-Gaulle
☎ 02 51 56 93 02
F. dim. à dîn., mardi (sf juil.-août) et 1 sem. vac. scol. fév.
Jusqu'à 21h15.

LUGON ET L'ILE DU CARNAY - 33240 (23 D 2)

Bordeaux 31 - Libourne 13

(12) Auberge de la Vieille Chapelle

En bonne autodidacte, Jocelyne Taudin ne s'embarrasse pas de conventions. Elle travaille les produits dénichés dans les fermes des alentours, poissons et crustacés sont sauvages, les légumes servis uniquement dans leur saison. Des encouragements donc pour la terrine "tout en canard fermier" à la noisette, tartine de "mon pain" et foie gras, la poitrine de pigeon de la ferme "Le Guen" perlée dans la cheminée, cuisses confites au thym et la tarte fine renversée au fromage blanc et aux fraises, biscuit sablé et coulis de fraises "Tagada". Le charme fou de cette chapelle du XIIe siècle sur les bords de la Dordogne fait le reste.
C : 42 € • M : 17-36 €

» 4 la Chapelle
☎ 05 57 84 48 65
F. dim. à dîn., mardi, merc., 3 prem. sem. janv. et 15 dern. jrs nov.
Jusqu'à 21h.

LUMIO ➤ CALVI, CORSE

LUNEL - 34400 (32 B 3)

Montpellier 26 - Nîmes 31

(12) Chodoreille

Derrière la façade rénovée, une terrasse charmante au bord de la piscine. Ce nouveau confort va droit au cœur des habitués, dont Didier Chodoreille a depuis longtemps conquis l'appétit. Dans une simplicité régionale de bon ton, galet de Pompignan, cabillaud à la graine de moutarde, filet de taureau de Camargue sauce cèpes. Et la cave fait les yeux doux avec le muscat de Lunel, le picpoul de Pinet et les petits bijoux de Toques et Clochers.
C : 42 € • M : 20-51 € *www.chodoreille.fr*

» 140 rue Lakanal
☎ 04 67 71 55 77
F. dim., lundi à dîn. et janv.
Jusqu'à 21h15.

➲ à GALLARGUES - 30660 : 8 km S.O. par N 313 et 113

(11) Croqu'au Sel

» Impasse Hôpital Saint-Jacques
☎ 04 66 35 05 98
F. dim. à dîn., lundi à dîn. et merc. à dîn. (sf juil.-août dim., lundi), vac. Noël, vac. scol. fév. et vac. scol. Toussaint.
Jusqu'à 21h15.

Sur la petite place du village, les touristes guignent leur place sur la terrasse ombragée. Ils pourraient peut-être se contenter de sandwichs et de salades, mais Christophe Castello va bien au-delà, avec une cuisine provençale personnalisée, tiramisu de brandade, pastilla de dorade, crépinette de veau au parfum de garrigue dans un bon menu à 24 **€**.
C : 35€ • M : 15-24€ *croqausel@wanadoo.fr*

LUNEVILLE - 54300 (12 A 4)

Nancy 39 - Saint-Dié 51

16 Château d'Adoménil

» Rehainviller
☎ 03 83 74 04 81
F. dim. à dîn. (sf 15 avril-31 oct.), lundi, mardi à déj. et 2 janv.-2 fév.
Jusqu'à 21h15.

➥ **Hôtel** : Château d'Adoménil

Cadre et ambiance
Le château est impressionnant mais l'ambiance n'est pas aux dîners d'ambassade, même si les conventions sont respectées. Belle salle sous les lustres, atmosphère de fête distinguée et décontractée.

Cuisine
Cyril Leclerc, le gendre du propriétaire, a su s'imposer avec brio. Sa formation de pâtissier lui donne la précision et la rigueur, ses plats sont franchement excitants, toniques, au seuil des trois toques : langoustine crue en croquant de wasabi, rouget plancha, foie en lacet, fèves et jus de sucs de volaille et crustacés, blanc de turbot et tartare d'huîtres consommé acidulé, poitrine de pigeonneau et jus perlé au thé vert. Et les desserts passent au Kärcher les standards : le Grand-Marnier est en soufflé chaud et en gâteau soufflé froid, salade d'agrumes et écorces confites. Entre autres.

Cave
De rares cuvées alsaciennes de Trimbach, Josmeyer ou Ostertag, l'occasion de toucher du lourd à prix raisonnable pour un Relais & Châteaux (Clos des Lambrays 99 à 170 **€**), une forte sélection tous vignobles et le coup de cœur régional avec les côtes-de-toul de Laroppe.

Accueil et service
Une qualité primordiale, celle de s'adapter aux circonstances, du repas de famille au dîner d'amoureux ou d'affaires, avec la même aisance, le même tact. Peu de fautes et beaucoup de maîtrise.
C : 85€ • M : 44-89€ *www.adomenil.com*

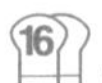

Château d'Adoménil

» Rehainviller
☎ 03 83 74 04 81
📠 03 83 74 21 78
F. 2 janv.-3 fév.

➥ **Restaurant** : 16/20 Château d'Adoménil
A dix minutes de la ville, c'est la pleine campagne, le luxe du calme, de l'exclusivité, du bien-vivre dans une demeure XVIIIe entourée d'un parc de sept hectares. Il n'est pas rare que les dîneurs décident finalement de rester dormir : effet romantique, désir de ne pas rompre le charme, de ne pas transformer trop vite le carrosse en citrouille. Chambres vastes, intimes, personnelles, coupées du monde, et service de grande maison jusqu'aux petits déjeuners, revitalisants.
5 appart. 220-260€ • 9 ch. 160-195€ • 1/2 pens. 90€ *www.adomenil.com*

Les Pages

» 5 quai des Petits-Bosquets
☎ 03 83 74 11 42
📠 03 83 73 46 63
Ouv. 7j/7.

Situées non loin du château, ces maisons anciennes ont gardé quelques vestiges discrets, mais la séduction vient davantage du choix assumé d'un intérieur contemporain et coloré, jusque dans les très belles salles de bain.
28 ch. 52-61€ • 1/2 pens. 52€

LURBE SAINT CHRISTAU - 64660 (23 C 6)

Lourdes 60

Thierry Lassala

➥ **Hôtel** : Au Bon Coin

Iconoclaste. Voilà comment Thierry Lassala, quatrième génération aux commandes de cette maison familiale, et Christophe Aubuchon, son sommelier, aiment qualifier leur sélection de vins. Si l'on y retrouve les grandes vedettes (Yquem, Sociando-Mallet, Zind-Humbrecht, Graillot, Richaud...), les plus observateurs remarqueront également quelques raretés méconnues, le 20 Rouge de Laguerre, le Sua Sponte de Da Ros ou quelques vins de table à se pâmer. La cuisine ne dépareille pas, les artichauts poivrade en barigoule et œuf poché, le pigeon cuit en cocotte et ragoût de petits pois du jardin et le Russe "comme à Oléron", glace à la pistache prouvant le réel talent d'un chef aussi modeste que les tarifs qu'il pratique.

C : 38 € • M : 38-48 € *www.vallee-aspe.com/lassala*

» Rte des Thermes
☎ 05 59 34 40 12
F. dim. à dîn.-mardi à déj. (20 sept.-20 mai), à déj. lundi et mardi (21 mai-19 sept.).
Jusqu'à 21h15.

Au Bon Coin

➥ **Restaurant** : 15/20 Thierry Lassala

Perdu en pleine nature, au pied de la montagne, un établissement aux chambres calmes et fraîches et jouissant désormais d'une piscine récemment rénovée et bien ensoleillée.

18 ch. 55-86 € • 1/2 pens. 65-133 € *www.vallee-aspe.com/lassala*

» Rte des Thermes
☎ 05 59 34 40 12
Fax 05 59 34 46 40
F. dim. à dîn. (20 sept.-20 mai).

à OSSE EN ASPE - 64490 : 16 km S. par N 134 et D 237

(12) Pimparela

Une ferme auberge installée dans une ancienne étable, au cœur des montagnes, à 600 m d'altitude. Sur la terrasse ouvrant sur la vallée d'Aspe ou dans la salle réchauffée par une cheminée centrale, on ripaille d'un civet de mouton aux pruneaux, d'un agneau de lait fermier et d'une tarte au greuil (petit lait).

C : 20 € • M : 15-22,50 € *sarl.ipere@wanadoo.fr*

» Plateau Ipère
☎ 05 59 34 52 23
F. (sur réserv. seult).

LURI ➤ CORSE

LUXEUIL LES BAINS - 70300 (21 C 2)

Vesoul 28 - Belfort 51

Beau Site

Dans une grande maison blanche, une sympathique affaire familiale, dans son accueil comme son décor. Chambres bien tenues au style contemporain.

35 ch. 46-80 € • 1/2 pens. 57-68 € *www.beau-site-luxeuil.com*

» 18 rue Georges-Moulimard
☎ 03 84 40 14 67
Fax 03 84 40 50 25
Ouv. 7j/7.

LUYNES - 37230 (17 C 4)

Tours 17 - Amboise 50

(14) Domaine de Beauvois

➥ **Hôtel** : Domaine de Beauvois

Si le val de Loire regorge de ces châteaux de charme reconvertis en hôtellerie, peu atteignent l'excellent niveau global de cet ancien manoir des XVIe et XVIIe siècles. Confiée à Régis Guilpain, la cuisine marche à deux vitesses, plus simple au déjeuner, de quoi profiter du cadre magnifique sans se ruiner, et plus élaborée au dîner : carpaccio de saint-jacques sur crémeux de chou-fleur safranée, lotte cuisinée aux coquillages, saumon fumé et jambon sec, pigeon rôti au sautoir, tombée de blettes et morilles, fraise garriguette farcie, confite en

» Le Port-Clouet
☎ 02 47 55 50 11
F. lundi et mardi (1er nov.-31 mars).
Jusqu'à 21h30.

charlotte menthe et esquimau fraise chocolat blanc. Des assiettes juste assez créatives pour se faire remarquer, juste assez sages pour plaire à la clientèle de l'hôtel, une cave qui se met au diapason et un service irréprochable : une excellente maison.
C : 68 € • M : 38-65 € www.beauvois.com

 Domaine de Beauvois 

» Le Port-Clouet
☎ 02 47 55 50 11
02 47 55 59 62
Ouv. 7j/7.

➥ **Restaurant** : 14/20 Domaine de Beauvois
Un magnifique manoir des XVIe et XVIIe siècles ouvrant sur un parc de 140 hectares si vaste qu'il en a fallu flécher les chemins de promenade. Les chambres, décorées dans un style ancien qui sied à merveille à cet ensemble, prodiguent espace et confort. Louis XIII aimait à se promener dans les environs, chassant à l'arquebuse le gibier des alentours de l'étang de Briffant.
2 appart. 180-295 € • 34 ch. 180-295 € • 1/2 pens. 78 € www.beauvois.com

LUZ SAINT SAUVEUR - 65120 (29 A 6)

Pau 77 - Lourdes 32

 La Tasca

» 17 pl Saint-Clément
☎ 05 62 92 96 22
F. dim., merc. (sf vac. scol.), mai et nov.
Jusqu'à 22h.

Une guinguette de montagne au cadre idéal : une ancienne grange, avec sa pergola et son petit jardin. Pour soutenir le moral des troupes, charcuteries, gigot de mouton, morue biscaïenne et fajitas.
C : 27 € • M : 20-22 €

LUZILLAT - 63350 (26 C 3)

Clermont-Ferrand 37 - Vichy 29

 Auberge de Vendègre

» Vendègre
☎ 04 73 68 63 24
F. lundi et mardi.
Jusqu'à 21h.

On ne finasse pas, on ne joue pas avec les éprouvettes, le lard virtuel et les émulsions : ici, c'est du solide, du concret, pas du tout le monde parallèle. Chez Gérard Vauris, vous êtes du bon côté du miroir, le foie de volaille, les escargots de Bourgogne et l'entrecôte de Salers marchand de vin se chargent de vous rappeler la douce réalité de l'existence. Dans un imbattable menu à 18,50 €.
C : 22,50 € • M : 18,50-28,50 €

LYON 1 - 69001 (27 D 3)

Paris 462 - Dijon 193 - Marseille 312

 Léon de Lyon

» 1 rue Pleney
☎ 04 72 10 11 12
F. dim., lundi, 30 avril-8 mai et 30 juil.-21 août.
Jusqu'à 22h.

Cadre et ambiance
Entre les lambris, une salle incontestablement mythique, du grand genre lyonnais, confort rustique sans dorures : l'endroit idéal pour s'offrir un Latour 55 avec un pâté en croûte.

Cuisine
Les modes passeront, et Jean-Paul Lacombe aura toujours la modeste tranquillité de l'artisan, qui réussit à embourgeoiser la modernité d'un bar au citron confit et épeautre mascarpone ou d'un quasi de veau sous la mère jus réduit à l'anchois. On peut aussi venir pour les quenelles et les desserts à thème (praline, framboise, abricot…).

Cave
Malgré le Sainte-Hune 97 à 300 € ou le Simone à 100, on peut être indulgent avec cette cave rhône bourgogne aux belles verticales, sans trop de recherche, mais capable de trouver les Mille Vignes, par exemple.

Accueil et service
Tout est onctueux dans l'atmosphère comme dans l'assiette, mais le directeur de salle sait mettre de l'âme et du dynamisme, et le service est sans faute. Un temple certes, mais ici, on passe le plumeau. Lacombe est peut-être le

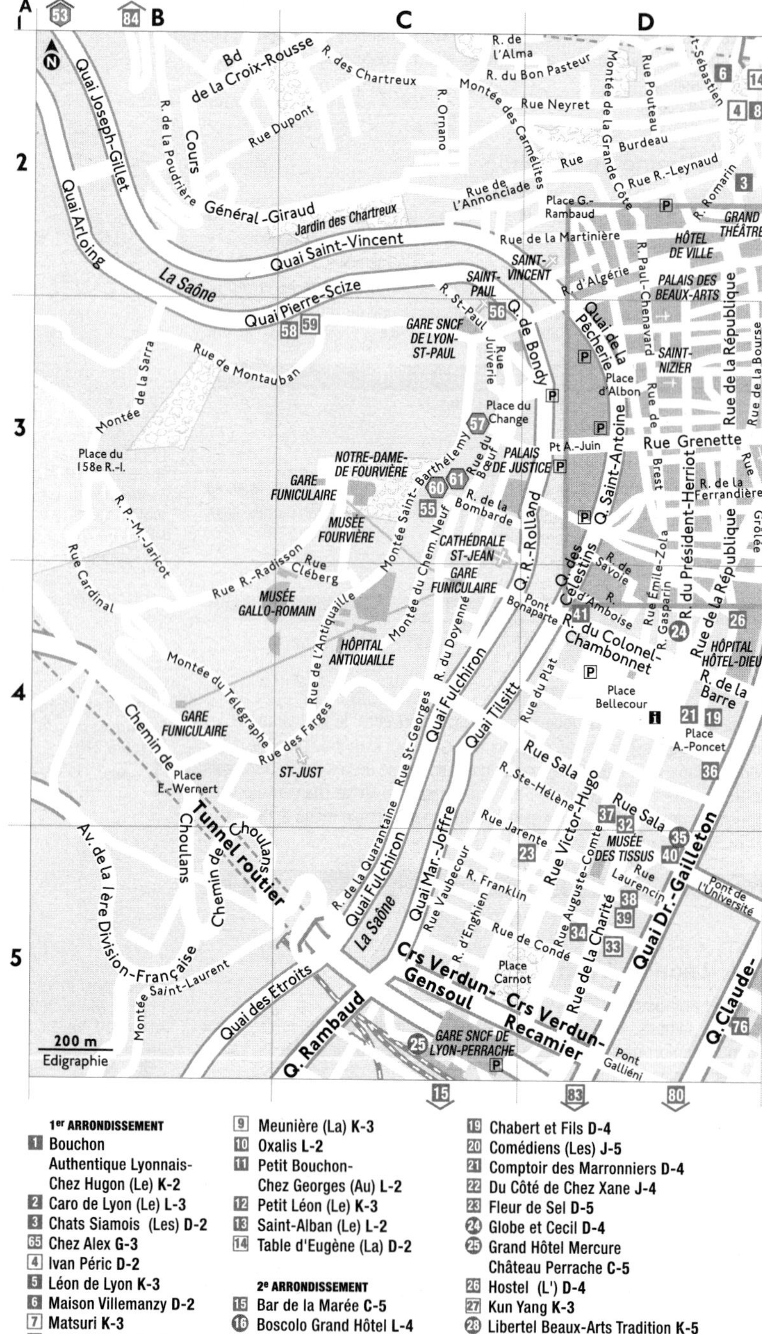

1er ARRONDISSEMENT
- 1 Bouchon Authentique Lyonnais-Chez Hugon (Le) **K-2**
- 2 Caro de Lyon (Le) **L-3**
- 3 Chats Siamois (Les) **D-2**
- 65 Chez Alex **G-3**
- 4 Ivan Péric **D-2**
- 5 Léon de Lyon **K-3**
- 6 Maison Villemanzy **D-2**
- 7 Matsuri **K-3**
- 8 Mère Brazier (La) **D-2**
- 9 Meunière (La) **K-3**
- 10 Oxalis **L-2**
- 11 Petit Bouchon-Chez Georges (Au) **L-2**
- 12 Petit Léon (Le) **K-3**
- 13 Saint-Alban (Le) **L-2**
- 14 Table d'Eugène (La) **D-2**

2e ARRONDISSEMENT
- 15 Bar de la Marée **C-5**
- 16 Boscolo Grand Hôtel **L-4**
- 18 Broc'Café **K-5**
- 19 Chabert et Fils **D-4**
- 20 Comédiens (Les) **J-5**
- 21 Comptoir des Marronniers **D-4**
- 22 Du Côté de Chez Xane **J-4**
- 23 Fleur de Sel **D-5**
- 24 Globe et Cecil **D-4**
- 25 Grand Hôtel Mercure Château Perrache **C-5**
- 26 Hostel (L') **D-4**
- 27 Kun Yang **K-3**
- 28 Libertel Beaux-Arts Tradition **K-5**
- 29 Libertel Carlton Grande Tradition **L-5**

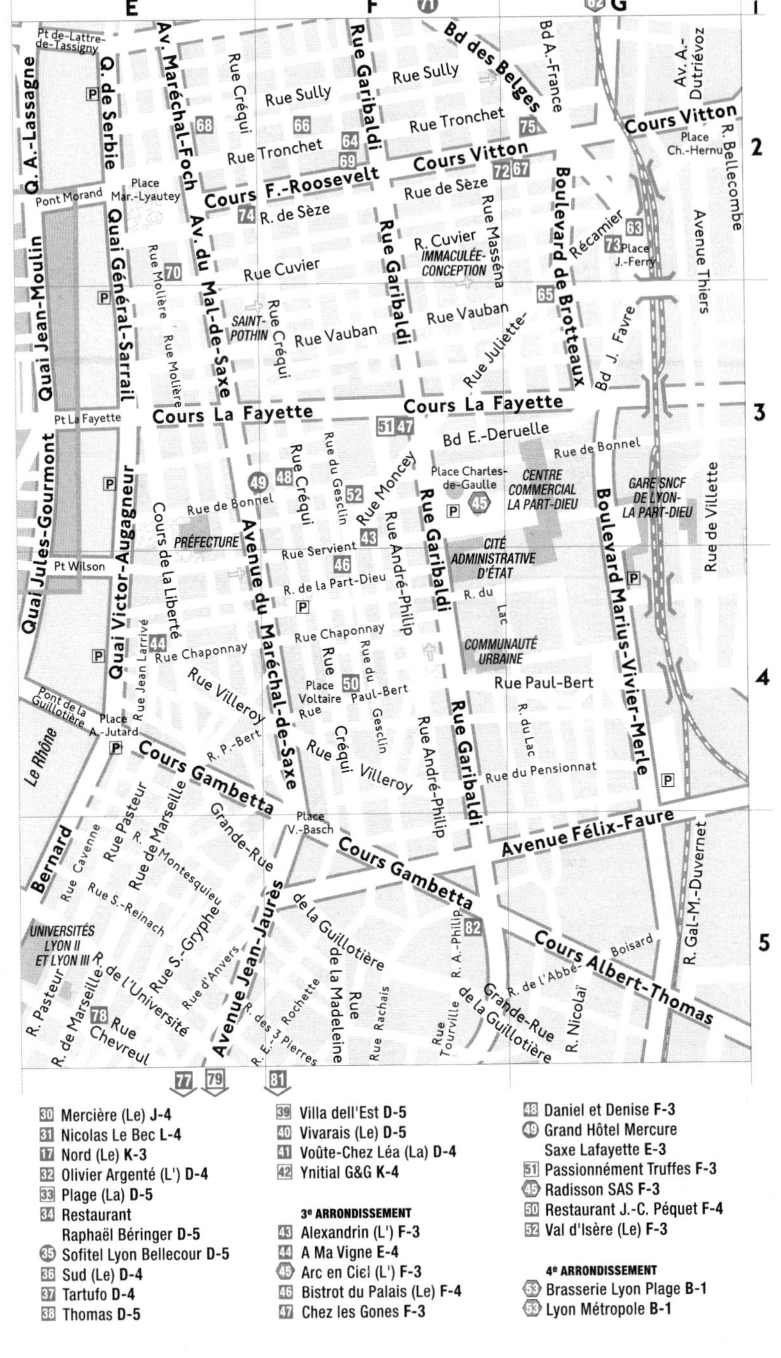

30 Mercière (Le) **J-4**
31 Nicolas Le Bec **L-4**
17 Nord (Le) **K-3**
32 Olivier Argenté (L') **D-4**
33 Plage (La) **D-5**
34 Restaurant Raphaël Béringer **D-5**
35 Sofitel Lyon Bellecour **D-5**
36 Sud (Le) **D-4**
37 Tartufo **D-4**
38 Thomas **D-5**
39 Villa dell'Est **D-5**
40 Vivarais (Le) **D-5**
41 Voûte-Chez Léa (La) **D-4**
42 Ynitial G&G **K-4**

3e ARRONDISSEMENT

43 Alexandrin (L') **F-3**
44 A Ma Vigne **E-4**
45 Arc en Ciel (L') **F-3**
46 Bistrot du Palais (Le) **F-4**
47 Chez les Gones **F-3**
48 Daniel et Denise **F-3**
49 Grand Hôtel Mercure Saxe Lafayette **E-3**
51 Passionnément Truffes **F-3**
45 Radisson SAS **F-3**
50 Restaurant J.-C. Péquet **F-4**
52 Val d'Isère (Le) **F-3**

4e ARRONDISSEMENT

53 Brasserie Lyon Plage **B-1**
53 Lyon Métropole **B-1**

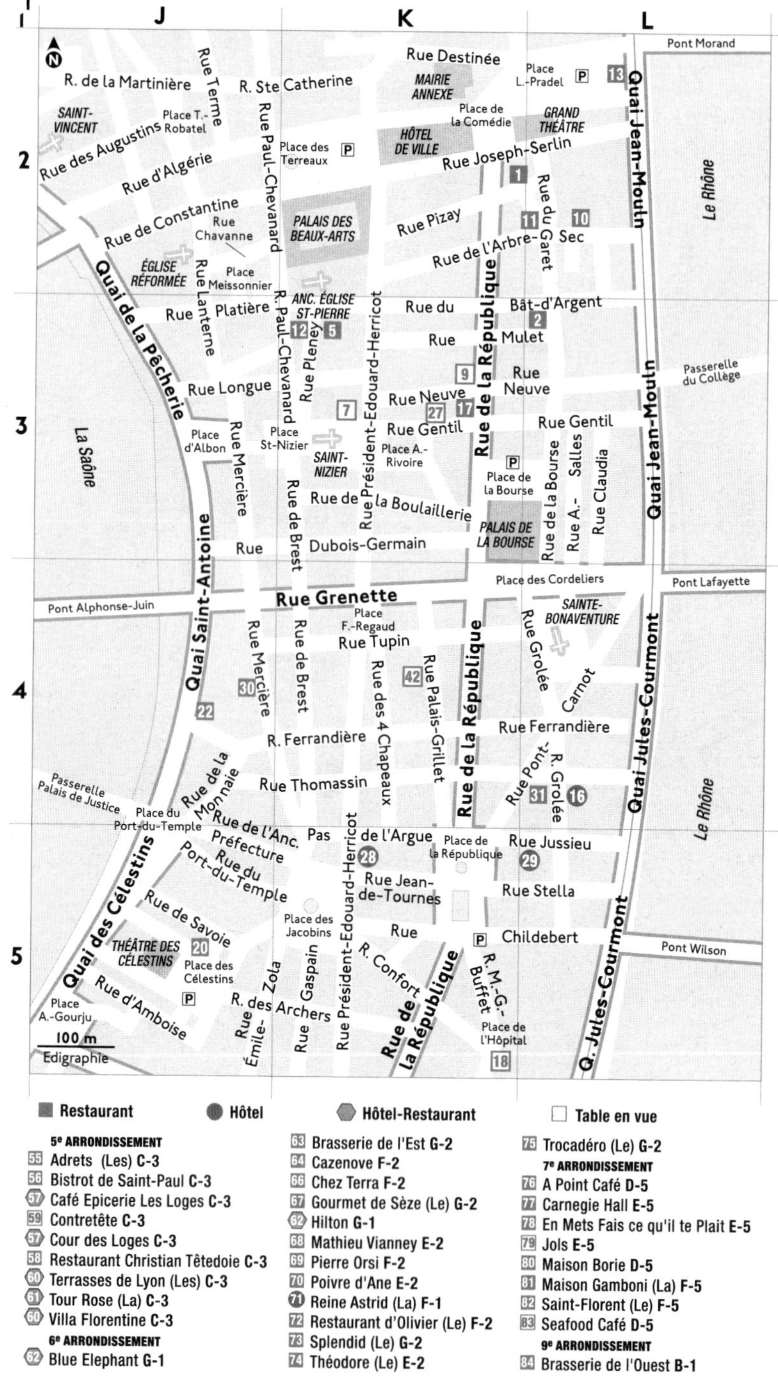

■ Restaurant ● Hôtel ⬢ Hôtel-Restaurant □ Table en vue

5e ARRONDISSEMENT

55 Adrets (Les) **C-3**
56 Bistrot de Saint-Paul **C-3**
57 Café Epicerie Les Loges **C-3**
59 Contretête **C-3**
57 Cour des Loges **C-3**
58 Restaurant Christian Têtedoie **C-3**
60 Terrasses de Lyon (Les) **C-3**
61 Tour Rose (La) **C-3**
60 Villa Florentine **C-3**

6e ARRONDISSEMENT

62 Blue Elephant **G-1**
63 Brasserie de l'Est **G-2**
64 Cazenove **F-2**
66 Chez Terra **F-2**
67 Gourmet de Sèze (Le) **G-2**
62 Hilton **G-1**
68 Mathieu Vianney **E-2**
69 Pierre Orsi **F-2**
70 Poivre d'Ane **E-2**
71 Reine Astrid (La) **F-1**
72 Restaurant d'Olivier (Le) **F-2**
73 Splendid (Le) **G-2**
74 Théodore (Le) **E-2**
75 Trocadéro (Le) **G-2**

7e ARRONDISSEMENT

76 A Point Café **D-5**
77 Carnegie Hall **E-5**
78 En Mets Fais ce qu'il te Plait **E-5**
79 Jols **E-5**
80 Maison Borie **D-5**
81 Maison Gamboni (La) **F-5**
82 Saint-Florent (Le) **F-5**
83 Seafood Café **D-5**

9e ARRONDISSEMENT

84 Brasserie de l'Ouest **B-1**

conservateur d'un musée, mais au moins, il enrichit la collection, il rafraîchit, il bosse…

M : 59-150 € www.leondelyon.com

Oxalis

» 23 rue de l'Arbre-Sec
☎ 04 72 07 95 94
F. sam., dim. et août.
Jusqu'à 22h.

Sonia Ezgulian commence à être bien connue sur Lyon, et même au delà. Jouant de son sens de la communication et de sa parfaite connaissance des médias (elle fut longtemps journaliste à Paris Match avant de reprendre ce restaurant autrefois célèbre sous l'enseigne Chez Juliette) pour populariser cette maison qui, de toutes les façons, n'en aurait sans doute pas eu besoin. Cuisinière autodidacte (forcément), elle utilise sa non-appartenance à un quelconque courant de formation pour bâtir une cuisine différente où le poisson joue les vedettes, avec la sardine et le maquereau, pas vraiment des pièces nobles, en figures de proue. Un endroit unique.

M : 17-50 €

Le Saint-Alban

» 2 quai Jean-Moulin
☎ 04 78 30 14 89
F. sam. à déj., dim., fériés, 20 juil.-20 août.
Jusqu'à 21h15.

Une façade discrète sur les quais, un décor élégant propice à une soirée en douceur, un service précis et discret et un solide professionnel aux manettes : les fondamentaux sont en place et le résultat suit avec la rigueur qui sied à un ancien MOF, sûr de ses produits comme de ses cuissons, qui compose des assiettes élégantes et sobrement construites. Cave tout aussi sérieuse, vers le nord (la Bourgogne) comme vers le sud (la vallée du Rhône).

C : 55 € • M : 27-65 €

Chez Alex

» 44 bd des Brotteaux
☎ 04 78 52 30 11
F. dim., lundi et août.
Jusqu'à 21h30.

Déménagement réussi pour Alex Tournadre, bien plus à sa place derrière cette élégante façade façon lounge que dans sa ruelle de la Croix Rousse. Cadre moderne et épurée, quelques banquettes, pour une cuisine qui joue elle aussi la carte de la modernité, avec des jeux de saveurs et de textures, comme sur la tempura d'escargot (légèrement mentholée) crème glacée de petits pois. Quelques touches superflues par ci (le pamplemousse sur la joue de lotte, les amandes grillées sur le pavé de veau) et des cuissons qui manquent de justesse, voilà qui devrait vite disparaître quand Alex aura trouvé (retrouvé ?) sa propre voie au cœur de Lyon. Belle sélection viticole en Vallée du Rhône.

C : 40 € • M : 20-52 € chez.alex@club-internet.fr

Le Caro de Lyon

» 25 rue du Bât-d'Argent
☎ 04 78 39 58 58
F. dim.
Jusqu'à 24h.

Le tandem Jean-Claude Caro Frédéric Côte, annoncé comme tonitruant, fonctionne effectivement. Le décor qu'il faut, l'animation légendaire d'un lieu à part, artiste, intello, fêtard, et la cuisine pleine de trouvailles et de clins d'œil d'un chef qui sait écouter et séduire. Avec un croustillant de foie gras au pain d'épices, une andouillette de homard et des tortellini de chocolat. Cela tient parfois un peu du procédé, un peu maniéré, mais c'est fait et servi dans la décontraction, sans trop de cérémonie, avec les bouteilles idoines (beaujolais, lyonnais). C'est exactement ce qu'il faut.

C : 35 € • M : 25-72 € www.lecarodelyon.com

Dans chaque ville, les établissements sont classés
par note décroissante, restaurants d'abord, hôtels ensuite.

•

Certaines communes sont rattachées à l'agglomération la plus proche.

13 Les Chats Siamois

Au bas de la Croix Rousse, dans une rue étroite, un intérieur très séduisant, mixé entre Thaïlande et Lyonnais, une maison de canut protégée par Buddha. Qui veille aussi manifestement sur la cuisine, fine et authentique, dans un bon dosage d'herbes et d'épices : poulet confit. au chou, aux arômes de citronnelle et lait de coco, gingembre et coriandre, canard basilic très bien cuit, avec un riz superbe Service pro et très attentionné, cave assez maligne offrant des associations pointues, comme le Voyou de Katz, idéal avec ces parfums.

C : 32 € • M : 15-16,50 €

www.leschatssiamois.com

» 4 Petite-rue-des-Feuillants
☎ 04 78 39 34 72
F. sam., dim. à déj., 1 sem. déb. année et 5 sem. été.
Jusqu'à 22h30.

13 Maison Villemanzy

Les années passent bien chez Jean-Paul Lacombe, dont les bistrots fonctionnent plein gaz. La maison Villemanzy cible avec adresse une carte Lyon face Sud, carpaccio au pistou, clafoutis piperade et cuisse de canard à la provençale, caviar d'aubergines. Jolie vue, bon service et prix toujours cadrés.

M : 22,50 €

www.leondelyon.com

» 25 montée Saint-Sébastien
☎ 04 72 98 21 21
F. dim., lundi à déj. et 22 déc.-9 janv.
Jusqu'à 22h.

12 Bouchon Authentique Lyonnais - Chez Hugon

L'odeur du fumet lyonnais plane sur cette marmite séculaire. Quand Arlette Hugon appose le sceau "bon pour le service" en envoyant un poulet au vinaigre, un saucisson chaud lentilles ou un boudin aux pommes, vous pouvez miser le pot de brouilly (10 €) que l'assiette sera exactement celle dont vous aviez rêvé, dans le décor pur bouchon d'un temple inaltérable.

M : 22-32 €

» 12 rue Pizay
☎ 04 78 28 10 94
F. w.-e. et août.
Jusqu'à 22h.

12 La Mère Brazier

La Mère de la grande restauration à la française, là où tout a commencé ou presque, les plus hautes distinctions gastronomiques d'avant guerre à l'époque d'Eugénie Brazier. Et soudain, l'an dernier, l'histoire bascule avec la vente de l'établissement. L'enseigne demeure, la plupart des recettes également, sous la houlette de Philippe Bertrand, qui présente respectueusement la poularde demi-deuil ou les rognons de veau façon Brazier.

M : 22-45 €

www.lamerebrazier.com

» 12 rue Royale
☎ 04 78 28 15 49
F. sam. à déj., dim. (sf mars-oct.), mardi, dern. sem. juil. et 3 sem. août.
Jusqu'à 22h.

12 Le Petit Léon

Bouchon de déjeuner à côté du Grand Léon : Jean-Paul Lacombe joue gagnant dans cette formule de bon bistrot dont le menu s'adapte aux saisons tout en gardant la ligne : salade de lentilles au saucisson lyonnais, cuisse de lapin à la grecque riz pilaf, compotée de fruits frais et macaron pistache, à un prix qui ne craint pas la concurrence.

M : 18 €

www.leondelyon.com

» 3 rue Pleney
☎ 04 72 10 11 11
F. à dîn. sem. et sam., dim., lundi, 30 avril-8 mai, 30 juil.-21 août.

11 Au Petit Bouchon - Chez Georges

Voilà du pur jus de bouchon, foi de veau à la lyonnaise ! Chez Georges ! Prononcer cette adresse mythique, la susurrer à un taxi, cela vaut tous les sésames pour entrer dans la ville et dans l'intimité de ses habitants. Les produits viennent des halles, le saucisson chaud aux lentilles, le tablier de sapeur gribiche et la quenelle de brochet sauce Nantua sont au garde à vous.

27 € • M : 16-23 €

» 8 rue du Garet
☎ 04 78 28 30 46
F. w.-e. et août.
Jusqu'à 21h30.

 Ivan Péric

Suivez comme nous allons le faire ce jeune chef croate qui vient de s'installer, parrainé par Marc Veyrat. Il mêle les influences slaves et d'Europe centrale à une cuisine provençale et ménagère, et qui déborde d'enthousiasme : croustillant d'agneau aux herbes, cuisses de grenouilles et cappuccino d'asperges, pot-au-feu...
M : 14-27 €

» La Gargotte, 15 rue Royale
☎ 04 78 28 79 20
F. sam. à déj., dim. à déj., lundi à dîn. et 3 sem. août.
Jusqu'à 23h.

 Matsuri

Une référence pour les amoureux du kaïten sushi, le fameux comptoir tournant où défilent les spécialités de poissons crus, ici réellement soignées et pas victimes de la mode. Depuis l'an dernier, une seconde adresse dans le 6e, cours Lafayette.
C : 20 €

» 7 rue Fromagerie
☎ 04 78 27 83 06
Ouv. 7j/7.
Jusqu'à 22h30.

 La Meunière

Dans un bouchon comme celui-là, une déco "inchangée depuis trente ans" est un atout considérable et une garantie. Le succès se renforce encore grâce à la patte d'un maître-artificier en saucisson pistaché, gras-double à la lyonnaise et coq au vin de Brouilly, qui a tourné dans de grandes maisons sur la côte mais n'a jamais oublié ses années d'apprentissage chez la mère Guy. Une des enseignes les plus fiévreuses du centre ville, où il faut arriver tôt.
C : 26,50 € • M : 22-29 €

» 11 rue Neuve
☎ 04 78 28 62 91
F. dim., lundi, fêtes, 14 juil.-15 août et 1 sem. Noël.
Jusqu'à 21h30.

La Table d'Eugène

Un loup affamé errant dans le quartier Soufflot croquerait bien l'ardoise de ce bistrot si avenant logé dans un ancien local de soyeux : l'agneau à l'ardéchoise, le bœuf fin gras du Mézenc et la mâche des Estables donnent vite l'eau à la bouche. Babette Fort, qui cuisina longtemps en Ardèche, connaît ses terroirs, et sait mettre les Lyonnais en appétit.
M : 23-29 €

» 18 rue Royale
☎ 04 78 39 57 00
F. dim., lundi, merc. et août.
Jusqu'à 21h30.

LYON 2 - 69002 **(27 D 3)**

 Nicolas Le Bec

Cadre et ambiance

Une salle moderne à 'limage du chef : de la sobriété, de l'élégance, une atmosphère zen qui suscite l'appétit d'une nouveauté que l'on espère et qui arrive immanquablement.

Cuisine

Des produits magnifiés avec éclat et pourtant dans la douceur, la précision, la quintessence, la séduction. Des langoustines tièdes, purée mixée à froid à l'huile d'olive et crème d'échalote en contrepoint acide : simple, prodigieux en texture et en fraîcheur, du très pointu avec une économie de décibels. Voilà le véritable Le Bec, qui ne fait pas plus de bruit que cela, mais comme Barbot ou Passard, dans un registre à peine différent, balance des asperges de Pertuis grandioses avec un jus de volaille, un foie gras et l'hibiscus en gelée chaude, rhubarbe et groseilles à maquereaux, un bar formidable, poché juste, vif à l'œil, plein de respect. Les très beaux desserts ne gâtent aucunement cette impression de légèreté et d'accomplissement. Le Bec est un des grands du moment.

Cave

Une cave de noms sûrs, pas zazou, mais très compacte, cohérente, intelligente. En Rhône tout le monde est là, du Tunnel en cornas à Jérôme Bressy et peu de trous, la plupart des vignerons qui font plaisir à boire aujourd'hui, (Chermette, Lapierre, Cosse, Vaillé...) étant du catalogue.

Accueil et service

Juste et dans le ton, compétence et discrétion, personnel impliqué conscient de

» 14 rue Grolée
☎ 04 78 42 15 00
F. dim., lundi, fériés, 3 sem. août et 1re sem. janv.
Jusqu'à 21h30.

jouer la partie dans un des endroits les plus excitants du pays.
C : 100 € • M : 45-105 € *www.nicolaslebec.com*

Fleur de Sel

» 3 rue des Remparts-d'Ainay
☎ 04 78 37 40 37
F. non comm.
Jusqu'à 21h30.

Cyril Nitard, qui a travaillé auprès de Gualtiero Marchesi, cache derrière des intitulés souvent classiques, une soif créative et une bonne humeur jamais surfaites. Ludiques, sympatiques, ses assiettes se jouent des textures, des saveurs, des parfums : pigeon rôti, rouget au jus de soja, financier tiède aux mirabelles et glace à la bière.
M : 19-49 €

13

Le Mercière

» 56 rue Mercière
☎ 04 78 37 67 35
Ouv. 7j/7.

L'un des pionniers parmi les innombrables bouchons de la rue Mercière. Tout est là, le cadre typique, la belle terrasse sur la rue, et des assiettes comptant parmi les toutes meilleures du genre : assiettes de pâtes aux truffes et foie gras, asperges tièdes, sauce mousseline, volaille de Bresse à la crème et crêpes parmentières, tablier de sapeur lyonnais, sauce gribiche, gratin de macaronis aux cèpes. Belle cave en rhône avec tous les noms qui claquent (Marcel Lapierre, Jean-Paul Brun, Guy Breton, la Croix Belle...)
M : 23,95 € *www.le-merciere@.com*

13

Le Nord

» 18 rue Neuve
☎ 04 72 10 69 69
Ouv. 7j/7.
Jusqu'à 23h.

Chez Monsieur Paul, on ne perd pas le Nord : la cuisine lyonnaise et de tradition y est âprement défendue, dans les valeurs bocusiennes de professionnalisme et de droiture. D'accord, les portions sont un peu comptées au milligramme, mais accrochez-vous derrière le menu à 25,60 **€** pour trouver un meilleur compromis brasserie-lyonnais. cave adaptée, service aussi rapide que vous le souhaitez.
C : 35 € • M : 18-25,60 € *www.bocuse.com*

13

L'Olivier Argenté

» 31 rue Sainte-Hélène
☎ 04 78 92 93 54
F. dim., lundi, 3 sem. août, Noël, nouvel an.
Jusqu'à 21h.

Frédéric Besseraud, qui a fréquenté les palaces de la Côte d'Azur (la Réserve de Beaulieu, le Grand Hôtel du Cap Ferrat) avoue une nette préférence pour la cuisine du sud. Après tout pourquoi pas même si le propos, dans la capitale du bistrot, peut surprendre. Aïoli, veau en ratatouille et une très jolie cave en particulier en Provence et Languedoc.
M : 26 €

13

Restaurant Raphaël Béringer DÉCOUVERTE

» 37 rue Auguste-Comte
☎ 04 78 37 49 83
F. dim. (sept-fin avril), dim., lundi (mai-fin juin) et 15 juil.-25 août.
Jusqu'à 22h.

De l'audace, encore de l'audace, toujours de l'audace. Il en faut dans ce métier où la frilosité semble parfois l'emporter sur l'appétit. Raphaël Béringer sait au moins en faire preuve. Il a repris cette enseigne d'un quartier agréable près de Bellecour (ex-Tante Alice), choisi la déco tendance, placardé son nom sur la devanture, et exposé une carte qui correspond à son époque et à ses goûts. De la fraîcheur sur la pressée de féra, un excellent sandre au fenouil croquant, une volaille aux écrevisses sans reproches avec sa polenta au jus de volailles, quelques petits défauts de jeunesse, mais une première toque d'encouragement. La cave est encore à construire, mais l'offre au verre est à saluer (une dizaine de propositions).
33 € • M : 19-41 € *www.raphaelberinger-restaurantcom*

13 Thomas

» 6 rue Laurencin
☎ 04 72 56 04 76
F. dim., lundi, 2e sem. mai et 3e sem. août.
Jusqu'à 21h.

Le jeune chef formé à bonne école (Chabran, Léon de Lyon) n'a pas besoin de décliner sa qualité ou exhiber son CV. L'assiette parle pour lui, en particulier lorsqu'il offre une petite balade thématique, en Bretagne, autour du gibier, méditerranéen, catalan, passant du gaspacho de crevettes au demi-colvert ou aux rougets au beurre d'oursin avec la même aisance. La cuisine s'est agrandie, pour lui donner un peu plus d'espace, et la cave a du répondant.

M : 15-31 € — *www.restaurant-thomas.com*

13 La Voûte - Chez Léa

» 11 pl Antonin-Gourju
☎ 04 78 42 01 33
F. dim.
Jusqu'à 21h45.

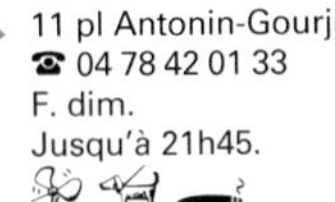

Le bistrot dans son jus, au rez-de-chaussée, est propice au coude à coude et à la libre circulation des marchandises coutumières : salade de gras-double façon rémoulade, quenelle Mère Léa aux écrevisses, tablier de sapeur et poulet au vinaigre. Les deux jolis salons 1900 à l'étage, avec tableaux d'époque, rafraîchis l'an passé, accueillent les réunions des Lyonnais de toujours dans une atmosphère moins bouchonnante mais tout aussi véridique. Brouilly et mâcon au pot et quelques belles bouteilles.

C : 35 € • M : 27-38 €

12 Bar de la Marée

» 36 rue Casimir-Perrier, marché de gros-bâtiment D1
☎ 04 78 42 25 22
F. w.-e.
Jusqu'à 13h30.

Après le mot de passe, à l'entrée de l'immense marché de gros (" je vais chez Bonnel à la Marée "), la barrière s'ouvre, l'océan déboule, vous surfez entre les camions de livraison pour atteindre ce bar de pêcheurs ouvert dès 5h du mat'. Du gros donc, et peu de détail : la salade de rougets est un banc de poissons posé sur une montagne de verdure, la sole meunière dépasse facilement la livre, le baba est énorme et archi-trempé, mais peu importe. On se régale de tout, le poisson est bon et frais, et la carafe Ricard est posée sur la table.

C : 15 € • M : 14 €

12 Les Comédiens

» 2 pl des Célestins
☎ 04 78 42 08 26
F. dim., fériés et 15 jrs mi-août.
Jusqu'à 23h.

La maison a changé de mains l'an dernier mais c'est ancien de Jean-François, la précédente enseigne, qui drive toujours les cuisines. L'ambiance s'est allégée (la rénovation complète menée en juillet 2004 n'y est sans doute pas étrangère), tant mieux, les fournisseurs sont toujours triés sur le volet (et d'ailleurs soigneusement répertoriés sur la carte) et le menu à 27 **€** fait toujours figure de bonne affaire : terrine de rascasse et son coulis de tomate, lapin rôti au romarin, pavé de saumon vapeur, tarte aux fruits de saison. Cave assez fournie et plutôt forte en beaujolais.

C : 35 € • M : 17,80-37 € — *lescomedienslyon@aol.com*

12 Comptoir des Marronniers

» 8 rue des Marronniers
☎ 04 72 77 10 00
F. dim., lundi et 30 juil.-15 août.
Jusqu'à 22h.

Un bistrot qui se cherche et qui n'a pas encore tout à fait convaincu les Lyonnais. Le travail de Guillaume Mouchel, adroit et pro, n'est pas en cause, mais davantage l'objectif, entre nécessité de réussite et volonté d'un chef de qualité de développer ses propres plats. En tout état de cause, il n'y a vraiment rien à redire à ce menu à 22,50 **€**, très honnête dans sa catégorie.

M : 22,50 € — *www.leondelyon.com*

12 Du Côté de Chez Xane

» 26 quai Saint-Antoine, Passage Merciere
☎ 04 78 37 93 51
F. dim.
Jusqu'à 23h.

Un modèle d'immersion réussie, que cette petite échoppe thaïe aux parfums de citronnelle dans l'univers des bouchons et du tablier de sapeur. Xane et Florence animent les lieux avec cœur, l'espace est réduit et d'autant plus chaleureux, les assiettes très évocatrices (soupe de gambas, magret au gingembre…).

C : 30 € — *xaneetflorence@aol.com*

[12] L'Hostel

Les charmes d'une belle brasserie, avec un élégant et fastueux décor Second Empire, les détails soignés comme les bouquets de fleurs fraîches, un service efficace et dans le rythme, un bar pour patienter en prenant des nouvelles du monde et une cuisine alerte et soignée autour de classiques bien menés (coq au vin jaune) et de propositions plus modernes (brochettes croustillantes de poulet, très tendance avec leur petite réduction de soja).
M : 14-17 €

» 2 pl de l'Hôpital
☎ 04 72 41 71 53
F. dim., lundi, férié et août.
Jusqu'à 24h.
⛱ ❄ 🐕 🚬

[12] Le Sud

Au Sud de Lyon ? Demandez donc à Trénet, ou à Paul Bocuse : c'est la Provence, Môssieu, puis la Grande Bleue qui baigne les îles et les rivages épicés, chante le poisson et les légumes confits, le tajine de poulet ou l'agneau moussaka. Cela se passe au cœur de la ville, pas loin de Bellecour, avec vue sur le Rhône. Le menu est calibré à 25,60 €. A ce prix, la croisière n'est pas bien chère et les matelots plutôt aimables.
M : 18-25,60 €

» 11 pl Antonin-Poncet
☎ 04 72 77 80 00
Ouv. 7j/7.
Jusqu'à 23h.
⛱ ♿ ❄ 🐕

[12] Le Vivarais

Tradi saisonnier sous la main ferme et résolue de Robert Duffaud dans un décor de brasserie citadine et rustique. Ce qui correspond à la carte, du terroir identifiable, des recettes du catalogue lyonnais et une clientèle d'habitués que l'on ne saurait tromper sur la qualité d'une tête de veau ou d'une quenelle de brochet.
C : 30 € • M : 20-34 €

» 1 pl Gailleton
☎ 04 78 37 85 15
F. 1 sem. fin juil.-3 sem. août.
Jusqu'à 22h15.
🚗 ❄ 🐕 🚬

[11] Tartufo

Tartufo a tout bon. Les parfums de Botte, l'atmosphère de trattoria chic et les plats de Marco Asti, hauts en couleurs et en saveurs, les antipasti, les pâtes, les viandes, renouvelées chaque jour dans un menu à 18,50 € qui donne envie de dire oui à l'Europe.
M : 18,50 €
tartufo@wanadoo.fr

» 37 rue Sainte-Hélène
☎ 04 78 37 22 42
F. à dîn. (sf groupes sur réserv.), w.-e., mi juil.-mi-août et Noël-nouvel an.
❄

[10] Chabert et Fils

Le label du véritable bouchon lyonnais, si une seule maison doit la mériter, c'est bien cette enseigne typique, que, dit-on, Laurent Gerra fréquente assidûment pour vérifier la qualité de la représentation : tablier de sapeur, tête et langue de veau ravigote, andouillette à la ficelle, la distribution est épatante, les dialogues toujours justes. Et l'ambiance, hautement pittoresque, est à tout le moins convaincante pour les nombreux touristes de passage.
C : 24 € • M : 12,50-33 €
www.chabertrestaurant.fr

» 11 rue des Marronniers
☎ 04 78 37 01 94
24-25 déc. et 31 déc-1er janv.
Jusqu'à 23h.
⛱ ♿ ❄ 🐕

► Broc'Café

Une cuisine de famille à deux pas de la place Bellecour, dans un décor chiné où le quartier se retrouve devant un pot-au-feu de canard, une blanquette à l'ancienne ou même une moussaka, le catalogue ne dédaignant pas quelques poudres pour épicer ses plats.
C : 12 €

» 2 pl Hôpital
☎ 04 72 40 46 01
F. dim. et 3 sem. déb. août.
⛱

► La Plage

Un lieu trendy pour des Lyonnais qui bougent, animé par un patron habitué de la fête, qui a tourné à Courchevel, Saint-Trop' et Juan les Pins, avant de monter l'une des adresses les plus récréatives de Lyon. Aux fourneaux un ancien des brasseries Bocuse offre une cuisine ludique aux bases solides, cuissons justes et jus nets.
3 € • M : 28-41 €

» 40 rue Charité
☎ 04 78 42 25 12
F. 7-22 août.
Jusqu'à 22h30.
🚗 ♿ 🐕

Villa dell'Est

» 23 rue de la Charité
☎ 04 72 77 56 97
F. dim., lundi à dîn. et Noël.
Jusqu'à 21h45.

Bien à son aise dans ce quartier chic, la Villa soigne ses pâtes pour une clientèle de fidèles, ravis de s'y retrouver dans une ambiance chaleureuse. Décor soigné, jusqu'aux tableaux épurés.
C : 13,90 € • M : 8,90-15,90 €

Ynitial G et G

» 14 rue Palais-Grillet
☎ 04 78 42 14 14
F. dim. et 7-20 août.
Jusqu'à 22h30.

Lounge branché au cœur de la ville, architecture recherchée, très zen, carte à l'avenant, à la fois directe et tendance asiate, saumon miso, wok de crevettes et gambas gingembre, magret plancha riz wasabi. Service rapide, efficacité maximale dans une offre calibrée.
C : 30 € • M : 20-26 € *palais.grillet@wanadoo.fr*

Boscolo Grand Hôtel

» 11 rue Grôlée
☎ 04 72 40 45 45
04 78 37 52 55
Ouv. 7j/7.

Dans un vaste immeuble fin XIXe, une ambiance aux discrètes influences Art Déco pour des prestations de qualité, confort et service bien pensés pour une étape exigeante en centre ville.
3 appart. 316,50-369,25 € • 137 ch. 149,81-369,25 € *www.boscolohotels.com*

Grand Hôtel Mercure Château-Perrache

» 12 cours de Verdun-Rambaud, esplanade de la Gare
☎ 04 72 77 15 00
04 78 37 06 56
Ouv. 7j/7.

Avec son style Art nouveau caractéristique, l'immeuble est classé. Cadre en rapport, au restaurant, aux peintures murales typique, comme dans certaines chambres, au mobilier d'époque.
2 appart. 216-231 € • 111 ch. 97-187 € *www.mercure.com*

Hôtel Carlton de Lyon

» 4 rue Jussieu
☎ 04 78 42 56 51
04 78 42 10 71
Ouv. 7j/7.

Décidé par Edouard Herriot pour accueillir les grands de ce monde, cet immeuble de style haussmannien demeure l'une des étapes les plus chic de la capitale des Gaules. Chambres de style anglais, Art Déco ou 1930.
5 appart. 78-164 € • 83 ch. 78-164 € *www.mercure.com*

Sofitel Lyon Bellecour

» 20 quai du Dr-Gailleton
☎ 04 72 41 20 20
04 72 40 05 50
Ouv. 7j/7.

Une certaine vision du luxe, avec un cadre contemporain (extérieur comme intérieur) impeccable, un espace généreux et un service à la disponibilité parfaitement rodée. Le restaurant les Trois Dômes domine la ville (exceptionnelle vue panoramique) autant que son sujet, avec une déclinaison de saveurs actuelles et pour tout dire remarquables : fricassée d'asperges vertes et écrevisses aux morilles fraîches (des produits de qualité), tempura de sole au curry concombre et pois gourmand à l'anchois (un contrepoint distrayant), compotée de garriguettes sorbet fraise basilic et moelleux à la citronnelle. Solide carte des vins et bon choix au verre en accompagnement.
29 appart. 405-1000 € • 137 ch. 267-370 € • M : 71-121 € *www.sofitel.com*

Globe et Cecil

» 21 rue Gasparin
☎ 04 78 42 58 95
04 72 41 99 06
Ouv. 7j/7.

Parfois agrémentées d'une cheminée ou d'un plafond mouluré, les chambres de cet établissement tout proche de la place Bellecour viennent d'achever leur complète rénovation. Personnalisées, elles se distinguent par leur mobilier de style (parfois chiné chez quelque brocanteur) et leurs tissus de belle facture.
60 ch. 118-150 € *www.globeetcecilhotel.com*

Mercure Lyon Beaux-Arts

A 300 mètres de la place Bellecour, un bel immeuble du XIXe siècle de style Art déco. Chambres climatisées et bien insonorisées, parking public à proximité.
4 appart. 139-155 € • 71 ch. 104-148 € www.mercure.com

» 73-75 rue du Pdt-Edouard-Herriot
☎ 04 78 38 09 50
04 78 42 19 19
Ouv. 7j/7.

LYON 3 - 69003 (**27** D 3)

L'Alexandrin

Alain Alexanian est un chef moderne, amoureux des produits bio (les légumes en particulier), jamais à court d'idées et parfaitement secondé par son chef, Laurent Rigal. Dans cette toute petite salle, moins grise qu'il y a quelques années mais où les franches rigolades sont proscrites, les délicieuses mises en bouche (dont l'inévitable et très bon saucisson arménien, bien épicé) et les assiettes très épurées sont à leur aise : salade gourmande de foie gras, simplissime et pas inoubliable, saint pierre rôti et morilles sautées très au dessus du lot en revanche, malgré les faibles quantités proposées, pigeon en cocotte de morilles, une belle viande associée à une truffade beaucoup moins convaincante. Desserts travaillés, dans un ensemble qui intrigue et séduit le plus souvent.
C : 60 € • M : 38-115 € www.lalexandrin.com

» 83 rue Moncey
☎ 04 72 61 15 69
F. dim., lundi, 8-26 août et 23-31 déc.
Jusqu'à 21h15.

15

L'Arc en Ciel

➥ **Hôtel :** Radisson SAS
Ce n'est évidemment pas le passage sous la bannière Radisson qui change quoi que ce soit au talent de Christian Lherm. Et pourtant. Oui, pourtant, on ne reconnaît plus tout à fait l'artiste du septième ciel qui vous faisait vous envoler dans ce panorama vertigineux depuis le trente-deuxième étage de cette tour considérable. Avec davantage de retenue, mais aussi d'explorations conventionnelles et pour tout dire un peu fumeuses (la gribiche déstructurée, les "frites" de Salers et le tournedos de pommes de terre…), on semble, malgré la très grande qualité de réalisation, cultiver un genre un peu potache, certes sympathique, mais qui a ses limites. L'attrait de la mode, jusqu'au dessert (yuzu et crème de marron au whisky), ne doit pas faire oublier la qualité globale de la brigade, dans un des lieux les plus chics de la ville. On garde confiance, et les deux toques, jusqu'à l'an prochain.
M : 36-53 € www.larcencielonline.com

» 129 rue Servient
☎ 04 78 63 55 00
F. sam. à déj., dim. et 15 juil.-25 août.
Jusqu'à 22h.

Daniel et Denise

Il faut prendre le bouchon au sérieux. C'est le credo de Joseph Viola, MOF de la plus belle eau, qui a eu le temps, en dix ans chez Léon, d'apprendre tous les secrets de la cuisine lyonnaise. Il y met donc un point d'honneur, et une majuscule de référence à la tête de veau, au gratin de cardons à la moelle, à la raie grenobloise ou au tablier de sapeur, qu'il maîtrise sous toutes les coutures. Dans l'habillage d'un cadre séculaire et d'une pureté de diamant, carrelage boucherie et nappes vichy inclus, le spectacle est de qualité, même si l'on peut ergoter sur les accompagnements semblables d'un plat à l'autre, et une cave pas très originale (Guigal, Drouhin, Dubœuf…) que l'on aborde plutôt côté pot (beaujolais, mâcon…).
8 €

» 156 rue de Créqui
☎ 04 78 60 66 53
F. sam., dim., fériés, 29 juil.-29 août et 22 déc.-3 janv.
Jusqu'à 21h30.

13 Restaurant J.-C. Péquet

Hors des modes et des courants, Jean-Claude Péquet n'a jamais dévié de sa philosophie, proposer une cuisine de marché élaborée avec des produits de qualité, des recettes simples et rassembleuses : escalope de foie gras poêlé au vinaigre de framboise, gigot de lotte aux pleurotes jaunes et gingembre, foie de veau à l'aigre-doux et pommes lyonnaises, chaud-froid au chocolat. Indémodable et indispensable.
M : 25-45 €

» 59 pl Voltaire
☎ 04 78 95 49 70
F. w.-e., fériés, août et Noël-nouvel an.
Jusqu'à 21h.

12 Le Bistrot du Palais

Le bistro Lacombe en version boulevard du Palais... Clientèle en rapport, ravie de profiter d'un menu correctement tarifé et d'un service efficace dans un cadre typique. Reste que nous sommes restés cette année un peu sur notre faim, la cuisine confondant un peu vitesse et précipitation : les cannelloni de queues d'écrevisse, trop marqués par le céleri rémoulade, le paleron de bœuf braisé, bien banal, ou le moelleux aux figues et aux amandes avec son inutile crème vanille ne justifient plus la toque. Vins au verre et pots lyonnais pour rester dans le ton bistrot.
M : 22,50 €
www.leondelyon.com

» 220 rue Duguesclin
☎ 04 78 14 21 21
F. dim., lundi à dîn. et 30 juil.-21 août.
Jusqu'à 22h.

12 Chez les Gones

Pour être in situ, vous y êtes ! Au cœur des halles, un décor typique de bouchon, la carte qui va bien, avec toutes les spécialités, et du pâté en croûte au gratin de tripes, il y a tout ce que l'on cherche. Au-delà du catalogue local, les plats du jour sont plaisants (navarin, steak de thon) mais réalisés sans grande minutie. Service efficace et aimable, mince cave de circonstance.
C : 20 € • M : 14 €
chezlesgones@online.fr

» 102 cours La Fayette, Halles-de-Lyon
☎ 04 78 60 91 61
F. à dîn., dim. à déj. et lundi.

11 A Ma Vigne

Avec l'approvisionnement des Halles, Patrick Giraud produit des plats de bouchon, et certainement pas des plats de bouffon : les salades dont les tarifs rôdent sous les 6 **€**, les tripes et l'andouillette rôtie escortent très fidèlement le pot de beaujolais ou de mâcon. Ou, les grands soirs, l'Hermitage de Chave ou le cornas les Méjeans de Colombo.
C : 23 €

» 23 rue Jean-Larrivé
☎ 04 78 60 46 31
F. w.-e. et fériés.

10 Le Val d'Isère

Tout le répertoire lyonnais, et au mur les photos de la dynastie locale, de Point à Bocuse. Cela devrait suffire, mais dans ce contexte d'authenticité fortement invoquée, on attend tout simplement mieux du saucisson chaud et de l'entrecôte au saint-marcellin. Le patron bon vivant met heureusement de la chaleur dans l'assiette, et sauve la mention.
C : 24 € • M : 15 €

» 64 rue de Bonnel
☎ 04 78 71 09 39
F. w.-e. et 1er-20 août.
Jusqu'à 22h.

Passionnément Truffes

La truffe à l'honneur - ce n'est pas peu dire - au coeur des halles de Lyon. Pas à toutes les sauces, mais en respectant sa nature et les accords optimaux : avec des ravioles au foie gras, dans une brouillade, avec un filet Rossini, entière en feuilletage... Une courte carte sans melano permet de profiter du cadre bistrot dans le ventre de Lyon.

» 102 cours Lafayette, Halles de Lyon
☎ 04 78 60 15 98
F. à dîn. (sf groupes sur réserv.) et merc.

 Mercure Grand Hôtel Saxe-Lafayette

» 29 rue de Bonnel
☎ 04 72 61 90 90
Fax 04 72 61 17 54
Ouv. 7j/7.

Comme le rappelle le restaurant, cet imposant immeuble Art moderne fut, à sa naissance en 1932, le plus moderne garage d'Europe. Ses espaces généreux sont aujourd'hui au service, entre autres, de chambres spacieuses et confortables,

1 appart. 128-148 € • 155 ch. 107-160 € www.mercure.com

 Radisson SAS

» 129 rue Servient
☎ 04 78 63 55 00
Fax 04 78 63 55 20
Ouv. 7j/7.

➥ **Restaurant** : 15/20 L'Arc en Ciel

Dans cette vaste tour à l'architecture moderne, les nombreux espaces vitrés permettent d'apprécier une vue panoramique sur la ville et le parc de la Tête d'Or. Chambres impeccables, au luxe fonctionnel et feutré.

245 ch. 100-250 € www.radissonsas.com

LYON 4 - 69004 (27 D 3)

 Brasserie Lyon Plage

» 85 quai J.-Gillet
☎ 04 72 10 44 30
Ouv. 7j/7.
Jusqu'à 22h.

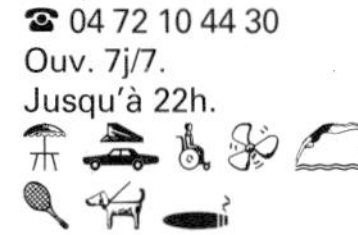

➥ **Hôtel** : Lyon Métropole

Le cadre adopte les canons du style marin, en version moderne et soigné, et comme la mer est un peu loin, c'est la piscine olympique qui sert de paysage. Carte brasserie actuelle, des écrevisses en mousseline d'avocat et quinoa en brick au filet de bœuf grillé.

C : 33 € • M : 24 € www.lyonmetropole-concorde.com

Lyon Métropole

» 85 quai Gillet
☎ 04 72 10 44 44
Fax 04 72 10 44 42
Ouv. 7j/7.

➥ **Restaurant** : Brasserie Lyon Plage

Un haut niveau de service propre au label Concorde, englobant le plus grand spa urbain de France, sur les bords de Saône. Avec 2500 m² d'espace détente, vous ne pouvez conserver le moindre stress : piscine de 25 m, parcours hydrojet extérieur, sauna, hammam, soins, massages, garderie, boutique et la brasserie Lyon-Plage. Et des chambres, évidemment, contemporaines et de grand confort.

118 ch. 140-250 € www.lyonmetropole-concorde.com

LYON 5 - 69005 (27 D 3)

 Restaurant Christian Têtedoie

» 54 quai Pierre-Scize
☎ 04 78 29 40 10
F. sam. à déj., dim., 3e sem. août et 1 sem. fév.
Jusqu'à 21h30.

Cadre et ambiance

Un décor classique et spacieux, nullement imposant et définitivement bien dans sa peau de maison néo-bourgeoise faisant du bon goût son seul critère de sélection. Pas étonnant qu'on se sente si bien dans cet heureux mélange d'aisance d'antan et de belles manières décontractées. Comme chez soi : pour peu qu'il ne prenne pas trop goût au luxe, on ferait volontiers notre ordinaire de Têtedoie. Mais pour cela, il existe déjà le " Contretête ", son bistrot attenant.

Cuisine

Elle a de la verve, de la pétulance. Et la rigueur du Meilleur Ouvrier de France capable de tout essayer, les plats historiques de la grande tradition bourgeoise et du terroir à peine revu et déstructuré. Humaniste, Christian Têtedoie travaille toutes sortes de produits, nobles ou pas, avec parfois, derrière des sauces en ponctuation purement allusive, l'envie d'aller vers une grande légèreté. Même en hiver, il y a chez ce cuisinier moins timide qu'il en a l'air, un brio printanier nous rappelant sans cesse que Lyon, ville du nord sur l'axe autoroutier du soleil, est déjà la première capitale du sud.

Cave

Riche à peu près en tout ce qui fait l'intérêt des meilleurs vignobles, elle est d'une belle opulence évidemment sans jouer la seule carte de la monomanie régionale. Les côtes-du-Rhône y font donc une superbe figure, mais pas plus que les autres terroirs, de la Bourgogne à la Loire. Bref, on n'y trouve que du beau monde, grands et petits, chacun présenté - bonus pour l'érudition du sommelier - tarifé au meilleur prix.

Accueil et service

La courtoisie et le professionnalisme à leur zénith, sans la froideur du formalisme. L'atmosphère est chaleureuse, à l'image de la clientèle s'adonnant au plaisir de fréquenter une maison où tout semble permis, même de s'encanailler.

C : 45€ • M : 40-75€ *www.tetedoie.com*

Les Terrasses de Lyon

» 25 montée Saint-Barthélemy
☎ 04 72 56 56 56
F. à dîn. 25 déc. et 1er janv.
Jusqu'à 21h30.

➥ **Hôtel :** Villa Florentine

Cadre et ambiance

Posée sur la colline de Fourvière, dominant les toits de Saint Jean, la Part-Dieu, ouvrant jusqu'au Rhône et à la Saône, laissant deviner les Alpes au loin lorsque le ciel est de la partie, cette Villa Florentine jouit sans doute de la plus belle terrasse de la ville. La vaste salle à manger, d'inspiration baroque et florentine, ne fait pas dans la légèreté mais les récentes rénovations lui ont redonné un peu de jeunesse.

Cuisine

Stéphane Gaborieau a quitté les lieux en fin d'année vers Paris au Pergolèse et son remplaçant, Davy Tissot, a été débauché de la Rotonde (à la Tour de Salvagny) où il occupait le poste de second. Tout récent MOF, ce Lyonnais de naissance n'aura mis que peu de temps à trouver ses marques, dans un style tranchant : filet de rouget barbet juste poêlé posé sur un craquant aux olives turques et accompagné d'une étonnante guimauve de pistou génois, dos de bar rôti su peau, flanqué de délicieuses asperges du Pérou (craquantes et sucrées), d'une nage de langoustines gingembre et citronnelle et de ravioles à l'encre de seiche et ricotta aux herbes, selle de veau de lait poêlée, croûte de câpres aux citrons confits et cocotte de ris de veau braisé et morilles fraîches, feuilleté craquant au chocolat, moelleux aux pistaches et framboises glacées au beurre vanillé. Deux belles toques pour l'instant, en attendant peut-être mieux.

Cave

Cave de grand standing, chère voire très chère, malgré des languedocs abordables (Croix Belle cuvée n°7 à 47 **€** et Prestige de Puech Haut à 50 **€**).

Accueil et service

Quand le personnel d'accueil ne joue pas au physionomiste, tout se passe bien et le service, par ailleurs, se montre ultra compétent.

C : 110€ • M : 120€ *www.villaflorentine.com*

La Tour Rose

» 22 rue du Boeuf
☎ 04 78 92 69 10
F. dim.
Jusqu'à 21h30.

➥ **Hôtel :** La Tour Rose

Impressionnant parce que mythique, l'ancien couvent Renaissance au coeur de Lyon, avec sa cheminée d'époque et ses plafonds à la française, se voit souvent plébiscité par la clientèle touristique aisée, aussi friande de cadres superbes (la réussite esthétique est totale) que de grande cuisine : pressé de thon et foie gras aux algues, jambon serrano, ravioles de homard, bouillon de tellines, tapioca et feuilles de curry, côtelette de cochon du Ventoux rôtie, salade aux pousses de moutarde à l'huile de colza grillée et légumes de printemps, de très belles assiettes, des graphisme très étudiés, quelques imprécisions parfois mais deux belles toques au final. Belle cave rhodanienne.

C : 80€ • M : 53-106€ *www.tour-rose.com*

13 Les Adrets

Jean-Luc Wesolowski n'hésite pas à sortir du répertoire bouchon-bistrot pour mieux épauler sa très solide sélection viticole rhodanienne. Et si l'andouillette Bobosse et le filet de canette au jus de cassis peuvent servir d'intermède roboratif au morgon de Lapierre et au brouilly de Pacalet, le voyage peut emmener un peu plus loin que les monts du Beaujolais avec le soufflé de pétoncles, le sandre au pistou ou le lapereau aux saint-jacques et romarin. On peut alors explorer, de Lyon à Avignon, avec les Gonon, Graillot, Guigal, Richaud ou Gallety les accompagnements possibles. Atmosphère de connaisseurs dans cette salle typique du quartier Renaissance.
C : 28 € • M : 13,50-40 €

» 30 rue du Boeuf
☎ 04 78 38 24 30
F. w.-e., sem. Noël-nouvel an et août.
Jusqu'à 21h30.

13 Café Epicerie Les Loges

Lancé par Nicolas Le Bec, qui depuis a changé de quartier, un café qui n'a rien d'un troquet de coin de rue mais qui joue plutôt les aristocrates de la fonction. Produits toujours au top, cadre contemporain, cuisine intelligemment menée dans un esprit tendance parfaitement assumé. *www.courdesloges.com*

» 4-6 rue du Boeuf
☎ 04 72 77 44 40
Jusqu'à 22h.

12 Bistro de Saint-Paul

Cuisine de sud-ouest opiniâtre et roborative : confits et magret au garde-à-vous depuis dix-sept ans avec la même générosité.
C : 25 € • M : 11,80-28 €

» 2 quai de Bondy
☎ 04 78 28 63 19
F. sam. à déj., dim., 1 sem. mai et août.
Jusqu'à 20h.

Contretête

Une valeur sûre dans l'océan des bouchons lyonnais, avec son décor caractéristique gentiment daté (surtout ne changez rien !) et ses spécialités aux saveurs soignées et non dépourvues de finesse : compotée de lapereau au beaujolais blanc, quenelle de brochet sauce Nantua, mais aussi gâteau d'aubergines farcies épaule d'agneau confite aux épices. A arroser d'une bouteille locale.
C : 9 € • M : 17 € *restaurant@tetedoie.com*

» 55 quai Pierre-Scize
☎ 04 78 29 41 29
F. sam. à déj., 1 sem. hiver et 1er-22 août.
Jusqu'à 22h30.

Cour des Loges

Au cœur du Vieux Lyon, cet hôtel possède une personnalité unique. Dans l'enchevêtrement de vieilles maisons (la plus ancienne remonte au XIVe siècle), aux cours intérieures intimes et superbes, avec leurs arcades, les pièces associent avec un bonheur rare l'architecture ancienne, les meubles d'époque et des tonalités beaucoup plus actuelles, de couleurs vives et de tissus chatoyants. Ambiance vénitienne ou atelier d'artiste, le résultat est magnifique.
10 appart. 450-590 € • 52 ch. 230-350 € *www.courdesloges.com*

» 2-8 rue du Boeuf
☎ 04 72 77 44 44
Fax 04 72 40 93 61
Ouv. 7j/7.

La Tour Rose

➥ **Restaurant** : 15/20 La Tour Rose

Les grandes maisons de soierie ont donné leur nom et inspiré le style personnalisé des différentes chambres de ce luxueux ensemble de bâtiments Renaissance, où les coins et recoins se mêlent avec bonheur en une atmosphère intime et luxueuse.
8 appart. 335-540 € • 4 ch. 230-290 € *www.tour-rose.com*

» 22 rue du Boeuf
☎ 04 78 92 69 10
Fax 04 78 42 26 02
Ouv. 7j/7.

 Bon confort.  Grand confort.  Luxe.  Grand luxe.

    Hôtels de charme.

Villa Florentine

➥ **Restaurant** : 16/20 Les Terrasses de Lyon

Florentine est la villa, car florentin est le quartier, typique et bénéficiant, du haut de sa situation sur la colline de Fourvière, d'une jolie vue sur la ville. L'architecture est typique et le mélange de l'architecture Grand Siècle et des influences italiennes (puisées dans l'histoire, mais aussi chez les designers contemporains) signe un cadre exclusif et fastueux.

8 appart. 350-800 € • 20 ch. 190-400 € *www.villaflorentine.com*

» 25 montée Saint-Barthélemy
☎ 04 72 56 56 56
📠 04 72 40 90 56
Ouv. 7j/7.

LYON 6 - 69006 (27 D 3)

Pierre Orsi

» 3 pl Kléber
☎ 04 78 89 57 68
F. dim. et lundi.
Jusqu'à 21h30.

Cadre et ambiance

Harmonie de rose et violet dans le temple de la place Kléber, un phare bourgeois et séculaire de la ville.

Cuisine

Une grande et belle cuisine de tradition, sur des produits nobles en majesté, avec une raviole de foie gras et truffes aux saveurs judicieusement équilibrées, un loup tout simplement parfait, un pigeon à se lécher les doigts, cèpes et pleurotes ou le flan aux parfums d'enfance, relevé d'orange et de pruneaux, avec une réduction de cannelle. Une superbe technique d'école.

Cave

Héritage de l'histoire maison, une cave superbe, notamment en vallée du Rhône, qui a le bon goût de ne pas se montrer inabordable.

Accueil et service

Un modèle du genre, de la gentillesse attentive de Madame à la superbe élégance du service, attentif aux moindres détails.

C : 60 € • M : 45-110 € *www.pierreorsi.com*

Cazenove

» 75 rue Boileau
☎ 04 78 89 82 92
F. w.-e. et août.
Jusqu'à 21h30.

Annexe du grand restaurant Orsi, Cazenove est comme le chambellan du roi, doté de quelques quartiers de noblesse pour occuper une fonction aussi prestigieuse. Alors le cadre, comme l'atmosphère, est loin du bouchon et du zinc de gare. Décor 1900, banquettes de cuir rouge, bronzes précieux, et cuisine bourgeoise de haut vol, ris de veau façon paysanne, saint-pierre sur peau jus brun corsé, crépinette de pied de porc farci à la queue de bœuf. Desserts aussi remarquables que le service, typiquement ampoulé, mais pour le coup totalement adapté et juste.

C : 42 € • M : 35-45 € *www.pierreorsi.com*

14 Chez Terra

» 81 rue Duguesclin
☎ 04 78 89 05 04
F. dim., lundi, fériés, 3 sem. août et vac. scol. Noël.
Jusqu'à 21h30.

C'est le soir que cette adresse prend toute sa dimension, avec une avalanche de plats à partager qui envahissent les tables à l'allure épurée et régalent le palais de sensations à la fois exotiques et évidentes, dans la qualité des produits et des préparations. On gardera longtemps le souvenir d'une simple salade d'épinards, sur un bouillon de bonite relevé de vinaigre de saké ou des ravioles de porc à la sauce exquise préparée au moment (huile pimentée et vinaigre de saké).Le porc braisé voit sa saveur servie et non masquée par le bouillon de thé vert et la crème brûlée au thé termine en douceur un repas au rapport qualité-prix impeccable (menu à 45 **€** sur commande).

C : 30 € • M : 12-25 €

Le Gourmet de Sèze

» 129 rue de Sèze
☎ 04 78 24 23 42
F. dim., lundi, 1 sem. fév., 1 sem. mai et août.
Jusqu'à 21h30.

Passé par quelques-unes des plus grandes maisons françaises (Lameloise, Troisgros, Jamin époque Robuchon, l'Auberge des Templiers aux Bézards, la Tour Rose), Bernard Mariller met un point d'honneur à perpétuer ce respect du produit et du client que lui ont inculqué ses maîtres : le pain est pétri et cuit à chaque service, tous les plats sont réalisés sur place et, même si les recettes demeurent ultra-classiques, on ne peut que tomber sous le charme : langoustines de Bretagne grillées, tarte d'oignons et de caviar, noix de veau rôtie en cocotte, asperges gratinées au parmesan et rissolées au jambon de Parme, filet de merlan de Saint-Gilles Croix-de-Vie poêlé, croquettes de pommes de terre aux oignons. Cave tout aussi professionnelle et didactique, à l'image de l'ensemble de la maison.

M : 33-64 €

legourmetdeseze@wanadoo.fr

Mathieu Viannay

» 47 av Foch
☎ 04 78 89 55 19
F. w.-e., 1 sem. fév. et août.
Jusqu'à 21h30.

En quelques années, Matthieu Viannay a fait de son restaurant du sixième arrondissement l'une des maisons incontournables du renouveau culinaire d'entre Rhône et Saône. Il affiche tous les signes extérieurs de la modernité : une salle joliment décorée, de la technique, des saveurs tranchées, souvent à tendance sudiste, y compris dans ses déclinaisons en style tapas : terrine de volaille de bresse en croûte de foie gras, pavé de bar crème de petits pois et morilles, tarte sablée aux fruits rouges. En dépit de quelques facilités pour amuser l'intendance, l'ensemble ne manque pas de cohérence. La cave est bien fournie, le service aux petits oignons, les prix toujours relativement doux. A suivre.

C : 60 € • M : 31-80 €

Brasserie de l'Est

» 14 pl Jules-Ferry
☎ 04 37 24 25 26
Ouv. 7j/7.
Jusqu'à 23h.

Beaucoup de professionnalisme dans cette adresse, intelligemment pensée : efficacité parfaite du service, même en cas de grosse affluence, cadre élégant jusque sur le comptoir, avec le clin d'œil de la cuisine ouverte sur la salle et du petit train (on est dans l'ancienne gare des Brotteaux), et une carte aux horizons variés. Mais c'est encore sur les classiques qu'on aime le plus cette adresse, par exemple ces parfaits rognons de veau sauce madère avec une excellente purée ou une crème brûlée aussi convaincante en consistance qu'en saveur. Une valeur sûre.

M : 18-25,60 €

Maison Poivre d'Ane ♥

» 29 rue Molière, angle rue Bugeaud
☎ 04 72 74 44 14
F. sam. à déj., dim., lundi et 1er-30 août.
Jusqu'à 22h.

Il y a des adresses maudites et d'autres bénies. Par chance, la petite table de quartier tenue par Sébastien Angelier et Frédéric d'Ambrosio aux fourneaux appartient à la seconde catégorie. Après Jean-Michel Georges il y a quelques années, ils réussissent à ouvrir l'appétit d'une cuisine de marché vive, de légumes, de speck et pistou, d'un filet de féra simple et bon, et d'un moelleux chocolat, présenté avec humour comme " le meilleur du monde " et effectivement excellent. La cave non plus n'est pas triste, avec de nombreuses trouvailles dans les vignobles alentour et plus lointain.

C : 30 € • M : 28-32 €

Hôtels de charme.

 Bon confort.  Grand confort.  Luxe.  Grand luxe.

Le Splendid

Sous l'œil à jamais gravé dans l'éternité des célèbres mères lyonnaises, Georges Blanc livre, face à la gare des Brotteaux et sa concurrente signée Bocuse, sa propre version de la brasserie lyonnaise, capable de décliner avec une efficacité sans faille aussi bien les immortels du répertoire classique (en écho aux portraits sur les murs) qu'une cuisine actuelle et de saison. Ce poulet de Bresse ou ces grenouilles cuites à la perfection valent bien leur toque.

C : 28 € • M : 17-43 € *www.georgesblanc.com*

» 3 pl Jules-Ferry
☎ 04 37 24 85 85
Ouv. 7j/7.
Jusqu'à 23h30.

Le Théodore

Une efficacité sans faille pour décliner une large carte classique, des terrines et salades pour la simplicité, des classiques pour assurer la fidélité (quenelles de brochet, filet de bœuf aux morilles), quelques associations plus ambitieuses pour changer (saumon fumé au wasabi, gambas grillées à l'huile de verveine) et une qualité sans faille pour tout le monde. Le ballet peut commencer, le service assurer et la prestation rassurer, le tandem Perret-Rotivel est toujours là.

C : 35 € • M : 20,50-32 € *le.theodore@wanadoo.fr*

» 34 cours Franklin Roosevelt
☎ 04 78 24 08 52
F. dim. , fériés et 7-20 août.
Jusqu'à 22h30.

Le Restaurant d'Olivier

Olivier Clauzier, en une petite décennie à son compte, a su pousser le bouchon dans un registre personnalisé que les Lyonnais reconnaissent. Ancien de chez Orsi, Lacombe ou Savoy, il aiguise un joli répertoire sur le terrain du ménager chic, médaillons de foie gras au gros sel, chartreuse de magret de canard fumé au reblochon, jarret d'agneau braisé à l'ail, dans une déco fraîche et champêtre au cœur de la ville.

C : 26 € • M : 13-22 €

» 125 rue de Sèze
☎ 04 78 24 41 26
F. dim., lundi (sf groupes) et 3 sem. août.
Jusqu'à 21h30.

Le Trocadéro

Le menu lyonnais est sagement rangé dans un coin de la carte. On le dégaine à chaque bonne occasion, comme lorsqu'on débouche une bouteille de champagne : et voilà la salade lyonnaise, les escargots au beurre d'ail, la quenelle de brochet à la crème d'écrevisses et le saint-marcellin. Mais les inclinations de Gérard Duc reprennent vite le dessus vers une cuisine des années quatre-vingt dix, un peu homard foie gras, mais finalement sympathique. Comme la cave, qui a le mérite de chercher Gallety et Brun parmi ses références représentatives.

C : 30 € • M : 18-38 €

» 16 cours Vitton
☎ 04 78 52 71 30
F. dim., lundi et août.

Blue Elephant

➥ **Hôtel :** Hilton

Décor inspiré, avec cascade et plantes tropicales en renfort, et cuisine thaï raffinée, chef, recettes et produits arrivant en droite ligne de Bangkok, une garantie d'authenticité qui justifie le coût et fait le bonheur des amateurs d'épices fines.

C : 70 € • M : 42-55 € *www.hilton-lyon.com*

» 70 quai Charles-de-Gaulle
☎ 04 78 17 50 00
F. sam. à déj., dim. et 23 juil.-20 août.
Jusqu'à 22h30.

Hilton

➥ **Restaurant :** Blue Elephant

L'architecture vitrée et aérienne de Renzo Piano ouvre sur le fleuve et le parc de la Tête d'Or, un emplacement stratégique. Vastes chambres feutrées et prestations de haut niveau pour clientèle exigeante.

13 appart. 364-1115 € • 186 ch. 199-420 € *www.hilton-lyon.com*

» 70 quai Charles-de-Gaulle
☎ 04 78 17 50 50
Fax 04 78 17 52 52
Ouv. 7j/7.

La Reine Astrid

Le quartier est très agréable, avec ses hôtels particuliers et le parc de la Tête d'Or et l'hôtel, de construction récente, propose des prestations irréprochables, avec des chambres vastes à l'équipement confortable et un bel espace détente. Lounge bar depuis septembre dernier, avec un jeune chef venu du Spoon.

88 ch. 190-420 € www.warwickastrid.com

» All Suites Warwick Residence, 24 bd des Belges
☎ 04 72 82 18 00
📠 04 78 93 80 06
Ouv. 7j/7.

Hôtel du Parc

Un établissement flambant neuf au cadre élégant et raffiné, à proximité du parc de la Tête d'Or. Chambres fonctionnelles et climatisées.

22 appart. 65-135 € • 4 ch. 66-76 € www.hotelduparc-lyon.com

» 16 bd des Brotteaux
☎ 04 72 83 12 20
📠 04 78 52 14 32
Ouv. 7j/7.

LYON 7 - 69007 (27 D 3)

16

Maison Borie

Cadre et ambiance

L'ancienne maison douanière est un bel espace réhabilité, modernisée par Manuel Viron, aux lignes contemporaines fluides, d'inspiration Art déco, qui en font un terrain propice à une dégustation de connaisseurs.

Cuisine

La cuisine au service du verre, le contraire aussi, pas de tabou, pas d'équivoque : le chef est plus un sensitif qu'un créatif, il ne cherche pas le coup d'éclat mais la bonne alliance, les saveurs précises et bien révélées : dans une émulsion froide d'œufs de cabillaud et harengs fumés et asperges vertes croquantes, dans un filet de cabillaud étuvé, huître crue et "fumet fumé", épices savantes, présentations ludiques sans systématisation.

Cave

C'est un chemin, une formidable initiation, et un terrain de discussion, avec des sommeliers solidaires, capables de la commenter avec érudition. le Rhône dans tous les sens et dans tous ses états, avec des vignerons amis, des grands noms aux cuvées secrètes, et puis les périphériques, dans toutes les régions, presque la famille et 600 références en catalogues.

Accueil et service

Un peu société secrète ("Etes-vous des nôtres ?") mais ce n'est sans doute qu'une impression. Une certitude en revanche : la complicité, la solidarité de l'équipe autour du concept. Et répétons-le : une table comme celle-là est très précieuse.

C : 60 € • M : 28-75 € www.maisonborie.com

» 3 pl Antonin-Perrin
☎ 04 72 76 20 20
F. dim.
Jusqu'à 21h30.

14

En Mets Fais ce qu'il te Plaît

Quand tant de chefs français vont chercher l'inspiration dans la cuisine japonaise et que les restaurants à suhshis se multiplient, Katsumi Ishida lui privilégie... la cuisine française. Certes, sa façon de jouer ponctuellement sur les contrastes d'acidité ou les cuissons vapeur trahissent ses racines, mais la carte traduit surtout sa remarquable intégration des préceptes de la gastronomie classique. Le métissage, comme souvent, est une riche source de plaisirs et le résultat encore plus amusant que ce nom clin d'œil. Et si vous hésitiez encore, sachez que la passion du chef pour le bon goût français s'étend également à la recherche de vignerons pointus pour nourrir une cave d'excellent niveau.

C : 60 € • M : 26-46 €

» 43 rue Chevreul
☎ 04 78 72 46 58
F. w.-e., fériés, 3 sem. août et Noël.
Jusqu'à 22h.

[12] A Point Café

» 20 quai Claude-Bernard
☎ 04 78 61 87 70
F. w.-e., 8-20 août et 24-31 déc.
🔑 ♿ ❄ 🐕

AA est très AB. Décryptage : Alain Alexanian prône l'Agriculture Biologique, combat les pesticides et veut préparer une planète propre pour nos petits-enfants. Et sa croisade, on le voit, ne s'incline pas devant la faculté, puisqu'il a investi l'hôpital Saint-Luc Saint-Joseph pour répandre la bonne parole de l'évangile bio. Ce concept, salué par la presse tout entière, donne de l'air, du naturel, à une restauration lyonnaise qu'il connaît bien (15/20 à l'Alexandrin, sa base gastro). Et la carte donne non seulement une santé, mais aussi un moral de fer, avec la salade vitaminée, la galette d'épeautre aux légumes bio, la salade d'agrumes et glace framboise. Une ambiance différente, le plus grand bar à jus de fruits frais de la ville, le café du commerce équitable…

C : 14 € *www.apointcafe.com*

[12] La Maison Gamboni

» 241 rue Marcel-Mérieux
☎ 04 78 72 62 48
F. 1 sem. août.
Jusqu'à 22h30.
♿ ❄ 🐕 🚬

Caché sous l'étal, un sandre Dugléré fait de la résistance, seul représentant aquatique avec la terrine de poisson d'une carte impitoyablement carnivore. Tartare de 250 g, entrecôte un peu plus cossue, côte de bœuf de 1,2 kg, on peut se permettre d'avoir les crocs du côté de Gerland. Belle gueule d'atmosphère et vins du rhône en pagaille et bien choisis.

C : 27 € • M : 26,50-32 € *www.maisongamboni.com*

[12] Le Saint-Florent

» 106 cours Gambetta
☎ 04 78 72 32 68
F. sam. à déj., lundi à déj., dim., 3 sem. (juil.-août) et 1 sem. hiver.
Jusqu'à 21h15.
❄ 🐕

Saint Florent, patron du poulet de Bresse ? Sous la houlette de Philippe Zagowel en tout cas ! Et si vous en êtes resté au poulet à la crème et aux morilles, une petite visite ici va vous élargir l'esprit, les préparations classiques se partageant la vedette avec des propositions plus novatrices. Avec toujours une qualité made in grand air. Et la carte fait aussi quelques visites hors de la volaille. La cave est également plaisante, en provenance du Bugey notamment (si vous en doutiez, le chef est d'origine bressanne).

C : 400 € • M : 14-31 €

[11] Carnegie Hall

» 253 rue Marcel-Mérieux
☎ 04 78 58 85 79
F. sam. à déj., dim. et 3 sem. août.
Jusqu'à 24h30.
⛱ 🚗 ♿ 🐕 🚬

Vers Gerland et Tony Garnier, de la viande prise très au sérieux, qualité de la matière première, de la découpe et de la cuisson. On peut démarrer gentiment avec une terrine de queue de bœuf avant de s'attaquer au tartare espagnol, l'onglet ou au steak à l'américaine, environ 600 g avec l'os

C : 30 € • M : 25 €

▶ Jols

» 283 av Jean-Jaurès
☎ 04 78 72 10 10
F. dim. (sf groupes).
🐕

Un loft poissonnier où un arrivage de qualité est cuisiné tendance (fritures, planchas, wok) dans un espace de 350 m² sous verrière. Efficace, attrayant, jusque dans le service et les desserts.

C : 25 € • M : 15-23 € *www.jols.fr*

▶ Seafood Café

» 249 rue Marcel-Mérieux
☎ 04 78 69 46 26
Rens. non comm.
Jusqu'à 21h45.
🐕

Petit frère bien alerte du Fédora, ce bistrot décline la mer en version plus simple, sans négliger ni la qualité du produit, ni l'efficacité du service, ni les détails qui font une chaleureuse ambiance bistrot (les fresques, les tabourets de bar).

🚗 Parking privé. 🔑 Parking fermé. 🚘 Voiturier.
🚬 Cave à cigares. ❄ Air conditionné. 🎾 Tennis privé.

LYON 9 - 69009 (27 D 3)

Brasserie de l'Ouest

» 1 quai du Commerce
☎ 04 37 64 64 64
Ouv. 7j/7.
Jusqu'à 23h.

L'Ouest, le vrai. Ou le vrai visage d'une brasserie façon Bocuse, quand le maître se décide à travailler un thème. Ici, rivages lointains, îles sous le vent, accras, sashimi de thon rouge et carpaccio d'ananas. Le lieu est à la dimension voulue : une immense plate-forme loft, décoré avec goût et modernité, cuisine ouverte et écrans muraux pour regarder des clips. Cave très bien adaptée, et à chaque service, un monde fou, fou, fou.

M : 18-25,60 € www.bocuse.com

à CALUIRE ET CUIRE - 69300 : 3 km N.

Auberge de Fond-Rose

» 23 quai Georges-Clemenceau
☎ 04 78 29 34 61
F. dim. à dîn. lundi (sf fériés), 2 sem. fév. et 2 sem. nov. suivant vac. scol.
Jusqu'à 22h.

De l'expérience ? Gérard Vignat n'en manque pas : commis chez Orsi pendant trois ans, chef de partie chez Bocuse pendant trois ans également, chef de partie chez Georges Blanc puis chez Jacques Chibois (à l'époque du Gray d'Albion à Cannes), ce n'est qu'à 37 ans qu'il s'est lancé dans sa propre affaire en reprenant cette belle maison bourgeoise. La cuisine n'est pas sans rappeler celle de ses anciens maîtres, mixant la grande tradition bocusienne (symphonie de homard, artichaut, tomates confites et truffes) à quelques créations plus modernes, comme le saumon et thon façon sushi, crème de wasabi et croustillant de sésame. Cave pléthorique sur laquelle veille Virginie Bourgin.

C : 75 € • M : 38-69 € www.aubergedefondrose.com

à COLLONGES AU MONT D'OR - 69660 : 12 km N. bords de Saône

Paul Bocuse

» 40 rue de la Plage
☎ 04 72 42 90 90

Cadre et ambiance

Tout près de la Saône, une maison très pittoresque entièrement peinte en vert et en rouge. Sur la façade apparaît le maître Paul sous forme de peinture en trompe-l'œil, donnant l'illusion qu'il attend ses futurs clients avec les mains sur le rebord des fenêtres. Tout autour de la cour d'entrée, des peintures en trompe l'œil représentant quelques illustres confrères, Escoffier, sa famille et des journalistes américains. Décor de vieille auberge provinciale, gourmande et surannée avec de vieilles tentures roses sur les murs, de vieux lustres en cuivre et d'appliques forgées, un ensemble beaucoup plus kitsch qu'élégant.

Cuisine

Que dire encore sur Bocuse, qui pourrait toujours nous rétorquer qu'il pointait déjà au plus haut chez nos confrères pneumatiques alors que notre guide n'existait pas encore ? Une tradition pure et dure, une cuisine comme elle se pratiquait dans les années 70, dont le principal intérêt sera pour les plus jeunes de goûter à une cuisine de musée et, pour les plus âgés, de se rappeler le bon vieux temps. Un pèlerinage à faire une fois dans sa vie, un peu par réflexe social.

Cave

Un domaine où cette maison ne craint aucune concurrence. Exhaustive dans toutes les références prestigieuses, ultra précise, du grand art.

Accueil et service

Dans ce domaine, la maison de Paul Bocuse n'a de leçons à recevoir de personne. L'un de nos enquêteurs les plus chevronnés, relevait qu'il n'avait jamais reçu un service aussi efficace dans les quelque 1500 tables qu'il avait visitées. Une armée de MOF s'affaire en salle, dans un ballet parfaitement réglé.

www.bocuse.com

à MARCY L'ETOILE - 69280 : 8 km N.O. par N 7 et D 7

L'Orangerie de Sébastien

» Château de la Poupée, domaine de Lacroix-Laval
☎ 04 78 87 45 95
F. dim. à dîn., lundi, mardi et vac. scol. fév.
Jusqu'à 21h30.

115 ha de parc pour se balader après le repas, autour du château XVIe et ses jardins à la française, cela devrait suffire pour se détendre et digérer. Non pas que Nicolas Crépeau ait la main lourde sur le beurre et la crème, bien au contraire, mais il serait dommage de ne pas profiter de cet environnement pour privilégié, aux portes de Lyon. La carte est sagement actuelle, calibrée pour trouver son public, la technique faisant le reste : gâteau de foies de volaille, saint-jacques poêlées fricassée de mangues et aubergines, filet de bœuf à la plancha, crumble de fraises et noix de coco, un joli paquet cadeau qui devrait s'enrichir d'une cave plus forte.

M : 22-49 € *orangerie-de-sebastien@wanadoo.fr*

à MILLERY - 69390 : 15 km S. par D 15

Bacchus

» 6 rue de Bliesbruck
☎ 04 78 46 45 96
F. dim. à dîn., lundi, merc. à dîn. et 2-12 janv.
Jusqu'à 21h30.

Passionné par la mode des "saveurs du monde", Mickael Thivent, jeune chef passé chez Groult et Lacombe, bénéficie aujourd'hui d'un bel outil personnel : une belle salle voûtée XVIIe, une terrasse reposante et abritée, et la liberté d'entreprendre, de marier les plaisirs, d'associer les encornets à la cervelle de canut en croustillant, la goujonnette de perche à une soupe de poissons de roche, le magret aux asperges à un samossa d'oignons. Cette toque décernée l'an passé s'affirme, l'accueil d'Hubert Redon, son associé (ils se sont connus dans leur précédente maison) plein d'aisance, et la cave regorge de rhônes bien trouvés, chez les cadors (Cuilleron, Jamet, Guigal) mais aussi chez de plus modestes qui travaillent bien.

C : 42 € • M : 15-51 € *www.bacchus.millery.free.fr*

à MIONNAY - 01390 : 19 km N. par N 83

Alain Chapel

» RN 83
☎ 04 78 91 82 02
F. lundi, mardi, vend. à déj. et janv.
Jusqu'à 21h.

➥ **Hôtel :** Alain Chapel

Cadre et ambiance

La grande maison ancienne, blanche avec ses volets verts, au bord de la nationale, ne souffre pas trop du voisinage des résidences du village devenu banlieue dortoir de Lyon. Magnifique terrasse sous un cloître ouvert sur le jardin, nappes blanches impeccables et mobilier en fer forgé.

Cuisine

Elle se concentre sur quelques produits impeccables, avec une touche d'élégance plus que de modernité, mais semble quelque peu figée dans le souvenir du grand chef. Reste la qualité : belle viande moelleuse du lapin de 4 heures en gelée tremblotante au romarin, discrète croûte d'épice autour de la lotte posée sur un lit de haricots blancs, finesse de la mousse citronnée qui accompagne le carré d'agneau et tartelette de tomate confite, fraîcheur d'un sorbet rhubarbe à l'acidité bien préservée en accompagnement du mille-feuille de framboises.

Cave

Une carte imprimée comme un carnet d'écolier, inchangée depuis sa création et montrant de nombreuses références indisponibles. Pour les nombreux flacons rares et coûteux, un sommelier efficace, n'hésitant pas à échanger sur le sujet.

Accueil et service

Des manières de grande maison, un personnel abondant, avec un mélange d'amabilité et de mise à distance respectueuse, dans une atmosphère aimablement surranée. Le maître d'hôtel fait remarquablement vivre la salle en prenant soin de tous les hôtes.

C : 100 € • M : 60-145 € *www.relaischateaux.com*

 Alain Chapel

➥ **Restaurant** : Alain Chapel

Une atmosphère délicate et champêtre à quelques kilomètres de Lyon : la maison préserve un esprit intime et douillet, dans ses chambres claires au beau mobilier rustique, dans son jardin, avec le saule pleureur penché sur la mare, comme dans la gentillesse du service.

12 ch. 110-130 € *www.relaischateaux.com*

» RN 83
☎ 04 78 91 82 02
04 78 91 82 37
F. janv.

à RILLIEUX LA PAPE - 69140 : 7 km N. par N 83 et N 84

 Larivoire

Eternellement rivé à ce 15 qui le suit depuis des années désormais, Bernard Constantin incarne à merveille le cuisinier classique et chevronné, veillant à la bonne marche des institutions, s'appuyant sur des bases extrêmement solides et classiques en leur insufflant régulièrement le sang neuf nécessaire pour éviter toute sclérose, qui serait forcément fatale dans une région si concurrentielle : carpaccio de cabillaud mi-fumé, spaghettis de légumes et pistes poêlés, blanc de saint-pierre à la vapeur et couteaux des sables, jus de cuisson réduit à la citronnelle, côte de cochon de l'Allier à la cocotte, lard façon ribs caramélisée. Du cousin main, une maîtrise sans faille et une cave qui privilégie les petits propriétaires, dans tout l'Hexagone.

C : 60 € • M : 32-78 € *www.larivoire.com*

» Chemin des Iles
☎ 04 78 88 50 92
F. dim. à dîn., lundi à dîn., mardi et 16-28 août.
Jusqu'à 21h30.

à LA TOUR DE SALVAGNY - 69890 : 10 km N.O. par N 7

 La Rotonde

Cadre et ambiance

L'élégance se conjugue à la mode casino, dans une atmosphère feutrée qui convient aux joueurs comme aux repas de famille en sortie verte.

Cuisine

Influences méditerranéennes, produits de qualité et beaux jeux de textures et de saveurs, signalent un travail intelligent et maîtrisé : vivacité apéritive du tian d'anchois marinés, avec un délicat bouquet de roquette maintenu par une tomate confite, belle association du rouget et des supions poêlés au citron sur un bouillon délicat, association terre-mer de la morue et poitrine de porc, acidité du citron de Menton en contraste avec un biscuit framboise pistache et une délicieuse glace au miel.

Cave

Un large choix de très grands crus (si vous venez de toucher le jackpot) mais aussi quelques bouteilles intéressantes à dénicher au fil des pages.

Accueil et service

Service efficace mais parfois un peu à contretemps. Du haut niveau, néanmois, en particulier dans les amuse-bouche et mignardises.

C : 120 € • M : 40-140 € *www.larotonde.fr*

» 200 av du Casino
☎ 04 78 87 00 97
F. dim. à dîn., lundi et mardi à déj.
Jusqu'à 21h30.

LYONS LA FORET - 27480 (6 D 3)

Rouen 36 - Gournay-en-Bray 25 - Les Andelys 20

 Restaurant de la Halle

Face aux célèbres halles, une petite table sans prétention où l'on se repaît en toute simplicité d'une escalope à la normande et d'une tarte aux pommes bien faites, sans se ruiner.

C : 23 € • M : 15-28 €

» 6 pl Isaac-Benserade
☎ 02 32 49 49 92
F. dim. à dîn., merc. et déc.
Jusqu'à 21h30.

LYS SAINT GEORGES - 36230 (18 A 6)

Châteauroux 28 - Argenton-sur-Creuse 27

(12) Auberge La Forge

» ☎ 02 54 30 81 68
F. dim. à dîn., lundi, mardi (h.s.), lundi (juil.-août), 2-24 janv. et 13 sept.-6 oct.
Jusqu'à 21h.

Le seul commerce de ce petit village proche de la Châtre est tenu depuis une dizaine d'années par Eric Gaulon, chef et propriétaire de cette jolie maison dont l'une des atouts réside dans la charmante terrasse sous pergola installée dans le jardin. La cuisine se montre valeureuse et plus ambitieuse que celle d'un simple table de déjeuner : profiteroles d'escargots de Crevant aux lentilles vertes du Berry, brochettes de langoustines et saumon en robe de vermicelle kadaïf au beurre acidulé, navarin d'agneau du Berry aux petits légumes. Service compétent, bonne petite cave se focalisant sur les producteurs locaux.

C : 28 € • M : 16-40 € *www.restaurantlaforge.com*

MACAYE ➤ CAMBO LES BAINS

MACON - 71000 (20 B 6)

Lyon 70 - Bourg-en-Bresse 35

(14) Restaurant Pierre

» 7-9 rue Dufour
☎ 03 85 38 14 23
F. dim. à dîn., lundi, mardi à déj., 1 sem. fév et 3 sem. juil.
Jusqu'à 21h30.

Heureusement, Pierre est là pour contenter le gourmand mâconnais qui ne voudrait pas s'éloigner du centre : il trouvera là tout motif de satisfaction, dans un cadre élégant aux discrètes touches rustiques, un service performant emmené avec gentillesse par Isabelle Gaulin et dans la cuisine de son époux, formé à bonne école et qui sait proposer aussi bien la simplicité terroir de la jambonnette de canard braisé que l'élégance classique du ris de veau aux champignons des bois purée truffée. Cette polyvalence, associée à des produits bien choisis, justifie la fidélité à une adresse qui va fêter ses 15 ans. Cave bourguignonne solide plus qu'aventureuse.

M : 26-71 €

➲ à BERZE LA VILLE - 71960 : 9 km N.O. par N 79 et D 220

(14) Le Relais du Mâconnais

» Lieu-dit la Croix Blanche
☎ 03 85 36 60 72
F. dim. à dîn., lundi et janv.
Jusqu'à 21h.

Dire que le fils de famille a révolutionné le Relais septuagénaire serait exagéré. mais Arnaud Lannuel a incontestablement apporté, sur les contreforts de la tradition, sa pierre contemporaine, enjouée, liant les racines à la sève avec respect et détermination. Il suffirait même de gommer l'attirance foie gras homard des propositions supérieures pour ne ressentir que de bonnes vibrations avec les escargots, en croûte de pain ou en tempura et jus aux orties sauvages, le cabillaud de ligne en vapeur de coquillages et la volaille fermière panée aux champignons. La cave est plutôt sage, au regard des possibilités de la région, mais les beaujolais et les mâcons de propriétaire font bonne figure.

C : 48 € • M : 24-75 € *www.lannuel.com*

➲ à CHAINTRE - 71570 : 9 km S.O. par N 6, N 19 et D 169

(14) La Table de Chaintré

» Le Bourg
☎ 03 85 32 90 95
F. dim. à dîn., lundi, mardi et 15-31 août.
Jusqu'à 21h.

Cette maison de village viticole a une longue histoire. C'est celle où est née Lucie Aubrac. Que cela ne soit pas pour vous le prétexte à de fines plaisanteries sur le plat de résistance, mais un atout de plus pour aller saluer Gérard Alonso, son aisance technique, son attention au produit, son marché toujours impeccable et son grand menu qui, à 49 €, fait connaître de délicieux moments, avec des plats de haute saveur, mais aussi délicats et sensibles, un gratin d'écrevisses aux petits

pois, des jambonnettes de grenouilles et crêpe au jus de truffe, un ravioli de queue de bœuf aux morilles fraîches. Et 450 références, dont une belle cohorte bourguignonne pour escorter les assiettes.
M : 35-49 €

à LEYNES - 71570 : 6 km S.O.

(12) Le Fin Bec

» ☎ 03 85 35 11 77
F. jeudi à dîn. (sf juil.-août), dim. à dîn., lundi (sf fériés), 2 sem. déb. janv., 1 sem. fin juil.-déb. août et 3e sem. nov.
Jusqu'à 20h45.

Derrière la façade fleurie, le cadre est briqué, le personnel aux petits soins, et l'andouillette au mâcon blanc. Du terroir en direct, sans craindre le bafouillage technique, par un ex de Lameloise et Chapel - on fera pire comme formation - : grenouilles en persillade, sandre au saint-véran, volaille de Bresse à la crème et les bons petits vins du Mâconnais pour lever le coude.
C : 32 € • M : 15-40 €

à SAINT LAURENT SUR SAONE - 01750 : 3 km E.

(13) Le Saint-Laurent

» 1 quai Bouchacourt
☎ 03 85 39 29 19
Ouv. 7j/7.
Jusqu'à 22h30.

Le bistrot mâconnais de Georges Blanc fonctionne toujours aussi bien : la formule plaît, les plats séduisent, le jeune chef fait tourner avec brio les ravioles d'escargots forestière, le sandre de Saône au beurre blanc et la volaille de Bresse à la crème sans se tromper de registre, et la vue sur le vieux Mâcon et la Saône est imprenable. Une toque pour la qualité toujours régulière, à tarifs sans tendresse particulière mais justes, et en saluant les clins d'œil de Monsieur Blanc, les crêpes vonnassiennes ou le mâcon d'Azenay, propriété familiale.
C : 28 € • M : 17-43 € *www.georgesblanc.com*

(10) La Tête de Lard

» 194 quai Bouchacourt
☎ 03 85 38 74 38
F. sam. à déj., mardi et déc.

Salades et charcutailles pour discuter directement, en tête à tête de veau, au pied levé de cochon grillé, avec un marchand de vin sur un filet de bœuf. La viande est bien choisie, la cuisson respectée et le service aimable : trois gros atouts, auxquels s'ajoute la terrasse sur la Saône avec vue sur Mâcon et son pont classé.
M : 16,50-21 €

LA MADELAINE SOUS MONTREUIL ➤ MONTREUIL

MAGALAS - 34480 (31 D 4)

Béziers 22 - Bédarrieux 21

(12) The Boucherie of Magalas

» Pl de l'Eglise
☎ 04 67 36 20 82
F. sam. à déj., dim., lundi, 15 janv.-15 fév. et 1re sem. nov.
Jusqu'à 21h30.

La tripe Allaire et autres calembours de charcutailles sont à ranger dans la chambre froide des souvenirs, mais the Boucherie continue, of course. Sans Gérard Allaire, mais avec deux passionnés, Bruno Le Garrec et Heiko Rockenberger qui ont conservé l'âme de ce restau-boucherie-épicerie, avec son incroyable déco de vieilles réclames et une nouvelle terrasse qui anime encore davantage le beau petit village au nord de Béziers.
C : 25 € • M : 15-22 € *the-boucherie-of-magalas@yahoo.fr*

Prix des appartements : la fourchette de prix correspond au tarif journalier pour 1 personne seule, et maximum pour 2 personnes.

Prix à la carte : correspond au prix moyen à la carte (entrée, plat + dessert).

MAGESCQ - 40140 (23 B 4)

Mont-de-Marsan 68 - Dax 26

 Relais de la Poste

» 24 av de Maremne
☎ 05 58 47 70 25
F. lundi, mardi (1er oct.-30 avril), lundi, mardi, jeudi à déj. (1er juin-30 sept.) et 11 nov.-20 déc.
Jusqu'à 21h30.

➥ **Hôtel** : Relais de la Poste

La maison trône à l'entrée du village, comme sûre de sa force : on sait cultiver ici l'héritage du savoir-vivre à la française (service impeccable) et de la gastronomie du Sud-Ouest en majuscule et en produits nobles. Le foie gras est en vedette, confit et poêlé dans une assiette sobre et parfaitement maîtrisée, les champignons imposent leur force de caractère sur un pigeonneau à la cuisson rigoureuse et à la saveur entière, l'armagnac accroît encore le plaisir d'une tourtière gourmande, allégée juste ce qu'il faut par le sorbet. Un monument incontournable, dont l'héritage se poursuit sur une carte des vins riche en vieux millésimes.

C : 75 € • M : 52-105 € *poste@relaischateaux.com*

(11) Le Cabanon La Grange au Canard

» 1129 av des Landes
☎ 05 58 47 71 51
F. dim. à dîn. et lundi (sept.-fin juin, sf juil.-août).
Jusqu'à 22h.

Claude Bories, après deux décennies passées dans les cuisines de cette ancienne ferme landaise, dont les cinq dernières années comme propriétaire, maîtrise parfaitement les bases régionales. Le canard gras est à l'honneur (y compris sous forme de livraisons à domicile ou de buffets) mais il laisse volontiers de jolis strapontins au filet de turbot grillé aux chipirons ou aux asperges rôties au jambon de Bayonne. Le parc arboré abrite une délicieuse terrasse.

C : 48 € • M : 25-35 € *www.perso.wanadoo.fr/lecabanon40*

 Relais de la Poste

» 24 av de Maremne
☎ 05 58 47 70 25
Fax 05 58 47 76 17
F. 11 nov.-20 déc.

➥ **Restaurant** : 15/20 Relais de la Poste

La belle maison protège de ses briques et de ses poutres (certaines dépendances remontent au XVIIe siècle) un paisible parc, propice à la balade. Le confort est d'un niveau parfaitement actuel, en témoignent les chambres de la nouvelle aile, au décor contemporain, et l'espace bien-être.

5 appart. 250-400 € • 12 ch. 175-250 € • 1/2 pens. 153-290 €
www.coussau@wanadoo.fr

MAGNAC LAVAL - 87190 (25 B 2)

Poitiers 67 - La Souterraine 18 - Bellac 16

(11) La Ferme du Logis

» La Thibarderie
☎ 05 55 68 57 23
F. dim. dîn., lundi (h.s), lundi (été) et janv.-mi-fév.
Jusqu'à 21h.

Une maison fraîche et reposante, en pierre du pays, accueillante avec sa terrasse dans l'herbe. Amateurs de verdure mais aussi de viande rouge, trouvent l'équilibre idéal avec le faux-filet et le gigot d'agneau, la sympathique assiette "de nos rivières" et le magret au miel.

C : 40 € • M : 15,50-32 € *www.resa-france.com*

MAGNANT - 10110 (9 B 5)

Bar-sur-Seine 10

 Le Val Moret

» ☎ 03 25 29 85 12
Fax 03 25 29 70 81
Ouv. 7j/7.

Une étape pratique, la tranquillité de la campagne à deux pas de l'A5, dans un cadre moderne. Chambres spacieuses, certaines avec balcon sur la nature alentour.

42 ch. 45-76 € *www.le-val-moret.com*

MAGNY COURS ➤ NEVERS

MAILLANE ➤ SAINT REMY DE PROVENCE

MAILLEZAIS - 85420 (15 D 6)

La Roche-sur-Yon 65 - Fontenay-le-Comte 14

(11) Auberge de l'Abbaye

» Le Petit-Port-Sauvage
☎ 02 51 87 25 07
F. 15 nov.-15 fév.
Jusqu'à 21h30.

Dans cette typique bâtisse du marais, Bernard Patarin est dans son élément naturel : plus près des grenouilles, des petits gris, des lumas (escargots) et des anguillettes, de tout ce qui cimente la tradition régionale et les bons repas de famille. Sa fricassée de lumas et sa bouilliture servent de référence, les poutres et la terrasse au jardin avec son embarcadère construisent le restant d'un bien plaisant folklore.

C : 23 € • M : 11-34 € *patarin@wanadoo.fr*

MAISONNAIS ➤ CHATEAUMEILLANT

MAISONS LAFFITTE ➤ PARIS-BANLIEUE

MAISONS LES CHAOURCE ➤ CHAOURCE

MALAKOFF ➤ PARIS-BANLIEUE

MALBUISSON - 25160 (21 C 4)

Besançon 75 - Pontarlier 19

Le Bon Accueil

» 32 Grande-Rue
☎ 03 81 69 30 58

F. dim. à dîn., lundi, mardi à déj., 24 avril-3 mai, 30 oct.-8 nov. et 18 déc.-17 janv.
Jusqu'à 21h.

Lausanne, Paris, Vonnas : le CV de Marc Faivre ressemble à une liste de succursales pour une marque de luxe. ce qui correspond, aussi, à la belle clientèle du lieu, habitué du haut niveau dispensé dans ce confortable chalet de famille depuis sept générations. De la tête de cochon et poulet fermier au parmentier de Gillardeau et saint-jacques à l'huile d'Argan, c'est avant tout la noble tradition du cuisinier qui est en exergue, explorant le terroir comme les océans avec la même minutie. Qui fait apprécier d'autant mieux l'attachement aux racines jurassiennes, avec les gaudes au vieux comté, le lapin au savagnin ou la tarte au bleu de Gex. Très belle carte de vins du Jura, accueil plein d'élégance.

C : 50 € • M : 26-47 € *lebonaccueilfaivre@wanadoo.fr*

Jean-Michel Tannières H

» 17 Grande-Rue
☎ 03 81 69 30 89
F. dim. à dîn. (oct.-mai), lundi, mardi, janv. et 2 sem. vac. scol. Pâques.
Jusqu'à 21h.

L'école classique n'est jamais aussi convaincante que lorsqu'elle s'appuie sur des racines régionales qui font sens. On ne passe pas tous les jours par Malbuisson sur la route des vacances, et Jean-Michel Tannières sait qu'il doit avant tout chaque jour convaincre ses voisins. Qu'il y a de l'enthousiasme et pas mal de modernité à ciseler les röstis d'escargots, le gratin minute de féra ou la truite au lard, le chausson de pigeonneau au foie gras et le sablé aux fraises. Deux arguments s'ajoutent pour ne pas risquer de lasser l'auditoire : des tarifs somme toute équitables qui incitent à revenir plus souvent, et un bistrot attenant qui fait changer d'ambiance avec du saumon fumé et du rognon de veau à la moutarde. Enfin quatre jolies chambres au style rustique campagnard permettent la prolongation.

C : 40 € • M : 35-68 € • 4 ch. 50-100 € • 1/2 pens. 50-90 €

www.restaurant-tannieres.com

[12] Le Fromage

Un joli cadre boisé qui respire le pin et l'authenticité pour un tout fromage parfaitement réussi. Au pays du Mont d'Or et des bonnes charcuteries, les ingrédients de qualité ne manquent pas, participant aux spécialités du cru, la fondue trois fromages et jambonneau, la boîte chaude, le vol-au-vent de morteau à la cancoillotte… Arbois et autres vins du Jura pour s'humecter entre deux bouchées.

C : 24 € • M : 18-21 € www.lelac-hotel.com

» Au Village
☎ 03 81 69 34 80
F. 14 nov.-22 déc. (sf w.-e.).
Jusqu'à 21h.
🚗 ♿ 🐕

MALROY ➤ METZ

MANCIET - 32370 (29 B 3)

Auch 37 - Aire-sur-l'Adour 27

🏠 Le Moulin du Comte

Dans un vaste parc fleuri, l'ancien moulin enjambe la rivière et conserve un cadre rustique et bourgeois et des chambres personnalisées.

10 ch. 60-75 € • 1/2 pens. 55 € lemoulinducomte@wanadoo.fr

» Bouvrouillan
☎ 05 62 09 06 72
📠 05 62 09 10 49
Ouv. 7j/7.
🚗 ♿ 🏊 🐕

MANERBES - 14640 (6 A 3)

[13] Le Pot d'Etain

L'accueil est un peu ampoulé, l'ambiance feutrée, la cheminée pas très belle, mais le dynamisme souriant de la jeune patronne est communicatif, dans cette auberge de campagne à l'abri du clocher. Le chef a des idées, mêlant les goûts et apprêts du jour à des produits de qualité : bonbons de langoustines croustillantes remarquables, crème d'écrevisses au lard paysan ; somptueux petits farcis niçois au beurre de basilic, tajine d'agneau confit aux olives vertes plein d'esprit et de tendreté, le seul petit reproche étant peut-être justement cette volonté d'une cuisine tous azimuts, provençale, méditerranéenne, classique, moderne, qui fait perdre un peu de sens. Quant au soufflé crémeux à la poire pochée au cidre du Pays d'Auge, c'est un coup de maître, une inspiration régionaliste lumineuse. Cave trop classique, sans réelles trouvailles, à étoffer.

C : 41 € • M : 24-36 €

» Le Bourg
☎ 02 35 06 01 36
F. mardi, merc. F. annuelle non comm.

MANIGOD - 74230 (28 B 2)

Annecy 49 - La Clusaz 15

[13] Chez Marie-Ange

➡ **Hôtel :** 🏠 Chalet-Hôtel de la Croix-Fry

Le lieu est si délicieux que la table est appétissante avant que le couvert soit mis. Comme si cela ne suffisait pas, le chef est un bon, précis dans ses cuissons, et capables de prouesses sur les beaux produits et recettes coutumières. Sa cuisine est à l'image de la maison, dégageant de la chaleur et de la sympathie à foison, dans le fil du terroir montagnard. Service de grande maison dans un cadre de chalet, bar si confortable qu'on pourrait y dormir, accueil et service d'une grande cordialité.

C : 54 € • M : 26-76 €

» Rte du Col de la Croix-Fry
☎ 04 50 44 90 16
F. lundi, merc. à déj., mi-avril-mi-juin et mi-sept.-mi-déc.
Jusqu'à 20h45.
⛱ 🚗 🏊 🐕

[11] Marie au Noré

Pendant la balade jusqu'à ce chaleureux refuge, vous aurez le temps de déchiffrer l'histoire. C'est la Marie d'Honoré (" la Marie au Noré ") qui faisait la cuisine jadis, dans ce chalet d'une fracassante authenticité, que l'on atteint en scooter des neiges une bonne partie de l'année. Le menu est pour tout le monde, mais entre la fondue et les fromages de Simon, la charcuterie et la Tatin, il n'y a vraiment pas de quoi rechigner.

C : 35 € • M : 29 €

» La Croix Fry
☎ 06 72 74 63 70
F. mi-avril-mi-juin et mi-sept.-mi-déc.
⛱ 🚗 🐕

 Chalet-Hôtel de la Croix-Fry

» Rte du Col de la Croix-Fry
☎ 04 50 44 90 16
📠 04 50 44 94 87
F. mi-avril-mi-juin et mi-sept.-mi-déc.

➡ **Restaurant** : 13/20 Chez Marie-Ange

Un lieu, un accueil, une atmosphère. Nous ne sommes ni à Courchevel, ni à Saint-Moritz, et pourtant dans un luxe rare, celui d'une prestation unique, faite d'attention, de prévenance comme seuls Marie-Ange Veyrat et Isabelle Loubet savent les dispenser. A l'hôtel ou dans les chalets, l'impression d'un comme chez soi dans les conditions d'un palace. Chambres moelleuses et confortables, environnement sauvage, à deux kilomètres des pistes et un quart d'heure de la Clusaz. Et des chalets à louer, avec le service hôtelier associé, où nombre de grands chefs viennent passer leurs vacances.

4 appart. 145-420 € • 6 ch. 145-340 € • 1/2 pens. 125-200 €

MANOSQUE - 04100 (33 D 4)

Digne 57 - Aix-en-Provence 53

 Dominique Bucaille

» La Filature, 40 bd des Tilleuls
☎ 04 92 72 32 28

Dominique Bucaille dans cette ancienne filature, c'est fini depuis la fin de l'automne. Il faudra bientôt parcourir 20 km vers le nord pour rejoindre Valensole et découvrir, aux alentours de début mars, sa nouvelle adresse. Rendez vous à la page réservée à cette commune pour en savoir plus.

www.jre-france.com

(12) Le Petit Lauragais

» 6 pl Terreau
☎ 04 92 72 13 00
F. sam. à déj., dim. à dîn., lundi, vac. scol. fév. 1er-21 juil. et 1er-12 nov.
Jusqu'à 22h.

Les terroirs de Provence et du Sud-Ouest s'imbriquent malicieusement dans cette attachante maison de soleil où le parfum s'exprime, grâce à un jeune chef précis qui avance dans son temps : raviolis de confit de canard aux cèpes, charlotte d'agneau aux aubergines, magret farci aux figues et jus corsé. Gaieté, couleur et petits prix, en accompagnant de Tariquet ou du luberon de la Verrerie.

C : 31 € • M : 21,50-32,50 €

LE MANS - 72000 (16 C 2)

Paris 204 - Orléans 152 - Alençon 56 - Angers 97

 Le Beaulieu

» Pl des Ifs
☎ 02 43 87 78 37
F. w.-e.
Jusqu'à 21h.

Nous n'avons hélas pas pu voir le nouveau décor, qu'Olivier Boussard nous présente comme "baroque cosy" dans un ancien hôtel particulier, propriété des Mutuelles du Mans (MMA) où il a donc déménagé son Beaulieu durant l'automne, quand le guide était imprimé. Ne doutons pas que l'enseigne collera désormais à l'écrin et que Laurence et Olivier auront trouvé ainsi un cadre épanouissant. En particulier pour cette cuisine intelligente, racée, mais qui s'étiolait un peu au pied de la vieille ville, en tournant en rond avec les produits de prestige. La confiance demeure évidemment, et plutôt deux fois qu'une, pour les saint-jacques rôties au beurre demi-sel, les raviolis de langoustines et caviar au jus de crustacés, l'agneau de lait rôti au four et le dessert chocolat, dont un fameux soufflé. Belle cave aux choix remarquables, notamment en bourgogne (Dancer, Ente, Sauzet...).

C : 58 € • M : 25-93 €

 La Ciboulette

» 14 rue de la Vieille-Porte
☎ 02 43 24 65 67
F. sam. à déj., dim., lundi à déj., 1er-7 janv., 1er-7 mai et 3 sem. août.
Jusqu'à 22h.

La maison est bien connue des Manceaux depuis longtemps déjà et elle a franchi un cap depuis 2001 et l'arrivée de Laurent et Michèle Lachat qui lui ont donné un véritable coup de jeune, les assiettes naviguant avec légèreté dans un répertoire plutôt classique : pied de porc farci au foie gras, rognons de veau, roulade de sardines aux poivrons rouges grillés, ris de veau poêlé au madère et miel...

C : 47,90 € • M : 19,80-20,90 €

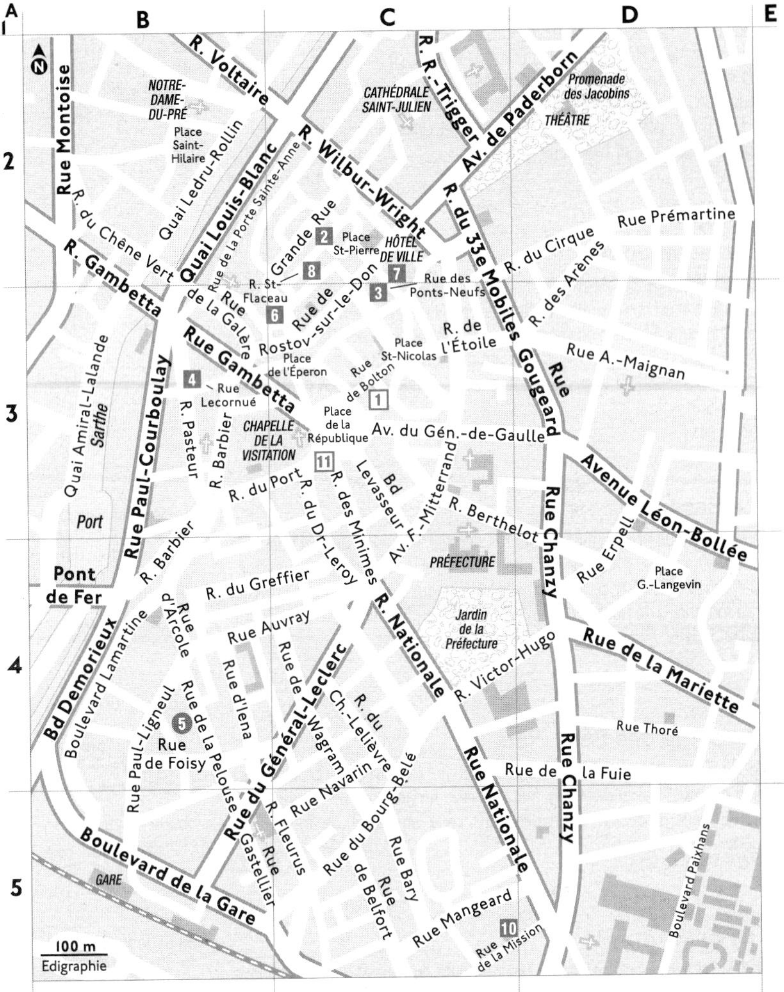

■ **Restaurant** ● **Hôtel** □ **Table en vue**

- [1] 21 Arts et Saveurs (Le) **C-3**
- [2] Auberge des Sept Plats **C-2**
- [3] Beaulieu (Le) **C-3**
- [4] Bistro du Mans (Le) **B-3**
- [5] Chantecler **B-4**
- [6] Ciboulette (La) **C-3**
- [7] Etna (L') **C-2**
- [8] Flambadou (Le) **C-2**
- [10] Rascasse (La) **C-5**
- [11] Scaron (Le) **C-3**

(12) L'Etna

» 37 rue des Ponts-Neufs
☎ 02 43 24 18 28
F. dim. à déj. et lundi à déj.
Jusqu'à 22h30.

Bouillonnement transalpin pour changer des rillettes : une telle éruption est plutôt sympathique, et le jardin d'hiver accueillant avec son atrium. Les antipasti, comme le risotto, révèlent la valeur de cette table devenue indispensable. Accueil franc, tarifs modiques, cave d'Italie et de Sicile.
C : 34 € • M : 12-18,50 €

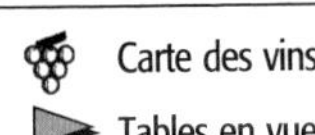

🍇 Carte des vins remarquable.	⛱ Repas servis en terrasse ou dans un jardin.
▶ Tables en vue.	🚗 Parking privé.

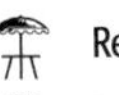

(11) Le Bistro du Mans

Créé par Jean-Yves Herman et Jean-François Girault, ce bistrot qui fut l'un des grands succès manceaux de ces deux dernières années poursuit sa route avec de nouveaux propriétaires et les formules qui marchent, tartare de saumon et langue de bœuf, pavé de sandre aux endives et clafoutis banane rhum. Dans du tout compris carré et bien senti.
M : 10-26 € *jfgirault@wanadoo.fr*

» 12 rue Hippolyte-Lecornué
☎ 02 43 87 51 00
F. dim. et lundi.
Jusqu'à 22h45.

(11) Le Flambadou

La terrasse au cœur du Vieux Mans, adossée aux remparts de l'ancienne villa gallo-romaine, n'est pas le moindre attrait de ce petit temple gascon. On y respire la bonne humeur, le confit pommes sarladaises et le cassoulet Flambadou, qui ne sont pas que de la vapeur, mais tiennent délicieusement bien au corps. Avec une croustade landaise flambée à l'armagnac et quelques rasades de jurançon ou de madiran.
C : 28 € *le.flambadou@wanadoo.fr*

» 14 bis rue Saint-Flaceau
☎ 02 43 24 88 38
F. sam. à déj., dim., 2 sem. vac. scol. Pâques et 2 sem. août.

(11) La Rascasse

Discrètement méditerranéenne, en tout cas décalée, la cuisine de Joël Raoul n'a d'autre ambition que d'apporter bonne humeur et fraîcheur aux Manceaux : râpé de fenouil, brochette de langoustines aux coteaux du Layon, filet de canette frotté au romarin, tarte bourdaloue gratinée à la lavande et tiramisu. Cave courte privilégiant la loire.
C : 47 € • M : 19-37 €

» 6 rue de la Mission
☎ 02 43 84 45 91
F. sam. à déj., dim. à dîn., lundi et 15 jrs mi-août.
Jusqu'à 21h30.

(10) Auberge des Sept Plats

Encore du bonus avec une offre doublée : quatorze entrées, quatorze plats, quatorze desserts. L'abondance ne nuit pas et le tartare comme le magret au poivre montrent qu'on ne triche pas dans cette ambiance de très bonne franquette.
C : 17,90 € • M : 17,90 €

» 79 Grande-Rue
☎ 02 43 24 57 77
F. dim., lundi et mardi à déj.
Jusqu'à 22h.

Le Scarron

Les angles d'attaque dans ce bistrot très fréquenté du centre ville : les rognons de veau purée et l'assiette de dégustation de desserts. On peut enjoliver ce standard de rillettes, et rester pur sarthois avec un poulet de Loué au jasnières.
C : 20 €

» 36 pl de la République
☎ 02 43 28 43 22
F. dim., 1 sem. vac. scol. fév. et 2 sem. fin août.
Jusqu'à 2h30.

Le 21 Arts et Saveurs

Un cadre moderne, presque branché, des assiettes copieuses mais traitées avec finesse, plats au saumon, assiettes nordiques, corses ou italiennes.
C : 10,50 € • M : 10,50-20 € *www.warain-reigner.fr*

» 21 rue de Bolton
☎ 02 43 28 53 47
F. à dîn. sem. et sam., dim., lundi et 15 juil.-20 août.

Chantecler

En centre ville, dans un quartier calme, des chambres propres et fonctionnelles dans un cadre moderne. Agréables petits-déjeuners (servis jusqu'à midi), dans la véranda
3 appart. 115 € • 35 ch. 68-97 € *www.hotelchantecler.fr*

» 50 rue de la Pelouse
☎ 02 43 14 40 00
Fax 02 43 77 16 28
Ouv. 7j/7.

à ARNAGE - 72230 : 10 km S. par D 147

13 Auberge des Matfeux

» 289 Avenue Nationale - D 147 Sud
☎ 02 43 21 10 71
F. dim. à dîn., lundi, mardi à dîn., merc. à dîn., 2-10 janv. 1er-8 mai et 25 juil.-22 août.
Jusqu'à 21h.

Créée voilà plus de quarante ans par le père de Xavier Souffront, cette adresse sage et cossue se découvre au milieu d'une pinède dépaysante, à quelques centaines de mètres du circuit des 24 Heures. Sage et cossue, la cuisine ne fait pas de vagues elle non plus, s'appuyant comme elle l'a toujours fait sur des produits au pedigree impeccable (les volailles, en particulier, remarquables) et mis en scène avec un classicisme d'école : ravioles de langoustines décortiquées cuites dans leur jus, émincé de rognon de veau aux saveurs douces et poivrées, morilles fraîches farcies à la mousse de blanc de poulet de Loué, filet de bœuf royal au foie gras de canard des Landes. Le même traitement s'applique aux desserts, la pastilla croustillante aux fruits rouges ou la soupe de fruits frais à l'infusion de menthe fraîche, se "contentant" d'être sans défaut. La cave, sur laquelle veille Fabrice Guihery, compte quelques trésors parmi les vieux millésimes bordelais et bourguignons.

C : 65 € • M : 37-71 € *matfeux@wanadoo.fr*

à RUAUDIN - 72230 : 9 km S.E. par D 142

13 Auberge des Blés d'Or

» 29 rue Principale
☎ 02 43 75 79 33
F. dim. à dîn., lundi, à dîn. mardi-jeudi, 2 sem. fév. et 1 mois été.
Jusqu'à 21h.

Toujours le même succès pour cette table à la chaleur communicative, entre restau ouvrier et gastro de notables. La salle de 160 couverts a été refaite, les noces d'or et les banquets vont pouvoir goûter dans ces nouvelles couleurs le foie gras, les rognons de veau ou la gigolette d'agneau confite "pendant des heures", dans une carte où il convient de coller au plus près des recettes de tradition.

M : 17,50-45 €

à SAINT SATURNIN - 72650 : 7 km N. par N 138

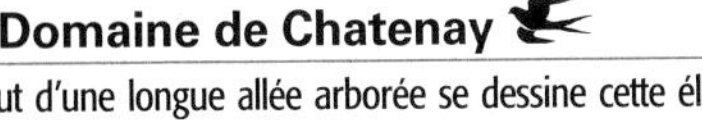

Domaine de Chatenay

» Le Mans-Nord
☎ 02 43 25 44 80
Fax 02 43 25 21 00
Ouv. 7j/7.

Au bout d'une longue allée arborée se dessine cette élégante gentilhommière XVIIIe, paisiblement installée dans un parc en bordure de rivière. SI l'intérieur respecte ces influences historiques, c'est avec douceur et harmonie, un mobilier d'époque et des tons qui jouent avec la lumière du parc.

8 ch. 88-158 € • 1/2 pens. 125-150 € *www.domainedechatenay.com*

MANSLE - 16230 (22 C 4)

Paris 420 - Angoulême 26 - Cognac 53 - Limoges 93

à SAINT GROUX - 16230 : 6 km N. par D 361

11 Les Trois Saules H

» ☎ 05 45 20 31 40
F. vend. à dîn., dim. à dîn. et lundi à déj. (sf saison), 15 fév.-6 mars et 30 oct.-20 nov.
Jusqu'à 20h45.

Formé à la cuisine par sa mère, au sein même de cette tranquille maison de village, Alain Faure mène tranquillement sa barque, dans un registre semi-gastronomique qui colle à merveille aux lieux : pavé de sandre au beurre blanc, fricassée de biche aux pleurotes, entrecôte à la bordelaise, omelette paysanne... Quelques chambres simples et agréables, dans une atmosphère bucolique.

C : 30 € • M : 10-27 € • 10 ch. 33-50 € • 1/2 pens. 39-44 €

www.logis-de-france.fr

MANZAC SUR VERN - 24110 (24 B 2)

Périgueux 23 - Bergerac 32

Le Lion d'Or

L'ancien relais de poste dispose de chambres agréablement actualisées. Le cadre champêtre ajoute au plaisir.
8 ch. 45-62 € • 1/2 pens. 54 € www.lion-dor-manzac.com

» Pl de l'Eglise
☎ 05 53 54 28 09
05 53 54 25 50
F. 1er-20 fév. et 15-30 nov.

MARAUSSAN ➤ BEZIERS

MARCKOLSHEIM - 67390 (10 C 4)

Colmar 21 - Strasbourg 69 - Sélestat 15

Le Restaurant

Au moins, si cette région sans richesse touristique (au regard des nombreuses merveilles touristiques alsaciennes) devait regretter un manque de fréquentation, ce n'est pas vers Michel Magada qu'il faudrait jeter la première pierre. Confirmant son goût pour cette cuisine fusionnelle où France, Italie, Japon et techniques modernes se côtoient, il rassemble curieux et bons mangeurs dans la plaine rhénane : pyramide de riz rouge et riz thaï, brochette d'anguille façon Unagi, ravioli d'oignon rouge de Tropea, foie gras de canard poêlé, brochette de saint jacques au laurier, trevisana braisée et coppa, mousse de chocolat et aubergine, sauce à l'orange et tuile de grué cacao. Belle cave à forte consonance transalpine.
C : 45 € • M : 14,90-63 € www.le-restaurant.com.fr

» 28 rue du Mal-Foch
☎ 03 88 92 56 56
F. sam. à déj., mardi à dîn., merc., Noël et nouvel an.
Jusqu'à 21h30.

MARCQ EN BARŒUL ➤ LILLE

MARCY L'ETOILE ➤ LYON

MARGAUX - 33460 (23 D 2)

Bordeaux 27 - Pauillac 27

Relais de Margaux

➥ **Hôtel :** Relais de Margaux

Habitué de l'exercice, Laurent Costes a repris sans encombre la restauration de l'hôtel, s'appuyant sur les produits de la pêche et du maraîchage locaux pour proposer une gastronomie actuelle, entre touches de noblesse et influences méditerranéennes : risotto d'asperges vertes et riquette sauvage, saint-pierre aux amandes torréfiées, allégé par un joli crémeux de céleri rave au lard, minestrone de fruits exotiques mangue rôtie au four et crumble pour mixer influences et textures. Les bordeaux rouges règnent en maître sur une carte des vins bien présentée.
C : 45 € • M : 45-70 € www.relais-margaux.fr

» Chemin de l'Ile-Vincent, BP 9
☎ 05 57 88 38 30
F. lundi, mardi, à déj. merc.-sam., dim. à dîn., janv. et fév.
Jusqu'à 21h30.

Relais de Margaux

➥ **Restaurant :** 13/20 Relais de Margaux

L'hôtel affûte ses armes, avec l'ouverture d'un centre de balnéothérapie et, début 2006, d'un golf 18 trous au bord de la Gironde. De quoi prolonger le séjour et apprécier dans cette gentilhommière XIXe les chambres spacieuses et raffinées.
8 appart. 268-360 € • 92 ch. 144-320 € • 1/2 pens. 127-380 €
www.relais-margaux.fr

» Chemin Ile-Vincent
☎ 05 57 88 38 30
05 57 88 31 73
Ouv. 7j/7.

à ARCINS - 33460 : 6 km N.O. par D 2

13 Le Lion d'Or

» ☎ 05 56 58 96 79
F. dim., lundi, 10-31 juil. et 24 déc.-7 janv.
Jusqu'à 21h30.

Tout le Médocais s'y retrouve : les fines gâchettes comme les belles cannes à pêche, les appétits de rugbymen comme les demoiselles qui aiment le cabernet-sauvignon. Ce que ce relais de poste cent-cinquantenaire a de plus que les autres ? Rien, et tout, la jovialité, l'abondance, la justesse, la truculence, dans une salade de cèpes comme dans une côte de veau. Et si l'on trempe ces amusettes avec un Haut-Marbuzet 2001 à 75 **€**, le sourire s'élargit encore.

C : 38 € • M : 11,60 €

MARIENTHAL ➤ HAGUENAU

MARINGUES - 63350 (26 C 3)

Clermont-Ferrand 30 - Lezoux 16

11 Le Clos Fleuri

» 18 rte de Clermont
☎ 04 73 68 70 46
F. lundi à déj. (juil.-août), vend. à dîn., dim., lundi et 17 fév.-17 mars.
Jusqu'à 21h.

Construite dans un surprenant style flamand par les grands parents de l'actuel propriétaire, au sortir de la dernière guerre, cette grande maison détonne un peu dans le paysage auvergnat. La cuisine ne joue pas sur le même décalage, préférant les produits locaux classiquement adaptés : salade de queues d'écrevisses et saumon fumé, vinaigrette aux petits légumes et parmesan, poêlée de pétoncles et queues de gambas au beurre de safran, poitrine de canard rôtie, truffade à la pomme fraîche d'Auvergne. Une quinzaine de chambres pour l'étape.

C : 30 € • M : 17-36 € *closfleuri63@wanadoo.fr*

MARLENHEIM - 67520 (10 C 2)

Strasbourg 24 - Colmar 74 - Saverne 19

Le Cerf

» 30 rue du Gén-de-Gaulle
☎ 03 88 87 73 73
F. mardi et merc.
Jusqu'à 21h30.

➡ **Hôtel :** Le Cerf

Cadre et ambiance

Dans son décor archi-traditionnaliste, cette vénérable maison de bord de route incarne une certaine idée de l'Alsace gourmande, chic et clinquante à la fois, à mi-chemin de la brasserie et du palace. La salle à manger, un peu triste au déjeuner souffre du bruit de la circulation automobile.

Cuisine

Michel Husser manquerait-il un peu d'inspiration ? S'il n'a jamais prétendu être un créateur mais plutôt un ardent défenseur de la gastronomie régionale dans sa version la plus élitiste, il a su ces dernières années intégrer techniques et produits nouveaux aux côtés du cochon de lait rôti ou du veau de lait du Limousin. Simplement belles, mais parfois dénuées de la petite touche d'exclusivité qui fait la différence, les assiettes montrent toujours une technique éprouvée : écrevisses et ris d'agneau de lait en fricassée à l'œuf fermier pochée et pointes d'asperges, bar sauvage de Quiberon cuit sur la peau à l'unilatéral et pommes boulangères fondantes truffe givrée, sorbet à la fraise enrobé de chocolat blanc servi dans un consommé au coing.

Cave

Pointue en région, elle se borne en revanche à recenser les grands noms de l'Hexagone à des tarifs concurrentiels.

Accueil et service

Malgré un imperceptible ennui, le service affiche sa compétence et sa gentillesse. Les meilleurs moments sont bien entendus en soirée et le week-end.

C : 85 € • M : 39-125 € *www.lecerf.com*

Le Cerf

➥ **Restaurant** : 16/20 Le Cerf

Au fond de sa vaste cour pavée, l'hôtel cultive les vertus classiques de l'accueil alsacien, avec une architecture typique à colombages, des chambres élégantes au décor rehaussé de boiseries claires.

14 ch. 90-200 € www.lecerf.com

» 30 rue du Gén-de-Gaulle
☎ 03 88 87 73 73
03 88 87 68 08
Ouv. 7j/7.

MARLY LE ROI ➤ PARIS-BANLIEUE

MARMANDE - 47200 (24 A 3)

Agen 58 - Bergerac 58

Le Capricorne

Le confort d'une construction moderne, avec des chambres fonctionnelles, des salles de bain rénovées l'an dernier et, pour la détente, une piscine dans le parc.

34 ch. 53-55 € www.lecapricorne-hotel.com

» Rte d'Agen
☎ 05 53 64 16 14
05 53 20 80 18
F. 22 déc.-7 janv.

MARNE LA VALLÉE ➤ PARIS-BANLIEUE

MARQUAY ➤ LES EYZIES DE TAYAC

MARQUISE - 62250 (1 A 2)

Boulogne-sur-Mer 16 - Calais 20

13 Le Grand Cerf

Comme nombre de cuisiniers légitimement désireux d'exposer leur savoir-faire, Stéphane Pruvot aime rappeler que ses spécialités sont le beignet de foie gras au caramel de porto, l'aumônière de tourteau aux essences de crustacés et le filet de daurade royale sauce badiane. Nous sortirons donc une fois de plus des sentiers battus pour exprimer que notre toque, et notre cœur, vont plutôt à la simplicité, en accord avec cette salle au décor sincère, les rouelles de lapin farcie aux aromates ou la belle côte de veau, nature. Cave généraliste aux tarifs modérés.

M : 27-47 € www.legrandcerf.com

» 34 av Ferber
☎ 03 21 87 55 05
F. dim. à dîn., lundi et jeudi à dîn.
Jusqu'à 21h.

MARSANNAY LA COTE ➤ DIJON

MARSEILLAN ➤ AGDE

MARSEILLE - 13000 (33 C 6)

Paris 771 - Montpellier 166 - Lyon 302 - Nice 200

17 Passédat - Le Petit Nice

➥ **Hôtel** : Passedat - Le Petit Nice

Cadre et ambiance

Une beauté vertigineuse, une villa assise sur un rocher au bout de la corniche, havre secret derrière la barrière automatique, temple d'élégance pour pub de parfum cherchant un cadre hors norme. Chaque table dévisage celle d'à côté en se disant "qui sont-ils pour s'offrir cela ?", c'est-à-dire une sorte d'ovni à Marseille, une enclave échappant au monde extérieur.

Cuisine

Une fois de plus, on s'incline : malgré l'irritation ressentie par cet ostracisme social, qui éloigne le commun de tant de beauté, la cuisine est splendide, pleine d'idée, de fraîcheur, d'élégance. Le tourteau rôti au poivre "retour de Singapour" est frais, moelleux, et agrémenté d'une subtile sauce chocolat, la daurade en deux versions, grillée et crues, très joliment soulignée d'une émulsion aux fruits

» Anse de Maldormé, corniche J.-F. Kennedy (7e)
☎ 04 91 59 25 92
F. dim. (sf à dîn. mai-oct.) et lundi (sf à dîn. mai-oct.).
Jusqu'à 22h.

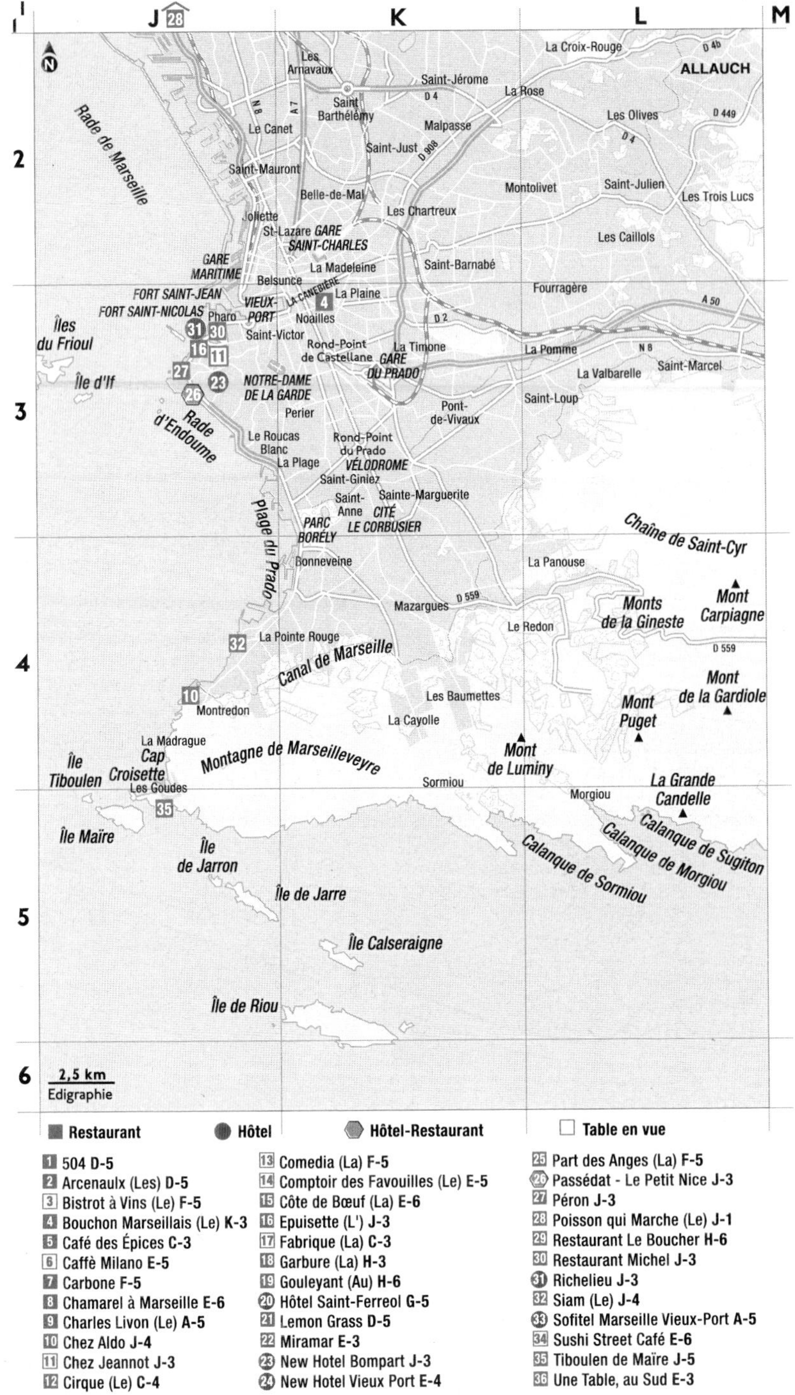

Restaurant | Hôtel | Hôtel-Restaurant | Table en vue

1 504 D-5
2 Arcenaulx (Les) D-5
3 Bistrot à Vins (Le) F-5
4 Bouchon Marseillais (Le) K-3
5 Café des Épices C-3
6 Caffè Milano E-5
7 Carbone F-5
8 Chamarel à Marseille E-6
9 Charles Livon (Le) A-5
10 Chez Aldo J-4
11 Chez Jeannot J-3
12 Cirque (Le) C-4
13 Comedia (La) F-5
14 Comptoir des Favouilles (Le) E-5
15 Côte de Bœuf (La) E-6
16 Epuisette (L') J-3
17 Fabrique (La) C-3
18 Garbure (La) H-3
19 Gouleyant (Au) H-6
20 Hôtel Saint-Ferreol G-5
21 Lemon Grass D-5
22 Miramar E-3
23 New Hotel Bompart J-3
24 New Hotel Vieux Port E-4
25 Part des Anges (La) F-5
26 Passédat - Le Petit Nice J-3
27 Péron J-3
28 Poisson qui Marche (Le) J-1
29 Restaurant Le Boucher H-6
30 Restaurant Michel J-3
31 Richelieu J-3
32 Siam (Le) J-4
33 Sofitel Marseille Vieux-Port A-5
34 Sushi Street Café E-6
35 Tiboulen de Maïre J-5
36 Une Table, au Sud E-3

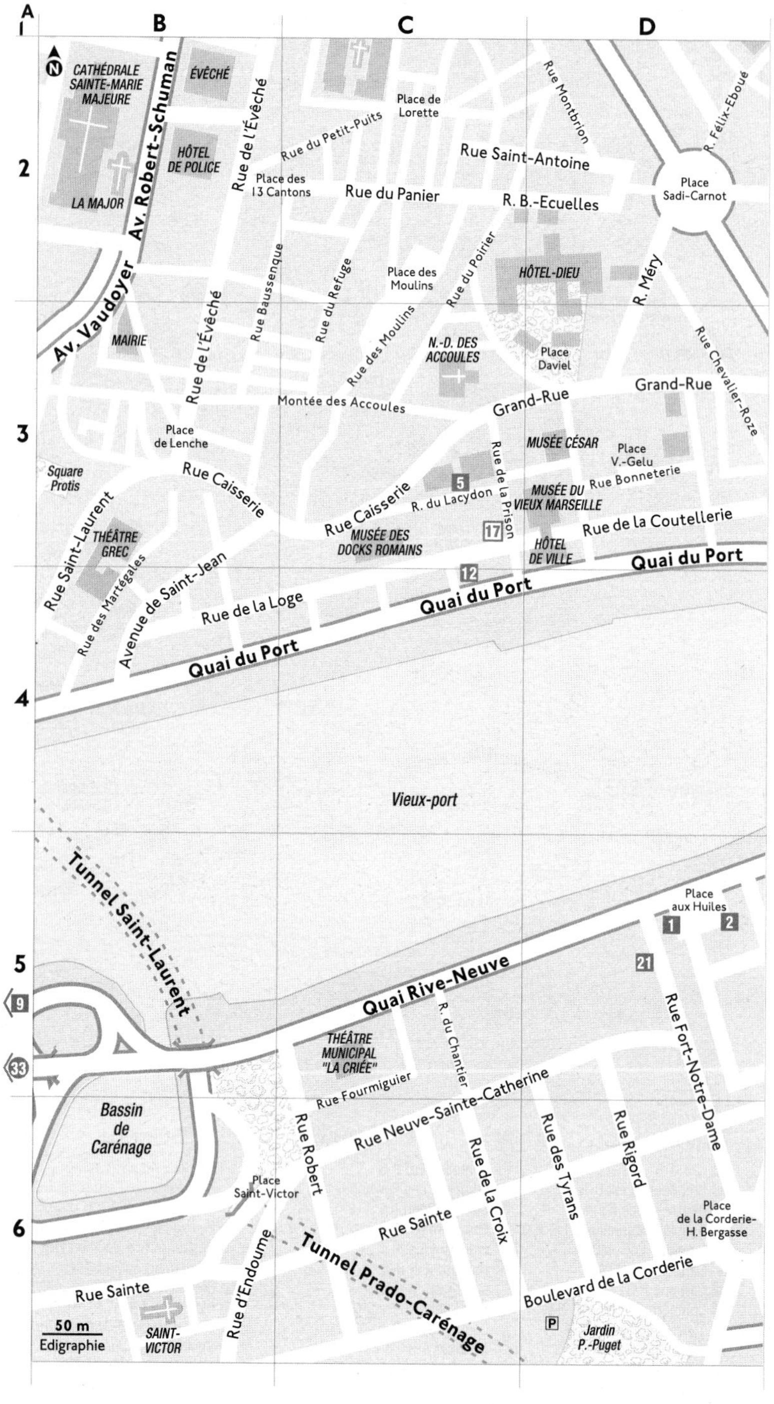
A
B
C
D
1
2
3
4
5
6
CATHÉDRALE SAINTE-MARIE MAJEURE
LA MAJOR
ÉVÊCHÉ
HÔTEL DE POLICE
Av. Robert-Schuman
Av. Vaudoyer
Rue de l'Évêché
Place de Lorette
Rue du Petit-Puits
Rue Montbrion
R. Félix-Eboué
Rue Saint-Antoine
Place Sadi-Carnot
Place des 13 Cantons
Rue du Panier
R. B.-Ecuelles
Rue Baussenque
Rue du Refuge
Place des Moulins
Rue du Poirier
HÔTEL-DIEU
R. Méry
MAIRIE
Rue des Moulins
N.-D. DES ACCOULES
Place Daviel
Rue Chevalier-Roze
Grand-Rue
Montée des Accoules
Place de Lenche
MUSÉE CÉSAR
Place V.-Gelu
Square Protis
Rue Caisserie
R. du Lacydon
Rue de la Prison
MUSÉE DU VIEUX MARSEILLE
Rue Bonneterie
Rue Saint-Laurent
THÉÂTRE GREC
Rue des Martégales
MUSÉE DES DOCKS ROMAINS
HÔTEL DE VILLE
Rue de la Coutellerie
Avenue de Saint-Jean
Rue de la Loge
Quai du Port
Vieux-port
Tunnel Saint-Laurent
Place aux Huiles
Quai Rive-Neuve
R. du Chantier
Rue Fort-Notre-Dame
THÉÂTRE MUNICIPAL "LA CRIÉE"
Rue Fourmiguier
Rue Neuve-Sainte-Catherine
Bassin de Carénage
Rue Robert
Rue de la Croix
Rue des Tyrans
Rue Rigord
Place Saint-Victor
Place de la Corderie-H. Bergasse
Rue Sainte
Tunnel Prado-Carénage
Rue d'Endoume
Boulevard de la Corderie
Jardin P.-Puget
SAINT-VICTOR
50 m
Edigraphie
1
2
5
9
12
17
21
33
P

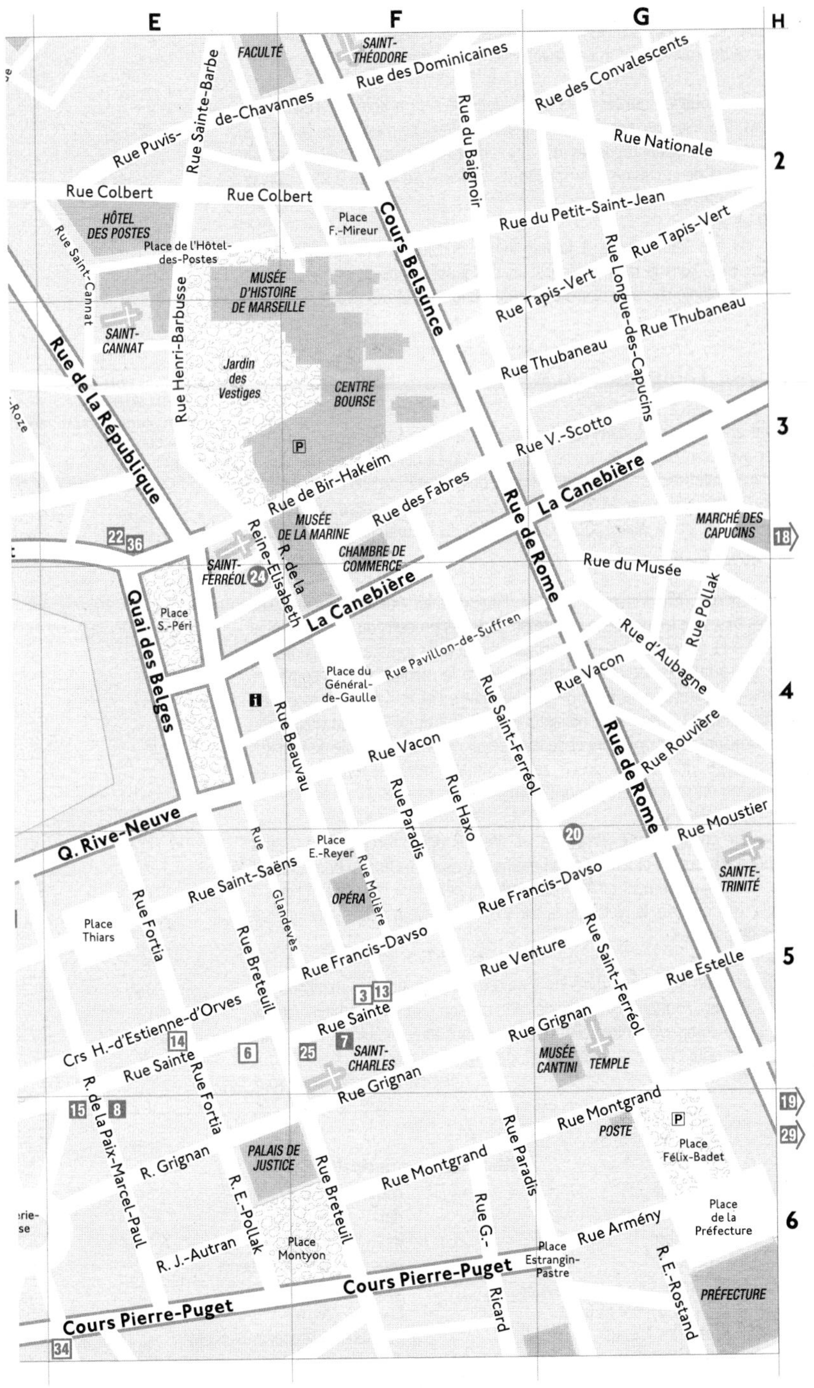
E
F
G
H
2
3
4
5
6
FACULTÉ
SAINT-THÉODORE
Rue des Dominicaines
Rue des Convalescents
Rue Puvis-de-Chavannes
Rue Sainte-Barbe
Rue du Baignoir
Rue Nationale
Rue Colbert
Rue Colbert
HÔTEL DES POSTES
Place F.-Mireur
Cours Belsunce
Rue du Petit-Saint-Jean
Rue Saint-Cannat
Place de l'Hôtel-des-Postes
MUSÉE D'HISTOIRE DE MARSEILLE
Rue Tapis-Vert
Rue Tapis-Vert
Rue Longue-des-Capucins
Rue Henri-Barbusse
SAINT-CANNAT
Rue Thubaneau
Rue Thubaneau
Rue de la République
Jardin des Vestiges
CENTRE BOURSE
Rue V.-Scotto
Rue de Bir-Hakeim
La Canebière
Rue des Fabres
Rue de Rome
MUSÉE DE LA MARINE
MARCHÉ DES CAPUCINS
18
22
36
R. de la Reine-Elisabeth
CHAMBRE DE COMMERCE
Rue du Musée
SAINT-FERRÉOL
24
Quai des Belges
Place S.-Péri
La Canebière
Rue Pollak
Rue Pavillon-de-Suffren
Rue d'Aubagne
Place du Général-de-Gaulle
Rue Vacon
Rue Beauvau
Rue Saint-Ferréol
Rue de Rome
Rue Rouvière
Rue Vacon
Rue Paradis
Rue Haxo
Q. Rive-Neuve
20
Rue Moustier
Rue Glandevès
Place E.-Reyer
Rue Saint-Saëns
Rue Molière
SAINTE-TRINITÉ
OPÉRA
Rue Francis-Davso
Rue Fortia
Place Thiars
Rue Breteuil
Rue Francis-Davso
Rue Venture
Rue Saint-Ferréol
Rue Estelle
3
13
Crs H.-d'Estienne-d'Orves
Rue Sainte
14
Rue Grignan
6
25
7
SAINT-CHARLES
MUSÉE CANTINI
TEMPLE
Rue Sainte
Rue Fortia
Rue Grignan
15
8
R. de la Paix-Marcel-Paul
Rue Montgrand
19
P
POSTE
29
Rue Paradis
PALAIS DE JUSTICE
R. Grignan
Rue Montgrand
Place Félix-Badet
R. E.-Pollak
Rue Breteuil
Rue G.-Ricard
Place de la Préfecture
Place Montyon
Rue Armény
R. J.-Autran
Place Estrangin-Pastre
R. E.-Rostand
Cours Pierre-Puget
PRÉFECTURE
Cours Pierre-Puget
34

de la passion, et le loup de palangre, hommage à Lucie Passédat, toujours aussi admirable. Les fromages d'Hervé Mons et les petits palets de sucre cristallisé à la brousse du Rove et aux fruits rouges valent aussi trois toques.

Cave

On finit par l'oublier tant les tarifs de l'assiette incitent à boire de l'eau, mais cette cave traverse avec pertinence sa région et offre - ce n'est qu'un mot - des rhônes et même des bourgognes assez bien choisis. Les prix ont rejoint en tout illogisme ceux de la cuisine et le saint-jo de Cuilleron se balade à 95 €. On se croirait à l'Arpège...

Accueil et service

Service de très haute volée, à la fois fluide, efficace, d'une époustouflante précision, mais sans la moindre lourdeur. Des jeunes gens expérimentés, très élégants (smoking, chemise blanche et nœud papillon) et très pros.

C : 135 € • M : 50-170 € *www.passedat.fr*

Une Table, au Sud

» 2 quai du Port (2e)
☎ 04 91 90 63 53
F. dim., lundi, 3 sem. août et 1re sem. janv.
Jusqu'à 22h.

Cadre et ambiance

A l'étage et face au port, dans l'ancien immeuble de La Samaritaine, la salle à manger avec vue sur la mer - muse nourricière du Lionel Lévy, néo-marseillais aux racines toulousaines - est le pendant exact de cette cuisine précise, pondérée, toujours prête à déjouer le confort des belles manières pour un sursaut d'indépendance et de vitalité. Cherchez le génie du naturel, il revient toujours au galop.

Cuisine

Pleine d'énergie, elle s'invente, sans se faire doubler par la technique, de nouvelles bases de lecture de la culture du Sud. Des produits du cru, forcément top, nobles et moins nobles - homard au chutney de tomates et pignons ou concombre à la gelée de crustacés et mousse à la menthe, même combat -, indifféremment travaillés à fleur de présent, entre l'ici et l'ailleurs des épices. Singulière, jamais poseuse ni pontifiante, elle fait du trop-plein de sa vitalité une source incessante de savoir-faire et de faire-savoir. Pour son crumble de tomates insolites (noire de Crimée, green zebra, tomate kaki, etc.) aux amandes caramélisées, on se damnerait pour l'éternité.

Cave

Comme un voyage entre Provence et Méditerranée recensant le travail d'exception d'hommes et femmes non moins d'exception. Que du bon, souvent du bio, pas très chèrement tarifé. Histoire de rappeler que chez Lionel Lévy, à Marseille, ville ouverte, le plaisir de la table et de la cave n'a de valeur que s'il est partagé par tous.

Accueil et service

Pour un peu, on se croirait dans un gynécée. Elles rayonnent, papillonnent, toujours affables, souriantes, égéries de cette maison au doigté féminin. Quelle classe, quelle complicité entre salle, cuisine et nous tous, attablés en figurants d'une soirée, pour l'oscar du raffinement, dans la simplicité.

C : 43 € • M : 30-55 € *unetableausud@wanadoo.fr*

Abréviations principales

ann.	annuelle	comm.	communiqué
appart.	appartement	dîn.	dîner
ch.	chambre	jrs.	jours
déj.	déjeuner	rens.	renseignements
h.s.	hors saison	sem.	semaine
C.	prix moyen à la Carte	F.	fermé
M.	prix des Menus	déj. seult.	déjeuner seulement
1/2 pens.	demi-pension	sf	sauf

 L'Epuisette

» 138 Vallon-des-Auffes (7e)
☎ 04 91 52 17 82
F. dim., lundi (sf Pâques, fête des Mères) et 7 août-7 sept.
Jusqu'à 21h45.

Outre la beauté fatale du vallon des Auffes - on ne peut pas aimer Marseille sans connaître cette crique magique - il n'y a que des trésors dans cette Epuisette. On peut y pêcher la bouillabaisse, la bourride, l'aïoli et les poissons grillés, on peut aussi laisser faire Guillaume Sourrieu, qui chaque année sort des cartes sensibles, personnelles, marquées par la mer et les voyages : raviolis de champignons et grosses gambas au lard vinaigrette aux truffes, tartare de langoustines et avocat au sumac, tajine de homard et artichauts farcis, saint-pierre grillé, croustillant de polenta et mousseux de lard paysan. Une cuisine qui suit les vagues mais sait mener sa propre route, dans une atmosphère également précieuse et détendue. Beaux desserts chocolatés, cave régionale et nationale de belle envergure.

M : 43-90 € *www.l-epuisette.com*

14 Le Charles Livon

» 89 bd Charles-Livon (7e)
☎ 04 91 52 22 41
F. sam. à déj., dim. et lundi à déj.
Jusqu'à 22h.

La table de Christian Ernst réussit le difficile équilibre entre des assiettes portant sans le moindre doute l'estampille "gastro" et cette convivialité si difficile à obtenir dans les maisons affichant un minimum d'ambition. Son saint-pierre aux herbes de Provence et beignets de fleurs de courgettes, son pigeon rôti en cocotte, barigoule d'artichauts et petits oignons de Cévennes font honneur aux gourmands marseillais et la cave, à l'opposé d'ennuyeuses encyclopédies, vise juste.

C : 60 € • M : 34-62 €

14 Miramar

» 12 quai du Port (2e)
☎ 04 91 91 10 40
Ouv. 7j/7.
Jusqu'à 22h.

La vue sur Notre-Dame, depuis le vieux port, est un spectacle que continuent à garantir avec fierté le Miramar et sa célèbre bouillabaisse. Le dernier changement est interne - une toute nouvelle cuisine dans un espace ultramoderne - mais il marque la volonté du chef Christian Buffa d'évoluer dans son temps, de conserver ses acquis tout en développant une cuisine évolutive dans la continuité des lieux. La légende, comme l'emplacement, a son prix, mais ce pittoresque tient effectivement un peu de l'exclusivité, et la fameuse bouillabaisse a effectivement retrouvé tout son talent.

C : 65 € *www.bouillabaisse.com*

13 Bouchon Marseillais

» 41 rue Adolphe-Thiers (1er)
☎ 04 91 42 47 33
F. dim., lundi, Noël et nouvel an.
Jusqu'à 23h.

Près de la Canebière et des parkings Jaurès et Gambetta (le renseignement n'est pas vain, car la maison rembourse votre ticket), une atmosphère de rare sérénité. Derrière la façade de cette discrète échoppe - qui fut un transalpin nommé Adagio - Yves Defrance a créé un lieu au calme étonnant, comme un bistrot à la campagne. Cette quiétude en pleine ville se nourrit aussi d'une déco bar à vins minimaliste et d'une cuisine spontanée et vive, de nems méditerranéens, mariage d'anchois, de chèvre frais et d'un jus émulsionné à l'olive, des "farcis de la garrigue" (poivrons et sardines) ou d'un tartare de gigot d'un agneau de premier ordre, avec une excellente ratatouille. Service dynamique et souriant, cave régionale intéressante et très juste en tarifs.

C : 38 € *le.bouchon.marseillais@wanadoo.fr*

> Prix des appartements : la fourchette de prix correspond au tarif journalier pour 1 personne seule, et maximum pour 2 personnes.
>
> Prix à la carte : correspond au prix moyen à la carte (entrée, plat + dessert).

Café des Epices

» 4 rue Lacydon (2e)
☎ 04 91 91 22 69
F. sam. à déj., dim., lundi et 24-3 janv.
Jusqu'à 22h30.

Deuxième saison et le même succès pour Arnaud de Grammont dans son bistrot de poche derrière l'hôtel de ville. C'est un lieu ouvert, moderne mais pas design, dans l'approche décomplexée, sans solennité, mais avec l'exigence que peut avoir un jeune chef formé chez Passard pour une certaine idée de la cuisine. Les produits arrivent, les idées viennent, et il faut en profiter, à la minute. Car les calamars du jour, la daurade ou le veau ne seront plus les mêmes le lendemain, et les mangeurs sont comme le baigneur d'Héraclite, chaque jour dans une nouvelle rivière. Du charme et du sérieux jusqu'à la cave où les vignerons sont sélectionnés avec rigueur.
M : 23-30 €
cafedesepices@yahoo.fr

Le Cirque

» 118 quai du Port (2e)
☎ 04 91 91 08 91
F. dim. et 24 déc.-10 janv.
Jusqu'à 22h30.

Une véritable réussite comme le Vieux Port en mérite davantage, option Méditerranée, pâtes soignées (spaghettis mare mare, pâtes au noir de seiche…) et très beaux plats de fraîcheur et de mer, dans le vent d'aujourd'hui (calamars plancha, superbe pavé de loup à la fleur de thym). La terrasse, entourée de bambous, est abritée du vent, mobilier en teck et vastes banquettes, dans l'atmosphère de vacances perpétuelles créées par Christophe et son équipe de vaillants et souriants corsaires.
M : 25-55 €

La Garbure

» 9 cours Julien (6e)
☎ 04 91 47 18 01
F. sam. à déj., dim. et 4 sem. après w.-e. 14 juil.
Jusqu'à 23h30.

C'est le rugby qui s'invite au pays du foot, le Sud-Ouest roboratif sur la Canebière, le cassoulet dans la bouillabaisse. Et le mariage n'est pas triste, troisième mi-temps de l'OM assurée par Jean-François Chuine, du foie gras au confit, du tournedos de canard Rossini à la tourtière aux pommes, avec quelques plats œcuméniques, comme le magret sauce tapenade qui prône la réunification. Cave Grand Sud bien faite, Laffitte Teston et Montus en madiran, Cèdre en cahors, Le Roc en fronton, un tour en Languedoc avant de s'installer en Provence avec Sainte-Roseline ou Calissane.
C : 40 € • M : 23-47 €

Lemon Grass

» 8 rue Fort-Notre-Dame, (7e)
☎ 04 91 33 97 65
F. dim. 2 prem. sem. janv. et août.
Jusqu'à 22h30.

La relative audace manifestée il y a cinq ans lors de l'ouverture du restaurant, a disparu au profit d'une cuisine désormais fort convenue sur le mode exotique. L'estampille d'origine (à savoir une forte influence asiatique) est nettement moins perceptible dans les apprêts, certes d'assez bonne facture mais bien moins originaux que par le passé, même si l'on passe un bon moment avec les sushis makis au foie gras mi-cuit, moutarde de Meaux et porto réduit ou le loup dans son consommé de pommes de terre braisées, crème fouettée au poivre de Séchuan, riz au lait de coco dans sa feuille de bananier . L'accueil est toujours engageant, le service et la cave un peu timides, même si la région est bien représentée.
C : 35 € • M : 35-45 €
www.lemon-grass-marseille.com

Péron

» 56 corniche Kennedy (7e)
☎ 04 91 52 15 22
Ouv. 7j/7.
Jusqu'à 22h30.

Le cadre idyllique (la vue sur la mer et les îles du Frioul est à classer parmi les plus belles jusqu'à Menton) et l'architecture Mallet-Stevens ne laissent pas indifférent les beautiful people qui envahissent chaque soir les lieux. La cuisine, branchée mode et world, ne se contente pas de jouer les faire-valoir et, si les prix restent évidemment haut perchés (on est sur la Corniche), l'adresse demeure hautement recommandable.
C : 70 € • M : 49-63 €

13 Restaurant Michel

» 6 rue des Catalans (7e), (début corniche Kennedy)
☎ 04 91 52 30 63
F. 15 fév.-1er mars.
Jusqu'à 21h45.

Michel, c'est Notre-Dame de la Bouillabaisse, la bonne mère qui veille sur les poissons de Méditerranée, qui les apporte tout frais chaque jour, par l'intermédiaire des pêcheurs de Callelongue, de l'Estaque ou du Vallon des Auffes. Et depuis soixante ans, le rite est immuable, découpe à la commande, préparation en filet, soupe de poisson mémorable, une liturgie unique que le monde entier vient voir, photographier et goûter. Ce spectacle, bordure vieillot mais tout de même plutôt hors du temps, n'a pas de prix, et ne devrait pas avoir de note, dans sa simplicité et sa totale orthodoxie. Mais en plus c'est bon, et cela vaut bien sa toque.

C : 75€

13 Le Siam

» 25 promenade du Grand-Large (8e)
☎ 04 91 73 91 08
F. lundi (h.s.), à déj. (juil.-août).
Jusqu'à 23h.

"Fies-thaï" à la Pointe Rouge, face à la mer, sur une des promenades les plus appréciées des Marseillais. Loin du clinquant des dragonnades, ce décor sobre et accueillant prépare à un joli voyage extrême-oriental, sans mauvaise surprise à l'atterrissage : belle assiette royale d'entrées (poulet, crevettes, beignet de crabe, de saumon au curry…), gambas au curry accompagnées de succulentes carottes, crevettes sautées au wok. Cave courte obéissant aux lois du marché régional, de Hauvette à Sainte-Roseline, service féminin souriant, virevoltant et logiquement assez vite débordé par l'affluence.

C : 25€ *www.monsite.wanadoo.fr/lesiam*

13 Tiboulen de Maïre

» Calanque-Blanche rte des Goudes, (8e)
☎ 04 91 25 26 30
F. dim. à dîn.
Jusqu'à 22h30.

A l'entrée des calanques, une table qui vaut autant par les superbes couchers de soleil sur la rade que pour ses spécialités de poissons grillés (pêche locale uniquement, produits au top, cuissons parfaites) plutôt sévèrement tarifées.

C : 50€

12 Les Arcenaulx

» 25 cours d'Estienne-d'Orves (1er)
☎ 04 91 59 80 30
F. dim.
Jusqu'à 23h.

C'est une adresse précieuse, dans tous les sens du terme, autant librairie que restaurant, qui fête son quart de siècle cette année, avec les livres bien sûr, qui habitent réellement le lieu, avec les mots, avec les sens. La cuisine est moins littéraire mais sait s'adapter à cette atmosphère et à la ville par un menu de saison bien trempé, escabèche de maquereaux, thon rouge laqué au chutney d'oranges, faisselle à l'huile d'olive. Cave provençale classique et équitable, bien variée sur les autres régions.

C : 40€ • M : 21-49,50€ *www.les-arcenaulx.com*

12 Carbone

» 22 rue Sainte (1er)
☎ 04 91 55 52 73
F. dim., lundi à dîn. et à dîn. (août).
Jusqu'à 23h30.

Dans la rue la plus branchée de la cité phocéenne, ce Carbone d'un nouveau genre (depuis le changement de propriétaire intervenu il y a deux ans) privilégie une cuisine au goût du jour, un tantinet world : tartare de thon à l'asiatique crème de wasabi, gambas à l'asiatique au miel et gingembre, soufflé au chocolat et crème anglaise.

C : 10€ • M : 16-30€

12 Chamarel à Marseille

» 39 rue Paix Marcel-Paul (1er)
☎ 04 91 54 81 18
F. dim. et août.
Jusqu'à 22h30.

Près de la rue Sainte, dans le quartier où les tables et les assiettes bougent fiévreusement, une aimable adresse de quartier où la cuisine provençale a le bon goût des saisons. Le chef-patron s'investit à fond dans sa petite maison d'habitués, faisant tourner le marché et saupoudrant ses plats d'épices délicates.

M : 16-42€ *www.chamarel.fr*

[12] Chez Aldo

Dominant le petit port de la Madrague de Montredon, face à l'archipel du Frioul, cet Aldo peut rouler des mécaniques : la vue est magnifique, le service précis et décontracté et les poissons, spécialité des lieux, bien choisis. On se régale de fritures de rougets, de seiche ou de merlan, de belles pièces à la plancha ou d'une bouillabaisse en laissant le regard se porter vers l'horizon.
C : 30 €
www.chezaldo.com

» 28 rue Audemar-Tibido (8e)
☎ 04 91 73 31 55
F. dim. à dîn., lundi, vac. scol. fév. et vac. scol. Noël.
Jusqu'à 22h.
⛱ ♿ ❄ 🐕

[12] La Côte de Bœuf 🍇

On peut l'appeler la Côte de Bœuf ou la Carte des Vins... La maison gagne sur les deux tableaux, avec de belles viandes dont la qualité ne demande rien de plus qu'une belle grillade sur la cheminée, et une carte des vins classique et large comme la Canebière. Il n'en faut pas plus au bonheur du mangeur, à savourer dans un ancien entrepôt du quartier du Vieux Port.
C : 42 € • M : 33-36 €

» 35 cours Estienne-d'Orves (1er)
☎ 04 91 54 89 08
F. dim., fériés, 14 juil.-15 août et 23 déc.-6 janv.
Jusqu'à 23h.
❄ 🐕 🚬

[12] Au Gouleyant

C'est le cœur qui parle, façon goualante, dans ce bistrot gouleyant où l'on entonnerait bien les chansons à boire. Du classique ménager - terrine de foies de volaille, gambas provençale et gigot d'agneau romarin - humectés par une vaste cave Sud-Rhône.
M : 17-38 €

» 8 rue Dragon (6e)
☎ 04 91 37 10 62
F. août.
♿ 🐕

[12] Le Poisson qui Marche

Le décor, frais, lumineux, incite à une partie de pêche. Le poisson marche, et nous aussi, pour la soupe rouille et croûtons, la pressée de rougets, l'osso buco de lotte et la daurade "aux mille saveurs". On peut aussi se contenter de la pêche du jour, grillée ou en croûte de sel, et apprécier un frais rosé ou un cassis blanc.
C : 60 € • M : 24-55 €
lepoissonquimarche@wanadoo.fr

» MIN Saumaty, chemin du Littoral (16e)
☎ 04 91 46 70 00
F. sam. à déj., dim. et lundi à dîn.
Jusqu'à 22h30.
🚗 ❄ 🐕 🚬

[12] Restaurant Le Boucher

A Marseille, on attendrait plutôt le restaurant de poisson au-dessus de la poissonnerie : pour varier les plaisirs, voici le restaurant de viande à côté de la boucherie. Chair de premier choix, préparée dans une simplicité de bon aloi pour en apprécier toutes les qualités. On profite même d'une terrasse.
C : 28 € • M : 23-30 €

» 10 rue de Village (6e)
☎ 04 91 48 79 65
F. dim., lundi, fériés et août.
Jusqu'à 22h30.
❄

[11] Le Bistrot à Vins 🍇

Tout est là, le plafond à la française, les affiches anciennes aux murs et la sélection de vins pointue et ses belles découvertes. La cuisine, confiée à un jeune chef (Thomas Puget) tient parfaitement la route dans un registre provençal bien troussée (crostini à la mozzarella et au jambon cru, pâté en croûte provençal à la viande et aux légumes servis chauds...). Récemment achevée, la rénovation complète de la salle donne désormais à cet établissement un plaisant style bistrot des Années 30.
C : 28 €

» 17 rue Sainte (1er)
☎ 04 91 54 02 20
F. sam. à déj., dim. et août.
Jusqu'à 23h30.
❄ 🐕

[11] 504

Concentration près du Vieux Port, sur la très fédératrice place aux Huiles, où l'on parle toutes les gastronomies, le regard tourné vers le large. Ici, c'est couscous 504, pastilla au pigeon, tajine d'agneau, le Médéa et le Berkhane pour accompagner la musique.
C : 30 € • M : 25-40 €
garciaberkani@aol.com

» 34 pl aux Huiles, (1er)
☎ 04 91 33 57 74
Ouv. 7j/7.
Jusqu'à 24h.
⛱ 🚗 ❄ 🐕

11 La Part des Anges

» 33 rue Sainte (1er)
☎ 04 91 33 55 70
F. dim. à déj., fériés à déj., 10 mai-25 déc. et 1er janv.

Dans cette rue où les champignons poussent moins vite que les restaurants, ce bistrot d'amis du vin évolue dans le bon sens. A une impeccable sélection viticole (le choix du vin "naturel" avec les Barral, Nicq, Germain…) s'ajoute une vraie cuisine de chef (croustillant de filet de rascasse, épaule d'agneau braisée compotée d'olives noires) qui n'oblige pas à noyer son assiette dans l'alcool. Un point de plus.

C : 35 € • M : 9-21 € *www.lapartdesanges.com*

Caffè Milano

» 43 rue Sainte (1er)
☎ 04 91 33 14 33
F. sam. à déj., dim. et dern. sem. juil.-3 prem. sem. août.
Jusqu'à 22h30.

Une trattoria conviviale proposant spécialités italiennes et françaises dans un cadre typiquement bistrot.

C : 26 €

Chez Jeannot

» 129 rue des Auffes (7e)
☎ 04 91 52 11 28
F. dim. à dîn (hiver), lundi et 18 déc.-2 janv.
Jusqu'à 22h30.

Une situation unique et privilégiée dans un petit port préservé de l'agitation du Vieux, et une adresse à fréquenter dans la simplicité, poissons grillés et pizzas sous le soleil en terrasse.

C : 25 €

La Comedia

» 21 rue Sainte (1er)
☎ 04 91 54 99 78
F. sam. à déj., dim., 15-24 juil. et 12-21 août.
Jusqu'à 22h.

A deux minutes du Vieux Port, juste derrière l'opéra et dans le quartier des banques et des magasins de luxe, une cuisine régionale retouchée par un chef (Stéphane Crestin) plein d'allant, artichaut barigoule, tajine de rascasse, nems de foie gras en fine julienne...

C : 35 € • M : 20-26 €

Le Comptoir des Favouilles

» 44 rue Sainte (1er)
☎ 04 96 11 03 11
F. sam. à déj., dim. et 14 juil.-15 août.
Jusqu'à 22h.

L'ex-Echevins prend l'air marin, le carrelage et le parquet remplacent la moquette et les voiles sont hissées à la rencontre d'un tradi marseillais dans de nouveaux habits : soupe de poisson, aïoli provençal, blanquette de lotte, pieds et paquets, dans une carte courte et directe.

C : 30 € • M : 13-30 € *lecomptoirdesfavouilles@wanadoo.fr*

La Fabrique

» 3 pl Jules-Verne (2e)
☎ 04 91 91 40 48
Rens non comm.

L'animation et le décor (tendance lounge) c'est bien, mais ça ne fait pas tout : la Fabrique l'a bien compris en soignant aussi son assiette, branchée asiatique.

Sushi Street Café

» 24 bd Notre-Dame, (6e)
☎ 04 91 54 17 90
F. dim., lundi, 16 juil.-5 sept et 23 déc.-2 janv.
Jusqu'à 22h.

Pour Tao Kennedy, la route vers l'Irlande et le Japon s'est arrêtée à Marseille, pour le plus grand plaisir des amateurs d'une cuisine japonaise qui n'a pas attendu la mode pour proposer sashimi ou nigiri soignés, mais aussi (la chef a été pâtissière) des desserts plus que plaisants.

C : 28 € • M : 27-29 € *sushi.streetcafe@wanadoo.fr*

Passedat - Le Petit Nice

» Anse de la Maldormé (7e), Corniche J.-F.-Kennedy
☎ 04 91 59 25 92
Fax 04 91 59 28 08
Ouv. 7j/7.

➥ **Restaurant** : 17/20 Passédat - Le Petit Nice

Deux villas toutes blanches face à la Grande Bleue accueillent ces chambres exclusives, au cadre contemporain épuré pour mieux capter la lumière, mariant les matériaux nobles (bois précieux) et les couleurs douces dans une intimité exclusive.

3 appart. 590-810 € • 13 ch. 150-510 € • 1/2 pens. 100-145 €

www.petitnicepassedat.com

 Sofitel Marseille Vieux-Port

» 36 bd Charles-Livon (7e)
☎ 04 91 15 59 00
04 91 15 59 50
Ouv. 7j/7.

Un panorama superbe sur la ville, dont profitent la plupart des chambres mais aussi le restaurant les Trois Forts. Discrète influence provençale dans les chambres spacieuses et modernes, tout comme dans les propositions du chef Dominique Frérard, toujours convaincant sur le bouillon frais de coco blanc, le travers de galinette aux olives ou la déclinaison de figues.
134 ch. 210-265€ • C : 52€ • M : 52-82€ *www.www.sofiltel.com*

 Hôtel Saint-Ferréol

» 19 rue de Pisançon (1er)
☎ 04 91 33 12 21
04 91 54 29 97
F. 17-27 déc.

Après un rafraîchissement, ce petit hôtel du centre offre des chambres personnalisées, œuvres d'art et harmonieuses touches de couleurs.
19 ch. 72-97€ *www.hotel-stferreol.com*

 New Hotel Bompard

» 2 rue des Flots-Bleus (7e)
☎ 04 91 99 22 22
04 91 31 02 14
Ouv. 7j/7.

Il faut certes s'éloigner un peu du centre, mais le jardin autour duquel sont répartis les bâtiments de l'hôtel justifie amplement le déplacement, quartier calme, atmosphère de détente et excellent accueil. Les chambres, récemment rénovées, sont d'un confort sans faille, dans un décor bourgeois et chaleureux.
4 appart. 180-250€ • 44 ch. 90-150€ *www.new-hotel.com*

 New Hôtel Vieux Port

» 3bis rue Reine-Elisabeth (1er)
☎ 04 91 99 23 23
04 91 90 76 24
Ouv. 7j/7.

Le grand immeuble haussmannien, idéalement placé à deux pas du Vieux Port, a bénéficié d'une rénovation réussie, pour créer des chambres colorées, aux meubles contemporains et au décor inspiré, au gré des étages, d'anciennes colonies (de l'Inde à l'Afrique). Deux chambres avec terrasse sur le Vieux Port.
42 ch. 155-170€ *www.new-hotel.com*

Richelieu

» 52 corniche Kennedy (7e)
☎ 04 91 31 01 92
04 91 59 38 09
Ouv. 7j/7.

La belle terrasse donnant sur la mer (petits-déjeuners et apéritifs y prennent une tout autre dimension) constitue un atout pour cet établissement septuagénaire aux chambres contemporaines.
2 appart. 36-100€ • 19 ch. 36-100€ *www.lerichelieu-marseille.com*

au ROVE - 13740 : 17 km N.O. par N 568

(11) Auberge du Mérou

» 3 chemin du Port, calanque de Niolon
☎ 04 91 46 98 69
Ouv. 7j/7.
Jusqu'à 22h.

De l'autre côté de la baie de Marseille, face à la cité phocéenne et aux îles du Frioul, l'une des plus belles vues sur la mer du département (réservez l'une des tables les plus proches des baies vitrées) . Les poissons tiennent la vedette, carpaccio de lotte à la tahitienne, lait de coco et citron vert, salade de poulpes marinés à la provençale, filets de rougets poêlés sauce vierge. Le nouveau propriétaire, Fabrice Renoux, dispose à coup sûr d'un bel outil.
C : 40€ • M : 21-33€ *www.aubergedumerou.com*

MARTAILLY LES BRANCION ➤ TOURNUS

MARTEL - 46600 (30 A 1)

Brive 32 - Cahors 79 - Figeac 58 - Gourdon 44

 Relais Sainte-Anne

» Rue du Pourtanel
☎ 05 65 37 40 56
05 65 37 42 82
F. mi-nov.-mi-mars.

Les jolis bâtiments anciens se répartissent autour du jardin, en toute quiétude. Des chambres personnalisées, au milieu des vieilles pierres, dans le calme et une atmosphère de quiétude quercinoise.
2 appart. 200-245€ • 14 ch. 45-160€ *www.relais-sainte-anne.com*

MARTILLAC ➤ BORDEAUX

MARTIN EGLISE ➤ DIEPPE

MARVEJOLS - 48100 (31 D 2)

Mende 28 - Florac 53

➲ à CHIRAC - 48100 : 3 km S.O. par N 9

(11) Auberge des Violles

» Les Violles
☎ 04 66 32 77 66
F. mardi et 20 déc.-1er mars.
Jusqu'à 21h.

L'Aubrac fait naître des appétits de sérénité, de sincérité et de simplicité, autant de qualités qui trouvent à s'exprimer dans cette typique ferme de granit, autour de la charcuterie maison, de l'agneau ou de l'aligot, avec générosité. La gentillesse de l'accueil fait aussi partie des traditions maison.
M : 16-20 €

MASSAGUEL ➤ CASTRES

MASSIGNAC - 16310 (22 D 4)

La Rochefoucauld 23 - Montembœuf 8

 Domaine des Etangs

» Le Bourg
☎ 05 45 61 85 00
Fax 05 45 61 85 01
F. janv.-15 mars.

Le château et ses dépendances, répartis sur un immense domaine (850 ha), ont été rénovés dans le respect des constructions d'origine. Le décor utilise un élégant mobilier en châtaignier, pour créer une ambiance moderne dans un cadre épuré. Avec ses étangs et ses forêts, le domaine propose de nombreuses activités, balades, à pied, en deux roues ou sur l'eau.
5 appart. 150-500 € • 24 ch. 130-395 € • 1/2 pens. 275-350 €
www.domainedesetangs.com

MASSY ➤ PARIS-BANLIEUE

MAULEON - 79700 (22 B 2)

Niort 86 - Cholet 23

L'Europe R

» 15 rue de l'Hôpital
☎ 05 49 81 40 33
Fax 05 49 81 62 47
F. 26 déc.-9 janv.

Situé à une quinzaine de kilomètres du Puy du Fou, l'ancien relais de poste propose un cadre modernisé, aux chambres claires et agréables. Cuisine classique autour des produits de saison, déclinée avec conscience et savoir-faire du foie gras maison au bœuf grillé aux cèpes.
11 ch. 39-49 € • 1/2 pens. 51-60 € • C : 36 € • M : 12-34 €

MAULEON LICHARRE - 64130 (23 C 5)

Pau 66 - Saint-Jean-Pied-de-Port 40 - Orthez 39

 Bidegain

» 13 rue de la Navarre
☎ 05 59 28 16 05
F. dim. à dîn. et lundi.
Jusqu'à 21h15.

Reprise voilà cinq ans par Pierre Chilo (l'un des chantres de la cuisine basque), cette ancienne bâtisse du XVIIIe siècle a quitté le profond engourdissement qui l'habitait alors pour devenir l'une des tables les plus enthousiasmantes des environs. En cuisine, Patrick Casadavant (ancien second de Chilo à Barcus), s'épanouit dans un registre régional évitant toute sclérose : œufs brouillés à la julienne de saumon fumé et croûtons de pain frits, aiguillettes de noix de bœuf de Soule à la plancha, sauce béarnaise et grosses frites, parfait glacé à l'armagnac et croustillant chaud aux pruneaux. Cave courte et bien triée.
C : 33 € • M : 20 €
www.francehotelreservation.com

MAULEVRIER ➤ CHOLET

MAURIAC - 15200 (26 A 4)

Aurillac 51 - La Bourboule 68

➲ à SAINT MARTIN VALMEROUX - 15140 : 19 km S.E. par D 922 et D 38

13 Hostellerie de la Maronne

➥ **Hôtel** : Hostellerie de la Maronne

Thomas, le fils de la famille Decock, dirige désormais les cuisines de cette affaire de famille coincée entre Salers et les gorges de la Maronne. La cuisine reste pour l'instant dans les clous tracés par son père, entre classicisme et régionalisme : pièce de veau et son risotto d'orge perlée aux cèpes et au lard grillé, sandre cuit au beurre salé et sauce aux herbes potagères, poitrine de pigeon rôtie au vin de Boudes, trilogie aux chocolats. Le parc paysager, avec son petit étang et sa cascade s'est agrandi et, avec lui, la maison peut fêter le retour de la toque.

M : 29,50-70 €

www.maronne.com

» Le Theil
☎ 04 71 69 20 33
F. nov.-avril.
Jusqu'à 21h.

Hostellerie de la Maronne

➥ **Restaurant** : 13/20 Hostellerie de la Maronne

Pratiquement seule dans sa vallée, une belle maison de pierres faisant face à un parc paysager récemment agrandi. On flâne sur les bords de l'étang en écoutant le bruissement de la petite cascade avant de regagner l'une des 18 très jolies chambres. Délicieuse piscine depuis laquelle les regards se perdent vers les dômes, sucs et basaltes de la campagne environnante.

3 appart. 135-200 € • 21 ch. 85-130 € • 1/2 pens. 85-141 €

www.maronne.com

» Le Theil
☎ 04 71 69 20 33
Fax 04 71 69 28 22
F. nov.-avril.

MAUSSANE LES ALPILLES - 13520 (33 B 5)

Marseille 80 - Arles 19

13 Ou Ravi Provençau

Intemporel plus que démodé, ce Ravi nous ravit par son intégrité. Oui, l'endroit rappelle un peu chez ma tante en Provence, mais il est authentiquement familial. Oui, la carte n'évoque pas les tsunamis gastronomiques, mais on manque trop de véritables auberges pour se passer de celles qui durent et vieillissent bien. Goûtez cette terrine de lapin faite de la veille, ce crespeou d'épinard, ces pieds et paquets ("les meilleurs du coin" commente sobrement le patron) et cette daube odorante, inattaquable, du travail d'école, une joue fondante, un jus réduit, un gratin de macaronis : la vérité est là, comme le flan caramel, comme Tino Rossi dans les baffles, et comme cette cave qui affirme aussi ses convictions (Beaucastel, Rayas, Trévallon, mais aussi Dauvissat, Graillot...) à prix justes.

M : 30 €

» 34 av de la Vallée-des-Baux
☎ 04 90 54 31 11
F. mardi, merc. et 11 nov.-10 déc.
Jusqu'à 21h30.

? Restaurant La Place

Le récent changement de propriétaire (tout simplement Jean-André Charial, déjà propriétaire de Baumanière et de la Cabro d'Or aux Baux) ne devrait pas nuire, bien au contraire, à la petite réputation dont commençait à jouir cette maison sur la place centrale. Une jeune chef fait son arrivée en cuisine (Violaine Cocault, 25 ans), et propose un efficace menu-carte à 38 € : tarte fine aux oignons et pieds de porc, penne au caviar d'aubergines et poivrons, figues rôties au caramel de vin rouge. Notation en suspens, en attendant que la maison se stabilise.

C : 38 € • M : 24-40 €

» 65 av de la Vallée-des-Baux
☎ 04 90 54 23 31
F. janv.
Jusqu'à 21h30.

Hôtel Le Pré des Baux

Ambiance maison d'amis au cœur des Alpilles, dans le petit hôtel intime à la décoration chaleureuse, dont les chambres se répartissent de plain-pied autour de la piscine. Confort soigné dans un décor contemporain.
10 ch. 85-115 €

» 8 rue du Vieux-Moulin
☎ 04 90 54 40 40
📠 04 90 54 53 07
F. 6 nov.-20 mars.

à PARADOU - 13520 : 2 km O. par D 17

La Petite France

Quelques années après avoir abandonné la cuisine gastronomique pour se consacrer à celle dite de marché, Thierry Amffre-Bogé semble avoir trouvé la bonne vitesse de croisière. Chaque jour, le menu évolue et propose pour 25 **€** (une véritable aubaine), deux entrées, un plat, une assiette de fromages et un assortiment de desserts valant régulièrement la toque. Agréable terrasse. Cave pléthorique mais guère fouineuse.
M : 25 €

» 55 av de la Vallée-des-Baux
☎ 04 90 54 41 91
F. merc., jeudi (à déj. juil. août) et 18 oct.-2 déc.
Jusqu'à 21h30.

Du Côté des Olivades

Dans son architecture comme sa décoration, l'hôtel décline une jolie interprétation contemporaine du style provençal. La situation au pied des Alpilles et la vue qui l'accompagne ajoutent au charme.
1 appart. 182-261 € • 9 ch. 90-198 € *www.ducotedesolivades.com*

» Lieu-dit de Bourgeac
☎ 04 90 54 56 78
📠 04 90 54 56 79
F. non comm.

Le Hameau des Baux

Cette reconstitution d'un hameau provençal est à la fois saisissante et charmante. Elaboré il y a à peine deux ans, ce projet remarquablement abouti offre un séjour de détente dans un parc clôturé de deux hectares, oasis de verdure semée de lavande, cyprès, amandiers, rosiers, oliviers... Les chambres, vastes et décorées dans un esprit campagnard aux touches féminines, meubles chinés et rideaux assortis (Frey, Canovas) s'intègrent dans ce phalanstère méridional où se côtoient une grange, un cabanon, une chapelle, un pigeonnier, un moulin. Le restaurant - produits et recettes de saison - est réservé aux résidents.
5 appart. 430-480 € • 10 ch. 185-280 € *www.hameaudesbaux.com*

» Chemin de Bourgeac
☎ 04 90 54 10 30
📠 04 90 54 45 30
F. 2 sem. fin nov.

MAUZAC ET GRAND CASTANG - 24150 (24 B 2)

Périgueux 58 - Les Eyzies 36

La Métairie

Construite au XIXe siècle, la maison arbore de jolies vieilles pierres sous la vigne vierge. Il s'en dégage une atmosphère paisible, confortée par un service attentif et un jardin agréable.
1 appart. 170-230 € • 9 ch. 80-140 € • 1/2 pens. 105-120 €
www.la-metairie.com

» Millac
☎ 05 53 22 50 47
📠 05 53 22 52 93
F. 3 nov.-31 mars.

MAYENNE - 53100 (16 A 1)

Laval 37 - Fougères 45

Le Grand Hôtel

L'hôtel a achevé sa mue et dispose de nombreux atouts, au-delà de sa situation en bordure de rivière à deux pas du château, avec des chambres actuelles et soignées (belles salles de bain), une terrasse agréable et un bar rénové.
22 ch. 63,50-107 € • 1/2 pens. 70,50-86,60 € *www.grandhotelmayenne.com*

» 2 rue Ambroise-de-Loré
☎ 02 43 00 96 00
📠 02 43 00 69 20
F. 1re quinz. mars, 1re quinz. août et 2 sem. Noël-nouvel an.

➲ à MOULAY - 53100 : 6 km S. sur N 162

La Marjolaine

Cette plaisante maison en pierre du pays jouit d'un cadre agréable, avec un vaste parc, le voisinage prestigieux d'un château XVIIe et la rivière à deux pas et d'agréables chambres contemporaines. Cuisine sage et élégante, enrichie régulièrement des propositions du marché, à privilégier : pressé de lapin au chardonnay, ris d'agneau jus à l'ail et menthe fraîche, fraises au vin de noix.

2 appart. 105-120 € • 21 ch. 49-90 € • 1/2 pens. 63-83 € • C : 49 € • M : 18,50-39,50 € *www.lamarjolaine.fr*

» Domaine du Bas-Mont
☎ 02 43 00 48 42
Fax 02 43 08 10 58
F. 1re sem. janv., vac. scol. fév. et 1re sem. août.

MAZAN - 84380 (33 C 4)

Apt 43 - Avignon 34

13 L'Ingénue

➥ **Hôtel** : Château de Mazan

Une bien envoûtante demeure où flotte l'âme du divin marquis. Charme, calme et bonne chère, un triptyque idéal, mais la toque, donnée en encouragement pour la superbe déclinaison de foie gras et un dessert remarquable, de cerises des coteaux du Ventoux, façon omelette norvégienne, devra être consolidée l'an prochain. Notamment en garantissant un peu plus solidement la fraîcheur de l'arrivage, et en laissant de côté quelques initiatives discutables (le sorbet à l'aubergine en cornet avec le poisson). Bon service, discret et hautement efficace, cave régionale avec de bons châteauneufs et les meilleurs ventoux.

C : 58 € • M : 35-65 € *www.chateaudemazan.fr*

» Pl Napoléon
☎ 04 90 69 62 61
F. lundi, mardi (4 mars-30 avril), mardi (1er mai-31 oct.) et 1er janv.-4 mars.
Jusqu'à 21h.

Château de Mazan

➥ **Restaurant** : 13/20 L'Ingénue

En matière d'architecture, le Marquis de Sade, ancien propriétaire des lieux, avait bon goût... Cette élégante demeure classique construite au XVIIIe siècle (tout comme son annexe située juste en face) propose des chambres douces et claires, auxquelles mobilier d'époque et matériaux anciens donnent un supplément d'âme et de pittoresque, baignoires sabot années 20 et jardins privatifs. Le délicieux parc aux parfums de lavande court jusqu'aux anciens remparts de la ville.

2 appart. 210-400 € • 28 ch. 90-255 € *www.chateaudemazan.fr*

» Pl Napoléon
☎ 04 90 69 62 61
Fax 04 90 69 76 62
F. 2 janv.-3 mars.

MAZAYES - 63230 (26 B 3)

Clermont-Ferrand 26 - Vichy 70

Auberge de Mazayes R

Pas de faux folklore ni de rustique toc, cette ancienne ferme respire l'authenticité, des vieilles pierres aux meubles anciens. Impeccable sur le coq au vin ou la potée auvergnate, le chef s'aventure avec bonheur sur le gibier en saison ou le filet de perche au beurre blanc. Large carte des vins, qui s'appuie sur des valeurs sûres.

15 ch. 50-69 € • 1/2 pens. 56-59 € • C : 30 € • M : 15,50-36 €

» Mazayes Basses
☎ 04 73 88 93 30
Fax 04 73 88 93 80
F. 12 déc.-20 janv.

MAZEROLLES ➤ MONT DE MARSAN

MEAUX ➤ PARIS-BANLIEUE

MEGEVE - 74120 (28 C 2)

Paris 602 - Annecy 60 - Chamonix 32

La Ferme de Mon Père

» 367 rte du Crêt
☎ 04 50 21 01 01
F. lundi, mardi à déj., merc. à déj., jeudi à déj. et mi-avril-mi-déc.
Jusqu'à 22h.

Cadre et ambiance

Un chalet sur les hauteurs de Megève, du typique megévan revu par un architecte fou de montagne. L'intérieur d'une ferme d'alpage, immense salle dont les bois et poutres ont été trouvés par Marc Veyrat lui-même. Et l'immense crépitement d'un moment intense auquel même les plus blasés ne peuvent résister. Du théâtre ? Oui peut-être un peu, mais une représentation chaque soir différente, avec des mots d'auteur renouvelés et un spectacle total faisant appel aux cinq sens.

Cuisine

Incasable, incodifiable et globalement inimitable. Veyrat, comme Adria, a fait du déstructuré et du virtuel avant tout le monde, des bonbons concentrés à très basse température et qui explosent en fumée, des éprouvettes magiques, des infusions secrètes. L'an prochain, il y aura à nouveau vingt-cinq plats nouveaux que des tâcherons rêveront de copier. Et nous aurons encore à la bouche le potimarron de muscade en superposition, petits pois glacés, courge tiède et souffle de cèpes (une merveille de dissociation avec les saveurs qui arrivent par étape, un des grands thèmes de son travail), le bar éclaté, laitance de chocolat blanc et sirop sans sucre de citron vert et citronnelle, le formidable pigeon rôti à la paysanne, dans une vessie pommes pont-neuf sans huile, le "macaron raté", le "gâteau de poire tempéré"... Le chariot (encheu) de fromages, à lui seul, pourrait faire un repas magique.

Cave

De tout, avec goût, orchestré par un excellent sommelier (Samuel Ingelaere) qui parle de la région avec passion et érudition, mais aussi de tous les vignobles qui l'intéressent, c'est-à-dire en gros toute la planète. Et il se montre très pointu dans les alliances avec cette cuisine à la nitro-glycérine.

Accueil et service

Chacun est concerné, bien en place, un véritable pack, pour lequel Marc Veyrat est plus qu'un patron, mais aussi un artiste qui a le droit d'être exigeant. Avec Hervé Audibert, son Mazarin, son docteur Watson, la compréhension est totale et la salle roule à merveille dans un jeu terriblement efficace et séduisant. Il n'y a pas d'autre maison comme celle-là.

M : 270-360 € *www.marcveyrat.fr*

Flocons de Sel

» 75 rue Saint-François
☎ 04 50 21 49 99
F. lundi à déj., mardi, merc., jeudi à déj., mai, juin et nov.
Jusqu'à 22h.

Cadre et ambiance

Une jolie salle discrète, dans une petite rue tranquille du centre megévan, rappel de chalet dans un cadre moderne. Il y règne une atmosphère d'initiés qui viennent s'offrir les créations d'un jeune chef qui fait parler de lui.

Cuisine

Elle cherche l'épure mais pas l'ascèse, offrant par exemple truffe et foie gras en amuse-bouche et proposant des contrechamps de metteur en scène inventif : un mille-feuille de légumes au pied de veau et champignons de très bonne texture, une aile de raie et joue de bœuf en effiloché, couteaux et purée de pomme de terre. Tout fonctionne, sans paraître périlleux, sans être immensément risqué malgré l'imagination, et fait entrevoir, l'espace d'un plat (le collier froid en gelée moutarde qui accompagne la selle d'agneau par exemple), un futur trois toques.

Cave

Jolie cave assez coûteuse, mais qui donne à fouiner, les Sorcières de Bizeul à 50 €, le rasteau Gourt de Mautens à 60 € et même la Muntada 2001 à 80 €, une affaire qui ne se retrouve pas toujours dans les choix bordeaux-bourgogne.

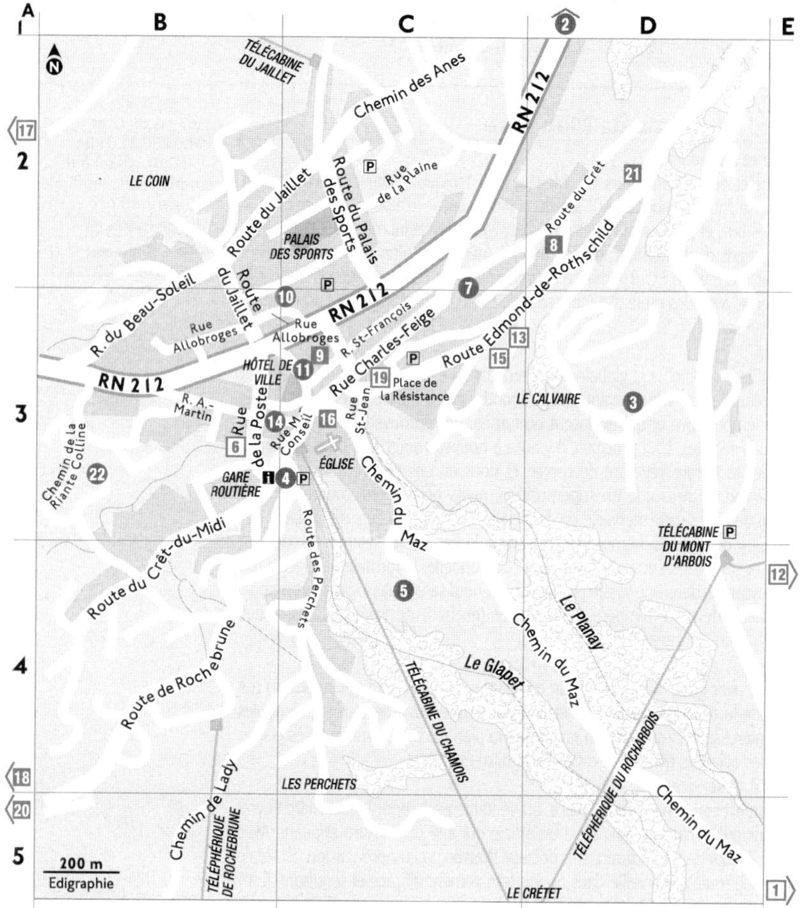

■ Restaurant ● Hôtel □ Table en vue

1 Alpette (L') E-5
2 Chalet de l'Ancolie D-1
3 Chalet du Mont d'Arbois (Le) D-3
4 Chalet Saint-Georges C-3
5 Chaumine (L') C-4
6 Esquinade (L') B-3
7 Fer à Cheval (Le) C-2
8 Ferme de Mon Père (La) D-2
22 Fermes de Marie (Les) B-3
9 Flocons de Sel C-3
10 Grange d'Arly (La) C-3
11 Lodge Park C-3
12 Mandarines (Les) E-4
13 Mirtillo C-3
14 Mont Blanc B-3
15 Pallas (Le) C-3
16 Prieuré (Le) C-3
17 P'tite Ravine (La) A-2
18 Refuge (Le) A-4
19 Saint-Jean (Le) C-3
20 Sauvageonne chez Nano (La) A-5
21 Taverne du Mont d'Arbois (La) D-2

Accueil et service

Du tact, de la délicatesse, mais sans hésitation : on sait où l'on est et qui on vient voir. Le service est appliqué, discret et efficace.

C : 75 € • M : 55-150 €

14 La Sauvageonne chez Nano

» Hameau du Leutaz
☎ 04 50 91 90 81
F. mai-juin et oct.-nov.
Jusqu'à 23h.

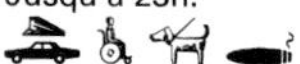

Il y a de bonnes habitudes qui ne seront jamais des sales manies. Comme de passer une tête chez Nano, même si l'on n'a que quelques soirées libres à Megève. Parce que c'est l'occasion de retrouver des amis, y compris ceux que vous ne connaissez pas encore, parce que le confort, dans l'accueil, dans

l'atmosphère, est personnel et serein, et tout simplement parce que l'assiette, certes assez chère payée, ne triche jamais depuis plus d'un quart de siècle. Alors, on grimpe fissa vers la souris d'agneau confite à l'orientale, les ris de veau en cocotte aux cèpes et le soufflé au chocolat. Cave régionale et nationale de près de deux cents références.
M : 18-24 €

[13] Le Refuge

Dans le chic hameau du Leutaz, à l'écart de l'agitation, un refuge d'un confort tout megévan. Chez Franck Soyer, on oublie les fondues et les tartiflettes, l'œuf mollet est aux morilles, la terrine de lapereau au foie gras et, au cœur de la Savoie, les gambas et les saint-jacques dansent le menuet avec une tartelette blettes-tomates. Cette montagne chic n'est pas inaccessible (environ 45 **€** à la carte), et les vrais plats de tradition (pièce de veau rôti gratin dauphinois, côte de cochon fermier) sont bien traités.
C : 40 € • M : 20-25 €

» Hameau du Leutaz
☎ 04 50 21 23 04
F. dim. à dîn.-merc. (15 avril-10 juin, 20 oct.-15 déc.), 10 juin-10 juil. et 20 sept.-20 oct.
Jusqu'à 22h.
⛱ 🐕

[13] La Taverne du Mont d'Arbois

Cantoche chic et familiale pour moonboots Prada, cette Taverne ne suit pas la piste savoyarde, mais donne plutôt dans le bobo roboratif, brochette de saint-jacques aux poireaux et foie gras au topinambour, bœuf de Simmenthal et poulet fermier en plus produit. Dans l'éclatant décor de vieux chalet megévan reconstitué comme une œuvre d'art, on goûte sans remords cette cuillerée d'exclusivité, bien au chaud. La cave, comme un hasard, propose quelques bouteilles des domaines Rothschild, enrichis de grands crus notoires. Mais pour être dans le mood, et limiter la plaisanterie, le chignin va très bien avec le filet de féra fumé, la souris d'agneau et la tarte grand-mère d'un menu qui, si l'on s'en tient à l'assiette, n'est pas tout à fait à la hauteur.
C : 50 € • M : 30 € *montarbois@relaischateaux.fr*

» 3001 rte Edmond-de-Rothschild
☎ 04 50 21 03 53
F. mai et nov.
Jusqu'à 23h.
⛱ 🚗 ♿ 🐕 🚬

[12] Le Prieuré

Une chance au cœur de la station, une bonne action au pied de l'église. Le chef ne cherche pas à faire vibrer la montagne à coup de homard ou de foie gras, il n'arrête pas le traîneau à la case fondue-raclette, mais avance sur des bases traditionnelles avec modestie et détermination. ce qui donne des assiettes nettes et familières, un feuilleté d'escargot au beurre de roquefort, une cassolette de saint-jacques aux écrevisses, un carré d'agneau au romarin. La salle est accueillante, la cave mince et superficielle, mais Quénard et Bouvet signent les étiquettes régionales.
C : 50 € • M : 23-36 € *richardfremondiere@msn.com*

» Pl de l'Eglise
☎ 04 50 21 01 79
F. dim. à dîn., lundi, mardi, juin et mi-nov.-mi-déc.
Jusqu'à 22h.
⛱

► L'Alpette

Une terrasse idéale face à la chaîne des Aravis, pour fondre devant la fondue ou le buffet de desserts. Une halte incontournable pour les habitués qui y font leur casse-croûte chaque midi. Accessible également par télécabine et chenillette.
C : 52 €

» Massif de Rochebrune
☎ 04 50 21 03 69
F. 20 avril-17 déc. (sf juil.-août).
🚬

► L'Esquinade

Une déco exo-asiatique très réussie, un concept ouvert entre lounge et restaurant et une cuisine plutôt recherchée, du world à l'accent thaï qui bénéficie des excellents conseils de Li Lam, à la longue expérience parisienne (Village d'Ung et Li Lam, rue Jean Mermoz).
C : 40 € • M : 50-70 €

» Rue Poste
☎ 04 50 93 15 32
F. à déj. (été), 10 avril-1er juil. et sept.-1er déc.
Jusqu'à 22h30.
⛱ ❄ 🚬

Les Mandarines

La grande terrasse en mélèze exposée plein sud aimante les appétits des skieurs, qui ne savent pas tous que cet établissement vénérable et septuagénaire est le plus ancien restaurant d'altitude de France. Heureusement, rien d'archaïque dans les assiettes, du montagnard brasserie d'aujourd'hui, sympa et sans complication (tarte au beaufort, lapin à la moutarde, tartiflette, jarret de porc...).
C : 35€

» Le Mont-d'Arbois
☎ 04 50 21 31 27
F. déb. avril-fin juin et déb. sept.-mi-déc.

Mirtillo

Chez Paolo, de vraies et excellentes pâtes, agnolotti au jus de rôti, gnocchis crevettes et roquette, fazzoletti tomate et basilic et, en saison, une carte de plats à la truffe blanche d'Alba (œufs au plat, risotto). Bon et coûteux.
C : 80€

» 130 rue Edmond-de-Rothschild
☎ 04 50 21 69 33
F. 1er avril-19 déc.

La P'tite Ravine

Construit sur l'alpage familial à la fin des années 90, ce chalet joue la carte traditionnelle, tant dans sa déco (objets anciens) que dans sa cuisine, qui se cantonne avec bonheur aux spécialités locales : gratin de crozets, croûtes au Beaufort et péla. Vue magnifique sur les sommets depuis la belle terrasse en bois.
C : 22€ • M : 21€

» 743 chemin de la Ravine
☎ 04 50 21 38 67
F. 31 mars-mi-juin et 28 sept.-17 déc.
Jusqu'à 21h.

Le Pallas

Animé par Christophe et Adrien du Papagayo, assistés d'un DJ en soirée, un lounge et lieu de rencontre dans la côte, des plats du jour, lieu rôti pommes vapeur, pizzas, kakis au four sauce carambar, entourant les rouleaux de printemps, les gambas flambés au whisky, et des penne 4 fromages.
C : 15€ • M : 30€

» 96 rue Edmond-de-Rothschild
☎ 04 50 91 82 70
Ouv. 7j/7.

Le Saint-Jean

Une salle boisée au sous-sol, taverne agréable de l'hôtel Au Cœur de Megève. Tout y est, bon et bien fait, les diots au vin blanc, un civet de caïon avec un gratin de crozets, raclettes et tartiflettes.
C : 30€

» 46 rue Charles-Feige
☎ 04 50 21 25 30
F. avril-20 déc.

Les Fermes de Marie

Luxe, charme et authenticité : tout Megève dans cet ensemble de chalets issus d'un petit hameau de fermes savoyardes entièrement reconstitué au seuil de la station. Des chambres délicieuses, au style savoyard, poutres et bois ancien, décorées avec le goût très sûr de Jocelyne Sibuet. La Ferme de beauté et la plupart des salles de bain ont été rénovées sur le thème granit et bois, les moquettes ont remplacé les parquets. Accueil et services de haut niveau. Une toque et pas loin de deux au restaurant pour Christophe Côte qui travaille à façon pour des résidents qui ont toutes les raisons d'être heureux. Les produits sont superbes, la manière nette, sans bavures, du rustique (saucisse fumée roquette parmentier de rosevalts à l'huile de noisette, escargots endives croquantes au lard) à l'élégant (sole à l'arête, légumes marinés au fenouil, noix de veau à la sauge et au beaufort mijotée de blettes). Et le service d'une remarquable disponibilité.
17 appart. 498-1078€ • 54 ch. 196-676€ • 1/2 pens. 172-613€ • C : 70€ • M : 50-55€ www.fermesdemarie.com

» Chemin de Riante-Colline
☎ 04 50 93 03 10
Fax 04 50 93 09 84
F. mi-avril-déb. juin et mi-oct.-déc.

 Le Chalet du Mont d'Arbois 

» 447 chemin de la Rocaille
☎ 04 50 21 25 03
📠 04 50 21 24 79
F. mi-avril-mi-juin et mi-oct.-mi-déc.

Sur les hauteurs de la station, les deux chalets cultivent l'exclusivité, avec la chaleur du bois clair qui distille sans insistance une ambiance montagnarde dans des chambres claires et spacieuses. Equipement luxueux, calme parfait et vue panoramique. Au restaurant, l'arrivée d'Olivier Bardoux en provenance de la Taverne se traduit par des assiettes équilibrées entre terroir et grand genre : ravioles d'escargots racine de cerfeuil et coulis de persil, omble chevalier du Léman, volaille de Bresse Miéral à la broche et farcement savoyard. Cave classique et prestigieuse.

9 appart. 500-3794 € • 28 ch. 215-780 € • 1/2 pens. 58 € • C : 80 € • M : 58-110 €

www.chalet-montarbois.com

Chalet Saint-Georges R

» 159 rue Mgr-Conseil
☎ 04 50 93 07 15
📠 04 50 21 51 18
F. 17 avril-23 juin et 17 sept.-16 déc.

Une interprétation chaleureuse du chalet de montagne, à deux pas du centre et des départs de télécabines. Chambres confortables, parmi lesquelles on privilégiera celles donnant sur la montagne. La table est un coûteux bistrot partagé en deux lieux : montagne au Trappeur, poisson au Pêcheur, avec des passerelles de l'un à l'autre. On peut compter aussi sur le restaurant d'altitude.

5 appart. 230-630 € • 19 ch. 90-350 € • 1/2 pens. 120-225 € • C : 38 € • M : 20-35 €

www.hotel-chaletstgeorges.com

 Le Fer à Cheval

» 36 rte du Crêt-d'Arbois
☎ 04 50 21 30 39
📠 04 50 93 07 60
F. mi-avril-mi-juin et mi-sept.-mi-déc.

Construit à l'origine par le forgeron du village (d'où son nom), cet adorable chalet fait du style rustique montagnard un art précieux, presque un modèle du genre, vieux bois authentique, murs et mobilier dont la patine distille à la fois chaleur et noblesse et fait beaucoup pour le charme des lieux, allié aux touches de tissus fleuris.

11 appart. 422-628 € • 38 ch. 182-374 € • 1/2 pens. 150-217 €

www.feracheval-megeve.com

 Lodge Park 

» 100 rue d'Arly
☎ 04 50 93 05 03
📠 04 50 93 09 52
F. 1re sem. avril.

Des rondins et des planches rustiques constituent une partie du décor de ce gros chalet, installé en centre ville. Avec les trophées de chasse et les tissus colorés, voilà un style trappeur bien composé. Derrière cette allure sympathique. Prestations de confort irréprochables pour la journée de ski ou de randonnée. A l'heure du dîner, ce n'est pas vraiment le cuissot de renne, mais plutôt une cuisine aux parfums du sud, avec ce qu'il faut de produits nobles et d'idées mode pour satisfaire les appétits de la clientèle.

11 appart. 506-939 € • 39 ch. 209-484 € • 1/2 pens. 329-1059 € • C : 63 €

www.lodgepark.com

 Mont Blanc

» 29 rue Ambroise-Martin
☎ 04 50 21 20 02
📠 04 50 21 45 28
F. mai.

Un classique de la station, qu'un passé prestigieux n'a pas engourdi puisqu'il reste à la hauteur de son mythe, dans son équipement (du spa au wifi) comme son décor : ambiance montagnarde (bois brut omniprésent) et riche de détails soignés, pour une élégance au chic discret.

11 appart. 342-626 € • 29 ch. 112-374 €

www.hotelmontblanc.com

 La Chaumine 

» 36 chemin des Bouleaux
☎ 04 50 21 37 05
📠 04 50 21 37 21
F. 16 avril-1er juil. et 3 sept.-16 déc.

A proximité du centre et pourtant à l'écart de toute agitation, une ancienne ferme rénovée dans le style traditionnel (bois clair omniprésent). Agréable jardin d'été, chambres de bon confort.

11 ch. 60-104 €

La Grange d'Arly

Du bois, mais sans surcharge, marié à des tissus raffinés des chambres à l'accueil, dans un chalet à taille humaine, voilà qui crée une atmosphère très agréable.
3 appart. 153-280 € • 19 ch. 103-203 € • 1/2 pens. 88,50-132,50 €
www.grange-darly.com

» 10 rue des Allobroges
☎ 04 50 58 77 88
Fax 04 50 93 07 13
F. fin sept.-mi-déc. et fin mars-fin juin.

Chalet de l'Ancolie

Les tissus écossais et les murs lambrissés installent une atmosphère chaleureuse et typiquement montagnarde, dans des chambres au bon rapport prix-prestation.
12 ch. 55-110 € • 1/2 pens. 55-90 €
www.chalet-ancolie.com

» 1295 rte de Sallanches, Demi-Quartier
☎ 04 50 21 21 37
Fax 04 50 58 95 06
F. 15 avril-fin mai (sf Ponts mai) et 20 oct.-10 déc.

à FLUMET - 73590 : 10 km S.O. par N 212

(11) La Ferme du Rocher

Entre Megève et Albertville, Flumet est un petit village savoyard accueillant, où Denise Mabboux cultive la Savoie qu'elle aime - elle est megévanne - dans une grange restaurée face au Mont-Blanc. Authenticité garantie des charcuteries, tartiflettes, fondue aux cèpes, crozets...
M : 28,50 €
denisemabboux@aol.com

» Prasset
☎ 04 79 31 80 30
Ouv. 7j/7.

MEILLERS ➤ SOUVIGNY

MEJANNES LES ALES ➤ ALES

MELLE - 79500 (22 C 3)

Niort 31 - Poitiers 59

(13) L'Argentière H

L'étape nécessaire et suffisante pour le voyageur en pays mellois. Laurent Olivier fait la démonstration que la constance et les efforts paient, et la toque est confirmée par une cuisine classique qui sait se rafraîchir et utiliser au mieux le marché du moment : effiloché de cabillaud demi-sel et velouté d'asperges œuf poché au curry, pavé de turbot crème de chou-fleur et coques au curcuma, soupe de fraises au banyuls crème brûlée passion. Menus bien constitués, cave variée et pas sotte (Tariquet, Maurel-Fonsalade...). Et des chambres au décor actuel, simples et confortables.
C : 39,50 € • M : 13,50-28,50 € • 18 ch. 40-44 € • 1/2 pens. 53 €
www.largentiere.com

» Rte de Niort
☎ 05 49 29 [illegible]
F. dim. à dîn. et lundi à déj.
Jusqu'à 21h30.

(12) Les Glycines H

Sur la place de la petite ville, l'aimable étape des voyageurs a bien évolué. Eric Caillon a installé la clim' dans toutes les chambres, mais il sait aussi souffler un air toujours renouvelé sur sa cuisine, sage dans l'approche régionale - foie gras, farci, chevreau à l'ail - mais traitée avec intelligence et sobriété (bar au vin rouge d'anjou, filet d'agneau du Poitou au four en persillade...). Les habitués desserrent la ceinture au moment des desserts, spécialités du chef et gourmandises irrépressibles : sablé aux pommes glace romarin, soufflé moelleux au guyaquil, feuilleté rhubarbe coulis de fraises. Très correcte cave régionale. Chambres actuelles et soignées (climatisation).
C : 45 € • M : 13,80-39 € • 7 ch. 38-52 € • 1/2 pens. 47-51 €
www.hotel-lesglycines.com

» 5 pl René-Groussard
☎ 05 49 27 01 11
F. dim. à dîn. et lundi (1er oct.-31 janv) et 3 sem. janv.
Jusqu'à 21h15.

MELLES - 31440 (29 C 6)

Saint-Béat 8 - Bagnères-de-Luchon 30

(12) Auberge du Crabère

Une maison XIXe de style Empire un peu inattendue dans un village des Pyrénées aussi pittoresque, au pays des ours. Patrice Beauchet s'accroche à toute force à sa région, les écrevisses sauce gourmande, les perdreaux farcis au foie de canard et le gâteau à l'armagnac restant les figures marquantes d'une cuisine qui se modernise peu à peu, accueillant même les poissons à la plancha.

C : 28 € • M : 13-36 € *patrick.beauchet@wanadoo.fr*

» ☎ 05 61 79 21 99
F. mardi à dîn., merc., 3 sem. nov. et 10 jrs déc.
Jusqu'à 21h30.

MELUN - 77000 (7 C 3)

Paris 53 - Orléans 144 - Evry 23

(10) La Marotte

Sous les superbes voûtes de ces caves où les habitués aiment se retrouver, on se régale d'un gigot d'agneau à la broche ou d'un foie gras poêlé au miel qu'on arrose d'un vin frais et gouleyant, dans une atmosphère pas si éloignée de celle des festins d'antan.

C : 35 € • M : 13-23 €

» 9 bd Gambetta
☎ 01 64 52 79 79
F. dim., 15-30 août et 23-27 déc.
Jusqu'à 21h45.

➲ à POUILLY LE FORT - 77240 : 4 km N. par N 105

Le Pouilly

L'ancienne ferme briarde rayonne : Anthony Vallette, Grand de Demain 2005, l'a rendue presque aussi connue que celle qui accueille des célébrités sur une grande chaîne hertzienne. Dans la grande salle cathédrale, haut plafond, immense cheminée sous charpente de ferme, on a à peine le temps de prononcer le bénédicite, car l'appétit et la curiosité gagnent les convives, et c'est parti pour un tour en grand huit : méli-mélo de gambas, crevettes et écrevisses, pastèque et melon, sorbet coulant amande au basilic, tempura de pigeon aux herbes fraîches, ananas "extra-sweet", en pique de romarin, ratatouille de fruits d'été au zan et brochettes de prune soufflées à l'alcool. Autant dire que si la majorité rigole, sort les langues de belle-mère et applaudit, il y a forcément quelques traditionalistes qui grincent des dents et crie casse-cou. C'est un risque, que ce jeune homme à la tête bien faite assume pour le moment avec brio. La carte des vins est superbe, et un tout petit peu chère, les choix indiscutables - un régal en Loire - et dans chaque région, des vignerons qu'on aime retrouver (tiens Grossot et Maroslavac-Léger, Coursodon et les Gouberts, Alquier et Mas Bruguière...).

C : 80 € • M : 25-55 € *www.lepouilly.com*

» 1 rue de la Fontaine
☎ 01 64 09 56 64
F. dim. à dîn., lundi, 13 août-7 sept. et 22-28 déc.
Jusqu'à 21h30.

MENDE - 48000 (32 A 2)

Le Puy-en-Velay 92 - Aurillac 155

La Safranière

Si Sébastien Navecth avoue un fort penchant pour la cuisine méditerranéenne, il ne dédaigne pas s'aventurer vers des contrées plus lointaines, en Asie notamment. Pas de tripous ou d'aligot dans cette charmante maison installée dans un hameau à l'écart de la préfecture mais quelques jolies idées : raviole de langoustine et poireau, coulis de crustacés au thym citron, dos de bar grillé, jus d'huîtres creuses et coques aux fines herbes, giboulée de fruits frais au muscat de Rivesaltes et glace au thé jasmin. Service impeccable, cave avouant de louables efforts sur le languedoc

M : 22-44 €

» Chabrits
☎ 04 66 49 31 54
F. dim. à dîn., lundi, mars et 1 sem. sept.
Jusqu'à 21h.

MENERBES - 84560 (33 C 4)

Avignon 39 - Cavaillon 12 - Apt 22

 Le Roy Soleil H

Un chef qui peut vous étonner avec une caille, ça se conserve précieusement. Aux fourneaux, pour les propriétaires, et sur les tablettes des visiteurs qui peuvent retourner en confiance vers cette maison d'ordinaire un peu maniérée et qui retrouve du style avec cette nouvelle équipe. La carte est dans l'ensemble assez classique (supions, saint-pierre, agneau) mais pas arrogante, sans débauche de produits de luxe, dans un cadre chaudement lubéronnais. A la cave, le sommelier s'en tire bien, sur le local (Antonin, La Canorgue) comme sur le reste du Rhône, avec des domaines futés (Tara, Santa Duc) et quelques grands classiques accessibles. Une toque retrouvée et sans vouloir choquer, le menu à 55 € est une bonne affaire. Chambres et appartements de grand confort donnant pour la plupart sur une terrasse ou un jardin privatif, avec le Luberon en toile de fond

C : 70 € • M : 35-90 € • 4 appart. 85-285 € • 17 ch. 70-285 € • 1/2 pens. 116-216 €

www.roy-soleil.com

» Le Fort, rte des Beaumettes
☎ 04 90 72 25 61
F. lundi, mardi (avril-oct.), lundi (juin-sept.) et 15 oct.-31 mars.
Jusqu'à 21h30.

MENETOU SALON ➤ BOURGES

MENTON - 06500 (34 D 4)

Nice 28 - Monaco 10

(11) A Braïjade Meridiounale

La Provence rayonnante à l'extrême pointe du pays : un grand aïoli de la mer, une bagna caouda, un loup flambé, une tarte aux citrons. Les Italiens en week-end ont la frontière à passer pour trouver cette forme de vérité conviviale, les menus aux grandes brochettes et la cave régionale.

C : 30 € • M : 25-45 €

www.abraijade.com

» 66 rue Longue
☎ 04 93 35 65 65
F. à déj. (juil.-août), merc. (sept.-juin), 2 sem. fin nov. et 1re sem. déc.
Jusqu'à 22h30.

Grand Hôtel des Ambassadeurs 

Une vaste bâtisse 1865, dans l'esprit des grandes villas Belle Epoque, au milieu des palmiers, et doté d'une plage privée. Les propriétaires, Liana et Mauro Marabini, ont totalement repensé les lieux, l'an passé, en transformant de nombreuses chambres en suites, pour un plus grand confort et un parfum d'exclusif. Chaque étage est dédié à un art (musique, littérature, peinture, cinéma), en évoquant Cocteau, Beethoven, le Guépard ou Gatsby le Magnifique, dans les chambres aux décors uniques, meubles anciens et pièces rares. Le restaurant a été confié à une équipe formé chez Alain Ducasse. Les assiettes vont dans le sens du temps, à forte influence méditerranéenne (tomates de Marmande farcies, agneau mariné au piment d'Espelette, pyramide mentonnaise sorbet au citron de pays).

26 appart. 395-1200 € • 6 ch. 240-395 € • C : 65 € • M : 35 €

www.ambassadeurs-menton.com

» 3 rue Partouneaux
☎ 04 93 28 75 75
04 93 35 62 32
Ouv. 7j/7.

L'Aiglon

Avec son architecture fin XIXe et son décor d'inspiration Belle Epoque, l'Aiglon fait de son nid un cocon feutré et personnel. Les mosaïques rappellent l'Italie toute proche et le jardin ajoute à l'agrément.

5 appart. 153-256 € • 24 ch. 76,50-165 € • 1/2 pens. 70,50-130 €

www.hotelaiglon.net130

» 7 av de la Madone
☎ 04 93 57 55 55
04 93 35 92 39
F. 19 nov.-17 déc.

Inter-Hôtel Méditerranée

Les joyeuses touches de couleurs vives contribuent à une ambiance chaleureuse dans cet immeuble contemporain. Bar panoramique au 7e étage.

89 ch. 62-104 € • 1/2 pens. 58-72 €

www.hotel-med-menton.com

» 5 rue de la République
☎ 04 92 41 81 81
04 92 41 81 82
F. nov.

Napoléon

» 29 porte de France
☎ 04 93 35 89 50
04 90 35 49 22
Ouv. 7j/7.

Un cadre aux lignes contemporaines, un bel équipement de détente, dont la plage privée, et une situation privilégiée face au port sans trop d'exagération.
3 appart. 169-219 € • 44 ch. 74-119 € www.napoleon-menton.com

MEOUNES LES MONTRIEUX ➤ CUERS

MER - 41500 (17 D 3)

Orléans 41 - Blois 18 - Romorantin-Lanthenay 45

à MUIDES SUR LOIRE - 41500 : 5 km S.E. par D 112

Auberge du Bon Terroir

» 20 rue du 8-Mai-1945
☎ 02 54 87 59 24
F. dim. (oct.-avril), lundi, mardi (sf à déj. juil.-août)., 2 sem. nov.-déc. et déc.-janv.
Jusqu'à 20h45.

Simple, efficace, charmant : cette table ne sent pas l'étable, mais le bon terroir, celui qui fait l'effort, qui cherche et qui trouve. Françoise et Dominique Boisgard habitent cette maison, ils l'imprègnent et mettent leur activité en exergue : aubergistes, dans la noblesse et l'humilité du terme. François cuisine avec le cœur, puissant instrument qui donne du tonus à sa fricassée d'escargots de Bourgogne à la crème de vouvray, au carré d'agneau aux épices douces, au vacherin glacé mandarine. Agréable terrasse au jardin pour l'été, accueil exemplaire.
M : 20-49 €

MERCUES ➤ CAHORS

MERCUREY - 71640 (20 A 5)

Mâcon 70 - Chalon-sur-Saône 11

Hôtellerie du Val d'Or

» 140 Grande-Rue
☎ 03 85 45 13 70
F. lundi, mardi et 15 déc.-15 janv.
Jusqu'à 21h30.

L'ancien relais de diligence sait accueillir le voyageur. Et Dominique Jayet connaît la Bourgogne sur le bout de la spatule. Une meurette, un pressé d'anguille et silure aux girolles, un superbe pigeon au parfum d'épice, un pavé de charolais maître de chai, tout ici paraît simple et pro, comme à l'entraînement, tout au long de l'année, par un chef inoxydable qui perpétue l'art classique dans un tournemain actuel. Vous ne pouvez guère être mieux placé pour choisir un mercurey au cellier, sur une carte de vins de 450 références.
C : 55 € • M : 23-68 € www.le-valdor.com

MERIBEL LES ALLUES - 73550 (28 C 3)

Paris 624 - Chambéry 88 - Albertville 42

Restaurant L'Epicuriade

» ☎ 04 79 08 61 76
F. mai-déc.

➥ **Hôtel :** Hôtel La Chaudanne

Bien placée au cœur de la station, cette table vise une clientèle exigeante et lui propose, dans un cadre montagnard élégant, des plats raffinés, dans leur présentation comme les saveurs proposées : cappuccino de potimarron crémeux et parfumé, de beaux légumes confits sur la tatin de ris de veau et une jolie rosace de pomme cannelle et pistache relevée d'une crème cacao. Service stylé et sans lourdeur, carte des vins plutôt banale.
C : 71 € www.chaudanne.com

(12) Le Blanchot

Blanchot ? C'est l'autre nom du lièvre variable qui, en hiver, prend la teinte de la neige immaculée qui entoure cette délicieuse table sur les hauteurs de la station. Une cuisine à deux vitesses, plus simple au déjeuner (mais la vue sur les sommets, depuis la terrasse, ferait oublier les plus belles réussites gastronomiques), et plus ambitieuse au dîner. Cette dernière mérite les bravos pour les ravioles de foie gras et légère émulsion de porto montée au beurre, le filet de turbot citron du Maroc confit et le tiramisu. La clientèle des pays de l'Est adore, nous aussi.
M : 40-55 €

» Rte de l'Altiport
☎ 04 79 00 55 78
F. dim. à dîn., lundi à dîn., 15 avril-28 juin et 5 sept.-15 déc.
Jusqu'à 22h.

(12) La Croix Jean-Claude

La famille Gacon est l'une des plus anciennes de la vallée et ce restaurant en occupe également le poste de doyen. Carte alpestre bien sûr mais s'intéressant également à la gastronomie classique, œuf cocotte aux truffes, poisson du lac meunière ou côte de veau sous la mère. Atmosphère familiale, cadre traditionnel.
C : 29 € • M : 20-29 €

» Les Allues-Village
☎ 04 79 08 61 05
F. fin avril-fin juin et fin sept.-fin oct.
Jusqu'à 21h.

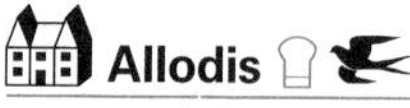

Allodis

Les pieds dans la neige, dans ce quartier qui domine la station, l'hôtel propose un judicieux décor entre classique et moderne, avec des couleurs qui installent une atmosphère chaleureuse, confirmée par la qualité de l'accueil et l'équipement de bon standing. La cuisine, sobre et directe le midi, se fait gastronomique et séduisante le soir, entre terroir (volaille fermière à la fumée de serpolet) et produits nobles (pigeonneau farci, nage de homard au beurre de champagne).
12 appart. 238-280 € • 32 ch. 188-450 € • 1/2 pens. 203-310 € • M : 41-70 €
www.hotel-allodis.com

» Le Belvédère
☎ 04 79 00 56 00
04 79 00 59 28
F. fin avril-déb. juil. et sept.-mi-déc.

Chalet-Hôtel Marie-Blanche

Privilège de l'ancienneté, l'hôtel (né en 1953) bénéficie d'une situation remarquable. Ambiance intime et chaleureuse, grâce au décor parfaitement actualisé mais aussi à la gentillesse de l'accueil.
1 appart. 69-358 € • 20 ch. 41-296 € • 1/2 pens. 68-168 €
www.marie-blanche.com

» Rte de la Renarde
☎ 04 79 08 65 55
04 79 85 57 07
F. 20 avril-1er juil. et 31 août-11 déc.

Hôtel La Chaudanne

➥ **Restaurant** : 14/20 Restaurant L'Epicuriade

Au cœur de la station, l'hôtel propose de jolis cocons montagnards, boiseries chaleureuses et tissus aux couleurs gaies. Piscine chauffée à l'année, un plaisir exclusif en hiver, centre de remise en forme, les pistes à deux pas.
5 appart. 69-223 € • 68 ch. € • 1/2 pens. 108-339 € *www.chaudanne.com*

» ☎ 04 79 08 61 76
04 79 08 57 75
F. mai-juin et oct.-nov.

MERKWILLER PECHELBRONN - 67250 (10 C 1)

Strasbourg 44 - Karlsruhe 70 - Haguenau 22

Auberge du Puits VI

L'ancienne cantine des mineurs de l'exploitation pétrolifère toute proche n'est pas facile à dénicher, camouflée en pleine forêt, au bout d'un chemin de terre. La récompense est heureusement au bout grâce à Alexandre Fender, qui ne manque ni d'idées ni de talent. Plats épurés, inspiration méditerranéenne, menus équilibrés, ambiance proche de celle d'une table d'hôtes, musique bien choisie (lors de notre dernier passage, des chants corses !) et de belles réussites avec les tapas de rouget barbet et de légumes méditerranéens, la tranche de carré de veau laqué aux crevettes ou le cabillaud à l'anglaise sur une fondue

» 20 rte Lobsann
☎ 03 88 80 76 58
F. lundi, mardi, merc. à déj. et janv.
Jusqu'à 21h.

d'épinards frais. On ressort pourtant avec un petit sentiment d'inachevé, persuadé que le chef, dans ce contexte si favorable (le cadre adorable, le service d'une grande gentillesse), pourrait faire encore mieux.
C : 38 € • M : 34-58 €

MERY SUR OISE ➤ CERGY PONTOISE, PARIS-BANLIEUE

MESNIERES EN BRAY - 76270 (6 D 2)

Forges-les-Eaux 23 - Chartres 184

Auberge du Bec Fin

» 1 rue du Château
☎ 02 35 94 15 15
F. dim. à dîn., lundi et déb. sept.
Jusqu'à 21h30.

Voilà la table la plus intéressante de la région de Neufchâtel-en-Bray : venu de la Butte à Bonsecours, Christophe Pillorget ne cède pas à la facilité et avance ses pions avec prudence, petits menus classiques pour ne pas effaroucher la clientèle et un menu à 35 € qui dévoile tout son savoir-faire, en privilégiant sobrement la qualité du produit sur de belles réussites : la truite brayonne, bien plus agréable qu'un saumon médiocre, sur la crème de caviar et tatin de chicon, une savoureuse purée de vitelotes avec un beau pigeonneau et un agréable pithiviers aux fruits rouges. Le service est à la hauteur, la carte des vins reste à développer.
C : 35 € • M : 15-42 €

MESNIL SAINT PERE - 10140 (9 B 5)

Troyes 19 - Vendeuvre-sur-Barse 10

Au Vieux Pressoir H

» 5-7 rue du 28-août-1944
☎ 03 25 41 27 16
F. dim. à dîn., lundi (h.s.) et 22 déc.-4 janv.
Jusqu'à 21h.

A la lisière de la forêt d'Orient, non loin du plus grand des trois grands lacs, Patrick Gublin fête cette année son trentième anniversaire derrière le piano de cette maison de style champenois. La cuisine n'offre pas plus qu'elle ne peut donner, naviguant avec souplesse entre quelques escapades méditerranéennes (niçoise de rouget barbet au pesto) et un classicisme de rigueur : andouillette de Troyes 5A au ratafia de champagne, blanc de turbot sauvage rôti, beurre battu au champagne, ris de veau poêlé aux girolles. Cave assez fouineuse, service manquant parfois d'allant.
C : 66 € • M : 35-75 € • 1 appart. 160 € • 20 ch. 65-118 € • 1/2 pens. 78-101 €
www.auberge-du-lac.fr

LE MESNIL SUR OGER - 51190 (9 B 3)

Châlons-en-Champagne 37 - Epernay 15

Le Mesnil

» 2 rue Pasteur
☎ 03 26 57 95 57
F. lundi à dîn., mardi à dîn., merc., 22 janv.-4 fév. et 16 août-7 sept.
Jusqu'à 21h15.

Installée au cœur de la côte des blancs, cette adresse privilégie les valeurs classiques, sans jamais sacrifier le produit : Claude Jaillant a trop de respect pour son métier pour se laisser aller. Le résultat est convaincant et jamais ennuyeux, fait de cuissons précises et de sauces élégantes : saint-pierre à l'oseille, filet de caille sauce foie gras. La cave est un vrai bonheur, héritage d'une longue coopération avec les vignerons locaux, mais qui réserve également de rares bouteilles en vieux bordeaux.
C : 30 € • M : 20-64 € *www.chez.com/mesnil*

MESNIL VAL ➤ LE TREPORT

MESQUER ➤ GUERANDE

METEREN - 59270 (1 D 2)

Lille 28 - Bailleuil 4

⑩ Ferme de l'Haghedoorn

» 922 rue Haeghe-Doorne
☎ 03 28 41 22 41
F. mardi et fév.
Jusqu'à 21h.

Comme camouflée non loin d'un pont qui enjambe l'autoroute, à quelques encablures de Bailleul, l'estaminet de Marie Noëlle Herreman a de la bonne humeur et de l'authenticité à revendre, des plats tout simples et roboratifs à faire passer en s'aidant de quelques bonnes bières avant de rejouer le dernier Lille-Lens sur le baby foot de l'entrée.

C : 12 € • M : 22-30 € *haghedoorn@wanadoo.fr*

METZ - 57000 (11 D 2)

Paris 337 - Strasbourg 161

15 Le Magasin aux Vivres DÉCOUVERTE

» 5 av Ney
☎ 03 87 17 17 17
F. dim. à dîn.
Jusqu'à 22h.

➥ **Hôtel :** Le Grand Hôtel de la Citadelle

C'est l'événement de l'année à Metz. Le premier hôtel quatre étoiles de la ville se double d'une table dirigée par un chef ambitieux auquel on a, semble-t-il, donné les moyens de réussir. Christophe Dufossé installe ses anciens magasins aux vivres de l'armée directement dans la zone des deux toques, grâce à ses assiettes vives et modernes : gros escargots en soupière lutée à l'ancienne, sole vapeur tendance terre et mer, jus léger au persil plat et cuissots de grenouille au jambon fumé, poulette de Bresse cuite en croûte de noisettes torréfiées en deux services, ananas Victoria rôti en pain perdu caramélisé et glace au lait d'amande. Carte des vins bien fouillée en bourgogne, un peu moins pointue ailleurs.

C : 88 € • M : 35-90 € *www.citadelle-metz.com*

14 Au Pampre d'Or

» 31 pl de Chambre
☎ 03 87 74 12 46
F. dim à dîn., lundi, mardi à déj et 1re sem. janv.
Jusqu'à 21h30.

Au pied de la cathédrale ou presque, sur cette place où la concurrence se fait rude, Jean-Claude Lamaze impose depuis plusieurs années sa carte ultra-conservatrice, de celles qui n'ont d'intérêt que lorsqu'elles font appel aux meilleurs produits : ses grosses langoustines décortiquées et salade printanière, son pigeon rôti entier, désossé, sauce au vieux porto (un grand moment de gourmandise) et ses fraises Romanoff, crème glacée à la vanille bourbon méritent une place à l'Académie. Service d'une grande gentillesse, cadre cossu sans être écrasant.

C : 55 € • M : 35-60 €

13 La Dinanderie

» 2 rue de Paris
☎ 03 87 30 14 40
F. dim. à dîn., lundi. F. ann. non comm.

Les nouveaux propriétaires, dynamiques, responsables, et pleins de bonne volonté ont refait le décor, très rouge, façon Scala. La cuisine est sensible aux produits, à leur fraîcheur, leur traitement est moderne (tartare de thon aux crudités sucrées, cabillaud à la moutarde de grande fraîcheur) mais la présentation manque encore un peu de finesse. Service engagé et élégant. Jolies sélections de vins au verre.

C : 35 € • M : 23-38 €

 Accessible aux handicapés.

 Piscine privée.

 Carte des vins remarquable.

 Repas servis en terrasse ou dans un jardin.

 Tennis privé.

 Chiens acceptés.

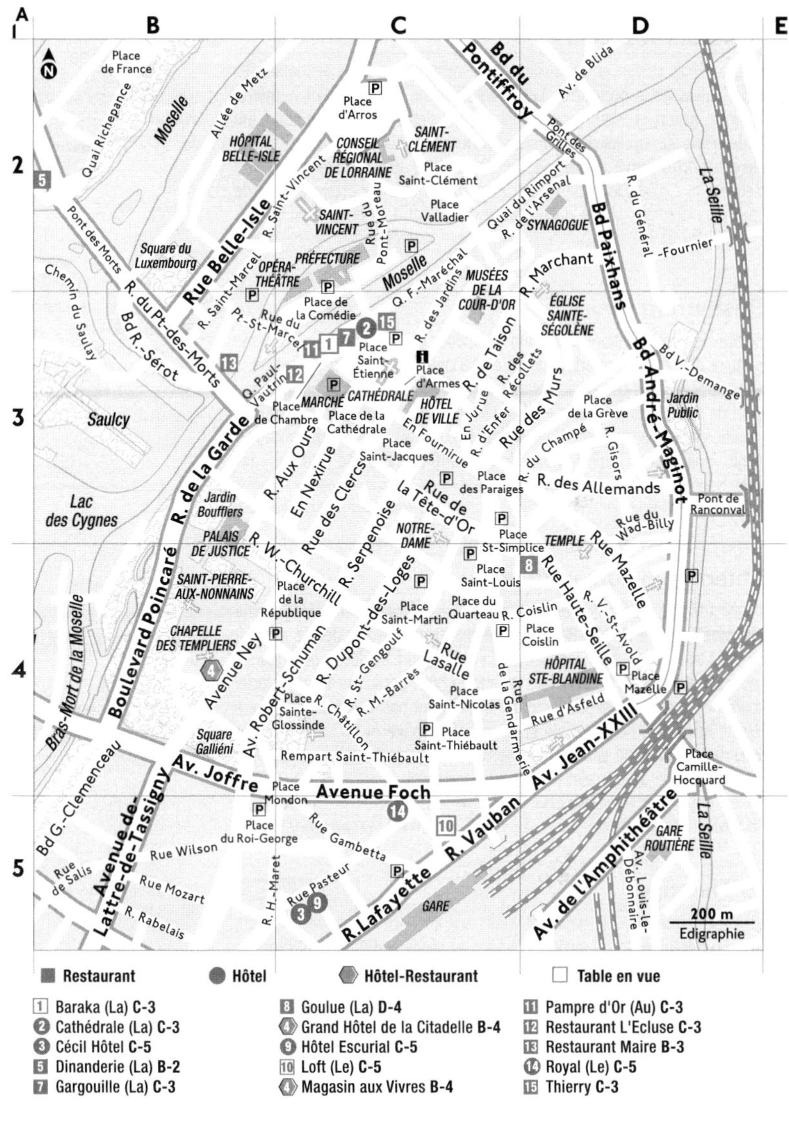

13 La Goulue

» 24 pl Saint-Simplice
☎ 03 87 75 10 69
F. dim., lundi et Noël-nouvel an.
Jusqu'à 21h30.

Derrière la jolie façade de bois clair, la salle tout en longueur justifie le nom du restaurant par sa décoration Belle Epoque et ses miroirs à la Toulouse Lautrec. La cuisine se concentre sur quelques plaisantes valeurs marines, du thon cru mariné au pamplemousse (nettement dominé par l'agrume) au filet de lieu jaune et ses pommes de terre écrasées à la fourchette, des exercices qu'elle maîtrise bien, tout comme le tiramisu, joliment servi dans un grand verre. L'aisance du service et les plaisantes références locales de la carte des vins complètent un bon niveau de prestations.

C : 35 € • M : 32-47 €

Restaurant L'Ecluse

» 45 pl de Chambre
☎ 03 87 75 42 38
F. sam. à déj., dim. à dîn., lundi et 1er-15 août.
Jusqu'à 22h.

Le cadre, à la fois design et dépouillé, fait de cette écluse l'une des tables les plus aguichantes de la préfecture. Les assiettes d'Eric Maire suivent le même tempo, entre fusion et world : queues de langoustines à la plancha sur une écume de céleri au paprika doux fumé, cabillaud en écailles de chorizo, crème virtuelle de chorizo fumé, ris de veau finement pané au pain d'épices, crème mousseuse à la réglisse tatin de rhubarbe, sorbet à la bière brune et tuile de framboises. La clientèle, plutôt jeune, s'amuse beaucoup, et nous aussi.
C : 50 € • M : 30-65 € *restaurant-lecluse@wanadoo.fr*

Restaurant Maire

» 1 rue du Pont-des-Morts
☎ 03 87 32 43 12
F. mardi et merc. à déj.
Jusqu'à 21h30.

Une pointe de sophistication, beaucoup de métier et de précision : la cuisine d'Yves Maire doit avant tout au savoir-faire et à une bonne interprétation de la tradition, exposée dans cette jolie véranda sur la Moselle. Dans le bar de ligne en croûte de sel et beurre à l'anis étoilé, le sandre rôti à l'émulsion de pistache ou le soufflé glacé à la mirabelle de Lorraine, une des allusions reconnaissantes au terroir local. Cave importante collectionnant nombre de vedettes des vignobles, service efficace et aimable.
C : 50 € • M : 23-61 € *www.restaurant-maire.com*

13

Thierry Saveurs et Cuisine

» 5 rue des Piques
☎ 03 87 74 01 23
F. dim., merc., 3 prem. sem. fév. et 3 prem. sem. août.
Jusqu'à 22h.

Après avoir travaillé pendant deux décennies dans un registre haut de gamme et traditionnelle au Jardin de Bellevue, Thierry Krompholtz a décidé de tout plaquer voilà trois ans et de se lancer dans la fusion food. La déco très tendance de sa nouvelle adresse, hébergée dans un ancien hôtel particulier du XVIe siècle, se raccorde à une cuisine touche à tout, ne craignant pas le grand écart entre la gelée de queue de bœuf et foie gras, sorbet fromage et les scampi épices tandoori, riz basmati à la cardamome, le carpaccio de tête de veau au vieux parmesan et la joue de porcelet au caramel, arachides et jus aigre-doux. C'est réussi, c'est gai, vivant, et rafraîchissant.
C : 35 € • M : 13,50-27,50 € *www.restaurant-thierry.fr*

(12) El Theatris

DÉCOUVERTE

» 2 pl de la Comédie
☎ 03 87 56 02 02
F. dim.
Jusqu'à 22h30.

Le cadre est historique, un bâtiment XVIIIe sur la place du théâtre, élégant mobilier mmoderne entre plancher d'époque et hauts plafonds. Une carte de bistrot alerte, avec le mille-feuille de ricotta aux herbes et salade de petits radis, le croustillant d'agneau jus à l'estragon et les truffes de crème brûlée jus de pomme d'amour. Le service rapide et décontracté et la musique jazzy se mettent au diapason d'une clientèle venue entre amis. Bel effort sur les vins au verre.
C : 35 € • M : 20,50-45 €

(11) La Gargouille

» 29 pl de Chambre
☎ 03 87 36 65 77
F. lundi à déj., mardi à dîn., merc. et 8-20 juil.
Jusqu'à 22h.

Il faut parfois savoir ne rien changer : cette Gargouille n'a rien d'effrayant, elle est au contraire rassurante, dans son plaisant cadre Art déco qui s'harmonise avec une vaillante cuisine régionale où l'élevage est à l'honneur, viandes et volailles de bonne provenance sagement tarifées.
C : 33 € • M : 18-36 € *www.lagargouille.com*

La Baraka

» 25 pl de Chambre
☎ 03 87 36 33 92
F. merc. et 15 juil-15 août.
Jusqu'à 22h.

20 ans au service des appétits de Maroc de tous les gourmands de Metz... Ce n'est pas demain que Fadila Hocine les décevra. Joli décor clair, situation centrale face à la cathédrale et toujours beaucoup de gentillesse.
C : 16,50 €

▶ Le Loft

» 5 pl du Gén-de-Gaulle
☎ 03 87 50 56 57
F. sam. à déj.
Jusqu'à 22h30.

Sobre et moderne, la nouvelle déco a avantageusement remplacé le style brasserie précédent. Cuisine branchée sans être révolutionnaire, quelques mélanges sucré-salé, un peu de fusion et le tour est joué : magret de canard au miel épicé et semoule à l'orange, sandre rôti au jus de bœuf, purée de céleri et fondue de poireaux... Cave mettant en avant le Nouveau Monde.

C : 33 € • M : 14-29 € *le-loft@wanadoo.fr*

Le Grand Hôtel de la Citadelle

» 5 av Ney
☎ 03 87 17 17 17
03 87 17 17 18
Ouv. 7j/7.

➡ **Restaurant** : 15/20 Le Magasin aux Vivres

Le premier quatre étoiles jamais ouvert à Metz est une réussite absolue. Des volumes aussi impressionnants que magnifiques (ce sont ceux d'un ancien magasin aux vivres de l'armée), des parties communes spacieuses et lumineuses et des chambres à la décoration contemporaine de grande qualité : wifi, écran plasma, salles de bains spacieuses.

2 appart. 355 € • 80 ch. 195-265 € *www.citadelle-metz.com*

La Cathédrale

» 25 pl de Chambre
☎ 03 87 75 00 02
03 87 75 40 75
Ouv. 7j/7.

Face à la prestigieuse cathédrale, le bel immeuble XVIIe ne déchoit pas, dans son architecture bien sûr, mais aussi dans son aménagement, cadre agréable, chambres douillettes.

2 appart. 95-105 € • 18 ch. 68-85 € *www.hotelcathedrale-metz.fr*

Le Royal

» 23 av Foch
☎ 03 87 66 81 11
03 87 56 13 16
Ouv. 7j/7.

Comme l'ensemble du quartier de la gare, l'hôtel bénéficie de cette caractéristique architecture début XXe, inspirée du style roman. Vaste choix de décoration dans les chambres, d'un bon niveau de confort.

59 ch. 78-170 € *royal-hotel-metz@bplorraine.fr*

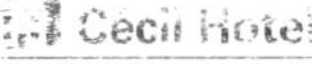

Cécil Hotel

» 14 rue Pasteur
☎ 03 87 66 66 13
03 87 56 96 02
F. sem. Noël.

Une étape agréable près de la gare, dans cet hôtel classique et soigné, aux chambres claires dans des harmonies pastel. Des travaux devraient prochainement améliorer encore les prestations.

39 ch. 52-55 € • 1/2 pens. 66,50-71,50 € *www.cecilhotel-metz.com*

L'Escurial

» 18 rue Pasteur
☎ 03 87 66 40 96
03 87 63 43 61
Ouv. 7j/7.

Fort d'une rénovation complète (double-vitrage, climatisation, sanitaires neufs, salles de bains carrelées...), cet établissement situé dans le quartier Impérial joue la carte du moderne fonctionnel dans des chambres dont les deux tiers ouvrent sur un balcon.

40 ch. 54-71 € • 1/2 pens. 70-82 € *www.escurial-hotel.com*

➲ à MALROY - 57640 : 8 km N. par D 1

Aux Trois Capitaines

» 43 rue Principale
☎ 03 87 77 77 07
F. non comm.
Jusqu'à 22h.

Une certaine idée de la fête à la mode lorraine, beaucoup de bonne humeur, un folklore permanent et une rustique cuisine ménagère : blanc de poireaux tièdes en vinaigrette, jambon braisé maison servi chaud, soufflé glacé à la mirabelle.

C : 25 € • M : 13,50-31 €

à PLAPPEVILLE - 57050 : 7 km O.

Le Jardin d'Adam

Les changements opérés voilà deux ans semblent avoir été très bénéfiques pour cette maison pas facile à dénicher dans la banlieue messine, comme si la cuisine de François Adam était encore plus à l'aise dans cette salle contemporaine : le saumon gravlax et sa chantilly à l'aneth, le turbot rôti au jus de poulet, le pigeon farci de ris de veau, foie gras et champignons et la brochette de banane et ananas au jus de passion se montrent aussi légers qu'enthousiasmants. Jolie cave de coups de cœur ne négligeant pas l'offre au verre.

C : 46 € • M : 25-55 € *le-jardin-d-adam@numericable.fr*

» 50 rue du Gén-de-Gaulle
☎ 03 87 30 36 68
F. mardi à dîn., merc., 2 dern. sem. août et 1 sem. Noël.
Jusqu'à 21h15.

METZERAL - 68380 (10 B 4)

Colmar 25 - Gérardmer 39 - Thann 44

(10) Auberge Kastelberg

Menu marcaire à 1200 m d'altitude, dans les paysages vosgiens des plus belles cartes postales. Pas d'argenterie précieuse, mais le poinçon de l'authenticité est bien marqué sur la tourte de la vallée, le roïgabrageldi (pommes de terre sur braise) et collet fumé, et l'indispensable munster.

M : 13,50-15,50 €

» Rte des Crêtes
☎ 03 89 77 62 25
F. lundi (sf fériés) et fin oct.-déb. mai.
Jusqu'à 21h.

MEUDON ➤ PARIS-BANLIEUE

MEURSAULT - 21190 (20 4 D)

Dijon 45 - Beaune 8

Les Charmes

Les nouveaux propriétaires ne devraient pas tarder à faire évoluer cet ensemble XVIIIe, qui offre le choix entre des chambres à l'ancienne dans l'esprit maison de vignerons et un cadre plus contemporain. Parc arboré avec piscine.

14 ch. 80-130 €

» 10 pl du Murger
☎ 03 80 21 63 53
Fax 03 80 21 62 89
Ouv. 7j/7.

MEYRONNE - 46200 (30 A 1)

Cahors 76 - Sarlat-la-Canéda 40

La Terrasse

La silhouette altière de ce château-fort construit au XIe siècle domine la rivière. Les Liébus, qui l'ont sauvé des outrages du temps dans les années 20, peuvent être fiers du résultat : les poutres et les voûtes en pierres accueillent aujourd'hui des chambres remarquables, qui mêlent avec bonheur les influences modernes et le mobilier de style, matériaux anciens et connexion internet. Si la salle à manger, en annexe, ne permet pas d'apprécier les charmes du château, on se console avec la vue magnifique depuis la terrasse. La cuisine manque un peu de constance (beau filet de sébaste gâché par des accompagnements sans intérêt, baba à la vieille prune très réussi extrait d'une belle carte des desserts) mais propose, sur les petits menus, un bon rapport pour la région.

5 appart. 125-230 € • 10 ch. 80-125 € • 1/2 pens. 75-138 €

www.hotel-la-terrasse.com

» Le Bourg
☎ 05 65 32 21 60
Fax 05 65 32 26 93
F. nov.-fév.

Les fermetures hebdomadaires et annuelles sont celles que les restaurateurs et les hôteliers pensent pratiquer en 2006. Pour éviter des déplacements inutiles, téléphonez pour confirmer.

MEYRUEIS - 48150 (32 A 2)

Mende 54 - Millau 42

(11) Le Mont-Aigoual

Charme cévenol d'une sérieuse maison où le terroir est défendu avec vaillance par Daniel Lagrange : salade de boudin paysan, truite de la Jonte, tripoux, voilà qui calmera les chasseurs de lion et les promeneurs qui vont chercher jusqu'au mont Aigoual le plus beau panorama de la région. La cave languedocienne est aussi sincère et modérée que la table.
M : 19-40 €   *www.hotel-mont-aigoual.com*

» 34 quai de la Barrière
☎ 04 66 45 65 61
F. mardi à déj. (sf juil.-août) et nov.-fin mars.

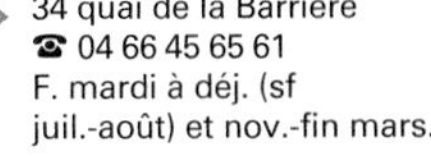

Château d'Ayres

Cette demeure seigneuriale noyée sous la végétation cultive un décor historique, meubles d'époque et tapisseries, à l'élégance imposante. Balade dans le parc sous les arbres et cuisine classique, en version raffinée.
7 appart. 146-172 € • 20 ch. 92-152 € • 1/2 pens. 74-126 €
www.chateau-d-ayres.com

» Rte d'Ayres
☎ 04 66 45 60 10
Fax 04 66 45 62 26
F. 3 janv.-11 fév.

MEYSSAC - 19500 (25 C 5)

Tulle 42 - Brive-la-Gaillarde 21

Le Relais du Quercy

A quelques kilomètres de Collonges la Rouge, dans un bourg presque aussi charmant, l'hôtel constitue une étape très agréable, avec ses chambres bien arrangées, décor bleu et blanc et pour certaines vue sur le parc.
2 appart. € • 12 ch. 38-54 € • 1/2 pens. 38-52 €

» Av du Quercy
☎ 05 55 25 40 31
Fax 05 55 25 36 22
F. 1 sem fév. et 15 nov.-30 nov.

MEZIERES EN BRENNE - 36290 (17 D 5)

Châteauroux 40 - Argenton-sur-Creuse 45

(13) Au Bœuf Couronné

Régionale, valeureuse et sincère, la cuisine de Bernard Brossier va comme un gant à cet ancien relais de poste qui sent bon la tradition hôtelière. Il n'hésite pas à travailler le silure, qu'il fume et accompagne d'un crème d'avocat au cumin, à proposer de vraies belles quenelles de brochet au beurre d'écrevisses ou un filet de sandre au foie gras de canard poêlé. Une tradition assumée et bien transmise.
C : 42 € • M : 20-42 €

» 9 pl du Gén-de-Gaulle
☎ 02 54 38 04 39
F. dim. à dîn., lundi (sf fériés), 20 nov.-25 janv. et dern. sem. juin.
Jusqu'à 20h30.

MEZZAVIA ➤ AJACCIO, CORSE

MIGNALOUX BEAUVOIR ➤ POITIERS

MILLAU - 12100 (30 D 3)

Rodez 71 - Mende 96

Emma Calvé

Emma Calvé, célèbre cantatrice du début du siècle dernier, n'aurait sans doute pas renié l'atmosphère adorable, née d'un décor adorable et gai, meubles cirés et détails charmants, qui règne dans cette maison.
13 ch. 54-80 €   *www.emmacalve.ifrance.com*

» 28 av Jean-Jaurès
☎ 05 65 60 13 49
Fax 05 65 60 93 75
F. non comm.

à CREISSELS - 12100 : 2 km S.O. sur D 992

[13] Château de Creissels

Rte de Saint-Affrique
☎ 05 65 60 16 59
F. dim. à dîn. et lundi à déj. F. ann. non comm.
Jusqu'à 21h.

➥ Hôtel : Château de Creissels

David Lassauvetat est désormais maître à bord, des fourneaux à la salle du restaurant, dont il est chef depuis onze ans et gérant depuis peu. La carte se partage entre la tentation aristocratique (foie gras, turbot aux morilles et champagne…) et la douceur régionale de l'agneau rôti aux herbes du Larzac ou du pigeon au sautoir et pastilla d'abats. Nous inclinerions plutôt pour cet aspect authentique, laissant les gambas flambées au whisky et les saint-jacques au noilly pour d'autres circonstances. Cave languedocienne de bonne tenue.

C : 45 € • M : 23-50 €

Château de Creissels

Rte de Saint-Affrique
☎ 05 65 60 16 59
Fax 05 65 61 24 63
Ouv. 7j/7.

➥ Restaurant : 13/20 Château de Creissels

Les chambres les plus typiques, les plus belles, se trouvent bien sûr dans la partie ancienne de ce château né au XIIe siècle : c'est là que l'on trouve les hauts plafonds, les parquets anciens et les meubles de style. Ouvertes sur le jardin et très confortables, les chambres plus modernes sont également agréables.

30 ch. 46,50-87 € • 1/2 pens. 59-75 € www.chateaudecreissels.com

MILLERY ➤ LYON

MIMIZAN - 40200 (23 C 4)

Mont-de-Marsan 82 - Arcachon 70

Au Bon Coin du Lac

34 av du Lac
☎ 05 58 09 01 55
Fax 05 58 09 40 84
F. 3-18 janv.

Le nom exprime bien le premier atout de la maison, sa situation au bord du lac de Mimizan. L'occasion de belles balades, avant de revenir profiter du confort de chambres de style, dans une grande maison typique sous les arbres. Intéressante cuisine classique, manquant toutefois de renouvellement mais cachant quelques belles spécialités comme la sole soufflée aux langoustines, dont la parfaite réalisation rappelle que Jean-Pierre Caule fut Meilleur Ouvrier de France.

4 ch. 70-140 € • C : 56 € • M : 35-55 € www.auboncoindulac.com

MINERVE - 34210 (31 D 4)

Narbonne 35 - Saint-Pons 29

[12] Relais Chantovent

17 Grand-Rue
☎ 04 68 91 14 18
F. dim., lundi et 15 déc.-15 mars.

L'adresse touristique par excellence, au seuil du très beau village. En vedette, le menu à 25 **€**, calibré certes mais sans défaut, gratinée de morue et fondue de poivrons doux, dos de cabillaud rôti à l'huile d'olive vierge, mousseline au chocolat blanc et griottine. Courte cave locale à prix attrayants.

C : 28 € • M : 18-37 €

MIONNAY ➤ LYON

MIRABEL AUX BARONNIES ➤ NYONS

MIRAMBEAU - 17150 (22 B 5)

Royan 50 - Saintes 43

Château de Mirambeau

☎ 05 46 04 91 20
Fax 05 46 04 26 72
F. 1er oct.-mi-mars.

Le bâtiment tire ses lointaines origines d'un château du XIe siècle. Le bâtiment actuel, à l'architecture élégante, a bénéficié d'une transformation en profondeur pour devenir cet hôtel au standing soigné, à l'ambiance luxueuse. Vastes chambres, mobilier ancien.

19 ch. 200-675 € • 1/2 pens. 70 € www.chateauxmirambeau.com

MIRANDE - 32300 (29 B 4)

Auch 24 - Tarbes 50

(12) Hôtel des Pyrénées

» 5 av d'Etigny
☎ 05 62 66 51 16
F. dim. à dîn., lundi.
Jusqu'à 20h45.

➡ **Hôtel** : Hôtel des Pyrénées

Au cœur du Gers, la cuisine de Patrick Bouffet a légitimement un penchant pour le saumon béarnaise et le magret grillé. Les menus manquent d'intérêt, mais la carte donne la bonne couleur gasconne, du foie gras à la glace aux pruneaux et armagnac, en passant par la brochette de cœurs de canards grillés et le tournedos Rossini. Bonne cave régionale et bordelaise.

C : 35€ • M : 20-50€ *www.perso.wanadoo.fr/hotel-pyrenees/*

Hôtel des Pyrénées

» 5 av d'Etigny
☎ 05 62 66 51 16
📠 05 62 66 79 96
F. dim. et lundi.

➡ **Restaurant** : 12/20 Hôtel des Pyrénées

Une maison de famille typiquement gasconne, colombages et grand parc ombragé. Chambres contemporaines à touche exotique, rideaux madras et ventilateur au plafond.

3 appart. 50-120€ • 18 ch. 40-120€ • 1/2 pens. 105-150€
www.http://perso.wanadoo.fr/hotel-pyrenees/

MIREPOIX - 09500 (30 A 5)

Foix 34 - Carcassonne 48

La Maison des Consuls

» 6 pl Mal-Leclerc
☎ 05 61 68 81 81
📠 05 61 68 81 15
Ouv. 7j/7.

A l'extérieur, on apprécie l'allure de cette maison du XVe siècle ; à l'intérieur, les chambres adoptent des ambiances personnalisées, parfois colorées et modernes (Astronome), parfois Grand Siècle (Marquis).

1 appart. 75-140€ • 7 ch. 75-90€ • 1/2 pens. 59-65€
www.maisondesconsuls.com

MIRMANDE - 26270 (27 D 5)

Valence 35 - Montélimar 17

La Capitelle

» Le Rempart
☎ 04 75 63 02 72
📠 04 75 63 02 50
F. 1er déc.-1er mars.

Cette maison Renaissance compte parmi les plus belles d'un village qui n'en manque pourtant pas. Il y règne une délicate ambiance de maison de famille, avec mobilier ancien, détails de décoration personnalisés et couleurs claires. Des chambres comme de la terrasse, la vue se déroule sur le Vivarais et la Vallée du Rhône.

1 appart. € • 11 ch. 79-140€ • 1/2 pens. 82-130€ *www.lacapitelle.com*

MISON ➤ SISTERON

MISSILLAC - 44780 (15 B 3)

Nantes 61 - Saint-Nazaire 37

La Bretesche

» Domaine de la Bretesche
☎ 02 51 76 86 96
F. dim. à dîn. (15 oct.-15 avril), lundi (sf à dîn. juil.-août), mardi à déj., 21 janv.-8 mars et 6-21 nov.
Jusqu'à 21h.

➡ **Hôtel** : La Bretesche

Cadre et ambiance

Certains parlent de parc dès qu'ils ont un jardinet autour de leur établissement. Ici, le jardinet fait 200 ha. Alors oui, voilà un parc, qui inclut, entre autres, un étang de 13 ha et un château XVIe. Dans la salle contemporaine et stylée, ambiance châtelaine et golfique.

Cuisine

Pour la belle clientèle qui passe de Missillac à la Baule et vice-versa, inutile d'essayer l'esbroufe : Gilles Charpy suit la saison, les produits de la mer et les producteurs locaux. Il a à portée de camionnette les superbes pigeons de Rémy

Anezo, la côte et la pêche à un quart d'heure et les meilleurs produits viennent lui faire des révérences : foie gras au torchon mousserons des prés et figues rôties, langoustines à la sarriette râpée d'artichaut poivrade, saint-pierre cuit sur la peau compotée d'oignons et jus aux fèves de tonka.

Cave

Une grosse compétence en Loire, une sommellerie active et organisée et du beau linge en toutes lignes, ce qui donne autant l'esprit de prestige que de découverte. Les valeurs sûres en ligne de mire : frères Foucault, Papin, Ogereau...

Accueil et service

Un accueil et un service digne d'un grand hôtel à clientèle internationale. Chacun a son poste respecte le protocole et le rythme est bien tenu.

C : 80 € • M : 48-85 € *www.bretesche.com*

La Bretesche

» Domaine de la Bretesche
☎ 02 51 76 86 96
Fax 02 40 66 99 47
F. 20 janv.-8 mars et 6-21 nov.

➥ **Restaurant** : 16/20 La Bretesche

Le château XVIe se mire dans l'étang en un paysage superbe, avec le parcours de golf en arrière plan. La partie hôtelière occupe, dans des bâtiments plus modestes mais à l'architecture tout aussi typique, ordonnancée autour d'une cour intérieure. Chambres personnalisées dans des ambiances à l'ancienne ou contemporaine, à l'élégance soignée. Nombreuses activités et balades alentour.

8 appart. 275-430 € • 23 ch. 150-320 € • 1/2 pens. 140-280 €

www.bretesche.com

MITTELBERGHEIM - 67140 (10 B 3)

Strasbourg 39 - Obernai 12

Restaurant Am Lindeplatzel

» 71 rue Principale
☎ 03 88 08 10 69
F. lundi à déj., merc. à dîn., jeudi, 3 sem. fin janv.-déb. fév., 10 jrs fin août et vac. scol.
Jusqu'à 21h.

Dans un si joli village, on attendrait un décor soigné, historique, il est seulement fonctionnel... Mais la déception est vite oubliée : accueil convivial et cuisine enlevée et actuelle, qui sait regarder bien au-delà de l'Alsace pour proposer le tartare de saumon et crabe avec la fraîcheur d'un sorbet fromage blanc ou le sandre au chorizo et beurre aux algues, avec une remarquable galette de pomme de terre. Des réalisations fines et précises, qui ont gagné en sobriété et en maturité.

C : 31 € • M : 28-49,50 €

MITTELHAUSBERGEN ➤ STRASBOURG

MITTELWIHR - 68630 (10 B 4)

Colmar 11 - Strasbourg 69

Le Mandelberg

» Chemin du Mandelberg
☎ 03 89 49 09 49
Fax 03 89 49 09 48
F. 2-26 janv.

Au pied de la colline des Amandiers, au cœur du vignoble, des chambres spacieuses et chaleureuses dans une maison typiquement alsacienne.

4 appart. 110-142 € • 14 ch. 78-95 €

www.monsite.wanadoo.fr/hotelmandelberg.fr

Restaurants mentionnés en annexe

R Pour un restaurant de niveau 10 à 12.

Pour un restaurant de niveau 13 à 14.

Pour un restaurant de niveau 15 à 16.

Icône  à Toques 12 à 10 Notes

MOELAN SUR MER - 29350 (13 C 4)

Quimper 45 - Lorient 23

Les Moulins du Duc

» Rte des Moulins
☎ 02 98 96 52 52
F. dim. à dîn., lundi (1er mars-Pâques, 1er oct.-30 nov.), lundi à déj., mardi à déj. (Pâques-30 sept.), janv., fév. et déc.
Jusqu'à 21h.

Une longue affection nous lie à ce moulin idyllique à quelques pas de la côte. De Torigaï à Thierry Quilfen, la cuisine s'est souvent hissée à hauteur du charme des lieux et ajouter un point à cette maison jadis à trois toques nous est donc particulièrement agréable. Ce n'est évidemment pas par complaisance : le blanc de bar cuit sur galet, parfumé au thym et à la sarriette, le pigeon en cocotte et galette d'andouille sont réjouissants, autant par leur qualité technique (cuissons parfaites) que par le plaisir qu'ils dispensent. Madame Quilfen assure le bien-être des amoureux comme des noceurs, le panorama depuis la terrasse est superbe, la cave est classique et un peu chère, poussée par un sommelier zélé.

C : 46 € • M : 24-66 € www.hotel-moulins-du-duc.com

Le Manoir de Kertalg

» Rte de Riec
☎ 02 98 39 77 77
Fax 02 98 39 72 07
F. 15 nov.-12 avril.

Un esprit maison d'hôtes pour ces chambres raffinées et personnalisées, réparties dans les dépendances d'un robuste et élégant château XVe. Parc arboré de 87 ha.

1 appart. 100-240 € • 8 ch. 100-190 € www.manoirdekertalg.com

MOIRAX ➤ AGEN

MOISSAC - 82300 (29 D 3)

Paris 640 - Agen 42 - Cahors 62 - Toulouse 73

Le Pont-Napoléon

» 2 allées-Montebello
☎ 05 63 04 01 55
F. dim., (dim. à dîn. juil.-août), lundi et janv.
Jusqu'à 21h30.

Cadre et ambiance

Un hôtel de style rétro à l'imposante façade classique. Situé à proximité du célèbre pont qui lui a donné son nom, il est longé par le Tarn.

Cuisine

Michel Dussau, ancien chef au château de Mercuès, propose une belle cuisine essentiellement régionale, avec une prédilection pour le foie gras pour lequel ce passionné de musique avoue une véritable passion : confit à la graisse ou grillé aux fruits de saison. Goûtez également l'alose traditionnelle de la Garonne, la lamproie à la bordelaise, la poulette noire fermière de Caussade rôtie à la broche et le magret de canard grillé, garniture forestière de saison. Des produits au top, le souvent possible issus de l'agriculture bio, une vraie générosité dans l'assiette.

Cave

Passionné par les vins de la région (Plageoles, Da Ros et d'autres font partie du cercle d'amis), Michel Dussau a rassemblé une cave éclectique s'étoffant chaque année.

Accueil et service

Le personnel est en phase avec la cuisine, souriant et précis.

C : 45 € • M : 24-70 € www.le-pont-napoleon.com

Abréviations principales

ann.	annuelle	comm.	communiqué
appart.	appartement	dîn.	dîner
ch.	chambre	jrs.	jours
déj.	déjeuner	rens.	renseignements
h.s.	hors saison	sem.	semaine
C.	prix moyen à la Carte	F.	fermé
M.	prix des Menus	déj. seult.	déjeuner seulement
1/2 pens.	demi-pension	sf	sauf

➲ à BOUDOU - 82200 : 7 km S.O. par N 113

Auberge de la Garonne

Laurent et Myriam, élevés dans quelques grandes maisons, ont à peu près gagné leur pari : faire de cette modeste auberge de bord de route, sinon un phare gastronomique, au moins une maison tentante devant laquelle on ralentit. Un petit creux ? On n'hésite plus, la carte a de la vaillance, de la sincérité, le chef travaille ses menus aux petits oignons, le terroir est là mais la tournure est moderne. Atmosphère agréable, cave courte aux partis pris intéressants et offrant quelques vins de Sud-Ouest à petits prix.

C : 20 € • M : 13-30 € *www.hotel-restaurant-tarn-garonne.com*

» RN 113
☎ 05 63 04 06 82
F. sam. à déj. (h.s.), dim. à dîn., lundi, vac. scol. Toussaint et vac. scol. fév.
Jusqu'à 21h30.

MOLINEUF ➤ BLOIS

MOLITG LES BAINS - 66500 (31 C 6)

Perpignan 53 - Prades 7

Château de Riell

➥ **Hôtel** : Château de Riell

Lorsque, à l'instar de Lionel Migliori, on sort de chez Guérard et Troisgros, il est impensable d'oublier toutes ces bonnes manières. On retrouve ainsi, ça et là, quelques ressemblances non fortuites avec la cuisine du père de la Nouvelle Cuisine, dans un style à peine moins ambitieux : escalivade de légumes au four, coulis aux olives noires, émincé de canard mulard caramélisé au vinaigre de xérès et gingembre, souris d'agneau de pays longuement braisée aux épices, pommes de terre grenailles. Cave éclectique quoique majoritairement bordelaise.

C : 60 € • M : 43 € *www.relaischateaux.com/riell*

» ☎ 04 68 05 04 40
F. lundi-vend. à déj. (sf juil.-août) et 1er nov.-31 mars.
Jusqu'à 22h.

Château de Riell

➥ **Restaurant** : 14/20 Château de Riell

L'architecture de cette maison forte surprend ; édifiée au XIXe siècle selon les souhaits d'un riche docteur un peu excentrique, pierre, bois et terre cuite lui donnent un aspect un peu baroque sous ses airs catalans. Les chambres, spacieuses et très confortables, jouissent d'une décoration soignée et personnalisée. Le parc (60 ha) aux arbres séculaires n'est pas sans rappeler les plus luxuriantes oasis. Centre thermal sur place où l'on s'adonnera aux plaisirs des bains au plancton thermal dans de splendides baignoires en marbre massif.

3 appart. 320-370 € • 16 ch. 138-288 € • 1/2 pens. 150-246 €
www.relaischateaux.com/riell

» ☎ 04 68 05 04 40
📠 04 68 05 04 37
F. 1er nov.-31 mars.

MOLSHEIM - 67120 (10 C 2)

Strasbourg 28 - Obernai 12

Diana R

On apprécie la modernité des lieux : architecture et décoration contemporaines, dans les couleurs, le choix du mobilier ou encore les œuvres d'art. Le résultat est d'autant plus plaisant que l'équipement (remise en forme notamment) est complet. Laissant à la Taverne les grands classiques du terroir, le restaurant propose une cuisine actuelle, tournée vers le sud : mille-feuille de légumes au pain perdu coulis de tomate au basilic, bar poêlé ail gingembre et citronnelle, chaud-froid de rhubarbe à la vanille. La carte des vins sait s'évader de la région, pour regarder notamment vers quelques beaux domaines en Languedoc.

1 appart. 150 € • 57 ch. 78-92 € • 1/2 pens. 67-102 € • C : 50 € • M : 27-58 €
www.hotel-diana.com

» Pont de la Bruche, 14 rue Sainte-Odile
☎ 03 88 38 51 59
📠 03 88 38 87 11
Ouv. 7j/7.

MONBAZILLAC ➤ BERGERAC

MONCORNEIL GRAZAN - 32260 (29 C 4)

Auch 27 - Masseube 8

13 Auberge d'Astarac

Une jolie maison gersoise, où l'on contracte rapidement la maladie du bon-vivre. Et du bien-manger selon Christian Termotte, qui n'aime rien tant que les beaux produits gascons accommodés à sa façon, respectueuse et personnelle : pomme farcie au foie gras, marmite d'escargots aux cèpes, filet de canette en civet au vieux madiran, tartes aux fruits du jardin. Très bonne sélection viticole Sud-Ouest Languedoc.

C : 40 € • M : 29 €

» Aou Cassou
☎ 05 62 65 48 81
F. à déj. (sf dim. et fériés), lundi et 15 nov.-15 avril.
Jusqu'à 21h.

MONESTIER - 24240 (24 A 3)

Bergerac 18 - Sainte-Foy-la-Grande 12

14 Les Fresques

➡ **Hôtel** : Château des Vigiers

Très jolie situation pour cette table gourmande entourée de greens et situé dans le vignoble de Saussignac. L'intérieur a été décoré de fresques en trompe-l'œil par Liz King, qui plonge dans un univers onirique comme dans une maison toscane. La cuisine fraîche et honnête est servie rapidement et efficacement à l'abondante clientèle qui se concentre sur les soirées disponibles. Et profite du cadre, de la décontraction du service, un peu trop séminaire et pas assez charme, et d'une cave bergerac-bordeaux pas si coûteuse.

C : 50 € • M : 40-85 € *www.vigiers.com*

» Château des Vigiers
☎ 05 53 61 50 00
F. dim., mardi, merc. vend. et 1er oct.-30 avril.
Jusqu'à 21h30.

Château des Vigiers

➡ **Restaurant** : 14/20 Les Fresques

Le château, construit au XVIe siècle sur un parc de près de 200 ha (où l'on trouve vergers, forêts, vignes, lac et golf), offre un séjour fort agréable, décor personnalisé des chambres, grands volumes, mobilier ancien au château, claires et plus modernes dans les dépendances, sans oublier les agréables Résidences du Lac.

12 appart. 155-750 € • 49 ch. 155-750 € • 1/2 pens. 155-223 €

www.vigiers.com

» Les Vigiers
☎ 05 53 61 50 00
Fax 05 53 61 50 20
F. 3 janv.-28 fév. et 1er-26 déc.

LE MONETIER LES BAINS ➤ SERRE CHEVALIER

MONSWILLER ➤ SAVERNE

MONT DE MARSAN - 40000 (23 D 4)

Bordeaux 129 - Pau 83

? Les Clefs d'Argent

Christophe et Eugénie Dupouy tiennent les clefs du changement : cette adresse de longue tradition va s'ouvrir davantage aux variations du marché et de la saison, sous la houlette d'un jeune chef qui n'a pas l'intention de stagner. Nous en reparlerons après une année d'exercice, pour fixer une première note et définir avec davantage de précision les orientations de la carte.

C : 40 € • M : 18-60 € *lesclefsdargent@aol.com*

» 333 av des Martyrs-de-la-Résistance
☎ 05 58 06 16 45
F. dim. à dîn., lundi. F. ann. non comm.
Jusqu'à 21h30.

Le Renaissance

En retrait du centre, cette maison blanche néoclassique propose des chambres aux tons clairs et sobres, certaines avec terrasse sur le parc paysager avec son étang et sa piscine.

1 appart. 96-105 € • 28 ch. 52-87 € • 1/2 pens. 74-102 €

www.le-renaissance.com

» 225 av de Villeneuve
☎ 05 58 51 51 51
Fax 05 58 75 29 07
Ouv. 7j/7.

à MAZEROLLES - 40090 : 4 km S.E.

[13] Auberge de la Pouillique

L'ancienne ferme landaise nichée dans un parc aux arbres tricentenaires n'est pas du genre à faire des infidélités à sa région. Il faut montrer patte blanche pour entrer dans les cuisines, chanter les louanges d'un Sud-Ouest toujours généreux, à grand renfort de pimientos farcis aux pieds de porc, de foie gras en terrine ou de salade landaise. Quelques escapades bistrotières tout de même, tête de veau sauce gribiche ou rognon de veau sauce moutarde.
M : 18,50-24 €

» 656 chemin de la Pouillique, rte de Villeneuve-de-Marsan
☎ 05 58 75 22 97
F. dim. à dîn., lundi, mardi et 15-30 août.
Jusqu'à 21h15.
☂ 🚗 🐕

à UCHACQ ET PARENTIS - 40090 : 7 km N.O. par N 134

[14] Didier Garbage

Cette grande maison, immanquable au bord de la nationale, est un concentré de la chaleur du Sud-Ouest : l'accueil, tout sourire et plein de gentillesse, le cadre, avec ses meubles rustiques, la carte des vins, avec ses vieux millésimes de bordeaux, et bien sûr la cuisine, des spécialités (salmis de palombe) et de sympathiques propositions du jour. Le coulis de crustacés qui accompagne le panaché de poissons est impeccable, tout comme la cuisson, le foie gras poêlé aux figues ne marque pas contre son camp et le bavarois aux fruits rouges est un beau modèle classique. L'atmosphère est détendue et les attentions permanentes (amuse-bouche et mignardises soignés).
C : 45 € • M : 30 € *didier.garbage@wanadoo.fr*

» RN 134
☎ 05 58 75 33 66
F. dim. à dîn., lundi, mardi à dîn. et 1re sem. janv.
Jusqu'à 22h.
☂ 🚗 ♿ ❄ 🐕

LE MONT DORE - 63240 (26 B 3)

Clermont-Ferrand 47 - Issoire 49

[12] Le Bougnat

Dans un buron vieux d'un siècle et demi, un jeune chef formaté dans les grandes maisons parisiennes s'est offert un authentique retour aux sources. Celles du terroir le plus accompli, montagnard auvergnat comme savoyard aux grandes platées familiales pour sceller l'amitié entre les peuples : truffade, potée, fondue, raclette… La cloche sonne, les bêtes sont rentrées, c'est l'heure de la soupe et carpe diem.

» 23 rue Georges-Clemenceau
☎ 04 73 65 28 19
Jusqu'à 21h30.
☂ 🚗

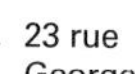

🏨 Le Puy Ferrand

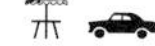

Le grand chalet aux parements de pierre ouvre sur les montagnes, le calme comme la vue en profitent largement. Chambres claires et modernes, avec lambris pour rester dans le ton.
5 appart. 72-82 € • 31 ch. 47-72 € • 1/2 pens. 45-66 €
www.hotel-puy-ferrand.com

» Le Sancy
☎ 04 73 65 18 99
📠 04 73 65 28 38
F. 2 sem. avril et 3 oct.-20 déc.
🚗 🏊 🐕

LE MONT SAINT MICHEL - 50170 (5 A 5)

Saint-Lô 83 - Granville 50 - Rennes 69

[14] La Mère Poulard

Disons-le franchement, nos impressions d'un terroir bien remis en forme par Michel Bruneau ne sont pas en exacte concordance avec les courriers de lecteurs, plutôt déçus. Nous nous rejoignons en revanche sur les tarifs : même si la Mère Poulard est une légende, même si la situation, au pied du Mont, incontournable dès qu'on entre dans la place permet de se lâcher un peu, ils sont tout de même terriblement élevés. 75 € à la carte, ça fait un peu cher le mythe, malgré l'omelette consciencieusement et folkloriquement battu, le bon saint-pierre à la peau et l'agneau de pré-salé, que nous continuons à trouver excellent.
C : 75 € • M : 25-85 € *www.mere-poulard.fr*

» Grande-Rue
☎ 02 33 89 68 68
Ouv. 7j/7.
Jusqu'à 22h30.
🚗 🐕 🚬

🏨 Le Relais Saint-Michel

L'architecture, contemporaine et largement vitrée, est taillée pour apprécier à sa juste mesure l'environnement, mais aussi le parc fleuri. Chambres sobres et soignées.
7 appart. 100-370 € • 39 ch. 100-280 € • 1/2 pens. 87,50-173 €
www.relais-st-michel.com

» La Caserne
☎ 02 33 89 32 00
📠 02 33 89 32 01
Ouv. 7j/7.
🐕

🏨 Auberge Saint-Pierre

Au cœur de l'histoire, puisque l'hôtel se trouve dans une maison classée du XVe siècle (belle façade à pans de bois), au pied des remparts (qui longent la cour intérieure). Chambres actualisées.
21 ch. 70-160 € • 1/2 pens. 76-150 € *www.auberge-saint-pierre.fr*

» Grande-Rue
☎ 02 33 60 14 03
📠 02 33 48 59 82
Ouv. 7j/7.

MONTAGNAC - 34530 (32 A 4)

Lodève 40 - Montpellier 45

[12] Auberge de Bessilles

Si elle n'est pas la merveille annoncée par certains lecteurs, cette auberge de campagne, qui se double d'une activité traiteur et d'un bistrot saisonnier - La bonne franquette - est une précieuse aubaine pour l'amateur de nature gourmande. La cuisine de terroir s'y développe depuis trois générations, la joue de bœuf se renforce d'un jus à la saveur puissante, le filet de canette rôti est tendre et fondant dans une agréable atmosphère paysanne. Desserts passe-partout, cave régionale de bon choix.
M : 23-32 € *www.auberge-bessilles@fr.st*

» ☎ 04 67 24 75 75
F. merc., jeudi à déj. (mi-sept.-mi-mai), dim. à dîn., lundi (mi-mai-mi-sept.), 3 janv.-3 fév. et 15-25 nov.
Jusqu'à 21h.
⛱ ♿ 🐕

MONTAGNY LES BEAUNE ➤ BEAUNE

MONTAIGU - 85600 (15 C 5)

Nantes 37 - La Roche-sur-Yon 38

[12] Le Cathelineau

Face aux douves, la table de Catherine et Michel Piveteau a su, en plus de vingt années, beaucoup mieux résister à l'usure du temps que l'ancien château en ruines. La table, au décor pastel rustico-bourgeois soigneusement entretenu, est une référence, et le chef fait le métier avec probité. Cette tradition, avec un poil d'ambition supplémentaire, vaudrait sans doute la toque, mais la terrine de sanglier, le grenadin de veau moutarde et la marquise au chocolat méritent bien un accessit au modique tarif de 19 **€** le menu. Petite cave construite et commentée avec passion, pas immense, mais comptant dans ses rangs Chermette et son Fleurie, Michon et ses fiefs vendéens, régional de l'étape.
C : 29,50 € • M : 15-55 € *www.lecathelineau.com*

» 3 bis pl du Champ-de-Foire
☎ 02 51 94 26 40
F. dim. à dîn., lundi, 20-27 fév. et 15 août-7 sept.
Jusqu'à 21h.
🚗 ♿ ❄ 🐕

MONTARGIS - 45200 (18 B 3)

Orléans 71 - Sens 53

[12] Mademoiselle Blanche

Mademoiselle Blanche est une bien jolie personne. Virtuelle, bien sûr, mais elle met de l'ambiance. Chez Nadège et Frédéric, tout semble simple avec un zeste de raffinement, bonne franquette mais pas tape sur le ventre, et la cuisine elle-même ne grasseye pas, faisant le ménage avec distinction : croustillant de pied de cochon, filet de veau aux pralines et pommes de terre épicées, moelleux au chocolat. Sélection de vins de Loire, à déguster sereinement dans ce cadre réjouissant, poutres apparentes, meubles anciens et belle cheminée.
C : 28,50 € • M : 28,50-33 €

» 5 rue du Loing
☎ 02 38 89 00 87
F. dim., lundi. F. ann. non comm.
Jusqu'à 21h30.
🐕

MONTAUBAN - 82000 - Plan P.545 (29 D 3)

Toulouse 56 - Cahors 58

14 Les Saveurs d'Ingres

» 11 rue de l'Hôtel-de-Ville
☎ 05 63 91 26 42
F. dim., lundi, 21-27 mai, 6-28 août et 24-30 déc.
Jusqu'à 21h30.

Sur une courte sélection, pointue et soignée, de produits de saison, Cyril Passerand est capable de réaliser avec le même enthousiasme un menu du marché d'une intelligence précieuse (légumes à la grecque, radis noir et tourteau, rougets à la plancha, clafoutis aux cerises) et de laisser libre court à ses envies, sur un menu fascination généreux qui reprend les rougets, en chaud froid et fondue de légumes au safran, et les cerises, sur un filet de canette rosé à souhait, et y ajoute la terrine de foie gras et le croquant de maras des bois crémeux à la passion. Autant de belles saveurs à apprécier dans un cadre moderne. Carte des vins de bon niveau, avec les bonnes références locales.
C : 45 € • M : 21-60 €

13 La Cuisine d'Alain

» 29 rue Roger-Salengro, face à la Gare
☎ 05 63 66 06 66
F. sam. à déj., lundi à déj., fériés, 1 sem. mai, 2 sem. déb. août et 23 déc.-8 janv.
Jusqu'à 22h.

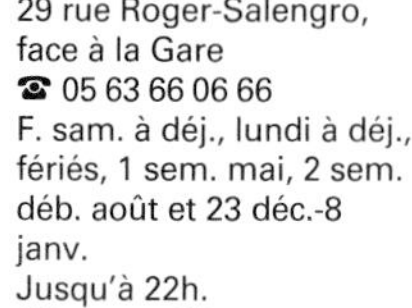

La cuisine est confiée à un Maître Cuisinier de France à Montauban : autant dire que le foie gras de canard ou le pigeon n'ont qu'à bien se tenir. Et ils se tiennent bien, dans des assiettes soignées qui témoignent d'un savoir-faire aussi solide que la typique grande maison de briques roses.
C : 45 € • M : 23-58 € *www.hotel-restaurant-orsay.com*

11 Au Fil de l'Eau

» 14 quai du dr- Lafforgue
☎ 05 63 66 11 85
F. dim. à dîn., lundi et merc. à dîn. (sf juil.-août).
Jusqu'à 21h30.

Sur les berges du Tarn qui traverse cette magnifique ville rose, on goûte un terroir endimanché avec loyauté, escalope de foie gras au pain d'épices, pigeonneau en deux cuissons (ragoût de cuisses, suprêmes rosés, nems d'abats), croustillant d'agneau du Quercy. Bonne cave sud-Ouest, menu correct à 28 **€**.
C : 45 € • M : 28-53 € *www.http://perso.wanadoo.fr/aufildeleau82*

à NEGREPELISSE - 82800 : 17 km N.E. par D 115

11 Terrassier H

» Village
☎ 05 63 30 94 60
F. vend. à dîn. et dim. à dîn.
Jusqu'à 21h.

Récemment agrandi de quelques chambres supplémentaires, l'hôtel-restaurant d'Annie Cousseran fait profiter sa clientèle d'une piscine privée et d'une superbe terrasse sur laquelle les bons petits plats de la maîtresse de maison se sentent pousser des ailes : terrine de canard au foie gras, pavé de saumon à l'oseille, crépinette de pintade sauce aux cèpes.
C : 30 € • M : 12-40 € • 18 ch. 42-82 € • 1/2 pens. 42-65 €

MONTAUROUX - 83440 (34 B 5)

Toulon 113 - Grasse 21

14 Auberge des Fontaines d'Aragon

» Quartier Narbonne
☎ 04 94 47 71 65
F. lundi, mardi et 2 janv.-2 fév.
Jusqu'à 21h30.

Cuisine du cœur, cuisine de passion, on ne peut guère contester à Eric Maio qu'il s'implique à 200% dans sa maison, dont les atouts sont devenus évidents au fil des ans, pourtant loin de la plage. La terrasse élégante, la salle accueillante, les efforts visibles (trop?), cette opulence poussée en avant - et qui parfois gêne un peu, comme la truffe toute l'année - méritent évidemment toute la bienveillance du voyageur. Qui essaiera donc modestement quelques plats sans "tuber borghi" ou "melano", comme un bon saint-pierre aux aromates et jus de viande au thym et une tarte fraises olives crème glacée au mascarpone. Carine Maio anime la maison avec le sourire et la cave - régionale, cuvées sélectionnées de Rabiega, Font du Broc... - avec pertinence.
M : 37-90 € *www.fontaines-daragon.com*

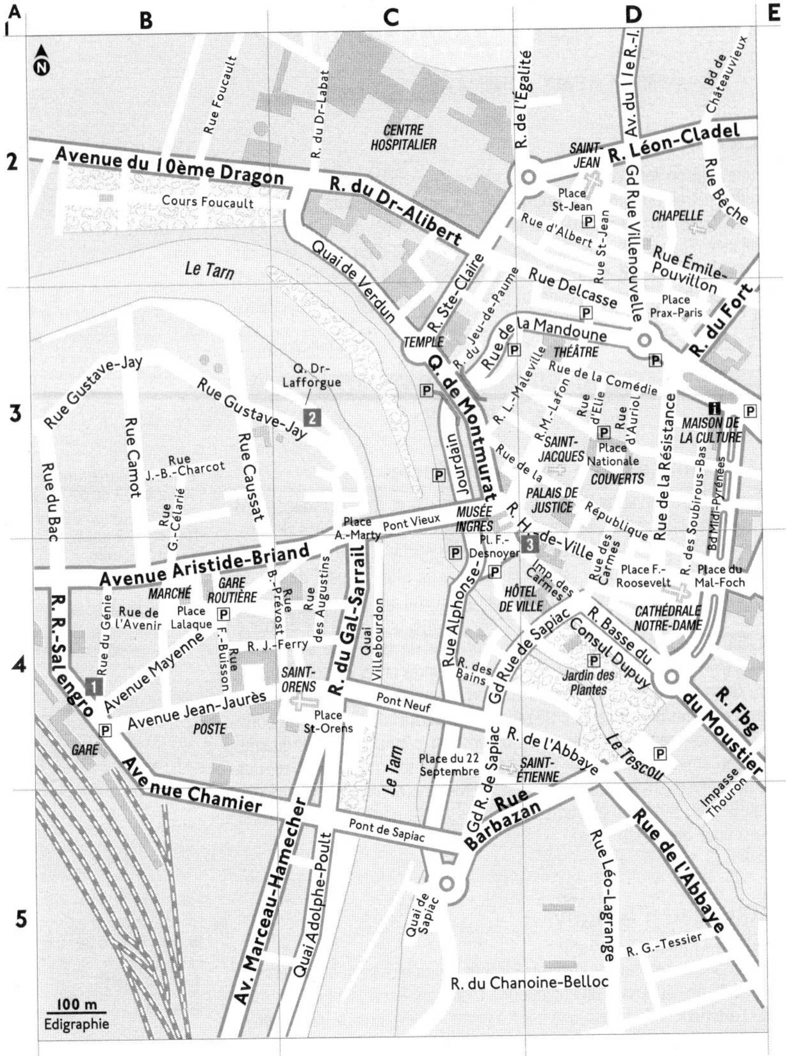

Restaurant

1 Cuisine d'Alain (La) **B-4** 2 Fil de l'Eau (Au) **C-3** 3 Saveurs d'Ingres (Les) **D-4**

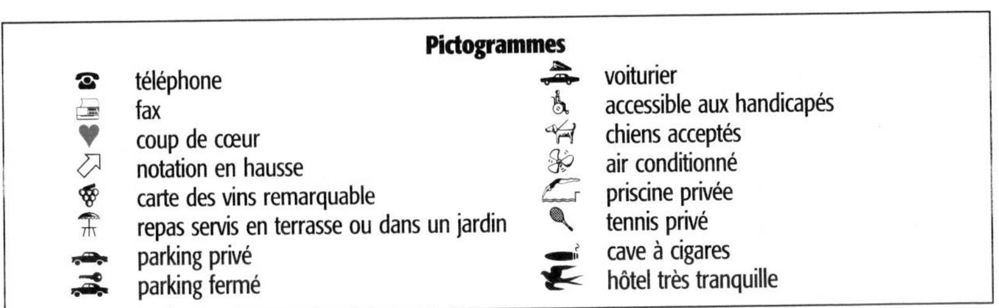

MONTBARD - 21500 (20 A 3)

Dijon 77 - Auxerre 79

à SAINT REMY - 21500 : 4 km N.O. par D 905

 La Mirabelle

» 1 rue de la Brenne
☎ 03 80 92 40 69
F. dim. à dîn., mardi à dîn., merc. et déc.
Jusqu'à 21h.

C'est une maison tout ce qu'il y a de sérieux, un ancien relais de poste à cinquante mètres du canal de Bourgogne. Ici, on ne plaisante pas avec la nourriture, Gilles Muzel en fait bon usage pour des convives qui savent se tenir. La confiance règne donc sans partage pour la meurette d'escargots, le sandre au pinot noir et le filet de bœuf aux échalotes et vin rouge. La cave est naturellement bourguignonne, avec un projecteur braqué sur l'Yonne : irancy, chablis…

C : 40 € • M : 18-37 € *lamirabelle2@free.fr*

MONTBAZON - 37250 (17 C 4)

Tours 18 - Amboise 39

 La Chancelière - Le Jeu de Cartes

» 1 pl des Marronniers
☎ 02 47 26 00 67
F. dim., lundi, 22 janv.-13 fév. et 6-22 août.
Jusqu'à 21h30.

La nouvelle déco ? Superbe, pleine de cachet, simple et chic, des idées, dans l'éclairage, les petits cadres, les touches d'un bistrot raffiné. Une fois de plus, Jean-Luc Hatet joue juste et redonne la balle à Michel Gangneux dans les meilleures conditions. Dans la ligne politique que lui a fixé le parti du Jeu de Cartes, le chef fait son marché pour équiper un menu à moins de 30 € d'un wagon d'idées de saison : des nems de saumon fumé, un décortiqué de crabe et bouillon chaud de langoustines, une brochette de lotte rôtie au laurier, charlottes et jus d'étrille, une poire de bœuf au corbières et ces desserts joujoux, la glace caramel et coulis batna cappuccino ou le craquant de cacahuète sauce au thym. La bonne idée de l'année : le zapping, qui permet de changer n'importe quel plat de ce menu pour une autre proposition parmi une petite dizaine, moyennant supplément. C'est la même chose qu'un menu avec des suppléments, en moins horripilant et plus moderne. Très bonne sélection viticole, en bouteilles, en carafe ou en verre, en Loire et sur de nombreuses régions, à prix aussi doux que la table.

M : 29-33 €

Château d'Artigny

» Rte de Monts
☎ 02 47 34 30 30
F. non comm.
Jusqu'à 21h15.

➡ **Hôtel :** Château d'Artigny

Membre éminent des Grandes Etapes Françaises, l'ancien château du parfumeur François Coty ne peut pas vraiment jouer les modestes. Réellement impressionnant de l'extérieur, il l'est aussi une fois les portes du majestueux hall d'entrée franchies. Hauts plafonds, pièces aux volumes gigantesques et belles : assiettes de Francis Maignaut, professionnel chevronné, les écrevisses et ris d'agneau en salade gourmande, l'alose de loire au verjus d'oseille, l'agneau du Poitou à l'ail vert en épigramme et les crêpes dentelles fourrées de framboises et flambées. Cave immense (le livre semble peser plusieurs dizaines de kilos) et pas vraiment abordable.

C : 78 € • M : 49-81 € *www.artigny.com*

 Château d'Artigny

» Rte de Monts
☎ 02 47 34 30 30
📠 02 47 34 30 39
F. non comm.

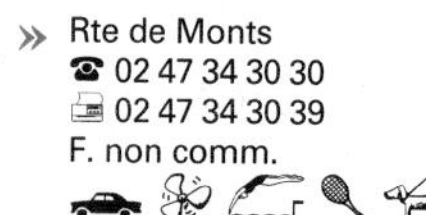

➡ **Restaurant** : 15/20 Château d'Artigny

Une magnifique et fastueuse demeure de pierres blanches comme coupée du monde. Tout est ici traité au superlatif, depuis l'équipement dévolu aux chambres (immenses) jusqu'aux splendides jardins à la française en passant par les équipements de détente (sauna, tennis, piscine chauffée, hammam, jacuzzi, parcours de santé, pitch and putt…)

65 ch. 160-405 € • 1/2 pens. 78 € *www.artigny.com*

 Domaine de la Tortinière 

Reconstruite fin XIXe, cette demeure s'est inspiré des châteaux Renaissance en un cocktail majestueux. Luxe feutré, tissus fleuris et tons chaleureux pour des chambres personnalisées. Superbe terrasse sur la vallée de l'Indre, où l'on peut apprécier les vertus d'une cuisine bien dans le ton, entre vertus classiques et élégance : mimosa de daurade et saumon fumé crème au caviar, filet de bœuf rôti pain perdu truffé, minestrone de fruits frais au mascarpone vanillé.
7 appart. 300 € • 23 ch. 140-200 € • 1/2 pens. 54-64 € • C : 39 € • M : 30-69 €
www.tortiniere.com

» Rte de Ballan-Miré
☎ 02 47 34 35 00
02 47 65 95 70
F. janv., fév. et 19-31 déc.

➲ à VEIGNE - 37250 : 5 km O. par N 10, D 287 et D 87

Le Moulin Fleuri R

Le moulin actuel remonte au XIXe siècle. La situation est plaisante, avec le jardin fleuri au bord de l'Indre, et les chambres dans un style rustique attendu. Bel hommage actualisé au terroir au restaurant, dans les plats proposés (géline aux truffes de Touraine, lapin à la tourangelle) comme dans la carte des vins, à la sélection large et soignée.
1 appart. 106 € • 9 ch. 69 € • 1/2 pens. 73,70 € • M : 28,90-49,50 €
www.moulin-fleuri.com

» Rte du Ripault
☎ 02 47 26 01 12
02 47 34 04 71
F. 18-25 déc. et 25 janv.-28 fév.

MONTBELIARD - 25200 (21 D 2)

Besançon 82 - Mulhouse 57

➲ à ETUPES - 25460 : 3 km E. par D 463

(12) Au Fil des Saisons

Il fait toujours beau en toute saison chez Fabienne et Stéphane Robinne : ils ont pris le parti de voir le soleil partout dans leur frais décor contemporain au pays de Montbéliard, où la température n'est pas toujours clémente. La Méditerranée adoucit les mœurs, légumes au basilic, lotte rôtie à l'huile d'olive, filet de daurade royale et vinaigrette d'asperges, fricassée d'agneau. Les desserts sont frais et classiques (fondant au chocolat, sablé breton aux fraises), les menus bien calés en dessous de 30 € et la cave un peu faible malgré quelques étrangers en alibi découverte.
C : 35 € • M : 21,50-28,50 € *aufildessaisons@club-internet.fr*

» 3 rue de la Libération
☎ 03 81 94 17 12
F. sam. à déj., dim., lundi, dern. sem. déc-1er sem. janv. et dern. sem. juil.-2 prem. sem. août.
Jusqu'à 21h30.

➲ à SELONCOURT - 25230 : 8 km S.E. sur D 34

(12) Le Monarque

Prenez ce Monarque pour un républicain bon teint. Après tout, la Révolution est passée, et dans cette maison centenaire, la simplicité régionale a bon goût (croûte aux morilles et au savagnin, filets de perche au vin du Jura, magret d'oie aux griottes de Fougerolles) même si la cuisine veut parfois s'évader dans des assiettes maniérées. En revanche, ne manquez pas l'automne : il y a quelques bons fusils dans le coin, et le gibier est très joliment préparé. La carte de vins du Jura pourrait être encore davantage développée.
C : 31 € • M : 18,50-35 €

» 23 rue de Berne
☎ 03 81 37 12 39
F. sam. à déj., dim., lundi, 3 sem. déb. août et 23 déc.-2 janv.
Jusqu'à 21h.

MONTBONNOT SAINT MARTIN ➤ GRENOBLE

MONTBOUCHER SUR JABRON ➤ MONTELIMAR

MONTBRON - 16220 (22 C 4)

Angoulême 30 - Rochechouart 36 - Nontron 23

Hostellerie du Château Sainte-Catherine 

Sobre et élégante, avec ses pierres et ses fenêtres sagement ordonnancées, l'architecture est typique du XVIe siècle. L'intérieur est actualisé avec goût et respect de l'esprit des lieux, qui furent fréquentés par Joséphine de Beauharnais.
18 ch. 80-150 € • 1/2 pens. 160 € *www.chateausaintecatherine.com*

» Rte de Marthon, RD 6
☎ 05 45 23 60 03
05 45 70 72 00
Ouv. 7j/7.

MONTCEAU LES MINES - 71300 (20 A 5)

Mâcon 74 - Le Creusot 22

14 Jérôme Brochot

Des travaux sont prévus pour améliorer le cadre de ce vénérable établissement. Gageons qu'on y goûtera avec encore plus de plaisir la cuisine de Jérôme Brochot, qui s'appuie avec talent sur le terroir, pour se l'approprier et en proposer sa propre version, faite de saveurs pleines, indissociables du beau produit, et ponctuée de traits personnels à la fois discrets et indispensables, étonnants et familiers, comme ces escargots traités en cannelloni, et rognons d'agneau, échalote farcie à l'ail, le tout allégé par l'émulsion de haricot coco et le jus d'herbe. La richesse de la crème qui nourrit le poulet de ferme en cocotte ou le délicieux parfum d'enfance de la brioche façon pain perdu, pomme rôtie glace au foin, vivifié par le poivre et la poudre d'orange, confirment un vrai plaisir gourmand. La carte des vins invite à une belle balade dans une Bourgogne actuelle et dynamique.
C : 75 € • M : 20-77 € *www.hotel-le-France.com*

» 7 pl Beaubernard
☎ 03 85 67 95 30
F. sam. à déj., dim. à dîn., lundi, 1re sem. janv., 2 sem. déb. avril et 2 sem. déb. août.
Jusqu'à 21h15.

MONTCHENOT ➤ REIMS

MONTCUQ - 46800 (29 D 2)

Cahors 25 - Moissac 42 - Agen 50

12 Café de France

Au centre du village, sur la place du marché, là où tout se passe, ouvrant sur la vie locale par une belle terrasse à l'ombre d'un marronnier, ce café de village joue de sa simplicité pour attirer touristes et locaux en mal d'authenticité : terrine d'alose et marinade de saumon en tartare, cassoulet au confit d'oie, lotte rôtie et fondue d'aromates au serrano, marquent leur territoire. Cave assez fournie et privilégiant la production locale.
C : 30 € • M : 12-35 €

» 5 pl de la République
☎ 05 65 22 90 29
F. lundi à dîn. et merc. (sf vac. scol.) et janv.
Jusqu'à 21h30.

MONTE CARLO - 98000 (34 D 4)

Paris 954 - Menton 13 - Nice 19

19 Le Louis XV-Alain Ducasse

➥ **Hôtel :** Hôtel de Paris

Cadre et ambiance

Y a-t-il plus haut niveau que cette salle somptueuse de l'hôtel de Paris ? Le casting, en terme de berlines et limousines, est sans doute le plus impressionnant de France. La salle, toute en style, apparat, doré jusqu'aux assiettes, peut intimider ou faire sourire. Tout est grand ici : le beurre découpé à la motte, les douze sortes de pain, les légumes à grignoter en arrivant.

Cuisine

Franck Cerruti, le fils le plus doué d'Alain Ducasse ? On le pense tous les ans, en évoquant cette façon incroyable de surfer sur les terroirs niçois et italien, cette aisance, cette précision sur un bouillon froid de coco, caillé de brebis et effeuillée de morue joué en amuse-bouche, et cette belle risette permanente

» Pl du Casino
☎ 377 98 06 88 64
F. mardi, merc. (sf 21 juin-23 août), 14 fév.-1er mars et 28 nov.-28 déc.
Jusqu'à 21h30.

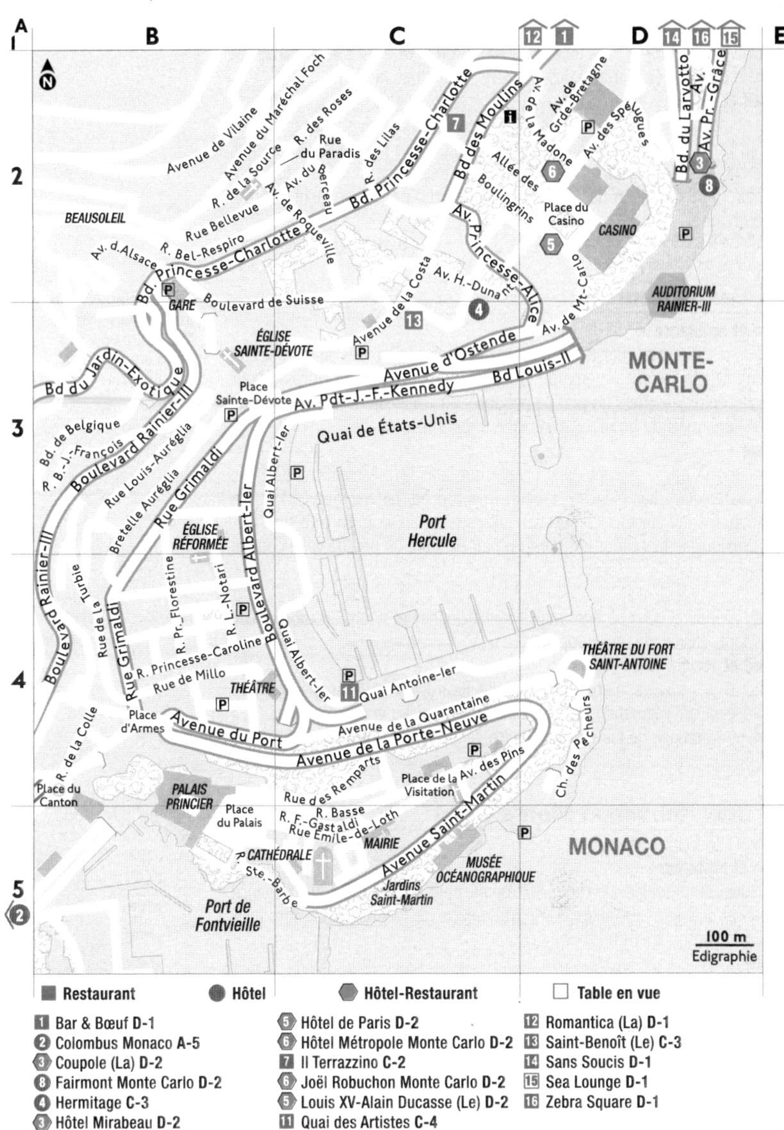

qui consiste à faire du plat de pauvre (du maquereau, de la morue, du stockfish à la pérugine, du lard paysan) dans un tel palace à prix énorme. Et la grâce d'une tomate en trois façons (concassée, confite, rôtie) flanquée de quelques lamelles de truffe vous transforme un plat de pâtes à la tomates en grandioserie, tandis que le pâtissier sort des trucs effarants et divins, comme ces pêches en vinaigrette tatin de brugnon et sorbet pêche d'une délicatesse inégalable.

Cave

Une collection de grands châteaux qui ont, chaque année depuis des millénaires, réservé leurs belles cuvées pour l'hôtel de Paris. Inutile de parler argent. En quoi serait-il intéressant de signaler que Pétrus 82 vaut 10 000 € de plus qu'à la Villa Mon Rêve à Basse-Goulaine ? Est-ce que cela va décider un coureur automobile monégasque ou un industriel italien à aller manger du brochet beurre blanc sur les bords de l'Erdre ? Et puis, autour de 100 €, on peut croiser la Marginale de Germain ou la cuvée Florence des Gouberts. Donc tout va bien.

Accueil et service

Curieusement, à notre dernière visite, le fameux très haut niveau faisait un peu relâche. Dans une salle à moitié vide, on aurait pu être bichonné, et pourtant, ça sentait le sous-effectif, la tête ailleurs, des jeunes partout, les cadres en séminaire peut-être. Rien de grave, bien sûr, même pas un accident, à peine une écorchure.

C : 150 € • M : 105-190 € *www.alain-ducasse.com*

16 Bar & Bœuf

» Le Sporting-Monte-Carlo, av Princesse-Grace
☎ 377 98 06 71 71
F. fin sept.-mi-mai.
Jusqu'à 1h.

Cadre et ambiance

Faut-il faire un dessin ? Bar & Bœuf est la table saisonnière des dîners chics du Sporting Monte-Carlo. La crème de la crème, un concept Alain Ducasse pour grignoter entre jet-setters un peu de poisson - oui, mais du bar - et un peu de viande - oui, mais du bœuf. C'est superbe, moderne, branché.

Cuisine

Monsieur AD ne se trompe pas. Quelle que soit la présentation, c'est fin, délicieux, enjoué : bar plancha, vapeur, à la broche, tartare, bœuf idem, en carpaccio, mariné épices façon tchatchouka, snacké au wok, en côte sans l'os. Pour ceux qui viennent tous les jours, un peu de thon, un peu de veau pour se distraire.

Cave

Vins du monde et deux cépages majeurs, chardonnay et syrah. Un choix malin, et des tarifs élevés ma non troppo.

Accueil et service

Si vous n'êtes pas en marcel et casquette Ricard, on vous accueillera avec jovialité, essayant vaguement de reconnaître si vous collez vraiment au lieu. C'est tellement dommage de faire tache. Service gentil, proche, ouvert.

C : 80 € *www.alain-ducasse.com*

16 Joël Robuchon Monte Carlo

» 4 av de la Madone
☎ 377 93 15 15 15
Ouv. 7j/7.
Jusqu'à 22h30.

➥ **Hôtel :** Hôtel Metropole Monte-Carlo

Cadre et ambiance

Les salons très privilégiés de l'hôtel Métropole, pour accueillir en toute élégance une jet-set détendue, et l'initier au nouvel univers de Joël Robuchon (produits, simplicité) via son chef Christophe Cussac.

Cuisine

Nette et incisive, elle offre, en grande assiette ou en petites portions, de l'excellence au naturel. La sardine va à l'asperge et au citron de Menton, la ventrèche de thon mi-cuite aux aromates, la magnifique tomate au parmesan avec quelques lamelles d'iberico, la daurade aux légumes d'été, la volaille à la broche, et une tarte au citron définitivement exquise.

Cave

Brillante également, elle fait le tri avec le même brio quand il s'agit de visiter les recoins cachés de la Provence comme de sillonner le monde viticole. Curiosité et prosélytisme.

Accueil et service

De bon ton, dans l'aisance qui sied à autant de spontanéité dans l'assiette. On est entre nous, tout est facile, courtois, brillant. Et le directeur italien est parfait.

C : 60 € • M : 60-160 € *www.metropole.com*

14 La Coupole

» 1 av Princesse-Grace
☎ 377 92 16 65 65
F. à déj. (1er juil.-31 août).
Jusqu'à 22h.

➥ **Hôtel :** Hôtel Mirabeau

Vitesse de croisière atteinte à l'hôtel Mirabeau. Sur le fameux circuit de Monte-Carlo où les dépassements sont difficiles, Didier Aniès défend la position acquise l'an passé : une jolie cuisine contemporaine, de belles assiettes, des goûts sûrs et des tarifs dignes du Rocher. Tout n'est pas vraiment rock et ragga, mais beaucoup se contenteraient de ce grand ordinaire offert par une brigade studieuse, une jolie soupe de morilles à la réglisse, un croustillant de rouget au romarin, une excellente tatin d'ananas. Cave imposante et globalement inabordable, service soigné, sans faille et pas coincé.

C : 100 € • M : 55-83 € *www.montecarloresort.com*

La Romantica

» 3 av Saint-Laurent
☎ 377 93 25 65 66
F. dim. F. ann. non comm.
Jusqu'à 22h.

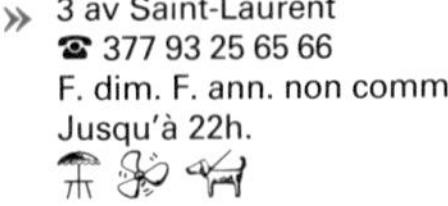

Une trattoria aux beaux atours, une cuisine de mamma qui s'accorde à l'ambiance familiale d'habitués, pas jet-setteuse pour deux sous, dans un cadre gentiment endimanché. On partage les antipasti, on dévore d'excellentes pâtes et on goûte avec bonheur un excellent osso buco. Desserts banals, tarifs soutenus, mais à cette qualité et dans cette ambiance, le rendement est tout simplement dépaysant. A la cave, des cuvées de toutes les régions de la Botte et du classique français. Un point de plus.

C : 30 € • M : 25-25 €

Il Terrazzino ♥

» 2 rue des Iris
☎ 377 93 50 24 27
F. dim.
Jusqu'à 23h.

Si près de la frontière, un restaurant italien de ce calibre n'aurait aucune chance de durer sans authenticité ni légitimité. La cuisine qui est développée ici est précise, respectueuse des identités régionales (scaloppine alla sorrentina, polpette napolitaine…) et bien personnalisée (délicieuses pâtes farcies). L'atmosphère trattoria chic, et les prix assez élevés, induisent une sélection naturelle d'une clientèle connaisseuse.

C : 30 € • M : 18-25 € *www.ilterrazzino.com*

(12) Quai des Artistes

» 4 quai Antoine-1er
☎ 377 97 97 97 77
Ouv. 7j/7.
Jusqu'à 23h.

Comptant parmi les terrasses les plus prisées de la Principauté, cette brasserie au bord de l'eau ne se pousse pas trop du col, ne profitant pas de la situation pour assommer le gogo de passage. Les prix restent étonnamment abordables et les assiettes savent se montrer généreuses : artichauts violets confits, feuilles de roquette et parmesan, filet de loup cuit sur peau, vert-vert de légumes à l'huile vierge, souris d'agneau cuite à l'os et purée de pommes de terre au romarin.

C : 35 € • M : 21-40 € *www.quaidesartistes.com*

(12) Le Saint-Benoît

» 10 ter av de la Costa
☎ 377 93 25 02 34
F. dim. à dîn., lundi et 19 déc.-4 janv.
Jusqu'à 22h30.

Les Monégasques ne dînent pas tous les soirs chez Robuchon ou Ducasse. Ils ont aussi leurs petites adresses tranquilles, comme cette douce maison avec sa terrasse panoramique sur le port et sa carte de bonne tradition réalisée par un chef de devoir et de conscience. On ne badine pas plus avec la sole grillée sauce sicilienne qu'avec le magret rôti au miel pommes Maxim's ou le filet de bœuf sauce ail et anchois. La carte grimpe vite, mais le menu à 28 **€** est équitable, en suivant les recommandations du jour.

C : 53 € • M : 28-38 € *www.monte-carlo.mc/lesaintbenoit*

(12) Sans Soucis

» 42 bd d'Italie
☎ 377 93 50 14 24
F. dim., fériés à déj. et juin.
Jusqu'à 22h15.

Un pied de chaque côté de la frontière, le cou de canard farci au foie gras ou les artichauts salade gratinés copinant avec les gnocchis ou le risotto gratiné au Castelmagno. Standing à la Monégasque.

C : 35 € *www.restaurant-sans-souci.mc*

(12) Zebra Square

Tout va tellement vite qu'il fait presque figure de patriarche dans la " lounge tendance ". Mais c'est toujours une adresse, fière, élégante, très bien décorée et très chère, dans une position imprenable. Et ne vous inquiétez pas pour les modes : on sait ici les faire durer comme les faire changer, et les produits sont impeccables.
C : 65 €

» 10 av Princesse-Grace, Grimaldi-Forum
☎ 377 99 99 25 50
Ouv. 7j/7.
Jusqu'à 24h.

Fairmont Monte Carlo

Les loisirs ne manquent pas au sein de ce palace, avec le casino, la piscine sur le toit, le bar ou le centre de remise en forme, selon l'heure ou l'humeur. La vue porte sur la mer et le palais princier, en face de l'hôtel. Chambres aux volumes généreux et aux prestations luxueuses.
29 appart. 659-1649 € • 590 ch. 239-389 € • 1/2 pens. 229,50-334,50 €

» 12 av de Spélugues
☎ 377 93 50 65 00
Fax 377 93 30 01 57

Hermitage

Les éléments remarquables ne manquent pas dans cette prestigieuse adresse, avec la verrière qui protège le hall (signé Gustave Eiffel), le mobilier de style (authentique) pour respecter l'architecture Belle Epoque fastueuse et la belle vue sur la mer, pour des chambres au luxe typiquement Riviera, fastueux et raffiné dans le moindre détail. Le restaurant Vistamar justifie son nom par une remarquable terrasse panoramique, qui met ainsi le panorama en accord avec l'assiette, largement tournée vers la mer elle aussi, dans un beau registre classique.
21 appart. 1795-2370 € • 250 ch. 360-495 € *www.montecarloresort.com*

» Square Beaumarchais
☎ 377 92 16 40 00
Fax 377 92 16 38 52
Ouv. 7j/7.

Hôtel de Paris

➥ **Restaurant** : 19/20 Le Louis XV-Alain Ducasse

Place du Casino à Monaco… Ave une telle adresse, la banalité est exclue et le Paris se hisse à un niveau de luxe (dans le raffinement des prestations) et de faste (dans le décor, à commencer par le hall) exceptionnel. Aux dorures des espaces communs répond le luxe plus sobre des chambres (meublées à l'anglaise) et des suites (cadre contemporain). Deux restaurants en plus du Louis XV, le Grill (remarquables poissons) et les buffets du Côté Jardin.
44 appart. 1900-8000 € • 147 ch. 500-1450 € *www.montecarloresort.com*

» Pl du Casino
☎ 377 92 16 30 00
Fax 377 92 16 38 49
Ouv. 7j/7.

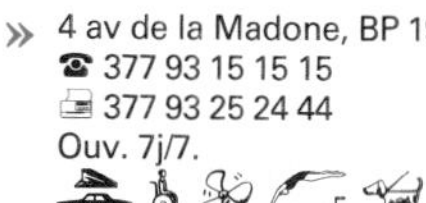

Hôtel Metropole Monte-Carlo

➥ **Restaurant** : 16/20 Joël Robuchon Monte Carlo

Jacques Garcia a été appelé en renfort pour concevoir un décor totalement renouvelé pour la réouverture l'an passé de ce palace fin XIXe. Atmosphère cossue et feutrée à la fois, avec un luxe chatoyant et harmonieux, dans des teintes empreintes de douceur. Le décor n'est pas le seul à créer l'atmosphère unique des lieux, chaque détail est pensé, du design sonore à l'arche de buis taillée qui marque l'entrée de l'hôtel.
64 appart. 575 € • 82 ch. 375-450 € *www.metropole.com*

» 4 av de la Madone, BP 19
☎ 377 93 15 15 15
Fax 377 93 25 24 44
Ouv. 7j/7.

Hôtel Mirabeau

➥ **Restaurant** : 14/20 La Coupole

L'hôtel a fait peau neuve en 2004, pour des prestations améliorées et un décor revu, l'ensemble du rez-de-chaussée et une partie des chambres. Contemporain et raffiné, le résultat est remarquable. Chambres à l'espace généreux, la plupart avec terrasse sur la mer. Equipement et qualité du service sont au niveau des exigences d'une clientèle internationale haut de gamme. Accès aux installations de la Société des Bains de Mer, si le spa sur place ne suffisait pas.
14 appart. 440-690 € • 89 ch. 270-395 € *www.montecarloresort.com*

» 1 av Princesse-Grace
☎ 377 92 16 65 65
Fax 377 93 50 84 85
Ouv. 7j/7.

🏨 Columbus Monaco

» 23 av des Papalins
☎ 377 92 05 90 00
📠 377 92 05 91 67
Ouv. 7j/7.
🚗 ♿ ❄ 🐕

Une ambiance résolument design, lignes sobres, murs clairs et matériaux nobles (bois et cuir sombres). Une tendance zen, dont l'effet est accentué par le soin porté à la musique d'ambiance, l'équipement "branché" des chambres ou encore le bar lounge très couru en soirée.

28 appart. € • 153 ch. 255-350 € www.columbushotels.com

🏨 Monte Carlo Beach Hotel R

» Av de la Princesse-Grâce
☎ 04 93 28 66 45
📠 04 93 78 14 18
F. 12 nov.-4 mars.

Fruit des Années Folles et des grandes heures de la Riviera, ce palace 1930 en garde des volumes généreux et une architecture typique. Les tons Terre de Sienne qui l'habillent jouent avec la lumière méditerranéenne pour créer une ambiance douce et chaleureuse, mariée à un luxe sans faille. Nombreux loisirs, notamment nautiques (piscine olympique et plage privée) et 4 restaurants pour répondre à toutes les envies, du gastro Salle à Manger au branché Sea Lounge, en passant par la brasserie marine le Deck ou la Vigie pour les poissons grillés.

3 appart. 730-1930 € • 44 ch. 260-625 € • C : 52 €

www.montecarloresort.com

MONTEILS ➤ CAUSSADE

MONTELIMAR - 26200 (27 C 5)

Valence 48 - Avignon 83

[13] La Table des Pins

» 148 rte de Marseille
☎ 04 75 01 15 88
F. 1 sem. Noël.
Jusqu'à 21h45.
⛱ 🚗 ♿ ❄ 🌊 🐕 🚬

➡ **Hôtel :** 🏨 L'Hostellerie des Pins

L'emballage (cadre extérieur, environnement de la N7 en sortie de ville) est ingrat, mais le cadeau est à l'intérieur. Un chef, une cuisine, du tempérament, un bel accent pointu. Christian Bellet travaille pour les voyageurs, mais aussi pour les locaux qui savent où peut se porter leur intérêt gastronomique : carpaccio de bœuf à l'huile de basilic, loup grillé aux herbes de Provence, pomme de ris de veau rôtie au bois et jus de réglisse. L'ensemble est néanmoins un peu plus conventionnel que ce que l'on avait entrevu précédemment.

C : 40 € • M : 12-42 €

[12] Les Senteurs de Provence

» 202 rte de Marseille
☎ 04 75 01 43 82
F. dim. à dîn., mardi à dîn. et merc. à dîn.
Jusqu'à 22h.
⛱ 🚗 ♿ ❄ 🐕

Après quatre années d'exercice dans cette maison de la périphérie (l'ex Chez Francis), Jean-Paul Reynes nourrit plusieurs projets, comme l'embellissement de la terrasse ou la réfection de la façade dans des tons plus gais. Sa cuisine demeure solidement ancrée dans la tradition à la française, le sauté de cuisse de poulet à l'estragon, le filet de bœuf au foie gras et morilles et le filet de saint-pierre cuit meunière ne laissant finalement que peu de place aux spécialités régionales (cylindre de ravioles du Royans aux queues de langoustines, parfait glacé au nougat). La petite carte des vins met en avant le vignoble local.

C : 29 € • M : 16-40 €

[10] Le Bistro Latin

» 3 rue du Collège
☎ 04 75 51 90 76
F. dim. et 3 sem. août.
Jusqu'à 23h.
⛱ ♿ 🐕 🚬

Le chouchou de Montélimar, pour l'affluence, l'animation, la satisfaction, ne lésine pas sur les efforts pour faire sourire les Montiliens : une grande carte moderne, avec des carpaccios, des salades de thon, des pâtes fraîches, des menus aux noms charmeurs, et une carte de vins honnête qui met le Rhône en bouteille.

C : 20 € • M : 13-38 € www.bistro-latin.com

 L'Hostellerie des Pins

➥ **Restaurant** : 13/20 La Table des Pins

Etape sympathique sur la route des vacances, avec un parc arboré (des pins, bien sûr) pour oublier un peu l'environnement et des chambres soignées, dans des tons de jaune chaleureux.

43 ch. 47-75 € • 1/2 pens. 42-59 € *www.hostelleriedespins.com*

» 148 rte de Marseille
☎ 04 75 01 15 88
📠 04 75 51 09 40
F. 1 sem. Noël.

Sphinx Hôtel

Mobilier provençal ancien et situation pratique en centre-ville pour cet ancien hôtel particulier du XVIIe siècle. Terrasse ensoleillée pour les petits-déjeuners.

24 ch. 46-69 € *www.sphinx-hotel.fr*

» Les Allées Provençales, 19 bd Marre-Desmarais
☎ 04 75 01 86 64
📠 04 75 52 34 21
F. 22 déc.-8 janv.

➲ à MONTBOUCHER SUR JABRON - 26740 : 5 km E.

 Château du Monard R 

Sur un golf de 75 ha, à quelques minutes de Montélimar, le domaine est un havre de relaxation pour tous, joueurs ou non, profitant des charmes de l'ancienne propriété du marquis d'Arlande, aménagée aujourd'hui en un bel ensemble contemporain aux chambres bien équipées, en cours de rénovation, la plupart au style sobre et provençal. Nous apprenons au moment du bouclage l'arrivée au restaurant des Groult, qu'on a connu à 16/20 à l'Amphyclès à Paris. Gageons que le résultat sera à la hauteur, on en reparle très bientôt.

4 appart. 135-196 € • 31 ch. 72-144 € • 1/2 pens. 85-136 € • C : 50 € • M : 35-46 € *www.domainedelavaldaine.com*

» Domaine de la Valdaine
☎ 04 75 00 71 30
📠 04 75 00 71 31
Ouv. 7j/7.

MONTEUX ➤ CARPENTRAS

MONTFAUCON ➤ BESANÇON

MONTGRESIN ➤ CHANTILLY

MONTHIEUX - 01390 (27 D 2)

Lyon 24 - Villefranche-sur-Saône 20

Le Golf du Gouverneur

L'ancienne résidence de chasse est désormais une belle étape pour golfeurs, qui apprécient le confort des installations, la tranquillité des lieux et le luxe bourgeois d'un décor contemporain. La Table d'Antigny défend avec brio des valeurs classiques sagement actualisées : le risotto aux champignons noirs sur le grenadin de veau, la crème à la violette sur le millefeuille de fruits rouges ou encore le beurre à la badiane sur le croustillant de gambas.

7 appart. 100-170 € • 48 ch. 75-120 € • 1/2 pens. 30 €

www.golfgouverneur.fr

» Château du Breuil
☎ 04 72 26 42 00
📠 04 72 26 42 20
F. 19 déc.-5 janv.

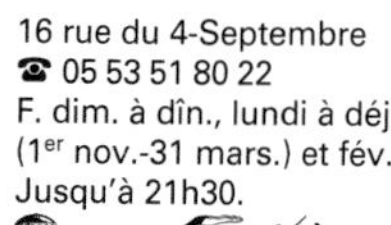

MONTIGNAC - 24290 (24 B 2)

Sarlat 26 - Les Eyzies 26

 13 Le Relais du Soleil d'Or

La Préhistoire est à deux kilomètres, dans les grottes de Lascaux. L'histoire des traditions gastronomiques périgourdines se raconte sur place, dans cet ancien relais de poste XVIIIe, à travers une collection de plats très soigneusement entretenue : foie gras aux figues, omelette aux cèpes, demi-pigeonneau farci façon périgourdine, canard confit et fricassée de cèpes. En exposition temporaire, quelques plats du marché inspirés par la mer. Cave généraliste assez intéressante pour ses bergeracs, cahors et bordeaux.

C : 47 € • M : 23-53 € *www.le-soleil-dor.com*

» 16 rue du 4-Septembre
☎ 05 53 51 80 22
F. dim. à dîn., lundi à déj. (1er nov.-31 mars.) et fév.
Jusqu'à 21h30.

Château de Puy-Robert 

Rte de Valojoulx
☎ 05 53 51 92 13
📠 05 53 51 80 11
F. mi-oct.-déb. mai.

Architecture XIXe et tranquille situation seul au monde au milieu d'un vaste parc pour ce château XIXe aux amusantes tourelles d'angle. Tissus fleuris et meubles de style pour une ambiance chaleureuse et romantique dans des chambres au confort soigné et à l'espace généreux sous les hauts plafonds. Haute classe et délicatesse, dans le décor de la salle à manger comme dans le service qui installe une atmosphère apaisante et rassurante. La cuisine frise les deux toques, avec une application forcenée pour paraître encore plus belle que Blanche-Neige.
38 ch. 90-325 € • 1/2 pens. 112-230 € • C : 70 € • M : 38-85 €
www.puyrobert.com

➲ à CONDAT SUR VEZERE - 24570 : 8 km N. par D 704

Château de la Fleunie R

☎ 05 53 51 32 74
📠 05 53 50 58 98
F. déc.-janv.

En pleine campagne, dans un domaine de 106 ha jouxtant un parc animalier, un joli château Renaissance, aux chambres calmes et aux nombreux équipements de détente. Au restaurant, la salle aux pierres apparentes permet de vivre un autre temps. La cuisine cultive les compositions de saveurs, parfois aigres-douces avec un brin de complication inutile (sésame, sirops…). Personnel affable et calme garanti.
1 appart. 160-180 € • 32 ch. 65-160 € • 1/2 pens. 68-130 € • C : 45 € •
M : 30-55 €
www.lafleunie.com

MONTLOUIS SUR LOIRE - 37270 (18 B 5)

Tours 12 - Amboise 15 - Châteauroux 115

La Tourangelle

47 quai Albert-Baillet
☎ 02 47 50 97 35
F. dim. à dîn., lundi (sf fériés, Pâques, Pentecôte), 10 jrs fév. et 26 juin-7 juil.
Jusqu'à 21h30.

Sur la route des bords de Loire, la maison s'adosse à la roche, dans une salle claire tout en longueur ou sur la terrasse, presque coupée du monde, avec le gazouillis de la fontaine. Une première impression confortée par la gentillesse de l'accueil, au sourire non feint. La cuisine affiche ses ambitions dans des produits nobles et des préparations raffinées, notamment dans les propositions du jour : sauce bien faite sur l'association langoustine et ris de veau, saint-pierre traité en tempura (un peu étouffé), mille-feuille aux trois chocolats trop classique. On retient beaucoup de bonne volonté et une carte des vins bien sélectionnée, notamment en loire (Chidaine en touraine, Pinard en sancerre, Dagueneau en pouilly, le Raifault ou Couly Dutheil en chinon).
C : 45 € • M : 28-60 €

Château de la Bourdaisière

25 rue de la Bourdaisière
☎ 02 47 45 16 31
📠 02 47 45 09 11
F. 30 nov.-1er mars.

Le château est né au XVe siècle, cadeau de François Ier à sa maîtresse. Dans cette architecture élégante, les chambres se parent d'un magnifique luxe à l'ancienne, avec tissus raffinés et mobilier de style, certaines avec le charme supplémentaire des matériaux apparents (poutres et pierres). Vaste parc.
3 appart. 160-250 € • 17 ch. 120-220 € *www.chateaudelabourdasiere.com*

Hôtels de charme

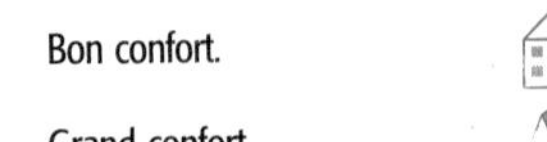

Bon confort. — Bon confort.

Grand confort. — Grand confort.

Luxe. — Luxe.

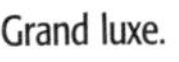

Grand luxe. — Grand luxe.

MONTLUÇON - 03100 (26 A 2)

Moulins 81 - Guéret 65

Le Grenier à Sel

➥ **Hôtel** : Le Grenier à Sel

A l'entrée de la cité médiévale, ce petit castel couvert de lierre brille en soirée sous les projecteurs, attirant les dîneurs sur la terrasse fleurie ou dans le décor Louis XV d'une salle joliment stylée. Comme la cuisine de Jacky Morlon, qui ne compte pas ses efforts pour répondre à toutes les envies : terroir, prestige, tradition, pour contenter tout le monde, il apporte les chaussons de morilles, il braise le rouget au basilic et rôtit le pigeon, servi avec un jus de viande et poivre de Séchuan. Les tarifs sont eux aussi seigneuriaux, hormis un bon menu "Retour du marché" à 21 **€**, et la carte des vins est bien fournie dans les grandes appellations et en loires.

C : 53 € • M : 21,50-65 €

www.legrenierasel.com

» 10 rue Sainte-Anne, pl des Toiles
☎ 04 70 05 53 79
F. sam. à déj. (sf fériés), dim. à dîn., lundi (sf à déj. juil.-août), 20 jrs vac. scol. fév., 1 sem. vac. Toussaint et 1er mai.
Jusqu'à 21h30.

Domaine Château Saint-Jean R

Le décor à l'ancienne des chambres (installées dans une annexe contemporaine) est un clin d'œil réussi au château (XIIe-XVIIe) voisin dans un espace généreux au décor soigné. Au restaurant, un cadre historique (une ancienne chapelle) et une cuisine gastronomique bien emmenée par un chef d'expérience : sandre poêlé et fricassée d'asperges vertes, carré d'agneau glacé au lard, crème brûlée aux fraises.

4 appart. 115-222 € • 16 ch. 65-93 € • 1/2 pens. 30 € • M : 21-58 €

www.chateaustjean.net

» Parc Saint-Jean
☎ 04 70 02 71 71
📠 04 70 02 71 70
F. 1re sem. janv.

Le Grenier à Sel

➥ **Restaurant** : 14/20 Le Grenier à Sel

Cachée derrière de hauts murs, cette maison historique est bien à sa place dans la vieille ville et propose, dans une atmosphère intime et délicate, de belles chambres de style

7 ch. 75-125 €

www.legrenierasel.com

» 10 rue Sainte-Anne, pl des Toiles
☎ 04 70 05 53 79
📠 04 70 05 87 91
F. 20 jrs vac. scol. fév., 1 sem. vac. Toussaint et 1er mai.

à REUGNY - 03100 : 14 km N. sur N 144

La Table de Reugny

La volonté, les promesses tenues, la curiosité et l'adresse, les qualités du métier convergent chez Pascale et Jean-Luc Sanguillon. Et les locaux, qui n'ont pas à leur disposition l'offre du Triangle d'Or, se retrouvent entre voisins devant des assiettes classico-actuelles d'un chef qui va de l'avant : beignets de rouget au curry, rôti de lotte au lard en réduction de saint-pourçain, crépinette de veau aux champignons des bois et croustade de ris de veau aux morilles.

C : 30 € • M : 21-46 €

www.restaurant-reugny.com

» 25 rte de Paris
☎ 04 70 06 70 06
F. dim. à dîn., lundi, mardi et fin août-fin déc.
Jusqu'à 21h.

MONTMOREAU SAINT CYBARD - 16190 (22 C 5)

Angoulême 34 - Cognac 57 - Chalais 16

(11) Plaisir d'Automne

Le terroir côté champ dans une version aimable et traditionaliste qui se négocie à 23 **€** dans le menu découverte : escargots au beurre d'ail, filet mignon de porc miel épices, pruneaux au cognac. Le chef joue la sûreté de main et le bon accueil, face à l'église classée du village.

M : 11-30 €

» 1 rue Saint-Denys
☎ 05 45 60 39 40
F. dim. à dîn., lundi (avril-sept.) dim. à dîn., lundi à dîn. mardi à dîn. (oct.-mars).
Jusqu'à 21h.

MONTMORILLON - 86500 (22 D 3)

Poitiers 51 - Châtellerault 56

Le Lucullus

» 4 bd de Strasbourg
☎ 05 49 84 09 09
F. lundi, mardi et 12 nov.-9 déc.
Jusqu'à 21h15.

On ne peut guère conclure une affaire de poids ou un anniversaire marquant ailleurs qu'au Lucullus. On y dîne dans de beaux draps, couverts en argent, nappage, cristal et belles manières. Gérard Alloyeau a tout le savoir-faire du monde pour le faire savoir. Et soigner, encore un peu plus chaque année les saint-jacques, avec une émulsion au pain grillé très mode et feuilles d'endives, le bar sauvage et parmentier d'huîtres, le pigeon en cocotte et jus au sirop d'érable. Accueil plein d'aisance de Marie-Thérèse, cave bordelaise et poitevine.
C : 34 € • M : 18-29 € *lucullus.hoteldefrance@wanadoo.fr*

MONTNER - 66720 (31 C 5)

Estagel 3 - Ile-sur-Têt 16

Auberge du Cellier H

» 1 rue de Sainte-Eugénie
☎ 04 68 29 09 78
F. mardi, merc. (sf juil.-août), 15 jrs mars et 3 sem. nov.
Jusqu'à 21h30.

Pas de déchet : toute la carte de Pierre-Louis Montener est alléchante, brillante, friande. Sans esbroufe, sans paillettes, ses plats évoquent l'imagination et la liberté d'un Gilles Goujon, dans la saine façon d'occuper le terroir, la déclinaison du foie gras (en terrine ail et tapenade, en crème catalane...), le pavé de morue purée des pois chiches et sauce à l'encre, la caille en brochette parfumée au genièvre de la route Força real, et les rousquilles et les croquants de Brosseau... Les menus sont futés, l'atmosphère sereine dans cette maison de maître ouvrant sur le vignoble. La remarquable cave, hormis qu'elle continue à orthographier Olivier Pithon comme un dangereux serpent, est une méthode idéale pour apprendre le catalan viticole. Les chambres rustiques se modernisent petit à petit, offrant toute la sérénité aux pèlerins et aux gourmands.
C : 58 € • M : 30-65 € • 6 ch. 51-68 € • 1/2 pens. 81-95 €
www.aubergeducellier.com

MONTPELLIER - 34000 (32 A 4)

Paris 778 - Lyon 305 - Toulouse 241

Le Jardin des Sens

» 11 av Saint-Lazare
☎ 04 99 58 38 38
F. dim. (sf fériés), lundi (sf à dîn. juil.-août), mardi à déj. (sf juil.-août), merc. à déj. et 2 sem. janv.
Jusqu'à 22h15.

➥ **Hôtel :** Le Jardin des Sens

Cadre et ambiance

Une grande salle qui se prolonge d'une véranda entourée de verdure, une oasis en pleine ville, de luxe à la méditerranéenne, décontractée et décomplexée, comme les Pourcel l'ont inventée, en ayant fait quantité d'émules.

Cuisine

La phase de reconquête entamée l'an passé se confirme. Pas une assiette au large, pas un plat à l'abandon, de la maîtrise et un gros boulot de création sur chaque moment, réclamant l'attention du public dès les amuse-bouche (brochette d'escargots, trait de curry sur fondue de fenouil et fenouil croquant, remarquable de finesse sur un thème pas évident, fondue d'oignons doux des Cévennes, crème de pomme de terre, du suave percutant). Ce qui étonne le plus aujourd'hui, c'est l'économie pour révéler la vraie saveur. Pas une faute, pas un ingrédient de trop sur le pressé de homard et légumes au jambon de canard et mangue, la poêlée de pistes à l'ail doux, pois mange-tout et noisettes, relevée d'un beurre citronné, ou dans la magnifique petite baudroie de Méditerranée rôtie avec les artichauts plancha en bouquet et ravioles d'herbes.

Cave

La dominante languedocienne est évidemment incontournable, un petit peu plus accessible que naguère, même si les coefficients, en région, restent respectables. Et du choix partout ailleurs dans une vraie carte de découvertes.

Accueil et service

Une grosse cavalerie totalement sous contrôle, un ordonnancement sans faille, aux boulons également bien serrés, dans un style moderne d'une grande maison parisienne. Service jeune, à la fois strict et ouvert.

C : 120 € • M : 50-190 € *www.jardindesssens.com*

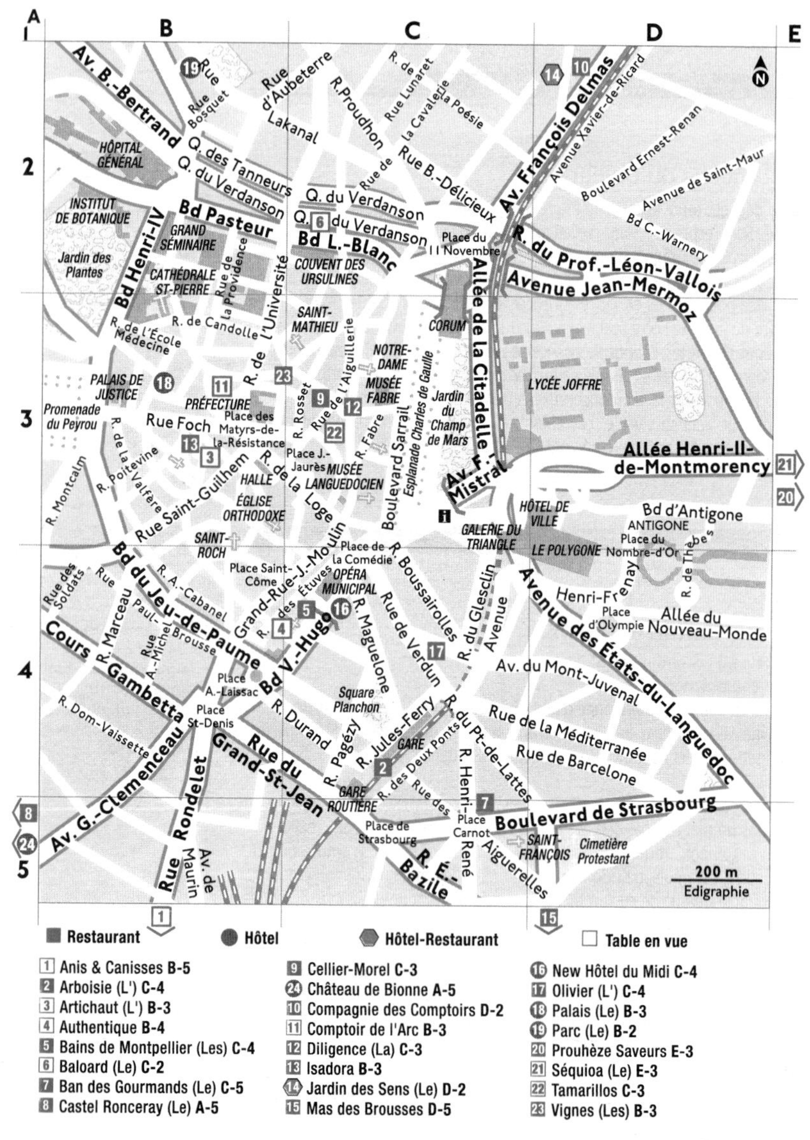

Cellier-Morel

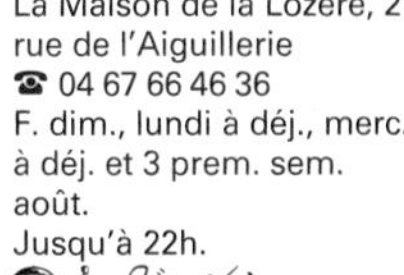

» La Maison de la Lozère, 27 rue de l'Aiguillerie
☎ 04 67 66 46 36
F. dim., lundi à déj., merc. à déj. et 3 prem. sem. août.
Jusqu'à 22h.

Cadre et ambiance

Une belle salle au cœur de la ville, un patio romantique, de la lumière et de l'élégance à table sous les voûtes d'un hôtel particulier XVIIIe. L'atmosphère reflète la maison, une histoire de passion, pour la région, pour le vin, pour la fête.

Cuisine

Chez Cellier-Morel, Morel va chercher les bouteilles à la cave. Qui est-ce qui reste pour faire la cuisine ? Eric Cellier décrit le triptyque - en exergue sur l'un des menus - terroir, culture, passion. C'est vrai, les tarifs ne baissent pas, mais la générosité non plus, dans le croustillant de carrelet au thon séché et gaspacho d'asperges vertes, le pigeon farci aux herbes jus de sassafras ou les ravioles d'ananas au gingembre. Deux grands classiques pour une première visite, le couscous de homard au vin de Maury et le filet de bœuf en croûte au foie gras et morilles.

Cave

L'encyclopédie du Languedoc en un seul volume, mais puissant, avec toutes les cuvées rares, un grand choix de demi-bouteilles et de vin au verre. Les tarifs de certains domaines connus sont en revanche incompréhensibles dans l'optique de faire la promotion de la région et de vendre un peu de raisin.

Accueil et service

Une salle très dynamique sous l'influence de Pierre Morel, qui s'assure de la bonne marche générale et a su trouver, notamment pour le vin, de bons ambassadeurs et ambassadrices.

C : 75 € • M : 36 € *www.celliermorel.com*

15

Compagnie des Comptoirs ⇗

» 51 rue François-Delmas
☎ 04 99 58 39 29
Ouv. 7j/7.
Jusqu'à 23h.

Le premier comptoir de cette bonne compagnie, aujourd'hui de plus en plus diffusée. Les frères Pourcel y font le plein d'amateurs d'exotisme et de saveurs soignées, dans une version actuelle et décomplexée des plaisirs de la table : cadre soigné, service rapide et efficace, accueil tardif et une large gamme d'influences, du Sud (brousse de brebis à l'huile d'olive et caviar d'aubergine, côte de taureau cuite à l'os) à l'Asie (tataki de thon vinaigrette perlée au soja). Des plaisirs à arroser d'un vin extrait d'une carte languedocienne aussi riche que pointue.

C : 50 €

L'Arboisie

» 12 bis rue Jules-Ferry
☎ 04 67 92 02 55
F. sam. à déj. et dim.
Jusqu'à 23h.

Le principal c'est d'en parler. D'un restaurant qui ne laisse pas indifférent, sorte de Docteur Sourire et Mister Grimace de la restauration. Où tout s'enchevêtre, comme dans la vie, le sympa et le dérangeant, le très bon et le moins réussi. Voyez le patron, Pascal Mathias : fort en gueule, parfois même mal luné, mais un cœur d'or qui multiplie les initiatives dans sa ville et parle du vin de sa région comme personne. Parlons-en d'ailleurs : des années qu'on dit que la carte est trop chère, des années que ça baisse un peu, pas trop. Et pourtant, quel choix, quelle érudition, et une flopée de vins au verre qui rattrapent le coup. Et la cuisine ? Parfois des assiettes alambiquées, aux saveurs confuses, frôlant la sortie de route. Et puis, ça se remet en selle tout seul, et devient même plein de grâce, surtout le poisson du jour, tout frais, les sardines, les anchois marinés divins, une daurade qui vaut 16 rien que pour la cuisson, une tielle bien bourrue, authentique. Et jusqu'aux sorbets, à tomber de naturel. Quand les travaux du tramway seront finis - le quartier gare n'est vraiment pas folichon - il faudra peut-être songer à rafraîchir le crépi. Nous en reparlerons, bien sûr.

C : 40 € • M : 26-39 € *www.arboisie.com*

Le Ban des Gourmands

L'apprêt mode a bonne presse dans cette carte du Montpellier qui bouge, mais le bon esprit règne sur le crumble d'agneau de pays confit aux épices et fruits secs, le mille-feuille de pageot au caviar ou le gaspacho de concombre aux fruits de mer et curry. Et les avantages sont multiples - service dynamique et solidaire, tarifs plutôt serrés, cave de propriétaires -, comme les initiatives d'animation (vignerons à la rencontre du public, expos...).
C : 45 € • M : 30 €

» 5 pl Carnot
☎ 04 67 65 00 85
F. sam. à déj., dim., lundi, 3 sem. août et 24-30 déc.
Jusqu'à 22h30.

Le Castel Ronceray

La demeure bourgeoise fin XIXe n'est plus vraiment isolée dans sa périphérie montpelliéraine (les effets de l'urbanisation) mais elle a conservé un charme et une classe qui lui collent comme un gant. Patrick Guiltat redouble d'efforts pour respecter cette vieille dame sans tomber dans le piège d'un conservatisme forcené, de l'escalope de foie gras poêlé à la salade de saint-jacques, suivant les saisons au plus près des produits nobles.
C : 42 € • M : 25-58 € *www.lecastelronceray.com*

» 130 rue du Castel-Ronceray
☎ 04 67 42 46 30
F dim., lundi (sf réserv.), 3 sem. août, 1 sem. vac. scol. fév. et 1 sem. vac. scol. avril.
Jusqu'à 21h30.

Mas des Brousses

Un passé chez Marc Veyrat et les frères Pourcel, un présent déjà brillant sur Montpellier, Jérôme Bartoletti a déjà fait son trou en moins de deux années d'exercice dans la capitale languedocienne. Il aime surprendre, étonner, travailler les beaux produits (mais sans attirance exagérée pour le luxe) et ses assiettes colorées plaisent immédiatement : pointes d'asperges rôties au lard, queues de gambas en tempura, espuma de foie gras et jus de viande façon civet, émincé de râble de lapin sur une fine tarte aux cèpes et pommes vertes, crème de mascarpone émulsionné minute, granité de café et chocolat chaud. Des saveurs accrocheuses, faciles, gaies dans un cadre de toute beauté (superbe terrasse en particulier). Cave modeuse.
C : 58 € • M : 24-75 € *www.masdesbrousses.com*

» 450 rue Mas-des-Brousses
☎ 04 67 64 18 91
F. non comm.
Jusqu'à 22h.

L'Olivier

Bibelots de grand-mère et nappes roses dans une déco seventies qui offre aux habitués un brin de nostalgie. La cuisine ne travaille pas non plus sur des prototypes, mais le feuilleté de pied de porc est aussi bien fait que la mousse de poivron ou le saint-pierre, et le boulot est correct. Il faut arriver tôt pour ne pas repartir trop tard et le service est empreint d'une gentillesse parfois trop prévenante.
M : 27-42 €

» 12 rue Aristide-Ollivier
☎ 04 67 92 86 28
F. dim., lundi et août.

Prouhèze Saveurs

DÉCOUVERTE

Guy Prouhèze, descendu de ses montagnes d'Aubrac (dernièrement à Aumont 15/20), a connu un succès immédiat en lançant ce concept de restaurant de terroir pour citadins nostalgiques. La bonne humeur en prime, deux salles bien animées, l'une franchement bistrot, l'autre plus classique, du vrai produit, de la charcuterie qui sent l'artisanat, et de nombreux bons vins du Languedoc. Et comme les Montpelliérains sont de fines fourchettes, la Pompignane voit du monde.
M : 29 € *prouhezesaveurs@wanadoo.fr*

» 728 av de la Pompignane
☎ 04 67 79 43 34
F. dim. et août.
Jusqu'à 21h30.

13 Les Vignes

» 2 rue Bonnier-d'Alco
☎ 04 67 60 48 42
F. sam. à déj., dim., merc. à dîn., 2e sem. vac. Pâques et 3 dern. sem. août.
Jusqu'à 21h30.

Encore une valeur montante, un jeune à suivre, une table à défendre. David Mogicato a 33 ans, depuis six ans chez lui, les idées claires, la carte concise, précise, nette, tout ce qu'on aime. Dans l'ancien séchoir à bananes au cadre joliment intime, le ton est aussi juste dans l'assiette que dans le verre. Le thon rôti sur une fricassée d'encornets, les escalopes de ris de veau salade de fèves et jus de betteraves, le craquant au citron et fruits rouges trouvent du répondant à la cave, le connu (Puech Haut, Hortus, Roque Setières) comme les découvertes récentes (Jasse Castel, Quatre Pilas...).
C : 65€ • M : 21,50-49€

12 La Diligence

» 2 pl Pétrarque
☎ 04 67 66 12 21
F. sam. à déj., dim., lundi à déj. et 3 sem. août.
Jusqu'à 22h30.

Un brin de nostalgie, beaucoup de gentillesse : sans remonter au temps des diligences, cet ancien entrepôt d'étoffes vous donne le confort d'une tradition moelleuse, parfums méridionaux et bonnes recettes ménagères (tête de veau, selle d'agneau). Cave régionale et incontournable "gâteau de mémé Lombardo".
C : 36€ • M : 20-59€ *www.la-diligence.com*

12 Isadora

» 6 rue du Petit-Scel
☎ 04 67 66 25 23
F. dim., lundi à déj. et 20-26 mars.
Jusqu'à 22h.

Cette belle salle, pleine de cachet sous les voûtes de pierre, a désormais un nouveau chef-propriétaire qui poursuit la voie tracée précédemment d'une cuisine aux belles manières sur des bases ménagères et traditionnelles : huîtres chaudes aux endives braisées, rognons de veau à la lyonnaise, saint-jacques à la provençale. La note se maintient assez logiquement, à confirmer sur la durée.
C : 35€ • M : 14-48€ *contact@restaurantisadora.com*

11 Les Bains de Montpellier

» 6 rue Richelieu
☎ 04 67 60 70 87
F. dim., lundi à déj., vac. scol. fév., vac. scol. Toussaint et Noël-nouvel an.
Jusqu'à 23h,.

Installé dans les anciens bains (datant du XVIIIe siècle), ce restaurant travaille avec justesse une carte méditerranéenne moderne et enlevée : tatin de légumes provençaux, seiche à la plancha, risotto à l'encre et lamelles de seiche, carpaccio de saint jacques à l'huile d'olive et citron vert. Agréable patio intérieur et bar lounge tout neuf sur place.
M : 20-28€

Anis et Canisses

» 47 av de Toulouse
☎ 04 67 42 54 48
F. sam. à déj., dim., lundi, août et 20 déc.-10 janv.
Jusqu'à 21h30.

La Catalogne et le Languedoc ont l'occasion de se rencontrer, et de briller dans ce joli repaire installé dans une ancienne écurie. les petits farcis contre les petites faims, les boles de picolat, les encornets plancha, la côte de bœuf d'Aubrac et la crème catalane pour une troisième mi-temps.
C : 29€

L'Artichaut

» 15 bis rue Saint-Firmin
☎ 04 67 67 91 86
F. dim., lundi et 1er-20 août.
Jusqu'à 22h.

Deux ans d'existence seulement pour cette table branchée de centre-ville. Le menu-carte est modifié chaque semaine et s'articule autour de cinq entrées, cinq plats et cinq desserts. Petite cave proposant principalement des vins de la région.
M : 16-25€

Le Baloard

» Bd Louis-Blanc
☎ 04 67 79 36 68
F. août.
Jusqu'à 22h15.

A la fois galerie d'art et restaurant, cette table joue sur le registre méditerranéen pour séduire : ballotin de roquette sur brousse et son pesto, fricassée de lapin au romarin, mousse de mascarpone en confit de lait, croustillant chococo.
C : 25€ • M : 16-24€ *www.baloard.com*

Comptoir de l'Arc

La terrasse, relookée cette année dans les tons foncés (rotin noir, parasols framboise), rassemble les élégances et les potins locaux. On y grignote gentiment en sirotant un mojito sur l'une des plus belles places de la ville.
C : 25 €

» Pl de la Canourgue
☎ 04 67 60 30 79
Ouv. 7j/7.
Jusqu'à 23h.

Le Séquioa

Beau décor de lounge latino pour soirées intimes et modernes. On oublie la table pour le décor, même si l'assiette n'a franchement pas à rougir, un poil trop ambitieuse, mais décontractée et relativement accessible.
C : 45 € • M : 36 €

» 148 rue Galata
☎ 04 67 65 07 07
F. sam. à déj., dim. et 20 déc.-5 janv.
Jusqu'à 19h30.

Tamarillos

Le Tamarillos ou "la cuisine des fruits et des fleurs". Philippe Chapon (ancien chef pâtissier chez Savoy) se bat sur un créneau porteur mais difficile, celui d'une cuisine volontairement originale aux associations osées : melon et caviar d'aubergine, raie tiède aux pistaches et fraîcheur d'huîtres et citron, mangue et foie gras poêlés pressés...
C : 45 € • M : 18-80 €

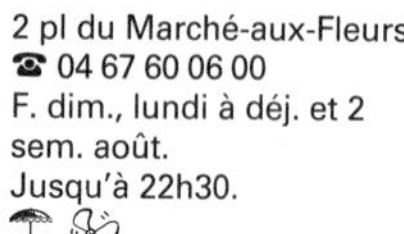

» 2 pl du Marché-aux-Fleurs
☎ 04 67 60 06 00
F. dim., lundi à déj. et 2 sem. août.
Jusqu'à 22h30.

Le Jardin des Sens

➡ **Restaurant** : 18/20 Le Jardin des Sens
La maison mère des frères Pourcel reste emblématique des valeurs phare que l'on retrouve déclinées à travers le monde, avec une modernité sereine, un luxe pensé pour le confort et non l'ostentation, tissus au toucher délicat, couleurs harmonieuses et délicatement contrastées et bien sûr un jardin, qui flatte effectivement les sens.
2 appart. 270-470 € • 15 ch. 160-270 € *www.jardindessens.com*

» 11 av Saint-Lazare
☎ 04 99 58 38 38
📠 04 99 58 38 39
Ouv. 7j/7.

Château de Bionne

Folie XVIIIe en version languedocienne, cette vaste maison de maître a fière allure entre ses deux platanes centenaires. A l'écart du centre, elle bénéficie d'un parc et de la vue sur le vignoble. Sous ces atours historiques, les chambres adoptent un style contemporain, meubles aux lignes pures, œuvres d'art contemporain et délicates touches de couleurs vives, sur le thème de l'invitation au voyage.
29 appart. 130-290 € *www.chateau-bionne.com*

» 1225 rue de Bionne
☎ 04 67 45 20 93
📠 04 67 45 71 52
F. 28-26 déc.

New Hôtel du Midi

Remarquablement placé (la Place de la Comédie et la gare sont accessibles à pied), ce bel immeuble XIXe a bénéficié l'an dernier d'une rénovation en profondeur, avec un décor sobre et contemporain, décliné en différentes couleurs au gré des étages.
44 ch. 90-155 € *www.news-hotel.com*

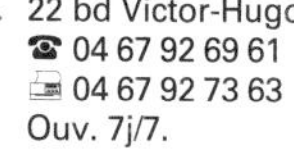

» 22 bd Victor-Hugo
☎ 04 67 92 69 61
📠 04 67 92 73 63
Ouv. 7j/7.

Le Palais

Atmosphère bourgeoise et douillette dans le cœur de la ville, dans un hôtel au charme un peu rétro et aux chambres personnalisées.
26 ch. 58-75 € *www.hoteldupalais-montpellier*

» 3 rue du Palais
☎ 04 67 60 47 38
📠 04 67 60 40 23
Ouv. 7j/7.

Le Parc

A moins d'un kilomètre du centre, cette maison de maître du XVIIIe séduit par son ambiance feutrée et ses harmonies chaleureuses, dans des chambres personnalisées.
19 ch. 40-75 € *www.hotelduparc-montpellier.com*

» 8 rue Achille-Bège
☎ 04 67 41 16 49
📠 04 67 54 10 05
Ouv. 7j/7.

à CASTELNAU LE LEZ - 34170 : 4 km N.E. par N 113

L'Authentique

Tons mauves, musique world-indienne et cave à prix attractifs (la Nine de Sénat à 22 €, cuvée Marie-Claude de la Tour Boisée très accessible), quelques éclairs de la mode pour enrober une cuisine qui en fait un peu trop dans le démonstratif, les mariages d'épices, l'aigre-doux et les petites flaques de sauce soja.

C : 52 € • M : 21-42,50 €

» 560 rte Pompignane
☎ 04 67 52 92 54
F. dim., lundi (sf dim. à dîn. Fête des Mères), 1 sem. mi-fév., 1 sem. déb. mai, 2 sem. fin août et 1 sem. fin nov.
Jusqu'à 22h.

à LATTES - 34970 : 5 km S.

Le Mazerand ♥

Vin et gastronomie : cela paraît être une évidence en Languedoc, en plein pays vigneron. Pourtant, Christian Mazerand a peu d'égal dans ce registre panoramique qui expose et glorifie les parfums et les richesses d'une région. La maison, au cœur d'un ancien domaine viticole, est construite autour d'une chapelle XIIe, la terrasse est délicieuse, et Maison Jaune d'Alquier, au hasard, est à 29 €, dans une liste indiscutable des champions locaux (Négly, Grand Crès, Puech Haut, Mas Jullien, Pénédesses…). La grande carte passe la région à la mode, croustillant de risotto aux lanières d'encornet, thon mi-cru mi-cuit au pimentos del piquillos, côtes d'agneau en crépine de caviar d'aubergine avec aisance, chaleur et complicité, image forte de cette maison solidaire de son environnement, ambassadrice, dans l'accueil et l'assiette, du bon vivre traduit en langue d'oc.

C : 50 € • M : 26-56 €

» Mas de Causse, CD 172
☎ 04 67 64 82 10
F. sam. à déj., dim. à dîn. et lundi.
Jusqu'à 21h30.

Le Bistrot d'Ariane

Des assiettes vives et savoureuses bien sûr (caponata à la marocaine et son œuf poché, risotto moelleux à la truite de mer et aux herbes, tajine de lotte à l'ail sur graine de couscous, mousse amaretto maison sur son biscuit et crème café…) mais surtout une cave exceptionnelle, riche, fouineuse, avec le vdp du pays d'oc la Grange de Quatre Sous, la cuvée Léonie des Terres Inconnues, le lladoner pelut de la Colombette ou le sang du calvaire du château Cazeneuve.

C : 48 € • M : 17,50-36 €

» 5 rue des Chevaliers-de-Malte, port Ariane
☎ 04 67 20 01 27
F. dim., 1re sem. vac. Pâques, et vac. scol. Noël.
Jusqu'à 21h45.

à SAINT GELY DU FESC - 34980 : 12 km N.O. par D 986

(11) Le Clos des Oliviers

Il n'y a aucun doute sur le motif de la visite : c'est la cave qu'il faut explorer, avec le gratin et les valeurs montantes de la région, Mas Mortiès, Montcalmès, Mas des Chimères, Bruguière… Pour accompagner des assiettes qui respirent la bonne volonté, et ne manquent pas de recherche (cake au poivron, wok de lotte…) mais davantage d'idées en cultivant quelque peu l'illusion. Bon service, policé, s'efforçant à la distinction.

C : 45 € • M : 25-35 € *www.le-clos-des-oliviers.fr.st*

» 53 rue de l'Aven
☎ 04 67 84 36 36
F. dim. à dîn. et lundi à dîn.
Jusqu'à 22h.

Dans chaque ville, les établissements sont classés par note décroissante, restaurants d'abord, hôtels ensuite.

•

Certaines communes sont rattachées à l'agglomération la plus proche.

MONTPON MENESTEROL - 24700 (24 A 2)

Périgueux 56 - Bergerac 42

Auberge de l'Eclade

L'ancienne étable n'a peut-être plus l'odeur de la ferme, mais le jeune chef, Franck Jubily sait retourner la terre au bon moment pour glisser un peu de terroir entre les ravioles de saumon mariné et le gratin de pomelos au Grand-Marnier. A travers des menus d'une sagesse exemplaire, il introduit un duo d'agneau de pays, une variation de cochon du Sud-Ouest, un pavé de quasi de veau aux girolles, sans oublier l'esturgeon de Montpon à la plancha. On terminera ce sans-faute avec le clafoutis au chasselas de Moissac en buvant le bergerac du producteur le plus proche du restaurant.

C : 45€ • M : 14-30€ *auberge-de-leclade@wanadoo.fr*

» Rte de coutras, bourg de Ménesterol
☎ 05 53 80 28 64
F. lundi à dîn., mardi à dîn. et merc.
Jusqu'à 21h30.

MONTREAL - 32250 (29 B 3)

Condom 15 - Barbotan-les-Thermes 25

Chez Simone - Bernard Daubin

Simone ? Tout simplement la mère de Bernard Daubin, le chef de cette maison de village où les habitués du coin et les touristes de passage aiment se donner rendez-vous autour d'un jambon de l'Adour, d'une ventrèche de thon à la plancha ou d'un mignon de cochon, à arroser de l'un des bons buzets ou madirans à piocher en cave.

C : 40€ • M : 15-50€

» Pl des Champions de France
☎ 05 62 29 44 40
F. dim. à dîn., lundi et 19-26 fév.
Jusqu'à 21h30.

MONTREUIL ➤ PARIS-BANLIEUE

MONTREUIL SUR MER - 62170 (1 A 3)

Arras 80 - Le Touquet 20

Auberge de la Grenouillère H

Un bel exemple de passation de pouvoir : " Je n'allais pas laisser mon fils poireauter à mes côtés jusqu'à ce qu'il perde, à force d'attendre son tour, la flamme de la passion " dixit Gauthier père, fier d'avoir depuis deux ans cédé les sunlights du piano à Gauthier Jr, Alexandre de son prénom. Même pas trente ans au compteur et déjà une sacrée assurance, la fantaisie de l'âge et la maîtrise du professionnel formé aux quatre coins de France. Beaucoup de rigueur mais aussi de liberté dans les couteaux, clams et huîtres à la mangue aux grenades et pignons, la queue de lotte aux cinq épices et sa purée " siphonnée ", la langoustine en cru-cuit et émulsion de vanille au galanga ou le bien plus classique, quoiqu'imperfectible, pigeon de Licques et ses asperges vertes. Desserts en apesanteur (panna cotta au sirop de fraises), service printanier et cave judicieusement érudite : sous la houlette du jeune Alex, ce cottage un rien british est bien parti pour s'affirmer en haut lieu de charme. D'ailleurs, quelques chambrettes vous attendent pour profiter du bonheur sur les bords de la Canche.

M : 30-70€ • 4 ch. 75-100€ *www.lagrenouillere.fr*

» Rue de la Grenouillère, La Madeleine-sous-Montreuil
☎ 03 21 06 07 22
F. mardi et merc. (sf juil.-août) et 20 déc.-3 fév.
Jusqu'à 21h.

Château de Montreuil

➥ **Hôtel :** Château de Montreuil

Dans cette villa balnéaire où flotte une âme de douceur, de villégiature de luxe pour belle société, on revit quelques fragments d'entente cordiale dans ce luxueux camp du Drap d'Or où Britanniques et Français s'accordent en tous points pour saluer la cuisine de Christian Germain. Au fil des saisons, le chef a gommé le recours systématique aux produits de prestige pour davantage de régionalisme. Avec finesse, il travaille les gros gris d'Airon Saint-Vaast avec un flan de persil et une mousseline de rattes, le rouget-barbet à la plancha avec

» 4 chaussée des Capucins
☎ 03 21 81 53 04
F. lundi, jeudi à déj. (juil.-sept.), lundi, mardi à déj., jeudi à déj. (h.s.) et mi-déc.-déb. fév.
Jusqu'à 21h15.

un chutney et betterave rouge, un agneau du bois d'Esgranges, jus aux lingots du Nord et nougatine à l'ail fumé de Locon. Du parfum, de la gaieté, des idées fortes bien traduites : ce menu-carte à 60 € est une histoire qui se termine bien, avec le mille-feuille chicorée ou le soufflé chaud aux agrumes et sorbet potiron au poivre de Séchouan. Service un peu raide, mais très gentil, cave très solide, laissant peu de place hors bordeaux-bourgogne, mais correcte en tarifs.
C : 60 € • M : 60-78 € *www.chateaudemontreuil.com*

Château de Montreuil

» 4 chaussée des Capucins
☎ 03 21 81 53 04
📠 03 21 81 36 43
F. mi-déc.-déb. fév.

➥ **Restaurant** : 15/20 Château de Montreuil
Dans un charmant parc à l'anglaise, la grande maison blanche affiche une allure sobre pour héberger un intérieur très agréable, dans ses lignes contemporaines, ses meubles élégants et ses harmonies de couleurs. Chambres raffinées, à l'allure plus moderne dans le Courtyard annexe.
3 appart. 173-258 € • 14 ch. 173-258 € • 1/2 pens. 255-280 €
www.chateaudemontreuil.com

à ESTREE - 62170 : 5 km N. sur D 150

11 Le Relais de la Course

» 15 rue de la Course
☎ 03 21 06 18 04
F. vac. scol. fév.
Jusqu'à 21h.

A quelques encablures de la Course, cet ancien relais de poste du début XXe siècle demeure fidèle à la tradition française version bourgeoise, carré d'agneau, foie gras ou fruits de mer en vedette. En salle, Sophie Chaissac, la maîtresse de maison, entretient une délicieuse ambiance.
C : 40 € • M : 24-40 € *www.lerelaisdelacourse.free.fr*

à INXENT - 62170 : 9 km N. sur D 127

11 Auberge d'Inxent

» 318 rue de la Vallée-de-la-Course
☎ 03 21 90 71 19
F. mardi, merc. (h.s.), 1re sem. juil. et mi-déc.-mi-janv.
Jusqu'à 20h30.

L'ancien presbytère fait la Course en tête. La Course, c'est la rivière dont la jolie vallée fournit les ingrédients indispensables à une tradition de marbre que les locaux savent ici inépuisable. Et si modique que l'on devient vite glouton en face du potjevleesch, de la tarte à l'andouille, du poulet fermier et de la mousse au genièvre. Une autre raison de poser les sacs est à la cave où le patron, ancien sommelier, exprime son talent : particulièrement bien achetés, ou par philanthropie, de très bons flacons s'échangent à prix rares.
C : 29 € • M : 13-38 € *auberge.inxent@wanadoo.fr*

MONTRICHARD - 41400 (17 D 4)

Blois 37 - Amboise 20

Château de la Menaudière R

» Rte d'Amboise, RD 15
☎ 02 54 71 23 45
📠 02 54 71 34 58
F. 13 nov.-11 mars.

Un château à visage humain dans un parc de cinq hectares, bois et pièce d'eau. Les chambres sont joliment meublées, confort douillet et petits oiseaux pour le petit déjeuner. Le restaurant cultive de belles manières actualisées gingembre et mangue pour une tradition finalement assez sage, déclinées entre les menus "Gourmet" et "Dégustation".
1 appart. € • 26 ch. 63 € *www.chateaumenaudiere.com*

à CHISSAY EN TOURAINE - 41400 : 4 km O. par D 176

Château de Chissay

» ☎ 02 54 32 32 01
📠 02 54 32 43 80
F. mi-nov.-mi-mars.

Une très belle demeure seigneuriale dominant la vallée du Cher, entourée d'un parc de huit hectares de bois et de campagne. Calme et luxe sereins, dans la cour intérieure Renaissance comme dans les chambres, esprit préservé (tentures, lits à baldaquin, mosaïque dans les salles de bain) et confort d'aujourd'hui. En

curiosité, l'une d'elles est troglodyte et la tour abrite un duplex. Au restaurant, carte actuelle de beaux produits, à consonance régionale, par un jeune chef qui lui donne, depuis trois ans, un tonus certain : tomates mozza thon, pavé de sandre à l'unilatérale jus de viande au gingembre et légumes au wok, mignon de filet de bœuf en sandwich de foie gras et risotto à la truffe et courgettes. Cave bien triée en loires.
12 appart. 190-270 € • 20 ch. 80-190 € • 1/2 pens. 48-55 € • C : 55 € • M : 34-53 €
www.chateaudechissay.com

MONTROND LES BAINS - 42210 (27 B 3)

Saint-Etienne 29 - Lyon 71

Gilles Etéocle, Hostellerie La Poularde

» 2 rue Saint-Etienne
☎ 04 77 54 40 06
F. dim. à dîn.
Jusqu'à 22h.

Si les plus beaux jours de cette Poularde, table mythique (le mot n'est pas trop fort pour la maison de Gilles Etéocle, qu'on peut classer avec ses maisons au charme impérissable et qui ont tant œuvré pour la réputation de leur commune) sont peut-être passés, les raisons d'y venir et de s'y plaire restent nombreuses. Une véritable incarnation de l'hôtellerie à la française, une cave qui pourrait prétendre chaque année au titre de la plus belle de France (les meilleurs sommeliers sont passés ou passeront à Montrond) et une cuisine indémodable : escalopes de foie gras de canard chaud aux graines de sésame grillées, écrevisses et figues en mikado, fritots de gigolettes de grenouille, parmentière aux herbes, suprême de pigeonneau fermier au consommé, moelleux de béatilles, petit farci Forézien, aumônière croustillante à l'ananas, crème d'amandes au poivre de Sichouan. Une incarnation du bien vivre et du bien manger, au delà des cotations.
www.la-poularde.com

MONTSALVY - 15120 (26 A 5)

Aurillac 36 - Conques 30

Auberge Fleurie H ♥

» Pl du Barry
☎ 04 71 49 20 02
F. dim. à dîn. et lundi (sf juil.-août) et 6 janv.-13 fév.
Jusqu'à 21h.

Il faut venir au fond du Cantal pour se rendre compte, comme en Italie ou en Espagne, que le vignoble français offre une ribambelle de vins à servir sur table entre 15 et 30 **€**. Et du très bon, et du gouleyant, et du sympa, du vin d'entraygues et du fel, du marcillac, mais aussi du faugères de Barral, des Sorcières de Bizeul (à 25 **€** !) et tant d'autres qui font se demander si le camion ne s'est pas renversé devant la porte. Mais comme cette propension semble épidémique, touchant tout le vignoble, mais aussi la cuisine, on finit par croire que le Cantal est, effectivement, une curieuse enclave qui n'a pas connu l'inflation des cinquante dernières années : paupiette de feuilles de choux aux escargots, ris de veau braisé aux légumes printaniers et filets de canard gras panés aux noisettes, filet de bar rôti et quenelle aux salpicons de gambas, sandwich de pain d'épice à la mousse de nougatine. Ce terroir plein d'esprit, généreux et modeste, c'est chez Jeran-Pierre Courchinoux, Montsalvy, Cantal. Quelques chambres sobres et rustiques pour approfondir le sujet et la carte des vins.
M : 12-38 € • 7 ch. 41-55 € • 1/2 pens. 47,50-55 €
www.auberge-fleurie.com

MONTSOREAU - 49730 (16 B 4)

Angers 57 - Saumur 11

» 4 rue Jeanne-d'Arc
☎ 02 41 38 11 11
📠 02 41 38 18 10
F. janv.

Les meubles de style prennent naturellement place dans cette vénérable (elle date de 1650) maison de tuffeau des bords de Loire. Chambres personnalisées, jardin à étage ouvert sur le fleuve.
12 ch. 50-65 €
hotel.lebussy@wanadoo.fr

MORANGIS ➤ PARIS-BANLIEUE

MORESTEL - 38510 (28 A 3)

La Tour-du-Pin 15 - Aix-les-Bains 56

(11) Auberge du Fouron

» RN 75, rte de Bourg
☎ 04 74 80 28 69
F. sam. à déj., dim. à dîn. (1er sept.-31 mai) et lundi.
Jusqu'à 21h30.

Petite encoche dans la progression de cette honorable fermette, qui veut parfois faire grand genre sans toujours les moyens ni l'adéquation. On voudrait du campagnard un peu frais ou du rustique véridique, et l'on se retrouve avec des épices à gogo et une " cuisine gastronomique et créative " trop fardée pour atteindre vraiment la cible. Le chef, plein de volonté et aux multiples expériences, sera sans doute à même, comme le montre son croustillant d'agneau à l'ail confit, de trouver le bon tempo. Cave assez éclectique, qui met en avant, avec à propos, la roussette du Bugey.
C : 26€ • M : 16-41€

MORET SUR LOING ➤ PARIS-BANLIEUE

MOREY SAINT DENIS - 21220 (20 B 4)

Dijon 17 - Beaune 29

Castel de Très Girard

» 7 rue de Très-Girard
☎ 03 80 34 33 09
Fax 03 80 51 81 92
F. 19 fév.-16 mars.

La grande maison bourguignonne, solide dans ses pierres depuis le XVIIIe siècle, s'offre un décor bourgeois, les meubles de style s'harmonisant avec les matériaux apparents. Le restaurant évolue avec l'arrivée d'un jeune chef formé à bonne école et qui trace sa route sereinement, avec des propositions équilibrées et actuelles : tomate farcie au tartare de thon à la coriandre, bar poêlé semoule au curcuma, croustillant chocolat glace au lait d'amande. Carte des vins intelligente, avec des plaisirs à prix raisonnables.
2 appart. 145-180€ • 7 ch. 75-160€ • 1/2 pens. 124-223€ • C : 55€ • M : 20-75€ www.castel-tres-girard.com

MORIANI PLAGE ➤ CERVIONE, CORSE

MORLAIX - 29600 (13 C 2)

Quimper 82 - Brest 59 - Saint-Pol-de-Léon 20

(11) Brasserie de l'Europe

» Pl Emile-Souvestre
☎ 02 98 88 81 15
F. dim.
Jusqu'à 22h.

Dynamique bistrot-brasserie qui constitue la meilleure offre de la ville : le terroir malin de Laurent Chauvin ne met pas les deux pieds dans le même sabot, mais sait faire joli et actuel sans complaisance (salade d'andouille de Guéméné et lentilles vertes, lieu jaune aux cocos de Bretagne) dans une ambiance sans raideur. Et la cave se fatigue à trouver du bon entre 20 et 30 €.
C : 25€ • M : 11-14€ www.brasseriedeleurope.com

(10) Crêperie Ar Bilig

» 6 rue du Fil
☎ 02 98 88 50 51
F. dim. lundi (sf vac. scol.), 1 sem. juin et 2 sem. nov.
Jusqu'à 21h.

La plus ancienne crêperie de la ville (plus de trois décennies d'existence) a le bon goût de se borner, pour les non-fumeurs, aux galettes traditionnelles, confectionnées à base de produits laitiers directement issus de la ferme et de charcuterie artisanale.
C : 12€ • M : 8,80€

 Carte des vins remarquable.
 Repas servis en terrasse ou dans un jardin.
 Tables en vue.
 Parking privé.

MORSBRONN LES BAINS - 67630 (10 C)

Strasbourg 44 - Wissembourg 28

Hôtel de la Marne - La Source des Sens ♥

Le charme essentiel de ces maisons de famille des années trente, une belle endormie qui se trouve un jeunot pour révéler tous ses attraits. Pensez donc ! Des écrans plasmas pour retransmettre l'activité des cuisines, une carte vertigineuse qui secoue toute la cité thermale, et du plaisir à revendre dans chaque menu. Pierre Weller a repris l'affaire familiale après un parcours presque idéal : avec Mischler (le Cheval Blanc), Jacob (Le Bateau Ivre), Ducasse et Westermann, on peut tout faire. Et il ne se prive pas : un menu légumes, un menu bien-être, un menu classique. Du foie gras et de la selle d'agneau aux cannellonis de ricotta et blettes, mais aussi du sandre rôti poêlée d'artichauts croquants aux olives et pancetta, des fraises et melon au sirop de sureau crème glacée à l'huile d'olive. Cave d'Alsace et de coup de cœur sur toute la France, et des prix rares (saint-jo de Coursodon 31 **€**, Ducru Beaucaillou 94 à 77 **€**). Vous voulez prendre pension ? Les chambres aux tons pastel sont plutôt agréables.

C : 50€ • M : 22-60€ *www.hoteldelamarne.com*

» 19 rte d'Haguenau, Durrenbach-Neufeld
☎ 03 88 03 30 53
F. dim. à dîn., lundi, mi-janv.-mi-fév. et 2 sem. fin juil.
Jusqu'à 21h.

MORTAGNE AU PERCHE - 61400 (6 B 5)

Alençon 41 - Nogent-le-Rotrou 37

Hôtel du Tribunal

Autour de son adorable jardin, la maison peut compter sur le charme de son architecture ancienne (XIIIe-XVIIIe siècles), avec les pierres de pays. Les chambres proposent des ambiances singulières, tantôt romantiques, avec la toile de Jouy, tantôt rustique chic, avec mobilier de style aux lignes sobres, dans des tons apaisants. On peut désormais également opter pour un cadre contemporain, depuis la rénovation de la chambre n°3. Une étape idéale pour visiter cette ville historique.

3 appart. 90-100€ • 19 ch. 50-80€ • 1/2 pens. 60-80€

www.perso.wanadoo.fr/hotel.du.tribunal.61.normandie

» 4 pl du Palais
☎ 02 33 25 04 77
02 33 83 60 83
F. 24-25 déc. et 31 déc.-nouvel an.

MORTAGNE SUR SEVRE - 85290 (15 D 5)

La Roche-sur-Yon 57 - Cholet 12

Hôtel de France

Les chambres proposent des ambiances personnalisées, cadre classique contemporain ou meubles de style. La maison, installée dans un parc au cœur de la ville, a gardé l'allure ancienne de sa première construction, en 1604.

23 ch. 45-70€ • 1/2 pens. 55-57€ *hmortagne@aol.com*

» 4 pl du Dr-Pichat
☎ 02 51 65 03 37
02 51 65 27 83
F. w.-e. (hiver).

MORTAIN - 50140 (5 B 5)

Saint-Lô 66 - Fougères 41

Hôtel de la Poste

Des prestations améliorées pour cette valeur aussi solide que son architecture XIXe, étape chaleureuse près de la fameuse collégiale.

27 ch. 45-60€ • 1/2 pens. 70-85€ *www.hoteldelaposte.fr*

» 1 pl des Arcades
☎ 02 33 59 00 05
02 33 69 53 89
F. fév.

MORZINE - 74110 (28 C 1)

Annecy 95 - Genève 62

Hôtel-Résidence Les Côtes

Le gros chalet tourne toutes ses chambres (avec balcon) vers le Sud et propose un séjour simple et agréable, dans son décor de bois clair comme son atmosphère familiale. Nombreuses possibilités de détente.

19 appart. 64-129 € • 4 ch. 50-70 € • 1/2 pens. 51-71 €

www.hotel-lescotes.com

» La Salle, Rive Droite
☎ 04 50 79 09 96
📠 04 50 75 97 38
F. 9 avril-1er juil. et 2 sept.-17 déc.

Le Samoyède

Concentré de charme montagnard, avec une architecture et un décor aux boiseries abondantes et un confort soigné pour se remettre de ses longues journées de ski dans un confort parfait. Situation centrale, pour profiter de l'animation de la station.

16 appart. 92-300 € • 10 ch. 54-205 € • 1/2 pens. 73-160 €

www.hotel-lesamoyede.com

» 9 pl du Baraty
☎ 04 50 79 00 79
📠 04 50 79 07 91
F. mi-avril-mi-juin et fin sept.-mi-déc.

La Clef des Champs

Cette Clef-là pourrait bien être celle du bonheur, dans un cadre montagnard chaleureux, notamment dans les chambres "charme". Accueil soigné et situation pratique près des pistes.

30 ch. 50-140 € • 1/2 pens. 61,50-79 € www.clefdeschamps.com

» Av de Joux-Plane
☎ 04 50 79 10 13
📠 04 50 79 08 18
F. 10 avril-25 juin et 5 sept.-20 déc.

LA MOTTE AU BOIS - 59190 (1 D 3)

Lille 36 - Hazebrouck 6

Auberge de la Forêt

Dans un cadre verdoyant, l'hôtel est un ancien relais de chasse. Il cultive une allure rustique en rapport, jusque dans les chambres.

12 ch. 40-61 € • 1/2 pens. 55-70 € www.auberge-delaforet.com

» La Motte-au-Bois
☎ 03 28 48 08 78
📠 03 28 40 77 76
F. déb. janv. et 2e quinz. juil.

MOUDEYRES - 43150 (36 D 5)

Le Puy-en-Velay 30 - Yssingeaux 35

Le Pré Bossu

Etonnement, admiration, incrédulité ? Ces sentiments se mêlent chaque fois qu'on évoque ces maisons solidement attachées à leurs deux toques et pourtant situées dans des zones franchement retirées. Oui, cette ancienne ferme typique du pays est classée aux Monuments Historiques. Oui, ce plateau situé à 1200 m d'altitude est superbe. Installé depuis 1976 dans ce Mézenc qu'il aime tant, Carlos Grootaert, flamand d'origine, continue chaque année de nous étonner, avec sa belle et chaleureuse cuisine : lapin de clapier en dodine farci au foie gras de canard et pruneaux, escargots de Grazac, crête de coq et mousserons en cassolette, rouget barbet en papillote, ratatouille fine et sauce hollandaise aux anchois. Cave de collectionneur avisé et, pour ceux qui préféreraient ne pas regagner la ville (la table n'est ouverte qu'au dîner), la maison propose une chambre et cinq appartements de très bon standing.

M : 38-68 €

» ☎ 04 71 05 10 70
F. à déj. (sf réserv. 8 pers.) et nov.-mai.
Jusqu'à 20h30.

MOUGINS - 06250 (34 C 5)

Nice 37 - Cannes 5

Le Moulin de Mougins

» 424 chemin du Moulin, quartier Notre Dame-de-Vie
☎ 04 93 75 78 24
F. lundi.
Jusqu'à 22h.

Cadre et ambiance
Une très belle table, une grosse affluence, grâce aux formules magiques d'Alain LLorca, qui sait attirer la région, les repas d'affaires comme les anniversaires, sans perdre son âme. La maison mythique de Roger Vergé revit ses belles heures. Après avoir racheté les murs, Alain Llorca se lance dans les travaux, avec des projets de chambres, piscine, cuisine, sous la direction architecturale de Jean-Michel Wilmotte.

Cuisine
Fractionnée, dans la carte, en trois philosophies (classique, contemporain, léger) fondues dans la ronde des tapas que le chef avait déjà fait fonctionner avec succès au Negresco. Quelques exploits marquants, d'esprit ludique, mais aussi fins techniquement que tactiquement : la "pizza cube" parce que dés de gelée de tomate, le savarin de spaghettis au caviar d'Aquitaine, effectivement présenté en tore, avec un verre de vodka spectaculairement glacé à la minute, jusqu'à la réinterprétation de la bouillabaisse, charmante et allusive. C'est précis, pesé, bien traduit, de quoi déstructurer la Provence avec le sourire et l'intelligence d'un chef virtuose.

Cave
Une cave de grandes étiquettes, dans les choix comme dans les prix, s'adressant à une clientèle internationale touristique.

Accueil et service
Nombreux, efficace mais manquant un peu de chaleur et de personnalité, comme si la diversité de la clientèle exigeait une neutralité polie, ce qui n'exclut ni la gentillesse, ni une prévenance de chaque instant.

C : 120 € • M : 48-160 € *www.moulindemougins.com*

(15)
Le Candille

» Bd Clément-Rebuffel
☎ 04 92 28 43 43
F. lundi, mardi (fév.-mai, oct.-déc.), à déj. (juil.-août) et janv.
Jusqu'à 22h.

➥ **Hôtel :** Le Mas Candille

Nous avons suffisamment souligné les efforts voyants de cette maison née roturière pour se hisser parmi la noblesse de la Côte. Nous n'appliquerons pas une nouvelle couche pour concentrer l'attention sur l'assiette ; Serge Gouloumès semble tirer un trait provisoire sur l'emphase maison, sur les ailes de géant qui empêchent de voler : le cru 2005 est plus épuré, allégé, sans tarabiscots, et nous nous sommes régalés, des aiguillettes de saint-pierre et blettes, en oubliant le tarif ("54 **€**, c'est cher pour des blettes", disait la voisine de table), le parfait carpaccio de thon fumé, glace wasabi et grecque de primeurs ou le classique mais très réussi moelleux au chocolat coulant et glace fenouil. Le service est briefé pour faire pro et propre, et la cave, bien variée, contient ce qu'il faut en région (Les Valentines, Font du Broc, Jale, Jasson...).

C : 95 € • M : 38-95 € *www.lemascandille.com*

Le Clos Saint-Basile

» 351 av Saint-Basile
☎ 04 92 92 93 03
F. merc. et jeudi à déj.
Jusqu'à 22h.

Claude Muscatelli, ancien du Carlton et du Majestic, est un vrai pro, chevronné, sûr de son fait et de ses choix. Concrètement ? De belles assiettes, fortement influencées par la Méditerranée mais manquant parfois un peu de gaieté : carpaccio d'espadon et saumon à la vinaigrette de fenouil, aile de canard rôti au chutney de pêche et pistache, brunoise de homard en fleurs de courgettes au jus de crustacés. Charmant jardin sur l'arrière, à l'abri des lauriers roses et des cyprès.

C : 52 € • M : 29-44 € *an.muscat@wanadoo.fr*

(12) L'Amandier de Mougins

» Pl des Patriotes
☎ 04 93 90 00 91
Ouv. 7j/7.
Jusqu'à 21h45.

Que la maison créée par Roger Vergé, où officièrent Alain Ducasse et Francis Chauveau, relève la tête et retrouve du plumage ne peut que faire plaisir à tous les amoureux du village. Et la mise en avant du jeune chef, Christophe Ferré, lauréat du trophée de la Cuisine Provençale, une bonne nouvelle, qui lui permet même de signer ses plats ("la christophade de loup braisé"). Au quotidien, le touriste affamé trouvera comme nous fort aimable le menu à 25 € du midi ou à 34 € le soir, aux propositions intelligentes et variées. Bonne sélection viticole régionale (Richeaume, Sorin...). Un point de plus en attendant la toque.

C : 55 € • M : 25-50 € *www.amandier.fr*

(12) Le Bistrot de Mougins

» Pl du Village
☎ 04 93 75 78 34
F. merc., jeudi à déj., sam. à déj. et fin nov-27 déc.
Jusqu'à 22h15.

Même s'il n'est en charge que depuis un an, le chef connaît la musique : il l'a joué sur la place du village, dans cette ancienne écurie XVIIIe, durant vingt-quatre ans. Alors, dans cette région où le touriste est roi, et parfois un peu gogo, il en a ici pour ses euros, transformés en cannellonis, sardines à la menthe, daube de bœuf et gigot d'agneau dans l'honnête menu autour de 30 €, dont il n'y a pas lieu de s'échapper.

C : 32 € • M : 19,85-43,50 €

(12) Feu Follet

» Pl du Cdt-Lamy
☎ 04 93 90 15 78
F. lundi.
Jusqu'à 22h,.

Le charme de la place renforce celui de cette tonnelle accueillante qui magnétise le touriste avec ses fleurs et ses parfums. Un menu fédérateur qui rafle la mise à 36 € - pas donné mais concurrentiel - en montrant une couleur pas plus provençale que nécessaire, escargots à l'ail, volaille des Landes et purée à l'huile d'olive, tiramisu et baba. Cave riches de crus locaux groupés autour de 30 € (Rasque, Sainte-Roseline, Saint-Ser...), service adapté au flux. Nous apprenons au moment du bouclage que l'adresse était reprise par l'humoriste Jean-Marie Bigard et Hervé Audierne, ancien directeur du Fouquet's, les équipes en place sous Jean-Paul Battaglia étant maintenues.

C : 45 € • M : 24-36 € *www.feu-follet.fr*

(12) La Terrasse à Mougins

» 31 bd de Courteline
☎ 04 92 28 36 20
F. lundi, mardi à déj. et janv.
Jusqu'à 22h.

L'enseigne ne triche pas : la véranda-terrasse est effectivement charmeuse, avec la vue sur l'arrière-pays mouginois, dans la douceur d'un décor contemporain au style lounge. La cuisine est entre deux eaux : pas du haut gastro, mais d'un niveau technique appréciable, dont seul le prix est un peu dissuasif. La qualité intrinsèque du ragoût d'artichauts et escargots, de la lotte et légumes provençaux ou de la crème battue façon yaourt, framboises et glace violette vaut presque une petite toque. Mais il faut avoir aligné 45 € pour s'en apercevoir. Cave puissante et fouineuse en Rhône, Languedoc, Provence, un peu chère, mais aussi débrouillarde ailleurs, de Fourtout à Selosse, de Chidaine à Da Ros.

C : 65 € • M : 25-0,45 € *www.la-terrasse-a-mougins.com*

Le Mas Candille

» Bd Clément-Rebuffel
☎ 04 92 28 43 43
Fax 04 92 28 43 40
Ouv. 7j/7.

➡ **Restaurant** : 15/20 Le Candille

Derrière les grilles ouvre un monde paisible et luxueux, autour d'un ancien mas, noyé sous les arbres d'un parc délicieux. Personnalisées avec soin, les harmonies de couleurs des tentures et des meubles anciens composent des chambres de grand standing. Autour de la piscine, des bâtiments plus modernes complètent des installations très complètes, avec notamment un spa remarquable (shiseido), dans ses prestations comme dans son cadre contemporain et zen.

1 appart. 625-765 € • 39 ch. 320-555 € *www.lemascandille.com*

MOULAY ➤ MAYENNE

MOULEYDIER ➤ BERGERAC

MOULINS - 03000 (26 C 2)

Paris 297 - Clermont-Ferrand 101 - Bourges 101

Le Clos de Bourgogne

C'est assurément la table que les Moulinois attendaient depuis le lent déclin de l'ancienne vedette locale, le Jacquemart. Ouvert depuis mai 2004 dans un ancien hôtel particulier du XVIIIe siècle légèrement excentré, ce restaurant est porté à bout de bras par un jeune chef propriétaire, Hervé Chandioux, qui inaugurera très bientôt les onze premières chambres (au printemps) de cet établissement. Sa cuisine vive et moderne tranche singulièrement avec le cadre bourgeois mais fait mouche à tout coup : tataki de saumon et de céleri, filet de daurade royale, compotée de fenouil au citron et réduction de jus de volaille aux écorces d'agrumes, entremets chocolat et crème citron, sorbet citron vert. Cave complète et sans grande découverte mais commentée avec précision.
C : 65€ • M : 25-78€

» 83 rue de Bourgogne
☎ 04 70 44 03 00
F. sam. à déj., dim. à dîn., lundi et 2 sem. fin août-déb. sept.
Jusqu'à 21h30.

Hôtel de Paris

La fameuse maison reste fidèle au poste depuis 1834 et ses prestations actuelles sont à la hauteur de son prestigieux passé, avec des chambres au confort soigné, dans des ambiances personnalisées. Au restaurant, Olivier Mazelle réinterprète le terroir avec ses propres repères, le foie gras se mêlant aux vapeurs de citronnelle ou la sole au pied de cochon (avec risotto d'épeautre). De quoi retrouver le plaisir de fréquenter cette table historique et dépoussiérée.
5 appart. 64-122€ • 27 ch. 64-122€ • 1/2 pens. 88-150€ • C : 30€ • M : 25-50€
www.hoteldeparis-moulins.com

» 21 rue de Paris
☎ 04 70 44 00 58
📠 04 70 34 05 39
F. 1er-5janv., 1er mai et Toussaint.

MOUREZE - 34800 (32 A 4)

Montpellier 49 - Béziers 53

Les Hauts de Mourèze

Atmosphère paisible dans un cadre naturel remarquable. L'hôtel ne dépare pas près du vieux village et propose des chambres spacieuses et bien tenues.
16 ch. 42-56€

» Hôtel Navas, Cirque de Mouréze
☎ 04 67 96 04 84
📠 04 67 96 25 85
F. 1er nov.-25 mars.

MOURIES - 13890 (33 B 5)

Paris 715 - Avignon 35 - Arles 24 - Salon-de-Prove...

Vieux Four

Producteurs référencés, plats de terroir réalisés avec conscience et modernité, voilà les petits plans que tout le monde recherche et qu'il faut aller visiter dare-dare pour ne pas manquer l'anchoïade, le taureau en terrine et gelée au madère, la truite de Mouriès à l'ail et au fenouil, les pieds et paquets, la gardianne... Des petits prix d'ensemble, de bons menus (à partir de 25 €, parce qu'en dessous, cela ne fait pas vraiment rêver), un accueil, des pizzas et une petite cave avenante.
C : 32,60€ • M : 13-25€
www.le-vieux-four.com

» 5 Cours Paul-Revoil
☎ 04 90 47 64 94
F. mardi, merc. (h.s.), lundi à déj., mardi à déj. (juil.-août) et Noël déb. fév.
Jusqu'à 22h.

MOUSTIERS SAINTE MARIE - 04360 (34 A 4)

Digne 62 - Manosque 48

La Bastide de Moustiers

» Chemin de Quinson
☎ 04 92 70 47 47
F. non comm.
Jusqu'à 21h.

➥ **Hôtel :** La Bastide de Moustiers

Un pur produit de l'école Ducasse, comme il s'en essaime, semble-t-il, des dizaines par an à travers le monde. Eric Santalucia, passé par la Celle et le Louis XV, second puis chef à la Bastide, connaît tout des credo et des pater noster de la maison AD. Tout ce qui touche aux légumes est d'une pureté virginale, la soupe au pistou est un modèle, on se régale campagne chic en écoutant des cigales en smoking jouer du cri-cri de gala. avec une fine gelée de lapin croûtons de rillette et salade, un risotto à l'encre de seiche, un pigeon à la broche aux fruits de saison. Naturelle comme un torrent d'eau fraîche, cette cuisine ne peut que séduire les résidents conquis par le cadre. Cave rassemblant les valeurs régionales reconnues.

M : 44-57 € *www.bastide-moustiers.com*

La Bastide de Moustiers

» Chemin de Quinson
☎ 04 92 70 47 47
04 92 70 47 48
F. non comm.

➥ **Restaurant** : 15/20 La Bastide de Moustiers

Chaque pièce de cette ancienne propriété d'un maître faïencier donne l'impression de feuilleter un magazine de déco consacré à la Provence. Cette grande demeure typique à proximité du plus grand canyon d'Europe a été arrangée avec délice par Alain Ducasse et ses conseils, la déco, confiée à Tonya Peyrot, soulignant l'authenticité des matériaux et l'élégance des formes et des volumes. Promenades exquises dans le parc de quatre hectares, autour du potager et du jardin des simples.

1 appart. 270-325 € • 11 ch. 155-305 € *www.bastide-moustiers.com*

MOUX EN MORVAN - 58230 (19 D 4)

Autun 30 - Château-Chinon 31 - Nevers 93

⑩ Auberge de la Queue du Lac

» Rte touristique les Settons
☎ 03 86 76 02 46
F. dim. à dîn. (hiver).
Jusqu'à 21h.

Sur les bords du lac des Settons, petit paradis morvandais pour plaisanciers et marcheurs, une maison qui cultive l'art de la cuisine familiale à prix tendus, le filet de sandre, la truite aux amandes et la fondue bourguignonne avançant en rangs serrés pour prolonger les délices d'un week-end à la campagne.

C : 12 € • M : 14-20 €

MOUZON - 08210 (9 C 2)

Sedan 17 - Stenay 17

Les Echevins

» 33 rue Charles-de-Gaulle
☎ 03 24 26 10 90
F. sam. à déj., dim. à dîn., lundi, 31 déc.-19 janv. et 1er-24 août.
Jusqu'à 21h30.

Un peu à l'écart des bâtiments historiques de la place centrale, cette maison ancienne n'en a pas moins fière allure. La salle est aménagée à l'étage, sous les poutres, avec des tables largement espacées. On ne peut que saluer les efforts de la maison : accueil gentil et discret, des attentions nombreuses (amuse-bouche, mais aussi pré-dessert, un plaisant soufflé framboise-passion) et bien sûr la cuisine, qui ne cède rien à la facilité et privilégie le produit de saison. Le velouté d'asperges est relevé d'une discrète pointe d'oseille et d'un salpicon de calamar et jambon cru, le thym et l'aumônière de pois paysan relèvent et enjolivent la rosace de veau et le moelleux au chocolat gagne une poire pochée à la chicorée.

M : 24-36 €

MUGRON - 40250 (23 C 4)

Dax 28 - Saint-Sever 16

[12] Ferme-Auberge de Marquine

» Marquine
☎ 05 58 97 74 23
Ouv. seult sur réserv.
Jusqu'à 20h.
🏖 🚗 ♿ ❄

Au bout d'une allée ombragée et fleurie, une ferme-auberge authentique, comme elles devraient toutes apparaître : l'ambiance de la ferme, les produits élevés et fabriqués sur place, une cuisine généreuse de garbure, foies gras, confits, magret, la simplicité chaleureuse qui se prolonge jusqu'à la tourtière aux pommes, dans cette jolie sale rustique installée dans une ancienne étable.
M : 13-31 €

MUIDES SUR LOIRE ➤ MER

MULHOUSE - 68100 (10 B 5)

Paris 465 - Colmar 45 - Belfort 40

[14] Il Cortile

» 11 rue des Franciscains, cour des Chaînes
☎ 03 89 66 39 79
F. dim., lundi, 2 prem. sem. janv. et 2 sem. fin août.
Jusqu'à 21h.
🏖 ♿ ❄ 🚬

Italienne et gastronomique : voilà comment Stéfano d'Onghia et son chef, Jean-Michel Feger, qualifient la carte de cette table installée dans un monument Historique. Comprendre donc qu'il n'y a pas de pizzas ou de spaghetti carbonara entre ces murs mais plutôt l'aristocratie de la cuisine transalpine : chiffonnade de culatello, tarte tatin d'endives gratinée au gorgonzola, ravioli aux fleurs de courgettes, risotto aux fèves fraîches et aux écrevisses, carré d'agneau en croûte d'herbes, peperonata et galette à la farine de pois chiches. Pour prolonger le plaisir, on puise avec allégresse dans une cave riche en bonnes affaires (montepulciano rosé de chez Zaccagnini, barolo classico de chez Prunetto...)
C : 52 € • M : 22,50-70 €

▶ Le Petit Zinc

» 15 rue des Bons-Enfants
☎ 03 89 46 36 78
F. dim. (sf déc.), 3 prem. sem. août et Noël-nouvel an.
Jusqu'à 23h15.
❄ 🐕

Le bistrot des poètes et des artistes, des bises et du show-biz, qui ne se trompent pas de zinc en poussant la porte de Myriam Weill. Des photos qui couvrent les murs, et des assiettes généreuses pour l'après ou l'avant-spectacle : schieffala, jarret choucroute, surlawerla spaetzle, bibalakas : l'endroit idéal pour manger couramment alsacien.
C : 26 € • M : 8,70 €

🏨 Hôtel du Parc

» 26 rue de la Sinne
☎ 03 89 66 12 22
📠 03 89 66 42 44
Ouv. 7j/7.
🚘 ❄ 🐕

Face au parc Steinbach (qui donne son nom au restaurant) et donc au cœur de la ville, cet imposant bâtiment classé puise son inspiration dans le style Art déco pour un cadre fastueux et raffiné, jusque dans les chambres, à l'espace généreux.
76 ch. 135-170 € *www.hotelduparc-mulhouse.com*

➲ à FROENINGEN - 68720 : 9 km S.O.

[12] Auberge de Froeningen

» 2 rte d'Allfurth
☎ 03 89 25 48 48
F. dim. à dîn., lundi, mardi (nov.-avril), 2 dern. sem. janv. et 2 dern. sem. août.
Jusqu'à 21h.
🏖 🚘 ♿ 🐕

Christophe et Muriel Renner font danser l'Alsace rayonnante, de la façade à colombages et balcon fleuri jusqu'à l'assiette aux classiques sympathiques, le presskopf ou la langue de bœuf Klapperstein rejoignant une tradition bourgeoise plus hexagonale (feuilleté asperges morilles, saint-jacques sauce champagne, côte de veau de Bavière aux champignons) épaulée par une vaste cave généraliste. Le jeudi, la région est un peu plus à l'honneur, avec la journée en costume et d'autres spécialités.
C : 40 € • M : 13-50 €

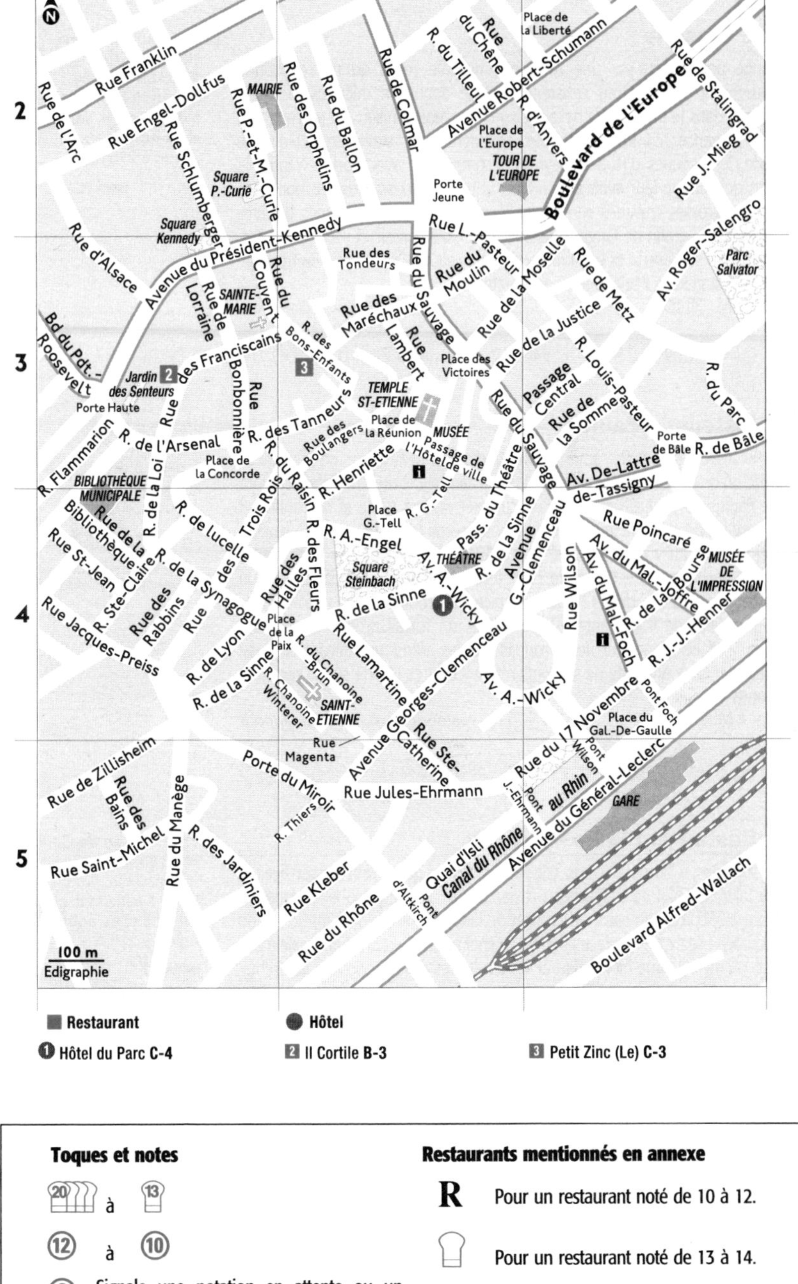

Toques et notes

20 à 13

12 à 10

? Signale une notation en attente ou un changement de dernière minute.

Restaurants mentionnés en annexe

R Pour un restaurant noté de 10 à 12.

Pour un restaurant noté de 13 à 14.

Pour un restaurant noté de 15 à 16.

➲ à ILLZACH - 68110 : 6 km N.O.

La Closerie

Rattrapée peu à peu par une zone commerciale (dont on ne soupçonne heureusement pas du tout l'existence même depuis la délicieuse terrasse aménagée dans le parc), cette belle maison bourgeoise milieu XIXe dégage une grande élégance, comme insensible aux agressions extérieures. Dans ce contexte, les assiettes d'Hubert Beyrath accomplissent avec bonne volonté la mission qui semble leur avoir été confiée, entre sage classicisme et modernité contrôlée : grosses crevettes gambas grillées, croustillant de pommes de terre au lard maigre, gratin de langoustines, filets de sole vapeur et asperges vertes, rognon façon surlawerla et escalopes de ris de veau grillés knepfla au fromage blanc, parfait glacé à l'églantine et aux châtaignes.

C : 40 € • M : 35-50 € *www.la-closerie.fr*

» Ile Napoléon, 6 rue Henri-de-Crousaz
☎ 03 89 61 88 00
F. sam. à déj., dim., lundi à dîn., 2 dern. sem. juil. et Noël-nouvel an.
Jusqu'à 21h15.

➲ à LANDSER - 68440 : 10 km S. par D 21 et D 66

Hostellerie Paulus

Les amis alsaciens de cette remarquable adresse sundgauvienne ne peuvent se plaindre qu'on ne leur propose que de la tarte flambée et du schieffala au raifort. Hervé Paulus est depuis longtemps un cuisinier de son siècle et du monde et s'il intègre les produits de la région, c'est pour mieux métisser, ouvrir la fenêtre, éveiller le goût du voyage : le foie gras ? Avec une compote de rhubarbe et poivre de Séchouan. Le saint-pierre ? aux fèves, avec du jambon serrano et un coulis de pimientos. L'ananas ? Rôti aux épices, lait mousseux de coco et glace aux épices. Pas de fracassante esbroufe mais un travail propre et pro, une maîtrise à l'alsacienne sur les produits nobles dans un décor lui aussi progressiste. Cave opulente de six cents références, très diserte sur sa région et les grands terroirs.

C : 65 € • M : 44-69 € *restaurant.paulus@wanadoo.fr*

» 4 pl de la Paix
☎ 03 89 81 33 30
F. sam. à déj., dim. à dîn. et 15 jrs déb. août.
Jusqu'à 21h.

➲ à RIEDISHEIM - 68400 : 3 km E.

Restaurant la Poste-Kieny

Ils ne sont pas si nombreux, ces cuisiniers orfèvres qui savent passer avec le même talent du filet de maquereau caviar d'aubergine au foie gras carpaccio de poire aux épices, du carré de cochon de lait au genièvre au cappuccino de homard. Jean-Marc Kieny place la griffe du chef au-delà du produit, au-delà des modes, même s'il aime bien effleurer les tendances mousseuses d'aujourd'hui. Ses menus lui ressemblent, indépendants, précis, et aussi raffinés dans leur traitement quel qu'en soit le tarif. Cette maison, pour cela et par bien d'autres aspects - la table, l'accueil très personnalisé - est d'une élégance rare. La cave fait le tour de France en dialoguant avec tous les vignobles aux noms connus, mais c'est bien sûr en alsacien qu'elle se débrouille le mieux.

C : 60 € • M : 26-80 € *www.restaurant-kieny.com*

» 7 rue du Gén-de-Gaulle
☎ 03 89 44 07 71
F. dim. à dîn., lundi, mardi à déj. 1 sem. vac. scol. fév. et 3 sem. août
Jusqu'à 21h.

➲ à RIXHEIM - 68170 : 3 km S.E. par N 66

Le Manoir Runser

Dans l'Alsace gourmande et opulente, on ne se défait pas facilement du grand genre, celui de la truffe en croûte de pomme de terre ou du gratin de homard à la vanille. Pourtant, les deux toques portées par Eric Runser vont avant tout à son aisance pour adapter son terroir, à sa vision moderne d'une cuisine décomplexée, assumant sa richesse en ajoutant la légèreté, le parfum, le

» 65 av du Gén-de-Gaulle
☎ 03 89 31 88 88
F. dim. à dîn. et lundi.
Jusqu'à 21h30.

contrepoint bienvenu : la ballottine de foie gras d'oie est avec un raisiné au moscatel et réduction de bière et porto, l'omble chevalier en chaud-froid avec des asperges vertes et une tempura de légumes, le filet de bar est rôti à la graisse de canard et rouleaux de sucrines aux enokis. Dans une atmosphère de connaisseurs, au service sobre et adapté, on déguste jusqu'aux desserts adroits (banane flambée à la cardamome, pain de Gênes et pourpier caramélisé, coulis tonka et glace au lait), en essayant de se réfréner sur l'énorme cave qui collige tous les grands de France et d'ailleurs.

C : 68€ • M : 35-75€ *www.runser.fr*

à ZIMMERSHEIM - 68440 : 10 km par D 21

12 Restaurant Jules

» 5 rue de Mulhouse
☎ 03 89 64 37 80
F. w.-e., 15 jrs vac. scol. fév. et 15 jrs août.
Jusqu'à 23h.

Derrière le Reeberg, le meilleur bistrot de la région mulhousienne, réputée à juste titre pour son ambiance amicale et effervescente, son patron accueillant, sa cuisine à l'ardoise joliment fignolée, et ses vins au verre. D'où un succès étonnant (pour le vendredi soir il faut retenir une semaine à l'avance) et le plaisir d'une fête permanente.

C : 40€ *resto.jules@wanadoo.fr*

MUR DE BRETAGNE - 22530 (14 A 3)

Saint-Brieuc 52 - Pontivy 18

Auberge Grand'Maison H

» 1 rue Léon-le-Cerf
☎ 02 96 28 51 10
F. dim. à dîn. et mardi (h.s.), lundi, 2 sem. fév. et 2 sem. oct.
Jusqu'à 21h.

Le grand Jacques (Guillo) est retiré des fourneaux mais sa " grand'maison " de village, en pierres du pays est toujours abondamment fleurie comme la douce salle aux vieux meubles régionaux. On ne peut qu'encourager les époux Le Fur, désormais arrimés à cette institution, au cœur de la Bretagne, bien loin des plages et des agglomérations. Le chef propose une cuisine de marché, généreuse, sans artifices ni sauces inutiles, ce qui correspond à la sobriété légendaire de cette maison de devoir. Les desserts sont plus recherchés, l'accueil de Mireille adorable et la carte des vins classique. Chambres charmantes et coquettes.

C : 60€ • M : 27-90€ • 9 ch. 62-112€ • 1/2 pens. 120-160€
www.auberge-grand-maison.com

MURAT - 15300 (26 B 4)

Aurillac 53 - Saint-Flour 25

Le Jarrousset

» N 122
☎ 04 71 20 10 69
F. lundi, mardi (sf juil.-août) et janv.
Jusqu'à 21h30.

Maison de campagne, esprit artisan, mais cuisine si naturelle, épurée, nette qu'elle n'a finalement rien de rustique. Jérôme Cazanave, jeune trentenaire bouillonnant d'idées, la joue perso et prend le terroir à bras-le-corps : farçou, escargots au beurre d'herbes, tartines aux cèpes du pays et Cantal jeune juste fondu, un bonheur d'une totale gourmandise, dos de cabillaud aux tarbais et poivrons rouges, joue de bœuf et foie de canard, sans oublier sa version des cornets de Murat, une obligation locale. Les menus sont tous passionnants au fil des saisons, Isabelle Cazanave suit le rythme de son époux avec entrain et la petite cave a autant de caractère que de douceur.

C : 45€ • M : 22-45€

Hostellerie les Breuils

» 34 av Dr-Mallet
☎ 04 71 20 01 25
Fax 04 71 20 33 20
F. Toussaint-fin mai.

Qu'on soit logé dans les chambres de style au premier étage ou dans les chambres plus modernes, tout le monde apprécie, dans cette grande maison du centre, l'ambiance conviviale et la qualité de l'accueil.

12 ch. 65-77€ *info@hostellerie-les-breuils.com*

MURBACH - 68530 (10 B 5)

Colmar 34 - Mulhouse 29

 Hostellerie Saint-Barnabé

» ☎ 03 89 62 14 14
F. dim. à dîn. (nov.-avril), 9 janv.-10 fév. et 23-27 déc.
Jusqu'à 21h.

➡ **Hôtel** : Hostellerie Saint-Barnabé

Soyons clairs. La cuisine d'Eric Corban ne joue pas les midinettes, préférant afficher nettement ses préférences pour la gastronomie ultra-traditionnelle. Après tout, pourquoi pas ? L'escalope de foie gras poêlé aux poires et gingembre, le dos de cabillaud cuit à la vapeur, brandade de morue à l'ail des ours, la trilogie de veau à la vanille bourbon et le parfait glacé à la rhubarbe manquent pourtant de bonne humeur : une surcuisson par ci, un accompagnement un peu lourdaud par là, on aimerait un peu plus de simplicité et de modernité. Belle cave en Alsace.

C : 55 € • M : 28-80 € *www.hostellerie-st-barnabe.com*

 Hostellerie Saint-Barnabé

» ☎ 03 89 62 14 14
Fax 03 89 62 14 15
F. 9 janv.-10 fév. et 23-27 déc.

➡ **Restaurant** : 12/20 Hostellerie Saint-Barnabé

Le site est aussi calme qu'agréable : au fond du vallon de Murbach, dans un superbe cadre forestier, ce grand chalet dispose de chambres personnalisées et meublées avec style. Le court de tennis, le mini-golf et le GR qui passe au pied de l'établissement offrent de belles possibilités de détente.

27 ch. 56-190 € • 1/2 pens. 170-297 € *www.hostellerie-st-barnabe.com*

LA MURE - 38350 (28 A 4)

Grenoble 38 - Gap 65

 Le Murtel

» Coteau de Beauregard
☎ 04 76 30 96 10
Fax 04 76 30 91 38
Ouv. 7j/7.

Près de la Route Napoléon, une étape agréable, confort et allure modernes dans un site pleine nature, avec vue sur les montagnes.

38 ch. 48-64 € *www.logis-de-france.fr*

MURET - 31600 (29 D 4)

Toulouse 26 - Auch 79

13 Il Paradiso

» 350 rte de Rieumes
☎ 05 61 56 39 73
F. dim. à dîn., lundi (sf sur réserv.).
Jusqu'à 22h30.

Gastronomie italienne bien sûr (Marco Ottaviani a atterri d'Italie à la fin des années 80 pour ouvrir cette table) mais sans pizza, n'oublie jamais de préciser le chef. Pâtes fraîches, risotti, foie de veau, poissons grillés, jusqu'au mémorable tiramisu, tout ici sent bon le Piémont ou la Toscane, la bonne humeur et la joie de vivre. Et toujours les confitures de Viviane, véritables Ferrari du genre.

C : 24 € • M : 17-30 €

MURZU ➤ VICO, CORSE

NAJAC - 12270 (30 A 3)

Villefranche-de-Rouergue 25 - Cordes-sur-Ciel 29

 13 L'Oustal del Barry

» Pl du Faubourg
☎ 05 65 29 74 32
F. lundi, mardi à déj. (janv.-mi-juin et oct.-nov.) et 1er nov.-mi-mars.
Jusqu'à 21h.

Rémy Simon, arrivé comme chef auprès des Miquel en 1998 puis reprenant l'affaire derrière eux voilà trois ans, fut pendant quatre années second chez les frères Pourcel, à Montpellier. C'est là, et dans les Byblos de Courchevel et de Saint Tropez, qu'il s'est forgé les certitudes qui le guident aujourd'hui. Sa cuisine reposera sur des produits rigoureusement sélectionnés et sera avant tout régionale : foie gras de canard mi-cuit, brioche tiède aux figues, fin magret fumé à l'huile de noisettes, poêlée de ris d'agneau en persillade, émietté de pomme de terre à l'huile de colza grillé, pavé de veau et jus aux girolles, compotée

d'échalotes au vin rouge et caramel de carottes, tarte aux poires caramélisées, crème d'amande, coulis et glace à la pistache. Cave fouineuse sur laquelle veille Corinne Simon, avec une belle sélection de vins doux naturels.
C : 45 € • M : 18,50-48 € www.oustaldelbarry.com

NALZEN ➤ LAVELANET

NANCY - 54000 (11 D 4)

Paris 389 - Metz 56 - Chaumont 117

16 Le Grenier à Sel

» 28 rue Gustave-Simon
☎ 03 83 32 31 98
F. dim., lundi, dern. sem. juil.-2 prem. sem. août et Noël.
Jusqu'à 21h30.

Cadre et ambiance
Triste, bruyante, sans âme, l'atmosphère est en cours d'embellissement mais une telle cuisine mérite beaucoup mieux. Heureusement, de bons mangeurs connaisseurs apportent une certaine chaleur.

Cuisine
On se prend à chercher les limites de notre ancien Grand de demain tant sa technique et son sens du produit semblent encore progresser. Son rouget cuit à basse température et tartelette de légumes de printemps, ses langoustines rôties à la diable, tartine d'asperges vertes aux échalotes confites et son riz au lait comme un sushi et écume d'amande, tube cristallin aux fruits ont assurément les épaules pour affronter la division supérieure.

Cave
Encore en construction, elle rassemble grands noms (Chidaine, Dagueneau, Leflaive) et valeurs montantes, Olivier Pithon pour ses côtes-du-roussillon par exemple.

Accueil et service
Difficile dans ce contexte de dissocier le cadre du service, ce dernier n'étant pas d'ailleurs toujours exempt de tout reproche. Un peu distant, s'intéressant parfois avec trop d'ostentation aux habitués, il est perfectible.
C : 85 € • M : 30-55 € www.chez.com/grenierasel/

14 Le Capucin Gourmand

» 31 rue Gambetta
☎ 03 83 35 26 98
F. sam. à déj., dim. à dîn. et lundi.
Jusqu'à 22h.

Non loin de la place Stanislas magnifiquement rénovée, le Capucin Gourmand accueille les notables et les chefs d'états de passage à Nancy, dans un décor bien revu, aux teintes apaisantes et aux tableaux baroques. Hervé Fourrière affine lui aussi son propos, ses cuissons sont justes, et malgré une présentation parfois pataude, apporte une très belle précision dans la réalisation et les saveurs. De forts desserts de référence (le Stanislas, un baba majuscule), une cave classique assez complète.
C : 70 € • M : 35-65 € www.capucin.gourmand.fr

14 La Toque Blanche

» 1 rue Mgr-Trouillet
☎ 03 83 30 17 20
F. dim. à dîn., lundi, 1 sem. vac. scol. fév., 1 sem. vac. scol. Pâques, 1 sem. juil. et 1 sem. août.
Jusqu'à 22h.

A deux pas du musée lorrain, cette table discrète est devenue au fil des ans une valeur sûre, un étalon dans la cité capitale. Et si la carte récite un peu son catalogue de produits de luxe, Bertrand Heckmann sait donner le ton avec des menus à la fois sages et précis, une salade de bonite à l'huile d'argan, un saint-pierre aux oignons nouveaux, un grenadin de veau sur une réduction de porto. La cave fait le tour des vignobles avec application, et remplit les casiers avec du solide bourguignon (Sauzet, Leflaive, Ramonet...), du château classé, et sans oublier les coteaux de Toul.
C : 60 € • M : 23-65 €

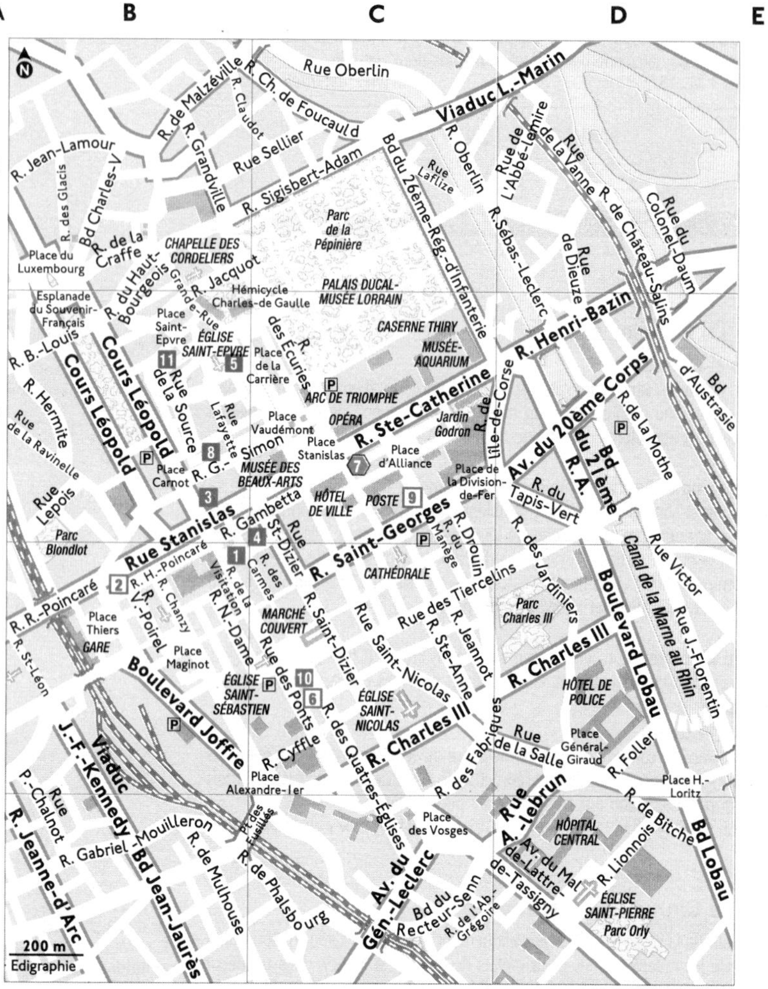

A B C D E

200 m
Edigraphie

■ Restaurant ⬢ Hôtel-Restaurant □ Table en vue

1. Agaves Côté Sud (Les) **B-4**
2. Brasserie l'Excelsior **B-4**
3. Cap Marine (Le) **B-3**
4. Capucin Gourmand (Le) **C-3**
5. Chez Tanésy **B-3**
6. Chine (La) **C-4**
7. Grand Hôtel de la Reine (Le) **C-3**
8. Grenier à Sel (Le) **B-3**
9. Marrakech (Le) **C-3**
10. Pissenlits (Les) **C-4**
7. Stanislas (Le) **C-3**
11. Toque Blanche (La) **B-3**

13

Les Agaves Côté Sud

Un peu de soleil pour renforcer l'éclat des grilles de la place Stanislas ? Nancy-sur-mer, c'est chez Gilles Durand, formé à Monte-Carlo, Antibes ou Saint-Jean-Cap-Ferrat, revenu au pays il y a vingt ans avec le ciel bleu dans sa besace, déballé au grand jour pour une alléchante carte de trattoria : melon et Sans Daniele, pissaladière, calamars au pistou, carpaccio parmesan, farfalle aux quatre fromages, risotto aux scampis… Plus que sympathiques, ces assiettes

» 2 rue des Carmes
☎ 03 83 32 14 14
F. dim., lundi à dîn., merc. à dîn., vac. scol. fév. et 3 prem. sem. août.
Jusqu'à 22h.

R  Restaurant mentionné en annexe.

sont franchement réussies, les tarifs sont urbains et la cave présentée par Babette Durand contient quelques derrières de fagots à ne pas manquer, en particulier dans le bordelais.
C : 35 € • M : 22 €

Le Cap Marine

Patrick Antoine se dit autodidacte. Chevronné certes (il occupe les lieux depuis 1980) mais autodidacte. Sans doute cette absence de cursus classique lui sert-elle au moment d'élaborer sa carte. Il ne s'arrête pas aux convenances, n'hésite pas à tenter quelques mélanges a priori contre-nature ou tout au moins surprenants mais s'arrange toujours pour garder le cap : carpaccio de bœuf au parmesan et salade d'asperges aux épinards, suprême de pintade au four, petits pois à la sarriette et lard séché, pommes de terre écrasées à la fourchette, tarte au chocolat et mousse de lait au riz soufflé caramélisé. Il se charge parfois lui-même du service (il semble adorer d'ailleurs) et prodigue d'excellents conseils sur le choix des vins.
C : 65 € • M : 33-49 € *www.restaurant-capmarine.com*

» 60 rue Stanislas
☎ 03 83 37 05 03
F. sam. à déj., dim., merc. à déj. 1er-8 mai et 13-20 août.
Jusqu'à 21h30.

Chez Tanésy ↗ ♥ DÉCOUVERTE

Après le Gastrolâtre, Patrick Tanesy entreprend un nouvel épisode de son histoire. Il vient de rejoindre son épouse pour "fusionner" Le Gastrolâtre avec La Basse-Cour (une table jusqu'à présent vouée aux volatiles) et créer ce bistrot à l'ambiance folâtre, bohème, libre. On se réjouit de ce décor de brocante intemporel marqué par une grande personnalité. La cuisine sent la Provence et la carte sort vraiment des sentiers battus, en bichonnant des classiques (aïoli de morue, fondant chocolat) comme rarement. Et si les tarifs n'ont pas la douceur d'un bar-plat du jour ordinaire, on partage avec les bonnes fourchettes de la ville ces nouveaux plaisirs sans regrets. Cave bien adaptée, avec de jolies trouvailles.
C : 50 € • M : 18-40 €

» Le Gastrolâtre, 23 Grande-Rue
☎ 03 83 35 51 94
F. dim., lundi à déj., jeudi à dîn., 3 sem. août, 1 sem. déb. janv. et 1 sem. Pâques.
Jusqu'à 22h15.

Le Stanislas

➡ **Hôtel :** Le Grand Hôtel de la Reine

Contrat rempli chez la reine : le Grand Hôtel honore ce gourmand de Stanislas, et montre grâce à un chef vertueux que la noblesse garde quelques prérogatives à table. Celle des poissons d'une pêche luxueuse (homard en saladine et citrons confits, turbot asperges et morilles…), de viandes choisies par le maquignon du roi, de desserts de circonstance (macarons à l'anis et paillettes glacées pamplemousse et litchi). Service princier, cave orientée grands crus et belles références.
C : 60 € • M : 29-55 € *www.hoteldelareine.com*

» 2 pl Stanislas
☎ 03 83 35 03 01
F. dim. (1er janv.-31 mars et 1er nov.-31 déc.) et sam. à déj.
Jusqu'à 21h45.

Les Pissenlits

La table de Jean-Luc Mengin ne se hausse pas du col, mais au moins tout y est fait maison et en famille puisque Jean-Sébastien dirige la salle et Danièle la cave. Résultat ? D'intelligents menus mariant plats et verres de vin avec, par exemple, pour moins de 27 € : carpaccio de saumon à la crème d'aneth, filets de lieu en bouillabaisse et parfait aux poires et caramel avec trois verres de vin et le café, une véritable aubaine.
C : 25 € • M : 17,90-23,20 € *pissenlits@wanadoo.fr*

» 25 bis rue des Ponts
☎ 03 83 37 43 97
F. dim., lundi et 1er-15 août.
Jusqu'à 22h30.

Brasserie l'Excelsior

Gallé, Daum, Majorelle, Gruber, se sont penchés sur le berceau de cette magnifique brasserie Art Nouveau qui entretient sa forme avec minutie. On ne mange pas les boiseries et le cristal, mais tout paraît bon dans ce décor de rêve, os à moelle et choucroute, sole meunière et gigot d'agneau.
C : 35 € • M : 22,40-31,40 € *www.brasserie-excelsior.com*

» 50 rue Henri-Poincaré
☎ 03 83 35 24 57
Ouv. 7j/7.
Jusqu'à 23h.

La Chine

Un chinois chic, laqué de noir et rouge, et une carte plutôt courte : gambas sao, coquilles saint-jacques à la mode de Shang Haï, filets de sole à la sauce aigre douce, nouilles sautées aux crevettes.
C : 24€ • M : 23-29€

» 31 rue des Ponts
☎ 03 83 30 13 89
F. dim. à dîn., lundi et 15 août-3 sept.
Jusqu'à 22h.

Le Marrakech

Vingt ans passés à régaler les Nancéiens des spécialités marocaines et les Touiel répondent toujours présents, des couscous aux pâtisseries, dans un décor aux parfums d'exotisme.
C : 20€ • M : 15-25€

» 85 rue Saint-Georges
☎ 03 83 37 21 03
F. merc. et 20 juil.-20 août.
Jusqu'à 22h45.

Le Grand Hôtel de la Reine

➡ **Restaurant** : 13/20 Le Stanislas
La situation n'est pas seulement pratique, elle est aussi prestigieuse avec cette fameuse place, refaite et classée au Patrimoine mondial. Le vaste immeuble XVIIIe en est une composante remarquable, avec sa belle architecture classique. Cadre en rapport, avec des chambres sobrement meublées de style et raffinées.
2 appart. 360€ • 40 ch. 140-280€ *www.hoteldelareine.com*

» 2 pl Stanislas
☎ 03 83 35 03 01
📠 03 83 32 86 04
Ouv. 7j/7.

à FLAVIGNY SUR MOSELLE - 54630 : 16 km S. par D 93c

16 Le Prieuré

Cadre et ambiance
Une maison de notable, de classique architecture lorraine, phare du village, fierté d'un canton. Un intérieur bourgeois guigné pour les cérémonies, une belle mise de table.
Cuisine
Les intitulés sont courts, se passent de salade, de salamalecs, de commentaires et de garnitures à tiroir. Joel Roy est MOF cuvée 79 et maître-cuisinier de France. Quand il choisit une belle sole, qu'il la pare de gnocchis et d'un coulis de tomates aux herbes, il a tout dit. Qu'est-ce que vous voudriez qu'il aille rajouter ? De la confiture de perlinpinpin ?
Cave
Bordeaux, bourgogne, alsace, l'essentiel dans un schéma classique, assumé et correspondant à la table.
Accueil et service
Un service au point, distingué et aimable, qui ne vous marche pas sur les pieds et ne répand pas la saucière, mais qui, ce n'est pas son rôle, ne vous racontera pas non plus d'histoires drôles.
M : 46-79€ *www.restaurant-le-prieure.com*

» 3 rue du Prieuré
☎ 03 83 26 70 45
F. dim. à dîn., lundi, merc. à dîn., 15 jrs fév., fin août-déb. sept. et 1 sem. nouvel an.
Jusqu'à 21h30.

NANS LES PINS - 83860 (33 D 5)
Toulon 69 - Marseille 45 - Brignoles 26

Domaine de Châteauneuf

Dans cette élégante maison fin XVIIIe, on apprécie le mariage des meubles de style, des beaux matériaux en un ensemble sobre, qui crée des espaces apaisants. Domaine arboré de 5 ha.
4 appart. 320-590€ • 26 ch. 120-290€ • 1/2 pens. 231-351€
www.domaine-de-chateauneuf.com

» Rte de Marseille, RN 560
☎ 04 94 78 90 06
📠 04 94 78 63 30
F. 2 nov.-7 avril.

NANTERRE ➤ PARIS-BANLIEUE

NANTES - 44000 (15 C 4)

Paris 386 - Rennes 108 - Poitiers 180

L'Atlantide

» 16 quai Ernest-Renaud, 4ème étage
☎ 02 40 73 23 23
F. sam. à déj., dim., fériés, 25-28 mai, août et fêtes fin d'année.
Jusqu'à 22h.

Cadre et ambiance

Au quatrième étage d'une tour moderne donnant sur le port, le cuirassé-musée Maillé-Brézé et, un peu plus loin, le centre-ville, cette élégante salle est le rendez-vous traditionnel des affaires nantaises. C'est aujourd'hui le point de rencontre de tous les gourmands.

Cuisine

Ce n'est pas la première fois que Jean-Yves Guého prend la troisième toque. Il l'avait déjà reçue, il y a un moment, à Paris, au Montparnasse 25. Ici, proche de ses terres, et par ses mariages aussi précis que séduisants entre océan et campagne, entre cuisine française et influences asiatiques (il a beaucoup appris à Hong-Kong), il livre sa meilleure composition, un peu chic rustique convenu, mais aussi, vif, bordé, allègre et toujours sauvé par une pureté exemplaire des saveurs. Maquereau et bourrache, langoustines et caviar, du pauvre et du riche, il sait jouer de tous les registres et montre un ballet de saveurs inconnues jusque là chez lui : araignée, avocat mangue basilic ; homard, haricots, pata negra ; saint-pierre en cocotte artichaut, lard, carotte, mousserons. Et des desserts simples et fulgurants, parmi lesquels de magnifiques compositions aux fruits.

Cave

Toute la Loire, des muscadets jeunes et vieux, la cuvée Granit de Cormerais, les Grand Lieu de Batard, les Guindon, les solitaires, les alchimistes, les Poirel, Courtois, Dehelly, Puzelat. Le meilleur, le plus pointu dans une cave ultra-connaisseuse qui a aussi découvert les étonnants fiefs vendéens de Chabirand. Une cave passionnante.

Accueil et service

Un service bourdonnant sur le parquet blond, un exemplaire sans-faute et une grande attention pour chaque table.

C : 70 € • M : 26-95 € *www.restaurant-atlantide.net*

Manoir de la Régate

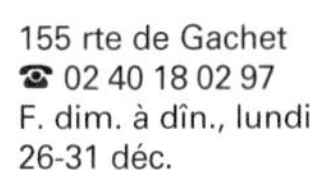

» 155 rte de Gachet
☎ 02 40 18 02 97
F. dim. à dîn., lundi et 26-31 déc.
Jusqu'à 22h.

Le restaurant est peut-être un peu difficile à trouver, mais la situation à deux pas des bords de l'Erdre face au château de la Gâcherie mérite bien quelques efforts, d'autant que ce n'est qu'un des charmes de la maison. Le paysage proposé par la cuisine des Pérou est tout aussi attrayant, voire dépaysant dans ses influences asiatiques, avec le jus de coquillage et safran et surtout les très beaux légumes sur le saint-pierre, le lait de roquette qui colore le demi-pigeonneau ou le moelleux au chocolat servi dans une tasse, avec une crème d'épices. Clientèle bourgeoise, bercée par un service à l'écoute et abondant. Carte des vins classique et solide.

C : 60 € • M : 25,50-67 € *www.manoir-regate.com*

Lou Pescadou

» 8 allée Baco
☎ 02 40 35 29 50
F. sam. à déj., dim., lundi, 2 sem. déb. janv. et 2 sem. déb. août.
Jusqu'à 21h45.

La déco vieux gréement et la carte exclusive permettent de ne pas se poser de question avant d'empoigner les couverts à poisson. Chez Nicolas Barteau, on vient humer l'océan, avaler des embruns, lever des filets. Mieux, le chef prépare, parfume, inspire et s'inspire. Des régions, des voyages, des idées du moment, dans le croustillant de rougets à la tapenade, le tartare de thon rouge, le tournedos de cabillaud aux cocos safranés ou le bar à la vapeur de wakamé. Cuissons précises, atmosphère de dégustateurs concentrés : ici, on mange frais, et on le sait. Le service est souriant et appliqué, la cave est vaste, mais limitée, dans sa pertinence, au muscadet.

C : 32 € • M : 14-65 € *www.pescadou.fr*

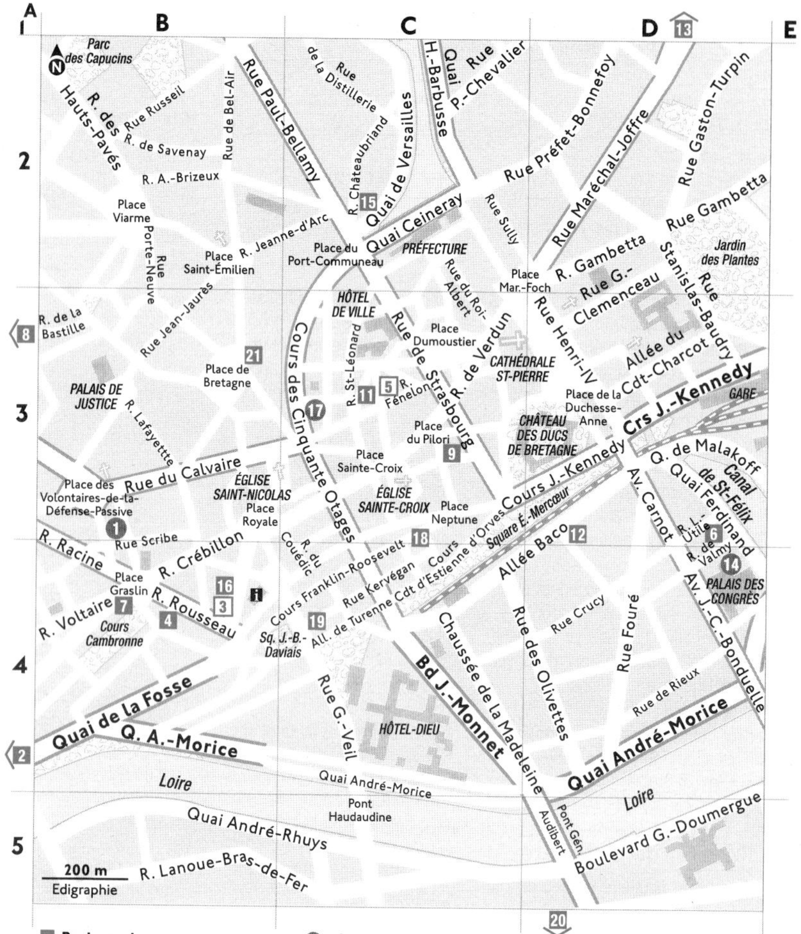

Restaurant

1 Amiral (L') **B-3**
2 Atlantide (L') **A-4**
3 Bambou d'Or (Le) **B-4**
4 Bistrot de l'Ecrivain (Le) **B-4**
5 Bistrot des Enfants Terribles (Le) **C-3**
6 Brasserie Félix **D-3**
7 Brasserie La Cigale **B-4**

Hôtel

8 Capucines (Les) **A-3**
9 Courtine (La) **C-3**
11 Engoulevent (L') **C-3**
12 Lou Pescadou **D-3**
13 Manoir de la Régate **D-1**
14 Novotel Nantes Cité des Congrès **D-4**

Table en vue

15 Océanide (L') **C-2**
16 Paludier (Le) **B-4**
17 Pérouse (La) **C-3**
18 Poissonnerie (La) **C-3**
19 Pressoir (Le) **C-4**
20 Rive Gauche (Le) **D-5**
21 Temps Changent (Les) **B-3**

L'Océanide

» 2 rue Paul-Bellamy
☎ 02 40 20 32 28
F. dim., lundi et mi-juil.-mi-août.
Jusqu'à 21h30.

Il ne se passe rien pendant une petite demi-heure, ni un bout de pain, ni un amuse-bouche. Reconnaissez qu'au moins, ce restaurant-là n'est pas banal : il y règne d'ailleurs une atmosphère de club anglais privilégié, avec les banquettes rouges, le service féminin, souriant, débrouillard, dans une douceur naturelle. Et la carte de David Garrec, scrupuleux sur l'arrivage, a du caractère : courgettes-fleurs farcies à la chair d'araignée, bien relevée, excellent saint-pierre à l'hysope, avec les légumes du moment et un jus crémé de coquillages, classique sablé rhubarbe fraise. Cave régionale exemplaire : la fine fleur du muscadet (Luneau Papin, Cormerais, Sauvion, mais aussi Serge Batard),

l'armada ligérienne moderne (Mosse, Angéli, Allier, Foucault…) et pour le reste une sélection compacte, mais que du bon (les Aphilantes et Gramenon, les Foulards Rouges et Gauby, la Mordorée…) et du sérieux en bourgogne-bordeaux.
C : 45 € • M : 18,20-55 €

Les Temps Changent ♥

» 1 pl Aristide-Briand
☎ 02 51 72 18 01
F. w.-e. et 3 sem. août.
Jusqu'à 21h30.

Pas un plat à jeter, pas une banalité, pas un mot de travers dans la carte ou les menus, y compris le "petit" à 24 €, où l'on se distrait en se régalant de la "trilogie printanière de sandwich panini", du quasi de veau rôti ravioles de thon et jus de cuisson, pour finir au BN, crème légère au café et mascarpone. Potache ? Non, simplement curieuse, enjouée, régénérante, la cuisine de Laurent le Bouler sait aussi se faire belle sur des produits plus nobles, en conservant sa liberté de pensée. La déco et l'ambiance changent entre le déjeuner et le dîner : cela aussi, c'est une bonne idée. Accueil souriant, cave de propriétaires tous azimuts.
C : 40 € • M : 24-45 €

(12) Brasserie Félix

DÉCOUVERTE

» 1 rue Lefèvre-Utile
☎ 02 40 34 15 93
Ouv. 7j/7.
Jusqu'à 24h.

Pari réussi pour Christian Thomas-Trophime (ex-Manoir de la Comète) qui passe du standard bourgeois gastronomique à la brasserie moderne de centre ville, aux plats simples et enlevés qui fédèrent toutes les envies. Tout le monde se retrouve donc au bord du canal pour les plats du nouveau siècle - thon à la plancha, ravioles d'huîtres à la coriandre, pigeon rôti et compotée de chou en crépine - dans une ambiance agitée.
C : 15 € *www.brasseriefelix.com*

(12) La Courtine

» 15 rue de Strasbourg
☎ 02 40 48 13 30
F. dim. à dîn., lundi, 15 jrs vac. scol. Pâques et 1 sem. janv.
Jusqu'à 21h30.

Malgré ses passages dans plusieurs grandes maisons (Lucas Carton, les Crayères, le domaine de Rochevilaine), Eric Fairand a su garder les pieds sur terre au moment de bâtir la carte de cette maison reprise voilà quatre ans. Son menu central, à 26 €, est un modèle de justesse et de sagesse : composition de langoustines et asperges vertes, mesclun de salade et vinaigrette aux olives, agneau confit dix heures, basilic et chèvre frais, tatin de garriguettes en écailles, marmelade de rhubarbe et jus acidulé. De jolies oppositions de textures et de saveurs, quelques progrès encore à faire et la toque pourrait arriver très bientôt.
C : 42 € • M : 14-38 €

(12) Le Paludier

» 2 rue Santeuil
☎ 02 40 69 44 06
F. dim., lundi à déj., merc. à dîn. et 3 prem. sem. août.
Jusqu'à 22h.

Christophe Moyon a appris le poisson dans quelques grandes maisons, ce qui lui donne le bagage pour regarder une daurade ou un saumon dans les yeux. Les huîtres viennent de Saint-Armel, les langoustines sont toujours fraîches, la "grande bisquebouille du Paludier" conviviale et généreuse, et l'accueil de Laurence Moyon très cordial. De bonnes idées, dans les présentations comme dans les associations (carpaccio de daurade et langoustines, blanquette de saint-pierre à l'infusion de mélisse…).
C : 40 € • M : 15-33 €

(12) La Poissonnerie

» 4 rue Léon-Maître
☎ 02 40 47 79 50
F. sam. à déj., dim., lundi, Noël-nouvel an, Pâques et août.
Jusqu'à 22h30.

En face de l'ancienne halle à poissons (au temps de la cité lacustre), une table dévouée corps et âme à l'océan. Et on ne plaisante pas avec la pêche, inventoriée selon les idées du moment : saint-jacques en pot-au-feu à la moelle de veau, rouget barbet en suprême à la vapeur d'algues, chaud froid de merluchon aux algues. Cave tout aussi sérieuse (Joblot, Javillier…), et même franchement pointue en Loire, avec le Quartz de Courtois, la Chaume de Chabirand, le Rouchefer de Mosse et autres curiosités.
C : 40 € • M : 13 € *jbc.menesson.com@wanadoo.fr*

[12] Le Rive Gauche

Le Rive Gauche... L'occasion est belle en effet de s'éloigner du centre ville et de profiter d'une situation un peu plus tranquille sans aller bien loin, derrière la façade avenante donnant sur la Loire, d'autant que la cuisine sagement classique ne risque pas de décevoir, rosace de thon sur fondue d'aubergine, veau au jus et pommes de terre nouvelles, moelleux au chocolat et glace citron crémeuse. Avec cette vue paisible, on apprécierait un service plus décontracté.
C : 52€ • M : 21,50-56€ *www.restaurant-lerivegauche.com*

» 10 côte Saint-Sébastien
☎ 02 40 34 38 52
F. sam. à déj, dim. à dîn., lundi, Noël-nouvel an et 1er-23 août.
Jusqu'à 21h30.
🐕 🚬

[11] Le Bistrot de l'Ecrivain

Le bistrot de Frères Pérou (le Manoir de la Régate) a désormais pignon sur rue et fait le plein presque chaque soir. Les assiettes servies en deux formats, les très nombreuses références de vin au verre, le service efficace (mais parfois un peu trop nonchalant) sont à la base d'un vrai succès d'estime auprès de la clientèle locale. Attention tout de même à quelques ratés, comme ces trop nombreuses arêtes que nous avons dû trier un soir dans un filet de rouget en escabèche.
C : 28€ • M : 12-16€ *www.manoir-regate.com*

» 15 rue Jean-Jacques-Rousseau
☎ 02 51 84 15 15
F. dim. et fériés.
Jusqu'à 23h30.
♿ 🐕

[11] Brasserie La Cigale

Intemporelle et indestructible, la Cigale est l'emblème de la ville. Sur la place Graslin, au cœur du Nantes historique, ce temple Art Nouveau est aussi une brasserie vivante et ouverte sur son temps : dégustation d'huîtres (Prat ar Coum, Gillardeau) et poissons aussi frais que malins, lotte d'Erquy pochée aux algues, dos de lieu jaune du Croisic au beurre blanc nantais… Viandes sérieuses, idées sympas (la formule "retour de chez Belle-Maman" pour le dimanche soir) et cave bien triée en Loire.
C : 25€ • M : 12,90-26,30€ *www.lacigale.com*

» 4 pl Graslin
☎ 02 51 84 94 94
Ouv. 7j/7.
Jusqu'à 24h30.
⛱ 🐕

[11] Les Capucines

Petits menus bien traités par un pro (à 15 et 19 €), tradition bien défendue dans un cadre gentillet : on va au plus direct et sans souci, avec la salade landaise, la cotriade, le confit maison ou le rognon de veau à la crème de moutarde.
M : 11-30€

» 11 bis rue de la Bastille
☎ 02 40 20 41 58
F. sam à déj., à dîn dim., lundi, 1 sem. fév et 3 sem. août.
Jusqu'à 22h.
🐕

[11] L'Engoulevent

La cuisine se cherche encore, mais les promesses entrevues dans cette jeune maison valent déjà la mention. C'est la mode qui souffle dans un frais décor près de l'hôtel de ville, cappuccino de langoustines aux lentilles du Puy, duo de saint-jacques et foie gras (produits de qualité insuffisante), mangue rôtie compote de pomme et coing, glace à l'églantine. Un peu de stabilité, et nous en reparlerons.
C : 22€ • M : 18-36€

» 4 rue des Trois-Croissants
☎ 02 40 20 33 86
F. lundi, merc. à déj., sam. à déj., 30 juil.-15 août et 24 déc.-1er janv.
Jusqu'à 22h.
⛱ 🐕

[11] Le Pressoir

Un petit repaire de camarades bachiques sur l'île Feydeau, venus nager entre deux verres au milieu de la Loire. En ajustant la dégustation autour du carpaccio, du croustillant de pied de cochon, du confit de canard et du crumble rhubarbe. Deux atouts majeurs pour la cave : pas énorme, elle est très bien triée (Chancelle, Puzelat, Joguet, Vatan pour la Loire, au hasard) et d'autre part, le choix au détail est alléchant, en verre, en quart ou en demi, l'amphibolite de Landron ou le coteaux blanc de Lascaux par exemple.
C : 25€

» 11 quai Turenne
☎ 02 40 35 31 10
F. sam. à déj., dim., lundi à dîn., 1 sem. Pâques, mi-juil.-mi-août et 1 sem. Noël.
Jusqu'à 22h.
🐕

Le Bambou d'Or

» 8 rue Jean-Jacques-Rousseau
☎ 02 40 73 60 01
F. dim. et mi-juil.-mi-août.
Jusqu'à 23h.

Une Chine simple et modeste, dans un cadre chaleureux et typiquement chinois : potage pékinois, porc au curry, canard sauté aux légumes... Service efficace.
C : 10 € • M : 7,50-18 €

Le Bistrot des Enfants Terribles

» 4 rue Fénelon
☎ 02 40 47 00 38
F. sam. à déj., dim., lundi, 3 prem. sem. août, 1 prem. sem. juin et 1re quinz. fév.
Jusqu'à 22h.

Les enfants de Cocteau, et plus sûrement les habitués du quartier ancien, aiment cette adresse sans fausses manières, sans école ou alors buissonnière (c'est le titre d'un des menus), sans préjugés. La simplicité prévaut pour trouver le meilleur de ce bistrot attachant, sardines crues marinées, dos de cabillaud moutarde et andouille, souris d'agneau de neuf heures. Petite cave méritante de propriétaires.
C : 27 € • M : 15-38 €

Novotel Nantes Cité des Congrès

» 3 rue de Valmy
☎ 02 51 82 00 00
📠 02 51 82 07 40
Ouv. 7j/7.

Une architecture très moderne, en accord avec la Cité des Congrès voisine et ce quartier rénové, et des chambres claires, aux lignes et coloris épurés. Accès facile au centre ville.
2 appart. 90-125 € • 103 ch. 90-125 € *www.accorhotels.com*

La Pérouse

» Cour des 50-Otages, 3 allée Duquesne
☎ 02 40 89 75 00
📠 02 40 89 76 00
Ouv. 7j/7.

Au cœur de la ville, face aux vieux immeubles, trône cette remarquable réalisation moderne du cabinet Barto et Barto, aux lignes épurées et lumineuses. Une influence que l'on retrouve à l'intérieur, tendance zen soignée dans le moindre détail, comme ces appliques conçues spécifiquement pour l'hôtel, ou les menuiseries réalisées aux Chantiers de l'Atlantique.
46 ch. 69-143 € *www.hotel-laperouse.fr*

L'Amiral

» 26 bis rue Scribe
☎ 02 40 69 20 21
📠 02 40 73 98 13
Ouv. 7j/7.

Des chambres claires et actuelles, aux tons pastel, pour cette étape du centre-ville aussi soignée dans son aménagement que dans son accueil.
4 appart. 42-88 € • 49 ch. 42-62 € *www.hotel-nantes.fr*

➲ à BASSE GOULAINE - 44115 : 8 km E. par N 149

Villa Mon Rêve

» 2 Levée de la Divatte
☎ 02 40 03 55 50
F. 2 sem. fév. et 2 sem. nov.
Jusqu'à 21h30.

C'est anecdotique bien sûr, mais Pétrus 90 et 82 coûtent moins cher chez Gérard Ryngel que dans pas mal de palaces. Cela n'a rien à voir avec les bords de Loire, la tradition marinière, les grenouilles, le sandre et le brochet beurre blanc, autant de standards incontournables du répertoire de cette maison tenue fermement depuis un quart de siècle. Mais cela dit aussi le soin particulier à bien acheter et à savoir présenter à ses clients les meilleurs choix, qu'il s'agisse de l'énorme sélection de muscadets, dans une tout aussi énorme cave ou, au hasard, on trouve un Château-Grillet 89 à moins de 100 €, que dans les produits qui nourrissent un très bon menu régional à 28,50 €.
C : 50 € • M : 29-43 € *www.villa-mon-reve.com*

 Bon confort.  Grand confort.  Luxe.  Grand luxe.

    Hôtels de charme.

➲ à CARQUEFOU - 44470 : 11 km N. par D 178

[12] Auberge du Vieux Gachet

» Lieu-dit Gachet
☎ 02 40 25 10 92
F. dim. à dîn., lundi à dîn. et merc. à dîn.
Jusqu'à 21h15.
⛱ 🚗

Adresse charmante et secrète pour les Nantais, à quelques encablures du centre-ville, sur les bords de l'Erdre. La terrasse donnant sur la rivière et le château de la Gâcherie agit comme un aimant et, dans ce contexte, la rouelle de caille à l'orientale, le râble de lapereau sur une tartine de confiture d'oignon à la grenadine et la chiboust vanille-griotte, croustillant pistache et sorbet cerise prennent des allures presque aristocratiques.
C : 53 € • M : 19-50 €

➲ à SAINT JULIEN DE CONCELLES - 44450 : 15 km E. par N 23 et D 37

[12] Auberge Nantaise

» 38 levée de la Divatte
☎ 02 40 54 10 73
F. dim. à dîn., lundi et 10-20 sept.
Jusqu'à 21h.
❄ 🐕

Le patrimoine historique des bords de Loire, dont fait partie la maison, est bien défendu : cuisses de grenouille, anguilles à la provençale, granité au muscadet, gâteau nantais, rassemblés avec le duo de rognons et ris de veau au xérès dans un menu à 34 **€** qui fait un beau survol du fleuve. Peut-on reprocher à Jean-François Hatet de travailler avec sérieux ? Non, d'autant moins que l'atmosphère de salle est plutôt détendue, que les fromages de Beillevaire sont toujours aussi bien affinés et que Nicole Hatet sait choisir pour vous un muscadet ou un sauvignon.
M : 23-48 €

➲ à SAINTE LUCE SUR LOIRE - 44980 : 8 km N.E. par N 23

[14] Restaurant Bénureau

» Le Grand-Plessis
☎ 02 40 25 95 25
F. dim. à dîn., lundi et 24 juil.-14 août.
Jusqu'à 21h30.
⛱ 🚗 🐕 🚬

Dans cette agglomération nantaise au dynamisme gastronomique certain, le manoir XVIIIe de Stéphane Gravouille occupe une niche en voie de disparition, celle de la gastronomie des "Bords de Loire", celle des poissons d'eau douce et du beurre blanc. Ce sont d'ailleurs ces spécialités qu'il faudra privilégier à l'heure du choix, les cuisses de grenouille sauce poulette, le bar grillé au beurre blanc ou les autres classiques de la maison, magret de canard au muscadet ou filet de bœuf aux morilles. Desserts d'un parfait classicisme eux aussi, profiteroles, ile flottante ou gâteau nantais. Belle cave régionale.
C : 40 € • M : 25-62 €

➲ aux SORINIERES - 44840 : 12 km S. par N 137 et D 178

Abbaye de Villeneuve R

» Rte de la Roche-sur-Yon
☎ 02 40 04 40 25
📠 02 40 31 28 45
Ouv. 7j/7.
🚗 ♿ 🏊 🐕

Les meubles de style trouvent naturellement leur place sous les hauts plafonds de cette abbaye XVIIIe, dans une sobriété et une élégance qui signent l'esprit des lieux. Même élégance classique, dans l'esprit comme dans l'exécution, dans le travail du chef Sébastien Burgeaud, à savourer face à la cheminée monumentale.
3 appart. 195 € • 20 ch. 82-158 € • 1/2 pens. 35 € • C : 46 € • M : 30-58 €
www.leshotelsparticuliers.com

Hôtels de charme.
Bon confort. Grand confort. Luxe. Grand luxe.

NANTIAT - 87140 (25 B 2)

Limoges 28 - Bellac 18

 Le Relais des Etangs

» 4 pl de la Mothe
☎ 05 55 53 51 50
F. dim. à dîn. et lundi.

Soyons directs : si la maison de Guy Suaire mérite d'être visitée, elle l'est surtout, voire uniquement, pour l'impeccable menu du jour, présenté à l'ardoise, pour 20 €. Une bonne vision du terroir local et de la cuisine ménagère, plus convaincante que l'onglet de veau à la normande ou les saint-jacques hors saison. Un point de plus, pour les bonnes viandes et la gentillesse de l'accueil, dans un cadre ultra simple.
C : 40€ • M : 15,50-49€

NANTILLY - 70100 (21 A 3)

Vesoul 72 - Dijon 46

 Château de Nantilly

» Gray
☎ 03 84 67 78 00
03 84 67 78 01
F. janv.-mars.

Entre le château et les dépendances (l'orangerie), l'ambiance est différente, avec des chambres claires et contemporaines dans le second cas, alors que le manoir, en accord avec son architecture début XIXe, se pare d'un style romantique et bourgeois. Equipement de détente soigné, vaste parc au bord de la rivière.
4 appart. 190-210€ • 37 ch. 70-190€ • 1/2 pens. 53€
www.chateau-de-nantilly.com

LA NAPOULE - 06210 (34 C 5)

Nice 40 - Cannes 8 - Mandelieu 3

 L'Oasis

» Rue Jean-Honoré-Carle
☎ 04 93 49 95 52
F. lundi à déj. et mi-déc.-mi-janv.
Jusqu'à 21h30.

Cadre et ambiance

D'inspiration néo-gothique (selon les dépliants maison), il se compose d'une salle à manger superbe qui s'ouvre sur un patio, lequel se fond en un jardin exotique, très luxuriant sous les colonnades ou sous les platanes (centenaires), autour d'un petit bassin. En plus de la boutique, et du salon, une nouveauté de l'année : un espace "table d'hôtes", situé au cœur des cuisines de Stéphane Raimbault et pouvant accueillir six ou sept convives.

Cuisine

De la haute gastronomie mêlant bassin méditerranéen et Asie (nul ici ne peut ignorer que Stéphane Raimbault a officié neuf ans à Osaka). Le meilleur de la pêche cannoise, du marché de Forville et d'excellentes provenances (bœuf de Simmenthal). Dans l'assiette, des compositions brillantes, un peu datées dans l'esprit - truffe en surprise, soupière de saint-jacques et praires au champagne - mais impressionnantes de technique, jusqu'à l'imposante " caravane " de desserts. Pour tout dire, certains choix, dans les alliances ou les saveurs, sur des plats de forte altitude, nous laissent parfois un peu perplexes.

Cave

Un choix époustouflant de 450 références couvrant toutes les grandes régions, et une vingtaine de vins au verre, tout de même chèrement tarifés, de 7 à 30 €. Le sommelier a du métier, et un fort talent de persuasion, tout à fait dans son rôle.

Accueil et service

Assez chaleureux, très pro, précis, peut-être un peu précieux par moment, ne laissant jamais croire qu'on est entré dans une guinguette, mais bien dans l'une des maisons majeures de la Côte. L'encadrement prend en charge les jeunes, donnant parfois une petite impression de concours d'école. Rien, évidemment, n'est laissé au hasard.
C : 103€ • M : 48-148€
www.oasis-raimbault.com

Ermitage du Riou

D'un jaune éclatant, les bâtiments de cette ancienne bastide dominent le port. Les chambres sont personnalisées avec raffinement, tentures, meubles anciens et gravures d'époque, sans aucune lourdeur. Au restaurant, un chef d'expérience pratique avec assiduité la cuisine qu'il maîtrise, belle et classique, autour des produits de la mer et de saison. La sélection de vins s'apprécie surtout sur la région.

4 appart. 341-529 € • 37 ch. 126-301 € • 1/2 pens. 97-184,50 € • C : 55 € • M : 39-85 €

www.ermitage-du-riou.fr

» Av Henri-Clews
☎ 04 93 49 95 56
Fax 04 92 97 69 05
Ouv. 7j/7.

NARBONNE - 11100 (31 D 5)

Carcassonne 60 - Béziers 27

La Table Saint-Crescent

Cadre et ambiance

Une très belle salle dans le cadre d'un oratoire du VIIIe siècle, aménagé en maison des vins et en restaurant. La table a un style contemporain, plaisant, serein et sa réputation ne date pas d'hier.

Cuisine

Un des plus beaux coups de poing de la saison. Lionel Giraud, 27 ans, fils de Claude, s'impose, explose, en sortant à peine de la chrysalide. Sa technique est très sûre, et il amène un ton, une actualité, une vivacité remarquables. Sa cuisine a la simplicité translucide des produits vrais, dans la moruette en aïgo boulido (superbe vitelotte moelleuse et adoucie sous l'aïgo), dans la fraîcheur printanière du méli-mélo de légumes et dés de thon mi-cuit, et dans les desserts primeurs (gaspacho fruits rouges aubergines confites et glace huile d'olive).

Cave

La cave n'est pas très tendre en tarifs mais fait une belle promotion des vins voisins de la Clape, des Corbières, du Fitou et du Minervois. La sommelière, un peu timide mais très efficace, montre une très grande connaissance du vignoble régional.

Accueil et service

Une jeune équipe bien tendue vers l'objectif, habituée à une clientèle qui vient se faire plaisir, sans trop accentuer les tics de grande maison.

C : 60 € • M : 33-70 €

www.la-table-saint-crescent.com

» 68 av du Gén-Leclerc
☎ 04 68 41 37 37
F. sam. à déj., dim. à dîn. et lundi.
Jusqu'à 21h30.

Brasserie Co

La petite terrasse regarde les voitures passer au carrefour, devant les tables, et la carte compose avec une mode bien digérée dans un cadre très réussi : bourride de lotte et moules aux épices au wok, osso buco, magret de canard aux parfums chinois. La bonne formule est à 19,50 €, malgré des assiettes assez décevantes par rapport aux intitulés tapageurs, le meilleur pour la chiboust de dessert.

C : 23 € • M : 19,50-27 €

brasserie-co@wanadoo.fr

» 1 bd du Dr-Ferroul
☎ 04 68 32 55 25
F. dim.
Jusqu'à 22h.

La Résidence

Fondé à la fin des années 50 par les actuels propriétaires, cet immeuble du XIXe siècle jouit d'une situation privilégiée en plein centre-ville, à 100 mètres de la cathédrale et du palais des Archevêques. Chambres lumineuses, certaines ayant conservé leurs hauts plafonds, et décorées par les maîtres de maison.

25 ch. 52-96 €

» 6 rue du 1er-Mai
☎ 04 68 32 19 41
Fax 04 68 65 51 82
F. mi-janv.-mi fév.

Château de l'Hospitalet

Installé dans de beaux bâtiments anciens, le domaine viticole propose des activités multiples, des expositions artistiques à la boutique d'artisanat, en passant par un hôtel aux chambres vastes et lumineuses. Deux formules de restauration, le gastro et le bistrot l'Olivet avec son terroir actualisé (bonbon d'agneau à la menthe, tartare de pois chiche et lentilles anchois marinés) et son buffet de vins de la région.

22 ch. 70-145 € • C : 45 € • M : 36-65 € *www.monalisahotels.com*

» Rte de Narbonne-Plage
☎ 04 68 45 28 50
Fax 04 68 45 28 78
Ouv. 7j/7.

à BAGES - 11100 : 8 km S. par N 9

(11) Le Portanel

Cette forteresse inaccessible (on se gare en bas, rien n'est indiqué mais tout le monde connaît) est très accessible pour le touriste : le Portanel est dans tous les bons manuels de référence sur la région, table centrale d'un village au charme historique. Avec ses spécialités d'anguilles et de foie gras, le chef pose les jalons jusqu'à la figuette, une figue presque confite, dans un douillon. Les tables sont très rapprochées pour ne pas perdre de place inutilement, et les assiettes sont apportées dans l'urgence, ce qui explique peut-être notre franche impression de négligé pour cette année. Nous reviendrons, bien sûr, en des périodes plus calmes. Cave quasiment exclusive languedoc, couvrant bien, notamment, les terroirs de Corbières.

C : 40 € • M : 17-38 €

» La Placette
☎ 04 68 42 81 66
F. dim. à dîn. (périodes scol.).
Jusqu'à 22h.

NAVARRENX - 64190 (23 C 5)

Pau 44 - Orthez 22

Commerce

Dehors comme dedans, c'est une sympathique ambiance rustique et typique qui domine dans cette maison béarnaise, adossée aux remparts de la ville.

30 ch. 41-68 € • 1/2 pens. 41-55 € *www.hotel-commerce.fr*

» Pl des Casernes
☎ 05 59 66 50 16
Fax 05 59 66 52 67
F. janv.

NEAUPHLE LE CHATEAU ➤ PARIS-BANLIEUE

NEGREPELISSE ➤ MONTAUBAN

NERAC - 47600 (24 A 4)

Agen 38 - Villeneuve-sur-Lot 60

(14) Aux Délices du Roy

Le bon roy Henri n'avait pas l'occasion, au cœur du pays d'Albret, de goûter pareille qualité de poisson. Hervé Sarthou met son savoir-faire au service d'une clientèle qui ne boude pas son plaisir de quitter un instant les confits et les foies gras : bar de ligne aux morilles, pavé de cabillaud aux coquillages, barbue rôtie aux asperges du pays et les mariages terre-mer (turbot pied de cochon, lotte andouille) consacrent l'habileté du chef à faire plaisir sans perturber. Petite cave généraliste et peu coûteuse.

C : 48 € • M : 24-65 €

» 7 rue du Château
☎ 05 53 65 81 12
F. dim. à dîn., merc. (hiver).
Jusqu'à 21h30.

(12) Hôtel-Restaurant du Château H

Transformée en hôtel-restaurant dans les années 70, cette bâtisse du XVIIIe siècle joue à fond la carte du répertoire régional pour attirer le chaland. C'est bien fait, plutôt abordable, pourquoi donc aller chercher plus loin la terrine de foie gras de canard aux pommes et à l'armagnac, les mouillettes de magret de canard et jus au vin de Buzet et pruneaux ou le filet de sandre poêlé sauce aux agrumes ? Chambres d'un bon confort classique, tranquilles sur l'arrière.

C : 45 € • M : 19-40 € • 16 ch. 31-41 €

» 7 av Mondenard
☎ 05 53 65 09 05
F. vend. à dîn., sam. à déj. et dim. à dîn. (oct.-mai).
Jusqu'à 21h.

➲ à FRANCESCAS - 47600 : 14 km S.E. par D 930 et D 112

Le Relais de la Hire

» Av Bourg
☎ 05 53 65 41 59
F. dim. à dîn., lundi, merc. à déj. et sem. Toussaint.
Jusqu'à 22h.

Cadre et ambiance
Une immanquable maison de maître XVIIIe, posé dans un village calme. Il s'en dégage une grande quiétude, dans une relative modestie, une certaine proximité d'une demeure de notable plus que de seigneur. La Hire, c'est bien le valet de cœur des jeux de cartes, compagnon de Jeanne d'Arc, qui séjourna sur ce site.
Cuisine
Jean-Michel Prabonne adapte très bien son discours à la maison. Il aime la vérité des produits plus que les effets de manche et les démonstrations de force. Et son savoir-faire lui permet de dresser des passerelles entre tradition et création, un artichaut soufflé au foie gras, un dos de sandre farci aux écrevisses, une piperade d'agneau, et les immanquables petits soufflés chauds.
Cave
Non seulement la cave est un bonheur, de trouvailles, d'intelligence, de recherche de bons coûts dans tous les vignobles, mais elle est totalement balisée pour orienter vos choix, par une numérotation des plats qui présentent, pour chaque bouteille, les meilleurs accords, testés et approuvés par le chef. Une véritable innovation, un gros boulot, mais un service précieux.
Accueil et service
Gentillesse, communication facile, diplomatie. Tout d'une belle maison, à échelle humaine.
C : 45€ • M : 20-56€ *www.la-hire.com*

NESTIER - 65150 (29 B 5)

Tarbes 43 - Bagnères-de-Luchon 47

(15) Relais du Castera

» Pl du Calvaire
☎ 05 62 39 77 37
F. dim. à dîn., lundi, mardi à dîn., 2-28 janv., 1er-8 juin et 1 sem. oct.
Jusqu'à 21h.

De "Il était un foie" au "pruneau à géométrie variable", le terroir de Serge Latour n'a pas exactement les mêmes contours que la géographie. Aux pieds des montagnes, dans l'ancien relais de poste du village, ce conte pyrénéen échappe à la forme classique, même s'il s'achève par "ils furent heureux". Du simple bonheur de produits magnifiés, d'une crème de haricots à la ventrèche, de l'épatant tournedos de cochon noir de Bigorre au foie frais poêlé, du cassoulet commingeois et du millassou aux rainettes. La générosité est aussi dans la salle, et jusqu'à la cave où les vins, du Sud-Ouest ou du Languedoc, sont presque offerts.
C : 45€ • M : 18-45€ *www.hotel-castera.com*

NEUFCHATEAU - 88300 (11 C 5)

Epinal 71 - Contrexéville 27 - Chaumont 59

(12) L'Eden H

» Parking de l'Office-du-Tourisme
☎ 03 29 95 61 30
F. dim. à dîn., lundi à déj. et 2-15 janv.
Jusqu'à 21h30.

Une certaine idée de la tradition gastronomique française, dans un cadre bourgeois plus ou moins estampillé Louis XVI pas vraiment gai mais où évolue une équipe de salle très compétente. Les assiettes de Jean-Christophe Gros se montrent généreuses et soignées, la cassolette d'escargots de Bourgogne à la crème d'ail persillée, le dos de sandre en écaille de pommes de terre et crème légère à l'anchois et le gâteau coulant au chocolat, coulis de fruits rouges et sauce fromage blanc dégageant une sympathie communicative. Chambres confortables (climatisation, bonne insonorisation) dans un style moderne et passe-partout.
C : 50€ • M : 22-45€ • 1 appart. 50-79€ • 27 ch. 50-82€ • 1/2 pens. 62€
www.leden.fr

NEUFCHATEL SUR AISNE - 02190 (4 D 4)

Laon 45 - Reims 20

Le Jardin ♥

» 22 rue Principale
☎ 03 23 23 82 00
F. dim. à dîn., lundi, mardi, 1re sem. sept. et 8-31 janv.
Jusqu'à 21h.

La famille Chevallier aime les fleurs...il n'y a qu'à voir le jardin et la salle-terrasse pour en avoir une petite idée. Même si la décoration d'ensemble prête à sourire, il y a beaucoup de sincérité dans l'air. Maman Chevallier a finalement différé son départ en retraite pour le bonheur de ses clients, régnant sans partage sur un service bon enfant et sur une cave pas mal faite du tout. Papa Chevallier est quant à lui retiré des affaires...ou presque, pâtissier à l'ancienne il est encore là pour donner des conseils à son fils Thierry (ah ! Ces feuilletages !) qui compose une carte très homogène mêlée d'ingrédients indispensables : la franchise et la générosité.
C : 45 € • M : 16-46 €

NEUILLE LE LIERRE - 37380 (17 C 4)

Tours 26 - Amboise 14 - Montrichard 32

(11) Auberge de la Brenne H

» 19 rue de la République
☎ 02 47 52 95 05
F. mardi à dîn., merc (juin-sept.), dim. à dîn. (oct.-mai) et 6 fév.-22 mars.
Jusqu'à 21h.

Ghislaine Sallé a travaillé chez Gisèle Crouzier, la mythique patronne de la Croix Blanche à Chaumont-sur-Tharonne : c'est assez dire qu'elle respecte et magnifie son terroir, qu'elle suit la saison comme une religion, et que le menu "Saveurs de Touraine" vous emmène au cœur battant du répertoire : aspic de mini-rillons et vinaigrette de betterave, andouillette de Châtres-sur-Cher, chèvre chaud du pays. Cave tourangelle (chinon, bourgueil) et ligérienne (quincy, vouvray, jasnières). Quelques chambres à l'appoint, au confort et à la décoration personnalisés.
C : 35 € • M : 19-50 € • 1 appart. 77-117 € • 4 ch. 57-74 € • 1/2 pens. 78 €
www.auberge.brenne.com

NEUILLY LE REAL - 03340 (26 C 2)

Moulins 14 - Roanne 82

(13) Logis Henri-IV

» 13 rue du 14-Juillet
☎ 04 70 43 87 64
F. dim. à dîn., lundi, vac. scol. fév. et 1re sem. de sept.
Jusqu'à 21h.

Cet ancien rendez-vous de chasse du Vert Galant, merveilleusement conservé, a beaucoup de charme. Dans ce cadre boisé moyenâgeux, Valdi Persello a su garder son enthousiasme intact : du caractère, de la précision, des saveurs franches et légères dans des compositions certes classiques, mais flatteuses. Le feuilleté aux langoustines rôties et flambées au cognac, l'aile de raie beurre noisette et câpres (un classique d'école) ou le simple rumsteck de charolais valent mieux que toutes les poules au pot. Jolie cave de bourgognes sélectionnés avec érudition par le chef-patron.
M : 18,80-46,50 €

NEUILLY SUR SEINE ➤ PARIS-BANLIEUE

NEUVILLE LES DIEPPE ➤ DIEPPE

NEVERS - 58000 (19 B 4)

Bourges 69 - Moulins 54 - Autun 101

Jean-Michel Couron

» 21 rue Saint-Etienne
☎ 03 86 61 19 28
F. dim. à dîn., lundi, mardi, 2-17 janv. et 18 juil.-10 août.
Jusqu'à 21h15.

L'ancien second de Michel Bras possède toujours quelques longueurs d'avance dans sa bonne ville de Nevers. Les vieilles pierres sont en nombre, y compris dans cette jolie salle à croisée d'ogives, ancienne dépendance de Saint-Etienne, mais la carte fait peau neuve à chaque saison, apportant son flot de fraîcheur en direct du marché, de l'arrivage, et des inspirations. La marque d'un grand réside, on le sait, dans sa capacité à innover sur les bases simples. Alors tentez,

pour varier les plaisirs, en laissant de côté le homard aux truffes, le pigeon Miéral ou la canette des Dombes au pain d'épices, l'étonnante expérience du menu à moins de 20 € qui conjugue les plaisirs avec une intelligence rare : chou vert farci de haddock, pressé de lentilles du Berry et canard aux noisettes, rascasse au thym lait de courgettes au genièvre, feuilleté cacaoté à la mousse de citron vert. Bonne cave classique, relativement complète, aiguisée en Loire, riche en Bourgogne.
C : 60 € • M : 20-45 € *www.jm-couron.com*

(11) Le Puits de Saint-Pierre

» 21 rue Mirangron
☎ 03 86 59 28 88
F. dim à dîn., lundi, mardi à déj., 1er-9 janv. et 3 sem. août.
Jusqu'à 21h30.

Sans pour autant s'emballer, il semble que la maison reprise l'an passé par Nathalie Naldony trouve peu à peu sa vitesse de croisière. Il y a, malgré un petit surplus de complication, l'intention, mais aussi les atouts pour séduire, avec le crumble aux foies de volaille, la bourride de grondin, la caponata sicilienne glace à l'anchois, à des tarifs de Nivernais avisé. La cave est correctement construite, regardant dans chaque région, jusqu'en Corse, et il n'y a plus qu'à affiner la sélection.
M : 19,50-34 €

Clos Sainte-Marie

» 25 rue du Petit-Mouësse
☎ 03 86 71 94 50
Fax 03 86 71 94 69
F. 24 déc.-3 janv.

Aux jolies fleurs du jardin répondent celles des chambres, en bouquet ou sur les tissus, pour une ambiance douillette et chaleureuse. Jolis meubles régionaux.
1 appart. 80-95 € • 16 ch. 63-78 € *www.clos-sainte-marie.fr*

à MAGNY COURS - 58470 : 12 km S. par N 7

(14) La Renaissance

» 2 rue de Paris
☎ 03 86 58 10 40
F. sam. à déj., dim. à dîn., lundi, 4 sem. fév.-mars et 1 sem. août.
Jusqu'à 22h.

On l'attend de pied ferme, la renaissance, dans cette maison qui dort. Le standing est revendiqué, mais l'accueil est un poil maladroit, installant une ambiance sans gaieté dans cette salle d'une bourgeoise élégance. L'assiette rappelle opportunément que l'on se trouve bien chez un cador du département, beau foie gras, sandre nickel, poireaux et beurre safrané, accompagné d'un bon gratin, qu'il faudrait savoir servir autrement que dans un silence pesant (avec un petit mot par exemple). Desserts du chariot, modestes, à l'ancienne, mais bien faits, cave assez décevante, même en Loire, mais permettant de toucher du Jayer Gilles pas trop cher.
C : 70 € • M : 40-85 € *hotel.la.renaissance@wanadoo.fr*

NIAUX ➤ TARASCON SUR ARIEGE

NICE - 06000 (34 C 4)

Paris 951 - Toulon 153 - Digne 152

(15) L'Ane Rouge ↗

» 7 quai des Deux-Emmanuel
☎ 04 93 89 49 63
F. merc., jeudi à déj. et fév.
Jusqu'à 22h15.

Le changement de cadre, évidemment transformé après l'incendie de l'été 2003, a peut-être été bénéfique. La manière est toujours aussi douce et précise - du haut niveau dans le méditerranéen classique, avec une attention particulière aux poissons, qui viennent dire bonjour, sur le quai ou dans l'aquarium - mais l'ambiance lénifiante qui régnait ces dernières saisons s'estompe dans un supplément de gaieté et d'allant : accueil chaleureux, sincère, enthousiaste, service aux petits oignons. Et dans l'élan, une cuisine qui révèle et transcende ses qualités premières, avec des œufs brouillés poutine (l'alevin de l'anchois) sauce lie de vin et un pageot à l'unilatérale aux panais et jus réduit au viognier qui propulse l'Ane au rayon deux toques. Cave plutôt pointue sur un Sud-Est élargi au Languedoc (Arena, Saint-Baillon, Mas del Camoura…) animé par un excellent jeune sommelier, Lionel Compan.
C : 60 € • M : 34-65 € *www.anerougenice.com*

Kei's Passion

22 ter rue de France
☎ 04 93 82 26 06
F. ann. non comm.
Jusqu'à 22h.

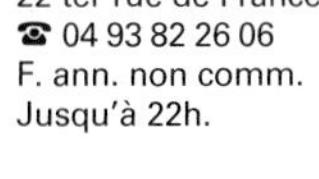

Doit-on faire patienter encore Keisuke Matsushita, alors que, depuis l'an passé, tous les plats que nous goûtons chez lui valent deux toques ? Cette fraîcheur, cette spontanéité dans l'utilisation du marché, alliés désormais à une réelle régularité et à un standing certain, malgré l'exiguïté de la petite maison en plein centre, ouvrant sur la rue piétonne la plus fréquentée de la ville, valent bien ce coup de pouce et cette reconnaissance. Et si l'on parle de cuisine actuelle, c'est avant tout pour souligner encore cette adéquation au marché, ce véritable travail de chef qui prend le produit à son apogée de fraîcheur (des gamberonis sortants de l'eau, à la plancha, avec un tout simple accompagnement provençal, un turbot rôti escorté de calamars minutes et un petit pistou, un tiramisu et une compotée d'abricots parfaites, aux sources mêmes du fruit) et le traite à sa façon, sans les détours et circonvolutions d'un chef plus aguerri, mais finalement en phase avec son époque et avec nos envies. Le jeune sommelier est à cette image, n'en rajoutant pas, mais connaissant parfaitement sa carte, plutôt intéressante et axée Sud.

C : 70 € • M : 23-80 € *www.keispassion.com*

Le Padouk

15 promenade des Anglais
☎ 04 92 14 76 00
F. à déj. (14 juil.-31 août).
Jusqu'à 21h30.

➡ Hôtel : Palais de la Méditerranée

La sécurité à l'entrée saura vous guider : hôtel, casino, salle de spectacles et restaurants, ce palais mythique a de la ressource et de l'offre à revendre. Et du charme, surtout sur la terrasse du troisième étage, au-dessus de la Promenade des Anglais, face à la mer. Ne vous trompez pas, ces lieux romantiques sont à multiples usages. Le midi pour le Pingala, le bar trendy qui restaure un peu, le soir Padouk, qui déploie les sortilèges modernes de Bruno Sohn, assiettes contemporaines, intitulés savants et goûts nets, maîtrisés enjôleurs : le tourteau à la crème de fenouil, les rougets des roches pêchés le matin, dans l'assiette le soir avec une ratatouille paysanne, un agneau de Sisteron à s'agenouiller, rôti d'une part, confit en croûte de parmesan de l'autre. Une seule petite réserve : la mode, c'est ce qui se démode et la nécessité d'aller toujours de l'avant contraint aux exploits permanents. Très bon service, cave moderne, un petit peu chère.

M : 35-75 € *www.lepalaisdelamediterranee.com*

Jouni

10 rue Lascaris
☎ 04 97 08 14 80
F. merc. et 20 déc.-10 janv.
Jusqu'à 23h.

Le dépouillement d'un modèle nu, une vision presque janséniste de la cuisine de produit, si l'on exceptait ce qui fait aussi la valeur d'une assiette éphémère : le plaisir. Dans son décor forcément simple d'une rue discrète entre port et Garibaldi, Jouni Tormanen, formé chez les plus grands (Ducasse, Adria), explique à quelques passionnés à quoi pourrait ressembler le labo culinaire de demain : on aurait jeté les éprouvettes, et on s'extasierait devant une aubergine et un œuf fermier. La rareté de tels ingrédients étant déjà effective, on prend dès aujourd'hui rendez-vous, consacrant 50 € sans regrets à un velouté de petits pois, un " poisson pêché à l'aube " et un baba au limoncello après les fromages. Service complice et minimaliste : pas d'emphase, l'épure…

C : 50 € • M : 30-70 € *www.jouni.fr*

La Mérenda

4 rue de la Terrasse
☎ Pas de tél.
Rens. non comm.

Tout Nice dans une si petite échoppe. Mais oui, pourtant. On en parle, on n'en parle pas, de cette pure tradition niçoise, faite avec simplicité par un grand chef, au bouche à oreille depuis des décennies (pas de réservation par téléphone) ? Certains lecteurs nous le déconseillent, et la maison elle-même ne communique rien, même pas les jours de fermeture. Pour info, c'est bon, très orthodoxe, la ratatouille, les tripes, la daube sont des références. Il faut venir tôt, profiter et dire merci.

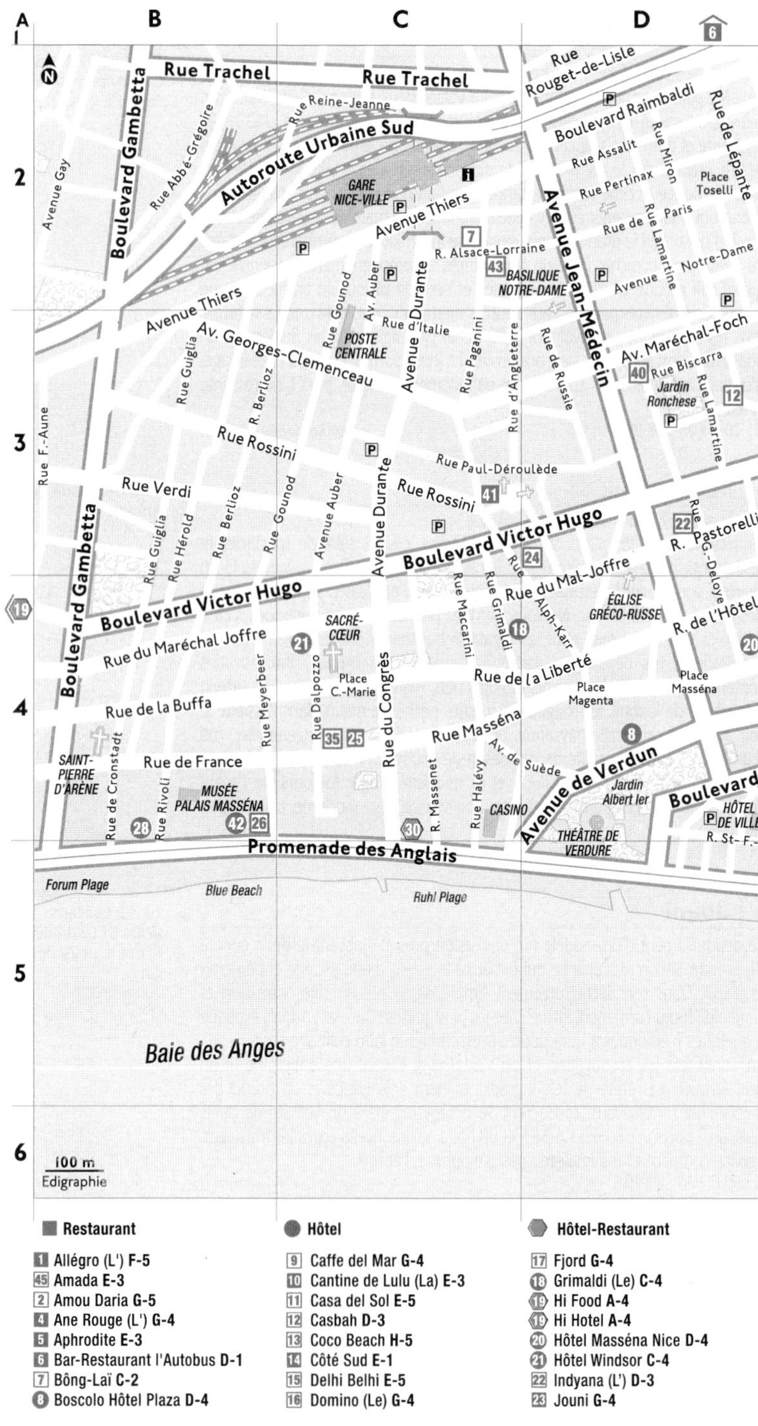
A
B
C
D
1
2
3
4
5
6
N
Rue Trachel
Rue Trachel
Rue Rouget-de-Lisle
Rue Reine-Jeanne
Autoroute Urbaine Sud
Boulevard Gambetta
Rue Abbé-Grégoire
Avenue Gay
GARE NICE-VILLE
Avenue Thiers
Boulevard Raimbaldi
Rue Assalit
Rue Miron
Rue de Lépante
Rue Pertinax
Place Toselli
Rue de Paris
Rue Lamartine
R. Alsace-Lorraine
BASILIQUE NOTRE-DAME
Avenue Notre-Dame
Avenue Jean-Médecin
Avenue Thiers
Av. Georges-Clemenceau
Rue Gounod
Av. Auber
Avenue Durante
Rue d'Italie
POSTE CENTRALE
Rue Paganini
Rue d'Angleterre
Rue de Russie
Av. Maréchal-Foch
Rue Biscarra
Jardin Ronchese
Rue Lamartine
Rue Guiglia
R. Berlioz
Rue F.-Aune
Rue Rossini
Rue Paul-Déroulède
Rue Verdi
Rue Rossini
Rue Guiglia
Rue Hérold
Rue Berlioz
Rue Gounod
Avenue Auber
Avenue Durante
Boulevard Victor Hugo
Rue G.-Deloye
R. Pastorelli
Boulevard Gambetta
Boulevard Victor Hugo
Rue Maccarini
Rue Grimaldi
Rue Alph-Karr
Rue du Mal-Joffre
ÉGLISE GRÉCO-RUSSE
R. de l'Hôtel
SACRÉ-CŒUR
Rue du Maréchal Joffre
Place C.-Marie
Rue Dalpozzo
Rue Meyerbeer
Rue du Congrès
Rue de la Liberté
Place Magenta
Place Masséna
Rue de la Buffa
Rue Masséna
Av. de Suède
Avenue de Verdun
SAINT-PIERRE D'ARÈNE
Rue de Cronstadt
Rue de France
Rue Rivoli
MUSÉE PALAIS MASSÉNA
R. Massenet
Rue Halévy
CASINO
Jardin Albert Ier
THÉÂTRE DE VERDURE
Boulevard
HÔTEL DE VILLE
R. St-F.-
Promenade des Anglais
Forum Plage
Blue Beach
Ruhl Plage
Baie des Anges
100 m
Edigraphie
Restaurant
Hôtel
Hôtel-Restaurant
1 Allégro (L') F-5
45 Amada E-3
2 Amou Daria G-5
4 Ane Rouge (L') G-4
5 Aphrodite E-3
6 Bar-Restaurant l'Autobus D-1
7 Bông-Laï C-2
8 Boscolo Hôtel Plaza D-4
9 Caffe del Mar G-4
10 Cantine de Lulu (La) E-3
11 Casa del Sol E-5
12 Casbah D-3
13 Coco Beach H-5
14 Côté Sud E-1
15 Delhi Belhi E-5
16 Domino (Le) G-4
17 Fjord G-4
18 Grimaldi (Le) C-4
19 Hi Food A-4
19 Hi Hotel A-4
20 Hôtel Masséna Nice D-4
21 Hôtel Windsor C-4
22 Indyana (L') D-3
23 Jouni G-4

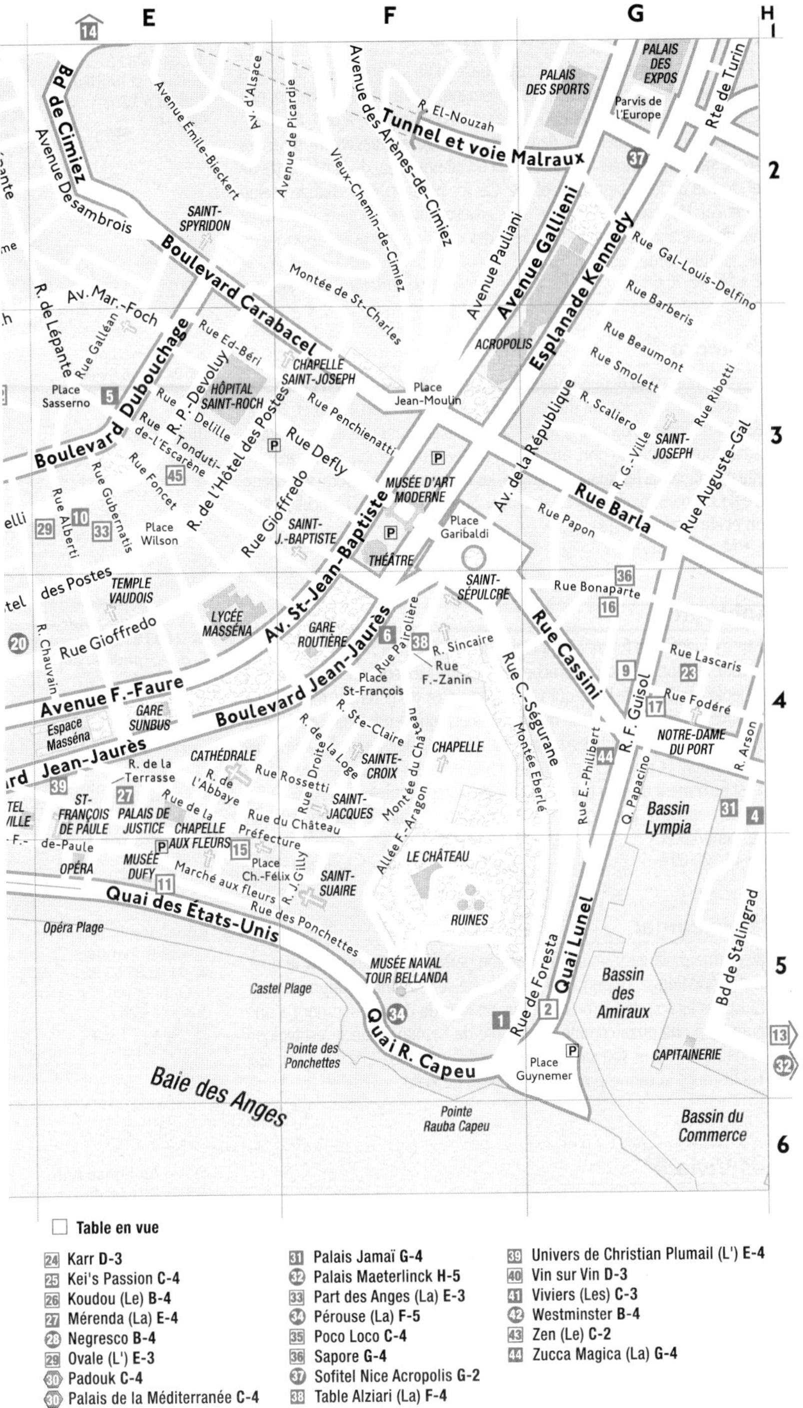
E
F
G
H
2
3
4
5
6
14
Bd de Cimiez
Avenue Desambrois
Avenue Émile-Bieckert
Av. d'Alsace
Avenue de Picardie
Avenue des Arènes-de-Cimiez
R. El-Nouzah
Tunnel et voie Malraux
PALAIS DES SPORTS
PALAIS DES EXPOS
Parvis de l'Europe
Rte de Turin
37
Vieux-Chemin-de-Cimiez
SAINT-SPYRIDON
Boulevard Carabacel
Montée de St-Charles
Avenue Pauliani
Avenue Gallieni
Esplanade Kennedy
Rue Gal-Louis-Delfino
Rue Barberis
Av. Mar.-Foch
R. de Lépante
Rue Galléan
Boulevard Dubouchage
Rue Ed-Béri
CHAPELLE SAINT-JOSEPH
ACROPOLIS
Rue Beaumont
Rue Smolett
Place Sasserno
5
R. P.-Devoluy
HÔPITAL SAINT-ROCH
Rue Delille
Rue Penchienatti
Place Jean-Moulin
Av. de la République
R. Scaliero
Rue Ribotti
Rue Tonduti-de-l'Escarène
R. de l'Hôtel des Postes
Rue Defly
R. G.-Ville
SAINT-JOSEPH
Rue Auguste-Gal
Boulevard
45
Rue Foncet
Rue Gubernatis
Rue Alberti
10
29
33
Place Wilson
Rue Gioffredo
SAINT-J.-BAPTISTE
Av. St-Jean-Baptiste
MUSÉE D'ART MODERNE
Place Garibaldi
Rue Barla
Rue Papon
THÉÂTRE
des Postes
TEMPLE VAUDOIS
LYCÉE MASSÉNA
SAINT-SÉPULCRE
36
Rue Bonaparte
16
Rue Cassini
20
R. Chauvain
Rue Gioffredo
GARE ROUTIÈRE
6
38
Rue Pairolière
R. Sincaire
Rue F.-Zanin
Rue C.-Ségurane
9
Rue Lascaris
23
Avenue F.-Faure
Boulevard Jean-Jaurès
Place St-François
R. F. Guisol
17
Rue Fodéré
GARE SUNBUS
Espace Masséna
R. Ste-Claire
R. de la Loge
Montée du Château
Montée Eberlé
Rue E.-Philibert
44
NOTRE-DAME DU PORT
R. Arson
Jean-Jaurès
CATHÉDRALE
R. de la Terrasse
R. de l'Abbaye
Rue Rossetti
R. Droite
SAINTE-CROIX
CHAPELLE
39
27
ST-FRANÇOIS DE PAULE
PALAIS DE JUSTICE
Rue de la Préfecture
CHAPELLE AUX FLEURS
Rue du Château
SAINT-JACQUES
Allée F.-Aragon
Q. Papacino
Bassin Lympia
31
4
de-Paule
OPÉRA
MUSÉE DUFY
11
15
Marché aux fleurs
Place Ch.-Félix
R. J. Gilly
SAINT-SUAIRE
LE CHÂTEAU
Quai des États-Unis
Rue des Ponchettes
RUINES
Quai Lunel
Bd de Stalingrad
Opéra Plage
Castel Plage
MUSÉE NAVAL TOUR BELLANDA
Rue de Foresta
Bassin des Amiraux
34
1
2
13
Pointe des Ponchettes
Quai R. Capeu
Place Guynemer
CAPITAINERIE
32
Baie des Anges
Pointe Rauba Capeu
Bassin du Commerce
Table en vue
24 Karr D-3
25 Kei's Passion C-4
26 Koudou (Le) B-4
27 Mérenda (La) E-4
28 Negresco B-4
29 Ovale (L') E-3
30 Padouk C-4
30 Palais de la Méditerranée C-4
31 Palais Jamaï G-4
32 Palais Maeterlinck H-5
33 Part des Anges (La) E-3
34 Pérouse (La) F-5
35 Poco Loco C-4
36 Sapore G-4
37 Sofitel Nice Acropolis G-2
38 Table Alziari (La) F-4
39 Univers de Christian Plumail (L') E-4
40 Vin sur Vin D-3
41 Viviers (Les) C-3
42 Westminster B-4
43 Zen (Le) C-2
44 Zucca Magica (La) G-4

14 L'Univers de Christian Plumail

» 54 bd Jean-Jaurès
☎ 04 93 62 32 22
F. w.-e. et lundi à déj.
Jusqu'à 22h.

C'est à l'intérieur, pendant le repas, dans ce ballet d'un service policé, aux petits soins, que l'on saisit la pertinence de l'enseigne. Cette atmosphère un peu décalée, à l'ancienne avec l'accent pointu, c'est bien un monde à part, celui que Christian Plumail a su aménager dans cette auberge septuagénaire pour ses amis niçois, ses compatriotes du sar au plat à l'ail nouveau, de la brochette de pistes et du rôti de loup piqué aux olives. Car les plats peuvent changer, selon la pêche et l'air du temps, la manière est éternelle, soignée et généreuse. Cave régionale de connaisseurs, avec le meilleur des côtes-de-provence, appuyée de quelques grands bordeaux.

C : 60 € • M : 42-70 € *www.christian-plumail.com*

13 L'Allégro

» 6 pl Guynemer
☎ 04 93 56 62 06
F. sam. à déj., dim. et août.
Jusqu'à 22h40.

Nous le proclamons déjà depuis plusieurs années, la maison de Jean-Pierre Skrij (demi-finaliste du championnat du monde des sommeliers en 1998) et de son chef, Jean-Yves Domine, occupe le leadership de la gastronomie italienne sur la ville. Installé tout au bout du port, au pied du château, on y pratique avec aisance la polenta piémontaise, les totani alla griglia, les carpaccio ou le risotto veneziano (à l'encre de seiche, supions et petits poulpes). Superbe carte, en particulier dans la région et sur l'Italie.

C : 27 € • M : 18,50-53,40 €

13 Aphrodite

» 10 bd Dubouchage
☎ 04 93 85 63 53
F. dim., lundi. F. ann. non comm.
Jusqu'à 21h30.

David Faure dirigeait les fourneaux, il continue. Et prend en main les destinées de toute cette maison de charme proche de l'avenue Médecin, sur un boulevard très fréquenté et résidentiel. Ce qui va lui permettre de gérer au mieux cette cuisine souvent brillante, parfois maniérée mais qui tend heureusement à s'affiner (croustillant de sardines au fenouil, filet de saint-pierre et artichauts violets au pistou). Et puis quelqu'un qui travaille les légumes avec autant de passion est forcément un bon (menu autour du potager, menu asperges…). La cave est bien aimable, pas trop chère, et continue à faire confiance au bon domaine Saint-Albert.

C : 50 € • M : 20-60 € *www.restaurant-aphrodite.com*

13 Palais Jamaï

» 3 quai des Deux-Emmanuel
☎ 04 93 89 53 92
F. lundi et juil.
Jusqu'à 22h.

Une plate-forme de la gastronomie marocaine parfaitement située, sur le quai, non loin de l'Ane Rouge. Le prince Albert en a été suffisamment supporter pour qu'un couscous lui soit dédié (on rêve tous un jour de donner son nom à une choucroute ou à une pizza comme Marguerite de Savoie), le décor est typique et Lalla Chama met tout son savoir-faire dans les pastillas, le tajine tfaya, aux raisins confits dans la cannelle ou les brochettes de kefta.

M : 26 €

Les Viviers

» 22 rue Alphonse-Karr
☎ 04 93 16 00 48
F. dim. et août.
Jusqu'à 22h30.

David Vaqué entame sa quatrième saison aux Viviers et ce signe de stabilité est très positif : pour de nombreux Niçois - 35 000 fidèles chaque année précise le patron Renaud Geille - cette table discrète à deux pas de l'avenue Jean Médecin est en effet une référence marine et même océane. Car le turbot grillé, la raie aux câpres ou la morue fraîche rôtie ne viennent pas d'un pointu du Suquet ou du Vieux-Port, mais d'un arrivage atlantique régulier, et le menu "spécial turbot" consacre la qualité d'une pêche très bien contrôlée. Goûtez également la bouillabaisse ou la bourride de lotte pour sentir les embruns du pays. Service précis, aimable dans une ambiance typiquement niçoise.

C : 40 € • M : 40-90 € *www.les-viviers-nice.fr*

[12] Bar Restaurant de l'Autobus

L'Autobus, ce n'est pas le traintrain et Olivier Traverso sait se renouveler au gré du marché ; et si le trajet voyage fidèlement dans les paysages de la cuisine niçoise, c'est toujours sans ennui qu'on se laisse emmener vers les petits farcis aux saveurs nettes ou les gourmandes ravioles maison, à savourer en toute tranquillité sur la terrasse, bien loin de l'agitation du centre ville.
M : 18-29 €

» 142 av de Gairaut
☎ 04 93 84 49 88
F. merc., 25 déc.-1er janv. et Toussaint.
Jusqu'à 21h30.
🚗 🐕

[12] La Cantine de Lulu

On aime le parfum d'ardoise, ce qui se dégage immédiatement de cette chaleureuse cantine où Lucien Brych interprète le nissart dans le texte, avec une assiette d'entrées épatante (ratatouille, beignets, trouchia, pissaladière…), des beignets de fleurs de courgettes réputées jusque dans les collines et désormais le fameux stockfish tous les jours. Une Merenda bis ? Autre chose, et tout aussi authentique, tout près du cœur de Nice actif et commerçant.
C : 27 € *lacantinedelulu@wanadoo.fr*

» 26 rue Alberti
☎ 04 93 62 15 33
F. w.-e., lundi à dîn., fériés, août et Noël-nouvel an.
Jusqu'à 21h30.
⛱ ❄

[12] Côté Sud

Luc Jaffres poursuit son chemin du côté de Cimiez, dans la même discrétion qu'il s'est installé, il y a moins de deux ans, pour dresser une table de complices qui grignotent du plat de marché en terrasse sur la ruelle. Le thème, c'est la simplicité, le fait maison, dans un esprit de dépouillement qui fait les beaux poissons ensoleillés, une volaille cuite avec exactitude, une tarte ou un sorbet aux fruits de saison. Une table de quartier, et de semaine - c'est fermé le week-end - aussi attachante qu'au premier jour.
C : 25 €

» 2 rue du Pr-Sureau
☎ 04 93 01 36 40
F. w.-e. et août.
Jusqu'à 22h.
❄

[12] La Zucca Magica

Il ne s'en doutait pas, Marco, mais il est devenu terriblement à la mode. Tous les magazines parlent de lui, de son amour des légumes, si moderne, de ses formidables pâtes, de ses improvisations géniales sur les cucurbitacées, courges, citrouilles et cougourdons. Cela ne bouleverse pas Marco Folicaldi, installé sur le port comme depuis toujours, inspiré par le soleil et par la nature, truculent et chaleureusement humain. L'expérience étant unique, il ne faut pas la rater : la focaccia, le tian de riz et de courgettes, les gnocchis et artichauts à la romaine, la glace à la citrouille… Ou bien tout autre chose, cela dépend de l'humeur de Marco.
M : 17-27 € *www.lazuccamagica.com*

» 4 bis quai Papacino
☎ 04 93 56 25 27
F. dim. et lundi.
Jusqu'à 22h30.
⛱ ♿ ❄ 🐕

[11] La Table Alziari

Les habitudes changent ? Pas chez André Alziari, où l'on mange les meilleures alouettes sans tête du Vieux Nice. Les fidèles se mêlent donc aux touristes sans broncher, occupés à en découdre avec les farcis ou la poche de veau braisée, aux côtés des autres excellents standards de cette adresse vaillante tout près de la fameuse rue Pairolière.
C : 25 €

» 4 rue François Zanin, Vieux-Nice
☎ 04 93 80 34 03
F. dim., lundi, 10-21 janv., 6-10 juin, 3-7 oct. et 5-16 déc.
Jusqu'à 22h.
⛱

▶ Amada

Un japonais sérieux qui rassemble dans un cadre sobre les canons de l'authenticité nippone. L'ancien chef du Jun, Masaaki Amada a ouvert cette année cette table pointue, où l'on peut regretter de ne pas voir de sashimis en permanence à la carte, mais où les tempuras, makis et sushis du menu, riz et soupe miso ont réellement le goût juste.
C : 30 € • M : 28 €

» 17 rue Tonduti de l'Escarène
☎ 04 93 62 00 81
F. dim. à déj. et lundi.
Jusqu'à 22h.
🐕

Amou Daria

Soirée afghane sur le quai, salle agréable et relaxante, spécialités soignées et importante affluence locale pour cette cuisine typique à base de bœuf, d'aubergines et de sauces yaourt.
C : 25 € • M : 17-35 €

» 26 quai Lunel
☎ 04 93 55 09 35
F. dim., lundi à déj. F. ann. non comm.
Jusqu'à 22h30.

Bông-Laï

Dans une petite rue du quartier de la gare, une belle cuisine vietnamienne servie avec gentillesse et délicatesse.
C : 40 € • M : 25-45 €

» 14 rue Alsace-Lorraine
☎ 04 93 88 75 36
Ouv. 7j/7.
Jusqu'à 22h.

Caffé del Mar

Ce quartier proche du port est assez peu fréquenté par le touriste. Les Niçois se retrouvent donc dans un espace moderne (la salle se prolonge en "lounge bar"), tranquille et dédié au poisson : bourride, loup soufflé, magret aux mangues, dans une veine que la nouvelle équipe veut orienter davantage cuisine du monde.
C : 38 € • M : 25 €

» 18 rue François-Guisol
☎ 04 93 26 15 99
F. dim. et janv.
Jusqu'à 24h30.

Casa Del Sol

Une cuisine bariolée, world et finalement sympathique, parce que relativement soignée, dans une situation enviable, face à la Promenade, à deux pas du marché Saleya : émincé de thon rouge au citron vert, wok de bœuf à la japonaise, crumble de pommes au pain d'épices.
C : 25 € • M : 14,50-30 € *loicpla@libertysurf.fr*

» 69 quai des Etats-Unis
☎ 04 93 62 87 28
F. lundi et lundi-vend. (janv.).
Jusqu'à 23h.

Casbah

Au-dessous de la gare, dans ce quartier ethnique centré sur l'avenue Jean Médecin, cette Casbah est tout simplement l'une des plus anciennes tables de la ville. Soixante années avec la même enseigne et la même spécialité, le couscous, devenu depuis l'un des tous meilleurs de la région.
C : 21 € • M : 15-24 €

» 3 rue du Dr-Balestre
☎ 04 93 85 58 81
F. dim. à dîn., lundi et 25 juin-27 août.
Jusqu'à 21h30.

Coco Beach

Une adresse chère au cœur des Niçois, une charmante paillote un peu exclusive au-dessus de la mer, en allant vers Beaulieu. De bons poissons (saint-pierre, loup, dorade) et une soupe de poissons célébrissime.
C : 55 € • M : 39-45 €

» 2 av Jean-Lorrain
☎ 04 93 89 39 26
F. dim., lundi et fév.
Jusqu'à 21h30.

Delhi Belhi

Etape indienne à deux pas du marché aux fleurs, dans le décor sympathique et soigné d'une ancienne écurie, pour goûter les saveurs indiennes sous leur meilleur jour.
C : 27 € • M : 30 € *www.delhibelhi.com*

» 22 rue Barillerie
☎ 04 93 92 51 87
F. à déj., dim. et 2 sem. juil.
Jusqu'à 23h30.

Le Domino

Les adresses "do Brasil" ne sont pas légion sur la Côte d'Azur. Carlos et Joëlle Baeta ont ouvert cette sympathique maison voilà sept ans et ont réussi à imposer une cuisine qui ne se contente pas de décliner la morue : les empadinhas (petits farcis aux crevettes), la feijoada ou le xix-xim de poulet donnent rapidement des envies de samba aux clients. Soirées musicales chaque vendredi et samedi.
C : 27 € *cbacta@wanadoo.fr*

» 20 rue Bonaparte
☎ 04 93 55 99 01
F. dim., lundi et août.
Jusqu'à 24h.

Fjord

Des assiettes copieuses, scandinaves bien sûr (saumon mariné à l'aneth gravlax, œuf de saumon avec blinis, filets d'anguille fumée sur salade verte, tarama...) dans une ambiance détendue (l'architecture intérieure, d'inspiration scandinave, est plutôt réussie).
C : 23 € • M : 19 €

» 21 rue François-Guisol
☎ 04 93 26 20 20
F. dim., lundi et août.

Hi Food

➡ **Hôtel :** Hi Hôtel
Avec cette cantine bio dans un hôtel de luxe, Alexandre Alexanian poursuit son approche novatrice et décontractée de la cuisine, tarifs raisonnables, produits de qualité et cadre contemporain.
M : 16-20 € *www.hi-hotel.net*

» 3 av des Fleurs
☎ 04 97 07 26 26
Ouv. 7j/7.
Jusqu'à 22h30.

L'Indyana

Pour la gentillesse de l'accueil et du service, le beau décor branché dans les tons bruns et la carte touche à tout, entre les fleurs de courgettes farcies de filet de rouget et duxelle de champignons, le loup de ligne en croûte de sel, purée mousseline aux truffes et les escapades vers l'Asie, filet de bœuf aux poivrons séchés, nouilles aux crevettes façon wok...
C : 45 € • M : 28-65 €

» Rue Deloye
☎ 04 93 80 67 69
Ouv. 7j/7.
Jusqu'à 24h.

Karr

Toujours présent et toujours efficace sur le créneau des adresses lounge, le Karr, avec son décor branché, sa cave pas sotte et sa cuisine plaisante et actuelle : salade d'agrumes aux éclats de gambas, pavé de thon à la coriandre.
C : 14,50 € *www.karr.fr*

» 10 rue Alphonse-Karr
☎ 04 93 82 18 31
F. dim.
Jusqu'à 22h30.

Le Koudou

Emplacement stratégique, sur la Prom' à deux pas du Negresco, décor de brasserie lounge avec quelques touches africaines et une large carte pour plaire au plus grand nombre. Pour le prix, la daurade aux figues fraîches et le gratin de fruits rouges font bien leur office, véhiculés par un service cool et efficace.
M : 28-52 € *koudou@nicerestaurant.net*

» 28 promenade des Anglais
☎ 04 93 87 33 74
Ouv. 7j/7.
Jusqu'à 23h.

L'Ovale

Nouveau propriétaire, même bon esprit pour l'Ovale, qui fait le lien entre Sud-Est et Sud-Ouest à grand renfort de charcuterie aveyronnaise ou de confit de canard des Landes. L'accueil reste chaleureux et l'affluence régulière.
C : 23 € • M : 14 €

» 29 rue Pastorelli
☎ 04 93 80 31 65
F. dim., fériés et août.
Jusqu'à 23h.

La Part des Anges

Belle sélection viticole qui colle à l'époque et s'intéresse à toutes les régions, sans exclusivité Sud (la Loire, par exemple, est bien présente). Entre deux verres, une andouillette 5A, des chipirons à l'encre, une daube de bœuf, servis avec décontraction entre les casiers et les présentoirs.
C : 25 € • M : 23-35 € *part.des.anges@wanadoo.fr*

» 17 rue Gubernatis
☎ 04 93 62 69 80
F. dim., fériés, 1er-15 août et 15 déc.-3 janv.
Jusqu'à 20h.

Poco Loco

Du tex-mex au pays du pan bagnat, pourquoi pas ? Ultra authentique (même les poêlons dans lesquels sont servis les fajitas viennent du Mexique), pleine de bonne humeur (la musique, la déco, le service), la maison de Tarak Ghéribi fait honneur aux tacos, aux burritos ou aux Texas nachos.
C : 25 € • M : 14-24 € *www.poco-loco.com*

» 2 rue Dalpozzo
☎ 04 93 88 85 83
Ouv. 7j/7.
Jusqu'à 23h30.

Sapore

Après être passé par plusieurs grandes maisons en tant que second ou chef pâtissier (la Messardière, le Negresco, le palais Maeterlinck, la Voile d'Or à Saint Jean Cap Ferrat), Anthony Riou a tourné le dos aux palaces pour ouvrir ce restaurant au cadre design qui fait le plein le soir venu. Menu unique à huit plats et 28 **€**, bruschetta de sardine, épaule d'agneau confite ou royal au chocolat parmi les spécialités.
M : 28 €

» 19 rue Bonaparte
☎ 04 92 04 22 09
F. dim., lundi, 3 sem. août et 2 sem. janv.
Jusqu'à 20h.

Vin sur Vin

Une terrasse très animée, de bonnes viandes dans l'ensemble et une sélection de vins plutôt fine.
C : 20 € *vinsur20@aol.com*

» 18 rue Biscarra
☎ 04 93 92 93 20
Ouv. 7j/7.
Jusqu'à 22h30.

Le Zen

Un japonais sérieux et abordable et qui évolue dans le bon sens avec l'ajout de tables teppanyaki. Les assortiments de sushis, les tofus grillés et le poulet teriyaki n'en ont que plus de saveur.
C : 25 € • M : 15-30 €

» 27 rue d'Angleterre
☎ 04 93 82 41 20
F. lundi à déj., 2 sem. juin.
Jusqu'à 22h30.

Negresco

Toujours indépendant et unique, le Negresco, dont la coupole sert de point de repère à tous les Niçois, porte dans sa décoration la patte de sa propriétaire, Jeanne Augier, et de son amour pour l'art. Un amour qui se traduit dès les collections exposées dans le hall et se poursuit par la personnalisation des chambres et suites, voyage somptueux dans les grandes époques de l'art. Le restaurant s'affiche comme une grande maison conforme à son histoire et à sa grande tradition, et manifestement peu décidée à se renouveler après l'intermède Del Burgo. Service vieille école avec ses grades, décor hors du temps, voilà l'atmosphère dans laquelle on profite des déclinaisons de petits pois (en soupe, en mousse et en crème) et de chocolat (en palet, coulant et mousse à l'arôme net et remarquable, avec le contrepoint d'une belle glace au citron de Menton) qui encadre une assiette très bien composée entre le classicisme de ris de veau parfaits et la fraîcheur des dés de légumes sur lit de tomate et huile d'olive. En cave, des bouteilles bien choisies, dans des gammes de prix raisonnables, accompagnent le prestige des vieux millésimes de grands bordeaux.
24 appart. 250-525 € • 121 ch. 250-525 € • C : 120 € • M : 45-130 €
www.hotel-negresco-nice.com

» 37 promenade des Anglais
☎ 04 93 16 64 00
📠 04 93 88 35 68
Ouv. 7j/7.

Palais de la Méditerranée

➥ **Restaurant** : 15/20 Le Padouk
Derrière l'historique façade 1930, le Palais est de retour, dans un cadre contemporain et clair, touches chaleureuses des coloris et du bois exotique, mobilier aux lignes sobres en rappel du style Art déco, équipement de haut niveau, un cocktail qui le place d'emblée parmi les grandes adresses de la Côte.
12 appart. 1450-2780 € • 176 ch. 280-800 € • 1/2 pens. 295-445 €
www.lepalaisdelamediterranee.com

» 13 promenade des Anglais
☎ 04 92 14 77 00
📠 04 92 14 77 14
Ouv. 7j/7.

Palais Maeterlinck 

Le célèbre palace poursuit sa mue, rénovant progressivement ses chambres. Au gré des bâtiments accrochés à la falaise, les influences provençales, néoclassique ou Art déco déclinent des chambres personnalisées aux volumes généreux et largement ouvertes sur la mer. Le bonheur d'un moment à rêvasser sous les colonnades de la piscine ou au milieu des parfums de lavande du jardin justifie l'exclusivité des tarifs au moins autant que le luxe des équipements. Le restaurant

» 30 bd Maeterlinck, Basse Corniche
☎ 04 92 00 72 00
📠 04 92 04 18 10
Ouv. 7j/7.

au cadre imposant privilégie les valeurs sûres, celles des produits nobles discrètement associés aux saveurs provençales, comme la blette du pays pour farcir le pigeon accompagné de foie gras poêlé ou le confit d'aubergine à la truffe d'été. Carte des vins classique, des références solides entre Provence, Bordelais et Bourgogne.
28 appart. 450-2600 € • 13 ch. 245-580 € • C : 65 € • M : 43-75 €
www.palais-maeterlinck.com

Hôtel Masséna Nice

» 58 rue Gioffredo
☎ 04 92 47 88 88
📠 04 92 47 88 89
F. non comm.

Au cœur de la ville, l'hôtel à l'allure Belle Epoque typique se pare d'un style contemporain, notamment dans les chambres Privilège ; le contraste est réussi et rend le séjour agréable.
110 ch. 100-200 € *www.hotel-massena-nice.com*

La Pérouse

» 11 quai Rauba-Capeu
☎ 04 93 62 34 63
📠 04 93 62 59 41
Ouv. 7j/7.

Accroché à la colline du château, cet immeuble 1930 tout de jaune vêtu domine ainsi la baie des Anges, à deux pas du Vieux Nice. Les chambres conjuguent l'élégance sur un mode provençal, avec leur mobilier en bois et des tissus colorés, et la terrasse sous les arbres, sol en tomette et mobilier en fer forgé.
4 appart. 650-885 € • 58 ch. 160-445 € • 1/2 pens. 40 €
www.hroy.com/la-perouse

Sofitel Nice Acropolis

» 2-4 parvis de l'Europe
☎ 04 92 00 80 00
📠 04 93 26 27 00
Ouv. 7j/7.

Les chambres se parent d'une discrète touche provençale, enrobées dans une prestation de haut niveau, confort et praticité irréprochables. Bar-terrasse et piscine sur les toits sont des atouts précieux, tout comme la qualité de la cuisine proposée par l'Oliveraie, qui ajoute à une sage carte classique (loup grillé, pigeon farci au foie gras) quelques appétits d'Orient (nems de légumes croquants vinaigrette au gingembre).
14 appart. 225-299 € • 138 ch. 190-258 € • C : 40 € • M : 30 €
H1119@accor.com

Westminster

» 27 promenade des Anglais
☎ 04 92 14 86 86
📠 04 93 82 33 39
Ouv. 7j/7.

Une des plus anciennes références de la ville, avec son architecture Belle Epoque face à la mer. Le présent est à la hauteur et la maison n'a rien de la belle endormie, avec un service disponible et des chambres de haut standing.
10 appart. 310-380 € • 101 ch. 160-260 € *www.westminster-nice.com*

Boscolo Hôtel Plaza

» 12 av de Verdun
☎ 04 93 16 75 75
📠 04 93 88 61 11
Ouv. 7j/7.

Une architecture de palace Belle Epoque et des chambres claires et spacieuses, face aux Jardins Albert Ier et à la mer. Agréable terrasse panoramique pour le restaurant, qui met en scène une cuisine méditerranéenne tout à fait actuelle (tartare de thon rouge, gambas sautées au sésame).
182 ch. 120-340 € • 1/2 pens. 25 € • C : 40 € • M : 18-35 €

Le Grimaldi

» 15 rue Grimaldi
☎ 04 93 16 00 24
📠 04 93 87 00 24
Ouv. 7j/7.

Dans une rue calme du centre, deux superbes bâtiments Belle Epoque aux façades classées et communiquant par une cour intérieure. Chambres personnalisées et récemment rénovées, disposant de la climatisation et arborant une délicieuse décoration provençale.
2 appart. 190-230 € • 44 ch. 80-185 € *www.le-grimaldi.com*

Hi Hôtel

➥ **Restaurant** : Hi Food

Un concept et un lieu uniques sur la ville, dans un cadre contemporain pensé par la designer Matali Crasset autour de la lumière, des couleurs pastel et d'espaces épurés. Le résultat n'a rien d'un exercice de style et se révèle très agréable à vivre, avec ses neuf concepts de chambres spécifiques qui renouvellent le plaisir à chaque séjour.

4 appart. € • 38 ch. 160-390 € • 1/2 pens. 170-410 € *www.hi-hotel.net*

» 3 av des Fleurs
☎ 04 97 07 26 26
📠 04 97 07 26 27
Ouv. 7j/7.

Hôtel Windsor

Dans les années 80, ce grand immeuble XIXe du centre s'est rénové avec de jolies fresques murales sur le thème des voyages. Depuis 1990, il évolue chaque année autour d'un concept dont le résultat est toujours riche et surprenant : confier chaque année la décoration d'une ou plusieurs chambres à un artiste contemporain, créant une atmosphère unique.

57 ch. 80-165 € • 1/2 pens. 33 € *www.hotelwindsornice.com*

» 11 rue Dalpozzo
☎ 04 93 88 59 35
📠 04 93 88 94 57
Ouv. 7j/7.

NIEDERMORSCHWIHR ➤ COLMAR

NIEDERSTEINBACH - 67510 (10 C 1)

Strasbourg 88 - Lembach 8 - Karlsruhe 68

Au Cheval Blanc

Dans une jolie maison alsacienne entourée de collines arborées, cette affaire de famille a rénové l'an dernier tout un étage de chambres, personnalisées avec bonheur dans des tonalités chaleureuses (voir par exemple l'amusante chambre Bistro).

5 appart. 82-102 € • 26 ch. 45-71 € • 1/2 pens. 53-59 €

www.hotel-cheval-blanc.fr

» 11 rue Principale
☎ 03 88 09 55 31
📠 03 88 09 50 24
F. 30 janv.-9 mars et 21 juin-7 juil.

NIEUIL - 16270 (22 C 4)

Angoulême 44 - Confolens 24 - Limoges 65

La Grange aux Oies

➥ **Hôtel** : Château de Nieuil

Pascal Pressac est arrivé dans ce magnifique château il y a plus de quinze ans, lorsque la maison visait encore les plus grands honneurs gastronomiques. Depuis, les prix ont fondu, les ambitions également (même si les assiettes demeurent parfaitement abouties) offrant la simplicité des anciennes écuries au décor contemporain : farci charentais légèrement poêlé, salade de ris d'agneau à l'huile de colza, fricassée de chevreau de la région à l'ail vert, écrasée de pommes de terre à la ciboulette filet de bar rôti sur peau au safran d'Argence. Cave finaude avec les bons vignerons d'aujourd'hui (Reverdy, la Janasse, la Voulte Gasparets...)

C : 45 € • M : 24-40 € *grangeauxoies@aol.com*

» Rte de Fontafie
☎ 05 45 71 81 24
F. dim. à dîn. (sf juil.-août), lundi (sf à dîn. juil.-août), mardi (sf juil. août et à dîn. sept.-Toussaint), 3-15 avril et 2 nov.-9 déc.
Jusqu'à 21h15.

Château de Nieuil

➥ **Restaurant** : 13/20 La Grange aux Oies

Mobilier de style et jardin à la française signent une élégance caractéristique dans ce château Renaissance aux chambres spacieuses et raffinées. Les 40 ha du parc offrent de beaux parcours de balades ou de pêche (dans les douves ou l'étang).

3 appart. 220-350 € • 11 ch. 105-240 € • 1/2 pens. 113-160 €

www.chateaunieuilhotel.com

» Rte de Fontafie
☎ 05 45 71 36 38
📠 05 45 71 46 45
F. Toussaint-Pâques (sf sur réserv.).

NIEUL - 87510 (25 B 2)

Limoges 16 - Oradour-sur-Glane 14

La Chapelle Saint-Martin

» Saint-Martin-du-Fault, 4 km S. par D 20
☎ 05 55 75 80 17
05 55 75 89 50
F. janv.

Etape paisible et feutrée dans un vaste parc, avec ses étangs et ses espaces délicats. La grande maison de maître fin XVIIIe propose des chambres raffinées, mobilier de style et tissus fleuris. La cuisine interprète avec un raffinement classique les produits de la région, jouant habilement de la fibre nostalgique (la côte de porc cul noir jus de chicorée et légumes oubliés au sautoir) comme de mariages terre-mer (millefeuille betterave foie gras et anguille fumée).

3 appart. 190-260 € • 10 ch. 80-200 € • 1/2 pens. 114-204 € • C : 75 € • M : 39-72 € chapelle@relaischateaux.com

NIMES - 30000 (32 B 3)

Paris 729 - Montpellier 52 - Avignon 43

Le Lisita

» 2 bis bd des Arènes
☎ 04 66 67 29 15
F. dim., lundi.
Jusqu'à 22h.

La concurrence se précise en ville, et tous les Nîmois bénéficient de ce nouvel élan. Y compris notre fameux duo, Olivier Douet au piano, Stéphane Debaille en salle, qui peaufinent une carte pleine de rythme et de couleurs à l'ombre des arènes. Les produits sont nets, accompagnés avec finesse, sans surcharge, dans le cadre de cet ancien relais de poste XVIIIe, complété par un patio de pierre voûtée avec une partie à ciel ouvert : langoustines à la plancha et bisque émulsionnée à l'estragon, pavé de saint-pierre rôti aux piquillos et jus au chorizo caramélisé, ris de veau braisé au pain d'épice et jus à la poudre d'orange. Belle cave, des meilleurs locaux (Espanet, Roc d'Anglade) étendue à une forte sélection languedocienne et du grand de partout à tarif plutôt allèchant.

C : 60 € • M : 26-65 € www.lelisita.com

L'Exaequo

» 11 rue Bigot
☎ 04 66 21 71 96
F. sam. à déj., dim., et 24 déc.-9 janv.
Jusqu'à 22h.

On ne parierait pas sur un restaurant dans cette petite rue sans joie. Pourtant l'emplacement n'est pas mauvais, à deux pas des arènes, et si la façade est discrète, le patio fait un joli havre. Et le repas, boosté par deux pros exaequo, l'un aux fourneaux, l'autre en salle, est un des plus pointus de la ville, dans la clarté et la fraîcheur, décor très contemporain appuyé par des artistes locaux, cuisine de saison en avance sur la ville et cave superbe de connaisseurs en vignerons d'aujourd'hui. Les jeunes cadres, les créateurs et les amoureux branchés votent pour le sabayon de calamars, les gambas pommes de terre mangue, le macaron mandarine, et le brumisateur sur la terrasse en été.

C : 45 € • M : 37-53 € l.exaequo@wanadoo.fr

Le Magister

» 5 rue Nationale
☎ 04 66 76 11 00
F. sam. à déj. et dim. (sf fêtes).
Jusqu'à 21h30.

Cours magistral au Magister, de restauration traditionnelle - ambiance bourgeoise, cérémonie et courtoisie - et de cuisine bien appliquée par un chef d'expérience, qui sait chaque saison apporter un éclairage personnel sur le répertoire provençal : jolie brandade et fondue de tomate au basilic, baudroie à l'iberico, faux-filet de l'Aubrac et petits farcis. Quelques bons flacons régionaux à pêcher dans la cave.

C : 35 € • M : 23-33 € le.magister@wanadoo.fr

Parking privé.  Parking fermé.  Voiturier.

Cave à cigares.  Air conditionné.  Tennis privé.

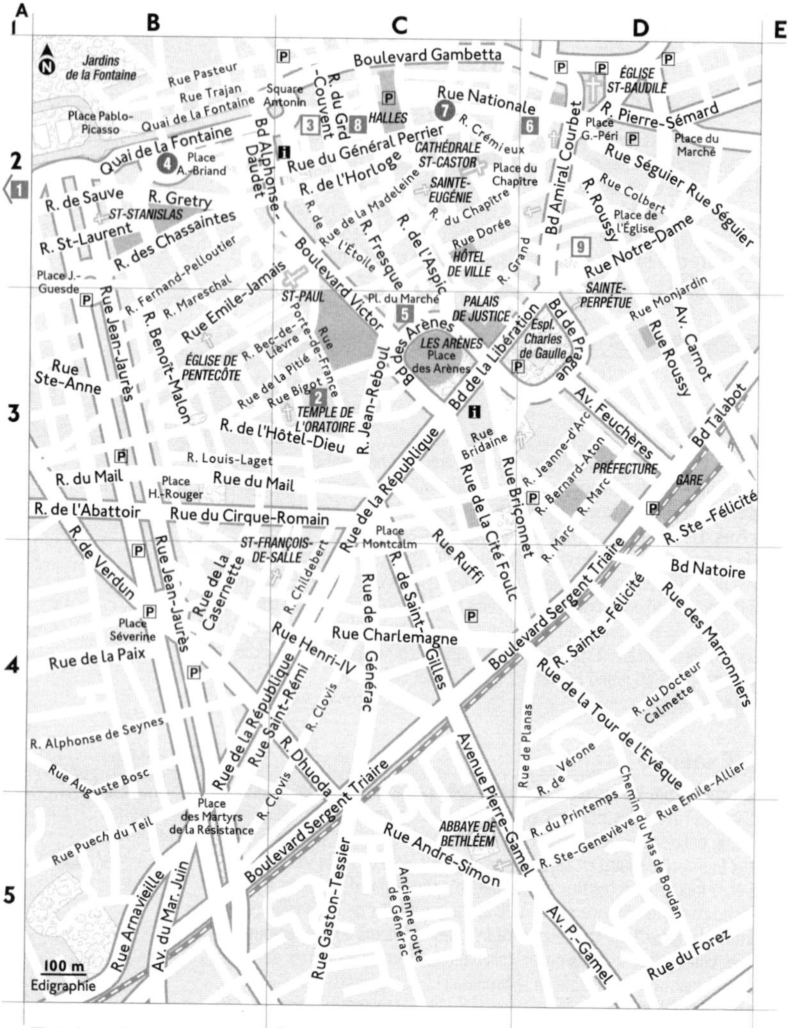

■ **Restaurant**

1 Bouchon et l'Assiette (Le) **A-2**
2 Exaequo (L') **C-3**
3 Haddock Café **C-2**

● **Hôtel**

4 Imperator-Concorde **B-2**
5 Lisita (Le) **C-3**
6 Magister (Le) **D-2**

□ **Table en vue**

7 New Hôtel La Baume **C-2**
8 Plaisirs des Halles (Aux) **C-2**
9 Wine Bar Chez Michel **D-2**

13 Aux Plaisirs des Halles

Si les halles fournissent le (bon) produit de base, on est bien loin de la brasserie d'après marché, le cadre comme la cuisine accrochent d'autres ambitions, avec des assiettes actuelles et plutôt bien faites. La carte des vins achève d'emporter l'adhésion (et pas l'addition, les prix restent raisonnables) grâce à un remarquable travail sur la région.
C : 50 € • M : 24-55 €

» 4 rue Littré
☎ 04 66 36 01 02
F. dim., lundi, nov.-Toussaint et vac. scol. fév.
Jusqu'à 22h.

    Hôtels de charme.

[12] Le Bouchon et l'Assiette

» 5 bis rue de Sauve
☎ 04 66 62 02 93
F. mardi, merc., 2-17 janv. et 1er-21 août.
Jusqu'à 21h30.
♿ ❄ 🐕

La cuisine se concentre sur du standard actuel, risotto, piquillos farcis à la brandade, pressé de foie gras et terrine de poireau au gingembre, des viandes pas mal faites dans une atmosphère légèrement coincée. Qui se détend heureusement grâce à une cave de très bons du Languedoc à petits prix (Gardiès, Laguerre, Roc d'Anglade...).
C : 35 € • M : 15-44 €

Wine Bar Chez Michel

» 11 square de la Couronne
☎ 04 66 76 19 59
F. sam. à déj, dim. et lundi à déj.
Jusqu'à 24h.
⛱ ♿ ❄ 🐕 🚬

Michel Hermet, surtitré de la restauration et du vin, Président Régional des sommeliers, a su animer depuis vingt ans un des premiers véritables bar à vins, c'est-à-dire un lieu où la bouteille est reine et où l'assiette, pour soignée qu'elle soit, n'est pas dissociable du verre. Le cadre de club anglais convient à une certaine forme classique de l'exercice, dans les choix de plats (salade de gésiers et foie de canard aux pleurotes, daube de joue de bœuf, navarin d'agneau...) comme à la cave, évidemment très riche.
C : 20 € • M : 18-21 € *winebar@wanadoo.fr*

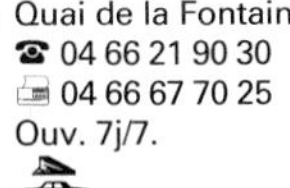

Imperator-Concorde

» Quai de la Fontaine
☎ 04 66 21 90 30
📠 04 66 67 70 25
Ouv. 7j/7.
🚗

Dans la façade rénovée de ce bâtiment Années trente, le passé vient en rappel permanent (meubles provençaux d'époque, chambres aux noms de prestigieux occupants, œuvres d'art, etc.) sans jamais occulter le plaisir très actuel d'une étape confortable et chaleureuse, aux couleurs de la Provence. Nouvelle équipe en cuisine, pour une carte de terroirs et d'idées : tarte fine de légumes crus et cuits, crevette juste saisie, vanille et citron vert, vive poêlée fèves et champignons bouillon au gingembre, à apprécier par exemple en terrasse sur le jardin. L'hôtel s'associe régulièrement aux grands événements artistiques de la ville.
12 appart. 200-230 € • 48 ch. 106-230 € • 1/2 pens. 136-245 € • C : 55 € • M : 30-60 € *www.hotel-imperator.com*

New Hôtel la Baume

» 21 rue Nationale
☎ 04 66 76 28 42
📠 04 66 76 28 45
Ouv. 7j/7.

Avec le puits de lumière de sa cour carrée, autour de laquelle court un escalier classé, cet ancien hôtel particulier du XVIIe siècle constitue un cadre superbe, bien à sa place dans la vieille ville. Les tons feutrés de la décoration des chambres (certaines sous des plafonds à la française d'époque) ajoutent au charme des lieux.
7 appart. 100-145 € • 34 ch. 80-145 € *www.new-hotel.com*

à GARONS - 30128 : 9 km S. par D 42 et D 442

[16] Restaurant Alexandre

» 2 rue Xavier-Tronc
☎ 04 66 70 08 99
F. dim., lundi (juil.-août), dim. à dîn., lundi, merc. à dîn. (sept.-juin) et vac. scol. fév.
Jusqu'à 21h30.
⛱ 🚗 ♿ ❄ 🐕 🚬

Cadre et ambiance
Près de l'aéroport, une grande villa de plain-pied, une salle vaste avec vue sur le jardin comme une oasis dans la plaine, une atmosphère de grand raffinement.

Cuisine
La cuisine précise et technique de Michel Kayser fait merveille sur les saveurs du Sud. Sans œillères, mais ne fonçant pas non plus tête baissée sur les modes, il trace un chemin de justesse et de saveur. Très en, forme lorsqu'il s'attaque à la brandade, au taureau ou à la tielle (avec du homard), il sait aussi ouvrir le champ avec des fleurs de courgettes à la mousseline de truffe ou le saint-pierre et encornets avec les churros à l'encre de seiche.

Cave
Une des plus belles caves pour apprendre le vin du Languedoc, sa richesse, ses classiques et ses découvertes. Mais aussi des grandes bouteilles de toutes régions, à prix logiques.

Accueil et service
Une équipe bien briefée qui répond aux attentes, avec l'accueil plein de distinction de Monique Kayser.
C : 80 € • M : 38-87 € www.michelkayser.com

à UCHAUD - 30620 : 9 km S.O. par N 113

La Table des Oliviers

» 6 voie Domitienne
☎ 04 66 71 14 95
F. dim. à dîn., lundi à déj., merc., vac. scol. fév. et vac. scol. Toussaint.
Jusqu'à 21h.

➥ **Hôtel** : Le Clos des Capitelles
C'est un lieu intime et rassérénant, comme le Sud sait en proposer, havre de douceur méditerranéenne avec la terrasse couverte et le jardin fleuri, les parfums et la lumière pour savourer à plein la carte consensuelle de Frédéric Rigaud, qui mêle les intitulés à la mode (pieds de porc farcis au foie gras, raviolis de langoustines) aux arômes régionaux (daurade royale poêlée à l'huile d'olive et légumes au basilic, magret rôti sauce miel et thym). Tout fonctionne gentiment, du service supervisé par Judith Rigaud jusqu'à la courte sélection viticole, orientée costières et languedoc.
C : 25 € • M : 17-35 € latable.des.oliviers@wanadoo.fr

Le Clos des Capitelles

» 37 av Robert-de-Joly
☎ 04 66 35 93 60
📠 04 66 35 93 61
Ouv. 7j/7.

➥ **Restaurant** : 13/20 La Table des Oliviers
Cachée comme un trésor dans son jardin clos de murs, la vieille maison de vignerons a été transformée en hôtel de charme, avec des chambres délicatement personnalisées, dans des tons provençaux chaleureux et élégants. Toutes bénéficient d'une terrasse de plain-pied sur le parc.
1 appart. 118 € • 7 ch. 54-59 € • 1/2 pens. 53 €
leclos.descapitelles@wanadoo.fr

NIORT - 79000 (22 B 3)

Paris 410 - Poitiers 77 - La Rochelle 63

La Belle Etoile

» 115 quai Maurice-Métayer
☎ 05 49 73 31 29
F. dim. à dîn., lundi et 1er-22 août.
Jusqu'à 21h30.

Des efforts démonstratifs pour paraître la table la plus chic de Niort, effets de manche et mode de Paris avec des sushis de kiwis et des risottos crémeux. Les intentions ne sont peut-être pas finalement les plus pertinentes, et le chef montre autrement d'aisance sur un classique plus modeste, mais plus efficace (une très bonne côte de veau). Service précis et aimable, cave tournée logiquement vers Bordeaux.
C : 50 € • M : 28-75 € www.la-belle-etoile.fr

Restaurant Mélane

» 1 pl du Temple
☎ 05 49 04 00 40
F. dim., lundi, 19-27 fév. et 2 sem. été.
Jusqu'à 22h.

Désormais propriétaire (il en était le chef de cuisine depuis 1999) de cette table du centre-ville, Eric Dionneau a entrepris quelques changements qui lui tenaient à cœur : vaisselle, mobilier, terrasse, pour une amélioration générale du confort. La cuisine est restée sur les mêmes rails, vivante, gaie et moderne : râble de lapin en rognonnade, parillada de poissons, gougeonnette de bar de ligne et ragoût de coquillages, cristalline de chocolat moelleux et caramel mou à la fleur de sel.
C : 33 € • M : 20,10-28 €

Le Grand-Hôtel

» 32 av de Paris
☎ 05 49 24 22 21
📠 05 49 24 42 41
F. 23-31 déc.

Même si ce bâtiment édifié dans les années 60 a peu de caractère, les prestations d'ensemble (insonorisation, standing, accueil) en font une étape appréciée.
37 ch. 60-82 € • 1/2 pens. 83-90 € www.grandhotel-niort.com

Moulin

Le bâtiment moderne en bordure de rivière adopte logiquement un cadre contemporain. Chambres bien tenues.
34 ch. 44-55 €

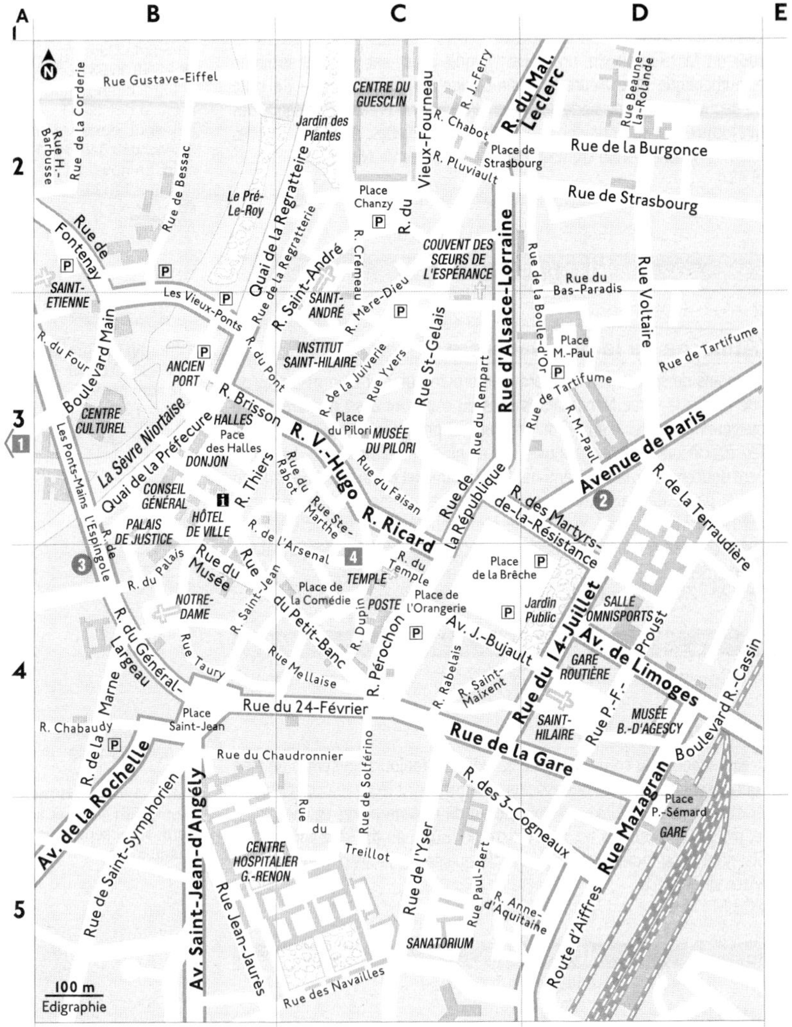

» 27 rue de l'Espingole
☎ 05 49 09 07 07
05 49 09 19 40
Ouv. 7j/7.

A B C D E
1 2 3 4 5

Rue Gustave-Eiffel
Rue de la Corderie
Rue H.-Barbusse
Rue de Bessac
Rue de Fontenay
SAINT-ETIENNE
Les Vieux-Ponts
Le Pré-Le-Roy
Jardin des Plantes
Quai de la Regratterie
Rue de la Regratterie
CENTRE DU GUESCLIN
Place Chanzy
R. du Vieux-Fourneau
R. J.-Ferry
R. Chabot
R. Pluviault
R. du Mal. Leclerc
Place de Strasbourg
Rue de la Burgonce
Rue de Strasbourg
Rue Beaune-la-Rolande
R. Saint-André
SAINT-ANDRÉ
R. Crémeau
R. Mère-Dieu
COUVENT DES SŒURS DE L'ESPÉRANCE
Rue d'Alsace-Lorraine
Rue de la Boule-d'Or
Rue du Bas-Paradis
Rue Voltaire
Place M.-Paul
Rue de Tartifume
R. M.-Paul
Boulevard Main
R. du Four
ANCIEN PORT
R. du Pont
INSTITUT SAINT-HILAIRE
R. de la Juiverie
Rue Yvers
Rue St-Gelais
Rue du Rempart
CENTRE CULTUREL
Les Ponts-Mains
La Sèvre Niortaise
Quai de la Préfecture
HALLES
Pace des Halles
DONJON
R. Brisson
R. V.-Hugo
Place du Pilori
MUSÉE DU PILORI
Rue du Faisan
Rue de la République
Avenue de Paris
R. de la Terraudière
CONSEIL GÉNÉRAL
PALAIS DE JUSTICE
HÔTEL DE VILLE
R. Thiers
Rue du Rabot
Rue Ste-Marthe
R. Ricard
R. des Martyrs-de-la-Résistance
R. de l'Espingole
R. de l'Arsenal
R. du Temple
TEMPLE
Place de la Brêche
R. du Palais
Rue du Musée
Rue du Petit-Banc
Place de la Comédie
POSTE
Place de l'Orangerie
Jardin Public
Rue du 14-Juillet
SALLE OMNISPORTS
Proust
NOTRE-DAME
R. Saint-Jean
R. Dupin
R. Pérochon
Av. J.-Bujault
Av. de Limoges
R. du Général-Largeau
Rue Taury
Rue Mellaise
R. Rabelais
R. Saint-Maixent
GARE ROUTIÈRE
R. de la Marne
R. Chabaudy
Place Saint-Jean
Rue du 24-Février
SAINT-HILAIRE
Rue P.-F.-
MUSÉE B.-D'AGESCY
Boulevard R.-Cassin
Rue de la Gare
Av. de la Rochelle
Rue du Chaudronnier
R. des 3-Cogneaux
Rue Mazagran
Place P.-Sémard
GARE
Rue de Saint-Symphorien
Av. Saint-Jean-d'Angély
Rue de Solférino
Rue du Treillot
CENTRE HOSPITALIER G.-RENON
Rue de l'Yser
Rue Paul-Bert
R. Anne-d'Aquitaine
Route d'Aiffres
Rue Jean-Jaurès
SANATORIUM
Rue des Navailles
100 m
Edigraphie

Restaurant
1 Belle Etoile (La) **A-3**
2 Grand-Hôtel (Le) **D-3**

Hôtel
3 Moulin **B-4**

4 Restaurant Mélane **C-4**

➲ à GRANZAY GRIPT - 79360 : 10 km S. par N 150

Domaine du Griffier

Les chambres ont été revues l'an dernier dans cet ancien relais de chasse, à l'architecture XIXe élégante autour de sa cour intérieure soignée. Atmosphère différente au Logis, avec un cadre plus contemporain.
29 ch. 75-125 € • 1/2 pens. 72,50-97,50 €

» N 150
☎ 05 49 32 62 62
📠 05 49 32 62 63
F. Noël-nouvel an.

➲ à SANSAIS - 79270 : 12 km S.O. par N 11 et D 3

(12) Les Mangeux de Lumas

Au cœur du Marais Poitevin, un village typique, charmant, et cette ancienne ferme, authentique et chaleureuse. Jean-Claude Dupeux, à la tête de cette maison depuis un quart de siècle, fait jouer sa technique et sa connaissance des produits locaux pour sortir un délicieux jambon aux mojettes, de bonnes viandes parthenaises ou une bonne crème brûlée à l'angélique de Niort.
M : 19-48 €

» 78 rue des Gravées, lieu-dit la Garette
☎ 05 49 35 93 42
F. lundi à dîn., mardi, merc. à dîn. (sf 11 juil.-août, ouvert ts les jrs), 3 sem. déb. janv. et 1 sem. fin nov.
Jusqu'à 21h30.

NITRY - 89310 (19 D 2)

Auxerre 32 - Vézelay 31

(12) Auberge de la Beursaudière H

Vingt-cinq ans de succès pour ce bord d'autoroute qui vaut bien mieux qu'un coup de frein à la sortie Nitry. Car les gens du coin sont aussi nombreux que les voyageurs à profiter d'un terroir ardemment promu - service en costume, intitulés évocateurs, rustique appuyé - mais ni déguisé, ni frelaté. Les tarifs grimpent doucement, mais le menu des Rouliers qui fait ce qu'il faut pour qu'on se frotte la panse de plaisir est toujours largement en dessous de vingt euros. On boit l'irancy de Charriat, le chitry de Morin ou l'épineuil de Michaut dans une carte icaunaise remarquable. Envie de rempiler ? Onze chambres paysannes de charme, décorées sur le thème des anciens métiers.
C : 35 € • M : 23,50-46 € • 11 ch. 70-110 € *www.beursaudiere.com*

» 9 chemin de Ronde
☎ 03 86 33 69 69
F. 2 sem. janv.
Jusqu'à 22h.

NOCE - 61340 (6 B 6)

Alençon 57 - Nogent-le-Rotrou 16

Auberge des Trois J

Dans cette auberge au cœur de l'Orne, les Joly ont toujours une envie de bien faire, qui ressent jusque dans des assiettes malignes, avec leurs associations terre et mer et leurs clins d'œil savoureux. Sucette de pintade poires et chèvres en salade, piccata de bœuf en tex mex ou crème brûlée au thé et ses fingers au chocolat sont aussi ludiques qu'espérées, la qualité est là aussi, soutenue par un service vif et précis.
C : 35 € • M : 25 €

» 1 pl du Dr-Gireaux
☎ 02 33 73 41 03
F. dim. à dîn., lundi et mardi (1er sept.-31 mai), 2 prem. sem. janv. et 2 dern. sem. sept.
Jusqu'à 21h.

NOE - 31410 (29 D 5)

Toulouse 41 - Pamiers 54

L'Arche de Noé

Avec ses roses et son grand tilleul, le jardin assure calme et vue agréable aux chambres (certaines avec balcon) de cette grande maison bourgeoise. Certaines sont personnalisées, avec un parquet et des salles de bain rénovées.
18 ch. 47-53 € • 1/2 pens. 45-65 € *hotelarchenoe@aol.com*

» 2 pl de la Bascule
☎ 05 61 87 40 12
📠 05 61 87 06 67
Ouv. 7j/7.

NOEUX LES MINES - 62290 (1 D 3)

Lille 39 - Arras 25 - Lens 16

12 Carrefour des Saveurs

» 94 rue Nationale
☎ 03 21 26 74 74
F. dim. à dîn. (sf réserv. groupes), lundi, merc. à dîn., 1re sem. janv. et 3 prem. sem. août.

L'ancien relais de poste aux pierres blanches se montre fièrement depuis que David Wojtkowiak s'est installé derrière ses fourneaux, voilà six ans. La maison connaît ainsi une seconde jeunesse, dans un registre gastronomique qui sied à la clientèle locale : superposition de foie gras et artichauts en salade de roquette vinaigrette dissociée au balsamique, turbot doré aux morilles à la crème, velours glacé au Grand-Marnier ganache tendre, des assiettes soignées, généreusement servies. Cave semblant hésiter entre facilité (le recours parfois systématique aux grandes maisons) et recherche (Jo Pithon en Loire, Colombo en rhône)
C : 50€ • M : 19-54,50€

NOGARO - 32110 (29 B 4)

Auch 63 - Aire-sur-l'Adour 21

12 Solenca H

» Av Daniate
☎ 05 62 09 09 08
Ouv. 7j/7.
Jusqu'à 21h30.

Aux portes des Pyrénées, à la lisière des Landes et en plein Armagnac, il est parfois bien difficile pour le pèlerin de sortir de la trilogie confit-foie gras-cèpes. La maison de Gérard Ducès ne déroge pas à la règle, même si elle s'écarte de temps en temps de son terroir pour se montrer plus voyageuse avec les filets de rougets grillés, févettes et tomates confites, queues de crevettes et vinaigrette à l'anchois. Une cinquantaine de chambres pour l'étape, une salle de gymnastique et un sauna pour éliminer les toxines.
M : 14,50-39€ • 48 ch. 54-59€ • 1/2 pens. 72€ *www.solenca.com*

NOGENT LE ROI - 28210 (17 D 1)

Chartres 27 - Dreux 19 - Rambouillet 26

11 Le Capucin Gourmand

» 1 rue de la Volaille
☎ 02 37 51 96 00
F. dim. à dîn., lundi, jeudi à dîn. F.ann. non comm.

Pas question de faire la fine bouche, d'ergoter sur les manières un peu précieuses pour entourer une cuisine somme toute valeureuse et qui aime regarder vers la Méditerranée, rappelant au nord de la Loire les bienfaits des petits farcis, de la daurade à la tapenade et de la souris d'agneau au thym frais. Cette petite maison bien animée par un jeune couple volontaire s'embellit chaque année, la cave est variée, mais pas très connaisseuse.
C : 35€ • M : 15,50-40€ *www.capucin-gourmand.fr*

NOGENT LE ROTROU - 28400 (17 C 2)

Chartres 55 - Châteaudun 53

à CONDEAU - 61110 : 10 km N. par N 23 et D 918

 Moulin de Villeray R

» ☎ 02 33 73 30 22
Fax 02 33 73 38 28
Ouv. 7j/7.

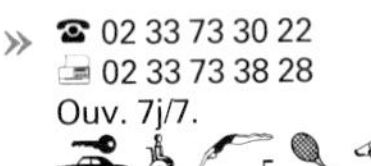

Chambres rénovées pour les deux beaux bâtiments anciens, le moulin XIXe au bord de la rivière et le château XVIIIe à deux pas. Un charme différent, plus champêtre au Moulin, clair et feutré au Château, dans la douceur d'un vaste parc. Au restaurant, dans un classicisme de bon aloi, le chef sait manier aussi bien le terroir (crousti-fondant de boudin noir aux pommes) que les parfums du Sud (selle d'agneau farcie aux herbes farigoulette de courgette et tomate au basilic). Beau travail également en cave, notamment en languedoc.
3 appart. 75-290€ • 38 ch. 75-390€ • 1/2 pens. 47-70€ • C : 55€ •
M : 26-69€ *www.domainedevilleray.com*

NOGENT SUR SEINE - 10400 (9 A 4)

Troyes 58 - Provins 20

Beau Rivage

➥ **Hôtel** : Beau Rivage

Valeur sûre dans son département, ce Beau Rivage ne se confit pas dans l'auto-satisfaction Patrick Duhayer investit et s'investit, pour que sa maison soit chaque année plus belle, mieux équipée, plus accueillante. La manière est celle d'une cuisine bourgeoise, mais les herbes fraîches, les saint-jacques d'Erquy, le petit filet d'huile d'argan sur les ravioles d'écrevisses et d'avocat, montrent le souci permanent du perfectionnement, du petit plus. Les poissons sont remarquablement traités, corégone du Léman et citrons confits, câpres capucines, jus acidulé ou la longe de cabillaud, morilles et noix au jus de viande. Petite cave intéressante, par ses prix en bordeaux et bourgogne, et par ses choix d'arbois.

C : 48 € • M : 22-40 € *aubeaurivage@wanadoo.fr*

» 20 rue Villiers-aux-Choux
☎ 03 25 39 84 22
F. 15 fév.-6 mars et 16-30 août.
Jusqu'à 20h45.

Beau Rivage

➥ **Restaurant** : 13/20 Beau Rivage

Le cadre paisible d'une maison de maître, avec son jardin en bord de Seine et ses chambres actualisées.

10 ch. 53-62 € • 1/2 pens. 62 € *aubeaurivage@wanadoo.fr*

» 20 rue Villiers-aux-Choux
☎ 03 25 39 84 22
Fax 03 25 39 18 32
F. 15 fév.-6 mars et 16-30 août.

NOGENT SUR VERNISSON - 45290 (26 B 3)

Gien 22 - Châteauneuf-sur-Loire 47

à BOISMORAND - 45290 : 9 km S. par N 7, D 940 et D 57

Auberge des Templiers

➥ **Hôtel** : Auberge des Templiers

Cadre et ambiance

Une belle demeure en bois et briques, légèrement en retrait de la nationale. La principale valeur ajoutée se situe sur l'arrière de la maison, un magnifique et immense jardin paysager, avec plusieurs pavillons réservés à l'hôtellerie, une piscine bien coupée des regards extérieurs et une vaste et confortable terrasse ombragée.

Cuisine

Cette maison possède une longue et solide réputation et nombreux sont les grands chefs à être passés entre ses murs. C'est Hervé Daumy qui tient la barre depuis quatre ans désormais, respectant à la perfection le strict cahier des charges qui semble avoir été bâti pour se maintenir tout juste au niveau des trois toques grâce à un répertoire classique et maîtrisé : marbré de foie gras confit aux figues fraîches acidulées, homard meunière dans une nage exotique infusée à la verveine, saint-pierre en aiguillette, lasagne ouverte d'artichaut et truffe, ris de veau braisé en matignon de légumes truffés, pennes farcies. La nombreuse clientèle d'affaires et d'habitués apprécie cette cuisine d'un (haut) niveau toujours égal.

Cave

Les bordeaux rouges et bourgognes blancs phagocytent presque complètement une cave où l'on peine à trouver quelques vignerons qui montent. Dommage.

Accueil et service

Accueil et service en tous points remarquables, décontraction et précision à tout moment.

C : 100 € • M : 55-120 € *www.lestempliers.com*

» Les Bezards
☎ 02 38 31 80 01
F. 3 sem. fév.
Jusqu'à 21h30.

Auberge des Templiers

➡ **Restaurant** : 17/20 Auberge des Templiers

Que ce soit dans l'ancien relais de poste aux colombages caractéristiques ou dans la chaumière au milieu du parc, le cadre séduit par la sérénité qui s'en dégage, sous les poutres anciennes et dans la tranquillité de 6 ha de verdure.

8 appart. 295-620 € • 22 ch. 140-260 € • 1/2 pens. 150 €

www.lestempliers.com

» Les Bezards
☎ 02 38 31 80 01
Fax 02 38 31 84 51
F. 3 sem. fév.

NOHANT VIC - 36400 (18 A 6)

La Châtre 6 - Châteauroux 31

(12) Auberge de la Petite Fadette H

Un lieu charmant, un aimant à touristes grâce à la maison de George Sand, grâce aussi au charme authentique de la bâtisse, décorée avec effort pour paraître (un grand lustre à pampilles dans une salle de campagne). La cuisine suit le même chemin : des qualités certaines grâce au terroir autant qu'au savoir-faire du jeune chef (le poulet en barbouille, les chèvres de Pouligny...) mais qui se trouve bridée par les boursouflures de style ("demi-oeuf" - pour qualifier une aumônière ouverte - de gambas sans intérêt, ravioles crémées au poireau sur des rougets, Tatin pas mal faite mais très citadine avec glace épices obligée...). Répétons-le, cette maison a des atouts considérables, si un jour elle voulait aussi séduire des voyageurs gourmands. Chambres dans le style de la maison, grand calme dans un village de caractère.

C : 55 € • M : 19-50 € • 9 ch. 65-140 € • 1/2 pens. 34-95 €

» Pl du Château, Nohant
☎ 02 54 31 01 48
Ouv. 7j/7.

NOIRMOUTIER (ILE DE) - 85 (15 B 4)

Accès par Fromentine

à LA GUERINIERE - 85680

Hôtel Punta Lara

Dans les petites maisons blanches inspirées de l'architecture locale, les chambres se font sobres et lumineuses, avec de larges baies vitrées pour capter la lumière de la mer toute proche.

1 appart. 178-240 € • 61 ch. 97-180 € • 1/2 pens. 41-42 €

www.hotelpuntalara.com

» Rte de la Noure
☎ 02 51 39 11 58
Fax 02 51 39 69 12
F. mi-oct.-15 avril.

à NOIRMOUTIER EN L'ILE - 85330

(13) Fleur de Sel

➡ **Hôtel** : Fleur de Sel

Tout a du goût dans cette maison de vacances, et ne manque jamais de sel. Pierre et Annick Wattecamps en ont fait ce qu'il fallait, un rendez-vous chic, effervescent et charmeur, qui fait pétiller les yeux des convives attablés pour un soir. Un chef - fidèle depuis dix ans, une rareté dans un lieu touristique - conduit les débats avec autorité et un parfait savoir-faire. On lui demande l'océan et l'an 2000 ? Il livre avec flegme et précision le tartare de bar et saumon à la mangue crème vanille, le fondant de langoustines aux aubergines, le steak de thon à la plancha et le tournedos de lotte et un ragoût aux fèves et crevettes grises. Les menus sont bien étagés, le muscadet démarre à 19 **€**, dans une cave qui ne fait pas l'insolente.

M : 25,50-46 €

www.fleurdesel.fr

» Rue des Saulniers, derrière l'église à 500 m
☎ 02 51 39 09 07
F. lundi à déj., mardi à déj. h.s. (sf vac. scol.) et 6 nov.-30 mars.
Jusqu'à 21h.

[12] Le Grand Four

C'est une glorieuse maison que la plupart des îliens connaissent et que les vacanciers sont bien aise de trouver sur le chemin de la plage. En plein centre, près du château, Renée et Pierre Vételé ont aussi développé, au fil des ans, le sens de l'accueil pour entourer la belle pêche régionale, les langoustines à la nage, les médaillons de homard et pommes de terre aux truffes, le turbot sauvage braisé au chinon. Du classique seigneurial, mais finalement pas trop cher, surtout avec les menus, jusqu'à la cave aux sûrs propriétaires (vouvrays de Huet, chinon de Baudry et Couly-Dutheil…)
C : 52 € • M : 18-38 €

www.legrandfour.com

» 1 rue de la Cure, derrière le château
☎ 02 51 39 61 97
F. dim. à dîn., sam. (sf vac. scol.), déc. et janv.
Jusqu'à 21h30.
♿ 🐕

[12] Le Petit Bouchot

Une table touristique où l'on fait du frais, une brasserie de la mer qui n'envoie pas de la sole tropicale et des gambas congelées, cela mérite d'affaler les voiles illico. Le Petit Bouchot, c'est cela, la gentillesse et le sourire en plus, et une mention méritée pour l'aiguillette de sole aux épices, le rôti de lotte au jambon sec ou la blanquette de cabillaud à l'orange. Oui, on pourrait aimer encore plus simple et direct, mais pour plaire, il faut un peu de sophistication…
C : 30 € • M : 16-24 €

» 3 rue Saint-Louis
☎ 02 51 39 32 56
F. mardi à dîn., merc. (h.s.) et déc.
Jusqu'à 21h.
♿ 🐕

[10] La Bisquine

La mer est en direct et Patrick Sauvaget, en bon capitaine, est à la proue pour sélectionner l'arrivage, du poisson noble, préparé avec respect, en variant les sauces et les accompagnements : sole pochée à la chair de crabe, bar au fenouil, cassolette de saint-jacques. Et tout au long de l'année, les fruits de mer et les crustacés sont fiers de passer en vedette dans ce sympathique décor orné d'un aquarium de près de quatre mètres.
C : 28 € • M : 15-44 €

» 30-A rue du Port-l'Herbaudière
☎ 02 51 35 78 72
F. lundi.
Jusqu'à 21h.
⛱ ♿ 🐕

▶ Les Glycines

Une île, c'est déjà un parfum de voyage... A prolonger plein Est, pour une tranquille cuisine asiatique, appréciable dans ses plats de la mer. Accueil charmant, terrasse agréable et fleurie.
C : 18 €

» 9 rue du Robinet
☎ 02 51 39 76 07
F. dim. à dîn. (sf sur réserv.), 1 sem. oct. et 1 sem. nov.
Jusqu'à 20h30.
♿ 🐕

🏠 Château du Pélavé R

Rebâtie au début du siècle dernier dans un style victorien, cette vaste maison bénéficie d'une situation paisible dans un parc, mais aussi de chambres largement rénovées. Cuisine élégante au restaurant, privilégiant les produits de la mer.
18 ch. 60-175 € • 1/2 pens. 64-130 € • C : 44 € • M : 18-54 €

www.chateau-du-pelave.fr

» 9 allée de Chaillot
☎ 02 51 39 01 94
📠 02 51 39 70 42
Ouv. 7j/7.
🐕

🏠 Fleur de Sel 🕊

➡ **Restaurant** : 13/20 Fleur de Sel

Basse et blanche, la maison se fond dans la végétation alentour et le style de l'île. L'atmosphère y est délicieusement typique et chaleureuse, avec des chambres meublées de pin anglais ou d'acajou, ouvertes sur le jardin.
3 appart. 120-220 € • 35 ch. 79-155 € • 1/2 pens. 72,50-115 €

www.fleurdesel.fr

» 500 m derrière l'Eglise
☎ 02 51 39 09 07
📠 02 51 39 09 76
F. 6 nov.-30 mars.
🚗 ♿ 🏊 🎾

Hôtel du Général d'Elbée

» Pl d'Armes
☎ 02 51 39 10 29
📠 02 51 39 08 23
F. déb. oct.-avril.

Non loin du château, cette adresse joue de ses vieilles pierres, installée dans un hôtel particulier XVIIe classé. Les chambres, élégantes et spacieuses, se parent d'un joli mobilier rustique pour rester dans l'esprit de la maison et de son jardin clos.

27 ch. 95-175 € *www.generaldelbee.com*

NOIRMOUTIER EN L'ILE ➤ NOIRMOUTIER (ILE DE)

NOISY SUR ECOLE ➤ PARIS-BANLIEUE

NOIZAY ➤ VOUVRAY

NOLAY - 21340 (20 A 4)

Dijon 56 - Beaune 19

13 Le Burgonde

» 35 rue de la République
☎ 03 80 21 71 25
F. dim. à dîn., merc.
Jusqu'à 21h.

Un vieux bistrot au bon sens du terme, avec tout ce qu'il faut comme patine et comme ondes positives pour y passer un bon moment. De bons menus et des assiettes bien ancrées dans leur terroir, filet de flétan à la fondue de poireaux, tajine d'agneau et légumes frais, mille-feuille de sandre aux poireaux et au pain d'épices, mousseline de saumon au beurre blanc. Le village est absolument charmant.

C : 33 € • M : 38-52 € *www.nolay.net*

NOTH - 23300 (25 B 2)

La Souterraine 13 - Guéret 28

12 Château de la Cazine H

» Domaine de la Fôt
☎ 05 55 89 60 00
F. Noël.
Jusqu'à 21h15.

La vie de château en toute tranquillité sur un vaste domaine, 160 ha de forêts et étangs. Le marbre du hall ou des cheminées donne le ton, mais, la gentillesse de l'accueil aidant, l'endroit n'a rien d'intimidant, belles chambres ouvrant sur le parc. Carte de petite noblesse classique, réalisée sans anicroche : on peut apprécier ainsi les vertus d'une terrine de foie gras et sa gelée de coteaux du layon, d'un dos de cabillaud poêlé accompagné de sa soupe et de légumes à la niçoise ou encore de fondantes escalopes de ris de veau à la sauge et au vin rouge. Service jeune et attentif, carte des vins également classique.

C : 45 € • M : 18-55 € • 10 appart. 95 € • 12 ch. 60-75 € • 1/2 pens. 88-123 €
www.chateaulacazine.com

NOTRE DAME DE BELLECOMBE - 73590 (28 C 2)

Chambéry 72 - Megève 11

13 La Ferme de Victorine

» Le Planay
☎ 04 79 31 63 46
F. dim. à dîn., lundi, 15-30 juin et 10 nov.-15 déc.
Jusqu'à 21h30.

Une ferme montagnarde de tradition et de succession, où les mêmes gestes sont appris et répétés avec zèle dans la famille. Escargots au beaufort et pot-au-feu de jarret et joue de bœuf font partie de la charpente, l'atmosphère est à la confraternité alpestre des marcheurs et amateurs d'air pur.

C : 38 € • M : 19-40 €

Prix des appartements : la fourchette de prix correspond au tarif journalier pour 1 personne seule, et maximum pour 2 personnes.

Prix à la carte : correspond au prix moyen à la carte (entrée, plat + dessert).

NOTRE DAME DE COURSON - 14140 (6 A 4)

Caen 58 - Lisieux 27

Le Tournebroche

Un petit village entre Orbec et Livarot, une charmante maison au pied de l'église, bref, un véritable décor de carte postale à la mode normande. La cuisine ne fait rien pour ternir le tableau, les œufs en cocotte normande, le jambon braisé vallée d'Auge et les tripes à la mode de Caen tiennent la vedette au milieu de plats plus consensuels, cuisses de grenouilles à la provençale ou faux filet grillé.
C : 32 € • M : 14,80-35,50 €

» Le Bourg
☎ 02 31 32 31 65
F. mardi à dîn., merc., fév. et 1 sem. fin sept.
Jusqu'à 21h.

NOUAN LE FUZELIER - 41600 (18 A 4)

Blois 101 - Romorantin 41

14

Restaurant Le Dahu

L'histoire ne dit pas si cette ferme de 1860 fut un jour visitée par le dahu mais l'atmosphère d'auberge solognote typique n'a rien aujourd'hui de mystérieux. La cuisine suit le mouvement, sans brusquerie, dans un registre qui a su patiemment évoluer, délaissant peu à peu les standards des années 80/90 pour entrer dans le troisième millénaire : queues de langoustines à la coriandre et beurre de tomate à l'œuf poché, pavé de thon rouge cuit dans sa tranche de jambon serrano et risotto à l'olive noire. Quelques grands classiques demeurent (ris de veau mijoté aux morilles et asperges de Sologne, pièce de bœuf au Sancerre rouge et échalotes confites, tarte tiède aux pommes et à la cannelle) mais qui s'en plaindrait ?
C : 55 € • M : 21-49 € *ledahu.restaurant@wanadoo.fr*

» 14 rue Henri-Chapron
☎ 02 54 88 72 88
F. merc., jeudi et 5 janv.-1er fév.
Jusqu'à 21h.

NOYAL SUR VILAINE ➤ RENNES

NOYANT DE TOURAINE
➤ SAINTE MAURE DE TOURAINE

NOYERS SUR CHER - 41140 (17 D 4)

Blois 39 - Romorantin 34

Hostellerie Le Clos du Cher

Confort bourgeois et chambres personnalisées dans une atmosphère assortie à la belle architecture XIXe de cette maison accueillante à l'abri dans son parc.
10 ch. 63-92 € • 1/2 pens. 64-108 € *www.closducher.com*

» 2 rue Paul-Boncour
☎ 02 54 75 00 03
Fax 02 54 75 03 79
F. dim. (15 oct.-15 mars).

NOYON - 60400 (4 A 4)

Compiègne 25 - Saint-Quentin 40 - Amiens 70

13

Dame Journe

Terroir et fromages picards, tradition défendue sans protestation dans la cité de Calvin : la toque se maintient, un peu fluette, mais le service attentif et la belle véranda donnent du crédit à cette table valeureuse où le basique chariot de desserts succède à un tartare de crevettes et crabe sans complication et à un honorable sandre rôti aux herbes de Provence.
C : 35 € • M : 20-50 €

» 2 bd Mony
☎ 03 44 44 01 33
F. dim. à dîn., lundi, mardi à dîn., merc. à dîn., 1 sem. déb. janv. et 2 sem. sept.
Jusqu'à 21h.

Les fermetures hebdomadaires et annuelles sont celles que les restaurateurs et les hôteliers pensent pratiquer en 2006. Pour éviter des déplacements inutiles, téléphonez pour confirmer.

à CRISOLLES - 60400 : 6 km N. par D 932 et D 558

(10) Auberge de Crisolles

» D 932 les Usages
☎ 03 44 09 02 32
F. dim. à dîn., lundi. F. ann. non comm.
Jusqu'à 21h15.

Un aimable bord de route entre Noyon et Saint-Quentin : les voyageurs appuient sur le frein en semaine, et l'on vient le dimanche déjeuner en famille dans une salle rénovée ou sur la terrasse fleurie. Pour un classique sans partage, saumon, foie gras, souris d'agneau braisée au thym.

C : 35 € • M : 21-26,50 €

NUITS SAINT GEORGES - 21700 (20 B 4)

Dijon 20 - Beaune 17

(14) Le Chef Coq

» 13 vallée de la Serrée
☎ 03 80 61 12 06
F. sam. à déj., mardi, merc. à déj. et mi-déc.-déb. fév.
Jusqu'à 21h.

➥ Hôtel : La Gentilhommière

Pour mener la cavalerie dans cet ancien pavillon de chasse aux allures de manoir bourguignon, René Pianetti n'a guère d'alternative : de la distinction, de la précision, un brin d'audace. Il réunit les trois dans de jolis menus de saison, mêle la "larme de crabe" au tapioca vert de Chine, le carpaccio de foie gras aux pousses de red charles et toast melba à la graisse, la gratinée de grenouilles à une infusion à la réglisse et des keftas d'agneau avec un jus au cumin. Tout est joli, frais, enlevé et franchement pas loin des deux toques, servi par un personnel bien briefé, le sommelier triant avec brio une grosse cave bourguignonne.

C : 55,60 € • M : 22,50-58,50 €

(13) La Cabotte

» 24 Grande Rue
☎ 03 80 61 20 77
F. sam. à déj., dim. à dîn., lundi, mardi à déj. F. ann. non comm.
Jusqu'à 21h.

Un bistrot finaud sur voie piétonne, qui donne aux Bourguignons de l'évasion, et cette impression indispensable de ne pas avoir raté le train. Celui du râble de lapin et gambas à basse température, des saint-jacques caramélisées et pointes d'asperges au pamplemousse rose ou de l'ananas victoria aux épices et minestrone de mangue. Un tel coup de sirocco au pays du chambertin, cela fait bruisser les vignes et jaser au fond des chais, en donnant un sérieux coup de vieux au coq au vin de grand-mère. L'effet est donc réussi, mais il faut désormais travailler à la consolidation, continuer à rechercher le meilleur produit (très bon agneau du Quercy) et en améliorant le rythme. Cave bourguignonne encore mince, mais pointue.

C : 40 € • M : 16-33 € *lacabotte@wanadoo.fr*

(12) L'Alambic

» Rue du Gén-de-Gaulle
☎ 03 80 61 35 00
F. lundi à déj., dim. à dîn. (h.s.) et sem. Noël.
Jusqu'à 21h30.

Si le bâtiment visible depuis la route n'a rien d'engageant (un hôtel contemporain), il ne faut pas se fier aux apparences et descendre au sous-sol. Là sous les belles arcades construites avec les pierres de l'ancienne prison de Beaune (datant du XIIe siècle), les généreuses assiettes de Christophe Dumay prennent sens, entre Bourgogne pure et dure et escapades créatives : œuf en meurette de crémant de Bourgogne, suprême de coquelet rôti aux grains de moutarde, quenelle de brochet gratinée et queues d'écrevisses, escalope de ris de veau à la manzana et mikado de granny smith, crème brûlée au pralin.

C : 35 € • M : 21-43 € *www.bourgogne.restaurant.com/alambic*

 Piscine privée.

 Accessible aux handicapés.

 Repas servis en terrasse ou dans un jardin.

 Carte des vins remarquable.

 Chiens acceptés.

Tennis privé.

 La Gentilhommière 

» 13 vallée de la Serrée
☎ 03 80 61 12 06
Fax 03 80 61 30 33
F. mi-déc.-déb. fév.

➥ **Restaurant** : 14/20 Le Chef Coq

Tranquillement installées au creux de la vallée, dans un parc traversé par une rivière, ces maisons bourguignonnes arborent un cadre typique, avec boiseries abondantes et toits vernissés. Un classicisme confirmé par le cadre des chambres standard, sobrement élégantes, mais pas du tout par les suites, dont la création récente s'est faite autour de lignes contemporaines et d'un décor personnalisé sur le thème des voyages.

11 appart. 85-250 € • 20 ch. 85 € *www.lagentilhommiere.fr*

 Château de la Berchère

» Boncourt le Bois
☎ 03 80 61 01 40
Fax 03 80 61 32 31
F. mi-déc.-déb. mars.

Né au XVe siècle, remanié aux XVIIe et XVIIIe, ce château offre un bel écrin pour ses chambres romantiques, meubles de style et tissus soignés. Jean-Claude Mansart veille sur cette affaire de famille avec un soin qui se traduit dans de nombreux détails, comme la qualité des petits-déjeuners.

8 appart. 120-190 € • 22 ch. 58-190 € *www.hotelchateauberchere.com*

NYONS - 26110 (27 D 6)

Valence 97 - Carpentras 46

 Le Petit Caveau

» 9 rue Victor-Hugo
☎ 04 75 26 20 21
Rens. non comm.
Jusqu'à 21h15.

Laurent Lecomte et son épouse font vivre cette petite salle avec modestie et discrétion, dans une rue calme près de la place, les produits d'une fraîcheur exemplaire y étant travaillés avec application et droiture. Les bons vignerons du secteur ont les honneurs de la cave.

➲ aux PILLES - 26110 : 7 km N.E. par D 94

 La Charrette Bleue

» Rte de Gap
☎ 04 75 27 72 33
F. dim. à dîn. (oct.-déc. et fév.-mars), mardi (sf à dîn. juin et sept.), merc. et mi-déc.-fin janv.
Jusqu'à 20h45.

Ainsi nommé en hommage à l'enfant du pays, Barjavel, cet ancien relais de poste en pierres calcaires jouit d'un superbe cadre campagnard sur lequel ouvre la terrasse panoramique. La cuisine éclectique de Paul Roussel s'y trouve à son aise, entre les obligations bourgeoises (trio poêlé de turbot, saint jacques et gambas, ris de veau poêlés aux morilles et asperges, filet de bœuf et foie gras...) et les jolies allusions régionalistes (gigotin de pintade de la Drôme à la sauge, tartelette tiède aux légumes d'été).

C : 42 € • M : 18,50-40 €

➲ à MIRABEL AUX BARONNIES - 26110 : 7 km S.O. par D 538

 La Coloquinte

» Rte de Vaison-la-Romaine
☎ 04 75 27 19 89
F. lundi, merc., 22 déc.-10 janv. et 1 sem. vac. scol. hiver.
Jusqu'à 22h.

Au cœur des Baronnies, sur la route des oliviers, la maison de Christophe Cnockaert fleure bon cette Provence secrète que beaucoup de touristes cherchent dans les environs sans toujours la dénicher. Joyeuse cuisine du marché, un peu maniérée années 80, avec en figures de proue la salade folle gourmande, la poêlée de filets de rougets rôtis aux aromates et vinaigre de framboise ou le filet de bœuf grillé, jus réduit aux côtes du rhône et échalotes confites en chemise. Courte carte de crus locaux avec quelques jolis flacons (Rieu Frais, le Chêne Vert)

C : 41 € • M : 27 €

OBERNAI - 67210 (10 B 3)

Strasbourg 31 - Sélestat 25 - Colmar 50

Le Bistro des Saveurs

» 35 rue de Sélestat
☎ 03 88 49 90 41
F. lundi, mardi, 29 janv.-16 fév., 17 juil.-8 août et 22 oct.-10 nov.
Jusqu'à 22h.

Cadre et ambiance

Une superbe maison alsacienne vieille de plus de 40 ans arborant poutres et boiseries anciennes. C'est chaleureux, cossu et épuré en même temps. Des peintures de la salle à manger ont été rénovées cette année.

Cuisine

Avec l'arrivée voilà trois ans de Thierry Schwartz, cet ancien Bœuf Rouge a changé de statut. Jamais rassasié, toujours l'esprit en éveil, ce Strasbourgeois de naissance, formé chez Robuchon, au Jules Verne et chez Laurent, a la tête sur les épaules et les idées claires : pastèque, tomates et caillé de munster frais pêle mêle, relevés d'un sorbet aux olives noires liguri, saumon sauvage de l'Adour au plat, mi-cuit, herbes, amandes et cœur de salade, cœur d'aloyau de bœuf d'Aubrac grillé lentement au feu de bois, girolles et pommes soufflées. Quelques imprécisions encore, rarement, des réussites superbes, le plus souvent, pour une cuisine toujours de bonne humeur, jeune et généreuse.

Cave

Des choix séduisants par leur éclectisme (Stéphane Ménard conserve plus de 800 références dans sa cave) et un choix de vins au verre intelligemment conçu.

Accueil et service

La chaleur, l'authenticité et la convivialité sont les maîtres mots de la maison. En salle, Hélène Schwartz fait avec enthousiasme la promotion de la cuisine de son époux.

C : 60 € • M : 41-76 €

15 La Fourchette des Ducs

» 6 pl de la Gare
☎ 03 88 48 33 38
Rens. non comm.

Scène de table saisissante, décor de charme réellement envoûtant, atmosphère raffinée, égayent cette maison d'épicuriens esthètes. On vient ici savourer la chaleur des vieux meubles régionaux, des boiseries patinées, associée au plaisir de beaux objets et à la légèreté de l'épure, de surcroît mise en valeur par des clairs-obscurs. La cuisine joue autant sur la séduction - aux lignes souvent verticales : on pourrait parler de design culinaire - avec de multiples attentions servies avant, pendant et après le repas. On peut encore ergoter sur certaines préciosités, parfois plus d'assemblage que de synergie, mais les saveurs s'affinent et chaque assiette (un excellent foie gras de canard au berewecke et gelée de pommes vertes, un superbe dos de bar de ligne, compotée d'artichauts aux agrumes et vanille) confirme une montée en puissance jusqu'aux deux toques. Cave classique bien pourvue régionalement.

La Cour des Tanneurs

» Ruelle du Canal-de-l'Ehn
☎ 03 88 95 15 70
F. mard., merc. et 1er-14 juil.
Jusqu'à 20h30.

L'Alsace permet ce genre d'expérience : le vieux quartier des tanneurs, une charmante et pittoresque cité, des géraniums et des colombages, et dans ce paysage idyllique, une auberge souriante qui pourrait, ailleurs, être un beau traquenard. Ici, le sourire reste sur les lèvres, et si la carte ne verse pas dans un folklore à tous crins, l'émietté de bœuf et vinaigrette au raifort, le dos de porcelet aux lentilles et le kougelhopf aux noix permettent au touriste de partir repu et content. Avec de jolies et accessibles cuvées régionales, et de belles raretés (le Trovium de Mochel par exemple).

M : 20-32 €

⑪ Winstub O'Baerenheim - Chez Gérard

Une winstub certes, mais qui ne se contente pas des simples spécialités alsaciennes (évidemment représentées, avec les käseknepfle à la crème de champignons, les choucroutes. le presskopf ou le kougelhopf) et s'intéresse à la cuisine bistrotière, croustillant de pieds et tête de cochon, dodine de sandre aux langoustines. Cave principalement locale, vins au pichet.
C : 23 € • M : 12,50-25 €
www.chez-gerard.net

» 46 rue Gén-Gouraud
☎ 03 88 95 53 77
F. mardi à dîn., merc., jeudi à déj., 2-31 janv. et 14-30 nov.
Jusqu'à 22h.

Le Parc

Un délicieux concentré d'Alsace, avec les géraniums en façade, un décor boisé et de belles chambres contemporaines. Les deux piscines et le centre de remise en forme incitent à prolonger le séjour et la cuisine typiques de la winstub complètent les prestations.
6 appart. 235-270 € • 56 ch. 100-170 € • 1/2 pens. 120-140 €
www.hotel-du-parc.com

» 169 rte d'Ottrott
☎ 03 88 95 50 08
📠 03 88 95 37 29
F. 26 juin-10 juil. et 3 déc.-8 janv.

Le Colombier

Derrière la façade typique, l'hôtel et ses chambres récemment rénovées adoptent une allure contemporaine inattendue et très réussie.
8 appart. 95-115 € • 36 ch. 68-86 €
www.hotel-colombier.com

» 6-8 rue Dietrich
☎ 03 88 47 63 33
📠 03 88 47 63 39
Ouv. 7j/7.

A la Cour d'Alsace

Au cœur de la cité médiévale, contre le mur d'enceinte, ces bâtiments tirent leur origine du XVIIe siècle. La fameuse cour pavée amène dans un lieu privilégié, dont les chambres jouent discrètement des valeurs traditionnelles pour ménager des espaces généreux, en offrant un service de haute qualité.
1 appart. 99-179 € • 42 ch. 99-163 € • 1/2 pens. 130-178 €
www.cour-alsace.com

» 3 rue de Gail
☎ 03 88 95 07 00
📠 03 88 95 19 21
F. 24 déc.-25 janv.

à OTTROTT - 67530 : 4 km O. par D 426

⑫ A l'Ami Fritz

➥ **Hôtel :** A l'Ami Fritz

Une jolie maison vigneronne, bâtisse en pierre de taille XIIIe, cœur du ravissant village où l'on vous accueille avec le sourire avant de vous installer, les beaux jours, sur la charmante terrasse sous les platanes centenaires. Ce qui met joliment dans l'ambiance pour goûter, un verre de riesling de Mochel à la main (cave bien avisée avec aussi Muré, Schlumberger, Rolly Gassmann et les rouges du village), la cuisine régionale plutôt ambitieuse de Patrik Fritz : baeckeoffe d'escargots, filet de sandre gratiné aux herbes et jus de poule, rognons de veau à la moutarde ancienne et nouilles à l'alsacienne. La choucroute est justement réputée.
C : 35 € • M : 22-60 €
www.amifritz.com

» 8 rue des Châteaux
☎ 03 88 95 80 81
F. merc., 18 janv.-1er fév. et 29 juin-8 juil.
Jusqu'à 21h.

Hostellerie des Châteaux

Une maison séduisante, qui ne cesse de s'améliorer par des rénovations régulières (ouverture d'un espace beauté l'an dernier). Sous sa typique allure XVIIe, le décor se fait chaleureux, les moquettes épaisses et les couleurs harmonieuses font écho à des boiseries judicieusement dosées pour donner une interprétation personnelle du confort alsacien.
6 appart. 245-500 € • 6 ch. 95-205 € • 1/2 pens. 108-308 €
www.hostellerie-chateaux.fr

» 11 rue des Châteaux
☎ 03 88 48 14 14
📠 03 88 48 14 18
F. fév.

A l'Ami Fritz

➡ **Restaurant** : 12/20 A l'Ami Fritz

Ambiance alsacienne et familiale dans une ancienne propriété viticole, construction XVIIIe au décor typique, avec couleurs chaleureuses, tout comme l'accueil.
3 appart. 67-140 € • 19 ch. 65-99 € • 1/2 pens. 65-101 € *www.amifritz.com*

» 8 rue des Châteaux
☎ 03 88 95 80 81
📠 03 88 95 84 85
F. 18-31 janv.

OBERSTEINBACH - 67510 (10 C 1)

Strasbourg 88 - Karlsruhe 68 - Haguenau 33

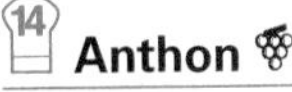

Anthon

Georges Flaig a tout pour réussir : l'héritage, une maison connue de l'Alsace entière, la reprise de cuisines tenues par la famille depuis quatre générations, la connaissance des produits et du terroir, la jeunesse. Et la pincée de sel indispensable, qu'on pourrait appeler le talent. Les deux toques lui tendent les bras, il suffirait de personnaliser un poil la belle tradition actualisée du risotto aux morilles, des jambonnettes de grenouilles et du croustillant de veau aux asperges, sans évidemment lâcher les racines. Cave sérieuse, sur les grands flacons comme sur le vignoble régional (Ostertag, Kuentz-Bas, Muré, Trimbach, Beyer…).
C : 45 € • M : 24-61 € *www.restaurant-anthon.fr*

» 40 rue Principale
☎ 03 88 09 55 01
F. mardi, merc. et janv.
Jusqu'à 21h.

OGNES ➤ CHAUNY

OISLY ➤ CONTRES

OIZON - 18700 (18 B 4)

Bourges 56 - Gien 38 - Aubigny-sur-Nère 6

Château de La Verrerie

Les tourelles en pierres, les arcades de briques sur la cour intérieure, sont une partie des richesses de cette architecture Renaissance. Les vastes chambres restent dans le ton, avec des meubles anciens élégants et une agréable sobriété. Le château se trouve entre forêt et étang, sur un vaste domaine propice aux balades.
2 appart. 360 € • 10 ch. 155-265 € • 1/2 pens. 118-215 €
www.chateauxcountry.com/chateaux/verrerie

» Restaurant La Maison d'Hélène, les Naudins
☎ 02 48 81 51 60
📠 02 48 58 21 25
F. 1er janv.-10 fév. et 20-31 déc.

OLERON (ILE D') - 17 (22 A 6)

Paris 500 - Marennes 10

➲ à LA COTINIERE - 17310

Motel Ile de Lumière

Basses et blanches en rappel de l'architecture de l'île, ces maisons sont pratiquement les pieds dans l'eau. Une belle étape de vacances, avec un décor tout en douceur, actuel et lumineux, notamment dans les belles chambres lambrissées.
45 ch. 70-120 € *www.motelildelumiere.com*

» Av des Pins, La Cotinière
☎ 05 46 47 10 80
📠 05 46 47 30 87
F. oct.-avril.

➲ à GRAND VILLAGE PLAGE - 17370

(12) Relais des Salines

La terrasse-bateau s'avance sur la mer, l'océan est prêt à être englouti avec toutes ses richesses. C'est James Robert, le chef-capitaine, qui vide les filets et prépare les huîtres chaudes à la fondue de poireaux, la poêlée de céteaux meunière et le petit salé de cabillaud. Un terroir marin traduit dans la convivialité d'une table touristique et fort honnête.
C : 29 € • M : 14 €

» Port des Salines
☎ 05 46 75 82 42
F. mi-nov.-mi-mars.
Jusqu'à 21h30.

à SAINT PIERRE D'OLERON - 17310

(12) Les Alizés

Simple et gaie, une halte idéale et pas chère où les mêmes familles aiment s'attabler chaque année autour de la traditionnelle chaudrée ou d'une escalope de saumon à l'oseille. Carte des vins très abordable, de celle qui ne participent pas à la baisse de la consommation. Agréable décor marin, largement remanié l'an dernier.
C : 30 € • M : 16-31 €

» 4 rue Dubois-Aubry
☎ 05 46 47 20 20
F. mardi (sf à dîn. Pâques-juin), merc., déb.déc.-déb. mars.
Jusqu'à 21h15.

(12) Le Petit Coivre

Evidemment ! Tout le monde passe une tête au Petit Coivre au moins une fois pendant son séjour oléronais. Comment résister à cette maison de meunier de plus d'un siècle et son moulin à vent, la jolie salle charentaise, l'atmosphère de vacances, cool chic, océan branché dans l'assiette, mouclade au pineau, sardines à la plancha, daurade et maigre sauce bouillabaisse et tartare de bœuf parmi les bons plans de l'ardoise. 23 € ! Evidemment on court !
C : 26 € • M : 16-23 €

» 10 av de Bel-Air, D 734
☎ 05 46 47 44 23
F. dim. à dîn., lundi, mardi (sf vac. scol. et fériés).
Jusqu'à 21h.

à SAINT TROJAN LES BAINS - 17370

(13) Le Homard Bleu

➡ **Hôtel** : Le Homard Bleu
Parmi tous les "Homard Bleu" des côtes françaises, l'exemplaire de Saint-Trojan se classe dans le peloton de tête : vue sur l'océan et le viaduc, service dynamique, fromages de Bordier et bien sûr poisson des côtes. Allez au plus direct, et au plus simple : palourdes crues, pavé de morue à la plancha, sole meunière, bar grillé entier.
M : 19,50-60 €
www.homardbleu.fr

» 10 bd Félix-Faure
☎ 05 46 76 00 22
F. mardi et merc. (oct.-Pâques), 15 nov.-20 déc. et 2 janv.-10 fév.
Jusqu'à 22h.

Le Homard Bleu

➡ **Restaurant** : 13/20 Le Homard Bleu
Belle villa centenaire avec vue imprenable sur l'océan, le viaduc et le continent. Chambres bien tenues, meublées en style marin. Charmante terrasse sur pilotis.
20 ch. 69-84 € • 1/2 pens. 55-70 €
www.homardbleu.fr

» 10 bd Félix-Faure
☎ 05 46 76 00 22
Fax 05 46 76 14 95
F. 15 nov.-20 déc. et 2 janv.-10 fév.

Hostellerie Les Cleunes

Un hôtel contemporain à deux brasses de l'océan, offrant un accueil souriant et des chambres modernes aux tons pastel.
2 appart. 170-230 € • 38 ch. 80-135 € • 1/2 pens. 75-105 €
www.hotel-les-cleunes.com

» 25 bd de la Plage
☎ 05 46 76 03 08
Fax 05 46 76 08 95
F. 13 nov.-4 fév.

OLORON SAINTE MARIE - 64400 (23 C 6)

Pau 32 - Lourdes 60

(12) Restaurant Le Chaudron

Après quatre années passées à mijoter dans le chaudron de Claudine Multinu, Sébastien Mallen maîtrise parfaitement les fondements de la cuisine basque : piquillos farcis à la morue, magret de canard gras arrosé de sa sauce au vinaigre de xérès, feuillantine au chocolat noir parfumée de sauce à l'orange, dans un bon menu à 34 € qui fait le bonheur des familles endimanchées.
C : 30 € • M : 18,50-34 €
www.restaurant-64.com

» 18 av de Lattre-de-Tassigny
☎ 05 59 39 76 99
F. sam. à déj., dim., mardi à dîn., août et 25 déc.-1er janv.
Jusqu'à 21h.

Alysson Hôtel R

La grande maison blanche est largement vitrée, pour profiter de la montagne qui s'offre en paysage. Chambres modernes et claires, à l'équipement confortable. Cuisine alerte au restaurant, mettant en avant les produits du terroir.
32 ch. 70-98 € • 1/2 pens. 65-84 € • C : 55 € • M : 25-40 €
www.alysson-hotel.fr

» Bd des Pyrénées
☎ 05 59 39 70 70
05 59 39 24 47
Ouv. 7j/7.

à ESQUIULE - 64400 : 10 km O. par D 24

(14) Chez Château ♥

Le restaurant de Jean-Bernard Hourcourigaray ? Nous aurions presque envie de l'oublier au moment du bouclage, comme pour mieux garder l'adresse secrète, réservée aux seuls chanceux qui ont le privilège qu'on leur glisse le tuyau à l'oreille. Mais qu'importe car pour faire vivre une maison aussi chaleureuse, aussi joyeuse, dans une zone où même les téléphones portables ont du mal à passer, il faut être passionné et aimer cultiver cette passion. Partageons donc cette adresse, l'ancienne épicerie-bistrot de village des grands parents aujourd'hui reconvertie en l'une des tables les plus singulières de tout le Sud-Ouest. La crème de garbure aux haricots maïs, le pressé d'anguilles fumées aux pommes vertes, la galette de piperade au vieux jambon aux asperges et même le pain, à montrer dans les écoles, n'ont que peu d'équivalents. Et encore un coup de cœur
C : 44 € • M : 19-60 € www.obron-ste-marie.com/restau/chateau

» Pl du Fronton
☎ 05 59 39 23 03
F. dim. à dîn. et lundi.
Jusqu'à 22h.

ONET LE CHATEAU ➤ RODEZ

ONZAIN - 41150 (17 D 4)

Blois 19 - Amboise 21

(17) Domaine des Hauts-de-Loire

➥ **Hôtel :** Domaine des Hauts-de-Loire

Cadre et ambiance

La longue allée forestière qui conduit jusqu'au vaste parking gravillonné où reposent les luxueuses berlines est une petite friandise à lui seul. On quitte son véhicule, le château est encore à 50 mètres, on a le temps de l'admirer en se dégourdissant les jambes. Délicieuse terrasse, salle à manger au luxe classique.

Cuisine

Vous rêvez de grandes tables et ne savez laquelle choisir, de peur de ne pas tout comprendre ou d'être déçu ? Prenez l'A10, sortie 18, direction Mesland puis Onzain, terminus dans cette splendide gentilhommière nichée au fond de son parc et laissez vous guider par Rémy Giraud qui, depuis plus de 15 ans, sort de ses fourneaux des assiettes qui valent inlassablement 17, jamais plus, jamais moins : transparence d'huître au chou fleur, jus au cresson et crème glacée de navet, noisette de sandre grenobloise, sabayon au wasabi, artichauts et échalotes glacées à la coque, risotto de homard au beurre noisette et gingembre, croustillant de langoustine et zestes d'orange, trilogie d'agneau de lait aux aubergines caramélisées, carré de chocolat "oricao" au praliné à l'ancienne. Loin d'être impersonnelle, cette cuisine incarne à merveille le luxe accessible (on peut manger pour moins de 100 € à la carte).

Cave

Forte sur la région et les classiques du bordelais et de bourgogne, elle ne se démarque guère sur le terrain de la découverte.

Accueil et service

Du même acabit que la cuisine, stylé et proche à la fois, il mériterait de faire école.
C : 80 € • M : 58-140 € www.domainehautsdeloire.com

» Rte de Herbault
☎ 02 54 20 72 57
F. lundi et mardi (sf fériés) et 1er déc.-15 fév.
Jusqu'à 21h15.

Domaine des Hauts-de-Loire

➡ **Restaurant** : 17/20 Domaine des Hauts-de-Loire

Bonheur discret et caché d'une élégante gentilhommière XIXe au cœur d'un vaste parc arboré. Sur l'étang se promènent paisiblement cygnes et canards, entre les arbres serpentent des sentiers de promenade (bicyclettes à disposition). A l'intérieur, le luxe se fait volontiers romantique, au gré de superbes chambres personnalisées, meubles d'époque et tissus muraux dans des harmonies de couleurs lumineuses.

10 appart. 310-430 € • 25 ch. 110-270 € • 1/2 pens. 192,50-237,50 €

www.domainehautsloire.com

» Rte d'Herbault
☎ 02 54 20 72 57
📠 02 54 20 77 32
F. 1er déc.-15 fév.

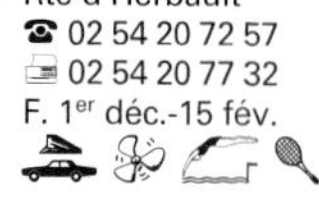

ORANGE - 84100 (33 B 3)

Avignon 32 - Carpentras 23

(12) Le Parvis

Dans ce repaire de tradition, cadre bourgeois, service policé, Jean-Michel Bérengier travaille à façon. Pour ses habitués, du mille-feuille au saumon, asperges et blé dur, un menu truffes, de la tarte au chocolat blanc et poêlée de griottes. Pour les visiteurs, une belle tranche de Provence, de la terrine de bouillabaisse, une épaule d'agneau confite, un pain perdu de pogne à la fleur d'oranger. La plupart des plats dans un très équitable menu à 23,50 **€** qui permet même de compléter la fête avec un châteauneuf dans une sélection tout aussi attrayante (Nalys, Beaucastel, la Nerthe…).

C : 33 € • M : 23,50-41 €

» 55 cours Pourtoules
☎ 04 90 34 82 00
F. dim., lundi, 15 janv.-1er fév. et 12 nov.-6 déc.
Jusqu'à 21h15.

(12) La Rom'Antique

Un pâtissier qui étend sa juridiction jusqu'aux cuisines donne souvent des assiettes intéressantes. Pas encore Conticini, mais bien dans son style, Cédric Brémond, qui nous enchanta longtemps à la Mirande a sauté le pas dans cette maison bien arrangée, restaurant salon de thé dont la terrasse donne sur le théâtre antique. Terrine de légumes confits, filet de loup sur peau et crumble tomate parmesan, épaule d'agneau confite aux olives et bayaldi de légumes : du provençal encore prudent, mais soigné, qui s'achève avec une gaufre tiède ou une pastilla au chocolat évidemment parfaites. Petits tarifs, cave encore modeste.

M : 18-25 €

cedricbremond@aol.com

» 5 pl Sylvain
☎ 04 90 51 67 06
F. dim., lundi (h.s.), lundi (été) et oct.-janv.
Jusqu'à 21h30.

➲ à PIOLENC - 84420 : 7 km N.O. par N 7

(13) Auberge de l'Orangerie H

La Provence regorge de ces charmantes maisons en vieilles pierres, souvent nichées au calme dans un village touristique et protégées de l'agitation extérieure par une végétation luxuriante. On y trouve même, le plus souvent, une terrasse ombragée. La maison de Jacques Deschamps répond en tout point à ce strict cahier des charges et y ajoute l'option indispensable, une cuisine bien troussée. Fraîchement arrivé d'un poste de second au château de Rochegude, David Pereira s'attelle à la tâche avec minutie, les fleurs de courgettes farcies et langoustines rôties, le filet de loup aux coquillages, le pigeon cuit en cocotte et les nems croustillants de banane et ananas procurant le plaisir attendu. Quelques chambres délicieusement cosy, au calme, décorées de meubles anciens.

C : 35 € • M : 22-42 € • 5 ch. 82-96 € • 1/2 pens. 63-79 € *www.orangerie.net*

» 4 rue de l'Ormeau
☎ 04 90 29 59 88
F. dim. à dîn., lundi (sf à déj. 1er mai-30 sept.) et 29 janv.-12 fév.
Jusqu'à 21h.

➲ à UCHAUX LE VILLAGE - 84100 : 6 km N. par D 12

[13] Côté Sud

» Rte d'Orange
☎ 04 90 40 66 08
F. lundi à dîn. (oct.-mars), mardi, merc., vac. Toussaint et vac. Noël.
Jusqu'à 21h.
⛱ 🚗 ♿ 🐕

La ravissante maison de village a bien évolué depuis l'acquisition de Florence et Jean-Michel Besnard. Cette ancienne ferme provençale est devenue une villégiature de charme, et les dîners en terrasse, ou dans la sobre et élégante salle blanche, ont un chic élégiaque que la cuisine du chef ne dépare pas. Sans trop s'éloigner des lois du marché, et sans réciter du Pagnol, il trace une ligne d'intelligence, avec le rôti de lotte en crépine sur un risotto d'épeautre au homard, agneau des Alpes aux olives noires et cocos blanc; ananas rôti au gingembre, fruits secs et glace pain d'épices. On descend à la cave ? On remonte avec le sourire, à la main une Reméjeanne, une Petite Bellanne ou une Montine.
C : 45€ • M : 23€ *cotédusud84uchaux@aol.com*

ORBEC - 14290 (6 A 4)

Caen 72 - Lisieux 22 - Bernay 18

[13] Au Caneton

» 32 rue Grande
☎ 02 31 32 73 32
F. dim. à dîn., lundi (sf fériés), 2 prem. sem. sept. et 2 prem. sem. janv.
Jusqu'à 21h.
🐕

On allait jadis au Caneton dans l'appétit des recettes de l'époque. Le monde a changé, mais le Caneton, sans la même aura, mais avec ténacité, a conservé et bichonné ses principes. Didier Tricot travaille le pâté de canard, le sauvageon de Duclair et jus au pommeau, le soufflé au calvados avec les plus grands scrupules. Et les fromages, livarot, camembert en particulier, sont des voisins au cœur profond du pays d'Auge.
C : 60€ • M : 29-75€

[12] L'Orbecquoise

» 60 rue Grande
☎ 02 31 62 44 99
F. merc., jeudi et 28 juin-13 juil.
Jusqu'à 21h.
♿

Dans sa salle à manger du XVIIº au décor suranné, Hervé Doual abandonnerait-il les traditions gourmandes augeronnes au profit d'une cuisine plus variée et contemporaine ? C'est ce qui nous a semblé. Malheureusement les effets trop puissants, les sauces trop généreuses témoignent d'une maîtrise qui se cherche. Et si le pavé de bar, trop cuit, et le chorizo à la tomate baignent dans une sauce nettement aigrelette, le filet de turbot au beurre blanc marque le grand triomphe de la simplicité. A méditer.
C : 30€ • M : 17-38€

ORCINES ➤ CLERMONT FERRAND

ORLEANS - 45000 (18 A 3)

Paris 127 - Rouen 218 - Dijon 300

[15] Les Antiquaires

» 2 rue au Lin
☎ 02 38 53 52 35
F. dim. à dîn. et lundi.
Jusqu'à 22h.
❄ 🐕 🚬

Dans les années 80, il y avait la Crémaillère de Paul Huyart, dans les années 2000 il y a Philippe Bardau. Il est le leader maximo, le caudillo, le maillot jaune d'une ville gourmande qui a besoin de champion au bord du fleuve. Et Philippe Bardau répond à ce besoin, sans morgue, sans distance, sans familiarité non plus. La maison a du caractère, sa cuisine n'en manque pas. Ni de saveur, ni d'aisance : quand il vous donne un saint-pierre en filet double, épais et juteux, avec des tomates confites et pesto, quand il garnit son beau turbot de tortellinis au vert de blettes, quand le ris de veau est en mille-feuille aux asperges et le rognon en cassolette, on se pose, on hume les assiettes et on se dit fier d'être Orléanais. La cave balaie le vignoble de Loire avec la précision d'un radar, la salle est bien dans le rythme et les tarifs deux toques restent d'une douceur toute provinciale.
C : 60€ • M : 38-64€ *www.restaurantlesantiquaires.com*

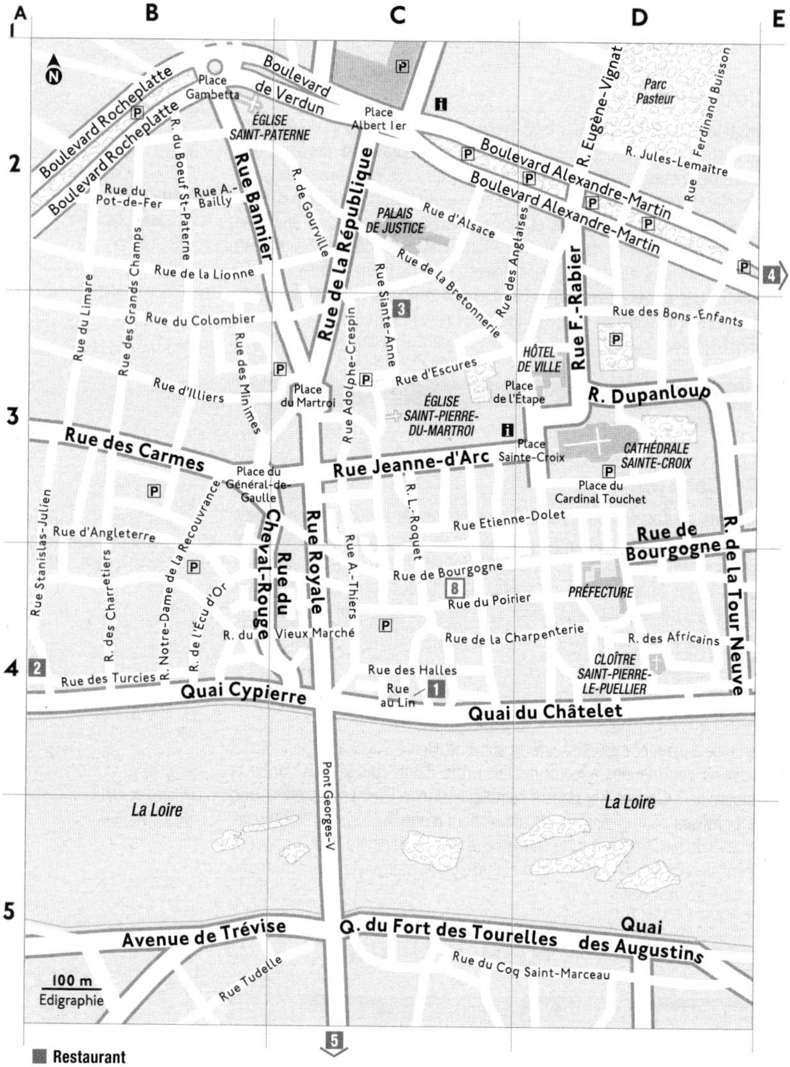

Restaurant

1 Antiquaires (Les) **C-4**
2 Epicurien (L') **B-4**
3 Eugène **C-3**
4 Redina **E-2**
5 Terrasses du Parc **C-5**

13 L'Epicurien

Du lièvre à la royale, du homard grillé et du grenadin de veau Orloff : les frères Philippot, Guillaume au piano, Sébastien en salle, ne lésinent pas pour exposer le grand jeu à de joyeux complices qui les savent capables de border les classiques, tout en montrant une habileté certaine à conduire les thèmes des années 90, la charlotte de tourteau, les cannellonis de homard et le bonbon de pied de cochon. Une cohérence naturelle avec le décor rustico-bourgeois et un

» 54 rue des Turcies
☎ 02 38 68 01 10
F. dim., lundi, 1 sem. Pâques et 2 dern. sem. août-7 sept.
Jusqu'à 21h30.

Icône — Restaurant mentionné en annexe.

service bien aimable, la cave se montrant incisive en Loire (Chidaine, Foucault, Octavie…) et très affûtée sur les autres régions, à des tarifs franchement intéressants en bordeaux et bourgogne.
C : 55 € • M : 24-36 €

Eugène

» 24 rue Sainte-Anne
☎ 02 38 53 82 64
F. sam. à déj., lundi à déj., 1er-8 janv., 30 juil.- 16 août.
Jusqu'à 21h30.

Créé en hommage au grand chef orléanais Eugène Fournier, ce restaurant légèrement excentré lorgne franchement vers les rivages ensoleillés de la Méditerranée. Formé dans les plus grandes maisons (Meneau, Gagnaire, les Templiers aux Bézards…), Alain Gérard se passionne pour la Provence : fondant de légumes méridionaux, filets de sardines à l'escabèche, grosses tranches d'aubergine grillée aux sucs d'agneau confits ou cannelés au chocolat chaud, lavande glacée à la violette sur les bords du fleuve royal, le pari est osé mais fonctionne à merveille depuis 10 ans déjà. Dommage que la carte des vins n'aille pas aussi loin dans son exploration de la Provence.
C : 48 € • M : 22,50-52 €

(12) Terrasses du Parc

» Av du Parc Floral
☎ 02 38 25 92 24
F. dim. à dîn., lundi et janv.
Jusqu'à 22h.

Philippe Bardau aurait-il le don d'ubiquité ? Après avoir ouvert le Next Door, tout près de sa table gastronomique (les Antiquaires, leader sur Orléans), le voilà en charge depuis l'an dernier de cette maison délicieusement moderne, installée dans le parc floral municipal. En cuisine, Jérémy Vinçon, passé chez Boyer, Clément et... Bardau, travaille dans un registre actuel et bien léché : clafoutis d'aubergine et salade de printemps, lomo de thon rouge, cannellonni de courgettes, gigolette de volaille aux herbes fraîches. Aussi rafraîchissant qu'enthousiasmant.
C : 30 € • M : 18-26 €

à COMBLEUX - 45800 : 5 km E. par N 60

(11) La Marine

» 12 l'Embouchure
☎ 02 38 55 12 69
Ouv. 7j/7.

L'ancienne escale ligérienne évolue doucement au fil de l'eau, en gardant la douceur nostalgique des mariniers et une carte assez fidèle à l'esprit champêtre et fluvial, entre les anguilles et la tête de veau, entre la flamiche et le civet de sanglier. Terrasse agréable pour une escapade à dix minutes de la ville au bord du canal.
M : 21-27 €

à SAINT HILAIRE SAINT MESMIN - 45160 : 7 km S.O. par D 951

(11) L'Escale du Port Arthur

» 205 rue de l'Eglise
☎ 02 38 76 30 36
F. dim. à dîn. (1er nov.-30 mars).
Jusqu'à 21h.

En accord avec l'environnement, face à une réserve naturelle en bordure du Loiret, la salle est désormais entièrement non fumeur. Dans ce contexte rustique, voire bucolique, le chef se gratte parfois un peu trop la tête ("nems de saint-jacques aux saveurs d'Orient"), quand on vient chercher des brassées de simplicité. Que l'on trouve en partie sur le menu Terroir, avec les rognons de veau à la crème de moutarde d'Orléans ou la fricassée d'anguilles. Bon choix de vins de Loire pas chers, en bouteille ou au verre.
C : 40 € • M : 25-52 € *www.escaleduportarthur.com*

ORMOY LA RIVIERE ➤ ETAMPES

ORSAY ➤ PARIS-BANLIEUE

ORTHEZ - 64300 (23 C 5)

Pau 48 - Dax 40

Auberge Saint-Loup

» 20 rue du Pont-Vieux
☎ 05 59 69 15 40
F. dim. à dîn., lundi. F. ann. non comm.
Jusqu'à 21h.

Une aubaine pour les amateurs de symbolique : la coquille saint-jacques dessinée sur le sol, le pèlerin en fer forgé, la vigne qui court sur le mur. Nul doute que cet ancien relais de la route de Compostelle vous aide à connaître la sérénité, à travers le pain et le vin, dans la vision œcuménique, pour ne pas dire eucharistique d'une cuisine - excusez le matérialisme - très ancrée terroir. Le jeune chef est inspiré par le Sud et les mariages transpyrénéens, les saint-jacques et l'ibérico, le filet de daurade au chorizo, le filet mignon de porc aux gambas saupoudrées de curry. Des plats généreux et pas très chers, aidés par les jurançons de Ramonteu et les madirans de Brumont., dans une cave franchement mince, pas fatigante à lire.

C : 34 € • M : 21-45 € *www.auberge-saint-loup.com*

OSNY ➤ CERGY PONTOISE, PARIS-BANLIEUE

OSSE EN ASPE ➤ LURBE SAINT CHRISTAU

OSSES ➤ SAINT JEAN PIED DE PORT

OSTHOUSE - 67150 (10 C 3)

Strasbourg 29 - Obernai 18 - Sélestat 23

Restaurant A L'Aigle d'Or

» 10 rue de Gerstheim
☎ 03 88 98 06 82
F. lundi, mardi, 1 sem. vac. scol. fév. et 3 sem. août.
Jusqu'à 21h.

Dans cette pure maison alsacienne, ses colombages, ses murs peints, son cortège de boiseries, entre poutres et parquets, on attend la tradition rayonnante, triomphante même. Et le foie gras d'oie avec sa gelée au porto, comme le saumon soufflé Paul Haeberlin et le ris de veau aux morilles ouvrent le bal avec distinction. Pourtant, si la winstub propose effectivement le répertoire coutumier (presskopf, friture de carpe…), Jean-Philippe Hellmann préfère des rythmes plus contemporains, dans le croustillant de foie d'oie et artichaut, les ravioles de langoustines au beurre blanc, la lasagne de sandre ou le thon à la plancha. L'ensemble est cohérent, soigné, en phase avec l'hôtellerie, d'un classique régional indémodable.

C : 48 € • M : 32,50-66 €

OSTWALD ➤ STRASBOURG

OTA ➤ PORTO, CORSE

OTTROTT ➤ OBERNAI

OUCHAMPS - 41120 (17 D 4)

Blois 18 - Amboise 36

Relais des Landes

» Ouchamps
☎ 02 54 44 40 40
02 54 44 03 89
F. 30 nov.-1er mars.

Il fait bon vivre sous les poutres de cette élégante gentilhommière du XVIIe siècle, dans un cadre rehaussé de meubles anciens, pour créer une ambiance de rustique champêtre et élégant. Tout autour, le parc de 20 ha, entre bois et étang, comme un petit condensé de Sologne.

28 ch. 90-145 € • 1/2 pens. 104-132 € *www.relaisdeslandes.com*

OUISTREHAM - 14150 (5 D 3)

Caen 15 - Cabourg 17 - Arromanches 33

Le Normandie

» 71 av Michel-Cabieu
☎ 02 31 97 19 57
02 31 97 20 07
F. 19 déc.-15 janv.

La maison a commencé en fin d'année dernière des travaux de rénovation. Les chambres vont y gagner, le bâtiment, façade sympathique non loin du port, est déjà très agréable dans ses tonalités jaunes.

22 ch. 63-70 € • 1/2 pens. 68 € *www.lenormandie.com*

OUVEILLAN - 11590 (31 D 4)

Narbonne 14 - Saint-Chinian 21 -

Relais de Pigasse

» RD 11
☎ 04 67 89 40 98
F. lundi er mardi à déj. (juil.août), dim. à dîn., lundi, mardi et merc. à déj. (h.s.), 2-31 janv. et 14 au 29 nov.
Jusqu'à 21h30.

Le Languedoc bouge dans le vignoble comme à table. Chaque année, de nouvelles pépites entre les grappes, chaque année, de nouvelles toques sous le soleil. Ici, aux confins des corbières, coteaux-du-languedoc et minervois, Franck Réminel fait l'aubergiste, dans un ancien relais de poste XVIIe, au style chaleureux, enthousiaste et sincère. Et un peu plus encore quand les assiettes déboulent, concentré de finesse et de plaisir, ton ludique et modernité, dans le pigeon en quatre actes et son bonbon exotique fleuri ou dans le "choc tout veau", ris et mignon, pommes dauphines revisitées et jus de déglaçage truffé. Le menu à 43 € est une fête d'intronisation idéale, la cave est connaisseuse (mais pas très bon marché sur sa région), le service sans faille avec un excellent maître d'hôtel. A suivre de près, évidemment.

C : 70 € • M : 30-110 € *www.www.pigasse.com*

OUZOUER SUR LOIRE - 45570 (18 B 3)

Orléans 51 - Gien 16

Auberge l'Abricotier

» 106 rue de Gien
☎ 02 38 35 07 11
F. dim. à dîn., lundi, merc. à dîn., 4e sem. juil. et 2 prem. sem. août.
Jusqu'à 21h.

Au centre du village, une maison bourgeoise, rurale et sympathique, qui se laisse facilement conquérir au gré de menus laissant la part belle aux produits régionaux : dos de sandre aux saveurs printanières, gigolette d'agneau à la fleur de thym, filet mignon de veau au saumon fumé et citron. Agréable terrasse couverte donnant sur une cour privative.

C : 45 € • M : 22-36 €

OYE ET PALLET ➤ PONTARLIER

OYONNAX - 01100 (28 A 1)

Bourg-en-Bresse 59 - Nantua 16

La Dolce Vita

» 8 rue Bichat
☎ 04 74 73 81 36
F. non comm.
Jusqu'à 22h30.

Passé par quelques belles maisons (dont le Carpaccio, second restaurant du Royal Monceau où il a d'ailleurs côtoyé Davide Bisetto, l'un de nos grands de demain 2005), Stefano Marconi s'attache à faire découvrir une cuisine transalpine la plus authentique possible : les penne à la norcina (crème, saucisses et huile à la truffe noire), les gnocchi à la crémosy (champignons de saison, marsala et crème) et le filet de saumon à la crème de poivrons et poireaux frits permettent de franchir les Alpes sans quitter l'Ain.

C : 25 € • M : 18-50 €

PACY SUR EURE - 27120 (6 D 4)

Rouen 62 - Evreux 18

à DOUAINS - 27120 : 6 km N.E. par D 181

Château de Brécourt R

» ☎ 02 32 52 40 50
Fax 02 32 52 69 65
Ouv. 7j/7.

Situé sur un vaste domaine, le château est né au début du XVIIe siècle et en a conservé toute l'élégance. Son architecture séduit en particulier par ses jeux de matériaux et de couleurs. L'intérieur a également conservé de remarquables vestiges du passé, des sols de tomettes aux plafonds à la française. Entre les deux, des chambres spacieuses et élégantes, avec mobilier de style. Le restaurant

Grand Siècle porte bien son nom, son chef y maniant avec talent produits nobles et mariages d'épices et de saveurs, pour réinterpréter la grande gastronomie classique.
4 appart. 270 € • 29 ch. 87-172 € • 1/2 pens. 48 € • C : 85 € • M : 26-61 €
www.chateaudebrecourt.com

PAIMPOL - 22500 (14 A 2)

Saint-Brieuc 47 - Guingamp 31

De La Marne

» 30 rue de la Marne
☎ 02 96 20 82 16
F. dim. à dîn. et lundi.
Jusqu'à 20h45.

Stéphane Kokoszka ne manque ni d'ambition ni de talent. il porte à bout de bras cette maison depuis vingt ans désormais et en a fait l'une des valeurs sûres de la côte. Maitre-cuisinier de France, habile technicien, il travaille dans un registre terre-mer très personnel : nage de langoustines à l'ananas, jus au pain d'épices et sorbet camembert, côte de veau rôtie, jus simple et pomme de terre écrasée à l'andouille de Guéméné, dos de turbot sauté façon Rossini, jus serré au cacao, paris-brest via Paimpol, parfumé à l'orange et glace à la praline rose. Très belle cave, passionnante et sagement tarifée.
C : 44 € • M : 27-53 € *www.marne-paimpol.monsite.wanadoo.fr*

(12) La Vieille Tour

» 13 rue de l'Eglise
☎ 02 96 20 83 18
F. lundi à déj. (juil.-août), dim. à dîn., merc.(sept.-juin) et 1 sem. fin juin.
Jusqu'à 20h45.

Une table de village dans un esprit auberge : le cadre et l'accueil, typiquement régionaux, dessinent l'atmosphère de "fait à la maison", de soin, de bonne volonté à tous les étages. Et le chef, Alain Rosec, bichonne l'arrivage aussi sobrement et joliment que possible : lieu jaune aux coquillages, filet de saint-pierre aux aromates, cake aux épices, coulis et sorbet clémentine. Cave honnête et pas sotte (saint-jo de Coursodon, beaujolais de Brun, cuvée Marie-Claude de Poudou…)
C : 40 € • M : 25-70 €

à LOGUIVY DE LA MER - 22620 : 5 km N. par D 789 et D 15

(11) Au Grand Large H

» 5 rue de la Jetée, Loguivy de la Mer
☎ 02 96 20 90 18
F. dim. à dîn., lundi, merc. à dîn. (h.s.), 9 janv.-9 fév. et mi-nov.-déb. déc.
Jusqu'à 21h30.

L'hôtel-restaurant breton des films de vacances, le petit port et l'atmosphère pittoresque d'une salle familiale aux indispensables baies vitrées. Pour contempler la mer, et respirer les embruns de la cassolette de lotte, du bar grillé au fenouil et du gratin de saint-jacques. La cave est aussi classique, peu renseignée et pas bien chère. On privilégie bien sûr les chambres avec vue mer.
C : 32 € • M : 16-55 € • 6 ch. 44-60 € • 1/2 pens. 62 €
augrandlarge@wanadoo.fr

PALAVAS LES FLOTS - 34250 (32 B 4)

Montpellier 12 - Nîmes 59

L'Escale

» 5 bd Sarrail
☎ 04 67 68 24 17
Ouv. 7j/7.
Jusqu'à 22h.

Unité de temps, de lieu, de saveurs : l'Escale est au mouillage, côté mer, les bateaux de pêche approvisionnent chaque jour, le poisson, acheté vivant, peut être simplement grillé, ou un peu plus apprêté. Martial Rizzotti et Christophe Chiarada visent juste en se démarquant par le haut. Et les tarifs, 8 **€** les 100 g, sont le juste prix de la fraîcheur. Pour l'initiation, des plateaux de coquillages, un bon menu du marché. Pour le perfectionnement, l'assiette dégustation : gambas en kadaïf, tempura de rougets barbet sur guacamole, duo de saint-pierre et ombrine et les rares cigales de mer, à saisir quand elles se présentent. Jolie cave, bien triée (Hauvette, La Mordorée, l'Arjolle, Puech Haut, Alquier, Saint-Sernin…)
C : 55 € • M : 18,50-60 € *rizzotti@club-internet.fr*

Le Petit Lézard

Spécialités de poissons à la plancha, parillada et bonne ambiance, à proximité de la plage. Terrasse.
C : 28 € • M : 12-17 €

» 63 av de l'Etang-du-Grec
☎ 04 67 50 55 55
Ouv. 7j/7.
Jusqu'à 22h.

LA PALUD SUR VERDON - 04120 (34 A 4)

Digne 74 - Castellane 25

Les Gorges du Verdon

Une bonne étape dans les gorges du Verdon, avec la vue espérée (situation dominante sur une colline et architecture aux larges baies vitrées). Décor d'inspiration provençale.
3 appart. 190-330 € • 27 ch. 100-155 € • 1/2 pens. 79,50-167 €
www.hotel-des-gorges-du-verdon.fr

» Rte de la Maline
☎ 04 92 77 38 26
📠 04 92 77 35 00
F. 21 oct.-4 avril.

LES PALUDS DE NOVES ➤ SAINT REMY DE PROVENCE

PAMIERS - 09100 (29 A 5)

Foix 19 - Lavelanet 41

Hôtel de France

Les chambres au mobilier de style sont en accord avec l'architecture de grosse maison bourgeoise et proposent une étape soignée.
31 ch. 40-50 € • 1/2 pens. 57,50-62,50 € *www.hoteldefrancepamiers.com*

» 5 cours du Dr-J-Rambaud
☎ 05 61 60 20 88
📠 05 61 67 29 48
F. 24 déc.-15 janv.

PARADOU ➤ MAUSSANE LES ALPILLES

PARAY LE MONIAL - 71600 (19 D 6)

Mâcon 64 - Montceau-les-Mines 35

à POISSON - 71600 : 8 km S. sur D 34

13 Restaurant de la Poste H

Ceux qui ont connu Jean-Noël Dauvergne à son arrivée dans ce village typique à quelques minutes de Poisson n'en reviendront pas. On saluait alors le jeune fougueux qui distillait ses petites notes sur un terroir bien intégré, on salue aujourd'hui l'intègre et vaillant sexagénaire qui n'a pas bougé d'un iota, remis cent fois l'ouvrage sur le métier, et qui sonne aujourd'hui la même lecture joyeuse et respectueuse qui raccommode les modernistes les plus endurcis avec la tradition : carpaccio de pigeon et cuisse confite, dos de bar rôti et risotto aux crevettes, marmite de ris de chevreau aux cèpes. Très maligne assiette de charolais en trois pièces (poêlée, pot-au-feu et tourte braisée), plaisants menus poisson du vendredi (en double clin d'œil, au village et à la Bible), très bon accueil, cave simple, nette, agréable. Chambres de tout repos dans une atmosphère régionale.
C : 42 € • M : 16-78 € • 1 appart. 110-128 € • 6 ch. 55-88 €
la.reconce@wanadoo.fr

» Le Bourg
☎ 03 85 81 10 72
F. lundi, mardi. (mardi à dîn. seult. juil.-août), fév. et 1er-15 oct.
Jusqu'à 20h30.

PARIS

PARIS 1 (8 C 5)

Le Grand Véfour

Plan : 1 C 3

» 17 rue de Beaujolais
☎ 01 42 96 56 27
F. vend. à dîn., w.-e., 1re sem. Pâques, 31 juil.-29 août et sem. Noël-nouvel an.
Jusqu'à 22h.

Cadre et ambiance

La majesté et l'histoire : si autant de grands noms se sont assis sur ces royales banquettes, laissant leur empreinte immortalisée sur plaque, c'est pour célébrer une salle unique, ultra-parisienne, au décor de plus de deux siècles derrière le Palais Royal. Le plaisir est aussi dans le véritable respect des visiteurs du monde entier pour ce lieu de mémoire gastronomique.

Cuisine

Guy Martin est ce que le Grand Véfour peut rêver de mieux : il réussit magnifiquement tous les classiques attendus, possède une vraie culture des produits et de la haute cuisine bourgeoise. En même temps il aspire à des plats plus spontanés où il montrerait liberté et inventivité, comme un virtuose du piano de concerto rêve parfois d'être Jerry Lee Lewis. C'est le compromis idéal pour tout le monde, la magie, en ces lieux, d'un turbot meunière et d'une fine purée de pois et radis, du désormais incontournable parmentier de queue de bœuf aux truffes ou du pigeon Rainier III, et d'un saint-pierre verveine et asperges, d'une belle volaille Miéral, mais aux arômes citron sel, et un foie gras poêlé et tofu en accompagnement, jusqu'à la très étonnante tourte aux artichauts, légumes confits et sorbet aux amandes amères, un dessert en fait ancien très joliment réhabilité ici depuis quelques saisons.

Cave

Elle est presque obligée : tous les grands noms, historiques comme le Livre d'or, les plus belles bouteilles du prestige national sont là. Un sommelier adroit réussit le tour de force de trouver, çà et là, quelque bouteille accessible qui conviendra à votre budget et à votre plaisir.

Accueil et service

Tel qu'on l'espère, ce service n'est pas seulement celui d'une grande maison. Il est estampillé Grand Véfour, c'est-à-dire cérémonieux sans l'être, feutré mais présent, exact au rendez-vous de l'histoire et du métier. Dans l'aisance, le sourire, les déplacements millimétrés, sans téléscopages.

C : 175 € • M : 78-255 € *grand.vefour@wanadoo.fr*

Carré des Feuillants

Plan : 1 B 3

» 14 rue de Castiglione
☎ 01 42 86 82 82
F. w.-e. et août.
Jusqu'à 22h.

Cadre et ambiance

Une salle superbe et confortable dans un quartier royal. Dutournier est un prince pour recevoir ses amis, aimant la vie, la générosité, le bon vin et les plats qui ont du goût.

Cuisine

Il a mis le Sud-Ouest en habits dorés, il a encanaillé Paris avec du canard landais et du bœuf de Chalosse et établi des passerelles dont on ne saurait aujourd'hui se passer entre terroir et place Vendôme. Ses plats ont du caractère, et sa cuisine évolue chaque saison, vers la légèreté et la distinction tout en gardant ses repères : lamproie mijotée à l'aigre-doux et risotto aux morilles, escabèche de saint-jacques amandes et mousserons, un excellent ris de veau avec un jus aux huîtres et macaronis aux champignons et un très aromatique gigot cuit dans l'argile avec un gratin d'aubergine.

Cave

C'est peu dire qu'on aime le bon vin ici : 3000 références, un énorme et passionnant livre de cave, qui raconte l'histoire du vignoble et son évolution, et sans aucun sectarisme, aussi puissant et juste dans ses choix et millésimes en bourgogne qu'en bordeaux.

Accueil et service
Service nombreux, trouvant le ton juste à chaque table, les bons vivants comme les fourchettes pincées, avec la même aisance et la même efficacité.
C : 110 € • M : 65-150 € *www.carredesfeuillants.fr*

17 Le Meurice

Plan : 1 B 4 » 228 rue de Rivoli
☎ 01 44 58 10 55
F. sam. à déj., dim., lundi, vac. fév. et août.
Jusqu'à 22h.

➡ **Hôtel :** Le Meurice

Cadre et ambiance
Le Meurice ? L'un des palaces les plus célèbres de la place parisienne, dans cette rue de Rivoli passagère mais chic. Sous l'impulsion d'une cuisine revigorée, la belle salle classique paraît plus gaie et animée. Le stationnement ? Allons donc, le voiturier s'en chargera.

Cuisine
L'arrivée de Yannick Alleno il y a deux ans d'est inscrite à l'évidence dans cette course aux étoiles dans laquelle la majorité des palaces parisiens s'est lancée. Débauché des Muses (le restaurant du Scribe) par de performants chasseurs de têtes, il avait pour mission de redorer le blason d'une table alors en pleine déconfiture. Le résultat ne s'est pas fait attendre et le voici gratifié d'une troisième toque : mousse d'avocats, chair de tourteau et émulsion de céleri, dos de saumon Balik légèrement fumé en croûte de pommes de terre, crème prise de poireau au caviar d'Aquitaine, noix de ris de veau rôti, asperges au lard et morilles au vin jaune, blanc de bar en habit vert, petits pois, févettes et grenailles de Noirmoutier à l'ail nouveau, cœur de poire rôtie, tuile à la fève de Tonka, glace au beurre de Paris. Un travail ultra technique, une débauche de moyens, des produits aristocratiques et un résultat à la hauteur des ambitions affichées.

Cave
La carte est magnifique (il y a quelques verticales qui font froid dans le dos...), encyclopédique, équilibrée, faisant le tour de toutes les régions (et pays étrangers), précise, ...mais , mais un peu trop " rassurante " sans doute et surtout beaucoup trop chère, quelle que soit la région. Les bons plans sont difficiles à dénicher.

Accueil et service
Service jeune, souriant et enthousiaste, hautement pédagogue et professionnel, en parfaite osmose avec la cuisine.
C : 160 € • M : 75-170 € *www.lemeurice.com*

16 L'Espadon

Plan : 1 B 3 » 15 pl Vendôme
☎ 01 43 16 30 80
F. ann. non comm.
Jusqu'à 22h.

➡ **Hôtel :** Ritz Paris

Cadre et ambiance
Mazette ! C'est le Ritz, place Vendôme, Paris. Dans le salon que voulut César Ritz, éblouissant de dorures et de style, stucs, tentures, plafond peint, moquette à fleurs, on ne peut pas, on ne doit pas, faire l'indifférent. L'atmosphère très internationale n'empêche pas un attachement certain d'habitués et même de fans venus réaliser leur rêve.

Cuisine
Michel Roth interprète des classiques, et c'est un virtuose. Il compose lui-même quelques pièces intéressantes, ce qui fait double motif de venir (le premier étant tout de même de venir se rappeler ce qu'est un turbot ou un agneau quand il est préparé à la perfection). Nous raffolons, comme la plupart des convives, résidents ou non, de ces idées du moment qu'il jette assez spontanément, dans un confort bourgeois : ·fine crème de mousserons rafraîchie, foie gras de canard sauté aux épices, · rouget en papillon, calamars persillés aux herbes tendres et poivrons doux, pêche pochée, hibiscus et framboises infusées, sorbet coco-litchi.

Cave
L'évolution de la cave, c'est avant tout recruter les grands châteaux et les belles références. Il faut des verticales de Pétrus et de Romanée Conti. Pour le reste,

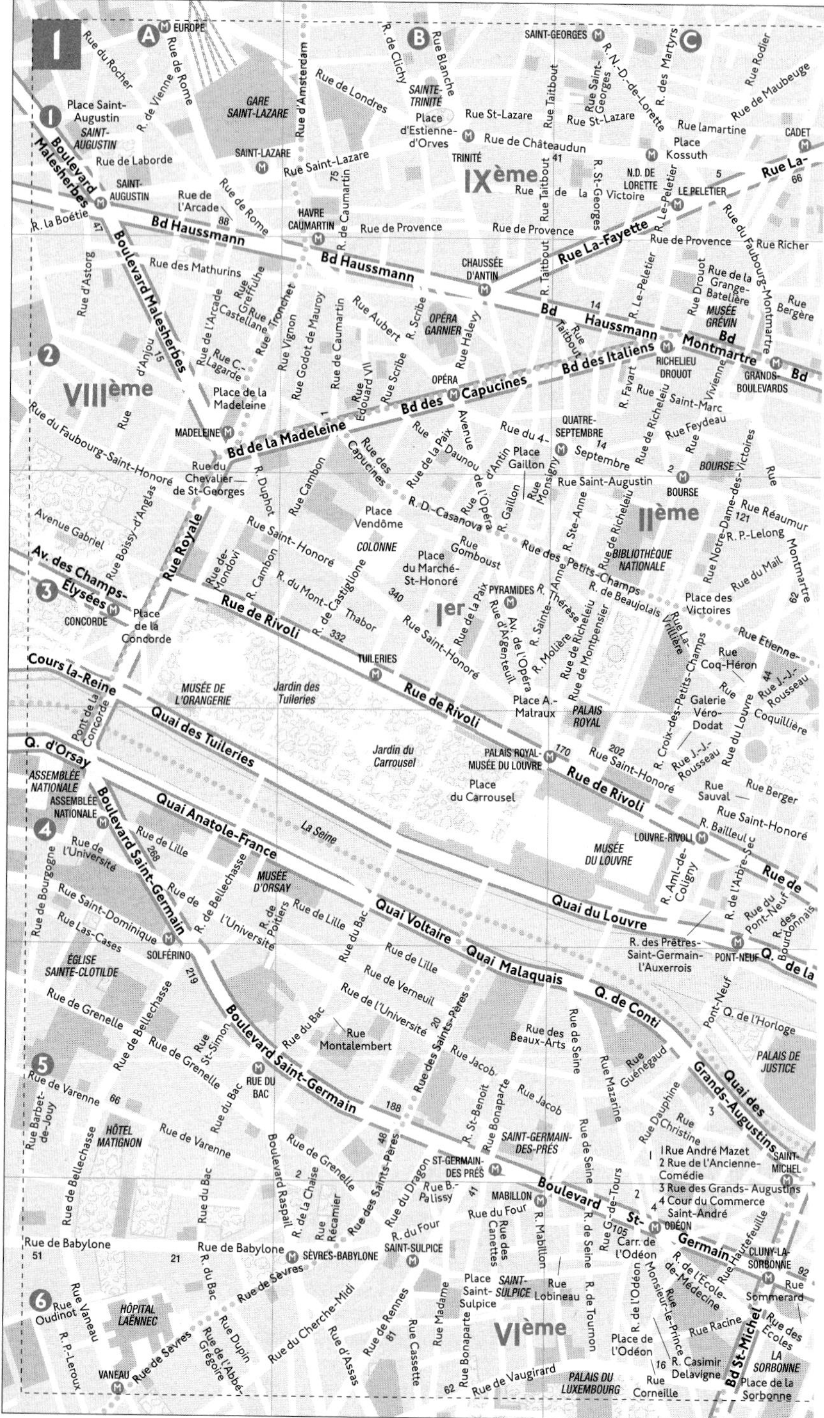

1
A
B
C
EUROPE
SAINT-GEORGES
CADET
Rue du Rocher
Rue de Rome
R. de Vienne
GARE SAINT-LAZARE
Rue d'Amsterdam
R. de Clichy
Rue Blanche
Rue de Londres
SAINTE-TRINITÉ
Place d'Estienne-d'Orves
TRINITÉ
Rue St-Lazare
Rue de Châteaudun
Rue Taitbout
R. Saint-Georges
R. N.-D.-de-Lorette
R. des Martyrs
Rue Rodier
Rue de Maubeuge
Rue Lamartine
Place Kossuth
N.D. DE LORETTE
LE PELETIER
Rue La-
IXème
Place Saint-Augustin
SAINT-AUGUSTIN
Boulevard Malesherbes
Rue de Laborde
SAINT-LAZARE
Rue Saint-Lazare
Rue de Caumartin
R. la Boétie
Rue de l'Arcade
Bd Haussmann
HAVRE CAUMARTIN
Rue de Provence
Rue de la Victoire
R. Le-Peletier
Rue La-Fayette
Rue Richer
Rue des Mathurins
Rue d'Astorg
CHAUSSÉE D'ANTIN
Rue Drouot
Rue de la Grange-Batelière
MUSÉE GRÉVIN
Rue du Faubourg-Montmartre
Rue Bergère
Rue Greffulhe
Rue Tronchet
Rue Vignon
Rue Godot de Mauroy
Rue Auber
R. Scribe
OPÉRA GARNIER
Rue Halévy
Bd Haussmann
Bd Montmartre
2
VIIIème
Rue d'Anjou
Rue Castellane
Rue C.-Lagarde
Place de la Madeleine
MADELEINE
Rue Édouard VII
Rue Scribe
OPÉRA
Bd des Capucines
Bd des Italiens
RICHELIEU DROUOT
GRANDS-BOULEVARDS
Rue Favart
Rue Saint-Marc
Rue Vivienne
Bd de la Madeleine
Rue du Faubourg-Saint-Honoré
Rue du Chevalier de St-Georges
R. Duphot
Rue Cambon
Rue des Capucines
Rue de la Paix
Rue Daunou
Avenue de l'Opéra
Rue du 4-Septembre
QUATRE-SEPTEMBRE
Place Gaillon
Rue Monsigny
Rue Saint-Augustin
Rue de Richelieu
Rue Feydeau
BOURSE
BOURSE
Rue Notre-Dame-des-Victoires
Avenue Gabriel
Rue Boissy-d'Anglas
Rue Royale
Rue Saint-Honoré
Place Vendôme
COLONNE
R. D.-Casanova
R. Gaillon
R. Ste-Anne
IIème
Rue Réaumur
R. P.-Lelong
Rue Montmartre
Av. des Champs-Élysées
3
CONCORDE
Place de la Concorde
Rue de Mondovi
R. Cambon
R. du Mont-Thabor
R. de Castiglione
Place du Marché-St-Honoré
Rue Gomboust
Rue des Petits-Champs
BIBLIOTHÈQUE NATIONALE
R. de Beaujolais
Rue du Mail
Place des Victoires
Rue de Rivoli
Ier
PYRAMIDES
R. Sainte-Anne
R. Thérèse
Rue d'Argenteuil
Av. de l'Opéra
R. Molière
Rue de Richelieu
Rue de Montpensier
Rue La Vrillière
Rue Étienne-Marcel
Rue Coq-Héron
Rue J.-J.-Rousseau
TUILERIES
Cours la-Reine
MUSÉE DE L'ORANGERIE
Jardin des Tuileries
Rue de Rivoli
Place A.-Malraux
PALAIS ROYAL
R. Croix-des-Petits-Champs
Galerie Véro-Dodat
Rue Coquillière
Pont de la Concorde
Quai des Tuileries
Jardin du Carrousel
PALAIS ROYAL-MUSÉE DU LOUVRE
Rue Saint-Honoré
Rue du Louvre
Q. d'Orsay
ASSEMBLÉE NATIONALE
Place du Carrousel
Rue de Rivoli
Rue Sauval
Rue Berger
Rue Saint-Honoré
Quai Anatole-France
La Seine
R. Bailleul
LOUVRE-RIVOLI
4
Boulevard Saint-Germain
Rue de Lille
Rue de l'Université
MUSÉE DU LOUVRE
R. Aml-de-Coligny
R. de l'Arbre-Sec
Rue de Bourgogne
Rue de Bellechasse
MUSÉE D'ORSAY
R. de Poitiers
Rue de Lille
Quai Voltaire
Quai du Louvre
Rue du Pont-Neuf
R. des Bourdonnais
Rue Saint-Dominique
Rue Las-Cases
SOLFÉRINO
Rue du Bac
Rue de Lille
Quai Malaquais
R. des Prêtres-Saint-Germain-l'Auxerrois
PONT-NEUF
Q. de la
ÉGLISE SAINTE-CLOTILDE
Rue de Verneuil
Rue de l'Université
Q. de Conti
Pont-Neuf
Q. de l'Horloge
Rue de Grenelle
Rue de Bellechasse
Rue St-Simon
Rue du Bac
Rue Montalembert
Rue des Saints-Pères
Rue des Beaux-Arts
Rue de Seine
Rue Guénégaud
PALAIS DE JUSTICE
5
Rue de Varenne
Rue de Grenelle
RUE DU BAC
Boulevard Saint-Germain
Rue Jacob
Rue Mazarine
Quai des Grands-Augustins
Rue Barbet-de-Jouy
HÔTEL MATIGNON
Rue de Varenne
Boulevard Raspail
Rue de Grenelle
R. St-Benoît
Rue Bonaparte
SAINT-GERMAIN-DES-PRÉS
Rue Dauphine
Rue Christine
SAINT-MICHEL
1 Rue André Mazet
2 Rue de l'Ancienne-Comédie
3 Rue des Grands-Augustins
4 Cour du Commerce Saint-André
Rue de Bellechasse
Rue du Bac
R. de la Chaise
Rue Récamier
Rue des Saints-Pères
Rue du Dragon
ST-GERMAIN-DES-PRÉS
Rue B.-Palissy
MABILLON
Boulevard St-Germain
Rue du Four
Rue des Canettes
R. Mabillon
R. de Seine
R. G.-de-Tours
ODÉON
Carr. de l'Odéon
Rue Hautefeuille
CLUNY-LA-SORBONNE
Rue de Babylone
Rue de Babylone
SÈVRES-BABYLONE
R. du Four
SAINT-SULPICE
R. du Bac
Rue de Sèvres
Place Saint-Sulpice
SAINT-SULPICE
Rue Lobineau
R. de Tournon
R. de l'Odéon
Rue Monsieur-le-Prince
R. de l'École-de-Médecine
Rue Sommerard
6
Rue Oudinot
Rue Vaneau
R. P.-Leroux
HÔPITAL LAËNNEC
Rue Dupin
Rue de l'Abbé-Grégoire
Rue du Cherche-Midi
Rue d'Assas
Rue de Rennes
Rue Cassette
Rue Madame
Rue Bonaparte
VIème
Place de l'Odéon
Rue Racine
Rue des Écoles
LA SORBONNE
VANEAU
Rue de Sèvres
Rue de Vaugirard
PALAIS DU LUXEMBOURG
Rue Corneille
R. Casimir Delavigne
Bd St-Michel
Place de la Sorbonne

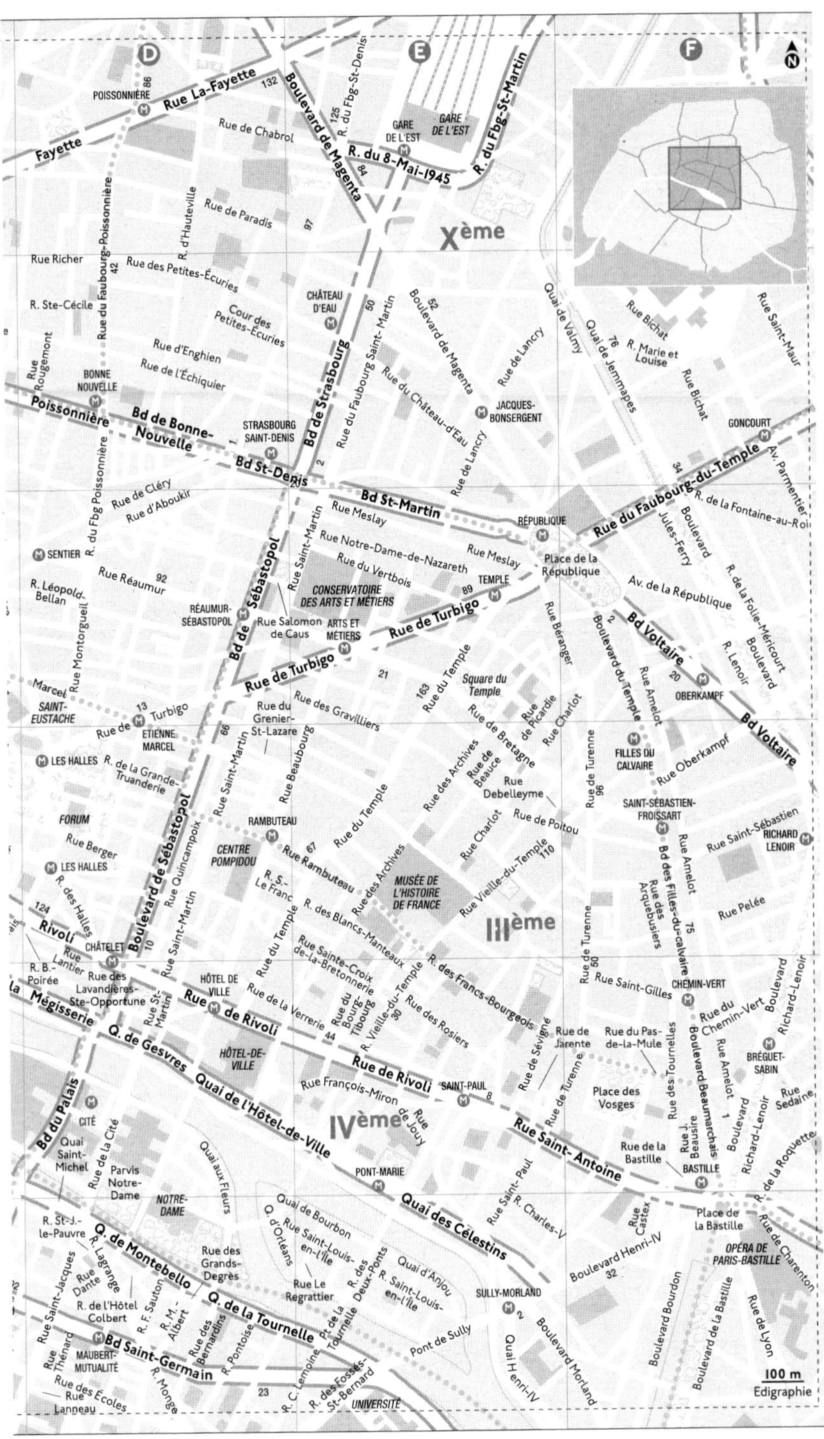
D
E
F
Rue La-Fayette
Boulevard de Magenta
R. du Fbg-St-Denis
R. du Fbg-St-Martin
R. du 8-Mai-1945
GARE DE L'EST
Rue de Chabrol
Rue de Paradis
Xème
Rue des Petites-Écuries
Boulevard de Strasbourg
Bd St-Denis
Bd St-Martin
RÉPUBLIQUE
Place de la République
Rue du Faubourg-du-Temple
Bd de Sébastopol
Rue de Turbigo
CONSERVATOIRE DES ARTS ET MÉTIERS
Bd Voltaire
IIIème
CENTRE POMPIDOU
MUSÉE DE L'HISTOIRE DE FRANCE
Rue de Rivoli
Quai de l'Hôtel-de-Ville
IVème
Rue Saint-Antoine
Place des Vosges
BASTILLE
Place de la Bastille
OPÉRA DE PARIS-BASTILLE
Quai des Célestins
NOTRE-DAME
Bd Saint-Germain
100 m
Edigraphie

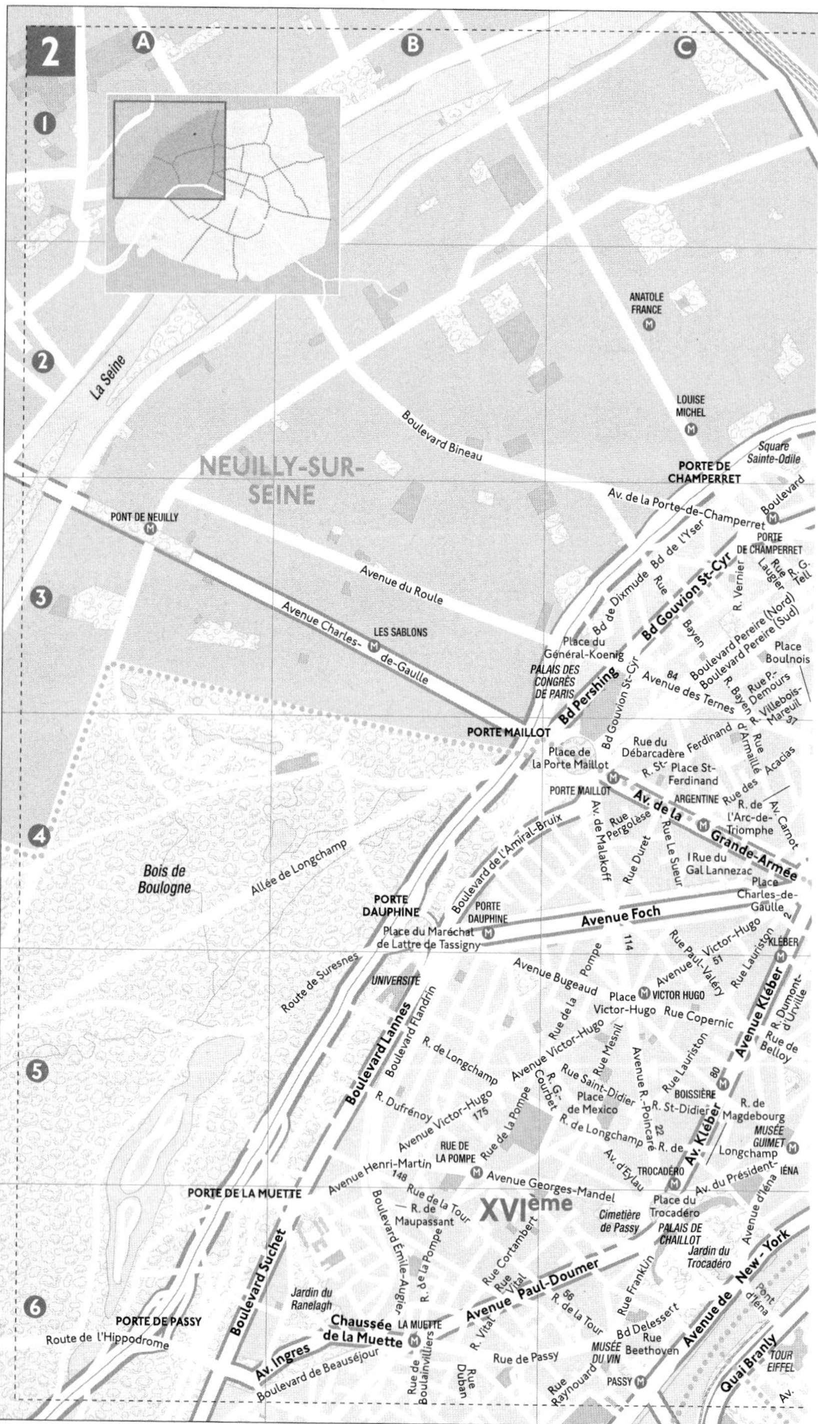
2
A
B
C
La Seine
NEUILLY-SUR-SEINE
Boulevard Bineau
Avenue du Roule
Avenue Charles-de-Gaulle
PONT DE NEUILLY
LES SABLONS
ANATOLE FRANCE
LOUISE MICHEL
PORTE DE CHAMPERRET
Square Sainte-Odile
Av. de la Porte-de-Champerret
Bd de l'Yser
Bd de Dixmude
Bd Gouvion St-Cyr
Place du Général-Koenig
PALAIS DES CONGRÈS DE PARIS
Bd Pershing
PORTE MAILLOT
Place de la Porte Maillot
Avenue des Ternes
Boulevard Pereire (Nord)
Boulevard Pereire (Sud)
Place Boulnois
Rue du Débarcadère
Place St-Ferdinand
ARGENTINE
Av. de la Grande-Armée
Bois de Boulogne
Allée de Longchamp
Boulevard de l'Amiral-Bruix
PORTE DAUPHINE
Place du Maréchal de Lattre de Tassigny
Avenue Foch
Place Charles-de-Gaulle
KLÉBER
VICTOR HUGO
Place Victor-Hugo
Avenue Bugeaud
Rue de la Pompe
Route de Suresnes
UNIVERSITÉ
Boulevard Lannes
Boulevard Flandrin
R. de Longchamp
Avenue Victor-Hugo
Avenue Kléber
BOISSIÈRE
Place de Mexico
MUSÉE GUIMET
IÉNA
TROCADÉRO
RUE DE LA POMPE
Avenue Henri-Martin
Avenue Georges-Mandel
PORTE DE LA MUETTE
XVIème
Place du Trocadéro
Cimetière de Passy
PALAIS DE CHAILLOT
Jardin du Trocadéro
Avenue de New-York
Boulevard Suchet
Jardin du Ranelagh
Avenue Paul-Doumer
PORTE DE PASSY
Route de l'Hippodrome
Chaussée de la Muette
LA MUETTE
Av. Ingres
Boulevard de Beauséjour
Rue de Passy
MUSÉE DU VIN
PASSY
Quai Branly
TOUR EIFFEL

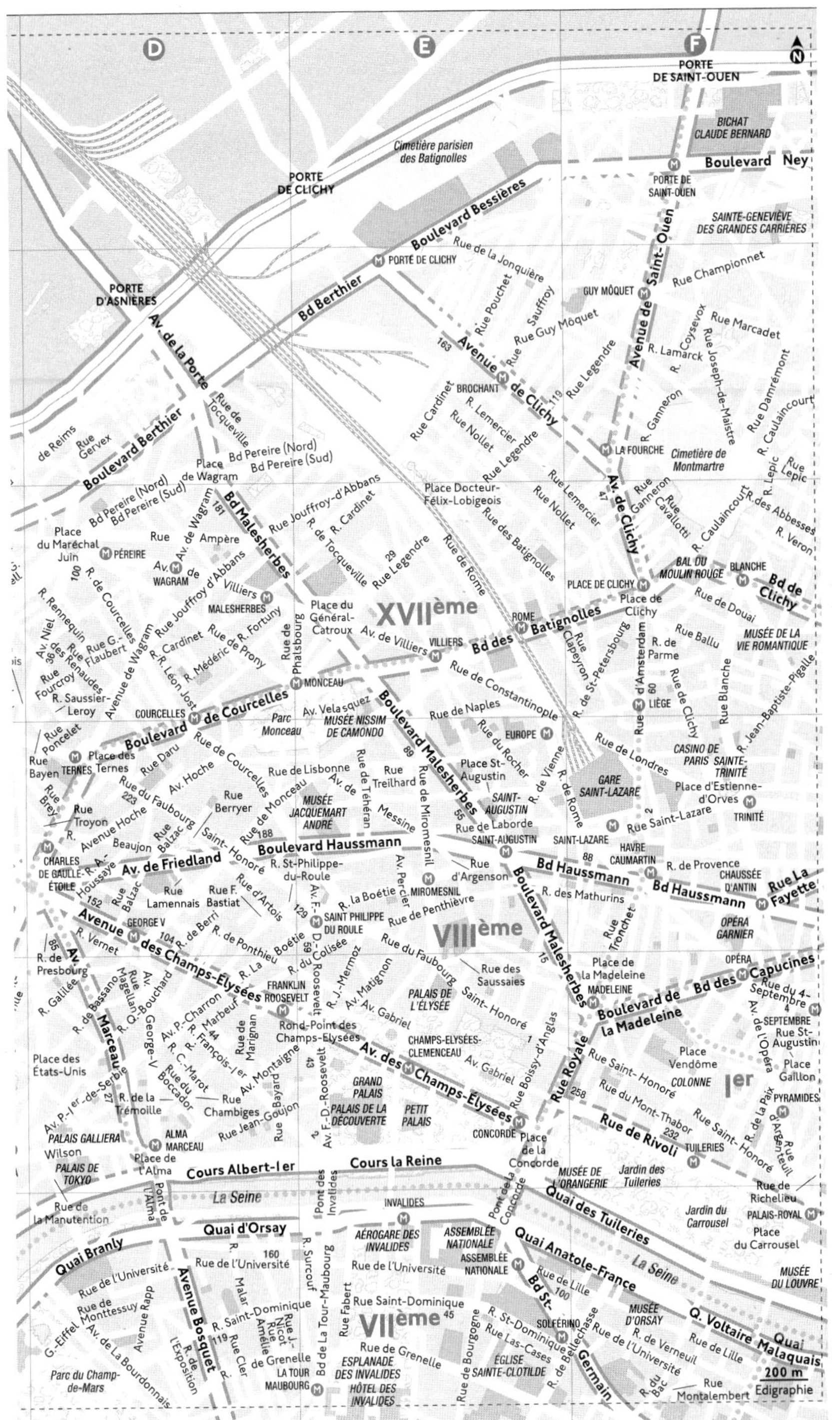

PORTE DE SAINT-OUEN
BICHAT CLAUDE BERNARD
Cimetière parisien des Batignolles
PORTE DE CLICHY
Boulevard Ney
Boulevard Bessières
SAINTE-GENEVIÈVE DES GRANDES CARRIÈRES
PORTE D'ASNIÈRES
Bd Berthier
Avenue de Saint-Ouen
Avenue de Clichy
Av. de la Porte
Boulevard Berthier
Bd Pereire (Nord)
Bd Pereire (Sud)
Place de Wagram
Bd Malesherbes
Cimetière de Montmartre
Place du Maréchal Juin
XVIIème
Bd des Batignolles
Place de Clichy
BAL DU MOULIN ROUGE
Bd de Clichy
MUSÉE DE LA VIE ROMANTIQUE
Boulevard de Courcelles
Parc Monceau
MUSÉE NISSIM DE CAMONDO
Boulevard Malesherbes
GARE SAINT-LAZARE
CASINO DE PARIS
SAINTE-TRINITÉ
MUSÉE JACQUEMART ANDRÉ
Boulevard Haussmann
Bd Haussmann
Av. de Friedland
OPÉRA GARNIER
VIIIème
Avenue des Champs-Elysées
PALAIS DE L'ÉLYSÉE
Boulevard de la Madeleine
Bd des Capucines
Rue Royale
Rue de Rivoli
GRAND PALAIS
PALAIS DE LA DÉCOUVERTE
PETIT PALAIS
PALAIS GALLIERA
PALAIS DE TOKYO
Cours Albert-Ier
Cours la Reine
La Seine
MUSÉE DE L'ORANGERIE
Jardin des Tuileries
Quai des Tuileries
Quai d'Orsay
Quai Branly
AÉROGARE DES INVALIDES
ASSEMBLÉE NATIONALE
Quai Anatole-France
MUSÉE DU LOUVRE
MUSÉE D'ORSAY
Q. Voltaire
Quai Malaquais
VIIème
ESPLANADE DES INVALIDES
HÔTEL DES INVALIDES
ÉGLISE SAINTE-CLOTILDE
Avenue Bosquet
Parc du Champ-de-Mars
200 m
Edigraphie

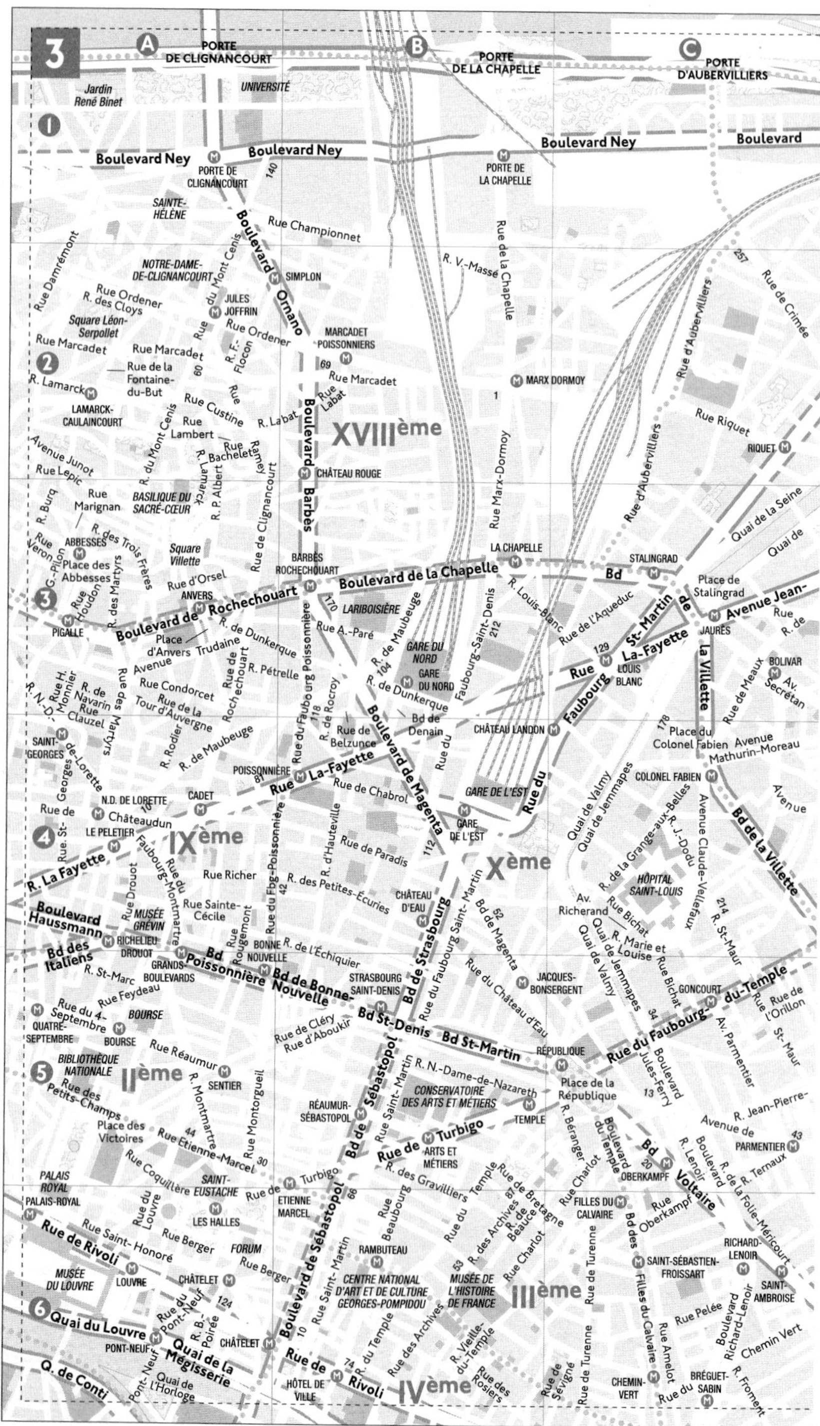
3
PORTE DE CLIGNANCOURT
PORTE DE LA CHAPELLE
PORTE D'AUBERVILLIERS
Boulevard Ney
XVIIIème
IXème
Xème
IIème
IIIème
IVème
Boulevard de la Chapelle
Boulevard de Rochechouart
Boulevard de Magenta
Boulevard Barbès
Boulevard Ornano
Bd de Strasbourg
Bd de Sébastopol
Boulevard Haussmann
Bd des Italiens
Bd Poissonnière
Bd de Bonne-Nouvelle
Bd St-Denis
Bd St-Martin
Rue de Rivoli
Quai du Louvre
Quai de la Mégisserie
Q. de Conti
Bd de la Villette
Rue du Faubourg-du-Temple
Bd Voltaire
GARE DU NORD
GARE DE L'EST
HÔPITAL SAINT-LOUIS
BASILIQUE DU SACRÉ-CŒUR
MUSÉE GRÉVIN
BIBLIOTHÈQUE NATIONALE
CONSERVATOIRE DES ARTS ET MÉTIERS
CENTRE NATIONAL D'ART ET DE CULTURE GEORGES-POMPIDOU
MUSÉE DE L'HISTOIRE DE FRANCE
MUSÉE DU LOUVRE
PALAIS ROYAL
FORUM
Place de la République
Place de Stalingrad
Place du Colonel Fabien

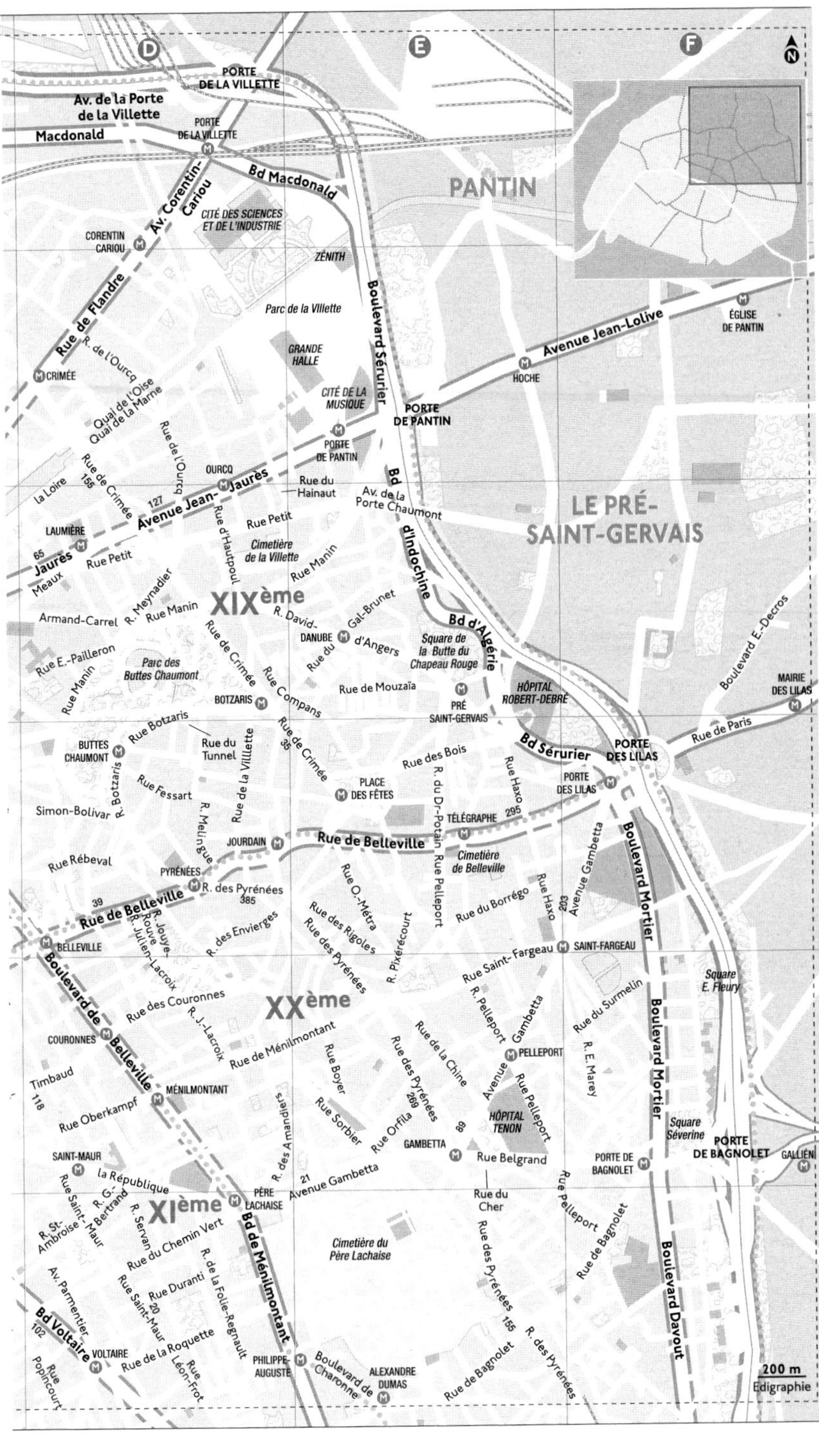
PORTE DE LA VILLETTE
Av. de la Porte de la Villette
Macdonald
Bd Macdonald
Av. Corentin-Cariou
PANTIN
CITÉ DES SCIENCES ET DE L'INDUSTRIE
ZÉNITH
Parc de la Villette
GRANDE HALLE
CITÉ DE LA MUSIQUE
Boulevard Sérurier
Avenue Jean-Lolive
HOCHE
ÉGLISE DE PANTIN
PORTE DE PANTIN
Rue de Flandre
CORENTIN CARIOU
CRIMÉE
R. de l'Ourcq
Quai de l'Oise
Quai de la Marne
Rue de l'Ourcq
OURCQ
Avenue Jean-Jaurès
Rue du Hainaut
Av. de la Porte Chaumont
Bd d'Indochine
LE PRÉ-SAINT-GERVAIS
LAUMIÈRE
Rue Petit
Cimetière de la Villette
Rue Manin
Meaux
XIXème
Armand-Carrel
R. Meynadier
R. David-d'Angers
Gal-Brunet
DANUBE
Bd d'Algérie
Square de la Butte du Chapeau Rouge
Boulevard E.-Decros
Rue E.-Pailleron
Parc des Buttes Chaumont
Rue de Crimée
Rue Compans
Rue de Mouzaïa
PRÉ SAINT-GERVAIS
HÔPITAL ROBERT-DEBRÉ
MAIRIE DES LILAS
BOTZARIS
Rue Botzaris
Rue du Tunnel
BUTTES CHAUMONT
Bd Sérurier
PORTE DES LILAS
Rue de Paris
Rue des Bois
Rue Haxo
PLACE DES FÊTES
Rue Fessart
R. Botzaris
Simon-Bolivar
Rue de la Villette
R. du Dr-Potain
R. Mélingue
TÉLÉGRAPHE
JOURDAIN
Rue de Belleville
Cimetière de Belleville
Rue Pelleport
Avenue Gambetta
Boulevard Mortier
Rue Rébeval
PYRÉNÉES
R. des Pyrénées
Rue O.-Métra
Rue du Borrégo
Rue de Belleville
R. Jouye-Rouve
R. Julien-Lacroix
R. des Envierges
Rue des Rigoles
Rue des Pyrénées
R. Pixérécourt
BELLEVILLE
Rue Saint-Fargeau
SAINT-FARGEAU
Boulevard de Belleville
Square E. Fleury
XXème
Rue des Couronnes
R. J.-Lacroix
R. Pelleport
Rue du Surmelin
COURONNES
Rue de Ménilmontant
Rue Boyer
Rue de la Chine
PELLEPORT
R. E. Marey
Timbaud
MÉNILMONTANT
Rue Oberkampf
R. des Amandiers
Rue Sorbier
Rue Orfila
HÔPITAL TENON
Square Séverine
SAINT-MAUR
GAMBETTA
Rue Belgrand
PORTE DE BAGNOLET
GALLIÉNI
la République
R. G.-Bertrand
Rue Saint-Maur
R. St-Ambroise
XIème
PÈRE LACHAISE
Avenue Gambetta
Rue du Cher
Rue de Bagnolet
R. Servan
Rue du Chemin Vert
Bd de Ménilmontant
Cimetière du Père Lachaise
Boulevard Davout
Av. Parmentier
Rue Duranti
R. de la Folie-Regnault
Bd Voltaire
VOLTAIRE
Rue de la Roquette
Rue Léon-Frot
PHILIPPE-AUGUSTE
Boulevard de Charonne
ALEXANDRE DUMAS
Rue Popincourt
200 m
Edigraphie

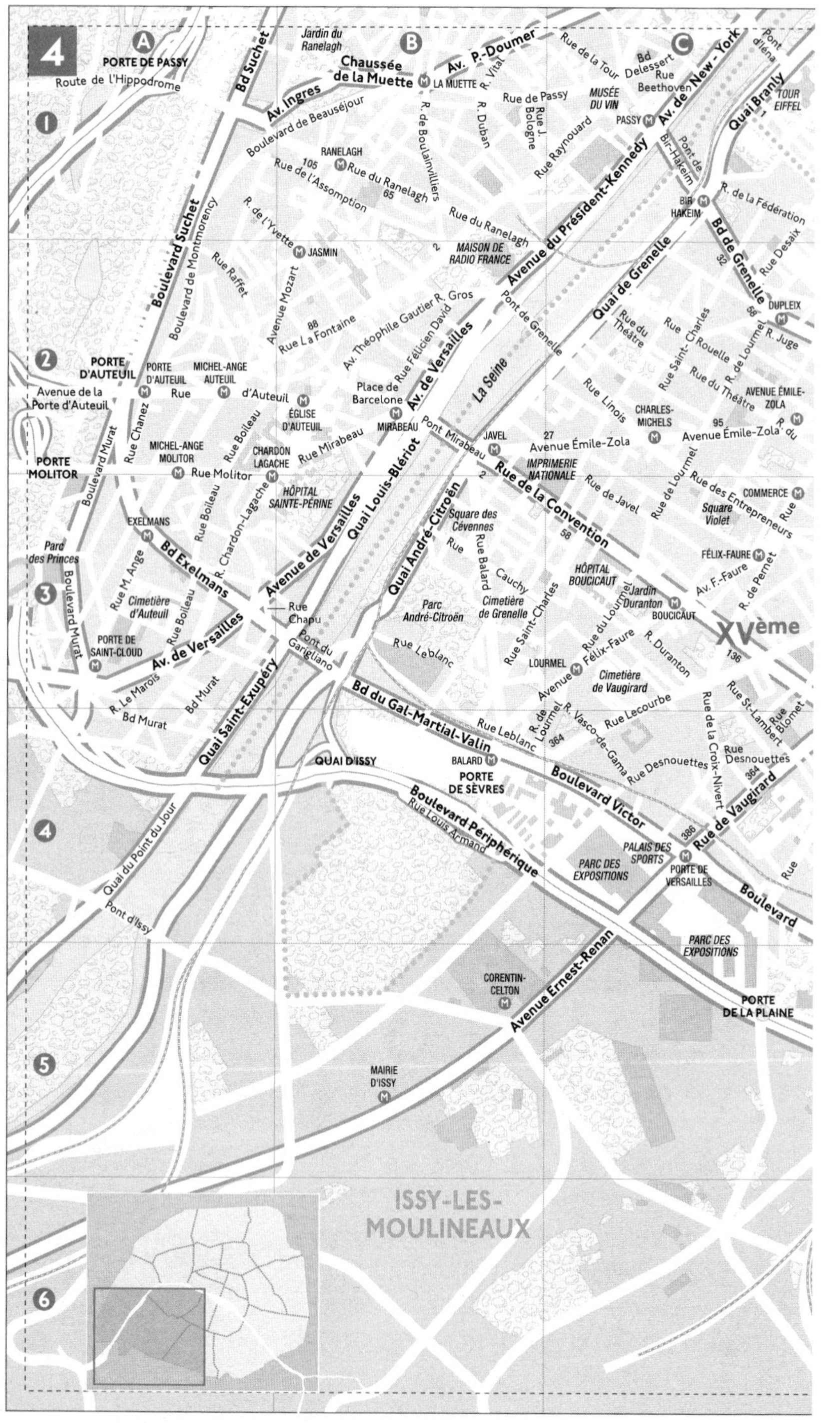
4
PORTE DE PASSY
Route de l'Hippodrome
Bd Suchet
Jardin du Ranelagh
Chaussée de la Muette
LA MUETTE
Av. P.-Doumer
Av. Ingres
Boulevard de Beauséjour
Rue de la Tour
Bd Delessert
Rue Beethoven
Av. de New-York
Pont d'Iéna
Quai Branly
TOUR EIFFEL
Rue de Passy
Rue J. Bologne
MUSÉE DU VIN
PASSY
R. Vital
R. Duban
R. de Boulainvilliers
RANELAGH
Rue du Ranelagh
Rue de l'Assomption
Rue Raynouard
Pont de Bir-Hakeim
BIR HAKEIM
R. de la Fédération
Bd de Grenelle
Rue Desaix
Boulevard Suchet
Boulevard de Montmorency
R. de l'Yvette
JASMIN
Rue Raffet
Avenue Mozart
MAISON DE RADIO FRANCE
Avenue du Président-Kennedy
Quai de Grenelle
Rue La Fontaine
Av. Théophile Gautier
R. Gros
Rue Félicien David
Av. de Versailles
Pont de Grenelle
La Seine
Rue du Théâtre
Rue Saint-Charles
Rue Rouelle
R. de Lourmel
DUPLEIX
R. Juge
PORTE D'AUTEUIL
MICHEL-ANGE AUTEUIL
Avenue de la Porte d'Auteuil
Rue d'Auteuil
ÉGLISE D'AUTEUIL
Place de Barcelone
MIRABEAU
Rue Chanez
Boulevard Murat
Rue Boileau
Rue Mirabeau
Pont Mirabeau
JAVEL
Avenue Émile-Zola
CHARLES-MICHELS
AVENUE ÉMILE-ZOLA
Rue Linois
PORTE MOLITOR
MICHEL-ANGE MOLITOR
Rue Molitor
CHARDON LAGACHE
HÔPITAL SAINTE-PÉRINE
Quai Louis-Blériot
Rue de la Convention
IMPRIMERIE NATIONALE
Rue de Javel
Rue des Entrepreneurs
COMMERCE
Square Violet
EXELMANS
Rue Chardon-Lagache
Avenue de Versailles
Quai André-Citroën
Square des Cévennes
Rue Balard
Rue Cauchy
Parc des Princes
Bd Exelmans
Rue M. Ange
Cimetière d'Auteuil
HÔPITAL BOUCICAUT
FÉLIX-FAURE
Av. F.-Faure
R. de Pernet
Jardin Duranton
BOUCICAUT
XVème
Rue Chapu
Parc André-Citroën
Cimetière de Grenelle
Rue du Lourmel
Pont du Garigliano
PORTE DE SAINT-CLOUD
Rue Leblanc
LOURMEL
Avenue Félix-Faure
R. Duranton
Cimetière de Vaugirard
R. Le Marois
Bd Murat
Quai Saint-Exupéry
Bd du Gal-Martial-Valin
R. Vasco-de-Gama
Rue Lecourbe
Rue St-Lambert
Rue Blomet
Rue de la Croix-Nivert
Rue Desnouettes
QUAI D'ISSY
BALARD
PORTE DE SÈVRES
Boulevard Victor
Rue de Vaugirard
Boulevard Périphérique
Rue Louis Armand
PALAIS DES SPORTS
PORTE DE VERSAILLES
PARC DES EXPOSITIONS
Boulevard
Quai du Point du Jour
Pont d'Issy
Avenue Ernest-Renan
CORENTIN-CELTON
PORTE DE LA PLAINE
MAIRIE D'ISSY
ISSY-LES-MOULINEAUX

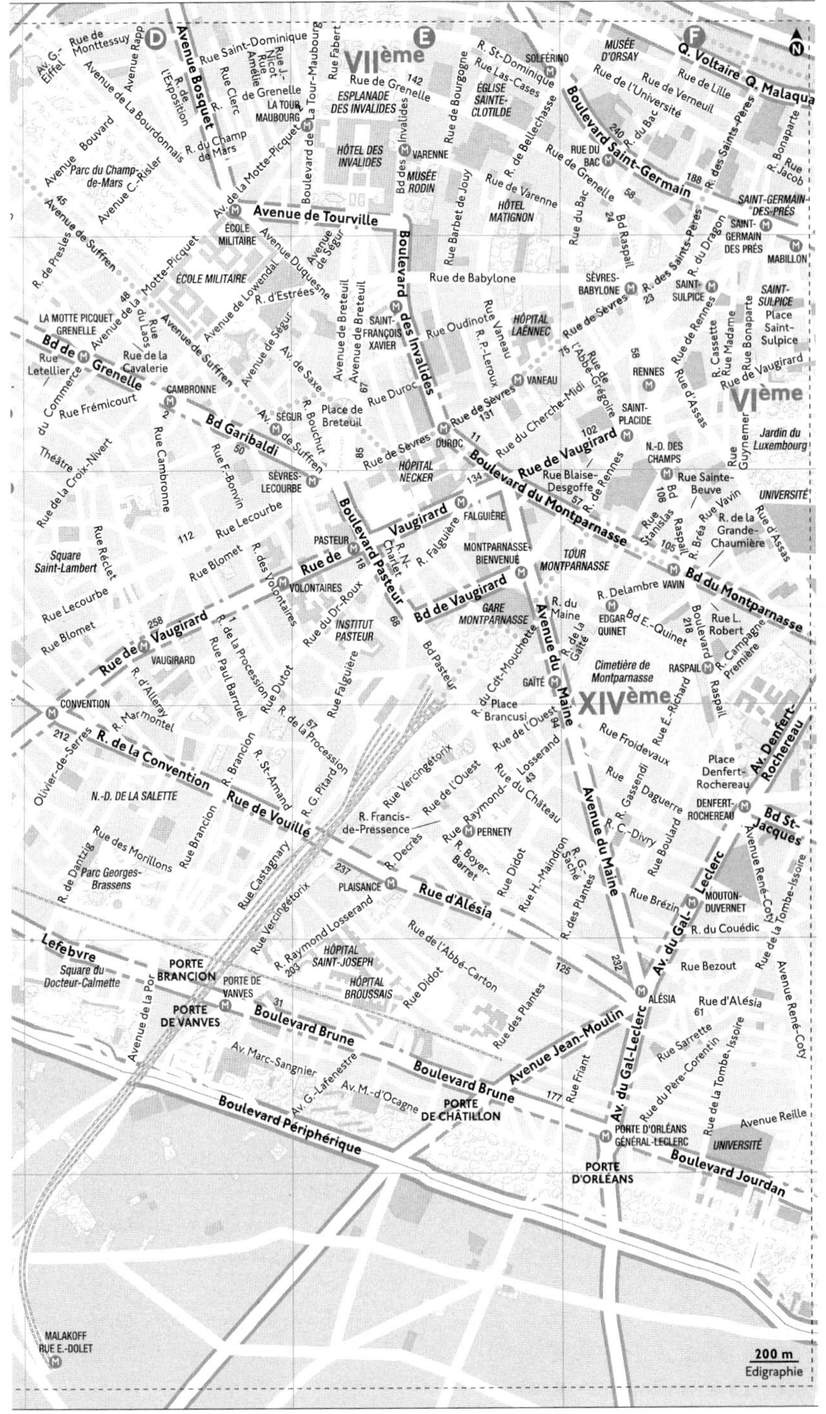
VIIème
VIème
XIVème
Avenue Bosquet
Avenue de Tourville
Boulevard des Invalides
Boulevard Saint-Germain
Boulevard du Montparnasse
Bd du Montparnasse
Rue de Vaugirard
Bd de Vaugirard
Boulevard Pasteur
Avenue du Maine
Rue d'Alésia
Boulevard Brune
Boulevard Périphérique
Boulevard Jourdan
Avenue Jean-Moulin
Av. du Gal-Leclerc
R. de la Convention
Rue de Vouillé
Bd Garibaldi
Bd de Grenelle
Av. Denfert-Rochereau
Bd St-Jacques
Q. Voltaire
Q. Malaquais
MUSÉE D'ORSAY
HÔTEL DES INVALIDES
MUSÉE RODIN
HÔTEL MATIGNON
ÉCOLE MILITAIRE
HÔPITAL NECKER
HÔPITAL LAËNNEC
INSTITUT PASTEUR
GARE MONTPARNASSE
TOUR MONTPARNASSE
Cimetière de Montparnasse
Jardin du Luxembourg
Parc du Champ-de-Mars
Parc Georges-Brassens
Square Saint-Lambert
Square du Docteur-Calmette
HÔPITAL SAINT-JOSEPH
HÔPITAL BROUSSAIS
PORTE BRANCION
PORTE DE VANVES
PORTE DE CHÂTILLON
PORTE D'ORLÉANS
200 m
Edigraphie

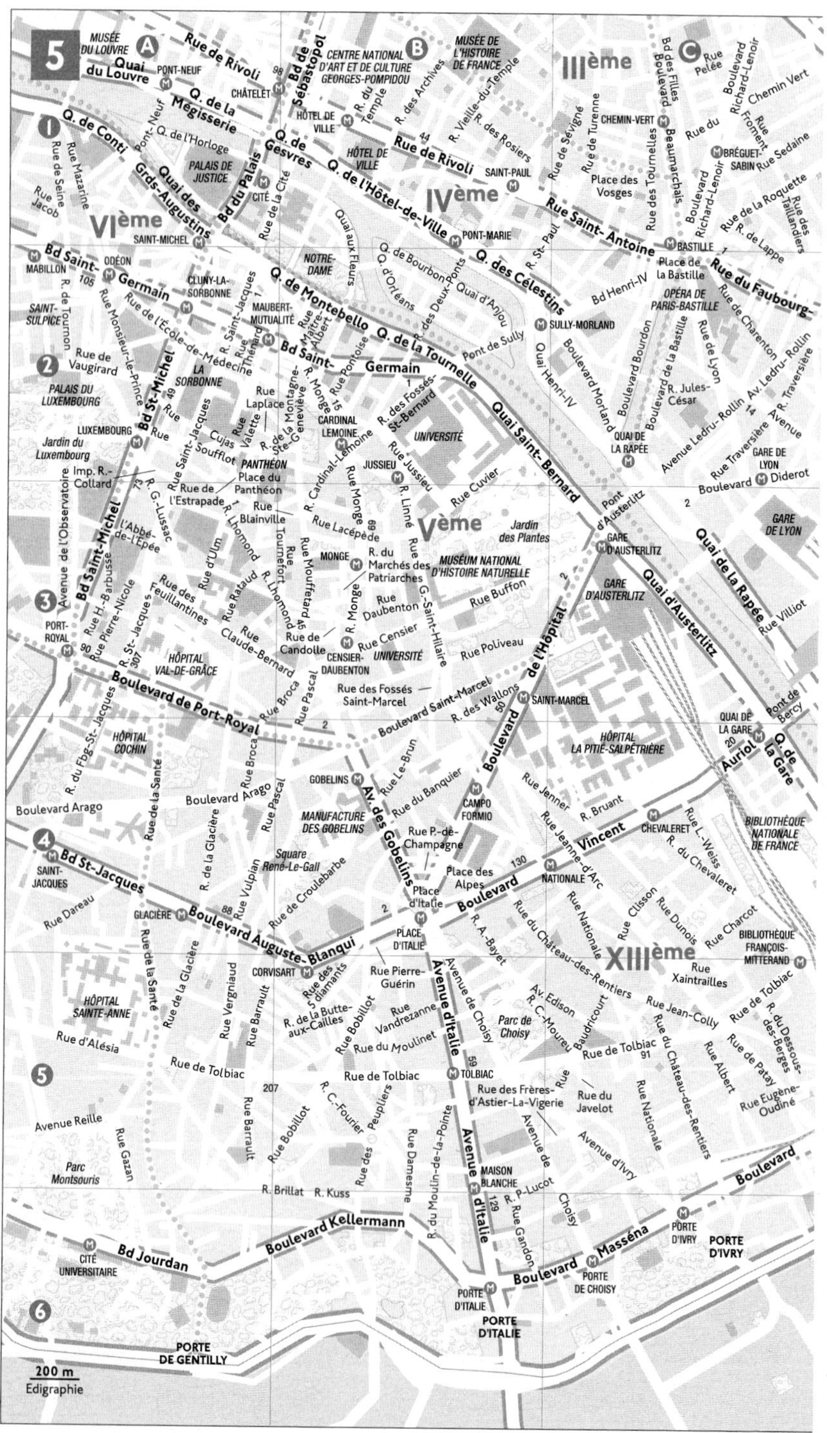
5
A
B
C
I
2
3
4
5
6
MUSÉE DU LOUVRE
Quai du Louvre
PONT-NEUF
Rue de Rivoli
CHÂTELET
Bd de Sébastopol
CENTRE NATIONAL D'ART ET DE CULTURE GEORGES-POMPIDOU
MUSÉE DE L'HISTOIRE DE FRANCE
IIIème
Bd des Filles du Calvaire
Boulevard Beaumarchais
Rue Pelée
Boulevard Richard-Lenoir
Chemin Vert
Q. de la Mégisserie
HÔTEL DE VILLE
R. du Temple
R. des Archives
R. Vieille-du-Temple
R. des Rosiers
Rue de Sévigné
Rue de Turenne
CHEMIN-VERT
Rue du Chemin Vert
Rue Froment
BRÉGUET-SABIN
Rue Sedaine
Q. de Conti
Pont-Neuf
Q. de l'Horloge
Q. de Gesvres
Rue de Rivoli
Rue de Seine
Rue Mazarine
Rue Jacob
PALAIS DE JUSTICE
Quai des Grds-Augustins
Bd du Palais
CITÉ
Rue de la Cité
Q. de l'Hôtel-de-Ville
SAINT-PAUL
IVème
Place des Vosges
Rue des Tournelles
Rue de la Roquette
Rue des Taillandiers
VIème
SAINT-MICHEL
Quai aux Fleurs
PONT-MARIE
Rue Saint-Antoine
R. St-Paul
BASTILLE
R. de Lappe
Bd Saint-Germain
ODÉON
MABILLON
NOTRE-DAME
Q. de Bourbon
Q. d'Orléans
R. des Deux-Ponts
Q. des Célestins
Place de la Bastille
Rue du Faubourg-
CLUNY-LA-SORBONNE
R. Saint-Jacques
MAUBERT-MUTUALITÉ
Rue Maître-Albert
Q. de Montebello
Quai d'Anjou
Bd Henri-IV
OPÉRA DE PARIS-BASTILLE
Rue de Charenton
SAINT-SULPICE
R. de Tournon
Rue Monsieur-le-Prince
Rue de l'École-de-Médecine
Rue Thénard
Bd Saint-Germain
Rue Pontoise
Q. de la Tournelle
Pont de Sully
SULLY-MORLAND
Quai Henri-IV
Boulevard Morland
Boulevard Bourdon
Boulevard de la Bastille
Rue de Lyon
Av. Ledru-Rollin
R. Traversière
Rue de Vaugirard
LA SORBONNE
Bd St-Michel
Rue Laplace
R. de la Montagne-Ste-Geneviève
R. Monge
CARDINAL LEMOINE
R. des Fossés-St-Bernard
UNIVERSITÉ
Quai Saint-Bernard
R. Jules-César
Avenue Ledru-Rollin
Avenue
PALAIS DU LUXEMBOURG
LUXEMBOURG
Rue Saint-Jacques
Rue Cujas
Rue Soufflot
Rue Valette
R. Cardinal-Lemoine
Rue Jussieu
QUAI DE LA RAPÉE
GARE DE LYON
Rue Traversière
Jardin du Luxembourg
Imp. R.-Collard
PANTHÉON
Place du Panthéon
Rue de l'Estrapade
JUSSIEU
R. Linné
Rue Cuvier
Boulevard Diderot
R. G.-Lussac
Rue Blainville
Rue Tournefort
Rue Monge
Rue Lacépède
Vème
Jardin des Plantes
Pont d'Austerlitz
GARE D'AUSTERLITZ
GARE DE LYON
Avenue de l'Observatoire
Bd Saint-Michel
R. de l'Abbé-de-l'Épée
R. Lhomond
Rue d'Ulm
MONGE
R. du Marchés des Patriarches
MUSÉUM NATIONAL D'HISTOIRE NATURELLE
Quai de la Rapée
Rue Rataud
Rue Mouffetard
Quai d'Austerlitz
Rue des Feuillantines
Rue Daubenton
Rue Buffon
Rue Villiot
PORT-ROYAL
Rue H.-Barbusse
Rue Pierre-Nicole
R. St-Jacques
Rue Claude-Bernard
Rue de Candolle
Rue Censier
R. G.-Saint-Hilaire
Rue Poliveau
Bd de l'Hôpital
HÔPITAL VAL-DE-GRÂCE
CENSIER-DAUBENTON
UNIVERSITÉ
Boulevard de Port-Royal
Rue Broca
Rue Pascal
Rue des Fossés Saint-Marcel
Boulevard Saint-Marcel
R. des Wallons
SAINT-MARCEL
HÔPITAL LA PITIÉ-SALPÊTRIÈRE
QUAI DE LA GARE
Pont de Bercy
Q. de la Gare
Auriol
HÔPITAL COCHIN
R. du Fbg-St-Jacques
Rue de la Santé
Rue Broca
Boulevard Arago
GOBELINS
Rue Le-Brun
Rue du Banquier
Boulevard
CAMPO FORMIO
Rue Jenner
R. Bruant
CHEVALERET
R. L.-Weiss
R. du Chevaleret
BIBLIOTHÈQUE NATIONALE DE FRANCE
Boulevard Arago
R. de la Glacière
MANUFACTURE DES GOBELINS
Av. des Gobelins
Rue P.-de-Champagne
Rue Jeanne-d'Arc
Vincent
Bd St-Jacques
SAINT-JACQUES
Square René-Le-Gall
Rue Vulpian
Rue de Croulebarbe
Place des Alpes
Place d'Italie
Boulevard
NATIONALE
Rue Clisson
Rue Dunois
Rue Charcot
Rue Dareau
GLACIÈRE
Boulevard Auguste-Blanqui
PLACE D'ITALIE
R. A.-Bayet
Rue du Château-des-Rentiers
Rue Nationale
XIIIème
BIBLIOTHÈQUE FRANÇOIS-MITTERAND
Rue Xaintrailles
CORVISART
Rue des 5 diamants
Rue Pierre-Guérin
Avenue d'Italie
Avenue de Choisy
Av. Edison
R. C.-Moureu
Baudricourt
Rue Jean-Colly
Rue de Tolbiac
R. du Dessous-des-Berges
HÔPITAL SAINTE-ANNE
Rue de la Glacière
Rue Vergniaud
Rue Barrault
R. de la Butte-aux-Cailles
Rue Bobillot
Rue Vandrezanne
Rue du Moulinet
Parc de Choisy
Rue de Tolbiac
Rue du Château-des-Rentiers
Rue Albert
Rue de Patay
Rue d'Alésia
Rue de Tolbiac
Rue de Tolbiac
TOLBIAC
Rue des Frères-d'Astier-La-Vigerie
Rue du Javelot
Rue Nationale
Rue Eugène-Oudiné
R. C.-Fourier
Rue des Peupliers
Avenue Reille
Rue Gazan
Rue Barrault
Rue Bobillot
Rue Damesme
R. du Moulin-de-la-Pointe
Avenue d'Italie
Avenue de Choisy
Avenue d'Ivry
Parc Montsouris
R. Brillat
R. Kuss
MAISON BLANCHE
R. P.-Lucot
Rue Gandon
Boulevard
Boulevard Kellermann
PORTE D'IVRY
PORTE D'IVRY
CITÉ UNIVERSITAIRE
Bd Jourdan
Boulevard Masséna
PORTE DE CHOISY
PORTE D'ITALIE
PORTE D'ITALIE
PORTE DE GENTILLY
200 m
Edigraphie

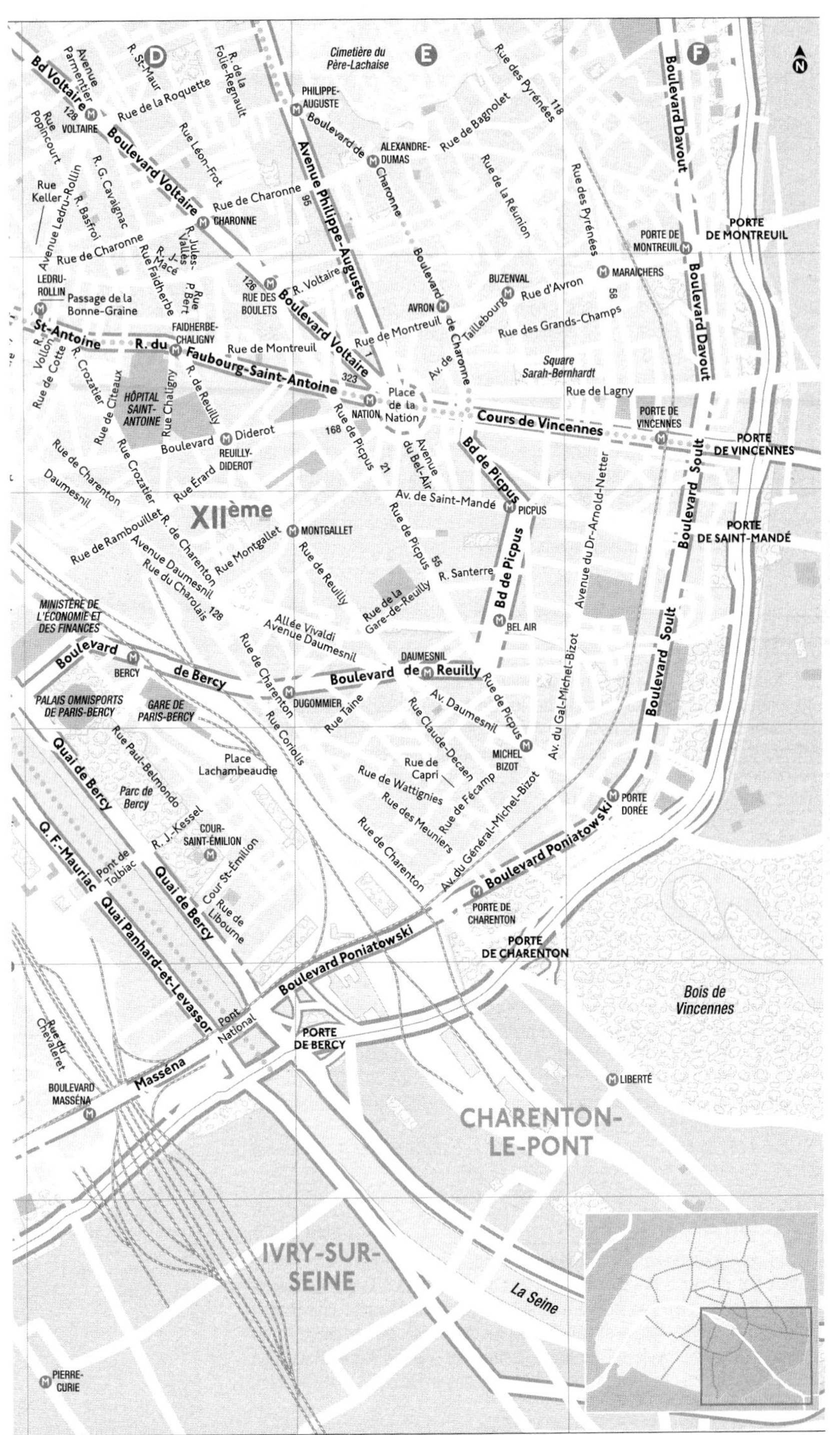
Cimetière du Père-Lachaise
Bd Voltaire
Avenue Parmentier
R. St-Maur
R. de la Folie-Regnault
Rue de la Roquette
VOLTAIRE
Boulevard Voltaire
Rue Léon-Frot
Rue de Charonne
CHARONNE
PHILIPPE-AUGUSTE
Boulevard de Charonne
ALEXANDRE-DUMAS
Rue de Bagnolet
Rue des Pyrénées
Avenue Philippe-Auguste
Rue de la Réunion
Boulevard Davout
PORTE DE MONTREUIL
PORTE DE MONTREUIL
MARAICHERS
BUZENVAL
Rue d'Avron
AVRON
Rue des Grands-Champs
Rue de Montreuil
R. Voltaire
RUE DES BOULETS
LEDRU-ROLLIN
Passage de la Bonne-Graine
Avenue Ledru-Rollin
Rue Keller
Rue Popincourt
R. G. Cavaignac
R. Basfroi
Rue de Charonne
Rue Faidherbe
R. Jules-Vallès
R. J.-Macé
Rue P. Bert
FAIDHERBE-CHALIGNY
St-Antoine
R. du Faubourg-Saint-Antoine
Av. de Taillebourg
Square Sarah-Bernhardt
Rue de Lagny
Place de la Nation
NATION
Cours de Vincennes
PORTE DE VINCENNES
PORTE DE VINCENNES
HÔPITAL SAINT-ANTOINE
Rue Chaligny
R. de Reuilly
Boulevard Diderot
REUILLY-DIDEROT
Rue de Picpus
Avenue du Bel-Air
Bd de Picpus
PICPUS
Av. de Saint-Mandé
Boulevard Soult
PORTE DE SAINT-MANDÉ
R. Vollon
Rue de Cotte
R. Crozatier
Rue de Cîteaux
Rue Crozatier
Rue de Charenton
Daumesnil
Rue Érard
XIIème
MONTGALLET
Rue Montgallet
Rue de Rambouillet
R. de Charenton
Avenue Daumesnil
Rue du Charolais
Rue de Reuilly
Rue de la Gare-de-Reuilly
R. Santerre
Avenue du Dr-Arnold-Netter
BEL AIR
MINISTÈRE DE L'ÉCONOMIE ET DES FINANCES
Allée Vivaldi
Avenue Daumesnil
Boulevard de Bercy
BERCY
DAUMESNIL
Boulevard de Reuilly
DUGOMMIER
Rue de Charenton
Rue Taine
Av. Daumesnil
Rue de Picpus
Av. du Gal-Michel-Bizot
PALAIS OMNISPORTS DE PARIS-BERCY
GARE DE PARIS-BERCY
Rue Coriolis
Rue Claude-Decaen
MICHEL BIZOT
Rue Paul-Belmondo
Place Lachambeaudie
Rue de Capri
Rue de Wattignies
Rue de Fécamp
Quai de Bercy
Parc de Bercy
Rue des Meuniers
PORTE DORÉE
Boulevard Poniatowski
R. J.-Kessel
COUR-SAINT-ÉMILION
Av. du Général-Michel-Bizot
Rue de Charenton
Q. F.-Mauriac
Pont de Tolbiac
Quai de Bercy
Cour St-Émilion
Rue de Libourne
PORTE DE CHARENTON
PORTE DE CHARENTON
Quai Panhard-et-Levassor
Boulevard Poniatowski
Bois de Vincennes
Rue du Chevaleret
Pont National
PORTE DE BERCY
Masséna
BOULEVARD MASSÉNA
LIBERTÉ
CHARENTON-LE-PONT
IVRY-SUR-SEINE
La Seine
PIERRE-CURIE

voyez le sommelier, mais il aura peu d'alternatives à vous proposer.

Accueil et service

Un excellent dosage entre jeunes et anciens, de l'onctuosité et de l'enthousiasme, du rythme et énormément de diplomatie. Et le service au guéridon, avec ces magnifiques pièces d'argenterie, est un régal.

C : 150 € • M : 75-180 € *www.ritzparis.com*

Goumard

Plan : 1 A 3 » 9 rue Duphot
☎ 01 42 60 36 07
Ouv. 7j/7.
Jusqu'à 22h30.

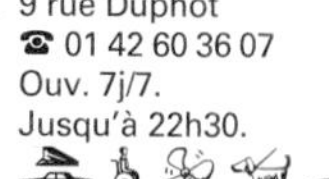

Un temple, cela se visite avec respect. On peut préférer le PVC, mais quand on grimpe l'escalier, on en frissonne, de se colleter avec l'une des très grandes maisons poissonnières de la capitale, dans le cadre historique jusqu'aux toilettes dessinées par Majorelle. Il faut ensuite accepter d'en payer le prix : le style chabada, la cave gigantesque et sans intérêt pour les non-intégristes du bordeaux-bourgogne, le service haute couture et l'addition bien sûr fracassante. Pour quels exploits ? Ceux d'un chef qui s'expose, se livre à des entrechats savants et parfois réussis, du superbe turbot du Guilvinec aux langoustines bretonnes rôties, asperges blanches au naturel, croquant de parmesan et lard paysan, une glace chèvre et coriandre, plat-symbole aux produits luxueux et irréprochables et qui, par la surcharge technique, finit par sembler plus épatant que séduisant. Mais, du gressin aux algues à l'excellent café à 10 **€**, il faudrait être retors pour trouver matière à reproche.

C : 85 € • M : 46 € *www.goumard.fr*

14

L'Argenteuil

Plan : 1 B 3 » 9 rue d'Argenteuil
☎ 01 42 60 56 22
F. à déj., lundi, 3 sem. sept. et Noël-nouvel an.
Jusqu'à 22h30.

Les touristes bien renseignés, débarquant à Paris, viennent visiter illico ce diaporama des terroirs français. Le chef lorrain tresse une carte pleine d'allant, de bonne humeur et de curiosité pour les produits aux apprêts d'aujourd'hui : taboulé de homard, chaud-froid d'agneau au romarin et mini-ratatouille, magret de canard rôti et polenta : la lecture est à la fois simple et instructive. Accueil jovial, carte des vins courte mais bien choisie et sage.

C : 38 € • M : 38 €

14

L'Atelier Berger

Plan : 1 C 4 » 49 rue Berger
☎ 01 40 28 00 00
F. sam. à déj., dim. et 24-25 déc.
Jusqu'à 23h.

Parfois, il suffit juste de prendre connaissance de la carte des vins. Comme ici. Courte, ramassée, exemplaire, elle ne néglige rien, pas mêmes les grosses structures (Drouhin, la Chablisienne, Trapet) ni les petits qui montent (les Creisses, Gournier, Chudzikiewicz…). Alors en effet, on peut tout espérer de la carte, clairvoyante et intelligemment formatée dans un menu-carte à 35 **€**, avec ses tempuras, milk-shakes et tartare de thon, mais pas inutilement modeuse, sauvegardant la saveur (dos de mulet au thym sauce vierge, tourte de cochon rôti à la diable). Jean Christiansen tient un véritable atelier d'artiste, dans une atmosphère branchée de connaisseurs.

C : 35 € • M : 35-55 € *atelierberger@wanadoo.fr*

Baan Boran

Plan : 1 C 3 » 43 rue Montpensier
☎ 01 40 15 90 45
F. sam. à déj. et dim.
Jusqu'à 23h.

Le bon signe, c'est que depuis l'ouverture de cette discrète enseigne thaïlandaise à deux pas du palais Royal, il y a sept ans, le chef, élevé à la grande cuisine thaïe à Bangkok, n'a pas bougé. Les arômes sont distillés avec une grande précision, la simple soupe de crevettes à la citronnelle est un délice et les poissons (daurade royale sucrée-salée), comme les viandes (curry Massaman de bœuf) montrent une maîtrise totale du sujet, dans un joli cadre contemporain, et servis avec douceur et attention.

C : 28 € • M : 14,50 €

14

Les Cartes Postales

Plan : 1 B 3

C'est vrai qu'il a du talent, qu'il nous a souvent régalés, et parfois même éblouis. Yoshimisa Watanabé cuisine avec le même cœur, la même foi. Doit-on reprocher à cette salle désormais climatisée un certain manque de gaieté ? Le propos n'est pas celui d'un lounge ou d'un bar de people et la cuisine n'a pas à devancer la mode, même si on aimerait parfois retrouver davantage d'exotisme et de vent du large, comme dans les maquereaux marinés aux herbes japonaises ou le filet de bar sauce d'huîtres, plutôt que dans l'escalope de foie gras chaud au cognac. Parfaite situation au seuil du marché Saint-Honoré, cave sage de crus éprouvés.

C : 45€ • M : 25-60€

» 7 rue Gomboust
☎ 01 42 61 02 93
F. 14 juil.-5 août et 25 déc.-14 janv.
Jusqu'à 22h15.

Gérard Besson

Plan : 1 C 3

La maison de Gérard Besson n'affiche pas une folle gaieté : authentiquement bourgeoise, avec ses moquettes épaisses, sa décoration luxueuse mais franchement datée, elle se veut complètement à l'opposé des dernières modes. Après tout pourquoi pas et nous ne sommes là que pour parler casseroles. Ces dernières sont tout aussi bourgeoises, témoignages d'une époque aujourd'hui fréquemment raillée mais que chaque bon mangeur aime revivre quelquefois dans l'année. Car où trouver un homard bleu en fricassée Georges Garin et macaroni à la duxelle, une poitrine de canette rôtie, jus de cassis éclaté et navets caramélisés ou un ragoût de sole et écrevisses sauce champagne ? Une cuisine de musée sans doute, mais qu'il faut savoir défendre et encourager lorsqu'elle se situe à un tel niveau.

C : 95€ • M : 60-105€ *www.gerardbesson.com*

» 5 rue du Coq-Héron
☎ 01 42 33 14 74
F. à déj. sam. et lundi, dim.
Jusqu'à 21h30.

14

Kinugawa I

Plan : 1 B 3

On le redit bien volontiers, mais à notre sens, c'est bien le I, qui est le petit frère du II, dans la famille Kinugawa. Pour l'ampleur, la majesté de la carte dans l'exemplaire de Saint-Philippe du Roule, pour le côté plus traditionnel de celui-ci, qui ne manque pas pour autant de personnalité. Dans le quartier des grands hôtels, des sushis de haut de gamme, des makis finalement classiques, un bon carpaccio de barbue, dans un cadre typique aux grands vases fleuris et bois foncé, et avec un service à la japonaise, pointu et disponible.

C : 70€ • M : 30-108€

» 9 rue du Mont-Thabor
☎ 01 42 60 65 07
F. dim., 24-31 déc.et 1er-9 janv.
Jusqu'à 22h.

14

Restaurant du Palais-Royal

Plan : 1 C 3

L'environnement est luxueux, le service en gilet, la terrasse, au cœur des jardins du palais Royal, est une des plus romantiques de la ville. Le tapis rouge est donc déroulé pour des plats d'une aimable sophistication, qui ne doit cependant pas se transformer en appas touristiques, avec ingrédients surajoutés. La main du chef Bruno Hees semble néanmoins bien solide, qui se montre irréprochable sur le fondant de tourteau ou le bar grillé beurre blanc, comme sur les desserts (excellent moelleux au chocolat et glace fromage blanc). Cave bien variée, à tarifs élevés.

C : 50€ *www.resto-palais-royal*

» 110 galerie de Valois, face au 4 rue du Beaujolais
☎ 01 40 20 00 27
F. dim. et 1er-15 janv.
Jusqu'à 22h30.

13

Chez la Vieille

Plan : 1 C 4

Un des temples du Paris-bistrot dont la renommée a fait le tour du monde. Du coup, les exploits de Marie-José Cervoni, mamma corse qui a "fait" ce lieu, sont entourés d'attention, atmosphère et cadre scrupuleusement conservés, et jeune chef formé en palace pour ne pas laisser le hasard s'immiscer dans le pot-au-feu ou le foie de veau. La petite cave est elle aussi passée au crible pour être à la fois variée et efficace.

C : 50€ • M : 27€

» 37 rue de l'Arbre-Sec, 1 rue Bailleul
☎ 01 42 60 15 78
F. w.-e. et août.
Jusqu'à 21h.

13

Delizie d'Uggiano

Plan : 1 A 3 » 18 rue Duphot
☎ 01 40 15 06 69
F. sam. à déj. et dim.

Au-dessus de la boutique (avec notamment les vins du domaine), le restaurant adopte un chaleureux décor d'inspiration toscane, avec son carrelage en terre cuite et ses chaises en fer forgé. La carte décline une gastronomie italienne soignée, à des années lumière d'une pizzeria, avec une fine charcuterie italienne, l'assiette de dégustation de tortellini (épinard, ricotta, truffe blanche) et la traditionnelle panna cota, pour une fois dans son élément d'origine. Service plein de gentillesse, vins italiens, y compris au verre (un peu chèrement facturé cependant).
C : 80 € • M : 36-42 €

13

L'Ostréa

Plan : 1 C 4 » 4 rue Sauval
☎ 01 40 26 08 07
F. sam. à déj., dim., 1 sem. Noël, 1 sem. vac. scol. Pâques et 3 sem. août.
Jusqu'à 23h.

Jean-Pierre Devaux a fêté cette année son vingtième anniversaire de cuisinier, lui, l'ancien fleuriste. Spécialités de poissons à l'honneur évidemment et uniquement des produits de saison : les meilleures huîtres au meilleur moment, le thon quand c'est la saison, les saint-jacques uniquement lorsque la pêche est autorisée, des moules sous toutes les coutures… Cave d'appoint.
C : 40 €

13

Pierre Au Palais Royal

Plan : 1 C 3 » 10 rue Richelieu
☎ 01 42 96 09 17
F. sam. à déj., dim. et 7-21 août.
Jusqu'à 23h.

Au cœur de la capitale, la bonne adresse pour le déjeuner d'affaire ou l'après spectacle (pratique, les horaires de service très tardifs), avec un petit parfum de Provence, dans le décor comme sur la carte, déclinée en une belle palette de propositions solides et rassurantes, dans leur composition comme leur réalisation. Le service, remarquable, soutient l'effort de la cuisine et l'ensemble maintient la bonne impression de l'an dernier.
C : 38 € • M : 31-38 €
pierreaupalaisroyal@wanadoo.fr

13

Pinxo

Plan : 1 B 3 » 9 rue d'Alger
☎ 01 40 20 72 00
F. août.
Jusqu'à 23h30.

Avant le shopping chez Colette ou pour le brief du déjeuner, la cantine chic d'Alain Dutournier suit les codes de la mode, des " cappuccini " amusants et légers, des plats matois ou toniques, des intitulés cinglants (" la belle rose, le marron sage et le café fort "). Un service en noir, précis et courtois, emballe le paquet dans une jolie boîte avec une caisse de bons vins, détaillés tout simplement par tarifs (25, 35, 45 **€**) et présentant une quarantaine de références assez pointues. Un point de plus.
C : 50 €

13

Vin et Marée

Plan : 1 C 3 » 165 rue Saint-Honoré
☎ 01 42 86 06 96
Ouv. 7j/7.
Jusqu'à 22h30.

Vin et Marée, version Comédie Française ou presque (la prestigieuse institution est en face), en une déclinaison convaincante, dans son décor comme sa carte, fraîcheur et variété pour les appétits poissonniers, classiques ou de préférence assortis à des parfums du sud (sole au beurre citronné, turbotin sauce hollandaise), jusque dans une carte des vins principalement dédiée à la vallée du Rhône.
C : 40 €
vin.maree@wanadoo.fr

12 L'Absinthe

Plan : 1 B 3 » 24 pl du Marché-Saint-Honoré
☎ 01 49 26 90 04
F. sam. à déj., dim. et 2e-3e sem. août.
Jusqu'à 23h00.

Cela marche si fort pour Caroline Rostang et son équipe, qu'il y a déjà un peu de laisser-aller, dans l'entretien, le service interminable comme dans les diverses attentions que certains convives croient mériter. Et si le bar à la plancha et les petits pots au chocolat de papa Rostang sont bien en toque, les ravioles de Romans aux langoustines et le magret grillé à l'écrasée de patates douces, sans démériter, soulèvent moins d'enthousiasme.
C : 35 € • M : 29-35 €
www.michelrostang.com

[12] Brasserie Munichoise

Plan : 1 B 3 »

5 rue Danielle-Casanova
☎ 01 42 61 47 16
F. sam. à déj., dim. (h.s.), sam. (été) et 3 sem. août.
Jusqu'à 22h45.
🐕

Ach ! Munich en plein Paris, l'Oktoberfest et la bière qui coule à flots ! La déco austro-allemande évoque le passé (elle date tout de même d'un demi-siècle), l'assortiment de saucisses incite vraiment à faire valser les chopes (la Spaten à la pression, comme la blanche de froment et la rare Schwarzbier, légèrement fumée). Et rien n'est bien cher, tout est authentique, dans une ambiance bordure kitsch qui a évidemment son charme : choucroute au boudin noir, Wiener Schnitzel et Apfelstrudel.
C : 24 €

[12] Le Dauphin

Plan : 1 B 3 »

167 rue Saint-Honoré
☎ 01 42 60 40 11
F. 24-25 déc.
Jusqu'à 22h30.
♿ 🐕

Le duo Oudill-Duhr dure et c'est très bien. Parce que les adresses de pro sont toujours utiles, parce que le menu à 37 **€** n'est pas bon marché mais pas exorbitant, que les parilladas de poissons sont dans la fraîche simplicité qu'on attend et enfin parce que le service se bouge avec distinction. Le tournedos de jarret de veau, la cocotte de joue de cochon ou le cassoulet garantissent que vous sortirez repu, et les bouteilles sont choisies avec discernement.
C : 37 € • M : 26 €

[12] Macéo

Plan : 1 C 3 »

15 rue des Petits-Champs
☎ 01 42 97 53 85
F. sam. à déj., dim. et 2 sem. août.
Jusqu'à 23h.
❄ 🚬

Dans un secteur aussi concurrentiel, l'important est de cultiver et de promouvoir sa différence. Macéo a les cartes en main, la situation, bâtiment classé proche de la place des Victoire et du Palais Royal, déco entre Second empire et contemporain, un lounge façon Garcia, cave formidable alimentée par Mark Williamson (également propriétaire du Willi's Wine Bar) qui sait bien sûr ne pas s'arrêter aux frontières hexagonales (350 références). Dans ce contexte, Thierry Bourbonnais a carte blanche, pour bannir la banalité, dans l'assiette comme sur l'addition, sans égarer le client : farcis d'aubergines et saumon mi-fumé aux aromates, agneau de Sisteron artichauts poivrades, panna cotta et nectarine. Le menu à 35 **€** est la recommandation naturelle.
C : 50 € • M : 30-35 € *www.maceorestaurant.com*

[12] Olio Pane Vino

Plan : 1 C 4 »

44 rue Coquillère
☎ 01 42 33 21 15
F. w.-e. et août.
Jusqu'à 22h.

Sur la déferlante des tavola calda (établissements mi-épicerie mi-table d'hôtes servant charcuteries, fromages, et plats de pâtes) qui s'est récemment emparée de Paris, la maison joue de sa déco sobre au beau parquet brut, des "produits de fabrication artisanale" et des "charcuteries et fromages issus de coopératives agricoles toscanes". Les plats de pâtes sont parfaits, dans une gaieté conviviale qui gomme toute tentative d'intimité. Si le contrat est rempli pour l'huile d'olive à disposition sur les tables et la correcte sélection de vins transalpins, il faudrait penser à fournir un effort concernant le " Pane ", parfois en très petite forme.
C : 25 €

[12] Ristorante Fellini

Plan : 1 C 4 »

47 rue de l'Arbre-Sec
☎ 01 42 60 90 66
Ouv. 7j/7.
Jusqu'à 23h.
❄ 🐕 🚬

Cuisson al dente, antipasti soignés et minestrone délicieux : il n'en faut pas plus pour confirmer à nouveau les bonnes vibrations de cette table transalpine réputée entre Châtelet et Rivoli. Les rigatoni aux quatre fromages, et surtout l'excellent risotto, devraient permettre de retrouver la toque bientôt. Large cave de vins du Piémont, de Toscane, de Sicile, de Sardaigne... et tarifs assez soutenus.

[12] La Robe et le Palais

Plan : 1 D 5 »

13 rue des Lavandières-Ste-Opportune
☎ 01 45 08 07 41
F. dim.
Jusqu'à 23h.
⛱ ❄ 🐕

Pour les quelque 250 références d'une très jolie cave, les charcuteries et les bons fromages, dans un décor d'adorable troquet où les places, tout au moins au déjeuner, se paient cher.
C : 35 € • M : 14,50-18 € *www.robe-et-palais.com*

[12] Saudade

Plan : 1 C 4 »

34 rue des Bourdonnais
☎ 01 42 36 03 65
F. dim. et août.
Jusqu'à 22h30.
❄

La régularité dans la mélancolie ? Non, pas vraiment. Car si de langoureux airs de fado rythme parfois la soirée, c'est aussi, comme au Portugal, une occasion de se retrouver pour un moment intense, y compris de gourmandise : le cochon de lait grillé, la morue, le porc à l'alentajana (aux palourdes) sont les mêmes inaltérables classiques que l'on aime déguster avec un dao ou un vinho verde.
C : 30 € • M : 20 €

[12] Yasube

Plan : 1 B 3 »

9 rue Saint-Anne
☎ 01 47 03 96 37
F. dim. et fériés.
Jusqu'à 22h30.
❄

Le sashimi à 15-20 **€**, selon le nombre de pièces, est un excellent choix. La qualité est évidente, le préparateur physique a l'expérience du couteau, l'atmosphère est comme on la recherche, zen nippone sans être trop condescendante avec les béotiens d'Europe.
C : 25 € • M : 12,80-18,60 €

[11] Les Dessous de la Robe

Plan : 1 C 4 »

4 rue Bertin-Poirée
☎ 01 40 26 68 18
F. dim., août et Noël.
Jusqu'à 0h30.
⛱ 🐕

Un bistrot de quartier dans un air de Paris : on ne se prend pas au sérieux, l'atmosphère est animée sans stress et les plats ont des idées, détaillées sur l'ardoise aux trésors de saison. Le répertoire ménager est plutôt bien traité, et le service aussi souriant qu'affairé.

[11] Juveniles

Plan : 1 C 3 »

47 rue de Richelieu
☎ 01 42 97 46 49
Rens. non comm.
Jusqu'à 23h.
🐕

Tim, le patron, connaît parfaitement ses vins du monde entier, a ses préférences, et aime les faire partager. Le Juveniles n'est donc pas un fade jouvenceau où l'on va à la pêche, mais une petite échoppe maligne où l'on fait danser les verres entre deux assiettes composées elles aussi sur des choix de provenances (la charcuterie de Pierre Oteiza, le jambon persillé de Duval) et des influences variées (foie gras, poulet tikka, faux-filet Angus) sans autre prétention que de bien suivre le rythme vinicole.

[11] Lescure

Plan : 1 A 3 »

7 rue de Mondovi
☎ 01 42 60 18 91
F. w.-e., 3 sem. août et 1 sem. Noël.
Jusqu'à 22h15.
⛱ ❄ 🐕

Un comptoir corrézien limousin de la meilleure trempe, celle qui vous expédie dans l'assiette de la cam' de première, du cochon cul-noir, du boudin aux châtaignes, du bœuf limousin. Et les recettes viennent toutes seules rappler le bon goût de la tradition : confit maison, poule au pot Henri IV, bœuf bourguignon… dans l'ambiance qui va bien avec un cahors ou un saint-émilion.
C : 28 € • M : 22 €

[11] Ragueneau

Plan : 1 C 3 »

202 rue Saint-Honoré
☎ 0142 60 29 20
F. 1er janv.
Jusqu'à 22h.
⛱ ❄ 🐕

"Snack chic" au rez-de-chaussée, avec une terrasse ouvrant sur le Palais Royal, cuisine sans risque au restaurant mais donnant un menu-carte plutôt honnête, avec les ravioles d'escargots, la bonne brandade et la souris d'agneau braisée en cocotte.
C : 25 € • M : 19,50-23 €

[?] Il Cortile

Plan : 1 B 3 »

37 rue Cambon
☎ 01 44 58 45 67
F. w.-e., fériés et août.
Jusqu'à 22h30.
⛱ 🚗 ♿ ❄ 🐕
🚬

On le sait d'une façon définitive, ce n'est plus Alain Ducasse qui coache les cuisines de ce bel hôtel de Castille. Mais que l'on se rassure, le successeur du précédent chef néerlandais, Vittorio Beltranelli n'est ni un novice ni un outsider, comme en témoignent ses passages au Louis XV à Monte Carlo et chez Gualtiero Marchesi. La première carte apparaissant en novembre, nous vous tiendrons informés dans le magazine.
C : 85 € • M : 85 €

www.alain-ducasse.com

L'Autobus Impérial

Plan : 1 D 3 »

14 rue Mondétour
☎ 01 42 36 00 18
F. dim., 24-25 déc. et 31 déc.-1er janv.
Jusqu'à 23h.

Dans le quartier des Halles, un décor travaillé, presque baroque avec ses fauteuils de style, ses glaces ou sa verrière, baigné de couleurs douces. Des formules déjeuner aux tarifs attractifs pour une cuisine qui doit encore gagner en régularité.
C : 35 € • M : 16,50-45 €

Bioboa

Plan : 1 B 3 »

3 rue Danielle-Casanova
☎ 01 42 61 17 67
F. à dîn., w.-e. et août.

Le meilleur restau bio de Paris ? En tout cas le plus amusant, animé, joli, et conceptuellement réussi. Pour montrer que le bio n'est surtout pas triste, une architecture moderne, et une cuisine de simplicité, sandwichs, salades, gaspachos, milk-shakes.
C : 25 €
bioboa@free.fr

Café Marly

Plan : 1 B 3 »

93 rue de Rivoli
☎ 01 49 26 06 60
Rens. non comm.
Jusqu'à 1h.

Le décor Second Empire, la terrasse face à la Pyramide de Peï, des assiettes modeuses (tomates mozza, avocat crevettes façon drugstore, saumon fumé norvégien, caviar...), c'est du Costes et c'est incontournable.
s.a.marly@wanadoo.fr

La Cloche des Halles

Plan : 1 C 4 »

28 rue Coquillière
☎ 01 42 36 93 89
F. sam. à dîn., dim. et 3 sem. août.
Jusqu'à 21h.

Un bistrot bien connu dans nos colonnes, assiettes de charcuterie, de fromages, tarte à l'oignon, un registre culinaire extra simple qui colle parfaitement aux petits crus pas chers de la cave. Ambiance survoltée au déjeuner.
C : 14 €

Costes

Plan : 1 C 3 »

239 rue Saint-Honoré
☎ 01 42 44 50 25
Ouv. 7j/7.
Jusqu'à 24h30.

➥ **Hôtel :** Costes
Comme nous confiait récemment un grand chef "après le champagne et le dîner au Costes, personne ne peut résister". Le charme de cet hôtel au luxe moderne en plein Paris, c'est une magie d'aujourd'hui avec une carte toute simple pour faims distinguées. 50 g de Pétrossian pour 175 **€**, ce n'est finalement pas plus cher qu'ailleurs. Et au moins, vous êtes au Costes.
C : 100 €

Davé

Plan : 1 C 3 »

12 rue Richelieu
☎ 01 42 61 49 48
F. sam. à déj., dim. à déj. et 1 sem. 15 août.
Jusqu'à 23h.

La discrétion et la situation font de ce Davé un rendez-vous asiatique pratique, assez bon marché et d'intimité, autour des raviolis vapeur, crevettes épicées et travers de porc.
C : 40 €

Kong

Plan : 1 C 4 »

1 rue Pont-Neuf
☎ 01 40 39 09 00
Ouv. 7j/7.
Jusqu'à 23h30.

Le dôme vitré réserve une vue exceptionnelle jusqu'au Pont Neuf, le spectacle est aussi dans la salle, au décor branché design, voire dans les assiettes, modeuses à souhait dans leurs influences sudistes ou asiatisantes.
C : 42 €

Lavinia

Plan : 1 A 2 »

3 bd de la Madeleine
☎ 01 42 97 20 20
F. dim.

Pour le vin à prix boutique (Lavinia est aussi un supermarché du vin, avec 6000 références !) et la cuisine simple mais soignée (filet de bœuf de salers au foie gras et poêlée de champignons, carré d'agneau du pays d'oc et galette de polenta).
C : 40 €

Nodaïwa

Plan : 1 C 3 » 272 rue Saint-Honoré
☎ 01 42 86 03 42
F. dim., 30 déc.-12 janv. et 15-31 août.
Jusqu'à 22h.

Une gastronomie japonaise de belle tenue mais aussi de multiples variations autour de l'anguille grillée (unagi), une recette japonaise ancestrale créée à l'époque d'Edo (1603-1867). Une micro-niche culinaire comme seule Paris peut en compter.
C : 25 € • M : 16-58 €
www.nodaiwa.com

Le Petit Théâtre

Plan : 1 B 3 » 15 pl du Marché Saint-Honoré
☎ 01 42 61 00 93
F. dim., lundi et 3 sem. déb. août.
Jusqu'à 22h15.

De la cochonnaille, mais surtout pas de la cochonnerie : un pied de cochon d'anthologie et de généreuses spécialités prouvent ici que, décidément, tout est bon dans le cochon.
C : 35 € • M : 18-25 €

Le Pluvinel

Plan : 1 B 3-4 » 2 pl des Pyramides
☎ 01 42 60 90 34
F. w.-e. et août.
Jusqu'à 22h.

Face au Louvre, au sein du très beau et très chic hôtel Régina, une table qu'aiment fréquenter les journalistes du Canard Enchaîné, autant pour les jolies assiettes modernes (tempura de gambas au sésame grillé, filet de rouget aux ravioles de tapenade au jus émulsionné...) que pour la délicieuse cour-jardin.
C : 50 € • M : 33-40 €
www.regina-hotel.com

Point Bar

Plan : 1 B 3 » 40 pl du Marché Saint-Honoré
☎ 01 42 61 76 28
F. dim. et lundi.
Jusqu'à 23h.

Une adresse plaisamment dans l'air du temps, dans son allure moderne et épurée (sans oublier une terrasse agréable), sa cuisine ouverte avec bonheur à des horizons variés mais aussi sa jolie carte des vins truffée de découvertes.
C : 36 € • M : 25-36 €

Le Soufflé

Plan : 2 F 5 » 36 rue Mont-Thabor
☎ 01 42 60 27 19
F. dim., 15 jrs vac. scol., fév. et 3 sem. déb. août.
Jusqu'à 22h10.

Probablement le seul restaurant de l'Hexagone intégralement dédié au soufflé, salé ou sucré : un menu "tout soufflé" (aux asperges, aux morilles, au foie gras, aux fruits de mer, de brochet, au chocolat, aux pommes et calvados) et quelques plats plus conventionnels.
C : 40 € • M : 29-35 €
c_rigaud@club-internet.fr

Willi's Wine Bar

Plan : 1 C 3 » 13 rue des Petits-Champs
☎ 01 42 61 05 09
F. dim. et 2 sem. août.
Jusqu'à 23h.

Condrieu de Niero au verre ou manzanilla, ou tokaji 5 Puttonyos, l'éclectique carte des vins élaborée par Mark Williamson sait donner soif. Pour accompagner une aimable cuisine de bistrot mi-branchée mi-traditionnelle, tartare de thon, tian d'agneau au romarin, mikado aux fraises, dans une ambiance de clubbers initiés et de touristes alléchés.
C : 32 € • M : 25-32 €
www.williswinebar.com

Costes

Plan : 1 C 4 » 239 rue Saint-Honoré
☎ 01 42 44 50 00
Fax 01 42 44 50 01
Ouv. 7j/7.

➡ **Restaurant** : Costes

Fastueux et chatoyant, le Costes reste fidèle à son image exclusive et particulière, qui habille un luxueux cadre Second Empire. Luxe et confort parfait, service aux petits soins et LE lieu où il faut être, le magnifique patio à l'italienne. Incontournable, darling.
3 appart. € • 79 ch. 350 €

Le Meurice

Plan : 1 A 3 » 228 rue de Rivoli
☎ 01 44 58 10 10
Fax 01 44 58 10 15
Ouv. 7j/7.

➡ **Restaurant** : 17/20 Le Meurice

Palace aux allures fastueuses sous les ors XVIIIe, le Meurice marque notamment sa différence sur des expositions régulières et originales, une vocation culturelle héritée notamment de Salvador Dali. Les chambres sont personnalisées autour d'une trentaine d'ambiances aux harmonies soignées, sur une tonalité générale XVIIIe. Le jardin d'hiver, sous sa verrière Art nouveau, reste un must apprécié.
39 appart. 950-12000 € • 121 ch. 600-800 €
www.lemeurice.com

Ritz Paris

Plan : 1 B 3 »

15 pl Vendôme
☎ 01 43 16 30 30
Fax 01 43 16 36 68
Ouv. 7j/7.

➥ **Restaurant** : 16/20 L'Espadon

Un modèle de palace, aussi majestueux que la place Vendôme qui l'accueille. Bien sûr, le décor est fastueux (vous en connaissez beaucoup des suites classées aux Monuments Historiques ?), les meubles de style le disputant aux matériaux les plus luxueux pour composer des chambres comme un grand maître composait ses tableaux. Bien sûr, la batterie d'équipements en tout genre, de la galerie de boutiques de luxe à la piscine, est impressionnante. Mais surtout la qualité du service est érigée au rang d'art, avec une disponibilité et un sens de la prévoyance tellement naturels que les habitués trouvent cela normal.

56 appart. 820-8500 € • 106 ch. 610-770 € *www.ritzparis.com*

Hôtel Castille Paris

Plan : 1 B 3 »

33-37 rue Cambon
☎ 01 44 58 44 58
Fax 01 44 58 44 00
Ouv. 7j/7.

Autour d'un patio décoré de luxueuses mosaïques azulejo, l'hôtel se déploie sur deux ailes aux personnalités propres, l'aile Rivoli et son luxe à la française, raffinement en version feutrée, et l'aile Opéra, dans une fastueuse ambiance vénitienne.

21 appart. 450-760 € • 86 ch. 330-500 € *www.castille.com*

Hôtel Washington Opéra

Plan : 1 C 3 »

50 rue de Richelieu
☎ 01 42 96 68 06
Fax 01 40 15 01 12
F. non comm.

Une façade élégante et discrète, avec ses balcons en fer forgé, pour cet établissement où flotte le souvenir de Mme de Pompadour et de Stendhal. Chambres très agréables à vivre, avec des couleurs qui, mariées aux meubles de style, composent des espaces personnalisés.

36 ch. 215-245 € *www.hotelwashingtonopera.com*

Opera Richepanse

Plan : 1 A 2 »

14 rue du Chevalier-de-Saint-Georges
☎ 01 42 60 36 00
Fax 01 42 60 13 03
Ouv. 7j/7.

Dans un quartier riche en hôtellerie de prestige, le Richepanse signe son originalité par le bâtiment (immeuble fin XIXe, avec poutres apparentes dans certaines chambres) et par sa décoration, inspirée de la période Art Déco, notamment dans les chambres personnalisées.

3 appart. € • 35 ch. 230 € *www.richepanse.com*

Saint-James et Albany

Plan : 1 B 3 »

202 rue de Rivoli
☎ 01 44 58 43 21
Fax 01 44 58 43 11
Ouv. 7j/7.

Installé dans l'ancien hôtel particulier des ducs de Noailles, l'hôtel bénéficie ainsi d'un cadre remarquable, avec une architecture XVIIe exceptionnelle et le luxe de jardins à la française et d'une large cour pavée. Autre atout, la situation bien sûr, à deux pas du musée du Louvre. Chambres de haut standing, avec mobilier de style et ambiance feutrée.

11 appart. € • 184 ch. 250-450 € *www.hotelsaintjames.com*

Hôtel Brighton

Plan : 1 B 3 »

218 rue de Rivoli
☎ 01 47 03 61 61
Fax 01 42 60 41 78
Ouv. 7j/7.

Largement ouvert sur le jardin des Tuileries, cet hôtel de style Empire ajoute d'autres atouts à cette situation précieuse, avec une belle élégance classique nourrie de meubles de style et de couleurs élégantes dans des chambres au confort soigné.

15 appart. 210-247 € • 50 ch. 133-170 € *www.esprit-de-france.com*

Hôtel Thérèse

Plan : 1 B 3 »

5-7 rue Thérèse
☎ 01 42 96 10 01
Fax 01 42 96 15 22
Ouv. 7j/7.

Mobilier contemporain exclusif, salle de bain à l'ancienne et huit harmonies de couleurs pour personnaliser les chambres de cet immeuble XVIIIe à la jolie petite cour intérieure et à la situation centrale. Atmosphère raffinée et accueil soigné.

40 ch. 114-260 € *www.hoteltherese.com*

Le Mansart

Plan : 1 B 2 » 5 rue des Capucines
☎ 01 42 61 50 28
Fax 01 49 27 97 44
Ouv. 7j/7.

L'architecture comme le nom font écho au prestigieux architecte qui a travaillé notamment sur la place Vendôme toute proche. L'intérieur respecte cet esprit et privilégie un charme à l'ancienne, mobilier de style et tentures servant les hauts plafonds, dans des chambres personnalisées.

57 ch. 140-305 € *www.esprit-de-france.com*

Le Relais du Louvre

Plan : 1 C 4 » 19 rue des Prêtres, Saint-Germain-l'Auxerrois
☎ 01 40 41 96 42
Fax 01 40 41 96 44
Ouv. 7j/7.

Si l'installation d'un accès wifi (gratuit) a propulsé ce bel immeuble du XVIIIe siècle dans le troisième millénaire, on en retient également la décoration chaleureuse de ses chambres, dans lesquelles les meubles copies d'ancien côtoient les commodes Directoire. L'une des chambres ouvre sur un patio privatif.

3 appart. 210-410 € • 18 ch. 99-190 € *www.relaisdulouvre.com*

Relais Saint-Honoré

Plan : 1 B 3 » 308 rue Saint-Honoré
☎ 01 42 96 06 06
Fax 01 42 96 17 50
Ouv. 7j/7.

La façade vert tendre augure bien de la douceur de vivre dans cet immeuble XVIIe aux chambres délicatement personnalisées, par des couleurs qui se répondent des poutres aux tissus fleuris.

2 appart. 280-320 € • 13 ch. 190 € *www.relaissainthonoré.com*

PARIS 2 (8 C 5)

Bizan

Plan : 1 C 3 » 56 rue Sainte-Anne
☎ 01 42 96 67 76
F. dim.
Jusqu'à 22h30.

On espérait que Bizan se maintiendrait vers les sommets fuji-yamesques d'Issé, son prédécesseur, c'est à dire ceux d'un japonais à la fois sobre et terriblement précis. Or; non seulement Bizan rassure, mais prend même une longueur d'avance (la concurrence est sévère dans la rue) avec des tarifs plutôt à la baisse pour une qualité totalement sans reproche. Avec son offre des divers menus, dont le "Bizan" changé chaque jour (l'autre jour un formidable mulet aux arômes de wakamé), ses sashimis et sushis de gros calibre, Bizan reste très proche du maillot jaune dans la capitale.

M : 30-70 € *bizan@ksm.fr*

Le Céladon

Plan : 1 B 2 » 15 rue Daunou
☎ 01 47 03 40 42
F. w.-e. et août.
Jusqu'à 21h30.

➥ **Hôtel :** Westminster

Le nom dicte la couleur et les influences de ce décor feutré et à la douceur de ce vert pâle répond l'atmosphère générale des lieux : service à l'efficacité discrète et aux attentions dispensées avec un parfait naturel, et cuisine maîtrisée, pour des assiettes harmonieuses et sans prise de risque excessive. Une réalisation convaincante et des tarifs relativement compétitifs suffisent à convaincre l'ensemble de la clientèle qu'elle a fait le bon choix, avec la caille de la Dombes en deux cuissons, coulis de chorizo et une délicieuse purée de petits pois, le filet de rouget barbet, sauce au vin rouge, à la cuisson parfaite et à la sauce discrète, et de belles douceurs sucrées, tant la déclinaison d'abricots et romarin en clafoutis, brochette et sorbet, que les mignardises remarquablement soignées. Intéressante formule vin compris.

C : 100 € • M : 51-66 € *www.leceladon.com*

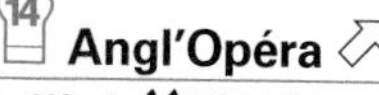

Angl'Opéra

Plan : 1 B 3 » 39 av de l'Opéra
☎ 01 42 61 86 25
F. w.-e., 2 sem. août, Noël et nouvel an.
Jusqu'à 23h.

➥ **Hôtel :** Hôtel Edouard VII

Après des débuts " potaches " et pas techniquement irréprochables, l'assiette est aujourd'hui plus aboutie, étudiée, et impeccable dans la réalisation. D'ailleurs, la philosophie de Gilles Choukroun revendique la part d'humain et d'imperfection qui fait, entre autres, le charme de sa cuisine, l'essentiel étant dans ce

bouillonnement permanent, l'affranchissement des contraintes, la liberté de ton et d'expression. Allez comparer, pour rire un peu, cette carte avec votre repas de communion, vous verrez que le siècle a changé : " tranché, lentilles, anchois, citronnelle...et foie gras ; vapeur, choux de printemps, lait de coco, pesto...et lieu "; "plancha, polenta, rhubarbe, raifort...et rouget" ; "soupe tiède, macaron, thé, confiture...et roses"... Service sympa et pro, cadre et ambiance agréables, carte des vins impeccable, intéressante, personnelle. Des tables où on s'amuse autant en mangeant aussi bien, c'est si rare...Un point de plus et coup de coeur presque permanent.
C : 40 € • M : 20 € *www.anglopera.com*

14 Chez Georges

Plan : 1 C 3 »

1 rue du Mail
☎ 01 42 60 07 11
F. dim, fériés et 3 sem. août.
Jusqu'à 21h45.

Un classique du bistrot dans un décor début de siècle. On peut le dire ainsi, en citant deux trois standards, les harengs, les escargots, la sole Georges, l'entrecôte à la moelle et le rognon grillé Henri IV. Mais ce qui fait vraiment saliver, ce qui fait que Georges est souvent la référence bistrotière à Paris pour des vieux briscards comme pour de jeunes godelureaux du bouchon, c'est cet indicible pur jus, de gueule d'atmosphère, d'abondance qui ne nuit pas, de gouaille bâfreuse et ripailleuse à laquelle on tolère quelques prix mahousses et un petit manque de fougue dans la réalisation. Cave limitée, qui ne veut pas savoir qu'on a planté des vignes ailleurs qu'en Bordelais, Bourgogne et vallée du Rhône.
C : 50 €

13 La Fontaine Gaillon

Plan : 1 B 3 »

Pl Gaillon
☎ 01 42 65 87 04
F. w.-e. et août.
Jusqu'à 23h30.

En dehors d'un strict aspect alimentaire (on vient parfois aussi au restaurant pour ça), l'hôtel particulier de la place Gaillon a au moins le mérite de nourrir les papiers de chroniqueurs en panne de sujets (dis, coco, si on parlait des restaus des stars…). Quel scoop ! Le vin de Carole Bouquet, la table de Gérard Depardieu. On pourrait, par contrecoup de la fan attitude, oublier ce qu'on mange. Ce ne serait pas juste pour le travail soigné de Laurent Audiot, ancien de chez Marius et Jeannnette, qui n'invente pas, mais refait très proprement le merlan Colbert, les ravioles de langoustines et le pigeon rôti aux morilles.
C : 60 € • M : 38 €

13 Aux Lyonnais

Plan : 1 C 2 »

32 rue Saint-Marc
☎ 01 42 96 65 04
F. non comm.

Lyon, petit faubourg de Paris ? N'allez pas croire qu'on a enfermé la capitale des Gaules dans une bouteille, fût-elle siglée Alain Ducasse. C'est plutôt un thème qui s'étend à un terroir bien compris, une façon aimable et gourmande de se nouer la serviette autour du cou et de donner de la fourchette en connaisseur comme l'horloger de Saint-Paul, dans un décor étudié bouchon moderne, sans condescendance, sans racolage. Le pot de la cuisinière (charpie de porcelet au foie gras, en bocal, servie avec une tasse de girolles poêlée et une épaisse tranche de pain de campagne grillée), comme les quenelles d'écrevisses, symbolisent l'esprit, ni bêtement orthodoxe, ni trop jacobin, de la démarche. Cave axe rhône et bon choix de vin au verre, service énergique.
M : 28 € *auxlyonnais@online.fr*

13 Sapporo

Plan : 1 B 2 »

2 bis rue Daunou
☎ 01 42 61 48 38
Ouv. 7j/7.
Jusqu'à 22h30.

Un bon condensé des charmes à la mode, dans le décor branché et moderne sur deux étages, dans l'ambiance décontractée chic, et surtout dans la cuisine, qui décline la partition japonaise avec des influences suffisamment variées et pointues pour séduire le plus grand nombre et assurer le succès.
C : 13 € • M : 10-12,50 €

[12] Gallopin

Plan : 1 C 3 » 40 rue Notre-Dame-des-Victoires
☎ 01 42 36 45 38
Ouv. 7j/7.
Jusqu'à 24h.
⛱ 🚗 ♿ ❄ 🐕 🚬

Accrochez-vous au bastingage, ce décor-là, restitué pratiquement comme à ses débuts, mais constamment dans son neuf, il n'y a qu'à Paris : de fines histoires s'y déroulent depuis 130 ans, des secrets se dévoilent et des alliances se nouent autour d'une douzaine de fines de claire, d'une andouillette à la ficelle et d'un chateaubriand. La cave ne découvre pas mais rassure, le marché du jour, détaillé en formules variées, ne manque en revanche pas d'idées.
C : 32€ • M : 28€ *www.brasseriegallopin.com*

[12] Le Mesturet

Plan : 1 B 3 » 77 rue de Richelieu
☎ 01 42 97 40 68
F. sam. à déj., dim.
Jusqu'à 22h15.
♿ ❄ 🐕 🚬

Quand on a travaillé avec Marcel Baudis (l'Oulette, la Baracane), on connaît les bonnes filières. Ce bistrot sans chichis va chercher l'essentiel : une provenance, un terroir, un produit, symboles de la première recherche qualité d'un cuisinier. Aussi les recettes ne sont-elles pas des répétitions, mais des modèles d'un répertoire ménager perdu de vue à ce niveau : magret de canard aux pennes, rougets à la plancha, entrecôte béarnaise et un fameux Paris-Brest à rendre jaloux le baba au rhum pourtant plantureux. Petite cave de proprios évidemment très adaptée.
M : 19-25€

[11] Korin

Plan : 1 C 3 » 58 bis rue Sainte-Anne
☎ 01 40 20 49 93
F. dim., lundi, 15-31 août et 24-31 déc.
🐕

Décor minimaliste, quelques places devant le chef vite prises d'assaut, souvent par une clientèle japonaise, qui a plus de facilité à déchiffrer les propositions du jour (en VO) que nous autres Européens. Qu'importe, la surprise est bonne, autour des hors d'œuvre variés comme des généreux assortiments de sushis, sashimis et makis, et à des tarifs raisonnables.
C : 22€ • M : 12-25€ *korin@euroasia.fr*

[10] Le Gavroche

Plan : 1 C 2 » 19 rue Saint-Marc
☎ 01 42 96 89 70
F. dim., 1 sem. fév. et août.
Jusqu'à 1h30.
🐕

Si vous tombiez dans le ruisseau en sortant du Gavroche, ce ne serait certainement pas la faute à Rousseau. Mais il n'est évidemment question que de modération, même si l'on peut avoir envie, dans cet endroit festif, de prolonger le moment de l'andouillette et de la côte de bœuf avec quelques verres de beaujolais. En douceur, avec mesure, s'entend.
C : 25€

[10] Mémère Paulette

Plan : 1 C 3 » 3 rue Paul-Lelong
☎ 01 40 26 12 36
F. dim. et 15 jrs août.
Jusqu'à 22h.
🚬

Près de la Bourse, un " restaurant-caviste " aux 150 (bonnes) références viticoles, qui ne désemplit pas et ravit les bobos traders avec son cadre usé aux vieilles réclames et médailles de concours agricole. Du bistro pur maison pour solides mangeurs, excellent pâté, paupiettes de canard braisées, saucisson fumé poché et purée maison, et desserts médiocres.
C : 17,50€ • M : 13-17,50€ *chezmemerepaulette@free.fr*

► La Crêpe Dentelle

Plan : 1 D 3 » 10 rue Léopold-Bellan
☎ 01 40 41 04 23
F. w.-e. et 6-24 août.
Jusqu'à 23h30.
❄ 🐕

La liaison Paris-Brest bénéficie d'une correspondance efficace dans cette adresse au décor gentiment bretonnante et à la carte de crêpes et galettes aux parfums sympathiques et aux garnitures soignées.
M : 11,90€

Les fermetures hebdomadaires et annuelles
sont celles que les restaurateurs et les hôteliers pensent pratiquer en 2006.
Pour éviter des déplacements inutiles, téléphonez pour confirmer.

Un Jour à Peyrassol

Plan : 1 C 2 » 13 rue Vivienne
☎ 01 42 60 12 92
F. w.-e. F. ann. non comm.
Jusqu'à 22h.

Une cave truffière en plein Paris : c'est l'idée originale d'un domaine réputé (Commanderie de Peyrassol) dont les vignes provençales se trouvent aussi dans un pays où le diamant noir est recherché avec passion. D'où cet élégant et sympathique mâchon au cœur de la capitale, où l'on peut goûter les très bons crus de la propriété en savourant des tartines hautes en arôme et des plats de soleil.
C : 35 € • M : 15 €

Hôtel Park Hyatt Vendôme

Plan : 1 B 2 » 5 rue de la Paix
☎ 01 58 71 12 34
01 58 71 12 35
Ouv. 7j/7.

Le luxe se conçoit ici épuré, sans effet de manche mais dans le détail de matériaux nobles (pierre de Paris, bronze, acajou), d'un décor jouant harmonieusement des meubles de style (des pièces exclusives) et des détails raffinés (corniches dorées à l'or fin, portes en acajou, oeuvres d'art authentiques), sans oublier un équipement de haut niveau, d'un point de vue aussi bien technique (hifi vidéo haut de gamme) que pratique. Le tout pour créer une atmosphère unique (signée de l'architecte américain Ed Tuttle). Quand paraîtra cette édition, Christophe David aura été remplacé en cuisine par Jean-François Rouquette, ancien du Bourdonnais et des Muses (restaurant du Scribe), l'un des rares transferts survenus cet automne dans le petit monde des palaces. Les ambitions seront peut-être revues à la hausse. A suivre.
35 appart. 770-4000 € • 178 ch. 580-670 € • C : 85 €
www.www.paris.vendome.hyatt.com

Westminster

Plan : 1 B 2 » 13 rue de la Paix
☎ 01 42 61 57 46
01 42 60 30 66
Ouv. 7j/7.

➡ **Restaurant** : 15/20 Le Céladon
A deux pas de la place Vendôme (voir les suites aux noms de grands joailliers), l'hôtel concentre les vertus du palace à la parisienne, architecture haussmannienne, prestations de haut niveau, dans l'équipement comme dans le service, et décoration signée Pierre-Yves Rochon qui mêle habilement les éléments nécessaires au luxe (meubles d'époque, toile de Jouy, lustres en cristal) en un modèle d'élégance et de raffinement.
21 appart. 500-1300 € • 80 ch. 250-570 € *www.hotelwestmimster.com*

Hôtel Edouard VII

Plan : 1 B 2 » 39 av de l'Opéra
☎ 01 42 61 56 90
01 42 61 47 73
Ouv. 7j/7.

➡ **Restaurant** : 14/20 Angl'Opéra
Outre le privilège d'une situation sur l'avenue de l'Opéra, l'hôtel, dans un classique immeuble haussmannien, mise sur le confort feutré et luxueux de chambres à la fois actuelles et hors du temps, avec leurs emprunts au style Napoléon III et leur mobilier contemporain. De nombreux petits plus, comme la disponibilité du service, la qualité du restaurant (Angl'Opéra) ou le partenariat avec un centre de remise en forme.
5 appart. 1100 € • 69 ch. 295-390 € *www.edouard7hotel.com*

Hôtel Opéra de Noailles

Plan : 3 A 5 » 9 rue de la Michodière
☎ 01 47 42 92 90
01 49 24 92 71
Ouv. 7j/7.

Prestations luxueuses et superbe décor moderne pour les chambres, dont la plupart se distribuent en toute tranquillité autour du patio. Sauna et salle de gymnastique.
60 ch. 150-420 € *www.paris-hotel-noailles.com*

L'Horset Opéra

Plan : 1 B 2 » 18 rue d'Antin
☎ 01 44 71 87 00
01 42 66 55 54
Ouv. 7j/7.

La douceur des tissus d'ameublement, dans leurs harmonies de couleurs comme dans leurs matières, est une composante de l'atmosphère de ces chambres confortables et sobres, discrètement Art déco.
54 ch. 165-260 € *www.hotelhorsetopera.com*

Victoires Opéra

Plan : 1 D 3 » 56 rue Montorgueil
☎ 01 42 36 41 08
01 45 08 08 79
Ouv. 7j/7.

Association de couleurs (beige et violet notamment) et choix du mobilier ancrent l'hôtel dans une agréable atmosphère contemporaine. Belle situation.
24 ch. 180-335 € *www.victoiresopera.com*

PARIS 3 (8 C 5)

14 Ambassade d'Auvergne

Plan : 1 D 4 » 22 rue du Grenier-Saint-Lazare
☎ 01 42 72 31 22
Ouv. 7j/7.
Jusqu'à 22h.

Pas besoin de dépoussiérer cette ambassade que certains ont connu gamine. C'était il y a quarante ans, certes, mais elle a toujours su se renouveler, autant dans le décor que dans l'assiette pour garder le terroir auvergnat frais comme un gardon. Les classiques sont là, mais toujours interprétés dans l'esprit de saison et de renouvellement : velouté aux cosses de fèves et julienne de lard fumé, onglet de veau aux pois gourmands, poulet fermier aux morilles. Si, par hasard, vous effectuez votre première visite, les cochonnailles, comme l'estofinado ou le bœuf de Salers, semblent incontournables, et s'il y a un endroit où manger une salade de lentilles, c'est ici. Même si elle existe un peu entre les plats, l'attente ne compte pas car on oublie Paris, dans cette ambiance de bonheur simple où on se lèche les doigts entre chaque bouchée. Cave didactique et bien approfondie, de l'Auvergne au Languedoc.
C : 31 € • M : 28 € *www.ambassade-auvergne.com*

14 Au Bascou

Plan : 1 D 3 » 38 rue Réaumur
☎ 01 42 72 69 25
F. w.-e., fériés, Noël-nouvel an et août.
Jusqu'à 22h30.

Voilà le véritable repaire de la cuisine d'Euzkadi à Paris. Tout est ici authentiquement basque, du décor aux serveurs en passant par la carte des vins remarquable. Les assiettes sont irréprochables, nettes, roboratives, savoureuses, parfaites dans le genre, et respectueuses des traditions. Alors certes, la carte n'est pas une girouette, mais le patrimoine basque mérite une exposition permanente : pour trouver immuablement le jambon, les pimientos, l'axoa, le boudin, le fromage de brebis, le béret basque, la tourtière,…(un très bon point pour les desserts pas du tout anecdotiques).
C : 33 € • M : 33-42 €

13 Murano Urban Resort

Plan : 1 F 3 » 13 bd du Temple
☎ 01 42 71 20 00
Ouv. 7j/7.
Jusqu'à 23h30.

➥ **Hôtel :** Murano Urban Resort
La déco, celle d'un des hôtels parisiens les plus photographiés dans les magazines de design de ces deux dernières années, retiendrait presque le mangeur sain de s'installer (on ne peut pas investir autant à l'intérieur et à l'extérieur des casseroles). Pourtant, l'effort poussé vers le beau produit travaillé nettement va au-delà du lounge scintillant, et les desserts notamment, ne sont pas loin des deux toques. Carte du déjeuner étudiée pour le business, plus étoffée le soir, chic moderne. Service et accueil bien dans la note, carré VIP et connivence flatteuse.
C : 50 € *www.muranoresort.com*

13 Le Pamphlet

Plan : 1 E 4 » 38 rue Debelleyme
☎ 01 42 72 39 24
F. sam. à déj., dim., lundi à déj., 1er-15 janv., 1er-7 mai et 6-26 août.
Jusqu'à 23h.

Au seuil du Marais, une table au petit charme provincial, cossu bourgeois, poutres apparentes et tons gais en rouge et jaune. Peu d'étudiants dans la salle, mais une ambiance tranquille d'habitués autour d'assiettes bien fichues, rondelettes (dos de thon rouge pipérade et serrano, un très bon agneau et carottes au cumin), manquant peut-être justement un peu de tranchant. Service prévenant, cave pas mal constituée, bien dans son époque avec des références qui comptent, mais pas de demi-bouteilles et peu de vins au verre disponibles.
M : 30-45 €

[12] Les Don Juan ♥ — Plan : 1 E 3

» 19 rue de Picardie
☎ 01 42 71 31 71
F. sam. à déj., dim. et 3 sem. août.
Jusqu'à 23h.

Nouveau et malin : dans une ambiance bobo ma non troppo, un déluge de gentillesse et de sourires se déverse dans cette salle bien née, aux assiettes vives et fraîches, influences italiennes et méditerranéennes : croustillant de volaille façon chiche taouk, foccacina bianca roquette et tomates, fondant chocolat et panna cotta.

C : 30 € • M : 14 € — *www.lesdonjuan.com*

Caves Saint-Gilles — Plan : 1 F 5

» 4 rue Saint-Gilles
☎ 01 48 87 22 62
Ouv. 7j/7.
Jusqu'à 24h.

Un bistrot façon bodega, affiches de corrida et azulejos. Tortillas, supions, dorade plancha, choix de tapas et vins d'Espagne, dans une ambiance toute molle le midi et toute enflammée le soir.

C : 25 €

Chez Jenny (Alsace-OK) — Plan : 1 F 3

» 39 bd du Temple
☎ 01 44 54 39 00
Ouv. 7j/7.
Jusqu'à 1h.

Le décor Années Trente est remarquablement préservé, le service en costume, sous l'anecdote, est remarquablement efficace, on passera alors sur une cuisine souvent décevante (même la célèbre choucroute), histoire de croquer un morceau d'histoire.

C : 34 € • M : 26 € — *www.chezjenny.com*

404 — Plan : 1 E 3

» 69 rue des Gravilliers
☎ 01 42 74 57 81
Ouv. 7j/7.
Jusqu'à 23h30.

Bab-el-Beaubourg, c'est du couscous sur mesure, dans l'ambiance qu'il faut, pas d'odeur mais du parfum, de la qualité dans la décontraction, et des tarifs logiques pour la pastilla de pigeon ou le tajine de canard, cependant pas si accessibles aux possesseurs de 404.

M : 25-50 € — *404resto@wanadoo.fr*

Little Palace Hotel — Plan : 1 D 3

» 4 rue Salomon-de-Caus
☎ 01 42 72 08 15
📠 01 42 72 45 81
Ouv. 7j/7.

Affaire de famille depuis 1968, l'hôtel n'en arbore pas moins un cadre actuel, entièrement revu il y a peu. Les lignes modernes et épurées, le bois sombre dans une veine japonisante ou encore les lithographies de Klimt composent une ambiance personnelle et élégantes, tandis que le moelleux des couettes et oreillers est une invitation à traîner au lit.

4 appart. 200-260 € • 49 ch. 133-177 € — *www.littlepalacehotel.com*

Le Pavillon de la Reine — Plan : 1 F 5

» 28 pl des Vosges
☎ 01 40 29 19 19
📠 01 40 29 19 20
Ouv. 7j/7.

Ainsi nommée en hommage à la reine Anne d'Autriche, qui séjourna dans les lieux, cette demeure historique jouit d'un emplacement évidemment fabuleux ; sa partie la plus ancienne, qui date du XVIIe siècle, donne sur deux cours arborées et fleuries. Chambres personnalisées, décorées de tissus muraux et d'antiquités, certaines avec poutres apparentes.

15 appart. 620-790 € • 41 ch. 345-545 € — *www.pavillon-de-la-reine.com*

Murano Urban Resort — Plan : 1 F 3

» 13 bd du Temple
☎ 01 42 71 20 00
📠 01 42 71 21 01
Ouv. 7j/7.

➡ **Restaurant** : 13/20 Murano Urban Resort

Une des plus belles réalisations contemporaines de la place de Paris, dans un immeuble XIXe du Marais, paré d'un décor résolument design et pop art : couleurs vives, lignes déstructurées et jeux de voilages pour personnaliser des chambres étonnantes. Le décor n'est pas le seul luxe de ce petit palace, où les prestations sont de haut niveau, dans le service comme l'équipement.

9 appart. 750-2500 € • 43 ch. 350-650 € — *www.muranoresort.com*

PARIS 4 (8 C 5)

L'Ambroisie

Plan : 1 F 5 » 9 pl des Vosges
☎ 01 42 78 51 45
F. dim., lundi, vac. scol. fév. et 3 sem. août.
Jusqu'à 22h.

Cadre et ambiance
Un fleuron de la restauration française, un des plus beaux endroits de Paris. Grands bourgeois, politiques, ducs et capitaines d'industrie s'y retrouvent en famille, chez eux.

Cuisine
A l'inverse de ses collègues des sommets de la gastronomie, on ne vient pas chez Bernard Pacaud pour tester ses dernières créations. L'exceptionnel est ici dans le quotidien. On vient parce qu'on a l'argent et la culture nécessaires, parce qu'on a envie d'une côte de veau ou d'un carré d'agneau et qu'on préfère qu'il soit préparé par Pacaud à 80 € que par Tartempion à 15. On est en plus libéré de l'angoisse de se tromper : tout est simple, un homard entier et pommes de terre, un saint-pierre et cocos, un ris de veau et jus de carottes, un pigeon aux girolles. On ne saurait faire ici de mauvais choix.

Cave
Elle écume la crème au sommet du vignoble national. Autant dire qu'il n'y a rien à boire pour le dégustateur curieux, et tout pour le traditionaliste. dans un lieu où 90% des apéritifs commandés sont du champagne, on ne s'étonne même pas qu'il n'y ait aucune proposition de vin au verre, hormis pour le dessert.

Accueil et service
Condescendant si vous êtes étranger (à la maison bien sûr), affable et urbain si vous êtes "des nôtres" : c'est pourtant le même service, pointu et homogène, qui s'adresse à chacun avec le même professionnalisme. Selon votre aisance, il sera strict, presque distant, ou bien souriant, gentil, proche... Il vous racontera, si vous le laissez faire, que le homard est exceptionnel, que M. Pacaud ne choisit que des turbots qui font au moins huit kilos, etc.
C : 190€

Isami

Plan : 1 D 6 » 4 quai d'Orléans
☎ 01 40 46 06 97
F. dim., lundi, août et vac. scol. déc. Rens. prix non comm.
Jusqu'à 22h.

40 €, le grand tour du Japon, l'ascension du Fuji-Yama, l'accès à la cuisine la plus typique ? Pas cher, si vous ajoutez une promenade romantique sur l'île Saint-Louis. Ici, les choses sont carrées, on dîne tôt, on repart tôt en ayant la sensation d'avoir croisé de l'authentique : dans les sushis, dans la préparation du filet de thon, et même dans le sasamichi, gâteau de haricots rouges dans une pâte de riz gluant parfumé à l'armoise, à propos duquel notre enquêteur pourtant rodé à tout ce qui se mange écrit "Ce n'est ni bon, ni mauvais, c'est étrange".

L'Osteria

Plan : 1 E 5 » 10 rue de Sévigné
☎ 01 42 71 37 08
F. sam., dim., lundi à déj., 1 sem. hiver et août.
Jusqu'à 22h30.

Toute l'ambiguïté des trattorias chics : des prix de grande maison, un service de bistro, une cuisine de mamma, des produits recherchés mais une carte banale, et la truffe qui joue des coudes dans un concert de mandoline. Est-ce que les nombreux touristes ne viennent pas avant tout pour ce patchwork très transalpin au cœur de la capitale ? La morue mantecato, la parfaite caponata, les trippas parmigiana et les seiches à l'encre leur donnent raison, les deux toques semblant aujourd'hui néanmoins disproportionnées pour une assiette basique et sympathique qui nous réjouit simplement, et sans que les truffes soient indispensables. Très belle cave italienne, montepulciano rouge et blanc au verre ou au pichet.
C : 35€
osteria@noos.fr

13 Le Dôme du Marais

Plan : 1 E 5 »

53 bis rue des Francs-Bourgeois
☎ 01 42 74 54 17
F. dim., lundi et 10-25 août.
Jusqu'à 23h.

Le dôme est bien là, et magnifique en plus : héritée de l'ancien mont-de-piété, cette vaste verrière inonde une salle en rotonde historique et magnifique, au décor chatoyant. Mais les mérites de l'adresse ne se limitent pas au décor, la carte de Pierre Lecoutre joue habilement des influences, entre clins d'œil aux terroirs de France et assiettes aux traits modernes et vifs. La carte des vins est tout aussi digne d'intérêt, assurant la promotion efficace des vins naturels avec quelques noms qui sonnant bien.

M : 17-45 € *dome-dumarais@hotmail.com*

13 Mon Vieil Ami

Plan : 1 E 6 »

69 rue Saint-Louis-en-l'Ile
☎ 01 40 46 01 35
F. lundi, mardi, 3 sem. janv. et 3 sem. août.
Jusqu'à 23h.

Ce Vieil Ami alsacien fait désormais partie des valeurs sûres du cœur de Paris, et prodigue bien les qualités qu'augurent ce nom si bien choisi, convivialité et chaleur, l'impression d'être immédiatement chez soi. Vraiment bien choisi, l'Ami est aussi fine gueule et le prouve dans une exploration intelligente et décomplexée du terroir alsacien (Antoine Westermann veille sur la maison), y compris en cave.

C : 39 € • M : 15-39 € *mon.vieil.ami@wanadoo.fr*

12 Baracane

Plan : 1 F 5 »

38 rue des Tournelles
☎ 01 42 71 43 33
F. sam. à déj., dim., Noël et nouvel an.
Jusqu'à 24h.

Au Nord c'était les corons, au Sud-Ouest, c'était l'Oulette, puis la Baracane, depuis que Marcel Baudis a déménagé vers Bercy. Tout en continuant à suivre de près l'adresse originelle, ce comptoir régional qui remplit sa tâche avec enthousiasme et prodigalité, distribuant les classiques comme autant d'étalons estampillés : cou de canard au foie gras, cassoulet maison, gâteau basque… Et avec le saint-sardos, le brulhois ou le fronton, Marcel défend ardemment son terroir jusqu'au bout.

C : 34 € • M : 28-38 €

12 Au Bourguignon du Marais

Plan : 1 E 5 »

52 rue François-Miron
☎ 01 48 87 15 40
F. w.-e. et 15 juil.-15 août.
Jusqu'à 23h.

Avec un nom pareil, on sait ce qu'on vient chercher, des spécialités solides (jambon persillé ou rumsteck à l'époisse) et de beaux flacons en provenance directe du duché, petite ou grande noblesse (et tarifs en rapport). Pourtant, le Bourguignon n'est pas sectaire et fait place aussi à des assiettes moins terroir (croustillant de gambas et chutney de mangue), histoire de voir si par hasard, il ne serait pas aussi un peu le bistrot du XXIe siècle.

C : 40 € *au.bourguignon.du.marais@wanadoo.fr*

12 L'Enoteca

Plan : 1 E 6 »

25 rue Charles-V
☎ 01 42 78 91 44
F. 1 sem. 15 août.
Jusqu'à 23h30.

Une enoteca en Italie, c'est ça : 600 références, des dégustations régulières, un esprit et une atmosphère développés autour du vin. A partir de ce socle, l'assiette suit comme on peut l'espérer, fraîche salade de poulpe, très bons pappardelle au ragoût et cèpes, pure saltimbocca. Pour la découverte viticole, laissez vous guider ou essayez les vins au verre.

C : 30 € • M : 13 € *enoteca@enoteca.fr*

12 Fleurs de Thym

Plan : 1 E 5 »

19 rue François-Miron
☎ 01 48 87 01 02
F. dim.
Jusqu'à 22h45.

Bien loin des fast food libanais qui poussent comme des champignons dans la capitale, une adresse où les mezzés, le makanek (saucisses libanaises cuites au citron), le kellege grillé (pain farci au fromage et tomates) et le mouhalabieh (flan à la fleur d'oranger et eau de rose) proposent un voyage au pays du Cèdre à des tarifs de charters. Service sympathique.

C : 26,90 € • M : 14,90-19,90 €

[12] Au Grain de Sel

DÉCOUVERTE **Plan : 1 F 5** »

Agneau en mironton et pommes Maxim's, côte de veau aux légumes nouveaux ce n'est pas ce grain de sel-là qui va bouleverser la gastronomie parisienne. Mais, jeté à bon escient, avec modestie et gentillesse, il constitue un très agréable dépannage pour la Bastille. Et se fait même gourmand contemporain, dans sa façon simple et directe de propulser le produit, le bar et asperges meunière ou les escalopes de ris de veau et jus de petits pois. Petite carte des vins de toutes régions et de propriétaires.

C : 40 € • M : 30 € *www.augraindesel.com*

13 rue Jean-Beausire
☎ 01 44 59 82 82
F. dim. à dîn., lundi et 7-21 août.
Jusqu'à 22h30.
⛱ ❄ 🐕

[12] Le Rouge-Gorge

Plan : 1 E 6 »

François Briglot défend avec panache les "vins d'auteur" auquel il consacre un premier salon, dans les Alpes de Haute Provence, et sa passion pour tout le vignoble, qu'il explore en tous sens, et notamment en Corse, est palpable. Ce qui indique dans quel sens se déroule la cérémonie : on choisit sa bouteille, et on trouve, entre la terrine de lapin et les fromages de la ferme, de quoi accompagner les crus du moment, chaque quinzaine étant consacrée à une région ou à un thème.

C : 30 €

8 rue Saint-Paul
☎ 01 48 04 75 89
F. dim. et 2 sem. fin août (sur réserv. seult).
Jusqu'à 23h30.

[12] Thanksgiving

Plan : 1 E 5 »

Cuisine multi-ethnique dans un bayou élargi, les jambalayas et les crawfish pies (tarte écrevisses), le gumbo du jour et le riz cajun picorant quelques idées d'accompagnements sur tous les continents. L'amitié franco-américaine retrouvée à proximité de la place des Vosges, c'est aussi l'occasion de trinquer, dans le rythme New Orleans, avec une cave aware, qui prend du chenin en Afrique du Sud, du mourvèdre en Australie et du pinot noir au Chili.

C : 32 € *www.thanksgivingparis.com*

20 rue Saint-Paul
☎ 01 42 77 68 28
F. dim. à dîn., lundi, mardi, 1er-15 mai et 27 juil.-17 août.
Jusqu'à 22h30.
🐕

[11] Le Coude Fou

Plan : 1 E 5 »

Les plats ne font pas de figuration - râble de lapin à la tapenade, tartare au couteau, joues de porc aux baies de genièvre - mais sont aussi le prétexte à lever le coude follement, un verre à la main, d'un nielluccio corse, d'un chinon de Joguet, d'un gewurz d'Ostertag ou d'un madiran Montus. C'est la confrérie de la joie et de la bonne humeur qui se réunit là pour trinquer. Quel mal y aurait-il à cela ?

C : 30 € • M : 19-24 €

12 rue du Bourg-Tibourg
☎ 01 42 77 15 16
Ouv. 7j/7.
Jusqu'à 24h.
❄

[?] Benoît

Plan : 1 D 4 »

Récemment racheté par Alain Ducasse et Thierry de la Brosse, le cultissime bistrot parisien créé en 1912 et tenu par la même famille depuis lors, change de siècle. Michel Petit, descendant du père fondateur Benoît Matray, a donc vendu une affaire que tout Paris ou presque voulait racheter. En cuisine, Yvan-Paul Cassetari, passé par Lucas Carton ou la Grande Cascade, aura pour mission de redonner de la patine au mythe. Nous suspendons la note pour l'instant, en attendant de voir les effets de la patte Ducasse.

C : 60 € *www.alain-ducasse.com*

20 rue Saint-Martin
☎ 01 42 72 25 76
F. août.
Jusqu'à 22h30.
⛱ ❄ 🐕 🚬

► Chiaro di Luna

Plan : 1 E 5 »

Trois ans d'activité seulement pour cette sympathique maison au cadre intime. Les murs en pierre de taille, le petit jardin au fond de la salle et la cuisine transalpine ratissent large, ne se contentant pas de servir des pâtes.

C : 30 € • M : 15 €

8 rue de Jouy
☎ 01 42 78 38 66
F. dim. (1er oct.-31 mars).
Jusqu'à 23h.
❄

Dans le Noir

Cela tient autant du happening que du restaurant : dans le noir complet, sans voir ni vos voisins ni vos assiettes et servi par un personnel non-voyant, vous redécouvrez le vrai goût des choses, et peut-être des autres.
C : 27 € • M : 27-37 €

51 rue de Quincampoix
☎ 01 42 77 98 04
F. à déj. (sf réserv.) lundi, mardi et merc.

Georges

Plan : 1 D 4

World food dans un cadre très moderne dessiné par Starck, vue panoramique (l'une des plus belles de Paris) sur les toits et service casté plein de décontraction.
C : 50 €

Centre Georges-Pompidou, 19 rue Beaubourg
☎ 01 44 78 47 99
F. mardi et 1er mai.
Jusqu'à 1h.

La Taverne du Nil

Plan : 1 E 6

Pourquoi cette enseigne pour un restaurant de spécialités libanaises ? Tout simplement parce qu'avant de déménager sur l'île Saint Louis, Jean Khalil exerçait ses talents dans le 2e arrondissement, rue du Nil ! Mezze, agneau grillé, poulet mariné grillé, kafta. Cadre agréable, danseuses orientales chaque vendredi et samedi soir.
C : 27 € • M : 22-34 €
lataverne.dunil@wanadoo.fr

16-18 rue Le Regrattier
☎ 01 40 46 09 02
F. lundi à déj.
Jusqu'à 23h.

Le Jeu de Paume

Plan : 1 E 6

Le cadre magnifique de cette ancienne salle de jeu de paume aux immenses volumes intérieurs s'est encore amélioré depuis les rénovations entreprises l'été dernier. Les vieilles pierres, les poutres et l'original ascenseur panoramique demeurent d'actualité.
2 appart. 495 € • 28 ch. 165-305 €
www.jeudepaumehotel.com

54 rue Saint-Louis-en-L'Ile
☎ 01 43 26 14 18
01 40 46 02 76
F. 1 sem. août.

Axial Beaubourg

Plan : 1 D 5

Harmonie réussie dans cet établissement entre les poutres anciennes apparentes, la salle des petits-déjeuners du XVIe siècle et la chaleureuse décoration contemporaine qui habille chambres et parties communes.
39 ch. 112-210 €
www.axialbeaubourg.com

11 rue du Temple
☎ 01 42 72 72 22
01 42 72 03 53
Ouv. 7j/7.

Bastille Speria

Plan : 1 F 5

Entre Vosges et Bastille, en plein Marais, un immeuble ancien dont les chambres se montrent sagement tarifées. On oubliera donc leur décoration un peu triste
42 ch. 105-170 €
www.hotel-bastille-speria.com

1 rue de la Bastille
☎ 01 42 72 04 01
01 42 72 56 38
Ouv. 7j/7.

Le Bourg-Tibourg

Plan : 1 E 5

Décor signé (Jacques Garcia pour les chambres, Camille Muller pour le jardin) établissement à l'originale et foisonnante décoration néo-gothique. L'hôtel réussit à marquer ainsi sa différence vis-à-vis d'une clientèle exigeante, qui profite du marais en toute tranquillité.
1 appart. 150-350 € • 30 ch. 150-250 €
www.hotelbourgtibourg.com

19 rue du Bourg-Tibourg
☎ 01 42 78 47 39
01 40 29 07 00
Ouv. 7j/7.

La Bretonnerie

Plan : 1 E 5

D'hôtel particulier à hôtel tout court, le bâtiment XVIIe a conservé poutres et pierres apparentes. Mobilier de style en écho, pour une atmosphère feutrée et hors du temps entre Marais et Beaubourg.
4 appart. 180 € • 25 ch. 110-145 €
www.bretonnerie.com

22 rue Sainte-Croix-de-la Bretonnerie
☎ 01 48 87 77 63
01 42 77 26 78
Ouv. 7j/7.

Caron de Beaumarchais

Plan : 5 B 1 » 12 rue Vieille-du-Temple
☎ 01 42 72 34 12
Fax 01 42 72 34 63
Ouv. 7j/7.

Dans le Marais, derrière une jolie façade bleue aisément reconnaissable, l'hôtel renvoie à l'époque joyeuse d'un Paris de salons et de culture, dans un cadre authentique, dans son architecture comme dans la composition délicate des aménagements : couleurs soignées et mobilier ancien. Beaucoup de personnalité, dans un confort total.

19 ch. 122-152 € *www.carondebeaumarchais.com*

Castex Hôtel

Plan : 1 F 6 » 5 rue Castex
☎ 01 42 72 31 52
Fax 01 42 72 57 91
Ouv. 7j/7.

Bien dans le ton du quartier, cet hôtel est né au XVIIe siècle et cultive une allure historique dans les sols en tomette, le mobilier de style ou encore la très jolie cave voûtée où sont servis les petits-déjeuners. Confort et cachet, avec de délicats détails de décoration en fer forgé et un adorable petit patio.

2 appart. 190-220 € • 30 ch. 95-140 € *www.castexhotel.com*

Lutèce

Plan : 1 E 6 » 65 rue Saint Louis en l'Ile
☎ 01 43 26 23 52
Fax 01 43 29 60 25
Ouv. 7j/7.

Du sol (en tomettes) au plafond (avec poutres apparentes) en passant par les cheminées (monumentales), le bâtiment affiche son architecture XVIIe avec noblesse. Situation enviable sur l'île Saint Louis, meubles d'époque d'inspiration rustique et jolis tissus imprimés pour des chambres de caractère.

23 ch. 164-186 € *www.hoteldelutece.com*

Le Saint-Merry

Plan : 1 D 5 » 78 rue de la Verrerie
☎ 01 42 78 14 15
Fax 01 40 29 06 82
Ouv. 7j/7.

Proche de Notre Dame et installé dans l'ancien presbytère de l'église Saint Merry, l'hôtel se pare d'une décoration de style gothique, au mobilier travaillé de bois sombre sous les poutres, une impression allégée par les tissus clairs et une belle lumière qui lui donne une personnalité rare.

1 appart. 335-405 € • 11 ch. 160-230 € *www.hotelmarais.com*

Villa Malraux

Plan : 1 E 4 » 6 rue des Archives
☎ 01 53 01 90 90
Fax 01 53 01 90 91
Ouv. 7j/7.

L'hôtel a ouvert début 2005 déclinant chaque étage autour d'une couleur, dans une atmosphère élégante, interprétation actualisée du style classique, avec mobilier de style allégé par le blanc et de grandes surfaces sobres et unies. Confort soigné.

30 ch. 150-350 € *www.villamalraux.com*

PARIS 5 (8 C 5)

La Tour d'Argent

Plan : 1 E 6 » 15 quai de la Tournelle
☎ 01 43 54 23 31
F. lundi, mardi à déj. et 1er-28 août.
Jusqu'à 22h.

C'est un enquêteur du guide à qui l'on demandait dans quel restaurant il rêvait d'aller et qui répondait "Cela va vous peut-être vous paraître bizarre, mais c'est la Tour d'Argent". Voilà ce que peut provoquer un mythe. Non, la Tour d'Argent ne tourne plus sur la planète gastronomique à la poursuite du diamant vert, les cornues et les éprouvettes ne fument plus pour inventer les plats de demain, mais on frissonne tout de même à l'idée de s'asseoir dans ce salon après Sacha Guitry, John Kennedy et George Sand, laisser le regard s'envoler vers les tours de Notre-Dame, boire une coupe de champagne en attendant tranquillement les filets de sole Cardinal, le caneton à six chiffres (c'est son numéro, pas son prix) et le soufflé Princesse Elisabeth. Pas flamboyante la cuisine de Jean-François Sucallac ? Mettez un frac, des gants blancs, une écharpe de soie, un haut de forme, vous verrez, tout vous paraîtra grandiose.

C : 180 € • M : 70-200 €

La Truffière

Plan : 5 B 3 » 4 rue Blainville
☎ 01 46 33 29 82
F. dim., lundi, août et 1 sem. Noël.
Jusqu'à 22h15.

La Truffière, dirigée depuis plus de 20 ans par Christian Sainsard, c'est d'abord une cave extraordinaire, sur laquelle veille le chanceux Vincent Martin qui ne laisserait sans doute sa place pour rien au monde : 2400 références réparties en deux livres, références françaises et étrangères dos à dos et dont le seul défaut tient justement dans ce choix pléthorique. Tout y est ou presque et, pour la part de rêve, rappelons qu'un Pétrus 82 s'y trouve à 11600 € et que la Romanée Conti 66 s'affiche à 9100 €. Pour les connaisseurs, remarquons l'exceptionnelle "Folie de Janvier" de Cauhapé, un jurançon à 465 € ou le Clos des Truffiers du Domaine des Capitelles 2001 à 245 €. Mais la plus belle performance de cette maison est sans doute de réussir à proposer une cuisine intéressante pour elle seule, assurément du niveau des deux toques, dans son style ultra classique où les truffes, les gibiers en saison et les produits de luxe tiennent une place prépondérante.

C : 85€ • M : 19-85€ *www.latruffiere.com*

14

Mavrommatis

Plan : 5 B 3 » 42 rue Daubenton
☎ 01 43 31 17 17
F. dim., lundi. F. ann. non comm.
Jusqu'à 23h.

Faute de concurrents, cette table est évidemment le meilleur grec de Paris, à dix mille lieues de certaines rues du quartier latin. On peut se contenter des classiques tels la magnifique assiette de pikilia (quel tarama, quel houmous, quel caviar d'aubergines !), la moussaka, le souvlaki, le keftedes, la crème de lait à la fleur d'oranger, le yaourt au miel... Mais on peut aussi guigner davantage de créativité, de finesse, avec de séduisants accents et des produits remarquables de fraîcheur (poissons, viandes, légumes,...). Un service plus souriant et efficace que jamais, et une carte des vins encore plus pertinente.

C : 43,70€ • M : 33€ *www.mavrommatis.fr*

14

Pré Verre ♥

Plan : 1 D 6 » 8 rue Thénard
☎ 01 43 54 59 47
F. dim., lundi, 24 déc.-2 janv. et 1er-23 août.
Jusqu'à 22h30.

Certains ont chipoté - le grand chef qui tente l'aventure bistrot, air connu - mais l'évidence est là : c'est une vraie réussite et un renouveau ! Les frères Delacourcelle ne sont peut-être pas des poussins ouvrant leur bar à vins d'amateurs, mais leur table est moderne, aussi bien pour les bébés buveurs que pour les vieux tastevins. Et l'assiette est ludique, savoureuse, parfumée, juste dans les épices (une marque de fabrique maison depuis la période gastro qui paraît aujourd'hui lointaine), et d'un imbattable rendement. En toute logique, c'est bondé à chaque service, la cave se décline sur les ardoises pour une des plus joyeuses sarabandes de Paris : on entend à peine les notes de jazz, et pour susurrer quelque chose de définitif à son plus proche convive, ce n'est sans doute pas le bon plan.

C : 25€ • M : 12-25€ *lepreverre@wanadoo.fr*

13

Atelier Maître-Albert

Plan : 1 D 6 » 1 rue Maître-Albert
☎ 01 56 81 30 01
F. 2 sem. août et fêtes fin d'année.
Jusqu'à 23h30.

Le concept est parfaitement au point, avec son cadre design aux éclairages soignés (signé Jean-Michel Wilmotte), son service impliqué derrière les tabliers aux couleurs de la maison et sa cuisine aux accents de terroir (signée Guy Savoy). On apprécie sans hésitation la simplicité des sardines marinées en marmite autour de la tomate, la cuisson soignée de la brochette de lieu et légumes en aigre-doux, le charme nostalgique de la volaille fermière rôtie et pomme purée ou des bocaux d'antan, assiette de desserts nostalgiques (mousse au chocolat, riz au lait, crème caramel).

C : 45€ • M : 23-28€ *www.ateliermaitrealbert.com*

13 Chez René

Plan : 1 D 6

» 14 bd Saint-Germain
☎ 01 43 54 30 23
F. dim., lundi, août et 10 jrs Noël-nouvel an.
Jusqu'à 22h30.

Le chénas arrive directement de la propriété de Jean-Paul et Jocelyne Cinquin et vient soutenir efficacement une cuisine de bistrot généreuse et directe, terroir et plats de ménage, bien menée, à des tarifs en accord avec le quartier.
C : 50 € • M : 30-41 €

13 L'Equitable

Plan : 5 B 3

» 3 rue des Fossés-Saint-Marcel
☎ 01 43 31 69 20
F. lundi, mardi à déj. et 3 sem. août.
Jusqu'à 22h30.

L'Equitable trop équitable. ? C'est vrai qu'il a la tête de ces une-toque bien peignés, propres sur eux, avec un bon chef qui vous fait les deux cent millièmes langoustines et purée de topinambour de l'année et un charolais jus d'oignon rouge au miel et au vin. Pourtant, après les noisettes d'agneau en croûte de gremolata, et la crème brûlée pistache griottes, au lieu d'oublier soigneusement la carte, vous notez l'adresse en soulignant trois fois : rapport qualité-prix exceptionnel pour le menu-carte à 28 **€**. Petite cave de bons plans en toutes régions.
C : 29 € • M : 22-29 €

13 Au Moulin à Vent

Plan : 5 B 2

» 20 rue des Fossés-Saint-Bernard
☎ 01 43 54 99 37
F. sam. à déj., dim., lundi, août et sem. Noël.
Jusqu'à 23h.

Un vrai décor de bistrot dans son jus, carrelage au sol et saucissons pendouillants, vieilles photos et cadavres de bouteilles, comptoir bois zinc et plaques de concours agricole. Ca sent la sciure et le petit salé aux lentilles : bingo ! il est à la carte, avec toute la famille, de la frisée aux lardons à l'andouillette au vin blanc, du rognon de veau flambé à l'armagnac au baba au rhum. Un petit bijou à laisser tremper dans le morgon de Lapierre ou le moulin-à-vent de Pacalet.
M : 35 €

www.au_moulinavent.com

12 Anahuacalli

Plan : 1 D 6

» 30 rue des Bernardins
☎ 01 43 26 10 20
Ouv. 7j/7.
Jusqu'à 23h.

La "maison au bord de l'eau", en langue aztèque, n'est effectivement pas loin de la Seine, et un peu plus de la terre mexicaine dont elle défend le terroir, avec les salades de cactus, le filet de bœuf sauce champignon de maïs, au nom évocateur de "filet Moctezuma" et les enchiladas au poulet et à la tomate verte. Un peu de folklore, de la gentillesse et du viognier mexicain.
C : 32 €

12 AOC

Plan : 5 B 2

» 14 rue des Fossés-Saint-Bernard
☎ 01 43 54 22 52
F. dim., lundi et août.
Jusqu'à 23h.

Sous contrôle, comme les appellations viticoles, les origines des bonnes viandes du louchebem : d'Irlande, de Normandie, de Simmental, on est dans le sérieux, dans le carnivore qui ne supporte pas l'amateurisme. Après les os à moelle, les oreilles de cochon, on sort les crocs pour une entrecôte de 400 g, une andouillette Duval, un cochon de lait rôti. Et bien sûr, avec de quoi rincer : Calcinaires de Gauby, Garrigues de Richaud, volnay Fremiets d'Annick Parent, et Courtois, Gaillard, Milan, et de bons châteaux dans des années récentes.
C : 35 € • M : 15-40 €

www.restoaoc.com

12 Bistro Côté Mer

Plan : 1 D 6

» 16 bd Saint-Germain
☎ 01 43 54 59 10
F. dim. et 2 sem. déb. août.
Jusqu'à 22h30.

Une ancienne table de viandards devenu chalutier, dont on a gardé les tables et la recette du soufflé au cacao : côté mer, le vent est bon, la voile bien ferlée et le menu à 24 **€** est d'un excellent rapport qualité-prix. Croustillants de langoustines sauce pistou un peu gras, mais bon tian de tourteau et d'avocat, dans la fraîcheur et la saveur et beau mariage d'encornets fondants et d'artichauts croquants.
C : 45 € • M : 22 €

[12] Bistroy les Papilles

Plan : 5 A 3 »

30 rue Gay-Lussac
☎ 01 43 25 20 79
F. dim., 3 prem. sem. août et prem. sem. janv.
Jusqu'à 22h.
⛱ 🌿 🐕

Une grosse réussite, ces Papilles de Bertrand Bluy consacré dans le magazine l'an passé parmi les "affranchis", ces néo-gastro installés dans un bistrot modeste. Ici, c'est menu unique à 28,50 **€** dans une épicerie-cave à vins où l'on trinque à la gloire du vignoble en se léchant les doigts avec la poitrine de porc aux cocos, le carré d'agneau basquaise ou le magret à l'ail confit et grenailles. A la fois nostalgique et diablement moderne, dans une atmosphère complice.
C : 30 € • M : 28,50 €

[12] Chantairelle

Plan : 5 A 2 »

17 rue Laplace
☎ 01 46 33 18 59
F. sam. à déj., dim. et sem. 15 août.
Jusqu'à 22h.
🐕

Que les esprits chagrins et les adeptes des régimes pré-vacances passent leur chemin. Ce Chantairelle ne fait pas dans la demi-mesure et porte haut les couleurs de l'Auvergne : pounti et coulis de pruneaux, lentilles vertes du Puy tièdes et émincés de noix de joue de petit cochon, truffade au jambon, magret de canard au miel de montagne et profiteroles à l'auvergnate avancent en rangs serrés, escortées de la Chateldon, que la maison vante non sans chauvinisme "la plus exceptionnelle des eaux minérales gazeuses". Pour les allergiques aux bulles, le boudes de chez Sauvat ou le saint pourçain rosé feront l'affaire.
C : 28 € • M : 18-28 € *www.chantairelle.com*

[12] Au Coco de Mer

Plan : 5 B 3 »

34 bd Saint-Marcel
☎ 01 47 07 06 64
F. dim.
Jusqu'à 24h.
🚗 🐕

Seychelles by night : on sait qu'à Mahé ou Praslin, le soleil se couche aussi tôt que l'animation. Alors que le rêve des îles peut ici se prolonger, dans une atmosphère à la coule (à deux pour tout le service, ce n'est évidemment pas pour les gens très pressés). La carte varie peu, évocatrice comme le turquoise d'un lagon, mais voyage bien : bourgeois mariné et rougail mangue verte, crevettes de Madagascar, cari de poulpe au coco, mousse glacée passion. Très peu de décalage horaire, aucune fatigue, on en est presque ahuri, en retrouvant la grisaille et le boulevard Saint-Marcel. Cave minuscule mais correcte.
M : 15-30 €

[12] Le Cosi

Plan : 5 A 2 »

9 rue Cujas
☎ 01 43 29 20 20
F. dim. et 6-20 août.
Jusqu'à 23h15.
♿ 🚬

Les parfums du maquis flottent sur la marmite. Gentiment, avec convivialité, presque avec modestie. Pourtant, les atouts maîtres sont dans la manche d'Olivier Andréani, qui a notamment appris la restauration à Cala Rossa : des produits frais, une chef passée à l'Alivi et à la Casa Corsa : nulle crainte que le stufatu de veau aux olives ou le saint-pierre à la panzetta déçoivent les fans de l'île de Beauté. la carte est naturellement étendue à une vaste Méditerranée, avec tarte à la tomate, cocotte de lotte provençale et selle d'agneau rôtie. De la cave, Peraldi, Gentile, Leccia et Arena, entre autres, assurent la circulation.
C : 38 € • M : 15-20 €

[12] L'Estrapade

Plan : 5 A 3 »

15 rue de l'Estrapade
☎ 01 43 25 72 58
F. w.-e., août et Noël-nouvel an.
Jusqu'à 22h.

Salle de poche, gentille patronne, tables à touche-touche : c'est l'atmosphère Temps des Copains du côté de la Contrescarpe, pendant que le patron prépare la joue de bœuf ou la souris d'agneau avec générosité, tout en suivant la saison par des plats du moment bien inspirés (une bonne poêlée de mirabelles au début de l'automne).
M : 18-22 €

Dans chaque ville, les établissements sont classés
par note décroissante, restaurants d'abord, hôtels ensuite.
•
Certaines communes sont rattachées à l'agglomération la plus proche.

12 Lhassa

Plan : 5 B 2 »

13 rue de la Montagne-Sainte-Geneviève
☎ 01 43 26 22 19
Ouv. 7j/7.
Jusqu'à 22h30.
🐕

Cuisine tibétaine dans sa tradition la plus pure, ravioli au bœuf cuit à la vapeur, soupe à la farine d'orge et épinard, agneau sauté aux radis macérés, galettes aux légumes et boulettes de pâtes au bœuf haché servi dans un bouillon. Le souci du détail concerne également la musique (typiquement tibétaine) et la déco, objets, figurines et photos représentant la culture de ce petit pays himalayen.
C : 21 € • M : 12,95-21 €

12 Le Réminet

Plan : 1 D 6 »

3 rue des Grands-Degrés
☎ 01 44 07 04 24
F. mardi, merc. et 3 sem. août.
Jusqu'à 23h.
🐕 🚬

Entrées autour de 10 €, plats entre 15 et 20 €, ce calibrage cache une vraie envie de faire plaisir, de la salle bistrot du rez-de-chaussée à la cave voûtée du sous-sol. Quel que soit l'étage, les goûts ne trichent pas, s'appuyant sur la simplicité des ingrédients adroitement mis en valeur : feuilleté de maquereaux marinés au curry, profiterole d'andouille, travers de porc aux épices, brochette de poulet à la citronnelle. Les desserts sont alignés sur le modèle, apparente simplicité, résultat probant (la charlotte pommes et poires, la crème cacao sur le confit de griottes). Cave adaptée, dans la modestie et les tarifs.
C : 35 € • M : 13-50 €

12 Table Corse ♥

Plan : 5 B 3 »

8 rue Tournefort
☎ 01 43 31 15 00
F. sam. à déj., dim., lundi à déj. et août.
Jusqu'à 22h30.
🐕

La Table Corse est distinguée, le maquis que l'on s'imagine est tout de même bien camouflé derrière une cuisine fraîche et raffinée. On y vient pour se poser, pas de charcuterie (même si l'assiette typique est bien là et tient son rang) ou de fromage sur le pouce, mais des assiettes joliment garnies de saveurs méditerranéennes (langoustines croustillantes au basilic, pageot rôti et ravioles au brocciu, poire pochée au vin de myrte). Service charmant et impliqué, large choix de vins corses.
C : 35 € • M : 16,50-19,50 €

11 Le Berthoud

Plan : 5 A 2 »

1 rue Valette
☎ 01 43 54 38 81
F. sam. à déj., dim., août et 1 sem. Noël.
Jusqu'à 23h30.
🐕 🚬

Cette vieille gloire du quartier (il y a encore quelques mois dédiée surtout aux soupes) a été reprise récemment par Nicolas Menin qui a dépoussiéré l'endroit et mis en place une carte dans l'air du temps, en faisant une adresse recommandable, rendement intéressant et bon esprit - même si la réalisation pèche un peu - sur des produits du marché bien mis en scène.
C : 37 € • M : 15,50-30,50 €

11 Au Coin des Gourmets

Plan : 1 D 6 »

5 rue Dante
☎ 01 43 26 12 92
F. lundi à déj.
Jusqu'à 22h30.
⛱

Non les gourmets ne sont pas mis au coin : on déroule pour eux le tapis extrême-oriental, version vietnamienne et cambodgienne, à un prix d'aller-retour réellement low cost. Allez à l'essentiel, proche du basique, pour profiter au mieux des parfums des gambas braisées ou de la brochette de bœuf (bo loui).
C : 25 € • M : 11,50-25 €

11 Pema Thang

Plan : 5 B 2 »

13 rue de la Montagne-Sainte-Geneviève
☎ 01 43 54 34 34
F. dim. et lundi à déj.
Jusqu'à 22h30.
❄

Un des rares représentants parisiens du Tibet, où les sommets sont plus élevées que la Montagne Sainte-Geneviève. Sincères spécialités (les bons chaussons de bœuf vapeur) et accueil d'une indicible courtoisie.
C : 15 € • M : 13,50-20 €

www.pemathang.com

(11) Le Petit Prince de Paris

Plan : 1 D 6 » 12 rue Lanneau
☎ 01 43 54 77 26
F. 25 déc.-2 janv.
Jusqu'à 24h.

Les éclairages indirects, le décor dominé par les tons ocre, très reposant, la gentillesse du service, ce Petit Prince permet de se détendre tout en profitant d'une carte gentiment contemporaine : verrine de rillettes de thon au romarin et citron vert, carré de veau à l'oseille et au bleu d'Auvergne et pommes au four, mille-feuille de pain aux épices, crème légère et fruits de saison.
C : 30 € • M : 23-30 €

(11) Le Vin Sobre

Plan : 5 A 3 » 25 rue Feuillantines-sur-Angles, Saint-Jacques
☎ 01 43 29 00 23
F. 24-25 déc. et 31 janv.
Jusqu'à 22h45.

Un bon choix de vin au verre (forcément), de jolies références (Gramenon, Foillard, Mosse) et des assiettes impeccables : côte de bœuf et frites maison (vraiment bonnes), pintade rôtie et petits légumes, veau aux morilles. Service d'une grande gentillesse, même au plus fort du coup de feu.
M : 27,50-34 €

1728

Plan : 1 A 2 » 8 rue d'Anjou
☎ 01 40 17 04 77
F. sam. à déj., dim. et 2e quinz. août.
Jusqu'à 22h30.

Des intitulés ravageurs ('' Belle Ile en Mer '', '' Comme un sarde en voyage ''...) au contenu moins renversant, dans les salons restaurés d'un hôtel particulier, les pâtisseries de Pierre Hermé, le service précis à l'asiatique et la musique très présente se chargeant d'atténuer ce léger parfum de négligé moderne.
C : 60 € *www.restaurant-1728.com*

L'Atlas

Plan : 1 D 6 » 12 bd Saint-Germain
☎ 01 44 07 23 66
Ouv. 7j/7.
Jusqu'à 23h.

Boiseries et mosaïques composent un décor élégant, l'accueil est souriant et les spécialités marocaines prennent ici des accents de noblesse, avec des tajines ris de veau aux morilles ou saint-jacques aux pleurotes. Jolis desserts, comme la pastilla à la crème et amandes.
C : 35 €

Le Buisson Ardent

Plan : 5 B 2 » 25 rue Jussieu
☎ 01 43 54 93 02
F. sam. à déj., dim. et août.

Une table contemporaine qui subit les multiples influences, assimilées et servies avec entrain. Au lieu du tour du monde envisagé par les intitulés, c'est plutôt un aller-retour dans un Disneyland de la cuisine modeuse qui se dessine, avec ravioles d'écrevisses et concassée de tomate, bouillon aux épices créoles ou jarret de porcelet, sauce gingembre et citron confit, poêlé de grenailles et chitakee (sic).
C : 29 € • M : 12-35 €

El Palenque

Plan : 5 B 2 » 5 rue de la Montagne-Sainte-Geneviève
☎ 01 43 54 08 99
F. dim.
Jusqu'à 23h.

La viande arrive directement des grandes plaines argentines (fraîche, sous vide), A déguster sous des formes variées, de la parrillada aux empenadas, avec une bonne bouteille, elle aussi sud-américaine bien sûr.
C : 28 €

Inagiku

Plan : 5 B 2 » 14 rue de Pontoise
☎ 01 43 54 70 07
F. dim. et 2 sem. mi-août.
Jusqu'à 22h30.

Un décor japonisant aussi accueillant que typique, boiseries, laque claire, et chef qui prépare les plats avec application et en direct sur la grande plaque chauffante. Sushi et sashimi de belle tenue.
C : 42 € • M : 27,20-65,30 €

Macchu Pichu

Plan : 5 A 2 » 9 rue Roger-Collard
☎ 01 43 26 13 13
F. sam. à déj., dim., août et Noël-nouvel an.
Jusqu'à 22h30.

Parmi les destinations gourmandes au long cours, le Pérou est trop peu souvent représenté pour ne pas apprécier cette adresse conviviale et ses spécialités variées, autour des viandes (lomo saltado, bœuf émincé), du maïs (tamal, galette salée) ou des fruits de mer (chupe de camarones, soupe de crevettes).
M : 8,50 €

Marty

Plan : 5 B 3 » 20 av des Gobelins
☎ 01 43 31 39 51
Ouv. 7j/7.
Jusqu'à 23h.

Dans ce pur décor Art Déco 1930 (entièrement rénové dans ce style en 2000), on se laisse porter au gré des bonnes assiettes chic et bistrotières, marbré de raie sauce cocktail, foie gras de canard poché au médoc, châteaubriand grillé sauce béarnaise ou tartare de bœuf et pommes frites ménagères.
C : 40€ • M : 30€ *www.marty-restaurant.com*

Le Refuge du Passé

Plan : J B 2 » 32 rue Fer-à-Moulin
☎ 01 47 07 29 91
F. 14-18 août.
Jusqu'à 23h.

Le chapeau de femme exposé dans la salle à manger ? Tout simplement celui que portait Romy Schneider pendant le tournage du Vieux Fusil et qu'elle a laissé après avoir dîné dans cette maison aujourd'hui fréquentée par des gens de théatre. Le changement de propriétaire et de chef cette année n'a pas entraîné de profonds bouleversements en cuisine, le propos restant simple : tripoux du Rouergue, jambonneau aux cèpes, ragoût de volaille au miel...
C : 30€ • M : 30-32€ *refugedupasse@hotmail.com*

Saïgon sur Seine

Plan : 5 B 2 » 6 rue de Poissy
☎ 01 43 26 30 56
Ouv. 7j/7.
Jusqu'à 22h30.

Changement d'enseigne mais pas d'équipe. Toujours la même (bonne) cuisine vietnamienne, soupe tonkinoise aux raviolis, fondue vietnamienne (à commander à l'avance), crevettes sautées au porc et raviolis vapeur.
C : 25€ • M : 10-25€ *www.le-santal.com*

La Table de Michel

Plan : 1 E 6 » 13 quai de la Tournelle
☎ 01 44 07 17 57
F. dim., lundi à déj. et août.
Jusqu'à 22h.

On vient pour le décor, avec la salle à l'étage sous les poutres (le bâtiment remonte au XVIe siècle) et ouvrant sur la Seine, et on se laisse séduire par la gentillesse du service et les parfums d'Italie d'une carte très classique.
C : 45€ • M : 27€

Tao

Plan : 5 A 2 » 248 rue Saint-Jacques
☎ 01 43 26 75 92
F. dim. et août.
Jusqu'à 22h30.

Dans un cadre (très !) sobre, une ambiance cool et zen, où l'on peut goûter, dans une salle de poche, d'authentiques spécialités vietnamiennes, d'une grande fraîcheur, à des prix très attractifs.
C : 25€

Relais Saint-Jacques

Plan : 5 A 3 » 3 rue de l'Abbé-de-l'Epée
☎ 01 53 73 26 00
Fax 01 43 26 17 81
Ouv. 7j/7.

Une atmosphère intime et raffinée, non loin des jardins du Luxembourg : architecture XIXe classique et meubles de style, dans des chambres à la belle allure ancienne et au confort actuel.
1 appart. 475€ • 21 ch. 160-250€ *www.relais-saint-jacques.com*

Royal Saint-Michel

Plan : 5 A 2 » 3 bd Saint-Michel
☎ 01 44 07 06 06
Fax 01 44 07 36 25
Ouv. 7j/7.

Les tons clairs et chaleureux dominent les chambres modernes et élégantes de cet immeuble haussmannien à deux pas de l'île de la Cité. Une étape agréable, avec un confort soigné et un personnel disponible.
39 ch. 140-230€ *www.hotelroyalsaintmichel.com*

Hôtel des Grands Hommes

Plan : 5 A 2 » 17 pl du Panthéon
☎ 01 46 34 19 60
Fax 01 43 26 67 32
Ouv. 7j/7.

On peut rêver à un destin de grand homme en admirant le Panthéon ou en songeant à André Breton initiant le surréalisme en ces lieux. Ou on peut plus simplement apprécier l'élégance d'un cadre Empire raffiné et un confort soigné.
31 ch. 205-255€ *www.hotels-paris-rive-gauche.com*

Hôtel Henri IV Rive Gauche

Plan : 5 A 2 » 9-11 rue Saint-Jacques
☎ 01 46 33 20 20
📠 01 46 33 90 90
Ouv. 7j/7.

Sous une telle enseigne, on s'attend à un cadre historique. Si tout ne remonte pas au bon roi Henri, les tomettes, le mobilier ou encore la cheminée monumentale donnent à l'ensemble beaucoup de cachet. Chambres plus actuelles et très élégantes, avec vue sur l'église Saint-Séverin ou sur les toits de Paris.

23 ch. 144-162 € *www.hotel-henri4.com*

Hôtel la Tour Notre Dame

Plan : 1 C 6 » 20 rue du Sommerard
☎ 01 43 54 47 60
📠 01 43 26 42 34
Ouv. 7j/7.

Situé entre Saint-Germain des Prés et Notre Dame, l'hôtel a été entièrement rénové l'an dernier. Il conserve néanmoins, notamment dans les chambres, un parfum ancien fort agréable, ce qui n'exclut pas un équipement tout à fait actuel (wifi, écran lcd).

48 ch. 115-231 € *www.la-tour-notre-dame.com*

Hôtel Observatoire Luxembourg

Plan : 5 A 2 » 107 bd Saint-Michel
☎ 01 46 34 10 12
📠 01 46 33 73 86
Ouv. 7j/7.

Ce ne sont pas les jardins du Luxembourg tout proches, mais le jardin intérieur est tout de même très agréable et cette abondance de verdure s'apprécie de toutes les chambres, par ailleurs décorées avec soin, dans cet immeuble fin XIXe entièrement rénové. Meubles de style et atmosphère feutrée dans des chambres spacieuses.

40 ch. 125-240 € • 1/2 pens. 90-250 € *www.hotel-resas.com*

Les Jardins du Luxembourg

Plan : 5 A 2 » 5 impasse Royer-Collard
☎ 01 40 46 08 88
📠 01 40 46 02 28
Ouv. 7j/7.

Au calme dans une impasse, ouvrant sur de petits balcons, les chambres de cet établissement offrent le charme de beaux lits en fer forgé et d'un mobilier original. Sauna.

26 ch. 145-155 € *www.les-jardins-du-luxembourg.com*

Les Rives de Notre-Dame

Plan : 1 D 6 » 15 quai Saint-Michel
☎ 01 43 54 81 16
📠 01 43 26 27 09
Ouv. 7j/7.

Ambiance intime et luxe exclusif dans cet hôtel particulier du XVIe siècle. Les matériaux anciens, des tomettes du sol aux poutres du plafond, le mobilier en fer forgé ou le hall sous verrière lui confèrent une atmosphère précieuse et particulière. Chambres tout aussi adorables, avec la vue sur Notre Dame et un décor presque provençal aux couleurs chaleureuses.

1 appart. € • 9 ch. 183 € *www.rivesdenotredame.com*

Select Hôtel Paris - Rive Gauche

Plan : 5 A 2 » 1 pl de la Sorbonne
☎ 01 46 34 14 80
📠 01 46 34 51 79
Ouv. 7j/7.

Vieilles pierres et influences modernes, le décor fait mouche, tout comme le jardin exotique sous la verrière de la cour intérieure, idéal pour la détente. Façade et rez-de-chaussée rénovés.

67 ch. 139-175 € *www.selecthotel.fr*

Sully Saint-Germain

Plan : 1 D 6 » 29-31 rue des Ecoles
☎ 01 43 26 56 02
📠 01 43 29 74 42
Ouv. 7j/7.

De style classique ou médiéval, les chambres de cet établissement arborent une décoration toujours personnalisée. Armures, blasons et tapisseries, chaises à porteurs et lits en fer forgé font de cette adresse un lieu à part dans la capitale. Climatisation dans toutes les chambres, agréable jardin intérieur.

1 appart. 160-240 € • 60 ch. 90-160 € *www.hotel-paris-sully.com*

Familia Hotel

Plan : 1 C 6 »

11 rue des Ecoles
☎ 01 43 54 55 27
Fax 01 43 29 61 77
Ouv. 7j/7.

Un immeuble haussmannien dans le Quartier Latin, des meubles de style, un confort feutré… Classique ? A voir, car de nombreux détails viennent créer une ambiance particulière, comme les pierres apparentes ou les vieilles cheminées dans certaines chambres, les fresques sépia de différents monuments de Paris ou encore les fresques colorées de la cour intérieure. Ajoutez un balcon pour certaines chambres et un accueil de qualité, et voilà une étape très agréable à ce prix.

30 ch. 72-113 € *www.hotel-paris-familia.com*

Hôtel du Collège de France

Plan : 1 D 6 »

7 rue Thénard
☎ 01 43 26 78 36
Fax 01 46 34 58 29
Ouv. 7j/7.

Une étape plaisante, avec son architecture XVIe qui transparaît dans la décoration, aux tons chaleureux. Vue sur Paris, à l'extérieur comme à l'intérieur, à travers une belle sélection de photos.

29 ch. 70-110 € *www.hotel-collegedefrance.com*

Saint-Jacques

Plan : 1 D 6 »

35 rue des Ecoles
☎ 01 44 07 45 45
Fax 01 43 25 65 50
Ouv. 7j/7.

La décoration a bien sûr changé depuis que Cary Grant et Audrey Hepburn y tournèrent le célèbre "Charade" mais les lieux ont conservé une magie très Belle Epoque avec ses nombreuses fresques, ses trompe-l'œil et son bel escalier. Chambres meublées Louis XVI ou Directoire.

38 ch. 84-153 € *www.hotel-saintjacques.com*

PARIS 6 (8 C 5)

Hélène Darroze

Plan : 4 F 2 »

4 rue d'Assas
☎ 01 42 22 00 11
F. lundi, mardi et 18 juil.-28 août (à dîn.).
Jusqu'à 22h15.

Hélène Darroze, cinq ans après son installation rue d'Assas, ne laisse pas indifférent. Les lecteurs nous trouvent trop durs ou trop gentils avec elle, et nos enquêteurs eux-mêmes sont partagés sur cette maison de caractère. Sa cuisine n'est pas en cause, même si nous restons le plus souvent sur notre faim, comme si les magnifiques produits travaillés ne recevaient pas toujours le traitement auquel leur pedigree leur donne droit (un gros ravioli d'aubergines " violette de Florence " aux anchois de Cantabrique, sucs de tomates, breuil de brebis et lardo di Colonnata qui ne décollait pas vraiment, malgré des associations de saveurs prometteuses, un suprême de poulet des Landes fourré de cèpes sous la peau, gratin de long macaronis au vieux beaufort et champignons des bois, pain à l'ail et jus gras un peu déséquilibré car trop copieux et trop fort en goût). Le service, un peu distrait et pas si carré que cela, ne pousse malheureusement pas à l'indulgence que la cuisine mérite pourtant par de nombreuses belles sensations.

M : 68-220 € *www.relaischateaux.com/darroze*

Le Paris

Plan : 1 B 6 »

23 rue de Sèvres
☎ 01 49 54 46 90
F. sam., dim., fériés et août.
Jusqu'à 22h.

➡ **Hôtel :** Lutetia

Iceberg de prestige d'une immense machinerie aux sept "points de vente", le Paris n'a guère le droit de ternir l'image du seul véritable palace de la Rive Gauche. Philippe Renard marche donc sur des œufs, cajole ses trente couverts, offre le meilleur, à la fois de la technique acquise, d'une mode raisonnable, de produits bien achetés. Les envies, plus encore que les goûts, peuvent changer, la réponse est dans la carte : chipirons et grenouilles poêlés à la cive et jus d'ail rose, langoustines bretonnes avocat pimenté à la coriandre et huile d'argan au citron, pigeon de Vendée artichaut à l'abricot au poivre vert, mangue au poivre long, mille-feuille glacé au caramel. La cave visite chaque recoin de vignoble avec application et les tarifs, comme le service sont adaptés aux lieux.

C : 85 € • M : 50-130 € *www.lutetia-paris.com*

14 Azabu

Plan : 1 C 5 » 3 rue André-Mazet
☎ 01 46 33 72 05
F. dim. à déj., lundi, 10 jrs déb. fév. et 2e quinz. août.
Jusqu'à 22h30.

Décor épuré, harmonie de beige, pour cette petite salle intime au sous-sol, mais les habitués préfèrent rester au rez-de-chaussée face au comptoir et regarder le chef travailler. Et il travaille plutôt bien, dans une version japonaise dont la large palette de saveurs et cuissons change des sushis et sashimis. On découvre donc avec bonheur, sur des assiettes sobres et élégantes, le chawan mushi (sorte de consommé aux œufs, texture et goût très agréables), le tofu sauté sauce Azabu, le poisson grillé sauce miso ou la glace au thé, accompagnée d'une confiture de haricots rouges. Le voyage est agréable et raisonnablement tarifé, de quoi se laisser tenter en prime par une petite exploration de la carte des sakés.

C : 45 € • M : 33-59 €

La Bastide Odéon

Plan : 1 C 6 » 7 rue Corneille
☎ 01 43 26 03 65
F. dim., lundi et 3 sem. déb. août.
Jusqu'à 22h30.

Il y a déjà longtemps que cette Bastide brille de toute sa chaleur méditerranéenne. Cela commence par la gentillesse de l'accueil, se poursuit par la jolie salle et ses harmonies de jaune et rouge (pour une fois bien séparée de la salle fumeur, installée à l'étage) et bien sûr par la cuisine, qui y puise des saveurs droites et très agréables, comme par exemple ce trait d'huile d'olive des Baux sur le tartare de daurade (un vrai tartare, au couteau, avec aneth et ciboulette, et en contrepoint de douceur une tomate à la saveur légèrement vanillée). Dans leur cocotte en fonte, les pieds et paquets ont une jolie saveur terroir et une sauce savoureuse. En dessert, la tranche d'ananas glace au safran et quenelle de sorbet coco est plus vite oubliée, mais on se passionne pour l'exploration de la carte des vins, axée sud avec d'intéressantes propositions au verre.

C : 38 € *www.bastide-odeon.com*

14 Comptoir du Relais Saint-Germain

DÉCOUVERTE **Plan : 5 A 2** » 9 Carrefour de l'Odéon
☎ 01 43 29 12 05
Ouv. 7j/7.

Le Camdeborde nouveau. Tout le monde en rêvait, il est arrivé. En plein Saint-Germain, au carrefour de l'Odéon. Et tout le monde s'est précipité, ce qui fait quelques embouteillages, compte tenu du petit nombre de places. Il faut choisir son moment. Au déjeuner, de la simplicité, de la fraîcheur, au sens camdebordien du terme, c'est-à-dire avec la précision d'un garçon qui peut vous faire du trois toques quand il veut. Mais ce n'est pas le propos. Même le soir où la carte est plus élaborée, on reste, sur des produits superbement respectés, dans un registre peu démonstratif, qui ne sera sans doute jamais un remake de la Régalade, mais qui va s'affiner vers cette cuisine d'inspiration terroir-bourgeois, transformée de façon unique par un incontestable chef de file.

M : 30-40 €

L'Epi Dupin

Plan : 1 A 6 » 11 rue Dupin
☎ 01 42 22 64 56
F. w.-e., lundi à déj. et 3 prem. sem. août.
Jusqu'à 22h30.

Un joli décor néo-bistrot, murs de pierre et poutres de bois pour une clientèle de touristes chics, mais les atouts de la cuisine sont réels, alerte et séduisante sur les oreilles de cochon bien croustillantes de la tarte, la chair moelleuse et la farce parfumée du râble de lapin ou le clin d'œil parfaitement actuel de la tarte au carambar glace au whisky. Le service gère à la perfection l'affluence et les tarifs ne prennent pas la folie des grandeurs, c'est donc, de façon logique, régulièrement plein.

M : 22-31 € *lepidupin@wanadoo.fr*

Ze Kitchen Galerie ♥

Plan : 1 C 5 » 4 rue des Grands-Augustins
☎ 01 44 32 00 32
F. sam. à déj., dim., Noël et nouvel an.
Jusqu'à 23h.

La citation des plats est souvent réductrice. Chez William Le Deuil, elle est surtout peu représentative, au regard d'une véritable philosophie de la cuisine, un peu plus large que l'assiette. Oui, il y a un fonds technique de cuisine française considérable, oui, il y a de fortes influences asiatiques issues des nombreux voyages, réels ou intérieurs. Mais la subtilité des parfums, des remarquables bouillons, des textures millimétrées, tout cela participe d'une sorte d'école du goût, prenant prétexte un ingrédient parfaitement choisi, le thon, les saint-jacques, la volaille, le bœuf. Accueil de haut niveau, ambiance délicate pour un moment différent, avec une cave très bien triée.
C : 47 € • M : 22-33 €

zekitchen.galerie@wanadoo.fr

13

Alcazar

Plan : 1 C 5 » 62 rue Mazarine
☎ 01 53 10 19 99
Ouv. 7j/7.
Jusqu'à 24h.

Tous les ingrédients de l'adresse à la mode, avec un nom prestigieux et un décor soigné, avec le puits de lumière de la verrière, le dallage en pierre et les banquettes lie-de-vin. La cuisine surfe sur les modes, du terroir de la volaille fermière aux asperges au mélange sucré-salé du mille-feuille thon avocat et mangue, sans oublier la surprise d'un mille-feuille framboise... sans les framboises, servies à part. Elle se laisse cependant parfois aller, comme sur un filet de bar à la cuisson ratée, servi avec une purée ciboulette, certes sympathique, mais froide ! Un simple faux pas sans doute, qui n'empêche pas le succès auprès d'un large public.
M : 28-39 €

www.alcazar.fr

13

Les Bouquinistes

Plan : 1 C 5 » 53 quai des Grands-Augustins
☎ 01 43 25 45 94
F. 24 déc-1er janv.

Aux commandes de cette adresse soignée de la rive gauche, Magdala Caussimon exécute la carte conçue par Guy Savoy avec une maîtrise qui justifie amplement la confiance du maître comme de l'abondante clientèle, touristes comme habitués du quartier. Dans un cadre moderne et clair (par les larges ouvertures comme le choix des couleurs), servi par un personnel souriant, on apprécie les préparations sûres de leur fait : fricassée de girolles et coquillages sur une nage mousseuse et corsée, plaisante déclinaison de thon cru et cuit (cuisson impeccable), millefeuille croustillant de figues avec la douceur d'une glace aux amandes. Carte des vins suffisante pour y trouver son bonheur, y compris au verre.
C : 55 € • M : 23,50-26,50 €

www.guysavoy.com

13

Casa Bini

Plan : 1 C 6 » 36 rue Grégoire-de-Tours
☎ 01 46 34 05 60
Ouv. 7j/7.
Jusqu'à 23h.

L'Italie aux Italiennes ! Simone Taiuti et sa chef Monica Luciano s'approvisionnent directement dans la Péninsule pour les vins ou l'huile d'olive, choisissent avec soin pour le reste et servent le tout dans une ambiance à la fois chic et simple, autour de l'artichaut farci à la mousse de blettes et ricotta, du pagre poêlé al salmoriglio ou de la vraie bonne panna cotta.
C : 45 €

13

Dominique

Plan : 4 F 3 » 19 rue Bréa
☎ 01 43 27 08 80
F. dim., lundi et 20 juil.-20 août.
Jusqu'à 23h.

Dans un décor rouge et jaune (pour rappeler le drapeau de la défunte URSS ?), on s'installe avec plaisir sur les tabourets devant les tables hautes pour goûter quelques spécialités russes, comme les kotleti pojarski (boulettes de viande panées) ou l'esturgeon en brochette, après la déclinaison de saumon fumé. Une vraie qualité derrière les saveurs inhabituelles (à découvrir aussi en vente à emporter), des desserts un peu en retrait mais compensés par une intéressante carte de vodkas pour rester dans l'ambiance.
C : 43 €

restaurant.dominique@mageos.com

13 Fogon

Plan : 1 D 6 » 35 quai des Grands-Augustins
☎ 01 43 54 49 73
Jusqu'à 24h.

Le déménagement programmé pour l'automne, un peu avant la parution de cette édition, a permis à Alberto Herraiz de s'offrir, et d'offrir, un peu plus d'espace et une façade attractive sur les quais, entre Saint-Michel et Lapérouse. Le décor, dans une veine contemporaine un peu seventies, est doux et agréable (mais les fauteuils pas hyper confortables). Et la cuisine ? Quelques fulgurances parmi les tapas (les petites seiches à l'encre) et un riz aux calamars, volontairement un peu croustillant -au détriment du moelleux- prouvent que Fogon mérite toujours le maillot amarillo.

C : 40 € • M : 35-40 €

13 Joséphine - Chez Dumonet

Plan : 1 B 6 » 117 rue du Cherche-Midi
☎ 01 45 48 52 40
F. w.-e. (sf réserv. groupes).
Jusqu'à 22h30.

Déco d'époque dans ce bistrot octogénaire. Jean-Christian Dumonet a suivi la tradition, après une formation solide aux instruments classiques, chez Bardet ou au Jules Verne. Une table de cette renommée peut encore afficher à sa carte "melon 9 €" aussi bien que "omelette aux truffes 55 €" en donnant autant confiance dans l'un que dans l'autre. Rassurant, non ? Le Latour 61 ira sans doute mieux avec la deuxième proposition, à moins qu'un filet de canard façon poitevine ou le château béarnaise, venus du diable vauvert...

C : 50 €

13 La Méditerranée

Plan : 1 C 6 » 2 pl de l'Odéon
☎ 01 43 26 02 30
Ouv. 7j/7.
Jusqu'à 23h.

Les poissons ne craignent pas les embouteillages. Ils arrivent chaque jour de Bretagne, fiers d'être au cœur du cœur de Paris. Et Denis Rippa, jeune chef consciencieux, prend ses responsabilités en proposant à l'intelligence germanopratine une lecture actuelle, de fraîcheur moderne, de la cuisine de la mer et du Sud : tartare de thon rouge à l'huile d'olive de San Guido, carpaccio de bar sauvage à la moutarde de Meaux, filets de rougets au lard fumé, pommes fondantes à la sauge. La cave est un peu faiblarde brasserie, les desserts très plaisants et le service tonique et parisien.

C : 50 € • M : 29 € *www.la-mediterranee.com*

13 Yugaraj

Plan : 1 C 5 » 14 rue Dauphine
☎ 01 43 26 44 91
F. lundi, jeudi à déj. et août.
Jusqu'à 22h30.

De la politesse indienne, dans un décor sobre un peu muséifié, au cœur de Saint-Germain, qui a l'intelligence de viser l'osmose et pas seulement l'apport culturel. Grâce à des produits de qualité, le morghi shorba (soupe de poulet fermier), la salade battera (caille fumée et œufs au poivre rouge du Kerala), le poulet tikka (importé, pour la volaille, du Bourbonnais) et l'agneau de lait au tandoor s'élèvent au-dessus des montagnes et confirment la toque, renforcée par des desserts au niveau. Cave correcte pour le genre, avec un choix suffisant en rhône, l'accompagnement privilégié (la finale épicée de la syrah) pour ces parfums lointains.

C : 45 € • M : 34 €

12 Aux Charpentiers

Plan : 1 B 6 » 10 rue Mabillon
☎ 01 43 26 30 05
F. 1er mai et Noël.
Jusqu'à 23h30.

Aux commandes de ces Charpentiers, Pierre Barbèche façonne un solide abri contre les aléas du temps et de la mode, dans une ambiance gentiment démodée (le service y est pour beaucoup) et au service d'une cuisine bourgeoise qui puise volontiers aux différents terroirs de France la matière à un menu bien calibré, des anchois marinés pommes à l'huile aux pruneaux d'Agen au madiran en passant par le boudin noir de Corrèze.

C : 35 € • M : 19-26 € *auxcharpentiers@wanadoo.fr*

[12] Emporio Armani Caffè

Plan : 1 C 6 » 149 bd Saint-Germain
☎ 01 45 48 62 15
F. dim.
Jusqu'à 23h.
♿ ❄ 🐕 🚬

Caffè ! Caffè ! Dans le décor revu par Armani lui-même sur les souvenirs du Drugstore Saint-Germain, voici le plus mortel chic rendez-vous transalpin de Paris ; avec quelques autres bien sûr. Mais bon, on peut venir en Berlutti, en Maserati, et même en Zegna pourquoi pas, toucher aux linguine cabras à la poutargue, au risotto bruscandoli, au ris de veau et à l'orgosolano, carré d'agneau à la sarde. Les chers vins italiens sont là aussi, c'est la famille : Tignanello Antinori, brunello di montalcino Col d'Orcia, barbaresco Gaja et une verticale de Sassicaïa, rien que cela.

C : 50 € *mori@emporioarmanicaffe.fr*

[12] Fish la Boissonnerie

Plan : 1 C 5 » 69 rue de Seine
☎ 01 43 54 34 69
F. lundi, 1 sem. mi-août et 1 sem. déc.
Jusqu'à 22h45.
❄ 🐕 🚬

Pour la cave, tout simplement remarquable, en particulier en rhône, languedoc et provence, la petite touche rétro de la salle à manger et cette ambiance si particulière qui règne dans le quartier. Cuisine finaude, très à l'aise sur les mélanges sucré-salé, animation toujours au top.

C : 32,50 € • M : 28,50-32,50 € *goutte@club-internet.fr*

[12] La Muraille de Jade

Plan : 1 C 5 » 5 rue de l'Ancienne-Comédie
☎ 01 46 33 63 18
Ouv. 7j/7.
Jusqu'à 23h45.
♿ ❄ 🐕

Le joli cadre et la situation incitent à s'y rendre à pied en flânant pour s'immerger dans l'éternelle ambiance quartier latin tables exotiques. Des plats chinois et thaïlandais plus ou moins fidèles à l'orthodoxie, et quelques belles réussites (bun bo, poisson en feuille de bananier, riz gluant). Service longuet et cave impersonnelle qui compte néanmoins quelques blancs intéressants.

C : 24 € • M : 11-34 €

[12] Le Petit Zinc

Plan : 1 B 5 » 11 rue Saint-Benoît
☎ 01 42 86 61 00
Ouv. 7j/7.
Jusqu'à 23h30.
⛱ ♿ ❄ 🐕

Du bon usage de la brasserie du XXIe siècle : déco Art Nouveau au cœur de Saint-Germain, allure de bistrot Paris éternel, foie de veau meunière, bar en croûte de sel et Ladoucette sur la carte des vins. Pas d'équivoque, donc, mais du solide géré comme une moderne entreprise de service - par ailleurs excellent - jusqu'au soufflé au Grand-Marnier.

C : 45 € • M : 28-35 € *www.petitzinc.com*

[12] Le Procope

Plan : 1 C 6 » 13 rue de l'Ancienne-Comédie
☎ 01 40 46 79 00
Ouv. 7j/7.
Jusqu'à 1h.
♿ ❄ 🐕 🚬

Managé avec efficacité par les frères Blanc, le plus vieux café de Paris affiche la couleur. Plus de trois siècles après Francesco Procopio, la carte est légèrement inspirée par la Botte (saltimbocca, épaule d'agneau confite à la calabraise) tout en s'appuyant avec pragmatisme sur les plats de répertoire bien calibrés : coq au juliénas, rumsteck à la plancha, poulet de Bresse crème et vin jaune. L'esprit grande brasserie règne sur les lieux, les huîtres et les crêpes Grand-Marnier servent de bornes et la cave rend service aux grosses unités (Jaboulet, Mommessin, Dopff et Irion, Latour, Dubœuf…).

C : 38 € • M : 24-30 € *www.procope.com*

[11] La Lozère

Plan : 1 C 6 » 4 rue Hautefeuille
☎ 01 43 54 26 64
F. dim., lundi, 1 sem. déb. janv., 1 sem. avril. et 14-juil.-15 août.
Jusqu'à 21h45.

Le jeudi c'est… aligot, et seulement le soir (ou bien sur commande le midi), qu'on se le dise : purée de pommes de terre, tomme fraîche fondue, ail et crème fraîche, la recette est ultra-simple mais le tour de main bien compliqué. Les autres jours de la semaine, la carte permet de jolies évasions avec le médaillon de veau de Lozère aux mousserons, la noisette d'agneau du Gévaudan aux gousses d'ail rôties ou le filet de truite saumonée de Langlade au fumet de jambon. Cave très languedocienne et peu onéreuse.

C : 26 € • M : 21,50-25,50 € *www.lozere-a-paris.com*

Bouillon Racine

Plan : 4 F 3

Construit en 1906 par les frères Chartier, entièrement restauré puis classé Monument Historique quatre-vingt dix ans plus tard (une réussite exceptionnelle, miroirs biseautés, opalines et vitraux peints, boiseries ciselées, mosaïques de marbre, lettrines dorées à la feuille...), le Bouillon fait dans les meilleures bières belges et la cuisine de brasserie traditionnelle.

C : 30 € • M : 26 € *www.bouillonracine.com*

» 3 rue Racine
☎ 01 44 32 15 60
Ouv. 7j/7.
Jusqu'à 23h.

La Closerie des Lilas

Plan : 4 F 3

La longue histoire, historique et littéraire de la Closerie, dispense presque de parler cuisine - ou chiffon -, alors que chacun ici sait bien pourquoi il est là. Il n'empêche que le ticket d'entrée donne droit à un splendide lieu de mémoire, une atmosphère qui perdure et une carte de tradition coûteuse, où il faudra bien choisir, par exemple les fameuses quenelles de brochet ou la selle d'agneau et sa mini-ratatouille. En observant le rite des crêpes Suzette finales, et sans entrée, on peut ainsi rester en-dessous de 50 €.

C : 80 € • M : 45-99 € *closerie@club-internet.fr*

» 171 bd du Montparnasse
☎ 01 40 51 34 50
Ouv. 7j/7.
Jusqu'à 23h30.

Orient-Extrême

Plan : 1 B 6

Des sushis par goût et non parce que c'est mode : voilà ce que propose cette adresse de Saint-Germain des Prés, avec la qualité pour les apprécier, dans l'approvisionnement comme dans la préparation. Décoration sobre et contemporaine.

C : 45 € • M : 18-60 € *orient.extreme@wanadoo.fr*

» 4 rue Bernard-Palissy
☎ 01 45 48 92 27
F. dim., 3 sem. déb. août et 1 sem. Noël-nouvel an.
Jusqu'à 23h.

L'Osteria del Passepartout

Plan : 1 C 5

La carte des pâtes qui change régulièrement permet de revenir profiter régulièrement de ce voyage dans la péninsule italienne, petite adresse discrète et conviviale près de la fontaine Saint-Michel.

C : 20 € • M : 14-29 €

» 20 rue de l'Hirondelle
☎ 01 43 54 15 98
Ouv. 7j/7.
Jusqu'à 23h.

Le Petit Saint-Benoît

Plan : 1 B 5

Pas du toc, ce bistrot centenaire où l'on annonce sur la carte que "la maison n'est pas responsable des vêtements ou objets perdus, tachés, échangés ou brûlés". Car il peut y avoir à craindre, l'appétit venant, de dévorer le museau sans éviter la vinaigrette, la blanquette de veau ou la quenelle de brochet en renversant un peu de sauce. Pas cher et très bonne franquette, un lieu évidemment recherché.

C : 16,50 €

» 4 rue Saint-Benoît
☎ 01 42 60 27 92
F. dim. et août.
Jusqu'à 22h30.

Yen

Plan : 1 B 5

Cuisine japonaise de bon niveau avec une spécialité de soba (nouilles au sarrasin) faite à la main, avec des graines importées du Japon, idéales pour accompagner le thon cru ou l'émincé de canard.

C : 50 € • M : 30-55 € *restau.yen@wanadoo.fr*

» 22 rue Saint-Benoît
☎ 01 45 44 11 18
F. dim. à déj et 2 sem. août.
Jusqu'à 22h30.

Lutetia

Plan : 1 B 6

➡ **Restaurant** : 15/20 Le Paris

Rendez-vous d'artistes et du tout Saint-Germain, le Lutetia fut le premier grand hôtel Art déco de la capitale. De nombreux traits de la construction originale, jusqu'à son atmosphère ont été préservés et renforcés, tandis qu'on installe une borne wifi au bar et des lignes ADSL dans les salons et toutes les chambres. Celles-ci, revues par l'architecte d'intérieur Sybille de Margerie, gagnent encore en harmonie et en authenticité retrouvée du luxe Années 30.

11 appart. 395-2500 € • 231 ch. 250-550 € *www.lutetia-paris.com*

» 45 bd Raspail
☎ 01 49 54 46 46
Fax 01 49 54 46 00
Ouv. 7j/7.

Hôtel d'Aubusson

Plan : 1 C 5

» 33 rue Dauphine
☎ 01 43 29 43 43
01 43 29 12 62
Ouv. 7j/7.

Dans Saint-Germain, l'ancien hôtel particulier XVIIe a conservé un charme ancien, avec poutres apparentes (y compris dans certaines chambres) et cheminées monumentales. Le décor est en harmonie, tentures luxueuses et meubles de style en complément d'un confort parfait. Adorable patio.

49 ch. 270-425 € *www.hoteldaubusson.com*

L'Hôtel

Plan : 1 B 5

» 13 rue des Beaux-Arts
☎ 01 44 41 99 00
01 43 25 64 81
Ouv. 7j/7.

Si le souvenir d'Oscar Wilde plane toujours sur les lieux, le présent est tout aussi intéressant, dans le luxe des prestations (superbe piscine privée et hammam), mais surtout la qualité du décor, des fastes des parties communes aux chambres personnalisées aux ambiances chatoyantes (la signature Garcia), dans un luxe de détails précieux.

4 appart. 540-740 € • 16 ch. 255-640 € *www.l-hotel.com*

Hôtel Bel-Ami

Plan : 1 B 5

» 7-11 rue Saint-Benoît
☎ 01 42 61 53 53
01 49 27 09 33
Ouv. 7j/7.

Esprit design : une revendication justifiée par un décor soigné, contemporain et structuré, dans ses lignes comme ses associations de couleurs, déclinées en trois ambiances de chambres (orange, bleue et verte) autour de tons chauds et de bois wengé. Centre de remise en forme.

2 appart. 490-520 € • 113 ch. 270-430 € *www.hotel-bel-ami.com*

Prince de Conti

Plan : 1 C 5

» 8 rue Guénégaud
☎ 01 44 07 30 40
01 44 07 36 34
Ouv. 7j/7.

Un cadre raffiné, à l'anglaise pour les chambres, ou design pour les duplex récemment rénovés, dans un bel immeuble XVIIIe de Saint-Germain. La plupart des chambres donnent sur le patio.

26 ch. 165-280 € *www.prince-de-conti.com*

Relais Christine

Plan : 1 C 5

» 3 rue Christine
☎ 01 40 51 60 80
01 40 51 60 81
Ouv. 7j/7.

Au cœur de Saint-Germain, un hôtel au charme précieux, avec ses chambres personnalisées, douceur à l'ancienne et détails soignés (matériaux, objets de déco). Le jardin privé, le centre de remise en forme sont des atouts supplémentaires, tandis que la très belle salle de petit déjeuner voûtée rappelle le couvent du XIIIe siècle sur lequel s'est construit le bâtiment actuel.

32 ch. 345-440 € *www.relais-christine.com*

Le Relais Médicis

Plan :5 A 2

» 23 rue Racine
☎ 01 43 26 00 60
01 40 46 83 39
Ouv. 7j/7.

Une atmosphère intime pour ce petit hôtel dans un quartier prestigieux, où les chambres adoptent des tissus luxueux et colorés, presque provençaux, sous les poutres de ce bâtiment historique. Patio autour de la fontaine.

16 ch. 138-258 € *www.relaismedicis.com*

Victoria Palace Hôtel

Plan : 4 F 2

» 6 rue Blaise-Desgoffe
☎ 01 45 49 70 00
01 45 49 23 75
Ouv. 7j/7.

Le principal atout de cet établissement construit en 1913 ? La superficie de ses chambres, comprise entre 25 et 35 m^2), et leur insonorisation poussée. Elles se voient en outre progressivement équipées de téléviseurs LCD. Elégante décoration de style Louis XVI.

4 appart. 595-785 € • 58 ch. 307-367 € *www.victoriapalace.com*

La Villa Saint-Germain

Plan : 5 A 1

» 29 rue Jacob
☎ 01 43 26 60 00
01 46 34 63 63
Ouv. 7j/7.

Dans un esprit luxe "Rive Gauche", un établissement de grand standing aux chambres spacieuses et soigneusement aménagées.

31 ch. 215-295 € *www.villa-saintgermain.com*

Abbaye Saint-Germain

Plan : 1 B 6 »

10 rue Cassette
☎ 01 45 44 38 11
Fax 01 45 48 07 86
Ouv. 7j/7.

L'ancien couvent est un véritable havre de paix dans ce quartier prestigieux, avec sa délicieuse cour intérieure (verrière, fontaine) et ses chambres personnalisées. Le mobilier ancien (sauf dans les suites, de style contemporain) et les tissus fleuris composent une atmosphère paisible.

7 appart. 370-458 € • 44 ch. 199-319 € — *www.hotel-abbaye.com*

Aramis Saint-Germain

Plan : 4 F 2 »

124 rue de Rennes
☎ 01 45 48 03 75
Fax 01 45 44 99 29
Ouv. 7j/7.

Une hôtellerie à visage et à taille humaine ; le pari est plutôt réussi, le confort et le soin apporté à la décoration des chambres faisant le reste. Bonne insonorisation, climatisation, mobilier ancien et chaînes satellite.

42 ch. 85-210 € — *www.hotel-aramis.com*

Le Clos Médicis

Plan : 5 A 2 »

56 rue Monsieur-le-Prince
☎ 01 43 29 10 80
Fax 01 43 54 26 90
Ouv. 7j/7.

Luxe harmonieux et feutré dans Saint-Germain, chambres personnalisées aux harmonies de couleurs sobres, à l'image des lignes d'un mobilier contemporain très bien choisi. Jardin intérieur.

1 appart. 390-470 € • 37 ch. 128-220 € — *www.closmedicis.com*

Hôtel Aviatic

Plan : 4 F 2 »

105 rue de Vaugirard
☎ 01 53 63 25 50
Fax 01 53 63 25 55
Ouv. 7j/7.

Cette maison XVIIe est historique : c'est là que Madame de Maintenon éleva les enfants de Louis XIV et de Madame de Montespan. L'hôtel doit son nom aux aviateurs du terrain d'Issy les Moulineaux qui le fréquentaient dès le début du XXe siècle. Aujourd'hui, il mêle charme et confort, des chambres raffinées, avec objets chinés et tissus chaleureux, à la jolie salle des petits déjeuners d'inspiration bistrot ou à l'adorable jardin intérieur.

1 appart. 295-330 € • 43 ch. 139-225 € — *www.aviatic.fr*

Hôtel d'Angleterre

Plan : 1 B 5 »

Saint-Germain-des-Prés,
44 rue Jacob
☎ 01 42 60 34 72
Fax 01 42 60 16 93
Ouv. 7j/7.

Chargée d'histoire, cette ancienne ambassade d'Angleterre s'organise autour d'un patio fleuri où l'on peut prendre les petits déjeuners. Chambres spacieuses, personnalisées et meublées de style Louis XIII, Louis XV, Louis XVI ou Directoire.

4 appart. 280-310 € • 23 ch. 135-260 € — *www.hotel-dangleterre.com*

Hôtel des Marronniers

Plan : 1 B 5 »

21 rue Jacob
☎ 01 43 25 30 60
Fax 01 40 46 83 56
Ouv. 7j/7.

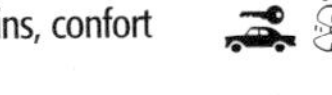

Le jardin fleuri (autrefois partie intégrante de l'abbaye de Saint Germain des Prés toute proche) et la véranda sont deux atouts pour cette maison aux chambres tendues de très beaux tissus. Marbre dans les salles de bains, confort partout.

37 ch. 110-208 € — *www.paris-hotel-marronniers.com*

Hôtel du Danube

Plan : 1 B 5 »

58 rue Jacob
☎ 01 42 60 34 70
Fax 01 42 60 81 18
Ouv. 7j/7.

Siège du gouvernement polonais en exil pendant la Seconde Guerre Mondiale, cet ancien hôtel particulier Napoléon III jouit d'un emplacement rêvé pour partir à la découverte des charmes parisiens. Agréable patio arboré, chambres se dotant progressivement du double-vitrage.

6 appart. 240 € • 34 ch. 120-172 € — *www.hoteldanube.fr*

Hôtel Jardin le Bréa

Plan : 4 F 3 »

14 rue Bréa
☎ 01 43 25 44 41
Fax 01 44 07 19 25
Ouv. 7j/7.

Ambiance douce et chaleureuse dans ces chambres aux tons jaune et au confort feutré, installées dans un bâtiment à deux pas des jardins du Luxembourg. Belle lumière dans le jardin d'hiver.

23 ch. 120-175 € — *www.jardinlebrea-paris-hotel.com*

Le Jardin de l'Odéon

Plan : 1 C 6 » 7 rue Casimir-Delavigne
☎ 01 53 10 28 51
📠 01 43 25 28 12
Ouv. 7j/7.

Un hôtel différent dans Saint-Germain, à la décoration moderne, qui mêle les lignes sobres et les couleurs nettes d'une influence Art déco, avec des influences ethniques et notamment égyptiennes. Gai et élégant, le résultat est une réussite.
41 ch. 170-220 € *reservation@hoteljardinodeonparis.com*

Left Bank Saint-Germain

Plan : 5 A 2 » 9 rue de l'Ancienne-Comédie
☎ 01 43 54 01 70
📠 01 43 26 17 14
Ouv. 7j/7.

Une atmosphère particulière, un peu hors du temps, baigne cette maison de Saint-Germain, avec son mobilier ancien sous les poutres et ses tapisseries d'Aubusson. Jardins intérieurs aux 1er et 4e étages pour une détente raffinée.
31 ch. 157-227 € *www.paris-hotels-charm.com*

Madison

Plan : 1 C 6 » 143 bd Saint-Germain
☎ 01 40 51 60 00
📠 01 40 51 60 01
Ouv. 7j/7.

Liée à l'histoire de Saint-Germain (Camus, Malraux, Pasternak ont fréquenté l'hôtel), la maison cultive une allure cossue et raffinée dans les chambres, tandis que le salon s'est doté l'an passé d'un ensemble contemporain.
1 appart. 320-390 € • 53 ch. 160-320 € *www.hotel-madison.com*

Le Saint-Grégoire

Plan : 4 F 2 » 43 rue de l'Abbé-Grégoire
☎ 01 45 48 23 23
📠 01 45 48 33 95
Ouv. 7j/7.

Une vingtaine de chambres intelligemment personnalisées dans le style intimiste et chaleureux d'un immeuble XVIIIe. Climatisation efficace, excellentes prestations d'ensemble.
20 ch. 165-248 € *www.hotelsaintgregoire.com*

Saint-Paul Rive Gauche

Plan : 5 A 2 » 43 rue Monsieur le Prince
☎ 01 43 26 98 64
📠 01 46 34 58 60
Ouv. 7j/7.

La maison remonte au XVIIe siècle et cultive une certaine douceur de vivre, dans la gentillesse de l'accueil comme le cadre. Chambres personnalisées, certaines avec un décor Haute Epoque sous les poutres, d'autres plus modernes.
4 appart. 120-238 € • 31 ch. 120-206 € *www.hotelsaintpaulparis.com*

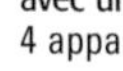

Le Sainte-Beuve

Plan : 4 F 3 » 9 rue Sainte-Beuve
☎ 01 45 48 20 07
📠 01 45 48 67 52
Ouv. 7j/7.

Le décor de cet immeuble haussmannien restitue avec bonheur l'atmosphère paisible d'une maison particulière, avec un mélange judicieux d'éléments contemporains et de meubles anciens.
22 ch. 132-275 € *www.parishotelcharme.com*

Saints-Pères

Plan : 1 B 5 » 65 rue des Saints-Pères
☎ 01 45 44 50 00
📠 01 45 44 90 83
Ouv. 7j/7.

Construit par un architecte de Louis XIV, un ancien hôtel particulier du XVIIe siècle aux chambres meublées d'époque et habillées de tissus de créateurs. Patio fleuri, salon, bar.
3 appart. 295-325 € • 36 ch. 160-350 € *www.esprit-de-france.com*

Hôtel de Saint-Germain

Plan : 1 B 6 » 50 rue du Four
☎ 01 45 48 91 64
📠 01 45 48 46 22
Ouv. 7j/7.

Un décor clair et chaleureux pour cette maison de caractère, pour profiter de ce quartier prestigieux à un prix encore raisonnable.
30 ch. 95-130 € *www.hotel-de-saint-germain.fr*

PARIS 7 (8 C 5)

L'Arpège

Plan : 1 A 5 » 84 rue de Varenne
☎ 01 45 51 47 33
F. w.-e.
Jusqu'à 22h30.

Cadre et ambiance

Un salon feutré au milieu des ministères, qui devrait d'ailleurs abriter le Ministère de la Cuisine. Une façade sobre, toute en fausse modestie, un repaire d'initiés, de chercheurs, de politiques, d'artistes, de fans de Passard.

Cuisine
Il faut avoir vu, au milieu d'un service tambour-battant, Alain Passard répondre à une interview, faire une séance photo au milieu des casseroles, et regarder du coin de l'œil chaque assiette préparée par une brigade tellement impliquée qu'elle semble envoûtée, pour comprendre que ce type n'est pas ordinaire. Acteur et metteur en scène de sa vie et de son métier, il transforme véritablement le produit, comme un sorcier, en l'effleurant à peine, qu'il s'agisse d'un oignon ou d'un homard. Les légumes (Ah ! les légumes de Passard qui font sourire les ignorants criant à l'attrape-nigaud et inspirent tant de respect à toute une génération de chefs consacrés), les poissons (un turbot en matelote devient "le" turbot en matelote de Passard), le ris de veau... Il n'y a guère que les desserts, pourtant superbement travaillés, dont on parvient à se débarrasser de la mémoire...

Cave
Pourquoi se fâcher ? Il vaut mieux en sourire, de cette cave la plus chère de France (très bien faite par ailleurs), où l'on vend au prix du pétrole brut des petits flacons innocents sur lesquels la marge tente de couvrir le génie de l'artiste. En tout état de cause, ceux qui sont présents connaissent le prix de ce qu'ils vivent. On peut bien laisser un petit pourboire...

Accueil et service
Atmosphère privilège très entretenue, pointe de condescendance et d'humour, qui peut accentuer un immense plaisir comme un début d'irritation. Techniquement irréprochable, de toute façon.

C : 210 € *www.alain-passard.com*

Le Chamarré

Plan : 2 E 6 » 13 bd de La Tour-Maubourg
☎ 01 47 05 50 18
F. sam. à déj., dim. et 7-27 août.
Jusqu'à 22h30.

Cadre et ambiance
Moderne, chic, confortable, une vraie belle adresse du XXIe siècle dans une atmosphère cosy s'adressant à une clientèle de connaisseurs.

Cuisine
Les produits sont remarquables, la technique des deux jeunes chefs - l'un français, l'autre mauricien - époustouflante, et les idées fusent dans tous les sens, pour des assiettes, d'abord esthétiques, mais surtout subtiles, séduisantes, pleines d'allant, légères, précises, avec des saveurs nettes et franches, une utilisation poussée (mais toujours à bon escient) de mousses, mousselines et autres émulsions : poulpe d'Atlantique, confit au curcuma vert, émincé de tentacules ; filet de rouget poêlé, courgette et potimarron au curry dans une splendide présentation.

Cave
La carte des vins n'en fait pas trop dans la recherche ou dans l'opulence : bien présentée, claire, précise, pas trop fournie, mais à tarifs équitables.

Accueil et service
De la jeunesse, concernée et performante qui s'applique avec courtoisie à offrir la meilleure présentation à une cuisine aussi raffinée.

C : 88 € • M : 40-200 € *chantallaval@wanadoo.fr*

Le Divellec

Plan : 4 F 1 » 107 rue de l'Université
☎ 01 45 51 91 96
F. w.-e., 22 juil.-22 août et Noël-nouvel an.
Jusqu'à 22h.

Cadre et ambiance
A deux pas des Invalides et de la Tour Eiffel, cette maison au carrefour est un immanquable rendez-vous d'affaires politiques, médiatiques, industrielles.

Cuisine
Cinquante ans au service de l'huître et du turbot, ça vous pose un chef comme un bulot sur un rocher. Jacques Le Divellec a fait frémir ses Marennes et braiser son turbot aux truffes pour autant de présidents que de starlettes. Ceux qui sont là ignorent en général le prix - considérable - de la sole aux févettes ou du bar en croûte de sel aux algues. La meilleure façon d'aborder la maison ? Etre invité, manger du caviar à la cuiller, des Prat ar Coum, un homard ou même une mouclade, au plus nature, au plus simple pour profiter à plein du produit.

Cave

Cave importante qui vous permet de trouver un sauvignon ou un chardonnay pas trop cossu pour se marier gentiment avec l'océan.

Accueil et service

Un grand savoir-faire d'une équipe rodée par vingt-deux ans de sourires à tous les bords politiques. De la diplomatie et une assez haute idée de la fonction.

C : 140 € • M : 55-70 € *ledivellec@noos.fr*

Le Jules-Verne **Plan : 4 C 1**

» Champ-de-Mars, Tour-Eiffel
☎ 01 45 55 61 44
Ouv. 7j/7.
Jusqu'à 21h45.

Cadre et ambiance

Une déco high-tech, métallique, parfaitement intégrée dans les bras de la Dame de Fer. La vue est, évidemment, époustouflante, unique, en plein jour pour voir tout Paris en détail, de nuit, dans le scintillement des éclairages de la tour.

Cuisine

On pourrait penser que la routine s'installe dans un lieu où le débit et l'efficacité sont indspensables. Mais Alain Reix - qui devient de plus en plus le Grand Reix - maîtrise, actualise, répond à toutes les sollicitations : des émulsions new age, du charolais de haute prairie, du tartare bœuf - langoustine au caviar d'Aquitaine, une magnifique longe de veau...

Cave

A peine à lire, compte tenu de ses prix, d'une altitude eiffélienne. Pourtant, en allant chercher les plus modestes, autour de 50 **€**, on mesure que la sélection (Calcaires de Cazeneuve, cairanne de Richaud...), n'a pas été faite par un apprenti.

Accueil et service

Les tables sont rapprochées, on entasse un peu les touristes de toutes nationalités, mais le haut niveau, en correspondance avec l'ascenseur privé - un vrai privilège compte tenu de l'attente à chaque pilier - est bien maintenu, avec un très nombreux personnel rodé à l'exercice.

C : 120 € • M : 58-130 €

Le Violon d'Ingres **Plan : 4 E 1**

» 135 rue Saint-Dominique
☎ 01 45 55 15 05
F. dim. et lundi.
Jusqu'à 22h30.

Cadre et ambiance

Un cocon distingué et discret, table d'initiés qui cherchent la constance du Constant dans un décor rassurant : orange et violet pour les tons de la mode, boiseries et sérigraphies d'Ingres aux murs, lumière sélective, pas de fenêtres. Une table classique visiblement recommandée par les grands hôtels.

Cuisine

Une ligne rustico-bourgeoise revisitée par un expert. Christian Constant, la précision du pâtissier, le savoir-faire du maître, ex-star de palace, ne se trompe jamais : de cuisson, de produit, de clientèle. La carte est rehaussée par un " bouche à oreille " des suggestions de saison, qui fait florès. Les standards sont impeccables, le foie gras comme le bar de Saint-Malo avec une ravigote citronnée ou le pigeon en crapaudine, avec des petits pois mémorables, et quelques plats du même registre frisent les trois toques, comme la gelée d'araignée et tourteau à la crème de fenouil.

Cave

Claire précise, naviguant dans tous les vignobles avec régularité, sans trous d'air. Hormis les prix, qui, même à ce niveau, semblent s'adresser à une clientèle peu connaisseuse (sinon on n'essaie pas de vendre Chante Coucou 65 **€**).

Accueil et service

Jovial si vous êtes de la famille, plus distant si vous arrivez de votre province. C'est Paris, c'est chic. Le service a perdu, en quelques années, la spontanéité bourgeoise, un peu familiale qui rendait le lieu plaisant et harmonieux, pour prendre de la raideur.

C : 80 € • M : 50-110 € *www.leviolondingres.com*

L'Atelier de Joël Robuchon

Plan : 2 F 6 » 5-7 rue de Montalembert
☎ 01 42 22 56 56
Ouv. 7j/7.
Jusqu'à 24h.

➥ **Hôtel** : Pont-Royal

L'idée, inspirée des sushi-bars, entre autres, est si réussie qu'on aimerait qu'il y ait un atelier dans chaque ville. Qui permette, au comptoir, de choisir ses langoustines, un morceau de thon, à préparer à la minute, ou à servir tel quel, dans sa noble nudité. C'est cela, le Robuchon d'aujourd'hui, qui supprime un certain nombre d'intermédiaires entre le meilleur produit et vous et qui instaure un nouveau mode de fonctionnement, très bien compris d'un public qui fait un peu moins la queue aujourd'hui, mais se montre toujours aussi gourmand d'une adresse comme celle-là.

C : 75 € • M : 98 €

Auguste

DÉCOUVERTE **Plan : 4 E 1** » 54 rue de Bourgogne
☎ 01 45 51 61 09
F. w.-e., fériés et 3 prem. sem. août.
Jusqu'à 22h30.

A 33 ans, Gaël Orieux, passé par de multiples grandes maisons (commis chez Bocuse ou Senderens, chef de partie au Taillevent, second au Meurice) s'est lancé dans le grand bain en reprenant les anciens Glénan. A peine quelques tours de chauffe et le voilà déjà pointant dans les premières places, la poitrine demi-sel de cochon rôtie, légumes du moment et pistou d'herbes amères aux bigorneaux, le blanc de bar étuvé au beurre demi-sel et crème légère de cresson de fontaine et la ganache de chocolat ivoire et sorbet de thé de ceylan noir valant déjà une très belle toque. Cadre moderne dessiné par un architecte d'intérieur, clientèle très "Ministères".

C : 50 €

14

Chez l'Ami Jean ↗ ♥

Plan : 2 D 6 » 27 rue Malar
☎ 01 47 05 86 89
F. dim., lundi, août et 24 déc.-1er janv.
Jusqu'à 24h.

La petite rue Malar ne se débusque pas si facilement sans GPS, mais vous ne serez pas tout seul sur le coup pour autant. Certains déjeuners, l'impression que la salle est trop petite rend véritable et presque angoissante l'expression "plein à craquer". Qu'on se rassure, rien ne peut réellement distraire les mangeurs d'une des cuisines bistrotières - tendance basco-sud-ouest avec des produits rares et bien achetés - les plus allègres et pointues de Paris. Stéphane Jégo n'a pas besoin de rajouter du piment d'Espelette pour corser son assiette, il fait des splendeurs de maquereaux de Bretagne en croûte de parmesan et tomates noires de Crimée, d'un rognon de veau entier et carottes au lard paysan, d'un lapin fermier en fricassée et poivrade de tomates. Bonne cave adaptée, avec une flopée de jolies petites bouteilles, délicieux desserts, ambiance sereine, complice. Dans un coin, la fille du chef déjeune avec son grand-père. Ils passent un bon moment...

C : 39 € • M : 28 €

Le Club

Plan : 1 A 4 » 12 rue de Poitiers
☎ 01 49 54 74 54
F. w.-e., fériés, dern. sem. juil.-3e sem. août et Noël-nouvel an.
Jusqu'à 21h30.

Un salon discret et intime pour rencontres originales. "Viens, je t'emmène chez les Polytechniciens, c'est plus près que le zoo de Vincennes". Il y a en fait peu de bicornes, plutôt du bizness feutré, quelques gradés pour savourer une véritable cuisine, aux fondations solides, du classique bien décrypté, traduit avec intelligence et vivacité, une mousseline de langoustines en consommé de volaille, concassée de champignons, un bon foie gras aux lentilles, un carré d'agneau et coquillettes aux morilles, pas très novateur mais excellent. Décor d'un certain raffinement qui pourrait être un peu rafraîchi, bonne carte des vins constituée avec la collaboration des Caves Taillevent.

C : 55 € • M : 36-60 €

www.maisondesx.com

14 Gaya Rive Gauche

Plan : 1 B 5 » 44 rue du Bac
☎ 01 45 44 73 73
F. sam., dim. à déj., 2e quinz. juil. et 1 sem. fév.
Jusqu'à 22h30.

Gaya revu par Pierre Gagnaire, ça rend curieux. Le tout-Paris gastronomique est donc venu avec délice assister au lancement de ce nouveau chalutier, dans les beaux habits du décor de Christian Ghion. La brise est légère, subtile, les assiettes tranchantes comme l'étrave, associant le haddock et les coques, quinoa et boulgour, le hareng fumé et les bulots autour d'un oeuf mimosa et autres fantaisies délurées qui ne s'éloignent jamais du produit (un bar de haute mer). Cave aussi maligne, et service poussé par le Gulf Stream.
C : 70 €

14 Les Olivades-Bruno Deligne ♥

Plan : 4 D 2 » 41 av de Ségur
☎ 01 47 83 70 09
F. sam. à déj., dim., lundi à déj. et août.
Jusqu'à 22h30.

Dans le quartier des ministères, derrière l'Ecole Militaire, voici le terroir secret de Bruno Deligne, dans son décor lavande et ocre, sobre et charmant. Pas de folklore surajouté, ni dans la salle, ni dans la cuisine sous influence basco-provençale évoquant les origines du chef (une tapenade pour soutenir le ris de veau, du piment d'Espelette pour épicer le thon cru). Celui-ci sait également exprimer sa tendresse pour le Jura, dans une superbe version du poulet au vin jaune et morilles, ou avec les bouteilles de Pierre Overnoy dans les coups de cœur d'une carte de vins rassembleuse et maligne (des meursaults de Vincent Girardin aux minervois de Pierre Cros). Service à la bonne distance.
C : 51 € • M : 30 €

13 L'Affriolé

Plan : 2 E 6 » 17 rue Malar
☎ 01 44 18 31 33
F. sam., dim. et août.

Un retour mérité pour cette table affriolante, consacrant la cuisine de Thierry Verola : les produits sont excellents, les assiettes vives, percutantes, fraîches, techniquement parfaites, et les idées originales, d'une inventivité maîtrisée derrière des intitulés parfois un peu austères : les haricots tarbais, en crème froide, en salade de chorizo, farci en piquillos, bel équilibre entre puissance et rusticité, l'impeccable travers de porc laqué aux épices, le pigeon rôti aux petits pois...Tout cela est servi avec gentillesse, en soignant les détails (pain, petits pots de crème et cerises en fin de partie...) à un tarif juste, autant pour l'assiette que pour les vins.
C : 23 € • M : 18-42 €

13 Au Bon Accueil

Plan : 4 D 1 » 14 rue de Monttessuy
☎ 01 47 05 46 11
F. w.-e.
Jusqu'à 22h30.

L'enseigne n'évoque pas l'imagination au pouvoir, mais contient une grosse part de vérité : l'accueil est empressé, le service plutôt tonique, et dans un décor branché bistrot de caractère, la toque se justifie allégrement pour la cordiale sympathie qui se dégage de l'aumônière de ris d'agneau et choux à la marjolaine, de l'épaule de cochon de lait en croquette ratatouille et du crémeux au basilic salade de framboises et sorbet rose, dans le menu à 27 **€**. La carte est moins amène, flirtant avec les 55 **€**, et la cave fait de bons choix un peu partout, Dureuil-Janthial et Joblot en bourgogne, Breton et Dagueneau en loire, Olivier Pithon et Sarda-Mallet en roussillon, etc.
C : 50 € • M : 27-31 €

13 Caffè Minotti

Plan : 4 F 1 » 33 rue de Verneuil
☎ 01 42 60 04 04
Rens. non comm.

L'ancien chef du Cortile, Nicolas Vernier, tient là une nouvelle table en vue : joli cadre, service et accueil d'un charme efficace, cuisine sérieuse, aux produits irréprochables et à l'expression contemporaine attirent une clientèle néo-yuppie qui prolonge le raffinement. Comme dans l'ancienne annexe transalpine d'Alain Ducasse où il officiait, le chef puise quelques idées de la Botte pour les interpréter à sa manière, sans chercher à simplement transposer un terroir. Prix élevés, assiettes rutilantes, taillées pour faire bel effet, tarifs plein pot : nouveau, logique et parisien.

13 Chez les Anges

DÉCOUVERTE **Plan : 2 E 6** »

54 bd de la Tour-Maubourg
☎ 01 47 05 89 86
F. w.-e.
Jusqu'à 22h30.

L'ex-repaire de Paul Minchelli est devenu un standard moderne, dans un décor lisse et zen complètement apaisant. Non qu'il faille une bonne humeur particulière pour apprécier le carpaccio de poulpe, les huîtres, tête et langue de veau, le saint-pierre ou l'agneau de Pauillac, mais l'impression de calibrage disparaît plus facilement au profit d'un plaisir véritable, de fraîcheur et de précision.

C : 45 €

tm.cafe@club-internet.fr

13 Le Clos des Gourmets

Plan : 4 D 1 »

16 av Rapp
☎ 01 45 51 75 61
F. dim. et lundi.
Jusqu'à 23h.

De tout un peu, au goût du jour : du bistrot, du gastro, du terroir, du canaille, ce qui plaît, ce qui se grignote, ce qui se zappe, ce qui se goûte : voilà un chef multi-cartes qui réussit aussi bien la dorade plancha que la tête de cochon croustillante, les pimientos farcis de brandade que la compote d'abricots, croquet au romarin et glace huile d'olive. L'atmosphère est sagement détendue, moins excitée que cette cuisine pourrait le suggérer, le service fluide et la cave claire, lisible, intéressante, avec un classement original par cépages ou par terroir, incluant des vins du monde.

M : 29-33 €

13 D'Chez Eux

Plan : 4 D 2 »

2 av Lowendal
☎ 01 47 05 52 55
F. dim., 3 prem. sem. août et 25 déc.-3 janv.
Jusqu'à 22h30.

Pourquoi réserver cette bonne auberge aux seuls oncles d'Amérique ? La carte postale est certes trop belle pour échapper au clic-clac des touristes, mais D'Chez eux mérite aussi la visite des Parisiens, une fois l'an, histoire de remettre à zéro les compteurs de la calorie de la gouaille. L'aller-retour vers l'antan passe nécessairement par le puissant panier de cochonnailles, le boudin noir, le confit de canard et la mousse au chocolat, à moins de viser d'emblée la seule puissance terrienne du cassoulet. Grosse cave, tendue sur les pointures bourguignonnes et bordelaises mais ponctuée de quelques flacons abordables.

C : 60 € • M : 40 €

13 La Ferronnerie

Plan : 1 B 5 »

18 rue de la Chaise
☎ 01 45 49 22 43
F. sam., dim. et 1er-15 août.
Jusqu'à 22h15.

Le Bon Marché, tout proche, il est aussi à faire parmi les assiettes affriolantes de Jean-Pierre Gloaguen, qui distribue les bons points d'un bistrotier ménager aux petits oignons. Mettez le couteau dans la terrine de foie de volaille, il ne voudra plus en partir, tâtez du jambon persillé et mesurez-vous au rognon de veau. On n'en démord pas jusqu'au clafoutis ou la crème caramel : c'est du vrai bistrot parisien à labelliser d'urgence. Petite cave et vin au verre pour la sympathie.

C : 35 €

13 Le Maupertu

Plan : 2 E 6 »

94 bd La Tour-Maubourg
☎ 01 45 51 37 96
F. 1 sem. vac. scol. fév. et 15 jrs août.
Jusqu'à 22h.

Le menu-carte a pris un euro, mais à moins de 200 de nos francs d'antan, le compte y est toujours entre la dépense et la satisfaction. Simple et ensoleillée, cette cuisine respire le romarin et la marjolaine, les champs de lavande et les pique-niques d'été. Avec le melon au jambon de Parme, les tomates mozza, le bar au basilic ou le lapin aux olives, dans une atmosphère beaucoup moins solennelle que sous le dôme des Invalides, que l'on aperçoit depuis les baies vitrées. Dommage que la cave ne soit pas aussi gouleyante et fouineuse que l'assiette, on reprendrait bien un petit verre.

M : 21-29 €

www.restaurant-maupertu-paris.com

13 Les Ormes

Plan : 2 E 6 » 22 rue Surcouf
☎ 01 45 51 46 93
F. dim., lundi, 1re sem. janv. et 3 sem. août.
Jusqu'à 22h.

Stéphane Molé a rapproché du cœur de Paris son savoir-faire précieux développé près des Maréchaux. A la place des lyonnaiseries chic du Bellecour, il redessine une tradition d'apparence sage, dans la finesse et la sensibilité : un très beau pressé de foie gras, ris d'agneau et sot l'y laisse, une escalope de bar aux pistaches poêlée avec précision, un carré d'agneau de Lozère, un peu gras, avec des aubergines poêlées et un bon gratin, avant une tarte aux abricots impeccable. Joli décor tranquille, cave équilibrée balayant la plupart des régions.
C : 56 € • M : 44-79 €

13 Tante Marguerite

Plan : 1 A 4 » 5 rue de Bourgogne
☎ 01 45 51 79 42
F. w.-e. et août.
Jusqu'à 22h30.

Du travail propre et friand, mixant le "terroir Loiseau", avec son ragoût d'escargots, son jambon persillé du Morvan, son sandre au vin rouge à une carte ménagère et provençale du meilleur effet sur les visiteurs proches du Palais Bourbon. Chic de bon ton et aimable menu à 34 € pour faire dînette avec une carafe de chambolle, dans une sélection bourguignonne attrayante.
C : 50 € • M : 34-40 € *www.bernard-loiseau.com*

13 Le Télégraphe

Plan : 1 A 4 » 41 rue de Lille
☎ 01 42 92 03 04
F. vend. à dîn., sam. et 2 sem. août.
Jusqu'à 22h30.

Comme on dit au Palais Brogniart, après la hausse, voici une période d'ajustement. L'originalité du décor est toujours un spectacle pour les visiteurs du premier soir, également séduits par les lumières tamisées, les tables bien espacées, la superbe terrasse pour les déjeuners d'été, mais l'ambiance a baissé d'un ton et la cuisine en profite pour mettre les chaussons : un léger manque d'inspiration dans des classiques cachères toujours bien faits (filet de dorade royale émincé de fenouil et coulis d'ananas à l'aneth, tournedos de canard façon Rossini, pêche confite, mille-feuille de pommes aux épices douces) mais qui mériteraient de retrouver le supplément d'âme des débuts.
C : 90 € • M : 50 € *leblancala@aol.com*

13 Vin et Marée

Plan : 4 D 2 » 71 av de Suffren
☎ 01 47 83 27 12
Ouv. 7j/7.
Jusqu'à 22h30.

Les poissons quittent à peine les ports bretons qu'ils sont déjà dans vos assiettes, l'œil vif et la chair ferme. Ce concept, ce parti pris de fraîcheur, c'est la base de la réussite, avant d'être une donnée marketing, ce qui a de quoi réjouir les défenseurs du produit. Le mâcon de Dubœuf, le vouvray de Foreau en carafe ou le crozes de Colombo animent les débats dans le cadre accueillant de celui qui fut le premier Vin et Marée, ouvert il y a juste dix ans.
C : 40 € *vin.maree@wanadoo.fr*

13 Vin sur Vin

Plan : 4 D 1 » 20 rue de Monttessuy
☎ 01 47 05 14 20
F. lundi (Pâques-sept.), sam. à déj., dim. et lundi à déj. (sept.-Pâques), août et 23 déc.-5 janv.
Jusqu'à 21h30.

Lorsqu'on dispose d'une telle cave (la maison de Patrice Vidal en possède justement une aussi brillante que pointue), difficile pour le chef d'attirer tous les projecteurs sur sa cuisine. Pascal Toulza s'en sort pourtant avec les honneurs, avec une galette de pieds de cochon, une croûte aux légumes et riz de veau ou une simple pièce de bœuf de salers.
C : 55 €

12 Bellota Bellota

Plan : 4 F 1 » 18 rue Jean-Nicot
☎ 01 53 59 96 96
F. dim., lundi et 2 prem. sem. août.
Jusqu'à 23h.

Bellota-Bellota n'est pas à proprement parler un restaurant mais plutôt un comptoir de dégustation (qui fait aussi épicerie fine) presque exclusivement dédié aux fameux jambons ibériques Bellota (c'est-à-dire issus de porcs noirs engraissés aux glands). En permanence, quatre variétés provenant de différentes régions sont proposées à la dégustation dans des conditions optimales : découpes en pétales plutôt qu'en tranches par un cortador (un maître

découpeur), disposition sur des assiettes tièdes (pour que le gras fonde légèrement) et accompagnements simples mettant en valeur les saveurs complexes des jambons. Vaste gamme de vins espagnols pour toutes les bourses. La qualité générale des produits est irréprochable : du pain de campagne de Jean-Luc Poujauran jusqu'aux superbes conserves artisanales galiciennes. A produits d'exception, tarifs d'exception et même si les manières font un peu dînette (les conserves à même leurs boîtes, les tartines de jambon et les couverts minuscules), les additions, elles, jouent dans la cour des grands.
C : 50 €

[12] Café Constant — Plan : 2 E 6

Annexe terroir et plats sur ardoise à deux pas de la maison-mère (le Violon d'Ingres). Et quand Christian Constant joue de l'archet bistrotier, la mélodie est tout de suite juste, et l'addition très honnêtement calibrée.
C : 27 €

» 139 rue Saint-Dominique
☎ 01 47 53 73 34
F. dim. et lundi.
Jusqu'à 22h30.
⛱ 🐕

[12] La Cigale Récamier — Plan : 1 B 6

Soufflés sucrés et salés, c'est le thème majeur, et à peu près incontournable de cette adresse bon genre au seuil de Saint-Germain. Des suggestions sur ardoise en appoint et des banalités contemporaines, ravioles aux petits légumes, filet de bar à l'huile d'olive, crème brûlée, dans un nouveau décor pastel.
C : 45 € *le.recamier@wanadoo.fr*

» 4 rue Récamier
☎ 01 42 22 51 75
F. dim., 15 août et Noël-nouvel an.
Jusqu'à 23h.
⛱ 🚬

[12] Le Cinq Mars — DÉCOUVERTE — Plan : 4 F 1

Il faut être un fouineur infatigable pour dénicher ce genre d'adresse : le café-bar popu qui s'est transformé en bistrot pointu pour chercheurs de pépite viticoles, avec les plats de ménage qui vont bien. Comme un magistral pot-au-feu, soigneusement dégraissé, que le gotha affiché sur l'ardoise aux bouteilles serait ravi de voir cousiner avec leurs flacons. J'ouvre un café de potes et on écluse : le programme est alléchant, surtout quand on rassemble Dard et Ribo, Pacalet, Cosse-Maisonneuve, Sénat, Gramenon autour du sauté de veau aux olives et du crumble du jour.
C : 30 € • M : 17,50-21 € *cinq-marsrestaurant@wanadoo.fr*

» 51 rue de Verneuil
☎ 01 45 44 69 13
F. dim., lundi et août.
Jusqu'à 23h.
🐕

[12] Les Fables de la Fontaine — Plan : 4 E 1

Christian Constant côté port. Sur le même trottoir que le Violon d'Ingres, la mer se déverse dans cet ancien bistrot à huîtres dont la terrasse donne sur une jolie fontaine. C'est l'arrivage - et un peu le chef - qui décident des plats, mais on peut fermer les yeux et suivre le capitaine. En saison, plateau de fruits de mer à 40 **€**.
C : 38 €

» 131 rue Saint-Dominique
☎ 01 44 18 37 55
Ouv. 7j/7.
Jusqu'à 22h30.

[12] Le Florimond — Plan : 4 D 1

Un cadre tranquille et chaleureux (boiseries et murs jaunes), une salle entièrement non fumeur, fait rare à Paris, un accueil sympathique... l'affaire s'engage bien. La carte se décline en un large éventail de propositions classiques (fricassée de rognons de veau au bleu d'Auvergne, filet de sole et langoustines poêlés à la vanille), d'où on extrait sans mal de quoi dîner avec appétit (canette rôtie bien relevée de la note acidulée des griottes et pistaches, légère et onctueuse neige de champagne aux framboises accompagnée de sa tranche de cake) dans une ambiance paisible d'habitués. Carte des vins tournée notamment vers la Loire et le Sud-Ouest.
C : 42 € • M : 19-33 €

» 19 av de la Motte-Picquet
☎ 01 45 55 40 38
F. sam. à déj., dim., 1er et 3e sam. du mois, 24 déc.-3 janv., 1er-8 mai et 29 juil.-20 août.
Jusqu'à 22h15.
⛱ ♿ 🐕

[12] Lei

Plan : 4 D 1 » 17 av de la Motte-Piquet
☎ 01 47 05 07 37
F. dim. à déj., lundi, 2 sem. août et 1 sem. Noël.
Jusqu'à 23h.
⛱ 🚗 🐕

Lei, ce sont eux, l'équipe des Cailloux qui exporte le style transalpin sympa au cœur du septième chic. Le chef est un pur produit de la Botte, qui manipule avec prudence et doigté la foccacia mozza, les linguine à l'araignée de mer et les boulettes de veau au parmesan et romarin. Laissez agir cette douce ambiance, cool et calda en même temps, en accompagnant de vin de Molise, des Pouilles ou de Sardaigne.
C : 40 € • M : 29 € *lei@sljcohen.fr*

[12] Le P'tit Troquet

Plan : 2 D 6 » 28 rue de l'Exposition
☎ 01 47 05 80 39
F. sam. à déj., dim., lundi à déj., 1re sem. janv. et 3 prem. sem. août.
Jusqu'à 22h30.

Tables rapprochées, déco jouant les nostalgiques (vieilles réclames sur les murs, objets anciens) et bonnes petites assiettes simples et fraîches, risotto crémeux aux asperges vertes, mitonnée de porc en cocotte au vin rouge, lasagne de lapin au basilic et gratinée de parmesan, crème brûlée à la cassonade. Service tout sourire, cave un peu faiblarde.
M : 27-29,50 €

➤ Casual

Plan : 2 E 6 » 29 rue Surcouf
☎ 01 45 50 36 20
F. à déj. en sem.
Jusqu'à 23h30.
⛱ 🐕

Très casual, comme disent nos amis britanniques, pour mixer le pratique et le confort. Dans un cadre épuré aux tons modernes, on s'amuse d'une cuisine trop chère, ni désagréable, ni renversante - croustillant de faisan aux champignons, lotte poêlée, ragoût de champignons, parfait glacé aux speculoos sauce bêtise de Cambrai (on sent l'influence du passage du chef au Maxence). L'ambiance est à construire, mais il y a des atouts.
C : 30 € • M : 21-29 €

➤ Kniaz Igor

Plan : 4 D 1 » 43 av de la Bourdonnais
☎ 01 45 51 91 71
F. août.
Jusqu'à 23h30.
⛱ ❄ 🐕

Pour l'ambiance tout d'abord (un chanteur guitariste, un accordéoniste, des groupes de musiciens et de danseurs tziganes... se produisent quotidiennement et parfois jusqu'au bout de la nuit quand la clientèle joue le jeu) et pour la bonne cuisine russe, filet de bœuf à la strogonoff, esturgeon au champagne et au caviar, gâteau au fromage blanc...
C : 50 € • M : 28-150 €

➤ Le Petit Niçois

Plan : 2 D 6 » 10 rue Amélie
☎ 01 44 18 07 84
F. août.
Jusqu'à 22h30.
🐕

Côté Sud, pas tout à fait dans la déco, même si l'inspiration est bien là, mais surtout dans la cuisine, pour cette adresse centenaire, qui régale fidèlement de ses petits farcis ou sa bouillabaisse, qui remplissent gentiment leur office.
C : 40 € • M : 18-29 €

➤ Au Pied de Fouet

Plan : 1 A 6 » 45 rue de Babylone
☎ 01 47 05 12 27
F. sam. à dîn., dim., août et 24-31 déc.
Jusqu'à 21h40.
♿ 🐕

Du bistrotier basique qui ne s'embarrasse pas de fioritures. Pas seul dans sa catégorie, donc, mais suffisamment bon vivant et père peinard pour qu'on n'abandonne pas d'un coup de clavier les foies de volaille et le jarret de veau.
C : 13 €

➤ Le Vin de Soif

» 24 rue Pierre-Leroux
☎ 01 43 06 79 85
F. w.-e., 3 prem. sem. août et 1 sem. Noël-nouvel an.
Jusqu'à 20h.
⛱ ❄

Du bon et du bio dans la cave, des vins naturels (Plageoles, Puzelat, Villemade...) et une cuisine de bistrot d'aujourd'hui qui épouse la forme des verres : poivrons marinés et mozza, andouillette AAAAA, tartare de thon.
C : 27 € • M : 12 €

Pont-Royal

Plan : 1 B 5 » 5-7 rue Montalembert
☎ 01 42 84 70 00
01 42 84 71 00
Ouv. 7j/7.

➡ **Restaurant** : 15/20 L'Atelier de Joël Robuchon

Rive gauche en diable, avec le souvenir d'écrivains prestigieux et une élégance feutrée de club anglais, dans les harmonies de couleurs profondes et chaleureuses, les tentures luxueuses et l'acajou du mobilier.

10 appart. 580-980 € • 69 ch. 380-580 € *www.hotel-pont-royal.com*

Le Tourville

Plan : 4 F E » 16 av de Tourville
☎ 01 47 05 62 62
01 47 05 43 90
Ouv. 7j/7.

Derrière une façade revue, cet hôtel du quartier des Invalides séduit par ses chambres avec terrasses privatives, dans une authentique ambiance à l'ancienne, faite de détails soignés dans le choix du mobilier comme des objets de déco. Couleurs chaudes et acidulées créent une atmosphère de luxe chaleureux.

3 appart. 150-330 € • 30 ch. 150-250 € *www.hoteltourville.com*

Le Walt

Plan : 4 D 1 » 37 av de la Motte-Picquet
☎ 01 45 51 55 83
01 47 05 77 59
Ouv. 7j/7.

Sous les dehors classiques d'un immeuble haussmannien, cet hôtel récemment aménagé signe son originalité par un décor contemporain, avec un mobilier aux lignes sobres et actuelles et des salles de bain très modernes, formant un joli contraste avec les grands tableaux de tête de lit, reproduction de détails d'œuvres classiques.

25 ch. 250-320 € *www.inwoodhotel.com*

L'Académie Saint-Germain-des-Prés

Plan : 1 B 5 » 32 rue des Saints-Pères
☎ 01 45 49 80 00
01 45 44 75 24
Ouv. 7j/7.

A proximité immédiate de Saint-Germain des Prés, du musée d'Orsay, du Louvre et de Notre Dame, des chambres de grand standing abritées dans l'ancienne demeure de chasse du duc de Rohan.

6 appart. 179-299 € • 27 ch. 99-195 € *www.academiehotel.com*

Duc de Saint-Simon

Plan : 1 A 5 » 14 rue de Saint-Simon
☎ 01 44 39 20 20
01 45 48 68 25
Ouv. 7j/7.

De la cour intérieure aux dallages superbes, en passant par les hauts plafonds, toute l'architecture XIXe de cet ancien hôtel particulier se met au service d'un cadre bourgeois d'une élégance parfaite, avec mobilier de style et matériaux luxueux. Une exclusivité qui, jointe à la disponibilité du service, justifie les tarifs.

5 appart. 350-375 € • 29 ch. 220-280 € *www.hotelducdesaintsimon.com*

Le Duquesne-Eiffel

Plan : 4 E 2 » 23 av Duquesne
☎ 01 44 42 09 09
01 44 42 09 08
Ouv. 7j/7.

Ouvert sur la Tour Eiffel, le bâtiment fin XVIIIe accueille un cadre feutré et chaleureux, d'influence sagement contemporaine, avec des chambres personnalisées dans le choix des coloris comme les photographies anciennes des monuments de Paris.

40 ch. 128-165 € *www.duquesneeiffel.com*

Hôtel d'Orsay

Plan : 4 F 1 » 93 rue de Lille
☎ 01 47 05 85 54
01 45 55 51 16
Ouv. 7j/7.

C'est avec habileté que l'hôtel joue sa partition entre l'élégance classique d'une architecture XVIIIe et du mobilier de style et le confort chaleureux des chambres, aux jolies touches de couleurs de beaux tissus d'ameublement.

2 appart. 272-310 € • 39 ch. 125-175 € *www.esprit-de-france.com*

Hôtel de la Tulipe

Plan : 2 D 6 » 33 rue Malar
☎ 01 45 51 67 21
01 47 53 96 37
F. non comm.

Autour de sa cour intérieure fleurie, l'ancien couvent construit au XVIIe siècle déploie des chambres au charme champêtre, dans ses harmonies de couleurs et ses vieilles pierres.

1 appart. 200-250 € • 21 ch. 100-150 € *www.paris-hotel-tulipe.com*

Hôtel de Varenne

Plan : 1 A 4

Dans un quartier prestigieux (ambassades, ministères), un petit cocon de luxe feutré, au sein d'un hôtel particulier XIXe. Chambres de style (Louis XVI et Empire) et joli jardin intérieur.

24 ch. 130-160 € *www.hoteldevarenne.com*

» 44 rue de Bourgogne
☎ 01 45 51 45 55
Fax 01 45 51 86 63
Ouv. 7j/7.

Le Verneuil

Plan : 4 F 1

Dans une ambiance intime de maison particulière, l'hôtel, construit dans un immeuble du XVIIe siècle, ménage des espaces chaleureux, volontiers romantiques dans des chambres aux tissus élégants et au mobilier choisi.

26 ch. 139-220 € *www.hotelverneuil.com*

» 8 rue Verneuil
☎ 01 42 60 82 14
Fax 01 42 61 40 38
Ouv. 7j/7.

Grand Hôtel Lévêque

Plan : 2 D 6

A deux pas des Invalides, l'hôtel ajoute à cette belle situation un confort de bon niveau (climatisation, rénovation régulière) pour revendiquer un bon rapport prix-prestations.

50 ch. 57-110 € *www.hotel-leveque.com*

» 29 rue Cler
☎ 01 47 05 49 15
Fax 01 45 50 49 36
Ouv. 7j/7.

Hôtel Muguet

Plan : 4 E 6

Des chambres meublées de rustique, ouvrant sur un balcon donnant sur les Invalides ou sur la Tour Eiffel. D'importants travaux de rénovation y seront entrepris dès le mois de novembre, pour un achèvement en mars 2006.

43 ch. 95-160 € *www.hotelmuguet.com*

» 11 rue Chevert
☎ 01 47 05 05 93
Fax 01 45 50 25 37
Ouv. 7j/7.

PARIS 8 (8 C 5)

Alain Senderens

Plan : 2 F 5

Ouf ! Après la prise de position tonitruante d'Alain Senderens sur l'évolution annoncée de Lucas-Carton, on pouvait tout imaginer entre les lambris de la mythique maison de la Madeleine. Un kebab frites, une pizzéria, un lounge relooké 9-3 pour manger des paninis en écoutant du rap. Heureusement, Monsieur Alain a évité le crime de lèse-majesté, et on peut encore aller déjeuner sans déguisement. Des étoiles ou des toques non désirées, cela se traduit finalement par une aimable table bourgeoise au cœur de Paris, au cadre effectivement revu, des tables serrées et contemporaines entre les boiseries, et une cuisine de son temps, sans excès d'aucune sorte, ni, corollairement, d'évanouissement. Une jolie déclinaison de cèpes, un rouget ou une sole parfaitement cuit, un tartare de veau et langoustines aussi plaisant que le macaron rose et litchi. Cela coûte aujourd'hui le prix du déjeuner auparavant, le jeune service fait ses gammes pour s'habituer à cette brasserie peu ordinaire. Pourtant, dans ce décor finalement inaltérable de noblesse, le prince de l'Archestrate fait, plus souvent qu'auparavant, quelques tours en salle avec distinction, rappelant à un public curieux que cette table est encore, pour le moment, un monument. *www.lucascarton.com*

» 9 pl de la Madeleine
☎ 01 42 65 22 90
Rens. non comm.

Laurent

Plan : 2 E 5

Cadre et ambiance

On peut le trouver empesé, vieillot, à côté de l'actualité, mais ce cadre est historique. L'ancien pavillon de chasse de Louis XIV, devenu guinguette à la Révolution, fut un des hauts lieux gastronomiques de la Belle Epoque. Un siècle pratiquement au sommet, cela se respecte, et se goûte. Comme le charme de sa terrasse au jardin, sous les frondaisons, devant la fontaine d'Hittorf, son architecte au XIXe siècle.

Cuisine

C'est une grande carte classique, c'est celle de Laurent, ce qui suffit à la définir.

» 41 av Gabriel
☎ 01 42 25 00 39
F. sam. à déj., dim. et fériés.
Jusqu'à 22h30.

Laurent aujourd'hui, c'est Alain Pégouret, belle formation et bonne adéquation avec le lieu, pour revisiter le lapin en gelée, le bar de ligne et le veau de Corrèze. Bien sûr, il y a quelques dorures, des tempuras, des "chlorophylles d'estragon épicées", des cappuccinos et des blettes à la moelle. mais c'est toujours Laurent... Le menu du déjeuner est une excellente affaire pour se frotter à cette ambiance éternelle.

Cave

Belle cave rangée, pour le Bordelais, par millésimes, montrant la richesse, le choix des bonnes années. De belles références en bourgogne (Tollot-Beaut, Geantet-Pansiot, Perrot-Minot...), en alsace (Sainte-Hune, Brand de Zind-Humbrecht) et une sélection assez fine partout ailleurs y compris hors frontières. Prix forts mais pas astronomiques.

Accueil et service

Un niveau élevé qui sait aussi faire sentir que les visiteurs doivent se montrer dignes du lieu. Fluidité et onctuosité dans le service, une pointe de lassitude parfois ou tout au moins un petit déficit de dynamisme. Mais l'efficacité ne s'en ressent pas.

C : 165 € • M : 70-150 € *www.le-laurent.com*

Lasserre

Plan : 2 E 5 »

17 av Franklin-D-Roosevelt
☎ 01 43 59 53 43
F. sam. à déj., lundi à déj., mardi à déj., merc. à déj., dim. et août.
Jusqu'à 22h.

Cadre et ambiance

Triangle d'Or, maisons d'airain : la façade est sobre, celle d'un lieu dont la marque dit tout. Si c'était une cabane, ce simple mot, Lasserre, suffirait à en faire un palais. Ce n'est pas le cas. L'ascenseur vous attend, la salle à l'esprit Belle Epoque s'ouvre devant vous, comme le toit lorsque le temps le permet.

Cuisine

Un petit plaisir solitaire ? Avec le veau de lait en fine croûte de marjolaine ? Une demie-Latour 53 à 500 **€**. L'accord idéal, peut-être pas, mais entre vous et ces quelques gorgées d'exception, ça peut faire le mariage du siècle. Vous reviendrez le soir, accompagné, pour le toit qui s'ouvre sur les étoiles au-dessus de Paris, le grand menu, les macaronis fourrés truffes noires et foie gras, la gelée de petits pois, crème d'amande et caviar (merci Joël Robuchon), le turbot en croûte de truffe. Et la grande sœur (le même Latour 53), à 1000 **€**, pour jouer les violons. Lasserre est une fête, dont les plats de toujours (pigeon André Malraux, crêpes Suzette) sont devenus, logiquement, irremplaçables. Jean-Louis Nomicos, serviteur idéal pour cet exercice, a mis le doigt sur la couture du pantalon, interprétant en virtuose la cuisine de Lasserre.

Cave

Grandiose, doit-on préciser ? On est presque étonné, du haut de sa majesté, Margaux 59, Pétrus 61, Mouton 29, que cette cave regarde d'aussi petits vignobles que le bergeracois (De Conti) ou fitou (Les Mille Vignes) avec des bons choix incontestables.

Accueil et service

Monsieur Louis gère une équipe parfaite de fluidité, de savoir-faire, de diplomatie, dans un registre de tradition qu'on ne veut surtout pas, lorsqu'il est administré avec autant de brio, voir disparaître.

C : 120 € • M : 75-185 € *www.restaurant-lasserre.com*

Pierre Gagnaire

Plan : 2 D 4 »

6 rue Balzac
☎ 01 58 36 12 50
F. sam., dim. à déj., 2e quinz. juil. et 1re sem. vac. scol.
Jusqu'à 22h30.

Cadre et ambiance

Une vaste salle contemporaine et intime dans un beau quartier, une effervescence, de fête et de curiosité autour de la cuisine du maître. Des matériaux nobles, des tons neutres, une lumière bien dosée pour envelopper chaque table dans une atmosphère privilégiée.

Cuisine

Profitez de ces instants gagnairiens : depuis quelques mois, l'énergie créatrice, l'enthousiasme, sont revenus dans la partie. Une rafale d'amuse-bouche, dont certains parfaitement grandioses (gelée de combawa et haricots verts, oignons doux des Cévennes et huître), des plats-séquences d'une imagination débridée (la "Palamos" : espardeignes, calamars, supions, crevettes, fideua de lapereau, fressure d'agneau en julienne, sorbet olive-aubergine). Laissons l'auteur s'exprimer : "Nous tenons à peu près l'équilibre entre ce qu'on aime faire et ce que les gens attendent de nous, avec avant tout l'objectif de donner quelque chose qui a du goût". Seul dilemme : un menu-dégustation hors carte à 225 **€**, ou cette carte de séquences pour la plupart magiques, mais risquées, à prix tel (de 80 à 130 **€**) que vous ne devez pas vous tromper. Formidables desserts, parmi lesquels des soufflés grandioses en texture (caramel et vacherin coco-angélique renversants).

Cave

Elle ne fait pas trop la fière, à étaler ses verticales et ses noms ronflants. Elle aligne ce qu'il faut de grands crus, mais montre sa culture moderne partout où il faut, particulièrement en Loire (Poirel, Courtois, Yvonne, Germain...) et en Languedoc, où les Gamines de la Marfée sont à moins de 50 **€**, dans une gamme tarifaire logique, effrayante sur les grands, assez juste ailleurs.

Accueil et service

Haut niveau parisien, c'est-à-dire, empressé, pro, pas de temps à perdre et consignes strictes pour recevoir une clientèle internationale, échappée d'un palace voisin. Bons sommeliers et grande fluidité, dans le rythme exactement choisi par chaque table.

C : 200 € • M : 225 € *www.pierre-gagnaire.com*

Restaurant Alain Ducasse au Plaza Athénée

Plan : 2 D 5 »

25 av Montaigne
☎ 01 53 67 65 00
F. à déj. lundi-merc., w.-e., mi-juil.-mi-août et 1 sem. Noël.
Jusqu'à 22h15.

➥ **Hôtel :** Plaza-Athénée

Cadre et ambiance

Le plus somptueux de Paris ? Il y a plus historique, plus romantique, plus grandiloquent peut-être. Mais cette salle dont le nouveau décor gomme tout effet démonstratif, en apportant intimité et brillant sans scintillement - des dizaines de pampilles absolument symétriques ont remplacé les grands voiles d'organza autour des lustres - est ce qu'on peut rêver de plus éblouissant tout en restant essentiellement parisien.

Cuisine

Sans pousser trop loin l'exercice de style Escoffier Belle Epoque, la haute cuisine française et Alain Ducasse peuvent être fiers de Christophe Moret, qui braise un turbot façon matelote d'une façon impériale, l'orthodoxie d'hier, la légèreté et la finesse d'aujourd'hui alliée à la puissance du poisson et de son apprêt. Et ainsi de suite, décliné à l'envi, des langoustines achetées vivantes, avec un bouillon crustacés gingembre et un peu d'oscière, les légumes en provenance directe d'un maraîcher de Saumur pour entourer de carottes sublimes un ris de veau meunière truffes et morilles. Quelques grincheux se disent déçus, d'autres proclament qu'ils n'ont rien appris. Nous aimerions bien avoir la chance de devoir retourner souvent à cette école-là.

Cave

Elle est comme un V8 : en bas de la côte, elle est un peu poussive, des noms sûrs, des prix élevés. En haut, les chevaux sont lâchés, les verticales claquent, tous les grands sont là, et à 100-150 **€**, un peu plus cher qu'au bistrot du coin, soit, on touche beaucoup de belles choses, tandis que le connaisseur pourra faire effet à moindre frais avec Gourt de Mautens ou Antonin.

Accueil et service

Comme pour tous les palaces ultimes, nous recevons régulièrement des courriers nous parlant d'un service "indigne des lieux". Au Plaza, les seules fautes, de goût, d'étiquette, sont - en règle générale, allez, nul n'est parfait - commises par les clients.

C : 320 € • M : 200-300 € *www.alain-ducasse.com*

Le Bristol

Plan : 2 E 5 » 112 rue du Fg-Saint-Honoré
☎ 01 53 43 43 00
Ouv. 7j/7.
Jusqu'à 22h30.

➥ **Hôtel :** Le Bristol

Cadre et ambiance

Si l'on vous dit que c'est le palace le plus agréable de Paris ? Ils le sont tous. Mais la situation, derrière l'Elysée, au milieu des plus belles boutiques, cet espace sans démesure, cet art d'être sans paraître, sont uniques. Et le restaurant offre une scène de chic ultime, beaucoup de marbre, beaucoup de charme.

Cuisine

Trop fortiche cet Eric Fréchon : s'offrir le luxe, au Bristol, d'encanailler les robes du soir avec de la lisette, du merlan (splendide dérivé chic du fish and chips, sans les frites, avec un poisson fabuleux) et du lard paysan. Ce dévoiement est bien sûr contrôlé, mais cela permet au magnifique homard bleu de prendre tout son sens, de comprendre le bar de ligne, le turbot, la bouchée de foie gras au parmesan. La cuisine de Fréchon n'est pas forcément la plus imaginative du siècle, ce n'est pas celle qu'on a envie de goûter, c'est celle qu'on a envie de manger. Et le tourteau en gelée, ananas-tomate, mousseline de fenouil, parfum de gingembre, ou les œufs brouillés coques chorizo et petits pois sont de très gros bonheurs.

Cave

La cave est vaste, nécessairement riche, mais relativement astucieuse. En existant autour de 50 € (Grailllot, Foucault), elle permet de penser qu'on ne vient pas juste là en représentation et aucun grand cru, fussent-ils les faramineux Romanée, ne sont scandaleusement affichés. Le jeune sommelier, Jérôme, est excellent.

Accueil et service

Un palace est un lieu où vous devez avoir l''impression qu''une armée s''occupe de vous sans jamais vous déranger et sans que vous n''ayez à la solliciter. Le Bristol est un Palace, et personne ne vous dit bêtement '' ce plat vous a-t-il convenu ?'' en enlevant une assiette vide.

C : 140 € • M : 80-175 € *www.lebristolparis.com*

Les Ambassadeurs

Plan : 2 E 5 » 10 pl de la Concorde
☎ 01 44 71 16 16
F. dim. (sf à déj. : bruch), lundi à déj. et août.
Jusqu'à 22h.

➥ **Hôtel :** Le Crillon

Cadre et ambiance

Prenant part à la rude compétition gastronomique que les palaces parisiens se livrent depuis plusieurs années, le Crillon est à coup sûr l'un des plus fastueux hôtels. Une situation exceptionnelle, une salle à manger au luxe inouï, dorures, argenterie, éclairages travaillés, mobilier précieux, grands lustres, et une renommée planétaire.

Cuisine

Cèpes de châtaignier, compression de persil et ail rose, bar de ligne, tapioca d'huîtres, fleur-feuille de bourrache, turbot de Bretagne comme un bloody-mary, agneau de la vallée du Rhône, variation d'une piperade, ris de veau blanc-brun au curry épicé, fin gâteau choco-babane-citron vert... la cuisine de Jean-François Piège qu'il définit lui-même comme d'une permissive traditionnalité, place le produit au centre des préoccupations, dans une veine emplie de sensibilité et de personnalité. C'est le plus souvent très brillant, ludique parfois, rarement trop sérieux même si le Crillon et son aura demeurent aussi peu maniables qu'un paquebot à vitesse de croisière.

Cave

La cave du Crillon se doit de fourmiller de grands crus. La mission est remplie avec David Biraud, meilleur sommelier de France en 2002 et MOF en 2004, qui veille sur quelques fabuleuses verticales.

Accueil et service

Accueil et service parfaitement éduqués, un personnel aussi nombreux et discipliné qu'une compagnie militaire s'affairant sans aucun accroc au confort de chacun.

C : 200 € • M : 70 € *www.crillon.com*

17 Apicius

Plan : 2 D 3 » 20 rue d'Artois
☎ 01 43 80 19 66
F. w.-e. et août.
Jusqu'à 22h.

Cadre et ambiance

En quittant l'avenue de Villiers, dans le 17e, Jean-Pierre Vigato n'a pas seulement choisi un quartier encore plus chic (difficile de faire plus exclusif que cette rue d'Artois où les Ferrari sont presque aussi nombreuses que les utilitaires), il s'est offert un écrin d'un chic absolu, d'un confort dont il rêvait depuis longtemps, dans l'ancienne demeure du Comte d'Artois.

Cuisine

Jean-Pierre Vigato n'a jamais prétendu jouer les défricheurs de nouvelles saveurs ou de nouvelles techniques. Sans parler de conservatoire, sa cuisine joue plutôt sur les saveurs connues, immédiatement reconnaissables, familières, mais dans une version transcendée qui laisse pantois : chair de langoustine au couteau, mi-cuit sous le grill, une pointe d'ail, charlotte de pommes de terre de Noirmoutier au caviar oscietre, tronçon de homard bleu au four, corail compoté à l'estragon et carpaccio, tourte de canard façon "grande cuisine bourgeoise" (un péché mignon chez Vigato), gelée de clémentines aux châtaignes marrons glacés. C'est faussement canaille, bougrement efficace, et le Tout-Paris des gastronomes a très vite repris ses quartiers chez cet élégant virtuose.

Cave

Le déménagement n'a en rien entamé les appétits de grandeur de la cave, vraiment exclusive, avec nombre de flacons de collectionneurs.

Accueil et service

La salle un peu coincée, l'ambiance générale, la clientèle ultra chic, rien ne concourt vraiment à décontracter les visiteurs occasionnels. Mais pour les habitués, c'est comme un palais en chaussons.

C : 120 € • M : 140 € *restaurant-apicius@wanadoo.fr*

17 Le Cinq

Plan : 2 D 5 » 31 av George-V
☎ 01 49 52 71 54
Ouv. 7j/7.
Jusqu'à 22h30.

➥ **Hôtel :** Four Seasons Hotel George-V

Cadre et ambiance

Le George V a été à nouveau élu meilleur hôtel du monde cette année. La magnificence du cadre, l'aisance d'un service de palace au top rend chaque moment délicieux, même s'il faut répondre, avant de s'asseoir, à une dizaine de souriantes salutations.

Cuisine

Tout ce qui se produit ici semble avoir été "checké" par mille procédures sous la direction de Philippe Legendre. Cela donne parfois une impression de perfection glacée, mais l'essentiel est le sourire final et la satisfaction générale. Cette cuisine consacrée connaît de nombreux pics, le blanc-manger de sole au caviar, la fricassée de gambas aux artichauts barigoule et condiments, le macaron glacé aux framboises et hibiscus.

Cave

Un catalogue qui fait rêver, d'une richesse et d'une variété presque inégalables. Un sommelier champion du monde, Enrico Bernardo, qui peut disserter sur les centaines de références avec la même érudition. Et Eric Beaumard capable d'aller chercher la bouteille indispensable au moment crucial...

Accueil et service

Un seul nom suffit au bonheur des convives : Eric Beaumard est le directeur le plus adroit, le plus délicat, le plus éloquent. Intarissable conteur, il fait saliver avant l'arrivée des assiettes et dirige comme un chef d'orchestre une salle à l'unisson.

C : 150 € • M : 75-210 € *www.fourseasons.com*

Parking privé.  Parking fermé. Voiturier.

Ledoyen

Plan : 2 E 5 »

1 av Dutuit, Carré des Champs-Elysées
☎ 01 53 05 10 01
F. w.-e., lundi à déj. et 1er-28 août.
Jusqu'à 21h45.

Cadre et ambiance

Au seuil des Champs Elysées, dans un cadre de verdure étonnamment coupé du monde, un îlot de grand luxe en forme de pavillon Napoléon III. Un hall d'entrée majestueux, quelques salons à traverser avant d'atteindre la vénérable salle aux lustres ronds où l'on sent immédiatement le poids des traditions à défaut d'une franche bonne humeur.

Cuisine

Christian Le Squer, ancien de chez Le Divellec, Lucas Carton, Taillevent et du Ritz, connait la marche des grandes maisons par coeur. Chez Ledoyen, on veut le grain de caviar en plus, du grand classicisme avec le "Magic Paris". Sur ce plan, cette maison s'impose comme un véritable étalon, comme le méridien de Greenwich : petits pois en émulsion, jeunes légumes et lardons, bar de ligne, caviar et cresson, caneton au sang rôti caramélisé à la peau d'oranges confites, grosses langoustines bretonnes croustillantes, émulsion d'agrumes à l'huile d'olive, croquant de pamplemousse cuit et cru au citron vert. Des assiettes pratiquement sans fard, d'une épure totale, mais dont tout sens de l'originalité semble être proscrite, comme si la très grande cuisine ne pouvait qu'être sérieuse. Et pour vivre pleinement le moment dans cette salle ouverte sur le Petit Palais et les Champs, il faut commander le "grand dessert Ledoyen" en cinq compositions, pour la somme élyséenne de 32 **€**.

Cave

Il faut savoir gratter le vernis (épais certes) pour s'amuser un peu et découvrir des sommeliers passionnés par le métier, qui savent sortir de l'infernal duo bourgognes blancs-bordeaux rouges pour proposer quelques jolies découvertes dans les régions sans noblesse reconnue.

Accueil et service

Si l'on excepte l'impression qu'il est plus ou moins impossible d'arracher plus qu'un demi-sourire à l'un des membres du personnel, ce ballet majestueux et parfaitement orchestré compose un spectacle absolument ahurissant : rythme, attentions, explications, tout est parfait.

C : 150€ • M : 73€ *pavillon.ledoyen@ledoyen.com*

Taillevent

Plan : 2 D 4 »

15 rue Lamennais
☎ 01 44 95 15 01
F. w.-e. et 29 juil.-28 août.
Jusqu'à 22h.

Cadre et ambiance

Les salons redécorés, l'esprit reste. Les boiseries auraient-elles toutes disparues, remplacées par du PVC ou de l'altuglas, que l'on serait encore chez Taillevent, son atmosphère éternelle de club anglais, de sourires polis, de petits signes amicaux que l'on lance d'une table à l'autre. Et Jean-Claude Vrinat vient lui-même accueillir les amis de longue date, peoples, politiques et critiques gastronomiques de renom…

Cuisine

Les chefs passent, la légende demeure. On ne sait plus si Alain Solivérès est là depuis quatre ans ou vingt-cinq, mais il nous semble avoir toujours vu l'épeautre du pays de Sault en risotto et autres assiettes distinguées, amenées dans ses bagages pour orienter la carte vers une version un peu plus méditerranéenne du classicisme de la rue Lamennais. Une barigoule d'artichaut au pistou sur des langoustines, un lapin en pastilla et moutarde de Crémone, de beaux desserts : on fait toujours ici d'exquis déjeuners d'affaires.

Cave

On ne dit pas " la cave " mais " les caves Taillevent " devant l'ampleur du catalogue. 2000 références, des bouteilles de tous millésimes, de toutes valeurs. Du très très sérieux, quelques découvertes récentes et une offre au verre considérable - mise en œuvre avec succès à l'Angle du Faubourg - qui permet de goûter du gros pour moins cher qu'une demi-bouteille (de 10 à 30 **€** le verre).

Accueil et service

Distinction, discrétion, diplomatie. Les 3D, c'est tous les jours rue Lamennais, avec une grande efficacité et peu d'esclandres.

C : 162 € • M : 70-180 € *www.taillevent.com*

16 Les Elysées du Vernet

Plan : 2 D 4 » 25 rue Vernet
☎ 01 44 31 98 98
F. w.-e., lundi à déj. et 23 juil.-21 août.
Jusqu'à 22h.

➥ **Hôtel :** Hôtel Vernet

Cadre et ambiance

Sous la grande verrière Art Nouveau, un salon Belle Epoque qui pourrait ressembler à ceux qu'aime reconstituer Alain Resnais dans ses comédies, si l'atmosphère était moins solennelle.

Cuisine

Répétons-le : la cuisine d'Eric Briffard est de celles devant lesquelles on tire son chapeau. Si nous lui trouvons comme un petit manque de sensualité, certains la jugent comme l'une des premières de Paris, et cette précision robuchonienne - difficile de ne pas songer à quelque filiation - a de quoi impressionner : foie gras vapeur gingembre et croquant de pain d'épices, poire et anguille fumée, saint-pierre au plat, ravioli de tomate, orange, marjolaine, buri (poisson japonais) tataki, palourdes en gelée au yuzu, tarte soufflée au chocolat, framboise, sorbet au thé vert.

Cave

Cave opulente, qui coupe le souffle, surtout quand on va jusqu'au bout de la ligne. Ce qui n'arrive qu'à celui qui invite. Le brouilly de chez Antonin Rodet est à 60 €. mais tous les grands sont là, même Le Pin 88. Et il y a désormais, un peu dans chaque vignoble, du choix à partir de 60 €.

Accueil et service

Tout est fait pour que vous n'ignoriez pas où vous êtes. Le service est méthodique, sans faille, pas facile à dérider mais extrêmement prévenant.

C : 110 € • M : 60-130 € *www.hotelvernet.com*

16 Le Jardin

Plan : 2 D 4 » 37 av Hoche
☎ 01 42 99 98 70
F. sam., dim. à déj., lundi à déj. et août.
Jusqu'à 22h.

➥ **Hôtel :** Royal Monceau

Cadre et ambiance

L'impression d'une soucoupe volante des années 70, posée dans le jardin, a été gommée par le nouveau décor, celui d'une vaste tente ronde à baies vitrées, jolis rideaux et tentures, moquette et belles tables, dans les tons vert et marron. Pas encore un rêve trendy, mais plus du tout Flash Gordon. L'atmosphère n'est pas celle des ultra-palaces : un peu plus intime, un peu plus proche, un peu moins grandiloquente.

Cuisine

Christophe Pelé tient les affaires bien en main : produits luxueux (au sens de la rareté, les légumes de Joël Thiébault comme le homard de Bretagne) diffusés avec délicatesse, très bonne maîtrise des finitions. L'assiette sort impeccablement, tendance traditionnelle ou exotique : ceviché de langoustines au yuzu, caviar français, saint-pierre rôti entier au fenouil sauvage, mousseline d'artichauts poivrade, jus lié aux anchois, ris de veau de lait parfumé à la cardamome verte, spoon de mara des bois et arlettes croustillantes. Et sur quelques idées spontanées (gelée de livèche, palourde, tomate) servies en amuse-bouche, on est dans les trois toques.

Cave

Une carte des vins claire, explicite, mais pas ultra-passionnante, permettant peu de se débrouiller à moins de 60 €. On trouve néanmoins une majorité, parmi les propriétaires, de vignerons qui comptent, et un excellent sommelier se charge de faire le tri.

Accueil et service

Feutré, attentif, presque soucieux, de ce petit excès qui rend parfois la sollicitude pesante. Mais tout est fait avec tant de gentillesse que l'on ne va pas se plaindre de trop d'attentions.

M : 60-110 € *www.royalmonceau.com*

La Table du Lancaster

Plan : 2 D 4 » 7 rue de Berri
☎ 01 40 76 40 18
F. w.-e. à déj. et 23 juil.-22 août.
Jusqu'à 22h.

➥ **Hôtel :** Lancaster

Cadre et ambiance

Un cadre très raffiné tout près des champs, un palace discret et un cadre aux lignes sobres, beaux fauteuils de bois foncé, estampes japonaises et lustre Baccarat.

Cuisine

Coachée par Michel Troisgros, la carte du Lancaster a très belle allure. Un jeune chef de 29 ans, Fabrice Salvador, la développe avec technicité et précision, sur les thèmes chers au chef Roannais : les fondamentaux épurés, transfigurés par des influences asiatiques ou italiennes en catalyseurs de saveur : aiguillette de saumon au yuzu, bouillon de cabillaud au riz koshi-hikari, pièce de bœuf à l'échalote neige de wasabi, dans une carte brillante scindée par composant (agrumes, condiments et épices, vin, vinaigres, légume et herbes, laitages).

Cave

Cave composée avec adresse, explorant le vignoble actuel avec finesse et expertise.

Accueil et service

Très palace, sobre, moderne, précis et finalement pas très chaleureux - mais on ne s'attend pas à autre chose. Pour les déjeuners d'affaire, c'est parfait. Pour la soirée potes, ce n'est pas l'idéal.

C : 90 € *www.hotel-lancaster.fr*

Le Chiberta

Plan : 2 D 4 » 3 rue Arsène-Houssaye
☎ 01 53 53 42 00
F. sam. à déj. et dim.
Jusqu'à 23h.

Le club-house de la maison Savoy est à deux pas du fairway (Les Champs Elysées). Plus fermé encore, avec ses salons particuliers, ses déjeuners d'affaires, ses rendez-vous au calme et sa carte, dans l'esprit maison, recettes plutôt traditionnelles revues techniquement et à haut niveau, y compris tarifaire, par William Caussimon et Gilles Chesneau. Turbotin entier et parmentier aux herbes, noix de ris de veau et légumes à la marjolaine, fondant chocolat au pralin feuilleté, que l'on accompagne d'un viognier de Vernay ou des Bastides d'Alquier. Soft, discret… Il y a trente ans, on aurait dit " select ". Aujourd'hui aussi, peut-être.

C : 70 € • M : 60-100 € *www.lechiberta.com*

Le Clovis

Plan : 2 D 4 » 14 rue Beaujon
☎ 01 53 89 50 53
F. w.-e., fériés, 24-31 déc. et août.

➥ **Hôtel :** Sofitel Demeure Paris Arc de Triomphe

Entre François Rodolphe, chef confirmé qui a travaillé avec les meilleurs, de Robuchon à Ducasse, et l'exigence d'excellence en ce qui concerne les provenances (bœuf de Bavière, veau du Limousin, agneau des Pyrénées ou allaiton d'Aveyron…), on ne peut prétendre aller à l'aveuglette en poussant la porte de ce luxueux hôtel parisien. C'est du triple blindage qui garantit l'assiette contre toute nuisance, des asperges au foie gras, du saint-pierre au ris de veau en croûte truffée. Des exploits, de la création pure, nenni, mais le plaisir douillet de la belle étoffe apporté par un personnel d'une parfaite connivence.

C : 70 € • M : 39-83 € *www.sofitel.com*

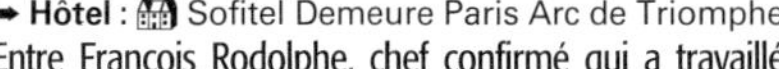

Kinugawa II

Plan : 2 D 4 » 4 rue Saint-Philippe-du-Roule
☎ 01 45 63 08 07
F. dim., 1er-9 janv. et 24-31 déc.
Jusqu'à 22h.

La gastronomie japonaise n'est finalement pas si compliquée à détecter dans une ville aussi vaste que Paris. Elle se concentre en quelques endroits, pas loin de l'Opéra, et dans les deux exemplaires de ce véritable modèle pédagogique, avec une petite préférence pour la maîtrise totale employée ici, en particulier sur les plats d'imagination et marins. Vous goûterez ici un ormeau comme nulle part, d'incroyables finesses d'herbes et de parfums pour entourer un saint-pierre, et du poisson cru, en sushis, makis, sashimis à peu près inégalables de fraîcheur. Si, au déjeuner, un petit assortiment et une bière peuvent suffire, tentez pour

le dîner la grand-messe et ses menus à coûts pourtant faramineux : c'est un festival. Beau cadre sobre et intime, visiblement pour initiés, service d'une courtoisie attendue, mais qui aime aussi prodiguer les bons conseils de dégustation, cave pas vraiment pensée pour coller d'une façon actuelle à cette cuisine rare.
C : 70 € • M : 30-108 €

Maison Blanche

Plan : 2 D 5 » 15 av Montaigne
☎ 01 47 23 55 99
F. sam. à déj. et dim. à déj.
Jusqu'à 23h.

Jacques et Laurent Pourcel ne sont pas des jumeaux à se laisser abattre à la première petite contrariété. Poursuivant toujours plusieurs lièvres à la fois, ils couvent d'un regard amoureux leur seule adresse de la capitale à ce jour. Installée sur les toits du théâtre des Champs Elysées, offrant une vue imprenable sur tout l'ouest de Paris et sur la Tour Eiffel depuis la terrasse, cette table est l'une des plus prisées du moment. La cuisine ? Méditerranéenne bien sûr, à forte consonance languedocienne évidemment, elle tient plus de la brasserie ultra-chic à vision multi-ethnique que de la grande gastronomie. Aucune importance, le nombreux public apprécie, et nous aussi, à condition de ne jeter qu'un œil distrait au chiffre affiché au bas de la facture.
C : 90 € • M : 65 € *www.maison-blanche.fr*

La Marée

Plan : 2 D 4 » 258 rue du Fbg-Saint-Honoré
☎ 01 43 80 20 00
F. sam. à déj., dim. et août.
Jusqu'à 22h30.

Les nouvelles touches de déco ont gardé tout l'esprit de salon classique de la Marée, et les habitués comme nous-mêmes se réjouissent de retrouver, comme d'habitude, bel œil au bar de ligne, carapace luisante au homard breton et fraîcheur iodée des belons. On y trouve aussi autre chose, un monde de sérénité bourgeoise qui impose ses codes, loin de l'agitation, et qu'Eric Trompier, héritier de la maison et du message, a su transposer sans dommage dans le nouveau siècle. Cave franchement attrayante par ses grands millésimes, intouchables ailleurs et envisageables ici (Petrus 75, Mouton 85) et même par son actualité (cuvée Laïs d'Olivier Pithon à 44 €).
C : 110 € *www.lamaree.fr*

Le Restaurant W

Plan : 2 D 4 » 5 rue de Berri
☎ 01 45 61 82 08
F. w.-e. et août.
Jusqu'à 21h30.

➥ **Hôtel :** Hôtel Warwick

Si c'est l'efficacité qui est recherchée, avant le glamour ou le tapageur, c'est réussi : une salle élégante, moderne, fonctionnelle, confortable, un service de qualité ; peu de motifs d'éclats de rire, mais une jolie cuisine, lorgnant vers le Sud, oscillant entre classique (le ris et les rognons) et contemporain (les bulots), aux présentations modernes et soignées. Avec l'unique menu à 49 €, on sait de plus où on met les pieds (attention à la marche, cependant, de quelques suppléments), et le rendement de cette table d'affaires n'en paraît que meilleur.
C : 49 € • M : 49 € *www.warwickhotels.com*

Spoon Food and Wine

Plan : 2 D 5 » 14 rue de Marignan
☎ 01 40 76 34 44
F. w.-e., 22 juil.-22 août et 24 déc.-3 janv.
Jusqu'à 22h30.

Do you speak Spoon ? Parce que c'est un langage, une communication et aussi une ambiance. Ce premier exemplaire a toujours le vent en poupe, contrôlée de près par Alain Ducasse et ses équipiers. On y vit toujours des moments de fête bien orchestrés, explorant savamment les régions du monde, en mixant les saveurs à son envie, un sauce satay par ici, une moussaka par là, un trait de yuzu et voilà de la nouveauté. Ambiance chic parisien, excellent service et cave également bien pliée au modèle, ouverte sur le monde et les vignerons d'aujourd'hui.
C : 60 € • M : 45-85 € *www.spoon.tm.fr*

Stella Maris

Plan : 2 D 4 » 4 rue Arsène-Houssaye
☎ 01 42 89 16 22
F. sam. à déj., dim., à déj (10-22 août) et 25 déc-1er janv.
Jusqu'à 22h30.

Sobriété et élégance zen dans des harmonies de beige, voilà le nouveau décor dans lequel s'épanouit la cuisine de Tateru Yoshino. Le chef aime cisèle de remarquables assiettes classiques, par de petites touches pensées pour l'œil comme pour les papilles : compote de dattes, purée de figue et réduction de vinaigre balsamique autour d'un foie gras remarquable (qui s'apprécie également sur la même assiette dans le naturel de sa cuisson au torchon), crème légère et girolles soignées sur le filet de saumon, persillade au goût prononcé sur le carré d'agneau du Mont Saint Michel, sorbet au miel sur les fraises au vin, et délicieux cake aux marrons glacés, autant d'attentions discrètes et séduisantes, à l'image de cette adresse des beaux quartiers. Carte des vins de valeurs sûres, où Bordelais et Bourgogne se taillent la part du lion.

C : 70 € • M : 43-130 € *www.tateuyoshino.com*

Bath's

Plan : 2 D 5 » 9 rue de la Trémoille
☎ 01 40 70 01 09
F. w.-e. et août.
Jusqu'à 22h30.

Voiturier offert et accueil d'une exquise gentillesse : on est fort bien reçu dans ce petit monde intime et feutré, avec la touche discrètement branchée des sculptures modernes. Jacques Bath poursuit son travail autour du meilleur des produits de saison, qu'il peut décliner dans des assiettes à la sobriété que seule la vraie qualité peut se permettre : les grosses langoustines sont séduisantes dans leur simple salade de mâche, le parmentier de crustacés s'ennoblit au homard, la côte de veau est cuite à la perfection et le baba au rhum bien sous tout rapport. Ajoutez un service qui allie tact, élégance et fait de chacun un client privilégié. Carte des vins attractive dans ses tarifs comme ses trouvailles.

C : 50 € • M : 30-70 € *www.baths.fr*

Chez Catherine

Plan : 2 D 4 » 3 rue Berryer
☎ 01 40 76 01 40
F. w.-e., 1 sem. déb. janv., 1 sem. déb. mai et 5-29 août.
Jusqu'à 22h30.

Rares sont les enseignes plus appropriées : chez Catherine Guerraz, c'est bien chez Catherine. Une personne qui vous reçoit, vous invite à sa table, vous fait partager sa vision d'une cuisine à la fois simple, sensible, mignotée, aux parfums de saison, de marché, du travail maison qui vous donne sourire et appétit avec trois fois rien qui font beaucoup, une fricassée de girolles, des petits pois à la française avec des ris de veau parfaits, un parmentier de rhubarbe bon comme un goûter à la campagne. C'est en plein Paris, Jean-Pierre Coffe est un fidèle et ce n'est vraiment pas de la gnognotte.

C : 55 € • M : 45-65 €

L'Evasion ⇗

Plan : 2 E 4 » 7 pl Saint-Augustin
☎ 01 45 22 66 20
F. sam. à dîn. et dim.
Jusqu'à 23h.

La grande évasion, c'est en moto à travers les prés d'alpage et il faut s'appeler Steve Mac Queen. Ce modèle plus modeste est aussi plus accessible, et sans doute plus gouleyant que les barbelés. Une astucieuse carte du jour, sculptée dans le terroir - terrine de cochon noir de Bigorre, sardines Ramon Pena et compotée d'oignons, crépinette de poulet de Bresse au foie gras, saint-marcellin superbement affiné, Paris-Brest maison - soutenue par une cave pas donnée, mais complètement envoûtante : du lourd en bordeaux, Angéli, Poirel, Mosse, Breton ou Foucault en Loire, tout à l'avenant, des Gramenon en cascade, dont pas mal de petits trucs malins, comme la Granacha ou le ribeyrenc de Navarre. Un point de plus.

M : 33-45 €

14

Flora

Plan : 2 D 5 » 36 av George V
☎ 01 40 70 10 49
F. sam. à déj., dim. et 3 sem. août.
Jusqu'à 23h.

L'ancienne chemiserie n'était peut-être pas prévue pour accueillir un restaurant. Mais chez Flora, c'est différent, c'est un salon d'amis où l'on papote comme à l'heure du thé, où l'on remarque les objets choisis, où l'on voudrait grignoter avant de se laisser tenter. La carte est " georgecinquième " avec homard, foie gras et turbot rôti aux asperges et morilles fraîches à 45 **€**, mais le menu à 34 **€** fait généralement l'affaire des affairés, dans la fraîcheur et la précision : beignets de brandade de morue, thon rôti au sésame, travers de cochon rôti au miel et aux épices.

C : 65 € • M : 34-60 €

14

La Luna

Plan : 2 E 4 » 69 rue du Rocher
☎ 01 42 93 77 61
F. dim. et 3 sem. août.
Jusqu'à 22h45.

Quelques plages d'océan chic se nichent sous les pavés de Paris. Comme la Luna, salon années 30 réservant la fraîcheur de son steak de thon poêlée de fèves de la morue fraîche ou de la grosse seule meunière aux quidams qui connaissent le prix d'un bel arrivage. La sélection naturelle s'opère donc aussi bien que pour les poissons, l'atmosphère est douce, le service peut chuchoter et les Chaillées de l'Enfer de Vernay se négocier à pas loin de 100 **€**.

14

Market ⇗

Plan : 2 E 5 » 15 av Matignon
☎ 01 56 43 40 90
Ouv. 7j/7.
Jusqu'à 23h30.

Nous demandions l'an passé un second souffle. On ne sait si, au milieu de tous les peoples qui passent une tête chez Jean-Georges, les anonymes ont ressenti un changement, mais nous avons pour notre part trouvé une table plutôt assagie - mais pas ramollie Dieu merci - toujours aussi fun et animée, mais à nouveau plus sereine dans l'assiette, plus active et force de proposition que fashion victim (" crabe cake ", avocat et jus au gingembre, cabillaud poêlé à la pistache, fleurs de bananier, agneau de l'Aveyron, gnocchi de pommes de terre, marmelade d'oranges à la tomate). Cave passionnante et pointue, moyennement chère, car donnant un tel choix que l'on atteint le budget estimé sans problème, en s'aidant éventuellement de la quinzaine de vins au verre. Service "c'est selon", suffisamment nombreux pour tomber plus ou moins bien mais dans l'ensemble efficace et pas trop condescendant avec la province (qui commence évidemment hors le huitième). Un point de plus.

C : 55 € • M : 32-40 € *www.jean-georges.com*

14

Relais Plaza

Plan : 2 D 5 » 21 av Montaigne
☎ 01 53 67 64 00
F. août.
Jusqu'à 23h30.

Dîner au Relais Plaza, c'est comme acheter la petite Aston Martin : on reste très au-dessus de la gamme familiale avec les préparations brasseries de Philippe Marc. Tranches de thon rouge et tartare de légumes au gingembre, raviole ouverte aux asperges vertes et morilles, turbot rôti riz safrané, le label Ducasse appliqué à ces plats tradi-bourgeois actualisés emmène la carte à un tarif de trois toques en province. Mais la dînette est tellement chic...

C : 85 € • M : 43 € *www.plaza-athenee-paris.com*

14

Tante Louise

Plan : 2 E 5 » 41 rue Boissy-d'Anglas
☎ 01 42 65 06 85
F. sam., dim. et août.
Jusqu'à 22h30.

Le nouveau directeur David Trudelle a fort bien mesuré l'enjeu stratégique de cette table emblématique. Au-delà de la traditionnelle clientèle du huitième, c'est toute une image de terroir chic au label Bernard Loiseau qui séduit une délégation étrangère avide de repères forts. A cet égard, le service haute couture, la carte de plus en plus précise, dans les choix comme dans la confection (turbot poêlé et fondue de poireaux, cochon de lait rôti pipérade et jus au piment doux), alliée à un menu vraiment performant à 40 **€**, constituent décidément une offre parisienne très cohérente. Cave finement triée en toutes régions.

C : 50 € • M : 34-65 € *www.bernard-loiseau.com*

13 L'Angle du Faubourg

Plan : 2 D 4 » 195 rue du Fg-Saint-Honoré
☎ 01 40 74 20 20
F. w.-e. et 29 juil.-28 août.
Jusqu'à 22h30.

Le prestigieux Taillevent serait-il faillible ? Même si cet Angle n'est qu'une annexe, il nous a semblé que, depuis le départ de Stéphane Cosnier, la cuisine avait perdu un peu de sa superbe. Les produits restent excellents, la décoration, qu'on doit à l'architecte Jean-Claude Margall et au peintre Pierre Bonnefille, fait toujours son effet mais l'ensemble manque d'entrain tout en maintenant solidement le cap côté prix. La cave, remarquable, recèle en revanche beaucoup de belles bouteille et un choix considérable de beaux verres.

C : 50 € • M : 35-70 € *www.taillevent.com*

13 Le Bistrot du Sommelier

Plan : 2 E 4 » 97 bd Haussmann
☎ 01 42 65 24 85
F. w.-e., 29 juil.-23 août et 23 déc.-2 janv.
Jusqu'à 22h30.

Chez Philippe Faure-Brac, on peut jouer. A séparer, par exemple les vins "émergents" des "classiques" ou des "références", à travers ses formules d'accompagnement mets-vins de 60 à 100 €. A choisir des plats pas faciles à marier, des oeufs coque chantilly aux épices jusqu'au dessert tout fenouil. On peut aussi simplement se contenter de passer un bon moment entre verre et assiette avec un concept pas très bon marché mais fort bien affiné. Et la poignée de main amical du maître de céans est un petit plus qui améliore l'ordinaire.

C : 48 € • M : 39-100 € *www.bistrotdusommelier.com*

13 Copenhague

Plan : 2 D 4 » 142 av des Champs-Elysées
☎ 01 44 13 86 26
F. w.-e., fériés et 29 juil.-21 août.
Jusqu'à 22h30.

Idéalement placé en haut des Champs-Elysées, l'ex Copenhague, récemment rebaptisé et contracté en CPH, reste toujours le pendant gastronomique du Flora Danica. plus démocratique. Si la technicité et la minutie sont bien là (le travail sur les écrevisses), et la qualité des poissons indéniables (superbe saumon d'origine biologique), les goûts ont cependant une fâcheuse tendance à rester en retrait (est-ce pour ne pas heurter la clientèle internationale ?) voire aux abonnés absents. Des prix très Champs Elysées pour une cuisine aseptisée donc. Reste heureusement le cadre design à l'épure toute scandinave, ainsi que le magnifique patio empli de verdure, qui fait, le temps d'un repas, oublier l'affluence des Champs.

C : 85 € • M : 51-68 € *www.restaurantfloradanica.com*

13 Findi

Plan : 2 D 5 » 24 av George-V
☎ 01 47 20 14 78
F. 1er mai.
Jusqu'à 24h.

L'adresse s'apprécie bien au-delà de sa petite terrasse pas trop polluée face au Georges V : ambiance chic et presque amicale, cadre sobre et élégant, service féminin adorable et cuisine italienne raffinée. A des tarifs encore raisonnables dans ce contexte, on goûte donc à la variété des antipasti, à un impeccable risotto aux asperges vertes et à sa gourmande version dessert, vanille et fruits rouges. Le café n'est pas aussi bon qu'à Florence, mais la sélection viticole transalpine, elle aussi correctement tarifée, soutient fort bien le propos général.

C : 35 € • M : 25-30 €

13 Le Grenadin Gourmand

Plan : 2 E 3 » 44-46 rue de Naples
☎ 01 45 63 28 92
F. sam. à déj., dim., lundi à dîn. et 15 jrs août.
Jusqu'à 22h30.

On est au cœur de Paris, l'adresse est nouvelle, le chef plutôt bon, mais pour l'instant on s'ennuie ferme. La déco, un peu comme chez Maman, l'ambiance qui veut être celle d'un vrai restaurant, trop sérieuse, trop contractée. Alors ? Alors, il faut tout de même y aller : les produits de saison sont de qualité, bien respectés dans l'expression offerte par cet ancien de chez Savoy, et si la carte est chère, le menu est franchement attractif, montrant, dans la réalisation, une finesse véritable. La carte des vins devrait également progresser, avec un peu plus de vins au verre.

C : 49 € • M : 38-56 €

13 Pomze

Plan : 2 E 4

» 109 bd Haussmann
☎ 01 42 65 65 83
F. dim.
Jusqu'à 22h30.

Tout pour ma pomme ! Ce pourrait être le slogan porteur d'un concept marketing, qui marche parce que la pomme c'est bon, et pas seulement pour les présidents de la République. Les photos de vergers s'harmonisent avec les teintes beiges et l'iroko au sol, le sous-sol est aménagé en cave à cidre, et les meilleures provenances (Potager du Roy, Vergers d'Anjou) sont utilisées pour mettre le fruit en valeur, en l'associant également avec les légumes de Joël Thiébault. Au-delà du fil conducteur, l'assiette est plutôt fraîche et attrayante, dans un menu à 32 € très inventif (croustillant de féta aux dattes, pommes et noix, magret de canard en parfum d'ilang-ilang aux pommes caramélisées), jusqu'aux jolis desserts.
C : 45 € • M : 32 €

www.pomze.com

13 R café

DÉCOUVERTE **Plan : 1 A 2**

» 6 rue Chauveau-Lagarde
☎ 01 44 71 20 80
F. sam. à déj. et dim.
Jusqu'à 22h30.

A quelques pas de la place de la Madeleine, le tam-tam a prévenu les mangeurs curieux : ce R Café n'est pas un lounge de plus dans un quartier qui bouge, mais une table à part entière, où un chef créatif maîtrise des assiettes modernes sans rouler avec zèle sur les rails de la mode. Dans un cadre sobre et élégant (tons gris et bordeaux, cuir...), il livre sa version du thon rouge juste saisi à la coriandre fraîche, vinaigrette de radis noir à la feta, du filet de bar à la plancha, tombée d'épinards et navet confit à l'orange de Malte, et du craquelin de pralinés roses aux fruits rouges, en changeant sa carte tous les mois et en privilégiant les produits de saison. Des vins bien choisis à prix sage (Marionnet, William Fèvre...), avec un bon choix au verre, un service jeune, attentif et gentil.
C : 41 €

info@rcafeparis.com

13 Senso

Plan : 2 D 5

» Hôtel de la Trémoille,
14-16 rue de la Trémoille
☎ 01 56 52 14 14
F. sam. à déj., dim. et août.

➡ **Hôtel :** La Trémoille

La cohérence de ces entreprises bien marketées - on n'est plus vraiment dans le restaurant de papa et maman - tient, on le sait à une organisation, des rouages bien huilés, et une bonne communication. L'attrait de Senso est dans l'élégance contemporaine au sein d'un immeuble haussmannien, dans la discrétion chic du service, dans les assiettes azuréennes, malignes, modernes, consensuelles et de très bel aspect. Alors, le chef peut changer tous les ans, cela ne modifiera pas fondamentalement votre soirée, évidemment. Le dernier en date, Frédéric Duca, possède un CV de champion et travaille au petit point les gambas aux carottes et asperges avec un jus gingembre basilic et le médaillon de veau rôti au pissalat.
C : 60 € • M : 29-36 €

www.hotel-tremoille.com

12 Brasserie Lorraine

Plan : 2 D 4

» 2-4 pl des Ternes
☎ 01 56 21 22 00
Ouv. 7j/7.
Jusqu'à 0h30.

Chic et moderne, flambant neuve : le voiturier de cette brasserie continue de voir défiler les Porsche et les 4x4 dont les propriétaires viennent goûter la fameuse quiche lorraine, le filet de bar à la plancha et tarte fine de tomates ou le filet de bœuf grillé béarnaise. Belle carte de cocktails, service absolument parfait, tarifs en conséquence.
C : 70 € • M : 33,50-61 €

12 Coba Saïgon

Plan : 2 E 5

» 181 rue Fg-Saint-Honoré
☎ 01 45 63 70 37
F. sam. à déj., dim. et 3 sem. août.
Jusqu'à 22h.

L'indochine est loin, dans le temps et dans l'espace, Saïgon est là, au cœur du huitième, douceur et parfums de la soupe pho, de la salade de bourgeon de bananier, du porc au caramel et du délice de soja. Peu d'anciens combattants, plutôt la crème de l'arrondissement, habituée et connaisseuse.
C : 30 € • M : 17,40-26 €

www.cobasaigon.com

[12] Devez

Plan : 2 D 5 » 5 pl Alma
☎ 01 53 67 97 53
Ouv. 7j/7.
Jusqu'à 24h.
⛱ ♿ 🐕 🚬

Les chefs passent ici aussi rapidement que les entraîneurs au Paris SG : Stéphane Chaimbault à l'ouverture, il y a trois ans, Nicolas Tanneur lui succédant avant de laisser la place aujourd'hui à Stéphane Mangin. Pas d'inquiétude pourtant, le propos restant toujours la mise en avant des produits de l'Aubrac, bœuf en tête : tripes de bœuf aux morilles, brochette double d'onglet de veau et de bœuf au chorizo, côte de bœuf... le tout dans une ambiance branchée.

C : 40 € • M : 40-70 € *www.devezparis.com*

[12] Shin Jung

Plan : 2 F 3 » 7 rue Clapeyron
☎ 01 45 22 21 06
F. non comm.
Jusqu'à 22h30.
♿ 🐕

Exploration bien menée et convivialité assurée avec les plats fédérateurs qui dépaysent et font plaisir, les ragoûts, les barbecues, préparés par un chef qui maîtrise les parfums, au bout de quinze ans d'expériences du dialogue franco-coréen. En regardant la carte des vins, on choisit le thé, excellent.

M : 35 € *joung6161@yahoo.fr*

[12] Village d'Ung et Li Lam

Plan : 2 E 5 » 10 rue Jean-Mermoz
☎ 01 42 25 99 79
F. à déj. sam. et dim.
Jusqu'à 24h.
🚗 ♿ ❄ 🐕

Un village thaï à deux pas des Champs, une cuisine importante en quantité et qui reste fine en qualité. Voilà toute l'explication du succès de Li Lam, dans la jolie déco que tout l'arrondissement connaît, les aquariums suspendus, la cuisine ouverte, enrichie de la discrète gentillesse du service.

C : 30 € • M : 19-35 €

[11] Le Cap Vernet

Plan : 2 D 4 » 82 av Marceau
☎ 01 47 20 20 40
F. sam. à déj., dim.
Jusqu'à 23h.
⛱ 🚗 ♿ ❄ 🐕

La situation est royale (ou plutôt triomphale), la salle très courue avec ses coins et recoins au style moderne et le service enlevé et souriant malgré le rush. La cuisine se fait modeuse, sur les produits de la mer, avec des intitulés taillés pour plaire, pas toujours pleinement convaincants dans l'assiette : un guacamole au citron vert franchement trop acide, mais un beau saint-pierre à la purée de pommes de terre et huile vierge. Il en vaudrait cependant plus pour altérer le succès de la maison.

C : 55 €

▶ Al Ajami

Plan : 2 D 5 » 58 rue François-1er
☎ 01 42 25 38 44
Ouv. 7j/7.
Jusqu'à 24h.
🚗 ♿ ❄

Un classique de la restauration libanaise, parfaitement dans son rôle d'ambassadeur au cœur du triangle d'Or. Rien de tel pour réviser ses classiques, hommos, moutabbal, chawarma, falafel. Le cadre est chic, le mezze neuf assiettes à 27 **€**. On lubrifie avec le Ksara rouge, le Kefraya ou bien sûr le château Musar (98 **€** le 93) les soirs de chance.

C : 30 € • M : 18-38 € *www.ajami.com*

▶ Asian

Plan : 2 D 5 » 30 av George-V
☎ 01 56 89 11 00
F. sam. à déj.
Jusqu'à 23h45.
🚗 ♿ ❄ 🐕 🚬

Prestige de l'avenue oblige, on joue ici d'un service casté, d'un décor mode volontairement impressionnant et d'une carte asiatisante très travaillée. Clientèle en rapport, mais la cuisine est de bon niveau, avec le plateau Asian et la dégustation de sashimi.

C : 40 € • M : 25-50 € *www.asian.fr*

▶ Buddha-Bar

Plan : 2 E 5 » 8 rue Boissy d'Anglas
☎ 01 53 05 90 00
F. sam. à déj., dim. à déj. et 1re quinz. août (uniquement à déj.).
Jusqu'à 1h.
🚗 ♿ ❄ 🚬

Branché ? Sans aucun doute. Quand on prétend faire de la gastronomie sino-californienne à proximité de la place de la Concorde, difficile d'échapper à une clientèle aussi hétéroclite que chic : sushi à la pièce, maki, sashimi, sole vapeur au gingembre, bœuf de Kobé poêlé au saté, poulet grillé, tout est prétexte à la fête. Cave bien fournie mais pas donnée.

C : 50 € • M : 32-75 € *www.buddha-bar.com*

Fakhr el Dine

Plan : 2 D 5 » 3 rue Quentin-Bauchart
☎ 01 47 23 44 42
Ouv. 7j/7.
Jusqu'à 23h.

Créé il y a 25 ans et jouissant d'une belle notoriété, ce temple de la cuisine libanaise se veut cossu et chaleureux. Les assiettes de mezze, le samboussek, les kafta, le chichetaouk et le chawarma se montrent aussi orthodoxes que possible. Accueil chaleureux.
C : 80 € • M : 19-28 € *www.fakhreldine.com*

Flora Danica

Plan : 2 D-E 5 » 142 av des Champs-Elysées
☎ 01 44 13 86 26
Ouv. 7j/7.
Jusqu'à 23h.

Une institution, courue pour sa terrasse jardin, sa salle contemporaine et ses spécialités de saumon (certifié bio, froid ou chaud). Aquavit pour tout le monde !
C : 53 € • M : 34 € *www.restaurantfloradanica.com*

Le Marcande

Plan : 2 E 4 » 52 rue de Miromesnil
☎ 01 42 65 19 14
F. vend. à dîn., w.-e. (automne-hiver), sam. à déj., dim. (printemps-été), 2 sem. août et 1 sem. Noël.
Jusqu'à 22h.

Emmanuel Cazaux et son chef Stéphane Ruel (passé chez Guérard, Chibois et Cagna) ont redonné vie à cette adresse historique, au calme dans la rue de Miromesnil. Cuisine actuelle bien troussée, asperges blanches et mayonnaise aux herbes, filet de rouget barbet poêlé et barigoule à l'huile des Baux, fricassée de poulet aux petits légumes de printemps. Très agréable terrasse-patio.
C : 50 € • M : 33-39 € *www.marcande.com*

Music Hall

Plan : 2 E 5 » 63 av Franklin-D-Roosevelt
☎ 01 45 61 03 63
Ouv. 7j/7.
Jusqu'à 6h.

Dans le style des tables hype, sans doute une des mieux étudiées pour la partie piano. Les éclairages changent de couleur au fil du repas, les convives sont tous des yuppies des années 2000 et les Porsche Cayenne attendent le voiturier, mais l'assiette ne fait pas semblant d'être dans le noir. De la mode qui ne s'arrête pas au sushi-thon, mais des compositions qui méritent leur tarif et pourraient même valoir une petite toque.
C : 50 € • M : 21 € *www.musichallparis.com*

Le Pavillon Elysées

Plan : 2 E 5 » 10 av des Champs-Elysées
☎ 01 42 65 85 10
F. dim. à dîn., lundi à dîn., 1re quinz. août et 1 sem. fév.
Jusqu'à 22h30.

Vue sur les jardins des Champs Elysées pour cette terrasse incontournable, où l'on peut apprécier une cuisine plaisante et volontiers modeuse, même si c'est souvent plus dans ses intitulés que dans sa réalisation : assiette Paris Marrakech, transparence de saint-jacques au citron vert...
C : 38 €

Restaurant Yvan

Plan : 2 E 5 » 1 bis rue Jean-Mermoz
☎ 01 43 59 18 40
Jusqu'à 0h.

Dans l'océan parisien des restaurants de spécialités régionales, cet îlot belge n'est pas attachant que pour sa seule rareté, mais bien aussi pour les saveurs chaleureuses des plats du Nord et la très attachante personnalité d'Yvan.
www.parisrestaurants.com

Rue Balzac

Plan : 2 D 4 » 3-5 rue Balzac
☎ 01 53 89 90 91
F. sam. à déj., dim. à déj. et 3prem. sem. août.
Jusqu'à 23h.

On ne vient pas là par hasard, mais bien un peu attiré par les parrains prestigieux (Johnny Halliday, Michel Rostang). Même si la star n'est pas là, la gentillesse de l'accueil, le cadre habilement travaillé ou la cuisine séduisante suffisent à la satisfaction du jour.
C : 70 € *www.michelrostang.com*

Spicy

Plan : 2 E 5 » 8 av Franklin-D.-Roosevelt
☎ 01 56 59 62 59
F. 1er mai.
Jusqu'à 24h.

A quelques pas du Rond-Point des Champs, une cuisine aux parfums méditerranéens et épicés : déclinaison de poivrons à l'huile d'olives et chèvre frais au pesto, pavé d'espadon mariné au curcuma, fondant de courgettes, brioche façon pain perdu, caramel laitier au beurre salé. Agréable cadre cosy de brique et de bois brut.
C : 38 € • M : 28 € *www.spicyrestaurant.com*

Le Stresa

Plan : 2 D 5 » 7 rue Chambiges
☎ 01 47 23 51 62
F. 1er-31 août et 20 déc.-4 janv.
Jusqu'à 22h30.

Un décor pratiquement immuable depuis un demi siècle et qui donne un charme vraiment particulier à ces lieux dévoués au meilleur de la gastronomie italienne, à des prix malheureusement prohibitifs.
C : 80 €

La Suite

Plan : 2 D 5 » 40 av George-V
☎ 01 53 57 49 49
Rens. non comm.

Cathy Guetta, organisatrice avec David, son mari, de célèbres soirées, a ouvert l'an dernier cette table-club qui domine l'avenue George V. Cadre ultra branché, cuisine fusion.

Le Bristol

Plan : 2 E 5 » 112 rue du Fg-Saint-Honoré
☎ 01 53 43 43 00
📠 01 53 43 43 01
Ouv. 7j/7.

➥ **Restaurant** : 18/20 Le Bristol

Le luxe de l'espace, le Bristol le possède, avec des chambres et suites spacieuses ou un jardin intérieur de 1200 m^2. Le luxe de l'exclusivité aussi, avec notamment cette fameuse piscine avec vue sur les toits de Paris. Le luxe très palace enfin d'un service de haut niveau et d'un cadre somptueux, de l'imposant hall d'entrée aux chambres, où meubles de style et tissus précieux rivalisent d'élégance.
73 appart. 800-8000 € • 89 ch. 580-780 € *www.lebristolparis.com*

Le Crillon

Plan : 2 E 5 » 10 pl de la Concorde
☎ 01 44 71 15 00
📠 01 44 71 15 02
Ouv. 7j/7.

➥ **Restaurant** : 17/20 Les Ambassadeurs

Le Crillon, place de la Concorde : tout semble dit et pourtant, la fréquentation des lieux ne cesse de séduire, dans la richesse des détails qui viennent nourrir le mythe. Dans la décoration, revue au gré des chambres et des suites par Sonia Rykiel et Sybille de Margerie sans se départir de l'élégance à la française d'un fastueux mobilier de style. Dans le service, d'une attention rare, de celle qui signe, pour les habitués, le niveau d'exception d'un des meilleurs palaces du monde.
44 appart. 985-15800 € • 103 ch. 500-880 € *www.crillon.com*

Four Seasons Hotel George-V

Plan : 2 D 5 » 31 av George-V
☎ 01 49 52 70 00
📠 01 49 52 71 10
Ouv. 7j/7.

➥ **Restaurant** : 17/20 Le Cinq

De sa longue histoire, le palace a conservé de beaux trésors, comme ces tableaux des écoles françaises des XVIIIe et XIXe siècles ou un remarquable mobilier d'époque. Ce patrimoine a dicté un décor de style (Louis XVI notamment), habilement réinterprété par Pierre-Yves Rochon pour faire ressortir le meilleur de l'élégance à la française, avec matériaux nobles et luxe feutré. Equipement parfait, régulièrement maintenu au top (comme le centre fitness revu l'an passé).
61 appart. € • 245 ch. 650-9000 € *www.fourseasons.com*

Lancaster

Plan : 2 D 4 » 7 rue de Berri
☎ 01 40 76 40 76
📠 01 40 76 40 00
Ouv. 7j/7.

➥ **Restaurant** : 16/20 La Table du Lancaster

Ancien hôtel particulier, le Lancaster en a gardé une certaine intimité, un sens du luxe discret, qui signe sa différence. Rien ne manque dans ces somptueuses chambres et suites, du mobilier d'époque aux luxueux tissus, mais sans effet facile ni tape-à-l'œil, dans une remarquable élégance.
11 appart. 790-1650 € • 49 ch. 350-590 € *www.hotel-lancaster.fr*

Paris Marriott Champs-Elysées

Plan : 2 D 5 » 70 av des Champs-Elysées
☎ 01 53 93 55 00
📠 01 53 93 55 01
Ouv. 7j/7.

Outre l'exclusivité d'être le seul hôtel ouvrant sur les Champs Elysées, le Marriott peut également s'enorgueillir d'une façade classée et d'une superbe cour intérieure sous verrière. Chambres spacieuses et élégantes, dans un style sobre et luxueux.
192 ch. 475-575 €

Plaza-Athénée

Plan : 2 D 5 » 25 av Montaigne
01 53 67 66 65
01 53 67 66 66
Ouv. 7j/7.

➥ **Restaurant** : 19/20 Restaurant Alain Ducasse au Plaza Athénée

Le prestige en superlatif, dans un superbe cadre haussmannien sur l'avenue Montaigne. Sur six étages, les chambres déclinent l'élégance et le luxe à la française, avec mobilier de style et un luxe de détails raffinés, dans le choix des matières comme les harmonies de couleurs. Sur deux autres étages, des suites adoptent une allure plus contemporaine, dans un cadre Art déco à la touche exclusive de croquis originaux de grands couturiers. Equipement et service sont parfaitement rodés aux exigences d'une clientèle internationale.

43 appart. 1390-6550 € • 145 ch. 555 € *www.plaza-athenee-paris.com*

Prince de Galles

Plan : 2 D 5 » 33 av George-V
01 53 23 77 77
01 53 23 78 78
Ouv. 7j/7.

Grande noblesse et luxe discret pour ce Prince de Galles, dans l'architecture comme la décoration, qui délaisse les effets faciles et tape à l'œil pour des chambres élégamment tendues de toile de Jouy ou des suites claires et feutrées. Le restaurant s'est attaché récemment les services de l'excellent chef Benoît Rambaud, venu du Trianon de Gérard Vié à Versailles. ce qui donne une nouvelle ambition à une carte totalement rénovée, appuyée sur des produits nobles, mais désormais bien dans son temps, avec la coupe de gelée de crustacés et mousseux de cresson, les médaillons de thon rouge aux fleurs d'épices et pommes charlotte au beurre de basilic ou la joue de veau braisée au gingembre semoule fine à l'orientale. Cave aux grands crus attendus, enjolivée de quelques flacons d'aujourd'hui (Mas Jullien, Salitis, Marionnet…).

30 appart. 620-3100 € • 138 ch. 370-820 € • M : 49,50 €
www.luxurycollection.com

Royal Monceau

Plan : 2 D 4 » 37 av Hoche
01 42 99 88 00
01 42 99 87 90
Ouv. 7j/7.

➥ **Restaurant** : 16/20 Le Jardin

Le palace a bâti sa réputation sur son élégance, la qualité de sa situation et le raffinement de ses prestations, décor superbe et service de haut niveau. Au fil des années, ces qualités restent et s'actualisent au gré des besoins d'une clientèle exigeante, pour rester toujours en pointe (en témoignent les multiples services du centre thermal).

47 appart. 850-6800 € • 155 ch. 480 € *www.royalmonceau.com*

Le A

Plan : 2 D 4 » 4 rue d'Artois
01 42 56 99 99
01 42 56 99 90
Ouv. 7j/7.

Tous les atouts d'un aménagement récent sont bien là, dans l'équipement (hifi vidéo par exemple) comme la décoration, où le wengé et les lumières soignées font ressortir les lignes contemporaines du mobilier. Ambiance artistique également, notamment avec des œuvres d'un artiste plasticien.

10 appart. 320-576 € • 16 ch. 320-390 € *www.paris-hotel-a.com*

Sofitel Demeure Paris Arc de Triomphe

Plan : 2 D 4 » 14 rue Beaujon
01 53 89 50 50
01 53 89 50 51
Ouv. 7j/7.

➥ **Restaurant** : 15/20 Le Clovis

Le luxe ne s'arrête pas à la situation privilégiée de cet élégant immeuble haussmannien, le cadre, entre mobilier de style Louis XVI, espace généreux et équipement soigné, est aussi un atout majeur, tout comme l'efficacité d'un service très professionnel.

1 appart. 1650 € • 133 ch. 480-570 € *www.sofitel.com*

Astor Sofitel Demeure Hotels R

Plan : 1 A 2 »

Bien modernisé, ce palace début XXe décline un luxe romantique entre meubles de style acajou et luxueux tissus tendus aux tons pastel. Prestations de haut niveau et restaurant qui met à l'abri des mauvaises surprises, plats actuels aux sages influences méditerranéennes.

5 appart. € • 131 ch. 370 € *www.astorsainthonore.com*

11 rue d'Astorg
☎ 01 53 05 05 05
📠 01 53 05 05 30
Ouv. 7j/7.

Bradford-Elysées

Plan : 2 E 4 »

Un cadre feutré, moquette épaisse et bois blond, dans une architecture haussmannienne élégante du quartier du Faubourg Saint Honoré (certaines chambres ont encore leur cheminée). Salle sous verrière pour le petit-déjeuner.

50 ch. 212-360 € *www.astotel.com*

10 rue Saint-Philippe-du-Roule
☎ 01 45 63 20 20
📠 01 45 63 20 07
Ouv. 7j/7.

Champs-Elysées Plaza

Plan : 2 D 4 »

Né au début du XXe siècle pour accueillir les hôtes des ambassades de Grande-Bretagne et des Etats-Unis, l'hôtel dégage une atmosphère intime et feutrée, avec un espace généreux et une belle élégance classique, entre mobilier de style et détails attachants.

33 appart. 390-790 € • 32 ch. 490-890 € *www.champselyseesplaza.com*

35 rue de Berri
☎ 01 53 53 20 20
📠 01 53 53 20 21
Ouv. 7j/7.

Concorde Saint-Lazare

Plan : 2 F 4 »

L'hôtel propose à la fois le confort de haut niveau de chambres modernes et parfaitement équipées, et le cadre historique d'un bâtiment construit pour l'Exposition Universelle fin XIXe, avec en particulier un remarquable hall classé.

30 appart. 685-1580 € • 236 ch. 360-450 € *www.concordestlazare-paris.com*

108 rue Saint-Lazare
☎ 01 40 08 44 44
📠 01 42 93 01 20
Ouv. 7j/7.

Le Faubourg Sofitel Demeure Hotels

Plan : 2 E 5 »

Luxe et prestige pour cet ensemble XVIIIe-XIXe, qui privilégie les vertus de l'élégance classique sans sombrer dans le passé, avec un décor intemporel : puits de lumière au-dessus des confortables fauteuils du hall, tissus feutrés et harmonie de couleurs douces pour les chambres, avec une richesse de détails qui marque la personnalisation des espaces. Agréable jardin paysager et, pour le repas, élégance toujours au Café Faubourg avec le meilleur des influences bistrot, chair de tourteau bouillon rafraîchi petits pois et menthe, selle de veau en cocotte de légumes printanier et, clin d'œil Sud-ouest pour rappeler, sous l'égide d'Alain Dutournier, l'authentique croustade gasconne.

24 appart. 575-2500 € • 150 ch. 435-600 € • C : 62 € *www.sofitel.com*

15 rue Boissy d'Anglas
☎ 01 44 94 14 14
📠 01 44 94 14 28
Ouv. 7j/7.

Hôtel Vernet

Plan : 2 D 4 »

➡ **Restaurant** : 16/20 Les Elysées du Vernet

Confort sobre et feutré, dans de vastes chambres confortables, pour cet ancien hôtel particulier à taille encore humaine, gage d'une atmosphère précieuse et d'un service attentif. Accès aux thermes réputés du Royal Monceau voisin.

9 appart. 350-1200 € • 42 ch. 240-550 € *www.hotelvernet.com*

25 rue Vernet
☎ 01 44 31 98 00
📠 01 44 31 85 69
Ouv. 7j/7.

Hôtel Arioso

Plan : 2 E 4 »

Le raffinement d'un cocon bourgeois, sous les hauts plafonds d'un immeuble ancien, avec meubles de style et couleurs paisibles dans les chambres, certaines avec terrasse sur le patio.

28 ch. 160-240 € *www.arioso-hotel.com*

7 rue d'Argenson
☎ 01 53 05 95 00
📠 01 40 06 04 21
Ouv. 7j/7.

Hôtel California Champs Elysées

Plan : 2 D 4 » 16 rue de Berri
01 43 59 93 00
01 45 61 03 62
Ouv. 7j/7.

Les vastes chambres marient un confort de haut niveau, un équipement parfaitement actuel et un mobilier de style qui signe, avec les nombreuses œuvres d'art disséminées dans tout l'hôtel, une élégance en rapport avec la situation et l'architecture haussmannienne typique. Vaste choix de salons confortables, bar avec une impressionnante carte des whiskies et patio lumineux.

16 appart. 680-1320 € • 174 ch. 435-540 € *www.california-paris.com*

Hôtel Daniel

Plan : 2 D 4 » 8 rue Frédéric-Bastiat
01 42 56 17 00
01 42 56 17 01
Ouv. 7j/7.

Installé dans un bel immeuble haussmannien classique, l'hôtel joue sur un foisonnant voyage aux inspirations clairement orientales, chambres tendues de toile de Jouy aux motifs orientaux, papier-peint aux motifs chinois peints à la main dans le hall, luxueux tapis du Kazakhstan, mais aussi une foule de détails (objets authentiques, chinés aux quatre coins du monde, matières nobles comme les céramiques marocaines de certaines salles de bain) qui imposent une vraie personnalité.

7 appart. 390-0690 € • 19 ch. 270-440 € *www.hoteldanielparis.com*

Hôtel de Sers

Plan : 2 D 5 » 41 av Pierre-1er-de-Serbie
01 53 23 75 75
01 53 23 75 76
Ouv. 7j/7.

L'hôtel particulier fin XIXe a retrouvé tout son faste dans une rénovation en profondeur, pour créer un décor contemporain mais respectueux de l'esprit du bâtiment. Une réussite, complétée d'un niveau de prestations élevé. Remarquables suites panoramiques aux derniers étages.

7 appart. 450-2100 € • 52 ch. 450-550 €

Hôtel François 1er

Plan : 2 D 5 » 7 rue Magellan
01 47 23 44 04
01 47 23 93 43
Ouv. 7j/7.

Belle interprétation du luxe à la française, avec aux commandes le décorateur Pierre-Yves Rochon, pour habiller un immeuble haussmannien d'une atmosphère raffinée, avec quelques touches d'influence asiatique.

2 appart. 290-480 € • 40 ch. 250-370 € • 1/2 pens. 145-240 €
www.hotelfrancoispremier.com

Hôtel le Vignon

Plan : 1 B 2 » 23 rue Vignon
01 47 42 93 00
01 42 42 04 60
Ouv. 7j/7.

Une belle demeure Directoire aux chambres décorées dans un style très épuré. Les petits appartements du dernier étage offrent une belle vue sur les toits. Accueil personnalisé.

28 ch. 185-340 € *www.levignon.com*

Hôtel Waldorf-Madeleine

Plan : 2 F 5 » 12 bd Malesherbes
01 42 65 72 06
01 40 07 10 45
Ouv. 7j/7.

Un bel immeuble haussmannien à la situation précieuse et une allure élégante pour un décor raffiné et parfaitement actualisé, harmonie de tons clairs et de meubles en bois sombre. Prestations soignées.

45 ch. 295-436 € *www.hotelwaldorfmadeleine.com*

Hôtel Warwick

Plan : 2 D 4 » 5 rue de Berri
01 45 63 14 11
01 42 56 77 59
Ouv. 7j/7.

➥ **Restaurant** : 15/20 Le Restaurant W

Un emplacement stratégique, un sens du service parfait, des chambres spacieuses, au confort impeccable, dans un cadre moderne, lignes sobres et harmonie élégante autour du brun.

15 appart. 900-2800 € • 149 ch. 280-680 € *www.warwickhotels.com*

 Hyatt Regency Paris-Madeleine

Plan : 2 E 4 »

24 bd Malesherbes
☎ 01 55 27 12 34
01 55 27 12 35
Ouv. 7j/7.

Au dehors, un classique et élégant immeuble haussmannien, au dedans, un cadre contemporain et chaleureux, avec de belles harmonies de couleurs et des lignes modernes, soulignées de bois précieux. Verrière classée et service de haut niveau.

5 appart. 725-2355 € • 81 ch. 390-480 € *www.paris.madeleine.hyatt.fr*

 New Hotel Roblin

Plan : 1 A 2 »

6 rue Chauveau-Lagarde
☎ 01 44 71 20 80
01 42 65 19 49
Ouv. 7j/7.

Derrière la luxueuse façade ouvragée de style Empire (reconstitution à l'identique de celle de la boutique de l'apothicaire Lescot, conservée au musée Carnavalet), c'est tout le charme du palace à la parisienne qui s'impose, cadre luxueux et raffiné jusque dans les détails des gravures ou du mobilier de style. Le service est à la hauteur de la situation prestigieuse sur la place de la Madeleine.

2 appart. 460-520 € • 76 ch. 210-340 € *www.new-hotel.com*

 Radisson SAS Hôtel Champs-Elysées

Plan : 2 D 5 »

78 bis av Marceau
☎ 01 53 23 43 43
Ouv. 7j/7.

Un beau fleuron de la chaîne Radisson, avec ses chambres spacieuses aux élégantes harmonies de tons marron et beiges et ses touches de bois alliées à la douceur du jardin. Carte sagement actuelle au restaurant, qui mise sur la qualité des produits pour satisfaire les exigences de la clientèle : bisque de langoustine gnocchi de ricotta et chorizo, cochon de lait braisé légumes en cocotte, verrine de rhubarbe brioche façon pain perdu. Courte et alerte sélection de vins, mais aussi de thés, spécialement sélectionnés pour accompagner les plats.

46 ch. 225-315 € • C : 60 € • M : 50-80 € *www.paris.radissonsas.com*

 Relais-Monceau

Plan : 2 E 3 »

85 rue du Rocher
☎ 01 45 22 75 11
01 45 22 30 88
Ouv. 7j/7.

Entièrement rénové l'an dernier (revêtements des murs, mobilier renouvelé, isolation phonique améliorée, climatisation efficace...), cet établissement jouit en outre d'un cadre très agréable, à proximité du Parc Monceau. Agréable salle des petits-déjeuners, en partie en véranda et donnant sur un jardin intérieur.

1 appart. 180 € • 50 ch. 170 € *www.relais-monceau.com*

San Regis

Plan : 2 D 4 »

12 rue Jean-Goujon
☎ 01 44 95 16 16
01 45 61 05 48
Ouv. 7j/7.

Derrière la façade néo-classique typique, le bel hôtel particulier XVIIIe au cœur du Triangle d'Or préserve l'atmosphère si particulière d'une certaine forme de luxe à la française, faite d'un cadre fastueux, de mobilier et d'objets d'époque, de tissus raffinés, de tableaux de maîtres, mais aussi d'un service de haut niveau, rompu aux exigences d'une clientèle haut de gamme.

11 appart. 635-1025 € • 33 ch. 320-575 € *www.hotel-sanregis.fr*

 La Trémoille

Plan : 2 D 5 »

14 rue de la Trémoille
☎ 01 56 52 14 00
01 40 70 01 08
Ouv. 7j/7.

➡ **Restaurant** : 13/20 Senso

On retrouve ici l'essentiel des vertus classiques de l'hôtellerie de standing à la parisienne : situation précieuse dans le Triangle d'Or, architecture haussmannienne et luxe feutré, ici en version plutôt contemporaine avec des chambres aux dominantes de beige et marron, aux lignes sobres et aux tissus cossus.

5 appart. 1000 € • 88 ch. 410-620 € *www.hotel-tremoille.com*

Amarante Beau Manoir Hôtel

Plan : 2 F 5 »

Ce Beau Manoir est en fait un ancien monastère, baigné d'un agréable parfum d'ancien : vieilles pierres, boiseries, tapisseries et meubles de style se marient pour composer une ambiance très personnelle dans des chambres luxueuses et confortables.

3 appart. 270-550 € • 57 ch. 180-350 € *www.amarante-beau-manoir.com*

6 rue de l'Arcade
☎ 01 53 43 28 28
Fax 01 53 43 28 88
Ouv. 7j/7.

Best Western Folkestone Opera

Plan : 1 A 2 »

Différentes collections de tissus chaleureux signent les ambiances de chambres personnalisées. Certaines profitent de poutres apparentes en écho aux colombages du bâtiment XIXe, d'autres d'une terrasse, dans le quartier Opéra.

50 ch. 105-185 € *www.folkestone-paris-hotel.com*

9 rue de Castellane
☎ 01 42 65 73 09
Fax 01 42 65 64 09
Ouv. 7j/7.

Chambiges-Elysées

Plan : 2 D 5 »

Mobilier de style, tissus luxueux et détails soignés créent une atmosphère raffinée, à la hauteur du quartier prestigieux. L'accueil est de haute tenue et la cour intérieure fleurie est un agréable espace de détente, dès le petit-déjeuner.

8 appart. 400-430 € • 26 ch. 250-330 € *www.hotelchambiges.com*

8 rue Chambiges
☎ 01 44 31 83 83
Fax 01 40 70 95 51
Ouv. 7j/7.

Franklin Roosevelt

Plan : 2 D 5 »

Calme feutré et décor cosy, au cœur du Triangle d'Or. Espace et confort, dans des chambres au style anglais. Détente dans les confortables fauteuils sous la verrière.

3 appart. 415-550 € • 45 ch. 230-290 € *www.hroosevelt.com*

18 rue Clément-Marot
☎ 01 53 57 49 50
Fax 01 53 57 49 59
Ouv. 7j/7.

Le Galileo

Plan : 2 D 5 »

Situation exclusive à deux pas de l'Arc de Triomphe et décor raffiné, déclinant au gré des pièces un confort paisible, aux nombreux détails charmants.

27 ch. 138-160 € *www.galileo-paris-hotel.com*

54 rue Galilée
☎ 01 47 20 66 06
Fax 01 47 20 67 17
Ouv. 7j/7.

Hôtel de l'Elysée

Plan : 2 E 5 »

Un décor bourgeois, avec meubles de style et dorures dans un bâtiment Restauration à la situation remarquable. Chambres personnalisées, dans le mobilier comme le motif de la toile de Jouy tendue sur les murs.

3 appart. 215-295 € • 32 ch. 120-225 €

12 rue des Saussaies
☎ 01 42 65 29 25
Fax 01 42 65 64 28
Ouv. 7j/7.

Hôtel Tronchet

Plan : 2 F 4 »

Une atmosphère intime dans des chambres personnalisées, mobilier de style aux lignes sobres, tissus raffinés aux couleurs douces et fleuries, un hôtel qui affiche charme et sérénité entre Opéra et grands magasins.

34 ch. 170-200 € *www.hotel-tronchet.com*

22 rue Tronchet
☎ 01 47 42 26 14
Fax 01 49 24 03 82
Ouv. 7j/7.

Queen Mary

Plan : 1 A 2 »

Les hauts plafonds de l'immeuble haussmannien abritent un intérieur cossu, meubles Empire et couleurs chaleureuses (rouge et jaune). Patio fleuri.

1 appart. 289 € • 35 ch. 155-209 € *www.hotelqueenmary.com*

9 rue de Greffulhe
☎ 01 42 66 40 50
Fax 01 42 66 94 92
Ouv. 7j/7.

PARIS 9 (8 C 5)

Dell'Orto

Plan : 3 A 4 »

Avec sa devanture vert pomme, son cadre chamarré et chaleureux et son accueil tout sourire à l'accent ensoleillé, la maison met rapidement en joie et dans les meilleures dispositions pour apprécier une cuisine de saison, voire de l'instant (nombreuses propositions du jour proposées oralement) qui permet à Patrizio

45 rue Saint-Georges
☎ 01 48 78 40 30
F. dim., lundi et août.
Jusqu'à 23h45.

Dell'Orto de livrer, avec sa sensibilité transalpine, son interprétation des produits de saison. Qu'il s'amuse de la fraîcheur et de la légèreté d'un marbré de raie aux algues, glisse dans les rails bien huilés d'une épaisse tranche de foie gras sur de fins spaghetti ou livre son interprétation réussie de la très à la mode panna cotta à la vanille framboises fraîches, sa cuisine affiche séduction et régularité, qui justifient autant les tarifs que le succès. L'affluence venant, le service se bouscule un peu, toujours avec bonne humeur. Carte des vins exclusivement italienne.
C : 35 €

Chez Jean

Plan : 2 F 4 » 8 rue Saint-Lazare
☎ 01 48 78 62 73
F. w.-e. et 24 juil.-20 août.
Jusqu'à 22h30.

Un repaire d'habitués connectés à la toile du bon goût : du bistrotier ménager urbain et chatoyant, du cochon fermier enveloppé dans de beaux draps, des asperges, des framboises, les produits de saison accommodés sans trahison, un personnel complice d'une atmosphère à part. Voilà chez Jean, lieu de plaisir où l'on peut qualifier un jarret de porc en gelée de très sympathique, comme les voisins, comme le patron. Et une cave bien de son temps (Graillot, Richaud, Fadat, Grécaux, Barral…) qui semble peut-être moins fouineuse et moins "stratégique" que par le passé (pourquoi, d'ailleurs, faire prendre la commande du vin par quelqu'un à qui ce domaine est parfaitement étranger ?).
M : 35-70 € *www.lesrestos.com*

L'Alsaco

Plan : 3 A 3 » 10 rue Condorcet
☎ 01 45 26 44 31
F. sam. à déj., dim., lundi à déj. et août.
Jusqu'à 23h.

Rusticité et convivialité en diable dans cette adresse alsacienne discrète et sans chichi, avec son comptoir en bois et sa longue carte de spécialités. Le patron sait vanter comme personne sa choucroute ou sa carte des vins, et la dégustation confirme que ce n'est pas du vent : saveurs généreuses, sans gras excessif, à tel point qu'on ne regrette pas de s'être laisser tenter par le hareng pomme à l'huile en entrée et qu'il reste une petite place pour les figues rôties.
C : 20 € • M : 20-32 € *www.alsacoparis.com*

Auberge et Cie

Plan : 1 C 1 » 23 rue Clauzel
☎ 01 48 78 74 40
F. sam. à déj., dim. et 8-27 août.
Jusqu'à 22h30.

Dans l'Auberge & Compagnie, c'est justement un peu la compagnie qui manque. La salle est calme, l'atmosphère sent bon une province douce, un Sud-Ouest généreux mais pas ripailleur, le pied de cochon et le cassoulet. La cargolaise d'escargots évoque le Roussillon catalan, les rognons de veau sont bien cuits et le confit manque un peu de personnalité à l'opposé du Babel à la poire avec son sorbet à la fourme d'Ambert. Cave simple et bon marché.
M : 32-39 € *www.aubergecompagnie.com*

Casa Olympe

Plan : 3 A 4 » 48 rue Saint-Georges
☎ 01 42 85 26 01
F. sam., dim., 3 sem. août, 1 sem. Noël et 1 sem. mai.

Le cadre un peu précieux, aux objets chinés, est plus gai les jours de soleil, mais la chaleur vient de l'assiette, tendre, moderne, gentiment voyageuse, avec son bouillon et flan d'étrilles à la coriandre, le pigeonneau rôti aux épices et le mascarpone aux fruits rouges. Les fidèles de Dominique - Olympe Versini n'oublient pas les amis et se régalent sans manières.
C : 55 € • M : 35 €

Hôtels de charme.

 Bon confort.  Grand confort.  Luxe.  Grand luxe.

A la Grange Batelière

Plan : 1 A 2

» 16 rue de la Grange-Batelière
☎ 01 47 70 85 15
F. w.-e., fériés et août.
Jusqu'à 22h.

Situé a portée de lancer du marteau de l'hôtel Drouot, un bistrot non dénué de cachet, qui soigne sa mise ancienne et fait quotidiennement le plein de fidèles du menu carte indifféremment proposé midi et soir à 29 **€** et servi avec aisance Restreint dans ses choix (quatre entrées, quatre plats, quatre desserts) et plutôt contemporain dans ses propositions (tartare de bulot, travers de porc aux épices douces etc...), ce menu évolue selon le marché, sans complications excessives dans les assiettes, mais aux saveurs bien équilibrées (très bonnes saint-jacques au beurre d'orange). Cave de bons plans, gérée par Madame, à prix justes.
C : 29 € • M : 29-32 €

I Golosi

Plan : 3 A 4

» 6 rue Grange-Batelière
☎ 01 48 24 18 63
F. sam. à dîn., dim., et 2 sem. août.
Jusqu'à 23h30.

C'est une adresse de cour, de fans même : les inconditionnels de cette trattoria sont nombreux, occupant le terrain au point que la réservation soit plus que conseillée. Le décor met en scène les arts de la table à l'italienne, et le chef change sa carte chaque semaine. Plats d'humeur, la bonne comme la moins bonne, mais avec toujours de la personnalité, des plats à 15/20 et d'autres à 11, mais qui ne risquent pas de laisser indifférent. Vin bien choisi, addition contenue et service sans fioritures.
C : 27,50 € • M : 20-35 €
i.golosi@wanadoo.fr

Petrelle

Plan : 3 A 3

» 34 rue Pétrelle
☎ 01 42 82 11 02
F. dim., lundi, 25 juil.-25 août, sem. Noël et jrs fév.
Jusqu'à 21h30.

Jean-Luc André aime donner le temps au temps, et n'a guère envie d'encourager, dans cette salle consacrée à l'art de vivre, ceux qui déclenchent le chrono une fois à table en espérant boucler l'affaire en trois quarts d'heure. Il y a des maisons pour cela, et Pétrelle ne mange pas de ce pain-là. On savoure donc, jusqu'à l'os, les viandes bien élevées et les légumes qui ont eu le temps de pousser, dans un décor de brocante intime au charme rare. Et le patron a su aussi prendre le temps de goûter quelques canons et de se faire des amis dans le vignoble, à en juger par la pertinence et les tarifs de la cave, bordeaux bourgogne et rhône, du malin et du bon : Ormes Sorbet à 39 **€**, Sang des cailloux à 47 **€**, Copa Santa à 27 **€**.
C : 60 € • M : 25 €

Le Santal Opéra

Plan : 1 B 2

» 8 rue Halevy, pl de l'Opéra
☎ 01 47 42 24 69
F. dim., 24 déc. et 1er janv.
Jusqu'à 23h.

Banh cuôn, goi xoài (salade de crevettes à la mangue), soupe lac-xa aux crevettes et safran, c'est le Viet-Nam version Opéra, un peu de lyrisme dans le basique, un bon bœuf aux oignons dans le beau cadre relaxant d'une salle aveugle et très reposante.
C : 30 € • M : 16-50 €
www.le.santal.com

Wally le Saharien

Plan : 3 A 4

» 36 rue Rodier
☎ 01 42 85 51 90
F. dim. et lundi.
Jusqu'à 22h30.

Entre ses deux restaurants (l'autre dans le 18e, près d'Ordener), le cœur de Wally balance, un peu plus berbère dans l'un, un peu plus kabyle dans l'autre. Nous aimons beaucoup la rue Rodier, pour des raisons presque historiques (le menu a peu changé depuis l'Ile Saint-Louis il y a vingt ans), sa soupe, les sardines farcies, sa semoule unique, le méchoui fondant qu'on voudrait ne pas voir fini. L'intimité des lieux, dans le décor typique mais sans vieillerie, se double d'un plaisir matériel supplémentaire : à la boutique attenante, vous pouvez emporter l'équivalent et autres bricoles d'aussi bon goût.
C : 41 € • M : 40,40 €
wally.le.saharien@neuf.fr

[12] Charlot Roi des Coquillages

Plan : 2 F 3 »

Le décor de style Art Déco, aussi invraisemblable que splendide, avec ses multiples miroirs et ses frises à coquillages, est absolument inoubliable. La cuisine, évidemment dédiée aux... coquillages et aux poissons, ne se contente pas de jouer les faire-valoir : palourdes, moules d'Espagne, crevettes grises, fines de claires de Marennes, déclinaison de chair de crabe, aïoli ou sole meunière.

C : 60 € • M : 29-84 € *www.lesfreresblanc.com*

12 pl de Clichy
☎ 01 53 20 48 00
Ouv. 7j/7.
Jusqu'à 24h.
🚗 ❄ 🐕 🚬

[12] Le Chêne Vert

Plan : 1 B 1 »

Le cadre au premier étage de Lafayette Gourmet ouvre l'appétit, une salle claire, un personnel souriant, et des idées dans la carte qui vont bien plus loin qu'une cafeteria. L'assiette est moderne, fraîche et séduit tout autant les clientes en journée shopping que les hommes d'affaires du quartier. Cave évidemment remarquable, forgée par Bruno Quenioux, sommelier en chef du magasin

C : 40 € • M : 38 €

Lafayette Gourmet, 97 rue de Provence
☎ 01 40 23 52 31
F. à dîn. et dim. (sf ouv. except.).

[12] Côté Neuvième

Plan : 3 A 3 »

L'enseigne a changé, mais l'ancien chef de la Table de la Fontaine est resté, pour mitonner une honnête carte bistrotière, un poil modernisée, avec son gâteau de brousse à la provençale, son pavé de thon au sésame et fenouil et sa cocotte de poulet chasseur. La déco a été totalement renouvelée, marqueterie sur les tables et serviettes en tissu, dans une atmosphère qui reste gentiment du quartier.

C : 30 €

5 rue Henri-Monnier
☎ 01 45 26 26 30
F. sam. à déj., dim.
Jusqu'à 22h30.
🐕

[12] Da Claudio

Plan : 3 A 3 »

Vous êtes chez Claudio, il est le patron, il est le chef, seul maître à bord et excellent capitaine pour des saveurs vraies, la scamorza et speck comme l'escalope à la florentine ou le tiramisu.

C : 30 €

10 av Trudaine
☎ 01 48 78 55 81
F. sam. à déj., 2 sem. août et 1 sem. Noël-nouvel an.
Jusqu'à 23h30.
⛱ 🐕

[12] Les Diables au Thym

Plan : 1 D 2 »

Serge Uriot a de l'affection pour sa marmite de homard et saint-jacques, vendue d'ailleurs raisonnablement, mais les habitués n'ont généralement d'yeux, et on les comprend, que pour le fameux menu-carte changé toutes les trois semaines et qui offre un panorama si sympathique, bourgeois et ménager, des temps présents : tarte de boudin, suprême de rascasse au curry, magret aux griottes… Cave négociante à prix modérés.

C : 33,50 € • M : 19,95-24,95 €

35 rue Bergère
☎ 01 47 70 77 09
F. sam. à déj., dim. et dern. sem. juil.-3 prem. sem. août.
Jusqu'à 22h30.
❄ 🐕 🚬

[12] Izaaki

Plan : 3 A 4 »

Une idée, un concept, un essai bien transformé : cette cuisine nippone et cachère en même temps garde la fraîcheur de l'un et l'orthodoxie de l'autre. Tout le monde est satisfait par les sushis et les teriyakis dans un beau décor zen de bois sombre.

C : 30 € • M : 15-22 €

35 rue Lafayette
☎ 01 53 16 43 48
F. vend. à dîn., sam. à déj., 1 sem. avril et 3 sem. août.
Jusqu'à 22h30.

[12] J'Go

Plan : 3 A 4 »

C'est à l'étage que ça se passe. Banquettes rouge vif, tables en bois et photos de tauromachie, le ton est donné (dans l'accent aussi) : c'est Toulouse qui s'attaque à ce quartier chic près de l'hôtel des ventes, pour l'encanailler à grand renfort de pâté maison de porc cul noir, de gigot d'agneau à la broche et haricots tarbais ou de clafoutis aux cerises. Qualité des produits aidant, la greffe a pris, dans une ambiance bien huilée. Carte de vins du Sud.

C : 35 € • M : 17-28 €

4 rue Drouot
☎ 01 40 22 09 09
F. dim. et 2e-3e sem. août.

[12] New Balal

Plan : 1 B 2 » 25 rue Taitbout
☎ 01 42 46 53 67
Ouv. 7j/7.
Jusqu'à 23h30.
❄

Le New Balal est de ces restos indiens qu'il fait bon avoir près de chez soi, pour un exotisme sage (sheesh kebab et nan fromage, crevettes massala et riz basmati) et les vertus bien agréables d'un accueil sympathique et d'un service qui multiplie les petites attentions. Les prix attractifs sont sans surprise et ont l'avantage de se pratiquer toute l'année au cœur d'un arrondissement pas très riche en bonnes adresses.
C : 25 € • M : 16-20 €

[12] Au Petit Riche

Plan : 1 C 1 » 25 rue Le Peletier
☎ 01 47 70 68 68
F. dim., sam. (juil.-août) et 1er mai.
Jusqu'à 0h15.
♿ ❄ 🐕 🚬

C'est un bistrot et c'est presque une légende. A laquelle on ne devrait pas toucher, soit. Mais il faut au moins indiquer au lecteur que cette ambiance d'habitués, banque, affaires, tourne religieusement autour des mêmes plats - le tartare est réputé, comme la tête de veau - en vivant un peu sur la renommée. A force, les meilleures intentions finissent par s'émousser, comme la cuisine, même si l'on se remonte le moral avec une jolie cave aux nombreux vieux millésimes, notamment en Loire.
C : 37 € • M : 24,50-29,50 € *www.aupetitriche.com*

[12] Velly

Plan : 1 C 1 » 52 rue Lamartine
☎ 01 48 78 60 05
F. w.-e. et août.
Jusqu'à 22h45.

Cela se passe presque de commentaire. L'ardoise prévient le chaland non affranchi : ce bistrot est bien vivant, avec une cuisine de marché qu'Alain Brigant sait renouveler comme il faut pour sa clientèle bigarrée, du cadre costumé à l'artiste engagé. Le poème a de l'allure, de la salade d'andouille au braisé de tête de veau aux carottes et la cave, d'une petite centaine de références, avec les vins au verre qu'il faut quand il faut. Pourtant ces plats simples sont parfois trop simples pour garder la toque, et le service est un brin distant.
C : 31 € • M : 23-31 €

[?] Les Muses

Plan : 1 B 2 » 1 rue Scribe
☎ 01 44 71 24 26
F. w.-e., fériés, août et Noël-nouvel an.
Jusqu'à 22h.
♿ ❄ 🐕 🚬

➡ **Hôtel** : 🏨 Hôtel Scribe
Le départ annoncé de Jean-François Rouquette pour le Park Hyatt modifie évidemment la donne de cette salle feutrée où, depuis Yannick Alleno, nous n'avons connu que de très bonnes sensations. L'ex-chef du Bourdonnais avait en effet réussi le tour de force d'imposer son style et de retrouver rapidement le niveau passé, et notre dernier repas, à l'automne, était très près des trois toques. Nous en reparlerons très vite dans le magazine.
C : 100 € • M : 45-120 € *ho663@accor.com*

▶ Copacabana

Plan : 3 A 4 » 18 rue Rodier
☎ 01 48 78 06 86
F. lundi et 15-30 août.
Jusqu'à 23h.
🐕

Non, le chef n'improvise pas une séance de jonglage avec un ballon en salle. Mais le meilleur de la cuisine brésilienne est bien là, feijoada (le cassoulet à la brésilienne), gambas poêlées au citron vert, panaché de beignets.
C : 25 € • M : 12-22 €
www.aucopacabana.fr

▶ Le Sinago

Plan : 1 C 1 » 17 rue de Maubeuge
☎ 01 48 78 11 14
F. dim. et août.
Jusqu'à 22h30.

Cuisine cambodgienne bien troussée (rouleau de printemps, soupe wan tan, crêpe cambodgienne, carry de poulet...) dans un décor un peu triste qu'on oublie cependant rapidement grâce à la gentillesse du service et aux prix serrés.
C : 20 € • M : 10,50 €

 Hôtel Scribe

Plan : 1 B 2 »

1 rue Scribe
☎ 01 44 71 24 24
📠 01 42 65 39 97
Ouv. 7j/7.

➡ **Restaurant** : ⑦ Les Muses

Les suites aux noms de champs de course rappellent que ce vaste immeuble haussmannien a été construit pour accueillir le siège du Jockey Club. Belle élégance classique à la française, avec mobilier de style, moquettes épaisses et belles tentures, déclinée dans un large éventail d'ambiances.

16 appart. 565-1560 € • 206 ch. 390-680 € *www.accorhotels.com*

 Hôtel le Péra

Plan : 1 B 1 »

17 rue Caumartin
☎ 01 53 43 54 00
📠 01 53 43 54 10
Ouv. 7j/7.

Situation privilégiée et cadre contemporain constituent deux atouts majeurs pour cet établissement du quartier Opéra. L'atmosphère est feutrée, les tons harmonieux et les prestations soignées à tout niveau.

12 appart. 325-375 € • 46 ch. 225-255 € *www.hotellepera.com*

 Pavillon de Paris

Plan : 2 F 3 »

7 rue de Parme
☎ 01 55 31 60 00
📠 01 55 31 60 01
Ouv. 7j/7.

Entièrement redessiné en 1999 par un architecte d'intérieur dans un style très épuré, presque minimaliste, cet établissement propose des chambres zen et high-tech (wifi, web TV, fax et messagerie vocale). Expositions d'œuvres d'art régulièrement organisées.

30 ch. 203-296 € *www.pavillondeparis.com*

 Hélios Opéra

Plan : 1 B 2 »

75 rue de la Victoire
☎ 01 48 74 28 64
📠 01 48 78 98 70
Ouv. 7j/7.

Installé dans un classique immeuble XIXe, l'hôtel arbore un décor sous influence Art déco, aux lignes pures et couleurs agréables. Les chambres, à dominante bleue ou rouge, sont aussi élégantes que confortables, avec leur mobilier en wengé. Belle lumière dans le patio sous sa verrière de vitraux.

1 appart. 259-289 € • 41 ch. 179-239 € *www.hotels-emeraude.com*

 Hôtel de Châteaudun

Plan : 1 C 1 »

30 rue de Châteaudun
☎ 01 49 70 09 99
📠 01 49 70 06 99
Ouv. 7j/7.

L'hôtel mise sur un cadre agréablement moderne, mobilier aux lignes à la fois sobres et travaillées, association de tons et de matières chaleureux et délicieux détails en fer forgé.

5 appart. 281 € • 26 ch. 145-164 € *www.chateaudun-paris-hotel.com*

 Le Montréal

Plan : 1 B 2 »

23 rue Godot-de-Mauroy
☎ 01 42 65 99 54
📠 01 49 24 07 33
Ouv. 7j/7.

Tissus raffinés et meubles de style (Louis XVI) pour une ambiance presque romantique au cœur de Paris, dans des chambres au confort soigné. Accueil personnalisé, détente au patio.

6 appart. 190 € • 18 ch. 119-140 € *www.paris-hotel-montreal.com*

 La Tour d'Auvergne

Plan : 3 A 3 »

10 rue de la Tour-d'Auvergne
☎ 01 48 78 61 60
📠 01 49 95 99 00
Ouv. 7j/7.

Accessible à pied depuis la gare du Nord, proche de l'Opéra, cet établissement tranquille dispose désormais de chambres climatisées.

24 ch. 100-160 € *www.hoteltourdauvergne.com*

Aïda Opera

Plan : 1 C 1 »

11 rue Richer
☎ 01 45 23 11 11
📠 01 47 70 38 73
Ouv. 7j/7.

Dans le quartier de l'Opéra et des grands magasins, des chambres assez spacieuses et fonctionnelles pour garantir le bon confort du séjour.

7 appart. 90-230 € • 58 ch. 90-200 € *www.aida-opera.com*

 Chopin

Plan : 1 C 2 »

10 bd Montmartre, 46 passage Jouffroy
☎ 01 47 70 58 10
📠 01 42 47 00 70
Ouv. 7j/7.

L'accès à cet immeuble XIXe se fait par un typique passage couvert, sur lequel donnent d'ailleurs les chambres, au décor romantique et de grand calme.

36 ch. 73-86 €

PARIS 10 (8 C 5)

13 Chez Michel
Plan : 3 B 4 » 10 rue de Belzunce
☎ 01 44 53 06 20
F. w.-e. et lundi.
Jusqu'à 24h.

Nos réserves de l'an passé devraient s'estomper rapidement. Car nos visites de la saison, si elles ne contredisent pas complètement la note, laissent penser, notamment sur les plats de la carte, que le moteur tourne à nouveau en marche avant. Et que, derrière Saint-Vincent de Paul, cette adresse ultra-sympathique vaut bien que tout Paris se rassemble "chez Michel" pour festoyer dans une mode bretonne élargie, en s'amusant franchement avec les craquelins de Saint-Malo fourrés de chèvre et basilic, le kig ha farz de joue de cochon, jarret et lard et bien sûr le kouign aman. La cave est très intéressante et pas chère (la sélection au verre en revanche un peu mince) et le Paris-Brest est un des meilleurs entre Paris et Brest.
M : 30-50 €

11 La Madonnina
Plan : 3 C 4 » 10 rue Marie-et-Louise
☎ 01 42 01 25 26
F. dim. et sem. 15 août.
Jusqu'à 23h30.

Sourire et gentillesse spontanés au milieu de Paris : c'est parce que vous avez passé la frontière. Vous êtes chez Karine et Giovanni, entre Naples et Venise, dans la chaleur communicative d'une trattoria de quartier à la déco "barocco-kitsch", près du canal Saint-Martin. Antipasti, linguine aux palourdes, panna cotta et vins de la Botte.
M : 11 €

11 La Marine
Plan : 1 B 2 » 55 bis quai de Valmy
☎ 01 42 39 69 81
F. dim. et 1er janv.
Jusqu'à 23h30.

La marine est une institution du canal Saint-Martin , qui, à défaut de proposer une terrasse sur le port aligne quand même quelques tables sur le trottoir pour regarder passer les péniches. C'est aussi et avant tout, un vieux rade sympathique et branché où la cuisine s'en sort avec les honneurs, simple, maligne et copieuse. Ne reste plus qu'à repasser une couche de peinture neuve pour assortir la fraîcheur des murs à celle des assiettes.
C : 28 €

10 Le Verre Volé
Plan : 1 E 2 » 67 rue de Lancry
☎ 01 48 03 17 34
F. 1 sem. 15 août.
Jusqu'à 23h.

Un des spots les plus branchés de Paris pour la dégustation. Parce qu'on va directement à l'essentiel, la découverte viticole, avec des assiettes-prétextes soigneusement préparées par ceux qui savent faire : la terrine de l'un , la caillette de l'autre, un bon pâté en croûte. Exactement ce qu'il faut pour goûter, au coude à coude les dernières friandises ramenées par le caviste de Loire, du Languedoc, du Rhône, flacons pointus, vins de vignerons.
C : 20 €

Cambodge
Plan : 3 C 4 » 10 av Richerand
☎ 01 44 84 37 70
F. dim. et déb. août-mi-sept.
Jusqu'à 23h30.

Ce sont les standards qui font la différence dans cet exemplaire pur cambodgien : bo bûn, rouleau de printemps, pâté impérial et bœuf citronnelle.
C : 18 €
lecambodge@noos.fr

Julien
Plan : 1 E 1 » 16 rue du Fg-Saint-Denis
☎ 01 47 70 12 06
Ouv. 7j/7.
Jusqu'à 1h.

Le décor fait presque tomber à la renverse, de loin, splendeur Art Nouveau d'une brasserie à la parisienne telle que Méliès pouvait la filmer. D'un peu plus près, l'assiette est si ordinaire et le service sans ressort que la magie s'estompe. On en vient même à regarder l'addition, alors qu'on devrait rester les yeux brillants, bouche bée.
C : 35 € • M : 24,50-34,50 €

Terminus Nord

Plan : 3 B 3 » 23 rue de Dunkerque
☎ 01 42 85 05 15
Ouv. 7j/7.
Jusqu'à 1h.

On est loin du service minimum dans cette brasserie de gare : le décor en fait des tonnes, entre Art Déco et Art Nouveau, la cave balaie le genre avec conviction, de la bouillabaisse à la choucroute, des saint-jacques provençale au tartare et à l'andouillette 5A, sans oublier les plateaux de fruits de mer et les huîtres. Et le service fait le forcing, efficacité avant tout. Cave attendue, pas mal triée et pas très chère.
C : 38 € • M : 24,50-34,50 €

Holiday Inn Paris-Opéra R

Plan : 1 D 2 » 38 rue de l'Echiquier
☎ 01 42 46 92 75
01 42 47 03 97
Ouv. 7j/7.

Né relais de chasse du bon roi Henri, transformé en couvent au XVIIe siècle, puis en hôtel en 1850, le bâtiment habille ses chambres au confort impeccable d'un cadre raffiné, discrètement Années Folles, en rappel de la salle de restaurant Art Nouveau. Restaurant où l'on retrouve une cuisine tournée vers le sud : velouté de tomate céleri branche croquant, bar rôti sur peau pousse de soja et pois gourmand, mille-feuille à la rhubarbe.
92 ch. 150-428 € • C : 41 € • M : 37 € *www.holiday-inn.com/paris-opera*

Paix-République

Plan : 3 B 5 » 2 bis bd Saint-Martin
☎ 01 42 08 96 95
01 42 06 36 30
Ouv. 7j/7.

Entre Bastille et Palais Garnier, un immeuble d'architecture haussmanienne aux chambres meublées de rustique. Privilégier celles donnant sur l'arrière, plus calmes.
45 ch. 75-195 € *www.hotel-paix-republique.fr*

PARIS 11 (8 C 5)

Le Repaire de Cartouche

Plan : 1 F 4 » 8 bd des Filles-du-Calvaire
☎ 01 47 00 25 86
F. dern. sem. fév., 1re sem. mai et août.
Jusqu'à 23h.

Il flotte sur cette adresse une douce odeur de province, dans le lieu bien sûr, auberge intemporelle au cadre pas franchement folichon certes, mais qui a le mérite de faire oublier Paris, dans la qualité de l'accueil franc et sincère, et dans la personnalité de Rodolphe Paquin, géant souriant aux pieds solidement ancrés dans le terroir, qui prend lui-même les commandes et sollicite volontiers les avis. Les assiettes sont à la fois rustiques et travaillées, limpides et dégageant une unité joyeuse, dans un véritable esprit de plats du marché. Quant aux cartouches du repaire, il y a là de quoi tenir un siège avec les noms qui comptent dans chaque région.
C : 35 € • M : 17-25 €

Le Villaret ♥

Plan : 3 C 5 » 13 rue Ternaux
☎ 01 43 57 89 76
F. sam. à déj., dim., août et fêtes fin d'année.
Jusqu'à 23h30.

Comme un nageur expérimenté réapparaît après la vague, le Villaret supporte les divers tsunamis de la mode qui devraient emporter les bons bistrots de papa. C'est sans doute qu'il y a un peu plus ici que du pot-au-feu beaujolais. Mais bien une cuisine ciselée, sentie, à la fois nostalgique et contemporaine (tartines de sardines, belle terrine d'agneau), coude à coude bobo et assiettes pointues, dont certaines prouvent une véritable recherche d'alliance (verrine de gelée de tourteau, crème de haricots tarbais, copeaux de morcon - épaule de porc rouée et séchée). Et la cave, totalement unique, car construite par un passionné qui a ses goûts et ses coups de cœur, permet de toucher des choses étonnantes et confidentielles souvent à prix de vignerons.
C : 45 € • M : 20-50 €

L'Aiguière ♥

Plan : 5 E 2 » 37 bis rue de Montreuil
☎ 01 43 72 42 32
F. sam. à déj. et dim.
Jusqu'à 22h30.

Le patron, ancien sommelier, soigne son offre "accord des mets et des vins", dans un très agréable décor de camaïeu aux chaleureux lambris. C'est effectivement le bon angle pour séduire une clientèle de tradition, avec une cave éloquente, de très beaux bordeaux et un choix significatif de vins au verre. L'assiette roule (presque) toute seule dans une veine bistrotière d'aujourd'hui, aux intitulés un poil kitsch, émincés de thon aux segments d'agrumes, dieppoise de filets de sole aux deux pommes, tournedos de canard aux morilles, parfums de banyuls. Coup de cœur pour les efforts et l'ambiance, toujours soutenue.
C : 50 € • M : 24-50 €
www.laiguiere.com

Astier

Plan : 3 C 5 » 44 rue Jean-Pierre-Timbaud
☎ 01 43 57 16 35
F. w.-e., 1 sem. Pâques, août et 1 sem Noël-nouvel an.
Jusqu'à 22h15.

Un connaisseur comme celui-là, même à Paris, il n'en court pas des meutes. Qui aligne autant de belles références, de la grande, de la futée, de la cachée, des Landonne et des Turque (un peu moins maintenant qu'il devient impossible de les toucher à prix amical), du Sang des Cailloux et des Comtes Lafon. On se bouscule, on joue des coudes, et chacun selon son budget se fait un gros plaisir et choisit la bouteille presque avant de regarder la carte, pourtant pas anecdotique, à condition de bien repérer le pur ménager, très à son avantage, plutôt que les essais libres, souvent moins convaincants. Un bonheur pour les habitués, un peu plus déroutants pour les néophytes qui ont vite l'impression de gêner.
M : 23,50-28 €

Bistrot Paul-Bert

Plan : 5 D 2 » 18 rue Paul-Bert
☎ 01 43 72 24 01
F. dim., lundi et août.
Jusqu'à 23h.

Et si l'on commençait par l'accueil ? Un vrai restau, c'est-à-dire un endroit où l'on mange plutôt bien, a ses codes, ses conventions. Ici, vous pouvez vous installer au comptoir, demander quelques rondelles de saucisson et choisir un verre de vin. Du grignotage de luxe car les flacons dénichés par le patron sont pour la plupart assez jubilatoires. de quoi avoir franchement envie de se nouer la serviette autour du cou et de négocier un croustillant de tête de cochon ou un tartare frites, exactement comme on les attend, juste, gouleyants, toniques. C'est beau, grand généreux, c'est le fiston qui fait les desserts et le Paris-Brest est un TGV.
C : 30 € • M : 15-30 €

Blue Elephant

Plan : 5 C 1 » 43 rue de la Roquette
☎ 01 47 00 42 00
F. sam. à déj. et 24-26 déc.
Jusqu'à 24h.

Les récriminations ayant cessé, nous somme retournés rue de la Roquette le cœur léger et sans préjugé. La modestie est de retour dans cet incroyable décor de village thaïlandais au folklore démesuré, la toque aussi. Pour le sauté royal (brochette de viande, volaille, crustacés), le crabe siamois ou le bœuf au curry de Pukhet. Desserts coco assez réussis, cave aussi vaste que la carte, travaillée avec passion, une ouverture sur le monde entier, donnant vraiment soif d'approfondissement.
C : 56 € • M : 44-49 €
www.blueelephant.com

Au C'Amelot

Plan : 1 F 4 » 50 rue Amelot
☎ 01 43 55 54 04
F. sam. à déj., dim. et lundi.
Jusqu'à 22h30.

C'Amelot, caboulot de grand-mère plus que table du Roi Arthur, c'est de la sincérité en barre, du petit plat de jour de fête où la soupière magique donne les parfums du moment, et le parmentier de queue de bœuf surpasse de plus nobles hachis. Le quartier afflue sur la seule idée d'une pintade en cocotte, les vins sont pour presque rien et le sourire est gratuit.
M : 24-32 €

Mansouria

Plan : 5 D 2 »

11 rue Faidherbe
☎ 01 43 71 00 16
F. dim., lundi à déj., mardi à déj. et 1 sem. mi-août.
Jusqu'à 22h45.

Chantre et théoricienne de la cuisine marocaine, Fatema Hal est incontournable dès que l'on brandit le ras-el-hanout et la pastilla. Après quatre livres sur le sujet, d'innombrables émissions de télévision, la plus médiatique des cuisinières d'Afrique du Nord n'a plus besoin de vanter la qualité de la semoule. On y va d'ailleurs un peu pour autre chose, la complicité avec la moitié de Paris, l'atmosphère chic bobo, la nécessaire attirance pour l'Orient traduite ici autant dans le décor que dans la mourouzia, le couscous fassi ou le tajine de poulet aux figues farcies de noix. Tarifs d'Atlas, cave relativement mince sur le même sujet.

C : 35 € • M : 30-46 €

Vin et Marée

Plan : 5 E 2 »

276 bd Voltaire
☎ 01 43 72 31 23
Ouv. 7j/7.
Jusqu'à 22h30.

Le succès ne se dément pas, preuve que la formule est bonne : un approvisionnement de qualité, qui permet une cuisine franche et centrée sur le produit, grillades et plancha en tête, à des tarifs raisonnables et un service agréablement impliqué, rapide et efficace.

C : 40 € *vin.maree@wanadoo.fr*

(12) Auberge Pyrénées-Cévennes

Plan : 3 C 6 »

106 rue de la Folie-Méricourt
☎ 01 43 57 33 78
F. sam. à déj., dim., fériés et fin juil.-25 août.
Jusqu'à 22h30.

Lyon - Toulouse, ni en gabare ni en train, mais par gastronomie interposée, saucisson chaud, andouillette Bobosse et sabodet faisant une place au cassoulet et au confit. Les tarifs sont corrects, la cave pas mauvaise dans la même inspiration (coteaux du lyonnais Jomard, madiran Laffitte-Teston) et les desserts traditionnels.

C : 33,60 € • M : 27 €

(12) Cefalù

Plan : 5 E 1 »

43 av Philippe-Auguste
☎ 01 43 71 29 34
F. sam. à déj., dim. et août.
Jusqu'à 21h30.

Royaume de Sicile du côté de la Bastoche. A vrai dire Giuseppe Cala s'accommode bien de la proximité d'un tel phare républicain pour proposer une carte orthodoxe mais on ne peut plus démocratique : antipasti copieux, carpaccio de bœuf, spaghettis cartoccio, et baba au limoncello, dans un cadre on ne peut plus reposant.

C : 35 € • M : 14,50-30 €

(12) L'Ecailler du Bistrot

Plan : 5 D 2 »

22 rue Paul-Bert
☎ 01 43 72 76 77
F. dim., lundi et 3 sem. août.
Jusqu'à 23h.

Il fallait pousser les murs, les amateurs d'huîtres se bousculaient. C'est chose faite dans un beau décor bois et mosaïque de fruits de mer, on accueille désormais plus de soixante ostréilâtres qui savent humer l'iode quand elle est bonne. La patronne, sœur d'un producteur de Riec, connaît le parc comme sa poche, les claires et les belons sont de première main, et la pêche vient du Guilvinec. Et sans trompeter, la cave se tient très bien, surtout en loire avec Yvonne, l'amphibolite de Landron et l'anjou de Mosse.

C : 35 € • M : 16 €

(12) Jacques Mélac

Plan : 5 D 1 »

42 rue Léon-Frot
☎ 01 43 70 59 27
F. dim., lundi, août et Noël-nouvel an.

Jacques Mélac a su créer un bistrot vivant, avec ses petits travers (attente parfois un peu longue) et sa complicité chaleureuse, dans le décor à l'ancienne (jambons torchonnés et vieilles affiches sous les poutres), son corbières maison et ses spécialités 100% terroir : délicieux petits farçous, frites croustillantes et gigot d'agneau tendre, généreuse crème caramel au bon goût de crème de ferme. Pittoresque ? Non, authentique.

C : 25 € *www.melac.fr*

[12] Les Jumeaux

Plan : 1 F 4 »

Avec les frères Vandevelde (Karl en cuisine et Erick en salle), le quartier tient un duo efficace et volontairement discret, pour une de ces adresses à laquelle on ne pense pas toujours spontanément, mais dans laquelle on revient toujours avec plaisir et la certitude de ne pas être déçu, par une cuisine qui sait suivre intelligemment l'air du temps et un service qui connaît la chanson. Plus pop que rock'n roll sans doute, mais joliment efficace.
C : 33 € • M : 33 €

73 rue Amelot
☎ 01 43 14 27 00
F. sam. à déj., dim., lundi et août.
Jusqu'à 22h30.
🐕

[12] Le Marsangy 🍇

Plan : 3 C 5 »

Pas d'erreur dans le répertoire viticole : Dard et Ribo, Foillard, Gramenon, on se doute qu'on ne boira pas malheureux. Il suffit ensuite de slalomer avec adresse entre le rognon de veau au beurre de persil et le confit de canard au foie gras, sans prendre le risque de la désillusion sur des complications inutiles. Tout va alors pour le mieux dans le meilleur des mondes…
C : 26 € • M : 20 €

73 av Parmentier
☎ 01 47 00 94 25
F. sam. à déj., dim., 2 sem. mai, 2 sem. août et 2 sem. vac scol. Nôël.

[12] L'Olive Salée

Plan : 3 D 6 »

En voilà du métisssage chaleureux, moderne. L'Olive Salée, restaurant berbère. Et en avant la musique ! Décor reconstitué et clin d'œil d'une maison kabyle, ciel étoilé, couleur vive et authentique pressoir à olives, cuisine de caractère et de parfums, avec d'excellents légumes vapeur et huile d'olive sur le couscous, des bons tajines (crevettes, agneau dattes et figues…) dans une ambiance XIe qui rapproche les peuples.
C : 20 €

130 rue Saint-Maur
☎ 01 43 38 66 62
F. dim. et août.
Jusqu'à 23h30.
🐕 🚬

[12] Le Réfectoire

DÉCOUVERTE **Plan : 3 C 6** »

Le Réfectoire, ou la Famille s'agrandit : après le succès montmartrois, Yannig et Patrick Samot rééditent du côté de la Bastille, ambiance aussi enfiévrée et concept identique, des petits prix pour des assiettes toutes simples d'apparence, juste en goût, dans la modestie d'un bar de quartier où les voisins chômeurs côtoient les modèles. C'est ouvert tous les jours, et bien sûr, le lundi c'est ravioli, mercredi jambon purée et dimanche poulet frites. Un peu plus élaborés, le bouillon d'escargots au raifort, radis rose et ravioles de shiitakés ou le bar rôti, sésame grillé et chips de patate douce, histoire de montrer, évidemment, qu'il y a quelqu'un derrière la poêle.
C : 30 € • M : 17 €

80 bd Richard-Lenoir
☎ 01 48 06 74 85
Ouv. 7j/7.
Jusqu'à 23h15.

[12] Le Vin de Zinc

Plan : 3 D 5 »

La cuisine bistrotière de Thierry Coué est habile, actuelle dans ses mariages de nostalgie et de modernité (beignets de cervelle de veau sauce gribiche, crêpe fourrée à la compote d'aubergine et cardamome), et joue les renforts efficaces d'une cave ludique (bon choix de vins au verre) et d'une ambiance soutenue, pour générer une des adresses les plus plaisantes de la rue Oberkampf.
M : 12,50-20 €

25 rue Oberkampf
☎ 01 48 06 28 23
F. 3 sem. août.
Jusqu'à 23h.
🐕

[11] Les Bas Fonds

Plan : 1 F 4 »

Un néo- bistrot/bar à vin situé juste à coté du Cirque d'Hiver qui cultive son look bobo-branché (tons chocolat et kaki, pierres apparentes, music jazz, accueil jeans basket). Une cuisine fusion qui sied bien à l'époque, et des plats, à l'image du service, pas prise de tête, gentiment passe-partout mais tout à fait acceptables. Rien de fulgurant, mais la carte des vins vraiment pertinente attire l'œil en Sud et Rhône (Gauby, Gramenon, Laurent Tardieu, Bizeul, Granges des Pères, Mathieu Cosse) avec des prix plancher, les demies Evian ou San Pé' à 5 **€** n'incitant pas à la sobriété.
C : 35 €

www.lesbasfonds.com

116 rue Amelot
☎ 01 48 05 00 30
Ouv. 7j/7.
Jusqu'à 23h30.
⛱ ♿ 🐕

(11) Clown-Bar

Plan : 1 F 5 »

114 rue Amelot
☎ 01 43 55 87 35
F. dim. à déj.
Jusqu'à 24h.

Clowneries sympas et roboratives à deux grandes semelles du Cirque d'Hiver. Les rillettes d'oie, les os à moelle, la brandade et l'onglet au poivre, enrichis de plats du marché, valent un tour de piste sous ce valeureux chapiteau.
C : 23 €

(11) La Muse Vin

Plan : 5 D 2 »

101 rue de Charonne
☎ 01 40 09 93 05
F. dim., 1er-15 janv. et 1er-15 août.
Jusqu'à 23h.

Les deux Guillaume (Dubois et Dupré) mettent les grands verres dans les petits pour travailler à la sympathie les producteurs qui font avancer la vigne. Parmi les 350 références, on parle bien sûr d'agriculture raisonnée et de vin au naturel, ce qui conduit à une cuisine elle aussi de produits. Et il suffira de citer Joël Thiébaut pour les légumes ou Bordier pour les fromages pour comprendre que l'exigence est aussi dans l'assiette.
C : 35 € • M : 15,50 € *lamusevin@free.fr*

Le Chateaubriand

Plan : 3 C 5 »

129 av Parmentier
☎ 01 43 57 45 95
F. sam. à déj., dim., lundi, 2 sem. Noël-déb. janv. et 3 sem. août.
Jusqu'à 23h.

Une sympathique machine à envoyer du couvert en plein Boboland : des beignets de fleurs de courgettes, du croustillant de joue de bœuf, de la soupe de cerise. Pour l'ambiance et les vins de mode.
C : 32,50 €

Ethiopia

Plan : 3 D 6 »

91 rue du Chemin-Vert
☎ 01 49 29 99 68
Ouv. 7j/7.
Jusqu'à 24h.

Entre exotisme et Ethiopie, une expérience enrichissante autour des plats en sauce plus ou moins épicés, ragoût de bœuf, cuisses de poulet... Pour un total dépaysement et pour qui manger avec les doigts n'est pas un problème.
C : 48 € • M : 20 €

Khun Akorn

Plan : 5 E 2 »

8 av de Taillebourg
☎ 01 43 56 20 03
F. lundi.
Jusqu'à 23h.

Une des bonnes adresses thaïes du quartier, par un chef expérimenté : friture de coquille saint-jacques, poisson frit à la sauce aigre douce, crevettes royales à la sauce curry, liserons d'eau à la sauce d'huîtres, travers de porc tendres au miel cuits vapeur.
C : 45 €

Maison Chardenoux

Plan : 5 D 1 »

1 rue Jules-Vallès
☎ 01 43 71 49 52
Ouv. 7j/7.
Jusqu'à 22h30.

Les chefs se succèdent (trois en trois ans), l'esprit et la lettre de ce bistrot centenaire, modernisé avec éclat, demeurent, cuisine ménagère et bon choix de vin en carafe. C'est donc Lydie qui cette année propose la terrine de lapin, les asperges mousseline et le foie de veau à l'auvergnate. Bienvenue au Chardenoux !
C : 42 € • M : 35-50 €

La Plancha

Plan : 5 D 1 »

34 rue Keller
☎ 01 48 05 20 30
F. dim., lundi et 3 sem. août.
Jusqu'à 1h30.

Le bon filon espagnol, Hervé Guitton ne l'a pas découvert avec la mode des tapas, mais bien avant, ce qui donne une certaine assise et une légitimité aux chipirons, gambas, thon et autres grillades plancha, dans un cadre et une ambiance basco-parisienne toujours à bonne température. Les vins de Rioja et de Navarre peuvent faire monter d'un ou deux degrés en toute convivialité.
C : 26 €

Restaurant de la Réunion

Plan : 5 A 2 »

23 rue Paul-Bert
☎ 01 43 70 94 11
Ouv. 7j/7.
Jusqu'à 23h30.

Rougail à la saucisse, cabri massalé, carry de langouste, rougail boucané... quelques bonnes spécialités réunionnaises dans une ambiance exotique en version élégante et raffinée.
C : 26 € • M : 11,90 €

Suds

Plan : 5 D 2 » 55 rue de Charonne
☎ 01 43 14 06 36
Ouv. 7j/7.
Jusqu'à 23h30.

Le quartier se prête aux combos comme aux gombos. On danserait bien rue de Charonne quand il ne neige pas - et encore ! - en se requinquant de cette fusion exotico-gasconne qui mixe sur les platines un pavé de requin et rougail de tomates et un magret de canard au sucre de canne. Vins du Chili, d'Argentine, du pays d'Oc…
C : 30 € • M : 22,50 €

Hôtel Beaumarchais

Plan : 1 F 4 » 3 rue Oberkampf
☎ 01 53 36 86 86
01 43 38 32 86
Ouv. 7j/7.

Des fleurs du patio aux couleurs vives de la décoration, il fait bon vivre ici, dans un agréable cadre contemporain.
1 appart. 150 € • 31 ch. 75-110 € *www.hotelbeaumarchais.com*

PARIS 12 (8 C 5)

L'Oulette

Plan : 5 D 4 » 15 pl Lachambeaudie
☎ 01 40 02 02 12
F. w.-e., Noël et nouvel an.
Jusqu'à 22h15.

Il n'y a jamais personne pour rechigner devant un repas chez Marcel Baudis, que l'on soit cadre à Bercy ou enquêteur GaultMillau. Tout le monde se lève et saute sur son vélo ou son métro pour rejoindre ce Sud-Ouest décalé, furieux et pourtant familier qui se nourrit de tous les Suds. Parce qu'il y a toujours une petite ou une grande idée pour habiller le foie gras (en club sandwich, poché au rivesaltes) ou même le confit (grillé avec une galette de pommes de terre charlotte à la ventrèche) et le quasi (avec butternut et carottes à la cardamome). Cette cuisine de terre et d'humeur nous plaît parce qu'elle se renouvelle sans transgression, qu'elle s'exprime dans une salle ouverte et intime où chacun est à son aise, de chaque côté des plats. La cave balaie méticuleusement le vignoble Sud-Ouest, astucieusement présente en bordelais et languedoc pour proposer du bon, et même du grand, au meilleur prix.
C : 60 € • M : 32-39 € *www.l-oulette.com*

(14)

Au Trou Gascon

Plan : 5 E 3 » 40 rue Taine
☎ 01 43 44 34 26
F. w.-e., août et 1 sem. Noël-nouvel an.
Jusqu'à 22h.

Alain Dutournier a su créer ici une adresse précieuse, dans laquelle le bon moment est garanti, pour la sobre et chaleureuse élégance du décor, le service professionnel et discret qui fait ce qu'il faut pour vous mettre à l'aise, et une carte chaleureuse qui ramène dans ce quartier discret de la capitale le meilleur des saveurs du Sud-Ouest, en finesse plus qu'en caricature : on ne vient pas ici pour le cassoulet, mais plutôt pour l'élégance des chipirons à la plancha (à la saveur légèrement fumée) allégés par les chips de gingembre, le pigeon savoureux dans sa croûte d'épices ou la légèreté rafraîchissante de la faisselle au miel citronné. Original et soigné, le baba chocolaté et sa poêlée de mirabelles est un peu en retrait, mais on se consolera avantageusement avec la vaste carte d'armagnacs, qui accompagne une cave très complète.
C : 65 € • M : 44-58 €

(13)

La Frégate

Plan : 5 C 2 » 30 av Ledru-Rollin
☎ 01 43 43 90 32
F. w.-e. et 3 prem. sem. août.
Jusqu'à 22h.

Une nouvelle adresse pour amateurs de poisson à prix doux. A Paris. Cela devrait légitimement envoyer beaucoup de monde du côté de la gare de Lyon. Le chef se débrouille remarquablement et tient les promesses des intitulés : fraîcheur du tartare de thon à la féta, agréable feuilleté de sardines et confiture d'olives noires, filet de bar parfaitement cuit avec une poêlée d'encornets et asperges vertes. La toque se confirme encore sur des desserts aussi travaillés, et la courte cave donne un bon choix entre 20 et 30 **€**, avec des vins au verre.
C : 34 € • M : 29 €

13 Jacquot de Bayonne ♥

Plan : 5 D 3 » 151 rue de Charenton
☎ 01 44 74 68 90
F. sam. à déj., dim. et août.
Jusqu'à 22h.

De Bayonne, et pas de Nantes : ce Jacquot-là préfère le Sud-Ouest à la Loire et invite le Pays Basque dans son adorable décor rustique. Chouchouté par un service adorable, on croque à belles dents une charcuterie d'anthologie, des chipirons farcis délicatement pimentés, un confit de canard savoureux ou un axoa parmi les meilleurs de France. Et ce n'est pas la confiture de cerises sur le fromage de brebis ou la tourtière aux pommes qui va tempérer l'enthousiasme face à ce couple adorable (lui en cuisine, elle en salle) qu'on aurait envie d'embrasser sur les deux joues.
C : 30 € • M : 26,50-27,30 €

13 Le Quincy

Plan : 5 C 2 » 28 av Ledru-Rollin
☎ 01 46 28 46 76
F. w.-e., lundi et 10 août-10 sept.
Jusqu'à 21h30.

Viande et charcuterie, ça le connaît Bobosse : portions généreuses, saveurs à leur meilleur niveau, un vrai bonheur qui justifie les tarifs et génère une franche bonne humeur côté salle comme côté cuisine, dans un décor éternel, comme ces plaisirs de vrai bon mangeur : choux farcis, côte de veau aux morilles, carré d'agneau grillé.
C : 55 €

12 Chez Céleste

Plan : 5 D 2 » 18 rue de Cotte
☎ 01 43 44 15 30
F. dim. à déj. et lundi à déj.
Jusqu'à 1h.

Proche du marché d'Aligre, et donc dans un quartier en plein renouveau, une table métissée tenue par l'adorable Céleste, cap verdienne d'origine, mais qui mêle à la carte aussi bien les influences africaines (poulet yassa) et antillaises (boudins, acras) que portugaises (cataplana, riz aux fruits de mer, morue a braz - le fish and chips portugais-). Céleste, toujours aussi accueillante et chaleureuse s'occupe de tout de la commande à l'addition en passant bien sûr par la cuisine et le service. La qualité des assiettes n'est pas toujours égale (des acras pas terribles heureusement compensés par un excellent flan de coco) mais il se dégage de l'endroit une telle convivialité qu'on pardonne bien volontiers ces quelques approximations. Le week-end, fréquents concerts de musique brésilienne ou cap verdienne avec caïpirinha et ti-punch pour parfaire l'ambiance.
C : 22 € • M : 11 € *www.chezceleste.fr.st*

12 L'Ebauchoir

Plan : 5 D 2 » 43-45 rue de Citeaux
☎ 01 43 42 49 31
F. dim. et lundi à déj.
Jusqu'à 23h.

La satisfaction perceptible d'une clientèle largement composée d'habitués est un bon indice de la qualité du travail de Thomas Dufour, bien dans ses meubles comme dans son quartier, pour y décliner une sympathique cuisine de marché : tartare de thon purée d'avocat au citron vert, carré d'agneau au romarin.
C : 23 € • M : 13,50 € *ebauchoir@wanadoo.fr*

12 Janissaire

Plan : 5 E 3 » 24 allée Vivaldi
☎ 01 43 40 37 37
F. sam à dîn., dim.
Jusqu'à 23h30.

Ce soldat turc (le janissaire) s'attaque en douceur aux appétits d'exotisme, avec un décor tout en recoins, intime et raffiné, un service à la gentillesse non feinte et plein d'attentions délicates et une cuisine sans complication, assortiment varié de mezzes, généreuse et gourmande moussaka et assiette de desserts pour compléter le voyage. Carte des vins plutôt maligne, avec quelques références turques et de bonnes bouteilles en languedoc et madiran.
C : 27 € • M : 13-26 €

Parking privé. Parking fermé.  Voiturier.

Cave à cigares. Air conditionné. Tennis privé.

(12) Kashiwazaki Kenji

Plan : 5 D 2 »

4 rue Crozatier
☎ 01 43 07 30 58
F. dim. et 2 sem. mi-août.
Jusqu'à 22h30.

Cette ambiance familiale, le service gentiment débordé ou le patron qui râle en cuisine ou vient parler de ses oiseaux avec les habitués rassurent sur l'authenticité de la large carte, qui semble balayer toute la cuisine japonaise. Balayés, les derniers doutes le sont aussi, quand arrivent (dans un désordre bien peu artistique) les plats choisis, de la soupe de miso aux sushis d'excellente composition, en passant par un sunomono délicat. Thés et sakés à profusion.
C : 30 € • M : 10-50 €

(12) O Rebelle

Plan : 5 C 2 »

24 rue Traversière
☎ 01 43 40 88 98
F. sam. à déj., dim., 1er-6 janv. et 1er-14 sept.
Jusqu'à 23h30.

Pas vraiment rebelle (on y profite même de la climatisation désormais...), la table de Liliane Trappe, propriétaire, et de Maicoto Aoki, son chef japonais, se veut plutôt tendance : on y retrouve les produits et recettes "obligés", le topinambour (en crème sur des dés de foie gras), les carpaccios (de thon ou de bar, au choix, sur miso vinaigrette), une pastilla (de lapin) et une chiboust, ici aux mandarines sur sauce à l'orange. Carte des vins largement ouverte sur le monde.
M : 19,50-35 € *www.o-rebelle.fr*

(12) Sardegna a Tavola

Plan : 5 D 2 »

1 rue de Cotte
☎ 01 44 75 03 28
F. dim., lundi à déj., août et Noël-nouvel an.
Jusqu'à 23h.

Ah ! La poutargue de Sardaigne ! Il faut l'apprécier dans ces pâtes parfumées, qui sentent la mer, le large.... Après une marinade de mérou ou la charcuterie de sanglier, ces petits plaisirs authentiques ont le don de vous tirer par la manche pour rester ou pour revenir.
C : 45 €

(12) Les Zygomates

Plan : 5 E 4 »

7 rue de Capri
☎ 01 40 19 93 04
F. dim., lundi et août.
Jusqu'à 22h45.

Les muscles en question peuvent se détendre et les convives arborer un large sourire, les valeurs phare de la maison sont toujours là et garantissent une satisfaction renouvelée à l'attaque de ces assiettes de bistrot chic (poêlée de calamars tomate épicée et citron confit, pastilla de pigeon), à la vue de ce beau décor gentiment nostalgique, celui d'une ancienne boucherie-charcuterie, ou à la lecture attentive d'une carte des vins qui réserve son lot de bonnes surprises, dans les trouvailles comme les tarifs.
M : 14-28 €

Cappadoce

Plan : 5 E 4 »

12 rue de Capri
☎ 01 43 46 17 20
F. sam. à déj. et dim.
Jusqu'à 23h30.

C'est vrai, le quartier n'est pas bien riant, tout près de Daumesnil, l'adresse pas facile à dénicher, mais les spécialités turques donnent immédiatement envie de découvrir les rives du Bosphore : agneau farci aux champignons sauce piquante, papillote de veau aux légumes et fromage, brochette de viande épicée à l'ail et persil. Tarifs très sages.
C : 25 € • M : 15-24 €

Nouvel Hôtel

Plan : 5 E 2 »

24 av du Bel-Air
☎ 01 43 43 01 81
Fax 01 43 44 64 13
Ouv. 7j/7.

L'immeuble XIXe ouvre sur une adorable cour intérieure fleurie. Les chambres sont aménagées avec goût dans de jolis tons clairs.
28 ch. 65-73 € *www.nouvel-hotel-paris.com*

Prix des appartements : la fourchette de prix correspond au tarif journalier pour 1 personne seule, et maximum pour 2 personnes.

Prix à la carte : correspond au prix moyen à la carte (entrée, plat + dessert).

PARIS 13 (8 C 5)

L'Avant-Goût

Plan : 5 B 4 »

26 rue Bobillot
☎ 01 53 80 24 00
F. w.-e., lundi, 1er-10 janv., 1er-10 mai et 12 août-5 sept.
Jusqu'à 22h45.

Est-ce qu'il y a vraiment des dizaines d'Avant-Goût sur la place de Paris ? De ces néo-bistrots (celui-là a tout de même sept-huit ans) où un ex de grandes maisons - Christophe Beaufront a travaillé chez Guérard et Savoy - manie avec une telle intelligence le produit de saison, triture la matière et ses méninges pour donner son expression, simple et attentive, en utilisant avec autant de discernement les herbes, les épices, les assaisonnements ? A voir l'affluence, à chaque service, et l'engouement de la clientèle de tous âges pour fêter dans une ambiance ripailleuse le carpaccio de thon, la dorade rôtie à l'arête gratin de tomates et aïoli, ou la fabuleuse côte de cochon aux épices servie avec un verre de bouillon, la réponse est manifestement non. Nous avions mis en sommeil cette adresse précieuse depuis quelques éditions, en la jugeant un peu figée, voire ordinaire. Nous avons eu tort.
C : 31 € • M : 31 €

13 La Mer de Chine

Plan : 5 C 5 »

159 rue du Château-des-Rentiers
☎ 01 45 84 22 49
F. mardi.
Jusqu'à 1h.

Cette Mer de Chine, il faut la vouloir. Dans un quartier désert, rien autour, voir cette salle pleine est plus qu'un gage de confiance, presque un euphorisant. Et si l'on ne vient pas pour l'environnement, on ne prête pas plus d'attention au décor spartiate avant de s'attaquer à cette cuisine de haute tenue, un peu plus cher que la moyenne de l'arrondissement, mais dont les nems, les plats vapeur et le porc au curry ont aussi la même marge d'avance. C'est pourtant impérativement vers les suggestions du jour qu'il faut se tourner (de remarquables couteaux au basilic par exemple), qui révèlent un talent incisif et régulier. Cave nettement insuffisante, desserts sans intérêt et jeune service féminin aussi charmant que souriant.
C : 30 € • M : 15-25 €

13 L'Ourcine

Plan : 5 A 4 »

92 rue Broca
☎ 01 47 07 13 65
F. dim., lundi et fin juil.-déb. août.
Jusqu'à 23h.

Consacré par un de nos dossiers magazine, Sylvain Danière rempile, sur la bonne voie : une cuisine de chef, racée, élégante, fine, s'appuyant sur autre chose que du homard et des truffes. Mais lorsqu'on goûte la rémoulade de bulot au curry, céleri et granny, la nage de lisette rafraîchie au basilic et fenouil croquant ou le poulet fermier du Gers et tagliatelle, on mesure ce qu'une telle cuisine peut apporter de modernité et d'indications pour demain, dans un ticket moyen de bar-tabac-plat du jour. Cave intelligente collectant les vins bio, travaillés comme ici, dans l'esprit artisan sans modèle, sans stéréotype.
M : 19-28 €

12 Assis au Neuf

Plan : 5 C 4 »

166 bd Vincent-Auriol
☎ 01 45 82 69 69
F. 24 - 25 déc. et nouvel an.
Jusqu'à 23h30.

Les atouts ne manquent pas, avec un cadre soigné, qu'il s'agisse de la salle sobre et claire ou de la terrasse agréablement isolée du boulevard, une cuisine alerte autour du marché et une carte des vins qui permet de faire de beaux voyages, en France comme à l'étranger.
C : 35 € • M : 13 € *www.a6o9paris.com*

11 Les Cailloux

Plan : 5 B 5 »

58 rue des Cinq-Diamants
☎ 01 45 80 15 08
F. dim., lundi, 2 sem. août et 1 sem. Noël.
Jusqu'à 22h55.

Cette trattoria de la Butte aux Cailles affiche souvent complet au déjeuner. Difficile alors de s'entendre manger mais les assiettes parviennent à rester dans la ligne : le carpaccio d'espadon aux carottes et courgettes, les linguine aux tomates et basilic et le tiramisu aux framboises expliquent le succès important rencontré par cette maison depuis son ouverture.
C : 25 € • M : 13,50-17,50 € *lescailloux@sljcohen.fr*

(11) Le Petit Marguery

Plan : 5 B 4 »

9 bd de Port-Royal
☎ 01 43 31 58 59
F. dim., lundi et août.
Jusqu'à 22h15.

Qu'est ce qui a changé au petit Marguery depuis le départ des frères Cousin ? Pas le décor suranné avec banquettes rouges et faisan empaillé au-dessus de l'entrée, pas les serveurs, d'un autre âge eux aussi, volontiers complices pour peu qu'on leur en laisse l'occasion, pas la carte traditionnelle, franco-française, tournée vers le terroir, faisant la part belle aux gibiers en saison et ayant la faculté de téléporter quelques décennies en arrière à coup de lièvre à la royale, omelette aux girolles, gras-double maison et soufflé au grand Marnier. Les assiettes ont certes perdu de leur superbe depuis le départ du trio, mais il n'y a là, rien de franchement rédhibitoire pour les nostalgiques.

M : 25,20-33,60 € *www.petitmarguery.fr*

(?) Le Terroir

Plan : 5 B 4 »

11 bd Arago
☎ 01 47 07 36 99
F. w.-e., août et 1 sem. Noël-nouvel an.
Jusqu'à 22h20.

Un endroit qu'on aime adorer, le côté franchouille bourru, authentique, dans un Paris de toujours…On connaît la chanson. Pourtant, pour cette année, nous allons passer, en attendant des jours meilleurs. Sans oublier, bien sûr l'accueil, le service plein de gentillesse et d'attentions, l'ambiance agitée et populaire…D'ici la prochaine édition, le culte du bon produit tarifé au prix fort dans une ambiance folklorique sera, espérons-le, redevenu irréprochable, au lieu de verser dans le syndrome touristique qui finit par décourager le mangeur le mieux disposé du monde.

C : 44 €

Auberge Etchegorry

Plan : 5 B 4 »

41-43 rue Croulebarbe
☎ 01 44 08 83 51
F. dim., lundi et 7-24 août.
Jusqu'à 22h30.

➡ **Hôtel :** Résidence Vert-Galant

Ambiance familiale, décoration rustique et cuisine du sud-ouest bon teint dans ce restaurant d'hôtel : piperade comme au pays de Soule, chipirons à l'encre et piquillos à la morue, magret de canard grillé au gros sel, gâteau basque aux amandes.

C : 35 € • M : 26-32,50 €

Le Jardin des Pâtes

Plan : 5 B 4 »

33 bd Arago
☎ 01 45 35 93 67
F. dim. et Noël.
Jusqu'à 23h.

Cette sympathique taverne bio s'est refait une couleur, et même plusieurs, dans des harmonies de jaune et de prune. La nature veille sur le bien-être des convives, apportant ses pâtes fraîches de toutes confections (froment, riz, orge, seigle, sarrasin, châtaigne) avec des garnitures qui ne jouent pas spécialement la carte minceur (foies de volailles et beurre de sésame, filet de canard crème fraîche, saumon poireaux fondus…) mais plutôt celle du plaisir, en salle ou en terrasse à l'ombre des marronniers.

M : 15,30-22,60 €

Lê-Lai

Plan : 5 C 5 »

105 rue de Tolbiac
☎ 01 45 83 83 33
F. mardi et mi-déc.-mi janv.
Jusqu'à 23h.

Au cœur du XIIIe arrondissement, Lê-Lai sert une cuisine authentiquement vietnamienne, fraîche et variée, soupe de tamarin aux crevettes, salade de papaye au bœuf ou encore vermicelles au porc grillé.

C : 38 € • M : 10-15 €

Quan Ngon

Plan : 5 C 5 »

63 rue du Javelot
☎ 01 44 24 35 59
F. lundi et 2 sem. déc.
Jusqu'à 22h.

Cuisine vietnamienne traditionnelle dans cet ancien Lotus devenu Quan Ngon. Thi Hoi Nguyen est fidèle au poste depuis 1992 et sa cuisine rallie les connaisseurs du quartier chinois.

M : 7-20 €

Sala Thaï

Plan : 5 C 5 »

Le bon endroit pour satisfaire une envie d'exotisme, avec un cadre agréable sans kitsch excessif et surtout une cuisine thaïe cohérente et authentique, sans mélange d'influence chinoise ou vietnamienne. Le rapport qualité-prix des menus est impeccable.
C : 25 € • M : 8,55-12,50 €

13 rue des Frères-d'Astier-de-la-Vigerie
☎ 01 45 84 13 22
F. mardi.
Jusqu'à 22h30.

Le Tassili

Plan : 5 A 5 »

Une délicieuse cuisine du maghreb dans une maison dirigée par Jean François Benamrane depuis plus de 30 ans. Couscous, tajine... dans une ancienne cave à vin.
C : 20 € • M : 10-25 €

11 bis rue Amiral-Mouchez
☎ 01 45 89 53 71
F. dim., lundi et mi-juil.-mi août.
Jusqu'à 22h.

La Tonkinoise

Plan : 5 B 5-6 »

Pour les puristes, cette cuisine se rapproche de celle pratiquée dans la partie nord du Vietnam. Les escargots farcis, la lotte à l'aneth et les brochettes de bœuf enveloppées de feuilles parfumées donnent des airs de Matin Calme à la porte de Choisy.
M : 9,60 €

20 rue Philibert-Lucot
☎ 01 45 85 98 98
F. lundi et août.
Jusqu'à 22h.

Xinh Xinh

Plan : 5 B 3 »

Dans ce coin du XIIIe un peu perdu, Xinh Xinh propose une authentique cuisine vietnamienne au bon rapport qualité-prix, cuissons vapeur réussies et bô bun parfait.
C : 22 € • M : 12,50-20 €

6-8 rue des Wallons
☎ 01 47 07 26 20
F. dim., lundi à dîn., dern. sem. juil. et 3 sem. août.
Jusqu'à 22h30.

Villa Lutèce Port-Royal

Plan : 5 B 4 »

En cohérence avec la Grande Bibliothèque toute proche, l'hôtel associe lignes contemporaines et littérature, pour un décor unique. Les luxueuses tentures de certaines chambres associent ainsi en un noir et blanc d'une parfaite élégance des motifs calligraphiés et un mobilier aux lignes sobres. Salon chaleureux, dans le confort des matières (beaux fauteuils en cuir) comme le choix des couleurs, très actuel.
39 ch. 310-355 € *www.leshotelsdeparis.com*

52-52 bis rue Jenner
☎ 01 53 61 90 90
Fax 01 53 61 90 91
F. non comm.

La Demeure

Plan : 5 B 3 »

Jolie vue sur la Tour Eiffel et le Panthéon depuis les deux derniers étages de cet immeuble haussmannien. Décoration contemporaine dans les chambres, belle collection de photos anciennes.
6 appart. 230-276 € • 37 ch. 145-175 € *www.hotel-paris-lademeure.com*

51 bd Saint-Marcel
☎ 01 43 37 81 25
Fax 01 45 87 05 03
Ouv. 7j/7.

Résidence Vert-Galant

Plan : 5 B 4 »

➡ **Restaurant :** Auberge Etchegorry
Une atmosphère particulière qui tient à la qualité de l'accueil, au caractère relativement intime de cet ancien cabaret ou encore au charme du jardin planté de vignes, inattendu en plein Paris. Chambres à l'allure contemporaine et champêtres.
15 ch. 90-100 € • 1/2 pens. 19,50 €

41-43 rue Croulebarbe
☎ 01 44 08 83 50
Fax 01 44 08 83 69
Ouv. 7j/7.

PARIS 14 (8 C 5)

Le Dôme

Plan : 4 F 3 »

Un monument parisien, à peine moins couru que la Tour Eiffel, grâce à sa situation, son décor fameux (un modèle de brasserie Années Trente, chic et authentique), son service en grande tenue, d'une aisance parfaite, sourire en prime, et sa cuisine de la mer, en version noble (il faut bien justifier les tarifs) :

108 bd du Montparnasse
☎ 01 43 35 25 81
Ouv. 7j/7.
Jusqu'à 0h30.

aiguillettes de bar aux copeaux de foie gras et cantal, filet de daurade sur une fondue de laitue asperges au parfum de curry. La bouillabaisse est un modèle du genre, le filet de bar à la cuisson parfaite est relevé d'une riche salade d'herbes et le millefeuille au rhum confirme que le savoir-faire en cuisine sort aussi la tête de l'eau. Carte des vins coûteuse et attendue.
C : 75 €

15 Le Duc

Plan : 4 F 3 »

243 bd Raspail
☎ 01 43 20 96 30
F. sam. à déj., dim., lundi, 3 prem. sem. août et Noël-nouvel an.
Jusqu'à 22h30.

C'est qui Le Duc ? Si vous posiez la question en ces termes, quelques fats vous conseilleraient de continuer à vivre sans la réponse. Car la grande table maritime du XIVe cultive une certaine discrétion qui se satisfait d'une clientèle d'élus, connaisseurs et habitués, sachant regarder droit dans les yeux et les ouïes un turbot ou un saint-pierre. Le produit pour lui-même, l'amour de l'iode, beaucoup de classicisme, dans le service comme dans le décor, d'une banalité forcenée, qui fut la mode bourgeoise des années 70, et dans une ambiance à l'ancienne qui, à ce niveau, n'est pas si bien répandue que cela. Dans l'assiette, quel respect, quelle connaissance, quel talent pour porter au plus naturel des saint-jacques, un bar aux palourdes ou même une sole meunière ! Chariot de desserts un peu attristant, cave logiquement faible et endormie, que l'on n'imagine pas se réveiller dans un proche avenir.
M : 46 €

Le Montparnasse 25

Plan : 4 E 3 »

19 rue du Cdt-René-Mouchotte
☎ 01 44 36 44 25
F. w.-e., fériés (2-9 mai, 24 déc.-8 janv.) et 11 juil.-28 août.
Jusqu'à 22h30.

➥ **Hôtel :** Le Méridien Montparnasse

C'est un peu paradoxal, mais nous rendrons à Christian Moine les deux toques de naguère l'année où l'atout numéro un de la maison s'évapore. Gérard Poulard, en effet, a pris sa retraite et le monumental chariot de fromages se retrouve sans pilote. Reste donc la cave, de plus en plus pointue, de plus en plus brillante - ce qui vaut bien une petite grappe - et la cuisine, égale, technique, valeureuse et qui se distingue surtout, comme cette année, lorsqu'elle est orchestrée avec un peu d'enthousiasme, la salle aveugle de restaurant d'hôtel au premier étage n'étant pas la scène rêvée pour une pièce classique. Si donc, l'on excepte les demandes en mariage et les troisièmes mi-temps, on trouve bien des circonstances favorables (arrivez tôt pour le dîner, car l'atmosphère de fin de service est ici particulièrement oppressante) pour profiter des excellentes saint-jacques et pulpe de topinambour, du foie gras aux coings, excellent, et de l'agneau des Pyrénées, rôti en cocotte, à l'ail rose.
C : 95 € • M : 49-105 € *www.montparnasse.lemeridien.com*

15 La Régalade

Plan : 4 E 5 »

49 av Jean-Moulin
☎ 01 45 45 68 58
F. w.-e., lundi à déj. et août.
Jusqu'à 23h.

C'est reparti pour dix ans ? On ne sait pas si Bruno Doucet aura la même carrière qu'Yves Camdeborde, on ne sait pas s'il en a d'ailleurs l'intention. Toujours est-il que l'on se régale toujours autant, que la maison n'a même pas connu ce petit creux de la passation de pouvoir, et que Paris bruisse comme avant de cette adresse paumée et magique où l'on va se taper sur le ventre de contentement, à coups de gibier et de champignons à l'automne, de confits et de cochon en hiver, de poissons et de légumes au printemps, avec la délicatesse bourrue qui fait les grands plats d'humeur et de parfums. Cave de haute sélection, gouleyante et comme la totalité de la carte, à prix d'amis.
M : 30 €

	Accessible aux handicapés.		Piscine privée.
	Carte des vins remarquable.		Repas servis en terrasse ou dans un jardin.
	Tennis privé.		Chiens acceptés.

Bistrot du Dôme

Plan : 4 F 3

1 rue Delambre
☎ 01 43 35 32 00
F. dim. et lundi (août).
Jusqu'à 23h.

Dans un quartier animé et touristique pouvant éveiller les a priori, le bistrot du Dôme apporte le sérieux de la maison-mère et la qualité des provenances. Le service délivre - d'une façon un brin mécanique - de véritables "aces" de la mer, un filet de maigre très bien cuit aux langoustines inutiles, d'excellents beignets de gambas, une belle pièce de thon, et une raie aux câpres un peu sèche. Hormis quelques banalités d'usage, le bilan est largement positif. Cave un peu courte, avec quelques vins au verre. Un point de plus.

C : 43 €

La Cerisaie ♥

Plan : 4 F 3

70 bd Edgar-Quinet
☎ 01 43 20 98 98
F. sam., dim., jrs fériés, août, 15 jrs Noël-nouvel an et 1er-8 mai.
Jusqu'à 22h.

Pas tchékhovienne pour deux roubles, mais bien sympathique tout de même, l'histoire des Lalanne, couple modèle venu - lui de l'Ariège, elle de l'Aveyron - se rencontrer à Toulouse, d'abord, puis à Paris au Bascou. Le bagage est solide, la carte assez courte change régulièrement sa vision d'un Sud-Ouest allégé et raffiné, qui vous fait d'un parmentier de civet de tripes ou de l'agneau de lait et pimientos farcis, des plats d'une moderne bistronomie, et d'un excellent rendement, dans une salle bondée peu faite pour les chuchotis et gazouillis. Petite cave pas chère du tout, qui peut encore étoffer sa sélection de vins au verre.

C : 28,80 € • M : 28,80-33,80 €

La Maison Courtine

Plan : 4 F 4

157 av du Maine
☎ 01 45 43 08 04
F. sam. à déj., dim., lundi à déj. et 1er-28 août.
Jusqu'à 23h.

Puzelat, Courtois (l'Originel en 2002 à 49 **€**, mazette !), Breton. Voilà du vin. Et Yvonne, et La Marfée, et Foulaquier, et Binner et Allemand avec ses cornas sans soufre. Et tant d'autres, qui font tilt aux orpailleurs du vin moderne, celui qui parle avec naturel. Alors, devant une telle cave, on impose le respect à l'assiette, du produit net qui a du goût et du répondant : escargots, andouille aux pommes de terre crémées, veau de lait et lentilles blondes, magret au sel de Guérande. Desserts de circonstance (moelleux, croustillant de pruneaux à l'armagnac), service efficace.

M : 36 €

Ristorante Il Barone

Plan : 4 F 3

5 rue Léopold-Robert
☎ 01 43 20 87 14
F. 23 déc.-2 janv.
Jusqu'à 23h30.

Les restaurants de cuisine transalpine pullulent dans la capitale, certains changent de nationalité, deviennent thaïs ou péruviens. Dans ce coin pas spécialement glamour, Il Barone est là depuis un quart de siècle. La faute, sans doute, à une exécution traditionnelle sans faille, des produits choisis et l'amour du métier qui rassemble les habitués du quartier et les connaisseurs, autour du patron qui prépare la pasta chaque jour. Antipasti de concours, et dans la ligne orthodoxe, les osso buco et saltinbocca.

C : 35 €

Vin et Marée

Plan : 4 F 4

108 av du Maine
☎ 01 43 20 29 50
Ouv. 7j/7.
Jusqu'à 23h30.

Au programme de cette brasserie 100 % marine (pas la moindre proposition pour carnivores) : qualité et fraîcheur de pêche, en provenance directe des ports français, simplicité des apprêts, et cuissons millimétrées. Merlan Colbert (ce n'est pas le nom du chef, qui s'appelle Christophe Rousseau), sole beurre blanc, ou fricassée de lotte laissent ainsi parler la star de l'assiette, sans parasitage superflu, ni complications excessives. On ne peut guère regretter d'autres détails que l'absence totale de menu ou formule déjeuner situant obligatoirement l'addition autour des 40 **€**.

C : 40 € *vin.maree@wanadoo.fr*

[12] Les Caves Solignac

Plan : 4 E 4 »

9 rue Decrès
☎ 01 45 45 58 59
F. 14 juil.-15 août et vac. scol. Noël.
Jusqu'à 22h.

Et que ça saute : les plats, les bouchons, les prix ! Entrées à 7,70 **€**, plats à 13, desserts à 7, et c'est parti. Jean-François Banéat est un garçon direct. Son bistrot est pur jus ("déco 1900 non revu, non corrigé", avoue-t-il), la cuisine simple et bonne (terrine de boudin et fromage de tête, petit salé de cuisse de canard, pied de veau ravigote) permettant de se concentrer sur la centaine de vins de propriétaires sélectionnés le verre à la main et pas sur la bonne mine d'un courtier de passage.
M : 27€

[12] La Coupole

Plan : 4 F 3 »

102 bd du Montparnasse
☎ 01 43 20 14 20
Ouv. 7j/7.
Jusqu'à 1h.
❄ 🐕

D'accord on peut faire semblant, passer pour un touriste naïf qui aurait poussé la porte un peu au hasard, sur la bonne mine des spéciales de chez Gillardeau, des belons de chez Cadoret, de la sole meunière et du gigot d'agneau servi froid avec une salade de haricots verts. L'ardoise du jour fait son intéressante, les asperges de Landes sauce mousseline ont le goût du printemps, le mille-feuille au chocolat donne le sourire. Et puis vous levez les yeux, transpercés par la richesse des piliers et pilastres classés, décorés par tant d'artistes. Bon sang, mais c'est bien sûr ! Vous êtes à la Coupole !
C : 45€ • M : 34,50-42,50€ *www.flobrasseries.com*

[12] Sushi Gozen

Plan : 4 F 3 »

22 rue Delambre
☎ 01 40 47 55 01
F. dim., lundi et 3 sem. août.
Jusqu'à 23h.
❄ 🐕

M. Lee possède trois restaurants coréens en dehors de cet exemplaire unique du modèle japonais. Jusqu'au bout d'ailleurs avec le décor zen de M. Inui, l'atmosphère précieuse animée par Kumiko Kato et une qualité de sushi et de sashimi qui lui vaut distinction et mention.
M : 9-30€

[12] Swann et Vincent

Plan : 4 F 4 »

22 pl Denfert-Rochereau
☎ 01 43 21 22 59
Ouv. 7j/7.
Jusqu'à 23h30.
⛱

Première adresse d'une enseigne qui en compte désormais 3 (avec Bastille et Denfert Rochereau) Swann et Vincent, petite trattoria parisienne, occupe ici le rez-de-chaussée d'une maisonnette du boulevard Garibaldi, au charme désuet. On ne vient pas ici pour le carpaccio aux truffes ni le risotto aux langoustines , mais pour choisir sur l'ardoise quelques plats italiens simples et plaisants, très justement exécutés et respirant la fraîcheur. Les additions s'y révèlent aussi légères que le tiramisu.
C : 31€ • M : 13€ *swann.vincent@wanadoo.fr*

[11] La Grande Ourse

Plan : 4 F 4 »

9 rue Georges-Saché
☎ 01 40 44 67 85
F. sam. à déj., dim., lundi et août.
Jusqu'à 22h.
⛱ 🐕

Sympathique enseigne d'une tradition contemporaine dans un esprit touche-à-tout, bistrogastro qui va bien avec un cadre chaleureux et coloré, avec sa collection d'ours et ses tableaux. Le nouveau chef louvoie avec efficacité, d'une crème Dubarry curry pommes au magret des Landes sauce miel porto, de la morue vapeur sauce vin rouge et menthe fraîche à la tatin de bananes. Aimable petite cave qui concentre son tir à moins de vingt euros.
C : 38€ • M : 18-33€ *www.restaurant-lagrandeourse.com*

[10] Rendez-Vous des Camionneurs

Plan : 4 F 4 »

34 rue des Plantes
☎ 01 45 40 43 36
F. dim. et août.
Jusqu'à 22h30.
⛱

Reiser et Brassens ont connu ce rendez-vous, aujourd'hui prisé par de nouvelles générations, qui ont un point commun, celui de manger à la sympathie. Parce qu'évidemment, dans ce bar-restau d'atmosphère, on ne peut pas ingénument tortorer une andouillette au muscadet et une joue de porc au miel sans avoir ce sens, si bien développé par Christian Sochas, de l'urbanité et de la chaleur.
C : 22€ • M : 13,50€

Le Bernica

Plan : 4 F 3 »

Ambiance créole et personnel intégralement réunionnais dans cette gentille adresse au pied de la tour Montparnasse : samoussa, crabe farci, maïdo... dans une ambiance toujours chaleureuse.
C : 32€ • M : 13-30,50€

4 imp de la Gaité
☎ 01 43 20 39 02
F. sam. à déj., dim., lundi à déj., (lundi w.-e. fériés) et 23 déc.-2 janv.
Jusqu'à 23h30.

Aux Iles Marquises

Plan : 4 F 3 »

Si l'enseigne fait honneur à Brel et aux îles lointaines pour aventuriers poètes, la cuisine ne se prive pas d'une petite veine aristocratique, avec des ingrédients pour carte ambitieuse, l'inévitable litanie foie gras - langoustines - saumon - huîtres pour les entrées et turbot - homard - saint-jacques pour les plats. L'addition grimpe fort, et c'est dans le menu à 26 **€** que les habitués préfèrent en général tenter leur chance, même si les idées de saison permettent de renouveler le genre. Cave peu passionnante, mais avec quelques petits sympas (Tariquet, côtes-roannaises…).
C : 55€ • M : 26€

15 rue de la Gaîté
☎ 01 43 20 93 58
F. sam. à déj., dim. et 1er-28 août.
Jusqu'à 23h.

Pavillon Montsouris

Plan : 5 A 5 »

Pour la très belle terrasse en été, la très agréable verrière en hiver, le raffinement des lieux et cette ambiance qui rappelle tant la campagne, au cœur de Paris. Cuisine de bonne tenue (pas vraiment donnée non plus, 50 **€** pour le menu-carte) : tartare de poissons à l'huile d'olive et poivre vert, ravioles de langoustines, crème mousseuse de crustacés aux épices "saté", panna-cota au gingembre, carpaccio d'ananas à la mélisse.
C : 49€

20 rue Gazan
☎ 01 43 13 29 00
F. dim. à dîn. (mi-sept.-Pâques. et 2 sem. vac. scol. fév.)
Jusqu'à 22h30.

Le Méridien Montparnasse

Plan : 4 E 3 »

➥ **Restaurant** : 15/20 Le Montparnasse 25

Avec près de 1000 chambres, on imagine bien que l'ambiance n'est pas exactement intime, mais les chambres sont d'un confort remarquable, avec un espace généreux et, au fil des étages, une vue de plus en plus magnifique sur la capitale.
37 appart. 650-830€ • 916 ch. 360-460€

www.montparnasse.lemeridien.com

19 rue du Cdt-René-Mouchotte
☎ 01 44 36 44 36
📠 01 44 36 49 00
Ouv. 7j/7.

Villa Montparnasse

Plan : 4 F 4 »

Un cadre chaleureux et raffiné, avec de jolies touches coloniales pour personnaliser une ambiance élégante dans les chambres aux les tons beiges.
46 ch. 215-285€ *www.villa.montparnasse.com*

2 rue Boulard
☎ 01 56 80 34 34
📠 01 56 80 34 34 30
Ouv. 7j/7.

Lenox Montparnasse

Plan : 4 F 3 »

Entre Montparnasse et Saint-Germain, disposant d'un parking souterrain, cet établissement propose des installations modernes (climatisation, et wifi dans toutes les chambres) et un grand bar ouvert tard dans la nuit.
6 appart. 260-320€ • 46 ch. 135-190€ *www.hotellenox.com*

15 rue Delambre
☎ 01 43 35 34 50
📠 01 43 20 46 64
Ouv. 7j/7.

Delambre

Plan : 4 F 3 »

Des chambres modernes et claires, avec d'appréciables détails personnels comme les motifs en fer forgé, dans un quartier calme. Climatisation dans toutes les chambres.
30 ch. 85-115€ *www.hoteldelambre.com*

35 rue Delambre
☎ 01 43 20 66 31
📠 01 45 38 91 76
Ouv. 7j/7.

PARIS 15 (8 C 5)

Chen, Soleil d'Est

Plan : 4 C 2 »

15 rue du Théâtre
☎ 01 45 79 34 34
F. dim. Rens. prix non comm.

Madame Chen, hiératique gardienne du temple, découpeuse en chef du canard laqué, en trois services (elle n'intervient que pour l'opération chirurgicale). Et Monsieur Jean ! Un spectacle, un tonus, pour une représentation chaque soir, le phrasé de Sacha Guitry, l'aisance de Jules Berry, pour du boulevard de Chine qui reste le premier de la place. Les grenouilles, les raviolis, sans parler des nids d'hirondelle, classent toujours Chen et son canard laqué, là sans conteste le meilleur de Paris et sans doute de France, devant ses prétendants. Il faut pouvoir revenir souvent pour les saint-jacques en saison, le pigeonneau et les desserts d'une aromatique subtilité. Seule l'addition peut empêcher un abonnement, la cave, quant à elle, n'étant en rien désobligeante, avec des références sûres, mais bonnes.

Benkay

Plan : 4 C 2 »

61 quai de Grenelle
☎ 01 40 58 21 26
Ouv. 7j/7.
Jusqu'à 22h.

La cohérence avec l'hôtel (aujourd'hui Novotel) est moins évidente qu'au temps du Nikko, mais les cadres nippons qui continuent de séjourner dans cette tour de conception furieusement tokyoïte ne sont pas déçus de ce retour au pays : la cuisine se partage entre l'orthodoxie et l'application à l'Europe, dans un foie gras sauté, un filet d'anguille sauce soja, ou un teppan yaki de langouste fraîche pour les jours de gros contrat.

C : 45 € • M : 26-125 €

h3546.fb1@accor-hotels.com

(14)

Le Grand Venise

Plan : 4 C 3 »

171 rue de la Convention
☎ 01 45 32 49 71
F. dim., lundi, 26 juil.-10 sept. et 23 déc.-3 janv.
Jusqu'à 22h30.

La Galerie des offices italiens, au fond d'un improbable quinzième arrondissement. Peut-on rêver au pont des Soupirs et à la Giudecca dans ce quartier désensibilisé comme une molaire sans nerf ? L'atmosphère décalée, surannée et parfois pathétique du Grand Venise fait beaucoup pour l'évocation. On sent l'histoire, la grandeur passée, et on ferme les yeux. Pour s'abandonner à l'essentiel, le spectacle toujours si bien rodé, l'accueil délicieux de la patronne, des antipasti de doge, avec une charcuterie de haut niveau, un bon piccata al limone et la cérémonie, totalement incontournable de la glace caramel, qui vaudrait presque de débaptiser l'enseigne pour lui donner le nom " Au grand caramel ". Vaste cave transalpine, avec tous les grands et des petits souriants.

C : 80 €

Le Beurre Noisette

Plan : 4 C 4 »

68 rue Vasco-de-Gama
☎ 01 48 56 82 49
F. dim., lundi et 3 sem. août.
Jusqu'à 23h.

Membre du Club des Chefs-passés-par-de-grandes-maisons-ayant-ouvert-un-bistrot, Thierry Blanqui occupe avec énergie le créneau du foie gras aux épices et de la joue de bouf braisée polenta au cantal. Dans un coin tranquille entre Cambronne et les Maréchaux, la salle bouillonne, le service déborde et les supions aux herbes sont parfaits mais le mulet sauce crustacés trop cuit et la pièce de bœuf manque de tendreté. Ce n'est pas trop grave, mais il faut tout de même surveiller le lait sur le feu. La toque est maintenue cette année, la cave est intéressante, avec un choix de vins au verre.

C : 35 € • M : 20-32 €

Les fermetures hebdomadaires et annuelles
sont celles que les restaurateurs et les hôteliers pensent pratiquer en 2006.
Pour éviter des déplacements inutiles, téléphonez pour confirmer.

Le Bistro d'Hubert

Plan : 4 E 3

Le décor campagnard pour Maisons et Jardins, une cuisine ouverte sur la salle (avantages et inconvénients), un service professionnel et attentif supervisé par la fille d'Hubert, on peut penser que la toque roule d'elle-même. Pourtant, la cuisine nous a paru cette année plus maniérée et démonstrative que savoureuse et, après la disparition du menu-carte, le ticket d'entrée donne chaud au porte-monnaie. Le pain négligé et la carte des vins sans charme ne poussent d'ailleurs pas à une excessive indulgence, même si la toque demeure légitime.

C : 42 € • M : 35 € *www.bistrodhubert.com*

» 41 bd Pasteur
☎ 01 47 34 15 50
F. sam. à déj., lundi à déj. et dim.
Jusqu'à 22h15.

La Dînée

Plan : 4 B 4

L'ex-Dînée de Christophe Chabanel est devenue celle de Nicolas Angebault, aux fourneaux depuis 2002. Le chef et son associé, Christophe Recouvreur, en salle, retrouvent les bonnes marques de cette salle discrète près des maréchaux, quartier presque mort mais accès relativement aisé en quittant le périph'. Le menu, calé à 34 **€**, vaut déjà une petite toque, sans finasser, avec le mille-feuille de tomate au chèvre, la lasagne de haddock, le suprême de poulet aux épices thaïes, la gastrique de cerises au vinaigre de framboises, crumble et glace kriek. Les habitudes se retrouvent vite, la cave n'est pas sotte (Eydins en Luberon, Terrebrune en bandol) et le service plein d'allant.

M : 31-34 €

» 85 rue Leblanc
☎ 01 45 54 20 49
F. w.-e.
Jusqu'à 22h30.

Harumi

DÉCOUVERTE **Plan : 4 D 3**

Les influences japonaises, pays d'origine d'Harumi, la chef, se font sentir par touches discrètes, dans le décor plus encore que dans la cuisine, qui est avant tout un hommage à la gastronomie française classique, ses sauces finement travaillées et les cuissons précises. Le résultat est séduisant, avec le délicieux jus de cuisson des coquillages braisés au piment d'Espelette et basilic thaï, la sauce harmonieuse (échalotes, moutarde de Meaux, tomates confites, aneth, estragon liés au fumet de poisson) sur le filet de bar à la cuisson agréablement légère ou la belle réalisation classique du moelleux tiède au chocolat Jivara. En salle, Fabien Béhal expose avec conviction le travail de son épouse, veille au confort des hôtes par une série d'attentions délicates et prouve, à la lecture d'une carte des vins bien construite, qu'il n'a pas oublié son premier métier de sommelier.

C : 45 € • M : 25-38 € *www.harumi.fr*

» 99 rue Blomet
☎ 01 42 50 22 27
F. dim. à dîn., lundi et 15 juil.-15 août.
Jusqu'à 22h30.

Restaurant du Marché

Plan : 4 D 4

Une petite baisse de forme que l'on espère passagère dans ce bistrot classique où l'ambiance passe vite du chaleureux au morne (et vice-versa heureusement) selon l'humeur, la saison et l'heure du repas. On peut y goûter un jour un quasi de veau ou un croustillant de pied de porc d'anthologie, et revenir le lendemain pour une banalité de quartier. Ce qui reste constant, c'est l'accueil, très engageant, et la cave de propriétaires, d'une scrupuleuse honnêteté.

C : 35 € • M : 23-29 €

» 59 rue de Dantzig
☎ 01 48 28 31 55
F. sam. à déj., dim., lundi à déj., 1er-8 mai et 3 sem. août.
Jusqu'à 22h30.

Thierry Burlot

Plan : 4 E 3

La toque est logique, bien vissée sur la tête de Thierry Burlot, héritier d'un emplacement dédiée à une gastronomie différente (Olympe, Philippe Detourbe) depuis toujours. Celle qui est proposée aujourd'hui possède un fond technique solide, une jolie présentation (nouvelle argenterie, verrerie Baccarat…) et un pouvoir de séduction certain, alliant les influences diverses - chair de tourteau, févettes et jus mousseux coraillé, hoummous de petits pois et ravioles de langoustines vapeur - aux produits des meilleures provenances (huîtres de Madec, fromages de Bordier…). Cave à la hauteur, bien ciblée en choix et en prix.

M : 26-50 €

» 8 rue Nicolas-Charlet
☎ 01 42 19 08 59
F. sam. à déj., dim.
Jusqu'à 22h30.

13 Le Triporteur

Plan : 4 D 4 »

4 rue de Dantzig
☎ 01 45 32 82 40
F. sam à déj., dim., 3 sem. août et 1 sem. Noël.
Jusqu'à 22h30.

L'enseigne porterait à croire que l'accordéoniste va tirer quelques notes nostalgiques d'un Paris en noir et blanc qui regarde Darry Cowl déambuler en triporteur. C'est un, peu court, jeune homme : car si l'on pratique aussi la tradition, magret de canard, plats du jour à l'ardoise, c'est dans la décontraction, l'esprit curieux brocanteur, qui va aussi chercher l'épice au-delà des mers, et la recette qui personnalise, une pintade en pastilla, une lotte au lait de coco, une sole en tempura à la thaïe. Jolie cave de connaisseurs, notamment en beaujolais (Chermette, Foillard, Descombes) et le Rhône (Dard et Ribo, Gramenon, Richaud...).
C : 30 € • M : 16 €

13 Le Troquet

Plan : 4 D 2 »

21 rue François-Bonvin
☎ 01 45 66 89 00
F. dim., lundi, 3 sem. août et 1 sem. déc.
Jusqu'à 23h30.

L'ambiance est au Sud-Ouest, dans le décor de bistrot à l'ancienne comme dans la cuisine, avec ses propositions à l'ardoise pour coller au marché. On adhère avec plaisir à la vivacité des filets de sardine poêlés et piquillos vinaigrés, à la gourmandise d'une cocotte de merlu citron délicatement confit et légumes nouveaux ou de la délicieuse crème au citron et fruits de saison très parfumés. A ce niveau de qualité, le rendement des menus est remarquable et contribue largement à la bonne humeur qui règne chez les convives. Carte des vins entre Bordelais et Sud-Ouest, aux tarifs là encore raisonnables.
C : 30 € • M : 27-37 €

13 La Villa Corse

Plan : 4 D 2 »

164 bd de Grenelle
☎ 01 53 86 70 81
Ouv. 7j/7.
Jusqu'à 23h30.

Plus un rendez-vous des amoureux de la Corse qu'une table corse, la Villa c'est du branché XVe qui déborde un peu partout, famille, amis se retrouvant sous le métro aérien. Dans les fauteuils club, on bavarde, on se détend dans une ambiance de bar tendance, en attendant les assiettes, base corse élargie à toute la Méditerranée, plutôt sophistiquée, modeuse et plus amusante que prétentieuse : carpaccio d'espadon parfumé aux saveurs du maquis, linguine aux palourdes et courgettes, stufato de veau aux olives à la mode corse et gnocchis. La plupart des bons vignerons de l'île sont représentés.
C : 45 € • M : 20 €

12 L'Ami Marcel

DÉCOUVERTE **Plan : 4 E 4** »

33 rue Georges Pitard
☎ 01 48 56 62 06
F. dim., lundi, 1 sem. déb. janv., 1 sem. printemps et 3 sem. août.
Jusqu'à 22h15.

Nouvelle table "bistronomique" dans un quinzième déjà bien pourvu en la matière cet Ami Marcel (il y a des amis partout dans Paris, aujourd'hui, et Marcel, c'est bien, ça fait France profonde) possède les bonnes bases, ouvert par un jeune couple très pro passé par de grandes maisons, Ledoyen entre autres. Assiettes au carré, carte bien vue, de bon thon bien sûr, jabugo, un très bon pigeon en cocotte, une tendre épaule d'agneau. Deux petits regrets, les tables touche-touche (la conversation du voisin doit être passionnante) et les suppléments au menu qui rendent l'addition moins incitative. Une première saison assez convaincante, et un succès rapide, devrait mener rapidement cette table à sa première toque.
C : 30 € • M : 24-29 €
www.lamimarcel.com

12 L'Antre Amis

Plan : 4 E 2 »

9 rue Bouchut
☎ 01 45 67 15 65
F. w.-e. et 24 déc.-2 janv.
Jusqu'à 22h30.

Le quinzième qui bouge autant, c'est inattendu et précieux. Sous le plafond de l'ancienne boulangerie ou sur la petite terrasse, la carte change tous les deux mois et ratisse un terroir bistrot-méditerranéen qui expose avec autant de malice les ravioles du Royans que le beurek au chèvre, les cannellonis d'aubergines à l'agneau confit que le pain perdu à la confiture de mirabelles.
C : 33 € • M : 33 €
www.lantreamis.fr

(12) Arti

Plan : 4 D 3

La délicatesse intrinsèque du repas indien : beaucoup de douceur, de la subtilité, du calme. Arun Sachveda travaille très soigneusement ses massalas, tandis que la caille tandoori et le poulet arti, à moins de dix euros, sont des références. En curiosité, le vin indien paraît incontournable pour une première approche.

C : 25 € • M : 9-20 € *www.eatinparis.com*

173 rue Lecourbe
☎ 01 48 28 66 68
Ouv. 7j/7.
Jusqu'à 23h30.

(12) Autour du Mont

Plan : 4 C 4

Autour du Mont ou plutôt autour du port, le chef Philippe Bonne préférant visiblement se promener à Rungis du côté des casiers que de chercher une nouvelle recette de tartiflette. Son menu-carte est plus qu'équitable, il est appétissant et il tient ses promesses : la salade de saint-jacques est un peu fade, mais la dorade royale au thym est une bonne sensation dans cette formule serrée à moins de 30 **€**. Petite cave, vins au verre pas chers.

M : 17-29 €

58 rue Vasco-de-Gama
☎ 01 42 50 55 63
F. sam. à déj., dim., lundi et août.
Jusqu'à 23h.

(12) Le Caroubier

Plan : 4 D 5

Embarquement pour Fès ou Marrakech depuis les Maréchaux, c'est une idée à vous faire oublier les embouteillages. Tapis volant de rigueur, donc, pour les sardines farcies ou la pastilla, le couscous méchoui ou le tajine d'agneau aux fèves. Une régularité haute comme l'Atlas par un chef en place depuis trente-deux ans.

M : 15-26,50 €

82 bd Lefebvre
☎ 01 40 43 16 12
F. lundi et 25 juil.-23 août.
Jusqu'à 22h30.

(12) Fellini

Plan : 4 C 4

Un italien de quartier, à l'ambiance attendrissante et un peu atone, aux antipasti préparés avec soin, aux pâtes bien cuites, au bocconcini orthodoxe. On ne mettra pas donc pas en doute l'authenticité, mais les tarifs ne baissent pas, et la tomate mozza à 12 **€** mériterait un peu d'entrain.

C : 40 € • M : 20 €

58 rue de la Croix-Nivert
☎ 01 45 77 40 77
F. août.
Jusqu'à 23h.

(12) Le Gastroquet

Plan : 4 C 4

Quinze ans déjà que Madeleine et Dany Bulot régalent habitués, jeunes couples et clients du parc des Expos voisin. La recette des débuts n'a pas bougé d'un iota, beaucoup de bonne humeur en salle (bravo Madeleine), des plats simples et généreux (caille confite au foie gras, filet de lotte au citron confit, ris de veau sauce bouchée à la Reine, marquise au chocolat et crème anglaise), une cave bien triée et un impeccable menu à 29 **€**.

C : 52 € • M : 29 €

10 rue Desnouettes
☎ 01 48 28 60 91
F. sam. à déj., dim. et août.
Jusqu'à 23h.

(12) Le Numide

Plan : 4 C 4

Spécialités algériennes berbères dans une rue portant le nom d'un grand explorateur, le symbole ne manque pas de sens. Couscous kabyle (l'amakfoul), nombreux jaines, boureks, et chorba, pour un joli détour au pays de Zinedine Zidane.

C : 29 € • M : 13,50 €

75 rue Vasco-de-Gama
☎ 01 45 32 13 13
F. sam. à déj., dim. et août.
Jusqu'à 22h.

(12) Le Sept-Quinze

Plan : 4 D 2

Dans un vieux bar de quartier rénové en bistrot coloré une cuisine cosmopolite et éclectique, qui picore des influences ici et là (avec quand même une prédilection pour le sud) pour un résultat, il faut bien l'avouer, mitigé, et à la réalisation approximative. Il faut redresser la barre si l'on veut continuer à honorer dignement les affirmations de la devanture " table soignée " et " cuisine de qualité ".

M : 24-28 €

29 av Lowendal
☎ 01 43 06 23 06
F. sam. à déj. et dim.
Jusqu'à 23h.

[12] Stéphane Martin

Plan : 4 C 3 »

67 rue des Entrepreneurs
☎ 01 45 79 03 31
F. dim., lundi, Noël, 31 janv. et 3 sem. août.
Jusqu'à 23h.
❄ 🚬

La fine cuisine bistrotière, sans grands chichis, élaborée par Stéphane Martin est réalisée en fonction du marché ; on trouve vite ses marques, devant le trompe-l'oeil de la bibliothèque de cette jolie salle aubergine, pour le suivre dans son menu-carte à 32 **€**, assez équitable pour les produits traités (fricassée d'asperges vertes au jus de volaille, ris de veau poêlé aux pleurotes, moelleux au chocolat sorbet verveine). Petite cave à prix doux, vin au verre servi avec attention.

C : 40 € • M : 12-32 € *resto.stephanemartin@free.fr*

[11] L'Alchimie

Plan : 4 C 2 »

34 rue Letellier
☎ 01 45 75 55 95
F. dim., lundi, 1 sem. fév., 3 prem. sem. août et Noël-nouvel an.
Jusqu'à 22h.
🐕 🚬

Deux ans après repris l'ancienne Folletterie, Eric Rogoff n'a toujours pas changé le plomb en or mais ces assiettes modernes et gaies rassemblent déjà tous les futés du quartier : Tatin de thon fumé à la compotée de tomates au basilic, sauce soja et condiments, filet de canette sauce abricot et pâtes fraîches à la cannelle, marmelade de fraises et rhubarbe et glace à la vanille.

C : 27 € • M : 27 € *www.http://alchimie.lesrestos.com*

[11] Le Blacherne

Plan : 4 D 4 »

73 rue Brancion
☎ 01 48 28 24 08
F. lundi.
Jusqu'à 22h45.
🐕

A l'ardoise, les propositions du jour surfent sur la saison avec autant de talent que sur la mode et ménagent une satisfaction de bon aloi, la réalisation est aussi pro que le service, sans oublier d'aller chercher en cave une bouteille sympa pour parfaire une ambiance facilement chaleureuse.

C : 30 € • M : 12 € *www.leblacherne.com*

[11] Le Saint-Vincent

Plan : 4 C 4 »

26 rue de la Croix-Nivert
☎ 01 47 34 14 94
F. dim. et 2 sem. août.
Jusqu'à 23h.
❄ 🐕

Du ménager de bon ton dans l'atmosphère d'un bistrot de campagne, banquettes confortables et service comme à la maison dans une ambiance familiale. On ne sera donc pas dépaysé par les harengs pommes à l'huile, le saucisson pistaché ou la brandade de morue, dans un ensemble qui nous a paru, à l'image de la crème brûlée au chocolat pas très réussie, moins fignolée qu'à l'accoutumée.

C : 28 € • M : 17 €

[11] Swann et Vincent

Plan : 4 D 2 »

32 bd Garibaldi
☎ 01 42 73 30 44
F. dim., 24-25 déc., 31 déc.-1er janv. et 3dern. sem. août.
Jusqu'à 23h30.

Première adresse d'une enseigne qui en compte désormais 3 (avec Bastille et Denfert Rochereau) Swann et Vincent, petite trattoria parisienne, occupe ici le rez-de-chaussée d'une maisonnette du boulevard Garibaldi, au charme désuet. On ne vient pas ici pour le carpaccio aux truffes ni le risotto aux langoustines , mais pour choisir sur l'ardoise quelques plats italiens simples et plaisants, très justement exécutés et respirant la fraîcheur. Les additions s'y révèlent aussi légères que le tiramisu.

C : 30 € • M : 14-18 €

► Casa Alcalde Paëlla

Plan : 4 D 2 »

117 bd de Grenelle
☎ 01 47 83 39 71
Ouv. 7j/7.
Jusqu'à 23h.
🐕

Une bonne tranche d'Espagne, dans le décor, le service en costume comme dans la cuisine, toujours alerte quand il s'agit d'envoyer les paellas, l'assiette de jabugo ou l'assortiment de turons.

C : 45 € • M : 28 €

► Casa Eusebio Paëlla

Plan : 4 C 3 »

68 av Félix-Faure
☎ 01 45 54 11 88
F. dim., lundi, août et Noël-nouvel an.
Jusqu'à 22h30.
🐕

Les vieux supporters imaginent des spécialités portugaises chez Eusebio : c'est à côté. Ce bistrot d'époque aux murs couverts de faïences représentant les jardins du château de Versailles devrait s'appeler Casa Di Stefano, pour envelopper ces chaleureuses assiettes espagnoles, calamars plancha, tortillas, paella…

C : 25 €

Derrick Catalan

Plan : 4 D 3 » 346 rue Lecourbe
☎ 01 45 58 48 75
F. août.
Jusqu'à 23h15.

L'Espagne bien sûr, avec un petit faible pour la Catalogne : paella, zarzuela, parillada marinera, escargots à la catalana, et des vins de la Rioja pour aller au bout des choses.
C : 35 €

Erawan

Plan : 4 C 1 » 76 rue de la Fédération
☎ 01 47 83 55 67
F. dim. et 2 prem. sem. août.
Jusqu'à 22h30.

Plus d'un quart de siècle au service de la cuisine thaï pour Pascal Tavand, l'un des pionniers sur la capitale des brochettes de porc grillées ou des moules farcies à la thaïlandaise.
C : 20 € • M : 18-35 €

Le Quinzième

Plan : 4 B 3 » 14 rue Cauchy
☎ 01 45 54 43 43
F. sam. à déj. et dim. F. ann. non comm.
Jusqu'à 22h.

Un soufflé, un effet de mode ? Jugeons tout simplement l'adresse médiatisée de Cyril Lignac comme un restaurant. Pour trouver le quartier branché, il faut s'accrocher, mais la table, elle, a du talent pour cela, et le service est joli et souriant. Le bar aux artichauts et chorizo bellota, le pavé de veau un peu ferme avec ses macaronis aux olives révèlent une grande application, la cave est en construction.
C : 65 € • M : 40-80 € *www.restauantlequinzieme.com*

R

Plan : 4 D 2 » 6 rue de la Cavalerie
☎ 01 45 67 06 85
F. dim. (sf réserv.). F. ann. non comm.

L'ancien Morot-Gaudry retrouve sa jeunesse, son panorama éblouissant sur la tour Eiffel et les toits de Paris, et une déco zen qui va bien avec l'architecture. Carte chic mode, filet de mérou, tartare de bar, nage de lotte aux parfums d'Asie à tarifs parisiens logiques.
M : 80 €

Sawadee

Thaï

Plan : 4 C 2 » 53 av Emile-Zola
☎ 01 45 77 68 90
F. dim. et 6-16 août.
Jusqu'à 22h30.

A proximité de Beaugrenelle, un des meilleurs thaïs des environs : salade de crevettes à la citronnelle, salade de riz frit au porc, brochettes grillées, poulet, pousses de bambou et curry thaï.
C : 25 € • M : 28-40 €

Ttotte

Plan : 4 E 3 » 22 rue Falguière
☎ 01 43 22 34 73
F. sam. à déj., dim. à déj. et août.
Jusqu'à 23h.

Rendez-vous basque coutumier entre Montparnasse et Cambronne. Venez sans béret, le folklore est laissé au vestiaire au profit d'une assiette de pure authenticité dans l'ambiance idoine : garbure, piquillos farci à la morue, pipérade au serrano, agneau de lait axuria, axoa de veau, gâteau basque. La totale dans une petite échoppe au grand cœur.
C : 30 € • M : 16-22 €

Villa Coloniale

Plan : 4 D 2 » 53 bd de Grenelle
☎ 01 45 75 98 00
F. dim. et 15-26 août.
Jusqu'à 23h15.

Les atouts de la villa ? Un nouveau décor coloré, mi-asiatique mi-africain, un espace lounge avec tables basses et banquettes confortables, une petite terrasse bien orientée, une équipe de salle jeune et dynamique, une carte voyageuse, une cuisine qui parvient à tirer son épingle du jeu et un service jusqu'à minuit. Et voilà !
C : 25 € • M : 18-25 € *www.http://lavillacoloniale.fr*

Hilton Paris

Plan : 4 C 1 » 18 av de Suffren
☎ 01 44 38 56 00
Fax 01 44 38 56 10
Ouv. 7j/7.

Rafraîchissement et prestations améliorées pour ce fleuron parisien de la chaîne, avec un cadre revu et modernisé dans la totalité des chambres. La situation privilégiée et la vue sur la Seine et la tour Eiffel restent bien sûr d'actualité.
461 ch. 220 € *www.hilton.com*

Bailli de Suffren Tour Eiffel

Plan : 4 D 2 »

Les diplomates de l'UNESCO voisin peuvent ici se tenir au courant des affaires du monde avec le réseau wifi et TV satellite, tout en profitant de chambres cosy meublées de style.

25 ch. 134-159 €

www.baillidesuffren-paris-hotel.com

149 av de Suffren
☎ 01 56 58 64 64
01 45 67 75 82
Ouv. 7j/7.

Abaca Messidor

Plan : 4 C 4 »

La campagne à Paris, une revendication justifiée par un vaste jardin privé. Chambres prestiges meublées de style, décor plus sobre, agréablement coloré, pour les autres.

72 ch. 106-180 €

www.abacahotel.com

330 rue de Vaugirard
☎ 01 48 28 03 74
01 48 28 75 17
Ouv. 7j/7.

PARIS 16 (8 C 5)

19 L'Astrance

Plan : 2 C 6 »

4 rue Beethoven
☎ 01 40 50 84 40
F. sam., dim., lundi, 1 sem. nov., fêtes Noël, 1 sem. vac. scol. fév. et août.
Jusqu'à 21h15.

Cadre et ambiance

Une salle de poche derrière le Trocadéro, tout près de la scène. Une pièce modeste et moderne où chacun sait que se dessinent les assiettes les plus flamboyantes de Paris.

Cuisine

Inspirée par Alain Passard avec lequel il travailla, la cuisine de Pascal Barbot est tout à la fois de liberté et de rigueur, de passion et de perfectionnisme. Une grande recherche sur les textures et sur les couleurs, pour extraire simplement et directement les saveurs : ormeau en lamelles, foie gras chaud, bouillon aux algues et radis vert ; maquereau sur une fondue d'oignon, poivron, câpre, coriandre et gingembre ; et des fulgurances de simplicité, transversales et irradiantes, la pintade au sautoir ou le piment en sorbet à la citronnelle.

Cave

Conçue avec une grande application pour rechercher les vins de vignerons d'aujourd'hui, ceux qui produisent du fruit, de la matière la plus naturelle pour coller à cette cuisine. Elle s'est aujourd'hui bien étoffée avec quantités de grands crus.

Accueil et service

Christophe Rohat est, intrinsèquement, l'un des meilleurs directeurs de salle de Paris. Dans ses murs, et dans la complicité, depuis le début de l'aventure, avec Pascal Barbot, il est la pièce maîtresse du moment passé à table, aidé d'un service discret et bien en place.

C : 100 € • M : 70-250 €

18 Le Pré Catelan

Plan : 2 A 5 »

Rte de Suresnes, Bois de Boulogne
☎ 01 44 14 41 14
F. dim. (sf à déj. 8 mai-16 oct.), lundi, 22 oct.-2 nov., 3 sem. vac. scol. fév. et 1 sem. Toussaint.
Jusqu'à 22h.

Cadre et ambiance

Un majestueux pavillon au cœur du Bois de Boulogne, l'énorme machinerie Lenôtre dont le restaurant est une des parties émergées, luxe classique étudié dans le détail, atmosphère post-proustienne. Une étape touristique de choix, entre la promenade en bateau-mouche et la Tour Eiffel.

Cuisine

Génial par moments, banal parfois, le Pré Catelan est de ces tables qu'on aime encenser ou flageller. Peut-être par le risque calculé de compositions classico-avant-gardistes, ou le contraire, de Frédéric Anton. Sans doute glose-t-on un peu trop sur le sens de la cuisine, alors que la tomate (une large rondelle simplement aromatisée d'huile d'olive, citron vert et vanille) remplit de bonheur celui qui la goûte pour la première fois (comme un peu plus loin la betterave et le comté), que l'étrille est sublimée avec sa gelée printanière, que les langoustines croustillantes, feuille de romaine en gaspacho forment un plat parfait, que le turbot au pesto, le ris de veau aux girolles, les framboises en gaufrettes nous ravissent... Alors oui, on peut chipoter le côté grand traiteur et apprêts haute bourgeoisie qui chamboulent moins les habitudes qu'un verre à essai fumant. Mais il n'y a pas lieu de se cacher de ce plaisir-là.

Cave

Vaste cave dans un registre évidemment classique, offrant suffisamment de choix pour qu'on ne prenne pas un coup de sueur en arpentant toutes les pages sans trouver une bouteille à son budget. Quelques grandes petites bouteilles de vignerons émergents, une sommellerie bien formée, manquant peut-être un peu de passion et de sollicitude.

Accueil et service

Bien dans le ton, la déférence du service à l'ancienne, courbé de politesse, avec ce rien de condescendance que l'on peut revendiquer dans une telle maison, et ostensiblement prévenant avec les VIP.

C : 100 € • M : 60-175 € *www.lenotre.fr*

La Grande Cascade

Plan : 2 A 5

» Allée de Longchamp, bois de Boulogne
☎ 01 45 27 33 51
F. vac. scol. Noël.
Jusqu'à 21h30.

Cadre et ambiance

Elle est là, juste à côté, fidèle arrière-plan de toutes les photos souvenir des mariages célébrés dans les environs (les plus fortunés en profitant même pour occuper le temps du repas les salons de cette merveilleuse structure de métal et de verre construite pour Napoléon III). Elle ? La grande cascade bien sûr, icône du Bois de Boulogne et qui a donné son nom au pavillon de la famille Menut. Terrasse exclusive, salles à manger aristocratiques, l'élégance absolue.

Cuisine

Commis chez Bocuse et chez Chapel, chef de partie puis second auprès de Jean-Louis Nomicos, Richard Mebkhout a pris la direction des cuisines en septembre 2001 en y insufflant un air nouveau tout en conservant le classicisme qui sied si bien à cette grande maison. Quatre ans plus tard, nous attendons justement ce second souffle, en constatant malheureusement que, bien que parfaite, la cuisine de ce chef encore jeune manque de renouvellement, comme si elle s'était laissée happer par le prestige intemporel des lieux : langoustines rôties, sucs des têtes à peine crémées, macaroni aux truffes noires, foie gras et céleri, homard bleu à la vanille, mangue au thym citron, filet de mignon de porc au sautoir, lard paysan caramélisé, condiment jambon pruneau. Un travail d'orfèvre, un classicisme impeccable, mais des assiettes qui, actuellement, manquent un peu de relief.

Cave

Pléthorique, forte sur les références prestigieuses et rassemblant les incontournables en languedoc (Gauby, Grange des Pères...) ou sud-ouest (Da Ros, Clos Triguédina).

Accueil et service

Le personnel est pléthorique, prompt à répondre à toutes les demandes, même les plus saugrenues. Pourtant, de temps en temps, on repère quelques grains de sable qui ne troublent pas outre mesure un ordonnacement très réglé.

C : 150 € • M : 70-165 € *www.lagrandecascade.fr*

Hiramatsu

Plan : 1 E 6

» 52 rue de Longchamp
☎ 01 56 81 08 80
F. w.-e., 1er-28 août et 31 déc.-8 janv.
Jusqu'à 21h30.

Cadre et ambiance

L'ancienne maison d'Henri Faugeron, entièrement refaite dans un style zen tamisé contemporain. Lignes et tons doux, calme et bien-être.

Cuisine

Hiroyuki Hiramatsu a donc transporté sa dînette de l'île Saint-Louis dans les beaux habits du XVIe. En gardant les mêmes principes d'exclusivité - tarifs violents, peu de couverts - pour rendre hommage à la cuisine française (il voue une grande admiration à Paul Bocuse) accommodée à ses idées contemporaines : saumon semi-fumé mariné aux herbes et crème de champagne et caviar osciètre, lamelles d'agneau compotée d'oignons blancs et jus de truffes, barbe à papa caramélisée sur gelée de poire william. Le léger risque de déviance vers un simple prestige hexagonal est gommé par une technique assez époustouflante sachant glisser au bon moment la pointe de saveur supplémentaire.

Cave

La révérence va aussi aux grands vins français, sagement alignés dans une cave érudite et assez chère. Un beau catalogue également nourri des bonne valeurs d'aujourd'hui dans la plupart des vignobles.

Accueil et service

L'excellent directeur précédent parti sous d'autres cieux, c'est Monsieur Hiramatsu himself qui assure l'accueil. Courtoisie, sourire feutré et parfaite connaissance du sujet.

C : 110 € • M : 35-180 €

Le Jamin Benoît Guichard

Plan : 2 C 5

» 32 rue de Longchamp
☎ 01 45 53 00 07
F. w.-e. et 28 juil.-22 août.
Jusqu'à 21h45.

Cadre et ambiance

Confort feutré de l'ex-bonbonnière robuchonienne, drivée avec constance par un de ses lieutenants devenu capitaine, Benoît Guichard. Grâce au talent du chef, si Jamin n'a pas retrouvé ses fastes des années 80, il tient une très belle place sur l'échiquier XVIe.

Cuisine

La main est très sûre, dans le choix des produits, dans le traitement, un peu comme un Patrick Pignol version rue de Longchamp, la faconde en moins. Car la cuisine est propre, mais ni jubilatoire, ni sexy. Et à ces altitudes (autour de 50-60 **€** le plat) tout le monde cherche le petit supplément, d'âme, de fantaisie, d'humour. Il n'empêche que le traitement des saint-jacques est d'une limpidité totale, et que le pigeonneau au foie gras ne risque pas de lasser.

Cave

Du répondant à tous niveaux, sans débordement, mais avec ce qu'il faut pour le quartier, des références à bouche que veux-tu, du chic bordelais, du fier bourguignon et quelques petits pour faire passer.

Accueil et service

Discrétion, douceur, le service gère le quotidien avec diplomatie et efficacité, sans cris, sans hâte, en fluidité, ne laissant jamais longtemps un verre vide ou une assiette sale.

C : 110 € • M : 53-130 € *reservation@jamin.fr*

Le Relais d'Auteuil - Patrick Pignol

Plan : 4 A 3

» 31 bd Murat
☎ 01 46 51 09 54
F. sam. à déj., dim., lundi à déj., Noël, nouvel an et août.
Jusqu'à 22h.

Cadre et ambiance

Un salon, un cocon, un coin seizième très seizième, et une clientèle qui adore se faire chouchouter, bichonner par une équipe menée avec gouaille et une énergie débordante par Patrick Pignol.

Cuisine

La cuisine bourgeoise dans ce qu'elle a de meilleur : l'opulence, les vraies saveurs, des produits magnifiques, poissons et gibiers en particuliers, gâtés par les attentions d'un véritable maître et très bon vivant, qui comprend que la clientèle veut de l'exceptionnel, à n'importe quel prix. Si un plat est au caviar, il y a vraiment du caviar, si c'est aux truffes, il y a beaucoup de truffes. Homard rôti dans sa carapace et son cannelloni, jus de crustacés, bar de ligne en épais filet, jus façon vinaigrette au vieux balsamique, superbe grouse flambée au whisky, quelques merveilles parmi les derniers plats goûtés.

Cave

Cave exceptionnelle, presque monstrueuse, parcourant toutes les régions et les grands vignobles avec des verticales vertigineuses. Et à des tarifs qui ne le sont pas moins. L'amateur ne pourra guère se rabattre sur le vin au verre, pas encore vraiment dans les mœurs maison.

Accueil et service

Service feutré, du style sans chabada de palace. Chacun a son poste accomplit

sa tâche avec efficacité, et tout se déroule en fluidité.
C : 120 € • M : 50-145 € *relaisdauteuil@wanadoo.fr*

15 La Table de Joël Robuchon

Plan : 2 C 5 » 16 av Bugeaud
☎ 01 56 28 16 16
Ouv. 7j/7.

L'esprit Robuchon du XXIe siècle se rapproche finalement dangereusement de celui des années 80. Pas dans la cuisine - simplifiée, "virginalisée", sans intermédiaire - ni dans la restauration (fini les quarante personnes pour quarante couverts, du chic sobre d'un bistrot ultime), mais dans la recherche d'une certaine perfection et la quête du bonheur à table dont il dessine, comme il le faisait il y a vingt ans dans un autre cadre, les nouveaux contours. C'est-à-dire de la vie, des idées, du mordant dans le tourteau et gelée acidulée à l'avocat, l'asperge verte parmesane et champignons, jus perlé au vin d'Arbois, le bar, gros macaroni à la ricotta et basilic ou l'agneau des Pyrénées, en côtelettes à la fleur de thym, un monde robuchonien presque parfait servi par une escouade de gentillesse. Cave fort belle, intelligente et pointue, les bordeaux-bourgogne se taillant la part du lion.
C : 70 € • M : 55-150 €

14 Conti

Plan : 2 C 5 » 72 rue Lauriston
☎ 01 47 27 74 67
F. sam., dim., fériés, 3 sem. août et 24 déc.-2 janv.
Jusqu'à 22h30.

Pas vraiment démocratique cette Italie (un menu unique à 30 **€** au déjeuner uniquement et prévoir au moins 50 **€** à la carte), mais une très belle évocation de la cuisine transalpine par un ancien de chez Jamin et Troisgros : velouté glacé de courgettes aux scampi et fritto de Parme, côtelettes d'agneau à la parmesane et aubergines au gratin, panna cotta au chocolat blanc et cerises amarena. Cadre cossu, cave très complète en crus transalpins.
M : 30-50 €

14 Essaouira

Plan : 4 B 1 » 135 rue Ranelagh
☎ 01 45 27 99 93
F. dim., lundi à déj. et août.
Jusqu'à 22h30.

Ali El Mansouri a suffisamment œuvré dans la capitale pour le rayonnement de la cuisine marocaine. Plus besoin d'en rajouter, retour aux sources. Le décor de cette discrète enseigne entre Maison de la Radio et Maréchaux est authentiquement inspiré de l'art traditionnel du Maroc (tapisseries de l'Atlas, porcelaines de Safi…), la cuisine suit le même chemin, dans le respect des saveurs originelles : pastilla au pigeon, tajine boulettes de sardines, tajine agneau aux coings, un délice, salade d'orange à la cannelle. L'atmosphère, douce et intime, renforce le dépaysement.
C : 32 € • M : 14,90 €

14 Lac Hong

Plan : 2 C 5 » 67 rue Lauriston
☎ 01 47 55 87 17
F. dim. et août.
Jusqu'à 23h15.

Cher pour un restaurant vietnamien, on peut vous l'accorder. Cher pour l'un des meilleurs asiatiques de Paris, posté dans le XVIe qui ne se mouche pas dans les confettis, et riche de spécialités qui ne se rencontrent pas derrière n'importe quel paravent - le coquelet aux sept parfums, le turbot vapeur sauce gingembre - dans une délicatesse de saveurs assez remarquable, alors non. Dans un décor fortement typique et qui ne passe pas inaperçu, cette table compte toujours autant, même si la cave fait le service minimum.
C : 45 € • M : 19 €

14 Passiflore

Plan : 2 C 5 » 33 rue de Longchamp
☎ 01 47 04 96 81
F. sam. à déj., dim. et août.

Un établissement bien en situation, douillet, cocooning XVIe dans des ambiances zen. Roland Durand s'occupe bien de ses clients (il assure lui même une partie du service) et sa présence rajoute à l'ambiance feutrée. C'est aussi l'occasion de le féliciter directement pour sa belle cuisine exploratrice : saveur de homard parfaite de netteté et sobrement servi par les accompagnements de la vichyssoise, caille succulente accompagnée de chanterelles et shi-takés entiers et en purée et une réussite incontestable sur le fondant au chocolat. Devant tant de travail, on ne râlera pas trop sur la longueur du repas. On aurait envie de boire la carte des vins de la première à la dernière ligne, avec de superbes vins typés : Nicolas Joly, Gaillard, Graillot, Courbis ou encore le patrimonio d'Antoine Arena .

C : 80 € • M : 35-54 €

14 Le Pergolèse

Plan : 2 C 4

» 40 rue Pergolèse
☎ 01 45 00 21 40
F. w.-e. et août.
Jusqu'à 22h30.

Le Pergolèse version Albert Corre a vécu et sa reprise récente par Stéphane Gaborieau, ancien chef de la Villa Florentine à Lyon, n'a probablement pas bouleversé les habitués. Seuls les plus distraits n'auront pourtant pas noté les franches améliorations apportées aux assiettes qui, bien que semblant parfois dénuées de passion et souffrant d'un déficit de personnalité, justifient désormais leurs tarifs toujours très XVIe : moelleux de sardines et poivrons, raviolis de langoustines sauce crustacés et foie gras, nems pomme et gingembre, macaron fruits rouges et fraîcheur yaourt. Derrière l'évidente technique du chef (il a été MOF et se plaît à le prouver) et la qualité des produits, on regrette quelques détails agaçants, les plats qui arrivent tous brûlants (le sandre en profite ainsi pour arriver trop cuit, dommage), et un service manquant un peu d'entrain pour une reprise.

C : 80 € • M : 38-80 € *le.pergolese@wanadoo.fr*

14 Le Vinci

Plan : 2 C 5

» 23 rue Paul-Valéry
☎ 01 45 01 68 18
F. w.-e. et 3 sem. août.
Jusqu'à 22h15.

L'Italie chic, accueil jovial et ambiance intime, est toujours un best-seller. Au Vinci, on a su la cultiver d'année en année, cuisine pointue et authentique, saveurs marquées et service de haute tenue. Néanmoins, hormis, cette année, un risotto prima vera qui valait réellement deux toques, nous n'avons pas retrouvé la finesse et même l'enthousiasme auxquels nous étions habitués, en particulier sur des plats un peu fourre-tout, comme les lasagnes foie gras morilles qui font peut-être bel effet sur la carte, mais un peu moins dans l'assiette. L'adresse, dans son standing et son potentiel, reste néanmoins très recommandable.

C : 50 € • M : 31 € *www.le-vinci.com*

13 Le Bistrot de l'Etoile

Plan : 4 C 4

» 19 rue Lauriston
☎ 01 40 67 11 16
F. sam. à déj., dim.
Jusqu'à 23h30.

Situé, comme son nom l'indique, à deux pas de la place de l'Etoile, ce bistrot contemporain de la galaxie Savoy propose des assiettes modernes et vives, aux saveurs plutôt bien équilibrées. Les rustiques terrines de joues de bœuf et croustillant de boudin noir côtoient sans complexes fricassée de homard ou rémoulade de céleri au caviar, indispensables au quartier. L'adresse n'est évidemment pas à l'abri des quelques tics à la mode (présentation en kit à assembler soi-même, dessert servi dans un verre à pied) mais dans l'ensemble cela tourne rond, d'autant que le rapport qualité prix reste particulièrement attractif. Service jeune, compétent et à l'aise , pas du tout intimidé par le sérieux des costumes cravate. Carte des vins que l'on aimerait un peu moins plan-plan, et plus audacieuse.

C : 45 € • M : 21-49 €

13 La Butte Chaillot

Plan : 2 C 5

» 110 bis av Kléber
☎ 01 47 27 88 88
F. sam. à déj. et 6-27 août.
Jusqu'à 23h.

Chic seizième à deux pas du Troca, douceur molletonnée d'une table d'affaires aux accents modernes, relativement dénuée de personnalité mais compilant avec pertinence ce qui peut séduire la clientèle d'aujourd'hui sur l'avenue Kléber : thon aux épices douces, salade multicolore de gambas, bar au caramel balsamique, volaille fermière à la broche, sans oublier les plats végétariens et le coulant au chocolat. Le menu à 32 **€** constitue le choix logique et équilibré, le service est parfait d'efficacité et de distance, Sociando 99 est à 86 **€**.

C : 50 € • M : 32 € *www.guysavoy.com*

Chez Géraud

Plan : 2 B 6

31 rue Vital
☎ 01 45 20 33 00
F. sam., dim., 24 déc.-2 janv. et août.

Parfaitement à l'aise dans son quartier, Géraud a su conquérir une clientèle de fidèles, qui suivent l'évolution des saisons sur une belle carte classique et attendent notamment avec impatience l'automne et ses gibiers. La chaleur de l'accueil et la façon dont le patron fait vivre ce décor un peu désuet font autant pour le succès de la maison que la précision des cuissons, ultra respectueuses du produit : un filet de crème sur des asperges bien fondantes, un foie de veau parfait avec de bons haricots verts, le plaisir ne tarde pas à venir. On regrette seulement les desserts trop banals. Carte des vins classique, avec, avantage des maisons d'expérience, quelques beaux vieux millésimes.
C : 50 € • M : 30 €

Duret Mandarin

Plan : 2 C 4

34 rue Duret
☎ 01 45 00 09 06
Ouv. 7j/7.
Jusqu'à 22h45.

Quinze ans déjà que la famille Tang applique les préceptes hospitaliers qui rendent tout meilleur. Et quinze ans que le rituel s'organise dans une ambiance d'une sincérité et d'une simplicité plutôt rares dans le quartier : poulet citronnelle, crabe sauté au lait frais, canard laqué à la pékinoise. Les assiettes sont calibrées avec un savoir-faire qui semble millénaire et la toque est toujours vaillante.
C : 20 € • M : 12,50-14,80 €

Les Filaos

Plan : 2 B 6

5 rue Guy-de-Maupassant
☎ 01 45 04 94 53
F. dim. et août.
Jusqu'à 22h30.

Endroit assez insolite dans le quartier, les Filaos s'apprécient pour l'accent créole et la gentillesse du patron, comme pour la cuisine simple et colorée d'une île joliment métissée, entre influences créoles et indiennes qui se traduisent sur la vindaye d'ourite bien caramélisée et le mérou macéré au citron vert et lait de coco. A savourer un verre de ti punch à la main.
C : 27 € *www.lesfilaos.com*

Oum el-Banine

Plan : 2 B 5

16 bis rue Dufrenoy
☎ 01 45 04 91 22
F. dim. et 2 prem. sem. août.
Jusqu'à 22h30.

Poussez sans crainte la porte cloutée de cet établissement, le soleil et les épices sont derrière, et avec eux un univers d'arômes d'outre-Méditerranée joliment ajustés. Le choix des tajines (agneau, poulet, pied de veau...) est éloquent, laissant flotter le parfum de l'authenticité, les sardines farcies sont excellentes, la pastilla à la crème plus tranquille. Vins du Maroc et courtoisie orientale pour bien accompagner.
C : 35 € • M : 30,50 € *oumelbanine@aol.com*

6 New York

Plan : 2 C 6

6 av de New-York
☎ 01 40 70 03 30
F. sam. à déj., dim. et 3 sem. déb. août.
Jusqu'à 2h.

La séduction joue à plein, par l'élégance de ce cadre contemporain et feutré comme l'efficacité d'une cuisine de bistro moderne et chic, entre le canaille actualisé (carpaccio de tête de veau ravigote), la noblesse décontractée (risotto de champignons de Paris et asperges à huile de truffe blanche) ou les parfums du Sud (dos de thon à la plancha épices et condiments de sucrine). Mission accomplie, sous l'œil du chef et dans une ambiance remarquablement conviviale pour la situation. La carte des vins assure une bonne couverture nationale sur une large gamme.
C : 50 € *6newyork@wanadoo.fr*

Dans chaque ville, les établissements sont classés
par note décroissante, restaurants d'abord, hôtels ensuite.

•

Certaines communes sont rattachées à l'agglomération la plus proche.

13 La Terrasse Mirabeau

Plan : 4 B 2 » 5 pl de Barcelone
☎ 01 42 24 41 51
F. sam. à déj., dim. et 3 sem. août.
Jusqu'à 22h30.

Après quelques années passées au Bistrot d'à côté de Michel Rostang, Pierre Negrevergne a repris cette adresse il y a quelques mois. L'ambiance Auteuil-Passy dans un décor frais, les assiettes qui balancent entre fraîcheur saisonnière et classiques contemporains offrent un rapport plutôt avantageux pour le quartier (attention néanmoins à la qualité des viandes). Une très bonne réalisation (pressé de lapin en gelée au foie gras, penne rigate aux cèpes), des desserts friands et un excellent pain mènent à la première toque. Cave à étoffer.
C : 38 € • M : 38-48 €

13 Vin et Marée

Plan : 4 A 3 » 183 bd Murat
☎ 01 46 47 91 39
Ouv. 7j/7.
Jusqu'à 22h30.

Cet exemplaire est un peu moins chaleureux que ses collègues, dans un coin calme proche de la Seine. La prestation a en revanche bien la même qualité, voiturier, accueil féminin empressé et fraîcheur poissonnière sur ardoise dans un décor mosaïque. E la nave va, avec la sole de sable, la dorade royale ou le bar au fenouil, sans anicroches, avec des assiettes généreuses et désormais assez coûteuses (on aimerait bien un petit menu, au moins au déjeuner).
C : 38 €
vin.maree@wanadoo.fr

12 A&M le Bistrot

Plan : 4 A 3 » 136 bd Murat
☎ 01 45 27 39 60
F. sam. à déj., dim. et août.
Jusqu'à 22h30.

Du bistrotier comme le XVIe arrondissement peut le comprendre : chic détendu, exposition de terroirs lointains (faux-filet d'Aubrac), gris-gris contemporains pour enrober (caramel balsamique, pleurotes au gingembre) sous la patte d'un chef précis qui sait où il va et avec qui. La terrasse sur le trottoir est très demandée en été, le service cordial et la formule sur ardoise, à 30 **€**, mérite son succès. Cave généraliste pas très passionnante.
C : 37 € • M : 30 €

12 Al Mounia

Plan : 2 C 5 » 16 rue de Magdebourg
☎ 01 47 27 57 28
F. dim. (août).
Jusqu'à 23h30.

Du marocain façon XVIe, qui vit un peu sur une gloire antérieure, mais donne, dans le calme et une élégance certaine, une honnête géographie de l'Atlas, avec les briouattes à la viande, les calamars à l'ail et le couscous fassi. Le tajine aux abricots est un bon exemple, la cave suit la route.
C : 30 € • M : 19 €
www.al-mounia.com

12 Bellini

Plan : 2 C 4 » 28 rue Le-Sueur
☎ 01 45 00 54 20
F. sam à déj., dim., 3 sem. août et 1 sem. déc.
Jusqu'à 22h30.

A deux pas de l'Etoile, commander un Bellini au Bellini. C'est un début. La conversation peut ensuite se poursuivre avec des classiques della casa : sardines marinées, parmiggiana d'aubergines et mozza, tagliatelles flambées dans la meule, risotto à la scamorza, piccata de veau. L'atmosphère est celle de l'Italie à Paris, un chic un peu suranné, un style, une aisance indéniable jusque dans la cave, représentant la plupart des régions.
C : 45 € • M : 25-28 €

12 Bigorneau

Plan : 2 C 6 » 71 av Paul-Doumer
☎ 01 45 04 12 81
F. dim. à dîn. et lundi.
Jusqu'à 22h30.

Pas de fausse modestie derrière ce nom, c'est bien la simplicité qui prime ici, ou plutôt la sobriété car il n'est pas toujours facile de proposer jour après jour le meilleur de la marée, de Bretagne ou de Normandie. L'ardoise est donc ici digne d'intérêt, sur les poissons comme les fruits de mer.
C : 39 € • M : 23-34 €

[12] Il Fra Diavolo

Plan : 2 C 5 »

73 av Kléber
☎ 01 47 27 73 75
Ouv. 7j/7.
Jusqu'à 23h.
🐕

Un classique italien du quartier, la meule de parmesan et les spaghettis au homard. L'ambiance est évidemment typique, à l'ancienne, très bien préservée pour garantir la reconnaissance des habitués. Et les additions éloignent les importuns.

C : 30€ • M : 15-20€

[12] Le Kiosque

Plan : 2 C 5 »

1 pl de Mexico
☎ 01 47 27 96 98
F. Noël.
Jusqu'à 23h.
⛱ 🚗 ❄ 🐕

Philippe Lemoine, ex-patron de l'Auto Journal, a réussi sa reconversion (même s'il ne peut s'empêcher de présenter sa carte à la façon d'une première page de quotidien), bien épaulé par Mathias Lallement, son jeune chef. Le tartare de tomates fraîches et séchées, mozzarella de bufflonne au pistou, le filet de dorade grillé, vinaigrette épaisse au persil et œuf dur et la tarte fine aux pommes ne méritent pas encore le Pulitzer mais la maison dégage tellement de sympathie qu'elle est indispensable.

C : 25€ *restaurantlekiosque@wanadoo.fr*

[12] Aux Marches du Palais

Plan : 2 D 5 - D »

5 rue de la Manutention
☎ 01 47 23 52 80
F. non comm.
Jusqu'à 22h30.
⛱ 🐕

Un vieux bistrot derrière le Palais de Tokyo, doté de tous ses attributs d'époque (moulures, carrelage bicolore, chaises Thonet, comptoir en bois et vieilles réclames) légèrement rénové mais qui a conservé son âme. Une cuisine ménagère et bistrotière, parfois d'un classicisme sans faille (blanquette de veau, poireaux vinaigrette, œuf mayo), parfois agrémentée d'un soupçon de modernité et d'une pointe d'épice (parmentier de canard au ras el hanout), même si l'on s'interroge sur la valeur ajoutée par la verrine à une blanquette à l'ancienne ou à une charlotte aux fruits. Honnête sélection viticole, service jeune et dynamique.

C : 30€ • M : 18€

[12] Le Petit Boileau

Plan : 4 A 3 »

98 rue Boileau
☎ 01 42 88 59 05
F. dim., lundi (Pâques et mi-août).
Jusqu'à 22h30.
🐕

Changement de tête cette année pour ce bistrot sincère dont on peut penser qu'il gardera sa franche poignée de main. Viviane et Manu Henriques, habitués de maison de tradition poissonnière (Espadon Bleu, Quinson) ont la bonne ligne entre les doigts : foie de veau, andouillette 5A, perdureront aux côtés du saumon au ragoût de lentilles et du bar sauce vierge. Et la cave se fait aussi bonne copine avec une jolie brochette de propriétaires.

C : 30€

[12] La Table Lauriston

»

129 rue Lauriston
☎ 01 47 27 00 07
F. sam. à déj., dim. et 3 sem. août.
Jusqu'à 22h30.
❄ 🐕 🚬

Serge Barbey, après quelques années passées à Saint-Ouen au Soleil, met sa verve bistrotière au service des beaux quartiers. L'engouement a été immédiat, la performance, calibrée dans ses détails - esprit bistrot, atmosphère canaille-chic, cave bien ajustée et ingrédients-repères (jabugo, belle entrecôte) - montrant d'emblée la solidité et la régularité. Ni trop cher, ni pas assez, du pratique au quotidien pour le XVIe qui bouge un peu.

C : 45€

[12] Vin dans les Voiles

Plan : 4 A 3 »

8 rue Chapu
☎ 01 46 47 83 98
F. dim., lundi-vend., à dîn. mardi-sam. et août.
Jusqu'à 22h30.
❄

Remplaçant les Ormes (transféré rue Surcouf dans le 7e), ce Vin dans les Voiles se laisse porter par les alizés depuis son ouverture l'an dernier en mariant une courte carte de bistrot (assiette de serrano, charcuterie corse, brochette de tripes, andouillette de Troyes grillée...) avec des plats "de saison" plus élaborés (souris d'agneau confite aux épices et à la coriandre fraîche, tarte tatin et sauce au caramel de lait) et tout de même bon marché. Belle sélection de vin au verre à l'ardoise.

C : 35€ • M : 27€ *vindanslesvoiles@aol.com*

[11] Mathusalem

Plan : 4 A 3

» 5 bis bd Exelmans
☎ 01 42 88 10 73
F. w.-e. et 7-20 août.
Jusqu'à 22h30.
⛱ 🚗 🐕

Service rendu dans un contexte bistrotier strict mais appréciable entre Auteuil et Passy. Car même élevé dans l'argenterie, on peut parfois éprouver une grande attirance pour la tête de veau gribiche, le tartare de charolais et le tiramisu maison. Et Mathusalem, pas vieux de huit siècles, mais de près de deux décennies, répond présent.

C : 26 € • M : 20 €

www.mathusalem.fr

Al Dar

» 93 av Raymond-Poincaré
☎ 01 45 00 96 64
Ouv. 7j/7.

Un décor un peu kitsch, un service dans le même ton pour une expérience gentiment libanaise, autour de formules complètes et de spécialités tranquilles, houmous, brochettes de viande et baklava.

C : 40 € • M : 24-45 €

La Baie d'Halong

Plan : 4 B 2

» 164 av de Versailles
☎ 01 45 24 60 62
F. sam. à déj. et dim.
Jusqu'à 22h15.
❄

Le décor a été revu, avec des rappels constants à l'Indochine. Service d'une grande gentillesse et cuisine vietnamienne raffinée, notamment la fameuse soupe piquante aux crevettes.

C : 32 € • M : 26-32 €

kayleroy@club-internet.fr

Bon

Plan : 2 C 5

» 25 rue de la Pompe
☎ 01 40 72 70 00
F. sam. à déj. et 1er-15 août.
Jusqu'à 23h30.
🚗 ❄ 🐕 🚬

Bar, brasserie, boudoir, deux salles, boutiques, sauce Philippe Starck, pour mieux connaître les tendances de l'architecture intérieure contemporaine. Et goûter, avec l'éminent Bruno Brangea, ex Flora Danica et Gaya Rive Gauche aux délices de même époque, nems de gambas et saint-pierre rôti au sésame légumes au wok.

C : 40 € • M : 25-30 €

Le Chalet des Iles

Plan : 2 A 4

» Lac du bois de Boulogne
☎ 01 42 88 04 69
F. dim., lundi (fin oct.-fin mars) et 23 déc.-2 janv.
⛱ ♿ 🐕 🚬

Sur le plus célèbre des lacs parisiens, un authentique chalet suisse démonté et déplacé par Napoléon III sur une île (délicieuse balade en barque pour la rejoindre) pour satisfaire aux caprices de l'Impératrice. Cuisine simple et voyageuse, cadre romantique.

C : 48 € • M : 23-30 €

Cristal Room

Plan : 2 D 5

» 11 pl des Etats-Unis
☎ 01 40 22 11 10
F. dim.
Jusqu'à 22h30.
🚗 ♿ ❄

Ça, c'est vraiment un endroit qui brille. Bel immeuble, décor fastueux, d'originalité, de style, de scintillement. Baccarat by Starck, cela donne un restaurant hype qui, par vocation, est un peu plus dans l'événementiel que dans la cuisine. Dans un tel cadre, la carte ne peut être que follement osée et les prix fracassants. Le reste, service, et même réalisation, appartient plus à l'ordinaire.

C : 80 €

cristalroom@baccarat.fr

Firenze

Plan : 4 B 2

» 30 av de Versailles
☎ 01 45 24 34 98
F. sam. à déj. et dim.
Jusqu'à 23h.
⛱ ♿ 🐕

Changement de cap et atterrissage sur Florence : Ital devient Firenze, la carte est aussi plus sage, tomates mozza, escalope au jambon de parme et tiramisu pour faire dans un beau décor - il n'a pas changé - un sympathique italien sur l'avenue de Versailles.

C : 13 €

🏠 Bon confort. 🏠🏠 Grand confort. 🏠🏠🏠 Luxe. 🏠🏠🏠🏠 Grand luxe.

🏡 🏡🏡 🏡🏡🏡 🏡🏡🏡🏡 Hôtels de charme.

Le Roland Garros

Plan : 4 A 2 » 2 av Gordon-Bennett
☎ 01 47 43 49 56
F. dim. à dîn., lundi à dîn., 23 déc.-3 janv., 1er-23 août et pendant Roland Garros.
Jusqu'à 22h30.

On s'amuse toujours à Paris. Prenez le texte des petits " flyers " distribués à l'entrée de cette nouvelle adresse chic seizième : " Découvrez la gastronomie du XXIe siècle dans une ambiance de club-house. Une cuisine végétale, virtuelle et virtuose, crépitante et jardin de verdure ". Cela donne envie d'aller taper quelques balles avec Sharapova, boire un drink rafraîchissant avec Nadal, et se libérer de quelques centaines d'euros (cela ne peut, ni ne doit, être bon marché) pour une cuisine supervisée par Marc Veyrat himself. Pour tout dire, les débuts n'étaient pas aussi fracassants que cela, les balles sans doute trop neuves. Mais petit à petit, l'affaire se rode et la cuisine s'affine. On suit le match avec intérêt.

C : 65 € • M : 55 € *www.laffiche.fr*

Waknine

Plan : 2 D 5 » 9 av Pierre-1er de Serbie
☎ 01 47 23 48 18
F. sam. et dim.
Jusqu'à 23h.

Terrasse incontournable, clientèle branchée et déco décalée (ceci expliquant cela) pour cette cantine chic du XVIe, moins percutante cependant dans l'assiette que dans son mélange de moderne et baroque.

C : 45 € • M : 25-45 €

Zebra Square

Plan : 4 B 2 » 3 pl Clément-Ader
☎ 01 44 14 91 91
Ouv. 7j/7.

Un concept qui fonctionne encore, dix ans après. Patrick Derdérian a lancé des dizaines d'idées, un certain nombre se sont transformées concrètement et la réussite est patente. Zebra Square, avec son emplacement en or au pied de la Maison de Radio-France, est un de ces lieux inusables qui continuent à rassembler le media-biz et les VIP sur une carte simplissime (carpaccio, tartare, bar plancha, gratin de fruits) mais extrêmement vaste.

C : 42 € • M : 22 €

Hôtel Raphaël

Plan : 2 C 4 » 17 av Kléber
☎ 01 53 64 32 00
Fax 01 53 64 32 01
Ouv. 7j/7.

Le cadre est fastueux, avec un luxe de détails raffinés symboliques du meilleur de l'art et de l'artisanat à la française, tentures, tableaux de maîtres, dorures, marqueterie finement ouvragée et mobilier de style composent des chambres précieuses. Les suites avec terrasse profitent de la situation pour offrir une vue extraordinaire, l'attrait majeur du restaurant Plein Ciel, ouvert aux beaux jours et qui met l'Arc de Triomphe à portée de main le temps d'une grillade. Décor somptueux et cuisine nettement plus raffinée à la Salle à Manger, pour une sage cuisine de produits nobles.

47 appart. 730-5450 € • 39 ch. 465-560 € • C : 85 € • M : 50-60 €
www.raphael-hotel.com

Saint-James Paris

Plan : 2 C 5 » 43 av Bugeaud
☎ 01 44 05 81 81
Fax 01 44 05 81 82
Ouv. 7j/7.

Ce somptueux hôtel particulier XIXe ouvre sa façade néo-classique sur un jardin, un luxe rare dans la capitale. L'atmosphère est tout aussi précieuse, avec un esprit club et des chambres personnalisées aux ambiances délicatement contemporaines, paisibles et chaleureuses. Un jeune chef au parcours prestigieux réserve ses talents aux seuls membres de ce cercle privilégié.

30 appart. 610-770 € • 18 ch. 360-510 € *www.saint-james-paris.com*

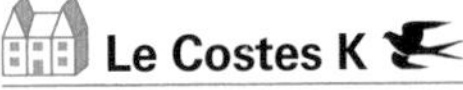

Le Costes K

Plan : 2 C 5 » 81 av Kleber
☎ 01 44 05 75 75
Fax 01 44 05 74 74
Ouv. 7j/7.

Dans une belle architecture moderne signée Ricardo Bofill, l'entrée se fait par un hall moderne et somptueux, qui porte les signatures de Costes et Stark et mène au puits de lumière d'un beau patio de verre à la végétation luxuriante. Chambres superbes et épurées, bois de sycomore sur murs blancs en un contraste d'une superbe élégance.

83 ch. 300 € *costes.k@wanadoo.fr*

Le Garden-Elysées

Plan : 2 C 5 » 12 rue Saint-Didier
☎ 01 47 55 01 11
Fax 01 47 27 79 24
Ouv. 7j/7.

Garden... Le jardin est en effet un atout précieux au cœur de Paris, à savourer directement ou, quand le temps est plus frais, par les larges baies vitrées du joli salon, adorable avec ses harmonies douces de bleu et de jaune. Les chambres en profitent également, ce qui ajoute à leur ambiance feutrée et lumineuse.

2 appart. 190-429 € • 44 ch. 170-429 € *www.paris-hotel-gardenelysee.com*

Hôtel Elysées Regencia

Plan : 2 D 4 » 41 av Monceau
☎ 01 47 20 42 65
Fax 01 49 52 03 42
Ouv. 7j/7.

Entièrement rénové l'an passé, l'immeuble haussmannien à l'élégance classique arbore un cadre contemporain, avec des chambres superbes aménagées en trois "collections" (bleue, fushia et anis) aux couleurs associées qui dynamisent une allure élégante, lignes pures, tissus raffinés et mobilier de bois sombre.

2 appart. 300-500 € • 41 ch. 150-280 € *info@regencia.com*

Hôtel Montfleuri

Plan : 2 C 4 » 21 av de la Grande-Armée
☎ 01 45 00 33 65
Fax 01 45 00 06 36
Ouv. 7j/7.

L'hôtel bénéficie d'une rénovation récente, sanctionné par un confort encore amélioré, technologie et fonctionnalité. La décoration mise sur une sobriété très actuelle, bois sombre et teintes douces.

4 appart. 280-340 € • 42 ch. 180-290 € *www.montfleuri.fr*

Hôtel Waldorf Trocadéro

Plan : 2 C 5 » 97 rue Lauriston
☎ 01 45 53 83 30
Fax 01 47 55 92 52
Ouv. 7j/7.

Il y a quelques années à peine que l'hôtel a été rénové, sous la houlette d'Alain Marcot, offrant un cadre élégant et épuré, aux lignes contemporaines où des touches de couleurs plus soutenues (marron notamment, sur le mobilier ou les tissus d'ameublement) viennent structurer une ambiance lumineuse. Situation remarquable et prestations de haut niveau.

44 ch. 305-395 € *www.hotelwaldorftrocadero.com*

Le Parc Paris

Plan : 2 C 5 » Sofitel Demeure Hôtels, 55-57 av Raymond-Poincaré
☎ 01 44 05 66 66
Fax 01 44 05 66 39
Ouv. 7j/7.

Sous une architecture néoclassique, cet hôtel joue sa différence sur son élégance toute britannique, avec un décor de style victorien créé par Nina Campbell autour d'un luxueux mobilier Empire et des fins travaux d'ébénisterie de Lord Lindley (notamment au sein de la bibliothèque).

21 appart. 620 € • 95 ch. 420-550 € *www.sofitel.com*

Pergolèse

Plan : 2 C 4 » 3 rue Pergolèse
☎ 01 53 64 04 04
Fax 01 53 64 04 40
Ouv. 7j/7.

Des noms prestigieux (Rena Dumas, Hilton McConnico) pour un cadre design, dans le décor comme l'ameublement. Une personnalité forte, qui n'oublie pas d'être agréable à vivre. Prestations de haut niveau.

40 ch. 175-350 € *www.pergolese.com*

Sofitel Demeure Trocadéro Dokhan's

Plan : 2 C 5 » 117 rue Lauriston
☎ 01 53 65 66 99
Fax 01 53 65 66 88
Ouv. 7j/7.

Luxe discret et atmosphère raffinée pour cette adresse à l'allure néoclassique, installée dans un classique immeuble XIXe. Les chambres, entre mobilier d'époque et ciels de lit, dégagent une ambiance précieuse.

4 appart. 840 € • 41 ch. 400 € *www.accorhotels.com*

La Villa Maillot

Plan : 2 C 4 » 143 av de Malakoff
☎ 01 53 64 52 52
Fax 01 45 00 60 61
Ouv. 7j/7.

Richement équipées et décorées (tissus de créateurs, insonorisation poussée, grands lits, téléviseurs à écran plat, climatisation, salles de bains en marbre rose, toilettes indépendantes…), les chambres de cette ancienne ambassade donnent sur la Tour Eiffel ou bien sur un jardin agrémenté d'une fontaine. Suites luxueuses, spa intégré.

3 appart. 310-500 € • 39 ch. 210-370 € *www.lavillamaillot.fr*

Le Floride Etoile

Plan : 2 C 5 » 14 rue Saint-Didier
☎ 01 47 27 23 36
Fax 01 47 27 82 87
Ouv. 7j/7.

Rénové dans un style contemporain, l'hôtel joue sur la lumière, persiennes et tons doux, salon très agréable. Les chambres sont personnalisées avec sobriété.

63 ch. 120-209 € *www.floride-paris-hotel.com*

Hôtel Auteuil Tour Eiffel

Plan : 4 B 2 » 8-10 rue Félicien-David
☎ 01 40 50 57 57
Fax 01 40 50 57 58
Ouv. 7j/7.

Etape agréable dans une architecture claire et moderne, au décor en harmonie : mobilier blanc, murs clairs et tissus beige et crème pour exploiter la lumière, confort soigné, équipement moderne. Terrasse jardin.

2 appart. 250-310 € • 92 ch. 180-200 € *www.autueiltoureiffel.com*

Résidence Bassano

Plan : 2 D 5 » 15 rue Bassano
☎ 01 47 23 78 23
Fax 01 47 20 41 22
Ouv. 7j/7.

Une atmosphère personnelle dans un immeuble haussmannien proche de l'Etoile, où certaines chambres prennent des parfums de Provence, avec le mobilier en fer forgé, les tons chaleureux des tissus ou la patine en douceur du bois peint.

3 appart. 270-350 € • 31 ch. 130-250 € *www.hotel-bassano.com*

Au Palais de Chaillot

Plan : 2 C 5 » 35 av Raymond-Poincaré
☎ 01 53 70 09 09
Fax 01 53 70 09 08
Ouv. 7j/7.

Proximité de la Tour Eiffel, tarifs contenus et entretien régulier pour cet établissement aux chambres joliment décorées dans des tons ensoleillés.

5 appart. 140 € • 23 ch. 105-120 € *www.palaisdechaillot-hotel.com*

Le Hameau de Passy

Plan : 4 B 1 » 48 rue de Passy
☎ 01 42 88 47 55
Fax 01 42 30 83 72
Ouv. 7j/7.

Bien abrité au fond de son passage privé accessible depuis la rue de Passy, cet établissement se distingue par son jardin arboré et fleuri sur lequel donnent toutes les chambres.

32 ch. 103-124 € *www.hameaudepassy.fr*

PARIS 17 (8 C 5)

Restaurant Guy Savoy

Plan : 2 D 4 » 18 rue Troyon
☎ 01 43 80 40 61
F. sam. à déj., dim., lundi, août et fêtes fin d'année.
Jusqu'à 22h30.

Cadre et ambiance

Une salle feutrée dessinée par Wilmotte, un goût raffiné dans une atmosphère club, du très chic qui n'oublie jamais la dimension humaine.

Cuisine

Sensible, brillant, perfectionniste, Guy Savoy n'est pas un chef qui peut laisser indifférent. Ni dans l'assiette, ni dans la poignée de main. Il n'a pas le complexe de l'artiste incompris, du génie maudit et il a gardé, malgré les succès amoncelés au fil des ans rue Troyon, l'esprit artisan, de la belle pièce qu'on remet une fois de plus sur le métier en sachant qu'elle ne pourra être exactement identique à celle de la veille. C'est ce qui rend sa cuisine merveilleusement proche et touchante, justifiant l'ingrédient de luxe dans une vision bourgeoise et généreuse qui cherche toujours le meilleur, dans un bar aux épices comme dans une côte de veau et purée de pommes de terre. Ce qui ne nuit aucunement à l'imagination, à un brin d'exotisme (thon au gingembre) et à de délicieux desserts chocolat.

Cave

Grande et belle cave, absolument pas confite dans les grandes régions, mais explorant chaque année de nouvelles propriétés pour une offre vaste et renouvelée.

Accueil et service

Eric Mancio mène la salle et la cave avec une grande dextérité. Ses choix, ses conseils, son aisance font merveille, au sein d'une véritable équipe qui peut se reposer sur son capitaine de soirée.

M : 210-285 €

www.guysavoy.com

Michel Rostang

Plan : 2 D 3

» 20 rue Rennequin
☎ 01 47 63 40 77
F. sam. à déj., dim., lundi à déj. et 3 prem. sem. août.
Jusqu'à 23h.

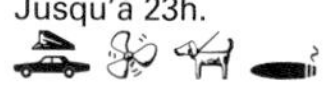

Cadre et ambiance

Installé dans les murs de l'ancien "Chez Denis" depuis août 1978, Michel Rostang a su faire de cette adresse à la superficie finalement assez modeste une synthèse presque parfaite entre luxe et proximité, dans chacune des salles superbement habillées de boiseries précieuses. Collectionneur averti de petites statuettes en porcelaine de Robj (qu'il expose dans une splendide bibliothèque), Michel Rostang a créé un lieu à la fois chic et intime.

Cuisine

Très solide, n'aimant guère l'aventure, provinciale diront certains, sa cuisine place le produit au centre des débats, bien avant l'exploit technique : cuisses de grenouilles croquantes en vol-au-vent de légumes printaniers et chutney de tomates, filet de sole rôti et petit épeautre aux câpres capucines, carré d'agneau Allaiton d'Aveyron, jus au vinaigre de vin vieux, parmentier de pieds et paquets, et le fameux cigare croustillant au tabac de Havane, mousseline au cognac Hennessy, glace marsala et arlettes glacées. Une cuisine qui prend son temps, ralentit parfois comme pour mieux reprendre son souffle avant une brutale accélération, presque facile d'accès mais sans le moindre défaut.

Cave

A l'image de la maison, solide, luxueuse et guère aventureuse. La nombreuse clientèle d'habitués ne s'en soucie guère, préférant quelque hermitage racé à un vin de pays de l'Hérault, fût-il génial et trois fois moins cher.

Accueil et service

La maison ne brille pas vraiment pas sa décontraction. Le personnel, chevronné et ultra compétent, semble toujours sur la défensive, comme engoncé dans un cérémonial d'un autre âge.

C : 160 € • M : 70-230 €

www.michelrostang.com

Les Béatilles

Plan : 2 C 3

» 11 bis rue Villebois-Mareuil
☎ 01 45 74 43 80
F. w.-e., 1 sem. mai, 3 sem. août et 1 sem. Noël.
Jusqu'à 22h.

Une grosse rigolade, non. On ne trouve pas ici ce genre d'article, réservé à d'autres quartiers, d'autres temps, d'autres mœurs. Le décor même, janséniste et lisse, ne peut distraire de l'essentiel, qui guide tous les fidèles des Béatilles, à savoir l'assiette préparée par Christian Bochaton. Du bourgeois de caractère, du marché aristocratique, et une griffe reconnaissable, de belle ouvrage modernisée aux saveurs toujours superbement dissociées. Dans les nems de petits gris sauvages et champignons des bois, le magnifique bar d'Audierne cuit à l'eau de mer et tartare d'huîtres, ou dans la tarte au citron de Menton confit aux graines de fenouil, il y a cette patte gracieuse qui qualifie les artisans de la haute couture gastronomique. Belle cave bien hiérarchisée, avec un choix de vins étrangers.

C : 85 € • M : 45-70 €

La Braisière

Plan : 2 D 3 » 54 rue Cardinet
☎ 01 47 63 40 37
F. sam. à déj., dim. et août.
Jusqu'à 22h30.

Ces charmes discrets ne sont pas ceux de la bourgeoisie, mais d'une petite table sympathique, dans son cadre, mariant influences asiatiques et de beaux tableaux contemporains et une carte des vins volontiers fouineuse, avec des petits producteurs dans de nombreuses régions. Enfin grâce à Jacques Faussat, qui non seulement produit une cuisine judicieuse et inventive, mais vient volontiers faire partager sa passion aux convives et recueillir leur impression avec modestie et intérêt non simulé. Et les impressions sont bonnes, devant les textures riches du pavé de thon laqué au galanga, les rognons de veau aux morilles, savoureux dans leur mille-feuille de chou-fleur ou la légèreté d'un mille-feuille aux baies rouges, crème à la consistance travaillée et fruits savoureux. Un plaisir contagieux.

C : 47 € • M : 30 € *labraisiere@free.fr*

Caïus

Plan : 2 C 4 » 6 rue d'Armaillé
☎ 01 42 27 19 20
F. sam. à dîn., dim. F. ann. non comm.
Jusqu'à 22h30.

Quel sera le marché du jour ? D'ici à la sortie du guide, Jean-Marc Notelet aura de nombreuses fois nettoyé son ardoise pour la remplacer par celle du lendemain, tout au long de la semaine, semaine après semaine. Des huîtres, des saint-pierre, des pluies de feuilles de roquette, de basilic ou de coriandre, des petits pois, des betteraves, des épaules d'agneau, des ris de veau, des sorbets auront été inventés, travaillés, mis en lumière, dans cette salle zen moderne en perpétuelle évolution comme le galet appelle la nouvelle vague. Cave intéressante, choix personnels et vins de propriétaires.

C : 40 € *rotisserie-armaille@wanadoo.fr*

Sormani

Plan : 2 C 4 » 4 rue du Gén-Lanrezac
☎ 01 43 80 13 91
F. w.-e., fériés et 3 prem. sem. août.
Jusqu'à 22h15.

La table italienne que chaque manager, people ou simplement mangeur exigeant a au moins fréquenté une fois. Une référence donc, pas furieusement tendance, mais plutôt du solide moelleux : paradoxalement, Sormani est à la cuisine italienne ce que Bentley est à l'automobile. La truffe blanche, c'est là, en risotto à 75 **€**, entre octobre et décembre, les spaghettis vongole sont très au-dessus du niveau de la mer, et la friture de scampis et chipirons fait autorité. Quelques plats de pâtes, bienvenus, arrivent à se passer de homard, de truffes ou de langoustines, mais ce n'est ici visiblement pas le but. Cave de tous les grands transalpins.

C : 70 € • M : 44 € *sasormani@wanadoo.fr*

L'Ampère

Plan : 2 D 3 » 1 rue Ampère
☎ 01 47 63 72 05
F. sam., dim. et août.
Jusqu'à 23h.

Un digestif à la main, on s'attarde... C'est qu'on se sent vraiment bien ici, dans ce cadre de bistrot chic et contemporain à la lumière judicieusement travaillée, encadré par un service souriant et prompt à vous mettre à l'aise. On apprécie d'autant mieux la cuisine de Philippe Detourbe, arrivé ici il y a un peu plus d'un an, et qui donne bien des satisfactions sur la simplicité des raviolis aux épinards et ricotta, la suavité délicate d'un riz crémeux aux écrevisses ou les surprenants bonbons de dattes. Ajoutez à cela une carte des vins intelligente, classée par catégories (fruité, tannique, etc) et largement déclinée au verre et en pichet, des tarifs raisonnables et voilà une adresse très agréable.

C : 38 € • M : 23-29 €

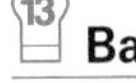

Baptiste

Plan : 2 D 3 » 51 rue Jouffroy-d'Abbans
☎ 01 42 27 20 18
F. dim., lundi et août.
Jusqu'à 22h30.

On n'allait pas jusqu'à ce plaindre, mais le menu a enfin bougé une oreille. Son tarif, plus exactement, qui a pris deux euros après avoir longtemps été stable à 30 **€**. Car la composition évolue très régulièrement selon le marché, pour le plus grand bonheur des initiés qui gardent précieusement l'adresse sur leur calepin. Et se régalent d'un tartare d'huîtres à la crème de beaufort, de gambas

croustillantes au vermicelle ou d'un filet de bar aux artichauts poivrades. Accueil d'une douce courtoisie, cave équitable, sans grand risque mais relativement complète.
C : 32 € • M : 24-32 €

13 Caves Pétrissans

Plan : 2 D 3 » 30 bis av Niel
☎ 01 42 27 52 03
F. w.-e., fériés et août.
Jusqu'à 22h15.

Sur la large avenue Niel, un établissement plus que centenaire (il date de 1895) mais qui n'en rajoute pas dans la nostalgie et propose des classiques bistrotiers et ménagers bien faits, sans accrocs, exécutés avec une véritable rigueur de métronome (la qualité des viandes est particulièrement remarquable). Mais ce qui motive avant tout, c'est bien sûr le superbe livre de cave (qui contient toutes les références de la boutique attenante, où l'on installe également des tables pour le service du soir), véritable concentré de belles bouteilles pour tous les goûts. Terrasse bien abritée de la rue par quelques pieds de vigne (évidemment !) et très prisée, tant pour les apéros (forte concentration d'amis du patron réunis autour d'une bouteille et d'une assiette de saucisson), que pour les dîners à la fraîche.
M : 34 € *cavespetrissans@noos.fr*

13 Dessirier

Plan : 2 D 3 » 9 pl du Mal-Juin
☎ 01 42 27 82 14
F. 1 sem. 15 août.
Jusqu'à 23h.

Pas de surprise, à part l'addition, pour les provinciaux qui ne savent pas toujours qu'on dépense couramment 60-70 **€** dans une brasserie à Paris. Mais, dans cette institution des beaux quartiers, la pêche et les huîtres, choisis par Michel Rostang pour son chalutier-amiral, sont d'une qualité qui ne souffre pas de suspicion. Prat ar Coum et belons superbes (8 **€** la bête en triple zéro), filet de rouget à la plancha, saint-pierre et jus mousseux à l'oseille, du solide qui s'accommode aussi de plats de répertoire (belle sole meunière) et d'un plat du jour tout au long de la semaine pour les demi-pensionnaires. Cave au niveau, et même bien faite, mais tout de même fort chère.
C : 71 € *www.michelrostang.com*

13 L'Entredgeu

Plan : 2 D 3 » 83 rue Laugier
☎ 01 40 54 97 24
F. dim., lundi, 24 déc.-02 janv. et 3prem. sem. août.
Jusqu'à 22h30.

Le succès ne fait pas tourner la tête à l'équipe et le menu unique reste toujours un bon morceau de convivialité chic, lorsqu'il propose par exemple une poitrine de veau fondante à l'ail et de délicieuses pommes grenaille rissolées au lard, un net filet de cabillaud barigoule d'artichauts tapenade ou un sablé framboise crème légère quenelle de glace vanille. Il a en revanche tendance à faire tourner les tables et le service presse un peu le mouvement. Sans doute pour permettre à davantage de monde de goûter les plaisirs d'une salle chaleureuse aux accents du Sud-Ouest, jusque dans la carte des vins, qui gagnerait à proposer un peu de choix au verre ou en demi.
M : 22-30 €

13 Epicure 108

Plan : 2 E 3 » 108 rue Cardinet
☎ 01 47 63 50 91
F. sam. à déj., dim., lundi et 2 sem. août.
Jusqu'à 22h.

Un petit coup de blues frappe cette maison que nous couvrons de notre affection depuis plus de deux lustres. Le travail de Tetsu Goya n'est pas en cause, mais il faut reconnaître qu'il y a du sable dans la machinerie. Aujourd'hui, le plaisir semble à des années lumière des soucis de la maison, confondant convention et tradition. Le chou farci aux langoustines et les rognons d'agneau aux spaetzle valent bien une toque, mais certaines banalités, dans cette atmosphère un peu solennelle commencent à dater (la choucroute de poissons) et la cave n'est vraiment plus au niveau.
M : 29-43,50 €

13 Graindorge

Plan : 2 C 4 » 15 rue de l'Arc-de-Triomphe
☎ 01 47 64 33 47
F. sam. à déj, dim., Noël-nouvel an et 1-15 août.
Jusqu'à 22h30.

Ch'Nord dans ses habits du dimanche, XVIIe arrondissement, quartier Etoile. On peut voir un hiatus dans cette version policée de la taverne flamande, mais le confort n'a pas que des désavantages, et l'on peut vivement apprécier dans cette atmosphère feutrée la jolie cuisine régionale de Bernard Broux, qui s'entoure des produits et des recettes du pays pour les adapter à la capitale. On aime particulièrement la simplicité du cru, les kippers de Boulogne et salade de pomme de terre, le waterzooï aux crevettes d'Ostende ou la fricassée de volaille. Et la douceur, des tarifs (jusqu'à la cave, classique, équilibrée) comme du fondant au chocolat et speculoos.

C : 40 € • M : 28-60 € *www.jre.publishingportal.fr*

13 Kifune

Plan : 2 C 4 » 44 rue Saint-Ferdinand
☎ 01 45 72 11 19
Ouv. 7j/7.
Jusqu'à 21h45.

Comme dans tout bon restaurant japonais, on peut s'installer au comptoir pour regarder le chef travailler. A plusieurs, il sera plus convivial d'opter pour la jolie salle aux boiseries élégantes. Dès que le ballet des plats se met en place, on est ravi d'avoir franchi cette petite porte discrète pour profiter d'une fraîcheur et d'une finesse de bon aloi dans la composition des spécialités attendues, sushis et sashimis en tête.

C : 55 €

13 Restaurant Le Clou

Plan : 2 E 3 » 132 rue Cardinet
☎ 01 42 27 36 78
F. sam. à déj., dim. et 1re sem. janv.
Jusqu'à 22h30.

Où boire à Paris du Pétrus (ou d'autres grands crus) sur une nappe en papier ? A moins que la bouteille n'entraîne illico un traitement de faveur et un changement de nappe, la réponse est ici. Coté assiette, la carte, traditionnelle, joue avec les saisons, ne rechignant pas à faire quelques incursions du coté du terroir (le chef, originaire du Poitou, en profite pour mettre en avant quelques produits de sa région). Assiettes franches dans une atmosphère bruyante et parfois un peu enfumée. Et si le Pétrus reste malheureusement hors budget, il est toujours possible de se rabattre sur quelques références régionales comme les vins de la Vienne d'Ampelidae.

C : 38 € • M : 20,50-30 € *www.restaurant-leclou.fr*

13 La Soupière

Plan : 2 D 3 » 154 av de Wagram
☎ 01 42 27 00 73
F. sam. à déj., dim. et 3 sem. août.
Jusqu'à 22h30.

On ne change pas une forêt qui gagne, ni un potager, ni un élevage. Voilà pourquoi les menus champignons, ou légumes, ou autre idée de saison n'ont aucune raison d'être abandonnés par Christian Thuillart, qui n'a que le défaut d'être fidèle aux bons produits. En descendant jusqu'à la cave où les vins de vignerons sont protégés comme une espèce en voie de disparition. Desserts un cran en dessous, accueil simple mais aimable.

C : 38 € • M : 29-56 €

12 Le Ballon des Ternes

Plan : 2 D 4 » 103 av des Ternes
☎ 01 45 74 17 98
F. 1er-21 août.
Jusqu'à 24h.

Un ballon qui tourne, rebondit, toujours vivant, toujours animé, modèle type de la brasserie 1900 bien entretenue. C'est un jeune chef venu du Bellaggio qui est cette année chargé de superviser la mise en gaz et l'ascension du célèbre aéronef. Quant aux provenances, c'est du label en or, indiscutable : huîtres Gillardeau, charcuterie de chez Conquet, chateaubriand de Salers… Une carte brasserie irréprochable, comme le service, et la cave, sans risque, qui démarre avec le pot de sylvaner à 13 **€**.

C : 45 € *leballondesternes@fr.oleane.com*

[12] Le Bistro d'à Côté-Villiers

Plan : 2 D 3 » 16 av de Villiers
☎ 01 47 63 25 61
F. sam. à déj., dim., sem. 15 août et w.-e. Noël.
Jusqu'à 23h.
⛱ 🐕

Dans le cœur cossu du XVIIe, un des nombreux bistrots de l'écurie Rostang, cadre 1930 avec plafonds peints, miroirs gravés, vieux comptoir et réclames grands formats. La cuisine verse ici dans une relative facilité, un peu moins précise que chez son cousin Flaubert. Avec l'absence de formule déjeuner, le ticket moyen tourne autour des 40 **€**, ce qui est, même pour le quartier, un peu élevé.
C : 42€

[12] Meating

[DÉCOUVERTE] **Plan : 2 D 3** » 122 av de Villiers
☎ 01 43 80 10 10
F. non comm.
🚗 ❄ 🚬

Un concept-restaurant très réussi, dès sa sortie. Ce n'est donc pas un prototype que les habitués de l'ancien Apicius ont découvert dans une déco trendy aux tons sombres, mais un modèle de restaurant à viande d'aujourd'hui, accessible et pointu : les provenances sont aussi rigoureusement contrôlées que les cuissons, grâce à un matériel de haute technologie, le service est souriant et la clientèle ne ressemble pas à celle des chaînes carnivores. D'ailleurs tout est dans l'enseigne pour cette viande rouge des beaux quartiers : on se rencontre et on mange un steak. So fun !
C : 50€ • M : 34€

[12] L'Orenoc

Plan : 2 C 3 » 81 bd Gouvion-Saint-Cyr
☎ 01 40 68 30 40
F. dim., lundi, 25 juil.-25 août et sem. Noël.
Jusqu'à 23h.
🚗 ♿ ❄ 🐕

➥ **Hôtel :** 🏨 Le Méridien Etoile
Une certaine idée de la restauration pour hommes d'affaires pressés et clientèle internationale fortunée. Efficacité maximale en salle comme en cuisine (performant système informatisé pour la prise de commande et la transmission aux cuisines) pour des assiettes polyglottes : croustillant de crabe aux épices thaï et salade de coleslaw, filet de bar à la vapeur de gingembre, huile de sésame et soja, riz basmati grillé, filet de bœuf façon teriyaki, aubergine confite aux condiments.
C : 50€ • M : 38-55€ *www.etoile.lemeridien.com*

[12] Petit Champerret

Plan : 2 C 3 » 30 rue Vernier
☎ 01 43 80 01 39
F. sam. à déj., dim., lundi à dîn. et août.
Jusqu'à 22h.
⛱ 🐕

Marie-Laure Deltour enfonce le clou, ou plutôt l'Opinel : cette cuisine qui puise ses racines en Auvergne n'a rien de lourdingue, même lorsqu'elle fait appel au pur terroir, de la saucisse aligot ou de la charcuterie de Laguiole. D'ailleurs, le poisson est franchement le bienvenu (filet de bar rôti au sel de Guérande) et les plats de saison inscrits sur l'ardoise chaque jour laissent les habitués, de chez Prisma pas loin, ou d'ailleurs, frais et de bonne humeur pour l'après-midi. Petits cave, mais du beau linge sur le fil (Coursodon, Marionnet…).
C : 30€ • M : 19€

[12] Restaurant Rech

Plan : 2 C 3 » 62 av des Ternes
☎ 01 45 72 29 47
F. dim. et 15 juil.-15 août.
Jusqu'à 23h.
⛱ ❄

La renaissance de Rech, nous sommes quelques-uns à l'avoir souvent espérée. Cette brasserie où l'on allait déjeuner comme chez soi retrouve un décor (Art déco très bien rénové), l'esprit affaires et un service de qualité. La cuisine est franchement marine, pas vraiment up to date mais efficace, des Gillardeau, des langoustines bien fraîches, un duo de bar et rouget. Bonne cave, courte mais de parti pris, qui a le sens de la découverte.
C : 50€ • M : 22,50-27€ *www.rech.fr*

[11] Bistral

Plan : 2 E 2 » 80 rue Lemercier
☎ 01 42 63 59 61
F. dim., lundi, 3 sem. août et 1 sem. Noël.
Jusqu'à 23h.

Entre bistrot et mistral, l'offre s'est étoffée un peu, pour donner une assiette sympathique colorée par tous les suds. La petite carte dépaysante est renouvelée avec effort et bon esprit et si les mariages avec les bouteilles ne sont pas évidents, un sommelier débrouillard saura trier parmi les 500 références.
C : 40€ • M : 27-30€

⑩ Le Café d'Angel

Plan : 2 D 4 »

16 rue Brey
☎ 01 47 54 03 33
F. w.-e., 3 sem. déb. août et Noël-nouvel an.
Jusqu'à 22h.

Petite table, petits prix, ambiance de quartier : si l'on n'était à deux pas de l'Etoile, signalerait-on ce bar plat du jour qui fait son miel d'une formule bien calibrée et d'une ambiance au coude-à-coude ? Le plan pas cher à l'écart des Champs connaît visiblement le succès.
C : 38 € • M : 19-22 €

⑩ Goldenberg

Plan : 2 D 3 »

69 av de Wagram
☎ 01 42 27 34 79
Ouv. 7j/7.
Jusqu'à 23h.

Si le service traiteur, ou boutique, est toujours un indispensable point de nourriture cachère, le restaurant apparaît davantage aujourd'hui comme un appoint, et un sympathique lieu de rendez-vous pour des amis de longue date. Harengs, pirojkis, assiette schnaps... Emmenez-les chez vous pour davantage de plaisir.
C : 27 € • M : 25 €

Bistrot de l'Etoile-Niel

Plan : 2 D 3 »

75 av Niel
☎ 01 42 27 88 44
F. sam. à déj., dim. et Noël-nouvel an.
Jusqu'à 22h30.

Cela aurait pu faire un rade de quartier pour le saucisse lentilles, mais c'est avenue Niel, anciennement bistrot de Guy Savoy, et forcément chic décontracté. Bruno Gensdarmes entretient les deux qualificatifs, et son chef fait le reste : terrine "comme à la campagne", poêlée de sardines et entrecôte d'Argentine. Petite cave solide, jusqu'au Quartz de Courtois pour scotcher ses amis.
M : 22-39 € *gensdarmesb@aol.com*

Miss Betsy

Plan : 2 C 3 »

23 rue Guillaume-Tell
☎ 01 42 67 12 67
F. w.-e., août et Noël-nouvel an.
Jusqu'à 22h.

Du cachet, des crochets et des barres métalliques dans l'ancienne boucherie dont on a conservé de nombreux éléments, dont la superbe devanture d'époque. Plus de raffinement dans la carte, pas réservée aux carnivores, mais voyageuse et naturelle avec les tagliatelles de sarrasin aux achards de légumes, le saumon à l'unilatéral et marmelade de tomate, le pain d'épice perdu, poire et glace au poivre de Séchouan. Menu-carte bien ciblé et petite cave supervisée par Jean-Michel Deluc.
M : 20-27 € *www.missbetsy.fr*

Mon Marché

Plan : 2 C 3 »

31 rue Guillaume-Tell
☎ 01 43 80 04 73
F. sam. à dîn., dim. et août.
Jusqu'à 22h30.

Avec un nom à couvrir les étals, Patrick Monmarché a fini par quitter l'informatique pour partager avec les copains sa passion de la cuisine, du plaisir et de la vigne dans un restau-épicerie-bar à vins. Producteurs et vignerons sélectionnés, et pas au hasard (on retrouve les Breton, le blanc de blanc de Philippe Gonet, les Valentines...), des grandes assiettes salades et du gentil bistrotier (tarte au chèvre, confit, rognon de veau) assez bon marché.
C : 28 € • M : 12-16 € *pmonmarche@free.fr*

Palanquin

Plan : 2 D 3 »

4 pl Boulnois
☎ 01 43 80 46 90
F. sam. à déj., dim., 3 sem. août-sept. et nouvel an.
Jusqu'à 22h.

Une petite salle aux (nouveaux) tons orangé et une atmosphère paisible malgré la promiscuité, grâce à la douceur de l'accueil et à la qualité de cette cuisine vietnamienne directe et familiale : soupe piquante aux crevettes, porc à la citronnelle, cake moelleux dans sa feuille de bananier.
C : 30 €

Restaurant Ménélik

Plan : 2 E 2 »

4 rue Sauffroy
☎ 01 46 27 00 82
F. 15-31 août.
Jusqu'à 0h30.

Exposition d'art éthiopien entre les maréchaux et la place Clichy : depuis dix ans, les perles du Négus se dégustent dans cette salle à la décoration typique enrichie depuis peu d'un sous-sol d'une quinzaine de plats. C'est plutôt bien fait et intéressant, les plats végétariens comme les carnés, dans une atmosphère d'habitués du voyage.
C : 25 € • M : 12,50-24 € *www.menelikrestaurant.fr*

Taïra

Plan : 2 C 4 » 10 rue des Acacias
☎ 01 47 66 74 14
F. sam. à déj., dim. et 15-31 août.
Jusqu'à 22h.

Taïra Kurihara, ancien chef de partie poisson chez Prunier (dans les années 70), passé par Jamin, chez Besson ou chez Cagna, décline le meilleur de la pêche à sa façon, consommé de raviolis de langoustines et légumes verts, petits encornets cuits à la vapeur, assiette de poisson crus, daurade grise poêlée sauce aux légumes szechuen et shiitakés.
C : 57 € • M : 31-65 €

Concorde La Fayette

Plan : 2 C 3 » 3 pl du Gén-Koenig
☎ 01 40 68 50 68
📠 01 40 68 50 43
Ouv. 7j/7.

Repère visuel de la porte Maillot, l'hôtel cultive une certaine perfection, celle d'un service remarquablement efficace, de chambres spacieuses et impeccables, dotées d'une vue sur la ville qui va de l'agréable à l'exceptionnel. Vue dont tous les clients peuvent profiter en version panoramique depuis le bar situé au sommet de la tour.
32 appart. 400-2080 € • 950 ch. 169-518 € *www.concorde-lafayette.com*

Hôtel de Banville

Plan : 2 D 2 » 166 bd Berthier
☎ 01 42 67 70 16
📠 01 44 40 42 77
Ouv. 7j/7.

La façade Art Déco est remarquablement mise en valeur par un éclairage moderne et résume ainsi l'esprit des lieux, s'appuyer sur l'ancien pour créer des espaces de charme au confort actuel. Chambres personnalisées, avec matériaux nobles et tons harmonieux.
1 appart. 335 € • 37 ch. 175-275 € *www.hotelbanville.fr*

Le Méridien Etoile

Plan : 2 C 3 » 81 bd Gouvion-Saint-Cyr
☎ 01 40 68 34 34
📠 01 40 68 31 31
Ouv. 7j/7.

➡ **Restaurant** : 12/20 L'Orenoc
Entièrement rénové en 2001 sous la conduite de Pierre-Yves Rochon, le premier hôtel de la chaîne Méridien, construit en 1972, offre l'une des plus grandes capacités d'accueil de l'hôtellerie parisienne. Equipement haut de gamme (haut débit dans toutes les chambres et wifi dans les parties communes, chambres chaleureuses et fonctionnelles) et toujours le Jazz Club Lionel Hampton pour des concerts chaque soir.
17 appart. 700-1100 € • 1008 ch. 385-450 € *www.etoile.lemeridien.com*

Villa Alessandra

Plan : 2 C 3 » 9 pl Boulnois
☎ 01 56 33 24 24
📠 01 56 33 24 30
Ouv. 7j/7.

A deux pas de l'Arc de Triomphe, l'hôtel mise sur l'ambiance provençale, derrière sa façade blanche au bout d'une petite place pavée. Jolies chambres aux couleurs vives et mobilier chaleureux.
2 appart. 210-380 € • 47 ch. 224-330 € *www.leshotelsdeparis.com*

Hôtel Ampère

Plan : 2 D 3 » 102 av de Villiers
☎ 01 44 29 17 17
📠 01 44 29 16 50
Ouv. 7j/7.

Un bel immeuble contemporain, avec des chambres chaleureuses et feutrées, à l'équipement soigné et parfaitement actuel. La terrasse dans le jardin constitue un plus agréable.
2 appart. 350-480 € • 95 ch. 190-235 € *www.hotelampere.com*

Hôtel Etoile Pereire

Plan : 2 D 3 » 146 bd Pereire
☎ 01 42 67 60 00
📠 01 42 67 02 90
F. non comm.

A proximité du quartier du palais des Congrès et du Triangle d'Or, des chambres bien tenues et de bon confort, dans des styles personnalisés. A noter, les très nombreuses confitures artisanales proposées au petit-déjeuner.
26 ch. 104-130 € *www.etoilepereire.com*

PARIS 18 (8 C 5)

Le Cottage Marcadet

Plan : 3 A 2 »

151 bis rue Marcadet
☎ 01 42 57 71 22
F. dim., lundi, 1 sem. Pâques et août.
Jusqu'à 22h.

Ambiance feutrée et élégante, service qui se préoccupe d'être efficace avant d'être chaleureux et cuisine soigneusement calibrée sur des menus d'un bon rapport, voilà sans doute la table d'affaires idéale, à laquelle ne manque qu'un peu de chaleur pour trouver encore plus agréables les sardines en filets sur compote d'oignons, la daurade caramélisée aux épices douces ou le très gourmand bavarois caramel au beurre salé. Sélection viticole courte et efficace.
M : 27-36,50 €

La Famille

Plan : 3 A 3 »

41 rue des Trois-Frères
☎ 01 42 52 11 12
F. dim., lundi à déj. et 3 dern. sem. août.
Jusqu'à 23h15.

Un concept unique, pas vraiment. Ou alors ce serait un peu condescendant envers la profession. Parce que celui de la famille est finalement bête comme chou : simple et bon, avec une ambiance de bistrot actuel ; pas compliqué, donc. Sauf que la cuisine a le sens des circonstances, les assiettes qu'il faut pour des soirées de copains, de l'intuition, de l'intelligence, pour glisser dans ce restaurant de poche des intitulés minimalistes (foie gras, croque sel, racines, puis poisson pané coquillettes, et encore glaces, thé vert, cardamome). Oui, pour cela, on se bat en quête d'une table, à peu près tous les soirs. C'est déjà demain.
M : 27-33 €

L'Oriental

Plan : 3 A 3 »

76 rue des Martyrs
☎ 01 42 64 39 80
F. 20 juil.-25 août.
Jusqu'à 23h.

Qualité et régularité, deux mots d'ordre sur la bannière de Serge Kaci : cette cuisine marocaine est l'une des plus sûres de la capitale, les détails sont contrôlés comme une F1 au stand et le couscous méchoui, comme le tajine de gambas et la chakchouka, font l'unanimité sur tout l'Atlas.
C : 30 € • M : 14,50-34 €

Le Sourire de Saïgon

Plan : 3 A 2 »

54 rue du Mont-Cenis
☎ 01 42 23 31 16
F. à déj. et Nöël-nouvel an.
Jusqu'à 23h30.

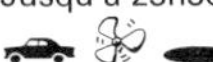

Le patron lit le guide et ça fait plaisir : aux quelques grands crus bordelais s'ajoutent désormais quelques bourgognes, un chablis pas cher, un sauvignon de saint-bris. Histoire de faire le pont aérien entre cette fine cuisine vietnamienne et les cousins français qui aiment les assiettes végétariennes, mais aussi les plats d'amoureux aux intitulés excitants, le "plateau du bonheur" (raviolis frits, papillotes aux crevettes), la "bataille autour du feu" (fondue vietnamienne) et de nombreuses spécialités à la vapeur. Joli décor authentique dans le 18e bobo branché, repaire d'habitués et de peoples.
C : 30 €

Wassana

Plan : 2 F 2 »

10 rue Ganneron
☎ 01 44 70 08 54
F. sam. à déj. et fériés à déj.
Jusqu'à 23h30.

Sans trahir de secrets de famille, ce changement radical de déco et d'ambiance, depuis l'an passé, est bien à l'instigation d'Alexandra, la fille de Madame Wassana, qui peut désormais accueillir les habitués dans un cadre qui lui convient davantage. Et vanter les spécialités thaïes de sa maman, toujours soignées, dépaysantes et précises dans les accompagnements : excellentes soupes, plats végétariens (légumes sautés gingembre, pâtes thaïes), et sauces de référence (curry rouge et lait de coco, aigre-doux, herbes thaïes…). La cave est toujours un désert, malgré le bon saint-nicolas de la Cotelleraie.
C : 25 € • M : 8-14 €
wassana@noos.fr

[12] L'Afghani

Plan : 3 A 3 »

16 rue Paul-Albert
☎ 01 42 51 08 72
F. dim.
Jusqu'à 23h.

Cuisine afghane bien sûr et, pour les vrais spécialistes, plutôt tournée vers celle du nord et du centre du pays : ashak, qubey, chalgane... à découvrir sous un traitement presque aristocratique (c'est de l'afghan de haute couture) dans un cadre simple et traditionnel.
C : 19 €

[12] A. Beauvilliers

Plan : 3 A 2 »

52 rue Lamarck
☎ 01 42 55 05 42
F. dim. à dîn., lundi et Noël.
Jusqu'à 22h30.
⛱ 🚗 ❄ 🐕

L'inscription " A. Beauvilliers, officier de bouche " fait toujours frissonner. Au pied de la Butte, pourtant, le large sourire d'Edouard Carlier n'est plus là pour accueillir les belles dames au milieu des fleurs. Le souvenir perdure, la déco a été à peine retouchée - du coup, il faudrait vraiment la rafraîchir, ce qui tonifierait un peu cette ambiance de veillée - et l'héritage est considérable. Le talentueux Yohann Paran s'est lancé dans l'aventure : on ne reconnaît pas encore bien l'auteur de la cuisine alerte à touches bistrotières de chez De Lagarde, la carte est ici plus ambitieuse - et les tarifs aussi - mais pas encore aboutie, même si quelques plats (la grillade de saint-jacques et mousseline de chou-fleur à l'ail doux) sont assez percutants pour valoir une toque. Cave variée mais encore peu attractive.
C : 65 € • M : 35-63 €

[12] Chez Grisette

Plan : 3 A 3 »

14 rue Houdon
☎ 01 42 62 04 80
F. à déj., sam., dim. et août.
Jusqu'à 23h.

Un bistrot à vins bien sûr (et quel choix ! le sancerre de Pinard, l'anjou la Lune de Mark Angeli, un gewurztraminer en vin de pays de l'Aude ou le Sotanum) mais aussi de belles assiettes, dans le genre grignotage amélioré : pounti du cantal, œufs en meurette, assiette du canard (en provenance de la star française des fermes auberges, la Ferme du Bruel dans le Cantal) ou onglet de veau sauce aux échalotes et vins blancs. Ambiance soutenue en soirée.
C : 34 € • M : 23-29 € *chez-grisette@wanadoo.fr*

[12] Histoire de ...

Plan : 3 A 2 »

14 rue Ferdinand-Flocon
☎ 01 42 52 24 60
F. dim.
Jusqu'à 23h.
🐕

C'est juste histoire de passer une bonne soirée. Avec une cuisine un peu tourmentée pour faire joli, du poulet à l'encre de seiche et betterave crue, une brochette de légumes bien épicée pour accompagner l'onglet de veau et sa purée au basilic. L'intention de se démarquer est louable et cette personnalité qui s'affirme va aussi s'affiner. Le deuxième motif de passer un bon moment est dans la très courte cave de flacons de vignerons très bien triés, avec un choix de vins au verre.
C : 32 €

[12] Il Caffe del Gattopardo

Plan : 2 F 3 »

102 ter rue Lepic
☎ 01 42 58 06 22
F. lundi et 10-20 août.
Jusqu'à 22h15.
❄ 🐕

Une atmosphère un brin précieuse qui sait entretenir la convivialité et la chaleur transapline, avec des antipasti qui nouent immédiatement la conversation et l'amitié. Plats des régions méridionales et influence sicilienne (le patron en vient) jusque dans les vins.
C : 30 € • M : 14,50 € *www.lagorgone.com*

[12] Le Mono

Plan : 2 F 3 »

40 rue Véron
☎ 01 46 06 99 20
F. merc., août et 1 sem. Noël.
Jusqu'à 24h.
⛱

Crabe farci, poulet djenkoumé banane plantain, ananas flambé : ce n'est pas seulement l'assiette qui vous transportera dans les îles, ou à Lomé, Togo, mais une petite musique envoûtante qui raconte le cœur sur la main la gentillesse de la patronne, la déco de récup' et la musique qui ajoute le rythme à la chaleur.
M : 25 € *lemono75@hotmail.com*

(12) Au Petit Budapest

Plan : 3 A 3 »

Comptoir magyar dans ce cadre familial où l'on devient tsigane en un tournemain, le temps d'un goulasch, d'un poulet au paprika et d'une valse. Quelques fleurons de la cuisine austro-hongroise rappellent les délices de l'empire (filet de bœuf Esterhazy cèpes girolles flambés à l'armagnac), mais la carte respire plutôt l'authentique dans une atmosphère gentiment surannée. Et on boit aussi le vin indigène.
C : 25 € • M : 13,50-17,50 €

96 rue des Martyrs
☎ 01 46 06 10 34
F. lundi.
Jusqu'à 22h30.

(12) Le Village Kabyle

Plan : 3 A 2 »

C'est l'adresse "familiale" de Wally Chouaki, celle où il exprime une pure cuisine kabyle avec ses racines et ses parfums dans des plats longuement préparés, le couscous kercha aux tripes de bœuf, l'amekfoul, sans viande et sans bouillon ou l'osbane, panse de brebis farcie, version orientale du haggis écossais. Un moment à la fois simple et savant, charmeur et dépaysant.
C : 32,50 € • M : 30 €

4 rue Aimé-Lavy
☎ 01 42 55 03 34
F. dim. et lundi.
Jusqu'à 22h30.

(10) L'Assiette

Plan : 3 B 2 »

Le vent qui court sur cette Assiette est orienté Sud-Sud-Ouest, avec une prédilection pour le Périgord : pâté au foie gras, confit de canard pommes sarladaises, omelette aux cèpes auxquels s'ajoutent quelques plats d'inspiration dans une atmosphère camarade.
C : 24 € • M : 15-19 €

78 rue Labat
☎ 01 42 59 06 63
F. sam. à déj., dim. F. ann. non comm.
Jusqu'à 22h30.

(10) Petite Syrah

Plan : 2 F 2 »

Pour la superbe ardoise de vins et les petits prix en regrettant toutefois que les assiettes restent parfois un petit cran en dessous de ce qu'on aurait espéré : du classique bistrotier, une atmosphère vraiment agréable et de belles planches de charcuterie.

15 rue Joseph-de-Maistre
☎ 01 42 54 35 46
Rens. non comm.

➤ O Por do Sol

Plan : 3 A 2 »

Fréquentée régulièrement par quelques personnalités du show-biz, la table de José Francisco sert le meilleur de la Lusitanie, riz aux fruits de mer, cochon de lait grillé à la portugaise, cataplana aux fruits de mer et viande. Cadre convivial et chaleureux.
M : 9-21 €

18 rue de la Fontaine-du-But
☎ 01 42 23 90 26
F. août.
Jusqu'à 22h.

➤ Osteria Ascolani

Plan : 3 A 3 »

Cuisine romaine étendue aux Marches et aux Abruzzes dans cette osteria de famille où branchés et anonymes du tout-Montmartre aiment se retrouver au coude à coude devant les involtini, les spaghettis à la matriciana et la panna cotta aux fruits rouges.
C : 15,90 € • M : 15,90-21,90 €

www.osteria-ascolani.com

98 rue des Martyrs
☎ 01 42 62 43 94
F. 1 sem. mi-août.
Jusqu'à 1h30.

➤ Wepler

Plan : 2 F 3 »

Pas un banc d'huîtres comme les autres, mais Wepler. Place Clichy, ses bruits, son ambiance, une maison emblématique, filmée des milliers de fois. Et les six belons, ou les spéciales, qu'on s'offre au débotté, pour un brunch d'affaires à 11h du mat, ou dans l'euphorie de l'après-spectacle, pour l'envie d'iode et de rafraîchissement marin. Par chance, le service est resté tel quel, en oubliant d'être las ou juste indifférent.
M : 19-25 €

14 pl de Clichy
☎ 01 45 22 53 24
Ouv. 7j/7.

Terrass Hotel

Plan : 2 F 2

Des chambres, on retient le mobilier de style, des couleurs et des tentures élégantes, mises en valeur par une belle lumière et qui en font des espaces raffinés. La vue est de plus en plus agréable au fil des étages, avec en point d'orgue la fameuse terrasse panoramique du 7e, qui donne son nom à l'hôtel et ouvre sur quelques uns des plus beaux monuments de Paris.

15 appart. 340-391 € • 85 ch. 248-334 € *www.terrass-hotel.com*

» 12 rue Joseph-de-Maistre
☎ 01 46 06 72 85
📠 01 42 52 29 11
Ouv. 7j/7.

Ermitage Hôtel

Plan : 3 A 2

Sur les hauteurs de Montmartre, tout près du Sacré Cœur, le bel hôtel particulier, affaire de famille, propose des chambres plaisantes, garnies de tissus anglais et de mobilier de style.

12 ch. 80-90 €

» 24 rue Lamarck
☎ 01 42 64 79 22
📠 01 42 64 10 33
Ouv. 7j/7.

Regyns' Montmartre

Plan : 3 A 3

Montmartre et son ambiance particulière, la vue sur Paris depuis les chambres et un cadre rétro (toile de Jouy) pour coller à l'esprit du quartier.

22 ch. 67-104 € *www.paris-hotels-montmatre.com*

» 18 pl des Abbesses
☎ 01 42 54 45 21
📠 01 42 23 76 69
Ouv. 7j/7.

PARIS 19 (8 C 5)

La Cave Gourmande

Plan : 3 E 3

Quand tout fonctionne, le monde est content, la vie est belle aux Buttes-Chaumont et on loue avec dithyrambe les talents d'imagination, un peu eighties tout de même, du chef Mark Singer. Quelques rares fois, le sabayon prend moins bien, mais cette cuisine de tempérament n'est évidemment pas sans un petit risque. Dans ce cas, il faut se souvenir que le menu-carte unique est à 32 **€**, moins cher qu'une brasserie ratée, et qu'il y a toujours de belles sensations à garder, des lisettes panées à la moutarde violette, du ris de veau à l'infusion de sauge-orange, du sauvageon au sang chutney poireau-mangue et du soufflé glacé. Et que la cave est une fête et un hommage aux vrais vignerons.

C : 32 € • M : 32 € *la-cave-gourmande@wanadoo.fr*

» 10 rue du Gén-Brunet
☎ 01 40 40 03 30
F. w.-e., 1 sem. vac. scol. fév. et 3 sem. août.
Jusqu'à 22h30.

Chez Vincent

Plan : 3 D 4

Année après année, Vincent fait son show. Monté sur ressorts, infatigable, virevoltant, il félicite, engueule, vocifère, rigole à gorge déployée avec les habitués ou les nouveaux venus qui n'en mènent pas toujours large face à cette tornade vivante. Le moins que l'on puisse dire, c'est que Vincent est un personnage entier. Sa cuisine italienne est à son image : sincère, authentique, généreuse, produits de qualité et grande fraîcheur. Dommage que la carte des vins ne soit pas à la hauteur des assiettes et que le tiramisu constitue le seul dessert. Si les prix à la carte restent élevés (15 **€** les pâtes, 25 **€** la viande), les plantureux menus à 35 et 40 **€** font de bons panoramas de la maison.

» 5 rue du Tunnel
☎ 01 42 02 22 45
F. sam. à déj., dim.
Jusqu'à 23h.

L'Hermès

Plan : 3 D 4

Une table de quartier pour connaisseurs délicats : on n'est pas vraiment dans le plat bourru pour bistrot d'aminches, malgré l'environnement tranquille d'un bout du monde XIXe, mais dans l'aumônière de pétoncles aux petits légumes et foie gras, le pavé de thon flambé armagnac et le carré d'agneau en croûte de parmesan. Moins de choix, mais plus fédérateur, le menu à 26 **€** montre l'essentiel du registre, complété par une petite cave sympathique.

C : 35 € • M : 13-26 € *lhermes@wanadoo.fr*

» 23 rue Melingue
☎ 01 42 39 94 70
F. dim., lundi, merc. à déj., août, et 2 sem. vac. scol.
Jusqu'à 22h30.

Lao-Siam

Plan : 3 D 4 » 49 rue de Belleville
☎ 01 40 40 09 68
Ouv. 7j/7.
Jusqu'à 23h30.

Le Lao-Siam, temple de la gastronomie thaïe de Belleville, attire les foules. On ne vient pas pour le décor classique (divinités jaillissant des murs et tableaux en reliefs surprenants), ni pour le service assez minimaliste, mais bien pour goûter une fine cuisine thaïlandaise, aux riches variations de saveurs et de cuissons autour de la citronnelle, du gingembre ou de la coriandre : salade douce fleurs de bananier coco râpé et crevettes, cassolette de crabe et vermicelles et mangue goûteuse en dessert. A ce prix, la satisfaction l'emporte.
C : 20€

Au Cochon de Lait

Plan : 3 D 1 » 23 av Corentin-Cariou
☎ 01 40 36 85 84
F. à dîn., 1 sam. sur 2, dim. et août.

Le "dernier bistrot de l'époque des abattoirs de la Villette " (juste en face de la Cité des sciences) tenu par toute une famille aveyronnaise, fait de la résistance au milieu d'une rangée d'établissements moins authentiques. Très fréquenté au déjeuner par le quartier, les viandes sont effectivement de bonne qualité, tendres, justement cuites, facturées à prix doux (12 € l'onglet), aidées de quelques spécialités aveyronnaises. La bavette Villette et les pichets de vin d'Estaing sont les hits les plus demandés de ce juke-box populaire.
C : 23€

(12) La Pièce de Bœuf

Plan : 3 D 1 » 7 av Corentin-Cariou
☎ 01 40 05 95 95
F. w.-e., 1 sem. fév. et août.
Jusqu'à 22h.

L'enseigne se passe presque de commentaires : on ne viendrait pas voler un œuf dans cet antre carnivore, mais on s'attable avec autorité devant les "viandes de la Villette" (le patron va à Rungis deux fois la semaine), l'onglet, l'entrecôte à la moelle ou le filet au poivre. Une carte du moment, le saumon d'Ecosse label rouge et la sole normande font les escort girls, tout est fait sérieusement (on peut avoir confiance jusqu'aux ris de veau), et la cave est surtout riche en bordelais.
C : 40€ • M : 33€

Ly-Ya

Plan : 3 D 3 » 5 rue du Hainaut
☎ 01 42 08 34 98
F. sam. à déj., dim., lundi à dîn. et août.
Jusqu'à 22h.

Une cuisine vietnamienne authentique, brochettes de crevettes sauce saté, canard au basilic, renforcée par une longue carte plus chinoise, à déguster sans façon à deux pas de la Villette.
C : 15€ • M : 8-11€

Le Pacifique

Plan : 3 D 4 » 29-35 rue de Belleville
☎ 01 42 49 66 80
Ouv. 7j/7.
Jusqu'à 1h30.

Derrière la vaste façade, un décor agréable et tranquille pour une vue imprenable sur les facéties de Belleville. Large carte couvrant toute la gamme des classiques chinois, plus quelques spécialités maison sympathiques et sans histoire comme le bœuf à la sauce d'huître ou la crêpe de riz au porc laqué.
C : 15€ • M : 33€

Hôtel le Laumière

Plan : 3 D 3 » 4 rue Petit
☎ 01 42 06 10 77
Fax 01 42 06 72 50
Ouv. 7j/7.

Affaire de famille depuis les années trente, l'hôtel reste au goût du jour, tout en maintenant des tarifs avantageux pour la capitale. En prime, un petit jardin pour le petit-déjeuner aux beaux jours.
54 ch. 52-72€

www.hotel-lelaumiere.com

Hôtels de charme.

 Bon confort.  Grand confort.  Luxe. Grand luxe.

PARIS 20 (8 C 5)

⑫ Les Allobroges

Plan : 5 E 2

Tranquilles et chics, ces Allobroges, avec sa clientèle discrète et son décor qui mêle banquettes fleuries et fruits séchés, grappes de raisin et troupeau de vaches. La carte fait honneur aux herbes et aux légumes (plaisant ragoût de légumes verts et bulots) mais le chef néglige un peu ses cuissons (le filet de cabillaud ragoût d'artichauts et andouille de Guémené a franchement manqué d'attention). On se console sur la fraîcheur de la glace lavande sur le feuilleté caramélisé de compote de rhubarbe en appréciant une atmosphère paisible d'habitués.

C : 35 € • M : 18-32 €

» 71 rue des Grands-Champs
☎ 01 43 73 40 00
F. dim., lundi, fériés, Noël-1er janv., Pâques et 1 sem. août.
Jusqu'à 22h.

⑫ Le Baratin

Plan : 3 D 4

Philippe Pinoteau aux manettes, Raquel Carena aux fourneaux : le mixte franco-argentin fonctionne le mieux du monde dans cet appel à l'amitié entre les buveurs de vin. Sur l'ardoise, la cuisine de marché change tous les jours, la joue de bœuf et le lapin aux escargots se laissent caresser avec les formidables flacons de Jean-François Nicq, de Jean Foillard, de Pierre Overnoy ou de Thierry Puzelat. Que verriez-vous avec la morue de Bilbao au pimientos et pois chiches ? Si vous hésitez, Philippe trouvera.

C : 26 € • M : 13 €

» 3 rue Jouye-Rouve
☎ 01 43 49 39 70
F. sam. à déj., dim., lundi, 1 sem. fév., 2 sem. mai et 3 sem. août.
Jusqu'à 24h.

⑫ Le Bistrot des Soupirs, Chez les On

Plan : 3 E 5

C'est le double gagnant dans le quartier. Laurent Baujon au piano, Rudy Marjon dans la salle, une carte et une cave qui déroulent, service volée, jeu, set et match. Un peu plus de confort, mais l'esprit provincial un poil vieillot a été préservé pour le plus grand bonheur des habitués de ce bistrot pur jus, où la côte de bœuf et la sole meunière, le jambon de cochon de lait pour deux et les véritables profiteroles sont des standards exemplaires. Cave adaptée à ces agapes de connaisseurs, saint-jo de Coursodon, crozes de Combier, morgon de Foillard et Bois des Merveilles de Sénat.

C : 35 € • M : 13-15 €

» 49 rue de la Chine
☎ 01 44 62 93 31
F. dim. et lundi.
Jusqu'à 23h.

Le Saint-Amour

Plan : 3 D 6

Quelques icônes dorment au Père-Lachaise, à deux pas d'ici. Ils ne savent pas ce qu'ils perdent. Pendant ce temps, le saint-amour coule imperturbablement dans les verres, pour cousiner avec les viandes de Salers, la saucisse d'Auvergne à l'aligot, le picoussel d'Aveyron.

C : 23 € • M : 10-12,50 € *rouchet.nathalie@noos.fr*

» 2 av Gambetta
☎ 01 47 97 20 15
F. Noël.
Jusqu'à 22h30.

Super Hôtel

Plan : 3 F 5

Une rénovation récente améliore les prestations de cet hôtel au bon rapport prix-prestations, qui justifie de courir jusqu'aux lisières de la capitale.

32 ch. 56-89 € *www.superhotel.site.voila.fr*

» 208 rue des Pyrénées
☎ 01 46 36 97 48
Fax 01 46 36 26 10
Ouv. 7j/7.

Parking privé. 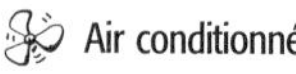 Parking fermé.  Voiturier.

Cave à cigares. Air conditionné. Tennis privé.

Paris-Banlieue

ANTONY - 92160 (8 B 6)

Paris 13 - Bagneux 9 - Versailles 17

L'Amandier

» 8 rue de l'Eglise
☎ 01 46 66 22 02
F. sam. à déj., dim. à dîn., lundi et 3 sem.août.
Jusqu'à 21h15.

A ce niveau de compétition, on peut parler de maîtrise, et de modernité. Eric Colpart analyse la partie clairement, voit le produit démarqué, lui donne un parfum personnel, et le but est atteint, sur les langoustines frites en pannequet. de ventrèche comme sur le saint-pierre juste passé à la salamandre avec un jus de crustacés et une bonne huile d'olive. En salle, un bon jeu collectif, et une cave à muscler qui manque encore de vins de propriétaires.
C : 37 € • M : 37-50 €

La Tour de Marrakech

» 72 av de la Division-Leclerc
☎ 01 46 66 00 54
F. lundi et août.
Jusqu'à 22h15.

Une large déclinaison de couscous et de tajines et quelques plats à base de lotte ou de sardines dans un cadre charmant et soigné.
C : 25 € • M : 22 €

ARGENTEUIL - 95100 (8 B 4)

Paris 17 - Pontoise 19 - Chantilly 38

La Ferme d'Argenteuil

» 2 bis rue Verte
☎ 01 39 61 00 62
F. dim., lundi, mardi à dîn. et août.

Une maison contemporaine dans la très urbaine Argenteuil, mais point de ferme, y aurait-il tromperie sur la marchandise ? Le toit de chaume, l'accueil tout sourire et le bon menu d'attaque (qui prend un peu d'embonpoint encore cette année, à 32 €) valent heureusement le détour : tartare de thon à la mangue et citron vert, mijoté de lapereaux aux aromates et galette de pomme de terre, brioche perdue aux cerises amarena.
M : 32-55 €

ASNIERES SUR SEINE - 92600 (8 B 4)

Paris 9 - Nanterre 7,5 - Saint-Denis 8

Le Van-Gogh

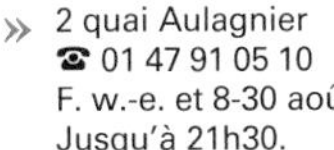

» 2 quai Aulagnier
☎ 01 47 91 05 10
F. w.-e. et 8-30 août.
Jusqu'à 21h30.

Planté sur la Seine, sous le pont de Clichy, le Van Gogh est un artiste classique, et une belle affaire, qui cabote à un train de sénateur en déroulant des reproductions appréciées qui se fondent dans le cadre pour motiver les cadres. Poularde de Bresse au Savennières, sole meunière, tournedos périgourdine et crêpes flambées à la mandarine impériale. Un lieu évidemment privilégié pour les réceptions. Cave dédiée au négoce.
C : 70 € • M : 60-80 € *www.levangogh.com*

La Petite Auberge

» 118 rue de Colombes
☎ 01 47 93 33 94
F. dim. à dîn., lundi, merc. à dîn. et août.
Jusqu'à 21h.

Les affaires vont bon train dans le quartier, et Sylvain Dauchez sait ralentir le rythme à bon escient, en faisant savourer le temps d'un repas une tradition à ne pas oublier : émincé de ris de veau poêlé, duo de lotte et saumon crème d'oursin, pavé de rumsteak de Salers sauce truffe. Une constante, la qualité, dans les produits, en direct de Rungis, comme dans la réalisation. De quoi prendre son temps.
M : 27,75-39 €

(12) Le Fleuve

» 5 quai Aulagnier
☎ 01 40 86 10 11
F. sam. dim., 25 déc. et 15 août.

Etape pratique pour tous les cadres des environs, qu'ils traversent ou non la Seine pour rejoindre cette salle moderne et animée, au pied du pont de Clichy, où les attendent les plats contemporains usuels. Atmosphère bon genre et service alerte.
M : 29,50-34,50 €

AULNAY SOUS BOIS - 93600 (8 D 4)

Paris 16 - Bobigny 8 - St-Denis 17

(13) Auberge des Saints-Pères

» 212 av de Nonneville
☎ 01 48 66 62 11
F. w.-e., merc. à dîn., 3 sem. août et 2 sem. hiver.
Jusqu'à 21h15.

A 60 € le menu Confiance, est-ce vraiment raisonnable d'avoir confiance ? D'ailleurs est-ce bien raisonnable de quitter ses douillettes avenues d'un Paris bobo et nanti pour une auberge du 9-3 qui ne ressemble pas vraiment, qui plus est, à un lounge trendy. La raison cachée est peut-être cette garantie de bonne fin offerte par Jean-Claude Cahagnet, Maître-cuisinier de France qui ne réfute pas la théorie de la relativité, mais sort gagnant de toute confrontation avec ses plats, classiques ou modernes, le foie gras meringué au curry et moutarde douce à l'ananas confit comme les sardines rôties à lamenthe des loups et huile de combava, le blanc de barbue citronnelle et jus de viande comme la côte de veau au poêlon et croûte de pain d'épices douces. La cave, historiquement l'une des meilleures extra-muros, offre toujours 300 références, pour la plupart attrayantes, et certaines même renversantes.
C : 35 € • M : 38-60 €

AUVERS SUR OISE ➤ CERGY PONTOISE

BARBIZON - 77630 (7 D 3)

Paris 56 - Melun 14 - Fontainebleau 12

(15) Hôtellerie du Bas-Bréau

» 22 rue Grande
☎ 01 60 66 40 05
Ouv. 7j/7.
Jusqu'à 21h30.

➥ **Hôtel** : Hôtellerie du Bas-Bréau
A l'orée de la forêt de Fontainebleau, dans cette belle gentilhommière pour week-ends secrets, il n'est pas vraiment question de créations ébouriffantes. La clientèle recherche plutôt du cocooning, des belles saveurs, des produits un peu rares. Bertrand Barbier s'adapte, traite la grouse d'Ecosse avec adresse, traque le cerf, le beau pigeon et la blonde d'Aquitaine, s'assure du concours des grains de caviar, des ravioles de homard et cappuccino, du pressé de foie gras. Cette tradition douce, très adaptée aux lieux, vaut son pesant d'or, jusqu'au soufflé Grand-Marnier, mais il n'y a pas un hoquet dans le ronronnement du moteur, ni dans l'assiette ni dans le service.
C : 90 € • M : 53-75 € *www.bas-breau.com*

Hôtellerie du Bas-Bréau

» 22 rue Grande
☎ 01 60 66 40 05
📠 01 60 69 22 89
Ouv. 7j/7.

➥ **Restaurant** : 15/20 Hôtellerie du Bas-Bréau
Elégance à l'ancienne pour ce relais de chasse situé naturellement en lisière de la forêt de Fontainebleau. Mobilier de style et raffinement dans des chambres au confort soigné, harmonie de couleurs douces qui font volontiers appel à la toile de Jouy.
5 appart. 390-510 € • 20 ch. 150-370 € *www.bas-breau.com*

LES BEAUMETTES ➤ GOULT

BOIS COLOMBES - 92270 (8 B 4)

Paris 11 - Nanterre 8 - Saint-Denis 9

12 Le Chefson ♥

» 17 rue Charles-Chefson
☎ 01 42 42 12 05
F. w.-e., 1 sem. vac. scol. fév. et août.
Jusqu'à 21h30.

Un accueil enjoué, un beau menu du jour à prix doux, voilà qui avive la gourmandise. Peu d'erreurs de positionnement dans cette petite salle de bistrot tiré à quatre épingles, mais sans chabada : on case du produit de prestige avec bonhomie dans le menu à 32 **€** (escalopes de foie gras poêlé et lentilles vertes du Puy, crépinettes de ris de veau aux morilles), et la petite carte des vins s'harmonise, autant avec l'ambiance qu'avec les assiettes.
M : 23-32 €

BOUGIVAL - 78380 (8 B 5)

Paris 17 - Versailles 11 - Nanterre 7

14 Le Camélia

» 7 quai Georges-Clémenceau
☎ 01 39 18 36 06
F. dim., lundi, 1 sem. fév., août et 1 sem. Noël.
Jusqu'à 22h30.

Il est parfois difficile de succéder à un mythe de la grande cuisine : Patrick Henriroux à La Pyramide, Laurent Couturier chez Greuze, Thierry Conte ici à Bougival, tous doivent lutter contre une enseigne plus prestigieuse que n'importe quel chef pouvant la servir. Cet ancien de Boyer, de Robuchon et de la Tour d'Argent travaille une carte qu'on qualifiera de "classique revisitée", le foie gras de canard au romarin et sel fumé, rhubarbe acidulée hibiscus et vanille, le carré d'agneau pané à la brioche et la gourmandise aux trois chocolats glace cacao méritent qu'on s'attarde dans cette banlieue chic.
C : 70,90 € • M : 42-68 € *www.lecamelia.com*

BOULOGNE BILLANCOURT - 92100 (8 B 5)

Paris 10 - Nanterre 14 - Versailles 14

16 Au Comte de Gascogne

» 89 av Jean-Baptiste-Clément
☎ 01 46 03 47 27
F. sam. à déj., dim., lundi et 1er-16 août.
Jusqu'à 22h15.

Cadre et ambiance
La bienséance de Boulogne dans un cadre encore plus secret et privilégié que le reste de la rue. Le luxe bourgeois a son style, ses prérogatives, son moelleux, indémodable comme un beau loden. Et le jardin exotique à toit ouvrant est une décapotable de prestige.

Cuisine
Après un demi-siècle de fourneaux, Henri Charvet peut bien livrer ses derniers plats à prix d'or, comme les ultimes bouteilles dont on ne veut finalement pas se séparer. A la différence près que le ris de veau meunière ou le bar de ligne à 55 **€** la portion ne risquent pas de se bonifier en vieillissant et qu'il y a intérêt à trouver preneur. A Boulogne, Dieu merci, ce n'est pas le chaland qui manque et l'on peut tranquillement faire un sort à l'une des huit sortes de foie gras, aux langoustines royales et au pigeon en cocotte, avant un mille-feuille aux fruits rouges.

Cave
On s'en douterait, mais elle est riche en bordeaux et bourgogne. Et ses clients encore plus qui trouveront sympa le Haut-Brion 94 à 534 **€** (qu'on se rassure, dans une belle année, c'est beaucoup plus). Il y a peu à dire de plus, sinon que l'on s'orientera, à partir de 100 **€**, dans un choix classique.

Accueil et service
Le point fort, c'est cette empathie naturelle qui se dégage de ces repas de connivence : la clientèle, le quartier, le service, et même la carte sont au diapason, un unisson qui réchauffe le cœur.
C : 93 € • M : 56-110 € *aucomtedegasc@aol.com*

(11) R. Durand La Viande

» 79 bd de la République
☎ 01 49 10 05 41
F. ann. 3dern. sem. août.

Richard Durand, ex Luna, prend ses quartiers à Boulogne : un bel onglet, une entrecôte de 500 g, de quoi ronger son os à moelle pour les tradis carnivores. Du solide dans l'assiette, loin des espumas et du lard virtuel, des éprouvettes et des plats à respirer. Ici on tranche, on croque, on mastique. Un peu de tout, du bœuf, du cheval, de l'agneau. Pour ceux qui ont des crocs.
C : 40 €

Acanthe

» 9 rond-point Rhin-et-Danube
☎ 01 46 99 10 40
01 46 99 00 05
Ouv. 7j/7.

A contempler les bambous du patio, on oublie vite la circulation pour profiter du calme et du confort de chambres au confort soigné et au cadre sobre et contemporain, empreintes de douceur.
69 ch. 180-215 € www.quality-acanthe-paris.com

Hôtel de Paris

» 104 bis rue de Paris
☎ 01 46 05 13 82
01 48 25 10 43
F. non comm.

Séjour classique et soigné, avec de petites chambres chaleureuses, aménagées dans un immeuble des Années Trente.
4 appart. € • 31 ch. 65-76 € www.hotel-paris-boulogne.com

BOURRON MARLOTTE ➤ FONTAINEBLEAU

BOUTIGNY SUR ESSONNE - 91820 (7 C 3)

Paris 58 - Fontainebleau 29 - Etampes 19

Domaine de Belesbat

» Courdimanche-sur-Essonne
☎ 01 69 23 19 00
01 69 23 19 11
F. 3 fév.-5 mars.

Le domaine regroupe plusieurs corps de bâtiments derrière une vénérable porte fortifiée du XVe siècle. Le château XVIIIe mise sur des chambres au décor stylé et cossu, les dépendances (la Commanderie et le Logis du Roy) sur un cadre plus contemporain. Avec toujours un excellent niveau de confort et le plaisir d'un beau jardin à la française et du golf, dans le vaste parc.
2 appart. 610-760 € • 58 ch. 350-560 € www.belesbat.com

CARRIERES SUR SEINE - 78420 (8 B 4)

Paris 20 - Nanterre 10 - Courbevoie 9

(13) Le Panoramic de Chine

» 1 rue des Fermettes
☎ 01 39 57 64 58
F. 1 sem. vac. scol. fév. et août.
Jusqu'à 22h.

Le recordman des courriers de satisfaction (nous en recevons plusieurs dizaines par an concernant la maison de Jean-Pierre Limy, à croire que les clients sont téléguidés...) se porte bien merci et demeure l'une de nos tables ethniques préférées des Yvelynes : potage au poisson à la mode thaïlandaise, raviolis aux crevettes, brioches au porc rôti, filet de turbot à la vapeur au gingembre frais et truffe de Chine, une savoureuse évocation de la gastronomie de l'Empire du Milieu.
C : 38 € • M : 15-35 €

Restaurants mentionnés en annexe

R Pour un restaurant de niveau 10 à 12.

Pour un restaurant de niveau 13 à 14.

Pour un restaurant de niveau 15 à 16.

Icône  (20) à (13) Toques 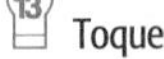 (12) à (10) Notes

CERGY PONTOISE - 95 (7 B 1)

Paris 36 - Rambouillet 61 - Versailles 34

à AUVERS SUR OISE - 95430 : 6 km N.E. par D 14 et D 4

(11) Auberge Ravoux

Maison de Van-Gogh, pl de la Mairie
☎ 01 30 36 60 60
F. à dîn., lundi, mardi, nov. et déc.

La table de Van Gogh, c'est celle qui est située près de l'entrée de la salle à manger. Il n'est pas dit que, en l'occupant, vous deveniez un génie de la peinture, ou que vous vous tranchiez l'oreille après le repas. En revanche, il est vraisemblable que le jeune chef qui s'occupe de vos assiettes aura su tracer un chemin de tradition, entre art et artisanat, qui vous séduira : la pressée de lapereau, le gigot de sept heures, la tarte Tatin, montrent un soin et un entrain retrouvé.

M : 28-35 €

info@vangoghfrance.com

Hostellerie du Nord

6 rue du Gén-de-Gaulle
☎ 01 30 36 70 74
Fax 01 30 36 72 75
F. dim.

Une étape mythique au pays de l'impressionnisme, au décor modernisé qui évite de marquer contre son camp en adoptant des harmonies de couleurs soignées et lumineuses. Belle terrasse ombragée, où savourer en été un menu-carte solide sur ses bases classiques et sûr de ses produits : tourteau en millefeuille de cœur d'artichaut rouelles de homard à la crème d'estragon, lièvre en civet à l'ancienne, aubergine confite au sucre sur pain d'épice comme un pain perdu.

2 appart. 185 € • 6 ch. 95-125 € • C : 53 € • M : 53-65 €

www.hostelleriedunord.fr

à CORMEILLES EN VEXIN - 95830 : 10 km N.O. par D 915

(10) Maison Cagna Une Auberge de Campagne

xxxxx
☎ 01 34 66 61 56
Fax 01 34 66 40 31
F. dim., lundi et mardi à dîn.

Les générations se succèdent, la restauration change, la vie défile comme dans une pub de banque. Gérard Cagna passe le témoin avec tendresse à ses enfants, Delphine et Thomas, qui ouvrent sous l'enseigne "Maison Cagna", une "auberge en campagne", dans un style évidemment différent de la belle table traditionnelle qu'était le Relais. Laissons cette formule alléchante se mettre en place : le parrainage est suffisamment éloquent pour que la confiance demeure. Nous en reparlerons l'an prochain.

M : 32-60 €

receptionfrance.com

à HEROUVILLE - 95300 : 8 km N.E. par D 927

(12) Les Vignes Rouges

5 pl de l'Eglise
☎ 01 34 66 54 73
F. dim. à dîn., lundi, mardi, 25 déc.-15 janv., 1er-15 mai et août.
Jusqu'à 21h.

38 € le menu, cela laisse quelques exigences de plaisir et d'enthousiasme. Certes, l'animation fait parfois défaut dans ce simple cadre bourgeois au pied de l'église, mais l'on aimerait que la réalisation redevienne aussi soignée que par le passé pour justifier une toque naguère légitime. Le service reste très attentif, et la cave classique.

C : 45 € • M : 38 €

Prix des appartements : la fourchette de prix correspond au tarif journalier pour 1 personne seule, et maximum pour 2 personnes.

Prix à la carte : correspond au prix moyen à la carte (entrée, plat + dessert).

➲ à MERY SUR OISE - 95540 : 8 km N.E. par A 15, N 184, D 922

[15] Le Chiquito

» Rue de l'Oise
☎ 01 30 36 40 23
F. sam. à déj., dim. à dîn., lundi, 1re sem. janv. (après le 1er) et 3 prem. sem. août.
Jusqu'à 22h.
🚗 ♿ ❄ 🐕

Formé chez Savoy, Arrambide, Dutournier et François Clerc (période Vieille Fontaine), Alain Mihura fait valoir un bagage extrêmement solide qu'il met au service d'une cuisine d'un traditionalisme assumé : tarte fine de saint jacques Dubarry, asperges vertes jus au noilly, fricassée de grenouilles, raviolis frits de petits gris, émulsion d'ail au persil, pavé de lieu jaune et langoustines rôties, ris de veau cuit au beurre mousseux et bâton de réglisse, morilles sautées et crème de cresson, gâteau basque, glace à l'Izarra. Rien de révolutionnaire, bien au contraire, une cuisine qui n'aurait que peu d'intérêt si elle ne se reposait pas sur des produits soigneusement sélectionnés ; et ça, Alain Mihura sait très bien faire.
C : 53 € • M : 53-66 €
www.lechiquito.fr

➲ à OSNY - 95520 : 1 km N.O.

[12] Le Moulin de la Renardière

» Rue du Grand-Moulin
☎ 01 30 30 21 13
F. dim. à dîn., lundi et mardi à dîn.
Jusqu'à 21h30.
⛱ 🔑🚗 🐕 🚬

Dans un ancien moulin, dépendance du château de Grouchy, l'escapade champêtre a le goût d'aujourd'hui, grâce à un vaste menu-carte à trente plats qui aborde tous les genres, de l'autruche à l'osso buco de lotte, du carpaccio de thon aux crêpes Suzette. Promenade dans le parc de 5 000 m² traversé par deux rivières, dont l'une borde la tonnelle de cinquante places.
M : 34-35,50 €
www.moulinrenardiere.fr

CHAMPAGNE SUR OISE ➤ L'ISLE ADAM

CHATEAUFORT - 78117 (8 A 6)

Paris 27 - Versailles 11 - Nanterre 28

[14] La Belle Epoque

» 10 pl de la Mairie
☎ 01 39 56 95 48
F. dim., lundi et 3 sem. août.
Jusqu'à 22h.
⛱ 🐕 🚬

Jour de soleil, c'est une précieuse et souriante bonbonnière, un petit dépaysement de village si près de Paris, cadre ravissant et cuisine fignolée. Jour de pluie, la maison vieillit doucement, le déplacement est longuet sur ces petites routes entre banlieue et campagne pour une assiette valeureuse mais qui ronronne bourgeoisement, entre le gâteau de topinambours et escargots et la feuillantine pistaches aux fraises. Le souci de justesse, et de justice, oblige à préciser qu'entre ces deux impressions climatiques, la constante est le savoir-faire indéniable de Philippe Delaune, toujours capable de transcender une pintade fermière et donner de la saveur vraie à une soupe d'asperges aux moules.
C : 55 € • M : 32-48 €

CHATENAY MALABRY - 92290 (8 B 5)

Paris 13 - Antony 2 - Sceaux 2

[11] Les Délices de Voltaire

» 2 av de la Division-Leclerc
☎ 01 47 02 50 92
F. sam. à déj., dim. et 3 sem. août.
Jusqu'à 21h30.
⛱ 🐕

Un menu à 19,82 **€**, c'est le prix, comme au supermarché, à moins de 20 **€**, d'une cuisine ménagère traditionnelle qui aime rêver de Méditerranée (poivrons, courgette, ratatouille etc…). Pour cette somme modique, convivialité et amabilité sont en série. Carte de vins minuscule mais où l'on peut trouver quelques petits vins de soif découverts par la patronne.
M : 19,80 €

CHAUMES EN BRIE - 77390 (7 D 2)

Paris 56 - Coulommiers 26 - Meaux 36 - Melun 21

Chaum'Yerres

Le jardin donne sur la rivière, le lierre envahit la façade : cette atmosphère champêtre est très agréable et se prolonge dans des chambres au confort classique.
1 appart. 175 € • 9 ch. 49-138 € *www.chaumyerre.fr*

» Pont de l'Yerres
☎ 01 64 06 03 42
01 64 06 36 15
F. 3e sem. janv. et 2e quinz. nov.

CHENNEVIERES SUR MARNE - 94430 (8 D 5)

Paris 18 - Créteil 5 - Lagny 22

⑫ Le Bonheur de Chine

Quel centre commercial n'a pas son asiatique de service pour élargir l'offre globale ? Au Moulin, pourtant, le Bonheur attend le nombre des années, antériorité et légitimité : saint-jacques vapeur parfaite, canard laqué correct, accueil empressé et Dragon Seal dans une courte cave plutôt bien balancée. Une Chine et son bonheur, très accessibles, au bout du parking.
C : 20 € • M : 13,60-19,90 €

» Rue Amboile, centre commercial du Moulin
☎ 01 45 93 32 30
F. 10-20 août.
Jusqu'à 22h30.

LE CHESNAY - 78150 (8 A 5)

Paris 21 - Versailles 5 - Nanterre 14

Pakito

Plan : 3 A 4

Pakito a déménagé au début de l'été, pour aller se mettre au vert, au Chesnay et offrir un jardin privatif de 300m2 aux partisans de l'identité basque, les gourmands d'axoa et de pipérade, de chipirons à l'encre et même de cassoulet. Avec l'irouléguy et le cidre basque, l'ambiance est en rouge et blanc du côté de Versailles.
C : 10 €

» 1 av de Maintenon
☎ 01 47 70 78 93
F. w.-e. et août.
Jusqu'à 22h30.

CLAMART - 92140 (8 B 5)

Paris 9 - Nanterre 20 - Versailles 13

⑫ La Cosse des Petits Pois

Si l'enseigne éveille immédiatement la curiosité, la cuisine de Gérard Le Saux se montre beaucoup plus sérieuse, cassolette d'œufs pochés aux écrevisses sauce nantua, cuisses de grenouilles fraîches sautées à la provençale, tarte tatin cuite au moment. Bon menu-carte du marché (à 30 € avec un tel choix, c'est une véritable aubaine), cave courte et classique.
M : 30 €

» 32 av Victor-Hugo
☎ 01 46 38 97 60
F. sam. à déj., dim. à dîn. (sf août dim.), lundi, 6-13 mars, 1er-8 mai et 31 juil.-20 août.
Jusqu'à 21h30.

CLICHY - 92110 (8 B 4)

Paris 8 - Nanterre 11 - Saint-Denis 5

⑫ La Barrière de Clichy

la devanture est soignée et attire l'œil des automobilistes coincés porte de Clichy. La carte n'en rajoute pas, dans une sage mode contemporaine qui fait son boulot dans un menu à 30 € plutôt cordial : salade de queue de bœuf parfumée à l'huile d'olive, terrine de bouillabaisse en gelée, paleron bourguignonne, clafoutis aux griottes.
C : 49 € • M : 30-39 € *labarrieredeclichy@free.fr*

» 1 rue de Paris
☎ 01 47 37 05 18
F.w.-e., fériés et 1er-28 août.
Jusqu'à 22h.

La Romantica

Le versant transalpin de la restauration de tradition, sur l'axe direct de la porte de Clichy. la roue de parmesan est un spectacle, l'ambiance surannée et les antipasti d'école sont d'autres curiosités.
C : 70 € • M : 39-49 € *www.laromantica.fr*

» 73 bd Jean-Jaurès
☎ 01 47 37 29 71
F. sam. à déj. et dim.
Jusqu'à 22h30.

Hôtel-Résidence Europe

» 52 bd du Gén-Leclerc
☎ 01 47 37 13 10
01 40 87 11 06
Ouv. 7j/7.

Situation pratique et chambres parfaitement insonorisées (mais assez petites), à quelques centaines de mètres du périphérique. La valeur ajoutée ? La salle de fitness, la piscine et le sauna à des prix vraiment serrés.
111 ch. 90-180 € *www.hotel-residence-europe.com*

CORBEIL ESSONNES - 91100 (7 C 3)

Paris 36 - Fontenainebleau 33 - Créteil 26

13 Aux Armes de France

» 1 bd Jean-Jaurès, RN 7
☎ 01 64 96 24 04
F. sam. à déj., dim. et merc.
Jusqu'à 22h.

Nous regrettions l'an dernier, malgré les importants investissements consentis par Chistophe Pacheco depuis son arrivée en 2000 (cuisine, façade, terrasse, toilettes), la relative vétusté de la salle à manger. Cette dernière vient également d'accomplir une cure de jouvence sous la forme d'une réfection de toutes les chaises et d'une rénovation complète de la grande salle. La cuisine reste quant à elle fidèle à ses bonnes manières, ris de veau français décliné en trois cuissons, braisé à la crème, poêlé au jus et en viennoise de pistache, feuillantine de pigeonneau en tatin de betteraves, crémeux de petits pois au lard paysan et champignons de saison. Service impeccable, cave manquant de mordant.
C : 75 € • M : 38-80 € *www.auxarmesdefrance.com*

13 Le Coq Hardi

» 14 bd Jules-Vallès
☎ 01 64 96 01 00
F. dim., lundi à dîn. et mardi à dîn.
Jusqu'à 22h.

Après sept années d'exercice, Jean-Luc Raymond a réussi a donné de délicieux airs de Saint Jean Pied de Port ou d'Espelette à ce coin d'Essonne. Les assiettes sont aussi généreuses que là-bas, les produits soigneusement sélectionnés et la technique du chef assez sûre pour que la ventrèche de thon à la biscayenne, l'épaule d'agneau de lait d'Aragon lentement confite à l'ail et les chips de pain d'épice et bleu des basques puissent assurer un voyage en première classe en Euskadi. Jolie carte des vins du Sud-Ouest et d'Espagne.
C : 40 € • M : 17,50-28,80 € *coq-hardi@wanadoo.fr*

CORMEILLES EN VEXIN ➤ CERGY PONTOISE

COUILLY PONT AUX DAMES - 77860 (7 B 2)

Paris 49 - Melun 46 - Meaux 10

13 L'Auberge de la Brie

» 14 av Boulingre
☎ 01 64 63 51 80
F. dim., lundi, 1 sem. fin fév., 6-30 août et 24 déc.-3 janv.
Jusqu'à 21h.

Brie, morne plaine ? Allez-y voir : chez Alain Pavard, le classique met son smoking et son nœud papillon, mais pour un concert plutôt contemporain, dans le registre bourgeois d'aujourd'hui, homard et tomates confites en mille-feuille, saint-jacques rôties au citron vert, zestes confits et pousses d'épinards, ananas mariné à la badiane lait de coco et framboises. De bonnes manières à tous niveaux, du service à la cave, généraliste, variée avec expertise et pas si chère, vous proposant une coulée de Serrant 97 à moins de 100 **€**.
C : 70 € • M : 27-66 €

COURBEVOIE - 92400 (8 B 4)

Paris 12 - Nanterre 6 - Argenteuil 7

12 Globe Trotter Café

» 16 pl de la Défense
☎ 01 55 91 96 96
F. w.-e.

Créé par les cafés Malongo, chantre du commerce équitable, en 1999, l'établissement vient de troquer son ancien nom contre celui de Globe Trotter Café, qui lui va finalement beaucoup mieux. Une carte forcément polyglotte sur laquelle on retrouve le carpaccio d'espadon et ananas des caraïbes, le mille-feuille de magret de canard au café ou le suprême de poulet fermier au lait de coco. De quoi faire le tour du monde pour trois billets de 10 **€**.
C : 30 € *www.globetrottercafe.com*

Best Western Hôtel George-Sand

Proche de la Défense, cette maison en est agréablement loin dans l'esprit, avec un adorable décor aussi romantique que la vie de la célèbre écrivain.
31 ch. 130 € www.hotel-paris-georgesand.com

» 18 av Marceau
☎ 01 43 33 57 04
📠 01 47 88 59 38
Ouv. 7j/7.

CRETEIL - 94000 (8 C 5)

Paris 14 - Bobigny 20 - Melun 35 - Evry 22

La Terrasse de Créteil

Service sous cloche et argenterie, bougies le soir dans un nouveau décor, pour une tradition bien peignée, et qui s'exprime au mieux dans le menu du moment à 28 €. Allez aux plats de référence, pour réviser le céleri rémoulade au crabe, la raie pochée beurre citronné et câpres, le confit de canard. Grand jardin d'été pour les déjeuners de campagne à la ville.
M : 28 €

» 39 av de Verdun
☎ 01 42 07 15 94
F. w.-e. à dîn. et 1er-31 août.
Jusqu'à 22h.

Novotel Créteil Le Lac

La vue sur le lac et ses environs assurent un petit côté verdure fort agréable et ajoute aux atouts de cet ensemble moderne aux équipements de qualité.
110 ch. 78-145 € www.novotel.com

» Rue Jean-Gabin, RN 186
☎ 01 56 72 56 72
📠 01 56 72 56 73
Ouv. 7j/7.

LA DEFENSE - 92400 (8 B 4)

Paris 9 - Courbevoie 2 - Nanterre 4

Restaurant Les Communautés

Dans le cadre luxueux du Hilton de la Défense, hommes d'affaires et clientèle internationale en transit profitent de la vue imprenable sur l'esplanade et d'une carte bâtie à la manière des grands constructeurs automobiles, pour plaire au plus grand nombre, aux Australiens comme aux Argentins : mille-feuille de foie gras de canard, ravioles de homard canadien, sole soufflée à la citronnelle, cœur de quasi de veau rôti. Cave s'appuyant sur les valeurs sûres hexagonales et sur quelques références du Nouveau Monde.
C : 50 € • M : 56,50 € www.paris-lafedense.hilton.com

» 2 pl de la Défense
☎ 01 46 92 10 30
F. à dîn., sam., dim. F. annu. non comm.
Jusqu'à 14h.

La Tavola

➥ **Hôtel :** Sofitel La Défense Centre

La table du Sofitel prend cette année la direction du Sud et des accents italiens, déclinés en version luxueuse à la Tavola et en version bistrot à l'Italian Lounge. On retrouve aux commandes le très bon chef maison, Mehdi Corthier, dont le métier met à l'abri des mauvaises surprises. Les deux toques restent donc en suspens, dans un nouveau décor en correspondance avec l'orientation. L'Italian Lounge profite d'une large verrière et suit les mêmes influences italiennes, sur des produits plus simples (charcuterie artisanale, osso buco aux olives).
C : 68 € • M : 55-75 € www.sofitel.com

» 34 cours Michelet
☎ 01 47 76 72 30
F. vend. à dîn., w.-e., fériés, 14 juil.-22 août et 22 déc.-3 janv.
Jusqu'à 23h.

Renaissance Paris-Hôtel La Défense

Bien à son aise dans le quartier, l'immeuble affiche une architecture moderne et largement vitrée. Les touches de pierres annoncent un hall résolument néoclassique, tandis que les chambres se font plus sobres, avec un cadre élégant et soigné et un haut niveau de confort.
3 appart. 450-800 € • 324 ch. 180-270 €

» Bd circulaire sortie 7, 60 jardin de Valmy
☎ 01 41 97 50 50
📠 01 41 97 51 51
Ouv. 7j/7.

Sofitel La Défense Centre

➥ **Restaurant** : [7] La Tavola

L'hôtel a été entièrement rénové, dans une recherche d'élégance proche des costumes de grands couturiers : au premier regard, classicisme chic, lignes sobres et dans le détail, de petites touches de raffinement, dans les matières, les touches de couleurs vives. On retrouve également l'espace généreux et l'équipement particulièrement soigné, pour exigeante clientèle d'affaires.

1 appart. 610-660 € • 150 ch. 345-480 € *www.sofitel.com*

» 34 cours Michelet
☎ 01 47 76 44 43
📠 01 47 76 72 10
Ouv. 7j/7.

Sofitel Paris La Défense Grande Arche

Une grande tour moderne abrite des chambres impeccables, volumes généreux, décor sobre et élégant au design parfaitement actuel, pour la garantie d'un séjour luxueux et sans mauvaise surprise.

32 appart. € • 352 ch. 345 € *www.sofitel.com*

» La Défense 6, 11 av de l'Arche
☎ 01 47 17 50 00
📠 01 47 17 56 78
Ouv. 7j/7.

DEUIL LA BARRE - 95170 (8 B 4)

Paris 19 - Enghien 2 - Montmorency 1

[12] Verre chez Moi ♥

Le patron est sommelier, d'accord. mais un sommelier qui aime autant le vin, qui possède autant de curiosité et qui connaît suffisamment bien les vignerons pour afficher dans sa carte le Bois de Rayssac de Michel Issaly, la folie Chenin de Jeff Carrel ou les Vendangeurs de la Violette des Mille Vignes, c'est franchement rare. Un nouveau chef assure le solide, le croustillant de chèvre chaud et l'andouillette AAAAA. Si vous aimez goûter, cette cave est tout simplement l'une des plus excitantes de la région parisienne, avec la cohorte des vignerons qui montent (Clairet, Sénat, Sylvie Spielmann) et tous les artistes, en particulier en loire (Courtois, Nicolas, Blot, Chidaine, Huet, Quenioux, Poirel…)

C : 30 € *www.verrechezmoi.free.fr*

» 75 av de la Division-Leclerc
☎ 01 39 64 04 34
F. dim., lundi, août, 1 sem. Noël-nouvel an et 1 sem. mai.
Jusqu'à 21h30.

ENGHIEN LES BAINS - 95880 (8 B 4)

Paris 18 - Pontoise 22 - Argenteuil 6

[13] Aventurine

La salle fait face au lac et au casino, occasion de méditer sur les bienfaits de la nature ou l'excitation du jeu. C'est un habitué du groupe Barrière, Franck Pelmar, qui cisèle la carte adaptée à ces circonstances d'une clientèle chic et qui sait compter : menus astucieusement calibrés, mixant plats canaille ou modernes à des produits plus nobles : joue de bœuf braisée cake aux écrevisses, pannequet de saumon fumé à l'avocat, agneau rôti au chorizo. Cave de grands crus correcte en tarif, service évidemment soigné.

C : 70 € • M : 45-95 € *www.restaurants-barriere.com*

» 85 rue du Gén.-de-Gaulle
☎ 01 39 34 10 19
F. à déj. lundi-vend., dim. à dîn. et 7-20 août.
Jusqu'à 22h30.

Grand Hôtel Barrière

Un classique du groupe Barrière, avec son hall et ses salons au fastueux décor, portant la griffe Jacques Garcia, et ses chambres impeccables et raffinées, à l'élégance Louis XV ou parées des mêmes couleurs chaleureuses et chatoyantes chères au décorateur.

7 appart. € • 36 ch. 150 € *www.lucienbarriere.com*

» 85 rue du Gén-de-Gaulle
☎ 01 39 34 10 00
📠 01 39 34 10 01

FONTAINEBLEAU - 77300 (7 D 3)

Paris 66 - Melun 18 - Montargis 52

(12) Croquembouche

Cette maison bourgeoise reprise l'an passé retrouve ses valeurs : rapide, efficace, pratique. Dans un décor enrubanné de rose, grenat et saumon, la cuisine se fait tantôt un peu emphatique (carpaccio de lotte et gambas qui ne fait pas grand effet), tantôt juste et simple (terrine de maquereau, bon coquelet qui ne mérite pas le jeroboam de sirop d'érable qui le recouvre). Le meilleur menu est à 25 **€**, avec une tarte au chocolat qui vaut la toque, la cave est timide, pas trop chère, inspirée par le négoce.

C : 42€ • M : 25-35€ *info@restaurant-croquembouche.com*

» 43 rue de France
☎ 01 64 22 01 57
F. dim. à dîn., merc., jeudi à déj., dern. sem. juil. et 2 prem. sem. août.

Hôtel Napoléon

A 150 m du château, l'ancien relais de poste propose un cadre élégant et rénové et dispose d'un agréable jardin, atout précieux en ville, dont profite l'essentiel des chambres.

1 appart. 210€ • 56 ch. 95-155€ • 1/2 pens. 100-153€ *www.naposite.com*

» 9 rue Grande
☎ 01 60 39 50 50
Fax 01 64 22 20 87
Ouv. 7j/7.

Legris et Parc Hôtel

Malgré sa situation en ville, l'hôtel bénéficie du calme d'un vaste jardin ombragé. Chambres personnalisées, sobres et élégantes, avec mobilier de style en accord avec l'architecture de cet ancien hôtel particulier XVIIIe.

5 appart. 130€ • 25 ch. 50-95€ • 1/2 pens. 114-127€
legris.et.parc@wanadoo.fr

» 36 rue Paul-Séramy
☎ 01 64 22 24 24
Fax 01 64 22 22 05
Ouv. 7j/7.

à BOURRON MARLOTTE - 77780 : 7 km S. par N 7

Les Prémices

Cadre et ambiance

La maison de Dominique Maës compte probablement parmi nos 16/20 les plus atypiques. Créée en 1996 dans les anciennes écuries du château (le chef, ancien étudiant en lettres, est aussi cavalier), elle s'amuse à prendre à rebrousse poil tous les poncifs associés au style châtelain, préférant la modernité du verre ou du métal et d'un mobilier renouvelé toujours superbe. Seule concession au luxe familier, le splendide jardin et la terrasse profitant du parc du château. Du bonheur à l'état brut.

Cuisine

Passionné par la gastronomie asiatique, autodidacte jusqu'à 26 ans avant d'entamer un parcours plus traditionnel dans les meilleures maisons des environs, Dominique Maës aime jouer de saveurs multiples avec les couteaux en fine persillade et vieux parmesan, les ormeaux longuement cuisinés au beurre salé, le bœuf de Kobé au poivre long des Indes, le caneton croisé des marais, jus court à la fève de tonka ou le sablé breton, faisselle fermière, fraises, crème à la liqueur de coquelicot. C'est abouti, très ambitieux, certains plats faisant plus que flirter avec la troisième toque, proposant un détour indispensable.

Cave

Peu d'établissements peuvent se vanter de compter dans leurs rangs deux sommeliers de ce niveau (Laurent Piro et Dominique Laporte, ce dernier étant récent champion de France, MOF et 3e au championnat d'Europe). La cave est à leur image, pointue, curieuse et internationale.

Accueil et service

Dans le rythme de la maison, l'accueil et le service se montrent vivants, jamais pesants, comme un exemple à suivre.

C : 70€ • M : 35-75€ *www.restaurant-les-premices.com*

» 12 bis rue Blaise-de-Montesquiou
☎ 01 64 78 33 00
F. dim. à dîn., lundi, mardi, 1re sem. vac. scol. fév., 2 prem. sem. août et 1 sem. Noël.
Jusqu'à 21h30.

GAMBAIS - 78950 (7 A 2)

Paris 56 - Dreux 26 - Rambouillet 22

[13] Auberge du Clos Saint-Pierre

» 2 bis rue Goupigny
☎ 01 34 87 10 55
F. dim. à dîn., lundi, mardi à dîn. et 3 prem. sem. août.
Jusqu'à 21h30.
⛱ ♿ 🐕

Dans sa conception comme sa présentation, cette carte, qui évolue tous les deux mois, témoigne du soin avec lequel Thierry Frisse hume le vent et les saisons pour en ramener des saveurs gourmandes et directes, dans des assiettes guillerettes : crème d'asperge et écrevisse au cappuccino d'orange, sauté de lapereau minute au romarin et polenta de morilles, feuilleté à la crème de mendiant et glace Carambar. Autant de réussites qui déclenchent une franche bonne humeur, notamment l'été sur la terrasse.

M : 21-31 € *clossaintpierre@wanadoo.fr*

LA GARENNE COLOMBES - 92250 (8 B 5)

Paris 12 - Nanterre 6 - Argenteuil 6

[12] Le Saint-Joseph ↗ 🍇

» 100 bd de la République
☎ 01 42 42 64 49
F; w.-e. et 3 sem. août.
Jusqu'à 21h30.
🐕 🚬

Il s'en passe de belles, entre Nanterre et la Défense. Les petits malins sortent de leurs tours géantes pour entrer dans ce monde parallèle, celui de l'andouillette Duval, du boudin noir en direct de chez Ducasse à Iparla, de l'entrecôte de Salers et des saint-jacques d'Erquy. Et ce n'est pas tout. Il faut descendre à la cave, un choc culturel pour celui qui pensait croiser du négoce de bistrot de province : Mosse, Gauby, Arena, Breton, Dard et Ribo, Métras, Lapierre, Gramenon, Yvonne, Nicq, Pacalet…Stop ou encore ?

C : 25 € *www.lestjoseph.com*

HEROUVILLE ➤ CERGY PONTOISE

HOUDAN - 78550 (7 A 2)

Paris 55 - Versailles 35 - Dreux 20

➲ à BERCHERES SUR VESGRE - 28260 : 6 km N. par D 20

🏠 Château de Berchères 🐦

» 18 rue du Château
☎ 02 37 82 28 22
📠 02 37 82 28 23
Ouv. 7j/7.
🚗 🎾

Sous de beaux dehors classiques typiques de la fin du XVIIIe siècle, l'hôtel adopte un cadre à l'ancienne, avec meubles de style et hauts plafonds. Les chambres sont joliment personnalisées sur le thème des fruits et légumes, couleurs pastel et détails raffinés. Vaste parc (24 ha) pour la détente.

21 ch. 125-400 € • 1/2 pens. 210-250 € *www.chateaudebercheres.com*

L'ISLE ADAM - 95290 (7 B 1)

Paris 39 - Pontoise 26 - Argenteuil 30

[12] Le Troubadour

» 23 quai de l'Oise
☎ 01 34 08 10 34
F. dim. à dîn. (oct.-mars) et vac. sco. Noël.
Jusqu'à 22h.
♿ 🐕

Le village au bord de l'Oise, la jolie guinguette néo-rustique, fleurent une tradition populaire suffisamment appliquée pour qu'on se laisse bercer par les arpèges de ce Troubadour. Des vraies frites avec un tartare de bœuf haché minute, un bon cassoulet, une belle andouillette : la vérité des lieux réside dans ces plats éternels, sans compromission.

C : 35 € *www.letroubadour.com*

♿	Accessible aux handicapés.	🏊	Piscine privée.
🍇	Carte des vins remarquable.	⛱	Repas servis en terrasse ou dans un jardin.
🎾	Tennis privé.	🐕	Chiens acceptés.

à CHAMPAGNE SUR OISE - 95660 : 4 km N. par D 64 et D 4

(12) Les Epis d'Or

Viande ou poisson ? Ce peut être la seule question du repas, outre les formules de politesse convenues, dans l'ancienne épicerie de village bourgeoisement transformée pour accueillir les convives. Car sur ce choix, Christophe François compose son "menu Mystère" sur le marché et ses humeurs, ce qui séduit aujourd'hui les quatre cinquièmes de sa clientèle. Aux beaux jours, on goûte sous la pergola ces effets contemporains, le carpaccio de foie gras réduction fruits de la passion ou le tajine de rumsteak pommes de terre au romarin.
M : 31-55 € *www.lesepis-dor.fr.st*

» 12 bis pl du Gén-de-Gaulle
☎ 01 30 34 08 21
F. dim. à dîn., lundi, 1 sem. janv. et août.
Jusqu'à 21h15.

ISSY LES MOULINEAUX - 92130 (8 B 5)

Paris 8 - Nanterre 17 - Versailles 17

(13) Manufacture

Le style loft du décor fonctionne encore bien, non pas comme une promesse de branchitude, mais davantage une idée zen et décoincée de la restauration. Les habitués ne se posent plus la question du positionnement, et foncent - après avoir passé le tourniquet - tête baissée sur les oreilles de cochon tièdes et croustillantes, le cabillaud rôti ou le risotto aux huîtres. Le rythme est enlevé, la cave répond quand on la sollicite, vins au verre et étrangers en sus,
M : 26-32 €

» 20 esplanade de la Manufacture, face au 30 rue Ernest-Renan
☎ 01 40 93 08 98
F. sam. à déj., dim. et 2 sem. août.
Jusqu'à 22h30.

(12) Coquibus

Le Coquibus avait perdu de sa superbe, le chant du coq était moins tonique que naguère. On veut donc croire que les nouveaux propriétaires, depuis juillet dernier, redonneront de la voix à cette adresse coutumière pour les médias du quartier. La meilleure proposition était toujours le menu-carte à 29 **€**. Affaire à suivre.
M : 22-29 € *www.coquibus.com*

» 16 av de la République
☎ 01 46 38 75 80
F. dim.
Jusqu'à 22h30.

(12) Issy Guinguette

Des vignes à Issy-les-Moulineaux ? Pourquoi pas, et même une cave voûtée, une terrasse dans la verdure. cette guinguette chic apporte de l'évasion et une gentille formule à 31 **€** qui procure moins de dépaysement (carpaccio, thon frais coulis de poivron, charlotte aux figues) mais donne d'honnêtes assiettes contemporaines. Importante cave de tous les vignobles.
C : 31 € • M : 24-31 € *www.chemindesvignes.fr*

» 113 bis av de Verdun
☎ 01 46 62 04 27
F. sam. à déj., dim., lundi à dîn., (été), sam. à dîn. (hiver), 15 jrs hiver et 3 sem. août.
Jusqu'à 21h30.

(12) Maison Trevier

Comment Gina Trévier, promise à une carrière bancaire, s'est retrouvée à la tête de cette table enjouée, indispensable et biberonnante ? Un coup de chance. Surtout pour les convives de cette table d'hôtes - cave à vins où l'on collectionne les plats de terroir (tian, tajine) pour servir de prétexte à déguster la sélection du moment. Ce peut être un Château-Grillet à 100 **€** le 95, un crozes de Combier, un Grange des Pères 2001 à 80 **€**, deux fois moins cher qu'à Montpellier. Ah, quand ça veut rigoler…
M : 27 € *maisontrevier@hotmail.com*

» 18 av de la République
☎ 01 41 08 02 52
F. w.-e.
Jusqu'à 21h45.

(12) Les Quartauts

Une cuisine comme à la maison, servie avec une gentillesse jamais feinte : poireaux vinaigrette à la moutarde violette, saumon mariné à la coriandre, gratin de morue au cerfeuil, cailles rôties à la choucroute et crème brûlée au chocolat.
C : 24 €

» 19 rue Georges-Marie
☎ 01 46 42 29 38
F. à dîn., sam., dim. et août.

Algarve

Cuisine franco-portugaise (plusieurs spécialités de morue, du porc aux coquillages, des barbecues ou la cataplane morue et fruits de mer) dans une maison de style auberge. Grande terrasse.
C : 28 € • M : 13-19 €

» 97 av du Bas-Meudon, Ile de Billancourt
☎ 01 47 36 82 54
F. dim., lundi à dîn., mardi à dîn. et août.
Jusqu'à 19h15.

JANVRY - 91640 (7 B 3)

Paris 35 - Chartres 57 - Evry 30 - Arpajon 11

(12) Bonne Franquette Janvry

La façade ravalée, depuis l'an passé, on ne ravale pas son plaisir pour piocher dans ce terroir plein de fantaisie, la bonne franquette s'accompagnant d'assiettes peu communes en Essonne, de nids d'artichauts et cailles, de cervelle de veau aux amandes et caramel de betteraves, de mignon de porc aux saint-jacques ou de miroir chocolat au jasmin. Ne craignez pas de voir la source se tarir : Bernard Blanchet change son menu-carte tous les jours selon le marché. Cave généraliste et pas mal pourvue en qualité.
C : 32 € • M : 32 € *www.bonnefranquette.fr*

» 1 rue du Marchais
☎ 01 64 90 72 06
F. sam à déj., dim. à dîn., lundi, 15-28 fév., 15 août-15 sept., 24 déc.-2 janv.
Jusqu'à 22h.

LEVALLOIS PERRET - 92300 (8 B 4)

Paris 8 - Nanterre 10 - Argenteuil 7

(12) Evergarden

Un restaurant d'hôtel qui est aussi une destination de voyage. Cette vertueuse cuisine chinoise est fort bien présentée, orthodoxe et personnelle, et servie avec distinction. Les bureaux des alentours font leur ordinaire de la brioche de crabe et porc, des saint-jacques farcies aux crevettes et du canard aux cinq parfums. On peut oublier de prendre un dessert, ou rester classique avec les beignets de fruits.
C : 40 € • M : 29-46 € *www.evergreenhotel-paris.com*

» 8 pl Georges-Pompidou
☎ 01 47 58 91 80
F. sam. à déj., dim. et août.
Jusqu'à 22h30.

Espace Champerret

Pris d'assaut à chaque salon, l'hôtel justifie ce succès par des chambres agréables, aux couleurs gaies et à l'atmosphère chaleureuse. Véranda et terrasse fleuries.
39 ch. 61-78 € *www.hotel-espace-champerret.com*

» 26 rue Louise-Michel
☎ 01 47 57 20 71
01 47 57 31 39
Ouv. 7j/7.

LONGJUMEAU - 91160 (8 B 6)

Paris 21 - Evry 18 - Corbeil 19

(13) Le Saint-Pierre

Manière au Dodin-Bouffant, André Daguin pour apprendre le foie gras… Comment voudriez-vous qu'on n'ait pas envie de mettre le Gers en bouteille, ou au moins dans une assiette, avec pareil pedigree. Jean Terlon travaille une matière première de qualité - saumon bio, jambon noir de Bigorre, canards nourris aux céréales et maïs non OGM - et sa carte s'apprécie justement lorsqu'elle s'en rapproche : la grande assiette du Gers, le magret grillé purée truffée, confit, cassoulet aux tarbais. Cave pauvrette, sud-ouest et bordeaux.
M : 30-42 € *www.lesaintpierre.com*

» 42 Grande Rue François Mitterrand
☎ 01 64 48 81 99
F. dim. (sf fête des Mères), sam. à déj., lundi et merc. à dîn., 1 sem. vac. scol. Pâques et fin juil.-18 août.
Jusqu'à 21h.

MAISONS LAFFITTE - 78600 (8 A 4)

Paris 20 - Versailles 21 - Poissy 7

Le Tastevin

» 9 av Eglé
☎ 01 39 62 11 67
F. lundi, mardi, 2 sem. fév. et 3 sem. août.
Jusqu'à 21h45.

Ce beau classique léché lorgne à nouveau vers les deux toques et c'est tant mieux. L'intègre Michel Blanchet fait le marché avec la même circonspection et la même exigence, et parvient à donner un entrain certain à une carte nourrie un peu trop facilement de seuls produits de prestige (homard et ris de veau, langoustines et foie gras) pour des plats frisant les 50 €. On apprécie donc d'autant mieux le bar sur tranche d'aubergine grillée et tomate au basilic, le saint-pierre en croûte d'herbes sauce pistou fenouil confit qui rejoignent le mignon de veau façon Rossini ou le canard laqué aux épices douces et lentilles vertes du Berry dans la zone plus raisonnable des 30 €. Atmosphère d'aisance et de belles manières, symphonie autour du chocolat en dessert et cave opulente de plus de 400 références.

C : 70 € • M : 40-68 €

MALAKOFF - 92240 (8 B 5)

Paris 6 - Nanterre 19 - Boulogne 6

(11) Le Buron

» 78 bd du Colonel-Fabien
☎ 01 41 08 93 53
F. sam. à déj., dim., lundi à dîn. et août.
Jusqu'à 22h.

Sympathique, ce buron citadin où l'on cultive les valeurs de la nature auvergnate ou savoyarde. plats de montagne, fromage et pommes de terre, gratin de crozets et tripoux, dans une belle convivialité. Et quelques poissons sauvages en direct de Rungis pour compléter l'offre.

C : 30 € • M : 23-30 € *www.restaurantleburon.com*

MARLY LE ROI - 78160 (8 A 5)

Paris 22 - Versailles 7 - Saint-Germain-en-Laye 5

Le Village ⇗

» 3 Grande-Rue
☎ 01 39 16 28 14
F. sam. à déj., dim. à dîn., lundi et 3 sem. août.
Jusqu'à 21h30.

Lorsque, à l'instar de Tomohiro Uido (que nous avions connu à la Belle Epoque à Saint Léger en Yvelines) on persiste à vouloir faire mieux, et forcément plus cher, que la concurrence dans un lieu aussi touristique et dans une rue aussi concurrentielle, le travail accompli force le respect : velouté froid de lentilles du puy à l'huile d'olive et son carré de pintade fermier à la sarriette, rôti de morue fraîche aux grains de coriandre, pavé de confit de fenouil caramélisé, mini-tarte fine aux ananas et son sorbet tropical. Une cuisine ultra personnelle, fortement influencée par l'Asie et qui prend peu à peu de l'altitude. Un point de plus.

C : 72 € • M : 32-65 € *tomohirouido@yahoo.com*

(12) Auberge du Vieux Marly

» 3 pl du Gén-de-Gaulle
☎ 01 39 58 47 70
F. dim. à dîn., lundi et 3 sem. août.
Jusqu'à 22h.

L'installation de ce jeune chef prometteur est une bonne nouvelle du côté de Marly : dans la maison mythique d'André Guillot, la joie revient, dans un décor stylé et chic aux notes provençales, avec une délicieuse terrasse sous les tilleuls. L'affaire est bien cadrée, de petits prix au déjeuner et d'un menu bloqué à 35 € qui, dans des teintes classiques, n'engendre aucune morosité : carpaccio d'espadon aux agrumes, filets de dorade, fenouil et artichaut en barigoule, quasi de veau poêlé et légumes glacés à la coriandre. La toque devrait venir très vite.

C : 40 € • M : 20-35 € *philippe_demartini@yahoo.fr*

MARNE LA VALLÉE - 77206 (8 D 5)

Paris 27 - Meaux 28 - Melun 4

Billy Bob's

» Disneyland Paris
☎ 01 60 45 70 81
Ouv. 7j/7.

Ambiance Oncle Sam et spécialités tex-mex, dans une ambiance saloon avec le buffet pour les appétits d'ogre, les travers de porc et les ailerons de poulet et une large carte de cocktails sympathiques (yeeha ou cactus jack par exemple) au bar du rez-de-chaussée.
C : 25€ • M : 11-11,90€

MASSY - 91300 (8 B 6)

Paris 20 - Rambouillet 46

(12) Le Pavillon Européen

» 5 av du Gén-de-Gaulle
☎ 01 60 11 17 17
F. dim. à dîn., merc. et août.
Jusqu'à 22h.

Solide formation classique d'un chef de métier qui accomplit les missions de confiance auprès des hommes d'affaires du coin. Du tradi confortable, très adapté à l'automne (saint-jacques, gibier...), jamais pris en défaut, dans une agréable salle panoramique au-dessus du lac artificiel.
M : 30-49€

MEAUX - 77100 (7 D 1)

Paris 54 - Reims 98 - Melun 57

(13) La Grignotière

» 36 rue de la Sablonnière
☎ 01 64 34 21 48
F. sam. à déj., mardi, merc. et août.
Jusqu'à 22h.

Colombages et tradition, tout est raccord chez Joël Verguin, habile saucier qui met ses convives dans la douce ambiance d'une salle sécurisée : les huîtres viennent de chez Gillardeau, le tournedos Rossini est issu de charolais et les crêpes Suzette ne mettent pas dans l'embarras d'une recette aventureuse. La vaste carte autorise néanmoins quelques fantaisies, et le menu le plus près du marché est à 28 **€**, avec la tarte à la tomate et effilochée de raie, la superposition de morue et rouget à la rhubarbe et la gourmandise pommes raisins. Cave variée, pas très branchée et pas trop chère.
C : 46€ • M : 25-38€

(13) Le Marinone

» 30 pl du Marché
☎ 01 64 33 57 37
Rens. non comm.
Jusqu'à 21h30.

Voilà un cuisinier qui n'en démordra pas. Elevé au prestige français, Christian Marinone ne conçoit pas une carte digne sans quelques produits de luxe. Et nous approuvons d'autant mieux que la main est ferme et que, lorsqu'il glisse deux doigts de fantaisie, notamment dans des menus bien conçus (taboulé de gambas, filet de bar aux escargots, croustillant de fruits rouges), c'est en gardant cette solidité et ce soin exemplaires jusque dans les présentations. Cave classique à prix assez doux, vin au verre à 5 **€**.

à POINCY - 77470 : 5 km E. par D 17a

(14) Le Moulin de Poincy

» 14 rue du Moulin
☎ 01 60 23 06 80
F. lundi à dîn., mardi, merc., 5-26 janv. et 31 août-22 sept.
Jusqu'à 21h.

Le moulin charmant au bord de la Marne, la cheminée qui ronronne en hiver, le beau jardin aux saules et aux tilleuls centenaires, les oies, les bernaches et les colverts, c'est une carte postale et un modèle de la restauration traditionnelle. Armel Abit en a fait un rendez-vous du bien-vivre, en limitant à une petite trentaine le nombre des convives échangeant des amabilités - il y a vraiment peu à critiquer - sur les escargots au brie de Meaux, la plancha de saint-jacques aux endives du Nord et betterave, le carré d'agneau au boulgour safrané. La cave fait tourner le négoce et de beaux millésimes en bordeaux et bourgogne, dont une impressionnante verticale d'Yquem.
C : 52€ • M : 29-59€

à VARREDDES - 77910 : 6 km N.E. par D 405

(12) Auberge du Cheval Blanc

Xavier Lefebvre, ancien second désormais chef, a pour tâche de maintenir cette maison de bon standing sur ses rails, vers la destination bien connue d'une cuisine classico-bourgeoise sans défaut, mais parfois sans relief : rémoulade de tourteau aux agrumes et crème fouettée aux herbes, cabillaud, huile d'olive vierge, paillon d'asperges et jus aux agrumes et estragon, rognon de veau au sautoir et son risotto aux champignons des bois, carpaccio d'ananas au miel et vanille, sorbet citron vert.
C : 40€ • M : 33-49€ www.auberge-cheval-blanc.fr

» 55 rue Victor-Clairet
☎ 01 64 33 18 03
F. dim. à dîn., lundi, mardi à déj., vac. scol. fév. et 1er-13 août.
Jusqu'à 21h15.

MERY SUR OISE ➤ CERGY PONTOISE

MEUDON - 92190 (8 B 5)

Paris 10 - Boulogne-Billancourt 3 - Clamart 3

Mercure Paris Meudon

L'ancienne faisanderie du Roi Soleil arbore aujourd'hui une architecture Directoire et des chambres claires et soignées, meublées en style Empire pour respecter l'esprit des lieux.
8 appart. 100-145€ • 65 ch. 80-127€ www.ermitage-hotelmercure.com

» Rte du Colonel-Moraine
☎ 01 46 01 46 86
📠 01 46 01 46 99
Ouv. 7j/7.

MONTREUIL - 93100 (8 C 5)

Paris 8 - Bobigny 6 - Bagnolet 3

à LA MADELAINE SOUS MONTREUIL - 62170
3 km O. par D 139

(10) Auberge du Vieux Logis

Près de quinze ans que ça dure et toujours ces petits plats simplissimes, pour une halte à la bonne franquette en bord de route : salade de ris de veau au vinaigre de framboise, aile de raie au beurre saucée d'un beurre de condiments, sole meunière. Cave d'appoint.
C : 30€ • M : 17-26€

» Pl de la Mairie
☎ 03 21 06 10 92
F. dim. à dîn., lundi à dîn., mardi à dîn., merc. et 10 jrs vac. scol. fév.
Jusqu'à 21h15.

MORANGIS - 91420 (8 C 6)

Paris 22 - Evry 14 - Versailles 24 - Longjumeau 5

(13) Le Sabayon

Du soleil partout dans la salle, murs jaunes, fauteuils de même ton : la gaieté est partout, et la cuisine n'engendre aucune tristesse. Au contraire, les saveurs sont nettes, les parfums marqués, du gratin d'huîtres chaudes, bigorneaux au poivre et fondue d'épinards au dos de bar à l'unilatéral et compotée de citron. Pas de tricherie sur le produit, aux tarifs en correspondance, et les bonnes vibrations durent jusqu'au fromage (plaisants beignets de chèvre) et au dessert (œuf coque à la clémentine confite et chocolat chaud). Le chef peut venir saluer : les compliments pleuvent. Cave bien intentionnée mais pas assez curieuse, petit choix de vins au verre.
C : 14€ • M : 38-75€

» 15 rue Lavoisier
☎ 01 69 09 43 80
F. lundi à dîn., mardi à dîn., merc. à dîn., sam. à déj., dim. et août.

MORET SUR LOING - 77250 (7 D 3)

Paris 76 - Melun 29 - Fontainebleau 11

Les Impressionnistes

» 47 av Jean-Jaurès
☎ 01 60 70 80 20
F. lundi à déj., mardi à déj., 1re quinz. janv. et dern. sem. juil.-prem. sem. août.
Jusqu'à 21h30.

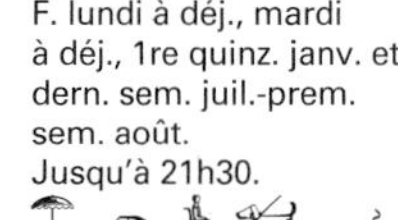

Bien conscient des carences que nous relevions l'an dernier au sein du personnel de salle, Gilles de Crick a mis les bouchées doubles pour que le service soit enfin au même (bon) niveau que la cuisine. Cette dernière ne se prend pas pour ce qu'elle est, restant sagement à sa place, bourgeoise et bien élevée : duo de foie gras mi-cuit et saucisson de canard aux pommes et noisette, ris de veau en cocotte lutée à l'infusion de thé de Chine et penne rigate aux morilles, lingot et feuillantine de chocolat amer au grué de cacao et déclinaison d'une clémentine. La cave est bâtie dans un esprit similaire, préférant les grands noms du vignoble aux découvertes.

C : 63 € • M : 20-68 € *www.chevalnoir.fr*

Le Relais de Pont-Loup

» 14 rue du Peintre-Sisley
☎ 01 60 70 43 05
F. dim. à dîn., lundi, mardi (oct.-avril), lundi et dim. à dîn. (mai-sept.).
Jusqu'à 21h30.

Le village est sous influence impressionniste, la cuisine de Marie-Lucie Robert, dans la maison de famille où son époux Alain a grandi, appartient à l'école classique, nourrie de passages chez Lenôtre (diplôme Cordon Bleu), Fauchon, la Tour d'Argent. Ce qui ne la cantonne pas pour autant à un registre datant du menuet, mais cultivant certaines valeurs bourgeoises et ménagères : escargots de Bourgogne, mitonné de joues de porc au ragoût de navets, entrecôte bordelaise dans un menu finalement équitable à 36 **€**. L'atmosphère, entre les tableaux de maître et les bibelots anciens, n'est pas celle d'un cyber-café, mais permet de savourer tranquillement le Patache d'Aux ou le Haut Selve, dans une cave néanmoins pas très inspirée.

C : 31 € • M : 25-36 € *relaispontloup@wanadoo.fr*

➲ à VENEUX LES SABLONS - 77250 : 4 km O.

Le Bouledogue Café

» 90 av de Fontainebleau, Moret-sur-Loing
☎ 01 60 72 38 87
F. à dîn., lundi et dern. sem. juil.-15 août.
Jusqu'à 21h.

Restaurant-brasserie, épicerie fine et cave à vin, les bons mangeurs peuvent rapporter des bricoles, solides et liquides, de la boutique. Avec le foie gras aux figues et les rognons de veau à la broche, il y a quelques bons flacons disponibles. L'enseigne a changé, pas le chef et Dieu merci, le Bouledogue n'est pas le symbole de l'accueil, plutôt engageant.

C : 22 € • M : 12,20 €

NANTERRE - 92000 (8 B 4)

Paris 15 - Versailles 14 - Bobigny 12

(12) La Rôtisserie

» 180 av Georges-Clemenceau
☎ 01 46 97 12 11
F. sam. et dim.
Jusqu'à 22h.

Plat du jour ou volaille à la broche, pas d'erreur chez Daniel Ballester. Comme disait le père Brillat-Savarin, on devient cuisinier mais l'on naît rôtisseur, et ce genre de don ne se perd pas en travaillant des quenelles de brandade ou une raie au citron. Du travail de pro, légitimement salué par les bureaux des alentours, qui plébiscitent le menu à 30 **€**, le service souriant et la petite carte des vins.

M : 30 €

Les fermetures hebdomadaires et annuelles
sont celles que les restaurateurs et les hôteliers pensent pratiquer en 2006.
Pour éviter des déplacements inutiles, téléphonez pour confirmer.

NEAUPHLE LE CHATEAU - 78640 (7 B 2)

Paris 37 - Versailles 17

La Griotte

» 58 av de la République
☎ 01 34 89 19 98
F. dim., lundi et août.
Jusqu'à 22h.

Il a du métier, il a du goût et du bagout, Pierre Méchin, aubergiste loyal qui fait du cousu main sur le tissu ménager, en se permettant quelques jolies broderies ça et là, un trait d'épices, une association un peu secrète, comme une dédicace privée pour ses habitués. Bon menu à 27 € enjolivé par les idées du jour, cave ramassée mais pas inactive, qui va jusqu'en Languedoc chercher quelques flacons bien sentis, comme Puech Haut.

M : 27 € *restaurantlagriotte@free.fr*

Domaine du Verbois

» 38 av de la République
☎ 01 34 89 11 78
01 34 89 57 33
F. 7-20 août et 23-28 déc.

Près des paysages de la vallée de la Mauldre, une paisible et élégante maison de maître XIXe pour une étape raffinée, avec de belles chambres au confort feutré, voire romantique.

2 appart. 170 € • 20 ch. 98-130 € • 1/2 pens. 111-131 €

www.hotelverbois.com

NEUILLY SUR SEINE - 92200 (8 B 5)

Paris 9 - Nanterre 8 - Argenteuil 8

Les Feuilles Libres

» 34 rue Perronet
☎ 01 46 24 41 41
F. sam. à déj. et dim.
Jusqu'à 22h30.

Il est libre, Manu, comme les bonnes feuilles qui s'envolent dans la bise. Les lectures, les voyages et même l'exposition médiatique, ont donné à Emmanuel Laporte une philosophie, une forme de sagesse qui se ressent dans la jolie salle-cocon du Neuilly chic et discret. Les produits de saison sont habillés glamour, thon cuit-cru au piment d'Espelette, jolie brochette de homard, ananas, chorizo et roquette - de la fraîcheur, du contraste - cabillaud rôti fenouil confit et cébettes, brugnons rôtis. L'ensemble fonctionne d'autant mieux qu'une jeune équipe souriante tient la barre avec aisance, et que les vins - pas la première force de la maison - sont correctement choisis pour le prix.

C : 38 € • M : 27-42 € *www.feuilles-libres.com*

La Truffe Noire

» 2 pl Parmentier
☎ 01 46 24 94 14
F. w.-e. et 3 sem. août.
Jusqu'à 22h30.

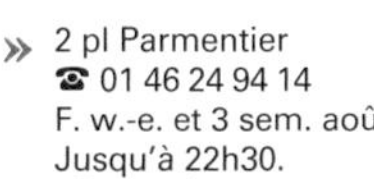

La truffe humide, entre Neuilly et la Défense, c'est franchement un signe de bonne santé. Patrice Hardy fait de la pédagogie pour les petits citadins en mal de campagne, et place la mélano presque à toutes les sauces : en ravioles avec l'épaule d'agneau au four, en risotto, ou simplement râpée avec un œuf mollet crème de lard et une pomme de terre fondante, ce qui est bien le moins place Parmentier. Accueil charmant, salle rénovée et cave démultipliée aux 250 références.

C : 60 € • M : 38-120 € *www.truffenoire.com*

Le Bistrot d'à Côté

» 4 rue Boutard
☎ 01 47 45 34 55
F. sam. à déj. et dim.
Jusqu'à 23h.

Un bistrot pensé et décliné avec réussite, respectant le cahier des charges édicté par Michel Rostang, montrant les provinces françaises à des étrangers ravis et aux Parisiens pressés. On peut regretter un certain manque d'authenticité et d'âme, à des tarifs de capitale, mais ce calibrage est l'un des mieux compris de la place, dans un intérieur chaleureux, boiseries et collections de moulins à café.

C : 35 € *www.michelrostang.com*

[10] Chez Livio

» 6 rue de Longchamp
☎ 01 46 24 81 32
F.15 août et Noël-nouvel an.
⛱ 🚗 ♿ ❄ 🐕 🚬

Un typique transalpin adapté à sa clientèle : beaucoup de politesse et de prévenance dans le service, des portions light, de l'escalope au citron et du tiramisu. Debriefing le midi en arrivage direct de la Défense, pizza en famille le soir : Livio répond à tous avec gentillesse.
C : 35 € • M : 16-35 € *restaurant-livio@wanadoo.fr*

▶ Yamazato - Foch An

» 142 av Charles-de-Gaulle
☎ 01 47 22 96 46
F. sam. à déj., dim. à déj. et 12-28 août.
Jusqu'à 23h.
❄ 🐕

Dans ce décor pimpant (peintures et laques des murs et boiseries régulièrement rafraîchies), une belle cuisine typiquement japonaise : plateau yamamoto (un grand assoritement de sushi, sashimi et maki pour 68 **€**), barbecue japonais au bœuf, plateau de yakitori variés.
C : 30 € • M : 11-16 €

🏨 Hôtel de la Jatte

» 4 bd du Parc, Ile de la Grande Jatte
☎ 01 46 24 32 62
📠 01 46 40 77 31
Ouv. 7j/7.
♿ ❄

Sur la fameuse île, l'hôtel est installé dans un immeuble Années trente des bords de Seine et adopte un décor assorti, influence Art déco tout en élégance.
3 appart. 170-200 € • 68 ch. 110-170 € *www.hoteldelajatte.com*

NOISY SUR ECOLE - 77123 (7 C 3)

Paris 64 - Melun 33 - Fontainebleau 27

[12] Auberge Auvers Galant

» 7 rue d'Auvers
☎ 01 64 24 51 02
F. dim. à dîn., lundi, mardi (sf fériés), 20 janv.-10 fév. et 30 août-15 sept.
Jusqu'à 21h15.
🐕

Une petite auberge coquette, où le chef répète ses classiques avec un peu moins d'enthousiasme que par le passé. Malgré le sourire et la gentillesse du service, les asperges hollandaise, la lotte sauce homard et le sabayon fruits rouges sont bien intentionnés, mais manquent un peu de plaisir gourmand. Cave honnête, tarifs relativement soutenus.
C : 38 € • M : 23-47,50 €

ORSAY - 91400 (8 B 6)

Paris 27 - Evry 28 - Arpajon 19

▶ Asia

» 59 rue du Gén-de-Gaulle
☎ 01 69 28 68 83
F. dim. et août.
Jusqu'à 22h.

Cadre et cuisine typiquement vietnamiens, tout près du lac de Lozère : pâtés impériaux, crevettes géantes à la sauce piquante, brochettes de crevettes.
C : 25 € • M : 9,50-13 €

OSNY ▶ CERGY PONTOISE

LE PERREUX SUR MARNE - 94170 (8 A 3)

Paris 17 - Créteil 9 - Vincennes 7

[16] Les Magnolias

» 48 av de Bry
☎ 01 48 72 47 43
F. sam. à déj., dim., lundi, août et 1re sem. janv.
Jusqu'à 21h45.
❄ 🐕

Cadre et ambiance

Si les deux salles de cette maison située dans une banlieue sans charme ne manquent ni de charme ni de confort, on ne peut ignorer que, chez Jean Chauvel, l'unique but de la balade est le contenu des assiettes.

Cuisine

Celles-ci, justement, ont été pensées, imaginées, dessinées, pour surprendre, interroger, amuser la clientèle. Cela commence par les intitulés, délirants le plus souvent et cachant des créations encore plus déroutantes : vertu bénéfique d'un consommé de fromage épicé, barigoule de caille floutée de quelques grains de sel de Guérande, schéma pastoral d'un saumon mi-cuit au gingembre, illusion d'optique d'un haricot vert géant enseveli d'amandes grillées, aligot mexicain de

veau de l'Ouest, sombrero vagabond de tomates épicées à l'huile vierge. Derrière ces quasi enfantillages se cache heureusement un vrai talent créatif, entièrement mis au service d'une cuisine aussi poétique que déroutante.

Cave

Avec une cuisine d'une telle singularité, il faudrait presque développer des vins spécifiques. Impossible évidemment et c'est à Sylvain Nicolas qu'échoit la tâche redoutable de sélectionner les vins. Il s'en tire avec les honneurs.

Accueil et service

Le seul domaine où la maison reste sagement dans les clous. Nelly Chauvel est une maîtresse de maison attentive et efficace.

M : 36-78 € *www.lesmagnolias.com*

(11) La Table de Jean

» 11 bd de la Liberté
☎ 01 48 71 05 59
F. dim., lundi à dîn. F. annu. non comm.

Un petit coup de mou dans les alizés, un moteur en panne ? Nous n'avons pas reconnu cette année la cuisine toujours dans le bon vent qui valait encore une toque il y a peu. Du carpaccio de thon au faux-filet échalotes et à la tarte aux pommes, on a plutôt croisé du tradi banal qui manquait terriblement de caractère. On garde espoir - le service est plein de sollicitude, les tarifs sont logiques - mais il faudrait vite ressortir le spi.

C : 50 € • M : 30-41,50 €

POINCY ➤ MEAUX

PONTAULT COMBAULT - 77340 (8 D 5)

Paris 32 - Melun 30 - Evry 30

 Saphir Hôtel

» Aire des Berchères
☎ 01 64 43 45 47
Fax 01 64 40 52 43
Ouv. 7j/7.

Pratique d'accès depuis la Francilienne, l'hôtel met tout en œuvre pour assurer une étape reposante dans un cadre fonctionnel et bien équipé.

20 appart. 130-155 € • 179 ch. 94-107 € *www.saphir.hotel.fr*

PONTOISE - 95300 (7 B 1)

Paris 35 - Versailles 30

(14) Hostellerie du Maupertu

» 25 rte d'Auvers
☎ 01 30 38 08 22
F. sam. à déj., dim. (sf fériés) et lundi à dîn.
Jusqu'à 21h45.

Yvon Guérin, après deux décennies passées à la tête de cette solide maison bourgeoise, ne changera plus son fusil d'épaule : sa carte sera classique, bourgeoise, solide. Qui a dit sans passion ? Les produits rigoureusement choisis et le tour de main indéniable sont la garantie d'un succès d'estime qui ne se dément pas : roulade de crabe frais en verdurette, courgettes et poivrons doux, tranches de foie gras de canard au poivre de Séchouan, bar en peau croustillantes, coulis de langoustine, filets de sole poêlés au beurre noisette et pommes charlotte rôties. Charmant jardin d'été, salle élégante.

C : 60 € • M : 36 €

(13) L'Auberge du Cheval Blanc

» 47 rue de Gisors
☎ 01 30 32 25 05
F. sam. à déj., dim., lundi et 1er-28 août.
Jusqu'à 21h15.

Une fois que l'on a mis la main sur les flacons rares, de propriétaires complices et de cadors peu médiatiques (Henri Milan, Patrick Lescarret, entre autres), il ne reste plus qu'à hésiter devant les tarifs de la carte et se rabattre sur les 36 € du menu avec ses bons tours néo-classiques, la terrine de lapin, foie gras et fruits secs, le cabillaud au chorizo, l'épaule d'agneau de sept heures, les fromages, la rafale de desserts. En craquant pour un dernier petit verre de muscat du Cap-Corse.

C : 46 € • M : 35 €

POUILLY LE FORT ➤ MELUN

LE PRE SAINT GERVAIS - 93310 (8 C 4)

Paris 7 - Bobigny 4 - Pantin 3

13 Le Pouilly-Reuilly

» 68 rue André-Joineau
☎ 01 48 45 14 59
F. sam. à déj. et dim.
Jusqu'à 21h45.

Les élus du secteur ou d'arrondissements plus lointains ne sont pas les derniers à trouver à leur goût les piquillos farcis, le croustillant d'agneau aux girolles ou le rognon de veau entier grillé aux échalotes, quand ils ne s'adonnent pas aux joies plus simples encore du céleri rémoulade et du boudin noir. Dans ce décor d'une autre époque, plus proche du Temps des Copains, on remplit les deux salles au coude à coude en échangeant les impressions sur le reuilly du patron ou le beaujolais de Brun.
C : 40€ • M : 25€

PROVINS - 77160 (8 A 3)

Melun 60 - Sens 46

12 Aux Vieux Remparts

» 3 rue Couverte
☎ 01 64 08 94 00
F. 20 déc.-2 janv.
Jusqu'à 21h30.

➥ **Hôtel :** Aux Vieux Remparts
Après avoir gravi tous les échelons de cette maison (il y a débuté comme commis), Lionel Séret dirige désormais depuis deux ans les cuisines de cette adresse de réputation ancienne. Les assiettes ont été progressivement modernisées tout en gardant un bon pied dans la tradition : fricassée de langoustines à la sauce homardine, filet de magret d'oie rôti à la tapenade d'olives noires, pavé d'espadon grillé à la purée de piments doux, crème brûlée au carambar et café. Cave centrée sur la Bourgogne mais pas vraiment bon marché.
C : 50€ • M : 26-70€ *www.auxvieuxremparts.com*

Aux Vieux Remparts

» 3 rue Couverte
☎ 01 64 08 94 00
Fax 01 60 67 77 22
F. 20 déc.-2 janv.

➥ **Restaurant** : 12/20 Aux Vieux Remparts
Au cœur de la vieille ville, une maison en constante amélioration, proposant une quinzaine de chambres très bientôt rénovées.
3 appart. 150-250€ • 29 ch. 70-250€ • 1/2 pens. 90-180€
www.auxvieuxremparts.com

RAMBOUILLET - 78120 (7 A 2)

Paris 70 - Versailles 36 - Etampes 39

11 Auberge du Louvetier

» 19 rue Etang-de-la-Tour
☎ 01 34 85 61 00
F. sam. à déj., dim. à dîn. lundi et fin août-déb. sept.
Jusqu'à 22h.

Un léger laisser-aller dans la réalisation de cette carte à dominante marine nous contraint à baisser la note pour cette année, tout en espérant que ce déficit ne sera que passager. Cette table a visiblement l'ambition nécessaire, à en juger par le prix des vins au verre manifestement indexés sur le cours du pétrole.
M : 32€ *www.aubergedulouvetier.com*

Abréviations principales

ann.	annuelle	comm.	communiqué
appart.	appartement	dîn.	dîner
ch.	chambre	jrs.	jours
déj.	déjeuner	rens.	renseignements
h.s.	hors saison	sem.	semaine
C.	prix moyen à la Carte	F.	fermé
M.	prix des Menus	déj. seult.	déjeuner seulement
1/2 pens.	demi-pension	sf	sauf

➲ à GAZERAN - 78125 : 5 km O. par D 906

13 Villa Marinette

Sébastien Bourgeois, jeune chef formé au Carré des Feuillants, multiplie les efforts pour faire revenir la clientèle qui avait délaissé cette accueillante auberge couverte de vigne vierge à cinq minutes de Rambouillet. Un peu de verdure, beaucoup de sourire et d'engagement dans l'accueil, et une cuisine qui renouvelle un peu le rustique bourgeois sans effrayer le chaland : pâté chaud de cèpes au jus de persil, langoustines rôties au piment d'Espelette et nougatine à l'ail doux, saint-jacques - un poil cuites - en feuille de brick à l'embeurrée de chou vert. Une toque d'encouragement et une mention pour la carte des vins, pas énorme mais bien vue en bordeaux.

C : 47 € • M : 25-55 € *www.villamarinette.fr*

» 20 av du Général de Gaulle
☎ 01 34 83 19 01
F. dim. à dîn., lundi et mardi à déj.
Jusqu'à 22h.

RIS ORANGIS - 91130 (**7** C 2)

Paris 30 - Evry 2 - Meulun 26

11 Etoile de Mer

Sympathique et moderne adresse poissonnière qui rend la mer accessible et familière avec une friture d'éperlans, une salade de supions et un bar plancha. Les petits prix, le service aimable et dynamique font logiquement venir du monde.

C : 35 € • M : 14 €

» 45/47 rue Albert-Rémy
☎ 01 69 06 00 02
F. dim. à dîn. et lundi.
Jusqu'à 22h.

ROISSY EN FRANCE - 95700 (**8** D 4)

Paris 24 - Pontoise 44 - Bobigny 17

Sheraton Paris Airport

L'espace est le premier luxe de cet ensemble moderne. Vient ensuite un équipement parfaitement actuel, propre à séduire le businessman en transit, un service impeccable et un confort idéal pour les victimes du jet-lag. Le restaurant décline les saveurs nobles avec élégance, du tartare de homard et ris de veau aux rhubarbe et fraises glace à l'olive, en passant par le rouget sur risotto d'asperges. Tarifs conséquents, service discret et efficace.

12 appart. 385-885 € • 242 ch. 229-559 € • M : 57 €

» BP 35051
Tremblay-en-France
☎ 01 49 19 70 70
Fax 01 49 19 70 71
Ouv. 7j/7.

RUEIL MALMAISON - 92500 (**8** B 5)

Paris 17 - Nanterre 13 - Versailles 18

14 Le Bonheur de Chine

La parenté avec la maison Chen du XVe arrondissement n'est peut-être pas un sésame, mais une bonne carte de visite. Pour entrer dans le gotha des tables asiatiques haut de gamme de la capitale et périphérie. Pas loin des deux toques de son homologue de la rue du Théâtre, Yongwei Chen travaille de façon remarquable ce qui apparaît comme des standards dans une carte immuable : les raviolis grillés, les gambas au basilic, les cuisses de grenouilles à la sauce piquante, la lotte à la citronnelle, le canard laqué cantonnais. Les tarifs et l'atmosphère, chic discrète, indiquent assez nettement une frontière, une muraille, avec la concurrence.

C : 30 € • M : 18-49 € *www.bonheurdechine.com*

» 4 allée Aristide-Maillol, face au 35 av Jean-Jaures, Suresnes
☎ 01 47 49 88 88
F. lundi.
Jusqu'à 22h.

(12) La Jument Verte

» 41 bd National
☎ 01 47 32 20 60
F. sam. à déj., dim. et août.
Jusqu'à 22h.
🐕

L'atmosphère est douce, le clin d'œil à Marcel Aymé sympathique, et la maison file une belle histoire de fidélité avec le guide depuis des lustres. Raison de plus pour être franc et noter un certain engourdissement qui fait louper les petits détails et rendre moins pleine la bouteille à moitié vide, dans une carte simple qui ne veut qu'un peu plus d'attention pour retrouver sa toque. Le menu à 24 € garde néanmoins toutes les caractéristiques de la bonne affaire, et le service est attentif.

C : 40 € • M : 24 € *www.lajument.verte.net1.fr*

SAINT CLOUD - 92210 (8 B 5)

Paris 16 - Nanterre 13 - Rueil-Malmaison 7

(12) Le Garde Manger

» 21 rue Orléans
☎ 01 46 02 03 66
F. dim.
Jusqu'à 23h.
⛱ 🐕

Déco minimaliste et décontraction de bon ton : on peut desserrer la cravate, et même la ceinture, avec ces plats consistants issus des terroirs. Le hachis parmentier est excellent et la cave fait aussi sa tournée des vignobles avec tendresse et attention, permettant à chacun de trouver un flacon ou un petit verre (à partir de 3 €).

C : 27 € • M : 14-17 € *www.legardemanger.com*

SAINT GERMAIN EN LAYE - 78100 (8 A 4)

Paris 21 - Versailles 11 - Maisons-Laffitte 10

(13) Cazaudehore-La Forestière

» 1 av Kennedy
☎ 01 30 61 64 64
F. dim. à dîn. (1er nov.-28 fév.) et lundi (sf fériés).
Jusqu'à 22h30.
⛱ 🚗 ♿ 🐕 🚬

➥ **Hôtel :** 🏨 Cazaudehore-La Forestière

Pourquoi repousser la vague alors que c'est plus facile de monter sur une planche et de la laisser vous porter ? C'est un peu le message de cette table de longue renommée chic bucolique, destination d'escapades de nombreux Parisiens venus là un jour chercher fraîcheur et intimité. Le style tradi-bourgeois-goguette est donc très actualisé par une carte volontariste d'un jeune chef bien briefé, qui pratique le luxe malin, avec les langoustines en gelée de piments doux et fèves au curry, le filet de bar aux asperges et shiitakés glacés et le pigeon rôti polenta crémeuse, navets glacés et mousseline de fromage de brebis aux bigarreaux… Les formules s'adaptent aux amoureux ("Arrêt d'un soir" à 360 € pour deux) qui peuvent aussi faire exploser la carte bancaire sur un grand bordeaux de l'opulente cave de grands crus qui vendent chèrement leur peau.

C : 85 € • M : 50-65 € *www.cazaudehore.fr*

🏨 Cazaudehore-La Forestière 🐦

» 1 av Kennedy
☎ 01 39 10 38 38
📠 01 39 73 73 88
Ouv. 7j/7.
🚗 🐕

➥ **Restaurant** : 13/20 Cazaudehore-La Forestière

L'endroit respire la douceur de vivre, dès le parc paysager en lisière de forêt, avec la maison XIXe sous les arbres. A l'intérieur, le cadre joue habilement du mélange entre touches anciennes et lignes contemporaines, au gré de chambres personnalisées, dans une ambiance douce et chaleureuse.

5 appart. 250-275 € • 25 ch. 150-205 € • 1/2 pens. 360 €

www.cazaudehore.fr

🏨 Ermitage des Loges

» 11 av des Loges
☎ 01 39 21 50 90
📠 01 39 21 50 91
Ouv. 7j/7.
🚗 🐕

Derrière une belle façade classique XIXe, des chambres aux tons pastel et au confort bourgeois, aux prestations bien actualisées.

56 ch. 92-141 € *www.ermitage-des-loges.com*

SAINT GERMAIN LAVAL - 77130 (7 D 3)

Paris 93 - Melun 34 - Montereau 3

Le Richebourg

» Gardeloup
☎ 01 64 32 98 45
F. dim. à dîn., lundi et 1 prem. quinz. août.
Jusqu'à 21h30.

Quittez l'A6 sans regrets et cherchez bien sûr la carte ce petit hameau de Gardeloup (la commune, très éclatée, en compte plusieurs). Parce qu'Elie Arbel, loin de s'enterrer dans un trou de campagne conserve autant de rigueur dans la sélection de ses produits que de curiosité à de nouvelles saveurs et de nouvelles présentations, ce retour à la ferme, une jolie bâtisse briarde arrangée avec soin depuis vingt ans, s'annonce plutôt comme une belle excursion : dans les provinces françaises, qui fournissent le meilleur de l'élevage et de la culture, et dans l'univers du chef, qui réunit les figues du Brésil fourrées au foie gras et gelée de bonbon, le melon grillé langoustines serrano et saucisson iberico ou le splendide turbot au concombre et tomate. Marie-Christine tient la salle avec sourire et énergie, et la cave est belle, grands bordeaux et petits malins, des Cévennes ou du Rhône.

C : 45 € • M : 28-75 € *www.lerichebourg.fr*

SAINT MANDE - 94160 (8 C 5)

Paris 10 - Créteil 8 - Vincennes 3

Ambassade de Pékin

» 6 av Joffre
☎ 01 43 98 13 82
Ouv. 7j/7.
Jusqu'à 22h30.

Le survol de la Chine en jet privé, c'est encore mieux quand les escales sont programmées sur les sites les plus intéressants : spécialités széchuanaises (les fameux "malas" très relevés), cuisine impériale pékinoise - le canard laqué en deux services - et influences asiatiques variées, sur la cuisine à la vapeur ou les crevettes à la citronnelle. Un intéressant tour d'horizon sans quitter Saint-Mandé, bénéficiant d'un service relativement décontracté, un verre de bière chinoise à la main.

C : 28 € • M : 12-32 €

(?) Les Coteaux

» 8 rue Jeanne-d'Arc
☎ 01 48 08 74 81
F. w.-e., fériés et août.
Jusqu'à 21h30.

Les Olry ont transporté leurs Coteaux depuis le quinzième (bd Garibaldi) jusqu'à ce coin résidentiel peut être avide de lyonnaiseries. Avouons que nous n'avons pas, pour notre part, été transportés pour notre première visite après le déménagement, mais que, selon la formule consacrée, il faut laisser le temps de s'installer.

M : 28 € *lescoteauxolry@aol.com*

SAINT MAUR DES FOSSES - 94100 (8 D 5)

Paris 13 - Créteil 6 - Nogent-sur-Marne 5

La Table du Tounet

» 16 av Jean-Jaurès
☎ 01 48 83 05 44
F. dim., lundi et août.
Jusqu'à 22h.

Du chic et de la distinction qui n'arrivent pas par hasard dans cet intérieur cossu d'un quartier pavillonnaire. Le chef est sur les bons rails, pour avoir officié longtemps sur l'Orient-Express, et son savoir-faire s'exprime sur des assiettes de virtuosité à la maîtrise évidente : macaronis farcis de foie gras, ris de veau et artichaut, le pavé de bar rôti au beurre de noix de pécan et châtaignes, salsifis et madeleine au potiron, l'ananas frais confit au basilic sorbet meringué et jus noix de coco. Ce standing coûte un peu (il faut aller chercher le menu-carte à 50 **€** pour être vraiment dans le bain) mais le service est à hauteur et la carte des vins très correcte.

C : 50 € *www.latabledetounet.com*

(12) Du Bruit à la Cave

» 34 rue du Four
☎ 01 48 85 00 07
F. dim., lundi, 1 sem. Pâques et 3 sem. août.
Jusqu'à 22h30.

Dans le vieux Saint-Maur, sur une place entièrement classée, ce bistrot d'aminches, face à l'église XIIe, pourrait tourner chez Simenon. Le patron lui a donné une ambiance, et une cave (Marionnet, Redde, Brumont, Colombo) de noms sûrs et d'imbattables tarifs (Tour Haut Caussan à 25 €) qui habillent, pour l'hiver ou pour l'été, l'entrecôte à la moelle, le pot-au-feu ou l'osso buco.
C : 26€ *www.dubruitalacave.com*

Dom Antonio

» 45 av du Midi
☎ 01 43 97 99 53
F. lundi à dîn., mardi et 1er-30 août.
Jusqu'à 22h30.

Saint Maur des Fossés, commune à forte minorité portugaise, se devait d'avoir son temple local de la cuisine lusitanienne. La morue grillée, poivrons et oignons, la viande de porc aux coquillages, le chorizo flambé laissent l'imaginaire s'échapper vers le pays du fado.
C : 35€ • M : 25€ *www.domantonio.com*

SAINT OUEN - 93400 (8 C 4)

Paris 8 - Bobigny 10 - Saint-Denis 4

(14) Le Soleil

» 109 av Michelet
☎ 01 40 10 08 08
F. août.
Jusqu'à 22h.

Le soleil est dans le cadre, en médaillon au plafond ou dans les tons orangers des rideaux, où il accompagne les objets Années 50. Il est aussi dans la chaleur de l'accueil de Louis-Jacques Vannucci, fier de son établissement et de le faire découvrir aux nouveaux clients. La cuisine se concentre sur les produits, très bien choisis et servis en toute sobriété, des saveurs franches et délicates d'une terrine de canard au baba au rhum géant qui a fait la réputation de la maison, en passant par un dos de cabillaud impeccable. Sélection de vins courte et de bon niveau, y compris en pichet ou au verre.
C : 32€ • M : 32-55€ *lesoleil12@wanadoo.fr*

O Beirao

» 11 rue Lécuyer
☎ 01 40 11 35 56
F. lundi et août.
Jusqu'à 23h.

La petite salle du quartier des Puces s'est agrandie sans perdre son âme (décor improbable et craquant) et surtout son aptitude à faire voyager avec une louable simplicité vers le Portugal, ses beignets de morue et son porc aux palourdes, ses feijoadas (du Portugal au Brésil, il n'y a qu'un pas) et ses vins du pays.
M : 10€

SAINT QUENTIN EN YVELINES - 78 (8 A 5)

Paris 33 - Houdan 31 - Palaiseau 22 - Versailles 14

à VOISINS LE BRETONNEUX - 78960 :
5 km N.E. par D 23, D 36, D91

(13) La Ferme de Voisins

» 4 rue de Port-Royal
☎ 01 30 44 18 18
F. w.-e., Noël et août.
Jusqu'à 21h30.

Chic plus que champêtre, cette ancienne ferme séduit par son atmosphère paisible et une cuisine solide, qui travaille avec élégance les produits de saison dans des assiettes habilement composées en fraîcheur et contraste : rougaille d'écrevisses tomates fraîches citron vert et glace au gingembre, loukoums de thon rouge panés aux graines de sésame huile d'olive et soja, parfait glacé au thé vert cœur crémeux au caramel salé. Service attentif, cave suffisante.
C : 50€ • M : 30-36€

SAINTE GENEVIEVE DES BOIS - 91700 (7 C 2)

Paris 27 - Evry 10 - Arpajon 12 - Corbeil-Essonnes 13

La Table d'Antan

» 38 av de la Grande-Charmille
☎ 01 60 15 71 53
F. dim. à dîn., lundi, mardi à dîn., merc. à dîn. et 1er-28 août.
Jusqu'à 21h15.

Le Sud-Ouest, certes, mais sans œillères : les tenants d'un terroir jusqu'auboutiste miseront sur le foie gras mariné au sauternes ou le cassoulet au confit de canard, les autres prendront les chemins de traverse avec le rougail doux, bar poêlé farci d'une brandade. Même pas de deux sur le sucré, avec les crépiaux aux pommes flambées et la mousse de fruits de la passion et salade de pomme au curry. Cave plutôt bien tournée, visant juste sur le Languedoc-Roussillon ou le Rhône, en prix comme en choix.

C : 45€ • M : 26-46€ *table-antan@wanadoo.fr*

SUCY EN BRIE - 94370 (8 D 6)

Paris 21 - Chennevières-sur-Marne 4 - Créteil 7

Auberge Tartarin

» Carrefour de la Patte-d'Oie
☎ 01 45 90 42 61
Fax 01 45 90 52 55
F. 23 juil.-24 août.

On apprécie cette étape champêtre, dans son style rustique comme dans sa situation en lisière de forêt, une forme d'archétype de l'auberge de campagne.

1 appart. 130€ • 11 ch. 50-55€ *www.auberge-tartarin.com*

SURESNES - 92150 (8 B 5)

Paris 16 - Nanterre 5 - Versailles 19

(12) Le Five

» Face au 5 quai Marcel Dassault
☎ 01 45 06 55 55
F. sam. à déj. et dim.
Jusqu'à 23h.

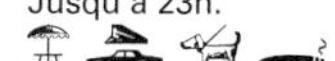

A Paris, cela pourrait s'appeler le Cinq... Mais le Five sait se construire une personnalité, ni top-tendance, ni entièrement out. Et si la Seine n'est pas, ici, le fleuve le plus romantique du monde, les dîners sur cette péniche ne manquent pas de charme, ni la cuisine d'un certain savoir-faire, entre classicisme et influences du monde : brick de pigeon, fajitas de légumes, souris d'agneau et purée grand-mère...

C : 50€ • M : 25-105€ *www.lefive.com*

LE TREMBLAY SUR MAULDRE - 78490 (7 B 2)

Paris 43 - Versailles 23 - Rambouillet 22

Restaurant Laurent Trochain

» 3 rue du Gén-de-Gaulle
☎ 01 34 87 80 96
F. lundi, mardi, 1er-15 janv. et 15-30 août.
Jusqu'à 21h.

Couvons ce jeune chef à la tête froide, les pieds sur terre, qui pratique si bien la révolution des œillets, ou des roses, en douceur, avec des fleurs et réajustons la note, acquise par son prédécesseur, pour lui permettre de mieux progresser. Les habitués de cette table de tradition n'en disent que du bien : "Ah, la salade de homard aux betteraves et mangues" dit l'un, "Ah, la cuisson du bar tout juste nacré", dit l'autre. Et nos enquêteurs renchérissent : cette cuisine semble classique, avec ses langoustines en tempura, cannelloni de tourteau et ris de veau poêlés façon Choisy, gnocchi et sésame, mais elle se réveille quand il faut pour entonner le Chant du départ, et donner la touche de sensibilité, de sensitivité qui fait les belles assiettes et les futurs grands chefs. Accueil délicieux de Julie, cave de bonnes affaires bordelaises (Tour Haut-Caussan à 48 **€**, Coufran 96 à 60 **€**), mais trop mince et conventionnelle dans l'ensemble.

C : 45€ • M : 45€ *www.restaurant-trochain.fr*

LES ULIS - 91940 (8 B 6)

Paris 25 † Evry 22

(11) La Ferme des Gascons

» 7 av des Indes
☎ 01 69 07 11 22
F. sam. à déj., dim. et fériés.
Jusqu'à 21h30.

Marc Bertin travaille proprement sa carte de tradition, orientée Sud-Ouest comme l'impose l'enseigne, mais d'une façon assez éclectique pour ne pas se passer de sole meunière et de moelleux au chocolat ; les habitués parlent du cassoulet avec émotion, et le confit au jus de truffe à 13,50 **€** est fort méritant.
C : 42€ • M : 25€ *www.lafermedesgascons.fr*

LA VARENNE SAINT HILAIRE - 94210 (8 D 5)

Paris 8 - Créteil 2

(12) La Bretèche

» 171 quai de Bonneuil
☎ 01 48 83 38 73
F. dim. à dîn., lundi et vac. scol. fév.
Jusqu'à 22h.

Miura Yoshihiko aime la cuisine de tradition française et l'expose comme un label sur une vache d'origine contrôlée. C'est pourtant sur le menu du marché qu'il attire la sympathie, et cette spontanéité du suprême de canard à la roquette sauvage ou du sanglier à l'orange, carottes et cumin donne au moins l'idée d'un renouvellement. Desserts courtois d'un fort bon pâtissier, cave moyenne.
C : 60€ • M : 27-50€ *www.labreteche.fr*

Café Créole

» 44 av du Mesnil
☎ 01 48 86 40 94
F. sam. à déj., dim., lundi, 3 sem. janv. et 2 sem. août.
Jusqu'à 23h.

Ambiance et cadre typiquement créoles (le punch planteur offert à l'arrivée accrochant immédiatement un large sourire aux lèvres des convives) dans un quartier résidentiel sans charme. Profitons-en pour nous jeter sur le rougail de saucisses boucanées, sur la biguine des Caraïbes (lambi, chatrou et ouassou) ou sur un poisson maracuja (aux fruits de la passion) afin de prendre une bonne dose de soleil et de bonne humeur. Grand choix de rhums.
C : 25€

VARREDDES ➤ MEAUX

VENEUX LES SABLONS ➤ MORET SUR LOING

VERSAILLES - 78000 (8 A 5)

Paris 24 - Evreux 88 - Evry 39

(16) Les Trois Marches

» 1 bd de la Reine
☎ 01 39 50 13 21
F. dim., lundi et août.
Jusqu'à 21h30.

➥ **Hôtel** : Trianon Palace, A Westin Hotel & Spa

Cadre et ambiance

Une grande villa versaillaise dans son parc, au standard luxe d'une époque antérieure, pas forcément révolue, mais certainement datée, ni Grand Siècle, ni contemporaine. Tout est grand, vaste, cossu, les rideaux plissés comme l'argenterie, avec ce soupçon d'austérité bourgeoise qu'entretiennent les grandes maisons qui ne veulent pas trop montrer.

Cuisine

Hormis la raviole de céleri sous une écume de truffes, réellement digne du trois toques qu'on espère, il y a franchement un petit défaut de finition, et d'implication, plutôt inattendus de la part de cette brigade. Gérard Vié élabore une carte intéressante, alléchante même, avec les escargots sauvages, grenouilles, en os à moelle, avec un bar et risotto à l'encre, ou avec le tendre agneau allaiton de Greffeuilhe, mais les petits déficits dans la réalisation pointent, à l'image d'amuse-bouche moyennement amusants.

Cave

La cave est un des bons points, pour la variété et une certaine sagesse, permettant de chercher, et de trouver de bons accords sans ruines. Et puis un sommelier qui vous sert du Mille Vignes au verre a forcément du talent.

Accueil et service

Le service est rodé, bien briefé, mais un peu mécanique et sans réelle homogénéité ou fluidité, comme dans une grande entreprise où chacun ne saurait pas exactement sur quoi travaille son voisin.

C : 160 € • M : 58-180 € *gerard.vie@westin.com*

13 L'Etape Gourmande

» 125 rue Yves-Le-Coz
☎ 01 30 21 01 63
F. sam. à déj., dim., lundi (sf réserv.), 3 sem. août et 1 sem. Noël.
Jusqu'à 21h30.

La passion du produit, c'est un cuisinier libre et autodidacte qui l'enseigne à Versailles. Pas de contingences, pas de préjugés, pas de formatage d'écoles de cuisine qui apprennent la rentabilité, la seule obligation de résultat est celle qu'Alain Zinsmeister se fixe à lui-même : faire plaisir en promouvant des ingrédients d'exception, des poissons côtiers, des légumes bio, des fromages fermiers. La sélection est impitoyable jusqu'à la cave avec une verticale de Coulée de Serrant à faire pâlir les Angevins - surtout à ces prix tout doux - avec les meursaults de Jobard ou de Coche-Dury, l'arbois de Puffeney, le gaillac de Plageoles, le saint-jo de coursodon…

M : 40 €

12 Le Valmont

» 20 rue au Pain
☎ 01 39 51 39 00
F. dim. à dîn. et lundi.
Jusqu'à 22h.

On ne met pas les patins pour entrer dans cet immeuble classé, mais la tradition occupe le terrain, et les Versaillais ne songent nullement à s'en plaindre. Du baluchon de tourteau au saumon fumé, de la lotte vapeur et nage de légumes aux moules et du magret de canard au vinaigre d'orange et miel de lavande, dans cette ambiance sage et précieuse, il en faut évidemment dans le paysage national.

C : 45 € • M : 19,50-29 € *levalmont@wanadoo.fr*

Trianon Palace, A Westin Hotel & Spa

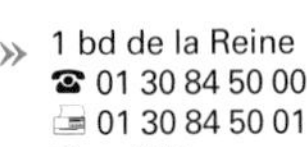

» 1 bd de la Reine
☎ 01 30 84 50 00
📠 01 30 84 50 01
Ouv. 7j/7.

➥ **Restaurant** : 16/20 Les Trois Marches

Né en 1910 à côté du domaine royal, entré dans l'Histoire peu de temps après (le fameux Traité de Versailles est né ici), l'hôtel a vu défiler dans son cadre fastueux un nombre impressionnant de célébrités. Chambres de style, aux ambiances personnalisées notamment au gré des rénovations : ainsi l'an dernier pour 10 chambres habillées de couleurs pastel et verre Murano. Prestations et service de haut niveau.

22 appart. 640-1140 € • 170 ch. 450-560 €

Sofitel Château de Versailles

» 2 bis av de Paris
☎ 01 39 07 46 46
📠 01 39 07 46 47
Ouv. 7j/7.

Le porche rappelle que l'hôtel est construit sur le site prestigieux des anciens manèges. L'hôtel met l'accent sur des espaces généreux et un service de haut niveau, dans un cadre contemporain et cossu.

6 appart. 410-490 € • 146 ch. 320-390 € *www.sofitel.com*

La Résidence du Berry

» 14 rue d'Anjou
☎ 01 39 49 07 07
📠 01 39 50 59 40
Ouv. 7j/7.

Situation privilégiée (à 200 m du château) pour cet ancien hôtel particulier, l'un des plus anciens de la ville. Les chambres et les parties communes (en particulier l'escalier en chêne avec tomettes, vraiment superbe) garantissent un séjour de charme. Billard américain, salon de lecture.

2 appart. 190-270 € • 38 ch. 115-140 € *www.hotel-berry.com*

Le Versailles

» 7 rue Sainte-Anne
☎ 01 39 50 64 65
📠 01 39 02 37 85
Ouv. 7j/7.

Ce bel immeuble classique séduit par sa situation à deux pas du château, l'élégance sobre et chaleureuse de sa décoration contemporaine, mais aussi par la qualité de l'accueil. Il vient d'entamer un programme de rénovation qui devrait encore améliorer ses prestations.

45 ch. 97-135 € *www.hotel-le-versailles.fr*

VILLE D'AVRAY - 92410 (8 B 5)

Paris 14 - Sèvres 2 - Versailles 7

[13] Les Etangs de Corot

» 53 rue Versailles
☎ 01 41 15 37 00
Ouv. 7j/7.
Jusqu'à 21h30.
⛱ 🚗 ♿ ❄ 🐕

➥ **Hôtel** : 🏨 Les Etangs de Corot

Un hôtel, trois restaurants aux portes de Paris, cadre de verdure et détente chic, la cible idéale pour réceptions et incentive. Pas de mystère d'ailleurs dans la carte, forcément consensuelle, pas trop compliquée mais efficace, au Cabassud l'hiver, aux Paillotes l'été, d'inspiration un peu plus exotique, et à la brasserie, le Café des Artistes et des Pêcheurs, toute l'année. Service précis et professionnel, cave classique.

C : 32 € • M : 25 € *www.etangsdecorot.com*

▶ Il Boccacio

» 147 rue de Versailles
☎ 01 47 09 63 24
F. lundi (sf fériés) et sem. 15 août.
Jusqu'à 22h30.
⛱ 🐕

Les terrasses donnent sur le jardin et la forêt, la salle a été refaite : en toute saison, il fait bon venir manger ici, et goûter un authentique morceau d'Italie, sur les pâtes et les pizzas bien sûr, mais aussi les spécialités de poissons.

C : 20 € • M : 23 €

🏨 Les Etangs de Corot 🐦

» 53 rue Versailles
☎ 01 41 15 37 00
📠 01 41 15 37 99
Ouv. 7j/7.
🚗 ♿ ❄ 🐕

➥ **Restaurant** : 13/20 Les Etangs de Corot

Dans le paysage agréable d'étangs et de forêts, un hameau de villas de caractère accueille, avec des ajouts contemporains remarquablement intégrés, ce complexe soigné. Côté hôtel, chambres et suites sont personnalisées dans des tons clairs en harmonie avec la lumière du paysage et de discrètes touches de mobilier de style.

1 appart. 290 € • 48 ch. 148-210 € *www.etangsdecorot.com*

VILLENEUVE LA GARENNE - 92390 (8 B 4)

Paris 11 - Nanterre 16 - Saint-Denis 2

[11] Les Chanteraines

» Av du 8-Mai-1945
☎ 01 47 99 31 31
F. w.-e. (sf réception) et août.
Jusqu'à 22h.
⛱ 🚗 ♿ 🐕 🚬

Visez juste et pratique, comme les décideurs du coin ont l'habitude de le faire dans cette accueillante et sérieuse maison au bord de l'eau. La pêche arrive de Loctudy en direct, ce qui peut faire une idée de plat unique (turbot sauvage aux oignons nouveaux, bar à la niçoise) et le menu à 31 € motive les troupes : saumon mariné aux pistaches, tourte de lapereau et ris de veau, assiette de fruits rouges. On peut boire classique, mais le collioure d'Estelle Dauré (Clos des Paulilles) ou le saumur de Langlois-Château font très bonne escorte.

C : 50 € • M : 31 € *leschauteraines@wanadoo.fr*

VILLENEUVE LE COMTE - 77174 (8 B 3)

Paris 40 - Meaux 20 - Melun 37 - Lagny 13

[14] A la Bonne Marmite

» 15 rue du Gén-de-Gaulle
☎ 01 60 43 00 10
F. dim. à dîn., lundi et mardi (sf fériés), dern. sem. janv.-1re sem. fév., 6-24 août et 1 sem. fin nov.
Jusqu'à 21h15.
⛱ 🚗 ♿ 🐕 🚬

Un petit siècle de restauration aura permis de fidéliser quelques générations dans l'ancienne ferme briarde. Jacques Zajd n'a nullement l'intention de perturber ceux qui arrivent en voiture à cheval, mais, si la manière est très classique sur les habituels produits riches, le répertoire est relativement évolué, avec le gaspacho de langoustines et quenelles de crème de courgettes, le rondin de turbot sauvage et saumon sur une émulsion de piquillos ou la dégustation d'agneau. La clientèle revient, et les passants repassent pour des repas sages, pour les belles manières et la cave, pas trop chère, inspirée par le négoce.

C : 55 € • M : 30-65 € *www.restaurant-labonnemarmite.com*

13 La Vieille Auberge

Vieille auberge au cœur provençal plutôt mutin, à la cuisine alerte, ensoleillée, vivante, des papillons de filets de rougets marinés à l'orange et au xérès à l'émincé de cochon fermier aux légumes confits à l'ail. C'est une nouvelle toque qui se pose sur la belle salle aux murs ocre et poutres peintes, avec d'autant plus de facilité à la décerner, que le sourire s'invite également au service et à la cave, dans un appréciable esprit de modération (très bon menu à 30 **€**).
C : 50 € • M : 30-41 € *www.la-vieille-auberge-77.com*

» 11 rue du Gén-de-Gaulle
☎ 01 60 43 00 35
F. sam. à déj., dim., 2 sem. juil.-août et Noël.
Jusqu'à 21h.

VILLIERS LE MAHIEU - 78770 (7 A 2)

Paris 51 - Dreux 38 - Versailles 32

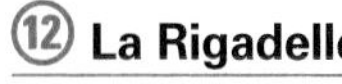

Château de Villiers-le-Mahieu

Ancienne demeure de Bernard Buffet, ce château a conservé de ses origines XIIIe siècle douves en eau et architecture imposante, comme un cocon de protection pour de belles chambres raffinées et spacieuses, aux styles différents. Vaste parc.
1 appart. 289 € • 80 ch. 167-209 € *www.chateauvilliers.com*

» ☎ 01 34 87 44 25
Fax 01 34 87 44 40
F. 24 déc.-2 janv.

VINCENNES - 94300 (8 C 5)

Paris 8 - Créteil 11

12 La Rigadelle

Pas sotte du tout la carte bistro-bourgeoise du chef Marc Verrecchia : de tout un peu, du homard et du foie gras, mais aussi un menu du marché bien vu (lisettes aux épices, onglet de veau gratin dauphinois, crumble pommes rhubarbe) à moins de 30 **€**. Dans l'assiette, ça se parfume, ça se débrouille, les saveurs sont là, le produit bien traité. Ostertag et Goisot dans les verres : on en pardonne le peu de recherche dans la plupart des régions d'une carte généraliste et sans grande faille.
C : 51 € • M : 29-46 €

» 26 rue de Montreuil
☎ 01 43 28 04 23
F. dim., lundi, 24 déc.-2 janv. et dern. sem. juil.-2e sem. août.
Jusqu'à 21h30.

VIRY CHATILLON - 91170 (8 C 6)

Paris 27 - Evry 9 - Corbeil-Essonnes 15

12 Le Marcigny

De ces jolies salles coquettes et provinciales où l'on aime le rose, les "menus gastronomiques" à 30 **€**, les "poissons nobles selon la marée" et le filet de bœuf à la bourguignonne. De quoi rassurer les habitués, et les lecteurs de GaultMillau, qui trouveront le rognon de veau dijonnaise excellent et qui auront raison.
C : 30 € • M : 20-30 €

» 27 rue Danielle-Casanova
☎ 01 69 44 04 09
F. sam. à déj., dim. à dîn., lundi et 2 sem. déb. août.
Jusqu'à 20h30.

VOISINS LE BRETONNEUX
➤ **SAINT QUENTIN EN YVELINES**

Dans chaque ville, les établissements sont classés par note décroissante, restaurants d'abord, hôtels ensuite.

•

Certaines communes sont rattachées à l'agglomération la plus proche.

PROVINCE

PARTHENAY - 79200 (22 B 3)

Niort 47 - Thouars 40

(12) Le Fin Gourmet

Bientôt dix années passées dans cette maison ouverte sur le Thouet pour Thierry Guilbault. Le dynamisme des débuts est resté bien vivace, la terrine de foie gras de canard, le mille-feuille de saumon et turbot et le filet de bœuf et fleur de courgette farcie aux morilles rassemblant les gastronomes des environs, guère favorisés par l'abondance de l'offre. Les prix se cantonnent au raisonnable tout comme la cave qui privilégie les petits propriétaires.

C : 39 € • M : 18-39 € *www.lefingourmet.com*

» 28 rue Ganne
☎ 05 49 64 04 53
F. dim. à dîn., lundi, merc. à déj. et 3 sem. août.
Jusqu'à 21h.

PARVILLE ➤ EVREUX

PATRIMONIO ➤ SAINT FLORENT, CORSE

PAU - 64000 (23 D 5)

Paris 780 - Mont-de-Marsan 81 - Auch 110

Chez Pierre

A soixante passés, et après avoir pas mal bourlingué à Paris dans les années 60 (Pré Catelan, Plaza Athénée, George V et Maxim's alors au top), Raymond Casau continue ce qu'il a toujours aimé faire : cuisiner, dans un répertoire plutôt classique. Homard entier en salade au vinaigre de xérès, sole braisée au jurançon et aux morilles, tournedos Rossini, rognon de veau poêlé à l'ancienne ou poêlée de ris d'agneau et pommes grand'mère. Service raffiné, cadre cosy, cave essentiellement régionale et bordelaise.

C : 48 € • M : 34 €

» 16 rue Louis-Barthou
☎ 05 59 27 76 86
F. sam. à déj., dim., lundi à déj., 2-12 janv. et 1er-16 août.
Jusqu'à 22h.

15 Le Jeu de Paume — DÉCOUVERTE

➥ **Hôtel :** Le Parc Beaumont

En lisière du Parc Beaumont, un vaisseau d'architecture moderne à dimension humaine, quasi écolo, utilisant le bois et le métal. La cuisine du chef est à l'image de ce design : adaptée au goût du jour, distinguée, aux saveurs réfléchies et généreuse dans les petites attentions : un filet de daurade royale à la plancha, polenta crémeuse à l'olive et asperges vertes en beignet qui dégage beaucoup de sensualité, un pigeon rôti en cocotte en pot-au-feu à la truffe d'été diablement aromatique, et des desserts qui sentent le pur artisanat. Intéressants pains présentés en chariot et sommelier compétent intervenant dans une cave à dominante bordelaise.

C : 80 € • M : 27-100 € *www.hôtel-parc.beaumont.com*

» 1 av Edouard VII
☎ 05 59 11 84 00
Ouv. 7j/7.
Jusqu'à 22h.

13 Lou Capetout

L'une des très bonnes tables paloises, dans un décor certes tout simple mais soigné. David Ducassou s'y amuse comme un petit fou, après être passé par de très sérieuses maisons (Taillevent, Guérard, mais aussi la Régalade auprès de Camdeborde). Beaucoup de bonne humeur, une générosité débordante sur le gigot d'agneau de Navarre ou les œufs en daube à l'ancienne.

M : 26-32 €

» 3 rue Viard
☎ 05 59 62 40 34
F. dim., lundi, août et 2 sem. déc.

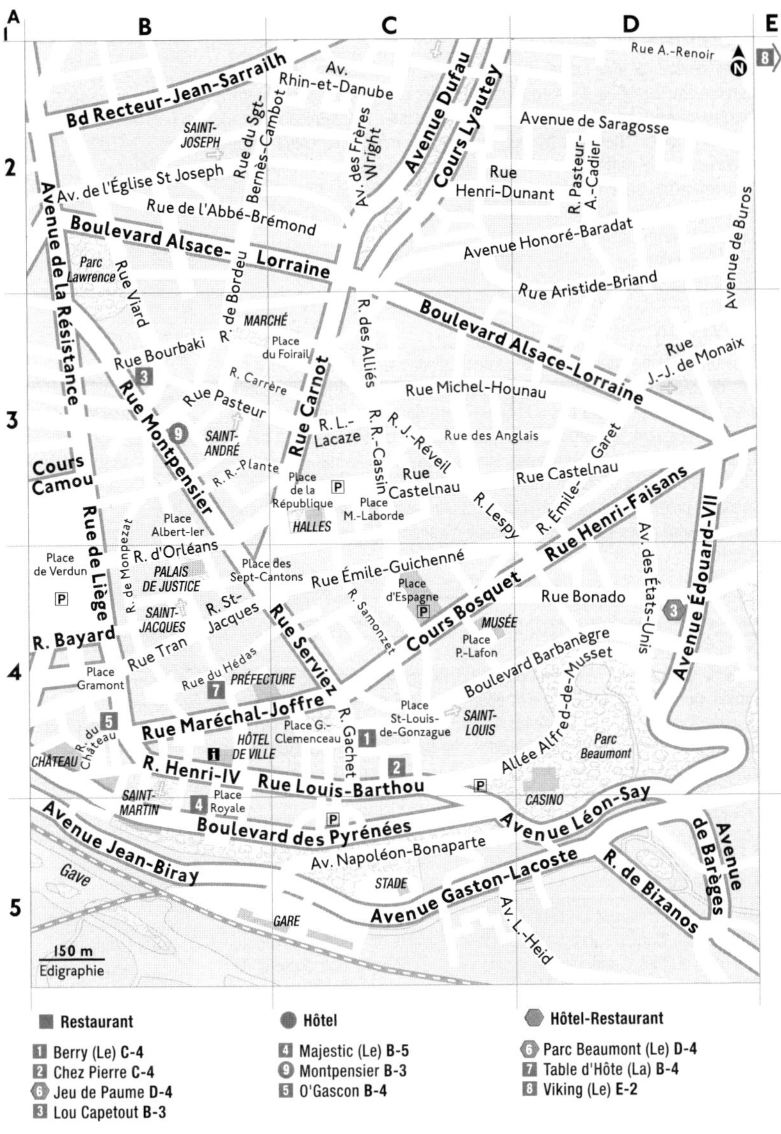

13 Le Majestic

» 9 pl Royale
☎ 05 59 27 56 83
F; dim. à dîn. et lundi.
Jusqu'à 21h30.

La section paloise - le nom de l'équipe de rugby locale - est dignement représentée par Jean-Marie Larrère, qui brosse un portrait toujours flatteur du terroir béarnais revisité par un chef. Son menu à 25 € est tout simplement exemplaire, riche, volubile, appétissant : tourte chaude de poule aux cèpes, pavé de morue à l'ail frit au thym et jambon de pays, étouffée de queue de bœuf au grenache, profiteroles vanille. Sur la place arborée de tilleuls, près du château d'Henri IV, le Majestic est un autre monument intéressant.
C : 45 € • M : 18-35 €

13 La Table d'Hôte

» 1 rue du Hédas
☎ 05 59 27 56 06
F. dim., lundi (h.s.), lundi à déj. (juil.-août) et vac. scol. Tousssaint.
Jusqu'à 21h30.

Des tables d'hôtes à une toque, il y en a peu, et les visiteurs penseront certainement être des hôtes de marque, pour mériter la carte de Fabrice Juzanx, qui interprète avec brio les classiques d'aujourd'hui : les saint-jacques à l'effilochée d'endives chères à Michel Guérard, le magret et confit façon parmentier au jus de truffe, la brioche perdue et confiture de cerise noire. Les tarifs, en revanche, sont franchement dignes de l'appellation, tout doux et calibrés à la dizaine de centimes près. Jolie petite sélection viticole à dominante sudiste, dans la simplicité.
C : 34 € • M : 20-26 € *la-table-dhote@wanadoo.fr*

13 Le Viking

» 33 bd Tourasse
☎ 05 59 84 02 91
F. sam. à déj., dim. à dîn., lundi et 2 sem. août.
Jusqu'à 21h30.

Quel rameur, ce Viking qui ne s'est pas contenté d'attaquer la falaise, pour venir apporter du carrelet aux lardons et des ravioles de homard jusqu'en terre béarnaise ! On ne reprochera pas à Philippe Maré de ne pas s'emmurer dans un terroir contraignant, de garbure et de poule au pot. La démarche est claire, la carte ouverte, actuelle, rassembleuse, avec ses lasagnes de foie gras et son steak de canette aux beignets de champignons. Les produits sont bien traités, la tourtière de poires au jurançon délicieuse, et à la cave, Ramonteu, Bru-Baché et Bordenave sont aidés par les madirans de Meinjarre, Montus-Bouscassé et Lafitte-Teston.
C : 45 € • M : 20-50 € *restaurant.le.viking@wanadoo.fr*

12 O'Gascon

» 13 rue du Château
☎ 05 59 27 64 74
F. mardi, merc. et jeudi à déj. (sf juil.-août), 12 jrs (mars-avril) et 3 sem. oct.
Jusqu'à 22h.

Les cadets de Gascogne se réunissent près du château, dans une zone piétonne très animée, pour une conspiration très gourmande qui ne vise que de beaux gras canards et quelques agneaux de lait. Le foie gras est décliné de sept façons - essayez la version "marbrée" aux piquillos - et l'atmosphère est, comme la ceinture en fin de repas, franchement détendue. Les verres se remplissent naturellement de jurançon et de madiran.
C : 39 € • M : 19 € *ogascon@wanadoo.fr*

11 Le Berry

» 4 rue Gachet
☎ 05 59 27 42 95
F. ann. non comm.
Jusqu'à 22h30.

Le Berry à Pau, ce n'est pas un coup de folie d'un géographe fatigué, mais la brasserie emblématique de la capitale béarnaise. Soixante-dix ans dans la même famille, d'œufs au plat, d'andouillette, de piperade, d'entrecôte bordelaise et de rognons sauce madère le soir. On fait tout pour arranger le client, avec de la demi-portion, un grand choix de desserts et du gascogne au pichet.
C : 17,20 €

Le Parc Beaumont

» 1 av Edouard-VII
☎ 05 59 11 84 00
Fax 05 59 11 85 00
Ouv. 7j/7.

➥ **Restaurant** : 15/20 Le Jeu de Paume
Face au parc et à la montagne, l'hôtel érige son architecture toute en rondeurs vitrées, rythmée par des colonnes de bois. Il s'est vite imposé comme une référence, pour son confort, son équipement comme sa décoration, avec des harmonies de tons bruns et des lignes épurées.
13 appart. 330-940 € • 67 ch. 175-330 € *www.hotel-parc-beaumont.com*

Montpensier

» 36 rue Montpensier
☎ 05 59 27 42 72
Fax 05 59 27 70 95
Ouv. 7j/7.

La vaste bâtisse XIXe a achevé une rénovation réussie, qui la pare de chambres aux couleurs chatoyantes et douces, d'un cadre lumineux, avec des touches de fer forgé (tête de lit notamment) et de rotin, et des jeux de matériaux.
22 ch. 40-80 € *hotel.montpensier.pau@wanadoo.fr*

➲ à BOSDARROS - 64290 : 12 km S. par N 134, D 24 et D 285

Auberge Labarthe

» Rue Pierre-Bidau
☎ 05 59 21 50 13
F. dim. à dîn., lundi, mardi et 16-31 janv.
Jusqu'à 21h30.

Sud-Ouest grand angle vu par Eric Dequin. Les espumas chères à Ferran Adria et ses disciples ont traversé les Pyrénées et s'installent parfois dans ces fiefs de tradition où l'on n'a pas envie de mitonner jusqu'à perpétuité des garbures et des poules au pot. Alors vamos pour le feuille à feuille briochée de cabillaud et espuma de langoustines, les saint-jacques et ravioles de foie gras, le pavé de cochon grillé et jus au balsamique. Et mention bien pour la petite cave locale enrichie de très bons languedociens (Montcalmès, Canet Valette, Ollieux Romanis...).
C : 53€ • M : 21-56€ *www.auberge-pau.com*

➲ à GAN - 64290 : 8 km S. par N 134

Le Clos Gourmand

» 40 av Henri-IV
☎ 05 59 21 50 43
F. vend. à dîn., sam. et dim. à dîn.
Jusqu'à 21h.

Très attaché au terroir et privilégiant les producteurs locaux (canards, confits, fromages...), Philippe Simon a progressivement rajeuni l'esprit de cette authentique maison béarnaise, dans un registre privilégiant le sud-ouest (cuisses de cailles et andouille béarnaise, lotte rôtie au cidre sur lit de cèpes, pavé de bœuf sauce foie gras) et se ménageant quelques escapades vers la Méditerranée (rouget à l'olivade). Terrasse ombragée au bord de la rivière.
C : 35€ • M : 16€ *www.closgourmand.com*

➲ à JURANÇON - 64110 : 2 km S.O. par N 134

Chez Ruffet

» 3 av Charles-Touzet
☎ 05 59 06 25 13
F; dim. à dîn. et lundi.
Jusqu'à 22h.

Cadre et ambiance
Un très plaisant décor campagnard, adapté au siècle, parquet à l'ancienne et poutres, dans une maison accueillante du village viticole. Une atmosphère vivifiante, amicale, gourmande, créée par un personnel qui manifeste un entrain certain.

Cuisine
Une carte originale aux intitulés alléchants, parfois amusants et même provocateurs, présentée sur un éventail : la cuisine de David Ruffet est pleine de caractère, de joie de vivre, du sorbet au gingembre d'amuse-bouche à la chiboust passion de dessert. Un fourmillement d'idées, de clins d'œil, et des produits majestueux, comme cette côte de cochon cul-noir au sautoir, perles du japon pour la mode, aubergines pour le goût et tourin à l'ail en éprouvette.

Cave
Vous pensez bien que cette cave est fournie en crus locaux avec une érudition inégalable. Gagné ! Ils sont tous là, avec quelques copains du Sud-Ouest et une variété de beaux flacons que l'on va chercher dans chaque vignoble et jusqu'au-delà des mers.

Accueil et service
Une table gastronomique où l'on a compris qu'un décor de charme et un accueil souriant prédisposent la clientèle à un repas agréable que l'on n'a pas envie d'écourter. Excellent maître d'hôtel qui sait non seulement commenter les plats, mais aussi en détailler la construction.
C : 80€ • M : 24-110€ *chez.ruffet@wanadoo.fr*

[12] Castel du Pont d'Oly

Un castel dans la douceur béarnaise, ce n'est pas du bistrot de trinquet pour trinquer. Christian Marcoux travaille chaque détail de sa maison bourgeoise, rénove, conforte, coupe le brin d'herbe en trop et passe le terroir dans son tamis de cuisinier d'expérience qui a forgé ses premiers couteaux sur le France puis la Calypso. Sole farcie aux cèpes, souris d'agneau de huit heures, beaucoup de foie gras, beaucoup de homard, et comme cela risquerait de ne pas suffire, un menu à thème "alliance homard et foie gras".

C : 30 € • M : 19-58 € *www.hotel-restaurant-pau.com*

» 2 av Rausky, RN 134
☎ 05 59 06 13 40
F. dim. à dîn.
Jusqu'à 22h.
⛱ 🚗 ♿ 🌊 🐕 🚬

➲ à LONS - 64140 : 3 km O. par N 134

[?] Le Fer à Cheval

Cette maison tendue de vigne vierge et entourée d'un plaisant jardin semble souffrir de la crise. Dans le salon un peu bourgeois doté d'un parquet à chevrons, on goûte une cuisine inégale alors qu'on l'a connu alerte et inventive. Par contrecoup, le service balbutie un peu et la mécanique est grippée. Il semble bien que Yannick Le Beaudour, que l'on annonce en partance, avait déjà la tête ailleurs lors de notre visite. La cuisine valait alors une petite toque.

C : 47 € • M : 21 € *www.hotel-leferacheval.com*

» 1 av des Martyrs-du-Pont-Long
☎ 05 59 32 17 40
📠 05 59 72 97 53
F. merc. et 25 oct.-5 nov.
⛱ 🐕 🚬

PAUILLAC - 33250 (23 C 2)

Bordeaux 53 - Margaux 27

Cuisinier de l'année

Château Cordeillan-Bages ⇗

19

➥ **Hôtel :** 🏰 Château Cordeillan-Bages

Cadre et ambiance

Un domaine viticole, un château au cœur du Médoc, un charme énorme, une position altière d'un des plus beaux hôtels du Bordelais. Des couloirs, des salons que l'on traverse jusqu'à la grande salle de restaurant, élégante dans ses volumes, son agencement, l'espace et l'atmosphère, le moelleux d'un confort séculaire dans une déco contemporaine.

Cuisine

Deux impressions dominent. Celle de changer de siècle, de monde, d'horizon. Et celle de goûter chaque parcelle d'une création humaine, pensée, sentie, aboutie. Thierry Marx n'envisage certainement pas sa situation comme un bâton de maréchal. Mais son parcours, son intelligence, son discours, l'amènent à une synthèse presque idéale de la cuisine d'aujourd'hui : saveur, produit, personnalité, tout est écrit dans le saucisson virtuel et craquant de lentilles au lard qui vous emmène très loin, dans la sardine admirable sur une mouillette mentholée et "soupe de mer", dans le formidable bar, une merveille graphique, à l'unilatéral, avec des lignes de rhubarbe comme un fond de laque, pistou, trait d'oignon et sésame, dans le parfum surexpressif des spaghettis au ris de veau, cèpes et truffes.

Cave

Il faut vraiment suivre le sommelier. Le choix bordelais est immense, mais pour cette cuisine rare, libre et pointue qui implique chaque détail, il n'est pas mauvais de se laisser guider, les autres régions étant visitées et triées avec beaucoup de finesse et d'à propos.

Accueil et service

Quatre variétés de beurre posées sur la table, une ambiance qui pétille, de l'électricité, un service qui virevolte, fier et heureux, étonnant dans son approche du haut niveau (ni gourdasse, ni

» Rte des Châteaux
☎ 05 56 59 24 24
F. sam. à déj., lundi, mardi à déj. et 10 déc.-13 fév.
Jusqu'à 21h30.
🚗 ♿ ❄ 🌊 🐕 🚬

perroquet bien dressé), avec un jeune directeur brillant et une sommellerie très affûtée. Des gens qui vous parlent normalement, sans comédie, c'est à la fois très reposant et très agréable.
C : 95 € • M : 65-108 € www.cordeillanbages.com

🏠 Château Cordeillan-Bages 🐦

» Rte des Châteaux
☎ 05 56 59 24 24
📠 05 56 59 01 89
F. 10 déc.-13 fév.
🚗 ❄ 🏊 🐕

➥ **Restaurant** : 19/20 Château Cordeillan-Bages
Les charmes de la table se complètent d'une partie hôtel qui cultive l'élégance classique dans l'architecture typique d'une chartreuse XVIIe au cœur des vignes (le château produit toujours son propre vin). Egalement des chambres à l'allure plus moderne, conçues par la décoratrice Anne-Monique Bonadei sur des influences issues du design italien. Equipement confortable.
4 appart. 315-445 € • 25 ch. 150-290 € • 1/2 pens. 144-322 €
www.cordeillanbages.com

PAULHAC EN MARGERIDE - 48140 (32 A 1)

Saint-Chély-d'Apcher 24 - Viaduc-de-Garabit 28

[11] Auberge le Bon Accueil

» Le Bourg
☎ 04 66 31 73 46
F. dim. à dîn. et 10-27 déc.
Jusqu'à 20h30.
🐕

Affaire de famille en Margeride : derrière les murs de granit, Daniel Martin poursuit l'œuvre entreprise, rendre chaque jour justice à son terroir, sans frelater ni modifier. Pour conserver tout ce qui plaît dans cette salle campagnarde, et qu'il ne faut pas retoucher : la charcuterie de pays, l'omelette aux cèpes, les tripoux, la truffade…
C : 11 € • M : 11,50-18 €

PEILLON - 06440 (34 D 4)

Nice 19 - Monaco 23

[14] L'Authentique

» Auberge de la Madone, 2 pl Auguste-Arnulf
☎ 04 93 79 91 17
F. merc. à dîn., jeudi à déj., 2 nov.-24 déc. et 7 janv.-1er fév.
Jusqu'à 21h30.
⛱ 🚗 🎾 🐕 🚬

➥ **Hôtel** : 🏠 L'Auberge de la Madone
Il faut grimper jusqu'à Peillon. Et plutôt deux fois qu'une. Et s'installer. Et goûter. Et savourer. L'environnement, l'arrière-pays niçois rayonnant, cette maison de famille, l'accueil des Millo. Un bonheur, maintes fois décrit, toujours vérifié. la cuisine de Christian et Thomas, père et fils au service d'une même passion, la lecture de leur répertoire, la cuisine niçoise et provençale selon Millo. C'est ainsi que l'on trouve sens et goût à une daurade travaillée simplement ou à l'agneau de pays rôti à la fleur de thym et purée truffée, servis avec application et gentillesse. Cave de très bon conseil, avec les meilleurs bellets et les côtes-de-provence de seigneurs.
C : 68 € • M : 30-80 € www.chateauxhotels.com/madone

🏠 L'Auberge de la Madone 🐦

» 2 pl Auguste-Arnulf
☎ 04 93 79 91 17
📠 04 93 79 99 36
F. merc. et jeudi.
🚗 🎾

➥ **Restaurant** : 14/20 L'Authentique
Belle situation au pied du village perché pour cette grande bastide de charme, dans un vaste parc arboré qui offre une vue superbe sur les environs. Charme paisible et lumineux pour les chambres, dans une délicate ambiance provençale.
16 ch. 95-180 € • 1/2 pens. 140-210 € www.chateauxhotels.com/madone

PENNAUTIER ➤ CARCASSONNE

🏠 Bon confort. 🏠 Grand confort. 🏠 Luxe. 🏠 Grand luxe.

🏠 🏠 🏠 🏠 Hôtels de charme.

PENNE D'AGENAIS - 47140 (24 B 3)

Agen 34 - Cahors 60 - Villeneuve-sur-Lot 12

La Maison sur la Place

» 10 pl Gambetta
☎ 05 53 01 29 18
F. dim., lundi et 20 jrs sept.-oct.
Jusqu'à 21h15.

Un lieu de restauration certes, mais avant tout un esprit et une ambiance particulières, qui poussent autant la clientèle à franchir cette ancienne épicerie rachetée par Geneviève Cazottes en 1999 que la cuisine par ailleurs fort bien troussée de son chef, Guillaume Pittet. Une cuisine plurielle, s'intéressant aussi bien aux spécialités afghanes, indiennes, turques ou marocaines qu'aux plats régionaux. Agréable terrasse aménagée sur l'arrière de la maison et donnant sur une petite place, courte cave aux choix pertinents.

C : 35 € • M : 26 € *lune.pleine@wanadoo.fr*

PENNEDEPIE ➤ HONFLEUR

PERI ➤ AJACCIO, CORSE

PERIGUEUX - 24000 (24 B 2)

Paris 482 - Limoges 101 - Angoulême 84

Le Clos Saint-Front

» 5-7 rue de la Vertu, 2ème accès par la rue Saint-Front
☎ 05 53 46 78 58
F. dim. à dîn., lundi (sf 1er-juin-30 sept.) et 15 fév.-7 mars.
Jusqu'à 21h45.

Laissons le terroir à ceux qui savent faire : ce pourrait être un salutaire mot d'ordre en Périgord où certains canards ne meurent pas toujours pour de belles causes. Ce n'est pas le cas ici, où chef et propriétaire s'entendent parfaitement pour produire, dans une bâtisse XVIe du centre historique, fenêtres à meneaux et cheminée d'époque, une brillante cuisine du Sud-Ouest. En réhabilitant et embellissant les monuments historiques - escalope de foie gras poêlée et bouillon anisé à la coriandre, magret frotté aux épices - et en personnalisant les racines régionales - paupiette de perche mijotée étuvée de chou vert et chorizo, volaille marinée au tandoori sauce vanille. Cave en progrès avec les bons du coin (Fourtout, De Conti) mais qui doit s'étendre en se concentrant sur la qualité.

C : 28 € • M : 20-50 €

L'Essentiel

DÉCOUVERTE

» 8 rue de la Clarté
☎ 05 53 35 15 15
F. dim. et lundi.

Périgueux bouge. La preuve, avec ce nouveau bistrot gourmand ouvert en juillet dernier, tout près de la cathédrale Saint-Front. On ne peut qu'être séduit par les premières notes de fraîcheur et de netteté d'une cuisine actuelle, un brin méditerranéenne, aidée par la déco contemporaine et le frais patio agrémenté d'un jardinet. L'alléchant menu Gourmand à 28 € tient réellement ses promesses, avec la gelée d'écrevisses et tourteau, gaspacho de tomates, la morue fraîche en croûte d'herbes et citrons confits, et le sablé croquant fraise rhubarbe. La cave n'est pas très vaste mais bien équilibrée, jusqu'en Espagne, en attendant un plus grand choix de vins au verre.

C : 25 € • M : 20-62 €

(10) Hôtel des Charentes H

» 16 rue Denis-Papin
☎ 05 53 53 37 13
F. vend. à dîn., sam., 1 sem. Toussaint et 1 sem. Noël.
Jusqu'à 21h30.

Une table toute simple mais sympathique dans un quartier de la gare pas follement gai. L'omelette aux cèpes et aux girolles, le confit persillé, le cassoulet de canard et l'escalope de veau à la crème ont le bon goût de l'authenticité (la maison fournit d'ailleurs de gros efforts pour proposer des produits issus de l'agriculture bio, tant dans l'assiette que pour les produits de toilette). Les chambres, au tout petit prix, sont progressivement rénovées.

C : 30 € • M : 12-20 € • 10 ch. 23-38 € • 1/2 pens. 35-41 €

à ANTONNE ET TRIGONANT - 24420 : 10 km E. par N 21

L'Ecluse R

De la route, seule l'enseigne en bois indique l'hôtel, bien caché au milieu des arbres. C'est peut-être pour ça qu'on y vit heureux, dans un gentil cadre rustique. Cuisine régionale au restaurant.
4 appart. 75-95 € • 43 ch. 40-65 € • 1/2 pens. 40-55 € • C : 36 € • M : 16-31 €
www.ecluse-perigord.com

» Rte de Limoges
☎ 05 53 06 00 04
05 53 06 06 39
F. 1re quinz. janv.

à CHAMPCEVINEL - 24750 : 4 km N. par D 3

13 La Table du Pouyaud

Les 38 tonnes ne s'arrêtent plus au bord de l'ancien routier sur le chemin de Limoges ; mais les petites berlines seraient bien inspirées de se garer devant cette très plaisante cuisine contemporaine aux accents méditerranéens, aux saveurs vives et enjouées, servie avec dynamisme et commentée par une patronne souriante. Le menu à 29 € donne ce qu'il faut d'émotion avec de nombreux équipements de série : de beaux légumes confits, comme un mille-feuille, servis froids, avec une croustille de parmesan et une vinaigrette milanaise, un rouget plancha avec une vinaigrette de tomate à l'anchoïade d'une grande vivacité, un agneau de sept heures qui montre que l'inspiration ménagère est parfois succulente. Cave à renforcer.
C : 48 € • M : 22-52 € www.pouyaud.com

» Rte de Paris
☎ 05 53 09 53 32
F. lundi à dîn., mardi, 25 fév.-12 mars et 16-27 août.
Jusqu'à 22h.

à CHANCELADE - 24650 : 6 km N.O. par D 710 et D 1

16 L'Oison ↗

➥ **Hôtel :** Le Château des Reynats

Cadre et ambiance

Dans son parc, à cinq minutes de la ville, un élégant château Napoléon III, théâtre de maints exploits gastronomiques dans un passé récent, et repris en main avec un chef qui s'affirme. Les imposants lustres, la voluptueuse moquette, les moulures, colonnes, et autres fanfreluches néo-classiques donnent un ton décalé, presque kitsch, du plaisir prandial.

Cuisine

On apprend à connaître et à reconnaître Gilles Gourvat, bien installé dans ses meubles, et qui réussit maintenant des coups splendides, comme un tennisman qui s'habitue au gazon après avoir passé trois tours à Wimbledon. On croise enfin sa vraie personnalité, à travers un simple amuse-bouche (magnifique glace à l'huile d'olive coiffée d'une réduction de balsamique). Si les ravioles de foie gras émulsion de truffes ravissent les touristes, on salue au moins aussi fort le cabillaud à la tomate fraîche farci aux fruits de mer, le carpaccio de pied de cochon, du canaille très raffiné avec une poêlée de cèpes, ou les aiguillettes de canard laqué aux épices douces, mousseline de patate douce et tatin d'abricots, un plat très haute couture qui n'est pas sans rappeler Michel Bras. Superbes desserts chocolatés.

Cave

La cave est classique mais le sommelier déploie tout son savoir et son aisance pour la défendre et la commenter. Du bon dans la plupart des régions.

Accueil et service

Jeune mais compétent, le service est managé par un maître d'hôtel de grande qualité, signe d'un enthousiasme retrouvé.
C : 55 € • M : 30-62 € www.chateau-hotel-perigord.com

» 15 av des Reynats
☎ 05 53 03 53 59
F. sam. à déj., dim. à dîn. lundi et 2 janv.-10 fév.
Jusqu'à 21h45.

Le Château des Reynats

➥ **Restaurant** : 16/20 L'Oison

Les tons chaleureux et les détails de décoration soignés (en particulier les fresques murales de certaines chambres) ne font qu'amplifier l'élégance naturelle de ce château Napoléon III. Le résultat est très agréable, notamment au château (d'autres chambres sont aménagées à l'orangerie voisine).

5 appart. 180-250 € • 32 ch. 79-180 € • 1/2 pens. 50 €

www.chateau-hotel-perigord.com

» 15 av des Reynats
☎ 05 53 03 53 59
F. 2 janv.-10 fév.

PERNAND VERGELESSES ➤ BEAUNE

PERNES LES FONTAINES ➤ CARPENTRAS

PERONNAS ➤ BOURG EN BRESSE

PERONNE - 80200 (4 A 2)

Amiens 52 - Saint-Quentin 30

Hostellerie des Remparts R

Contre les remparts, une étape confortable, au cadre rénové et aux chambres personnalisées avec des meubles régionaux. Des efforts au restaurant, à privilégier autour du sympathique menu terroir, pour la ficelle picarde ou la matelote d'anguille.

3 appart. 85-120 € • 14 ch. 50-80 € • 1/2 pens. 50-80 € • C : 50 € • M : 16-40 €

» 23 rue Beaubois
☎ 03 22 84 01 22
📠 03 22 84 31 96
Ouv. 7j/7.

PEROUGES - 01800 (27 D 2)

Bourg-en-Bresse 44 - Lyon 36

Ostellerie du Vieux Pérouges R

Au Manoir comme au Pavillon, les meubles authentiques et l'architecture Renaissance créent une atmosphère hors du temps qui se marie bien à l'esprit du village. Sous les poutres XIVe du restaurant, on goûte une cuisine fidèle à ses racines, autour du menu régional par exemple : salade aux filets de carpes fumés, poulet de Bresse rôti, galette pérougienne et entremets chocolat.

2 appart. 125-350 € • 26 ch. 75-300 € • C : 38 € • M : 35-60 €

www.ostellerie.com

» Pl du Tilleul
☎ 04 74 61 00 88
📠 04 74 34 77 90
F. 2 sem. fév.

PERPIGNAN - 66000 (31 D 5)

Paris 935 - Carcassonne 114 - Montpellier 153

Chapon Fin

➥ **Hôtel** : Park Hotel

Cadre et ambiance

L'hôtel de tradition, l'un des plus connus de la ville, où descendent les Espagnols sitôt passés la frontière, et les voyageurs avisés. L'ambiance est tout de même proche de celle d'un hôtel de gare, avec le faux feu dans la cheminée et les tables pour personnes seules alignées au fond, comme pour les punir et les isoler un peu plus.

Cuisine

Un ancien Grand de demain, Pascal Borrell, était encore là au printemps. Alexandre Klimenko, venant de la Chartreuse de Gosnay, près de Béthune, le remplace. On aurait pu comprendre une baisse de régime, un trou d'air. Rien de cela. C'est une flèche, au moins aussi brillant, sinon plus. En quelques plats fulgurants, il fait oublier le Chapon Fin d'avant et celui d'aujourd'hui, pour ne retenir que l'assiette : le roulé de sole aux agrumes et blanc-manger aux huîtres, la splendide épigramme d'agneau (souris confite, poitrine panée, carré rôti), légumes glacés au miel et polenta parmesan et un dessert à trois toques, tomate, carottes et fenouil confit sorbet tomate huile d'olive et chips d'aubergine.

» 18 bd Jean-Bourrat
☎ 04 68 35 14 14
F. dim., 1er-15 janv. et 14-31 août.
Jusqu'à 21h30.

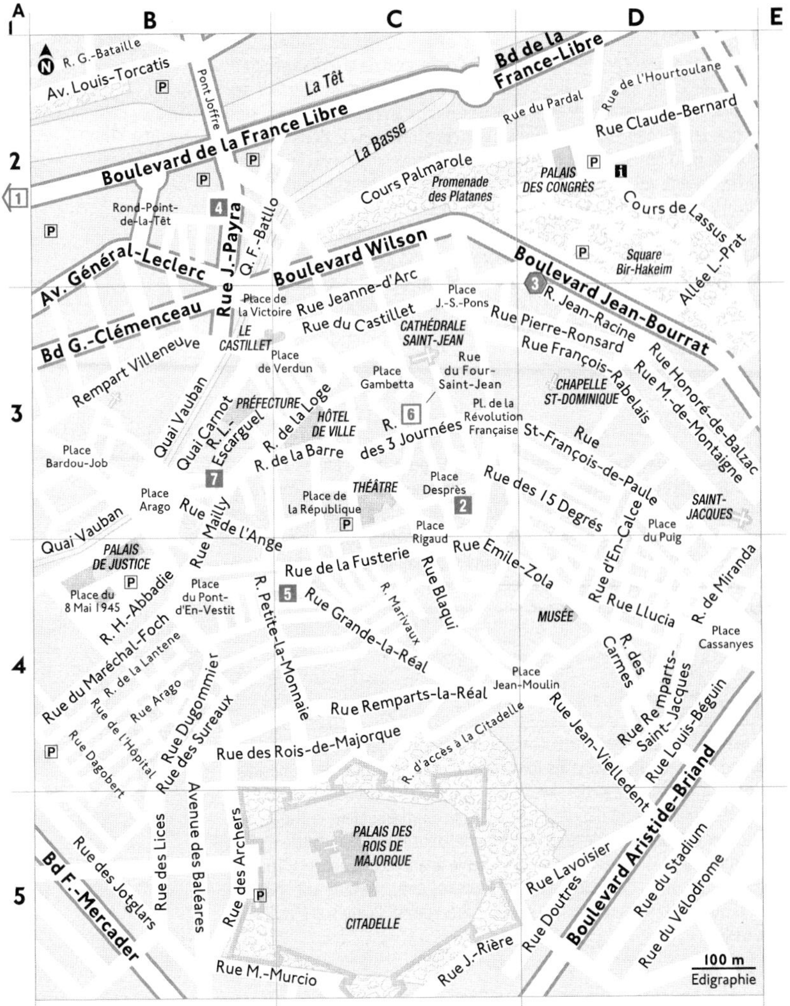

■ **Restaurant** ⬢ **Hôtel-Restaurant** □ **Table en vue**

1 Ail i Oli **A-2**
2 Antiquaires (Les) **C-3**
3 Chapon Fin **D-2**
4 Galinette (La) **B-2**
5 Laurens'O **C-4**
3 Park Hotel **D-2**
6 Route de Tanger (La) **C-3**
7 Rue Lazare **B-3**

Cave
Bien que correcte sur le Roussillon, et pas très chère, elle est faite sans passion, et souffre de l'absence d'un véritable sommelier.

Accueil et service
Gentil, mais formaté par le lieu, un peu là comme à l'usine, faisant rouler les menus en espérant que tout sera fini rapidement. Et pourtant, beaucoup de prévenance et de métier.

C : 50 € • M : 25-100 €

www.parkhotel-fr.com

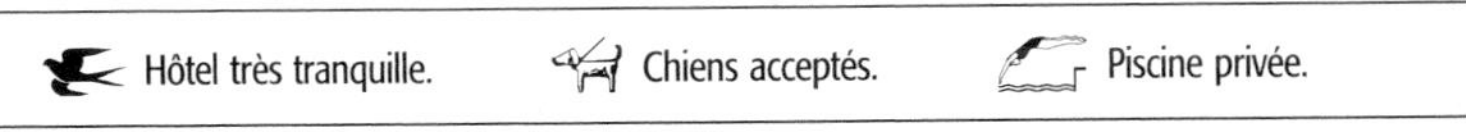

La Galinette

» 23 rue Jean-Payra
☎ 04 68 35 00 90
F. dim., lundi, mi-juil.-mi-août et 15 jrs fêtes de fin d'année.
Jusqu'à 22h.

C'est immédiat, tangible, irréfragable : cette Galinette, c'est de la grosse pointure. Sans le cérémonial, sans l'artifice châtelain, Christophe Comes entraîne ses aficionados dans un monde de simple élégance sans ampoule, où les saveurs sont nettes, les discours compendieux, les vins cinglants. Dans la déclinaison de thon, on ne perd pas son latin, on voyage : consommé, sushi, une formidable ventrèche, l'affaire est concluante. Dans le saint-pierre artichauts barigoule et serrano, il y a une évidente bonne grâce, une sancta simplicitas. Et dans la cave, les modernes du Roussillon, les Pithon, Laguerre, Matassa, qui donnent envie d'en savoir plus sur ceux qui les ont découverts. Le tout jeune service, qui serait peut-être malheureux et engoncé dans une maison classique, évolue ici avec aisance et sourire dans ce décor de briques aux amusants stucages néo-classiques. Un point de plus, deux toques. Et toc !
C : 50 € • M : 15-42 €

13 Les Antiquaires

» Pl Desprès
☎ 04 68 34 06 58
F. dim. à dîn., lundi
Jusqu'à 22h.

La photo ne sera pas floue : rien, ou presque ne bouge d'une année à l'autre, alors sur un quart de seconde ou moins, le mouvement devrait être imperceptible. La petite salle a été rénovée, c'est vrai, et Guillaume Aubailly a pris les rênes dans la suite familiale et logique (trente-deux ans de règne). Pour le reste, les spécialités tiennent bien, et font le bonheur des Perpignanais de souche, qui y ont un rond de serviette : foie gras poêlé au vieux banyuls, pied de porc farci et désossé, soufflé au Grand-Marnier.
M : 22-40 €

13 Rue Lazare

» 12 rue Lazare-Escarguel
☎ 04 68 34 02 01
F. dim., lundi et 15-29 août.
Jusqu'à 22h.

Le genre de table qui plairait partout, mais qui se trouve si bien en pays catalan : du rythme, de la couleur, dans les tons régionaux, sang et feu, de la musique d'aujourd'hui dans les assiettes imaginées par Riccardo Danesi et son chef Nicolas Boutonnet. On est dans le mood, dans le tourbillon, dans le risotto aux calamars comme dans le pâté en croûte maison, dans la morue à l'huile d'olive noire comme dans la souris d'agneau à l'ail et le financier aux abricots. Tout ce qu'on aime manger, en changeant, en zappant. Avec, comme par hasard, l'armada catalane d'aujourd'hui, les Laguerre, Préceptorie, Piquemal, Mas Blanc, Sarda Malet…
C : 34 € • M : 18-28 €

Laurens'O

» 5 pl des Poilus
☎ 04 68 34 66 66
F. dim., lundi et juin-sept.
Jusqu'à 22h.

Dans les ruelles de la vieille ville, une des tables emblématiques du Perpignan qui bouge. Une déco soignée aux couleurs vives, une cuisine inspirée, Italie et Méditerranée, panaché de ravioli au tajine et curry d'agneau, carpaccio correct et bon risotto aux asperges. Cave locale et service féminin dynamique et agréable.
M : 15 €

www.laurenso.com

Ail i Oli

» Allée des Chênes, parc Ducup
☎ 04 68 55 58 75
F. 24-26 déc., 31 déc., et 1-2 janv.
Jusqu'à 22h.

Dans un cadre typiquement catalan (jambon, ail et divers objets suspendus décorent la salle), de généreuses grillades préparées dans la cheminée centrale, devant le client : cèpes, girolles, calamars, gambas, tomates, aubergines, saucisse, côtes de porc... le choix est vaste et l'ambiance détendue.
C : 33 € • M : 20 €

La Route de Tanger

Tout près de la cathédrale, une intéressante interprétation de la cuisine marocaine (couscous sous plusieurs formes, tajines, salades, briouats, felfel...). Terrasse d'été donnant sur la place.
C : 23 € • M : 25-45 € *rtdetanger@free.fr*

» 1 rue du Four-Saint-Jean
☎ 04 68 51 07 57
F. dim., lundi (juin-août), dim., lundi à déj. (hiver) et 15-22 août.
Jusqu'à 22h30.

Park Hotel

➥ **Restaurant** : 16/20 Chapon Fin
Les discrètes touches de mobilier de style et les couleurs personnalisent des chambres au confort impeccable, qui en fait la référence sur la ville.
2 appart. 130-260 € • 67 ch. 60-105 € *www.parkhotel-fr.com*

» 18 bd Jean-Bourrat
☎ 04 68 35 14 14
04 68 35 48 18
Ouv. 7j/7.

LE PERREUX SUR MARNE ➤ PARIS-BANLIEUE

LE PERRIER - 85300 (15 B 5)

Challans 10 - Saint-Jean-de-Monts 6

(11) Auberge Le Relais H

Comme les relais de poste d'antan, cette bonne auberge au style vendéen assure le ravitaillement du voyageur, et mieux encore lui donne quelques pistes de dégustation des produits régionaux : escargots de Vendée et préfou tiède, grenouilles à l'ail, anguilles grillées, et bien sûr le canard de Challans, au sang, grillé sur peau. Quelques chambres contemporaines pour l'étape.
C : 39 € • M : 17-47 € • 20 ch. 40 € *www.auberge-le-relais.com*

» Rte de Challans
☎ 02 51 68 32 28
F. dim. à dîn., lundi et 1er-25 oct.
Jusqu'à 21h.

PERROS GUIREC - 22700 (13 D 2)

Saint-Brieuc 75 - Lannion 11

(14) Le Belouga DÉCOUVERTE

➥ **Hôtel** : L'Agapa
Cet établissement luxueux est l'événement hôtelier de l'année dans la région. Sur les décombres d'un vieil hôtel a été construit un vaste complexe surplombant la plage de Trestaou et offrant une vue incomparable sur l'archipel des Sept-Îles. La salle de restaurant est une réussite associant épure et confort. Le personnel à l'unisson veille avec attention sur le confort des hôtes et le chef formé à l'école Rostang propose une cuisine d'inspiration marine légère et tonique.
C : 55 € • M : 32-69 € *hotel@lagape.com*

» 12 rue des Bons-Enfants
☎ 02 96 49 01 10
Ouv. 7j/7.
Jusqu'à 22h30.

(14) La Clarté Daniel Jaguin DÉCOUVERTE

Entre bourg et plages, la maison en pierres du pays a été entièrement réaménagée pour offrir une salle claire, en harmonie avec l'enseigne, dépouillée mais chaleureuse. C'est ici que Daniel, le petit frère Jaguin (la Ville Blanche à Lannion) officie désormais, seul maître à bord. Pour sa première carte en solo, on y retrouve des plats directement inspirés de la maison familiale comme le tourteau décortiqué et sa galette de blé noir ou la lotte au cidre. La fraîcheur des produits est incontestable, la justesse des cuissons aussi. Daniel Jaguin, cuisinier sincère doit seulement apprendre à imprimer sa propre marque par des assiettes aussi personnelles que le magnifique vacherin au cassis et fraises. Cave bien constituée qu'on peut encore étoffer, service en rodage.
M : 21-67 €

» 24 rue Gabriel-Vicaire
☎ 02 96 49 05 96
F. dim. à dîn., lundi, merc. à dîn. (h.s.), lundi (août), 1er janv.-10 fév. et 2-9 oct.
Jusqu'à 21h.

(13) Castel Beau Rivage

Lorsqu'on découvre ce site, cette crique superbe, la découpe sauvage de la Côte de granit rose, on a furieusement envie que cet hôtel altier soit aussi une vraie table. Bingo, c'est fait depuis l'an passé et l'arrivée d'Alain Le Rest transforme la donne et ouvre l'appétit. Avec quelques artifices contemporains (ravioles de

» Plage de Saint-Guirec
☎ 02 96 91 40 87
F. dim. à dîn., lundi.
Jusqu'à 22h.

tourteau...), mais aussi une belle plongée sous-marine pour ramener un civet d'ormeau, un ceviche de saint-jacques, une effeuillée de cabillaud au risotto de coquillages. Petite carte de vins, mais Grossot en chablis, Reméjeanne en Rhône, et Salitis en cabardès. Pas mal, non ?
C : 46 € • M : 30-64 € www.castelbeausite.com

L'Agapa

» 12 rue des Bons-Enfants
☎ 02 96 49 01 10
02 96 91 16 36
Ouv. 7j/7.

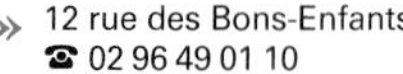

➥ **Restaurant** : 14/20 Le Belouga
Installé sur les rochers, face à l'archipel des Sept Iles, ce nouvel hôtel joue de teinte anthracite, pour contraster avec la rudesse minérale du granit environnant. Largement ouvertes sur l'extérieur, les chambres, à l'ambiance zen, jouissent des équipements les plus modernes. Spa très complet, creusé à même la roche.
50 ch. 116-360 € • 1/2 pens. 118,50-240 € www.lagape.com

Le Manoir du Sphinx

» 67 chemin de la Messe, plage de Trestrignel
☎ 02 96 23 25 42
02 96 91 26 13
F. 15 janv.-23 fév. et 22 nov.-7 déc.

Un peu à l'écart du centre, ce manoir en pierre du début du siècle dernier domine un jardin en pente douce vers la mer, où il fait bon paresser sur une chaise longue, au milieu des fleurs. Les chambres également donnent sur la mer, avec leurs murs clairs et leur mobilier anglais, elles se font discrètes et confortables. Gastronomie classique et maîtrisée au restaurant, entre produits nobles et touches personnelles.
20 ch. 108-127 € • 1/2 pens. 108-120 € www.lemanoirdusphynx.com

Hôtel de France

» 14 rue Rouzig
☎ 02 96 23 20 27
02 96 91 19 57
F. fin sept.-déb. avril.

L'atout majeur de l'hôtel reste sa vue panoramique sur la mer et l'archipel des Sept Iles, depuis le restaurant ou le jardin par exemple, mais la grande maison typique en granit propose également des chambres actuelles et soignées.
30 ch. 42-79,50 € www.hotel-de-france-perros.com

PERTUIS - 84120 (33 C 5)

Avignon 78 - Aix-en-Provence 27

à SAINT MARTIN DE LA BRASQUE - 84760 : 12 km N. par D 956 et D 91

La Fontaine

» Pl de la Fontaine
☎ 04 90 07 72 16
F. lundi (sf été), mardi, merc., 15 déc.-15 janv. et vac. scol. fév.
Jusqu'à 21h30.

On traverse le village comme si l'on s'était trompé de porte, mais l'animation est derrière cette façade qui mériterait un rafraîchissement. Ce que l'on vient chercher, et que l'on trouve finalement dans ce décor rustico-campagnard accordée à la cuisine généraliste mouchetée de Provence traditionnelle : la gelée de muscat de beaumes-de-venise profite aux tartines de foie gras et figue, la poitrine de canette rôtie au miel montre à la fois la qualité de la volaille et la fraîcheur des légumes. Bons desserts renforçant la note technique, cave assez courte, axée sur la région, pas mal vue en Rhône.
C : 30 € • M : 30 € rest.fontaine@freesbee.fr

PESSAC ➤ BORDEAUX

LE PETIT PRESSIGNY - 37350 (17 C 5)

Tours 64 - Loches 35

Restaurant Dallais

» La Promenade, 11 rue du Savoureulx
☎ 02 47 94 93 52
F. dim. à dîn., lundi, mardi, 2 janv.-1er fév. et 25 sept-10 oct.
Jusqu'à 21h.

Cadre et ambiance
En pleine campagne, vraiment loin de tout, une charmante maison de campagne, presque modeste en apparence, nichée dans cette jolie vallée de la Claise. Salle à manger sobre, chaleureuse.

Cuisine
Traditionnelle et champêtre, la cuisine de Jacky Dallais respire la sympathie, la bonne humeur, la franchise : grosse asperges vertes grillées, jaune de poulet truffé et oseille croustillante, bouillon de carottes aux fèves, sarriette et lard, sole rôtie, navets caramélisés et crevettes grises, saint-pierre de petit bateau rôti, pomme de terre tapée et cébette, rognon de veau rôti en graisse au genièvre, pigeon rôti au jus cacaoté, tagliatelles de céleri aux graines de moutarde. C'est efficace, généreux, toujours séduisant, des sauces exceptionnelles, des jus parfaitement calibrés, un travail d'orfèvre.
Cave
Demandez à Xavier, le livre étant aussi épais que l'annuaire de Tours, difficile de s'y retrouver lorsqu'on n'est pas connaisseur. Le meilleur de la Loire, et tout le reste, repose en cave, l'une des plus belles et des plus attractives de France.
Accueil et service
Une équipe fidèle emmenée par Xavier Fortin. Sa verve, sa bonne humeur et sa connaissance parfaite de la cuisine de Jacky Dallais et de la cave sont très précieuces.
C : 60€ • M : 36-78€

PEYREHORADE - 40300 (23 C 5)
Mont-de-Marsan 93 - Dax 24

Le Central H

Le terroir est anobli par les frères Blanchard, qui travaillent au petit point une atmosphère et une carte d'inspiration landaise, mais qui s'évade dans un registre personnel toujours intéressant. Patrice est à la production - croustillant d'huîtres coulis de poivron, tartelette de pieds de porc et langoustines, tournedos de canard gras sauce épices - et Alexis prend le relais dans la salle bourgeoise, intime et chaleureuse, avec une cave généraliste sans intérêt, hormis les vins locaux (tursan, béarn…). Chambres agréables, discrètes, reposantes, dans le prolongement de la table.
C : 40€ • M : 15-37€ • 2 appart. 63€ • 17 ch. 42-63€ • 1/2 pens. 65€
www.hotel-le-central.fr

» 68 pl Aristide-Briand
☎ 05 58 73 01 44
F. vend. à dîn., dim. à dîn., lundi, 2 sem. fin d'année et 2 sem. vac. scol. fév.
Jusqu'à 22h.

PEYRELEAU - 12720 (30 D 3)
Rodez 78 - Millau 21

Grand Hôtel de la Muse et du Rozier

Entre les arbres et la rivière, le Grand Hôtel… La bâtisse 1900 a largement évolué ces dernières années, avec l'arrivée de nouveaux propriétaires. Le cadre s'est modernisé, avec un décor aux lignes épurées et des couleurs travaillées pour mettre en valeur la lumière. Le résultat est un bonheur serein, à l'image de la nature qui entoure l'hôtel.
3 appart. 175-220€ • 38 ch. 65-145€ • 1/2 pens. 81-111€
www.hotel-delamuse.com

» La Muse
☎ 05 65 62 60 01
📠 05 65 62 63 88
F. mi-nov.-Pâques.

PEZENAS - 34120 (32 A 4)
Montpellier 56 - Agde 20 - Sète 37

Le Pré Saint-Jean

Du classique contemporain dans un décor tout simple et harmonieux, surnappe froissée, tons pastel, orange et jaune et buffet ancien. La cuisine s'inspire de la région (soupe de moules, pâté de Pézenas, rouille de seiche) et des modes (fricassée de saint-jacques et gambas). Carte des vins très fournie mais relativement chère pour les appellations de la région.
C : 45€ • M : 22€
leprest.jean@wanadoo.fr

» 18 av du Mal-Leclerc
☎ 04 67 98 15 31
F. dim. à dîn., lundi, jeudi à dîn, vac. scol. fév. et Toussaint
Jusqu'à 21h45.

PFULGRIESHEIM ➤ STRASBOURG

PHALSBOURG - 57370 (12 C 3)

Metz 112 - Sarrebourg 16

Au Soldat de l'An II

» 1 rue de Saverne
☎ 03 87 24 16 16
F. dim. à dîn., lundi, mardi à déj., 3-19 janv., 7-16 mars et 24 oct.-7 nov.
Jusqu'à 21h.

Cadre et ambiance
La solide et splendide grange brille par la qualité de ses ornements, ses beaux nappages, ses boiseries, ses belles pierres du XVIIIe siècle, ses éclairages travaillés, son harmonie générale. On sent que la maison a de la bouteille, que tous ces détails incarnent des années de travail, de petites corrections et d'améliorations permanentes, dont de récentes et importantes rénovations opérées l'été dernier.
Cuisine
Comme dans tous les bons films policiers, il y a l'ancien, proche de la retraite, Georges Victor Schmitt, bientôt trente ans de maison, et son cadet, Michel Dedelon, qui joue le trublion de service. On sent que ces deux là s'entendent comme d'anciens copains de régiment : homard en quenelle soufflée aux truffes, persillade de grenouilles fraîches à la livèche et perles fraîches, blanc de bar sauvage et cive, petit sauté au wok, royale de poularde de Bresse aux truffes et foie gras, neige de litchi et chips de mangue. Une cuisine faisant le grand écart entre ultra classicisme et modernité, pour mettre tout le monde d'accord.
Cave
Plus de 1000 références en cave, ne s'intéressant pas qu'aux régions traditionnelles mais pointant le bout de son nez en Languedoc ou en Corse et dans le reste du monde, au Chili, en Hongrie ou Canada ou en Australie.
Accueil et service
Toutes ces bonne nouvelles ne seraient rien sans un service à la hauteur, la salle jouant avec justesse sur le répertoire rustique chic.
C : 64 € • M : 39,50-88 € *www.soldatan2.com*

Notre-Dame de Bonne-Fontaine

» Danne et 4-Vents, 212 Bonne-Fontaine
☎ 03 87 24 34 33
Fax 03 87 24 24 64
F. 9-28 janv. et 19-26 fév.

Le mobilier typique ajoute une touche locale à cet ensemble bien actualisé depuis que la famille Knopf l'a créé, il y a 3 générations. Situation tranquille au milieu des arbres, dans le parc naturel des Vosges du Nord.
34 ch. 49-74 € • 1/2 pens. 55-63 € *www.notredamebonnefontaine.com*

PIEDICROCE ➤ CORSE

PIERREFONDS - 60350 (4 A 4)

Compiègne 15 - Soissons 32 - Beauvais 75

Domaine du Bois d'Aucourt

» ☎ 03 44 42 80 34
Fax 03 44 42 80 36
Ouv. 7j/7.

Le site est charmant, avec son architecture anglo-normande et le domaine verdoyant, 40 ha de bois, d'étang et de parc. Meubles de style et décor aux couleurs harmonieuses dans de vastes chambres.
11 ch. 64 € *www.boisdaucourt.com*

➲ à CHELLES - 60350 : 5 km E. par D 85

(11) Le Relais Brunehaut H

» 3 rue de l'Eglise
☎ 03 44 42 85 05
F. lundi, mardi et 15 janv.-13 fév.
Jusqu'à 21h.

La mauvaise surprise, ce serait qu'il y en ait une dans cet ancien moulin lové dans un jardin fleuri traversé par la rivière. Car, outre le charme naturel des lieux, on vient pour la cuisine sécurisée et fidèle de Marie-Françoise Frenel, sa fricassée de saint-jacques et gambas, ses cuisses de grenouilles et escargots aux champignons, ses rognons de veau flambés. Cave réduite au minimum syndical, aussi classique qu'on peut l'attendre. Chambres sobres et rustiques bien dans le ton de la maison.
C : 44 € • M : 24-38 € • 10 ch. 45-56 € • 1/2 pens. 58-60 €

à SAINT JEAN AUX BOIS - 60350 : 6 km O. par D 85

13 Auberge A la Bonne Idée

➥ **Hôtel :** Auberge A la Bonne Idée

Cette Bonne idée est même une bonne occase : celle d'être installé bourgeoisement à l'orée de la forêt de Compiègne, à un jet de catapulte du splendide château de Pierrefonds revu par Viollet-le-Duc, accueilli avec le sourire par un carpaccio de cochon de lait forestière aussi savoureux que l'onglet de veau et risotto crémeux. Une cuisine orientée avec raffinement entre le ménager et le contemporain, par un nouveau chef qui surveille bien son marché. Agréables desserts aux fruits de saison (fraises citronnelle sorbet fromage blanc), cave classique de vieux millésimes.

C : 57 € • M : 29-69 € *www.a-la-bonne-idee.fr*

» 3 rue des Meuniers
☎ 03 44 42 84 09
F. dim. à dîn., lundi (nov.-avril), et mi-janv.-mi-fév.
Jusqu'à 21h30.

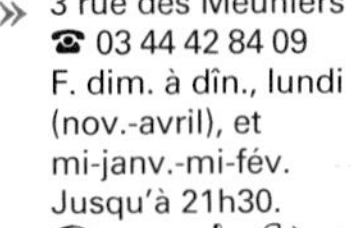

Auberge A la Bonne Idée

➥ **Restaurant** : 13/20 Auberge A la Bonne Idée

Le jardin est adorable autour de cet ancien relais de poste. A l'intérieur, un cadre bien actualisé dans une douce ambiance champêtre et chaleureuse, avec des chambres personnalisées, entre la maison principale et l'annexe, aménagée en style Empire.

1 appart. 90-142 € • 20 ch. 61-85 € • 1/2 pens. 75-110 €
www.a-la-bonne-idee.fr

» 3 rue des Meuniers
☎ 03 44 42 84 09
Fax 03 44 42 80 45
F. mi-janv.-mi-fév.

PIERRELATTE - 26700 (27 C 6)

Valence 69 - Montélimar 23

Gourmand Gourmet

"Avec ses faibles moyens" et "son peu de personnel", comme il nous le confie, le chef pourrait envoyer de la ragougnasse. Ce n'est pas le cas et c'est la raison d'une mention, et d'une belle toque, alors que le lecteur-client, n'entre évidemment pas dans ces préoccupations. Ce qu'il trouvera est plutôt appétissant : une salle accueillante, des prix relativement serrés et une cuisine d'auteur, qui tourne les pages d'un quotidien actuel et raffiné, un foie gras au pain d'épices, un tartare de saint-jacques sur une purée de rattes, un mille-feuille de fraises à "l'imparfait" de chocolat blanc.

C : 51 € • M : 15-53 € *frederic.dumoulin@wanadoo.fr*

» 6 pl de l'Eglise
☎ 04 75 96 83 10
F. w.-e., 1 sem. mi-fév. et 2 sem. fin août.
Jusqu'à 21h15.

à SAINT PAUL TROIS CHATEAUX - 26130 : 8 km S.E. par D 358

La Chapelle

Dans la jolie salle voûtée de cette maison du XVe siècle, ou bien sous la terrasse à l'ombre d'un micocoulier, la cuisine d'Eric Rolland, installé depuis dix ans dans ce charmant village où la concurrence gastronomique se fait chaque année plus féroce, ne fait pas de vagues, naviguant paisiblement dans la zone des deux toques, raffinée et personnelle, jamais dérangeante : pain perdu d'asperges vertes et blanches rôties, escalope de foie gras de canard poêlée, filet de rouget barbet de petit bateau rôti à l'arête, fine ratatouille craquante, jus émulsionné de barigoule, picodon chaud farci aux truffes, à l'huile d'olive et herbes fines sur un mesclun à l'huile de truffe, fin lingot croustillant au caramel à la fleur de sel et praliné noisette. Belle cave régionale.

C : 45 € • M : 24-45 €

» 5 impasse Ludovic-de-Bimard
☎ 04 75 96 60 88
F. mardi à déj. (juil.-août), dim. à dîn., mardi à dîn., lundi, 15-30 juin et 15-30 .eps"
EuroMono-Regular **Hôtel** : -0.567)(1111)0'H2P')'

L'Esplan

» 15 pl de l'Esplan
☎ 04 75 96 64 64
F. dim à dîn. (1er oct.-30 avril) et 1er-10 janv.
Jusqu'à 21h15.

➥ **Hôtel** : L'Esplan

Grand de demain, cuisine laboratoire, créativité à tout va ou avant-gardisme effréné, difficile de définir le style Cédric Denaux, de le classer, lui et son insolite cuisine, certes un peu à l'esbroufe (à commencer par ces interminables intitulés) mais non dénuée d'intérêt et surtout de culot. Des lecteurs furieux, d'autres qui applaudissent, tous aussi certains de leur jugement. Alors utilisons quelques critères objectifs, la qualité des produits, la recherche sur les herbes, les mariages, l'utilisation rigoureuse de produits frais et de saison, et vous aurez déjà un bon aperçu du travail de ce chef hors normes, dans un hôtel plutôt familial où même le service ne comprend pas toujours ce qu'il sert : "bouton floral du Fofana, melon brodé mariné minute cerclant un tartare déjà cuit de truite de lac jurassien au périlla pourpre, salade de brède et huilette piquante" ; "fausse pastilla de pâte philo, grandes feuilles de sauge sclarée et gros dés de pintadeau drômois roulés dans le ras el hanout et nora hojilla séchée, jus miellé, tranché d'un vinaigre d'hydromel". Et pourtant : aucune alliance douteuse, aucune contrariété de saveurs et de goûts, aucune antinomie : il faut aller à l'Esplan l'esprit frais et curieux, en prenant des risques mesurés - la carte est assez vaste et en choisissant ce qui vous parle le mieux. Cave très bien adaptée, régionalement, à cette autre cuisine.

C : 50 € • M : 21-48 €

www.esplan-provence.com

La Vieille France Jardin des Saveurs

» Rte de la Garde-Adhémar
☎ 04 75 96 70 47
F. dim. à dîn., lundi-jeudi (hiver), dim. à dîn., lundi, mardi (Pâques-juin), à déj. (juil.-août, sf dim.), lundi, 10 jrs mai, 12-23 sept. et 12-30 nov.
Jusqu'à 21h30.

Le mas provençal de Jean Fouillet, niché dans son environnement verdoyant et dominant un ravissant jardin aromatique, incarne à merveille cette Provence à la fois aguicheuse et tranquille que les touristes étrangers aiment tant. Pour autant, la cuisine évite toute sclérose, tout régionalisme forcené, égayant son apparent classicisme (pressé de lapereau et foie gras aux herbes du jardin, ris de veau aux morilles) de touches modernes bien senties (les délicieuses tapas proposées avec chaque menu, les desserts, d'une grande finesse). Le très beau menu truffes, la délicieuse terrasse couverte d'une pergola en fer forgé et la beauté du soleil couchant font le reste. Belle cave rhodanienne.

M : 27-60 €

www.restos-central.net

Villa Augusta

» 14 rue du Serre-Blanc
☎ 04 75 97 29 29
Fax 04 75 97 29 27
Ouv. 7j/7.

Le nom des chambres (Oiseau, Roulotte, Romantique, etc.) fait des promesses que ne dément pas le travail de la décoratrice : sur une tonalité générale dictée par l'architecture de maison de maître, le choix des coloris et des détails de décoration crée des atmosphères précieuses et personnalisées. Les matériaux anciens (voire très anciens, avec quelques vestiges romains préservés) et le charme du jardin sont également des atouts importants. La table, sur laquelle veillent les frères Pourcel, est sous la responsabilité quotidienne de Julien Gleize, natif de Valréas et qui a fait ses armes pendant plusieurs années au Jardin des Sens. Belle cuisine à connotation provençale s'appuyant sur des produits haut de gamme.

1 appart. 350-400 € • 23 ch. 95-230 € • C : 50 € • M : 37-85 €

www.villaaugusta-hotel.com

L'Esplan

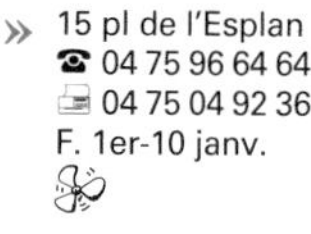

» 15 pl de l'Esplan
☎ 04 75 96 64 64
Fax 04 75 04 92 36
F. 1er-10 janv.

➥ **Restaurant** : 15/20 L'Esplan

On retrouve à l'intérieur la sobre élégance de la façade de cette maison XVIe, avec des chambres spacieuses et personnalisées aux coloris chaleureux et au mobilier aux lignes pures. Le patio est un endroit délicieux.

36 ch. 62-108 € • 1/2 pens. 70-88 €

www.esplan-provence.com

PINEY ➤ TROYES

PIOBETTA ➤ CORSE

PIOLENC ➤ ORANGE

PISSOS - 40410 (23 C 3)

Mont-de-Marsan 55 - Mimizan 47

[12] Le Café de Pissos H

» 42 rue du Pont-Battant
☎ 05 58 08 90 16
F. dim. à dîn., mardi à dîn., merc. et 13 nov.-6 déc.
Jusqu'à 21h.

Générosité landaise et programme complet de rééducation par le terroir : foie gras, gésiers chauds, magrets, saumon plancha aux cèpes, salmis de palombe, pastis landais... C'est un séminaire complet qu'il va falloir envisager (l'hôtel compte heureusement cinq chambres simples et accueillantes), pour savourer ces bienfaits, en terrasse à l'ombre des platanes bicentenaires ou dans la salle avec les fidèles d'un menu-carte attractif à moins de 26 **€**.
C : 27€ • M : 12-39€ • 5 ch. 36-52€

PLAIMPIED GIVAUDINS - 18340 (18 B 5)

Bourges 17 - Saint-Amand-Montrond 41

[12] Aux Marais

» 12 rue des Marais
☎ 02 48 25 54 45
F. dim. à dîn., lundi, 1 sem. déb. janv, 1 sem. fin juil.-déb. août, vac. scol. Toussaint et 24-25 déc.
Jusqu'à 20h30.

Les Berruyers aiment venir l'été pour l'atmosphère de vacances de cette maison basse berrichonne, proche du canal de Berry, dont la pierre blanche scintille sous le soleil, et l'hiver pour la belle salle rustique et sa grande cheminée. En automne et au printemps, ils viennent encore, goûter la sage cuisine de Remi Dombray, une poêlée de girolles, une raie au beurre citronné, ou quelque timide fantaisie (escalope de veau au pamplemousse et gingembre), honnêtement faits et à petits prix. Bonne cave régionale de sancerres, reuillys, menetous...
C : 30€ • M : 17-25€

LA PLAINE SUR MER - 44770 (15 B 4)

Nantes 60 - Pornic 8

[16] Anne de Bretagne H

» Port de la Gravette
☎ 02 40 21 54 72
F. dim. à dîn. (nov.-mars), lundi, mardi (sf à dîn. saison) et janv.-mi-fév.
Jusqu'à 21h30.

Cadre et ambiance
La maison de Michèle et Philippe Vétélé est un rêve. Face à l'océan et au ravissant petit port de la Gravette, c'est une maison bretonne, élégante, postée à l'un des plus beaux endroits de la côte. Récemment rénovés, le parc et les parkings offrent un cadre naturel tout aussi agréable.

Cuisine
Un autodidacte qui flirte avec les trois toques, ce n'est pas courant. Cette cuisine se montre ludique, proche du produit, épurée, juste, lumineuse, en un mot réussie. Aspic de foie gras aux asperges, muscat de beaumes-de-venise et morilles en condiment, royale d'asperges ; huîtres justes tiédies, sabayon au gros plant ; bar de ligne superposé, écailles de truffes de la saint jean et caramel de balsamique, chiboust au citron vert et aux framboises.

Cave
La cave sur laquelle veille Michèle Vétélé est l'une des plus exceptionnelles de France. Beaucoup de découvertes, des grands crus à prix rares, et un formidable travail de recherche.

Accueil et service
Une équipe de salle épanouie et solidaire. On sent une adhésion totale au projet, aux assiettes, Romain et Michèle dirigeant une salle sous le charme.
C : 58€ • M : 27-89€ • 2 appart. 162-273€ • 17 ch. 77-147€ • 1/2 pens. 114-187€

www.annedebretagne.com

PLAISANCE - 32160 (29 B 4)

Auch 53 - Tarbes 50

à BEAUMARCHES - 32160 : 5 km S. par D 946

(12) Le Relais du Bastidou

» Cayron
☎ 05 62 69 19 94
F. dim. à dîn., lundi et 20 oct.-15 déc.
Jusqu'à 21h.

➡ **Hôtel :**  Le Relais du Bastidou

Quelques hirondelles et quelques printemps après leur retour à la nature, Fabienne et René Thierry n'ont rien à regretter. Au creux des vallons gersois, face aux Pyrénées lointains, ils parlent aux oiseaux, aux chevreuils, aux sangliers et aux lièvres. Leur ferme XVIIIe et leur plaisir de recevoir font deux arguments pour que René soit devenu un véritable cuisinier qui gâte ses amis de salades de langoustines au foie gras poêlé, de charolais au poivre et de magret aux morilles. La passion de cette simplicité rassembleuse s'étend à une petite cave aimable de noms plutôt renommés (Triguedina en cahors, tavel d'Aqueria...).

C : 35 € • M : 15-30 € *www.le-relais-du-bastidou.com*

Le Relais du Bastidou 

» Cayron
☎ 05 62 69 19 94
📠 05 62 69 19 94
F. 20 oct.-15 déc.

➡ **Restaurant** : 12/20 Le Relais du Bastidou

Paisiblement installée au milieu des douces collines du Gers, entre champs et forêts, cette ancienne ferme à l'architecture XVIIIe chaleureuse installe ses chambres dans l'ancienne étable. Elles sont adorables, avec des lignes et des associations de couleurs volontiers modernes qui se marient parfaitement avec les vieilles pierres et les poutres pour créer une atmosphère précieuse.

8 ch. 45-60 € • 1/2 pens. 75-95 € *www.le-relais-du-bastidou.com*

PLANCOET - 22130 (14 B 3)

Saint-Brieuc 48 - Dinan 19

 Jean-Pierre Crouzil H ♥

» 20 les Quais
☎ 02 96 84 10 24
F. dim. à dîn., lundi, mardi (seult. à déj. juil.-août), 1re sem. oct. et 3 prem. sem. janv.
Jusqu'à 21h30.

Cadre et ambiance

La grosse maison à la façade bleue et fleurie, orgueil de tout le canton, qui ne rate pas un anniversaire pour y festoyer, fait l'objet d'un entretien constant non loin des berges de la petite rivière l'Arguenon. Confort et chic discret - agrémenté des toiles de Colette Crouzil - dans la salle aveugle ou la terrasse ouvrant sur la rue, mais aussi dans les chambres, redécorées cette année.

Cuisine

Rituellement, nous recevons quelques courriers dithyrambiques plaçant Jean-Pierre Crouzil devant tous les chefs bretons réunis. Chaque année, notre réflexion, après un saint-pierre au fenouil confit ou le rouget exceptionnel avec sa vinaigrette de pois gourmand, est qu'ils expriment une part de vérité. Et le pâtissier, Mickael Labbé, est tout à fait dans le rythme du métronome, avec une tarte aux agrumes au feuilletage arachnéen.

Cave

Une cave logique et complète, qui aligne les grands bordeaux et les bouteilles recherchées dans une organisation méthodique.

Accueil et service

Accueil de grande maison, fait de courtoisie et de sens de l'hospitalité et service en droite ligne, irréprochable sans obséquiosité.

C : 75 € • M : 38-120 € • 7 ch. 80-168 € • 1/2 pens. 90-155 €

www.crouzil.com

à SAINT POTAN - 22550 : 5 km N.O. par D 794

(12) Auberge du Manoir

» 31 rue du 19-Mars-1962
☎ 02 96 83 72 58
F. dim. à dîn., mardi à dîn., merc., 15 jrs fév. et 3 sem. nov.
Jusqu'à 21h30.

Sincère adresse d'un chef-restaurateur formé notamment chez Crouzil : la garantie d'une manufacture de bon niveau, de poissons de grande fraîcheur, dans la simplicité et la rigueur. Cadre plaisant au milieu du village, cave à construire.
C : 40€ • M : 23-45€

LES PLANTIERS - 30122 (32 A 2)

Mont-Aigoual 25 - Valleraugue 21

(10) La Sariette

» ☎ 04 66 83 92 71
F. merc. (h.s.), janv. et fév.
Jusqu'à 21h.

De partout, une myriade de virages dans un environnement cévenol de toute beauté. A l'arrivée une splendeur, petit village intact, qui semble coupé du monde et pourtant bien vivant, fier et empli du bonheur de vivre. Denise et Philippe ont planté la tente il y a vingt ans. C'est aujourd'hui une jolie petite maison de schiste avec sa véranda au-dessus de la rivière, où Philippe garnit aimablement les assiettes de pélardon pané, de truite aux lardons et de civet de porcelet forestière. Gîte de vacances sur place pour redevenir Stevenson.
C : 20€ • M : 15-25€ *www.sariette_cevennes.com*

PLAPPEVILLE ➤ METZ

PLELO - 22170 (14 A 2)

Saint-Brieuc 21 - Saint-Quay-Portrieux 20

(11) Au Char à Bancs

» Moulin de la Ville-Geffroy
☎ 02 96 74 13 63
F. lundi-vend. (sf juil.-août), mardi (juil.-août), 1 w.-e. sept. et 2 w.-e. janv.
Jusqu'à 22h.

Bretagne bucolique et authentique entre Guingamp et Saint-Brieuc : cette ferme crêpière est avant tout l'occasion d'une escapade grandeur nature vers les valeurs éternelles défendues par la famille Lamour. Beaucoup d'attentions, de gentillesse et de présence, pour que petits et grands profitent des galettes bien garnies, de la potée et du cidre maison. Cinq chambres d'hôtes ravissantes pour une immersion totale.
C : 20€ *www.aucharabanc.com*

PLENEUF VAL ANDRE - 22370 (14 B 3)

Saint-Brieuc 31 - Dinan 47

Grand Hôtel du Val André

» 80 rue de l'Amiral-Charner
☎ 02 96 72 20 56
Fax 02 96 63 00 24
F. janv.

Une valeur sûre et bien à sa place, avec son allure fin XIXe et ses chambres joliment présentées dans les tons, incontournables, de bleu et blanc.
39 ch. 67-99,50€ • 1/2 pens. 83-94,25€ *www.grand-hotel-val-andre.fr*

PLERIN ➤ SAINT BRIEUC

PLEURTUIT ➤ DINARD

PLEVEN - 22130 (14 B 3)

Saint-Brieuc 39 - St-Malo 38

Manoir du Vaumadeuc

» Pleven
☎ 02 96 84 46 17
Fax 02 96 84 40 16
F. ann. 1er nov-Pâques.

Construite au XVe siècle, la maison a remarquablement traversé les siècles. Les chambres adoptent un confort discrètement rustique qui se marie bien à cette architecture classée. Autre atout, la beauté du parc, avec sa longue allée d'arbres et ses multiples essences de fleurs.**€**
2 appart. 125-230€ • 11 ch. 70-195€ *www.vaumadeuc.com*

PLEYBEN - 29190 (13 C 3)

Brest 55 - Quimper 30

 Crêperie de L'Enclos

Quand la galette devient de la gastronomie. A Pleyben, au cœur de la Bretagne bretonnante, tout est séculaire, authentique, mythique, comme cet enclos paroissial, l'un des plus beaux et des plus fameux, et comme bientôt la cuisine de Nicole Le Roux qui prend le prétexte de la bilig pour, chaque année, inventer de nouvelles garnitures, de nouvelles associations, de véritables plats. Avec l'effeuillée de morue, le confit d'oignons à la truffe et à l'œuf, la terrine d'esturgeon et algues de Bretagne. Ambiance évidemment de pur régionalisme, cidre ad hoc.

C : 16 € • M : 10-16 €

» 52 pl Charles-de-Gaulle
☎ 02 98 26 38 68
F. lundi-jeudi (à dîn. hs vac. scol.), 2 sem. suivant vac. scol. fév., 2 sem. suivant Pentecôte et 2 sem. fin nov.
Jusqu'à 21h.

PLOEMEUR ➤ LORIENT

PLOERMEL - 56800 (14 B 4)

Vannes 49 - Josselin 12

 Le Thy

Hommage d'un artiste à de grands noms de la peinture, les chambres mêlent couleurs et matières pour créer des ambiances très agréables. Ce vieux bar familial, devenu également salle de spectacle, est un lieu de vie étonnant et chaleureux.

7 ch. 50-60 € *www.le-thy.com*

» 8 bd Foch
☎ 02 97 74 05 21
Fax 02 97 74 02 97
Ouv. 7j/7.

PLOGOFF - 29770 (13 A 4)

Quimper 46 - Douarnenez 32

 La Baie des Trépassés R

Le premier atout de la maison (ou plutôt des maisons, avec une annexe à 200 m) est bien sûr sa situation panoramique face à la mer et à la plage, avec la pointe du Raz en arrière-plan. Confort simple et soigné, tout comme la classique cuisine de la mer du restaurant.

27 ch. 33-64 € • 1/2 pens. 50-66 € • M : 20,50-54 €

www.baiedestrepasses.com

» Baie des Trépassés
☎ 02 98 70 61 34
Fax 02 98 70 35 20
F. 1er janv.-17 fév. et 12 nov.-31 déc.

Le Kermoor

L'allure générale comme les parements de granit signent le style breton de cette grande maison blanche, à la situation idéale face à la mer. Chambres aux tons fleuris, certaines avec d'agréables petits plus, du typique lit clos breton à la terrasse sur la mer.

16 ch. 35-80 € • 1/2 pens. 45-70 € *www.hotel-kermoor.com*

» Rte Pointe-du-Raz, plage du Loch
☎ 02 98 70 62 06
Fax 02 98 70 32 69
F. 1 sem. 2-10 janv.

PLOMBIERES LES BAINS - 88370 (12 A 6)

Epinal 30 - Gérardmer 41

 La Fontaine Stanislas

Affaire de famille depuis 4 générations, la maison blanche est accrochée à flanc de collines, au milieu de la forêt. Elle maintient des prestations soignées (literie neuve, double vitrage en cours). Dégustation de glace Plombière maison.

6 appart. 55-58 € • 10 ch. 40-51 € • 1/2 pens. 42-48 €

www.fontaine-stanislas.com

» 1 Fontaine-Stanislas
☎ 03 29 66 01 53
Fax 03 29 30 04 31
F. 15 oct.-1er avril.

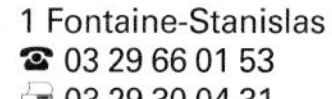

PLOMEUR - 29120 (13 B 4)

Quimper 26 - Douarnenez 34 - Pont-l'Abbé 6

La Ferme du Relais Bigouden

» Pendreff
☎ 02 98 58 01 32
Fax 02 98 82 09 62
F. nov.-mars.

Confort simple et classique pour des chambres donnant sur le jardin, dans une ferme typique en pierre.
16 ch. 48-52 € • 1/2 pens. 49-59 €

PLOMODIERN - 29550 (13 B 3)

Quimper 28 - Douarnenez 22

Auberge des Glazicks

» 7 rue de la Plage
☎ 02 98 81 52 32
F. lundi, mardi, 2 sem. mars, 3e sem. oct. et 3e sem. nov.
Jusqu'à 21h30.

Cadre et ambiance
L'enseigne claque comme un coup de vent iodé ...des fresques bretonnes ornent les murs de cette auberge de village de laquelle on aperçoit, au loin , la mer... C'est une adresse de vérité, d'histoires de pêche, de Bretagne. Dans la vaste salle, aux tables bien espacées, baies vitrées, chaises confortables et tableaux bretons.

Cuisine
La "bretonn'attitude" du fort talentueux Olivier Bellin n'est ni sectaire ni cloisonnée. Ne transforme-t-il pas l'emblématique sablé breton en "un sablé au beurre thé parfumé" ? N'associe-t-il pas les cocos paimpolais et des gnocchis au lait de chèvre et parmesan ainsi que la pomme et l'estragon ? Le chef entraîne l'assistance dans une farandole d'amuse-bouche étonnante et détonante, et dose avec rigueur le ludique et le plaisir de saveurs vraies (superbe côte de porcelet et sa tartelette de tripes aux encornets).

Cave
Sans être exceptionnelle, elle est étendue et parfois pointue comme en Languedoc par exemple.

Accueil et service
Le service stylé, aux petits soins, ne se départit pas d'une tendre atmosphère familiale. Maman en salle, le fiston en cuisine, qui vient discrètement l'embrasser en fin de service, cela réchauffe le cœur.
M : 38-90 €

Porz Morvan

» Rte de Cast
☎ 02 98 81 53 23
Fax 02 98 81 28 61
F. janv.-fév.

Tout pour des vacances paisibles et champêtres, dans une ancienne ferme du XIXe aux pierres typiques, des chambres rustiques et confortables et un parc agréable, avec la mare aux canards. Crêperie sur place.
12 ch. 40-80 € *christian.nicolas19@wanadoo.fr*

PLONEVEZ PORZAY - 29550 (13 B 4)

Quimper 21 - Douarnenez 12 - Châteaulin 15

Manoir de Moëllien

» ☎ 02 98 92 50 40
Fax 02 98 92 55 21
F. 20 janv.-25 mars.

Belle allure Renaissance d'un manoir XVIIe et ses dépendances, dans lesquelles sont aménagées des chambres élégantes et soignées, au décor personnalisé, certaines avec terrasse privative pour mieux apprécier la tranquillité du parc.
18 ch. 60-124 € • 1/2 pens. 60-93 € *www.moellien.com*

Hôtels de charme.

 Bon confort.  Grand confort.  Luxe.  Grand luxe.

PLOUBALAY - 22650 (14 B 3)

Saint-Brieuc 59 - Dinard 13

La Gare

La locomotive repart avec un nouveau mécanicien, Thomas Mureau, ancien propriétaire de la Fleur de Sel à Saint-Malo. Xavier Termet avait fait de cette adresse de village une table emblématique du bistrot de campagne moderne, axée sur le produit, un restaurant de gare sans train-train, dans la fraîcheur et la spontanéité. On espérait évidemment que cette ligne serait conservée, et à nouveau sur les bons rails. pari gagné dès notre première visite dans le wagon-restaurant : malgré un accueil un peu timide, pas d'esbroufe mais une cuisine délurée, volontiers ensoleillée qui enchaîne un parfait thon moelleux à la plancha, une lotte et ses cocos de Paimpol et un sablé aux abricots. La carte des vins est celle du précédent chef qui affichait ses coups de cœur.
C : 40€ • M : 22-45€

» 4 rue des Ormelets
☎ 02 96 27 25 16
F. lundi à dîn., mardi à dîn. (sf lundi, mardi à déj. juil.-août), merc. F. ann. non comm.
Jusqu'à 21h30.

PLOUER SUR RANCE - 22490 (14 C 3)

Saint-Malo 23 - Dinan 11 - Saint-Brieuc 69

Le Manoir de Rigourdaine

Dominant l'estuaire de la Rance de son vaste parc, l'ancienne ferme fortifiée exploite abondamment vieilles pierres et larges poutres pour le décor, mais les chambres gardent une allure contemporaine qui leur va bien. Une étape paisible et agréable.
19 ch. 58-82€ www.hotel-rigourdaine.fr

» Rte de Langrolay
☎ 02 96 86 89 96
Fax 02 96 86 92 46
F. 13 nov.-30 mars.

PLOUGONVELIN - 29217 (13 A 3)

Quimper 109 - Brest 27

Hostellerie de la Pointe Saint-Mathieu

Les ruines de l'abbaye sont à deux pas ; même si c'est pour des raisons différentes, vous apprécierez autant que les moines cette situation comme au bout du monde, face à la mer. Dans leur belle maison en pierre, qu'ils ont fait largement évoluer depuis l'an passé, les Corre ont fait le choix d'un décor contemporain, matières nobles et couleurs claires, qui s'ajoutent à la beauté de la vue.
28 ch. 55-160€ • 1/2 pens. 65-115€ www.pointe-saint-mathieu.com

» Pointe Saint-Mathieu
☎ 02 98 89 00 19
Fax 02 98 89 15 68
F. 16 fév.-25 mars.

PLOUGUERNEAU - 29880 (13 B 2)

Brest 26 - Morlaix 68

(11) Le Castel Ac'h

Etalonnez cette table face aux diverses expériences touristiques du coin : dans ses petits menus à 16 et 23 €, Yvonnick Couet donne un visage très intéressant de la Bretagne des abers, dans les choix de produits et le traitement, des sardines farcies à la faisselle de brebis, des saucisses de cabillaud et saumon, du cochon de lait au four et lard paysan. de la tarte fine aux pommes et caramel au beurre salé. Cave correcte, aux bons choix de loires, qui devrait se renforcer sur les petits propriétaires.
M : 16-60€

» Pl de Lilia
☎ 02 98 37 16 16
Ouv. 7j/7.
Jusqu'à 21h30.

PLUGUFFAN ➤ QUIMPER

LE POET LAVAL ➤ DIEULEFIT

POINCY ➤ MEAUX, PARIS-BANLIEUE

POITIERS - 86000 (22 C 3)

Paris 331 - Limoges 124 - Orléans 190

13 Alain Boutin

» 65 rue Carnot
☎ 05 49 88 25 53
F. sam. et lundi à déj., dim. et 15 prem. jrs. janv.
Jusqu'à 21h30.

Voilà un chef qui ne vous laisse pas au milieu du gué : bientôt vingt ans de loyaux services, au déjeuner comme au dîner, de repas une toque parfaitement calibrés, dans d'exemplaires menus, qui font honneur à la région et au métier : poêlée de lumas et pleurotes au cognac, chevreau à l'ail vert et aux mojettes, bavaroise à l'angélique, et c'est tout le terroir qui entre dans une formule à 24 €. Très bon accueil, petite cave qui permet de mieux connaître les vins du Haut-Poitou.
M : 19-31 €

13 Maxime

» 4 rue Saint-Nicolas
☎ 05 49 41 09 55
F. sam. (sf à dîn. nov.-fév.), dim. et 14 juil.-15 août.
Jusqu'à 22h.

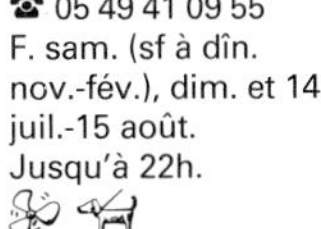

On peut s'interroger sur l'avenir de la restauration, mais à n'en pas douter, il y aura au moins un Maxime dans chaque ville de province : ces adresses rassurantes, qui font le gibier en automne, les truffes en hiver et le foie gras toute l'année. Avec l'aisance traditionnelle d'un chef de devoir comme Christian Rougier, capitaine au long cours qui cajole depuis vingt ans une clientèle qui vient chaque année fêter un anniversaire. Dans l'atmosphère que l'on devine, calme, feutrée, courtoise.
C : 45 € • M : 20-50 € *www.maitrescuisiniersdefrance.com*

12 Les Bons Enfants

» 11 bis rue Cloche-Perse
☎ 05 49 41 49 82
F. dim. à dîn., lundi, 1 sem. fév. et 22-28 août.
Jusqu'à 21h30.

C'est la nostalgie des écoles de jadis qui vous étreint dans cette maison XVIe décorée d'ardoises, de photos de classes, de cahiers et des "semaines de Suzette". On ne sort pas les mouchoirs, mais on garde au contraire le sourire pour cette cuisine franche et tendre, de ris de veau aux girolles, de foie gras au pineau et des gentils desserts maison, crumbles mais aussi glaces et sorbets.
C : 24,50 € • M : 9-22 €

12 Nardo's Bouchon

» 27 pl Charles-de-Gaulle
☎ 05 49 52 80 03
F; dim., lundi et vac. scol. Noël.
Jusqu'à 21H30.

De la modernité dans le bistrot à vins. Dans un bâtiment XV-XVIe du centre-ville, avec des produits régionaux et des vins futés, sélectionnés par Thierry, ancien sommelier de Bardet, on est dans le mood, dans la tendance, au centre du manège et des assiettes qui tournent. Marie-Annick met la musique : tartine de pied de cochon et escargots, Nardo's Burger, assiette tout chocolat. Les nouveaux vignerons et leurs vins naturels passent à table : Courtois, Mosse, et une flopée à découvrir, Chancelle, Fournier (haut-poitou), Villemade (cheverny...), Desplat (anjou), Derain (saint-aubin)...
C : 20 € *nardosbouchon@wanadoo.fr*

Europe

» 39 rue Carnot
☎ 05 49 88 12 00
📠 05 49 88 97 30
Ouv. 7j/7.

Emplacement central pour cet ancien relais de poste dont les chambres se répartissent entre le bâtiment d'origine et une annexe plus récente, de l'autre côté de la cour. Excellents petits-déjeuners, grand parking privé de 40 places.
88 ch. 49,50-87 € *www.hoteldeleuropepoitiers.com*

Le Grand Hôtel

» 28 rue Carnot
☎ 05 49 60 90 60
📠 05 49 62 81 89
Ouv. 7j/7.

Situation idéale à deux pas des cinémas et du centre-ville pour cet ancien 4 étoiles rénové aux standards 3 étoiles. Les chambres brillent par leur superficie, l'insonorisation est excellente et la terrasse fleurie installée au premier étage assure d'agréables petits déjeuners ensoleillés.
6 appart. 110 € • 41 ch. 65,50-83 € *www.grandhotelpoitiers.fr*

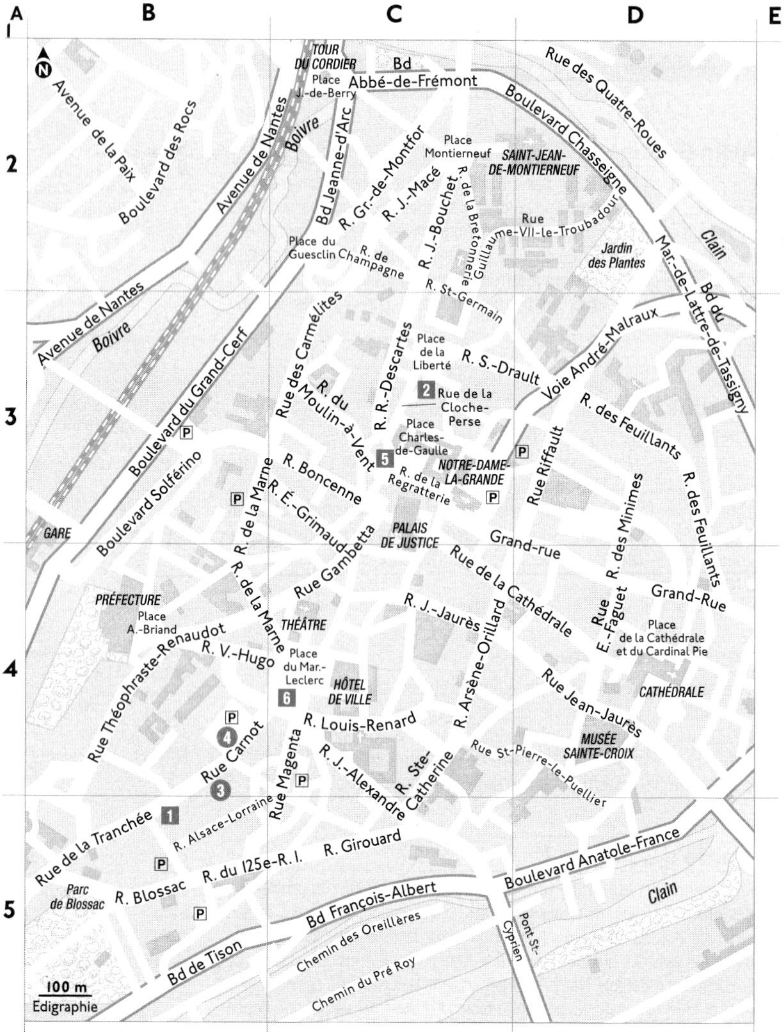

Restaurant

1 Alain Boutin **B-5**
2 Bons Enfants (Les) **C-3**

Hôtel

3 Europe **B-4**
4 Grand Hôtel (Le) **B-4**

5 Nardo's Bouchon **C-3**
6 Maxime **C-4**

à CHASSENEUIL DU POITOU - 86360 : 9 km N.E. par D 190

Château du Clos de la Ribaudière R

Elégance XIXe de l'architecture à l'extérieur, volumes généreux et mobilier de style à l'intérieur, la vie de château dans un paisible parc au bord de la rivière. Cuisine de produits nobles, avec quelques touches plaisantes (le moelleux du merlu poché au lait, le sorbet fromage blanc et poivre sur la tarte aux abricots), quelques crus intéressants notamment en Loire et en vins régionaux.
2 appart. 150-180 € • 39 ch. 75-135 € • 1/2 pens. 83-125 € • C : 55 € •
M : 23,50-51 € *www.ribaudiere.com*

» 10 pl du Champ-de-Foire
☎ 05 49 52 86 66
05 49 52 86 32
Ouv. 7j/7.

➲ à ITEUIL - 86240 : 10 km S. par D 4

[12] Au Gardon Frais

Poissons de rivière et volailles régionales au bout de la ligne de cette joyeuse famille de pêcheurs. Le fils Xavier travaille en famille avec papa aux fourneaux et maman à l'accueil. Le décor est frais, la cuisine réussie dès qu'elle parle de sa région dans le langage de la simplicité : friture de petits poissons, pied de porc farci et purée de mojettes, cocotte de volaille lutée en pot-au-feu, soufflé à l'angélique. On boit le haut-poitou ou un petit bordeaux.
C : 35 € • M : 20-42 €

» Rte de l'Ancienne-Gare, Aigne
☎ 05 49 55 00 04
F. lundi, mardi (sf fériés), 1 sem. janv., 1 sem. mars, 1 sem. sept. et 1 sem. nov.
Jusqu'à 21h30.
⛱ 🚗 ♿ 🐕

➲ à MIGNALOUX BEAUVOIR - 86550 : 9 km S.E. sur N 147

🏠 Le Manoir de Beauvoir

Nécessaire pour accueillir le golf 18 trous, le parc de 90 ha, avec ses cèdres centenaires, assure calme et vue paisible à ce manoir XIXe. Elégant décor classique, pour des chambres spacieuses. Au restaurant le Cèdre, cuisine actuelle et ensoleillée.
2 appart. 156 € • 45 ch. 80-156 € • 1/2 pens. 109,50-185,50 €
www.manoirdebeauvoir.com

» Rte de Beauvoir, Dir. Limoges
☎ 05 49 55 47 47
📠 05 49 55 31 95
Ouv. 7j/7.
🚗 ♿ ❄ 🏊 🐕

POLIGNY - 39800 (21 B 4)

Lons-le-Saunier 31 - Pontarlier 61

➲ à SAINT LOTHAIN - 39230 : 9 km S.O. par N 83 et D 57

[10] La Maison du Haut

Cette ancienne ferme du XVIIIe est comme un bout du monde : la route monte jusqu'à elle... mais ne va pas plus loin. Le poulet au vin jaune et morilles, le canard au macvin, le poulet aux écrevisses et la salade comtoise, qu'on accompagne d'un vin de la région, délient rapidement les langues, bien aidés par l'ambiance propre aux gîtes d'étape.
M : 13-20 € *www.maisonduhaut.com*

» Les Bordes
☎ 03 84 37 31 08
Jusqu'à 21h30.
⛱ 🚗 🐕

LA POMAREDE ➤ CASTELNAUDARY

PONS - 17800 (22 B 5)

La Rochelle 97 - Saintes 22

[13] Hôtel de Bordeaux H

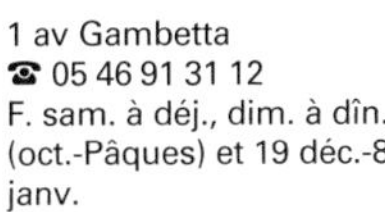

L'ancien relais de poste a requinqué des générations de voyageurs. La table y est renommée depuis des lustres, le chef Bruno Foucher, au bout de quinze ans de maison, peut se diriger dans le noir s'il y a une panne d'électricité, et travaille avec aisance une carte qui ne reste pas figée dans un Sud-Ouest canardier et atlantique. Il marie, distrait, régale même avec les queues de langoustines et tartare de pied de porc sur un coulis de poivrons rouges, un dos de bar à la plancha sur une réduction de soja, un gigot cuit lentement, comme un tajine. Toques et Clochers, Domaine Gardiès, Massamier la Mignarde, Mas des Chimères : du languedoc-roussillon pointu qui s'ajoute, en cave, à une jolie sélection bordeaux sud-ouest. Etape paisible et charmante à l'hôtel.
C : 20 € • M : 15-36 € • 16 ch. 45-58 € • 1/2 pens. 65-70 €
www.hotel-de-bordeaux.com

» 1 av Gambetta
☎ 05 46 91 31 12
F. sam. à déj., dim. à dîn. (oct.-Pâques) et 19 déc.-8 janv.
Jusqu'à 21h30.
🚘 🐕 🚬

🏠 Auberge Pontoise

Une bonne étape pour visiter cette ville médiévale, avec un cadre classique et des chambres de bon confort.
1 appart. 95 € • 19 ch. 41-66 € • 1/2 pens. 43-55 €
aubergepontoise@wanadoo.fr

» 23 av Gambetta
☎ 05 46 94 00 99
📠 05 46 91 33 40
F. 2-8 janv.
🚘 🐕

PONT A MOUSSON - 54700 (11 D 3)

Metz 31 - Nancy 31

à BLENOD LES PONT A MOUSSON - 54700 : 2 km S. par N 57

(11) L'Auberge des Thomas

100 av Victor-Claude
☎ 03 83 81 07 72
F. dim. à dîn., merc. à dîn. et 1er-15 août.
Jusqu'à 22h.

Souhaitons bonne chance à Jean-Christophe et Audrey Di Nigro, qui ont repris au début de l'année la célèbre auberge des Thomas. Souhaitons leur notamment de se faire un nom aussi porteur pour peut-être un jour débaptiser l'enseigne, après avoir enlevé les poissons rouges des tables. Encore jeune, mais habitué de la région, le chef sait cultiver les saveurs de la tradition, la terrine de queue de bœuf, le ris de veau aux morilles et le moelleux au chocolat et abuse peut-être un peu des emballages, croustillants, pâtes de brick. Une note d'encouragement, sur notre première visite, le chemin reste à faire pour retrouver la toque.

M : 25-33 €

PONT AUDEMER - 27500 (6 B 3)

Evreux 70 - Honfleur 25

Belle Isle sur Risle

112 rte de Rouen
☎ 02 32 56 96 22
Fax 02 32 42 88 96
F. 13 nov.-15 mars.

Seul sur son île, au milieu des arbres et des rosiers, le manoir fin XIXe constitue un agréable cocon de douceur, avec des chambres personnalisées à la belle allure bourgeoise, tentures et mobilier de style. Piscines intérieure et extérieure. Encore un nouveau chef au restaurant, pour une cuisine sagement actuelle et un changement dans la continuité.

3 appart. 165-225 € • 17 ch. 90-225 € • 1/2 pens. 120-184 € *www.bellile.com*

à BOURNEVILLE - 27500 : 10 km N.E. par D 139

(11) Risle-Seine

☎ 02 32 42 30 22
F. mardi à dîn., merc.
Jusqu'à 21h.

Le couple Brocard, Christophe en cuisine, Nathalie en salle, fêtera bientôt son dixième anniversaire sur les bords de Seine. La cuisine, à l'image de la maison, se montre plutôt bourgeoise et tranquille, foie gras de canard en terrine et sa gelée au pommeau (avec un verre de jurançon ou de coteaux du layon...), tournedos de filet de bœuf au poivre, filet d'omble chevalier au beurre blanc.

C : 23 € • M : 16-27 €

à CAMPIGNY - 27500 : 6 km S.E. par D 29

Le Petit Coq aux Champs R

La Pommeraie-Sud
☎ 02 32 41 04 19
Fax 02 32 56 06 25
F. 3 sem. janv.

Un petit morceau de bonheur champêtre, dans une authentique chaumière normande, avec son parc paysager. Le décor rustico-chic des chambres est tel qu'on l'attend pour un week-end en amoureux. Cuisine à visée gastronomique qui multiplie les influences en privilégiant les produits nobles sans parvenir vraiment à séduire.

1 appart. 164 € • 12 ch. 130-149 € • 1/2 pens. 118-126 € • C : 55 € • M : 35-68 € *www.lepetitcoqauxchamps.fr*

Parking privé. Parking fermé. Voiturier.
Cave à cigares. Air conditionné. Tennis privé.

PONT AVEN - 29930 (13 C 4)

Quimper 32 - Concarneau 15

 La Taupinière

» Croissant Saint-André
☎ 02 98 06 03 12
F. lundi, mardi et 20 sept.-15 oct.
Jusqu'à 21h.

Cadre et ambiance

Une drôle de maison bleue au toit de chaume, dans la campagne, un décor qui flirte en permanence avec le kitsch, dans une ambiance de connivence, tables élégantes et plutôt rapprochées, cuisines vitrées permettant de suivre les manœuvres.

Cuisine

Guy Guilloux fait partager sa vision d'une cuisine dépouillée, presque épurée : le homard entier, coupé en tronçons et sauté à la poêle, est une splendeur. Cette pureté a son revers quand elle fricote avec une trop grande simplicité, ou sans vraiment bonifier le produit, comme dans le carpaccio de langoustines. Mais la connaissance des produits de la mer est complète : huîtres pochées, salade d'artichaut, saint-pierre éclatant sur une marinière. Bons et simples desserts.

Cave

Une carte sérieuse qui fait un bon travail de recherche et collationne les grands crus avec application. Le sommelier commente avec bonhomie et conviction.

Accueil et service

Un accueil empressé, un personnel dévoué aux connaissances inégales. Et Pierrette, maîtresse de maison au caractère et à la présence indispensables, donne le rythme, un canotier sur la tête, ou une robe médiévale, avec la même joie de vivre.

C : 65 € • M : 50-80 € *www.la-taupiniere.com*

(12) Le Moulin de Rosmadec

» Venelle de Rosmadec
☎ 02 98 06 00 22
F. dim. à dîn. (sf saison), merc., vac. scol. fév. et 15-30 oct.
Jusqu'à 21h.

Au bord de l'Aven, au fond d'une charmante venelle, un moulin en granit XVe sur lequel la famille Sebileau, de père en fils, veille depuis plusieurs décennies. La salle rustique et ornée naturellement de tableaux régionaux est chaleureuse à défaut d'être lumineuse, comme la salle-véranda ouverte sur le jardin et la rivière. La cuisine classique, simple, respectueuse des cuissons ne mégote pas sur la qualité des produits. Accueil policé et service huilé.

C : 70 € • M : 32-74 € *moulinderosmadec@wanadoo.fr*

(10) Le Talisman

» 4 rue Paul-Sérusier
☎ 02 98 06 02 58
F. 13 nov.-4 déc.

L'été sur la jolie terrasse ou l'hiver dans la jolie petite salle, crêpes et galettes n'ont pas besoin de gri-gri pour attirer les bons mangeurs dans cette maison qu'on se repasse de belle-mère en belle-fille depuis 1920. La vedette ? La Talisman évidemment, aux tomates, champignons, fromage, œuf et un ingrédient au choix.

C : 15 €

 Roz Aven

» 11 quai Théodore-Botrel
☎ 02 98 06 13 06
Fax 02 98 06 03 89
F. ann. 1er nov.-1er mars.

Le changement de propriétaire s'est traduit par une vague de rénovation, pour améliorer les prestations de cette authentique chaumière du XVIe siècle et son annexe récente. Joli jardin clos.

1 appart. 125-133 € • 24 ch. 52-93 € *www.hotelpontaven.online.fr*

PONT D'OUILLY ➤ FALAISE

PONT DE L'ARCHE - 27340 (6 C 3)

Evreux 40 - Rouen 20

Hôtel de la Tour

A une vingtaine de minutes de la capitale haut-normande, à proximité du golf de Lery-Poses, des prestations de bon niveau dans un établissement au calme. Chambres régulièrement rénovées.

18 ch. 60 €

www.hoteldelatour.org

» 41 quai Foch
☎ 02 35 23 00 99
Fax 02 35 23 46 22
Ouv. 7j/7.

PONT DE L'ISERE ➤ VALENCE

PONT DE L'ISERE ➤ VALENCE

PONT DE VAUX - 01190 (27 D 1)

Bourg-en-Bresse 47 - Mâcon 19

13 Le Raisin

La cuisine de Gilles Chazot ressemble à s'y méprendre à un conservatoire de la cuisine régionale : les spécialités avancent en rangs serrés, généreuses, volontiers saucières, le gâteau de foies de volaille façon bressane, les escargots de Bourgogne en croûte d'ail et bouillon de cresson, le poulet de Bresse braisé à la crème et aux morilles ou la fleur de cuisses de grenouilles sautées aux deux aneths. La cave ne joue pas les originales, se concentrant sur le vignoble le plus proche

C : 49 € • M : 22-59 €

www.leraisin.fr

» 2 pl Michel-Poisat
☎ 03 85 30 30 97
F. dim. à dîn. (sf juil.-août), lundi, mardi à déj. et 6 janv.-6 fév.
Jusqu'à 21h.

13 Restaurant le Commerce

Le parfait Hôtel du Commerce : la fière façade rénovée au milieu du village, l'accueil plein de gentillesse, et la valeureuse carte régionale et traditionnelle que l'on attend d'un chef de devoir qui parsème chaque assiette de vingt-cinq ans d'expérience. Les habitués foncent sur le très bon menu du terroir à moins de 20 **€**, nougat de pot-au-feu de bœuf, escargot au beurre d'ail, mignon de porc aux échalotes confites. Honnête cave bourguignonne, très utile pour ses rullys, givrys et mâcons à petit prix.

C : 32 € • M : 17-39 €

www.hotelrestaurantducommerce.com

» 5 pl Joubert
☎ 03 85 30 30 56
F. mardi (sf juil.-août), merc. et 3 prem. sem. nov.
Jusqu'à 21h.

PONT DU CHATEAU - 63430 (26 B 3)

Clermont-Ferrand 16 - Vichy 48

13 Pierre Villeneuve

Solide, équitable, fidèle, quelques atouts dans la manche de Pierre Villeneuve, qui permettent de s'asseoir à sa table en toute sérénité. En sachant que la compote de lapin, le bœuf strogonoff ou le rognon de veau au vin rouge bénéficieront à la fois du bon produit et de la bonne cuisson. Service rondement mené sous la maîtrise de Catherine Villeneuve, cave variée riche de près de trois cents références.

M : 18-42 €

» 6 rue de la Poste
☎ 04 73 83 50 03
F. 1er-16 janv. et 1er-23 août.
Jusqu'à 21h.

PONT L'ABBE - 29120 (13 B 4)

Quimper 18 - Douarnenez 33

Le Relais de Ty Boutic

L'accueil de Ty Boutic, c'est quelque chose, tout de même. Tous les habitués de ce penty vous le diront, Pierre et Lisette Courrot ont le cœur sur la main et quand quelques ennuis apparaissent, ils sont toujours compensés par ce sentiment d'être reçus chez des amis. On ouvre donc facilement la fenêtre pour faire entrer l'océan et se faire une petite fête marine, le plateau de fruits de mer, les saint-jacques aux légumes, le saint-pierre aux lentilles. Bon menu à 27,50 **€**, beau jardin fleuri que l'on admire de la terrasse.

C : 42 € • M : 10-50 €

www.restaurant-tyboutic.com

» Rte de Plomeur, lieu-dit Ty-Boutic
☎ 02 98 87 03 90
F. sam. à déj. (h.s.), dim. à dîn., lundi, 1er mai et 15 fév.-25 mars.
Jusqu'à 20h45.

PONT REAN - 35170 (14 C 4)

Vannes 109 - Rennes 16

(12) Auberge de Réan

» 86 rte de Redon
☎ 02 99 42 24 80
F. dim. à dîn. et lundi.
Jusqu'à 21h.

A l'entrée du bourg, postée au bout d'un petit pont de pierre qui enjambe la Vilaine, cette grande bâtisse en pierres traditionnelles a été fortement réaménagée il y a moins de deux ans. Cela lui donne aujourd'hui un air endimanché qui sent bon l'auberge familiale, celle qui affiche complet en fin de semaine pour les cérémonies. Un chef appliqué, Patrick Gicquel, évite les surprises et travaille dans le bon sens le pané d'aubergines aux langoustines, les rougets à l'escabèche et le filet de sole à la fondue de poireaux. Musique classique envahissante, cave pas mal constituée, mais qui gagnerait à être mieux présentée et commentée.

M : 16,50-42 € *www.aubergederean.com*

PONT SAINTE MARIE ➤ TROYES

PONT SCORFF - 56620 (13 D 4)

Vannes 64 - Lorient 14

(12) Laurent le Berrigaud le Bistrot Saumon

» Moulin des Princes
☎ 02 97 32 42 07
F. lundi, mardi (hiver) et 1er-15 janv.
Jusqu'à 21h30.

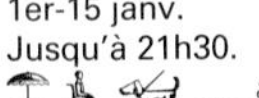

Voilà bien le genre d'adresse qui laisse perplexe. Pas innotable, mais presque. Parce que Laurent Le Berrigaud s'est lancé dans un parcours personnel, que sa cuisine connaît de francs ratés - sur des produits pas tip-top pour certains - mais aussi de généreuses idées, que l'on serait tenté de lui crier "attention, casse-cou", mais en considérant aussi, avec une nécessaire indulgence, que les aventuriers de ce métier sont de plus en plus rares. Alors, en oubliant une forme exaspérante de prétention, dans les intitulés et les mariages alambiqués (chantilly de carotte, mousseline de céleri à la moutarde de mandarine), on retient le positif (tartare de thon aux noisettes, dessert chocolat avec un très bon moelleux) et on encourage. Superbe décor d'un chalet breton en bordure de Scorff, lignes modernes et beaux volumes avec une attrayante terrasse à la campagne. Cave à fignoler, sans forfanterie.

C : 26 € • M : 19-49 € *laurent.berrigaud@tiscali.fr*

PONTARION ➤ BOURGANEUF

PONTARLIER - 25300 (21 C 4)

Besançon 56 - Morteau 31

à OYE ET PALLET - 25160 : 7 km S.O. par N 5 et D 437

Parnet

» 11 rue de la Fauconnière
☎ 03 81 89 42 03
Fax 03 81 89 41 47
Rens. F. non com.

Un beau complexe pour l'étape et la détente autour d'une ancienne ferme à l'architecture régionale caractéristique, entourée d'un joli paysage de bois et de rivière.

16 ch. 45 €

PONTAULT COMBAULT ➤ PARIS-BANLIEUE

Prix des appartements : la fourchette de prix correspond au tarif journalier pour 1 personne seule, et maximum pour 2 personnes.

Prix à la carte : correspond au prix moyen à la carte (entrée, plat + dessert).

PONTAUMUR - 63380 (26 B 3)

Clermont-Ferrand 41 - La Bourboule 54

[14] Hôtel de la Poste 🍇

» Av du Marronnier
☎ 04 73 79 90 15
D. dim. à dîn., lundi et 15 déc.-1er fév.
Jusqu'à 21h.
❄ 🐕

Tradition solide dans un Logis de France irréprochable sur la route de Limoges. Jean-Paul Quinty mérite toujours les encouragements de son public, et les nôtres, pour le soin, pour le produit, pour la modération. Et si la sole braisée façon Riviera ou le carré d'agneau persillé n'entre pas dans le Top Ten de la création culinaire, l'étape reste bien douce, grâce aussi à un service disponible et une cave remarquable, très bien renseignée en Languedoc (Montcalmès, Espanet, Pithon) et d'une modération exemplaire sur certaines cuvées rares (Quintessence de Villard à 49 € la 50 cl, Comtesse Réserve 98 à 40 €)

M : 15,50-45 € www.hotel-delaposte.com

LE PONTET ➤ AVIGNON

PONTIVY - 56300 (14 A 4)

Vannes 54 - Rennes 113 - Concarneau 103

[14] La Pommeraie

» 17 quai du Couvent
☎ 02 97 25 60 09
F. dim., lundi, dern. sem. août et 1er sem. sept.
Jusqu'à 21h30.
🐕 🚬

Juste et adroite, cette cuisine de terroir au bord du canal. Et la formule Affaire en est une, et une vraie, qui permet de " s'offrir " Laurent Martin pour moins de 20€. Mais à la réflexion, cet ancien du Jules-Verne, à Paris, mérite bien aussi un coup de chapeau pour les saveurs bretonnes de son menu terroir plein de bonnes idées, le cabillaud meunière et embeurrée de pommes de terre, le croustillant de trappe de Timadeuc au sésame, la tarte aux pommes et caramel au beurre salé - comme autant d'incitations à revenir vérifier tout le bien que se dit du beau menu-carte à 30 €. Courte cave, ponctuée de quelques vraies propositions (le sancerre de Vatan, le pouilly-fumé de Dagueneau) en phase avec les assiettes.

C : 37 € • M : 18-41 €

➲ à GUERN - 56310 : 14 km O. par D 2 et D 2b

[10] Auberge de Quelven H

» Quelven
☎ 02 97 27 77 50
F. merc.
Jusqu'à 21h.
🚗 ♿ 🐕

Au pied de la basilique, une incarnation presque parfaite de cette Bretagne que beaucoup de touristes cherchent souvent en vain : une belle longère de granit et des galettes qui ont le bon goût du vrai blé noir breton. Authentique. Quelques chambres meublées en bois cérusé pour profiter plus longtemps des lieux.

C : 10 € • M : 12-18 € • 7 ch. 50-55 €

PONTOISE ➤ PARIS-BANLIEUE

PONTONX SUR L'ADOUR - 40465 (23 C 4)

Mont-de-Marsan 39 - Dax 15

[12] Le Val Fleuri

» 20 chemin de Masson, N 124
☎ 05 58 57 20 75
F. dim. à dîn., lundi et 2 sem. janv.
Jusqu'à 21h30.
🚗 🐕

La sélection se confirme à un niveau régulier : cette table avance avec son temps, José Pozuelo adapte son terroir et choisit le produit avec soin. Les habitués se font plaisir les jours de fête avec un feuilleté de homard et un bar sauvage au fenouil, mais les amateurs de fortes sensations landaises s'en remettent à la soupe de truffes et foie gras (à 11 €, cela donne faim) ou à l'agneau confit. Bons desserts gourmands (feuilleté aux poires, crêpes au pralin…), atmosphère familiale au coin de la cheminée, dans un décor typique briquette et colombages.

C : 30 € • M : 15-23 € pozuelo@wanadoo.fr

PORNIC - 44210 (15 B 4)

Nantes 52 - Saint-Nazaire 29

13 Auberge La Fontaine aux Bretons H

» Chemin des Noelles
☎ 02 51 74 08 08
F. dim. à dîn. (oct.-mars).
Jusqu'à 21h30.

Il y a quelque chose de véritablement joyeux qui émane de cette ancienne ferme à l'écart de Pornic, presque face à la mer ; un grand jardin clos où potager et herbes aromatiques se partagent la vedette, une salle à manger à la fois rustique et lumineuse et des assiettes fraîches et gaies servies par un personnel à la fois précis et décontracté : salade d'encornets justes poêlés, lentilles vertes à l'huile de noisette, duo d'agneau parfumé au serpolet, mogettes confites, brioche façon pain perdu aux abricots secs, glace à l'amareto. Cave remarquable, chaque référence (muscadet vieilles vignes de chez Cormerais, costières de nîmes Mourgues du Grès, cairanne de chez Richaud...) étant commentée. Délicieux appartements décorés dans un style champêtre.
C : 25 € • M : 25-30 € • 23 appart. 550-1060 € • 23 ch. 80 €
www.auberge-la-fontaine.com

13 Beau Rivage

» Plage de la Birochère
☎ 02 40 82 03 08
F. dim. à dîn. merc. à dîn. (h.s.), lundi (été) et 15-31 déc.
Jusqu'à 21h30.

Une maison claire et accueillante, une belle véranda regardant l'océan droit dans les yeux, de quoi intimider le bar le plus sauvage et rougir le homard le plus prude. Gérard Corchia ne les appelle pas par leur prénom, mais il connaît la mer, apprise en vingt ans de pêche, et son goût du large lui fait voir des assiettes en grand : turbot cuit à la vapeur d'algues, écrevisses, barigoule d'artichaut violet, rouget à l'unilatéral et copeaux de parmiggiano, sauté de grenouilles à la nantaise. Les plats rôdent autour des 30 €, mais le produit est au top et le menu carte qui raconte un peu tout cela est exemplaire. Cave de connaisseur en loires, mais qui goûte bien un peu plus loin aussi (Daumas Gassac, Saint-André de Figuière, Aupilhac…).
C : 60 € • M : 26-68 € *www.restaurant-beaurivage.com*

11 Le Bistrot Entre Vins et Marées

» 70 quai Leray, pl du Petit-Nice
☎ 02 40 82 51 25
F. dim. à dîn., merc. à dîn. (1er oct.-30 mars), jeudi et 11-30 nov.

Les Pornicais aiment s'y retrouver. Nous aussi, car le bistrot des Vételé (Anne de Bretagne à la Plaine 16/20), c'est l'assurance d'une marée qui arrive à l'heure, d'un savoir-faire dans une atmosphère de bon ton où la marinière ne finira pas sur vos genoux. 25 € tout rond pour le menu-carte, malin et iodé, un filet garni de tian de coquillages, de rouget-barbet en cocotte et basquaise de légumes, un cabillaud à l'andouille, un agneau de sept heures bayaldi. La crème brûlée est impeccable, comme le service, la cave connaît son territoire, gros plant ou grolleau de Malidain, Fié gris de Erraud…
M : 12,50-25 €

Alliance Pornic Resort Hôtel & Thalasso

» Plage de la Source
☎ 02 40 82 21 21
Fax 02 40 82 80 89
F. déb. déc.

Ce bâtiment fin XIXe fut d'abord un casino. Métamorphosé en 1990, il ouvre sur la mer et l'île de Noirmoutier un cadre moderne et des chambres spacieuses. Thalasso sur place.
8 appart. 195-280 € • 112 ch. 90-210 € • 1/2 pens. 97-147 €
www.thalassopornic.com

Hôtel Beau Soleil

» 70 quai Leray
☎ 02 40 82 34 58
Fax 02 40 82 43 00
Ouv. 7j/7.

La jolie maison blanche séduit par ses chambres claires au discret parfum marin, le confort de bon niveau et la vue sur le port.
17 ch. 50-104 € *www.annedebretagne.com*

PORNICHET - 44380 (15 A 4)

Nantes 71 - Saint-Nazaire 11

(12) Le Sunset

Pas de trace, Dieu merci, de tsunami sur la côte atlantique, mais de vraies vibrations asiatiques dans la carte du Sunset, avec le foie gras grillé citronnelle et gingembre confit, les sushis et sashimis sauce Kikkoman et wasabi, le wok de gambas à la thaïe. La carte est un peu chère, mais le menu du déjeuner fait bien l'affaire.
C : 50€ • M : 40-65€ www.lesunset.com

» Bd des Océanices
☎ 02 40 61 29 29
F. dim à dîn., lundi, mardi à dîn., mi-janv.-mi-fév. et 2e quinz. nov.
Jusqu'à 22h30.

Sud Bretagne

Derrière l'élégante façade grise, c'est dans les chambres que se niche le charme de cet hôtel, avec des réalisations personnalisées, tour à tour épurées, romantiques ou sous influence marine, toujours réalisées avec beaucoup de goût. Un spa pour la détente, et une cuisine fine et sobre, réalisée au gré du marché (menu unique changé chaque jour) : bar rôti aux figues fraîches, croustillant de tourteau vinaigrette aux herbes, tarte tatin à la mangue.
4 appart. 200-280€ • 25 ch. 100-180€ • C : 55€ • M : 40€
www.hotelsudbretagne.com

» 42 bd de la République
☎ 02 40 11 65 00
Fax 02 40 61 73 70
Ouv. 7j/7.

Villa Flornoy

Au gré des chambres personnalisées, cette villa début 1900 propose un joli cadre bourgeois, meubles anciens et tissus tendus, ou plus moderne, murs clairs et lignes épurées.
30 ch. 64-114€ • 1/2 pens. 60-84€ www.villa-flornoy.com

» 7 av Flornoy
☎ 02 40 11 60 00
Fax 02 40 61 86 47
F. déc.-janv.

PORQUEROLLES - 83400 (34 A 6)

Embarq. à Cavalaire, Hyères ou Toulon

(16) L'Olivier

➥ **Hôtel :** Le Mas du Langoustier

Cadre et ambiance

Il y a tout d'abord le côté exclusif : la voiture qui vient vous chercher au port et qui se fraie un passage au milieu des touristes avant de pénétrer dans l'immense propriété privée où le public présent, majoritairement client de l'hôtel, n'a pas vraiment pour habitude de se repaître d'un mauvais sandwich les pieds dans le sable. Et puis la beauté du site, à proximité de la plage, au milieu des pins et des eucalyptus, et la vue splendide sur la mer.

Cuisine

Second de Dominique Le Stanc au Negresco pendant trois ans (à la fin des années 80) puis chef au Vallon de Valrugues les trois années suivantes, Noël Guillet maîtrise parfaitement le répertoire provençal dans lequel il s'est engagé : queues de langoustines poêlées à la poudre de pommes vertes séchées, salade verte et patates douces à l'huile de vanille, filet de turbot grillé, pomme de terre écrasée à l'huile d'olive, jus d'escargot de Provence persillé, magret de canard rôti et confiture d'olives noires. C'est net, jamais démonstratif, réussi.

Cave

Ne négligeant ni les demies ni les propositions au verre, la cave sur laquelle veille Vincent Le Jay rassemble les meilleurs des environs (Favard, Gavaison) et même ceux de l'île (Sébastien Le Ber). Tarifs guère démocratiques dans le reste du vignoble.

Accueil et service

Souriant, de bon goût, le personnel ne se montre jamais emprunté, jamais gauche ni raide, aussi enjoué que les vacanciers.
C : 75€ • M : 52-82€ www.langoustier.com

» Le Mas-du-Langoustier
☎ 04 94 58 30 09
F. mi-oct.-mi-avril.
Jusqu'à 21h30.

Le Mas du Langoustier

» ☎ 04 94 58 30 09
📠 04 94 58 36 02
F. mi-oct.-mi-avril.

➥ **Restaurant** : 16/20 L'Olivier

La situation au bout du monde sur cette île préservée suffirait à garantir l'exclusivité des lieux, avec le bonheur simple des odeurs d'eucalyptus et de la plage au bout du jardin. S'y ajoutent des prestations luxueuses, dans le décor comme le service. Chambres spacieuses et personnalisées, dans des ambiances lumineuses teintées de discrètes touches provençales.

5 appart. 263-297 € • 45 ch. 173-378 € *www.langoustier.com*

PORT CAMARGUE ➤ LE GRAU DU ROI

PORT DES BARQUES ➤ ROCHEFORT

PORT EN BESSIN HUPPAIN - 14520 (5 C 3)

Caen 41 - Bayeux 10

13 L'Ecailler

» 2 rue de Bayeux
☎ 02 31 22 92 16
F. dim. à dîn., lundi. Rens. prix non comm.

Ne vous fiez pas au nom, on est très loin de la cabane à huîtres. En particulier dans le cadre, qui affiche un certain standing, confirmé par un accueil très pro et un décor Belle Epoque élégant dans ses touches marines. Les ambitions se confirment en cuisine, avec des assiettes marines alertes (tarte fine aux sardines marinées, dos de cabillaud en croûte de fins aromates) et bien encadrées (fraîcheur du céleri pomme verte en ravioles en entrée, douceur de la mousse caramelito enrobée de copeaux de noix de coco en dessert).

11 Le Bistrot d'à Côté

» 10-12 rue Michel-Lefournier
☎ 02 31 51 79 12
F. mardi et merc. (hs vac. scol.) et janv.
Jusqu'à 21h30.

Bien sûr, on regrette l'absence de vue mer, mais les embruns sont tout de même dans l'assiette, sur les moules de Barfleur ou le bar au beurre de cidre, livrés sans mauvaise surprise à la gourmandise des touristes de passage. Le foie gras poêlé aux fruits de saison confirme le savoir-faire du chef et justifie la confiance. Ambiance tranquille.

C : 30 € • M : 14,50-32 € *www.barque-bleue.fr*

PORT LESNEY - 39600 (21 B 4)

Besançon 38 - Salins-les-Bains 11 - Mouchard 3

15 Château de Germigney H ♥

» Rue Edgar-Faure
☎ 03 84 73 85 85
F. lundi à déj., mardi à déj. et 1er janv.-5 fév.
Jusqu'à 21h30.

Quel parcours ! Lorsqu'on consulte le CV de Pierre Basso Moro, 36 ans cette année, on comprend mieux pourquoi sa cuisine flirte désormais avec le 16/20 : deux ans second aux côtés de Dominique Le Stanc au Negresco, chef de partie à l'Oasis et au Buerehiesel, commis au Juana, les bases sont solides et prestigieuses. La principale qualité de ce jeune chef, bien aidé par le directeur de l'établissement, Arnauld Baert, est d'avoir rendu ce Relais et Châteaux souriant et décontracté, à l'image de sa cuisine, jamais démonstrative, toujours ensoleillée : tartare de thon rouge, caviar de tomates noires et petits pois, toasts au curry, saint pierre, pommes sautées à cru, asperges vertes, volailles des glycines de Cramans en terrine lutée, suprême sur un gratin de pomme de terre façon boulangère au vin jaune, cuisse en salade "comme un lendemain de pot au feu". Une pointe de tradition franc-comtoise, une bonne dose de Provence, une salle en parfaite osmose, une vraie réussite. Des chambres délicatement personnalisées dans des ambiances volontiers romantiques.

C : 55 € • M : 39-90 € • 3 appart. 125-295 € • 17 ch. 125-195 € • 1/2 pens. 75 € *www.chateaudegermigney.com*

(12) Bistrot de Port Lesney DÉCOUVERTE

Le très chic Château de Germigney a ouvert son bistrot non loin de là, sur les bords ombragés de la Loue. Une guinguette élégante à laquelle il ne manque plus qu'un air de musette. Et sur les nappes à carreaux blancs et rouges défilent de bonnes viandes grillées, des fritures d'ablettes et des tartes aux pommes qu'un verre de vin du Jura fait couler avec bonheur.
C : 29€ • M : 25€ www.chateaudegermigney.com

» Le Pontarlier, Sur les Rives de la Loue
☎ 03 84 37 83 27
F. 1er janv.-5 fév.
Jusqu'à 21h30.

PORT LOUIS - 56290 (13 D 5)

Vannes 59 - Lorient 19

(14) Avel-Vor

La pêche est fraîche comme le décor, cette cuisine sent le vrai, les embruns, l'iode, elle est tout simplement rayonnante. Catherine Gahinet sait donner à la salle une atmosphère sereine et tonique et présenter en toute complicité la cuisine de Patrice qui n'a pas appris l'océan chez Léon de Lyon, mais a bien retenu un savoir-faire classique qui sert en toutes circonstances. Les tarifs sont élevés comme la qualité du produit et les menus sont relativement bien étagés pour faire connaissance. Cave classique et négociante, que l'on aimerait tout de même plus fouineuse à ce niveau.
C : 70€ • M : 23,60-81€

» 25 rue de Locmalo
☎ 02 97 82 47 59
F. dim. à dîn., lundi, mardi à dîn., 1 sem. juin et 2 sem. oct.
Jusqu'à 21h.

PORT NAVALO - 56640 (14 A 5)

Vannes 30 - Redon 74

(10) Crêperie La Sorcière

Une typique maison de pierre ultra rustique dont la salle à manger est égayée de sorcières dignes d'un film pour ados. Les crêpes et galettes ravissent petits et grands et, depuis la terrasse, on aperçoit le vieux port.
C : 12€

» 59 rue des Fontaines
☎ 02 97 53 87 25
F. lundi et nov.-janv.
Jusqu'à 22h.

à ARZON - 56640 : 2 km N.E.

(14) Grand Largue

Lorsque, à l'instar de Serge Adam, on a appris à choisir et cuisiner le poisson chez Michel Kérever, il serait sacrilège de ne pas remonter les mêmes (bonnes) lignes. Ici, le poisson est frais et de petit bateau, les homards ont le bon goût du large et la terrasse les pieds au-dessus de l'eau fait le reste. Evidemment, les prix s'en ressentent mais les filets de saint pierre aux pâtes fraîches et beurre de crevette ou le turbot rôti glacé au jus de viande aux asperges vertes ont ce petit supplément d'âme qui distingue ce Grand Largue des cantines à touristes. Belle cave classique, évidemment tournée vers les blancs.
C : 60€ • M : 33-75€ www.grand-largue.ifrance.com

» 1 rue du Phare
☎ 02 97 53 71 58
F. lundi (juil.-août), mardi, 17 nov.-26 déc. et 6 janv.-10 fév.
Jusqu'à 19h30.

PORT VENDRES - 66660 (31 D 6)

Perpignan 34 - Collioure 4

(14) La Côte Vermeille

C'est la médaille vermeille que mérite cette adresse traditionnelle idéalement placer pour taquiner l'anchois de Collioure et la sardine de Port-Vendres. Philippe Bessières tient le chalut en respect et cultive des ambitions souvent plus nobles, mêlant à la conversation une salade de homard, une lotte aux huîtres et asperges, des filets de rouget et croustillant de veau confit à l'orange. Les tarifs grimpent en danseuse, c'est-à-dire assez vite, même si la carte reste en deçà des 50 €. La cave aménage une belle place pour les vins du coin, collioure et roussillon en tête.
C : 45€ • M : 25-58€

» Quai du Fanal
☎ 04 68 82 05 71
F. dim. (sept.-juin), lundi, mardi (juil.-août), 3-24 janv., 1re sem. juil. et 3e sem. nov.
Jusqu'à 21h15.

12 Le Poisson Rouge

Tout au bout, les pieds dans l'eau, une petite échoppe spécialisée dans le poisson à tendance exotique : lotte à la vanille, tarte de thon aux épices, anchois frais marinés ou boquerones.
M : 29 €

» Rte de la Jetée
☎ 04 68 98 03 12
F. 1er nov.-1er avril.
Jusqu'à 22h30.

LES PORTES EN RE ➤ RE (ILE DE)

PORTICCIO ➤ CORSE

PORTO ➤ CORSE

PORTO VECCHIO ➤ CORSE

POTELIERES ➤ SAINT AMBROIX

POUILLON ➤ DAX

POUILLY LE FORT ➤ MELUN

POUILLY SUR LOIRE - 58150 (19 B 3)

Bourges 57 - Nevers 38 - Vierzon 78

13 Coq Hardi Relais Fleuri

L'affaire est entendue, on n'est pas ici dans le happening du jour. Ou même de la veille. Mais au moins, ici, il y a quelqu'un. Un vrai couple d'aubergistes, qui prend le métier à cœur, un chef qui impose le respect, se mêle au débat européen ("je défends la France"), une épouse qui pousse avec dévotion le chariot des produits pour présenter la pêche, les champignons de la cueillette, le pigeon élevé au grain d'un paysan voisin. Alors, devant tant de sincérité, on peut pardonner la manière démodée pour retenir le soin authentique et la cave, classique, mais vaste en Loire et Bourgogne, délaissant superbement le Bordelais.
M : 25-60 € *www.lerelaisfleuri.fr*

» 42 av de la Tuilerie
☎ 03 86 39 12 99
F. mardi, merc. (oct.-avril), mardi (mai-sept.) et mi-déc.-mi-janv.
Jusqu'à 20h30.

10 Chez Mémère

Ne traversez pas Pouilly à plus de cinquante à l'heure, malheureux ! Vous risqueriez de bousculer Mémère, et surtout de la rater. Andouillette de Clamecy, joue de porc : voilà du bistrot de village, simple et indispensable, et pas seulement pour futés et routards.
C : 18 € • M : 11-20 €

» 72 av Waldeck-Rousseau
☎ 03 86 39 02 43
F. dim. à dîn., lundi et 2e quinz. juil.
Jusqu'à 21h.

Le Relais de Pouilly R

Des paysages verdoyants entourent ces bâtiments respectueux des traditions régionales et où il fait bon vivre, bercé par un accueil chaleureux, un cadre soigné et une cuisine à privilégier dans ses accents du terroir, autour de la charcuterie du Morvan, de la truite saumonée ou de la hampe de charolais à l'échalote.
24 ch. 46-70 € • 1/2 pens. 62-65 € • C : 30 € • M : 17-35 €
www.relaisdepouilly.com

» Quai de Loire
☎ 03 86 39 03 00
Fax 03 86 39 07 47
Ouv. 7j/7.

POULDREUZIC - 29710 (13 B 4)

Quimper 25 - Pont-l'Abbé 16

Breiz-Armor R

Cette maison familiale concentre les plaisirs du bord de mer, avec ses chambres pratiques et soignées qui profitent de la vue, et une large carte de restaurant ouverte à tous les produits de la mer.
6 appart. 90-118 € • 26 ch. 63-74 € • 1/2 pens. 64,80-72,40 € • C : 25 € • M : 13,80-47,20 € *www.breiz-armor.fr*

» Plage de Penhors
☎ 02 98 51 52 53
Fax 02 98 51 52 30
F. oct.-déb. avril (sf congés fin d'année).

POULIGNY NOTRE DAME ➤ LA CHATRE

POURVILLE SUR MER ➤ DIEPPE

PRA LOUP ➤ BARCELONNETTE

PRALOGNAN LA VANOISE - 73710 (28 C 3)

Chambéry 106 - Megève 87

🏠 Le Grand Bec R

Les meubles en bois peint et la vue sur les montagnes inscrivent résolument l'hôtel dans une Savoie de vacances, chaleureuse jusque dans son accueil, avec un équipement confortable et une cuisine à apprécier dans sa simplicité et sa franchise, sur la fondue, le gnocchi de polenta crème de reblochon ou la planche de charcuterie maison.

39 ch. 54-120 € • 1/2 pens. 72 € • C : 35 € • M : 20-40 €

www.hoteldugrandbec.fr

» ☎ 04 79 08 71 10
📠 04 79 08 72 22
F. 23 avril-1er juin et 15 sept.-20 déc.
🚗 🏊 🎾

PRATS DE MOLLO LA PRESTE - 66230 (31 C 6)

Perpignan 61 - Céret 32 - Montpellier 212

[12] Bellavista

Si vous êtes venus jusque là, au cœur des Pyrénées, après des centaines de virages, déjà loin du Canigou, c'est que vous avez une bonne raison. Une autre s'ajoute donc, de respirer l'air frais de Prats, c'est ce dynamique hôtel familial, au centre du village, face aux montagnes. Le chef s'implique avec effort pour bâtir un menu à 19 € dans le matériau du pays, la charcuterie d'un éleveur proche, le botifarre (boudin de porc cuit et séché), l'escalope de jarret de veau aux légumes du potager, fondant au chocolat sur un cœur de touron. Et les Calcinaires de Gauby à 25 €, quelqu'un l'a déjà vu moins cher ? Chambres douces et réconfortantes pour un séjour de bien-être.

C : 42 € • M : 19-50 €

www.lebellevue.fr.st

» Pl le Foirail
☎ 04 68 39 72 48
F. mardi, merc. (15 fév.-31 mars et 1er-30 nov.) et 1er déc.-15 fév.
Jusqu'à 21h.
🚗 ♿ ❄ 🐕 🚬

PRAYSSAC ➤ PUY L'EVEQUE

LE PRE SAINT GERVAIS ➤ PARIS-BANLIEUE

PRECY SUR THIL - 21390 (20 A 3)

[10] Ferme-Auberge La Morvandelle

Le roi Morvan n'est pas en Bretagne, il est bien au cœur de cette ferme où la cuisine, authentique et ménagère, est aussi en polyculture, morvandelle et bourguignonne : œufs en meurette, coq au vin, poularde à l'ancienne, dans cette ferme-auberge saisonnière, où les volailles passent l'hiver à l'abri.

C : 19 €

» Fontangy
☎ 03 80 84 33 32
F. 10 déc.-1er avril.
♿ 🐕

PRENOIS ➤ DIJON

PRIAY - 01160 (27 D 2)

Bourg-en-Bresse 28 - Ambérieu-en-Bugey 6

[15] La Mère Bourgeois

La mère Bourgeois, c'était une institution, une visite dominicale, une station patrimoniale. Hervé Rodriguez a gardé l'enseigne et honoré la mémoire. Il fait encore le pâté chaud tel qu'on le connaissait, au porto et légumes, le poulet de Bresse à la crème, les grenouilles en persillade et l'île flottante aux pralines roses. Comme il ne veut pas rester dans les mêmes sabots, il innove et propose un menu Indiana Jones, l'Aventure à 69 €, "une montagne de saveurs qui

» Rue de la Côtière
☎ 04 74 35 61 81
F. dim. à dîn., merc., jeudi, vac. scol. fév. et 2 prem. sem. août.
Jusqu'à 20h45.
⛱ ♿ 🐕

chatouilleront vos cinq sens". Avec le chutney de physalis sur le foie gras, les ravioles de langoustines, les morilles jumbo farcies aux écrevisses. Pas de quoi sortir le fouet d'Indiana Jones ? Faut voir. Mais le petit pâté chaud... Cave bien installée sur la région, fournie en bourgogne et rhône, dans un esprit de tradition et de curiosité.
C : 60 € • M : 23-69 €

PRIVAS - 07000 (27 C 5)

Valence 41 - Le Puy-en-Velay 91

au POUZIN - 07250 : 14 km E. par N 104

La Cardinale et sa Résidence 

Une longue histoire et un passé prestigieux n'empêchent pas des prestations tout à fait actuelles, grâce à des rénovations régulières. Chambres personnalisées aux coloris chaleureux, vaste parc. Nouveau changement de chef en cuisine, avec un sage mélange de luxe et de terroir, comme il sied à une table de ce niveau : homard poêlé aux gésiers de canard jus d'étrille à l'estragon, féra à la farine de châtaignes jus citron vert gingembre.
1 appart. 339 € • 9 ch. 159-299 € • 1/2 pens. 228-368 € • C : 60 € •
M : 39-79 € *www.lacardinale.com*

» Quartier Serre-Petoux
☎ 04 75 85 80 40
04 75 85 82 07
F. déb. janv.-mi-fév. et nov.

PROJAN - 32400 (29 A 4)

Aire-sur-l'Adour 19 - Riscle 16

Château de Projan

Les œuvres d'art, omniprésentes et colorées, complètent le charme ancien des poutres et des meubles d'époque, créant une atmosphère particulière. Cette sobre demeure XVIIIe trône dans un vaste parc (désormais avec piscine) et dispose d'une belle vue panoramique, entre les paysages vallonnés du Gers et les Pyrénées dans le lointain.
1 appart. 130-160 € • 7 ch. 90-150 € • 1/2 pens. 75-95 € *www.projan.fr*

» ☎ 05 62 09 46 21
05 62 09 44 08
F. janv.-déb. fév., vac. scol. Toussaint et Noël.

PROPRIANO ➤ CORSE

PROVINS ➤ PARIS-BANLIEUE

PUGIEU - 01510 (28 A 2)

Beley 9 - Ambérieu-en-Bugey 38 - Ruffieux 23

Le Moulin du Martinet

A quelques minutes de Belley, haute cité gastronomique (n'est-ce pas là que naquit Brillat-Savarin ?), les ondes se répercutent sur cet accueillant moulin, avec terrasse au-dessus de l'eau, où un bon chef de métier entoure son répertoire de tradition de beaux accompagnements et de sauces soignées. La cave mérite la mention, pour les rhônes et bourgognes, mais aussi les vins du département, bien mis en valeur.
C : 46 € • M : 12,90-49 € *www.lemoulin.srg*

» N 504
☎ 04 79 87 82 03
F. mardi à dîn., merc., 1-10 janv., 10-20 mars et 10-20 oct.
Jusqu'à 21h.

PUJOLS ➤ VILLENEUVE SUR LOT

PULIGNY MONTRACHET - 21190 (20 A 4)

Dijon 49 - Beaune 12

Le Montrachet

➥ **Hôtel :** Le Montrachet

Au risque de nous répéter, de lasser le lecteur attentif - et scrupuleux, qui achète le guide chaque année pour suivre l'évolution de chaque maison - le Montrachet nous apparaît comme le modèle de l'hôtellerie moderne, aux chambres

» 10 pl des Marronniers
☎ 03 80 21 30 06
F. 28 nov.-10 janv.
Jusqu'à 21h30.

accueillantes et à la table supérieure au milieu du vignoble. Ce qui sert au mieux une carte de vins qui met tous les bourgognes, les grands comme les petits, à portée de bourse du voyageur et ne l'oblige pas à supporter une ragougnasse pour s'offrir le plaisir d'un grand pinot. Car Thierry Berger, ex-Plaza avec Briffard, Martinez, Palais à Biarritz, n'est pas exactement le premier venu. Sa lecture du terroir bourguignon est pleine de caractère (poulette de Bresse et artichauts poivrades, coq au vin et ruban de poireaux aux herbes fraîches) et il peut s'autoriser toutes les digressions, des févettes et culatello, du turbot au beurre demi-sel et légumes de printemps en fricassée, de la dégustation d'agneau fermier et piquillos farcis, garantissant le même plaisir qu'avec les escargots en coque et la côte de bœuf charolaise à la moelle. Mais cette cave bien rangée, quel catalogue époustouflant (avec 38 références de montrachet par exemple) !
C : 60 € • M : 30-75 €
www.le-montrachet.com

⑩ La Table d'Olivier Leflaive

» Pl du Monument
☎ 03 80 21 37 65
F. à dîn., dim. et déc-fin fév.

Ambiance vigneronne de bon ton dans cette maison bourguignonne de 1735 gérée par l'un des grands noms du négoce : les vins, et même les accessoires, sont disponibles pour entourer la charcuterie, la volaille de Bresse et les fromages régionaux.
M : 38-48 €
www.www.olivier-leflaive.com

Le Montrachet

» 10 pl des Marronniers
☎ 03 80 21 30 06
📠 03 80 21 39 06
F. 28 nov.-10 janv.

➡ **Restaurant** : 14/20 Le Montrachet
Dans un village au cœur des vignes, l'étape bourguignonne idéale dans une maison de maître XIXe, avec son décor typique et ses chambres sobres et soignées, mobilier de style et tissus en harmonie pour un confort feutré.
3 appart. 170-190 € • 29 ch. 100-105 € • 1/2 pens. 120 €
www.le-montrachet.com

PUTANGES PONT ECRÉPIN - 61210 (5 D 4)

Alençon 58 - Argentan 20 - Falaise 17

⑫ Le Lion Verd H

» 2 pl de l'Hôtel-de-Ville
☎ 02 33 35 01 86
F. dim. à dîn., lundi et 20 déc.-2 fév.
Jusqu'à 20h45.

Trônant de longue date sur la place au bord de la rivière, l'hôtel-restaurant s'est plutôt bien modernisé. Bien sûr, le décor néoclassique est un peu chargé, l'ambiance, certes conviviale, n'est pas à la franche rigolade, mais le travail de Franck Etandin est d'une fraîcheur plaisante, dans les produits voire dans l'esprit : salade poire et chèvre, coffret de homard et lotte à l'américaine, petit suisse fermier aux fruits, le mix est parfait, certains plats proches de la toque. Accueil gentil, service soutenu.
C : 35 € • M : 11,50-40 € • 18 ch. 28-52 € • 1/2 pens. 31-45 €
hotel.lionverd@wanadoo.fr

LE PUY EN VELAY - 43000 (26 C 5)

Paris 546 - Clermont-Ferrand 129

⑭ François Gagnaire

» 4 av Clément-Charbonnier
☎ 04 71 02 75 55
F. dim. à dîn., lundi, mardi à déj. (h.s.), dim., lundi, mardi à déj. (juil.-août), 1er-12 janv., 2-15 nov. et dern. sem. juin.
Jusqu'à 21h30.

On peut critiquer, chez François Gagnaire, cette volonté un peu voyante de vouloir absolument être tendance et faire de la mousse quand un bon jus suffirait. On ne peut en revanche lui enlever qu'il fallait être un peu culotté, ou inconscient, en s'installant au Puy pour ses petits jeux modernes, et que les succès enregistrés en quatre saisons valent bien un petit coup de chapeau. Ce qui prouve, d'une part, que les Ponots ne sont pas des gogos et qu'on ne peut pas les amuser juste avec un hochet qui fait coin-coin, et que d'autre part, il doit y avoir un fond de sérieux, et un vrai savoir-faire chez ce jeune chef pas encore quadra, pour divertir autant avec ses menus, Retour du marché, Moment de plaisir ou Une certaine idée du bonheur qui mixe l'Asie et le Velay mieux que

le plus furieux des DJ : bouillon de poule à la vietnamienne fleur d'encornet et escargots du Moulin de Jouatou, gambas à la plancha citronnelle et risotto de lentilles, caneton fermier aux amandes et pousses de bambou, wasabi et purée d'artichaut macau. C'est frais, cinglant, il y a de la crème brûlée au pissenlit dans les desserts et la cave rassemble le négoce mais aussi d'excellents proprios (Rémi Jobard, Parent, Javillier, Clair en bourgogne, par exemple).
C : 60 € • M : 23-75 € *www.francois-gagnaire-restaurant.com*

Restaurant Tournayre

» 12 rue Chêne-Bouterie
☎ 04 71 09 58 94
F. dim. à dîn., lundi, merc. à dîn., 1re sem. sept. et janv.
Jusqu'à 21h.

Une méritoire cuisine de produits s'offre dans cette salle voûtée où Eric Tournayre se dévoue à sa région dans un esprit à la fois consensuel et personnel : du goût, de la rigueur et de la netteté, voilà ce qui préside dans l'omble chevalier crème au lard, la tartelette de filet de caille confite et l'agneau de Haute-Loire - épaule braisée, côte poêlée - d'un très bon menu à 28 **€**. Sans faire plus de bruit que cela, la maison Tournayre fêtera l'an prochain 20 ans de services très bons et très loyaux. Cave généraliste, variée et pas mal faite.
C : 50 € • M : 21-65 € *www.restaurant-tournayre.com*

Lapierre

» 6 rue des Capucins
☎ 04 71 09 08 44
F. dim., déc. et janv.-mi-fév.
Jusqu'à 21h.

Représentant une longue lignée de femme à s'être succédé à la tête des cuisines de cet ancien relais de poste, Estelle Thivillier, qui se dit autodidacte, met en avant les produits bio de sa région : jambon cru d'Auvergne, assiette de truite fumée de pays du Vourzac, cuisse de canard confite aux lentilles vertes du Puy et légumes assortis, velours au cacao amer au coulis d'oranges. Les apéritifs n'oublient pas la production locale (maurin, gentiane d'Auvergne...)
C : 32 € • M : 23-30 €

(12) L'Olympe

» 8 rue du Collège
☎ 04 71 05 90 59
F. sam. à déj. (sf juil.-août), dim. à dîn., lundi, 2 prem. sem. mars et 2 dern. sem. nov.
Jusqu'à 21h30.

Ce n'est peut-être pas le sommet promis, mais cette petite table des vieux quartiers remplit son office avec bonheur et ses tarifs raisonnables ne cachent aucune mauvaise surprise. Pour un premier contact, on privilégiera les plats les plus proches du terroir, mais Pierre Fauritte, sur les mêmes bases solides, s'aventure avec de beaux résultats également sur des propositions moins traditionnelles. Le service met tout le monde à l'aise et la cave prouve que l'Auvergne est aussi une terre de vins.
C : 45 € • M : 20-55 €

Régina R

» 34 bd du Mal-Fayolle
☎ 04 71 09 14 71
Fax 04 71 09 18 57
Ouv. 7j/7.

Un grand immeuble haussmannien abrite cet hôtel au cadre agréable, contemporain avec notamment de très belles suites modernes. Large carte autour des produits de saison, avec un beau travail sur les sauces au vin (le châteaugay pour le duo de foie gras au torchon, le domaine de la Rectorie pour la blanquette de morilles sur le saint-pierre).
3 appart. 86-100 € • 23 ch. 49-80 € • 1/2 pens. 58,50-80 € • C : 28 € •
M : 25-37,50 € *www.hotelrestregina.com*

à SAINT VINCENT - 43800 : 18 km N. par D 103

(12) Auberge La Renouée

» Cheyrac
☎ 04 71 08 55 94
F. dim à dîn., lundi à dîn., mardi-jeudi (oct.-avril et sf Pâques-oct.) et 2 janv.-10 mars.
Jusqu'à 21h30.

Inutile de chercher bien loin dans la carte de Bruno Capraro. Son menu à 23 **€** dit l'essentiel, les deux pieds solidement ancrés dans un terroir que le chef ne perd jamais une occasion de défendre : marmite d'escargots et joues de porc braisées aux cœurs d'artichauts, râble de lapin en crépinette fourré de boudin, fricassée de champignons et flan à la moutarde au moût de raisin, tulipe aux fruits, poiré de curé au vin et sorbet poire. Au même titre que la salle (installation de la climatisation, mise en valeur du beau plafond en bois de la salle principale), la cave mue progressivement avec un effort particulier sur les demies.
C : 26 € • M : 18-38 €

PUY L'EVEQUE - 46700 (29 D 2)

Agen 71 - Cahors 31 - Villeneuve-sur-Lot 43

13 Côté Lot

➥ **Hôtel** : Bellevue

Plongée in situ depuis l'élégante véranda : la vallée du Lot, le vignoble de cahors, la nature généreuse du Quercy qui fournit à Christophe Lasmaries de quoi remplir le cabas. pour produire une jolie cuisine mixte, terroir et actualité, idées du moment et canards gras. On peut disserter à loisir, en affaires ou en famille, sur les mérites comparés des côtes d'Olt, en alternant le filet de thon plancha et la langue de bœuf au foie gras, le blanc de pintade aux kiwis et les cabécous fermiers. Solide menu, pas donné, à 42 **€**, service bien ordonné.

M : 25-62 € *www.lothotel-bellevue.com*

» Pl de la Truffière
☎ 05 65 36 06 60
F. dim., lundi (juil.-août), dim. à dîn., lundi, merc. à dîn. (h.s.), 10 janv.-6 fév. et 13-28 nov.
Jusqu'à 21h.

12 Bistrot l'Aganit

Une brasserie régionale dynamisée par l'infatigable Christophe Lasmaries, qui montre un sens inné du plaisir de la table. La terrine de chèvre, le boudin noir aux pommes, le steak de thon pipérade et le baba au rhum bananes et ananas caramélisé n'ont pas besoin de stages en palace pour donner la saveur de l'authentique. Ambiance évidemment plus cool qu'au gastro (Côté Lot), mais service efficace et bonne cave de cahors et d'ailleurs.

C : 20 € • M : 12,50-18,50 € *www.lothotel-bellevue.com*

» Pl de la Truffière
☎ 05 65 36 06 60
F. dim., lundi (juil.-août), dim. à dîn., lundi, merc. à dîn (h.s.), 10 janv.-6 fév. et 13-28 nov.
Jusqu'à 21h.

Bellevue

➥ **Restaurant** : 13/20 Côté Lot

Accroché au-dessus de la vallée du Lot, l'hôtel justifie pleinement son nom par la qualité du panorama, sur la rivière et les vignes. L'intérieur est tout aussi agréable, dans un cadre contemporain et épuré, des chambres douces et raffinées, lignes pures du mobilier en fer forgé avec le parquet clair et les murs blancs. Très belle lumière.

11 ch. 78-87 € • 1/2 pens. 68,50-78,50 € *www.lothotel-bellevue.com*

» Pl de la Truffière
☎ 05 65 36 06 60
05 65 36 06 61
F. 10 janv.-6 fév. et 13-28 nov.

à PRAYSSAC - 46220 : 5 km E. par D 911

12 La Table de Vénus

Carrefour de la tradition et de la convivialité, cette maison familiale au cœur du vignoble cadurcien (bonne carte des propriétaires connus ou plus confidentiels) rassemble touristes et locaux dans un même élan de solidarité, pour partager le filet de bœuf, le magret et toutes les canardises. Terrasse au jardin très prisée, service activement rodé.

C : 50 € • M : 20-27 € *emsa2@wanadoo.fr*

» Square de la Venus
☎ 05 65 22 47 10
F. non comm.
Jusqu'à 21h30.

PUYLOUBIER - 13114 (33 D 5)

Aix-en-Provence 21 - Toulon 89

12 Les Sarments DÉCOUVERTE

Dans cette ancienne bergerie, proche de la montagne Sainte Victoire, le nouveau chef Jean-Sébastien Gentil (formé chez Daguin, Sarran, Decoret) manie le Sud sans complication (un menu carte à 34 **€** sur ardoise), mais avec un talent prometteur. Petite cave douce en prix, terrasse sur les deux ruelles, l'une donnant sur la montagne.

C : 28 € • M : 28-46 € *jean-sebastien-gentil@wanadoo.fr*

» 4 Rue-qui-Monte
☎ 04 42 66 31 58
F. lundi.
Jusqu'à 21h30.

PUYMIROL ➤ AGEN

PYLA SUR MER - 33115 (23 C 3)

Bordeaux 57 - Arcachon 8

Côte du Sud H

» 4 av du Figuier
☎ 05 56 83 25 00
F. déc. et janv.
Jusqu'à 22h30.

Un typique hôtel de vacances où une foule de peoples et d'anonymes a rêvé de grand large et d'aventures en partageant un coin de parasol. Une maison ouverte où la tradition gastronomique perdure, à travers des menus forcément calibrés, mais équitables et bien travaillés par un chef rodé et précis, surfant sur les plats en vogue avec dextérité (pastilla de poulet, pressé de lieu aux légumes, blanquette de calamars, carpaccio d'ananas). Quelques nobles bordelais pas trop chers côtoient l'entre-deux-mers et de beaux graves blancs. Les chambres sont ravissantes, décorées sur le thème de voyages lointains, avec un balcon sur mer plein sud.

C : 39 € • M : 21,50-28 € • 8 ch. 59-120 € *www.cote-du-sud.com*

Gérard Tissier

» 35 bd de l'Océan
☎ 05 56 54 07 94
F. lundi, mardi, 15 nov.-6 déc. et 15 janv.-6 fév.
Jusqu'à 22h.

La salle à manger de cette maison des bords de mer a subi de profondes rénovations cette année pour plus d'espace, de lumière et de gaieté. La cuisine demeure quant à elle celle qu'on a connue ces dernières années, de beaux poissons, une utilisation minutieuse des épices et de la bonne humeur : carpaccio de noix de saint-jacques à l'aneth et combawa, nems de langoustines, croustillant de txangurro (farci de crabe, piquillo, ail, échalotes, fines herbes, sauce à l'encre), dos de morue fraîche et encornets rôtis aux trois poivrons. Service souriant, cave majoritairement bordelaise, délicieuse atmosphère de vacances.

M : 19-59 € *restgt@club-internet.fr*

QUAEDYPRE ➤ BERGUES

QUARRE LES TOMBES - 89630 (19 D 3)

Auxerre 71 - Avallon 20

Auberge de l'Atre

» Les Lavaults
☎ 03 86 32 20 79
F. mardi (sf juil.-août), merc., fév. et 21 juin-2 juil.
Jusqu'à 21h30.

➥ **Hôtel :** Auberge de l'Atre

Délicieuse maison champêtre en plein Morvan. Il y a toujours un petit pincement au cœur lorsqu'on arrive chez Francis Salamolard, surtout en hiver, lorsque le soleil commence à disparaître et qu'une légère brume envahit la campagne. Perdue au milieu de nulle part, son auberge se transforme alors en un havre chaleureux et accueillant dont on profitera d'autant plus en passant la nuit sur place. Au dîner, on se laisse faire avec un parfait menu gourmand, un velouté de châtaignes et champignons, une poêlée de saint jacques à l'huile d'olive, une mousseline de sandre au lard fumé et à la purée de persil et un médaillon de biche sauce grand veneur, parfaites expressions d'un répertoire bourgeois traité avec modernité. Très belle carte des vins en région.

C : 48 € • M : 27,50-52 € *www.auberge-de-latre.com*

Auberge de l'Atre

» Les Lavaults
☎ 03 86 32 20 79
03 86 32 28 25
F. fév. et 21 juin-2 juil.

➥ **Restaurant** : 14/20 Auberge de l'Atre

Un charme chaleureux et authentique, dans le décor, vieilles pierres en tête, comme dans l'accueil. Les chambres sont spacieuses et très soignées, avec meubles de style et la vue sur la campagne alentour.

7 ch. 58-101 € • 1/2 pens. 85-90 € *www.auberge-de-latre.com*

QUATREMARE ➤ LOUVIERS

QUENZA ➤ CORSE

QUESTEMBERT - 56230 (14 B 5)

Vannes 29 - Redon 36

[16] Le Bretagne et sa Résidence

» 13 rue Saint-Michel
☎ 02 97 26 11 12
F. lundi, mardi et merc. à déj., 3 sem. janv. et 1 sem. mars.
Jusqu'à 21h30.
🚗 ♿ 🐕 🚬

➥ **Hôtel** : 🏨 Le Bretagne et sa Résidence

Cadre et ambiance

Plus que les traces anciennes du passé de relais de poste, avec les boiseries et les vieilles pierres, on retient la thématique moderne et colorée, insufflée notamment par les tableaux du maître des lieux.

Cuisine

Le terroir breton, les mélanges terre-mer, les épices... Georges Paineau connaît tout cela sur le bout des doigts et s'en amuse avec constance et gourmandise. Les menus sagement tarifés pour ce niveau de prestation permettent d'en profiter au mieux, déclinant les légumes de saison en mille-feuille avec un coulis de poivrons, les saveurs de terroir des champignons sauvages et du jambon cru sur un loup discrètement relevé d'une sauce vin rouge, les épices et le couscous de légumes sur un pigeon très moelleux.

Cave

Plutôt classique, elle sait néanmoins proposer les bonnes références dans un grand nombre de régions, de la Champagne à la Loire, en passant par la vallée du Rhône.

Accueil et service

Madame Paineau veille au confort de ses hôtes avec minutie et gentillesse, le service est d'une efficacité sans défaut.

C : 85 € • M : 39-115 € *www.paineaulebretagne.com*

🏨 Le Bretagne et sa Résidence 🐦

» Rue Saint-Michel
☎ 02 97 26 11 12
📠 02 97 26 12 37
F. 3 sem. janv. et 1 sem. mars.
🚗 ♿ 🐕

➥ **Restaurant** : 16/20 Le Bretagne et sa Résidence

La façade discrète au cœur du village cache des trésors de douceurs autour d'un jardin intérieur paisible et adorable. Le cadre mêle le charme de la maison ancienne et un cadre habilement modernisé, sans oublier les touches de couleurs des tableaux de Georges Paineau. Chambres claires et à la sobre élégance.

3 appart. 150-185 € • 6 ch. 90-150 € • 1/2 pens. 145-175 €
www.paineaulebretagne.com

QUETTEHOU - 50630 (5 B 2)

Barneville Carteret 44 - Cherbourg 29

[12] Auberge de Ket'hou

» 17 rue du Gén-de-Gaulle
☎ 02 33 54 40 23
F. dim. à dîn. (oct.-juin sf fériés) et lundi sf fériés.
Jusqu'à 21h.
🐕

Quettehou (prononcer "kétou"), petite commune proche de Saint-Vaast, a accueilli Thierry et Martine Levoy voilà quatre ans. Pas de grandes prétentions pour le moment (cadre simple d'auberge de village, confort minimum) mais un réel effort sur le choix des produits, se traduisant par des assiettes vives et fraîches : saumon mariné au citron vert, lentilles tièdes aux épices et crème au lait de coco, suprême de pintade, polenta aux abricots secs, girolles et sauce albuféra, pommes confites au cidre épicé en nougatine, granité au café normand.

C : 38 € • M : 14-37 € *aubergedekethou@wanadoo.fr*

QUIBERON - 56170 (13 D 5)

Vannes 47 - Carnac 19

[12] La Duchesse Anne

Référence dans la galette à Quiberon, la duchesse ici, c'est Germaine Rolland qui continue à travailler à la main sa farine artisanale. Le résultat est probant, les garnitures classiques (andouille, lard frit oignons, saucisse de campagne), le cidre rafraîchissant et l'addition très douce.

C : 10 € • M : 8,50 €

» 10 pl de la Duchesse-Anne
☎ 02 97 30 49 33
F. dim. à déj., lundi (sf vac. scol.) et 10 janv.-15 fév.
Jusqu'à 23h.
⛱ ♿ 🐕

[10] La Chaumine

Au seuil de la Côte Sauvage, dans un hameau de pêcheurs, on cultive les rencontres de voisinage : une table de famille (la même depuis 1970) pour les gens du coin. Qui viennent se faire servir des palourdes farcies, la raie beurre noisette ou l'arrivage du jour, ou la cotriade sur commande, dans l'ambiance de la maison et sans faire la vaisselle à la fin.

C : 19,50 € • M : 14,50-45 €

» 36 pl du Manémeur
☎ 02 97 50 17 67
F. dim. à dîn., lundi et 15 nov.-15 mars.
Jusqu'à 20h30.
⛱ 🐕

[10] Le Relax

Toutes les tables ont vue sur mer, tous les yeux sont tournés vers le large. On ramène les filets, et le plus simple est le meilleur : la soupe de poissons, l'assiette de coquillages, la sole grillée. En arrosant de gros plant et de muscadet, dans une atmosphère tradi-familiale.

C : 38 € • M : 19-32 €

» 27 bd de Castero
☎ 02 97 50 12 84
F. lundi (sf juil.-août), mardi (oct-avril) et janv.-mi-fév.
Jusqu'à 21h.
⛱ 🚗 ♿

[10] La Taverne H

Face au port de pêche de Port Ivy, le seul hôtel de cette partie de la Côte Sauvage était une étape obligée dans les années 50/60, avant que la concurrence ne se développe. Poissons et fruits de mer en vedette (saint jacques poêlées au cidre, homard grillé, bar au beurre blanc) avec les couchers de soleil en prime.

C : 40 € • M : 16-59 € • 8 ch. 43-46 € • 1/2 pens. 45-47 €

» Portivy
☎ 02 97 30 91 61
F. lundi à dîn., mardi (sf saison) et vac. Toussaint-vac. fév.
Jusqu'à 20h30.
⛱ ♿

🏠 Bellevue

Un décor clair et coloré et un confort qui incite à prolonger le séjour, pour profiter d'une ambiance conviviale. Jardin clos avec piscine.

38 ch. 52-115 € • 1/2 pens. 55-88 € *www.bellevuequiberon.com*

» Rue du Tiviec
☎ 02 97 50 16 28
📠 02 97 30 44 34
Ouv. 7j/7.
♿ 🏊

QUIMPER - 29000 (13 B 4)

Paris 561 - Vannes 119 - Saint-Brieuc 141

[14] L'Ambroisie

Gilbert Guyon, après bientôt deux décennies passées au piano de cette ancienne pension, a conservé toutes ses ambitions, n'hésitant pas à rappeler qu'il vise une seconde toque. Nous resterons pour le moment sur nos positions, immuables c'est vrai depuis plusieurs années mais qui reflètent la constance et le professionnalisme dont fait preuve cette table : sauté de langoustines à la crème de champignons et lanières de crêpes croustillantes, blanc de saint-pierre au jus d'épices, asperges vertes et blanches, croustillant d'amandes aux fraises, fraises rôties et sorbet fromage blanc. Cave mettant l'accent sur les grands classiques bordelais, bourguignons et ligériens.

C : 65 € • M : 23-65 € *www.ambroisie-quimper.com*

» 49 rue Elie-Fréron
☎ 02 98 95 00 02
F. lundi, mardi (h.s.), et 2 sem. fév.
Jusqu'à 21h30.
🐕

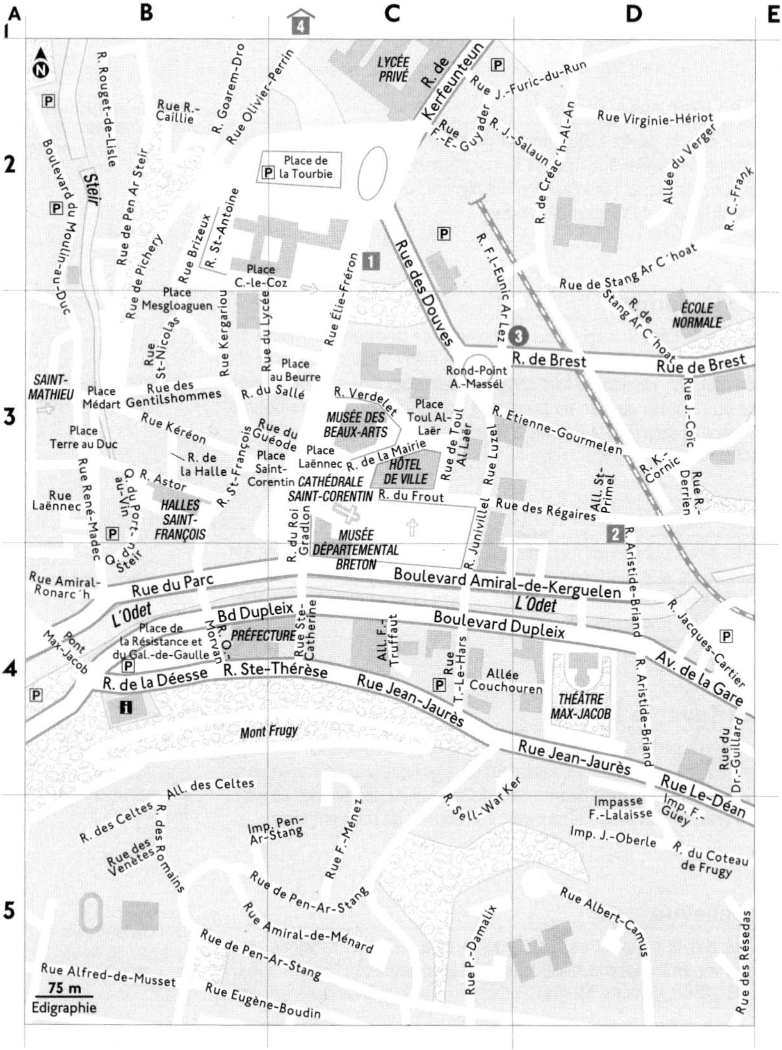

Restaurant

[1] Ambroisie (L') **C-2**
[2] Erwan Restaurant **D-3**

Hôtel

[3] Hôtel Gradlon **D-3**
[4] Ti Coz **C-1**

⑫ Ti Coz

Un penty aux volets bleus sur l'ancienne route de Brest. Avec le nez creux, on s'arrête : ça respire la sincérité et la joie de vivre dans ce décor en rouge et blanc, la carte est plutôt ambitieuse, et frise la toque, avec les langoustines rôties et émincé de ris de veau, et l'agneau de pré-salé de l'anse de Pouldon et légumes bio d'une ferme voisine. Aimables desserts au chocolat, accueil souriant et cave très vaste aux 250 références.

C : 35 € • M : 17-53 €

www.auberge-tycoz.com

» Lieu-dit Ti-Sanquer
☎ 02 98 94 50 02
F. dim. à dîn., lundi, mardi à dîn. et merc. à dîn. (sf juil.-août).
Jusqu'à 21h.
🚗 ♿ 🐕

Autour de la fontaine qui domine la cour fleurie, l'hôtel organise des chambres au confort soigné, avec différentes ambiances personnalisées, meubles de style et tissus raffinés notamment dans les chambres récemment rénovées.

3 appart. 155-178 € • 22 ch. 69-155 € www.hotel-gradlon.com

» 30 rue de Brest
☎ 02 98 95 04 39
📠 02 98 95 61 25
F. mi-déc.-mi-janv.

à PLUGUFFAN - 29700 : 7 km O. par D 40

 La Roseraie de Bel-Air

C'est l'une des plus agréables grandes tables de Bretagne. Il y a bien sûr le cadre verdoyant et fleuri et la vieille fermette bretonne. Il y a aussi la gentillesse et la bonne humeur de la maman et de la fille qui sont d'une attention extrême et assurent un service personnalisé pour chaque table. Il y a enfin la cuisine à quatre mains (père et gendre) qui mine de rien se hisse au niveau des meilleures comme le prouvent de belles langoustines à la plancha soulignées d'un jus de crustacés , d'artichauts poivrades et d'un carpaccio de cèpes :précis et savoureux. Et si nous parlions d'un plat à trois toques ? Un ris de veau braisé mis en valeur par un jus de veau et un jus d'arabica qu'accompagne une purée de pommes de terre truffées. Il serait injuste de ne pas évoquer les desserts comme la poêlée de mirabelles servie avec le jus de cuisson réduit, un savoureux biscuit amande et un sorbet margarita. En cave, un bel échantillon des divers vignobles, à prix attractifs.

C : 55 € • M : 25-78 € www.roseraie.de.bel.air.com

» Imp de la Boissière, RD 20
☎ 02 98 53 50 80
F. sam. à déj., dim. à dîn., lundi, 1er-11 mai et 11 sept.-4 oct.
Jusqu'à 21h.

QUIMPERLE - 29300 (**13** C 4)

Quimper 47 - Concarneau 31

 Le Bistro de la Tour

Restau à vins, boutique, le Bistro de la Tour occupe depuis lurette une position à part, qui permet de rameuter toute la Bretagne ou presque sur un verre de vin. Parce que ceux qui sont choisis par le patron, un expert, un collectionneur, intéressent les amateurs de tout poil et de toute confession, bourguignonne, bordelaise ou ligérienne; Alors, une batterie de références un peu partout pour épauler la classique carte du chef, logiquement orientée mer, dans le décor cosy, à l'étage, embelli des toiles de l'école de Pont-Aven. La pêche du jour, avec son écrasée de pommes de terre aux épices douces, est incontournable. Mais il vaut mieux, avec, boire un peu de blanc...

C : 38 € • M : 17-60 € www.hotelvintage.com

» 2 rue Dom-Morice
☎ 02 98 39 29 58
F. sam. à déj., dim. à dîn. et lundi.
Jusqu'à 21h.

(10) Ty Gwechall

Le cadre rustique et bretonnant est toujours solidement accroché (cette maison en pierre remonte au XVIIe siècle et n'est pas prête de s'envoler) et Patrick Dziewulski est passé par trop de bonnes maisons pour négliger le produit. Les garnitures s'en ressentent favorablement, notamment sur les galettes aux fruits de mer.

M : 16-20 €

» 4 rue Mellac
☎ 02 98 96 30 63
F. dim. (juil.-août), dim. à dîn., lundi, jeudi à dîn. (h.s.). F. ann. non comm.
Jusqu'à 21h.

RAISMES ➤ VALENCIENNES

 Accessible aux handicapés.
 Piscine privée.
 Carte des vins remarquable.
 Repas servis en terrasse ou dans un jardin.
 Tennis privé.
 Chiens acceptés.

RAMATUELLE - 83350 (34 B 6)

Toulon 68 - Saint-Tropez 5

[12] Chez Madeleine

» Rte de la Plage-de-Tahiti
☎ 04 94 97 15 74
F. 15 oct.-Pâques.
Jusqu'à 22h30.
⛱ 🚗 🐕 🚬

Cette affaire familiale cultive de louables vertus de modestie, dans la gentillesse de l'accueil comme la sobriété d'une cuisine provençale alimentée notamment auprès des pêcheurs locaux, pour le dos de morue et cocos frais ou la cigale grillée. Belle douceur de vivre, dans le jardin d'oliviers.

C : 50 € • M : 29-45 € *www.chezmadeleine.fr*

[12] Le Club 55

» 43 bd Patch, Plage de Pampelonne
☎ 04 94 55 55 55
F. 5 nov.-18 déc. et 8 janv.-15 mars.
⛱ 🚘 ♿ 🚬

Tout le monde connaît l'histoire de ce restaurant de plage, le premier du genre à Saint Tropez, inauguré en 1955 pour satisfaire aux besoins de la troupe de Roger Vadim venue tourner Et Dieu Créa la Femme sur une plage alors déserte. Ici, on ne mange qu'à la carte, le panier de crudités avec anchoïade (18 **€**) ou le loup grillé (45 **€**) n'étant pas franchement à la portée de toutes les bourses mais, pour revivre le mythe en lorgnant du coin de l'œil les stars de passage, ce n'est finalement pas si cher.

C : 50 €

[12] La Forge

» Rue Victor-Léon
☎ 04 94 79 25 56
F. merc. et 1er nov.-15 mars.
Jusqu'à 22h30.
⛱ ❄ 🐕

Lassé de la jet-set et des plages privées ? Au cœur du village, une croque honnête, forcément un peu touriste (quand on voit passer Johnny ou John Galliano, on ne peut pas rester complètement anonyme) et un peu cher, mais le menu à 35 **€** offre à la fois le cadre, très soigné, de cette ancienne forge, et un couvert de bon ton, brandade de morue et pistou de roquette, parmentier de jarret de veau, blanc manger vanille et huile d'olive. Saint-André de Figuière, Planes, Cressonnière : la sélection provençale de la courte carte n'est pas mauvaise.

C : 50 € • M : 25-35 € *laforge-ramatuelle@wanadoo.fr*

🏠 La Ferme d'Augustin 🐦

» Plage de Tahiti, St-Tropez
☎ 04 94 55 97 00
📠 04 94 97 59 76
F. 23 oct.-6 avril.
🏊

De la ferme, l'hôtel garde un certain charme rustique, avec de beaux meubles provençaux. Un cadre intime, décoré de tableaux d'artistes régionaux, à 200 m de la plage. Balnéothérapie, à la piscine et dans certaines suites, restaurant pour les résidents.

25 appart. 200-560 € • 21 ch. 125-230 € *www.fermeaugustin.com*

🏠 Hostellerie le Baou 👨‍🍳

» Av Gustave-Etienne
☎ 04 98 12 94 20
📠 04 98 12 94 21
F. déb. oct.-mi-mai.
🚘 🏊

A l'entrée du village, l'hôtel déroule ses 1,5 ha de parc à flanc de colline. Ambiance provençale dans l'architecture comme la décoration. Chambres sobres et élégantes, avec terrasse ou balcon sur la mer. La Terrasse (le nom du restaurant de l'hôtel) est également ouverte sur la Méditerranée, jusque dans l'assiette puisque c'est là que Daniel Speller puise une bonne partie de son inspiration : scampi à la plancha légumes à l'huile épicée, rouget au four et blanquette de légumes, mille-feuille citronné aux fraises des bois. Service soigné, belle carte des vins en région.

2 appart. 315-390 € • 39 ch. 185-340 € • 1/2 pens. 62 € • C : 63 € • M : 58-82 € *www.chateauxhotels.com/baou*

Les fermetures hebdomadaires et annuelles
sont celles que les restaurateurs et les hôteliers pensent pratiquer en 2006.
Pour éviter des déplacements inutiles, téléphonez pour confirmer.

 Villa Marie 

Très cachée, beaucoup de cachet. Pour vivre heureux, les hôtes de cette luxueuse résidence se réfugient au long de ce petit chemin d'habitués, dans un parc de cinq hectares aux essences méditerranéennes, jardins aquatiques et fontaines. Les chambres sont décorées avec une grande personnalité, comme Jocelyne et Jean-Louis Sibuet savent si bien le faire dans leurs hôtels de montagne. En harmonie avec la région, dans une atmosphère de villa en Toscane, meubles chinés, tons pastel, vue sur la pinède et la baie de Pampelonne. Pour ne pas avoir à sortir sans motif, le restaurant offre une cuisine actuelle et méditerranéenne de qualité.
2 appart. 190-610 € • 42 ch. 190-610 € • C : 85 € • M : 95 €
www.villamarie.fr

» Rte des Plages, chemin Val de Rian
☎ 04 94 97 40 22
📠 04 94 97 37 55
F. mi-oct.-mi-avril.

 La Garbine

Elégance paisible et soignée pour cet hôtel installé sur un ancien domaine viticole, avec les chambres réparties autour du jardin. La plage est à quelques minutes à pied, la piscine incite à la détente.
25 ch. 76-386 €
www.lagarbine.com

» Rte de Tahiti
☎ 04 94 97 11 84
📠 04 94 97 34 18
F. 8 janv.-mi-mars et mi-oct.-25 déc.

 La Ferme d'Hermès

Une étape intime et paisible, au charme exclusif par son mélange de raffinement et de cadre rustique, dans une vieille bâtisse provençale où les tissus Souleïado et les meubles en bois blond répondent au soleil qui baigne le jardin en une aimable ambiance provençale.
1 appart. 230 € • 8 ch. 110-160 €
lafermedhermes@aol.com

» Rte de l'Escalet
☎ 04 94 79 27 80
📠 04 94 79 26 86
F. 15 janv.-15 mars et 1er nov.-26 déc.

RAMBOUILLET ➤ PARIS-BANLIEUE

RAYOL CANADEL SUR MER - 83820 (34 B 6)

Toulon 49 - Le Lavandou 10

 Maurin des Maures

Un tel succès pour une table familiale sans prétention exacerbée, à un quart d'heure de Saint-Trop' s'apparente à un phénomène. Des plats plutôt tradi, légèrement provençaux, dans un décor rénové cette année, franchement méditerranéen, pas de quoi se gratter la tête trop longtemps : pendant ce temps, cette vaillante équipe, plus soudée que jamais, démontre qu'on peut faire rimer qualité, simplicité, modération et succès.
C : 35 € • M : 13,50-26,50 €
www.maurin-des-maures.com

» Av du Touring-Club-de-France
☎ 04 94 05 60 11
Ouv. 7j/7.
Jusqu'à 21h.

RE (ILE DE) - 17 (22 A 5)

Accès par La Palice

au BOIS PLAGE EN RE - 17580

 La Bouvette

Installée dans l'ancien garage du père du propriétaire, cette Bouvette (casse-croûte du matin en patois rétais) respire la joie de vivre : escargots au vin rouge et échalotes sautées à la graisse d'oie, blanc de seiche grillé au feu de bois et beurre blanc, raviolis de crème brûlée à l'orange, caramélisé au miel.
C : 35 € • M : 21 €

» Le Morinand
☎ 05 46 09 29 87
F. lundi, mardi (1er janv.-1er avril et 1er oct.-6 déc.), 1er-15 janv. et 14 nov.-6 déc.
Jusqu'à 21h30.

 Hôtel de l'Océan R

Un modèle de douceur de vivre en toute saison, avec de délicieuses chambres personnalisées, couleurs harmonieuses, jolis meubles, tissus élégants et détails de décoration authentiques et adorables en rappel permanent à l'île. Jardin aux essences parfumées avec piscine chauffée. Cuisine de la mer et du soleil : légumes grillés galette de polenta, dos de cabillaud au thym, jonchée à la confiture de fenouil.
29 ch. 65-155 € • 1/2 pens. 64-109 € • C : 35 € • M : 22-32 €
www.re-hotel-ocean.com

» 172 rue Saint-Martin
☎ 05 46 09 23 07
📠 05 46 09 05 40
F. 5 janv.-5 fév.

La Villa Passagère

Cet ensemble de maisons modernes respecte les canons de l'architecture de l'île et propose un séjour à la fois fonctionnel (équipement, location de vélos) et charmant (terrasse sur le jardin ou la piscine, accueil chaleureux).
13 ch. 55-100 €
www.lavillapassagere.net

» 25 av du Pas-des-Boeufs
☎ 05 46 00 26 70
📠 05 46 00 26 84
F. janv.

➲ à LA COUARDE SUR MER - 17670

 Les Jardins du Pélican

Des goûts d'ailleurs sur des produits d'ici, une table vacancière agréable qui mêle des parfums d'Orient aux coquillages et poissons de la pêche locale, dans une relative simplicité et un décor chiné.
C : 21 €

» ☎ 05 46 29 59 26
F. mardi, merc. (avril-juin), merc. à déj. (juil.-août), merc. (sept.) et 25 sept.-Pâques.
Jusqu'à 22h.

➲ à LA FLOTTE - 17630

 Poissonnerie Dégustation du Port

Martelons le credo - et le créneau - des tables marines, qu'elles soient à Knokke-le-Zoute, à Socoa ou à la Flotte-en-Ré : fraîcheur, simplicité, qualité. Parce que cette table comprend bien le message, qu'elle ne submerge pas son magnifique bar plancha ou ses Gillardeau sous des fanfreluches ou dans un enrobage suspect et d'un autre temps, la transparence éclate et le vacancier se régale. Dans une atmosphère elle aussi franche, conviviale et euphorisante.
C : 40 €

» 4 quai de Sénac
☎ 05 46 09 04 14
F. 15 nov.-15 déc. et 4 janv.-1er mars.
Jusqu'à 22h.

➲ aux PORTES EN RE - 17880

Le Chasse-Marée

Sur la place du village, dans un décor toujours digne d'une de ces cartes postales qu'on a tant plaisir à envoyer aux collègues de bureau (le ciel bleu, la maison rétaise d'un blanc immaculé, la petite terrasse donnant sur la place), Marc et Sandrine Raissel se battent pour disposer des meilleurs produits nécessaires à leur cuisine fusion. Les samoussas de ris d'agneau au confit d'aubergine, le carrelet rôti au citron et anchois, légumes au wok, la poire pochée au citron attirent une foule enjouée et aux appétits creusés par le grand air. Toute petite cave rassemblant production locale et quelques vignerons ligériens.
M : 25-43 €
restaurant.le.chasse.maree@wanadoo.fr

» Pl de la Liberté
☎ 05 46 29 52 03
F. janv.-mars.
Jusqu'à 22h.

➲ à RIVEDOUX PLAGE - 17940

 Restaurant Côté Sud

La pêche en direct dans un cadre sans fioritures. C'est aussi par la ligne droite, sans louvoyer, que vous atteindrez le coeur de cette adresse de connaisseurs, en attaquant la salade de maquereaux, le dos de cabillaud à la fleur de sel, et en délaissant les assiettes plus sophistiquées.
C : 35 € • M : 27 €
alain.tf@wanadoo.fr

» 154 av des Dunes
☎ 05 46 09 95 45
F. lundi et mardi (h.s.), F. ann. non comm.
Jusqu'à 22h.

Auberge de la Marée

Un classique du bord de mer, avec une situation pratique sur le port et des chambres donnant sur la piscine ou la mer, dans un style classique ou provençal.
30 ch. 65-180 € www.auberge.delamarée.monsite.wanadoo.fr

» Rte de Saint-Martin
☎ 05 46 09 80 02
📠 05 46 09 88 25
F. 6 nov.-25 mars.

à SAINT CLEMENT DES BALEINES - 17590

13 Le Chat Botté

Le turbot rôti à 31,50 €, ce n'est pas un conte de fée mais la réalité d'un produit de qualité dans un endroit hautement touristique. Et comme, en saison, on s'arrache un coin de table ou de jardin, c'est qu'il y a sûrement une bonne raison. D'ailleurs, aux côtés de menus pas si bêtes, cette carte aux prix d'altitude possède d'indéniables atouts : la fraîcheur de l'arrivage, des idées terroir branché (terrine de pieds et paquets d'huîtres aux blettes, gigot de lotte au lard...) et une efficacité souriante accueil-service qui donnent bien envie d'attraper la queue du chat.
M : 22-62 € www.restaurant-lechatbotte.com

» 20 rue de la Mairie
☎ 05 46 29 42 09
F. lundi, déc. et janv.
Jusqu'à 21h30.

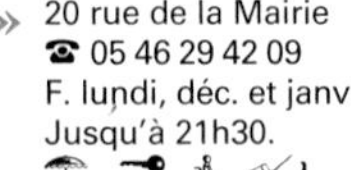

Le Chat Botté

Un monde de douceur... La gentillesse de l'accueil d'abord, la beauté de la décoration ensuite, les lignes contemporaines du mobilier et les couleurs pastel créent une atmosphère séduisante et apaisante, idéale pour les vacances. Espace beauté.
3 appart. 195-247 € • 20 ch. 55-152 € www.hotelchatbotte.com

» Pl de l'Eglise
☎ 05 46 29 21 93
📠 05 46 29 29 97
F. mi-déc.-janv.

à SAINT MARTIN DE RE - 17410

13 La Baleine Bleue

Une table très chic d'une île très chic, et voilà le gratin rétais pratiquement à demeure dans ce beau cadre en bleu et blanc où seules les bonnes manières sont admises. La gaudriole reste donc à quai, laissant le champ libre à une cuisine de circonstance, carpaccio de thon, langoustines plancha et sole entière grillée, servis avec une relative lenteur - mais a-t-on réellement besoin de se bousculer ? - dans l'ambiance forcément unique de ce lieu où vous devez, impérativement, jouer les Jonas une fois durant le séjour.
C : 45 € • M : 22-40 € www.baleinebleue.com

» Ilôt du port
☎ 05 46 09 03 30
F. lundi (h.s.) et mardi (1er oct.-30 mars).
Jusqu'à 22h.

11 Bistrot du Marin

Bistrot de mode marine, table ouverte sur les quais dans un décor moderne : il n'en faut pas plus pour attirer l'oeil du touriste, que ne décevront pas des assiettes bien enlevées et iodées.
C : 20 €

» 10 quai Nicolas-Baudin
☎ 05 46 68 74 66
F. jeudi, 3 sem. janv., 1 sem. juin et 1 sem. oct.
Jusqu'à 22h.

11 Le Serghi

Ancien repaire de pêcheurs, cette maison est aujourd'hui une honnête table touristique qui tire le chaland par la manche dans une déco bien étudiée. La cuisine elle-même n'est pas tout à fait l'ordinaire des marins (minute de thon rouge aux copeaux de foie gras, civet de seiches, carpaccio d'ananas); mais elle accroche l'intérêt et tient relativement ses promesses.
C : 30 € • M : 23 €

» 15 quai Clémenceau
☎ 05 46 09 03 92
F. lundi (sf 1er mai-15 sept.) et 10 jrs janv.

 L'Hôtel de Toiras

» 1 quai Job-Foran
☎ 05 46 35 40 32
📠 05 46 35 64 59
Ouv. 7j/7.

Belle situation à l'entrée du port pour cette ancienne demeure d'armateur édifiée au XVIIe siècle, rénovée avec bonheur : boiseries, tissus précieux, meubles d'époque préservent l'âme de la maison. Chambres personnalisées, avec tissus, tableaux, livres, bibelots choisis pour refléter les caractères de quelques personnages historiques (Madame de Sévigné, Pierre Loti, Duc de Buckingham...).

7 appart. 230-520 € • 10 ch. 110-280 € *www.hotel-de-toiras.com*

 La Maison Douce

» 25 rue Mérindot
☎ 05 46 09 20 20
📠 05 46 09 09 90
F. 12-27 nov.

Un cadre adorable, qui mêle une belle douceur de vivre et le cadre historique d'une demeure historique au cœur du bourg. Les chambres personnelles déclinent des harmonies de tons beiges et blancs. Détente dans le jardin clos et fleuri.

9 ch. 105-185 €

 Le Galion

» Allée de la Guyane
☎ 05 46 09 03 19
📠 05 46 09 13 26
Ouv. 7j/7.

A quelques pas des quais, l'hôtel fait profiter d'une jolie vue sur la mer et les remparts. Les chambres ont en commun un décor lumineux et apaisant, quelques touches de mobilier ancien et des reproductions d'art leur donnent leur personnalité.

30 ch. 60-105 € *www.http://perso.wanadoo.fr/galion*

REDON - 35600 (14 B 5)

Rennes 67 - Saint-Nazaire 53

 Le Moulin de Via

» Rte de Lagacilly
☎ 02 99 71 05 16
F. dim. à dîn., lundi et mardi à dîn.
Jusqu'à 21h.

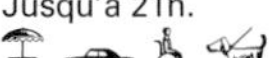

Jean-Paul Chéneau appartient à cette génération de cuisiniers qui accueillent les clients avec la toque fièrement dressée, dans une belle longère enfouie dans la verdure. Son épouse Claudine suit le rythme avec classe et prévenance dans une salle rustique joliment pomponnée, poutres et cheminée en pierre de taille. On vient pour du classique malin entre Armor et Argoat, mariant le museau du charcutier du coin et des langoustines poêlées ou le savoureux pigeon de Sainte Anne d'Auray et sa cuisse farcie d'abats. La tarte fine aux pommes montre son bon goût de beurre salé, la cave est un peu mince, malgré quelques bordeaux bien choisis.

C : 35 € • M : 21-60 €

REIMS - 51100 (9 B 3)

Paris 147 - Châlons-en-Champagne 49 - Epernay 25

 Château Les Crayères

» 64 bd Henry-Vasnier
☎ 03 26 82 80 80
F. 23 déc.-13 janv.
Jusqu'à 21h30.

➥ **Hôtel :** Château Les Crayères

Cadre et ambiance

Le magnifique château des princes de Polignac, au seuil du centre-ville, symbole du prestige champenois de renommée mondiale. Un parc, des petits oiseaux, un domaine princier et citadin comme il n'y en a pas d'autres en France.

Cuisine

Un des poulains d'Alain Ducasse, Didier Elena, rapatrié de New York, est aux manettes, véritable liqueur d'expédition qui fait tout de suite mousser sur les deux credos chocs du maître du Plaza : rustique chic et haute cuisine française, Lucien Tendret et tout le toutim. Et ça marche. Pas dans la géométrisation (cubes, parallélépipèdes, cylindres) systématique et agaçante des assiettes, mais dans quelques échappatoires régionaux vraiment plaisants, la compression de potée champenoise sur la sole, qui dérive presque, avec son odeur de chou marqué,

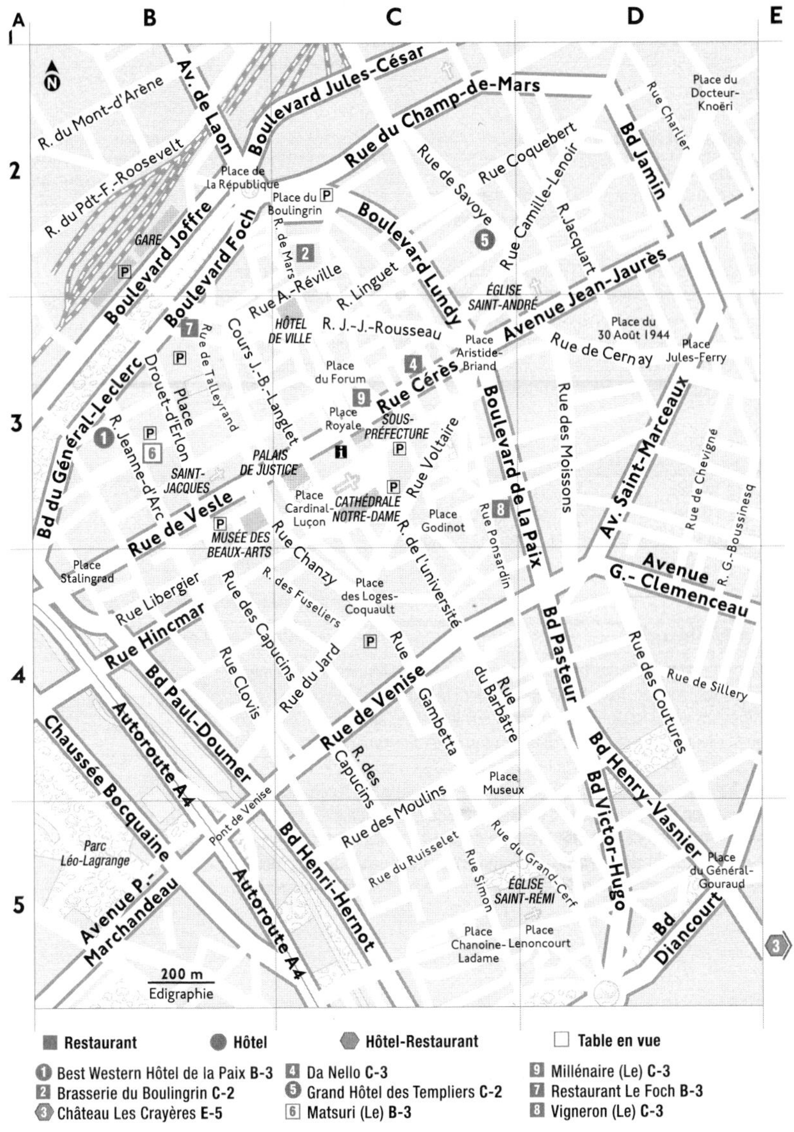

ou le ris de veau, franchement amusant, en évoquant deux grands classiques lorrains, la quiche et la bouchée à la reine. Des goûts très nets jusqu'au dessert (formidable pêche de vigne façon vacherin), un incontestable haut niveau.

Cave

Vous vouliez boire autre chose que du champagne ? Aux Crayères ? En dehors de ce vignoble, des grands crus évidemment, mais pas grand chose à se mettre sous la langue en terme de bonnes affaires. Quelques petits bien vus pour faire semblant entre deux coupes : Piquemal, Castelmaure n°3, Roquefort.

Accueil et service

Imaginez une télé de quartier reprise par la Warner : c'est l'impression que donne le relookage très palace de cette maison de haute tradition. Si la présence

onctueuse de serviteurs blanchis sous le harnais rassure, le rythme est sensiblement plus élevé, le ballet plus jeune et mordant, d'une grande efficacité.
C : 130€ • M : 70-180€ www.lescrayeres.com

16 Restaurant Le Foch

» 37 bd Foch
☎ 03 26 47 48 22
F. sam. à déj., dim. à dîn., lundi, 15 jrs vac. scol. fév. et dern. sem. juil.-3e sem. août.
Jusqu'à 21h30.

Cadre et ambiance

Au rez-de-chaussée d'une maison à trois étages, une salle accueillante de bonne bourgeoisie provinciale. On peut ne pas craquer pour les tableaux.

Cuisine

Des paysages de Champagne, l'océan est absent. C'est pourtant sur ce terrain mouvant que Jacky Louazé, cuisinier espiègle et inventif, entraîne avec le plus grand brio ses habitués conquis : amusantes brochettes de langoustines aux saveurs méditerranéennes, astucieux thon mi-cuit au saté et vermicelle craquant. De la précision jusqu'aux desserts. Après un certain engourdissement hivernal, le chef du centre-ville fourmille de nouvelles idées.

Cave

Elle oscille entre valeurs sûres et quelques trouvailles. Bonne sélection de trois champagnes proposés à la coupe.

Accueil et service

Le service est masculin et fidèle, mais c'est Corinne Louazé qui le mène à la baguette. Tout fonctionne avec une bonne maintenance.
C : 65€ • M : 31-75€ www.lefoch.com

13 Le Millénaire

» 4 rue Bertin
☎ 03 26 08 26 62
Ouv. 7j/7.
Jusqu'à 21h30.

Bien placé au hit parade des tables chics de la ville, le Millénaire est sagement ancré dans son époque, lorgnant vers la modernité sans s'y noyer. Les tableaux contemporains et les sculptures disposées sur les tables ajoutent à l'élégance classique et feutrée du décor, l'accueil comme le service sont ceux d'une belle maison et la cuisine joue la sécurité avec une audace raisonnable (tartare de daurade à la noix de coco). Les rollmops de sole et langoustines bretonnes sont une présentation un peu originale d'un beau classique, accompagné d'un risotto de bon niveau, le flan de rhubarbe semoule de pavot et fruits rouges séduit par sa présentation avant de convaincre notamment par la qualité de la semoule. Avec sa carte des vins attendue, cette fière enseigne est solidement accrochée à deux pas de la Place Royale.
C : 72€ • M : 27-70€ www.lemillenaire.com

12 Brasserie du Boulingrin ♥

» 48 rue de Mars
☎ 03 26 40 96 22
F. dim.
Jusqu'à 23h.

Une vraie brasserie, à l'ancienne, où tout est authentique, du cadre 1925 parfaitement conservé aux serveurs efficaces et gouailleurs, de la carte d'une parfaite tradition (terrine de poireaux au foie gras et vinaigrette de framboise, steak tartare, marmite de tête de veau et cervelle, crème gratinée au Grand-Marnier) à la cave abordable et classique. En outre, les tarifs semblent rester alignés sur ceux du siècle précédent.
C : 25€ • M : 17-23€ www.boulingrin.fr

12 Da Nello

» 39 rue Cérès
☎ 03 26 47 33 25
F. sam. à déj. et dim. et août.
Jusqu'à 22h45.

L'un des rendez-vous italiens de la ville, le préféré de nombreux Rémois, qui n'iraient pas faire d'infidélités ailleurs pour un osso buco ou des antipasti qui sont un véritable point fort. Les autres étant les pizzas et les suggestions à l'ardoise qui se révèlent parfois succulentes (pigeonneau grillé au feu de bois à la myrte de Sardaigne).
C : 25€

[11] Le Vigneron

Coup de cœur immédiat pour ce joli décor à l'ancienne, avec une avalanche de vieilles affiches de champagne. On délaisse rapidement les menus trop classiques pour apprécier les sympathiques spécialités régionales de la carte, comme la généreuse andouillette, servie avec une sauce crème et rosé des Riceys parfaite, et les frites maison. Un plat qui a le goût du travail bien fait, comme la terrine au chocolat.

» Pl Paul-Jamot
☎ 03 26 79 86 86

Le Matsuri

Un vrai japonais à Reims, en remplaçant le saké final par une coupe de champagne ? Pourquoi pas, ne serait-ce que pour fêter la qualité des sushis, tartare de saumon sauce yuzu, yakitoris. Egalement vente à emporter.
C : 25 €

» 9 rue de la Chativesle
☎ 03 26 86 10 10
F. dim. et lundi.
Jusqu'à 22h30.

Château Les Crayères

➡ **Restaurant** : 17/20 Château Les Crayères
Faste champenois dans le château né au début du XXe siècle de la volonté de Louise Pommery, avec meubles de style et tissus précieux sous les hauts plafonds. Les chambres signées Pierre-Yves Rochon charment par leur élégance et le service est parfaitement à la hauteur du cadre. Vaste parc arboré, à l'écart du centre près des grandes maisons de champagne.
4 appart. 390-485 € • 16 ch. 285-390 € *www.lescrayeres.com*

» 64 bd Henry-Vasnier
☎ 03 26 82 80 80
📠 03 26 82 65 52
F. 23 déc.-13 janv.

Grand Hôtel des Templiers

Tissus muraux, boiseries et mobilier de style renforcent l'allure particulière de cet hôtel néo-gothique du XIXe siècle. Luxe sans défaut, avec un centre balnéo piscine très agréable.
18 ch. 180-270 € *www.http://perso.wanadoo.fr/hotel.templiers*

» 22 rue des Templiers
☎ 03 26 88 55 08
📠 03 26 47 80 60
Ouv. 7j/7.

Best Western - Hotel de la Paix

Belles prestations d'ensemble (hammam, bar à champagne, jacuzzi, piscine couverte, brasserie) pour cet établissement aux chambres récemment rénovées par une décoratrice rémoise. Egalement un jardin et un patio donnant sur l'ancienne chapelle.
1 appart. 300 € • 175 ch. 99-160 € *www.bestwestern-lapaix-reims.com*

» 9 rue Buirette
☎ 03 26 40 04 08
📠 03 26 47 75 04
Ouv. 7j/7.

➲ à CHAMPIGNY - 51370 : 4 km N.O. par N 31 et D 275

[12] Restaurant La Garenne

Des menus bien peignés, une carte qui mixe les bonnes sensations de l'époque (risotto, ravioles de langoustines, tomate farcie au tourteau, gigot de sept heures) et tarifs corrects. Cela suffirait à alimenter la carburation, tout près de l'ancien circuit de Gueux. Le meilleur atout de Philippe Germont est pourtant bien son ardoise du jour, élaboré sur le marché, et qui donne un menu à 20 **€** tout à fait affriolant.
C : 46 € • M : 20-64 € *www.restaurant-garenne.com*

» Rte de Soissons N 31
☎ 03 26 06 22 44
F. dim. à dîn., mardi à dîn., merc., prem. sem. janv. et 2 quinz. août.
Jusqu'à 21h30.

Dans chaque ville, les établissements sont classés par note décroissante, restaurants d'abord, hôtels ensuite.
•
Certaines communes sont rattachées à l'agglomération la plus proche.

➲ à MONTCHENOT - 51500 : 11 km S. par N 51

 Auberge du Grand Cerf

» 50 rte Nationale
☎ 03 26 97 60 07
F. dim., mardi à dîn., merc., 2 sem. fév. et 3 sem. août.
Jusqu'à 21h30.

Champagne de propriétaire : un double sens idéal pour évoquer le fond de cave de ce Grand et noble Cerf, autant que la table elle-même, un des porte-drapeau les plus emblématiques de la région. Du prestige en manches de velours, du homard aigre-douce, du ris de veau aux truffes, une exigence de langoustines qui disqualifie d'emblée les crevettes et les éperlans. Vous êtes chez Dominique Giraudeau, propriétaire en Champagne, dans la salle où l'on écouterait volontiers quelque chant grégorien ou sur la terrasse ombragée de catalpas, lorsque la température exige quelques bulles millésimées. Le sommelier saura répondre à cette pépie par pas moins de 500 références, dont une partie importante consacrée à la terre nourricière.
M : 54-86 €

➲ à TINQUEUX - 51430 : 6 km O. par D 980

 L'Assiette Champenoise

» 40 av Paul-Vaillant-Couturier
☎ 03 26 84 64 64
F. mardi, merc. à déj. et 15 fév.-1er mars.
Jusqu'à 22h.

➥ **Hôtel :** Château de la Muire

Cadre et ambiance

Dans un superbe domaine arboré à la lisière de Reims, l'Assiette Champenoise s'érige en demeure de charme, juste ce qu'il faut pour le (haut) standing mais nullement propice à faire de son extraction luxueuse une affaire purement de caste. Alors, " class " mais pas farouchement classique, avec son enfilade de salles et salons, son épaisse moquette, sa vue sur la très belle terrasse où il est si plaisant, les soirs d'été, de s'octroyer à l'apéro, et pour tout un repas, des champagnes d'exception.

Cuisine

Il se passe quelque chose de prodigieux à Tinqueux. Une technique de premier de la classe, une curiosité exacerbée, une connaissance de l'endroit et de l'envers de la grande gastronomie française. Mais Arnaud Lallement, tout juste trentenaire, n'a que faire des acquis consolidés. Il cherche chaque jour, à l'instar d'un Jean-François Piège, le point de suture entre classicisme et modernisme, réinventant formes et textures (mille-feuille de thon et tomates au pistou), questionnant tout à la fois langoustines, caviar, concombre, haddock et wasabi dans un prodigieux essai sur l'iodé et le fumé. Et l'on ne vous en dira pas plus du superbissime turbot au château chalon et chorizo, instantané d'un jeune chef aussi ambitieux que doué.

Cave

Que dire d'une maison où l'on sert comme champagne du jour une flûte de Krug grand cru ? Peut-être qu'on a rarement connu une cave aussi riche en tentations, pas toujours raisonnable pour notre fragile équilibre budgétaire…

Accueil et service

Il est dans la lignée de la maison, la discrétion et l'amabilité en avant, une qualité d'écoute comme entre amis. En salle, Madame Lallement est la meilleure ambassadrice de la cuisine de son surdoué de fils, digne héritier de la maison dont il vient de reprendre depuis quelques années le flambeau dans un souci de modernité et de renouveau.
C : 80 € • M : 60-115 € *www.assiettechampenoise.com*

 Château de la Muire

» 40 av Paul-Vaillant-Couturier
☎ 03 26 84 64 64
Fax 03 26 04 15 69
F. 24-25 déc.

➥ **Restaurant** : 17/20 L'Assiette Champenoise

Les chambres sont désormais climatisées dans la belle maison anglo-normande des Lallement, où de belles chambres personnalisées permettent d'apprécier une étape au calme d'un parc fleuri à deux pas de Reims.
23 appart. 160-250 € • 32 ch. 130 € *www.assiettechampenoise.com*

REMIREMONT - 88200 (12 A 6)

Epinal 27 - Belfort 71

Le Clos Heurtebise DÉCOUVERTE

» 13 chemin des Capucins
☎ 03 29 62 08 04
F. dim. à dîn., lundi. Rens. annu. non comm.

Voilà ce qui arrive quand le métier et la jeunesse se conjuguent. Ludovic Léné, passé à l'Oasis et ancien second à l'Hôtellerie des Sources à Froideterre, réapprend aux nouveaux fidèles de cette maison de maître au décor sans lourdeur le plaisir de dîner. Une apparente décontraction, mais un résultat prometteur, des saveurs franches, des produits justes aux dosages d'épices très précis (étuvée d'épinards et d'orties aux écrevisses, omble chevalier superbe de naturel, carottes confites, jus court à l'huile de noisette) Cave pas très passionnante, quelques vins au verre.
C : 20 € • M : 27,50-60 €

à SAINT ETIENNE LES REMIREMONT - 88200 : 2 km S.E. par D 417

Le Chalet Blanc

» 34 rue des Pêcheurs
☎ 03 29 26 11 80
F. sam. à déj., dim. à dîn., lundi et 10-25 août.
Jusqu'à 20h45.

Cette zone commerciale, entre supermarchés et fast-foods, ne constitue pas un environnement de choix pour une table qui se veut gastronomique. Encourageons donc Joël Lejeune, qui ne manque ni de tonus ni d'idées pour sortir chaque jour de belles assiettes, méticuleuses, fraîches et sincères, des poissons traités avec simplicité et de belles et classiques viandes. Cave assez restreinte mais privilégiant les petits propriétaires.
C : 50 € • M : 20-65 € *www.lechaletblanc.com*

RENNES - 35000 (14 C 4)

Paris 350 - Nantes 108 - Caen 174

La Fontaine aux Perles

» 96 rue de la Poterie, au Manoir de la Poterie
☎ 02 99 53 90 90
F. dim. à dîn. (sf août dim.) et lundi.
Jusqu'à 21h30.

La Fontaine, première table rennaise intra-muros ? A en croire nos spécialistes, Rachel Gesbert n'a jamais été meilleur, et nous ne pouvons que nous en réjouir. Dans un style très éloigné d'un Etcheverry (le Saison) ou même d'un Guillemot (Pont d'Acigné), ce modèle du tradi bourgeois urbain, comme d'autres guides les adorent, met au moins de l'énergie à défendre ses valeurs. Et si l'accueil et le service glissent parfois sur le fil ténu entre obséquiosité et fatuité, le mangeur objectif se voit tout de même obligé de tirer son chapeau devant la " salade gourmande de crustacés " d'une convaincante fraîcheur. Et quand le chef se met à faire l'andouille, avec un turbot d'une darne bien épaisse, parfaitement cuite, on sort tout simplement la deuxième toque. Cave très catholique, idéale pour communions, avec une flopée de références très bien rangées.
C : 70 € • M : 25-68 € *www.lafontaineauxperles.com*

Le Corsaire

» 52 rue d'Antrain
☎ 02 99 36 33 69
F. dim., lundi (juil.-août), dim. à dîn., merc. et 1 sem. fin août.
Jusqu'à 21h15.

Droit sur la proue, sans louvoyer, le Corsaire défend la mer. Le capitaine est Antoine Luce, irréductible garant de la fraîcheur de la pêche et des grandes recettes qui l'habillent bourgeoisement pour la renommée de la cuisine hexagonale. C'est ce que l'on achète ici, logiquement assez cher - mais le menu à 27 **€** est une bonne approche de la maison - par l'intermédiaire des ormeaux au beurre persillé, de la poêlée de ris de veau et homard ou du turbot au chou camus. Les menus apportent un peu de fantaisie - et de douceur, grâce aux formules 22 et 27 **€** - la cave et le service sont résolument classiques.
M : 22-65 €

A
B
C
D
1
2
3
4
5
6
Bd de Verdun
Rue C.-Desmoulins
R. Anatole-France
R. B.-Ducoudray
Bd de Chézy
ILLE
Rue de Dinan
Rue Saint-Malo
Rue Saint-Martin
Parc des Tanneurs
R. des Tanneurs
R. du Moulin-St-Martin
Rue d'Antrain
Rue de Vincennes
HÔPITAL
Boulevard Maréchal-de-Lattre-de-Tassigny
Boulevard de Chézy
Rue Legraverend
Rue de l'Hôtel-Dieu
Place Saint-Jean-Eudes
Rue Lesage
Rue Auguste-Blanqui
Rue Noël-du-Fail
R. Robelin
R. J.-Cassard
Rue de Dinan
Allée Coysevox
Rue de Saint-Malo
R. d'Antrain
Rue de Robien
R. de la Borderie
Rue du Gal-M.-Guillaudot
CANAL D'ILLE-ET-RANCE
R. d'Échange
R. P.-Gourdel
Allée J.-F.-Guihery
Rue d'Échange
SAINT-AUBIN
Place Hoche
Rue Saint-Mélaine
Place Saint-Mélaine
Place Sainte-Anne
R. de la Visitation
R. Hoche
BEAUX-ARTS
PRÉFECTURE
Bd de Chézy
R. du Louis-d'Or
Rue Saint-Louis
Rue St-Michel
Place Saint-Michel
R. du Chp-Jacquet
R. Bertrand
R. des Fosses
R. Martenot
Square de la Motte
SAINT-ÉTIENNE
Place des Lices
HALLES
Rue R.-du-Baty
Place de la Trinité
Place du Champ-Jacquet
Rue Le Bastard
PARLEMENT DE BRETAGNE
R. Nationale
Rue Victor-Hugo
Quai d'Ille-et-Rance
Q. Saint-Cast
R. Nantaise
Rue de la Monnaie
SAINT-SAUVEUR
Place Saint-Sauveur
Place du Parlement de Bretagne
Rue Saint-Georges
Rue Gambetta
CATHÉDRALE SAINT-PIERRE
R. du Chapitre
R. des Dames
R. de l'Horloge
HÔTEL DE VILLE
THÉÂTRE
R. de Coëtquen
PALAIS SAINT-GEORGES
SAINT-GERMAIN
Place Maréchal-Foch
R. St-Yves
Place du Calvaire
Place Saint-Germain
Q. Duguay-Trouin
Q. Lamartine
Q. Chateaubriand
Quai
Quai Lamennais
Quai Émile-Zola
Quai Saint-Cyr
VILAINE
Quai de la Prévalaye
Rue de la Chalotais
R. de Nemours
R. du Pré-Botté
Place Toussaints
R. Toullier
Av. Jean-Janvier
Rue Lanjuinais
Rue Poullain-Duparc
R. Jules-Simon
R. du Mar.-Joffre
R. Vasselot
TOUSSAINTS
Bd Sébastopol
R. de la Santé
R. de la Motte-Picquet
Bd de la Tour-d'Auvergne
Boulevard de la Liberté
Place H.-Commeurec
HALLES CENTRALES
R. des Carmes
R. St-Thomas
Place de la Rotonde
R. Chicogné
Square du Pré-Perché
Rue du Pré-Perché
Rue Tronjolly
Rue du Vx-Cours
R. E.-Souvestre
Rue d'Isly
PALAIS DES SPORTS
Av. Jean-Janvier
Rue de Redon
Rue Thiers
Boulevard Magenta
Esplanade du Général-de-Gaulle
R. Pierre-Abélard
R. du Puits-Mauger
Rue de Plélo
Place Maréchal-Juin
Cours des Alliés
Rue de l'Alma
GARE ROUTIÈRE
Place Général-Kœnig
Place du Colombier
100 m
Edigraphie
Restaurant
Hôtel
Hôtel-Restaurant
1 Appart de Loïc (L') B-6
2 Biscorne (Le) D-3
3 Bouchon Jeannot (Le) D-5
4 Café Breton B-4
5 Comptoir des Halles (Le) C-5
6 Coquerie (La) E-1
7 Corsaire (Le) D-3
8 Escu de Runfao (L') C-4
9 Fontaine aux Perles (La) G-6
10 Four à Ban (Le) D-3
11 Garden Hotel D-5
12 Guéhennec (Le) B-4
13 Hot Brasil C-3
14 Hôtel des Lices C-4
15 Inter-Hôtel Le Sévigné D-6

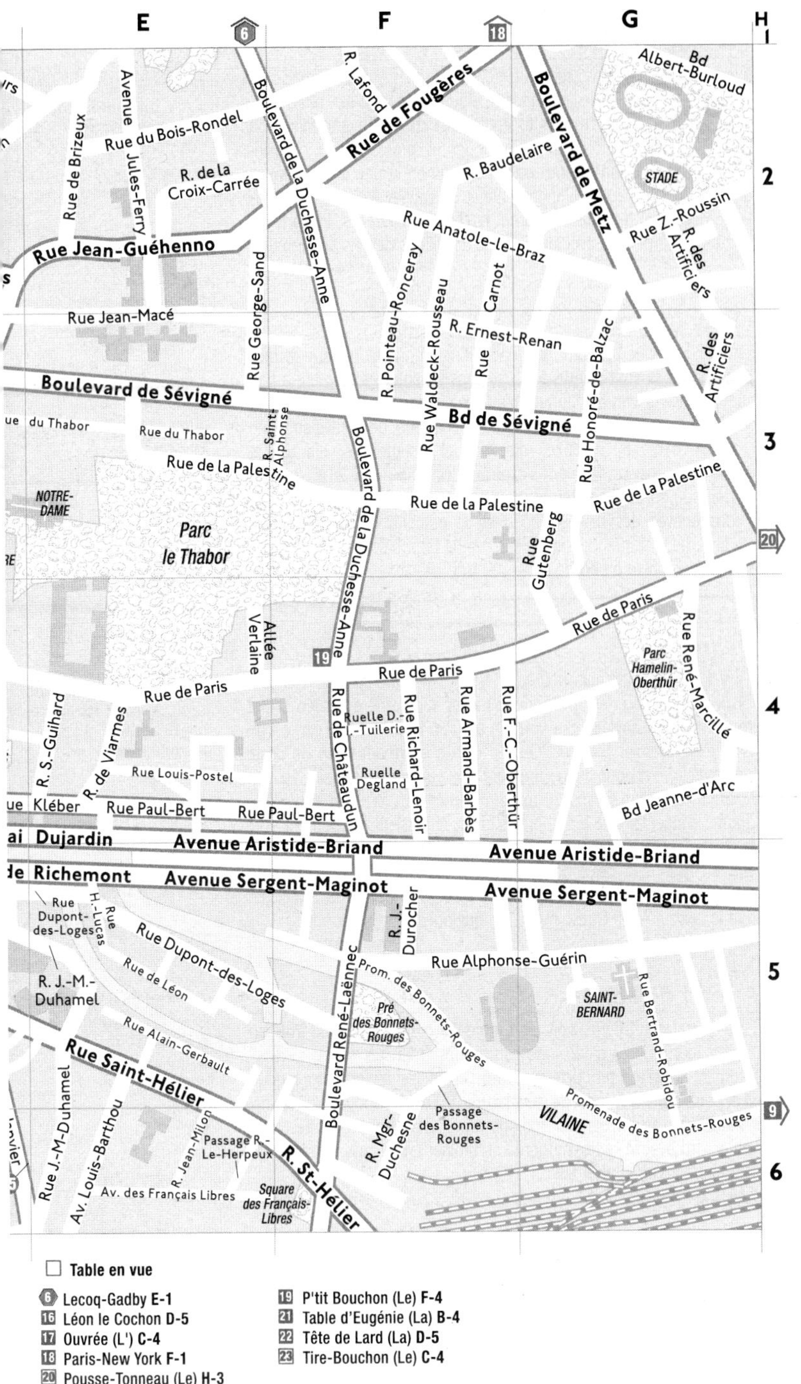

☐ Table en vue

6 Lecoq-Gadby **E-1**
16 Léon le Cochon **D-5**
17 Ouvrée (L') **C-4**
18 Paris-New York **F-1**
20 Pousse-Tonneau (Le) **H-3**
19 P'tit Bouchon (Le) **F-4**
21 Table d'Eugénie (La) **B-4**
22 Tête de Lard (La) **D-5**
23 Tire-Bouchon (Le) **C-4**

L'Escu de Runfao

Changement de décor dans cette institution rennaise, vieille maison à colombages, dans le quartier de la cathédrale, pour un mariage très réussi entre l'ancien et le contemporain, moquette épaisse et cheminée ancienne, tons chauds en beige et marron foncé, mobilier design et confortable. Côté cuisine, pas de révolution mais Alain Duhoux est à nouveau en bonne forme dans un registre sérieux qui mise sur les fondamentaux. Le rouget, le bar et la poêlée d'abricots ne décoiffent pas mais rassurent la clientèle d'affaires. La carte des vins est fort bien charpentée, avec quelques propositions de vins au verre.

M : 28-53 € *www.escu-de-runfao.com*

» 11 rue du Chapitre
☎ 02 99 79 13 10
F. sam. à déj., dim. (sf à dîn. mi-sept-fin mai), vac. scol. fév. et 5-25 août.
Jusqu'à 22h.

Le Four à Ban

Cet ancien four banal ne l'est plus, et depuis longtemps. Depuis que Jacques Faby et son épouse se sont investis à 120% dans l'aventure forcément à haut risque que représente un restaurant d'artisans aujourd'hui. Le joli décor contemporain, la ligne directrice d'une exigence récurrente de la salle au piano, constituent une charge au quotidien que le chef assume avec efficacité et persévérance. Ici, Monsieur, le talent s'exprime dès le menu à 25 **€**, avec un tartare de daurade au basilic et tempura de légumes et des rognons de veau cuits en cocotte avec des navets glacés, et se poursuit dans les échelons supérieurs, sagement et méthodiquement. Cave de bonne constitution, un peu passe partout, mais fiable en bordeaux et pas trop chère.

C : 40 € • M : 19-45 € *www.lefouraban.com*

» 4 rue Saint-Melaine
☎ 02 99 38 72 85
F. sam. à déj., dim., lundi à dîn., 1 sem. mi-fév. et 3 sem. après 14 juil.
Jusqu'à 21h45.

L'Ouvrée

Est-ce qu'il y a des restaurateurs heureux ? Qui ne se lamentent pas sur leur sort, qui expriment encore leur passion du métier sans arrière-pensée ? Allez faire un tour chez Joël Langlais pour vous en assurer. La place des Lices est un site touristique de premier plan, et l'Ouvrée est un charmant relais de poste XVIIe, décoré avec soin et voué depuis toujours à une qualité exemplaire. Le chef Gérard Jehannin a vingt-huit ans de maison derrière lui, et il est loin d'être rouillé. Chaque année, la carte a de bonnes idées, et l'assiette les transcrit avec exactitude : turbot aux langoustines, suprême de volaille à la crème de homard, pigeonneau au four à la cardamome et de beaux desserts sous influence régionale (biscuit breton, galette aux pommes glace hydromel). Cave maligne et variée de la Loire au Sud-Ouest, munie de quelques vins du monde.

C : 30 € • M : 14,50-32 € *www.louvree.com*

» 18 pl des Lices
☎ 02 99 30 16 38
F. sam. à déj., dim. à dîn., lundi, 2e sem. Pâques et 1er-15 août.
Jusqu'à 21h30.

L'Appart de Loïc

A l'écart du circuit touristique, Loïc et Carole Pasco ont fait leur trou en s'appuyant sur leur louable credo, une cuisine des "marchés et des jardins" faisant largement appel aux producteurs locaux : filet de saint-pierre rôti, fondue de fenouil et petits artichauts, noix de saint-jacques d'Erquy, risotto carnaroli aux asperges blanches, carré d'agneau rôti, pommes grenailles et blettes. Des assiettes en accord avec le cadre, moderne et lumineux, une cave courte, mais pointue (Puzelat, Mosse) et abordable.

C : 35 € • M : 27 € *carole.pasco@rtel.fr*

» 67 ter bd de la Tour-d'Auvergne
☎ 02 99 67 03 04
F. dim., lundi et août.
Jusqu'à 21h45.

La Coquerie

➥ **Hôtel :** Lecoq-Gadby

Les charmes de l'hôtel s'étendent à cette table feutrée où un chef adroit sait s'adapter aux modes et aux saisons. la carte établit le dialogue avec les beaux poissons de pêche côtière, les légumes bretons et les préparations d'aujourd'hui (risotto, carpaccio...). Bons desserts soignés, service de standing et cave équitable et variée.

C : 45 € • M : 29-65 € *www.lecoq-gadby.com*

» 156 rue d'Antrain
☎ 02 99 38 05 55
F. dim. (août).
Jusqu'à 21h15.

13 Le Guéhennec

DÉCOUVERTE

» 33 rue Nantaise
☎ 02 99 65 51 30
F. dim., lundi et 15 jrs août.
Jusqu'à 21h.

Régine et Gérard Le Guehennec ou le bonheur est dans le pré à l'envers… Adieu le beau presbytère bucolique de la campagne rennaise et les grands espaces (à Treffendel), bonjour la ville et les espaces confinés. Les voici depuis le début 2005 au rez-de-chaussée d'une immeuble d'une petite rue, au bas de la place des Lices, que les Rennais appellent communément et à juste titre " Place-Délice ". Un lieu intimiste en bois et verre où une petite trentaine de convives peuvent prendre place. Pour le reste nous avons retrouvé le savoir-faire de Gérard où les beaux produits bretons sont titillés par une pointe sudiste (pesto, olives…). Jolis desserts classiques et petite carte des vins pertinente. Accueil charmant et service enjoué .

C : 28 € • M : 18,50-38 €

13 Léon le Cochon

» 1 rue du Mal-Joffre
☎ 02 99 79 37 54
F. dim. (juil.-août).
Jusqu'à 22h30.

Certains de nos inspecteurs sortent de chez Léon tellement euphoriques, qu'ils verraient bien la note grimper après chaque visite. Restons-en néanmoins à cette belle toque, qui rend justice au travail on ne peut plus sérieux accompli en cuisine, derrière la chaleur communicative qui secoue toute la salle, les intitulés ludiques, les saynètes de la vie du cochon dans les vitrines et ce service d'une grande disponibilité. Car le pied croustillant, les croustilles de joues, comme la tranche de veau façon hamburger ou le pain perdu de Mamie Germaine appartiennent bien au monde de la cuisine de professionnel. Bonne cave branchée Sud, débrouillarde et pointue (Grécaux, Les deux Anes, Gros Noré, Hauvette). Et Latour 95 à 140 €, ça ne vous dit pas, avec une caille farcie au foie gras de chez Paul Renault ?

C : 25 € • M : 11,50 €

12 Le Bouchon Jeannot

» 2 rue des Carmes
☎ 02 99 79 28 29
F. sam. à déj., dim., merc. à dîn., 1 sem. vac. scol. Pâques, 3 sem. août et 1 sem. Noël.
Jusqu'à 21h30.

"Ne demandez rien. Surtout pas la carte ou le menu. Mangez ce qu'on vous apporte…". Un extrait des "grands principes du bouchon lyonnais" mis en exergue avec humour par le patron de ce typique repaire de bonnes fourchettes donne le ton de la convivialité. Et si le client n'a pas toujours raison, le fait de pousser la porte de cette très fiable adresse en fait un homme de goût, au moins capable d'apprécier la salade de gras-double et le tablier de sapeur. Rhône, lyonnais, mâcon en pot, bien sûr, et fine sélection (Coursodon, Brun…) en bouteilles.

C : 30 € • M : 18-26 € *eurl.lumax@wanadoo.fr*

12 Paris-New York

» 276 rue de Fougères
☎ 02 23 21 15 71
F. sam. à déj., dim., 10 prem. jrs mai et 15 jrs mi-août.
Jusqu'à 22h.

L'aller-retour à 20 €, c'est du low low cost pour ce tour operator de la banlieue rennaise dans un menu fort bien tourné. La façade jette ses lumières, le cadre contemporain annonce une carte d'aujourd'hui qui ne joue pas trop l'épate mais garde le goût du voyage : goujonnettes de mérou au massala, tournedos de mignon de porc tian de polenta et épices, poire pochée à l'hibiscus.

C : 32 € • M : 14-28 €

12 La Tête de Lard

» 37 rue Vasselot
☎ 02 99 79 05 91
F. dim., lundi, 3e sem. fév. et 3 prem. sem. août.
Jusqu'à 22h30.

La récente ouverture de la façade sur une terrasse a donné un attrait supplémentaire à la maison d'Yvette et Vincent Guillemot. Le cochon reste la vedette des lieux, en croustillant, en échine rôtie à la broche ou sous forme de charcuterie en planche. Menu-carte attractif, cave aguicheuse et pas chère.

M : 14-23 €

[11] La Biscorne

» 8 rue Saint-Mélaine
☎ 02 99 38 79 77
F. dim., lundi et août.
Jusqu'à 21h30.
⛱

Des petits menus qui soulagent et donnent même bonne humeur, poissons qui sautent de fraîcheur et terroir en liberté, salade de jarreton et pied de cochon ravigote, émincé de cabillaud en galette de blé noir, filet de rouget au pesto, dans une atmosphère jeune et sincère.
C : 32 € • M : 12,95-30 €

[11] Café Breton

» 14 rue Nantaise
☎ 02 99 30 74 95
F. sam. à dîn., dim., lundi à dîn. et 3 sem. août.
Jusqu'à 22h45.
🐕

Dans une ancienne boutique de cuirs et crépins installée au pied de la place des Lices (le quartier devient vraiment hautement concurrentiel), cette table d'amis joue la carte de la cuisine ménagère bon teint : duo de lotte et saint jacques, agneau aux figues, bar à la crème d'andouille, poêlée de langoustines flambées au cognac, à savourer dans un décor joyeusement hétéroclite.
C : 25 €
j.pannetier2@wanadoo.fr

[10] La Table d'Eugénie

» 2 rue des Dames
☎ 02 99 30 78 18
F. sam. à déj., dim., lundi à déj., 1 sem. mars et 3 sem. août.
Jusqu'à 21h45.
⛱ 🐕

Dans le vieux quartier de Rennes, une petite adresse qui fait son chemin dans un décor qui allie l'ancien et le moderne. La formule du midi n'est ni renversante, ni ruineuse, la carte du soir est réservée à des essais plus ambitieux.
C : 32 € • M : 31,50-38 €

▶ Le Comptoir des Halles

» 25 rue Jules-Simon
☎ 02 99 78 20 07
F. dim.
Jusqu'à 22h30.
⛱ ❄

En face des halles centrales, une clientèle typiquement urbaine, souvent féminine, se bouscule déjà dans ce décor bien imaginé, pour déguster dans un gentil tohu-bohu le petit menu du jour ou quelques suggestions à dominante marine comme la terrine de maquereau bien typée ou de simples st jacques à la plancha.. Carte des vins courte mais futée.
C : 25 € • M : 12 €

▶ Hot Brasil

» 27 rue de Penhoët
☎ 02 99 78 17 81
F. à déj., dim à dîn. et 1 sem. août.
Jusqu'à 22h30.

Un petit air de samba au cœur de la capitale bretonne, voilà de quoi réchauffer les longues et pluvieuses soirées d'hiver : feijoada, churrasco, fondants brésiliens, une jolie technique digne des footballeurs cariocas.
C : 25 €
hot.brasil@laposte.net

▶ Le Pousse Tonneau

» 6 rue Sauvaie
☎ 02 23 30 25 26
F. w.-e.
Jusqu'à 21h45.
⛱ 🚗 🐕 🚬

A l'orée d'une ZAC, tout près du siège de Ouest-France, un bistrot d'opportunité qui remplit correctement sa mission, dans un décor vigneron reconstitué. En rhône et languedoc, il y a vraiment du pointu (Domaine Antonin, Mas des Chimères) et beaucoup de petits prix pour un tas de bouteilles passionnantes. Et un vrai plus produit, une dizaine de vins de pays, à moins de 15 **€**. L'assiette n'est pas très affriolante, malgré les grandes salades, le menu du jour et les essais semi-gastro, mais quelle cave !
M : 15-24 €
www.pousse-tonneau.com

▶ Le Tire-Bouchon

» 2 rue du Chapitre
☎ 02 99 79 43 43
F. w.-e., fériés, vac. scol. fév., 1 sem. Ascension et 3 sem. août.
Jusqu'à 22h45.
⛱

Les tenants d'une vigne qui ne souffre pas et des vignerons qui ne soufrent pas tombent d'accord derrière un verre de morgon de Lapierre ou d'un chenin de Puzelat. Pour mieux discuter, ils font la fête à une terrine de chèvre et au fricandeau de veau. Cela se passe comme ça au Tire-Bouchon, et c'est évidemment précieux.
C : 22 €

Lecoq-Gadby

» 156 rue d'Antrain
☎ 02 99 38 05 55
📠 02 99 38 53 40
Ouv. 7j/7.

Restaurant : 13/20 La Coquerie

L'élégante maison ancienne s'ordonne autour d'une roseraie et se pare d'un cadre feutré, notamment dans les chambres, très agréablement personnalisées, mobilier de style et coloris assortis selon différentes ambiances. Nombreux services, du spa à l'ouverture, début 2006, d'une boutique de fleurs, en passant bien sûr par la table.

appart. 265-305 € • 11 ch. 118-165 € • 1/2 pens. 166-247 €

www.lecoq-gadby.com

Garden Hotel

» 3 rue Duhamel, angle av Janvier
☎ 02 99 65 45 06
📠 02 99 65 02 62
Ouv. 7j/7.

Les travaux de l'an dernier ont amené toutes les chambres au même (bon) niveau de confort et renforce l'attrait de cet établissement à la charmante cour intérieure fleurie.

25 ch. 56,50-62 €

www.hotel-garden.fr

Hôtel des Lices

» 7 pl des Lices
☎ 02 99 79 14 81
📠 02 99 79 35 44
Ouv. 7j/7.

Lices et surtout délices pour cet hôtel du centre, qui assume sans problème sa modernité au cœur des vieux quartiers, jusqu'à un décor résolument design, lumière, couleurs chaleureuses et mobilier contemporain.

45 ch. 54-61 €

www.hotel-des-lices.com

Inter-Hôtel Le Sévigné

» 47 av Janvier
☎ 02 99 67 27 55
📠 02 99 30 66 10
Ouv. 7j/7.

Des chambres personnalisées (décorations sobres, couleurs diverses) à proximité de la gare.

44 ch. 54-80 €

www.hotellesevigne.fr

à CESSON SEVIGNE - 35510 : 6 km E. par N 157

Le Hublais

» 28 rue de Rennes
☎ 02 99 83 11 06
F. w.-e. et vac. scol.
Jusqu'à 22h30.

Ce faubourg n'est pas plus rieur que cela, mais si tout le monde s'y arrête, c'est que la réponse est à l'intérieur : un bistrot de bon ton, moderne et sobre, où l'assiette est vraiment prise en considération, des produits remarquables, la mer en particulier, soignée dans des menus tous intéressants.

C : 30 € • M : 17-33 €

Le Sarment de Vigne

» 54 rte de Fougères
☎ 02 99 62 00 13
F. sam. à déj., dim. à dîn., lundi, 1 sem. fin avril-déb. mai et 4 sem. fin juil.-3e sem. août.
Jusqu'à 21h15.

La maison, longue et basse, posée au bord de la route est anodine. L'intérieur est plus chaleureux même si l'on peut regretter le peu d'espace entre les tables, un détail qui s'oublie devant le sourire et l'efficacité de Cécile Ollivier. Son époux Yannick va droit au but, du traditionnel sans routine. Beau foie gras poêlé rehaussé astucieusement de cacao et impeccable turbot accompagné d'un trait de lait de tourteau iodé et d'une brunoise de légumes de saison. En revanche les desserts sont décevants. Courte carte des vins classique.

C : 45 € • M : 16,50-38 €

www.lesarmentdevigne.com

à CHARTRES DE BRETAGNE - 35131 : 10 km S. par N 137

La Braise

» 2 av de la Chaussairie
☎ 02 99 41 21 29
F. sam. à déj., dim. à dîn., lundi à dîn., 1 sem. fin fév. et 2 sem. mi-août.
Jusqu'à 21h30.

Eric et Birgit Adam portent à bout de bras cette ancienne ferme du XVIIIe depuis une décennie désormais et jamais nous n'avions remis en question la belle toque qui couronne ce travail. Pourtant, quelques déceptions cette année nous conduisent à réviser notre jugement. Un bon point pour le service, qui sait faire face même en sous-effectif et pour l'excellent choix de vin au verre.

C : 20 € • M : 15-55 €

à NOYAL SUR VILAINE - 35530 : 12 km E. par N 157

L'Auberge du Pont d'Acigné

Certaines maisons font bouillonner la marmite de l'imagination, d'autres mettent en avant leur cadre ou leur esprit de famille. Celle de Sylvain et Marie-Pierre Guillemot joue gagnante sur tous les tableaux : un cadre idyllique en bordure de Vilaine, avec belle terrasse de bois exotique regardant le vieux moulin, une cuisine de produits nobles, contemporaine bon genre (ravioles de homard, gâteau de foie gras et asperges, langoustines citronnelle) et qui fonctionne surtout très bien quand le chef se met sans fard au service du produit, qu'il s'agisse du canard de Paul Renault ou du saint-pierre rôti aux fèves et aux girolles. La grosse cave remplit son caddy chez les bons vignerons (muscadet de Batard, anjou de Jo Pithon...) et les jeunes grands crus sont assez abordables.
C : 70€ • M : 27-45€ *pont.d.acigne@wanadoo.fr*

» Le Pont-d'Acigné
☎ 02 99 62 52 55
F. sam. à déj., dim. à dîn., lundi, 1re sem. janv. et 3 prem. sem. août.
Jusqu'à 21h.

à SAINT GREGOIRE - 35760 : 6 km N. par D 82

Le Saison

Cadre et ambiance
Une belle salle contemporaine dans un trou de verdure, presque inattendue dans ce coin résidentiel de la banlieue nord, mais une approche chaleureuse, engageante, une atmosphère de bons vivants connaisseurs qui apprécient aussi la terrasse au mobilier de teck donnant sur le jardin.

Cuisine
C'est parfois reposant une cuisine intelligente dans un lieu moderne : on ne s'énerve pas sur le pain mollasson, sur le service qui en fait des tonnes sans savoir pourquoi, sur les assemblages stupides d'ingrédients mal mariés. Pour changer, on s'évade au bord d'un gave des Pyrénées appelé le Saison. Et on laisse faire David Etcheverry. Tout est bien, juste, charmant et gourmand : ormeaux en croûte de maïs et infusion de gingembre, saint-pierre frotté d'aromates et réduction d'hypocras, pigeonneau fondant au caramel de céleri et cannellonis aux béatilles. Du très beau travail dans la sérénité, celle d'un chef qui contrôle tout et sait où il va.

Cave
Dans les casiers, Eric Nicolas et Méo-Camuzet, Roc de Cambes et Fombrauge, Pacalet et Lapierre, jean-Michel Deiss et Patrick Lescarret, Tissot et Sarda-Mallet. Une vraie cave, donc, sans faille.

Accueil et service
Dans le style de la maison, souple, discret et contrôlant toutes les manoeuvres.
C : 60€ • M : 22-60€ *www.le-saison.com*

» Imp du Vieux-Bourg
☎ 02 99 68 79 35
F. dim. à dîn., lundi et 3 sem. août.
Jusqu'à 21h30.

RESTIGNE - 37140 (**17** B 4)

Tours 41 - Bourges 202

Manoir de Restigné

Un manoir discret, entre Bourgueil et la Loire, à cinq cents mètres du village. L'esprit maison d'hôtes règne derrière les murs épais, dans ce domaine jadis fortifié dont subsiste une tour cylindrique. L'orangerie XVIIIe est classée, un motif supplémentaire de visiter le parc, avec ses jardins et ses vignes. Les chambres sont très spacieuses, toutes non fumeur et décorées dans l'atmosphère XVIIIe. Table d'hôtes sur réservation.
4 ch. 115-290€ *www.manoirderestigne.com*

» 15 rue de Tours, la Paterye
☎ 02 47 97 00 06
Fax 02 47 97 00 06
F. janv., fév. et mars.

RETHEL - 08300 (9 B 2)

Charleville-Mézières 45 - Reims 40

Au Sanglier des Ardennes R

Avec sa brique claire et ses enseignes rouges, la maison est une valeur sûre du centre ville, pour l'hôtellerie comme pour la restauration, classique et régionale.
12 ch. 40-60 € • 1/2 pens. 55-64 € • C : 30 € • M : 12-26 €

» 1 rue Pierre-Curie
☎ 03 24 38 45 19
03 24 38 45 14
F. 24-26 déc., 31 déc.-2 janv.

RETHONDES ➤ COMPIEGNE

REUGNY ➤ MONTLUÇON

REUILLY SAUVIGNY - 02850 (4 C 5)

Laon 103 - Château-Thierry 13

Auberge Le Relais H ♥

Cadre et ambiance

Cette maison sans grand charme extérieur cache bien l'une des toutes meilleures tables de la région, toute proche des trois toques. Salle-véranda agréable ouvrant sur les collines et le vignoble. Quelques chambres décorées selon les canons actuels, offrant beaucoup de charme à des prix très compétitifs.

Cuisine

Martial Berthuit a fêté cette année son premier quart de siècle à la tête de cette maison. Sa cuisine, vive, expressive et très personnelle, demeure d'une exceptionnelle probité, atteindre les 100 € à la carte se révélant impossible même en y piochant les produits les plus luxueux : sur une gelée de betteraves rouges et une crème de chou-fleur, un carpaccio de langoustines bretonne et caviar d'Aquitaine, un sandre au laurier sous la peau, jeunes poireaux et lentins de chêne, mascarpone au poivre noir et jus de rôti de volaille, un confit d'épaule d'agneau au chèvre frais et tomates confites, un mille-feuille aux gousses de vanille, tomates confites, petits légumes et fruits aux mille saveurs. Du travail d'orfèvre, valant un coup de coeur bien mérité.

Cave

Une belle carte de champagnes bien sûr, une jolie collection de coteaux champenois, le meilleur de la Bourgogne et du Bordelais et quelques perles ailleurs, comme le côtes-du-luberon la Canorgue.

Accueil et service

La maison ne joue pas les précieuses, préférant la simplicité d'un accueil chaleureux et personnalisé, jamais écrasant.
C : 82 € • M : 29-75 € • 7 ch. 67-90 € *www.relaisreuilly.com*

» 2 rue de Paris
☎ 03 23 70 35 36
F. mardi, merc., 29 janv.-2 mars et 20 août-7 sept.
Jusqu'à 21h15.

REVEL - 31250 (30 A 4)

Toulouse 58 - Castres 30

Le Midi R

Des chambres personnalisées dans un ancien relais de poste, avec des tons clairs et ce qu'il faut de rappel à l'histoire (beaux matériaux anciens). A table, Bernard Aymes connaît son affaire, du conffidou de canard au baron d'agneau.
17 ch. 38-61 € • 1/2 pens. 51-59 € • C : 35 € • M : 19-45 €
www.hotelrestaurantdumidi.com

» 34 bd Gambetta
☎ 05 61 83 50 50
05 61 83 34 74
Ouv. 7j/7.

à GARREVAQUES - 81700 : 7 km N.O. par D 622 et D 45

Le Pavillon du Château

Les chambres sont installées dans le Pavillon, dépendances d'un château du XVe siècle, reconstruit après le passage agité de la Révolution. Décor élégant, meubles de style, tranquillité et vue sur le parc.

15 ch. 110-200 € *www.garrevaques.com*

» Château de Garrevaques
☎ 05 63 75 04 54
Fax 05 63 70 26 44
F. 2 sem. fév.

REYNES ➤ AMELIE LES BAINS PALALDA

RHINAU - 67860 (10 C 3)

Strasbourg 38 - Sélestat 26

Au Vieux Couvent

Certains font le métier comme on va à l'usine. Avec des horaires, en économisant son énergie, en mettant le cruise control pour s'arrêter à l'indispensable. Pendant ce temps, la famille Albrecht, Jean, Alexis, Lucienne, Evelyne, bosse. Fait une semaine italienne, organise des journées paella au printemps, un menu truffe en hiver et des "sorties aux herbes" pour faire découvrir les plantes sauvages de la région. Et parallèlement, transforme le quotidien du restaurant en une fête permanente pour qui lui fait l'honneur de la visite. Avec la cuisine à quatre mains de Jean et Alexis, recherchée, fouillée et solidement étayée par les produits locaux : rouelles d'anguille au Melfor et salade de quinoa, gelée d'anguille, filet de turbot sauvage risotto printanier aux amarantes, escalope de ris de veau, sauce au riesling, chevrier vert et chénopose. Cave alsacienne solide, enrichie de bordeaux très bien choisis et quelques vins du monde.

C : 80 € • M : 35-79 €

» 6 rue des Chanoines
☎ 03 88 74 61 15
F. lundi à dîn, mardi, merc., 2 sem. fév., 3-21 juil. et 1 sem. oct.
Jusqu'à 20h45.

RIBEAUVILLE - 68150 (10 B 4)

Colmar 16 - Strasbourg 60

Le Haut Ribeaupierre

La maison est alsacienne, la salle est alsacienne, et le tout est plutôt joli. Comme nombre de ses confrères régionaux, Patrick Frénot maîtrise bien la musique classique, mais n'a légitimement pas envie de s'enfermer dans le conservatoire. Alors sa carte est voyageuse, épicée, marine tour à tour, avec un succès régulier : escargots du lac Blanc écume de petit lait de cresson, champignons de cueillette à l'ail des ours ; omble chevalier du Val d'Orbey, vapeur de mélisse et navets fondants liés d'un beurre d'arêtes au caviar de hareng ; pigeon, de Théo Kieffer bien sûr, et ris de veau rissolé, noix de cajou et citron confit : voilà qui éloigne évidemment des winstubs pour des assiettes qui peuvent passionner les visiteurs comme les autochtones. Grande cave alsacienne de toutes les valeurs sûres.

C : 60 € • M : 29-75 € *le hautribeaupierre@free.fr*

» 1 rte de Bergheim
☎ 03 89 73 87 63
F. mardi, merc., janv. et 1re sem.juil.

Au Valet de Cœur

➡ **Hôtel :** La Pépinière

Cette maison au riche passé (son premier propriétaire fut cuisinier auprès du Tsar de Russie et eut comme apprenti Paul Haeberlin avant-guerre) a retrouvé une seconde jeunesse sous la férule de Christophe Cavelier. Ce dernier a choisi de prendre à contre-pied la tradition régionale, préférant mixer les langoustines en terrine avec des tomates confites et des courgettes, marier l'omble chevalier et les pommes de terre farcies aux grenouilles à l'ail des ours ou le dos de cochon de lait confit et laqué à des nems végétariens et du riz thaï. Une maison à part et indispensable.

C : 60 € • M : 33,50-62 € *www.valetdecoeur.fr*

» 40 rte Sainte-Marie-aux-Mines
☎ 03 89 73 64 14
F. dim. à dîn., lundi et mardi.
Jusqu'à 22h.

Hostellerie des Seigneurs de Ribeauville

L'histoire des lieux remonte au XIVe siècle et les bâtiments actuels ont été construits au début du XVIIIe siècle. Un cadre typique et historique donc, dans lequel sont aménagées des chambres adorables et soignées, dans l'esprit des lieux et de la région.
2 appart. 168 € • 6 ch. 118-148 €

» 11 rue du Château
☎ 03 89 73 70 31
📠 03 89 73 71 21
F. 22 déc.-10 mars.

La Pépinière

➡ **Restaurant** : 14/20 Au Valet de Coeur
Au calme, bien protégé dans un environnement forestier, à 3 km de Ribeauvillé, un gros chalet aux chambres spacieuses et cossues.
1 appart. 92 € • 16 ch. 43,50-82 € • 1/2 pens. 73-90 € *www.valetdecoeur.fr*

» 40 rte Sainte-Marie-aux-Mines
☎ 03 89 73 64 14
📠 03 89 73 88 78
Ouv. 7j/7.

RIEC SUR BELON - 29340 (13 C 4)

Quimper 37 - Lorient 31

Domaine de Kerland

A deux pas du Belon, cette ancienne ferme XIXe se pare d'un cadre à l'ancienne, mobilier de style et tapis. Le parc est particulièrement agréable, avec une vue qui se déroule jusqu'aux fameux parcs à huîtres qui font la réputation de la région.
1 appart. 116-128 € • 17 ch. 59-100 € • 1/2 pens. 67-88 €
www.hotelbelon.online.fr

» Rte de Moëlan-sur-Mer, D 24
☎ 02 98 06 42 98
📠 02 98 06 45 38
Ouv. 7j/7.

RIEDISHEIM ➤ MULHOUSE

RIGNAC ➤ GRAMAT

RILLIEUX LA PAPE ➤ LYON

RINGENDORF - 67350 (10 C 2)

Strasbourg 37 - Saverne 22 - Bouxwiller 7

La Ferme de Suzel

Des plats de grand-mère par une cuisinière qui a l'amour des recettes de toujours et le savoir-faire. Chez Odette, tout a du goût, et pas seulement le goût d'antan. A preuve, les bons poissons d'arrivage très justement préparés.
C : 32 €

» 15 rue des Vergers
☎ 03 88 03 30 80
F. lundi, mardi, vac. scol. fév. et 15-31 août.
Jusqu'à 21h.

RIOM - 63200 (26 B 3)

Clermont-Ferrand 16 - Vichy 39

Le Flamboyant

Flamboyante, l'ancienne école des filles. Disons pétillante, comme la cuisine d'Hervé Klein, qui s'amuse et nous régale en faisant ce qu'il aime, des associations, des compositions, sur la base du terroir et du classique, dans une veine ludique et imaginative. Le décor lui-même, élégant et coloré, prête à l'évasion, pour suivre la julienne de poireaux et pétoncles poêlés, le chaud-froid de magret, le foie gras en club sandwich ou les langoustines et saint-jacques en tajine. Vins d'Auvergne sélectionnés (l'excellent pinot de Sauvat) dans une cave variée et intéressante.
C : 43 € • M : 18-50 € *restaurant.leflamboyant@wanadoo.fr*

» 21 bis rue de l'Horloge
☎ 04 73 63 07 97
F. dim. à dîn., lundi, 1er-10 janv., 1 sem. juin et 2 sem. fin sept.
Jusqu'à 21h45.

RIQUEWIHR - 68340 (10 B 4)

Colmar 15 - Strasbourg 65

 La Table du Gourmet

» 5 rue de la 1re-Armée
☎ 03 89 49 09 09
F. mardi, merc. (saison seult à déj.), jeudi à déj. et 2 janv.-11 fév.
Jusqu'à 21h15.

Cadre et ambiance
Au cœur du merveilleux village de Riquewihr, la maison de Jean Luc Brendel se fait presque discrète, solide et sérieuse bâtisse vigneronne du XVIe siècle. A l'intérieur, c'est pourtant l'extravagance qui prime, murs et moquettes d'un rouge profond, tranchant avec les poutres noires.

Cuisine
Suivant le décor, et en complet décalage avec les us et coutumes locaux, la cuisine de Jean-Luc Brendel (ancien biologiste) porte la signature d'un chef passionné par les herbes, les fleurs, les baies et les racines : jambonnettes de grenouille en beignets au masala, ail des ours, petit lait au cresson de terre ; queue de langouste snackée à l'angélique, pousse de pois et petits pois, jus à boire ; turbot sauvage frémi à la verveine odorante dans une feuille de cerda et chou rave cuisiné à l'orange. Des créations ambitieuses, ultra personnelles mais qui, de temps à autre, laissent parfois un goût d'inachevé, comme si Jean-Luc Brendel n'était parfois plus tout à fait convaincu par sa démarche.

Cave
Aussi abordable que la cuisine, elle se montre curieuse de tout, dénichant le Minervois de Pique-Perlou la Sellerie ou le Mystère à Thomomiès, le vins de pays de Lucien Roger.

Accueil et service
Fabienne Brendel est une maîtresse de maison hors pair et dirige une équipe chevronnée. On regrette pourtant un petit déficit de chaleur et d'attention quand l'affluence est réduite.

M : 38-90 € *www.jlbrendel.com*

Le Sarment d'Or

» 4 rue du Cerf
☎ 03 89 86 02 86
F. dim. à dîn., lundi, mardi à déj. et 9 janv.-12 fév.
Jusqu'à 21h15.

Gilbert Merckling est plus qu'un bon cuisinier, c'est un restaurateur : la maison a de l'allure, la salle bourgeoise au rustique alsacien a ce qu'il faut pour convaincre, mais le patron voulait aller de l'avant : il a promu deux jeunes, 32 ans chacun, l'un chef de cuisine, l'autre pâtissier pour traduire le terroir qui lui est cher et faire avancer la cuisine dans le siècle. Etr même si la carte demeure sage - croustillant de morue, sole poêlée jus de coquillages, entrecôte d'Irlande au pinot noir, la réalisation et le dynamisme sont porteurs de promesses, et de confiance. Belle cave de connaisseur en toutes régions.

C : 40 € • M : 20-45 € *www.riquewihr-sarment-dor.com*

 La Couronne

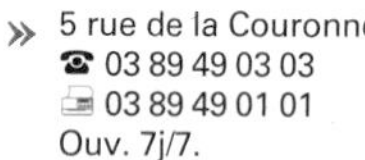
» 5 rue de la Couronne
☎ 03 89 49 03 03
Fax 03 89 49 01 01
Ouv. 7j/7.

L'étape de charme au cœur de la cité, dans une authentique maison du XVIe siècle (remarquables plafonds peints d'époque dans certaines chambres). Le cadre cultive, sous les poutres, ce cachet ancien, avec meubles régionaux et joli décor fleuri sur les murs.

4 appart. 110-136 € • 36 ch. 43-68 € *www.hoteldelacouronne.com*

 A l'Oriel

» 3 rue des Ecuries-Seigneuriales
☎ 03 89 49 03 13
Fax 03 89 47 92 87
Ouv. 7j/7.

Au cœur de ce village hautement touristique, une ancienne maison de vigneron construite à la fin du XVIe siècle et ayant gardé beaucoup de son charme d'antan. Agréable cour intérieure, chambres meublées d'ancien (Louis-Philippe, Louis XV ou Louis XVI).

1 appart. 155-180 € • 21 ch. 67-142 € *www.hotel-oriel.com*

RIS ORANGIS ➤ PARIS-BANLIEUE

RISCLE - 32400 (29 A 4)

Mont-de-Marsan 48 - Aire-sur-l'Adour 17

Le Pigeonneau

» 36 av de l'Adour
☎ 05 62 69 85 64
F. dim., lundi et mardi à dîn.
Jusqu'à 20h45.

Disons-le sans détour, on ne vient pas chez James Hooton pour le charme extérieur de la maison (une construction de ville sans âme devant laquelle il est facile de passer sans remarquer l'enseigne) ni même pour celui de la salle (plus banal, c'est difficile). Alors on se raccroche aux quelques points positifs, les petits prix, les bons produits et le tour de main précis d'un chef qui maîtrise parfaitement les bases régionales.
C : 42 € • M : 16-32 €

RIVE DE GIER - 42800 (27 C 3)

Saint-Etienne 29 - Vienne 27

Hostellerie La Renaissance H

» 41 rue Antoine-Marrel
☎ 04 77 75 04 31
F. dm. à dîn., lundi, merc. à dîn.
Jusqu'à 21h15.

La vocation de la Renaissance - servir le voyageur en lui montrant les richesses régionales - ne date pas d'hier. On en appréciera d'autant plus le travail remarquable d'évolution opéré par Jean-Paul Mounier, qui donne à sa carte, et à ses menus en particulier, une allure de jeunesse très attrayante, avec les crépinettes aux béatilles, le rouget sur peau et salade de calamars aux pousses de soja, la poitrine de volaille aux épices et saveurs de paella, la selle d'agneau en cocotte et condiment tajine. Voilà une belle manière, qui ne part pas dans tous les sens, adaptée au cadre de confort, avec encore un poil de solennité, et une cave grandiose depuis un long bail. Chambres classiques et soignées.
C : 60 € • M : 26-77 € • 2 appart. 54 € • 3 ch. 46 €

restaurant.larenaissance@wanadoo.fr

RIVEDOUX PLAGE ➤ RE (ILE DE)

RIVESALTES - 66600 (31 D 5)

Perpignan 11 - Collioure 47

à CASES DE PENE - 66600 : 8 km N.O. par D 117

(11) Château de Jau - le Grill

» ☎ 04 68 38 91 38
F. 14 oct.-10 juin.

Attenant à l'espace d'art créé au même moment, le grill de ce domaine viticole repose sur une formule aujourd'hui largement copiée mais très en avance sur son temps à la fin des années 70 : proposer une gastronomie simple et régionale, le tout arrosé (exclusivement mais à volonté !) des vins du domaine. La beauté de la terrasse, à l'ombre d'un immense mûrier, donne aux repas un air de paradis.
C : 28 € • M : 28 €

daure@wanadoo.fr

LA RIVIÈRE THIBOUVILLE - 27550 (6 B 3)

Lisieux 38 - Evreux 35

Le Soleil d'Or R

» ☎ 02 32 45 00 08
02 32 46 89 68
Ouv. 7j/7.

Au bord de la route dans la vallée, cet hôtel de tradition se prépare à quelques travaux cette année, ce qui confirme la volonté de coller au présent déjà exprimée par la création du So'Café, avec sa cuisine simple et branchée et ses animations musicales régulières dans un cadre d'esprit lounge.
2 appart. 180-230 € • 14 ch. 53-90 € • 1/2 pens. 50 € • C : 30 €

www.domainedusoleildor.com

RIXHEIM ➤ MULHOUSE

ROAIX ➤ VAISON LA ROMAINE

ROANNE - 42300 (27 B 2)

Saint-Etienne 88 - Vichy 72

Troisgros

» Pl de la Gare
☎ 04 77 71 66 97
F. lundi à déj., mardi, merc. (1er oct.-31 déc.), mardi, merc. (1er mars-30 sept.), 13 fév.-2 mars et 1er-16 août.
Jusqu'à 21h30.

➥ **Hôtel** : Troisgros

Cadre et ambiance

Derrière la mythique façade, un parangon de distinction contemporaine. Michel et Marie-Pierre Troisgros ont été élevés à l'école du goût : cela transparaît dans cette salle vaste et intime d'un chic absolu. Et malgré la réputation planétaire, c'est toujours la fête au village pour les gens du coin. On fait 100 kilomètres pour fêter des noces d'or ici et pas ailleurs.

Cuisine

Passionné d'Italie (sa seconde patrie) et d'Asie (son second continent), Michel Troisgros compose : une cuisine ultra-contemporaine, magnifique, avec des ingrédients qui ont fait 12 000 km pour arriver là. Et pourtant les fidèles marchent comme un seul homme pour célébrer leur maison. Peu de chefs savent en France, aussi bien déchiffrer un ingrédient pour le présenter dans la texture idéale, à la température qu'il faut : une lamelle de champignon de Paris, une languette de poivron rouge, une sardine, deviennent ici prodigieux.

Cave

Tous les domaines, même les plus prestigieux, se sont battus pour figurer sur cette carte-là. Même rajeunie, il reste la crème de la crème, en bourgogne (Jayer, Méo-Camuzet...), bordeaux et rhône, mais sans négliger les qualités d'autres vignobles (Bellivière, Montcalmès, Piaugier...).

Accueil et service

Par chance, de vaillants serviteurs qui ont connu au moins deux générations de cuisiniers sont encore là. Leur mémoire, leur aisance, leur justesse de ton et de service, sont précieuses pour renforcer l'attachement que l'on peut éprouver envers cette maison.

M : 145-180 € *www.troisgros.com*

Central

» 20 cours de la République
☎ 04 77 67 72 72
F. dim., lundi et 3 prem. sem. août.
Jusqu'à 22h.

Dix années d'existence pour cette annexe de la grande maison, et pas le moindre signe d'essoufflement, comme si tout ce que touchait Michel Troisgros se transformait en or. Ce café-épicerie-bistrot est animé par les mêmes bonnes vibrations, entre les traditionnels du genre (terrine de lapin aux pistaches, petit salé aux lentilles vertes du Puy) et les inspirations du maître, magret de canard laque "tériyaki", galette craquante à l'émincé de veau, tomates et basilic, crème de petits pois à l'œuf mollet et au sésame. A faire au déjeuner, comme une mise en bouche idéale à la soirée au quatre toques.

C : 36 € • M : 19-27 €

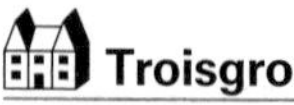

» Pl de la Gare
☎ 04 77 71 66 97
04 77 70 39 77
F. 13 fév.-2 mars et 1er-16 août.

➥ **Restaurant** : 19/20 Troisgros

Marie-Pierre Troisgros s'est chargée de la décoration de ces chambres, bercées comme le restaurant de charme épuré, dans les lignes comme les couleurs choisies, créant une atmosphère paisible et élégante, agréable à vivre plus encore qu'à voir, avec en prime la gentillesse d'un personnel disponible et heureux d'être là.

5 appart. 380-480 € • 13 ch. 170-320 € *www.troisgros.com*

➲ **au COTEAU** - 42120 : 3 km E. par N 7

Auberge Costelloise

» 2 av de la Libération
☎ 04 77 68 12 71
F. dim., lundi, 30 avril-8 mai, 6 août-4 sept. et 26 déc-3 janv.
Jusqu'à 21h15.

Maison de longue tradition, bien avant que Christophe Souchon ne reprenne l'affaire voilà quatre ans, en la maintenant sur les mêmes bons rails, cette Auberge Costelloise vit dans le culte du travail bien fait, avec un cœur de cible constitué par l'excellent menu club : feuilleté d'asperges vertes et blanches, fricassée de poulet fermier au vinaigre et pâtes fraîches, persillé de Malzieu et pâte de coings maison. Service efficace, cave attendue et pas trop chère,.
C : 57 € • M : 29-66 €

Artaud R

» 133 av de la Libération
☎ 04 77 68 46 44
📠 04 77 72 23 50
F. 31 juil.-21 août.

Vertus traditionnelles et une expérience qui met à l'abri des mauvaises surprises, des éléments qui valent autant pour l'hôtel, aux chambres claires et au décor classique, qu'au restaurant, avec une large carte de préparations soignées.
24 ch. 62-86 € • C : 30 € • M : 20-55 € *www.hotel-artaud.com*

➲ **à VILLEREST** - 42300 : 6 km S.O. par D 56

Château de Champlong

» 100 chemin de la Chapelle
☎ 04 77 69 69 69
F. dim. à dîn., lundi, mardi, 3 sem. fév. et 2 sem. nov.
Jusqu'à 21h.

Formé dans les plus grandes maisons (Ledoyen, Blanc, les Airelles, le Negresco et Troisgros, chez qui il suivit même un stage à l'âge de ... 11 ans), Olivier Boizet n'hésite pas à se qualifier, non sans une pointe d'humour, de virtuose de l'assiette. S'il n'a pas encore rejoint Jacques Maximin ou Michel Troisgros en haut de l'affiche, la cuisine qu'il propose dans ce superbe château du XIVe siècle s'en inspire : asperge verte violette en duo de thon rouge mariné et tartare, côte de turbot rôtie sur l'os, étuvée d'artichauts en barigoule au jambon serrano, chevreau poêlé, beurre battu à l'ail des ours et crème brûlée à l'ail confit, palets chocolat java clémentine, soufflé glacé à la mandarine et mac'finger aux pomelos confits. La cave se montre toutefois moins passionnante, se bornant à répertorier les valeurs sûres en Bourgogne ou Rhône (Brocard, Drouhin, Bouchard, Chapoutier, Cuilleron ou Chèze) et se montrant un peu plus fouineuse en sud-ouest et en loire.
C : 53 € • M : 23-58 € *www.chateauchamplong.com*

ROCAMADOUR - 46500 (30 A 1)

Cahors 71 - Figeac 45

Domaine de la Rhue

» ☎ 05 65 33 71 50
📠 05 65 33 72 48
F. 1er janv.-7 avril et 22 oct.-31 déc.

Ces anciennes écuries du XIXe siècle, au calme et bénéficiant d'un environnement privilégié à l'écart du village, proposent des chambres personnalisées, meublées d'ancien et tendus de tissus soignés. Piscine.
14 ch. 70-125 € *www.domainedelarhue.com*

Hôtel Beau Site R

» Cité Médiévale
☎ 05 65 33 63 08
📠 05 65 33 65 23
F. 1er janv.-4 fév. et 13 nov.-31 déc.

Entre le village et la vallée, la vue est magnifique, tout comme l'allure générale de cet ancien hôtel particulier, aux chambres traitées avec élégance. Au restaurant, le chef, formé à bonne école, fourbit de beaux classiques, autour du foie gras (escalope en feuilleté et ris d'agneau) comme des poissons (filet de bar fumet de langoustines et risotto aux coques).
3 appart. 92-133 € • 36 ch. 41-98 € • 1/2 pens. 62,50-74 € • C : 37 € • M : 23-54 € *www.bestwestern-beausite.com*

Le Troubadour

L'ancienne ferme s'est modernisée dans le respect du style quercynois, avec pierres et boiseries, mais aussi mobilier à l'ancienne dans de jolies chambres fleuries. Parc de 2 ha avec vue sur les causses.
2 appart. 100-190 € • 10 ch. 60-90 € • 1/2 pens. 68-78 €
www.rocamadour.com/fr/hotel/troubadour

» Belveyre
☎ 05 65 33 70 27
Fax 05 65 33 71 99
F. 15 nov.-15 fév.

LA ROCHE BERNARD - 56130 (14 B 5)

Vannes 39 - Redon 32

L'Auberge Bretonne

➥ **Hôtel :** L'Auberge Bretonne

Cadre et ambiance
La belle maison de granit, à la façade fleurie, trône sur une placette en haut du village. L'intérieur est un délice breton, de beaux meubles et de tableaux choisis par Jacques et Solange, la salle court autour du jardin intérieur carré, dans l'élégance et l'intimité.

Cuisine
La cuisine de Jacques Thorel traverse des cycles, de création presque débridée, avec des amuse-bouche en rafale qui changent à la vitesse de la lumière, de pauses un peu plus sages, d'une carte presque traditionnelle et d'un menu à l'inspiration de la saison. Selon le moment, sa propre humeur ou son choix, le visiteur pourra ressentir des impressions diverses. Dans la carte de l'année, de très belles réussites, comme le gâteau de tourteau ou le homard au biscuit, un étonnant plat sans sauce, qu'on humecte avec une infusion de pomme et tilleul. Une splendide cuisson du bar à la mélisse et les desserts de Solange, toujours enjôleurs.

Cave
Formidable, ébouriffante, passionnante, on a rarement vu pareil livre de cave, pareille somme, un rêve de collectionneur. Des milliers de bouteilles accumulées au fil des ans, un trésor toujours en évolution, un grand nombre de régions passées au peigne fin. Si vous voulez vraiment étudier les alliances avec le menu envisagé, arrivez deux bonnes heures avant le repas, c'est le temps qu'il vous faudra pour consulter toutes les pages.

Accueil et service
Solange Thorel a l'aisance et le métier : son accueil est idéal, celui d'une réception dans un grand dîner par la maîtresse de maison. Et l'impression se poursuit, avec un service dévoué, jamais pesant, et une très bonne sommellerie.
C : 110 € • M : 55-137 €
www.auberge-bretonne.com

» 2 pl Duguesclin
☎ 02 99 90 60 28
F. à dîn. (lundi, mardi et vend.), jeudi, 15 nov.-20 janv. et fêtes Noël-nouvel an.
Jusqu'à 20h30.

(10) Le P'tit Marin

La terrasse au bord de la Vilaine respire les petits plaisirs de vacances et la carte simple et directe, galettes et moules marinière en tête, conforte cette bonne impression, prix doux et réalisation convaincante en prime.
M : 15 €

» Quai de la Douane
☎ 02 99 90 79 41
F. merc. et jeudi (sf mi-juin-mi-sept.). F. ann. non comm.
Jusqu'à 21h30.

L'Auberge Bretonne

➥ **Restaurant** : 18/20 L'Auberge Bretonne

Sur la place du village, la maison affiche une typique façade de pierre, qui cache des trésors de délicatesse, de l'adorable cour intérieure aux chambres intimes et raffinées, bercées d'une douce lumière, dans des ambiances modernes ou romantiques.
1 appart. € • 10 ch. 100-285 € • 1/2 pens. 195-260 €
www.auberge-bretonne.com

» 2 pl Du-Guesclin
☎ 02 99 90 60 28
Fax 02 99 90 85 00
Ouv. 7j/7.

LA ROCHE L'ABEILLE - 87800 (25 B 3)

Limoges 26 - Brive-la-Gaillarde 73

Au Moulin de la Gorce

» ☎ 05 55 00 70 66
F. lundi à déj., mardi à déj. et 27 nov.-24 mars.
Jusqu'à 22h.

➥ **Hôtel :** Au Moulin de la Gorce

Cadre et ambiance

Un adorable moulin dans la campagne limousine, une rivière qui gazouille, un vaste domaine à une demi-heure de Limoges, une villégiature idéale aux normes Relais & Châteaux. Jolie salle rustique dans la pierre typique du Quercy et du Limousin.

Cuisine

Pierre Bertranet produit une carte proche du marché et de la nature, se livre à des créations bien contrôlées, pour une clientèle hôtelière habituée des grandes maisons, mais également avides de tranquillité, y compris dans l'assiette. Les compositions sont donc nettes, aux saveurs marquées de produits familiers à ce niveau, pied de cochon farci au foie gras, macaronade de saint-jacques aux morilles fraîches, dos de sandre et langoustines en croûte d'argile et asperges vertes, côte de veau de Corrèze sous la mère sauce au vin d'Arbois.

Cave

Belle cave généraliste qui prend naturellement, proximité oblige, une tournure plus bordelaise que bourguignonne. Peu de découvertes dans une offre bien ciblée, aux prix correspondant davantage au standing qu'à la région.

Accueil et service

Une certaine simplicité, dans l'élégance, comme une maison d'hôte de charme, mêlé du plaisir de vous faire passer un moment dans un lieu rare. Service précis, qui sait personnaliser le dialogue et se consacrer à chaque table.

C : 62€ • M : 62-115€ www.moulindelagorce.com

Au Moulin de la Gorce

» ☎ 05 55 00 70 66
📠 05 55 00 76 57
F. 27 nov.-24 mars.

➥ **Restaurant** : 16/20 Au Moulin de la Gorce

Invitation à la détente, avec un bonheur de terrasse, paisiblement installée sur le lac. Tout autour, la nature. Seule trace humaine, le joli moulin et ses vieilles pierres (XVIe siècle). Pour ne pas rompre ce charme, les chambres épousent un style champêtre avec élégance et sobriété, fait de mobilier de style et de couleurs harmonieuses et chaleureuses.

1 appart. 215-255€ • 9 ch. 80-170€ • 1/2 pens. 158-248€
www.moulindelagorce.com

LA ROCHE POSAY - 86270 (22 D 2)

Poitiers 60 - Châtellerault 24

Saint-Roch

» 4 cours Pasteur
☎ 05 49 19 49 00
📠 05 49 19 49 40
F. 17 déc.-23 janv.

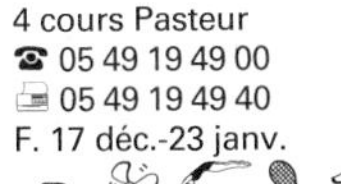

Un beau classique construit au début du siècle dernier et régulièrement maintenu au goût du jour, pour le bonheur des curistes (accès direct aux thermes) comme des touristes de passage. Chambres soignées.

1 appart. € • 36 ch. 46-87€ www.la-roche-posay.info

Pictogrammes

☎	téléphone		voiturier
	fax		accessible aux handicapés
♥	coup de cœur		chiens acceptés
	notation en hausse		air conditionné
	carte des vins remarquable		priscine privée
	repas servis en terrasse ou dans un jardin		tennis privé
	parking privé		cave à cigares
	parking fermé		hôtel très tranquille

LA ROCHE SUR YON - 85000 (15 C 5)

Nantes 70 - La Rochelle 85

Le Rivoli

» 31 bd Aristide-Briand
☎ 02 51 37 43 41
F. lundi à dîn., sam., dim. à déj. et 3 sem. août.
Jusqu'à 22h.

Pas de houle, pas de quarantièmes rugissants, mais une bonne allure marine : la table est moderne, Sandrine et Yves Privat en ont fait la première de la ville en jouant simple, efficace, décontracté et rigoureux en même temps. La cuisine de la jeune chef Elise Bernier suit le mouvement avec entrain, croustillant de haddock aux asperges, brochette de gambas, selle d'agneau farcie aux herbes, gratin de fraises. Les formules sont souples (entrée-plat, plat-dessert…), la cave mince, mais les Fiefs de Michon suffisent.

C : 22 € • M : 19-37 € *www.le-rivoli.com*

Hôtel de la Vendée

» 4 rue Malesherbes
☎ 02 51 37 28 67
📠 02 51 46 27 08
F. 23 déc.-1er janv.

Cet établissement du centre ville a subi une mue complète pour adopter une allure très actuelle, harmonie de métal, de bois clair et de couleurs douces très agréables à vivre.

2 appart. 47-60 € • 32 ch. 47-65 € • 1/2 pens. 60-73 €

www.hotel-vendee.com

ROCHECORBON ➤ TOURS

ROCHEFORT - 17300 (22 A 4)

La Rochelle 36 - Royan 40

La Corderie Royale

» Rue Audebert, BP 30275
☎ 05 46 99 35 35
F. dim. à dîn., lundi (1er nov.-Pâques) et fév.
Jusqu'à 21h30.

➥ **Hôtel** : La Corderie Royale

Après une année passée aux fourneaux de l'ancienne artillerie navale, Laurent Carlier mène déjà ce fier vaisseau avec une maîtrise calculée, héritage d'une solide formation classique. Sa carte régionale où pointe une pincée de prestige colle à merveille aux lieux et aux moyens financiers d'une clientèle qui aime se faire dorloter : foie gras de canard poché au pineau des Charentes, lotte rôtie au caramel de pain d'épices, macaron moelleux au chocolat, crème à la vanille d'Inde. Ambiance feutrée, cadre élégant.

C : 61 € • M : 25-120 € *www.corderieroyale-hotel.com*

Le Tourne-Broche

» 56 av Charles-de-Gaulle
☎ 05 46 99 20 19
F. dim. à dîn., lundi, mardi, 24 déc.-6 janv. et 20 avril-3 juil.
Jusqu'à 21h30.

Une bonne âme, voilà ce qui règne dans cette jolie maison bourgeoise, avec la volonté de faire plaisir aux amateurs de gastronomie classique et de produits de saison. Les assiettes sont belles, les saveurs sont riches, avec ce qu'il faut de touches régionales, et la bonne humeur généralisée.

C : 55 € • M : 27-40 € *letournebroche@free.fr*

La Corderie Royale

» Rue Audebert, BP 275
☎ 05 46 99 35 35
📠 05 46 99 78 72
F. fév.

➥ **Restaurant** : 13/20 La Corderie Royale

L'ancienne artillerie navale de l'arsenal de Rochefort, édifiée par Colbert, s'étend sur les bords de la Charente, dans les jardins de la Corderie Royale. Le jardin intérieur, la piscine, l'espace bien-être (massages, soins du corps et du visage) et les chambres contemporaines garantissent un séjour agréable.

3 appart. 144-237 € • 45 ch. 58-156 € • 1/2 pens. 92-265 €

www.corderieroyale.com

La Belle Poule

» Rte de Royan
☎ 05 46 99 71 87
📠 05 46 83 99 77
F. 3 prem. sem. nov. et 1 sem. déb. janv.

Ce site en bordure de la Charente est protégé et fait un écrin de verdure très agréable pour cette maison. Décor en écho, rustique et adorable, chambres personnalisées par de belles harmonies.

20 ch. 50-56 € • 1/2 pens. 49 € *belle-poule@wanadoo.fr*

➲ à PORT DES BARQUES - 17730 : 8 km O. par D 911

⑩ Ferme Auberge Marine

» Ile Madame
☎ 05 46 84 12 67
F. à dîn., merc., fév. et 3 dern. sem. nov.
Jusqu'à 21h.

Accessible seulement à marée basse (pensez évidemment à téléphoner pour vous assurer que le restaurant est ouvert), cette maison au milieu des étiers et des prés salés, avec ses belles couleurs marines et ses gravures d'antan, a de l'authenticité et de la bonne humeur à revendre. Plateaux de fruits de mer et poissons au top, vin de pays charentais pour faire glisser le tout.

C : 21 € • M : 14-31 € *www.ilemadame.com*

ROCHEGUDE - 26790 (27 D 6)

Valence 84 - Orange 31 Nyons 30

Château de Rochegude

» ☎ 04 75 97 21 10
📠 04 75 04 89 87
F. nov.

Noblesse et charme sont intimement liés dans cette demeure du XIe siècle, restauré à la Renaissance, dans l'environnement majestueux de la Drôme provençale, un parc de dix hectares et des oliviers bicentenaires en terrasse. Des chambres aux équipements luxueux, déco provençal de très bon goût, les plus vastes bénéficiant de mobilier d'époque et salle de bain en pierre apparente. Belle vue sur le vignoble et le village, depuis les fenêtres ou, pour certaines, depuis la terrasse. Séjours à thème, week-ends truffe, etc.

2 appart. 344-555 € • 23 ch. 136-355 € • 1/2 pens. 70 €
www.chateauderochegude.com

LA ROCHELLE - 17000 (22 A 3)

Paris 465 - Bordeaux 182 - Niort 63

Richard Coutanceau

» Plage de la Concurrence
☎ 05 46 41 48 19
F. dim.
Jusqu'à 21h30.

Cadre et ambiance

A l'écart du centre, comme pour marquer son standing, postée face à l'océan, cette maison contemporaine doit sa naissance à un concours d'architecture organisé par l'ancien maire rochelais, Michel Crépeau. La déco fleure bon les années 80 et le chic cossu.

Cuisine

Si quelques viandes s'affichent chez Richard Coutanceau (un canard sauvageon en deux cuissons ou un agneau de Castille et son tian de légumes par exemple), on vient avant toute chose pour les meilleurs poissons ramenés de la Cotinière ou de la criée de la Rochelle préparés avec noblesse et intelligence : civet gourmand de homard rôti à cru à l'huile d'olive, bar de ligne sur sa peau croustillante, risotto aux trois tomates et gnocchi gratiné au parmesan, filet de turbot, truffes aux artichauts croquants, gnocchis moelleux à l'encre.

Cave

Près de 1000 références, confiées à Nicolas Brossard qui privilégie les grands noms dans chaque appellation. Quelques beaux flacons du Nouveau Monde.

Accueil et service

Beaucoup de professionnalisme et d'aisance, pour maîtriser le service comme pour marquer son rang.

C : 72 € • M : 45-84 € *www.contanceaularochelle.com*

Les Flots

» 1 rue de la Chaîne
☎ 05 46 41 32 51
Ouv. 7j/7.
Jusqu'à 22h.

Grégory Coutanceau est ambitieux et fou de travail. Il multiplie les ouvertures sur la Rochelle, toujours avec la même réussite et pourtant, ce fier vaisseau amiral n'en souffre aucunement, affichant à chaque service une régularité et une constance jamais prises en défaut : lobe de foie gras cuit au torchon, roquette à la livèche et pain aux fruits secs tièdes, dos de bar doré snacké au poivre, risotto de légumes de saison et émulsion tiède de pommes de terre et fin sablé coco et crème légère au fromage frais et fraises gariguettes, des plats de très belle tenue, calibrés presque à l'extrême mais aux saveurs nettes. Le service, même en pleine saison, ne se montre jamais débordé et la carte des vins mixe vignerons à la mode et grands noms.

C : 42€ • M : 24-79€ *www.coutanceau.com*

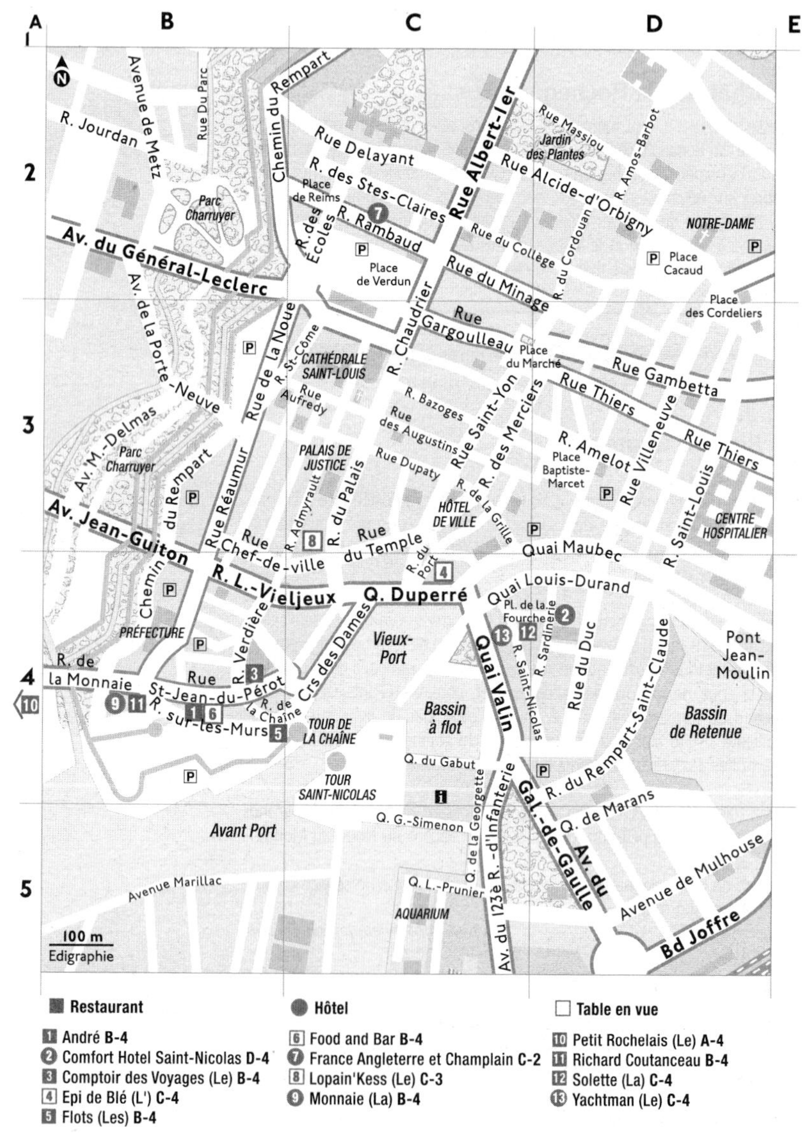

Le Comptoir des Voyages

» 22 rue Saint-Jean-du-Pérot
☎ 05 46 50 62 60
Ouv. 7j/7.
Jusqu'à 22h.

Du voyage sur mesure, affrété par un tour-operator qui a bourlingué. Et alors ? A moins de vouloir à tout prix jouer les aventuriers à la poursuite du diamant vert, il n'y a pas de contradiction, bien au contraire, à suivre la route des épices tracée par Grégory Coutanceau, fils de Richard, maître rochelais sur la route des Indes ou des continents lointains. Et vogue la caravelle vers le blanc de seiche snacké et risotto à l'encre, le "vattelapan" ceylanais ou le travers de porc mariné aux agrumes et crumble d'oignons ibériques. La carte des vins est vaste comme le monde, accostant sur toutes les côtes de la planète où se plantent des vignes.
C : 26 € • M : 26 € www.coutanceau.com

André

» 5 rue Saint-Jean-du-Pérot
☎ 05 46 41 28 24
F. 1er janv. 24-25 déc. et 31 déc.
Jusqu'à 22h15.

Pas de changement chez André, immuable institution rochelaise qui enchaîne les journées à plusieurs centaines de couverts. Le principal exploit est là, dans cette aptitude à produire les mêmes assiettes quasiment à l'infini, des poissons d'extrême fraîcheur, des huîtres et coquillages parfaits et des desserts un peu moins convaincants.
M : 29,80-35 € www.bar-andre.com

(12) Le Petit Rochelais

» 25 rue Saint-Jean-du-Pérot
☎ 05 46 41 28 43
F. dim.
Jusqu'à 22h30.

Le chef parti au printemps, le second a pris le relais sans trembler : l'arrivage est de qualité, les recettes éprouvées et le décor sait attirer le chaland. Le cabillaud au jus de viande, la morue sautée à l'ail ou l'agneau de sept heures sont dans le fil de la logique maison.
M : 15 €

(11) La Solette

» 11 rue de la Fourche
☎ 05 46 41 06 33
F. dim., lundi (sf juil.-août). F. ann. non comm.
Jusqu'à 22h30.

Influences locales et méditerranéennes pour cette table bien connue des Rochelais et reprise voilà cinq ans par Olivier Pons : casserons à l'encre, morue fraîche à la biscayenne, anguilles en persillade. Pas de complication certes mais des poissons achetés aux mareyeurs locaux, des légumes bio et une bonne petite cave pas trop chère.
C : 30 €

L'Epi de Blé

» 2 rue du Port
☎ 05 46 41 26 85
F. dim.
Jusqu'à 23h30.

Celle qui fut la première crêperie de la Rochelle dans les années cinquante se met au goût du jour : le tataki de thon, prisé de tant de "lounge bars" a fait son irruption à côté des tartares et des moules au chorizo. Dynamisme et gentillesse s'ajoutent à ce programme prometteur.
C : 19 € www.les-cailles.com

Food and Bar

» 35 rue Saint-Jean-du-Pérot
☎ 05 46 52 26 69
Ouv. 7j/7.
Jusqu'à 23h.

Un concept de plus, une réussite supplémentaire pour Grégory Coutanceau et son équipage. Lounge bar à l'étage, déco hype avec cuisine ouverte au restaurant, axe régional moderne (lapin en croûte, maigre à la plancha) par un jeune chef venu du sérail (ex-Comptoir des Voyages). La force est dans le bar, et plus exactement dans la cave, vertigineuse et mondialiste, très agréablement présentée, et issue d'une véritable expertise. La Loire, par exemple : Jo Pithon, Mark Angéli, Nicolas Joly, Eric Nicolas, Jacky Blot, Bernard Baudry. Et bien sûr, dans les plus proches, Chabirand et Michon. Entre autres.
C : 26 € www.coutanceau.com

Le Lopain'Kess

Bistrot à vins, à musique, à tapas : l'occasion de passer un bon moment n'est pas mince, et les plats sans prétention écrits comme en SMS (KBIO pour cabillaud) ne manquent pas de qualité : la brandade de canard, la "terrible côte de bœuf", la seiche au piment d'Espelette, dans l'ambiance que l'on devine.

C : 20 € • M : 11-16,50 € *www.lopain-kess.com*

» 6 rue Chef-de-Ville
☎ 05 46 41 01 14
F. dim.
Jusqu'à 23h.

France Angleterre et Champlain

Le hall imposant et les meubles de style signent la personnalité de cet ancien hôtel particulier, qui sait également jouer de la douceur avec la gentillesse de l'accueil ou la tranquillité du jardin. Le vieux port et son animation sont à 5 mn à pied.

4 appart. 125-145 € • 36 ch. 60-115 € *www.france-champlain.fr*

» 20 rue Rambaud, BP 1222
☎ 05 46 41 23 99
📠 05 46 41 15 19
Ouv. 7j/7.

La Monnaie

Donnant sur la rade du Vieux Port (emplacement vraiment privilégié), cet hôtel particulier du XVIIe dispose de chambres meublées de contemporain et exclusivement non fumeurs. Agréable patio où prendre le petit-déjeuner ou boire un verre en soirée.

4 appart. 175-200 € • 31 ch. 78-112 € *www.hotel-monnaie.com*

» 3 rue de la Monnaie
☎ 05 46 50 65 65
📠 05 46 50 63 19
Ouv. 7j/7.

Le Yachtman R

La situation est un atout maître, les jolies chambres à l'ambiance marine se montrent à la hauteur, avec leur mobilier renouvelé, tout comme le restaurant, avec un intelligent menu-carte de saveurs actuelles autour du poisson (tartare de thon rouge au lait de coco, rouget à la tapenade).

4 appart. 143-160 € • 40 ch. 82-106 € • 1/2 pens. 80-117 € • C : 25 € • M : 16-25 € *www.logis-de-france.fr*

» Vieux-Port-Centre, 23 quai Valin
☎ 05 46 41 20 68
📠 05 46 41 81 24
Ouv. 7j/7.

Comfort Hotel Saint-Nicolas

Une situation pratique en centre ville, près du Vieux Port et des rues piétonnes, pour cette maison ancienne. Chambres au décor sous influence marine, jardin d'hiver avec bananiers qui témoignent de la douceur du climat.

79 ch. 60-90 € *www.comforthotel-larochelle.com*

» 13 rue Sardinerie
☎ 05 46 41 71 55
📠 05 46 41 70 46
Ouv. 7j/7.

à AYTRE - 17440 : 5 km S. par N 137

14 La Nouvelle Maison des Mouettes

La maison est bien armée pour séduire. Elle bénéficie d'un cadre relativement épargné, avec une vue dégagée sur la mer, et d'une cuisine efficacement calibrée, entre produits nobles et recettes originales. Difficile de faire la fine bouche devant la lasagne de tourteau et langoustine pochée (lasagne très bien faite et langoustine de bon niveau), le pavé de maigre beurre blanc aux arachides (avec le clin d'œil sympathique du farci charentais) ou le baba framboise et son infusion de thé. La clientèle, abondante et de tous horizons, est ravie, le service fait face en n'oubliant pas de se préoccuper du bien-être de chacun et le résultat en fait une table très recommandable pour un repas en bord de mer.

C : 50 € • M : 33-75 € *www.lamaisondesmouettes.fr*

» 1 rte de la Plage
☎ 05 46 44 29 12
Ouv. 7j/7.
Jusqu'à 21h30.

Dans chaque ville, les établissements sont classés par note décroissante, restaurants d'abord, hôtels ensuite.

•

Certaines communes sont rattachées à l'agglomération la plus proche.

LA ROCHETTE - 73110 (28 B 3)

Chambéry 31 - Albertville 37 - Annecy 78

La Fresque

Un Gallois au milieu des Alpes, c'est une rareté. S'il fait en plus la cuisine, cela devient une curiosité. Suffisamment séduisante pour que le dernier inspecteur envoyé sur place y soit retourné, son enquête faite, pour le plaisir. Car ce chef d'expérience suit le marché avec entrain, à propos et une bonne technique, pour offrir des assiettes recherchées sur des bases familières : saint-jacques poêlées et crozets à la crème safranée, filet de féra à la plancha et "fusion" de courgettes jaunes, crème brûlée réglisse. Une première toque pour saluer aussi l'atmosphère, juste et moderne, et l'intéressante carte des vins, au large choix de vins au verre.

C : 34€ • M : 15-50€ *www.restaurantlafresque.net*

» 6 pl Saint-Jean
☎ 04 79 65 78 05
F. merc. et 2 sem. fin sept.
Jusqu'à 22h.

ROCROI - 08230 (9 B 1)

Charleville-Mézières 30 - Revin 12

Le Vauban

Les menus sur imitation parchemin, cela vous donne envie d'attraper un accordéon et de jouer du musette en attaquant, à la façon du Grand Condé, héros local, la cassolette d'escargots ou la ballottine de dindonneau, dans un menu certes soigné, avec son foie gras en entrée, mais un peu cher à 31 **€** pour une tradition que l'on peut qualifier de très classique. Le pittoresque et quelques plats régionaux (quiche, truite à l'ardennaise) justifient la mention.

C : 30€ • M : 12-35€

» 2 pl d'Armes
☎ 03 24 54 18 69
F. mardi à dîn. et merc.
Jusqu'à 21h.

RODELLE ➤ BOZOULS

RODEZ - 12000 (30 C 2)

Aurillac 93 - Albi 79

Goûts et Couleurs

Difficile de confondre la cuisine de Jean-Luc Fau avec celle de ses collègues alentours. Personnalisée, inventive, nous disions l'an passé cuisine d'auteur, elle n'engendre ni mélancolie ni ennui, jouant plutôt les empêcheuses de tourner en rond. Inutile d'espérer une cassolette de homard à la Newburg ou une sole meunière (quoiqu'il serait sans doute capable de les rajouter à sa carte simplement pour nous faire mentir), vous seriez déçu. Il préfère se jouer des convenances, détourner le chou farci en l'affublant d'une crème glacée aux oignons et carottes roussies, associer langoustines et asperges à des morilles et à du pamplemousse ou une dorade royale grillée à du céleri-rave et à de la noix de coco relevé de fruit de la passion. La cave, sur laquelle veille son épouse, Emmanuelle, se montre tout aussi pointue, n'oubliant ni la Font d'Estevenas en Cairanne, ni Sarda Malet en Roussillon au milieu de Daumas Gassac ou de la Grange des Pères.

C : 40€ • M : 32-70€ *www.goutsetcouleurs.com*

» 38 rue de Bonald
☎ 05 65 42 75 10
F. dim., lundi, merc. à dîn. (sf juin, juil., août et déc.), 9 janv.-1er fév., 30 avril-9 mai et 4-18 sept.
Jusqu'à 21h30.

La Tour Maje

L'hôtel s'appuie à un vestige des remparts, une tour du XVe siècle qui lui confère stature et majesté. Aménagement et accueil soignés.

3 appart. 110€ • 40 ch. 53-65€ • 1/2 pens. 66-70€ *www.hotel-tour-maje.fr*

» Bd Gally
☎ 05 65 68 34 68
📠 05 65 68 27 56
Ouv. 7j/7.

➲ à ONET LE CHATEAU - 12850 : 5 km N.O. par D 901 et D 568

Hostellerie de Fontanges

» Rte de Conques
☎ 05 65 77 76 00
05 65 42 82 29
Ouv. 7j/7.

Ce château construit au XVIIIe siècle cache ses vieilles pierres élégantes au cœur d'un vaste parc, sur lequel se déploie le parcours de golf. Cadre charmant, chambres confortablement aménagées.
6 appart. 95-148 € • 40 ch. 51-78 € • 1/2 pens. 34 €

www.hostellerie-fontanges.com

ROGNES - 13840 (33 C 5)

Marseille 48 - Aix-en-Provence 23

(11) Le Korrigan

» Pl de la Coopérative
☎ 04 42 50 17 13
F. dim., lundi et 10-31 juil.
Jusqu'à 20h30.

Echappé de Brocéliande, le korrigan ? Pas de galettes ni de kig ha farz ici, mais bien une carte résolument provençale, où on limite le nombre de couverts (une quinzaine) et le temps de service pour être sûr de bien faire le métier. Ce n'est pas une garantie, mais part d'un bon sentiment pour soigner le rouget au pistou, la côte de taureau au grill, le râble de lapin aux cébettes et la mousse abricot-romarin. Petite cave centrée sur les coteaux-d'aix.
C : 35 €

ROGUES ➤ LE VIGAN

ROISSY EN FRANCE ➤ PARIS-BANLIEUE

ROMANS SUR ISERE - 26100 (27 D 4)

Valence 21 - Vienne 71

(13) La Fourchette

» 8 rue de Solferino
☎ 04 75 02 12 94
F. dim. à dîn., lundi, 15 sept.-10 oct., 1re sem. janv., 1 sem. vac. fév. et 1 sem. mai.
Jusqu'à 21h.

Sans minimiser les atouts gastronomiques de la capitale de la chaussure, cette Fourchette, avec sa petite terrasse fleurie ombragée, sa déco campagnarde très gaie, est une aubaine pour la ville, comme la cuisine de Jacques Dangoisse, né pour faire plaisir et qui, lorsqu'il consent à oublier un peu ses foies gras et sa trilogie de homard, saint-jacques et lotte pour les cérémonies dominicales, pour un peu de simplicité, se révèle un cuisinier précis et proche de ses produits : ravioles au bouillon de poule, manchons de canard confit au cidre, suprême de pintade au cassis.
C : 55 € • M : 26-55 €

www.romans-infoline.com

➲ à GRANGES LES BEAUMONT - 26600 : 6 km E. par D 532

(17) Les Cèdres

» Le village
☎ 04 75 71 50 67
F. lundi, mardi, dim. à dîn. (h.s.), 26 avril-3 mai et 23 août-5 sept.
Jusqu'à 21h.

Cadre et ambiance
Un bord de route et une grande salle bourgeoise tournée vers les jardins, sur l'arrière, l'impression de solidité d'une grande maison au Sud, dans une déco au luxe serein.

Cuisine
Elle était forte, pertinente, enlevée. Elle devient grande, par sa précision, sa loyauté, son exemplarité : la salade de homard, la soupe froide de tomate crue et le vinaigre de xérès expriment une fraîcheur et un équilibre exceptionnels, les gambas plancha (même si les pimientos farcis de brandade apportent peu) comme le bar rôti, avec ses légumes et un discret jus de pamplemousse, appartiennent bien à l'univers des trois toques.

Cave
Du beau, du standing, du très bon partout et de quoi satisfaire tous ceux qui aiment la vallée du Rhône. On peut y extraire un crozes de Graillot à petit prix

pour énormément de plaisir ou toucher l'Ermitage de l'Orée à prix presque abordable. Mais on peut aussi descendre la Loire, de Dagueneau à Serge Bâtard, ou suivre la route des vins d'Alsace, avec Ostertag ou Deiss.

Accueil et service

Un service efficace et sans heurt, le charme et l'efficacité d'une véritable entreprise familiale : Jacques en cuisine, Jean-Paul en salle, la maman qui vient passer le bonjour : voilà un endroit où l'on est reçu.
C : 52 € • M : 35-95 €

ROMORANTIN LANTHENAY - 41200 (18 A 4)

Blois 43 - Vierzon 34

Grand Hôtel du Lion d'Or

» 69 rue Georges-Clemenceau
☎ 02 54 94 15 15
F. mardi à déj., 19 fév.-31 mars et 13-24 nov.
Jusqu'à 21h30.

➥ **Hôtel :** Grand Hôtel du Lion d'Or

Cadre et ambiance

Au cœur de la ville, la façade imposante de cette grande maison impose le respect. Joli coup d'œil sur la cour intérieure et décor bourgeois un peu hors du temps pour une vaste salle en L.

Cuisine

Elle met toujours en avant la qualité des produits, qu'elle habille sagement de préparations classiques. Le saint-pierre est tout simplement parfait, accompagné d'une chair de tourteau de haut niveau également et ponctué de touches discrètes de menthe et de citronnelle. La côte de veau aux morilles est un modèle du genre, une viande savoureuse à la cuisson idéale, accompagnée de ravioles au caillé. La brioche caramélisée mousse de fleur de sureau mélange avec bonheur subtilité et parfum d'enfance, même si c'est l'élégance qui domine.

Cave

L'héritage d'une longue histoire est palpable dans cette carte très complète, mais qui traduit aussi la volonté de se maintenir au goût du jour, avec des domaines qui montent d'un peu partout.

Accueil et service

Il est digne d'une grande maison, à la fois respectueux et souriant. Le service est parfait, discret et efficace, attentif aux moindres détails. L'ambiance n'est pas au recueillement mais ce n'est pas la folle gaieté : on est entre gens sérieux...
C : 110 € • M : 90-130 € *www.hotel-liondor.fr*

(12) Le Lanthenay

» 9 rue de Notre-Dame-du-Lieu
☎ 02 54 76 09 19
F. lundi. F. ann. non comm.
Jusqu'à 21h.

C'est une affaire qu'on ne remet pas en cause, un peu comme le droit de grève ou le dimanche férié. Chez Philippe Valin, le homard est à l'américaine et le rognon de veau à la moutarde. On ne va pas sortir des émulsions de combawas et du yaourt au ras-el-hanout pour faire jeune. Le chef ne s'autorise qu'une seule folie, une vieille histoire d'amour avec la nouvelle cuisine : c'est la salade folle. Comme les canards de la Tour d'Argent, on pourrait peut-être songer à les numéroter...
C : 50 € • M : 21-50 €

Grand Hôtel du Lion d'Or

» 69 rue Georges-Clemenceau
☎ 02 54 94 15 15
Fax 02 54 88 24 87
F. 19 fév.-31 mars et 13-24 nov.

➥ **Restaurant** : 17/20 Grand Hôtel du Lion d'Or

Une certaine idée du luxe à la française, avec le charme d'une architecture Renaissance finement travaillée et des matériaux anciens (boiseries XVIIe, dallage gallo-romain) qui portent l'âme et l'histoire de cette grande maison. Les chambres, réparties autour de la belle cour intérieure, marient ces matériaux nobles à un confort actuel, dans un style raffiné ponctué de tons chaleureux.
3 appart. 250-450 € • 13 ch. 125-380 € *www.hotel-liondor.fr*

RONCE LES BAINS - 17390 (22 A 4)

La Rochelle 64 - Royan 26

(11) Le Brise-Lames H

» 2 av de la Cèpe
☎ 05 46 36 06 41
F. dim. à dîn., lundi, mardi (fév.-mars, oct.-nov.), lundi à déj., mardi (avril-mai, juin, sept.), mardi (juil.-août) et 5 nov.-10 fév.
Jusqu'à 21h.

Les pieds dans l'eau, face à l'océan et à l'île d'Oléron, on pourrait se contenter d'une mouclade. Mais Laurent Didier a trop de bagage pour vous laisser nager sans filet : la pêche est chez lui souvent miraculeuse, le dos de mulet au beurre de sarriette est aussi bon qu'un bar, la dorade en infusion d'herbe, la raie farcie aux crevettes, entrent dans des menus bien tournés autour de 20 - 30 **€**, en posant sur la balance quelques cadors du coin (Yves Papin et ses spéciales de Marennes entre autres). Cave classique nourrie de quelques propriétaires, agréables chambres rénovées donnant sur la mer, la plupart disposant d'un balcon ou d'une terrasse.

M : 23-43 € • 26 ch. 40-71 € • 1/2 pens. 47-63 € *www.legrandchalet.net*

LA ROQUE GAGEAC - 24250 (24 B 2)

Beynac-et-Cazenac 5 - Sarlat-la-Canéda 11

(14) Auberge La Plume d'Oie H

» Le Bourg
☎ 05 53 29 57 05
F. à déj. (15 juil.-15 sept.), lundi, mardi à déj. (h.s.), 15 nov.-20 déc. et 8 janv.-13 fév. (réserv. obligatoire).
Jusqu'à 21h30.

Une bien douce Plume, qui fait ce qu'il faut pour contenter les touristes nombreux à venir admirer ce beau village : un cadre typique et intemporel avec le charme des vieilles pierres, un accueil professionnel et efficace à défaut d'être chaleureux et une belle cuisine classique, particulièrement en verve lorsqu'elle s'approvisionne au plus près du terroir pour le plaisant pressé de foie gras et blanc de volaille et salade d'herbes ou le plateau de fromages intelligemment composé. Le panaché de poissons ou la meringue et mousse d'agrume (un peu hâtivement baptisée mille-feuille de blanc d'œuf) sont un peu moins convaincants, sans que la qualité des produits fasse le moindre doute. La carte des vins manque de curiosité, mais la longévité de la maison ne devrait pas en être affectée.

C : 63 € • M : 45-58 € • 4 ch. 70-80 € *www.hotel-restau-dordogne.org*

(13) La Belle Etoile H

» ☎ 05 53 29 51 44
F. lundi, merc. à déj. et nov.-mars.
Jusqu'à 21h.

Le succès est impressionnant et la salle ne désemplit pas de toute la saison. Il faut dire que la maison ne manque pas d'atouts : situation de premier plan, entre les vieilles maisons du village et la Dordogne, accueil chaleureux même face à l'affluence, et des menus au rapport qualité-prix performant, dans leur exploration tout en finesse des richesses du terroir périgourdin. Du classique certes, mais toujours au goût du jour, dans ses saveurs franches et ses associations soignées. Les chambres, notamment celles avec vue sur la rivière, sont également très agréables et d'un niveau de confort tout à fait actuel.

M : 23-38 € • 15 ch. 50-75 € • 1/2 pens. 75 €

ROQUEBRUNE CAP MARTIN - 06190 (34 D 4)

Nice 22 - Menton 3

(11) La Différance

» Parking du Country-Club, sentier des Douaniers
☎ 04 92 07 35 51
F. non comm.

Une table vraiment secrète que les initiés acceptent de confier à leurs meilleurs amis, ou à leurs clients, cherchant un peu de naturel dans cet univers sophistiqué. Au bout d'un chemin de douaniers, une petite oasis de simplicité pour découvrir en direct la pêche du jour et les légumes de saison.

C : 10 € • M : 13 €

Sea Lounge

» Monte-Carlo Beach-Hotel, Av de la Princesse-Grâce
☎ 04 93 28 66 42
F. 12 sept.-24 mai
Jusqu'à 23h.

Plage privée du très sélect Monte Carlo Beach : ambiance en rapport évidemment, lounge détente chic, et cuisine légère et actuelle, pour ne pas s'endormir au soleil.
C : 36 € • M : 25-63 €

Vista Palace Hôtel

» La Grande-Corniche
☎ 04 92 10 40 00
Fax 04 93 35 18 94
F. fév. (sous réserve).

Un nid d'aigle au-dessus de la Principauté, surplombant la Méditerranée de 333 mètres exactement et offrant forcément l'un des plus beaux panoramas de toute la côte. Ce palace à l'américaine, immanquable à la nuit tombée grâce à l'immense V bleuté qui le surplombe, fourmille d'équipements de loisir (piscines privées dans les appartements, centre de remise en forme) offrant même le luxe d'un héliport. Au restaurant, les clients non résidents bénéficient d'attentions diverses, alternant de bonnes sensations et parfois des déceptions. Dommage, le jeune Philippe Streiff, qui a appris le métier auprès de Jean-Marc Delacourt, vaut mieux que cela.
18 appart. 405-1200 € • 50 ch. 160-400 € • 1/2 pens. 75 € • C : 100 € • M : 95-110 € *www.vistapalace.com*

 Les Deux Frères R

» Pl des Deux-Frères
☎ 04 93 28 99 00
Fax 04 93 28 99 10
F. 10 jrs nov.

L'ancienne école bénéficie de tous les charmes de la côte, la situation au cœur d'un vieux village typique et la vue panoramique sur la mer. Jolies chambres aux coloris chaleureux et aux décors personnalisés. Cuisine sagement adaptée aux besoins de la clientèle, à privilégier sur les poissons de la Méditerranée.
2 appart. 150-180 € • 10 ch. 75-110 € • 1/2 pens. 91 € • M : 24-45 €
www.lesdeuxfreres.com

ROSBRUCK ➤ FORBACH

ROSCOFF - 29680 (13 C 2)

Morlaix 26 - Saint-Pol-de-Léon 5

16 Le Temps de Vivre

» 17-19 pl Lacaze-Duthiers
☎ 02 98 61 27 28
F. lundi, mardi à déj. (été), dim. à dîn., lundi, mardi à déj. (printemps et automne), dim. à dîn., lundi, mardi (hiver), 2 sem. oct., 2 sem. mars, 1re sem. janv. et 1re sem. fév.
Jusqu'à 21h.

➡ **Hôtel :** Le Temps de Vivre

Cadre et ambiance

Certains de nos lecteurs, peut-être peu au fait de nos critères de jugement, nous reparlent d'une salle un peu vieillotte, peu conforme à ce qu'ils attendent d'un 16/20. Rappelons donc une fois de plus - cent mille fois sur le métier - que la note va à l'assiettée et non à l'assiette, fût-elle en carton bouilli ou en or massif, et que nos enquêteurs ne goûtent pas les rideaux, même s'ils sont capables d'en évoquer la couleur.

Cuisine

Cette mise au point faite, voici qui permet de louer à nouveau la probité et la précision de Jean-Yves Crenn, un autodidacte et un cuisinier pas comme les autres, intègre et scrupuleux, surtout dès qu'il s'agit de sortir en mer et de bénir le terroir, en mariant le chou-fleur et le homard, les langoustines et les asperges, le saint-pierre aux oignons de Roscoff et à l'artichaut.

Cave

Belle cave de passionné, qui va jusqu'au gaillac d'Issaly et au cabardès de Lorgeril.

Accueil et service

Accueil toujours aussi délicieux de Line Crenn, que le temps soit au beau fixe ou à la tempête. Elle veille au grain et au bon fonctionnement d'une escouade de jeunes serveurs et serveuses qui assurent correctement leur travail.
C : 85 € • M : 38-88 € *www.letempsdevivre.net*

[10] Ti Saozon

» 30 rue Gambetta
☎ 02 98 69 70 89
F. à déj. (sf dim., lundi) et 15 juil.-15 août.
Jusqu'à 21h30.

Dans le vieux Roscoff, une maison ancienne de 1666, un cadre rustique ("voire gothique" revendique Annick Combot), vieille horloge, vieux lit-clos. On ne s'attend donc pas à du tataki de thon. Il n'y en a pas, plutôt de bonnes galettes faites avec application par la patronne dans une atmosphère un peu rigide, mais qui fait partie de la représentation.

C : 14 € *tisaozon-creperie@caramail.com*

Le Brittany

» Bd Sainte-Barbe
☎ 02 98 69 70 78
📠 02 98 61 13 29
F. 1er janv.-21 mars et 15 nov.-31 déc.

Les nombreux détails de décoration créent une atmosphère délicieuse au sein de ce manoir breton, dont les épais murs en pierre du XVIIe siècle semblent protéger les heureux clients de toute agression extérieure. Aux commandes en cuisine, Loïc Le Bail marie les richesses du terroir dans de belles manières actuelles : tartare de daurade grise sablé et marinade d'anchois, lieu fricassée d'asperges et bulots aillés au beurre ou, côté terre, un très plaisant cochon de lait rôti à la sarriette, saucisse grillée et crème de petits pois.

2 appart. 188-258 € • 23 ch. 98-198 € • 1/2 pens. 112-161 € • C : 52 € • M : 29-62 € *www.hotel-brittany.com*

Le Temps de Vivre

» 17-19 pl Lacaze-Duthiers
☎ 02 98 19 33 19
📠 02 98 19 33 00
F. non comm.

➡ **Restaurant** : 16/20 Le Temps de Vivre

La solide maison de granit affronte les embruns de la mer toute proche depuis le XVIe siècle. La mer, spectacle offert en panoramique depuis les chambres, créations contemporaines d'une sobriété qui confine à l'épure, dans les tons comme les lignes du mobilier. Une atmosphère précieuse et sereine.

2 appart. 180-260 € • 12 ch. 95-220 € *www.letempsdevivre.net*

ROSHEIM - 67560 (10 B 3)

Strasbourg 27 - Obernai 9

[14] Hostellerie du Rosenmeer

» 45 av de la Gare
☎ 03 88 50 43 29
F. dim. à dîn., lundi, merc., mi-fév.-déb. mars et fin juil.-déb. août.
Jusqu'à 21h30.

Ayant reçu une solide formation technique (Les Armes de France auprès de Pierre Gaertner, Le Buerehiesel auprès de Westermann), Hubert Maetz a les coudées franches pour créer en toute liberté une cuisine totalement étrangère à l'Alsace ou presque, fine, créative et multi-culturelle. Il est ainsi capable de travailler le foie gras dans une grande tradition, en gelée au tokay, avec un pain de pommes de terre comme de bousculer les conventions sur un bar de ligne, cuit sur une écorce de sapin et accompagné d'une purée d'orties. Une cuisine de découvertes, de prouesses techniques parfois, moderne (les herbes et les fleurs sauvages tiennent une place importante sur la carte) et maîtrisée, enthousiasmante le plus souvent. Très belle cave en région.

C : 55 € • M : 32-46 € *www.le-rosenmeer.com*

[12] D'Rosemer Winstub

» 45 av de la Gare
☎ 03 88 50 43 29
F. dim., lundi, mi-fév.-déb. mars et fin juil.-déb. août.
Jusqu'à 21h30.

Une annexe certes, mais aussi la meilleure winstub de la ville. Hubert Maetz met tout son cœur dans cette cuisine traditionnelle réactualisée, rassemblant les bons mangeurs autour d'une salade de hareng à la crème de raifort, d'un jambonneau grillé ou d'une simple tarte flambée au Munster. Petite cave régionale avec la récolte maison au verre ou en carafe.

C : 23 € • M : 9,30 € *www.le-rosenmeer.com*

LES ROSIERS - 49350 (16 B 4)

Angers 29 - Saumur 17

Toque Blanche

» 2 rue Quarte, rte d'Angers
☎ 02 41 51 80 75
F. mardi à dîn., merc., dim. à dîn. (sf 15 juil.-15 sept.), 20 jrs fin nov. et 20 jrs déb. janv.
Jusqu'à 21h.

Aucune trace de poudre, de cosmétique, d'apprêt malvenu dans cette cuisine limpide au fil de l'eau. Chaque année, Gilles Klein trace son propre chemin, suit les poissons de Loire qu'un jeune pêcheur de Montsoreau lui apporte au bout de la ligne, fait un beau foie gras et une odorante fricassée d'anguilles à la provençale. Un décor bourgeois lumineux et chaud pour des soirées distinguées, animées par Françoise Klein. Cave ligérienne de connaisseur, avec ses coups de cœur en saumur et anjou.
C : 36 € • M : 22-45 €

ROSTRENEN - 22110 (13 D 3)

Gouarec 10 - Carhaix-Plouguer 17

L'Eventail des Saveurs

» 3 pl du Bourg-Coz
☎ 02 96 29 10 71
F. dim. à dîn., lundi, mardi à dîn. (sept.-déb. mai), merc. à dîn. et 26 juin-18 juil.
Jusqu'à 21h.

Heureusement, quelque part dans la petite cave, il y a Lebreton et son anjou, Gendrier et son cheverny. Car sinon, on serait tenté de penser que les Bacquer ont concentré toute leur énergie dans la jolie carte de saison. Ce qui ne serait pas indécent, tant nous plaît cette cuisine inspirée, nerveuse, dans laquelle le chef gratte le terroir comme une guitare, réalisant ses propres accords avec une enviable dextérité : tarte fine d'aubergines et chèvre fouetté, filet de lieu jaune breton mille-feuille de céleri et mousseline betterave, côte de cochon fermier, crème brûlée aux épices douces. Il y a bien une gastronomie à Rostrenen.
C : 36,50 € • M : 21,50-38 € *www.leventail-des-saveurs.fr*

ROUBAIX - 59100 (2 A 2)

Lille 16 - Tourcoing 6

Chez Charly

» 127 av Jean-Baptiste-Lebas
☎ 03 20 70 78 58
F. w.-e. et 3 sem. août.

Les amis du rail et les Roubaisiens fidèles s'alignent sur la banquette en moleskine de cette brasserie gastronomique en toute confiance. A deux pas de la gare, la régularité de Charly Baquaert est aussi renommée que les différentes académies dont il est membre, justifiant son savoir-faire sur la cassolette d'écrevisses, le navarin de lotte et le carré d'agneau du Limousin à la fleur de thym.
C : 40 € • M : 19-30 € *www.chez-charly.fr.st*

à LEERS - 59115 : 2 km E. par D 6

Auberge de la Buissonnière

» 72 rue Pierre-Catteau
☎ 03 20 83 90 26
F. sam. à déj., dim. à dîn., lundi, mardi à dîn., merc. à dîn., jeudi à dîn., 10 jrs vac. scol. fév. et 1er-24 août.
Jusqu'à 21h30.

L'école Buissonnière, c'est celle d'un jeune homme de 24 ans qui ramène sa fraise avec à propos et joue sans complexe dans la cour des grands. Découvert l'an dernier dans cette jolie ferme rénovée, brique de Leers et poutres apparentes, il promet bien d'autres succès, et la première toque lui tend les bras avec ces assiettes qui commencent à trouver une vraie personnalité : la terrine de lapin à la bière d'Esquelbecq (par ailleurs une des meilleures du Nord), le poulet de Licques au piment d'Espelette, le magret en tournedos aux pommes miellées d'Avesnois. Petite cave variée mais pas très renseignée.
C : 36 € • M : 24-48 € *www.la-buissonniere.fr*

ROUDOUALLEC - 56110 (13 C 4)

Gourin 9 - Châteauneuf-du-Faou 16 - Quimper 34

12 Le Bienvenue H

» 84 rue Nicolas-le-Grand
☎ 02 97 34 50 01
F. mardi à dîn., merc. à dîn. (sf juin à sept.)
Jusqu'à 21h30.

Roudouallec n'est peut-être pas une sortie d'autoroute, mais les voitures réellement gourmandes y vont tout droit. Cap sur le "menu du terroir de Bretagne" de l'intègre Jean-Claude Spegagne, qui ne laisse pas le hasard entrer dans sa cuisine, et travaille à corps et à cœur un terroir qui lui porte bonheur : fricassée d'andouille de Guéméné à la compote d'oignons de Roscoff, braisées à la saucisse fermière et bière de Carhaix, filet mignon de porcelet de l'Argoat et gratin de fraises de Plougastel. Vous avez dit breton ? Chambres paisibles et confortables.
C : 35 € • M : 26,80-52,50 € • 8 ch. 39,50 € • 1/2 pens. 50 €
www.hotellebienvenue.com

ROUEN - 76000 (6 C 3)

Paris 138 - Amiens 114 - Orléans 219 - Caen 122

16 L'Ecaille

» 26 Rampe-Cauchoise
☎ 02 35 70 95 52
F. sam. à déj., dim., lundi (dim. à dîn. 15 oct.-15 mai).
Jusqu'à 21h30.

Cadre et ambiance
Sur le boulevard qui ceinture le centre, une façade marine, élégante, accueillante, un intérieur bourgeois sobre, aux toiles bien choisies (renouvelées récemment) et enrichi d'un salon de sous-sol très pratique pour les conversations secrètes et les réunions de famille.
Cuisine
Meilleur poisson de la place, meilleurs plateaux. En traitant depuis vingt ans directement avec ses pêcheurs, à Dieppe ou Saint-Valery, en étant parvenu à une telle maîtrise sur les cuissons et la connaissance du produit, Marc Tellier est au top, faisant de l'Ecaille ce que le Duc ou la Marée furent en leurs temps à Paris, la modernité en plus.
Cave
Très classique pour une clientèle sans doute peu curieuse de nature, elle s'arrête vite à la Bourgogne et au chardonnay. Peut (toujours) mieux faire.
Accueil et service
Direction familiale en salle (épouse et fils), jeune service appliqué : pas trop de manières pour entourer la pêche avec attention et gentillesse.
C : 80 € • M : 29,90-44 €
www.lecaille.fr

13 Le Réverbère

» 5 pl de la République
☎ 02 35 07 03 14
F. dim. et 3 sem. août.
Jusqu'à 22h.

On ne dira certes pas que les œuvres de José Rato sont les révélations de l'année, mais la continuité, la régularité même de ses assiettes force les Rouennais dans leur fidélité. Dans une salle totalement relookée (il était temps) en contemporain classieux, c'est le métier qui s'exprime, avec un menu du jour plébiscité, surtout lorsqu'il compte la fameuse "morue façon ma mère". Pour s'adapter aux tendances, d'heureuses initiatives, comme les soirées à thème, le Petit Journal du Réverbère, le déjeuner "échanges" du vendredi ou les petits déj' du samedi matin.
C : 50 € • M : 32-46 €

12 Les Petits Parapluies

» 46 rue du Bourg-l'Abbé
☎ 02 35 88 55 26
F. sam. à déj., dim. à dîn., lundi, 1 sem. fév. et 3 sem. août.
Jusqu'à 21h45.

Marc Andrieu compte parmi les chefs les plus chevronnés sur la place de Rouen et son menu du déjeuner, avec ses deux verres de vin pour environ deux cents de nos anciens francs, reste une excellente affaire. On sent pourtant comme une fatigue poindre, comme si les produits étaient moins suivis et l'imagination un peu en berne. L'accueil de Gisèle et le charme de la salle à manger demeurent intacts et l'adresse sérieuse.
C : 55 € • M : 25-44 €

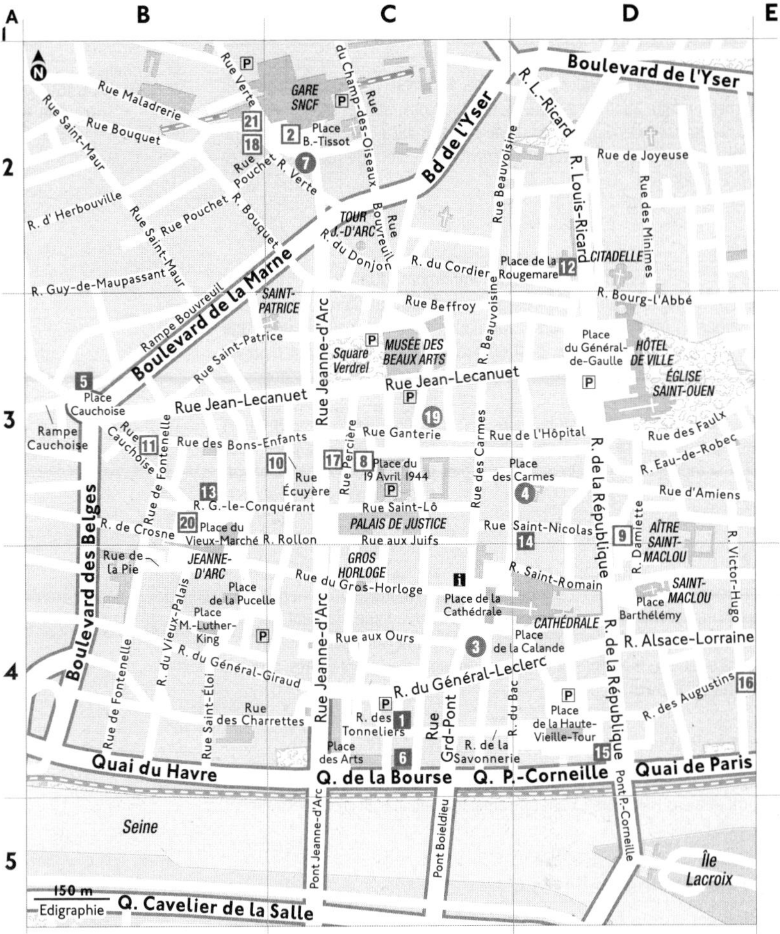

■ **Restaurant** ● **Hôtel** □ **Table en vue**

- [1] 37 (Le) **C-4**
- [21] Bandol **B-2**
- [20] Bistrot des Hallettes (Le) **B-4**
- [2] Bistrot du Chef... en Gare (Le) **C-2**
- [3] Cardinal (Le) **C-4**
- [4] Carmes **D-3**
- [5] Ecaille (L') **B-3**
- [6] Gill **C-4**
- [7] Hôtel de Dieppe **C-2**
- [8] Jardin de Chine (Au) **C-3**
- [9] Maharadja (Le) **D-3**
- [10] Nash (Le) **C-3**
- [11] Petit Cauchois (Le) **A-3**
- [12] Petits Parapluies (Les) **D-2**
- [13] P'tit Zinc (Le) **B-3**
- [14] Restaurant Dufour **D-3**
- [15] Réverbère (Le) **D-4**
- [16] Suite Afghane **D-4**
- [17] Table d'Alex (La) **C-3**
- [18] Tabou (Le) **B-2**
- [19] Vieux-Carré (Le) **C-3**

[12] Restaurant Dufour

» 67 bis rue Saint-Nicolas
☎ 02 35 71 90 62
F. dim à dîn. et lundi.
Jusqu'à 21h15.
🪑

Lorsque Michel Dufour passe en salle, les habitués ont rarement des plaintes à formuler : le chef maîtrise ses classiques et fait la cuisine que tous attendent dans ce cadre historique, du caneton à la rouennaise au mille-feuille en passant par l'escalope Vallée d'Auge ou le saint-pierre au cidre, autant de plats généreux et bien à leur place entre les poutres et les tomettes de cette maison du XVe siècle. Carte des vins classique et raisonnable.
C : 35 € • M : 25-38 €

[12] Le 37

Si la maison mère (Gill, de l'autre côté du pâté de maisons, sur les quais) n'avait pas encore achevé sa mue (plus de trois mois de travaux pour un établissement entièrement refait) au moment où nous bouclions, son annexe mi-lounge mi-bistrot continuait de faire le plein d'une clientèle chic et visiblement contente d'être là à profiter des bonnes formules construites autour de recettes actuelles et un brin modeuses.

» 37 rue Saint-Etienne-de-Tonneliers
☎ 02 35 70 56 65
F. dim. et lundi. Rens. prix non comm.

[?] Gill

On ne sait encore rien, à l'heure où nous imprimons, du cadre tout nouveau qui sera offert aux Rouennais après quatre mois de travaux (la réouverture était prévue pour fin octobre), mais Gilles Tournadre a promis quelque chose "qui n'existe pas". Quant à la cuisine, c'est un secret aussi : Gill veut tout changer, tout en restant lui-même bien sûr. Ira-t-on vers un atelier à la Robuchon, vers un lounge gastro comme son annexe le 37, vers une brasserie bourgeoise ? Ce chef talentueux est capable de tout, mais on peut parier que ce cuisinier à trois toques saura faire plaisir à sa clientèle. Nous devrons donc patienter pour situer ce qui sera indubitablement un nouveau départ pour Sylvie Tournadre et son époux.

www.gill.fr

» 9 quai de la Bourse
☎ 02 35 71 16 14
Rens. non comm.
🐕 🚬

[?] Le P'tit Zinc 🍇

Evénement majeur pour tous les Rouennais, Alain et Maud Simon ont plié leurs tabliers (sommelier pour Monsieur, cuisinière pour Madame), laissant leur P'tit Zinc à de nouveaux visages. Nous attendrons donc une saison pour voir comment évoluera ce bistrot dont l'âme tenait tant à ses propriétaires, l'équipe devant majoritairement poursuivre.

» 20 pl du Vieux-Marché
☎ 02 35 89 39 69
Jusqu'à 22h.
⛱ ♿ 🐕

► Bandol

Une bonne pizza en sortant de la gare, et un gros succès au déjeuner, pour le décor moderne et minimaliste dans une ambiance affairée. Et il y a effectivement un peu de bandol à boire.

» 27 rue Verte
☎ 02 35 71 46 43
Rens. non comm.

► Bistrot des Hallettes

Le bistrot des grosses faims sur le Vieux-Marché. Le patron, à la carrure de catcheur et à la gouaille typique, connaît aussi bien la viande et les abats que la ville et son métier.
C : 38 € • M : 20-34 €

» 43 pl du Vieux Marché
☎ 02 35 71 05 06
F. dim., lundi et 2 sem. Noël-nouvel an.
Jusqu'à 22h.
⛱ 🐕

► Gill, le Bistrot du Chef... en Gare

De la tradition bistrotière pure et dure façon Gilles Tournadre, le grand chef rouennais désormais présent sur le Havre avec la même enseigne et au 37, bistrot branché plébiscité par la jeunesse dorée locale. De bons produits, des recettes simplissimes et une déception impossible, la salade d'andouille de Vire et pomme de terre tiède, la joue de porc braisée au cidre, duo de fenouil et pomme fruit, la tarte fine aux pommes et glace caramel réprésentant l'aristocratie du genre. Service impeccable, cadre délicieusement rétro.
C : 25 € • M : 15,50 €
media-restauration@wanadoo.fr

» 26 rue Verte
☎ 02 35 71 41 15
F. sam. à déj., dim., lundi à dîn. et août.
Jusqu'à 22h30.
🐕

► Au Jardin de Chine

Dans un décor entièrement refait l'an dernier, une cuisine chinoise bien faite, potage de crabes aux asperges, salade chinoise au poulet, pâté impérial, gambas grillées à la citronnelle...
C : 20 € • M : 11-17 €

» 36 rue Percière
☎ 02 35 89 72 07
F. dim., fériés et août.
Jusqu'à 22h.

Le Maharadja

Quartier des antiquaires, mais pas cuisine de musée : comme son nom l'indique, direction les Indes, à un bon niveau de qualité, pour une soirée en douceur, bercé par un service tout en gentillesse.

» 15 rue Damiette
☎ 02 35 88 87 47
Rens. non comm.

 Le Nash

L'un des bars les plus animés de la capitale régionale, de bonnes tapas et une ambiance chaleureuse, à deux pas de la place du Vieux Marché où fût suppliciée Jeanne d'Arc.
C : 16 € • M : 8-12 € *le.nash@wanadoo.fr*

» 97 rue Ecuyère
☎ 02 35 98 25 24
F. dim.
Jusqu'à 23h.

 Le Petit Cauchois

Un peu au-dessus du Vieux Marché, une salle minuscule et régionale, avec un bon courant de terroir dans un menu calibré à moins de 20 **€** : tatin au camembert, maquereau grillé crème et lardons, andouillette au cidre…
C : 30 € • M : 17 €

» 58 rue Cauchoise
☎ 02 35 15 30 96
F. sam. à déj., dim., lundi, 1 sem Noël, 1 sem. fév. et 3 sem. été.

 Suite Afghane

Un peu moins de soin dans l'assiette que naguère, mais des assiettes parfumées - spécialités afghanes - qui restent de bon niveau, dans un agréable cadre oriental.
C : 20 € • M : 16,50-32 € *www.lasuiteafghane.com*

» 3 rue des Augustins
☎ 02 35 15 42 52
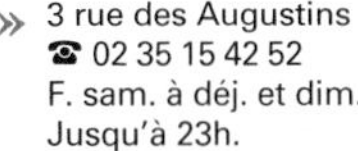
F. sam. à déj. et dim.
Jusqu'à 23h.

 La Table d'Alex

Pour la situation, très centrale, derrière le Palais de Justice dans une petite rue discrète, et aussi pour le petit menu de cuisine bourgeoise qui offre un rendement correct dans une ambiance à la fois intime et décontractée.
C : 20 € • M : 18-28 € *alexandre.augais@wanadoo.fr*

» 35 rue Percière
☎ 02 35 07 73 32
F. à déj., dim., 1 sem. mai, 3 sem. août et 1 sem. Noël.
Jusqu'à 22h30.

 Le Tabou

Selon les jours, l'antilope peut être très réussie, ou un peu moins. Les cocktails, eux sont toujours ensorcelants, de quoi faire tourner les têtes et approuver tout ce qui suit. Service charmant, évidemment sans contraction.
C : 12 € • M : 12-22 €

» 5 rue Maladrerie
☎ 02 35 88 97 15
F. dim., lundi à déj. et aout.

 Hôtel de Dieppe R

Une valeur sûre face à la gare, pour des chambres soignées dans un décor actuel. Centre ville à cinq minutes à pied et deux formules de restauration, le classique Quatre Saisons et ses valeurs sûres autour du patrimoine culinaire français et normand, et le Grill, pratique et animé grâce à un service jusqu'à 22 h.

41 ch. 60 € • M : 19-36 € *www.bestwestern.fr*

» Pl Bernard-Tissot
☎ 02 35 71 96 00
📠 02 35 89 65 21
Ouv. 7j/7.

 Le Cardinal

L'immeuble après-guerre n'a pas de cachet particulier, mais les chambres, bien tenues, ouvrent toutes sur la cathédrale et la situation est parfaite.
18 ch. 47-70 € *www.cardinal-hotel.fr*

» 1 pl de la Cathédrale
☎ 02 35 70 24 42
📠 02 35 89 75 14
Ouv. 7j/7.

 Carmes

En plein centre, à deux pas de la cathédrale, un hôtel particulier du milieu XIXe dont certaines chambres arborent de splendides trompe-l'œil au plafond.
12 ch. 42-61 € *www.hoteldescarmes.fr.st*

» 33 pl des Carmes
☎ 02 35 71 92 31
📠 02 35 71 76 96
Ouv. 7j/7.

Le Vieux Carré

Une maison caractéristique du Vieux Rouen, avec son architecture historique à colombages. Chambres claires et modernisées et une adorable cour intérieure pavée où se déploie la terrasse du salon de thé.
13 ch. 55-60 € *www.vieux-carre.fr*

» 34 rue Ganterie
☎ 02 35 71 67 70
02 35 71 19 17
Ouv. 7j/7.

à BONSECOURS - 76240 : 4 km S.E. par N 28

Les Thénardiers

Amusante reconstitution d'une auberge de campagne dans le cadre hypernormand de l'ex-Butte. Le patron - béret, tablier et chemise à carreau - sait faire danser la polka aux Bonauxiliens. Sur des airs de terrine posée sur la table, de sauce aux fromages normands et de viandes sérieuses découpées sur le billot derrière la salle poutrée.
C : 15 € • M : 20 €

» 69 rte de Paris
☎ 02 35 80 43 11
F. sam. à déj. F. ann. non comm.

à SOTTEVILLE LES ROUEN - 76300 : 5 km S.E. par N 28

La Bella Cagliari

La meilleure table italienne de Rouen n'est pas en ville, mais de l'autre côté de la Seine, dans une banlieue très active. Par chance, le métro passe devant cette enclave sarde où une famille très unie (les parents aux fourneaux, les deux frères en salle) parle avec les mains et le cœur de son pays : culingiones, malloredus, tagliatelle al limone et autres petites merveilles de pâtes régionales, soutenues par des pizzas d'excellente facture. Le vin des provinces italiennes renforce l'atmosphère al dente.
C : 30 € • M : 25-27 €

» 192 rue Garibaldi
☎ 02 35 72 41 81
F. dim. et lundi.
Jusqu'à 22h.

à TOURVILLE LA RIVIERE - 76410 : 11 km S. par D 7

Le Tourville

Carte de tradition dans cette maison quasi-mythique pour tous les Rouennais et les alentours gourmands. Eric Boitier a conservé les plats qui ont fait la réputation de la maison, la raie crème et moutarde, le foie gras, le saumon et le turbot hollandaise. ce classicisme-là, fait avec une grande application et de bons produits, vaut bien une petite toque. L'atmosphère bourgeoise de cette grande demeure Napoléon III peut encore se détendre un peu.
C : 45 € • M : 30-60 € *le.tourville@wanadoo.fr*

» 12 rue Danielle-Casanova
☎ 02 35 77 58 79
F. lundi et août.
Jusqu'à 21h30.

ROUFFACH - 68250 (10 B 5)

Colmar 16 - Mulhouse 27

Philippe Bohrer

Philippe Bohrer n'a rien d'un homme expansif, faisant rarement la une des journaux, ne cherchant pas à se mettre en avant, il continue son petit bonhomme de chemin, sûr de son fait et modeste. Sa maison au pied du vignoble ? L'une des plus adorables d'Alsace, avec ses beaux meubles anciens, son accueil personnalisé, ses produits nobles sagement traités : moelleux de saumon mariné aux racines douces, filet de bar aux aromates et morilles noires, côtelette de caille aux champignons des bois, croustillant de poires au vin rouge et glace de pain d'épices. Equipe en salle enthousiaste, ambiance chaleureuse.
C : 60 € • M : 26-75 € *www.vdl-bohrer.com*

» 1 rue Poincaré
☎ 03 89 49 62 49
F. dim., lundi à déj., merc. à déj., 6-20 mars et 24-26 déc.
Jusqu'à 21h30.

 Château d'Isenbourg R

Pour week-ends tranquilles, un joli château dominant fièrement la plaine du Rhin et doté de chambres de charme. Les équipements garantissent de nombreuses activités de détente (piscine extérieure chauffée dominant le village, piscine intérieure avec jacuzzi, sauna et hammam, court de tennis et vaste parc). La cuisine manque toutefois de maturité dans une grande salle inanimée.
2 appart. 400-515 € • 39 ch. 110-360 € • 1/2 pens. 80 € • M : 29-52 €
www.isenbourg.com

» ☎ 03 89 78 58 50
03 89 78 53 70
Ouv. 7j/7.

ROUFFIAC TOLOSAN ➤ TOULOUSE

LE ROUGET - 15290 (26 A 5)

Aurillac 25 - Figeac 43 - Saint-Céré 38

⑫ Les Voyageurs H

Ah ! Ces hôtels des voyageurs, promesse d'une étape régionale pur jus, d'une atmosphère familiale, d'une cuisine sincère. Il en existe quelques-uns encore, dont il faut profiter. Sans remonter aux diligences, en un quart de siècle, Gérard Roussilhe a vu passer quelques pèlerins devant la façade de pierre, et les R20 se sont transformées en monospaces. Le chou farci, le pounti et l'entrecôte au bleu d'Auvergne ont, eux, à peine bougé. Il n'y a pas lieu de s'en plaindre, surtout en fréquentant l'opulent menu du Terroir (quenelles de brochet, gigot truffade, tourte de confit) aux tarifs faramineux de 18,50 €. Et la petite cave fait aussi voyager les voyageurs, avec les gaillacs, côtes d'auvergne, cahors…
C : 21,50 € • M : 11,50-28 € • 24 ch. 37 € • 1/2 pens. 42 €
www.hotel-des-voyageurs.com

» 20 av du 15-Septembre-1945
☎ 04 71 46 10 14
F. dim. à dîn. (15 oct.-15 avril), 3 sem. vac. scol. fév. et 1 sem. Noël.
Jusqu'à 20h30.

ROULLET SAINT ESTEPHE ➤ ANGOULEME

LE ROURET - 06650 (34 C 4)

Cannes 19 - Nice 28 - Grasse 10

⑬ Le Clos Saint-Pierre

Sur la place du village, l'ancien presbytère XIXe est en position de force : depuis cinq ans, Daniel Ettlinger revisite la cuisine provençale qu'il détaille avec aisance dans un menu - pas donné - à 42 €, y glissant quelque ingrédient riche pour justifier la dépense. Rançon du succès ou petit creux de saison, la manière nous a paru cette année un peu moins enthousiaste, même si l'atmosphère de cette belle salle rustique aux fauteuils confortables rend chaque assiette attrayante et malgré un très bon filet de lotte plancha et aubergines grillées. Belle cave provençale, service au taquet, mais qui perd un peu d'efficacité devant l'affluence. Au printemps prochain, deux bâtisses provençales dans un grand parc avec piscine offriront une douzaine de chambres aux visiteurs.
M : 29-49 € *ettlingercath@aol.com*

» Pl de l'Eglise
☎ 04 93 77 39 18
F. mardi, merc. et 5 sem. à partir 20 janv.
Jusqu'à 22h.

LES ROUSSES - 39220 (21 B 5)

Lons-le-Saunier 70 - Saint-Claude 33

⑫ Le France

Ce fut jadis une belle table du guide puis l'établissement a progressivement dévissé. Aujourd'hui, sans atteindre les sommets, l'hôtel de France constitue à nouveau une halte bien venue. Le chef se démarque du registre montagnard en musclant une salade de pommes de terre gratinées au comté d'une tombée de truffes d'été et en inventant une sorte de courgette à la reine, garnie de ris de veau. Bonne formule bistrot pour l'été, service aimable et cave passe-partout.
C : 52 € • M : 24,50-77 €

» 323 rue Pasteur
☎ 03 84 60 01 45
F. 24 avril-18 mai et 13 nov.-15 déc.

ROUSSILLON - 84220 (33 C 4)

Avignon 50 - Cavaillon 26

Restaurant David

Le tandem Jean-Luc Laborie (direction) et Emmanuel Champion (cuisine) fonctionne, et même de mieux en mieux. Les huit chambres de charme permettent de fixer la clientèle, au Clos des Glycines, et la belle salle du restaurant, face aux ocres, a tout pour les séduire. Même si la cuisine s'oriente parfois un peu trop vers les tics maniérés d'une mode pas vraiment régionale (ravioles de crabe au gingembre, risotto aux artichauts et foie gras). Les bonnes sensations vont au plus authentique, le bar grillé, le demi-caneton sauvageon rôti, filet en croûte et cuisse en cannelloni. Bonne cave de rhônes, évidemment à l'aise sur luberon et ventoux.

C : 45 € • M : 25-52 €

www.luberon-restaurant.com

» Pl de la Poste
☎ 04 90 05 60 13
F. dim. à dîn., merc. et 5 janv.-10 fév.
Jusqu'à 21h30.

Mas de Garrigon R

Ambiance délicate et chaleureuse, entre rusticité et raffinement, avec des chambres personnalisées en hommage à des écrivains. La maison à l'architecture respectueuse du style régional profite des odeurs et de la vue sur la garrigue, autre élément de l'atmosphère paisible qui y règne. Pour ne pas avoir à en sortir, on peut compter sur une cuisine méditerranéenne sympathique au restaurant.

1 appart. 140-180 € • 8 ch. 110-135 € • 1/2 pens. 60 € • M : 40-45 €

www.masdegarrigon-provence.com

» RD 2
☎ 04 90 05 63 22
Fax 04 90 05 70 01
Ouv. 7j/7.

ROUTOT - 27350 (6 B 3)

Rouen 36 - Le Havre 60 - Pont-Audemer 19

L'Ecurie

Le travail commence à payer : Patrick Bourgeois a changé son fourneau, mis son terroir dans le sens de la marche, peaufiné ses préparations. La salade de raie, le croustillant d'andouillette, l'aile de raie à la moutarde viennent s'inscrire avec loyauté dans la veine des auberges de campagne de valeur, qui font si cruellement défaut aujourd'hui. Il n'y a plus qu'à donner un peu de caractère, bien acheter, et travailler la cave, généraliste et pas en phase avec la maison.

C : 45 € • M : 19,90-38 €

» Place de la Mairie
☎ 02 32 57 30 30
F. dim. à dîn. et lundi.
Jusqu'à 21h15.

ROUVROIS SUR OTHAIN ➤ LONGUYON

LE ROVE ➤ MARSEILLE

ROYAN - 17200 (22 A 4)

La Rochelle 77 - Rochefort 40

(14) La Jabotière

Le midi sur les planches, le soir dans la grande salle océane, cette Jabotière rencontre un formidable succès d'estime, pour les superbes plateaux de fruits de mer, les poissons de concours traités au plus simple et les desserts traités avec originalité. cave essentiellement bordelaise, bons menus, dans une délicieuse atmosphère de vacances.

» Esplanade de Pontaillac
☎ 05 46 39 91 29
F. dim. à dîn., lundi et merc. à dîn. Rens. prix non comm.
Jusqu'à 21h30.

(12) Les Filets Bleus

Cette bonne carte devrait bien soulever la toque incessamment. Frédéric Bertelot, installé depuis un an à peine propose de jolies assiettes de la mer, avec un savoir-faire certain et un objectif qualitatif marqué, sur des apprêts classiques (turbot vapeur beurre de champagne, filet de bar au beurre de langoustines, foie chaud aux pommes). La confiance demeure, pour le moment, dans la simplicité du bon menu à 21 **€** avec le poisson du jour.

C : 40 € • M : 14-45 €

» 14 rue Notre-Dame
☎ 05 46 05 74 00
F. dim. à dîn., merc. (h.s.), sam. à déj., lundi à déj. (juil.-août), 1 sem. déb. janv., 1 sem. fin juin et 1 sem. fin oct.
Jusqu'à 21h.

[10] La Chaumière

Lorsqu'on est restaurateur sur Royan, difficile de faire croire qu'on ne travaille pas pour les touristes. Sébastien Thomas ne déroge pas à cette règle mais le fait avec honnêteté : langoustines rôties aux asperges, escalope de foie gras chaud aux pommes en l'air, magret de canard aux cèpes ou feuilleté de turbot à l'estragon, dans une carte où le choix ne fait jamais défaut. Agréable terrasse ombragée.

C : 35 € • M : 18,50-29,50 € *la.chaumiere@wanadoo.fr*

» 61 av de Paris
☎ 05 46 39 01 01
Ouv. 7j/7.
Jusqu'à 21h30.
⛱ 🚗 🐕 🚬

🏨 Family Golf Hotel

Classique immeuble 1950 face à la magnifique plage de Royan, le Family s'apprécie pour les efforts permanents de ses propriétaires pour le maintenir au goût du jour et offrir des prestations agréables aux vacanciers.

33 ch. 55-100 € *www.hotel-family-golf.com*

» 28 bd Frédéric-Garnier
☎ 05 46 05 14 66
📠 05 46 06 52 56
F. 30 nov.-15 mars.
🔑

🏨 Grand Hôtel de Pontaillac

Régulièrement actualisée depuis sa construction au début du siècle dernier, l'hôtel reste une agréable étape de vacances face à la plage. Casino et centre de remise en forme à portée de main.

40 ch. 60-105 € *www.grand-hotel-de-pontaillac.com*

» 195 av de Pontaillac
☎ 05 46 39 00 44
📠 05 46 39 04 05
F. 30 sept.-15 avril.
🔑 🐕

➲ à SAINT GEORGES DE DIDONNE - 17110 : 4 km S.E.

🏨 Colinette

Les chambres des deux bâtiments de cette affaire familiale proposent en toute sobriété un confort de bon niveau, dans un cadre sobre et clair. Petit jardin ombragé et la plage à 100 m.

21 ch. 47-100 € • 1/2 pens. 55-75 € *www.colinette.fr*

» 16 av de la Grande-Plage
☎ 05 46 05 15 75
📠 05 46 06 54 17
Ouv. 7j/7.
♿ 🐕

➲ à SAINT PALAIS SUR MER - 17420 : 6 km N.O. par D 25

[12] L'Atlantide

Le chef a du métier, et qu'il soit aujourd'hui face à l'océan comme hier au milieu du vignoble ligérien (à Chinon), il connaît le marché, choisit le bon produit, et travaille ses poissons avec habileté. Quelques points sont encore à parfaire (le rythme de service, la cave), mais la voile est bien tendue et le vent est bon.

www.auberge-des-falaises.fr

» 133 av de la Grande-Côte
☎ 05 46 23 29 16
Jusqu'à 21h45.
⛱ 🚗

➲ à VAUX SUR MER - 17640 : 3 km N.O. par D141e

[10] La Maison Blanche

Un demi-siècle de vacanciers ont profité de ce farniente gourmand où la carte a bien évolué depuis les années 50. La plage est toujours là, les grillades au feu de bois aussi, agrémentées aujourd'hui de "carpaccio de pétales de saint-jacques" et de tajine de dorade. Tempus fugit…

C : 30 € • M : 15-25 € *www.maisonblanche.fr*

» Plage-de-Nauzan
☎ 05 46 38 01 06
F. mi-mars-mi-sept.
Jusqu'à 22h30.
⛱ ♿ ❄ 🐕

🏨 Résidence de Rohan

Entre Royan et Saint-Palais, la grande maison XIXe déroule son parc jusqu'à la plage (accès direct) et invite à la détente, dans un décor de maison bourgeoise qui rappelle son glorieux passé (la Duchesse de Rohan y tenait salon).

43 ch. 65-128 € *www.residence-rohan.com*

» Parc des Fées, Rte de Saint-Palais
☎ 05 46 39 00 75
📠 05 46 38 29 99
F. 11 nov.-25 mars.
🏊 🐕

ROYAT ➤ CLERMONT FERRAND

ROYE - 80700 (4 A 3)

Amiens 45 - Compiègne 36

 La Flamiche

» 20 pl de l'Hôtel-de-Ville
☎ 03 22 87 00 56
F. dim à dîn., lundi, mardi à déj., 2 janv., 1re sem. janv et 7 - 31 août.
Jusqu'à 21h45.

Que Marie-Christine et Gérard Borck-Klopp ne nous en veuillent pas. Ils se disent terriblement déçus du point perdu l'an passé, c'est légitime. Ils ne lésinent pas sur la qualité des produits, c'est indéniable (il suffit pour s'en convaincre de venir au printemps et d'admirer ce panier rempli d'énormes morilles que le maître de maison se plaît à passer de table en table, l'œil pétillant de malice et de gourmandise). Il suffirait également de disséquer l'agneau de Lozère ou l'anguille de Somme pour confirmer ce que nous affirmons depuis longtemps déjà, que tous les produits qui entrent en cuisine sont de noble lignée. Oui, mais ce service si pesant, ces détails de finition ça et là (les poissons, un poil trop cuits, les accompagnements, parfois en retrait), nous conduisent à maintenir cette note, celle d'un beau "15" auquel il manque un petit quelque chose pour reconquérir ses anciens lauriers. Reste la cave, l'une des plus passionnantes au nord de la Loire, qui mérite toujours autant les louanges ou cette intelligente initiative, un menu servi chaque mardi soir à 65 € avec quatre plats et un dessert.

C : 75 € • M : 32-124 € *www.flamiche.fr*

RUAUDIN ➤ LE MANS

RUEIL MALMAISON ➤ PARIS-BANLIEUE

RUSTREL ➤ APT

RUY ➤ BOURGOIN JALLIEU

SABLES D'OR LES PINS - 22240 (14 B 2)

Saint-Brieuc 39 - Saint-Malo 45

La Voile d'Or

» Allée des Acacias
☎ 02 96 41 42 49
F. lundi, mardi, merc. et janv.
Jusqu'à 21h.

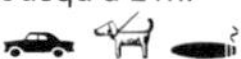

➥ **Hôtel :** La Voile d'Or

Discrète et charmante, tranquillement installée sur les bords d'une petite route, face à une superbe lagune bordée de pinèdes, la maison de Michel Hellio n'a pas besoin de force néons pour attirer vers elle les gastronomes, tels des papillons aveuglés par des phares. Ce chef chevronné ne s'embarrasse pas des convenances et des modes, ni même de pseudo régionalisme. Il travaille à sa façon, à partir d'un répertoire très personnel et bougrement bien interprété : crème mousseuse de panais aux truffes, saint-pierre rôti aux poireaux et crosnes truffés, homard rôti au beurre salé, petits artichauts et émulsion de crustacés, gavottine pralinée, mousse manjari, poire rôtie et sorbet au thé vert. Service aussi efficace que détendu, cave rassemblant surtout des valeurs sûres mais consentant quelques efforts de recherche sur les petites régions.

M : 35-90 € *www.la-voile-dor.fr*

 La Voile d'Or

» Allée des Acacias
☎ 02 96 41 42 49
📠 02 96 41 55 45
F. janv.-mi-fév.

➥ **Restaurant** : 15/20 La Voile d'Or

Non loin du cap Fréhel et du Fort Lalatte, un long bâtiment d'architecture moderne posé face à un splendide aber. Chambres personnalisées au moyen de sculptures et de tableaux d'artistes locaux et internationaux, terrasse.

3 appart. 75-217 € • 19 ch. 75-134 € *www.lavoiledor.fr*

Manoir de la Salle

» 2 rue du Lac
☎ 02 96 72 38 29
📠 02 96 72 00 57
F. 30 sept.-1er avril.

Le contraste subtil entre l'architecture en pierre du XVIe authentique et le décor pastel et contemporain signe la personnalité de chambres spacieuses. Plage à 150m et accueil des cavaliers.

3 appart. 110-130 € • 14 ch. 38-75 € *www.manoirdelasalle.com*

LES SABLES D'OLONNE - 85100 (15 B 6)

Paris 450 - La Roche-sur-Yon 36 - La Rochelle 89

15 Beau Rivage

Les skippers du Vendée Globe viennent ravitailler ici. On les comprend un peu, d'emporter avant un tour du monde quelques souvenirs d'une cuisine de haute mer. Joseph Drapeau tient la vague, face à la baie des Sables, et joue les pachas : ravioles d'araignée, feuilleté de ris de veau aux morilles, homard et beurre de truffes, mille-feuille de langouste. Les plats cabotent entre 40 et 60 **€**, les poissons sont superbes, et tout se tient aussi bien que le soufflé final. De la haute et chère tradition, évidemment nécessaire. Cave riche et conventionnelle, aidée heureusement par les fiefs vendéens de Michon.

C : 68 € • M : 42-86 € *www.le-beau-rivage.com*

» 1 av de Lattre-de-Tassigny, la Pironnière
☎ 02 51 32 03 01
F. dim. à dîn. (sf fêtes), lundi (sf à dîn. juil.-août), 2-23 janv. et 2-16 oct.
Jusqu'à 21h30.

12 Le Saint-Louis

Le charme des Sables, la décoration d'inspiration Louisiane, à la fois élégante et sobre, des assiettes vives et nettes, sans complication (queue de lotte rôtie et pommes rattes persillées, tartare de daurade royale à la salsa de mangue, filet d'autruche poêlé piqué de gambas et patates douces…) à des tarifs abordables.

C : 34 € • M : 21-31 € *www.casinodespins.fr*

» Av Rhin-et-Danube
☎ 02 51 21 69 03
F. à déj. (sf dim.), lundi et mardi (h.s.) et 2-12 janv.
Jusqu'à 23h.

11 L'Affiche

Un bistrot de la mer qui affiche ses convictions : des préparations de la mer suffisamment élaborées pour montrer qu'il y a du boulot, et qu'on préfère dans la plus stricte simplicité : huîtres, panaché de poissons au mareuil, fricassée de poulet au pineau. La terrasse en teck offre une vue imprenable sur le port.

C : 35 € • M : 12,50-28 €

» 21 quai Guiné
☎ 02 51 95 34 74
F. dim. à dîn., lundi, jeudi à dîn. (15 sept.-1er juil.), merc. (été) et 2 sem. nov.
Jusqu'à 21h30.

11 Le Petit Pavillon

Dans l'ancienne maison de l'armateur, on ne peut pas voir les choses en mini. L'appel du grand large s'étend à la carte et aux menus, immense répertoire marin et vacancier d'où ressortent quelques spécialités, le brochette de saint-jacques et gambas, le tian de thon rouge, la parillade de viandes ou le crumble de filet de bar. Pour avoir tout compris, la grande assiette où voisinent, comme dans une rame de métro un peu bondée, le foie gras et le brick au thon, le croustillant de jambon et les huîtres gratinées. On boit le muscadet ou le reuilly, pas bien chers.

M : 16-37 € *www.lepetitpavillon.fr*

» 22 quai Guiné
☎ 02 51 32 71 76
Ouv. 7j/7.
Jusqu'à 23h.

Atlantic'Hôtel

Le cadre fait de nombreux clins d'œil à la mer, jusque dans les salles de bain. Bon niveau de confort et d'équipement, situation idéale.

30 ch. 54-131 € • 1/2 pens. 63-103 € *www.atlantichotel.fr*

» 5 promenade Godet
☎ 02 51 95 37 71
Fax 02 51 95 37 30
Ouv. 7j/7.

Les Roches Noires

A quelques minutes à pied du centre-ville, ouvrant en Cinémascope sur la baie, un établissement contemporain aux chambres, climatisées, modernes et lumineuses donnant sur la mer ou le patio. Agréable salon panoramique où prendre le petit-déjeuner ou un dernier verre en admirant le soleil couchant.

37 ch. 55-120 € *www.bw-lesrochesnoires.com*

» 12 promenade Georges-Clemenceau
☎ 02 51 32 01 71
Fax 02 51 21 61 00
Ouv. 7j/7.

➲ au CHATEAU D'OLONNE - 85180 : 4 km E. par D 36

14 Cayola

Cette élégante table contemporaine face à l'océan (vue splendide et préservée) s'affirme chaque année comme une référence. Les boulons sont resserrés, tout est sous contrôle pour le confort de l'usager, et Raphaël Rolland n'a plus qu'à faire chanter son instrument : turbot en balluchon, araignée, avocat et betteraves rouges en bavarois, variation d'oursin, écume et tartare de langues aux feuilles de capucine, bar de ligne aux légumes de printemps, raisin et céréales, mousse vanille et sorbet porto, dans une ligne à la fois familière et moderne, présentations avantageuses et explicites : une cuisine complexe et pas compliquée, flatteuse et proche de son élément, la mer. Vaste cave de grands crus, dans laquelle on apprend peu, mais solide.
C : 58 € • M : 29-85 €

» 76 promenade de Cayola
☎ 02 51 22 01 01
F. dim. à dîn. lundi (sf fériés) et janv.
Jusqu'à 21h.

12 Auberge Robinson

La bonne ligne classique de cette ancienne guinguette au joli cadre intime a été repeinte dans les tons de la modernité, avec une trouvaille : les trilogies, une assiette, trois recettes, trois saveurs (Gagnaire en fait quatre et ce n'est pas mal). Par exemple, sur le poisson, une poêlée de rougets aux tomates confites, un dos de bar aux coquillages, une daurade au fenouil. Pour que la restauration soit une dégustation permanente. Pas si mal...
C : 40 € • M : 24-60 €

» La Pironnière 51 rue du Puits-d'Enfer
☎ 02 51 23 92 65
F. dim. à dîn., mardi à dîn., merc. (h.s), mardi (juil.-août), vac. scol. fév. et vac. scol. Toussaint.

SABLET ➤ VAISON LA ROMAINE

SABRAN ➤ BAGNOLS SUR CEZE

SABRES - 40630 (23 C 4)

Mont-de-Marsan 36 - Mimizan 40

15 L'Auberge des Pins

➥ **Hôtel :** Auberge des Pins

"Venir à l'auberge, c'est un bon moment de détente" dit Nadine Lesclauze comme un slogan, ce qui rappelle l'humour de Jean Yanne écrivant dans le livre d'or d'une très grande maison réputée pour l'opulence de sa table "ces deux jours de sport m'ont fait beaucoup de bien". Car il faut tenir la forme pour se colleter, dans cette typique maison landaise, aux chaleureuses assiettes de Michel Lesclauze : foie gras tiède pommes raisin, carré d'agneau et petits farcis, pigeonneau au foie gras, magret sauce salmis, cœurs rôtis et ventrèche. Pour se mettre en jambes, on pourra tenter quelques foulées au bistrot, avec les charcuteries, la salade landaise et le cassoulet... On humecte avec le béarn de chez Lapeyre, par exemple.
C : 50 € • M : 19-65 € *www.aubergedespins.fr*

» Rue de la Piscine
☎ 05 58 08 30 00
F. dim. à dîn., lundi (sf juil.-30 août), 3 sem. janv. et 1 sem. fin oct.
Jusqu'à 21h.

11 Bistrot Gourmand de l'Auberge des Pins

Avec le même savoir faire qu'il décline avec brio depuis des années à la maison mère, Michel Lesclauze joue habilement de la richesse du terroir landais et d'une simplicité chaleureuse pour proposer une carte généreuse et gourmande, à dévorer sur les tables en bois pour un petit moment de bonheur.
C : 28 € • M : 35-64 € *www.aubergesdespins.fr*

» Rue de la Piscine
☎ 05 58 08 30 00
F dim. à dîn., lundi (sf juil.-août), lundi à déj. (sf fériés), 3 sem. janv. et 1 sem. oct.

Auberge des Pins

➡ **Restaurant** : 15/20 L'Auberge des Pins

Authenticité landaise dans cette étape gourmande du Parc Naturel régional des Landes. Architecture typique, colombages et grand parc fleuri avec aire de jeux pour les enfants, et une vaste terrasse pour respirer cet air vivifiant et chlorophyllé, à cinq minutes de la pinède. Chambres claires et confortables ouvrant sur le jardin.

25 ch. 51-120 € • 1/2 pens. 58-95 € *www.aubergedespins.fr*

» Rue de la Piscine
☎ 05 58 08 30 00
📠 05 58 07 56 74
F. 3 sem. janv. et 1 sem. oct.

SACHE ➤ AZAY LE RIDEAU

SADROC - 19270 (25 B 4)

Tulle 44 - Brive-la-Gaillarde 25

[13] Relais du Bas Limousin H

Employé dans les cuisines depuis plus de dix ans, Pascal Pons n'a pas été pris au dépourvu lorsqu'il lui a fallu succéder à Thierry Carbon en début d'année 2004. Le propos est resté identique et même les habitués n'y auront vu que du feu : crépine de thon rouge au caviar d'aubergine, tarte à l'envers à la limousine et tome fraîche de Corrèze, magret d'oie sauce aigre douce et ses petits légumes, moelleux au chocolat et glace chocolat blanc. Les produits sont sévèrement triés (les viandes en particulier mais aussi les cèpes par exemple, ramassés dans les bois alentours) et un bar devrait bientôt voir le jour. Les chambres, simples et bien tenues, sont en cours de rénovation.

C : 40 € • M : 16-47 € • 22 ch. 42-72 € • 1/2 pens. 55-59 €
www.relaisbaslimousin.fr

» Lafonsalade, D 920
☎ 05 55 84 52 06
F. lundi à déj. (h.s.), dim. à dîn. (sf juil.-août), 15-26 fév. et 22 oct.-5 nov.
Jusqu'à 21h.

SAGNES ET GOUDOULET - 07450 (27 B 5)

Vals-les-Bains 36 - Mont-Gerbier-de-Jonc 12

[12] Hostellerie Chanéac

Derrière les murs de la belle maison de pierre, c'est l'Ardèche qui respire, le maocho (estomac de porc, chou, lard et chair à saucisse) qui a valu au chef quelques passages télévisés, et les autres trésors de la cuisine régionale. Du bio, du bon, du bœuf, des fromages formidables et quelques vins sympas de la cave de Ruoms, de Valvignières ou de chez Gallety, bien sûr. Jolies chambres rustiques, avec matériaux apparents et meubles anciens.

C : 24 € • M : 18-27 € *www.ardeche-tourisme.com*

» ☎ 04 75 38 80 88
F. 1 sem. fin août.
Jusqu'à 20h.

SAILLAGOUSE - 66800 (31 B 6)

Font-Romeu 12 - Bourg-Madame 8

[11] La Vieille Maison Cerdane H

Cette maison plus que centenaire nous déçoit rarement, au contraire. Ancien relais de diligence reconstruit au début du XXe siècle, elle est devenue une étape de cœur et de chaleur, à 1300 m d'altitude, où la famille Planes, au propre comme au figuré, a beaucoup investi. L'hôtellerie propose un confort montagnard, la table est honnête et franche, plus traditionnelle que catalane, avec des fondues, raclettes et caneton aux raisins en spécialité. Et la qualité de l'air vaut celle de l'accueil.

C : 46 € • M : 22-42 € • 19 ch. 38-55 € • 1/2 pens. 48-58 € *www.planotel.fr*

» Pl de Cerdagne
☎ 04 68 04 72 08
F. 6-24 mars et 3 nov.-16 déc.
Jusqu'à 21h.

➲ à LLO - 66800 : 3 km E. par D 33

L'Atalaya R

La Cerdagne est une belle région, l'Atalaya semble en concentrer les vertus dans une interprétation soignée d'un rustique champêtre apaisant, nourri d'une architecture ancienne typique et de nombreuses touches d'authenticité dans le décor. La cuisine utilise le terroir mais sans verser dans la caricature ; au gré des saisons, le jambon cerdan ou le vinaigre de Banyuls viennent relever les plats de saint-jacques ou le loup de Méditerranée.

1 appart. 150 € • 13 ch. 93-150 € • C : 46 € • M : 31 € *www.atalaya66.com*

» ☎ 04 68 04 70 04
☎ 04 68 04 01 29
F. 20 janv.-Pâques et déb. nov.-20 déc.

SAINT AGREVE - 07320 (27 C 4)

Le Puy-en-Velay 52 - Yssingeaux 37

Domaine de Rilhac

Dans la campagne ardéchoise, entre les monts Mézenc et Gerbier de Jonc, l'ensemble de vieilles fermes (XVIe-XIXe) accueille des chambres sobres et soignées, en harmonie avec l'esprit des lieux, entre luxe et plaisir champêtre. Une influence qui se retrouve au restaurant, avec un chef de talent et des produits nobles, raviole de persil queues de langoustines et ris de veau, carpaccio de bœuf du Mézenc tatin d'échalote, et les valeurs sûres de la Vallée du Rhône sur la carte des vins.

1 appart. 164-194 € • 6 ch. 84-114 € • 1/2 pens. 99-120 € • C : 53 € • M : 23-70 € *www.domaine-de-rilhac.com*

» Lieu-dit Rilhac
☎ 04 75 30 20 20
☎ 04 75 30 20 00
F. 20 déc.-10 mars.

SAINT ALBAN SUR LIMAGNOLE - 48120 (32 A 1)

Mende 39 - Saint-Flour 50

La Petite Maison

De l'auberge de terroir, artisanale et sincère, avec ses marottes attendrissantes - une partie de la carte dédiée à la viande de bison - et des efforts incessants pour attirer les foules sur les bords de la Limagnole. Et une exclu : les 350 références de whiskies du monde entier, qui surpasse la carte des vins, pourtant pas sotte, en particulier sur le Languedoc (Mas Mortiès, Sylva Plana, Piccinini…). Tout ce qu'il faut pour escorter un valeureux et savoureux terroir, avec sa friture de truitelles de source, la côte de veau au mille-feuille de cèpes et le dôme cévenol aux marrons et chocolat amer.

C : 50 € • M : 29-69 € *www.relais-saint-roch.fr*

» 5 av de Mende
☎ 04 66 31 56 00
F. lundi, mardi à déj. (h.s.), lundi à déj., mardi à déj. (juil.-août), 1er janv.-14 avril et 2 nov.-31 déc.
Jusqu'à 21h.

Relais Saint-Roch

Elégance et douceur de vivre pour ce château XIXe de granit rose, paisiblement installé dans son parc. Entre les meubles en merisier, les tissus soignés et les teintes douces, il se dégage des chambres une atmosphère douce et apaisante, confortée par un accueil d'une grande gentillesse.

9 ch. 98-188 € • 1/2 pens. 108-158 € *www.relais-saint-roch.fr*

» Château de la Chastre, av de Mende
☎ 04 66 31 55 48
☎ 04 66 31 53 26
F. 2 nov.-14 avril.

		Hôtels de charme	
	Bon confort.		Bon confort.
	Grand confort.		Grand confort.
	Luxe.		Luxe.
	Grand luxe.		Grand luxe.

SAINT AMAND MONTROND - 18200 (18 B 6)

Bourges 57 - Montluçon 54

[12] Hôtel de la Poste H

» 9 rue du Dr-Vallet
☎ 02 48 96 27 14
F. dim. à dîn., lundi à déj. (été), merc. (hiver) et 15 jrs déb. janv.
Jusqu'à 21h30.
⛱ 🔑🚗 🐕 🚬

Une fois l'automobile dans la cour, comme au temps des carrosses, on accueille le voyageur pour lui administrer les premiers soins. Chambres agréables, sourire à tous les étages, calme province. Laetitia et Franck Laville ont fait de l'ancien relais de poste une auberge revogorante. Et le chef traite son menu à 17 **€** du déjeuner aussi bien que ses inspirations de la carte, sympathiques et ambitieuses : tartare d'huîtres, coques et amandes en bavaroise de langoustines, risotto truffé et gambas flambées, ris et rognons de veau poêlé, la meilleure affaire étant la formule intermédiaire, le prix du plat donnant le prix du repas, sur le terroir et la saison.
C : 45 € • M : 17-26 € • 17 ch. 48-55 €

[12] Le Mont-Rond

» 86 rue Juranville
☎ 02 48 96 42 72
F. lundi, mardi à dîn., merc. à dîn. (h.s.), vac. Toussaint et 1 sem. vac. scol. fév.
Jusqu'à 22h.
⛱ 🚗 ♿ 🐕 🚬

Rassurons les chers habitants du Cher : Saint-Amand Montrond est toujours sur nos cartes, et le bon établissement de Régis Fève fait toujours partie de nos étapes choisies au long de l'A71. Une carte sage et soignée, des assiettes qui disent l'essentiel, de la cassolette d'escargots à la crème d'ail à la basse côte grillée sauce Choron, et jusqu'au blanc-manger au coulis de fruits rouges. Chapoutier, Jadot... : la cave pourrait se fatiguer un peu plus, mais il y a le saint-pourçain de François Ray.
C : 32 € • M : 16-17 €

➲ à BRUERE ALLICHAMPS - 18200 : 8 km N.O. par N 144

[13] Auberge de l'Abbaye de Noirlac ↗

» Noirlac
☎ 02 48 96 22 58
F. (sf juil.-août) mardi à dîn., merc. et 15 nov-20 fév.
Jusqu'à 21h.
⛱ ♿ ❄ 🐕 🚬

De la terrasse de l'auberge on aperçoit une partie des toitures de l'Abbaye de Noirlac toute proche. Tout autour c'est la belle campagne berrichonne : des prairies, de vieux chênes aux troncs séculaires installés fièrement au milieu des champs. L'esprit des moines est toujours là, lieu propice à la détente, à la méditation, au recueillement. la cuisine de Pascal Verdier s'affine, plus de justesse, de délicatesse, dans un registre bourgeois contemporain qui s'accorde à la salle : raviolis de cèpes et escalope de foie gras, fricassée de lumas et gésiers confits, poularde au sancerre pour rappeler avec bonheur le proche terroir. Une toque pour récompenser les efforts, et saluer également l'accueil exemplaire de Colette Verdier.
C : 38 € • M : 18-30 € *www.aubergeabbayenoirlac.free.fr*

SAINT AMBROIX - 30500 (32 B 2)

Paris 680 - Alès 20 - Aubenas 55 - Mende 105

➲ à POTELIERES - 30500 : 7 km S.E. par D 37

[14] Château de Potelières ↗

» Planquette
☎ 04 66 24 80 92
F. lundi, mardi et janv.
Jusqu'à 21h30.
⛱ 🚗 🏊

Jean-Luc L'Hourre, MOF 2000 et ex-trois toques lorsqu'il était en Bretagne, vaut probablement mieux que ce qu'il propose, mais ne dispose peut-être pas de moyens colossaux pour faire vivre une cuisine dans un endroit assez peu touristique, où les propriétaires ont lancé de grands travaux de rénovation. La qualité et la fraîcheur des produits (thon rouge en carpaccio, fenouil rémoulade au citron, huile de soja et sésame), la bonne maîtrise des cuissons (même si le saint-pierre contisé au chorizo, avec des beignets de fleurs de courgettes, était légèrement poussé), la précision des jus, le soin également dans le dressage des

assiettes mérite sans conteste des encouragements, appuyés par un service sans faille. Cave sérieuse, bien étudiée en Languedoc-Roussillon (Gauby, L'Hortus, Mas Jullien...).
M : 38-70 € *www.chateau-potelieres.com*

SAINT AMOUR BELLEVUE - 71570 (20 B 6)

Mâcon 11 - Villefranche-sur-Saône 33

Auberge du Paradis H

» Le plâtre Durand
☎ 03 85 37 10 26
F. lundi, mardi et janv.
Jusqu'à 21h.

Dans l'ancienne boulangerie, transformée en épicerie avant de devenir un restaurant, Cyril Laugier intègre le passé du lieu (on sucre, on sale, on épice...) à sa vision très progressiste d'une cuisine du siècle qui joue des présentations, des textures et des contrepoints. Novateur et pour tout dire assez gonflé, ce menu-carte ne fait pas de concession : des gambas avec une glace à l'asperge et au lard fumé, un maquereau, carottes à la menthe, échalotes et soja et des olives noires confites autour d'un sorbet à la rhubarbe, il faut une technique sûre, ce qui est le cas, pour faire passer un tel courant d'air à des Bourguignons élevés au charolais et aux œufs meurette. La terrasse sur le jardin ouvrant sur les vignes, l'accueil sobre et souriant, accroissent les charmes du lieu. Petite cave de connaisseurs, ciblée et très peu chère. Un point de plus. Quant aux sept chambres, contemporaines et chaleureuses, elles constituent à dix minutes de Mâcon l'une des offres les plus attractives du coin.
C : 32 € • M : 21-42 € • 6 ch. 75-150 € *www.aubergeduparadis.fr*

SAINT ANDRE D'ALLAS ➤ SARLAT LA CANEDA

SAINT ANTOINE - 38160 (27 D 4)

Grenoble 60 - Romans 29

Auberge de l'Abbaye

» Rue Haute, Grande-Cour
☎ 04 76 36 42 83
F. lundi à dîn., mardi (sf mi-juil.-sept) et janv.
Jusqu'à 21h30.

"Mariage, service traiteur, baptême, communion". Jean-Pierre Blanc annonce la couleur et assure le service : de la tradition léchée dans le décor Louis XIII, poutres et cheminée et jusqu'à la terrasse, dans sa cour fermée au pied de l'abbaye. Peu d'archaïsme, beaucoup de savoir-faire chez cet ancien du Plaza, où le foie gras ressemble à quelque chose et où le filet de pigeon en réduction de saint-joseph est vraiment aux petits oignons. Un remarquable menu à 34 € qui vous permet de goûter, en saison, au chevreau aux morilles, et un incontournable soufflé à la chartreuse verte en dessert. Intéressante cave de vieux millésimes en bordeaux et rhône.
M : 18,50-50 €

SAINT ANTONIN NOBLE VAL - 82140 (30 A 3)

Villefranche-de-Rouergue 41 - Caussade 19

La Corniche

» Brousses-les-Antibels
☎ 05 63 68 26 95
F. dim. à dîn., lundi et mi-déc.-déb. mars.
Jusqu'à 21h.

Un petit hameau craquant tout près du merveilleux site de Saint-Antonin, une terrasse d'été pour se mettre les orteils en éventail et la serviette autour du cou : l'agneau du pays a le goût de l'authentique, et la cave ne vous ruinera pas plus que l'assiette.
M : 16-26 €

 Bon confort.  Grand confort.  Luxe. Grand luxe.

    Hôtels de charme.

↻ à FENEYROLS - 82140 : 9 km E. par D 958 et D 102

⑫ Hostellerie Les Jardins des Thermes H

» Le Bourg
☎ 05 63 30 65 49
F. merc., jeudi (sf juil.-août) et 15 nov.-15 fév.
Jusqu'à 21h30.

La jolie maison sudiste, dans son parc arboré de deux hectares en bordure de rivière, n'a pas l'austérité curiste de l'ancien établissement thermal qu'il fut jadis. Accueillant, clair et ouvert, c'est au contraire un lieu pour faire bombance, avec quelques chambres douillettes pour assurer ses arrières. Le jeune chef fait du terroir évolutif avec un brio certain, qui devrait le conduire logiquement rapidement à une toque : tatin de langue d'agneau et crème de coco au piment d'Espelette, variation autour du foie gras, pavé de cochon en cuisson longue et tartine de boudin jus à la bière du Tarn-et-Garonne. A la cave, une bonne sélection de vins du Sud-Ouest.
C : 35€ • M : 17-45€ • 2 appart. 40-86€ • 5 ch. 40-86€ • 1/2 pens. 45-55€
www.jardinsdesthermes.com

SAINT AUBIN DE MEDOC ➤ BORDEAUX

SAINT AUBIN LE VERTUEUX ➤ BERNAY

SAINT AVE ➤ VANNES

SAINT BEAUZEIL - 82150 (29 C 2)

Montauban 64 - Villeneuve-sur-Lot 26

Château de l'Hoste R

» RD 656
☎ 05 63 95 25 61
Fax 05 63 95 25 50
Ouv. 7j/7.

Belles chambres, soignées et aux ambiances personnalisées, dans cette gentilhommière XVIIe aux vieilles pierres chaleureuses. On trouve sans peine une gourmandise personnelle au restaurant, par exemple la crêpe de sarrasin en tartare de truite, les goujonenettes de turbot frites pressé de citron au safran ou le pan-bagnat biscuité aux ananas caramélisés.
1 appart. 155-210€ • 30 ch. 60-150€ • 1/2 pens. 61-105€ • C : 29€ • M : 25-34€
www.chateaudelhoste.com

SAINT BONNET EN CHAMPSAUR - 05500 (34 A 2)

Gap 16 - Grenoble 91 - Super-Dévoluy 26

⑫ Laiterie du Col Bayard

» RN 85 Laye
☎ 04 92 50 50 06
F. lundi (sf vac. scol., fériés) et 15 nov.-20 déc.
Jusqu'à 20h30.

Fromager de père en fils : les Bertrand s'occupent - bien - de notre patrimoine, et la PAC, là-haut, dans les montagnes, leur inspire l'envie de faire leur fromage toujours aussi bien, surtout sans rien changer aux secrets de fabrication. Pour tâter de façon tangible cette qualité, la table est ouverte sur les tourtons de tome fraîche, gratinées, fondues, raclette, et la boîte chaude, un "import" du Jura, pour les longues soirées d'hiver.
C : 20€ • M : 12-35€

Pictogrammes

☎	téléphone		voiturier
	fax	♿	accessible aux handicapés
♥	coup de cœur		chiens acceptés
↗	notation en hausse		air conditionné
	carte des vins remarquable		priscine privée
	repas servis en terrasse ou dans un jardin		tennis privé
	parking privé		cave à cigares
	parking fermé		hôtel très tranquille

SAINT BONNET LE CHATEAU - 42380 (27 B 3)

Saint-Etienne 30 - Firminy 22

La Calèche

Chabran, Orsi, Lorain en professeurs de littérature gourmande, on peut penser que Jean-Marie Tatier a acquis d'excellentes bases classiques. Ce qui lui permet, comme chacun peut le penser, de s'en débarrasser pour créer sa propre poésie, ses alexandrins aux notes personnelles, de jus au lait de coco avec le foie gras pané au pain d'épice, de tapioca et œuf crème persil avec des saint-jacques parfaites, de petites frites du cantal jus sarriette avec le râble de lapereau. Sa carte est enlevée, brillante même, et les menus qui s'en nourrissent tous intéressants. Dans la salle, les connaisseurs jubilent, Anne-Lise Tatier met en scène et les emmène visiter la vallée du Rhône viticole, saint-jo de Gonon, côte-rôtie de Cuilleron, crozes des Entrefaux dans une sélection globale sans surprise.

C : 29 € • M : 15,50-44,50 €

» 2 rue du Cdt-Marey
☎ 04 77 50 15 58
F. dim. à dîn., mardi à dîn., merc., dern. sem. nov., prem. sem. janv. et vac. scol. fév.
Jusqu'à 21h30.

SAINT BONNET LE FROID - 43290 (26 D 4)

Saint-Agrève 20 - Le Puy-en-Velay 62

Auberge et Clos des Cimes

➥ **Hôtel :** Le Clos des Cimes

Cadre et ambiance

Un hôtel de famille devenu palais de campagne dans un tout nouveau cadre (le restaurant s'est transporté tout près) pour une clientèle de quatre toques comme pour les amis de toujours de la région. Du rustique sans fausses notes ni folklore, de l'espace, la vue sur la nature, présence indispensable qui nourrit l'imagination du chef.

Cuisine

Les temps ont changé, les récompenses sont tombées comme des hallebardes et Régis Marcon est resté l'homme de la nature, peut-être pas si excité à l'idée de transformer, de triturer le terroir en tous sens, avec des réussites éclatantes (un omble chevalier magnifique, doux comme lorsqu'on caresse un dauphin, carottes abricots et des champignons exceptionnels). Les Cimes auraient pu rester la meilleure ferme-auberge de France et l'on rêve parfois, aujourd'hui encore, d'avaler les dizaines de kilomètres de lacets jusqu'à Saint-Bonnet pour une entrecôte de Salers et une poignée de girolles, thème sur lequel Marcon est vraiment incomparable.

Cave

La cave est vraiment intéressante et juste, en se défendant dans toutes les régions à des prix très sobres. L'Insolite de Germain, le Clos Sainte-Hune, le Brézème de Lombard, du petit comme du grand d'un peu partout et même du vin d'Auvergne pour boucler le boucle.

Accueil et service

Si le fil conducteur et historique est l'esprit paysan ennobli, le service et l'accueil sont ceux d'une belle maison civilisée, où l'on sait mettre à la jeunesse le pied à l'étrier. Cela n'a rien à voir avec un ballet de palace mais la dimension artisanale et humaine, si proche de l'identité des Cimes, demeure.

C : 160 € • M : 110-160 € *www.regismarcon.fr*

» ☎ 04 71 59 93 72
F. lundi à dîn. (mars-mai et nov.-déc.), mardi, merc., 1er janv.-25 mars et 17-31 déc.
Jusqu'à 21h.

Hôtels de charme.

 Bon confort.  Grand confort.  Luxe.  Grand luxe.

13 André Chatelard

Cela vous a un petit air de noble auberge immémoriale : vous êtes chez André Châtelard, cœur du village, cœur de la région, région de cœur. Le chef, fils de boucher, formation de charcutier, connaît l'élevage du coin, et sa toque va autant à son savoir-faire qu'à son expertise : l'excellent pâté de canard aux aiguillettes marinées et herbes au jus, le pigeon laqué au vin d'orange ou l'échine de porc et pissaladière de boudin aux pommes montrent aussi une volonté d'évolution et de modernité, qui se concrétisent dans quatre bons menus. Atmosphère un poil raide pour ce qui pourrait être juste bonne franquette, grosse et attractive cave de Rhône, surtout septentrionale (Cuilleron, Gonon, Colombo, Chave, Tardy…)

C : 38 € • M : 19-70 € *www.restaurant-chatelard.com*

» Pl aux Champignons
☎ 04 71 59 96 09
F. dim. à dîn., lundi (juin à sept.), dim. à dîn., lundi, mardi, merc. à dîn., jeudi à dîn. (oct. à mai), janv. et vac. scol. fév.
Jusqu'à 21h.

12 Le Fort du Pré

➥ **Hôtel** : Le Fort du Pré

On se lamente parfois dans la campagne française quand des aubergistes décidés, loin de tout, s'activent dans leurs montagnes, dans une nature sauvage et pas toujours indulgente, à chercher comment magnifier leur terroir et le proposer aux voyageurs. Les Guyot ont ainsi d'illustres prédécesseurs, des Bras, Goujon, ou bien sûr Marcon, pour rester dans le village, qui ont montré qu'on pouvait tutoyer les sommets en partant d'un refuge. Cécile et Thierry Guyot n'ont peut-être pas cette ambition, mais la satisfaction du travail bien fait, et du chemin accompli en quinze ans, est sans doute une récompense. Tartelette d'escargot, fricassée de poulet fermier, travers de porc d'Yssingeaux laqué au mile de sapin montrent une évidente maîtrise. La cave est bien faite, l'ambiance entraînante et les tarifs encore très corrects.

C : 36 € • M : 18-60 € *www.le-fort-du-pre.fr*

» Rte du Puy
☎ 04 71 59 91 83
F. dim. à dîn., lundi (sf juil.-août), 15 déc.-15 mars et 27-31 août.
Jusqu'à 21h.

Le Clos des Cimes

➥ **Restaurant** : 18/20 Auberge et Clos des Cimes

La modernisation a suivi son cours, plus d'espace, plus de confort, pour un résultat certes beaucoup plus luxueux qu'au début des Cimes, mais encore proche de cette nature qu'aime tant Régis Marcon. Les avantages d'un petit palace dans le service et la prestation, sans les inconvénients citadins, rigides, codifiés. Les chambres ouvrent sur les collines, dans une sublime nature, ce qui a longtemps suffi à la clientèle du restaurant, qui appréciera néanmoins sans doute ce supplément de bien-être.

12 ch. 160-240 € *www.regismarcon.fr*

» Le Village
☎ 04 71 59 93 72
📠 04 71 59 93 40
F. 1er janv.-25 mars et 17-31 déc.

Le Fort du Pré

➥ **Restaurant** : 12/20 Le Fort du Pré

Douceur de vivre dans une nature généreuse, mais aussi dans des chambres désormais toutes rénovées (on compte désormais également 4 suites) au décor chaleureux, dans les couleurs comme le joli mobilier de bois clair. Accueil adorable et de nombreuses possibilités de détente.

4 appart. 78-110 € • 28 ch. 56-67 € • 1/2 pens. 56-80 € *www.le-fort-du-pre.fr*

» Rte du Puy
☎ 04 71 59 91 83
📠 04 71 59 91 84
F. 15 déc.-15 mars et 27-31 août.

SAINT BONNET TRONÇAIS - 03360 (26 B 1)

Moulins 60 - Montluçon 50

Le Tronçais

Nouveaux propriétaires pour cette maison de maître XVIIIe au cœur de la célèbre forêt. Le parc a été embelli, on retrouve avec plaisir le décor clair et chaleureux.

12 ch. 42-70 € • 1/2 pens. 51-63 € *www.letroncais.com*

» 12 av Nicolas-Rambourg
☎ 04 70 06 11 95
📠 04 70 06 16 15
F. 1er-15 janv. et 15-31 déc.

SAINT BRIEUC - 22000 (14 A 3)

Paris 452 - Rennes 105 - Vannes 109

Aux Pesked

» 59 rue du Légué
☎ 02 96 33 34 65
F. sam. à déj., dim. à dîn., lundi (sf fêtes), 2-16 janv., 24 avril-1er mai et 28 août-11 sept.
Jusqu'à 21h.

Cadre et ambiance

Une salle à manger aux tonalités claires boostée par de discrets rappels marins. On se sent bien dans cette antichambre de la gastronomie de demain. La terrasse, perchée sur la vallée du Gouet, a beaucoup de charme.

Cuisine

Vous pouvez consulter la carte, choisir le menu. Mais pour tester la pile, donnez-lui carte blanche. Comme Pierre Gagnaire, son mentor œdipien, Jean-Marie Baudic, un rien Paganini sur les bords, n'aime pas se répéter. Le plat ébouriffant de vitalité goûté la veille peut se transformer, le lendemain au déjeuner, en son antithèse. Pour Baudic, chaque service est un sprint, un exploit de réflexion et d'immédiateté. Alors, trois fois oui au tartare de tourteau et œufs de crabe séchés, au bar à la tomate cœur de bœuf, purée aux noisettes et glace à l'ail ou à de divines langoustines au tandoori, fleurs de courgettes farcies, bouillon de crustacés, herbes et févettes à volonté.

Cave

Elle ne la ramène pas, joue les découvertes et les valeurs sûres, les must du renouveau et les vins de copains, sans rien imposer ni forcer la main. A ces niveaux d'écoute, de proximité avec le client - les Pépinières de Jo Pithon ? On en prendra plutôt deux bouteilles qu'une ! -, elle fait de son angélisme tarifaire un exemple pour tous.

Accueil et service

Un service affable et prévenant, troquant ses meilleures intentions pour une aisance amicale, quoique distanciée. Le bonheur est dans la décontraction, cet effacement derrière les plats à fleur de présent, cette envie de ne jamais se prendre trop au sérieux. Histoire de garder toute la proximité avec le client qui, en ami, est toujours le roi.

C : 57 € • M : 23-95 €

(15) La Croix Blanche

» 61 rue de Genève, Cesson
☎ 02 96 33 16 97
F. dim. à dîn., lundi, 15 jrs vac. scol. (fév.-mars) et 3 prem. sem. août.
Jusqu'à 21h30.

Saint Brieuc, capitale gastronomique de la Bretagne ? C'est en tout cas la ville qui cumule le plus de belles tables et la maison de Michel Mahé en fait assurément partie. Dans son décor entièrement refait l'an dernier, elle livre une cuisine vive et alerte, créative et proche de son terroir à la fois : lasagne croustillante de rillette de morue fraîche au caviar de hareng fumé et piment d'Espelette, mizuna de barbue au chèvre frais et tomates grappe aux pignons grillés, suprême de pintade fermière à l'ananas caramélisé, chutney d'orange et gnocchi de blé, soufflé chaud au café Lambig de Bretagne, crème glacée au caramel. La cave, simplement passable, mériterait un petit coup de pouce.

C : 41 € • M : 20-78 €

(14) L'Amadeus — DÉCOUVERTE

» 22 rue du Gouët
☎ 02 96 33 92 44
F. sam. à déj., dim., lundi à déj., 2 sem. fév. et 2 sem. août.
Jusqu'à 21h30.

L'enseigne est explicite. Aussi si vous détestez Mozart à table, croisez au large de cette maison moyenâgeuse non loin des halles. Dans le cas contraire, n'hésitez pas à prendre place dans la petite salle chaleureuse du rez-de-chaussée, pour découvrir une nouvelle bonne table dans une ville bien pourvue. Le chef propose une cuisine intuitive et précise à dominante maritime, proposant un menu du marché chaque jour différent composé avec beaucoup d'esprit et de générosité (tarte fine aux sardines, pintade, poêlée d'abricots), le tout pour 20 **€**, et 5 **€** de plus avec deux verres de vins bien choisis.

C : 45 € • M : 33-45 €

14 Manoir le Quatre Saisons

Elle a vraiment de l'allure la cuisine de Patrick Faucon, sur les bases de son terroir, mer et terre mixés en bonne intelligence, la technique nette, les idées claires. Voilà une maison, de granit bien sûr, sur laquelle on peut se reposer et voguer vers l'Aventure, celle du menu à 39 €, sans craindre d'avoir parié ses économies dans un bas percé. Un peu trop de banalité luxueuse (foie gras, homard, langoustines), mais une réalisation on ne peut plus sérieuse et convaincante, avec le saint-pierre à l'étuvée légumes aux moules de bouchot, le pigeonneau en cocotte et la brochette de fraises et sushi de riz au lait coco. Cave généraliste de bon niveau, salle bien menée.

C : 70 € • M : 18-75 € www.manoirquatresaisons.fr

» 61 chemin des Courses, Cesson
☎ 02 96 33 20 38
F. dim à dîn., lundi, mardi à dîn., 2 sem. mars et 2 sem. nov.
Jusqu'à 21h30.

Clisson

Plébiscité par les personnalités de passage dans la préfecture des Côtes d'Armor, ce délicieux établissement connaît de profonds changements depuis sa reprise par de nouveaux propriétaires en 2003 : toutes les salles de bains ont été rénovées, les extérieurs améliorés et bientôt une large terrasse avec vue viendra agrémenter un ensemble déjà très satisfaisant.

24 ch. 53-120 € www.hoteldeclisson.com

» 36-38 rue du Gouët
☎ 02 96 62 19 29
02 96 61 06 95
Ouv. 7j/7.

à PLERIN - 22190 : 3 km N.E. par D 24

15 La Vieille Tour

Dans le CV de Nicolas Adam, il y a notamment le Relais d'Auteuil, avec Patrick Pignol, et le Pressoir, avec Henri Seguin. Deux indications fortes d'un certain art de vivre, deux bons vivants qui lui auront sans doute enseigné autant l'exigence du meilleur produit que la nécessité du plaisir. Alors, dans cette maison postée face au chenal du Légué, comme si elle attendait en permanence le retour de la pêche, on pense à la belle ouvrage autant qu'à la régalade, avec une charlotte de homard en rémoulade de légumes, un dos de bar rôti et pata negra ou un soufflé à la framboise et pépites de chocolat; On suit les courants, avec de nombreuses associations terre-mer et un fraisier déstructuré, sans jamais perdre le cap. Solange anime la salle et le sommelier une belle cave qui fait le tour de France en 360 références, aussi juste en Alsace qu'en Loire.

C : 80 € • M : 24-70 € www.la-vieille-tour.com

» 75 rue de la Tour
☎ 02 96 33 10 30
F. sam. à déj., dim. à dîn., lundi, vac. scol. fév., 2 sem. fin août et 1re sem. sept.
Jusqu'à 21h30.

SAINT CAPRAISE DE LALINDE ➤ LALINDE

SAINT CERE - 46400 (30 A 1)

Cahors 78 - Figeac 39

15 Les Trois Soleils de Montal

➡ **Hôtel :** Les Trois Soleils de Montal

Havre de détente stylée, étape quercinoise propice à la découverte de la région, entre Lot et Dordogne, les Trois Soleils offrent avant tout une des meilleures tables du département. Et si Frédéric Bizat nous conseille gentiment d'évoquer ses chambres, effectivement élégantes, reposantes et d'un tarif tout à fait abordable, il ne nous en voudra pas de rappeler que son tournedos de pied de cochon jambon de canard et croûte de cèpes nous enchante, que cette leçon de terroir qui commence de préférence par un excellent foie gras est une corvée tout ce qu'il y a d'agréable, et que jusqu'aux garriguettes en feuillantine glacée ou au carpaccio de mangue, on ne pense pas une minute à s'endormir. Forte cave de cahors étendu au sud-ouest avec pertinence (Plageoles, Da Ros, Ramonteu, Brumont, Teulier...)

C : 60 € • M : 28-67,50 € www.lestroissoleils.fr.st

» Les Prés-de-Montal
☎ 05 65 10 16 16
F. dim. à dîn., lundi à dîn., mardi à déj. (oct.-mars), lundi à déj., 15-28 fév. et 1er-18 déc.
Jusqu'à 21h.

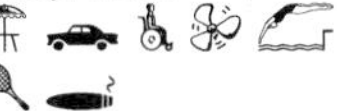

 Les Trois Soleils de Montal

➥ **Restaurant** : 15/20 Les Trois Soleils de Montal

Le vaste parc verdoyant accueille un hôtel chaleureux, dans son atmosphère comme le cadre et le coloris des chambres. En panorama, le château, à deux pas le golf et sur le site, un bel équipement de détente, tous les arguments pour un séjour agréable.

4 appart. 120-285 € • 26 ch. 65-103 € • 1/2 pens. 89,50-103,50 €

» Les Prés-de-Montal
☎ 05 65 10 16 16
Fax 05 65 38 30 66
F. 15-28 fév. et 1er-18 déc.

SAINT CHAMAS - 13250 (33 B 5)

Marseille 51 - Arles 40 - Salon-de-Provence 17

 La Bergerie

Plus d'une décennie après avoir repris et aménagé ces beaux bâtiments en un lieu chaleureux et dédié à la culture régionale et traditionnelle, Christian Guillaud mérite son bâton de berger, et même de maréchal. Avec Hélène son épouse, il attire avec bonhomie les amateurs de vrais produits, sur le civet de lapin, le carré d'agneau au thym ou le pavé de charolais sauce vigneron, dans une carte où l'on préférera cette simplicité aux gambas au gingembre. Sélection correcte et classique de vins du Sud (Provence, Rhône) dans une carte généraliste.

C : 45 € • M : 22-42 € — *guillaudhca@aol.com*

» Le Gueby-Sud, près du pont-Flanien
☎ 04 90 50 82 29
F. à dîn. dim. lundi, mardi, merc. (h.s.), mardi, merc. à déj. (été) et 16 juil.-8 août.
Jusqu'à 21h30.

 Le Rabelais

C'est une des bonnes découvertes de l'an passé qui se confirme : ce jeune chef a quelque chose à raconter. Un peu plus que l'histoire de ce moulin XVIIe en pierre, au demeurant fort charmant et qui pourrait constituer un aboutissement; mais Gérard Guilly a du bagage, forgé d'expériences aussi variées que le classique Normandy à Vernon et le moderne Péron à Marseille. Et si le Sud est à l'honneur à Saint-Chamas, sa carte bien personnelle n'a pas de frontières : cigarettes de foie gras rôties au four et pousses de pissenlit blanc, dos de loup aux mojettes, filet de chevreuil au grain de café torréfié. Même astucieux balancement tradi-branché dans les desserts (tian sablé d'oranges caramélisées à la fleur de thym, vacherin glacé…) et à la cave (du négoce, mais aussi de bons choix en Provence).

C : 35 € • M : 25-35 € — *le.rabelais@wanadoo.fr*

» 10 rue Auguste-Fabre
☎ 04 90 50 84 40
F. dim. à dîn., lundi et fin août.
Jusqu'à 21h30.

SAINT CHARTIER ➤ LA CHATRE

SAINT CHELY D'APCHER - 48200 (31 D 1)

Mende 47 - Saint-Flour 32

à LA GARDE - 48200 : 9 km N. par N 9

 Château d'Orfeuillette R

Métamorphosée au XIXe, la maison profite des larges horizons de la Lozère et d'un parc de 12 ha, mais aussi de chambres spacieuses et élégantes. Au restaurant, on apprécie les valeurs sûres d'un beau travail classique : velouté d'artichaut et cèpes avec la tranche de foie gras poêlée, côte de veau aux morilles, poêlée de fruits rouges.

3 appart. 120-150 € • 21 ch. 60-120 € • M : 29-45 €

www.chateau-orfeuillette.com

» ☎ 04 66 42 65 65
Fax 04 66 42 65 66
F. non comm.

SAINT CIRQ LAPOPIE - 46330 (30 A 2)

Cahors 34 - Villefranche-de-Rouergue 37

(12) Le Gourmet Quercynois

Dans un village aussi touristique, il est souvent tentant de vendre de la tradition à bon marché. Mail il est également des maisons, comme celle d'Eric Viven (propriétaire et sommelier) et de Yannick Bertrand (chef), qui préfère l'honnêteté et la simplicité. Un bon menu à 30 **€**, avec l'escalope de foie gras de canard poêlée déglacée au vinaigre balsamique, les tranches de pavé d'agneau au jus d'ail blanc et le nougat glacé, coulis de framboises et concassée de noix. Bon choix de cahors à prix serrés.
C : 31 € • M : 14,90-30 €

» Rue de la Peyrolerie
☎ 05 65 31 21 20
F. mi-nov.-mi-déc. et janv.
Jusqu'à 21h.

Pélissaria

Entre les arbres et les vieilles pierres de ce village magnifique, la maison, solidement ancrée depuis le XVIe siècle, bénéficie d'un cadre superbe. Atmosphère intime et chambres personnalisées.
2 appart. € • 10 ch. 75-118 € *www.perso.wanadoo.fr/hoteldelapelissaria*

» ☎ 05 65 31 25 14
📠 05 65 30 25 52
F. 3 nov.-15 avril.

Auberge du Sombral

Des chambres de caractère dans une maison typique, au cœur de ce joli village classé.
8 ch. 52-75 €

» Place du Sombral
☎ 05 65 31 26 08
📠 05 65 30 26 37
F. 11 nov.-1er avril.

SAINT CLAUDE - 39200 (21 B 6)

Bourg-en-Bresse 91 - Annecy 87

Hostellerie Au Retour de la Chasse

A l'écart de la ville, dans une jolie vallée, l'hôtel cultive une atmosphère à la fois lumineuse et rustique, en accord avec la beauté des paysages alentour.
9 ch. 50-65 € *retour-de-la-chasse@wanadoo.fr*

» Le Villard, Villard Saint-Sauveur
☎ 03 84 45 44 44
📠 03 84 45 13 95
F. janv.

SAINT CLEMENT DES BALEINES ➤ RE (ILE DE)

SAINT CLOUD ➤ PARIS-BANLIEUE

SAINT COLOMBIER - 56370 (14 A 5)

Vannes 26 - Sarzeau 4 - Muzillac 19

(14) Le Tournepierre

Breton têtu, Alain Jouan ? Non, opiniâtre. Et intransigeant. Dans cette presqu'île de Rhuys qui vient braver l'océan, on ne peut faire d'infidélité ni à la mer, ni à sa terre. Alors le chef gouverne, dans la tempête comme sous une belle brise arrière. Des saint-jacques aux pistils de crocus et roquette sauvage, des huîtres de Brénéguy pochées au melon dans un bouillon crémeux, un bar rôti au sésame sur coussin de brandade, un pintadeau rôti et clafoutis de blé noir aux griottes. C'est brillant, friand, appétissant et tout le monde raffole de ce discret cottage à l'écart de la grand-route.
C : 40 € • M : 18-55 €

» Saint-Colombier
☎ 02 97 26 42 19
F. dim. à dîn., lundi, mardi à déj., 1 sem. juin et nov.
Jusqu'à 21h.

SAINT CONSTANT - 15600 (26 A 5)

Aurillac 48 - Rodez 56 - Decazeville 17

[12] Auberge des Feuillardiers

» Le Bourg
☎ 04 71 49 10 06
F. merc., vac. fév. et 25 août-8 sept.
Jusqu'à 20h45.

Ambiance conviviale dans un cadre villageois soigné. Pierre et Sylvie Ratier débordent d'une énergie communicative et d'une bonne humeur contagieuse qui se ressent dans les assiettes : gaspacho aux quenelles de morue, pointe de crème à l'ail doux, pavé de bœuf de pays poêlé, rosace parisienne et salpicon de champignons, petite crème caramélisée à la catalane, sorbet au gingembre aux copeaux de chocolat dans un beau menu à 23 € qui prouve que le chef sait s'intéresser à ce qui se passe autour de lui. Quelques chambres vraiment pas chères pour la halte.
C : 25 €

SAINT CYPRIEN - 24220 (24 B 2)

Le Bugue 13 - Sarlat 21

[14] Le Jardin d'Epicure

» ☎ 05 53 30 40 95
F. merc., jeudi à déj., sam. à déj., mi-nov.-mi-déc. et 24-26 déc.
Jusqu'à 21h.
⛱ 🚗 ♿

L'ancienne métairie du château d'Argentonesse reçoit 30 convives, pas un de plus. C'est à ce prix qu'Eric et Nathalie Jung peuvent bichonner leurs hôtes, travailler sur les saisons et l'arrivage quotidien, tracer une ligne personnelle. Le chef est en phase avec la maison : du goût, de la créativité, des produits du cru qui ouvrent d'autres horizons : coussinet moelleux d'œuf poché aux truffes et roquette, poitrine d'oie rôtie au poivre vert, soufflé chaud à la vielle prune. Une solide technique appuyée par une cave attrayante, et franchement incitative sur certains grands bordeaux.
C : 58 € • M : 29-65 €

🏠 L'Abbaye 🐦

» Rue de l'Abbaye-des-Augustins
☎ 05 53 29 20 48
📠 05 53 29 15 85
F. 20 oct.-20 mars.
🏊

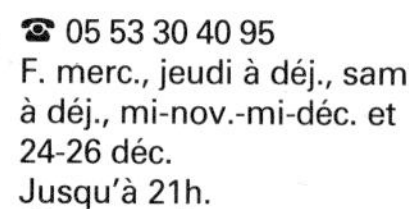

Sur une base du XVIe siècle, celle belle maison de maître a été construite au XVIIIe siècle, dans un style régional typique. Décor sobre et meubles anciens pour un ensemble élégant et convivial, grâce notamment à la gentillesse de l'accueil.
1 appart. 140 € • 23 ch. 80-140 € — *www.abbaye-dordogne.com*

SAINT CYPRIEN - 66750 (31 D 6)

Perpignan 20 - Collioure 18

[15] L'Almandin

» Bd de l'Almandin, les Capellans
☎ 04 68 21 01 02
F. lundi, mardi (sf 15 avril-15 oct.) et 20 fév.-7 mars.
Jusqu'à 21h30.
⛱ 🚗 ♿ ❄ 🏊
🐕 🚬

➥ **Hôtel :** 🏠 L'Ile de la Lagune

Retour logique dans ces colonnes pour Jean-Paul Hartmann, qui mène une bien fière cavalerie dans un décor de vacances luxueuses entretenu avec ferveur. On peut préférer le camping, mais cette tradition bourgeoise, avec un personnel très solidaire et un bon sommelier, pousse bien ses avantages. La carte aux bases régionales et classiques est bien personnalisée, et l'impression de service pour demi-pensionnaires s'estompe juste après les amuse-bouche : l'escabèche de rougets et pistes aux légumes provençaux, d'une diabolique précision dans la cuisson et la texture, est aussi convaincante que le loup, remarquable de fraîcheur et que l'agréable brochette ananas-mangue sur un pain perdu. Une cave de grande valeur, avec les caciques régionaux (Gauby, Soria, Sarda-Malet) et quelques fonds de cave réjouissants (Ducru-Beaucaillou 82 à 120 €)
C : 65 € • M : 26-95 € — *www.hotel-ile-lagune.com*

13 Le Restaurant Cala Gogo

» Les Capellans, ensemble résidentiel Cala-Gogo
☎ 04 68 21 15 45
F. 25 sept.-14 mai.
Jusqu'à 22h.

Le meilleur restaurant de camping en Europe ? Probablement, et c'est tout au sud du Roussillon qu'il faut venir le chercher. Marie-France Borrell, épouse de Pascal, notre grand de demain 2004 et ancien chef du Chapon Fin à Perpignan veille avec un oeil plus qu'affûté sur cette table chic et exotique : pressé de homard poché au court bouillon, magret de canard demi fumé, mangue et tomate au basilic, grillade de poissons de mes amis mareyeurs, cuisson à la plaque et à l'huile verge, moules de Gruissan en marinière au thym sauvage, baba bouchon au vieux rhum et bananes dorées au four.
C : 45 € • M : 14,50-52 €

L'Ile de la Lagune

» Bd de l'Almandin, Les Capellans
☎ 04 68 21 01 02
Fax 04 68 21 06 28
F. 20 fév.-7 mars.

➡ **Restaurant** : 15/20 L'Almandin
La grande maison blanche posée sur la presqu'île prend à l'intérieur des allures de soleil, avec une architecture qui évoque par endroits l'Espagne et un décor de couleurs vives et chaleureuses, sur lequel vient jouer la lumière marine. Piscine bien sûr, mais aussi l'exclusivité de la plage et du port privés.
4 appart. 190-255 € • 18 ch. 145-195 € • 1/2 pens. 120-180 €
www.hotel-ile-lagune.com

SAINT CYR SUR MER - 83270 (33 D 6)

Toulon 25 - Bandol 7

Dolce Frégate

» Rte de Bandol, RD 559
☎ 04 94 29 39 39
Fax 04 94 29 39 40
Ouv. 7j/7.

Ce vaste ensemble cultive un luxe cossu et un parfum de Provence, dans le choix de la décoration : matériaux, mobilier et couleurs forment un écho parfait à la végétation du parc. La gentillesse du personnel permet de conserver une dimension humaine tout en profitant d'un équipement de détente très complet (piscine, golf, sauna, cave…). Au restaurant une cuisine de produits à base régionale, légitimement ambitieux. En gagnant un peu de stabilité (les chefs se succèdent à bon rythme) elle pourrait briguer une place de choix.
39 appart. € • 94 ch. 150-290 € • M : 55 € *www.fregate.dolce.com*

Grand Hôtel Les Lecques

» 24 av du Port, Les Lecques
☎ 04 94 26 23 01
Fax 04 94 26 10 22
F. 31 janv.-3 mars et 5 nov.-20 déc.

Au bout de l'année de palmiers, dans le vaste parc, cette maison de style Belle Epoque est un concentré des parfums de vacances, entre le chant des cigales et la plage de sable fin toute proche.
60 ch. 51-177 € • 1/2 pens. 70-135 € *www.lecques-hotel.com*

SAINT DENIS SUR LOIRE ➤ BLOIS

SAINT DIDIER DE LA TOUR ➤ LA TOUR DU PIN

SAINT DIDIER EN VELAY - 43140 (26 D 4)

Le Puy-en-Velay 66 - Saint-Etienne 25

12 Auberge du Velay

» 17 Grand-Place
☎ 04 71 61 01 54
F. dim. à dîn. et merc.
Jusqu'à 22h.

L'auberge a changé de mains, mais Dieu merci pas de cadre : sur la place du village, la fière demeure XVIIe et ses petits salons accueillants et rustiques. Le nouveau chef semble avoir envie, au cœur du Velay, de cuisiner le poisson de mer. Soit, à condition de ne pas laisser en route la tartelette aux cèpes et boudin noir, la saucisse au chou ou la joue de porc braisée qu'il met intelligemment en valeur dans un menu "tout cochon" qui revitalise le terroir. Cave modeste, en construction. A suivre…
C : 23 € • M : 15-44 €

SAINT DISDIER - 05250 (34 D 1)

Gap 46 - La Mure 34

La Neyrette R

Entre colline et lac, l'ancienne ferme ouvre sur un paysage aussi agréable que son ambiance paisible. Chambres soignées, aux couleurs personnalisées et, pour ne pas avoir à ressortir, on peut compter sur une table bien emmenée, notamment sur les spécialités locales comme la truite ou les tourtons.
12 ch. 52-72 € • 1/2 pens. 57-77 € • C : 21 € • M : 20-40 €

www.la-neyrette.com

» ☎ 04 92 58 81 17
04 92 58 89 95
F. 17-30 avril et 15 oct.-15 déc.

SAINT DONAT SUR L'HERBASSE - 26260 (27 D 4)

Valence 74 - Montélimar 28

Chartron H

Le village, comme la maison, cultivent la discrétion. Il y a pourtant du deux toques dans l'air, c'est-à-dire du haut niveau dans la cambuse, de l'intelligence, de la loyauté, de l'imagination. Des qualités développées chaque année par Bruno Chartron, qui peut parler de la région en toute connaissance de cause, jusqu'à proposer un menu truffes, et s'évader quand bon lui semble, d'une brochette de saint-jacques à la citronnelle ou des médaillons de lotte à l'orange et au gingembre, tout en sacrifiant parfois aux effets de mode (ravioles de homard, tempura, bonbon de pastilla). Dans la jolie salle claire aux tables bien espacées, le service est précis et la cave rhodanienne offre de multiples combinaisons. Chambres simples mais de très bon confort au calme olympien.
C : 45 € • M : 29-80 € • 7 ch. 55-70 € • 1/2 pens. 64-72 €

www.restaurant-chartron.com

» 1 av Gambetta
☎ 04 75 45 11 82
F. mardi, merc. (sf à dîn. en juil.-août), 2-11 janv., 27 avril-4 mai et 4-21 sept.
Jusqu'à 21h30.

SAINT EMILION - 33330 (23 D 2)

Bordeaux 42 - Libourne 10

Hostellerie de Plaisance

➥ **Hôtel :** Hostellerie de Plaisance

Cadre et ambiance

Une très belle maison de maître au cœur de la cité, sertie dans les remparts, où l'on a développé une aisance, un style luxueux et décontracté assez étonnant dans un lieu qui prédisposait à la solennité. La personnalité du chef est sans doute beaucoup dans ce rajeunissement.

Cuisine

Un colosse au cœur tendre. La cuisine, comme le chef. Philippe Etchebest, cou de taureau, profil de rugbyman-boxeur - sa culture sportive, pas seulement une image - est un doux, bon vivant, une crème, et sa cuisine lui ressemble. Elle dégage de la puissance, mais à la dégustation, c'est de la finesse, du touché, du pizzicato. Etchebest, violoniste en gants de boxe, sort des accords majeurs, un ormeau rôti au soja sur une brouillade d'oursin, un fumet de poisson au combawa sur un turbot sauvage, mangue et poire, un jus de viande truffé sur un bar de ligne aux girolles, une émulsion au vin jaune pour le veau sous la mère, pied de cochon et févettes à la moelle. On ne jette pas l'éponge avant d'avoir connu l'excellent pâtissier (biscuit craquant framboise, assiette grands crus de chocolat...).

Cave

Une cave de grand connaisseur en bordelais, on s'y attend, en saint-émilion et pomerol, on s'y attend encore, avec tout ce qu'il y a de pointu (Valandraud pas si cher, Roc de Cambes, domaine de l'A). Où c'est plus rare, c'est cette curiosité manifestée en presque toutes régions, avec une certaine part de risque pour proposer à une clientèle forcément orientée Bordeaux les vins de Gallety ou de Roc d'Anglade.

» 5 pl du Clocher
☎ 05 57 55 07 55
F. lundi, mardi à déj. (1er mai-30 oct.), dim. à dîn., lundi, mardi (1er nov.-30 avril) et 2 janv.9 fév.
Jusqu'à 21h30.

Accueil et service
En tout point accordé au style de la maison. Du haut niveau qui ne donne pas l'impression de forcer, aidé par un chef jovial qui passe en fin de service pour dire: "On s'est bien occupé de vous ?". Cela change des mondanités.
C : 90 € • M : 32-84 € *www.hostellerie-plaisance.com*

13 Le Clos du Roy

» 12 rue de la Petite-Fontaine
☎ 05 57 74 41 55
F. mardi, merc., 15 fév.-15 mars et 23 août-4 sept.
Jusqu'à 21h30.

Se moquant des modes comme de sa première toque, Alain Banier travaille sa carte (ou plutôt ses "carnets de cuisine" comme il dit) en fonction de son marché quotidien. Ses préférences ? Elles vont nettement aux poissons et au foie gras : terrine de foie gras de canard, compote de fruits aux épices, tartare de saumon d'Ecosse au couteau, salade de confit de tomate, filet de sole aux asperges vertes au jus de poulet rôti et à l'orange, poitrine de pigeonneau et foie gras, jus aux griottes et parfum de cacao. Cave essentiellement bordelaise ne laissant que peu de place aux autres régions (choix excellents en revanche, la tête de cuvée de Puech Haut, la Tour Boisée, Montus, Dauvissat en chablis par exemple)
C : 50 € • M : 28-45 €

12 L'Envers du Décor ♥

» 11 rue du Clocher
☎ 05 57 74 48 31
F. 23 déc.-15 janv.
Jusqu'à 22h30.

L'Envers du Décor prend la cave à l'endroit, dans une ravissante cour de détente attenant à la collégiale. François de Ligneris ne fait pas seulement du vin de qualité, il sait aussi le choisir. Une sélection diabolique, imparable, en bordeaux, où on l'espère, mais partout ailleurs où on l'attend moins. Un exemple : ouvrez la page Sud-Ouest, pour voir Mouthe Le Bihan, Cosse-Maisonneuve et Da Ros. Duras, cahors et marmandais ainsi balayés d'un œil d'expert., on ne s'étonne plus que l'entrecôte soit bien épaisse, persillée, juteuse, ni que le service ait le sourire.
C : 30 € • M : 15-25 €

 Hostellerie de Plaisance

» 5 pl du Clocher
☎ 05 57 55 07 55
05 57 74 41 11
F. 2-9 fév.

➡ **Restaurant** : 17/20 Hostellerie de Plaisance
L'Hostellerie va s'agrandir cette année pour mieux satisfaire les amoureux de ces vieilles pierres magnifiques, un cadre rêvé dans ce village classé au Patrimoine mondial. Même charme à l'intérieur, pour un art de vivre tel que nous l'aimons, mêlant authenticité et modernité dans un raffinement permanent. Chambres superbes, accueil tout en chaleur et professionnalisme, terrasse splendide donnant sur le vignoble.
1 appart. 420-450 € • 14 ch. 250-450 € • 1/2 pens. 60 €
www.hostellerie-plaisance.com

 Hôtel Grand-Barrail

» Rte de Libourne (D243)
☎ 05 57 55 37 00
05 57 55 37 49
F. fin nov.-31 déc.

Loin de la ville, ce château, hélas un peu masqué par un ajout moderne, joue la carte de l'élégance bourgeoise, avec un équipement luxueux et des chambres spacieuses. Proposition d'activités pour profiter des paysages de vignes alentour. Au restaurant, l'équipe fait son travail sans faux pas, autour d'assiettes actuelles (crème de fenouil froide et brochette d'acras de morue, cannelloni de carottes sorbet carotte orange) et de produits nobles (dôme de langoustine sur polenta), en appui d'une carte des vins large et bordelaise.
9 appart. 420 € • 33 ch. 175 € • C : 50 € • M : 40-61 €
www.grand-barrail.com

Palais Cardinal

La demeure du cardinal de Sainte-Luce est devenue une hôtellerie de charme et de prestige englobant les pierres classées dans un ensemble de haute tenue à l'entrée Nord du village. Le jardin intérieur fleuri est orné d'une pergola recouverte de vigne vierge et, au niveau supérieur, une grande terrasse cernée par les arbres et la piscine chauffée surplombant le vignoble. Les chambres sont décorées dans les styles classiques, mobilier Louis XV, Louis XVI et Régence, embellies régulièrement par les propriétaires.

1 appart. 170-200 € • 26 ch. 60-160 € • 1/2 pens. 94-228 €

www.palais-cardinal.com

» Pl du 11-Novembre-1918
☎ 05 57 24 72 39
05 57 74 47 54
F. déc.-mars.

SAINT ETIENNE - 42000 (27 C 3)

Paris 524 - Lyon 63 - Le Puy-en-Velay 76

Nouvelle

C'est nouveau, c'est Nouvelle. Facile, d'accord, mais quand il se passe quelque chose à Saint-Etienne aujourd'hui, on ne dit plus c'est Pierrot (Gagnaire) comme il y a dix ans, mais on pense Nouvelle fraîche avec Stéphane Laurier. Dans la salle contemporaine à la douceur pastel, on choisit "l'Esprit libre" - le menu à 60 **€** quatre plats dégustation, avec le foie gras poché dans une eau de cumin, le globe de gambas et Gillardeau "dépression de lait siphonné", le bar en cuisson lente et le pigeonneau au sautoir, Sud-Ouest (la cuisse confite), Asie (laqué) et chou farci aux abatis. Autant de symboles, de recherches, qui rendent globalement un peu tout sympathique, même ce qui peut sembler des tests de satisfaction (la "tatin approximative de pomme et reblochon au lard séché") et qui consacre en fait un cuisinier rigoureux, intègre dans sa démarche, et très prolifique. Fromages d'Hervé Mons, cave très bien arrangée, 300 références balayant les bons vignobles, service dans le rythme, assez échevelé et pourtant très ordonné.

C : 70 € • M : 27-80 €

» 28-30 rue Saint-Jean
☎ 04 77 32 32 60
F. dim. à dîn. (sf juil.-août) et lundi.
Jusqu'à 21h30.

13

Le Bistrot de Paris

L'enseigne rouge sert de repère sur la place Jean Jaurès pour tous les habitués : cela fait maintenant plus de 30 ans que l'équipe leur propose avec une efficacité sans faille une cuisine de brasserie classique et de bon niveau, évoluant au gré des saisons (les asperges) et du marché (les poissons du jour). Les assiettes, du thon grillé au carré d'agneau, sont servies généreusement, le cadre original, avec ses tons mauves et ses jeux de miroirs, et le service enlevé.

C : 35 € • M : 23 €

bistrotdeparis@wanadoo.fr

» 7 pl Jean-Jaurès
☎ 04 77 32 21 50
F. lundi (1er avril-30 sept.) sam. à déj. et 21 déc.-10 janv.
Jusqu'à 23h.

Le Petit Sauvage

DÉCOUVERTE

Une bouffée d'air frais dans les petites rues de la ville, avec un cadre aux détails adorables (la botte de foin dans les toilettes, l'agneau en carton pâte, les pastel style Petit Prince dans les niches) et une cuisine presque excentrique, dans les saveurs comme les constructions : les cuisses de grenouilles pistachées, filet d'omble chevalier fumé et gaufre à l'ail sur un lit de velouté chèvre, l'agneau métamorphosé par une marinade de vin de fleur de romarin et son artichaut en croûte de pain ou encore le cône au safran crème mascarpone saveur bergamote morceaux de fraise et copeaux de menthe. Charmant et souriant, le service n'est pas de trop parfois pour détailler ce foisonnement. Atmosphère décontractée et sélection maligne en vins du Rhône et du Languedoc (Olivier Pithon, domaine de la Rectorie).

» 2 rue des Fossés
☎ 04 77 38 23 85

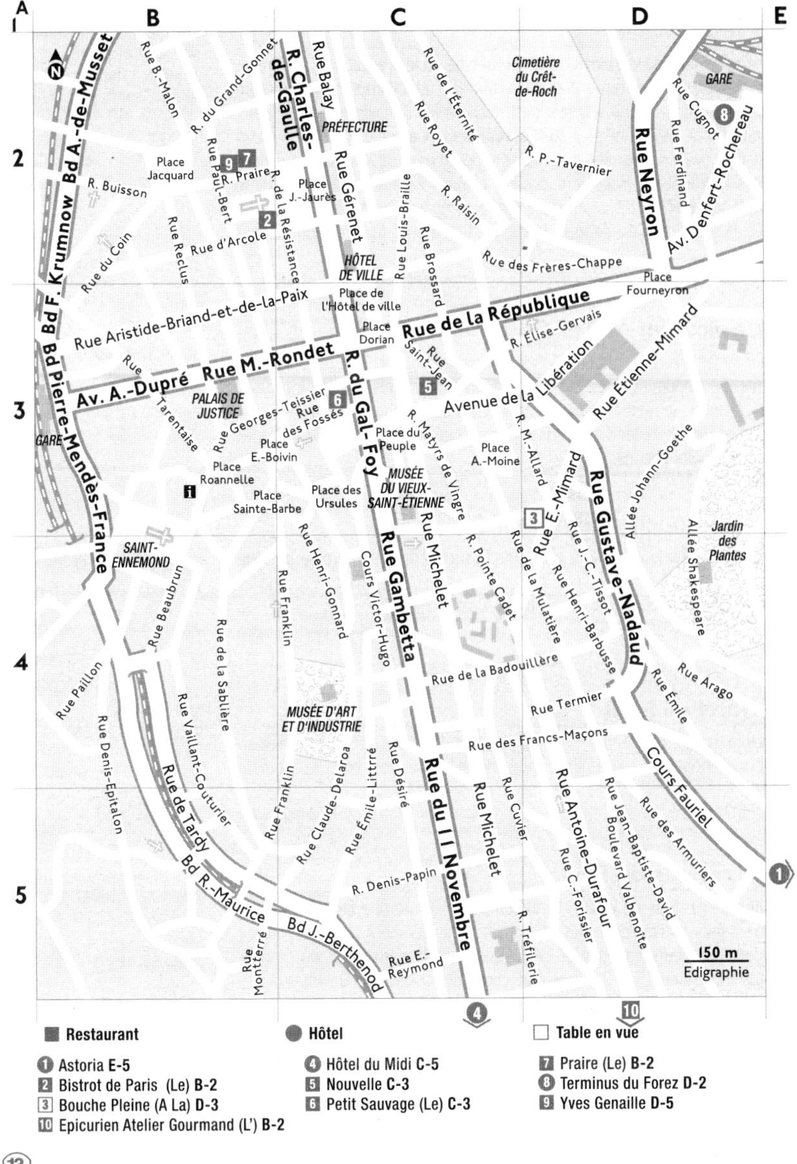

13 Le Praire

La notion de valeur sûre semble avoir été inventée pour Bernard Foucheyraud, et pourtant le pari n'était pas gagné d'avance : proposer le meilleur de la mer à Saint-Etienne réclame un peu d'organisation. Aujourd'hui impeccablement rodée, elle permet de proposer des assiettes de poisson de premier choix, servies par des accompagnements judicieux qui rendent hommage à la matière première impeccable. Décor élégant plus que chaleureux, à l'image du service.
C : 37,50 € • M : 23,70-36,50 €

» 14 rue Praire
☎ 04 77 25 17 10
F. dim. à déj (1er mai-15 sept.), dim. à dîn. (16 sept.-30 avril), sam. à déj, lundi à dîn. et 2 sem. août.
Jusqu'à 22h.

Yves Genaille

Venir admirer les vieilles pierres du village perché ou le précipice du gouffre de l'Enfer, c'est bien. Savoir qu'au bout de la route, on peut compter sur une étape accueillante et une cuisine soignée, c'est mieux. Yves Genaille répond présent, avec constance et honnêteté, sur le répertoire classique (daube de cerf gourmande, avec son ragoût de châtaigne et poire) mais sans négliger quelques poussées modernistes (sagement dosées, comme l'influence chinoise sur le canard laqué poêlée de soja) dans les accompagnements notamment. A l'arrivée, la satisfaction est de mise, solide comme un roc. Cave essentiellement rhodanienne.

C : 40€ • M : 21-50€ *restaurant.genaillle@wanadoo.fr*

» 3 du parc Rochetaillée
☎ 04 77 32 88 48
F. sam. à déj., dim. à dîn., lundi, 1 sem. fév. et août.
Jusqu'à 21h.

(12) L'Epicurien Atelier Gourmand — DÉCOUVERTE

Un chef de 23 ans qui a autant d'idées justes sur la cuisine d'aujourd'hui, cela se remarque évidemment. Le design de la carte, la volonté de promouvoir le produit, avant de se mettre soi-même en avant, autant de bons points étonnants qui allument les clignotants et poussent les mangeurs, comme il y a quelques années, vers Saint-Etienne.

C : 28€ • M : 13-37€ *www.monsite.wanadoo.fr/lepicurien*

» 13 rue Praire
☎ 04 77 41 09 19
F. lundi à dîn., mardi à dîn. et 14-24 août.
Jusqu'à 22h30.

A La Bouche Pleine

L'ambiance soutenue explique à elle seule le succès de cette adresse presque institutionnelle. L'attente est un peu longue, l'occasion de s'amuser à reconnaître toutes les célébrités en photo sur les murs. Cuisine classique.

C : 25€ • M : 21-35€

» Chez Marco, 2 pl Chavanelle
☎ 04 77 33 92 47
F. dim., lundi, vac. Pâques et août.
Jusqu'à 23h.

Hôtel du Midi

Un peu à l'écart du centre, près de l'hôpital Bellevue, la grande maison bourgeoise adopte un cadre plutôt moderne et soigné, tout comme l'équipement.

33 ch. 55-75€ *www.hotelmidi.fr*

» 19 bd Pasteur
☎ 04 77 57 32 55
Fax 04 77 57 28 00
F. Noël-nouvel an et 3 à 4 sem. juil.-août.

Terminus du Forez

Près du célèbre stade de la ville, l'immeuble XIXe arbore une façade aisément reconnaissable. A l'intérieur, les chambres sont déclinées entre ambiance égyptienne (couleurs chaudes et décor évoquant l'antiquité) et décor néo-classique (notamment grâce aux reproductions de tableaux de David).

65 ch. 59-69€ • 1/2 pens. 69-79€ *www.hotel-terminusforez.com*

» 31 av Denfert-Rochereau
☎ 04 77 32 48 47
Fax 04 77 73 40 30
Ouv. 7j/7.

Hôtel Astoria

Un peu à l'écart du centre (accès après le tunnel du Rond-Point), une bâtisse contemporaine pour un confort simple et moderne.

33 ch. 53-66€ *www.astoria-saint-etienne.com*

» Rue Henri-Dechaud, le Rond-Point
☎ 04 77 25 09 56
Fax 04 77 25 58 28
Ouv. 7j/7.

Toques et notes

 à 

 à 

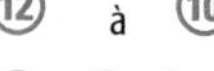

(?) Signale une notation en attente ou un changement de dernière minute.

Restaurants mentionnés en annexe

R Pour un restaurant noté de 10 à 12.

 Pour un restaurant noté de 13 à 14.

 Pour un restaurant noté de 15 à 16.

➲ à SAINT PRIEST EN JAREZ - 42270 : 4 km N.

(12) Le Clos Fleuri

Ce Clos Fleuri centenaire, qui a compté parmi ses propriétaires les parents de Pierre Gagnaire, a de quoi en remontrer aux jeunots. Justement, Franck Deville, tout juste trentenaire, ne se laisse pas impressionner pour composer une cuisine de produits nobles qui ne craint pas la canicule : tout est frais, bien présenté, techniquement maîtrisé, le mille-feuille de homard au sarassou d'herbes comme le rouget croustillant en écaille de pommes de terre au coulis de poivron ou le lapin farci au foie gras. Menu-carte équitable, mais pas donné pour la région (37 **€**), petite cave pas sotte, en forez comme en languedoc-roussillon notamment. La toque est toute proche.

M : 19-61 € *www.restaurant-leclosfleuri.fr*

» 76 avenue Albert-Raimond
☎ 04 77 74 63 24
F. dim. à dîn., lundi, merc. à dîn., 2-8 janv. et 13-20 août.
Jusqu'à 21h.

(12) Restaurant du Musée

Jolie table branchée et délicate dans le cadre du musée d'Art Moderne : Stéphane Laurier, le brillant chef de Nouvelle, coache avec succès ce lounge printanier où la cuisine suit la saison, dans une vision world-ménagère : velouté de potiron et royale de foies de volaille, brochette de crevettes tandoori, pot-au-feu de légumes d'hiver aux feuilles de citronnier et ravioles de tofu.

M : 15-25 €

» Musée d'Art Moderne-de-Saint-Etienne, La Doa, La Terrasse
☎ 04 77 79 24 52
F. dim. à dîn., lundi et merc. à dîn.
Jusqu'à 22h.

SAINT ETIENNE DE BAIGORRY - 64430 (23 B 5)

Pau 130 - Saint-Jean-Pied-de-Port 11

(13) Arcé H

Ah ! la délicieuse terrasse ombragée surplombant la rivière ! On viendrait presque en Irouléguy uniquement pour elle. Les assiettes de Pascal Arcé, qui incarne la cinquième génération, se montrent pourtant à la hauteur de ce cadre enchanteur, travestissant la tradition locale de quelques initiatives personnelles : croustillant de langoustines et jus à la crème parfumée au gingembre, ris d'agneau et cèpes dorés en persillade, charlotte aux marrons et chocolat chaud. La piscine, dans un cadre arboré, et les chambres ouvrant sur les sommets invitent à prolonger l'expérience.

C : 38 € • M : 25-38 € • 3 appart. 200-215 € • 20 ch. 65-135 € • 1/2 pens. 95-125 € *www.hotel-arce.com*

» Rte du Col-d'Ispéguy
☎ 05 59 37 40 14
F. lundi à déj. et merc. à déj. (15 sept.-15 juil. sf fériés) et mi-nov.-mi-mars.
Jusqu'à 20h45.

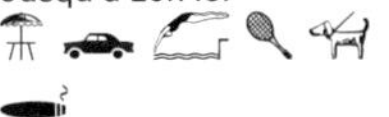

SAINT ETIENNE DE FOUGERES - 47380 (24 A 3)

Marmande 39 - Périgueux 109

(12) Ferme-Auberge de Feuillade ♥

Une ferme auberge comme on les aime. Les assiettes sont évidemment copieuses, respectant la règle sacro-sainte obligeant à n'utiliser que des produits de l'exploitation : pintades farcies où rôties, foie gras, poulets, canettes et desserts maison pour un bon moment de franche ripaille.

C : 23 € • M : 16-30 €

» Feuillade
☎ 05 53 01 09 84
F. dim. à dîn., merc. et 2 sem. déb. janv.
Jusqu'à 21h.

♿	Accessible aux handicapés.	🏊	Piscine privée.
🍇	Carte des vins remarquable.	⛱	Repas servis en terrasse ou dans un jardin.
🎾	Tennis privé.	🐕	Chiens acceptés.

SAINT ETIENNE DE TINEE - 06660 (34 C 3)

Nice 97 - Barcelonnette 58

(12) Le Pratois ♥

La maison de Benoît Grenier, qui fêtera bientôt son vingtième anniversaire dans les cuisines de cette charmante maison au cour du Parc du Mercantour, n'est pas la plus accessible qui soit. Une bonne heure et demie du centre de Nice (quand les conditions sont bonnes) est nécessaire pour avoir le droit de se régaler des spécialités au feu de bois que ce Normand prépare dans son ancienne bergerie. Des efforts constants sur le choix des produits, des recettes en constante évolution, et toujours cette bonne petite sélection en cave et de bonnes bières artisanales.
C : 28€ • M : 20€

» Hameau du Pra
☎ 04 93 02 44 65
F. mi-sept.-fin juin.
Jusqu'à 21h.

SAINT ETIENNE DU BOIS ➤ BOURG EN BRESSE

SAINT ETIENNE EN DEVOLUY - 05250 (33 D 2)

Saint-Bonnet-en-Champsaur 22 - Corps 23

(11) Les Chardonnelles H

Entre l'hôtel et la résidence, les chalets Margot, ce sont 750m2 d'un accueillant complexe qui sont proposés aux touristes dans le cadre du Parc Naturel. Et après la longue marche, chacun est bien heureux de s'attabler face à une tartiflette ou une reblochonnade, dans l'ambiance montagnarde recherchée, soirées animées et vin de pays des hautes Alpes à 13 € la bouteille.
C : 35€ • M : 17-30€ • 34 appart. 650-2150€ • 44 ch. 55-120€ • 1/2 pens. 56-75€
www.hotel-chardonnelles.com

» Superdevoluy Station
☎ 04 92 58 86 90
F. 24 avril-10 juin et 15 sept.-10 déc.
Jusqu'à 21h30.

SAINT ETIENNE LES ORGUES - 04230 (34 D 4)

Aix-en-Provence 91 - Manosque 35

à LARDIERS - 04230 : 12 km O. par D 951 et D 12

(12) Le Café de la Lavande

Cela ressemble au temps où l'on pouvait s'arrêter au hasard et bien manger. Ce café de village est une perle rare. Pour trois francs six sous et 22 €, Emmanuelle Burollet fait vraiment une cuisine d'authenticité, généreuse et sans chichis, avec une fameuse brandade, d'excellentes viandes en sauce, des parfums de la maison, du potager, de cette région âpre et prodigue au pied de la montagne de Lure. On pourrait s'arrêter là. Mais il y a la cave, avec les Richaud, Gonon et une brochette de vignerons passionnés, qui montre que cet endroit s'inspire d'une véritable philosophie.
M : 22€

» ☎ 04 92 73 31 52
F. mardi à dîn., merc., vac. scol. fév. et 15 nov.-10 déc.
Jusqu'à 21h.

SAINT ETIENNE LES REMIREMONT ➤ REMIREMONT

SAINT FELIX LAURAGAIS - 31540 (30 A 4)

Toulouse 46 - Castres 42

(14) Auberge du Poids Public H

Claude Tafferello ne manque pas d'ambition et aime le faire savoir. Sa maison compte parmi les incontournables adresses du Lauragais tant pour sa cuisine que pour son cadre (récemment refaite, sa salle à manger a gagné en luminosité et les quatre ou cinq tables les plus proches des baies vitrées jouissent toujours d'un fabuleux panorama sur les collines). La cuisine, elle, tient toujours aussi bon la barre, flirtant le plus souvent avec ses anciennes deux toques mais le service, inutilement empressé et papillonnant, et les bruits des cuisines, mal

» Fg du Poids-Public
☎ 05 62 18 85 00
F. dim. à dîn., janv. et 1 sem. nov.
Jusqu'à 21h30.

isolées de la salle, empêchent de savourer le bon moment. D'importantes rénovations ont été également entreprises dans les chambres, parfaites pour prolonger les plaisirs de la table.
C : 48 € • M : 27-67 € • 1 appart. 138 € • 10 ch. 65-110 € • 1/2 pens. 140-215 € *www.auberge-du-poidspublic.com*

SAINT FIRMIN ➤ LE CROTOY

SAINT FLORENT ➤ CORSE

SAINT FLORENTIN - 89600 (19 C 2)

Auxerre 28 - Joigny 29

La Grande Chaumière

» 3 rue des Capucins
☎ 03 86 35 15 12
F. merc., jeudi à déj., 20 déc.-20 janv. et 1er-15 sept.
Jusqu'à 21h.

Du cousu main par un protecteur des beaux-arts de la table. Jean-Pierre Bonvalot travaille son répertoire depuis trente ans. C'est donc dans cette belle demeure bourguignonne ouvrant sur un jardin à la française qu'il faut choisir les grands classiques, le bavarois de langoustines, le gratin de homard et le soufflé de brochet au chablis. Parce que cette mémoire, ne doit pas s'éteindre, et qu'elle porte encore son wagon de plaisir, jusqu'au ris de veau doré au soumaintrain et au moka glacé. Oui, le chef donne aussi un peu dans le contemporain, quelques émulsions de curry ou de beurre mousseux d'échalotes avec les saint-jacques. mais c'est un peu moins rigolo, non ? Belle cave bourguignonne pour prolonger la fête.
M : 28-49 € *www.lagrandechaumiere.com*

SAINT FLOUR - 15100 (26 B 5)

Aurillac 78 - Issoire 71

Les Messageries R

» 23 av Charles-de-Gaulle
☎ 04 71 60 11 36
04 71 60 46 79
F. oct.-Pâques.

On apprécie un confort actuel et de bon niveau, dans l'équipement comme les chambres personnalisées et claires. Au restaurant, la cuisine cultive les valeurs terroir et s'ouvre au vent du large, avec satisfaction dans les deux cas.
1 appart. 100 € • 17 ch. 45-72 € • 1/2 pens. 42-73 € • C : 30 € • M : 30-56 €
www.hotel-messageries.com

SAINT GATIEN DES BOIS ➤ DEAUVILLE

SAINT GELY DU FESC ➤ MONTPELLIER

SAINT GENIEZ D'OLT - 12130 (30 C 2)

Espalion 27 - Sévérac-le-Château 24

Le Rive Gauche

» 3 pl du Charles-de-Gaulle
☎ 05 65 47 43 30
Ouv. 7j/7.
Jusqu'à 21h.

➥ **Hôtel** : Hostellerie de la Poste
Isabelle Caulier, quatrième génération de femmes à se succéder à la tête de cette ancienne hostellerie et le jeune et talentueux Alexandre Bousquet forment un duo de choc depuis cinq années. Si nous avions cru un temps que cet ancien de Guérard et Boyer allait quitter l'Aveyron, nous le retrouvons aussi fringant que jamais, distillant ses assiettes ensoleillées avec la fougue d'un débutant : pannequet de truite rose du pays d'Olt légèrement fumée, salades d'herbes, jus de tomate épicé, filet de sandre braisé à la bière d'Aubrac et légumes printaniers, ballottine de canette fermière, laquée au parfum d'Orient et petits choux farcis, mille-feuille de fraises, glace et liqueur Tagada. Cave intéressante en région.
C : 40 € • M : 23-50 € *www.hoteldelaposte12.com*

Hostellerie de la Poste

➥ **Restaurant** : 13/20 Le Rive Gauche

Avec l'ultime rénovation voilà toutes les chambres désormais parées d'un décor soigné, entre mobilier rustique et accessoires en fer forgé. Toutes donnent sur le parc pour plus de tranquillité.

6 appart. 108-114 € • 50 ch. 33-51 € • 1/2 pens. 40-51 €

www.hoteldelaposte12.com

» 3 pl Charles-de-Gaulle
☎ 05 65 47 43 30
05 65 47 42 75
Ouv. 7j/7.

SAINT GENIS POUILLY - 01630 (28 B 1)

Genève 11 - Gex 10

Restaurant Le Coq Rouge

Installé dans cette maison ancienne depuis près d'une décennie, le chevronné Alain Bohant n'a jamais dévié d'un iota de la ligne de conduite qu'il s'est fixée : proposer une cuisine dite de terroir, plutôt classique, dans un cadre intime (les tables sont bien espacées) et confortables. Sa carte ne joue pas les prétentieuses mais le foie gras à la fleur de sel, le fameux coq rouge (présent toute l'année sur la carte, les préparations variant selon les saisons et l'humeur du moment) ou les rognons de veau à la moutarde d'estragon ont le bon goût de la nostalgie. Belle carte de chasse en saison.

C : 30 € • M : 19-57 €

» 1 pl de la Fontaine
☎ 04 50 42 20 50
F. sam. à déj., dim., lundi à déj. et 22 déc.-10 janv.
Jusqu'à 21h15.

SAINT GEORGES DE DIDONNE ➤ ROYAN

SAINT GERMAIN DE TALLEVENDE ➤ VIRE

SAINT GERMAIN DES VAUX - 50440 (5 A 2)

Saint-Lô 109 - Cherbourg 34 - Barneville-Carteret ...

13

Le Moulin à Vent

Le cadre est tout ce qu'il y a de nature, au-dessus de l'anse de Saint-Martin. Michel Briens est un marin aguerri qui sort par tous les temps et ramène bar et saint-pierre au bercail, accommodés comme il convient, c'est à dire avec naturel et simplicité. Pour les jours de fête, le homard sous la grille est à 9 € les 100 g, ce qui est plutôt une bonne affaire, avec un gratin de pommes de terre.

C : 36 € • M : 26 €

» Hameau Danneville
☎ 02 33 52 75 20
Jusqu'à 21h.

SAINT GERMAIN EN LAYE ➤ PARIS-BANLIEUE

SAINT GERMAIN LAVAL ➤ PARIS-BANLIEUE

SAINT GERVAIS D'AUVERGNE - 63390 (26 B 3)

Clermont-Ferrand 54 - Montluçon 49

Restaurant du Castel

L'ancien couvent de religieuses ne prône plus, mais alors plus du tout l'abstinence. On quittera prestement le voile pour d'excellentes nourritures terrestres, un confit maraîcher et saumon de fontaine en escabèche, un omble-chevalier verveine-citron et pudding aux amandes, un chou farci de canette caramélisé et l'incontournable cornet de Murat. Les provenances sont sérieuses, la cave est belle, flânant dans les vignes et se goûtant bien, de David Fourtout à Roc d'Anglade

C : 26 € • M : 18-55 €

www.castel-hotel-1904.com

» Rue du Castel
☎ 04 73 85 70 42
F. lundi, mardi (Toussaint-Pâques) et janv.
Jusqu'à 21h.

Relais d'Auvergne R

Ancien relais de diligence, l'hôtel offre des chambres actuelles aux tons doux. Le décor se nourrit également de la passion des propriétaires pour la chine (certains objets sont à vendre). Le terroir est à privilégier au restaurant, avec la charcuterie de pays, un beau filet de bœuf ou encore les fromages de la région.
2 appart. 60 € • 14 ch. 44-60 € • 1/2 pens. 43-50 € • C : 25 € • M : 13-33 €
www.relais-auvergne.com

» Rue du Châteauneuf
☎ 04 73 85 70 10
Fax 04 73 85 85 66
F. 1er déc.-1er mars.

SAINT GERVAIS EN VALLIERE - 71350 (20 B 4)

Mâcon 96 - Beaune 12

Moulin d'Hauterive

➥ **Hôtel** : Moulin d'Hauterive
L'ancien moulin sur la Dheune, belle maison bourguignonne aux murs couverts de lierre, sait conserver intact son charme et son style. Derrière les grosses pierres, le rustique raffiné, la mise de table et la cuisine aux belles manières de Christiane Moille qui, depuis des lustres entretient la flamme et fait tourner la roue. Avec des classiques contemporains, des cassolettes de saint-jacques aux poireaux, des médaillons de lotte au jus de volaille, des ragoûts de homard et des tians d'agneau au romarin. Ni de grosses découvertes, ni de personnalité flamboyante, cette cuisine est tout simplement facile et douce à vivre. Importante cave bourguignonne, pas très bon marché.
M : 37-62 €
www.moulinhauterive.com

» 8 rue du Moulin, Chaublanc
☎ 03 85 91 55 56
F. dim. à dîn., lundi (mars-mai et oct.-nov.), à déj. sem. (sf juil.-août), lundi, mardi à déj. et 20 nov.-1er mars.
Jusqu'à 21h.

Moulin d'Hauterive

➥ **Restaurant** : 13/20 Moulin d'Hauterive
A l'intérieur de cette imposante construction en pierre, au bord de la rivière, les chambres déclinent des atmosphères particulières, avec mobilier de style sous les poutres, tour à tour romantiques, bourgeoises, toujours raffinées.
10 appart. 125-170 € • 10 ch. 70-132 € • 1/2 pens. 83-133 €
www.moulinhauterive.com

» 8 rue du Moulin, Chaublanc
☎ 03 85 91 55 56
Fax 03 85 91 89 65
F. 20 nov.-1er mars.

SAINT GERVAIS LES BAINS - 74170 (28 C 2)

Annecy 90 - Megève 11

Chalet Rémy

Dans son décor de neige en hiver ou noyée sous les fleurs au printemps, la vieille ferme cultive un sympathique style rustique. Jardin avec vue sur le Mont Blanc.
17 ch. 42 € • 1/2 pens. 52 €

» Le Bettex
☎ 04 50 93 11 85
Fax 04 50 93 14 45
F. 6 nov.-20 déc.

SAINT GILLES CROIX DE VIE - 85800 (15 B 5)

La Roche-sur-Yon 48 - Les Sables-d'Olonne 33

Les Océanides

Pour la pêche du jour avant tout, en provenance des ports vendéens, mais aussi pour la godaille du pêcheur (spécialité locale à base de trois poissons), dans une carte qui a la bonne idée d'oublier les poissons nobles dans ses petits menus.
C : 40 € • M : 20-28 €

» 2 pl du Marché-aux-Herbes
☎ 02 28 10 04 95
F. mardi à dîn., merc. et fév.
Jusqu'à 21h30.

SAINT GREGOIRE ➤ RENNES

SAINT GROUX ➤ MANSLE

SAINT GUIRAUD - 34725 (32 A 3)

Montpellier 39 - Sète 56

Le Mimosa

» ☎ 04 67 96 67 96
F. à déj. (sf dim.), dim. à dîn. (sf juil.-août), lundi et 30 oct.-9 mars.

Des tables et des chaises, et même des assiettes et des verres. Pour le reste, le restaurant de Bridget et David Pugh ne ressemble pas aux autres. Question d'état d'esprit, de climat, de lumière. De chance aussi peut-être, que ces deux épicuriens aient décidé de faire partager leurs convictions à des convives, que cela se passe dans un pays de cocagne où les bons produits sont légion, que le vin y soit bon, et que le Languedoc, terre d'accueil par tradition, reçoive ainsi une clientèle de tous horizons fêtant la nature et ses bienfaits. Grâce aussi à Bridget Pugh, catalyseur d'émotions et de sensations, des ravioles de pélardon au bœuf de l'Aubrac ou à l'agneau fermier, traités avec respect, naturel, une forme de simplicité étudiée pour l'harmonie. Cave régionale, bien sûre, avec des vins au verre de grands domaines.
C : 70 € • M : 54-81 €

SAINT HILAIRE DU HARCOUET - 50600 (5 B 5)

Alençon 99 - Saint-Lô 70 - Avranches 27

Le Cygne et Résidence

» 99 rue Waldeck-Rousseau
☎ 02 33 49 11 84
Fax 02 33 49 53 70
F. vac. fév.

Installé dans un immeuble de caractère (fin XVIIIe), le Cygne propose des chambres au confort actuel et soigné.
30 ch. 45-65 € • 1/2 pens. 54-78 € *www.hotellecygne.com*

SAINT HILAIRE DU ROSIER - 38840 (27 D 4)

Grenoble 59 - Romans 18

14 La Maison Bouvarel H

» ☎ 04 76 64 50 87
F. dim. à dîn., lundi, mardi à déj. (sf fériés), 9-31 janv. et 23 sept.-7 oct.
Jusqu'à 21h.

C'est une hôtellerie traditionnelle à la française, une très longue histoire (la famille Bouvarel veille à la destinée de cet établissement depuis cinq générations), un sens de l'accueil hors norme, héritage de ce riche passé, et une atmosphère particulière, mélange d'Ancien Régime et de Quatrième République. C'est à Richard Ferrand, entré dans la maison en 1963, qu'il appartient de faire fructifier l'héritage. Ultra-classiques, ses assiettes donnent pour la plupart dans la nostalgie et le prestige : salade de homard tiède et mâche en vinaigrette de truffes, turbot braisé au champagne à l'émincé de truffe, turbot grillé au beurre blanc ou homard grillé Eléonore. Les chambres ont gagné en confort depuis les récentes rénovations et ont conservé leur style chic et cossu.
C : 54 € • M : 32-85 € • 1 appart. 62-140 € • 10 ch. 59-140 € • 1/2 pens. 80-140 € *www.bouvarel.com*

SAINT HILAIRE SAINT MESMIN ➤ ORLEANS

Pictogrammes

- ☎ téléphone
- fax
- ♥ coup de cœur
- notation en hausse
- carte des vins remarquable
- repas servis en terrasse ou dans un jardin
- parking privé
- parking fermé
- voiturier
- accessible aux handicapés
- chiens acceptés
- air conditionné
- priscine privée
- tennis privé
- cave à cigares
- hôtel très tranquille

SAINT HIPPOLYTE - 68590 (10 B 4)

Colmar 22 - Sélestat 11

Hôtel-Restaurant Le Parc ♥ DÉCOUVERTE

➥ **Hôtel** : Hôtel-Restaurant Le Parc

Entre Route des Vins et Haut Koenigsbourg, cette jolie salle au sol de pierre devrait vite devenir une halte incontournable. Venu de chez Marcon, le chef n'a pas tardé à intégrer le terroir alsacien pour le restituer en majuscule : un omble chevalier d'anthologie à la cuisson parfaite, discrètement et superbement relevé d'une purée de pomme de terre parfumée d'une huile de champignons grillés, la farce de berawecka (pain sucré et poires séchées) et la croûte de citron font ressortir toutes les qualités d'un pigeon fondant, ponctué d'un trait de citronnelle, tandis que la déclinaison d'abricots joue avec habileté des saveurs et des textures.

C : 35 € • M : 20-46 € *www.le-parc.com*

» 6 rue du Parc
☎ 03 89 73 00 06
F. dim. à dîn., lundi, mardi, 10 janv.-3 fév. et 26 juin-6 juil.
Jusqu'à 21h.

Hôtel-Restaurant Le Parc

➥ **Restaurant** : 15/20 Hôtel-Restaurant Le Parc

Une étape plaisante en bordure de vignoble, dans une auberge alsacienne de tradition mise au goût du jour avec des chambres personnalisées au style contemporain et au confort soigné.

6 appart. 130-155 € • 30 ch. 70-140 € • 1/2 pens. 84-110 € *www.le-parc.com*

» 6 rue du Parc
☎ 03 89 72 00 06
📠 03 89 73 04 30
F. 10 janv.-3 fév. et 26 juin-6 juil.

SAINT ILLIDE - 15310 (26 A 5)

Aurillac 25 - Saint-Cernin 10 - Mauriac 33

Ferme-Auberge du Bruel

Les produits fermiers, les légumes du potager, vous trouvez cela démodé ? Vous préférez les sushis ? L'un n'empêche pas l'autre : pas de japonaiserie chez Françoise et Laurent Fleys, mais aucun archaïsme quand il s'agit de cuisiner la terre cantalienne. Les intitulés sont simples, les assiettes majestueuses, qu'il s'agisse de pounti ou de foie gras, de truffade ou de carré de porc sauge et miel. Si proche de la nature, le repas au jardin devient une préfiguration de l'Eden.

M : 23-32 € *francoise.fleys@wanadoo.fr*

» Le Bruel
☎ 04 71 49 72 27
F. Toussaint-Pâques (sur réserv. seult).
Jusqu'à 21h30.

SAINT JACQUES DES BLATS - 15800 (26 B 5)

Aurillac 35 - Brioude 75 - Saint-Flour 40

Les Chazes H

Il règne ici une ambiance particulière : l'altitude, le relatif éloignement de toute agglomération importante et cette grande salle à manger où touristes, randonneurs et habitants des environs se mêlent sans manière autour d'un poêlon de cuisses de grenouilles en persillade, d'une sole meunière pomme vapeur ou d'une pansette de veau au gingembre et châtaignes au beurre font instantanément aimer le lieu. Inutile de reprendre la voiture, les chambres (privilégier celles de la partie récente, soignées, très vastes et calmes) sont juste au-dessus.

C : 26 € • M : 14-33 € • 19 ch. 40-54 € • 1/2 pens. 42-57 €
www.hotel-des-chazes.com

» RN 122
☎ 04 71 47 05 68
F. lundi (h.s.), 27 mars-10 avril et 13-30 nov.
Jusqu'à 21h,.

SAINT JEAN AUX BOIS ➤ PIERREFONDS

SAINT JEAN CAP FERRAT - 06230 (34 D 4)

Nice 9 - Monaco 12

[15] Le Provençal

» 2 av Denis-Séméria
☎ 04 93 76 03 97
F. nov. et déc.
Jusqu'à 23h.
⛱ ❄ 🐕

C'est une maison d'initiés que l'on s'étonne presque de ne pas voir transformée en club privé, avec judas et verrou pour trier les indésirables. Car même à Saint-Jean où s'aventurent rarement le campeur et le skater, le Provençal, pourtant totalement au centre des débats, tient une place à part. Dans l'atmosphère, exclusive, dans une déco contemporaine zen, sereine, dans l'addition, immense par rapport aux intitulés d'une simplicité biblique. Et heureusement, un peu aussi dans la cuisine, toujours précise, décontractée, plaçant sur un piédestal un ingrédient majeur. Service complice à distance, très courtois, cave à la fois courte et bien ouverte sur les références importantes.
C : 90 € • M : 35-160 €

[12] Le Sloop

» Port de Plaisance
☎ 04 93 01 48 63
F. mardi à dîn, merc. (hiver), mardi à déj., merc. à déj. (été) et 15 nov.-20 déc.
Jusqu'à 21h45.
⛱ 🐕

La concurrence, extrêmement sévère sur le port, n'effraie pas ce sloop qui ne rechigne pas à régater avec les plus gros bâtiments voisins. Superbes poissons, pas si chers, avec une mention particulière pour le saint-pierre, artichauts confits, fenouil et tomates confites. Terrasse attirante, face à la mer.
C : 55 € • M : 27 €

[10] Restaurant Vivaldi

» Plort-Plaisance
☎ 04 93 76 01 01
F. mardi.
Jusqu'à 22h30.
⛱ 🐕

Pourquoi ce virtuose italien ? Parce que les suggestions de la carte y sont intéressantes, les pâtes, risotti et poissons étant en outre bien traités. Touristique certes, mais honnête.
C : 35 € • M : 13,50-26,50 €

🏨 Grand Hôtel du Cap Ferrat

» 71 bd du Gén-de-Gaulle
☎ 04 93 76 50 50
📠 04 93 76 04 52
F. 2 janv.-1er mars (sous réserv. modif.).
🚗 ♿ 🏊 🎾

Ce palace Belle Epoque à la rotonde imposante exploite depuis bientôt 100 ans l'exclusivité de sa situation exceptionnelle (un parc de 7ha aux essences variées) au service d'une prestation rare, du confort contemporain des chambres, ponctuées de matériaux nobles et de couleurs harmonieuses dans un espace généreux, aux prestations du Club Dauphin, accessible par funiculaire privé. Même souci de perfection au restaurant, terrasse de rêve et produits régionaux en majuscule : poêlée de scampi en nage de girolles aux petits pois, noisettes d'agneau de Sisteron spaghettis de courgettes et polenta aux tomates séchées.
9 appart. 740-2525 € • 44 ch. 205-1075 € • C : 120 € • M : 55-90 €
www.grand-hotel-cap-ferrat.com

🏨 Royal Riviera

» 3 av Jean-Monnet
☎ 04 93 76 31 00
📠 04 93 01 23 07
F. 1er déc.-15 janv.
♿ ❄ 🏊

Le Royal Riviera bénéficie des atouts "classiques" du palace Côte d'Azur : allure Belle Epoque, chambres spacieuses au luxe élégant (notamment les très belles chambres contemporaines de l'Orangerie) et équipement complet. Il y ajoute un restaurant de bon niveau, cuisine haut de gamme, produits nobles et maîtrise parfaite, mais aussi une plage privée de sable fin.
7 appart. 579-2190 € • 88 ch. 210-710 € • 1/2 pens. 180-430 € • C : 49 €
www.royal-riviera.com

🏨 La Voile d'Or

» 7 av Jean-Mermoz
☎ 04 93 01 13 13
📠 04 93 76 11 17
F. fin oct.-mi-avril.
🏊 🐕

L'allure générale du bâtiment rappelle l'Italie toute proche et les villas florentines, symbole de bon goût et d'art de vivre. Une impression renforcée par un cadre soigné dans le détail (mobilier peint à la main), de belles chambres lumineuses et un équipement de détente aussi performant que le service.
4 appart. 162-829 € • 41 ch. 162-724 € • 1/2 pens. 59 € *www.lavoiledor.fr*

Hôtel Brise Marine

» 58 av Jean-Mermoz
☎ 04 93 76 04 36
04 93 76 11 49
F. 31 oct.-1er fév.

Les terrasses du jardin permettent d'apprécier en toute tranquillité la vue sur la mer au milieu des fleurs et des arbres. Derrière la façade gaie et colorée, les chambres confortables adoptent un style contemporain et des ambiances personnalisées.

16 ch. 140-155€ www.hotel-brisemarine.com

SAINT JEAN D'ARDIERES - 69220 (27 C 2)

Lyon 52 - Villefranche-sur-Saône 16

Château de Pizay R

» Hameau de Pizay-en-Beaujolais
☎ 04 74 66 51 41
04 74 69 65 63
F. 24 déc.-7 janv.

Un domaine viticole réputé pour ses morgons, et dont le bâtiment principal, château XIVe et XVIIe est aménagé en hôtellerie de luxe au cœur du Beaujolais. Les chambres ouvrent sur le parc de trente hectares entourant des jardins à la française de l'art topiaire. Et pour la détente, la piscine, mais aussi le parcours santé dans la forêt du château. Cuisine contemporaine au restaurant, carpaccio de saint-jacques, tajine de homard, longe de veau et jus de cuisson à l'arabica et crozets savoyards, accompagnés, bien sûr, des vins du domaine.

62 ch. 102-228€ • C : 55€ • M : 40-60€ www.chateau-pizay.com

SAINT JEAN DE BEAUREGARD - 91940 (8 B 6)

Palaiseau 16 - Paris 36

(11) Auberge de Beauregard

» 9 grand-rue Saint-Jean-de-Beauregard
☎ 01 60 12 00 08
F. dim. à dîn. et 16 août-6 sept.
Jusqu'à 22h.

Cette sympathique cuisine à motif corse tient, comme la déco, un peu du patchwork ou de l'empilage d'ingrédients, mais elle a l'avantage de ne pas trop se prendre au sérieux et d'exprimer, çà et là, quelques idées intéressantes, dans une agréable ambiance. Carte de vins vraiment succincte.

C : 30€

SAINT JEAN DE LINIERES ➤ ANGERS

SAINT JEAN DE LUZ - 64500 (23 B 5)

Pau 133 - Biarritz 19

Le Rosewood

» 43 bd Thiers
☎ 05 59 26 35 36
F. ann. non comm.
Jusqu'à 22h.

➥ **Hôtel :** Le Grand Hôtel

La grande façade belle Epoque peut rosir de plaisir : son jeune chef normand Nicolas Massé - il est cherbourgeois - continue à faire des étincelles et les convives de la belle rotonde ou de la terrasse très élégante face à l'océan ont de quoi se réjouir. Une très bonne technique, une lecture intelligente du terroir et des plats personnels, tout se mêle pour conclure à deux belles toques et bien du plaisir. Avec le lomo de cabillaud, kokotxas (joue de morue) et palourdines mijotées au sautoir, le gros chipirons au pata negra, l'agneau de lait chouria et gâteau de polenta. La prise de risque est peut-être mesurée, mais les produits sont si beaux qu'il convient aussi de ne pas trop les brusquer. Cave en devenir, avec une sélection de vins espagnols, et un bon choix en petits et grands bordeaux.

C : 60€ • M : 35-70€ www.luzgrandhotel.fr

Les fermetures hebdomadaires et annuelles
sont celles que les restaurateurs et les hôteliers pensent pratiquer en 2006.
Pour éviter des déplacements inutiles, téléphonez pour confirmer.

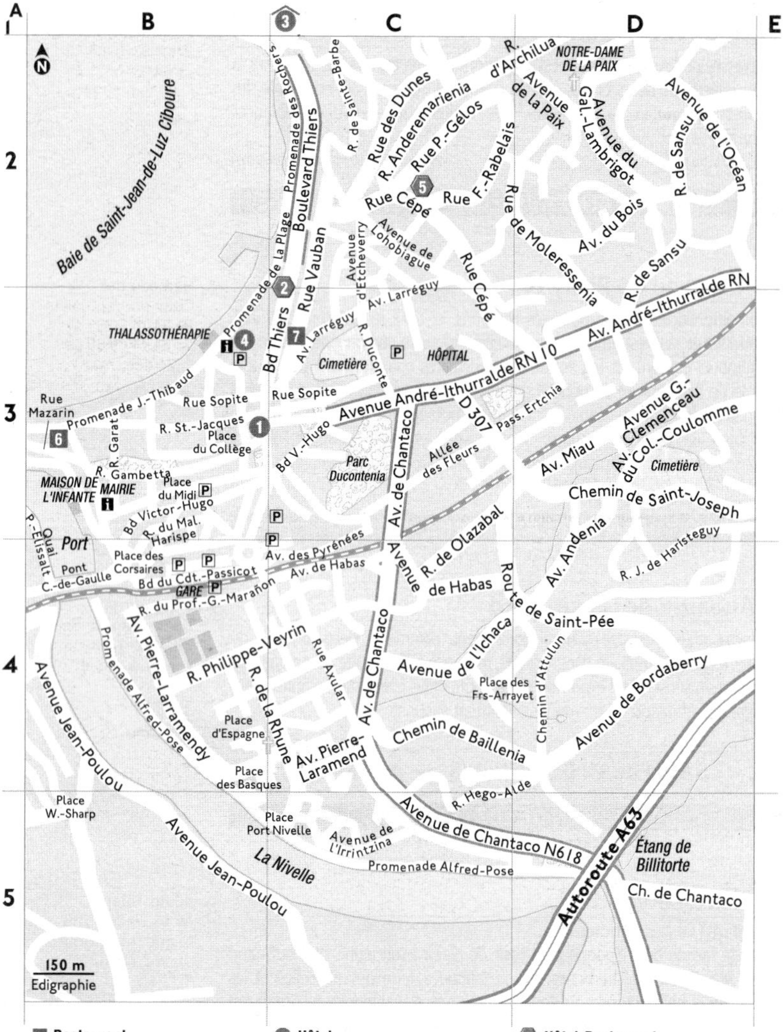

Restaurant

1. Devinière (La) **B-3**
6. Kaiku (Le) **B-3**

Hôtel

2. Grand Hôtel (Le) **C-2**
3. Hôtel Résidence La Réserve **C-1**
4. Hélianthal **B-3**
5. Hôtel Parc Victoria **C-2**

Hôtel-Restaurant

5. Lierres (Les) **C-2**
7. Olatua **C-3**
2. Rosewood (Le) **C-2**

Le Kaiku

La plus ancienne maison de la ville, à deux pas du bord de mer, abrite une table en vue, chic bistrot qui ne se gêne plus pour revendiquer du standing, avec un jeune chef formé au Ritz et chez Taillevent, un service empressé - mais pas trop guindé - et une carte sur la vague basco-ibérique, astucieuse et sans excès de complication (lomo de thon aux quatre épices, daurade à l'espagnole, merlu de ligne risotto aux citrons confits et jus de chorizo). La simplicité revient avec les fruits de mer et les desserts. La cave est courte et pas mal arrangée, Lapierre, Gramenon, Bru Baché, Brana et un peu d'Espagne.

C : 40 € • M : 35 € le.kaiku@laposte.net

» 17 rue de la République
☎ 05 59 26 13 20
F. mardi, merc. (sf juil.-août), 2 sem. fin janv., 1 sem. mars et 2 sem fin nov.
Jusqu'à 22h.

13 Olatua

Et si on commençait par la fin ? Cette carte des desserts ! Six au chocolat, histoire de rappeler que le cacao est arrivé en France par le Pays Basque, du gâteau basque, de la tourtière aux pommes, de la tarte aux coings : il faudrait être fou pour oublier cette étape importante, de trop sacrifier aux piquillos farcis, à la tête de veau gribiche, à la cuisse et au manchon de canard. On l'a compris, Olatua, c'est une des plus réjouissantes adresses régionales de la station, ardent promoteur de tous les produits, jusqu'à l'irouléguy dans une cave qui donne soif.

C : 40 € • M : 14-33 € *www.olatua.com*

» 30 bd Thiers
☎ 05 59 51 05 22
Ouv. 7j/7.
Jusqu'à 21h30.

Le Grand Hôtel

➡ **Restaurant** : 15/20 Le Rosewood

Avec sa belle façade face à l'océan - le Modern Style est passé par là - et ses chambres mêlant avec goût les influences anglaises et provençales, ce superbe monument rose et crème s'impose comme l'un des plus hôtels de la côte. Atmosphère et accueil de haut niveau, chambres parfaites dans leur partition de luxe et de sobriété, une des suites proposant sa propre piscine privée. Vue magnifique sur l'océan, centre de remise en forme complet.

4 appart. 280-690 € • 48 ch. 175-460 € • 1/2 pens. 62 €
www.luzgrandhotel.fr

» 43 bd Thiers
☎ 05 59 26 35 36
Fax 05 59 51 99 84
F. ann. non comm.

Helianthal

Le vaste complexe hôtel centre de thalasso bénéficie d'une situation de rêve, entre le centre piétonnier et la mer. Décor qui rappelle les inspirations Art déco, avec des lignes structurées et modernes.

100 ch. 98-216 € • 1/2 pens. 92-160 € *www.helianthal.fr*

» Pl Maurice-Ravel
☎ 05 59 51 51 00
Fax 05 59 51 51 54
F. 25 nov.-17 déc.

La Devinière

Une délicate ambiance maison de famille (mobilier ancien, objets de chine, tableaux…) dans une architecture authentique, celle d'une maison basque à colombages du XVIIIe siècle. La douceur de vivre et le luxe feutré qui s'en dégagent offrent un séjour apaisant, tout comme l'adorable jardin.

10 ch. 110-150 € *www.hotel-la-deviniere.com*

» 5 rue Loquin
☎ 05 59 26 05 51
Fax 05 59 51 26 38
Ouv. 7j/7.

Hôtel La Réserve

Une situation superbe, sur la falaise qui domine la mer, pour cet hôtel qui a changé de mains, mais aussi de décor. Deux ambiances de chambres, Océan sur la mer avec un style contemporain, Club sur le jardin dans une ambiance plus rustique. Confortable équipement de détente. Cuisine régionale.

40 ch. 85-206 € • 1/2 pens. 90 € *www.hotel-lareserve.com*

» Rd-Point Sainte-Barbe, av Gaëtan-de-Bernoville
☎ 05 59 51 32 00
Fax 05 59 51 32 01
F seront précisées vers le 15/8. (13/5/2005)

Hôtel Parc Victoria

Construite dans les années 1890 dans le style Victorien, cette propriété est la seule de ce style fin de siècle édifiée sur Saint Jean de Luz. Les chambres climatisées, meublées Art Déco, sont personnalisées et baignées d'une atmosphère douce et feutrée. Les salles de bains, en marbre, bénéficient pour certaines d'un jacuzzi. Au restaurant, la cuisine, souvent plus compliquée que complexe, nous a un peu déçus cette année, mais la réalisation montre le savoir-faire et le service est impeccable et même charmeur. Dîners très agréables au bord de la piscine.

9 appart. 260-635 € • 11 ch. 135-325 € • 1/2 pens. 130-240 € • C : 80 € • M : 38-78 € *www.parcvictoria.com*

» 5 rue Cépé
☎ 05 59 26 78 78
Fax 05 59 26 78 08
F. 15 nov.-14 mars.

➲ à CIBOURE - 64500 : au S.O. par D 912 et D 704

[13] Arrantzaleak

» L'Auberge-aux-Poissons, 18 av Jean-Poulou
☎ 05 59 47 10 75
F. lundi (h.s.) et 15 déc.-30 janv.
Jusqu'à 22h.
♿ 🐕

Une vague de bonnes vibrations submerge cette maison qui va droit au but. Ramuntxo Courdé est autant basque que citoyen du monde. La nature environnante, sa culture, et son savoir-faire, appris notamment avec Camdeborde, l'aide à trouver le droit chemin : celui qui vous apporte une simple et magique assiette de bulots, des chipirons à l'encre, des crevettes à l'ail de régalade, du thon frais en saison ou de la louvine "méthode basque", une cuisine de vérité alimentée par des producteurs aussi engagés ("les bons et les vrais"). En concordance, un remarquable menu à 26 € et une cave exemplaire, du bon de toutes régions à petit prix, et le meilleur du Pays Basque et de Navarre.
M : 26€

[13] Chez Dominique

» 15 quai Maurice-Ravel
☎ 05 59 47 29 16
F. dim. à dîn., lundi et mi-fév.-mi-mars.
⛱ ♿ ❄ 🐕

Après deux décennies passées dans la capitale (Ledoyen, le Bristol, le Relais Louis XIII), Georges Piron s'est installé voilà quinze ans sur les quais, face au port de Saint Jean de Luz. Sa philosophie n'a jamais changé, du poisson uniquement (on trouve tout de même un plat de pigeon dans un petit coin de la carte, comme pour ne vexer personne), sauvage et jamais congelé. De la belle ouvrage, sur le tartare de daurade au citron confit et sardines marinées, le pavé de morue d'Espagne cuit en cocotte et légumes confits et le filet de saint-pierre rôti et pomme de terre au safran. Les prix se cantonnent à des zones raisonnables, le service est aussi efficace que souriant et la cave suit ce bon tempo.
C : 50€ • M : 26€

[12] Chez Mattin

» 63 rue Baignole
☎ 05 59 47 19 52
F. dim. à dîn. (h.s.), lundi et mi-janv.-fin fév.
Jusqu'à 21h30.
❄

De la cassolette de txangurro (crabe) ou du ttoro au gâteau basque, tout se passe exactement comme vous pouvez l'espérer : ambiance typique et familiale - depuis quatre générations, on cimente les habitudes - assiettes franches et précises, tarifs contenus. Et la cave ne fait pas l'andouille, voyageant jusqu'au beaujolais de lapierre ou au corbières des Deux Anes, sans oublier bien sûr les irouléguy et les riojas.
C : 30€

🏠 Lehen Tokia 🐦

» 1 chemin Achotarreta
☎ 05 59 47 18 16
📠 05 59 47 38 04
F. ann. 15 nov.-1e fév.
🌊

Typique des grandes heures de la Côte Basque, cette villa est classée. Dans ce cadre élégant, quelques chambres à l'atmosphère intime et précieuse, au choix cadre d'inspiration Art déco ou influence régionale avec mobilier ancien. Dans tous les cas, confort soigné et une très belle vue, depuis le parc et la terrasse, sur la baie.
1 appart. 185-215€ • 6 ch. 80-145€ *www.lehen-tokia.com*

➲ à SOCOA - 64500 : 4 km O. par D912

[13] Pantxoa

» 37 rue du Cdt-Passicot
☎ 05 59 47 13 73
F. lundi à dîn., mardi et déc.-janv.
⛱ 🐕

Faites confiance à la pêche locale, arrivée directement et traitée au plus simple, à l'image du merlu à la plancha et à l'ail, qui vaut mieux que de longs discours. Cette table vacancière et purement régionale, installée sur un petit port plein de charme face à Saint-Jean-de-Luz, de l'autre côté de la baie, fait son travail avec efficacité, même si le service traîne parfois un peu. Le ttoro, les moules farcies et la zarzuela vont bien avec le tariquet ou le jurançon sec.
C : 42€ • M : 22€

SAINT JEAN DE MONTS - 85160 (15 B 5)

La Roche-sur-Yon 59 - Les Sables-d'Olonne 47

L'Espadon

Changement dans la continuité pour cet établissement moderne, dans son allure comme son décor, situé entre le centre-ville et la mer (plage à 150 m).
27 ch. 49-64 € • 1/2 pens. 51,50-64,50 € www.hotel-espadon.com

» 8 av de la Forêt
☎ 02 51 58 03 18
Fax 02 51 59 16 11
Ouv. 7j/7.

Le Robinson

Les chambres sont réparties entre différents pavillons contemporains. Un complexe bien pensé pour un séjour de vacances détendues.
74 ch. 43-78 € • 1/2 pens. 46-61 € www.hotel-lerobinson.com

» 28 bd du Gén-Leclerc
☎ 02 51 59 20 20
Fax 02 51 58 88 03
F. déc.-janv.

SAINT JEAN DU BRUEL - 12230 (30 D 3)

Millau 40 - Le Vigan 35

13 Midi Papillon

➥ **Hôtel** : Midi Papillon

Jean-Michel Papillon continue de défendre becs et ongles un terroir qu'il adore et qu'il sert avec le plus grand dévouement. La sclérose culinaire le guette ? Il part se perfectionner pendant un an chez Michel Bras. La décoration vieillit ? Il vient d'habiller l'une des salles à manger de grandes baies vitrées et de rideaux de lin. Les assiettes restent égales à elles-mêmes, généreuses, odorantes, le petit chou farci aux moules et au crabe, la tourte de navet au ragoût de ris d'agneau et foie gras, la roulade de gigot d'agneau braisé, cébette, tomate et aubergine farcie et la tatin à la rhubarbe exprimant autant la franchise que l'honnêteté. Cave intéressante, surtout en languedoc.
C : 26 € • M : 13,40-37 €

» ☎ 05 65 62 26 04
F. 11 nov.-Rameaux
Jusqu'à 21h45.

Midi Papillon

➥ **Restaurant** : 13/20 Midi Papillon

Des prix étonnamment bas pour des chambres douillettes, chaleureuses, régulièrement rafraîchies (les literies sont neuves) et décorées par les propriétaires. La piscine extérieure, chauffée, vient d'être rénovée ainsi que le jacuzzi.
2 appart. 58,60 € • 16 ch. 16,60-36,20 € • 1/2 pens. 37,40-51,80 €

» ☎ 05 65 62 26 04
Fax 05 65 62 12 97
F. 11 nov.-Rameaux.

SAINT JEAN EN VAL ➤ ISSOIRE

SAINT JEAN PIED DE PORT - 64220 (23 B 6)

Pau 120 - Bayonne 53

15 Les Pyrénées

➥ **Hôtel** : Les Pyrénées

L'ancien relais de diligences reste ce précieux havre de bonne bouche, et pas seulement pour les pèlerins sur la route de Saint-Jacques. Firmin Arrambide travaille avec son fils Philippe, qui a reçu une formation complète des meilleurs dans chaque discipline (Dutournier, Hermé, Poujauran). C'est dire si le pain et la pâtisserie sont de qualité, autour d'une vaillante cuisine qu'il faut choisir dûment régionale pour tirer au mieux les leçons de cette bonne maison bourgeoise : terrine chaude de cèpes aux herbes, pièce de bœuf béarnaise, crépinette de pieds de porc aux truffes. Belle et grande assiette de desserts chocolat, cave remarquablement équipée en irouléguys et jurançons, et en grands millésimes bordelais à prix doux.
M : 42-88 € www.hotel-les-pyrenees.com

» 19 pl du Gén-de-Gaulle
☎ 05 59 37 01 01
F. lundi à dîn. (nov.-mars), mardi (20 sept.-30 juin), 5-28 janv. et 20 nov.-22 déc.
Jusqu'à 21h.

Les Pyrénées

Restaurant : 15/20 Les Pyrénées

Les bruits d'eau du bassin s'écoulant dans la piscine, le jardin et ses murets, la vue sur les Pyrénées (évidemment), autant d'atouts qui créent toujours une atmosphère de détente fort agréable. Saluons les efforts de rénovation, pour des chambres au confort amélioré, dans une ambiance chaleureuse et claire, dans les jeux de lumière comme l'aménagement contemporain.

4 appart. 195-250€ • 16 ch. 95-250€ • 1/2 pens. 130-180€

www.hotel-les-pyrenees.com

» 19 pl du Gén-de-Gaulle
☎ 05 59 37 01 01
Fax 05 59 37 18 97
F. 5-28 janv. et 20 nov.-22 déc.

à OSSES - 64780 : 12 km N. par D 918 et D 8

(12) Mendi-Alde H

Le four à bois est le fils naturel de l'ancienne forge du village que tenait l'arrière grand-père d'Isabelle Minaberry. Après l'avoir transformée en auberge à la précédente génération, la famille a gardé bien ancrée la tradition du feu. On y fait le pain, et on y travaille avec sincérité et passion, grâce à un chef de solide trempe, qui donne la quintessence des chipirons farcis, du foie gras grillé aux sarments de vigne ou de l'agneau, évidemment au four. L'irouléguy ou le rioja coulent tout naturellement, et les chambres, au style campagnard raffiné, vous attendent.

C : 30€ • M : 14,50-29€ • 20 ch. 41-58€

www.hotelmendialde.com

» Pl de l'Eglise
☎ 05 59 37 71 78
F. dim. à dîn., lundi à dîn., mardi et déc.
Jusqu'à 21h30.

SAINT JOACHIM - 44720 (15 B 3)

Nantes 67 - Saint-Nazaire 17

(16) La Mare aux Oiseaux

Cadre et ambiance

Une splendide chaumière perdue sur une île au milieu des marais, un cadre ultra moderne à l'intérieur, très réussi, et un jardin terrasse parmi les plus aguicheurs du Grand Ouest, dans une nature exclusive et luxuriante.

Cuisine

Qu'on se le dise, Eric Guérin, Grand de demain 2003, est loin de s'endormir. Bien au contraire, il remet sans cesse le métier sur l'ouvrage, semblant toujours autant s'amuser à détourner les convenances, se trompant un peu, parfois, faisant mouche le plus souvent : terrine de foie gras de canard en paquets cadeaux, poireaux primeurs et bouillon de poulet au thé, cuisses de grenouilles sautées minute, foie gras et galette de riz, canard sauvageon rôti, pain au miel et cuisse confite, petits pois carotte aux amandes ; poire en croûte de sel, sablé breton et miel de rose, crème glacée au blé noir, typique d'un parti pris terroir parfois un peu démonstratif.

Cave

Fouineuse, forte de plus de 700 références, elle assure une variété propre à satisfaire tous les goûts et toutes les bourses.

Accueil et service

C'est jeune et décontracté, jamais trop, à l'image d'un chef qui déjoue les codes. Pas d'inquiétude, l'intendance suit.

C : 60€ • M : 35-80€

www.mareauxoiseaux.fr

» 162 île de Fédrun, La Mare aux Oiseaux
☎ 02 40 88 53 01
F. lundi à déj., 9-23 janv. et 6-27 mars.
Jusqu'à 21h30.

(10) La Hutte Briéronne

Une toute simple et familiale guinguette des marais, pour partager en famille la marmite de la Hutte (grenouilles, anguille, sandre, oie) ou la fricassée de la rivière, par un chef à la longue expérience.

C : 30€ • M : 18-36€

» 181 Ile de Fédrun
☎ 02 40 88 43 05
F. lundi à dîn., mardi à dîn., merc. et 20 déc.-31 janv.
Jusqu'à 21h.

SAINT JOSSE - 62170 (1 A 3)

Calais 70 - Abbeville 50 - Boulogne-sur-Mer 34

Auberge du Moulinel

» 116 chaussée de l'Avant-Pays
☎ 03 21 94 79 03
F. dim. à dîn., lundi, mardi (sf vac. scol.), 10 jrs janv. et dern. sem. juin.
Jusqu'à 21h.

Si par hasard vos promenades forestières vous conduisent à délaisser la station et le bord de mer pour ce coin de campagne, vous ne serez pas loin de la meilleure table du Touquet. Alain Lévy peaufine sa carte, sans réelle créativité, mais en rassemblant les bonnes inspirations de l'air du temps présent : croustillant de langoustines, raviolis de homard, tournedos de lapin et frites de polenta, pigeon rôti et tatin d'endives. Bons desserts chocolat, gamme de menus appropriée et cave aux sûres références et aux bons coûts (Tour Haut Caussan à 34,50 **€**).

C : 50 € • M : 23-53 € *www.http://aubergedumoulinel.free.fr*

SAINT JULIEN AUX BOIS - 19220 (25 D 4)

Aurillac 54 - Brive 66 - Mauriac 29 - Tulle 51

11 Auberge de Saint-Julien-aux-Bois

» Le Bourg
☎ 05 55 28 41 94
F. mardi à dîn. et merc. (h.s.), merc. à déj. (juil.-août) et 6 fév.-3 mars.
Jusqu'à 21h.

Bientôt dix années passées dans cette charmante bourgade corrézienne pour ce couple allemand au cursus singulier (ils étaient tout deux professeurs). La greffe a pris rapidement et les racines, puisant le plus largement possible dans le terroir et les produits bio, sont désormais solides : vol au vent aux escargots du Coucoulet, suprême de pintade et sa sauce au sureau, de pommes et de marrons, tarte de graines de pavot aux pommes et au fromage blanc de chèvre. Cave éclectique, quelques chambres tout confort.

C : 28 € • M : 14-42 € *www.auberge-saint-julien.com*

SAINT JULIEN BEYCHEVELLE - 33250 (23 C 2)

Bordeaux 48 - Blaye 12

Le Saint-Julien

» 11 rue de Saint-Julien
☎ 05 56 59 63 87
Jusqu'à 22h.

Le Saint-Julien place Saint-Julien à Saint-Julien. De quoi faire rêver des Australiens, des Californiens, des Chiliens, et même des Lorrains ou des Normands. Au coeur du coeur d'un des plus célèbres vignobles du monde, une table pour s'asseoir en face d'un marbré de jambonneau et foie gras, d'une pomme de ris de veau aux févettes, d'une selle de lapereau. Et on boira quoi ? Un petit vin de pays ? Ducru-Beaucaillou, Léoville Las Cases, Gruaud Larose, Talbot, Branaire, Lagrange, Beychevelle, Poyferré... Une table fidèle en amitié, aux assiettes léchées, et dont la cave ouvre aussi la porte aux voisins médocains, pauillac, margaux, saint-estèphe.

C : 50 € • M : 30-70 €

SAINT JULIEN CHAPTEUIL - 43260 (26 D 5)

Le Puy-en-Velay 19 - La Chaise-Dieu 62

Vidal

» Pl du Marché
☎ 04 71 08 70 50
F. dim. à dîn., lundi à dîn., mardi (sf juil.-août) et mi-janv.-fév.
Jusqu'à 21h.

Vidal ? Coup de cœur ! Vidal ? Au pouvoir ! Vidal ? Vive la Haute-Loire. Oui, c'est possible, vous n'irez jamais en Haute-Loire, si loin des autoroutes. Ou vous irez. Vous promener entre les plus beaux paysages de France, goûter dans un village comme les autres une cuisine pas comme les autres. Celle qui respire le vrai, celle qui met son label, celui d'un chef, sur des produits oubliés, les volailles de Monsieur Vey à Polignac, les chèvres de Monsieur Rascle à Sabadel, les herbes de Papy Jeannot de Brioude. Oui, la vérité est dans ce village, sur la place, entre deux plats d'un menu d'exception parmi les meilleurs qualité-prix de France, que vous marchiez à 20, 30 ou 40 **€**. Et avec une cave, certes classique, mais impeccable et pas chère : Combier, Colombo, Fourtout ou Bru peuvent témoigner.

C : 63 € • M : 20-66 € *www.restaurant-vidal.com*

SAINT JULIEN DE CONCELLES ➤ NANTES

SAINT JULIEN DE CREMPSE - 24140 (24 A 2)

Bergerac 14 - Périgueux 42

Manoir du Grand Vignoble

Comme son nom l'indique, ce vaste domaine est une ancienne propriété viticole. Dans une architecture historique de caractère, les chambres adoptent des ambiances différentes, au gré des rénovations. Les 43 ha du domaine sont notamment utilisés par le centre équestre installé sur place.

2 appart. 149-240 € • 42 ch. 58-109 € • 1/2 pens. 55-87 €

www.manoirdugrandvignoble.com

» Le Grand Vignoble
☎ 05 53 24 23 18
📠 05 53 24 20 89
F. 12 nov.-24 mars.

SAINT JULIEN EN GENEVOIS - 74160 (28 B 1)

Annecy 39 - Genève 16

à BOSSEY - 74160 : 5 km E. par N 206

La Ferme de l'Hospital

Si nos amis helvétiques, qui n'ont pas à souffrir de la pénurie de bonnes tables autour du Léman, apprécient comme nous la chic fermette de Jean-Jacques Noguier, c'est qu'ils retrouvent des qualités bien précieuses à leurs yeux, comme la rigueur, la précision et la passion du travail bien fait. Alors si cette cuisine qui aime le homard et le risotto crémeux est plus celle d'un grand hôtel que d'un laboratoire clandestin, nous ne bouderons pas notre plaisir. Dans ce décor bourgeois reposant, en francs suisses comme en euros, il faudrait être bien ingrat pour ne pas remercier le patron de la générosité de son menu (52 € à trois plats) avec le gros ravioli de pintadeau et morilles, la meunière de féra et mousseline de carottes au carvi ou le quasi de veau. Cave très complète à prix justes, service tout en fluidité.

C : 70 € • M : 35-68 €

www.ferme-hospital.com

» ☎ 04 50 43 61 43
F. dim., lundi, vac. scol. fév., 2 prem. sem. août et 24-25 déc.
Jusqu'à 21h30.

SAINT JUNIEN - 87200 (25 A 2)

Limoges 29 - Angoulême 73

Le Bœuf Rouge H

Porc cul-noir contre bœuf limousin : le match au sommet promet d'être saignant au Boeuf Rouge, dans le grand fief bovin de la Haute-Vienne. Le premier en terrine, en confit, le second en faux-filet, côte, tournedos. On se régale à l'avance, mais l'aventure tourne court dans l'hôtel central de la ville, plaque tournante de l'animation. A force de vendre du menu du déjeuner à 12 €, des gambas et des coquilles saint-jacques hors saison, la maison perd sa vocation, et l'entrecôte, pourtant baptisée XXL, à peine plus épaisse qu'une tranche de jambon, fait vraiment peine, malgré les bons cèpes d'accompagnement. Chambres soignées à l'allure contemporaine.

M : 20-32 € • 30 ch. 59-66 € • 1/2 pens. 57-60,50 € *www.lebœufrouge.com*

» 57 bd Victor-Hugo
☎ 05 55 02 31 84
Ouv. 7j/7.
Jusqu'à 22h.

Relais de Comodoliac

Un hôtel pour voyageurs à la sortie de la ville, pas véritablement prometteur, ni dans l'aspect, ni dans la carte, à la modernité un peu démodée. Pourtant, la brasserie est très animée, et le restaurant offre de belles viandes et des desserts intéressants.

C : 20 € • M : 14-35 €

» 22 av Sadi-Carnot
☎ 05 55 02 27 26
F. dim. à dîn. (nov-mars).

SAINT JUST SAINT RAMBERT - 42170 (27 B 3)

Saint-Etienne 17 - Montbrison 21

Le Neuvième Art 

» Pl du 19 Mars 1962
☎ 04 77 55 87 15
F. dim., lundi, 2 sem. vac. scol. fév., 3 sem. août et 1 sem. Noël.
Jusqu'à 21h.

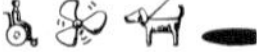

Cadre et ambiance

L'ancienne gare SNCF, fermée désormais depuis vingt ans. Les rails sont toujours là, la vieille pendule sur le quai également. Les deux petites salles sont totalement épurées, teintes écru et chaises de cuir noir, ardoises sur les tables. Cadre et cuisine en parfaite osmose.

Cuisine

Après deux années seulement d'exercice, Christophe Roure, natif de Craponne-sur-Arzon en Haute-Loire et formé chez Gagnaire (à Saint-Etienne), Bocuse et Marcon, semble encore posséder une belle marge de progression. Il flirte pourtant déjà avec les trois toques, vraiment toutes proches, pour sa cuisine absolument fulgurante, réservant à chaque instant de grosses bouffées de bonheur et des surprises toujours plus fortes : crème de moules de bouchot, lait mousseux parfumé au fenouil et huîtres n°2 façon Villeroy, saint-jacques fraîches et truffe noire comme des œufs à la neige sous une cloche transparente (un très grand plat, digne de tous les éloges), émincé d'agneau du Quercy, crème brûlée aux petits pois frais, infusion de cosses au lard, ananas victoria en kadaïf, sorbet pinacolada, marshmallow à la mandarine. Le 9e Art ? Du très grand art.

Cave

Impossible de rassembler une cave aussi pointue que cette cuisine. Elle ne manque pas d'atouts cependant malgré l'abondance de références classiques (Pellé, les Entrefaux, Vernay, Jaboulet, la Citadelle...).

Accueil et service

On sent le personnel vraiment heureux de travailler pour un tel chef. L'adhésion à sa cuisine semble totale et la clientèle le ressent.

C : 63 € • M : 47-85 € *le.neuvieme.art@wanadoo.fr*

SAINT LARY SOULAN - 65170 (29 B 6)

Tarbes 68 - Bagnères-de-Luchon 44

L'Enclos des Saveurs

» 25 rue Vincent-Mir
☎ 05 62 39 40 46
F. lundi et mardi à déj. (déc.-mai), 10 jrs mai et nov.
Jusqu'à 21h30.

➥ **Hôtel :** La Pergola

En retrait de la rue commerçante, comme un havre de paix en plein coeur de Saint Lary, la belle demeure en pierres et ardoises du pays de Jean-Pierre Mir a enfin terminé sa mue : la rénovation entière de l'établissement est désormais accomplie et le parc est toujours aussi magnifique, accueillant une terrasse avec vue sur la montagne. Philippe Duffourc, en cuisine depuis trois ans, se glisse dans ce bel écrin avec beaucoup de pertinence : galette de "Touradisse", salade de roquette et tomme de brebis, mijotée bigourdane et poêlée de pommes et châtaignes au sucre d'érable, sabayon à l'armagnac gratiné. Cave se focalisant sur les vins du sud-ouest.

C : 39 € • M : 18-45 € *www.hotellapergola.fr*

(10) Les Chandelles

» Imp des Chandelles
☎ 05 62 39 52 37
F. mai et oct.
Jusqu'à 22h.

Une ancienne bergerie en pierres du pays où convivialité rime avec simplicité. Le foie gras et le canard sous toutes leurs formes ou presque tiennent la vedette sur la carte de Pierre Lalande.

C : 30 € • M : 15-38 €

 La Pergola

» 25 rue Vincent-Mir
☎ 05 62 39 40 46
Fax 05 62 40 06 55
F. 10 jrs mai et nov.

➥ **Restaurant** : 14/20 L'Enclos des Saveurs

Installée dans son parc au milieu du village, la maison propose un bon niveau de confort après un large programme de rénovation, dans un cadre soigné au sympathique caractère ancien et feutré. Belle vue sur la montagne.

20 ch. 63-108 € • 1/2 pens. 58-88 € *www.hotellapergola.fr*

 La Neste

» ☎ 05 62 39 42 79
Fax 05 62 39 58 77
F. 1-30 nov.

Les chambres ont été rénovées, avec lambris et parquet flottant : une atmosphère plaisante, en accord avec l'architecture de chalet et la vue sur les montagnes.

3 appart. 73-83 € • 17 ch. 46-54 € • 1/2 pens. 48-56 €
www.hotel-delaneste.com

SAINT LAURENT DES VIGNES ➤ BERGERAC

SAINT LAURENT DU PONT - 38380 (28 A 3)

Chambéry 28 - Voiron 15

 La Blache

» 2 pl du X-Groupement
☎ 04 76 55 29 57
F. lundi, mardi, 15 fév.-2 mars et 16 août-6 sept.
Jusqu'à 21h30.

Parfums musqués chez Christian Cazar, spécialiste du gibier qui travaille au petit point tous les plats de tradition. Le foie gras poêlé ou le sot l'y laisse aux morilles sont des plats emblématiques : il faudrait effectivement être sot pour passer devant cette ancienne gare sans descendre du train.

C : 45 € • M : 20-50 €

SAINT LAURENT DU VAR - 06700 (34 C 4)

Nice 4 - Cannes 27

 La Mousson

» Atoll-Beach, 167 promenade des Flots-Bleus
☎ 04 93 31 13 30
F. dim. et lundi.
Jusqu'à 21h30.

Nous avions connu le couple Barthélémi (Eva en cuisine, Eric en salle) au Baan Thaï à Lille. Quatre ans après leur installation à l'autre bout de la France, nous restons toujours aussi entichés de cette belle cuisine thaïlandaise royale à laquelle Eva Barthélémi s'est formée pendant onze années. Tout est fabriqué sur place, depuis les raviolis jusqu'aux soupes, en passant par les feuilletés, et le résultat est à la hauteur des efforts consentis : brochettes de poulet grillées au satay, bœuf au curry vert à la crème de coco, maklua et les scampis et calamars sautés au curry jaune témoignent de la parfaite connaissance des épices et des cuissons.

C : 39 € • M : 29-39 € *eric.barthelemi@wanadoo.fr*

 L'Appart de Franck

» 7 rue Etienne-Brun
☎ 04 92 27 03 23
F. dim., lundi et août.
Jusqu'à 21h30.

Franck Torri a mis son nom sur la porte : l'Appart est donc devenu l'Appart de Franck, peut-être pour éviter d'atterrir chez le voisin. Ce serait dommage de caler avant d'avoir connu les délicates inspirations de ce jeune ancien de Chibois, Cirino ou Pourcel, qui les entoure de brassées de fleurs dans un appart' de très bon goût. L'actualité bon teint se diffuse dans l'atmosphère, celle des gambas rôties, des raviolis de foie gras et du moelleux au chocolat.

C : 40 € • M : 16-35 €

Dans chaque ville, les établissements sont classés
par note décroissante, restaurants d'abord, hôtels ensuite.

•

Certaines communes sont rattachées à l'agglomération la plus proche.

SAINT LAURENT DU VERDON - 04500 (34 A 4)

Digne 56 - Saint-Maximin-la-Sainte-Baume 48

Le Moulin du Château

La vieille meule en pierre atteste de l'authenticité de ce moulin XVIIe. Ces vieilles pierres s'habillent de jolis tons pastel et de tissus soignés pour composer des chambres harmonieuses qui respirent la douceur de vivre. En prime, les plaisirs odorants du jardin, les paysages du parc naturel et une cuisine méditerranéenne de marché.

1 appart. € • 9 ch. 76-98 € *www.moulin-du-chateau.com*

» ☎ 04 92 74 02 47
04 92 74 02 97
F. 5 nov.-1er mars.

SAINT LAURENT SUR SAONE ➤ MACON

SAINT LEON SUR VEZERE ➤ LES EYZIES DE TAYAC

SAINT LEONARD DE NOBLAT - 87400 (25 B 3)

Limoges 22 - Guéret 58

Hostellerie du Grand Saint-Léonard R

Des chambres, aux prestations soignées, au restaurant, à la cuisine classique et raffinée, notamment sur les produits de la mer, la maison est une valeur sûre de la région, dans un agréable cadre rustique en lisière du centre ancien.

14 ch. 54-59 € • 1/2 pens. 78 € • M : 25-59 €
grandsaintleonard@wanadoo.fr

» 23 av du Champ-de-Mars
☎ 05 55 56 18 18
05 55 56 98 32
F. 15 déc.-15 janv.

SAINT LO - 50180 (5 B 4)

Caen 64 - Cherbourg 80 - Rennes 142

La Gonivière

A deux pas de la vieille ville, la salle claire du premier étage continue de contenter les gourmets de la ville, pour un déjeuner d'affaire comme pour un dîner tranquille, avec un service sans fausse note, efficace et aimable, et une cuisine qui joue sa partition avec talent, va chercher les produits de saison et les ramène dans des assiettes soignées et actualisées juste ce qu'il faut pour séduire sans effaroucher.

C : 28 € • M : 18-49 €

» 1 rue d'Alsace-Lorraine
☎ 02 33 05 15 36
F. dim. et 1 sem. Noël.
Jusqu'à 21h30.

(11) La Cigale

Industrieuse cigale qui sait chouchouter les clients d'un jour avant que ceux-ci ne reviennent faire la fête à l'étage, au gastro (la Gonivière). Sur le plancher des vaches, tout est plus simple, mais la qualité est aussi présente, même si les chefs ont tendance à se renouveler souvent. Le dernier en date sait préparer le bar et cuire une côte de bœuf, tout va bien.

C : 18 €

» 1 rue d'Alsace-Lorraine
☎ 02 33 05 15 36
F. dim. et 1 sem. Noël.
Jusqu'à 22h15.

➲ à SAINT PIERRE DE SEMILLY - 50810 :

8 km E. par D 972 et D 90

La Fleur de Thym

De sa cuisine ouverte sur la salle, Yann Auger peut observer la légitime satisfaction de ses convives, devant des assiettes alertes et ensoleillées, nourries autant aux saveurs méditerranéennes qu'au terroir normand, et qui assument fort bien cette dualité, entre la pomme et le risotto plus encore qu'entre la poire et le fromage : calamars farcis pâtes à l'encre de seiche, canard au cidre. Reste à se laisser guider, le service suivant de près la manœuvre d'appareillage. Dans ce contexte, la cave pourrait s'ouvrir un peu plus aux crus du Sud.

C : 59 € • M : 18-50 € *www.lafleurdethym.com*

» Le Calvaire
☎ 02 33 05 02 40
F. sam. à déj., dim. à dîn. et lundi.
Jusqu'à 21h.

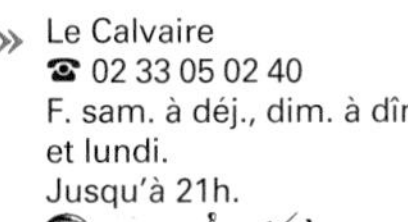

SAINT LOTHAIN ➤ POLIGNY

SAINT LOUBES - 33450 (23 D 2)

Bordeaux 19 - Libourne 19

Château Saint-Aignan

Dans une belle demeure viticole XVIIIe, des chambres luxueuses et personnalisées, matériaux nobles, meubles anciens et espace généreux. Les 3 ha boisés du parc ajoutent au charme des lieux.

3 appart. 76-170 € • 3 ch. 75-170 € www.chateau-saint-aignan.com

» 18 rue Saint-Aignan
☎ 05 57 97 16 70
📠 05 57 97 16 71
F. 1 sem. Noël-nouvel an.

Au Vieux Logis

La petite taille de l'établissement permet un accueil soigné, dans un décor en accord avec l'architecture XIXe (meubles de style dans les chambres).

6 ch. 65-130 € • 1/2 pens. 75-85 € www.auvieuxlogis.fr.st

» 92 av de la République
☎ 05 56 78 92 99
📠 05 56 78 91 18
Ouv. 7j/7.

SAINT LOUIS - 68300 (10 C 6)

Colmar 62 - Bâle 8

Hostellerie la Cour du Roy

La maison est née en 1906 de la volonté de brasseurs allemands, qui ont fait construire un bâtiment au style néo-renaissance réussi. L'aménagement en hôtel (en 2004) joue sans excès de ce cadre historique, avec juste quelques clins d'œil dans un cadre actuel, avec des chambres claires et cossues. Joli bar sous les poutres, cour intérieure avec terrasse.

3 appart. 96-200 € • 27 ch. 54-140 € • 1/2 pens. 50-95 €
www.hotelfp-saintlouis.com

» 10 av. de Bâle
☎ 03 89 70 33 33
📠 03 89 70 33 30
F. 23-30 déc.

SAINT LUNAIRE ➤ DINARD

SAINT LYPHARD - 44410 (15 B 3)

Nantes 73 - Saint-Nazaire 20

Auberge de Kerbourg

Balade en Brière, avec ses chaumières typiques, dont celle-ci, qui compose un cadre adorable, poutres rouges et murs de pierre. Bernard Jeanson y pratique une cuisine d'envie et de marché, en une courte carte personnelle de plats composés, ciselés, autour du meilleur de la pêche du jour, avec des associations de saveurs remarquables et jamais gratuites : la fraîcheur de la soupe de melon jaune sert d'écrin au tartare de bar, relevé de copeaux de foie gras, les saveurs s'y répondent comme une évidence. Même réussite pour le glaçon olive-herbe qui fond lentement en distillant son parfum sur un remarquable pavé de turbot. Gourmandise toujours en dessert, avec le feuilleté, où la légèreté d'une glace chocolat évoque presque un sorbet, avec une pointe de menthe, comme sur la soupe de fraises au parfum bien préservé dans un vin d'épices épais et délicat à la fois. Pas de fausse note non plus du côté du service, élégant, ou de la carte des vins, suffisamment éclectique et actuelle dans ses recherches.

C : 54 € • M : 35-54 €

» Village de Kerbourg
☎ 02 40 61 95 15
F. dim. à dîn., lundi, mardi à déj., vend. à déj. (h.s.), lundi, mardi à déj. (14 juil.-31 août) et 12 déc.-14 fév.
Jusqu'à 21h30.

 Bon confort.  Grand confort.  Luxe.  Grand luxe.

    Hôtels de charme.

Auberge de Bréca

Le cadre est presque trop beau pour être vrai. Une telle chaumière de carte postale, dans un écrin de verdure aussi bien préservé, on sent poindre le folklore. Christian Deniaud préfère pourtant la sincérité à la poudre aux yeux : terrine de chevreuil et confiture maison, pavé de saumon au beurre de coquillages et riz sauvage, pommes rôties aux fruits du mendiant, les assiettes se montrent généreuses, aguicheuses, et en totale osmose avec cette délicieuse salle à manger ancienne. Les meilleurs vignerons de Loire se partagent les rayonnages d'une cave plutôt abordable.
C : 38 € • M : 27,50-52,50 € *www.auberge-breca.com*

» Bréca
☎ 02 40 91 41 42
F. dim. à dîn., jeudi (sf juil.-août), mardi à dîn. (nov.-mars) et 22 déc.-14 janv.
Jusqu'à 21h15.

Les Chaumières du Lac

Dans cette belle région de marais, l'étape ne s'envisage pas ailleurs que dans une chaumière typique. Ici, elles sont cinq à se mettre au service d'un hôtel chaleureux, avec de jolies chambres personnalisées sur le thème du voyage (Saint-Nazaire et l'océan ne sont pas loin).
20 ch. 64-95 € • 1/2 pens. 67-70 € *www.leschaumieresdulac.com*

» Rue du Vignonet, D 47
☎ 02 40 91 32 32
📠 02 40 91 30 33
F. 23 déc.-10 fév.

SAINT MACAIRE ➤ LANGON

SAINT MAIXENT L'ECOLE - 79400 (22 B 3)

Niort 27 - Poitiers 48

Le Logis Saint-Martin

Dans le parc, la balade au bord de la rivière est un bonheur paisible. Les vieilles pierres typiques de cet élégant manoir XVIIe accueillent des espaces raffinés sous les poutres des hauts plafonds, jusque dans des chambres au beau mobilier de style.
1 appart. 155 € • 10 ch. 110-140 € • 1/2 pens. 110-140 €
www.logis-saint-martin.com

» Chemin de Pissot
☎ 05 49 05 58 68
📠 05 49 76 19 93
F. janv.

SAINT MALO - 35400 (14 C 2)

Rennes 69 - Dinard 13

Le Chalut

Filet de saint-pierre à la coriandre fraîche, bar de ligne braisé au champagne, huîtres plates de Cancale, homard breton et fromages de Bordier : il n'y a de place, ni pour l'improvisation, ni pour les produits médiocres. Tout est carré, labellisé par Jean-Philippe Fourcat, chef de devoir qui ne s'aventure pas trop loin de ses côtes ni dans les sables mouvants. La cave est propre, non sans une certaine recherche dans les classiques (riesling de Mittnacht, saumur bio des Amandiers…) et l'accueil de Sophie Foucat toujours aussi engageant et aimable.
C : 50 € • M : 22-49 €

» 8 rue de la Corne-de-Cerf
☎ 02 99 56 71 58
F. lundi et mardi.
Jusqu'à 21h30.

Delaunay

La mer est une affaire sérieuse et il faut des chefs qui aient le pied marin pour l'aborder sans tanguer. C'est le cas de Didier Delaunay, aussi à l'aise avec un homard simplement grillé au beurre salé que sur un saint-pierre laqué chutney de courgettes et gingembre, caramel de tomates. La salle, tranquille et bourgeoise, n'appelle pas la grosse rigolade potache, mais si près des remparts de la cité corsaire, la renommée du pays, des marins et des cuisiniers est tout à fait préservée. Choix classique et bien mené à la cave, avec quelques vieux millésimes.
C : 45 € • M : 29,50-48 € *www.restaurant-delaunay.com*

» 6 rue Sainte-Barbe
☎ 02 99 40 92 46
Ouvert à dîn. seult (sf réserv.), dim. (sf fêtes) et lundi (oct-mars), 15 janv.-28 fév. et 20 nov.-25 déc.
Jusqu'à 22h30.

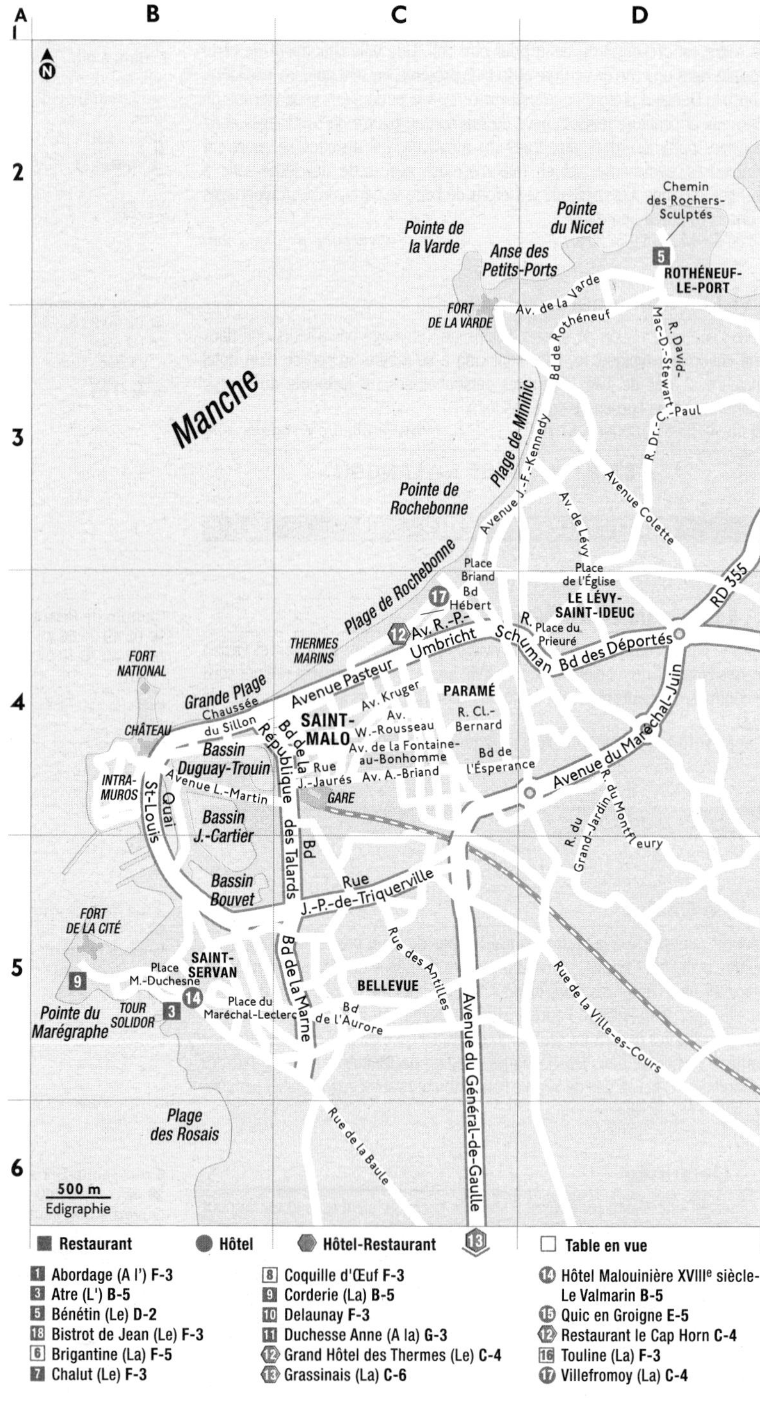

- 1 Abordage (A l') **F-3**
- 3 Atre (L') **B-5**
- 5 Bénétin (Le) **D-2**
- 18 Bistrot de Jean (Le) **F-3**
- 6 Brigantine (La) **F-5**
- 7 Chalut (Le) **F-3**
- 8 Coquille d'Œuf **F-3**
- 9 Corderie (La) **B-5**
- 10 Delaunay **F-3**
- 11 Duchesse Anne (A la) **G-3**
- 12 Grand Hôtel des Thermes (Le) **C-4**
- 13 Grassinais (La) **C-6**
- 14 Hôtel Malouinière XVIIIe siècle-Le Valmarin **B-5**
- 15 Quic en Groigne **E-5**
- 12 Restaurant le Cap Horn **C-4**
- 16 Touline (La) **F-3**
- 17 Villefromoy (La) **C-4**

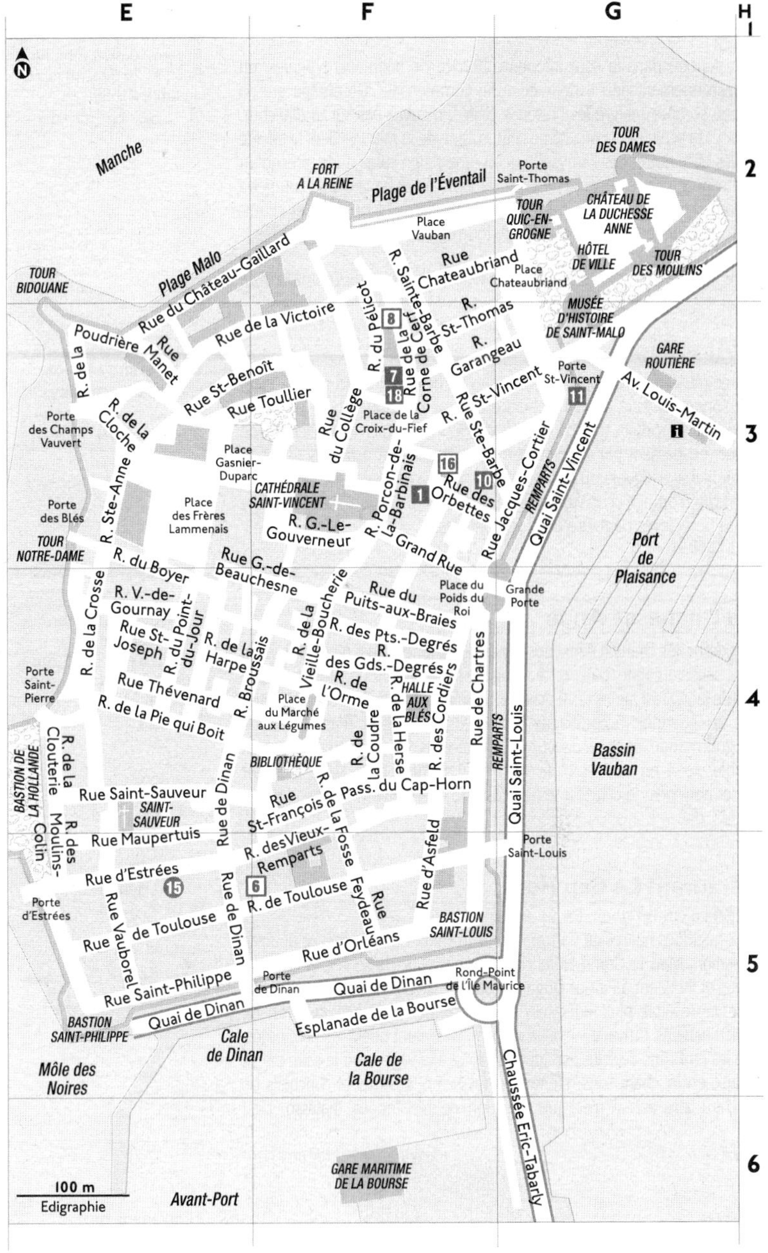

E
F
G
H
2
3
4
5
6
Manche
FORT A LA REINE
Plage de l'Éventail
Porte Saint-Thomas
TOUR DES DAMES
CHÂTEAU DE LA DUCHESSE ANNE
TOUR QUIC-EN-GROGNE
Place Vauban
HÔTEL DE VILLE
TOUR DES MOULINS
Plage Malo
Rue du Château-Gaillard
TOUR BIDOUANE
Rue Chateaubriand
Place Chateaubriand
MUSÉE D'HISTOIRE DE SAINT-MALO
R. Sainte-Barbe
R. du Pélicot
R. St-Thomas
Rue de la Victoire
Poudrière
Rue Manet
R. de la
R. Garangeau
GARE ROUTIÈRE
Porte St-Vincent
Av. Louis-Martin
Rue de la Corne de Cerf
Rue St-Benoît
Rue Toullier
R. St-Vincent
R. Rue Ste-Barbe
Porte des Champs Vauvert
R. de la Cloche
Rue du Collège
Place de la Croix-du-Fief
Place Gasnier-Duparc
R. Porcon-de-la-Barbinais
Rue Jacques-Cartier
Quai Saint-Vincent
REMPARTS
Porte des Blés
R. Ste-Anne
CATHÉDRALE SAINT-VINCENT
Place des Frères Lammenais
R. G.-Le-Gouverneur
Rue des Orbettes
Port de Plaisance
TOUR NOTRE-DAME
R. du Boyer
Rue G.-de-Beauchesne
Grand Rue
Place du Poids du Roi
Grande Porte
R. de la Crosse
R. V.-de-Gournay
Rue du Puits-aux-Braies
Rue St-Joseph
R. du Point-du-Jour
R. de la Harpe
R. de la Vieille-Boucherie
R. des Pts.-Degrés
R. des Gds.-Degrés
Porte Saint-Pierre
Rue Thévenard
R. Broussais
R. de l'Orme
R. de la Herse
HALLE AUX BLÉS
R. des Cordiers
Rue de Chartres
Quai Saint-Louis
R. de la Pie qui Boit
Place du Marché aux Légumes
R. de la Coudre
Bassin Vauban
BASTION DE LA HOLLANDE
R. de la Clouterie
BIBLIOTHÈQUE
Rue de Dinan
REMPARTS
Rue Saint-Sauveur
SAINT-SAUVEUR
Rue St-François
R. de la Fosse
Pass. du Cap-Horn
Colin
R. des Moulins-
Rue Maupertuis
R. des Vieux-Remparts
Rue d'Asfeld
Porte Saint-Louis
Rue d'Estrées
Rue de Dinan
R. de Toulouse
Rue Feydeau
Porte d'Estrées
Rue Vauborel
Rue de Toulouse
BASTION SAINT-LOUIS
Rue d'Orléans
Rue Saint-Philippe
Porte de Dinan
Quai de Dinan
Rond-Point de l'Île Maurice
BASTION SAINT-PHILIPPE
Quai de Dinan
Esplanade de la Bourse
Cale de Dinan
Cale de la Bourse
Chaussée Eric-Tabarly
Môle des Noires
GARE MARITIME DE LA BOURSE
100 m
Edigraphie
Avant-Port

14 La Grassinais

➥ **Hôtel :** La Grassinais

Dès qu'on pénètre dans la cour intérieure bordée de bâtiments typiques, on oublie l'environnement peu flatteur de zone commerciale. Dommage que la salle, un peu sombre malgré les boiseries claires, n'ouvre pas sur la dite-cour. La gentillesse du service et la qualité de cette cuisine de la mer justifient la fidélité des habitués et la nôtre, dès l'amuse-bouche (une petite sole panée, presqu'un plat à part entière). La rémoulade de chair de tourteau et bavarois de courgette séduit autant l'œil que le palais, comme le saint-pierre bigorneaux et champignons aux saveurs bien nettes et la crêpe fourrée aux fraises avec une crème fraîche gourmande.

M : 24-46 € *www.saintmalohebergement.com*

» 12 rue de la Grassinais
☎ 02 99 81 33 00
F. sam., dim. à dîn., lundi (h.s.) et 20 déc.-10 janv.
Jusqu'à 21h30.

13 A l'Abordage

Un abordage réussi pour changer des crêperies ou des restaurants traditionnels, un ton personnel, dans le cadre l'ambiance comme la cuisine et qui ne cache aucune faille. Les produits sont de qualité, du beurre fermier à la sélection de vins pointue, en passant par le saint-pierre (en aiguillettes, asperges vertes et caramel de miel aux algues) ou le sablé breton (avec crème vanille, sorbet kiwi et traits de sirop d'orange et de violette, sur une plaque d'ardoise). Le tout justifie les tarifs, un peu élevés peut-être pour les touristes.

C : 37 € • M : 50 €

» 5 pl de la Poissonnerie
☎ 02 99 40 87 53
F. dim., lundi et janv.

13 A la Duchesse Anne

Les plaisirs démodés chantait Aznavour, il y a déjà si longtemps. Alors prenez-en un de plus, sans vergogne, dans cette sexagénaire institution de l'intra-muros à la terrasse de laquelle il faut être vu : celui d'un saint-pierre grillé, présenté entier puis servi au guéridon accompagné d'un beurre blanc et d'une Tatin de concours, gourmande, épaisse, découpée devant vous. Du classique finalement indémodable, servi en noir et blanc par un personnel rodé dans le décor mosaïque et boiseries de cette fameuse brasserie chère aux Malouins.

C : 50 € • M : 70 €

» 5 pl Guy-La-Chambre
☎ 02 99 40 85 33
F. dim. à dîn. (h.s.), lundi à déj., merc. et déc.-janv.
Jusqu'à 21h30.

13 Restaurant Le Cap Horn

➥ **Hôtel :** Le Grand Hôtel des Thermes

Se limiter à quelques huîtres de Cancale et aux fromages de Bordier, ce pourrait être la tentation. Mais le Grand Hôtel des Thermes veut conserver sa vocation gastronome, et il revient à Patrice Dugué d'astiquer les cuivres d'une aussi belle renommée. Le résultat, plus fédérateur que personnel, est au moins probant. Produits bien achetés, arrivage surveillé de près, En évitant quelques préciosités, on respire les embruns avec les escalopes de lotte à la vapeur ou le saint-pierre aux poireaux, en louchant sans retenue sur les beaux desserts et chocolats de Pascal Pochon auxquels il n'est pas question de résister. La thalasso, c'est demain !

C : 50 € • M : 27-53 € *www.thalassotherapie.com*

» 100 bd Hébert
☎ 02 99 40 75 40
F. 2-16 janv.
Jusqu'à 21h30.

12 L'Atre

Jolie table moderne à découvrir au pied de la tour Solidor : Armelle et Jean-Marc Rivoal ont visé juste, dans le décor intime et épuré, dans l'accueil engageant comme dans la carte courte qui privilégie la fraîcheur, huîtres plateaux, soupe de poissons épaulant le saint-pierre au basilic, la blanquette de lotte ou la pêche du jour à l'âtre. Reste à renforcer la cave, même si elle compte déjà quelques bons loires et l'aligoté de Goisot.

C : 42 € • M : 17-39 €

» 7 Esplanade du Cdt-Yves-Menguy
☎ 02 99 81 68 39
F. merc. et janv.
Jusqu'à 22h30.

(12) Le Bénétin

La maison reste dans le giron des Langrée, mais Christophe, le talentueux chef qui nous enchanta longtemps, a quitté les fourneaux. Il faut donc redonner une personnalité dans cette belle et grande salle où le bois domine, du sol à la charpente, avec une vue imprenable sur le large. La nouvelle équipe s'y emploie, on l'espère sans vouloir trop brûler les étapes, dans la tentation de l'épate ou de l'accumulation. L'émietté de crabe ou le thon rouge à l'huile épicée montrent quelques bonnes dispositions, à encourager.
C : 38 € *www.restaurant-lebenetin.com*

» Chemin des Rochers-Sculptés-Rothéneuf
☎ 02 99 56 97 64
F. mardi et merc. (h.s.), merc. (15 juin-15 sept.).
Jusqu'à 21h30.

(12) La Corderie

Sincérité et fraîcheur animent cette maison sage au pied de la tour Solidor. Sur la terrasse plein Sud, on goûte la mer sans boire la tasse, avec les maquereaux à la moutarde, le pot-au-feu marin, les saint-jacques au beurre d'algues et le saint-pierre à la crème de langoustines. Accueil franchement souriant, cave ligérienne équitable.
C : 30 € • M : 17 € *www.lacorderie.com*

» 9 chemin de la Corderie, 8 allée du Marégraphe
☎ 02 99 81 62 38
F. lundi, mi-janv.-mi-fév. et mi-nov.-mi-déc.
Jusqu'à 22h.

(10) Le Bistrot de Jean

Au rez-de-chaussée d'un immeuble de l'intra-muros, à l'écart du tohu-bohu de l'artère centrale, dans une atmosphère - un peu sombre - de bistrot avec comptoir et vieux objets, de l'assiette tranquille à consommer sur le pouce. Cave minuscule, accueil vif et souriant.
C : 35 € • M : 14-19 €

» 6 rue de la Corne-de-Cerf
☎ 02 99 40 98 68
F. merc. à déj., sam. à déj., dim. et 3 sem. fin déc.-déb. janv.

La Brigantine

Hissez la grand voile, cap sur l'intérieur des terres : de la galette de compétition dans une maison XVIIIe décorée de photos de voiliers. Garnitures soignées, accueil souriant pour les familles gourmandes.
C : 11 € • M : 9,65 €

» 13 rue de Dinan
☎ 02 99 56 82 82
F. mardi, merc. et 15 nov.-janv.
Jusqu'à 22h.

Coquille d'Œuf

Une cuisine de ménage tout simple, carpaccio de saumon, œufs cocotte à l'oseille, entrecôte marchand de vin ou nougat glacé, dans la ville intra-muros. Prix tout petits.
C : 24 € • M : 10,50-23,50 €

» 20 rue de la Corne-de-Cerf
☎ 02 99 40 92 62
F. lundi et mi-juin-mi-déc.
Jusqu'à 21h.

La Touline

Si bien placée, en un site stratégique immanquable quand on pénètre intra-muros, cette Touline est forcément rassembleuse. Un grand choix, un personnel attentif pour ne pas perdre le rythme : galettes et crêpes arrivent bien chaudes et en très bon état et le changement de propriétaires n'a pas, heureusement, modifié la donne.
C : 13 € • M : 11,50 €

» 6 pl de la Poissonnerie
☎ 02 99 40 10 98
F. mardi, 2 sem.fin nov. et 1ere sem. déc.
Jusqu'à 21h45.

Le Grand Hôtel des Thermes

➡ **Restaurant** : 13/20 Restaurant Le Cap Horn
Evidemment parfait pour les curistes, avec les nombreuses possibilités offertes par son centre de thalasso, l'hôtel est également une étape de choix par la qualité de ses prestations, tant au niveau du service que du confort des chambres. La vue mer est un plus dont bénéficient bon nombre d'entre elles, accès direct à la plage.
7 appart. 218-608 € • 171 ch. 67-356 € • 1/2 pens. 121-312 €
www.thalassotherapie.com

» 100 bd Hébert
☎ 02 99 40 75 75
📠 02 99 40 76 00
F. 2-16 janv.

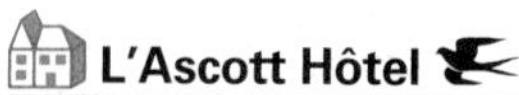

L'Ascott Hôtel

» 35 rue du Chapitre
☎ 02 99 81 89 93
Fax 02 99 81 77 40
F. janv.

Il faut certes s'éloigner un peu du centre, mais le parc autour duquel sont répartis les bâtiments de l'hôtel justifie amplement ce petit sacrifice. Les chambres, récemment rénovées, sont d'un confort sans faille, dans un décor bourgeois et chaleureux.

1 appart. 130-145 € • 10 ch. 80-105 € *www.ascotthotel.com*

La Grassinais

» 12 rue de la Grassinais
☎ 02 99 81 33 00
Fax 02 99 81 60 90
F. 20 déc.-10 janv.

➡ **Restaurant** : 14/20 La Grassinais

Comme refermée autour de sa cour intérieure pour s'isoler de la zone commerciale alentour, l'hôtel dispose de chambres gaies et chaleureuses, dans les tissus choisis comme le bois blond du mobilier.

29 ch. 50-79 €

Hôtel Beaufort

» 25 chaussée du Sillon
☎ 02 99 40 99 99
Fax 02 99 40 99 62
F. non comm.

Les pieds dans l'eau sur la plage du SIllon, cette grande maison XIXe, aisément reconnaissable à sa façade jaune, propose des chambres très claires, lambris discrets et harmonie beige dans une ambiance très bord de mer.

22 ch. 75-205 € *www.hotel-beaufort.com*

Hôtel Malouinière XVIII - Le Valmarin

» , 7 rue Jean-XXIII
☎ 02 99 81 94 76
Fax 02 99 81 30 03
Sur réserv. janv.-fév.

A l'écart de la vieille ville, cette authentique malouinière puise son inspiration dans l'histoire pour des chambres spacieuses et personnalisées. Agréable jardin pour la détente.

12 ch. 95-135 € *www.levalmarin.com*

La Villefromoy

» 7 bd Hébert
☎ 02 99 40 92 20
Fax 02 99 56 79 49
Ouv. 7j/7.

Réouvert depuis Pâques 2005 après une rénovation complète, cet ancien hôtel particulier autrefois reconnu pour son salon littéraire rassemble aujourd'hui des équipements haut de gamme (literie en particulier, mais aussi mobilier en matériaux nobles, chaises et fauteuils luxueux, wifi, salles de bains parfaites). Vue sur mer, thermes marins à 300 m.

2 appart. 180-240 € • 19 ch. 70-150 € *www.villefromoy.fr*

Quic en Groigne

» 8 rue d'Estrées
☎ 02 99 20 22 20
Fax 02 99 20 22 30
F. Noël et 2 sem. janv.

Situé dans la vieille Cité, l'immeuble en respecte l'architecture typique en granit. A l'intérieur, les rénovations sont désormais achevées, dans un style contemporain. Agréable cour intérieure protégée par une véranda.

15 ch. 46-64 € *www.quic-en-groigne.com*

à LA GOUESNIERE - 35350 : 10 km S.E. par N 137 et D 4

Château de Bonaban

» ☎ 02 99 58 24 50
F. lundi et mardi (à déj.) et merc.
Jusqu'à 21h30.

➡ **Hôtel** : Château de Bonaban

L'investissement est évident : un château d'armateur du XVIIIe, au milieu d'un parc de 27 ha, la vue panoramique sur la baie de Cancale, au loin, les atouts du site et d'une demeure d'exception. On y a dépêché un chef d'envergure, ex de Ducasse période Solivérès, prêt à en découdre avec la marée, qu'il travaille au petit point dans une veine évidemment moderne, de quoi épater le visiteur s'il n'a pas déjà été estomaqué par la bâtisse. Les fromages de Bordier et quelques grands crus plus tard, on tient évidemment une toque.

C : 49 € • M : 23-45 € *www.hotel-chateau-bonaban.com*

Château de Bonaban

➥ **Restaurant** : 13/20 Château de Bonaban

Sous sa forme actuelle, le château remonte au XVIIe siècle et veille sur un vaste parc. Les chambres bénéficient d'une vue apaisante et d'un décor de style en accord avec l'architecture luxueuse. Etang privé.

1 appart. 205-285 € • 34 ch. 50-200 € • 1/2 pens. 30 €

www.hotel-chateau-bonaban.com

» ☎ 02 99 58 24 50
📠 02 99 58 28 41
Ouv. 7j/7.

à SAINT SERVAN - 35400 : 3km au S.E.

Saint-Placide

A St Malo, il n'y a pas que les remparts et la ville intra-muros ! Choisissez le quartier de St Servan - la mer est à deux pas et le stationnement beaucoup plus aisé qu'ailleurs - et posez-vous sur une petite place ombragée. Luc Mobihan, installé depuis deux ans, a franchi un nouveau cap qualitatif. Sa cuisine est légère et joyeuse sans apprêts inutiles, virevoltant entre les contrastes de saveurs et de textures : thon rouge mariné et concassé de petits pois (le moelleux et le croquant), magnifique lotte au fumet d'étrilles, quelques grenailles et asperges, un feuille à feuille de chocolat pour la douceur. Isabelle, en salle, personnalise l'atmosphère avec énergie, et conseille les vins d'une cave construite avec intelligence, dans laquelle on trouvera un très large choix de vins au verre.

C : 40 € • M : 24-48 € *imobihan@wanadoo.fr*

» 6 pl du Poncel
☎ 02 99 81 70 73
F. mardi, merc. (sf à dîn. 15 juil.-1er sept.), F. ann. non comm.
Jusqu'à 21h30.

SAINT MANDE ➤ PARIS-BANLIEUE

SAINT MARCEL ➤ CHALON SUR SAONE

SAINT MARTIAL DE NABIRAT - 24250 (24 C 3)

Domme 14 - Gourdon 15

Le Saint Martial

(13)

En deux années d'existence, le jeune couple Réal a radicalement changé le paysage gastronomique de ce charmant village. L'ancien café se pare désormais d'une façade fraîchement refaite et d'une baie vitrée donnant sur le petit carré d'aromates. La cuisine se montre toujours aussi aguicheuse : pointes d'asperges blanches et vertes du pays, vinaigrette d'agrumes et royale de magret fumé, carré d'agneau du Quercy en croûte de piquillos et boulghour façon couscous, gratin de fraises gariguettes au sabayon de champagne, glace au lait d'amandes, à piocher dans un menu-carte facturé à prix d'ami (30 **€**). Agréable terrasse d'été donnant sur la place du village.

M : 21-48 € *le-saint-martial@tiscali.fr*

» Le Bourg
☎ 05 53 29 18 34
F. mardi (sf juil.-août), merc. et 3 sem. janv.
Jusqu'à 21h.

SAINT MARTIN D'ARBEROUE ➤ HASPARREN

SAINT MARTIN D'ARROSSA - 64780 (23 B 5)

Pau 121 - Bayonne 41 - Saint-Jean-Pied-de-Port 11

(10) Hôtel-Restaurant Eskualduna H

La tradition basque incarnée depuis quatre générations de cuisiniers généreux et prompts à défendre les couleurs d'Euzkadi : piquillos farcis à la morue, omelette aux cèpes, merlu koskera, anguilles à la persillade, ris d'agneau aux cèpes, avant de conclure avec un gâteau basque. Quelques chambres de style rustique et décorées par la famille.

M : 15-35 € • 35 ch. 42,50-50 € *www.touradour.com/eskualduna.htm*

» ☎ 05 59 37 71 72
F. mi-janv.-fin fév.
Jusqu'à 21h.

SAINT MARTIN DE BELLEVILLE - 73440 (28 C 3)

Chambéry 94 - Albertville 44

La Bouitte

» Hameau de Saint-Marcel
☎ 04 79 08 96 77
F. lundi (été), mai, juin et sept-mi-déc.
Jusqu'à 21h.

➡ **Hôtel** : La Bouitte

René Meilleur aime sa maison. Cela se sent dès les premiers instants qu'on y passe. La salle à manger soignée, vraiment belle depuis qu'elle a été rénovée, l'accueil délicieux et le confort général excellent (tables bien espacées, bien mises, vaisselle haut de gamme). Désormais secondé par son fils Maxime, destiné à prendre la succession à moyen terme, René Meilleur paraît toujours aussi jeune, ses cèpes en raviolis géants de pommes de terre, jus de volaille émulsionné, poudre glacée aux champignons, ses saint jacques dorées et assaisonnées au jus de citron, asperges vertes cuits et crues et son eau de fraises de printemps, fraises fraîches et sorbet basilic ne ressemblant en rien aux assiettes souvent convenues qu'on rencontre dans les vallées environnantes. Les tarifs, plus que sévères (tous les desserts à 22 € à la carte, un tarif digne d'un trois toques sur la Côte d'Azur), se justifient par l'excellence des produits choisis mais ne tolèrent en contrepartie pas la moindre approximation.

M : 45-138 € *www.la-bouitte.com*

(11) Le Montagnard

» Les Places
☎ 04 79 01 08 40
F. 1er mai-1er juil. et 1er sept.-1er déc.

Dans le village, un trésor de convivialité dans une ancienne écurie, où un décor plein de détails charmants et une bonne humeur contagieuse ne cachent aucune mauvaise surprise en cuisine, avec des spécialités montagnardes authentiquement savoureuses, de la gratinée de crozets au beaufort à la fondue savoyarde.

C : 32 € *info@le-montagnard.com*

La Bouitte

» Hameau de Saint-Marcel
☎ 04 79 08 96 77
Fax 04 79 08 96 03
F. mai, juin et sept.-nov.

➡ **Restaurant** : 15/20 La Bouitte

Créé voilà trente ans par René Meilleur, ce splendide chalet au toit de lauze offre désormais une terrasse plein sud encore plus vaste. Chambres très vastes, intimes, aux boiseries superbes. Un spa, un sauna et une salle de bien-être devraient voir le jour pour l'hiver 2005/2006.

1 appart. 278-306 € • 4 ch. 122-206 € • 1/2 pens. 130 € *www.la-bouitte.com*

Hôtel Saint-Martin

» Les Grangeraies
☎ 04 79 00 88 00
Fax 04 79 00 88 39

Ouverte sur le village, une maison typique qui marie les matériaux authentiques, pierres, bois et toit de lauze. A l'intérieur également, avec ses meubles en bois patiné, on reste dans une atmosphère chaleureuse et régionale.

27 ch. 130 € *www.hotel-stmartin.com*

SAINT MARTIN DE LA BRASQUE ➤ PERTUIS

SAINT MARTIN DE LONDRES - 34380 (32 A 3)

Montpellier 24 - Le Vigan 37

(15) Les Muscardins

» 19 rte des Cévennes
☎ 04 67 55 75 90
F. lundi, mardi et 2e quinz. fév.-1re sem. mars.
Jusqu'à 21h30.

Certains voyageurs vous avoueront avoir parfois hésité devant l'atmosphère un peu morne de cette auberge de tradition. Ils vont pouvoir rechanter quand certains déchantent. Le fils de la maison, Thierry Rousset, rayonne véritablement, bloque les manettes et remet la cuisine de la maison dans le sens de l'ascension. La réalisation est superbe - les années de pratique aux côtés de papa ont donné quelques fruits - la manière adroite, et la dose d'inventivité bien distillée (calamars plancha blettes red charles, grenadin de veau piqué de bois de

réglisse…). Le ton juste est aussi dans la salle, pas très moderne, peut-être, mais agréable et claire ; la cave, assez convenue, mise sur les valeurs sûres de la région, mais l'offre au verre est la bienvenue.
C : 55 € • M : 28,90-70,80 € *www.les-muscardins.fr*

SAINT MARTIN DE RE ➤ RE (ILE DE)

SAINT MARTIN DU VAR - 06670 (34 C 4)

Nice 27 - Antibes 34

Jean-François Issautier

» RN 202, rte de Digne
☎ 04 93 08 10 65
F. dim. à dîn., lundi, mardi, 23 oct.-1er nov. et déb. janv.-déb. fév.
Jusqu'à 21h30.

Pour beaucoup de nos confrères, Jean-François Issautier, 60 ans tout juste, reste l'un des tout premiers de sa région. Nous ne balaierons pas d'un revers de main plus d'un quart de siècle de succès engrangés sur les bords de cette nationale pas vraiment riante tout en réitérant les réserves émises ces dernières années. On mange bien chez Issautier, parfois mieux encore, mais on s'y ennuie ferme. La faute à un service trop ancré sur ses certitudes et que seuls les habitués réussissent parfois à assouplir, la faute aussi à ces assiettes certes sans défaut mais trop souvent sans éclat : escargots servis dans un bouillon et queue de bœuf, beurre d'escargots, langoustines rôties sur un mijoté de pommes de terre et morilles, asperges vertes, moelleux à la pistache façon clafoutis et poêlée de cerises, sorbet yaourt. Cave opulente et pratiquement exhaustive en région.
C : 110 € • M : 37-105 € *jf.issautier@wanadoo.fr*

SAINT MARTIN LA MEANNE - 19320 (25 C 4)

Tulle 41 - Brive-la-Gaillarde 59

Les Voyageurs

» Pl de la Mairie
☎ 05 55 29 11 53
📠 05 55 29 27 70
F. 13 nov.-9 mars.

Cela fait 6 générations que les Chaumeil font vivre leur auberge typique, avec ses murs de granit et son toit de lauzes, son atmosphère chaleureuse et ses chambres simples et bien tenues.
8 ch. 40-51 € • 1/2 pens. 41-48 € *www.hotellesvoyageurs.com*

SAINT MARTIN VALMEROUX ➤ MAURIAC

SAINT MATHIEU DE TREVIERS - 34270 (32 A 3)

Montpellier 21 - Nîmes 59

Lennys

» 266 av Louis-Cancel
☎ 04 67 55 37 97
F. sam. à déj., dim. à dîn., lundi (h.s.), dim. à déj. (juil.-août) et 2 sem. déb. sept.
Jusqu'à 21h30.

Rien ne manque à cette délicieuse petite maison : soins dans les achats, maîtrise technique (cuissons parfaites), propreté irréprochable, ambiance familiale, jolie cave et rapport qualité prix imbattable. Au cœur du vignoble de Pic Saint-Loup, le talent de Ludovic Dziewulski éclate donc, dans un superbe menu à moins de 40 € servi avec chaleur par son épouse dans une déco presque minimaliste qui ne brouille pas la dégustation. Mention spéciale pour les pommes pochées avec le foie gras poêlé et sucette de canard confit, et pour le filet de loup aux coquillages, à la cuisson millimétrée. La cave régionale est judicieuse, complétée d'un court survol général du vignoble hexagonal. Lenny's, qui s'appelait naguère Apicius (curieusement, le nom est déjà déposé…), peut encore changer de nom : sa qualité intrinsèque est ailleurs.
C : 65 € • M : 18-82 €

Hôtels de charme.

 Bon confort.  Grand confort.  Luxe.  Grand luxe.

à LAURET - 34270 : 12 km par D 17

(12) L'Auberge du Cèdre H

» Domaine de Cazeneuve
☎ 04 67 59 02 02
Ouv. seult vend. à dîn., sam. à dîn., dim. à déj. F. mi-nov.-mi-mars.
Jusqu'à 22h.

Une bonne idée que d'installer une guinguette vigneronne au milieu des vignes de Pic Saint Loup. Guinguette assez chic et campagnarde, où le terroir bat son plein, avec des intitulés clin d'œil (salade pimpante aux légumes crus, hérisson de brandade de morue, bourride de lieu jaune, gigot à la crème d'ail) pour fournir un rustique assez élaboré dans un très joli cadre. Quelques chambres d'amis dans cette accueillante maison de maître.
C : 26 € • M : 26-34 € • 20 ch. 27-74 € • 1/2 pens. 34-44 €
www.auberge-du-cedre.com

SAINT MAUR DES FOSSES ➤ PARIS-BANLIEUE

SAINT MAXIMIN ➤ UZES

SAINT MAXIMIN ➤ CHANTILLY

SAINT MAXIMIN LA SAINTE BAUME - 83470 (33 D 5)

Toulon 76 - Aix-en-Provence 36

Hostellerie du Couvent Royal R

» Pl Jean-Salusse
☎ 04 94 86 55 66
📠 04 94 59 82 82
Ouv. 7j/7.

Tant de beauté aurait pu gêner la prière, mais aux frères dominicains ont aujourd'hui succédé des épicuriens qui goûtent avec délice aux charmes de ce couvent royal, remarquable édifice gothique où l'on a aménagé près de soixante-dix chambres, au style harmonieux, réparties autour du cloître. Très romantique terrasse dans les galeries du cloître, sous les voûtes et ogives encerclant un jardin de sérénité, pour des repas aux notes provençales, cuisine de marché et cave régionale.
67 ch. 75-140 € • 1/2 pens. 170 € • C : 35 € • M : 26-35 €
www.hotelfp-saintmaximin.com

SAINT MEDARD - 46150 (29 D 2)

Cahors 21 - Sarlat-la-Canéda 52

16 Le Gindreau

» ☎ 05 65 36 22 27
F. lundi, mardi, merc. à déj. (janv.-fév.), 6-22 mars et 16 oct.-8 nov.
Jusqu'à 21h30.

Cadre et ambiance
Dans une ancienne école, le bastion d'un terroir maintes fois revisité et modernisé par un chef qui pense avant tout au plaisir et à l'échange. Ce qui se ressent dans l'atmosphère, gaillarde et élégante, de cette salle authentique.

Cuisine
Ce terroir distille un amour communicatif, pour le foie gras, pour la truffe, pour l'agneau du Quercy. La mise en forme est alléchante - comment se retenir quand on a commencé à tartiner, et à déguster, le beurre truffé - les produits superbes, travaillés avec adresse et malignité : feuilleté de ris d'agneau et champignons barigoule d'artichaut, pigeonneau en réduction de raisins secs et éclats de truffes, la "mélano" se glissant jusqu'au dessert, avec le mémorable soufflé.

Cave
Une belle cave de cahors renforcée de nombreux grands bordeaux, à des tarifs qui peuvent déclencher des envies festives.

Accueil et service
Tout contribue à ce que l'assiette soit belle : les sourires, la complicité, l'adhésion à des principes aisément déchiffrables, défense du patrimoine, de l'identité, de l'exception. Service proche et professionnel.
M : 35-90 € *le.gindreau@wanadoo.fr*

SAINT MEDARD EN JALLES ➤ BORDEAUX

SAINT MELOIR DES ONDES ➤ CANCALE

SAINT MERD DE LAPLEAU - 19320 (25 C 4)

Tulle 31 - Brive-la-Gaillarde 50

(12) Rendez-Vous des Pêcheurs H

» Pont du Chambon
☎ 05 55 27 88 39
F. dim. à dîn., lundi (h.s.) et 12 nov.-12 fév.
Jusqu'à 21h.

Du retour à la nature de cette qualité, on en veut bien tous les jours. Pas besoin d'essayer le parapente ou le saut à l'élastique, il y a cette délicieuse maison de famille au-dessus de la Dordogne, l'accueil de Sylvette Fabry, et la fine cuisine régionale de sa fille Marie Delmas, jeune étudiante en biologie ayant heureusement bifurqué pour les joies du terroir, qu'elle se garde bien de passer au crible moléculaire : foie gras maison, sandre au beurre blanc en chausson, mignon de veau à la moutarde violette. On boit le vin de Corrèze dans une cave d'appoint. Et pour mieux se détendre au bord de l'eau, huit jolies petites chambres, personnalisées et coquettes, dont le tarif ne dépasse pas celui d'un bord d'autoroute.

C : 35 € • M : 16-45 € • 8 ch. 39-46 € • 1/2 pens. 42-50 €

www.rest-fabry.com

SAINT MICHEL EN L'HERM - 85580 (15 C 6)

Luçon 15 - La Roche-sur-Yon 46

(11) La Rose Trémière

» 4 rue de l'Eglise
☎ 02 51 30 25 69
F. lundi à dîn. et mardi (sf juil.-août), dim. à dîn., merc, vac. scol. fév. et 2 sem. oct.
Jusqu'à 21h.

Simplicité rustique, terroir fidèle et énorme bonne volonté d'un chef qui s'implique dans chaque assiette et propose des menus aussi tentants que le Tentation à 21 € : mille-feuille de flétan fumé et tomates confites, pot-au-feu de volailles aux petits légumes, mizotte gratinée et mousse chocolat sabayon et glace carambar. 21 €, c'est cadeau, dans la douceur familiale.

M : 12-40 €

rose.tremiere@wanadoo.fr

SAINT MICHEL TUBŒUF ➤ L'AIGLE

SAINT NAZAIRE - 44600 (15 B 4)

Paris 438 - Nantes 61 - La Baule 12

(11) Le Moderne

» 46 rue d'Anjou
☎ 02 40 22 55 88
F. dim. à dîn., lundi et merc. à dîn.
Jusqu'à 21h.

Atmosphère provinciale d'une touchante vérité chez Lydie et Michel Verger, aubergistes de tradition qui calibrent leur menu à 15,80 € avec une scrupuleuse attention. Poussez jusqu'au suivant : à 21,80 €, c'est la farandole, l'assiette du pêcheur, la choucroute de la mer, le canard à l'orange et les profiteroles. La cave ne vaut que par ses loires.

C : 37 € • M : 15,80-28 €

SAINT NECTAIRE - 63710 (26 B 4)

Clermont-Ferrand 37 - Issoire 26

Hôtel Mercure Saint-Nectaire

» Rue Principale
☎ 04 73 88 57 00
Fax 04 73 88 57 02
Ouv. 7j/7.

Amélioré cette année, l'espace forme de cet immeuble XIXe fait le bonheur des curistes. Chambres modernes et soignées.

71 ch. 72-92 € • 1/2 pens. 64-68 €

www.mercure.com

SAINT NEXANS - 24520 (24 B 2)

Périgueux 58 - Tulle 160

🏠 Chartreuse de Bignac

» Le Bignac
☎ 05 53 22 12 80
📠 05 53 22 12 81
Ouv. 7j/7.
🚗 🏊

Un petit coin de paradis au sommet d'un coteau : cette chartreuse XVIIIe se pare d'un décor sobre, mêlant tissus raffinés et tons clairs pour exploiter au mieux les charmes de l'architecture en une série de chambres personnalisées, spacieuses et élégantes.

1 appart. 240 € • 10 ch. 110-135 € *www.abignac.com*

SAINT NICOLAS DE BOURGUEIL - 37140 (17 B 4)

Saumur 18 - Bourgueil 4 - Chinon 21

[12] Saint-Nicolas Gourmand

» 28 av Saint-Vincent
☎ 02 47 97 77 37
F; dim. à dîn., lundi et 1er-31 janv.
Jusqu'à 20h45.
⛱ ♿ 🐕

De l'au-delà de l'azur, Jean Carmet pourrait vous le confirmer : boire du saint-nicolas peut rendre gourmand. Un verre de Mabileau, de Godefroy ou de la Cotelleraie à la main, et on se détend avec le sourire avant de croquer le croustillant de queue de bœuf, le suprême de pintade au romarin ou la côte de veau aux pruneaux crémés. Une auberge vigneronne véridique que Didier et Sylvie Marnay ont rendu indispensable pour le canton.

C : 40 € • M : 17-38 € *info@errard.com*

SAINT OMER - 62500 (1 C 2)

Arras 79 - Dunkerque 40

[12] Restaurant Le Cygne

» 8 rue Caventou
☎ 03 21 98 20 52
F. dim. à dîn., lundi (sf fériés), vac. scol. fév. et 3 sem. après 15 août.
Jusqu'à 21h.
❄ 🐕

On ne s'installe pas à Saint-Omer pour faire des caprices : En une petite quinzaine d'années, Jean-François Wident a toujours écouté sa clientèle, toujours affiné le trait, à l'affût des bonnes idées. La maison est agréable, à quelques minutes du centre, dans une rue calme. On s'y retrouve en famille, sûr de son choix. Le chef joue bien les classiques, une escalope de foie gras chaud, un suprême de pigeon façon Rossini, mais il aime aussi pouvoir proposer un cabillaud au chorizo et son chaud-froid du Nord qui se marie en finale au "biscuit grand-mère". La générosité va jusqu'à la cave, épatante avec ses vieux millésimes à tarifs insoupçonnés.

C : 35 € • M : 13-45 €

↻ à BLENDECQUES - 62575 : 4 km S. par D 77

[12] Le Saint-Sébastien

» 2 pl de la Libération
☎ 03 21 38 13 05
F. dim à dîn., lundi et 23-30 déc.
Jusqu'à 21h30.
♿ 🐕

Pas là pour recevoir des flèches comme saint Sébastien, cet ancien relais de diligence mérite plutôt des compliments. Benoît Duhamel mène l'affaire en famille avec ses parents et montre le bon côté du terroir avec un savoir-faire de briscard, dans la précision et la simplicité, sans se dévoyer : dos de cabillaud et rattes du Touquet, ris de veau forestier, parfait glacé au genièvre de Houlle. Cave classique, mais pas chère, avec quelques beaux bordeaux à saisir.

C : 44 € • M : 14,50-34 € *saint-sebastien@wanadoo.fr*

SAINT OUEN ➤ PARIS-BANLIEUE

SAINT OUEN ➤ VENDOME

SAINT OUEN LES VIGNES ➤ AMBOISE

SAINT PALAIS ➤ SAUVETERRE DE BEARN

SAINT PALAIS SUR MER ➤ ROYAN

SAINT PARDOUX L'ORTIGIER ➤ BRIVE LA GAILLARDE

SAINT PARDOUX LA CROISILLE - 19320 (25 C 4)

Tulle 32 - Brive-la-Gaillarde 50

[13] Beau Site 🍇 H

» ☎ 05 55 27 79 44
F. mardi à déj., merc. à déj., 1er janv.-25 avril et 15 oct.-31 déc.
Jusqu'à 20h45.

Le XXIe arrondissement de Paris au cœur du Limousin ? Toujours est-il que cette auberge septuagénaire, construite dans le style des villas deauvillaises, a tout pour retenir le temps d'un week-end ou davantage le Parisien ou le Strasbourgeois en quête de calme et de dépaysement. La forêt corrézienne déplie ses cent hectares devant la maison, de quoi jogger en paix après cette jolie cuisine saisonnière et régionale, la truite fario aux amandes, la jambonnette de canard aux morilles et le filet de bœuf sauce moutarde violette. Cave de négoce fréquentable pour ses cahors et bergeracs. Adorables chambres personnalisées, ouvertes sur la nature.

C : 47 € • M : 19-44 € • 28 ch. 57-68 € • 1/2 pens. 52-66 €

www.hotel-lebeausite-correze.com

SAINT PARRES LES VAUDES - 10260 (9 B 5)

Troyes 10

à VILLEMOYENNE - 10260 : 1 km N.E. par D 28

[15] La Parentèle

» 32 rue Marcellin-Lévêque
☎ 03 25 43 68 68
F. dim. à dîn., lundi, mardi (sf fériés), vac. scol. fév., 28 juil.-8 août et vac. scol. Toussaint.
Jusqu'à 21h15.

Si les frères Caironi sont aujourd'hui un peu plus restaurateurs que cuisiniers, cette orientation nous semble tout à fait d'actualité, et profitable. Gérer une belle table comme la Parentèle, apporter des idées, de la modernité, la faire vivre comme la plupart des indicateurs le montrent, d'une façon libre, décontractée, sans œillères, est un travail à plein temps. Bruno Caironi supervise toujours la cuisine, mais il a confié les fourneaux à un jeune chef, David Goubault, qui traduit pour lui la chartreuse de langoustines, le pigeonneau sauce salmis, la selle d'agneau matignon de légumes et la tartelette aux pralines. Du classique léché, et surtout modernisé par la présentation, la légèreté, le plaisir. celui de l'assiette, mais aussi de l'ambiance, enrichie par les judicieux conseils de Christophe Caironi sur les vins de ses vignerons vedettes (Chave, Vaillé, Bru, Poudou, Dürrbach...).

C : 52 € • M : 26-72 € *vins.sur.vins@wanadoo.fr*

SAINT PATERNE ➤ ALENÇON

SAINT PAUL DE VENCE - 06570 (34 C 4)

Nice 20 - Antibes 18 - Vence 4

[12] La Brouette - Chez les Danois

» 830 rte de Cagnes, à Pénétrante Cagnes-Vences
☎ 04 93 58 67 16
F. mardi et nov.

Dans un cadre de verdure, une délicate cuisine franco-danoise que nous recommandons depuis 23 ans désormais. Les petits harengs de la Baltique marinés et les frikadelles (boulettes de viande farcies façon viking) cohabitent sans heurt avec les médaillons de filet mignon sauce aigre douce ou le canard aux pruneaux rôti à l'ancienne, dans une ambiance qui n'est pas sans rappeler celles des tables d'hôtes.

M : 20-26 €

Mas d'Artigny

» Rte de La Colle
☎ 04 93 32 84 54
📠 04 93 32 95 36
Ouv. 7j/7.

Le mas en pleine nature compte de nombreux atouts, du parc de 8 ha pour préserver la tranquillité des hôtes aux appartements (avec petite piscine privée, pour les longueurs voyez la grande piscine principale), en passant par les chambres raffinées. La qualité des prestations s'étend à la table, rompue à la

satisfaction des désirs les plus variés, du top model filiforme (plats spéciaux basses calories mis en valeur par les touches de fraîcheur des herbes de Provence) aux amoureux du terroir qui se partageront un carré d'agneau à la fleur de thym. La noblesse ne manque pas, par exemple sur la raviole de foie gras bouillon léger à la truffe noire, et le service met à l'abri des fausses notes. Solide carte des vins, avec une belle gamme de propositions raisonnables.
21 appart. 450-1400 € • 84 ch. 150-380 € • 1/2 pens. 84 € • M : 45-85 €
www.mas-artigny.com

 Le Mas de Pierre

» Rte des Serres
☎ 04 93 59 00 10
Fax 04 93 59 00 59
F. 1er janv.-15 fév. et 15 déc.-31 déc.

Le parc paysager abrite les six bastides qui servent d'écrin à ces chambres remarquables, délicat travail sur les réminiscences du passé (mobilier d'époque et tableaux de maître) pour créer un univers privilégié et personnel. Jardin privatif ou terrasse pour chaque chambre, équipement aux standards élevés. Sympathique Table de Pierre, où un jeune chef travaille en toute sobriété le meilleur des produits du Sud.
6 appart. 280-750 € • 42 ch. 180-400 € *www.lemasdepierre.com*

 Le Saint-Paul

» 86 rue Grande
☎ 04 93 32 65 25
Fax 04 93 32 52 94
F. janv.

Dans le luxueux cocon bourgeois de maisons de village du XVIe siècle, les chambres cultivent un décor en correspondance, avec mobilier ancien et fresques murales. Au restaurant, un chef d'expérience décline les saveurs méditerranéennes sur des produits de standing : cannellonis de homard, loup au citron, déclinaison autour de la fraise.
4 appart. 195-580 € • 15 ch. 170-580 € • 1/2 pens. 260-380 € • C : 80 € • M : 48-85 € *www.lesaintpaul.com*

 Le Hameau

» 528 rte de la Colle
☎ 04 93 32 80 24
Fax 04 93 32 55 75

Un nom bien choisi pour cet ensemble charmant de maisons anciennes, installées à l'écart du village et baignées d'un esprit provençal très réussi, avec les meubles anciens, les matériaux authentiques et les couleurs chaleureuses.
3 appart. € • 13 ch. 94 € *www.le-hameau.com*

Les Vergers de Saint-Paul

» 940 rte de la Colle
☎ 04 93 32 94 24
Fax 04 93 32 91 07
Ouv. 7j/7.

Une délicieuse harmonie néo-classique de noir et de blanc signe l'exclusivité du décor de cet hôtel organisé autour de sa piscine, avec des chambres claires et très agréables.
2 appart. 160-245 € • 15 ch. 110-175 € *www.stpaulweb.com/vergers*

à LA COLLE SUR LOUP - 06480 : 3 km S.O. par D 7

 Le Blanc Manger

» 1260 rte de Cagnes
☎ 04 93 22 51 20
F. lundi, mardi, vac scol. fév. et 2 sem. fin nov.-déb. déc.
Jusqu'à 21h30.

Blanc et bien manger chez Brigitte Guignery, experte en saveurs provençales personnalisées, qui livre dans cette jolie maison d'arrière-pays une attrayante interprétation de son terroir dans une atmosphère précieuse et détendue. Cave bien fouillée, mettant en avant des domaines à dimension humaine.
C : 34 € • M : 34-38 € *leblancmanger@wanadoo.fr*

SAINT PAUL LES DAX ➤ DAX

SAINT PAUL TROIS CHATEAUX ➤ PIERRELATTE

SAINT PEE SUR NIVELLE - 64310 (23 B 5)

Pau 136 - Saint-Jean-de-Luz 13

Le Fronton

» Quartier Ibarron
☎ 05 59 54 10 12
F. dim. à dîn. (sf août-sept.), lundi, mardi (oct.-mai) et 15 fév.-20 mars.
Jusqu'à 21h30.

Jean-Baptiste Daguerre est un sage. Et pas seulement parce qu'il ne réclame pas, comme beaucoup, quelques points en plus pour la reconnaissance de son génie (et de ses clients). Mais parce que ses courts menus sont exemplaires de justesse et de gourmandise, parce que sa carte saisonnière rayonne de bonheur en mêlant le fond de terroir (du foie gras, des tarbais, de la ventrèche, de l'agneau, du bœuf de Chalosse) à une façon maligne, joyeuse de l'accommoder. Parce qu'après le merlu de ligne et marinière de coquillages et filet de canard gras et foie gras rôtis à la fleur de sel et patates écrasées aux cèpes, on est incapable, dans l'euphorie ambiante, de ne pas succomber au fondant au chocolat. Et si vous voulez vous offrir Mouton 75, il ira très bien avec le pigeon en cocotte.

C : 50€ • M : 24-45€ *jean-batiste.daguerre@wanadoo.fr*

Bonnet R

» Quartier Ibarron
☎ 05 59 54 10 26
05 59 54 53 15
F. 2 janv.-25 fév.

Dans une maison à la sympathique allure traditionnelle, une étape soignée avec des chambres claires et actuelles. Piscine et tennis au jardin, cuisine classique ou, mieux encore, basque au restaurant.

70 ch. 45-60€ • 1/2 pens. 43-54€ • C : 27€ • M : 8,50-27€

www.hotel-bonnet.com

SAINT PERE SOUS VEZELAY ➤ VEZELAY

SAINT PIERRE D'OLERON ➤ OLERON (ILE D')

SAINT PIERRE DE SEMILLY ➤ SAINT LO

SAINT POL DE LEON - 29250 (13 C 2)

Brest 60 - Morlaix 19 - Roscoff 5

(10) Les Fromentines

» 18 rue Cadiou
☎ 02 98 69 23 52
F. 1 sem. fév. et 3 sem. oct.

A proximité du plus haut clocher de Bretagne, le haut niveau dans la bilig. Des galettes de pro par un experte, Michelle Jaouen qui se livre à quelques créations de son inspiration (la "crépiterole", la Tro Breiz) sans jamais lasser ses fans.

M : 12€ *lesfromentines@wanadoo.fr*

(?) Auberge de la Pomme d'Api

» 49 rue Verderel
☎ 02 98 69 04 36
F. dim. à dîn. et lundi.
Jusqu'à 22h.

Yannick Le Beaudour et son épouse ont tracé une ligne depuis le Béarn (ex-Fer à cheval à Lons) jusqu'en Bretagne et se sont installés dans les meubles de cette ancienne dépendance épiscopale XVIe, granit, poutres et cheminée. On espère que le jeune couple trouvera la stabilité et un nouvel élan dans la terre natale du chef. Comme il est fréquent, nous n'attribuerons une première note que dans le prochain guide, les qualités reconnues de ce chef adroit et moderne (14/20 dans la dernière édition) suscitant une légitime confiance.

C : 60€ • M : 23-65€

SAINT PONS - 07580 (27 C 5)

Aubenas 24 - Montélimar 21

(11) Hostellerie Gourmande Mère Biquette H

» ☎ 04 75 36 72 61
F. lundi, merc. à déj. (sf fériés et été), dim. à dîn., (oct.-mars) et mi-nov.-10 fév.

Dans une ancienne ferme cévenole, une cuisine appliquée, un terroir souriant et délicat. Valérie Bossy y apporte une touche féminine, aumônière de truite fumée d'Ardèche, queue de bœuf à la syrah d'Ardèche, surprise ardéchoise à la crème de marron. Six belles chambres ont été créées, calme et confort (balnéo, clim...), dont quatre avec terrasse privée dominant la vallée.

M : 18,50-40€ • 1 appart. 101-175€ • 14 ch. 57-105€ • 1/2 pens. 53,50-83,50€ *www.logis-d-ardeche.com/merebiquette/*

SAINT PONS DE THOMIERES - 34220 (31 D 4)

Narbonne 56 - Castres 55

Les Bergeries de Pondérach

Ancien domaine viticole, la vieille ferme remonte au XVIIe siècle et se pare de chambres raffinées et décorées avec goût, avec terrasse pour apprécier les charmes du parc, entre rivière et arbres. Boutique de vins et produits régionaux, pour prolonger les plaisirs d'une table qui leur fait un sort bien agréable, avec des préparations sobres par un chef talentueux.
1 appart. 155-175 € • 6 ch. 70-120 € • 1/2 pens. 85-100 € • C : 33 €
www.bergeries-ponderach.com

» Rte de Narbonne
☎ 04 67 97 02 57
📠 04 67 97 29 75
F. 6 nov.-23 mars.

à COURNIOU - 34220 : 5 km O. par N 112

(10) Ferme-Auberge du Juge

L'ancienne grange ouvre sur les champs et les collines du Parc Régional du Haut-Languedoc. L'appel de la nature se traduit par de robustes assiettes fermières, charcuterie, canette, légumes du potager, fromages. Réservation 48h à l'avance.
M : 16,50-24 €

» ☎ 04 67 97 11 11
F. à dîn., à déj seult. sur réserv. 48 h avance.

à LA SALVETAT SUR AGOUT - 34330 : 22 km S.E. par D 907

(11) La Plage

C'est vrai, ce n'est qu'une table familiale en face d'un camping, et certains peuvent trouver sa présence saugrenue dans le guide. Nous maintenons pourtant cette sélection : on passe un bon moment au cœur du Parc du Haut-Languedoc, la cuisine est simple, effectivement, mais sans trahison, et la cave est franchement excitante, avec les Aires hautes, la Croix Sainte-Eulalie, Borie la Vitarèle. Ce qu'on accorde de crédit au premier bar à vins venu, on le refuserait à un aussi superbe coin de nature ?
C : 25 € • M : 17,50-35 € *www.pageloisirs.com/hotel-la-plage*

» Bord du Lac
☎ 04 67 97 69 87
F. dim. à dîn., lundi (sf juin-sept.) et fév.
Jusqu'à 21h.

SAINT POTAN ➤ PLANCOET

SAINT POURÇAIN SUR SIOULE - 03500 (26 B 2)

Moulins 29 - Vichy 28

(12) Le Chêne Vert

Comme du bon tabac dans ma tabatière : hôtel, restaurant, jouent les bonnes notes et la satisfaction du voyageur. A table, la carte est efficace et, hormis un désir légitime - la région est proche - d'un filet de Charolais, les premiers menus subviennent largement aux besoins : timbale de brochet beurre blanc, pressé de jarret de porc persillé, brochette de gigot d'agneau.
C : 25 € • M : 17-35 € *www.hotel-chenevert.com*

» 35 bd Ledru-Rollin
☎ 04 70 47 77 00
F. dim. à dîn. (15 sept.-1er mai), lundi à déj. et 2-30 janv.
Jusqu'à 21h.

Restaurants mentionnés en annexe

R Pour un restaurant de niveau 10 à 12.
Pour un restaurant de niveau 13 à 14.
Pour un restaurant de niveau 15 à 16.

Icône — (20) à (13) Toques — (12) à (10) Notes

SAINT PRIEST BRAMEFANT - 63310 (26 C 3)

Vichy 13 - Clermont-Ferrand 51

Hôtel du Château de Maulmont

Au milieu des arbres, cet ancien relais de chasse début XIX impressionne par son style néogothique et ses tours crénelées. A l'intérieur, même faste avec les hauts plafonds et les lambris. Les chambres adoptent un style cossu et chaleureux. La cuisine est à l'avenant, avec un travail raffiné autour de beaux produits : le pain d'épice façon pain perdu et le chutney de garriguettes sur le foie gras poêlé ou le mignon de veau pané à la tapenade témoignent d'une belle maîtrise.

4 appart. 195-275 € • 19 ch. 80-180 € • C : 65 € • M : 34-80 €

www.chateau-maulmont.com

» Maulmont
☎ 04 70 59 03 45
📠 04 70 59 11 88
F. janv.-4 fév.

SAINT PRIEST EN JAREZ ➤ SAINT ETIENNE

SAINT QUENTIN EN YVELINES ➤ PARIS-BANLIEUE

SAINT QUENTIN LA POTERIE - 30700 (32 B 3)

Alès 37 - Uzès 5

13 La Table de l'Horloge

La maison de qualité, l'auberge familiale où l'on garde le sourire du début à la fin, la confiance bien placée, le soin dans une cuisine personnalisée par Thibault Peyroche d'Arnaud : c'est tout cela, avec le bon goût d'une déco élégante qui s'intègre à l'ambiance de maison d'hôte, dans la prévenance et le souci de la satisfaction du voyageur. Cave gardoise et languedocienne bien étudiée.

C : 45 € • M : 45 €

www.table-horloge.fr

» 17 pl de l'Horloge
☎ 04 66 22 07 01
F. dim. à dîn., lundi à dîn., merc. et vac. scol. Noël.
Jusqu'à 21h.

SAINT QUIRIN - 57560 (12 B 4)

Metz 108 - Sarrebourg 16

12 Hostellerie du Prieuré

De bonnes terrines, des sauces classiques millimétrées, des assiettes plutôt généreuses et une cave alsace-moselle fort bien portante : Valérie et Didier Soulier savent recevoir les amis. Et à petits prix, lorsqu'on s'en tient à l'excellent menu à 25 **€**, qui mêle terroir et actualité, pavé de pied de porc pané sauce moutarde et "petit nénuphar" de thon et melon en carpaccio.

M : 20-56 €

» 163 rue du Gén-de-Gaulle
☎ 03 87 08 66 52
F. sam. à déj., mardi à dîn., merc., vac. scol. fév., vac. scol. Toussaint et 2 dern. sem. août.
Jusqu'à 20h45.

SAINT RAPHAEL - 83700 (34 B 5)

Fréjus 3

14 L'Arbousier

Dans un cadre si favorable (un ravissant jardin-terrasse à l'ombre des magnolias, une décoration romantique aux chaudes couleurs provençales), beaucoup n'hésiteraient pas à appâter les touristes à grands coups de truffes chinoises et de saint-jacques du Canada. Philippe Troncy n'a pas construit son succès sur de tels artifices : sa petite salade de racines, écrevisses et sot-l'y-laisse à l'huile de sésame, son dos de loup en croûtes d'olives vertes de Roquebrune, sa selle d'agneau rôtie, mitonnée de légumes au piment d'Espelette et son mille-feuille de crêpes aux oranges sanguines ont ce bon goût du classicisme à la provençale, jamais frelaté et ô combien revigorant. Cave solide en Provence.

M : 27-58 €

» 6 av de Valescure
☎ 04 94 95 25 00
F. lundi, mardi (sf à dîn. saison) et 20 déc.-5 janv.
Jusqu'à 21h45.

[13] Le Jardin de Sébastien

L'atmosphère est un poil chichiteuse, mais l'assiette est franche, ce qui compense et fait oublier les ronds de jambe. Les ravioles de cèpes du pays concentrent les arômes, le filet de bœuf piémontais est irréprochable mais mal accompagné, et grand-mère sait manifestement faire un très bon pain perdu. Cette qualité donne de l'enthousiasme à toute l'équipe, et apporte une première toque et des encouragements, en espérant voir dégonfler l'emphase lyrique de certains intitulés ("aux parfums du Soleil Levant", etc.).
C : 45 € • M : 24-47 €

» Av des Golfs
☎ 04 94 44 66 56
F. dim. à dîn., lundi et jeudi à dîn. (hiver), lundi (juil.-août), 10 jrs vac. scol. fév. et 10 jrs vac. scol. Toussaint.
Jusqu'à 22h.
⛱ 🚗 ❄

[13] Le Sud

DÉCOUVERTE

Un petit centre commercial sur la route d'Agay, vers le golf de Valescure, une maison et une cuisine qui ne jouent pas le grand jeu aux touristes (hormis l'illumination nocturne de la terrasse-tonnelle) mais renouvellent le genre avec une table actuelle à tarifs équitables : tortilla de maïs moelleux et tartare de saint-pierre et saint-jacques en vinaigrette de poireau, jus de crustacé, belle fraîcheur, contrastes et textures justes, pavé de thon rouge mi-cuit gratiné aux tomates séchées, sablé aux fraises et aux framboises, sorbet à la menthe fraîche. A la cave, Jasson, Rasque et Curebéasse à prix justes.
C : 28 € • M : 16-38 €

» Centre Commercial Golf Esterel
☎ 04 94 44 67 86
F. mardi, merc., 1er-10 juin et 20 déc-6 janv.
Jusqu'à 21h30.
⛱ 🚗 ♿ ❄ 🐕

[12] Sémillon

Vous auriez aimé un simple poisson grillé ou un aïoli ? Cette cuisine n'est pas la plus simple de la côte, avec son foie gras préparé par le célèbre "nos soins" et le ragoût de crustacés à la badiane, mais elle a le mérite du travail bien fait et de tarifs abordables, en particulier sur la formule à 26 **€**. Atout supplémentaire, une cave régionale qui met le cépage sémillon naturellement en exergue.
C : 45 € • M : 17-37 €

» 12 rue de la République
☎ 04 94 40 56 77
F. dim., lundi, 1re sem. nov. et 24 déc.-10 janv.
Jusqu'à 22h.
⛱ ❄ 🐕

🏨 Hôtel Excelsior

Le vaste immeuble de style haussmanien, face à la mer, se pare de belles chambres aux lignes sobres et contemporaines, d'inspiration Art déco. La brasserie fait partie des monuments de la ville.
36 ch. 45-175 € • 1/2 pens. 25 € *www.excelsior-hotel.com*

» Promenade du Pdt-René-Coty
☎ 04 94 95 02 42
📠 04 94 95 33 82
Ouv. 7j/7.
♿ ❄ 🐕

🏨 Le San Pedro

Charme et décor à l'ancienne dans un vieux mas provençal couvert de vigne vierge. Parc paisible aux essences méditerranéennes autour de la piscine. Chambres aux coloris chaleureux.
28 ch. 69-160 € • 1/2 pens. 18 € *www.hotelsanpedro.fr*

» 890 av Cl-Brooke
☎ 04 94 19 90 20
📠 04 94 19 90 21
F. 10-30 nov.
🔑 ❄ 🏊 🐕

🏨 La Villa Mauresque

Deux villas en fait, en bord de mer (accès direct depuis le jardin), à l'architecture typique créée en 1860. Au Palais, les chambres sont dédiées à des peintres, avec une dominante blanche et lumineuse. Aux Jardins, ce sont les écrivains, avec quelques touches de couleurs et du mobilier en fer forgé, en rappel des influences mauresques.
4 appart. 350-780 € • 10 ch. 150-480 € *www.villa-mauresque.com*

» 1792 rte de la Corniche
☎ 04 94 83 02 42
📠 04 94 83 02 02
Ouv. 7j/7.
🔑 🏊

SAINT REMY ➤ MONTBARD

SAINT REMY DE PROVENCE - 13210 (33 B 4)

Marseille 88 - Avignon 22 - Arles 27

Hostellerie du Vallon de Valrugues

➥ **Hôtel :** Hostellerie du Vallon de Valrugues

» Chemin Canto-Cigalo
☎ 04 90 92 04 40
F. 29 janv.-18 fév.
Jusqu'à 21h30.

Cadre et ambiance

La différence est nette entre l'été sur la terrasse, le jardin, le calme de ce domaine excentré, la jolie ambiance de vacances et l'arrière-saison, dans la salle au cadre de marbre, lustres et tapisseries, appliques à pampilles et fausses bougies dans un climat plus empesé.

Cuisine

On n'ira pas jusqu'à dire "Le rêve passe", car 16 reste une excellente note, et prometteuse de très agréables sensations, mais la magie des premiers temps s'est muée en une très sérieuse prestation qui correspond en tout point au standing hôtelier. Valrugues reste un phare des Alpilles, la grande table de Saint-Rémy, avec des plats de haut niveau, bien conçus et présentés avec adresse : les couteaux au sautoir et jus d'herbes, roquette, poivrons marinés ; un turbot bien cuit, dans une chapelure de sésame, asperges vertes ; un suprême de volaille aux shiitakés et truffe d'été, farcie d'un hachis d'herbe et céleri vert. La note vraiment renversante est au dessert, avec un pâtissier qui est surtout un chocolatier hors pair : son mille-feuille chocolat soupe de thé et sorbet pamplemousse est splendide.

Cave

Des noms sérieux un peu partout, du solide en bordeaux-bourgogne : c'est une belle cave, complète et sans défaut. Mais elle est tout simplement trop chère, même pour Valrugues. Maison Jaune, le bon faugères d'Alquier, à près de 70 **€**, Folatières de Sauzet 2003 à 189 **€** et château Simone à 119 **€**, plus cher que dans tous les palaces de la côte. On est heureusement sauvé par le sablet de Santa Duc à moins de 40 **€**.

Accueil et service

On a connu naguère un service féminin, enjoué, disponible, un peu décontracté. La saison dernière, il était surtout masculin, sérieux, très pro, en gilet, pour une clientèle qui a sans doute un niveau d'exigence.

C : 60€ • M : 71-92€ *www.hotelprestigeprovence.com*

La Maison Jaune

» 15 rue Carnot
☎ 04 90 92 56 14
F. dim. à dîn. (mars-déc.), lundi, mardi à déj. (juin-sept.) et 2 janv.-2 mars.
Jusqu'à 21h30.

Cet exclusif n'est pas transparent pour tous. On peut même passer légèrement à côté, pour peu que le budget vacances soit un peu tendu et que le charme, pourtant palpable, des lieux, ne contrebalance pas les 55 **€** d'un menu certes alléchant, mais qui fait un trou dans la poche d'une famille honorable. Et pourtant, lorsque tout fonctionne, quel bonheur, que cette élégance discrète, cette intimité à la mode provençale, cet accueil plein de retenue pour dérouler une carte personnelle, presque sensuelle, qui raconte toujours une belle histoire, les artichauts violets au poivron grillé et lomo, la tendre selle d'agneau, les merveilleux fromages de chèvre et le fondant au chocolat. Oui, cette simplicité aux produits choisis un à un (le balsamico quinze ans d'âge par exemple) est du domaine de la rareté, de celles qu'il faut librement apprécier. Vins également choisis avec minutie parmi les appellations régionales (Seuil, Mas Sainte-Berthe, Tempier…).

C : 65€ • M : 30-55€ *www.franceweb.org/lamaisonjaune*

Parking privé.  Parking fermé.  Voiturier.

Cave à cigares.  Air conditionné.  Tennis privé.

14 Alain Assaud

Sagesse proverbiale et provençale chez Alain Assaud, qui était déjà là aux balbutiements touristiques de cette perle des Alpilles. On ne fait pas de concession avec un terroir aussi franc, souriant et prodigue que celui-là, et le chef rassure ses habitués avec une simple anchoyade ou sa soupe de poissons. Ensuite, vous pourrez visiter le garde-manger de fond en comble : aïoli de morue, pavé de loup grillé à la coriandre, filet d'agneau au jus d'anchois, tout sonne juste dans un décor simplement de bon ton. Bons desserts classiques (tarte citron meringuée, parfait glacé café, réglisse, caramel) et cave érudite en vins du coin.
C : 45 € • M : 25-40 €

» 13 bd Marceau
☎ 04 90 92 37 11
F. sam., merc., jeudi à déj., 5 janv.-15 mars et 15 nov.-15 déc.
Jusqu'à 22h.

12 Le Bistrot des Alpilles

Un bistrot accueillant sur l'avenue circulaire de Paris-les-Alpilles, décontraction bar à vins, sympathie pour les petits crus, cave bien attrayante en tarifs permettant d'envisager le meilleur du Rhône, branché et connaisseur Au verre, de bonnes idées du moment pour l'initiation. La table est tout aussi avenante avec ses grillades de toro, ses poissons à la plancha et ses grandes salades.
C : 30 € • M : 15-34 € *www.bistrotdesalpilles.com*

» 15 bd Mirabeau
☎ 04 90 92 09 17
F. à dim. à dîn. et jeudi (hiver).
Jusqu'à 22h30.

12 Chez Xa

Sur le boulevard où tout se passe, Chez Xa fait le bord extérieur. Cela ne l'empêche pas Martine David d'être en plein dans le mille lorsqu'elle ajuste son menu à 24 € qui rassemble avec chaleur vacanciers et Provençaux, parce que c'est simple, bon, évocateur. Les anchois marinés comme les filets de rougets aux graines de fenouil, le veau au citron comme le blanc-manger. Cave fouineuse enrichie chaque année par M. Xa, alias Xavier David.
M : 24 €

» 24 bd Mirabeau
☎ 04 90 92 41 23
F. merc., fin oct.-mars.
Jusqu'à 22h30.

12 Sette Mezzo

Dans la jolie cour privée à l'ombre des marronniers, la belle cuisine italiano-méditerranéenne de Lionel Gailhac prend un tour des plus charmants : les truffes, les tomates mozza, la bresaola à la parmigianne... Pas facile à trouver (en réalité, en retrait du boulevard, dans une impasse, comme ne l'indique pas l'adresse), c'est l'adresse de ceux qui savent sur Saint-Rémy.
C : 37 € • M : 30 €

» 34 bd Mirabeau
☎ 04 90 92 59 27
F. dim., lundi (sept.-mai).
Jusqu'à 22h.

Café des Arts - Chez Jeff et Vince

Nouveau chef dans ce café historique du village, à la terrasse distinguée et un peu artiste, avec une visée un peu plus haute sur cette cuisine de marché pleine d'arômes : risotto d'épeautre et encornets sautés au pistou, cocotte de loup et barigoule à l'orange, canette à la sauge.
C : 30 €

» 30 bd Victor-Hugo
☎ 04 90 92 08 50
F. mardi (sf juil.-août). et 15 janv.-15 mars.
Jusqu'à 21h45.

Cuisine des Anges

Délaissons les brasseries du boulevard pour apprécier le décor adorable dans le calme précieux du patio. Une fois installé, on préférera les raviolis à la brousse aux gambas flambées au pastis, et les pruneaux au vin épicé au fondant au chocolat.
M : 12,50-25 € *www.alpilles-delices.com*

» 4 rue du 8-Mai-1945
☎ 04 90 92 17 66
F. lundi, mardi et jeudi (nov.-mars) et nov.
Jusqu'à 22h.

La Forge

Le propriétaire aime, et fait aimer, les voyages. C'est palpable dans le décor, qui s'enrichit et évolue au gré des destinations visitées, comme dans le choix de spécialités, de la boulette indonésienne sauce piquante au tajine d'agneau aux pruneaux. La gentillesse du service assume parfaitement le jet lag.
C : 35 €

» 5 av de la Libération
☎ 04 90 92 31 52
F.à déj., mardi et juin.
Jusqu'à 24h.

Resto'Bar

➥ **Hôtel** : Les Ateliers de l'Image

Dans le cadre moderne et superbe des Ateliers de l'Image, cette terrasse décline ses propositions gourmandes sur deux axes, sushi sashimi d'une part, bistrot tendance terroir d'autre part, autour de produits bio (sauté d'agneau au pistou, risotto aux olives noires).

C : 22 € *www.hotelphoto.com*

» 36 bd Victor-Hugo
☎ 04 90 92 51 50
Jusqu'à 21h30.

Les Ateliers de l'Image

➥ **Restaurant** : Resto'Bar

Au cœur de Saint-Rémy, un modèle d'hôtellerie de luxe décontractée, un palace zen comme on ne peut l'imaginer qu'en Provence, architecture et déco contemporaines où se mêlent le bois et le verre, des teintes douces, un accueil et un service précis, jeune, sans tralala et des espaces bien répartis autour de la piscine. Très belles chambres et appartements modernes (tout est climatisé bien sûr), salle de cinéma, restaurant japonais, massages...

4 appart. 340-550 € • 28 ch. 140-600 € *www.hotelphoto.com*

» 36 bd Victor-Hugo
☎ 04 90 92 51 50
📠 04 90 92 43 52
F. déb. janv.-mi-fév.

Château des Alpilles R

Sous les hauts plafonds de cette vaste maison XIXe, les meubles de style évoquent les grandes heures du passé, tout en contribuant au meilleur du confort actuel, pour de délicates chambres personnalisées. Le parc propose de délicieux moments de détente. Délicates également, les assiettes de Mathias Bettinger, aux parfums de Provence, dans une interprétation sobre et soignée : salade de gambas à la provençale, filet de cabillaud au pain d'épices, grillades le midi près de la piscine.

6 appart. 245-370 € • 14 ch. 120-240 € • C : 45 € • M : 22-37 €
www.chateaudesalpilles.com

» RD 31
☎ 04 90 92 03 33
📠 04 90 92 45 17
F. 8 janv.-16 fév. et 14 nov.-22 déc.

Hostellerie du Vallon de Valrugues

➥ **Restaurant** : 16/20 Hostellerie du Vallon de Valrugues

Luxe chatoyant et baroque pour cette grande maison à l'écart de la ville, paisiblement installée dans son parc foisonnant. Avec leurs tons provençaux et leurs matériaux nobles, les chambres adoptent un style plus sobre. Service soigné et équipement de détente complet.

15 appart. 390-1290 € • 38 ch. 160-370 € • 1/2 pens. 340-1470 €
www.hotelprestigeprovence.com

» Chemin Canto-Cigalo
☎ 04 90 92 04 40
📠 04 90 92 44 01
F. 29 janv.-18 fév.

Domaine de Valmouriane

Cachée dans la campagne près de la ville, cette luxueuse villa joue la carte d'un luxe sobre et raffiné, avec un décor sans esbroufe, entre vieilles pierres, mobilier ancien et jeu de couleurs et d'odeurs du parc. Au restaurant, la carte reste modeste, fixant dans les limites du raisonnable les ambitions du chef, qui traite plutôt bien, dans un cadre un peu démodé, une valeureuse cuisine provençale, à la toque néanmoins fragile (noisettes de lapin et capelletti d'herbes, goujonnettes de saint-pierre aux légumes et à l'épeautre, "une espèce de riz" précise-t-on au service).

1 appart. 230-335 € • 11 ch. 105-305 € • 1/2 pens. 60 € • C : 50 € • M : 25-65 € *www.valmouriane.com*

» Ancienne rte des Baux, D 27
☎ 04 90 92 44 62
📠 04 90 92 37 32
F. 5 nov.-1er déc.

Hôtel du Soleil

Installées dans les anciens locaux d'une fabrique de chardon cardère (matière utilisée dans l'industrie textile), des chambres qui ne jouent pas la carte du grand luxe mais prodiguent un bon confort à prix canon pour la région.

3 appart. 72-82 € • 24 ch. 53-69 € *www.hotelsoleil.com*

» 35 av Pasteur
☎ 04 90 92 00 63
📠 04 90 92 61 07
F. nov.-déb. avril.

➲ à MAILLANE - 13910 : 7 km N.O. par D 5

L'Oustalet Maianen

Une tradition provençale qui vous tire par la manche par assaut d'authenticité. Si la cuisine n'est plus tout à fait à hauteur des attentes, le service très pro et la petite salle intime, prolongée d'une pergola verdoyante restent objectivement attractifs.

C : 43 € • M : 25-48 € *oustaletmaianen@wanadoo.fr*

» 16 rue Lamartine
☎ 04 90 95 74 60
F. dim. à dîn. (sf juil.-août), lundi et nov.-janv.
Jusqu'à 21h45.

➲ aux PALUDS DE NOVES - 13210 : 10 km E. par D 30

La Maison de Bournissac

➥ **Hôtel** : La Maison Domaine de Bournissac

Cette salle où les résidents passent un excellent moment est presque familiale, alors que la maison, dans ce site secret et merveilleux, entre Avignon et les Alpilles, à cinq minutes de Saint-Remy, contient une indéniable charge romantique. Mieux, c'est aussi une belle table : Christian Peyre manie le beau produit avec sérénité (foie gras, saint-jacques et topinambour, langoustines en kadaïf…) et apporte sa touche méditerranéenne avec beaucoup d'esprit (pavé de loup et croustillant de lisette en pissaladière, pigeon fermier, risotto d'épeautre, navet et betterave glacés à blanc). Jolie cave experte, pour la vallée du Rhône, les grands comme les petits, mais aussi dans les vignobles plus lointain, où les noms qui s'accrochent sur la carte font toujours plaisir : peu de blancs de Bourgogne, par exemple, mais Boillot, Dancer, Dauvissat, Thévenet…

C : 70 € • M : 40-75 € *www.lamaison-a-bournissac.com*

» Montée d'Eyrargues
☎ 04 90 90 25 25
F. lundi et mardi (sf 1er mai-30 sept.) et 2 janv.-10 fév.
Jusqu'à 21h30.

La Maison Domaine de Bournissac 

➥ **Restaurant** : 15/20 La Maison de Bournissac

Déjà à l'époque, les papes (qui avaient fait de cette maison leur résidence d'été) appréciaient la vue sur les montagnes et colline alentour, des Alpilles au Ventoux. Aujourd'hui, s'ajoute le charme de vieilles pierres qui ont remarquablement traversé les siècles et d'une délicate décoration provençale, mélange d'ancien et de moderne.

3 appart. 195-255 € • 10 ch. 110-255 € • 1/2 pens. 170-315 €
www.lamaison-a-bournissac.com

» Montée d'Eyrargues
☎ 04 90 90 25 25
📠 04 90 90 25 26
F. 2 janv.-10 fév.

SAINT RIQUIER ➤ ABBEVILLE

SAINT ROMAIN - 63660 (26 C 4)

Viverols 10 - La Chaise-Dieu 47

Au Pont de Raffiny

C'est un hôtel en pleine nature, qui vit, qui rajeunit son décor, s'offre une piscine, un jacuzzi, une salle de séminaire : le voyageur est le bienvenu, mis en confiance par ce cadre idyllique et alléché par les parfums de cuisine régionale qui s'échappent des fourneaux. Nage de grenouilles, coq au vin d'Auvergne, pavé de bœuf à la fourme, une certaine simplicité épaulée par les côtes d'Auvergne ou du Forez.

C : 26 € • M : 16-30 € *www.hotel-pont-raffiny.com*

» Raffiny
☎ 04 73 95 49 10
F. dim. à dîn. et lundi (sf juil.-août), lundi-jeudi (mars) et 2 janv.-5 mars.
Jusqu'à 20h30.

Prix des appartements : la fourchette de prix correspond au tarif journalier pour 1 personne seule, et maximum pour 2 personnes.

Prix à la carte : correspond au prix moyen à la carte (entrée, plat + dessert).

SAINT ROMAIN SUR CHER - 41140 (17 D 4)

Blois 41 - Romorantin 36 - Contres 12

[12] Le Saint-Romain

» 52 rue Principale
☎ 02 54 71 71 10
Ouv. 7j/7.
Jusqu'à 21h30.
🚗 ♿

Champêtre et chaleureuse, cette maison de village, sur le bord de la route, ne fait pas semblant de donner plus que ce qu'elle peut offrir : de la sincérité et une bonne cuisine traditionnelle, honnête et goûteuse (un bon point pour la caille farcie aux truffes). Agréable cadre rustique, salle aux poutres apparentes.

C : 50 € • M : 12-76 €

SAINT SALVADOUR - 19700 (25 C 4)

Tulle 22 - Seilhac 8 - Treignac 20

[12] La Ferme du Léondou

» Le Bourg
☎ 05 55 21 60 04
F. merc. (sf à dîn. saison) et 15 fév.-12 mars.
Jusqu'à 21h.
🚗

On grille devant les clients, installés in situ dans l'ancienne étable à vaches de cette authentique ferme limousine. Trente ans de pratique verte ont appris à Jean-Louis Fauvert à peaufiner pour ses visiteurs cet intense moment de nature paysanne, par des menus généreux et une vaillante carte tradition-terroir : charcuteries maison, chou farci, confit de canard, lapin à la moutarde, flognarde pommes myrtilles.

C : 26 € • M : 9,50-36 € *jlfauvert@aol.com*

SAINT SATURNIN ➤ LE MANS

SAINT SATURNIN DE LUCIAN ➤ CLERMONT L'HERAULT

SAINT SATURNIN LES APT - 84490 (33 C 4)

Avignon 70 - Apt 9

[14] Domaine des Andéols [DÉCOUVERTE]

» Les Andéols
☎ 04 90 75 50 63
F. oct.-Pâques.
Jusqu'à 21h30.
🚗 ♿ ⛱ 🐕

➥ **Hôtel** : 🏠 Domaine des Andéols

Aux Andéols, version Ducasse, rien n'est laissé au hasard. A commencer par l'équipe mise en place : le chef d'abord, Laurent Poulet, la trentaine, au cursus révélateur (deux années au Louis XV bien sûr, un an chez Gagnaire et trois ans et demi chez Jacques Maximin) chargé de faire de ce domaine aux atouts maîtres (Luberon, terrain immense, beauté sauvage à perte de vue) une vraie destination gastronomique. Le potager, entièrement rénové devient une des bases fortes de la cuisine et le produit local (volailles, viandes, vins...) mis en avant. Le loup est superbe, présenté à table avant que le chef ne vous invite à lui dire comment vous souhaitez qu'il le prépare, comme un cuisinier maison. Des cuissons parfaites, très précises, des alliances irréprochables, un service sans faille : les deux toques sont déjà dans le collimateur. L'an prochain ?

C : 60 € • M : 55 € *www.domainedesandeols.com*

🏠 Domaine des Andéols 🐦

» Les Andéols
☎ 04 90 75 50 63
📠 04 90 75 43 22
F. oct.-Pâques.
🚗 ⛱

➥ **Restaurant** : 14/20 Domaine des Andéols

On peut se retrouver au cœur du Luberon, au milieu des oliviers et des champs de lavandes, sans pour autant vouloir une bastide rustique. Les 9 maisons qui composent le domaine en sont bien loin, avec un cadre contemporain, avec mobilier de créateurs, espaces épurés et œuvres d'art moderne. Un endroit unique et assurément exclusif.

9 appart. 210-1435 € *www.domainedesandeols.com*

SAINT SAUD LACOUSSIERE - 24470 (24 B 1)

Nontron 15 - Châlus 23

(12) Hostellerie Saint-Jacques

» Le Bourg
☎ 05 53 56 97 21
F. dim. à dîn. lundi mardi (1er mars-15 juin et 15 sept.-30 nov.), lundi à déj. mardi à déj. merc. à déj. (16 juin-14 sept.) et 1er déc.-28 fév.
Jusqu'à 21h.

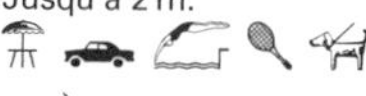

➥ **Hôtel** : Hostellerie Saint-Jacques

C'est une hostellerie qui bouge, qui cherche, qui remue un peu un terroir périgourdin parfois un peu lourd à déplacer. Thierry Marcelly compose, invente, bref il bosse : une tartine de boudin au tartare de pétoncles et sucette glacée aux asperges, des ravioles de foie gras, un risotto aux langoustines et velouté de veau crémé, un pavé de veau sous la mère lasagne de champignons et pieds de porc. C'est parfois un peu compliqué, mais la cause est bonne et la toque devrait venir prochainement. Passionnante cave de bergerac-montravel-pécharmant et cahors, qui se permet même d'être érudite dans bien des régions (tout Courtois par exemple) et de présenter une belle liste de grands bordelais.

C : 50 € • M : 28-61 € *www.hostellerie-st-jacques.com*

Hostellerie Saint-Jacques

» Le Bourg
☎ 05 53 56 97 21
Fax 05 53 56 91 33
F. 1er déc.-28 fév.

➥ **Restaurant** : 12/20 Hostellerie Saint-Jacques

Dans une maison XVIIIe de caractère, des chambres personnalisées, entre couleurs chaleureuses et ensoleillées et style cosy à l'anglaise, certaines avec climatisation.

2 appart. 130 € • 13 ch. 57-92 € • 1/2 pens. 59-80 €

www.hostellerie-st-jacques.com

SAINT SAUVEUR DE LANDEMONT - 49270 (15 D 4)

Ancenis 15 - Clisson 26

Château de la Colaissière

» ☎ 02 40 98 75 04
Fax 02 40 98 74 15

Les chambres naviguent dans les grandes époques du style français, entre Moyen Age, comme la maison construite au XIVe siècle, et le XIXe. Elégance toujours, beaucoup de raffinement également dans le traitement des détails, dans le calme d'une construction tournée vers sa cour intérieure.

3 appart. € • 16 ch. 147 € *www.colaissiere.com*

SAINT SAVIN ➤ ARGELES GAZOST

SAINT SAVIN - 86310 (22 D 3)

Poitiers 44 - Châtellerault 48

Christophe Cadieu

» 46 pl de la Libération
☎ 05 49 48 17 69
F. dim. à dîn., lundi, merc. à dîn, 20 janv.-5 fév. et 1er-15 oct.
Jusqu'à 21h.

En étant un poil persifleur, on pourrait se permettre de souligner que Christophe Cadieu émerge sans trop de difficultés dans le paysage poitevin, qui compte généralement sur ses produits fermiers et sa tradition pour retenir le chaland. La voie de l'innovation, c'est donc ici et pas ailleurs, sans exploits impossibles (la maîtrise est certaine chez cet ancien de Ducasse et Del Burgo) mais avec un souffle et une personnalité, évidents dans les langoustines rissolées et légumes primeurs confits au citron, le bar avec les têtes en jus cuisinées en daube et sucrines mijotées au jambon de pays, l'agneau du Poitou savamment rustique, filet sur le carré, panoufle braisée, carottes, pommes de terre et courgettes glacées. Les deux toques viendront, naturellement, avec la régularité et une réalisation encore plus pointue, mais tous les indicateurs sont déjà au vert, y compris l'atmosphère créée par Béatrice Cadieu et la cave maligne qui joue, aussi, la carte régionale.

C : 60 € • M : 19-45 €

SAINT SERVAN ➤ SAINT MALO

SAINT SEVER - 40500 (23 D 4)

Mont-de-Marsan 18 - Dax 48

[12] Le Relais du Pavillon Costedoat

Une belle maison familiale (Eric Costedoat en cuisine, sa soeur Isabelle en salle) où gastronomie rime avec générosité : foie gras de canard au naturel chutney de fruits, asperges blanches sur ventrèche gratinées au parmesan, croustade aux pommes accompagnée d'un bon petit verre d'armagnac.
C : 45€ • M : 24,50€

» Rte de Grenade
☎ 05 58 76 20 22
F. sam. à déj., dim. à dîn. et lundi.
Jusqu'à 21h15.

SAINT SULPICE LE VERDON - 85260 (15 C 5)

Nantes 43 - La Roche-sur-Yon 28

[14] Restaurant du Logis de la Chabotterie

Une aussi belle maison méritait un chef à la hauteur : c'est chose faite avec l'arrivée de Thierry Drapeau. Cette maison historique, à côté du logis du chef vendéen Charrette, et sa superbe salle s'animent donc, avec une élégance remarquable, d'une cuisine actuelle et ambitieuse. Les assiettes soigneusement composées sont aussi jolies que convaincantes, avec les grosses asperges vertes du Pertuis vinaigrette aux condiments jambon Serrano œuf cassé en tempura, le bar et bulbe de fenouil sur tarte aux cébettes tomate confite ou le sablé aux noisettes fraises gariguette et broccio à la vanille. L'aisance du service et les multiples attentions (grandes assiettes de mignardises salées comme sucrées, choix de vins au verre) composent une atmosphère décontractée.
C : 47€ *restaurant.thierrydrapeau@wanadoo.fr*

» Thierry Drapeau, Logis de la Chabotterie
☎ 02 51 09 59 31
F. dim. à dîn. et lundi.
Jusqu'à 21h30.

SAINT SYLVAIN D'ANJOU ➤ ANGERS

SAINT SYLVESTRE SUR LOT ➤ VILLENEUVE SUR LOT

SAINT SYMPHORIEN LE CHATEAU - 28700 (18 A 1)

Chartres 23 - Rambouillet 19

Château d'Esclimont

Etape de caractère avec ce château Renaissance qui se mire dans ses douves, au coeur d'un parc de 65 ha. Chambres luxueuses et romantiques, avec meubles de style et de magnifiques tissus d'ameublement. Service de haut niveau et nombreuses possibilités de détente. Au restaurant, le jeune chef arrivé l'an passé suit une ligne sage agrémentée des petits clins d'œil d'époque, le chutney de mangue avec le suprême de caille et escalope de foie gras, le duo de bar et truite de mer en carpaccio.
5 appart. 140-1280€ • 52 ch. 135€ • C : 86€ • M : 69-96€
www.esclimont.com

» ☎ 02 37 31 15 15
📠 02 37 31 57 91
Ouv. 7j/7.

SAINT THEGONNEC - 29410 (13 C 3)

Brest 49 - Morlaix 13

[10] Crêperie Stérédenn

Authentique et immuable, la crêperie qui vous immerge dans une profonde Bretagne, à deux pas de l'enclos. Atmosphère de veillée souriante entre les murs de pierre et la grande cheminée, garnitures soignées, bilig impeccable et cidre directement produit par le patron.
C : 13€ • M : 12-15€

» 6 rue de la Gare
☎ 02 98 79 43 34
F. lundi, mardi (sf juil.-août) et 7 nov.-6 fév.
Jusqu'à 21h30.

SAINT TROJAN LES BAINS ➤ OLERON (ILE D')

SAINT TROPEZ - 83990 (34 B 6)

Toulon 69 - Fréjus 34

Résidence de la Pinède

» Plage de la Bouillabaisse
☎ 04 94 55 91 00
F. 9 oct.-Pâques.
Jusqu'à 21h45.

➥ **Hôtel :** Résidence de la Pinède

Cadre et ambiance

La plus belle terrasse de Saint-Tropez. Isolée du monde, à cinq minutes de la place des Lices, la vue sur la baie, du grand chic hôtelier pour clientèle internationale.

Cuisine

Un chef doué, fin et bien adapté à une Riviera de bon ton qui ne déteste pas se montrer un peu. C'est le cas des assiettes, toujours chic sans être mondaines, d'une bonne inventivité contrôlée sur des produits naturellement luxueux : homard juste saisi, macaroni fourré de ses pinces, ragoût de fenouil lié aux truffes de Carpentras, truffes et foie gras encore en raviolis au céleri, lapin Rex en cocotte et gnocchis de petits pois.

Cave

Vaste cave de Provence et du reste du monde, triée avec savoir-faire, rendant la lecture agréable et éveillant la curiosité.

Accueil et service

Un service à l'esprit tropézien, affichant son efficacité et son standing en toute occasion.

C : 100 € • M : 60-145 € *www.residencepinede.com*

14 Spoon Byblos

» Av Foch
☎ 04 94 56 68 20
F. mardi, merc. (h.s.) et mi-oct.-mi-avril.
Jusqu'à 23h.

Spoon à la plage, c'est le même concept avec le soleil et un peu de mistral. Les cols blancs enfilent leurs chemises hawaïennes, n'hésitent plus à sortir leur décapotable et font faire le tour du monde à des convives émerveillés par les œufs mollets marinés soja wasabi, les sucettes de camaron en chermoula et la pizza choco orange sorbet orange gingembre. Impressionné, il y a de quoi l'être aussi par le rythme, la prestance du service, la carte de vins étrangers (60%) et cette aisance ducassienne qui fonctionne jusqu'à Saint-Trop'.

C : 65 € *www.byblos.com*

13 Le Bistrot

» 3 pl des Lices
☎ 04 94 97 11 33
F. merc. (hiver) et fév.
Jusqu'à 23h30.

L'enseigne est toute simple, le succès important. Ce Bistrot est tout simplement un rendez-vous, de peoples et d'anonymes venus gentiment festoyer, échanger, rigoler et grignoter un morceau sans que la qualité de la soirée dépende fondamentalement de celle de l'assiette. Ce qui n'empêche pas de bien faire, la preuve. Service tonique et souriant de jeunes gens en pleine forme.

C : 70 € • M : 19-45 €

13 Caprice des Deux

» 40 rue du Portail-Neuf
☎ 04 94 97 76 78
F. merc. (10 oct.-10 mars) et 2 janv.-5 fév.
Jusqu'à 0h30.

Pas la moindre attente entre les plats dans ce Caprice au cadre chic rustique où la rentabilité est un maître mot. Au rez-de-chaussée, à l'étage ou sur la petite terrasse de vingt tables installées sur des planches, on débite, dans une atmosphère de brasserie parisienne, une cuisine méditerranéenne pas mal faite (cœur de thon rouge et sucrine façon sushi, très frais, filet de daurade royale et légumes vapeur) et qui vaut toujours sa toque. Cave locale assez courte, à tarifs sans surprise.

C : 50 € • M : 50 € *www.aucapricedesdeux.com*

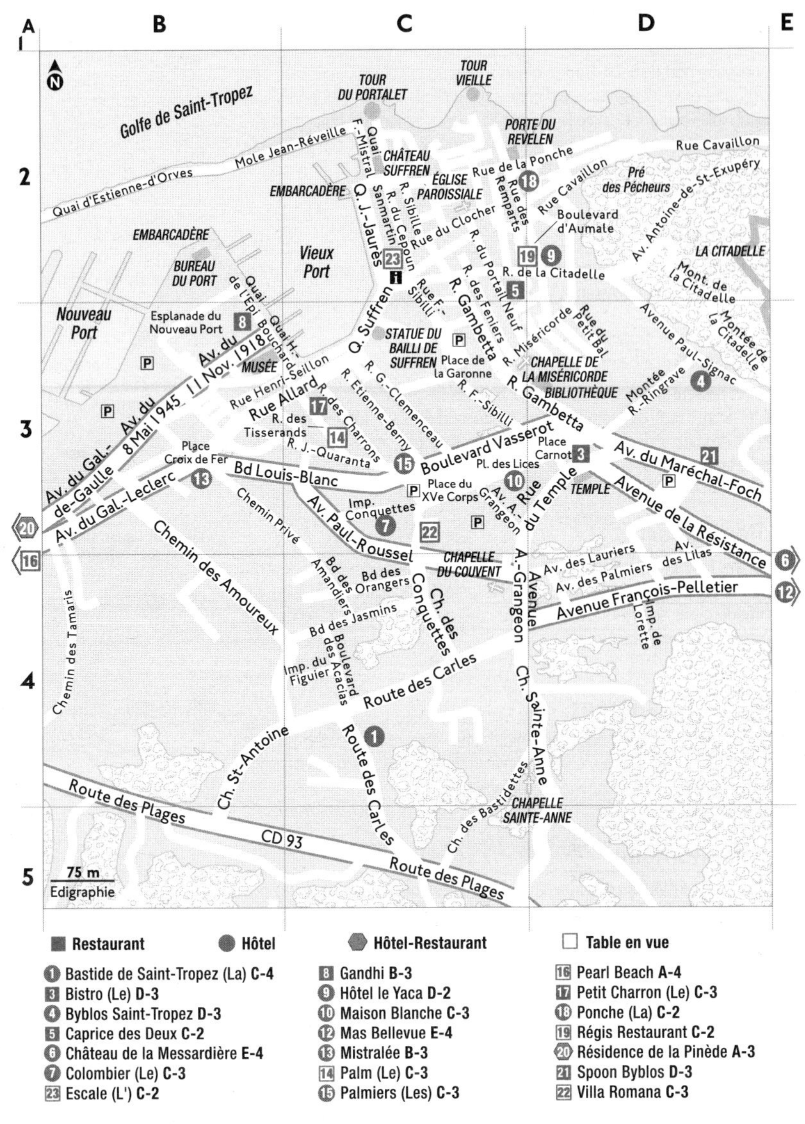

13

Le Petit Charron

C'est la régularité qui fait le prix. Et à ce compte, Christain Benoît mérite quelques palmes, académiques, provençales, et même une mention spéciale pour l'accueil, dans cette ruelle connue de tous les Tropéziens, échappée de la place des Lices vers le port. La soupe de poissons est un standard qui frappe les esprits avides de repères, le risotto à la crème d'artichaut entoure les médaillons de lotte et la pintade rôtie à la crème d'ail a le poinçon de l'authenticité. Tarifs acceptables pour l'emplacement, cave provençale bien triée.

C : 38 € • M : 38-42 € c-benoit@wanadoo.fr

» 6 rue des Charrons
☎ 04 94 97 73 78
F. dim., lundi (h.s.), 15 nov.-1er déc., 15 janv.-1er fév., 15-28 fév. et 1er-15 août.
Jusqu'à 21h30.

[12] Gandhi

Sur le nouveau port de Saint-Tropez, objets exotiques et guides GaultMillau bien en place, une chaleureuse table indienne sans paillettes, à la cuisine traditionnelle. Une jolie petite fête avec le nababi thali, assortiment de huit spécialités qui montrent des viandes de qualité et des parfums bien dosés. Cave minuscule, mais vin rouge indien, bière et thé à la cardamome.
C : 30 € • M : 17,50-30 € *www.nova.fr/gandhi*

» 3 quai de l'Epi
☎ 04 94 97 71 71
F. merc. et 20 déc-30 janv.
Jusqu'à 22h30.
❄ 🐕

▶ L'Escale

Un restaurant de poissons pétaradant sur la place, beau linge, fraîcheur ruisselante et addition fracassante.
C : 100 €

» 9 quai Jean-Jaurès
☎ 04 94 97 00 63
F. mi-nov.-mi-déc.

▶ Le Palm

Les modes passent si vite. Depuis le Palm, d'autres fusées se sont installées pour conquérir Saint-Trop'. Il n'empêche que la situation du Palm lui permet encore d'espérer de beaux jours. Les intitulés sont toujours attirants, et l'accueil entretient la flamme de l'up to date.
C : 75 € • M : 60 €

» 26 rue des Charrons
☎ 04 94 54 80 38
F. finn sept.-fin avril.
Jusqu'à 2h.
⛱ 🚗 🐕 🚬

▶ Pearl Beach

Un club chic tendance privilège, tout près de la Pinède, pour des happy few qui veulent lounge, people et originalité dans l'assiette. En oubliant le contexte, ces essais modernistes sont tout de même très chèrement facturés, et servis avec une lenteur désespérante.
C : 50 € • M : 60 €

» Lieu-dit La Bouillabaisse
☎ 04 98 12 70 70
F. à dîn. (mi-nov.-déb. déc., sf sam.).

▶ Régis Restaurant

Dans la rue menant à la citadelle, l'incontournable Régis déplie ses terrasses en bois exotiques, tonnelles en fer forgé et nouveau concept très world Soleil Levant, avec force sushis, sashimis ou encore california rolls.
C : 35 € • M : 30-50 € *www.regisrestaurant.com*

» 19 rue de la Citadelle
☎ 04 94 97 15 53
F. nov.-janv.
Jusqu'à 24h.

▶ Villa Romana

En 50 ans, cette institution a vu passer de nombreux people mais n'a pas pris la grosse tête pour autant. L'histoire et le décor se paient, mais la carte décline avec un certain bonheur les produits nobles.
C : 85 € • M : 48 €

» Chemin des Conquettes
☎ 04 94 97 15 50
F. mardi (Pâques-1er juin et 15 sept.-mi-oct.). F. ann. non comm.
Jusqu'à 24h.
⛱ 🚗 ♿ ❄ 🚬

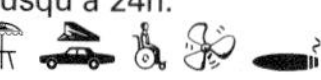

🏨 Byblos Saint-Tropez

Le nom résonne comme une référence et ce très exclusif ensemble, à deux pas du port, s'emploie à la rester. Dans une architecture typique et délicieuse, avec en rappel ponctuel les plafonds anciens, un luxe de détails permet de créer une atmosphère contemporaine, à la fois raffinée et chaleureuse, dans le choix des couleurs, la beauté du mobilier comme les attentions (fleurs, œuvres d'art). Prestations évidemment parfaites, service aux petits soins et deux restaurants, la Méditerranée en version élégante au Bayader et l'exotisme multi-ethnique au Spoon.
44 appart. 590-4200 € • 51 ch. 290-740 € *www.byblos.com*

» Av Paul-Signac
☎ 04 94 56 68 00
📠 04 94 56 68 01
F. mi-oct.-mi-avril.
🚗 ♿ ❄ 🏊

🏨 Château de la Messardière 👨‍🍳

12 ha de parc sur les hauteurs, à cinq minutes du centre-ville, ce n'est qu'un luxe parmi d'autres pour cette adresse prestigieuse, installée dans un château XIXe. Le décor absorbe et restitue avec générosité le soleil, grâce aux tons provençaux. Le luxe des détails et des matériaux signe un hôtel d'exception. A

» Rte de Tahiti
☎ 04 94 56 76 00
📠 04 94 56 76 01
F. 9 oct.-24 mars.
🚗 ♿ 🏊

ce niveau, la clientèle a ses exigences, au restaurant également, et Patrick Cuissard y répond avec bonheur et ce qu'il faut de personnalité, du risotto de courgettes au parmesan aux bugnes aux olives vertes confites à l'orange, en passant par la langouste rôtie aux épices et mijotée de légumes au thym.
39 appart. 450-2500 € • 76 ch. 200-690 € • 1/2 pens. 275-765 € • M : 64-95 €
www.messardiere.com

 Résidence de la Pinède

» Plage de la Bouillabaisse
☎ 04 94 55 91 00
Fax 04 94 97 73 64
F. 9 oct.-Pâques.

➡ **Restaurant** : 16/20 Résidence de la Pinède
Un modèle de palace, avec son architecture fière face au golfe, sa plage privée pour happy few et ses prestations de haute volée : service abondant et aux petits soins, cadre actuel et luxueux, apaisant et feutré. Reste à goûter les plaisirs simples de la piscine et de la terrasse sous les pins.
4 appart. 480-1720 € • 35 ch. 200-1205 € • 1/2 pens. 75-130 €
www.residencepinede.com

 La Bastide de Saint-Tropez

» Rte des Carles
☎ 04 94 55 82 55
Fax 04 94 97 21 71
F. 2 janv.-10 fév.

Le charme commence autour de l'hôtel, avec une piscine superbe et un parc luxuriant (300 espèces différentes). Les bâtiments, inspirés des mas provençaux, affichent un luxe raffiné et sûr de lui, matériaux nobles et chambres personnalisées. Homard, foie gras, ris de veau, et un menu truffes : le restaurant ne manque pas une marche pour plaire à des résidents choyés. Et la table participe gentiment à cette intimité un peu luxueuse : sans ambition démesurée (les plats les plus aventureux sont les calamars farcis en croûte de curry ou la daurade au citron confit), elle livre de bons produits (superbe carré d'agneau) et s'est trouvée, avec le chef-pâtissier, un excellent chocolatier qui s'éclate dans une carte dédiée au cacao. Cave symbolique des lieux, des références, des étiquettes, peu de risque mais pas non plus de provocation dans les tarifs (Simone à 64 €). Service en gilet, dévoué avec sincérité dans un cadre assez charmant, surtout en terrasse sous l'olivier, au bord du jardin luxuriant, palmiers, figuiers, cyprès…
8 appart. 380-795 € • 18 ch. 190-540 € • 1/2 pens. 90 € • C : 69 € •
M : 50-55 € *www.bastide-de-saint-tropez.com*

 Hôtel le Yaca R

» 1 bd d'Aumale
☎ 04 94 55 81 00
Fax 04 94 97 58 50
F. 30 oct.-Pâques.

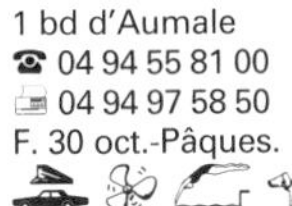

Au pied de la citadelle, ces maisons anciennes protègent comme un trésor une adorable cour intérieure avec piscine sous le palmier. Mobilier et tissus raffinés signent un décor intime et chaleureux, pour une luxueuse et idéale maison de vacances. Spécialités italiennes en version noble au restaurant.
3 appart. 525-1125 € • 25 ch. 225-545 € • C : 66 € *www.hotel-le-yaca.fr*

 La Maison Blanche

» Pl des Lices
☎ 04 94 97 52 66
Fax 04 94 97 89 23
F. fév.

Au cœur de l'animation de la station, cette belle maison de maître 1900 adopte un style clair et épuré, dans des tons de gris. Ambiance exclusive, à savourer le champagne dans le jardin comme à profiter de l'élégance contemporaine des chambres.
4 appart. 350-750 € • 5 ch. 168-374 € *www.hotellamaisonblanche.com*

 La Mistralée

» 1 av Gén-Leclerc
☎ 04 98 12 91 12
Fax 04 94 43 48 43
Ouv. 7j/7.

Un hôtel particulier en plein centre, transformé en hôtellerie de luxe et d'originalité : les chambres sont décorées chacune selon un thème très marqué, changeant les ambiances avec une grande qualité d'évocation : Victor Hugo, Chine, Maroc, Tarzan, Lorjou, les nuits seront parfois plus belles que les jours, et surtout différentes (il suffit de déménager chaque matin). Calme et bien-être au milieu d'un parc planté de palmiers et de platanes, autour de la piscine et du pool-house. Restaurant de cuisine méditerranéenne.
2 appart. 370-760 € • 10 ch. 190-590 € *www.hotel-mistralee.com*

La Ponche R

» 3 rue des Remparts, port des Pêcheurs
☎ 04 94 97 02 53
📠 04 94 97 78 61
F. 2 nov.-15 fév.
🐕

Un mythe ancré dans l'histoire de la station, en retrait de l'agitation artificielle des quais. Les maisons de pêcheurs XVIIIe se sont ainsi muées en un hôtel luxueux et intime, aux nombreux détails soignés (comme les tableaux authentiques de Jacques Cordier dans toutes les chambres). Authentique et directe, la cuisine de Christian Geay, avec la soupe de poissons ou les petits farcis, à savourer en terrasse.
3 appart. 150-525 € • 15 ch. 150-405 € • C : 40 € • M : 23-35 €
www.laponche.com

Mas Bellevue 🐦

» Rte de Tahiti
☎ 04 94 97 07 21
📠 04 94 97 61 07
F. 1er nov.-6 avril.
🚗 ♿ ❄ 🏊 🎾
🐕

Au-delà des piscines et des 2 ha d'un parc riche en couleurs et en odeurs chatoyantes, la vue embrasse la baie, un panorama à savourer paisiblement, comme le confort des chambres aux douces influences provençales.
10 appart. 220-455 € • 34 ch. 90-275 € • 1/2 pens. 75-335 €
www.masbellevue.com

Le Colombier

» Imp des Conquettes
☎ 04 94 97 05 31
📠 04 94 97 32 57
F. 5 janv.-1er mars et 11 nov.-24 déc.
🐕

Des chambres de style provençal ou épuré dans une charmante demeure (au calme, au fond d'une impasse en centre-ville) dont l'ambiance n'est pas sans rappeler celle d'une maison d'hôtes. Agréable jardin fleuri.
1 appart. 136-183 € • 10 ch. 58-130 €

Les Palmiers

» 26 bd Vasserot, pl des Lices
☎ 04 94 97 01 61
📠 04 94 97 10 02
Ouv. 7j/7.
🐕

Une affaire de famille depuis 1948, ouvert à l'année… Deux gages d'honnêteté pour cet hôtel du centre-ville, qui se prolongent par des chambres claires et bien équipées (rénovation récente).
25 ch. 65-205 € *www.hotel-les-palmiers.com*

SAINT VAAST LA HOUGUE - 50550 (5 B 2)

Saint-Lô 70 - Cherbourg 29

[12] Le Chasse-Marée

» 8 pl du Gén-de-Gaulle
☎ 02 33 23 14 08
F. lundi, mardi (h.s.) et janv.
Jusqu'à 21h.
⛱ ♿

La mer qui ne triche pas, qui ne compose pas en faisant louvoyer le chalutier : l'arrivage, comme les recettes, c'est en direct, des coquillages farcis, de la soupe de poisson, de la sole de petit bateau et de la raie beurre noisette. Vous vouliez du classique sans souci : le voilà, avec des menus équitables à moins de 30 **€**, un service dévoué et une cave anecdotique.
C : 42 € • M : 15-28 €

Hôtel de France

» 20 rue du Mal-Foch
☎ 02 33 54 42 26
📠 02 33 43 46 79
F. janv. et fév.
🚗 🐕

Maison de bon confort aux chambres habillées de toile de Jouy. Jardin privé et location de bicyclettes pour partir à la découverte de la délicieuse et méconnue côte du Val de Saire.
1 appart. 118-134 € • 34 ch. 43-105 € • 1/2 pens. 52-88 €
www.france-fuchsias.com

SAINT VALERY EN CAUX - 76460 (6 B 1)

Rouen 60 - Dieppe 34 - Yvetot 32

[11] Le Restaurant du Port

» 18 quai d'Amont
☎ 02 35 97 08 93
Réouv. 12 oct. Rens. prix et F. hebd., ann. non comm.

Ainsi placé sur les quais, ce restaurant ne pouvait, dans sa petite salle, échapper au poisson. Il est là, et bien là, sur la marmite de trois poissons par exemple, mais la terrine de canard prouve que les carnivores ne sont pas oubliés. Normandie for ever avec la tarte pommes poire et la meilleure adresse de la ville.

[10] Restaurant La Passerelle

» Casino de Saint-Valery, Le Perrey
☎ 02 35 57 84 11
Ouv. 7j/7.
Jusqu'à 22h.
⛱ ♿ ❄ 🐕 🚬

Quand la Passerelle ne subit pas trop les coups de vent, quand la mer est belle et que l'animation du casino remplit cette salle moderne en pont de paquebot, alors la cuisine rayonne au lieu de ronronner et le gratin de fruits de mer, comme les filets de carrelet au noilly, sont à la bonne allure. Beaux plateaux de fruits de mer, et huîtres de Pourville très bien élevées. Certes plus coûteuse, la carte est franchement plus intéressante que les menus. Cave assez vaste mais sans recherche.

C : 33 € • M : 16-36 € *www.casino-saintvalery.com*

🏨 Hôtel du Casino

» Pont-de-Plaisance
☎ 02 35 57 88 00
📠 02 35 57 88 88
Ouv. 7j/7.
🚗 ♿

L'hôtel donne sur le port (l'accès au casino, un peu plus loin sur le front de mer, se fait par navette gratuite). Le cadre y est clair et moderne.

76 ch. 60-138 €

SAINT VALERY SUR SOMME - 80230 (3 B 2)

Abbeville 18 - Amiens 63

🏨 Le Relais Guillaume-de-Normandy

» 46 quai Romerel
☎ 03 22 60 82 36
📠 03 22 60 81 82
F. 1er-7 janv. et 17-31 déc.
🚗 ❄

Installée sur les hauteurs, cette maison 1900 à l'allure si particulière bénéficie d'une jolie vue sur la baie. Décor à l'ancienne, dans une ambiance gentiment désuète.

14 ch. 47-66 € • 1/2 pens. 57-65 € *www.guillaumedenormandy.com*

SAINT VALLIER - 26240 (27 D 4)

Valence 32 - Tournon 16

[12] Bistrot d'Albert

» 116 av Jean-Jaurès
☎ 04 75 23 01 12
F. 15-28 fév. et 5-25 août.
Jusqu'à 21h30.
🚗 ❄ 🐕

➥ **Hôtel :** 🏨 Hôtel Terminus

Alexandre Lecomte ne fait plus de gastro ? Allez y voir… En tout cas, il s'éclate dans une carte taillée sur mesure pour la convivialité, préparant en toute franchise des ravioles du Royans à la crème en forme de référence, un cabillaud ratatouille, une côte de bœuf à la plancha, une paella, des tripes… Et le public ne se prive pas de trinquer en rigolant, avec le viognier de Sarras, les Premières Grives de Tariquet, le Mas du Libian ou le crozes de Tardy, éclaboussants de bonne humeur.

C : 30 € • M : 14,50-28 € *bistrotalbert@wanadoo.fr*

🏨 Hôtel Terminus

» 116 av Jean-Jaurès
☎ 04 75 23 01 12
📠 04 75 23 38 82
F. 15-25 fév. et 5-25 août.
🚗 ❄ 🐕

➥ **Restaurant** : 12/20 Bistrot d'Albert

A côté de la gare bien sûr, la façade plutôt anodine cache des chambres au confort soigné, dans une ambiance conviviale.

10 ch. 52-58 € *bistrotalbert@wanadoo.fr*

SAINT VALLIER DE THIEY - 06460 (34 B 4)

Nice 49 - Grasse 12

[10] Hostellerie le Préjoly

» Av Gaston-de-Fontmichel
☎ 04 93 42 60 86
F. dim. à dîn., mardi à dîn., merc. (sf juil.-août) et 2 janv.-1er fév.
Jusqu'à 22h.
⛱ ♿ 🐕

La partie hôtelière vendue, Claude Basin se consacre désormais entièrement à son restaurant cinquantenaire et à cette cuisine régionale sympathique et peu coûteuse : fromage de tête, marbré de lapin, raviolis à la crème de cèpes, daube de joue de bœuf et polenta.

C : 30 € • M : 16,50-24,50 € *www.hostellerieleprejoly.com*

SAINT VERAN - 05350 (34 B 2)

Gap 92 - Briançon 69

🏠 L'Astragale

C'est la montagne qui est en vedette, dans le décor, avec ses boiseries claires et chaleureuses, et surtout pour le panorama et les activités. Equipement de bon niveau et accueil agréable.

21 ch. 78-214€ • 1/2 pens. 66-130€ *www.astragale.queyras.com*

» La Ville
☎ 04 92 45 87 00
📠 04 92 45 87 10
F. 17 avril-15 juin et 17 sept.-15 déc.
🏊 🐕

🏠 Les Chalets du Villard

L'hôtel est installé dans deux chalets de ce village fameux, face à la montagne. Les meubles régionaux authentiques ajoutent à l'ambiance chaleureuse et familiale.

24 ch. 55-140€ *www.leschaletsduvillard.fr*

» Le Villard
☎ 04 92 45 82 08
📠 04 92 45 86 22
F. 20 avril-10 juin et 20 sept.-20 déc.
🎾 🐕

🏠 Châteaurenard R

Au-dessus du village, un hôtel aussi soigné dans son aménagement que dans son accueil. Cadre de bois clair chaleureux et cuisine de terroir actualisée et raffinée au restaurant : cappuccino de velouté de châtaigne et potiron, carré d'agneau à l'hysope, filet de féra beurre de mousserons.

20 ch. 40-150€ • 1/2 pens. 55-100€ • C : 30€ • M : 22-38€
www.hotel-chateaurenard.com

» Quartier au-dessus de l'Eglise
☎ 04 92 45 85 43
📠 04 92 45 84 20
F. 6 sem. (avril-juin) et 1er nov.-15 déc.

SAINT VIANCE ➤ BRIVE LA GAILLARDE

SAINT VICTOR DE RENO ➤ LONGNY AU PERCHE

SAINT VINCENT ➤ LE PUY EN VELAY

SAINT VINCENT DE LOROUER - 72150 (16 C 3)

Le Mans 33 - Le Grand-Lucé 5

[11] L'Hermitière en Forêt de Bercé

La maison forestière telle qu'on la voit dans les livres d'enfant. Blanche-Neige et la Belle au Bois Dormant viendraient se balader autour, en hologramme, que l'on ne serait pas autrement surpris. Au coeur de cette forêt profonde, qui fournit tant de beaux chênes aux marines royales de jadis, Guy Podevin poursuit son œuvre, jolies tables, bons classiques (terrine de lièvre, effilochée de raie, sauté de volaille, jambon, escargots au vin de Jasnières) à tarifs contenus.

C : 50€ • M : 25-50€ *www.www.lhermitiere.fr*

» Forêt de Berce, Aux Sources de l'Hermitière
☎ 02 43 44 84 45
F. dim. et lundi à dîn., mardi, merc. et 2-15 janv.
Jusqu'à 20h45.
⛱ 🚗 🐕

SAINT VOUGAY - 29440 (13 C 2)

Landivisiau 13 - Saint-Pol-de-Léon 17

[10] Crêperie du Château

Des galettes dans un cadre champêtre agréable, à côté du château de Kerjean, auquel est dédiée une crêpe dessert aux pommes et amandes. Et, pourquoi pas, des spécialités italiennes, un carpaccio de bœuf, un involtini de veau pour mettre la Bretagne en Botte.

C : 10€ • M : 15-38€

» Kerfao
☎ 02 98 69 93 09
F. hiver (sf w.-e. et sur réserv.)
Jusqu'à 22h.
⛱ 🚗 🐕

SAINT YORRE ➤ VICHY

SAINT YRIEIX LA PERCHE - 87500 (25 B 3)

Limoges 36 - Brive-la-Gaillarde 62

(10) A la Bonne Cave

Dans un cadre historique comme celui-là, trois siècles, belle pierre, du caractère, on peut rechercher un peu d'aristocratie. Le jeune chef en donne, avec son mille-feuille de foie gras aux cœurs d'artichauts ou sa tarte renversée de ris de veau, mais l'on plébiscitera néanmoins, en bons républicains, les simples et bonnes viandes corréziennes. Agréable terrasse au cœur de la vieille ville.
C : 20 € • M : 10-25,50 €

» 7 pl de la Pierre-de-l'Homme
☎ 05 55 75 02 12
F. lundi, mardi à dîn. et 2 sem. fin sept.-déb. oct.
Jusqu'à 21h30.

➲ à LADIGNAC LE LONG - 87500 : 12 km N.O. par D 901

(11) Ferme-Auberge du Moulin

Les canards ont la belle vie dans cette ferme limousine au bord d'un étang de 10 ha. Ce qui les rend encore plus tendres et fondants, pour le confit, le tournedos au roquefort ou le foie gras au pineau. Les légumes viennent du potager, et le bergerac rouge est à 11 €.
M : 13-24,50 €

» Les Etangs
☎ 05 55 09 38 16
F. merc. et quelques jrs sept.
Jusqu'à 21h.

SAINT ZACHARIE - 83640 (33 D 5)

Marseille 35 - Aix-en-Provence 37 - Brignoles 32

(13) Urbain Dubois

Cette table coquette et enthousiaste mérite un petit coup de pouce. Le jeune chef et son épouse s'y dépensent sans compter avec les moyens du bord et les soirées thématiques (les fleurs, l'olive…) montrent qu'il y a une vie en dehors des assiettes. Si l'on encourage le chef avec cette belle toque, c'est aussi pour rappeler que les meilleurs produits s'enrichissent dans la simplicité, et qu'il ne doit pas se laisser envahir par son bagage technique ; même si, à l'évidence, on devient curieux de saveurs avec la transparence de concombre et pommes fruits aux dés de viande séchée, le mille-feuille de loup et citron confit et les fromages, habilement cuisinés avant la "symphonie glacée" ou le "coucher de soleil". Bonne petite cave de propriétaires, équitable et pas bien chère.
M : 20-131 € *www.urbaindubois.fr.fm*

» RN 560, la-Petite-Foux
☎ 04 42 72 94 28
F; dim. à dîn., lundi, mardi à déj., merc. à déj. (sf fériés) et 2 sem. h.s.
Jusqu'à 21h30.

SAINTE ANNE LA PALUD - 29127 (13 B 4)

Quimper 25 - Douarnenez 16

Hôtel de la Plage

Face à la mer, tranquillement isolé derrière les arbres du parc, cet hôtel séduit par l'impression de luxe et de sérénité qui s'en dégage, avec l'élégance des chambres et le soin porté à chaque détail. Le restaurant propose les produits de la mer, dans des préparations actuelles et maîtrisées qui puisent leurs influences bien au-delà de la Bretagne pour conquérir une large clientèle.
4 appart. € • 26 ch. 166-292 € • 1/2 pens. 149-212 € • M : 47-84 €
www.plage.com

» ☎ 02 98 92 50 12
📠 02 98 92 56 54
F. 6 nov.-31 mars.

SAINTE-ENIMIE - 48210 (32 A 2)

Mende 27 - Florac 27 - Millau 56

Auberge du Moulin

Une belle maison de caractère en pierres du pays, à quelques dizaines de mètres du Tarn. Cuisine simple et régionale, avec quelques bonnes spécialités, farci d'agneau des Causses en mousse et tian de légumes, truite meunière du Rozier et sa garniture, écrevisses à la bordelaise.
C : 25 € • M : 15,50-82 €

» Rue de la Combe
☎ 04 66 48 53 08
F. lundi à déj. et mi-nov.-fin mars.
Jusqu'à 20h45.

🏨 Château de la Caze 🍴

» Rte des Gorges-du-Tarn
☎ 04 66 48 51 01
📠 04 66 48 55 75
F. 11 nov.-15 mars.
🚗 🖋

C'est un château de contes, et aussi la meilleure table des gorges du Tarn. Deux arguments de choc pour aller poser ses valises dans ce fief seigneurial, authentique bâtisse XVe en bordure de rivière. Les chambres sont spacieuses, de caractère, réparties entre le château (style d'époque, mobilier ancien) et la ferme (esprit provençal plus moderne). Au restaurant Jean-Paul Lecrocq relie les tendances et le terroir : des produits de prestige, et de jolies saveurs du Sud, foie gras de canard rôti au pain d'épices et lentilles vertes du Puy, pimientos del piquillos bonite plancha et pistou, selle d'agneau frottée au piment d'Espelette, jus d'olive et tomate. Forte cave en toutes régions, Languedoc mais aussi grands bordeaux et bourgognes.
9 appart. 166-276 € • 7 ch. 112-166 € • 1/2 pens. 104-166 € • C : 35 € • M : 32-78 €
www.chateaudelacaze.com

SAINTE EULALIE - 07510 (27 B 5)

Mont-Gerbier-de-Jonc 5

🏨 Hôtel du Nord R

» Le Village
☎ 04 75 38 80 09
📠 04 75 38 85 50
F. 11 nov.-1er mars.
🚗 ♿ 🐕

Installé dans les montagnes ardéchoises, cet hôtel a bien évolué au fil des générations pour conserver un bon niveau de confort sans se départir de son ambiance chaleureuse. La générosité du terroir, charcuterie en tête, garantit un repas tout aussi convivial et soigné que le confort des chambres.
15 ch. 45-53 € • 1/2 pens. 46-51 € • C : 28 € • M : 18-33 €
www.ardeche-tourisme.com/hotel/du-nord

SAINTE FEYRE ➤ GUERET

SAINTE FORTUNADE - 19490 (25 C 4)

Brive-la-Gaillarde 32 - Saint-Céré 51 - Tulle 9

[12] Le Moulin de Lachaud

» ☎ 05 55 27 30 95
F. mardi et fév.
Jusqu'à 21h.
⛱ 🚗 ♿ 🐕

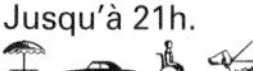

Cuisine de bon aloi (escalope de foie gras aux fruits rouges, grenadin de veau aux girolles, filet de bœuf aux morilles) à des prix contenus, permettant aux familles comme aux pêcheurs de profiter de la charmante terrasse au bord de l'étang. Quatre chambres d'hôtes, vastes et bien tenues, idéales pour un week-end.
M : 17-30 €

SAINTE GENEVIEVE DES BOIS ➤ PARIS-BANLIEUE

SAINTE LUCE SUR LOIRE ➤ NANTES

SAINTE MARINE - 29120 (13 B 4)

Quimper 21 - Pont-l'Abbé 9 - Bénodet 6

🍴 [15] L'Agape

» 52 rue de la Plage
☎ 02 98 56 32 70
F. dim. à dîn. (sf juil.-août), lundi, mardi à déj. et jeudi à déj.
Jusqu'à 21h.
🚗 🐕

C'est sans doute une tarte à la crème, mais c'est la réalité : c'est l'adresse la plus discrète de Bretagne ! Prenez la maison : elle ressemble à une résidence secondaire sur la route de la plage, enfouie dans la verdure. On peut passer devant sans y prendre garde. Prenez le chef, Patrick Le Guen : vous ne le verrez jamais en salle pas plus que dans les gazettes locales et nationales. Et sa cuisine pourrait même passer pour anodine. Grave erreur ! Derrière des intitulés simples se cachent des plats intelligemment pensés, structurés et élégants (tartare de bar et fenouil, saint-pierre rôti, macaron aux fraises...). Alors bien sûr, le ticket d'entrée n'est pas donné, le manège n'est pas le plus beau de la foire, mais les sensations sont au rendez-vous.
C : 75 € • M : 43-65 €
www.agape-ste-marine.com

➲ à **COMBRIT** - 29120 : 3,5 km S.E. par D 144

Villa Tri Men

Une hôtellerie différente, de grâce contemporaine et de distinction. Un architecte de talent, Javier Moron, a aménagé pour Thierry Acquitter cette ancienne maison de vacances pour les enfants des usines Peugeot. Un style dépouillé, une superbe terrasse en bois exotique pour les petits déjeuners, des meubles Conran et de belles toiles de Lionel Floch. La lumière entre sur les draps de percale des chambres au luxe discret, la n°3 bénéficie d'une vaste terrasse privée. Au restaurant, cuisine simple et actuelle basée sur les beaux produits de la mer (langoustines, ormeaux, lieu de ligne plancha, sole et ris de veau).

17 ch. 100-225 € *www.trimen.fr*

» 16 rue du Phare, Sainte-Marine
☎ 02 98 51 94 94
📠 02 98 51 95 50
F. 3 janv.-3 fév. et 15 nov.-15 déc.

SAINTE MAURE ➤ TROYES

SAINTE MAURE DE TOURAINE - 37800 (17 C 5)

Tours 42 - Loches 34

Hostellerie les Hauts de Sainte-Maure

La maison pose ses vieilles pierres XVIe siècle le long de l'avenue, mais c'est vers l'intérieur que se tournent ses charmes, du joli jardin potager aux deux bâtiments meublés de style dans lesquels se partagent les chambres. Celles de la Maison du Chai, avec leurs tomettes authentiques et leur élégance Louis XVI, sont particulièrement élégantes.

3 appart. 180 € • 8 ch. 119-135 € • 1/2 pens. 104 €
www.hostelleriehautsdestemaure.fr

» 2 av Charles-de-Gaulle
☎ 02 47 65 50 65
📠 02 47 65 60 24
F. janv.

➲ à **NOYANT DE TOURAINE** - 37800 : 4 km O. par D 760

Château de Brou

Un cadre fastueux, voilà ce que propose ce château XVe magnifiquement restauré, dont le décor s'accorde à merveille aux souvenirs que dégagent les vieilles pierres : mobilier ancien, tentures épaisses, lits à baldaquins, autant d'éléments qui renforce une délicieuse ambiance hors du temps. Dans le parc, on peut admirer une roseraie, rêvasser au bord de l'eau ou encore apercevoir les chevreuils qui s'y promènent en toute liberté. Restaurant le soir pour les résidents.

2 appart. 200-280 € • 10 ch. 115-165 € • 1/2 pens. 180-230 €
www.chateau-de-brou.fr

» ☎ 02 47 65 80 80
📠 02 47 65 82 92
F. 3 janv.-3 mars.

SAINTE MAXIME - 83120 (34 B 5)

Toulon 72 - Fréjus 20

La Belle Aurore

Les deux toques acquises l'an passé se confirment. Le jeune chef Jérôme Zuéras qui a pris de bonnes manières chez Sarran et appris la Méditerranée au Mas du Langoustier à Porquerolles, a fiabilisé le paquebot, étanchéifié les joints, et le bâtiment, côté cambuse, va plutôt très bien. Ce qui donne confiance à un service bien briefé, conscient de la qualité de l'outil et aux petits soins pour une clientèle conquise par la néo-modernité de cette table de longue et traditionnelle réputation. Elle vient désormais s'amuser de sushis de thon, de tempura de langoustines et de croustade de saint-pierre au basilic, tout en découvrant un produit de qualité et de très belles façons. Cette manie des enrobages et des

» 5 bd Jean-Moulin
☎ 04 94 96 02 45
F. merc. (sf juil.-août) et mi-oct.-mi-mars.
Jusqu'à 22h.

allusions asiatiques ne doit cependant pas devenir un tic - un peu poussé cette année avec le mille-feuille de foie gras et croustillant de kadaïf, les nems à l'ananas, les ravioles banane-chocolat. Très bonne cave provençale.
M : 35-76 € www.belleaurore.com

⑩ La Maison Bleue

» 48 rue Paul-Bert
☎ 04 94 96 51 92
F. lundi, mardi (janv.-mars), merc. (avril-oct.) et nov.-déc.
Jusqu'à 22h.

Sous les platanes de la vaste terrasse, une simple cuisine méditerranéenne qui ne triche pas : tomates mozza, soupe de poissons de la pêche de Saint-Tropez, loup et daurade aussi frais que les gnocchis. tagliatelle et ravioles, dans une vaste carte brasserie sudiste.
C : 35 € • M : 19,50-25,50 €

Le Beauvallon

» Bd des Collines, Beauvallon-Grimaud
☎ 04 94 55 78 88
04 94 55 78 78
F. nov.-mars.

Derrière la façade rose de cette vaste construction Belle Epoque, les chambres sont de ravissants îlots de douceur, matériaux nobles et soyeux et coloris pastel. Effet réussi et apaisant, avec vue sur la mer ou sur le golf. Le vaste parc descend jusqu'au Beach Club et à la plage privée, tandis qu'aux atouts classiques (centre de remise en forme) s'ajoutent de petits plus comme le bateau navette pour Saint-Tropez.
12 appart. 495-2320 € • 58 ch. 205-540 € www.hotel-lebeauvallon.com

Villa Grimaldi

» 44 bd des Cistes, montée du Sémaphore
☎ 04 98 12 93 79
04 98 12 93 89
F. 15 oct.-1er avril.

Cette superbe villa aux lignes épurées fut construite dans les Années 20 pour la famille royale de Monaco. Toutes les chambres ouvrent sur la mer en un panorama aussi magnifique que l'architecture. Ambiance artistique dans les chambres personnalisées, belles harmonies de couleurs et œuvres originales.
6 appart. 143-556 € www.villa-grimaldi.com

SAINTE PREUVE - 02350 (4 D 4)

Laon 28 - Reims 52 - Vervins 29

13 Les Epicuriens

» Domaine du Château de Barive
☎ 03 23 22 15 15
Ouv. 7j/7.
Jusqu'à 22h.

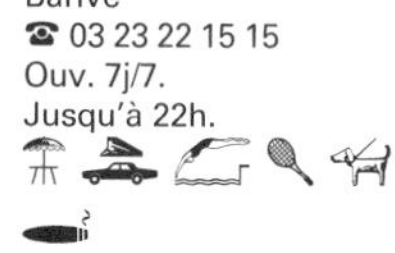

➥ **Hôtel** : Domaine du Château de Barive

Pour les amateurs de quiétude et de grands espaces verts, ces anciens corps de ferme rénovés à grands frais manquent peut-être d'âme et de patine, mais répondent au cahier des charges. Le nouveau cuisinier à l'ambition de réveiller cet hôtel de charme au milieu de nulle part, et fait souffler un vent du Sud bon teint sur les tables dressées en terrasse. Service alerte d'une table dans le sens de la marche.
C : 60 € • M : 31-85 € www.chateau-de-barive.com

Domaine du Château de Barive

» Domaine du Château de Barive
☎ 03 23 22 15 15
03 23 22 08 39
Ouv. 7j/7.

➥ **Restaurant** : 13/20 Les Epicuriens

500 ha de bois, c'est bien le minimum pour garantir la tranquillité de la vie de château à deux pas de la Champagne, dans cette élégante demeure XIXe. Ambiance raffinée et exclusive dans des chambres personnalisées aux tons chaleureux, avec mobilier de style et tissus luxueux.
2 appart. 200-250 € • 11 ch. 120-175 € www.chateau-de-barive.com

 Accessible aux handicapés.
 Piscine privée.
 Carte des vins remarquable.
 Repas servis en terrasse ou dans un jardin.
 Tennis privé.
 Chiens acceptés.

SAINTES - 17100 (22 B 4)

La Rochelle 72 - Royan 40

(12) Le Bistrot Galant

» 28 rue Saint-Michel
☎ 05 46 93 08 51
F. dim., lundi, 1 sem. janv. et 1 sem. oct.
Jusqu'à 21h15.

Le décor est un premier charme de cette adresse du centre, avec une maison classée et un plaisant cachet ancien. Patrick Aumon soigne ses produits, va chercher le poisson à la criée et propose une tranquille cuisine de marché, petit farci tiède de lapin blettes et pleurotes, lieu jaune en croûte et pomme de terre et crème de potimarron, moelleux de riz au lait safrané. Quelques originalités à apprécier sur la carte des vins, comme les vins de la Moselle, souvenir du parcours du chef au Luxembourg, ou les vins de pays charentais.

C : 38 € • M : 15,50-31,50 € *www.lebistrotgalant.com*

(10) Le Minaret

» 78 rue Arc-de-Triomphe
☎ 05 46 92 19 89
F. lundi à dîn., mardi et août.
Jusqu'à 22h.

Appel du muezzin pour une très rassembleuse cuisine marocaine, authentique et parfumée. Comme dans toutes les vraies bonnes tables de cuisine nord-africaine, c'est Madame qui fait le couscous, le poulet aux citrons confits et les tajines aux dattes et au miel.

C : 23 €

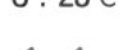

Relais du Bois Saint-Georges

» Cours Genêt, Parc Altlantique
☎ 05 46 93 50 99
📠 05 46 93 34 93
Ouv. 7j/7.

Voyage immobile pour les chambres de cet hôtel, dont les chambres à thèmes promènent de Russie en Afrique avec talent et originalité, sans oublier un luxe de bon goût. Autre atout, le charme du parc, avec les arbres et les cygnes sur l'étang. Au restaurant, si la cuisine, assez convenue, se stabilise sans chercher à émouvoir (lapereau tapenade, pigeonneau à l'arabica et cuisses confites en pastilla, la cave reste un véritable point fort, avec du bon de tous vignobles.

27 ch. 60-250 € • C : 48,70 € • M : 44-130 € *www.relaisdubois.com*

SAINTES MARIES DE LA MER - 13460 (33 A 5)

Marseille 125 - Arles 38

(13) Le Petit Gourmet

» Rte d'Aigues-Mortes
☎ 04 90 97 89 01
F. lundi à déj., mardi à déj., 2 janv.-31 mars et 27 nov.-16 déc.
Jusqu'à 21h30.

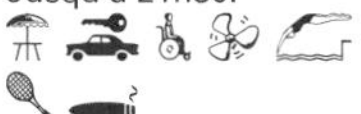

➥ **Hôtel :** L'Estelle en Camargue

Le chef Sven Fuhrmann a tous les atouts dans sa manche et les utilise à bon escient : une ravissante terrasse près de la piscine, et quelques tables au bord de l'étang, une clientèle détendue sous un soleil quasi-permanent et des produits bien achetés utilisés dans une certaine simplicité pour contenter les voyageurs de toutes origines : pata negra, risotto aux asperges et jambon de Parme, lotte en aïgo boulido, tournedos de taureau en mille-feuille au foie gras. Service de haut niveau, cave juste et variée où l'on trouve son bonheur aussi sur les petits domaines locaux.

C : 65 € • M : 35-80 € *www.hotelestelle.com*

Lou Santen

» Av Théodore-Aubanel
☎ 06 30 17 32 49
F. 3e sem. sept.-fin avril.
Jusqu'à 22h.

Alexandre Rochefort aime travailler les poissons frais, sous toutes leurs formes mais notre préférence va sans hésitation vers les versions grillées ou poêlées, dans une simplicité qui colle à merveille aux lieux.

C : 30 €

Les fermetures hebdomadaires et annuelles
sont celles que les restaurateurs et les hôteliers pensent pratiquer en 2006.
Pour éviter des déplacements inutiles, téléphonez pour confirmer.

L'Auberge Cavalière R 

» Rte d'Arles, RD 570
☎ 04 90 97 88 88
Fax 04 90 97 84 07

Cavalière en effet, avec son centre équestre : un bon moyen de découvrir les paysages du parc naturel de Camargue, dont on peut apercevoir les oiseaux sur l'étang en face de l'hôtel. Qu'elles soient dans le bâtiment principal ou dans les cabanes de gardians reconstituées dans le parc, les chambres semblent, par leur sobriété et leur élégance, s'inspirer de cette douceur de vivre. Une autre forme de luxe, qui n'exclut pas un confort soigné. Cuisine de saison, directe et chaleureuse, autour des produits du potager et de la pêche du jour.

42 ch. 87-172 € • 1/2 pens. 33 € • M : 24-38 € *www.aubergecavaliere.com*

Le Mas de la Fouque

» Rte du Petit-Rhône
☎ 04 90 97 81 02
Fax 04 90 97 96 84
F. 1er janv.-15 mars et 12 nov.-31 déc.

Les magnifiques paysages de Camargue en panorama (100 ha autour de l'hôtel, terrasse sur pilotis, bateau pour un déjeuner sur la plage) et un décor superbe, souvent original et aux inspirations variées, pour un endroit unique et luxueux. Au restaurant, un jeune chef passé notamment chez Rabanel décline la Méditerranée avec bonheur, entre audace maîtrisée (bandeira de thon aux fraises sauce piquante aux noisettes) et simplicité canaille (côte de taureau rôti à la broche sauce vierge).

6 appart. 310-490 € • 17 ch. 180-200 € • 1/2 pens. 157,50-312,50 € • M : 49 €
www.masdelafouque.com

L'Estelle en Camargue

» Rte du Petit-Rhône
☎ 04 90 97 89 01
Fax 04 90 97 80 36
F. 2 janv.-31 mars et 27 nov.-16 déc.

➥ **Restaurant** : 13/20 Le Petit Gourmet

Les touristes comme les citadins goûtent le calme et le charme de cette demeure camarguaise aux lignes basses dans un environnement de pleine nature. Atmosphère très relaxante dans les chambres au style provençal douillet, autour de l'étang et dans le parc de trois hectares. Les remarquables prestations s'enrichissent de nombreuses animations, promenades et découverte de la Camargue.

1 appart. 320-420 € • 19 ch. 145-350 € • 1/2 pens. 115-210 €
www.hotelestelle.com

Mangio Fango R

» Rte d'Arles, RD 570
☎ 04 90 97 80 56
Fax 04 90 97 83 60
Ouv. 7j/7.

Dans un joli cadre de verdure, l'hôtel et son annexe (qui accueille depuis l'an dernier 4 suites) mettent en avant un esprit de détente, par la qualité de l'accueil et la sélection d'activités proposées. Chambres claires et confortables. Restaurant au gré du marché, à privilégier dans ses valeurs régionales : tellines du golfe à l'aïoli, filet de taureau ou poisson de Méditerranée cuits au feu de bois.

1 appart. 115-160 € • 19 ch. 59-115 € • 1/2 pens. 74,50-112,50 € • C : 44 € • M : 30-37 € *www.hotelmangiofango.com*

Le Pont des Bannes R

» Rte d'Arles
☎ 04 90 97 81 09
Fax 04 90 97 89 28
Ouv. 7j/7.

Dans un paysage de marais typique, à travers les roubines qu'enjambent de petits ponts de bois, l'hôtel utilise les solutions ancestrales, avec d'authentiques cabanes de gardians, qui accueillent sous leurs toits de roseau des chambres superbes, spacieuses et claires, bien loin du confort rustique. Cuisine camarguaise dans le même esprit, simplicité et qualité, autour des produits de la pêche des Saintes Maries : anchoïade, aïoli de morue.

27 ch. 130-163 € • C : 42,50 € • M : 23-38 € *www.pontdesbannes.net*

Attention, les prix ont été réclamés très tôt auprès des intéressés, ne nous en veuillez pas s'ils ont légèrement augmenté.

LES SAISIES - 73620 (28 C 2)

Chambéry 81 - Megève 25

Le Calgary

» 73 rue des Periots
☎ 04 79 38 98 38
Fax 04 79 38 98 00
F. 22 avril-24 juin et 26 août-9 déc.

En attendant le résultat des travaux prévus pour cette année, l'hôtel dispose d'atouts intéressants, l'aménagement comme le soin porté à l'accueil, par exemple, des familles avec enfants. Chambres discrètement boisées, agréables dans leur espace comme leur équipement.

40 ch. 50-75 € • 1/2 pens. 69-132 € *www.hotelcalgary.com*

SALBRIS - 41300 (18 A 4)

Blois 70 - Vierzon 28

(11) Les Copains d'Abord

» 52 av d'Orléans, RN 20
☎ 02 54 97 24 24
F. dim., mardi (sf groupe avec réserv.), 1er-12 janv. et 6-24 août.
Jusqu'à 21h30.

Une autre route que celle des braves gens ? Sûr que Brassens conseillerait de sortir de l'autoroute pour retrouver les copains d'abord, ceux qui se rassemblent pour les dîners musicaux, comme ceux qui passent juste casser une petite graine avec la terrine de campagne aux foies de volailles et le parmentier de confit de canard renversé. Bonne petite sélection centre-loire (sauvignon de Marionnet, touraine d'Octavie, reuilly de Desroches), accueil tout sourire au seuil de la Sologne.

C : 12,80 € • M : 9,80-24 €

Domaine de Valaudran

» Av de Romorantin
☎ 02 54 97 20 00
Fax 02 54 97 12 22
F. mi-fév.-mi-mars.

Cadre plaisant d'une gentilhommière XIXe, dans un parc à l'écart de la ville. Chambres rénovées dans un style modernisé élégant, pour des prestations confortables.

32 ch. 69-106 € • 1/2 pens. 50-100 € *www.hotelvalaudran.com*

Le Parc

» 8 av d'Orléans
☎ 02 54 97 18 53
Fax 02 54 97 24 34
F. 17 déc.-2 janv.

Un parc, une plaisante maison bourgeoise. A l'intérieur, un cadre un peu rétro et un restaurant, où Jean-Pierre Blanquer utilise le marché et son savoir-faire pour la plus grande satisfaction des habitués comme des hôtes de passage : une crème de tomate à l'estragon pour dynamiser les asperges de Sologne tièdes, les écailles de chorizo pour relever discrètement le cabillaud ou encore une belle soupe de fraises au vin. Intéressante sélection en vins de Loire et plus précisément du département.

23 ch. 43-81 € • 1/2 pens. 53,50-65 € • C : 46 € • M : 24-54 €
www.leparcsalbris.com

SALERS - 15140 (26 A 4)

Aurillac 43 - Mauriac 20

(12) Le Bailliage

» Rue Notre-Dame
☎ 04 71 40 71 95
F. fév. et nov.
Jusqu'à 20h30.

➥ **Hôtel :** Le Bailliage

Auberge modèle au cœur de la cité, entretenue avec patience et passion par Dominique et Jean-Michel Gouzon, cette maison à toits de lauze, dans son parc de verdure avec piscine, est une étape idéale comme on peut avoir un gendre idéal : bien polie, d'un soin parfait, sourire permanent et efforts sans compter pour le bien-être des hôtes. La cuisine n'en fait pas moins, le chef adaptant son terroir avec opiniâtreté, pour proposer le fondant de sandre à la gentiane, la tartelette d'escargots ou le filet de Salers au bleu d'Auvergne et truffade.

C : 22 € • M : 14-42 € *www.salers-hotel-bailliage.com*

Le Bailliage

» Rue Notre-Dame
☎ 04 71 40 71 95
Fax 04 71 40 74 90
Ouv. 7j/7.

➥ **Restaurant** : 12/20 Le Bailliage

Sous son toit de lauzes, la maison est bien à sa place dans le village classé. A l'intérieur, l'atmosphère est soignée, avec mobilier ancien et tissus élégants. Annexe à la Maison Jarriges sur les hauteurs de la ville, maison XVe au décor personnalisé et adorable.

2 appart. 120 € • 26 ch. 49-85 € • 1/2 pens. 50-68 €

www.salers-hotel-bailliage.com

à FONTANGES - 15140 : 5 km S. par D 35

(12) Auberge de l'Aspre H

» ☎ 04 71 40 75 76
F. dim. à dîn., lundi, merc. à dîn. et 15 nov.-5 fév.
Jusqu'à 20h45.

L'ancienne grange dresse le catalogue régional : chou farci de Marie-Louise, carré de porc élevé dans le Cantal, boudin noir d'Auvergne, bœuf de Salers. Pourquoi chercher plus loin, alors qu'il suffit de faire confiance aux producteurs voisins pour régaler le voyageur en quête d'authenticité. Les petits prix et les vins de Châteaugay ou d'Entraygues achèvent de donner le sourire. Chambres reposantes, mobilier rotin et poutres apparentes.

C : 40 € • M : 17-34 € • 8 ch. 50-82 € • 1/2 pens. 54 €

www.auberge-aspre.com

SALIES DE BEARN - 64270 (23 C 5)

Paris 780 - Pau 65 - Bayonne 59 - Dax 38

à CASTAGNEDE - 64270 : 7 km S.O. par D17, D 27 et D 384

(13) La Belle Auberge H

» Castagnède-de-Béarn
☎ 05 59 38 15 28
F. dim. à dîn., lundi à dîn., 1er-15 juin et mi-déc.-fin janv.
Jusqu'à 21h15.

Typique et accueillante maison béarnaise où les deux frères Vicassiau font plaisir à leurs aubergistes de parents en perpétuant la fière tradition familiale de bon gîte bonne croque. Pas d'erreur, que du bonheur dans la simplicité de la salade d'oreilles et langue de porc confite, des chipirons à la luzienne, du carré d'agneau aux herbes, sans oublier de jeter un coup d'œil aux suggestions du moment qui boostent la carte avec à propos (tarte de pommes de terre et saint-jacques grillées, pastilla de mouton et courgettes…). La toque est toujours solide, les prix réduits, la cave solidaire du Béarn, du tursan, du jurançon, des côtes de saint-mont. Agréables chambres rustiques, au confort et à l'atmosphère familiale.

C : 35 € • M : 12-22 € • 14 ch. 39-60 € • 1/2 pens. 42 €

SALIGNAC EYVIGUES - 24590 (24 C 2)

Cahors 86 - Sarlat-la-Canéda 16

(13) La Meynardie

» ☎ 05 53 28 85 98
F. merc. et déc.-mi-fév.
Jusqu'à 21h.

Les Anglais la trouvent lovely, les Français charmante : c'est la jolie maison de campagne typiquement périgourdine, sol en pisé, meubles campagnards et cheminée de 1603. La cuisine de Gérard Lasserre ne remonte pas aussi loin, mais elle puise dans les coutumes locales en s'adaptant au monde nouveau. La carte donne un peu dans le conventionnel riche (homard, foie gras, saint-jacques) et le menu à moins de 30 **€** évite la ruine en profitant du cadre : bon foie gras en terrine avec la confiture de figues, filet de canette au parfum d'orange, "Paulinoix" (on est à Paulin) et glace aux noix (c'est vrai que "glace à la noix", ça ne passe pas). Cave bien branchée sur bergerac et cahors, à prix justes

C : 35 € • M : 12,20-50 €

lameynardie24@wanadoo.fr

SALINS LES BAINS - 39110 (21 B 4)

Lons-le-Saunier 58 - Poligny 24

[12] Restaurant des Bains

» 1 pl des Alliés
☎ 03 84 73 07 54
F. dim. à dîn., lundi et 2-24 janv.
Jusqu'à 21h30.
⛱ 🚗 ♿ ❄ ✍ 🐕

Des visées gastro, mais une relative simplicité et du travail bien fait sur les standards et plats inspirés par la région (truite fumée au miel de sapin, sandre au vin jaune), dans un décor clair et accueillant. La cave contient de bons juras et propose du vin au verre.

C : 30,20 € • M : 17-45 € *www.restaurant-desbains.com*

SALLANCHES - 74700 (28 C 2)

Annecy 79 - Megève 13

🏨 Le Cerf Amoureux 🐦

» Hameau du Nant-Cruy
☎ 04 50 47 49 24
📠 04 50 47 49 25
F. 2 sem. printemps et 2 sem. automne.
🚗 ✍

Bien que très récente, cette construction respecte l'allure plaisante et typique des chalets régionaux. On retrouve cette même influence dans la décoration, qui fait largement appel aux boiseries chaleureuses, mariées à un espace généreux et d'adorables tissus fleuris pour composer des chambres personnalisées. Balcons sur les montagnes pour toutes les chambres

4 appart. 190-350 € • 11 ch. 110-265 € • 1/2 pens. 99-184 €

www.lecerfamoureux.com

SALON DE PROVENCE - 13300 (33 C 5)

Marseille 50 - Aix-en-Provence 37 - Avignon 50

[13] Château de Richebois

» Rte d'Eyguières
☎ 04 90 56 85 85
F. dim. à dîn., lundi et merc. à dîn.
⛱ 🚗 🐕 🚬

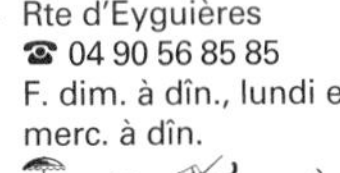

La boîte de nuit qui jouxte ce superbe château XVIIIe tranche singulièrement avec ces vieilles pierres et leur histoire, et les spots violets qui éclairent la cour sont assez anachroniques. Cela ne nuit pas, heureusement à la qualité de l'assiette, bien conçue et réalisée par un chef de bon métier, capable de tremper la tradition dans un bain de jouvence, avec l'émincé de magret fumé maison et sa tomate farcie à la brousse, les médaillons de veau en écorce de pain d'épice et le "napoléon" de framboises chocolat blanc et pralin. Service pro et attentif, cave assez variée, bien renseignée sur la région.

C : 38 € • M : 15-25,50 € *www.richebois.com*

[13] La Salle à Manger

» 6 rue du Mal-Joffre
☎ 04 90 56 28 01
F. dim. et lundi.
Jusqu'à 22h.
🚗 ♿ 🐕

La maison de la famille Miège compte parmi nos préférées en Provence. On vient s'y rassasier de grosses tranches de bonne humeur, de grandes lampées de bonheur et d'assiettes extraordinairement généreuses et, même si les plats ne sont pas toujours tous de la même veine, on reste ébahis devant tant de belles assiettes : porchetta, huîtres grenadines, tajine d'espadon, croustillant d'agneau à la tapenade, côte de bœuf au Sang des Cailloux de Férigoule et grosses frites à la graisse d'oie... et toujours les quarante desserts de "grand-mère", entremets, charlottes, tartes et gourmandises glacées. Belle cave en région, atmosphère délicieuse.

C : 29 € • M : 15-27 €

🏨 Abbaye de Sainte-Croix 🐦

» Rte du Val-de-Cuech, RD 16
☎ 04 90 56 24 55
📠 04 90 56 31 12
F. hiver (nov.-mi-mars) et sem. (mi-déc.-mi-janv. (sf groupes, sur réserv. seult).
🚗 ✍ 🐕

L'abbaye remonte au XIIe siècle et la sobriété de son architecture, comme l'atmosphère qui s'en dégage, lui confère une personnalité unique. La décoration respecte ces beaux murs, en leur donnant un luxe feutré. L'allure des meubles et les couleurs choisies agissent comme un rappel de la campagne provençale et des 20 ha de parc qui forment la propriété.

4 appart. 422-453 € • 21 ch. 150-294 € • 1/2 pens. 160-232 €

www.relaischateaux.com/saintecroix

SALVAGNAC - 81630 (30 A 3)

Montauban 33 - Toulouse 48

Relais des Deux Vallées

Un établissement complètement rénové et réouvert l'an passé, offrant une étape intéressante en vallée du Tarn. Chambres fonctionnelles et agréables, normes d'accessibilité. Restaurant de cuisine traditionnelle, terrasse avec vue sur la rivière.

10 ch. 35-38 € *www.hotel-tarn.com*

» Grand'Rue
☎ 05 63 33 61 90
📠 05 63 33 61 91
F. non comm.

LA SALVETAT SUR AGOUT ➤ SAINT PONS DE THOMIERES

LE SAMBUC ➤ ARLES

SAMOENS - 74340 (28 C 2)

Annecy 84 - Morzine 33

La Renardière

Désormais agrémenté de son propre magasin de décoration de style montagnard, ce chalet de style traditionnel offre des chambres à l'ambiance "cocooning" affirmée : boiseries, tissus à carreaux, mobilier savoyard… Les deux piscines, et le parc de 3000 m² au milieu des champs ajoutent au confort.

27 appart. 380-650 € • 8 ch. 65-105 € *www.renardiere.com*

» Résidence Hôtelière
☎ 04 50 34 45 62
📠 04 50 34 10 70
F. 20 avril-20 juin et 5 sept.-20 déc.
🚗 ♿ 🏊 🐕

SAMOIS SUR SEINE - 77920 (7 C 3)

Melun 17 - Fontainebleau 7

[12] Le Nulle Part Ailleurs

Les industriels du coin viennent y donner leurs rendez-vous de business au déjeuner, et reviennent le soir avec leurs épouses, pour goûter la tranquillité bucolique des bords de Seine et de cette table au chic détendu, qui pratique le tradi sans violon, et se permet des excursions à thème qui font de vraies blockbusters (le couscous du vendredi). Service discret et efficace, vastes volumes facilitant l'intimité et belle vue sur la vallée.

C : 35 € *www.hotelcountryclub.com*

» 11 quai Franklin-Roosevelt
☎ 01 64 24 60 34
Ouv. 7j/7.
Jusqu'à 22h30.
⛱ 🚗 🐕 🚬

SAMOUSSY ➤ LAON

SAN MARTINO DI LOTA ➤ BASTIA, CORSE

SANARY SUR MER - 83110 (33 D 6)

Toulon 11 - Bandol 7

[11] Le Baroudeur

L'ambiance un peu exclusive (on se fait une bouffe entre potes) disparaît à peine en saison quand le touriste est roi. Car il y a cet esprit de complicité, autour des bouteilles, du décor minimaliste et des saucisses rougaï, pétoncles au paprika et andouillette Bobosse. Et la cave, comme on l'espère a plein d'idées, de bons coûts, de la sympathie...

C : 20 € • M : 15-25 €

» 32 bis rue Saint-Marcelin
☎ 04 94 88 32 55
F. à déj. (juin-fin sept.) et à dîn. (sf dim. oct.-mai).
Jusqu'à 23h.
⛱ ❄ 🐕

SANCERRE - 18300 (18 C 4)

Bourges 46 - La Charité 24

[14] Restaurant La Tour

Choisissez votre ambiance : salle XIVe au rez-de-chaussée, poutres et colombages, cheminée et grande tapisserie, contemporain à l'étage, climatisation et vue panoramique sur le vignoble. Les deux ensemble dessinent l'image de la maison, une tradition actualisée qui ne perd pas son terroir de vue : taboulé

» 31 Nouvelle-Place
☎ 02 48 54 00 81
F. dim. à dîn. et lundi (sf mi-nov.-fin fév.).
⛱ ❄ 🐕

de chou-fleur et émietté de tourteau, quenelle de crottin frais pleine de fraîcheur avec la crème de tomate au basilic, sandre poêlé asperges au lard et à la crème. Des produits bien traités, des idées d'aujourd'hui (les chips de navet bien croquantes avec le suprême de volaille), et un considérable choix de sancerres dans une carte généraliste assez complète.

C : 50 € • M : 21,60-49,10 € *www.la-tour-sancerre.fr*

Les Augustins

» Rempart des Augustins
☎ 02 48 54 01 44
F. janv. (tél.).

➥ **Hôtel** : Le Panoramic

Le restaurant de l'hôtel Panoramic offre certes la vue, mais aussi une des cuisines les plus intéressantes de la cité viticole. Un jeune chef, aidé de sa maman, manipule des produits de bonne fraîcheur pour extraire un contemporain intéressant - poêlée de ris de veau et pétoncles aux pleurotes et vinaigrette balsamique, saltimbocca de lotte à la bourrache et crème de fèves - et plutôt prometteur, dans un décor malheureusement un peu défraîchi. Il est évidemment hors de question de rater les crottins de chavignol, à accompagner de sancerre ou de menetou.

C : 35 € • M : 17-56 €

(13) La Côte des Monts Damnés

» Chavignol
☎ 02 48 54 01 72
F. dim. à dîn., lundi (sf juil.-août), mardi à dîn., merc. et fév.
Jusqu'à 21h.

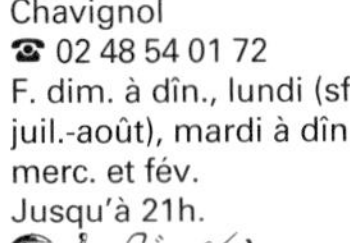

Les Monts Damnés, tout un symbole pour les connaisseurs du Sancerrois. Et ils sont quelques-uns à venir se retrouver chez ce fils de vignerons qui ne ménage pas ses efforts pour sortir du crottin. Avec des couples de l'air du temps : feuilleté de pied de porc et saint-jacques, lieu jaune, riz noir et pois évidemment verts, fraises marinées à la fleur d'hibiscus. La réalisation est propre, l'ambiance très agréable et la cave de sancerre, rangée par villages, est si pointue qu'on en oublie le reste du vignoble, plutôt bien visité.

C : 27 € • M : 27-40 € *restaurantcmd@wanadoo.fr*

(12) Auberge la Pomme d'Or

» Pl de la Mairie
☎ 02 48 54 13 30
F. mardi, merc., 1 sem. déb. janv., 1 sem. Toussaint et 1 sem. fin déc.
Jusqu'à 21h.

Le menu du marché n'est pas très affriolant, mais le plat du jour, après le chavignol en feuille de brick, suffira à votre escapade sancerroise, humectée par Cotat, Vacheron, Jolivet, jusqu'au reuilly de Sorbe. Venez au printemps pour le chevreau de lait, un plaisir renouvelé chaque année dans cette ambiance du cru.

M : 17-43 €

Le Panoramic

» Rempart des Augustins
☎ 02 48 54 22 44
Fax 02 48 54 39 55
Ouv. 7j/7.

➥ **Restaurant** : 13/20 Les Augustins

Panoramic, pour la vue sur le vignoble (privilégiez les chambres sur la vallée), un atout majeur pour cet établissement au confort soigné dans un cadre contemporain.

4 appart. 109-180 € • 53 ch. 62-82 € *panoramichotel@wanadoo.fr*

SANDARVILLE - 28120 (17 D 2)

Chartres 19 - Châteaudun 37 - Brou 24

(12) Auberge de Sandarville

» 14 rue de la Sente-aux-Prêtres
☎ 02 37 25 33 18
F. dim. à dîn., lundi, 16 août-1er sept. et 3 sem. janv.
Jusqu'à 21h30.

Profitons quelques temps encore de ces cuisines à l'ancienne, de ces campagnes que le TGV n'a pas encore traversées, de ces douces maisons d'amis où le chef croit à l'éternité des valeurs fondamentales, de la croustade Marcel Proust au ris de veau aux morilles. Dans le décor pur jus d'une ferme beauceronne où l'illusion est entretenue jusqu'au décor, joliment chiné, d'un authentique paysan, cuivres et bibelots.

C : 28 € • M : 30-50 €

SANSAIS ➤ NIORT

SAOU ➤ CREST

SARE - 64310 (23 B 5)

Pau 143 - Saint-Jean-de-Luz 21

Arraya

➥ **Hôtel** : Arraya

A lire les belles références de la carte des vins, ces prix étonnants (La Lagune 95 à 55 **€**, Léoville Poyferré 98 à 45 **€**), on se demande si le camion ne s'est pas renversé devant la maison avec des caisses de bonnes affaires. Pour qui ira un peu plus loin que le pied du verre, plus d'étonnement. Cette auberge est celle de la chance, de l'aubaine, et les deux chefs qui dirigent les fourneaux de l'auberge familiale des Fagoaga savent mettre l''assiette aux normes du plaisir basque : ravioles de txangurro et fumet d'étrilles, louvine grillée fondant de tomates et aubergines, ris d'agneau et gambas aux cèpes. Les menus sont accueillants, comme la maison tout entière.

C : 40 € • M : 21-31 € *www.arraya.com*

» Pl du Village
☎ 05 59 54 20 46
F. 9 avril-26 juin et 11 sept-23 oct. sf fériés.
Jusqu'à 21h30.

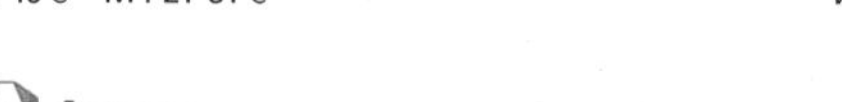

Arraya

➥ **Restaurant** : 13/20 Arraya

Dans ce joli village, la maison affiche fièrement son architecture ancienne (elle remonte au XVIe siècle), confirmée par un décor de caractère, meubles de style et boiseries dans une ambiance de chic rustique. Adorable jardin et accueil soigné.

22 ch. 62-120 € • 1/2 pens. 62-95 € *www.arraya.com*

» Pl du Village
☎ 05 59 54 20 46
Fax 05 59 54 27 04
F. 2 nov.-30 mars.

SARLAT LA CANEDA - 24200 (24 C 2)

Souillac 30 - Brive-la-Gaillarde 52

(11) Rossignol

Sarlat s'éveille et le Rossignol chante toujours : les visiteurs du centre historique ont leur repaire classique, sans surprise d'aucune sorte, pour l'omelette aux cèpes (inutile de multiplier par cinq pour celle aux truffes), la cuisse de canard aux cèpes et le ris de veau aux chanterelles, en choisissant simplement la région.

M : 15,50-60 €

» 15 rue Fénelon
☎ 05 53 31 02 30
F. jeudi.
Jusqu'à 20h30.

La Madeleine

Elégance et sobriété pour ce grand immeuble XIXe au cœur de la ville. Confort de bon niveau, dans des chambres à l'allure contemporaine.

39 ch. 57-99 € • 1/2 pens. 63-86 € *www.hoteldelamadeleine-sarlat.com*

» 1 pl de la Petite-Rigaudie
☎ 05 53 59 10 41
Fax 05 53 31 03 62
F. 1er janv.-12 déc.

La Couleuvrine R

Bien dans le ton de la cité, l'hôtel utilise les murs d'un logis du XVe siècle ; à l'intérieur, poutres, pierres et cheminée monumentale créent une ambiance séduisante, relayée dans les chambres par des meubles anciens qui les personnalisent. Deux possibilités désormais en restauration, avec un bistrot bar à vin, résolument terroir, et toujours le gastro et sa généreuse cuisine classique : crumble de tourteau aux algues et parmesan, agneau poêlé au romarin, sorbet au marc de champagne liqueur de noix.

24 ch. 45-58 € • 1/2 pens. 45-55 € • C : 35 € • M : 19,50-33 €
www.la-couleuvrine.com

» 1 pl de la Bouquerie
☎ 05 53 59 27 80
Fax 05 53 31 26 83
Ouv. 7j/7.

➲ à SAINT ANDRE D'ALLAS - 24200 : 9 km O. par D 25

(12) Lo Gorissado

En rase campagne et à flanc de montagne, une adresse bucolique et bohème, apaisante, tenue par une patronne ayant beaucoup de personnalité. Un plat du jour différent chaque jour servi dans un menu à 15 **€** d'excellent rapport qualité-prix avec chabrot, rillettes, plat principal (une superbe viande de porc lors de notre dernier passage), fromage et dessert ! La gentillesse, en prime, et pour rien.

C : 15 € • M : 15-25 € *contactmarleen-holiday@wanadoo.fr*

» ☎ 05 53 59 34 06
Ouv 7j/7 (saison) et sur réser. seult. (h.s.), F. 11 nov.-Pâques.
Jusqu'à 21h30.

➲ à VITRAC - 24200 : 9 km S. par D 46

 Domaine de Rochebois

Dominant toute la région, un magnifique domaine hôtelier entouré d'un golf, d'un jardin à la française donnant sur une piscine à débordement. Chambres de bon ton, tissus et tentures de qualité. La salle du restaurant, au goût classique est très cossue et digne d'un palace de la Côte d'Azur, la cuisine n'atteignant pas exactement ce niveau.

6 appart. € • 34 ch. 145-350 € • 1/2 pens. 123-225 € *www.rochebois.com*

» Rte de Montfort
☎ 05 53 31 52 52
☏ 05 53 29 36 88
F. nov.-fin avril.

SARRAS - 07370 (27 C 4)

Annonay 20 - Saint-Vallier 1,5

 Le Vivarais H

L'ai-je bien descendu ? semble dire le Rhône qui passe tout près de là. Et Thierry Guironnet le suit, de près. Dans la tradition, avec soin et exactitude, il utilise les produits du cru pour composer un terroir à sa manière, entre vallée et Provence, jusqu'à la mer, des asperges au sautoir, émulsion d'huile d'olive et truffe, les aiguillettes de bœuf et ris de veau salpicon de foie gras et jus au saint-joseph ou la belle assiette de pigeonneau en deux cuissons. Chambres de bon confort, pratiques et calmes.

C : 37 € • M : 17-52 € • 7 ch. 43-49 € *levivarais@free.fr*

» 30 av du 8-Mai-1945
☎ 04 75 23 01 88
F. dim. à dîn., lundi à dîn., mardi, 15 jrs vac. scol. fév. et 15 jrs déb. août.
Jusqu'à 21h.

SARREBOURG - 57400 (12 B 3)

Metz 94 - Lunéville 53

 Ernest Mathis

Depuis l'extérieur, la maison n'est pas la plus aguichante qui soit. On aurait tort pourtant de s'arrêter à cette façade un peu triste sans s'essayer au parfait menu Gourmand qui, pour un peu plus de 35 **€**, permet de faire le tour de la question : cuillère de foie gras de mulard dans l'inspiration de la truffe, dos de skrei, julienne de primeurs et parmentière au cresson de fontaine, suprême de volaille fermière rôtie simplement et fleurette au concassé de morilles et dessert au choix. Une aubaine ? Sans aucun doute et les nombreux fidèles ne s'y trompent pas. Personnel aussi courtois qu'efficace.

C : 60 € • M : 29,50-43,50 €

» 7 rue Gambetta
☎ 03 87 03 21 67
F. dim. à dîn, lundi, mardi à dîn., 1er-13 janv., 18-24 avril et 25 juil.-15 août.
Jusqu'à 20h45.

SARREGUEMINES - 57200 (12 B 2)

Metz 71 - Sarrebruck 18

 Le Vieux Moulin

Cadre et ambiance

Une maison presque discrète sur une avenue passagère près de la Sarre. L'ambiance est familiale, assez fière : on vient voir ce que fait le jeune fils capable de tant de prodiges.

» 135 rue de France
☎ 03 87 98 22 59
F. jeudi, mi-janv.-déb. fév. et 15-30 août.

Cuisine

Thierry Breininger a à la fois beau jeu (il est jeune, talentueux, tout lui est acquis dans ce coin de Lorraine où les critiques parisiens ne vont pas) et la responsabilité, l'obligation, de faire plaisir à tous ces voisins, ces amis, venus le supporter et l'encourager. Il y parvient avec des plats habiles et contemporains, pas vraiment d'avant-garde, mais très bien finis, en particulier dans l'inspiration rustique : crémeux de potiron boudin paysan et saint-jacques, croustillant de pieds de porc et langue de veau en vinaigrette d'herbes, grenouilles aux raviolis de fromages frais.

Cave

La carte des vins est assez vaste, avec ses 400 références, mais le choix est surtout orienté, hormis l'Alsace, évidemment bien représentée, sur les grands vignobles.

Accueil et service

Yvette et Francis Breininger sont dans la salle, réunissant la famille, et veillent sur un service appliqué et dévoué.

C : 58 € • M : 20-65 €

Auberge Saint-Walfrid

» 58 rue de Grosbliederstroff
☎ 03 87 98 43 75
F. sam. à déj., dim., lundi à déj., vac. scol. fév. et 2 sem. fin juil.-déb. août.
Jusqu'à 21h30.

➡ **Hôtel** : Auberge Saint-Walfrid

La cuisine classique n'est jamais ennuyeuse quand elle est aussi bien faite : le menu à 45 **€** est un modèle du genre, presque une leçon de choses pour gastronomes ou apprentis cuisiniers. Des asperges de haut vol dans une terrine à la prise de gelée parfaite côtoient le foie gras, des légumes de saison parfumés et cuits à la seconde près sur le bar poché, une sauce sherry poivre vert très bien dosée au service d'un suprême de pintade moelleux ou encore un macaron aux fraises soigné, complété par la fraîcheur d'une glace au fromage blanc. Dans cette grande salle au luxe bourgeois presque hors du temps, on apprécie l'instant, bercé par un service discrètement attentif. Carte des vins solide, notamment en alsace et en bourgogne.

C : 80 € • M : 25-68 € *www.chateauxhotels.com/saintwalfrid*

(10) Casino des Sommeliers

» 4 rue du Col-Cazal
☎ 03 87 02 90 41
F. dim. (sf fête des Mères), lundi, fériés, 2 prem. sem. sept et 2 dern. sem. déc.
Jusqu'à 22h.

Ce que le nom dit bien, c'est la qualité de cette cave qui s'aventure partout sans a priori, pour en ramener de bonnes pioches, y compris dans une large sélection au verre. Ce que le nom ne dit pas, c'est que le décor est tout aussi agréable, dans le cadre classé d'une ancienne faïencerie au bord de la Sarre, et que la cuisine fait un digne accompagnement, avec ses plats bistrot simples et soignés.

C : 30 € • M : 14 €

Auberge Saint-Walfrid

» 58 rue de Grosbliederstroff
☎ 03 87 98 43 75
📠 03 87 95 76 75
F. vac. scol. fév. et 2 sem. fin juil.-déb. août.

➡ **Restaurant** : 15/20 Auberge Saint-Walfrid

La vénérable maison (une plaque rappelle qu'elle est née au XVIIIe siècle) privilégie l'élégance, les beaux matériaux, les teintes douces et les lignes sobres composent un cocon où il fait bon vivre, avec un luxe présent sans ostentation et un bel espace.

11 ch. 92-153 € • 1/2 pens. 120-160 €

www.chateauxhotels.com/saintwalfrid

Dans chaque ville, les établissements sont classés par note décroissante, restaurants d'abord, hôtels ensuite.

•

Certaines communes sont rattachées à l'agglomération la plus proche.

➲ à **WOELFLING LES SARREGUEMINES** - 57200 : 11 km E. par D 974, N 62

Pascal Dimofski

Ancien de chez Robuchon, Dominique le Stanc et Jacques Cagna (beaux trios de parrains), Pascal Dimofski s'est installé dans cette maison un brin austère, sur les bords de la nationale 62 direction Strasbourg, au début des années 80. Sensible au graphisme (tant dans l'assiette que sur ses cartes), à la simplicité, à la netteté des assiettes, il s'est forgé une réputation de cuisinier aimant l'épure et la technique. Les escalopes fines de saumon mariné au sel de Guérande et pain de campagne toasté, le paillard de bœuf à l'essence de vinaigre balsamique, le coeur de ris de veau doré et asperges, la crème froide à la vanille des îles caramélisée à la cassonade en témoignent, droites, franches et pures. Cave variée et sagement tarifée.

C : 60 € • M : 25-70 € *pascal.dimofski@wanadoo.fr*

» 2 quartier de la Gare
☎ 03 87 02 38 21
F. lundi, mardi, 15 fév.-3 mars et 14 août-5 sept.
Jusqu'à 21h.

SARS POTERIES - 59216 (2 D 5)

Avesnes 10 - Maubeuge 21

L'Auberge Fleurie

Changement de direction, mais pas d'axe dans cette fameuse auberge de village où chaque voyageur espère retrouver un coin de terroir authentique. Par chance, les fourneaux ont été confiés en duo à l'ancien second et au chef de partie pâtisserie. ce qui donne une certaine continuité à la croustade au maroilles, au coq à la chimay et au ris de veau Chambellan, dans une carte qui ravive les classiques sans révolutionner.

C : 50 € • M : 24-56 € *www.auberge-fleurie.net*

» 67 rue du Gén-de-Gaulle
☎ 03 27 61 62 48
F. dim. à dîn., lundi, 2-17 janv. et 16-30 août.
Jusqu'à 21h15.

SARTENE ➤ CORSE

SARZEAU - 56370 (14 A 5)

Vannes 23 - Nantes 110 - Redon 62

➲ au **LOGEO** - 56370 : 8 km N.O. par D 780

Le Petit Port

La simplicité des lieux peut surprendre, tout comme l'atmosphère bon enfant voire parfois désinvolte, mais après tout c'est aussi le charme de cette adresse authentique. Alors laissons là les grincheux et profitons, les pieds dans l'eau ou presque, de ces poissons, grillés à peine sortis de l'eau, ou de ces huîtres venues en voisines.

C : 20 € *lepetitport@aol.com*

» Quai des Voileries
☎ 02 97 26 89 87
F. mardi, merc. (mars-juin et sept.-nov.) et déb. nov.-fév.
Jusqu'à 22h.

SAUBUSSE - 40180 (23 C 5)

Biarritz 49 - Dax 21

Villa Stings ⇗

Chez Francis et Marie Gabarrus, on ne vit pas dans la ville, pas dans les guides, pas dans la frénésie de la compétition. Cette villa hors du temps est posée dans son village, fière sans morgue, apaisée et charmante. Le chef respire, hume la saison, compose un menu-carte qui touche notre envie de vérité, par sa simplicité, ses rappels classiques (un carrelet vapeur aux écrevisses façon Nantua, un rognon de veau au madère et fricassée d'asperges blanches) et son aisance technique jusqu'au baba ou au clafoutis aux cerises. Les bons vignerons

» Rue du Port
☎ 05 58 57 70 18
F. sam. à déj., dim. à dîn., lundi, fév. et 3e sem. juin.
Jusqu'à 21h30.

ne sont évidemment pas là par hasard : Brumont, Ramonteu, Brana, De Conti, Verhaeghe, Mouthes Le Bihan, la crème du Sud-Ouest vient participer à la fête. Un point de plus.
C : 32 € • M : 32-75 €

SAUGUES - 43170 (26 C 5)

Le Puy-en-Velay - Alleyras 21

La Terrasse H — DÉCOUVERTE

Pas facile de faire vivre une table gastronomique dans ce petit bourg auvergnat, mais l'enthousiasme de l'équipe fait venir une clientèle ravie, autant de la gentillesse de Denis Fargier en salle que du travail de Benoît Fromager en cuisine. S'appuyant sur le meilleur des produits régionaux, il privilégie des préparations sobres et impeccables, dans les présentations comme la richesse des saveurs : tatin de foie gras aux très belles pommes caramélisées, caillette (farce délicieusement parfumée) de truite sur lit de crozets, les fromages d'Auvergne bien sûr et un joli dessert, champigon gourmand au pied de crème glacée truffée et au chapeau à la châtaigne. Les travaux entrepris ces dernières années ont porté leurs fruits, en salle mais aussi dans la partie hôtel, qui propose de belles chambres personnalisées.
C : 42 € • M : 23-50 € • 1 appart. 58-69 € • 8 ch. 58 € • 1/2 pens. 52 €

» Le Bourg
☎ 04 71 77 83 10
F. dim. à dîn., lundi (h.s.) et 15 nov.-28 fév.
Jusqu'à 21h.

SAULGES - 53340 (16 A 2)

Laval 47 - Le Mans 51

L'Ermitage

Dans un village classé, une étape confortable, avec des chambres actuelles aux tons pastel. Parc paisible, avec une chapelle médiévale.
1 appart. 148-159 € • 35 ch. 58-105 € *www.hotel-ermitage.fr*

» 3 pl Saint-Pierre
☎ 02 43 64 66 00
Fax 02 43 64 66 20
F. 20 fév.-6 mars et 23 oct.-6 nov.

SAULIEU - 21210 (20 D 3)

Dijon 79 - Avallon 38

Le Relais Bernard Loiseau

➥ **Hôtel :** Le Relais Bernard Loiseau

Cadre et ambiance
Reine de la ville, la maison trône fièrement sur la place. On se laisse emmener, gaiement et non religieusement, vers la célèbre salle arrondie, décor sobre sous la belle charpente en bois. C'est la Bourgogne qui se réunit ici, pour une communion qui n'a rien de trop solennelle.

Cuisine
Une carte désormais en deux parties avec les grands classiques de Bernard Loiseau (une partie de la carte et un menu dédié) et les créations de celui qui fut son second, Patrick Bertron, dans une veine assez sage d'exploitation du terroir. C'est une franche bonne humeur qui s'empare du gourmand-gourmet aux prises avec l'assiette de déclinaison autour de l'escargot, des saveurs pleines et un beau jeu de textures, avec la célèbre côte de veau à la tendreté exceptionnelle, sobre assiette accompagnée des ris, ou le mariage étonnant et efficace de la brochette d'ananas et d'oignon rouge, longuement confit.

Cave
La Bourgogne est bien sûr en vedette, avec une impressionnante collection de prestige et un vaste panorama, incluant les vins signés Relais Bernard Loiseau. Le sommelier parle avec passion des subtilités de la région.

Accueil et service
On se sent magnifiquement bien, bien entouré, par une équipe dont l'envie de faire plaisir est presque palpable et qui contribue ainsi à l'ambiance décontractée

» 2 rue Argentine
☎ 03 80 90 53 53
F. mardi., merc. à déj. (1er janv.-12 avril, 7 nov.-20 déc.) et 8 janv.-10 fév.
Jusqu'à 21h30.

de la salle. Un mélange d'élégance et d'esprit campagnard, qui fait écho à la cuisine charmeuse et donne à la maison cette âme qui en fait une grande table.
C : 128 € • M : 92-172 € www.bernard-loiseau.com

 Le Relais Bernard Loiseau 

» 2 rue Argentine
☎ 03 80 90 53 53
03 80 64 08 92
F. 9 janv.-10 fév.

➥ **Restaurant** : 17/20 Le Relais Bernard Loiseau
Rustique en majesté autour du parc à l'anglaise, pour une ambiance chaleureuse, avec boiseries travaillées et tomettes, harmonie de tons bruns et beiges et la grande gentillesse d'un service toujours aussi délicieux. Bons équipements de détente.
9 appart. 260-470 € • 23 ch. 150-330 € www.bernard-loiseau.com

SAULT - 84390 (33 C 3)

Avignon 72 - Apt 31 - Carpentras 41

 Regain

» Rte de Saint-Trinit
☎ 04 90 64 01 41
F. à déj. en sem. (avril-mi-mai et sept.-oct.) et mi-nov.-14 avril.
Jusqu'à 21h.

➥ **Hôtel** : Hostellerie du Val de Sault
A l'ombre du grand Ventoux, sur le versant Est où le touriste est plus rare que vers Carpentras, la petite cité vit tranquillement. On vient à Sault pour la balade, pour le nougat, et pour cette délicieuse hostellerie cachée à quelques minutes du village dans un parc de 5 ha plantés de chênes et de pins noirs. L'accueil est chaleureux, la déco se partage entre rusticité campagnarde et voyages extrême-orientaux (le patron évoque Bali avec ferveur) et la cuisine fait aussi l'effort de décaler légèrement, par un apprêt, une garniture, une épice, l'agréable cuisine provençale de saison : gelée de melon au muscat de beaumes-de-venise, queue de lotte parée de jambon de montagne en papillote, agneau du pays de Sault en ragoût de côtelettes et épaule. Honnêtes desserts et jolie cave pour découvrir ventoux et luberons aux meilleurs tarifs.
M : 34-67 € www.valdesault.com

 Hostellerie du Val de Sault 

» Rte de Saint-Trinit
☎ 04 90 64 01 41
04 90 64 12 74
F. mi-nov.-14 avril.

➥ **Restaurant** : 13/20 Restaurant Regain
Yves Gattechaut poursuit son œuvre avec patience et passion, en témoignent les chambres, toutes redécorées, dont quatre d'entre elles mêlent les influences provençales et asiatiques. L'équipement est soigné dans cet ensemble remarquablement intégré au paysage chaleureux, à l'écart du village.
9 appart. 175-310 € • 11 ch. 145-169 € • 1/2 pens. 114-195 €
www.valdesault.com

SAULXURES - 67420 (10 B 3)

Strasbourg 62 - Saint-Dié 32 - Sélestat 32

 La Belle Vue H

» 36 rue Principale
☎ 03 88 97 60 23
F. mardi, merc., 21-30 mars, 27 juin-6 juil., 14-30 nov. et 24-26 déc.

La maison familiale (les Boulanger s'y succèdent depuis cinq générations) véhicule toujours les mêmes bonnes ondes, grâce en particulier à l'excellent travail de l'ancien second devenu chef, Marc Koeninger : marbré d'asperges vertes et blanches au jambon serrano, queues de gambas marinées, minute de thon rouge crème acidulée et fleurs de câpres, navarin safrané de chevreau de lait, brownies au chocolat et noix de pécan, glace au Drambuie. Les onze très belles chambres et deux suites de la partie hôtel prodiguent autant de calme que de confort, dans cet environnement privilégié et méconnu de la vallée de la Bruche.
C : 30 € • M : 19,50-33 € • 2 appart. 99,50-119,50 € • 11 ch. 82-119 € • 1/2 pens. 72-90 € www.la-belle-vue.com

SAUMUR - 49400 (16 B 4)

Angers 46 - Chinon 29

14 Le Gambetta

» 12 rue Gambetta
☎ 02 41 67 66 66
F. sam. à déj., dim. à dîn. (sf juil.-août), lundi, 3 nov.-6 déc. et 15 jrs fév.
Jusqu'à 21h.

En à peine cinq années passées à la tête de cette maison créée à la sortie de la guerre, Patrick Chesnoy s'est imposé comme le chef de file gastronomique local. Son solide bagage technique (il est passé chez Savoy, Bardet et Oudill) et son sens avisé de l'achat se concrétisent sur des menus qui évitent tout effet de manche (sauf, parfois, dans quelques intitulés) : harmonie de saint jacques crues, anguille boucanée et salade mizuna, goujonnettes de limandes, soles au jambon fumé et mousseline de fèves, canon d'agneau à la verveine aux petits navets, pruneaux fourrés à la réglisse, glace au lait d'amandes. Belle cave en loire (Sanzay, Saget, Chidaine).
C : 60 € • M : 15-46 €

13 L'Escargot

» 30 rue du Mal-Leclerc
☎ 02 41 51 20 88
F. dim. à dîn., merc. et 2 dern. sem. août.
Jusqu'à 21h15.

L'Escargot à l'heure de l'ADSL ? Non, la vitesse ne nous manque pas dans cette salle de longue histoire - le restaurant existe depuis 1943 - et on apprécie au contraire de se prélasser un peu dans ce cadre plutôt chaleureux - l'un des salons aménagé dans un style bar à vins - pour célébrer une forme de tradition correctement remise dans l'air du XXIe siècle : filets de rougets marinés au chenin et aux aromates, escargots à la crème et aux shiitakés, rouelle de lotte et andouillette en meurette. Les habitués suivent l'idée du jour à 13 **€**, le meilleur menu est à 26 **€**, la cave est remarquable sur les saumur-champigny, avec notamment les petites cuvées pointues de Vatan.
C : 30 € • M : 13-26 € *escargot@saumur.com*

13 Les Ménestrels

» 11 rue Raspail
☎ 02 41 67 71 10
F. dim., lundi à déj. et 3e sem. déc.
Jusqu'à 21h30.

Entre la Loire et le château, la douceur de vivre, évidemment. Les ménestrels ne jouent pas un menuet entêtant, mais le chef Christophe Hosselet n'empoigne pas pour autant la guitare électrique. La cuisine est sage, belles manières et exposition classique d'escabèche de langoustines et crème légère granny smith, de roulé de géline de Touraine en porchetta, poireaux au jus de truffes et de tournedos au vin rouge. Mention spéciale pour les desserts d'un adroit pâtissier, à l'aise avec le chocolat (en sabayon avec un caramel mou aux épices) que dans son biscuit jésuite compotée de rhubarbe et tombée de fraises. Cave bien complète sur la vallée de la Loire.
M : 19,50-52 € *www.restaurant-les-menestrels.com*

10 Le 30 Février

» 9 pl de la République
☎ 02 41 51 12 45
F. dim., lundi (mi-sept.-mi-mai), dim. à déj. (en saison), à déj. fériés, 1 sem. mai, 3 sem. sept.-oct. et 1 sem. Noël-nouvel an.
Jusqu'à 22h30.

La bonne adresse simplicité du centre, à fréquenter en conséquence, et donc sans conséquence, sur des salades et pizzas, un verre de saumur à la main, dans une atmosphère bon enfant.
C : 12 €

Anne d'Anjou

» 32 quai Mayaud
☎ 02 41 67 30 30
Fax 02 41 67 51 00
Ouv. 7j/7.

Classé pour sa façade et son escalier, cet ancien hôtel particulier a traversé les siècles en préservant un cachet historique (5 chambres ont conservé leur décor d'origine). Jolie cour intérieure pour la détente.
38 ch. 76-135 € • 1/2 pens. 85-125 € *www.hotel-anneanjou.com*

 Château de Verrières

Dans la vieille ville, l'hôtel profite d'un joli parc à l'anglaise pour la tranquillité comme pour la vue. De quoi apprécier encore davantage le séjour dans cette maison XIXe élégante, à la décoration d'époque remarquablement homogène.

1 appart. 260-280 € • 9 ch. 120-240 € *www.chateau-verrieres.com*

» 53 rue d'Alsace
☎ 02 41 38 05 15
📠 02 41 28 18 18
F. fév. (sf sur demande).

 Loire Hôtel

Installé sur une île en face de la vieille ville, l'hôtel dispose ainsi d'une vue très appréciable. Cadre contemporain, confortable et soigné.

1 appart. 145 € • 44 ch. 62-98 € • 1/2 pens. 57-82 € *www.loire-hotel.fr*

» Rue du Vieux-Pont
☎ 02 41 67 22 42
📠 02 41 67 88 80
Ouv. 7j/7.

 Saint-Pierre

Construit au XVe siècle, remanié au XVIIe, cet hôtel particulier impose son élégance historique, avec la beauté des pierres et des poutres omniprésentes. Les chambres exploitent cet atout en un cadre feutré et intime, dans les matériaux comme les couleurs.

2 appart. 168-295 € • 14 ch. 64-185 € *www.saintpierresaumur.com*

» 8 rue Haute-Saint-Pierre
☎ 02 41 50 33 00
📠 02 41 50 38 68
Ouv. 7j/7.

à TURQUANT - 49730 : 9 km O. par D 947

 Demeure de la Vignole

Une expérience à part, dans un vieux village (plutôt un hameau) troglodytique : l'hôtel s'enfonce dans les grottes et y réserve de belles surprises, avec des chambres dont les touches contemporaines se marient avec la pierre blanche pour un résultat aussi agréable que la gentillesse de l'accueil.

2 appart. 93-110 € • 8 ch. 72-110 €

» 3 impasse Marguerite-d'Anjou
☎ 02 41 53 67 00
📠 02 41 53 67 09
F. 15 nov.-15 mars.

LA SAUSSAYE - 27370 (6 C 3)

Rouen 24 - Louviers 19

 Le Manoir des Saules

Le décor manque de sobriété mais cette gentilhommière champêtre constitue pour certains l'image du luxe à la normande, avec ses colombages et son jardin fleuri, ses meubles de style et ses tissus fleuris, entre rustique et romantisme.

3 appart. 196-235 € • 6 ch. 160-180 €

» 2 pl Saint-Martin
☎ 02 35 87 25 65
📠 02 35 87 49 39
F. 28 fév.-15 mars, 29 août-7 sept. et 14-30 nov.

SAUTERNES - 33210 (23 D 3)

Bordeaux 53 - Langon 10

 Le Saprien

Dans une région où produits et flacons incitent le commun des mortels à se montrer difficile à table, pas question de passer des rossignols en douce. Françoise et Jean-Luc Garrigues ajoutent à la rigueur de la sélection un credo, une envie : faire passer un bon moment à leurs convives. L'atmosphère de cette maison de village est alors douce et chaleureuse, la véranda charmante, qui donne sur le parc et le vignoble, les sauternes au meilleur prix (Lafaurie-Peyraguey 99 à moins de 100 €) dans une cave bordelaise très affûtée. Tous les indicateurs sont au vert pour mieux goûter le filet d'alose poêlée à l'aillet, les ris de veau au sauternes et curry, le croustillant aux pommes et noix de pécan. Menus intéressants à prix justes.

C : 45 € • M : 25-37 € *saprien@tiscali.fr*

» 14 rue Principale
☎ 05 56 76 60 87
F. dim. à dîn., lundi, merc. à dîn., vac. scol. fév. et vac. scol. Noël.
Jusqu'à 21h.

 Relais du Château d'Arche 

Une authentique propriété viticole, installée dans une chartreuse XVIIe, accueille quelques chambres spacieuses et raffinées, pour un séjour au cœur des vignes.
1 appart. 160 € • 9 ch. 120-150 € *www.chateaudarche-sauternes.com*

» ☎ 05 56 76 67 67
05 56 76 69 76
Ouv. 7j/7.

SAUVE - 30610 (**32** A 3)

Avignon 86 - Alès 30

 La Magnanerie DÉCOUVERTE

C'est un parcours de météore, celui qui est accompli par Laurent Tabuce en quelques années. L'ancien élève des Pourcel et de Roger Vergé tient sa maison - une ancienne magnanerie dans une bâtisse typiquement cévenole - à 31 ans, après avoir tâté du bar de plage, du restaurant de congrès et d'une première expérience comme restaurateur. La carte est raisonnablement ambitieuse, et la réalisation ne manque pas de savoir-faire. A confirmer l'an prochain après une pleine année d'exercice. Cave encore mince. Huit chambres vont être retouchées cet hiver pour préparer la prochaine saison.
C : 45 € • M : 25-35 € *www.lamagnanerie.fr*

» D999, l'Evesque
☎ 04 66 77 57 44
F. lundi.
Jusqu'à 21h30.

SAUVETERRE - 30150 (**32** C 3)

Nîmes 49 - Avignon 16

 Château de Varenne

Autrefois lieu de résidence du premier maire d'Avignon, ce château du début XVIIIe bénéficie d'un environnement privilégié grâce à son parc de 3 hectares le préservant des agressions sonores extérieures. Chambres spacieuses et meublées de reproduction de lits à baldaquin du XVIIIe.
2 appart. 178-210 € • 11 ch. 90-178 € *www.chateaudevarenne.com*

» Pl Saint-Jean
☎ 04 66 82 59 45
04 66 82 84 83
F. 15 janv.-15 fév.

SAUVETERRE DE BEARN - 64120 (**24** C 5)

Saliès-de-Béarn 11 - Peyrehorade 26

➲ à **SAINT PALAIS** - 64120 : 12 km N.E. par D 933

⑫ Hôtel Restaurant de la Paix

Pour la délicieuse terrasse aux beaux jours, les bons produits régionaux et le tour de main efficace du chef aussi à l'aise sur la tarte fine aux sardines sauce ciboulette que sur le sauté de veau aux artichauts poivrade. Bonne sélection de vins locaux, avec l'irouléguy de chez Brana ou le jurançon de Cauhapé
C : 30 € • M : 12-28 €

» 33 rue du Jeu-de-Paume
☎ 05 59 65 73 15
F. sam et dim. à dîn., 1er janv.-23 janv. et 1er-11 juil.
Jusqu'à 21h.

SAUVETERRE DE GUYENNE - 33540 (**24** D 3)

Bergerac 13 - Sainte-Foy-la-Grande 36

➲ à **COIRAC** - 33540 : 7 km O. par D 671 et D 228

 Restaurant Le Flore

Ce Flore est loin de Saint-Germain, loin des contraintes citadines, loin des mondes en construction ou en déconstruction. Le propos de Grégory et Fabienne Huet serait plutôt d'apporter un plaisir concret à leurs convives ravis par le jardin fleuri et sa terrasse ombragée. On laisse filer le temps d'une brochette de thon rouge et saumon, d'un risotto crémeux aux copeaux de parmesan et shitakés et d'une épaule d'agneau de cinq heures au potiron sauce corsée à l'aillet. La veine est parfois un peu précieuse, et les intitulés parfois gonflés ("trilogie de la Grande Bleue") masquant un véritable et beau métier.
C : 32 € • M : 16-27 €

» 1 Petit Champ-du-Bourg
☎ 05 56 71 57 47
F. dim. à dîn., lundi, merc. à dîn., vac. scol. fév., 1 sem. été et vac. scol. Toussaint.
Jusqu'à 21h.

SAUVETERRE DE ROUERGUE - 12800 (30 B 2)

Naucelle 7 - Rignac 23

[15] Restaurant Michel Truchon

➡ **Hôtel :** 🏨 Le Sénéchal

C'est au milieu des années 80 qu'avec Chantal, son épouse, Michel Truchon a décidé de changer de braquet en relevant par petites touches successives le niveau de la cuisine de son petit bistrot de campagne. Deux décennies plus tard, le voilà doté de deux toques bien méritées pour une cuisine qui se nourrit des parfums d'une campagne aveyronnaise qu'il aime tant. Le petit lobe de foie gras de canard de Dupérier poché entier, bouillon de jeunes légumes et coriandre fraîche, la fricassée de petits gris en bouillon d'anis sauvage, socca et caviar d'aubergines, le carré d'agneau de Grefeuilhe et ses ris et le râble de lapin de ferme farci de son foie et herbes fraîches semblent baignés de la généreuse personnalité de ce chef toujours en première ligne lorsqu'il s'agit de défendre son terroir et sa région. Une maison qui a tout compris jusque dans sa cave, où l'on pioche quelques rafraîchissantes découvertes.

C : 70 € • M : 25-110 €

www.hotelsenechal.com

» ☎ 05 65 71 29 00
F. lundi (sf à déj. juil.-août et férié), mardi à déj., jeudi à déj. et déb. janv.-mi-mars.
Jusqu'à 21h30.
☂ ♿ ❄ 🌊 🐕
🚬

🏨 Le Sénéchal

➡ **Restaurant** : 15/20 Restaurant Michel Truchon

Quand le charme naît du contraste… La maison affiche une architecture historique, des vieilles pierres à l'image de la bastide, mais le décor délaisse les effets rustiques faciles pour une élégance contemporaine, sobriété et confort soigné.

3 appart. 130-160 € • 8 ch. 105 € • 1/2 pens. 110-150 €

www.hotelsenechal.com

» ☎ 05 65 71 29 00
📠 05 65 71 29 09
F. déb. janv.-mi-mars.
♿ ❄ 🌊

SAUZON ➤ BELLE ILE EN MER

SAVERNE - 67700 (10 B 2)

Strasbourg 38 - Obernai 43 - Sarreguemines 62

[14] Restaurant Staeffele

La première qualité de ce "petit escalier" (staeffele en alsacien), c'est l'accueil. A peine à table, on se sent bien, choyé, chouchouté, persuadé que le repas ne pourra que bien se dérouler. Michel et Fabienne Jaeckel y travaillent depuis bientôt 20 ans avec la même passion, servant de la daurade et œuf mollet au thé à la menthe, du beignet de sandre et papillote d'asperges sauce tartare et de la poitrine de pigeon grillé et cuisse en grattons avec une bonne humeur jamais feinte. Arrêt obligatoire.

C : 50 € • M : 21,50-52 €

» 1 rue Poincaré
☎ 03 88 91 63 94
F. merc., jeudi à déj., dim. à dîn., 2 dern. sem. juil. et 2 dern. sem. déc.
Jusqu'à 21h30.
❄

[12] Taverne-Katz H

La façade est suffisamment impressionnante pour que l'on n'ait aucun doute sur le scénario : c'est l'Alsace triomphante et éternelle qui se trame dans cette superbe maison Renaissance où l'on ne manque pas d'astiquer les boiseries et le terroir. Lewerknepfle, wädele rôti aux petits légumes, pieds de porc croustillants sauce raifort, baeckeoffe de poissons : les héros ne sont jamais fatigués, et les interprètes sont brillants. Une hôtellerie, doublée d'un deuxième restaurant en annexe, la Villa Katz, rue du Général Leclerc.

C : 25 € • M : 16-24 € • 4 appart. 54-100 € • 8 ch. 45-100 €

www.tavernekatz.com

» 80 Grand-Rue
☎ 03 88 71 16 56
Ouv. 7j/7.
Jusqu'à 21h30.
☂ 🐕

[10] S'Rosestiebel - Chez Jean

» 3 rue de la Gare
☎ 03 88 91 10 19
F. dim. à dîn., lundi (sf lundi à dîn. août) et 19 déc-9 janv.
Jusqu'à 21h.
⛱ 🚗 🐕

➥ **Hôtel** : 🏠 Chez Jean

Quelle longévité ! Jean-Pierre Harter fêtera prochainement son quarantième anniversaire derrière le piano de cette winstub d'hôtel. Petits prix, ambition mesurée mais beaucoup de sincérité sur la table : super choucroute aux huit garnitures, saumon soufflé au coulis de homard, preskopf de volaille, escalope de truite à la grenobloise, l'air est connu mais bien interprété.

C : 32 € • M : 13,50-45 € *www.chez-jean.com*

🏠 Chez Jean

» 3 rue de la Gare
☎ 03 88 91 10 19
📠 03 88 91 27 45
F. 19 déc.-9 janv.
🚗

➥ **Restaurant** : 10/20 S'Rosestiebel - Chez Jean

Un ancien couvent du XVIIe siècle dont les rénovations successives ont caché beaucoup d'éléments mais dont le charme intemporel demeure. Mobilier et boiseries alsaciennes dans les chambres, sauna, solarium et coin lecture.

25 ch. 58,60-79,80 € • 1/2 pens. 67-69 € *www.chez-jean.com*

➲ à MONSWILLER - 67700 : 2 km N. par D 6 et D 719

[12] Kasbür ⇗

» 8 rte de Dettwiller
☎ 03 88 02 14 20
F. dim. à dîn., lundi, jrs fériés à dîn., 1er-15 août et 1er-31 janv.
Jusqu'à 21h.
⛱ 🚗 ♿ ❄ 🐕

Cela ressemble à un bistrot de passage, mais le contenu va un peu plus loin. Pas seulement dans le décor bourgeois beaucoup plus élégant qu'un routier mais dans l'exigence de qualité promue par Yves Kieffer, ancien chef de partie chez Meneau et très attentif à la matière première. Car il y a de l'ambition - légitime - dans ce menu-carte à 36 **€** - c'est l'Alsace - avec la tarte aux grenouilles, cresson et pistou à l'ail des ours, le saint-pierre aux olives et son pain farci de pipérade ou, pour l'accent régional, la belle joue de veau braisée canon de moelle et buewespaetzle à la crème d'oignons. Un point de plus.

C : 36 € • M : 19-52 € *www.restaurant-kasbur.fr*

SAVIGNY LES BEAUNE ➤ BEAUNE

SAZILLY ➤ CHINON

SCHERWILLER ➤ SELESTAT

SCHILTIGHEIM ➤ STRASBOURG

SCIEZ ➤ THONON LES BAINS

SECLIN - 59113 (2 A 3)

Lille 16 - Roubaix 24

[13] Auberge du Forgeron

» 17 rue Roger-Bouvry
☎ 03 20 90 09 52
F. sam. à déj., dim., 3 sem. août et Noël-nouvel an.
Jusqu'à 21h30.
⛱ 🚗 ♿ ❄ 🐕
🚬

Nous continuons à suivre avec plaisir Philippe Belot, fier défenseur d'une certaine vision de la restauration, et d'une cuisine recherchée dans des beaux habits du dimanche pour un public conquis. Ravioles de langoustines, brochette de ris de veau sur son bâton de réglisse, tournedos "à la manière de ma grand-mère", voilà qui réconforte sans brusquer jusqu'au soufflé agrumes et Grand-Marnier. Grande cave du négoce Bordeaux-Bourgogne et de bons propriétaires (Tollot-Beaut, Javillier, Coursodon, Cosse…).

C : 60 € • M : 24-53 € *www.aubergeduforgeron.com*

🏠 Bon confort. 🏠 Grand confort. 🏠 Luxe. 🏠 Grand luxe.

🏠 🏠 🏠 🏠 Hôtels de charme.

SEDAN - 08200 (9 C 2)

Charleville-Mézières 22 - Bouillon 15

[11] Au Bon Vieux Temps

» 1 pl de la Halle
☎ 03 24 29 03 70
F. dim. à dîn., lundi, merc. à dîn., vac. scol. fév. et dern. sem. août.
Jusqu'à 20h45.
❀ 🐕 🚬

Toute la ville connaît cette adresse franche qui fut longtemps la seule bonne table du coin. Guy Fourcart, qui fut l'un des artisans de son succès dans les années 80, est revenu à son poste pour garantir la bonne tenue des écrevisses à la bohémienne, du turbot béarnaise et de la caille en crapaudine au cognac. Une tradition aussi sérieuse devrait être éternelle. Sur la carte des vins, la sélection d'un caviste de Charleville, assez classique…

C : 50 € • M : 21,50-40 € *www.restaurant-aubonvieuxtemps.com*

SEES - 61500 (6 A 5)

Alençon 23 - Argentan 22

[11] Le Dauphin

» 31 pl des Halles
☎ 02 33 80 80 70
F. dim. à dîn., lundi (oct.-mai, sf fêtes et réserv.), 1 sem. fin nov. et 2e quinz. janv. (sf fêtes et réserv.).
⛱ 🚗 ♿ 🐕 🚬

➥ **Hôtel :** 🏨 Le Dauphin

Avec la fameuse cathédrale, l'autre monument de la cité, voici Roger Bellier dans son Dauphin en pleine forme, qui coordonne les efforts des producteurs du département pour étayer une vigoureuse cuisine du cru : nage de lotte en pot-au-feu au camembert, joue de bœuf braisé au cidre, tarte paysanne. Ce n'est pas du lounge, et les tarifs sont assez violents, mais le pittoresque est assuré. La cave épuise ses vieux millésimes et renouvelle sans gros effort le classique du négoce.

C : 60 € • M : 27-39 € *www.le-dauphin-normandie.com*

[11] Le Gourmand Candide

» 14 pl du Gén-de-Gaulle
☎ 02 33 27 91 28
F. dim. à dîn., lundi, mardi à dîn., et 20 fév.-7 mars.
Jusqu'à 21h.
🐕

L'impeccable menu saisonnier justifie plus que jamais le détour par la nouvelle sortie autoroutière. D'une pierre deux coups, même, avec la terrasse et son petit jardin qui donnent sur la cathédrale XIIIe. Et dans l'assiette, des efforts qui se concrétisent, avec la rémoulade de crabe et asperges vertes, le tronçon de perche aux sucs de betterave, la guimauve aux fruits ou le gâteau au chocolat coulant. Et la gentillesse souriante de Sophie Auvray.

M : 13,50-29 € *marc.robert20@wanadoo.fr*

🏨 Le Dauphin

» 31 pl des Anciennes-Halles
☎ 02 33 80 80 70
📠 02 33 80 80 79
F. 1 sem. fin nov. et 2e quinz. janv.
🚗 🐕

➥ **Restaurant** : 11/20 Le Dauphin

Près des anciennes halles, cette belle étape traditionnelle propose une atmosphère claire et feutrée dans des chambres actualisées, mariant ponctuellement quelques touches rustiques (comme les poutres apparentes) à un confort tout à fait actuel.

7 ch. 57-106 € • 1/2 pens. 70-80 € *www.le-dauphin-normandie.com*

SEGNY ➤ GEX

SEGOS ➤ AIRE SUR L'ADOUR

SEGURET ➤ VAISON LA ROMAINE

SEIN (ILE DE) - 29990 (13 A 4)

Embarquement Audierne ou Camaret

[12] Chez Brigitte

» 14 quai des Paimpolais
☎ 02 98 70 91 83
F. dim. à dîn., lundi et fin oct.-Pâques.
Jusqu'à 20h30.
⛱

Il faut le redire tous les ans, car les habitués pourraient s'inquiéter : oui, le ragoût de homard est toujours à la carte. Mais les vacanciers vont chez Brigitte trouver aussi une pêche plus simple et accessible, une salade de pétoncles, une araignée mayonnaise, un lieu jaune sauce aux algues. Décor typique, vue sur mer et service attentif.

M : 19 €

SELESTAT - 67600 (10 C 3)

Strasbourg 43 - Colmar 22

(11) Auberge à l'Illwald

» Le Schnellenbuhl, D 424
☎ 03 88 85 35 40
F. mardi, merc. et fin juin-déb. juil.
Jusqu'à 22h.

Entre forêt et campagne, un ancien café devenu auberge d'amis, accueillant ceux qui mettent le pied sur le frein pour une bonne bière, une choucroute ou un jarret braisé. Le jeune chef répond aux attentes, le service garde le sourire en toutes circonstances, même quand il s'agit d'enquiller les marches pour courir de la terrasse à la salle.
C : 28€ • M : 10-14€ *www.illwald.fr*

Abbaye de la Pommeraie R

» 8 bd du Mal-Foch
☎ 03 88 92 07 84
Fax 03 88 92 08 71
Ouv. 7j/7.

Les hauts plafonds moulurés rappellent un passé prestigieux et appellent un standing largement tenu, dans le cadre impeccable comme dans le service de haute tenue. Des vertus confirmées au restaurant gastronomique par un travail pointu (légumes en sautoir à l'huile d'olive, ris de veau et morilles sur asperges rôties) ou dans un registre plus terroir, mais également bien réussi, au S'Afelstuebel (presskopf de joue de bœuf au raifort, vol au vent de crête de coq).
4 appart. 249-314€ • 10 ch. 139-198€ • 1/2 pens. 75€ • C : 68€ • M : 26-89,50€ *www.relaischateaux.com/pommeraie*

Hôtel Vaillant R

» Pl de la République
☎ 03 88 92 09 46
Fax 03 88 82 95 01
Ouv. 7j/7.

Né à la fin des années soixante, ce grand immeuble à la lisière du centre ville a su se maintenir au goût du jour et propose des chambres rénovées, dans des ambiances personnalisées et contemporaines, dans le choix du mobilier comme des motifs. Le restaurant s'attache à décliner la gastronomie alsacienne sous son meilleur jour.
47 ch. 63-73€ • 1/2 pens. 20€ • C : 30€ • M : 15-37€
www.hotel-vaillant.com

à SCHERWILLER - 67750 : 4 km N. par N422, D 81

Auberge Ramstein R

» 1 rue du Riesling
☎ 03 88 82 17 00
Fax 03 88 82 17 02
F. vac. scol. fév.

Dans cette maison au milieu des vignes, les chambres sont fonctionnelles et disposent d'un agréable cadre clair et moderne. Le restaurant fait davantage dans le meuble rustique, en accord avec une cuisine tournée vers le terroir et la tradition : foie gras de canard, sandre au riesling. Large et intéressante sélection de vins, en Alsace comme dans les autres vignobles.
15 ch. 43-61€ • 1/2 pens. 56€ • C : 32€ • M : 23-44€
www.hotelramstein.com

SELLES SAINT DENIS - 41300 (18 A 4)

Orléans 63 - Vierzon 25 - Salbris 11

(14) Auberge du Cheval Blanc

» Pl du Mail
☎ 02 54 96 36 36
F. mardi à dîn., merc., dim. à dîn. (nov.-mars), 7 fév.-1er mars, 16-24 août et 21-30 déc.
Jusqu'à 21h15.

A tout juste 35 ans, Ludovic Poyau a tout du vieux briscard solognot. Formé dans deux des plus grandes maisons de la région (Robin à Bracieux et les Templiers aux Bézards), il met à profit les excellentes bases techniques acquises pendant ces années pour sortir quelques jolis morceaux de bravoure de ses fourneaux : carpaccio de filet de bœuf et câpres capucines, fine ciboulette et wasabi, lapin snacké au foie gras, purée de petits pois et jus de carcasse, abricots confits et amandes, sorbet citron basilic. Une cuisine vive et alerte, jamais figée, à apprécier avec quelques-uns des plus beaux flacons de Loire
C : 60€ • M : 25,50-52€ *www.chevalblanc-sologne.com*

SELONCOURT ➤ MONTBELIARD

SEMUR EN AUXOIS - 21140 (20 A 3)

Dijon 76 - Avallon 44 - Auxerre 85

[12] Le Calibressan

» 16 rue Fevret
☎ 03 80 97 32 40
F. sam. à déj., dim. à dîn., lundi, 1er-30 janv. et 3-11 juil.
Jusqu'à 21h30.

Californie et Bresse font un couple heureux et des clients satisfaits. Jean-Michel Carré aux fourneaux, son épouse Jill en salle, du saumon laqué au soja et gingembre sur un dôme de guacamole, ou des œufs en meurette ; du grenadin de veau aux épices de la Nouvelle Orléans ou du bœuf bourguignon. Les convives aiment ne pas choisir et tout adopter dans une ambiance fraternelle et sans salamalecs. Cave bourguignonne avenante, à des tarifs d'ensemble plutôt courtois.

C : 25 € • M : 18,50-33,50 € *le.calibressan@wanadoo.fr*

SENLIS - 60300 (3 D 5)

Beauvais 59 - Compiègne 32

[12] Le Scaramouche

» 4 pl Notre-Dame
☎ 03 44 53 01 26
F. mardi, merc., 1 sem. mi-fév. et 1 sem. après 15 août.
Jusqu'à 21h15.
⛱ ❄ 🐕 🚬

La bonne tradition bourgeoise fait toujours l'actualité de cette fière maison au pied de la cathédrale, au cadre de douceur. Les nobles intitulés, les produits de prestige, les touches ménagères (persillé de ris de veau et tourteau à la crème de laitue, tatin de pieds de porc aux oignons, carré d'agneau du Limousin et chartreuse de ratatouille) ont paru cette année moins fignolés que par le passé. Une impression qui, souhaitons-le, s'estompera rapidement. Service bien rodé, un peu long, cave généraliste et correcte en tarifs.

C : 58 € • M : 27-62 € *www.le-scaramouche.fr*

SENS - 89100 (19 C 1)

Auxerre 59 - Fontainebleau 54 - Montargis 50

[16] La Madeleine

» 1 rue d'Alsace-Lorraine
☎ 03 86 65 09 31
Rens. non comm.
🚗 🐕

Comme chaque année, Patrick Gauthier, collaborant semble-t-il de bon coeur avec les guides qui lui sont chers, ne souhaite pas que sa maison soit citée dans nos colonnes. Comme chaque année, nous nous y avons intéressons néanmoins et pensons que ce beau 16/20 demeure une juste note en classant cette maison (dont on dit qu'elle pourrait bientôt déménager dans des locaux plus prestigieux) parmi les plus intéressantes de Bourgogne. De très beaux produits, beaucoup d'humanité, de délicates intentions que nous développerons plus complètement lorsque notre interlocuteur y consentira.

🏨 Paris et de la Poste R

» 97 rue de la République
☎ 03 86 65 17 43
📠 03 86 64 48 45
Ouv. 7j/7.
🚗 ♿ ❄ 🐕

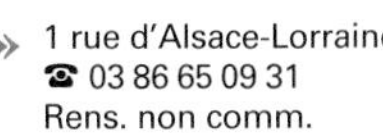

Saluons le bel effort de personnalisation des chambres, des couleurs vives de la Seventies au rustique chaleureux de la Chalet. L'ancien relais de poste déploie un espace terrasse dans sa cour intérieure, par exemple pour apprécier la cuisine de Philippe Godard, qui avoue une préférence pour les saveurs du Sud : tempura de légumes et filet d'anchois, agneau pané au parmesan, gaspacho d'ananas à la menthe.

4 appart. 125-150 € • 26 ch. 65-150 € • 1/2 pens. 85-180 € • C : 70 € • M : 30-70 € *www.hotel-paris-poste.com*

SERIGNAN - 34410 (32 D 4)

Béziers 7 - Valras Plage 3

Harmonie

La terrasse ombragée qui surplombe l'Orb, les cent soixante-dix colonnes de Buren illuminées de l'intérieur par fibre optique, tout concourt à mettre le couvert - et les assiettes - en Harmonie. avec la nature, avec ce qu'elle produit de splendide dans la région, et que Bruno Cappellari traduit de mieux en mieux : pressé de légumes au citron confit, velouté de petits pois espuma de crustacés au safran et gambas rôties, ris d'agneau aux choux verts et caramel de banyuls, dans une carte solide et inventive, marquée par la mode (assiettes poudrées, apprêts en vogue) mais à l'évidence pour de bonnes raisons. Cave régionale collectant le meilleur des alentours.

M : 22-50 €

lharmonie@9business.fr

» Chemin de la Barque, parking de la Cigalière
☎ 04 67 32 39 30
F. sam. à déj. mardi à dîn. merc. (h.s.), sam. à déj. merc. jeudi à déj (été) et vac. scol. hiver et Toussaint.
Jusqu'à 21h30.

SERRE CHEVALIER - 05240 (34 B 1)

Gap 99 - Briançon 12

➲ à CHANTEMERLE - 05330 : 11 km N.E.

La Boule de Neige R

Une maison bien ancrée dans sa région, par son allure authentique (elle a conservé ses salles voûtées du XVIIe siècle), les meubles anciens en rappel dans un décor à la belle sobriété claire, et jusque dans la cuisine fidèle à ses racines : charcuterie de montagne, carré d'agneau à la crème d'ail, tarte aux noix ou encore fondue savoyarde.

10 ch. 59-122 € • 1/2 pens. 57-79 € • C : 28 € • M : 25 €

www.hotelbouledeneige.com

» 15 rue Centre
☎ 04 92 24 00 16
Fax 04 92 24 00 25
F. 16 avril-1er juil. et 27 août-16 déc.

➲ au MONETIER LES BAINS - 05220 : 19 km N.O.

L'Antidote

DÉCOUVERTE

➥ **Hôtel :** Hôtel Alliey et Spa

Stéphane Froidevaux retrouve, après ses années de formation savoyarde, la flore et les plantes sauvages des Alpes du Sud qui l'inspirent tant. Home, sweet home : c'est désormais dans son chalet de poche, niché à l'intérieur d'un hôtel de charme, qu'il reçoit le soir une vingtaine d'heureux élus pour une cuisine luxuriante et à mesure humaine. Belle technique, décoration sylvestre omniprésente et imagination débordante - ça vous dit une longe d'espadon en émulsion d'absinthe et marmelade provençale ou une gelée de pissenlits sur du foie gras confit ? - y compris dans ses plats de savante réappropriation du terroir, comme le tourton à la soupe d'orties. Ou ses fringantes assiettes de fenouil, concombre, céleri-rave, haricots et chou- fleur pour une impeccable synthèse entre le cru et le mi-étuvé. Vins gouleyants, prix tout doux : un bon début.

C : 37 € • M : 28-44 €

restaurant.lantidote@wanadoo.fr

» Serre-Chevalier 1500
☎ 04 92 24 09 74
F. non comm.
Jusqu'à 21h.

Le Chazal

L'ancienne étable dans laquelle s'est installé Jacques Michel au tournant du millénaire respire l'authenticité et la probité. Bressan d'origine, il a apporté dans ses bagages les escargots de bourgogne en compote de poivrons et beurre de basilic, la noisette d'agneau et son ris en profiteroles, poêlées de girolles et s'ouvre aux spécialités locales, dont les tomates confites au fromage de brebis. Cave restreinte mais futée.

C : 50 € • M : 23-39 €

» Les Guibertes
☎ 04 92 24 45 54
F. lundi. F. annuelle non comm.
Jusqu'à 21h.

🏨 Hôtel Alliey et Spa

➥ **Restaurant** : 14/20 L'Antidote

L'authenticité ici n'est pas feinte, puisque les vieilles pierres sont celles de deux maisons de village, autour desquelles s'est bâti l'hôtel. Ces touches anciennes, ainsi que le bois de mélèze, sont omniprésentes et créent une ambiance chaleureuse. La qualité de l'équipement, avec par exemple une piscine intérieure et extérieure et un spa en accès libre, comme celle de l'accueil, avec des hôteliers amoureux de la région, complètent les atouts de la maison.

15 appart. 620-950 € • 24 ch. 69-99 € • 1/2 pens. 72-95 € *www.alliey.com*

» Serre-Chevalier 1500
☎ 04 92 24 40 02
📠 04 92 24 40 60
F. non comm.
🏊 🐕

↻ à VILLENEUVE LA SALLE - 05240 : 14 km N.

[12] La Marotte

Une belle histoire de village que celle de cette petite maison qui vit séjourner la médecine scolaire, le percepteur ou le comité de chasse, avant que Pierre et Nathalie Aubert n'en fassent tout simplement une table d'amis. Le chef cuisine ce qu'il aime, avec esprit et bonne humeur, et par chance, il aime ce qu'on aime : des légumes, des produits mis en valeur simplement, des terrines, un tartare, un clafoutis, des plats du jour réalisés avec le cœur.

C : 23 € • M : 17,50-18 € *pierreaubert@wanadoo.fr*

» 36 rue de la Guisane
☎ 04 92 24 77 23
F. dim., mai, juin, oct. et nov.
Jusqu'à 22h.

SERRIERES - 07340 (27 C 4)

Annonay 15 - Saint-Vallier 17

[15] Schaeffer

➥ **Hôtel** : 🏨 Schaeffer

Foie gras, homard, chartreuse d'asperges, ce n'est plus forcément pour cette tradition luxueuse longuement développée par Bernard Mahé depuis plus de vingt ans que l'on a envie de croiser ici. La maison propose aussi un bien intéressant menu de saison, par exemple la poêlée de ris d'agneau et pointes d'asperges, le pavé de thon frais et spaghettis de courgettes ou le filet mignon de porcelet farci à l'oseille. La technique est évidente, le service au petit point, le gibier à l'honneur dès que les fusils se pointent (civet de garenne, râble de lièvre farci au foie gras) et la cave rhodanienne très volubile.

C : 55 € • M : 34-90 € *www.hotel-schaeffer.com*

» 34 quai Jules-Roche
☎ 04 75 34 00 07
F. sam. à déj., dim. à dîn., lundi, mardi (juil.-août), 3 sem. janv., 12 jrs août et 8 jrs vac. Toussaint.
Jusqu'à 21h.
⛱ 🚗 ♿ ❄ 🐕

🏨 Schaeffer

➥ **Restaurant** : 15/20 Schaeffer

Les chambres ont été refaites l'hiver dernier, dans une ambiance contemporaine (dans le choix du mobilier comme celui des couleurs) et lumineuse, pensée par Madame Mahé et sa fille.

15 ch. 45-85 € *www.hotel-schaeffer.com*

» 34 quai Jules-Roche
☎ 04 75 34 00 07
📠 04 75 34 08 79
F. 3 sem. janv., 12 jrs août et 8 jrs vac. Toussaint.
🚗 ❄ 🐕

SESSENHEIM - 67770 (10 D 2)

Strasbourg 40 - Haguenau 23 - Karlsruhe 51

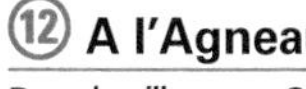

[12] A l'Agneau

Dans le village ou Goethe tomba amoureux de la fille du pasteur, Frédérique Brion (il se changea même dans ce restaurant avant de lui rendre visite), cet Agneau rassemble touristes et locaux autour des grands classiques de la cuisine bourgeoise, fricassée d'escargots à la bordelaise, sole meunière, grenadin de veau de lait à la crème et aux champignons, feuilleté de ris de veau à la crème et aux morilles ou rognon de veau à l'ancienne et nouilles au beurre. Les assiettes se montrent généreuses et le service fait preuve d'allant.

C : 40 € • M : 25-45 €

» 11 rte de Strasbourg
☎ 03 88 86 95 55
F. lundi et mardi.
Jusqu'à 20h45.
🚗 ❄ 🐕

SETE - 34200 (32 A 4)

Montpellier 35 - Béziers 48

The Marcel

» Rue Lazare-Carnot
☎ 04 67 74 20 89
F. sam. à déj., dim. et 1 sem. fin déc.-déb. janv.
Jusqu'à 22h.

Si vous voulez vraiment vous sentir Sétois d'un soir, après avoir pris votre chambre au Grand Hôtel, allez vous asseoir sous les grands ventilos et les beaux lustres de cette salle un peu sombre, à l'ambiance unique de café méditerranéen, mystérieux, secret, dont l'ambiance est ciselée par les grandes toiles originales (joli pastiche du Déjeuner sur l'herbe), les murs bruts et les traits d'arpeggione. La carte sans concession, les cuissons nettes renforcent l'impression d'exclusif, autour de l'escalivade, de la bourride de baudroie et de l'excellente crème catalane. Très jolie cave de connaisseurs qui collationne les bons pic-saint-loup (L'Hortus, Bruguière, Cazeneuve) et rend accessible Grange des Pères (85 € le 2000) ou les Truffières de la Négly (120 €).
M : 15€

La Palangrotte

» Quai de la Marine, 1 rampe Paul-Valéry
☎ 04 67 74 80 35
F. dim. à din. et merc. à dîn. (sf juil.-août) et lundi.
Jusqu'à 21h45.

Alain Gémignani fait vivre sa maison même hors saison, et cela fait plus de trente ans que ça dure. Son secret ? S'appuyer sur des valeurs sûres, les meilleurs poissons, des recettes simples et généreuses (un pavé de saumon grillé, une salade de poulpes et pommes de terre en aïoli, de simples moules de Bouzigues, une bouillabaisse ou un turbot dans son plus simple appareil), une pincée de bonne humeur, une terrasse, et le tour est joué. Petite cave régionale de bon rapport qualité-prix.
C : 40€ • M : 20-37€ *www.http://montpellier.wanadoo.fr*

Paris Méditerranée

» 47 rue Pierre-Sémard
☎ 04 67 74 97 73
F. dim., lundi et 2 sem. fin juin.
Jusqu'à 23h.

Dans un bistrot discret au décor années 30, pas loin du canal, une cuisine d'instinct, de loyauté, de fraîcheur, ou tout simplement, comme le disent simplement Emmanuelle et Nicolas, d'amour. Sur l'ardoise du jeune chef, le bouillon de ravioles à la soubressade (chorizo) et parmesan, le pavé de thon et taboulé libanais, la tatin de figues dans une formule à 25 €, et avec une jolie petite cave régionale, qui donne envie, comme le Brassens de la Supplique évoquant un sleeping du Paris-Méditerranée, (d'où l'enseigne), de devenir à Sète "l'éternel estivant qui fait du pédalo sur la vague en rêvant".
C : 25€ • M : 25€

America Club

» Promenade du Mal-Leclerc, Mole Saint-Louis
☎ 04 67 53 02 37
F. 1er oct.-30 avril.
Jusqu'à 23h.

Le cadre est enviable, au-dessus de la Méditerranée, dans un lieu chic et tendance, juste à la sortie de la ville en suivant la mer, facile d'accès avec son grand parking. Du moderne étudié aussi dans l'assiette, calamars plancha, rôti de langoustines et jarret de veau braisé aux olives, mais à la réalisation plutôt banale. Cave gentillette, ni trop pointue, ni trop coûteuse, service adapté à l'endroit.
C : 45€ *www.americaclub.fr*

Au Bord du Canal

» 9 quai Maximin-Licciardi
☎ 04 67 51 98 39
F. non comm.
Jusqu'à 22h30.

Une adresse de choix, pour l'emplacement, directement sur le quai, et pour la fraîcheur : les poissons et les huîtres sautent dans l'assiette sans prendre le temps d'enfiler un peignoir, l'assiette est propre, le service aux petits soins et la tielle excellente.
M : 15-28€

Les Demoiselles Dupuy

Simplicité d'une guinguette au bord du canal, en direct des parcs, chez un ostréiculteur qui dépose devant vous les perles de sa production et quelques assiettes simples au goût du jour : ragoût de seiche, thon tapenade, doradine à la plancha.
C : 25€ • M : 18€

» 4 quai Maximin-Licciardi
☎ 04 67 74 03 46
F. Noël et nouvel an.
Jusqu'à 22h45.

La Rascasse

C'est la flotille de bateaux de pêche, à quelques mètres de là, mais aussi les ostréiculteurs du bassin de Thau, qui nourrissent la carte de cette petite adresse du port pour la bourride de baudroie, le panaché de coquillages ou le loup au gros sel.
C : 45€ • M : 13-31€ *rascasse@worldonline.fr*

» 27 quai du Gén-Durand
☎ 04 67 74 38 46
Ouv. 7j/7.
Jusqu'à 22h30.

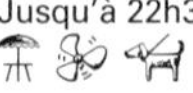

Le Grand Hôtel

L'immeuble mire sa jolie façade fin XIXe dans l'eau du célèbre canal. A cette situation précieuse, l'hôtel ajoute l'argument de chambres personnalisées, mobilier aux lignes sobres et tons clairs pour faire ressortir la hauteur de plafond et l'impression d'espace. Magnifique puits de lumière, le patio invite à une parfaite détente.
1 appart. 190-210€ • 42 ch. 60-126€ *www.legrandhotelsete.com*

» 17 quai de Lattre-de-Tassigny
☎ 04 67 74 71 77
📠 04 67 74 29 27
F. 23 déc.-2 janv.

LA SEYNE SUR MER ➤ TOULON

SILLE LE GUILLAUME - 72140 (16 B 2)

Le Mans 34 - Laval 56 - Alençon 40

12 Le Bretagne H

Les Alpes mancelles ne brillent guère par leur extrême densité en bonnes tables. Installé depuis bientôt 10 ans, Jean-Marie Fontaine fait preuve de professionnalisme et de sérieux (il est notamment passé chez Faugeron et au Grand Véfour) et vise juste pour son menu central à 30 € : tartare de calamar aux jeunes légumes, crème légère aux herbes, joues de bœuf braisées et vinaigrette tiède de pied de veau, Paris-Brest et glace café. Atmosphère pleine de gentillesse et de douceur invitant à prolonger le plaisir en occupant l'une des quinze chambres entièrement rénovées voilà deux ans.
C : 55€ • M : 15-49€ • 15 ch. 38-62€ • 1/2 pens. 56-60€
www.lebretagnehotel.com

» 1 pl Croix-d'Or
☎ 02 43 20 10 10
F. vend. à dîn., sam. à déj., dim. à dîn., (oct.-juin) et 20 juil.-10 août.
Jusqu'à 20h30.

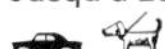

SILLERY - 51500 (9 B 3)

Charleville-Mézières 93 - Reims 13

11 Relais de Sillery

Le Relais de Sillery n'est pas un modèle de décoration branchée mais la salle-terrasse ouverte sur le jardin a l'allure rassurante des auberges champêtres de province. Bénéficiant d'une certaine renommée dans un no man's land gastronomique, la maison attire les vignerons et leurs clients vers la salade de serrano, le foie gras, le parmentier de canard...Il ne reste plus qu'à faire sauter le bouchon champenois et profiter d'un service sans chichis.
C : 50€ • M : 19,50-47€

» 3 rue de la Gare
☎ 03 26 49 10 11
F. dim. à dîn., lundi, mardi à dîn., 1er-9 janv., vac. scol. fév. et 15 août-8 sept.
Jusqu'à 21h30.

SILLY EN GOUFFERN ➤ ARGENTAN

SIRAN - 34210 (32 C 4)

Carcassonne 35 - Lézignan-Corbières 20

 Villa d'Eléis

» Av du Château
☎ 04 68 91 55 98
F. mardi et merc. (oct.-avril) et mi-janv.-mi-fév.
Jusqu'à 21h30.

➥ **Hôtel** : Villa d'Eléis

Bâtie sur les anciennes fortifications du village, la jolie bastide des XVe et XVIIe siècles coule des jours heureux entre les mains de Marie-Hélène (hôtesse délicieuse) et Bernard Lafuente, chef chevronné. Ce dernier joue de son expérience et ne se laisse pas emporter dans une vaine course en avant, à la recherche de la nouveauté qui claque, préférant s'appuyer sur les recettes qui ont construit l'indéniable succès de la maison ; une quenelle de mousse crémée de morue, toast à la tapenade et tomates confites, de belles noisettes de filet de lapin parfumées à la sarriette, cuisinées en cocotte, cuisse désossée et confite aux câpres ou une soupe de fruits frais parfumée au poivre et à la cannelle flanquée d'un sorbet à la griotte. Cave passionnante en languedoc.

C : 53 € • M : 22,50-69,50 € *www.villadeleis.com*

 Villa d'Eléis

» Av du Château
☎ 04 68 91 55 98
Fax 04 68 91 48 34
F. mi-janv.-mi-fév.

➥ **Restaurant** : 15/20 Villa d'Eléis

Au cœur du vignoble minervois, dans un charmant village de quelques centaines d'habitants, une délicieuse bastide baignée d'une atmosphère méditerranéenne immédiatement attachante. Chambres calmes et meublées avec soin. Tennis.

1 appart. 139-160 € • 11 ch. 66-127 € *www.villadeleis.com*

SISTERON - 04200 (34 D 3)

Digne 39 - Gap 49

à MISON - 04200 : 10 km N. par N 75

(12) L'Iris de Suse

» ☎ 04 92 62 21 69
Ouv. 7j/7.
Jusqu'à 21h30.

L'adresse touristique par excellence, sans les coupables travers trop souvent associés. En vedette, le menu à 25 **€**, calibré certes mais sans défaut, gratinée de morue et fondue de poivrons doux, dos de cabillaud rôti à l'huile d'olive vierge, mousseline au chocolat blanc et griottine. Courte cave locale à prix attrayants.

M : 18-28,50 €

SIX FOURS LES PLAGES - 83140 (33 D 6)

Toulon 13 - Marseille 61 - La Ciotat 37

(12) Le Bistro du Dauphin

» 36 square des Bains
☎ 04 94 07 61 58
F. dim. à dîn., lundi, jeudi à dîn., 2 dern. sem. fév. et 2 dern. sem. oct.
Jusqu'à 22h.

Simplicité bienvenue au Bistro du Dauphin, où Christian et Olivier Blusset, le père et le fils, travaillent main dans la main à produire une cuisine moderne aux racines régionales : filet de rascasse à la plancha sauce vierge au pistou, ballottine de poularde de Bresse aux morilles, arlette aux pommes caramélisées. Des grillades, des poissons entiers, un plat du jour à 10 **€** pour les petites faims rapides. Petite cave locale.

C : 25 € • M : 17-27 € *dauphin.restaurant@wanadoo.fr*

SOCCIA ➤ CORSE

SOCOA ➤ SAINT JEAN DE LUZ

SOLENZARA ➤ CORSE

SOLESMES - 72300 (16 B 2)

Le Mans 60 - Sablé 3 - La Flèche 30

Grand Hôtel

» 16 pl Dom-Guéranger
☎ 02 43 95 45 10
F. dim. à dîn. (nov.-mars) et 26 déc.-2 janv.
Jusqu'à 21h30.

➥ **Hôtel** : Grand Hôtel

Bertrand et Michèle Jaquet dirigent les lieux depuis plus de 35 ans et, si l'heure de la retraite n'a pas encore sonné, ils l'ont déjà anticipée en plaçant leur fille Marie à la direction du restaurant. Le solide Didier Serre demeure au piano et la maison a encore gagné en dynamisme, même si les assiettes ne jouent pas encore les filles de l'air, comme si elles devaient respecter la solennité des lieux : petite brioche farcie au ris de veau et jambon de pays, crème de mousserons, tournedos de lotte au basilic, sauce vierge, cœur de filet de bœuf charolais au cognac, tarte fine aux pommes du Léard, crème glacée au pain d'épices. Cave assumant son classicisme et recelant quelques millésimes rares dans les appellations les plus prestigieuses.

C : 55 € • M : 24-68 € *www.grandhotelsolesmes.com*

Grand Hôtel

» 16 pl Dom-Guéranger
☎ 02 43 95 45 10
02 43 95 22 26
F. 26 déc.-2 janv.

➥ **Restaurant** : 14/20 Grand Hôtel

Au centre du village, un ancien relais de poste du XIXe siècle largement remanié par la famille Jaquet, dans les lieux depuis trois générations. Chambres de très bon confort, agrément d'un grand jardin fleuri et d'un espace de remise en forme complet.

34 ch. 86-120 € • 1/2 pens. 70-85 € *www.grandhotelsolesmes.com*

SOLLIES TOUCAS - 83210 (34 A 6)

Toulon 19 - Brignoles 37 - Cuers 9

(11) Auberge de la Gazelle

» D 554
☎ 04 94 23 35 27
F. merc., jeudi à déj., 15-30 nov. et 2-15 janv.

Entre les salades et la restauration très basique de cette auberge de bord de route, on choisit la terrasse et le menu : pour la terrine de lapereau, les petits farcis et le magret rôti. La petite cave n'est pas si naïve : Peirecedes et Terrebrune, on fait pire, comme choix régional.

C : 30 € • M : 23 € *aubergegazelle@wanadoo.fr*

SORGES - 24420 (24 B 1)

Périgueux 24 - Thiviers 14

Auberge de la Truffe

» ☎ 05 53 05 02 05
05 53 05 39 27
Ouv. 7j/7.

Une étape conviviale dans un cadre clair et soigné, voilà à quoi invite cette auberge au pays de la truffe. Cette dernière est bien sûr présente au restaurant, à côté d'une sympathique cuisine classique, servie avec générosité, du pavé de saumon aux asperges au cassoulet au confit de canard.

2 appart. 60-80 € • 23 ch. 44-59 € • 1/2 pens. 54-69 € • C : 40 € • M : 17-53 €
www.auberge-de-la-truffe.com

Abréviations principales

ann.	annuelle	comm.	communiqué
appart.	appartement	dîn.	dîner
ch.	chambre	jrs.	jours
déj.	déjeuner	rens.	renseignements
h.s.	hors saison	sem.	semaine
C.	prix moyen à la Carte	F.	fermé
M.	prix des Menus	déj. seult.	déjeuner seulement
1/2 pens.	demi-pension	sf	sauf

SORGUES - 84700 (33 B 4)

Avignon 11 - Orange 20

Restaurant Patrick Davico

Agréable et calme, la terrasse sous les parasols avec son mobilier en fer forgé symbolise l'esprit provençal de cette maison de maître où Patrick Davico a conquis ses galons de haute lutte. Car les Avignonnais se pressent, à un petit quart d'heure de chez eux, pour cette fine carte de saison qui glorifie la Provence et le terroir, les crépinettes chaudes de pied de porc aux lentilles vertes du Puy, la tatin d'épaule de lapin confite au romarin ou le carré d'agneau et sa laitue braisée aux cébettes. Nicole Davico tient la salle avec bonne humeur et montre la richesse du vignoble dans une sélection sur le terrain qui fait une jolie cave régionale.

C : 50 € • M : 26-53 € *www.restaurantdavico.com*

» 12 Rue du 19-Mars-1962
☎ 04 90 39 11 02
F. dim., lundi-jeudi à dîn., 20-28 fév. et 5-20 août.
Jusqu'à 21h.

LES SORINIERES ➤ NANTES

SOTTEVILLE LES ROUEN ➤ ROUEN

SOTTEVILLE SUR MER - 76740 (6 B 1)

Dieppe 24 - Rouen 60 - Saint-Valery-en-Caux 11

Restaurant les Embruns

L'ancienne épicerie-station service de village a pris du galon sous la houlette du très professionnel Guy Bénard. Les extérieurs de la maison sont superbes, rustiques et normands en diable, la salle à manger respire le propre et la joie de vivre et, même si le service ne fait pas d'arabesques, la cuisine (surtout pour les poissons, d'une grande fraîcheur et traités avec la plus grande simplicité) vaut désormais qu'on accroche une jolie toque à cette enseigne de village.

M : 18-45 €

» Pl de la Libération
☎ 02 35 97 77 99
F. dim. à dîn., lundi, mardi (mi-oct.-Pâques), dim. à dîn., lundi (saison), 16 janv.-7 fév. et 25 sept.-19 oct.
Jusqu'à 21h.

SOUBES ➤ LODEVE

SOUILLAC - 46200 (29 D 1)

Cahors 66 - Sarlat-la-Canéda 30

La Vieille Auberge

Cet ancien relais de poste s'est bien modernisé, dans son décor comme dans son confort, avec de nombreux équipements de détente.

19 ch. 48-70 € • 1/2 pens. 61-73 € *www.la-vieille-auberge.com*

» 1 rue de la Récège
☎ 05 65 32 79 43
📠 05 65 32 65 19
F. 13 nov.-22 déc.

SOULAC SUR MER - 33780 (23 C 1)

Bordeaux 93 - Lesparre 27

Hôtel des Pins

Toutes les qualités d'une étape de vacances, avec des chambres paisibles et confortablement aménagées, la plage à 100 m et un agréable jardin, avec spa depuis l'an dernier.

31 ch. 42-90 € • 1/2 pens. 43-72 € *www.hotel-des-pins.com*

» 92 bd de l'Amélie
☎ 05 56 73 27 27
📠 05 56 73 60 39
F. 15 janv.-31 mars et Noël.

SOULLANS ➤ CHALLANS

SOURZAC - 24400 (24 A 2)

Périgueux 37 - Mussidan 3

Le Chaufourg en Périgord

Une demeure intime qui respire et communique sa sérénité. Georges Dambier et sa cousine Agnès ont voulu habiller à leur façon ce joli manoir périgourdin, comme une maison d'amis avec un service hôtelier irréprochable. Les chambres portent des prénoms, qui les rendent proches tout en laissant vagabonder

» Sourzac
☎ 05 53 81 01 56
📠 05 53 82 94 87
F. 3 janv.-10 fév.

l'imagination. Qui est Marie, qui est Guillaume ? Les objets chinés, les meubles anciens, les touches personnalisées dans chacune, ouvrant sur les jardins de verdure qui s'étendent jusqu'à la rivière, donnent certaines pistes pour un séjour romantique, qui se prolonge au bord de la piscine ou sous les magnolias.
4 appart. 310-325 € • 9 ch. 160-265 € *www.lechaufourg.com*

SOUVIGNY - 03210 (26 B 2)

Moulin 13 - Bourbon-l'Archambault 16

à MEILLERS - 03210 : 9 km S.O. par D 104, D 945 et D 11

Auberge au Bon Vieux Temps

» Le Bourg
☎ 04 70 47 33 36
F. mardi, merc. (sf juil.-août) et janv.

Lointains citadins, vacanciers mordus d'autoroute, prenez un jour la poudre d'escampette, évadez-vous vraiment pour rejoindre cet endroit rare, pour ne pas dire unique. Sur la terrasse en bois exotique, au pied de l'église, dans la salle aux parfums champêtres, mesurez l'authenticité, la quintessence de l'auberge de campagne. Depuis le bon vieux temps, Raymond Tixier fait sa charcuterie (cette année un nougat de foie gras à tomber), ses viandes, ses volailles, dans lesquelles il met la sauce de l'amour et de la sincérité. De leurs voyages aux Antilles, Marie et Raymond ont gardé un coin caraïbe dans le cœur et proposent le premier samedi de chaque mois une soirée créole.
C : 35 € • M : 30 €

SOUVIGNY EN SOLOGNE - 41600 (18 B 3)

Lamotte-Beuvron 15 - Blois 109 - Orléans 45

La Perdrix Rouge

» 22 rue du Gâtinais
☎ 02 54 88 41 05
F. dim. à dîn., lundi, mardi, 1re sem. janv., 15 fév.-3 mars, 26 juin-7 juil. et 6-18 sept.
Jusqu'à 21h15.

Jean-Noël Beurienne aime afficher, au coeur de la giboyeuse Sologne, que sa spécialité, ce sont les poissons de mer et les crustacés. Provocation ? Depuis trente ans, l'homme a passé l'âge des pirouettes. Mais il aime simplement travailler le beau produit, et son arrivage est sûr depuis les Viviers de Roscoff. Alors en route pour la Bretagne avec les huîtres et les homards, mais ayez toujours un œil, selon la saison, sur les asperges, le sandre toujours superbe, et bien sûr les gibiers pour lesquels nous gardons notre préférence dans ce décor si chaleureusement régional.
C : 48 € • M : 26-53 €

SOYAUX ➤ ANGOULEME

SOYONS ➤ VALENCE

STIRING WENDEL ➤ FORBACH

STRASBOURG - 67000 (10 C 2)

Paris 497 - Metz 161 - Besançon 238

Buerehiesel

» 4 parc de l'Orangerie
☎ 03 88 45 56 65
F. à déj. lundi-vend., dim. à dîn., mardi, 31 déc.-19 janv. et 1er-22 août.
Jusqu'à 23h.

Cadre et ambiance

La belle ferme alsacienne du XVIIe siècle a quelque chose d'exclusif à s'abriter sous les frondaisons des platanes du beau parc de l'Orangerie où Antoine Westermann officie depuis le début des années 70. Plusieurs salles à disposition de la clientèle dont une très agréable installée dans un jardin d'hiver.

Cuisine

Quinze ans tout juste après avoir obtenu sa quatrième toque (une exceptionnelle longévité), Antoine Westermann recule d'un cran. Les conséquences d'une récente collaboration avec son fils Eric, à ses côtés depuis l'an dernier ? Non bien sûr, même si ce sang neuf est probablement la meilleure chose qui pouvait arriver à la cuisine du Buerehiesel qui, depuis quelques années, nous semblait

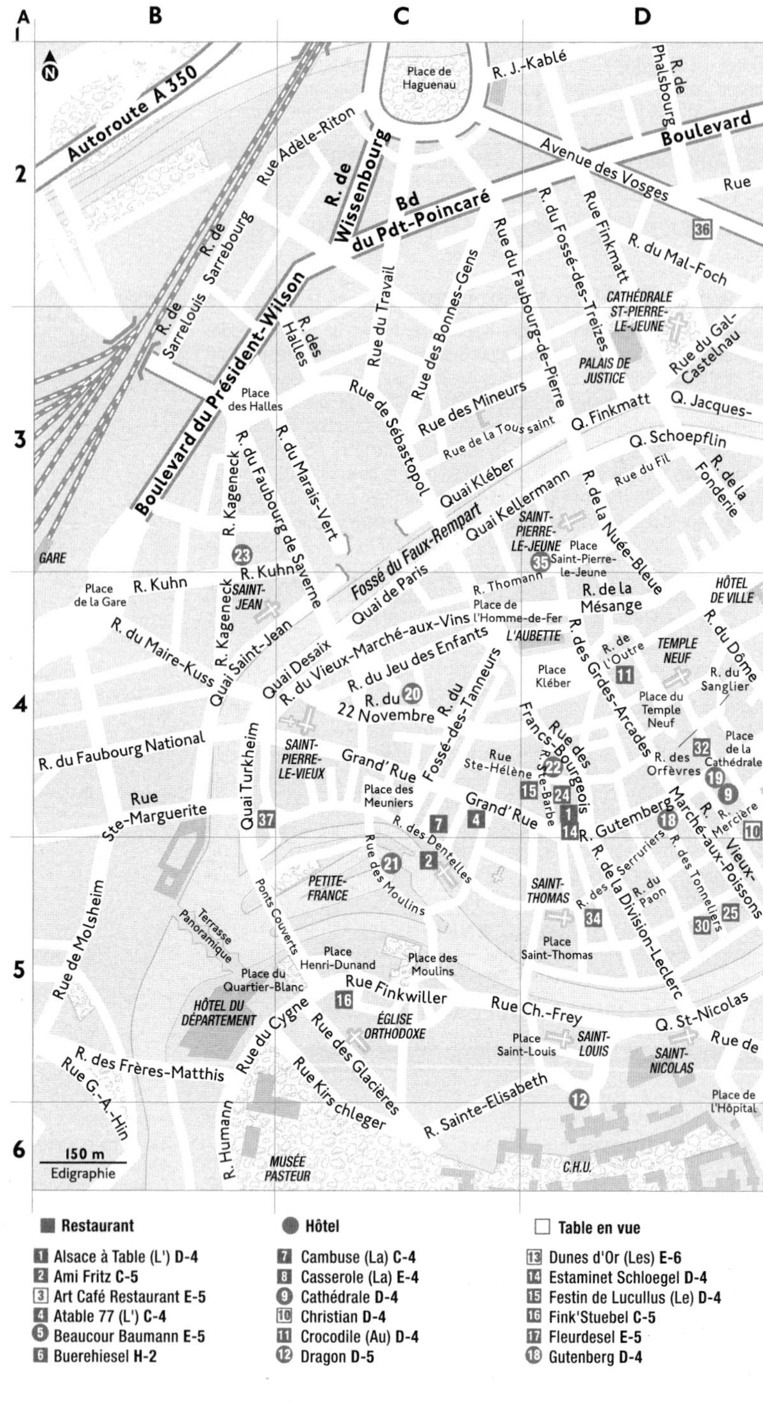
A
B
C
D
2
3
4
5
6
Autoroute A 350
Place de Haguenau
R. J.-Kablé
R. de Phalsbourg
Boulevard
Avenue des Vosges
Rue
Rue Adèle-Riton
R. de Wissenbourg
Bd du Pdt-Poincaré
R. de Sarrebourg
R. de Sarrelouis
Boulevard du Président-Wilson
R. des Halles
Rue du Travail
Rue des Bonnes-Gens
Rue du Faubourg-de-Pierre
R. du Fossé-des-Treizes
Rue Finkmatt
R. du Mal-Foch
CATHÉDRALE ST-PIERRE-LE-JEUNE
PALAIS DE JUSTICE
Rue du Gal-Castelnau
Q. Jacques-
Place des Halles
Rue de Sébastopol
Rue des Mineurs
Rue de la Toussaint
Q. Finkmatt
Q. Schoepflin
R. de la Fonderie
Rue du Fil
R. du Faubourg de Saverne
R. du Marais-Vert
R. Kageneck
Quai Kléber
Quai Kellermann
SAINT-PIERRE-LE-JEUNE
Place Saint-Pierre-le-Jeune
R. de la Nuée-Bleue
Fossé du Faux-Rempart
GARE
R. Kuhn
Place de la Gare
SAINT-JEAN
Quai de Paris
R. Thomann
R. de la Mésange
HÔTEL DE VILLE
Place de l'Homme-de-Fer
L'AUBETTE
R. du Maire-Kuss
Quai Saint-Jean
Quai Desaix
R. du Vieux-Marché-aux-Vins
R. du Jeu des Enfants
R. des Grdes-Arcades
R. de l'Outre
TEMPLE NEUF
R. du Dôme
Place Kléber
R. du Sanglier
Place du Temple Neuf
R. du 22 Novembre
R. du Fossé-des-Tanneurs
Rue des Francs-Bourgeois
R. Ste-Barbe
R. du Faubourg National
SAINT-PIERRE-LE-VIEUX
Grand'Rue
Rue Ste-Hélène
R. des Orfèvres
Place de la Cathédrale
Quai Turkheim
Place des Meuniers
Rue Ste-Marguerite
R. Gutemberg
Marché-aux-Poissons
R. Mercière
R. des Dentelles
R. de la Division-Leclerc
R. des Serruriers
R. des Tonneliers
R. Vieux-
R. du Paon
Rue des Moulins
PETITE-FRANCE
SAINT-THOMAS
Rue de Molsheim
Terrasse Panoramique
Ponts Couverts
Place Saint-Thomas
Place Henri-Dunand
Place des Moulins
Place du Quartier-Blanc
Rue Finkwiller
Rue Ch.-Frey
Q. St-Nicolas
HÔTEL DU DÉPARTEMENT
ÉGLISE ORTHODOXE
Rue du Cygne
Rue des Glacières
Place Saint-Louis
SAINT-LOUIS
SAINT-NICOLAS
Rue de
R. des Frères-Matthis
Rue G.-A.-Hin
Rue Kirschleger
R. Sainte-Elisabeth
Place de l'Hôpital
R. Humann
MUSÉE PASTEUR
C.H.U.
150 m
Edigraphie
Restaurant
Hôtel
Table en vue
1 Alsace à Table (L') D-4
2 Ami Fritz C-5
3 Art Café Restaurant E-5
4 Atable 77 (L') C-4
5 Beaucour Baumann E-5
6 Buerehiesel H-2
7 Cambuse (La) C-4
8 Casserole (La) E-4
9 Cathédrale D-4
10 Christian D-4
11 Crocodile (Au) D-4
12 Dragon D-5
13 Dunes d'Or (Les) E-6
14 Estaminet Schloegel D-4
15 Festin de Lucullus (Le) D-4
16 Fink'Stuebel C-5
17 Fleurdesel E-5
18 Gutenberg D-4

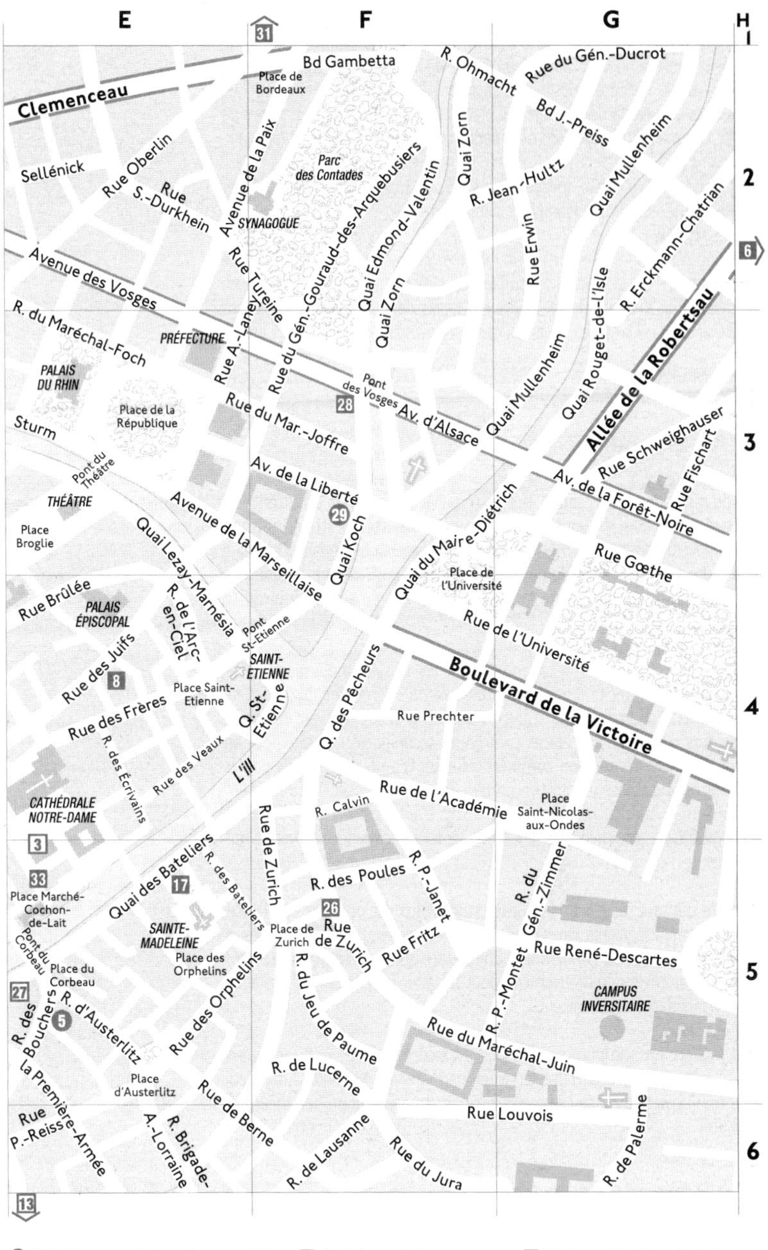

19 Hôtel Baumann Maison Kammerzell **D-4**
20 Hôtel Hannong **C-4**
21 Hôtel Régent Petite France **C-5**
22 Maison Rouge **D-4**
23 Monopole Métropole **B-3**
24 Panier du Marché (Le) **D-4**
25 Penjab (Le) **D-5**
26 Pont aux Chats (Le) **F-5**
27 Pont Corbeau (Au) **E-5**
28 Pont des Vosges **F-3**
29 Régent Contades **F-3**
30 Restaurant La Vieille Enseigne **D-5**
31 Restaurant La Vignette **F-1**
32 Saint-Sépulcre **D-4**
33 S'Muensterstuewel **E-5**
34 S'Staefele **D-5**
35 Sofitel Strasbourg **D-3**
36 Tour de Jade (La) **D-2**
37 Vieille Tour (La) **B-4**

moins vive, moins inventive, presque en roue libre. L'émincé de coquilles saint-jacques à l'artichaut et à l'huile de truffe blanche, les schniederspaetle et cuisses de grenouille poêlées, au cerfeuil, le bar de ligne cuit à la vapeur, tartare d'huître et crème iodée au riesling et l'agneau des Pyrénées rôti, étuvée de légumes verts et polenta demeurent des plats de noble lignée qu'il va suffire de régénérer comme cette famille de pionniers sait sans aucun doute le faire.

Cave

Une des plus belles (d'Alsace, forgée à force de patience et de dégustations par le chef lui-même et le fidèle Jean-Marc Zimmermann).

Accueil et service

Un domaine où le Buerehiesel n'aurait que des leçons à donner (même si ce n'est pas le genre de la maison). Il suffit pour s'en convaincre de réserver un samedi midi et de s'émerveiller de toutes ces tables de jeunes venus se faire un grand plaisir en profitant des tarifs réduits proposés aux moins de 25 ans. A méditer.

C : 129€ • M : 126-148€ *www.buerehiesel.com*

Au Crocodile

» 10 rue de l'Outre
☎ 03 88 32 13 02
F. dim., lundi, (sf Pâques, Fête des Mères, et 3 prem. dim. déc.), 9-31 juil. et 24 déc.-8 janv.
Jusqu'à 21h30.

Cadre et ambiance

Difficile de rester insensible, sauf à être entré par hasard, devant la sincérité de ce mythe qui sait si bien conserver ses valeurs, dans le décor, "crocodilien" avant d'être alsacien, un savant mélange d'intérieur bourgeois personnalisé, presque un peu baroque dans son démodé façon Santa Barbara, et de touches régionales, et dans l'ambiance de table historique, fier de son rang et de sa réputation.

Cuisine

Emile Jung s'est passionné récemment pour la cuisine moléculaire. Effet d'annonce pour montrer une modernité discutée ou intérêt véritable, nous ne doutons pas, en l'occurrence, de l'ouverture d'esprit de ce chef sûr et brillant qui a toujours su manier les épices comme les techniques nouvelles tout en déroulant des plats de tradition comme personne. Les nouveaux plats goûtés cette année, bonbon glacé menthe et citron - plongé dans l'azote liquide à -196° -, farci de tomate grappe et légumes au caviar d'aubergine "plume" (basses calories), lotte rôtie aux encornets, courgette verte à la coriandre, valaient tous trois toques.

Cave

La première d'Alsace, une des plus vastes et des plus exploratrices de France, avec une somme inégalable sur sa région, mais tous les grands millésimes et une recherche permanente demandant une lecture qui pourrait durer le temps du repas. Le sommelier, heureusement, peut sillonner les pages avec érudition pour trouver le flacon qui convient.

Accueil et service

On peut le juger un brin pompeux, mais il est incontestablement juste, feutré, en accord avec les lieux, et d'une douceur permanente. Monique Jung vient apporter la touche de grande bourgeoisie à une atmosphère un peu théâtrale.

M : 57-126€ *www.au-crocodile.com*

15 Le Pont aux Chats ♥

» 42 rue de la Krutenau
☎ 03 88 24 08 77
F. dim. à dîn. (oct.-mars), merc. et sam. à déj., 2 sem. fév. et 2 sem. août.
Jusqu'à 22h.

Rétablissons d'emblée un petit malentendu : nous évoquions l'an dernier, avec une pointe d'humour, le cadre proche d'un bar PMU de quartier. Ce cadre un peu triste a depuis complètement disparu, se rapprochant désormais (comme un fait exprès ?) de celui d'un lounge qui aurait déjà formidablement collé l'an dernier à la cuisine alerte et ultra-moderne de Valère Diochet. Les assiettes qui fusent des cuisines de cet ancien du Buerehiesel (il y fut second pendant plus de dix ans) pointent parmi les plus passionnantes de l'agglomération : des produits au top, une exécution sobre et sans faille, une grande technicité, ce chef sait tout faire et n'en rajoute

pas : filets de lisette simplement poêlés à l'huile d'olive, pommes de terre roseval en salade, filets de rouget barbet de petit bateau et casserons poêlés, oignons nouveau et citron confit, rhubarbe d'Alsace confite dans son jus, confiture de fraises, croustillant caramélisé et crème à la vanille. En salle, la délicieuse Véronique se met au diapason d'une maison promise à un grand avenir.
C : 44 € • M : 19 €

14 L'Atable 77

» 77 Grand'Rue
☎ 03 88 32 23 37
F. dim. et lundi.
Jusqu'à 22h.

Derrière sa simplicité apparente, le nom de cet établissement traduit une certaine approche décomplexée des plaisirs du restaurant, confirmée dans le décor, soigné dans une belle sobriété, sans effet facile, et surtout dans la cuisine, inventive et ouverte aux modes et au monde, sans les subir, ni recherche la complication, mais des saveurs franches et des contrepoints intelligents. Le résultat ne cesse de séduire, d'autant que le reste est à l'avenant : personnel parfait d'aisance et d'efficacité, et très belle carte des vins, bien servie par un sommelier pointu et une sélection intelligente au verre.
C : 28 € • M : 22-70 € *latable77@free.fr*

14 Restaurant La Vieille Enseigne

» 9 rue des Tonneliers
☎ 03 88 32 58 50
F. sam. à déj. et dim.
Jusqu'à 22h.

Cette ancienne winstub proche de la cathédrale, installée dans les murs d'une maison du XVIIe, fait désormais partie du patrimoine gastronomique strasbourgeois. Loin de se contenter de rabâcher une énième version de la cuisine alsacienne, Jean-Christophe Langs préfère ajouter son grain de sel, sur un simple foie gras d'oie en terrine qu'il associe à une marmelade d'abricots secs, sur un gros ravioli ouvert de bar et mousseline de fenouil qu'il marie à un coulis de poivrons rouges ou sur un blanc-manger de fromage blanc et noix de coco, qu'il a l'audace de faire fraterniser avec un sorbet à la bière et tequila. Quelques artifices ça ou là gagneraient à disparaître mais le bilan reste excellent et la cave, vraiment pointue, marque un bon point.
C : 58 € • M : 30-55 € *www.la-vieille-enseigne.com*

13 La Cambuse

» 1 rue des Dentelles
☎ 03 88 22 10 22
F. dim., lundi, 18 avril-2 mai et 31 juil.-22 août.
Jusqu'à 22h30.

La maison ne manque pas d'atouts (architecture XVIIIe au cœur de la Petite France, beau décor en acajou massif et laiton) et sa cuisine volontiers orientalisante se montre suffisamment soignée pour s'élever au-dessus de la concurrence féroce qui règne dans le quartier : salade de crevettes et encornets au basilic thaï, gambas rôties aux cinq épices, turbot au sésame et coriandre, panacotta de rhubarbe. Cave tout aussi globe-trotteuse, le crozes-hermitages de chez Tardy frayant ainsi aux côtés de quelques références étrangères et des meilleurs alsaciens.
C : 45 €

13 Estaminet Schloegel

» 19 rue de la Krutenau
☎ 03 88 36 21 98
F. sam. à déj., dim., lundi à déj. (sf banquets) et août.
Jusqu'à 21h30.

Après plus de vingt années passées dans ce quartier de la Krutenau où la concurrence fait rage, Gérard Déprez possède l'expérience nécessaire pour maintenir le (bon) rang auquel se situe sa maison. S'il avoue un penchant pour la gastronomie régionale, il se montre très à l'aise sur les poissons (qu'il travaille en direct du marché) et les plats de ménage : jambonnette de lapin farcie d'une mousse de volaille, rognon de veau cuit dans sa graisse et réduction d'échalotes au vin rouge. Cave complète qui, à défaut de s'intéresser à la jeune génération, rassemble les grands noms (Colombo ou Chèze en rhône, Maillard ou Rapet en bourgogne, Mochel ou Deiss en Alsace) et peut faire quelques envieux dans le quartier.
C : 35 € • M : 25-47 €

Le Penjab

» 12 rue des Tonneliers
☎ 03 88 32 36 37
F. dim., lundi à déj., jeudi à déj., fériés et 1re sem. janv.
Jusqu'à 22h30.

Référence indienne sur Strasbourg depuis plus de quinze ans, ce Penajb a grandi sous la houlette d'Eric Jenny, un ancien de la Tour de Jade, qui a passé le relais depuis quelques années à son second, Jagwinder Sing. Les bonnes manières sont toujours là, sur la salade de poulet à l'indienne, le saumon tarka au chutney de tomates et olives, le poulet korma (une volaille aux épices, lait de coco et coriandre) et sur les tandooris au charbon de bois, spécialité de la maison. Belle carte de thés, cave remarquable dans le contexte.

M : 21-46 € *lepenjab@wanadoo.fr*

S'Muensterstuewel

» 8 pl du Marché-aux-Cochons-de-Lait
☎ 03 88 32 17 63
F. sam., dim. (sf veilles de fêtes) et 3 sem. juil.
Jusqu'à 23h.

Difficile de mettre d'accord tous les Strasbourgeois sur le classement des meilleures winstubs de la ville mais il ne fait aucun doute que celle-ci compte parmi le top trois, aussi et surtout parce qu'elle ne se borne pas au seul répertoire alsacien traditionnel : queues de crevettes sur choucroute caramélisée au miel, pied de porc en potée du boulanger, parfait pistache aux quetsches. Une auberge remplie de vie et de bonne humeur, des produits magnifiques et une cave pointue.

C : 30 € • M : 28-42 € *www.strasnet.com/munsterstub.htm*

13 La Vieille Tour

» 1 rue Adolphe-Seyboth
☎ 03 88 32 54 30
F. dim., lundi, 15 jrs déb. janv. et 15 jrs été.
Jusqu'à 20h45.

Tour près de la Grande Rue, cette enseigne traditionnelle, avec sa façade typiquement alsacienne mais presque banale, ne paie pas de mine. On pourrait presque la croire dédiée à la cuisine régionale traditionnelle mais Emmanuel Lercher préfère s'aventurer dans des zones moins fréquentées et se laisser guider par le marché du jour : piments doux farcis à la chair de tourteaux et dés de courgettes, dos de cabillaud de ligne, compotée de jeunes poireaux et morilles au jus de veau, rognon de veau aux fanes d'oignons et käseknepfles. Belle cave en région sachant s'intéresser avec pertinence aux autres vignobles.

C : 50 € • M : 20-31 € *lercher.emmanuel@caramail.com*

12 Ami Fritz

» 8 rue des Dentelles
☎ 03 88 32 80 53
F. dim., lundi, 2 sem. fév., 2 sem. juin et 1 sem. nov.
Jusqu'à 22h.

Une pimpante winstub où un chef inventif propose une cuisine de bistrot qui s'évade du registre alsacien. Les produits sont de première qualité, le soin apporté à la cuisine est incontestable mais la volonté trop perfectionniste et cumulative porte atteinte à la pureté des saveurs. La salade de viande - fraîcheur, abondance - comme la cuisse de volaille et champignons, et surtout le streussel aux fruits valent néanmoins un point de plus.

C : 25 € • M : 15,90-26 € *www.ami-fritz.com*

12 La Casserole

» 24 rue des Juifs
☎ 03 88 36 49 68
F. sam. à déj., dim., lundi, 3 sem. fin juil.-mi-août et 1 sem. fin déc.
Jusqu'à 21h30.

Une jeune table à encourager, un cuisinier scrupuleux sur le produit, et dont l'ancien métier de sommelier permet une cave déjà bien structurée, avec notamment de très bons choix en bourgogne-beaujolais (Rion, Maillard, Brun, Pacalet…). Quelques plats phares sont déjà des classiques (terrine d'artichaut et beaufort, daurade à l'huile de poivron rouge), d'autres sont issus de l'actualité (mille-feuille de légumes sautés, bar rôti déclinaison de betterave) pour un ensemble de fraîcheur et de précision. Un point de plus.

C : 27 € • M : 27-50 €

[12] Le Festin de Lucullus

» 18 rue Sainte-Hélène
☎ 03 88 22 40 78
F. dim., lundi, fériés et 12-30 août.
Jusqu'à 22h.
⛱ ♿ 🐕

Lucullus continue de (bien) dîner chez lui, et les partisans de la cuisine d'Eric Thiercelin sont chaque jour plus nombreux et plus fidèles. Juste récompense pour ce passionné qui change cinq à six fois sa carte par an, travaille du frais comme un sacerdoce et ne prend que des risques bien calculés (agneau de lait rôti au romarin, saltimbocca de lotte au gingembre et riz thaï). La cave s'enrichit chaque année et une petite terrasse sur la ruelle fait profiter des beaux jours.

C : 30 € • M : 13-26 € *lucullus@tiscali.fr*

[12] Fink'Stuebel

» 26 rue Finkwiller
☎ 03 88 25 07 57
F. dim., lundi, 2e sem. vac. scol. fév. et 3 dern. sem. août.
Jusqu'à 23h.
⛱

L'ancien bureau de poste, qui fut également occupé par un magasin de papiers peints, fait valoir un cadre typiquement alsacien (décors polychromes, boiseries) et une cuisine régionale soignée pour attirer le chaland. Theirry Schwaller, passé par de très belles maisons (Husser, Lameloise), donne vie à son jambonneau rôti au four, qu'escorte une fraîche salade de pommes de terre, à ses käsknepfle à la crème et lardons grillés ou à son poulet fermier au riesling, simplement accompagné d'oignons nouveaux et de champignons. Ambiance typiquement winstub, service enjoué, cave régionale.

C : 25 € *finkstuebel@noos.fr*

[12] Fleurdesel

» 22 quai des Bateliers
☎ 03 88 36 01 54
F. dim., lundi et 3 sem. août.
Jusqu'à 19h.
❄ 🐕

Jean-Paul et François Schaller ont totalement transformé leur ex-Julien, en changeant d'enseigne et en créant un véritable bistrot, aux accents italiens et méditerranéens (très bonne caille à l'orientale, au gingembre et raisins de Corinthe) nappes et serviettes en papier, dans l'amusant décor lie de vin de cette bonbonnière Belle Époque.

C : 28 €

[12] Le Panier du Marché 🍇

» 15 rue Sainte-Barbe
☎ 03 88 32 04 07
F. dim. et 3 sem. août.
Jusqu'à 22h.
⛱ ❄

Le Panier du Marché créé par François Morabito et Esther Weisgerber a été repris en octobre 2004 par Christophe Couvent, passé par quelques grands hôtels. La formule d'une cuisine de marché créatif a été conservée à travers un menu-carte attractif et le rapport découverte-prix est un modèle. Il manque encore un peu d'allant dans l'ambiance et le service, la cave étant déjà fort bien vue, en particulier sur la région.

C : 27 € • M : 27 € *ccouvent2@hotmail.com*

[12] Pont des Vosges

» 15 quai Koch
☎ 03 88 36 47 75
F. dim.
Jusqu'à 23h30.
⛱ 🐕 🚬

Près du Parlement Européen, cette adresse est de bonne constitution : le chef Jean-Philippe oriente sa carte brasserie avec précision et respect du produit : presskopf de saumon, croustillant de queue de bœuf aux petits légumes, cabillaud meunière, foie de veau au lard. Le succès vient du soin, de l'accueil et un peu du lustre en fer forgé aux dix-huit bougies, un élément majeur du décor.

C : 38 €

[12] Restaurant la Vignette

» 29 rue Mélanie
☎ 03 88 31 38 10
F. dim., lundi, 15-30 août et 23 déc.-1er janv.
Jusqu'à 22h.
⛱ ♿ 🐕

Une guinguette moderne dans un concept très réussi, combinant les talents : celui d'un chef adroit et expérimenté, Serge Knapp, du cadre popu-branché d'une ancienne épicerie-buvette-menuiserie, et d'une carte vive, enjouée, multi-influences, de la daube de queue de bœuf et foie gras au tartare de thon citronnelle et huile de tapenade, du risotto arborio de saint-jacques à la souris d'agneau en baeckeoffe "méridional".

C : 35 € • M : 30 € *lavignetterobertsau@cegetel.net*

[12] S'Staefele

» 2 pl Saint-Thomas
☎ 03 88 32 39 03
F. dim., lundi. F. ann. non comm.
Jusqu'à 22h.
⛱ ♿ 🐕 🚬

Le limonaire tourne, et avec lui les refrains bon enfant d'une brasserie à l'alsacienne qui actualise son offre par des salades et des risottos, garde ses spécialités de bœuf, et les régionales, choucroutes et filet de sandre aux nouilles. Bonne formule à 19 €, edel et riesling en carafe.
C : 32 € • M : 19-29 €

[12] Saint-Sépulcre ♥

» 15 rue des Orfèvres
☎ 03 88 32 39 97
F. dim., lundi et 1er-21 juil.
Jusqu'à 21h30.
❄ 🐕

Retour mérité dans nos colonnes pour cette authentique winstub, de celles qui ne vendent pas de jambon en croûte, de choucroute ou de baeckeoffe en boite. Le cadre sent bon l'ancien, le service ne fait pas de chichis mais on se sent pourtant toujours le bienvenu et les prix demeurent très bien placés.
C : 32 €

[11] L'Alsace à Table

» 8 rue des Francs-Bourgeois
☎ 03 88 32 50 62
F. 24 déc. et 1er janv. (à dîn.).
Jusqu'à 23h.
❄ 🐕

Paris-Strasbourg d'un seul tenant, grâce à un positionnement adroit orchestré par Guy-Pierre Baumann, qui réunit l'atmosphère de brasserie parisienne et le typique alsacien, dans le décor comme dans la cuisine : Gillardeau, fines de claires de Marennes, tournedos de lotte bardé, épinards et rattes, mais aussi presskopf et les fameuses choucroutes Baumann. Pour le vin, restez en région : il y a ce qu'il faut, du klevener d'Heiligenstein au tokay de Rolly-Gassmann.
C : 26,50 € • M : 21,50-29 € *www.alsace-a-table.fr*

▶ Art Café Restaurant

» 1 pl Jean-Hans-Arp, Musée d'Art Moderne et Contemporain
☎ 03 88 22 18 88
F. lundi.
Jusqu'à 22h.
⛱ 🚗 ♿ ❄ 🐕

A l'intérieur du musée d'Art Moderne, un espace contemporain habillé de décors uniques, une grande fresque d'Aki Kuroda, le cheval en bronze de Paladino sur la terrasse, la vue sur la Petite France et la très jolie salle inspirée par Mondrian. Quelques plats de brasserie mais surtout de très belles salades portant les noms d'artistes exposés au musée, Klimt étant associé à un blanc de volaille, à des haricots verts et à de la mimolette, Kandinsky préférant le saumon fumé, tarama, blinis et pamplemousse rose.
C : 20 € • M : 25 € *artcafe@mamcs.com*

▶ Christian

» 10 rue Mercière
☎ 03 88 22 12 70
F. à dîn. et dim.
Jusqu'à 14h.

Les pâtisseries de Christian plaisent tant que les Strasbourgeoises et les Strasbourgeois fréquentent pour le plaisir, et en dehors des goûters, ce salon entièrement relooké mais dont l'âme n'a heureusement pas varié. Ils en profitent par exemple pour passer à l'improviste au déjeuner, voir si la papillote de carré de veau de lait crème tandoori et gratin de rhubarbe ou le saumon rôti label rouge et croustillant de pommes de terre sont aussi savoureux que les chocolats du tea time.
C : 20 € *www.christian.fr*

▶ Les Dunes d'Or

» 87 av de Colmar
☎ 03 88 41 02 02
F. dim. à dîn., lundi et août.
Jusqu'à 22h.
❄

Jolie déco évocatrice pour s'enfouir dans les sables du désert. Laissez le 4x4 au vestiaire et les rythmes du Dakar de côté pour apprécier les tajines, loubias et couscous dans le repos des nuits câlines.
C : 35 € • M : 26-27 €

▶ Au Pont Corbeau

» 21 quai Saint-Nicolas
☎ 03 88 35 60 68
F. sam., dim. à déj. (sf déc.), 1 sem. vac. scol. fév. et août.
Jusqu'à 23h.
🐕

Toutes les vertus de la winstub alsacienne au bord de l'Ill : décor chaleureux, accueil efficace et souriant et la carte des spécialités déclinée à un bon niveau de qualité, de la tarte à l'oignon à la salade de viande de pot-au-feu.
C : 30 € *corbeau@repere.com*

La Tour de Jade

Infirmière de formation, puis mère au foyer, Jenny Harco a créé ce restaurant en 1976 et ne l'a plus jamais quitté, proposant avec une passion toujours intacte sa belle cuisine venue du Nord Vietnam : porc au caramel, potage aux fruits de mer, raviolis à la vapeur, filet de poisson à l'aneth.
C : 25 € • M : 28-35 €

» 57 av des Vosges
☎ 03 88 35 14 37
F. sam. à déj., dim., lundi à déj et 3 prem. sem. août.
Jusqu'à 22h.

Hôtel Régent Petite France

Ce bâtiment classé, ancienne glacière de la ville, bénéficie d'une situation de rêve, au bord de l'Ill dans la Petite France. Le contraste n'en est que plus agréable avec un cadre contemporain et design, remarquablement épuré dans ses lignes comme ses associations de couleurs, pour des chambres belles et lumineuses.
7 appart. 465-485 € • 65 ch. 235-370 € *www.regent-hotels.com*

» 5 rue des Moulins
☎ 03 88 76 43 43
03 88 76 43 76
Ouv. 7j/7.

Régent Contades

Installé sur les bords de l'Ill, cet élégant immeuble XIXe séduit par son atmosphère chaleureuse et cossue, au décor en harmonie et aux chambres spacieuses.
10 appart. 415-435 € • 37 ch. 175-735 € *www.regent-hotels.com*

» 8 av de la Liberté
☎ 03 88 15 05 05
03 88 15 05 15
Ouv. 7j/7.

Sofitel Strasbourg R

Espace et confort en centre-ville, avec des chambres aux couleurs douces et des prestations de haut niveau, dont une table qui s'offre les conseils d'Antoine Westermann pour une cuisine de marché sagement actuelle : grecque de jeunes légumes et coriandre, bonite grillée caviar d'aubergine et gaspacho, framboise à l'émulsion d'orgeat bibelaskäse aux agrumes.
153 ch. 195-375 € • C : 29 € • M : 29 € *www.sofitel.com*

» Pl Saint-Pierre-le-Jeune
☎ 03 88 15 49 00
03 88 15 49 99
Ouv. 7j/7.

Beaucour Baumann

Charmante ambiance de village alsacien au cœur de la ville, dans un ensemble de maisons de caractère autour de la cour intérieure de ce qui fut une usine de parapluies. Une histoire originale et des chambres adorables.
6 appart. 157,50-174 € • 43 ch. 64,50-129,50 € • 1/2 pens. 180-250 €
www.hotel-beaucour.com

» 5 rue des Bouchers
☎ 03 88 76 72 00
03 88 76 72 60

Cathédrale

Place de la cathédrale, une adresse et une situation prestigieuse, dont l'hôtel se montre à la hauteur, dans l'élégance de son architecture gothique comme dans la qualité de ses prestations. Les chambres avec vue sur la cathédrale sont très plaisantes, mais les appartements, dans l'annexe, vastes et très bien équipés, sont d'un remarquable rapport prix-prestation.
5 appart. 120-150 € • 47 ch. 65-150 € *www.hotel-cathedrale.fr*

» 13 pl de la Cathédrale
☎ 03 88 22 12 12
03 88 23 28 00
Ouv. 7j/7.

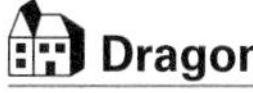

Dragon

Autrefois partie intégrante du château des Von Drachen (du Dragon), cette maison du XVIIe allie les avantages d'une situation en centre-ville à un environnement très calme, la rue étant interdite à toute circulation. Agréable patio fleuri où prendre les petits-déjeuners, chambres meublées en style contemporain et mobilier design.
2 appart. 129-145 € • 32 ch. 69-112 € *www.dragon.fr*

» 2 rue de l'Ecarlate
☎ 03 88 35 79 80
03 88 25 78 95
Ouv. 7j/7.

 Hôtel Baumann Maison Kammerzell

» 16 pl de la Cathédrale
03 88 32 42 14
03 88 23 03 92
F. 2 sem. fév.

L'hôtel est installé au-dessus des salles du célèbre restaurant Kammerzell, il profite donc du même exceptionnel bâtiment Renaissance, classé. La maison, à l'architecture travaillée, bénéficie de plus d'une situation centrale. Les chambres, malgré les poutres en discret rappel, n'ont rien de pièces de musée, elles arborent au contraire un cadre contemporain, parfait d'élégance et de sobriété.

9 ch. 67-113 € *www.maison-kammerzell.com*

 Hôtel Hannong

» 15 rue du 22-Novembre
03 88 32 16 22
03 88 22 63 87
F. 2-8 janv.

L'hôtel est construit sur l'ancienne fabrique de faïences de la célèbre famille Hannong. Les éclairages soignés et les associations de couleurs agréables créent une atmosphère moderne et rassérénante. Belle situation en centre ville, bar à vins en projet.

72 ch. 68-182 € *www.hotel-hannong.com*

 Maison Rouge

» 4 rue des Francs-Bourgeois
03 88 32 08 60
03 88 22 43 73
Ouv. 7j/7.

En centre ville, un bel exemple de luxe feutré, des ambiances différentes au gré des étages et des chambres harmonieuses, mobilier à l'élégance discrète et tissus d'ameublement aux couleurs douces.

2 appart. 69-266 € • 142 ch. 69-266 € *www.maison-rouge.com*

 Monopole Métropole

» 16 rue Kuhn
03 88 14 39 14
03 88 32 82 55
Ouv. 7j/7.

De style traditionnel ou contemporain, toutes les chambres de cet hôtel présentant un "mini-musée" alsacien en son rez-de-chaussée sont personnalisées par une toile d'un artiste contemporain régional. Boiseries omniprésentes.

85 ch. 95-150 € *www.bestwestern-monopole.com*

 Gutenberg

» 31 rue des Serruriers
03 88 32 17 15
03 88 75 76 67
Ouv. 7j/7.

Derrière les balcons forgés de la typique façade XVIIIe, les chambres sont personnalisées par des meubles et des gravures anciens. Situation centrale près de la cathédrale, climatisation dans certaines chambres.

42 ch. 59-115 € *www.hotel-gutenberg.com*

à FEGERSHEIM - 67640 : 13 km S. par A 35

 La Table Gourmande

» 43 rte de Lyon
03 88 68 53 54
F. dim. à dîn., lundi, 1er-7 janv. et 2e-3e sem. juil.
Jusqu'à 21h.

La maison de maître à colombages, typique, la cuisine de Philippe Grasser, respectueuse et carrée, l'accueil engageant d'Anita Grasser, le cadre élégant, la cave de champions (Mochel, Gisselbrecht, Colette Faller, Trimbach) explique l'engouement naturel des Alsaciens pour cette table : déjeuners d'affaires et cérémonies dominicales se succèdent avec bonheur et chacun, comme nous-même, se félicite d'avoir choisi le foie gras en assiette printanière avec gelée de pommes et magret fumé, le carpaccio de thon rouge et saint-jacques et la selle d'agneau des Hautes-Alpes, répartis dans une offre très large de menus calibrés.

C : 43 € • M : 26-53 €

(12) Auberge du Bruchrhein

» 24 rte de Lyon
03 88 64 17 77
F. dim. à dîn., lundi, 1er-3 janv., 15-23 fév. et 10-25 août.
Jusqu'à 21h.

Une maison alsacienne au cadre chaleureux et une carte qui évite soigneusement tout repli sur elle-même, naviguant sur les rivages ensoleillés (émincé de concombre, brick au chèvre, tomate et huile d'olives, aïoli, dos d'esturgeon de Gironde à la tomate et au thym) ou sur les bords du Rhin (gratin de langoustines et artichauts, sabayon au pinot noir, asperges aux deux sauces et deux jambons).

C : 33 € • M : 23-28 €

➲ à MITTELHAUSBERGEN - 67206 : 5 km N.O. par D 31

Au Tilleul

» 5 rte de Strasbourg
☎ 03 88 56 18 31
F. mardi à dîn., merc., vac. scol. fév. et 1re quinz. août.

Dans ce village proche de Strasbourg, la maison ancienne (fin XIXe) tient fort bien son rang pour accueillir les voyageurs, pour le gîte comme pour le couvert. Des qualités dans l'assiette, avec un filet de vivanot bien choisi et bien cuit, avec une fleur de courgette farcie de ratatouille, ou un foie gras de canard poêlé hélas un peu étouffé sous les myrtilles. Dessert léger et gourmand, un millefeuille de fruits rouges et glace "Pabana", coulis de framboises à la lavande, pour une cuisine en progrès qui évite les excès de complication pour se concentrer sur les saveurs. Malgré le cadre encore un peu trop classique sous les travaux récents, la maison gagne sans peine sa place dans nos pages, en attendant une évolution déjà bien entamée.
C : 32 € • M : 8-21 €

➲ à OSTWALD - 67540 : 6 km S.O. par A 35

S'Asszimmer

» 4 quai Heydt
☎ 03 88 66 85 00
Ouv. 7j/7.
Jusqu'à 21h30.

➥ **Hôtel** : Château de l'Ile
A une dizaine de minutes de la capitale européenne, dans un château gothique à fière allure membre des Grandes Etapes Françaises, voilà l'une des tables les plus chics de la région. Au luxe foisonnant de l'hôtel répond une belle décoration baroque, aux superbes parquets, aux tables superbement mises. La cuisine de Jean Ferriz se glisse sans effort dans ces mêmes habits précieux, les langoustines rôties, jeunes poireaux et cristalline de citron vert, le sandre braisé sauce mousseline à l'oseille et le pigeon "duwelhof" en cocotte, mousseline de petits pois et sucrine braisée affichant ostensiblement leurs ascendances aristocratiques. La vie de château, à apprécier désormais sur la nouvelle terrasse d'été en bordure de l'Ill.
C : 55 € • M : 48-65 € *www.chateau-ile.com*

Château de l'Ile

» 4 quai Heydt
☎ 03 88 66 85 00
Fax 03 88 66 85 49
Ouv. 7j/7.

➥ **Restaurant** : 14/20 S'Asszimmer
Harmonie des styles, régional et baroque, dans ce château de détente entouré d'un parc de quatre hectares, membre des Grandes Etapes Françaises, à quelques minutes de la capitale européenne. Chambres spacieuses, décorées avec goût, équipements de haut standing (spa).
2 appart. 700 € • 60 ch. 180-450 € *www.chateau-ile.com*

➲ à PFULGRIESHEIM - 67370 : 10 km N.O. par D 31

Restaurant Bürestubel

» 8 rue de Lampertheim
☎ 03 88 20 01 92
F. dim., lundi (oct.-mars), lundi, mardi (avril-sept.), 15-28 fév. et 14-31 août.
Jusqu'à 22h.

On vient ici savourer les joies roboratives d'une cuisine alsacienne rurale élaborée avec soin - pain maison, glaces maison, fruits de propre récolte - par un chef qui a appris la rigueur au Cheval Blanc de Lembach. Le décor est parfaitement harmonieux, sensible aux teintes et matériaux vrais et les peintures de la façade entretiennent la gaieté. Pas question de fine bouche, devant les dîners pantagruéliques de cette ferme du Kochersberg aménagée autour d'une cour pavée, mais une vraie tranche d'Alsace.
C : 23,50 € • M : 16-29 € *www.burestubel.com*

➲ à SCHILTIGHEIM - 67300 : 3 km N. par D 263

Serge & Co

» 14 rue des Pompiers
☎ 03 88 18 96 19
F. sam. à déj., dim., lundi et 1er-15 août.
Jusqu'à 21h30.

Cadre et ambiance
Dans un faubourg travailleur et résidentiel de Strasbourg, une maison dans le quartier ancien et préservé, un intérieur épuré, personnel. Comme dit Serge Burckel "c'est différent de ce qu'on trouve à Strasbourg". Oui, très différent.

Cuisine
Flamboyante, exotique, aventureuse mais pas aventurière, solide, racée, athlétique, fine. Tous les qualificatifs peuvent s'appliquer à cette cuisine du XXIe siècle qui n'est pas l'invention d'un hurluberlu, mais d'un chef à la tête sur les épaules, qui domine le sujet, des langoustines hachées émulsion de jus de pastèque aux tranches de saint-pierre et mangue poivrées au curry fumet à la peau de pamplemousse, de la papaye en coque farcie de bœuf haché aux désormais fameuses frites d'ananas tube de crème vanille et ketchup - maison - dans un vrai tube de fruits rouges pimentés. A 52 € le voyage, c'est du low cost pour du grand format.

Cave
Précise, intéressante, très sélective en toutes régions, y compris en Alsace. Aux tarifs pratiqués, tout est attractif, le tokay de Trimbach comme le vougeot grand cru ou le Simon du Clos Marie.

Accueil et service
Jeune et passionné, naturellement. Corinne Burckel en DJ, pour détailler et expliquer la démarche et driver un service direct et efficace.
C : 44 € • M : 24,50-78 € *www.serge-and-co.com*

Côté Lac ♥

» 2 pl de Paris
☎ 03 88 83 82 81
F. sam. à déj., dim., lundi à dîn., fériés et Noël-nouvel an.
Jusqu'à 21h30.

A l'orée de la ville, dans une zone d'activités tertiaires, cette bâtisse d'architecte en béton brut, posée au bord d'un lac artificiel, joue habilement la modernité décontractée, à tous les étages : décor contemporain, avec quelques effets de haut plafond tendance loft, personnel efficace dans une joyeuse ambiance brasserie et une réjouissante cuisine de marché, aux influences Sud parfaitement actuelles et à la réalisation bien menée : tartare de thon rouge aux tomates séchées, tomate farcie de boulgour et ris d'agneau sur une déclinaison aux accents du Maghreb, et originale pomme de terre charlotte en dessert, avec sa crème garnie de pop corn et sa glace fromage blanc.
C : 32 € • M : 22,50-47,50 € *www.cote-lac.com*

➲ à LA WANTZENAU - 67610 : 13 km N.E. par D 468

Restaurant les Semailles

» 10 rue du Petit-Magmod
☎ 03 88 96 38 38
F. dim. à dîn., merc, jeudi, 15 fév.-2 mars et 9-31 août.
Jusqu'à 21h30.

Les habitués de cette plaisante maison d'un quartier résidentiel se laissent gagner par l'enthousiasme des Lœssel, jeune couple entreprenant qui maintient les fondations et progresse. La cuisine est fraîche, jeune, vive et pleine d'enthousiasme avec des accents méditerranéens qui lorgnent vers la tendance fusion : filet de skrei (cabillaud norvégien) aux asperges, frais et traité dignement, quasi de veau particulièrement fondant, avec une poêlée de topinambours et pousses de soja, "florilège" un peu risqué, avec le saumon fumé tiède, les saint-jacques, crevettes et foie de canard, mais finalement pas mal assemblé. Un point de plus, également pour les desserts de la nostalgie (un très bon kouglof, presque paysan, avec sa marmelade de rhubarbe) et la sincérité générale. Belle sélection alsacienne (Trimbach, Mochel).
C : 37 € • M : 25-50 € *www.semailles.fr*

[12] Le Jardin Secret

» 32 rue de la Gare
☎ 03 88 96 63 44
F. à déj. (sf dim.), dim. à dîn. et lundi.
Jusqu'à 21h30.
⛱ 🚗 🐕

➡ **Hôtel** : 🏨 La Roseraie

Après être passé par Courchevel et Buerehiesel, Jean-Luc Oberlé a ouvert son Jardin Secret, aux saveurs effectivement empreintes de finesse et de précision. S'il peut encore affiner la mise en valeur de l'ingrédient principal, il est permis de penser qu'une fée verte s'est penchée sur ce Jardin prometteur, dans un suave décor embelli du sourire de la patronne. Cave aux bons choix d'Alsace, mais ouverte sur les autres régions, Languedoc notamment.

C : 28 € • M : 28-45 € *www.hotelroseraie.fr*

🏨 Le Relais de la Poste 💡

» 21 rue du Gén-de-Gaulle
☎ 03 88 59 24 80
📠 03 88 59 24 89
F. 2-22 janv.
🔑🚗 ♿ ❄ 🐕

Les colombages affichent l'identité alsacienne de cette auberge qui remonte au XVIIIe siècle. Les chambres réservent un confort feutré et chaleureux sous les boiseries. Au restaurant, le travail de Jérôme Daull justifie la confiance des habitués, avec des manières raffinées et enlevées : râble de lapin farci au foie gras chutney poire gingembre, daurade grillée purée de petits pois. Beaux menus spéciaux autour des produits de saison (asperges, truffes) et solide carte des vins, avec les grands noms alsaciens bien sûr, mais aussi dans les autres régions.

18 ch. 77-122 € • 1/2 pens. 130 € • C : 55 € • M : 42-115 €
www.relais-poste.com

🏨 Moulin de la Wantzenau 🐦

» 3 imp du Moulin
☎ 03 88 59 22 22
📠 03 88 59 22 00
F. 24 déc.-2 janv.
🔑🚗

Ambiance champêtre pour ce grand moulin en briques au bord de la rivière. Décor agréablement actualisé, clair et coloré, avec de jolis tissus d'ameublement et des harmonies de couleurs soignées.

1 appart. 120 € • 19 ch. 67-88 € *www.moulin-wantzenau.com*

🏨 La Roseraie 🐦

» 32 rue de la Gare
☎ 03 88 96 63 44
📠 03 88 96 64 95
Ouv. 7j/7.
🚗 🐕

➡ **Restaurant** : 12/20 Le Jardin Secret

Comme son nom l'indique, l'hôtel dispose d'un agréable jardin fleuri, un décor dont profitent les chambres, par ailleurs agréablement personnalisées, sobres et contemporaines.

1 appart. 47,50-80 € • 15 ch. 47,50-55 € *www.hotelroseraie.fr*

SUCY EN BRIE ➤ PARIS-BANLIEUE

SULLY SUR LOIRE - 45600 (18 B 3)

Orléans 48 - Gien 26

🏨 Hostellerie du Grand Sully

» 10 bd du Champ de Foire
☎ 02 38 36 27 56
📠 02 38 36 44 54
Ouv. 7j/7.
🔑🚗 🐕

Non loin du château, l'hôtel propose un confort tout à fait actuel et un décor agréable, avec des chambres claires et personnalisées. Des efforts qui se confirment au restaurant par de nombreuses attentions (carte des cafés) et une cuisine actuelle et intelligente : sablé au maquereau, chartreuse de géline de touraine, mille-feuille en déclinaison de pommes.

10 ch. 46-59 € • 1/2 pens. 58 €

SUPERDEVOLUY - 05250 (33 C 2)

Grenoble 84 - Gap 38 - La Mure 44

[12] Chez Patras

» Les Cypières
☎ 04 92 58 82 22
F. lundi (sf juil.-août), 25 avril-1er juil. et 1er sept-15 déc.
Jusqu'à 21h30.
⛱ 🚗 ♿ ❄ 🐕

Tous chez Patras, un mot d'ordre légitime depuis plus de quinze ans dans la station. De quoi inciter à pousser la porte de l'ancienne grange habillée en chalet, offrant la vue sur les trois plus hauts massifs, et mettant en avant la tourte, les ravioles de brebis et les braserades. René chauffe les assiettes, et Valérie se charge de la salle, avec un petit vin des Hautes Alpes qui descend tout schuss.

C : 26 € • M : 18-21 €

SURESNES ➤ PARIS-BANLIEUE

TAIN L'HERMITAGE - 26600 (27 D 4)

Valence 18 - Tournon 3

15 Rive Gauche

Avec la récente fermeture du restaurant de Jean-Marc Reynaud, Pierre Reboul reste désormais seul sur le créneau gastronomique local. A 34 ans, bien au chaud dans son superbe établissement (décoration très moderne, prédominance du verre et du métal, objets marins rappelant l'intérieur d'un paquebot et délicieuse terrasse ouvrant sur le fleuve), il a encore de très beaux jours devant lui d'autant qu'il a su progressivement gommer un petit défaut de jeunesse qui le poussait trop souvent à faire étalage de son excellente technique au détriment parfois du résultat final. La deuxième toque acquise l'an dernier ne semble pas être un plafond pour ce cuisinier plein de fougue, et dont les spécialités (escalope de foie gras à la pomme et fruit de la passion, bar rôti à la plancha et langoustines panées à la noix, risotto de parmesan et vinaigrette miel et noix, fenouil, café et anis sur un croustillant de riz soufflé) réveillent le Rhône central. Valère Roussel veille sur une cave évidemment rhodanienne.

C : 59 € • M : 36-105 € *www.restaurant-rive-gauche.com*

» 17 rue Joseph-Péala
☎ 04 75 07 05 90
F. dim. à dîn., merc., jeudi, janv. et 15-30 juil.
Jusqu'à 22h.

12 La Grappe d'Or

Guy Lambert, formé en particulier chez Guy Vettard, est un parfait serviteur de la restauration française traditionnelle. Si on peut relever ça et là, dans un service parfois un peu précieux ou dans certains plats un peu trop démonstratifs, quelques détails agaçants, le bon rapport qualité-prix et la jolie cave classique garantissent la satisfaction: carpaccio de magrets de canard et ses rillettes, petite salade à l'huile de noix, grosses langoustines panées à la poudre d'orange et sabayon de carottes, poularde de plein air du Pilat aux morilles et risotto d'épeautre et déclinaison de desserts (dont un étonnant sushi de rhubarbe au riz au lait), le tout dans un bon menu à 44 € qui n'oublie pas le granité de Clairette de Die en guise de trou drômois.

M : 14-44,50 € *la.grappe.dor@free.fr*

» 13 av Jean-Jaurès
☎ 04 75 08 28 52
F. mardi à dîn., merc., jeudi à dîn. (nov.-fin mars), 28 fév.-8 mars et 16-30 août.
Jusqu'à 21h30.

➤ Les Terrasses du Rhône

Dans un bar à vins au cœur du vignoble, voilà les tapas façon rhodanienne : des tartines à tout avec le verre qui va bien, les sardines avec un crozes blanc, le foie gras avec un muscat sec, la charcuterie d'Ardèche avec un saint-joseph rouge. C'est assez futée, la sélection au verre se tient, et pour illustrer le Rhône, 450 références soutiennent la cave.

C : 10 € • M : 12-25 € *www.ausommelier.com*

» 13 rue Joseph Péala
☎ 04 75 08 40 56
F. dim. à dîn., lundi (à dîn. sur réserv.), 1 sem. janv. et 1 sem. mai.

Pavillon de l'Ermitage

Vue sur les vignes à flanc de coteaux pour cette grande maison du centre ville, aménagée dans un style contemporain et coloré. Terrasse au bord de la piscine.

44 ch. 76-88 € • 1/2 pens. 81-85 € *www.pavillon-ermitage.com*

» 69 av Jean-Jaurès
☎ 04 75 08 65 00
Fax 04 75 08 66 05
Ouv. 7j/7.

Pictogrammes

☎	téléphone		voiturier
	fax		accessible aux handicapés
♥	coup de cœur		chiens acceptés
	notation en hausse		air conditionné
	carte des vins remarquable		priscine privée
	repas servis en terrasse ou dans un jardin		tennis privé
	parking privé		cave à cigares
	parking fermé		hôtel très tranquille

➲ à TOURNON SUR RHONE - 07300 : 1 km S. par N 95

[12] Le Tournesol

» 44 av Mal-Foch
☎ 04 75 07 08 26
F. dim. à dîn., mardi à dîn., merc., 3 sem. fév. et 2 sem. sept.
Jusqu'à 21h30.
⛱ ♿ ❄ 🐕 🚬

Une fois encore, les bienfaits de la mixité (elle est québécoise d'origine thaïlandaise, il est français et a été formé chez Pic et Chabran) se font ressentir dans cette maison donnant sur le Rhône. Ardéchoise et voyageuse à la fois (le couple quitte la France dès qu'il le peut pour découvrir d'autres horizons), la cuisine de Cyril Jamet se montre aussi vive qu'ensoleillée : noix de saint-jacques pochées dans un bouillon thaïlandais, taglierini fraîches aux moules de Bouzigues, saveur curcuma, farce fine et filet de pigeon en croûte, jus corsé. La cave ne rassemble que des références locales, crozes-hermitage, côte-rôtie, saint-joseph et quelques flacons du rhône méridional.
C : 36 € • M : 16,50-32 € *www.letournesol.net*

🏠 Le Manoir

» 226 rte de Lamastre
☎ 04 75 08 02 50
📠 04 75 08 20 31
F. sept.
🚗 🏊 🐕

Ambiance simple et conviviale dans une maison ardéchoise, aux chambres colorées, et aux meubles traditionnels. On profite des équipements du camping lié à l'hôtel, notamment la piscine et la plage sur la rivière.
10 ch. 28-38 € *www.lemanoir-ardeche.com*

TALLOIRES - 74290 (28 B 2)

Annecy 15 - La Clusaz 35

[15] Auberge du Père Bise

» Rte du Port
☎ 04 50 60 72 01
F. mardi (sf à déj. 24 avril-3 sept.), merc. à déj. (10 fév.-23 avril, 4 sept.-5 nov.), vend. à déj. et 7 nov.-10 fév.
Jusqu'à 21h30.
⛱ 🚗 ♿ ❄ 🐕 🚬

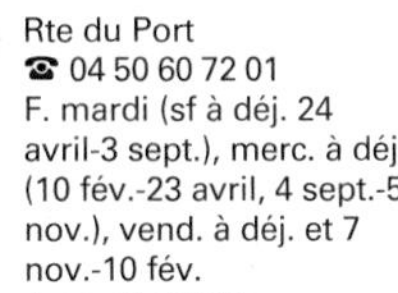

➥ **Hôtel :** 🏠 Auberge du Père Bise

La légende est bien ici, dans cette divine maison faisant face à l'un des plus beaux sites d'Europe, une baie splendide, les sommets en arrière plan et le parc privé en bordure de lac. Dans une telle débauche de luxe et de beauté, impossible de trouver quelque chose à se mettre sous la dent à moins de 80 **€**, plancher auquel se situe un premier menu qui fait mieux qu'effleurer le mythe : foie gras de canard poêlé, navets fanes confits et vieux porto, pressé d'aile de raie au beurre noisette et câpres, cristallin de fraises garriguette au jus de rhubarbe, glace calisson et chariot de pâtisseries maison. Les prix de la cave laissent rêveur mais tout collectionneur ne pourra que rester ébahi devant la verticale de Haut-Brion (1500 **€** pour un 49) ou de Château Latour (1500 **€** pour le 49, pas de jaloux).
C : 95 € • M : 80-170 € *www.perebise.com*

🏠 L'Abbaye de Talloires 🐦

» Chemin des Moines
☎ 04 50 60 77 33
📠 04 50 60 78 81
F. mi-nov.-mi-fév.
🚗

Au-delà des investissements qui se traduisent par des prestations de haut niveau, en matière de confort comme d'équipement, l'hôtel se distingue par un charme unique, fait d'une situation de premier ordre au bord du lac et d'une architecture authentique (celle d'une ancienne abbaye du XVIIe siècle). Elle est mise au service de chambres remarquables, dans leur espace et surtout dans le caractère unique de ces délicates compositions, les meubles anciens choisis avec soin en écho aux plafonds à la française.
1 appart. 350-550 € • 32 ch. 130-290 € • 1/2 pens. 110-195 €
www.abbaye-talloires.com

Hôtels de charme.

🏠 Bon confort. 🏠 Grand confort. 🏠 Luxe. 🏠 Grand luxe.

 Auberge du Père Bise

➥ **Restaurant** : 15/20 Auberge du Père Bise

Certains lieux mythiques vieillissent mieux que d'autres, lorsqu'ils ont le bon goût d'évoluer (d'importantes rénovations ont eu lieu l'an dernier) sans se départir de leurs atouts majeurs. Alors, continuons à savourer le bonheur d'une situation exceptionnelle au bord du lac (qui invite à de nombreuses activités de détente) et la douceur raffinée des chambres, aux ambiances personnalisées d'un bâtiment à l'autre, d'une pièce à l'autre.

7 appart. 400-650 € • 16 ch. 300-400 € • 1/2 pens. 260-420 €

www.perebise.com

» Rte du Port
☎ 04 50 60 72 01
📠 04 50 60 73 05
F. 7 nov.-10 fév.

 Les Prés du Lac

Il se dégage de ces lieux une délicieuse ambiance romantique : le parc délicatement fleuri descend en pente douce jusqu'au lac (plage privée), au loin les montagnes et trois maisons, témoignage de trois époques, du XVIe siècle (la villa Caron) aux années 80 (la maison principale, mais dont le style s'inspire avec bonheur de la précédente), en passant par les années 20 (les Trémières). Chambres claires, ouvertes sur le parc, et décorées d'élégants tissus et de couleurs douces.

16 ch. 155-274 € *www.lespresdulac.com*

» Rue André-Theuriet
☎ 04 50 60 76 11
📠 04 50 60 73 42
F. oct.-déc.

TANCARVILLE - 76430 (6 B 3)

Le Havre 29 - Pont-Audemer 21

(13) La Marine H

L'exécution est propre, l'atmosphère lénifiante et la situation avantageuse, au pied du pont de Tancarville. Selon le moment, et le choix, une petite impression de simples affaires courantes à gérer peut oblitérer les bonnes sensations du menu à 35 €, tartare de thon rouge au combawa et merlu de petit bateau marinière de coquillages et primeurs. Venez le dimanche pour l'atmosphère normande et familiale de cette courtoise table marine. 8 chambres dans un cadre intime et gentiment rétro.

M : 35-65 € • 1 appart. 55-78 € • 8 ch. 55-65 € • 1/2 pens. 58-75 €

www.lamarine-tancarville.com

» Au pied du Pont, D 982
☎ 02 35 39 77 15
F. sam. à déj., dim. à dîn., lundi et 20 juil.-20 août.
Jusqu'à 21h.

TANUS - 81190 (30 B 3)

Albi 34 - Rodez 46

 Les Voyageurs

Une sorte de (bon) concentré de la petite hôtellerie-restauration de province (même l'enseigne ne fait rien pour se faire remarquer), avec toute l'honnêteté et la générosité qu'on en attend. Les spécialités régionales avancent en se serrant les coudes, tripous, truite aux lardons, ris de veau braisés aux cèpes et tête de veau vinaigrette ayant en outre le bon goût de garder les additions à un niveau très correct.

M : 15-28 € *ddelpous@club-internet.fr*

» Av Paul-Bodin
☎ 05 63 76 30 06
F. dim. à dîn. et lundi.
Jusqu'à 20h30.

		Hôtels de charme	
	Bon confort.		Bon confort.
	Grand confort.		Grand confort.
	Luxe.		Luxe.
	Grand luxe.		Grand luxe.

TARARE - 69170 (27 C 2)

Lyon 47 - Villefranche-sur-Saône 34

Jean Brouilly

» 3 ter rue de Paris
☎ 04 74 63 24 56
F. dim., lundi, vac. scol. fév. et 3 sem. août.
Jusqu'à 21h15.

Jean Brouilly, qui oeuvre depuis un quart de siècle dans cette noble maison, n'a pas attendu la folie des herbes rares pour se mettre à travailler la livèche, le serpolet, le lotier ou la monarde. On en trouve dans beaucoup de ses plats, jamais pour épater la galerie mais toujours à bon escient, sur une volaille de Bresse farcie, un bar de ligne poêlé ou dans sa salade du jardinier aux petites fleurs et aux fines herbes. Superbe terrasse ouvrant sur un parc fleuri.

C : 52 € • M : 35-72 € *www.tarare.com/brouilly*

TARASCON - 13150 (33 B 4)

Marseille 106 - Arles 18 - Avignon 24

Les Mazets des Roches

» Rte de Fontvieille
☎ 04 90 91 34 89
04 90 43 53 29
F. nov.-avril.

Au seuil des Alpilles, une grande maison provençale, aux allures de villa toscane, ouverte et accueillante au milieu d'une forêt de pins dans un parc de 13 ha. Chambres simplement raffinées, mobilier en teck patiné, tons ocre, régulièrement entretenues (10 salles de bain ont été rénovées cette année). Terrasse à pergola pour savourer une cuisine provençale et traditionnelle aux tarifs modérés par un bon menu à 27 **€**.

1 appart. 62-140 € • 36 ch. 55-140 € • 1/2 pens. 37 €

www.mazets-des-roches.com

TARASCON SUR ARIEGE - 09400 (29 A 6)

Foix 16 - Lavelanet 28

à NIAUX - 09400 : 4 km S.O. par D 8

Petite Auberge de Niaux

» Village
☎ 05 61 05 79 79
F. dim. à dîn., lundi (h.s.).
F. annuelle non comm.
Jusqu'à 21h.

Dynamique auberge qui rend justice à un terroir jubilatoire, de la tourte ariégeoise aux tripettes d'agneau, de la truite farcie en papillote au millas de mamie. Georges Cecconi intègre ces beautés dans un menu à moins de 30 **€** qui respire les Pyrénées, à deux pas des célèbres grottes. Et la maison participe au Club des saveurs, initiative exemplaire qui réunit les métiers de bouche du département.

C : 40 € • M : 16-35 € *www.ariege.com/aubergedeniaux*

TARBES - 65000 (29 A 5)

Paris 806 - Toulouse 153 - Pau 42

L'Ambroisie

» 48 rue de l'Abbé-Torné
☎ 05 62 93 09 34
F. dim., lundi. F. ann. non comm.
Jusqu'à 21h.

Flirtant avec les deux toques, Daniel Labarrère ne se décourage pas, sûr de son fait, de sa technique et du plébiscite permanent que lui accorde sa nombreuse clientèle. Maître-cuisinier de France, fort de plus de trente-cinq années de métier dont quinze dans cet ancien presbytère du centre historique, il donne dans les produits de luxe (toujours bien choisis admettons-le) accommodés avec une certaine grandiloquence : escalope de foie gras de canard poêlé au pop corn et velouté d'asperges, filet de turbot sur une purée de carottes fanes au cumin et oignons nouveaux, pigeon rôti de la ferme, farci de foie gras et olive, chemisé de lard de porc noir. Une très belle maison, classique jusque dans sa cave.

C : 55 € • M : 25-50 € *www.http://perso.wanadoo.fr/lambroisie/*

14 Le Petit Gourmand

La maison de Marie et Guy Espagnac fait partie de nos valeurs sûres dans le département. Solide, régulière, moderne sans excès, proche de son terroir, elle sait se montrer très sage au niveau des additions. Les rillettes de maquereau et tartine rôtie, salade de roquette à l'huile de noix, le filet de rascasse cuit à la plancha, ragoût de légumes et tomates confites, le suprême de pigeon au fumet de vin de Madiran et la crème brûlée aux framboises et sucre blond prouvent qu'il n'est pas si difficile de bien faire à petits prix. Réservation fortement conseillée.

C : 27,50 € • M : 18-27,50 €

» 62 av Bertrand-Barère
☎ 05 62 34 26 86
F. sam. à déj., dim. à dîn., lundi, 1er-8 janv. et fin août-mi-sept.
Jusqu'à 21h30.

13 Le Fil à la Patte

En plein centre ville, dans le petit quartier d'affaires proche de la préfecture, André Sanchez exploite le bon filon d'une cuisine de marché où viandes fermières de qualité et légumes bio tiennent le haut du pavé. Du travail solide et sérieux, sur le carpaccio de thon albacore cru mariné au basilic, l'épaule d'agneau bigourdan grillée aux pieds de cochon ou la crème brûlée au pralin qu'on accompagne d'un pacherenc du château Bouscassé ou d'un madiran du château Montus.

C : 18 € • M : 14-24,50 €

» 30 rue Georges-Lassalle
☎ 05 62 93 39 23
F. sam à déj., dim., lundi, 1 sem. vac. scol. fév. et 3 dern. sem. août.
Jusqu'à 21h30.

11 Le Bistro Lafontaine

De la brasserie sincère pour épicuriens, de passage ou de toujours, qui votent oui à la robuste constitution des côtes de canard grillées des Landes, de la superbe entrecôte, ou du cabrito à l'espagnole. Et goûtez aussi la pissaladière, le bon saumon grillé et la charcuterie, dont la provenance a changé depuis nos remarques de l'an passé. Le Tariquet à 12,50 **€**, le saint-mont à 11 **€**.

C : 25 € • M : 17,50 €

» 2 rue Jean-Pellet
☎ 05 62 93 37 95
F. dim. et lundi.
Jusqu'à 22h.

Henri IV

Chambres contemporaines et joli patio fleuri pour cet hôtel du centre ville, installé dans un immeuble XIXe.

2 appart. 98-130 € • 21 ch. 60-80 € *www.henri4.fr*

» 7 av Bertrand-Barère
☎ 05 62 34 01 68
Fax 05 62 93 71 32
Ouv. 7j/7.

à CHIS - 65800 : 9 km N.E. par N 21

La Ferme Saint-Ferréol

La jolie gentilhommière XVIIe, avec ses dépendances et sa terrasse ouverte sur les Pyrénées, ne cède pas à la facilité d'un style rustique, pour lui préférer des chambres gaies et colorées, personnalisées sur le thème des voyages. Un clin d'œil chaleureux, comme le terrain de quilles béarnaises ou la cuisine de marché à l'ardoise.

15 ch. 47-70 € • 1/2 pens. 55-65 € *www.ferme-saint-ferreol.com*

» 20 rue des Pyrénées
☎ 05 62 36 22 15
Fax 05 62 37 64 96
Ouv. 7j/7.

à JUILLAN - 65290 : 6 km S.O. par D 921

L'Aragon R

Des détails amusants ou charmants signent la personnalisation de ces chambres aux thèmes variés, régionaux, exotiques ou sportifs notamment, avec toujours la garantie d'un cadre agréable à vivre. Pour que le plaisir de l'étape soit complet, on goûte une agréable cuisine régionale, qui soigne ses produits sans complication.

12 ch. 45-60 € • 1/2 pens. 51-68 € • C : 45 € • M : 32-54 €
www.hotel-aragon.com

» 2 ter rte de Lourdes
☎ 05 62 32 07 07
Fax 05 62 32 92 50
F. 1er-22 août.

TARDETS SORHOLUS - 64470 (23 C 6)

Pau 62 - Mauléon-Licharre 14

Uhaltia

» Le Pont d'Abense
☎ 05 59 28 54 60
F. dim. à dîn., lundi, merc. à dîn., 2 prem. sem. déc. et janv.
Jusqu'à 21h.

La chef, Isabelle Iraola, est une ardente défenderesse des produits de sa région, particulièrement inspirée par les terroirs basques et pyrénéens. Par sa grâce, la salade de foie gras et jambon de truie, la lotte aux lentilles vertes et ventrèche ou le confit maison deviennent des assiettes de prince, et les menus sont exemplaires de modération, donnant à chacun l'envie de s'attarder dans cette ancienne ferme souletine où la présence féminine a engendré élégance et douceur de vivre.

C : 46 € • M : 18-36 € *uhaltia@wanadoo.fr*

TAUSSAT ➤ ANDERNOS LES BAINS

TAUTAVEL - 66720 (31 D 5)

Perpignan 28 - Narbonne 74 - Quillan 57

Le Petit-Gris

» Rte d'Estagel
☎ 04 68 29 42 42
F. lundi et janv.
Jusqu'à 21h30.

Soirée catalane in situ chez Eric et Nathalie Quilliet : la cheminée fume, la cargolade se prépare dans les règles, les petits-gris n'ont qu'a bien se tenir, les poissons se réunissent en gigantesque parillade et tout le monde fait la fête.

C : 35 € • M : 20-30 € *restolepetitgris@wanadoo.fr*

TAVERS ➤ BEAUGENCY

LE TEMPLE SUR LOT ➤ VILLENEUVE SUR LOT

TENCE - 43190 (26 D 4)

Le Puy-en-Velay 48 - Yssingeaux 19

Hostellerie Placide H

» 1 rte d'Annonay
☎ 04 71 59 82 76
F. dim. dîn., lundi, mardi (h.s.), lundi à déj., mardi à déj. (juil.-août) et 1er janv.-5 avril.
Jusqu'à 21h30.

Pas facile de maintenir un deux toques à Tence ? C'est presque un euphémisme, car pour faire bon et frais chaque jour, le travail de Pierre-Marie Placide, dépositaire de l'héritage familial, tient parfois du casse-tête. Entre Velay et Vivarais, entre tradition et produits riches, il compose adroitement, racines régionales, classiques revisités, pour produire une carte vivante, jamais engourdie, jamais confite dans la dévotion au terroir. Reviennent régulièrement dans la partie, les truites de Vourzac, le pain soufflé aux écrevisses, hommage à Jean Placide, l'omble-chevalier grenobloise et le bœuf fin gras du Mézenc à la syrah. Le chef en garde sous le pied, capable, jusqu'au dessert, de surprendre ses habitués (biscuit de carotte aux fruits de la passion glace caramel) et la cave est de très bon conseil lorsqu'il s'agit de suivre la vallée du Rhône. Jolies chambres soignées pour prolonger le séjour.

C : 45 € • M : 13-53 € • 12 ch. 70-110 € • 1/2 pens. 64-84 €
www.hostellerie-placide.fr

TENDE - 06430 (34 D 4)

Menton 55 - Cuneo 46

à LA BRIGUE - 06430 : 6 km S.E. par N 204 et D 43

Le Mirval

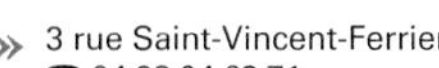

» 3 rue Saint-Vincent-Ferrier
☎ 04 93 04 63 71
Fax 04 93 04 79 81
F. 1er nov.-1er avril.

Près du vieux village et de la célèbre Vallée des Merveilles (possibilité d'excursion en 4x4), l'hôtel respire la sérénité. Chambres au confort actuel, atmosphère familiale et souriante.

18 ch. 43-64 € • 1/2 pens. 45-85 € *www.lemirval.com*

TERRASSON LAVILLEDIEU - 24120 (24 C 2)

Montignac 17 - Brive-la-Gaillarde 21

[15] L'Imaginaire H

Juste à côté des fameux Jardins de l'Imaginaire, cette maison confirme tout son potentiel de séduction avec une cuisine remarquablement actuelle, notamment dans ses cuissons allégées qui mettent en valeur le produit, comme sur le saint-pierre cuit vapeur, avec la touche méditerranéenne des tomates et artichauts poivrade. Le ris de veau au four, avec une touche épicée subtile et un jus aux câpres et citrons confits, confirme le talent du chef à assimiler les influences avec bonheur. Joli coup d'œil pour l'assiette de beignet chaud au chocolat coulant, abricots rôtis et lait d'amande glacé, aux saveurs gourmandes. De la terrasse très agréable à un intérieur qui associe les vieilles pierres et tableaux contemporains, le cadre ajoute au charme de l'endroit, le service est attentif, la carte des vins privilégie la qualité à la quantité, ce qui incite à prolonger l'étape, en profitant de jolies chambres.

C : 39 € • M : 39-58 € • 1 appart. 115-149 € • 6 ch. 76-105 € • 1/2 pens. 89-125 €

limaginaire@club-internet.fr

» Pl du Foirail
☎ 05 53 51 37 27
F. dim. à dîn., lundi, mardi à déj. (oct.-avril), lundi à déj., mardi à déj. (mai-sept.) et 2-12 janv.
Jusqu'à 21h30.
⛱ 🚗 ♿ 🐕 🚬

[12] Les Agapes

Avec le menu à 25 €, on entre de plein pied dans le terroir moderne imaginé par Stéphane Manevy, qui ne coupe pas le cordon avec le Périgord (brouillade d'œufs aux truffes et pointes d'asperges, entrecôte au pécharmant, magret aux cèpes) mais tourne avec malignité un paysage réapproprié : croustade de pieds de porc aux aromates, terrine de ris de veau et foie gras, macaronade aux fraises. L'ancienne cave, avec son histoire, sa pierre apparente et ses jolies terrasses, s'offre une carte de vins sans grand éclat, mais très bon marché.

C : 25 € • M : 11-38 €

» Vieille-Ville
☎ 05 53 50 14 75
F. lundi à dîn., mardi à dîn. (sf juil.-août), merc., Toussaint et 1 sem. fév.
Jusqu'à 21h30.
⛱ 🐕

TETEGHEM ➤ DUNKERQUE

THARON PLAGE - 44730 (15 B 4)

Paris 440 - Nantes 56 - Challans 58

[11] Le Bac à Blé

Ce n'est pas vraiment la crêperie intégriste, avec la bigouden tournant religieusement la bilig. On trouve du couscous (sur réservation 48h à l'avance), des galettes aux saint-jacques et beurre d'escargots, à la raclette et la terrasse est du XXIe siècle, avec les caillebottis et le chauffage-parasol. Mais ce que les habitués et les touristes comprennent en premier lieu, c'est qu'il n'y a ici aucune chance qu'ils s'ennuient.

C : 20 €

bacable@wanadoo.fr

» 67 bd de la République
☎ 02 40 64 90 90
F. lundi, mardi, merc. (h.s.) et déb.déc.-déb.fév.
Jusqu'à 21h.
⛱ ❄ 🐕

THEOULE SUR MER - 06590 (34 C 5)

Nice 45 - Cannes 11

[14] L'Etoile des Mers

➡ **Hôtel :** 🏨 Miramar Beach Hôtel

Même si on est bien loin du menu à 15 €, le prestige se touche ici à un tarif plutôt raisonnable. On se laissera donc aller à apprécier une vue superbe sur la mer depuis une salle entre plantes vertes abondantes et rappel des rochers de l'Esterel, ou encore les qualités d'un service qui n'a pas oublié les vertus de la légèreté. La carte se décline en trois gammes, tradition (la bouillabaisse en vedette), gastronomie classique et allégée sur les parfums du Sud. Bien composées, les assiettes manquent parfois un peu d'ampleur sur les produits

» 47 av de Miramar
☎ 04 93 75 05 05
Ouv. 7j/7.
Jusqu'à 21h30.
🚗 ♿ ❄ 🏊 🎾 🐕 🚬

(un saint-pierre assez banal, accompagné de radis rose et fleur de courgette) mais la qualité du foie gras (servi avec artichaut violet et tomate confite) prouve le talent du chef.
C : 62€ • M : 36-82€ www.mbhriviera.com

Miramar Beach Hôtel

» 47 av de Miramar
☎ 04 93 75 05 05
Fax 04 93 75 44 83
Ouv. 7j/7.

➥ **Restaurant** : 14/20 L'Etoile des Mers
Ambiance méditerranéenne pour le décor, moquettes épaisses et tissus raffinés pour le luxe feutré, équipement complet et service attentif pour la détente, le vrai plus est la situation, accrochée aux fameuses roches rouges, au-dessus de la mer qui vient baigner la plage privée aménagée dans une crique adorable.
1 appart. 125-335€ • 56 ch. 95-335€ • 1/2 pens. 56€ www.mbhriviera.com

THIERS - 63300 (26 C 3)

Clermont-Ferrand 45 - Vichy 36

Le Coutelier

» 4 pl du Palais
☎ 04 73 80 79 59
F. lundi à dîn. (h.s.), mardi (juil.-août) et 15 nov.-1er mars.
Jusqu'à 21h30.

Saisissez le couteau de Thiers et tranchez dans l'Auvergne roborative et gourmande : saucisse au chou grillée et truffade, andouille de Thiers à la moutarde de Charroux, coq au vin, panzette de Gerzat, tripoux, aligot ; les viandes sont sérieuses, le service enjoué et la petite cave montre que le vignoble régional est actif.
C : 24€ • M : 13,90-22,50€ www.le-coutelier.com

Le Parc de Geoffroy

» Av du Gén-de-Gaulle
☎ 04 73 80 87 00
Fax 04 73 80 87 01
F. 3 janv.-5 fév.

Décor classique dans des harmonies fleuries pour les chambres de cette paisible ancienne maison de coutelier, bien à l'abri dans son parc à l'entrée de la ville.
31 ch. 67-85€ • 1/2 pens. 55-65€ www.parc-de-geoffroy.com

THIONVILLE - 57100 (11 D 1)

Metz 31 - Luxembourg 35

L'Horizon

» 50 rte du Crève-Coeur
☎ 03 82 88 53 65
Fax 03 82 34 55 84
F. janv.

Une grande maison noyée sous le lierre, dans un jardin qui dégage une vue panoramique sur la vallée de la Moselle. A l'intérieur, des prestations actuelles, avec le charme du mobilier ancien, dans des chambres personnalisées.
13 ch. 88-148€ • 1/2 pens. 110-156€ www.lhorizon.fr

➲ à YUTZ - 57110 : 2 km E.

Les Alérions

» 102 rue Nationale
☎ 03 82 56 26 63
F. dim à dîn., lundi, mardi à dîn., 2-8 janv., 1 sem. vac. scol. fév. et 25 juil.-10 août.
Jusqu'à 21h15.

Sérieux et application deviennent des vertus quand on peut avoir la tentation de balancer : le menu campagnard servi par Frédéric Scheid pour 14,50 **€** est un exemple, et ses compositions, pour traditionnelles qu'elles soient, respirent une indéniable franchise. Les producteurs locaux - escargots de Molring, chèvre d'Aspach, jambon lorrain et mirabelles - sont cordialement invités, et la cave de vins de Moselle est véritablement un modèle, mettant en avant avec fierté, de 15 à 20 **€**, les vins de Metz et de Contz-les-Bains.
C : 35€ • M : 14,50-40€

Parking privé. Parking fermé. Voiturier.

Cave à cigares. Air conditionné. Tennis privé.

THOIRY - 01710 (28 B 2)

Bellegarde-sur-Valserine 25 - Genève 32

Les Cépages

La maison de Jean-Pierre Delesderrier bénéficie d'une réputation solidement établie depuis son ouverture, il y a quinze ans. Avec une telle enseigne, difficile de ne proposer que des vins de négociants sous peine de grave faute de goût. Bien sûr, les 1200 références sur lesquelles veille Isabelle Barros laissent la concurrence très loin derrière, n'oubliant pas, au milieu des flacons les plus prestigieux, une bonne sélection au verre et un choix large en demies. Un peu plus modernes que les plats de la carte (où l'on retrouve la féra du lac poêlée aux écrevisses ou le suprême de poularde de l'Ain aux escargots), les propositions du menu du marché ne manquent pas d'allant, rosace de saumon d'Ecosse légèrement fumé, suprême de canette fermière rôtie au banyuls et pommes pailles, parfait glacé à la verveine et conquantine, nage de fraises aux agrumes.

C : 75 € • M : 29-90 € *www.lescepages.com*

» 465 rue Briand-Stresemann
☎ 04 50 20 83 85
F. dim. à dîn., lundi, mardi, 1 sem. janv. et 2 sem. sept.
Jusqu'à 21h30.

LE THOLY - 88530 (12 B 5)

Paris 415 - Epinal 30 - Géradmer 11

Hôtel Gérard R

Le vieux bâtiment début XIXe est devenu au fil des années une étape remarquable, avec un cadre moderne et clair et des équipements confortables. Sympathique cuisine aux influences régionales, servie dans une salle à manger panoramique.

20 ch. 45-62 € • 1/2 pens. 51,50 € • C : 30 € • M : 15,50-33 €
www.hotel-gerard.com

» 1 pl du Gén-Leclerc
☎ 03 29 61 81 07
Fax 03 29 61 82 92
Ouv. 7j/7.

THONES - 74230 (28 B 2)

Annecy 21 - La Clusaz 14

(11) Auberge La Gloriette

Une cuisine traditionnelle certes, dans un esprit forcément montagnard, avec l'omble chevalier beurre noisette ou le filet de bœuf sur ardoise et polenta. Cadre aussi soigné que rustique (bouquets de fleurs sur les tables, couleurs pimpantes).

C : 30 € • M : 26-44 € *desramaut2002@yahoo.fr*

» 2 rte d'Annecy
☎ 04 50 02 98 16
F. dim. à dîn., lundi et fin juin-15 juil.
Jusqu'à 21h30.

THONON LES BAINS - 74200 (28 C 1)

Annecy 84 - Evian 10

Le Prieuré

On vit au bord du lac dans la douceur légendaire des grandes stations où la bonne société vient prendre les eaux depuis des lustres. Cette salle voûtée répond en tout point au cahier des charges implicite, la porcelaine fine, la cristallerie et l'argenterie sont de sortie à chaque service. Et les grosses langoustines, astucieusement préparées en tartifles avec une sauce aux épices et un cappuccino de noix de cajou, et l'omble chevalier, avec un jus au chasselas, le tournedos de caille, farci de champignons avec une sauce airelles et le soufflé chaud à l'eau-de-vie de framboises. Des œuvres signées par un maître tranquille, et servies avec la déférence souhaitée. Robuste cave de grands crus, qui ne plaisante pas, mais collectionne les titres.

C : 60 € • M : 36-72 €

» 68 Grande-Rue
☎ 04 50 71 31 89
F. dim. à dîn., lundi, mardi à déj., 2 sem. printemps et 2 sem. automne
Jusqu'à 21h30.

à ANTHY SUR LEMAN - 74200 : 6 km S.O. par N 5 et D 33

Auberge d'Anthy

» Rue des Ecoles
☎ 04 50 70 35 00
F. dim. à dîn., lundi et 2-17 janv.
Jusqu'à 21h30.

➥ **Hôtel** : Auberge d'Anthy

Le cadre de chalet chablaisien - sobre et solide comme dit Claude Dubouloz - s'adapte bien à l'ambiance recherchée, douce et éternelle comme un beau cachemire. Et ce qu'on y partage, après avoir rompu le pain, c'est une cuisine simple de bord du lac, un soufflé au fromage d'Abondance, des écrevisses à la crème, un filet de féra meunière. Les saisons fournissent d'autres bienfaits, les fromages affinés par Daniel Boujon sont splendides, et la mondeuse de Trosset va très bien sur les poulettes de Miéral.

C : 38 € • M : 15-46 € *www.auberge-anthy.com*

Auberge d'Anthy

» Rue des Ecoles
☎ 04 50 70 35 00
📠 04 50 70 40 90
F. 2-15 janv.

➥ **Restaurant** : 14/20 Auberge d'Anthy

A deux pas du lac, la maison de village a gardé son cachet ancien, avec poutres et vieilles pierres, pour le marier à un cadre actualisé, dans son confort comme ses couleurs chaleureuses. Adorable jardin avec une fontaine.

16 ch. 44-69 € • 1/2 pens. 58-63 € *www.auberge-anthy.com*

à SCIEZ - 74140 : 10 km S.O. par N 5

François-Ier

» Domaine de Coudrée, Bonnatrait
☎ 04 50 72 62 33
F. mardi, merc. (sf juil.-août) et nov.
Jusqu'à 21h.

➥ **Hôtel** : Château de Coudrée

Foie gras, homard et risotto. Ce pourrait être la chanson du nouveau siècle dans les cuisines de seigneurs. Sullivan Breton, jeune chef aux nombreux talents, forgés aussi bien chez Bardet qu'avec Bruno Sohn dans la belle aventure de la cave de Forville à Cannes, sait mettre du flamenco ou du menuet dans la partition : pavé de bonite et pimento del piquillo, carpaccio de truite du Léman au poivre de Séchuan et parmiggiano, aussi bien que le demi-homard Newburg ou le faux filet de l'Aubrac en strates de foie gras. Le cadre facilite les bonnes manières, le service est présent avec justesse, et la cave couvre tous les vignobles.

C : 65 € • M : 37-88 € *www.coudree.com*

Château de Coudrée

» Domaine de Coudrée
☎ 04 50 72 62 33
📠 04 50 72 57 28
F. nov.

➥ **Restaurant** : 15/20 François-Ier

Un château XIIe au décor espéré, boiseries, plafonds à caissons, tapisseries, cheminées monumentales, mobilier authentique et chandelles, dans un parc majestueux aux arbres centenaires, au bord du lac Léman. Les chambres sont ton sur ton, décorées dans le style de la maison, sans l'ombre d'une imitation, calmes et harmonieuses.

4 appart. 275-330 € • 15 ch. 132-295 € • 1/2 pens. 68 € *www.coudree.com*

THOUARS - 79100 (22 B 2)

Niort 90 - Cholet 57

Le Logis de Pompois

» Sainte-Vierge, BP 86
☎ 05 49 96 27 84
F. dim. à dîn., lundi et mardi.
Jusqu'à 21h30.

Cossu de bon ton à quelques minutes de la ville. La terrasse donne sur la campagne et le practice de golf, la carte de Marc Saulnier joue les aristocrates en enveloppant chaque produit d'un apprêt qui plaît : mille-feuille de légumes en marinière de coquillages, arlequin de saumon et raviole de crabe, croquant de magret de canard. Intéressante cave d'anjous et saumurs, service souriant et tarifs d'ensemble modérés.

C : 48 € • M : 17,50-44 €

⑩ Le Hoggar

C'est une vraie religion gastronomique du Maghreb qu'on observe à Thouars, outre la vue panoramique sur le Thouet : un bon couscous aux quatre viandes, des tajines pour un langoureux survol de la Méditerranée.
C : 20€ • M : 15-22€

» 1 rue du Château
☎ 05 49 96 09 02
F. dim. à dîn., lundi, 2 sem. été et 2 sem. Noël.
Jusqu'à 21h30.

THOURON - 87140 (25 B 2)

Limoges 22 - Guéret 78 - Bellac 23

⑬ La Pomme de Pin H

Modèle d'auberge, modèle d'accueil, modèle de produits paysans magnifiés par des préparations limpides. Voilà à quoi ressemble cet ancien moulin à farine au bord de l'étang, en pleine nature radieuse. Le homard canadien au gingembre paraît incongru mais pourquoi pas, nous nous concentrons pour notre part sur la tranche de cuisse de porc fermier ou le faux-filet de bœuf limousin gratin dauphinois. Les desserts maison sont à fondre, et la petite cave est finement travaillée, avec des Puffeney, Dauvissat, le cahors du Cèdre et un sympathique vin de Corrèze. Chambres simples et agréables, aménagées à côté, dans l'ancienne filature, pour dormir comme un bébé.
C : 30€ • M : 26-41€ • 7 ch. 59-69€ • 1/2 pens. 59€

» Etang de Tricherie
☎ 05 55 53 43 43
F. lundi, mardi à déj., merc. à déj, 23 janv.-14 fév. et 3 sem. sept.
Jusqu'à 21h15.

THURY HARCOURT - 14220 (5 D 4)

Caen 26 - Falaise 27

⑬ Relais de la Poste

Le changement de propriétaire n'a pas bouleversé les atouts de la maison, toujours tournée vers la défense d'une certaine tradition normande, qui se conjugue avec décor poutré et gastronomie classique sur les produits qui sonne bien. C'est bien ce qu'on attend dans cette belle auberge, pour le repas de famille le dimanche ou l'étape sur la balade en Suisse Normande, et Jean-Marc Harau a la sagesse de ne pas s'en éloigner, avec le foie gras de la Vallée d'Auge, le pigeonneau de Suisse Normande et l'andouille de Vire.
C : 50€ • M : 14,50-68€ *www.hotel-relaisdelaposte.com*

» 7 rte de Caen
☎ 02 31 79 72 12
F. vend. et sam. à déj. (h.s.) et janv.
Jusqu'à 21h.

TIFFAUGES - 85130 (15 D 5)

Cholet 20 - Clisson 19

Le Manoir de la Barbacane

Non loin du château de Gilles de Rais ("Barbe Bleue"), une maison du XIXe aux chambres habillées de tissu sur les murs, agrémentées de poutres apparentes et d'un mobilier rustique. Les suites ouvrent sur un jardin intérieur.
3 appart. 78-139€ • 16 ch. 59-94€ *www.hotel-barbacane.com*

» 2 pl de l'Eglise
☎ 02 51 65 75 59
Fax 02 51 65 71 91
F. 1 sem. fin déc.

TIGNES - 73320 (28 C 3)

Chambéry 138 - Val-d'Isère 13

⑬ Chalet Bouvier-Restaurant Paysan

Tout est dit dans le nom : Jean-Michel Bouvier, de l'Essentiel à CHambéry comme gage de sérieux et de qualité, et Restaurant paysan pour l'esprit résolument terroir et convivial. Qui n'exclut cependant pas une certaine élégance, avec à côté des spécialités savoyardes (des fondues au matafan) des plats actuels comme le risotto arborio au beaufort ou le filet d'omble chevalier à la plancha émulsion citronnelle. Ambiance soutenue, service jeune et efficace, dans un cadre montagnard bien dans le ton. Une réussite, qui incite sans peine à quitter le cœur de la station pour venir jusque là. *www.chaletbouvier-tignes.com*

» Val Claret
☎ 04 79 06 99 90
F. 1er mai-8 juil. et 1er sept.-3 déc. Rens. prix non comm.
Jusqu'à 22h.

(11) La Ferme des Capucines

Dans un cadre typique dominé par les boiseries, cette table dépend d'une exploitation agricole spécialisée dans la fabrication des fromages. Spécialités savoyardes donc, dans une ambiance de franche camaraderie, des raclettes fabuleuses et quelques suggestions très restreintes (foie gras poêlé, escargots...) le tout dirigé par la jeune Caroline Joffre en cuisine et la famille Favre en salle.
M : 30€

» Le Lavachet
☎ 04 79 06 35 10
F. 9 mai-4 juil. et 1er oct.-30 nov.
Jusqu'à 21h30.

(10) La Calèche

Aux recettes savoyardes attendues - tartiflettes reblochonnades... - s'ajoutent chaque année de nouveaux plats de poissons et de viandes qui ouvrent l'éventail pour les habitués de cette terrasse plein Sud avec vue sur le lac. Les prix restent stables sans manquer d'oxygène.
C : 40€ • M : 17-20€

» Immeuble de Palafour, lac de Tignes
☎ 04 79 06 50 80
F. 10 mai-1er juil.
Jusqu'à 22h.

Village Montana R

Des luxueux appartements des Suites du Montana aux chambres de l'Hôtel Montana, ce vaste ensemble marie avec bonheur les tonalités chaleureuses d'un style montagnard, un espace généreux et le luxe d'un équipement très complet, pour garantir un séjour sans fausse note. Variété dans les saveurs disponibles en restauration, influence italienne aux Chanterelles, répertoire classique à la Chaumière et produits nobles à la Rôtisserie.
101 appart. 455-3402€ • 78 ch. 68-286€ • 1/2 pens. 67-160€ • C : 40€ • M : 15-45€ *www.vmontana.com*

» Les Almes
☎ 04 79 40 01 44
Fax 04 79 40 04 03
F. mai-juin et sept.-oct.

Le Ski d'Or

Une partie de l'hôtel a été rénovée l'an dernier, en conservant bien sûr ces influences montagnardes indissociables du paysage (l'espace Killy ouvre au pied de l'hôtel). Bon équipement de détente, jusqu'au restaurant, vue panoramique et cuisine élégante, qui mélange sagement influences terroir, produits nobles et préparations actuelles : tempura de légumes d'hiver, assiette de crustacés à la plancha, mont d'or et charcuterie de pays.
27 ch. 115-195€ • C : 45€ • M : 39€ *www.hotel-skidor.com*

» Val-Claret
☎ 04 79 06 51 60
Fax 04 79 06 45 49
F. 7 mai-1er déc.

TINQUEUX ➤ REIMS

TONNERRE - 89700 (19 D 2)

Paris 200 - Auxerre - 40 - Joigny 54 - Troyes 60

L'Abbaye Saint-Michel

Sur les bases, largement mutilées après la Révolution, de l'ancienne abbaye du Xe siècle est née une hôtellerie aux prestations luxueuses. Le charme des voûtes en pierre ou des cheminées monumentales se marie à un confort soigné et à de nombreuses attentions pour un séjour précieux. Chambres personnalisées, style ancien ou décor contemporain. Vaste parc au-dessus de la ville.
12 ch. 110-275€ *www.abbayesaintmichel.com*

» Montée Saint-Michel
☎ 03 86 55 05 99
Fax 03 86 55 00 10
F. 20 déc.-20 fév.

TORCY - 71210 (20 A 1)

Mâcon 85 - Le Creusot 4

(13) Le Vieux Saule

L'avantage d'un relais de poste à quelques kilomètres du Creusot n'est pas pour la facilité à obtenir des chevaux frais ou même de souper à bon marché. C'est avant tout pour avoir un pied si proche des vignes du Seigneur, les bourguignonnes bien sûr, que l'on peut tutoyer et faire ami avec les vignerons. Ce qui

» ☎ 03 85 55 09 53
F. dim. à dîn. et lundi.
Jusqu'à 21h15.

donne à la patronne de quoi fournir une carte exemplaire, en particulier en côte chalonnaise. Quant à Christian Hervé, il tricote au petit point de quoi entourer les flacons, avec la caillette de porc aux herbes, la salade de Moretau, les piccatas de veau grillés et le crapiau du Morvan à travers cartes et menus dans lesquels la recherche de simplicité constitue la bonne attitude.
C : 40 € • M : 15,50-65 € *www.restaurant-vieux-saule.com*

TORNAC ➤ ANDUZE

TOUDON - 06830 (34 C 4)

Nice 51 - Vence 50

[12] La Capeline

» Rte de Roquesteron, Vescous
☎ 04 93 08 58 06
F. merc. (saison), en semaine (h.s.).
🚗

Trousse de secours en vallée de l'Esteron. Après une bonne rando, ou une simple balade automobile, vous vous détendrez les maxillaires en suivant le peloton (petit ravioli sans pâte), la tourte de blettes, les gnocchis et l'agneau de pays, dans une délicieuse ambiance régionale. On boit le bellet ou la réserve de la maison à 11 **€** la bouteille.
C : 20 € • M : 20-27 €

TOUET SUR VAR - 06710 (34 C 4)

Nice 53 - Vence 52

[13] Auberge des Chasseurs

» Av du Gén-de-Gaulle
☎ 04 93 05 71 11
F. mardi et 12 nov.-5 déc.
Jusqu'à 21h30.
⛱ 🐕

Philippe Meyer n'en est pas à son premier coup d'escopette : 55 ans dans le métier, ça vous pose un fusil, et son fils sait mettre le fourneau en marche, sortir l'authentique secca d'Entrevaux, les beignets de sardines, les tripes à la niçoise. Les habitués veulent de l'exotisme ? Va pour le filet de kangourou ou l'aile de raie au beurre de sauge, mais franchement, ça ne remplace pas le gigot d'agneau ou la pièce de bœuf aux échalotes. Atmosphère de comme chez soi, terrasse sur les collines et vins de Provence, petits et grands (clos Saint-Joseph par exemple).
C : 13,50 € • M : 18-25 €

TOUL - 54200 (11 D 4)

Nancy 22 - Bar-le-Duc 59

[15] Le Dauphin

» Rte de Villey-Saint-Etienne
☎ 03 83 43 13 46
F. dim. à dîn., lundi, merc. à dîn. et 1er-15 août.
Jusqu'à 22h.
🚗 ♿ 🐕 🚬

Pour s'offrir le luxe d'un tel emplacement, un peu perdu sur une zone d'activités, il faut être sûr de son fait... Christophe Vohmann l'est, autant sur les produits locaux que sur des influences sudistes. Ainsi côté région, le foie gras, remarquablement poché au gris de Toul, est mis en valeur par la fraîcheur des champignons aigres-doux et un beau chutney de mirabelle et l'alcool parfume le soufflé à la mirabelle à la consistance parfaite. Côté sud, la sauce huile d'olive et harissa est dosée juste ce qu'il faut pour faire ressortir les saveurs d'un merlan à la plancha. L'atmosphère dans la grande salle lumineuse est à la décontraction, bien aidée par la grande gentillesse du service et les nombreuses attentions. De jolies découvertes sur le vignoble local.
C : 65 € • M : 29-72 € *christophe.vohmann@wanadoo.fr*

[12] La Belle Epoque

» 351 av Victor-Hugo
☎ 03 83 43 23 71
F. sam. à déj., dim., lundi à dîn. et 22 déc.-6 janv.
Jusqu'à 20h45.
🚗 ❄ 🐕

Une brasserie à l'ancienne où la simplicité a bon goût, mais où le chef Jean-Claude Breton aime caresser le registre fantasmatique des foies gras et des homards, qu'il prépare vivants de nombreuses façons. En attendant, on aime bien la quiche.
C : 52 € • M : 31 €

TOULON - 83000 - Plan p.1016 (34 A 6)

Paris 852 - Marseille 63 - Nice 153

[13] Le Jardin du Sommelier

» 20 allée Courbet
☎ 04 94 62 03 27
F. sam. à déj. et dim.
Jusqu'à 21h30.
❄ 🐕

Le travail sur le vin montre que l'on soigne ses invités. La carte est courte, mais elle offre une recherche permanente sur les vins de la région, bien élargie à la plupart des vignobles, et une adéquation avec la cuisine, dans un cadre plaisant, à l'étage ou en terrasse sous les tilleuls. Le jeune chef arrivé l'an passé a pris le problème à l'endroit : une cuisine de caractère, aromatique et actuelle, qui permette de s'amuser avec les flacons. Et voilà le velouté de moules parfumé à la violette et tortellini de légumes, le saumon à l'unilatéral, risotto à l'encre et encornets plancha, le filet mignon de porc et légumes croquants dans un équitable menu à 32 **€**. Service dans le ton, décontracté et précis.

M : 32-39 € *www.le-jardin-du-sommelier.com*

[12] El Patio

» 12 rue Molière
☎ 04 94 92 25 43
F. dim., lundi à dîn., merc. à dîn. et 15 jrs août.
Jusqu'à 22h.
⛱ 🐕

Le seul et unique tex-mex de la ville est aussi un lieu convivial, plein de chaleur, de sons exotiques et de lumières tamisées (le soir notamment). dépaysement avec les tapas, variées et bien préparées et un bon chili.

C : 8 € • M : 15-20 €

[12] Restaurant Bernard

» Anse de Magaud, Sentier des Douaniers
☎ 04 94 27 20 62
F. dim. à dîn., lundi (avril-juin) et sept.-mars.
Jusqu'à 23h30.
⛱ 🐕

Presque un cabanon, à l'extérieur de la ville, face à la grande bleue, dans lequel se succèdent personnalités du show-biz et amateurs de bon poisson : on se tournera plutôt vers les grillades au fenouil (pageot, dorade, sar, chapon...), toujours impeccables, que vers les plats rassembleurs, saint jacques au noilly ou pavé de saumon grillé aux baies roses, au moindre intérêt. Cadre superbe.

C : 33 € • M : 13-40 € *restaurant.bernard@tiscali.fr*

[11] Au Sourd

» 10 rue Molière
☎ 04 94 92 28 52
F. dim. et lundi.
Jusqu'à 22h.
⛱ ♿ 🐕

L'histoire est ancienne, celle d'un artilleur réformé après le siège de Sébastopol car atteint de surdité, et créateur de l'établissement en 1862. Aujourd'hui tout le monde entend parfaitement la commande, y compris le poisson, qui obéit au doigt et à l'œil, vif et frais. C'est d'ailleurs là que les Toulonnais viennent le chercher, simplement grillé, ou dans les histoires du jour (loup à la ciboulette, saint-pierre au noilly...).

C : 40 € • M : 28 €

➲ à LA SEYNE SUR MER - 83500 : 7 km O. par N 8 et A 50

[12] Fleur de Sel

» Esplanade Henri Boeuf, les Sablettes
☎ 04 94 94 92 34
F; dim. à dîn., lundi (sf fériés).
Jusqu'à 21h30.
⛱ ❄ 🐕

Dans le quartier des Sablettes, quelques parfums de traboules se mêlent au sable chaud de la Méditerranée. Le tablier de sapeur voisine avec les rougets à l'huile de menthe, la salade lyonnaise avec les cannellonis de saint-jacques aux cèpes dans une carte trop pompeuse pour trouver une véritable identité, malgré l'évidente bonne volonté. Comme par hasard, la quenelle de brochet au coulis de homard n'a rien d'exceptionnel, confortant l'idée qu'un peu de simplicité serait le bienvenu. La cervelle de canut, par exemple, est excellente. Carte des vins un peu mince, service très attentionné.

C : 34,50 € • M : 18-45 €

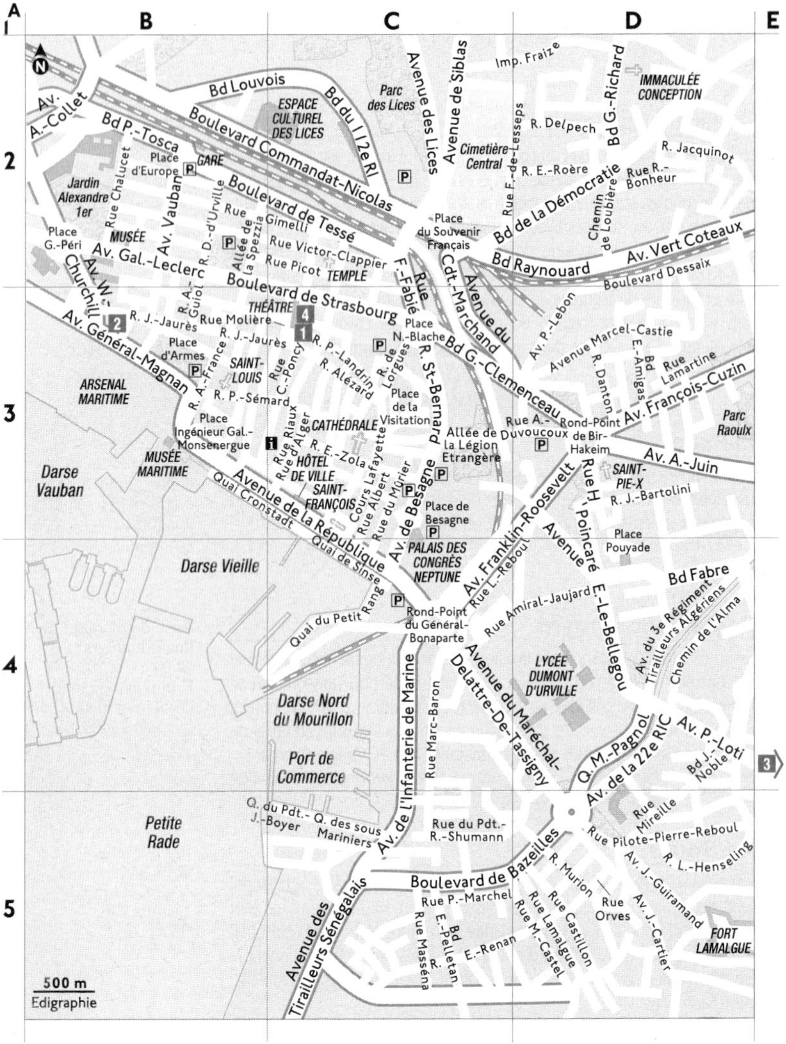

Restaurant

1 El Patio **C-3**
2 Jardin du Sommelier (Le) **B-3**
3 Restaurant Bernard **E-4**
4 Sourd (Au) **C-3**

TOULOUSE - 31000 (29 D 4)

Paris 706 - Bordeaux 245 - Montpellier 241

18 Michel Sarran

Cadre et ambiance

Le salon intime, et ultime, des Toulousains. Signe des temps, cette modernité, ce dépouillement, cette sobriété : Sarran a remplacé Vanel au poste de chef de ville, et le XXIe siècle est là. Ici tout est juste, apaisé, sans distorsion, sans couleurs gueulardes : beau parquet, ocres discrets, vert amande.

» 21 bd Armand-Duportal
☎ 05 61 12 32 32
F. w.-e., merc. à déj., août et sem. Noël.
Jusqu'à 21h45.

Cuisine
Sarran fuit l'esprit démonstratif, il place ses ingrédients presque à l'instinct, en vous conviant à vous y retrouver : des cuisses de grenouilles, tendres et charnues, crème de riz arborio, verte, herbeuse, avec un carré de tomate, tofu, anchois mariné surmonté d'une tuile parmesan. Nul besoin d'analyser, c'est un tableau. Sarran est un impressionniste qui ne demande pas qu'on le décortique. Ainsi va la sole à chair élastique, croustillante sans l'être, pois gourmand faisant crisser la dent, purée poivron cacahuète, caramel de tomate. Cela a l'air très compliqué, ça ne l'est pas. Ni le liégeois de bar avec ses goujonnettes façon fish and chips, ni le pigeon en pâte kadaïf, ni les desserts zazous et qui fonctionnent à merveille (les tarbais en émulsion, rhum et coque chocolat sur du marron glacé).

Cave
En matière de vin, le même regard net est posé comme sur la cuisine : des références justes dans la plupart des appellations, avec une relative faiblesse - assumée - dans le Bordelais, plutôt moins développé que la Bourgogne. Mais au prix du Montcalmès, de Gardiès ou des Laquets, on peut apprendre beaucoup à bon compte, aidé par un bon sommelier qui sait choisir.

Accueil et service
Un service optimal, débarrassé des boursouflures de circonstances dans une maison de ce calibre, ou moindre.
C : 91 € • M : 45-140 € *www.michel-sarran.com*

16 Dominique Toulousy

» Les Jardins de l'Opera, 1 pl du Capitole
☎ 05 61 23 07 76
F. dim., lundi, 1re sem. janv. et août.
Jusqu'à 21h45.

Cadre et ambiance
C'est une nouvelle salle que les Toulousains ont découvert dans leur temple du Capitole. Toujours autant d'élégance, dans la modernité, la fluidité des lignes et des volumes.

Cuisine
Ce nouveau décor, comme c'est la coutume, donne aussi de l'enthousiasme à la brigade et à son chef : toujours les raviolis de foie gras au jus de truffes qui ont trente ans, et le homard en croûte de sel, mais aussi des créations plus récentes, le berlingot de blettes et croustillant de langoustines, le tournedos de thon mi-cuit, la pana cotta vanille et banane. Et un beau et vrai cassoulet aux fèves, qui peut entrer en compétition.

Cave
Ce qui se fait de beau - et coûteux - de tous les vignobles de France, présenté par un sommelier ouvert et érudit. Quelques vins au verre et un bon choix de whiskies.

Accueil et service
De l'aisance sans contrainte ni crispation : le haut niveau que chacun attend, avec, aujourd'hui, nettement moins de condescendance pour les non-habitués.
C : 70 € • M : 45-98 € *www.toulousy.com*

15 Au Pois Gourmand

» 3 rue Emile-Heybrard
☎ 05 34 36 42 00
F. sam. à déj., dim., lundi à déj., 20-25 fév., 24-30 avril et 7-26 août.
Jusqu'à 21h30.

Jean-Claude Plazzotta n'est pas un cuisinier contrariant, à défaut d'être consensuel, ce qu'il n'est à l'évidence pas. Sa gloriette de 1870 à l'étonnant style de chalet colonial attire autant d'étrangers que de Toulousains ? Qu'à cela ne tienne, sa carte sera donc traditionnelle (comme pour ne pas décevoir les irréductibles de la gastronomie du sud-ouest) et inventive, comme pour se faire plaisir (et pourquoi pas ?) et faire plaisir. Les sushis de foie gras et pommes gingembre cohabitent ainsi avec les fleurs de courgettes farcies sauce homardine, le pavé de bar grillé à la badiane et tomates confites voisinant avec le ris de veau braisé au banyuls. Cadre d'un calme étonnant, belle cave principalement bordelaise.
C : 54 € • M : 37-64 € *www.pois-gourmand.fr*

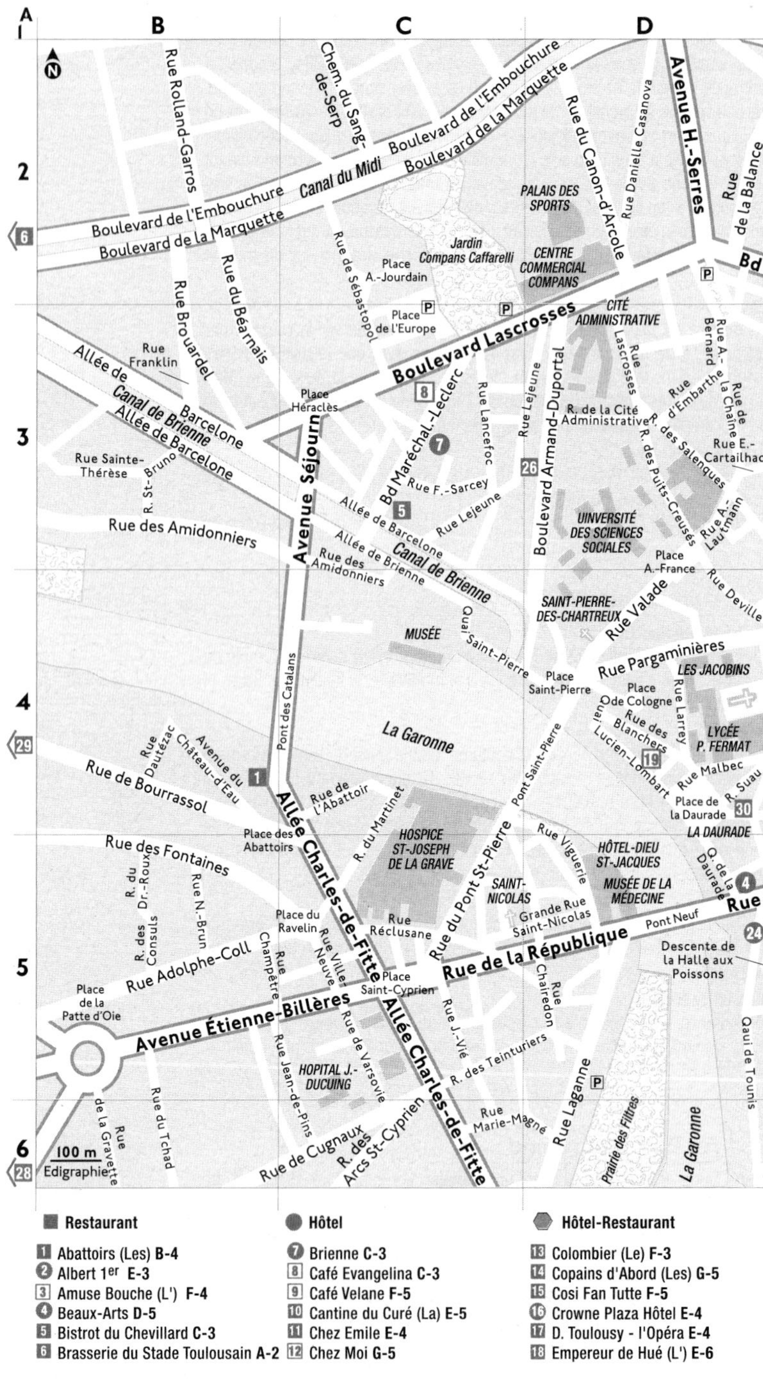
A
B
C
D
1
2
3
4
5
6
6
29
28
Rue Rolland-Garros
Chem. du Sang-de-Serp
Boulevard de l'Embouchure
Boulevard de la Marquette
Canal du Midi
Rue du Canon-d'Arcole
Rue Danielle Casanova
Avenue H.-Serres
Rue de la Balance
Bd
PALAIS DES SPORTS
Jardin Compans Caffarelli
CENTRE COMMERCIAL COMPANS
Place A.-Jourdain
Rue de Sébastopol
Rue du Béarnais
Rue Brouardel
Place de l'Europe
Boulevard Lascrosses
CITÉ ADMINISTRATIVE
Rue A.-Bernard
Rue Franklin
Allée de Barcelone
Canal de Brienne
Allée de Brienne
Place Heraclès
Bd Maréchal.-Leclerc
Rue Lancefoc
Rue Lejeune
Boulevard Armand-Duportal
R. de la Cité Administrative
Rue Lascrosses
Rue d'Embarthe
Rue de la Chaîne
R. des Salenques
Rue E.-Cartailhac
R. des Puits-Creusés
Rue Sainte-Thérèse
R. St-Bruno
Avenue Séjourné
Rue F.-Sarcey
Rue des Amidonniers
UINVERSITÉ DES SCIENCES SOCIALES
Rue A.-Lautmann
Place A.-France
Rue Deville
SAINT-PIERRE-DES-CHARTREUX
Rue Valade
MUSÉE
Quai Saint-Pierre
Rue Pargaminières
LES JACOBINS
Place Saint-Pierre
Place Ode Cologne
Rue Larrey
Pont des Catalans
La Garonne
Rue des Blanchers
Quai Lucien-Lombart
LYCÉE P. FERMAT
Rue Dautézac
Avenue du Château-d'Eau
Rue de Bourrassol
Pont Saint-Pierre
Rue Malbec
R. Suau
Place de la Daurade
LA DAURADE
Rue de l'Abattoir
R. du Martinet
HOSPICE ST-JOSEPH DE LA GRAVE
Place des Abattoirs
Allée Charles-de-Fitte
Rue des Fontaines
Rue du Pont St-Pierre
Rue Viguerie
HÔTEL-DIEU ST-JACQUES
MUSÉE DE LA MÉDECINE
Q. de la Daurade
R. du Dr.-Roux
Rue N.-Brun
R. des Consuls
SAINT-NICOLAS
Grande Rue Saint-Nicolas
Rue
Pont Neuf
Place du Ravelin
Rue Réclusane
Rue de la République
Descente de la Halle aux Poissons
Rue Adolphe-Coll
Rue Champêtre
Rue Ville-Neuve
Place Saint-Cyprien
Rue Chairedon
Place de la Patte d'Oie
Avenue Étienne-Billères
Rue J.-Vié
Qaui de Tounis
Rue Jean-de-Pins
Rue de Varsovie
HOPITAL J.-DUCUING
R. des Teinturiers
Rue Laganne
Rue de la Gravette
Rue du Tchad
Rue Marie-Magné
Prairie des Filtres
Rue de Cugnaux
R. des Arcs St-Cyprien
100 m
Edigraphie
Restaurant
Hôtel
Hôtel-Restaurant
1 Abattoirs (Les) B-4
2 Albert 1er E-3
3 Amuse Bouche (L') F-4
4 Beaux-Arts D-5
5 Bistrot du Chevillard C-3
6 Brasserie du Stade Toulousain A-2
7 Brienne C-3
8 Café Evangelina C-3
9 Café Velane F-5
10 Cantine du Curé (La) E-5
11 Chez Emile E-4
12 Chez Moi G-5
13 Colombier (Le) F-3
14 Copains d'Abord (Les) G-5
15 Cosi Fan Tutte F-5
16 Crowne Plaza Hôtel E-4
17 D. Toulousy - l'Opéra E-4
18 Empereur de Hué (L') E-6

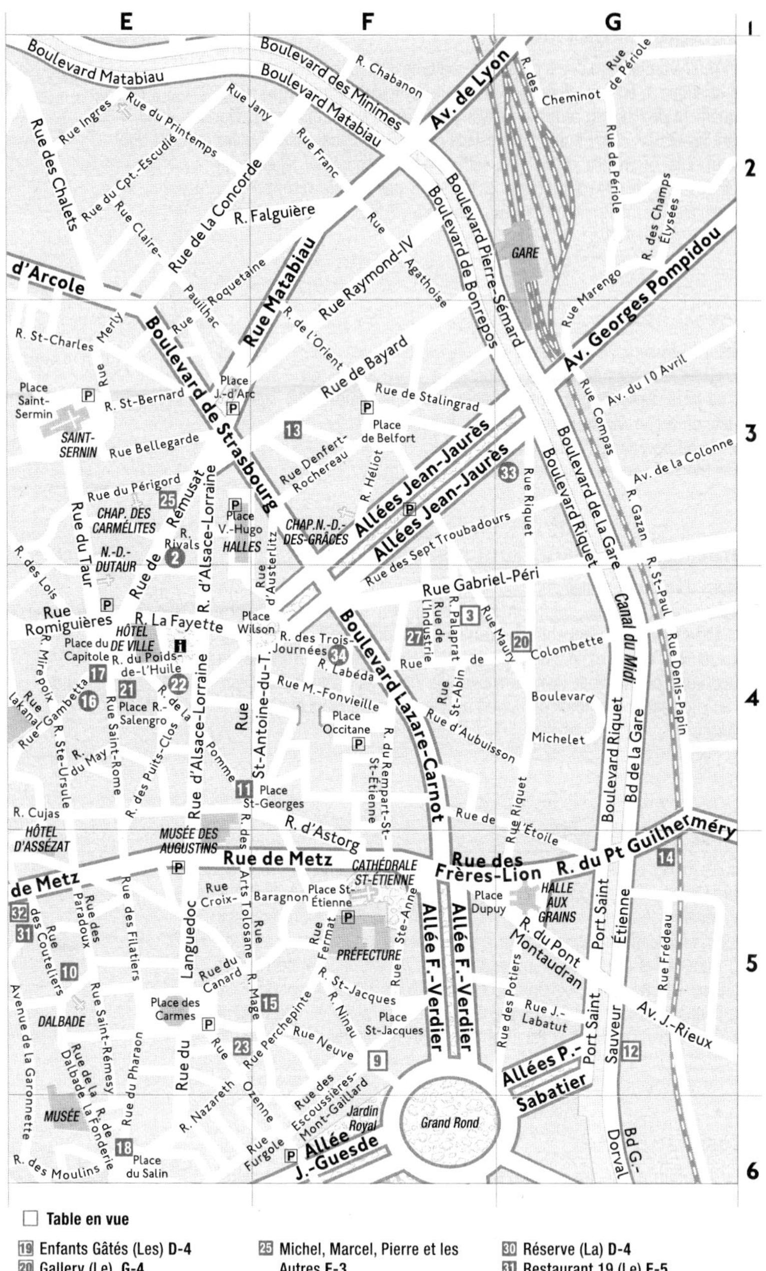

☐ **Table en vue**

- 19 Enfants Gâtés (Les) **D-4**
- 20 Gallery (Le) **G-4**
- 21 Grand Café de l'Opéra **E-4**
- 22 Grand Hôtel de l'Opéra **E-4**
- 23 Gré du Vin (Au) **E-5**
- 24 Hôtel Garonne **D-5**
- 25 Michel, Marcel, Pierre et les Autres **E-3**
- 26 Michel Sarran **D-3**
- 27 Orsi **F-4**
- 28 Pastel (Le) **A-6**
- 29 Pois Gourmand (Au) **A-4**
- 30 Réserve (La) **D-4**
- 31 Restaurant 19 (Le) **E-5**
- 32 Rôtisserie des Carmes **E-5**
- 34 Royal Wilson **F-4**
- 33 Sofitel Toulouse Centre **G-3**

14

L'Empereur de Hué

» 17 rue des Couteliers
☎ 05 61 53 55 72
F. à déj. (sf réserv.). F. ann. non comm.
Jusqu'à 23h.

C'est un lieu commun sans doute mais on a coutume d'annoncer que la grande cuisine asiatique n'est pas donnée. Portant l'estampille vietnamienne (plus spécifiquement de Hué, au centre du pays), les assiettes de Sarah Truong-Qui dominent les débats d'une bonne tête, salade de fleur de bananier au canard rôti, bœuf à la citronnelle et au gros sel, crevettes façon Huë, légèrement caramélisées et bien poivrées. Même les desserts, point faible récurrent des tables orientales, se montrent à la hauteur. Belle carte de thés, cave bien adaptée.
C : 40 € • M : 38,50-46,50 €

13

Les Abattoirs

» 97 allée Charles-de-Fitte
☎ 05 61 42 04 95
F. dim., lundi et août.
Jusqu'à 23h.

Décoration bistrotière jusqu'au bout des ongles, tables en bois, banquettes rouges, glaces décorées en zinc, on pourrait se croire à Paris ou à Lyon. La cuisine ne joue d'ailleurs pas plus les régionalistes, rassemblant les stars du genre, tête de veau ravigote, pot au feu, filet de bœuf bordelaise, côte de bœuf à la moelle ou bavette aux échalotes.
C : 27 € • M : 18 €

13

Brasserie du Stade Toulousain

» 114 rue des Troënes
☎ 05 34 42 24 20
F. lundi à dîn., mardi à dîn., sam., dim. (sf matches), 23 déc.-2 janv. et 8 juil.-16 août.
Jusqu'à 22h.

Champions d'Europe, les rugbymen du Stade Toulousain aiment se mêler aux locaux dans cette véritable institution installée au pied du temple du rugby français. Les assiettes oscillent entre la puissance d'un première ligne (jarret de porc aux lentilles vertes et poitrine rôtie, crumble aux pommes et caramel) et l'élégance d'un trois quart-aile (filets de rouget à la tomate et ratatouille au thym, soufflé au chocolat et compotée de poires) avec un souci permanent : le plaisir et la franchise.
C : 31 € • M : 21-28 €

13

Chez Emile

» 13 pl Saint-Georges
☎ 05 61 21 05 56
F. dim., lundi (sf été à déj.) et 24 déc.-9 janv.
Jusqu'à 22h30.

Créé en 1940, cet Emile peut aujourd'hui passer pour un patriarche, mais de ceux qui savent écouter et apprendre des nouvelles générations pour rester dans les indémodables. Curieuse et fouineuse, la cuisine de Christophe Fasan est aussi à l'aise sur les vedettes régionales (foie gras au naturel, cassoulet au confit de canard) que sur les plats plus branchés, traonçon de lotte au lait de coco et coriandre ou filet de loup, poireaux et cébettes, sauce muscat gingembre. La terrasse donnant sur la place agit comme un aimant et la cave mêle allégrement les plus grands crus bordelais et les incontournables des autres régions.
C : 45 € • M : 18-48 € *www.restaurant-emile.com*

13

Cosi Fan Tutte

» 8 rue Mage
☎ 05 61 53 07 24
F. à déj., dim., lundi, 1er-8 janv. et 1er-20 août.
Jusqu'à 23h.

Ce que l'on pourrait appeler de la cuisine sensible. Et une table de caractère. Dans une ruelle discrète et ancienne, l'enseigne est attirante, la carte et le décor montrent une personnalité. Le chef patron invente son Italie, modèle les recettes standards avec respect mais aussi raffinement : sardines fraîches en confiture de citron, jolie version du vitello tonnato, cappelli à l'encre et crème au corail d'oursin, pigeonneau au vin santo et polenta aux cèpes, panna cotta aux fraises. Les tarifs sont élevés, personnels également, et le menu le plus attrayant est à 79 **€**. Cave transalpine bien faite, s'intéressant à toutes les régions, et n'oubliant pas les vedettes (Gaja, Col d'orcia, Sassicaïa… et le Pantelleria de Madame Bouquet).
C : 65 € • M : 47-79 €

13 Grand Café de l'Opéra

» 1 pl du Capitole
☎ 05 61 21 37 03
F. non comm.
Jusqu'à 23h.

➥ **Hôtel** :  Grand Hôtel de l'Opéra

Les jeunes chefs se succèdent dans cette chic-brasserie du tout-Toulouse, leur permettant de gonfler leur CV avant une nouvelle expérience. La cuisine ne s'en ressent guère, l'essentiel étant dans la qualité de restauration au sens large, un décor, un service, une prestation dignes du Capitole : tarte de foie gras confit et chutney de mangue, gambas à la plancha et risotto de crustacés, selle d'agneau farcie à la tapenade et fricassée de petits pois.

C : 40 € • M : 24 €

13 Au Gré du Vin

» 10 rue de la Pleau
☎ 05 61 25 03 51
F. w.-e., fériés, 2 sem. août et Noël-nouvel an.
Jusqu'à 21h30.

Pour la petite histoire dans l'Histoire, rappelons que, jusqu'au tournant des années 40-50, ce restaurant était une maison close que le préfet d'alors aimait fréquenter. Nous ne savons pas si son successeur fréquente toujours la rue de la Pleau mais il apprécierait sans doute la bonne chère qu'on y fait aujourd'hui, le gaspacho de tomates et olives au chèvre frais, le merlu et moules cuites à l'étouffée ou le filet mignon de porc rôti et gnocchis herbiers. Petite cave se concentrant sur le meilleur du sud-ouest (Clos Triguédina, Causses Marine, Château Cahuzac...)

C : 40 € • M : 14,50-40 €

13 Michel, Marcel, Pierre et les Autres

» 35 rue de Rémusat
☎ 05 61 22 47 05
F. dim., lundi et août.
Jusqu'à 22h.

Quand on travaille ensemble, il vaut mieux être d'accord sur l'essentiel. Pour Michel Sarran et ses potes, ce peut être le rugby, le jazz, le cigare ou la tauromachie, en bref une base de discussions animées qui vous transforme un bistrot anonyme en lieu de vie. Plus encore, c'est une carte fédératrice, sur les valeurs bistrotières, consommé de queue de bœuf, râble de lapin aux haricots plats, tarte feuilletée framboise passé dans la moulinette du nouveau siècle, dans les présentations, les textures, les accompagnements. Cave elle aussi moderne, allant chercher dans le vignoble du Sud-Ouest le meilleur et le plus intéressant (Pialentou, Cros, Barrejat…).

C : 35 € • M : 12-22 € *www.michelmarcelpierre.com*

13 Orsi le Bouchon Lyonnais

» 13 rue de l'Industrie
☎ 05 61 62 97 43
F. sam. à déj. et dim.
Jusqu'à 23h.

Du bouchon griffé Orsi, cela ne peut pas être du plastique ou du bouchon à capsule. Que l'on soit place Kléber à Lyon ou rue de l'industrie à Toulouse, l'exception culturelle est de rigueur, les quenelles de brochet sauce Nantua sont remarquables, le magret au madiran ou les pieds de porc à la dauphinoise montrent que tous les terroirs ont bon goût. Et une toque justement retrouvée. Cave de négoce, mais bien faite, et quelques grands châteaux à prix intéressants.

C : 35 € • M : 19,90-32 € *www.http://lebouchonlyonnais.free.fr*

12 Bistrot du Chevillard

» 4 bd Mal-Leclerc
☎ 05 61 21 32 02
F. sam. à déj. et dim.
Jusqu'à 23h.

Alter ego des Abattoirs, rive gauche, le Chevillard connaît aussi bien le quartier. De veau, en particulier, détaillé par morceaux à presque toutes les sauces : côte à l'os à l'ail, pied et ravigote, pavé de foie au vinaigre de Xérès, onglet à l'échalote et persillade. Les grands sont aussi en scène (côte de bœuf) dans l'ambiance que l'on devine, convivialement carnivore. Petite cave un peu flemmarde, où l'on détecte le marcillac du Cros ou le fronton du Roc.

C : 25 € • M : 17 €

[12] La Cantine du Curé

» 2 rue des Couteliers
☎ 05 61 25 83 42
F. dim., lundi, 1 sem. déb. janv., 1 sem. fév. et 3 sem. août.
Jusqu'à 22h.
⛱ 🌀 🐕 🚬

On déambule dans ce vieux quartier plein de charme en espérant trouver une enseigne : elle existe, la maison est classée, par les Monuments Historiques et par GaultMillau. Pas pour les mêmes raisons, mais l'accord se fait bien, sans archaïsme, entre la pierre et la poêle, qu'un jeune chef passé entre autres chez Vanel et Taillevent anime dans le sens actuel : fricassée de langoustines au boudin basque, bar rôti sauce crémeuse à l'infusion de thé, terrine de chocolat minute.
C : 25 € • M : 14,50-28,50 €

[12] Le Colombier

» 14 rue Bayard
☎ 05 61 62 40 05
F. sam. à déj., dim., 1 sem. Noël et 1 sem. août.
Jusqu'à 22h15.
⛱ ♿ 🌀 🐕

Vous entrez chez Gérard Zasso, c'est-à-dire le roi du cassoulet au confit d'oie, servi en marmite individuelle : les habitués s'installent en conquérant, tranchent dans le jambon de pays découpé à table avant de s'attaquer à la forteresse. C'est paterne, rondelet, dans un cadre pierre et brique assez frais sur le carrelage boucherie. Et la fidélité à la cause n'est pas trahie en fin de partie par l'omelette norvégienne ou le soufflé. La cave n'est pas non plus à l'affût de la découverte. Est-ce que c'est grave ? Pas vraiment, car personne réellement ne va se plaindre d'une tradition de cette qualité.
C : 45 € • M : 19,50-34 € *www.restaurantlecolombier.com*

[12] Les Copains d'Abord

» 38 rue du Pont-Guilheméry
☎ 05 62 47 39 99
F. sam. à déj. et dim. (sf groupes sur réserv.).
Jusqu'à 23h30.
🌀 🚬

Pas des Castor et Pollux, pas de la littérature : les copains qui viennent ne vivent pas dans le virtuel, et même pas en chanson. Il leur faut du solide, des nourritures franches et plaisantes, une bonne salade (foie gras, magret, gésiers, cou), un cassoulet aux haricots tarbais, un pigeon farci à la paysanne. Le menu Georges Brassens à 15 **€** est vraiment pour les bons copains.
C : 35 € • M : 15-32 € *les.copains@wanadoo.fr*

[12] La Réserve

» 8 rue Jean-Suau
☎ 05 61 21 84 00
F. dim., lundi, 3 sem. août et 24 déc.-2 janv.
Jusqu'à 22h30.
⛱ 🐕

Entre Garonne et Capitole, à deux pas des Jacobins, une enseigne qui défend la tradition régionale : spécialités de gibier, cassoulet de fèves fraîches, ris de veau aux truffes, morilles farcies et piballes se partagent les honneurs d'une carte pleine de générosité et de bonne humeur.
C : 35 € • M : 11-35 €

[12] Restaurant Le 19

» 19 descente de la Halle-aux-Poissons
☎ 05 34 31 94 84
F. sam. à déj., dim., 24 déc.-9 janv. et 5-28 août.
Jusqu'à 22h30.
⛱ 🌀 🚬

Sous les voûtes et croisées d'ogive, dans la typique brique rose, un sud-ouest revisité par un pack jeune et volontaire, qui pousse en mêlée et sort de bons ballons : ravioles d'artichauts au foie de canard et jus de barigoule à la ventrèche, daurade rôtie et risotto coquillages, noisette de porc purée morille asperge, macaron façon tiramisu. Essai transformé avec une petite cave bien vue et un service souriant. La cave à cigares permet d'organiser des soirées sur ce thème chaque mois.
C : 45 € • M : 19-55 € *www.hotelsdecharmetoulouse.com*

[?] Le Pastel

» 237 rte de Saint-Simon
☎ 05 62 87 84 30
F. dim., lundi et 2 sem. août.
Jusqu'à 21h30.
⛱ 🌀 🐕 🚬

A l'heure où nous imprimons, Gérard Garrigues nous informe de sa décision de ne plus poursuivre son activité sur le site actuel, par suite de la décision des propriétaires d'entamer des travaux dans une partie du domaine. Ne pouvant informer davantage le public sur un éventuel futur Pastel, nous nous bornerons à rappeler que Gérard Garrigues est un des moteurs de la cuisine du Sud-Ouest et un garant du produit d'exception pour cette généreuse cuisine. Nous donnerons, dans le magazine, et bien sûr dans le prochain guide, les informations voulues dès que nous en disposerons.
C : 78 € • M : 38-98 € *www.lepastel.com*

L'Amuse Bouche

Un cadre chaleureux et intimiste, idéal pour les dîners en tête à tête, et une cuisine ensoleillée et joyeuse : salade de requin fumé pommes à l'huile, calamars farcis aux pieds de porc et piment d'Esplette, feuillantine d'ananas safrané.
C : 25 € • M : 17-25 €

» 28 rue Palaprat
☎ 05 61 99 64 70
F. sam. à déj., lundi, 3 sem. août et 24-30 déc.
Jusqu'à 22h.

Café Evangelina

Le joli cadre et la terrasse en font un endroit très couru, notamment lors des soirées à thèmes (tous les 15 jours). Cuisine voyageuse, de la côte de bœuf os à moelle au wok de crevettes asiatique.
M : 19-22 €

» 33 bd du Mal-Leclerc
☎ 05 61 21 30 00
F. dim.
Jusqu'à 23h.

Chez Mio

Du vietnamien traditionnel mixé à du chinois gastronomique, sur les bords du canal du Midi, dans un cadre qui devrait s'agrandir à l'horizon 2006.
C : 30 € • M : 24,50 €

» 28 port Saint-Sauveur
☎ 05 61 34 29 29
F. dim. et juin.
Jusqu'à 23h30.

Les Enfants Gâtés

La petitesse du lieu et sa façade discrète qui le réserverait presque aux habitués favorisent une ambiance conviviale, dans un joli décor à l'ancienne. Cuisine de marché pas sotte, de la douceur classique d'un velouté de cèpes à l'originalité d'un tartare de morue à la mangue fraîche.
M : 12-23 €

» 9 rue des Blanchers
☎ 05 61 21 88 94
F. dim., lundi et août.
Jusqu'à 23h.

Le Gallery

Une adresse à la mode, à la fois petite table à ambition mesurée au déjeuner (saumon à l'aneth, penne au pesto et ricotta, crumble aux pommes), bombant le torse au dîner (quenelles de brandade et tartine catalane, magret de canard au romarin et kumquat, tiramisu aux poires) mais aussi lieu d'exposition (peintures, photos...).
M : 12-24 € *www.le-gallery.com*

» 8 rue Maury
☎ 05 61 99 30 81
F. sam. à déj., dim.-mardi à dîn. et 23 déc.-31 janv.
Jusqu'à 22h30.

Rôtisserie des Carmes

Le temps ne s'arrête pas chez Alain Chabrier - tout le monde s'agite, y compris les secondes - mais ceux qui connaissent la maison poussent la porte sans douter une seule seconde de la fidélité de l'andouillette 5A, du quasi de veau fermier et du pigeon en crapaudine. Cette tradition perpétuellement remise au goût du jour avec bonhomie et générosité s'appuie sur une très belle cave où les beaux flacons sont légion à prix tendu (Sociando 90 à 134 **€**, ça donne soif) et aux nombreuses belles références en toutes régions (Muntada à 68 **€**, on croit rêver).
C : 55 € • M : 21-28 € *rotisserie@wanadoo.fr*

» 38 rue des Polinaires
☎ 05 61 53 34 88
F. w.-e., fériés, août et 1 sem. Noël.
Jusqu'à 22h.

Le Velane

Entre le bar et le restau, une déco et une ambiance changeante, du néo-classique à la Garcia au néo-jungle, entre le second Empire et la savane. Et la cuisine se rattrape à toutes ses branches, de l'actu bien gérée et servie avec entrain, pour saisir au vol le risotto du mois, le tartare de morue aux palourdes et le pigeon et cannellonis d'herbes. Chic et tendance, évidemment.
C : 38 € • M : 25-55 € *www.levelane.com*

» 3 pl Montoulieu
☎ 05 61 53 60 56
F. sam. à déj., dim. et sem. 15 août.
Jusqu'à 23h.

Crowne Plaza Hôtel

Place du Capitole, adresse de prestige dont le vaste bâtiment historique se montre digne, tant par son allure que par la qualité de ses prestations, avec des chambres claires et confortables et des services soignés. Très agréable patio.
10 appart. 435-0,01 € • 162 ch. 245-410 € *www.crowneplaza-toulouse.com*

» 7 pl du Capitole
☎ 05 61 61 19 19
Fax 05 61 23 79 96
Ouv. 7j/7.

 Grand Hôtel de l'Opéra

» 1 pl du Capitole
☎ 05 61 21 82 66
05 61 23 41 04
Ouv. 7j/7.

➥ **Restaurant** : 13/20 Grand Café de l'Opéra
Prestige à l'italienne pour cet ancien couvent du XVIIe, un peu à l'écart au bout d'une allée privée. Marbre, mobilier de style et tissus raffinés signent une élégance précieuse et des prestations de confort de haut niveau.
7 appart. 147-323 € • 50 ch. 147-272 € *www.grand-hotel-opera.com*

 Sofitel Toulouse-Centre

» 84 allée Jean-Jaurès
☎ 05 61 10 23 10
05 61 10 23 20
Ouv. 7j/7.

Les touches de brique donnent une couleur locale à cette vaste tour moderne, qui s'apprécie surtout pour ses chambres spacieuses et impeccables, déclinées dans une élégante gamme de tons actuels, entre beige et marron, pour un cadre feutré.
14 appart. 300-400 € • 105 ch. 260-322 € *www.sofitel.com*

 Beaux-Arts

» 1 pl du Pont-Neuf
☎ 05 34 45 42 42
05 34 45 42 43
Ouv. 7j/7.

Derrière la remarquable façade XVIIIe classée, une étape raffinée, combinant l'élégance du décor, la qualité de l'accueil et une situation enviable au bord de la Garonne.
1 appart. 210 € • 18 ch. 98-210 € *www.hoteldesbeauxarts.com*

 Hôtel Garonne

» 22 descente de la Halle-aux-Poissons
☎ 05 34 31 94 80
05 34 31 94 81
Ouv. 7j/7.

En centre ville à deux pas de la Garonne, cet ancien hôtel particulier séduit par la qualité de son aménagement, actuel et coloré, dans des harmonies de rouge notamment, originales et très agréables.
3 appart. 235-259 € • 11 ch. 155-180 € *www.hotelgaronne.com*

 Albert 1er

» 8 rue Rivals
☎ 05 61 21 17 91
05 61 21 09 64
Ouv. 7j/7.

Datant des XVe et XVIe siècles, ce bâtiment de briques roses jouit d'une excellente situation dans le centre. Les chambres, meublées de pièces conçues par des ébénistes, sont personnalisées, certaines ont conservé leur plancher d'origine.
49 ch. 47-94 € *www.hotel-albert1.com*

Brienne

» 20 bd de Mal-Leclerc
☎ 05 61 23 60 60
05 61 23 18 94
Ouv. 7j/7.

Situation pratique dans le quartier des affaires et non loin du centre historique pour cet établissement moderne. Chambres chaleureuses et bien conçues.
3 appart. 105-130 € • 68 ch. 77-91 € *www.hoteldebrienne.com*

 Royal Wilson

» 6 rue Labéda
☎ 05 61 12 41 41
05 61 12 41 53
Ouv. 7j/7.

Un hôtel sympathique, dans son décor (meubles chinés, chambres personnalisées, adorable patio) comme son accueil (idées tourisme pour découvrir la ville).
25 ch. 46-85 € *www.royalwilson.com*

➲ à CASTELGINEST - 31780 : 12 km N. par D 4 et D 14

 Le Jardin des Chimères

» 12 rue Pont-Fauré
☎ 05 61 70 96 44
F. dim., lundi, 1 sem. vac. scol. fév. et 2 sem. fin août.
Jusqu'à 21h30.

Pas de faux semblants dans cette demeure typiquement toulousaine : tout est à sa place, depuis les briques rouges et les galets de la façade jusqu'aux plats estampillés sud-ouest. L'agneau de pays, le foie gras, le porc gascon acceptent même dans leurs rangs les petits voisins basques, comme le croustillant de morue aux piquillos. Agréable terrasse ombragée donnant sur le jardin.
C : 39 € • M : 16-38 €

➲ à COLOMIERS - 31770 : 9 km O. par N 124

17 L'Amphitryon

» Chemin de Gramont
☎ 05 61 15 55 55
Ouv. 7j/7.
Jusqu'à 21h30.

Cadre et ambiance
Du côté des avionneurs, un havre tranquille à 35 € en taxi du centre de Toulouse. Sérénité, élégance, grandes tables espacées et gourmands distingués.
Cuisine
Allez ? On prend le risque, on y va. Depuis le temps qu'il piaffe d'impatience en guignant ses trois toques, Yannick Delpech a fini par les mériter. Pas à l'ancienneté - il n'a que vingt-neuf ans - mais parce que l'on peut croire, même si le 17 est limite, qu'il lui faut ce saut pour s'affirmer complètement pour regarder la centaine de chefs top niveau comme des confrères. Parmi les vrais plats à trois toques dégustés cette année, une merveille d'amuse-bouche, une joue de lotte avec un maki concombre-framboise, le gras iodé de son désormais classique tartare de sardines au caviar d'Aquitaine, et surtout la crème prise de foie gras, artichaut, crème de lait à la cardamome, mique aux fèves et asperges à cru, un plat remarquable, presque gagnairien dans l'approche du simple-complexe, séquencé et cadencé. Quelques très beaux desserts, comme celui inspiré par un voyage au Maroc, fraises et framboises, menthe fraîche, huile d'Argan, crème glacée au lait d'amande, pastilla de pistache.
Cave
Même si le sommelier est très bon, elle est tout de même délibérément chère : beaucoup de bordeaux, des grands d'autres régions, des valeurs sûres identifiables et une recherche limitée en Sud-Ouest (où sont Cosse, Da Ros ... ?)
Accueil et service
Sandrine Bâtard se dépense avec conviction pour faire vivre cette maison, lui donner du rythme et du charme. Le service suit avec enthousiasme et dévouement, persuadé de se trouver chez une valeur montante.
C : 75 € • M : 30-90 € *www.lamphitryon.com*

➲ à ROUFFIAC TOLOSAN - 31180 : 12 km N.E. par A 68

O Saveurs

» 8 pl des Ormeaux
☎ 05 34 27 10 11
F. sam. à déj., dim. à dîn., lundi, 1 sem. fin fév., 1 sem. mai et 15 août.-1re sem. sept.
Jusqu'à 21h45.

Tous les chemins mènent à Rouffiac : ceux des Toulousains, qui n'ont pas besoin d'un A380, mais d'un bon vélo pour rejoindre la place, ceux de Provence, avec laquelle les deux chefs ont installé une passerelle virtuelle, et ceux des voyageurs de toute la France qui ne doivent pas manquer l'ancien bar-tabac et sa terrasse ravissante devant la fontaine du village. Du haut niveau plein d'idées, fait avec décontraction, que Nougaro appréciait, et qui ressemble à une jolie partie de plaisir. Tu verras, tu verras, la fricassée de langoustines et foie de canard, le pavé de bar chorizo et févettes, le suprême de pigeon fondant piqué de homard et cuisse fourrée de foie gras… Cave pointue, qui balaie le Grand Sud avec finesse et offre quelques bordelais classés à peu de frais.
C : 55 € • M : 22-75 € *www.o-saveurs.free.fr*

➲ à TOURNEFEUILLE - 31170 : 9 km O. par D 632

L'Art de Vivre

» 279 chemin Ramelet-Moundi
☎ 05 61 07 52 52
F. dim. à dîn., lundi à dîn., mardi à dîn., merc., 3 sem. fin août et 2 sem. hiver.
Jusqu'à 21h30.

Echappée belle aux portes de Toulouse, chez Pierre Sépulchre, CV aux multiples diplômes et récompenses, parcours en grande maison et savoir-faire à toute épreuve. Des cuissons nettes qui recherchent la précision avant l'imagination, la candeur d'un saint-pierre à l'arête aux mousserons, la finesse d'un rognon de veau au vinaigre balsamique, le velouté d'une chiboust aux fruits rouges. Cave sans véritable faiblesse, forte de 300 références.
C : 45 € • M : 23-48 € *www.lartdevivre.fr*

LE TOUQUET PARIS PLAGE - 62520 (1 A 3)

Berck 16 - Boulogne 31

 Flavio

» Le club de la Forêt, 1-2 av du Verger
☎ 03 21 05 10 22
F. lundi et 10 janv.-10 fév.

Le panache blanc d'Henri IV, de la gnognotte par rapport à la moquette de Flavio. Tous s'y rallient, les Touquettois comme les Mussipontains de passage, par l'odeur iodée alléchés. Le panache blanc, ici, c'est celui de la chair éclatante des poissons de mer que les deux chefs - trente ans d'écart, mais entente cordiale - traitent avec raffinement, comme depuis toujours. Est-ce la réfection totale des cuisines, ou l'apport de Moïse Piquet, mais si la qualité demeure, la présentation des assiettes a gagné en modernité, toujours dans la sobriété et la distinction : escalope de bar et salade de carottes, suprême de turbotin et fondue d'oseille et toujours, bien sûr, "l'inoubliable menu homard". A l'étage a été créée une salle pour les besoins quotidiens, avec une offre qui démarre à vingt euros. Cave de grands crus agrémentée de petits pas mal vus.

M : 20-120 € *www.flavio.fr*

 Le Pavillon

» 5 av du Verger
☎ 03 21 05 48 48
F. à déj., mardi à dîn. (sf juil.-août) et 2 janv.-31 mars.
Jusqu'à 21h30.

➡ **Hôtel :** Hôtel Westminster

Certes le salon où l'on chuchote, dans un recoin de l'hôtel, est indiscutablement une table pour résidents. Néanmoins, il s'agit toujours d'une des deux meilleures tables du Touquet, et si la salle a moins de cachet que l'hôtel lui-même, on ne se privera pas de ce moment de gastronomie. Le fidèle William Elliott, déjà 12 ans de maison, poursuit son œuvre, expos régulières de nouvelles idées, bien mises en lumières et en ondes, de la saveur et de l'esprit, n'hésitant pas à être un brin schocking avec ses filets de maquereaux laqués aux épices, son bar rôti aux vitelottes confites et milk-shake crémeux d'oursins ou son pigeon à l'abricot sec jus de carcasses à la cannelle et mousseline de lingot. Le tout enrobé d'un professionnalisme à l'épreuve des coups de chaleur, et d'une cave remarquable, par ses raretés de grands crus, et ses tarifs pour amateur avisé (Sainte-Hune 88 à 68 **€**, Majorum de Redde 2000 à 59 **€**, Clos des Lambrays 97 à 96 **€**).

C : 60 € • M : 45-115 €

(12) Le Paris

» 88 rue de Metz
☎ 03 21 05 79 33
F. dim. à dîn. et lundi.
Jusqu'à 21h30.

Dans l'univers convenu des tables locales, une pointe de modernité dans le cadre et la présentation, même si, au fond, l'assiette demeure relativement familière, dans les compositions comme dans les saveurs.

C : 45 € • M : 18-38 €

 Auberge de la Dune aux Loups

» Av de la Dune-aux-Loups
☎ 03 21 05 42 54
F. mardi à dîn. (sf saison), merc. et fév.
Jusqu'à 21h30.

Cadre forestier très agréable, face au centre équestre, grillades de viandes et de poissons au feu de bois et quelques plats plus conventionnels (confit de canard, rognons de veau grillés aux baies de genièvre...)

M : 19,20-46,50 €

 Les Cimaises

» 5 av du Verger
☎ 03 21 06 74 95
Ouv. 7j/7.

La brasserie du Westminster, créée cette année, du comptoir chic agrémenté de formules choc, buffets, tourteaux le jeudi, saumon fumé maison le week-end, de suggestions et de jolis plats du moment (risotto de saint-jacques, minestrone de rouget barbet plancha...).

C : 49 € • M : 24-31 €

 Le Patio

» 80 rue de Londres
☎ 03 21 05 27 27
F. mardi et déc.-janv.
Jusqu'à 22h.

De la verrière qui justifie le nom au bar soigneusement décoré, le cadre fait mouche. Des spécialités à l'écriture (en patois), la carte embrasse les vertus du nord, du bar rôti au maroilles à la crème à la chicorée.

C : 25 € • M : 14-16 € *www.lepatio-touquet.com*

La Petite Charlotte

Un décor vraiment réussi (des maquettes de bateaux, belles boiseries, cuivres), quelques idées amusantes (comme ce cahier d'écolier sur lequel les menus sont présentés) et une cuisine qui, à défaut de déchaîner des tonnerres d'applaudissements, tient bon la barre (huîtres, moules marnières, aileron de raie aux champignons sauvages...)

C : 23 € • M : 18-31 €

» 36 rue Saint-Jean
☎ 03 21 05 32 11
Ouv. 7j/7.
Jusqu'à 21h45.
❄ 🐕

Hôtel Westminster

➥ **Restaurant** : 15/20 Le Pavillon

La référence de la station, avec un vaste choix de chambres spacieuses, à l'élégance parfaite, dans le majestueux bâtiment en briques Années Trente. Le service est un modèle du genre, dans sa gentillesse comme son efficacité, et l'équipement évidemment de haut niveau. La traversée de la galerie des portraits, beaucoup plus chic qu'un livre d'or, reste un grand moment.

1 appart. 460-575 € • 114 ch. 92-235 € *www.westminster.fr*

» 5 av du Verger
☎ 03 21 05 48 48
📠 03 21 05 45 45
Ouv. 7j/7.
🚗 ♿ 🏊 🐕

Mercure Grand Hôtel Le Touquet

On trouve ici l'essentiel des charmes attendus sur la station : situation au milieu des arbres, vue largement ouverte sur la baie de la Canche, nombreuses activités, sur place (centre de remise en forme notamment) ou à deux pas et un cadre luxueux et bourgeois, traitement contemporain du style anglais.

5 appart. 170-405 € • 129 ch. 93-158 € • 1/2 pens. 35 € *www.mercure.com*

» 4 bd de la Canche
☎ 03 21 06 88 88
📠 03 21 06 87 87
Ouv. 7j/7.
🚗 ♿ 🏊 🐕

Le Bristol

Allure classique et impeccable confort feutré, avec des chambres contemporaines et spacieuses.

52 ch. 65-105 € *www.hotelbristol.fr*

» 17 rue Jean-Monnet
☎ 03 21 05 49 95
📠 03 21 05 90 93
F. 15-31 janv.
🚗

➲ à ETAPLES - 62630 : 5 km E. par N 39

[10] Aux Pêcheurs d'Etaples

La mer fraternelle à l'étage briqué de cette grande maison poissonnière. Au-dessus des étals, une équipe motivée assure l'arrivage sur assiette : gainée boulonnaise, dos de cabillaud, gigot de lotte. De la place pour cent personnes, du petit blanc pas cher et le sourire pour tout le monde.

C : 32 € • M : 19-36 € *rptetables@cmeop.com*

» Quai de la Canche
☎ 03 21 94 06 90
F. dim. à dîn. (oct.-w.-e. avant Pâques) et 3 prem. sem. janv.
Jusqu'à 21h15.
🚗 ❄ 🐕

LA TOUR D'AUVERGNE - 63680 (26 A 4)

Clermont-Ferrand 59 - Mont-Dore 16

➲ à BAGNOLS - 63810 : 8 km S.O. par D 47

[12] Hôtel-Restaurant des Voyageurs

Formé dans l'une des meilleures écoles de la grande gastronomie classique (il fut second pendant deux ans chez Robin à Bracieux), Thierry Legouffe propose depuis 10 ans désormais une cuisine vive et alerte dans cet hôtel-restaurant qui sent bon les vacances : sa tarte paysanne au saint-nectaire de Farges, sa cuisse de pintade au pied de cochon sur jus à la gentiane et son gratin à la pulpe d'orange et sorbet choc-orange ont le bon goût de la franchise et de l'authentique. La toute nouvelle terrasse couverte a embelli les lieux. Petite cave régionale.

M : 16-38 € *www.hotelrestaurantbagnols.com*

» Le Bourg
☎ 04 73 22 20 12
F. 15 janv.-1er fév.
Jusqu'à 21h.
⛱ 🐕

LA TOUR DE SALVAGNY ➤ LYON

LA TOUR DU PIN - 38110 (28 A 3)

Grenoble 67 - Voiron 32

[12] Le Comptoir de Jean-Pierre Jacob

» Le Sauzai
☎ 04 74 83 31 31
F. dim. à dîn.
Jusqu'à 22h.
⛱ 🚗 ♿ 🏊

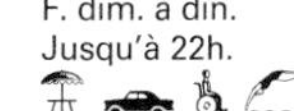

➥ **Hôtel** : 🏨 Le Relais de La Tour

La collaboration avec Jean-Pierre Jacob (Le Bateau Ivre au Bourget et à Courchevel) est évidemment fructueuse, dans ce "comptoir" où un chef de bonne expérience décline une carte actuelle, variée, fédératrice : filets de rouget poêlés, purée de patate douce jus passion et curry, quasi de veau rôti aux écrevisses, tranches de pomme caramélisées et crème glacée à la réglisse. Bonne variété viticole de 16 à 60 **€**.

C : 26€ • M : 20-28€ *www.cie-hoteliere.com*

🏨 Le Relais de La Tour

» Le Sauzai
☎ 04 74 83 31 31
📠 04 74 97 87 01
Ouv. 7j/7.
🚗 🏊

➥ **Restaurant** : 12/20 Le Comptoir de Jean-Pierre Jacob

Agrandi et entièrement rénové, l'hôtel domine la ville depuis sa colline et propose un cadre contemporain et des chambres aux tons colorés, sans oublier un équipement confortable.

10 appart. 98-112€ • 59 ch. 65-78€ • 1/2 pens. 88-130€

www.cie-hoteliere.fr

➲ à FAVERGES DE LA TOUR - 38110 : 10 km E. par N 516

🏨 Le Château de Faverges de la Tour 🐦

» Le Château
☎ 04 74 97 42 52
📠 04 74 88 86 40
🏊 🎾 🐕

Les 65 ha du parc réservent de nombreuses possibilités de détente, entre golf et piscine. Les chambres se répartissent entre le château XIXe et ses dépendances, dans une même atmosphère luxueuse, avec mobilier d'époque et tons coordonnés.

2 appart. € • 35 ch. 170€ *www.faverges.com*

➲ à SAINT DIDIER DE LA TOUR - 38110 : 3 km E. par N 6

[12] Ambroisie

» 64 rte du Lac
☎ 04 74 97 25 53
F. merc., jeudi à déj., 10 jrs janv. et 10 jrs oct.
Jusqu'à 22h.
⛱ 🚗 ♿ ❄ 🐕

C'est autant une carte de saison que de circonstances, proposée par André Taormina, jeune chef aux diverses expériences méditerranéennes, apportant sa vision, fédératrice, sans complication mais ouverte sur le monde : makis et sushis dans le menu découverte, tarte fine de rouget et lapin à la tapenade, œufs brouillés aux truffes ou agneau du Limousin à la citronnelle. Il manque encore un zeste de personnalité, mais la vue sur le lac Saint-Félix est bien plaisante, et la cave, généraliste et pas mal construite.

C : 40€ • M : 26-69€

			Hôtels de charme
🏨	Bon confort.	🏨	Bon confort.
🏨	Grand confort.	🏨	Grand confort.
🏨	Luxe.	🏨	Luxe.
🏨	Grand luxe.	🏨	Grand luxe.

TOURCOING - 59200 (2 A 2)

Lille 21 - Roubaix 6

La Baratte

La Baratte aura bientôt vingt ans et Didier Bajeux n'a pas l'intention de la regarder vieillir en attendant la retraite. Il prend les devants, remet du gaz, et retrouve une certaine joie de cuisiner autour de produits de saison, avec un menu-carte relativement attractif (mais quatre plats sur sept avec un supplément d'au moins 10 €, ce n'est plus tout à fait du jeu) et un spécial week-end changé toutes les semaines (timbale de saint-jacques aux légumes, gigot d'agneau aux champignons, chiboust à l'orange...) qui donne une belle photographie de la maison, classique et généreuse. Cave généraliste sans surprise mais juste en tarifs.

C : 50 € • M : 20-52 € *www.la-baratte.fr*

» 395 rue du Clinquet
☎ 03 20 94 45 63
F. sam. à déj., dim. à dîn., lundi, 2-6 janv. et 1er-13 août.
Jusqu'à 21h.

(12) Le Plessy

La jolie cave de Marie-Anne Le Nézet sert de prétexte à un menu "tout compris", avec un verre de vin pour chaque plat, qui ressemble à s'y méprendre à un délit d'initié. Un saumon fumé mi-cuit sur blinis et confit de tomates et de fèves, un croustillant d'œuf poché et petit gratin d'escargots de Radinghem à l'asperge, un dos de cabillaud rôti, purée de Charlotte à l'olive et une déclinaison autour de la fraise, tout ça pour 44 € avec un riesling de l'excellente cave de Pfaffenheim, un chardonnay du Tariquet et un côtes du rhône du domaine Saint Hilaire, le plaisir est complet.

C : 35 € • M : 22,50-30 €

» 31 av Alfred-Lefrançois
☎ 03 20 25 07 73
F. dim. à dîn., lundi, 1 sem. janv. et août.
Jusqu'à 22h.

(11) Le Café de Paris

Une bonne transmission du répertoire régional, saumon cru mariné au genièvre de Wambrechies et citron, salade de potjevleesch aux parfums d'agrumes, andouillette de Saint Géry et vieille prune, entrecôte au coulis de bière et poivre vert. Jolie carte de bières locales.

M : 19,50-21 € *cafe-de-paris-turcoing@wanadoo.fr*

» 5 pl de la République
☎ 03 20 26 47 16
F. dim. à dîn., lundi et 2e quinz. juil.
Jusqu'à 22h.

TOURNEFEUILLE ➤ TOULOUSE

TOURNOISIS - 45310 (18 A 3)

Orléans 27 - Blois 64 - Beaugency 34

(12) Le Relais Saint-Jacques

Au cœur de la Beauce, Alain Pinsard cultive, comme d'autres les champs de blé, une louable sincérité dans la tradition, un sérieux sur le produit et l'atout classique qui justifie la fidélité à cet ancien relais de poste. Pas d'aventure certes, mais pas de mauvaise surprise, y compris dans un service soigné et bien dans ses murs.

C : 26 € • M : 16,50-35,50 €

» 35 rue de la Mairie
☎ 02 38 80 87 03
F. dim. à dîn., lundi et vac. scol. fév.
Jusqu'à 20h30.

TOURNON SUR RHONE ➤ TAIN L'HERMITAGE

TOURNUS - 71700 (20 B 5)

Mâcon 30 - Louhans 29 - Chalon-sur-Saône 28

(15) Greuze - Laurent Couturier

Difficile de succéder à Ducloux ? Forcément, mais Laurent Couturier, qui accole désormais son nom à celui de cette mythique adresse, s'en sort avec les honneurs et les applaudissements polis d'une clientèle qu'on entend de moins en moins souvent regretter l'ancien temps. Les prix demeurent toujours aussi peu aristocratiques, certaines assiettes manquent parfois de précision sur un

» Rue Albert-Thibaudet
☎ 03 85 51 13 52
F. mi-nov.-mi-déc.
Jusqu'à 21h30.

accompagnement ou une cuisson mais les profiteroles d'escargots dans un jus de rôti lié au foie gras, la grosse raie aux câpres et beurre noisette et la canette rôtie au pain d'épices, sauce épices cacao et navets glacés se maintiennent au niveau des deux toques. On aimerait c'est vrai un peu plus de décontraction en salle, quelques plats plus modernes (cela n'aurait rien d'un sacrilège) mais le moment reste unique.

C : 100€ • M : 45-105€ *www.restaurant-greuze.com*

Aux Terrasses H

» 18 av du 23-Janvier
☎ 03 85 51 01 74
F. dim. à dîn., lundi, mardi à déj., 2 janv.-2 fév., 6-13 juin et 14-21 nov.
Jusqu'à 21h30.

Jean-Michel Carrette est de retour plus tôt que prévu dans la maison familiale pour prendre la relève de son père brutalement décédé en janvier 2005. Formé à bonne école, Jean-Michel a repris en main la carte traditionnelle qui fait la réputation de la maison, entre répertoire bourguignon (jambon persillé et rognons de veau façon dijonnaise) et déclinaisons actualisées (le filet de charolais à la plancha ou l'émietté de tourteau sur guacamole). Les habitués sont donc rassurés. Chambres actuelles et soignées, sagement tarifées.

M : 23-58€ • 18 ch. 58-70€

(11) Le Bistrot du Rempart

» 2-4 av Gambetta
☎ 03 85 51 10 56
Ouv. 7j/7.
Jusqu'à 21h45.

➥ **Hôtel :** Le Rempart

On branche la dérivation, on ouvre le robinet du terroir et on se noue la serviette autour du cou. Au bistrot du Rempart, c'est jambon persillé, assiette de truite fumée, canard à l'orange et andouillette Bobosse. En visant la simplicité maximale, on se requinque pour plusieurs heures d'autoroute sans avoir aplati le budget vacances.

M : 17€ *www.lerempart.com*

Greuze

» 5-6 pl de l'Abbaye
☎ 03 85 51 77 77
03 85 51 77 23
Ouv. 7j/7.

Tout près de la vieille abbaye, le bâtiment (qui fête ses vingt ans) se fond dans le paysage en adoptant une architecture Renaissance. A l'intérieur, qualité des matériaux et mobilier de style (au gré des chambres, d'une époque à l'autre) forment un ensemble feutré aussi luxueux qu'élégant.

2 appart. 380-495€ • 19 ch. 120-295€ *greuze@relaischateaux.com*

Le Rempart

» 2-4 av Gambetta
☎ 03 85 51 10 56
03 85 51 77 22
Ouv. 7j/7.

➥ **Restaurant :** 11/20 Le Bistrot du Rempart

Une belle élégance classique habille avec sobriété les chambres, tandis que la salle de restaurant joue davantage la carte historique, avec son dallage et ses colonnes. Le service est soigné, la cuisine luxueuse du gastro laisse un goût d'inachevé, à tel point qu'on peut préférer la simplicité du bistrot. Agréable patio pour l'été.

6 appart. 110-155€ • 31 ch. 64-125€ *www.lerempart.com*

➲ à BRANCION - 71700 : 14 km O. par D 14

La Montagne de Brancion

» Brancion
☎ 03 85 51 12 40
F. à déj. (sf w.-e.) et déb. nov.-mi-mars.
Jusqu'à 21h.

➥ **Hôtel :** La Montagne de Brancion

Avec Gilles Bérard aux commandes, cette belle maison moderne, plantée sur une colline presque déserte, au milieu des vignes, a encore de beaux jours devant elle. Jouant habilement sur le terroir bourguignon (beaucoup) et les contrées plus ensoleillées de la Provence (un peu), il s'offre un maximum d'opportunités pour travailler au rythme des saisons : escargots de Bourgogne en coque de pain, coulis de persil et crème d'ail, filet de bar pané aux coquillages, légumes primeurs acidulés, carré d'agneau des Préalpes, sauce dijonnaise et gâteau d'aubergines aux tomates rôties, biscuit coulant au citron et à la mélisse, sorbet au fromage blanc. Les fromages régionaux subissent eux aussi un

traitement de faveur (ainsi l'époisses, en beignet avec un trait de caramel au marc de Bourgogne) et la cave se cantonne avec talent au meilleur de la région.
C : 75 € • M : 45-68 € www.brancion.com

La Montagne de Brancion

➥ **Restaurant** : 15/20 La Montagne de Brancion

La maison n'est pas dans le vieux village, elle est de construction récente, mais elle ne manque pas de charme pour autant, en situation dominante au-dessus des vignes, son atmosphère paisible et ses chambres claires et confortables, qui se parent de couleurs gaies. Et si la vue panoramique de l'hôtel ne vous suffit pas, il reste les balades en ULM, piloté par le propriétaire.
1 appart. 200 € • 18 ch. 98-150 € • 1/2 pens. 124-205 € www.brancion.com

» Brancion
☎ 03 85 51 12 40
03 85 51 18 64
F. déb. nov.-mi-mars.

à MARTAILLY LES BRANCION - 71700 : 11 km O. par D 14

(12) Relais de Martailly

Comme perdue dans la campagne, la maison cache des trésors de convivialité dans un décor rustique et charmant, ambiance café de campagne et gentillesse à l'assaut d'une cuisine toute simple et généreuse, qui fait appel aux produits du terroir jusque dans les verres.

» Restaurant Bourg
☎ 03 85 51 35 67
Rens. non comm.
Jusqu'à 21h.

TOURRETTES - 83440 (34 B 5)

Toulon 122 - Grasse 30

Four Seasons Resort Provence

Un resort au luxe évidemment parfait, avec de multiples propositions de détente (à commencer par les deux parcours de golf). Mais aussi un lieu serein et raffiné, en harmonie avec de magnifiques paysages à travers des chambres spacieuses et pleines de douceurs, dans les lignes sobres du mobilier contemporain comme les associations de coloris. Au restaurant, Philippe Jourdin, parfaitement rodé aux exigences des grandes maisons, joue des produits nobles et des influences méditerranéennes avec aisance, des sardines farcies Belle Niçoise à la royale de foie gras aux morilles. Large carte des vins, privilégiant les valeurs sûres, dans les domaines comme les régions (Bordelais et Bourgogne en tête).
110 appart. 250-950 € • C : 95 € • M : 58-95 €
www.fourseasons.com/provence

» Domaine de Terre Blanche
☎ 04 94 39 90 00
04 94 39 90 01
F. 9 janv.-5 fév.

TOURRETTES SUR LOUP - 06140 (34 C 4)

Draguignan 35 - Fréjus 35 - Grasse 26

Les Bacchanales ♥ DÉCOUVERTE

Bien sûr, Christophe Dufau a tout compris. Il a quitté l'Auberge de Tourrettes pour être chez lui, dans un décor sobrement élégant, cuir et bois entre poutres et pierres dans la rue médiévale, et pour appliquer les idées qui avancent, les idées simples. Une courte carte de saison, une courte cave, du frais, moderne, pas trop cher. Pas de salamalecs, une épouse naturelle, au sourire non formaté, une cuisine de précision et de parfums vrais. La salade d'encornets (cuisson très courte), herbes et amandes fraîches, tomate cerise et huile d'olive, ou la daurade plancha, superbe avec ses courgettes violon et fleurs, n'utilisent que de bons ingrédients. Comme pour le pain (les petits bouts de ficelle au romarin et olives, que l'on trempe dans le pistou à l'apéro, un délice), comme pour le vin : Trévallon, Revelette, Richeaume, au meilleur coût, Maïme et la Sanglière, pour dire que l'on sait chercher. Bête comme chou ? Pas si sûr. Il faut être fort et malin pour dessiner les saveurs ainsi, au trait, et avec autant d'expressivité.
C : 32 € • M : 32-48 € dufau5@wanadoo.fr

» 21 Grand- Rue
☎ 04 93 24 19 19
F. mardi, merc., 15 janv.-6 fév., 1 sem. mars, 1 sem. juin et 1 sem. nov.
Jusqu'à 22h.

TOURS - 37000 (17 C 4)

Paris 233 - Poitiers 102 - Blois 60

Jean Bardet

» Château Belmont, 57 rue Groison
☎ 02 47 41 41 11
F. sam. à déj., dim. à dîn., lundi, mardi à déj. et 1er nov.-31 mars.
Jusqu'à 21h30.

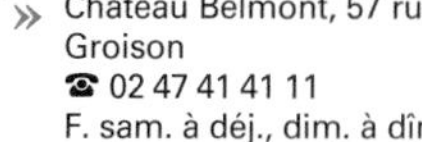

➥ **Hôtel** : Jean Bardet

Cadre et ambiance

Château Bardet en pleine ville, à deux minutes à pied de l'avenue de la Tranchée. Une opulente maison provinciale qui vit doucement dans le lustre de sa réputation.

Cuisine

Si, globalement, Jean Bardet peut encore donner des plats merveilleux, avec son goût des bonnes choses et sa générosité, la cuisine qui est produite ici au quotidien ne vaut plus, pour le moment seulement espérons-le, les trois toques. C'est une belle carte de notable, aux produits riches, mais accommodés avec une certaine économie d'idée : langoustines aux girolles, turbot trop poivré qui étouffe l'asperge et la truffe, pigeon patate douce et figue. Ni le dessert, ni même le financier au parfum de jasmin n'échappent à cette morosité. On attend les beaux jours ?

Cave

C'est à la cave que l'on retrouve enfin Jean Bardet, l'artisan amoureux de son matériau. Il faut lire, dans le détail, les commentaires sur chaque terroir, les qualités d'un argilo-silico-calcaire comme à Benais, il faut voir les vieux chinons exposés sur la carte comme le saint Graal. Oui, c'est là, bien sûr, entre les bonnezeaux, quart-de-chaume et bien sûr vouvrays, bourgueils et chinons, que l'on entend ce cri d'amour pour le chenin et le cabernet-franc.

Accueil et service

Un service sans âme, qui tente le grand jeu pour une clientèle acquise. A la question sur des petites portions, afin de goûter davantage de plats, la réponse est immédiate : "Monsieur Bardet ne fait pas de demi-plat", comme s'il y avait de quoi déchoir à faire plaisir à ses clients. Nous ne pensons pas qu'il s'agisse du même Monsieur Bardet que nous connaissons depuis si longtemps et qui ne permettrait pas cette suffisance.

C : 110 € • M : 90-180 € *www.jeanbardet.com*

La Roche Le Roy

» 55 rte de Saint-Avertin
☎ 02 47 27 22 00
F. dim., lundi et 3 prem. sem. août.
Jusqu'à 21h30.

Cadre et ambiance

Du pratique pour un public affairé exigeant : fière maison non loin d'une sortie d'autoroute, accès facile, beaux volumes d'un joli manoir surplombant son parc, cadre sobre aux tons ocre-jaune.

Cuisine

Sans doute boosté par un environnement favorable (tout roule, tout est sous contrôle), Alain Couturier maîtrise et donne le meilleur de produits de prestige accommodés plutôt simplement, des langoustines minute au beurre de vanille, une fricassée de homard et abatis de volaille aux escargots, un soufflé chaud passion vraiment aérien.

Cave

Le livre de bois s'ouvre, et la Loire sécoule entre les vignes. Les cadors de la région (Huet, Chidaine...) aidés par une foule de copains en renfort sur toutes les régions, jusqu'aux seigneurs du prestige national (Romanée 92 à 2000 €).

Accueil et service

Professionnalisme maximal, vérifications nombreuses, supervision efficace pour garantir fluidité et précision. Ce service mériterait une certification ISO.

C : 55 € • M : 30-65 € *www.rocheleroy.com*

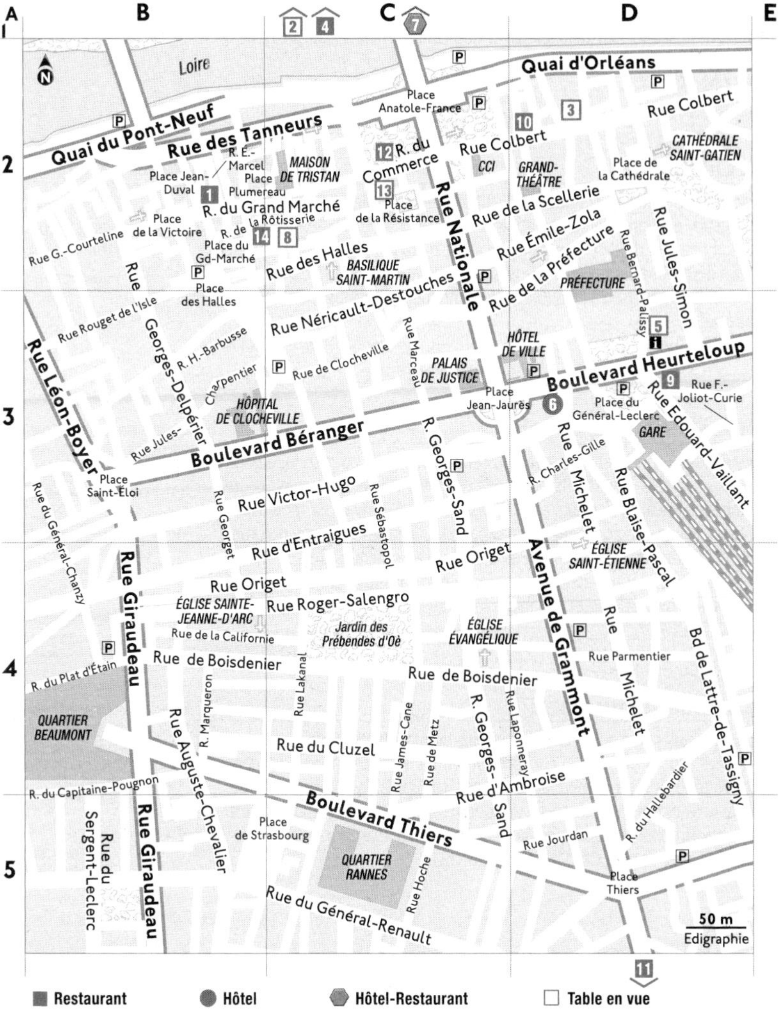

■ Restaurant ● Hôtel ⬢ Hôtel-Restaurant □ Table en vue

- 1 Atelier Gourmand (L') **B-2**
- 2 Bistrot de la Tranchée **C-1**
- 3 Cap Sud **D-2**
- 4 Charles Barrier **C-1**
- 5 Chien Jaune (Le) **D-3**
- 7 Jean Bardet **C-1**
- 8 Mari Morgans (Les) **C-2**
- 9 Odéon (L') **D-3**
- 10 Petit Patrimoine (Le) **D-2**
- 11 Roche Le Roy (La) **D-5**
- 12 Rôtisserie Tourangelle **C-2**
- 13 Singe Vert (Au) **C-2**
- 6 Univers (L') **D-3**
- 14 Vieux Comptoir (Le) **B-2**

15 Charles Barrier

» 101 av de la Tranchée
☎ 02 47 54 20 39
F. sam. à déj., dim. (sf fêtes).
Jusqu'à 22h.

Il faudrait cesser de se cacher derrière un nom d'emprunt. Car les jeunes générations ne connaissent pas obligatoirement l'histoire de Charles Barrier et Hervé Lussault assume l'héritage depuis suffisamment longtemps pour affirmer son existence et revendiquer un titre. Car pour tout dire, l'atmosphère de cette maison bourgeoise n'est plus, qu'on le veuille ou non, aux fastes des années 70, et il arrive même qu'on s'y ennuie un peu. Alors, il vaut mieux tout assumer, les petites baisses de forme passagère, mais aussi les produits superbes, toujours aussi bien achetés, les clins d'œil rustique, toujours malins - le pied de cochon farci, truffé accompagné de boudin noir et d'une purée truffée - et les élans

modernes - cappuccino de cerfeuil et tartare de langoustines. On saluera ainsi sans réserve le service onctueux et sûr et une cave ligérienne obligatoirement opulente.
C : 60 € • M : 25-69 € *charles.barrier@cegetel.net*

13 L'Odéon

» 10 pl de la Gare
☎ 02 47 20 12 65
F. dim., fériés, 1 sem. déb. janv. et 3 sem. déb. août.
Jusqu'à 21h45.

Vingt ans d'un classicisme débridé, cela vaut bien une standing ovation par tous les voyageurs en partance ou à l'arrivée. Voici donc une brasserie de gare comme on l'espère, droite et survitaminée, large dans son propos, de la terrine de queue de bœuf à la matelote d'anguille, du rognon de veau sauté dans sa graisse à la tarte renversée à la rhubarbe. Cave honnête qui connaît son vignoble de Touraine.
C : 40 € • M : 21-45 € *www.restaurant-odeon.fr*

13 Rôtisserie Tourangelle

» 23 rue du Commerce
☎ 02 47 05 71 21
F. sam. à déj., dim. à dîn., lundi, 2-9 janv. et 10-17 juil.
Jusqu'à 21h30.

Il est évident qu'on ne vient pas à la Rôtisserie Tourangelle pour se faire peur. Un des plus anciens restaurants de la ville, au seuil du vieux quartier, cadre bourgeois et accueil de bon ton. Que croyez-vous qu'il arriva ? La mousseline d'écrevisses, le chausson de foie gras de canard, les noisettes d'agneau pommes Darphin et la farandole des desserts. Pas donné, mais le menu-carte à 31 **€** livre l'essentiel de ce qu'il y a à apprendre. Avec une très instruite cave de Loire et un bon service, méthodique et aimable.
C : 31 € • M : 16-47 €

12 L'Atelier Gourmand

» 37 rue Etienne-Marcel
☎ 02 47 38 59 87
F. sam. à déj., dim., lundi à déj. et 15 déc-15 janv.
Jusqu'à 22h30.

Nous avouons un faible pour cet atelier installé depuis 11 ans dans une maison du XVe siècle du Vieux Tours. Beaucoup de bonne humeur en salle et dans l'assiette, terrine de joue de porc aux poivrons, jambon à l'os sauce moutarde, tête de veau sauce ravigote, cassoulet de souris d'agneau et sabayon aux raisins, des assiettes simples et fraîches confectionnées par Fabrice Bironneau, ancien chef de rang chez Bardet. Cave courte et pas chère.
C : 25 € • M : 18 € *atelier.gourmand@wanadoo.fr*

12 Le Vieux Comptoir

» 10 rue de la Rôtisserie
☎ 02 47 64 11 29
F. dim., lundi (sf juil.-août), 2 sem. janv. et 1 sem. sept.
Jusqu'à 21h30.

Jérôme Dhal s'adapte à son siècle. Vieux Comptoir peut-être, mais si près de la place Plumereau, dans le Tours qui bouge, navigue sur Internet, mange chinois le lundi et mexicain le samedi, il ne peut guère se permettre de ronronner au coin du feu. Sa carte bistrotière est donc bien actuelle, le carpaccio de canard est à la betterave rouge, le tronçon de lotte s'enrichit d'une sauce foie gras et d'un riz basmati, le mille-feuille de pain d'épice à la chantilly de mascarpone. Accueil souriant de Dominique Dhal, petite sélection ligérienne dans les verres.
C : 24 € • M : 15-26 €

11 Le Petit Patrimoine

» 58 rue Colbert
☎ 02 47 66 05 81
F. dim. à déj.
Jusqu'à 22h.

Un petit mais beau patrimoine à la mode tourangelle, entre les pierres de tuffeau, les poutres et la cuisine de grand-mère généreuse et sans chichi, croustillant de queue de bœuf, tourte aux rillons et sainte maure, andouillette à la compotée vouvrillonne ou poires tapées à l'ancienne. Cave exclusivement ligérienne, le côt "du père Auguste" frayant avec le bourgueil des Raguenières ou le sauvignon de Frissant.
C : 20 € • M : 14-28 €

Bistrot de la Tranchée

L'ambition principale de cette annexe de la maison Barrier est d'offrir une belle entrecôte et un menu à moins de vingt euros qui donnent satisfaction à la clientèle de passage. Du tout venant sans charme, mais honnête, avec un sauvignon ou un gamay qui passent bien, au verre ou au pichet.

C : 25 € • M : 11,90-19,60 € *charles.barrier@cegetel.fr*

» 103 av de la Tranchée
☎ 02 47 41 09 08
F. dim., lundi et 19 juil.-15 août.
Jusqu'à 22h30.

Cap Sud

Beaucoup de bonne volonté dans ce restaurant de l'une des rues les plus animées de la ville, dans le service attentif comme la cuisine, qui change en fonction du marché. Cap au sud donc, sans extravagance (salade de rouget et d'asperges, dos de cabillaud brocolis carotte et purée de pois gourmand) et sagement tarifé, dans une petite salle en longueur sous les poutres peintes en rouge.

M : 16-29 €

» 88 rue Colbert
☎ 02 47 05 24 81
F. dim., lundi et 2 sem. fin août.
Jusqu'à 21h30.

Le Chien Jaune

Le jumeau du Singe Vert (les deux établissements appartiennent au même propriétaire depuis 2004 et les décors y sont semblables, avec le zinc ancien et le style années 30) est voisin de la gare. Même esprit dans l'assiette, beuchelle, rillons chauds, pied de cochon farci, saint marcellin au lard fumé, dans une ambiance tout aussi détendue et avec un même bon choix de vins au verre.

C : 15 € • M : 12,95-28,50 €

» 74 rue Bernard-Palissy
☎ 02 47 05 10 17
F. dim.
Jusqu'à 23h.

Les Mari Morgans

En plein coeur du quartier touristique, une maison qui se distingue de la concurrence par ses planchettes (des pierres chaudes sur lesquelles le client fait lui même cuire son faux-filet, son andouillette, son panaché de poissons ou son filet de bœuf, chaque fois avec une jolie garniture). C'est ludique, on écoute les chansons de marins en fond sonore et on ressort le sourire aux lèvres.

C : 32 € • M : 23,90 €

» 6 rue de la Rôtisserie
☎ 02 47 64 95 34
F. sam. à déj., mardi à dîn., merc. (oct-juin), merc., jeudi à déj. (juin-sept.), 2 sem. fév et 3 sem. nov.
Jusqu'à 22h30.

Au Singe Vert

Très belle déco Belle Epoque pour ce bistrot proche de la place Plumereau, à la fois authentique et sincère. On ne fait pas de manières autour de la spécialité locale, la beuchelle, et des grands classiques bistrotiers, le tartare, le foie gras poêlé, la tête de veau en hiver et les grandes salades en été. Quelques soirées musette sont organisées dans l'année.

C : 15 € • M : 12,95-28,50 €

» 5 rue Marceau
☎ 02 47 20 02 76
F. dim. et lundi (août).
Jusqu'à 22h30.

Hôtel de l'Univers

Le prestigieux immeuble XIXe affiche un livre d'or imposant et fait ce qu'il faut pour maintenir des prestations de haut niveau. Le cadre revendique cet héritage dans son élégance classique, mobilier de style et luxe feutré. Les mêmes valeurs guident les pas de l'équipe au restaurant, dans le ballet impeccable du service comme les déclinaisons soignées autour des produits de saison : foie gras poêlé et poires tapées pochées au chinon, ris de veau braisé au thym tatin d'endive et pomme granny, sablé amande noisette crème légère et fruits rouges.

8 appart. 337-398 € • 77 ch. 193-265 € • M : 27-32 € *www.hotel-univers.fr*

» 5 bd Heurteloup
☎ 02 47 05 37 12
Fax 02 47 61 51 80
Ouv. 7j/7.

Prix des appartements : la fourchette de prix correspond au tarif journalier pour 1 personne seule, et maximum pour 2 personnes.

Prix à la carte : correspond au prix moyen à la carte (entrée, plat + dessert).

Jean Bardet

» Château Belmont, 57 rue Groison
☎ 02 47 41 41 11
📠 02 47 51 68 72
F. 1er nov.-31 mars.

➥ **Restaurant** : 16/20 Jean Bardet

Face à la vieille ville, ce château XIXe est un havre exclusif, isolé par 3 ha de parc à l'anglaise, avec jardin aromatique et jardin potager à admirer en une promenade odorante. Chambres élégantes, avec mobilier Napoléon III pour respecter l'esprit des lieux, et un décor personnalisé dans le choix des couleurs comme des objets.

5 appart. 300-400 € • 16 ch. 120-270 € *www.jeanbardet.com*

à FONDETTES - 37230 : 7 km O. par N 152

13 Auberge de Port Vallières

» Lieu-dit Vallières, RN 152
☎ 02 47 42 24 04
F. dim. à dîn., lundi, mardi, merc. vac. scol. fév.et 15 août-15 sept.
Jusqu'à 21h.

Jean-Jacques Thomas a vendu sa petite auberge sur le bord de la Nationale, face à la Loire, à Bruno Leroux, un chef sérieux et professionnel. La maison n'a rien perdu de sa bonne humeur et le menu du marché, à 22 €, se voit plébiscité par la majorité des clients : fraîcheur de crabe et de tomates, sandre à la vinaigrette d'artichaut, mousse à la fève tonka et fraises du val de Loire, des assiettes sans fioritures mais impeccables. Service efficace et souriant.

C : 35 € • M : 16-39 €

à LARÇAY - 37270 : 4 km E. par N 76

14 Les Chandelles Gourmandes

» 44 rue Nationale
☎ 02 47 50 50 02
F. dim. à dîn., lundi, 1 sem. mars et 2 sem. fin août-déb. sept.
Jusqu'à 21h30.

Les poissons se font des mamours avant de passer à la casserole, les convives se font les yeux doux dans le salon jardin sous verrière avant de passer à l'assiette. Le charme agit uniformément sous les bons offices de Bernard Charret, qui fait du bio presque sans y penser, parce qu'il n'imagine pas traiter d'autres produits, parce qu'il ne fait pas son marché chez un discounter. Ce qui donne un certain art de vivre, de beaux faisans, des foies gras onctueux et de superbes fromages de chèvre, outre les poissons de Loire et les pommes tapées. Vous rêviez d'un autre monde ? Bernard et Dominique l'ont imaginé, modestement, mais avec opiniâtreté.

C : 50 € • M : 29-65 € *www.chandelles-gourmandes.fr*

à ROCHECORBON - 37210 : 5 km E. par N 152

14 Les Hautes Roches

» 86 quai de la Loire
☎ 02 47 52 88 88
F. dim. à dîn., lundi et 30 janv.-26 mars.
Jusqu'à 21h15.

➥ **Hôtel** : Les Hautes Roches

Ces Roches sont une belle occasion de passer un moment dans un lieu superbe, avec l'agréable impression d'une grande maison (décor, service) sans les inconvénients. Le décor exploite avec bonheur le cadre semi-troglodytique si caractéristique, la terrasse au bord de la Loire est un délice, le service abondant et en grande tenue n'oublie pas, maître d'hôtel en tête, la gentillesse et la convivialité, et la cuisine, élégante et facile d'accès, propose finalement un bon rapport prix-prestations, avec un beau foie gras incrusté de morceaux de figues, des aiguillettes de saint-pierre sobrement grillées avec de beaux légumes, les fromages de chèvre de la région et un sablé recouvert de framboises et de crème, brûlées ensemble et complétées de la note de fraîcheur d'une glace verveine. Belle carte notamment en vouvray et atmosphère agréablement décontractée.

C : 70 € • M : 48-65 € *www.leshautesroches.com*

Les Hautes Roches

» 86 quai de la Loire
☎ 02 47 52 88 88
📠 02 47 52 81 30
F. 30 janv.-26 mars.

➡ **Restaurant** : 14/20 Les Hautes Roches

Entre la falaise et le fleuve, cette élégante architecture Renaissance est un bon concentré des charmes de cette partie de la vallée de la Loire, avec l'exclusivité de ses chambres troglodytiques, où la pierre se met au service d'un haut niveau de confort dans une atmosphère particulière et précieuse. Service disponible et souriant, vue très agréable.

15 ch. 130-260 € • 1/2 pens. 80 € *www.leshautesroches.com*

TOURTOUR - 83690 (34 A 5)

Toulon 90 - Draguignan 18

Les Chênes Verts

» Rte de Villecroze
☎ 04 94 70 55 06
F. mardi, merc. et juin.
Jusqu'à 21h.

Cadre et ambiance

Chic et campagnarde, la maison de Paul Bajade, sur la route de Villecroze, est aussi discrète que son propriétaire. Chaleureuse, confortable, elle se laisse facilement apprivoiser. Cadre superbe, en pleine nature, à portée d'écho des Gorges du Verdon.

Cuisine

Paul Bajade ne changera sans doute plus de philosophie ; on lui prête une réputation de bougon, de dur à cuire, il répond qu'il n'aime ni les sourires de circonstance ni la surmédiatisation dont jouissent certains chefs de la côte. Sa cuisine est provençale, signée, les produits sont du pays et les assiettes sérieuses et sans fard : petit gris de Provence mijotés, flan de pieds de cochon aux herbes, composé de brandade, goujonnettes de barbet, mousse de lait de fenouil sauvage, suprême de canard rôti au miel, royale de ses abats au genièvre, étuvée de golden, sauce caramel à la fleur de sel, tuile aux fruits rouges, glace au miel de lavande. Distinguée, limpide et personnelle, cette cuisine est tout sauf banale.

Cave

Le meilleur de la Provence, les incontournables en Rhône et des prix qui, à l'image de la cuisine, restent soutenus mais logiques.

Accueil et service

La Provence chic comme on l'aime, un personnel qui prend tout son temps, sourit, communique et rend le moment encore meilleur.

C : 75 € • M : 50-125 €

La Bastide de Tourtour 

» Rte de Flayosc
☎ 04 98 10 54 20
📠 04 94 70 54 90
Ouv. 7j/7.

La maison semble veiller sur la vallée depuis le Moyen Age, elle n'a pourtant que quelques dizaines d'années. L'illusion est parfaite,notamment sous les voûtes du restaurant. Les chambres, à l'espace généreux, se parent d'un luxueux décor bourgeois, avec meubles de style et tentures. Cuisine luxueuse d'inspiration régionale dans un menu-carte bien calibré : risotto crémeux aux pointes d'asperges et tomates confites, loup rôti sauce champagne, feuillantine aux fruits rouges. Service soigné et des bouteilles intéressantes en cave.

24 ch. 75-150 € • C : 58 € • M : 27,50-49 € *www.bastidedetourtour.com*

TOURVILLE LA RIVIERE ➤ ROUEN

TOUZAC - 46700 (29 D 2)

Cahors 38 - Villeneuve-sur-Lot 31

La Source Bleue

» Moulin de Leygues
☎ 05 65 36 52 01
📠 05 65 24 65 69
F. 15 nov.-15 avril.

La source, mais aussi la rivière, celle qui alimentait ces trois moulins historiques (XIe, XIVe et XVIe) du temps de leur vie laborieuse. Ils s'habillent aujourd'hui d'un cadre moderne pour des chambres paisibles et soignées. Parc agréable, avec bambouseraie et cascade.

3 appart. 55-95 € • 12 ch. 60-95 € *www.sourcebleue.com*

TRACY SUR MER ➤ ARROMANCHES LES BAINS

TREBEURDEN - 22560 (13 D 2)

Lannion 11 - Perros-Guirrec 14

 Manoir de Lan-Kerellec

➥ **Hôtel** : Manoir de Lan-Kerellec

Face à la mer, que faire en de telles circonstances ? Calogero et Passi font une chanson, ce beau manoir de granit fait tendre quelques filets pour alimenter les cambuses. Et les deux chefs sont chargés de préserver la nature, de ne pas abîmer l'originalité, la pleine fraîcheur d'une huître de la baie de Paimpol, d'un bar de ligne, d'un homard, servi rôti au beurre demi-sel cannelloni au beurre d'aromates et rouelle de pied de porc. Une cuisine qui n'est pas simpliste, mais qui respecte le poisson et le client avec un talent à deux toques. Cave plutôt intéressante aux nombreuses trouvailles chez les propriétaires.

C : 62 € • M : 39-68 € *www.lankerellec.com*

» Allée Centrale de Lan-Kerellec
☎ 02 96 15 00 00
F. lundi-jeudi à déj. et fin nov.-mars.
Jusqu'à 21h30.

 Manoir de Lan-Kerellec

➥ **Restaurant** : 15/20 Manoir de Lan-Kerellec

Ambiance feutrée et luxe bourgeois pour ce manoir breton, qui domine la mer en une vue panoramique dont profitent les chambres, à l'allure élégante dans leur mélange d'ancien et de moderne.

2 appart. 320-422 € • 17 ch. 100-340 € • 1/2 pens. 125-245 €

www.lankerellec.com

» Allée Centrale de Lan-Kerellec
☎ 02 96 15 00 00
📠 02 96 23 66 88
F. mi-nov.-déb.-mars.

 Ti Al Lannec 

Comme accrochée au-dessus de la mer, la grande maison blanche début XXe séduit, à l'extérieur, par son jardin fleuri et la vue panoramique. A l'intérieur, règne un luxe feutré et intime, une atmosphère de maison de famille. Au restaurant, les produits de la mer sont appelés en renfort d'une cuisine soignée, aux raffinements maîtrisés : blanquette de légumes verts et ris de veau mousseline aux herbes, bar sur la peau tagliatelles de céleri, ravioles croustillantes aux poires sorbet cassis. Très belle carte des vins, dans sa diversité comme la qualité de sa sélection.

32 ch. 82-349 € • 1/2 pens. 129-223 € • C : 70 € • M : 23-74 €

www.tiallannec.com

» 14 allée de Mézo-Guen
☎ 02 96 15 01 01
📠 02 96 23 62 14
F. déc.-fév.

TREGASTEL - 22730 (13 D 2)

Saint-Brieuc 78 - Perros-Guirec 9

⑩ Auberge de la Vieille Eglise

On fait un signe de croix, face à l''antique église du village, et on se découvre devant cette Bretagne traditionnelle d'Armor et d'Argoat. Avec les saint-jacques, la barbue en écaille et la choucroute de la mer, servies gentiment avec un givry ou un pouilly.

C : 40 € • M : 15-34 €

» Bourg
☎ 02 96 23 88 31
F. dim. à dîn., mardi à dîn. (sept.-juin), lundi, mars.
Jusqu'à 20h45.

 Park Hotel Bellevue

Belle situation en hauteur, avec vue panoramique sur la mer. Chambres rénovées de bon confort, mariant mobilier de style et tissus tendance pour un décor chaleureux.

31 ch. 60-136 € • 1/2 pens. 67-105 € *www.hotelbellevuetregastel.com*

» 20 rue des Calculots
☎ 02 96 23 88 18
📠 02 96 23 89 91
F. 1er janv.-15 mars et 16 nov.-31 déc.

TREGLONOU ➤ LANNILIS

TRELLY - 50660 (5 B 4)

Saint-Lô 35 - Granville 25

La Verte Campagne

» Le Hameau Chevalier
☎ 02 33 47 65 33
📠 02 33 47 38 03
F. 15 nov.-1er déc.

Construite au XVIIe siècle, cette ancienne ferme en a gardé avec bonheur les poutres et les vieilles pierres, créant une atmosphère rustique. Rénovées l'an passé, les chambres sont personnalisées et très agréables. La cuisine décline avec régularité des classiques qui valent pour la qualité des produits, notamment autour du canard, comme les magrets au poiré, qui côtoient le bar de ligne braisé aux champignons ou le filet de bœuf sauce camembert.
5 ch. 50-78 € • 1/2 pens. 48-58 € • M : 18-40 €

LE TREMBLAY - 49520 (15 D 3)

Paris 315 - Châteaubriant 30 - Segré 13

12 La Touche

» ☎ 02 41 94 22 45
F. 3e w.-e. de chaque mois, dim. à dîn., lundi, à dîn. (oct.-mars sf vend. et sam.) et 2 sem. fév.
Jusqu'à 21h.

Les volailles de la ferme sont préparées avec cœur par Josette Gohier : poulet aux noix et vin de noix, cane au cidre, terrine de pintade à l'eau-de-vie de poire william. La vérité est dans les assiettes, dans les bâtiments XVIIe de cette propriété typique longée par une rivière et dans cette pure atmosphère campagnarde. On vient en famille et tout le monde se distrait, les grands comme les petits auxquels est réservé un espace jeux.
M : 16-25 €

LE TREMBLAY SUR MAULDRE ➤ PARIS-BANLIEUE

TREMOLAT - 24510 (24 B 2)

Lalinde 14 - Les Eyzies 25

16 Le Vieux Logis

» Le Bourg
☎ 05 53 22 80 06
Ouv. 7j/7.
Jusqu'à 21h.

➡ **Hôtel :** Le Vieux Logis

Cadre et ambiance

Magnifique Relais & Château d'une très plaisante coquetterie campagnarde planté sur la place du village, tendu de vigne vierge et réputé pour son aménagement paysager soigné. Le jardin à la française que l'on découvre rapidement après avoir quitté la réception, traversé dans sa largeur par un ruisseau malheureusement asséché l'été dernier, est superbe.

Cuisine

Vincent Arnould travaille une carte de circonstance (l'endroit est prestigieux, la clientèle abonnée aux belles maisons) mais son style classique revisité flirte avec les trois toques : vichyssoise de légumes d'été glacés, truffe blanche, jambon et parmesan, filet de canette de Barbarie rôtie, ses cuisses en croustille, compotée d'oignons doux, pommes et betteraves, fraises du Périgord, crème onctueuse mascarpone, sorbet citron parfum basilic.

Cave

Cave classique, composée essentiellement de vins régionaux. bergeracs et bordeaux. Quelques vins au verre joliment commentés. Sommelier compétent.

Accueil et service

Accueil souriant, service digne de cet établissement, particulièrement fluide et précis.
C : 50 € • M : 30-75 € *www.vieux-logis.com*

13 Bistrot d'en Face

» Le Bourg
☎ 05 53 22 80 69
Ouv. 7j/7.
Jusqu'à 21h.

Le bistrot du Vieux Logis expose la simplicité régionale avec un savoir-faire de chef. Cela donne souvent de bonnes sensations. Ici, elles valent même une toque, pour le pressé de lapin, les fritons de canard, les tripes de bœuf à la Périgourdine et le baba au rhum.
C : 24 € • M : 10-25,80 € *www.vieux-logis.com*

 Le Vieux Logis

➥ **Restaurant** : 16/20 Le Vieux Logis

Au fil des générations, les Giraudel ont fait de ces belles maisons anciennes un modèle de luxe et de charme ancien, entre vieilles pierres, meubles d'époque et tissus précieux, sans se départir d'une sobriété, d'une sérénité, en rapport avec la vue sur le paisible parc.

8 appart. 335 € • 17 ch. 163-313 € • 1/2 pens. 151,50-240 €

www.vieux-logis.com

» Le Bourg
☎ 05 53 22 80 06
05 53 22 84 89
Ouv. 7j/7.

LE TREPORT - 76470 (6 D 1)

Rouen 103 - Dieppe 29 - Abbeville 36

 Le Saint-Louis

Cette brasserie de la mer, plutôt élégante, et qui trouve le poisson en direct, se contente du service minimum au touriste, sans doute à cause de la situation de forte concurrence, ratant ainsi l'occasion de se distinguer vraiment. Le meilleur est dans le choix de l'arrivage du jour, sensiblement plus cher qu'un menu, mais correspondant à la position.

C : 45 € • M : 16,50-57 €

» 43 quai François-1er
☎ 02 35 86 20 70
F. 20 nov.-20 déc.
Jusqu'à 22h.

à MESNIL VAL - 76910 : 5 km S.O. par D 940 et D 126

 Royal Albion Hôtel

Des chambres de styles divers (Empire, Chippendale, Colonial...) dans un ancien casernement de douaniers juché sur une petite falaise face à la mer.

20 ch. 60-128 €

www.treport-hotels.com

» 1 rue de la Mer
☎ 02 35 86 21 42
02 35 86 78 51
F. sem. Noël.

TREVOU TREGUIGNEC - 22660 (13 D 2)

Saint-Brieuc 66 - Lannion 14 - Perros-Guirec 11

Ker Bugalic

La vue panoramique sur la baie de Trestel suffirait presque à elle seule à justifier le déplacement, dans ce cadre d'une beauté à couper le souffle. Fabrice Laurent, après deux années passées aux fourneaux, a su se mettre à la hauteur de ces beautés naturelles, dans un style désormais bien arrêté : tronçon de lieu jaune aux piquillos et son caramel de langoustines, filet de bar grillé au fenouil, crème brûlée au thé vert. Les prix demeurent très bien placés et l'accueil continue de se faire remarquer par son aménité.

M : 25-40 €

www.kerbugalic.fr

» 1 Vieille-Côte-de-Trestel
☎ 02 96 23 72 15
F. à déj. (sf dim., juil., août), 1er janv.-24 mars, 1er-25 oct. et 7 nov.-30 déc.
Jusqu'à 21h.

TRIGANCE - 83840 (34 B 4)

Castellane 20 - Toulon 126 - Draguignan 52

Vieil Amandier H

Dans ce coin préservé de Haute-Provence, ce Vieil Amandier est un refuge charmant, comme on l'espère. La maison est contemporaine, confortable, et l'accueil très engageant. Entre les chambres, au sobre néo-rustique provençal, la piscine et le cadre naturel, on trouve vite l'envie de poser les sacs, et la cuisine de Bernard Clap fait tout pour vous retenir, généreuse, bien faite, et très provençale dans son bon menu terroir : dôme de casserons aux légumes et olives, fleur de courgette farcie au fromage de chèvre, souris d'agneau cuite huit heures à la sarriette, moelleux au chocolat. On boit Saint-Jean-de-Villecroze, un domaine proche ou le vin bio de l'Eouve, et tout va bien.

M : 25,50-36 € • 12 ch. 52-86 € • 1/2 pens. 55-75 €

www.levieilamandier.free.fr

» Montée de Saint-Roch
☎ 04 94 76 92 92
F. à déj. (sf w.-e., fériés, 10 juil.-15 sept.), 1er janv.-10 avril et 1er nov.-31 déc.
Jusqu'à 21h.

Château de Trigance R

Perché au-dessus de la vallée (superbe terrasse panoramique), le château intimide par son allure imposante (il remonte au XIe siècle), puis séduit par les volumes généreux, les matériaux anciens et le décor qui assume sereinement ses influences médiévales. Au restaurant, un manque de sobriété dans la composition dessert hélas des produits par ailleurs de grande qualité, du lapereau au loup de Méditerranée.

2 appart. 190 € • 8 ch. 115-170 € • 1/2 pens. 108,50-146 € • M : 27-65 €

www.chateau-de-trigance.fr

☎ 04 94 76 91 18
04 94 85 68 99
F. 1er nov.-24 mars.

LA TRINITE SUR MER - 56470 (13 D 5)

Vannes 32 - Carnac 4

L'Azimut

La barre a tourné, le navire a changé d'amure, le cap est mis sur d'autres horizons avec Rudy Deniaud, bien décidé évidemment, et nous lui souhaitons, à trouver le bon vent. Il a déjà visiblement gardé l'excellente cave, pointue en Loire, riche et ciblée un peu partout ailleurs (Roc d'Anglade, Ormes-Sorbet, Faillenc...) et propose une cuisine sensiblement différente, contemporaine et intéressante avec des habitudes traiteur, pour laquelle nous préférons attendre un an pour une première notation. Les prix sont honnêtes et les creuses de Quiberon évidemment de première fraîcheur.

C : 65 € • M : 25-60 € *www.charme-gastronomie.com*

1-3 rue du Men-Dû
☎ 02 97 55 71 88
F. mardi à dîn., merc. (sf saison). F. ann. non comm.
Jusqu'à 21h45.

Le Petit Hôtel des Hortensias R

Petit et charmant, cet hôtel utilise des associations chaleureuses de matériaux et de couleurs (pin, osier, tons écossais). La grande terrasse domine le port et la mer et on peut observer les chalutiers avant de passer à table, dans une veine actuelle et enlevée : bar rôti au fenouil, rillettes de maquereau au curry, brandade de haddock.

1 appart. 99-150 € • 6 ch. 99-150 € • C : 30 € *www.leshortensias.info*

4 pl Yvonne-Sarcey
☎ 02 97 30 10 30
02 97 30 14 54
F. janv.

TRIZAY - 17250 (22 A 4)

La Rochelle 50 - Rochefort 19

14 Les Jardins du Lac H

Créé de toutes pièces voilà dix ans sur les bords d'un lac, dans un style moderne, ce restaurant est drivé par l'expérimenté Michel Suire qui, en professionnel chevronné, remplit le strict cahier des charges qu'il semble s'être imposé : faire du gastro de qualité, à prix ajustés : les petits pots de cagouilles au beurre de cèpes, le dos de cabillaud poché et bouillon parfumé de petits légumes, le canon d'agneau rôti au crumble d'herbes du jardin et le croustillant de fruits rouges et sorbet mara des bois y répondent avec fraîcheur et générosité. Les chambres de ce Relais du Silence prodiguent calme et confort de bon niveau. Plaisant cadre verdoyant.

C : 64 € • M : 26-54 € • 8 ch. 83-89 € • 1/2 pens. 96-103 €

www.jardins-du-lac.com

Lac du Bois-Fleuri, D 123
☎ 05 46 82 03 56
F. dim. à dîn., lundi, mardi (nov.-mars) et vac. scol. fév.
Jusqu'à 21h.

 Piscine privée.

Accessible aux handicapés.

 Carte des vins remarquable.

 Repas servis en terrasse ou dans un jardin.

 Tennis privé.

 Chiens acceptés.

TROO - 41800 (17 C 3)

Le Mans 62 - Tours 54 - Vendôme 28

(12) Le Petit Relais

» Pl du Château
☎ 02 54 72 57 92
F. lundi à déj.
Jusqu'à 20h30.

Ce point de vue sur la vallée du Loir, le souvenir de Ronsard, la collégiale XIIIe : cela vous ouvre un appétit de poète, de friandise délicate dans ce décor précieux créé par Maryse Denglehem, qui cuisine comme elle vit, avec franchise et générosité, la terrine de canard aux figues, la tourte aux rillons et le jarret de veau au cidre.
C : 32 € • M : 22-32 €

TROUVILLE SUR MER ➤ DEAUVILLE

TROYES - 10000 (9 A 5)

Paris 182 - Auxerre 82 - Châlons-en-Champagne 83

Le Bourgogne

» 40 rue du Gén-de-Gaulle
☎ 03 25 73 02 67
F. dim. à dîn., lundi, dim. fin de mois (sf fêtes) et août.
Jusqu'à 21h15.

Face à l'église Saint Rémy et aux halles Baltard, Aimé Dubois, en poste depuis 1977, ne cache pas son goût pour la cuisine classique. Dans ces exercices imposés, une telle réussite est à saluer d'autant qu'en salle, le personnel aussi jeune qu'efficace rend le moment encore plus délicieux : saumon fumé sauvage et toasts chauds, andouillette grillée, escalope de foie gras de canard au vinaigre de framboise, filet de bœuf sauce aux truffes.
C : 45 € • M : 32-54 €

La Mignardise

» 1 rue des Chats
☎ 03 25 73 15 30
F. dim. à dîn., lundi.
Jusqu'à 21h30.

Le déménagement opéré en mai dernier dans cette rue des Chats n'a en rien oblitéré les bonnes ondes émanant de cette Mignardise : les bons fromages de David Ozérée sont toujours là tout comme les assiettes tradi-régionales de Didier Defontaine : foie gras de canard au vin moelleux et fine brioche toastée, blanc de saint pierre aux morilles jus de veau réduit, suprême de volaille fermière à l'ail nouveau et asperges rôties au lard, gratin de fruits rouges au sabayon de champagne. Cave abordable et privilégiant les grands propriétaires.
C : 45 € • M : 26-42 €

Le Valentino

» 35 rue Paillot-de-Montabert
☎ 03 25 73 14 14
F. sam. à déj., dim. à dîn., lundi, 1er-17 janv. et 14 août-5 sept.
Jusqu'à 21h30.

La maison qui monte dans la préfecture de l'Aube ? Elle est là, en plein quartier historique, se parant d'une terrasse pavée pour y déjeuner aux beaux jours, et d'une carte aussi séduisante qu'aguichante à défaut d'être révolutionnaire : feuilleté d'asperges vertes, écrevisses et crème de morilles, râble de lapereau farci aux noix de pécan, épaule confite et blinis au thym citron, tarte au chocolat noir amer et glace vanille. Cadre mélangeant les styles, belle cave en champagne et bourgogne.
C : 50 € • M : 20-46 € *levalentino@free.fr*

(11) Le Bistroquet

» Pl Langevin
☎ 03 25 73 65 65
F. dim. à dîn. (h.s.) et dim. (fin juin.-déb. sept.).
Jusqu'à 22h30.

Par sa régularité et son ambiance, le Bistroquet est une institution qu'il n'est pas question de contourner, à hauteur des maisons à pans de bois et des usines de bonnetterie. Le museau de bœuf maison, les filets de hareng, l'andouillette de Troyes et la tête de veau méritent la cocarde tricolore. On peut même déboucher un rosé des Riceys pour fêter ça dans l'esprit régional.
C : 30 € • M : 18,90-29,90 €

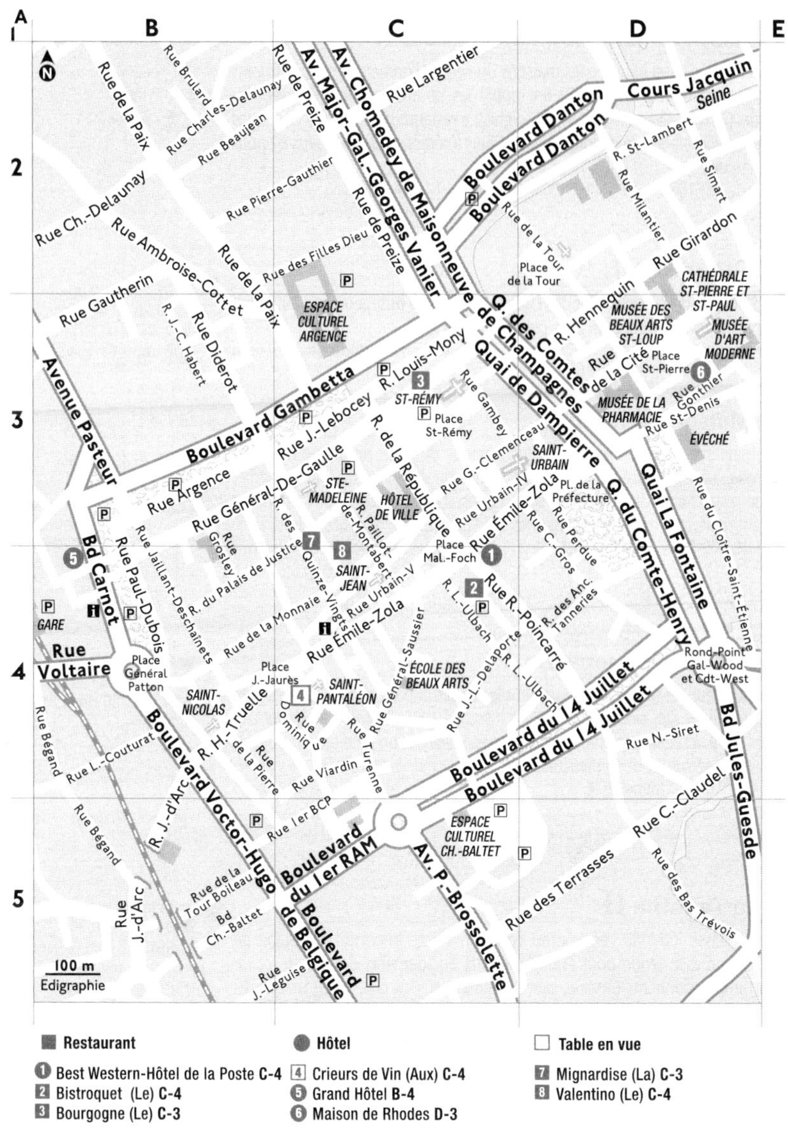

Aux Crieurs de Vin

Une carte des vins comme celle-là, avec une flopée de vignerons modernes (Puzelat, Dard et Ribo…), ça se crie effectivement sur les toits. Entre et autour des verres, les assiettes adéquates en toute simplicité : andouillette 5A, charcuterie maison, boudin purée…
C : 20 € • M : 10,90 €

» 4 pl Jean-Jaurès
☎ 03 25 40 01 01
F. dim., lundi, 1 sem. déb. janv. et 1 sem. 15 août.
Jusqu'à 22h30.

Prix des appartements : la fourchette de prix correspond au tarif journalier pour 1 personne seule, et maximum pour 2 personnes.

Best Western Hôtel de la Poste R

Sans remonter aussi loin que les maisons du centre, l'immeuble est néanmoins classé. Les chambres mélangent en rappel les poutres apparentes avec des couleurs personnalisées. Equipement soigné. Le restaurant décline ses classiques avec un savoir-faire rodé de longue date. Choix intéressant de bordeaux 82 pour les amateurs.
2 appart. 150-166 € • 30 ch. 95-130 € • C : 52 € • M : 24-39 €
www.hotel-de-la-poste.com

» 35 rue Emile-Zola
☎ 03 25 73 05 05
📠 03 25 73 80 76
Ouv. 7j/7.

Grand Hôtel

Grand Hôtel et grand style, avec des chambres à l'allure bourgeoise parfaitement assumée, dans un immeuble bien placé face à la gare.
2 appart. 170 € • 68 ch. 60-80 € *www.grandhotel-troyes.com*

» 4 av du Mal-Joffre
☎ 03 25 79 90 90
📠 03 25 78 48 93
Ouv. 7j/7.

Maison de Rhodes

Cette magnifique maison à pans de bois, typique du cœur historique médiéval de la ville, a été restaurée par des compagnons du devoir en un hôtel superbe, dans le respect total de l'esprit des lieux. Le résultat est un bijou, aux chambres uniques, matériaux anciens, meubles de style dans un cadre épuré et lumineux.
3 appart. 130-230 € • 8 ch. 130-180 € *www.maisonderhodes.com*

» 18 rue Linard-Gonthier
☎ 03 25 43 11 11
📠 03 25 43 10 43
Ouv. 7j/7.

à ESTISSAC - 10190 : 16 km O. par N 60

Moulin d'Eguebaude

Niché au cœur de la verdure, le vénérable moulin à pans de bois au bord de la Vanne, né au XIIIe siècle, a fonctionné jusqu'en 1945. Restauré au début des années 90, il accueille des chambres soignées. Restauration possible, autour des produits du terroir et de la pisciculture.
8 ch. 42-70 € • 1/2 pens. 20 € *eguebaude@aol.com*

» ☎ 03 25 40 42 18
📠 03 25 40 40 92
F. 24 déc.-25 déc., 31 déc. et 1er janv.

à PINEY - 10220 : 21 km N.E. par D 960

11 Le Tadorne H

La jolie bâtisse XVI-XVIIe rénovée au cœur du village annonce une étape de qualité. Promesse tenue pour l'hôtellerie, aux équipements de détente et de confort impressionnants (piscine, sauna, balnéo dans six chambres) mais aussi à table lorsqu'on attend de Patrice Carillon une certaine fidélité au terroir dans la simplicité. On vise alors juste avec le persillé de lapin, la pintade au ratafia de champagne et la tarte au chaource.
C : 26 € • M : 17,80-49 € • 1 appart. 72-90 € • 26 ch. 45-62 € • 1/2 pens. 62 €
www.le-tadorne.com

» Pl de la Halle
☎ 03 25 46 30 35
F. dim. (1er oct.-31 déc.), vac. scol. fév. et 1er janv.-31 mars.
Jusqu'à 21h30.

à PONT SAINTE MARIE - 10150 : 3 km N.E. par N 77

12 Bistrot Dupont

La simplicité du propos n'interdit pas le bon usage de la langue. Cette cuisine de produit et de terroir, accessible et vertueuse, trouve ses meilleurs représentants avec les pieds de porc désossés, l'andouillette de Troyes, le pavé de foie de veau, servis avec chaleur dans un joli cadre bistrot à la décoration florale soignée. Un patron dynamique, qui suit bien le marché avec son chef, et donne le ton jusqu'à la mousse au chocolat à volonté. Petite cave auxerroise, chablis au pichet.
C : 35 € • M : 16-26 €

» 5 pl Charles-de-Gaulle
☎ 03 25 80 90 99
F. dim. à dîn., lundi et jeudi à dîn.
Jusqu'à 22h15.

➲ à SAINTE MAURE - 10150 : 7 km N. par N 19 et D 91

Auberge de Sainte-Maure

Une vivifiante leçon de (bon) commerce au bord de l'eau. Sur la terrasse ouvrant sur le jardin de verdure et son étang aux canards, ou au coin de la cheminée, le professionnalisme, le dynamisme - un peu de sourire, beaucoup d'efficacité - donne le ton d'une restauration de plaisir et de bonne tradition : gambas rôties écrasée de chou-fleur et vinaigrette de curry, dos de bar fumet de paprika, poulet de Bresse étuvée de poireaux et champignons, crumble d'abricots au lait d'amande. Les Troyens sont fidèles, et nous les approuvons. Grosse cave, solide en toutes régions, champagne et bordelais en particulier.
C : 42 € • M : 26-50 €

» 99 rte de Méry
☎ 03 25 76 90 41
F. dim. à dîn., lundi, mardi à déj. (hiver), dim. à dîn., lundi (saison), 15 fév.-5 mars et 20 déc.-3 janv.
Jusqu'à 22h30.

TULLE - 19000 (25 C 4)

Paris 480 - Limoges 86 - Aurillac 82

Le Central

Tous chez Poumier ! A Tulle, c'est le cri du cœur autant que celui de l'estomac. D'accord, comme partout en France, il y a du chutney de figues et des chips de topinambour. Mais ce qui a maintenu le Central en tête d'affiche pour des générations de Corréziens, c'est la générosité, la marque du Sud-Ouest, l'amour du maillot, celui qui porte les produits d'ici, arrangés avec distinction, le carré d'agneau et risotto de champignons, le filet de veau en cocotte, le filet au jus de morilles et cèpes. Cave sud-ouest et bordelaise, atmosphère tonique et complice de ceux qui ne chipotent pas, ouvrant la fête avec les rillettes d'oie au foie gras en offrande d'accueil.
C : 52 € • M : 24-60 € *www.internet19.fr/restaura/resf.htm*

» 32 rue Jean-Jaurès, et 12 rue de la Barrière
☎ 05 55 26 24 46
F. sam., dim. à dîn. et 2 sem. déb. août.
Jusqu'à 21h.

LA TURBIE - 06320 (34 D 4)

Nice 16 - Menton 16 - Monaco 8

Hostellerie Jérôme

Cadre et ambiance

Au cœur de ce splendide village médiéval, une fabuleuse maison du XIIIe siècle, autrefois maison du bailli, et désormais siège de l'une des tables les plus attachantes de la région. On passe par une petite ruelle, on gravit les marches étroites d'un escalier de pierre avant de pénétrer dans une salle à manger où la simplicité des belles pierres domine. Quelques places sur une délicieuse terrasse, mais très demandées...

Cuisine

Bruno Cirino trace sa route avec opiniâtreté et personnalité, en creux et bosses, jamais dans l'indifférence. Et le bilan reste extrêmement favorable : gamberoni de la pêche de San Remo rôtis au citron de Menton, artichauts grillés, pavé de loup de mer, étuvée de peaux et fleurs de courgettes, ris de veau de lait du Limousin poêlé croustillant, mille-feuille à la crème légère et fraises des bois, glace à la vanille. Une cuisine sensible, solidement ancrée dans sa région et ramenant à elle tous les produits de luxe.

Cave

Environ 500 références, avec tous ceux qui comptent dans la région et les grands noms ailleurs.

Accueil et service

L'équipe en salle est franchement détendue, sans doute aidée par la bonne humeur permanente du sommelier italien de la maison, Federico Colombo.
C : 95 € • M : 55-95 € *www.hostelleriejerome.com*

» 20 rue Comte-de-Cessole
☎ 04 92 41 51 51
F. lundi, mardi (sf juil.-août) et 1er déc.-1er mars.
Jusqu'à 22h30.

[11] Café de la Fontaine

L'annexe de l'Hostellerie Jérôme dessine une ardoise de plats simples au goût de Méditerranée : aubergines farcies, terrine de poissons et aïoli, poulet fermier aux girolles. La terrasse, un peu bruyante, a beaucoup de succès, et l'addition ne dépassera guère les 25 **€** vin compris, une aubaine si près du Rocher.
C : 20€ • M : 20€

» 4 av du Gén-de-Gaulle
☎ 04 93 28 52 79
Ouv. 7j/7.
Jusqu'à 23h.
❄

TURCKHEIM - 68230 (10 B 4)

Colmar 10 - Munster 13

▶ Auberge-Winstub du Veilleur

A fréquenter pour le cadre folklorique d'une maison typique alsacienne, bien à sa place dans ce bourg historique, autour d'une cuisine bistrotière et alsacienne.
M : 9,10-29,50€ *auberge-veilleur@wanadoo.fr*

» 12 pl Turenne
☎ 03 89 27 32 22
F. mardi, merc., dern. sem. juin-prem. sem. juil. et 22 déc.-10 janv.
Jusqu'à 21h30.
⛱ ❄ 🐕

TURENNE - 19500 (25 B 5)

Tulle 36 - Brive-la-Gaillarde 15

[14] La Maison des Chanoines H

Le veau de M. Cocard, boucher à Meyssac, vous l'avez goûté ? Un veau sous la mère, du meilleur pedigree qui soit, une merveille qu'on trouve ici, à Turenne, dans cette belle maison du chapitre à la salle aménagée dans une ancienne cave voûtée. Voilà comment Claude Cheyroux fait la différence chaque jour, en étant sincère et professionnel, en recherchant le meilleur, en faisant travailler sa région, en glissant dans son menu-carte à 30 **€** tout ce qui fait le bonheur de ce terroir : magret séché et compotée de poires, pièce de veau à la broche et gâteau de pommes de terre aux cèpes, pigeonneau en deux cuissons, jus et morilles. Les cabécous, la petite cave régionale et bordelaise et les six ravissantes chambres aux meubles anciens participent à la fête.
M : 30-40€ • 6 ch. 65-90€ • 1/2 pens. 65-76€

» Rte de l'Eglise
☎ 05 55 85 93 43
F. à déj. (sf dim., fériés), certains merc. à dîn. (juin) et mi-oct.-Pâques.
Jusqu'à 21h.
🐕

TURQUANT ➤ SAUMUR

UCHACQ ET PARENTIS ➤ MONT DE MARSAN

UCHAUD ➤ NIMES

UCHAUX LE VILLAGE ➤ ORANGE

UGINE - 73400 (28 C 2)

Megève 32 - Albertville 11

[12] La Châtelle

Autant qu'ambitieuse, cette cuisine axée Sud, correctement exécutée, est d'abord généreuse, réalisée dans un esprit de partage. Ce qui rend un peu plus romantique le dîner aux chandelles dans la salle voûtée aux larges sièges de fer forgé. Les promesses entrevues sur le sushi de homard caviar d'aubergines, le turbot grillé, ravioles et crémeux de petits pois ou la tatin de tomate devraient permettre d'envisager la toque. Cave importante aux tarifs très abordables, service décontracté et attentif.
C : 30€ • M : 28-67€ *lachatelle@yahoo.fr*

» 3 rue Paul-Proust
☎ 04 79 37 30 02
F. sam. à déj., dim. à dîn., lundi, 15-30 août et 26 déc.-7 janv.
Jusqu'à 21h45.
⛱ 🚗 🐕

LES ULIS ➤ PARIS-BANLIEUE

URCUIT - 64990 (23 B 5)

Biarritz 22 - Bayonne 15 - Pau 102

(12) Au Goût des Mets

» D 261
☎ 05 59 42 95 64
F. dim. à dîn., merc., vac. scol. fév. et 1er-10 juil.
Jusqu'à 21h15.

La maison dans son architecture, comme la cuisine, et comme tous ceux qui passent une tête ici, ont adopté le chaleureux style basco-landais. Des assiettes qui ont du goût, le merlu koskera, la poêlée d'anguilles de l'Adour, le magret grillé, le filet sauce périgueux. Ce qui donne envie de lever son verre de tursan, de jurançon ou d'irouléguy à la santé d'un aussi vaillant terroir.
C : 30€ • M : 12-25€

URIAGE ➤ GRENOBLE

URRUGNE - 64122 (23 B 5)

Saint-Jean-de-Luz 3 - Hendaye 8 - Biarritz 22

 Château d'Urtubie

» ☎ 05 59 54 31 15
05 59 54 62 51
F. 15 nov.-15 mars.

Combien de châteaux-hôtels peuvent-ils s'enorgueillir d'être restés aux mains d'une même famille depuis le milieu du XIVe siècle ? Louis XI ou Wellington firent donc connaissance avec les aïeux de l'actuel propriétaire tout heureux aujourd'hui d'avoir inauguré une grande piscine dans son parc de 6 ha. Chambres spacieuses et agrémentées de belles salles de bains.
10 ch. 65-135€ *www.chateaudurtubie.fr*

URT ➤ BAYONNE

USCLADES ET RIEUTORD - 07510 (27 B 5)

Privas 61 - Le Puy-en-Velay 52

 La Ferme de la Besse

» La Besse
☎ 04 75 38 80 64
F. sem. (hiver) et janv. (sf réserv.)
Jusqu'à 21h.

"J'ai trouvé une petite adresse, au fin fond de l'Ardèche, où l'on mange pour presque rien une charcuterie formidable, des crépinettes de pied de porc et de l'agneau de pays à fondre de bonheur". Vous croyez que le temps où l'on pouvait recevoir des cartes postales comme celle-là est révolu ? Par un heureux concours de circonstances, de telles adresses, non frelatées, non galvaudées, existent encore. Gérard Méjean en pilote une, dans une maison paysanne aux murs de granit d'un mètre soixante d'épaisseur. Tout y est vrai, calme et généreux.
M : 19-29€

USTOU ➤ AULUS LES BAINS

UZERCHE - 19140 (25 B 4)

Tulle 32 - Brive-la-Gaillarde 41

 Jean Teyssier R

» Rue du Pont-Turgot
☎ 05 55 73 10 05
05 55 98 43 31
F. 10-25 fév. et 12-27 déc.

Une bonne étape à deux pas de l'A20, avec des chambres actuelles et agréables dans une grande maison XVIIIe. Au restaurant, on privilégiera les produits du terroir, le bœuf du Limousin au gros sel ou la truite du pays au beurre de ciboulette.
14 ch. 55-75€ • C : 50€ • M : 18-33€ *www.hotelteyssier.free.fr*

Les fermetures hebdomadaires et annuelles
sont celles que les restaurateurs et les hôteliers pensent pratiquer en 2006.
Pour éviter des déplacements inutiles, téléphonez pour confirmer.

UZES - 30700 (32 B 3)

Nîmes 25 - Alès 35

 Les Trois Salons ♥

"Maman, c'est quoi un restaurant ?". "Ben, ça dépend, mon chéri. Avant, c'était un endroit vaguement ennuyeux, où des gens très sérieux disaient qu'on ne pouvait pas bien manger et s'amuser". "Et aujourd'hui ?". "Aujourd'hui, un restaurant, c'est ça". Et elle désigne une cour-terrasse où quelques tables d'amis sont installées, comme pour une dînette improvisée, dans un joli cadre de vieilles pierres. Le chef apparaît, il n'est ni rasé, ni français. Un Suédois tout doux, qui raconte et fait la cuisine comme il la sent et comme il l'aime. Un turbotin poché, tomate cœur de bœuf, eau de tomate au curry, quenelle d'oignons caramélisées, pour commencer. Et tout à l'avenant, les cocos de Paimpol girolles et huile de chlorophylle au lard gras, la pintade fermière figue pignons thym citron et betteraves, le pélardon et lait de chèvre au caramel de noisette, la pêche pochée amande bergamote, le mille-feuille de framboises et chocolat au lait. Oui, ça, c'est un restaurant. Rien n'est balancé, tout est modeste mais élaboré, décontracté mais soigné. Et ça coûte 45 € ! Le vin est un chapitre à lui seul, de la découverte, du moderne, mais aussi du lourd (les châteauneufs de Bonneau) pour mettre en perspective de la table tous ceux qui s'agitent dans les vignes, d'Axel Prüfer à Bruno Duchêne, de Puech Lazert à l'Espanet. Il était Grand de demain l'an passé, notre ami Peter Nilsson : sa maison est déjà grande, unique et définitivement un symbole.

C : 58 € • M : 27-45 € *lestroissalons@yahoo.fr*

» 18 rue du Dr-Blanchard
☎ 04 66 22 57 34
F. lundi, mardi (sf saison), 23 janv.-10 fév. et 20 nov.-8 déc.
Jusqu'à 22h.

 Château d'Arpaillargues 

Luxe bourgeois et beaux volumes dans cette vaste maison de maître début XVIIIe, à l'allure sobre et imposante. Vaste parc pour la balade comme pour la tranquillité, avec piscine pour la détente, et un restaurant bien dans le ton général, avec des belles assiettes soignées, interprétations classiques autour de la trilogie de poissons ou de la côte de veau forestière.

2 appart. 150-250 € • 27 ch. 70-190 € • M : 26-45 €
www.leshotelsparticuliers.com

» Rue du Château

☎ 04 66 22 14 48
📠 04 66 22 56 10
F. oct.-avril.

 Hostellerie Provençale

Derrière la façade sympathique, harmonie de pierre et de tons rouges, on découvre un espace luxueux et charmeur, avec des chambres claires qui mêlent avec bonheur les charmes de l'ancien et le confort moderne. Cuisine méditerranéenne au gré du marché, belle sélection locale en vins.

9 ch. 75-115 € *www.hostellerieprovencale.com*

» 1-3 rue de la Grande-Bourgade
☎ 04 66 22 11 06
📠 04 66 75 01 03
F. nov.-15 déc.

➲ à SAINT MAXIMIN - 30700 : 6 km S. par D 981

 Château de Saint-Maximin 

Le château est classé et son histoire remonte à une commanderie templière du XIe siècle. Son allure actuelle a été allégée à la Renaissance, pour donner ce bel ensemble, dominé par sa tour (vue panoramique sur la vallée). Les chambres s'inspirent de l'élégance Grand Siècle, mais y ajoutent la touche personnalisée de tableaux contemporains. Au restaurant, une jeune chef danoise fait tomber les frontières pour composer un menu unique autour des produits de saison et de mariages de saveurs sucrés-salés, puisés dans les cuisines du monde.

4 ch. 145-230 € • M : 45-52 € *www.chateaustmaximin.com*

» Rue du Château
☎ 04 66 03 44 16
📠 04 66 03 42 98
F. non comm.

VAAS - 72500 (16 C 3)

Le Mans 43 - Angers 78 - Château-du-Loir 8

(12) Le Védaquais

➥ **Hôtel** : Le Védaquais

Tendre nostalgie dans l'ancienne école, saveurs régionales dans une atmosphère de village, servies avec attention et gentillesse. L'hôtel gagne en confort et en charme, tandis que le chef met son expérience dans des ravioles de foie gras et du turbot poché et aromatisé au jus de homard. Encore au niveau élémentaire, nous préférons le menu certificat d'étude avec le confit de caille et les brochet et sandre braisés au coulis de poivron. Sympathique cave régionale.

C : 43,50 € • M : 17-25,50 € *vedaquais@aol.com*

» Pl de la Liberté
☎ 02 43 46 01 41
F. dim. à dîn., lundi, vend. à dîn., vac. scol. Toussaint, Noël, nouvel an et 1 sem. fév.
Jusqu'à 20h45.

Le Védaquais

➥ **Restaurant** : 12/20 Le Védaquais

Une étape soignée et conviviale au cœur du village (l'hôtel utilise les bâtiments de l'ancienne mairie et de l'ancienne école), avec une décoration craquante et champêtre sur le thème des pommiers.

12 ch. 45-58 € • 1/2 pens. 88-98 € *vedaquais@aol.com*

» Pl de la Liberté
☎ 02 43 46 01 41
📠 02 43 46 37 60
F. vac. scol. de fév. Toussaint et Noël.

VAILLY SUR SAULDRE - 18260 (18 B 4)

Bourges 58 - Gien 40

(15) Le Lièvre Gourmand

William Page incarne à merveille cette nouvelle vague dans la restauration qui tend à prouver qu'il est possible de faire vivre une table de bon niveau dans une zone aussi rurale, au plus profond du Berry. Ce lièvre est atypique, les sourires de l'accueil à l'opposé des versions commerciales, sa cuisine est fraîche, vive, spontanée, passionnante et tellement abordable : langoustines en tempura, salade d'asperges vertes et blanches, "caramels mous" de foie gras, terrine de topinambours rôtis, pigeonneau de Sologne, suprême poêlé et cuisse en tempura, soufflé aux noix de coco et gingembre, sorbet citron vert, menthe et coriandre. Cave tout aussi finaude, un modèle d'auberge contemporaine.

M : 39-49 € *www.lelievregourmand.com*

» 14 Grande-Rue
☎ 02 48 73 80 23
F. dim. à dîn., lundi, mardi, 2 janv.-4 fév. et 26 juin-4 juil.
Jusqu'à 21h.

VAISON LA ROMAINE - 84110 (33 B 3)

Avignon 47 - Carpentras 30

(15) Le Moulin à Huile

C'est vrai, comme le soulignent quelques lecteurs, qu'un peu de laisser-aller s'insinue dans la conversation, entre la table et l'assiette, dans un détail, des amuse-bouche un peu négligés, trois fois rien. La bonne humeur aidant, on gomme, et l'on se reprend au jeu, à l'accueil élégant de Madame Bardot, à la terrasse enjôleuse et calme au-dessus de l'Ouvèze. Et on passe sur d'autres détails qui finissent par faire penser à autre chose, et notamment que Robert Bardot a donné énormément à ce métier, et du très bon. Tiens, d'ailleurs, voilà un ris de veau splendide, orientalisé avec ses aubergines, le taboulé comme une kefta, un bonheur finement épicé. Autant que cette magnifique assiette de fruits où voisinent les parfums d'hibiscus, des cerises de Vaison, des fruits confits… Bonne cave classique en bordeaux-bourgogne, belle et bien triée en Rhône.

C : 75 € • M : 42-100 € *www.moulin-huile.com*

» 1 quai du Maréchal-Foch
☎ 04 90 36 20 67
F. dim. à dîn. et lundi.
Jusqu'à 20h45.

Hostellerie Le Beffroi

Cadre provençal et historique dans cette maison XVIe au coeur de la cité. Meubles de style, chambres à la déco en harmonie, sans raffinement excessif, donnant sur les jardins en terrasse où l'on prend le petit déjeuner. Restaurant de cuisine provençale et traditionnelle.

22 ch. 70-140 € • 1/2 pens. 70-90 € *www.le.beffroi.com*

» Rue de l'Evêché, Cité Médiévale BP 85
☎ 04 90 36 04 71
📠 04 90 36 24 78
F. 23 janv.-27 mars et 22-26 déc.

➲ à ROAIX - 84110 : 10 km S.O. par D 88

14 Le Grand Pré

» Rte de Vaison
☎ 04 90 46 18 12
F. sam. à déj., mardi (saison), dim. à dîn., jeudi (nov.-fév) et 3 janv.-3 fév.
Jusqu'à 21h15.

Un petit délice, une étape de charme au coeur du vignoble, où les poissons de Méditerranée ou les agneaux de Provence sont abordés avec franchise et sans a priori par un chef hollandais, Raoul Reichrath, pour en sortir le meilleur sans querelle de clocher : des cuissons précises, des saveurs entières qui explosent en bouche, avec une évidence qui suscite l'enthousiasme. Le reste est à la hauteur, avec un décor simple et raffiné, l'accueil charmant et chantant de Flora et une carte des vins qui a déjà su intégrer le meilleur des vignes voisines.

C : 58€ • M : 29-65€ *www.legrandpre.com*

➲ à SABLET - 84110 : 10 km O. par D 977

Les Abeilles

» 4 rte de Vaison
☎ 04 90 12 38 96
F. dim. à dîn., lundi (avril-août), dim., lundi (sept.-Rameaux), 12-20 fév. et 15 nov.27 déc.
Jusqu'à 21h.

C'était un lieu modeste, un ancien café de gare dont Johannes Sailer a su conserver la sympathie et la proximité. Dans une déco épurée, de très bon goût - terrasse ombragée sous les platanes centenaires, salle provençale authentique - où il exploite le terroir sans tricher, l'élevage local et des poissons sauvages. Avec minutie et savoir-faire, il réinvente le ris de veau citron et câpres, les petits gris à la crème de persil, l'agneau de lait des Préalpes et le baba au rhum. Un raffinement dépouillé aux prix assagis, une belle cave rhodanienne, de quoi farnienter au cœur du vignoble.

C : 52€ • M : 28-50€ *www.abeilles-sablet.com*

➲ à SEGURET - 84110 : 10 km S.O. par D 88

Le Mesclun

» Rue des Poternes
☎ 04 90 46 93 43
F. mardi (h.s.), lundi et janv.
Jusqu'à 21h.

On est un peu hors du temps, sur cette ravissante terrasse du village perché, secret et accueillant. Egalement dans les intitulés, joyeusement mignards ("aux effluves de Rabat", "émeraudes de pistaches") à force de côtoyer le touriste supposé sensible à cette poésie. On préfère les histoires de bonne Provence, la tarte aux sardines, l'agneau en verrine, joliment présenté et pas très probant, et un pigeon à l'épeautre franchement bon. La cave est locale, hélicoïdale (les vins du village, puis de la région, avec les bonnes références, Piaugier, Corinne Couturier…) et le jeune service très aimable.

C : 35€ • M : 25-45€ *www.lemesclun.com*

La Table du Comtat R

» Le Village
☎ 04 90 46 91 49
Fax 04 90 46 94 27
F. fév. et 16 nov.-8 déc.

Le village est classé parmi les "plus beaux de France", et cet ancien hospice en est tout à fait digne. Un ensemble de charme à l'atmosphère provençale, à la vue panoramique sur la vallée du Rhône, où les huit chambres possèdent chacune leur propre cachet. Au restaurant, Franck Gomez met en valeur le terroir, rillettes de lapereau, agneau au pistou dans des compositions savantes.

8 ch. 80-110€ • 1/2 pens. 30€ • M : 20-48€ *www.table-comtat.com*

Toques et notes

 à 

 à 

? Signale une notation en attente ou un changement de dernière minute.

Restaurants mentionnés en annexe

 Pour un restaurant noté de 10 à 12.

 Pour un restaurant noté de 13 à 14.

 Pour un restaurant noté de 15 à 16.

LE VAL D'AJOL - 88340 (12 A 6)

Epinal 38 - Plombières 9

13 La Résidence

» 5 rue des Mousses
☎ 03 29 30 68 52
F. dim. à dîn. (1er nov.-30 avril) et 26 nov.-26 déc.
Jusqu'à 21h30.

C'est une des maisons les plus accueillantes du département, qui bénéficie aujourd'hui d'une belle transmission de patrimoine. Car le fils de la famille, Cédric Bongeot, apporte sa jeunesse et ses idées à une carte traditionnellement cossue. A la trilogie de foie gras et à la salade de homard viennent se greffer la tarte de sardines aux tomates confites et mille-feuille de mozza, et le pavé de cabillaud à la chapelure de pistaches et frites de polenta. Et le menu du Terroir est franchement excitant, avec non seulement la fameuse andouille du Val d'Ajol, mais aussi le jambon cru de Luxeuil et le pied de cochon farci à l'andouillette. Joli cadre de verdure et service impeccable. Cave de négoce qu'il faudra travailler un jour.

C : 35 € • M : 16,50-50 € *www.la-residence.com*

VAL D'ISERE - 73150 (28 D 3)

Chambéry 139 - Albertville 83

12 Le Blizzard

» Rue Principale
☎ 04 79 06 02 07
F. 3 mai-15 juil. et 21 août-10 déc.
Jusqu'à 21h30.

Bonne cuisine classique et régionale dans cette table d'hôtel du cœur de la station. Cadre typiquement savoyard, tables solides et bien espacées et large choix de fromages et de desserts en buffet.

C : 75 € • M : 46 €

11 Auberge l'Arolay

» Le Fornet
☎ 04 79 06 11 68
F. dim. à dîn., lundi, 8 mai-1er juil. et 30 août-1er déc.
Jusqu'à 22h30.

Ambiance typique dans un chalet de pure architecture savoyarde, dans le hameau du Fornet. La vue panoramique, les braserades (servies dans une salle spécialement conçue, avec des hottes en cuivre), les raclettes et les tartiflettes rassemblant des vacanciers conquis par tant de générosité.

C : 30 € *www.arolay.com*

11 La Fruitière

» La Daille, (arrivée de télécabine)
☎ 04 79 06 07 17
F. mai-déc.

L'arrivée du télécabine de la Daille ? Evidemment un rendez-vous chic. Vous êtes à Val ! Comme Hugh Grant, Carole Bouquet ou Albert de Monaco, qui aiment, comme vous et nous, le parmentier à l'effilochée de canard, la saucisse de Morteau aux lentilles et la polenta à l'escalope de foie gras.

C : 25 € *www.lafoliedouce.com*

10 Le Pré d'Aval

» Rue Principale
☎ 04 79 41 14 05
Rens. non comm.
Jusqu'à 22h.

Dans un décor de brasserie montagnarde, l'accueil sympathique, les tarifs tenus et la situation pratique incitent à user et abuser de la terrine au beaufort, des diots au vin blanc ou du bolet du Poltais. *vpesenti@online.fr*

Les Barmes de l'Ours 

» Chemin des Carats
☎ 04 79 41 37 00
Fax 04 79 41 37 01
F. 8 mai-30 nov.

Nouveau venu sur la scène très exclusive des quatre étoiles luxe montagnards, le complexe des Barmes de l'Ours se donne les moyens de tutoyer les sommets : chalet contemporain suréquipé au pied des pistes, et formidable lieu de séjour, confort du XXIe siècle, équipements de soins performants, avec un des plus grands spas des Alpes et un personnel nombreux et qualifié. Les avantages de ce confort-là sont innombrables, du ski-shop attenant (Espace Killy) où, dès votre arrivée, skis et chaussures sont choisis et entretenus avec le plus grand soin, la photo immédiate pour que votre forfait soit prêt sans faire la queue jusqu'aux chambres, vastes, luxueuses, donnant sur le village et les pistes. Tous les services d'une hôtellerie de ce niveau (pressing, baby sitting, conciergerie pour les

réservations), à des tarifs relativement justes. Trois restaurants répondent aux envies : la rôtisserie-brasserie pour des plaisirs simples, le typique pour les spécialités régionales et le gastronomique, qui a été confié à Alain Lamaison. ce dernier, précédemment en Corse, s'adapte à l'altitude tout en gardant sa personnalité : deux doigts de Sud, de bons réflexes de terroir pour une carte distinguée et tout à fait à la hauteur.
29 appart. 580-1900 € • 46 ch. 340-740 € • C : 100 € • M : 65-95 €
www.hotel-les-barmes.com

Hôtel Tsanteleina R

» ☎ 04 79 06 12 13
Fax 04 79 41 14 16
F. 9 mai-3 juil. et 29 août-3 déc.

Au cœur de la station, l'hôtel adopte une belle allure montagnarde pour se fondre dans le paysage. Le bois accentue l'aspect chaleureux de cet intérieur avant tout feutré et luxueux, aux chambres personnalisées. Prestations de haut niveau, jusqu'au restaurant, pour une cuisine gastronomique sans ennui, notamment sur les poissons : tarte fine de rouget, féra fumé et mariné compotée de potiron.
11 appart. 274-454 € • 71 ch. 117-454 € • 1/2 pens. 110-255 € • C : 49 € • M : 29-49 €
www.tsanteleina.com

Le Kern

» Av Olympique
☎ 04 79 06 06 06
Fax 04 79 06 26 31
F. 1er mai-1er déc.

Au cœur de l'une des plus charmantes stations savoyardes, des chambres décorées et meublées d'objets chinés par la propriétaire.
19 ch. 100-180 €
www.le-kern.validisere.com

VAL THORENS - 73440 (28 C 3)

Chambéry 108 - Albertville 61

14 Oxalys

» Châlets Oxalys
☎ 04 79 00 12 00
F. 23 avril-1er déc.
Jusqu'à 21h30.

L'Oxalys ambitionne de devenir une des meilleures tables de la région et semble bien en avoir les moyens. Le cadre largement ouvert sur l'extérieur est une très belle interprétation contemporaine du style montagnard (décliné d'ailleurs également dans les appartements de la résidence hôtelière), Magali Morel anime la salle avec charme et brio et Jean Sulpice, dont le CV affiche des références impressionnantes, séduit dans sa façon de jouer des saveurs et des textures, par exemple sur la déclinaison en tavaillon qui frôle l'exercice de style avec son œuf reconstitué dans un bouillon épicé ou sa joue de bœuf dans une mousseline de pomme de terre. Parfaitement actuelle également, la glace carambar spéculoos accompagne la jolie gourmandise sucrée du sabayon poire chocolat blanc. Plus sobre, le pigeon en croûte de foie gras et sa brochette de légumes confirment la qualité des produits retenus. Joli plateau de fromages locaux, carte des vins assez classique, bon choix au verre.
C : 60 € • M : 38-90 €

12 La Cabane

» Rue des Balcons
☎ 04 79 00 83 84
F. 10 mai-15 nov.
Jusqu'à 24h.

Sur les hauteurs de la station, dans le quartier des Balcons (on arrive bien essoufflé en raison de l'altitude), une délicieuse adresse (bravo pour la déco et l'intelligence de l'agencement) où l'on ne se contente pas de servir de la Savoie formatée : carré d'agneau caramélisé à la cassonade de poivrons doux, caquelon de foie gras à la saucisse de Morteau, trio de crèmes brûlées en écorce. Bonne sélection de vins régionaux, ambiance musicale soignée.
C : 40 €

12 Le Vieux Chalet

» Rue du Soleil
☎ 04 79 00 07 93
F. mai-juin et sept.-oct.

Bien sûr, ce Vieux Chalet mise avant tout sur un craquant décor montagnard aux boiseries chaleureuses, mais la cuisine est bien plus qu'anecdotique et aux spécialités classiques (fondues, raclettes), on pourra préférer la terrine maison des Combettes ou la féra sur une bonne polenta.
C : 25 € • M : 15 €

⑩ Le Galoubet

» Centre Commercial de Caron
☎ 04 79 00 00 48
F. 8 mai-20 nov.
Jusqu'à 23h.

Skis au pied, on avale une salade et tout schuss ! On peut aussi prendre son temps, revenir le soir pour une opulente tartiflette et un chaudron entier de convivialité, au cœur de la station.
C : 30€

Le Sherpa

» ☎ 04 79 00 00 70
📠 04 79 00 08 03
F. déb. mai-déb.-déc.

Les touches de bois, les moquettes épaisses et les couleurs chaleureuses composent dans ce grand chalet au-dessus de la station une atmosphère agréable. Terrasse plein sud sur les pistes.
4 appart. 90-160€ • 52 ch. 70-115€ • 1/2 pens. 75-165€
www.lesherpa.com

Le Val Thorens

» Pl de l'Eglise
☎ 04 79 00 04 33
📠 04 79 00 09 40
F. 24 avril-8 déc.

Le grand chalet couvert de bois arbore un style montagnard modernisé, lumineux et accueillant, des chambres aux balcons sur les montagnes et aux bons équipements de confort. Trois formules de restauration.
1 appart. 120-195€ • 81 ch. 86-160€ • 1/2 pens. 86-160€
www.levalthorens.com

VALAURIE - 26230 (27 D 6)

Valence 65 - Montélimar 19

Moulin de Valaurie

» Le Foulon
☎ 04 75 97 21 90
📠 04 75 98 63 72
F. 1er-28 fév. et 22 oct.-7 nov.

Les paysages de vignes et de champs de lavande entourent le parc et ce beau moulin en pierre. Les volumes intérieurs généreux ont été mis à profit avec bonheur par une restauration bien menée. Les chambres, entre parquet ancien et meubles de style, affichent élégance et sobriété pour un séjour tout en douceur.
16 ch. 105-195€ *www.lemoulindevalaurie.com*

VALBONNE - 06560 (33 B1)

Nice 30 - Cannes 12 - Grasse 14

Lou Cigalon

» 4-6 bd Carnot
☎ 04 93 12 27 07
F. dim. et lundi.
Jusqu'à 21h45.

Cadre et ambiance
Si cette charmante maison de village ne devait avoir qu'un seul défaut, et Alain Parodi ne le sait malheureusement que trop bien, une partie de sa clientèle le regrettant parfois, ce serait l'absence de terrasse. La toute petite salle à manger, absolument délicieuse, réserve toutefois un excellent confort.

Cuisine
Une cuisine d'un tel niveau dans des conditions de travail aussi difficiles (les faibles capacités de stockage sont telles que les menus sont modifiés deux fois par jour), tient de l'exploit : crevettes juste saisies au beurre demi sel, mijoté de petits pois et pousse d'épinards, rouget poêlé sur peau, gelée carotte orange cumin, pigeonneau fermier étouffé, aile et cuisse rôtie au sautoir, petits pois purée, mangues, croquettes d'ailerons à la coriandre, chocolat en finger crousti-fondant au praliné, velours mangue-litchi. Une cuisine à la personnalité affirmée, par un cuisinier autodidacte qui sait profiter de son particularisme.

Cave
Belle cave, en particulier en région (Mas de Cadenet, domaine de la Tour du Bon...) et les grands classiques un peu partout (Mas Foulaquier, Puech Haut, Vieux Télégraphe...)

Accueil et service
Aussi joyeux que la cuisine, décontracté mais précis, le service se montre excellent.
M : 25-110€

 Daniel Desavie

» 1360 rte d'Antibes
☎ 04 93 12 29 68
F. dim., lundi, 12-27 fév, 2-14 juil. et 22 oct. - 13 nov.
Jusqu'à 21h15.

Qu'attendez-vous d'une sage maison de tradition ? Qu'elle fasse son travail, bien sûr. Que le produit soit de qualité, que le chef ne le trahisse pas, qu'il y mette sa patte. Voilà l'auberge et ecce homo. A trois minutes du village, en descendant vers la côte, Daniel Desavie tient la forme et le piano fermement. Oui, c'est vrai, on voudrait moins de homard dans une carte antiboise, mais la tarte façon pissaladière et espadon aux févettes, la lotte sur coulis de poivron et l'osso buco de veau légumes et cocos montrent bien que la palette est élargie. Les références régionales utiles (Saint-Baillon, Rasque, Saint-André-de-Figuière, Richeaume...) dans une cave équitable.
C : 50 € • M : 27-47 €

 La Table de Pimprenelle

» 6 rue de la Fontaine
☎ 04 93 12 09 79
F. à déj., merc. à dîn. et 19-30 déc.
Jusqu'à 22h.

Succédant l'an dernier à une véritable figure locale, Margareta, Priscilla Texier semble avoir trouvé ses marques et une clientèle déjà fidèle. Le registre reste celui d'une cuisine féminine, simple et soignée, évoluant quotidiennement au gré du marché, les beignettes de poisson à la provençale et salade au vinaigre de miel, l'aïoli d'agneau au basilic et la tartelette tatin aux fraises de Saint Léon faisant instantanément oublier tous les tracas du quotidien. Petite cave vraiment pas chère.
C : 35 € • M : 33-40 € *www.latabledepimprenelle.com*

VALCABRERE - 31510 (29 C 5)

Saint-Bertrand-de-Comminges 2

 Le Lugdunum

» ☎ 05 61 94 52 05
F. dim. à dîn. et lundi.
Jusqu'à 20h30.

La recette a de quoi surprendre : servir une gastronomie antique romaine (avec la participation du CRNS du Mirail) dans un chalet moderne tout en verre et bois donnant en direct sur le site archéologique et la cathédrale de Valcabrère, il fallait oser. Renzo Pedrazzini s'y frotte avec succès depuis une vingtaine d'années et son pigeon sauce moretum, ses saucisses de Lucanie, ses crevettes et quenelles marinées sauce aux dattes ou sa côtelette d'agneau sauce gingembre n'auraient sans doute pas paru anachroniques lors d'un banquet de Néron. Aux côtés de quelques vins bien d'aujourd'hui, on trouve des vins de fleurs ou aux épices.
C : 70 € • M : 35 €

VALENCE - 26000 (27 D 4)

Lyon 99 - Privas 41

(17) Pic

» 285 av Victor-Hugo
☎ 04 75 44 15 32
F. dim. à dîn., lundi, mardi (sf à dîn. 1er avril-31 oct.), merc. à déj. (1er avril-31 oct.) et 2-25 janv.
Jusqu'à 21h30.

➥ **Hôtel :** Pic

Cadre et ambiance

C'est un trois toques excitant, comme il y en a peu. Peut-être parce que Valence, c'est déjà le Sud, une sorte de frénésie de soleil qui rend les grandes tables plus simples et familières. Tout d'une grande, y compris des additions vraiment ronflantes et de très belles mises de table, mais un sourire naturel, le plaisir de recevoir qui stimule celui d'être accueilli.

Cuisine

Dans l'ambiance légèrement euphorique, on rêve de plats qui vous subjuguent, simples ou complexes. On se régale des pistes et sardines avec une crème menthe-bergamote, bien imaginé, nerveux, brillant, on attend trop du bar de ligne à 85 €, avec une farce de pied de cochon, poivron doux et girolles, qui le rend rustique, presque domestique, et qui irait finalement mieux à des lisettes, et on se refait le printemps avec le carré d'agneau allaiton de l'Aveyron, tatin de tomates et petits gris de l'Ardèche, un plat très Pic, direct et savoureux. Le plus intéressant est à la carte, vraiment dissociée des menus, moins palpitants, même le grand à 150 €.

Cave
Classique et rhodanienne - du lourd, du sûr, y compris dans le vignoble proche - aux tarifs presque effrayants : on se sauve de la banqueroute avec les cuvées maison. Un tout petit choix autour de 40 €, les bons flacons étant globalement inabordables.

Accueil et service
Service sérieux et masculin, parfois même un peu théâtral, mais bien orchestré et exécuté par un personnel concerné, à l'écoute et aux aguets.

C : 130 € • M : 115-145 € www.pic-valence.com

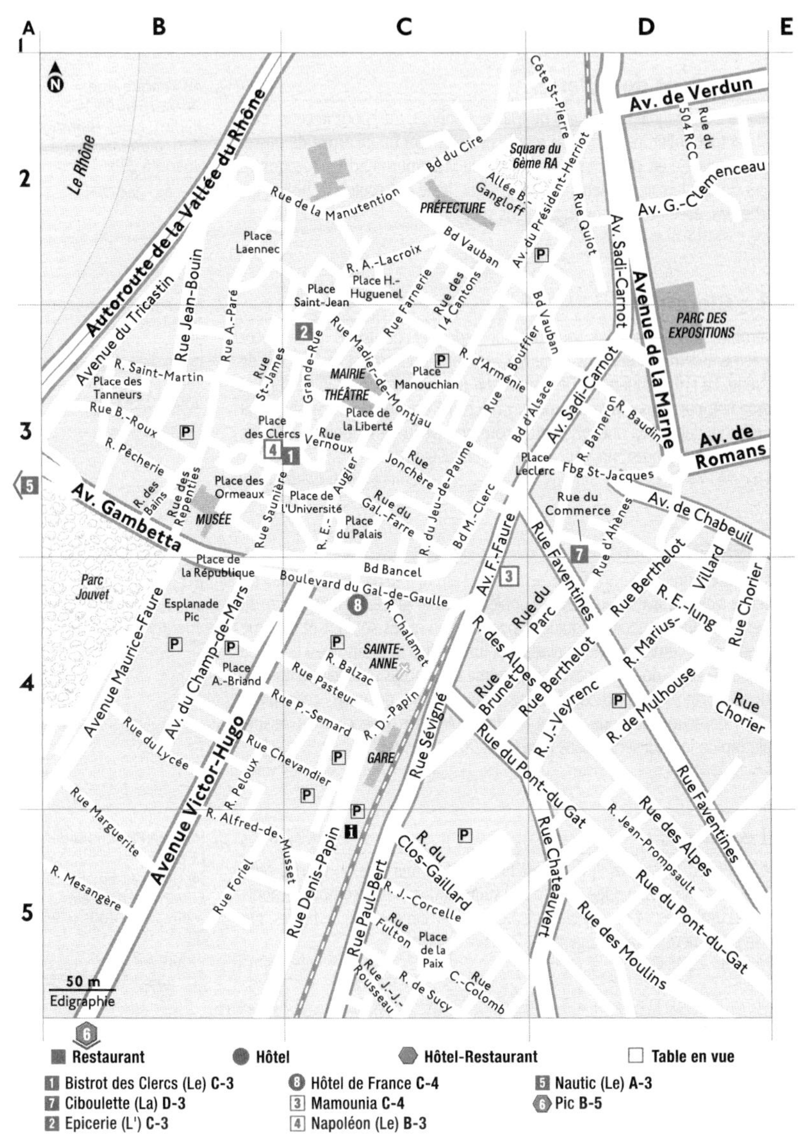

14 Le Petit Pic

Quand on a la chance de s'appeler Pic, à Valence, dans ce métier, ça peut servir. Aussi l'Auberge du Pin, qui, hormis l'adresse, ne disait pas toute l'histoire, s'appelle désormais le Petit Pic, annexe bistrorusticobranchée de la fière maison-mère où Anne-Sophie, dépositaire de la marque, réalise les prouesses dignes de la dynastie. Le bon chef installé aux manettes pilote avec aisance, entre terroir et préparations contemporaines : vichyssoise d'asperges vertes aux ravioles et crevettes grises, filet de féra au Noilly, demi-coquelet au massalé à la broche, carpaccio d'ananas au Malibu. La cave bénéficie de l'expertise maison, pour convoquer Coursodon, Combier, Tardy ou Vernay, entre autres.

C : 30 € • M : 30-30 € *www.pic-valence.com*

» 285 bis av Victor-Hugo
☎ 04 75 44 53 86
Ouv. 7j/7.
Jusqu'à 21h30.

Le Bistrot des Clercs

La voilà, la bonne table de copains de Michel Chabran. Car, pour le coup, c'est là qu'il est tout entier lui-même, au moins virtuellement (in lui arrive de passer en fin de service), en présentant au format du vrai gourmand les recettes de toujours de son terroir : caillette, rognons, gigot, belle entrecôte. Du bistrot qui ne triche pas, avec des flacons rhodaniens solidaires.

C : 31 € • M : 18-27 €

» 48 Grande-Rue
☎ 04 75 55 55 15
F. dim. à déj. (juin-août) et dim. à dîn. (sept-mai.)
Jusqu'à 23h.

12 La Ciboulette

La patronne s'agite avec le sourire pour redonner du tonus à ce décor passablement défraîchi et à une carte qui ronronne doucement sans espoir de brusquerie. Le rythme lui-même est au ralenti (deux heures sans le dessert) et la vitesse finit par vous manquer, même si le roulé de pintade au jambon cuit ou le râble de lapin aux anchois sont encore au niveau de la toque. Cave très banale, qu'il faudra aussi, un jour, penser à renouveler.

C : 44 € • M : 29-66 € *www.laciboulette.com*

» 6 rue du Commerce
☎ 04 75 55 67 74
F. sam. à déj., dim. à dîn., lundi, 3e sem. janv. et 1re sem. août.
Jusqu'à 21h30.

12 L'Epicerie

Après quinze années d'activité, se sentant à l'étroit, Pierre Sève a enfin pu pousser le volume avec deux salles supplémentaires grâce à l'acquisition du commerce voisin. L'ambiance toujours joyeuse n'en a pas souffert et, comme les assiettes sont demeurées aussi plaisantes (brochettes de petits gris à la crème de laitue et févettes, dos de cabillaud à la crème de brocolis et caviar de hareng, poitrine de pigeon rôtie, cuisse braisée et jus au vin de noix), cette place Saint-Jean demeure plus que jamais fréquentable. Très jolie cave en région, formule rapide le midi servie dans la nouvelle salle "bistrot".

C : 45 € • M : 23-60 € *pierre.seve@free.fr*

» 18 pl Saint-Jean
☎ 04 75 42 74 46
F. w.-e., 3 sem. déb. août, Toussaint et 22-31 déc.
Jusqu'à 21h30.

12 Le Nautic

Même si le port n'est que fluvial, c'est bien vers la mer que se tourne cette cuisine alerte, une mer piquée de saveurs sudistes dans les accompagnements comme les aromates, et un voyage sans heurt pour une clientèle de fidèles, qui apprécie également la salle élégante et le service efficace.

C : 40 € • M : 24-48 €

» Port de Plaisance de l'Epervière
☎ 04 75 41 58 40
F. vend. à dîn., sam., dim. à dîn., 8-16 août et 25-31 déc.
Jusqu'à 21h30.

Mamounia

Un petit voyage bien agréable jusqu'au Maroc, dans un décor chatoyant de palais et avec les spécialités attendues (couscous et tajines en tête) et les vins de là-bas.

C : 20 € • M : 16 €

» 33 av Félix-Faure
☎ 04 75 56 94 21
F. lundi et 15 juin-15 juil.
Jusqu'à 22h45.

 Le Napoléon

L'empereur veille sur la salle du haut de la grande fresque murale et la carte décline un large choix de propositions brasserie sous influence sudiste, notamment italienne. Terrasse agréable. *lenapoleon@wanadoo.fr*

» 5 pl des Clercs
☎ 04 75 86 09 68
Rens. non comm.
Jusqu'à 23h00.

Pic

➥ **Restaurant** : 17/20 Pic

A l'abri de l'agitation derrière la façade colorée, le jardin diffuse un sentiment de sérénité jusque dans les chambres, à l'allure moderne et intemporelle à la fois, puisant l'inspiration dans des couleurs très Sud. Déco contemporaine et lignes épurées pour quatre chambres refaites l'an dernier.

3 appart. 305-395 € • 12 ch. 195-285 € *www.pic-valence.com*

» 285 av Victor-Hugo
☎ 04 75 44 15 32
Fax 04 75 40 96 03
F. 2-25 janv.

Hôtel de France

L'hôtel profite des travaux de réaménagement du boulevard pour se transformer lui aussi, jusqu'à la fin de cet hiver. Derrière la célèbre façade blanche, le cadre est contemporain et coloré, créant une atmosphère vraiment chaleureuse et dynamisante. Des qualités qui valent aussi pour l'accueil.

34 ch. 49-72 € *www.hotel-valence.com*

» 16 bd du Gén-de-Gaulle
☎ 04 75 43 00 87
Fax 04 75 55 90 51
F. non comm.

à CORNAS - 07130 : 6 km N.O. par N 86

(11) Auberge de Crussol

Du pratique de bonne gamme dans un faubourg du célèbre village viticole. La cave, hélas, est minimale pour une telle situation, accompagnant une table qu'il faut fréquenter pour ses petits menus du jour.

C : 30 € • M : 15-35 €

» 135 av Colonel-Rousset
☎ 04 75 40 32 17
F. dim. à dîn., lundi et août.
Jusqu'à 22h.

à PONT DE L'ISERE - 26600 : 8 km N. par N 7

 Michel Chabran H

Cadre et ambiance

La grande bâtisse familiale, centre de village sur la Nationale, l'étape idéale comme il y a le gendre idéal : bon couvert, bon gîte, une literie confortable et l'eau chaude qui coule. Et une grande table, au chef consacré, atmosphère bourgeoise et bonne fourchette (c'est tout de même la Drôme).

Cuisine

Ode aux produits locaux, de l'élevage, de la culture et du sauvage, celui qui ne se laisse pas faire ou dénicher si facilement : du poisson, du gibier, de la truffe. De belles et gourmandes assiettes, jamais trop éloignées des racines, et toujours proches du plaisir de vivre.

Cave

Rhône évidemment, des hermitages aux côte-rôtie, des saint-joseph aux châteauneufs, cette carte des vins est une déclaration d'amour à la vallée, avec de vieux millésimes et toutes les grandes maisons (Beaucastel, Chave, Guigal…).

Accueil et service

Du travail précis dans la simplicité pré-provençale, celui d'une grande maison qui ne se prend pas pour une cathédrale, encore la marque Chabran, bon vivant lui-même et amateur de moments authentiques.

C : 100 € • M : 34-155 € • 12 ch. 70-120 € • 1/2 pens. 154-234 €

www.michelchabran.fr

» Av du 45e-Parallèle
☎ 04 75 84 60 09
F. dim. à dîn. (nov.-mars), merc. et jeudi à déj.
Jusqu'à 22h.

à SOYONS - 07130 : 7 km S. par N 86

Musardière et Châtaigneraie R

Les chambres se partagent entre l'élégance bourgeoise de la Musardière, maison XIXe meublée d'époque, et l'atmosphère champêtre et provençale de la Châtaigneraie. Au restaurant, le chef maîtrise ses fondamentaux et y ajoute l'indispensable touche sudiste : tarte de sardines aux courgettes confites et olives noires, agneau fermier de la Drôme tatin de navets.
28 ch. 79-149€ • 1/2 pens. 165-185€ • C : 60€ • M : 23-37€
www.ledomainedesoyons.com

» 670 rte de Nîmes
☎ 04 75 60 83 55
Fax 04 75 60 85 21
Ouv. 7j/7.

VALENCE D'AGEN - 82400 (29 C 3)

Toulouse 70 - Montauban 46 - Agen 25

à GOUDOURVILLE - 82400 : 3 km E.

Château de Goudourville R

Né pour affronter des temps troublés (au XIe siècle), allégé à la Renaissance, le château n'en garde pas moins une allure altière et imposante. Les beaux matériaux anciens font partie intégrante d'un cadre luxueux et romantique, avec tentures et mobilier de style assorti. Sympathique et originale démarche au restaurant, où les plats épousent les pierres et leur époque : galimafrée des rois, frigousse de canards gras aux fèves, brouet au jarret de cochon et foie gras poêlé. A déguster, bien sûr, un hennin sur la tête ou en cotte de mailles.
2 appart. 110-130€ • 4 ch. 71-110€ • 1/2 pens. 60-75€ • C : 30€ •
M : 18-28€ *www.goudourville.com*

» Le Pech
☎ 05 63 29 09 06
Fax 05 63 39 75 22
F. 1er déc.-15 mars.

VALENCE SUR BAÏSE ➤ CONDOM

VALENCIENNES - 59300 (2 B 4)

Lille 51 - Tournai 34

13 Le Grand Hôtel

➥ **Hôtel :** Le Grand Hôtel

Les difficultés liées aux travaux disparues, la maison peut continuer à tailler sa route imperturbable et à décliner par le menu (ou plutôt la carte) une cuisine raffinée, dont le classicisme impeccable fait plaisir à voir et rassure le fidèle. Elle trouve en plus à s'exprimer dans un cadre taillé sur mesure, avec cette belle salle Art déco qui fourmille de détails typiques et dans laquelle évolue un service de grande maison, capable d'apporter une carafe d'eau ou d'effectuer un flambage en salle avec la même aisance. La cave est à la hauteur de l'histoire de la maison.
M : 42-56€ *www.grand-hotel-de-valenciennes.fr*

» 8 pl de la Gare
☎ 03 27 46 32 01
Ouv. 7j/7.
Jusqu'à 22h30.

12 Le Bistrot d'en Face

Artistes et collègues se rejoignent dans cette chapelle traditionnelle où l'on célèbre l'orthodoxie bistrotière et régionale : potjevleesch de poisson, blanquette de veau à l'ancienne, carbonade de bœuf à la flamande. Il y a à boire et à manger et peu de réclamations.
C : 25€ • M : 19-43€

» 5 av d'Amsterdam
☎ 03 27 45 25 25
F. dim.
Jusqu'à 23h.

10 L'Escargot

Honnête brasserie de cœur de ville qui a profité du changement de propriétaire, l'été dernier, pour se rafraîchir la coquille : la table est toujours aussi animée, un peu plus gaie et soigné, et le chef met du cœur à l'ouvrage, sur les escargots, la langue Lucullus et la choucroute.
C : 28€ • M : 23€ *relais-escargot@nordnet.fr*

» 34 pl d'Armes
☎ 03 27 46 29 61
Ouv. 7j/7.
Jusqu'à 24h.

Le Grand Hôtel

» 8 pl de la Gare
☎ 03 27 46 32 01
03 27 29 65 57
Ouv. 7j/7.

➥ **Restaurant** : 13/20 Le Grand Hôtel

La grande façade Art déco domine une place de la gare entièrement refaite et abrite des chambres sobres et élégantes, au décor clair et chaleureux.
6 appart. 99-109 € • 88 ch. 78-120 € • 1/2 pens. 99-120 €

www.grand-hotel-de-valenciennes.fr

à RAISMES - 59590 : 5 km N.O. par D 169

La Grignotière

» 6 rue Jean-Jaurès
☎ 03 27 36 91 99
F. lundi, mardi à dîn., merc. à dîn. et 3 sem. août.
Jusqu'à 21h30.

Le chien qui jappe joyeusement à l'arrivée des clients ? Forcément un bon signe, il est probablement bien nourri. La décoration soignée, le potager où le chef puise certains de ses légumes, voilà un autre bon signal. Alors pas d'hésitation pour le menu à 32 €, filets de plie farcis sauce cocktail, médaillons de lotte à la vanille et au gingembre ou le duo de ris et rognons de veau sauce valenciennoise. Petite cave d'appoint, service en amélioration.
C : 40 € • M : 25-32,50 €

www.lagrignotière.fr

à VILLERS POL - 59530 : 9 km S.E. par N 45

La Flambée

» 6 les Quatre-Vents
☎ 03 27 49 50 60
F. merc.
Jusqu'à 21h.

Bonne nouvelle cette année, une de plus pour cette maison qui fait décidément partie de nos favorites, la terrasse, agréable grâce à ses grands espaces et à son calme, s'est vue récemment attribuer un nouveau mobilier, plus confortable. Et comme les assiettes, même si elles changent peu, dégagent toujours autant de sympathie (assiette de matouille et sauce céleri, andouillette de chez Duval, suprême de volaille de Licques et sa crème d'orties du jardin, grillades à la cheminée...) et que la cave, courte, se montre fouineuse, une seule recommandation : courez-y.
C : 27 €

la.flambee@wanadoo.fr

VALENSOLE - 04210 (34 A 4)

Manosque 19 - Moustiers-Sainte-Marie 31

15 Dominique Bucaille

» Rte d'Oraison, lieudit La Fuste
☎ 04 92 72 73 41
F. lundi et mardi (juillet-août lundi slt), 1ère quinzaine décembre et 2e quinzaine janvier.

A l'heure où vous lirez ces lignes, Dominique Bucaille aura fermé les portes de son ancienne filature du XVIIe siècle à Manosque, où il aimait peindre, inventer et réinventer sa Provence, pour s'installer dans sa maison particulière, complètement réaménagée bien entendu, au lieu dit la Fuste, à Valensole (juste à côté de l'Hostellerie de ses beaux parents). Une capacité de 25 couverts maximum, des espaces privatifs, une salle entièrement tournée vers un splendide jardin et un niveau de prestations qu'il annonce au moins équivalent à l'ancien, tout en tirant les tarifs légèrement vers le bas. Nous maintenont donc avec confiance la note de 15/20 que nous accordions à son ancienne adresse où, lors de notre dernier passage, nous avions été une fois de plus conquis par le confit de tomates thon mi-cuit mi-cru, cannelloni d'aubergine à la rillette de thon et au poivre d'Indonésie, le carré d'agneau rôti à four d'enfer à la fleur de sel de Camargue et purée de Monalisa d'André Mille (c'est la pomme de terre de Manosque) et le pigeon doré au lard de colonnata et polenta onctueuse.

dbucaille@wanadoo.fr

Hostellerie de la Fuste

La tranquillité du parc, aménagé notamment en verger, l'architecture régionale XVIIe tout comme le décor rustique provençal, tout cela crée une atmosphère paisible et raffinée, propice à une détente parfaite.
2 appart. 200-320 € • 14 ch. 95-180 € • 1/2 pens. 164-249 €

www.lafuste.com

» Lieu-dit La Fuste, rte d'Oraison, D 4
☎ 04 92 72 05 95
Fax 04 92 72 92 93
F. 3 janv.-15 mars et 14 nov.-20 déc.

VALLAURIS - 06220 (**34** C 5)

Nice 25 - Antibes 6

Le Manuscrit

"Fleischterrine mit basilicum/Basilmeat pie". C'est la Provence polyglotte qui s'adresse aux touristes de tous horizons dans ce Manuscrit trouvé à Vallauris. La cuisine, quant à elle, explore plutôt un bon fond de tradition, sans vraiment s'attacher au terroir : foie gras mi-cuit, saumon à la coriandre, entrecôte charolaise.
C : 35 € • M : 23-32 €

» 224 chemin Lintier
☎ 04 93 64 56 56
F. lundi et janv.
Jusqu'à 21h30.

VALRAS PLAGE - 34350 (**31** D 4)

Montpellier 75 - Agde 26 - Béziers 17

Le Delphinium

A ceux qui s'interrogeaient sur le rapport entre cette table de station de vacances et le delphinium, renonculacée ornementale aussi appelée pied d'alouette, nous nous contenterons de préciser que l'épouse du chef se prénomme Delphine, et qu'elle anime la salle avec beaucoup de compétence et d'aisance. Louis Louro souffle le classique et le moderne avec la même facilité, ses cuissons sont nettes, sans ingrédients superflus, privilégiant l'essence, le principe et la cohérence du plat : carpaccio de loup et basilic, turbot et risotto, rouget sur une tarte tomate anchois, noisette d'agneau en croûte farcie de poivron confit et estragon. Cave régionale intelligente, avec de belles cuvées à prix sage (Equinoxe de l'Arjolle, la Falaise de la Negly, Roc des Mates de Cazeneuve).
C : 50 € • M : 23-75 €

» Av des Elysées
☎ 04 67 32 73 10
F. sam. à déj., mardi, merc. à déj., mi-fév.-mi-mars et 2 sem. nov.
Jusqu'à 21h30.

VALREAS - 84600 (**33** B 3)

Vignon 61 - Montélimar 37

Au Délice de Provence

Dans la vieille ville, une gentille table dans l'air du temps, à la cuisine un peu coquette (blinis de murson aux olives de Nyons, caillettes de sébaste et jus de canard à la sauge...) enrobée dans un plaisant menu à 24 **€**. L'atmosphère est également précieuse, aimable et provençale, et la cave fait les bons choix sur le village (Val des Rois) comme chez les voisins (Gramenon, les Goubert...).
C : 38 € • M : 17-40 €

» 6 quartier de la Placette
☎ 04 90 28 16 91
F. mardi, merc. F. ann. non comm.
Jusqu'à 21h.

➲ à **GRILLON** - 84600 : 5 km O. par D 941

Auberge des Papes

Les papes gourmands en auraient fait leur bonheur, de cette cuisine nineties qui profite des truffes de Richerenches et des doux agneaux pour qualifier une carte généreuse et méridionale. Marie Nicolas aime la mer (crevettes flambées au pastis, encornets farcis dans un menu dédié) et la Provence (crespéou caillette, profiteroles d'escargots, gigot thym et tapenade), les ravioles de saint-jacques aux truffes résumant bien le style maison. Décoration pontificale, petite cave de propriétaires.
C : 25 € • M : 18-52 € *aubergedespapes@wanadoo.fr*

» Rte de Grignan
☎ 04 90 37 43 67
F. sept.-oct.
Jusqu'à 21h.

VALS LES BAINS - 07600 (27 C 5)

Privas 32 - Aubenas 5

Le Vivarais H

» 5 rue Claude-Expilly
☎ 04 75 94 65 85
Ouv. 7j/7.
Jusqu'à 21h.

Dans une adorable ambiance familiale (la mère et la fille en cuisine, les jouets d'enfant dans le parc, l'affiche pour ne pas laisser échapper le chien), la maison prête à sourire par certains côtés (le décor chargé de la salle, la large carte très "touriste") mais le bonheur des spécialités à la châtaigne reste intact dans le riche menu qui leur est dédié, de la soupe accompagnée de foie gras et de pain à la châtaigne au soufflé glacé châtaigne-chocolat, en passant par le pigeon rôti champignons et châtaignes. Des saveurs généreuses, mais aussi raffinées. Carte des vins tout aussi sympathique, avec de belles découvertes en local.

C : 50 € • M : 35-58 € • 5 appart. 140 € • 42 ch. 55-98 €

⑩ Mireille

» 3 rue Jean-Jaurès
☎ 04 75 37 49 06
F. mardi à dîn., merc. (sf été), 2 sem. fév. et 2 sem. nov.
Jusqu'à 21h.

Petits prix et sincérité, deux arguments de vente qui emplissent en saison l'accueillante salle voûtée : le gâteau de truite, la ballottine de lapin à la bière de marron et le gratin de fruits font bon ménage, plus sûrement encore que les prédilections du chef pour le poisson (rascasse à l'ail, osso buco de lotte), le foie gras ou le soufflé glacé.

C : 15 € • M : 10-30 €

LE VALTIN - 88230 (12 C 5)

Epinal 62 - Gérardmer 18

Auberge du Val Joli H

» 12 bis le Village
☎ 03 29 60 91 37
F. dim. à dîn. (sf vac. scol.), lundi à déj. (sf férié), mardi à déj. (sf vac. scol.), et 13 nov.-6 déc.
Jusqu'à 21h.

Installée dans un petit village d'une centaine d'habitants, entre les cols de la Schlucht et du Bonhomme, cette auberge familiale (Phiippe Laruelle en cuisine, Marie-Thérèse en salle, Jean-Paul endossant les habits de sommelier) sent bon le terroir vosgien, les sous-bois, les champignons fraîchement ramassés et le gibier encore fumant. La truite fumée crème à l'oseille, le pigeon et foie gras en feuilleté et étuvée de choux verts, les menus truffes, morilles ou chasse en saison, les occasions de pousser jusqu'à ce charmant village sont multiples. Les chambres sont en outre délicieuses, confortables et authentiques.

C : 40 € • M : 18-65 € • 3 appart. 122-155 € • 7 ch. 75-80 € • 1/2 pens. 67-70 €

www.levaljoli.com

LA VANCELLE ➤ LIEPVRE

VANNES - 56000 (14 A 5)

Paris 462 - Rennes 114 - Lorient 59

Régis Mahé

» 24 pl de la Gare
☎ 02 97 42 61 41
F. dim., lundi, 2 sem. vac. scol. fév., 1 sem. fin juin et 2 sem. fin nov.
Jusqu'à 21h.

Les habitués de vingt ans partagent avec Régis Mahé une complicité précieuse, celle d'une pêche de fraîcheur, de rougets poêlés minute, de homard et lotte aux épices, de dos de bar rôti embeurrée de légumes petite soupe de coquillages. Les cuissons sont nettes et respecteuses, et l'institution se porte bien, service précis et cave bien organisée, forte en loires.

C : 75 € • M : 29-74 €

	Accessible aux handicapés.		Piscine privée.
	Carte des vins remarquable.		Repas servis en terrasse ou dans un jardin.
	Tennis privé.		Chiens acceptés.

13 Rive Gauche

» 5 pl Gambetta
☎ 02 97 47 02 40
F. dim., lundi, 15 jrs mars et 15 jrs sept.
Jusqu'à 21h30.

Fabrice Sorin parti sous d'autres cieux, Nathalie et Stéphane Berrigaud ont trouvé en Cyril Jorda un remplaçant au solide CV : second à la Cabro d'Or puis cinq années passées comme chef aux côtés de Georges Paineau (le Bretagne à Questembert, 16/20), ça vous pose un chef. Les ambitions n'ont pas changé pour autant, les plats sur ardoise (nem breton au crabe sauce ravigote, filet de saint pierre et son risotto aux fèves, fondant au chocolat et griottines) tenant la vedette, au gré des retours du marché.
C : 40 € • M : 14-20 €

13 La Table des Gourmets

» 6 rue Alexandre-le-Pontois
☎ 02 97 47 52 44
F. sam. à déj., dim. à dîn. (sf juil.-août) et lundi. F. ann. non comm.
Jusqu'à 21h30.

Rénovée avec goût depuis sa reprise en juin 2003 par Guillaume Huguet dans un style lumineux et chaleureux, cette enseigne vannetaise reconnue ne joue pas sur sa seule situation (jolie vue sur le château de l'Hermine) pour attirer le chaland. Modernisée elle aussi par touches successives, la carte embrasse un registre actuel et plaisant, entre clins d'œil un tantinet modeux (pavé de lieu jeune et bonbon croustillant de petits légumes, jus à l'huile d'olives) et tradition réinventée (croustillant de pigeonneau, confits d'oignons et crème parmentière). Cave bien fournie et mettant l'accent sur les propriétaires.
C : 38 € • M : 24-56 €

10 La Taupinière

» 9 pl des Lices
☎ 02 97 42 57 82
F. dim. (14-juil.-15 août), dim., merc. (h.s.) et 1er-15 janv.
Jusqu'à 21h30.

Se partager la galette, dans cette Taupinière bénie, c'est un sacré bon moment. La pâte à la fois moelleuse et craquante, les garnitures soignées, et les crêpes sucrées pour garnements gourmands, voilà qui explique la fidélité du guide à cette enseigne symbolique.
C : 10 € • M : 9,50 €

Villa Kerasy

» 20 av Favrel et Lincy
☎ 02 97 68 36 83
02 97 68 36 84
F. 2-22 janv. et 13 nov.-10 déc.

Dans cette maison bourgeoise du début du XXe siècle, les chambres déclinent des ambiances personnalisées sur le thème de la Route des Indes, en touches de couleurs ou via des objets de décoration, et jusqu'au jardin japonais.
12 ch. 92-167 € *www.villakerasy.com*

Comfort Hotel la Marébaudière

» 4 rue Aristide-Briand
☎ 02 97 47 34 29
02 97 54 14 11
Ouv. 7j/7.

En centre-ville, disposant d'un grand parking privé, fermé la nuit et gratuit, une vieille maison bretonne aux chambres de style contemporain, certaines plus spacieuses avec coin salon. Les remparts ne sont qu'à 150 m.
41 ch. 63-99 € *www.marebaudiere.com*

Le Roof

» Presqu'île de Conleau
☎ 02 97 63 47 47
02 97 63 48 10
Ouv. 7j/7.

Cette presqu'île a des allures de petit monde à part et constitue un site fort agréable pour cet hôtel aux prestations soignées, avec ses belles chambres claires ouvertes sur le bras de mer.
42 ch. 72-140 € *www.bestwestern.fr*

Les fermetures hebdomadaires et annuelles
sont celles que les restaurateurs et les hôteliers pensent pratiquer en 2006.
Pour éviter des déplacements inutiles, téléphonez pour confirmer.

➲ à ARRADON - 56610 : 7 km O. par N 165

L'Arlequin

» 3 allée Denis-Papin, parc de Botquelen
☎ 02 97 40 41 41
F. sam. à déj., dim. à dîn., merc., 2 sem. mars et 2 sem. sept.
Jusqu'à 21h.

Quand Manuel Caradec se rapproche de la mer et de son terroir, son Arlequin est vraiment dans son meilleur rôle : un ambassadeur courtois qui sait enfiler des costumes chatoyants - gâteau de lotte aux tomates et basilic, dos de cabillaud demi-sel aux févettes, poitrine de pigeonneau au chouchen - dans l'environnement plutôt ingrat d'une zone d'activité. Le décor a été revu l'an passé, l'accueil est souriant , les desserts ont des idées et la cave s'épaissit petit à petit, avec une bonne offre en loires.
M : 20-38 €

➲ à SAINT AVE - 56890 : 5 km N.O. par D 767 et D 135

Le Pressoir

» 7 rue de l'Hôpital
☎ 02 97 60 87 63
F. dim. à dîn., lundi, mardi, 27 fév.-17 mars, 26 juin-7 juil. et 25 sept.-24 oct.
Jusqu'à 21h.

Dans certaines maisons, le "pas de changement" peut être un signal d'endormissement. Chez Bernard Rambaud, on pousserait presque un soupir de soulagement. Parce que l'équilibre savant qu'il a construit entre le terroir et l'actualité, en bouleversant les codes bretons pour les forger à sa main doit perdurer et encore s'épanouir, le kouign patatez à l'andouille de Guéméné et pied de porc aussi bien que la vapeur de lotte à l'émietté de tourteau en robe de laitue, asperges vertes et émulsion de carottes à l'huile de noisettes=. La carte est aussi aventureuse, maligne et ondulante qu'elle est sage et transparente dans ses tarifs, et la cave a du répondant dans chaque région.
M : 32-87 € *www.le-pressoir-st-ave.com*

LES VANS - 07140 (27 B 6)

Privas 67 - Alès 46

Le Carmel

» Les Passets
☎ 04 75 94 99 60
F. 1er janv.-15 mars et 1er nov.-31 déc.
Jusqu'à 21h30.

Depuis qu'il a quitté Lyon et les hauteurs croix-roussiennes pour se ressourcer dans la Drôme provençale, le Vosgien Daniel Ancel a retrouvé, dans cet hôtel qui était autrefois un monastère, comme une deuxième jeunesse. Il y pratique une cuisine de marché à l'usage d'une clientèle hétéroclite, de touristes et surtout d'habitués, quitte à la détourner au gré de sa fantaisie. Des caillettes alors, pour l'effet terroir et le rappel canaille, mais aussi des soupes marocaines à l'agneau superbement épicées ou une daurade au beurre persillé. Les légumes sont nouveaux, les viandes de premier choix, les saveurs balisées. Reste ici et là à élaguer, à alléger la crème et l'onctuosité du velouté de langoustines aux asperges vertes. A se mettre au diapason avec son nouvel habitat dont le climat incite à plus de légèreté.
C : 50 € • M : 25-37 € *www.le-carmel.com*

Le Mas de l'Espaïre

» Bois de Païolive
☎ 04 75 94 95 01
Fax 04 75 37 21 00
F. Toussaint, Pâques.

Protégé par une combe et fermé par les restanques, à l'image du splendide bois de Païolive tout proche, le parc de cette ancienne magnanerie en pierres de pays dispose d'une piscine ombragée et d'une terrasse sur laquelle on peut prendre le temps de vivre. Délicieux décors, rustique ou plus moderne, dans les chambres.
31 ch. 35-82 € • 1/2 pens. 57-72 € *www.hotel-espaire.fr*

VARENGEVILLE SUR MER - 76119 (6 C 1)

Rouen 64 - Dieppe 17

 Hôtel-Restaurant de La Terrasse 

Pour découvrir la douceur de cette partie de la côte, avec ses jardins et sa chapelle, une affaire familiale fidèle au poste depuis le début du XXe siècle, avec de jolies chambres personnalisées, entre style anglais et atmosphère à l'ancienne, tendues de toile de Jouy.

22 ch. 50-600 € • 1/2 pens. 48-58 € *www.hotel-restaurant-la-terrasse.com*

» Vasterival
☎ 02 35 85 12 54
Fax 02 35 85 11 70
F. 15 oct.-15 mars.

LA VARENNE SAINT HILAIRE ➤ PARIS-BANLIEUE

VARETZ ➤ BRIVE LA GAILLARDE

VARREDDES ➤ MEAUX, PARIS-BANLIEUE

VARS - 05560 (34 B 2)

Gap 69 - Briançon 45

 Chez Plumot

Au cœur de la station, face à la patinoire, la maison de Dominique Lallez s'est forgée depuis trois décennies la réputation d'être une vraie maison d'amis. On s'y sent bien, on y mange généreusement et sans chichis : ravioles de Romans aux truffes, langoustines au sésame, souris d'agneau de 7 heures, tournedos de magret canard Rossini, vacherin créole. Belles charcuteries, délicieuse raclette et cave bien adaptée.

C : 43 € • M : 18 €

» ☎ 04 92 46 52 12
F. mai-juin, et sept.-nov.
Jusqu'à 22h15.

VASOUY ➤ HONFLEUR

VAUCHOUX - 70170 (21 B 2)

Paris 357 - Vesoul 16 - Luxeuil 42

 Château de Vauchoux

Jean-Michel Turin reste habité par la même passion, celle qui fait de cet ancien pavillon de chasse de Louis XV l'une des toutes meilleures tables de Franche Comté depuis bien longtemps. Son secret ? Avoir su évoluer avec son temps, ne reniant jamais les bases classiques (le foie gras de canard fermier, la cocotte de râble de lapereau de la mère Jeanne ou le boudin blanc royal de ris de veau figurent en bonne place sur sa carte) tout en sachant s'ouvrir aux nouvelles tendances (chou frisé de tourteau vapeur et piment d'Espelette). Tarifs conséquents et justifiés, très belle cave.

C : 75 € • M : 60-90 €

» Rte de la Vallée-de-la-Saône
☎ 03 84 91 53 55
F. lundi, mardi et 20-28 fév.
Jusqu'à 21h30.

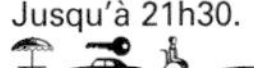

VAULT DE LUGNY ➤ AVALLON

VAUTORTE - 53500 (16 A 1)

Laval 37 - Mayenne 16

(11) La Coutancière

Service bien rendu aux automobilistes aux abords d'Ernée : ils peuvent déclencher les warnings et s'attabler tranquillement devant le jambon braisé sauce cidre et la cuisse de canard mi-confite. Le petit menu est une affaire, complété par l'ardoise à moins de 10 €, et les classiques (brochet beurre blanc, émincé de bœuf aux pleurotes) sont sous contrôle.

C : 26,25 € • M : 18,50-36,10 €

» ☎ 02 43 00 56 27
F. dim. à dîn., mardi à dîn., merc., 18 juil.-3 août et 1 sem. vac. scol. hiver.
Jusqu'à 20h30.

VAUX SOUS AUBIGNY - 52190 (9 C 6)

Chaumont 60 - Dijon 47

[12] Aux Trois Provinces H

Des raviolis d'escargots, des lasagnes de tourteaux, des ris de veau aux morilles : cette table suit gentiment la mode des années 90 et sait mettre en avant des produits bien achetés, qu'on aime d'autant mieux dans une relative simplicité, le rognon de veau sauce au vin ou la souris d'agneau en navarin. Les neuf chambres permettent d'envisager la digestion en douceur et d'apprécier les vins locaux.

C : 40 € • M : 18-28 € • 9 ch. 45-50 €

» Pl de Verdun
☎ 03 25 88 31 98
F. dim. à dîn., lundi et 9 janv.-6 fév.
Jusqu'à 20h30.
🚗 🐕

VAUX SUR MER ➤ ROYAN

VEIGNE ➤ MONTBAZON

VELARS SUR OUCHE - 21370 (20 B 3)

Gevrey Chambertin 16 - Dijon 13

[11] L'Auberge Gourmande

Une destination de week-end pour se retrouver en famille et en bonne intelligence avec une carte également familière : la tarte de tomates confites, gaspacho et chèvre frais, le magret sauce griottes et le fondant au chocolat charpentent un menu à 26 € rien de moins qu'équitable.

C : 26 € • M : 19,60-42 €

» 17 allée la Cude
☎ 03 80 33 62 51
F. dim. à dîn., lundi, mardi à dîn., 2 sem. janv., 1 sem. août et 2 sem. nov.
⛱ 🚗 🐕

VELLERON ➤ L'ISLE SUR LA SORGUE

VELLUIRE ➤ FONTENAY LE COMTE

VENASQUE - 84210 (33 C 4)

Avignon 31 - Carpentras 14 - Apt 35

🏠 Auberge de la Fontaine

C'est une maison de village dont les propriétaires ont fait une demeure d'exception. Par son atmosphère à la fois précieuse et familiale, à la déco campagnarde de magazine sudiste, aux belles chambres et aux suites où l'on vit en autarcie (cuisine équipée, cheminée, terrasse…) et par sa table, légitimement réputée. Christian Soehlke est un inconditionnel de la truffe, qu'il cuisine avec délice depuis des lustres, dispensant aujourd'hui des cours de cuisine fort demandés. Belle cave rhodanienne forgée au cours des ans, avec quelques grandes bouteilles à saisir.

5 appart. 125 € *www.auberge-lafontaine.com*

» Pl de la Fontaine
☎ 04 90 66 02 96
📠 04 90 66 13 14
F. non comm.

VENCE - 06140 (34 C 4)

Nice 22 - Antibes 22

[14] L'Auberge des Templiers

La qualité principale du lieu, ce pourrait être la souplesse d'un métier bien appris. Stephan Demichelis, passé chez Girardet, Maximin, Chibois et d'autres, sait tout faire, ou presque avec une poêle et quelques couteaux. de la Provence, du terroir, un zeste d'actualité, tout va bien, avec aisance, sans ratages ni mauvaises excuses. D'une simple salade de tomate aux rissoles de ris de veau, ravioles de moelle et truffes d'été, et jusqu'au soufflé chaud aux citrons vençois, il sait donner des plats de saveurs et de justesse, dans un décor intime, et servi avec chaleur et sourire. La cave est aussi pro, assurant la sélection régionale avec une belle pertinence.

C : 64 € • M : 39-59 € *www.restaurant-vence.com*

» Carrefour Jean-Moulin, 39 av Joffre
☎ 04 93 58 06 05
F. merc., jeudi (h.s.), à déj. lundi.-merc. (juil.-sept.), 23 janv.-8 fév. et 28 nov.-9 déc.
Jusqu'à 22h.
⛱ 🚗 ♿ ❄ 🐕 🚬

La Farigoule

» 15 av Henri-Isnard
☎ 04 93 58 01 27
F. dim. à dîn., mardi à déj., merc. à déj. (h.s.), sam. à déj., mardi, merc. (été) et vac. scol. hiver.
Jusqu'à 22h.

Formé chez Chibois (période Royal Gray), Ducasse (au Juana) puis chef aux Muscadins à Mougins, Patrick Bruot est revenu à ses premières amours en 1997 après quelques années passées à New York. Exit la cuisine de palace, il s'attache désormais à magnifier les recettes provençales sur une carte qui, compte tenu de la délicieuse terrasse ombragée et du prestige qui s'attache au village, reste étonnamment abordable. La salade de queues de langoustines, marinade de légumes croquants au basilic, le filet de loup poêlé à la peau épicée, jus de tomates acidulées et panisses croustillantes et le blanc manger au lait d'amandes, minestrone de fruits frais au marasquin, impeccables ambassadeurs d'un menu à 40 **€**, disent l'essentiel. Cave courte tournée vers la région.
C : 45€ • M : 22-55€

Le Vieux Couvent

» 68 av du Gén-Leclerc, 37 rue Alphonse-Toreille
☎ 04 93 58 78 58
F. merc. à déj., jeudi à déj. et 10 janv.-20 mars.
Jusqu'à 21h30.

Le menu a pris un euro en un an, mais on n'en veut pas le moins du monde à Jean-Jacques Bissières, qui travaille dans la performance à chaque service : celle d'assurer quatre entrées, cinq plats, six desserts à des vacanciers en quête de saveurs traditionnelles et régionales. A cet égard, il n'y a rien à redire aux sardines farcies au jambon et fèves vinaigrette, au loup cuit sur peau et sauté de légumes ou au filet de canette rôtie et cerises au porto. Probe et propre, cette cuisine s'exprime avec sincérité dans cette maison de village, au calme, qui abritait jadis le séminaire.
M : 27-42€ *www.restaurant-levieuxcouvent.com*

Le Château du Domaine Saint-Martin

» Av des Templiers, BP 102
☎ 04 93 58 02 02
04 93 24 08 91
F. 13 nov.-14 mars.

13 ha de parc boisé sur la colline, avec une terrasse de rêve pour contempler la côte, des chambres spacieuses, sobriété et meubles de style, service de haut niveau, un bien-être qui se prolonge jusqu'au restaurant, parfaitement dans le ton, avec une cuisine classique et une réalisation soignée : saint-pierre à la plancha et citron confit, veau rôti à l'ail tortelli aux épinards et girolles. A savourer entre amateurs, en admirant la mer au loin.
6 appart. 1000-2290€ • 34 ch. 245-830€ • 1/2 pens. 345-890€ • C : 100€ • M : 46-102€ *www.chateau-st-martin.com*

Villa Roseraie

» 51 av Henri-Giraud
☎ 04 93 58 02 20
04 93 58 99 31
F. 15 nov.-15 fév.

Un peu à l'écart du centre, une villa 1900 abrite des chambres à l'allure provençale raffinée. Agréable parc aux essences exotiques (palmiers et bananiers).
2 appart. 140-169€ • 14 ch. 70-140€

VENDOME - 41100 (17 D 3)

Blois 35 - Tours 58

à SAINT OUEN - 41100 : 4 km N.E. par D 92 et rte secondaire

La Vallée

» 34 rue Barré-de-Saint-Venant
☎ 02 54 77 29 93
F. dim. à dîn., lundi, mardi, 1re sem. janv., 6-21 mars, dern. sem. juin et 2 prem. sem. sept.
Jusqu'à 20h45.

Une auberge pour l'étape, sérieuse et fidèle à des principes séculaires. Le chef a connu dans son jeune temps pas mal de maisons respectables, et on ne lui raconte plus comment préparer la goujonnette de saint-pierre avec une petite dieppoise de coquillages (quand on a travaillé chez Lalonde à la Marine de Caudebec, tout est plus facile), une pintade à l'andouille ou un gigotin de canard challandais. Desserts du temps présent (carpaccio d'ananas…), cave classique orientée loire.
C : 36€ • M : 18-32€ *www.restaurant-la-vallee.com*

VENEUX LES SABLONS ➤ MORET SUR LOING, PARIS-BANLIEUE

VENTEROL ➤ GAP

VENTRON - 88310 (12 B 6)

Epinal 55 - Gérardmer 26

 Les Buttes

» Ermitage Frère-Joseph
☎ 03 29 24 18 09
📠 03 29 24 21 96
F. mi-nov.-mi-déc.

Le chalet bénéficie d'une situation paisible au milieu des sapins. L'atmosphère est aussi chaleureuse au coin de la belle cheminée en pierre que dans le salon ou dans les chambres. Le mobilier et les images d'Epinal complètent la touche locale.

1 appart. 147-210 € • 26 ch. 98-185 € • 1/2 pens. 97-159 € *www.frerejo.com*

VERBERIE - 60410 (4 A 5)

Compiègne 16 - Senlis 17

(12) L'Auberge de Normandie

» 26 rue de la Pêcherie
☎ 03 44 40 92 33
F. dim. à dîn.
Jusqu'à 21h.

Sans traquer la gastronomie dans ses recoins secrets, le chef se débrouille pour accommoder le genre rustique avec des assiettes personnalisées, associant volontiers les beaux fromages de nos régions : pied de porc farci au saint-nectaire, clafoutis au pont-l'évêque... Demander une table donnant sur le jardin pour être encore davantage dans l'ambiance campagnarde.

C : 47 € • M : 20-39 € *www.auberge-normandie.com*

VERDUN - 55100 (11 B 2)

Bar-le-Duc 55 - Metz 80 - Nancy 97

 Hostellerie du Coq Hardi

» 8 av de la Victoire
☎ 03 29 86 36 36
F. dim. à dîn., vend., mi-janv.-mi-fév. et 24-25 déc.
Jusqu'à 21h30.

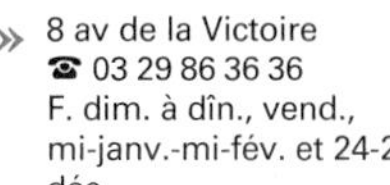

➡ **Hôtel** : Hostellerie du Coq Hardi

Ce Coq Hardi synthétise la plupart des caractères propres à la restauration classique à la française, avec ses bons et ses mauvais côtés : de beaux produits travaillés par un chef à la technique précise (Frédéric Engel est passé par chez Senderens, Loiseau, Jung, Westermann et se recycle régulièrement chez Ducasse) mais une ambiance qui ne prête pas à la franche bonne humeur. C'est d'autant plus regrettable que les tortellis d'escargots et pied de cochon frits, les lasagnes roses aux langoustines du Guilvinec et le pigeon de Racan, suprême sur bréchet et cuisses à la plancha font mieux que de la figuration. Malheureusement, les prix, sans doute justifiés mais vraiment élevés, laissent une bonne partie des bons mangeurs sur le pas de la porte.

C : 76 € • M : 42-86 € *www.coq-hardi.com*

 Hostellerie du Coq Hardi

» 8 av de la Victoire
☎ 03 29 86 36 36
📠 03 29 86 09 21
F. 24-25 déc.

➡ **Restaurant** : 13/20 Hostellerie du Coq Hardi

La maison début XIXe reste une valeur sûre et cossue pour l'étape en bord de Meuse, avec ces deux parties qui laissent le choix entre des chambres à l'ancienne et bien dans l'esprit des lieux ou d'autres plus modernes.

2 appart. 130-225 € • 33 ch. 69-130 € • 1/2 pens. 100-110 €
www.coq-hardi.com

Dans chaque ville, les établissements sont classés par note décroissante, restaurants d'abord, hôtels ensuite.

•

Certaines communes sont rattachées à l'agglomération la plus proche.

VERDUN SUR LE DOUBS - 71350 (20 A 4)

Beaune 22 - Chagny 24

L'Hostellerie Bourguignonne

» 2 av du Pdt-Borgeot
☎ 03 85 91 51 45
F. mardi, merc. à déj. (mai-sept.), dim. à dîn., mardi, merc. à déj. (oct.-avril) et fév.
Jusqu'à 21h30.

Cette hostellerie de campagne où l'on popularisa la pôchouse - une sorte de bouillabaisse de poissons d'eau douce - a une si belle histoire, longue et généreuse, qu'on ne peut que lui vouer une affection certaine. Comme le chef Didier Denis, qui fit le choix, il y a quelques années, de quitter Chalon pour s'en emparer, et s'attaquer au brochet, au sandre tout en continuant à défendre le poulet de Bresse. L'intérieur rustique se prête aux repas sincères, à la main tendue, aux effusions de vieux camarades, et le menu à 35 € fait très convenablement le tour de la question. Remarquable cave bourguignonne permettant l'accès à de vieux millésimes.

C : 55 € • M : 22-80 € *www.hostelleriebourguignonne.com*

VERNON - 27200 (6 D 4)

Evreux 30 - Rouen 62

Restaurant Les Fleurs

» 71 rue Carnot
☎ 02 32 51 16 80
F. dim. à dîn., lundi, 1er-10 mars et 3 sem. août.
Jusqu'à 21h15.

De la bistronomie bien comprise chez Michel Graux qui, sans claironner, fait du tradi de qualité depuis des années dans ce repaire d'habitués du vieux Vernon. Les menus sont faciles à comprendre, l'assiette éloquente (escargots aux herbes cake camembert, filet de dorade sauce haricots, rognons de veau à la plancha sauce cidre) et les tarifs francs. La cave paraît banale, mais avec l'irancy de Delaloge, l'arbois de Puffeney et le sartène de Fiumicicoli, on s'amuse joliment.

C : 43 € • M : 23-44 €

à GASNY - 27620 : 8 km E. par D 313

Auberge du Prieuré Normand

» 1 pl de la République
☎ 02 32 52 10 01
F. mardi à dîn., merc. et 3 sem. août.
Jusqu'à 21h.

C'est une tradition pour les cérémonies de tradition. On n'y éveille guère la curiosité du voyageur, rare dans ces contrées, mais on donne satisfaction aux communiants et aux banquets de philatélistes, qui retrouvent valeurs et bonnes manières, à travers la timbale de langoustines, l'escalope de foie gras poêlée pommes groseille et la lotte à l'américaine. Un chef droit et adroit mène les casseroles, le cadre normand, au milieu du village, est totalement rassurant. Cave d'appoint.

C : 45 € • M : 16-43 € *prieure.normand@wanadoo.fr*

VERQUIERES - 13670 (33 B 4)

Marseille 88 - Avignon 17 - Cavaillon 15

Le Croque-Chou

» Pl de l'Eglise
☎ 04 90 95 18 55
F. dim. à dîn., lundi à déj. et merc.
Jusqu'à 21h30.

Ce bon Croque Chou de village aurait pu tomber dans les mains d'un Croquemitaine : c'est un pro, gentil et volontaire, qui s'est déplacé de Vézenobres pour reprendre l'affaire en famille. Le fils en cuisine, le père en salle, de la sincérité partout. Jusque dans la côte de cochon au lard paysan, ventrèche grillée, andouillette et compote d'aubergine ou le quasi de veau petits pois, juste et bien cuit. Et la cave est gouleyante, explosive, vavavoum sur le choix comme sur les prix : Grange 2002 à 77 €, La Nine à 23 € et toute la sélection languedo-rhodanienne qu'on a envie de trouver, de la Reméjeanne aux Entrefaux, de Mas del Camoura à Montcalmès ou Roc d'Anglade. Une toque d'encouragement.

C : 55 € • M : 40-80 € *www.le-croque-chou.fr*

VERS PONT DU GARD ➤ PONT DU GARD

VERSAILLES ➤ PARIS-BANLIEUE

VERTEILLAC - 24320 (24 A 1)

Périgueux 45 - Nontron 36

[10] Domaine de Tinteillac

» Teinteillac, Bourg-des-Maisons
☎ 05 53 91 51 03
Ouv. 7j/7.
Jusqu'à 22h.
🚗

Honnête cuisine bio de la ferme servie avec une conviction militante dans le cadre monacal d'une ferme d'apparence seigneuriale. L'ambiance est plus léthargique que zen, mais le confit est correct.
M : 18-30 €

VERVINS - 02140 (4 C 3)

Laon 39 - Saint-Quentin 49 - Valenciennes 75

[13] La Tour du Roy

» Lieu-dit la-Tour-du-Roy
☎ 03 23 98 00 11
F. lundi, mardi à déj. et janv.
Jusqu'à 21h.
⛱ 🚗 ❄ 🐕

➥ **Hôtel** : 🏨 La Tour du Roy

La maison, construite dans les remparts, est un symbole. Annie Desvignes, une des rares femmes toquées depuis des lustres dans le guide, est un rempart : contre la cuisine qui se plaint, contre celle qui ne bouge pas assez, contre celle qui bouge trop. Son menu Terroir est simple, sans espuma ni ventrèche de thon. Mais on n'a pas pour autant de regrets d'apprécier autant ses escargots forestière, sa lasagne de lapereau au confit de cidre ou son filet mignon de cochon aux baies de genièvre. Si vous avez la chance de partager une chambre de cette noble tour, vous goûterez d'autant mieux les charmes de la cave de laquelle Claude Desvignes sait distraire quelques belles bulles de champagne.
C : 45 € • M : 35-65 € *www.latourduroy.com*

🏨 La Tour du Roy

» Lieu-dit La Tour-du-Roy
☎ 03 23 98 00 11
📠 03 23 98 00 72
F. janv.
🚗 ♿ ❄

➥ **Restaurant** : 13/20 La Tour du Roy

Une architecture de caractère, accrochée aux anciens remparts, pour cet hôtel aux chambres personnalisées, avec beaux tissus tendus, ciels de lit et meubles de style pour un cachet qui s'exprime pleinement sous les hauts de la chambre installée dans le donjon.
22 ch. 65-230 € • 1/2 pens. 95-215 € *www.latourduroy.com*

VESCOVATO ➤ CORSE

VESOUL - 70000 (21 B 2)

Besançon 56 - Belfort 62

[11] Caveau du Grand Puits

» Rue de Mailly
☎ 03 84 76 66 12
F. sam. à déj., dim., merc. à dîn., fériés, 24 déc.-3 janv., 1 sem. mai et 15 août-6 sept.
Jusqu'à 21h.
⛱ 🐕

Mieux que du dépannage : le bistrot de Philippe Thomas, c'est le rendez-vous du tradi soigné, appuyé par une petite cave ciblée - dont les régionaux - et un service de bonne humeur : terrine de lapereau en gelée, cabillaud à la provençale, pavé de bœuf grillé aux herbes.
C : 25 € • M : 17-36 € *thomas.philippe12@wanadoo.fr*

VEULES LES ROSES - 76980 (6 B 1)

Rouen 60 - Dieppe 25

[14] Les Galets

» 3 rue Victor-Hugo
☎ 02 35 97 61 33
F. mardi, merc. F.ann. non comm.
Jusqu'à 21h30.
❄ 🐕 🚬

Sous les galets, la plage ? Installés dans cet hôtel presque centenaire depuis 1968, Nelly et Gilbert Plaisance, ce dernier aujourd'hui associé en cuisine au talentueux Frédéric Cauche, ont toujours su éviter la facilité, ne cédant jamais aux sirènes qui les encourageaient à "faire du chiffre" sur le dos des touristes de passage. Les produits (comme les prix, concédons-le), sont un bon cran

au-dessus de la mêlée : mariné de bar veulais minute, jus de citron, gingembre, tartare iodé aux huîtres, râble de lapereau en tournedos cerclé de poitrine de porc, poire rôtie au four dans des sucs au beurre salé sous une fourme d'Ambert légèrement gratinée. Un bon point pour la cave qui, sous l'impulsion d'Eugène Thueux, remplace progressivement les vins de négociants par ceux de petits propriétaires.
C : 70€ • M : 33-72€ *www.veules-les-roses.fr/comm.fr.htm*

LE VEY ➤ CLECY

VEYRIER DU LAC ➤ ANNECY

VEZAC ➤ BEYNAC ET CAZENAC

VEZAC ➤ AURILLAC

VEZELAY - 89450 (19 C 3)

Auxerre 52 - Avallon 14

Le Pontot

» Pl du Pontot
☎ 03 86 33 24 40
Fax 03 86 33 30 05
F. fin oct.-1er mai.

Cachée derrière ses hauts murs, cette maison de village construite au XVe siècle arbore une allure bourguignonne typique. Jardin agréable et chambres à l'ancienne, avec meubles de style et tissus tendus en accord avec les boiseries d'époque.
3 appart. 140-180€ • 7 ch. 105-180€

➲ à SAINT PERE SOUS VEZELAY - 89450 : 3 km S.E.

18 L'Espérance

» Rte de Vézelay
☎ 03 86 33 39 10
F. lundi à déj., mardi, merc. à déj. et mi-janv.-déb. mars.
Jusqu'à 21h30.

➥ **Hôtel :**  L'Espérance

Cadre et ambiance

Au pied de Vézelay, sur le bord de la route d'Avallon, la maison de Marc Meneau accueille les gourmets du monde entier depuis trente-cinq ans. Raffinée et chic, sans aucune trace d'ostentation, la salle à manger est à l'image de la cuisine, tout simplement élégante.

Cuisine

La cuisine de Marc Meneau n'a rien de sclérosée et le menu dégustation, qui permet un tour d'horizon complet, raconte le parcours d'un maître : homard en aspic et crème de brocolis, huître de Plougrescant et purée de choux fleurs, œuf de poulet faisane en meringue, sandre aux carottes confites au jus d'oseille crue, volaille de Bresse en poupeton et fèves à la sariette. Presque inclassable, entre palace et laboratoire, la cuisine de Marc Meneau se révèle formidablement technique (à chaque plat, on cherche à comprendre certains détails qui resteront à jamais inexpliqués), flamboyante, érudite, comme son créateur.

Cave

Aussi érudite que la cuisine, quasiment encyclopédique en Bourgogne, elle n'oublie pas les propositions au verre et les bonnes petites affaire en région.

Accueil et service

Collectionnant les honneurs gastronomiques depuis des lustres, la maison a su ne pas trop s'amidonner. On dîne sans veste et sans cravate, dans une ambiance vraiment détendue. Service de grand standing mais sachant laisser poindre un minimum de décontraction.
M : 95-195€ *www.marc-meneau-esperance.com*

🏨 L'Espérance 🐦

➡ Restaurant : 18/20 L'Espérance

L'Espérance a fait évoluer l'an passé une partie des chambres en appartement, luxe et confort améliorés sur une même trame d'élégance classique. Elle partage son parc avec deux autres bâtiments aux ambiances personnalisées, dans un même raffinement des détails : cadre contemporain et terrasse sur le parc pour les chambres du Pré des Marguerites, charme bucolique et mobilier rustique au Moulin.

10 appart. 230-450 € • 20 ch. 120-280 €

www.marc-meneau-esperance.com

» Rte de Vézelay
☎ 03 86 33 39 10
📠 03 86 33 26 15
F. mi-janv.-déb. mars.
🚗 🏊 🐕

VIC EN BIGORRE - 65500 (29 B 4)

Tarbes 17 - Bagnères-de-Bigorre 38

[12] Le Réverbère

Bigourdan, montagnard, pyrénéen, ce qui ne veut pas dire le béret vissé sur la tête et pas de négociation en dehors des charcuteries et de l'élevage local. La preuve : ouverture sur le grand large, avec une salade de homard et le duo de poissons à la nage des îles. Allez, si par hasard vous goûtez le foie gras avec un verre de Tariquet, avant un bon tournedos, vous ne devriez pas connaître de déception.

C : 22 € • M : 11-33 € *le.reverbere@wanadoo.fr*

» 29 rue d'Alsace
☎ 05 62 96 78 16
F. sam. à déj. et dim. à dîn.
Jusqu'à 22h.
⛱ 🚗 🐕

VIC SUR CERE - 15800 (26 A 5)

Aurillac 25 - Saint-Flour 53

🏨 Vic-Hôtel

La grande maison à l'allure de villa accueille l'hôtel du casino et ses chambres contemporaines et sobres, avec des détails soignés (jolies lampes en fer forgé) et un équipement de bon niveau.

3 appart. 48-86 € • 31 ch. 48-86 € • 1/2 pens. 45-63 € *www.vic-hotel.com*

» Av du Dr-Lambert
☎ 04 71 47 50 22
📠 04 71 47 50 18
Ouv. 7j/7.
🚗 🏊

VICHY - 03200 (26 C 2)

Moulins 57 - Clermont-Ferrand 66

[17] Jacques Decoret

Cadre et ambiance

Une table pas facile à dénicher (mais où peut bien être le numéro 7 ?) à proximité de la gare. Une oasis dans la grisaille du quartier, une belle salle contemporaine, bois, verre, métal, des tons gais, bleu, jaune, blanc. Profitez-en avant l'été prochain, car Jacques et Martine auraient enfin investi l'espace dont ils rêvent, un beau grand manoir en centre-ville, ancienne possession de la Compagnie thermale, qui s'appellera le "Chalet Jacques Decoret".

Cuisine

L'idole des jeunes, des moussaillons aux critiques trendy qui adorent adorer ce fougueux chantre de la " gastronomie ludique ", terme désormais galvaudé qui lui va comme un gant. On va donc jouer, avec un grand nombre de recommandations et de modes d'emploi tout au long du repas (" si vous voulez comprendre ses pensées et vous fondre dans son univers, nous vous conseillons le menu confiance "). Donc assiettes ludiques, saveurs ludiques, on est obligé de s'amuser avec le calamar d'Oléron, dans un consommé à la menthe qui reçoit un jet d'encre (comme le cahier d'un écolier par son voisin ludique), le très joli saumon blanc à 53° touche d'orange et vert de poireau, la pintade avec un lait de champignons mousseux et des desserts farces et attrapes, pomme d'amour, cigare de havane. Une fois fini de rire, il reste une très grande technique et beaucoup de très bonnes idées.

» 7 av de Gramont
☎ 04 70 97 65 06
F. mardi, merc., 3 sem. vac. scol. fév. et 3 sem. août-sept.
Jusqu'à 21h15.
❄ 🐕

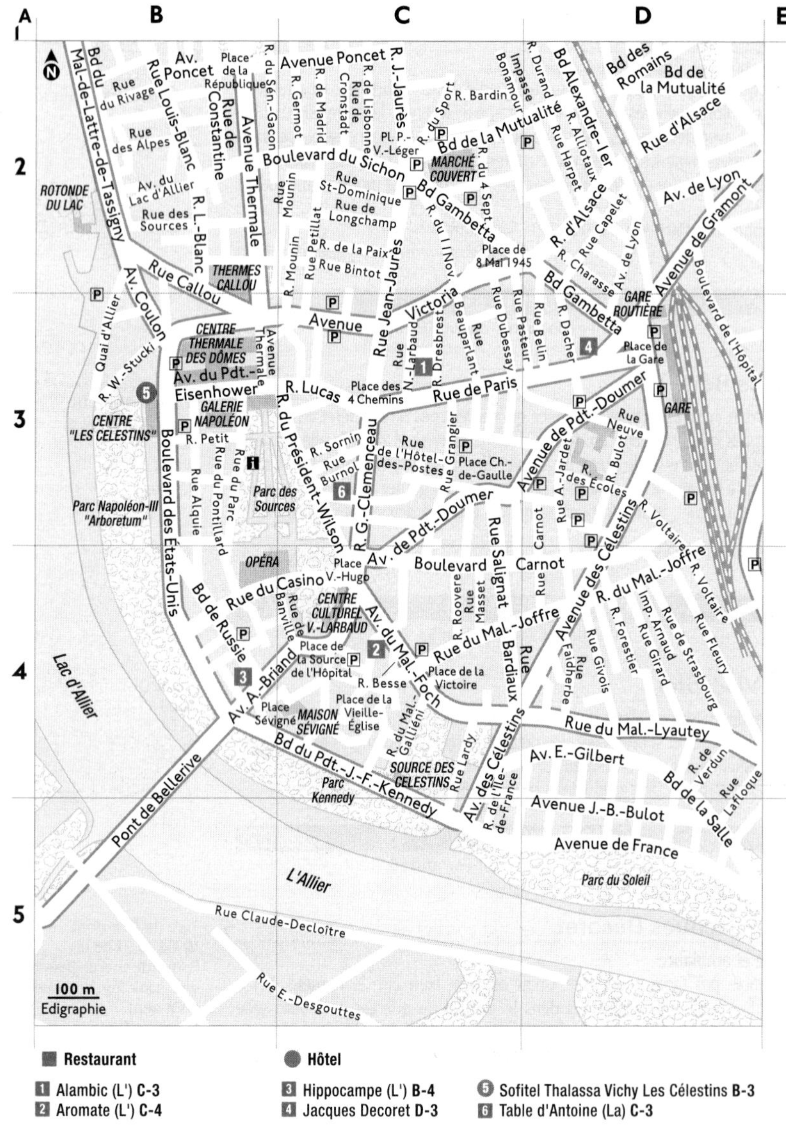

Cave

Les vignerons d'aujourd'hui, réunis sous cette bannière réjouissante, à des tarifs d'une belle douceur, la maison toute entière étant l'une des plus accessibles à ce niveau.

Accueil et service

Martine Decoret mène la salle avec implication et dévouement, prodiguant les conseils d'utilisation " pour apprécier parfaitement le plat " et le service a la même prévenance, présent et discret. L'impression d'être perpétuellement pris par la main pour traverser la route peut finir par lasser, mais c'est fait avec cœur.

C : 80 € • M : 58-105 € *jacques.decoret@wanadoo.fr*

14 L'Alambic

» 8 rue Nicolas-Larbaud
☎ 04 70 59 12 71
F. dim. à dîn., lundi, mardi, vac. scol. fév., août et Noël-nouvel an.
Jusqu'à 21h.

La maison est modeste, mais le cœur y est : avec quelques toiles abstraites pour seul élément marquant dans la déco, on se concentre sur les précieuses assiettes de Jean-Jacques Barbot, présentations légères et élégantes, cuissons très maîtrisées : marinière de moules de bouchot au cidre, cocos blancs, dés de céleri et pommes fruits ; filet de bar saisi au four à la chapelure de brioche dorée, herbes et parmesan, sauce légère à la moutarde de Charroux ; crépinette de cuisse de lapin désossée au jambon d'Auvergne à la sauge, petite brochette de légumes rôtie au chorizo. Pour accompagner ces jolis plats, la consultation de l'imposante carte des vins permet sans peine de dénicher la bouteille du jour. On est, à nouveau, très proche de la seconde toque.
C : 40 € • M : 26-45 €

13 L'Aromate

» 9 rue Besse
☎ 04 70 32 13 22
F. dim. à dîn., mardi, merc., 1er-12 janv. et 20 juil.-10 août.
Jusqu'à 20h45.

Dans la salle Napoléon III haute de plafond, grandioses miroirs d'origine, tableaux modernes, on serait impressionné à moins. C'est là que Laurent Chauvigné, chantre des herbes et épices, propose une cuisine aux saveurs très diverses, qu'il est parfois difficile de déceler dans leur intégralité : saumon mariné maison et salade de lentilles du Puy à l'huile d'herbes crème double et sorbet pomelos et vodka, maigre sauvage rôti en croustille sur une tombée de légumes de saison avec coulis de crustacés à l'infusion de badiane, filet de bœuf charolais poêlé en mignonnette de poivre multicolore sauce à la bière à l'infusion de persil plat. Classique carte des vins où l'on trouve facilement le rapport qualité-prix souhaité.
C : 35 € • M : 19-27,50 €

13 La Table d'Antoine

» 8 rue Burnol
☎ 04 70 98 99 71
F. dim. à dîn., lundi (sf fériés) et vac. scol. fév.
Jusqu'à 20h45.

Antoine Souillat est un cuisinier de métier, prodigue et attentif à l'actualité : sa carte est fréquemment renouvelée, les idées tiennent la route et sa terrasse est une des rares, sur voie piétonne, de la ville. Une occasion de déjeuner au calme avec la fricassée de légumes au wok, le rouget barbet au jus de maracuja et le carré d'agneau du Bourbonnais rôti en croûte de tomates. Cave classique bordeaux-bourgogne, égayée de quelques sentiers d'école buissonnière (saint-pourçain, viognier d'ardèche...).
C : 50 € • M : 21-47 €

12 L'Hippocampe

» 3 bd de Russie
☎ 04 70 97 68 37
F. dim. à dîn., lundi. F. ann. non comm.
Jusqu'à 22h.

Les Gillardeau en direct, le bar rôti en nage d'herbes, le pageot à l'unilatéral et choucroute de fenouil à la badiane, on n'imagine pas avant d'investir cette gentille salle tranquille, que Vichy est si près de la mer. Rémy Bourgeois ne met pas toutes ses sardines dans le même casier : du classique (sole meunière) à l'actualité, sans oublier l'élevage (tournedos de Salers au saint-pourçain, lapin aux herbes), la déclinaison se déroule sans trébucher, les cuissons sont nettes, les desserts classiques et la cave à prix justes.
M : 21-48 €

Sofitel Thalassa Vichy Les Célestins

» 111 bd des Etats-Unis
☎ 04 70 30 82 00
04 70 30 82 72
F. Noël.

Les éléments de détente tiennent la vedette au hit parade de la satisfaction, notamment la piscine panoramique sur le toit ou l'accès direct au centre thermal. L'hôtel décline par ailleurs avec raffinement un cadre Art déco en accord avec son architecture néoclassique. Outre un service performant, deux restaurants complètent les prestations, bistrot et gastro, aux mains d'un chef d'expérience, pour satisfaire les appétits les plus variés (des plats diététiques aux produits nobles en passant par le terroir) sans risquer de décevoir.
11 appart. 350-900 € • 120 ch. 160-260 € • 1/2 pens. 216-292 € • C : 37 € • M : 25 €
www.sofitel.com

➲ à SAINT YORRE - 03270 : 9 km S.E. par D 906

Auberge Bourbonnaise

Une grande maison aux allures plaisantes, avec son jardin semi-paysager et ses chambres colorées et sobres.
6 appart. 75 € • 12 ch. 49-57 € • 1/2 pens. 46-50 €
aubergebourbonnaise@wanadoo.fr

» 2 av de Vichy
☎ 04 70 59 41 79
📠 04 70 59 24 94
F. 2-8 janv. et 18 fév.-4 avril.

VICO ➤ CORSE

VIDAUBAN - 83550 (34 B 5)

Toulon 60 - Draguignan 19

La Bastide des Magnans

Au cœur du vignoble, un nouveau plaisir : celui de s'asseoir sur la vaste terrasse ombragée de platanes de cette ancienne magnanerie aux épais murs de pierre sèche. A la fois chic et intime, l'atmosphère exige une cuisine raffinée : elle est fournie par un jeune chef aux idées précises et remarquablement appliquées : roulé d'aubergine confite au caillé de chèvre et petits gris à la truffe d'été - fraîcheur et contraste avec une excellente vinaigrette -, pigeon aux fèves et piccatas de foie de canard, soupe de fraises à l'infusion de cenelle (le fruit de l'aubépine) et badiane, et servie par une jeune équipe enthousiaste et fluide. La cave sillonne évidemment avec érudition le vignoble local (Jale, Saint-Baillon, Maïme, Rasque, Valentines) étendu aux voisins (Bellet, Bandol, Cassis) et à une honnête sélection généraliste.
C : 65 € • M : 26-62 € *bastide-des-magnans@wanadoo.fr*

» 20 av de la Résistance, rte de la-Garde-Freinet
☎ 04 94 99 43 91
F. dim. à dîn. merc. (h.s.), lundi, 26 juin-4 juil. et 23-31 déc.
Jusqu'à 22h.

VIELLEVIE - 15120 (26 A 5)

Rodez 51 - Aurillac 44 - Figeac 44

La Terrasse

La quatrième génération tient toujours la barre et s'apprête à laisser la main à la suivante (incarnée par Christophe Louis, gendre de Robert Bruel), qui devrait progressivement prendre la relève. Peut-être cela débouchera-t-il sur un certain rajeunissement d'une cuisine qui continue à beaucoup nous plaire dans son registre ultra-classique : pied de porc et ris d'agneau en crépine, truite au lard, brochette de pétoncles et son filet de rouget, sauté de chevreau à l'oseille.
C : 30 € • M : 20-35 € *www.hotel-terrasse.com*

» Village
☎ 04 71 49 94 00
F. dim. à dîn., lundi (1er avril-31 juin, 1er sept.-11 nov.), 1er janv.-1er avril et 11 nov.-31 déc.
Jusqu'à 20h30.

VIENNE - 38200 (27 D 3)

Grenoble 102 - Lyon 31

La Pyramide

Cadre et ambiance

La maison est mythique mais le cadre est reposant, sans fioritures, adouci par une atmosphère de bien-être dans un établissement qui représente la fierté d'une ville.

Cuisine

Depuis plusieurs saisons, Patrick Henriroux s'attache à rassurer, à faire plaisir à ses clients, à ses amis. L'entrée la plus inventive est un foie gras avec des lanières de magret fumé, quenelles de betteraves, céleri et une brioche au lard façon kouglof. Des cuissons maîtrisées, de plein gré un peu longues, un côté simple assez sympathique et pourtant pas simpliste, comme en témoignent les desserts

» 14 bd Fernand-Point
☎ 04 74 53 01 96
F. mardi, merc. et fév.
Jusqu'à 21h30.

sculptés (cygne, palmier, piano, hutte) façon traiteur pour cérémonies. Le meilleur ? La côte de veau, bien sûr, épaisse, parfaite, moelleuse, avec ses girolles, ses pommes de terre et un jus concentré.

Cave

Pas d'exploit, de la sécurité, mais une logique certaine dans les choix et dans les prix : forte à très forte dans les rhônes du Nord (on peut toujours pinailler, souligner l'absence d'Allemand en cornas ou d'un choix limité de saint-joseph) mais aussi en bourgogne, classique et un peu chère en bordeaux, et proposant un petit choix ailleurs, en deçà et au-delà des frontières.

Accueil et service

Sérieux, appliqué et plutôt bon enfant, capable de fantaisies assez rares dans un Relais & Châteaux, et drivé par un excellent directeur.

C : 120 € • M : 98-150 € *www.lapyramide.com*

13 Molière

» 9 rue Molière
☎ 04 74 53 08 41
F. dim., lundi, prem. sem. janv., 2 prem. sem. mai et 2 dern. sem. août.
Jusqu'à 21h30.

Les bonnes vibrations entourent cette salle charmante, l'âme bistrotière pour la convivialité et le soin d'une vraie table. Et un chef à peine trentenaire qui a pourtant de la bouteille - plutôt du grand cru - et du savoir-faire pour tourner avec beaucoup de précision des plats d'actualité sur des bases de terroir : pressé de lapin et foie gras chutney de fruits secs, selle d'agneau rôtie au thym et risotto à l'artichaut, trio de soufflés. Géographie oblige, la cave ne tergiverse pas : condrieu, côte-rôtie, viognier et syrah : les Cuilleron, Villard, gaillard sont évidemment mis à contribution.

C : 40 € • M : 18-50 €

12 Le Bec Fin

» 7 pl Saint-Maurice
☎ 04 74 85 76 72
F. dim. à dîn., lundi, merc. à dîn. et fériés à dîn.
Jusqu'à 21h15.

A l'ombre de la cathédrale, la maison taille sa route sans trop se soucier des modes, mais bien plutôt du goût de ses habitués pour un terroir habilement renouvelé au gré des saisons, capable de décliner les robustes plats classiques ou de ménage (gras double à la lyonnaise, filet de bœuf poivre vert) comme les saveurs provençales (sur les grenouilles fraîches ou la salade de rougets), et en proposant ce qu'il faut de bons flacons en condrieu ou côte-rôtie pour ajouter à la convivialité.

C : 40 € • M : 19,50-56 €

12 L'Estancot

» 4 rue de la Table-Ronde
☎ 04 74 85 12 09
F. dim., lundi, fériés, 15 jrs déb. sept.
Jusqu'à 21h30.

Roborative et généreuse, la crique, galette d'œuf et de pomme de terre, se décline ici (soir et week-end uniquement) au gré des saisons et des envies du chef, dans un décor rustique et chaleureux comme cette spécialité du Vivarais. Le midi, les plats du jour, francs et directs, prennent le relais. Vu les tarifs raisonnables et l'ambiance sympathique, nombreux sont les régionaux qui en ont fait leur cantine.

C : 30 € • M : 12,50-24,50 €

12 Les Saveurs du Marché

» 34 cours de Verdun
☎ 04 74 31 65 65
F. w.-e. et fériés.
Jusqu'à 21h30.

Plus qu'un nom, un précepte, et ces Saveurs-là ont de nombreux adeptes, tant le rapport prix-prestations de cette cuisine, franche et alerte (tartines de poissons et jeunes légumes, sole panée à la poudre d'amande), incite à revenir. Les propositions du jour évitent l'ennui, la gentillesse de l'accueil vous transforme rapidement en habitués, dans une ambiance évidemment à la bonne humeur. Jolie cave rhodanienne en prime.

M : 15-34 € *saveurs.du.marche@wanadoo.fr*

La Pyramide

➥ **Restaurant** : 16/20 La Pyramide

Une étape mythique sur la route des vacances et un cadre en correspondance, des chambres qui évoquent irrésistiblement le Sud, ses couleurs et ses senteurs, dans des ambiances personnalisées.

4 appart. 250-350 € • 20 ch. 190-230 € *www.lapyramide.com*

» 14 bd Fernand-Point
☎ 04 74 53 01 96
Fax 04 74 85 69 73
F. fév.

➲ à CHONAS L'AMBALLAN - 38121 : 9 km S. par N 7

Domaine de Clairefontaine H

La grande maison de maître, ancienne résidence d'été des évêques de Lyon, impose bien sûr une certaine majesté et Philippe Girardon paie son obole aux produits nobles, mais sans oublier d'y porter sa touche personnelle, dans des assiettes au raffinement élaboré, comme ce nénuphar de homard, décliné cette année en tartare de tomates raisin et vinaigre balsamique. Séduisant, plutôt efficace, même si on apprécie encore plus la relative simplicité de la croustille de pigeon et foie gras, aux saveurs riches et délicates à la fois. Service de grande maison, solide carte des vins et de belles chambres, partagées entre style Empire dans la maison et cadre contemporain à l'annexe.

C : 80 € • M : 65 € • 2 appart. 80-160 € • 26 ch. 45-115 €

www.domaine-de-clairefontaine.fr

» Chemin des Fontanettes
☎ 04 74 58 81 52
F. lundi, mardi (hiver) et 19 déc.-19 janv.

VIENNE LE CHATEAU - 51800 **(9 C 3)**

Saint-Ménéhould 16 - Châlon-en-Champagne 52

Le Tulipier

La forêt d'Argonne alentour permet de nombreuses activités, l'hôtel bénéficie de tout le confort d'une construction récente (confort des chambres et équipement), d'un parc avec étang et d'un restaurant qui fait bien plus que du dépannage.

38 ch. 53-76 € • 1/2 pens. 83-92 € *www.letulipier.com*

» Rue Saint-Jacques
☎ 03 26 60 69 90
Fax 03 26 60 69 91
Ouv. 7j/7.

VIERZON - 18100 **(18 A 4)**

Bourges 38 - Blois 74

La Maison de Célestin

La grande maison s'apprécie de l'intérieur, dans la salle largement vitrée donnant sur le parc, au cadre moderne et chaleureux. C'est aussi là qu'il faut être pour apprécier la cuisine de Pascal Chaupitre et sa façon de composer de belles assiettes autour des produits de saison. Belles dans leur présentation (mention spéciale pour le clin d'œil du râble en équilibre, au sens propre, au-dessus de la raviole de lapereau) mais surtout dans leurs saveurs : délicate quenelle de foie et beaux légumes en accompagnement, croisement d'influences bien assumé sur le paleron au vin rouge (une belle viande fondante), modèle de classicisme s'il n'était marié à une polenta aux agrumes et aux olives, légèreté fondante et gourmande enfin de l'omelette roulée au citron, à la fois familière et originale. Autant de petits bonheurs qui en font un grand, partagé manifestement par une salle qui compte nombre d'habitués convaincus, bercés par un service efficace et un accueil souriant. *www.lamaisondecelestin.com*

» 20 av Pierre-Sémard
☎ 02 48 83 01 63
F. dim. à dîn. et lundi. F. ann. non comm.

 Bon confort.  Grand confort.  Luxe.  Grand luxe.

    Hôtels de charme.

VIEUX LES ASFELD - 08190 (9 B 2)

Reims 28 - Neufchâtel-sur-Aisne 6

[10] Auberge d'Ecry H

Une charmante auberge de campagne où l'on privilégiera les spécialités régionales, boudin blanc de Rethel à l'ardennais ou le magret de canard au miel et moutarde de Reims. Les enfants se dégourdiront les jambes dans le parc et les six chambres de l'hôtel garantissent une nuit au calme.

M : 12,50-28 € • 6 ch. 35-48 € • 1/2 pens. 47,50-59 €

www.http://perso.wanadoo.fr/ferme.d.ecry

» 18 rue d'Ecry
☎ 03 24 72 94 65
F. à dîn. (sf sam.), 23-31 déc. et 1 sem. août.
Jusqu'à 21h.
⛱ 🚗 ♿ 🐕

VIEUX MOULIN - 60350 (4 A 4)

Pierrefonds 10 - Compiègne 8

[12] Auberge du Daguet

Nichée dans un village historique, une auberge au décor médiéval, poutres et pierres apparentes, grande cheminée et spécialités picardes, gibiers compris, pour suivre la promesse de l'enseigne. Les habitués ne sont guère déboussolés par l'immuable menu Daguet, soufflé glacé au foie gras, hochepot picard en terrine, filet de canard à la rhubarbe, coq en torchon à la bière et gâteau Aphrodite.

C : 40 € • M : 25-45 €

» Face à l'église
☎ 03 44 85 60 72
F. lundi à dîn. (sf réserv.), mardi, 9-27 janv. et 17-28 juil.
Jusqu'à 21h.
🐕

LE VIGAN - 46300 (29 A 1)

Cahors 45 - Sarlat 30 - Brive 60 - Gourdon 5

[12] Musée Henri-Giron

Une table originale attenante au musée consacré à un peintre belge par un de ses compatriotes. Dans le cadre d'une ancienne bergerie, une cuisine d'un classicisme éprouvé, velouté aux champignons, asperges à la flamande et tournedos Rossini, exécutée dans un esprit de sincérité et d'artisanat.

M : 43 €

» Les Prades
☎ 05 65 41 33 78
F. vend. à déj., sam. à déj., dim. à dîn. et 2 janv-10 mars.
Jusqu'à 20h30.
🚗 ♿ 🐕

LE VIGAN - 30120 (32 A 3)

Nîmes 83 - Montpellier 56

➲ à ROGUES - 30120 : 12 km S. par D 48

[10] Auberge de la Jurade H

Un mas caussenard plus que bicentenaire et rénové dans la tradition architecturale locale. Bonne cuisine régionale (terrine maison au lapin, veau et porc, grillades d'agneau et confiture d'oignons doux) s'aventurant parfois dans des eaux moins convaincantes (pavé de sandre sauce crevettes ou gambas flambées au whisky). Quatre délicieuses chambres d'hôtes pour prolonger le plaisir, dans un cadre naturel préservé.

C : 16 € • M : 11,50-26 € • 4 ch. 42 € • 1/2 pens. 45-65 € *www.la-jurade.com*

» La Jurade
☎ 04 67 81 53 17
F. dim. à dîn., lundi (h.s.), janv. et fév.
Jusqu'à 21h30.
🚗

LE VIGEANT ➤ L'ISLE JOURDAIN

Hôtels de charme.

🏠 Bon confort. 🏠🏠 Grand confort. 🏠🏠🏠 Luxe. 🏠🏠🏠🏠 Grand luxe.

VIGNOUX SUR BARANGEON - 18500 (18 B 4)

Bourges 30 - Vierzon 7

13 Le Prieuré

» 2 rue Jean-Graczyk
☎ 02 48 51 58 80
F. non comm.
Jusqu'à 21h.

➥ **Hôtel** : Le Prieuré

Lorsque la grande salle à manger installée dans cette maison religieuse du milieu XIXe (juste derrière l'église) sonne le creux, le service, trop crispé, ne parvient pas à combler le déficit d'ambiance. C'est bien le seul reproche que nous pourrions faire à la bonne maison de Manuel Ribal, car le contenu des assiettes, grosses asperges servies tièdes et vinaigrette à la truffe noire, filet de turbot poêlé, fine mousseline de charlotte à la truffe, pois gourmands et fumet monté au beurre, gratin de kiwi et mangue, sabayon à l'alcool de litchi, se maintient sans souci au niveau de la toque. Carte des vins centrée sur la région et tarifée avec retenue.

C : 55€ • M : 27-67€ *www.leprieurehotel.com*

 Le Prieuré

» 2 rue Jean-Graczyk
☎ 02 48 51 58 80
02 48 51 56 01
F. non comm.

➥ **Restaurant** : 13/20 Le Prieuré

Légèrement en retrait de la route, un ancien prieuré offrant des chambres sagement tarifées et calmes, décorées dans des tons pastel. Piscine et solarium.

7 ch. 49-65,50€ • 1/2 pens. 84-99,50€ *www.leprieurehotel.com*

VILLERS SUR MER - 14640 (6 A 3)

Lisieux 35 - Alençon 133

Hôtel Outre Mer

» 1 rue du Maréchal-Leclerc
☎ 02 31 87 04 64
02 31 87 48 90
F. janv. (sf w.-e.).

Derrière la façade de cette grande bâtisse de bord de mer, des chambres bien aménagées dans un choix d'ambiances détente, agrément d'une terrasse sur la mer, douceurs des tons.

15 ch. 85-145€ *www.hoteloutremer.com*

VILLANDRY - 37510 (17 C 4)

Tours 17 - Chinon 38

12 L'Etape Gourmande

» La Giraudière
☎ 02 47 50 08 60
F. dim. à dîn. et 13 nov.-11 mars.
Jusqu'à 21h.

Ouverte sur les champs, à quelques minutes du château, cette authentique ferme XVIIe incarne une certaine idée de l'étape gourmande et champêtre : un décor composé d'objets et de meubles anciens, un accueil tout sourire et une délicate cuisine paysanne, terrine fermière sur lit de chou rouge confit, saucisse du terroir et ses rougeries, petit cochon de lait rôti et farce au cognac. Gîte très confortable en location à la semaine.

C : 25€ • M : 23,10-35,90€ *www.letapegourmande.com*

VILLARD DE LANS - 38250 (28 A 4)

Grenoble 36 - Voiron 49

11 A la Ferme du Bois Barbu

» ☎ 04 76 95 13 09
F. dim. à dîn., merc., 1re sem. vac. scol. Pâques, 3e sem. juin et 13 nov.-8 déc.
Jusqu'à 20h30.

L'ancienne ferme de montagne a été rénovée avec amour et attention par Nadine et Yves Charlemagne. Anciens gardiens de refuge et bien aidés par un chef attentionné (Richard Chalopin), ils font vivre cette maison avec beaucoup de simplicité, au gré de plats simples et conviviaux : darne de saumon biologique au vin du Diois, ravioles du Royans, caillettes maison sauce aux morilles et gratin à la crème, pintadeau de la Drôme, sauce myrtilles et réglisse. Huit chambres récemment rénovées (boiseries dominantes) pour ne pas avoir à reprendre la route.

M : 23-35€ *www.fermeboisbarbu.com*

Le Christiania R

Le gros chalet séduit par son atmosphère chaleureuse, dans le décor comme dans l'accueil. Chambres personnalisées aux ambiances montagnardes, équipement de détente généreux (deux piscines, tennis, jardin en bordure de rivière). Restauration soignée, à privilégier dans ses clins d'œil au terroir : velouté de potiron et châtaignes torréfiées, cuisse de lapin au bouillon d'herbes d'alpage.
23 ch. 66-190 € • 1/2 pens. 70-132 € • C : 40 € • M : 25-50 €
www.hotel-le-christiania.fr

» 220 av du Pr-Nobecourt
☎ 04 76 95 12 51
📠 04 76 95 00 75
F. 30 mars-21 mai et 31 août.-20 déc.

à CORRENÇON EN VERCORS - 38250 : 6 km S. par D 215

13 Bois Fleuri

➥ **Hôtel :** Hôtel du Golf
Transformée en restaurant dans les années 60 puis en hôtel à la fin des années 80, cette ferme typique continue sa mue pour s'engager dans le troisième millénaire. Portée sur la région, la carte de Jean Vialet reste solidement ancrée dans la tradition bourgeoise (poêlée de queues de langoustines sauce piquante, escalope de foie gras de canard poêlée aux deux olives et sauce Madère, quasi de veau poêlé et gnocchis maison aux morilles)
C : 45 € • M : 30-40 € *www.hotel-du-golf-vercors.fr*

» Les Ritons
☎ 04 76 95 84 84
F. à déj. (sf sam. et dim.), 15 mars-1er mai et 15 oct.-20 déc.
Jusqu'à 21h.

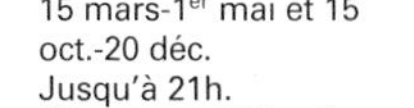

Hôtel du Golf

➥ **Restaurant** : 13/20 Bois Fleuri
A l'entrée de la Réserve Naturelle, au cœur du Vercors, une ferme traditionnelle transformée en hôtel en 1988. Les chambres, habillées de bois, sont rénovées progressivement et l'hôtel est en cours d'agrandissement.
12 ch. 68-145 € • 1/2 pens. 84-110 €
www.planete-vercors.com/hotel-du-golf

» Les Ritons
☎ 04 76 95 84 84
📠 04 76 95 82 85
F. 15 avril-1er mai et 15 oct.-20 déc.

VILLE - 67220 (10 B 3)

Strasbourg 60 - Saint-Dié 38 - Sélestat 16

11 Ferme Auberge Irrkrüt

Tourte et baeckeoffe dans le décor idyllique et naturel autour de cette ferme vosgienne qui domine la vallée. Michel Nell prépare lui-même les terrines, jambons, spécialité d'agneau et plats typiques à partir de son élevage : la vérité de la cuisine régionale est dans ces assiettes.
C : 22 € • M : 13-23 € *www.irrkrut.com*

» La Froide Fontaine, 30 col de Fouchy
☎ 03 88 57 09 29
F. sem. (h.s.), lundi, mardi (juil.-août) et 12 nov.-15 mars.
Jusqu'à 21h.

LA VILLE AUX CLERCS - 41160 (17 D 3)

Blois 51 - Vendôme 16

Le Manoir de la Forêt R

Les chambres, coquettes et bourgeoises, sont à l'image de cet ancien relais de chasse et de son paisible parc arboré. La cuisine est également bien adaptée aux lieux, élégance classique et soignée autour des ris de veau ou du sandre.
2 appart. 90-120 € • 16 ch. 51-80 € • 1/2 pens. 80-100 € • C : 43 € •
M : 26,50-48 € *www.manoirdelaforet.fr*

» ☎ 02 54 80 62 83
📠 02 54 80 66 03
F. 2 sem. janv.

VILLE D'AVRAY ➤ PARIS-BANLIEUE

VILLECOMTAL SUR ARROS - 32730 (29 B 4)

Auch 50 - Tarbes 25

Le Rive Droite

» 1 chemin Saint-Jacques
☎ 05 62 64 83 08
F. lundi-merc. et vac. scol. Toussaint.
Jusqu'à 21h30.

Philippe Piton, comme nombre de ses confrères qui ont fait le tour des casseroles, a peu à prouver sur son savoir-faire. Son plaisir, et le nôtre, consiste à trouver le rare, le beau et servir de modeste instrument pour l'amener dans sa meilleure forme. Un pied de porc noir rôti au beurre de persil, une escalope de foie gras de canard sur pain perdu et compote de pomme, un merlu tomate vanille ou un filet d'agneau tapenade montrent à la fois la sobriété et le soin particulier à perfectionner des plats familiers mais pas si simples, jusqu'au soufflé glacé aux fraises. petite cave personnelle, accueil cordial de Myriam Piton.

C : 34 € • M : 24-34 € *www.marciac.net*

VILLECROZE - 83690 (34 A 5)

Draguignan 21 - Brignoles 39 - Aups 8

Le Colombier

» Rte de Draguignan
☎ 04 94 70 63 23
F. dim. à dîn., lundi (sf fériés) et 15 nov.-12 déc.
Jusqu'à 20h30.

Après plus de quarante années passées en cuisine (dont plus de vingt dans cette jolie maison provençale à l'entrée du village), Claude Lecomte ne changera plus ses casseroles. Sa cuisine est et restera classique, parfois opportuniste (pourquoi conserver les saint-jacques en été si ce n'est pour répondre à la demande de touristes mal informés ?) mais toujours sans défaut : gratinée de ravioles de Romans et rapée de truffes noires, gigot de lotte braisé aux petits légumes et crème parfumée aux langoustines, pigeonneau désossé rôti aux émincés de truffes (un produit phare dans cette maison, un menu tout entier lui étant même consacré), galette de pommes de terre fourrée au foie gras. Si, à la carte, les prix grimpent assez vite, le menu à 26 **€** permet d'embrasser l'essentiel de cette jolie cuisine sans se ruiner.

C : 55 € • M : 26-50 € *www.lecolombier-var.com*

VILLEDIEU LES POELES - 50800 (5 B 4)

Saint-Lô 36 - Avranches 22 - Caen 79 - Flers 59

Ferme de Malte

» 11 rue Jules-Tétrel
☎ 02 33 91 35 91
F. dim. à dîn. et lundi.
Jusqu'à 21h30.

Pour l'emplacement, au-dessus de la ville, au calme, de cette maison de maître un peu solennelle provinciale, carte classique (escalope de foie gras aux pommes épicées, rognon de veau au vin rouge...) mais menus abordables pour les repas d'affaires.

C : 44 € • M : 16-60 € *www.lafermedemalte.fr*

Le Fruitier

» Pl des Costils
☎ 02 33 90 51 00
02 33 90 51 01
Ouv. 7j/7.

De jolies chambres modernes et colorées, à la fois pratiques et agréables, au cœur de la ville.

48 ch. 45-70 € • 1/2 pens. 45-57 € *www.le-fruitier.com*

Restaurants mentionnés en annexe

R Pour un restaurant de niveau 10 à 12.

Pour un restaurant de niveau 13 à 14.

Pour un restaurant de niveau 15 à 16.

 Icône — 20 à 13 Toques — 12 à 10 Notes

VILLEFORT - 48800 (32 B 2)

Mende 55 - Alès 52

La Clède

» Pl du Portalet
☎ 04 66 46 80 14
F. dim. à dîn., lundi (sf saison) et 15 nov.-15 fév.
Jusqu'à 21h.

Installé depuis plus de trente ans aux confins de la Régordane, Michel Gorny a toujours fait fructifier ses diverses expériences, mélangeant avec fougue les bases acquises dans quelques palaces parisiens et les connaissances emmagasinées lors de ses années passées en Asie. Le résultat ? Une tête de veau tiède à l'huile de cèpes qui cohabite sans heurt avec des gambas au curry thaï et noodles frites au wok ou avec un filet de sandre à la crème de mâche. Servie au bar midi et soir, la cuisine du Bouchon Cévenol procure des plaisirs simples, autour de l'omelette aux cèpes ou de la saucisse de châtaigne et aligot.

C : 27 € • M : 21-35 € *www.hotelbalme.free.fr*

VILLEFRANCHE DE CONFLENT - 66500 (31 C 6)

Perpignan 51 - Mont-Louis 30 - Olette 10

Auberge Saint-Paul

» 7 pl de l'Eglise
☎ 04 68 96 30 95
F. mardi (h.s.), dim. à dîn., lundi et janv.
Jusqu'à 21h30.

La chapelle claustrale fut aménagée en salle d'armes au XVIIe siècle. Ni bretteur, ni menteur, le mousquetaire qui est en cuisine est une femme. Patricia Gomez a pris la cuisine comme le marin prend la mer, et le terroir catalan par le bon bout. Son grand menu de saison à 85 **€** est un poème épique, une saga du Conflent, un festin de huit séquences qui vous laisse sur le carreau, la ceinture légèrement desserrée, mais heureux comme un pape. Tartelette croustillante de poivron rouge et anchois mariné, poitrine de canard, nems de printemps sauce soja, croustillant au sésame et pavot, brochette de fraises panées à la menthe, glace au caillé de brebis, sirop de vinaigre balsamique. Des extraits du précédent qui vous semblent inaccessible ? Perdu, ces bienfaits figurent dans le premier menu "Plaisir", à 27 **€**. On vous laisse imaginer la suite...Et puis il y a tout ici, un esprit, un service royalement souriant, une vraie cave des vrais vignerons du Roussillon. Et du bonheur en pagaille.

C : 65 € • M : 27-85 € *www.perso.wanadoo.fr/auberge.stpaul*

(11) Au Grill Restaurant La Senyera

» 81 rue Saint-Jean
☎ 04 68 96 17 65
F. mardi à dîn., merc., jeudi à dîn., 25 mars-5 avril et 20 oct.-20 nov.
Jusqu'à 21h.

Roussillon dans les verres, catalan dans l'assiette, cette table d'un village pyrénéen emblématique, capitale fortifiée du Conflent, respire le régionalisme bien compris et offre aux voyageurs un beau panorama dans le cadre d'une ancienne grange décorée avec respect.

C : 29 € • M : 17-24 € *nicolas.benezis@libertysurf.fr*

VILLEFRANCHE DE ROUERGUE - 12200 (30 B 2)

Rodez 55 - Cahors 61

(11) L' Assiette Gourmande

» Pl André-Lescure
☎ 05 65 45 25 95
F. non comm.
Jusqu'à 21h30.

Buffet régional chez Alain Bec, défenseur de son terroir mais pas conservateur de musée : les assiettes ont le goût du jour, roboratives et orthodoxes (magret à l'aligot, tripous), soignées dans les garnitures, de saison ou personnelles.

C : 25 € • M : 14-32 €

Le Relais de Farrou

» ☎ 05 65 45 18 11
Fax 05 65 45 32 59
F. 17 fév.-6 mars, 22 oct.-4 nov. et 17-28 déc.

Un cadre propice à la détente, avec le parc aux nombreuses activités et des chambres chaleureuses. En terrasse ou sous les poutres du restaurant, on apprécie la cuisine actuelle aux parfums régionaux : foie gras au muscat et compotée d'abricot, poulet fermier au caramel de sangria, craquant de fraises et glace rhubarbe.

1 appart. 91,50-108 € • 25 ch. 45-82 € • 1/2 pens. 56-71 €

VILLEFRANCHE SUR MER - 06230 (34 C 4)

Nice 7 - Monte-Carlo 12

 Mère Germaine

» 9 quai Courbet
☎ 04 93 01 71 39
F. 24 déc. à dîn. et 13 nov.-22 déc.
Jusqu'à 21h30.

Inauguré avant-guerre par Germaine Brau, belle-mère de l'actuel propriétaire, ce bâtiment en bois d'acajou ouvrant sur la baie par de larges baies vitrées voit défiler chaque jour quelques berlines de grand standing devant ses portes. Il est vrai que le menu, pourtant bien placé au regard des prestations, s'affiche à près de 40 **€**. En cuisine, Pierre Rocard travaille les meilleurs produits avec constance et simplicité : huîtres chaudes gratinées au champagne, saint-pierre grillé, sole poêlée beurre meunière... Pour les nostalgiques des années 60-70, la sole farcie de Tante Marie ou le homard Thermidor témoignent des belles bases techniques du chef. Cave d'appoint plutôt chère.

C : 55€ • M : 37€ *www.meregermaine.com*

(12) L'Echalote

» 7 rue de l'Eglise
☎ 04 93 01 71 11
F. dim. (hiver), lundi (juil.-août) et déc.
Jusqu'à 21h30.

Loin du port et de son agitation touristique, il faut grimper ferme vers cette table, qui par sa situation mise sur une clientèle de fidèles et les met effectivement à l'abri des mauvaises surprises, dans la gentillesse de l'ambiance qui règne dans cette jolie salle comme dans la constance d'une cuisine provençale de saison. Sans aventure, mais avec application, Eric Longeard travaille ses produits pour en tirer des menus équitables et de bons moments de gourmandise.

C : 36€ • M : 29-39€ *lechalote@wanadoo.fr*

Le Welcome

» 3 quai Amiral-Courbet
☎ 04 93 76 27 62
Fax 04 93 76 27 66
F. 11 nov.-22 déc.

La situation face au port et la prestigieuse rade est un atout majeur, mais la maison, un ancien couvent XVIIIe, ne s'en contente pas, avec un décor soigné, déclinant les ambiances au gré des pièces, du hall très paquebot au bar à vin cosy, en passant par les chambres à thèmes (l'une d'elles rappelant le passage de Cocteau dans la maison).

1 appart. 196-353€ • 34 ch. 70-195€ *www.welcomehotel.com*

VILLEFRANCHE SUR SAONE - 69400 (27 C 2)

Lyon 35 - Mâcon 41

(12) Le Fleurie

» 127 rue Antoine-Arnaud, (face à la gare)
☎ 04 74 62 11 74
F. lundi à dîn., mardi. F. ann. non comm.
Jusqu'à 21h.

Installé depuis 15 ans dans cette grande maison de tradition face à la gare, Pascal Buguet, formé à l'Auberge du Cep, au Vieux Moulin à Bouilland et au Chapon Fin à Thoissey (beau parcours !), reste vissé sur une vision classique, et bien interprétée, du terroir beaujolais : terrine de lapin aux noisettes, saucisson de Lyon à l'échalote et vin blanc, andouillette Bobosse à la mâconnaise, sorbet vigneron. Les portions sont copieuses, le service souriant et la cave permet de se faire plaisir sans se ruiner.

C : 27€ • M : 16,50-40€ *lefleurie@wanadoo.fr*

VILLEFRANQUE ➤ BAYONNE

Abréviations principales

ann.	annuelle	comm.	communiqué
appart.	appartement	dîn.	dîner
ch.	chambre	jrs.	jours
déj.	déjeuner	rens.	renseignements
h.s.	hors saison	sem.	semaine
C.	prix moyen à la Carte	F.	fermé
M.	prix des Menus	déj. seult.	déjeuner seulement
1/2 pens.	demi-pension	sf	sauf

VILLEMAGNE L'ARGENTIERE - 34600 (31 D 3)

Montpellier 72 - Béziers 40

Auberge de l'Abbaye

» Pl du Couvent
☎ 04 67 95 34 84
F. à déj., lundi, mardi (h.s.) et 14 nov.-18 fév.
Jusqu'à 21h30.

Pas tout à fait une retraite cistercienne dans les murs de cette ancienne abbaye XIIe. Ni dans l'ancien reposoir voûté, avec ses nouveaux luminaires, vaisselle, rideaux, ni sur la terrasse ombragée, dans ce cadre serein, mais aussi appétissant et épicurien, on ne songerait à faire ascèse. Et Christian Belot ne cherche pas à y inciter, avec son assiette gourmande (foie gras, caille marinée), son pigeonneau fermier et son tournedos au jus de truffes à vous faire dire trois messes basses à toute vitesse. Bonne petite cave régionale (saint-chinian, faugères, coteaux du languedoc...).

C : 60 € • M : 27-55 € *auberge.abbaye@free.fr*

VILLEMOTIER ➤ BOURG EN BRESSE

VILLEMOYENNE ➤ SAINT PARRES LES VAUDES

VILLEMUR SUR TARN - 31340 (29 A 3)

Toulouse 41 - Montauban 29

La Ferme de Bernadou

» 66 av du Gén-Leclerc
☎ 05 61 09 02 38
F. dim. à dîn., lundi, mardi à dîn. F. ann. non comm.
Jusqu'à 22h.

Une ferme traditionnelle et des fermiers heureux. Philippe Iragne les accueille, l'espace d'une soirée pour leur montrer, non pas les animaux, la traite et le grain aux volailles, mais une aimable partie de cuisine classique contemporaine, très rassembleuse avec ses sabayons au champagne, ses ravioles ouvertes de rouget aux girolles, son bon pot-au-feu de canard et sa poire pochée au fronton. Sympathique cave régionale, service enjoué.

C : 36 € • M : 18,50-41,50 €

VILLENEUVE ➤ ARLES

VILLENEUVE DE MARSAN - 40190 (23 D 4)

Mont-de-Marsan 16 - Dax 70

Hervé Garrapit H

» 21 av Armagnac
☎ 05 58 45 20 08
Ouv. 7j/7.
Jusqu'à 22h.

Nous avons souvent taquiné Hervé Garrapit ces dernières années en constatant toujours la même qualité et la même générosité dans son travail. Il a fait de sa maison l'une des plus attachantes du département et, si les prix pratiqués restent relativement sévères, ils se justifient par le niveau des prestations : poêlée de filets de rouget en fine tapenade et copeaux de chorizo, crème de poivrons doux, roulets de filets de sole aux noix de saint jacques et saumon sur un lit de jeunes poireaux étuvés, soufflé vanillé crémeux aux marrons glacés. Les chambres font rimer espace avec charme et la piscine extérieure chauffée ajoute au confort du séjour.

C : 50 € • M : 33-82 € • 8 ch. 92-185 € *www.herve-garrapit.com*

VILLENEUVE LA GARENNE ➤ PARIS-BANLIEUE

VILLENEUVE LA SALLE ➤ SERRE CHEVALIER

VILLENEUVE LE COMTE ➤ PARIS-BANLIEUE

VILLENEUVE LES AVIGNON ➤ AVIGNON

VILLENEUVE SUR LOT - 47300 (24 B 3)

Agen 31.- Bergerac 60

La Toque Blanche

» ☎ 05 53 49 00 30
F. dim. à dîn., lundi, mardi à déj., 23-31 janv., 19 juin-4 juil. et 20-28 nov.
Jusqu'à 21h45.

Cadre et ambiance
Avec un jardin couvert et climatisé, une vue panoramique sur la vallée du Mail et une salle au mobilier d'époque et contemporain, cette Toque Blanche compense son manque de patine(l'établissement a été construit en 1980) par un confort et un soin du détail sans faille.

Cuisine
Bernard Lebrun ne s'embarrasse pas de conventions ou d'étiquettes. Il fait la cuisine qu'il aime, piochant aussi bien parmi les vedettes de toujours (l'escalope de foie gras de canard et chutney de fruits, la pomme de ris de veau braisée au vin jaune et morilles, les grosses queues de langoustines rôties) que dans un répertoire plus personnel (huîtres Gillardeau pochées, crème de céleri et caviar d'Aquitaine, pavé de morue fraîche rôti aux herbes et pommes de terre écrasées façon brandade). Très belles pâtisseries.

Cave
Forte d'environ 20000 bouteilles, la cave sur laquelle veille Christophe Basin s'intéresse à tous les vignobles, avec une prédilection pour le Bordelais et la Bourgogne. Les meilleurs duras, buzet et cahors répondent à l'appel.

Accueil et service
Par une belle soirée d'été, le moment prend des airs très romantiques que rien de vient troubler. Le service joue le jeu, efficace et discret, l'accueil se fait souriant.
C : 65€ • M : 25-78€ *www.la-toque-blanche.com*

Pizzeria Michelangelo

» 15 av du Gén-de-Gaulle
☎ 05 53 70 58 51
F. sam. à déj. et dim.
Jusqu'à 22h.

Entièrement rénovée cette année, la salle revêt de charmants accents méditerranéens. En cuisine, Benoît Tuvo, ancien pâtissier chez Michel Latrille, reprend les rênes avec comme consigne de perpétuer la belle cuisine italienne initiée voilà vingt ans par Joseph D'Orio, le propriétaire. De belles pizzas, des pâtes aussi bonnes qu'en Toscane et de bonnes viandes.
C : 20€ • M : 12-13€

(12) L'Oustal

» 24 rue de la Convention
☎ 05 53 41 49 44
F. dim., mardi à dîn. (juin-août) dim., merc. (sept-mai) et 2 sem. nov.
Jusqu'à 22h.

Du classique fortement influencé par le Pays Basque, en plein quartier piétonnier. Caroline Ozanne, formée à bonne école (le Jules Verne et le Bascou à Paris), travaille les rouelles de gros chipirons aux cèpes et foie gras, la parillada comme à Saint Jean, l'axoa de veau et le gâteau basque (maison) avec une bonne humeur qui se communique à toute la salle.
C : 26€ • M : 12,50-28€ *loustal01@aol.fr*

à PUJOLS - 47300 : 3 km S.O. par D 118 et CC 207

La Villa Smeralda

» Le Bourg
☎ 05 53 36 72 12
F. dim. à dîn., lundi. F. ann. non comm.
Jusqu'à 22h.

Jean-Luc Rabanel coachant la villa Smeralda, c'est un coup à vous réveiller le Lot-et-Garonne. Depuis ce village-balcon, à la vue fracassante sur la vallée du Lot et Villeneuve, c'est le message d'une restauration différente, entre bio et slow food, qui cultive le libre-arbitre comme un mode de vie. Comme à la Chassagnette, au Sambuc, le menu s'articule avec ses entrées très fraîches et légumières façon tapas, une viande, un poisson du jour et un plateau de trois desserts. Chaque jour la surprise, fonction du marché et du potager. Jolie petite cave languedocienne.
M : 26-37€ *jrlr@cuisinete.com*

12 Auberge Lou Calel

Thierry Pujol, nouveau chef de cette auberge à Pujols, non, ce n'est pas une blague. Arrivé fin 2004 pour remplacer le jeune Gratien Ampo, parti sous d'autres cieux, il prend la casserole par le bon bout, avec la tatin de pommes au foie gras poêlé, le cabillaud à l'huile d'olive noire et croquant de fenouil ou le pavé de bœuf et poêlée de champignons. Cave assez modeste, se focalisant sur la région.
C : 40 € • M : 22-38 €

» ☎ 05 53 70 46 14
F. sam. à déj., merc, jeudi à déj. (juil.-août), mardi à dîn., jeudi à déj. (h.s), 4-19 janv. et 4-26 août.
Jusqu'à 21h.

à SAINT SYLVESTRE SUR LOT - 47140 : 8 km E. par D 911

Château Lalande

Les deux bâtiments qui se font face autour du patio datent des XIIIe et XVIIIe siècles. Le parc de 9 ha est un écrin de détente et les chambres sont tout aussi soignées de part et d'autre, dans un élégant décor meublé de style.
3 appart. € • 20 ch. 145 € *www.chateau-lalande.com*

» ☎ 05 53 36 15 15
📠 05 53 36 15 16

au TEMPLE SUR LOT - 47110 : 15 km O. par D 911

Les Rives du Plantié R

Les chambres sont progressivement refaites et personnalisées autour d'horizons variés (Afrique, Asie) ; elles ajoutent ainsi à l'agrément de cette belle maison XIXe paisiblement installée dans un parc au bord du Lot. Cuisine classique par un chef d'expérience : foie gras au torchon, saumon à l'oseille, soupe de fraises à la menthe.
10 ch. 70-85 € • 1/2 pens. 110-115 € • C : 50 € • M : 17-42 €
www.rivesduplantie.com

» Rte de Castelmoron
☎ 05 53 79 86 86
📠 05 53 79 86 85
F. déb. nov.-déb. mars.

VILLENEUVETTE - 34800 (32 A 4)

Montpellier 46 - Béziers 49

La Source R

Difficile de ne pas trouver son bonheur parmi les chambres du domaine, tant les ambiances sont différentes : certaines avec mezzanines, contemporaines, la chambre de la Tour avec ses meubles anciens et ses pierres apparentes, d'autres encore sous la belle charpente. L'ancienne manufacture royale est devenue un lieu chaleureux et vivant, une qualité perceptible également dans la gentillesse de l'accueil. Cuisine actuelle et souriante autour des produits de saison.
13 ch. 54-100 € • 1/2 pens. 55-78 € • C : 47 € • M : 22-33 €
www.hoteldelasource.com

» ☎ 04 67 96 05 07
📠 04 67 96 90 09
F. 2 janv.-1er avril et 2 nov.-15 déc.

VILLEREST ➤ ROANNE

VILLERS COTTERETS - 02600 (4 A 5)

Laon 66 - Soissons 28

Le Régent

Remanié au XVIIIe, le bâtiment remonte au XVIe siècle. Il s'apprécie donc en priorité meublé de style, poutres et moulures sous les hauts plafonds pour rester dans l'ambiance.
21 ch. 40-80 € *www.hotel-leregent.com*

» 26 rue du Gén-Mangin
☎ 03 23 96 01 46
📠 03 23 96 37 57
Ouv. 7j/7.

VILLERS LE LAC - 25130 (21 D 3)

Besançon 72 - Neuchâtel 38

[15] Le France

» 8 pl Cupillard
☎ 03 81 68 00 06
F. dim. à dîn., lundi, mardi à déj. (h.s.), 5 janv.-5 fév. et 5-15 nov.
Jusqu'à 21h.
🚗 🐕 🚬

Laissez le homard et le foie gras pour l'anniversaire de la grand-mémé et venez tourner autour du terroir revu et corrigé par Hugues Droz : c'est là qu'il cache les jouets du grenier, les champignons de son enfance, les herbes des prés, les sauces de toujours revues et allégées, et ses poèmes dédiés à la morille. Cette facette de ce chef de 36 ans qui affiche seize ans d'expérience dans l'auberge familiale n'est pas un secret ni une découverte. Mais chaque année, une confirmation que le France défend son patrimoine d'une façon brillante. Cave en correspondance, avec Puffeney et Aviet en jura, mais aussi d'excellents bourgognes et une cohorte de grands bordeaux à des prix sans excès.

C : 50 € • M : 20-68 € *www.hotel-restaurant-le-france.com*

VILLERS POL ➤ VALENCIENNES

VILLIERS LE MAHIEU ➤ PARIS-BANLIEUE

VILLIERS SUR MARNE - 52320 (9 C 5)

Château-Thierry 20 - Charly 5

[12] La Source Bleue

» ☎ 03 25 94 70 35
F. dim. à dîn., lundi, mardi et 20 déc.-30 janv.
Jusqu'à 21h.
⛱ 🚗 ♿ 🐕

Il a belle allure cet ancien moulin utilisé jadis comme papeterie, dont l'ancienne forge a été rénovée pour accueillir les événements locaux. Dans la salle, meuble d'époque, table élégante, verres en cristal. François Thuillier prolonge le rêve de la source, aux reflets effectivement bleutés, que l'on va admirer durant la balade dans le parc. Avec une cuisine à base classique et régionale, réalisée avec application, évoluant parfois sur l'exotique, voire l'original. On peut discuter des intitulés de menus ("Nature et découverte", "contraste et sensations"...) mais le contenu vaut le coup de fourchette, le filet de brochet cœur d'artichaut, les gougères aux escargots comme le tournedos de thon au jus rouge de bourgogne. Cave classique et variée.

C : 50 € • M : 16-45 €

VINAY ➤ EPERNAY

VINCENNES ➤ PARIS-BANLIEUE

VINEZAC ➤ LARGENTIERE

VIRE - 14500 (5 C 4)

Caen 66 - Saint-Lô 39

➲ à SAINT GERMAIN DE TALLEVENDE - 14584
5 km S. par D 577

[10] Auberge Saint-Germain

» 1 rue de l'Eglise
☎ 02 31 68 24 13
F. dim. à dîn., lundi, 23 janv.-9 fév. et 28 août-14 sept.
Jusqu'à 21h30.
🐕

Un accès de Normanditude aiguë dans cette auberge de granit du bocage virois, dans l'atmosphère comme dans l'assiette : andouille de Vire chaude aux pommes façon Tatin à la crème de cidre, jambon fumé de même origine, turbot hollandaise, canard à l'orange et tarte aux pommes flambée calva. Franchement authentique ? Ptêt ben qu'oui.

M : 16-35 €

VIRY CHATILLON ➤ PARIS-BANLIEUE

VISCOS - 65120 (29 A 6)

Tarbes 47 - Lourdes 28

🏠 Les Campanules R

» La Grange-aux-Marmottes
☎ 05 62 92 91 13
📠 05 62 92 93 75
F. 20 nov.-20 déc.
♿ 🏊 🐕

L'hôtel se partage entre deux bâtiments, de vieilles maisons de village chaleureuses en pierre face à la montagne. Décor clair et épuré, chambres un peu plus modernes et spacieuses à la Grange aux Marmottes, où est installé le restaurant, où l'on goûte avec bonne humeur les plaisirs des produits régionaux, l'agneau de montagne aux haricots tarbais ou l'assiette gasconne.

14 ch. 55-79 € • 1/2 pens. 51-69 € • C : 38 € • M : 19-43 €

www.grangeauxmarmottes.com

VITRAC - 15220 (26 A 6)

Aurillac 22 - Maurs 21 - Conques 71

12 Auberge de la Tomette H

» Le Bourg
☎ 04 71 64 70 94
F. 15 nov.-Pâques.
Jusqu'à 20h30.
⛱ 🔑 ♿ 🏊 🎾 🐕

Le village est ravissant et cette auberge un havre délicieux, au confort amélioré chaque année pour offrir un séjour vert idyllique pour ceux qui aiment voir la vie en rose. Daniel et Odette Chausi organisent et chouchoutent leurs résidents, et les visiteurs de passage fondent de plaisir devant la crépinette de pied de porc et mousseline de lentilles, les ris de veau crème aux girolles ou le pigeon au ratafia de marcillac. Les chambres ont le calme et le charme du Cantal, tissus choisis et meubles anciens, donnant sur le parc fleuri avec sa terrasse sous pergola, et les hôtes se détendent à la piscine (véranda escamotable) ou à l'espace relaxation.

C : 40 € • M : 25,50-38,70 € • 6 appart. 0 € • 15 ch. 64-79 € • 1/2 pens. 56-72 € *www.auberge-la-tomette.com*

VITRAC ➤ SARLAT LA CANEDA

VITRE - 35500 (14 D 4)

Rennes 38 - Laval 39

12 La Taverne de l'Ecu

» 12 rue Baudrairie
☎ 02 99 75 11 09
F. dim. à dîn. (sf juin-août), mardi à dîn., merc., vac. scol. Toussaint et vac. scol. fév.
Jusqu'à 21h.
⛱ 🐕

Vous avez la liste pour féliciter les fournisseurs, et encore moins loin à aller pour saluer la qualité du travail de Christophe Dalens, qui fait bon usage de ces produits dans des assiettes alertes et bien travaillées : lapin mariné à la bière de blé noir aux pruneaux, daurade rôtie au thym frais purée à l'huile d'olive. Ajoutez un cadre historique (une maison du XVIe siècle), une cave qui n'a pas oublié de suivre les modes et les évolutions et saupoudrez d'addition raisonnable, voilà la bonne étape de la ville.

C : 37 € • M : 16-35 €

10 Le Petit Pressoir

» 20 rue de Paris
☎ 02 99 74 79 79
F. dim. à dîn. et merc. à dîn.
Jusqu'à 22h.
♿ 🐕

De ces petites adresses locales dont on aime vanter la simplicité et le charme. Et si, justement, la cuisine, pour être franc, nous a déçus cette année, nous conservons l'image d'une table qui peut trouver sa voie dans une réelle et simple cuisine de saison, sans foie gras, sans colifichets... L'accueil de Christelle Lebrun est parfait.

C : 31 € • M : 16-27 € *www.lepetitpressoir35.com*

🚗 Parking privé.	🔑 Parking fermé.	🚘 Voiturier.
🚬 Cave à cigares.	❄ Air conditionné.	🎾 Tennis privé.

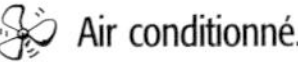

VITRY LE FRANÇOIS - 51300 (9 B 4)

Bar-le-Duc 48 - Châlons-en-Champagne 31

Hôtel de la Cloche R

» 34 rue Aristide-Briand
☎ 03 26 74 03 84
Fax 03 26 74 15 52
F. dim. (1er oct.-31 mai).

Deux suites ont été rénovées dans une ambiance asiatique réussie. Dans les autres chambres, on retrouve un cadre contemporain classique et un bon niveau de confort. Au restaurant, le classicisme domine, mais le savoir-faire de Jacques Sautet met à l'abri des mauvaises surprises, notamment sur le plaisant menu de spécialités locales.

2 appart. 100 € • 20 ch. 50-64 € • 1/2 pens. 73 € • C : 65 € • M : 22,50-46 €

www.hotel-de-la-cloche.fr

VITTEL - 88800 (11 D 5)

Paris 350 - Epinal 42 - Nancy 70

L'Orée du Bois

» Face à l'hippodrome
☎ 03 29 08 88 88
Fax 03 29 08 01 61
Ouv. 7j/7.

Les chambres proposent des atmosphères variées, du plus rustique au contemporain. L'hôtel vise clairement une clientèle de curistes, avec ses forfaits de remise en forme.

39 ch. 59-84 € • 1/2 pens. 55-110 € *www.loreeduboisvittel.fr*

VIVES ➤ LE BOULOU

VOEGTLINSHOFFEN - 68420 (10 B 4)

Colmar 12 - Strasbourg 90

11 Caveau Saint-Nicolas

» 45 rue Roger-Frémeaux
☎ 03 89 49 24 04
F. mardi, merc. et 15 janv.-12 fév.
Jusqu'à 21h.

Une vue magnifique sur la plaine du Rhin, la chaîne de la Forêt-Noire et Colmar au premier plan, un décor de chaleureuse "stoube" boisée et au sol de tomettes (quoique un peu vieillotte), une cuisine aux bases solides et aux tarifs doux préparée par un ancien du Rendez-Vous de Chasse à Colmar.

C : 28 € • M : 9-25 €

VOIRON - 38500 (28 A 3)

Grenoble 27 - Vienne 68

13 Restaurant Guicherd

» 3 av des Frères Tardy
☎ 04 76 05 29 88
F. 3 prem. sem. août.
Jusqu'à 21h45.

C'est la bonne petite affaire du coin. Pas la peine d'enfiler les bottes, de sept lieues et de pêcheur, puis de parcourir des centaines de kilomètres pour rejoindre les parcs ostréicoles : huîtres et fruits de mer font partie d'un approvisionnement régulier que Dominique Guicherd s'empresse de laisser dans leur fraîcheur, concentrant ses efforts sur des poissons adroitement mis en valeur.

M : 19-39 €

Kyriad Voiron-Chartreuse

» 72 cours Becquart-Castelbon
☎ 04 76 65 90 00
Fax 04 76 65 71 22
Ouv. 7j/7.

Une façade moderne et avenante, une situation centrale et des chambres confortables (climatisation) et fonctionnelles.

1 appart. 80 € • 56 ch. 53-70 € • 1/2 pens. 51,50 € *www.kyriadvoiron.com*

VOISINS LE BRETONNEUX
➤ SAINT QUENTIN EN YVELINES, PARIS-BANLIEUE

VONNAS - 01540 (27 D 1)

Bourg-en-Bresse 27 - Mâcon 16

Georges Blanc

» Pl du Marché
☎ 04 74 50 90 90
F. lundi, mardi, merc. à déj. et janv.
Jusqu'à 21h30.

➥ **Hôtel :** Georges Blanc

Cadre et ambiance

Les habitués oublient parfois le coup d'œil sur les cuisines en longeant les baies vitrées amenant à table : il y a pourtant toujours de quoi frissonner devant cet atelier splendide qui fait rêver depuis si longtemps. La salle est ample, bourguignonne, bourgeoise, avec le coq en argent sur chaque nappe, et la grande table de ferme, centrale, rappelant la bonne maison de famille campagnarde.

Cuisine

Après avoir voulu, encore ces dernières années, vouloir relever à tout prix le challenge de l'innovation, la carte semble se recentrer région, ce qui est un assez bon parti. Les menus sont manifestement établis pour montrer le patrimoine, pas pour servir de laboratoire d'essais. Et les plats ont aujourd'hui très bon goût, éveillant à merveille nos envies de terroir raffiné : sot l'y laisse et huître creuse dans une nage mousseuse et iodée, fèves et pois, remarquablement fait, poularde cuite sur l'os, en aiguillettes sur une polenta aux morilles. Tout fonctionne, simplement, mais non sans majesté.

Cave

L'avantage d'une maison de ce calibre, c'est que même au rayon négoce, le choix est superbe, et vous êtes certains de tenir le meilleur de Chapoutier ou Faiveley. Toute la chanson classique est là, et les contemplatifs de la verticalité ont de quoi se pâmer devant les millésimes empilés des domaines et châteaux de prestige. On peut être un peu soufflé par les tarifs, mais il n'y a rien à redire aux choix de chemins de traverse : Lisagathe du Hureau, Gourt de Mautens, Eric Nicolas, le vignoble branché est aussi représenté.

Accueil et service

Du travail propre efficace, attentionné. On peut même lui reprocher de vouloir parfois aller plus vite que la musique. Un service rapide, c'est une qualité. Le sentir pressé, c'est moins agréable.

C : 120 € • M : 105-220 € www.georgesblanc.com

L'Ancienne Auberge

» Pl du Marché
☎ 04 74 50 90 50
F. janv.
Jusqu'à 21h30.

Il existe toujours des grands habitués pour vous dire "Nous, on adore l'auberge, on ne va plus que là", sous-entendant qu'ils ont fait le tour de la maison-mère et qu'ils reviennent aux sources avec cette auberge de terroir qui fait la même cuisine que chez Georges sur des produits plus simples. Trop simple en effet, même si l'on enregistre une satisfaction optimale sur ce beau catalogue bourguignon, les escargots, la croûte aux morilles et foies blonds au vin jaune, la sole meunière ou le poulet de Bresse à la crème. Les tarifs, même s'ils ne sont pas ceux de la big table vonnassienne sont assez costauds, mais le label Georges Blanc vaut bien cela.

C : 28 € • M : 17-43 € www.georgesblanc.com

Georges Blanc

» Pl du Marché
☎ 04 74 50 90 90
📠 04 74 50 08 80
F. janv.

➥ **Restaurant** : 17/20 Georges Blanc

Au bord de la rivière, la maison arbore une façade typique, colombages et briques, et mise sur une élégance rustique, en accord avec la situation : jeux de boiseries apparentes, mobilier de style ou régional, pour un charme intemporel et chaleureux.

6 appart. 450-600 € • 32 ch. 160-450 € www.georgesblanc.com

Résidence des Saules

S'intégrant à l'architecture de la place du village, ce bâtiment de style Bressan arboré une toute nouvelle façade à colombages. Son parc fleuri de 8000 m²), ses chambres spacieuses donnant sur la place ou la rivière et le spa prochainement ouvert (juin 2006) en font une alternative idéale à la maison mère de George Blanc.
2 appart. 150 € • 6 ch. 130-140 € www.georgesblanc.com

» Pl du Marché
☎ 04 74 50 90 51
Fax 04 74 50 08 80
F. janv.

VOREPPE - 38340 (28 A 3)

Grenoble 17 - Voiron 9

Novotel Grenoble-Nord-Voreppe

Au-delà des espaces modernes et fonctionnels, des chambres et du service impeccable, l'hôtel s'apprécie pour sa situation, largement ouverte sur la montagne, dans un vaste parc arboré.
114 ch. 72-98 € www.novotel.com

» 1625 rte de Veurey
☎ 04 76 50 55 55
Fax 04 76 56 76 26
Ouv. 7j/7.

VOUGEOT - 21640 (20 B 4)

Dijon 17 - Beaune 27

Hôtel de Vougeot

Située dans le village, cette belle maison ancienne évolue par touches et privilégie un cadre clair. La plupart des chambres bénéficient d'une très belle vue sur les vignes et le célèbre château.
3 appart. 49-85 € • 16 ch. 49-85 € www.hotel-vougeot.com

» 18 rue du Vieux-Château
☎ 03 80 62 01 15
Fax 03 80 62 49 09
F. 4-24 janv.

à GILLY LES CITEAUX - 21640 : 2 km E. par D 251

Château de Gilly

Ces vieilles pierres (le château remonte au XIVe siècle), le jardin à la française et les volumes généreux disponibles sous ces voûtes ancestrales ont dicté le décor, mobilier de style et tapisseries en tête, pour créer une atmosphère luxueuse et séduisante. La restauration, sous la houlette d'Olivier Dupart, se partage entre le bistro le midi (menu du jour et vin du domaine) et le Clos du Prieur gastronomique le soir, où il élabore une carte intelligemment partagée par thèmes, aussi efficace sur le coq au vin du menu Tradition que sur le foie gras glacé au ratafia et chutney d'ananas du menu Création.
11 appart. 390-690 € • 48 ch. 150 € • 1/2 pens. 228 € • C : 70 € • M : 42-65 €
www.chateau-gilly.com

» ☎ 03 80 62 89 98
Fax 03 80 62 82 34
Ouv. 7j/7.

VOUGY ➤ BONNEVILLE

VOUILLE - 86190 (22 C 3)

Poitiers 19 - Parthenay 33

Château de Perigny

Construit à la fin du XVIe siècle, le château monte la garde sur un vaste domaine, dont les dépendances accueillent les chambres, dans un décor à l'ancienne authentique et élégant. Au restaurant, le travail de Jean-Gabriel Lambert s'apprécie dans la sobriété, autour des légumes du jardin : déclinaison raffinée autour de la tomate, gambas rôties au thé salade de pourpier.
5 appart. 118-185 € • 39 ch. 68-139 € • 1/2 pens. 83-96 € • C : 40 € •
M : 24,50-65 € www.chateau-perigny.com

» La Chapelle
☎ 05 49 51 80 43
Fax 05 49 51 90 09
Ouv. 7j/7.

VOUTENAY SUR CURE - 89270 (19 D 3)

Avallon 14 - Vézelay 14 - Auxerre 35

[12] Auberge Le Voutenay H

On se gardera bien de faire grief à Laurent Poirier de défendre sa région. C'est vrai, la maison bourgeoise avec parc et rivière incite un peu à se hausser du col, mais l'orientation prise va franchement dans le sens de la simplicité et de l'authenticité régionale. Avec les "assiettes gourmandes de terroir", andouillette de Chablis, escargots, fondue d'époisses, mais aussi avec de beaux produits qui font les plats vrais : cuisse de pintade braisée à la bière, carré d'agneau rôti au pistou et parmesan, côte de veau aux petits légumes. Les chablis sont bien choisis, les autres bourgognes aussi, parmi lesquels, bien sûr, les locaux, irancy, palotte et épineuil. Accueil sûr et souriant de Valérie Poirier, chambres agréables et calmes pour voir vieillir d'une nuit les arbres centenaires.

M : 24-52 € • 3 appart. 50-65 € • 5 ch. 45-50 € • 1/2 pens. 50 €

www.monsite.wanadoo.fr/auberge.voutenay

» RN 6
☎ 03 86 33 51 92
F. dim. à dîn., lundi, mardi, 3 prem. sem. janv., 3e sem. juin et 3e sem. nov.
Jusqu'à 20h30.
⛱ 🚗 ♿

VOUVRAY - 37210 (17 C 4)

Tours 9 - Amboise 17

[12] Le Grand Vatel

Le Grand Vatel ne se retournerait pas dans sa tombe à la vue de ces assiettes qui témoignent d'une bonne maîtrise des fondamentaux, sauces et cuissons soignées, plus classiques qu'avant-gardistes bien sûr, mais qui mettent à l'abri des mauvaises surprises, sur les viandes comme les poissons de rivière. Vaste cave de Loire, bien au-delà du seul vouvray ; les conseils de Madame ne sont pas de trop pour s'y retrouver.

C : 40 € • M : 18,50-61 €

» 8 av Léon-Brulé
☎ 02 47 52 70 32
F. dim. à dîn., lundi, 1re sem. juil. et sem. Noël.
Jusqu'à 21h45.
⛱ 🚗 ♿ 🐕

➲ à NOIZAY - 37210 : 9 km E. par D 46 et D 1

Château de Noizay

Ce logis du XVIe propose un luxe feutré et un cadre romantique, beaux tissus fleuris et meubles de style, décliné en différentes ambiances au gré des chambres. Le restaurant défend les vertus d'une gastronomie discrète actualisée, faite de beaux produits et d'un solide savoir-faire : caille en tempura sur salade de champignons, agneau en croûte de graine de moutarde et thym, crémet au lait d'amande coulis abricot. Belle cave en vouvray, solide et classique par ailleurs.

19 ch. 135-275 € • 1/2 pens. 150-220 € • C : 59 € • M : 35-72 €

www.chateaudenoizay.com

» Rte de Chancay
☎ 02 47 52 11 01
📠 02 47 52 04 64
F. 15 janv.-10 mars.
🚗 🏊 🎾 🐕

LA WANTZENAU ➤ STRASBOURG

WARHEM ➤ BERGUES

WASSELONNE - 67310 (10 B 2)

Strasbourg 24 - Saverne 14

[13] Au Saumon H

Derrière la façade saumon (forcément), la salle au décor bourgeois et les propositions très classiques font craindre l'ennui, mais si la cuisine est effectivement sage, elle est surtout bien faite et met à l'abri des mauvaises surprises, de la terrine de saumon au parfait glacé à la cannelle et pruneaux à l'armagnac, au bon goût de fait maison, en passant par la canette cannelloni aux herbes et risotto. Service souriant, qui s'assure discrètement que tout va bien, et atmosphère tranquille d'habitués. Confort classique et soigné dans les chambres.

C : 15 € • M : 9,15-41 €

annethierry@wanadoo.fr

» 69 rue du Gén-de-Gaulle
☎ 03 88 87 01 83
F. dim. à dîn., mardi à dîn., merc. et 1re quinz. juil.
Jusqu'à 21h.
⛱ 🐕

WESTHALTEN - 68250 (10 B 4)

Colmar 20 - Bâle 68

L'Auberge du Cheval Blanc

➥ **Hôtel** : L'Auberge du Cheval Blanc

Cette maison de longue tradition est dirigée depuis plus de trois décennies par Gilbert Koehler, digne héritier d'une grande famille de vignerons remontant à la Révolution. Son Cheval Blanc incarne à merveille cette Alsace de carte postale. Ici, tout est à sa place, la façade saumon, les volets qu'on dirait repeints la veille, les fleurs, superbes et la salle, brillante comme un sou neuf. La cuisine ? Bien dans son époque, jamais repliée sur elle-même, la salade de queues d'écrevisses et rognons de lapin, la mitonnée de ris de veau aux asperges blanches et vertes et la nage de fraises au vin rouge parfumée au gingembre valant une belle toque. Belle cave en région.

C : 65 € • M : 35-85 € *www.auberge-chevalblc.com*

» 20 rue de Rouffach
☎ 03 89 47 01 16
F. dim. à dîn., lundi, mardi à déj., 6 fév.-3 mars et 19 juin-5 juil.
Jusqu'à 21h.

L'Auberge du Cheval Blanc

➥ **Restaurant** : 14/20 L'Auberge du Cheval Blanc

Exploité par la famille Koehler depuis la fin du XVIIIe siècle, cet ancien relais de poste aux chambres néo-rustiques fait de sa clientèle une privilégiée : douze chambres seulement à des tarifs sages au regard des prestations.

12 ch. 68-82 € • 1/2 pens. 87-92 € *www.auberge-chevalblc.com*

» 20 rue de Rouffach
☎ 03 89 47 01 16
📠 03 89 47 64 40
F. 6 fév.-3 mars et 19 juin-5 juil.

WETTOLSHEIM - 68920 (10 D 3)

Colmar 5

La Palette H ♥ DÉCOUVERTE

Henri Gagneux de La Petite Palette de Neuf-Brisach a repris L'Auberge du Père Floranc à Wettolsheim : voilà pour l'historique de l'enseigne. Le vieux décor baroque avec ses papiers-peints à rayures verticales, ses jardinières de plantes vertes a été mis à la casse, tandis que le plafond à caissons ainsi que le parquet ont été conservés et mis en valeur par une épure et un allégement des parois (ancien revisité). La cuisine, aussi personnelle qu'à Neuf-Brisach, propose sa palette de saveurs nouvelles et pleines d'esprit, un filet de loup et une vinaigrette de tandoori, un filet de bœuf poché au vin blanc, renouvelant astucieusement le standard avec une compotée de fenouil au basilic. Jolie cave mettant à l'honneur les vignerons du quartier, accueil à réchauffer et coup de cœur pour la cuisine ! Chambres contemporaines et personnalisées pour prolonger le plaisir.

C : 41 € • M : 13-58 € • 1 appart. 110-134 € • 15 ch. 80-92 €
www.lapalette68.com

» 9 rue Herzog
☎ 03 89 80 79 14
F. dim. à dîn. et lundi.
Jusqu'à 21h15.

WIHR AU VAL - 68230 (10 B 4)

Colmar 18 - Bâle 83

La Nouvelle Auberge

La précision et la rigueur alsacienne n'est pas un cliché. A Wihr au Val, Bernard Leray s'attache à faire bien, comme un compagnon du devoir, au service de ses clients, mais avant tout de son métier. Admirez la technique, et la saveur, du pressé de lapin façon presskopf et poêlée d'asperges vertes avec un jus réduit monté au beurre, du mille-feuille d'escargots, profitez des sympathiques allusions à la tradition (la timbale de macaronis et ris de veau et quenelles de veau aux champignons) pour saisir toute la probité de la prestation, dans un menu à 41 **€**, ce qui n'est pas un cadeau, mais montre aussi le prix de la qualité, suivie jusqu'au soufflé gianduja et à l'assiette tout ananas. Au fil des ans, la cave s'affine, avec des valeurs sûres en région ou ailleurs.

C : 41 € • M : 29-55 €

» 9 rte Nationale
☎ 03 89 71 07 70
F. dim. à dîn., lundi, mardi, fév., 1re sem. juil. et vac. scol. Toussaint.
Jusqu'à 21h.

WIMEREUX ➤ BOULOGNE SUR MER

WIMILLE ➤ BOULOGNE SUR MER

WINKEL - 68480 (10 B 6)

Mulhouse 43 - Belfort 49 - Basel 32

à OBERLAG - 68480 : 3 km S.O. par D 432 et D 41

(11) A la Source de la Largue

Un charmant café de village dans le Sundgau, une ambiance d'un autre temps et éminemment sympathique. L'Alsace à l'honneur dans l'assiette, bouchée à la reine, escargots à l'alsacienne et kougelhopf à tous petits prix.
C : 24 € • M : 9,50-19,80 €

» 19 rue Principale
☎ 03 89 40 85 10
F. mardi, merc. et jeudi.
Jusqu'à 22h.

WISSEMBOURG - 67160 (10 D 1)

Strasbourg 62 - Karlsruhe 42 - Haguenau 32

(13) Restaurant de l'Ange

Pierre Ludwig ne se fera jamais porte-parole de la modernité en cuisine. Après quinze années passées dans cette maison des bords de la Lauter, il est probable qu'il ne changera plus de casseroles, préférant servir au mieux (et il le fait bien) la tradition régionale avec un dampfnudel aux escargots et quenelles au persil ou un schniederspättle de truites à la confiture d'oignons. C'est dans ce registre qu'on le sent le plus à l'aise, et sur les plats de poisson en général. Cave très alsacienne.
C : 40 € • M : 28,50-45 € *www.restaurant-ange.com*

» 2 rue de la République
☎ 03 88 94 12 11
F. lundi, mardi, vac. scol. fév. et 15-31 août.
Jusqu'à 20h30.

WOELFLING LES SARREGUEMINES ➤ /SARREGUEMINES

WOINCOURT - 80520 (2 B 3)

Le Tréport 12 - Fréssenneville 3

(12) La Gare aux Gourmets

Gare aux gourmets et non aux gorilles dans ce petit village du Vimeu, dans une atmosphère provinciale comme il n'y en a plus que dans les films de Chabrol. Sincérité et fraîcheur prévalent dans le mille-feuille de rillettes de canard et lapin, le filet de doré cuit à la perfection et fine choucroute et la mousse de fraise de ma grand-mère. La petite touche nordiste maritime avec les salicornes, la rhubarbe, les bières pourrait être encore davantage travaillée (cassonade, chicorée). Cave généraliste, bien rangée, un peu chère.
C : 40 € • M : 14-39 € *gare-aux.gourmets@cegetel.net*

» 2 pl de la Gare
☎ 03 22 30 92 42
F. à dîn. (sf vend., sam.), sam. à déj. et août.
Jusqu'à 21h30.

XONRUPT LONGEMER ➤ GERARDMER

YEU (ILE D') - 85350 (15 A 5)

La Fosse 6 - Saint-Gilles-Croix-de-Vie 39

(12) Le Père Raballand

Restaurant, bistrot, situation idéale sur le port et cuisine marine issue de la pêche et cueillette locale : en moins de dix ans, le Père Raballand a gagné ses galons d'institution locales, et les fidèles qui accostent chaque année pour devenir islais le temps du séjour ne manquent pas d'y passer une tête. Aile de raie bien épaisse, sole meunière et belle "planche du mareyeur" avec thon, sardines, anchois… qui fait tout le repas.
C : 30 € • M : 16,90-39,80 € *www.lepereraballand.com*

» 6 pl de la Norvège
☎ 02 51 26 02 77
F. dim. à dîn., lundi et 1er déc.-1er avril.
Jusqu'à 22h30.

Atlantic Hôtel

L'Atlantique est bien là, en panoramique pour la vue (l'hôtel est sur le port) et dans les couleurs claires du décor.
18 ch. 41-70 € *www.hotel-yeu.com*

» Quai Carnot-Port-Joinville
☎ 02 51 58 38 80
📠 02 51 58 35 92
F. 2-25 janv.

YGRANDE ➤ BOURBON L'ARCHAMBAULT

YSSINGEAUX - 43200 (26 D 4)

Le Puy-en-Velay 28 - Saint-Etienne 51

13/20 Le Bourbon ♥

➥ **Hôtel** : Le Bourbon
C'est le grand-père, bistrotier et marchand de vin, qui lança l'affaire en 1911, et il ne renierait sans doute pas ce qu'il observerait aujourd'hui : de la bonne humeur en salle et dans les assiettes, cassolette d'escargots du Lignon au parfum de pastis-verveine, saucisson fermier et pleurotes, tournedos de pintade fermière aux noisettes, délice de la ferme des Abeilles et granité à l'hydromel du Velay. Les producteurs de tous les produits utilisés sont soigneusement répertoriés et la cave recèle quelques flacons à des prix qui frisent le délit d'initié.
M : 20-46 € *www.le-bourbon.com*

» 5 pl de la Victoire
☎ 04 71 59 06 54
F. sam. à déj., dim. à dîn., lundi, janv. et 25 juin-5 juil.
Jusqu'à 21h.

Le Bourbon

➥ **Restaurant** : 13/20 Le Bourbon
Chambres contemporaines et soignées et petits déjeuners toniques à base de produits artisanaux (miel d'acacia, crème de châtaigne, yaourt fermier, müesli gourmand), dans le même bon esprit qu'au restaurant.
11 ch. 65-75 € • 1/2 pens. 58,50-63 € *www.le-bourbon.com*

» 5 pl de la Victoire
☎ 04 71 59 06 54
📠 04 71 59 00 70
F. janv. et 25 juin-5 juil.

YUTZ ➤ THIONVILLE

YVETOT - 76190 (6 B 2)

Rouen 35 - Fécamp 34

12 La Fontaine Gourmande ♥

La fontaine est effectivement à deux pas et cette Gourmande-là ajoute la manière à l'art. La cuisine joue habilement du dérailleur pour jongler entre une simplicité maligne pour les déjeuners de tous les jours (tomate farcie surimi saumon, magret de canard au poivre) et des propositions plus élaborées, sachant cultiver aussi bien la fibre terroir (les œufs pochés au livarot, gourmands et généreux) qu'une créativité sagement dosée (la choucroute à la lavande sur le sandre ou les crêpes en tagliatelles). Un bonheur n'arrivant jamais seul, la carte des vins dispose de quelques propositions sympathiques et Madame distribue les sourires généreusement et contribue ainsi largement à la bonne humeur qui règne en salle.
M : 12-27 €

» 70 rue Bellanger
☎ 02 35 96 11 01
F. dim., lundi et 24-31 déc.

11 Le Saint-Bernard

L'endroit paraît tout d'abord improbable, à la sortie de la ville, sur la nationale, à un carrefour très fréquenté où se concentrent habituellement les restaurants routiers. Il faut pourtant passer la porte, traverser la première pièce (un bar qui met tout de suite dans l'ambiance, avec ses tabourets en selle de cheval et sa déco typiquement western) pour découvrir un peu plus loin la grande salle à manger où s'affairent des serveurs en cow-boys. La carte navigue entre le tex mex et la brasserie, rassemblant pour une fois Français et Américains dans une franche bonne humeur.

» 1 av Foch
☎ 02 35 95 06 75
F. lundi à dîn., mardi à dîn. et merc. F. annu. non comm. et rens. prix non comm.
Jusqu'à 21h45.

YVOY LE MARRON ➤ CHAUMONT SUR THARONNE

ZELLENBERG - 68340 (10 B 4)

Colmar 13 - Strasbourg 64

 Maximilien

» 19 A rte d'Ostheim
☎ 03 89 47 99 69
F. dim. à dîn., lundi, vend. à déj. et fin août-déb. sept.
Jusqu'à 21h.

Solide et cossue, cette riche auberge de terroir déplie ses nappes blanches et ses lourds rideaux pour une clientèle qui ne dédaigne pas un peu d'apparat autour des classiques de Jean-Michel Eblin. Il serait malséant de signaler en lisant la carte, que "topinambour" ne s'écrit pas comme Kronenbourg, alors que tant d'efforts sont déployés pour le marbré de foie gras, les grenouilles en tempura, les ravioles de langoustines et le croustillant de pied de veau et poêlée de homard. Des plats altiers menés avec brio, des menus sans choix un peu chers (41 € pour le tartare de truite et le filet de cabillaud) mais un univers de tradition évidemment à préserver. Belle carte de grands crus, d'Alsace ou d'ailleurs.

C : 78 € • M : 31-80 €

(11) Auberge du Froehn

» 5 rte Ostheim
☎ 03 89 47 81 57
F. mardi, merc., 16 janv.-1er fév. et 19 juin-5 juil.
Jusqu'à 21h.

On pourrait l'appeler le bistrot du sommelier si la place n'était déjà occupée. Jean-Marc Hattermann a la passion des vins d'Alsace, dont il connaît tous les vignerons, et en particulier ceux de son village (Tempé, Becker...) qu'il sait mettre en avant dans la vaste carte sillonnant la route des Vins. Pour faire tenir les verres, une aimable cuisine régionale et artisanale, de bons fleischnackas, choucroute, rognons de veau spaetzle...

C : 30 € • M : 18,50-33,50 €

ZICAVO ➤ CORSE

ZIMMERSHEIM ➤ MULHOUSE

ZONZA ➤ CORSE

LES MEILLEURES TABLES DE BELGIQUE

Tous les frontaliers le savent : les tables belges sont excellentes ! Certaines méritent très clairement que l'on bloque une soirée, voire un week-end, pour créer l'occasion d'aller déguster la cuisine inventive et raffinée des chefs belges. Pour vous inciter à la balade gourmande, GaultMillau Belgique offre aux lecteurs du guide Gaultmillau France, une sélection des meilleures tables de Belgique notées à partir de 17. Pour découvrir les autres adresses, rien de plus facile : plongez-vous dans la lecture de l'édition belge qui est disponible en même temps que le guide France !

☎ **Code d'accès téléphonique pour la Belgique : 00 32**

Quand vous voyagez en Europe, GaultMillau continue à vous accompagner en vous faisant découvrir les meilleures adresses en Belgique, en Suisse, en Autriche, au Luxembourg et en Allemagne. Cinq guides GaultMillau qui vous permettent d'avoir, dans chacun de ces pays, une approche gastronomique très complète : les tables ont été testées, elles sont toutes commentées et notées. Pour vous procurer ces guides, lors de vos déplacements, il vous suffit de les commander par email.

Allemagne	Autriche	Benelux	Suisse
info@christian-verlag.de	order@gaultmillau.at	info@gaultmillaubenelux.com	aboservice@ringier.ch

Belgique

ANTWERPEN (ANVERS) - 2000

Bruxelles 47 - Gent (Gand) 65

à BOECHOUT - 2530 : 9 km

De Schone Van Boskoop ♥

Saveur, respect du produit et une bonne dose d'inventivité sont ici les maîtres mots. L'intérieur contemporain est aménagé de manière circulaire, autour de la cuisine, sans que l'on puisse pour autant l'apercevoir, la vue étant plutôt orientée sur le jardin aux épices et le bassin aux nénuphars. L'ambiance est détendue, le service de haut vol sans être guindé, un réel plaisir. Wouter Keersmaekers est un chef qui apprécie l'authenticité, privilégiant les produits « de chez nous » : chicons de pleine terre, choux de Bruxelles, jets de houblon, salsifis, différents choux,... sans parler des ingrédients moins courus tels que les petites joues de cochon, la langue de veau et les rognons que Wouter sait, mieux que personne, faire exploser en véritables bombes gustatives. L'eau nous vient à la bouche rien qu'en évoquant cette superbe blanquette de langue de veau servie en second plat, après la selle d'agneau. Nous vous conseillons de suivre le chef lorsqu'il vous présente le menu suggestion à 78 **€**. Pour ceux qui veulent absolument manger à la carte, les saveurs sont tout aussi épatantes, comme pour ce ravioli de bolets au beurre de truffe et parmesan, suivi d'une sole grillée et tartare de saint-jacques marinées. La cave reprend une belle sélection de flacons des principaux pays viticoles offrant 520 références parmi lesquelles toutes les bourses trouveront leur bonheur. Le coup de cœur est assuré.

C : 107 € • M : 45-78 € *www.deschonevanboskoop.be*

» Appelkantstraat 10
☎ 3 454 19 31
F. dim., lundi,, 1 sem. Pâques, 8-31 août, 1 sem. Noël-nouvel an.
Jusqu'à 21h30.

BEAUMONT - 6500

Lille 264 - Bruxelles 153

à SOLRE SAINT GERY - 6500 : 4 km

Hostellerie Le Prieuré Saint-Géry ♥

Cette belle et bonne maison poursuit son parcours de triple toquée. L'ancienne fermette en pierres du pays, briques et poutres apparentes est empreinte d'une atmosphère rustique et élégante à la fois. Vincent Gardinal vit toujours pour son noble métier et pour le bonheur de sa clientèle. Ses amuse-bouches multiples et variés constituent une véritable entrée. Et l'entrée ne demeure pas en reste, comme en témoigne le tronçon de lieu, risotto au persil, étuvée de morilles, jeune oignon, sot-l'y-laisse et fèves des marais, bouillon de volaille à la truffe d'été ! Le chemin est tracé pour la suite: le pigeonneau royal, joues de veau braisées, gnocchi gratinés, artichaut poivrade et les cuisses (servies séparément) accompagnées d'un velouté de petits pois. Tout aussi délicieux, le ris de veau, pommes rissolées au lard, mousse de carottes, croustillant de pied de porc au foie d'oie, sauce agrume au gingembre. Bien que l'énoncé de ces plats paraisse surchargé, l'assiette se révèle être un très heureux mariage, goûteux et fin à la fois. Mentionnons également le charriot de fromages frais et affinés. La carte des vins offre toujours une belle sélection, avec ses coups de coeur, heureusement toujours à des prix honnêtes. Le menu dégustation, 4 services, est proposé à 54 **€** (76,50 avec vins sélectionnés); le prestigieux menu promenade gourmande à 80 **€** (120 avec vins). Et on trouvera aussi un menu déjeuner, 3 services, à 27 **€** (39, vins compris).

C : 50 € • M : 27-90 € *www.prieurestgery.be*

» Rue Lambot 9
☎ 71 58 97 00
F. dim. à dîn., lundi, mardi à déj., 9-24 janv. et 4-29 sept.
Jusqu'à 21h30.

BOECHOUT ➤ ANTWERPEN (ANVERS)

BRUGGE (BRUGES) - 8000

Brussel 96 - Gent 45 - Oostende 28

De Karmeliet

» Langestraat 19
☎ 50 33 82 59
F. dim. à dîn., lundi, mardi à déj., 1er-15 janv., 1er-15 juil. et 1er-8 oct.
Jusqu'à 21h30.

Si cette vénérable maison de maître a l'âge de la Belgique, rien n'y paraît à l'intérieur où luxe, volupté, raffinement, classicisme et modernité se marient à merveille. La collection d'art fait honneur aux grands noms du monde artistique belge. Impressionnant ! Quant à la cuisine, c'est l'Everest ! Cependant, le travail à une telle altitude exige des performances olympiques et l'oxygène vient parfois à manquer... Des maîtres ès gastronomie comme Geert Van Hecke ne sont toutefois aussi que des hommes. Les sportifs de haut niveau battent-ils des records tous les jours ? Pourtant, c'est exactement ce qu'attendent les gastronomes qui se bousculent au portillon, en réservant souvent très longtemps à l'avance. C'est ainsi que nous avons de temps à autre des échos tels que : « On s'attendait à beaucoup plus ». Quoi qu'il en soit, nous avons été ravi de notre parfait de légumes méditerranéens, notre blanc-manger au parmesan et langoustine poêlée, suivi d'un turbot parfaitement cuit aux asperges, morilles et épices. Le plat de résistance était une canette des Dombes accompagnée d'une aubergine laquée, les cuisses étant confites et le cou fourré aux lentilles du Puy. En dessert, des délices aux fruits et chocolat. Pour accompagner ces agapes, nous n'avons pu résister à quelques superbes flacons du grand livre des vins fort de 650 références. Un service de haut niveau signé par une équipe compétente et dynamique parfaitement à la hauteur de cette maison d'exception.

C : 115 € • M : 50-135 € *www.dekarmeliet.be*

Den Gouden Harynck

» Groeninge 25
☎ 50 33 76 37
F. sam. à déj., dim., lundi, 1 sem. Pâques, 15 juil.-7 août et 1 sem. Noël.
Jusqu'à 22h.

« La cuisine est la faculté de pouvoir effectuer des variations sur les mêmes thèmes », affirme Philippe Serruys. Avec son épouse, Marijke, il propose depuis plus d'un quart de siècle une cuisine raffinée dans un immeuble douillet du XVIIe siècle lové dans le quartier des musées de la Venise du Nord. Seulement huit tables sont dressées dans un intérieur classique où le blanc dialogue avec le vert. Près de l'entrée, un espace est prévu pour prendre l'apéro et vous apercevrez un petit jardin au fond. Accueil charmant de la maîtresse de maison. Le coup d'envoi a été donné par un étonnant carpaccio de queues de langoustines au jambon ibérique, agrémenté d'huile d'olive aromatique et d'une petite fondue au fromage. En entremets, une salade de persil plat et de coriandre avec un tempura de courgette, rafraîchissante à souhait. Le plat de résistance se composait d'un filet de porc pata negra aux dates confites et mousse de citron, accompagné de gnocchis frits et d'une mousse de céleri fort malheureusement trop fumée. En revanche, le dessert était parfait : mousse au chocolat et cornets florentins à la glace vanille. Belle cave avec, outre de prestigieux vins français, d'intéressantes références espagnoles, italiennes et mondiales, pas données pour autant…

C : 70 € • M : 49-67 € *www.goudenharynck.be*

BRUXELLES - 1000

Paris 308 - Amsterdam 205 - Luxembourg 212

Bruneau

» 73-75 av Broustin
☎ 2 421 70 70
F. mardi, merc., 1er-10 fév. et août.
Jusqu'à 22h.

Nous avons déjà eu l'occasion de l'écrire antérieurement, Jean-Pierre Bruneau ne craint pas de travailler tant et plus. Même, ou faudrait-il dire, surtout lorsque les détours de la vie lui apportent une certaine adversité. Il nous avait semblé, lors de nos visites de l'an dernier, que la jeunesse de sa nouvelle brigade l'amenait à limiter les risques en misant sur ses classiques. Son équipe semble désormais rôdée et Bruneau a repris sa route vers le sommet de la gastronomie belge. Nous avons entamé les réjouissances par une mosaïque de saumon et anguilles fumés, suivie d'une poêlée de saint-jacques aux épices, fleur de courgette farcie à la mousse de homard. Vint alors un formidable petit chou farci de langoustines, beurre de crustacé suivi d'une sublime crème mousseuse à l'oseille aux huîtres "perles blanches", le sommet de la soirée. Pour conclure, ris de veau en dentelle aux truffes de Carpentras et pêche de vigne à la compotée de rhubarbe. Les très beaux produits sont mis en valeur par la "touche Bruneau", faite de maîtrise technique et de créativité. Cave riche de quelques 650 bouteilles avec une dominante française bien entendu, encore que les propositions italiennes et espagnoles devraient pouvoir susciter votre intérêt. Accueil et service de très grande maison.

C : 90 € • M : 45-125 € *www.bruneau.be*

Comme Chez Soi ♥

» Pl Rouppe 23
☎ 2 512 29 21
F. dim., lundi, merc. à déj., 23 juil.-21 août et 24 déc.-8 janv.
Jusqu'à 21h30.

Après plusieurs visites cette année, une chose est sûre: vous êtes ici dans l'incontestable leader de la gastronomie bruxelloise. Petit à petit, Lionel Rigolet déploie ses ailes et, jusqu'à présent, cela lui réussit. Car là où Pierre Wynants nous avait habitués à ne pas accompagner l'apéritif de mises en bouche, nous avons reçu un trio d'aiguise-palais de fort belle facture. Mais l'entame de notre dégustation prenait une tournure encore plus sérieuse avec le consommé froid aux dés de homard et citronnelle, suivi d'un merlu rôti aux graines de tournesol, vinaigrette aux huîtres et chorizo. Toujours en mer, le superbe filet de saint-pierre au surprenant coulis exotique de basilic, gelée de tomate chaude et perles de jasmin, avec, dans un sillage un rien plus classique, la sole farcie aux langoustines et asperges, escortée d'une légère sauce à la crème d'olives et basilic. En plat, les médaillons de veau panés à la coriandre et légumes passés à la vapeur sur lesquels venait délicatement s'épandre un beurre au cumin et à la cannelle. Pour clore ce repas mémorable, de savoureuses pêches flambées dans leur jus de cuisson. Quant au vin, William Wouters prouve depuis bientôt vingt ans qu'il est à la hauteur de l'exceptionnel livre de cave. Parmi les 1500 références internationales qui y figurent, de nombreux flacons d'exception côtoient des bouteilles à découvrir tous les jours. Enfin, nous ne terminerons pas sans avoir tiré notre chapeau au service parfait de la brigade en salle.

C : 100 € • M : 67-166 € *www.commechezsoi.be*

Le Passage ♥

» Av J.-et P.-Carsoel 13, 1180 Uccle
☎ 2 374 66 94
F. sam. à déj., dim., 1re sem. janv. et 3 sem. juil.
Jusqu'à 21h30.

Le cadre est raffiné, moderne et particulièrement élégant et s'habille de nuances apaisantes de blanc, de gris et de beige. Le talent culinaire de Rocky Renaud s'inscrit parfaitement dans le prolongement du décor : inventivité, raffinement, produits de base excellents. Nous avons été très agréablement surpris par l'anguille fumée avec un chou-fleur à la crème, le tartare (un peu trop) finement haché de homard norvégien à l'aneth et sa petite salade acidulée à base de raifort et le filet de turbot breton aux algues, pommes de terre écrasées au champagne, crevettes grises de Zeebrugge décortiquées à la main. Notre dessert était succulent : une petite salade de fraises au miel de lavande et une glace au basilic. La cave est très intéressante, même si elle fait la part belle à l'Hexagone. De grandes étiquettes sont proposées à des prix acceptables. Le service allie professionnalisme et chaleur humaine, le rapport prix-plaisir est exemplaire et un vaste parking est disponible. En résumé, une adresse à notre goût.

C : 55 € • M : 25-55 € *www.lepassage.be*

Sea Grill

Faut-il encore présenter ce luxueux restaurant de poisson de l'hôtel Radisson SAS? Il se distingue depuis plus de 15 ans déjà par une cuisine de haut vol. Pourtant, Yves Mattagne et son équipe semblent mettre la barre plus haut chaque année. L'accueil, le service et le souci du moindre détail atteignent des sommets, et le personnel est parfaitement plurilingue. Lovés dans des chaises confortables, séduits par l'élégance du lieu, les tons de beige, la lumière tamisée et la superbe presse à homard en argent dont il n'existe que trois exemplaires au monde, nous avons été dorlotés dès les mises en bouche: foie gras d'oie avec des dés d'anguille fumée et une bisque au basilic très aromatique, mais raffinée en diable. Le ton était donné d'emblée. Écrevisses grillées aux linguini, jets d'épinard, oseille rouge et mousseline de tartuffia accompagnés d'un consommé clair et mousseux. Superbe entrée en matière de notre menu Marée du Jour (49 €) ! Notre plat de résistance se composait d'un steak de thon très légèrement poêlé accompagné d'asperges belges, d'un risotto de truffe dans une sauce morillée : succulent ! Pour ne pas déroger à la tradition de la maison, nous avons clôturé ce menu avec les deux immenses chariots de desserts : cette fois, nous avons retenu une pâtisserie au chocolat très parfumée, des fraises fraîches et une île flottante de framboises. La carte des vins n'oublie aucune région vinicole et est intelligemment doublée d'une carte de suggestions concise qui vous facilite le choix. Les amateurs de cigares seront ravis : une cave humidor avec les meilleurs produits du monde et un salon de dégustation séparé les attendent.

C : 96 € • M : 49-170 € *www.radissonsas.com*

» Rue Fossé-aux-Loups 47
☎ 2 217 96 25
F. w.-e., 25 fév.-5 mars, 8-17 avril, 21 juil.-15 août et 28 oct.-5 nov.
Jusqu'à 22h.

La Truffe Noire

17 ans d'existence pour ce haut-lieu de la gastronomie bruxelloise, 17 années durant lesquelles Luigi Ciciriello a mis en scène sa passion pour "tuber melanosporum". Son goût du luxe et du raffinement ont trouvé à s'exprimer dans sa superbe maison de maître proche de la Cambre. Avec ses deux chefs, fidèles depuis plus de 10 ans, il a proposé nombre de plats imprégnés du parfum de la truffe, qu'elle soit d'hiver ou d'été, italienne ou française, noire ou blanche. Une première visite en février nous avait donné l'occasion de profiter du menu XVIIe anniversaire: oeufs de Colombus brouillés aux truffes; royales de saint-jacques caviar de chou-fleur et truffe; ravioli de foie gras truffe à la mandoline; truffe à la croque au sel; crème brûlée aux pommes golden et truffes. Nous avons eu le sentiment que le service en cette occasion était parfois un peu approximatif. Mais une seconde visite en été a effacé cette impression. Nous y avons apprécié un convaincant vitello tonnato aux câpres de Sicile suivi de cannelloni à la ricotta et zestes de citron. Ajoutez-y les amuse-bouche, une brochette de pastèque grillée et les frivolités pour obtenir un menu de la semaine à 50 €, ce qui semble onéreux pour les produits utilisés! Les superbes aquarelles d'un livre de cave digne d'une grande maison ne font pas oublier les prix des flacons non plus.

C : 70 € • M : 50-115 € *www.truffenoire.com*

» Bd de la Cambre 12
☎ 2 640 44 22
F. sam. à déj., dim., 1 sem. Pâques, 1er-15 août et Noël-nouvel an.
Jusqu'à 21h45.

Au Vieux Boitsfort ♥

Cette ancienne auberge figure au rang des meilleures maisons de Bruxelles depuis pas mal d'années. Dès l'entrée, on est frappé par un décor aux tons pastel d'une élégante sobriété. Celle-ci se retrouve dans des propositions gastronomiques témoignant d'une créativité mesurée, mettant en valeur les bases d'une cuisine au raffinement classique. Nous avions cette fois choisi de manger à la carte, malgré un menu séduisant. Huître délicieusement iodée et crevettes d'Ostende à peler, voilà pour des amuse-bouche peu courants. En entrées, une grillade de thon rouge au sel de Guérande, fantaisie de compotes provençales a ravi ma compagne tandis que je me régalais de noix de saint-jacques grillées, à la tapenade et tartare de tomate au cerfeuil. Nous avons poursuivi dans l'excellence d'une noix de ris de veau

» Pl Bischoffsheim 9, 1170 Watermael-Boitsfort
☎ 2 672 23 32
F. sam. à déj., dim. et 3 sem. août.
Jusqu'à 21h30.

marinée et caramélisée aux épices et d'une fantaisie de rouget barbet farci et cuit au four, vinaigrette de légumes provencaux, sans doute la préparation la plus originale de notre soirée. La succulente influence du Sud ensoleillé dont témoigne cette cuisine estivale s'accommode fort bien de bouteilles originaires des régions méditérannéennes. Elles sont logées dans une cave riche de magnifiques vins traditionnels comme de grands vins régionaux à prix accessibles. Service impeccable d'une brigade attentive et voiturier. Les trois toques sont confirmées sans hésitation.
C : 65 € • M : 40-70 €

Villa Lorraine

» Av du Vivier-d'Oie 75
☎ 2 374 31 63
F. dim., 10-31 juil.
Jusqu'à 21h30.

Il faut savoir ce que l'on cherche quand on entre à la Villa Lorraine, cette institution bruxelloise à l'orée du bois de la Cambre. Si vous aimez le Grand Restaurant, la cuisine classique, le décorum, le service à l'ancienne, le ballet des maîtres d'hôtel et des serveurs qui virevoltent en toute distinction et discrétion, les incontournables de la grande cuisine, les gibiers de la plus haute qualité, vous êtes à la bonne adresse. Mais en plus depuis le renouveau, vous trouverez de la légèreté, de l'audace, des épices, des équilibres nouveaux, le tout avec des produits de qualité irréprochable. Les suggestions (hors carte) font la part belle à des produits de saison dans la plénitude de leur saveur: saint-jacques sur salade de lentilles aux truffes d'été, émincé de homard et fonds d'artichaut. Les noisettes de brocard sur leur jus aux baies de genévrier resteront un grand moment pour l'amateur de gibier. Le livre de cave compte un millier de références, originaires du monde entier.
C : 85 € • M : 55-150 € *www.villalorraine.be*

BRUXELLES ENVIRONS

à GROOT BIJGAARDEN - 1720 : 7 km N.O.

De Bijgaarden

» Isidoor-Van-Beverenstraat 20
☎ 2 466 44 85
F. sam. à déj., dim. 10-17 avril et 7-28 août.
Jusqu'à 21h30.

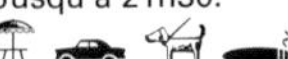

Face au château seigneurial de Groot Bijgaarden, héritage de l'époque féodale, le restaurant De Bijgaarden est installé dans un bâtiment servant de maison communale en 1867. Devenu une école du village puis un manège, ce n'est qu'en 1976 que cette bâtisse ouvre ses portes au temple de la gastronomie actuel. Le chef Hervé Didin, ancien second de Bruneau, a pris les fourneaux il y a plus d'un an maintenant et il s'y sent manifestement à l'aise, comme en témoigne notre fabuleuse expérience gustative de ce jour. En ouverture, cannellonis de thon légèrement fumé et "king crab" aux poireaux fondants et émulsion acidulée. Premier acte : filet de rouget de riche juste cuit aux pousses d'épinards puis foie gras à la vapeur et infusion de Darjeeling à la coriandre. Second acte : queue de lotte rôtie à l'huile d'olive et sel gris puis artichauts en fricassée, tian de fine ratatouille et jus de bouillabaisse gratin d'agrumes à la crème d'amandes, quenelle à la gousse de vanille. Rideau, la pièce est jouée et les vivats sont dans la salle. Tant pour le chef que pour sa brigade professionnelle et stylée qui veille sur les envois et sur les précieux flacons contenus dans une formidable cave. Les beaux jours prenez place au balcon, la terrasse le vaut indéniablement.
C : 90 € • M : 50-95 € *www.debijgaarden.be*

à OVERIJSE - 3090 : 17 km S.E.

Barbizon

» Welriekendedreef 95
☎ 2 657 04 62
F. mardi, merc., 12-30 janv. et 20 juil.-7 août.
Jusqu'à 21h30.

Lové dans une oasis de tranquillité et pourtant facilement accessible, à proximité de la sortie d'autoroute, cette maison revient sur le devant de la scène. Entrée en fanfare avec un superbe tartare de thon au céleri, généreusement garni de tranches de truffe noire et accompagné d'une mousse de cresson de fontaine et de chou-fleur. Nous avons été ensuite surpris par la pureté, le dosage

minutieux et la fraîcheur d'une nage de homard à la mélisse. Le pigeonneau de Vendée en sauce aigre-douce, cuit rosé à la perfection et particulièrement goûteux était du même bois. Seul bémol : le foie d'oie en accompagnement aurait pu être plus « modeste », d'autant plus que nous avions déjà reçu une sacrée tranche de foie « cuit au torchon » au poivre en guise de mise en bouche. Quoi qu'il en soit, la cuisine d'Alain Deluc tourne à nouveau à plein régime et le classicisme de jadis a été intelligemment complété par des créations ludiques et un clin d'œil aux cuisines du monde entier. La cave pourrait s'ouvrir un peu plus sur le monde. Comme on est en droit de l'attendre d'une maison de standing, le service est des plus professionnel et amical.
C : 36 € • M : 50 € *www.relaischateau.com/barbizon*

à WEMMEL - 1780 : 9 km E.

Le Gril Aux Herbes d'Evan

» Chaussée de Bruxelles 21
☎ 2 460 52 39
F. sam. à déj., dim. et 25 déc.-2 janv.
Jusqu'à 21h30.

A la fois sobre et élégant, l'intérieur allie la quiétude du blanc et des lignes épurées. Par contre, la cuisine proposée par Evangelos Trantopoulos explose de créativité tout en assurant un subtil équilibre gustatif. Elle nous vaut d'agréables surprises à chacune de nos visites. L'accueil est des plus professionnel et le sourire authentique. Le ton était donné d'emblée par les mises en bouches : petite crêpe farcie à l'œuf et à la tomate, salade de pâtes au curry, haricots verts ultrafins et amandes grillées, tartare de thon rouge sauce moutarde et cébettes. La suite était taillée du même bois : pièce de bœuf Aubrac parfaitement cuite nappée d'une sauce très raffinée aux morilles ainsi qu'un loup de mer pêché à la ligne relevé d'un beurre au parmesan et ses légumes vapeur dans leur jus. En finale, un ananas rôti avec des beignets à l'ananas et une pâtisserie au chocolat chaude. Ajoutez-y une carte des vins intelligemment composée et vous comprendrez que ce repas suscitera encore longtemps de très agréables souvenirs.
C : 80 € • M : 45-65 €

GENT (GAND) - 9000

Bruxelles 56 - Anvers 59 - Lille 72

Jan Van den Bon

» Koning-Leopold-II-Laan 43
☎ 9 221 90 85
F. sam. à déj., dim., 1 sem. Pâques, 16 juil.-11 août et 2 sem. Noël.
Jusqu'à 21h30.

Dans cette maison de maître en bordure du parc et agrémentée d'un grand jardin intérieur, vous en arriveriez presque à oublier que vous êtes en centre-ville. Jan Van den Bon est un magicien : il travaille des légumes et des fruits tombés dans l'oubli et les intègre dans des préparations entières où le produit est aux premières loges. Illustration : succulents morceaux de homard en salade de jeunes épinards et oseille, pinces hachées finement à la marjolaine sauvage et biscotte d'asperges. Un plat caractéristique pendant la saison de la chasse : filet de chevreuil (parfaitement cuit) accompagné d'un chou vert caramélisé au four et une tartelette de panais badigeonné de compote de figues. Ne manquez sous aucun prétexte les desserts chauds ou froids : tarte au cacao à la banane et pollen de miel de Savoie ou la macédoine de fruits chaude aux groseilles et mûres sauvages, rehaussée d'un coulis de vin de muscat et de bâtonnets de sucre de canne. Belle cave avec des bouteilles très intéressantes du monde entier affichées toutefois à des prix un peu dissuasifs. S'il gagnait à être un peu plus spontané et souriant, le service n'en reste pas moins impeccable. Il est assuré, entre autres, par l'épouse de Jan, Marie-Paule.
C : 80 € • M : 40-72 € *janvandenbon@tiscali.be*

GROOT BIJGAARDEN ➤ BRUXELLES ENVIRONS

HABAY LA NEUVE - 6720

Bruxelles 185 - Bouillon 55 - Arlon 14

Les Forges du Pont d'Oye

» Rue du Pont-d'Oye 6
☎ 63 42 22 43
F. dim. à déj., mardi et merc.
Jusqu'à 21h15.

Un restaurant de luxe dans un hôtel de luxe, à proximité de la forêt, quel rêve pour un week-end gastronomique dans la province de Luxembourg. Les frères Thiry donnent la priorité aux produits du terroir locaux pour réaliser un cuisine gastronomique d'une intense créativité mais aussi d'une grande élégance. En première assiette, un tartare de langoustines, asperge blanche, couscous de chou-fleur et fritons, huile de colza au vinaigre balsamique blanc pour Madame, sur un écrasé de pommes de terre charlotte, quelques couteaux aux échalotes et huile de tomates, poêlées de pétoncles aux petits dés de légumes pour Monsieur. Accord sur la deuxième assiette: filets de sole petit bâteau grillés, farcis d'huîtres creuses de Zélande et oignons nouveaux, lard croquant et purée de topinambour. Enfin, un agneau de lait des Pyrénées pour conclure. Le livre des vins, absolument somptueux, mérite bien son nom pour son ampleur. En salle, gentillesse et efficacité. Tout ceci se paie, bien entendu. *www.lesforges.be*

HAMME - 9220

Bruxelles 38 - Antwerpen (Anvers) 29

De Plezanten Hof ♥

» Driegoten 97
☎ 52 47 38 50
F. dim. à dîn., lundi, mardi, 28 août-14 sept. et 26 déc.-12 janv.
Jusqu'à 21h30.

Restaurant raffiné situé dans le parc naturel de Driegoten. De la terrasse, vous apercevez les méandres de l'Escaut, ses baladeurs et ses cyclistes. Depuis plus de 20 ans Lieven Putteman propose une cuisine étonnante et contemporaine basée sur des produits frais du marché. Un festival de goûts ! Moment mémorable avec une aile de raie poêlée à la purée de fenouil et salicorne, une brochette de petits-gris de Namur, moules vertes de la Méditerranée, jus clarifié de cœur de bœuf et tomate, glace au lard, chips aigres, croquant de foie gras d'oie sur un ricotta de piments rouges et radis, poudre de pain d'épices et une sauce aux betteraves rouges. La combinaison d'ingrédients et de goûts hétérogènes semble être la marque de fabrique de ce chef chevronné. Cependant, il crée un tout harmonieux au contraire de nombre de ses confrères qui se dispersent en chemin… jusqu'à se fourvoyer. Notre longe de veau rôtie à la compote de girolle et artichaut, caviar d'aubergine aux figues séchées et limon, tagliatelles de pommes de terre à la truffe d'été et une sauce de jarret enrichie à la langue en est une parfaite illustration. Parfaitement en phase, la carte des vins mondiale est bien composée et abordable. Service des plus souriant et agréable. Point d'air guindé en ces lieux, mais un amour du métier omniprésent. Plusieurs visites, anonymes bien sûr, ont conforté nos évaluations : un tel professionnalisme mérite un point de plus !

C : 85 € • M : 58-70 € *www.deplezantenhof.com*

HOUTHALEN - 3530

Bruxelles 83 - Hasselt 12 - Diest 28

De Barrier

» Grote Baan 9
☎ 11 52 55 25
F. dim. à dîn., lundi, 1er-9 janv. et 16-31 juil.
Jusqu'à 21h30.

Depuis quelques années, De Barrier est devenu un superbe complexe dont on ne mesure toute la dimension que par une belle journée d'été ensoleillée. Rien de tel que cet apéritif et ce repas pris en terrasse à l'ombre des platanes, avec vue sur les immenses espaces verts du jardin ornemental. Le problème de manque de personnel a visiblement été résolu : nous avons été servis par deux garçons exquis. Le chef, Rik Vandersanden, est venu nous présenter le lunch (55 € vins compris). Plus qu'appétissant, ce dernier s'est révélé aussi classique que délicieux : pour commencer, un tartare de thon, tapenade d'olives et de tomates séchées, copeaux de parmesan et roquette, suivi par des tranches de

canard laqué cuit rosé, superbes, entourées de petits légumes d'été (fèves, haricots princesse et petits pois) et de pommes dauphines. Nous avons terminé par une petite boule de glace vanille (supérieure) aux fruits rouges. Très simple, mais léger et délicieux, la mission est remplie pour un déjeuner d'affaires. Large éventail de vins. Ceux accompagnant notre déjeuner valaient également le détour : un Orvieto frais et vivant avec l'entrée et un puissant bordeaux, Château Langoiran, pour le plat de résistance. Signalons encore que pendant les mois d'été, la maison propose un Royal Tiffin Lunch gastronomique le dimanche midi : 4 plats pour 50 € ou 64 avec les vins. Qui dit mieux ?
C : 90 € • M : 45-90 € *www.debarrier.be*

KRUISHOUTEM - 9770

Brussel 73 - Gent 29 - Kortrijk 25

Hof Van Cleve ♥

» Riemegemstraat 1
☎ 9 383 58 48
F. dim., lundi, 1 sem. Pâques et 3 sem. août et Noël-nouvel-an.
Jusqu'à 21h.

Chaque visite rendue au couple Lieve et Peter Goosens, dans leur charmante ancienne ferme en pleine campagne et aménagée avec goût, sans ostentation, fait naître l'espoir de passer à nouveau un inoubliable moment de gastronomie. Le défi quotidien, à ce niveau d'excellence, n'est pas mince: comment, pour le chef et son équipe, continuer à évoluer tout en restant au sommet de leur art? Soyez rassurés: cette année encore un paradis culinaire s'est ouvert à nous. Dès les mises en bouche, ah... cette authentique frite du temps de nos grands-mères et sa glace au pickles notamment, le ton est donné: celui d'une cuisine inventive, juste, aux goûts précis. Le menu découverte nous a permis de déguster un enchaînement de huit mets, chacun servi dans une assiette appropriée par son style et sa forme. Trois préparations terre-mer d'abord: un carpaccio de thon, moules bouchot et mousse de curry, sorbet à la gueuze, tout en fraîcheur; une purée de petits pois, consommé de tomates et glace au chorizo, extraordinaire rencontre de saveurs; une grosse langoustine, sot-l'y-laisse et jus de carbonnade, un écrin de goûts. Vint ensuite le bar de ligne cuit à basse température, purée de bouillabaisse, crabe et bouillon à la citronnelle, un moelleux titillé par la citronnelle. Coques, crème de roquette et caillé de brebis au sirop d'érable ensuite, servis avec deux doigts de Duvel pour l'accord avec l'iode. Vint enfin le pigeonneau rôti à basse température, croquettes de maïs, jeunes choux et infusion de champignons: un concerto de saveurs pré-automnales. Desserts aussi beaux que bons en finale. Stijn Vanderbeken avait sélectionné avec maîtrise les vins adaptés à chaque plat, n'hésitant pas par exemple à nous faire découvrir un très beau blanc de Slovénie. La courtoisie et le charme discret de Lieve rejaillissent sur une équipe de salle assurant un service parfait dans une ambiance détendue. Notre soirée fût donc un total plaisir.
C : 100 € • M : 75-135 € *www.hofvancleve.com*

MOL - 2400

Bruxelles 78 - Antwerpen 54 - Hasselt 42

't Zilte ♥

» Martelarenstraat 74
☎ 14 32 24 33
F. lundi, mardi, carnaval, 1 sem. Pâques et 2 sem. août.
Jusqu'à 21h.

Notre Grand de Demain 2005 semble poursuivre sur sa lancée. Mais comment saurait-il en être autrement ? Dès que vous franchissez le pas de la porte, vous savez que vous êtes entre de bonnes mains. Aménagement élégant, à mi-chemin entre modernité et tradition, nuances confortables et apaisantes. A l'unisson, le service professionnel et cordial de la dame de la maison, Viviane, et de son équipe. Il semble que la maison a décidé de dorloter chacun de ses hôtes dès les mises en bouche déclinées en sept petites merveilles dont un mini-cornet à l'avocat et aux crevettes grises, une mousse d'épinard avec espuma d'huître et une gelée de fines herbes coiffée d'une glace à la mozzarella : le ton était donné d'emblée. La seule évocation

du menu de dégustation avec ses vins parfaitement adaptés (98 **€**) nous met l'eau à la bouche. Citons le mariage entre le homard, les asperges et une mousseline de petits pois, le tout présenté avec un jus de fruit de mer et une roulade de thon au soja. Ou alors ce filet de barbue frit avec une pommade de céleri-rave, asters maritimes, saint-jacques marinées et foie gras d'oie avec truffe blanche. Il nous est très difficile de dire quel plat nous avons préféré ! Une autre bombe gustative a été la pièce de Simmentaler entourée de ses pommes de terre confites, sa compote d'aubergine, ses échalotes fraîches avec poivrons et moelle pochée avec une touche de Malden Sea Salt. Après le dessert, nous avons encore navigué de découvertes en surprises culinaires. Nous ne pouvons que nous incliner devant ce très grand Monsieur qu'est Viki Geunes. Parfaitement secondé par son équipe, il est parvenu à créer une sorte de persistance papillaire, une mémoire gustative qui perdure encore plusieurs jours après une expérience unique...
C : 60 € • M : 35-68 € *www.tzitle.be*

NINOVE - 9400

Brussel 24 - Gent 46 - Aalst 15

Hof Ter Eycken

» Aalstersesteenweg 298
☎ 54 33 70 81
F. sam. à déj., mardi, merc., carnaval, 2 sem. juil. et 1 sem. août.
Jusqu'à 21h30.

Dans ce haras centenaire sis au coeur du Pajottenland, le restaurant est installé dans une bâtisse dotée d'une tour de style frison. Aménagée avec goût, la salle à manger est composée de tables joliment dressées, suffisamment espacées les unes des autres. Marita, la maîtresse des lieux, et Guy, le maître sommelier, vous accueillent et vous dorlotent tout au long du repas. En cuisine, Philip Vanheule confirme son amour des produits en n'acceptant de travailler que les meilleurs d'entre eux. Ceux-ci sont présentés sous leur plus beau jour, sans fioriture aucune. En guise de mises en bouche: tête de veau en tortue, gaspacho au basilic, carpaccio de langoustines et scampi en tempura à la vietnamienne. Le ton est donné mais le principal doit encore venir avec une salade d'haricots verts aux amandes fraîches, sardines poêlées, salsa et pommes gaufrettes. Pour continuer, l'une de ses spécialités : homard bleu de Hollande sur fondue de tomates, girolles et fèves des marais, le tout accompagné d'une mousse de petits pois. En plat principal vient l'exceptionnel filet de chevreuil, jeunes pousses d'épinards, pommes dauphines et baies rouges avant de conclure par le chariot de fromages parfaitement affinés et les abricots pochés sur glace au mascarpone. Une cuisine pure, nette, à la cuisson parfaite : la grandeur dans toute sa simplicité. Ou l'art de la réduction, chose que certains grands chefs ont trop tendance à mettre de côté. Superbe cave avec une dominance en vins de France et d'Italie. Menu dégustation très intéressant et lunch trois plats vins compris pour 52 **€** également servi les lundi et jeudi soirs.
C : 75 € • M : 52-89 € *www.hoftereycken.be*

OPGLABBEEK - 3660

Bruxelles 94 - Anvers 79 - Hasselt 25

Slagmolen

» Molenweg 177
☎ 89 85 48 88
F. sam. à déj., mardi, merc., carnaval et 15 août-4 sept.
Jusqu'à 21h30.

Bart Meewis semble se bonifier au fil des années. Brillant par sa modestie, ce grand professionnel nous a une fois de plus surpris avec sa cuisine épurée qui ne se contente que des meilleurs produits du marché. Si, d'emblée, ses plats semblent de grands classiques, ils nous étonnent à chaque fois par leur intensité gustative et leur perfection. Pour accompagner l'apéritif, un gazpacho doux de poivron et une fine mousse d'anguille avec une gelée de langoustines nous ont émoustillé les papilles en attendant le feu d'artifice... En entrée, du crabe sur un lit de granité de carotte et du thon aux asperges rehaussé d'une bonne cuillérée de caviar osciètre : le paradis ! Ensuite, nous avons découvert un loup de mer et ses asperges baignant dans un espuma d'asperges et un véritable

saumon sauvage, asperges et glace de cresson de fontaine, deux entrées en matière idéales avant de passer au grand classique de la maison, l'agneau. Tant le filet que les côtelettes étaient parfaitement rosés et d'une tendreté indescriptible. Ils étaient servis avec des légumes cuits à point, des pommes de terre légèrement cuites et un soufflé à l'agneau étuvé. Une dame blanche (également) parfaite a clôturé ce festin en beauté. Les oenophiles ne sont pas en reste : quelque 300 références des plus prestigieux éleveurs de vins sont disponibles. N'oublions pas de saluer le service professionnel de l'épouse de Bart, Karlijn, et de sa fidèle brigade, qui évoluent dans un cadre d'une élégance exclusive. Le jardin est à vous couper le souffle. Une classe rare !
C : 75€ • M : 38-75€ *www.slagmolen.be*

OVERIJSE ➤ BRUXELLES ENVIRONS

PALISEUL - 6850

Bruxelles 146 - Bouillon 18 - Dinant 55

Au Gastronome

» Rue de Bouillon 2
☎ 61 53 30 64
F. dim. à dîn., lundi, mardi, 1er janv.-7 fév. et 27 juin-8 juil.
Jusqu'à 21h.

Voilà plus d'un quart que Michel Libotte est présent dans son ancien relais de diligence dont on ne se lasse pas d'admirer le jardin luxuriant, avec piscine, jouxtant une salle au décor raffiné. Les gourmets se délecteront du menu Prestige, nous avons opté pour la carte. En entrées, ravioli d'asperges, caviar osciètre, émulsion de champignons blancs pour Madame, rouelle de tête de veau pochée, salade printanière et gribiche aux dés de crustacés pour Monsieur. Pour enchaîner, un splendide "terre-mer", filets de rouget poêlés au lard, déclinaison de fenouil, jus de viande au vieux balsamique et aux encornets. Mais le cochon ne lui cède en rien: carré caramélisé au sirop d'érable, épaule farcie au poivre, pieds en tatin, boudin noir aux pommes, croustillants à la banane, ouf... Chariot de desserts des plus tentants en finale. Le livre de cave compte quelques 350 références de France et d'Italie.
C : 70€ • M : 37-115€ *www.augastronome.be*

PEPINSTER ➤ VERVIERS

ROESELARE - 8800

Bruxelles 97 - Gand 43 - Courtrai 16

Bistro Novo ♥

» Hugo Verriestraat 12
☎ 51 24 14 77
F. dim. à déj., lundi, 1 sem. Pâques, 21 juil.-4 août et 25-31 déc.
Jusqu'à 22h.

Notre Chef de l'année 2005 semble poursuivre sur sa lancée, nous enchantant une nouvelle fois cette année. L'intérieur est celui d'un bistro luxueux aux chaises confortables et aux murs couverts de menus de restaurants dans lesquels Krist De Bruyn a passé de bons moments. Le service est cordial et prévenant, l'ambiance est détendue mais feutrée. En entrée, tartare de dés d'asperges blanches et vertes et morceaux de melon, pignons de pin, écrevisses et basilic servis dans une assiette creuse et baignant dans un consommé de crustacés. Ensuite, des lamelles de rhubarbe passées à la vapeur, abricot, jeune carotte, jeune poireau, asperges et tomate confite surmontée d'un bar de ligne parfaitement cuit escorté d'un trio de sorbets : le véritable sorbet au genièvre, un sorbet rafraîchissant aux tomates et un sorbet au fenouil. En plat, une préparation de tête de porc avec une croquette d'oreilles et jarrets de porc, sauce surette, crevettes au curry d'épices et à la coriandre. En cave dorment des flacons sélectionnés parmi les meilleurs vignerons tant du nouveau monde que de l'ancien, en mettant l'accent sur des petites appellations méconnues.
C : 65€ • M : 25-80€ *www.bistronovo.be*

RONSE (RENAIX) - 9600

Bruxelles 60 - Kortrijk 34

Hostellerie Shamrock

» Ommeganestraat 148, Muziekbos
☎ 55 21 55 29
F. lundi, mardi,, 2-17 janv. et 10-25 juil.
Jusqu'à 21h.

Une propriété de style anglais complètement rénovée en 2004, avec un jardin époustouflant réalisé par le paysagiste Jacques Wirtz, au cœur du poumon vert des Ardennes flamandes. A l'intérieur, tout n'est qu'élégance : parquets cirés, lambris authentiques et linges de table sobres où le premier rôle est laissé à l'assiette. A raison ! La cuisine de Claude De Beyter est, certes, classique, mais, dans le même temps, créative et contemporaine. Son but : tirer la quintessence du goût de chaque aliment tout en le personnalisant avec des herbes fraîches du potager. Nous n'avons que des bons souvenirs du menu Relais & Châteaux (135 **€**, vins parfaitement adaptés et généreusement (re)servis compris) : carpaccio de langoustines de Guilvinec au caviar iranien et émulsion d'huîtres, turbot poché en épices à la mousse de cresson de fontaine et gingembre. Ensuite, carré d'agneau badigeonné à l'anis étoilé et rôti, boulgour à la provençale et basilic revenu. Fromages délicieusement affinés et leur petite salade ; feuilleté aux tranches de pommes, glace à la verveine et coulis de framboise. Livine, la charmante maîtresse de maison, veille au moindre détail et vous donne le sentiment d'être comme chez vous.

M : 60-82 € *www.host-shamrock.be*

SOLRE SAINT GERY ➤ BEAUMONT

TONGEREN - 3700

Bruxelles 87 - Hasselt 20 - Liège 19

↻ à VLIERMAAL KORTESSEM - 3724 : 5 km

Clos Saint Denis

» Grimmertingenstraat 24
☎ 12 23 60 96
F. mardi, merc., 3-11 avril, 17 juil.-2 août et 27 déc.-9 janv.
Jusqu'à 21h30.

Une cour carrée aménagée en jardin vous accueille dans l'élégante ferme-château où la famille Denis règne sur un univers à l'esthétisme fleurant bon un passé seigneurial: salles lambrissées, mobilier ancien et riche argenterie que Christian Denis a chinés à ses heures depuis son installation ici en 1984. Un éclairage très réfléchi confère une lumière qui n'est pas sans rappeler les reflets des bougies d'antan sur les verres et l'argenterie. Comment dès lors ne pas se trouver à l'aise devant la très grande cuisine française du chef, classique certes, mais non dépourvue de subtiles touches personnelles. Le menu "Festival de la mer" fit défiler des compositions très équilibrées, axées d'abord sur la mise en valeur de produits de toute première qualité. Les légumes de printemps confits et brochette de langoustines pannées au curry de Madras ouvraient le bal sur une note délicatement exotique. Le filet de grosse sole et gambas, émulsion de concombre associait fermeté d'un poisson à la finesse extrême et moelleux d'une émusion à la douceur fouettée par un trait de vinaigre de vin rouge. Les noix de saint-jacques, galette d'artichauts, bouquet d'asperges et crevettes grises, mousseline truffée offraient un festival de textures et de saveurs. La queue de homard rôtie au beurre aurait presque pu se passer d'un jus façon thermidor délicieux tant sa chair était goûteuse. Rafaîchissante composition de fraises avant un extraordinaire mille-feuille caramélisé au café et sa glace à la rhubarbe: un dessert à damner un saint! Remarquable carte des vins, sommelier et service parfaits.

C : 125 € • M : 50-142 € *www.closstdenis.com*

TORGNY ➤ VIRTON

VERVIERS - 4800

Bruxelles 122 - Liège 32 - Aachen 36

➲ à PEPINSTER - 4860 : 4 km

Hostellerie Lafarque

» Chemin de Douys 20
☎ 87 46 06 51
F. mardi, merc., 2 sem. mars et 15-30 sept.
Jusqu'à 20h30.

Voilà bientôt deux ans que Samuel Blanc a eu la lourde tâche de reprendre le flambeau laissé par Monsieur Lafarque. La maison n'a pas perdu de sa superbe, le jardin est toujours aussi reposant, bordé d'arbres, et nombreux sont les amateurs de calme et de tranquillité qui viennent profiter des bons soins dispensés par Madame Lafarque. Après quelques mises en bouche, nous avons entamé notre dégustation par un filet de rouget barbet poêlé à la crème de sumac, mousseline de fenouil et petits légumes provençaux en pesto et tapenade. Pour suivre, une fleur de courgette farcie en crustacés, gambas poêlées et coulis de langoustines aux fines herbes puis un risotto aux cèpes de la région, pois gourmands, quintessence de jus de viande et xérès. Enfin, la raviole ouverte de homard et oignons cébettes, shiitake et tomates confites achevait de nous combler avant, bonheur ultime, de savourer la dégustation de desserts. Le tout arrosé par quelques divins breuvages puisés dans une cave des plus classiques et, il faut le reconnaître, fort chère. Saluons le mérite de Samuel Blanc qui a su perpétuer la tradition de haute gastronomie de cette maison. Quelque chose nous dit toutefois que son talent ne s'exprime pas encore pleinement et qu'il devrait encore évoluer. Nous lui maintenons donc notre note…en attendant mieux.

C : 80 € • M : 75 € — *www.hostellerie-lafarque.be*

VIRTON - 6760

➲ à TORGNY - 6767 : 6 km

Auberge de la Grappe d'Or ♥

» Rue de l'Ermitage 18
☎ 63 57 70 56
F. dim. à dîn., lundi, mardi à déj., 25 janv.-27 fév. et 25 août-7 sept.
Jusqu'à 21h.

Au coeur de l'un des plus beaux villages du sud du pays, en "Provence belge", une superbe ferme gaumaise du XIVe siècle, parée d'un magnifique jardin et d'un parc. L'enseigne évoque la production locale de vin. En 15 ans, le couple Boulanger a fait de cet endroit l'une des meilleures tables de Wallonie, à laquelle nous avons accordé l'an dernier une toque supplémentaire. Les propositions gourmandes mettent à l'honneur les produits de saison qu'ils parent d'une inspiration de haute gastronomie: consommé tiède de gambas et couteaux à l'infusion de bâton de réglisse, glace au jambon de pays; langoustines de Guilvinec en coques grillées au beurre d'estragon, poêlée de champignons, voilà deux belles premières assiettes. Que l'on fait suivre, pour elle d'un dos de dorade royale grillé au coulis de persil, tomates et aubergines rôties au pistou, pour lui d'un cannelloni de cuisse et râble de lapereau fermier au romarin, riz noir aux artichauts épineux. En cave, 350 références constituent une carte bien équilibrée.

C : 70 € • M : 54-97 € — *www.lagrappedor.be*

VLIERMAAL KORTESSEM ➤ TONGEREN

WAREGEM - 8790

Bruxelles 79 - Kortrijk 16 - Brugge 47

't Oud Konijntje ♥

» Bosstraat 53
☎ 56 60 19 37
F. dim. à dîn., jeudi, vend., Pâques, 17 juil.-7 août et Noël-nouvel an.
Jusqu'à 21h30.

Même si vous n'y venez qu'une fois par an, vous avez toujours le sentiment d'être un membre de la famille… De plus, l'ancienne partie du restaurant a subi une cure de rajeunissement plus que réussie : élégance, sobriété et chaleur sont au rendez-vous. La sympathique famille Desmedt n'a pas son pareil pour vous accueillir et vous servir avec un subtil mélange d'élégance et de décontraction. La salle est le territoire d'Anne-Marie, la sœur, et de

Frank, le frère, l'heureux homme qui veille sur une cave de plus de 1 500 références. Faites-lui confiance aveuglément ! Vous ne serez jamais déçu, même si vous ne voulez pas vous ruiner. La cuisine de Patricia, l'autre sœur, est entièrement dédiée au goût. Remarquable chef, elle ne recherche pas la notoriété mais, en toute discrétion, fait des merveilles. La perfection n'étant plus très loin. Son seul objectif : présenter de véritables concentrés de goût. Nous avons commencé par une queue de bœuf, vinaigrette aux épices, oignons confits, lentilles vertes du Puy et mousse de chou-fleur. Ensuite, un filet de bar cuit sur sa peau et des langoustines bretonnes accompagnées de riz au jasmin et d'une sauce aux fruits de mer. Pour conclure : un dessert aérien à base de fromage blanc parfumé au limon et au caramel. En saison, ne manquez pas le gibier et les truffes. Au cours de l'année, découvrez également des menus thématiques comme ce fut le cas au printemps avec une variation sur le thème de l'asperge. On en redemande !

C : 95€ • M : 75-110€ *www.oudkonijntje.be*

WEMMEL ➤ BRUXELLES ENVIRONS

ZEEBRUGGE - 8380

Bruxelles 110 - Bruges 15 - Ostende 25

't Molentje ♥

» Baron-de-Maerelaan 211
☎ 50 54 61 64
F. dim., merc., 1 sem. janv., 1 sem. juin et 2 sem. sept.
Jusqu'à 21h15.

Authentique fermette des polders avec poutres au plafond, aménagée avec style et teintes sobres. Les chaises, confortables, sont signées Loyd Loom. Danny Horseele est un homme qui aspire à la perfection et qui n'en est pas loin: il développe une cuisine mêlant justesse des cuissons et finesse de la préparation à la pureté des saveurs. Il est possible de faire connaissance avec sa cuisine en prenant son très intéressant lunch à 75 **€**, champagne, vins et eau compris. Lorsque le temps le permet, vous êtes servis sur la terrasse ensoleillée ou dans le jardin ombragé. Ce chef talentueux a un faible pour tout ce qui vit dans l'eau, sans oublier le chevreuil, l'agneau de lait des Pyrénées ou le poulet de ferme des Polders préparé dans sa vessie de porc qu'il prépare de main de maître. A la carte, nous avons pêché un ris de veau parfaitement poêlé aux légumes aigre-doux et sa pomme, un sabayon de betterave rouge et caramel de lait, un savoureux homard passé au four aux herbes et épices orientales à l'huile de vanille et citronnelle puis un soufflé aérien au fromage blanc à la crème fraîche aux fruits de la passion et sabayon de menthe au champagne. La carte des vins est remarquable, celle des champagnes exceptionnelle et celle des digestifs tout simplement phénoménale. Un dernier coup de chapeau à l'excellent service.

C : 95€ • M : 75-140€ *www.molentje.be*

		Hôtels de charme	
	Bon confort.		Bon confort.
	Grand confort.		Grand confort.
	Luxe.		Luxe.
	Grand luxe.		Grand luxe.

FRANCE
Index alphabétique des villes

A

B

C

D

E

F

G

H

I

J

K

L

M

N

O

P

Q

R

S

T

U

V

W

X

Y

Z

Index alphabétique des établissements

A

B

C

D

E

F

G

H

I

J

K

L

M

N

O

P

Q

R

S

T

U

V

W

X

Y

Z

BELGIQUE
Index alphabétique des établissements

■ NOTES

■ NOTES

■ NOTES

■ NOTES

■ NOTES

NOTES

CARNET D'ADRESSES DES VINS DE FRANCE

VALLÉE DE LA LOIRE
1 Quarts-de-Chaume
2 Bonnezeaux
3 Saumur-Champigny
4 Azay-le-Rideau
5 Touraine-Amboise
6 Touraine-Mesland
BORDELAIS
1 Listrac-Médoc
2 Premières Côtes de Bordeaux
3 Graves-de-Vayres
4 Côtes-des-Francs
5 Côtes-de-Castillon
6 Ste-Foy-Bordeaux
7 Ste-Croix-du-Mont
8 Côtes de Bordeaux St-Macaire
9 Haut-Benauge Bordeaux et Entre-Deux-Mers
10 Premières Côtes de Bordeaux et Cadillac
Amiens
Rouen
Seine
Caen
PARIS
Sarthe
Mayenne
Rennes
Anjou
Coteaux de la Loire
Savennières
Coteaux du Loir
Jasnières
Coteaux du Vendômois
Orléanais
Orléans
Loire
Loir
Muscadet
Coteaux de la Loire
Anjou
Coteaux de l'Aubance
Vouvray
Cheverny et Cour-Cheverny
Touraine
Touraine
Menetou-Salon
Cher
Quincy
Muscadet
Nantes
Anjou
Bourgueil
Chinon
Montlouis
Valençay
Coteaux du Layon
Saumur
Touraine
Indre
Reuilly
Gros-Plant
Muscadet Côtes de Grandlieu
Muscadet Sèvre et Maine
Anjou
Thouarsais
Haut Poitou
Fiefs Vendéens
Poitiers
VALLÉE DE LA LOIRE
Saumur Champigny
Vienne
Creuse
Borderies
Grande Champagne
Petite Champagne
Bois-Ordinaires
Limoges
Bons-Bois
Fins-Bois
COGNAC
Médoc
Côtes de Blaye
St-Estèphe
Gironde
Côtes de Bourg
Pauillac
Bordeaux
St-Julien
Fronsac et Canon-Fronsac
Haut-Médoc
Pomerol et Lalande -de-Pomerol
Margaux
St-Émilion
Montravel
Moulis
Rosette
Dordogne
Pécharmant
Vins d'Entraygues et du Fel
Haut-Médoc
Bordeaux
Monbazillac
Péssac-Léognan
Bergerac
Saussignac
Graves
Côte de Duras
Cérons
Loupiac
BORDELAIS
Côtes du Marmandais
Cahors
Lot
Barsac
Sauternes
Marcillac
Bordeaux
Garonne
Entre-Deux-Mers
Buzet
Vins de Lavilledieu
Armagnac-Ténarèze
Côtes de Brulhois
Gaillac
Bas-Armagnac
Haut-Armagnac
SUD-OUEST
Tursan
Côtes du Frontonnais
Côtes de St-Mont
Toulouse
Béarn
Minervois La livinière
Madiran et Pacherenc-du-Vic-bilh
Côtes du Cabardès
Minervois
Irouléguy
Jurançon
Côtes de la Malpère
Limoux
Maury
Côtes du Roussillon-Villages
Côtes du Roussillon
ROUSSILLON

CARTE DES VIGNOBLES ET APPELLATIONS
© GAULT&MILLAU
Lille
Meuse
Metz
Moselle
Champagne
Châlons-en-Champagne
EST
Strasbourg
CHAMPAGNE
Côtes de Toul
Marne
Seine
Moselle
ALSACE
Yonne
Champagne
Alsace
Bourgogne
Rosé des Riceys
Bourgogne
Chablis
Coteaux du Giennois
BOURGOGNE
Saône
Bourgogne
Dijon
Doubs
Sancerre
Côte de Nuits
Besançon
Hautes Côtes de Nuits
Côtes de Beaune
Bourgogne Aligoté
Côtes du Jura
Pouilly-sur-Loire et Pouilly-Fumé
Bouzeron
Rully
Arbois
JURA
Mercurey
Côte Chalonnaise
Givry
Château-Chalon
L'Étoile
Montagny
Mâcon
Côtes du Jura
Pouilly-Loché et Vinzellelles
Saint-Véran
Mâcon-Villages
St-Pourçain
Pouilly-Fuissé
Crépy
Beaujolais-Villages
BUGEY
Vin de Savoie
Côte Roannaise
Beaujolais
Vin du Bugey
Seyssel
Clermont-Ferrand
BEAUJOLAIS
Lyon
Vin de Savoie
Côtes d'Auvergne
Côte du Forez
Loire
Coteaux du Lyonnais
SAVOIE
Côte Rôtie
Allier
Château-Grillet
Côte du Rhône
Condrieu
Hermitage
Rhône
VALLÉE DU RHÔNE
1 Côtes du Rhône
2 Côtes du Rhône Villages
St-Joseph
Crozes-Hermitage
Cornas
St-Péray
Côte du Rhône
VALLEE DU RHÔNE
Clairette de Die
Vins d'Estaing
Côtes du Vivarais
Coteaux du Tricastin
Côtes du Rhône-Villages
Châteauneuf-du-Pape
Gigondas
Côtes du Rhône
Vacqueyras
Lirac
Côtes du Ventoux
Tavel
Côtes du Lubéron
Côtes de Millau
St-Drézéry
Costières de Nîmes
Coteaux de Pierrevert
Pic-Saint-Loup
Les Baux-de-Provence
PROVENCE
Bellet
Faugères
Montpellier
Coteaux d'Aix-en-Provence
Coteaux Varoix
Vin de Corse-Coteaux du Cap Corse et Muscat du Cap Corse
Patrimonio
Muscat de Mireval et de Frontignan
Marseille
Côtes de Provence
Vin de Corse-Calvi
Vin de Corse
CORSE
St-Chinian
La Clape
Picpoul-de-Pinet
Palette
LANGUEDOC
Cassis
Bandol
Vin de Corse
Ajaccio
Corbières
Quatourze
Ajaccio
Fitou
VINS DU LANGUEDOC
1 Coteaux du Languedoc
2 Muscat de St-Jean-de-Minervois
3 St-Georges-d'Orques
4 St-Saturnin
5 Cabrières et Clairette du Languedoc
6 Montpeyroux
7 Coteaux de la Méjanelle
8 St-Cristol
9 Vérargues
10 Muscat de Lunel
11 Clairette de Bellegarde
Vin de Corse-Porto-Vecchio
Vin de Corse-Sartène
Vin de Corse-Figari
Collioure et Banyuls
Rivesaltes

	BORDEAUX				BOURGOGNES		RHÔNE		ALSACE	LOIRE MOELLEUX	CHAMPAGNE
	ROUGES		BLANCS								
	MÉDOC GRAVES	LIBOURNAIS	MOELLEUX	SEC	ROUGES	BLANCS	MÉRIDIONAL	SEPTENTRIONAL			
2004	2	2	1	Ex	3	3	Ex	4	3	1	2
2003	4	3	4	3	4	3	4	4	3	3	2
2002	4	3	3	4	3	4	2	2	3		4
2001	3	4	Ex	Ex	2	4	3	3	3	4	3
2000	Ex	Ex	3	2	2	Ex	4	4	3	2	3
1999	3	4	4	4	Ex	3	4	3	3	3	3
1998	4	Ex	3	2	3	3	3	Ex	4	2	3
1997	2	3	2	Ex	3	2	4	3	1	4	2
1996	Ex	3	4	3	Ex	Ex	4	3	4	4	Ex
1995	4	4	3	3	4	4	3	4	4	4	4
1994	3	4	Ex	3	3	3	3	3	4	2	2
1993	2	2	2	1	4	3	1	3	3	2	2
1992	1	1	4	1	2	Ex	2	2	2	2	2
1991	3	3	3	1	3	2	4	3	3	1	1
1990	Ex	Ex	4	Ex	Ex	4	Ex	Ex	Ex	Ex	Ex
1989	Ex	Ex	3	Ex	4	Ex	4	Ex	Ex	Ex	4
1988	4	3	3	Ex	4	2	4	4	4	4	4
1987	2	2	2	2	1	2	2	2	2	2	2
1986	4	2	3	4	2	4	3	3	4	3	3
1985	4	4	4	3	3	Ex	4	4	3	4	4
1984	2	1	1	1	1	1	2	1	1	1	1
1983	3	2	2	4	4	Ex	3	3	Ex	2	3
1982	Ex	Ex	1	4	2	4	2	2	1	1	4
1981	3	2	2	3	3	3	3	4	3	2	4
1980	1	1	2	1	3	2	2	2	2	1	2
1979	3	3	3	3	3	4	3	3	3	2	4
1978	3	3	4	3	4	3	4	4	4	3	3
1976	3	2	3	4	3	3	4	4	Ex	4	2
1975	3	4	4	4	2	1	2	2	3	4	2
1971	3	3	4	3	4	Ex	3	2	Ex	4	4
1970	4	4	Ex	4	2	3	2	3	2	3	2
1967	2	3	3	4	1	2	3	3	3	2	2
1966	3	3	4	3	3	3	3	3	3	3	4
1964	4	4	Ex	4	4	Ex	3	4	4	4	4
1961	Ex	4	4	Ex	4	3	Ex	Ex	Ex	4	Ex
1959	Ex	4	3	Ex	Ex	3	Ex	Ex	Ex	Ex	4

Ex : Exceptionnel — 4 : Très bonne année — 3 : Bonne année
2 : Année moyenne 1 : Petite année

Un carnet d'adresses
qui vous permettra
de parcourir notre vignoble
en quelques pages.
Vous y trouverez
le meilleur de nos châteaux,
domaines et caves coopératives
de France, avec lesquels
vous pourrez avoir
un contact direct et privilégié.
Une excellente opportunité
d'enrichir votre cave
à l'occasion
de vos haltes gastronomiques
dans ces régions.

 L'ABUS D'ALCOOL EST DANGEREUX POUR LA SANTÉ. A CONSOMMER AVEC MODÉRATION

 L'ABUS D'ALCOOL EST DANGEREUX POUR LA SANTÉ. A CONSOMMER AVEC MODÉRATION

BOURGOGNE

CHAMPAGNE

CHAMPAGNE

CHAMPAGNE
GUY LARMANDIER

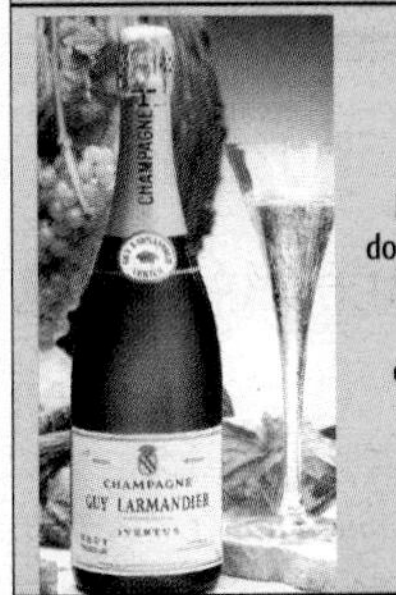

Vignoble dans
la Côte des Blancs
Brut Premier Cru
Le cépage Chardonnay
domine et lui donne finesse
et fraîcheur.
C'est le Champagne
de toutes les occasions.

Sélectionné Guide GAULTMILLAU 2006

30, rue du Général Koenig - 51130 VERTUS
Tél. 03 26 52 12 41 - Fax 03 26 52 19 38

 L'ABUS D'ALCOOL EST DANGEREUX POUR LA SANTÉ. A CONSOMMER AVEC MODÉRATION

CHAMPAGNE
Pierre GIMONNET & Fils

Avec 25 hectares seulement dans la célèbre côte des Blancs (Cuis 1er Cru, Cramant Grand Cru, Chouilly Grand Cru), Pierre Gimonnet & Fils n'élabore que des Cuvées 100% Chardonnay.
Phénomène rare en Champagne.
Régulièrement cité par les plus grands guides (Classement Revue du Vin de France, GaultMillau, Guide Hachette),
Pierre Gimonnet & Fils
est une référence incontournable des artisans-vignerons Champenois.

Sélectionné Guide GAULTMILLAU 2006

Millésime de collection 1990 :
"noté 18/20 (1er) GaultMillau mai 1999"

1, rue de la République - 51530 CUIS
Tél : 03 26 59 78 70 - Fax : 03 26 59 79 84

JURA

FRUITIÈRE VINICOLE
DE PRODUCTEURS DE CHÂTEAU CHALON ET CÔTES DU JURA

SÉLECTIONNÉ
GUIDE
GAULTMILLAU
2006

Les Vignerons Coopérateurs
TOUT UN ÉTAT **D'ESPRIT**

39210 VOITEUR
Tél. 03 84 85 21 29 - Fax 03 84 85 27 67
E-mail : voiteur@fruitiere-vinicole-voiteur.fr

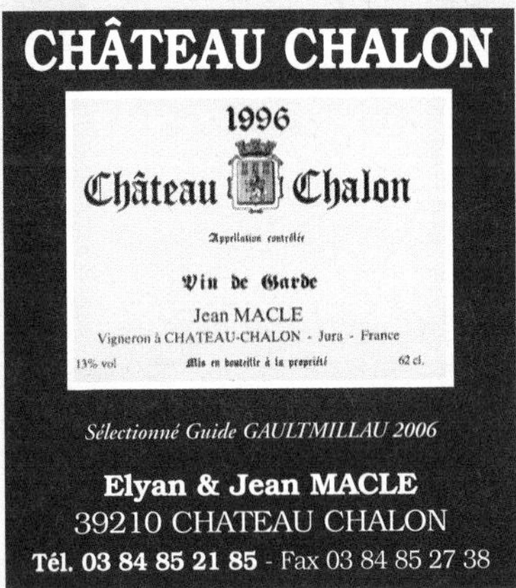

PHOTO F.CHOTARD

 L'ABUS D'ALCOOL EST DANGEREUX POUR LA SANTÉ. A CONSOMMER AVEC MODÉRATION

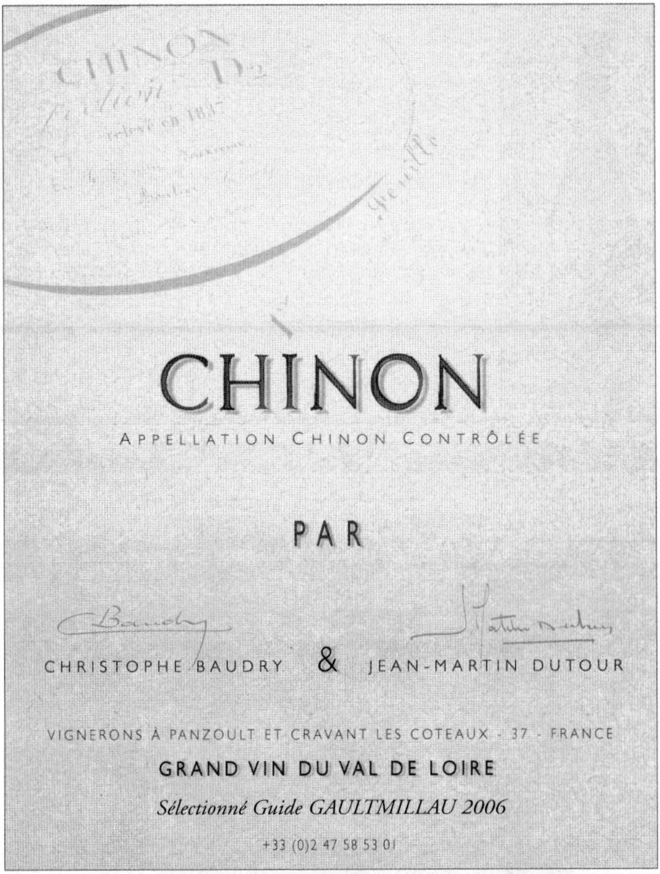

DOMAINE TINEL-BLONDELET
Situé dans notre propriété au sommet des meilleurs coteaux dominant le Fleuve Loire existait jadis cette ancienne halte de diligence connue sous le nom de "L'Arret Buffatte". Symbole de notre tradition et qualité, nous lui dédions chaque année cette prestigieuse cuvée de Pouilly Fumé.
Pouilly Fumé
APPELLATION POUILLY-FUMÉ CONTRÔLÉE
"L'Arret Buffatte"
PRODUCE OF FRANCE
F. TINEL-BLONDELET
Propriétaire-Récoltant
"La Croix Canat"
Pouilly-sur-Loire 58150 France
750 ML
ALC 12.5% BY VOL
Mis en bouteille au domaine
APPELLATION POUILLY-FUMÉ CONTRÔLÉE
SÉLECTIONNÉ GUIDE GAULTMILLAU 2006
58150 POUILLY-SUR-LOIRE
Tél. 03 86 39 13 83
Fax 03 86 39 02 94
E-mail : tinel-blondelet@wanadoo.fr

VAL DE LOIRE

VALLÉE DU RHÔNE

L'ABUS D'ALCOOL EST DANGEREUX POUR LA SANTÉ. A CONSOMMER AVEC MODÉRATION

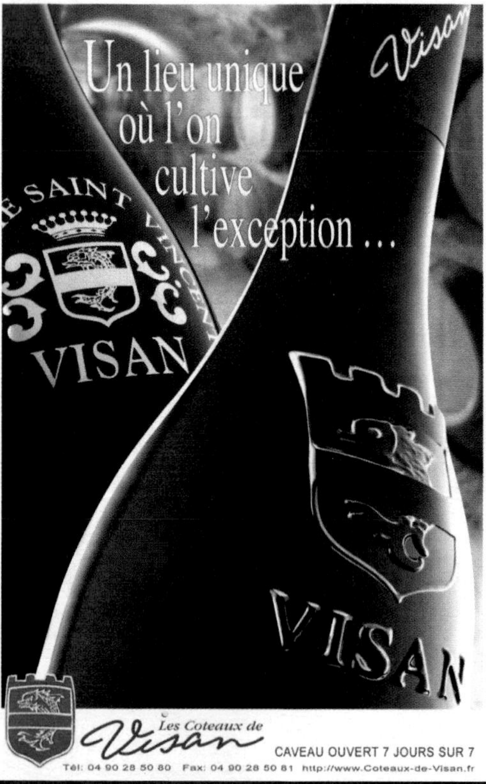

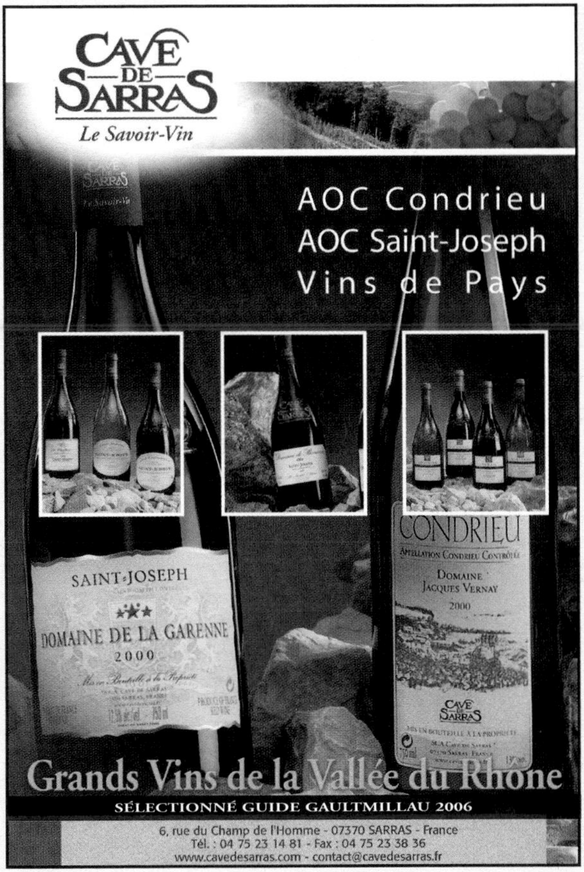
CAVE DE SARRAS
Le Savoir-Vin
AOC Condrieu
AOC Saint-Joseph
Vins de Pays
SAINT-JOSEPH
DOMAINE DE LA GARENNE
2000
CONDRIEU
Appellation Condrieu Contrôlée
Domaine Jacques Vernay
2000
Grands Vins de la Vallée du Rhone
SÉLECTIONNÉ GUIDE GAULTMILLAU 2006
6, rue du Champ de l'Homme - 07370 SARRAS - France
Tél. : 04 75 23 14 81 - Fax : 04 75 23 38 36
www.cavedesarras.com - contact@cavedesarras.fr

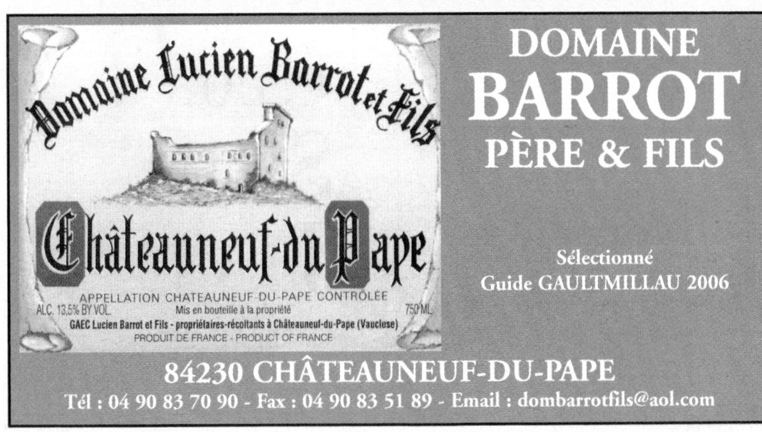

Domaine Lucien Barrot et Fils
Châteauneuf-du-Pape
APPELLATION CHATEAUNEUF-DU-PAPE CONTRÔLEE
ALC. 13,5% BY VOL.
Mis en bouteille à la propriété
750 ML
GAEC Lucien Barrot et Fils - propriétaires-récoltants à Châteauneuf-du-Pape (Vaucluse)
PRODUIT DE FRANCE - PRODUCT OF FRANCE
DOMAINE
BARROT
PÈRE & FILS
Sélectionné
Guide GAULTMILLAU 2006
84230 CHÂTEAUNEUF-DU-PAPE
Tél : 04 90 83 70 90 - Fax : 04 90 83 51 89 - Email : dombarrotfils@aol.com

 L'ABUS D'ALCOOL EST DANGEREUX POUR LA SANTÉ. A CONSOMMER AVEC MODÉRATION

■ NOTES

Ce guide est édité par GaultMillau S.A. Société anonyme au capital de 66544 €- RCS Bordeaux B 418 576 955.
Siège Social : 19, cours du Médoc – 33300 Bordeaux

Rédaction Développement Paris : Tél. : 08 92 70 11 69
Adresse mail : contact@gaultmillau.fr
Site Internet : www.gaultmillau.fr

Dépôt légal : novembre 2005
ISBN : 2-914913-15-X

Président-directeur général - Directeur de Publication : Justin Onclin
Secrétaire générale : Patricia Le Naour
Directeur commercial : Stanislas Leblanc-Bontemps
Coordination générale : Florence Saint-Martin
Assistantes de coordination : Micheline Cordier, Caroline Balloteaud
Coordination des enquêtes et de la rédaction : Marc Esquerré et Onzième Heure
Avec la participation de Christine Anjubault, d'Antoine Mothe
Mise en page : TBS, NRS et Rodolphe Pérot

Cartographie : Edigraphie

Imprimeur : SIEP – 77590 à Bois-le-Roi